BARRON'S

FOREIGN LANGUAGE GUIDES

501 HEBREW VERBS

THIRD EDITION

Fully conjugated in all tenses in an easy-to-learn format and alphabetically arranged

by

Shmuel Bolozky, Ph.D.
Professor of Hebrew (Emeritus)
Department of Judaic and Near Eastern Studies
University of Massachusetts Amherst

All inquiries should be addressed to:
Barron's Educational Series, Inc.
250 Wireless Boulevard
Hauppauge, New York 11788
www.barronseduc.com

ISBN: 978-1-4380-1040-3

Library of Congress Catalog Card Number: 2017045044

Library of Congress Cataloging-in-Publication Data

Names: Bolozky, Shmuel, author.
Title: 501 Hebrew verbs : fully conjugated in all tenses in a new, easy-to-follow format, alphabetically arranged by root / by Shmuel Bolozky, Ph.D., Professor of Hebrew (Emeritus), Department of Judaic and Near Eastern Studies, University of Massachusetts Amherst.
Other titles: Five hundred and one Hebrew verbs
Description: Third edition. | Hauppauge, New York : Barron's Educational Series, 2018. | Series: Barron's foreign language guides | Includes bibliographical references and index.
Identifiers: LCCN 2017045044 | ISBN 9781438010403 (paperback)
Subjects: LCSH: Hebrew language--Verb--Tables. | Hebrew language--Usage.
FOREIGN LANGUAGE STUDY / Hebrew.
PJ4645 .B56 2018
492.4/82421--dc23 2017045044

Printed in Canada
9 8 7 6 5 4 3 2 1

Contents

Introduction v
- Choice of Verb Forms Represented in This Book v
- Root and Verb Pattern vi
- The Representation of a Verb Root Entry, and the Index vii
- Sample Conjugation-Cluster ix
  - Technical Comments on the Sample xii
- *Binyan* Realization and Meaning xiv
- Verb-Related *Mishqalim* xviii
- On Using the Indices xix
- List of Abbreviations and Marks xx

1,532 Conjugated Frequent Verbs, Grouped in 759 Roots 1

Root and Related Infinitives Index 819

Hebrew-English Index 827

English-Hebrew Index 844

Introduction

1. Choice of Verb Forms Represented in This Book

The third edition of *501 Hebrew Verbs* maintains the same format used in the two previous editions, but the choice of verb forms is significantly improved. Larger language corpora are available today, and we were able to draw a new verb frequency list from a 165-million-word corpus compiled by Tal Linzen (http://tallinzen.net/search/, search engine currently being re-designed). Since this is a Hebrew **blog** corpus, it means that it is the most likely to represent a middle register of usage, reflecting everyday Hebrew that is neither too high nor too low. Based on more accurate frequency counts, some verb forms were removed, many others were added. Consequently, this third edition contains 1,532 fully conjugated frequent verb forms, grouped in 759 roots.

The fully conjugated 1,532 most frequent verb forms are assigned to their respective root groups, but unlike the second edition, the **internal ordering within each root group is frequency-based as well**, i.e., does not follow the traditional *binyan* order. Allowing for small errors in the search mechanism, the cutoff point was more-or-less 1,300 tokens (the highest frequency verb, עִצְבֵּן 'irritate, bother,' had 42,265 tokens.) In the second edition, infrequent verbs belonging to the same root were listed separately, with citation form only; in this edition the same citation form listing format is used for less frequent verbs (generally with a few hundred tokens), but not for truly infrequent ones. Note, however, that occasionally, there are instances of **frequent** items **within** a verb conjugation (e.g., a present participle) that are commonly used while the rest of the paradigm is not, or does not even exist. These are included in the less-frequent-verbs section. Also, within the conjugation of a frequent verb there are sometimes forms (usually participles or gerunds) that are either rare of obsolete; they are nevertheless included, with appropriate notation, in case the reader encounters them in literary or pre-modern texts.

The consonantal root, elaborated upon below, is not a base form in the usual sense of the word, from which verbs are generated or derived; it is a way of grouping together forms sharing the same consonantal skeleton of their base, and which are usually – though by no means necessarily –

related semantically. Consequently, some modern Hebrew dictionaries no longer list verb entries by root, but rather by base citation forms, usually the masc. sing. of the past tense, and occasionally even by the masc. sing. of the present tense. Nevertheless, we feel that root grouping is still useful in pointing to semantic relationships between related forms. On the other hand, since some tend to use the **infinitive** as the citation form, we have added all infinitives of verbs belonging to the same root to the root group heading, as well as to the running page headings.

2. Root and Verb Pattern

In English, the past and past participle forms of most verbs are derived by adding *-ed* to the base form; for some special groups of verbs, however, the base undergoes predictable internal changes that are the same for all verbs concerned, as in:

- drive-drove-driven, write-wrote-written, ride-rode-ridden, rise-rose-risen, arise-arose-arisen, strive-strove-striven, smite-smote-smitten, bestride-bestrode-bestridden;
- sing-sang-sung, sink-sank-sunk, swim-swam-swum, drink-drank-drunk, ring-rang-rung, shrink-shrank-shrunk, spring-sprang-sprung, stink-stank-stunk;
- take-took-taken, shake-shook-shaken, forsake-forsook-forsaken.

There are at least 26 such groups, but their distribution is very restricted. The structure of verbs belonging to such a group may be looked at as a *discontinuous* fixed sequence of stem-internal vowels, plus possibly a suffix (e.g., *-en*), upon which *variable* consonantal skeleta are applied, after they had been extracted from the base (e.g., *drv*, *(w)rt*, *rd*, etc.). In Hebrew, verbs can be structured **only** in this fashion. The consonantal skeleton is referred to as the "root" שׁוֹרֶשׁ *shoresh*, and the discontinuous canonical pattern onto which it is applied to form an actual word is called בִּנְיָן *binyan* (**building**, or **structure**) in the verb system, and מִשְׁקָל *mishqal* (**template, form**) elsewhere. There are, essentially, only five *binyanim* in Hebrew, but if quasi-automatic passives associated with two of them are also counted, the number is seven. Although every *binyan* has its own paradigm for each of the tenses, each *binyan* is named by the 3rd person singular masculine past tense form of a prototypical root. Sometimes קטל *qtl* **slay** is used for this purpose, but designations derived from פעל *p`l* **act, do** are more common. The seven *binyanim* (in whose names *p*, ` , and *l* stand for the first, second, and third elements of the root, respectively) are thus called: פָּעַל *pa`ạl* (sometimes referred to as קַל **light**), נִפְעַל *nif`al*, פִּיעֵל *pi`el*, פּוּעַל *pu`al*, הִתְפַּעֵל *hitpa`el*, הִפְעִיל *hif`il*, and הוּפְעַל *huf`al*. The 3rd person singular masculine past tense form is also used as a citation form to represent each *binyan* conjugation of a particular root: e.g., the root גרם is cited in *pa`al* as גָּרַם *garam*, in *nif`al* as נִגְרַם *nigram*, etc. There are roots whose conjugations are completely regular, referred to as שְׁלֵמִים *shlemim* **whole, intact**, but many involve deviations from the norm, caused by the presence in the root of a guttural (גְּרוֹנִית *gronit*), a glide (*w* or *y*) that has been weakened to a vowel, a syllable-final *n* that assimilates, identical 2nd and 3rd consonants that merge, etc. Conjugations with weakened or missing root consonants are referred to as גְּזָרוֹת עֲלוּלוֹת **"defective" conjugations** (sing. גִּזְרָה *gizra* **conjugation**). A *gizra* is referred to by the root consonant involved, by its position in the root, and optionally by the type of process it undergoes. Thus, if a root-initial נ׳ is assimilated/deleted, the *gizra* is called פ״נ, or חַסְרֵי פ״נ, i.e., a נ׳ that is the first root consonant (פ=*p* in *p`l*) is "missing"; if a root-initial י׳ *y* is weakened to *i*, the *gizra* is called פ״י, or נָחֵי פ״י, i.e., a י׳ that is the first root consonant undergoes "lenition" to *i*. As suggested by Yaakov Levi, פ״יו is used for roots with initial consonantal י׳ when that י׳ is transformed into ו׳ (either a vocalic וֹ, or a consonantal ו׳). When the presence of a guttural consonant causes an irregularity, but the guttural itself is not weakened, it is still regarded as a *shlemim* conjugation, but marked for the deviation. Thus, שְׁלֵמִים + ע״ג refers to a *shlemim* paradigm in which the second root consonant is a guttural consonant (ג׳=גרונית). Note: the variants of ע״ג in the 2nd pers. sing. of the past tense, with a *pataH* under the guttural, e.g., שָׁלַחַתְּ ~ שָׁלַחַת, are literary-rare.

3. The Representation of a Verb Root Entry, and the Index

In addition to the conjugated paradigms themselves, directly related verbal nouns are provided, as well as participial forms that function as adjectives or nouns. Following the conjugations, less frequent *binyan* realizations are listed, with a gloss and one form representing each tense paradigm and the infinitive. As noted above, occasionally a single form in an otherwise-less-frequent conjugation may be common, and is marked by "(form is common)". When a form is essentially restricted to literary Hebrew, it is marked "lit."; when it is rare (even in the literary register), or obsolete, it is marked by the period at which it was introduced (suggesting limited distribution in Modern Hebrew): "BH" (Biblical Hebrew), "Mish H" (Mishnaic Hebrew), "Med H" (Medieval Hebrew). Illustrative sentences or short paragraphs follow; the relevant realization of the verb is marked in bold in the Hebrew example as well as in the English translation. Illustration in context is essential for understanding the various verb forms and the relationships among them, since semantic offshoots from the base may be partly predictable. The entry concludes with a list of idioms and special expressions containing the relevant verbs or verb-derived forms (in bold).

Vowel marks are fully displayed, but the *plene* writing conventions (which under certain conditions allow vowel representation by inserted consonants that can function as vowels – in all cases of u=וּ and in most cases of o=וֹ, as well as in most cases of i=י in an open syllable, and when it constitutes an element of a *mishqal* or a suffix) are **simultaneously** utilized, so that the reader can check a verb form regardless of its appearance in a text. Thus, for instance, דִּיבֵּר 'he spoke' represents both traditional דִּבֵּר and *plene* variant דיבר. Though unauthentic, this mixed representation (דִּיבֵּר) captures both variants in one form, without having to display both separately (except for the citation form, in which the traditional form is added in brackets). Note that in forms like דִּיבֵּר, stem-internal gemination (consonant lengthening) no longer exists in Israeli Hebrew (e.g., *dibber* > *diber*). Historically, though, its function was to close a (short) syllable and open the next one: *dib-ber*. Since "gutturals" could not be geminated, the vowel in the resulting (first) open syllable was lengthened (and often also lowered), because the optimal unstressed open syllable in Classical Hebrew was long, e.g., /*ti''er*/ "he explained" > *ti-'er* > *tē-'er* > [*te-er*] (with the loss of the glottal stop and phonemic vowel length distinctions in Israeli Hebrew). In normative Hebrew pronunciation, forms like *te-er* are maintained, but since the historical motivation for lengthening and lowering is gone, they are often regularized in speech, and pronounced as *tier*, in analogy with regular *diber*. Also note that roots with a final non-consonantal ה' should be represented with י', e.g., גל״י rather than גל״ה, (cf. גָּלוּי, גִּילּוּי, גִּילִּיתִי), and the *gizra* as ל״י. But since this would be confusing to the average reader, the traditional representation with ה' is maintained as well, i.e., גלה (גלי). With respect to verbs in this *gizra* (i.e., of verbs whose roots end with י'),

one should also bear in mind that already in Classical Hebrew and to some extent today as well, partial mergers occur with the ל״א *gizra*, probably because י' and א' both function as glides, e.g., קָרוּא ~ קָרוּי "called, named," מָצָאתִי ~ מָצִיתִי "I found," הַשְׁקָאָה ~ הַשְׁקָיָה "irrigation." Also note that while in the past tense of *binyanim* other than *pa`al* and *pi`el* of the ל״י *gizra* the stem-final vowel is *e(y)*, there exist less common variants in first person plural forms, based on precedents from Biblical Hebrew: פּוּנֵינוּ ~ פּוּנִּינוּ, נִגְלֵינוּ ~ נִגְלִינוּ, etc. Since such variants are rare, they have already been removed from the second edition of *501 Hebrew Verbs*. Note further that in some cases a root final ה' is (or was) an actual glottal ה', e.g., כמה, נגה, גבה, and consequently such verbs belong to the ל״ג *gizra* rather than to ל״ה/ל״י.

4. Sample Conjugation-Cluster

Suppose one created a matrix, with roots on one axis and *binyanim* on the other. Many gaps would occur, where roots simply are not realized in a particular *binyan*. If one counts only reasonably-frequent realizations, one would be hard-pressed to find roots in which **all** potentially realized forms are sufficiently common. In fact, in this collection, not even a single root has all seven *binyanim* realized as **frequent** verb forms. So in order to provide a sample of a regular conjugation-cluster, one of the few roots containing six frequent realizations (out of seven) has been chosen, with the seventh, less frequent form (*pa`al* in this case – see the כנס entry in the body of this volume) fully conjugated as well, in the traditional *binyan* order. The sample conjugation-cluster follows.

●כנס: לִכְנוֹס, לְהִיכָּנֵס, לְכַנֵּס, לְהִתְכַּנֵּס, לְהַכְנִיס

כָּנַס/כּוֹנֵס/יִכְנוֹס (יִכְנֹס) gather together; bring in (lit.)

בניין : פָּעַל גזרה : שלמים (אֶפְעוֹל)

	הווה Pres.	
יחיד	כּוֹנֵס	כָּנוּס
יחידה	כּוֹנֶסֶת	כְּנוּסָה
רבים	כּוֹנְסִים	כְּנוּסִים
רבות	כּוֹנְסוֹת	כְּנוּסוֹת

	עבר Past	עתיד Fut.	ציווי Imp.
אני	כָּנַסְתִּי	אֶכְנוֹס	
אתה	כָּנַסְתָּ	תִּכְנוֹס	כְּנוֹס
את	כָּנַסְתְּ	תִּכְנְסִי	כִּנְסִי
הוא	כָּנַס	יִכְנוֹס	
היא	כָּנְסָה	תִּכְנוֹס	
אנחנו	כָּנַסְנוּ	נִכְנוֹס	
אתם/ן	כְּנַסְתֶּם/ן *	תִּכְנְסוּ **	כִּנְסוּ ***
הם/ן	כָּנְסוּ	יִכְנְסוּ **	

* Colloquial: כָּנַסְתֶּם/ן

שם הפועל עם ל- .Infin לִכְנוֹס ** less commonly: אתן/הן תִּכְנוֹסְנָה

מקור מוחלט .Inf. Abs כָּנוֹס *** less commonly: (אתן) כְּנוֹסְנָה

ביני פעיל .Act. Part כּוֹנֵס (נכסים) liquidator of bankrupt property

ביני סביל .Pass. Part כָּנוּס gathered (inside), collected; reserved (lit.)

שם הפעולה Verbal N כְּנִיסָה entering; entry; entrance (semantically related to *nif'al* below)

מקור נטוי .Inf.+pron בְּכוֹנְסוֹ, כְּ... while he was bringing in, ...

נִכְנַס/יִיכָּנֵס (יִכָּנֵס) enter, go in; get involved (in)

בניין: נִפְעַל גזרה: שלמים

	הווה Present		עבר Past	עתיד Future	ציווי Imper.
יחיד	נִכְנָס	אני	נִכְנַסְתִּי	אֶכָּנֵס	
יחידה	נִכְנֶסֶת	אתה	נִכְנַסְתָּ	תִּיכָּנֵס	הִיכָּנֵס
רבים	נִכְנָסִים	את	נִכְנַסְתְּ	תִּיכָּנְסִי	הִיכָּנְסִי
רבות	נִכְנָסוֹת	הוא	נִכְנַס	יִיכָּנֵס	
		היא	נִכְנְסָה	תִּיכָּנֵס	
		אנחנו	נִכְנַסְנוּ	נִיכָּנֵס	
		אתם/ן	נִכְנַסְתֶּם/ן	תִּיכָּנְסוּ *	הִיכָּנְסוּ **
		הם/ן	נִכְנְסוּ	יִיכָּנְסוּ *	

שם הפועל עם ל- .Infin לְהִיכָּנֵס * less commonly: אתן/הן תִּיכָּנַסְנָה

שם הפעולה Verbal N הִיכָּנְסוּת entering ** less commonly: (אתן) הִיכָּנַסְנָה

מקור מוחלט .Inf. Abs הִיכָּנֵס (הִיכָּנוֹס), נִכְנוֹס

כִּינֵּס (כִּנֵּס)/כִּינַּס/כַּנֵּס gather, bring together

בניין: פִּיעֵל גזרה: שלמים

	הווה Present		עבר Past	עתיד Future	ציווי Imper.
יחיד	מְכַנֵּס	אני	כִּינַּסְתִּי	אֲכַנֵּס	
יחידה	מְכַנֶּסֶת	אתה	כִּינַּסְתָּ	תְּכַנֵּס	כַּנֵּס
רבים	מְכַנְּסִים	את	כִּינַּסְתְּ	תְּכַנְּסִי	כַּנְּסִי
רבות	מְכַנְּסוֹת	הוא	כִּינֵּס	יְכַנֵּס	
		היא	כִּינְּסָה	תְּכַנֵּס	
		אנחנו	כִּינַּסְנוּ	נְכַנֵּס	
		אתם/ן	כִּינַּסְתֶּם/ן	תְּכַנְּסוּ *	כַּנְּסוּ **
		הם/ן	כִּינְּסוּ	יְכַנְּסוּ *	

שם הפועל עם ל- .Infin לְכַנֵּס * less commonly: אתן/הן תְּכַנֵּסְנָה

מקור מוחלט .Inf. Abs כַּנֵּס ** less commonly: (אתן) כַּנֵּסְנָה

שם הפעולה Verbal N כִּינּוּס convention; gathering

כּוּנַּס (כֻּנַּס) be gathered, be brought together

בניין: פּוּעַל גזרה: שלמים

	הווה Present		עבר Past	עתיד Future
יחיד	מְכוּנָּס	אני	כּוּנַּסְתִּי	אֲכוּנַּס
יחידה	מְכוּנֶּסֶת	אתה	כּוּנַּסְתָּ	תְּכוּנַּס
רבים	מְכוּנָּסִים	את	כּוּנַּסְתְּ	תְּכוּנְּסִי
רבות	מְכוּנָּסוֹת	הוא	כּוּנַּס	יְכוּנַּס

	Present הווה		Past עבר	Future עתיד
		היא	כּוּנְסָה	תְּכוּנַס
		אנחנו	כּוּנַסְנוּ	נְכוּנַס
		אתם/ן	כּוּנַסְתֶּם/ן	תְּכוּנְסוּ *
		הם/ן	כּוּנְסוּ	יְכוּנְסוּ *

בינוני Pres. Part. מְכוּנָּס convened; withdrawn

* less commonly: אתן/הן תְּכוּנַסְנָה

הִתְכַּנֵּס/הִתְכַּנֵּס assemble, convene, come together

בניין: הִתְפַּעֵל גזרה: שלמים

	Present הווה		Past עבר	Future עתיד	Imper. ציווי
יחיד	מִתְכַּנֵּס	אני	הִתְכַּנַּסְתִּי	אֶתְכַּנֵּס	
יחידה	מִתְכַּנֶּסֶת	אתה	הִתְכַּנַּסְתָּ	תִּתְכַּנֵּס	הִתְכַּנֵּס
רבים	מִתְכַּנְּסִים	את	הִתְכַּנַּסְתְּ	תִּתְכַּנְּסִי	הִתְכַּנְּסִי
רבות	מִתְכַּנְּסוֹת	הוא	הִתְכַּנֵּס	יִתְכַּנֵּס	
		היא	הִתְכַּנְּסָה	תִּתְכַּנֵּס	
		אנחנו	הִתְכַּנַּסְנוּ	נִתְכַּנֵּס	
		אתם/ן	הִתְכַּנַּסְתֶּם/ן	תִּתְכַּנְּסוּ *	הִתְכַּנְּסוּ **
		הם/ן	הִתְכַּנְּסוּ	יִתְכַּנְּסוּ *	

שם הפועל עם ל- Infin. לְהִתְכַּנֵּס

* less commonly: אתן/הן תִּתְכַּנֵּסְנָה

מקור מוחלט Inf. Abs. הִתְכַּנֵּס

** less commonly: (אתן) הִתְכַּנֵּסְנָה

שם הפעולה Verbal N הִתְכַּנְּסוּת assembly, coming together

הִכְנִיס/הִכְנַסְ/יַכְנִיס bring in, insert; make a profit

בניין: הִפְעִיל גזרה: שלמים

	Present הווה		Past עבר	Future עתיד	Imper. ציווי
יחיד	מַכְנִיס	אני	הִכְנַסְתִּי	אַכְנִיס	
יחידה	מַכְנִיסָה	אתה	הִכְנַסְתָּ	תַּכְנִיס	הַכְנֵס
רבים	מַכְנִיסִים	את	הִכְנַסְתְּ	תַּכְנִיסִי	הַכְנִיסִי
רבות	מַכְנִיסוֹת	הוא	הִכְנִיס	יַכְנִיס	
		היא	הִכְנִיסָה	תַּכְנִיס	
		אנחנו	הִכְנַסְנוּ	נַכְנִיס	
		אתם/ן	הִכְנַסְתֶּם/ן	תַּכְנִיסוּ *	הַכְנִיסוּ **
		הם/ן	הִכְנִיסוּ	יַכְנִיסוּ *	

שם הפועל עם ל- Infin. לְהַכְנִיס

* less commonly: אתן/הן תַּכְנֵסְנָה

בינוני Pres. Part. מַכְנִיס bringing profit

** less commonly: (אתן) הַכְנֵסְנָה

שם הפעולה Verbal N הַכְנָסָה income; insertion

מקור מוחלט Inf. Abs. הַכְנֵס

הוּכְנַס (הֻכְנַס) be brought in, be inserted

בניין: הוּפְעַל גזרה: שלמים

	Present הווה		Past עבר	Future עתיד
יחיד	מוּכְנָס	אני	הוּכְנַסְתִּי	אוּכְנַס
יחידה	מוּכְנֶסֶת	אתה	הוּכְנַסְתָּ	תּוּכְנַס
רבים	מוּכְנָסִים	את	הוּכְנַסְתְּ	תּוּכְנְסִי
רבות	מוּכְנָסוֹת	הוא	הוּכְנַס	יוּכְנַס
		היא	הוּכְנְסָה	תּוּכְנַס

	Future עתיד	Past עבר	Present הווה
אנחנו	נוּכְנַס	הוּכְנַסְנוּ	
אתם/ן	תּוּכְנְסוּ *	הוּכְנַסְתֶּם/ן	
הם/ן	יוּכְנְסוּ *	הוּכְנְסוּ	

* less commonly: אתן/הן תּוּכְנַסְנָה

♦ דוגמאות Illustrations

דני לא אוהב **לְהִיכָּנֵס** הבייתה דרך **הַכְּנִיסָה** הראשית ; הוא מעדיף **לְהִיכָּנֵס** דרך המטבח.

Danny does not like **to enter** the house through the main **entrance**; he prefers **to enter** through the kitchen.

לאחר משא ומתן ארוך, הותרה לבסוף **כְּנִיסָתוֹ** של קאסטרו לביקור בארה״ב.

Following long negotiations, Castro's **entry** into the United States was finally approved.

אל **תַּכְנִיס** את הכלב הבייתה!

Do not **bring** the dog **into** the house!

בשבוע הבא יתקיים כאן **כִּינוּס** של פקידי מס **הַכְנָסָה**. כל שנה הם **מִתְכַּנְסִים** כאן, במלון הזה.

A **convention** of **income** tax officials will take place here next week. Every year they **convene** here, at this hotel.

כִּינַסְתִּי את כל המשפחה מכל רחבי הארץ כדי לחגוג את יום ההולדת ה-50 של אחותי. זאת הייתה מסיבת הפתעה ; אפילו בעלה לא **הוּכְנַס** בסוד העניין.

I **gathered** the whole family together from all over the country in order to celebrate my sister's 50th birthday. It was a surprise; even her husband **was** not **brought in** on the secret.

♦ ביטויים מיוחדים Special expressions

נִכְנַס לתוך דבריו **interrupt** him — **נִכְנַס** בבריתו של אברהם אבינו be circumcised

נִכְנַס לתמונה **get into** the picture — **נִכְנְסוּ** בברית הנישואין they got married

נִכְנַס בעובי הקורה involve oneself seriously in trying to solve a problem

נִכְנַס יין – יצא סוד one is likely to reveal secrets when one is drunk

נִכְנְסָה להריון got pregnant — **יִיכָּנֵס** בו הרוח to hell with him!

מַכְנִיס אורחים hospitable — מס **הַכְנָסָה** **income** tax

הַכְנָסָה נקייה net **income** — **הַכְנָסַת** אורחים hospitality

הַכְנָסוֹת והוצאות **income** and expenses — אין **כְּנִיסָה** no **entry**, do not enter

4.1 Technical Comments on the Sample

All conjugations in the sample are of the regular *shlemim* category. The first element in the heading of each conjugation is the 3rd person singular masculine in the past, following the traditional choice for verb citation; subsequent forms reflect alternate realizations in the conjugation. Thus, the citation form in the פָּעַל *pa`al* conjugation is כָּנַס **he gathered together;** כּוֹנֵס and יִכְנוֹס represent the present and future/imperative stems, respectively. (יִכְנֹס) is the traditional way of representing יִכְנוֹס (today's *plene* writing). The designation אֶפְעוֹל *'ef`ol* refers to the fact that in the future (and imperative) of this verb, the final vowel in the stem is *o*, which is the typical case in *pa`al*. In a smaller group of *pa`al* verbs, the final stem-vowel is *a* (designated אֶפְעַל *'ef`al*). While some *pa`al* verbs are arbitrarily marked for future/imperative stem-vowel *a*, many stative verbs are characterized by it (e.g., יִכְבַּד **will be hard/heavy**), as are some types of defective verbs (e.g., יִישַׁן **will sleep**). The largest subgroup of *'ef`al* forms results from the presence of a guttural as 2nd or 3rd root consonant (gutturals, as low consonants, prefer the low vowel *a*). The infinitive has two forms. One is the Infinitive Construct, כְּנוֹס, to which the preposition -ל **to** is prefixed, to form לִכְנוֹס **to gather together**. It will be referred to simply as שם הפועל "infinitive." -ב **in**, -כ **as, like** and -מ **from** may be prefixed to the same form as well, yielding בִּכְנוֹס, כִּכְנוֹס, מִכְּנוֹס, but since such structures, which are very infrequent, are essentially the same as the "to+infinitive" structure, they are not listed. Pronominal suffixes may be appended to the Infinitive Construct, e.g., בְּכוֹתְבוֹ **while he was writing**. We will refer to them as מקור נטוי "infinitive + pronoun." Note that with the exception of a few inherited forms like בְּשָׁכְבְּךָ "while you are lying down," now the *qamats qaṭan* is normally replaced by וֹ, and the final root consonant loses its *dagesh qal* so as to be aligned with the rest of the verbal paradigm: בְּכוֹתְבוֹ ~ כּוֹתֵב. Such configurations are characteristic of written Hebrew. Only the infinitive + pronoun forms for *pa`al* are listed, because of the variety of alternations involved; in other *binyanim* the form of the combination is fairly predictable, e.g., לְהַסְבִּיר **to explain** ~ בְּהַסְבִּירוֹ **while he was explaining**. The only change that occurs is the loss of the vowel *e* before the final (stressed) syllable: לְדַבֵּר **to speak** ~ בְּדַבְּרוֹ **while he was speaking**. The other (less frequent) realization of the infinitive is the Infinitive Absolute (מָקוֹר מוּחְלָט), in the sample illustration כָּנוֹס, which in Biblical Hebrew functioned either as an adverbial, or as a verbal noun, or as a substitute for a finite verb, or even imperatively. Today it is restricted to the literary register (usually to express durative aspect or emphasis), but is nevertheless listed for reference, since it is not necessarily identical to the Construct variant. The Infinitive Absolute of the passive *binyanim* (כּוּנּוֹס, הוּכְנֵס), though possible, is very rare, essentially limited to highly literary written contexts, which is why it is not listed. The verbal noun is a derived form referring to the abstraction of the activity suggested by the verb. Here, however, כְּנִיסָה is rarely used in the sense of **gathering together** expected from the base כָּנַס; the only meanings listed, **entering**, **entry**, **entrance**, are related to *nif`al*'s נִכְנַס **enter**. The present participle is noted when the present functions as an adjective or noun; in *pa`al*, there may exist realizations of either an active or a passive participle (in other *binyanim*, only one form exists, which may be either active or passive, depending on the particular *binyan*). The pattern קָטִיל *qatil* (=CaCiC), designating "able-type" adjectives and some nouns, is also regarded as a derived present participle, usually *pa`al*-related, e.g., אָכִיל **edible**. In colloquial Israeli Hebrew, a tendency to level the regular past paradigm of *pa`al* and make it uniform results in the normative reduced כְּנַסְתֶּם *knastem* being restructured into כָּנַסְתֶּם *kanastem*. Also, in Modern Hebrew, the separate feminine forms for 2nd and 3rd person plural in the future and the comparable 2nd person imperative forms tend to be replaced by their masculine counterparts. This phenomenon is already observed in Late Biblical Hebrew, and is standard in Mishnaic Hebrew. To the extent that these separate BH feminine forms are maintained, the Hebrew Language Academy now sanctions (optional) leveling of the *nif`al* forms with those of the other non-passive paradigms, by allowing *a~e* variation: תִּכָּנַסְנָה~תִּכָּנֵסְנָה, הִכָּנַסְנָה~הִכָּנֵסְנָה.

5. Binyan *Realization and Meaning*

Of special interest are the semantic relations between the *binyanim*. When the total inventory of verbs is considered, little regularity is involved. However, among the more frequent, and thus more salient, verb forms, a significant degree of regularity is preserved, which should somewhat facilitate the learner's ability to begin to guess, given one form, what the meaning of a related one might be. Thus, while *pa`al* forms cover a wide semantic array, related *nif`al* forms are often *reflexive* (the agent, i.e., the "voluntary" performer of the action, and patient, i.e., the "recipient of the action," are identical, in that one does something to oneself), *inchoative/resultative* (becoming something, **changing from one state to another**), *passive* (the patient replaces the agent as the subject of the sentence), or *reciprocal/mutual* (when the agent and the patient can change places, and the substitution would not significantly change the meaning of the sentence). Thus, in the case above, נִכְנַס **enter** is inchoative/resultative, since it can be decomposed semantically into "change of state from being outside to being inside," or possibly reflexive, "shift oneself from the state of being outside to being inside." Typically, the change-of-state happens on its own, i.e., involuntarily:

end (intr.) נִגְמַר	become frightened נִבְהַל
become known נוֹדַע	get stuck/glued נִדְבַּק
get established נוֹסַד	be born נוֹלַד
recollect נִזְכַּר	be created נוֹצַר
close נִסְגַּר	fail (intr.) נִכְשַׁל
disappear נֶעֱלַם	get insulted נֶעֱלַב
pass away נִפְטַר	get hurt נִפְגַּע
get wounded נִפְצַע	get interrupted נִפְסַק
integrate (intr.) נִקְלַט	open (intr.) נִפְתַּח
break (intr.) נִשְׁבַּר	fall asleep נִרְדַּם

Note that Hebrew has **no** "ergative" verbs like English **open** or **break**, which can be **either** transitive or intransitive, e.g., **he opened the door** and **the door opened**, or **he broke the widow** and **the window broke**.

There are few true reflexives in *nif`al*, like נִמְנַע (מ-) **avoid**, i.e., **prevent oneself (from)**, נִרְשַׁם (ל-) **register oneself for**, נֶעֱצַר **stop oneself**, but the reader should note that Hebraists often use the term reflexive as a substitute for the change-of-state inchoative/resultative category. Historically, *nif`al* was seldom passive, but with the loss of the quasi-automatic passive of *pa`al*, it gradually filled in the gap, and consequently there exist a significant number of passives in *nif`al*:

be checked נִבְדַּק	be arrested נֶאֱסַר
be built נִבְנָה	be (s)elected נִבְחַר
be caused נִגְרַם	be stolen נִגְנַב
be conquered נִכְבַּשׁ	be rejected נִדְחָה
be studied נִלְמַד	be written נִכְתַּב
be acquired נִרְכַּשׁ	be delivered נִמְסַר
be sent נִשְׁלַח	be murdered נִרְצַח

There is also a small group of reciprocals in *nif`al*, like נִלְחַם עם/ב- **fight (someone)** (since either x-fight-y or y-fight-x is possible, with little semantic change), נִלְוָה אל/ל- **accompany**, נֶאֱבַק עם **struggle with**.

The same categories are found in *hitpa`el* realizations, except that passive is quite rare, e.g., הִתְבַּקֵּשׁ **be requested**. Change-of-state inchoatives are quite common (note that in *hitpa`el*, the sibilants ש׳, שׂ׳, ס׳, ז׳ and צ׳ metathesize with the ת׳ of הִתְפַּעֵל, and the last two also cause it to assimilate into ד׳ or ט׳, respectively):

get confused הִתְבַּלְבֵּל	grow old הִזְדַּקֵּן
get entangled הִסְתַּבֵּךְ	become clear הִתְבָּרֵר
become crazy הִשְׁתַּגֵּעַ	end (intr.) הִסְתַּיֵּים
change (intr.) הִשְׁתַּנָּה	integrate (intr.) הִשְׁתַּלֵּב
collapse הִתְמוֹטֵט	shrink (intr.) הִתְכַּוֵּוץ
atrophy הִתְנַוֵּון	fill up (intr.) הִתְמַלֵּא
burst הִתְפּוֹצֵץ	wake up הִתְעוֹרֵר
spread out הִתְפַּשֵּׁט	burst out הִתְפָּרֵץ
cool down הִתְקָרֵר	develop (intr.) הִתְפַּתֵּחַ
get excited הִתְרַגֵּשׁ	get angry הִתְרַגֵּז
	occur הִתְרַחֵשׁ

as are true reflexives, as in:

comb one's hair הִסְתָּרֵק	slip away (remove oneself) הִסְתַּלֵּק
exert oneself הִתְאַמֵּץ	amuse oneself הִשְׁתַּעֲשֵׁעַ
shave oneself הִתְגַּלֵּחַ	make oneself up הִתְאַפֵּר
prepare (intr.) הִתְכּוֹנֵן	sit down (seat oneself) הִתְיַישֵּׁב
advance (intr.) הִתְקַדֵּם	get dressed הִתְלַבֵּשׁ
wash (intr.) bathe הִתְרַחֵץ	lift oneself up הִתְרוֹמֵם

and there are more reciprocals than in *nif`al*, as in:

argue with הִתְווַכֵּחַ עם	get divorced from הִתְגָּרֵשׁ מ-
correspond with הִתְכַּתֵּב עם	marry (someone) הִתְחַתֵּן עם
	whisper to each other הִתְלַחֵשׁ

It appears, then, that whenever the focus is on the recipient of the action, or the entity undergoing the action/change, forms tend to be realized either in *hitpa`el* or *nif`al*, with general preference for the former – except for passives, which prefer the latter.

When the focus is on the **agent**, the "willing" performer of the action, forms tend to be realized either in *pi`el* or *hif`il*. If the agentive verb is a true causative, there is often preference for *hif`il*:

clarify הִבְהִיר
limit הִגְבִּיל
enlarge (tr.) הִגְדִּיל
worry (tr.) הִדְאִיג
inform, make known הוֹדִיעַ
bring down הוֹרִיד
subdue הִכְנִיעַ
transfer (i.e., cause to pass) הֶעֱבִיר
stand (tr.) הֶעֱמִיד
scare (tr.) הִפְחִיד
surprise הִפְתִּיעַ
drop (tr.) הִפִּיל
show הֶרְאָה
remove, send away הִרְחִיק
complete הִשְׁלִים

cause to flee הִבְרִיחַ
intensify (tr.) הִגְבִּיר
realize (tr.) הִגְשִׁים
lead הוֹבִיל
take/bring out הוֹצִיא
insert (=cause to be in) הִכְנִיס
move (tr.) הֵנִיעַ
wake up (tr.) הֵעִיר
employ הֶעֱסִיק
cause to turn הִפְנָה
make laugh הִצְחִיק
establish הֵקִים
annoy, make angry הִרְגִּיז
leave (tr.) הִשְׁאִיר
make hear הִשְׁמִיעַ

There are causatives in *pi`el* as well, but those are typically restricted to **cause to be/become** (whereas *hif`il* also expresses **cause to do**):

make possible אִפְשֵׁר
heat חִימֵּם
reduce, make smaller צִמְצֵם
bore שִׁעֲמֵם

renew חִידֵּשׁ
dry (tr.) יִיבֵּשׁ
concentrate (tr.) רִיכֵּז
improve, make better שִׁיפֵּר

strengthen (tr.) חִיזֵּק
establish יִיסֵּד
make crazy שִׁיגֵּעַ

Pi`el is also preferred for other agentives that are not truly causative:

threaten אִיֵּים
hug חִיבֵּק
take care (of) טִיפֵּל
aim כִּיוֵּון
play נִיגֵּן
provide סִיפֵּק
interpret פֵּירֵשׁ
serve שֵׁירֵת

report דִּיוּוַח
dial חִיֵּיג
give יִיעֵץ
accompany לִיוּוָה
reason נִימֵּק
study closely עִיֵּין
draw, paint צִיֵּיר
translate תִּרְגֵּם

leaf through דִּפְדֵּף
calculate חִישֵּׁב
represent יִיצֵּג
wipe נִיגֵּב
kiss נִישֵּׁק
smoke עִישֵּׁן
photograph צִילֵּם

Finally, *pu`al* and *huf`al* are usually the passive counterparts of the transitive *pi`el* and *hif`il*, respectively, as exemplified by the כִּינֵּס-כּוּנַּס and הִכְנִיס-הוּכְנַס pairs above.

These regularities, however, are only tendencies, manifested more strongly in frequent and recent verbs. Sweeping semantic generalizations about the total verb system would be inappropriate.

6. Verb-Related **Mishqalim**

The reader should also note the fairly regular morphological structure of the nominal and adjectival forms associated with particular *binyanim*:

Gloss	Act. P.	Gloss	Gerund	Gloss	Form	Binyan
previous	קוֹדֵם	priority	קְדִימָה	precede	קָדַם	פָּעַל
guard (N)	שׁוֹמֵר	guarding	שְׁמִירָה	watch, guard	שָׁמַר	
continuous	שׁוֹטֵף	rinsing; flooding	שְׁטִיפָה	rinse; flood	שָׁטַף	
		parting, separation	הִיפָּרְדוּת	depart, separate	נִפְרַד	נִפְעַל
		being checked	הִיבָּדְקוּת	be checked	נִבְדַק	
		being pulled	הִימָּשְׁכוּת	be pulled; continue	נִמְשַׁךְ	
coefficient	מְקַדֵּם	advancement	קִידּוּם	advance (tr.)	קִידֵּם	פִּיעֵל
preservative	מְשַׁמֵּר	preserving	שִׁימּוּר	preserve	שִׁימֵּר	
commander	מְפַקֵּד	command (N)	פִּיקּוּד	command	פִּיקֵּד	
progressive	מִתְקַדֵּם	progress (N)	הִתְקַדְּמוּת	progress	הִתְקַדֵּם	הִתְפַּעֵל
objector	מִתְנַגֵּד	objection	הִתְנַגְּדוּת	object, resist	הִתְנַגֵּד	
developing	מִתְפַּתֵּחַ	development	הִתְפַּתְּחוּת	develop	הִתְפַּתֵּחַ	
profitable	מַכְנִיס	income	הַכְנָסָה	bring in	הִכְנִיס	הִפְעִיל
complement	מַשְׁלִים	completion	הַשְׁלָמָה	complete	הִשְׁלִים	
promising	מַבְטִיחַ	promise (N)	הַבְטָחָה	promise	הִבְטִיחַ	

Gloss	Pass. P.	Gloss	Form	Binyan
ancient	קָדוּם	precede	קָדַם	פָּעַל
guarded, reserved	שָׁמוּר	watch, guard	שָׁמַר	
flooded, washed	שָׁטוּף	rinse; flood	שָׁטַף	
separate	נִפְרָד	depart, separate	נִפְרַד	נִפְעַל
subject (in experiment)	נִבְדָק	be checked	נִבְדַק	
attracted; continuous	נִמְשָׁךְ	be pulled; continue	נִמְשַׁךְ	
convened; withdrawn	מְכוּנָּס	be gathered	כּוּנַּס	פּוּעַל
that was advanced	מְקוּדָּם	be advanced	קוּדַּם	
preserved	מְשׁוּמָּר	be preserved	שׁוּמַּר	
early	מוּקְדָּם	be moved earlier	הוּקְדַּם	הוּפְעַל
complete, perfect	מוּשְׁלָם	be completed	הוּשְׁלַם	
promised	מוּבְטָח	be promised	הוּבְטַח	

As noted earlier, non-verbal patterns like these (whether directly derived from verbs or not) are known as *mishqalim*. Using a prototypical root like קטל, the patterns above would be represented as:

פָּעַל : קְטִילָה, קוֹטֵל, קָטוּל   נִפְעַל : הִיקָּטְלוּת, נִקְטָל
פִּיעֵל : קִיטוּל, מְקַטֵּל   פּוּעַל : מְקוּטָּל
הִתְפַּעֵל : הִתְקַטְּלוּת, מִתְקַטֵּל   הִפְעִיל : הַקְטָלָה (הֶקְטֵל), מַקְטִיל
הוּפְעַל : מוּקְטָל

While there are only seven patterns in the verb system, the number of *mishqalim* is much larger. The likelihood of a nominal or adjectival pattern actually existing is very hard to predict, but is relatively high when the *mishqal* is directly related to the verb.

7. On using the indices

There are three indices: roots and related infinitives index, Hebrew-English index, and English-Hebrew index. If you know either the root or the infinitive, go to the root and related infinitive index (the first index). If you know the third person masc. past form, go to the Hebrew-English index, which is straightforward. The English-Hebrew index can be a bit tricky, however, since a particular Hebrew verb often has more than one meaning, and because the comparable English entry may begin with an auxiliary verb, a modal or a copula, or may constitute a built-in expression. Thus, when looking for a passive verb, one often needs to look for "be" plus the main verb, e.g., "arranged," as in "be arranged" for סוּדַּר; to look for הִצְמִיחַ, look for "cause" followed by "grow," as in "cause to grow"; to look for תֵּירֵץ, look for "make" followed by "an excuse," as in "make an excuse"; etc. And what we assumed to be the primary meaning in English for a particular Hebrew item may not be the one that immediately occurs to the reader. Thus, for instance, the primary meaning of תִּיקֵן may be regarded by some as "repair," by others as "fix," yet by others as "correct," etc.

LIST OF ABBREVIATIONS AND MARKS

act. part. בינוני פעיל active participle, a verb form usually functioning as a noun (as in שׁוֹמֵר **guard**). Here used for *pa`al* only, to distinguish it from its passive *pa`al* counterpart. In other *binyanim* only "participle" is used – see below.

a(dj.) שם תואר adjective.

adv. תואר הפועל adverb.

BH עברית מקראית Biblical Hebrew

CaCiC adj./N. קָטִיל passive participle functioning as an adjective (usually *able*-type) or noun, e.g. אָכִיל **edible**, אָסִיר **prisoner**.

coll. שפה מדוברת colloquial, limited to the colloquial register.

gov. prep. מלת יחס מוצרכת governed preposition, one that a particular verb requires when followed by a noun (as in הִסְתַּכֵּל ב- **look at**).

IH ע״י Israeli Hebrew עברית ישראלית

imper. ציווי imperative.

inf(in). שם הפועל (שה״פ) infinitive.

inf. abs. מקור מוחלט infinitive absolute, infinitival variant used as a free form, without added clitics like *to*. Mostly in BH & lit.

inf.+pron. מקור נטוי infinitive+pronoun (as in בְּכוֹתְבוֹ **while he was writing**)

intr. פועל עומד intransitive verb, a verb not taking a direct object

lit. שפה ספרותית literary, limited to the literary register.

ל״ל ע״ו or ע״י conjugation in which the third root consonant is duplicated, as in הִתְבּוֹנֵן < ב-י-ן (designation suggested by Yaakov Levi)

MH ע״ח Modern Hebrew עברית חדשה

Med H עברית של ימי הביניים Medieval Hebrew (used here only for Med H verbs whose usage in Modern Hebrew is very limited).

Mish H לשון חז״ל Mishnaic Hebrew (used here only for Mish H verbs whose distribution in Modern Hebrew is very limited).

n. שם עצם noun.

obs. צורה מיושנת obsolete.

pass. part. בינוני סביל passive participle, a verb form usually functioning as an adjective (as in שָׁבוּר **broken**). Here used for *pa`al* only – see note on active participles above.

prep. מילת יחס preposition.

pres. part. בינוני present participle, a present tense form that can function either as a noun or as an adjective; here used for all *binyanim* other than *pa`al*, which have only one participle (*pa`al* may have both active and passive participles).

sl. סלנג slang usage.

tr. פועל יוצא a transitive verb, a verb taking a direct object.

verbal N. (gerund) שם הפעולה an abstract noun derived directly from the verb (as in סְפִירָה **counting** in סְפִירַת העומר **the counting of the Omer**).

vulg. vulgar usage

[...] a possible but virtually non-existent form (often inf. abs. of passives); otherwise used for higher-level bracketing.

< In the "Less frequent verbs" section, < suggests that the verb base is either rare or non-existent, but the derived form to the left is commonly, or fairly commonly, used.

● אבד : לְאַבֵּד, לְהִתְאַבֵּד, לֶאֱבוֹד, לְהֵיאָבֵד

אִיבֵּד (אִבֵּד) אִיבַּד/אַבֵּד lose (tr.); ruin, cause to lose (lit.)

בניין : פִּיעֵל גזרה : שלמים

	הווה Present		עבר Past	עתיד Future	ציווי Imper.
יחיד	מְאַבֵּד	אני	אִיבַּדְתִּי	אֲאַבֵּד	
יחידה	מְאַבֶּדֶת	אתה	אִיבַּדְתָּ	תְּאַבֵּד	אַבֵּד
רבים	מְאַבְּדִים	את	אִיבַּדְתְּ	תְּאַבְּדִי	אַבְּדִי
רבות	מְאַבְּדוֹת	הוא	אִיבֵּד	יְאַבֵּד	
		היא	אִיבְּדָה	תְּאַבֵּד	
		אנחנו	אִיבַּדְנוּ	נְאַבֵּד	
		אתם/ן	אִיבַּדְתֶּם/ן	תְּאַבְּדוּ *	אַבְּדוּ **
		הם/ן	אִיבְּדוּ	יְאַבְּדוּ *	

שם הפועל .Infin לְאַבֵּד

* less commonly: אתן/הן תְּאַבֵּדְנָה

שם הפעולה Verbal N אִיבּוּד loss; ruin

** less commonly: (אתן) אַבֵּדְנָה

מקור מוחלט .Inf. Abs אַבֵּד

הִתְאַבֵּד/הִתְאַבַּד commit suicide

בניין : הִתְפַּעֵל גזרה : שלמים

	הווה Present		עבר Past	עתיד Future	ציווי Imper.
יחיד	מִתְאַבֵּד	אני	הִתְאַבַּדְתִּי	אֶתְאַבֵּד	
יחידה	מִתְאַבֶּדֶת	אתה	הִתְאַבַּדְתָּ	תִּתְאַבֵּד	הִתְאַבֵּד
רבים	מִתְאַבְּדִים	את	הִתְאַבַּדְתְּ	תִּתְאַבְּדִי	הִתְאַבְּדִי
רבות	מִתְאַבְּדוֹת	הוא	הִתְאַבֵּד	יִתְאַבֵּד	
		היא	הִתְאַבְּדָה	תִּתְאַבֵּד	
		אנחנו	הִתְאַבַּדְנוּ	נִתְאַבֵּד	
		אתם/ן	הִתְאַבַּדְתֶּם/ן	תִּתְאַבְּדוּ *	הִתְאַבְּדוּ **
		הם/ן	הִתְאַבְּדוּ	יִתְאַבְּדוּ *	

שם הפועל .Infin לְהִתְאַבֵּד

* less commonly: אתן/הן תִּתְאַבֵּדְנָה

שם הפעולה Verbal N הִתְאַבְּדוּת suicide

** less commonly: (אתן) הִתְאַבֵּדְנָה

בינוני .Pres. Part מִתְאַבֵּד one who commits suicide

מקור מוחלט .Inf. Abs הִתְאַבֵּד

אָבַד/אוֹבֵד/יֹאבַד be lost; perish

בניין : פָּעַל גזרה : נחי פ״א

	הווה/בינוני .Pres./Part		עבר Past	עתיד .Fut	ציווי .Imp
יחיד	אוֹבֵד אָבוּד	אני	אָבַדְתִּי	אוֹבַד (אֹבַד)	
יחידה	אוֹבֶדֶת אֲבוּדָה	אתה	אָבַדְתָּ	תֹּאבַד	אֱבוֹד
רבים	אוֹבְדִים אֲבוּדִים	את	אָבַדְתְּ	תֹּאבְדִי	אִבְדִי
רבות	אוֹבְדוֹת אֲבוּדוֹת	הוא	אָבַד	יֹאבַד	
		היא	אָבְדָה	תֹּאבַד	
		אנחנו	אָבַדְנוּ	נֹאבַד	
		אתם/ן	אֲבַדְתֶּם/ן *	תֹּאבְדוּ **	אִבְדוּ ***
		הם/ן	אָבְדוּ	יֹאבְדוּ **	

שם הפועל .Inf לֶאֱבוֹד
מקור נטוי .Inf.+pron בְּאוֹבְדוֹ, כְּ...
מקור מוחלט .Inf. Abs אָבוֹד
ביני פעיל .Act. Part אוֹבֵד one who lost his way
ביני סביל .Pass. Part אָבוּד lost, damaged, hopeless
מ״י מוצרכת .Gov. Prep אָבַד למישהו משהו someone lost something

* Colloquial: אֲבַדְתֶּם/ן
** less commonly: אתן/הן תֹּאבַדְנָה
*** less commonly: (אתן) אֱבוֹדְנָה
שם הפעולה Verbal N אֲבֵדָה loss

נֶאֱבַד/יֵיאָבֵד (יֵאָבֵד) be lost; perish (rare)

בניין : נִפְעַל גזרה : שלמים + פ״ג

	Present הווה		Past עבר	Future עתיד	Imper. ציווי
יחיד	נֶאֱבָד	אני	נֶאֱבַדְתִּי	אֵיאָבֵד	
יחידה	נֶאֱבֶדֶת	אתה	נֶאֱבַדְתָּ	תֵּיאָבֵד	הֵיאָבֵד
רבים	נֶאֱבָדִים	את	נֶאֱבַדְתְּ	תֵּיאָבְדִי	הֵיאָבְדִי
רבות	נֶאֱבָדוֹת	הוא	נֶאֱבַד	יֵיאָבֵד	
		היא	נֶאֶבְדָה	תֵּיאָבֵד	
		אנחנו	נֶאֱבַדְנוּ	נֵיאָבֵד	
		אתם/ן	נֶאֱבַדְתֶּם/ן	תֵּיאָבְדוּ *	הֵיאָבְדוּ **
		הם/ן	נֶאֶבְדוּ	יֵיאָבְדוּ *	

שם הפועל .Infin לְהֵיאָבֵד
מקור מוחלט .Inf. Abs נַאֲבוֹד, הֵיאָבֵד/...בוֹד

* less commonly: אתן/הן תֵּיאָבַדְנָה
** less commonly: (אתן) הֵיאָבַדְנָה

♦ דוגמאות Illustrations

המפתח **אָבַד**, וחשבנו שנצטרך לפרוץ את מנעול המחסן. אבל בסופו של דבר המפתח ה**אָבוּד** נמצא.

The key **was lost**, and we thought we would need to break the storeroom lock. But in the end the **lost** key was found.

אִיבַּדְנוּ את המפתח = אָבַד לנו המפתח.
We lost the key.

אפריים **אִיבֵּד** את כל כספו בלאס וגאס וניסה **לְהִתְאַבֵּד** בקפיצה מהחלון, אבל ניסיון ה**הִתְאַבְּדוּת** נכשל; הוא הצליח רק לשבור את רגלו.

Ephraim **lost** all of his money in Las Vegas and tried **to commit suicide** by jumping out of the window, but the **suicide** attempt failed; all he managed to do was to break his leg

״עוד לא **אָבְדָה** תִּקְוָתֵנוּ״

We have not lost hope ("our hope is not **lost** yet" – from Israeli anthem)

״כן **יֹאבְדוּ** כל אוֹיְבֶיךָ״ (שופ׳ ה :31).
"So may all your enemies **perish**" (Jud 5:31)

♦ ביטויים מיוחדים Special expressions

אִיבֵּד את עצמו לָדַעַת = **הִתְאַבֵּד** commit suicide
הלך **לְאִיבּוּד** be **lost**, be gone for good
אִיבֵּד את עשתונותיו **lost** his head
אָבַד עליו כֶּלַח it's obsolete, outdated
הבן ה**אוֹבֵד** the prodigal son
אוֹבֵד עֵצוֹת confused
זה מקרה **אָבוּד** it's a **lost** case – usually referring to a person (coll.)
כאשר **אָבַדְתִּי אָבָדְתִּי** there's nothing I can do about it, I've had it
חבל על **דְּאָבְדִין** ולא משתכחין a great **loss** (said of the recently departed, Aramaic)

● אבחן (מן אַבְחָנָה diagnosis) : לְאַבְחֵן

אִבְחֵן/אִבְחַנ/אַבְחֵן diagnose

בניין : פִּיעֵל   גזרה : מרובעים + ג"נ (במודל קטל"ג)

	הווה Present		עבר Past	עתיד Future	ציווי Imper.
יחיד	מְאַבְחֵן	אני	אִבְחַנְתִּי	אֲאַבְחֵן	
יחידה	מְאַבְחֶנֶת	אתה	אִבְחַנְתָּ	תְּאַבְחֵן	אַבְחֵן
רבים	מְאַבְחְנִים/...חֲ...	את	אִבְחַנְתְּ	תְּאַבְחְנִי/...חֲ...	אַבְחְנִי
רבות	מְאַבְחְנוֹת/...חֲ...	הוא	אִבְחֵן	יְאַבְחֵן	/...חֲ...
		היא	אִבְחֲנָה/...חֲ...	תְּאַבְחֵן	
		אנחנו	אִבְחַנּוּ	נְאַבְחֵן	
		אתם/ן	אִבְחַנְתֶּם/ן	תְּאַבְחְנוּ*/...חֲ...	אַבְחְנוּ**
		הם/ן	אִבְחְנוּ/...חֲ...	יְאַבְחְנוּ */...חֲ...	/...חֲ...

שם הפועל .Infin לְאַבְחֵן   * less commonly: אתן/הן תְּאַבְחֵנָּה

מקור מוחלט .Inf. Abs אַבְחֵן   ** less commonly: (אתן) אַבְחֵנָּה

שם הפעולה Verbal N אִבְחוּן diagnosis, diagnosing

אוּבְחַן (אֻבְחַן) be diagnosed

בניין : פּוּעַל   גזרה : מרובעים + ג"נ (במודל קטל"ג)

	הווה Present		עבר Past	עתיד Future
יחיד	מְאוּבְחָן	אני	אוּבְחַנְתִּי	אֲאוּבְחַן
יחידה	מְאוּבְחֶנֶת	אתה	אוּבְחַנְתָּ	תְּאוּבְחַן
רבים	מְאוּבְחָנִים	את	אוּבְחַנְתְּ	תְּאוּבְחֲנִי
רבות	מְאוּבְחָנוֹת	הוא	אוּבְחַן	יְאוּבְחַן
		היא	אוּבְחֲנָה	תְּאוּבְחַן
		אנחנו	אוּבְחַנּוּ	נְאוּבְחַן
		אתם/ן	אוּבְחַנְתֶּם/ן	תְּאוּבְחֲנוּ*
		הם/ן	אוּבְחֲנוּ	יְאוּבְחֲנוּ*

* less commonly: אתן/הן תְּאוּבְחַנָּה

♦ דוגמאות Illustrations

יש מחלות ללא תסמינים חיצוניים ברורים שקשה מאוד **לְאַבְחֵן** אותן, ובמקרים לא מעטים ה**אִבְחוּן** (הוא) מאוחר מדיי.

There are illnesses with no clear external symptoms that are very difficult **to diagnose**, and in a good number of instances the **diagnosis** is too late.

● אבל : לְהִתְאַבֵּל

הִתְאַבֵּל/הִתְאַבַּל mourn

בניין : הִתְפַּעֵל   גזרה : שלמים

	הווה Present		עבר Past	עתיד Future	ציווי Imper.
יחיד	מִתְאַבֵּל	אני	הִתְאַבַּלְתִּי	אֶתְאַבֵּל	
יחידה	מִתְאַבֶּלֶת	אתה	הִתְאַבַּלְתָּ	תִּתְאַבֵּל	הִתְאַבֵּל
רבים	מִתְאַבְּלִים	את	הִתְאַבַּלְתְּ	תִּתְאַבְּלִי	הִתְאַבְּלִי
רבות	מִתְאַבְּלוֹת	הוא	הִתְאַבֵּל	יִתְאַבֵּל	

		Past עבר	Future עתיד	Imper. ציווי
Present הווה				
	היא	הִתְאַבְּלָה	תִּתְאַבֵּל	
	אנחנו	הִתְאַבַּלְנוּ	נִתְאַבֵּל	
	אתם/ן	הִתְאַבַּלְתֶּם/ן	תִּתְאַבְּלוּ *	הִתְאַבְּלוּ **
	הם/ן	הִתְאַבְּלוּ	יִתְאַבְּלוּ *	

שם הפועל .Infin לְהִתְאַבֵּל   * less commonly: אתן/הן תִּתְאַבֵּלְנָה

בינוני .Pres. Part מִתְאַבֵּל mourner   ** less commonly: (אתן) הִתְאַבֵּלְנָה

שם הפעולה Verbal N הִתְאַבְּלוּת mourning   מקור מוחלט .Inf. Abs הִתְאַבֵּל

מ״י מוצרכת .Gov. Prep הִתְאַבֵּל על mourn someone

♦ דוגמאות Illustrations

ישראלים רבים עדיין **מִתְאַבְּלִים** על רבין. הם מאמינים שאילו לא היה נרצח, אולי פני הדברים במזרח התיכון היו שונים היום.

Many Israelis still **mourn** Rabin. They believe that had he not been murdered, perhaps things in the Middle East would have been different today.

●אבק : לְהֵיאָבֵק

נֶאֱבַק/יֵיאָבֵק (יֵאָבֵק) struggle, wrestle, fight

בניין : נִפְעַל   גזרה : שלמים + פ״ג

	Present הווה		Past עבר	Future עתיד	Imper. ציווי
יחיד	נֶאֱבָק	אני	נֶאֱבַקְתִּי	אֵיאָבֵק	
יחידה	נֶאֱבֶקֶת	אתה	נֶאֱבַקְתָּ	תֵּיאָבֵק	הֵיאָבֵק
רבים	נֶאֱבָקִים	את	נֶאֱבַקְתְּ	תֵּיאָבְקִי	הֵיאָבְקִי
רבות	נֶאֱבָקוֹת	הוא	נֶאֱבַק	יֵיאָבֵק	
		היא	נֶאֶבְקָה	תֵּיאָבֵק	
		אנחנו	נֶאֱבַקְנוּ	נֵיאָבֵק	
		אתם/ן	נֶאֱבַקְתֶּם/ן	תֵּיאָבְקוּ *	הֵיאָבְקוּ **
		הם/ן	נֶאֶבְקוּ	יֵיאָבְקוּ *	

שם הפועל .Infin לְהֵיאָבֵק   * less commonly: אתן/הן תֵּיאָבַקְנָה

שם הפעולה Verbal N הֵיאָבְקוּת wrestling   ** less commonly: (אתן) הֵיאָבַקְנָה

מקור מוחלט .Inf. Abs נֶאֱבוֹק, הֵיאָבֵק (הֵיאָבוֹק)

מ״י מוצרכת .Gov. Prep נֶאֱבַק על struggle/fight for   נֶאֱבַק עם struggle/fight with

♦ פעלים פחות שכיחים מאותו שורש Less frequent verbs from the same root

הִתְאַבֵּק/הִתְאַבַּק wrestle, grapple (מִתְאַבֵּק, יִתְאַבֵּק, לְהִתְאַבֵּק)

A less frequent homonymous root meaning "dust" is not included in this collection.

♦ דוגמאות Illustrations

כשה**מִתְאַבֵּק** הפופולרי הזה עומד **לְהֵיאָבֵק** בזירה עם **מִתְאַבֵּק** מפורסם אחר, הציבור **נֶאֱבָק** על הכרטיסים.

When this popular **wrestler** is about **to fight** in the arena with another famous **wrestler**, the public **fights for** tickets.

מטפס ההרים שמעד ונפל מן הצוק עדיין **נֶאֱבָק** על חייו.

The mountain climber who stumbled and fell off the cliff **is** still **fighting** for his life.

● אהב : לֶאֱהוֹב, לְהִתְאַהֵב

אָהַב/אוֹהֵב/יֹאהַב love, like, adore

בניין : פָּעַל גזרה : נחי פ"א + ע"ג

	Pres./Part. הווה/בינוני		Past עבר	Fut. עתיד	Imper. ציווי
יחיד	אוֹהֵב אָהוּב	אני	אָהַבְתִּי	אוֹהַב (אֹהַב)	
יחידה	אוֹהֶבֶת אֲהוּבָה	אתה	אָהַבְתָּ	תֹּאהַב	אֱהַב
רבים	אוֹהֲבִים אֲהוּבִים	את	אָהַבְתְּ	תֹּאהֲבִי	אֶהֱבִי
רבות	אוֹהֲבוֹת אֲהוּבוֹת	הוא	אָהַב	יֹאהַב	
		היא	אָהֲבָה	תֹּאהַב	
		אנחנו	אָהַבְנוּ	נֹאהַב	
		אתם/ן	אֲהַבְתֶּם/ן *	תֹּאהֲבוּ **	אֶהֱבוּ ***
		הם/ן	אָהֲבוּ	יֹאהֲבוּ **	

* Colloquial: אָהַבְתֶּם/ן

** less commonly: אתן/הן תֹּאהַבְנָה

*** less commonly: (אתן) אֱהַבְנָה

מקור נטוי .Inf.+pron בְּאוֹהֲבוֹ, כְּ...

שם הפועל .Infin לֶאֱהוֹב

ביני פעיל .Pres. Part אוֹהֵב friend

ביני סביל .Pass. Part אָהוּב beloved; best liked

מקור מוחלט .Inf. Abs אָהוֹב

הִתְאַהֵב/הִתְאַהַב fall in love

בניין : הִתְפַּעֵל גזרה : שלמים + פ"ג + ע"ג

	Present הווה		Past עבר	Future עתיד	Imper. ציווי
יחיד	מִתְאַהֵב	אני	הִתְאַהַבְתִּי	אֶתְאַהֵב	
יחידה	מִתְאַהֶבֶת	אתה	הִתְאַהַבְתָּ	תִּתְאַהֵב	הִתְאַהֵב
רבים	מִתְאַהֲבִים	את	הִתְאַהַבְתְּ	תִּתְאַהֲבִי	הִתְאַהֲבִי
רבות	מִתְאַהֲבוֹת	הוא	הִתְאַהֵב	יִתְאַהֵב	
		היא	הִתְאַהֲבָה	תִּתְאַהֵב	
		אנחנו	הִתְאַהַבְנוּ	נִתְאַהֵב	
		אתם/ן	הִתְאַהַבְתֶּם/ן	תִּתְאַהֲבוּ *	הִתְאַהֲבוּ **
		הם/ן	הִתְאַהֲבוּ	יִתְאַהֲבוּ *	

* less commonly: אתן/הן תִּתְאַהֵבְנָה

** less commonly: (אתן) הִתְאַהֵבְנָה

שם הפועל .Infin לְהִתְאַהֵב

שם הפעולה Verbal N הִתְאַהֲבוּת falling in love

מקור מוחלט .Inf. Abs הִתְאַהֵב

מ"י מוצרכת .Gov. Prep הִתְאַהֵב בְּ- fall in love with

♦ פעלים פחות שכיחים מאותו שורש Less frequent verbs from the same root

נֶאֱהַב be loved, be liked (נֶאֱהַב, יֵיאָהֵב, לְהֵיאָהֵב)

אִיהֵב love passionately; endear (lit.) < בינוני .Pres. Part מְאַהֵב lover (form is common)

אוֹהַב become loved (lit.) < בינוני .Pres. Part מְאוֹהָב בְּ- in love with (form is common)

♦ **דוגמאות** Illustrations

מיכאל **הִתְאַהֵב בְּ**אילנה ממבט ראשון. גם היום, אחרי שלושים שנה, הם **אוֹהֲבִים** מאוד זה את זו. אילנה אומרת שהיא **מְאוֹהֶבֶת בְּ**מיכאל, ושהיום הוא **מְאַהֵב** לא פחות טוב ממה שהיה כשנפגשו לראשונה.

Michael **fell in love with** Ilana at first sight. Even today, thirty years later, they still **love** each other. Ilana says that she's **in love with** Michael, and that he is just as good a **lover** as he was when they first met.

אני **אוֹהֵב** רק יַיִן אדום, והַיַּיִן **הָאָהוּב עלי ביותר** הוא קַבֶּרְנֶה סוֹבִינְיוֹן.

I only **like** red wine, and **my most favorite** wine is Cabernet Sauvignon.

●אוץ : לְהָאִיץ

הֵאִיץ/הֵאַץ/יָאִיץ speed up, accelerate; urge someone on

בניין : הִפְעִיל גזרה : ע"ו

	הווה Present		עבר Past	עתיד Future	ציווי .Imper
יחיד	מֵאִיץ	אני	הֵאַצְתִּי	אָאִיץ	
יחידה	מְאִיצָה	אתה	הֵאַצְתָּ	תָּאִיץ	הָאֵץ
רבים	מְאִיצִים	את	הֵאַצְתְּ	תָּאִיצִי	הָאִיצִי
רבות	מְאִיצוֹת	הוא	הֵאִיץ	יָאִיץ	
		היא	הֵאִיצָה	תָּאִיץ	
		אנחנו	הֵאַצְנוּ	נָאִיץ	
		אתם/ן	הֵאַצְתֶּם/ן	תָּאִיצוּ *	הָאִיצוּ **
		הם/ן	הֵאִיצוּ	יָאִיצוּ *	

שם הפועל .Infin לְהָאִיץ — * less commonly: אתן/הן תָּאֵצְנָה

ש' הפעו' Verbal N הֲאָצָה acceleration; urging — ** less commonly: (אתן) הָאֵצְנָה

מקור מוחלט .Inf. Abs הָאֵץ — מ"י מוצרכת .Gov. Prep הֵאִיץ ב- urge (someone)

♦ **דוגמאות** Illustrations

דני אינו מרוצה מיחסי האנוש השוררים בחברה בה הוא עובד ; אישתו **מְאִיצָה** בו להחליף את מקום עבודתו.

Danny is unhappy with the human relations prevalent in the company where he works; his wife **urges** him to shift to another company.

●אור : לְהָאִיר

הֵאִיר/הֵאַר/יָאִיר illuminate, throw light on

בניין : הִפְעִיל גזרה : ע"ו

	הווה Present		עבר Past	עתיד Future	ציווי .Imper
יחיד	מֵאִיר	אני	הֵאַרְתִּי	אָאִיר	
יחידה	מְאִירָה	אתה	הֵאַרְתָּ	תָּאִיר	הָאֵר
רבים	מְאִירִים	את	הֵאַרְתְּ	תָּאִירִי	הָאִירִי
רבות	מְאִירוֹת	הוא	הֵאִיר	יָאִיר	
		היא	הֵאִירָה	תָּאִיר	
		אנחנו	הֵאַרְנוּ	נָאִיר	

Imper. ציווי	Future עתיד	Past עבר		Present הווה
הָאִירוּ **	תָּאִירוּ *	הֵאַרְתֶּם/ן	אתם/ן	
	יָאִירוּ *	הֵאִירוּ	הם/ן	

שם הפועל .Infin לְהָאִיר ** less commonly: אתן/הן תָּאֵרְנָה

שם הפעולה Verbal N הֶאָרָה illuminating ** less commonly: (אתן) הָאֵרְנָה

מקור מוחלט .Inf. Abs הָאֵר

♦ **פעלים פחות שכיחים מאותו שורש** Less frequent verbs from the same root

הוּאַר be illuminated (מוּאָר, יוּאַר) אוֹר shine (lit.) (אוֹר, יָאוֹר)

נָאוֹר become lighted (lit.) (נָאוֹר, יֵאוֹר) < בינוני .Pres. Part נָאוֹר, נְאוֹרָה... enlightened

♦ **דוגמאות** Illustrations

הזיקוקים **הֵאִירוּ** את הלילה, ופני השמיים **הוּאֲרוּ** כאילו הייתה זו שעת צהריים.

The fireworks **lit up** the night, and the sky **was illuminated** as if it were noon.

♦ **ביטויים מיוחדים** Special expressions

אוֹרוּ עיניו his spirit was revived — פנים **מְאִירוֹת** a welcoming face

מֵאִיר עיניים very clear — פתח פיך **וְיָאִירוּ** דבריך! speak well and clearly!

●אזל : לֶאֱזוֹל

אָזַל/אוֹזֵל/יֶאֱזַל be used up, be exhausted, run out

בניין : פָּעַל גזרה : פ״ג

	Pres הווה		Past עבר	Fut. עתיד	Imp. ציווי
יחיד	אוֹזֵל	אני	אָזַלְתִּי	אֶאֱזַל	
יחידה	אוֹזֶלֶת	אתה	אָזַלְתָּ	תֶּאֱזַל	אֱזַל
רבים	אוֹזְלִים	את	אָזַלְתְּ	תֶּאֶזְלִי	אִזְלִי
רבות	אוֹזְלוֹת	הוא	אָזַל	יֶאֱזַל	
		היא	אָזְלָה	תֶּאֱזַל	
		אנחנו	אָזַלְנוּ	נֶאֱזַל	
		אתם/ן	אֲזַלְתֶּם/ן *	תֶּאֶזְלוּ **	אִזְלוּ ***
		הם/ן	אָזְלוּ	יֶאֶזְלוּ **	

שם הפועל .Infin לֶאֱזוֹל * Colloquial: אָזַלְתֶּם/ן

מקור מוחלט .Inf. Abs אָזוֹל ** less commonly: אתן/הן תֶּאֱזַלְנָה

מקור נטוי .Inf.+pron בְּאוֹזְלוֹ, כְּ... *** less commonly: (אתן) אֱזַלְנָה

♦ **דוגמאות** Illustrations

כש**אוֹזֵל** הנפט, או הגז הטבעי, וכשהעולם עובר בהדרגה לאנרגיית שמש או רוח, הרבה מדינות שכלכלתן מבוססת על מרבצי נפט או גז מאבדות את חשיבותן.

When oil or natural gas **has been exhausted**, or when the world gradually moves to solar and wind energy, many countries whose economy is dependent on oil or gas deposits will lose their importance.

התור בקופה היה כה ארוך, שעד שהגענו לראשו כל הכרטיסים כבר **אָזְלוּ**.

The line at the box office was so long, that when we reached its head the tickets **ran out**.

● אזן-1: לְאַזֵּן, לְהִתְאַזֵּן

אִיזֵּן (אִזֵּן)/אִיזַּנ/אַזֵּן balance (tr.)

בניין: פִּיעֵל   גזרה: ל״נ

	הווה Present		עבר Past	עתיד Future	ציווי Imper.
יחיד	מְאַזֵּן	אני	אִיזַּנְתִּי	אֲאַזֵּן	
יחידה	מְאַזֶּנֶת	אתה	אִיזַּנְתָּ	תְּאַזֵּן	אַזֵּן
רבים	מְאַזְּנִים	את	אִיזַּנְתְּ	תְּאַזְּנִי	אַזְּנִי
רבות	מְאַזְּנוֹת	הוא	אִיזֵּן	יְאַזֵּן	
		היא	אִיזְּנָה	תְּאַזֵּן	
		אנחנו	אִיזַּנּוּ	נְאַזֵּן	
		אתם/ן	אִיזַּנְתֶּם/ן	* תְּאַזְּנוּ	** אַזְּנוּ
		הם/ן	אִיזְּנוּ	* יְאַזְּנוּ	

שם הפועל .Infin לְאַזֵּן   * less commonly: אתן/הן תְּאַזֵּנָּה

שם הפעולה Verbal N אִיזּוּן balance (N)   * less commonly: (אתן) אַזֵּנָּה

מקור מוחלט .Inf. Abs אַזֵּן

הִתְאַזֵּן/הִתְאַזַּנ become balanced, balance (intr.)

בניין: פִּיעֵל   גזרה: ל״נ

	הווה Present		עבר Past	עתיד Future	ציווי Imper.
יחיד	מִתְאַזֵּן	אני	הִתְאַזַּנְתִּי	אֶתְאַזֵּן	
יחידה	מִתְאַזֶּנֶת	אתה	הִתְאַזַּנְתָּ	תִּתְאַזֵּן	הִתְאַזֵּן
רבים	מִתְאַזְּנִים	את	הִתְאַזַּנְתְּ	תִּתְאַזְּנִי	הִתְאַזְּנִי
רבות	מִתְאַזְּנוֹת	הוא	הִתְאַזֵּן	יִתְאַזֵּן	
		היא	הִתְאַזְּנָה	תִּתְאַזֵּן	
		אנחנו	הִתְאַזַּנּוּ	נִתְאַזֵּן	
		אתם/ן	הִתְאַזַּנְתֶּם/ן	* תִּתְאַזְּנוּ	** הִתְאַזְּנוּ
		הם/ן	הִתְאַזְּנוּ	* יִתְאַזְּנוּ	

שם הפועל .Infin לְהִתְאַזֵּן   * less commonly: אתן/הן תִּתְאַזֵּנָּה

ש׳ הפעולה Verbal N הִתְאַזְּנוּת becoming balanced   ** less commonly: (אתן) הִתְאַזֵּנָּה

מקור מוחלט .Inf. Abs הִתְאַזֵּן

♦ פעלים פחות שכיחים מאותו שורש Less frequent verbs from the same root

אוּזַּן (אֻזַּן) be balanced (בינוני .Pres. Part מְאוּזָּן balanced, יְאוּזַּן)

♦ דוגמאות Illustrations

לְאִיזּוּן התקציב יש חשיבות לאומית ראשונה במעלה. הקונגרס רוצה לחייב את הממשלה לשמור על תקציב **מְאוּזָּן**. אם נראה שהתקציב הפדראלי לא **יִתְאַזֵּן** עד סוף השנה, הקונגרס ידרוש מן הנשיא **לְאַזֵּן** אותו ע״י קיצוצים.

Balancing the budget is a national priority. The Congress wishes to obligate the government to maintain a **balanced** budget. If it appears that the federal budget may not **get balanced** by the end of the year, Congress will demand that the President **balance** it by cuts.

●אזן-2 (מן אוֹזֶן ear) : לְהַאֲזִין

הֶאֱזִין/הֶאֱזַנ/יַאֲזִין listen

בניין : הִפעיל גזרה : פ״ג + ל״נ

	Present הווה		Past עבר	Future עתיד	Imper. ציווי
יחיד	מַאֲזִין	אני	הֶאֱזַנְתִּי	אַאֲזִין	
יחידה	מַאֲזִינָה	אתה	הֶאֱזַנְתָּ	תַּאֲזִין	הַאֲזֵן
רבים	מַאֲזִינִים	את	הֶאֱזַנְתְּ	תַּאֲזִינִי	הַאֲזִינִי
רבות	מַאֲזִינוֹת	הוא	הֶאֱזִין	יַאֲזִין	
		היא	הֶאֱזִינָה	תַּאֲזִין	
		אנחנו	הֶאֱזַנּוּ	נַאֲזִין	
		אתם/ן	הֶאֱזַנְתֶּם/ן	תַּאֲזִינוּ *	הַאֲזִינוּ **
		הם/ן	הֶאֱזִינוּ	יַאֲזִינוּ *	

שם הפועל .Infin לְהַאֲזִין

שם הפעולה Verbal N הַאֲזָנָה listening

בינוני .Pres. Part מַאֲזִין listener

מ״י מוצרכת .Gov. Prep הֶאֱזִין ל- listen to

* less commonly: אתן/הן תַּאֲזֵנָּה

** less commonly: (אתן) הַאֲזֵנָּה

מקור מוחלט .Inf. Abs הַאֲזֵן

◆ דוגמאות Illustrations

התוכנית הזאת פופולרית מאוד. בשבוע שעבר **הֶאֱזִינוּ לה** לפחות מיליון איש. הרבה מן **המַאֲזִינִים** הם אנשים צעירים מתחת לגיל עשרים.

This program is very popular. Last week at least a million people **listened to** it. Many of the **listeners** are young people under twenty.

●אחד : לְאַחֵד, לְהִתְאַחֵד

אִיחֵד (אִחֵד)/אִיחַד/אַחֵד unite (tr.)

בניין : פִּיעֵל גזרה : שלמים + פ״ג

	Present הווה		Past עבר	Future עתיד	Imper. ציווי
יחיד	מְאַחֵד	אני	אִיחַדְתִּי	אֲאַחֵד	
יחידה	מְאַחֶדֶת	אתה	אִיחַדְתָּ	תְּאַחֵד	אַחֵד
רבים	מְאַחֲדִים	את	אִיחַדְתְּ	תְּאַחֲדִי	אַחֲדִי
רבות	מְאַחֲדוֹת	הוא	אִיחֵד	יְאַחֵד	
		היא	אִיחֲדָה	תְּאַחֵד	
		אנחנו	אִיחַדְנוּ	נְאַחֵד	
		אתם/ן	אִיחַדְתֶּם/ן	תְּאַחֲדוּ *	אַחֲדוּ **
		הם/ן	אִיחֲדוּ	יְאַחֲדוּ *	

שם הפועל .Infin לְאַחֵד

ש׳ הפעולי Verbal N אִיחוּד unification, union

מקור מוחלט .Inf. Abs אַחֵד

* less commonly: אתן/הן תְּאַחֵדְנָה

** less commonly: (אתן) אַחֵדְנָה

הִתְאַחֵד/הִתְאַחַד unite (intr.)

בניין : הִתְפַּעֵל גזרה : שלמים

	Present הווה		Past עבר	Future עתיד	Imper. ציווי
יחיד	מִתְאַחֵד	אני	הִתְאַחַדְתִּי	אֶתְאַחֵד	
יחידה	מִתְאַחֶדֶת	אתה	הִתְאַחַדְתָּ	תִּתְאַחֵד	הִתְאַחֵד
רבים	מִתְאַחֲדִים	את	הִתְאַחַדְתְּ	תִּתְאַחֲדִי	הִתְאַחֲדִי
רבות	מִתְאַחֲדוֹת	הוא	הִתְאַחֵד	יִתְאַחֵד	
		היא	הִתְאַחֲדָה	תִּתְאַחֵד	
		אנחנו	הִתְאַחַדְנוּ	נִתְאַחֵד	
		אתם/ן	הִתְאַחַדְתֶּם/ן	תִּתְאַחֲדוּ *	הִתְאַחֲדוּ **
		הם/ן	הִתְאַחֲדוּ	יִתְאַחֲדוּ *	

* less commonly: אתן/הן תִּתְאַחֵדְנָה

** less commonly: (אתן) הִתְאַחֵדְנָה

שם הפועל .Infin לְהִתְאַחֵד

שם הפעולה Verbal N הִתְאַחֲדוּת union, organization מקור מוחלט .Inf. Abs הִתְאַחֵד

♦ **פעלים פחות שכיחים מאותו שורש** Less frequent verbs from the same root

הֶאֱחִיד make uniform, standardize (מַאֲחִיד, יַאֲחִיד, לְהַאֲחִיד)

אוּחַד (אֻחַד) be united (בינוני .Pres. Part מְאוּחָד united, יְאוּחַד)

♦ **דוגמאות** Illustrations

כשהוחלט **לְאַחֵד** את שתי הגרמניות, לא ברור היה בתחילה מה יהיו התוצאות של **הָאִיחוּד**. גרמניה **הַמְאוּחֶדֶת הֶאֱחִידָה** את המטבע ואת הכלכלה בכללה **וְאִיחֲדָה** את שני הצבאות, אבל **הִתְאַחֲדוּתָן** של שתי המדינות יצרה גם בעיות לא מעטות.

When it was decided to **unify** the two Germanys, it was unclear in the beginning what the consequences of **unification** would be. The **united** Germany **standardized** its currency and the economy in general and **united** the two armies, but the **merging** of the two states also created a good number of problems.

הִתְאַחֲדוּת התעשיינים גיבשה עמדה **מְאוּחֶדֶת** נֶגֶד החלטת הממשלה.

The industrialists' **organization** formed a **united** (= uniform) position against the government.

● אחז : לֶאֱחוֹז, לְהֵיאָחֵז

אָחַז/אוֹחֵז/יֹאחַז hold, grasp; seize; possess

בניין : פָּעַל גזרה : נחי פ״א + פ״ג

	Pres./Part. הווה/בינוני			Past עבר	Fut. עתיד	Imp. ציווי
יחיד	אוֹחֵז	אָחוּז	אני	אָחַזְתִּי	אוֹחֵז (אֹחֵז) **	
יחידה	אוֹחֶזֶת	אֲחוּזָה	אתה	אָחַזְתָּ	תֹּאחֵז	אֱחוֹז
רבים	אוֹחֲזִים	אֲחוּזִים	את	אָחַזְתְּ	תֹּאחֲזִי	אֶחֱזִי
רבות	אוֹחֲזוֹת	אֲחוּזוֹת	הוא	אָחַז	יֹאחֵז	
			היא	אָחֲזָה	תֹּאחֵז	
			אנחנו	אָחַזְנוּ	נֹאחֵז	
			אתם/ן	אֲחַזְתֶּם/ן *	תֹּאחֲזוּ ***	אֶחֱזוּ ****
			הם/ן	אָחֲזוּ	יֹאחֲזוּ ***	

שם הפועל .Infin לֶאֱחוֹז
בינ׳ סביל .Pass. Part אָחוּז- possessed (with)
שם הפעולה Verbal N אֲחִיזָה hold(ing), grasp
מקור מוחלט .Inf. Abs אָחוֹז
מקור נטוי .Inf.+pron בְּאוֹחְזוֹ, כְּ...
מ״י מוצרכת .Gov. Prep אָחַז בְּ- hold (something)

* Colloquial: אֲחַזְתֶּם/ן
** in the colloquial: אוֹחַז, תֹּאחַז...
*** less commonly: אתן/הן תֹּאחַזְנָה
**** less commonly: (אתן) אֱחוֹזְנָה

נֶאֱחַז/יֵיאָחֵז (יֵאָחֵז) be held, be seized; settle (in a place); grasp

בניין : נִפְעַל גזרה : שלמים + פ״ג

Imper. ציווי	Future עתיד	Past עבר		Present הווה	
	אֵיאָחֵז	נֶאֱחַזְתִּי	אני	נֶאֱחָז	יחיד
הֵיאָחֵז	תֵּיאָחֵז	נֶאֱחַזְתָּ	אתה	נֶאֱחֶזֶת	יחידה
הֵיאָחֲזִי	תֵּיאָחֲזִי	נֶאֱחַזְתְּ	את	נֶאֱחָזִים	רבים
	יֵיאָחֵז	נֶאֱחַז	הוא	נֶאֱחָזוֹת	רבות
	תֵּיאָחֵז	נֶאֶחְזָה	היא		
	נֵיאָחֵז	נֶאֱחַזְנוּ	אנחנו		
הֵיאָחֲזוּ **	תֵּיאָחֲזוּ *	נֶאֱחַזְתֶּם/ן	אתם/ן		
	יֵיאָחֲזוּ *	נֶאֶחְזוּ	הם/ן		

שם הפועל .Infin לְהֵיאָחֵז
מקור מוחלט .Inf. Abs נֵאָחוֹז, הֵיאָחֵז (הֵיאָחוֹז)
מ״י מוצרכת .Gov. Prep נֶאֱחַז בְּ- grasp/clutch at; settle on (land, etc.)

* less commonly: אתן/הן תֵּיאָחַזְנָה
** less commonly: (אתן) הֵיאָחַזְנָה

♦ **דוגמאות** Illustrations

הוא **נֶאֱחַז** בי כשכולו רועד, ולא הרפה. **אָחַזְתִּי** בידו וניסיתי להרגיעו.
He **clutched** on to me and would not let go. I **held** his hand and tried to calm him.

״תנו לי נקודת **אֲחִיזָה** ואזיז את העולם״, אמר ארכימדס.
“Give me a **holding** point and I will move the world,” said Archimedes.

♦ **ביטויים מיוחדים** Special expressions

אָחַז בו פַּחַד he became **scared**
אָחַז את השור בקרניו he acted decisively
אָחַז בהגה took control
אֲחִיזַת עיניים sleight of hand; trickery

●אחל : לְאַחֵל

אִיחֵל (אִחֵל)/אִיחַל/אִחַל wish well, congratulate

בניין : פִּיעֵל גזרה : שלמים + פ״ג

Imper. ציווי	Future עתיד	Past עבר		Present הווה	
	אֲאַחֵל	אִיחַלְתִּי	אני	מְאַחֵל	יחיד
אַחֵל	תְּאַחֵל	אִיחַלְתָּ	אתה	מְאַחֶלֶת	יחידה
אַחֲלִי	תְּאַחֲלִי	אִיחַלְתְּ	את	מְאַחֲלִים	רבים
	יְאַחֵל	אִיחֵל	הוא	מְאַחֲלוֹת	רבות
	תְּאַחֵל	אִיחֲלָה	היא		
	נְאַחֵל	אִיחַלְנוּ	אנחנו		
אַחֲלוּ **	תְּאַחֲלוּ *	אִיחַלְתֶּם/ן	אתם/ן		
	יְאַחֲלוּ *	אִיחֲלוּ	הם/ן		

שם הפועל .Infin לְאַחֵל   * less commonly: אתן/הן תְּאַחֵלְנָה
שם הפעולה Verbal N אִיחוּל(ים)..congratulation(s)   ** less commonly: (אתן) אַחֵלְנָה
מקור מוחלט .Inf. Abs אַחֵל
מ״י מוצרכת .Gov. Prep אִיחֵל הצלחה לְמישהו wish someone success

♦ **דוגמאות** Illustrations

אני **מְאַחֵל** לך שתצליח בלימודים = אני **מְאַחֵל** לך הצלחה בלימודיך = **אִיחוּלִים** להצלחה בלימודיך.

I **wish** for you that you succeed in your studies = I **wish** you success in your studies = **Good wishes** for success in your studies.

●אחר : לְאַחֵר

אֵיחֵר (אֵחֵר)/אֵיחַר/אַחֵר be late

בניין : פִּיעֵל   גזרה : שלמים + פ״ג + ע״ג

	הווה Present		עבר Past	עתיד Future	ציווי .Imper
יחיד	מְאַחֵר	אני	אֵיחַרְתִּי*	אֲאַחֵר	
יחידה	מְאַחֶרֶת	אתה	אֵיחַרְתָּ*	תְּאַחֵר	אַחֵר
רבים	מְאַחֲרִים	את	אֵיחַרְתְּ*	תְּאַחֲרִי	אַחֲרִי
רבות	מְאַחֲרוֹת	הוא	אֵיחֵר (אֵיחַר)*	יְאַחֵר	
		היא	אֵיחֲרָה*	תְּאַחֵר	
		אנחנו	אֵיחַרְנוּ*	נְאַחֵר	
		אתם/ן	אֵיחַרְתֶּם/ן*	תְּאַחֲרוּ **	אַחֲרוּ ***
		הם/ן	אֵיחֲרוּ*	יְאַחֲרוּ **	

שם הפועל .Infin לְאַחֵר   * in speech also: אֵיחַרְתִּי, אֵיחֵר...
בינוני .Pres. Part מְאַחֵר latecomer   ** less commonly: אתן/הן תְּאַחֵרְנָה
מקור מוחלט .Inf. Abs אַחֵר   *** less commonly: (אתן) אַחֵרְנָה
שם הפעולה Verbal N אִיחוּר being late; delay

♦ **פעלים פחות שכיחים מאותו שורש** Less frequent verbs from the same root

הִתְאַחֵר be late (מִתְאַחֵר, יִתְאַחֵר, לְהִתְאַחֵר)
אוּחַר (Mish H) was delayed > בינוני .Pres. Part מְאוּחָר (form common) late

♦ **דוגמאות** Illustrations

הקונצרט החל **בְּאִיחוּר**, כיוון שהמנצח **אֵיחֵר** מכיוון שהמטוס **הִתְאַחֵר**.

The concert started with a **delay** because the conductor **was late**; the conductor **was late** because the plane **was late**.

השעה **מְאוּחֶרֶת**. כדאי שנזדרז – כתוב על הכרטיס: "**הַמְאַחֵר** לא יתקבל". אם נגיע **מְאוּחָר** מדיי, לא יכניסו אותנו.

The hour is **late**. We'd better hurry – the ticket says: "**Latecomers** will not be admitted." If we arrive there too **late**, they will not let us in.

♦ **ביטויים מיוחדים** Special expressions

לא **יְאוּחַר** מ/מן... no **later** than...   לְכל הַ**מְאוּחָר** ב- ...at the **latest** on

●אטם : לֶאֱטוֹם, לְהֵיאָטֵם

אָטַם/אוֹטֵם/יֶאֱטוֹם (יֶאֱטֹם) seal

בניין : פָּעַל גזרה : שלמים (אֶפְעוֹל) + פ״ג

	Pres./Part. הווה/בינוני			Past עבר	Fut. עתיד	Imp. ציווי
יחיד	אוֹטֵם	אָטוּם	אני	אָטַמְתִּי	אֶאֱטוֹם	
יחידה	אוֹטֶמֶת	אֲטוּמָה	אתה	אָטַמְתָּ	תֶּאֱטוֹם	אֱטוֹם
רבים	אוֹטְמִים	אֲטוּמִים	את	אָטַמְתְּ	תַּאַטְמִי	אִטְמִי
רבות	אוֹטְמוֹת	אֲטוּמוֹת	הוא	אָטַם	יֶאֱטוֹם	
			היא	אָטְמָה	תֶּאֱטוֹם	
			אנחנו	אָטַמְנוּ	נֶאֱטוֹם	
			אתם/ן	אֲטַמְתֶּם/ן *	תַּאַטְמוּ **	אִטְמוּ ***
			הם/ן	אָטְמוּ	יַאַטְמוּ **	

שם הפועל .Infin לֶאֱטוֹם

מקור מוחלט .Inf. Abs אָטוֹם

ביני סביל .Pass. Part אָטוּם sealed

שם הפעולה Verbal N אֲטִימָה sealing

* Colloquial: אָטַמְתֶּם/ן

** less commonly: אתן/הן תֶּאֱטוֹמְנָה

*** less commonly: (אתן) אֱטוֹמְנָה

מקור נטוי .Inf.+pron בְּאוֹטְמוֹ, כְּ...

נֶאֱטַם/יֵיאָטֵם (יֵאָטֵם) be sealed

בניין : נִפְעַל גזרה : שלמים + פ״ג

	Present הווה		Past עבר	Future עתיד	Imper. ציווי
יחיד	נֶאֱטָם	אני	נֶאֱטַמְתִּי	אֵיאָטֵם	
יחידה	נֶאֱטֶמֶת	אתה	נֶאֱטַמְתָּ	תֵּיאָטֵם	הֵיאָטֵם
רבים	נֶאֱטָמִים	את	נֶאֱטַמְתְּ	תֵּיאָטְמִי	הֵיאָטְמִי
רבות	נֶאֱטָמוֹת	הוא	נֶאֱטַם	יֵיאָטֵם	
		היא	נֶאֶטְמָה	תֵּיאָטֵם	
		אנחנו	נֶאֱטַמְנוּ	נֵיאָטֵם	
		אתם/ן	נֶאֱטַמְתֶּם/ן	תֵּיאָטְמוּ *	הֵיאָטְמוּ **
		הם/ן	נֶאֶטְמוּ	יֵיאָטְמוּ *	

שם הפועל .Infin לְהֵיאָטֵם

מקור מוחלט .Inf. Abs נֶאֱטוֹם, הֵיאָטֵם

שם הפעולה Verbal N הֵיאָטְמוּת becoming sealed; insensitivity

* less commonly: אתן/הן תֵּיאָטַמְנָה

** less commonly: (אתן) הֵיאָטַמְנָה

♦ דוגמאות Illustrations

בבתים שבהם התקרה היא תקרת בטון, **אוֹטְמִים** את הגג בזפת, כדי שיהיה **אָטוּם** למים.

In houses where the ceiling is made of concrete, one **seals** the roof with tar, to make it **impregnable** to water.

●אים : לְאַיֵּם

אִיֵּם (אִיֵּם)/אִיַּמ/אַיֵּם threaten

בניין : פִּיעֵל גזרה : שלמים

	Present הווה		Past עבר	Future עתיד	Imper. ציווי
יחיד	מְאַיֵּם	אני	אִיַּמְתִּי	אֲאַיֵּם	
יחידה	מְאַיֶּמֶת	אתה	אִיַּמְתָּ	תְּאַיֵּם	אַיֵּם
רבים	מְאַיְּמִים	את	אִיַּמְתְּ	תְּאַיְּמִי	אַיְּמִי
רבות	מְאַיְּמוֹת	הוא	אִיֵּם	יְאַיֵּם	
		היא	אִיְּמָה	תְּאַיֵּם	
		אנחנו	אִיַּמְנוּ	נְאַיֵּם	
		אתם/ן	אִיַּמְתֶּם/ן	תְּאַיְּמוּ *	אַיְּמוּ **
		הם/ן	אִיְּמוּ	יְאַיְּמוּ *	

שם הפועל .Infin לְאַיֵּם

* less commonly: אתן/הן תְּאַיֵּמְנָה

בינוני .Pres. Part מְאַיֵּם threatening

** less commonly: (אתן) אַיֵּמְנָה

שם הפעולה Verbal N אִיּוּם threat

מקור מוחלט .Inf. Abs אַיֵּם

מ״י מוצרכת .Gov. Prep אִיֵּם עַל מישהו threaten (someone)

♦ פעלים פחות שכיחים מאותו שורש Less frequent verbs from the same root

אָיֹם (.be terrible, be frightening (lit < ש״ת .Adj אָיוֹם terrifying (form common)

תה״פ .Adv אֲיוּמּוֹת horribly (lit.)

אוּיַּם be threatened, be scared < בינוני .Pres. Part מְאוּיָּם threatened

♦ דוגמאות Illustrations

אלמונים חטפו את בנו הקטן של איל הנפט מלמיליאן. הם **מְאַיְּמִים** שאם לא יתנו להם חמישים מיליון דולר כופר, הם יעשו לילד משהו **אָיוֹם**. המשטרה מתייחסת **לאִיּוּם** ברצינות.

Unnamed people have kidnapped the son of the oil magnate Malmilian. They **threaten** that unless they are given a fifty million dollar ransom, they'll do something **horrible** to the kid. The police are taking the **threat** seriously.

אל **תְּאַיֵּם עליי**! זה לא עושה עליי שום רושם.

Don't **threaten me**! It makes no impression on me.

אין לו ביטחון עצמי בכלל. כל דבר גורם לו להרגיש **מְאוּיָּם**.

He has no confidence whatsoever. Everything causes him to feel **threatened**.

●איר : לְאַיֵּר

אִיֵּר (אִיֵּר)/אִיַּר/אַיֵּר illustrate

בניין : פִּיעֵל גזרה : שלמים

	Present הווה		Past עבר	Future עתיד	Imper. ציווי
יחיד	מְאַיֵּר	אני	אִיַּרְתִּי	אֲאַיֵּר	
יחידה	מְאַיֶּרֶת	אתה	אִיַּרְתָּ	תְּאַיֵּר	אַיֵּר
רבים	מְאַיְּרִים	את	אִיַּרְתְּ	תְּאַיְּרִי	אַיְּרִי
רבות	מְאַיְּרוֹת	הוא	אִיֵּר	יְאַיֵּר	

Imper. ציווי	Future עתיד	Past עבר		Present הווה
	תְּאַיֵּר	אִייְּרָה	היא	
	נְאַיֵּר	אִייַּרְנוּ	אנחנו	
אַיְּרוּ **	תְּאַיְּרוּ *	אִייַּרְתֶּם/ן	אתם/ן	
	יְאַיְּרוּ *	אִייְּרוּ	הם/ן	

שם הפועל .Infin לְאַיֵּר   * less commonly: אתן/הן תְּאַיֵּרְנָה

בינוני .Pres. Part מְאַיֵּר illustrator   ** less commonly: (אתן) אַיֵּרְנָה

שם הפעולה Verbal N אִיּוּר illustrating, illustration   מקור מוחלט .Inf. Abs אַיֵּר

♦ **פעלים פחות שכיחים מאותו שורש** Less frequent verbs from the same root

אוּיַּר be illustrated (יְאוּיַּר, בינוני .Pres. Part מְאוּיָּר illustrated)

♦ **דוגמאות** Illustrations

גוסטב דוֹרֶה היה אחד מטובי ה**מְאַיְּרִים** בהיסטוריה. בישראל זוכרים אותו בעיקר כמי ש**אִיֵּר** את סיפורי המקרא. בבתים רבים מצוי עותק של תנ"ך **מְאוּיָּר** שלו.

Gustave Doré was one of the best **illustrators** in history. In Israel he is remembered mostly as the one who **illustrated** the stories of the bible. In many homes there exists a copy of his **illustrated** bible.

●איש : לְאַיֵּיש

אִיֵּשׁ (אִיֵּשׁ)/אִייַּשׁ/אַיֵּשׁ man (V)

בניין : פִּיעֵל   גזרה : שלמים

Imper. ציווי	Future עתיד	Past עבר		Present הווה	
	אֲאַיֵּשׁ	אִייַּשְׁתִּי	אני	מְאַיֵּשׁ	יחיד
אַיֵּשׁ	תְּאַיֵּשׁ	אִייַּשְׁתָּ	אתה	מְאַיֶּשֶׁת	יחידה
אַיְּשִׁי	תְּאַיְּשִׁי	אִייַּשְׁתְּ	את	מְאַיְּשִׁים	רבים
	יְאַיֵּשׁ	אִיֵּשׁ	הוא	מְאַיְּשׁוֹת	רבות
	תְּאַיֵּשׁ	אִיְּשָׁה	היא		
	נְאַיֵּשׁ	אִיַּשְׁנוּ	אנחנו		
אַיְּשׁוּ **	תְּאַיְּשׁוּ *	אִיַּשְׁתֶּם/ן	אתם/ן		
	יְאַיְּשׁוּ *	אִיְּשׁוּ	הם/ן		

שם הפועל .Infin לְאַיֵּשׁ   * less commonly: אתן/הן תְּאַיֵּשְׁנָה

שם הפעולה Verbal N אִיּוּשׁ manning   ** less commonly: (אתן) אַיֵּשְׁנָה

מקור מוחלט .Inf. Abs אַיֵּשׁ

אוּיַּשׁ (אֻיַּשׁ) be manned

בניין : פּוּעַל   גזרה : שלמים

Future עתיד	Past עבר		Present הווה	
אֲאוּיַּשׁ	אוּיַּשְׁתִּי	אני	מְאוּיָּשׁ	יחיד
תְּאוּיַּשׁ	אוּיַּשְׁתָּ	אתה	מְאוּיֶּשֶׁת	יחידה
תְּאוּיְּשִׁי	אוּיַּשְׁתְּ	את	מְאוּיָּשִׁים	רבים
יְאוּיַּשׁ	אוּיַּשׁ	הוא	מְאוּיָּשׁוֹת	רבות

		Present הווה		Past עבר	Future עתיד
			היא	אוּיְּשָׁה	תְּאוּיַּשׁ
			אנחנו	אוּיַּשְׁנוּ	נְאוּיַּשׁ
			אתם/ן	אוּיַּשְׁתֶּם/ן	תְּאוּיְּשׁוּ *
			הם/ן	אוּיְּשׁוּ	יְאוּיְּשׁוּ *

בינוני .Pres. Part מְאוּיָּשׁ manned   * less commonly: אתן/הן תְּאוּיַּשְׁנָה

♦ דוגמאות Illustrations

הנשיא החדש ניסה **לְאַיֵּשׁ** את משרות ראשי כל משרדי הממשלה מהר ככל האפשר.

The new president tried **to man** the positions of all heads of government offices as soon as possible.

ארה"ב משתמשת במטוסים שאינם **מְאוּיָּשִׁים** כדי לחסל מרחוק מחבלים בארצות אחרות המנסים לפגוע באזרחים אמריקאים.

The U.S. uses un**manned** planes (drones) to eliminate (long distance) terrorists in other countries who attempt to kill American citizens.

●אכזב : לְהִתְאַכְזֵב, לְאַכְזֵב

הִתְאַכְזֵב/הִתְאַכְזַב become disappointed, become disillusioned

בניין : הִתְפַּעֵל   גזרה : מרובעים

	Present הווה		Past עבר	Future עתיד	Imper. ציווי
יחיד	מִתְאַכְזֵב	אני	הִתְאַכְזַבְתִּי	אֶתְאַכְזֵב	
יחידה	מִתְאַכְזֶבֶת	אתה	הִתְאַכְזַבְתָּ	תִּתְאַכְזֵב	הִתְאַכְזֵב
רבים	מִתְאַכְזְבִים	את	הִתְאַכְזַבְתְּ	תִּתְאַכְזְבִי	הִתְאַכְזְבִי
רבות	מִתְאַכְזְבוֹת	הוא	הִתְאַכְזֵב	יִתְאַכְזֵב	
		היא	הִתְאַכְזְבָה	תִּתְאַכְזֵב	
		אנחנו	הִתְאַכְזַבְנוּ	נִתְאַכְזֵב	
		אתם/ן	הִתְאַכְזַבְתֶּם/ן	תִּתְאַכְזְבוּ *	הִתְאַכְזְבוּ **
		הם/ן	הִתְאַכְזְבוּ	יִתְאַכְזְבוּ *	

שם הפועל .Infin לְהִתְאַכְזֵב   * less commonly: אתן/הן תִּתְאַכְזֵבְנָה

מקור מוחלט .Inf. Abs הִתְאַכְזֵב   ** less commonly: (אתן) הִתְאַכְזֵבְנָה

שם הפעולה Verbal N הִתְאַכְזְבוּת becoming disappointed

מ"י מוצרכת .Gov. Prep הִתְאַכְזֵב מ/מן be disappointed in/with

אִכְזֵב/אִכְזַב/אַכְזֵב disappoint, disillusion

בניין : פִּיעֵל   גזרה : מרובעים

	Present הווה		Past עבר	Future עתיד	Imper. ציווי
יחיד	מְאַכְזֵב	אני	אִכְזַבְתִּי	אֲאַכְזֵב	
יחידה	מְאַכְזֶבֶת	אתה	אִכְזַבְתָּ	תְּאַכְזֵב	אַכְזֵב
רבים	מְאַכְזְבִים	את	אִכְזַבְתְּ	תְּאַכְזְבִי	אַכְזְבִי
רבות	מְאַכְזְבוֹת	הוא	אִכְזֵב	יְאַכְזֵב	
		היא	אִכְזְבָה	תְּאַכְזֵב	
		אנחנו	אִכְזַבְנוּ	נְאַכְזֵב	
		אתם/ן	אִכְזַבְתֶּם/ן	תְּאַכְזְבוּ *	אַכְזְבוּ **
		הם/ן	אִכְזְבוּ	יְאַכְזְבוּ *	

שם הפועל .Infin לְאַכְזֵב	* less commonly: אתן/הן תְּאַכְזֵבְנָה
מקור מוחלט .Inf. Abs אַכְזֵב	** less commonly: (אתן) אַכְזֵבְנָה
בינוני .Pres. Part מְאַכְזֵב disappointing (Adj)	

אוּכְזַב (אֻכְזַב) be disappointed, be disillusioned

בניין : פּוּעַל גזרה : מרובעים

	Present הווה		Past עבר	Future עתיד
יחיד	מְאוּכְזָב	אני	אוּכְזַבְתִּי	אֲאוּכְזַב
יחידה	מְאוּכְזֶבֶת	אתה	אוּכְזַבְתָּ	תְּאוּכְזַב
רבים	מְאוּכְזָבִים	את	אוּכְזַבְתְּ	תְּאוּכְזְבִי
רבות	מְאוּכְזָבוֹת	הוא	אוּכְזַב	יְאוּכְזַב
		היא	אוּכְזְבָה	תְּאוּכְזַב
		אנחנו	אוּכְזַבְנוּ	נְאוּכְזַב
		אתם/ן	אוּכְזַבְתֶּם/ן	תְּאוּכְזְבוּ *
		הם/ן	אוּכְזְבוּ	יְאוּכְזְבוּ *

בינוני .Pres. Part מְאוּכְזָב disappointed   * less commonly: אתן/הן תְּאוּכְזַבְנָה

♦ **דוגמאות** Illustrations

ההצגה הזאת הייתה **מְאַכְזֶבֶת** : **הִתְאַכְזַבְתִּי** מרמת המשחק, וגם הבימוי **אִכְזֵב** אותי. צופים לא מעטים היו **מְאוּכְזָבִים** כמוני.

The play was **disappointing**: I **was disappointed** with the level of acting, and the directing **disappointed** me as well. Many in the audience were as **disappointed** as I was.

●אכזר : לְהִתְאַכְזֵר

הִתְאַכְזֵר/הִתְאַכְזַר be cruel

בניין : הִתְפַּעֵל גזרה : מרובעים

	Present הווה		Past עבר	Future עתיד	Imper. ציווי
יחיד	מִתְאַכְזֵר	אני	הִתְאַכְזַרְתִּי	אֶתְאַכְזֵר	
יחידה	מִתְאַכְזֶרֶת	אתה	הִתְאַכְזַרְתָּ	תִּתְאַכְזֵר	הִתְאַכְזֵר
רבים	מִתְאַכְזְרִים	את	הִתְאַכְזַרְתְּ	תִּתְאַכְזְרִי	הִתְאַכְזְרִי
רבות	מִתְאַכְזְרוֹת	הוא	הִתְאַכְזֵר	יִתְאַכְזֵר	
		היא	הִתְאַכְזְרָה	תִּתְאַכְזֵר	
		אנחנו	הִתְאַכְזַרְנוּ	נִתְאַכְזֵר	
		אתם/ן	הִתְאַכְזַרְתֶּם/ן	תִּתְאַכְזְרוּ *	הִתְאַכְזְרוּ **
		הם/ן	הִתְאַכְזְרוּ	יִתְאַכְזְרוּ *	

שם הפועל .Infin לְהִתְאַכְזֵר	* less commonly: אתן/הן תִּתְאַכְזֵרְנָה
מקור מוחלט .Inf. Abs הִתְאַכְזֵר	** less commonly: (אתן) הִתְאַכְזֵרְנָה
שם הפעולה Verbal N הִתְאַכְזְרוּת being cruel	
מ״י מוצרכת .Gov. Prep הִתְאַכְזֵר ל/אל be cruel to	

♦ **דוגמאות** Illustrations

נראה לי שיוסי **מִתְאַכְזֵר** במידה מסוימת לכלב שלו – לא פיסית, אבל באופן מנטאלי-רגשי. מעניין מדוע.

It seems to me that Yossi **is cruel** to his dog – not physically, but mentally. I wonder why.

●אכל : לֶאֱכוֹל, לְהַאֲכִיל, לְהֵיאָכֵל

אָכַל/אוֹכֵל/יֹאכַל eat; burn, destroy; consume

בניין : פָּעַל   גזרה : נחי פ״א + פ״ג

	הווה/בינוני .Pres./Part			עבר Past	עתיד .Fut	ציווי .Imp
יחיד	אוֹכֵל	אָכוּל	אני	אָכַלְתִּי	אוֹכַל (אֹכַל)	
יחידה	אוֹכֶלֶת	אֲכוּלָה	אתה	אָכַלְתָּ	תֹּאכַל	אֱכוֹל
רבים	אוֹכְלִים	אֲכוּלִים	את	אָכַלְתְּ	תֹּאכְלִי	אִכְלִי
רבות	אוֹכְלוֹת	אֲכוּלוֹת	הוא	אָכַל	יֹאכַל	
			היא	אָכְלָה	תֹּאכַל	
			אנחנו	אָכַלְנוּ	נֹאכַל	
			אתם/ן	אֲכַלְתֶּם/ן *	תֹּאכְלוּ **	אִכְלוּ ***
			הם/ן	אָכְלוּ	יֹאכְלוּ **	

שם הפועל .Infin לֶאֱכוֹל

בינ׳ סביל .Pass. Part אָכוּל consumed (with)

שם הפעולה Verbal N אֲכִילָה eating

מקור מוחלט .Inf. Abs אָכוֹל

מקור נטוי .Inf.+pron בְּאוֹכְלוֹ, כְּ...

* Colloquial: אָכַלְתֶּם/ן

** less commonly: אתן/הן תֹּאכַלְנָה

*** less commonly: (אתן) אֱכוֹלְנָה

קָטִיל *CaCiC* adj./N. אָכִיל edible

הֶאֱכִיל/הֶאֱכַל/יַאֲכִיל feed

בניין : הִפְעִיל   גזרה : שלמים + פ״ג

	הווה Present		עבר Past	עתיד Future	ציווי .Imper
יחיד	מַאֲכִיל	אני	הֶאֱכַלְתִּי	אַאֲכִיל	
יחידה	מַאֲכִילָה	אתה	הֶאֱכַלְתָּ	תַּאֲכִיל	הַאֲכֵל
רבים	מַאֲכִילִים	את	הֶאֱכַלְתְּ	תַּאֲכִילִי	הַאֲכִילִי
רבות	מַאֲכִילוֹת	הוא	הֶאֱכִיל	יַאֲכִיל	
		היא	הֶאֱכִילָה	תַּאֲכִיל	
		אנחנו	הֶאֱכַלְנוּ	נַאֲכִיל	
		אתם/ן	הֶאֱכַלְתֶּם/ן	תַּאֲכִילוּ *	הַאֲכִילוּ **
		הם/ן	הֶאֱכִילוּ	יַאֲכִילוּ *	

שם הפועל .Infin לְהַאֲכִיל

שם הפעולה Verbal N הַאֲכָלָה feeding

מקור מוחלט .Inf. Abs הַאֲכֵל

מ״י מוצרכת .Gov. Prep הֶאֱכִיל (מישהו) ב- feed (someone) with

* less commonly: אתן/הן תַּאֲכֵלְנָה

** less commonly: (את) הַאֲכֵלְנָה

נֶאֱכַל/יֵיאָכֵל (יֵאָכֵל) be eaten; be burnt, destroyed

בניין : נִפְעַל   גזרה : שלמים + פ״ג

	הווה Present		עבר Past	עתיד Future	ציווי .Imper
יחיד	נֶאֱכָל	אני	נֶאֱכַלְתִּי	אֵיאָכֵל	
יחידה	נֶאֱכֶלֶת	אתה	נֶאֱכַלְתָּ	תֵּיאָכֵל	הֵיאָכֵל
רבים	נֶאֱכָלִים	את	נֶאֱכַלְתְּ	תֵּיאָכְלִי	הֵיאָכְלִי
רבות	נֶאֱכָלוֹת	הוא	נֶאֱכַל	יֵיאָכֵל	
		היא	נֶאֶכְלָה	תֵּיאָכֵל	
		אנחנו	נֶאֱכַלְנוּ	נֵיאָכֵל	

Imper. ציווי	Future עתיד	Past עבר		Present הווה
הֵיאָכְלוּ **	תֵּיאָכְלוּ *	נֶאֱכַלְתֶּם/ן	אתם/ן	
	יֵיאָכְלוּ *	נֶאֶכְלוּ	הם/ן	

שם הפועל .Infin לְהֵיאָכֵל   * less commonly: אתן/הן תֵּיאָכַלְנָה

מקור מוחלט .Inf. Abs נֶאֱכוֹל, הֵיאָכֵל/...כוֹל   ** less commonly: (אתן) הֵיאָכַלְנָה

♦ **פעלים פחות שכיחים מאותו שורש** Less frequent verbs from the same root

אִיכֵּל burn, consume (lit.); corrode (מְאַכֵּל, יְאַכֵּל, לְאַכֵּל)

אוּכַּל be burnt, consumed (lit.); be corroded (מְאוּכָּל, יְאוּכַּל)

♦ **דוגמאות** Illustrations

עזריאל לא מאמין בדיאטה. הוא חושב שהרגלי **אֲכִילָה** נכונים שומרים על גוף בריא יותר מאשר דיאטה, ושרצוי **לֶאֱכוֹל** שלוש פעמים ביום. אחרי שבע בערב הוא לא **אוֹכֵל** כלום. את הכלב שלו הוא **מַאֲכִיל** פעם ביום.

Azriel does not believe in dieting. He thinks that proper **eating** habits keep the body healthy better than dieting, and that it is desirable **to eat** three times a day. He does not **eat** at all after 7 p.m. He **feeds** his dog once a day.

הבשר הזה כבר לא **אָכִיל**. צריך לזרוק אותו.

This meat is no longer **edible**. It should be thrown out.

העוגה של חניתה **נֶאֶכְלָה** בן רגע; אף אחד מן האורחים לא נגע בעוגה של דבורה. דבורה הייתה **אֲכוּלַת**-קנאה.

Hanita's cake **was eaten** in a jiffy; none of the guests touched Dvora's cake. Dvora was **consumed** with envy.

לא משתמשים פה במלח כדי להמיס את השלג, כי המלח **מְאַכֵּל** את המתכת של המכוניות.

They don't use salt here to melt the snow, because salt **corrodes** car metal.

●אכלס : לְאַכְלֵס

אִכְלֵס/אִכְלַס/אַכְלֵס populate, colonize, settle

בניין : פִּיעֵל   גזרה : מרובעים

Imper. ציווי	Future עתיד	Past עבר		Present הווה	
	אֲאַכְלֵס	אִכְלַסְתִּי	אני	מְאַכְלֵס	יחיד
אַכְלֵס	תְּאַכְלֵס	אִכְלַסְתָּ	אתה	מְאַכְלֶסֶת	יחידה
אַכְלְסִי	תְּאַכְלְסִי	אִכְלַסְתְּ	את	מְאַכְלְסִים	רבים
	יְאַכְלֵס	אִכְלֵס	הוא	מְאַכְלְסוֹת	רבות
	תְּאַכְלֵס	אִכְלְסָה	היא		
	נְאַכְלֵס	אִכְלַסְנוּ	אנחנו		
אַכְלְסוּ **	תְּאַכְלְסוּ *	אִכְלַסְתֶּם/ן	אתם/ן		
	יְאַכְלְסוּ *	אִכְלְסוּ	הם/ן		

שם הפועל .Infin לְאַכְלֵס   * less commonly: אתן/הן תְּאַכְלֵסְנָה

מקור מוחלט .Inf. Abs אַכְלֵס   ** less commonly: (אתן) אַכְלֵסְנָה

שם הפעולה Verbal N אִכְלוּס populating, colonizing, settling

אוּכְלַס (אֻכְלַס) be populated, be colonized, be settled

בניין : פּוּעַל   גזרה : מרובעים

	Present הווה		Past עבר	Future עתיד
יחיד	מְאוּכְלָס	אני	אוּכְלַסְתִּי	אֲאוּכְלַס
יחידה	מְאוּכְלֶסֶת	אתה	אוּכְלַסְתָּ	תְּאוּכְלַס
רבים	מְאוּכְלָסִים	את	אוּכְלַסְתְּ	תְּאוּכְלְסִי
רבות	מְאוּכְלָסוֹת	הוא	אוּכְלַס	יְאוּכְלַס
		היא	אוּכְלְסָה	תְּאוּכְלַס
		אנחנו	אוּכְלַסְנוּ	נְאוּכְלַס
		אתם/ן	אוּכְלַסְתֶּם/ן	תְּאוּכְלְסוּ *
		הם/ן	אוּכְלְסוּ	יְאוּכְלְסוּ *

בינוני Pass. Part. מְאוּכְלָס populated   * less commonly: אתן/הן תְּאוּכְלַסְנָה

♦ דוגמאות Illustrations

מדיניות ממשלת ישראל בשנים שלאחר קום המדינה הייתה **לְאַכְלֵס** את אזורי הספר, במיוחד בדרום, שרובו לא היה **מְאוּכְלָס** אז, בעולים החדשים ממדינות ערב.

The policy of the Israeli government in the years following the establishment of the state was **to populate** the border areas, particularly in the south, most of which was thinly **populated** then, with the new immigrants from the Arab countries.

● אלץ : לְהֵיאָלֵץ, לְאַלֵּץ

נֶאֱלַץ/יֵיאָלֵץ (יֵאָלֵץ) be forced, be compelled; have to

בניין : נִפְעַל   גזרה : שלמים + פ״ג

	Present הווה		Past עבר	Future עתיד	Imper. ציווי
יחיד	נֶאֱלָץ	אני	נֶאֱלַצְתִּי	אֵיאָלֵץ	
יחידה	נֶאֱלֶצֶת	אתה	נֶאֱלַצְתָּ	תֵּיאָלֵץ	הֵיאָלֵץ
רבים	נֶאֱלָצִים	את	נֶאֱלַצְתְּ	תֵּיאָלְצִי	הֵיאָלְצִי
רבות	נֶאֱלָצוֹת	הוא	נֶאֱלַץ	יֵיאָלֵץ	
		היא	נֶאֱלְצָה	תֵּיאָלֵץ	
		אנחנו	נֶאֱלַצְנוּ	נֵיאָלֵץ	
		אתם/ן	נֶאֱלַצְתֶּם/ן	תֵּיאָלְצוּ *	הֵיאָלְצוּ **
		הם/ן	נֶאֱלְצוּ	יֵיאָלְצוּ *	

* less commonly: אתן/הן תֵּיאָלַצְנָה

שם הפועל Infin. לְהֵיאָלֵץ   ** less commonly: (אתן) הֵיאָלַצְנָה

שם הפעולה Verbal N הֵיאָלְצוּת being forced/compelled

מקור מוחלט Inf. Abs. נֶאֱלוֹץ, הֵיאָלֵץ   מ״י מוצרכת Gov. Prep. נֶאֱלַץ ל- be forced to

אִילֵּץ (אִלֵּץ)/אִילַּצ/אַלֵּץ compel, force, coerce

בניין : פִּיעֵל   גזרה : שלמים

	Present הווה		Past עבר	Future עתיד	Imper. ציווי
יחיד	מְאַלֵּץ	אני	אִילַּצְתִּי	אֲאַלֵּץ	
יחידה	מְאַלֶּצֶת	אתה	אִילַּצְתָּ	תְּאַלֵּץ	אַלֵּץ
רבים	מְאַלְּצִים	את	אִילַּצְתְּ	תְּאַלְּצִי	אַלְּצִי
רבות	מְאַלְּצוֹת	הוא	אִילֵּץ	יְאַלֵּץ	

Imper. ציווי	Future עתיד	Past עבר		Present הווה
	תְּאַלֵּץ	אִילְּצָה	היא	
	נְאַלֵּץ	אִילַּצְנוּ	אנחנו	
אַלְּצוּ **	תְּאַלְּצוּ *	אִילַּצְתֶּם/ן	אתם/ן	
	יְאַלְּצוּ *	אִילְּצוּ	הם/ן	

שם הפועל .Infin לְאַלֵּץ   less commonly * :אתן/הן תְּאַלֵּצְנָה

ש׳ הפעולה Verbal N אִילּוּץ compulsion; constraint   less commonly ** :(אתן) אַלֵּצְנָה

מקור מוחלט .Inf. Abs אַלֵּץ

♦ פעלים פחות שכיחים מאותו שורש Less frequent verbs from the same root

אוּלַּץ (אֻלַּץ) be compelled (מְאוּלָּץ, יְאוּלַּץ) < בינוני .Pres. Part מְאוּלָּץ forced, coerced

♦ דוגמאות Illustrations

חיים **נֶאֱלַץ** לסגור סופית את החנות. הנסיבות הכלכליות הקשות **אִילְּצוּ** אותו לסגור. גם אפריים סגר את חנותו ; הוא **אוּלַּץ** לעשות זאת על ידי הבנק, לאחר פיגור של חצי שנה בתשלומים.

Hayyim **was compelled** to close the store for good. The hard economic conditions **forced** him to close. Ephraim had to close his store too; he **was forced** to do so by the bank, after half a year of delinquent debt.

מה שמרגיז אותי אצלו במיוחד זה החיוך ה**מְאוּלָּץ**.

What particularly annoys me about him is his **forced** smile.

●אמן : לְהַאֲמִין, לְהִתְאַמֵּן, לְאַמֵּן

הֶאֱמִין/הֶאֱמַן/יַאֲמִין believe; trust

בניין : הִפְעִיל   גזרה : פ״ג + ל״נ

Imper. ציווי	Future עתיד	Past עבר		Present הווה	
	אַאֲמִין	הֶאֱמַנְתִּי	אני	מַאֲמִין	יחיד
הַאֲמֵן	תַּאֲמִין	הֶאֱמַנְתָּ	אתה	מַאֲמִינָה	יחידה
הַאֲמִינִי	תַּאֲמִינִי	הֶאֱמַנְתְּ	את	מַאֲמִינִים	רבים
	יַאֲמִין	הֶאֱמִין	הוא	מַאֲמִינוֹת	רבות
	תַּאֲמִין	הֶאֱמִינָה	היא		
	נַאֲמִין	הֶאֱמַנּוּ	אנחנו		
הַאֲמִינוּ **	תַּאֲמִינוּ *	הֶאֱמַנְתֶּם/ן	אתם/ן		
	יַאֲמִינוּ *	הֶאֱמִינוּ	הם/ן		

שם הפועל .Infin לְהַאֲמִין   less commonly * :אתן/הן תַּאֲמֵנָּה

שם הפעולה Verbal N הַאֲמָנָה confirmation   less commonly ** :(אתן) הַאֲמֵנָּה

בינוני .Pres. Part מַאֲמִין believer

מקור מוחלט .Inf. Abs הַאֲמֵן

מ״י מוצרכת .Gov. Prep הֶאֱמִין ל- believe someone/something

מ״י מוצרכת .Gov. Prep הֶאֱמִין ב- believe in someone/something

הִתְאַמֵּן/הִתְאַמַּנ train (intr.), practice, exercise

בניין : הִתְפַּעֵל גזרה : ל״נ

Imper. ציווי	Future עתיד	Past עבר		Present הווה	
	אֶתְאַמֵּן	הִתְאַמַּנְתִּי	אני	מִתְאַמֵּן	יחיד
הִתְאַמֵּן	תִּתְאַמֵּן	הִתְאַמַּנְתָּ	אתה	מִתְאַמֶּנֶת	יחידה
הִתְאַמְּנִי	תִּתְאַמְּנִי	הִתְאַמַּנְתְּ	את	מִתְאַמְּנִים	רבים
	יִתְאַמֵּן	הִתְאַמֵּן	הוא	מִתְאַמְּנוֹת	רבות
	תִּתְאַמֵּן	הִתְאַמְּנָה	היא		
	נִתְאַמֵּן	הִתְאַמַּנּוּ	אנחנו		
** הִתְאַמְּנוּ	* תִּתְאַמְּנוּ	הִתְאַמַּנְתֶּם/ן	אתם/ן		
	* יִתְאַמְּנוּ	הִתְאַמְּנוּ	הם/ן		

שם הפועל .Infin לְהִתְאַמֵּן * less commonly: אתן/הן תִּתְאַמֵּנָּה

שם הפעולה Verbal N הִתְאַמְּנוּת training self ** less commonly: (אתן) הִתְאַמֵּנָּה

מקור מוחלט .Inf. Abs הִתְאַמֵּן מ״י מוצרכת .Gov. Prep הִתְאַמֵּן ב- train in

אוּמַּן (אֻמַּן) be trained, be instructed

בניין : פּוּעַל גזרה : ל״נ

Future עתיד	Past עבר		Present הווה	
אֲאוּמַּן	אוּמַּנְתִּי	אני	מְאוּמָּן	יחיד
תְּאוּמַּן	אוּמַּנְתָּ	אתה	מְאוּמֶּנֶת	יחידה
תְּאוּמְּנִי	אוּמַּנְתְּ	את	מְאוּמָּנִים	רבים
יְאוּמַּן	אוּמַּן	הוא	מְאוּמָּנוֹת	רבות
תְּאוּמַּן	אוּמְּנָה	היא		
נְאוּמַּן	אוּמַּנּוּ	אנחנו		
* תְּאוּמְּנוּ	אוּמַּנְתֶּם/ן	אתם/ן		
* יְאוּמְּנוּ	אוּמְּנוּ	הם/ן		

בינוני .Pres. Part מְאוּמָּן trained * less commonly: אתן/הן תְּאוּמַּנָּה

אִימֵּן (אִמֵּן)/אִימַּנ/אַמֵּן train (tr.), instruct, coach

בניין : פִּיעֵל גזרה : ל״נ

Imper. ציווי	Future עתיד	Past עבר		Present הווה	
	אֲאַמֵּן	אִימַּנְתִּי	אני	מְאַמֵּן	יחיד
אַמֵּן	תְּאַמֵּן	אִימַּנְתָּ	אתה	מְאַמֶּנֶת	יחידה
אַמְּנִי	תְּאַמְּנִי	אִימַּנְתְּ	את	מְאַמְּנִים	רבים
	יְאַמֵּן	אִימֵּן	הוא	מְאַמְּנוֹת	רבות
	תְּאַמֵּן	אִימְּנָה	היא		
	נְאַמֵּן	אִימַּנּוּ	אנחנו		
** אַמְּנוּ	* תְּאַמְּנוּ	אִימַּנְתֶּם/ן	אתם/ן		
	* יְאַמְּנוּ	אִימְּנוּ	הם/ן		

שם הפועל .Infin לְאַמֵּן * less commonly: אתן/הן תְּאַמֵּנָּה

בינוני .Pres. Part מְאַמֵּן trainer, coach ** less commonly: (אתן) אַמֵּנָּה

שם הפעולה Verbal N אִימּוּן מקור מוחלט .Inf. Abs אַמֵּן

♦ פעלים פחות שכיחים מאותו שורש Less frequent verbs from the same root

אָמַן grow, educate < ביני פעיל .Act. Part אוֹמֵן foster-father, אוֹמֶנֶת governess

(only the participial forms are common) reliable אָמִין *CaCiC* adj./N. קָטִיל
faithful (only common form) נֶאֱמָן Pres. Part. בינוני < be trustworthy; be stable נֶאֱמַן

♦ דוגמאות Illustrations

לא מספיק **לְאַמֵּן** חיילים להילחם: צריך גם לחנך אותם היטב, כדי **שֶׁיַּאֲמִינוּ** שמלחמתם צודקת.

It isn't enough **to train** soldiers to fight; they also need to be well-educated, so that they **believe** that the war they engage in is just.

גיל **מִתְאַמֵּן** בנגינה בכינור יומם ולילה. הוריו **מַאֲמִינִים** בו; הם חושבים שהוא יהיה כנר גדול.

Gill **trains** in playing the violin day and night. His parents **believe** in him. They think that he'll be a great violinist.

קשה **לְהַאֲמִין** מה **מְאַמֵּן** טוב יכול לעשות אפילו עם נבחרת לא-כל-כך טובה.

It is hard **to believe** what a good **coach** can do even with a team that isn't so good.

מנחם אומר שהוא די **נֶאֱמָן** לאישתו; הוא בגד בה רק שלוש פעמים.

Menahem says that he is pretty **faithful** to his wife; he was unfaithful to her only three times.

♦ ביטויים מיוחדים Special expressions

it sounds so fantastic, that it is hard to **believe** it לא **יֵיאָמֵן/יְאוּמַן** כי יסופר
happy is he who **believes** (it) [may be used cynically] אַשְׁרֵי **הַמַּאֲמִין**

●אמץ : לְהִתְאַמֵּץ, לְאַמֵּץ

make an effort, try hard, strive; exert oneself הִתְאַמֵּץ/הִתְאַמַּץ

בניין : הִתְפַּעֵל גזרה : שלמים

Imper. ציווי	Future עתיד	Past עבר		Present הווה	
	אֶתְאַמֵּץ	הִתְאַמַּצְתִּי	אני	מִתְאַמֵּץ	יחיד
הִתְאַמֵּץ	תִּתְאַמֵּץ	הִתְאַמַּצְתָּ	אתה	מִתְאַמֶּצֶת	יחידה
הִתְאַמְּצִי	תִּתְאַמְּצִי	הִתְאַמַּצְתְּ	את	מִתְאַמְּצִים	רבים
	יִתְאַמֵּץ	הִתְאַמֵּץ	הוא	מִתְאַמְּצוֹת	רבות
	תִּתְאַמֵּץ	הִתְאַמְּצָה	היא		
	נִתְאַמֵּץ	הִתְאַמַּצְנוּ	אנחנו		
** הִתְאַמְּצוּ	* תִּתְאַמְּצוּ	הִתְאַמַּצְתֶּם/ן	אתם/ן		
	* יִתְאַמְּצוּ	הִתְאַמְּצוּ	הם/ן		

אתן/הן תִּתְאַמֵּצְנָה :less commonly * | שם הפועל .Infin לְהִתְאַמֵּץ
(אתן) הִתְאַמֵּצְנָה :less commonly ** | striving הִתְאַמְּצוּת Verbal N שם הפעולה
מקור מוחלט .Inf. Abs הִתְאַמֵּץ

adopt; strengthen; strain אִימֵּץ (אִמֵּץ)/אִימַּץ/אַמֵּץ

בניין : פִּיעֵל גזרה : שלמים

Imper. ציווי	Future עתיד	Past עבר		Present הווה	
	אֲאַמֵּץ	אִימַּצְתִּי	אני	מְאַמֵּץ	יחיד
אַמֵּץ	תְּאַמֵּץ	אִימַּצְתָּ	אתה	מְאַמֶּצֶת	יחידה
אַמְּצִי	תְּאַמְּצִי	אִימַּצְתְּ	את	מְאַמְּצִים	רבים
	יְאַמֵּץ	אִימֵּץ	הוא	מְאַמְּצוֹת	רבות

Imper. ציווי	Future עתיד	Past עבר		Present הווה
	תְּאַמֵּץ	אִימְּצָה	היא	
	נְאַמֵּץ	אִימַּצְנוּ	אנחנו	
אַמְּצוּ **	תְּאַמְּצוּ *	אִימַּצְתֶּם/ן	אתם/ן	
	יְאַמְּצוּ *	אִימְּצוּ	הם/ן	

שם הפועל .Infin לְאַמֵּץ   less commonly * : אתן/הן תְּאַמֵּצְנָה

בינוני .Pres. Part מְאַמֵּץ adoptive   less commonly ** : (אתן) אַמֵּצְנָה

שם הפעולה Verbal N אִימּוּץ adoption; straining   מקור מוחלט .Inf. Abs אַמֵּץ

♦ פעלים פחות שכיחים מאותו שורש Less frequent verbs from the same root

אוּמַּץ (אֻמַּץ) be adopted; be strained < בינוני .Pres. Part מְאוּמָּץ adopted; strenuous

אָמַץ be strong > שם תואר .Adj אַמִּיץ brave (only this form is common)

♦ דוגמאות Illustrations

לאפריים ואישתו לא היו ילדים משלהם. לפני שבע עשרה שנה הם **אִימְּצוּ** תינוקת חמודה. היום הבת ה**מְאוּמֶּצֶת** יכולה לחזור לאם הביולוגית שלה, אבל היא מעדיפה להישאר עם ההורים ה**מְאַמְּצִים**.

Ephraim and his wife had no children of their own. Seventeen years ago they **adopted** a cute baby girl. Today the **adopted** daughter may return to her biological mother, but she prefers to remain with her **adoptive** parents.

לאחר ישיבת עבודה ארוכה **וּמְאוּמֶּצֶת**, החליטה הממשלה **לְאַמֵּץ** את המדיניות הכלכלית עליה המליץ שר האוצר.

Following a long, **strenuous** session, the government decided to **adopt** the economic policy recommended by the finance minister.

מנחם **אִימֵּץ** את כל שריריו **והִתְאַמֵּץ** בכל כוחו להרים את האבן, אבל לא הצליח.

Menahem **strained** all his muscles and **strove** with all his might to lift the stone, but failed.

ברגע שהכלב ה"**אַמִּיץ**" שלי רואה חתול, הוא מייד בורח הביתה.

The moment my "**brave**" dog sees a cat, he immediately runs home.

♦ ביטויים מיוחדים Special expressions

חֲזַק וֶאֱמָץ be strong! (you can do it!)   **אִימֵּץ** את ידיו של מישהו **encourage** someone

אִימֵּץ מישהו אל ליבו **hug** someone tight(ly)

●אמר : לוֹמַר/לֵאמוֹר, לְהֵיאָמֵר

אָמַר/אוֹמֵר/יֹאמַר say, tell; mean; express; be supposed to; praise (lit.)

בניין : פָּעַל   גזרה : נחי פ״א

Imp. ציווי	Fut. עתיד	Past עבר		Pres./Part. הווה/בינוני		
	אוֹמַר (אֹמַר)	אָמַרְתִּי	אני	אָמוּר	אוֹמֵר	יחיד
אֱמוֹר	תֹּאמַר	אָמַרְתָּ	אתה	אֲמוּרָה	אוֹמֶרֶת	יחידה
אִמְרִי	תֹּאמְרִי	אָמַרְתְּ	את	אֲמוּרִים	אוֹמְרִים	רבים
	יֹאמַר	אָמַר	הוא	אֲמוּרוֹת	אוֹמְרוֹת	רבות
	תֹּאמַר	אָמְרָה	היא			
	נֹאמַר	אָמַרְנוּ	אנחנו			
אִמְרוּ ***	תֹּאמְרוּ **	אֲמַרְתֶּם/ן *	אתם/ן			
	יֹאמְרוּ **	אָמְרוּ	הם/ן			

שם הפועל Infin.	לוֹמַר/לֵאמוֹר		* Colloquial: אֲמַרְתֶּם/ן
מקור מוחלט Inf. Abs.	אָמוֹר		** less commonly: אתן/הן תֹּאמַרְנָה
ביני סביל Pass. Part.	אָמוּר (ל-)	supposed to	*** less commonly: (אתן) אֱמוֹרְנָה
מקור נטוי Inf.+pron.	בְּאוֹמְרוֹ, כְּ...		
שם הפעולה Verbal N	אֲמִירָה	saying; statement	
מ״י מוצרכת Gov. Prep.	אָמַר משהו למישהו	say something to someone	

נֶאֱמַר/יֵיאָמֵר (יֵאָמֵר) be said, be told

בניין : נִפְעַל גזרה : שלמים + פ״ג

	Present הווה		Past עבר	Future עתיד	Imper. ציווי
יחיד	נֶאֱמָר	אני	נֶאֱמַרְתִּי	אֵיאָמֵר	
יחידה	נֶאֱמֶרֶת	אתה	נֶאֱמַרְתָּ	תֵּיאָמֵר	הֵיאָמֵר
רבים	נֶאֱמָרִים	את	נֶאֱמַרְתְּ	תֵּיאָמְרִי	הֵיאָמְרִי
רבות	נֶאֱמָרוֹת	הוא	נֶאֱמַר	יֵיאָמֵר	
		היא	נֶאֶמְרָה	תֵּיאָמֵר	
		אנחנו	נֶאֱמַרְנוּ	נֵיאָמֵר	
		אתם/ן	נֶאֱמַרְתֶּם/ן	תֵּיאָמְרוּ *	הֵיאָמְרוּ **
		הם/ן	נֶאֶמְרוּ	יֵיאָמְרוּ *	

* less commonly: אתן/הן תֵּיאָמַרְנָה

** less commonly: (אתן) הֵיאָמַרְנָה

שם הפועל Infin. לְהֵיאָמֵר

מקור מוחלט Inf. Abs. נֶאֱמוֹר, הֵיאָמֵר (הֵיאָמוֹר)

♦ דוגמאות Illustrations

אָמַרְתִּי לו מה אני חושב עליו, כיוון שנראה לי שהדברים צריכים **לְהֵיאָמֵר**. אחרי שהדברים **נֶאֶמְרוּ**, הוקל לי.

I **told** him what I thought about him, because I felt that it needed **to be said**. When it **had been said**, I felt better.

אין לי מה **לוֹמַר** לך מעבר לזה. I have nothing else **to say** to you beyond that.

♦ ביטויים מיוחדים Special expressions

לֵאמוֹר : as follows, in the following words — **נֹאמַר...** let's **say**...

כָּאָמוּר, ... as noted above — זאת **אוֹמֶרֶת**,/**כְּלוֹמַר**, that is,

כְּמָה **שֶׁנֶּאֱמַר**, done properly, as it should be (literally: as written in the scriptures)

●אמת (מן אֱמֶת truth) : לְאַמֵּת

אִימֵּת (אִמֵּת)/אִימַּת/אַמֵּת verify

בניין : פִּיעֵל גזרה : ל״ת

	Present הווה		Past עבר	Future עתיד	Imper. ציווי
יחיד	מְאַמֵּת	אני	אִימַּתִּי	אֲאַמֵּת	
יחידה	מְאַמֶּתֶת	אתה	אִימַּתָּ	תְּאַמֵּת	אַמֵּת
רבים	מְאַמְּתִים	את	אִימַּתְּ	תְּאַמְּתִי	אַמְּתִי
רבות	מְאַמְּתוֹת	הוא	אִימֵּת	יְאַמֵּת	
		היא	אִימְּתָה	תְּאַמֵּת	

Imper. ציווי	Future עתיד	Past עבר		Present הווה
	נְאַמֵּת	אִימַּתְנוּ	אנחנו	
** אַמְּתוּ	* תְּאַמְּתוּ	אִימַּתֶּם/ן	אתם/ן	
	* יְאַמְּתוּ	אִימְּתוּ	הם/ן	

בד״כ בדיבור : אִימַּתְתִי, אִימַּתְתָ... בפיצול הרצף ״תת״ על ידי שווא נע

Often in speech: ...אִימַּתְתִי, אִימַּתְתָ, with the "tt" sequence split by a *shva*.

שם הפועל .Infin לְאַמֵּת — * less commonly: אתן/הן תְּאַמֵּתְנָה

מקור מוחלט .Inf. Abs אַמֵּת — ** less commonly: (אתן) אַמֵּתְנָה

שם הפעולה Verbal N אִימּוּת verifying, verification

אוּמַּת (אֻמַּת) be verified

בניין : פּוּעַל גזרה : ל״ת

Future עתיד	Past עבר		Present הווה	
אֲאוּמַּת	אוּמַּתִּי	אני	מְאוּמָּת	יחיד
תְּאוּמַּת	אוּמַּתָּ	אתה	מְאוּמֶּתֶת	יחידה
תְּאוּמְּתִי	אוּמַּתְּ	את	מְאוּמָּתִים	רבים
יְאוּמַּת	אוּמַּת	הוא	מְאוּמָּתוֹת	רבות
תְּאוּמַּת	אוּמְּתָה	היא		
נְאוּמַּת	אוּמַּתְנוּ	אנחנו		
* תְּאוּמְּתוּ	אוּמַּתֶּם/ן	אתם/ן		
* יְאוּמְּתוּ	אוּמְּתוּ	הם/ן		

בינוני .Pres. Part מְאוּמָּת verified — * less commonly: אתן/הן תְּאוּמַּתְנָה

♦ דוגמאות Illustrations

כתב טוב **מְאַמֵּת** את המידע שקיבל לפני שהוא שולח את כתבתו לפרסום או לשידור.

A good reporter **verifies** the information s/he has received before sending it to his/her paper or for broadcasting.

●אנס : לֶאֱנוֹס, לְהֵיאָנֵס

אָנַס/אוֹנֵס/יֶאֱנוֹס (יֶאֱנֹס) rape; force; coerce

בניין : פָּעַל גזרה : שלמים (אֶפְעוֹל) + פ״ג

Imp. ציווי	Fut. עתיד	Past עבר		Pres./Part. הווה/בינוני		
	אֶאֱנוֹס	אָנַסְתִּי	אני	אָנוּס	אוֹנֵס	יחיד
אֱנוֹס	תֶּאֱנוֹס	אָנַסְתָּ	אתה	אֲנוּסָה	אוֹנֶסֶת	יחידה
אִנְסִי	תַּאַנְסִי	אָנַסְתְּ	את	אֲנוּסִים	אוֹנְסִים	רבים
	יֶאֱנוֹס	אָנַס	הוא	אֲנוּסוֹת	אוֹנְסוֹת	רבות
	תֶּאֱנוֹס	אָנְסָה	היא			
	נֶאֱנוֹס	אָנַסְנוּ	אנחנו			
*** אִנְסוּ	** תַּאַנְסוּ	* אֲנַסְתֶּם/ן	אתם/ן			
	** יַאַנְסוּ	אָנְסוּ	הם/ן			

שם הפועל .Infin לֶאֱנוֹס — * Colloquial: אָנַסְתֶּם/ן

מקור מוחלט .Inf. Abs אָנוֹס — ** less commonly: אתן/הן תֶּאֱנוֹסְנָה

ביני סביל .Pass. Prt אָנוּס forced; Crypto-Jew — *** less commonly: (אתן) אֱנוֹסְנָה

שם הפעולה Verbal N אֲנִיסָה forcing (lit.) — מקור נטוי .Inf.+pron בְּאוֹנְסוֹ, כְּ...

נֶאֱנַס/יֵיאָנֵס (יֵאָנֵס) be raped; be coerced

בניין : נִפְעַל גזרה : שלמים + פ״ג

	הווה Present		עבר Past	עתיד Future	ציווי Imper.
יחיד	נֶאֱנָס	אני	נֶאֱנַסְתִּי	אֵיאָנֵס	
יחידה	נֶאֱנֶסֶת	אתה	נֶאֱנַסְתָּ	תֵּיאָנֵס	הֵיאָנֵס
רבים	נֶאֱנָסִים	את	נֶאֱנַסְתְּ	תֵּיאָנְסִי	הֵיאָנְסִי
רבות	נֶאֱנָסוֹת	הוא	נֶאֱנַס	יֵיאָנֵס	
		היא	נֶאֶנְסָה	תֵּיאָנֵס	
		אנחנו	נֶאֱנַסְנוּ	נֵיאָנֵס	
		אתם/ן	נֶאֱנַסְתֶּם/ן	תֵּיאָנְסוּ *	הֵיאָנְסוּ **
		הם/ן	נֶאֶנְסוּ	יֵיאָנְסוּ *	

שם הפועל .Infin לְהֵיאָנֵס — less commonly: * אתן/הן תֵּיאָנַסְנָה

מקור מוחלט .Inf. Abs נֶאֱנוֹס, הֵיאָנֵס/...נוֹס — less commonly: ** (אתן) הֵיאָנַסְנָה

שם הפעולה Verbal N הֵיאָנְסוּת being raped; being coerced

♦ פעלים פחות שכיחים מאותו שורש Less frequent verbs from the same root

[אִינֵּס] אִינּוּס compulsion, force, coercion, rape (legal); Verbal N only

♦ דוגמאות Illustrations

במרבית המקרים, נשים **נֶאֱנָסוֹת** לא על ידי זרים אלא על ידי מכרים, ולא פעם **האוֹנֵס** הוא אפילו הבעל.

In most cases, women **are raped** not by strangers, but by acquaintances, and it is not unusual even for the husband to be the **rapist**.

האינקוויזיציה **אָנְסָה** את יהודי ספרד להתנצר. חלק גדול מהם המשיכו לקיים את יהדותם בסתר. בעברית הם נקראים "**אֲנוּסִים**".

The Inquisition **forced** the Jews of Spain to convert to Christianity. Many of them continued to secretly observe Jewish rituals. In Hebrew these Crypto-Jews are called "**the forced ones**."

●אסף : לֶאֱסוֹף, לְהִתְאַסֵּף, לְהֵיאָסֵף

אָסַף/אוֹסֵף/יֶאֱסוֹף (יֶאֱסֹף) collect, gather, assemble

בניין : פָּעַל גזרה : שלמים (אֶפְעוֹל) + פ״ג

	הווה/בינוני Pres./Part.			עבר Past	עתיד .Fut	ציווי .Imp
יחיד	אוֹסֵף	אָסוּף	אני	אָסַפְתִּי	אֶאֱסוֹף	
יחידה	אוֹסֶפֶת	אֲסוּפָה	אתה	אָסַפְתָּ	תֶּאֱסוֹף	אֱסוֹף
רבים	אוֹסְפִים	אֲסוּפִים	את	אָסַפְתְּ	תַּאַסְפִי	אִסְפִי
רבות	אוֹסְפוֹת	אֲסוּפוֹת	הוא	אָסַף	יֶאֱסוֹף	
			היא	אָסְפָה	תֶּאֱסוֹף	
			אנחנו	אָסַפְנוּ	נֶאֱסוֹף	
			אתם/ן	אֲסַפְתֶּם/ן *	תַּאַסְפוּ **	אִסְפוּ ***
			הם/ן	אָסְפוּ	יַאַסְפוּ **	

שם הפועל .Infin לֶאֱסוֹף

מקור מוחלט .Inf. Abs אָסוֹף

ביני סביל .Pass. Part אָסוּף gathered

* Colloquial: אָסַפְתֶּם/ן

** less commonly: אתן/הן תֶּאֱסוֹפְנָה

*** less commonly: (אתן) אֱסוֹפְנָה

אסף : לֶאֱסוֹף, לְהִתְאַסֵּף, לְהֵיאָסֵף

קָטִיל .adj./N *CaCiC* אָסִיף harvest   מקור נטוי .Inf.+pron בְּאוֹסְפוֹ, כְּ...
שם הפעולה Verbal N אֲסִיפָה gathering; death; killing (Mish H)
אֲסֵיפָה assembly, meeting, gathering

הִתְאַסֵּף/הִתְאַסַּפ assemble (intr.), gather (intr.)

בניין : הִתְפַּעֵל   גזרה : שלמים

	Present הווה		Past עבר	Future עתיד	Imper. ציווי
יחיד	מִתְאַסֵּף	אני	הִתְאַסַּפְתִּי	אֶתְאַסֵּף	
יחידה	מִתְאַסֶּפֶת	אתה	הִתְאַסַּפְתָּ	תִּתְאַסֵּף	הִתְאַסֵּף
רבים	מִתְאַסְּפִים	את	הִתְאַסַּפְתְּ	תִּתְאַסְּפִי	הִתְאַסְּפִי
רבות	מִתְאַסְּפוֹת	הוא	הִתְאַסֵּף	יִתְאַסֵּף	
		היא	הִתְאַסְּפָה	תִּתְאַסֵּף	
		אנחנו	הִתְאַסַּפְנוּ	נִתְאַסֵּף	
		אתם/ן	הִתְאַסַּפְתֶּם/ן	תִּתְאַסְּפוּ *	הִתְאַסְּפוּ **
		הם/ן	הִתְאַסְּפוּ	יִתְאַסְּפוּ *	

שם הפועל .Infin לְהִתְאַסֵּף   less commonly *: אתן/הן תִּתְאַסֵּפְנָה
ש' הפ' .Vr. N הִתְאַסְּפוּת gathering/assembling   less commonly **: (אתן) הִתְאַסֵּפְנָה
מקור מוחלט .Inf. Abs הִתְאַסֵּף

נֶאֱסַף/יֵיאָסֵף (יֵאָסֵף) be gathered

בניין : נִפְעַל   גזרה : שלמים + פ"ג

	Present הווה		Past עבר	Future עתיד	Imper. ציווי
יחיד	נֶאֱסָף	אני	נֶאֱסַפְתִּי	אֵיאָסֵף	
יחידה	נֶאֱסֶפֶת	אתה	נֶאֱסַפְתָּ	תֵּיאָסֵף	הֵיאָסֵף
רבים	נֶאֱסָפִים	את	נֶאֱסַפְתְּ	תֵּיאָסְפִי	הֵיאָסְפִי
רבות	נֶאֱסָפוֹת	הוא	נֶאֱסַף	יֵיאָסֵף	
		היא	נֶאֶסְפָה	תֵּיאָסֵף	
		אנחנו	נֶאֱסַפְנוּ	נֵיאָסֵף	
		אתם/ן	נֶאֱסַפְתֶּם/ן	תֵּיאָסְפוּ *	הֵיאָסְפוּ **
		הם/ן	נֶאֶסְפוּ	יֵיאָסְפוּ *	

less commonly *: אתן/הן תֵּיאָסַפְנָה
less commonly **: (אתן) הֵיאָסַפְנָה

שם הפועל .Infin לְהֵיאָסֵף
שם הפעולה Verbal N הֵיאָסְפוּת gathering; death
מקור מוחלט .Inf. Abs נֶאֱסוֹף, הֵיאָסֵף (הֵיאָסוֹף)

♦ פעלים פחות שכיחים מאותו שורש Less frequent verbs from the same root

אִיסֵּף gather, collect; bring in > בינוני .Pres. Part מְאַסֵּף local bus (only common form)

♦ דוגמאות Illustrations

אָסַפְתִּי מספר חברים שהסכימו ללכת איתי ונסענו **לָאֲסֵיפָה**. **הִתְאַסְּפוּ** שם כבר מאה איש.

I **gathered** a number of friends who were willing to go with me, and we went to the **assembly**. A hundred people had already **gathered** there.

בשנה שעברה **נֶאֶסְפוּ** בעיר שנים עשר טון של פחיות למיחזור.

Last year 12 tons of cans **were collected** in town for recycling.

היא אוהבת ללכת בשיער **אָסוּף**.

She likes to go with her hair **gathered together**.

♦ ביטויים מיוחדים Special expressions

נֶאֱסַף אל אבותיו die **חג האָסִיף** (biblical) Sukkot, Tabernacles, **Harvest** festival

●אסר : לֶאֱסוֹר, לְהֵיאָסֵר

אָסַר/אוֹסֵר/יֶאֱסוֹר (יֶאֱסֹר) arrest, imprison, shackle; forbid

בניין : פָּעַל גזרה : שלמים (אֶפְעוֹל) + פ״ג

ציווי Imp.	עתיד Fut.	עבר Past		הווה/בינוני Pres./Part.	
	אֶאֱסוֹר	אָסַרְתִּי	אני	אוֹסֵר אָסוּר	יחיד
אֱסוֹר	תֶּאֱסוֹר	אָסַרְתָּ	אתה	אוֹסֶרֶת אֲסוּרָה	יחידה
אִסְרִי	תַּאַסְרִי	אָסַרְתְּ	את	אוֹסְרִים אֲסוּרִים	רבים
	יֶאֱסוֹר	אָסַר	הוא	אוֹסְרוֹת אֲסוּרוֹת	רבות
	תֶּאֱסוֹר	אָסְרָה	היא		
	נֶאֱסוֹר	אָסַרְנוּ	אנחנו		
אִסְרוּ ***	תַּאַסְרוּ **	אֲסַרְתֶּם/ן *	אתם/ן		
	יַאַסְרוּ **	אָסְרוּ	הם/ן		

שם הפועל .Infin לֶאֱסוֹר

* Colloquial: אָסַרְתֶּם/ן

מקור מוחלט .Inf. Abs אָסוֹר

** less commonly: אתן/הן תֶּאֱסוֹרְנָה

בינ׳ סביל .Pass. Part אָסוּר forbidden; chained

*** less commonly: (אתן) אֱסוֹרְנָה

קָטִיל .CaCiC adj./N אָסִיר prisoner

מקור נטוי .Inf.+pron בְּאוֹסְרוֹ, כְּ...

שם הפעולה Verbal N אֲסִירָה imprisoning; tying (esp. horse to carriage) (Mish H)

מ״י .Gov. Prep אָסַר על מישהו לעשות משהו forbid one to do something

נֶאֱסַר/יֵיאָסֵר (יֵאָסֵר) be arrested, be jailed, be shackled; be forbidden

בניין : נִפְעַל גזרה : שלמים + פ״ג

ציווי .Imper	עתיד Future	עבר Past		הווה Present	
	אֵיאָסֵר	נֶאֱסַרְתִּי	אני	נֶאֱסָר	יחיד
הֵיאָסֵר	תֵּיאָסֵר	נֶאֱסַרְתָּ	אתה	נֶאֱסֶרֶת	יחידה
הֵיאָסְרִי	תֵּיאָסְרִי	נֶאֱסַרְתְּ	את	נֶאֱסָרִים	רבים
	יֵיאָסֵר	נֶאֱסַר	הוא	נֶאֱסָרוֹת	רבות
	תֵּיאָסֵר	נֶאֶסְרָה	היא		
	נֵיאָסֵר	נֶאֱסַרְנוּ	אנחנו		
הֵיאָסְרוּ **	תֵּיאָסְרוּ *	נֶאֱסַרְתֶּם/ן	אתם/ן		
	יֵיאָסְרוּ *	נֶאֶסְרוּ	הם/ן		

* less commonly: אתן/הן תֵּיאָסַרְנָה

שם הפועל .Infin לְהֵיאָסֵר

** less commonly: (אתן) הֵיאָסַרְנָה

שם הפעולה Verbal N הֵיאָסְרוּת being forbidden/jailed

מקור מוחלט .Inf. Abs נֶאֱסוֹר, הֵיאָסֵר (הֵיאָסוֹר)

♦ דוגמאות Illustrations

אָסוּר לַאֲסִירִים לעשן בבית הסוהר הזה. מנהל בית הסוהר שוקל גם האם **לֶאֱסוֹר** עליהם גם לצפות בטלוויזיה.

Prisoners are **forbidden** to smoke in this jail. The warden is also considering whether to **forbid** them to watch TV too.

״הפה ש**אָסַר** הוא הפה שהתיר״ (דמאי ו :יא).

"Only he who **forbade** is allowed to permit."

״ויקח מאיתם את שמעון **וַיֶּאֱסוֹר** אותו״ (בר׳ מב:24).

"And he took Simon from among them and **had** him **bound**." (Gen. 42:24)

השופט פסק למשולם שלוש שנות **מַאֲסָר.** על פי המשטרה, משולם **יֵיאָסֵר** בבית הכלא תל-מונד.

The judge sentenced Meshulam to three years **imprisonment**. According to the police, Meshulam **will be imprisoned** in the Tel Mond prison.

[Note: In Israeli Hebrew, the primary meaning of the various realizations of אסר is "forbid," which originated in Mish H. The Biblical "imprison/shackle" is not as common.]

♦ ביטויים מיוחדים Special expressions

אָסַר על עצמו ל- ... take vow upon self not to...

אָסַר מלחמה wage war — **אִסְרוּ** חג the day after a (major) Jewish festival

●אפה (אפי) : לֶאֱפוֹת

אָפָה/אוֹפֶה/יֹאפֶה bake

בניין : פָּעַל גזרה : פ״א + נחי פ״א + ל״י

	Present הווה			Past עבר	Future עתיד	Imper. ציווי
יחיד	אוֹפֶה	אָפוּי	אני	אָפִיתִי	אֹפֶה	
יחידה	אוֹפָה	אֲפוּיָה	אתה	אָפִיתָ	תֹּאפֶה	אֱפֵה
רבים	אוֹפִים	אֲפוּיִים	את	אָפִית	תֹּאפִי	אֱפִי
רבות	אוֹפוֹת	אֲפוּיוֹת	הוא	אָפָה	יֹאפֶה	
			היא	אָפְתָה	תֹּאפֶה	
			אנחנו	אָפִינוּ	נֹאפֶה	
			אתם/ן	אֲפִיתֶם/ן *	תֹּאפוּ **	אֱפוּ ***
			הם/ן	אָפוּ	יֹאפוּ **	

שם הפועל .Infin לֶאֱפוֹת

מקור מוחלט .Inf. Abs אָפֹה

בינוני פועל .Act. Part אוֹפֶה baker

בינוני פעול .Pass. Part אָפוּי baked

*coll.: אָפִיתֶם/ן

**less commonly: אתן/הן תֵּאָפֶינָה

***less commonly: (אתן) אֱפֶינָה

♦ דוגמאות Illustrations

אי אפשר **לֶאֱפוֹת** לחם של ממש ללא שמרים.

One cannot **bake** bread properly without yeast.

● אפין : לְאַפְיֵין

אִפְיֵין/אִפְיַינ/אַפְיֵין (אִפְיֵן) characterize

בניין : פִּיעֵל גזרה : מרובעים + ג״נ (במודל קטל״ג)

	הווה Present		עבר Past	עתיד Future	ציווי Imper.
יחיד	מְאַפְיֵין	אני	אִפְיַינְתִּי	אֲאַפְיֵין	
יחידה	מְאַפְיֶינֶת	אתה	אִפְיַינְתָּ	תְּאַפְיֵין	אַפְיֵין
רבים	מְאַפְיְינִים	את	אִפְיַינְתְּ	תְּאַפְיְינִי	אַפְיְינִי
רבות	מְאַפְיְינוֹת	הוא	אִפְיֵין	יְאַפְיֵין	
		היא	אִפְיְינָה	תְּאַפְיֵין	
		אנחנו	אִפְיַינּוּ	נְאַפְיֵין	
		אתם/ן	אִפְיַינְתֶּם/ן	תְּאַפְיְינוּ *	אַפְיְינוּ **
		הם/ן	אִפְיְינוּ	יְאַפְיְינוּ *	

* less commonly: אתן/הן תְּאַפְיֵינָּה

** less commonly: (אתן) אַפְיֵינָּה

שם הפועל .Infin לְאַפְיֵין

בינוני .Pres. Part מְאַפְיֵין characteristic

שם הפעולה Verbal N אִפְיוּן characterizing/zation — מקור מוחלט .Inf. Abs אַפְיֵין

◆ פעלים פחות שכיחים מאותו שורש Less frequent verbs from the same root

אוּפְיַין (אֻפְיַן) be characterized (מְאוּפְיָין, יְאוּפְיַין)

הִתְאַפְיֵין be(come) characterized (מִתְאַפְיֵין, יִתְאַפְיֵין, לְהִתְאַפְיֵין)

◆ דוגמאות Illustrations

פרופסור : מהם ה**מְאַפְיְינִים** העיקריים של היצירה הזאת? מה **מְאַפְיֵין** אותה?
סטודנט : היא ארוכה, קשה ומשעממת.

Professor: What are the main **characteristics** of this (lit.) work? What **characterizes** it?
Student: It is long, difficult, and boring.

● אפק : לְהִתְאַפֵּק

הִתְאַפֵּק/הִתְאַפַּק control/restrain oneself

בניין : הִתְפַּעֵל גזרה : שלמים

	הווה Present		עבר Past	עתיד Future	ציווי Imper.
יחיד	מִתְאַפֵּק	אני	הִתְאַפַּקְתִּי	אֶתְאַפֵּק	
יחידה	מִתְאַפֶּקֶת	אתה	הִתְאַפַּקְתָּ	תִּתְאַפֵּק	הִתְאַפֵּק
רבים	מִתְאַפְּקִים	את	הִתְאַפַּקְתְּ	תִּתְאַפְּקִי	הִתְאַפְּקִי
רבות	מִתְאַפְּקוֹת	הוא	הִתְאַפֵּק	יִתְאַפֵּק	
		היא	הִתְאַפְּקָה	תִּתְאַפֵּק	
		אנחנו	הִתְאַפַּקְנוּ	נִתְאַפֵּק	
		אתם/ן	הִתְאַפַּקְתֶּם/ן	תִּתְאַפְּקוּ *	הִתְאַפְּקוּ **
		הם/ן	הִתְאַפְּקוּ	יִתְאַפְּקוּ *	

* less commonly: אתן/הן תִּתְאַפֵּקְנָה

** less commonly: (אתן) הִתְאַפֵּקְנָה

שם הפועל .Infin לְהִתְאַפֵּק

שם הפעולה Verbal N הִתְאַפְּקוּת controlling oneself — מקור מוחלט .Inf. Abs הִתְאַפֵּק

♦ דוגמאות Illustrations

קשה לי לפעמים **לְהִתְאַפֵּק** ולא לפרוץ בצחוק כאשר פוליטיקאים מסוימים מדברים על מוסר, יושר וצדק...

It is sometimes difficult for me **to restrain myself** and not to burst out laughing when certain politicians speak about morals, honesty, and justice…

●אפר : לְהִתְאַפֵּר, לְאַפֵּר

הִתְאַפֵּר/הִתְאַפַּר put on makeup (to oneself)

בניין : הִתְפַּעֵל גזרה : שלמים

Imper. ציווי	Future עתיד	Past עבר		Present הווה	
	אֶתְאַפֵּר	הִתְאַפַּרְתִּי	אני	מִתְאַפֵּר	יחיד
הִתְאַפֵּר	תִּתְאַפֵּר	הִתְאַפַּרְתָּ	אתה	מִתְאַפֶּרֶת	יחידה
הִתְאַפְּרִי	תִּתְאַפְּרִי	הִתְאַפַּרְתְּ	את	מִתְאַפְּרִים	רבים
	יִתְאַפֵּר	הִתְאַפֵּר	הוא	מִתְאַפְּרוֹת	רבות
	תִּתְאַפֵּר	הִתְאַפְּרָה	היא		
	נִתְאַפֵּר	הִתְאַפַּרְנוּ	אנחנו		
הִתְאַפְּרוּ **	תִּתְאַפְּרוּ *	הִתְאַפַּרְתֶּם/ן	אתם/ן		
	יִתְאַפְּרוּ *	הִתְאַפְּרוּ	הם/ן		

* less commonly: אתן/הן תִּתְאַפֵּרְנָה

** less commonly: (אתן) הִתְאַפֵּרְנָה

שם הפועל Infin. לְהִתְאַפֵּר

שם הפעולה Verbal N הִתְאַפְּרוּת making up (actor, etc.) מקור מוחלט Inf. Abs. הִתְאַפֵּר

אִיפֵּר (אִפֵּר)/אִיפַּר/אַפֵּר apply makeup (tr.)

בניין : פִּיעֵל גזרה : שלמים

Imper. ציווי	Future עתיד	Past עבר		Present הווה	
	אֲאַפֵּר	אִיפַּרְתִּי	אני	מְאַפֵּר	יחיד
אַפֵּר	תְּאַפֵּר	אִיפַּרְתָּ	אתה	מְאַפֶּרֶת	יחידה
אַפְּרִי	תְּאַפְּרִי	אִיפַּרְתְּ	את	מְאַפְּרִים	רבים
	יְאַפֵּר	אִיפֵּר	הוא	מְאַפְּרוֹת	רבות
	תְּאַפֵּר	אִיפְּרָה	היא		
	נְאַפֵּר	אִיפַּרְנוּ	אנחנו		
אַפְּרוּ **	תְּאַפְּרוּ *	אִיפַּרְתֶּם/ן	אתם/ן		
	יְאַפְּרוּ *	אִיפְּרוּ	הם/ן		

שם הפועל Infin. לְאַפֵּר

* less commonly: אתן/הן תְּאַפֵּרְנָה

שם הפעולה Verbal N אִיפּוּר makeup (N)

** less commonly: (אתן) אַפֵּרְנָה

בינוני Pres. Part. מְאַפֵּר makeup person מקור מוחלט Inf. Abs. אַפֵּר

♦ פעלים פחות שכיחים מאותו שורש Less frequent verbs from the same root

אוּפַּר (אֻפַּר) have makeup applied < בינוני Pres. Part. מְאוּפָּר made up

A less frequent homonymous root meaning "be ash(en)/gray" is not included in this collection.

♦ **דוגמאות** Illustrations

בזמן האחרון שחקני "הבימה" **מְאוּפָּרִים** מצוין. יש להם **מְאַפֶּרֶת** חדשה שיודעת **לְאַפֵּר** כל שחקן באופן המתאים לו ביותר באופן אישי.

Lately the "Habimah" actors have been **made up** very well. They have a new **(fem.) makeup artist** who knows how **to make up** each actor in a manner that is best suited to his/her personality.

●אפשר : לְאַפְשֵׁר, לְהִתְאַפְשֵׁר

אִפְשֵׁר/אִפְשַׁר/אַפְשֵׁר enable, make possible

בניין : פִּיעֵל   גזרה : מרובעים

Imper. ציווי	Future עתיד	Past עבר		Present הווה	
	אֲאַפְשֵׁר	אִפְשַׁרְתִּי	אני	מְאַפְשֵׁר	יחיד
אַפְשֵׁר	תְּאַפְשֵׁר	אִפְשַׁרְתָּ	אתה	מְאַפְשֶׁרֶת	יחידה
אַפְשְׁרִי	תְּאַפְשְׁרִי	אִפְשַׁרְתְּ	את	מְאַפְשְׁרִים	רבים
	יְאַפְשֵׁר	אִפְשֵׁר	הוא	מְאַפְשְׁרוֹת	רבות
	תְּאַפְשֵׁר	אִפְשְׁרָה	היא		
	נְאַפְשֵׁר	אִפְשַׁרְנוּ	אנחנו		
אַפְשְׁרוּ **	תְּאַפְשְׁרוּ *	אִפְשַׁרְתֶּם/ן	אתם/ן		
	יְאַפְשְׁרוּ *	אִפְשְׁרוּ	הם/ן		

שם הפועל .Infin לְאַפְשֵׁר   less commonly * :אתן/הן תְּאַפְשֵׁרְנָה

מקור מוחלט .Inf. Abs אַפְשֵׁר   less commonly ** :(אתן) אַפְשֵׁרְנָה

מ״י מוצרכת .Gov. Prep אִיפְשֵׁר למישהו לעשות משהו

make it possible for someone to do something

הִתְאַפְשֵׁר (נִתְאַפְשֵׁר)/הִתְאַפְשַׁר become possible

בניין : הִתְפַּעֵל   גזרה : מרובעים

Imper. ציווי	Future עתיד	Past עבר		Present הווה	
	אֶתְאַפְשֵׁר	הִתְאַפְשַׁרְתִּי	אני	מִתְאַפְשֵׁר	יחיד
הִתְאַפְשֵׁר	תִּתְאַפְשֵׁר	הִתְאַפְשַׁרְתָּ	אתה	מִתְאַפְשֶׁרֶת	יחידה
הִתְאַפְשְׁרִי	תִּתְאַפְשְׁרִי	הִתְאַפְשַׁרְתְּ	את	מִתְאַפְשְׁרִים	רבים
	יִתְאַפְשֵׁר	הִתְאַפְשֵׁר	הוא	מִתְאַפְשְׁרוֹת	רבות
	תִּתְאַפְשֵׁר	הִתְאַפְשְׁרָה	היא		
	נִתְאַפְשֵׁר	הִתְאַפְשַׁרְנוּ	אנחנו		
הִתְאַפְשְׁרוּ **	תִּתְאַפְשְׁרוּ *	הִתְאַפְשַׁרְתֶּם/ן	אתם/ן		
	יִתְאַפְשְׁרוּ *	הִתְאַפְשְׁרוּ	הם/ן		

less commonly * :אתן/הן תִּתְאַפְשֵׁרְנָה

שם הפועל .Infin לְהִתְאַפְשֵׁר   less commonly ** :(אתן) הִתְאַפְשֵׁרְנָה

שם הפעולה Verbal N הִתְאַפְשְׁרוּת becoming possible   מקור מוחלט .Inf. Abs הִתְאַפְשֵׁר

♦ **דוגמאות** Illustrations

משרד הפנים לא **אִפְשֵׁר** לו לנסוע ללונדון, כיוון שהדרכון שלו לא היה בתוקף. **הִתְאַפְשֵׁר** לו לנסוע רק שלושה שבועות לאחר מכן, כשהדרכון החדש שלו היה מוכן.

The interior ministry would not **let** him travel to London, since his passport was not valid. It **became possible** for him to travel only three weeks later, when the new passport was ready.

●ארגן : לְאַרְגֵּן, לְהִתְאַרְגֵּן

אִרְגֵּן/אִרְגַּנ/אַרְגֵּן organize

בניין : פִּיעֵל גזרה : מרובעים + ג״נ (במודל קטל״ג)

	הווה Present		עבר Past	עתיד Future	ציווי Imper.
יחיד	מְאַרְגֵּן	אני	אִרְגַּנְתִּי	אֲאַרְגֵּן	
יחידה	מְאַרְגֶּנֶת	אתה	אִרְגַּנְתָּ	תְּאַרְגֵּן	אַרְגֵּן
רבים	מְאַרְגְּנִים	את	אִרְגַּנְתְּ	תְּאַרְגְּנִי	אַרְגְּנִי
רבות	מְאַרְגְּנוֹת	הוא	אִרְגֵּן	יְאַרְגֵּן	
		היא	אִרְגְּנָה	תְּאַרְגֵּן	
		אנחנו	אִרְגַּנּוּ	נְאַרְגֵּן	
		אתם/ן	אִרְגַּנְתֶּם/ן	* תְּאַרְגְּנוּ	** אַרְגְּנוּ
		הם/ן	אִרְגְּנוּ	* יְאַרְגְּנוּ	

* less commonly: אתן/הן תְּאַרְגֵּנָּה

** less commonly: (אתן) אַרְגֵּנָּה

שם הפועל Infin. לְאַרְגֵּן

שם הפעולה Verbal N אִרְגּוּן organizing; organization

בינוני Pres. Part. מְאַרְגֵּן organizer   מקור מוחלט Inf. Abs. אַרְגֵּן

הִתְאַרְגֵּן/הִתְאַרְגַּנ get organized

בניין : הִתְפַּעֵל גזרה : מרובעים + ג״נ (במודל קטל״ג)

	הווה Present		עבר Past	עתיד Future	ציווי Imper.
יחיד	מִתְאַרְגֵּן	אני	הִתְאַרְגַּנְתִּי	אֶתְאַרְגֵּן	
יחידה	מִתְאַרְגֶּנֶת	אתה	הִתְאַרְגַּנְתָּ	תִּתְאַרְגֵּן	הִתְאַרְגֵּן
רבים	מִתְאַרְגְּנִים	את	הִתְאַרְגַּנְתְּ	תִּתְאַרְגְּנִי	הִתְאַרְגְּנִי
רבות	מִתְאַרְגְּנוֹת	הוא	הִתְאַרְגֵּן	יִתְאַרְגֵּן	
		היא	הִתְאַרְגְּנָה	תִּתְאַרְגֵּן	
		אנחנו	הִתְאַרְגַּנּוּ	נִתְאַרְגֵּן	
		אתם/ן	הִתְאַרְגַּנְתֶּם/ן	* תִּתְאַרְגְּנוּ	** הִתְאַרְגְּנוּ
		הם/ן	הִתְאַרְגְּנוּ	* יִתְאַרְגְּנוּ	

* less commonly: אתן/הן תִּתְאַרְגֵּנָּה

** less commonly: (אתן) הִתְאַרְגֵּנָּה

שם הפועל Infin. לְהִתְאַרְגֵּן

שם הפעולה Verbal N הִתְאַרְגְּנוּת getting organized   מקור מוחלט Inf. Abs. הִתְאַרְגֵּן

♦ **פעלים פחות שכיחים מאותו שורש** Less frequent verbs from the same root

אוּרְגַּן (אֻרְגַּן) be organized (מְאוּרְגָּן, יְאוּרְגַּן) > בינוני Pres. Part. מְאוּרְגָּן organized

♦ דוגמאות Illustrations

יחיאל **אִרְגֵּן** במזוודתו את חומרי ההסברה שקיבל מן **הארגון**, ונסע לאטלנטה. תפקידו : **לְאַרְגֵּן** את פועלי המחט בעיר. הוא מקווה שהפועלים **יְאוּרְגְּנוּ** תוך שנים-שלושה חודשים.

Yehiel **organized** all the membership drive materials he received from the **organization** in his suitcase, and went to Atlanta. His job: to **organize** all the garment workers in the city. He hopes that the workers **will be organized** in two or three months.

הועידה שלנו היא ועידה **מְאוּרְגֶּנֶת** היטב. הועדה **המְאַרְגֶּנֶת מִתְאַרְגֶּנֶת** לקראתה לפחות עשרה חודשים מראש. **אִרְגּוּן** ועידה כזאת הוא לא דבר פשוט.

Our conference is a well-**organized** one. The **organizing** committee **gets organized** in preparation for it at least ten months in advance. **Organizing** a conference like this is no simple matter.

כל צבא זקוק **להִתְאַרְגְּנוּת**-מחדש כל כמה שנים.

Every army requires **getting** re-**organized** every few years.

●ארז : לֶאֱרוֹז

אָרַז/אוֹרֵז/יֶאֱרוֹז (יֶאֱרֹז) pack V, package V

בניין : פָּעַל   גזרה : שלמים (אֶפְעוֹל) + פ״ג

	Pres./Part. הווה/בינוני			Past עבר	Fut. עתיד	Imp. ציווי
יחיד	אוֹרֵז	אָרוּז	אני	אָרַזְתִּי	אֶאֱרוֹז	
יחידה	אוֹרֶזֶת	אֲרוּזָה	אתה	אָרַזְתָּ	תֶּאֱרוֹז	אֱרוֹז
רבים	אוֹרְזִים	אֲרוּזִים	את	אָרַזְתְּ	תַּאַרְזִי	אִרְזִי
רבות	אוֹרְזוֹת	אֲרוּזוֹת	הוא	אָרַז	יֶאֱרוֹז	
			היא	אָרְזָה	תֶּאֱרוֹז	
			אנחנו	אָרַזְנוּ	נֶאֱרוֹז	
			אתם/ן	אֲרַזְתֶּם/ן *	תַּאַרְזוּ **	אִרְזוּ ***
			הם/ן	אָרְזוּ	יַאַרְזוּ **	

שם הפועל .Infin לֶאֱרוֹז

מקור מוחלט .Inf. Abs אָרוֹז

ביני סביל .Pass. Part אָרוּז packed, packaged

מקור נטוי .Inf.+pron בְּאוֹרְזוֹ, כְּ...

שם הפעולה Verbal N אֲרִיזָה packing, packaging; packing materials, container, box

* Colloquial: אֲרַזְתֶּם/ן

** less commonly: אתן/הן תֶּאֱרוֹזְנָה

*** less commonly: (אתן) אֱרוֹזְנָה

♦ דוגמאות Illustrations

הטיסה שלי יוצאת עוד חמש שעות, ועוד לא גמרתי **לֶאֱרוֹז** את המזוודות!

My flight leaves in five hours, and I still have not finished **packing** my suitcases!

אל תזרוק עדיין את **האֲרִיזָה** המקורית; אם המחשב אינו עובד כראוי, תצטרך לשלחו בחזרה לייצרן.

Do not throw away the original **packaging** yet; if the computer does not work properly, you'll need to send it back to the manufacturer.

●ארח : לְאָרֵחַ, לְהִתְאָרֵחַ

אֵירֵחַ (אֵרַח)/אֵירַח/אָרֵחַ take in guests, offer hospitality; host; entertain

בניין : פִּיעֵל גזרה : שלמים + ע״ג

	Present הווה		Past עבר	Future עתיד	Imper. ציווי
יחיד	מְאָרֵחַ	אני	אֵירַחְתִּי	אֲאָרַח/...רֵחַ*	
יחידה	מְאָרַחַת	אתה	אֵירַחְתָּ	תְּאָרַח/...רֵחַ*	אָרַח/...רֵחַ*
רבים	מְאָרְחִים	את	אֵירַחְתְּ/...רַחַת	תְּאָרְחִי	אָרְחִי
רבות	מְאָרְחוֹת	הוא	אֵירַח/אֵירֵחַ*	יְאָרַח/...רֵחַ*	
		היא	אֵירְחָה	תְּאָרַח/...רֵחַ*	
		אנחנו	אֵירַחְנוּ	נְאָרַח/...רֵחַ*	
		אתם/ן	אֵירַחְתֶּם/ן	תְּאָרְחוּ **	אָרְחוּ***
		הם/ן	אֵירְחוּ	יְאָרְחוּ **	

שם הפועל .Infin לְאָרֵחַ — * ...רֵחַ more common in colloquial use

מקור מוחלט .Inf. Abs אָרֵחַ — ** less commonly: אתן/הן תְּאָרַחְנָה

ש׳ הפעולי Verbal N אֵירוּחַ hospitality, hosting — *** less commonly: (אתן) אָרַחְנָה

בינוני .Pres. Part מְאָרֵחַ host

הִתְאָרֵחַ/הִתְאָרַח stay as a guest; be hosted

בניין : הִתְפַּעֵל גזרה : שלמים + ע״ג

	Present הווה		Past עבר	Future עתיד	Imper. ציווי
יחיד	מִתְאָרֵחַ	אני	הִתְאָרַחְתִּי	אֶתְאָרַח/...רֵחַ*	
יחידה	מִתְאָרַחַת	אתה	הִתְאָרַחְתָּ	תִּתְאָרַח/...רֵחַ	הִתְאָרַח/...רֵחַ*
רבים	מִתְאָרְחִים	את	הִתְאָרַחְתְּ/רַחַת	תִּתְאָרְחִי	הִתְאָרְחִי
רבות	מִתְאָרְחוֹת	הוא	הִתְאָרַח/...רֵחַ*	יִתְאָרַח/...רֵחַ*	
		היא	הִתְאָרְחָה	תִּתְאָרַח/...רֵחַ*	
		אנחנו	הִתְאָרַחְנוּ	נִתְאָרַח/...רֵחַ*	
		אתם/ן	הִתְאָרַחְתֶּם/ן	תִּתְאָרְחוּ **	הִתְאָרְחוּ***
		הם/ן	הִתְאָרְחוּ	יִתְאָרְחוּ **	

שם הפועל .Infin לְהִתְאָרֵחַ — * ...רֵחַ more common in colloquial use

מקור מוחלט .Inf. Abs הִתְאָרֵחַ — ** less commonly: אתן/הן תִּתְאָרַחְנָה

*** less commonly: (אתן) הִתְאָרַחְנָה

שם הפעולה Verbal N הִתְאָרְחוּת being hosted; staying as guest

♦ דוגמאות Illustrations

נעמי ומיכה הם **מְאָרְחִים** למופת. הם **מְאָרְחִים** חברים ובני משפחה בביתם לפחות פעם בשבוע.

Naomi and Micah are perfect **hosts**. They **entertain** friends and family members at their house at least once a week.

הישראלים אוהבים לבקר בניו יורק. חברים ובני משפחה מישראל **מִתְאָרְחִים** אצלנו לעתים קרובות.

Israelis love to visit New York. Friends and family members often **stay** with us **as guests**.

●ארך : לְהַאֲרִיךְ, לֶאֱרוֹךְ, לְהִתְאָרֵךְ

הֶאֱרִיךְ/הֶאֱרַכ/יַאֲרִיךְ lengthen, extend; prolong

בניין : הִפְעִיל   גזרה : פ״ג

	הווה Present		עבר Past	עתיד Future	ציווי Imper.
יחיד	מַאֲרִיךְ	אני	הֶאֱרַכְתִּי	אַאֲרִיךְ	
יחידה	מַאֲרִיכָה	אתה	הֶאֱרַכְתָּ	תַּאֲרִיךְ	הַאֲרֵךְ
רבים	מַאֲרִיכִים	את	הֶאֱרַכְתְּ	תַּאֲרִיכִי	הַאֲרִיכִי
רבות	מַאֲרִיכוֹת	הוא	הֶאֱרִיךְ	יַאֲרִיךְ	
		היא	הֶאֱרִיכָה	תַּאֲרִיךְ	
		אנחנו	הֶאֱרַכְנוּ	נַאֲרִיךְ	
		אתם/ן	הֶאֱרַכְתֶּם/ן	תַּאֲרִיכוּ *	הַאֲרִיכוּ **
		הם/ן	הֶאֱרִיכוּ	יַאֲרִיכוּ *	

שם הפועל Infin. לְהַאֲרִיךְ

שם הפעולה Verbal N הַאֲרָכָה extension

בינוני Pres. Part. מַאֲרִיךְ extending Adj.

מקור מוחלט Inf. Abs. הַאֲרֵךְ

* less commonly: אתן/הן תַּאֲרֵכְנָה

** less commonly: (אתן) הַאֲרֵכְנָה

אָרַךְ/אוֹרֵךְ/יֶאֱרַךְ take (time), last; drag out, last a long time

בניין : פָּעַל   גזרה : פ״ג

	הווה Pres		עבר Past	עתיד Fut.	ציווי Imp.
יחיד	אוֹרֵךְ	אני	אָרַכְתִּי	אֶאֱרַךְ	
יחידה	אוֹרֶכֶת	אתה	אָרַכְתָּ	תֶּאֱרַךְ	אֱרַךְ
רבים	אוֹרְכִים	את	אָרַכְתְּ	תֶּאֶרְכִי	אִרְכִי
רבות	אוֹרְכוֹת	הוא	אָרַךְ	יֶאֱרַךְ	
		היא	אָרְכָה	תֶּאֱרַךְ	
		אנחנו	אָרַכְנוּ	נֶאֱרַךְ	
		אתם/ן	אֲרַכְתֶּם/ן *	תֶּאֶרְכוּ **	אִרְכוּ ***
		הם/ן	אָרְכוּ	יֶאֶרְכוּ **	

שם הפועל Infin. לֶאֱרוֹךְ

מקור מוחלט Inf. Abs. אָרוֹךְ

* Colloquial: אָרַכְתֶּם/ן

** less commonly: אתן/הן תֶּאֱרַכְנָה

*** less commonly: (אתן) אֱרַכְנָה

הִתְאָרֵךְ/הִתְאָרַכ become longer; take longer than expected

בניין : הִתְפַּעֵל   גזרה : פ״ג

	הווה Present		עבר Past	עתיד Future	ציווי Imper.
יחיד	מִתְאָרֵךְ	אני	הִתְאָרַכְתִּי	אֶתְאָרֵךְ	
יחידה	מִתְאָרֶכֶת	אתה	הִתְאָרַכְתָּ	תִּתְאָרֵךְ	הִתְאָרֵךְ
רבים	מִתְאָרְכִים	את	הִתְאָרַכְתְּ	תִּתְאָרְכִי	הִתְאָרְכִי
רבות	מִתְאָרְכוֹת	הוא	הִתְאָרֵךְ	יִתְאָרֵךְ	
		היא	הִתְאָרְכָה	תִּתְאָרֵךְ	
		אנחנו	הִתְאָרַכְנוּ	נִתְאָרֵךְ	
		אתם/ן	הִתְאָרַכְתֶּם/ן	תִּתְאָרְכוּ *	הִתְאָרְכוּ **
		הם/ן	הִתְאָרְכוּ	יִתְאָרְכוּ *	

שם הפועל Infin. לְהִתְאָרֵךְ * less commonly: אתן/הן תִּתְאָרֵכְנָה
ש׳ הפעו׳ Ver. N הִתְאָרְכוּת becoming longer ** less commonly: (אתן) הִתְאָרֵכְנָה
מקור מוחלט Inf. Abs. הִתְאָרֵךְ

♦ **דוגמאות** Illustrations

שיעור רגיל באוניברסיטה יפנית **אוֹרֵךְ** כשעתיים – לא קל...

A typical class at a Japanese university **lasts** about two hours – not easy…

האוניברסיטה **הֶאֱרִיכָה** את חופשת הקייץ בשל לחץ מצד ההורים, הרוצים שילדיהם יוכלו לעבוד ולכסות לפחות חלק משכר הלימוד.

The university **extended** the summer break owing to pressure by the parents, who want their children to work so as to cover at least some of their tuition.

♦ **ביטויים מיוחדים** Special expressions

הֶאֱרִיךְ בדברים speak **at length** | **הֶאֱרִיךְ** ימים live **long**

●אשם : לְהַאֲשִׁים

הֶאֱשִׁים/הֶאֱשִׁמ/יַאֲשִׁים accuse, indict, blame

בניין : הִפְעִיל   גזרה : שלמים + פ״ג

	Present הווה		Past עבר	Future עתיד	Imper. ציווי
יחיד	מַאֲשִׁים	אני	הֶאֱשַׁמְתִּי	אַאֲשִׁים	
יחידה	מַאֲשִׁימָה	אתה	הֶאֱשַׁמְתָּ	תַּאֲשִׁים	הַאֲשֵׁם
רבים	מַאֲשִׁימִים	את	הֶאֱשַׁמְתְּ	תַּאֲשִׁימִי	הַאֲשִׁימִי
רבות	מַאֲשִׁימוֹת	הוא	הֶאֱשִׁים	יַאֲשִׁים	
		היא	הֶאֱשִׁימָה	תַּאֲשִׁים	
		אנחנו	הֶאֱשַׁמְנוּ	נַאֲשִׁים	
		אתם/ן	הֶאֱשַׁמְתֶּם/ן	תַּאֲשִׁימוּ *	הַאֲשִׁימוּ **
		הם/ן	הֶאֱשִׁימוּ	יַאֲשִׁימוּ *	

* less commonly: אתן/הן תַּאֲשֵׁמְנָה

שם הפועל Infin. לְהַאֲשִׁים ** less commonly: (אתן) הַאֲשֵׁמְנָה

שם הפעולה Verbal N הַאֲשָׁמָה accusation; charge, indictment

מקור מוחלט Inf. Abs. הַאֲשֵׁם   מ״י מוצרכת Gov. Prep. הֶאֱשִׁים ב- accuse of

♦ **פעלים פחות שכיחים מאותו שורש** Less frequent verbs from the same root

הוּאֲשַׁם (הָאֳשַׁם)/הוּאֲשַׁם be accused/indicted/blamed (מוּאֲשָׁם/מוּאֲ..., יוּאֲשַׁם/יוּאֲ...)

נֶאֱשַׁם/יֵיאָשֵׁם be accused/indicted < בינוני Pres. Part. נֶאֱשָׁם the accused/defendant

אָשֵׁם be found guilty; commit an offense < בינוני Pres. Part. אָשֵׁם guilty (form common)

אִישֵּׁם blame, find guilty < שם הפעולה Verbal N (כתב) אִישּׁוּם indictment (form common)

♦ **דוגמאות** Illustrations

עזריאל **הוּאֲשַׁם/הוּאֲשַׁם** במספר עבירות על חוקי מס הכנסה. כתב **האִישּׁוּם** יוגש מחר. אם השופט יחליט בסופו של דבר שהוא **אָשֵׁם**, הוא עשוי לקבל עד חמש שנים, אם לשפוט על פי מה שקיבלו **נֶאֱשָׁמִים** אחרים לפניו מאותו שופט.

Azriel **was indicted** for a number of violations of the IRS code. The **indictment** will be presented tomorrow. If the judge ultimately decides that he is **guilty**, he might get up to five years, judging by what other **defendants** before him got from the same judge.

תפסיק **לְהַאֲשִׁים** את עצמך במה שקרה. Stop **blaming** yourself for what happened.

♦ ביטויים מיוחדים Special expressions

אני **מַאֲשִׁים** !j'**accuse**　　ספסל ה**נֶאֱשָׁמִים** the dock

הושיבו אותו על ספסל ה**נֶאֱשָׁמִים** they put him in the dock, put him on trial

● אשפז : לְאַשְׁפֵּז, לְהִתְאַשְׁפֵּז

אוּשְׁפַּז (אֻשְׁפַּז) be admitted to hospital

בניין : פּוּעַל　　גזרה : מרובעים

	הווה Present		עבר Past	עתיד Future
יחיד	מְאוּשְׁפָּז	אני	אוּשְׁפַּזְתִּי	אֲאוּשְׁפַּז
יחידה	מְאוּשְׁפֶּזֶת	אתה	אוּשְׁפַּזְתָּ	תְּאוּשְׁפַּז
רבים	מְאוּשְׁפָּזִים	את	אוּשְׁפַּזְתְּ	תְּאוּשְׁפְּזִי
רבות	מְאוּשְׁפָּזוֹת	הוא	אוּשְׁפַּז	יְאוּשְׁפַּז
		היא	אוּשְׁפְּזָה	תְּאוּשְׁפַּז
		אנחנו	אוּשְׁפַּזְנוּ	נְאוּשְׁפַּז
		אתם/ן	אוּשְׁפַּזְתֶּם/ן	* תְּאוּשְׁפְּזוּ
		הם/ן	אוּשְׁפְּזוּ	* יְאוּשְׁפְּזוּ

בינוני .Pres. Part מְאוּשְׁפָּז hospitalized　　* less commonly: אתן/הן תְּאוּשְׁפַּזְנָה

אִשְׁפֵּז/אִשְׁפַּז/אַשְׁפֵּז admit to hospital

בניין : פִּיעֵל　　גזרה : מרובעים

	הווה Present		עבר Past	עתיד Future	ציווי .Imper
יחיד	מְאַשְׁפֵּז	אני	אִשְׁפַּזְתִּי	אֲאַשְׁפֵּז	
יחידה	מְאַשְׁפֶּזֶת	אתה	אִשְׁפַּזְתָּ	תְּאַשְׁפֵּז	אַשְׁפֵּז
רבים	מְאַשְׁפְּזִים	את	אִשְׁפַּזְתְּ	תְּאַשְׁפְּזִי	אַשְׁפְּזִי
רבות	מְאַשְׁפְּזוֹת	הוא	אִשְׁפֵּז	יְאַשְׁפֵּז	
		היא	אִשְׁפְּזָה	תְּאַשְׁפֵּז	
		אנחנו	אִשְׁפַּזְנוּ	נְאַשְׁפֵּז	
		אתם/ן	אִשְׁפַּזְתֶּם/ן	* תְּאַשְׁפְּזוּ	** אַשְׁפְּזוּ
		הם/ן	אִשְׁפְּזוּ	* יְאַשְׁפְּזוּ	

* less commonly: אתן/הן תְּאַשְׁפֵּזְנָה

שם הפועל .Infin לְאַשְׁפֵּז　　** less commonly: (אתן) אַשְׁפֵּזְנָה

שם הפעולה Verbal N אִשְׁפּוּז being hospitalized　　מקור מוחלט .Inf. Abs אַשְׁפֵּז

הִתְאַשְׁפֵּז/הִתְאַשְׁפַּז be hospitalized

בניין : הִתְפַּעֵל　　גזרה : מרובעים

	הווה Present		עבר Past	עתיד Future	ציווי .Imper
יחיד	מִתְאַשְׁפֵּז	אני	הִתְאַשְׁפַּזְתִּי	אֶתְאַשְׁפֵּז	
יחידה	מִתְאַשְׁפֶּזֶת	אתה	הִתְאַשְׁפַּזְתָּ	תִּתְאַשְׁפֵּז	הִתְאַשְׁפֵּז
רבים	מִתְאַשְׁפְּזִים	את	הִתְאַשְׁפַּזְתְּ	תִּתְאַשְׁפְּזִי	הִתְאַשְׁפְּזִי
רבות	מִתְאַשְׁפְּזוֹת	הוא	הִתְאַשְׁפֵּז	יִתְאַשְׁפֵּז	

Imper. ציווי	Future עתיד	Past עבר		Present הווה
	תִּתְאַשְׁפֵּז	הִתְאַשְׁפְּזָה	היא	
	נִתְאַשְׁפֵּז	הִתְאַשְׁפַּזְנוּ	אנחנו	
הִתְאַשְׁפְּזוּ **	תִּתְאַשְׁפְּזוּ *	הִתְאַשְׁפַּזְתֶּם/ן	אתם/ן	
	יִתְאַשְׁפְּזוּ *	הִתְאַשְׁפְּזוּ	הם/ן	

שם הפועל .Infin לְהִתְאַשְׁפֵּז   * less commonly: אתן/הן תִּתְאַשְׁפֵּזְנָה

מקור מוחלט .Inf. Abs הִתְאַשְׁפֵּז   ** less commonly: (אתן) הִתְאַשְׁפֵּזְנָה

שם הפעולה Verbal N הִתְאַשְׁפְּזוּת being hospitalized

♦ **דוגמאות** Illustrations

ראש הממשלה חש ברע ומייד **אוּשְׁפַּז** בבית החולים הקרוב ביותר לבדיקות.

The PM felt ill and was immediately **admitted to** the nearest **hospital** for a checkup.

♦ **ביטויים מיוחדים** Special expressions

צריך **לְאַשְׁפֵּז** אותו! He is crazy; he should **be committed** (to a lunatic asylum)! (sl.)

●אשר : לְאַשֵּׁר

אִישֵּׁר (אִשֵּׁר)/אִישַּׁר/אַשֵּׁר confirm; certify; approve; acknowledge

בניין : פִּיעֵל   גזרה : שלמים

Imper. ציווי	Future עתיד	Past עבר		Present הווה	
	אֲאַשֵּׁר	אִישַּׁרְתִּי	אני	מְאַשֵּׁר	יחיד
אַשֵּׁר	תְּאַשֵּׁר	אִישַּׁרְתָּ	אתה	מְאַשֶּׁרֶת	יחידה
אַשְּׁרִי	תְּאַשְּׁרִי	אִישַּׁרְתְּ	את	מְאַשְּׁרִים	רבים
	יְאַשֵּׁר	אִישֵּׁר	הוא	מְאַשְּׁרוֹת	רבות
	תְּאַשֵּׁר	אִישְּׁרָה	היא		
	נְאַשֵּׁר	אִישַּׁרְנוּ	אנחנו		
אַשְּׁרוּ **	תְּאַשְּׁרוּ *	אִישַּׁרְתֶּם/ן	אתם/ן		
	יְאַשְּׁרוּ *	אִישְּׁרוּ	הם/ן		

* less commonly: אתן/הן תְּאַשֵּׁרְנָה

שם הפועל .Infin לְאַשֵּׁר   ** less commonly: (אתן) אַשֵּׁרְנָה

שם הפעולה Verbal N אִישּׁוּר confirmation; certificate   מקור מוחלט .Inf. Abs אַשֵּׁר

אוּשַּׁר (אֻשַּׁר) be confirmed, be acknowledged; become happy (lit.)

בניין : פּוּעַל   גזרה : שלמים

Future עתיד	Past עבר		Present הווה	
אֲאוּשַּׁר	אוּשַּׁרְתִּי	אני	מְאוּשָּׁר	יחיד
תְּאוּשַּׁר	אוּשַּׁרְתָּ	אתה	מְאוּשֶּׁרֶת	יחידה
תְּאוּשְּׁרִי	אוּשַּׁרְתְּ	את	מְאוּשָּׁרִים	רבים
יְאוּשַּׁר	אוּשַּׁר	הוא	מְאוּשָּׁרוֹת	רבות
תְּאוּשַּׁר	אוּשְּׁרָה	היא		
נְאוּשַּׁר	אוּשַּׁרְנוּ	אנחנו		
תְּאוּשְּׁרוּ *	אוּשַּׁרְתֶּם/ן	אתם/ן		
יְאוּשְּׁרוּ *	אוּשְּׁרוּ	הם/ן		

בינוני .Pres. Part מְאוּשָּׁר happy   * less commonly: אתן/הן תְּאוּשַּׁרְנָה

♦ **דוגמאות** Illustrations

הקונגרס **אִישֵּׁר** את ההסכם עם סין, ועתה ממתינים **לְאִישּׁוּרוֹ** על-ידי הנשׂיא. כשההסכם **יְאוּשַּׁר** סופית, יש לצפות להשתפרות יחסי המסחר בין שתי המדינות.

Congress **confirmed** the agreement with China, and now one waits for its **confirmation** by the President. When the agreement **is** fully **confirmed**, one may expect improvement in the commercial relations between the two nations.

אני לא כל כך **מְאוּשָּׁר** מכך שבתי רוכבת על אופנוע.

I am not so **happy** with the fact that my daughter rides a motorcycle.

● אשש : לְהִתְאוֹשֵׁשׁ

הִתְאוֹשֵׁשׁ/הִתְאוֹשַׁשׁ recover, recuperate

בניין : הִתְפַּעֵל גזרה : ע״ע

	Present הווה		Past עבר	Future עתיד	Imper. ציווי
יחיד	מִתְאוֹשֵׁשׁ	אני	הִתְאוֹשַׁשְׁתִּי	אֶתְאוֹשֵׁשׁ	
יחידה	מִתְאוֹשֶׁשֶׁת	אתה	הִתְאוֹשַׁשְׁתָּ	תִּתְאוֹשֵׁשׁ	הִתְאוֹשֵׁשׁ
רבים	מִתְאוֹשְׁשִׁים	את	הִתְאוֹשַׁשְׁתְּ	תִּתְאוֹשְׁשִׁי	הִתְאוֹשְׁשִׁי
רבות	מִתְאוֹשְׁשׁוֹת	הוא	הִתְאוֹשֵׁשׁ	יִתְאוֹשֵׁשׁ	
		היא	הִתְאוֹשְׁשָׁה	תִּתְאוֹשֵׁשׁ	
		אנחנו	הִתְאוֹשַׁשְׁנוּ	נִתְאוֹשֵׁשׁ	
		אתם/ן	הִתְאוֹשַׁשְׁתֶּם/ן	תִּתְאוֹשְׁשׁוּ *	הִתְאוֹשְׁשׁוּ **
		הם/ן	הִתְאוֹשְׁשׁוּ	יִתְאוֹשְׁשׁוּ *	

שם הפועל .Infin לְהִתְאוֹשֵׁשׁ — less commonly *: אתן/הן תִּתְאוֹשֵׁשְׁנָה

שם הפעולה Verbal N הִתְאוֹשְׁשׁוּת recovery — less commonly **: (אתן) הִתְאוֹשֵׁשְׁנָה

מקור מוחלט .Inf. Abs הִתְאוֹשֵׁשׁ

♦ **דוגמאות** Illustrations

לקח לו שלושה חודשים **לְהִתְאוֹשֵׁשׁ** מן הניתוח, ואז הוא הרגיש כאדם חדש.

It took him three months to **recover** from the operation, and then he felt like a new person.

● אתר : לְאַתֵּר

אִיתֵּר (אִתֵּר)/אִיתַּר/אַתֵּר localize, identify, locate

בניין : פִּיעֵל גזרה : שלמים

	Present הווה		Past עבר	Future עתיד	Imper. ציווי
יחיד	מְאַתֵּר	אני	אִיתַּרְתִּי	אֲאַתֵּר	
יחידה	מְאַתֶּרֶת	אתה	אִיתַּרְתָּ	תְּאַתֵּר	אַתֵּר
רבים	מְאַתְּרִים	את	אִיתַּרְתְּ	תְּאַתְּרִי	אַתְּרִי
רבות	מְאַתְּרוֹת	הוא	אִיתֵּר	יְאַתֵּר	
		היא	אִיתְּרָה	תְּאַתֵּר	
		אנחנו	אִיתַּרְנוּ	נְאַתֵּר	
		אתם/ן	אִיתַּרְתֶּם/ן	תְּאַתְּרוּ *	אַתְּרוּ **
		הם/ן	אִיתְּרוּ	יְאַתְּרוּ *	

less commonly *: אתן/הן תְּאַתֵּרְנָה

שם הפועל Infin. לְאַתֵּר   ** less commonly: (אתן) אַתֵּרְנָה
שם הפעולה Verbal N אִיתּוּר localization; locating ; identification
מקור מוחלט Inf. Abs. אַתֵּר

♦ פעלים פחות שכיחים מאותו שורש Less frequent verbs from the same root

אוּתַּר (אֻתַּר) be localized, be identified, be located (מְאוּתָּר, יְאוּתַּר)

♦ דוגמאות Illustrations

לאחר ניתוח נתוני השידורים האחרונים של המטוס, הצליחה רשות התעופה **לְאַתֵּר** את המקום המדויק שבו נחת נחיתת אונס.

Following an analysis of the last broadcasts of the plane, the aviation authority managed **to locate** the precise spot of its emergency landing.

● באס (מן בעסא בערבית) : לְבָאֵס, לְהִתְבָּאֵס

בֵּיאֵס (בֵּאֵס)/בִּיאַס/בָאֵס depress (coll.); disappoint (coll.)

בניין : פִּיעֵל   גזרה : שלמים + ע"ג

	הווה Present		עבר Past	עתיד Future	ציווי Imper.
יחיד	מְבָאֵס	אני	בִּיאַסְתִּי	אֲבָאֵס	
יחידה	מְבָאֶסֶת	אתה	בִּיאַסְתָּ	תְּבָאֵס	(בָּאֵס)
רבים	מְבָאֲסִים	את	בִּיאַסְתְּ	תְּבָאֲסִי	(בָּאֲסִי)
רבות	מְבָאֲסוֹת	הוא	בִּיאֵס	יְבָאֵס	
		היא	בִּיאֲסָה	תְּבָאֵס	
		אנחנו	בִּיאַסְנוּ	נְבָאֵס	
		אתם/ן	בִּיאַסְתֶּם/ן	תְּבָאֲסוּ *	(בָּאֲסוּ)**
		הם/ן	בִּיאֲסוּ	יְבָאֲסוּ *	

שם הפועל Infin. לְבָאֵס   (* less commonly: אתן/הן תְּבָאֵסְנָה)
שם הפעולה Verbal N בִּיאוּס depression   (** less commonly: (אתן) בָּאֵסְנָה)
בינוני Pres. Part. מְבָאֵס depressing   (מקור מוחלט Inf. Abs. בָּאֵס)

Forms in brackets, as well as some of the others, are theoretical – they cannot be documented, since in such purely-colloquial forms they never actually occur. Also note that the expected lowering of the vowel *i* to *e* before א, as in בֵּאֵר, is blocked (probably because of the foreign base).

הִתְבָּאֵס/הִתְבָּאַס become depressed, disappointed (coll.)

בניין : הִתְפַּעֵל   גזרה : שלמים + ע"ג

	הווה Present		עבר Past	עתיד Future	ציווי Imper.
יחיד	מִתְבָּאֵס	אני	הִתְבָּאַסְתִּי	אֶתְבָּאֵס	
יחידה	מִתְבָּאֶסֶת	אתה	הִתְבָּאַסְתָּ	תִּתְבָּאֵס	(הִתְבָּאֵס)
רבים	מִתְבָּאֲסִים	את	הִתְבָּאַסְתְּ	תִּתְבָּאֲסִי	(הִתְבָּאֲסִי)
רבות	מִתְבָּאֲסוֹת	הוא	הִתְבָּאֵס	יִתְבָּאֵס	
		היא	הִתְבָּאֲסָה	תִּתְבָּאֵס	
		אנחנו	הִתְבָּאַסְנוּ	נִתְבָּאֵס	
		אֲתם/ן	הִתְבָּאַסְתֶּם/ן	תִּתְבָּאֲסוּ *	(הִתְבָּאֲסוּ **)
		הם/ן	הִתְבָּאֲסוּ	יִתְבָּאֲסוּ *	

(* less commonly: אתן/הן תִּתְבָּאֵסְנָה) שם הפועל .Infin לְהִתְבָּאֵס
(** less commonly: (אתן) הִתְבָּאֵסְנָה) מקור מוחלט .Inf. Abs הִתְבָּאֵס
becoming depressed, disappointed (coll.) הִתְבָּאֲסוּת Verbal N שם הפעולה

♦ דוגמאות Illustrations

הבאר סגור הערב – איזה **בִּיאוּס**!

The bar is closed tonight – what a **disappointmen**t!

●באר : לְבָאֵר

בֵּיאֵר (בֵּאֵר)/בֵּיאַר/בָאֵר expound, explain, elucidate; interpret

בניין : פִּיעֵל גזרה : שלמים + ע״ג

	Present הווה		Past עבר	Future עתיד	Imper. ציווי
יחיד	מְבָאֵר	אני	בֵּיאַרְתִּי	אֲבָאֵר	
יחידה	מְבָאֶרֶת	אתה	בֵּיאַרְתָּ	תְּבָאֵר	בָּאֵר
רבים	מְבָאֲרִים	את	בֵּיאַרְתְּ	תְּבָאֲרִי	בָּאֲרִי
רבות	מְבָאֲרוֹת	הוא	בֵּיאֵר	יְבָאֵר	
		היא	בֵּיאֲרָה	תְּבָאֵר	
		אנחנו	בֵּיאַרְנוּ	נְבָאֵר	
		אתם/ן	בֵּיאַרְתֶּם/ן	* תְּבָאֲרוּ	**בָּאֲרוּ
		הם/ן	בֵּיאֲרוּ	* יְבָאֲרוּ	

שם הפועל .Infin לְבָאֵר * less commonly: אתן/הן תְּבָאֵרְנָה
שם הפעולה Verbal N בֵּיאוּר explanation ** less commonly: (אתן) בָּאֵרְנָה
בינוני .Pres. Part מְבָאֵר explanatory; commentator מקור מוחלט .Inf. Abs בָּאֵר

♦ פעלים פחות שכיחים מאותו שורש Less frequent verbs from the same root

בּוֹאַר (בֹּאַר) be expounded, elucidated; be interpreted (מְבוֹאָר, יְבוֹאַר) < בינוני .Pres
Part. מְבוֹאָר expounded, explained

♦ דוגמאות Illustrations

המקרא ה**מְבוֹאָר** של קאסוטו לא **בּוֹאַר** על ידו, בעצם, אלא על ידי הרטום. קאסוטו **בֵּיאֵר** רק את ״בראשית״ ועוד משהו, והלך לעולמו.

The Cassuto-**expounded** Bible was not **expounded** by him, really, but by Hartom. Cassuto only **expounded** Genesis and a bit more, and passed away.

●בגד : לִבְגּוֹד

בָּגַד/בּוֹגֵד/יִבְגּוֹד engage in treason; betray; cheat on spouse

בניין : פָּעַל גזרה : שלמים

	Present הווה		Past עבר	Future עתיד	Imper. ציווי
יחיד	בּוֹגֵד	אני	בָּגַדְתִּי	אֶבְגּוֹד	
יחידה	בּוֹגֶדֶת	אתה	בָּגַדְתָּ	תִּבְגּוֹד	בְּגוֹד
רבים	בּוֹגְדִים	את	בָּגַדְתְּ	תִּבְגְּדִי	בִּגְדִי
רבות	בּוֹגְדוֹת	הוא	בָּגַד	יִבְגּוֹד	

Imper. ציווי	Future עתיד	Past עבר		Present הווה
	תִּבְגּוֹד	בָּגְדָה	היא	
	נִבְגּוֹד	בָּגַדְנוּ	אנחנו	
בִּגְדוּ ***	תִּבְגְּדוּ **	בְּגַדְתֶּם/ן *	אתם/ן	
	יִבְגְּדוּ **	בָּגְדוּ	הם/ן	

שם הפועל .Infin לִבְגּוֹד

* Colloquial: בָּגַדְתֶּם/ן

בינוני .Pres. Part בּוֹגֵד traitor

** less commonly: אתן/הן תִּבְגּוֹדְנָה

מקור מוחלט .Inf. Abs בָּגוֹד

*** less commonly: (אתן) בְּגוֹדְנָה

שם הפעולה Verbal N בְּגִידָה treason, betrayal

♦ פעלים פחות שכיחים מאותו שורש Less frequent verbs from the same root

נִבְגַּד be betrayed < בינוני .Pres. Part נִבְגָּד betrayed (only form in use)

♦ דוגמאות Illustrations

אורי אילן, שנלכד בעת ביצוע משימת מודיעין בעומק השטח הסורי בשנות החמישים, החביא פתק בין אצבעות רגליו לפני שתלה עצמו בתאו בכלא בדמשק. על הפתק כתב: "לא **בָּגַדְתִּי**".

Uri Ilan, who was captured during an intelligence mission deep inside Syrian territory in the fifties, hid a note between his toes before he hanged himself in his cell in a Damascus jail. In the note he wrote: "I did not **betray**."

במרבית ארצות העולם רואים בלחימה על זכויות האזרח **בְּגִידָה**, וקוראים בעוסקים בכך **בּוֹגְדִים**.

In most countries people regard fighting for human rights as **treason**, and those engaged in it as **traitors**.

● בגר : לְהִתְבַּגֵּר, לִבְגּוֹר

הִתְבַּגֵּר (נִתְבַּגֵּר)/הִתְבַּגַּר grow up, mature

בניין : הִתְפַּעֵל גזרה : שלמים

Imper. ציווי	Future עתיד	Past עבר		Present הווה	
	אֶתְבַּגֵּר	הִתְבַּגַּרְתִּי	אני	מִתְבַּגֵּר	יחיד
הִתְבַּגֵּר	תִּתְבַּגֵּר	הִתְבַּגַּרְתָּ	אתה	מִתְבַּגֶּרֶת	יחידה
הִתְבַּגְּרִי	תִּתְבַּגְּרִי	הִתְבַּגַּרְתְּ	את	מִתְבַּגְּרִים	רבים
	יִתְבַּגֵּר	הִתְבַּגֵּר	הוא	מִתְבַּגְּרוֹת	רבות
	תִּתְבַּגֵּר	הִתְבַּגְּרָה	היא		
	נִתְבַּגֵּר	הִתְבַּגַּרְנוּ	אנחנו		
הִתְבַּגְּרוּ **	תִּתְבַּגְּרוּ *	הִתְבַּגַּרְתֶּם/ן	אתם/ן		
	יִתְבַּגְּרוּ *	הִתְבַּגְּרוּ	הם/ן		

* less commonly: אתן/הן תִּתְבַּגֵּרְנָה

שם הפועל .Infin לְהִתְבַּגֵּר

** less commonly: (אתן) הִתְבַּגֵּרְנָה

שם הפעולה Verbal N הִתְבַּגְּרוּת becoming mature

מקור מוחלט .Inf. Abs הִתְבַּגֵּר

mature, achieve adulthood (more formal than the *hitpa`el* form below) בָּגַר/בּוֹגֵר/יִבְגַּר

בניין : פָּעַל גזרה : שלמים (אֶפְעַל)

	Present הווה		Past עבר	Future עתיד	Imper. ציווי
יחיד	בּוֹגֵר	אני	בָּגַרְתִּי	אֶבְגַּר	
יחידה	בּוֹגֶרֶת	אתה	בָּגַרְתָּ	תִּבְגַּר	בְּגַר
רבים	בּוֹגְרִים	את	בָּגַרְתְּ	תִּבְגְּרִי	בִּגְרִי
רבות	בּוֹגְרוֹת	הוא	בָּגַר	יִבְגַּר	
		היא	בָּגְרָה	תִּבְגַּר	
		אנחנו	בָּגַרְנוּ	נִבְגַּר	
		אתם/ן	בְּגַרְתֶּם/ן *	תִּבְגְּרוּ **	בִּגְרוּ ***
		הם/ן	בָּגְרוּ	יִבְגְּרוּ **	

שם הפועל .Infin לִבְגּוֹר
בינוני .Pres. Part בּוֹגֵר graduate; adult
מקור מוחלט .Inf. Abs בָּגוֹר

* Colloquial: בָּגַרְתֶּם/ן
** less commonly: אתן/הן תִּבְגַּרְנָה
*** less commonly: (אתן) בְּגַרְנָה

♦ פעלים פחות שכיחים מאותו שורש Less frequent verbs from the same root

בִּיגֵּר make someone mature, grown up (מְבַגֵּר, יְבַגֵּר)

♦ דוגמאות Illustrations

מרבית הילדים נתמכים על ידי הוריהם גם כאשר הם **מִתְבַּגְּרִים**. אפילו **בּוֹגְרֵי** אוניברסיטה רבים עדיין אינם עומדים ברשות עצמם.

Most children are supported by their parents even when they **grow up**. Even many university **graduates** are still not independent.

● בדל : לְהַבְדִּיל

separate; distinguish; differentiate הִבְדִּיל/הִבְדַּל/יַבְדִּיל

בניין : הִפְעִיל גזרה : שלמים

	Present הווה		Past עבר	Future עתיד	Imper. ציווי
יחיד	מַבְדִּיל	אני	הִבְדַּלְתִּי	אַבְדִּיל	
יחידה	מַבְדִּילָה	אתה	הִבְדַּלְתָּ	תַּבְדִּיל	הַבְדֵּל
רבים	מַבְדִּילִים	את	הִבְדַּלְתְּ	תַּבְדִּילִי	הַבְדִּילִי
רבות	מַבְדִּילוֹת	הוא	הִבְדִּיל	יַבְדִּיל	
		היא	הִבְדִּילָה	תַּבְדִּיל	
		אנחנו	הִבְדַּלְנוּ	נַבְדִּיל	
		אתם/ן	הִבְדַּלְתֶּם/ן	תַּבְדִּילוּ *	הַבְדִּילוּ **
		הם/ן	הִבְדִּילוּ	יַבְדִּילוּ *	

שם הפועל .Infin לְהַבְדִּיל
מקור מוחלט .Inf. Abs הַבְדֵּל
שם הפעולה Verbal N הַבְדָּלָה differentiation; ceremony terminating Sabbath or festival
הֶבְדֵּל difference, distinction
מ"י מוצרכת .governed prep הִבְדִּיל בֵּין separate between

* less commonly: אתן/הן תַּבְדֵּלְנָה
** less commonly: (אתן) הַבְדֵּלְנָה

♦ פעלים פחות שכיחים מאותו שורש Less frequent verbs from the same root

נִבְדַּל be different; be distinguished; be separated (ייבָּדֵל (יִבָּדֵל), נִבְדָּל, לְהִיבָּדֵל) > ביני פועל .Pres. Part נִבְדָּל being offside (in soccer)

בִּידֵּל separate (מְבַדֵּל, יְבַדֵּל, לְבַדֵּל) > (fairly common) שם הפעולה Verbal N בִּידּוּל

הִתְבַּדֵּל be aloof (מִתְבַּדֵּל, יִתְבַּדֵּל, לְהִתְבַּדֵּל)

♦ דוגמאות Illustrations

בחיצוניותם, קשה היום **לְהַבְדִּיל** בין יפנים לקוריאנים. אפילו יפנים אומרים בחיוך, שהקוריאנים **נִבְדָּלִים** מן היפנים באופנת המשקפיים שלהם.

In external appearance, it is hard today to **distinguish** between the Japanese and the Korean. Even the Japanese say with a smile that the Korean can **be separated** from the Japanese by the style of their eyeglasses.

●בדק : לִבְדּוֹק, לְהִיבָּדֵק

בָּדַק/בּוֹדֵק/יִבְדּוֹק (יִבְדֹּק) inspect, check, examine

בניין : פָּעַל גזרה : שלמים (אֶפְעוֹל)

	הווה/בינוני Pres./Part.			עבר Past	עתיד Fut.	ציווי Imp.
יחיד	בּוֹדֵק	בָּדוּק	אני	בָּדַקְתִּי	אֶבְדּוֹק	
יחידה	בּוֹדֶקֶת	בְּדוּקָה	אתה	בָּדַקְתָּ	תִּבְדּוֹק	בְּדוֹק
רבים	בּוֹדְקִים	בְּדוּקִים	את	בָּדַקְתְּ	תִּבְדְּקִי	בִּדְקִי
רבות	בּוֹדְקוֹת	בְּדוּקוֹת	הוא	בָּדַק	יִבְדּוֹק	
			היא	בָּדְקָה	תִּבְדּוֹק	
			אנחנו	בָּדַקְנוּ	נִבְדּוֹק	
			אתם/ן	בְּדַקְתֶּם/ן *	תִּבְדְּקוּ **	בִּדְקוּ ***
			הם/ן	בָּדְקוּ	יִבְדְּקוּ **	

שם הפועל .Infin לִבְדּוֹק

מקור מוחלט .Inf. Abs בָּדוֹק

מקור נטוי .Inf.+pron בְּבוֹדְקוֹ, כְּ...

ביני סביל .Pass. Part בָּדוּק tested, proven

שם הפעולה Verbal N בְּדִיקָה inspecting; inspection; checkup

* Colloquial: בָּדַקְתֶּם/ן

** less commonly: אתן/הן תִּבְדּוֹקְנָה

*** less commonly: (אתן) בְּדוֹקְנָה

נִבְדַּק/יִיבָּדֵק (יִבָּדֵק) be inspected, be examined

בניין : נִפְעַל גזרה : שלמים

	הווה Present		עבר Past	עתיד Future	ציווי .Imper
יחיד	נִבְדָּק	אני	נִבְדַּקְתִּי	אֶבָּדֵק	
יחידה	נִבְדֶּקֶת	אתה	נִבְדַּקְתָּ	תִּיבָּדֵק	הִיבָּדֵק
רבים	נִבְדָּקִים	את	נִבְדַּקְתְּ	תִּיבָּדְקִי	הִיבָּדְקִי
רבות	נִבְדָּקוֹת	הוא	נִבְדַּק	יִיבָּדֵק	
		היא	נִבְדְּקָה	תִּיבָּדֵק	
		אנחנו	נִבְדַּקְנוּ	נִיבָּדֵק	
		אתם/ן	נִבְדַּקְתֶּם/ן	תִּיבָּדְקוּ *	הִיבָּדְקוּ **
		הם/ן	נִבְדְּקוּ	יִיבָּדְקוּ *	

שם הפועל .Infin לְהִיבָּדֵק

* less commonly: אתן/הן תִּיבָּדַקְנָה

ש' הפעולי Verbal N הִיבָּדְקוּת being inspected ** less commonly: (אתן) הִיבָּדַקְנָה
בינוני .Pres. Part נִבְדָּק (subject (in experiment
מקור מוחלט .Inf. Abs נִבְדּוֹק, הִיבָּדֵק (הִיבָּדוֹק)

♦ דוגמאות Illustrations

בעיתונים טובים **בּוֹדְקִים** את מהימנותן של כל הידיעות שאינן מתקבלות ממקור מוסמך. כל ידיעה **נִבְדֶּקֶת** כמה וכמה פעמים. **בְּדִיקָה** יסודית היא תרופה **בְּדוּקָה** נגד תביעות על הוצאת דיבה.

In good newspapers they **check** the validity of all news items that are not received from an authorized source. Every news item **is checked** a number of times. Thorough **checkup** is a **proven** medicine against libel suits.

בניסוי האחרון שערכתי השתתפו 500 **נִבְדָּקִים**.

500 **subjects** participated in the last experiment I conducted.

♦ ביטויים מיוחדים Special expressions

בָּדַק בציציותיו של מישהו **check** the credentials, history, etc., of someone
שוחט **וּבוֹדֵק** ritual slaughterer and kosher (meat) **inspector**

● בדר : לְבַדֵּר

בִּידֵּר (בִּדֵּר)/בִּידַּר/בַּדֵּר amuse, entertain; scatter, spread out (lit.)

בניין : פִּיעֵל גזרה : שלמים

	הווה Present		עבר Past	עתיד Future	ציווי .Imper
יחיד	מְבַדֵּר	אני	בִּידַּרְתִּי	אֲבַדֵּר	
יחידה	מְבַדֶּרֶת	אתה	בִּידַּרְתָּ	תְּבַדֵּר	בַּדֵּר
רבים	מְבַדְּרִים	את	בִּידַּרְתְּ	תְּבַדְּרִי	בַּדְּרִי
רבות	מְבַדְּרוֹת	הוא	בִּידֵּר	יְבַדֵּר	
		היא	בִּידְּרָה	תְּבַדֵּר	
		אנחנו	בִּידַּרְנוּ	נְבַדֵּר	
		אתםץ	בִּידַּרְתֶּם/ן	תְּבַדְּרוּ	בַּדְּרוּ **
		הם/ן	בִּידְּרוּ	יְבַדְּרוּ *	

* less commonly: אתן/הן תְּבַדֵּרְנָה
** less commonly: (אתן) בַּדֵּרְנָה

שם הפועל .Infin לְבַדֵּר
שם הפעולה Verbal N בִּידּוּר entertainment
מקור מוחלט .Inf. Abs בַּדֵּר בינוני .Pres. Part מְבַדֵּר entertaining

♦ דוגמאות Illustrations

יש מנהיגים שאין להם מושג איך לנהל מדינה, אבל הם יודעים מצוין איך **לְבַדֵּר** את ציבור הבוחרים שלהם.

Some leaders have no idea how to run a country, but they know very well how **to entertain** their constituents.

● בהל : לְהִיבָּהֵל, לְהַבְהִיל

נִבְהַל/יִיבָּהֵל (יִבָּהֵל) become frightened, scared; rush; be flustered

בניין : נִפְעַל גזרה : ע״ג

	Present הווה		Past עבר	Future עתיד	Imper. ציווי
יחיד	נִבְהָל	אני	נִבְהַלְתִּי	אֶבָּהֵל	
יחידה	נִבְהֶלֶת	אתה	נִבְהַלְתָּ	תִּיבָּהֵל	הִיבָּהֵל
רבים	נִבְהָלִים	את	נִבְהַלְתְּ	תִּיבָּהֲלִי	הִיבָּהֲלִי
רבות	נִבְהָלוֹת	הוא	נִבְהַל	יִיבָּהֵל	
		היא	נִבְהֲלָה	תִּיבָּהֵל	
		אנחנו	נִבְהַלְנוּ	נִיבָּהֵל	
		אתם/ן	נִבְהַלְתֶּם/ן	תִּיבָּהֲלוּ *	הִיבָּהֲלוּ **
		הם/ן	נִבְהֲלוּ	יִיבָּהֲלוּ *	

שם הפועל .Infin לְהִיבָּהֵל — * less commonly: אתן/הן תִּיבָּהַלְנָה

מקור מוחלט .Inf. Abs נִבְהוֹל, הִיבָּהֵל — ** less commonly: (אתן) הִיבָּהַלְנָה

שם הפעולה Verbal N הִיבָּהֲלוּת getting scared

הִבְהִיל/הִבְהַל/יַבְהִיל frighten, startle; rush (tr.); summon urgently

בניין : הִפְעִיל גזרה : שלמים

	Present הווה		Past עבר	Future עתיד	Imper. ציווי
יחיד	מַבְהִיל	אני	הִבְהַלְתִּי	אַבְהִיל	
יחידה	מַבְהִילָה	אתה	הִבְהַלְתָּ	תַּבְהִיל	הַבְהֵל
רבים	מַבְהִילִים	את	הִבְהַלְתְּ	תַּבְהִילִי	הַבְהִילִי
רבות	מַבְהִילוֹת	הוא	הִבְהִיל	יַבְהִיל	
		היא	הִבְהִילָה	תַּבְהִיל	
		אנחנו	הִבְהַלְנוּ	נַבְהִיל	
		אתם/ן	הִבְהַלְתֶּם/ן	תַּבְהִילוּ *	הַבְהִילוּ **
		הם/ן	הִבְהִילוּ	יַבְהִילוּ *	

שם הפועל .Infin לְהַבְהִיל — * less commonly: אתן/הן תַּבְהֵלְנָה

שם הפעולה Verbal N הַבְהָלָה scaring — ** less commonly: (אתן) הַבְהֵלְנָה

בינוני .Pres. Part מַבְהִיל scary — מקור מוחלט .Inf. Abs הַבְהֵל

♦ פעלים פחות שכיחים מאותו שורש Less frequent verbs from the same root

הוּבְהַל be rushed, be frightened (מוּבְהָל, יוּבְהַל)

בָּהַל be scared, be alarmed (lit.) < בינוני .Pres. Part בָּהוּל rushed; anxious (form common)

בּוֹהַל be rushed; be scared (lit.) < בינוני .Pres. Part מְבוֹהָל frightened (form common)

♦ דוגמאות Illustrations

יש אנשים שניו יורק **מַבְהִילָה** אותם ; הם **נִבְהָלִים** למראה בניינים גדולים ואין ספור מכוניות.

New York **frightens** some people; they **get scared** at the sight of large buildings and innumerable vehicles.

ראיתי ילד **מְבוֹהָל** מסתובב בבניין, מחפש את אימו. לאחר חיפוש **בָּהוּל** מצאנו את האם, שהייתה לא פחות **מְבוֹהֶלֶת** מן הילד.

I saw a **frightened** child roaming around in the building, looking for his mother. After a **rushed** search we found the mother, who was just as **scared** as the child was.

♦ ביטויים מיוחדים Special expressions

אדם **בָּהוּל** על ממונו people are anxious about their money

●בהר : לְהַבְהִיר, לְהִתְבַּהֵר

הִבְהִיר/הִבְהַר/יַבְהִיר clarify, elucidate

בניין : הִפְעִיל גזרה : שלמים

	הווה Present		עבר Past	עתיד Future	ציווי .Imper
יחיד	מַבְהִיר	אני	הִבְהַרְתִּי	אַבְהִיר	
יחידה	מַבְהִירָה	אתה	הִבְהַרְתָּ	תַּבְהִיר	הַבְהֵר
רבים	מַבְהִירִים	את	הִבְהַרְתְּ	תַּבְהִירִי	הַבְהִירִי
רבות	מַבְהִירוֹת	הוא	הִבְהִיר	יַבְהִיר	
		היא	הִבְהִירָה	תַּבְהִיר	
		אנחנו	הִבְהַרְנוּ	נַבְהִיר	
		אתם/ן	הִבְהַרְתֶּם/ן	תַּבְהִירוּ *	הַבְהִירוּ **
		הם/ן	הִבְהִירוּ	יַבְהִירוּ *	

שם הפועל .Infin לְהַבְהִיר

ש׳ הפעולה Verbal N הַבְהָרָה clarification

מקור מוחלט .Inf. Abs הַבְהֵר

* less commonly: אתן/הן תַּבְהֵרְנָה

** less commonly: (אתן) הַבְהֵרְנָה

הִתְבַּהֵר/הִתְבַּהַר become clear

בניין : הִתְפַּעֵל גזרה : שלמים + ע״ג

	הווה Present		עבר Past	עתיד Future	ציווי .Imper
יחיד	מִתְבַּהֵר	אני	הִתְבַּהַרְתִּי	אֶתְבַּהֵר	
יחידה	מִתְבַּהֶרֶת	אתה	הִתְבַּהַרְתָּ	תִּתְבַּהֵר	הִתְבַּהֵר
רבים	מִתְבַּהֲרִים	את	הִתְבַּהַרְתְּ	תִּתְבַּהֲרִי	הִתְבַּהֲרִי
רבות	מִתְבַּהֲרוֹת	הוא	הִתְבַּהֵר	יִתְבַּהֵר	
		היא	הִתְבַּהֲרָה	תִּתְבַּהֵר	
		אנחנו	הִתְבַּהַרְנוּ	נִתְבַּהֵר	
		אתם/ן	הִתְבַּהַרְתֶּם/ן	תִּתְבַּהֲרוּ *	הִתְבַּהֲרוּ **
		הם/ן	הִתְבַּהֲרוּ	יִתְבַּהֲרוּ *	

* less commonly: אתן/הן תִּתְבַּהֵרְנָה

שם הפועל .Infin לְהִתְבַּהֵר

** less commonly: (אתן) הִתְבַּהֵרְנָה

שם הפעולה Verbal N הִתְבַּהֲרוּת becoming/getting clear

מקור מוחלט .Inf. Abs הִתְבַּהֵר

♦ פעלים פחות שכיחים מאותו שורש Less frequent verbs from the same root

הוּבְהַר (הֻבְהַר) be clarified (מוּבְהָר, יוּבְהַר)

♦ דוגמאות Illustrations

רק אחרי שחיים **הִבְהִיר** לי את משמעות הפסוק, **הִתְבַּהֲרָה** לי התמונה כולה, וסוף סוף הבנתי את הפרק.

Only after Hayyim **clarified** the meaning of the verse for me **did** the whole picture **become clear** to me, and I finally understood the chapter.

כבר בביקורי הראשון בלשכת התעסוקה, **הוּבְהַר** לי שאין לי כל סיכוי למצוא עבודה במקצוע.
Already on my first visit to the employment office, it **was clarified** to me that there is no chance I can find work in my profession.

לפני שאני מחליט אם לקבל את ההצעה, ברצוני לבקש מספר **הַבְהָרוֹת**.
Before I decide on whether I should accept the offer, I request a number of **clarifications**.

●בוא : לָבוֹא, לְהָבִיא

בָּא/בּוֹא come; arrive; return; turn

בניין : פָּעַל גזרה : ע״ו + ל״א

	Present הווה		Past עבר	Future עתיד	Imper. ציווי
יחיד	בָּא	אני	בָּאתִי	אָבוֹא	
יחידה	בָּאָה	אתה	בָּאתָ	תָּבוֹא	בּוֹא
רבים	בָּאִים	את	בָּאת	תָּבוֹאִי	בּוֹאִי
רבות	בָּאוֹת	הוא	בָּא	יָבוֹא	
		היא	בָּאָה	תָּבוֹא	
		אנחנו	בָּאנוּ	נָבוֹא	
		אתם/ן	בָּאתֶם/ן	תָּבוֹאוּ *	בּוֹאוּ **
		הם/ן	בָּאוּ	יָבוֹאוּ *	

שם הפועל .Infin לָבוֹא
ש׳ הפ׳ Vr. N בִּיאָה coming; coming to a woman
מקור מוחלט .Inf. Abs בּוֹא

less commonly * :אתן/הן תָּבוֹאנָה
less commonly ** :(אתן) בּוֹאנָה
מקור נטוי .Inf.+pron בְּבוֹאוֹ, כְּ...

הֵבִיא/הֵבֵא/יָבִיא bring; present; cause, bring about

בניין : הִפְעִיל גזרה : ע״ו + ל״א

	Present הווה		Past עבר	Future עתיד	Imper. ציווי
יחיד	מֵבִיא	אני	הֵבֵאתִי	אָבִיא	
יחידה	מְבִיאָה	אתה	הֵבֵאתָ	תָּבִיא	הָבֵא
רבים	מְבִיאִים	את	הֵבֵאת	תָּבִיאִי	הָבִיאִי
רבות	מְבִיאוֹת	הוא	הֵבִיא	יָבִיא	
		היא	הֵבִיאָה	תָּבִיא	
		אנחנו	הֵבֵאנוּ	נָבִיא	
		אתם/ן	הֵבֵאתֶם/ן *	תָּבִיאוּ **	הָבִיאוּ ***
		הם/ן	הֵבִיאוּ	יָבִיאוּ **	

שם הפועל .Infin לְהָבִיא
שם הפעולה Verbal N הֲבָאָה bringing
מקור מוחלט .Inf. Abs הָבֵא

coll * :הֲבֵאתֶם/ן
less commonly ** :אתן/הן תָּבֶאנָה
less commonly *** :(אתן) הָבֶאנָה

הוּבָא be brought, be given (example), be placed

בניין : הוּפְעַל גזרה : ע״ו + ל״א

	Present הווה		Past עבר	Future עתיד
יחיד	מוּבָא	אני	הוּבֵאתִי	אוּבָא
יחידה	מוּבֵאת	אתה	הוּבֵאתָ	תּוּבָא
רבים	מוּבָאִים	את	הוּבֵאתְ	תּוּבְאִי
רבות	מוּבָאוֹת	הוא	הוּבָא	יוּבָא
		היא	הוּבְאָה	תּוּבָא
		אנחנו	הוּבֵאנוּ	נוּבָא
		אתם/ן	הוּבֵאתֶם/ן	תּוּבְאוּ *
		הם/ן	הוּבְאוּ	יוּבְאוּ *

ביני סביל .Pass. Part מוּבָאָה quotation   * less commonly: אתן/הן תּוּבֶאנָה

♦ דוגמאות Illustrations

למה אתה לא רוצה **לָבוֹא** למסיבה? כל החֶבְרֶ'ה **יָבוֹאוּ**, **וְיָבִיאוּ** איתם הרבה יין ומצב רוח.

Why don't you want **to come** to the party? The whole gang **will be coming**, **bringing** with them lots of wine and lots of good cheer.

הנאשם **הוּבָא** לבית המשפט בידיים כבולות.

The defendant **was brought** to court handcuffed.

שימוש בסמים **מֵבִיא** לעתים קרובות לידי פשע.

Drug use often **brings about** crime.

♦ ביטויים מיוחדים Special expressions

בָּא בדברים negotiate   (זה) **בָּא** בחשבון This is something I might consider
(זה) לא **בָּא** בחשבון This is something I will not even consider; out of the question
הֵבִיא בחשבון consider as an option   **בָּא** בימים old
בָּא במבוכה become embarrassed   **בָּא** יומו his deserved punishment **has come**
בָּא לידו **fell** into his hands   **בָּא** לידי.../**בָּא** לכלל... reach a situation such that...
בָּא עד פת לחם **come** to suffer hunger   **בָּא** על החתום signing herewith...
בָּא על שכרו receive one's deserved compensation   **בָּא** על עונשו get one's punishment
בָּאוּ מים עד נפש It is impossible to take it any more!   **יָבוֹא**! **Come** in!
תָּבוֹא עליו הברכה! May he be blessed!   הַ**בָּא** the next (week, etc.)
העולם הַ**בָּא** the afterworld   ברוך הַ**בָּא**! = **בּוֹאֲךָ** לשלום! Welcome!
להַ**בָּא** from now on   **הֵבִיא** לבית הדפוס prepare for publication
הֵבִיא ראייה מן... introduce evidence from...
בָּא אל אישה **come** to a woman = have sexual intercourse

● בוש : לְהִתְבַּיֵּשׁ, לְבַיֵּשׁ

הִתְבַּיֵּשׁ (הִתְבַּיֵּשׁ)/הִתְבַּיַּשׁ be ashamed, be embarrassed

בניין : הִתְפַּעֵל   גזרה : שלמים

	Present הווה		Past עבר	Future עתיד	Imper. ציווי
יחיד	מִתְבַּיֵּשׁ	אני	הִתְבַּיַּשְׁתִּי	אֶתְבַּיֵּשׁ	
יחידה	מִתְבַּיֶּשֶׁת	אתה	הִתְבַּיַּשְׁתָּ	תִּתְבַּיֵּשׁ	הִתְבַּיֵּשׁ
רבים	מִתְבַּיְּשִׁים	את	הִתְבַּיַּשְׁתְּ	תִּתְבַּיְּשִׁי	הִתְבַּיְּשִׁי
רבות	מִתְבַּיְּשׁוֹת	הוא	הִתְבַּיֵּשׁ	יִתְבַּיֵּשׁ	
		היא	הִתְבַּיְּשָׁה	תִּתְבַּיֵּשׁ	
		אנחנו	הִתְבַּיַּשְׁנוּ	נִתְבַּיֵּשׁ	
		אתם/ן	הִתְבַּיַּשְׁתֶּם/ן	תִּתְבַּיְּשׁוּ *	הִתְבַּיְּשׁוּ **
		הם/ן	הִתְבַּיְּשׁוּ	יִתְבַּיְּשׁוּ *	

שם הפועל .Infin לְהִתְבַּיֵּשׁ   * less commonly: אתן/הן תִּתְבַּיֵּשְׁנָה

מקור מוחלט .Inf. Abs הִתְבַּיֵּשׁ   ** less commonly: (אתן) הִתְבַּיֵּשְׁנָה

שם הפעולה Verbal N הִתְבַּיְּשׁוּת being embarrassed

מ״י מוצרכת .Gov. Prep הִתְבַּיֵּשׁ ב- be ashamed of

בִּיֵּשׁ (בִּיֵּשׁ)/בִּיַּשׁ/בִּיֵּשׁ shame, put to shame; embarrass

בניין : פִּיעֵל   גזרה : שלמים

	Present הווה		Past עבר	Future עתיד	Imper. ציווי
יחיד	מְבַיֵּשׁ	אני	בִּיַּשְׁתִּי	אֲבַיֵּשׁ	
יחידה	מְבַיֶּשֶׁת	אתה	בִּיַּשְׁתָּ	תְּבַיֵּשׁ	בַּיֵּשׁ
רבים	מְבַיְּשִׁים	את	בִּיַּשְׁתְּ	תְּבַיְּשִׁי	בַּיְּשִׁי
רבות	מְבַיְּשׁוֹת	הוא	בִּיֵּשׁ	יְבַיֵּשׁ	
		היא	בִּיְּשָׁה	תְּבַיֵּשׁ	
		אנחנו	בִּיַּשְׁנוּ	נְבַיֵּשׁ	
		אתם/ן	בִּיַּשְׁתֶּם/ן	תְּבַיְּשׁוּ *	בַּיְּשׁוּ**
		הם/ן	בִּיְּשׁוּ	יְבַיְּשׁוּ *	

שם הפועל .Infin לְבַיֵּשׁ   * less commonly: אתן/הן תְּבַיֵּשְׁנָה

שם הפעולה Verbal N בִּיּוּשׁ shaming   ** less commonly: (אתן) בַּיֵּשְׁנָה

ביני פעיל .Act. Part מְבַיֵּשׁ embarrassing   מקור מוחלט .Inf. Abs בַּיֵּשׁ

♦ פעלים פחות שכיחים מאותו שורש Less frequent verbs from the same root

בּוּיַּשׁ (בֻּיַּשׁ) be shamed (יְבוּיַּשׁ, בינוני .Pres. Part מְבוּיָּשׁ shamed, ashamed)

הֵבִישׁ/הוֹבִישׁ shame, bring shame (upon), act shamefully < בינוני .Pres. Part מֵבִישׁ shameful, disgraceful

♦ דוגמאות Illustrations

ראיתי מחזה **מֵבִישׁ** ליד הבית הלבן : הסתובבו שם מחוסרי עבודה ומחוסרי בית, ואיש לא **הִתְבַּיֵּשׁ** במה שראה – לא הציבור ולא נציגיו. הרגשתי **מְבוּיָּשׁ** מכך שדברים כאלה קורים בארץ כה עשירה.

I saw a **shameful** sight next to the White House: homeless and unemployed people were roaming around, and nobody **was ashamed** of what they saw, neither the public nor its representatives. I felt **ashamed** that such things can occur in such a rich country.

רמת ההרצאה הייתה ממש **מְבִישָׁה**, אבל החלטתי לא לשאול שום שאלה לאחר שנסתיימה, כדי שלא **לְבַיֵּשׁ** את המרצה.

The level of the lecture was truly **disgraceful**, but I decided not to ask any questions when it was over, so as not **to embarrass** the speaker.

●בזבז : לְבַזְבֵּז, לְהִתְבַּזְבֵּז

בִּזְבֵּז/בִּזְבַּז/בַּזְבֵּז waste, squander, spend

בניין : פִּיעֵל גזרה : מרובעים

	הווה Present		עבר Past	עתיד Future	ציווי Imper.
יחיד	מְבַזְבֵּז	אני	בִּזְבַּזְתִּי	אֲבַזְבֵּז	
יחידה	מְבַזְבֶּזֶת	אתה	בִּזְבַּזְתָּ	תְּבַזְבֵּז	בַּזְבֵּז
רבים	מְבַזְבְּזִים	את	בִּזְבַּזְתְּ	תְּבַזְבְּזִי	בַּזְבְּזִי
רבות	מְבַזְבְּזוֹת	הוא	בִּזְבֵּז	יְבַזְבֵּז	
		היא	בִּזְבְּזָה	תְּבַזְבֵּז	
		אנחנו	בִּזְבַּזְנוּ	נְבַזְבֵּז	
		אתם/ן	בִּזְבַּזְתֶּם/ן	תְּבַזְבְּזוּ *	בַּזְבְּזוּ **
		הם/ן	בִּזְבְּזוּ	יְבַזְבְּזוּ *	

* less commonly: אתן/הן תְּבַזְבֵּזְנָה

** less commonly: (אתן) בַּזְבֵּזְנָה

שם הפועל .Infin לְבַזְבֵּז

מקור מוחלט .Inf. Abs בַּזְבֵּז

שם הפעולה Verbal N בִּזְבּוּז wasting, waste

בּוּזְבַּז (בֻּזְבַּז) be wasted, be squandered

בניין : פּוּעַל גזרה : מרובעים

	הווה Present		עבר Past	עתיד Future
יחיד	מְבוּזְבָּז	אני	בּוּזְבַּזְתִּי	אֲבוּזְבַּז
יחידה	מְבוּזְבֶּזֶת	אתה	בּוּזְבַּזְתָּ	תְּבוּזְבַּז
רבים	מְבוּזְבָּזִים	את	בּוּזְבַּזְתְּ	תְּבוּזְבְּזִי
רבות	מְבוּזְבָּזוֹת	הוא	בּוּזְבַּז	יְבוּזְבַּז
		היא	בּוּזְבְּזָה	תְּבוּזְבַּז
		אנחנו	בּוּזְבַּזְנוּ	נְבוּזְבַּז
		אתם/ן	בּוּזְבַּזְתֶּם/ן	תְּבוּזְבְּזוּ *
		הם/ן	בּוּזְבְּזוּ	יְבוּזְבְּזוּ *

* less commonly: אתן/הן תְּבוּזְבַּזְנָה

הִתְבַּזְבֵּז/הִתְבַּזְבַּז get spent, wasted

בניין : הִתְפַּעֵל גזרה : מרובעים

	הווה Present		עבר Past	עתיד Future	ציווי Imper.
יחיד	מִתְבַּזְבֵּז	אני	הִתְבַּזְבַּזְתִּי	אֶתְבַּזְבֵּז	
יחידה	מִתְבַּזְבֶּזֶת	אתה	הִתְבַּזְבַּזְתָּ	תִּתְבַּזְבֵּז	הִתְבַּזְבֵּז
רבים	מִתְבַּזְבְּזִים	את	הִתְבַּזְבַּזְתְּ	תִּתְבַּזְבְּזִי	הִתְבַּזְבְּזִי
רבות	מִתְבַּזְבְּזוֹת	הוא	הִתְבַּזְבֵּז	יִתְבַּזְבֵּז	
		היא	הִתְבַּזְבְּזָה	תִּתְבַּזְבֵּז	
		אנחנו	הִתְבַּזְבַּזְנוּ	נִתְבַּזְבֵּז	
		אתם/ן	הִתְבַּזְבַּזְתֶּם/ן	תִּתְבַּזְבְּזוּ *	הִתְבַּזְבְּזוּ **
		הם/ן	הִתְבַּזְבְּזוּ	יִתְבַּזְבְּזוּ *	

שם הפועל Infin. לְהִתְבַּזְבֵּז		* less commonly: אתן/הן תִּתְבַּזְבֵּזְנָה
מקור מוחלט Inf. Abs. הִתְבַּזְבֵּז		** less commonly: (אתן) הִתְבַּזְבֵּזְנָה
שם הפעולה Verbal N הִתְבַּזְבְּזוּת getting wasted		

♦ דוגמאות Illustrations

מאיר ועדינה **בִּזְבְּזוּ** את כל הירושה של הוריהם תוך שנתיים. רוב הכסף **בּוּזְבַּז** על השקעות לא בטוחות.

Meir and Adina **wasted** all of their parents' inheritance within two years. Most of the money **was wasted** on risky investments.

אני מקבל משכורת ביום שישי; בדרך כלל עד יום רביעי כל הכסף **מִתְבַּזְבֵּז**.

I get my salary on Friday; normally, all the money **gets spent** by Wednesday.

עזריאל אדם מוכשר, אבל לדעתי הוא **מִתְבַּזְבֵּז** כאן.

Azriel is a talented person, but in my opinion he **"gets wasted"** here (i.e., his talents could be used in a better place).

● בחן : לִבְחוֹן, לְהַבְחִין, לְהִיבָּחֵן

בָּחַן/בּוֹחֵן/יִבְחַן examine, test

בניין : פָּעַל גזרה : ל״נ (אֶפְעַל) + ע״ג

	Pres./Part. הווה/בינוני			Past עבר	Fut. עתיד	Imp. ציווי
יחיד	בּוֹחֵן	בָּחוּן	אני	בָּחַנְתִּי	אֶבְחַן	
יחידה	בּוֹחֶנֶת	בְּחוּנָה	אתה	בָּחַנְתָּ	תִּבְחַן	בְּחַן
רבים	בּוֹחֲנִים	בְּחוּנִים	את	בָּחַנְתְּ	תִּבְחֲנִי	בַּחֲנִי
רבות	בּוֹחֲנוֹת	בְּחוּנוֹת	הוא	בָּחַן	יִבְחַן	
			היא	בָּחֲנָה	תִּבְחַן	
			אנחנו	בָּחַנּוּ	נִבְחַן	
			אתם/ן	* בְּחַנְתֶּם/ן	** תִּבְחֲנוּ	*** בַּחֲנוּ
			הם/ן	בָּחֲנוּ	** יִבְחֲנוּ	

* Colloquial: בָּחַנְתֶּם/ן

שם הפועל Infin. לִבְחוֹן	** less commonly: אתן/הן תִּבְחַנָּה
ביני פעיל Act. Part. בּוֹחֵן tester	*** less commonly: (אתן) בְּחַנָּה
ביני סביל Pass. Part. בָּחוּן tested (lit.)	ש' הפעו' Verbal N בְּחִינָה examining; examination
מקור מוחלט Inf. Abs. בָּחוֹן	מקור נטוי Inf.+pron. בְּבוֹחְנוֹ, כְּ...

הִבְחִין/הִבְחַנ/יַבְחִין distinguish, discern, notice

בניין : הִפְעִיל גזרה : ל״נ

	Present הווה		Past עבר	Future עתיד	Imper. ציווי
יחיד	מַבְחִין	אני	הִבְחַנְתִּי	אַבְחִין	
יחידה	מַבְחִינָה	אתה	הִבְחַנְתָּ	תַּבְחִין	הַבְחֵן
רבים	מַבְחִינִים	את	הִבְחַנְתְּ	תַּבְחִינִי	הַבְחִינִי
רבות	מַבְחִינוֹת	הוא	הִבְחִין	יַבְחִין	
		היא	הִבְחִינָה	תַּבְחִין	
		אנחנו	הִבְחַנּוּ	נַבְחִין	
		אתם/ן	הִבְחַנְתֶּם/ן	* תַּבְחִינוּ	** הַבְחִינוּ
		הם/ן	הִבְחִינוּ	* יַבְחִינוּ	

שם הפועל .Infin לְהַבְחִין		* less commonly: אתן/הן תַּבְחֵנָּה
מקור מוחלט .Inf. Abs הַבְחֵן		** less commonly: (אתן) הַבְחֵנָּה
שם הפעולה Verbal N הַבְחָנָה distinguishing; distinction		
מ״י מוצרכת .Gov. Prep הִבְחִין ב- notice (something/someone)		
הִבְחִין בין... ל(בין)... distinguish between... and...		

נִבְחַן/יִיבָּחֵן (יִבָּחֵן) be examined, be tested

בניין : נִפְעַל גזרה : ע״ג + ל״נ

	Present הווה		Past עבר	Future עתיד	Imper. ציווי
יחיד	נִבְחָן	אני	נִבְחַנְתִּי	אֶבָּחֵן	
יחידה	נִבְחֶנֶת	אתה	נִבְחַנְתָּ	תִּיבָּחֵן	הִיבָּחֵן
רבים	נִבְחָנִים	את	נִבְחַנְתְּ	תִּיבָּחֲנִי	הִיבָּחֲנִי
רבות	נִבְחָנוֹת	הוא	נִבְחַן	יִיבָּחֵן	
		היא	נִבְחֲנָה	תִּיבָּחֵן	
		אנחנו	נִבְחַנּוּ	נִיבָּחֵן	
		אתם/ן	נִבְחַנְתֶּם/ן	תִּיבָּחֲנוּ *	הִיבָּחֲנוּ **
		הם/ן	נִבְחֲנוּ	יִיבָּחֲנוּ *	

מקור מוחלט .Inf. Abs נִבְחוֹן	* less commonly: אתן/הן תִּיבָּחַנָּה
שם הפועל .Infin לְהִיבָּחֵן	** less commonly: (אתן) הִיבָּחַנָּה
שם הפעולה Verbal N הִיבָּחֲנוּת being examined	

♦ פעלים פחות שכיחים מאותו שורש Less frequent verbs from the same root

הוּבְחַן (הֻבְחַן) be distinguished, be discerned, be noticed (מוּבְחָן, יוּבְחַן)

♦ דוגמאות Illustrations

באוניברסיטה שלנו אנו **בּוֹחֲנִים** את הסטודנטים לעברית לא רק בכתב אלא גם בעל-פה. כל סטודנט **נִבְחָן** אישית פעמיים בסימסטר. **הַבְּחִינָה** מאפשרת לנו **לְהַבְחִין** מי זקוק לתרגול נוסף בהבעה בעל-פה.

At our university we **examine** the students of Hebrew not only in writing but also orally. Each student **is examined** individually twice a semester. The **exam** enables us **to note** who needs additional oral training.

אחת ההגדרות ל״דמדומים״ במקורות היא ״השעה שבה קשה **לְהַבְחִין** בין זאב לכלב״.

One definition for "twilight" in the sources is "the hour in which it is hard **to distinguish** between a wolf and a dog."

♦ ביטויים מיוחדים Special expressions

בּוֹחֵן כליות ולב he who knows man's deepest secrets (i.e., God)

● בחר : לִבְחוֹר, לְהִיבָּחֵר

בָּחַר/בּוֹחֵר/יִבְחַר choose, select, pick; prefer; vote (for)

בניין : פָּעַל   גזרה : שלמים (אֶפְעַל) + ע״ג

	Pres./Part. הווה/בינוני		Past עבר	Fut. עתיד	Imp. ציווי
יחיד	בּוֹחֵר בָּחוּר	אני	בָּחַרְתִּי	אֶבְחַר	
יחידה	בּוֹחֶרֶת בְּחוּרָה/בָּחוּרָה	אתה	בָּחַרְתָּ	תִּבְחַר	בְּחַר
רבים	בּוֹחֲרִים בְּחוּרִים/בָּחוּרִים	את	בָּחַרְתְּ	תִּבְחֲרִי	בַּחֲרִי
רבות	בּוֹחֲרוֹת בְּחוּרוֹת/בָּחוּרוֹת	הוא	בָּחַר	יִבְחַר	
		היא	בָּחֲרָה	תִּבְחַר	
		אנחנו	בָּחַרְנוּ	נִבְחַר	
		אתם/ן	בְּחַרְתֶּם/ן *	תִּבְחֲרוּ **	בַּחֲרוּ ***
		הם/ן	בָּחֲרוּ	יִבְחֲרוּ **	

שם הפועל .Infin לִבְחוֹר   * Colloquial: בָּחַרְתֶּם/ן

מקור מוחלט .Inf. Abs בָּחוֹר   ** less commonly: אתן/הן תִּבְחַרְנָה

ביני פעיל .Act. Part בּוֹחֵר voter   *** less commonly: (אתן) בְּחַרְנָה

ביני סביל .Pass. Part בָּחוּר selected, excellent; young man (N), בַּחוּרָה young woman

ש' הפעו' Verbal N בְּחִירָה selecting; selection   מקור נטוי .Inf.+pron בְּבוֹחְרוֹ, כְּ...

מ״י מוצרכת .Gov. Prep בָּחַר בּ- select (someone/something)

מ״י מוצרכת .Gov. Prep בָּחַר ל- decide to

נִבְחַר/יִיבָּחֵר (יִבָּחֵר) be chosen, be elected

בניין : נִפְעַל   גזרה : שלמים + ע״ג

	Present הווה		Past עבר	Future עתיד	Imper. ציווי
יחיד	נִבְחָר	אני	נִבְחַרְתִּי	אֶבָּחֵר	
יחידה	נִבְחֶרֶת	אתה	נִבְחַרְתָּ	תִּיבָּחֵר	הִיבָּחֵר
רבים	נִבְחָרִים	את	נִבְחַרְתְּ	תִּיבָּחֲרִי	הִיבָּחֲרִי
רבות	נִבְחָרוֹת	הוא	נִבְחַר	יִיבָּחֵר	
		היא	נִבְחֲרָה	תִּיבָּחֵר	
		אנחנו	נִבְחַרְנוּ	נִיבָּחֵר	
		אתם/ן	נִבְחַרְתֶּם/ן	תִּיבָּחֲרוּ *	הִיבָּחֲרוּ **
		הם/ן	נִבְחֲרוּ	יִיבָּחֲרוּ *	

שם הפועל .Infin לְהִיבָּחֵר   * less commonly: אתן/הן תִּיבָּחַרְנָה

מקור מוחלט .Inf. Abs נִבְחוֹר   ** less commonly: (אתן) הִיבָּחַרְנָה

בינוני .Pres. Part נִבְחָר an elected person

שם הפעולה Verbal N הִיבָּחֲרוּת being chosen/elected

♦ פעלים פחות שכיחים מאותו שורש Less frequent verbs from the same root

הוּבְחַר be chosen < בינוני .Pres. Part מוּבְחָר selected, choice (adj.) (form common)

♦ דוגמאות Illustrations

לקח לאביבה שעה **לִבְחוֹר** שמלה למסיבה. השמלה ש**נִבְחֲרָה** לבסוף הייתה זו שחשבה עליה מן הרגע הראשון.

It took Aviva an hour **to select** a dress for the party. The dress finally **selected** was the one she considered initially.

אחוז קטן מן **הַבּוֹחֲרִים** השתתפו **בַּבְּחִירוֹת** האחרונות.

A small percentage of the **electorate** (=voters) participated in the last **elections**.

הרבה **בַּחוּרִים** מבקשים את ידה של רותי. חושבים שהיא **תִּבְחַר** בבועז, ושזאת תהיה **הַבְּחִירָה** הטובה ביותר.

Many **young men** are asking for Ruthie's hand in marriage. It is thought that she **will** finally **select** Boaz, and that this will be the best **choice**.

חיים מקפיד על איכות מזונו. הוא קונה רק פירות וירקות **מוּבְחָרִים**.

Hayyim is very selective when it comes to the quality of his food. He buys only **select** fruit and vegetables.

♦ ביטויים מיוחדים Special expressions

יחידה **מוּבְחֶרֶת** special (**select**) unit (military)

● בטא : לְבַטֵּא, לְהִתְבַּטֵּא

בִּיטֵּא (בִּטֵּא)/בַּטֵּא express; pronounce; voice

בניין : פִּיעֵל גזרה : ל״א

Imper. ציווי	Future עתיד	Past עבר		Present הווה	
	אֲבַטֵּא	בִּיטֵּאתִי	אני	מְבַטֵּא	יחיד
בַּטֵּא	תְּבַטֵּא	בִּיטֵּאתָ	אתה	מְבַטֵּאת	יחידה
בַּטְּאִי	תְּבַטְּאִי	בִּיטֵּאת	את	מְבַטְּאִים	רבים
	יְבַטֵּא	בִּיטֵּא	הוא	מְבַטְּאוֹת	רבות
	תְּבַטֵּא	בִּיטְּאָה	היא		
	נְבַטֵּא	בִּיטֵּאנוּ	אנחנו		
בַּטְּאוּ**	תְּבַטְּאוּ *	בִּיטֵּאתֶם/ן	אתם/ן		
	יְבַטְּאוּ *	בִּיטְּאוּ	הם/ן		

* less commonly: אתן/הן תְּבַטֵּאנָה

** less commonly: (אתן) בַּטֵּאנָה

שם הפועל Infin. לְבַטֵּא

מקור מוחלט Inf. Abs. בַּטֵּא

שם הפעולה Verbal N בִּיטּוּי expressing; expression; pronunciation

הִתְבַּטֵּא express oneself

בניין : הִתְפַּעֵל גזרה : ל״א

Imper. ציווי	Future עתיד	Past עבר		Present הווה	
	אֶתְבַּטֵּא	הִתְבַּטֵּאתִי	אני	מִתְבַּטֵּא	יחיד
הִתְבַּטֵּא	תִּתְבַּטֵּא	הִתְבַּטֵּאתָ	אתה	מִתְבַּטֵּאת	יחידה
הִתְבַּטְּאִי	תִּתְבַּטְּאִי	הִתְבַּטֵּאת	את	מִתְבַּטְּאִים	רבים
	יִתְבַּטֵּא	הִתְבַּטֵּא	הוא	מִתְבַּטְּאוֹת	רבות
	תִּתְבַּטֵּא	הִתְבַּטְּאָה	היא		
	נִתְבַּטֵּא	הִתְבַּטֵּאנוּ	אנחנו		
הִתְבַּטְּאוּ **	תִּתְבַּטְּאוּ *	הִתְבַּטֵּאתֶם/ן	אתם/ן		
	יִתְבַּטְּאוּ *	הִתְבַּטְּאוּ	הם/ן		

* less commonly: אתן/הן תִּתְבַּטֵּאנָה

** less commonly: (אתן) הִתְבַּטֵּאנָה

שם הפועל Infin. לְהִתְבַּטֵּא

שם הפעולה Verbal N הִתְבַּטְּאוּת expressing oneself

מקור מוחלט Inf. Abs. הִתְבַּטֵּא

♦ **פעלים פחות שכיחים מאותו שורש** Less frequent verbs from the same root

בּוּטָּא (בֻּטָּא) be expressed, be pronounced, be voiced (מְבוּטָּא, יְבוּטָּא)

♦ **דוגמאות** Illustrations

יש למאיר כושר **בִּיטּוּי** מצוין בעברית, והוא **מִתְבַּטֵּא** היטב בכל נושא ויודע **לְבַטֵּא** את מחשבותיו בבהירות ובפשטות. באנגלית, מצד שני, יש לו בעיות של **בִּיטּוּי** (=היגוי), בעיקר עם r ועם th, ועם **בִּיטּוּיִים** אידיומאטיים.

Meir has excellent **expression** capability in Hebrew, and he **expresses himself** well in any subject and can **express** his thoughts clearly and simply. In English, on the other hand, he has problems of **pronunciation**, particularly with *r* and *th*, and with idiomatic **expressions**.

בדיבורם של מורים רבים, כל הגה **מְבוּטָּא** בנפרד. לפעמים זה מאוד לא טבעי.

In the speech of many teachers, every speech sound **is pronounced** separately. It can sometimes be quite unnatural.

● בטח : לְהַבְטִיחַ, לִבְטוֹחַ, לְבַטֵּחַ

הִבְטִיחַ/הִבְטַח/יַבְטִיחַ promise, assure; ensure, guarantee; secure

בניין : הִפְעִיל גזרה : שלמים + ל״ג

	Present הווה		Past עבר	Future עתיד	Imper. ציווי
יחיד	מַבְטִיחַ	אני	הִבְטַחְתִּי	אַבְטִיחַ	
יחידה	מַבְטִיחָה	אתה	הִבְטַחְתָּ	תַּבְטִיחַ	הַבְטַח
רבים	מַבְטִיחִים	את	הִבְטַחְתְּ/...חַת	תַּבְטִיחִי	הַבְטִיחִי
רבות	מַבְטִיחוֹת	הוא	הִבְטִיחַ	יַבְטִיחַ	
		היא	הִבְטִיחָה	תַּבְטִיחַ	
		אנחנו	הִבְטַחְנוּ	נַבְטִיחַ	
		אתם/ן	הִבְטַחְתֶּם/ן	תַּבְטִיחוּ *	הַבְטִיחוּ **
		הם/ן	הִבְטִיחוּ	יַבְטִיחוּ *	

* less commonly: אתן/הן תַּבְטַחְנָה

** less commonly: (אתן) הַבְטַחְנָה

שם הפועל Infin. לְהַבְטִיחַ

שם הפעולה Verbal N הַבְטָחָה promise, assurance; security

מקור מוחלט Inf. Abs. הַבְטֵחַ

מ״י מוצרכת Gov. Prep. הִבְטִיחַ ל- promise (someone)

בָּטַח/בּוֹטֵחַ/יִבְטַח trust, rely

בניין : פָּעַל גזרה : שלמים (אֶפְעַל) + ל״ג

	Pres./Part. הווה/בינוני		Past עבר	Fut. עתיד	Imp. ציווי
יחיד	בּוֹטֵחַ בָּטוּחַ	אני	בָּטַחְתִּי	אֶבְטַח	
יחידה	בּוֹטַחַת בְּטוּחָה	אתה	בָּטַחְתָּ	תִּבְטַח	בְּטַח
רבים	בּוֹטְחִים בְּטוּחִים	את	בָּטַחְתְּ/...חַת	תִּבְטְחִי	בִּטְחִי
רבות	בּוֹטְחוֹת בְּטוּחוֹת	הוא	בָּטַח	יִבְטַח	
		היא	בָּטְחָה	תִּבְטַח	
		אנחנו	בָּטַחְנוּ	נִבְטַח	
		אתם/ן	בְּטַחְתֶּם/ן *	תִּבְטְחוּ **	בִּטְחוּ ***
		הם/ן	בָּטְחוּ	יִבְטְחוּ **	

שם הפועל Infin. לִבְטוֹחַ — * Colloquial: בָּטַחְתֶּם/ן

מקור מוחלט Inf. Abs. בָּטוֹחַ — ** less commonly: אתן/הן תִּבְטַחְנָה

מקור נטוי Inf.+pron. בְּבוֹטְחוֹ, כְּ... — *** less commonly: (אתן) בְּטַחְנָה

בינוני Pres. Part. בָּטוּחַ sure, certain; safe

מ״י מוצרכת Gov. Prep. בָּטַח ב- trust in, rely on

הוּבְטַח (הֻבְטַח) be promised, be assured

בניין : הוּפְעַל גזרה : שלמים + ל״ג

	Present הווה		Past עבר	Future עתיד
יחיד	מוּבְטָח	אני	הוּבְטַחְתִּי	אוּבְטַח
יחידה	מוּבְטַחַת	אתה	הוּבְטַחְתָּ	תּוּבְטַח
רבים	מוּבְטָחִים	את	הוּבְטַחְתְּ/...חַת	תּוּבְטְחִי
רבות	מוּבְטָחוֹת	הוא	הוּבְטַח	יוּבְטַח
		היא	הוּבְטְחָה	תּוּבְטַח
		אנחנו	הוּבְטַחְנוּ	נוּבְטַח
		אתם/ן	הוּבְטַחְתֶּם/ן	תּוּבְטְחוּ *
		הם/ן	הוּבְטְחוּ	יוּבְטְחוּ *

בינוני Pres. Part. מוּבְטָח promised, assured — * less commonly: אתן/הן תּוּבְטַחְנָה

בִּיטַח (בִּיטֵחַ)/בִּיטַּח/בִטַּח (בִטֵּחַ) [בִּטַּח] insure, cover

בניין : פִּיעֵל גזרה : שלמים + ל״ג

	Present הווה		Past עבר	Future עתיד	Imper. ציווי
יחיד	מְבַטֵּחַ	אני	בִּיטַחְתִּי	אֲבַטַּח/אֲבַטֵּחַ*	
יחידה	מְבַטַּחַת	אתה	בִּיטַחְתָּ	תְּבַטַּח/תְּבַטֵּחַ*	בַּטַּח/בַּטֵּחַ*
רבים	מְבַטְּחִים	את	בִּיטַחְתְּ/...חַת	תְּבַטְּחִי	בַּטְּחִי
רבות	מְבַטְּחוֹת	הוא	בִּיטַח/בִּיטֵּחַ*	יְבַטַּח/יְבַטֵּחַ*	
		היא	בִּיטְּחָה	תְּבַטַּח/תְּבַטֵּחַ*	
		אנחנו	בִּיטַּחְנוּ	נְבַטַּח/נְבַטֵּחַ*	
		אתם/ן	בִּיטַחְתֶּם/ן	תְּבַטְּחוּ **	בַּטְּחוּ ***
		הם/ן	בִּיטְּחוּ	יְבַטְּחוּ **	

שם הפועל Infin. לְבַטֵּחַ — * more common in colloquial use ...טֵּחַ

שם הפעולה Verbal N בִּיטּוּחַ insurance — ** less commonly: אתן/הן תְּבַטַּחְנָה

מקור מוחלט Inf. Abs. בַּטֵּחַ — *** less commonly: (אתן) בַּטַּחְנָה

♦ פעלים פחות שכיחים מאותו שורש Less frequent verbs from the same root

בּוּטַּח (בֻּטַּח) be insured, be covered (יְבוּטַּח, בינוני Pres. Part. מְבוּטָּח insured)

♦ דוגמאות Illustrations

עזריאל הוא סוכן **בִּיטּוּחַ** ידוע, אבל אני לא **בּוֹטֵחַ** בו, ולכן איני **מְבַטֵּחַ** דרכו את רכושי. הבית והמכוניות **מְבוּטָּחִים** באמצעות סוכן אחר ; כך אני מרגיש יותר **בָּטוּחַ**.

Azriel is a well-known **insurance** agent, but I do not **trust** him, and therefore do not **insure** my property through him. The house and the cars **are insured** through another agent; I feel **safe**r this way.

הוּבְטַח לי שההלוואה תאושר; מנהל הבנק **הִבְטִיחַ** לי זאת בעצמו. השאלה היא אם אפשר לסמוך על **הַבְטָחָתוֹ**.

I was promised that the loan will be approved; the bank manager promised me so himself. The question is whether his promise can be relied upon.

משה לא זכה להיכנס לארץ ה**מּוּבְטַחַת**.

Moses did not have the privilege of entering the **Promised** Land.

♦ ביטויים מיוחדים Special expressions

הִבְטִיחַ הרים וגבעות (**הִבְטִיחַ** ש״ע עולמות) **promise** very much (or too much)

בְּטוּחַנִי, **מוּבְטָחְנִי** / **מוּבְטָחַנִי** ש- I am **sure**, I am confident/convinced (that)

מה שׁ**בָּטוּחַ-בָּטוּחַ** ! A bird in the hand is worth two in the bush (col.)

בִּיטּוּחַ לאומי social **security**

בִּיטּוּחַ סוציאלי social **insurance** (state or company insurance on health, disability, etc.)

חברת-**בִּיטּוּחַ** **insurance** company

דמי-**בִּיטּוּחַ** **insurance** premium

● בטל : לְבַטֵּל, לְהִתְבַּטֵּל

בִּיטֵּל (בִּטֵּל)/בִּיטַּל/בַטֵּל cancel; void; repeal; negate; make idle

בניין : פִּיעֵל גזרה : שלמים

	הווה Present		עבר Past	עתיד Future	ציווי Imper.
יחיד	מְבַטֵּל	אני	בִּיטַּלְתִּי	אֲבַטֵּל	
יחידה	מְבַטֶּלֶת	אתה	בִּיטַּלְתָּ	תְּבַטֵּל	בַּטֵּל
רבים	מְבַטְּלִים	את	בִּיטַּלְתְּ	תְּבַטְּלִי	בַּטְּלִי
רבות	מְבַטְּלוֹת	הוא	בִּיטֵּל	יְבַטֵּל	
		היא	בִּיטְּלָה	תְּבַטֵּל	
		אנחנו	בִּיטַּלְנוּ	נְבַטֵּל	
		אתם/ן	בִּיטַּלְתֶּם/ן	תְּבַטְּלוּ *	בַּטְּלוּ**
		הם/ן	בִּיטְּלוּ	יְבַטְּלוּ *	

שם הפועל .Infin לְבַטֵּל

* less commonly: אתן/הן תְּבַטֵּלְנָה

מקור מוחלט .Inf. Abs בַּטֵּל

** less commonly: (אתן) בַּטֵּלְנָה

שם הפעולה Verbal N **בִּיטּוּל** cancelling; cancellation; annulment; disrespect

הִתְבַּטֵּל/הִתְבַּטַּל be cancelled; loaf; belittle oneself

בניין : הִתְפַּעֵל גזרה : שלמים

	הווה Present		עבר Past	עתיד Future	ציווי Imper.
יחיד	מִתְבַּטֵּל	אני	הִתְבַּטַּלְתִּי	אֶתְבַּטֵּל	
יחידה	מִתְבַּטֶּלֶת	אתה	הִתְבַּטַּלְתָּ	תִּתְבַּטֵּל	הִתְבַּטֵּל
רבים	מִתְבַּטְּלִים	את	הִתְבַּטַּלְתְּ	תִּתְבַּטְּלִי	הִתְבַּטְּלִי
רבות	מִתְבַּטְּלוֹת	הוא	הִתְבַּטֵּל	יִתְבַּטֵּל	
		היא	הִתְבַּטְּלָה	תִּתְבַּטֵּל	
		אנחנו	הִתְבַּטַּלְנוּ	נִתְבַּטֵּל	
		אתם/ן	הִתְבַּטַּלְתֶּם/ן	תִּתְבַּטְּלוּ *	הִתְבַּטְּלוּ **
		הם/ן	הִתְבַּטְּלוּ	יִתְבַּטְּלוּ *	

* less commonly: אתן/הן תִּתְבַּטֵּלְנָה

שם הפועל .Infin לְהִתְבַּטֵּל

** less commonly: (אתן) הִתְבַּטֵּלְנָה

שם הפעולה Verbal N הִתְבַּטְּלוּת being cancelled; loafing; self-belittling
מקור מוחלט Inf. Abs. הִתְבַּטֵּל

בּוּטַל (בֻּטַּל) be cancelled

בניין : פּוּעַל גזרה : שלמים

	הווה Present		עבר Past	עתיד Future
יחיד	מְבוּטָּל	אני	בּוּטַּלְתִּי	אֲבוּטַּל
יחידה	מְבוּטֶּלֶת	אתה	בּוּטַּלְתָּ	תְּבוּטַּל
רבים	מְבוּטָּלִים	את	בּוּטַּלְתְּ	תְּבוּטְּלִי
רבות	מְבוּטָּלוֹת	הוא	בּוּטַּל	יְבוּטַּל
		היא	בּוּטְּלָה	תְּבוּטַּל
		אנחנו	בּוּטַּלְנוּ	נְבוּטַּל
		אתם/ן	בּוּטַּלְתֶּם/ן	* תְּבוּטְּלוּ
		הם/ן	בּוּטְּלוּ	* יְבוּטְּלוּ

ביני Pres. Part. מְבוּטָּל cancelled; insignificant * less commonly: אתן/הן תְּבוּטַּלְנָה

♦ פעלים פחות שכיחים מאותו שורש Less frequent verbs from the same root

הוּבְטַל was made unemployed (מוּבְטָל, יוּבְטַל)
בינוני Pres. Part. מוּבְטָל unemployed (form is common)

♦ דוגמאות Illustrations

בשל סופת השלג המרצה לא הצליח להגיע, והמארגנים נאלצו **לְבַטֵּל** את ההרצאה. הם הודיעו על ה**בִּיטּוּל** בתחנת הרדיו המקומית, אבל מספר אנשים לא שמעו שההרצאה **בּוּטְּלָה**, והגיעו לאולם. אני לא הלכתי, כי ידעתי שהרצאות בדרך כלל **מִתְבַּטְּלוֹת** במזג אוויר כזה.

Because of the snowstorm, the lecturer was unable to come, and the organizers had to **cancel** the lecture. They announced the **cancellation** on the local radio station, but some people did not hear that the lecture **had been cancelled**, and came to the hall. I did not go because I knew that lectures usually **get cancelled** in such weather.

נדב **מִתְבַּטֵּל** רוב היום ולא לומד כלום. הוא מתייחס ב**בִּיטּוּל** לכל השיעורים שהוא שומע באוניברסיטה, וטוען שלא כדאי להתאמץ : ממילא הוא יהיה **מוּבְטָל** בתום הלימודים, כי רק מספר **מְבוּטָּל** של סטודנטים עם קשרים מקבלים עבודה.

Nadav **is loafing** most of the day and studies nothing. He refers with **disrespect** to all the classes he attends at the university, and claims that it is not worth the effort: in any case he'll be **unemployed** when he graduates, since only an **insignificant** number of students with contacts/connections get a job.

●בין : לְהָבִין, לְהִתְבּוֹנֵן

הֵבִין/הֵבַן/יָבִין understand, comprehend

בניין : הִפְעִיל גזרה : ע״י + ל״נ

	הווה Present		עבר Past	עתיד Future	ציווי Imper.
יחיד	מֵבִין	אני	הֵבַנְתִּי	אָבִין	
יחידה	מְבִינָה	אתה	הֵבַנְתָּ	תָּבִין	הָבֵן
רבים	מְבִינִים	את	הֵבַנְתְּ	תָּבִינִי	הָבִינִי
רבות	מְבִינוֹת	הוא	הֵבִין	יָבִין	

Imper. ציווי	Future עתיד	Past עבר		Present הווה
	תָּבִין	הֵבִינָה	היא	
	נָבִין	הֵבַנּוּ	אנחנו	
הָבִינוּ ***	תָּבִינוּ **	הֲבַנְתֶּם/ן *	אתם/ן	
	יָבִינוּ **	הֵבִינוּ	הם/ן	

שם הפועל .Infin לְהָבִין — * formal : הֲבַנְתֶּם

מקור מוחלט .Inf. Abs הָבֵן — ** less commonly: אתן/הן תָּבֵנָּה

שם הפעולה Verbal N הֲבָנָה understanding — *** less commonly: (אתן) הָבֵנָּה

בינוני .Pres. Part מֵבִין expert, knowledgeable person, connoisseur

מ״י מוצרכת .Gov. Prep הֵבִין בּ- be an expert on

הִתְבּוֹנֵן/הִתְבּוֹנַנ stare; observe; look

בניין : הִתְפַּעֵל   גזרה : ע״י + ל״נ

Imper. ציווי	Future עתיד	Past עבר		Present הווה	
	אֶתְבּוֹנֵן	הִתְבּוֹנַנְתִּי	אני	מִתְבּוֹנֵן	יחיד
הִתְבּוֹנֵן	תִּתְבּוֹנֵן	הִתְבּוֹנַנְתָּ	אתה	מִתְבּוֹנֶנֶת	יחידה
הִתְבּוֹנְנִי	תִּתְבּוֹנְנִי	הִתְבּוֹנַנְתְּ	את	מִתְבּוֹנְנִים	רבים
	יִתְבּוֹנֵן	הִתְבּוֹנֵן	הוא	מִתְבּוֹנְנוֹת	רבות
	תִּתְבּוֹנֵן	הִתְבּוֹנְנָה	היא		
	נִתְבּוֹנֵן	הִתְבּוֹנַנּוּ	אנחנו		
הִתְבּוֹנְנוּ **	תִּתְבּוֹנְנוּ *	הִתְבּוֹנַנְתֶּם/ן	אתם/ן		
	יִתְבּוֹנְנוּ *	הִתְבּוֹנְנוּ	הם/ן		

שם הפועל .Infin לְהִתְבּוֹנֵן — * less commonly: אתן/הן תִּתְבּוֹנֵנָּה

מקור מוחלט .Inf. Abs הִתְבּוֹנֵן — ** less commonly: (אתן) הִתְבּוֹנֵנָּה

שם הפעולה Verbal N הִתְבּוֹנְנוּת staring, observing

מ״י מוצרכת .Gov. Prep הִתְבּוֹנֵן בּ- observe/stare at

הוּבַן be understood, be comprehended

בניין : הוּפְעַל   גזרה : ע״י + ל״נ

Future עתיד	Past עבר		Present הווה	
אוּבַן	הוּבַנְתִּי	אני	מוּבָן	יחיד
תּוּבַן	הוּבַנְתָּ	אתה	מוּבֶנֶת	יחידה
תּוּבְנִי	הוּבַנְתְּ	את	מוּבָנִים	רבים
יוּבַן	הוּבַן	הוא	מוּבָנוֹת	רבות
תּוּבַן	הוּבְנָה	היא		
נוּבַן	הוּבַנּוּ	אנחנו		
תּוּבְנוּ *	הוּבַנְתֶּם/ן	אתם/ן		
יוּבְנוּ *	הוּבְנוּ	הם/ן		

בינוני .Pres. Part מוּבָן clear, understood — * less commonly: אתן/הן תּוּבַנָּה

♦ פעלים פחות שכיחים מאותו שורש Less frequent verbs from the same root

נָבוֹן be(come) wise (נפעל) < נָבוֹן, נְבוֹנָה... wise, clever (only form common)

♦ דוגמאות Illustrations

מדוע **נָבוֹן** מבסס את מחקרו על **הִתְבּוֹנְנוּת** שיטתית. כדי **לְהָבִין** תופעות, עליו **לְהִתְבּוֹנֵן** היטב ובאופן מקיף, ואם יש צורך, לאורך זמן.

A **wise** scientist bases his research on methodical **observation**. In order **to understand** phenomena, he should **observe** thoroughly and comprehensively, and if necessary, longitudinally over time.

לא **מוּבָן** לי מדוע יש לו קושי רב כל כך ב**הֲבָנַת** המשוואה הזאת; היא נראית לי פשוטה מאוד.

It is un**clear** to me why he has such difficulty in **understanding** this equation; it appears to me to be quite simple.

♦ ביטויים מיוחדים Special expressions

כַּ**מּוּבָן**, **מוּבָן** שֶׁ- of course, naturally — **מוּבָן** מאליו **obvious**ly, it is self-evident

הֲבָנָה הדדית mutual **understanding** — קשה **הֲבָנָה** one slow at **grasping** things

מה **מֵבִין** חמור במרק פירות? It is too sophisticated for him (liter.: what does a donkey **know** about the quality of a fruit salad?)

●בכה (בכי) : לִבְכּוֹת

בָּכָה/בּוֹכֶה/יִבְכֶּה cry, weep

בניין : פָּעַל גזרה : ל״י

	Present הווה		Past עבר	Future עתיד	Imper. ציווי
יחיד	בּוֹכֶה	אני	בָּכִיתִי	אֶבְכֶּה	
יחידה	בּוֹכָה	אתה	בָּכִיתָ	תִּבְכֶּה	בְּכֵה
רבים	בּוֹכִים	את	בָּכִית	תִּבְכִּי	בְּכִי
רבות	בּוֹכוֹת	הוא	בָּכָה	יִבְכֶּה	
		היא	בָּכְתָה	תִּבְכֶּה	
		אנחנו	בָּכִינוּ	נִבְכֶּה	
		אתםץ	בְּכִיתֶםץ *	תִּבְכּוּ **	בְּכוּ ***
		הםץ	בָּכוּ	יִבְכּוּ **	

שם הפועל .Infin לִבְכּוֹת

שם הפעולה Verbal N בְּכִיָּה crying

מקור מוחלט .Inf. Abs בָּכֹה

מקור נטוי .Inf.+pron בִּבְכוֹתוֹ, כְּ...

* Colloquial: בָּכִיתֶם

** less commonly: אתן/הן תִּבְכֶּינָה

*** less commonly: (אתן) בְּכֶינָה

♦ פעלים פחות שכיחים מאותו שורש Less frequent verbs from the same root

בִּיכָּה (בִּכָּה)/בַּכֶּה lament, mourn; cause to cry (מְבַכֶּה, יְבַכֶּה, לְבַכּוֹת)

♦ דוגמאות Illustrations

יחזקאל **בִּיכָּה** את אישתו המתה שנים רבות. בשנה הראשונה הוא היה **בּוֹכֶה** כל הלילה.

Yehezkel **mourned** the death of his wife for many years. In the first year he would **cry** all night.

♦ ביטויים מיוחדים Special expressions

בְּכִיָּה לדורות something to be deeply **regretted** for generations to come

● בלבל : לְבַלְבֵּל, לְהִתְבַּלְבֵּל

בִּלְבֵּל/בִּלְבַּל/בַּלְבֵּל confuse, bewilder; mix (up)

בניין : פִּיעֵל גזרה : מרובעים

Imper. ציווי	Future עתיד	Past עבר		Present הווה	
	אֲבַלְבֵּל	בִּלְבַּלְתִּי	אני	מְבַלְבֵּל	יחיד
בַּלְבֵּל	תְּבַלְבֵּל	בִּלְבַּלְתָּ	אתה	מְבַלְבֶּלֶת	יחידה
בַּלְבְּלִי	תְּבַלְבְּלִי	בִּלְבַּלְתְּ	את	מְבַלְבְּלִים	רבים
	יְבַלְבֵּל	בִּלְבֵּל	הוא	מְבַלְבְּלוֹת	רבות
	תְּבַלְבֵּל	בִּלְבְּלָה	היא		
	נְבַלְבֵּל	בִּלְבַּלְנוּ	אנחנו		
בַּלְבְּלוּ **	תְּבַלְבְּלוּ *	בִּלְבַּלְתֶּם/ן	אתם/ן		
	יְבַלְבְּלוּ *	בִּלְבְּלוּ	הם/ן		

שם הפועל .Infin לְבַלְבֵּל — * less commonly: אתן/הן תְּבַלְבֵּלְנָה

ש' הפעולי Verbal N בִּלְבּוּל confusion; mix-up — ** less commonly: (אתן) בַּלְבֵּלְנָה

בינוני .Pres. Part מְבַלְבֵּל confusing — מקור מוחלט .Inf. Abs בַּלְבֵּל

הִתְבַּלְבֵּל/הִתְבַּלְבַּל get confused, mixed (up)

בניין : הִתְפַּעֵל גזרה : מרובעים

Imper. ציווי	Future עתיד	Past עבר		Present הווה	
	אֶתְבַּלְבֵּל	הִתְבַּלְבַּלְתִּי	אני	מִתְבַּלְבֵּל	יחיד
הִתְבַּלְבֵּל	תִּתְבַּלְבֵּל	הִתְבַּלְבַּלְתָּ	אתה	מִתְבַּלְבֶּלֶת	יחידה
הִתְבַּלְבְּלִי	תִּתְבַּלְבְּלִי	הִתְבַּלְבַּלְתְּ	את	מִתְבַּלְבְּלִים	רבים
	יִתְבַּלְבֵּל	הִתְבַּלְבֵּל	הוא	מִתְבַּלְבְּלוֹת	רבות
	תִּתְבַּלְבֵּל	הִתְבַּלְבְּלָה	היא		
	נִתְבַּלְבֵּל	הִתְבַּלְבַּלְנוּ	אנחנו		
הִתְבַּלְבְּלוּ **	תִּתְבַּלְבְּלוּ *	הִתְבַּלְבַּלְתֶּם/ן	אתם/ן		
	יִתְבַּלְבְּלוּ *	הִתְבַּלְבְּלוּ	הם/ן		

* less commonly: אתן/הן תִּתְבַּלְבֵּלְנָה

שם הפועל .Infin לְהִתְבַּלְבֵּל — ** less commonly: (אתן) הִתְבַּלְבֵּלְנָה

שם הפעולה Verbal N הִתְבַּלְבְּלוּת getting confused — מקור מוחלט .Inf. Abs הִתְבַּלְבֵּל

בּוּלְבַּל (בֻּלְבַּל) be confused, mixed (up)

בניין : פּוּעַל גזרה : מרובעים

Future עתיד	Past עבר		Present הווה	
אֲבוּלְבַּל	בּוּלְבַּלְתִּי	אני	מְבוּלְבָּל	יחיד
תְּבוּלְבַּל	בּוּלְבַּלְתָּ	אתה	מְבוּלְבֶּלֶת	יחידה
תְּבוּלְבְּלִי	בּוּלְבַּלְתְּ	את	מְבוּלְבָּלִים	רבים
יְבוּלְבַּל	בּוּלְבַּל	הוא	מְבוּלְבָּלוֹת	רבות
תְּבוּלְבַּל	בּוּלְבְּלָה	היא		
נְבוּלְבַּל	בּוּלְבַּלְנוּ	אנחנו		
תְּבוּלְבְּלוּ *	בּוּלְבַּלְתֶּם/ן	אתם/ן		
יְבוּלְבְּלוּ *	בּוּלְבְּלוּ	הם/ן		

בינוני .Pres. Part מְבוּלְבָּל confused — * less commonly: אתן/הן תְּבוּלְבַּלְנָה

♦ דוגמאות Illustrations

לא קרה לנהג שום דבר, אבל הוא היה קצת **מְבוּלְבָּל**: הוא זכר פחות או יותר מה קרה בזמן התאונה, אבל **בִּלְבֵּל** את סדר האירועים. בזמן החקירה הוא טען שהוא **הִתְבַּלְבֵּל** ונכנס בטעות בכיוון ההפוך לרחוב חד-סטרי.

Nothing happened to the driver, but he was a bit **confused**: he remembered more or less what happened during the accident, but **confused** the order of events. During the inquiry he claimed that he **got confused** and mistakenly entered a one-way street against the traffic.

שניהם כל כך דומים, שאנשים **מְבַלְבְּלִים** ביניהם לעתים קרובות. **הבִּלְבּוּל** הזה מפתיע, כי אין ביניהם שום קירבת משפחה.

The two of them look so much alike that people often **confuse** them for each other. This **confusion** is surprising, because they are not related at all.

♦ ביטויים מיוחדים Special expressions

בִּלְבֵּל (למישהו) את המוח **confuse** or disturb someone (usually repeatedly)

בִּלְבֵּל את היוצרות **mess up** the logical order of things

●בלה (בלי) : לְבַלּוֹת

בִּילָּה (בִּלָּה)/בַּלֵּה spend, wear out; have a good time; outlive

בניין : פִּיעֵל גזרה : ל״י

Imper. ציווי	Future עתיד	Past עבר		Present הווה	
	אֲבַלֶּה	בִּילִּיתִי	אני	מְבַלֶּה	יחיד
בַּלֵּה	תְּבַלֶּה	בִּילִּיתָ	אתה	מְבַלָּה	יחידה
בַּלִּי	תְּבַלִּי	בִּילִּית	את	מְבַלִּים	רבים
	יְבַלֶּה	בִּילָּה	הוא	מְבַלּוֹת	רבות
	תְּבַלֶּה	בִּילְּתָה	היא		
	נְבַלֶּה	בִּילִּינוּ	אנחנו		
בַּלּוּ**	תְּבַלּוּ *	בִּילִּיתֶם/ן	אתם/ן		
	יְבַלּוּ *	בִּילּוּ	הם/ן		

שם הפועל .Infin לְבַלּוֹת

* less commonly: אתן/הן תְּבַלֶּינָה

ש׳ הפעולה Verbal N בִּילּוּי pastime, recreation

** less commonly: (אתן) בַּלֶּינָה

מקור מוחלט .Inf. Abs בַּלֵּה

♦ פעלים פחות שכיחים מאותו שורש Less frequent verbs from the same root

בָּלָה wither; wear out (int.) (בָּלָה, יִבְלֶה, לִבְלוֹת)

בינ׳ סביל .Pass. Part בָּלוּי worn out שם תואר .Adj בָּלֶה withered

הִתְבַּלָּה become worn out (מִתְבַּלֶּה, יִתְבַּלֶּה, לְהִתְבַּלּוֹת)

♦ דוגמאות Illustrations

סטודנטים באוניברסיטאות מסוימות **מְבַלִּים** את רוב זמנם במסיבות.

Students at some universities **spend** most of their time at parties.

בִּילִּינוּ נהדר בחופשה (בלשון הדיבור).

We **had a** wonderfully **good time** on vacation (colloquial).

נעלי התעמלות של שחקני כדורסל **מִתְבַּלּוֹת** מהר מרוב שימוש.

Basketball players' sneakers **wear out** fast owing to considerable use.

♦ ביטויים מיוחדים Special expressions

בַּלֵּה בטוב/בנעימים! **have a good time!** **מְבַלֵּה** עולם loafer, useless person

●בלט : לִבְלוֹט, לְהַבְלִיט, לְהִתְבַּלֵּט

בָּלַט/בּוֹלֵט/יִבְלוֹט (יִבְלֹט) project, protrude, stand out

בניין : פָּעַל גזרה : שלמים (אֶפְעוֹל)

	הווה Present		עבר Past	עתיד Future	ציווי .Imper
יחיד	בּוֹלֵט	אני	בָּלַטְתִּי	אֶבְלוֹט	
יחידה	בּוֹלֶטֶת	אתה	בָּלַטְתָּ	תִּבְלוֹט	בְּלוֹט
רבים	בּוֹלְטִים	את	בָּלַטְתְּ	תִּבְלְטִי	בִּלְטִי
רבות	בּוֹלְטוֹת	הוא	בָּלַט	יִבְלוֹט	
		היא	בָּלְטָה	תִּבְלוֹט	
		אנחנו	בָּלַטְנוּ	נִבְלוֹט	
		אתם/ן	בְּלַטְתֶּם/ן *	תִּבְלְטוּ **	בִּלְטוּ ***
		הם/ן	בָּלְטוּ	יִבְלְטוּ **	

* Colloquial: בָּלַטְתֶּם/ן

** less commonly: אתן/הן תִּבְלוֹטְנָה

*** less commonly: (אתן) בְּלוֹטְנָה

שם הפועל .Infin לִבְלוֹט

מקור מוחלט .Inf. Abs בָּלוֹט

ביני פעיל .Act. Part בּוֹלֵט protruding, prominent

שם הפעולה Verbal N בְּלִיטָה protrusion, bulge

הִבְלִיט/הִבְלַט/יַבְלִיט emphasize; make conspicuous

בניין : הִפְעִיל גזרה : שלמים

	הווה Present		עבר Past	עתיד Future	ציווי .Imper
יחיד	מַבְלִיט	אני	הִבְלַטְתִּי	אַבְלִיט	
יחידה	מַבְלִיטָה	אתה	הִבְלַטְתָּ	תַּבְלִיט	הַבְלֵט
רבים	מַבְלִיטִים	את	הִבְלַטְתְּ	תַּבְלִיטִי	הַבְלִיטִי
רבות	מַבְלִיטוֹת	הוא	הִבְלִיט	יַבְלִיט	
		היא	הִבְלִיטָה	תַּבְלִיט	
		אנחנו	הִבְלַטְנוּ	נַבְלִיט	
		אתם/ן	הִבְלַטְתֶּם/ן	תַּבְלִיטוּ *	הַבְלִיטוּ **
		הם/ן	הִבְלִיטוּ	יַבְלִיטוּ *	

* less commonly: אתן/הן תַּבְלֵטְנָה

** less commonly: (אתן) הַבְלֵטְנָה

שם הפועל .Infin לְהַבְלִיט

שם הפעולה Verbal N הַבְלָטָה emphasis, prominence

הֶבְלֵט emphasis

מקור מוחלט .Inf. Abs הַבְלֵט

הִתְבַּלֵּט/הִתְבַּלַּט be conspicuous, stand out, excel; show off

בניין : הִתְפַּעֵל גזרה : שלמים

	הווה Present		עבר Past	עתיד Future	ציווי .Imper
יחיד	מִתְבַּלֵּט	אני	הִתְבַּלַּטְתִּי	אֶתְבַּלֵּט	
יחידה	מִתְבַּלֶּטֶת	אתה	הִתְבַּלַּטְתָּ	תִּתְבַּלֵּט	הִתְבַּלֵּט
רבים	מִתְבַּלְּטִים	את	הִתְבַּלַּטְתְּ	תִּתְבַּלְּטִי	הִתְבַּלְּטִי
רבות	מִתְבַּלְּטוֹת	הוא	הִתְבַּלֵּט	יִתְבַּלֵּט	

Present הווה		Past עבר	Future עתיד	Imper. ציווי
	היא	הִתְבַּלְּטָה	תִּתְבַּלֵּט	
	אנחנו	הִתְבַּלַּטְנוּ	נִתְבַּלֵּט	
	אתם/ן	הִתְבַּלַּטְתֶּם/ן	תִּתְבַּלְּטוּ *	הִתְבַּלְּטוּ **
	הם/ן	הִתְבַּלְּטוּ	יִתְבַּלְּטוּ *	

* less commonly: אתן/הן תִּתְבַּלֵּטְנָה

** less commonly:(אתן) הִתְבַּלֵּטְנָה

שם הפועל .Infin לְהִתְבַּלֵּט

שם הפעולה Verbal N הִתְבַּלְּטוּת being conspicuous, showing off

מקור מוחלט .Inf. Abs הִתְבַּלֵּט

♦ פעלים פחות שכיחים מאותו שורש Less frequent verbs from the same root

הוּבְלַט (הֻבְלַט) be emphasized, be made conspicuous (מוּבְלָט, יוּבְלַט)

♦ דוגמאות Illustrations

מגדל שלום **בּוֹלֵט** מאוד בנוף של תל-אביב.

The Shalom Tower **stands out** in the Tel Aviv landscape.

חיים **מִתְבַּלֵּט** בין בני כיתתו בכישרונו למתמטיקה.

Hayyim **stands out** among his classmates in his gift for math.

בחיבור זה בכוונתי **לְהַבְלִיט** את כל התכונות החיוביות של גיבור הרומן.

My intention in this essay is to **emphasize** the positive traits of the novel's protagonist.

כשתקרא את המסמך, שים לב בעיקר למשפטים ה**מוּבְלָטִים**.

When you read the document, pay particular attention to the **emphasized** sentences.

●בלע : לִבְלוֹעַ, לְהִיבָּלַע, לְהַבְלִיעַ

בָּלַע/בּוֹלֵעַ/יִבְלַע swallow, absorb

בניין : פָּעַל גזרה : שלמים (אֶפְעַל) + ל״ג

	Pres./Part. הווה/בינוני			Past עבר	Fut. עתיד	Imp. ציווי
יחיד	בּוֹלֵעַ	בָּלוּעַ	אני	בָּלַעְתִּי	אֶבְלַע	
יחידה	בּוֹלַעַת	בְּלוּעָה	אתה	בָּלַעְתָּ	תִּבְלַע	בְּלַע
רבים	בּוֹלְעִים	בְּלוּעִים	את	בָּלַעַתְּ/...עַת	תִּבְלְעִי	בִּלְעִי
רבות	בּוֹלְעוֹת	בְּלוּעוֹת	הוא	בָּלַע	יִבְלַע	
			היא	בָּלְעָה	תִּבְלַע	
			אנחנו	בָּלַעְנוּ	נִבְלַע	
			אתם/ן	בְּלַעְתֶּם/ן *	תִּבְלְעוּ **	בִּלְעוּ ***
			הם/ן	בָּלְעוּ	יִבְלְעוּ **	

* Colloquial: בָּלַעְתֶּם/ן

** less commonly: אתן/הן תִּבְלַעְנָה

*** less commonly: (אתן) בְּלַעְנָה

שם הפועל .Infin לִבְלוֹעַ

שם הפעולה Verbal N בְּלִיעָה swallowing, absorbing; greed, gluttony

ביני סביל .Pass. Part בָּלוּעַ swallowed; concealed (lit.)

מקור מוחלט .Inf. Abs בָּלוֹעַ מקור נטוי .Inf.+pron בְּבוֹלְעוֹ, כְּ...

נִבְלַע/יִיבָּלַע (יִבָּלַע) be swallowed, be absorbed; be assimilated (sound)

בניין: נִפְעַל גזרה: שלמים + ל״ג

	Present הווה		Past עבר	Future עתיד	Imper. ציווי
יחיד	נִבְלָע	אני	נִבְלַעְתִּי	אֶבָּלַע	
יחידה	נִבְלַעַת	אתה	נִבְלַעְתָּ	תִּיבָּלַע	הִיבָּלַע
רבים	נִבְלָעִים	את	נִבְלַעְתְּ/...עַת	תִּיבָּלְעִי	הִיבָּלְעִי
רבות	נִבְלָעוֹת	הוא	נִבְלַע	יִיבָּלַע	
		היא	נִבְלְעָה	תִּיבָּלַע	
		אנחנו	נִבְלַעְנוּ	נִיבָּלַע	
		אתם/ן	נִבְלַעְתֶּם/ן	תִּיבָּלְעוּ *	הִיבָּלְעוּ **
		הם/ן	נִבְלְעוּ	יִיבָּלְעוּ *	

* less commonly: אתן/הן תִּיבָּלַעְנָה

** less commonly: (אתן) הִיבָּלַעְנָה

שם הפועל .Infin לְהִיבָּלֵעַ

שם הפעולה Verbal N הִיבָּלְעוּת being swallowed

בינ' .Pres. Part נִבְלָע absorbed, assimilated מקור מוחלט .Inf. Abs נִבְלוֹעַ, הִיבָּלֵעַ

הִבְלִיעַ/הִבְלַע/יַבְלִיעַ swallow; cause to swallow; slur; insinuate, insert unnoticed

בניין: הִפְעִיל גזרה: שלמים + ל״ג

	Present הווה		Past עבר	Future עתיד	Imper. ציווי
יחיד	מַבְלִיעַ	אני	הִבְלַעְתִּי	אַבְלִיעַ	
יחידה	מַבְלִיעָה	אתה	הִבְלַעְתָּ	תַּבְלִיעַ	הַבְלַע
רבים	מַבְלִיעִים	את	הִבְלַעְתְּ/...עַת	תַּבְלִיעִי	הַבְלִיעִי
רבות	מַבְלִיעוֹת	הוא	הִבְלִיעַ	יַבְלִיעַ	
		היא	הִבְלִיעָה	תַּבְלִיעַ	
		אנחנו	הִבְלַעְנוּ	נַבְלִיעַ	
		אתם/ן	הִבְלַעְתֶּם/ן	תַּבְלִיעוּ *	הַבְלִיעוּ **
		הם/ן	הִבְלִיעוּ	יַבְלִיעוּ *	

* less commonly: אתן/הן תַּבְלַעְנָה

** less commonly: (אתן) הַבְלַעְנָה

שם הפועל .Infin לְהַבְלִיעַ

מקור מוחלט .Inf. Abs הַבְלֵעַ

שם הפעולה Verbal N הַבְלָעָה allusion, hint, cover-up, inclusion (unnoticed); slurring

♦ פעלים פחות שכיחים מאותו שורש Less frequent verbs from the same root

הוּבְלַע (הֻבְלַע) be swallowed up; merge; be elided, be assimilated > בינ' .Pres. Part מוּבְלָע elided, slurred over; inserted, מוּבְלַעַת (land) enclosure

♦ דוגמאות Illustrations

קשה היה לי לאכול את הבשר הזה, אבל כדי לא לבייש את המארחת, **בָּלַעְתִּי** איכשהו מספר נתחים ממנו. זה לא היה קל: מזון שאינו טעים לאוכל אינו **נִבְלָע** בקלות.

I found it hard to eat this meat, but to avoid embarrassing the hostess, I somehow **swallowed** a few chunks of it. It was not easy: food that the eater does not find tasty **is** not easily **swallowed**.

אלי מדבר מהר מדיי **וּמַבְלִיעַ** מלים שלמות. קשה להבין דיבור **מוּבְלָע** כזה.

Eli talks too fast and **slurs over** whole words. It is hard to understand such **elided** speech.

● בנה (בני) : לִבְנוֹת, לְהִיבָּנוֹת

בָּנָה/בּוֹנֶה/יִבְנֶה build

בניין : פָּעַל גזרה : ל״י

	הווה/בינוני Pres./Part.			עבר Past	עתיד Fut.	ציווי Imp.
יחיד	בּוֹנֶה	בָּנוּי	אני	בָּנִיתִי	אֶבְנֶה	
יחידה	בּוֹנָה	בְּנוּיָה	אתה	בָּנִיתָ	תִּבְנֶה	בְּנֵה
רבים	בּוֹנִים	בְּנוּיִים	את	בָּנִית	תִּבְנִי	בְּנִי
רבות	בּוֹנוֹת	בְּנוּיוֹת	הוא	בָּנָה	יִבְנֶה	
			היא	בָּנְתָה	תִּבְנֶה	
			אנחנו	בָּנִינוּ	נִבְנֶה	
			אתם/ן	* בְּנִיתֶם/ן	** תִּבְנוּ	*** בְּנוּ
			הם/ן	בָּנוּ	** יִבְנוּ	

* Colloquial: בָּנִיתֶם/ן

** less commonly: אתן/הן תִּבְנֶינָה

*** less commonly: (אתן) בְּנֶינָה

שם הפועל .Infin לִבְנוֹת

שם הפעולה Verbal N בְּנִיָּה building

ביני פעיל .Act. Part בּוֹנֶה builder; beaver

מקור מוחלט .Inf. Abs בָּנֹה

ביני סביל .Pass. Part בָּנוּי built

מקור נטוי .Inf.+pron בִּבְנוֹתוֹ, כְּ...

נִבְנָה/יִיבָּנֶה (יִבָּנֶה) be built

בניין : נִפְעַל גזרה : ל״י

	הווה Present		עבר Past	עתיד Future	ציווי Imper.
יחיד	נִבְנֶה	אני	נִבְנֵיתִי	אֶבָּנֶה	
יחידה	נִבְנֵית	אתה	נִבְנֵיתָ	תִּיבָּנֶה	הִיבָּנֵה
רבים	נִבְנִים	את	נִבְנֵית	תִּיבָּנִי	הִיבָּנִי
רבות	נִבְנוֹת	הוא	נִבְנָה	יִיבָּנֶה	
		היא	נִבְנְתָה	תִּיבָּנֶה	
		אנחנו	נִבְנֵינוּ	נִיבָּנֶה	
		אתם/ן	נִבְנֵיתֶם/ן	* תִּיבָּנוּ	** הִיבָּנוּ
		הם/ן	נִבְנוּ	* יִיבָּנוּ	

* less commonly: אתן/הן תִּיבָּנֶינָה

** less commonly: (אתן) הִיבָּנֶינָה

שם הפועל .Infin לְהִיבָּנוֹת

שם הפעולה Verbal N הִיבָּנוּת

מקור מוחלט .Inf. Abs נִבְנֹה, הִיבָּנֵה

♦ דוגמאות Illustrations

בניין האופרה החדש **נִבְנָה** בסיוע העיריה וכספי תרומות. **הַבְּנִיָּה** נמשכה זמן רב. בסופו של דבר נתברר שהאדריכל **שֶׁבָּנָה** אותה הבין מעט מאוד באקוסטיקה.

The new opera house **was built** with help from the city and contributed funds. The **building** took a long time. In the end it became clear that the architect who **had built** it understood little about acoustics.

אסור לנסוע מהר בשטח **בָּנוּי**.

It is forbidden to travel fast in a **built up** area.

♦ ביטויים מיוחדים Special expressions

בָּנָה מגדלים באוויר make totally unrealistic plans; construct an unmotivated theory

●בסס : לְבַסֵּס, לְהִתְבַּסֵּס

בּוּסַּס (בֻּסַּס) be based, be founded, be established

בניין : פּוּעַל גזרה : שלמים

	הווה Present		עבר Past	עתיד Future
יחיד	מְבוּסָּס	אני	בּוּסַּסְתִּי	אֲבוּסַּס
יחידה	מְבוּסֶּסֶת	אתה	בּוּסַּסְתָּ	תְּבוּסַּס
רבים	מְבוּסָּסִים	את	בּוּסַּסְתְּ	תְּבוּסְּסִי
רבות	מְבוּסָּסוֹת	הוא	בּוּסַּס	יְבוּסַּס
		היא	בּוּסְּסָה	תְּבוּסַּס
		אנחנו	בּוּסַּסְנוּ	נְבוּסַּס
		אתם/ן	בּוּסַּסְתֶּם/ן	תְּבוּסְּסוּ *
		הם/ן	בּוּסְּסוּ	יְבוּסְּסוּ *

* less commonly: אתן/הן תְּבוּסַּסְנָה

בינוני .Pres. Part מְבוּסָּס established, well-based

הִתְבַּסֵּס/הִתְבַּסַּס be based; become established

בניין : הִתְפַּעֵל גזרה : שלמים

	הווה Present		עבר Past	עתיד Future	ציווי .Imper
יחיד	מִתְבַּסֵּס	אני	הִתְבַּסַּסְתִּי	אֶתְבַּסֵּס	
יחידה	מִתְבַּסֶּסֶת	אתה	הִתְבַּסַּסְתָּ	תִּתְבַּסֵּס	הִתְבַּסֵּס
רבים	מִתְבַּסְּסִים	את	הִתְבַּסַּסְתְּ	תִּתְבַּסְּסִי	הִתְבַּסְּסִי
רבות	מִתְבַּסְּסוֹת	הוא	הִתְבַּסֵּס	יִתְבַּסֵּס	
		היא	הִתְבַּסְּסָה	תִּתְבַּסֵּס	
		אנחנו	הִתְבַּסַּסְנוּ	נִתְבַּסֵּס	
		אתם/ן	הִתְבַּסַּסְתֶּם/ן	תִּתְבַּסְּסוּ *	הִתְבַּסְּסוּ **
		הם/ן	הִתְבַּסְּסוּ	יִתְבַּסְּסוּ *	

* less commonly: אתן/הן תִּתְבַּסֵּסְנָה

** less commonly: (אתן) הִתְבַּסֵּסְנָה

שם הפועל .Infin לְהִתְבַּסֵּס

שם הפעולה Verbal N הִתְבַּסְּסוּת becoming established

מקור מוחלט .Inf. Abs הִתְבַּסֵּס

מ״י מוצרכת .Gov. Prep הִתְבַּסֵּס עַל be based on

בִּיסֵּס (בִּסֵּס)/בִּיסַּס/בַּסֵּס base, found, establish

בניין : פִּיעֵל גזרה : שלמים

	הווה Present		עבר Past	עתיד Future	ציווי .Imper
יחיד	מְבַסֵּס	אני	בִּיסַּסְתִּי	אֲבַסֵּס	
יחידה	מְבַסֶּסֶת	אתה	בִּיסַּסְתָּ	תְּבַסֵּס	בַּסֵּס
רבים	מְבַסְּסִים	את	בִּיסַּסְתְּ	תְּבַסְּסִי	בַּסְּסִי
רבות	מְבַסְּסוֹת	הוא	בִּיסֵּס	יְבַסֵּס	
		היא	בִּיסְּסָה	תְּבַסֵּס	
		אנחנו	בִּיסַּסְנוּ	נְבַסֵּס	
		אתם/ן	בִּיסַּסְתֶּם/ן	תְּבַסְּסוּ *	בַּסְּסוּ**
		הם/ן	בִּיסְּסוּ	יְבַסְּסוּ *	

* less commonly: אתן/הן תְּבַסֵּסְנָה

שם הפועל .Infin לְבַסֵּס ** less commonly:(אתן) בַּסֵּסְנָה
שם הפעולה Verbal N בִּיסּוּס basing, establishing; basis מקור מוחלט .Inf. Abs בַּסֵּס

♦ **דוגמאות** Illustrations

הממשלה דנה בישיבתה השבועית במצב הבטחוני בגזרת הצפון. ניתוחו של ראש הממשלה **הִתְבַּסֵּס** על מידע **מְבוּסָּס** שקיבל ממקורות ביון מהימנים. מספר שרים טענו כי אין בידי הממשלה מידע מספיק כדי **לְבַסֵּס** עליו החלטה מבצעית מיידית.

The government discussed the security situation in the northern sector at its weekly meeting. The prime minister's analysis **was based** on **well-based** information he had received from reliable intelligence sources. A number of ministers argued that the government does not possess sufficient information on which **to base** an immediate operational decision.

♦ **ביטויים מיוחדים** Special expressions

מצבו **מְבוּסָּס** he is well-established

●בעט : לִבְעוֹט

בָּעַט/בּוֹעֵט/יִבְעַט (יִבְעַט) kick; reject, rebuff, spurn

בניין: פָּעַל גזרה: שלמים (אֶפְעַל) + ע״ג

	Present הווה		Past עבר	Future עתיד	Imper. ציווי
יחיד	בּוֹעֵט	אני	בָּעַטְתִּי	אֶבְעַט	
יחידה	בּוֹעֶטֶת	אתה	בָּעַטְתָּ	תִּבְעַט	בְּעַט
רבים	בּוֹעֲטִים	את	בָּעַטְתְּ	תִּבְעֲטִי	בַּעֲטִי
רבות	בּוֹעֲטוֹת	הוא	בָּעַט	יִבְעַט	
		היא	בָּעֲטָה	תִּבְעַט	
		אנחנו	בָּעַטְנוּ	נִבְעַט	
		אתם/ן	* בְּעַטְתֶּם/ן	** תִּבְעֲטוּ	*** בַּעֲטוּ
		הם/ן	בָּעֲטוּ	** יִבְעֲטוּ	

* Colloquial: בָּעַטְתֶּם/ן ** less commonly:אתן/הן תִּבְעַטְנָה
שם הפועל .Infin לִבְעוֹט *** less commonly: (אתן) בְּעַטְנָה
שם הפעולה Verbal N בְּעִיטָה kick (N); spurning, rejection מקור מוחלט .Inf. Abs בָּעוֹט

♦ **דוגמאות** Illustrations

הדרך היחידה לסוס או לחמור להגן על עצמם היא **לִבְעוֹט**.

The only way for a horse or a donkey to protect themselves is **to kick**.

גם אם אין לך כבוד למסורת, אל **תִּבְעַט** בה.

Even if you do not have respect for tradition, do not **spurn** it.

●בער : לִבְעוֹר

בָּעַר/בּוֹעֵר/יִבְעַר burn intr.

בניין : פָּעַל גזרה : שלמים (אֶפְעַל) + ע״ג

	הווה Present		עבר Past	עתיד Future	ציווי Imper.
יחיד	בּוֹעֵר	אני	בָּעַרְתִּי	אֶבְעַר	
יחידה	בּוֹעֶרֶת	אתה	בָּעַרְתָּ	תִּבְעַר	בְּעַר
רבים	בּוֹעֲרִים	את	בָּעַרְתְּ	תִּבְעֲרִי	בַּעֲרִי
רבות	בּוֹעֲרוֹת	הוא	בָּעַר	יִבְעַר	
		היא	בָּעֲרָה	תִּבְעַר	
		אנחנו	בָּעַרְנוּ	נִבְעַר	
		אתם/ן	בְּעַרְתֶּם/ן *	תִּבְעֲרוּ **	בַּעֲרוּ ***
		הם/ן	בָּעֲרוּ	יִבְעֲרוּ **	

* Colloquial: בָּעַרְתֶּם/ן

שם הפועל .Infin לִבְעוֹר

מקור מוחלט .Inf. Abs בָּעוֹר

** less commonly: אתן/הן תִּבְעַרְנָה

*** less commonly: (אתן) בְּעַרְנָה

שם הפעולה Verbal N בְּעִירָה burning N

שם הפעולה Verbal N בְּעֵרָה fire N

♦ דוגמאות Illustrations

שאלתו המפורסמת של נירון : ״האם רומא **בּוֹעֶרֶת**?״

Nero's famous question: "Is Rome **burning**?"

●בצע : לְבַצֵּעַ, לְהִתְבַּצֵּעַ

בִּיצַּע (בִּיצֵּעַ) [בִּצַּע (בִּצֵּעַ)]/בִּצַּע (בִּצֵּעַ) perform, execute; accomplish

בניין : פִּיעֵל גזרה : שלמים + ל״ג

	הווה Present		עבר Past	עתיד Future	ציווי Imper.
יחיד	מְבַצֵּעַ	אני	בִּיצַּעְתִּי	אֲבַצַּע/אֲבַצֵּעַ*	
יחידה	מְבַצַּעַת	אתה	בִּיצַּעְתָּ	תְּבַצַּע/תְּבַצֵּעַ*	בַּצַּע/בַּצֵּעַ*
רבים	מְבַצְּעִים	את	בִּיצַּעְתְּ/...עַת	תְּבַצְּעִי	בַּצְּעִי
רבות	מְבַצְּעוֹת	הוא	בִּיצַּע/בִּיצֵּעַ*	יְבַצַּע/יְבַצֵּעַ*	
		היא	בִּיצְּעָה	תְּבַצַּע/תְּבַצֵּעַ*	
		אנחנו	בִּיצַּעְנוּ	נְבַצַּע/נְבַצֵּעַ*	
		אתם/ן	בִּיצַּעְתֶּם/ן	תְּבַצְּעוּ **	בַּצְּעוּ***
		הם/ן	בִּיצְּעוּ	יְבַצְּעוּ **	

* ...צֵּעַ more common in colloquial use

** less commonly: אתן/הן תְּבַצַּעְנָה

*** less commonly: (אתן) בַּצַּעְנָה

מקור מוחלט .Inf. Abs בַּצֵּעַ

שם הפועל .Infin לְבַצֵּעַ

ש' הפעולה Verbal N בִּיצּוּעַ performance

בינוני .Pres. Part מְבַצֵּעַ performer

הִתְבַּצֵּעַ (הִתְבַּצַּע) get performed

בניין : הִתְפַּעֵל גזרה : שלמים + ל״ג

	הווה Present		עבר Past	עתיד Future	ציווי Imper.
יחיד	מִתְבַּצֵּעַ	אני	הִתְבַּצַּעְתִּי	אֶתְבַּצַּע/...צֵּעַ*	
יחידה	מִתְבַּצַּעַת	אתה	הִתְבַּצַּעְתָּ	תִּתְבַּצַּע/...צֵּעַ*	הִתְבַּצַּע/..צֵּעַ*
רבים	מִתְבַּצְּעִים	את	הִתְבַּצַּעְתְּ/...עַת	תִּתְבַּצְּעִי	הִתְבַּצְּעִי
רבות	מִתְבַּצְּעוֹת	הוא	הִתְבַּצַּע/...צֵּעַ*	יִתְבַּצַּע/...צֵּעַ*	
		היא	הִתְבַּצְּעָה	תִּתְבַּצַּע/...צֵּעַ*	
		אנחנו	הִתְבַּצַּעְנוּ	נִתְבַּצַּע/...צֵּעַ*	
		אתם/ן	הִתְבַּצַּעְתֶּם/ן	תִּתְבַּצְּעוּ **	הִתְבַּצְּעוּ ***
		הם/ן	הִתְבַּצְּעוּ	יִתְבַּצְּעוּ **	

* ...צֵּעַ more common in colloquial use

** less commonly: אתן/הן תִּתְבַּצַּעְנָה

*** less commonly: (אתן) הִתְבַּצַּעְנָה

שם הפועל .Infin לְהִתְבַּצֵּעַ

שם הפעולה Verbal N הִתְבַּצְּעוּת getting performed מקור מוחלט .Inf. Abs הִתְבַּצֵּעַ

בּוּצַּע (בֻּצַּע) be performed, be carried out

בניין : פּוּעַל גזרה : שלמים + ל״ג

	הווה Present		עבר Past	עתיד Future
יחיד	מְבוּצָּע	אני	בּוּצַּעְתִּי	אֲבוּצַּע
יחידה	מְבוּצַּעַת	אתה	בּוּצַּעְתָּ	תְּבוּצַּע
רבים	מְבוּצָּעִים	את	בּוּצַּעְתְּ/...עַת	תְּבוּצְּעִי
רבות	מְבוּצָּעוֹת	הוא	בּוּצַּע	יְבוּצַּע
		היא	בּוּצְּעָה	תְּבוּצַּע
		אנחנו	בּוּצַּעְנוּ	נְבוּצַּע
		אתם/ן	בּוּצַּעְתֶּם/ן	תְּבוּצְּעוּ *
		הם/ן	בּוּצְּעוּ	יְבוּצְּעוּ *

* less commonly: אתן/הן תְּבוּצַּעְנָה

♦ דוגמאות Illustrations

המהנדס התחייב **לְבַצֵּעַ** את תוכניתו של האדריכל ללא כל סטיות, ואומנם העבודה **הִתְבַּצְּעָה** בדיוק ובמהימנות.

The engineer undertook to **execute** the architect's plan without any deviation, and indeed the work **was performed** precisely and faithfully.

לאחר חיפושים נרחבים הצליחה המשטרה ללכוד את **מְבַצְּעֵי** הפיגוע. ראש הממשלה שיבח את שר המשטרה על אופן **בִּיצּוּעַ** הפעולה.

After a wide search, the police managed to capture the **perpetrators (= performers) of** the terrorist attack. The PM commended the police minister for the manner of the operation's **execution**.

♦ ביטויים מיוחדים Special expressions

בר-**בִּיצּוּעַ** doable, achievable **בִּיצּוּעִים** performance (of car, etc.)

●בקר : לְבַקֵר

בִּיקֵר (בִּקֵר)/בִּיקַר/בַקֵר visit; criticize, critique, inspect

בניין : פִּיעֵל גזרה : שלמים

	Present הווה		Past עבר	Future עתיד	Imper. ציווי
יחיד	מְבַקֵר	אני	בִּיקַרְתִּי	אֲבַקֵר	
יחידה	מְבַקֶרֶת	אתה	בִּיקַרְתָּ	תְּבַקֵר	בַּקֵר
רבים	מְבַקְרִים	את	בִּיקַרְתְּ	תְּבַקְרִי	בַּקְרִי
רבות	מְבַקְרוֹת	הוא	בִּיקֵר	יְבַקֵר	
		היא	בִּיקְרָה	תְּבַקֵר	
		אנחנו	בִּיקַרְנוּ	נְבַקֵר	
		אתם/ן	בִּיקַרְתֶּם/ן	תְּבַקְרוּ *	בַּקְרוּ**
		הם/ן	בִּיקְרוּ	יְבַקְרוּ *	

שם הפועל .Infin לְבַקֵר

שם הפעולה Verbal N בִּיקוּר visit

בינ' .Pres. Part מְבַקֵר visitor; inspector; critic

* less commonly: אתן/הן תְּבַקֵרְנָה

** less commonly: (אתן) בַּקֵרְנָה

מקור מוחלט .Inf. Abs בַּקֵר

♦ פעלים פחות שכיחים מאותו שורש Less frequent verbs from the same root

בוּקַר (בֻּקַר) be examined, be criticized, be critiqued, be controlled > בינ' .Pres. Part

מְבוּקָר controlled (form fairly common)

♦ דוגמאות Illustrations

מאז שמרים התחילה ללמוד באוניברסיטה, היא **בִּיקְרָה** את הוריה רק שלוש פעמים ; ה**בִּיקוּר** האחרון היה בפסח.

Since Miriam started college, she **has visited** her parents only three times; the last **visit** was on Passover.

הסרט הזה פופולארי מאוד, אבל ה**מְבַקְרִים** קוטלים אותו באמצעי התקשורת.

This movie is very popular, but the **critics** shoot it down in the media.

מכיוון שכמעט איחרתי, קפצתי לרכבת ורק אחר כך קניתי כרטיס מה**מְבַקֵר**.

Since I was almost late, I jumped on the train and bought a ticket from the **ticket inspector**.

מְבַקֶרֶת המדינה ציינה בדוח השנתי שלה, שכספי ציבור עדיין מבוזבזים באופן בלתי-**מְבוּקָר** בכל משרדי הממשלה.

The state **comptroller/auditor** stated in her yearly report that public funds are still wasted in an un**controlled** fashion in all government offices.

●בקשׁ : לְבַקֵשׁ, לְהִתְבַּקֵשׁ

בִּיקֵשׁ (בִּקֵשׁ)/בִּיקַשׁ/בַקֵשׁ ask, request; seek; desire

בניין : פִּיעֵל גזרה : שלמים

	Present הווה		Past עבר	Future עתיד	Imper. ציווי
יחיד	מְבַקֵשׁ	אני	בִּיקַשְׁתִּי	אֲבַקֵשׁ	
יחידה	מְבַקֶשֶׁת	אתה	בִּיקַשְׁתָּ	תְּבַקֵשׁ	בַּקֵשׁ
רבים	מְבַקְשִׁים	את	בִּיקַשְׁתְּ	תְּבַקְשִׁי	בַּקְשִׁי
רבות	מְבַקְשׁוֹת	הוא	בִּיקֵשׁ	יְבַקֵשׁ	

Imper. ציווי	Future עתיד	Past עבר		Present הווה	
	תְּבַקֵּשׁ	בִּיקְשָׁה	היא		
	נְבַקֵּשׁ	בִּיקַּשְׁנוּ	אנחנו		
בַּקְּשׁוּ **	תְּבַקְּשׁוּ *	בִּיקַּשְׁתֶּם/ן	אתם/ן		
	יְבַקְּשׁוּ *	בִּיקְּשׁוּ	הם/ן		

* less commonly: אתן/הן תְּבַקֵּשְׁנָה
שם הפועל .Infin לְבַקֵּשׁ

** less commonly: (אתן) בַּקֵּשְׁנָה
שם הפעולה Verbal N בִּיקּוּשׁ demand

מקור מוחלט .Inf. Abs בַּקֵּשׁ
בינוני .Pres. Part מְבַקֵּשׁ applicant

מ״י מוצרכת .Gov. Prep בִּיקֵּשׁ מ- requested from (someone)

הִתְבַּקֵּשׁ (נִתְבַּקֵּשׁ)/הִתְבַּקַּשׁ be asked, be requested, be summoned

בניין : הִתְפַּעֵל גזרה : שלמים

Imper. ציווי	Future עתיד	Past עבר		Present הווה	
	אֶתְבַּקֵּשׁ	הִתְבַּקַּשְׁתִּי	אני	מִתְבַּקֵּשׁ	יחיד
הִתְבַּקֵּשׁ	תִּתְבַּקֵּשׁ	הִתְבַּקַּשְׁתָּ	אתה	מִתְבַּקֶּשֶׁת	יחידה
הִתְבַּקְּשִׁי	תִּתְבַּקְּשִׁי	הִתְבַּקַּשְׁתְּ	את	מִתְבַּקְּשִׁים	רבים
	יִתְבַּקֵּשׁ	הִתְבַּקֵּשׁ	הוא	מִתְבַּקְּשׁוֹת	רבות
	תִּתְבַּקֵּשׁ	הִתְבַּקְּשָׁה	היא		
	נִתְבַּקֵּשׁ	הִתְבַּקַּשְׁנוּ	אנחנו		
הִתְבַּקְּשׁוּ **	תִּתְבַּקְּשׁוּ *	הִתְבַּקַּשְׁתֶּם/ן	אתם/ן		
	יִתְבַּקְּשׁוּ *	הִתְבַּקְּשׁוּ	הם/ן		

* less commonly: אתן/הן תִּתְבַּקֵּשְׁנָה

** less commonly: (אתן) הִתְבַּקֵּשְׁנָה
שם הפועל .Infin לְהִתְבַּקֵּשׁ

מקור מוחלט .Inf. Abs הִתְבַּקֵּשׁ
שם הפעולה Verbal N הִתְבַּקְּשׁוּת being asked/requested

♦ פעלים פחות שכיחים מאותו שורש Less frequent verbs from the same root

בּוּקַּשׁ be sought (מְבוּקָּשׁ, יְבוּקַּשׁ)

בינוני .Pres. Part מְבוּקָּשׁ wanted; required; sought after (form is common)

♦ דוגמאות Illustrations

ההנהלה **מְבַקֶּשֶׁת מן** הדיירים לא לדרוך על הדשא.

The management **requests of** the tenants not to step on the lawn.

מנשה אלול **מְבוּקָּשׁ** על-ידי המשטרה. כל מי שבידו מידע כלשהו עליו **מִתְבַּקֵּשׁ** לסור לתחנת המשטרה הקרובה.

Menashe Eloul is **wanted** by the police. Whoever has any information on his whereabouts **is requested** to come to the nearest police station.

הטֶלֶפון הסלולרי הוא מצרך **מְבוּקָּשׁ** מאוד היום בישראל, ומכיוון ש**הבִּיקּוּשׁ** לו גדול, מחירו עדיין גבוה.

Cellular phones are a commodity **in great demand** in Israel today, and since the **demand** for them is considerable, their price is still high.

♦ ביטויים מיוחדים Special expressions

בִּיקֵּשׁ רחמים על pray for

בִּיקֵּשׁ את ידה **asked for** her hand in marriage

מילא את **מְבוּקָּשׁוֹ** fulfill one's **request**

הצע **ובִיקּוּשׁ** supply and **demand**

●ברא-1 : לִבְרוֹא, לְהִיבָּרֵא

בָּרָא/בּוֹרֵא/יִבְרָא create

בניין : פָּעַל גזרה : ל״א

	הווה/בינוני .Pres./Part		עבר Past	עתיד .Fut	ציווי .Imp
יחיד	בּוֹרֵא בָּרוּא	אני	בָּרָאתִי	אֶבְרָא	
יחידה	בּוֹרֵאת בְּרוּאָה	אתה	בָּרָאתָ	תִּבְרָא	בְּרָא
רבים	בּוֹרְאִים בְּרוּאִים	את	בָּרָאת	תִּבְרְאִי	בִּרְאִי
רבות	בּוֹרְאוֹת בְּרוּאוֹת	הוא	בָּרָא	יִבְרָא	
		היא	בָּרְאָה	תִּבְרָא	
		אנחנו	בָּרָאנוּ	נִבְרָא	
		אתם/ן	בְּרָאתֶם/ן *	תִּבְרְאוּ **	בִּרְאוּ ***
		הם/ן	בָּרְאוּ	יִבְרְאוּ **	

שם הפועל .Infin לִבְרוֹא — * Colloquial: בָּרָאתֶם/ן

מקור מוחלט .Inf. Abs בָּרוֹא — ** less commonly: אתן/הן תִּבְרֶאנָה

מקור נטוי .Inf.+pron בְּבוֹרְאוֹ, כְּ... — *** less commonly: (אתן) בְּרֶאנָה

ביני פעיל .Act. Part (הַ)בּוֹרֵא God (the Creator)

ביני סביל .Pass. Part בָּרוּא creature — שם הפעולה Verbal N בְּרִיאָה creation; the world

נִבְרָא/יִיבָּרֵא (יִבָּרֵא) be created

בניין : נִפְעַל גזרה : ל״א

	הווה Present		עבר Past	עתיד Future	ציווי .Imper
יחיד	נִבְרָא	אני	נִבְרֵאתִי	אֶבָּרֵא	
יחידה	נִבְרֵאת	אתה	נִבְרֵאתָ	תִּיבָּרֵא	הִיבָּרֵא
רבים	נִבְרָאִים	את	נִבְרֵאת	תִּיבָּרְאִי	הִיבָּרְאִי
רבות	נִבְרָאוֹת	הוא	נִבְרָא	יִיבָּרֵא	
		היא	נִבְרְאָה	תִּיבָּרֵא	
		אנחנו	נִבְרֵאנוּ	נִיבָּרֵא	
		אתם/ן	נִבְרֵאתֶם/ן	תִּיבָּרְאוּ *	הִיבָּרְאוּ **
		הם/ן	נִבְרְאוּ	יִיבָּרְאוּ *	

שם הפועל .Infin לְהִיבָּרֵא — * less commonly: אתן/הן תִּיבָּרֶאנָה

שם הפעולה Verbal N הִיבָּרְאוּת being created — ** less commonly: (אתן) הִיבָּרֶאנָה

מקור מוחלט .Inf. Abs נִבְרוֹא, הִיבָּרֵא

♦ דוגמאות Illustrations

הַבּוֹרֵא בָּרָא את העולם בשישה ימים ; ביום השישי הוא סיים את מלאכת **הַבְּרִיאָה**. לאחר ש**נִבְרָא** העולם הוא הלך לנוח קצת.

The **Creator created** the world in six days; on the sixth day He concluded the work of **creation**. When the world **had been created**, He went to rest a bit.

♦ ביטויים מיוחדים Special expressions

בָּרָא יש מאין **create** something out of nothing — **בְּרוּאֵי** עולם earthly **creatures**

בּוֹרֵא... (פרי הגפן, וכו׳) the **creator** of... (e.g., the fruit of the vine) – repeated part of Jewish religious blessings

שנה... ל**בְרִיאַת** העולם year... since the **creation** of the world (by the Jewish tradition)

●ברא-2 : לְהַבְרִיא

הִבְרִיא/הִבְרֵא/יַבְרִיא become healthy, recover, convalesce; heal (tr.), bring about recovery

בניין : הִפְעִיל   גזרה : ל״א

	Present הווה		Past עבר	Future עתיד	Imper. ציווי
יחיד	מַבְרִיא	אני	הִבְרֵאתִי	אַבְרִיא	
יחידה	מַבְרִיאָה	אתה	הִבְרֵאתָ	תַּבְרִיא	הַבְרֵא
רבים	מַבְרִיאִים	את	הִבְרֵאת	תַּבְרִיאִי	הַבְרִיאִי
רבות	מַבְרִיאוֹת	הוא	הִבְרִיא	יַבְרִיא	
		היא	הִבְרִיאָה	תַּבְרִיא	
		אנחנו	הִבְרֵאנוּ	נַבְרִיא	
		אתם/ן	הִבְרֵאתֶם/ן	תַּבְרִיאוּ *	הַבְרִיאוּ **
		הם/ן	הִבְרִיאוּ	יַבְרִיאוּ *	

שם הפועל .Infin לְהַבְרִיא   * less commonly: אתן/הן תַּבְרֶאנָה

שם הפעולה Verbal N הַבְרָאָה recovering   ** less commonly: (אתן) הַבְרֶאנָה

♦ דוגמאות Illustrations

לאחר שאברהם **הִבְרִיא** מדלקת ריאות, הרופא שלח אותו לבית **הַבְרָאָה** לשבועיים.

When Avraham had **recovered** from pneumonia, the doctor sent him to a **sanatorium (convalescent home)** for two weeks.

♦ ביטויים מיוחדים Special expressions

חולה שואלים, בריא **מַבְרִיאִים**.

No need to ask: You ask a sick person (whether s/he would like anything to eat/drink), but a healthy person you **make healthier** by giving him food or drink without asking that person first (popular saying).

●ברז : לְהַבְרִיז

הִבְרִיז/הִבְרֵז/יַבְרִיז shirk, evade; not show up for meeting (sl.)

בניין : הִפְעִיל   גזרה : שלמים

	Present הווה		Past עבר	Future עתיד	Imper. ציווי
יחיד	מַבְרִיז	אני	הִבְרַזְתִּי	אַבְרִיז	
יחידה	מַבְרִיזָה	אתה	הִבְרַזְתָּ	תַּבְרִיז	(הַבְרֵז)
רבים	מַבְרִיזִים	את	הִבְרַזְתְּ	תַּבְרִיזִי	(הַבְרִיזִי)
רבות	מַבְרִיזוֹת	הוא	הִבְרִיז	יַבְרִיז	
		היא	הִבְרִיזָה	תַּבְרִיז	
		אנחנו	הִבְרַזְנוּ	נַבְרִיז	
		אתם/ן	הִבְרַזְתֶּם/ן	תַּבְרִיזוּ *	(הַבְרִיזוּ) **
		הם/ן	הִבְרִיזוּ	יַבְרִיזוּ *	

שם הפועל .Infin לְהַבְרִיז   (* less commonly: אתן/הן תַּבְרֵזְנָה)

שם הפעולה Verbal N הַבְרָזָה shirking, evading   (** less commonly: (אתן) הַבְרֵזְנָה)

Forms in parentheses are theoretical – they cannot be documented, since in such purely-colloquial slang forms they never actually occur.

♦ דוגמאות Illustrations

קבענו להיפגש מחר בשמונה בערב בבית קפה, אבל היא **הִבְרִיזָה**.

We had made an appointment to meet at 8 p.m. in a café, but she **never showed up**.

●ברח : לִבְרוֹחַ, לְהַבְרִיחַ

בָּרַח/בּוֹרֵחַ/יִבְרַח escape, flee

בניין : פָּעַל גזרה : שלמים + ל״ג

	Present הווה		Past עבר	Future עתיד	Imper. ציווי
יחיד	בּוֹרֵחַ	אני	בָּרַחְתִּי	אֶבְרַח	
יחידה	בּוֹרַחַת	אתה	בָּרַחְתָּ	תִּבְרַח	בְּרַח
רבים	בּוֹרְחִים	את	בָּרַחְתְּ/...חַת	תִּבְרְחִי	בִּרְחִי
רבות	בּוֹרְחוֹת	הוא	בָּרַח	יִבְרַח	
		היא	בָּרְחָה	תִּבְרַח	
		אנחנו	בָּרַחְנוּ	נִבְרַח	
		אתם/ן	בְּרַחְתֶּם/ן *	תִּבְרְחוּ **	בִּרְחוּ ***
		הם/ן	בָּרְחוּ	יִבְרְחוּ **	

שם הפועל .Infin לִבְרוֹחַ

מקור מוחלט .Inf. Abs בָּרוֹחַ

מקור נטוי .Inf.+pron בְּבוֹרְחוֹ, כְּ...

שם הפעולה Verbal N בְּרִיחָה escaping; escape

מ״י מוצרכת .Gov. Prep בָּרַח מ- escape from

* Colloquial: בָּרַחְתֶּם/ן

** less commonly: אתן/הן תִּבְרַחְנָה

*** less commonly: (אתן) בְּרַחְנָה

הִבְרִיחַ/הִבְרַח/יַבְרִיחַ cause to flee; smuggle

בניין : הִפְעִיל גזרה : שלמים + ל״ג

	Present הווה		Past עבר	Future עתיד	Imper. ציווי
יחיד	מַבְרִיחַ	אני	הִבְרַחְתִּי	אַבְרִיחַ	
יחידה	מַבְרִיחָה	אתה	הִבְרַחְתָּ	תַּבְרִיחַ	הַבְרַח
רבים	מַבְרִיחִים	את	הִבְרַחְתְּ/...חַת	תַּבְרִיחִי	הַבְרִיחִי
רבות	מַבְרִיחוֹת	הוא	הִבְרִיחַ	יַבְרִיחַ	
		היא	הִבְרִיחָה	תַּבְרִיחַ	
		אנחנו	הִבְרַחְנוּ	נַבְרִיחַ	
		אתם/ן	הִבְרַחְתֶּם/ן	תַּבְרִיחוּ *	הַבְרִיחוּ **
		הם/ן	הִבְרִיחוּ	יַבְרִיחוּ *	

שם הפועל .Infin לְהַבְרִיחַ

מקור מוחלט .Inf. Abs הַבְרֵחַ

שם הפעולה Verbal N הַבְרָחָה causing to flee; smuggling

בינוני .Pres. Part מַבְרִיחַ smuggler

* less commonly: אתן/הן תַּבְרַחְנָה

** less commonly: (אתן) הַבְרַחְנָה

♦ פעלים פחות שכיחים מאותו שורש Less frequent verbs from the same root

הוּבְרַח (הֻבְרַח) be caused to flee; be smuggled (מוּבְרָח smuggled Pass. Part., יוּבְרַח)

A less frequent homonymous root meaning "lock" is not included in this collection.

♦ **דוגמאות** Illustrations

מנשה **בָּרַח** מבית החולים; הוא אומר שהאוכל הגרוע **הִבְרִיחַ** אותו משם.

Menashe **escaped** from the hospital; he says that the bad food **caused** him **to flee** from there.

המשטרה תפסה סחורה **מוּבְרַחַת** ש**מַבְרִיחִים** הצליחו **לְהַבְרִיחַ** ממקסיקו.

The police captured **smuggled** goods that **smugglers** have managed to **smuggle** from Mexico.

♦ **ביטויים מיוחדים** Special expressions

בְּרַח דודי! get out of here! (jokingly) עשה "**וַיִּבְרַח**" **run away** ASAP (jokingly)

הִבְרִיחַ את הגבול **cross the border illegally** and clandestinely

●ברך : לְבָרֵךְ, לְהִתְבָּרֵךְ

בֵּירֵךְ (בֵּרֵךְ) (בֵּרֵךְ)/בֵּירַכ/בָרֵךְ bless; greet; congratulate

בניין: פִּיעֵל גזרה: שלמים + ע״ג

	Present הווה		Past עבר	Future עתיד	Imper. ציווי
יחיד	מְבָרֵךְ	אני	בֵּירַכְתִּי	אֲבָרֵךְ	
יחידה	מְבָרֶכֶת	אתה	בֵּירַכְתָּ	תְּבָרֵךְ	בָּרֵךְ
רבים	מְבָרְכִים	את	בֵּירַכְתְּ	תְּבָרְכִי	בָּרְכִי
רבות	מְבָרְכוֹת	הוא	בֵּירֵךְ (בֵּירַךְ)	יְבָרֵךְ	
		היא	בֵּירְכָה	תְּבָרֵךְ	
		אנחנו	בֵּירַכְנוּ	נְבָרֵךְ	
		אתם/ן	בֵּירַכְתֶּם/ן	תְּבָרְכוּ *	בָּרְכוּ**
		הם/ן	בֵּירְכוּ	יְבָרְכוּ *	

שם הפועל .Infin לְבָרֵךְ — * less commonly: אתן/הן תְּבָרֵכְנָה

מקור מוחלט .Inf. Abs בָּרֵךְ — ** less commonly: (אתן) בָּרֵכְנָה

שם הפעולה Verbal N בְּרָכָה blessing

בּוֹרַךְ (בֹּרַךְ) be blessed, be greeted

בניין: פּוּעַל גזרה: שלמים + ע״ג

	Present הווה		Past עבר	Future עתיד
יחיד	מְבוֹרָךְ	אני	בּוֹרַכְתִּי	אֲבוֹרַךְ
יחידה	מְבוֹרֶכֶת	אתה	בּוֹרַכְתָּ	תְּבוֹרַךְ
רבים	מְבוֹרָכִים	את	בּוֹרַכְתְּ	תְּבוֹרְכִי
רבות	מְבוֹרָכוֹת	הוא	בּוֹרַךְ	יְבוֹרַךְ
		היא	בּוֹרְכָה	תְּבוֹרַךְ
		אנחנו	בּוֹרַכְנוּ	נְבוֹרַךְ
		אתם/ן	בּוֹרַכְתֶּם/ן	תְּבוֹרְכוּ *
		הם/ן	בּוֹרְכוּ	יְבוֹרְכוּ *

בינ' .Pres. Part מְבוֹרָךְ blessed — * less commonly: אתן/הן תְּבוֹרַכְנָה

be blessed (with); congratulate oneself הִתְבָּרֵךְ/הִתְבָּרַךְ

בניין : הִתְפַּעֵל   גזרה : שלמים + ע״ג

	Present הווה		Past עבר	Future עתיד	Imper. ציווי
יחיד	מִתְבָּרֵךְ	אני	הִתְבָּרַכְתִּי	אֶתְבָּרֵךְ	
יחידה	מִתְבָּרֶכֶת	אתה	הִתְבָּרַכְתָּ	תִּתְבָּרֵךְ	הִתְבָּרֵךְ
רבים	מִתְבָּרְכִים	את	הִתְבָּרַכְתְּ	תִּתְבָּרְכִי	הִתְבָּרְכִי
רבות	מִתְבָּרְכוֹת	הוא	הִתְבָּרֵךְ	יִתְבָּרֵךְ	
		היא	הִתְבָּרְכָה	תִּתְבָּרֵךְ	
		אנחנו	הִתְבָּרַכְנוּ	נִתְבָּרֵךְ	
		אתם/ן	הִתְבָּרַכְתֶּם/ן	תִּתְבָּרְכוּ *	הִתְבָּרְכוּ **
		הם/ן	הִתְבָּרְכוּ	יִתְבָּרְכוּ *	

* less commonly: אתן/הן תִּתְבָּרֵכְנָה

שם הפועל .Infin לְהִתְבָּרֵךְ   ** less commonly: (אתן) הִתְבָּרֵכְנָה

שם הפעולה Verbal N הִתְבָּרְכוּת being blessed; self-congratulation

מ״י מוצרכת .Gov. Prep הִתְבָּרֵךְ ב- be blessed with   מקור מוחלט .Inf. Abs הִתְבָּרֵךְ

♦ פעלים פחות שכיחים מאותו שורש Less frequent verbs from the same root

[בָּרַךְ] בָּרוּךְ (ביני׳ סביל) blessed, praised (Pass. Part.; no direct verb base)

A less frequent homonymous root meaning "kneel" is not included in this collection.

♦ דוגמאות Illustrations

נשיא המדינה **בֵּירַךְ** (לשלום) את באי הטקס, וראש הממשלה **בֵּירַךְ** את חתן השמחה על קבלת פרס ישראל לספרות.

The president **greeted (welcomed)** the attendees at the ceremony, and the prime minister **congratulated** the guest of honor on his being awarded the Israel Prize for Literature.

יעקב **בֵּירַךְ** את כל בניו, ברכה מיוחדת לכל בן.

Jacob **blessed** all of his sons, a special blessing for each son.

הִתְבָּרַכְתִּי בכך שיש לי ילדים כל כך מוכשרים.

I **congratulated myself** for having such talented children.

מאיר **מְבוֹרָךְ** במשפחה **בְּרוּכַת** ילדים. כשהוא ואישתו סוף סוף משכיבים את כולם לישון, שניהם אומרים ביחד: "**בָּרוּךְ** השם!"

Meir **is blessed** with a "multi-children" family (literally blessed with children.) When he and his wife finally put them all to sleep, they say in unison: "Thank God!"

♦ ביטויים מיוחדים Special expressions

בָּרוּךְ הבא! welcome!   **בְּרוּכִים** הנמצאים/היושבים response to "welcome"

בָּרוּךְ שפטרנו Thank God it's over! Good riddance!

בָּרוּךְ שפטרני מעונשו של זה Thank God for ridding me of his punishment (said by father on his son's Bar-Mitzvah)

בָּרוּךְ השם! thank God! (=**blessed** be the Name)

בֵּירַךְ על המוּגְמָר conclude successfully

● ברר : לְהִתְבָּרֵר, לְבָרֵר

הִתְבָּרֵר/הִתְבָּרַר be(come) clarified

בניין : הִתְפַּעֵל גזרה : שלמים + ע״ג

	הווה Present		עבר Past	עתיד Future	ציווי Imper.
יחיד	מִתְבָּרֵר	אני	הִתְבָּרַרְתִּי	אֶתְבָּרֵר	
יחידה	מִתְבָּרֶרֶת	אתה	הִתְבָּרַרְתָּ	תִּתְבָּרֵר	הִתְבָּרֵר
רבים	מִתְבָּרְרִים	את	הִתְבָּרַרְתְּ	תִּתְבָּרְרִי	הִתְבָּרְרִי
רבות	מִתְבָּרְרוֹת	הוא	הִתְבָּרֵר	יִתְבָּרֵר	
		היא	הִתְבָּרְרָה	תִּתְבָּרֵר	
		אנחנו	הִתְבָּרַרְנוּ	נִתְבָּרֵר	
		אתם/ן	הִתְבָּרַרְתֶּם/ן	תִּתְבָּרְרוּ *	הִתְבָּרְרוּ **
		הם/ן	הִתְבָּרְרוּ	יִתְבָּרְרוּ *	

שם הפועל .Infin לְהִתְבָּרֵר — * less commonly: אתן/הן תִּתְבָּרֵרְנָה

ש׳ פעולה Verbal N הִתְבָּרְרוּת becoming clear — ** less commonly: (אתן) הִתְבָּרֵרְנָה

מקור מוחלט .Inf. Abs הִתְבָּרֵר — מ״י מוצרכת .Gov. Prep הִתְבָּרֵר ל- become clear to

בֵּירֵר (בֵּרֵר)/בֵּירַר/בָּרֵר clarify, find out

בניין : פִּיעֵל גזרה : שלמים + ע״ג

	הווה Present		עבר Past	עתיד Future	ציווי Imper.
יחיד	מְבָרֵר	אני	בֵּירַרְתִּי	אֲבָרֵר	
יחידה	מְבָרֶרֶת	אתה	בֵּירַרְתָּ	תְּבָרֵר	בָּרֵר
רבים	מְבָרְרִים	את	בֵּירַרְתְּ	תְּבָרְרִי	בָּרְרִי
רבות	מְבָרְרוֹת	הוא	בֵּירֵר (בֵּירַר)	יְבָרֵר	
		היא	בֵּירְרָה	תְּבָרֵר	
		אנחנו	בֵּירַרְנוּ	נְבָרֵר	
		אתם/ן	בֵּירַרְתֶּם/ן	תְּבָרְרוּ *	בָּרְרוּ**
		הם/ן	בֵּירְרוּ	יְבָרְרוּ *	

שם הפועל .Infin לְבָרֵר — * less commonly: אתן/הן תְּבָרֵרְנָה

מקור מוחלט .Inf. Abs בָּרֵר — ** less commonly: (אתן) בָּרֵרְנָה

שם הפעולה Verbal N בֵּירוּר inquiry; clarification

♦ פעלים פחות שכיחים מאותו שורש Less frequent verbs from the same root

בָּרַר/בּוֹרֵר/יִבְרוֹר (יִבְרֹר) select, pick, sort > ביני פעיל .Act. Part בּוֹרֵר sorter; arbitrator

ביני סביל .Pass. Part בָּרוּר clear, evident, שם הפעולה Verbal N בְּרֵירָה choice, alternative

♦ דוגמאות Illustrations

הבּוֹרֵר ניסה **לְבָרֵר** מדוע שני הצדדים לא מצליחים להגיע לעמק השווה. לאחר כמה שעות **הִתְבָּרֵר** לו ששורש הבעייה הוא השתתפות המעסיק בקרן הפנסיה.

The **arbitrator** tried to **find out** why the two sides cannot reach an agreement. After a few hours it **became clear** to him that the root of the problem is the employer's contribution to the pension plan.

אין בְּרֵירָה – צריך לשלוח את חשבון החשמל **לבֵירוּר**; **בָּרוּר** שיש בעיה, אבל אני מקווה שהעניין **יְבוֹרַר** בהקדם.

There is no **choice** – the electric bill needs to be sent out for **clarification**; it is **clear** that there's a problem, but I hope that the matter **will be clarified** ASAP.

●בשל : לְבַשֵּׁל, לְהִתְבַּשֵּׁל, לְהַבְשִׁיל, לִבְשׁוֹל

בִּישֵּׁל (בִּשֵּׁל)/בִּישַּׁל/בַּשֵּׁל cook, boil, stew

בניין : פִּיעֵל גזרה : שלמים

	Present הווה		Past עבר	Future עתיד	Imper. ציווי
יחיד	מְבַשֵּׁל	אני	בִּישַּׁלְתִּי	אֲבַשֵּׁל	
יחידה	מְבַשֶּׁלֶת	אתה	בִּישַּׁלְתָּ	תְּבַשֵּׁל	בַּשֵּׁל
רבים	מְבַשְּׁלִים	את	בִּישַּׁלְתְּ	תְּבַשְּׁלִי	בַּשְּׁלִי
רבות	מְבַשְּׁלוֹת	הוא	בִּישֵּׁל	יְבַשֵּׁל	
		היא	בִּישְּׁלָה	תְּבַשֵּׁל	
		אנחנו	בִּישַּׁלְנוּ	נְבַשֵּׁל	
		אתם/ן	בִּישַּׁלְתֶּם/ן	תְּבַשְּׁלוּ *	בַּשְּׁלוּ **
		הם/ן	בִּישְּׁלוּ	יְבַשְּׁלוּ *	

שם הפועל .Infin לְבַשֵּׁל * less commonly: אתן/הן תְּבַשֵּׁלְנָה

שם הפעולה Verbal N בִּישּׁוּל cooking ** less commonly: (אתן) בַּשֵּׁלְנָה

מקור מוחלט .Inf. Abs בַּשֵּׁל

הִתְבַּשֵּׁל/הִתְבַּשַּׁל cook, boil, stew (intr.)

בניין : הִתְפַּעֵל גזרה : שלמים

	Present הווה		Past עבר	Future עתיד	Imper. ציווי
יחיד	מִתְבַּשֵּׁל	אני	הִתְבַּשַּׁלְתִּי	אֶתְבַּשֵּׁל	
יחידה	מִתְבַּשֶּׁלֶת	אתה	הִתְבַּשַּׁלְתָּ	תִּתְבַּשֵּׁל	הִתְבַּשֵּׁל
רבים	מִתְבַּשְּׁלִים	את	הִתְבַּשַּׁלְתְּ	תִּתְבַּשְּׁלִי	הִתְבַּשְּׁלִי
רבות	מִתְבַּשְּׁלוֹת	הוא	הִתְבַּשֵּׁל	יִתְבַּשֵּׁל	
		היא	הִתְבַּשְּׁלָה	תִּתְבַּשֵּׁל	
		אנחנו	הִתְבַּשַּׁלְנוּ	נִתְבַּשֵּׁל	
		אתם/ן	הִתְבַּשַּׁלְתֶּם/ן	תִּתְבַּשְּׁלוּ *	הִתְבַּשְּׁלוּ **
		הם/ן	הִתְבַּשְּׁלוּ	יִתְבַּשְּׁלוּ *	

שם הפועל .Infin לְהִתְבַּשֵּׁל * less commonly: אתן/הן תִּתְבַּשֵּׁלְנָה

ש' הפעולה Verbal N הִתְבַּשְּׁלוּת being cooked ** less commonly: (אתן) הִתְבַּשֵּׁלְנָה

מקור מוחלט .Inf. Abs הִתְבַּשֵּׁל

בּוּשַּׁל (בֻּשַּׁל) be cooked, be boiled, be stewed

בניין : פּוּעַל גזרה : שלמים

	Present הווה		Past עבר	Future עתיד
יחיד	מְבוּשָּׁל	אני	בּוּשַּׁלְתִּי	אֲבוּשַּׁל
יחידה	מְבוּשֶּׁלֶת	אתה	בּוּשַּׁלְתָּ	תְּבוּשַּׁל
רבים	מְבוּשָּׁלִים	את	בּוּשַּׁלְתְּ	תְּבוּשְּׁלִי
רבות	מְבוּשָּׁלוֹת	הוא	בּוּשַּׁל	יְבוּשַּׁל
		היא	בּוּשְּׁלָה	תְּבוּשַּׁל
		אנחנו	בּוּשַּׁלְנוּ	נְבוּשַּׁל
		אתם/ן	בּוּשַּׁלְתֶּם/ן	תְּבוּשְּׁלוּ *
		הם/ן	בּוּשְּׁלוּ	יְבוּשְּׁלוּ *

בינוני .Pres. Part מְבוּשָּׁל cooked * less commonly: אתן/הן תְּבוּשַּׁלְנָה

הִבְשִׁיל/הִבְשַׁל/יַבְשִׁיל ripen (intr.); ripen (tr.)

בניין : הִפְעִיל גזרה : שלמים

	הווה Present		עבר Past	עתיד Future	ציווי Imper.
יחיד	מַבְשִׁיל	אני	הִבְשַׁלְתִּי	אַבְשִׁיל	
יחידה	מַבְשִׁילָה	אתה	הִבְשַׁלְתָּ	תַּבְשִׁיל	הַבְשֵׁל
רבים	מַבְשִׁילִים	את	הִבְשַׁלְתְּ	תַּבְשִׁילִי	הַבְשִׁילִי
רבות	מַבְשִׁילוֹת	הוא	הִבְשִׁיל	יַבְשִׁיל	
		היא	הִבְשִׁילָה	תַּבְשִׁיל	
		אנחנו	הִבְשַׁלְנוּ	נַבְשִׁיל	
		אתם/ן	הִבְשַׁלְתֶּם/ן	תַּבְשִׁילוּ *	הַבְשִׁילוּ **
		הם/ן	הִבְשִׁילוּ	יַבְשִׁילוּ *	

שם הפועל .Infin לְהַבְשִׁיל * less commonly: אתן/הן תַּבְשֵׁלְנָה

שם הפעולה Verbal N הַבְשָׁלָה ripening ** less commonly: (אתן) הַבְשֵׁלְנָה

מקור מוחלט .Inf. Abs הַבְשֵׁל

בָּשַׁל/בָּשֵׁל/יִבְשַׁל ripen (intr.); be ready

בניין : פָּעַל גזרה : שלמים (אֶפְעַל)

	הווה Present		עבר Past	עתיד Future	ציווי Imper.
יחיד	בָּשֵׁל	אני	בָּשַׁלְתִּי	אֶבְשַׁל	
יחידה	בְּשֵׁלָה	אתה	בָּשַׁלְתָּ	תִּבְשַׁל	בְּשַׁל
רבים	בְּשֵׁלִים	את	בָּשַׁלְתְּ	תִּבְשְׁלִי	בִּשְׁלִי
רבות	בְּשֵׁלוֹת	הוא	בָּשַׁל	יִבְשַׁל	
		היא	בָּשְׁלָה	תִּבְשַׁל	
		אנחנו	בָּשַׁלְנוּ	נִבְשַׁל	
		אתם/ן	בְּשַׁלְתֶּם/ן *	תִּבְשְׁלוּ **	בִּשְׁלוּ ***
		הם/ן	בָּשְׁלוּ	יִבְשְׁלוּ **	

שם הפועל .Infin לִבְשׁוֹל * Colloquial: בָּשַׁלְתֶּם/ן

ביני פעיל .Act. Part בָּשֵׁל ripe; ready ** less commonly: אתן/הן תִּבְשַׁלְנָה

שם הפעולה Verbal N בְּשִׁילָה ripening *** less commonly: (אתן) בְּשַׁלְנָה

מקור מוחלט .Inf. Abs בָּשׁוֹל מקור נטוי .Inf.+pron בְּבוֹשְׁלוֹ, כְּ...

♦ דוגמאות Illustrations

עליזה **מְבַשֶּׁלֶת** מצוין : היא גמרה בית-ספר ל**בִישׁוּל**.

Aliza **cooks** very well: she graduated from a **cooking** school.

המרק הזה צריך **לְהִתְבַּשֵּׁל** לפחות שלוש שעות.

This soup needs **to cook** for at least three hours.

נחמה עוד לא מספיק **בְּשֵׁלָה** כדי ללכת ללמוד באוניברסיטה. כדאי לה לחכות עוד כמה שנים.

Nehama is not **ready** yet to go to study at the university. It would be a good idea for her to wait a few years.

ילדים בדרך כלל לא אוהבים פירות **בְּשֵׁלִים** מדיי ; לכן הם קוטפים אותם מן העץ עוד לפני ש**הִבְשִׁילוּ**.

Children usually do not like over**ripe** fruit; therefore, they pick them from the tree even before they **have ripened**.

♦ ביטויים מיוחדים Special expressions
בִּישֵּׁל דייסה make a mess of things; complicate things unnecessarily
הִתְבַּשֵּׁל במיץ של עצמו **stew** in one's own juice

●גבה (גבי) : לִגְבּוֹת

גָּבָה/גּוֹבֶה/יִגְבֶּה collect (taxes, fees)

בניין : פָּעַל גזרה : ל״י

	הווה/בינוני Pres./Part.			עבר Past	עתיד Fut.	ציווי Imp.
יחיד	גּוֹבֶה	גָּבוּי	אני	גָּבִיתִי	אֶגְבֶּה	
יחידה	גּוֹבָה	גְּבוּיָה	אתה	גָּבִיתָ	תִּגְבֶּה	גְּבֵה
רבים	גּוֹבִים	גְּבוּיִים	את	גָּבִית	תִּגְבִּי	גְּבִי
רבות	גּוֹבוֹת	גְּבוּיוֹת	הוא	גָּבָה	יִגְבֶּה	
			היא	גָּבְתָה	תִּגְבֶּה	
			אנחנו	גָּבִינוּ	נִגְבֶּה	
			אתם/ן	גְּבִיתֶם/ן *	תִּגְבּוּ **	גְּבוּ ***
			הם/ן	גָּבוּ	יִגְבּוּ **	

שם הפועל .Infin לִגְבּוֹת
שם הפעולה Verbal N גְּבִיָּה (tax) collection
ביני׳ פעיל .Act. Part גּוֹבֶה tax collector
מקור מוחלט .Inf. Abs גָּבֹהַ

* Colloquial: גָּבִיתֶם/ן
** less commonly: אתן/הן תִּגְבֶּינָה
*** less commonly: (אתן) גְּבֶינָה

♦ פעלים פחות שכיחים מאותו שורש Less frequent verbs from the same root
נִגְבָּה (נִגְבֶּה, יִגָּבֶה, לְהִיגָּבוֹת) be collected (taxes, fees)

♦ דוגמאות Illustrations
בעירנו הארנונה **נִגְבֵּית** ארבע פעמים בשנה. העיריה **גּוֹבָה** אותה כדי לשלם עבור שירותים לתושבי העיר, בעיקר חינוך, משטרה ומכבי אש.
In our town, taxes **are collected** four times a year. The town **collects** them in order to pay for services to the town's residents, particularly education, police, and fire department.

●גבל : לְהַגְבִּיל

הִגְבִּיל/הִגְבַּלְ/יַגְבִּיל restrict, limit; delimit; define

בניין : הִפְעִיל גזרה : שלמים

	הווה Present		עבר Past	עתיד Future	ציווי .Imper
יחיד	מַגְבִּיל	אני	הִגְבַּלְתִּי	אַגְבִּיל	
יחידה	מַגְבִּילָה	אתה	הִגְבַּלְתָּ	תַּגְבִּיל	הַגְבֵּל
רבים	מַגְבִּילִים	את	הִגְבַּלְתְּ	תַּגְבִּילִי	הַגְבִּילִי
רבות	מַגְבִּילוֹת	הוא	הִגְבִּיל	יַגְבִּיל	
		היא	הִגְבִּילָה	תַּגְבִּיל	
		אנחנו	הִגְבַּלְנוּ	נַגְבִּיל	
		אתם/ן	הִגְבַּלְתֶּם/ן	תַּגְבִּילוּ *	הַגְבִּילוּ **
		הם/ן	הִגְבִּילוּ	יַגְבִּילוּ *	

* less commonly: אתן/הן תַּגְבֵּלְנָה

** less commonly: (אתן) הַגְבֵּלְנָה

שם הפועל .Infin לְהַגְבִּיל

שם הפעולה Verbal N הַגְבָּלָה restriction, (de)limitation

בינוני .Pres. Part מַגְבִּיל restricting, restrictive — מקור מוחלט .Inf. Abs הַגְבֵּל

הוּגְבַּל (הֻגְבַּל) be restricted, be limited

בניין : הוּפְעַל — גזרה : שלמים

Future עתיד	Past עבר		Present הווה	
אוּגְבַּל	הוּגְבַּלְתִּי	אני	מוּגְבָּל	יחיד
תּוּגְבַּל	הוּגְבַּלְתָּ	אתה	מוּגְבֶּלֶת	יחידה
תּוּגְבְּלִי	הוּגְבַּלְתְּ	את	מוּגְבָּלִים	רבים
יוּגְבַּל	הוּגְבַּל	הוא	מוּגְבָּלוֹת	רבות
תּוּגְבַּל	הוּגְבְּלָה	היא		
נוּגְבַּל	הוּגְבַּלְנוּ	אנחנו		
תּוּגְבְּלוּ *	הוּגְבַּלְתֶּם/ן	אתם/ן		
יוּגְבְּלוּ *	הוּגְבְּלוּ	הם/ן		

* less commonly: אתן/הן תּוּגְבַּלְנָה

בינוני .Pres. Part מוּגְבָּל restricted, handicapped

שם הפעולה Verbal N מוּגְבָּלוּת being restricted, being handicapped

♦ פעלים פחות שכיחים מאותו שורש Less frequent verbs from the same root

גָּבַל set limits, draw boundary line; border on (גּוֹבֵל, יִגְבּוֹל, לִגְבּוֹל)

♦ דוגמאות Illustrations

ממשלת סין **מַגְבִּילָה** את מספר הילדים שזוג רשאי ללדת. ה**הַגְבָּלָה** נועדה למתן את קצב גידול האוכלוסיה. ההנחה היא, שאם מספר הילדים לא **יוּגְבַּל**, התפוצצות האוכלוסין תסתיים באסון.

The Chinese government **limits** the number of children a couple is allowed to bear. The **limitation** is intended to moderate the population growth rate. The assumption is that if the number of children is not **restricted**, the population explosion will end in a disaster.

●גבר : לְהִתְגַּבֵּר, לִגְבּוֹר, לְהַגְבִּיר

הִתְגַּבֵּר/הִתְגַּבַּר prevail over, overcome; become strong(er), increase, intensify (intr.)

בניין : הִתְפַּעֵל — גזרה : שלמים

Imper. ציווי	Future עתיד	Past עבר		Present הווה	
	אֶתְגַּבֵּר	הִתְגַּבַּרְתִּי	אני	מִתְגַּבֵּר	יחיד
הִתְגַּבֵּר	תִּתְגַּבֵּר	הִתְגַּבַּרְתָּ	אתה	מִתְגַּבֶּרֶת	יחידה
הִתְגַּבְּרִי	תִּתְגַּבְּרִי	הִתְגַּבַּרְתְּ	את	מִתְגַּבְּרִים	רבים
	יִתְגַּבֵּר	הִתְגַּבֵּר	הוא	מִתְגַּבְּרוֹת	רבות
	תִּתְגַּבֵּר	הִתְגַּבְּרָה	היא		
	נִתְגַּבֵּר	הִתְגַּבַּרְנוּ	אנחנו		
הִתְגַּבְּרוּ **	תִּתְגַּבְּרוּ *	הִתְגַּבַּרְתֶּם/ן	אתם/ן		
	יִתְגַּבְּרוּ *	הִתְגַּבְּרוּ	הם/ן		

* less commonly: אתן/הן תִּתְגַּבֵּרְנָה

** less commonly: (אתן) הִתְגַּבֵּרְנָה

שם הפועל .Infin לְהִתְגַּבֵּר

שם הפעולה Verbal N הִתְגַּבְּרוּת prevailing, overcoming — מקור מוחלט .Inf. Abs הִתְגַּבֵּר

מ״י מוצרכת .Gov. Prep הִתְגַּבֵּר על overcome, prevail over

גָּבַר/גּוֹבֵר/יִגְבַּר be strong; increase, grow stronger

בניין : פָּעַל — גזרה : שלמים (אֶפְעַל)

	Present הווה		Past עבר	Future עתיד	Imper. ציווי
יחיד	גּוֹבֵר	אני	גָּבַרְתִּי	אֶגְבַּר	
יחידה	גּוֹבֶרֶת	אתה	גָּבַרְתָּ	תִּגְבַּר	גְּבַר
רבים	גּוֹבְרִים	את	גָּבַרְתְּ	תִּגְבְּרִי	גִּבְרִי
רבות	גּוֹבְרוֹת	הוא	גָּבַר	יִגְבַּר	
		היא	גָּבְרָה	תִּגְבַּר	
		אנחנו	גָּבַרְנוּ	נִגְבַּר	
		אתם/ן	* גְּבַרְתֶּם/ן	** תִּגְבְּרוּ	*** גִּבְרוּ
		הם/ן	גָּבְרוּ	** יִגְבְּרוּ	

* Colloquial: גָּבַרְתֶּם/ן

** less commonly: אתן/הן תִּגְבַּרְנָה

*** less commonly: (אתן) גְּבַרְנָה

שם הפועל .Infin לִגְבּוֹר

ביני פעיל .Act. Part גּוֹבֵר increasing

מקור מוחלט .Inf. Abs גָּבוֹר

מקור נטוי .Inf.+pron בְּגוֹבְרוֹ, כְּ... — שם הפעולה Verbal N גְּבוּרָה heroism; strength

מ״י מוצרכת .Gov. Prep גָּבַר על defeat, prevail over

הִגְבִּיר/הִגְבַּר/יַגְבִּיר strengthen, reinforce, increase (tr.); amplify

בניין : הִפְעִיל — גזרה : שלמים

	Present הווה		Past עבר	Future עתיד	Imper. ציווי
יחיד	מַגְבִּיר	אני	הִגְבַּרְתִּי	אַגְבִּיר	
יחידה	מַגְבִּירָה	אתה	הִגְבַּרְתָּ	תַּגְבִּיר	הַגְבֵּר
רבים	מַגְבִּירִים	את	הִגְבַּרְתְּ	תַּגְבִּירִי	הַגְבִּירִי
רבות	מַגְבִּירוֹת	הוא	הִגְבִּיר	יַגְבִּיר	
		היא	הִגְבִּירָה	תַּגְבִּיר	
		אנחנו	הִגְבַּרְנוּ	נַגְבִּיר	
		אתם/ן	הִגְבַּרְתֶּם/ן	* תַּגְבִּירוּ	** הַגְבִּירוּ
		הם/ן	הִגְבִּירוּ	* יַגְבִּירוּ	

* less commonly: אתן/הן תַּגְבֵּרְנָה

** less commonly:(אתן) הַגְבֵּרְנָה

שם הפועל .Infin לְהַגְבִּיר

שם הפעולה Verbal N הַגְבָּרָה strengthening, amplification

בינוני .Pres. Part מַגְבִּיר increasing, strengthening — מקור מוחלט .Inf. Abs הַגְבֵּר

♦ פעלים פחות שכיחים מאותו שורש Less frequent verbs from the same root

הוּגְבַּר (הֻגְבַּר) be strengthened, be reinforced, be increased (בינוני .Pres. Part מוּגְבָּר strengthened, fortified, יוּגְבַּר)

♦ **דוגמאות** Illustrations

הסוכנות היהודית **הִגְבִּירָה** את מאמציה בנושא הקליטה לאור גל העליה **המִתְגַּבֵּר**. המאמץ **המוּגְבָּר** כבר נתן את אותותיו, ואחוז המובטלים בקרב העולים החדשים הולך ומצטמצם בהדרגה. רבים מן העולים מדווחים כי **הִתְגַּבְּרוּ** על קשיי הקליטה הראשונים.

The Jewish agency **has increased** its efforts in the absorption area in view of the **increasing** immigration wave. The **increased** effort is already being felt, and the number of unemployed among the new immigrants is gradually decreasing. Many of the new immigrants report that they **have overcome** the initial absorption difficulties.

אלוף ארה״ב **גָּבַר** על אלוף רוסיה באליפות השחמט האחרונה.

The U.S. champion **defeated** the Russian champion in the last chess championship.

♦ **ביטויים מיוחדים** Special expressions

הִתְגַּבֵּר עליו יצרו desire **overwhelmed** him

הִתְגַּבֵּר כארי be quick and ready to act (like a lion)

כמעיין **המִתְגַּבֵּר** like a spring whose flow keeps **increasing** (referring to a scholar whose knowledge keeps increasing)

מַגְבִּיר-קול megaphone

●גבשׁ : לְגַבֵּשׁ, לְהִתְגַּבֵּשׁ

גִּיבֵּשׁ (גִּבֵּשׁ)/גִּיבַּשׁ/גַבֵּשׁ consolidate, formulate, unify; crystallize, materialize, finalize

בניין : פִּיעֵל גזרה : שלמים

	Present הווה		Past עבר	Future עתיד	Imper. ציווי
יחיד	מְגַבֵּשׁ	אני	גִּיבַּשְׁתִּי	אֲגַבֵּשׁ	
יחידה	מְגַבֶּשֶׁת	אתה	גִּיבַּשְׁתָּ	תְּגַבֵּשׁ	גַּבֵּשׁ
רבים	מְגַבְּשִׁים	את	גִּיבַּשְׁתְּ	תְּגַבְּשִׁי	גַּבְּשִׁי
רבות	מְגַבְּשׁוֹת	הוא	גִּיבֵּשׁ	יְגַבֵּשׁ	
		היא	גִּיבְּשָׁה	תְּגַבֵּשׁ	
		אנחנו	גִּיבַּשְׁנוּ	נְגַבֵּשׁ	
		אתם/ן	גִּיבַּשְׁתֶּם/ן	תְּגַבְּשׁוּ *	גַּבְּשׁוּ **
		הם/ן	גִּיבְּשׁוּ	יְגַבְּשׁוּ *	

שם הפועל .Infin לְגַבֵּשׁ * less commonly: אתן/הן תְּגַבֵּשְׁנָה

מקור מוחלט .Inf. Abs גַּבֵּשׁ ** less commonly: (אתן) גַּבֵּשְׁנָה

שם הפעולה Verbal N גִּיבּוּשׁ consolidation, unification, integration; crystallization

הִתְגַּבֵּשׁ/הִתְגַּבַּשׁ become consolidated, become united; develop, mature; crystallize

בניין : הִתְפַּעֵל גזרה : שלמים

	Present הווה		Past עבר	Future עתיד	Imper. ציווי
יחיד	מִתְגַּבֵּשׁ	אני	הִתְגַּבַּשְׁתִּי	אֶתְגַּבֵּשׁ	
יחידה	מִתְגַּבֶּשֶׁת	אתה	הִתְגַּבַּשְׁתָּ	תִּתְגַּבֵּשׁ	הִתְגַּבֵּשׁ
רבים	מִתְגַּבְּשִׁים	את	הִתְגַּבַּשְׁתְּ	תִּתְגַּבְּשִׁי	הִתְגַּבְּשִׁי
רבות	מִתְגַּבְּשׁוֹת	הוא	הִתְגַּבֵּשׁ	יִתְגַּבֵּשׁ	
		היא	הִתְגַּבְּשָׁה	תִּתְגַּבֵּשׁ	

Imper. ציווי	Future עתיד	Past עבר		Present הווה
	נִתְגַּבֵּשׁ	הִתְגַּבַּשְׁנוּ	אנחנו	
הִתְגַּבְּשׁוּ **	תִּתְגַּבְּשׁוּ *	הִתְגַּבַּשְׁתֶּם/ן	אתם/ן	
	יִתְגַּבְּשׁוּ *	הִתְגַּבְּשׁוּ	הם/ן	

שם הפועל .Infin לְהִתְגַּבֵּשׁ — * less commonly: אתן/הן תִּתְגַּבֵּשְׁנָה

מקור מוחלט .Inf. Abs הִתְגַּבֵּשׁ — ** less commonly: (אתן) הִתְגַּבֵּשְׁנָה

שם הפעולה Verbal N הִתְגַּבְּשׁוּת consolidation, unification, integration; crystallization

♦ פעלים פחות שכיחים מאותו שורש Less frequent verbs from the same root

גּוּבַּשׁ be consolidated, be unified (מְגוּבָּשׁ, יְגוּבַּשׁ)

בינוני .Pres. Part מְגוּבָּשׁ consolidated, formulated; unified; crystallized (form is common)

♦ דוגמאות Illustrations

הנשיא החדש לא הצליח עדיין **לְגַבֵּשׁ** מדיניות הגיונית בנושא של ביטוח בריאות. לוקח שנים עד ש**מִתְגַּבֶּשֶׁת** תוכנית בריאות ממלכתית.

The new president has not managed yet **to formulate** logical policy for health insurance. It takes years until a national health policy **develops/crystallizes**.

●גדל : לִגְדּוֹל, לְגַדֵּל, לְהַגְדִּיל

גָּדַל/גָּדֵל/יִגְדַּל grow (intr.); expand

בניין : פָּעַל   גזרה : שלמים (אֶפְעַל) (קבי' פָּעֵל)

Imper. ציווי	Future עתיד	Past עבר		Present הווה	
	אֶגְדַּל	גָּדַלְתִּי	אני	גָּדֵל	יחיד
גְּדַל	תִּגְדַּל	גָּדַלְתָּ	אתה	גְּדֵלָה	יחידה
גִּדְלִי	תִּגְדְּלִי	גָּדַלְתְּ	את	גְּדֵלִים	רבים
	יִגְדַּל	גָּדַל	הוא	גְּדֵלוֹת	רבות
	תִּגְדַּל	גָּדְלָה	היא		
	נִגְדַּל	גָּדַלְנוּ	אנחנו		
גִּדְלוּ ***	תִּגְדְּלוּ **	גְּדַלְתֶּם/ן *	אתם/ן		
	יִגְדְּלוּ **	גָּדְלוּ	הם/ן		

שם הפועל .Infin לִגְדּוֹל — * Colloquial: גָּדַלְתֶּם/ן

שם הפעולה Verbal N גְּדִילָה growing — ** less commonly: אתן/הן תִּגְדַּלְנָה

מקור מוחלט .Inf. Abs גָּדוֹל — *** less commonly: (אתן) גְּדַלְנָה

מקור נטוי .Inf.+pron בְּגוֹדְלוֹ, כְּ...

גִּידֵּל (גִּדֵּל)/גִּידַּל/גַּדֵּל grow (tr.), cultivate; rear, raise

בניין : פִּיעֵל   גזרה : שלמים

Imper. ציווי	Future עתיד	Past עבר		Present הווה	
	אֲגַדֵּל	גִּידַּלְתִּי	אני	מְגַדֵּל	יחיד
גַּדֵּל	תְּגַדֵּל	גִּידַּלְתָּ	אתה	מְגַדֶּלֶת	יחידה
גַּדְּלִי	תְּגַדְּלִי	גִּידַּלְתְּ	את	מְגַדְּלִים	רבים
	יְגַדֵּל	גִּידֵּל	הוא	מְגַדְּלוֹת	רבות
	תְּגַדֵּל	גִּידְּלָה	היא		

Imper. ציווי	Future עתיד	Past עבר		Present הווה	
	נְגַדֵּל	גִּידַּלְנוּ	אנחנו		
גַּדְּלוּ **	תְּגַדְּלוּ *	גִּידַּלְתֶּם/ן	אתם/ן		
	יְגַדְּלוּ *	גִּידְּלוּ	הם/ן		

שם הפועל .Infin לְגַדֵּל   * less commonly: אתן/הן תְּגַדֵּלְנָה

מקור מוחלט .Inf. Abs גַּדֵּל   ** less commonly: (אתן) גַּדֵּלְנָה

שם הפעולה Verbal N גִּידּוּל growing; rearing; growth, tumor; crop

הִגְדִּיל/הִגְדַּל/יַגְדִּיל enlarge (tr.), increase (tr.); enhance

בניין : הִפְעִיל   גזרה : שלמים

Imper. ציווי	Future עתיד	Past עבר		Present הווה	
	אַגְדִּיל	הִגְדַּלְתִּי	אני	מַגְדִּיל	יחיד
הַגְדֵּל	תַּגְדִּיל	הִגְדַּלְתָּ	אתה	מַגְדִּילָה	יחידה
הַגְדִּילִי	תַּגְדִּילִי	הִגְדַּלְתְּ	את	מַגְדִּילִים	רבים
	יַגְדִּיל	הִגְדִּיל	הוא	מַגְדִּילוֹת	רבות
	תַּגְדִּיל	הִגְדִּילָה	היא		
	נַגְדִּיל	הִגְדַּלְנוּ	אנחנו		
הַגְדִּילוּ **	תַּגְדִּילוּ *	הִגְדַּלְתֶּם/ן	אתם/ן		
	יַגְדִּילוּ *	הִגְדִּילוּ	הם/ן		

* less commonly: אתן/הן תַּגְדֵּלְנָה

שם הפועל .Infin לְהַגְדִּיל   ** less commonly: (אתן) הַגְדֵּלְנָה

שם הפעולה Verbal N הַגְדָּלָה enlarging; enlargement   הֶגְדֵּל enlargement; exaggeration

מקור מוחלט .Inf. Abs הַגְדֵּל

♦ פעלים פחות שכיחים מאותו שורש Less frequent verbs from the same root

גּוּדַּל (גֻּדַּל) be grown, be raised, be reared (בינוני .Pres. Part מְגוּדָּל large, sizeable, יְגוּדַּל)

הוּגְדַּל (הֻגְדַּל) be enlarged, be increased (בינוני .Pres. Part מוּגְדָּל enlarged, יוּגְדַּל)

♦ דוגמאות Illustrations

מכיוון שאישתו נפטרה בגיל צעיר, יחיאל **גִּידֵּל** את ילדיו לבדו. הילדים **גָּדְלוּ**, וכשנעשו מבוגרים יותר, יחיאל **הִגְדִּיל** את השטח המעובד במשק, והם עזרו לו **לְגַדֵּל** חיטה **וגִידּוּלִים** חקלאיים אחרים.

Since his wife passed away at an early age, Yehiel **raised** his children all by himself. The children **grew up**, and when they were older, he **enlarged** the cultivated area in the farm, and they helped him **raise** wheat and other agricultural **crops**.

בניימין לא כל כך צעיר ; הוא רק נראה כמו תינוק **מְגוּדָּל**.

Binyamin is not so young; he only looks like a **large** baby.

הממשלה הודיעה על **הַגְדָּלַת** הניכוי האישי ממס הכנסה. הניכוי **המוּגְדָּל** יעזור למשפחות ברוכות ילדים.

The government announced an **increase** in the personal income tax deduction. The **increased** deduction will help families with (many) children.

♦ ביטויים מיוחדים Special expressions

גָּדַל פֶּרֶא **grow up** in an uncontrolled manner   **הִגְדִּיל** לעשות do great things

●גדר : לְהַגְדִּיר

הִגְדִּיר/הִגְדַּר/יַגְדִּיר define; classify; determine

בניין : הִפְעִיל גזרה : שלמים

Imper. ציווי	Future עתיד	Past עבר		Present הווה	
	אַגְדִּיר	הִגְדַּרְתִּי	אני	מַגְדִּיר	יחיד
הַגְדֵּר	תַּגְדִּיר	הִגְדַּרְתָּ	אתה	מַגְדִּירָה	יחידה
הַגְדִּירִי	תַּגְדִּירִי	הִגְדַּרְתְּ	את	מַגְדִּירִים	רבים
	יַגְדִּיר	הִגְדִּיר	הוא	מַגְדִּירוֹת	רבות
	תַּגְדִּיר	הִגְדִּירָה	היא		
	נַגְדִּיר	הִגְדַּרְנוּ	אנחנו		
הַגְדִּירוּ **	תַּגְדִּירוּ *	הִגְדַּרְתֶּם/ן	אתם/ן		
	יַגְדִּירוּ *	הִגְדִּירוּ	הם/ן		

* less commonly: אתן/הן תַּגְדֵּרְנָה

** less commonly: (אתן) הַגְדֵּרְנָה

שם הפועל .Infin לְהַגְדִּיר

שם הפעולה Verbal N הַגְדָּרָה defining; definition הֶגְדֵּר defined as consecrated (Mish H)

בינוני .Pres. Part מַגְדִּיר definer; key מקור מוחלט .Inf. Abs הַגְדֵּר

הוּגְדַּר (הֻגְדַּר) be defined, be classified

בניין : הוּפְעַל גזרה : שלמים

Future עתיד	Past עבר		Present הווה	
אוּגְדַּר	הוּגְדַּרְתִּי	אני	מוּגְדָּר	יחיד
תּוּגְדַּר	הוּגְדַּרְתָּ	אתה	מוּגְדֶּרֶת	יחידה
תּוּגְדְּרִי	הוּגְדַּרְתְּ	את	מוּגְדָּרִים	רבים
יוּגְדַּר	הוּגְדַּר	הוא	מוּגְדָּרוֹת	רבות
תּוּגְדַּר	הוּגְדְּרָה	היא		
נוּגְדַּר	הוּגְדַּרְנוּ	אנחנו		
תּוּגְדְּרוּ *	הוּגְדַּרְתֶּם/ן	אתם/ן		
יוּגְדְּרוּ *	הוּגְדְּרוּ	הם/ן		

בינוני .Pres. Part מוּגְדָּר defined; definite/specific

* less commonly: אתן/הן תּוּגְדַּרְנָה

♦ פעלים פחות שכיחים מאותו שורש Less frequent verbs from the same root

גִּידֵּר (גִּדֵּר) fence, fence in; wall up (מְגַדֵּר, יְגַדֵּר, לְגַדֵּר)

גּוּדַּר (גֻּדַּר) be fenced in (בינוני Pres. Part. מְגוּדָּר fenced in, יְגוּדַּר)

הִתְגַּדֵּר distinguish oneself; be conceited (מִתְגַּדֵּר, יִתְגַּדֵּר)

♦ דוגמאות Illustrations

האיזור הזה **מְגוּדָּר**. הצבא **גִּידֵּר** אותו מטעמי ביטחון.

This area is **fenced in**. The Army **fenced** it **in** for security reasons.

ראשית כל, יש **לְהַגְדִּיר** את הבעייה. לאחר שהבעייה **הוּגְדְּרָה**, ניתן להציע פתרונות **מוּגְדָּרִים**.

First of all, we need **to define** the problem. Once the problem **has been defined**, we may offer some **specific** solutions.

במצב של חוסר עבודה, מומלץ לכל סטודנט שיחפש תחום מיוחד **לְהִתְגַּדֵּר** בו, כדי שיהיה לו יתרון על פני מחפשי עבודה אחרים.

In conditions of unemployment, it is recommended that every student look for an area **to excel** in, so that s/he has an advantage over other job seekers.

מהי **הַהַגְדָּרָה** של מצוקה? האם מדובר רק בהכנסה ובצפיפות אוכלוסין, או שזה גם עניין מנטלי?

What is the **definition** of distress? Is it just a matter of income and population density, or is it also a mental state?

♦ ביטויים מיוחדים Special expressions

מצא עניין **לְהִתְגַּדֵּר** בו find a subject **to excel** in

●גוב : לְהָגִיב

הֵגִיב/הֵגַב/יָגִיב react, respond

בניין : הִפְעִיל גזרה : ע״ו

	הווה Present		עבר Past	עתיד Future	ציווי Imper.
יחיד	מֵגִיב	אני	הֵגַבְתִּי	אָגִיב	
יחידה	מְגִיבָה	אתה	הֵגַבְתָּ	תָּגִיב	הָגֵב
רבים	מְגִיבִים	את	הֵגַבְתְּ	תָּגִיבִי	הָגִיבִי
רבות	מְגִיבוֹת	הוא	הֵגִיב	יָגִיב	
		היא	הֵגִיבָה	תָּגִיב	
		אנחנו	הֵגַבְנוּ	נָגִיב	
		אתם/ן	הֲגַבְתֶּם/ן *	תָּגִיבוּ **	הָגִיבוּ ***
		הם/ן	הֵגִיבוּ	יָגִיבוּ **	

שם הפועל .Infin לְהָגִיב

* formal: הֵגַבְתֶּם/ן

שם הפעולה Verbal N הֲגָבָה response, reaction

** less commonly: אתן/הן תָּגֵבְנָה

מקור מוחלט .Inf. Abs הָגֵב

*** less commonly: (אתן) הָגֵבְנָה

מ״י מוצרכת .Gov. Prep הֵגִיב על react to

♦ דוגמאות Illustrations

ממשלות מתחבטות תמיד בשאלה, האם **לְהָגִיב** על פעולת טירור לאחר היקרותה, או להתרכז בפעולות מנע.

Governments always debate the question of whether to **react** to a terrorist act after its occurrence, or concentrate on preemptive strikes.

●גור : לָגוּר, לְהִתְגּוֹרֵר

גָּר/גַּר/יָגוּר live, reside, dwell

בניין : פָּעַל גזרה : ע״ו

	הווה Present		עבר Past	עתיד Future	ציווי Imper.
יחיד	גָּר	אני	גַּרְתִּי	אָגוּר	
יחידה	גָּרָה	אתה	גַּרְתָּ	תָּגוּר	גּוּר
רבים	גָּרִים	את	גַּרְתְּ	תָּגוּרִי	גּוּרִי
רבות	גָּרוֹת	הוא	גָּר	יָגוּר	

	הווה Present		עבר Past	עתיד Future	ציווי Imper.
		היא	גָּרָה	תָּגוּר	
		אנחנו	גַּרְנוּ	נָגוּר	
		אתם/ן	גַּרְתֶּם/ן	תָּגוּרוּ *	גּוּרוּ **
		הם/ן	גָּרוּ	יָגוּרוּ *	

שם הפועל .Infin לָגוּר

מקור מוחלט .Inf. Abs גּוּר

מקור נטוי .Inf.+pron בְּגוּרוֹ, כְּ...

מ״י מוצרכת .Gov. Prep גָּר בְּ- live at

* less commonly: אתן/הן תָּגוֹרְנָה

** less commonly: (אתן) גּוֹרְנָה

הִתְגּוֹרֵר/הִתְגּוֹרַר reside

בניין : הִתְפַּעֵל גזרה : ע״ו (ל״ל)

	הווה Present		עבר Past	עתיד Future	ציווי Imper.
יחיד	מִתְגּוֹרֵר	אני	הִתְגּוֹרַרְתִּי	אֶתְגּוֹרֵר	
יחידה	מִתְגּוֹרֶרֶת	אתה	הִתְגּוֹרַרְתָּ	תִּתְגּוֹרֵר	הִתְגּוֹרֵר
רבים	מִתְגּוֹרְרִים	את	הִתְגּוֹרַרְתְּ	תִּתְגּוֹרְרִי	הִתְגּוֹרְרִי
רבות	מִתְגּוֹרְרוֹת	הוא	הִתְגּוֹרֵר	יִתְגּוֹרֵר	
		היא	הִתְגּוֹרְרָה	תִּתְגּוֹרֵר	
		אנחנו	הִתְגּוֹרַרְנוּ	נִתְגּוֹרֵר	
		אתם/ן	הִתְגּוֹרַרְתֶּם/ן	תִּתְגּוֹרְרוּ *	הִתְגּוֹרְרוּ **
		הם/ן	הִתְגּוֹרְרוּ	יִתְגּוֹרְרוּ *	

שם הפועל .Infin לְהִתְגּוֹרֵר

שם הפעולה Verbal N הִתְגּוֹרְרוּת residing

מקור מוחלט .Inf. Abs הִתְגּוֹרֵר

* less commonly: אתן/הן תִּתְגּוֹרֵרְנָה

** less commonly: (אתן) הִתְגּוֹרֵרְנָה

מ״י מוצרכת .Gov. Prep הִתְגּוֹרֵר בְּ- live at

♦ דוגמאות Illustrations

אפריים וחנה **גָּרִים** בחולון כבר חמישים שנה. הם **מִתְגּוֹרְרִים** ב״שיכון חדש״, שכבר אינו חדש כל כך.

Ephraim and Hannah **have been living** in Holon for fifty years now. They **reside** in the "New Project," which is no longer that new.

♦ ביטויים מיוחדים Special expressions

וְגָר זְאֵב עִם כֶּבֶשׂ. The wolf shall **dwell** with the lamb (Isa 11:6).

●גזם : לְהַגְזִים

הִגְזִים/הִגְזַמ/יַגְזִים exaggerate; overdo, go beyond the bounds of reason (col.)

בניין : הִפְעִיל גזרה : שלמים

	הווה Present		עבר Past	עתיד Future	ציווי Imper.
יחיד	מַגְזִים	אני	הִגְזַמְתִּי	אַגְזִים	
יחידה	מַגְזִימָה	אתה	הִגְזַמְתָּ	תַּגְזִים	הַגְזֵם
רבים	מַגְזִימִים	את	הִגְזַמְתְּ	תַּגְזִימִי	הַגְזִימִי
רבות	מַגְזִימוֹת	הוא	הִגְזִים	יַגְזִים	
		היא	הִגְזִימָה	תַּגְזִים	

Imper. ציווי	Future עתיד	Past עבר		Present הווה
	נַגְזִים	הִגְזַמְנוּ	אנחנו	
** הַגְזִימוּ	* תַּגְזִימוּ	הִגְזַמְתֶּם/ן	אתם/ן	
	* יַגְזִימוּ	הִגְזִימוּ	הם/ן	

* less commonly: אתן/הן תַּגְזֵמְנָה

** less commonly: (אתן) הַגְזֵמְנָה

שם הפועל .Infin לְהַגְזִים

מקור מוחלט .Inf. Abs הַגְזֵם

שם הפעולה Verbal N הַגְזָמָה exaggerating; exaggeration

♦ פעלים פחות שכיחים מאותו שורש Less frequent verbs from the same root

הוּגְזַם (הֻגְזַם) be exaggerated (essentially only form used is the Pass. Part.: מוּגְזָם exaggerated, Adj.)

שורש הומונימי עצמאי פחות שכיח, גז״מ יקצץ/כרת ענפים יבשים׳, בד״כ בפעל, אינו נכלל כאן.
An independent, less frequent homonymous root גז״מ 'prune, trim,' generally realized in *pa`al*, is not included here.

♦ דוגמאות Illustrations

חשבתי שמפרסמי האירוע **הִגְזִימוּ** בתיאור כישוריו של המתאגרף הבלתי-ידוע, אבל התיאור לא היה **מוּגְזָם**. כבר בסיבוב השני הוא העיף את יריבו במכת אגרוף אדירה אל מחוץ לזירה.

I had thought that the promoters of the event **exaggerated** in describing the capabilities of the unknown boxer, but the description was not **exaggerated**. Already in the second round he threw his opponent into the air and outside of the arena with a tremendous punch.

●גזר : לִגְזוֹר, לְהִיגָּזֵר

גָּזַר/גוֹזֵר/יִגְזוֹר (יִגְזֹר) cut; decree; decide, resolve; derive (gramm.); infer; differentiate (math)

בניין : פָּעַל גזרה : שלמים (אֶפְעוֹל)

Imp. ציווי	Fut. עתיד	Past עבר		Pres./Part. הווה/בינוני		
	אֶגְזוֹר	גָּזַרְתִּי	אני	גָּזוּר	גוֹזֵר	יחיד
גְּזוֹר	תִּגְזוֹר	גָּזַרְתָּ	אתה	גְּזוּרָה	גוֹזֶרֶת	יחידה
גִּזְרִי	תִּגְזְרִי	גָּזַרְתְּ	את	גְּזוּרִים	גוֹזְרִים	רבים
	יִגְזוֹר	גָּזַר	הוא	גְּזוּרוֹת	גוֹזְרוֹת	רבות
	תִּגְזוֹר	גָּזְרָה	היא			
	נִגְזוֹר	גָּזַרְנוּ	אנחנו			
*** גִּזְרוּ	** תִּגְזְרוּ	* גְּזַרְתֶּם/ן	אתם/ן			
	** יִגְזְרוּ	גָּזְרוּ	הם/ן			

* Colloquial: גָּזַרְתֶּם/ן

** less commonly: אתן/הן תִּגְזוֹרְנָה

*** less commonly: (אתן) גְּזוֹרְנָה

שם הפועל .Infin לִגְזוֹר

שם הפעולה Verbal N גְּזִירָה cutting; tailoring; differentiation (math)

גְּזֵירָה decree, edict, command

מקור מוחלט .Inf. Abs גָּזוֹר

מקור נטוי .Inf.+pron בְּגוֹזְרוֹ, כְּ...

קָטִיל *CaCiC* adj./N. גָּזִיר cuttable

נִגְזַר/יִיגָּזֵר (יִגָּזֵר) be cut; be decreed; be destroyed; be derived (ling.)

בניין : נִפְעַל גזרה : שלמים

	Present הווה		Past עבר	Future עתיד	Imper. ציווי
יחיד	נִגְזָר	אני	נִגְזַרְתִּי	אֶגָּזֵר	
יחידה	נִגְזֶרֶת	אתה	נִגְזַרְתָּ	תִּיגָּזֵר	הִיגָּזֵר
רבים	נִגְזָרִים	את	נִגְזַרְתְּ	תִּיגָּזְרִי	הִיגָּזְרִי
רבות	נִגְזָרוֹת	הוא	נִגְזַר	יִיגָּזֵר	
		היא	נִגְזְרָה	תִּיגָּזֵר	
		אנחנו	נִגְזַרְנוּ	נִיגָּזֵר	
		אתם/ן	נִגְזַרְתֶּם/ן	תִּיגָּזְרוּ *	הִיגָּזְרוּ **
		הם/ן	נִגְזְרוּ	יִיגָּזְרוּ *	

* less commonly: אתן/הן תִּיגָּזַרְנָה

** less commonly: (אתן) הִיגָּזַרְנָה

שם הפועל .Infin לְהִיגָּזֵר

בינוני .Pres. Part נִגְזָר cut; decreed; derived (ling.)

נִגְזֶרֶת derivative; differential coefficient

מקור מוחלט .Inf. Abs נִגְזוֹר, הִיגָּזֵר (הִיגָּזוֹר)

♦ דוגמאות Illustrations

חנה שחקנית. היא **גוֹזֶרֶת** את מאמרי הביקורת עליה מן העיתונות ומדביקה את הקטעים ה**גְּזוּרִים** באלבום מיוחד.

Hannah is an actress. She **cuts** the review articles about her from the papers and sticks the **cut** clips in a special album.

הפועל הזה **נִגְזָר** משם עצם. היום **גּוֹזְרִים** לא מעט פעלים משמות.

This verb **is derived** from a noun. They **derive** a good number of verbs from nouns today.

♦ ביטויים מיוחדים Special expressions

גָּזַר את דינו **sentence**/judge him

גּוֹזֵרְנִי / גּוֹזְרַנִי עליך I **command** you (lit.)

גְּזֵירָה שאין הציבור יכול לעמוד בה an **edict** most of the community cannot endure

● גיס : לְהִתְגַּיֵּס, לְגַיֵּס

הִתְגַּיֵּס (הִתְגַּיֵּס)/הִתְגַּיַּס be mobilized, be drafted; enlist; volunteer

בניין : הִתְפַּעֵל גזרה : שלמים

	Present הווה		Past עבר	Future עתיד	Imper. ציווי
יחיד	מִתְגַּיֵּס	אני	הִתְגַּיַּסְתִּי	אֶתְגַּיֵּס	
יחידה	מִתְגַּיֶּסֶת	אתה	הִתְגַּיַּסְתָּ	תִּתְגַּיֵּס	הִתְגַּיֵּס
רבים	מִתְגַּיְּסִים	את	הִתְגַּיַּסְתְּ	תִּתְגַּיְּסִי	הִתְגַּיְּסִי
רבות	מִתְגַּיְּסוֹת	הוא	הִתְגַּיֵּס	יִתְגַּיֵּס	
		היא	הִתְגַּיְּסָה	תִּתְגַּיֵּס	
		אנחנו	הִתְגַּיַּסְנוּ	נִתְגַּיֵּס	
		אתם/ן	הִתְגַּיַּסְתֶּם/ן	תִּתְגַּיְּסוּ *	הִתְגַּיְּסוּ **
		הם/ן	הִתְגַּיְּסוּ	יִתְגַּיְּסוּ *	

שם הפועל .Infin לְהִתְגַּיֵּס

* less commonly: אתן/הן תִּתְגַּיֵּסְנָה

ש׳ הפועל׳ Verbal N הִתְגַּיְּסוּת being mobilized

** less commonly: (אתן) הִתְגַּיֵּסְנָה

בינוני .Pres. Part מִתְגַּיֵּס draftee

מקור מוחלט .Inf. Abs הִתְגַּיֵּס

מ״י מוצרכת .Gov. Prep הִתְגַּיֵּס ל- mobilize oneself/be mobilized to

גִּיֵּס (גִּיֵּס)/גִּיַּס/גַּיֵּס mobilize, recruit, draft, call up

בניין : פִּיעֵל גזרה : שלמים

Imper. ציווי	Future עתיד	Past עבר		Present הווה	
	אֲגַיֵּס	גִּיַּסְתִּי	אני	מְגַיֵּס	יחיד
גַּיֵּס	תְּגַיֵּס	גִּיַּסְתָּ	אתה	מְגַיֶּסֶת	יחידה
גַּיְּסִי	תְּגַיְּסִי	גִּיַּסְתְּ	את	מְגַיְּסִים	רבים
	יְגַיֵּס	גִּיֵּס	הוא	מְגַיְּסוֹת	רבות
	תְּגַיֵּס	גִּיְּסָה	היא		
	נְגַיֵּס	גִּיַּסְנוּ	אנחנו		
** גַּיְּסוּ	* תְּגַיְּסוּ	גִּיַּסְתֶּם/ן	אתם/ן		
	* יְגַיְּסוּ	גִּיְּסוּ	הם/ן		

שם הפועל .Infin לְגַיֵּס

שם הפעולה Verbal N גִּיּוּס mobilization, draft

מקור מוחלט .Inf. Abs גַּיֵּס

* less commonly: אתן/הן תְּגַיֵּסְנָה

** less commonly: (אתן) גַּיֵּסְנָה

גּוּיַּס (גֻּיַּס) be mobilized, be recruited, be drafted, be called up

בניין : פּוּעַל גזרה : שלמים

Future עתיד	Past עבר		Present הווה	
אֲגוּיַּס	גּוּיַּסְתִּי	אני	מְגוּיָּס	יחיד
תְּגוּיַּס	גּוּיַּסְתָּ	אתה	מְגוּיֶּסֶת	יחידה
תְּגוּיְּסִי	גּוּיַּסְתְּ	את	מְגוּיָּסִים	רבים
יְגוּיַּס	גּוּיַּס	הוא	מְגוּייָּסוֹת	רבות
תְּגוּיַּס	גּוּיְּסָה	היא		
נְגוּיַּס	גּוּיַּסְנוּ	אנחנו		
* תְּגוּיְּסוּ	גּוּיַּסְתֶּם/ן	אתם/ן		
* יְגוּיְּסוּ	גּוּיְּסוּ	הם/ן		

* less commonly: אתן/הן תְּגוּיַּסְנָה

בינוני .Pres. Part מְגוּיָּס mobilized, drafted

♦ דוגמאות Illustrations

בזמן מלחמת וייטנאם כל הצעירים היו חייבים להירשם כמועמדים ל**גִיּוּס**. אך הממשלה לא **גִּיְּסָה** את כולם : מי שהייתה לו סיבה לגיטימית לא **גוּיַּס**, וחלק מאלה שהיו צריכים **לְהִתְגַּיֵּס** נמלטו אל מחוץ לגבולות ארה״ב.

During the Vietnam War all young men had to register as candidates for the **draft**. But the government **did** not **mobilize** all of them: whoever had a legitimate reason **was** not **drafted**, and some of those who were supposed **to be drafted** escaped outside of U.S. borders.

מתנדבים רבים **הִתְגַּיְּסוּ** למערכת הבחירות של מועמד המפלגה העצמאית, בתקווה **לְגַיֵּס** מספיק קולות שיטו את כף המאזניים בין שתי המפלגות הגדולות.

Numerous volunteers **mobilized themselves** to [help with] the independent candidate's election campaign, hoping **to mobilize** sufficient votes so as to tip the balance between the two large parties.

♦ ביטויים מיוחדים Special expressions

לְגַיֵּס אמצעים to **mobilize** resources

גִּיּוּס כספים fund**raising**

גִּיּוּס כללי general **mobilization**/draft

גִּיּוּס מתנדבים **call up** of volunteers

●גלגל: לְהִתְגַּלְגֵּל, לְגַלְגֵּל

הִתְגַּלְגֵּל/הִתְגַּלְגַּל roll (int.), roll up (int.); metamorphose, transmigrate (one's soul); roll around (colloq.); develop (colloq.)

בניין : הִתְפַּעֵל   גזרה : מרובעים

	Present הווה		Past עבר	Future עתיד	Imper. ציווי
יחיד	מִתְגַּלְגֵּל	אני	הִתְגַּלְגַּלְתִּי	אֶתְגַּלְגֵּל	
יחידה	מִתְגַּלְגֶּלֶת	אתה	הִתְגַּלְגַּלְתָּ	תִּתְגַּלְגֵּל	הִתְגַּלְגֵּל
רבים	מִתְגַּלְגְּלִים	את	הִתְגַּלְגַּלְתְּ	תִּתְגַּלְגְּלִי	הִתְגַּלְגְּלִי
רבות	מִתְגַּלְגְּלוֹת	הוא	הִתְגַּלְגֵּל	יִתְגַּלְגֵּל	
		היא	הִתְגַּלְגְּלָה	תִּתְגַּלְגֵּל	
		אנחנו	הִתְגַּלְגַּלְנוּ	נִתְגַּלְגֵּל	
		אתם/ן	הִתְגַּלְגַּלְתֶּם/ן	תִּתְגַּלְגְּלוּ *	הִתְגַּלְגְּלוּ **
		הם/ן	הִתְגַּלְגְּלוּ	יִתְגַּלְגְּלוּ *	

* less commonly: אתן/הן תִּתְגַּלְגֵּלְנָה

** less commonly: (אתן) הִתְגַּלְגֵּלְנָה

שם הפועל .Infin לְהִתְגַּלְגֵּל

שם הפעולה Verbal N הִתְגַּלְגְּלוּת rolling, rolling up

מקור מוחלט .Inf. Abs הִתְגַּלְגֵּל

גִּלְגֵּל/גִּלְגַּל/גַּלְגֵּל roll (tr.), spin (tr.); roll up (tr.)

בניין : פִּיעֵל   גזרה : מרובעים

	Present הווה		Past עבר	Future עתיד	Imper. ציווי
יחיד	מְגַלְגֵּל	אני	גִּלְגַּלְתִּי	אֲגַלְגֵּל	
יחידה	מְגַלְגֶּלֶת	אתה	גִּלְגַּלְתָּ	תְּגַלְגֵּל	גַּלְגֵּל
רבים	מְגַלְגְּלִים	את	גִּלְגַּלְתְּ	תְּגַלְגְּלִי	גַּלְגְּלִי
רבות	מְגַלְגְּלוֹת	הוא	גִּלְגֵּל	יְגַלְגֵּל	
		היא	גִּלְגְּלָה	תְּגַלְגֵּל	
		אנחנו	גִּלְגַּלְנוּ	נְגַלְגֵּל	
		אתם/ן	גִּלְגַּלְתֶּם/ן	תְּגַלְגְּלוּ *	גַּלְגְּלוּ **
		הם/ן	גִּלְגְּלוּ	יְגַלְגְּלוּ *	

* less commonly: אתן/הן תְּגַלְגֵּלְנָה

** less commonly: (אתן) גַּלְגֵּלְנָה

שם הפועל .Infin לְגַלְגֵּל

שם הפעולה Verbal N גִּלְגּוּל rolling; somersault; metamorphosis

מקור מוחלט .Inf. Abs גַּלְגֵּל

♦ פעלים פחות שכיחים מאותו שורש Less frequent verbs from the same root

גּוּלְגַּל be rolled, be spun; be rolled up (מְגוּלְגָּל, יְגוּלְגַּל, ביני .Pres. Part מְגוּלְגָּל rolled up)

♦ דוגמאות Illustrations

אתמול, כשירדתי בלילה למרתף, מעדתי ו**הִתְגַּלְגַּלְתִּי** במורד המדרגות. מזל שרק נקעתי את פרק היד ; יכול היה להיות הרבה יותר גרוע.

Yesterday, when I went down to the basement at night, I misstepped and **rolled** down the stairs. Luckily, I only sprained my wrist; it could have been much worse.

נשיא האוניברסיטה החליט לסגור מעון סטודנטים מסוים, לאחר שנתגלה שדייריו משתמשים בכבש העלייה לנכים כדי **לְגַלְגֵּל** חביות בירה למעון.

The university president decided to close down a certain fraternity, after it was discovered that the residents were using the handicapped ramp to **roll** beer barrels up into the building.

♦ ביטויים מיוחדים Special expressions

גִּלְגֵּל כספים deal with large sums of money — **גִּלְגֵּל** סיגריה **roll** a cigarette

גִּלְגֵּל עסקים do business; **get** things going/**moving** — **גִּלְגֵּל** (עִמּוֹ) שיחה chat (with him)

●גלה (גלי)-1 : לְגַלּוֹת, לְהִתְגַּלּוֹת, לְהִיגָּלוֹת

גִּילָּה (גִּלָּה)/גַּלֶּה discover, reveal, uncover; disclose, betray

בניין : פִּיעֵל גזרה : ל״י

	Present הווה		Past עבר	Future עתיד	Imper. ציווי
יחיד	מְגַלֶּה	אני	גִּילִּיתִי	אֲגַלֶּה	
יחידה	מְגַלָּה	אתה	גִּילִּיתָ	תְּגַלֶּה	גַּלֵּה
רבים	מְגַלִּים	את	גִּילִּית	תְּגַלִּי	גַּלִּי
רבות	מְגַלּוֹת	הוא	גִּילָּה	יְגַלֶּה	
		היא	גִּילְּתָה	תְּגַלֶּה	
		אנחנו	גִּילִּינוּ	נְגַלֶּה	
		אתם/ן	גִּילִּיתֶם/ן	תְּגַלּוּ *	גַּלּוּ**
		הם/ן	גִּילּוּ	יְגַלּוּ *	

* less commonly: אתן/הן תְּגַלֶּינָה

שם הפועל .Infin לְגַלּוֹת — ** less commonly: (אתן) גַּלֶּינָה

מקור מוחלט .Inf. Abs גַּלֵּה — בינוני .Pres. Part מְגַלֶּה discoverer

שם הפעולה Verbal N גִּילּוּי dis/uncovering; discovery

הִתְגַּלָּה be revealed, uncovered; reveal oneself

בניין : הִתְפַּעֵל גזרה : ל״י

	Present הווה		Past עבר	Future עתיד	Imper. ציווי
יחיד	מִתְגַּלֶּה	אני	הִתְגַּלֵּיתִי	אֶתְגַּלֶּה	
יחידה	מִתְגַּלָּה	אתה	הִתְגַּלֵּיתָ	תִּתְגַּלֶּה	הִתְגַּלֵּה
רבים	מִתְגַּלִּים	את	הִתְגַּלֵּית	תִּתְגַּלִּי	הִתְגַּלִּי
רבות	מִתְגַּלּוֹת	הוא	הִתְגַּלָּה	יִתְגַּלֶּה	
		היא	הִתְגַּלְּתָה	תִּתְגַּלֶּה	
		אנחנו	הִתְגַּלֵּינוּ	נִתְגַּלֶּה	
		אתם/ן	הִתְגַּלֵּיתֶם/ן	תִּתְגַּלּוּ *	הִתְגַּלּוּ **
		הם/ן	הִתְגַּלּוּ	יִתְגַּלּוּ *	

שם הפועל .Infin לְהִתְגַּלּוֹת — * less commonly: אתן/הן תִּתְגַּלֶּינָה

מקור מוחלט .Inf. Abs הִתְגַּלֵּה — ** less commonly: (אתן) הִתְגַּלֶּינָה

שם הפעולה Verbal N הִתְגַּלּוּת revelation; exposure

נִגְלָה/יִיגָּלֶה (יִגָּלֶה) be revealed, be disclosed

בניין : נִפְעַל גזרה : ל״י

	Present הווה		Past עבר	Future עתיד	Imper. ציווי
יחיד	נִגְלֶה	אני	נִגְלֵיתִי	אֶגָּלֶה	
יחידה	נִגְלֵית	אתה	נִגְלֵיתָ	תִּיגָּלֶה	הִיגָּלֵה

		Present הווה		Past עבר	Future עתיד	Imper. ציווי
רבים	נִגְלִים		את	נִגְלֵית	תִּיגָּלִי	הִיגָּלִי
רבות	נִגְלוֹת		הוא	נִגְלָה	יִיגָּלֶה	
			היא	נִגְלְתָה	תִּיגָּלֶה	
			אנחנו	נִגְלֵינוּ	נִיגָּלֶה	
			אתם/ן	נִגְלֵיתֶם/ן	* תִּיגָּלוּ	** הִיגָּלוּ
			הם/ן	נִגְלוּ	* יִיגָּלוּ	

שם הפועל .Infin לְהִיגָּלוֹת — * less commonly: אתן/הן תִּיגָּלֶינָה

שם הפעולה Verbal N הִיגָּלוּת being revealed — ** less commonly: (אתן) הִיגָּלֶינָה

בינוני .Pres. Part נִגְלֶה apparent; clear; revealed — מקור מוחלט .Inf. Abs נִגְלֹה, הִיגָּלֵה

♦ פעלים פחות שכיחים מאותו שורש Less frequent verbs from the same root

גּוּלָּה be discovered, be disclosed, be uncovered

בינוני .Pres. Part מְגוּלֶּה uncovered, exposed, יְגוּלֶּה

גָּלָה (.expose, inform; appear (lit > בינ' סביל .Pass. Part גָּלוּי open, revealed (form common)

♦ דוגמאות Illustrations

מי **שֶׁיְּגַלֶּה** תרופה לסרטן או לאיידס יזכה לתהילת עולמים. אלה יהיו **הַגִּילּוּיִים** החשובים בדורנו.

Whoever **discovers** a cure for cancer or for AIDS will achieve eternal fame. These will be the most important **discoveries** of our generation.

סוד הידוע ליותר מאדם אחד תמיד סופו **לְהִתְגַּלּוֹת**. מרבית בני האדם אינם יכולים לעמוד בפיתוי **לְגַלּוֹת** סוד.

A secret that is known to more than one person is bound to **be discovered**. Most people cannot resist the temptation **to reveal** a secret.

לדעת מרבית המבקרים, בכתיבתו של עגנון עולה המכוסה על **הַמְּגוּלֶּה**.

According to most critics, what is hidden in Agnon's writing exceeds whatever is **disclosed**.

הרבה אנשים טוענים שאלוהים **נִגְלָה** אליהם בחלום ; חלק מהם אנשי דת, וחלק סתם משוגעים.

Many people claim that God **was revealed** to them in a dream. Some of them are men of religion; others are just crazy.

♦ ביטויים מיוחדים Special expressions

גִּילָּה את קלפיו show one's real intentions — **בְּגָלוּי / גְּלוּיוֹת** **open**ly, publicly; frankly

גָּלוּי וידוע ש... it is a well-known fact that... — מכתב **גָּלוּי** **open** letter

תורת **הַנִּגְלֶה** Halakhic and Aggadic literature, distinguished from the Kabbalah

●גלה (גלי)-2 : לִגְלוֹת, לְהִגָּלוֹת

גָּלָה/גּוֹלֶה/יִגְלֶה be/go on exile

בניין : פָּעַל — גזרה : ל״י

		Present הווה		Past עבר	Fut. עתיד	Imp. ציווי
יחיד	גּוֹלֶה		אני	גָּלִיתִי	אֶגְלֶה	
יחידה	גּוֹלָה		אתה	גָּלִיתָ	תִּגְלֶה	גְּלֵה
רבים	גּוֹלִים		את	גָּלִית	תִּגְלִי	גְּלִי
רבות	גּוֹלוֹת		הוא	גָּלָה	יִגְלֶה	

Present הווה		Past עבר	Fut. עתיד	Imp. ציווי
	היא	גָּלְתָה	תִּגְלֶה	
	אנחנו	גָּלִינוּ	נִגְלֶה	
	אתם/ן	* גְּלִיתֶם/ן	** תִּגְלוּ	*** גְּלוּ
	הם/ן	גָּלוּ	** יִגְלוּ	

* Colloquial: גָּלִיתֶם/ן

שם הפועל .Infin לִגְלוֹת

** less commonly: אתן/הן תִּגְלֶינָה

שם הפעולה Verbal N גָּלוּת exile N, diaspora

*** less commonly: (אתן) גְּלֶינָה

בינ׳ פעיל .Act. Part גּוֹלֶה exilee

מקור מוחלט .Inf. Abs גָּלֹה

מקור נטוי .Inf.+pron בִּגְלוֹתוֹ, כְּ...

הִגְלָה/מַגְלֶה exile (tr.)

בניין : הִפְעִיל גזרה : ל״י

	Present הווה		Past עבר	Future עתיד	Imper. ציווי
יחיד	מַגְלֶה	אני	הִגְלֵיתִי	אַגְלֶה	
יחידה	מַגְלָה	אתה	הִגְלֵיתָ	תַּגְלֶה	הַגְלֵה
רבים	מַגְלִים	את	הִגְלֵית	תַּגְלִי	הַגְלִי
רבות	מַגְלוֹת	הוא	הִגְלָה	יַגְלֶה	
		היא	הִגְלְתָה	תַּגְלֶה	
		אנחנו	הִגְלֵינוּ	נַגְלֶה	
		אתם/ן	הִגְלֵיתֶם/ן	* תַּגְלוּ	** הַגְלוּ
		הם/ן	הִגְלוּ	* יַגְלוּ	

שם הפועל .Infin לְהַגְלוֹת

* less commonly: אתן/הן תַּגְלֶינָה

ש׳ הפעולי Verbal N הַגְלָיָה exiling; transferring

** less commonly: (אתן) הַגְלֶינָה

מקור מוחלט .Inf. Abs הַגְלֵה

♦ פעלים פחות שכיחים מאותו שורש Less frequent verbs from the same root

הוּגְלָה (הֻגְלָה) be exiled (מוּגְלֶה, יוּגְלֶה)

♦ דוגמאות Illustrations

עשרת השבטים **הוּגְלוּ** ממלכת ישראל/שומרון לאחר שנכבשה בידי האשורים בשנת 722 לפני הספירה ; נבוכדנצר **הִגְלָה** לבבל חלק ניכר מתושבי ממלכת יהודה לאחר שכבשהּ בשנת 586/7 לפני הספירה.

The ten tribes **were exiled** from the kingdom of Israel/Samaria after it had been conquered by the Assyrians in 722 BCE; Nebuchadnezzar **exiled** a significant part of the population of the kingdom of Judea after he had conquered it in 586/7 BCE.

״מפני חטאינו **גָּלִינוּ** מארצנו״ (מתפילת עמידה במוסף לחגים).

"We went on exile from our land because of our sins" (part of holiday prayer).

♦ ביטויים מיוחדים Special expressions

קיבוץ **גָּלוּיוֹת** ingathering of all Jewish **exiles/diaspora** in the land of Israel

מיזוג **גָּלוּיוֹת** melting pot of all the various Jewish **communities/diaspora** in Israel

כאורך **הַגָּלוּת** very long (liter. as long as the **Diaspora**)

●גלח : לְגַלֵּחַ, לְהִתְגַּלֵּחַ

גִּילַּח (גִּלַּח)/גִּלֵּחַ shave (tr.)

בניין : פִּיעֵל גזרה : שלמים + ל״ג

	הווה Present		עבר Past	עתיד Future	ציווי Imper.
יחיד	מְגַלֵּחַ	אני	גִּילַּחְתִּי	אֲגַלַּח/...לֵחַ*	
יחידה	מְגַלַּחַת	אתה	גִּילַּחְתָּ	תְּגַלַּח/...לֵחַ*	גַּלַּח/...לֵחַ*
רבים	מְגַלְּחִים	את	גִּילַּחְתְּ/...לַחַת	תְּגַלְּחִי	גַּלְּחִי
רבות	מְגַלְּחוֹת	הוא	גִּילַּח/גִּילֵּחַ*	יְגַלַּח/...לֵחַ*	
		היא	גִּילְּחָה	תְּגַלַּח/...לֵחַ*	
		אנחנו	גִּילַּחְנוּ	נְגַלַּח/...לֵחַ*	
		אתם/ן	גִּילַּחְתֶּם/ן	תְּגַלְּחוּ **	גַּלְּחוּ ***
		הם/ן	גִּילְּחוּ	יְגַלְּחוּ **	

שם הפועל .Infin לְגַלֵּחַ — * ...לֵחַ more common in colloquial use

מקור מוחלט .Inf. Abs גַּלֵּחַ — ** less commonly: אתן/הן תְּגַלַּחְנָה

שם הפעולה Verbal N גִּילּוּחַ shaving — *** less commonly: (אתן) גַּלַּחְנָה

הִתְגַּלֵּחַ/הִתְגַּלַּח shave (oneself)

בניין : הִתְפַּעֵל גזרה : שלמים + ל״ג

	הווה Present		עבר Past	עתיד Future	ציווי Imper.
יחיד	מִתְגַּלֵּחַ	אני	הִתְגַּלַּחְתִּי	אֶתְגַּלַּח/...לֵחַ*	
יחידה	מִתְגַּלַּחַת	אתה	הִתְגַּלַּחְתָּ	תִּתְגַּלַּח/..לֵחַ*	הִתְגַּלַּח/..לֵחַ*
רבים	מִתְגַּלְּחִים	את	הִתְגַּלַּחְתְּ/..לַחַת	תִּתְגַּלְּחִי	הִתְגַּלְּחִי
רבות	מִתְגַּלְּחוֹת	הוא	הִתְגַּלַּח/...לֵחַ*	יִתְגַּלַּח/...לֵחַ*	
		היא	הִתְגַּלְּחָה	תִּתְגַּלַּח/...לֵחַ*	
		אנחנו	הִתְגַּלַּחְנוּ	נִתְגַּלַּח/...לֵחַ*	
		אתם/ן	הִתְגַּלַּחְתֶּם/ן	תִּתְגַּלְּחוּ **	הִתְגַּלְּחוּ ***
		הם/ן	הִתְגַּלְּחוּ	יִתְגַּלְּחוּ **	

שם הפועל .Infin לְהִתְגַּלֵּחַ — * ...לֵחַ more common in colloquial use

מקור מוחלט .Inf. Abs הִתְגַּלֵּחַ — ** less commonly: אתן/הן תִּתְגַּלַּחְנָה

שם הפעולה Verbal N הִתְגַּלְּחוּת getting shaved — *** less commonly: (אתן) הִתְגַּלַּחְנָה

♦פעלים פחות שכיחים מאותו שורש Less frequent verbs from the same root

גוּלַּח (גֻּלַּח) be shaved (מְגוּלָּח, יְגוּלַּח).

♦ דוגמאות Illustrations

דני **מִתְגַּלֵּחַ** כל בוקר, ופעם בשנה הוא **מְגַלֵּחַ** את זקנו. מוזר לראות אותו כשזקנו **מְגוּלָּח**.

Danny **shaves** every morning, and once a year he **shaves** his beard. It is strange to see him with his beard **shaven**.

♦ ביטויים מיוחדים Special expressions

סכין **גִּילּוּחַ** razor blade

מְגוּלָּח למשעי cleanly shaven

●גלש : לִגְלוֹשׁ

גָּלַשׁ/גּוֹלֵשׁ/יִגְלוֹשׁ (יִגְלֹשׁ) boil over; ski, skate; water ski; glide; slide from topic to topic; surf, browse (Internet)

בניין : פָּעַל גזרה : שלמים (אֶפְעוֹל)

	Pres. הווה		Past עבר	Fut. עתיד	Imp. ציווי
יחיד	גּוֹלֵשׁ	אני	גָּלַשְׁתִּי	אֶגְלוֹשׁ	
יחידה	גּוֹלֶשֶׁת	אתה	גָּלַשְׁתָּ	תִּגְלוֹשׁ	גְּלוֹשׁ
רבים	גּוֹלְשִׁים	את	גָּלַשְׁתְּ	תִּגְלְשִׁי	גִּלְשִׁי
רבות	גּוֹלְשׁוֹת	הוא	גָּלַשׁ	יִגְלוֹשׁ	
		היא	גָּלְשָׁה	תִּגְלוֹשׁ	
		אנחנו	גָּלַשְׁנוּ	נִגְלוֹשׁ	
		אתם/ן	גְּלַשְׁתֶּם/ן *	תִּגְלְשׁוּ **	גִּלְשׁוּ ***
		הם/ן	גָּלְשׁוּ	יִגְלְשׁוּ **	

שם הפועל .Infin לִגְלוֹשׁ — * Colloquial: גָּלַשְׁתֶּם/ן

מקור מוחלט .Inf. Abs גָּלוֹשׁ — ** less commonly: אתן/הן תִּגְלוֹשְׁנָה

מקור נטוי .Inf.+pron בְּגוֹלְשׁוֹ, כְּ... — *** less commonly: (אתן) גְּלוֹשְׁנָה

שם הפעולה Verbal N גְּלִישָׁה finishing, completion

♦פעלים פחות שכיחים מאותו שורש Less frequent verbs from the same root

הִתְגַּלֵּשׁ slide (מִתְגַּלֵּשׁ, יִתְגַּלֵּשׁ, לְהִתְגַּלֵּשׁ).

♦ דוגמאות Illustrations

בישראל, המקום היחיד שניתן **לִגְלוֹשׁ** בו בחורף הוא אתר החרמון.

In Israel, the only place where you can **ski** in the winter is the Mount Hermon ski site.

אביבה שכחה שהיא שמה מרק על האש, וכשהיא **גָּלְשָׁה** באינטרנט, המרק **גָּלַשׁ**.

Aviva forgot that she was heating soup on the range, and while she **was surfing** the Internet, the soup **boiled over**.

♦ ביטויים מיוחדים Special expressions

שער **גּוֹלֵשׁ** long, flowing hair

●גמר : לְהִיגָּמֵר, לִגְמוֹר

נִגְמַר/יִיגָּמֵר (יִגָּמֵר) be finished; be decided

בניין : נִפְעַל גזרה : שלמים

	Present הווה		Past עבר	Future עתיד	Imper. ציווי
יחיד	נִגְמָר	אני	נִגְמַרְתִּי	אֶגָּמֵר	
יחידה	נִגְמֶרֶת	אתה	נִגְמַרְתָּ	תִּיגָּמֵר	הִיגָּמֵר
רבים	נִגְמָרִים	את	נִגְמַרְתְּ	תִּיגָּמְרִי	הִיגָּמְרִי
רבות	נִגְמָרוֹת	הוא	נִגְמַר	יִיגָּמֵר	
		היא	נִגְמְרָה	תִּיגָּמֵר	
		אנחנו	נִגְמַרְנוּ	נִיגָּמֵר	
		אתם/ן	נִגְמַרְתֶּם/ן	תִּיגָּמְרוּ *	הִיגָּמְרוּ **
		הם/ן	נִגְמְרוּ	יִיגָּמְרוּ *	

שם הפועל .Infin לְהִיגָּמֵר   * less commonly: אתן/הן תִּיגָּמַרְנָה
מקור מוחלט .Inf. Abs נִגְמוֹר, הִיגָּמֵר/...מוֹר   ** less commonly: (אתן) הִיגָּמַרְנָה

גָּמַר/גוֹמֵר/יִגְמוֹר (יִגְמֹר) finish, complete, end, conclude

בניין : פָּעַל   גזרה : שלמים (אֶפְעוֹל)

	הווה/בינוני .Pres./Part			עבר Past	עתיד .Fut	ציווי .Imp
יחיד	גוֹמֵר	גָּמוּר	אני	גָּמַרְתִּי	אֶגְמוֹר	
יחידה	גוֹמֶרֶת	גְּמוּרָה	אתה	גָּמַרְתָּ	תִּגְמוֹר	גְּמוֹר
רבים	גוֹמְרִים	גְּמוּרִים	את	גָּמַרְתְּ	תִּגְמְרִי	גִּמְרִי
רבות	גוֹמְרוֹת	גְּמוּרוֹת	הוא	גָּמַר	יִגְמוֹר	
			היא	גָּמְרָה	תִּגְמוֹר	
			אנחנו	גָּמַרְנוּ	נִגְמוֹר	
			אתם/ן	* גְּמַרְתֶּם/ן	** תִּגְמְרוּ	*** גִּמְרוּ
			הם/ן	גָּמְרוּ	** יִגְמְרוּ	

שם הפועל .Infin לִגְמוֹר   * Colloquial: גָּמַרְתֶּם/ן
מקור מוחלט .Inf. Abs גָּמוֹר   ** less commonly: אתן/הן תִּגְמוֹרְנָה
מקור נטוי .Inf.+pron בְּגוֹמְרוֹ, כְּ...   *** less commonly: (אתן) גְּמוֹרְנָה
שם הפעולה Verbal N גְּמִירָה finishing, completion
ביני סביל .Pass. Part גָּמוּר finished, complete; perfect, absolute; definite, decided

♦ פעלים פחות שכיחים מאותו שורש Less frequent verbs from the same root

גִּימֵר use up, exhaust; ripen (Mish H); destroy (lit.) (מְגַמֵּר, יְגַמֵּר, לְגַמֵּר)
גִּימוּר completion, finish (N)
הוּגְמַר be completed/destroyed (Med H); be decided (Mish H) (מוּגְמָר, יוּגְמַר)

♦ דוגמאות Illustrations

עבודתו של שומר הלילה מתחילה כשמרבית האנשים **גוֹמְרִים** לעבוד **ונִגְמֶרֶת** כשמרבית האנשים קמים משנתם.

The work of the night watchman begins when most people **finish** working, and **ends** when most people get up.

אתה מכיר את הסימפוניה הבלתי-**גְמוּרָה** של שוברט?

Are you familiar with Schubert's Un**finished** Symphony?

♦ ביטויים מיוחדים Special expressions

גָּמַר אוֹמֶר decide, resolve   **גָּמַר** בדעתו/בליבו/בנפשו come to a **decision**
גָּמַר עליו את ההלל laud someone   נמנו **וגָמְרוּ** they finally **decided**
וגוֹמֵר (בקיצור : **וגו'**) and so on (to the end of the sentence)
ברך על **המוּגְמָר** see the successful **completion** of a project one started

●גנב : לִגְנוֹב, לְהַגְנִיב, לְהִיגָּנֵב, לְהִתְגַּנֵּב

גָּנַב/גּוֹנֵב/יִגְנוֹב (יִגְנֹב) steal

בניין : פָּעַל גזרה : שלמים (אֶפְעוֹל)

	הווה/בינוני Pres./Part.			עבר Past	עתיד Fut.	ציווי Imp.
יחיד	גּוֹנֵב	גָּנוּב	אני	גָּנַבְתִּי	אֶגְנוֹב	
יחידה	גּוֹנֶבֶת	גְּנוּבָה	אתה	גָּנַבְתָּ	תִּגְנוֹב	גְּנוֹב
רבים	גּוֹנְבִים	גְּנוּבִים	את	גָּנַבְתְּ	תִּגְנְבִי	גִּנְבִי
רבות	גּוֹנְבוֹת	גְּנוּבוֹת	הוא	גָּנַב	יִגְנוֹב	
			היא	גָּנְבָה	תִּגְנוֹב	
			אנחנו	גָּנַבְנוּ	נִגְנוֹב	
			אתם/ן	גְּנַבְתֶּם/ן *	תִּגְנְבוּ **	גִּנְבוּ ***
			הם/ן	גָּנְבוּ	יִגְנְבוּ **	

שם הפועל .Infin לִגְנוֹב

שם הפעולה Verbal N גְּנֵיבָה stealing; theft

ביני סביל .Pass. Part גָּנוּב stolen

מקור מוחלט .Inf. Abs גָּנוֹב

מקור נטוי .Inf.+pron בְּגוֹנְבוֹ, כְּ...

* Colloquial: גָּנַבְתֶּם/ן

** less commonly: אתן/הן תִּגְנוֹבְנָה

*** less commonly: (אתן) גְּנוֹבְנָה

הִגְנִיב/הִגְנַב/יַגְנִיב smuggle in, insert stealthily

בניין : הִפְעִיל גזרה : שלמים

	הווה Present		עבר Past	עתיד Future	ציווי Imper.
יחיד	מַגְנִיב	אני	הִגְנַבְתִּי	אַגְנִיב	
יחידה	מַגְנִיבָה	אתה	הִגְנַבְתָּ	תַּגְנִיב	הַגְנֵב
רבים	מַגְנִיבִים	את	הִגְנַבְתְּ	תַּגְנִיבִי	הַגְנִיבִי
רבות	מַגְנִיבוֹת	הוא	הִגְנִיב	יַגְנִיב	
		היא	הִגְנִיבָה	תַּגְנִיב	
		אנחנו	הִגְנַבְנוּ	נַגְנִיב	
		אתם/ן	הִגְנַבְתֶּם/ן	תַּגְנִיבוּ *	הַגְנִיבוּ **
		הם/ן	הִגְנִיבוּ	יַגְנִיבוּ *	

שם הפועל .Infin לְהַגְנִיב

שם הפעולה Verbal N הַגְנָבָה smuggling in

מקור מוחלט .Inf. Abs הַגְנֵב

* less commonly: אתן/הן תַּגְנֵבְנָה

** less commonly: (אתן) הַגְנֵבְנָה

בינוני .Pres. Part מַגְנִיב "cool," wonderful (sl.)

נִגְנַב/יִיגָּנֵב (יִגָּנֵב) be stolen

בניין : נִפְעַל גזרה : שלמים

	הווה Present		עבר Past	עתיד Future	ציווי Imper.
יחיד	נִגְנָב	אני	נִגְנַבְתִּי	אֶגָּנֵב	
יחידה	נִגְנֶבֶת	אתה	נִגְנַבְתָּ	תִּיגָּנֵב	הִיגָּנֵב
רבים	נִגְנָבִים	את	נִגְנַבְתְּ	תִּיגָּנְבִי	הִיגָּנְבִי
רבות	נִגְנָבוֹת	הוא	נִגְנַב	יִיגָּנֵב	
		היא	נִגְנְבָה	תִּיגָּנֵב	
		אנחנו	נִגְנַבְנוּ	נִיגָּנֵב	
		אתם/ן	נִגְנַבְתֶּם/ן	תִּיגָּנְבוּ *	הִיגָּנְבוּ **
		הם/ן	נִגְנְבוּ	יִיגָּנְבוּ *	

שם הפועל Infin.	לְהִיגָּנֵב	* less commonly: אתן/הן תִּיגָּנַבְנָה	
מקור מוחלט Inf. Abs.	נִגְנוֹב, הִיגָּנֵב (הִיגָּנוֹב)	** less commonly: (אתן) הִיגָּנַבְנָה	

הִתְגַּנֵּב/הִתְגַּנַּב sneak (in, out, or away)

בניין: הִתְפַּעֵל גזרה: שלמים

	Present הווה		Past עבר	Future עתיד	Imper. ציווי
יחיד	מִתְגַּנֵּב	אני	הִתְגַּנַּבְתִּי	אֶתְגַּנֵּב	
יחידה	מִתְגַּנֶּבֶת	אתה	הִתְגַּנַּבְתָּ	תִּתְגַּנֵּב	הִתְגַּנֵּב
רבים	מִתְגַּנְּבִים	את	הִתְגַּנַּבְתְּ	תִּתְגַּנְּבִי	הִתְגַּנְּבִי
רבות	מִתְגַּנְּבוֹת	הוא	הִתְגַּנֵּב	יִתְגַּנֵּב	
		היא	הִתְגַּנְּבָה	תִּתְגַּנֵּב	
		אנחנו	הִתְגַּנַּבְנוּ	נִתְגַּנֵּב	
		אתם/ן	הִתְגַּנַּבְתֶּם/ן	תִּתְגַּנְּבוּ *	הִתְגַּנְּבוּ **
		הם/ן	הִתְגַּנְּבוּ	יִתְגַּנְּבוּ *	

* less commonly: אתן/הן תִּתְגַּנֵּבְנָה

** less commonly: (אתן) הִתְגַּנֵּבְנָה

שם הפועל Infin. לְהִתְגַּנֵּב

שם הפעולה Verbal N הִתְגַּנְּבוּת sneaking (in, out) — מקור מוחלט Inf. Abs. הִתְגַּנֵּב

תה״פ Adv. בְּהִתְגַּנֵּב stealthily

♦ פעלים פחות שכיחים מאותו שורש Less frequent verbs from the same root

הוּגְנַב (הֻגְנַב) be smuggled in, be inserted stealthily (מוּגְנָב, יוּגְנַב)

גּוּנַּב be stolen/taken stealthily (lit.) (מְגוּנָּב, יְגוּנַּב)

♦ דוגמאות Illustrations

עונשו של גנב שנתפס לא תמיד משקף את ערך **הַגְּנֵיבָה**: לעתים מי **שֶׁגָּנַב** מיליון יושב בכלא פחות ממי **שֶׁגָּנַב** מאה.

The punishment of a thief who is caught does not always reflect the value of the **theft**: sometimes one who **stole** a million serves less time in jail than he who **stole** a hundred.

שמעון **הִתְגַּנֵּב** למוזיאון כמה שניות לפני הסגירה, חיכה עד שהעובדים יסתלקו, **וְגָנַב** ציור של רמברנדט. שווי הציור **שֶׁנִּגְנַב** כחמישה מיליון דולאר. המשטרה עורכת בדיקות נרחבות אצל סוחרי רכוש **גָּנוּב**.

Shim'on **sneaked** into the museum a few seconds before closing, waited till the workers were gone, and stole a painting by Rembrandt. The value of the painting that **was stolen** is about five million dollars. The police are conducting widespread searches at (establishments of) fences of **stolen** property.

הנוסע הסמוי **הוּגְנַב** לתוך הספינה בחשכת הלילה; המלח **שֶׁהִגְנִיב** אותו פנימה קיבל שלושה בקבוקי ויסקי משובח.

The stowaway **was smuggled** into the ship in the dark of night; the sailor who **sneaked** him **in** received three bottles of excellent whiskey.

♦ ביטויים מיוחדים Special expressions

גָּנַב את ההצגה "**steal**" the show

גָּנַב את הגבול **cross the border** clandestinely and **illegally**

●גנה (גני) : לְגַנּוֹת

גִּינָּה (גִּנָּה)/גַנֶּה condemn, denounce

בניין : פִּיעֵל גזרה : ל״י

	Present הווה		Past עבר	Future עתיד	Imper. ציווי
יחיד	מְגַנֶּה	אני	גִּינִּיתִי	אֲגַנֶּה	
יחידה	מְגַנָּה	אתה	גִּינִּיתָ	תְּגַנֶּה	גַּנֵּה
רבים	מְגַנִּים	את	גִּינִּית	תְּגַנִּי	גַּנִּי
רבות	מְגַנּוֹת	הוא	גִּינָּה	יְגַנֶּה	
		היא	גִּינְּתָה	תְּגַנֶּה	
		אנחנו	גִּינִּינוּ	נְגַנֶּה	
		אתם/ן	גִּינִּיתֶם/ן	תְּגַנּוּ *	גַּנּוּ **
		הם/ן	גִּינּוּ	יְגַנּוּ *	

* less commonly: אתן/הן תְּגַנֶּינָה

** less commonly: (אתן) גַּנֶּינָה

שם הפועל .Infin לְגַנּוֹת

שם הפעולה Verbal N גִּינּוּי condemning; condemnation מקור מוחלט .Inf. Abs גַּנֵּה

◆ פעלים פחות שכיחים מאותו שורש Less frequent verbs from the same root

גּוּנָּה be condemned, be denounced (בינוני .Pres. Part מְגוּנֶּה disgraceful, indecent, יְגוּנֶּה)

◆ דוגמאות Illustrations

פעולת הטירור האחרונה **גּוּנְּתָה** בחריפות על ידי האו״ם. מועצת הביטחון הצהירה שהיא **מְגַנָּה** כל פעולת טירור באשר היא. מרבית ממשלות העולם תמכו ב**גִּינּוּי**.

The latest terror act was sharply **denounced** by the UN. The Security Council announced that it **denounces** any act of terror, whatever it may be. Most world governments supported the **denunciation**.

◆ ביטויים מיוחדים Special expressions

ההכרח לא **יְגוּנֶּה** what is done under compulsion incurs no blame

מעשה **מְגוּנֶּה** indecent (sexual) act

●גנן : לְהָגֵן, לְהִתְגּוֹנֵן

הֵגֵן/הֵגַן/יָגֵן defend, protect, secure

בניין : הִפְעִיל גזרה : כפולים + ל״נ

	Present הווה		Past עבר	Future עתיד	Imper. ציווי
יחיד	מֵגֵן	אני	הֵגַנְתִּי	אָגֵן	
יחידה	מְגִינָּה	אתה	הֵגַנְתָּ	תָּגֵן	הָגֵן
רבים	מְגִינִּים	את	הֵגַנְתְּ	תָּגֵנִּי	הָגֵנִּי
רבות	מְגִינּוֹת	הוא	הֵגֵן	יָגֵן	
		היא	הֵגֵנָּה	תָּגֵן	
		אנחנו	הֵגַנּוּ	נָגֵן	
		אתם/ן	הֲגַנְתֶּם/ן *	תָּגֵנּוּ **	הָגֵנּוּ ***
		הם/ן	הֵגֵנּוּ	יָגֵנּוּ **	

שם הפועל .Infin לְהָגֵן — * formal: הֲגַנְתֶּם/ן
בינוני .Pres. Part מֵגֵן defender — ** less commonly: אתן/הן תָּגֵנָּה
שם הפעולה Verbal N הֲגַנָּה defense — *** less commonly : הָגֵנָּה
מ״י מוצרכת .Gov. Prep הֵגֵן על protect (someone) — מקור מוחלט .Inf. Abs הָגֵן

הִתְגּוֹנֵן/הִתְגּוֹנַן defend oneself

בניין : הִתְפַּעֵל גזרה : כפולים + ל״נ

	Present הווה		Past עבר	Future עתיד	Imper. ציווי
יחיד	מִתְגּוֹנֵן	אני	הִתְגּוֹנַנְתִּי	אֶתְגּוֹנֵן	
יחידה	מִתְגּוֹנֶנֶת	אתה	הִתְגּוֹנַנְתָּ	תִּתְגּוֹנֵן	הִתְגּוֹנֵן
רבים	מִתְגּוֹנְנִים	את	הִתְגּוֹנַנְתְּ	תִּתְגּוֹנְנִי	הִתְגּוֹנְנִי
רבות	מִתְגּוֹנְנוֹת	הוא	הִתְגּוֹנֵן	יִתְגּוֹנֵן	
		היא	הִתְגּוֹנְנָה	תִּתְגּוֹנֵן	
		אנחנו	הִתְגּוֹנַנּוּ	נִתְגּוֹנֵן	
		אתם/ן	הִתְגּוֹנַנְתֶּם/ן	תִּתְגּוֹנְנוּ *	הִתְגּוֹנְנוּ **
		הם/ן	הִתְגּוֹנְנוּ	יִתְגּוֹנְנוּ *	

שם הפועל .Infin לְהִתְגּוֹנֵן — * less commonly: אתן/הן תִּתְגּוֹנֵנָּה
שם הפעולה Verbal N הִתְגּוֹנְנוּת defending self — ** less commonly: (אתן) הִתְגּוֹנֵנָּה
מקור מוחלט .Inf. Abs הִתְגּוֹנֵן
מ״י מוצרכת .Gov. Prep הִתְגּוֹנֵן מִפְּנֵי defend oneself from

♦ פעלים פחות שכיחים מאותו שורש Less frequent verbs from the same root

הוּגַן be protected (בינוני .Pres. Part מוּגָן protected, יוּגַן)
גּוֹנֵן protect, give shelter (מְגוֹנֵן, יְגוֹנֵן, לְגוֹנֵן)

♦ דוגמאות Illustrations

תפקיד ה**הֲגַנָּה** במשפט הוא **לְהָגֵן** על הנאשם ; התביעה מייצגת את רצונו של הציבור **לְהִתְגּוֹנֵן** מפני פגיעתו של הפשע.

The role of the **defense** in a trial is to **protect** the accused; the prosecution represents the public's wish to **protect itself** from the incidence of crime.

העיריה הכריזה על בניין הספריה הישן כמבנה היסטורי **מוּגָן**.

The city declared the old library building a **protected** historical building.

♦ ביטויים מיוחדים Special expressions

זכותו **יָגֵן** (=**תָּגֵן**) עלינו may his virtue **protect** us (said on mentioning a dead sage)
הֲגַנָּה עצמית self-**defense**
ה״**הֲגַנָּה**״ the Hagannah (Jewish organization for self-**defense** in pre-Israel Palestine)
צבא ה**הֲגַנָּה** לישראל (צה״ל) The Israel Defense Forces (IDF)

●גסס : לִגְסוֹס

גָּסַס/גּוֹסֵס/יִגְסוֹס (יִגְסֹס) be dying

בניין : פָּעַל גזרה : שלמים (אֶפְעוֹל)

	Present הווה		Past עבר	Future עתיד	Imper. ציווי
יחיד	גּוֹסֵס	אני	גָּסַסְתִּי	אֶגְסוֹס	
יחידה	גּוֹסֶסֶת	אתה	גָּסַסְתָּ	תִּגְסוֹס	גְּסוֹס
רבים	גּוֹסְסִים	את	גָּסַסְתְּ	תִּגְסְסִי	גִּסְסִי
רבות	גּוֹסְסוֹת	הוא	גָּסַס	יִגְסוֹס	
		היא	גָּסְסָה	תִּגְסוֹס	
		אנחנו	גָּסַסְנוּ	נִגְסוֹס	
		אתם/ן	גְּסַסְתֶּם/ן *	תִּגְסְסוּ **	גִּסְסוּ ***
		הם/ן	גָּסְסוּ	יִגְסְסוּ **	

שם הפועל .Infin. לִגְסוֹס

מקור מוחלט .Inf. Abs. גָּסוֹס

בינוני .Pres. Part. גּוֹסֵס dying person

שם הפעולה Verbal N גְּסִיסָה dying N

* Colloquial: גָּסַסְתֶּם/ן

** less commonly: אתן/הן תִּגְסוֹסְנָה

*** less commonly: (אתן) גְּסוֹסְנָה

מקור נטוי .Inf.+pron. בְּגוֹסְסוֹ, כְּ...

♦ דוגמאות Illustrations

קשה לעמוד ליד מיטתו של אדם **גוסס**.

It is very difficult to stand next to the bed of a **dying** person.

●געגע : לְהִתְגַּעְגֵּעַ

הִתְגַּעְגֵּעַ/הִתְגַּעְגַּע yearn (for), long (for), miss

בניין : הִתְפַּעֵל גזרה : מרובעים + גרוניות

	Present הווה		Past עבר	Future עתיד	Imper. ציווי
יחיד	מִתְגַּעְגֵּעַ	אני	הִתְגַּעְגַּעְתִּי	אֶתְגַּעְגֵּעַ	
יחידה	מִתְגַּעְגַּעַת	אתה	הִתְגַּעְגַּעְתָּ	תִּתְגַּעְגֵּעַ	הִתְגַּעְגַּע
רבים	מִתְגַּעְגְּעִים	את	הִתְגַּעְגַּעְתְּ/...עַת	תִּתְגַּעְגְּעִי *	הִתְגַּעְגְּעִי *
רבות	מִתְגַּעְגְּעוֹת	הוא	הִתְגַּעְגַּע	יִתְגַּעְגַּע	
		היא	הִתְגַּעְגְּעָה *	תִּתְגַּעְגֵּעַ	
		אנחנו	הִתְגַּעְגַּעְנוּ	נִתְגַּעְגַּע	
		אתם/ן	הִתְגַּעְגַּעְתֶּם/ן	* תִּתְגַּעְגְּעוּ **	* הִתְגַּעְגְּעוּ ***
		הם/ן	הִתְגַּעְגְּעוּ *	* יִתְגַּעְגְּעוּ **	

שם הפועל .Infin. לְהִתְגַּעְגֵּעַ

שם הפעולה Verbal N הִתְגַּעְגְּעוּת yearning

מקור מוחלט .Inf. Abs. הִתְגַּעְגֵּעַ

מ״י מוצרכת .Gov. Prep. הִתְגַּעְגֵּעַ לְ- yearn for

* in the colloquial: הִתְגַּעְגְּעָה, תִּתְגַּעְגְּעִי, הִתְגַּעְגְּעִי, הִתְגַּעְגְּעוּ...

** less commonly: אתן/הן תִּתְגַּעְגֵּעְנָה

*** less commonly: (אתן) הִתְגַּעְגֵּעְנָה

♦ דוגמאות Illustrations

אברהם **מִתְגַּעְגֵּעַ** לימים שלפני הטלוויזיה, כשהיו תוכניות טובות ברדיו.

Avraham **misses** the days before TV, when there were good programs on the radio.

●געל : לְהַגְעִיל

הִגְעִיל/הִגְעַל/יַגְעִיל disgust, sicken; make dishes kosher in boiling water

בניין : הִפְעִיל   גזרה : שלמים

	Present הווה		Past עבר	Future עתיד	Imper. ציווי
יחיד	מַגְעִיל	אני	הִגְעַלְתִּי	אַגְעִיל	
יחידה	מַגְעִילָה	אתה	הִגְעַלְתָּ	תַּגְעִיל	הַגְעֵל
רבים	מַגְעִילִים	את	הִגְעַלְתְּ	תַּגְעִילִי	הַגְעִילִי
רבות	מַגְעִילוֹת	הוא	הִגְעִיל	יַגְעִיל	
		היא	הִגְעִילָה	תַּגְעִיל	
		אנחנו	הִגְעַלְנוּ	נַגְעִיל	
		אתם/ן	הִגְעַלְתֶּם/ן	תַּגְעִילוּ *	הַגְעִילוּ **
		הם/ן	הִגְעִילוּ	יַגְעִילוּ *	

* less commonly: אתן/הן תַּגְעֵלְנָה

** less commonly: (אתן) הַגְעֵלְנָה

שם הפועל .Infin לְהַגְעִיל

מקור מוחלט .Inf. Abs הַגְעֵל

ביני פעיל .Act. Part מַגְעִיל disgusting

♦ פעלים פחות שכיחים מאותו שורש Less frequent verbs from the same root

נִגְעַל be disgusted by, be repulsed by (מוּגְעָל, יוּגְעַל)

♦ דוגמאות Illustrations

אני אוהב מאוד את העיר הגדולה, אבל באזורים מסוימים אין לתושבים כל כבוד לרשות הרבים, והאשפה המפוזרת ברחוב **מַגְעִילָה** אותי.

I love the big city, but in certain areas the residents have no respect for the public domain, and the garbage scattered in the street **disgusts** me.

●גרד : לְגָרֵד, לְהִתְגָּרֵד

גֵּרֵד (גֵּרֵד)/גֵּירַד/גָּרֵד scratch; cause to itch; find something with great difficulty (sl.)

בניין : פִּיעֵל   גזרה : שלמים + ע״ג

	Present הווה		Past עבר	Future עתיד	Imper. ציווי
יחיד	מְגָרֵד	אני	גֵּירַדְתִּי	אֲגָרֵד	
יחידה	מְגָרֶדֶת	אתה	גֵּירַדְתָּ	תְּגָרֵד	גָּרֵד
רבים	מְגָרְדִים	את	גֵּירַדְתְּ	תְּגָרְדִי	גָּרְדִי
רבות	מְגָרְדוֹת	הוא	גֵּירֵד (גֵּירַד)	יְגָרֵד	
		היא	גֵּירְדָה	תְּגָרֵד	
		אנחנו	גֵּירַדְנוּ	נְגָרֵד	
		אתם/ן	גֵּירַדְתֶּם/ן	תְּגָרְדוּ *	גָּרְדוּ**
		הם/ן	גֵּירְדוּ	יְגָרְדוּ *	

* less commonly: אתן/הן תְּגָרֵדְנָה

** less commonly: (אתן) גָּרֵדְנָה

שם הפועל .Infin לְגָרֵד

מקור מוחלט .Inf. Abs גָּרֵד

שם הפעולה Verbal N גֵּירוּד scratching; itching

scratch oneself (due to itching) הִתְגָּרֵד/הִתְגָּרֵד

בניין : הִתְפַּעֵל   גזרה : שלמים + ע״ג

Imper. ציווי	Future עתיד	Past עבר		Present הווה	
	אֶתְגָּרֵד	הִתְגָּרַדְתִּי	אני	מִתְגָּרֵד	יחיד
הִתְגָּרֵד	תִּתְגָּרֵד	הִתְגָּרַדְתָּ	אתה	מִתְגָּרֶדֶת	יחידה
הִתְגָּרְדִי	תִּתְגָּרְדִי	הִתְגָּרַדְתְּ	את	מִתְגָּרְדִים	רבים
	יִתְגָּרֵד	הִתְגָּרֵד	הוא	מִתְגָּרְדוֹת	רבות
	תִּתְגָּרֵד	הִתְגָּרְדָה	היא		
	נִתְגָּרֵד	הִתְגָּרַדְנוּ	אנחנו		
הִתְגָּרְדוּ **	תִּתְגָּרְדוּ *	הִתְגָּרַדְתֶּם/ן	אתם/ן		
	יִתְגָּרְדוּ *	הִתְגָּרְדוּ	הם/ן		

שם הפועל .Infin לְהִתְגָּרֵד   * less commonly: אתן/הן תִּתְגָּרֵדְנָה

מקור מוחלט .Inf. Abs הִתְגָּרֵד   ** less commonly: (אתן) הִתְגָּרֵדְנָה

♦ דוגמאות Illustrations

אם משהו גורם לך **לְהִתְגָּרֵד** ללא הרף, אל תניח אוטומטית שמדובר באלרגיה; זה יכול להיות משהו הרבה יותר גרוע. לך להיבדק אצל רופא.

If something causes you to **itch/scratch**, do not assume automatically that it results from allergy. Go to see a doctor.

מאיפה **גֵּירַדְתָּ** את הספר הנדיר הזה?

How did you manage to find this rare book?

♦ ביטויים מיוחדים Special expressions

גֵּירֵד לו ביד want very much, desire strongly (sl.)

●גרם : לִגְרוֹם, לְהִיגָּרֵם

cause, bring about גָּרַם/גּוֹרֵם/יִגְרוֹם (יִגְרֹם)

בניין : פָּעַל   גזרה : שלמים (אֶפְעוֹל)

Imper. ציווי	Future עתיד	Past עבר		Present הווה	
	אֶגְרוֹם	גָּרַמְתִּי	אני	גּוֹרֵם	יחיד
גְּרוֹם	תִּגְרוֹם	גָּרַמְתָּ	אתה	גּוֹרֶמֶת	יחידה
גִּרְמִי	תִּגְרְמִי	גָּרַמְתְּ	את	גּוֹרְמִים	רבים
	יִגְרוֹם	גָּרַם	הוא	גּוֹרְמוֹת	רבות
	תִּגְרוֹם	גָּרְמָה	היא		
	נִגְרוֹם	גָּרַמְנוּ	אנחנו		
גִּרְמוּ ***	תִּגְרְמוּ **	גְּרַמְתֶּם/ן *	אתם/ן		
	יִגְרְמוּ **	גָּרְמוּ	הם/ן		

שם הפועל .Infin לִגְרוֹם   * Colloquial: גָּרַמְתֶּם/ן

מקור מוחלט .Inf. Abs גָּרוֹם   ** less commonly: אתן/הן תִּגְרוֹמְנָה

ביני פעיל .Act. Part גּוֹרֵם factor   *** less commonly: (אתן) גְּרוֹמְנָה

שם הפעולה Verbal N גְּרִימָה causing, causation   מקור נטוי .Inf.+pron בְּגוֹרְמוֹ, כְּ...

מ״י מוצרכת .Gov. Prep גּוֹרֵם לְ(משהו) cause (something)

נִגְרַם/יִיגָּרֵם (יִגָּרֵם) be caused, be brought about

בניין : נִפְעַל גזרה : שלמים

	Present הווה		Past עבר	Future עתיד	Imper. ציווי
יחיד	נִגְרָם	אני	נִגְרַמְתִּי	אֶגָּרֵם	
יחידה	נִגְרֶמֶת	אתה	נִגְרַמְתָּ	תִּיגָּרֵם	הִיגָּרֵם
רבים	נִגְרָמִים	את	נִגְרַמְתְּ	תִּיגָּרְמִי	הִיגָּרְמִי
רבות	נִגְרָמוֹת	הוא	נִגְרַם	יִיגָּרֵם	
		היא	נִגְרְמָה	תִּיגָּרֵם	
		אנחנו	נִגְרַמְנוּ	נִיגָּרֵם	
		אתם/ן	נִגְרַמְתֶּם/ן	תִּיגָּרְמוּ *	הִיגָּרְמוּ **
		הם/ן	נִגְרְמוּ	יִיגָּרְמוּ *	

שם הפועל .Infin לְהִיגָּרֵם   * less commonly: אתן/הן תִּיגָּרַמְנָה

שם הפעולה Verbal N הִיגָּרְמוּת being caused   ** less commonly: (אתן) הִיגָּרַמְנָה

מקור מוחלט .Inf. Abs נִגְרוֹם, הִיגָּרֵם (הִיגָּרוֹם)

♦ דוגמאות Illustrations

לא קל לקבוע מה **גָּרַם** לשינויים המדהימים בברית המועצות : האם התפרקות המשטר **נִגְרְמָה** בעיקר על-ידי התפכחות מן הקומוניזם, או (ש)היו **גּוֹרְמִים** נוספים לדבר?

It is not easy to determine what **caused** the astonishing developments in the Soviet Union: was the dissolution of the regime **caused** mainly by disenchantment with communism, or were there other contributing factors?

●גרר : לִגְרוֹר, לְהִיגָּרֵר

גָּרַר/גּוֹרֵר/יִגְרוֹר (יִגְרֹר) drag, haul; tow; lead to, result in

בניין : פָּעַל גזרה : שלמים (אֶפְעוֹל)

	Pres./Part. הווה/בינוני			Past עבר	Fut. עתיד	Imp. ציווי
יחיד	גּוֹרֵר	גָּרוּר	אני	גָּרַרְתִּי	אֶגְרוֹר	
יחידה	גּוֹרֶרֶת	גְּרוּרָה	אתה	גָּרַרְתָּ	תִּגְרוֹר	גְּרוֹר
רבים	גּוֹרְרִים	גְּרוּרִים	את	גָּרַרְתְּ	תִּגְרְרִי	גִּרְרִי
רבות	גּוֹרְרוֹת	גְּרוּרוֹת	הוא	גָּרַר	יִגְרוֹר	
			היא	גָּרְרָה	תִּגְרוֹר	
			אנחנו	גָּרַרְנוּ	נִגְרוֹר	
			אתם/ן	גְּרַרְתֶּם/ן *	תִּגְרְרוּ **	גִּרְרוּ ***
			הם/ן	גָּרְרוּ	יִגְרְרוּ **	

* Colloquial: גָּרַרְתֶּם/ן

** less commonly: אתן/הן תִּגְרוֹרְנָה

*** less commonly: (אתן) גְּרוֹרְנָה

שם הפועל .Infin לִגְרוֹר

שם הפעולה Verbal N גְּרִירָה dragging, hauling; towing; leading to, resulting in

מקור מוחלט .Inf. Abs גָּרוֹר   מקור נטוי .Inf.+pron בְּגוֹרְרוֹ, כְּ...

ביני סביל .Pass. Part גָּרוּר trailer

גְּרוּרָה metastasis, secondary growth (cancer); satellite state

נִגְרַר/יִיגָּרֵר (יִגָּרֵר) be dragged, be hauled; be towed; be led to

בניין : נִפְעַל　　גזרה : שלמים

	Present הווה		Past עבר	Future עתיד	Imper. ציווי
יחיד	נִגְרָר	אני	נִגְרַרְתִּי	אֶגָּרֵר	
יחידה	נִגְרֶרֶת	אתה	נִגְרַרְתָּ	תִּיגָּרֵר	הִיגָּרֵר
רבים	נִגְרָרִים	את	נִגְרַרְתְּ	תִּיגָּרְרִי	הִיגָּרְרִי
רבות	נִגְרָרוֹת	הוא	נִגְרַר	יִיגָּרֵר	
		היא	נִגְרְרָה	תִּיגָּרֵר	
		אנחנו	נִגְרַרְנוּ	נִיגָּרֵר	
		אתם/ן	נִגְרַרְתֶּם/ן	תִּיגָּרְרוּ *	הִיגָּרְרוּ **
		הם/ן	נִגְרְרוּ	יִיגָּרְרוּ *	

* less commonly: אתן/הן תִּיגָּרַרְנָה

** less commonly: (אתן) הִיגָּרַרְנָה

שם הפועל .Infin לְהִיגָּרֵר

בינוני .Pres. Part נִגְרֶרֶת vehicle towed by another　　מקור מוחלט .Inf. Abs נִגְרוֹר, הִיגָּרֵר

♦ דוגמאות Illustrations

רצועת התזמון של מכוניתי נקרעה, והיה צורך **לִגְרוֹר** אותה למוסך.

The timing belt of my car got torn, and it was necessary **to tow** it to a garage.

קיוויתי שזה לא יקרה, אבל בלית ברירה **נִגְרַרְתִּי** לויכוח פוליטי איתו. קשה להימנע מפוליטיקה בימים אלה.

I was hoping that it wouldn't happen, but willy nilly I **was dragged** into a political argument with him. It is difficult to avoid politics these days.

♦ ביטויים מיוחדים Special expressions

עבירה **גוֹרֶרֶת** עבירה one infraction **leads** to another

●גרש : לְגָרֵשׁ, לְהִתְגָּרֵשׁ

גֵּירֵשׁ (גֵּרֵשׁ)/גֵּירַשׁ/גָּרֵשׁ expel, drive away, deport; divorce

בניין : פִּיעֵל　　גזרה : שלמים + ע״ג

	Present הווה		Past עבר	Future עתיד	Imper. ציווי
יחיד	מְגָרֵשׁ	אני	גֵּירַשְׁתִּי	אֲגָרֵשׁ	
יחידה	מְגָרֶשֶׁת	אתה	גֵּירַשְׁתָּ	תְּגָרֵשׁ	גָּרֵשׁ
רבים	מְגָרְשִׁים	את	גֵּירַשְׁתְּ	תְּגָרְשִׁי	גָּרְשִׁי
רבות	מְגָרְשׁוֹת	הוא	גֵּירֵשׁ (גֵּירַשׁ)	יְגָרֵשׁ	
		היא	גֵּירְשָׁה	תְּגָרֵשׁ	
		אנחנו	גֵּירַשְׁנוּ	נְגָרֵשׁ	
		אתם/ן	גֵּירַשְׁתֶּם/ן	תְּגָרְשׁוּ *	גָּרְשׁוּ**
		הם/ן	גֵּירְשׁוּ	יְגָרְשׁוּ *	

שם הפועל .Infin לְגָרֵשׁ　　* less commonly: אתן/הן תְּגָרֵשְׁנָה

מקור מוחלט .Inf. Abs גָּרֵשׁ　　** less commonly: (אתן) גָּרֵשְׁנָה

שם הפעולה Verbal N גֵּירוּשׁ expulsion　　גֵּירוּשִׁים/ן divorce

be/get divorced הִתְגָּרֵשׁ/הִתְגָּרַשׁ

בניין : הִתְפַּעֵל גזרה : שלמים + ע״ג

	Present הווה		Past עבר	Future עתיד	Imper. ציווי
יחיד	מִתְגָּרֵשׁ	אני	הִתְגָּרַשְׁתִּי	אֶתְגָּרֵשׁ	
יחידה	מִתְגָּרֶשֶׁת	אתה	הִתְגָּרַשְׁתָּ	תִּתְגָּרֵשׁ	הִתְגָּרֵשׁ
רבים	מִתְגָּרְשִׁים	את	הִתְגָּרַשְׁתְּ	תִּתְגָּרְשִׁי	הִתְגָּרְשִׁי
רבות	מִתְגָּרְשׁוֹת	הוא	הִתְגָּרֵשׁ	יִתְגָּרֵשׁ	
		היא	הִתְגָּרְשָׁה	תִּתְגָּרֵשׁ	
		אנחנו	הִתְגָּרַשְׁנוּ	נִתְגָּרֵשׁ	
		אתם/ן	הִתְגָּרַשְׁתֶּם/ן	תִּתְגָּרְשׁוּ *	הִתְגָּרְשׁוּ **
		הם/ן	הִתְגָּרְשׁוּ	יִתְגָּרְשׁוּ *	

שם הפועל .Infin לְהִתְגָּרֵשׁ — less commonly *: אתן/הן תִּתְגָּרֵשְׁנָה

ש׳ הפעולי Verbal N הִתְגָּרְשׁוּת getting divorced — less commonly **: (אתן) הִתְגָּרֵשְׁנָה

מקור מוחלט .Inf. Abs הִתְגָּרֵשׁ

מ״י מוצרכת .Gov. Prep הִתְגָּרֵשׁ מ- be/get divorced from

♦ פעלים פחות שכיחים מאותו שורש Less frequent verbs from the same root

גָּרַשׁ send away; produce, eject, bring out (lit.) > ביני׳ סביל .Pass. Part גָּרוּשׁ, גְּרוּשָׁה divorced, a divorced person (form common)

גּוֹרַשׁ be expelled, be divorced (בינוני .Pres. Part מְגוֹרָשׁ expelled person, יְגוֹרַשׁ)

♦ דוגמאות Illustrations

יחזקאל רב עם חנה אישתו פעמים כה רבות, שבסופו של דבר היא **גֵּירְשָׁה** אותו מן הבית. למחרת הוא צילצל אליה ואמר לה שהוא רוצה **לְהִתְגָּרֵשׁ**. חנה הסכימה, והם החלו מייד בהליכי **גֵּירוּשִׁין/ם**.

Yehezkel quarreled with his wife Hannah so many times that she finally **drove** him **out** of the house. The next day he called and told her he wanted a **divorce**. Hannah agreed, and they immediately started **divorce** proceedings.

היהודים **גּוֹרְשׁוּ** מספרד ב-1492. חוקרים רבים מאמינים כי בטווח הארוך, **גֵּירוּשׁ** היהודים פגע בספרד לאין ערוך יותר מאשר בקורבנות ה**גֵּירוּשׁ**.

The Jews **were expelled** from Spain in 1492. Many researchers believe that in the long range, the **expulsion** of the Jews hurt Spain immeasurably more than it affected the victims of the **expulsion**.

על פי המסורת היהודית האורתודוקסית, כוהן אינו יכול לשאת **גְּרוּשָׁה**.

According to the orthodox Jewish tradition, a priest (today, a descendant of a priestly family) cannot marry a **divorcee**.

♦ ביטויים מיוחדים Special expressions

גֵּירוּשׁ ספרד the **expulsion** of the Jews from Spain (1492)

●גשם : לְהִתְגַּשֵּׁם, לְהַגְשִׁים

הִתְגַּשֵּׁם (נִתְגַּשֵּׁם)/הִתְגַּשַּׁמ be realized, materialize, be fulfilled

בניין : הִתְפַּעֵל גזרה : שלמים

	Present הווה		Past עבר	Future עתיד	Imper. ציווי
יחיד	מִתְגַּשֵּׁם	אני	הִתְגַּשַּׁמְתִּי	אֶתְגַּשֵּׁם	
יחידה	מִתְגַּשֶּׁמֶת	אתה	הִתְגַּשַּׁמְתָּ	תִּתְגַּשֵּׁם	הִתְגַּשֵּׁם
רבים	מִתְגַּשְּׁמִים	את	הִתְגַּשַּׁמְתְּ	תִּתְגַּשְּׁמִי	הִתְגַּשְּׁמִי
רבות	מִתְגַּשְּׁמוֹת	הוא	הִתְגַּשֵּׁם	יִתְגַּשֵּׁם	
		היא	הִתְגַּשְּׁמָה	תִּתְגַּשֵּׁם	
		אנחנו	הִתְגַּשַּׁמְנוּ	נִתְגַּשֵּׁם	
		אתם/ן	הִתְגַּשַּׁמְתֶּם/ן	תִּתְגַּשְּׁמוּ *	הִתְגַּשְּׁמוּ **
		הם/ן	הִתְגַּשְּׁמוּ	יִתְגַּשְּׁמוּ *	

שם הפועל .Infin לְהִתְגַּשֵּׁם — * less commonly: אתן/הן תִּתְגַּשֵּׁמְנָה

מקור מוחלט .Inf. Abs הִתְגַּשֵּׁם — ** less commonly: (אתן) הִתְגַּשֵּׁמְנָה

שם הפעולה Verbal N הִתְגַּשְּׁמוּת realization, materialization

הִגְשִׁים/הִגְשַׁמ/יַגְשִׁים realize (tr.), materialize (tr.), fulfill, carry out

בניין : הִפְעִיל גזרה : שלמים

	Present הווה		Past עבר	Future עתיד	Imper. ציווי
יחיד	מַגְשִׁים	אני	הִגְשַׁמְתִּי	אַגְשִׁים	
יחידה	מַגְשִׁימָה	אתה	הִגְשַׁמְתָּ	תַּגְשִׁים	הַגְשֵׁם
רבים	מַגְשִׁימִים	את	הִגְשַׁמְתְּ	תַּגְשִׁימִי	הַגְשִׁימִי
רבות	מַגְשִׁימוֹת	הוא	הִגְשִׁים	יַגְשִׁים	
		היא	הִגְשִׁימָה	תַּגְשִׁים	
		אנחנו	הִגְשַׁמְנוּ	נַגְשִׁים	
		אתם/ן	הִגְשַׁמְתֶּם/ן	תַּגְשִׁימוּ *	הַגְשִׁימוּ **
		הם/ן	הִגְשִׁימוּ	יַגְשִׁימוּ *	

שם הפועל .Infin לְהַגְשִׁים — * less commonly: אתן/הן תַּגְשֵׁמְנָה

מקור מוחלט .Inf. Abs הַגְשֵׁם — ** less commonly: (אתן) הַגְשֵׁמְנָה

שם הפעולה Verbal N הַגְשָׁמָה realizing, materializing

בינוני .Pres. Part מַגְשִׁים realizer, embodier

♦ פעלים פחות שכיחים מאותו שורש Less frequent verbs from the same root

הוּגְשַׁם (הֻגְשַׁם) be realized (מוּגְשָׁם, יוּגְשַׁם)

♦ דוגמאות Illustrations

כשקמה מדינת ישראל ב-1948, ראו בכך כולם **הִתְגַּשְּׁמוּת** שלמה של החלום הציוני; המטרה העיקרית אליה שאפה התנועה הציונית **הוּגְשְׁמָה**. אלא שמייד נתברר שזהו רק הצעד הראשון, ושכדי **לְהַגְשִׁים הַגְשָׁמָה** שלמה של הציונות יש לעבוד קשה על עצם העליה לארץ ועל קליטתה.

When the state of Israel was established in 1948, everybody saw in it the complete **realization** of the Zionist dream; the primary aim to which the Zionist movement had aspired **was realized**. Very soon, however, it became clear that this was only the first step, and that in order **to** fully **realize** Zionism (literally: **realize** full **realization**), one needs to work hard on actual immigration to Israel and on its absorption.

● דאג : לִדְאוֹג, לְהַדְאִיג

דָּאַג/דּוֹאֵג/יִדְאַג worry, be anxious; take care

בניין : פָּעַל   גזרה : שלמים (אֶפְעַל) + ע״ג

	Pres./Part. הווה/בינוני			Past עבר	Fut. עתיד	Imp. ציווי
יחיד	דּוֹאֵג	דָּאוּג	אני	דָּאַגְתִּי	אֶדְאַג	
יחידה	דּוֹאֶגֶת	דְּאוּגָה	אתה	דָּאַגְתָּ	תִּדְאַג	דְּאַג
רבים	דּוֹאֲגִים	דְּאוּגִים	את	דָּאַגְתְּ	תִּדְאֲגִי	דַּאֲגִי
רבות	דּוֹאֲגוֹת	דְּאוּגוֹת	הוא	דָּאַג	יִדְאַג	
			היא	דָּאֲגָה	תִּדְאַג	
			אנחנו	דָּאַגְנוּ	נִדְאַג	
			אתם/ן	* דְּאַגְתֶּם/ן	** תִּדְאֲגוּ	*** דַּאֲגוּ
			הם/ן	דָּאֲגוּ	** יִדְאֲגוּ	

שם הפועל .Infin לִדְאוֹג   * Colloquial: דָּאַגְתֶּם/ן

ביני סביל .Pass. Part דָּאוּג (.worried (lit   ** less commonly: אתן/הן תִּדְאַגְנָה

שם הפעולה Verbal N דְּאָגָה (worry (N   *** less commonly: (אתן) דְּאַגְנָה

מקור מוחלט .Inf. Abs דָּאוֹג   מקור נטוי .Inf.+pron בְּדוֹאֲגוֹ, כְּ...

מ״י מוצ .Gov. Prep דָּאַג לְ- take care of   מ״י מוצ׳ .Gov. Prp דָּאַג בגלל be worried about

הִדְאִיג/הִדְאַג/יַדְאִיג worry (tr.), alarm, distress, trouble

בניין : הִפְעִיל   גזרה : שלמים

	Present הווה		Past עבר	Future עתיד	Imper. ציווי
יחיד	מַדְאִיג	אני	הִדְאַגְתִּי	אַדְאִיג	
יחידה	מַדְאִיגָה	אתה	הִדְאַגְתָּ	תַּדְאִיג	הַדְאֵג
רבים	מַדְאִיגִים	את	הִדְאַגְתְּ	תַּדְאִיגִי	הַדְאִיגִי
רבות	מַדְאִיגוֹת	הוא	הִדְאִיג	יַדְאִיג	
		היא	הִדְאִיגָה	תַּדְאִיג	
		אנחנו	הִדְאַגְנוּ	נַדְאִיג	
		אתם/ן	הִדְאַגְתֶּם/ן	* תַּדְאִיגוּ	** הַדְאִיגוּ
		הם/ן	הִדְאִיגוּ	* יַדְאִיגוּ	

שם הפועל .Infin לְהַדְאִיג   * less commonly: אתן/הן תַּדְאֵגְנָה

בינוני .Pres. Part מַדְאִיג worrisome   ** less commonly: (אתן) הַדְאֵגְנָה

מקור מוחלט .Inf. Abs הַדְאֵג

הוּדְאַג (הֻדְאַג) be worried, be alarmed, be distressed

בניין : הוּפְעַל   גזרה : שלמים + ע״ג

	Present הווה		Past עבר	Future עתיד
יחיד	מוּדְאָג	אני	הוּדְאַגְתִּי	אוּדְאַג
יחידה	מוּדְאֶגֶת	אתה	הוּדְאַגְתָּ	תּוּדְאַג
רבים	מוּדְאָגִים	את	הוּדְאַגְתְּ	תּוּדְאֲגִי
רבות	מוּדְאָגוֹת	הוא	הוּדְאַג	יוּדְאַג
		היא	הוּדְאֲגָה	תּוּדְאַג
		אנחנו	הוּדְאַגְנוּ	נוּדְאַג
		אתם/ן	הוּדְאַגְתֶּם/ן	* תּוּדְאֲגוּ
		הם/ן	הוּדְאֲגוּ	* יוּדְאֲגוּ

בינוני .Pres. Part מוּדְאָג worried　　　* less commonly: אתן/הן תּוּדְאַגְנָה

♦ דוגמאות Illustrations

הורים רבים **מוּדְאָגִים** כאשר ילדיהם יוצאים לטיול השנתי של בית ספרם.

Many parents are **worried** when their kids go on their school's annual trip.

אל **תִּדְאַג**! חנה כבר **תִּדְאַג לכל** הסידורים.

Don't **worry**! Hannah **will take care of** all the arrangements.

זו אוניברסיטה טובה עם אירגון מצוין. הם **דוֹאֲגִים לכל** הבוגרים שלהם ומשיגים להם עבודה.

This is a good university with excellent organization. They **take care of** all their graduates and get them jobs.

♦ ביטויים מיוחדים Special expressions

דְּאָגָה בלב איש, ישׂיחנה When **worried** about something, one should talk about it

אל **דְּאָגָה**! Don't worry! It's nothing to worry about!

● דבק : לְהַדְבִּיק, לְהִידָּבֵק

הִדְבִּיק/הִדְבַּק/יַדְבִּיק stick (tr.), glue (tr.); infect; overtake (lit.)

בניין : הִפְעִיל　　גזרה : שלמים

	Present הווה		Past עבר	Future עתיד	Imper. ציווי
יחיד	מַדְבִּיק	אני	הִדְבַּקְתִּי	אַדְבִּיק	
יחידה	מַדְבִּיקָה	אתה	הִדְבַּקְתָּ	תַּדְבִּיק	הַדְבֵּק
רבים	מַדְבִּיקִים	את	הִדְבַּקְתְּ	תַּדְבִּיקִי	הַדְבִּיקִי
רבות	מַדְבִּיקוֹת	הוא	הִדְבִּיק	יַדְבִּיק	
		היא	הִדְבִּיקָה	תַּדְבִּיק	
		אנחנו	הִדְבַּקְנוּ	נַדְבִּיק	
		אתם/ן	הִדְבַּקְתֶּם/ן	תַּדְבִּיקוּ *	הַדְבִּיקוּ **
		הם/ן	הִדְבִּיקוּ	יַדְבִּיקוּ *	

* less commonly: אתן/הן תַּדְבֵּקְנָה

** less commonly: (אתן) הַדְבֵּקְנָה

שם הפועל .Infin לְהַדְבִּיק

שם הפעולה Verbal N הַדְבָּקָה sticking; infecting

בינוני .Pres. Part מַדְבִּיק contagious　　מקור מוחלט .Inf. Abs הַדְבֵּק

נִדְבַּק/יִידָּבֵק (יִדָּבֵק) be stuck, be affixed; be infected

בניין : נִפְעַל　　גזרה : שלמים

	Present הווה		Past עבר	Future עתיד	Imper. ציווי
יחיד	נִדְבָּק	אני	נִדְבַּקְתִּי	אֶדָּבֵק	
יחידה	נִדְבֶּקֶת	אתה	נִדְבַּקְתָּ	תִּידָּבֵק	הִידָּבֵק
רבים	נִדְבָּקִים	את	נִדְבַּקְתְּ	תִּידָּבְקִי	הִידָּבְקִי
רבות	נִדְבָּקוֹת	הוא	נִדְבַּק	יִידָּבֵק	
		היא	נִדְבְּקָה	תִּידָּבֵק	
		אנחנו	נִדְבַּקְנוּ	נִידָּבֵק	
		אתם/ן	נִדְבַּקְתֶּם/ן	תִּידָּבְקוּ *	הִידָּבְקוּ **
		הם/ן	נִדְבְּקוּ	יִידָּבְקוּ *	

* less commonly: אתן/הן תִּידָּבַקְנָה

** less commonly: (אתן) הִידָּבַקְנָה

שם הפועל .Infin לְהִידָּבֵק

שם הפעולה Verbal N הִידָּבְקוּת getting stuck/infected

מקור מוחלט .Inf. Abs נִדְבּוֹק, הִידָּבֵק (הִידָּבוֹק)

מ״י מוצרכת .Gov. Prep נִדְבַּק ב- be infected with

הוּדְבַּק (הֻדְבַּק) be glued; be infected; be overtaken (lit.)

בניין : הוּפְעַל גזרה : שלמים

	Present הווה		Past עבר	Future עתיד
יחיד	מוּדְבָּק	אני	הוּדְבַּקְתִּי	אוּדְבַּק
יחידה	מוּדְבֶּקֶת	אתה	הוּדְבַּקְתָּ	תּוּדְבַּק
רבים	מוּדְבָּקִים	את	הוּדְבַּקְתְּ	תּוּדְבְּקִי
רבות	מוּדְבָּקוֹת	הוא	הוּדְבַּק	יוּדְבַּק
		היא	הוּדְבְּקָה	תּוּדְבַּק
		אנחנו	הוּדְבַּקְנוּ	נוּדְבַּק
		אתם/ן	הוּדְבַּקְתֶּם/ן	* תּוּדְבְּקוּ
		הם/ן	הוּדְבְּקוּ	* יוּדְבְּקוּ

* less commonly: אתן/הן תּוּדְבַּקְנָה

בינוני .Pres. Part מוּדְבָּק glued; infected

♦ פעלים פחות שכיחים מאותו שורש Less frequent verbs from the same root

דָּבַק stick (intr.), adhere (דּוֹבֵק, יִדְבַּק, לִדְבּוֹק) בינוני סביל .Pass. Part דָּבוּק glued

CaCiC דָּבִיק adhesive

הִדַּבֵּק/הִתְדַּבֵּק be joined together (Mish H) (מִדַּבֵּק, יִדַּבֵּק, לְהִדַּבֵּק)

בינוני .Pres. Part מִדַּבֵּק contagious (in MH also)

♦ דוגמאות Illustrations

היום יש בדואר בולים שאין צורך **לְהַדְבִּיק** אותם על ידי הרטבה בלשון ; הם **נִדְבָּקִים** מעצמם.

There are stamps at the post office today that one does not need to **stick** by wetting with the tongue. They **are glued** on their own.

הפחד הגדול ביותר של הנוער בימינו הוא **לְהִידָּבֵק** באיידס.

The greatest fear of youth today is of **being infected** with AIDS.

♦ ביטויים מיוחדים Special expressions

מחלה **מִידַּבֶּקֶת** contagious disease

סרט **דָּבִיק** adhesive tape

●דבר : לְדַבֵּר, לְהִידָּבֵר

דִּיבֵּר (דִּבֵּר)/דִּיבַּר/דַּבֵּר speak, talk (to)

בניין : פִּיעֵל גזרה : שלמים

	הווה Present		עבר Past	עתיד Future	ציווי Imper.
יחיד	מְדַבֵּר	אני	דִּיבַּרְתִּי	אֲדַבֵּר	
יחידה	מְדַבֶּרֶת	אתה	דִּיבַּרְתָּ	תְּדַבֵּר	דַּבֵּר
רבים	מְדַבְּרִים	את	דִּיבַּרְתְּ	תְּדַבְּרִי	דַּבְּרִי
רבות	מְדַבְּרוֹת	הוא	דִּיבֵּר	יְדַבֵּר	
		היא	דִּיבְּרָה	תְּדַבֵּר	
		אנחנו	דִּיבַּרְנוּ	נְדַבֵּר	
		אתם/ן	דִּיבַּרְתֶּם/ן	תְּדַבְּרוּ *	דַּבְּרוּ**
		הם/ן	דִּיבְּרוּ	יְדַבְּרוּ *	

שם הפועל Infin. לְדַבֵּר — * less commonly: אתן/הן תְּדַבֵּרְנָה

שם הפעולה Verbal N דִּיבּוּר speech, utterance — ** less commonly: (אתן) דַּבֵּרְנָה

בינוני Pres. Part. מְדַבֵּר speaker; 1st pers. sing. — מקור מוחלט Inf. Abs. דַּבֵּר

מקור נטוי Inf.+Pron בְּדַבְּרוֹ, כְּ...

דּוּבַּר (דֻּבַּר) be spoken, be said; be agreed (verbally)

בניין : פּוּעַל גזרה : שלמים

	הווה Present		עבר Past	עתיד Future
יחיד	מְדוּבָּר	אני	דּוּבַּרְתִּי	אֲדוּבַּר
יחידה	מְדוּבֶּרֶת	אתה	דּוּבַּרְתָּ	תְּדוּבַּר
רבים	מְדוּבָּרִים	את	דּוּבַּרְתְּ	תְּדוּבְּרִי
רבות	מְדוּבָּרוֹת	הוא	דּוּבַּר	יְדוּבַּר
		היא	דּוּבְּרָה	תְּדוּבַּר
		אנחנו	דּוּבַּרְנוּ	נְדוּבַּר
		אתם/ן	דּוּבַּרְתֶּם/ן	תְּדוּבְּרוּ *
		הם/ן	דּוּבְּרוּ	יְדוּבְּרוּ *

בינוני Pres. Part. מְדוּבָּר spoken; agreed — * less commonly: אתן/הן תְּדוּבַּרְנָה

נִדְבַּר/יִידָּבֵר (יִדָּבֵר) reach agreement; agree beforehand; talk

בניין : נִפְעַל גזרה : שלמים

	הווה Present		עבר Past	עתיד Future	ציווי Imper.
יחיד	נִדְבָּר	אני	נִדְבַּרְתִּי	אֶדָּבֵר	
יחידה	נִדְבֶּרֶת	אתה	נִדְבַּרְתָּ	תִּידָּבֵר	הִידָּבֵר
רבים	נִדְבָּרִים	את	נִדְבַּרְתְּ	תִּידָּבְרִי	הִידָּבְרִי
רבות	נִדְבָּרוֹת	הוא	נִדְבַּר	יִידָּבֵר	
		היא	נִדְבְּרָה	תִּידָּבֵר	
		אנחנו	נִדְבַּרְנוּ	נִידָּבֵר	
		אתם/ן	נִדְבַּרְתֶּם/ן	תִּידָּבְרוּ *	הִידָּבְרוּ **
		הם/ן	נִדְבְּרוּ	יִידָּבְרוּ *	

שם הפועל Infin. לְהִידָּבֵר — * less commonly: אתן/הן תִּידָּבַרְנָה

מקור מוחלט Inf. Abs. נִדְבּוֹר, הִידָּבֵר (הִידָּבוֹר) — ** less commonly: (אתן) הִידָּבַרְנָה

שם הפעולה Verbal N הִידָּבְרוּת rapprochement; communication

♦ **פעלים פחות שכיחים מאותו שורש** Less frequent verbs from the same root

דָּבַר speak, say (used mainly in present tense) < דּוֹבֵר spokesman, דָּבוּר spoken, uttered

הִידַּבֵּר speak; make arrangement (verbally) (מִידַּבֵּר, יִידַּבֵּר, לְהִידַּבֵּר)

A homonymous unrelated root meaning "destroy, exterminate" is not included in this collection.

♦ **דוגמאות** Illustrations

[בטלפון] אפשר **לְדַבֵּר** עם יעקב? **נִדְבַּרְנוּ** להיפגש בארבע; השעה חמש, והוא עדיין לא הופיע!

[on the telephone] May I **speak** with Yaakov? We have **agreed** to meet at four; it is five now, and he still has not shown up!

שר החוץ **דִּיבֵּר** עם נציגי סוריה שלושה ימים רצופים. ביום השלישי הודיע **דּוֹבֵר** משרד החוץ כי קיימת עתה תחושה בשני הצדדים שניתן להגיע לידי **הִידָּבְרוּת**.

The foreign minister **talked** to the Syrian representatives for three consecutive days. On the third day the foreign ministry **spokesman** announced that there is now a feeling on both sides that **rapprochement** is possible.

הם **מְדַבְּרִים** כבר חצי שעה, ועדיין אינני מבין במה **מְדוּבָּר**!

They **have** already **been talking** for half an hour, and I still do not understand what the conversation is about [what **is talked about**].

♦ **ביטויים מיוחדים** Special expressions

דּוֹבֵר אמת/מישרים/שלום/תמים an honest, truthful person — **דּוֹבֵר** כזב/שקר a liar

דִּיבֵּר בגנותו disparage/criticize him — **דִּיבֵּר** בשבחו praise/commend him

דִּיבֵּר סרה **speak** ill (of someone) — **דִּיבֵּר** אל הכותל/קיר "**speak** to the wall"

דַּבֵּר אל העצים ואל האבנים! same as above, only in the Imper.

כַּמְדוּבָּר as **agreed/spoken** — **דָּבָר דָּבוּר** על אופניו **expressed** clearly and methodically

● דגש : לְהַדְגִּיש

הִדְגִּישׁ/הִדְגַּשׁ/יַדְגִּישׁ emphasize, stress; highlight

בניין : הִפְעִיל — גזרה : שלמים

	Present הווה		Past עבר	Future עתיד	Imper. ציווי
יחיד	מַדְגִּישׁ	אני	הִדְגַּשְׁתִּי	אַדְגִּישׁ	
יחידה	מַדְגִּישָׁה	אתה	הִדְגַּשְׁתָּ	תַּדְגִּישׁ	הַדְגֵּשׁ
רבים	מַדְגִּישִׁים	את	הִדְגַּשְׁתְּ	תַּדְגִּישִׁי	הַדְגִּישִׁי
רבות	מַדְגִּישׁוֹת	הוא	הִדְגִּישׁ	יַדְגִּישׁ	
		היא	הִדְגִּישָׁה	תַּדְגִּישׁ	
		אנחנו	הִדְגַּשְׁנוּ	נַדְגִּישׁ	
		אתם/ן	הִדְגַּשְׁתֶּם/ן	תַּדְגִּישׁוּ *	הַדְגִּישׁוּ **
		הם/ן	הִדְגִּישׁוּ	יַדְגִּישׁוּ *	

* less commonly: אתן/הן תַּדְגֵּשְׁנָה

שם הפועל Infin. לְהַדְגִּישׁ — ** less commonly: (אתן) הַדְגֵּשְׁנָה

שם הפעולה Verbal N הַדְגָּשָׁה emphasizing; emphasis — מקור מוחלט Inf. Abs. הַדְגֵּשׁ

הוּדְגַּשׁ (הֻדְגַּשׁ) be emphasized, be stressed; be highlighted

בניין : הוּפְעַל   גזרה : שלמים

	הווה Present		עבר Past	עתיד Future
יחיד	מוּדְגָּשׁ	אני	הוּדְגַּשְׁתִּי	אוּדְגַּשׁ
יחידה	מוּדְגֶּשֶׁת	אתה	הוּדְגַּשְׁתָּ	תּוּדְגַּשׁ
רבים	מוּדְגָּשִׁים	את	הוּדְגַּשְׁתְּ	תּוּדְגְּשִׁי
רבות	מוּדְגָּשׁוֹת	הוא	הוּדְגַּשׁ	יוּדְגַּשׁ
		היא	הוּדְגְּשָׁה	תּוּדְגַּשׁ
		אנחנו	הוּדְגַּשְׁנוּ	נוּדְגַּשׁ
		אתם/ן	הוּדְגַּשְׁתֶּם/ן	תּוּדְגְּשׁוּ *
		הם/ן	הוּדְגְּשׁוּ	יוּדְגְּשׁוּ *

בינוני Pres. Part. מוּדְגָּשׁ emphasized   * less commonly: אתן/הן תּוּדְגַּשְׁנָה

♦ דוגמאות Illustrations

הנשיא **הִדְגִּישׁ** חזור **והַדְגֵּשׁ**, שאין בכוונתה של ארה״ב לתקוף את איראן.

The President **emphasized again and again** that the United States has no intention of attacking Iran.

● דהם : לְהַדְהִים, לְהִידָּהֵם

הִדְהִים/הִדְהַמ/יַדְהִים astound, amaze, astonish

בניין : הִפְעִיל   גזרה : שלמים

	הווה Present		עבר Past	עתיד Future	ציווי Imper.
יחיד	מַדְהִים	אני	הִדְהַמְתִּי	אַדְהִים	
יחידה	מַדְהִימָה	אתה	הִדְהַמְתָּ	תַּדְהִים	הַדְהֵם
רבים	מַדְהִימִים	את	הִדְהַמְתְּ	תַּדְהִימִי	הַדְהִימִי
רבות	מַדְהִימוֹת	הוא	הִדְהִים	יַדְהִים	
		היא	הִדְהִימָה	תַּדְהִים	
		אנחנו	הִדְהַמְנוּ	נַדְהִים	
		אתם/ן	הִדְהַמְתֶּם/ן	תַּדְהִימוּ *	הַדְהִימוּ **
		הם/ן	הִדְהִימוּ	יַדְהִימוּ *	

* less commonly: אתן/הן תַּדְהֵמְנָה

שם הפועל Infin. לְהַדְהִים   ** less commonly: (אתן) הַדְהֵמְנָה

שם הפעולה Verbal N הַדְהָמָה astonishing (Noun)

בינ' Pres. Part. מַדְהִים astonishing, amazing (Adj.)   מקור מוחלט Inf. Abs. הַדְהֵם

נִדְהַם/יִידָּהֵם (יִדָּהֵם) be amazed, astounded, astonished, surprised

בניין : נִפְעַל   גזרה : שלמים + ע״ג

	הווה Present		עבר Past	עתיד Future	ציווי Imper.
יחיד	נִדְהָם	אני	נִדְהַמְתִּי	אֶדָּהֵם	
יחידה	נִדְהֶמֶת	אתה	נִדְהַמְתָּ	תִּידָּהֵם	הִידָּהֵם
רבים	נִדְהָמִים	את	נִדְהַמְתְּ	תִּידָּהֲמִי	הִידָּהֲמִי
רבות	נִדְהָמוֹת	הוא	נִדְהַם	יִידָּהֵם	
		היא	נִדְהֲמָה	תִּידָּהֵם	
		אנחנו	נִדְהַמְנוּ	נִידָּהֵם	

Imper. ציווי	Future עתיד	Past עבר		Present הווה
הִידָּהֲמוּ **	תִּידָּהֲמוּ *	נִדְהַמְתֶּם/ן	אתם/ן	
	יִידָּהֲמוּ *	נִדְהֲמוּ	הם/ן	

* less commonly: אתן/הן תִּידָּהַמְנָה

** less commonly: (אתן) הִידָּהַמְנָה

שם הפועל .Infin לְהִידָּהֵם

מקור מוחלט .Inf. Abs נִדְהוֹם, הִידָּהֵם (הִידָּהוֹם)

♦ **דוגמאות** Illustrations

ראש הממשלה **הִדְהִים** את המדינה בהודעה על כוונתו לפחת את המטבע, כדי לעודד את הייצוא. הציבור **הנִדְהָם** מיהר להשקיע את חסכונותיו במטבע חוץ.

The prime minister **astounded** the country with an announcement of his intention to devalue the currency, in order to boost exports. The **astounded** public hurried to invest its savings in foreign currency.

●דוג : לָדוּג

דָּג/דַּג/יָדוּג fish

בניין : פָּעַל גזרה : ע״ו

Imper. ציווי	Future עתיד	Past עבר		Present הווה	
	אָדוּג	דַּגְתִּי	אני	דָּג	יחיד
דוּג	תָּדוּג	דַּגְתָּ	אתה	דָּגָה	יחידה
דוּגִי	תָּדוּגִי	דַּגְתְּ	את	דָּגִים	רבים
	יָדוּג	דָּג	הוא	דָּגוֹת	רבות
	תָּדוּג	דָּגָה	היא		
	נָדוּג	דַּגְנוּ	אנחנו		
דוּגוּ **	תָּדוּגוּ *	דַּגְתֶּם/ן	אתם/ן		
	יָדוּגוּ *	דָּגוּ	הם/ן		

* less commonly: אתן/הן תָּדוֹגְנָה

** less commonly: (אתן) דוֹגְנָה

שם הפועל .Infin לָדוּג

מקור מוחלט .Inf. Abs דּוֹג

מקור נטוי .Inf.+pron בְּדוּגוֹ, כְּ...

♦ **דוגמאות** Illustrations

לאביגדור אין סבלנות **לָדוּג** כמו כולם עם חכה ; הוא **דָּג** עם רימוני יד.

Avigdor does not have the patience **to fish** with a fishing pole like everybody else; he **fishes** with hand grenades.

♦ **ביטויים מיוחדים** Special expressions

דָּג במים עכורים **fish** in troubled (murky) waters

●דוח (מן דוּחַ report, מן **ד**ין **וח**שבון) : לְדַוֵּחַ

דִּיוּוַּח (דִּיוּוֵּחַ) [דִּוַּח (דִּוֵּחַ)]/דַּוַּח (דַּוֵּחַ) report, brief

בניין : פִּיעֵל גזרה : שלמים + ל״ג

	Present הווה		Past עבר	Future עתיד	Imper. ציווי
יחיד	מְדַוֵּחַ	אני	דִּיוּוַּחְתִּי	אֲדַוּוַח/אֲדַוֵּחַ*	
יחידה	מְדַוַּחַת	אתה	דִּיוּוַּחְתָּ	תְּדַוּוַח/תְּדַוֵּחַ*	דַּוּוַח/דַּוֵּחַ*
רבים	מְדַוְּחִים	את	דִּיוּוַּחְתְּ/...חַת	תְּדַוְּחִי	דַּוְּחִי
רבות	מְדַוְּחוֹת	הוא	דִּיוּוַּח/דִּיוּוֵּחַ*	יְדַוּוַח/יְדַוֵּחַ*	
		היא	דִּיוּוְּחָה	תְּדַוּוַח/תְּדַוֵּחַ*	
		אנחנו	דִּיוּוַּחְנוּ	נְדַוּוַח/נְדַוֵּחַ*	
		אתם/ן	דִּיוּוַּחְתֶּם/ן	תְּדַוְּחוּ **	דַּוְּחוּ ***
		הם/ן	דִּיוּוְּחוּ	יְדַוְּחוּ **	

שם הפועל .Infin לְדַוֵּחַ

שם הפעולה Verbal N דִּיוּוּחַ reporting

מקור מוחלט .Inf. Abs דַּוֵּחַ

* ...וֵּחַ more common in colloquial use

** less commonly: אתן/הן תְּדַוַּחְנָה

*** less commonly: (אתן) דַּוַּחְנָה

דּוּוַּח (דֻּוַּח) be reported

בניין : פּוּעַל גזרה : שלמים + ל״ג

	Present הווה		Past עבר	Future עתיד
יחיד	מְדוּוָּח	אני	דּוּוַּחְתִּי	אֲדוּוַּח
יחידה	מְדוּוַּחַת	אתה	דּוּוַּחְתָּ	תְּדוּוַּח
רבים	מְדוּוָּחִים	את	דּוּוַּחְתְּ	תְּדוּוְּחִי
רבות	מְדוּוָּחוֹת	הוא	דּוּוַּח	יְדוּוַּח
		היא	דּוּוְּחָה	תְּדוּוַּח
		אנחנו	דּוּוַּחְנוּ	נְדוּוַּח
		אתם/ן	דּוּוַּחְתֶּם/ן	תְּדוּוְּחוּ *
		הם/ן	דּוּוְּחוּ	יְדוּוְּחוּ *

* less commonly: אתן/הן תְּדוּוַּחְנָה

♦ דוגמאות Illustrations

שר הביטחון **דִּיוּוַּח** לממשלה בישיבתה השבועית על המצב בגבולות – בצפון, בדרום ובמזרח. **דִּיוּוּחוֹ** היה מבוסס על מה ש**דּוּוַּח** לו קודם לכן על-ידי אלופי הפיקוד השונים והרמטכ״ל.

The Defense Minister **reported** to the government at its weekly meeting on the situation at the borders – in the north, south, and east. His **reporting** was based on what **had been reported** to him earlier by the chiefs of the different commands and by the commander-in-chief.

●דון : לָדוּן

דָּן/דַּנ/יָדוּן consider, discuss, deliberate; judge, sentence

בניין : פָּעַל גזרה : ע״ו

	Present הווה		Past עבר	Future עתיד	Imper. ציווי
יחיד	דָּן	אני	דַּנְתִּי	אָדוּן	
יחידה	דָּנָה	אתה	דַּנְתָּ	תָּדוּן	דּוּן
רבים	דָּנִים	את	דַּנְתְּ	תָּדוּנִי	דּוּנִי
רבות	דָּנוֹת	הוא	דָּן	יָדוּן	
		היא	דָּנָה	תָּדוּן	
		אנחנו	דַּנּוּ	נָדוּן	
		אתםץ	דַּנְתֶּםץ	תָּדוּנוּ *	דּוּנוּ **
		הםץ	דָּנוּ	יָדוּנוּ *	

שם הפועל .Infin לָדוּן   * less commonly: אתן/הן תָּדוֹנָּה

מקור מוחלט .Inf. Abs דּוֹן   ** less commonly: (אתן) דּוֹנָּה

מ״י מוצרכת .Gov. Prep דָּן בּ- discuss (something)   מקור נטוי .Inf.+pron בְּדוּנוֹ, כְּ...

♦ פעלים פחות שכיחים מאותו שורש Less frequent verbs from the same root

נִידּוֹן (נָדוֹן) be sentenced; be discussed, be considered

בינוני .Pres. Part נִידּוֹן/נָדוֹן (the matter) under discussion, יִידּוֹן

הִתְדַּיֵּין (הִידַּיֵּין) litigate, argue

♦ דוגמאות Illustrations

הוועד הפועל של ההסתדרות **דָּן** הלילה בתוכנית הכלכלית החדשה של הממשלה. **נִידּוֹנוּ** הדרישה להקפאת השכר ומדיניות המחירים המוצעת. עדיין לא ברור מה בכוונת ההסתדרות לעשות ב**נִידּוֹן**.

The executive committee of the workers' union **discussed** the government's new economic program tonight. The demand to place a freeze on wages and the proposed pricing policy **were discussed**. It is still unclear what the workers' union intends to do regarding the matter under discussion.

שני הצדדים **הִתְדַּיְּינוּ** בערכאות שלוש שנים, ורק לאחרונה הגיעו לידי הסכם.

The two sides **litigated** for three years, and only recently reached a settlement.

♦ ביטויים מיוחדים Special expressions

הַנִּידּוֹן the matter **under discussion**, re: **בַּנִּידּוֹן** concerning, regarding

אל **תָּדוּן** את חברך עד שתגיע למקומו. Don't **judge** others before you have been in their shoes.

●דחה (דחי) : לִדְחוֹת, לְהִידָּחוֹת

דָּחָה/דוֹחֶה/יִדְחֶה push away, repel; postpone; reject

בניין : פָּעַל גזרה : ע״ג + ל״י

	Pres./Part. הווה/בינוני			Past עבר	Fut. עתיד	Imp. ציווי
יחיד	דּוֹחֶה	דָּחוּי	אני	דָּחִיתִי	אֶדְחֶה	
יחידה	דּוֹחָה	דְּחוּיָה	אתה	דָּחִיתָ	תִּדְחֶה	דְּחֵה
רבים	דּוֹחִים	דְּחוּיִים	את	דָּחִית	תִּדְחִי	דְּחִי
רבות	דּוֹחוֹת	דְּחוּיוֹת	הוא	דָּחָה	יִדְחֶה	
			היא	דָּחֲתָה	תִּדְחֶה	
			אנחנו	דָּחִינוּ	נִדְחֶה	
			אתם/ן	דְּחִיתֶם/ן *	תִּדְחוּ **	דְּחוּ ***
			הם/ן	דָּחוּ	יִדְחוּ **	

שם הפועל .Infin לִדְחוֹת

מקור מוחלט .Inf. Abs דָּחֹה

ביני פעיל .Act. Part דּוֹחֶה repulsive

ביני סביל .Pass. Part דָּחוּי postponed; rejected

שם הפעולה Verbal N דְּחִיָּה postponement; rejection

מקור נטוי .Inf.+pron בִּדְחוֹתוֹ, כְּ...

* Colloquial: דָּחִיתֶם/ן

** less commonly: אתן/הן תִּדְחֶינָה

*** less commonly: (אתן) דְּחֶינָה

נִדְחָה/יִידָּחֶה (יִדָּחֶה) be postponed, be rejected

בניין : נִפְעַל גזרה : ע״ג + ל״י

	Present הווה		Past עבר	Future עתיד	Imper. ציווי
יחיד	נִדְחֶה	אני	נִדְחֵיתִי	אֶדָּחֶה	
יחידה	נִדְחֵית	אתה	נִדְחֵיתָ	תִּידָּחֶה	הִידָּחֵה
רבים	נִדְחִים	את	נִדְחֵית	תִּידָּחִי	הִידָּחִי
רבות	נִדְחוֹת	הוא	נִדְחָה	יִידָּחֶה	
		היא	נִדְחֲתָה	תִּידָּחֶה	
		אנחנו	נִדְחֵינוּ	נִידָּחֶה	
		אתם/ן	נִדְחֵיתֶם/ן	תִּידָּחוּ *	הִידָּחוּ **
		הם/ן	נִדְחוּ	יִידָּחוּ *	

שם הפועל .Infin לְהִידָּחוֹת

מקור מוחלט .Inf. Abs נִדְחֹה, הִידָּחֵה

* less commonly: אתן/הן תִּידָּחֶינָה

** less commonly: (אתן) הִידָּחֶינָה

♦ דוגמאות Illustrations

משה ביקש מן היו״ר **לִדְחוֹת** את הישיבה למחרת, כדי שיהיה לו יותר זמן להתכונן, אבל בקשתו **נִדְחֲתָה**. היו״ר טען שאינו רואה כל צורך ב**דְחִיָּה**. משה כעס מאוד על כך שהישיבה לא **נִדְחֲתָה**, והכריז על התפטרותו מן הוועדה.

Moshe requested that the chairperson **postpone** the meeting to the next day, so that he has more time to prepare, but his request was **denied**. The chair argued that he saw no need for **postponement**. Moshe was very annoyed that the meeting **was** not **postponed**, and announced his resignation from the committee.

♦ ביטויים מיוחדים Special expressions

שמאל **דוֹחָה** וימין מקרבת **reject** and favor at the same time

דָּחָה בקש **reject** with a lame excuse; give an unsatisfactory answer

דָּחָה בלך ושוב avoid responding (repeatedly) **דָּחָה** בשתי ידיו **reject** very forcefully

פיקוח נפש **דוֹחֶה** שבת one is allowed to **break the law**s of the Sabbath so as to save life

●דחף : לִדְחוֹף, לְהִידָּחֵף

דָּחַף/דוֹחֵף/יִדְחַף push, shove, thrust

בניין : פָּעַל גזרה : שלמים (אֶפְעַל) + ע״ג

	Pres./Part. הווה/בינוני			Past עבר	Fut. עתיד	Imp. ציווי
יחיד	דוֹחֵף	דָּחוּף	אני	דָּחַפְתִּי	אֶדְחַף	
יחידה	דוֹחֶפֶת	דְּחוּפָה	אתה	דָּחַפְתָּ	תִּדְחַף	דְּחַף
רבים	דוֹחֲפִים	דְּחוּפִים	את	דָּחַפְתְּ	תִּדְחֲפִי	דַּחֲפִי
רבות	דוֹחֲפוֹת	דְּחוּפוֹת	הוא	דָּחַף	יִדְחַף	
			היא	דָּחֲפָה	תִּדְחַף	
			אנחנו	דָּחַפְנוּ	נִדְחַף	
			אתם/ן	דְּחַפְתֶּם/ן *	תִּדְחֲפוּ **	דַּחֲפוּ ***
			הם/ן	דָּחֲפוּ	יִדְחֲפוּ **	

שם הפועל .Infin לִדְחוֹף

* Colloquial: דָּחַפְתֶּם/ן

בינ׳ סביל .Pass. Part דָּחוּף urgent

** less commonly: אתן/הן תִּדְחַפְנָה

שם הפעולה Verbal N דְּחִיפָה pushing; a push

*** less commonly: (אתן) דְּחַפְנָה

מקור מוחלט .Inf. Abs דָּחוֹף

מקור נטוי .Inf.+pron בְּדוֹחְפוֹ, כְּ...

נִדְחַף/יִידָּחֵף (יִדָּחֵף) be pushed; enter hurriedly, as if pushed (lit.); thrust oneself (coll.)

בניין : נִפְעַל גזרה : שלמים + ע״ג

	Present הווה		Past עבר	Future עתיד	Imper. ציווי
יחיד	נִדְחָף	אני	נִדְחַפְתִּי	אֶדָּחֵף	
יחידה	נִדְחֶפֶת	אתה	נִדְחַפְתָּ	תִּידָּחֵף	הִידָּחֵף
רבים	נִדְחָפִים	את	נִדְחַפְתְּ	תִּידָּחֲפִי	הִידָּחֲפִי
רבות	נִדְחָפוֹת	הוא	נִדְחַף	יִידָּחֵף	
		היא	נִדְחֲפָה	תִּידָּחֵף	
		אנחנו	נִדְחַפְנוּ	נִידָּחֵף	
		אתם/ן	נִדְחַפְתֶּם/ן	תִּידָּחֲפוּ *	הִידָּחֲפוּ **
		הם/ן	נִדְחֲפוּ	יִידָּחֲפוּ *	

* less commonly: אתן/הן תִּידָּחַפְנָה

שם הפועל .Infin לְהִידָּחֵף

** less commonly: (אתן) הִידָּחַפְנָה

שם הפעולה Verbal N הִידָּחֲפוּת being pushed; thrusting oneself (coll.)

מקור מוחלט .Inf. Abs נִדְחוֹף, הִידָּחֵף

♦ **דוגמאות** Illustrations

אתה יכול לעזור לי **לִדְחוֹף** את המכונית? **דְּחִיפָה** קטנה והיא נדלקת. אני ממהר כי יש לי פגישה **דְּחוּפָה**.

Can you help me **push** the car? A small **push** and it starts. I'm in a hurry since I have an **urgent** appointment.

יש תור. למה אתה **נִדְחָף** לראש התור?

There's a line here. Why are you **pushing yourself** to the head of the line?

● דחק : לְהַדְחִיק, לִדְחוֹק, לְהִידָּחֵק

הִדְחִיק/הִדְחַק/יַדְחִיק repress (psychoanalysis)

בניין : הִפְעִיל גזרה : שלמים

	Present הווה		Past עבר	Future עתיד	Imper. ציווי
יחיד	מַדְחִיק	אני	הִדְחַקְתִּי	אַדְחִיק	
יחידה	מַדְחִיקָה	אתה	הִדְחַקְתָּ	תַּדְחִיק	הַדְחֵק
רבים	מַדְחִיקִים	את	הִדְחַקְתְּ	תַּדְחִיקִי	הַדְחִיקִי
רבות	מַדְחִיקוֹת	הוא	הִדְחִיק	יַדְחִיק	
		היא	הִדְחִיקָה	תַּדְחִיק	
		אנחנו	הִדְחַקְנוּ	נַדְחִיק	
		אתם/ן	הִדְחַקְתֶּם/ן	תַּדְחִיקוּ *	הַדְחִיקוּ **
		הם/ן	הִדְחִיקוּ	יַדְחִיקוּ *	

שם הפועל .Infin לְהַדְחִיק

* less commonly: אתן/הן תַּדְחֵקְנָה

מקור מוחלט .Inf. Abs הַדְחֵק

** less commonly:(אתן) הַדְחֵקְנָה

שם הפעולה Verbal N הַדְחָקָה repression (psych.)

דָּחַק/דּוֹחֵק/יִדְחַק (יִדְחַק) push, shove; prod, spur; displace

בניין : פָּעַל גזרה : שלמים (אֶפְעַל) + ע״ג

	Pres./Part. הווה/בינוני			Past עבר	Fut. עתיד	Imp. ציווי
יחיד	דּוֹחֵק	דָּחוּק	אני	דָּחַקְתִּי	אֶדְחַק	
יחידה	דּוֹחֶקֶת	דְּחוּקָה	אתה	דָּחַקְתָּ	תִּדְחַק	דְּחַק
רבים	דּוֹחֲקִים	דְּחוּקִים	את	דָּחַקְתְּ	תִּדְחֲקִי	דַּחֲקִי
רבות	דּוֹחֲקוֹת	דְּחוּקוֹת	הוא	דָּחַק	יִדְחַק	
			היא	דָּחֲקָה	תִּדְחַק	
			אנחנו	דָּחַקְנוּ	נִדְחַק	
			אתם/ן	דְּחַקְתֶּם/ן *	תִּדְחֲקוּ **	דַּחֲקוּ ***
			הם/ן	דָּחֲקוּ	יִדְחֲקוּ **	

שם הפועל .Infin לִדְחוֹק

* Colloquial: דָּחַקְתֶּם/ן

מקור מוחלט .Inf. Abs דָּחוֹק

** less commonly: אתן/הן תִּדְחַקְנָה

שם הפעו׳ Verbal N דְּחִיקָה pushing, shoving

*** less commonly:(אתן) דְּחַקְנָה

בינ׳ סביל .Pass. Part דָּחוּק weak, insubstantial; hard-pressed; squeezed

נִדְחַק/יִידָּחֵק (יִדָּחֵק) force one's way in; be pushed aside

בניין : נִפְעַל   גזרה : שלמים

Imper. ציווי	Future עתיד	Past עבר		Present הווה	
	אֶדָּחֵק	נִדְחַקְתִּי	אני	נִדְחָק	יחיד
הִידָּחֵק	תִּידָּחֵק	נִדְחַקְתָּ	אתה	נִדְחֶקֶת	יחידה
הִידָּחֲקִי	תִּידָּחֲקִי	נִדְחַקְתְּ	את	נִדְחָקִים	רבים
	יִידָּחֵק	נִדְחַק	הוא	נִדְחָקוֹת	רבות
	תִּידָּחֵק	נִדְחֲקָה	היא		
	נִידָּחֵק	נִדְחַקְנוּ	אנחנו		
הִידָּחֲקוּ **	תִּידָּחֲקוּ *	נִדְחַקְתֶּם/ן	אתם/ן		
	יִידָּחֲקוּ *	נִדְחֲקוּ	הם/ן		

שם הפועל .Infin לְהִידָּחֵק   * less commonly: אתן/הן תִּידָּחַקְנָה

מקור מוחלט .Inf. Abs נִדְחוֹק, הִידָּחֵק   ** less commonly: (אתן) הִידָּחַקְנָה

שם הפעולה Verbal N הִידָּחֲקוּת being squeezed in, being squashed

♦ פעלים פחות שכיחים מאותו שורש Less frequent verbs from the same root

הוּדְחַק (הֻדְחַק) be repressed (בינ' סביל .Pass. Part מוּדְחָק repressed, יוּדְחַק)

♦ דוגמאות Illustrations

ההסבר היחיד להתנהגותו המוזרה הוא שקרה לו משהו כשהיה ילד, ושהוא **הִדְחִיק** את האירוע מתודעתו.

The only explanation for his strange behavior is that something happened to him when he was a child, and that he **repressed** it from his memory.

בתור לאוטובוס הוא תמיד **נִדְחָק** לראש התור.

In the bus line he always **forces his way in** to the head of the line (less coll. than נִדְחַף)

♦ ביטויים מיוחדים Special expressions

דָּחַק אותו לקיר/לפינה won't let him escape   **דָּחַק** את הקץ could not wait for the end

● דיק : לְדַיֵּק

דִּיֵּק (דִּיֵק)/דִּייַּק/דַּייֵּק be prompt; be precise, be accurate

בניין : פִּיעֵל   גזרה : שלמים

Imper. ציווי	Future עתיד	Past עבר		Present הווה	
	אֲדַייֵּק	דִּייַּקְתִּי	אני	מְדַייֵּק	יחיד
דַּייֵּק	תְּדַייֵּק	דִּייַּקְתָּ	אתה	מְדַייֶּקֶת	יחידה
דַּייְּקִי	תְּדַייְּקִי	דִּייַּקְתְּ	את	מְדַייְּקִים	רבים
	יְדַייֵּק	דִּייֵּק	הוא	מְדַייְּקוֹת	רבות
	תְּדַייֵּק	דִּייְּקָה	היא		
	נְדַייֵּק	דִּייַּקְנוּ	אנחנו		
דַּייְּקוּ **	תְּדַייְּקוּ *	דִּייַּקְתֶּם/ן	אתם/ן		
	יְדַייְּקוּ *	דִּייְּקוּ	הם/ן		

שם הפועל .Infin לְדַייֵּק   * less commonly: אתן/הן תְּדַייֵּקְנָה

שם הפעולה Verbal N דִּיּוּק precision   ** less commonly: (אתן) דַּייֵּקְנָה

מקור מוחלט .Inf. Abs דַּייֵּק   מ"י מוצרכת .Gov. Prep דִּייֵּק ב- be precise in/with…

♦ פעלים פחות שכיחים מאותו שורש Less frequent verbs from the same root

[דוּיַּק be made precise] מְדוּיָּק (form is common) (Pres. Part. only) precise

♦ דוגמאות Illustrations

אם לא **תְּדַיְּיקוּ**, לא יתנו לכם להיכנס עד תום המערכה הראשונה. הדלתות נסגרות ברגע שהאופרה מתחילה.

If you **are** not **prompt**, they won't let you in until the end of the first act. The doors close the moment the opera begins.

הלוליין חייב **לְדַיֵּיק** מאוד בתנועותיו ; כל תנועה שאינה **מְדוּיֶּקֶת** עלולה להסתיים בנפילה.

An acrobat must **be** very **precise** with his movement; any movement that is not **precise** may end with a fall.

●דכא : לְדַכֵּא

דִּיכֵּא (דִּכֵּא)/דַּכֵּא oppress; crush; cause depression

בניין : פִּיעֵל גזרה : ל״א

	Present הווה		Past עבר	Future עתיד	Imper. ציווי
יחיד	מְדַכֵּא	אני	דִּיכֵּאתִי	אֲדַכֵּא	
יחידה	מְדַכֵּאת	אתה	דִּיכֵּאתָ	תְּדַכֵּא	דַּכֵּא
רבים	מְדַכְּאִים	את	דִּיכֵּאת	תְּדַכְּאִי	דַּכְּאִי
רבות	מְדַכְּאוֹת	הוא	דִּיכֵּא	יְדַכֵּא	
		היא	דִּיכְּאָה	תְּדַכֵּא	
		אנחנו	דִּיכֵּאנוּ	נְדַכֵּא	
		אתם/ן	דִּיכֵּאתֶם/ן	תְּדַכְּאוּ *	דַּכְּאוּ **
		הם/ן	דִּיכְּאוּ	יְדַכְּאוּ *	

שם הפועל .Infin לְדַכֵּא — * less commonly: אתן/הן תְּדַכֶּאנָה

מקור מוחלט .Inf. Abs דַּכֵּא — ** less commonly: (אתן) דַּכֶּאנָה

בינ׳ פעיל .Active Part מְדַכֵּא oppressor; oppressive, oppressing

שם הפעולה Verbal N דִּיכּוּי oppression (from closely related DKY root)

Note: דִּיכּוּא is lit.-rare.

דּוּכָּא (דֻּכָּא) be oppressed; be crushed

בניין : פּוּעַל גזרה : ל״א

	Present הווה		Past עבר	Future עתיד
יחיד	מְדוּכָּא	אני	דּוּכֵּאתִי	אֲדוּכָּא
יחידה	מְדוּכֵּאת	אתה	דּוּכֵּאתָ	תְּדוּכָּא
רבים	מְדוּכָּאִים	את	דּוּכֵּאת	תְּדוּכְּאִי
רבות	מְדוּכָּאוֹת	הוא	דּוּכָּא	יְדוּכָּא
		היא	דּוּכְּאָה	תְּדוּכָּא
		אנחנו	דּוּכֵּאנוּ	נְדוּכָּא
		אתם/ן	דּוּכֵּאתֶם/ן	תְּדוּכְּאוּ *
		הם/ן	דּוּכְּאוּ	יְדוּכְּאוּ *

בינוני .Pres. Part מְדוּכָּא oppressed; depressed — * less commonly: אתן/הן תְּדוּכֶּאנָה

♦ **דוגמאות** Illustrations

ממשלתו של פוטין **מְדַכֵּאת** את האופוזיציה ואת העיתונות החופשית באופן ברוטאלי ביותר, אבל היא אינה מצליחה להפחיד את הנועזים שבהם.

The Putin government **oppresses** the opposition and the free press quite brutally, but it does not scare the bravest among them.

אני **מְדוּכָּא** לחלוטין מן המצב הפוליטי הנוכחי, ומקווה שבכל זאת משהו טוב יקרה בסוף.

I am totally **depressed** by the current political situation, and hope that something good will nevertheless happen in the end.

● דלג : לְדַלֵּג

דִּילֵּג (דִּלֵּג)/דִּילַּג/דַּלֵּג jump over, leap; skip over

בניין : פִּיעֵל גזרה : שלמים

Imper. ציווי	Future עתיד	Past עבר		Present הווה	
	אֲדַלֵּג	דִּילַּגְתִּי	אני	מְדַלֵּג	יחיד
דַּלֵּג	תְּדַלֵּג	דִּילַּגְתָּ	אתה	מְדַלֶּגֶת	יחידה
דַּלְּגִי	תְּדַלְּגִי	דִּילַּגְתְּ	את	מְדַלְּגִים	רבים
	יְדַלֵּג	דִּילֵּג	הוא	מְדַלְּגוֹת	רבות
	תְּדַלֵּג	דִּילְּגָה	היא		
	נְדַלֵּג	דִּילַּגְנוּ	אנחנו		
דַּלְּגוּ**	תְּדַלְּגוּ *	דִּילַּגְתֶּם/ן	אתם/ן		
	יְדַלְּגוּ *	דִּילְּגוּ	הם/ן		

שם הפועל .Infin לְדַלֵּג

מקור מוחלט .Inf. Abs דַּלֵּג

שם הפעולה Verbal N דִּילּוּג jumping/skipping over

* less commonly: אתן/הן תְּדַלֵּגְנָה

** less commonly: (אתן) דַּלֵּגְנָה

♦ **דוגמאות** Illustrations

חיים אוהב לקרוא, אבל מעדיף **לְדַלֵּג** על קטעים שאינם מעניינים אותו.

Hayyim likes to read, but prefers to **skip over** passages that do not interest him.

● דלק : לְהַדְלִיק, לְהִידָּלֵק, לִדְלוֹק

הִדְלִיק/הִדְלַק/יַדְלִיק light, put on light, set fire (to)

בניין : הִפְעִיל גזרה : שלמים

Imper. ציווי	Future עתיד	Past עבר		Present הווה	
	אַדְלִיק	הִדְלַקְתִּי	אני	מַדְלִיק	יחיד
הַדְלֵק	תַּדְלִיק	הִדְלַקְתָּ	אתה	מַדְלִיקָה	יחידה
הַדְלִיקִי	תַּדְלִיקִי	הִדְלַקְתְּ	את	מַדְלִיקִים	רבים
	יַדְלִיק	הִדְלִיק	הוא	מַדְלִיקוֹת	רבות
	תַּדְלִיק	הִדְלִיקָה	היא		
	נַדְלִיק	הִדְלַקְנוּ	אנחנו		
הַדְלִיקוּ **	תַּדְלִיקוּ *	הִדְלַקְתֶּם/ן	אתם/ן		
	יַדְלִיקוּ *	הִדְלִיקוּ	הם/ן		

שם הפועל .Infin לְהַדְלִיק	less commonly: * אתן/הן תַּדְלֵקְנָה
שם הפעולה Verbal N הַדְלָקָה lighting	less commonly: ** (אתן) הַדְלֵקְנָה
בינוני .Pres. Part מַדְלִיק (.great, admirable (sl	מקור מוחלט .Inf. Abs הַדְלֵק

be lit, be turned on (light) נִדְלַק/יִידָּלֵק (יִדָּלֵק)

בניין : נִפְעַל גזרה : שלמים

	הווה Present		עבר Past	עתיד Future	ציווי .Imper
יחיד	נִדְלָק	אני	נִדְלַקְתִּי	אֶדָּלֵק	
יחידה	נִדְלֶקֶת	אתה	נִדְלַקְתָּ	תִּידָּלֵק	הִידָּלֵק
רבים	נִדְלָקִים	את	נִדְלַקְתְּ	תִּידָּלְקִי	הִידָּלְקִי
רבות	נִדְלָקוֹת	הוא	נִדְלַק	יִידָּלֵק	
		היא	נִדְלְקָה	תִּידָּלֵק	
		אנחנו	נִדְלַקְנוּ	נִידָּלֵק	
		אתםץ	נִדְלַקְתֶּםץ	* תִּידָּלְקוּ	** הִידָּלְקוּ
		הםץ	נִדְלְקוּ	* יִידָּלְקוּ	

שם הפועל .Infin לְהִידָּלֵק	less commonly: * אתן/הן תִּידָּלַקְנָה
מקור מוחלט .Inf. Abs נִדְלוֹק, הִידָּלֵק (...לוֹק)	less commonly: ** (אתן) הִידָּלַקְנָה
שם הפעולה Verbal N הִידָּלְקוּת getting lit/turned on	
מ״י מוצרכת .Gov. Prep נִדְלַק על (.become crazy about (sl	

burn דָּלַק/דּוֹלֵק/יִדְלוֹק (יִדְלֹק)

בניין : פָּעַל גזרה : שלמים (אֶפְעוֹל)

	הווה/בינוני .Pres./Part			עבר Past	עתיד .Fut	ציווי .Imp
יחיד	דּוֹלֵק	דָּלוּק	אני	דָּלַקְתִּי	אֶדְלוֹק	
יחידה	דּוֹלֶקֶת	דְּלוּקָה	אתה	דָּלַקְתָּ	תִּדְלוֹק	דְּלוֹק
רבים	דּוֹלְקִים	דְּלוּקִים	את	דָּלַקְתְּ	תִּדְלְקִי	דִּלְקִי
רבות	דּוֹלְקוֹת	דְּלוּקוֹת	הוא	דָּלַק	יִדְלוֹק	
			היא	דָּלְקָה	תִּדְלוֹק	
			אנחנו	דָּלַקְנוּ	נִדְלוֹק	
			אתםץ	* דְּלַקְתֶּםץ	** תִּדְלְקוּ	*** דִּלְקוּ
			הםץ	דָּלְקוּ	** יִדְלְקוּ	

שם הפועל .Infin לִדְלוֹק	Colloquial: * דָּלַקְתֶּםץ
שם הפעולה Verbal N דְּלֵיקָה fire	less commonly: ** אתן/הן תִּדְלוֹקְנָה
ביני סביל .Pass. Part דָּלוּק lit	less commonly: *** (אתן) דְּלוֹקְנָה
דָּלוּק (על) (.crazy (about) (sl	קָטִיל .CaCiC adj./N דָּלִיק flammable
מקור מוחלט .Inf. Abs דָּלוֹק	מקור נטוי .Inf.+pron בְּדוֹלְקוֹ, כְּ...

♦ **פעלים פחות שכיחים מאותו שורש** Less frequent verbs from the same root

הוּדְלַק (הֻדְלַק) (be lit, be set (fire (מוּדְלָק (.is lit; inflamed (coll, יוּדְלַק)

A less frequent homonymous root meaning "pursue" (realized only in דָּלַק ,פָּעַל) is not included in this collection.

♦ **דוגמאות** Illustrations

בגלל הסופה נותק זרם החשמל בשכונה. **הִדְלַקְתִּי** נר וניסיתי להמשיך לעבוד לאורו, אבל הנר היה קצר **ודָלַק** רק כרבע שעה. לאחר כשעה **נִדְלְקוּ** שוב האורות.

Because of the storm the electricity supply to the neighborhood was cut. I **lit** a candle and tried to work by its light, but the candle was short and **burned** only for about a quarter of an hour. After an hour the lights **came on** again.

לפיד האולימפיאדה **מוּדְלָק** בדרך כלל על ידי ספורטאי מצטיין או על ידי אישיות פופולארית במדינה המארחת.

The Olympic torch is generally **lit** either by a distinguished athlete, or by a popular person from the host country.

● דמה (דמי) : לְהִידָּמוֹת, לִדְמוֹת, לְדַמּוֹת

נִדְמָה/יִידָּמֶה (יִדָּמֶה) seem, appear to be; resemble

בניין : נִפְעַל גזרה : ל״י

	Present הווה		Past עבר	Future עתיד	Imper. ציווי
יחיד	נִדְמֶה	אני	נִדְמֵיתִי	אֶדָּמֶה	
יחידה	נִדְמֵית	אתה	נִדְמֵיתָ	תִּידָּמֶה	הִידָּמֵה
רבים	נִדְמִים	את	נִדְמֵית	תִּידָּמִי	הִידָּמִי
רבות	נִדְמוֹת	הוא	נִדְמָה	יִידָּמֶה	
		היא	נִדְמְתָה	תִּידָּמֶה	
		אנחנו	נִדְמֵינוּ	נִידָּמֶה	
		אתם/ן	נִדְמֵיתֶם/ן	תִּידָּמוּ *	הִידָּמוּ **
		הם/ן	נִדְמוּ	יִידָּמוּ *	

שם הפועל .Infin לְהִידָּמוֹת

* less commonly: אתן/הן תִּידָּמֶינָה

ש׳ הפע׳ Ver. N הִידָּמוּת seeming; resembling

** less commonly: (אתן) הִידָּמֶינָה

בינוני .Pres. Part נִדְמֶה seems, appears

מקור מוחלט .Inf. Abs נִדְמֹה, הִידָּמֵה

דָּמָה/דוֹמֶה/יִדְמֶה resemble

בניין : פָּעַל גזרה : ל״י

	Present הווה		Past עבר	Fut. עתיד	Imp. ציווי
יחיד	דּוֹמֶה	אני	דָּמִיתִי	אֶדְמֶה	
יחידה	דּוֹמָה	אתה	דָּמִיתָ	תִּדְמֶה	דְּמֵה
רבים	דּוֹמִים	את	דָּמִית	תִּדְמִי	דְּמִי
רבות	דּוֹמוֹת	הוא	דָּמָה	יִדְמֶה	
		היא	דָּמְתָה	תִּדְמֶה	
		אנחנו	דָּמִינוּ	נִדְמֶה	
		אתם/ן	דְּמִיתֶם/ן *	תִּדְמוּ **	דְּמוּ ***
		הם/ן	דָּמוּ	יִדְמוּ **	

* Colloquial: דָּמִיתֶם/ן

שם הפועל .Infin לִדְמוֹת

** less commonly: אתן/הן תִּדְמֶינָה

מקור מוחלט .Inf. Abs דָּמֹה

*** less commonly: (אתן) דְּמֶינָה

דִּימָּה (דִּמָּה)/דַּמֵּה imagine; conceptualize, visualize; compare

בניין : פִּיעֵל   גזרה : ל״י

	Present הווה		Past עבר	Future עתיד	Imper. ציווי
יחיד	מְדַמֶּה	אני	דִּימִּיתִי	אֲדַמֶּה	
יחידה	מְדַמָּה	אתה	דִּימִּיתָ	תְּדַמֶּה	דַּמֵּה
רבים	מְדַמִּים	את	דִּימִּית	תְּדַמִּי	דַּמִּי
רבות	מְדַמּוֹת	הוא	דִּימָּה	יְדַמֶּה	
		היא	דִּימְּתָה	תְּדַמֶּה	
		אנחנו	דִּימִּינוּ	נְדַמֶּה	
		אתםץ	דִּימִּיתֶםץ	* תְּדַמּוּ	דַּמּוּ**
		הםץ	דִּימּוּ	* יְדַמּוּ	

* less commonly: אתן/הן תְּדַמֶּינָה

** less commonly: (אתן) דַּמֶּינָה

שם הפועל .Infin לְדַמּוֹת

שם הפעולה Verbal N דִּימּוּי imagery, simile   מקור מוחלט .Inf. Abs דַּמֵּה

♦ דוגמאות Illustrations

הזרזיר **דּוֹמֶה** במקצת לעורב, אבל קטן ממנו.

The starling somewhat **resembles** a raven, but is smaller.

נִדְמֶה לי שראיתי אותו אתמול מטייל ברחוב כשחלפתי על פניו באוטובוס, אבל אני לא בטוח.

It **seems** to me that I saw him strolling on the road yesterday when I passed by him while on the bus, but I am not sure.

כשדון קישוט **דִּימָּה** שטחנות הרוח הן ענקים, הוא תקף אותן בחמת רצח וכמובן נחבל קשות.

When Don Quixote **imagined** that the windmills were giants, he attacked them with fury, and of course was badly injured.

♦ ביטויים מיוחדים Special expressions

דִּימָּה בדעתו/בנפשו imagined, considered   **דּוֹמַנִי** it seems to me

●דמין : לְדַמְיֵין

דִּמְיֵין (דִּמְיֵן)/דִּמְיַינ/דַּמְיֵין imagine

בניין : פִּיעֵל   גזרה : מרובעים + ל״נ

	Present הווה		Past עבר	Future עתיד	Imper. ציווי
יחיד	מְדַמְיֵין	אני	דִּמְיַינְתִּי	אֲדַמְיֵין	
יחידה	מְדַמְיֶינֶת	אתה	דִּמְיַינְתָּ	תְּדַמְיֵין	דַּמְיֵין
רבים	מְדַמְיְינִים	את	דִּמְיַינְתְּ	תְּדַמְיְינִי	דַּמְיְינִי
רבות	מְדַמְיְינוֹת	הוא	דִּמְיֵין	יְדַמְיֵין	
		היא	דִּמְיְינָה	תְּדַמְיֵין	
		אנחנו	דִּמְיַינּוּ	נְדַמְיֵין	
		אתםץ	דִּמְיַינְתֶּםץ	* תְּדַמְיְינוּ	** דַּמְיְינוּ
		הםץ	דִּמְיְינוּ	* יְדַמְיְינוּ	

* less commonly: אתן/הן תְּדַמְיֵינָּה

** less commonly: (אתן) דַּמְיֵינָּה

שם הפועל .Infin לְדַמְיֵין

מקור מוחלט .Inf. Abs דַּמְיֵין

♦ פעלים פחות שכיחים מאותו שורש Less frequent verbs from the same root
דוּמְיַין be imagined (מְדוּמְיָין, יְדוּמְיַין)

♦ דוגמאות Illustrations
כשהייתי ילד, **דִּמְיַינְתִּי** לעצמי לא פעם שאני מצליח להשתחרר מחוקי המשיכה של כדור הארץ ולרחף.
When I was a kid, I **imagined** a few times that I was able to overcome the gravitational pull of the Earth and levitate.

●דפס : לְהַדְפִּיס

הִדְפִּיס/הִדְפַּס/יַדְפִּיס type, print

בניין : הִפְעִיל גזרה : שלמים

	Present הווה		Past עבר	Future עתיד	Imper. ציווי
יחיד	מַדְפִּיס	אני	הִדְפַּסְתִּי	אַדְפִּיס	
יחידה	מַדְפִּיסָה	אתה	הִדְפַּסְתָּ	תַּדְפִּיס	הַדְפֵּס
רבים	מַדְפִּיסִים	את	הִדְפַּסְתְּ	תַּדְפִּיסִי	הַדְפִּיסִי
רבות	מַדְפִּיסוֹת	הוא	הִדְפִּיס	יַדְפִּיס	
		היא	הִדְפִּיסָה	תַּדְפִּיס	
		אנחנו	הִדְפַּסְנוּ	נַדְפִּיס	
		אתם/ן	הִדְפַּסְתֶּם/ן	תַּדְפִּיסוּ *	הַדְפִּיסוּ **
		הם/ן	הִדְפִּיסוּ	יַדְפִּיסוּ *	

שם הפועל .Infin לְהַדְפִּיס — * less commonly: אתן/הן תַּדְפֵּסְנָה
מקור מוחלט .Inf. Abs הַדְפֵּס — ** less commonly: (אתן) הַדְפֵּסְנָה
שם הפעולה Verbal N הַדְפָּסָה printing — הֶדְפֵּס print (N)
בינוני .Pres. Part מַדְפִּיס

הוּדְפַּס (הֻדְפַּס) be printed

בניין : הוּפְעַל גזרה : שלמים

	Present הווה		Past עבר	Future עתיד
יחיד	מוּדְפָּס	אני	הוּדְפַּסְתִּי	אוּדְפַּס
יחידה	מוּדְפֶּסֶת	אתה	הוּדְפַּסְתָּ	תּוּדְפַּס
רבים	מוּדְפָּסִים	את	הוּדְפַּסְתְּ	תּוּדְפְּסִי
רבות	מוּדְפָּסוֹת	הוא	הוּדְפַּס	יוּדְפַּס
		היא	הוּדְפְּסָה	תּוּדְפַּס
		אנחנו	הוּדְפַּסְנוּ	נוּדְפַּס
		אתם/ן	הוּדְפַּסְתֶּם/ן	תּוּדְפְּסוּ *
		הם/ן	הוּדְפְּסוּ	יוּדְפְּסוּ *

בינוני .Pres. Part מוּדְפָּס printed — * less commonly: אתן/הן תּוּדְפַּסְנָה

♦ דוגמאות Illustrations
אם מדינה **מַדְפִּיסָה** יותר מדיי שטרות כסף חדשים בתקופות קשות, אובד אימונו של הציבור בערכו של הכסף.
If a state **prints** too much paper money in difficult periods, the public loses faith in the value of its currency.

●דפק : לִדְפּוֹק, לְהִידָּפֵק

דָּפַק/דוֹפֵק/יִדְפּוֹק (יִדְפֹּק) knock, beat; mess up, "fix"/"do," "ruin" (sl.); have sexual intercourse (sl.); go/work well (sl.)

בניין : פָּעַל גזרה : שלמים (אֶפְעוֹל)

	Pres./Part. הווה/בינוני			Past עבר	Fut. עתיד	Imp. ציווי
יחיד	דוֹפֵק	דָּפוּק	אני	דָּפַקְתִּי	אֶדְפּוֹק ****	
יחידה	דוֹפֶקֶת	דְּפוּקָה	אתה	דָּפַקְתָּ	תִּדְפּוֹק	דְּפוֹק
רבים	דוֹפְקִים	דְּפוּקִים	את	דָּפַקְתְּ	תִּדְפְּקִי	דִּפְקִי
רבות	דוֹפְקוֹת	דְּפוּקוֹת	הוא	דָּפַק	יִדְפּוֹק	
			היא	דָּפְקָה	תִּדְפּוֹק	
			אנחנו	דָּפַקְנוּ	נִדְפּוֹק	
			אתם/ן	דְּפַקְתֶּם/ן *	תִּדְפְּקוּ **	דִּפְקוּ ***
			הם/ן	דָּפְקוּ	יִדְפְּקוּ **	

* Colloquial: דָּפַקְתֶּם/ן

** less commonly: אתן/הן תִּדְפּוֹקְנָה

*** less commonly: (אתן) דְּפוֹקְנָה

**** colloquial: לִדְפּוֹק, אֶדְפּוֹק...

שם הפועל .Infin לִדְפּוֹק ****

מקור מוחלט .Inf. Abs דָּפוֹק

מקור נטוי .Inf.+pron בְּדוֹפְקוֹ, כְּ...

ביני פעיל .Act. Part דּוֹפֵק go/work well (sl.)

ביני סביל .Pass. Part דָּפוּק messed up (sl.)

שם הפעולה Verbal N דְּפִיקָה a knock; a mess up (sl.); sexual intercourse (sl.)

מ״י מוצרכת .Gov. Prep דָּפַק על/ב- knock on

נִדְפַּק/יִידָּפֵק (יִדָּפֵק) be knocked, be beaten; get messed up (sl.); to be had sexually (sl.)

בניין : נִפְעַל גזרה : שלמים

	Present הווה		Past עבר	Future עתיד	Imper. ציווי
יחיד	נִדְפָּק ***	אני	נִדְפַּקְתִּי ***	אֶדָּפֵק	
יחידה	נִדְפֶּקֶת	אתה	נִדְפַּקְתָּ	תִּידָּפֵק	הִידָּפֵק
רבים	נִדְפָּקִים	את	נִדְפַּקְתְּ	תִּידָּפְקִי	הִידָּפְקִי
רבות	נִדְפָּקוֹת	הוא	נִדְפַּק	יִידָּפֵק	
		היא	נִדְפְּקָה	תִּידָּפֵק	
		אנחנו	נִדְפַּקְנוּ	נִידָּפֵק	
		אתם/ן	נִדְפַּקְתֶּם/ן	תִּידָּפְקוּ *	הִידָּפְקוּ **
		הם/ן	נִדְפְּקוּ	יִידָּפְקוּ *	

* less commonly: אתן/הן תִּידָּפַקְנָה

** less commonly: (אתן) הִידָּפַקְנָה

*** colloquial: נִדְפָּק..., נִדְפָּקְתִּי...

שם הפועל .Infin לְהִידָּפֵק

שם הפעולה Verbal N הִידָּפְקוּת being knocked/messed up

מקור מוחלט .Inf. Abs נִדְפּוֹק, הִידָּפֵק (הִידָּפוֹק)

♦ **פעלים פחות שכיחים מאותו שורש** Less frequent verbs from the same root

הִתְדַּפֵּק (על) [הִידַּפֵּק] knock many times (on) (מִתְדַּפֵּק, יִתְדַּפֵּק, לְהִתְדַּפֵּק)

♦ דוגמאות Illustrations

דָּפַקְתִּי בדלת/על הדלת, שתיים או שלוש **דְּפִיקוֹת**, אבל לא הייתה תשובה. היא לא בבית! הייתי צריך לטלפן קודם.

I **knocked** on the door, two or three **knocks**, but there was no answer. She's not home! I should have phoned earlier.

אל תדאג ; הכל **דּוֹפֵק** מצוין.

Don't worry; everything is **going/proceeding** very well (sl.).

● דקר : לִדְקוֹר, לְהִידָּקֵר

דָּקַר/דּוֹקֵר/יִדְקוֹר (יִדְקֹר) prick, stab; tease

בניין : פָּעַל גזרה : שלמים (אֶפְעוֹל)

	Pres./Part. הווה/בינוני			Past עבר	Fut. עתיד	Imp. ציווי
יחיד	דּוֹקֵר	דָּקוּר	אני	דָּקַרְתִּי	אֶדְקוֹר	
יחידה	דּוֹקֶרֶת	דְּקוּרָה	אתה	דָּקַרְתָּ	תִּדְקוֹר	דְּקוֹר
רבים	דּוֹקְרִים	דְּקוּרִים	את	דָּקַרְתְּ	תִּדְקְרִי	דִּקְרִי
רבות	דּוֹקְרוֹת	דְּקוּרוֹת	הוא	דָּקַר	יִדְקוֹר	
			היא	דָּקְרָה	תִּדְקוֹר	
			אנחנו	דָּקַרְנוּ	נִדְקוֹר	
			אתםץ	* דְּקַרְתֶּםץ	** תִּדְקְרוּ	*** דִּקְרוּ
			הםץ	דָּקְרוּ	** יִדְקְרוּ	

שם הפועל .Infin לִדְקוֹר

* Colloquial: דָּקַרְתֶּםץ

שם הפעולה Verbal N דְּקִירָה a prick, a stab

** less commonly: אתן/הן תִּדְקוֹרְנָה

ביני פעיל .Act. Part דּוֹקֵר prickly

*** less commonly: (אתן) דְּקוֹרְנָה

ביני סביל .Pass. Part דָּקוּר stabbed

מקור נטוי .Inf.+pron בְּדוֹקְרוֹ, כְּ...

מקור מוחלט .Inf. Abs דָּקוֹר

נִדְקַר/יִידָּקֵר (יִדָּקֵר) be pricked, be pierced, be stabbed

בניין : נִפְעַל גזרה : שלמים

	Present הווה		Past עבר	Future עתיד	Imper. ציווי
יחיד	נִדְקָר	אני	נִדְקַרְתִּי	אֶדָּקֵר	
יחידה	נִדְקֶרֶת	אתה	נִדְקַרְתָּ	תִּידָּקֵר	הִידָּקֵר
רבים	נִדְקָרִים	את	נִדְקַרְתְּ	תִּידָּקְרִי	הִידָּקְרִי
רבות	נִדְקָרוֹת	הוא	נִדְקַר	יִידָּקֵר	
		היא	נִדְקְרָה	תִּידָּקֵר	
		אנחנו	נִדְקַרְנוּ	נִידָּקֵר	
		אתםץ	נִדְקַרְתֶּםץ	* תִּידָּקְרוּ	** הִידָּקְרוּ
		הםץ	נִדְקְרוּ	* יִידָּקְרוּ	

שם הפועל .Infin לְהִידָּקֵר

* less commonly: אתן/הן תִּידָּקַרְנָה

שם הפעולה Verbal N הִידָּקְרוּת being stabbed

** less commonly: (אתן) הִידָּקַרְנָה

מקור מוחלט .Inf. Abs נִדְקוֹר, הִידָּקֵר (הִידָּקוֹר)

♦ דוגמאות Illustrations

המשטרה מודיעה כי שלושה חברי כנופיה **נִדְקְרוּ** אתמול בלילה בתיגרה. **הדּוֹקְרִים**, חברי כנופיה מתחרה, מסתתרים אי שם בשכונה.

The police announced that three gang members **were stabbed** last night in a fight. The **stabbers**, members of a rival gang, are hiding somewhere in the neighborhood.

חנה לא אוהבת לתת לסבא שלה נשיקה, כי הזקן שלו **דוֹקֵר**.

Hanna does not like to kiss her grandfather, because his beard is prickly.

● דרך : לִדְרוֹךְ, לְהַדְרִיךְ

דָּרַךְ/דּוֹרֵךְ/יִדְרוֹךְ (יִדְרֹךְ) step, tread; press (grapes, etc.); cock (rifle); draw (bow)

בניין : פָּעַל גזרה : שלמים (אֶפְעוֹל)

	Pres./Part. הווה/בינוני			Past עבר	Fut. עתיד	Imp. ציווי
יחיד	דּוֹרֵךְ	דָּרוּךְ	אני	דָּרַכְתִּי	אֶדְרוֹךְ	
יחידה	דּוֹרֶכֶת	דְּרוּכָה	אתה	דָּרַכְתָּ	תִּדְרוֹךְ	דְּרוֹךְ
רבים	דּוֹרְכִים	דְּרוּכִים	את	דָּרַכְתְּ	תִּדְרְכִי	דִּרְכִי
רבות	דּוֹרְכוֹת	דְּרוּכוֹת	הוא	דָּרַךְ	יִדְרוֹךְ	
			היא	דָּרְכָה	תִּדְרוֹךְ	
			אנחנו	דָּרַכְנוּ	נִדְרוֹךְ	
			אתם/ן	* דְּרַכְתֶּם/ן	** תִּדְרְכוּ	*** דִּרְכוּ
			הם/ן	דָּרְכוּ	** יִדְרְכוּ	

* Colloquial: דָּרַכְתֶּם/ן

שם הפועל .Infin לִדְרוֹךְ — ** less commonly: אתן/הן תִּדְרוֹכְנָה

מקור מוחלט .Inf. Abs דָּרוֹךְ — *** less commonly: (אתן) דְּרוֹכְנָה

שם הפעולה Verbal N דְּרִיכָה stepping; pressing; cocking

ביני סביל .Pass. Part דָּרוּךְ cocked (rifle), drawn (bow); tense, ready, on the alert

מ״י מוצרכת .Gov. Prep דָּרַךְ עַל step on — מקור נטוי .Inf.+pron בְּדוֹרְכוֹ, כְּ...

הִדְרִיךְ/הִדְרַכ/יַדְרִיךְ guide, direct; instruct

בניין : הִפְעִיל גזרה : שלמים

	Present הווה		Past עבר	Future עתיד	Imper. ציווי
יחיד	מַדְרִיךְ	אני	הִדְרַכְתִּי	אַדְרִיךְ	
יחידה	מַדְרִיכָה	אתה	הִדְרַכְתָּ	תַּדְרִיךְ	הַדְרֵךְ
רבים	מַדְרִיכִים	את	הִדְרַכְתְּ	תַּדְרִיכִי	הַדְרִיכִי
רבות	מַדְרִיכוֹת	הוא	הִדְרִיךְ	יַדְרִיךְ	
		היא	הִדְרִיכָה	תַּדְרִיךְ	
		אנחנו	הִדְרַכְנוּ	נַדְרִיךְ	
		אתם/ן	הִדְרַכְתֶּם/ן	* תַּדְרִיכוּ	** הַדְרִיכוּ
		הם/ן	הִדְרִיכוּ	* יַדְרִיכוּ	

שם הפועל .Infin לְהַדְרִיךְ — * less commonly: אתן/הן תַּדְרֵכְנָה

מקור מוחלט .Inf. Abs הַדְרֵךְ — ** less commonly: (אתן) הַדְרֵכְנָה

שם הפעולה Verbal N הַדְרָכָה guidance, instruction

בינוני .Pres. Part מַדְרִיךְ guide (person or instruction manual), instructor

♦ **פעלים פחות שכיחים מאותו שורש** Less frequent verbs from the same root

הוּדְרַךְ be guided, be instructed (בינוני Pres. Part. מוּדְרָךְ guided [also guided missile], etc. יוּדְרַךְ)

נִדְרַךְ be trodden, be trampled; be cocked/drawn tight (נִדְרָךְ, יִידָּרֵךְ)

♦ **דוגמאות** Illustrations

הַמַּדְרִיךְ ביקש מן הילדים שלא **יִדְרְכוּ** על הדשא.

The **instructor** asked the children not **to step** on the lawn.

הַמַּדְרִיךְ שהם שלחו עם התוכנה אינו מפורט דיו. רוכשים רבים זקוקים **לְהַדְרָכָה** ישירה על ידי מומחה **שֶׁיַּדְרִיךְ** אותם בשלבי ההפעלה הראשונים – מעין סיור **מוּדְרָךְ**.

The **guide** they sent with the program is not sufficiently detailed. Many purchasers need direct **guidance** by an expert who **will guide** them at the initial operating stages – a kind of **guided** tour.

חשבתי ששמעתי נקישה של רובה **שֶׁנִּדְרַךְ**, אבל מסתבר שבסך הכל חיים **דָּרַךְ** על קליפה של פיסטוק חלבי.

I thought I heard the click of a rifle **being cocked**, but it turned out that it was only Hayyim **stepping** on a pistachio nut shell.

♦ **ביטויים מיוחדים** Special expressions

דָּרַךְ על היבלת של מישהו hurt one on a sensitive point, at one's "Achilles' heel" (coll.)

דָּרַךְ במקום **tread** in the same place (without making progress)

הִדְרִיךְ את מנוחתו give him no rest

● דרס : לִדְרוֹס, לְהִידָּרֵס

דָּרַס/דּוֹרֵס/יִדְרוֹס (יִדְרֹס) run over, trample; devour, prey

בניין : פָּעַל גזרה : שלמים (אֶפְעוֹל)

	Pres./Part. הווה/בינוני		Past עבר	Fut. עתיד	Imp. ציווי
יחיד	דּוֹרֵס דָּרוּס	אני	דָּרַסְתִּי	אֶדְרוֹס	
יחידה	דּוֹרֶסֶת דְּרוּסָה	אתה	דָּרַסְתָּ	תִּדְרוֹס	דְּרוֹס
רבים	דּוֹרְסִים דְּרוּסִים	את	דָּרַסְתְּ	תִּדְרְסִי	דִּרְסִי
רבות	דּוֹרְסוֹת דְּרוּסוֹת	הוא	דָּרַס	יִדְרוֹס	
		היא	דָּרְסָה	תִּדְרוֹס	
		אנחנו	דָּרַסְנוּ	נִדְרוֹס	
		אתםץ	* דְּרַסְתֶּםץ	** תִּדְרְסוּ	*** דִּרְסוּ
		הםץ	דָּרְסוּ	** יִדְרְסוּ	

שם הפועל .Infin לִדְרוֹס

* Colloquial: דָּרַסְתֶּםץ

ש' הפועל' Verbal N דְּרִיסָה running over

** less commonly: אתן/הן תִּדְרוֹסְנָה

ביני' פעיל .Act. Part דּוֹרֵס predatory

*** less commonly: (אתן) דְּרוֹסְנָה

ביני' סביל .Pass. Part דָּרוּס run over, trampled

מקור מוחלט .Inf. Abs דָּרוֹס

מקור נטוי .Inf.+pron בְּדוֹרְסוֹ, כְּ...

נִדְרַס/יִידָּרֵס (יִדָּרֵס) be run over, be trampled

בניין : נִפְעַל   גזרה : שלמים

	Present הווה		Past עבר	Future עתיד	Imper. ציווי
יחיד	נִדְרָס	אני	נִדְרַסְתִּי	אֶדָּרֵס	
יחידה	נִדְרֶסֶת	אתה	נִדְרַסְתָּ	תִּידָּרֵס	הִידָּרֵס
רבים	נִדְרָסִים	את	נִדְרַסְתְּ	תִּידָּרְסִי	הִידָּרְסִי
רבות	נִדְרָסוֹת	הוא	נִדְרַס	יִידָּרֵס	
		היא	נִדְרְסָה	תִּידָּרֵס	
		אנחנו	נִדְרַסְנוּ	נִידָּרֵס	
		אתם/ן	נִדְרַסְתֶּם/ן	* תִּידָּרְסוּ	הִידָּרְסוּ **
		הם/ן	נִדְרְסוּ	* יִידָּרְסוּ	

שם הפועל .Infin לְהִידָּרֵס   * less commonly: אתן/הן תִּידָּרַסְנָה

מקי מוחי .Inf. Abs נִדְרוֹס, הִידָּרֵס (הִידָּרוֹס)   ** less commonly: (אתן) הִידָּרַסְנָה

♦ דוגמאות Illustrations

הולך רגל **נִדְרַס** אתמול בצומת השרון. הנהג ש**דָּרַס** אותו ניסה להימלט, אך המשטרה הצליחה לעוצרו.

A pedestrian **was run over** yesterday at Ha-Sharon Junction. The driver who **ran** him **over** tried to flee, but the police managed to catch him.

♦ ביטויים מיוחדים Special expressions

עוף **דּוֹרֵס** a bird of prey

● דרשׁ : לִדְרוֹשׁ, לְהִידָּרֵשׁ

דָּרַשׁ/דּוֹרֵשׁ/יִדְרוֹשׁ (יִדְרֹשׁ) demand, require, ask for; inquire, seek; interpret, explain; preach

בניין : פָּעַל   גזרה : שלמים (אֶפְעוֹל)

	Pres./Part. הווה/בינוני			Past עבר	Fut. עתיד	Imp. ציווי
יחיד	דּוֹרֵשׁ	דָּרוּשׁ	אני	דָּרַשְׁתִּי	אֶדְרוֹשׁ	
יחידה	דּוֹרֶשֶׁת	דְּרוּשָׁה	אתה	דָּרַשְׁתָּ	תִּדְרוֹשׁ	דְּרוֹשׁ
רבים	דּוֹרְשִׁים	דְּרוּשִׁים	את	דָּרַשְׁתְּ	תִּדְרְשִׁי	דִּרְשִׁי
רבות	דּוֹרְשׁוֹת	דְּרוּשׁוֹת	הוא	דָּרַשׁ	יִדְרוֹשׁ	
			היא	דָּרְשָׁה	תִּדְרוֹשׁ	
			אנחנו	דָּרַשְׁנוּ	נִדְרוֹשׁ	
			אתם/ן	* דְּרַשְׁתֶּם/ן	** תִּדְרְשׁוּ	דִּרְשׁוּ ***
			הם/ן	דָּרְשׁוּ	** יִדְרְשׁוּ	

* Colloquial: דָּרַשְׁתֶּם/ן

שם הפועל .Infin לִדְרוֹשׁ   ** less commonly: אתן/הן תִּדְרוֹשְׁנָה

מקור מוחלט .Inf. Abs דָּרוֹשׁ   *** less commonly: (אתן) דְּרוֹשְׁנָה

שם הפעולה Verbal N דְּרִישָׁה demand; requirement; דְּרָשָׁה sermon

ביני פעיל .Act. Part דּוֹרֵשׁ preacher, expounder (lit.)

ביני סביל .Pass. Part דָּרוּשׁ required, wanted   מקור נטוי .Inf.+pron בְּדוֹרְשׁוֹ, כְּ...

מ״י מוצרכת .Gov. Prep דָּרַשׁ מן require of

נִדְרַשׁ/יִידָּרֵשׁ (יִדָּרֵשׁ) be required, be wanted, be requested; be interpreted

בניין : נִפְעַל גזרה : שְׁלֵמִים

ציווי .Imper	עתיד Future	עבר Past		הווה Present	
	אֶדָּרֵשׁ	נִדְרַשְׁתִּי	אני	נִדְרָשׁ	יחיד
הִידָּרֵשׁ	תִּידָּרֵשׁ	נִדְרַשְׁתָּ	אתה	נִדְרֶשֶׁת	יחידה
הִידָּרְשִׁי	תִּידָּרְשִׁי	נִדְרַשְׁתְּ	את	נִדְרָשִׁים	רבים
	יִידָּרֵשׁ	נִדְרַשׁ	הוא	נִדְרָשׁוֹת	רבות
	תִּידָּרֵשׁ	נִדְרְשָׁה	היא		
	נִידָּרֵשׁ	נִדְרַשְׁנוּ	אנחנו		
הִידָּרְשׁוּ **	תִּידָּרְשׁוּ *	נִדְרַשְׁתֶּם/ן	אתם/ן		
	יִידָּרְשׁוּ *	נִדְרְשׁוּ	הם/ן		

* less commonly: אתן/הן תִּידָּרַשְׁנָה

שם הפועל .Infin לְהִידָּרֵשׁ ** less commonly: (אתן) הִידָּרַשְׁנָה

מקור מוחלט .Inf. Abs נִדְרוֹשׁ, הִידָּרֵשׁ (הִידָּרוֹשׁ)

♦ **דוגמאות** Illustrations

אין להם הרבה **דְּרִישׁוֹת** באוניברסיטה הזאת. כל מה ש**נִדְרָשׁ** הוא נוכחות בשיעורים ובחינות בסוף הסימסטר. מרצים מעטים **דּוֹרְשִׁים** יותר מזה.

They do not have many **demands** at this university. All that is **required** is attendance in classes and exams at the end of the semester. Few professors **require** more than that.

דְּרוּשִׁים חמישים עובדים למפעל חדש בנגב.

Fifty workers **are wanted** for a new plant in the Negev.

♦ **ביטויים מיוחדים** Special expressions

דְּרֹשׁ בשלומו give him regards — אין לו **דּוֹרֵשׁ** nobody's interested in it

נאה **דּוֹרֵשׁ** ונאה מקיים practice what one says, keep one's promise

אומר **דּוֹרְשֵׁנִי** requires further study, to understand beyond the obvious

●הגר : לְהַגֵּר

הִיגֵּר (הִגֵּר)/הִיגַּר/הַגֵּר immigrate

בניין : פִּיעֵל גזרה : שְׁלֵמִים

ציווי .Imper	עתיד Future	עבר Past		הווה Present	
	אֲהַגֵּר	הִיגַּרְתִּי	אני	מְהַגֵּר	יחיד
הַגֵּר	תְּהַגֵּר	הִיגַּרְתָּ	אתה	מְהַגֶּרֶת	יחידה
הַגְּרִי	תְּהַגְּרִי	הִיגַּרְתְּ	את	מְהַגְּרִים	רבים
	יְהַגֵּר	הִיגֵּר	הוא	מְהַגְּרוֹת	רבות
	תְּהַגֵּר	הִיגְּרָה	היא		
	נְהַגֵּר	הִיגַּרְנוּ	אנחנו		
הַגְּרוּ **	תְּהַגְּרוּ *	הִיגַּרְתֶּם/ן	אתם/ן		
	יְהַגְּרוּ *	הִיגְּרוּ	הם/ן		

שם הפועל .Infin לְהַגֵּר * less commonly: אתן/הן תְּהַגֵּרְנָה

בינוני פעיל .Pres. Part מְהַגֵּר immigrant ** less commonly: (אתן) הַגֵּרְנָה

שם הפעולה Verbal N הֲגִירָה (אין *הִיגּוּר) immigration — מקור מוחלט .Inf. Abs הַגֵּר

♦ דוגמאות Illustrations

פליטים רבים **הִיגְרוּ** לארה"ב אחרי מלחמת העולם השנייה.

Many refugees **immigrated** to the U.S. after WWII.

●הוה (הוי) : לְהַווֹת

הִיוֹוָה (הִוָּה)/הַוֶוה constitute

בניין : פִּיעֵל גזרה : ל"י

	Present הווה		Past עבר	Future עתיד	Imper. ציווי
יחיד	מְהַוֶוה	אני	הִיוֹוֵיתִי	אֲהַוֶוה	
יחידה	מְהַוָוה	אתה	הִיוֹוֵיתָ	תְּהַוֶוה	הַוֵוה
רבים	מְהַווִים	את	הִיוֹוֵית	תְּהַווִי	הַווִי
רבות	מְהַווֹת	הוא	הִיוֹוָה	יְהַוֶוה	
		היא	הִיוֹוְתָה	תְּהַוֶוה	
		אנחנו	הִיוֹוִינוּ	נְהַוֶוה	
		אתםץ	הִיוֹוֵיתֶםץ	תְּהַווּ *	הַווּ**
		הםץ	הִיווּ	יְהַווּ *	

שם הפועל .Infin לְהַווֹת

מקור מוחלט .Inf. Abs הַוֵוה

* less commonly: אתן/הן תְּהַוֶוינָה

** less commonly: (אתן) הַוֶוינָה

♦ פעלים פחות שכיחים מאותו שורש Less frequent verbs from the same root

הִתְהַוָוה come into being, be created (מִתְהַוֶוה, יִתְהַוֶוה, לְהִתְהַווֹת)

♦ דוגמאות Illustrations

המנהרות מרצועת עזה לשטח ישראל **מְהַווֹת** איום ביטחוני גדול.

The tunnels from the Gaza Strip into Israeli territory **constitute** a grave security threat.

●היה (היי) : לִהְיוֹת

הָיָה/הוֶֹה/יִהְיֶה be, exist; belong; come to pass

בניין : פָּעַל גזרה : ל"י

	Present הווה		Past עבר	Future עתיד	Imper. ציווי
יחיד	הוֹוֶה	אני	הָיִיתִי	אֶהְיֶה	
יחידה	הוֹוָה	אתה	הָיִיתָ	תִּהְיֶה	הֱיֵה
רבים	הוֹוִים	את	הָיִית	תִּהְיִי	הֲיִי
רבות	הוֹוֹת	הוא	הָיָה	יִהְיֶה	
		היא	הָיְתָה	תִּהְיֶה	
		אנחנו	הָיִינוּ	נִהְיֶה	
		אתםץ	הֱיִיתֶםץ *	תִּהְיוּ **	הֱיוּ ***
		הםץ	הָיוּ	יִהְיוּ **	

שם הפועל .Infin לִהְיוֹת

מקור מוחלט .Inf. Abs הָיֹה, הֱיוֹת

מקור נטוי .Inf.+pron בִּהְיוֹתוֹ, כְּ...

* Colloquial: הָיִיתֶםץ

** less commonly: אתן/הן תִּהְיֶינָה

*** less commonly: (אתן) הֱיֶינָה

שם הפעולה Verbal N הֱוָיָה being, existence
בינוני .Pres. Part הוֹוֶה present tense

נִהְיָה become, turn into

בניין : נִפְעַל גזרה : ל״י (no fut. or imp.)

	Present הווה		Past עבר
יחיד	נִהְיֶה	אני	נִהְיֵיתִי
יחידה	נִהְיֵית	אתה	נִהְיֵיתָ
רבים	נִהְיִים	את	נִהְיֵית
רבות	נִהְיוֹת	הוא	נִהְיָה
		היא	נִהְיְתָה
		אנחנו	נִהְיֵינוּ
		אתם/ן	נִהְיֵיתֶם/ן
		הם/ן	נִהְיוּ

מ״י מוצרכת .Gov. Prep נִהְיָה ל- become (something)

♦ דוגמאות Illustrations

כשחיים **הָיָה** צעיר, הוא **הָיָה** כמעט כל יום בקולנוע – אפילו כשלא **הָיְתָה** לו עבודה ולא **הָיָה** לו כסף. מאז שהוא **נִהְיָה** עורך-דין, הוא עובד יומם ולילה ולא רואה סרטים בכלל.

When Hayyim **was** young, he **was** at a movie theater almost every day, even when he **had** no job and **had** no money. Since he **became** a lawyer, he has been working day and night and does not see any movies.

♦ ביטויים מיוחדים Special expressions

הָיָה עליו ל- ... had to
הָיֹה הָיָה ...once upon a time there was
הָיָה בדעתו ל- ... he intended to
וְהָיָה Biblical verb form referring to the future
וַיְהִי Biblical verb form common at the beginning of a narrative sequence
וַיְהִי היום formulaic beginning of a new narrative, meaning "once/one day"
וִיהִי מה come what may
יְהִי רצון שֶ- ... would it **be** that
הֱיוֹת שֶ- ...since
הֱוֵי אומר that means/suggests
יִהְיֶה מה שיִּהְיֶה at all events, regardless of what happens
הָיָה הוֹוֶה ויִהְיֶה attributes of God, referring to His being eternal
לא **הָיָה** ולא נברא/לא **הָיוּ** דברים מעולם = (להד״ם) nothing of the kind! it never happened
הָיָה ל... became
מה שֶׁ**הָיָה**, הוא שיִּהְיֶה (קהלת א:ט) Only that shall happen which has already happened (Eccl. 1:8).

●הלך : לָלֶכֶת, לְהִתְהַלֵּךְ, לְהוֹלִיךְ

הָלַךְ/הוֹלֵךְ/יֵלֵךְ go (on foot), walk; depart; plan, be about to

בניין : פָּעַל גזרה : כמו חסרי פ״י + פ״ג

	Present הווה		Past עבר	Future עתיד	Imper. ציווי
יחיד	הוֹלֵךְ	אני	הָלַכְתִּי	אֵלֵךְ	
יחידה	הוֹלֶכֶת	אתה	הָלַכְתָּ	תֵּלֵךְ	לֵךְ

	הווה Present		עבר Past	עתיד Future	ציווי Imper
רבים	הוֹלְכִים	את	הָלַכְתְּ	תֵּלְכִי	לְכִי
רבות	הוֹלְכוֹת	הוא	הָלַךְ	יֵלֵךְ	
		היא	הָלְכָה	תֵּלֵךְ	
		אנחנו	הָלַכְנוּ	נֵלֵךְ	
		אתם/ן	הֲלַכְתֶּם/ן *	תֵּלְכוּ **	לְכוּ ***
		הם/ן	הָלְכוּ	יֵלְכוּ **	

שם הפועל Infin. לָלֶכֶת — * Colloquial: הָלַכְתֶּם/ן

שם הפעולה Verbal N הֲלִיכָה walking — ** less commonly: אתן/הן תֵּלַכְנָה

מקור מוחלט Inf. Abs. הָלוֹךְ — *** less commonly: (אתן) לֵכְנָה

מקור נטוי Inf.+pron. בְּלֶכְתּוֹ, כְּ...

הִתְהַלֵּךְ move about, go back and forth; behave, treat

בניין : הִתְפַּעֵל גזרה : שלמים

	הווה Present		עבר Past	עתיד Future	ציווי Imper.
יחיד	מִתְהַלֵּךְ	אני	הִתְהַלַּכְתִּי	אֶתְהַלֵּךְ	
יחידה	מִתְהַלֶּכֶת	אתה	הִתְהַלַּכְתָּ	תִּתְהַלֵּךְ	הִתְהַלֵּךְ
רבים	מִתְהַלְּכִים	את	הִתְהַלַּכְתְּ	תִּתְהַלְּכִי	הִתְהַלְּכִי
רבות	מִתְהַלְּכוֹת	הוא	הִתְהַלֵּךְ	יִתְהַלֵּךְ	
		היא	הִתְהַלְּכָה	תִּתְהַלֵּךְ	
		אנחנו	הִתְהַלַּכְנוּ	נִתְהַלֵּךְ	
		אתם/ן	הִתְהַלַּכְתֶּם/ן	תִּתְהַלְּכוּ *	הִתְהַלְּכוּ **
		הם/ן	הִתְהַלְּכוּ	יִתְהַלְּכוּ *	

* less commonly: אתן/הן תִּתְהַלֵּכְנָה — ** less commonly:(אתן) הִתְהַלֵּכְנָה

שם הפועל Infin. לְהִתְהַלֵּךְ — שם הפעולה Verbal N הִתְהַלְּכוּת moving about

מקור מוחלט Inf. Abs. הִתְהַלֵּךְ

הוֹלִיךְ/הוֹלַכ/יוֹלִיךְ lead, conduct; transport

בניין : הִפְעִיל גזרה : פ״ו

	הווה Present		עבר Past	עתיד Future	ציווי Imper.
יחיד	מוֹלִיךְ	אני	הוֹלַכְתִּי	אוֹלִיךְ	
יחידה	מוֹלִיכָה	אתה	הוֹלַכְתָּ	תּוֹלִיךְ	הוֹלֵךְ
רבים	מוֹלִיכִים	את	הוֹלַכְתְּ	תּוֹלִיכִי	הוֹלִיכִי
רבות	מוֹלִיכוֹת	הוא	הוֹלִיךְ	יוֹלִיךְ	
		היא	הוֹלִיכָה	תּוֹלִיךְ	
		אנחנו	הוֹלַכְנוּ	נוֹלִיךְ	
		אתם/ן	הוֹלַכְתֶּם/ן	תּוֹלִיכוּ *	הוֹלִיכוּ **
		הם/ן	הוֹלִיכוּ	יוֹלִיכוּ *	

* less commonly: אתן/הן תּוֹלֵכְנָה

שם הפועל Infin. לְהוֹלִיךְ — ** less commonly: (אתן) הוֹלֵכְנָה

ביני פעיל Pres. Part. מוֹלִיךְ conductor (elec.)

שם הפעולה Verbal N הוֹלָכָה conducting, transporting

מקור מוחלט Inf. Abs. הוֹלֵךְ

♦ **דוגמאות** Illustrations

העקבות בשלג **הוֹלִיכוּ** לבקתה מבודדת בראש ההר. על פי העקבות **הָלְכוּ** שלושה אנשים יחד בשביל, וזו הייתה **הֲלִיכָה** מהירה מאוד.

The tracks in the snow **led** to an isolated shack at the top of the mountain. According to the tracks, three people **were walking** together on the path, and it was a very quick **walk**.

אנחנו **הוֹלְכִים** לקנות מכונית חדשה. המכונית הישנה שלנו **הוֹלֶכֶת** להתפרק.

We **are going** (or we **intend/plan**) to buy a new car. Our old car is **about** to fall apart (coll.).

♦ **ביטויים מיוחדים** Special expressions

הָלוֹךְ ושוב/וחזור back and **forth**, in both directions

הָלַךְ בדרכו של מישהו follow in someone's footsteps

הָלַךְ וגבר increased, grew stronger | **הָלַךְ** ופחת diminished, grew smaller

הָלַךְ לעולמו/בדרך כל הארץ pass away, **go** in the way of all flesh

הָלַךְ אחרי הרוב follow the majority | **הָלַךְ** איתה he dated her (coll.)

הָלַךְ לאבדון perish | **הָלַךְ** לאיבוד be lost

הָלַךְ לטמיון be **gone**/wasted/lost | **לֵךְ** לעזאזל **go** to hell

הָלַךְ למות be dying | **הוֹלִיךְ** שולל mislead, lead astray

הָלַךְ לו it **went** well for him (coll.)

● הלל : לְהַלֵּל

הִילֵּל (הִלֵּל)/הִילַּל/הַלֵּל praise, glorify, exalt

בניין : פִּיעֵל גזרה : שלמים

	Present הווה		Past עבר	Future עתיד	Imper. ציווי
יחיד	מְהַלֵּל	אני	הִילַּלְתִּי	אֲהַלֵּל	
יחידה	מְהַלֶּלֶת	אתה	הִילַּלְתָּ	תְּהַלֵּל	הַלֵּל
רבים	מְהַלְלִים	את	הִילַּלְתְּ	תְּהַלְלִי	הַלְלִי
רבות	מְהַלְלוֹת	הוא	הִילֵּל	יְהַלֵּל	
		היא	הִילְלָה	תְּהַלֵּל	
		אנחנו	הִילַּלְנוּ	נְהַלֵּל	
		אתם/ן	הִילַּלְתֶּם/ן	תְּהַלְלוּ *	הַלְלוּ **
		הם/ן	הִילְלוּ	יְהַלְלוּ *	

שם הפועל .Infin לְהַלֵּל

מקור מוחלט .Inf. Abs הַלֵּל

less commonly: * אתן/הן תְּהַלֵּלְנָה

less commonly: ** (אתן) הַלֵּלְנָה

♦ **דוגמאות** Illustrations

בארצות שאינן דמוקרטיות, או בארצות דמוקרטיות-לכאורה, תפקיד התקשורת הוא **לְהַלֵּל** את המשטר. שום ביקורת אינה מותרת.

In non-democratic countries, or in those that are supposedly democratic, the function of the media is **to praise** the regime. No criticism whatsoever is allowed.

●הנה (הני) : לְהֵיהָנוֹת (לֵיהָנוֹת)

נֶהֱנָה/יֵיהָנֶה enjoy, benefit from

בניין : נִפְעַל גזרה : פ״ג + ל״י

	Present הווה		Past עבר	Future עתיד	Imper. ציווי
יחיד	נֶהֱנֶה	אני	נֶהֱנֵיתִי	אֵהָנֶה	
יחידה	נֶהֱנֵית	אתה	נֶהֱנֵיתָ	תֵּיהָנֶה	הֵיהָנֵה
רבים	נֶהֱנִים	את	נֶהֱנֵית	תֵּיהָנִי	הֵיהָנִי
רבות	נֶהֱנוֹת	הוא	נֶהֱנָה	יֵיהָנֶה	
		היא	נֶהֶנְתָה	תֵּיהָנֶה	
		אנחנו	נֶהֱנֵינוּ	נֵיהָנֶה	
		אתם/ן	נֶהֱנֵיתֶם/ן	תֵּיהָנוּ *	הֵיהָנוּ **
		הם/ן	נֶהֱנוּ	יֵיהָנוּ *	

שם הפועל .Infin לְהֵיהָנוֹת (.coll לֵיהָנוֹת)   * less commonly: אתן/הן תֵּיהָנֶינָה

בינוני .Pres. Part נֶהֱנֶה beneficiary   ** less commonly: (אתן) הֵיהָנֶינָה

מקור מוחלט .Inf. Abs נֶהֱנֹה, הֵיהָנֵה

מ״י מוצרכת .Gov. Prep נֶהֱנָה מן enjoy/benefit from

♦ פעלים פחות שכיחים מאותו שורש Less frequent verbs from the same root

הִינָּה give pleasure/benefit (מְהַנֶּה, יְהַנֶּה, לְהַנּוֹת)

בינוני .Pres. Part מְהַנֶּה enjoyable (form is common)

♦ דוגמאות Illustrations

נֶהֱנֵיתִי מאוד מן האופרה ; כבר מזמן לא שמעתי אופרה **מְהַנָּה** כזאת.

I **enjoyed** this opera very much; I have not heard such an **enjoyable** opera for a long time.

♦ ביטויים מיוחדים Special expressions

זה **נֶהֱנֶה** וזה לא חסר everybody benefits

ברכות הַ**נֶּהֱנִין** blessings said over **enjoyable** food (Aram.)

●הסס : לְהַסֵּס

הִיסֵּס (הִסֵּס)/הִיסַּס/הַסֵּס hesitate, waver

בניין : פִּיעֵל גזרה : שלמים

	Present הווה		Past עבר	Future עתיד	Imper. ציווי
יחיד	מְהַסֵּס	אני	הִיסַּסְתִּי	אֲהַסֵּס	
יחידה	מְהַסֶּסֶת	אתה	הִיסַּסְתָּ	תְּהַסֵּס	הַסֵּס
רבים	מְהַסְּסִים	את	הִיסַּסְתְּ	תְּהַסְּסִי	הַסְּסִי
רבות	מְהַסְּסוֹת	הוא	הִיסֵּס	יְהַסֵּס	
		היא	הִיסְּסָה	תְּהַסֵּס	
		אנחנו	הִיסַּסְנוּ	נְהַסֵּס	
		אתם/ן	הִיסַּסְתֶּם/ן	תְּהַסְּסוּ *	הַסְּסוּ **
		הם/ן	הִיסְּסוּ	יְהַסְּסוּ *	

שם הפועל .Infin לְהַסֵּס   * less commonly: אתן/הן תְּהַסֵּסְנָה

שם הפעולה Verbal N הִיסּוּס hesitation ** less commonly: (אתן) הַסֵּסְנָה
ביני פעיל .Pres. Part מְהַסֵּס hesitating, hesitant מקור מוחלט .Inf. Abs הַסֵּס

♦ **דוגמאות** Illustrations

הרבה חושבים שהנשיא **מְהַסֵּס** יותר מדי, ושה**הִיסּוּסִים** הללו עלולים לעלות לו בקולות רבים בבחירות הבאות.

Many think that the president **hesitates** too much, and that these **hesitations** are liable to cost him numerous votes in the next elections.

♦ **ביטויים מיוחדים** Special expressions

ללא **הִיסּוּס** without **hesitation**

●הפך : לַהֲפוֹךְ, לְהִתְהַפֵּךְ, לְהֵיהָפֵךְ

הָפַךְ/הוֹפֵךְ/יַהֲפוֹךְ (יַהֲפֹךְ) turn over, invert, reverse; change (tr. and intr.); remove, destroy

בניין : פָּעַל גזרה : שלמים (אֶפְעוֹל) + פ״ג

	Pres./Part. הווה/בינוני		Past עבר	Fut. עתיד	Imp. ציווי
יחיד	הוֹפֵךְ הָפוּךְ	אני	הָפַכְתִּי	אֶהֱפוֹךְ	
יחידה	הוֹפֶכֶת הֲפוּכָה	אתה	הָפַכְתָּ	תַּהֲפוֹךְ	הֲפוֹךְ
רבים	הוֹפְכִים הֲפוּכִים	את	הָפַכְתְּ	תַּהַפְכִי	הִפְכִי
רבות	הוֹפְכוֹת הֲפוּכוֹת	הוא	הָפַךְ	יַהֲפוֹךְ	
		היא	הָפְכָה	תַּהֲפוֹךְ	
		אנחנו	הָפַכְנוּ	נַהֲפוֹךְ	
		אתם/ן	הֲפַכְתֶּם/ן *	תַּהַפְכוּ **	הִפְכוּ ***
		הם/ן	הָפְכוּ	יַהַפְכוּ **	

שם הפועל .Infin לַהֲפוֹךְ * Colloquial: הָפַכְתֶּם/ן
ביני סביל .Pass. Part הָפוּךְ overturned/inverted ** less commonly: אתן/הן תַּהֲפוֹכְנָה
קָטִיל .CaCiC adj./N הָפִיךְ reversible *** less commonly: (אתן) הֲפוֹכְנָה
שם הפעולה Verbal N הֲפִיכָה inversion; הֲפֵיכָה overthrow, coup
מקור מוחלט .Inf. Abs הָפוֹךְ מקור נטוי .Inf.+pron בְּהוֹפְכוֹ, כְּ...
מ״י מוצרכת .Gov. Prep הָפַךְ לְ- turn into/become; הָפַךְ בְּ- discuss/contemplate at length

הִתְהַפֵּךְ/הִתְהַפַּכ be turned upside down; be inverted; turn over

בניין : הִתְפַּעֵל גזרה : שלמים

	Present הווה		Past עבר	Future עתיד	Imper. ציווי
יחיד	מִתְהַפֵּךְ	אני	הִתְהַפַּכְתִּי	אֶתְהַפֵּךְ	
יחידה	מִתְהַפֶּכֶת	אתה	הִתְהַפַּכְתָּ	תִּתְהַפֵּךְ	הִתְהַפֵּךְ
רבים	מִתְהַפְּכִים	את	הִתְהַפַּכְתְּ	תִּתְהַפְּכִי	הִתְהַפְּכִי
רבות	מִתְהַפְּכוֹת	הוא	הִתְהַפֵּךְ	יִתְהַפֵּךְ	
		היא	הִתְהַפְּכָה	תִּתְהַפֵּךְ	
		אנחנו	הִתְהַפַּכְנוּ	נִתְהַפֵּךְ	
		אתם/ן	הִתְהַפַּכְתֶּם/ן	תִּתְהַפְּכוּ *	הִתְהַפְּכוּ **
		הם/ן	הִתְהַפְּכוּ	יִתְהַפְּכוּ *	

שם הפועל .Infin לְהִתְהַפֵּךְ * less commonly: אתן/הן תִּתְהַפֵּכְנָה
מקור מוחלט .Inf. Abs הִתְהַפֵּךְ ** less commonly: (אתן) הִתְהַפֵּכְנָה
שם הפעולה Verbal N הִתְהַפְּכוּת inversion; transformation

נֶהְפַּךְ/יֵיהָפֵךְ (יֵהָפֵךְ) be inverted; be changed

בניין : נִפְעַל גזרה : שלמים + פ״ג

	Present הווה		Past עבר	Future עתיד	Imper. ציווי
יחיד	נֶהְפָּךְ *	אני	נֶהְפַּכְתִּי	אֵיהָפֵךְ	
יחידה	נֶהְפֶּכֶת	אתה	נֶהְפַּכְתָּ	תֵּיהָפֵךְ	הֵיהָפֵךְ
רבים	נֶהְפָּכִים	את	נֶהְפַּכְתְּ	תֵּיהָפְכִי	הֵיהָפְכִי
רבות	נֶהְפָּכוֹת	הוא	נֶהְפַּךְ	יֵיהָפֵךְ	
		היא	נֶהְפְּכָה	תֵּיהָפֵךְ	
		אנחנו	נֶהְפַּכְנוּ	נֵיהָפֵךְ	
		אתם/ן	נֶהְפַּכְתֶּם/ן	תֵּיהָפְכוּ **	הֵיהָפְכוּ ***
		הם/ן	נֶהְפְּכוּ	יֵיהָפְכוּ **	

שם הפועל .Infin לְהֵיהָפֵךְ * Colloquial: נֶהֱפַךְ, נֶהֱפַכְתִּי...
** less commonly: אתן/הן תֵּיהָפַכְנָה
ש' הפעולה Verbal N הֵיהָפְכוּת turning (into) *** less commonly: (אתן) הֵיהָפַכְנָה
מקור מוחלט .Inf. Abs נֶהְפּוֹךְ, הֵיהָפֵךְ (הֵיהָפוֹךְ)
מ״י מוצרכת .Gov. Prep נֶהְפַּךְ ל- change/turn into, become

♦ דוגמאות Illustrations

אחרי התאונה הוא **הָפַךְ/נֶהְפַּךְ** לאדם אחר – כאילו משהו **הִתְהַפֵּךְ** אצלו.

After the accident he **changed** into a different man – as if something **turned upside down** in him.

בעבר, ארצות הברית הלוותה כספים לארצות אירופה. עם השנים **הִתְהַפְּכוּ** היוצרות, והיום המצב **הָפוּךְ** : ארצות הברית לווה כספים מאירופה.

In the past the U.S. lent money to the European countries. With the years, things got **reversed**, and today the situation is **inverted**: the U.S. borrows money from Europe.

תודה לאל, זו הייתה **הֲפֵיכָה** שקטה, ללא שפיכות דמים.

Thank God it was a quiet, bloodless **coup**.

♦ ביטויים מיוחדים Special expressions

הָפַךְ את היוצרות have it all mixed up; **reverse** the situation
הָפַךְ את העולם, **הָפַךְ** עולמות try very hard; **make** a **big fuss**
הָפַךְ את הקערה על פיה **turn** the tables; **turn** things upside down
הָפַךְ עורף run away; **turn** one's back and leave
הֲפוֹךְ! Please **Turn** Over!
נַהֲפוֹךְ הוא on the contrary
נֶהְפַּךְ עליו הגלגל his luck changed for the worse
פירמידה **הֲפוּכָה** **inverted** pyramid
בלתי **הָפִיךְ** ir**reversible**
דבר **וְהִיפּוּכוֹ** a **contradiction**
הִיפּוּכוֹ של דבר on the **contrary**
ויו **הַהִיפּוּךְ** *waw* (*vav*) **conversive** or consecutive (in Hebrew grammar)

●הרג : לַהֲרוֹג, לְהֵיהָרֵג

הָרַג/הוֹרֵג/יַהֲרוֹג (יַהֲרֹג) kill, slay

בניין : פָּעַל   גזרה : שלמים (אֶפְעוֹל) + פ״ג

	Pres./Part. הווה/בינוני			Past עבר	Fut. עתיד	Imp. ציווי
יחיד	הוֹרֵג	הָרוּג	אני	הָרַגְתִּי	אֶהֱרוֹג	
יחידה	הוֹרֶגֶת	הֲרוּגָה	אתה	הָרַגְתָּ	תַּהֲרוֹג	הֲרוֹג
רבים	הוֹרְגִים	הֲרוּגִים	את	הָרַגְתְּ	תַּהַרְגִי	הִרְגִי
רבות	הוֹרְגוֹת	הֲרוּגוֹת	הוא	הָרַג	יַהֲרוֹג	
			היא	הָרְגָה	תַּהֲרוֹג	
			אנחנו	הָרַגְנוּ	נַהֲרוֹג	
			אתם/ן	הֲרַגְתֶּם/ן *	תַּהַרְגוּ **	הִרְגוּ ***
			הם/ן	הָרְגוּ	יַהַרְגוּ **	

שם הפועל .Infin לַהֲרוֹג

מקור מוחלט .Inf. Abs הָרוֹג

מקור נטוי .Inf.+pron בְּהוֹרְגוֹ, כְּ...

ביני סביל .Pass. Part הָרוּג killed, slain, dead; exhausted (sl.)

שם הפעולה Verbal N הֲרִיגָה killing, manslaughter

הֲרֵיגָה slaughter, mass killing (lit.)

* Colloquial: הָרַגְתֶּם/ן

** less commonly: אתן/הן תַּהֲרוֹגְנָה

*** less commonly: (אתן) הֲרוֹגְנָה

נֶהֱרַג/יֵיהָרֵג (יֵהָרֵג) be killed, be slain

בניין : נִפְעַל   גזרה : שלמים + פ״ג

	Present הווה		Past עבר	Future עתיד	Imper. ציווי
יחיד	נֶהֱרָג	אני	נֶהֱרַגְתִּי	אֵיהָרֵג	
יחידה	נֶהֱרֶגֶת	אתה	נֶהֱרַגְתָּ	תֵּיהָרֵג	הֵיהָרֵג
רבים	נֶהֱרָגִים	את	נֶהֱרַגְתְּ	תֵּיהָרְגִי	הֵיהָרְגִי
רבות	נֶהֱרָגוֹת	הוא	נֶהֱרַג	יֵיהָרֵג	
		היא	נֶהֶרְגָה	תֵּיהָרֵג	
		אנחנו	נֶהֱרַגְנוּ	נֵיהָרֵג	
		אתם/ן	נֶהֱרַגְתֶּם/ן	תֵּיהָרְגוּ *	הֵיהָרְגוּ **
		הם/ן	נֶהֶרְגוּ	יֵיהָרְגוּ *	

שם הפועל .Infin לְהֵיהָרֵג

שם הפעולה Verbal N הֵיהָרְגוּת being killed

מקור מוחלט .Inf. Abs נַהֲרוֹג, הֵיהָרֵג (הֵיהָרוֹג)

* less commonly: אתן/הן תֵּיהָרַגְנָה

** less commonly: (אתן) הֵיהָרַגְנָה

♦ דוגמאות Illustrations

בישראל, תאונות דרכים **הוֹרְגוֹת** יותר בני אדם מאשר המלחמות. כל יום מדווח על **הֲרוּגִים** בכבישים. רק אתמול **נֶהֶרְגוּ** חמישה אנשים בתאונות מיותרות לחלוטין.

In Israel, accidents **kill** more human beings than the wars. Every day there are reports of **dead** on the roads. Only yesterday five people **were killed** in completely unnecessary accidents.

♦ ביטויים מיוחדים Special expressions

הָרַג את עצמו work very hard (coll.)

הָרַג את הזמן "**kill**" time (coll.)

הוציא **להוֹרֵג** **execute**

הוּצָא **להוֹרֵג** be **executed**

הוֹרְגֵנִי נא **הָרוֹג** No way! over my **dead** body! (lit.)
יֵיהָרֵג ועל יעבור should never do it, whatever the circumstances
(אם) בא **לְהוֹרְגְךָ** – השכם **לְהוֹרְגוֹ** if one comes to **kill** you, **kill** him first
נֶהֱרָג על פחות משווה פרוטה would do anything so as to avoid losing a penny, i.e., is a great miser

●הרס : לַהֲרוֹס, לְהֵיהָרֵס

הָרַס/הוֹרֵס/יַהֲרוֹס (יַהֲרֹס) destroy, ruin, demolish; dare (arch.)

בניין : פָּעַל גזרה : שלמים (אֶפְעוֹל) + פ״ג

	Pres./Part. הווה/בינוני			Past עבר	Fut. עתיד	Imp. ציווי
יחיד	הוֹרֵס	הָרוּס	אני	הָרַסְתִּי	אֶהֱרוֹס	
יחידה	הוֹרֶסֶת	הֲרוּסָה	אתה	הָרַסְתָּ	תַּהֲרוֹס	הֲרוֹס
רבים	הוֹרְסִים	הֲרוּסִים	את	הָרַסְתְּ	תַּהַרְסִי	הִרְסִי
רבות	הוֹרְסוֹת	הֲרוּסוֹת	הוא	הָרַס	יַהֲרוֹס	
			היא	הָרְסָה	תַּהֲרוֹס	
			אנחנו	הָרַסְנוּ	נַהֲרוֹס	
			אתם/ן	הֲרַסְתֶּם/ן *	תַּהַרְסוּ **	הִרְסוּ ***
			הם/ן	הָרְסוּ	יַהַרְסוּ **	

שם הפועל .Infin לַהֲרוֹס

* Colloquial: הָרַסְתֶּם/ן

מקור מוחלט .Inf. Abs הָרוֹס

** less commonly: אתן/הן תַּהֲרוֹסְנָה

מקור נטוי .Inf.+pron בְּהוֹרְסוֹ, כְּ...

*** less commonly: (אתן) הֲרוֹסְנָה

ביני סביל .Pass. Part הָרוּס destroyed, ruined

שם הפעולה Verbal N הֲרִיסָה demolishing

נֶהֱרַס/יֵיהָרֵס (יֵהָרֵס) be destroyed, be ruined, be demolished

בניין : נִפְעַל גזרה : שלמים + פ״ג

	Present הווה		Past עבר	Future עתיד	Imper. ציווי
יחיד	נֶהֱרָס	אני	נֶהֱרַסְתִּי	אֵיהָרֵס	
יחידה	נֶהֱרֶסֶת	אתה	נֶהֱרַסְתָּ	תֵּיהָרֵס	הֵיהָרֵס
רבים	נֶהֱרָסִים	את	נֶהֱרַסְתְּ	תֵּיהָרְסִי	הֵיהָרְסִי
רבות	נֶהֱרָסוֹת	הוא	נֶהֱרַס	יֵיהָרֵס	
		היא	נֶהֶרְסָה	תֵּיהָרֵס	
		אנחנו	נֶהֱרַסְנוּ	נֵיהָרֵס	
		אתם/ן	נֶהֱרַסְתֶּם/ן	תֵּיהָרְסוּ *	הֵיהָרְסוּ **
		הם/ן	נֶהֶרְסוּ	יֵיהָרְסוּ *	

שם הפועל .Infin לְהֵיהָרֵס

* less commonly: אתן/הן תֵּיהָרַסְנָה

ש׳ הפעולה Verbal N הֵיהָרְסוּת being destroyed

** less commonly: (אתן) הֵיהָרַסְנָה

מקור מוחלט .Inf. Abs נַהֲרוֹס, הֵיהָרֵס (הֵיהָרוֹס)

♦ **דוגמאות** Illustrations

מבנים רבים **נֶהֶרְסוּ** בזמן רעידת האדמה. מבנים אחרים ניזוקו קשה, ולאחר קבלת צו **הֲרִיסָה**, **הָרְסוּ** אותם צוותים מיוחדים של העירייה.

Numerous houses **were destroyed** during the earthquake. Other buildings were badly damaged, and having received a **demolition** order, special DPW teams **demolished** them.

●ודא : לְוַודֵּא

וִידֵּא (וִדֵּא)/וִוַדֵּא confirm, ascertain, make sure, verify

בניין : פִּיעֵל   גזרה : ל״א

	Present הווה		Past עבר	Future עתיד	Imper. ציווי
יחיד	מְוַודֵּא	אני	וִידֵּאתִי	אֲוַודֵּא	
יחידה	מְוַודֵּאת	אתה	וִיאַדֵּתָ	תְּוַודֵּא	וַדֵּא
רבים	מְוַודְּאִים	את	וִידֵּאתְ	תְּוַודְּאִי	וַדְּאִי
רבות	מְוַודְּאוֹת	הוא	וִידֵּא	יְוַודֵּא	
		היא	וִידְּאָה	תְּוַודֵּא	
		אנחנו	וִידֵּאנוּ	נְוַודֵּא	
		אתם/ן	וִידֵּאתֶם/ן	תְּוַודְּאוּ *	וַדְּאוּ**
		הם/ן	וִידְּאוּ	יְוַודְּאוּ *	

שם הפועל .Infin לְוַודֵּא   * less commonly: אתן/הן תְּוַודֶּאנָה

מקור מוחלט .Inf. Abs וַדֵּא   ** less commonly: (אתן) וַדֶּאנָה

שם הפעולה Verbal N **וִידּוּא** confirmation

♦ **פעלים פחות שכיחים מאותו שורש** Less frequent verbs from the same root

וּוּדָּא be confirmed (מְוּוּדָּא, יְוּוּדָּא)

♦ **דוגמאות** Illustrations

מנהל שאינו **מְוַודֵּא** שהוראותיו בוצעו כהלכה ובזמן אינו מנהל טוב.

A manager who does not **make sure** that his instructions are followed properly and on time is not a good manager.

●ותר : לְוַותֵּר

וִיתֵּר (וִתֵּר)/וִיתַּר/וִוַתֵּר waive (rights), forego; give in/up, concede

בניין : פִּיעֵל   גזרה : שלמים

	Present הווה		Past עבר	Future עתיד	Imper. ציווי
יחיד	מְוַותֵּר	אני	וִיתַּרְתִּי	אֲוַותֵּר	
יחידה	מְוַותֶּרֶת	אתה	וִיתַּרְתָּ	תְּוַותֵּר	וַתֵּר
רבים	מְוַותְּרִים	את	וִיתַּרְתְּ	תְּוַותְּרִי	וַתְּרִי
רבות	מְוַותְּרוֹת	הוא	וִיתֵּר	יְוַותֵּר	
		היא	וִיתְּרָה	תְּוַותֵּר	
		אנחנו	וִיתַּרְנוּ	נְוַותֵּר	
		אתם/ן	וִיתַּרְתֶּם/ן	תְּוַותְּרוּ *	וַתְּרוּ**
		הם/ן	וִיתְּרוּ	יְוַותְּרוּ *	

* less commonly: אתן/הן תְּוַותֵּרְנָה

שם הפועל .Infin לְוַותֵּר   ** less commonly: (אתן) וַתֵּרְנָה

שם הפעולה Verbal N **וִיתּוּר** foregoing; concession

מקור מוחלט .Inf. Abs וַתֵּר   מ״י מוצרכת .Gov. Prep **וִיתֵּר על** give up (something)

♦ דוגמאות Illustrations

שלמה לא אוכל הרבה, אבל לעולם לא **יְוַתֵּר** על קינוח.

Shlomo does not eat much, but he **would** never **give up** dessert.

●זהה (זהי) : לְזַהוֹת, לְהִזְדַּהוֹת

זִיהָה (זִהָה)/זַהֶה identify, recognize

בניין : פִּיעֵל גזרה : ע״ג + ל״י

	Present הווה		Past עבר	Future עתיד	Imper. ציווי
יחיד	מְזַהֶה	אני	זִיהִיתִי	אֲזַהֶה	
יחידה	מְזַהָה	אתה	זִיהִיתָ	תְּזַהֶה	זַהֵה
רבים	מְזַהִים	את	זִיהִית	תְּזַהִי	זַהִי
רבות	מְזַהוֹת	הוא	זִיהָה	יְזַהֶה	
		היא	זִיהֲתָה	תְּזַהֶה	
		אנחנו	זִיהִינוּ	נְזַהֶה	
		אתםץ	זִיהִיתֶםץ	תְּזַהוּ *	זַהוּ **
		הםץ	זִיהוּ	יְזַהוּ *	

שם הפועל .Infin לְזַהוֹת

* less commonly: אתן/הן תְּזַהֶינָה

מקור מוחלט .Inf. Abs זַהֵה

** less commonly: (אתן) זַהֶינָה

שם הפעולה Verbal N זִיהוּי identification, identifying

בינוני .Pres. Part מְזַהֶה identifying

הִזְדַּהָה be identified; identify oneself (with person, idea, etc.)

בניין : הִתְפַּעֵל גזרה : ל״י

	Present הווה		Past עבר	Future עתיד	Imper. ציווי
יחיד	מִזְדַּהֶה	אני	הִזְדַּהֵיתִי	אֶזְדַּהֶה	
יחידה	מִזְדַּהָה	אתה	הִזְדַּהֵיתָ	תִּזְדַּהֶה	הִזְדַּהֵה
רבים	מִזְדַּהִים	את	הִזְדַּהֵית	תִּזְדַּהִי	הִזְדַּהִי
רבות	מִזְדַּהוֹת	הוא	הִזְדַּהָה	יִזְדַּהֶה	
		היא	הִזְדַּהֲתָה	תִּזְדַּהֶה	
		אנחנו	הִזְדַּהֵינוּ	נִזְדַּהֶה	
		אתםץ	הִזְדַּהֵיתֶםץ	תִּזְדַּהוּ *	הִזְדַּהוּ **
		הםץ	הִזְדַּהוּ	יִזְדַּהוּ *	

* less commonly: אתן/הן תִּזְדַּהֶינָה

שם הפועל .Infin לְהִזְדַּהוֹת

** less commonly: (אתן) הִזְדַּהֶינָה

ש׳ הפעולי Verbal N הִזְדַּהוּת identification; identification of oneself (with idea, person, etc.)

מקור מוחלט .Inf. Abs הִזְדַּהֵה

מ״י מוצרכת .Gov. Prep הִזְדַּהָה עם identify with

זוּהָה (זֻהָה)/זוּהֶה be identified

בניין : פּוּעַל גזרה : ע״ג + ל״י

	Present הווה		Past עבר	Future עתיד
יחיד	מְזוּהֶה	אני	זוּהֵיתִי	אֲזוּהֶה
יחידה	מְזוּהָה	אתה	זוּהֵיתָ	תְּזוּהֶה
רבים	מְזוּהִים	את	זוּהֵית	תְּזוּהִי

	Present הווה		Past עבר	Future עתיד
רבות	מְזוּהוֹת	הוא	זוּהָה	יְזוּהֶה
		היא	זוּהֲתָה	תְּזוּהֶה
		אנחנו	זוּהֵינוּ	נְזוּהֶה
		אתם/ן	זוּהֵיתֶם/ן	תְּזוּהוּ *
		הם/ן	זוּהוּ	יְזוּהוּ *

בינוני .Pres. Part מְזוּהֶה identified

less commonly *: אתן/הן תְּזוּהֶינָה

♦ דוגמאות Illustrations

השוטר עצר את רוכב האופנוע וביקש ממנו **לְהִזְדַּהוֹת**. כיוון שלא היה לרוכב מסמך **מְזַהֶה** כלשהו, התקשר השוטר במכשיר הרדיו שלו למפקדה וביקש עזרה ב**זיהוי**. לאחר ששמו וכתובתו של האיש **זוּהוּ** כנכונים, הניח לו השוטר להמשיך בדרכו.

The policeman stopped the motorcycle rider and asked him **to identify himself**. Since the rider had no **identifying** paper of any sort, the policeman called headquarters and asked for help in **identification**. When the man's name and address **were identified** as correct, the policeman let him go on his way.

אומרים עליו שהוא **מִזְדַּהֶה** עם ארגון טרור מסוים, אבל אין כל הוכחות לכך.

They say about him that he **identifies** with a certain terrorist organization, but there is no proof of that.

●זהר : לְהִיזָּהֵר, לְהַזְהִיר

נִזְהַר/יִיזָּהֵר (יִזָּהֵר) be careful, take care, beware

בניין : נִפְעַל גזרה : שלמים + ע״ג

	Present הווה		Past עבר	Future עתיד	Imper. ציווי
יחיד	נִזְהָר	אני	נִזְהַרְתִּי	אֶזָּהֵר	
יחידה	נִזְהֶרֶת	אתה	נִזְהַרְתָּ	תִּיזָּהֵר	הִיזָּהֵר
רבים	נִזְהָרִים	את	נִזְהַרְתְּ	תִּיזָּהֲרִי	הִיזָּהֲרִי
רבות	נִזְהָרוֹת	הוא	נִזְהַר	יִיזָּהֵר	
		היא	נִזְהֲרָה	תִּיזָּהֵר	
		אנחנו	נִזְהַרְנוּ	נִיזָּהֵר	
		אתם/ן	נִזְהַרְתֶּם/ן	תִּיזָּהֲרוּ *	הִיזָּהֲרוּ **
		הם/ן	נִזְהֲרוּ	יִיזָּהֲרוּ *	

שם הפועל .Infin לְהִיזָּהֵר

less commonly *: אתן/הן תִּיזָּהַרְנָה

שם הפעולה Verbal N הִיזָּהֲרוּת taking care

less commonly **: (אתן) הִיזָּהַרְנָה

מקור מוחלט .Inf. Abs נִזְהוֹר, הִיזָּהֵר

מ״י מוצרכת .Gov. Prep נִזְהַר מן beware of

מ״י מוצרכת .Gov. Prep נִזְהַר ב- watch for (lit.)

הִזְהִיר/הִזְהַר/יַזְהִיר warn

בניין : הִפְעִיל גזרה : שלמים

	Present הווה		Past עבר	Future עתיד	Imper. ציווי
יחיד	מַזְהִיר	אני	הִזְהַרְתִּי	אַזְהִיר	
יחידה	מַזְהִירָה	אתה	הִזְהַרְתָּ	תַּזְהִיר	הַזְהֵר
רבים	מַזְהִירִים	את	הִזְהַרְתְּ	תַּזְהִירִי	הַזְהִירִי
רבות	מַזְהִירוֹת	הוא	הִזְהִיר	יַזְהִיר	

Imper. ציווי	Future עתיד	Past עבר		Present הווה
	תַּזְהִיר	הִזְהִירָה	היא	
	נַזְהִיר	הִזְהַרְנוּ	אנחנו	
הַזְהִירוּ **	תַּזְהִירוּ *	הִזְהַרְתֶּם/ן	אתם/ן	
	יַזְהִירוּ *	הִזְהִירוּ	הם/ן	

שם הפועל .Infin לְהַזְהִיר   * less commonly: אתן/הן תַּזְהֵרְנָה

שם הפעולה Verbal N הַזְהָרָה/אַזְהָרָה warning   ** less commonly: (אתן) הַזְהֵרְנָה

מקור מוחלט .Inf. Abs הַזְהֵר

מ״י מוצרכת .Gov. Prep מַזְהִיר מפני warn against

הוּזְהַר (הָזְהַר) be warned

בניין : הוּפְעַל   גזרה : שלמים + ע״ג

	Present הווה		Past עבר	Future עתיד
יחיד	מוּזְהָר	אני	הוּזְהַרְתִּי	אוּזְהַר
יחידה	מוּזְהֶרֶת	אתה	הוּזְהַרְתָּ	תּוּזְהַר
רבים	מוּזְהָרִים	את	הוּזְהַרְתְּ	תּוּזְהֲרִי
רבות	מוּזְהָרוֹת	הוא	הוּזְהַר	יוּזְהַר
		היא	הוּזְהֲרָה	תּוּזְהַר
		אנחנו	הוּזְהַרְנוּ	נוּזְהַר
		אתם/ן	הוּזְהַרְתֶּם/ן	תּוּזְהֲרוּ *
		הם/ן	הוּזְהֲרוּ	יוּזְהֲרוּ *

בינוני .Pres. Part מוּזְהָר warned   * less commonly: אתן/הן תּוּזְהַרְנָה

♦ פעלים פחות שכיחים מאותו שורש Less frequent verbs from the same root

זָהַר shine (בינוני .Pres. Part זוֹהֵר shiny, יִזְהַר, לִזְהוֹר)

A homonymous root meaning "shine, glitter" is not sufficiently frequent for inclusion in this volume.

♦ דוגמאות Illustrations

על הבניין ראינו שלט **הַזְהָרָה**: "מבנה זה עומד בפני הריסה. המשטרה **מַזְהִירָה** את הציבור שלא לנסות להיכנס לתוכו. ראה **הוּזְהַרְתָּ**!"

We saw a **warning** sign on the building: "This building is condemned. The police **warn** the public not to attempt to enter it. You **have been warned**!"

תִּיזָּהֵר ממנו ; כשהוא מתעצבן הוא עלול להיות מסוכן.

Watch out for him; when he loses his cool, he is liable to be dangerous.

♦ ביטויים מיוחדים Special expressions

נִזְהַר בכבודו של... **take care** so as to be respectful to...

נִזְהַר בדבריו **be careful** with one's words

אין עונשין אלא אם כן **מַזְהִירִין** no punishment without a prior **warning**

● זוז : לָזוּז, לְהָזִיז

זָז/זַז/יָזוּז move (intr.), move away

בניין : פָּעַל גזרה : ע״ו

	Present הווה		Past עבר	Future עתיד	Imper. ציווי
יחיד	זָז	אני	זַזְתִּי	אָזוּז	
יחידה	זָזָה	אתה	זַזְתָּ	תָּזוּז	זוּז
רבים	זָזִים	את	זַזְתְּ	תָּזוּזִי	זוּזִי
רבות	זָזוֹת	הוא	זָז	יָזוּז	
		היא	זָזָה	תָּזוּז	
		אנחנו	זַזְנוּ	נָזוּז	
		אתם/ן	זַזְתֶּם/ן	תָּזוּזוּ *	זוּזוּ **
		הם/ן	זָזוּ	יָזוּזוּ *	

שם הפועל .Infin לָזוּז

מקור מוחלט .Inf. Abs זוֹז

מקור נטוי .Inf.+pron בְּזוּזוֹ, כְּ...

* less commonly: אתן/הן תָּזוֹזְנָה

** less commonly: (אתן) זוֹזְנָה

הֵזִיז/הֵזַז/יָזִיז move, shift

בניין : הִפְעִיל גזרה : ע״ו

	Present הווה		Past עבר	Future עתיד	Imper. ציווי
יחיד	מֵזִיז	אני	הֵזַזְתִּי	אָזִיז	
יחידה	מְזִיזָה	אתה	הֵזַזְתָּ	תָּזִיז	הָזֵז
רבים	מְזִיזִים	את	הֵזַזְתְּ	תָּזִיזִי	הָזִיזִי
רבות	מְזִיזוֹת	הוא	הֵזִיז	יָזִיז	
		היא	הֵזִיזָה	תָּזִיז	
		אנחנו	הֵזַזְנוּ	נָזִיז	
		אתם/ן	הֵזַזְתֶּם/ן *	תָּזִיזוּ **	הָזִיזוּ ***
		הם/ן	הֵזִיזוּ	יָזִיזוּ **	

* formal: הֲזִזְתֶּם/ן

שם הפועל .Infin לְהָזִיז

** less commonly: אתן/הן תָּזֵזְנָה

מקור מוחלט .Inf. Abs הָזֵז

*** less commonly: (אתן) הָזֵזְנָה

שם הפעולה Verbal N הֲזָזָה moving, shifting, removal

♦ פעלים פחות שכיחים מאותו שורש Less frequent verbs from the same root

הוּזַז be moved, be shifted (מוּזָז, יוּזַז)

♦ דוגמאות Illustrations

חיים ניסה **לְהָזִיז** את הארון ממקומו, אבל הרהיט הכבד לא **זָז** כהוא זה. כנראה שמעולם לא **הוּזַז** קודם לכן.

Hayyim tried **to move** the cupboard from its place, but the heavy piece of furniture **did** not **move** an inch. It apparently **had** never **been moved** before.

♦ ביטויים מיוחדים Special expressions

לא **זָזָה** ידו מתוך ידו של... he never left his side

זה לא **מֵזִיז** לו it does not make any impression on him (sl.)

●זחל: לִזְחוֹל

זָחַל/זוֹחֵל/יִזְחַל crawl, creep

בניין: פָּעַל גזרה: שלמים (אֶפְעַל) + ע״ג

	Present הווה		Past עבר	Future עתיד	Imper. ציווי
יחיד	זוֹחֵל	אני	זָחַלְתִּי	אֶזְחַל	
יחידה	זוֹחֶלֶת	אתה	זָחַלְתָּ	תִּזְחַל	זְחַל
רבים	זוֹחֲלִים	את	זָחַלְתְּ	תִּזְחֲלִי	זַחֲלִי
רבות	זוֹחֲלוֹת	הוא	זָחַל	יִזְחַל	
		היא	זָחֲלָה	תִּזְחַל	
		אנחנו	זָחַלְנוּ	נִזְחַל	
		אתם/ן	זְחַלְתֶּם/ן *	תִּזְחֲלוּ **	זַחֲלוּ ***
		הם/ן	זָחֲלוּ	יִזְחֲלוּ **	

שם הפועל .Infin לִזְחוֹל — * Colloquial: זָחַלְתֶּם/ן

ביני פעיל .Act. Part זוֹחֵל reptile — ** less commonly: אתן/הן תִּזְחַלְנָה

שם הפעולה Verbal N זְחִילָה crawling, creeping — *** less commonly: (אתן) זְחַלְנָה

מקור מוחלט .Inf. Abs זָחוֹל — מקור נטוי .Inf.+pron בְּזוֹחְלוֹ, כְּ...

♦ פעלים פחות שכיחים מאותו שורש Less frequent verbs from the same root

הִזְדַּחֵל go/crawl very slowly (מִזְדַּחֵל, יִזְדַּחֵל, לְהִזְדַּחֵל)

♦ דוגמאות Illustrations

החובש **זָחַל** אל הפצוע והגיש לו עזרה ראשונה.

The medic **crawled** to the wounded (soldier) and gave him first aid.

לזוֹחֲלִים יש דם קר, והם זקוקים להרבה אור שמש כדי לצבור אנרגיה.

Reptiles have cold blood, and they require a lot of sunshine to accumulate energy.

●זין: לְזַיֵּין, לְהִזְדַּיֵּין

זִיֵּין (זִיֵּן)/זַיֵּין/זַיֵּין arm, supply arms (lit.); reinforce concrete; have sexual intercourse (trans.; vulg.); "mess up" or ruin someone (sl., vulg.). The last two meanings are the most commonly used ones.

בניין: פִּיעֵל גזרה: ל״נ

	Present הווה		Past עבר	Future עתיד	Imper. ציווי
יחיד	מְזַיֵּין	אני	זִיַּינְתִּי	אֲזַיֵּין	
יחידה	מְזַיֶּינֶת	אתה	זִיַּינְתָּ	תְּזַיֵּין	זַיֵּין
רבים	מְזַיְּינִים	את	זִיַּינְתְּ	תְּזַיְּינִי	זַיְּינִי
רבות	מְזַיְּינוֹת	הוא	זִיֵּין	יְזַיֵּין	
		היא	זִיְּינָה	תְּזַיֵּין	
		אנחנו	זִיַּינּוּ	נְזַיֵּין	
		אתם/ן	זִיַּינְתֶּם/ן	תְּזַיְּינוּ *	זַיְּינוּ **
		הם/ן	זִיְּינוּ	יְזַיְּינוּ *	

שם הפועל .Infin לְזַיֵּין — * less commonly: אתן/הן תְּזַיֵּינָּה

מקור מוחלט .Inf. Abs זַיֵּין — ** less commonly: (אתן) זַיֵּינָּה

שם הפעולה Verbal N זִיּוּן arming; sexual intercourse (Vulg.)

be armed; have sexual intercourse (reciprocal; vulg.). הִזְדַּיֵּן/הִזְדַּיֵּן

The second meaning is used more commonly.

בניין : הִתְפַּעֵל גזרה : פ׳ שורקת + ל״נ

	Present הווה		Past עבר	Future עתיד	Imper. ציווי
יחיד	מִזְדַּיֵּן	אני	הִזְדַּיַּנְתִּי	אֶזְדַּיֵּן	
יחידה	מִזְדַּיֶּנֶת	אתה	הִזְדַּיַּנְתָּ	תִּזְדַּיֵּן	הִזְדַּיֵּן
רבים	מִזְדַּיְּנִים	את	הִזְדַּיַּנְתְּ	תִּזְדַּיְּנִי	הִזְדַּיְּנִי
רבות	מִזְדַּיְּנוֹת	הוא	הִזְדַּיֵּן	יִזְדַּיֵּן	
		היא	הִזְדַּיְּנָה	תִּזְדַּיֵּן	
		אנחנו	הִזְדַּיַּנּוּ	נִזְדַּיֵּן	
		אתם/ן	הִזְדַּיַּנְתֶּם/ן	תִּזְדַּיְּנוּ *	הִזְדַּיְּנוּ **
		הם/ן	הִזְדַּיְּנוּ	יִזְדַּיְּנוּ *	

שם הפועל .Infin לְהִזְדַּיֵּן — * less commonly: אתן/הן תִּזְדַּיֵּנָּה

מקור מוחלט .Inf. Abs הִזְדַּיֵּן — ** less commonly: (אתן) הִזְדַּיֵּנָּה

שם הפעולה Verbal N הִזְדַּיְּנוּת becoming armed; having sexual intercourse (vulg.)

♦ פעלים פחות שכיחים מאותו שורש Less frequent verbs from the same root

זוּיַּן be armed (בינ׳ סביל .Pass. Part מְזוּיָּן armed; messed up, יְזוּיַּן)

♦ דוגמאות Illustrations

ברית המועצות, ובהווה רוסיה, **זִיְּנָה** וממשיכה **לְזַיֵּן** את מדינות ערב באמצעי לחימה מתקדמים כדי לבסס את השפעתה במזרח התיכון. היום גם ארצות הברית עושה זאת.

The Soviet Union, and present-day Russia, **armed** and continues **to arm** the Arab states with advanced means of warfare in order to solidify its influence in the Middle East. Today the U.S. also does it.

♦ ביטויים מיוחדים Special expressions

הִזְדַּיֵּן בסבלנות be patient (=**arm** oneself with patience)

בֶּטוֹן **מְזוּיָּן** **reinforced** concrete — בעין בלתי מזוינת with the **naked** eye

● זיף : לְזַיֵּף

be forged, be faked זוּיַּף (זֻיַּף)/זוּיַּפ

בניין : פּוּעַל גזרה : ל״נ

	Present הווה		Past עבר	Future עתיד
יחיד	מְזוּיָּף	אני	זוּיַּפְתִּי	אֲזוּיַּף
יחידה	מְזוּיֶּפֶת	אתה	זוּיַּפְתָּ	תְּזוּיַּף
רבים	מְזוּיָּפִים	את	זוּיַּפְתְּ	תְּזוּיְּפִי
רבות	מְזוּיָּפוֹת	הוא	זוּיַּף	יְזוּיַּף
		היא	זוּיְּפָה	תְּזוּיַּף
		אנחנו	זוּיַּפְנוּ	נְזוּיַּף
		אתם/ן	זוּיַּפְתֶּם/ן	תְּזוּיְּפוּ *
		הם/ן	זוּיְּפוּ	יְזוּיְּפוּ *

בינ׳ סביל .Pass. Part מְזוּיָּף forged, fake — * less commonly: אתן/הן תְּזוּיַּפְנָה

זִיֵּף (זִיֵּף)/זִיַּפ/זַיֵּפ forge; be off key (music)

בניין : פִּיעֵל גזרה : ל״נ

	Present הווה		Past עבר	Future עתיד	Imper. ציווי
יחיד	מְזַיֵּף	אני	זִיַּפְתִּי	אֲזַיֵּף	
יחידה	מְזַיֶּפֶת	אתה	זִיַּפְתָּ	תְּזַיֵּף	זַיֵּף
רבים	מְזַיְּפִים	את	זִיַּפְתְּ	תְּזַיְּפִי	זַיְּפִי
רבות	מְזַיְּפוֹת	הוא	זִיֵּף	יְזַיֵּף	
		היא	זִיְּפָה	תְּזַיֵּף	
		אנחנו	זִיַּפְנוּ	נְזַיֵּף	
		אתםץ	זִיַּפְתֶּםץ	תְּזַיְּפוּ *	זַיְּפוּ **
		הםץ	זִיְּפוּ	יְזַיְּפוּ *	

שם הפועל .Infin לְזַיֵּף — less commonly: * אתן/הן תְּזַיֵּפְנָה

שם הפעולה Verbal N זִיּוּף forging, forgery — less commonly: ** (אתן) זַיֵּפְנָה

מקור מוחלט .Inf. Abs זַיֵּף

♦ דוגמאות Illustrations

מרגלים בדרך כלל עוברים מארץ לארץ בעזרת דרכונים **מְזוּיָּפִים**. כאשר השירותים החשאיים **מְזַיְּפִים** עבורם את הדרכונים, הדרכון בעצם לא **זוּיַּף** – אלא רק שם בעליו...

Spies generally cross borders with **forged** passports. When the Secret Service **forges** the passports for them, the passport is actually not **forged** – only its carrier's name…

● זכה (זכי) : לִזְכּוֹת, לְזַכּוֹת

זָכָה/זוֹכֶה/יִזְכֶּה win (prize, etc.), gain, acquire; be acquitted (of crime); be privileged

בניין : פָּעַל גזרה : ל״י

	Pres./Part. הווה/בינוני		Past עבר	Fut. עתיד	Imp. ציווי
יחיד	זוֹכֶה	אני	זָכִיתִי	אֶזְכֶּה	
יחידה	זוֹכָה	אתה	זָכִיתָ	תִּזְכֶּה	זְכֵה
רבים	זוֹכִים	את	זָכִית	תִּזְכִּי	זְכִי
רבות	זוֹכוֹת	הוא	זָכָה	יִזְכֶּה	
		היא	זָכְתָה	תִּזְכֶּה	
		אנחנו	זָכִינוּ	נִזְכֶּה	
		אתםץ	זְכִיתֶםץ *	תִּזְכּוּ **	זְכוּ ***
		הםץ	זָכוּ	יִזְכּוּ **	

* Colloquial: זָכִיתֶם

שם הפועל .Infin לִזְכּוֹת — less commonly: ** אתן/הן תִּזְכֶּינָה

ביני פעיל .Act. Part זוֹכֶה winner — less commonly: *** (אתן) זְכֶינָה

שם הפעולה Verbal N זְכִיָּה winning (in lottery), gaining; right, privilege

מקור מוחלט .Inf. Abs זָכֹה — מקור נטוי .Inf.+pron בְּזָכוֹתוֹ, כְּ...

מ״י מוצרכת .Gov. Prep זָכָה בּ- win, gain (something); be acquitted of (charge)

מ״י מוצרכת .Gov. Prep זָכָה ל- having the good fortune to…, be given the privilege of…

acquit (of crime); credit (with money); purify (soul); grant concession זִיכָּה (זִכָּה)/זַכֶּה

בניין : פִּיעֵל גזרה : ל"י

	Present הווה		Past עבר	Future עתיד	Imper. ציווי
יחיד	מְזַכֶּה	אני	זִיכִּיתִי	אֲזַכֶּה	
יחידה	מְזַכָּה	אתה	זִיכִּיתָ	תְּזַכֶּה	זַכֵּה
רבים	מְזַכִּים	את	זִיכִּית	תְּזַכִּי	זַכִּי
רבות	מְזַכּוֹת	הוא	זִיכָּה	יְזַכֶּה	
		היא	זִיכְּתָה	תְּזַכֶּה	
		אנחנו	זִיכִּינוּ	נְזַכֶּה	
		אתם/ן	זִיכִּיתֶם/ן	תְּזַכּוּ *	זַכּוּ **
		הם/ן	זִיכּוּ	יְזַכּוּ *	

שם הפועל .Infin לְזַכּוֹת * less commonly: אתן/הן תְּזַכֶּינָה

שם הפעולה Verbal N זִיכּוּי acquittal; crediting ** less commonly: (אתן) זַכֶּינָה

מקור מוחלט .Inf. Abs זַכֵּה

be acquitted (of charge); be credited (with money) זוּכָּה (זֻכָּה)/זוּכֶּה

בניין : פּוּעַל גזרה : ל"י

	Present הווה		Past עבר	Future עתיד
יחיד	מְזוּכֶּה	אני	זוּכֵּיתִי	אֲזוּכֶּה
יחידה	מְזוּכָּה	אתה	זוּכֵּיתָ	תְּזוּכֶּה
רבים	מְזוּכִּים	את	זוּכֵּית	תְּזוּכִּי
רבות	מְזוּכּוֹת	הוא	זוּכָּה	יְזוּכֶּה
		היא	זוּכְּתָה	תְּזוּכֶּה
		אנחנו	זוּכֵּינוּ	נְזוּכֶּה
		אתם/ן	זוּכֵּיתֶם/ן	תְּזוּכּוּ *
		הם/ן	זוּכּוּ	יְזוּכּוּ *

בינ' .Pres. Part מְזוּכֶּה acquitted; credited * less commonly: אתן/הן תְּזוּכֶּינָה

מ"י מוצרכת .Gov. Prep זוּכָּה מ- be acquitted of

מ"י מוצרכת .Gov. Prep זוּכָּה ב- be credited with (acc.)

♦ פעלים פחות שכיחים מאותו שורש Less frequent verbs from the same root

הִזְדַּכָּה be acquitted; get credited (מִזְדַּכֶּה, יִזְדַּכֶּה, לְהִזְדַּכּוֹת)

♦ דוגמאות Illustrations

בבחירות שנערכו בשבוע שעבר **זָכָה** נציג האופוזיציה במספר הקולות הרב ביותר. ראש הממשלה האשים את ה**זוֹכֶה** בקניית קולות ותבע אותו לדין, אך בית-המשפט **זִיכָּה** אותו מכל אשמה. לאחר ש**זוּכָּה** הצהיר ראש האופוזיציה כי הוא מקווה **לִזְכּוֹת** לראות את ראש הממשלה בכלא לכשיתחלף השלטון.

In the elections held last week, the opposition representative **won** the largest number of votes. The prime minister accused the **winner** of buying votes and sued him, but the court **acquitted** him of any wrongdoing. When he **had been acquitted**, the head of the opposition declared that he hopes **to have the privilege** of seeing the prime minister in jail when the administration changes hands.

מנהל הבנק הודה בטעות, **וזִיכָּה** את חשבוני ב-200 ש"ח.
The bank manager admitted the error, and **credited** my account with 200 NIS (New Israeli Shekels).

♦ ביטויים מיוחדים Special expressions

זָכָה בהגרלה **win** the lottery, drawing, or raffle — **זָכָה** במציאה get a bargain
זָכָה מן ההפקר acquire without effort — כל הקודם, **זוֹכֶה** first come, first served
תִּזְכֶּה לשנים רבות many happy returns (birthday greeting)
במה **זָכִיתָ** לכך? how did you **win** the right to it? — **זִיכָּה** בדין **acquit**
זִיכָּה חשבון **credit** an account — **זִיכָּה** אותו בפרס **won** him a prize
זוּכָּה בדין be **acquitted** — **זוּכָּה** ב-200 ש"ח be **credited** with 200 New Israeli Shekels

● זכר : לִזְכּוֹר, לְהִיזָּכֵר, לְהַזְכִּיר

זָכַר/זוֹכֵר/יִזְכּוֹר (יִזְכֹּר) remember, recall

בניין : פָּעַל גזרה : שלמים (אֶפְעוֹל)

	Pres./Part. הווה/בינוני			Past עבר	Fut. עתיד	Imp. ציווי
יחיד	זוֹכֵר	זָכוּר	אני	זָכַרְתִּי	אֶזְכּוֹר	
יחידה	זוֹכֶרֶת	זְכוּרָה	אתה	זָכַרְתָּ	תִּזְכּוֹר	זְכוֹר
רבים	זוֹכְרִים	זְכוּרִים	את	זָכַרְתְּ	תִּזְכְּרִי	זִכְרִי
רבות	זוֹכְרוֹת	זְכוּרוֹת	הוא	זָכַר	יִזְכּוֹר	
			היא	זָכְרָה	תִּזְכּוֹר	
			אנחנו	זָכַרְנוּ	נִזְכּוֹר	
			אתםץ	זְכַרְתֶּםץ *	תִּזְכְּרוּ **	זִכְרוּ ***
			הםץ	זָכְרוּ	יִזְכְּרוּ **	

* Colloquial: זָכַרְתֶּםץ

** less commonly: אתן/הן תִּזְכּוֹרְנָה

*** less commonly: (אתן) זְכוֹרְנָה

שם הפועל Infin. לִזְכּוֹר
מקור מוחלט Inf. Abs. זָכוֹר — ביני סביל Pass. Part. זָכוּר remembered
שם הפעולה Verbal N זְכִירָה remembering, memory — מקור נטוי Inf.+pron. בְּזוֹכְרוֹ, כְּ..

נִזְכַּר/יִיזָּכֵר (יִזָּכֵר) recall, be reminded; be mentioned

בניין : נִפְעַל גזרה : שלמים

	Present הווה		Past עבר	Future עתיד	Imper. ציווי
יחיד	נִזְכָּר	אני	נִזְכַּרְתִּי	אֶזָּכֵר	
יחידה	נִזְכֶּרֶת	אתה	נִזְכַּרְתָּ	תִּיזָּכֵר	הִיזָּכֵר
רבים	נִזְכָּרִים	את	נִזְכַּרְתְּ	תִּיזָּכְרִי	הִיזָּכְרִי
רבות	נִזְכָּרוֹת	הוא	נִזְכַּר	יִיזָּכֵר	
		היא	נִזְכְּרָה	תִּיזָּכֵר	
		אנחנו	נִזְכַּרְנוּ	נִיזָּכֵר	
		אתםץ	נִזְכַּרְתֶּםץ	תִּיזָּכְרוּ *	הִיזָּכְרוּ **
		הםץ	נִזְכְּרוּ	יִיזָּכְרוּ *	

* less commonly: אתן/הן תִּיזָּכַרְנָה

** less commonly: (אתן) הִיזָּכַרְנָה

שם הפועל Infin. לְהִיזָּכֵר
שם הפעולה Verbal N הִיזָּכְרוּת recalling

זכר : לִזְכּוֹר, לְהִיזָּכֵר, לְהַזְכִּיר

מקור מוחלט .Inf. Abs נִזְכּוֹר, הִיזָּכֵר (הִיזָּכוֹר)

מ״י מוצרכת .Gov. Prep נִזְכַּר ב- recall/be reminded of (something)

הִזְכִּיר/הִזְכַּר/יַזְכִּיר remind; mention

בניין : הִפְעִיל   גזרה : שלמים

	Present הווה		Past עבר	Future עתיד	Imper. ציווי
יחיד	מַזְכִּיר	אני	הִזְכַּרְתִּי	אַזְכִּיר	
יחידה	מַזְכִּירָה	אתה	הִזְכַּרְתָּ	תַּזְכִּיר	הַזְכֵּר
רבים	מַזְכִּירִים	את	הִזְכַּרְתְּ	תַּזְכִּירִי	הַזְכִּירִי
רבות	מַזְכִּירוֹת	הוא	הִזְכִּיר	יַזְכִּיר	
		היא	הִזְכִּירָה	תַּזְכִּיר	
		אנחנו	הִזְכַּרְנוּ	נַזְכִּיר	
		אתם/ן	הִזְכַּרְתֶּם/ן	תַּזְכִּירוּ *	הַזְכִּירוּ **
		הם/ן	הִזְכִּירוּ	יַזְכִּירוּ *	

שם הפועל .Infin לְהַזְכִּיר   * less commonly: אתן/הן תַּזְכֵּרְנָה

בינוני .Pres. Part מַזְכִּיר secretary   ** less commonly: (אתן) הַזְכֵּרְנָה

שם הפעולה Verbal N הַזְכָּרָה mention, mentioning; reminder

אַזְכָּרָה memorial service, commemoration

מקור מוחלט .Inf. Abs הַזְכֵּר   מ״י מוצרכת .Gov. Prep מַזְכִּיר ל- remind (someone)

הוּזְכַּר (הֻזְכַּר) be mentioned

בניין : הוּפְעַל   גזרה : שלמים

	Present הווה		Past עבר	Future עתיד
יחיד	מוּזְכָּר	אני	הוּזְכַּרְתִּי	אוּזְכַּר
יחידה	מוּזְכֶּרֶת	אתה	הוּזְכַּרְתָּ	תּוּזְכַּר
רבים	מוּזְכָּרִים	את	הוּזְכַּרְתְּ	תּוּזְכְּרִי
רבות	מוּזְכָּרוֹת	הוא	הוּזְכַּר	יוּזְכַּר
		היא	הוּזְכְּרָה	תּוּזְכַּר
		אנחנו	הוּזְכַּרְנוּ	נוּזְכַּר
		אתם/ן	הוּזְכַּרְתֶּם/ן	תּוּזְכְּרוּ *
		הם/ן	הוּזְכְּרוּ	יוּזְכְּרוּ *

בינוני .Pres. Part מוּזְכָּר mentioned   * less commonly: אתן/הן תּוּזְכַּרְנָה

♦ דוגמאות Illustrations

אני **זוֹכֵר** את פניו, אבל אינני מצליח **לְהִיזָּכֵר** מתי ואיפה פגשתי אותו.

I **remember** his face, but I am unable **to recall** when and where I met him.

המַזְכִּירָה של אפריים **הִזְכִּירָה** לו שיש לו ישיבה בעשר, ושה**אַזְכָּרָה** ליום השנה לפטירתו של יחיאל תתקיים בשעה שתיים אחה״צ.

Ephraim's **secretary reminded** him that he has a meeting at ten, and that the **memorial service** for Yehiel on the anniversary of his death will take place at 2 p.m.

שמו של עזריאל לא **הוּזְכַּר** בישיבה, אבל כולם ידעו במי מדובר.

Azriel's name **was** not **mentioned** at the meeting, but everybody knew who the subject of the conversation was.

♦ ביטויים מיוחדים Special expressions

זָכוּר לטוב of blessed **memory**   **יִזְכּוֹר** **memorial** service prayer; memorial eulogy

הַנִּזְכָּר למעלה (הנ"ל) the above-**mentioned** — זה **מַזְכִּיר** לי ש... it reminds me that...
את חטאי אני **מַזְכִּיר** I acknowledge/**mention** my fault/error

●זלזל: לְזַלְזֵל

זִלְזֵל/זִלְזַל/זַלְזֵל despise, scorn, disdain; underestimate (coll.)

בניין: פִּיעֵל — גזרה: מרובעים

	Present הווה		Past עבר	Future עתיד	Imper. ציווי
יחיד	מְזַלְזֵל	אני	זִלְזַלְתִּי	אֲזַלְזֵל	
יחידה	מְזַלְזֶלֶת	אתה	זִלְזַלְתָּ	תְּזַלְזֵל	זַלְזֵל
רבים	מְזַלְזְלִים	את	זִלְזַלְתְּ	תְּזַלְזְלִי	זַלְזְלִי
רבות	מְזַלְזְלוֹת	הוא	זִלְזֵל	יְזַלְזֵל	
		היא	זִלְזְלָה	תְּזַלְזֵל	
		אנחנו	זִלְזַלְנוּ	נְזַלְזֵל	
		אתם/ן	זִלְזַלְתֶּם/ן	תְּזַלְזְלוּ *	זַלְזְלוּ **
		הם/ן	זִלְזְלוּ	יְזַלְזְלוּ *	

שם הפועל .Infin לְזַלְזֵל — less commonly *: אתן/הן תְּזַלְזֵלְנָה
מקור מוחלט .Inf. Abs זַלְזֵל — less commonly **: (אתן) זַלְזֵלְנָה
שם הפעולה Verbal N זִלְזוּל disrespect, scorn, contempt
מ"י מוצרכת .Gov. Prep זִלְזֵל ב- scorn (someone/something)

♦ דוגמאות Illustrations

אל **תְּזַלְזֵל** בו; כל מי שנוהג בו היום **בְּזִלְזוּל** יכה על חטא בעתיד.
Do not **underestimate** him; all of those who treat him with **contempt** today will shamefully acknowledge their error in the future.

♦ ביטויים מיוחדים Special expressions

זִלְזֵל בכבודו treat him with **disrespect** — חרפות **וְזִלְזוּלִים** **scorn** and derision

●זלל: לִזְלוֹל

זָלַל/זוֹלֵל/יִזְלוֹל (יִזְלֹל) overeat, gorge oneself; gobble down, stuff oneself

בניין: פָּעַל — גזרה: שלמים (אֶפְעוֹל)

	Present הווה		Past עבר	Fut. עתיד	Imp. ציווי
יחיד	זוֹלֵל	אני	זָלַלְתִּי	אֶזְלוֹל	
יחידה	זוֹלֶלֶת	אתה	זָלַלְתָּ	תִּזְלוֹל	זְלוֹל
רבים	זוֹלְלִים	את	זָלַלְתְּ	תִּזְלְלִי	זִלְלִי
רבות	זוֹלְלוֹת	הוא	זָלַל	יִזְלוֹל	
		היא	זָלְלָה	תִּזְלוֹל	
		אנחנו	זָלַלְנוּ	נִזְלוֹל	
		אתם/ן	זְלַלְתֶּם/ן *	תִּזְלְלוּ **	זִלְלוּ ***
		הם/ן	זָלְלוּ	יִזְלְלוּ **	

שם הפועל .Infin לִזְלוֹל — Colloquial *: זָלַלְתֶּם/ן
ש' הפעו' Verbal N זְלִילָה gluttony, overeating — less commonly **: אתן/הן תִּזְלוֹלְנָה

בִּינוֹנִי פעיל Act. Part. זוֹלֵל glutton   *** less commonly: (אתן) זְלוֹלְנָה

מקור מוחלט Inf. Abs. זָלוֹל   מקור נטוי Inf.+pron. בְּזוֹלְלוֹ, כְּ...

♦ דוגמאות Illustrations

זָלַלְתִּי ושתיתי כל כך הרבה במסיבה, שהרגשתי רע מאוד.

I **overate** and drank so much at the party, that I ended up feeling pretty lousy.

● זמן : לְהַזְמִין, לְזַמֵּן, לְהִזְדַּמֵּן

הִזְמִין/הִזְמַנ/יַזְמִין invite; order (goods, food, etc.)

בניין : הִפְעִיל   גזרה : ל״נ

	Present הווה		Past עבר	Future עתיד	Imper. ציווי
יחיד	מַזְמִין	אני	הִזְמַנְתִּי	אַזְמִין	
יחידה	מַזְמִינָה	אתה	הִזְמַנְתָּ	תַּזְמִין	הַזְמֵן
רבים	מַזְמִינִים	את	הִזְמַנְתְּ	תַּזְמִינִי	הַזְמִינִי
רבות	מַזְמִינוֹת	הוא	הִזְמִין	יַזְמִין	
		היא	הִזְמִינָה	תַּזְמִין	
		אנחנו	הִזְמַנּוּ	נַזְמִין	
		אתם/ן	הִזְמַנְתֶּם/ן	תַּזְמִינוּ *	הַזְמִינוּ **
		הם/ן	הִזְמִינוּ	יַזְמִינוּ *	

שם הפועל Infin. לְהַזְמִין   * less commonly: אתן/הן תַּזְמֵנָּה

שם הפעולה Verbal N הַזְמָנָה invitation; order   ** less commonly: (אתן) הַזְמֵנָּה

מקור מוחלט Inf. Abs. הַזְמֵן

הוּזְמַן (הֻזְמַן) be invited; be ordered

בניין : הוּפְעַל   גזרה : ל״נ

	Present הווה		Past עבר	Future עתיד
יחיד	מוּזְמָן	אני	הוּזְמַנְתִּי	אוּזְמַן
יחידה	מוּזְמֶנֶת	אתה	הוּזְמַנְתָּ	תּוּזְמַן
רבים	מוּזְמָנִים	את	הוּזְמַנְתְּ	תּוּזְמְנִי
רבות	מוּזְמָנוֹת	הוא	הוּזְמַן	יוּזְמַן
		היא	הוּזְמְנָה	תּוּזְמַן
		אנחנו	הוּזְמַנּוּ	נוּזְמַן
		אתם/ן	הוּזְמַנְתֶּם/ן	תּוּזְמְנוּ *
		הם/ן	הוּזְמְנוּ	יוּזְמְנוּ *

בינוני Pres. Part. מוּזְמָן invitee   * less commonly: אתן/הן תּוּזְמַנָּה

זִימֵּן (זִמֵּן)/זִימַּנ/זַמֵּן fix, appoint; invite, cause to meet

בניין : פִּיעֵל   גזרה : ל״נ

	Present הווה		Past עבר	Future עתיד	Imper. ציווי
יחיד	מְזַמֵּן	אני	זִימַּנְתִּי	אֲזַמֵּן	
יחידה	מְזַמֶּנֶת	אתה	זִימַּנְתָּ	תְּזַמֵּן	זַמֵּן
רבים	מְזַמְּנִים	את	זִימַּנְתְּ	תְּזַמְּנִי	זַמְּנִי
רבות	מְזַמְּנוֹת	הוא	זִימֵּן	יְזַמֵּן	
		היא	זִימְּנָה	תְּזַמֵּן	

Imper. ציווי	Future עתיד	Past עבר		Present הווה
	נְזַמֵּן	זִימַּנּוּ	אנחנו	
זַמְּנוּ **	תְּזַמְּנוּ *	זִימַּנְתֶּם/ן	אתם/ן	
	יְזַמְּנוּ *	זִימְּנוּ	הם/ן	

שם הפועל .Infin לְזַמֵּן   * less commonly: אתן/הן תְּזַמֵּנָּה

שם הפעולה Verbal N זִימּוּן inviting   ** less commonly: (אתן) זַמֵּנָּה

מקור מוחלט .Inf. Abs זַמֵּן

הִזְדַּמֵּן/הִזְדַּמַּן chance, happen

בניין : הִתְפַּעֵל   גזרה : פ׳ שורקת + ל״נ

Imper. ציווי	Future עתיד	Past עבר		Present הווה	
	אֶזְדַּמֵּן	הִזְדַּמַּנְתִּי	אני	מִזְדַּמֵּן	יחיד
הִזְדַּמֵּן	תִּזְדַּמֵּן	הִזְדַּמַּנְתָּ	אתה	מִזְדַּמֶּנֶת	יחידה
הִזְדַּמְּנִי	תִּזְדַּמְּנִי	הִזְדַּמַּנְתְּ	את	מִזְדַּמְּנִים	רבים
	יִזְדַּמֵּן	הִזְדַּמֵּן	הוא	מִזְדַּמְּנוֹת	רבות
	תִּזְדַּמֵּן	הִזְדַּמְּנָה	היא		
	נִזְדַּמֵּן	הִזְדַּמַּנּוּ	אנחנו		
הִזְדַּמְּנוּ **	תִּזְדַּמְּנוּ *	הִזְדַּמַּנְתֶּם/ן	אתם/ן		
	יִזְדַּמְּנוּ *	הִזְדַּמְּנוּ	הם/ן		

שם הפועל .Infin לְהִזְדַּמֵּן   * less commonly: אתן/הן תִּזְדַּמֵּנָּה

שם הפעולה Verbal N הִזְדַּמְּנוּת opportunity   ** less commonly: (אתן) הִזְדַּמֵּנָּה

מקור מוחלט .Inf. Abs הִזְדַּמֵּן

♦ פעלים פחות שכיחים מאותו שורש Less frequent verbs from the same root

זוּמַּן be prepared, be fixed, be appointed, be invited (בינוני .Pres. Part מְזוּמָּן/מְזוּמָּנִים ready; cash, יְזוּמַּן)

♦ דוגמאות Illustrations

הִזְמַנְתִּי רהיטים חדשים אצל ״ארבעה נגרים״ בתל-אביב, אבל למחרת היום הסתבר שקיימת **הִזְדַּמְּנוּת** לקנות מחברים של חברים רהיטים משומשים במצב מצוין, בדיוק אלה שלהם אני זקוק. התקשרתי ל״ארבעה נגרים״ וביטלתי את **הַהַזְמָנָה**; על פי החוזה איתם ניתן לעשות זאת אם הרהיטים **הוּזְמְנוּ** ב-24 השעות האחרונות. ניגשתי לבנק, כי לא היו לי מספיק **מְזוּמָּנִים**, ותוך שעה הרהיטים היו בבית. **הִזְמַנְתִּי** כמה חברים הבייתה לערב, לחנוך את הרכישה החדשה.

I **ordered** new furniture from “Four Carpenters” in Tel Aviv, but on the next day I found out that there’s an **opportunity** to buy used furniture in excellent condition from friends of friends – precisely the ones I need. So I called “Four Carpenters” and cancelled the **order**; according to the contract with them, it can be done if the furniture **was ordered** in the last 24 hours. I went to the bank, since I did not have enough **cash**, and within an hour the furniture was home. I **invited** a few friends for the evening, to “break in” the new acquisition.

♦ ביטויים מיוחדים Special expressions

בִּמְזוּמָּן/בִּמְזוּמָּנִים in **cash**   לעתים **מְזוּמָּנוֹת** regularly (in coll. also often)

מוכן **וּמְזוּמָּן** ready and willing   **הִזְדַּמְּנוּת** בלתי חוזרת a one-time **opportunity**

הִזְדַּמֵּן לי I happened to…

זנח: לְהַזְנִיחַ, לִזְנוֹחַ

הִזְנִיחַ/הִזְנַח/יַזְנִיחַ neglect

בניין: הִפְעִיל גזרה: שלמים + ל״ג

	Present הווה		Past עבר	Future עתיד	Imper. ציווי
יחיד	מַזְנִיחַ	אני	הִזְנַחְתִּי	אַזְנִיחַ	
יחידה	מַזְנִיחָה	אתה	הִזְנַחְתָּ	תַּזְנִיחַ	הַזְנַח
רבים	מַזְנִיחִים	את	הִזְנַחְתְּ	תַּזְנִיחִי	הַזְנִיחִי
רבות	מַזְנִיחוֹת	הוא	הִזְנִיחַ	יַזְנִיחַ	
		היא	הִזְנִיחָה	תַּזְנִיחַ	
		אנחנו	הִזְנַחְנוּ	נַזְנִיחַ	
		אתם/ן	הִזְנַחְתֶּם/ן	תַּזְנִיחוּ *	הַזְנִיחוּ **
		הם/ן	הִזְנִיחוּ	יַזְנִיחוּ *	

שם הפועל .Infin לְהַזְנִיחַ — * less commonly: אתן/הן תַּזְנַחְנָה

מקור מוחלט .Inf. Abs הַזְנֵחַ — ** less commonly: (אתן) הַזְנַחְנָה

שם הפעולה Verbal N הַזְנָחָה neglect N

זָנַח/זוֹנֵחַ/יִזְנַח leave, abandon, desert

בניין: פָּעַל גזרה: שלמים + ל״ג

	Present הווה		Past עבר	Future עתיד	Imper. ציווי
יחיד	זוֹנֵחַ	אני	זָנַחְתִּי	אֶזְנַח	
יחידה	זוֹנַחַת	אתה	זָנַחְתָּ	תִּזְנַח	זְנַח
רבים	זוֹנְחִים	את	זָנַחְתְּ/...חַת	תִּזְנְחִי	זִנְחִי
רבות	זוֹנְחוֹת	הוא	זָנַח	יִזְנַח	
		היא	זָנְחָה	תִּזְנַח	
		אנחנו	זָנַחְנוּ	נִזְנַח	
		אתם/ן	זְנַחְתֶּם/ן *	תִּזְנְחוּ **	זִנְחוּ ***
		הם/ן	זָנְחוּ	יִזְנְחוּ **	

שם הפועל .Infin לִזְנוֹחַ — * Colloquial: זָנַחְתֶּם/ן

מקור מוחלט .Inf. Abs זָנוֹחַ — ** less commonly: אתן/הן תִּזְנַחְנָה

מקור נטוי .Inf.+pron בְּזוֹנְחוֹ, כְּ... — *** less commonly: (אתן) זְנַחְנָה

ש׳ הפעו׳ Verbal N זְנִיחָה abandonment, desertion — קָטִיל CaCiC adj./N. זָנִיחַ negligible

הוּזְנַח (הֻזְנַח) be neglected

בניין: הוּפְעַל גזרה: שלמים

	Present הווה		Past עבר	Future עתיד
יחיד	מוּזְנָח	אני	הוּזְנַחְתִּי	אוּזְנַח
יחידה	מוּזְנַחַת	אתה	הוּזְנַחְתָּ	תּוּזְנַח
רבים	מוּזְנָחִים	את	הוּזְנַחְתְּ	תּוּזְנְחִי
רבות	מוּזְנָחוֹת	הוא	הוּזְנַח	יוּזְנַח
		היא	הוּזְנְחָה	תּוּזְנַח
		אנחנו	הוּזְנַחְנוּ	נוּזְנַח
		אתם/ן	הוּזְנַחְתֶּם/ן	תּוּזְנְחוּ *
		הם/ן	הוּזְנְחוּ	יוּזְנְחוּ *

בינוני סביל .Pass. Part מוּזְנָח neglected — * less commonly: אתן/הן תּוּזְנַחְנָה

♦ **דוגמאות** Illustrations

כשאנחנו **מַזְנִיחִים** את הגינה שלנו, עשבי הפרא משתלטים עליה וקשה מאוד להיפטר מהם.

When we **neglect** our garden, wild weeds take over, and it is very difficult to get rid of them.

● זנק : לְזַנֵּק

זִינֵּק (זִנֵּק)/זִינַּק/זַנֵּק pounce; dash out, jump off, start

בניין : פִּיעֵל   גזרה : שלמים

	הווה Present		עבר Past	עתיד Future	ציווי .Imper
יחיד	מְזַנֵּק	אני	זִינַּקְתִּי	אֲזַנֵּק	
יחידה	מְזַנֶּקֶת	אתה	זִינַּקְתָּ	תְּזַנֵּק	זַנֵּק
רבים	מְזַנְּקִים	את	זִינַּקְתְּ	תְּזַנְּקִי	זַנְּקִי
רבות	מְזַנְּקוֹת	הוא	זִינֵּק	יְזַנֵּק	
		היא	זִינְּקָה	תְּזַנֵּק	
		אנחנו	זִינַּקְנוּ	נְזַנֵּק	
		אתם/ן	זִינַּקְתֶּם/ן	תְּזַנְּקוּ *	זַנְּקוּ **
		הם/ן	זִינְּקוּ	יְזַנְּקוּ *	

שם הפועל .Infin לְזַנֵּק   * less commonly: אתן/הן תְּזַנֵּקְנָה

מקור מוחלט .Inf. Abs זַנֵּק   ** less commonly: (אתן) זַנֵּקְנָה

שם הפעולה Verbal N זִינּוּק pouncing, jump-off, start

♦ **דוגמאות** Illustrations

כשדויד **מְזַנֵּק** בתחרות ריצת 100, זה מזכיר **זִינּוּק** של נמר על טרפו.

When David **jump-starts** in a 100 meter dash, it reminds one of a tiger **pouncing** on his prey.

● זעזע : לְזַעְזֵעַ/לְזַעְזֵעַ, לְהִזְדַּעְזֵעַ

זִעְזַע/זַעְזֵעַ shake, rock; cause agitation; destabilize, upset

בניין : פִּיעֵל   גזרה : מרובעים + האות השנייה והרביעית גרונית

	הווה Present		עבר Past	עתיד Future	ציווי .Imper
יחיד	מְזַעְזֵעַ	אני	זִעְזַעְתִּי	אֲזַעְזַע/...זֵעַ*	
יחידה	מְזַעְזַעַת	אתה	זִעְזַעְתָּ	תְּזַעְזַע/...זֵעַ*	זַעְזַע/..זֵעַ*
רבים	מְזַעְזְעִים	את	זִעְזַעְתְּ/...עַת	תְּזַעְזְעִי	זַעְזְעִי
רבות	מְזַעְזְעוֹת	הוא	זִעְזַע/זִעְזֵעַ*	יְזַעְזַע/...זֵעַ*	
		היא	זִעְזְעָה	תְּזַעְזַע/...זֵעַ*	
		אנחנו	זִעְזַעְנוּ	נְזַעְזַע/...זֵעַ*	
		אתם/ן	זִעְזַעְתֶּם/ן	תְּזַעְזְעוּ **	זַעְזְעוּ***
		הם/ן	זִעְזְעוּ	יְזַעְזְעוּ **	

* ...זֵעַ more common in colloquial use

שם הפועל .Infin לְזַעְזֵעַ   ** less commonly: אתן/הן תְּזַעְזַעְנָה

בינוני .Pres. Part מְזַעְזֵעַ shocking   *** less commonly: (אתן) זַעְזַעְנָה

שם הפעולה Verbal N זַעֲזוּעַ shaking; shock   מקור מוחלט .Inf. Abs זַעְזֵעַ

מימוש אחר של תנועת ה-ע׳ הראשונה בכל הנטייה הוא בחטף-פתח : זְעֲזַעְתִּי, זְעֲזַעְתָּ...
An alternative realization of the first ע׳ throughout is with a חטף-פתח: ...זְעֲזַעְתִּי, זְעֲזַעְתָּ

be shocked, be outraged; be shaken violently הִזְדַּעֲזַע/הִזְדַּעֲזֵעַ

בניין : הִתְפַּעֵל גזרה : מרובעים + פ׳ שורקת + האות השנייה והרביעית גרונית

Imper. ציווי	Future עתיד	Past עבר		Present הווה	
	אֶזְדַּעֲזַע/...זֵעַ*	הִזְדַּעֲזַעְתִּי	אני	מִזְדַּעֲזֵעַ	יחיד
הִזְדַּעֲזַע/זֵעַ*	תִּזְדַּעֲזַע/...זֵעַ*	הִזְדַּעֲזַעְתָּ	אתה	מִזְדַּעֲזַעַת	יחידה
הִזְדַּעַזְעִי	תִּזְדַּעַזְעִי	הִזְדַּעֲזַעְתְּ/...עַת	את	מִזְדַּעַזְעִים	רבים
	יִזְדַּעֲזַע/...זֵעַ*	הִזְדַּעֲזַע.../זֵעַ*	הוא	מִזְדַּעַזְעוֹת	רבות
	תִּזְדַּעֲזַע/...זֵעַ*	הִזְדַּעַזְעָה	היא		
	נִזְדַּעֲזַע/...זֵעַ*	הִזְדַּעֲזַעְנוּ	אנחנו		
הִזְדַּעַזְעוּ ***	תִּזְדַּעַזְעוּ **	הִזְדַּעֲזַעְתֶּם/ן	אתם/ן		
	יִזְדַּעַזְעוּ **	הִזְדַּעַזְעוּ	הם/ן		

שם הפועל .Infin לְהִזְדַּעֲזֵעַ — more common in colloquial use * ...זֵעַ
מקור מוחלט .Inf. Abs הִזְדַּעֲזֵעַ — less commonly ** :אתן/הן תִּזְדַּעֲזַעְנָה
ש׳ הפעו׳ Ver. N הִזְדַּעַזְעוּת shock, agitation — less commonly *** :(אתן) הִזְדַּעֲזַעְנָה
מימוש אחר של תנועת ה-ע׳ הראשונה הוא בשווא : מִזְדַּעְזֵעַ...
An alternative realization of the first ע׳ throughout is with a שווא: ...מִזְדַּעְזֵעַ

be shaken; become agitated; be upset, be destabilized זוּעֲזַע (זֻעֲזַע)

בניין : פּוּעַל גזרה : מרובעים + האות השנייה והרביעית גרונית

Future עתיד	Past עבר		Present הווה	
אֲזוּעֲזַע	זוּעֲזַעְתִּי	אני	מְזוּעֲזָע	יחיד
תְּזוּעֲזַע	זוּעֲזַעְתָּ	אתה	מְזוּעֲזַעַת	יחידה
תְּזוּעַזְעִי	זוּעֲזַעְתְּ/...עַת	את	מְזוּעֲזָעִים	רבים
יְזוּעֲזַע	זוּעֲזַע	הוא	מְזוּעֲזָעוֹת	רבות
תְּזוּעֲזַע	זוּעַזְעָה	היא		
נְזוּעֲזַע	זוּעֲזַעְנוּ	אנחנו		
תְּזוּעַזְעוּ *	זוּעֲזַעְתֶּם/ן	אתם/ן		
יְזוּעַזְעוּ *	זוּעַזְעוּ	הם/ן		

בינוני .Pres. Part מְזוּעֲזָע shocked, in shock — less commonly * :אתן/הן תְּזוּעֲזַעְנָה

♦ דוגמאות Illustrations

מה שקרה ב-9 בספטמבר 2001 **זִעְזַע** לא רק את ארה״ב, אלא את העולם כולו.
What happened on September 11, 2001 **shook** not only the U.S., but the whole world.

אני עדיין **מְזוּעֲזָע** ממה שקרה ב-8 בנובמבר 2016.
I am still **shocked** by what happened on November 8, 2016.

● זקן : לְהִזְדַּקֵּן

grow old, age (commoner in coll.) הִזְדַּקֵּן/הִזְדַּקֵּן

בניין : הִתְפַּעֵל גזרה : פ׳ שורקת + ל״נ

Imper. ציווי	Future עתיד	Past עבר		Present הווה	
	אֶזְדַּקֵּן	הִזְדַּקַּנְתִּי	אני	מִזְדַּקֵּן	יחיד
הִזְדַּקֵּן	תִּזְדַּקֵּן	הִזְדַּקַּנְתָּ	אתה	מִזְדַּקֶּנֶת	יחידה

	Present הווה		Past עבר	Future עתיד	Imper. ציווי
רבים	מִזְדַקְּנִים	את	הִזְדַקַּנְתְּ	תִּזְדַקְּנִי	הִזְדַקְּנִי
רבות	מִזְדַקְּנוֹת	הוא	הִזְדַקֵּן	יִזְדַקֵּן	
		היא	הִזְדַקְּנָה	תִּזְדַקֵּן	
		אנחנו	הִזְדַקַּנּוּ	נִזְדַקֵּן	
		אתם/ן	הִזְדַקַּנְתֶּם/ן	תִּזְדַקְּנוּ *	הִזְדַקְּנוּ **
		הם/ן	הִזְדַקְּנוּ	יִזְדַקְּנוּ *	

שם הפועל Infin. לְהִזְדַקֵּן — * less commonly: אתן/הן תִּזְדַקֵּנָּה

שם הפועל Verbal N הִזְדַקְּנוּת growing old — ** less commonly: (אתן) הִזְדַקֵּנָּה

מקור מוחלט Inf. Abs. הִזְדַקֵּן

♦ **פעלים פחות שכיחים מאותו שורש** Less frequent verbs from the same root

זָקֵן grow old, age < ביני פעיל Act. Part. זָקֵן old; old man

הִזְקִין be(come) old; render old (מַזְקִין, יַזְקִין, לְהַזְקִין)

♦ **דוגמאות** Illustrations

ראובן **הִזְדַקֵּן** מאוד במשך השנים שלא ראיתי אותו. דומה שנטל הצרות שפקדו אותו **הִזְקִין** אותו בטרם זמן.

Reuven has **aged** considerably during the years that I did not see him. It seems that the burden of troubles that befell him has **rendered** him **old** before his time.

●זקק : לְהִזְדַקֵּק

הִזְדַקֵּק/הִזְדַקֵּק need, be in need (of)

בניין : הִתְפַּעֵל גזרה : שלמים + פ׳ שורקת

	Present הווה		Past עבר	Future עתיד	Imper. ציווי
יחיד	מִזְדַקֵּק	אני	הִזְדַקַּקְתִּי	אֶזְדַקֵּק	
יחידה	מִזְדַקֶּקֶת	אתה	הִזְדַקַּקְתָּ	תִּזְדַקֵּק	הִזְדַקֵּק
רבים	מִזְדַקְּקִים	את	הִזְדַקַּקְתְּ	תִּזְדַקְּקִי	הִזְדַקְּקִי
רבות	מִזְדַקְּקוֹת	הוא	הִזְדַקֵּק	יִזְדַקֵּק	
		היא	הִזְדַקְּקָה	תִּזְדַקֵּק	
		אנחנו	הִזְדַקַּקְנוּ	נִזְדַקֵּק	
		אתם/ן	הִזְדַקַּקְתֶּם/ן	תִּזְדַקְּקוּ *	הִזְדַקְּקוּ **
		הם/ן	הִזְדַקְּקוּ	יִזְדַקְּקוּ *	

שם הפועל Infin. לְהִזְדַקֵּק — * less commonly: אתן/הן תִּזְדַקֵּקְנָה

שם הפועל Verbal N הִזְדַקְּקוּת being in need — ** less commonly: (אתן) הִזְדַקֵּקְנָה

מקור מוחלט Inf. Abs. הִזְדַקֵּק — מ״י מוצרכת Gov. Prep. הִזְדַקֵּק ל- be in need of

♦ **פעלים פחות שכיחים מאותו שורש** Less frequent verbs from the same root

זָקַק oblige, compel (Mish H) < ביני סביל Pass. Part. זָקוּק (ל-) needing, in need (of) (form common)

נִזְקַק be in need (of) (נִזְקָק, בינוני Pres. Part. נִזְקָק needy person, יִיזָּקֵק, לְהִיזָּקֵק)

A less frequent homonymous root meaning “purify, refine” is not included in this collection.

♦ דוגמאות Illustrations

אני **זָקוּק** לעוד שלושה גלונים של צבע כדי לסיים את צביעת הבית. אם **אֶזְדַּקֵּק** לצבע נוסף, אודיע לך מייד.

I **need** another three gallons of paint in order to finish the painting of the house. If I **am in need** of additional paint, I'll let you know immediately.

●זרח : לִזְרוֹחַ

זָרַח/זוֹרֵחַ/יִזְרַח shine; illuminate, glow

בניין : פָּעַל גזרה : שלמים + ל״ג

	הווה Present		עבר Past	עתיד Future	ציווי Imper.
יחיד	זוֹרֵחַ	אני	זָרַחְתִּי	אֶזְרַח	
יחידה	זוֹרַחַת	אתה	זָרַחְתָּ	תִּזְרַח	זְרַח
רבים	זוֹרְחִים	את	זָרַחְתְּ/...חַת	תִּזְרְחִי	זִרְחִי
רבות	זוֹרְחוֹת	הוא	זָרַח	יִזְרַח	
		היא	זָרְחָה	תִּזְרַח	
		אנחנו	זָרַחְנוּ	נִזְרַח	
		אתם/ן	זְרַחְתֶּם/ן *	תִּזְרְחוּ **	זִרְחוּ ***
		הם/ן	זָרְחוּ	יִזְרְחוּ **	

שם הפועל .Infin לִזְרוֹחַ

מקור מוחלט .Inf. Abs זָרוֹחַ

מקור נטוי .Inf.+pron בְּזוֹרְחוֹ, כְּ...

שם הפעולה Verbal N זְרִיחָה sunrise

* Colloquial: זָרַחְתֶּם/ן

** less commonly: אתן/הן תִּזְרַחְנָה

*** less commonly: (אתן) זְרַחְנָה

♦ דוגמאות Illustrations

השמש **זָרְחָה**, אבל במשך כל הבוקר היה עדיין קר מאוד.

The sun **shone**, but throughout the morning it was still quite cold.

●זרם : לִזְרוֹם, לְהַזְרִים

זָרַם/זוֹרֵם/יִזְרוֹם (יִזְרֹם) flow

בניין : פָּעַל גזרה : שלמים (אֶפְעוֹל)

	הווה/בינוני Pres./Part.		עבר Past	עתיד Fut.	ציווי Imp.
יחיד	זוֹרֵם	אני	זָרַמְתִּי	אֶזְרוֹם	
יחידה	זוֹרֶמֶת	אתה	זָרַמְתָּ	תִּזְרוֹם	זְרוֹם
רבים	זוֹרְמִים	את	זָרַמְתְּ	תִּזְרְמִי	זִרְמִי
רבות	זוֹרְמוֹת	הוא	זָרַם	יִזְרוֹם	
		היא	זָרְמָה	תִּזְרוֹם	
		אנחנו	זָרַמְנוּ	נִזְרוֹם	
		אתם/ן	זְרַמְתֶּם/ן *	תִּזְרְמוּ **	זִרְמוּ ***
		הם/ן	זָרְמוּ	יִזְרְמוּ **	

שם הפועל .Infin לִזְרוֹם

מקור מוחלט .Inf. Abs זָרוֹם

* Colloquial: זָרַמְתֶּם/ן

** less commonly: אתן/הן תִּזְרוֹמְנָה

מקור נטוי .Inf.+pron בְּזוֹרְמוֹ, כְּ...   ***less commonly: (אתן) זְרוֹמְנָה

שם הפעולה Verbal N זְרִימָה flow (N)

הִזְרִים/הִזְרַמ/יַזְרִים pour; cause to flow; transfer large quantities

בניין : הִפְעִיל   גזרה : שלמים

	הווה Present		עבר Past	עתיד Future	ציווי .Imper
יחיד	מַזְרִים	אני	הִזְרַמְתִּי	אַזְרִים	
יחידה	מַזְרִימָה	אתה	הִזְרַמְתָּ	תַּזְרִים	הַזְרֵם
רבים	מַזְרִימִים	את	הִזְרַמְתְּ	תַּזְרִימִי	הַזְרִימִי
רבות	מַזְרִימוֹת	הוא	הִזְרִים	יַזְרִים	
		היא	הִזְרִימָה	תַּזְרִים	
		אנחנו	הִזְרַמְנוּ	נַזְרִים	
		אתםץ	הִזְרַמְתֶּםץ	* תַּזְרִימוּ	** הַזְרִימוּ
		הםץ	הִזְרִימוּ	* יַזְרִימוּ	

שם הפועל .Infin לְהַזְרִים   *less commonly: אתןץהן תַּזְרֵמְנָה

מקור מוחלט .Inf. Abs הַזְרֵם   **less commonly: (אתן) הַזְרֵמְנָה

שם הפעולה Verbal N הַזְרָמָה pouring flow; transfer of large quantities

♦ דוגמאות Illustrations

הרבה מים **זָרְמוּ** בנהר הירדן מאז שיוחנן המטביל הטביל את ישו.

A lot of water **has flowed** in the Jordan river since John the Baptist baptized Jesus.

אנשי עסקים רבים, וכן לא מעט פוליטיקאים בעלי השפעה, **הִזְרִימוּ** ועדיין **מַזְרִימִים** כספים רבים לאירגוני טרור ולמוסדות המטיפים לשנאת זרים.

Many businessmen, as well as a good number of influential politicians, **have been transferring**, and **are** still **transferring**, considerable funds to terror organizations as well as to institutions that preach hatred of foreigners.

● זרק : לִזְרוֹק, לְהִיזָּרֵק, לְהַזְרִיק

זָרַק/זוֹרֵק/יִזְרוֹק (יִזְרֹק) throw, toss, cast, fling

בניין : פָּעַל   גזרה : שלמים (אֶפְעוֹל)

	הווה/בינוני .Pres./Part			עבר Past	עתיד .Fut	ציווי .Imp
יחיד	זוֹרֵק	זָרוּק	אני	זָרַקְתִּי	אֶזְרוֹק	
יחידה	זוֹרֶקֶת	זְרוּקָה	אתה	זָרַקְתָּ	תִּזְרוֹק	זְרוֹק
רבים	זוֹרְקִים	זְרוּקִים	את	זָרַקְתְּ	תִּזְרְקִי	זִרְקִי
רבות	זוֹרְקוֹת	זְרוּקוֹת	הוא	זָרַק	יִזְרוֹק	
			היא	זָרְקָה	תִּזְרוֹק	
			אנחנו	זָרַקְנוּ	נִזְרוֹק	
			אתםץ	* זְרַקְתֶּםץ	** תִּזְרְקוּ	*** זִרְקוּ
			הםץ	זָרְקוּ	** יִזְרְקוּ	

שם הפועל .Infin לִזְרוֹק   *Colloquial: זָרַקְתֶּםץ

מקור מוחלט .Inf. Abs זָרוֹק   **less commonly: אתןץהן תִּזְרוֹקְנָה

מקור נטוי .Inf.+pron בְּזוֹרְקוֹ, כְּ...   ***less commonly: (אתן) זְרוֹקְנָה

זרק : לִזְרוֹק, לְהִיזָּרֵק, לְהַזְרִיק

בינ׳ סביל .Pass. Part זָרוּק thrown away; neglected (sl.)
שם הפעולה Verbal N זְרִיקָה throwing; injection (medical)
מ״י מוצרכת .Gov. Prep זָרַק על throw at

נִזְרַק/יִיזָּרֵק (יִזָּרֵק) be thrown, be flung, be cast

בניין : נִפְעַל גזרה : שלמים

	Present הווה		Past עבר	Future עתיד	Imper. ציווי
יחיד	נִזְרָק	אני	נִזְרַקְתִּי	אֶזָּרֵק	
יחידה	נִזְרֶקֶת	אתה	נִזְרַקְתָּ	תִּיזָּרֵק	הִיזָּרֵק
רבים	נִזְרָקִים	את	נִזְרַקְתְּ	תִּיזָּרְקִי	הִיזָּרְקִי
רבות	נִזְרָקוֹת	הוא	נִזְרַק	יִיזָּרֵק	
		היא	נִזְרְקָה	תִּיזָּרֵק	
		אנחנו	נִזְרַקְנוּ	נִיזָּרֵק	
		אתם/ן	נִזְרַקְתֶּם/ן	תִּיזָּרְקוּ *	הִיזָּרְקוּ **
		הם/ן	נִזְרְקוּ	יִיזָּרְקוּ *	

* less commonly: אתן/הן תִּיזָּרַקְנָה
** less commonly: (אתן) הִיזָּרַקְנָה

שם הפועל .Infin לְהִיזָּרֵק
שם הפעולה Verbal N הִיזָּרְקוּת being thrown; projection
מקור מוחלט .Inf. Abs נִזְרוֹק, הִיזָּרֵק (הִיזָּרוֹק)

הִזְרִיק/הִזְרַק/יַזְרִיק inject

בניין : הִפְעִיל גזרה : שלמים

	Present הווה		Past עבר	Future עתיד	Imper. ציווי
יחיד	מַזְרִיק	אני	הִזְרַקְתִּי	אַזְרִיק	
יחידה	מַזְרִיקָה	אתה	הִזְרַקְתָּ	תַּזְרִיק	הַזְרֵק
רבים	מַזְרִיקִים	את	הִזְרַקְתְּ	תַּזְרִיקִי	הַזְרִיקִי
רבות	מַזְרִיקוֹת	הוא	הִזְרִיק	יַזְרִיק	
		היא	הִזְרִיקָה	תַּזְרִיק	
		אנחנו	הִזְרַקְנוּ	נַזְרִיק	
		אתם/ן	הִזְרַקְתֶּם/ן	תַּזְרִיקוּ *	הַזְרִיקוּ **
		הם/ן	הִזְרִיקוּ	יַזְרִיקוּ *	

* less commonly: אתן/הן תַּזְרֵקְנָה
** less commonly: (אתן) הַזְרֵקְנָה

שם הפועל .Infin לְהַזְרִיק
שם הפעולה Verbal N הַזְרָקָה injecting
מקור מוחלט .Inf. Abs הַזְרֵק

♦ פעלים פחות שכיחים מאותו שורש Less frequent verbs from the same root

הוּזְרַק be injected (מוּזְרָק, יוּזְרַק)

♦ דוגמאות Illustrations

ראיתי אתמול כיצד אדם **נִזְרָק** ממסעדה לאחר שאכל ולא שילם. **זָרְקוּ** אותו לרחוב כמו טיל.

Yesterday I saw how a person **was being thrown** out of a restaurant after he had eaten and did not pay. They **threw** him into the street like a projectile.

מכיוון שהרופא חשש מזיהום, הוא **הִזְרִיק** לפצוע **זְרִיקָה** נגד טֶטָנוּס.

Since the doctor worried about infection, he **injected** the wounded person with a tetanus **shot.**

●חבא : לְהִתְחַבֵּא

hide intr. הִתְחַבֵּא

בניין : הִתְפַּעֵל גזרה : ל״א

	Present הווה		Past עבר	Future עתיד	Imper. ציווי
יחיד	מִתְחַבֵּא	אני	הִתְחַבֵּאתִי	אֶתְחַבֵּא	
יחידה	מִתְחַבֵּאת	אתה	הִתְחַבֵּאתָ	תִּתְחַבֵּא	הִתְחַבֵּא
רבים	מִתְחַבְּאִים	את	הִתְחַבֵּאת	תִּתְחַבְּאִי	הִתְחַבְּאִי
רבות	מִתְחַבְּאוֹת	הוא	הִתְחַבֵּא	יִתְחַבֵּא	
		היא	הִתְחַבְּאָה	תִּתְחַבֵּא	
		אנחנו	הִתְחַבֵּאנוּ	נִתְחַבֵּא	
		אתם/ן	הִתְחַבֵּאתֶם/ן	תִּתְחַבְּאוּ *	הִתְחַבְּאוּ **
		הם/ן	הִתְחַבְּאוּ	יִתְחַבְּאוּ *	

שם הפועל .Infin לְהִתְחַבֵּא — * less commonly: אתן/הן תִּתְחַבֶּאנָה

מקור מוחלט .Inf. Abs הִתְחַבֵּא — ** less commonly: (אתן) הִתְחַבֶּאנָה

♦ פעלים פחות שכיחים מאותו שורש Less frequent verbs from the same root

נֶחְבָּא hide oneself (lit.) (נֶחְבָּא, יֵיחָבֵא, לְהֵיחָבֵא)

הוּחְבָּא be hidden (מוּחְבָּא, יוּחְבָּא)

הֶחְבִּיא hide tr. (מַחְבִּיא, יַחְבִּיא, לְהַחְבִּיא)

♦ דוגמאות Illustrations

מספר לא קטן של יהודים **הִתְחַבְּאוּ** בעליות גג של ידידים נוצרים שהסכימו **לְהַחְבִּיא** אותם שם מפני הנאצים.

A significant number of Jews **hid** in attics of Christian friends who agreed **to hide** them there from the Nazis.

♦ ביטויים מיוחדים Special expressions

נֶחְבָּא אל הכלים shy, modest

בְּהֵיחָבֵא unseen, covertly, **clandestine**ly, surreptitiously

●חבב : לְחַבֵּב

like, be fond of, love; lead/cause to like חִיבֵּב (חִבֵּב)/חִיבַּב/חַבֵּב

בניין : פִּיעֵל גזרה : שלמים

	Present הווה		Past עבר	Future עתיד	Imper. ציווי
יחיד	מְחַבֵּב	אני	חִיבַּבְתִּי	אֲחַבֵּב	
יחידה	מְחַבֶּבֶת	אתה	חִיבַּבְתָּ	תְּחַבֵּב	חַבֵּב
רבים	מְחַבְּבִים	את	חִיבַּבְתְּ	תְּחַבְּבִי	חַבְּבִי
רבות	מְחַבְּבוֹת	הוא	חִיבֵּב	יְחַבֵּב	
		היא	חִיבְּבָה	תְּחַבֵּב	
		אנחנו	חִיבַּבְנוּ	נְחַבֵּב	
		אתם/ן	חִיבַּבְתֶּם/ן	תְּחַבְּבוּ *	חַבְּבוּ **
		הם/ן	חִיבְּבוּ	יְחַבְּבוּ *	

שם הפועל .Infin לְחַבֵּב — * less commonly: אתן/הן תְּחַבֵּבְנָה

שם הפעולה Verbal N חִיבּוּב liking, fondness — ** less commonly: (אתן) חַבֵּבְנָה

מקור מוחלט .Inf. Abs חַבֵּב

מ״י מוצרכת .Gov. Prep חִיבֵּב מישהו על מישהו make someone like someone

♦ **פעלים פחות שכיחים מאותו שורש** Less frequent verbs from the same root

חָבַב like, be fond of, love < ביני פעיל .Act. Part **חוֹבֵב** amateur; hobbyist (form common)

הִתְחַבֵּב be liked, be found likable; like one another (pl.) (מִתְחַבֵּב, יִתְחַבֵּב)

♦ **דוגמאות** Illustrations

אני **מְחַבֵּב** מאוד את חנן. הוא **הִתְחַבֵּב** עליי מייד עם פגישתנו הראשונה. פתיחותו וחוש ההומור שלו **מְחַבְּבִים** אותו על הרבה אנשים.

I **like** Hannan very much. I **found** him **likeable** already on our first meeting. His openness and his sense of humor **cause** many people **to like** him.

יחיאל טייס **חוֹבֵב**, אבל ביצועיו כשל טייס מקצועי.

Yehiel is an **amateur** pilot, but his performance is like that of a professional pilot.

♦ **ביטויים מיוחדים** Special expressions

״חוֹבְבֵי ציון״ "**Lovers** of Zion" (an Eastern European Zionist movement)

הִתְחַבְּבוּ זה על זה got to **like** each other

●חבל : לְחַבֵּל

חִיבֵּל (חִבֵּל)/חִיבַּל/חַבֵּל sabotage, wreck, damage, harm

בניין : פִּיעֵל גזרה : שלמים

	הווה Present		עבר Past	עתיד Future	ציווי .Imper
יחיד	מְחַבֵּל	אני	חִיבַּלְתִּי	אֲחַבֵּל	
יחידה	מְחַבֶּלֶת	אתה	חִיבַּלְתָּ	תְּחַבֵּל	חַבֵּל
רבים	מְחַבְּלִים	את	חִיבַּלְתְּ	תְּחַבְּלִי	חַבְּלִי
רבות	מְחַבְּלוֹת	הוא	חִיבֵּל	יְחַבֵּל	
		היא	חִיבְּלָה	תְּחַבֵּל	
		אנחנו	חִיבַּלְנוּ	נְחַבֵּל	
		אתם/ן	חִיבַּלְתֶּם/ן	תְּחַבְּלוּ *	חַבְּלוּ **
		הם/ן	חִיבְּלוּ	יְחַבְּלוּ *	

* less commonly: אתן/הן תְּחַבֵּלְנָה

** less commonly: (אתן) חַבֵּלְנָה

שם הפועל .Infin לְחַבֵּל

ביני .Pres. Part מְחַבֵּל terrorist, saboteur — מקור מוחלט .Inf. Abs חַבֵּל

מ״י מוצרכת .Gov. Prep חִיבֵּל ב- sabotage/wreck (something)

♦ **פעלים פחות שכיחים מאותו שורש** Less frequent verbs from the same root

נֶחְבַּל be bruised, be injured (נֶחְבָּל, יֵיחָבֵל)

חָבַל wound, injure < ביני סביל .Pass. Part חָבוּל injured

♦ דוגמאות Illustrations

הַמְחַבֵּל נֶחְבַּל ברגלו כשטיפס על החומה וקפץ לצידה השני. מכיוון שרגלו **נֶחְבְּלָה**, הוא לא הצליח להגיע לתחנת השידור שבה התכוון **לְחַבֵּל**, ולבסוף נלכד על ידי המשטרה.

The **terrorist** was **injured** in his leg when he scaled the wall and jumped to the other side. Since his leg **was injured**, he did not make it to the broadcasting station he was planning **to sabotage**. In the end he was captured by the police.

●חבק : לְחַבֵּק, לְהִתְחַבֵּק

חִיבֵּק (חִבֵּק)/חִיבַּק/חַבֵּק hug, embrace; encircle, surround

בניין : פִּיעֵל גזרה : שלמים

	Present הווה		Past עבר	Future עתיד	Imper. ציווי
יחיד	מְחַבֵּק	אני	חִיבַּקְתִּי	אֲחַבֵּק	
יחידה	מְחַבֶּקֶת	אתה	חִיבַּקְתָּ	תְּחַבֵּק	חַבֵּק
רבים	מְחַבְּקִים	את	חִיבַּקְתְּ	תְּחַבְּקִי	חַבְּקִי
רבות	מְחַבְּקוֹת	הוא	חִיבֵּק	יְחַבֵּק	
		היא	חִיבְּקָה	תְּחַבֵּק	
		אנחנו	חִיבַּקְנוּ	נְחַבֵּק	
		אתם/ן	חִיבַּקְתֶּם/ן	תְּחַבְּקוּ *	חַבְּקוּ **
		הם/ן	חִיבְּקוּ	יְחַבְּקוּ *	

שם הפועל Infin. לְחַבֵּק   less commonly *: אתן/הן תְּחַבֵּקְנָה

שם הפעולה Verbal N חִיבּוּק a hug, hugging   less commonly **: (אתן) חַבֵּקְנָה

מקור מוחלט Inf. Abs. חַבֵּק

הִתְחַבֵּק/הִתְחַבַּק embrace (intr.), hug each other, cuddle

בניין : הִתְפַּעֵל גזרה : שלמים

	Present הווה		Past עבר	Future עתיד	Imper. ציווי
יחיד	מִתְחַבֵּק	אני	הִתְחַבַּקְתִּי	אֶתְחַבֵּק	
יחידה	מִתְחַבֶּקֶת	אתה	הִתְחַבַּקְתָּ	תִּתְחַבֵּק	הִתְחַבֵּק
רבים	מִתְחַבְּקִים	את	הִתְחַבַּקְתְּ	תִּתְחַבְּקִי	הִתְחַבְּקִי
רבות	מִתְחַבְּקוֹת	הוא	הִתְחַבֵּק	יִתְחַבֵּק	
		היא	הִתְחַבְּקָה	תִּתְחַבֵּק	
		אנחנו	הִתְחַבַּקְנוּ	נִתְחַבֵּק	
		אתם/ן	הִתְחַבַּקְתֶּם/ן	תִּתְחַבְּקוּ *	הִתְחַבְּקוּ **
		הם/ן	הִתְחַבְּקוּ	יִתְחַבְּקוּ *	

less commonly *: אתן/הן תִּתְחַבֵּקְנָה

שם הפועל Infin. לְהִתְחַבֵּק   less commonly **: (אתן) הִתְחַבֵּקְנָה

שם הפעולה Verbal N הִתְחַבְּקוּת embracing, cuddling   מקור מוחלט Inf. Abs. הִתְחַבֵּק

מ״י מוצרכת Gov. Prep. הִתְחַבֵּק עם hug/embrace (someone)

♦ פעלים פחות שכיחים מאותו שורש Less frequent verbs from the same root

חָבַק hug, embrace; encircle, surround (חוֹבֵק, יַחֲבוֹק, לַחֲבוֹק)

בינ׳ סביל Pass. Part. חָבוּק hugged; closely attached

חוּבַּק be hugged, be embraced (בינוני סביל Pass. Part. מְחוּבָּק hugged, embraced, יְחוּבַּק)

♦ דוגמאות Illustrations

יש תרבויות בהן אנשים בדרך כלל **מִתְחַבְּקִים** כאשר הם נפגשים, וזוגות מטיילים כשהם **מְחוּבָּקִים** ; בתרבויות אחרות לא נהוג **לְחַבֵּק** ידידים או להראות סימני חיבה לבני זוג בציבור.

There are cultures in which people generally **hug each other** when they meet, and couples stroll about **embraced**; in other cultures it is not the practice **to hug** friends or to show affection to spouses/partners in public.

♦ ביטויים מיוחדים Special expressions

חָבַק ידיים be idle — **חוֹבֵק** עולם all-**encompass**ing

●חבר : לְחַבֵּר, לְהִתְחַבֵּר

חִיבֵּר (חִבֵּר)/חִיבַּר/חַבֵּר join, connect; add (arith.); compose (music); write (book, etc.)

בניין : פִּיעֵל — גזרה : שלמים

	Present הווה		Past עבר	Future עתיד	Imper. ציווי
יחיד	מְחַבֵּר	אני	חִיבַּרְתִּי	אֲחַבֵּר	
יחידה	מְחַבֶּרֶת	אתה	חִיבַּרְתָּ	תְּחַבֵּר	חַבֵּר
רבים	מְחַבְּרִים	את	חִיבַּרְתְּ	תְּחַבְּרִי	חַבְּרִי
רבות	מְחַבְּרוֹת	הוא	חִיבֵּר	יְחַבֵּר	
		היא	חִיבְּרָה	תְּחַבֵּר	
		אנחנו	חִיבַּרְנוּ	נְחַבֵּר	
		אתם/ן	חִיבַּרְתֶּם/ן	* תְּחַבְּרוּ	** חַבְּרוּ
		הם/ן	חִיבְּרוּ	* יְחַבְּרוּ	

שם הפועל .Infin לְחַבֵּר — * less commonly: אתן/הן תְּחַבֵּרְנָה

ש' הפעולי Verbal N חִיבּוּר joining; composition — ** less commonly: (אתן) חַבֵּרְנָה

בינוני .Pres. Part מְחַבֵּר author, writer, composer — מקור מוחלט Inf. Abs. חַבֵּר

הִתְחַבֵּר/הִתְחַבַּר be connected, join together; form alliance; be written

בניין : הִתְפַּעֵל — גזרה : שלמים

	Present הווה		Past עבר	Future עתיד	Imper. ציווי
יחיד	מִתְחַבֵּר	אני	הִתְחַבַּרְתִּי	אֶתְחַבֵּר	
יחידה	מִתְחַבֶּרֶת	אתה	הִתְחַבַּרְתָּ	תִּתְחַבֵּר	הִתְחַבֵּר
רבים	מִתְחַבְּרִים	את	הִתְחַבַּרְתְּ	תִּתְחַבְּרִי	הִתְחַבְּרִי
רבות	מִתְחַבְּרוֹת	הוא	הִתְחַבֵּר	יִתְחַבֵּר	
		היא	הִתְחַבְּרָה	תִּתְחַבֵּר	
		אנחנו	הִתְחַבַּרְנוּ	נִתְחַבֵּר	
		אתם/ן	הִתְחַבַּרְתֶּם/ן	* תִּתְחַבְּרוּ	** הִתְחַבְּרוּ
		הם/ן	הִתְחַבְּרוּ	* יִתְחַבְּרוּ	

שם הפועל .Infin לְהִתְחַבֵּר — * less commonly: אתן/הן תִּתְחַבֵּרְנָה

מקור מוחלט .Inf. Abs הִתְחַבֵּר — ** less commonly: (אתן) הִתְחַבֵּרְנָה

שם הפעולה Verbal N **הִתְחַבְּרוּת** association, alliance
מ״י מוצרכת Gov. Prep. **הִתְחַבֵּר ל-** join (someone/something)

חוּבַּר (חֻבַּר) be connected, be joined, be composed

בניין : פּוּעַל גזרה : שלמים

	Present הווה		Past עבר	Future עתיד
יחיד	מְחוּבָּר	אני	חוּבַּרְתִּי	אֲחוּבַּר
יחידה	מְחוּבֶּרֶת	אתה	חוּבַּרְתָּ	תְּחוּבַּר
רבים	מְחוּבָּרִים	את	חוּבַּרְתְּ	תְּחוּבְּרִי
רבות	מְחוּבָּרוֹת	הוא	חוּבַּר	יְחוּבַּר
		היא	חוּבְּרָה	תְּחוּבַּר
		אנחנו	חוּבַּרְנוּ	נְחוּבַּר
		אתם/ן	חוּבַּרְתֶּם/ן	תְּחוּבְּרוּ *
		הם/ן	חוּבְּרוּ	יְחוּבְּרוּ *

בינוני Pres. Part. **מְחוּבָּר** joined, composed   * less commonly: אתן/הן תְּחוּבַּרְנָה

Note: In the colloquial, when the second letter of the root has no *dagesh* throughout (...הִתְחָבֵר, מִתְחָבֵר), the *hitpa`el* form is derived from the noun חָבֵר "friend," and means "become friends with."

♦ פעלים פחות שכיחים מאותו שורש Less frequent verbs from the same root

חָבַר join together, unite (חוֹבֵר, יַחֲבוֹר, לַחֲבוֹר)
ביני סביל Pass. Part. **חָבוּר** joined, attached

♦ דוגמאות Illustrations

חברת החשמל כבר **חִיבְּרָה** את רוב הבתים בשכונה החדשה לרשת החשמל. הבית האחרון **יְחוּבַּר** תוך יום או יומיים.

The electric company **has** already **connected** most of the houses to the electrical network. The last house **will be connected** in a day or two.

שלושה ענקים מתחום הבידור **הִתְחַבְּרוּ** לחברה אחת, שתשתלט כנראה לגמרי על כמה תחומי בידור מרכזיים.

Three giants from the entertainment industry **have joined together** into one company that will apparently gain control over a number of essential areas in the entertainment business.

איני יודע מי ה**מְחַבֵּר** של המאמר הזה שנשלח אליי על ידי העורך. הוא נקרא יותר כ**חִיבּוּר** של סטודנט מתחיל, לא כמאמר מדעי.

I do not know who is the **author** of this article that was sent to me by the editor. It reads more like a student's **composition**, not as a scientific article.

♦ ביטויים מיוחדים Special expressions

כינוי **חָבוּר** **bound** pronoun   **ויו החִיבּוּר** the Hebrew "and" clitic
מילת **חִיבּוּר** **conjunction**   **חִיבּוּר** חופשי an **essay** on a topic of the writer's choice
הארי ש**בַחֲבוּרָה** the leader, or strongest member, of the **group**

●חגג : לַחְגּוֹג/לָחֹג

חָגַג/חוֹגֵג/יַחְגּוֹג (יַחְגֹּג) celebrate, observe (holiday)

בניין : פָּעַל גזרה : שלמים (אֶפְעוֹל) או כפולים + פ״ג

	Present הווה		Past עבר	Future עתיד	Imper. ציווי
יחיד	חוֹגֵג	אני	חָגַגְתִּי/חַגּוֹתִי*	אֶחְגּוֹג/אָחֹג*	
יחידה	חוֹגֶגֶת	אתה	חָגַגְתָּ/חַגּוֹתָ*	תַּחְגּוֹג/תָּחֹג*	חֲגוֹג/חֹג*
רבים	חוֹגְגִים	את	חָגַגְתְּ/חַגּוֹת*	תַּחְגְּגִי/תָּחֹגִּי*	חִגְגִי/חֹגִּי*
רבות	חוֹגְגוֹת	הוא	חָגַג	יַחְגּוֹג/יָחֹג*	
		היא	חָגְגָה	תַּחְגּוֹג/תָּחֹג*	
		אנחנו	חָגַגְנוּ/חַגּוֹנוּ*	נַחְגּוֹג/נָחֹג*	
		אתם/ן	חֲגַגְתֶּם/ן**/ חַגּוֹתֶם/ן*	תַּחְגְּגוּ***/ תָּחֹגּוּ*, תְּחֹגֶּנָה*	חִגְגוּ****/ חֹגּוּ*, חֹגְנָה*
		הם/ן	חָגְגוּ	יַחְגְּגוּ***, תָּחֹגְנָה*	

שם הפועל .Infin לַחְגּוֹג/לָחֹג*

מקור מוחלט .Inf. Abs חָגוֹג/חֹג*

ביני פעיל .Act. Part חוֹגֵג celebrant

שם הפעולה Verbal N חֲגִיגָה celebration

* lit. variants: חַגּוֹתִי..., אָחֹג..., חֹג...

** Colloquial: חֲגַגְתֶּם/ן

*** less commonly: אתן/הן תַּחְגּוֹגְנָה

**** less commonly: (אתן) חֲגוֹגְנָה

♦ פעלים פחות שכיחים מאותו שורש Less frequent verbs from the same root

נֶחְגַּג be celebrated (נֶחְגָּג, יֵיחָגֵג, לְהֵיחָגֵג)

♦ דוגמאות Illustrations

במדינות רבות, יום העצמאות **נֶחְגָּג** בהפעלה מסיבית של זיקוקי די-נור, וה**חוֹגְגִים** **חוֹגְגִים** אותו בחוצות.

In many countries, independence day **is celebrated** with massive firework displays, and the **celebrants celebrate** it outside.

●חדד : לְחַדֵּד, לְהִתְחַדֵּד

חִידֵּד (חִדֵּד)/חִידַּד/חַדֵּד sharpen; clarify

בניין : פִּיעֵל גזרה : שלמים

	Present הווה		Past עבר	Future עתיד	Imper. ציווי
יחיד	מְחַדֵּד	אני	חִידַּדְתִּי	אֲחַדֵּד	
יחידה	מְחַדֶּדֶת	אתה	חִידַּדְתָּ	תְּחַדֵּד	חַדֵּד
רבים	מְחַדְּדִים	את	חִידַּדְתְּ	תְּחַדְּדִי	חַדְּדִי
רבות	מְחַדְּדוֹת	הוא	חִידֵּד	יְחַדֵּד	
		היא	חִידְּדָה	תְּחַדֵּד	
		אנחנו	חִידַּדְנוּ	נְחַדֵּד	
		אתם/ן	חִידַּדְתֶּם/ן	תְּחַדְּדוּ *	חַדְּדוּ **
		הם/ן	חִידְּדוּ	יְחַדְּדוּ *	

שם הפועל .Infin לְחַדֵּד

מקור מוחלט .Inf. Abs חַדֵּד

* less commonly: אתן/הן תְּחַדֵּדְנָה

** less commonly: (אתן) חַדֵּדְנָה

שם הפעולה Verbal N חִידּוּד sharpening; clarification; joke

ביני פעיל .Act. Part מְחַדֵּד/מַחְדֵּד pencil sharpener (col.; the latter is the normative form)

הִתְחַדֵּד/הִתְחַדַּד/הִתְחַדֵּד become sharper, become clearer

בניין: הִתְפַּעֵל גזרה: שלמים

	Present הווה		Past עבר	Future עתיד	Imper. ציווי
יחיד	מִתְחַדֵּד	אני	הִתְחַדַּדְתִּי	אֶתְחַדֵּד	
יחידה	מִתְחַדֶּדֶת	אתה	הִתְחַדַּדְתָּ	תִּתְחַדֵּד	הִתְחַדֵּד
רבים	מִתְחַדְּדִים	את	הִתְחַדַּדְתְּ	תִּתְחַדְּדִי	הִתְחַדְּדִי
רבות	מִתְחַדְּדוֹת	הוא	הִתְחַדֵּד	יִתְחַדֵּד	
		היא	הִתְחַדְּדָה	תִּתְחַדֵּד	
		אנחנו	הִתְחַדַּדְנוּ	נִתְחַדֵּד	
		אתם/ן	הִתְחַדַּדְתֶּם/ן	תִּתְחַדְּדוּ *	הִתְחַדְּדוּ **
		הם/ן	הִתְחַדְּדוּ	יִתְחַדְּדוּ *	

שם הפועל .Infin לְהִתְחַדֵּד   * less commonly: אתן/הן תִּתְחַדֵּדְנָה

מקור מוחלט .Inf. Abs הִתְחַדֵּד   ** less commonly: (אתן) הִתְחַדֵּדְנָה

שם הפעולה Verbal N הִתְחַדְּדוּת sharpening; clarification; acuteness (e.g., of pain)

♦ פעלים פחות שכיחים מאותו שורש Less frequent verbs from the same root

חוּדַּד be sharpened (מְחוּדָּד, יְחוּדַּד, בינוני .Pres. Part מְחוּדָּד sharpened)

♦ דוגמאות Illustrations

בנאומי הבחירות שלהם, שני המועמדים לנשיאות השתדלו **לְחַדֵּד** את ההבדלים בגישותיהם ובניסיונם, אבל לא נראה שהשוואה **הִתְחַדְּדָה** דייה בתודעת ציבור המצביעים.

In their election campaign speeches, the two candidates for the presidency attempted **to sharpen** the differences in their approaches and their experience, but it seems that the comparison did not **become** sufficiently **clear** in the consciousness of the voting public.

♦ ביטויים מיוחדים Special expressions

חִידּוּד לשון language-related joke; pun   **חִידֵּד** את המוח **sharpen** one's brain

●חדר: לַחְדּוֹר, לְהַחְדִּיר

חָדַר/חוֹדֵר/יַחְדּוֹר (יַחְדֹּר) penetrate

בניין: פָּעַל גזרה: שלמים (אֶפְעוֹל) + פ״ג

	Pres./Part. הווה/בינוני			Past עבר	Fut. עתיד	Imp. ציווי
יחיד	חוֹדֵר	חָדוּר	אני	חָדַרְתִּי	אֶחְדּוֹר	
יחידה	חוֹדֶרֶת	חֲדוּרָה	אתה	חָדַרְתָּ	תַּחְדּוֹר	חֲדוֹר
רבים	חוֹדְרִים	חֲדוּרִים	את	חָדַרְתְּ	תַּחְדְּרִי	חִדְרִי
רבות	חוֹדְרוֹת	חֲדוּרוֹת	הוא	חָדַר	יַחְדּוֹר	
			היא	חָדְרָה	תַּחְדּוֹר	
			אנחנו	חָדַרְנוּ	נַחְדּוֹר	
			אתם/ן	חֲדַרְתֶּם/ן *	תַּחְדְּרוּ **	חִדְרוּ ***
			הם/ן	חָדְרוּ	יַחְדְּרוּ **	

שם הפועל .Infin לַחְדּוֹר   * Colloquial: חָדַרְתֶּם/ן

מקור מוחלט .Inf. Abs חָדוֹר   ** less commonly: אתן/הן תַּחְדּוֹרְנָה

ביני פעיל .Act. Part חוֹדֵר penetrating   *** less commonly: (אתן) חֲדוֹרְנָה

בינ׳ סביל Pass. Part. חָדוּר ב- permeated/imbued with
קָטִיל CaCiC adj./N. חָדִיר penetrable, permeable
שם הפעולה Verbal N חֲדִירָה penetration מקור נטוי Inf.+pron. בְּחוֹדְרוֹ, כְּ...
מ״י מוצרכת Gov. Prep. חָדַר ל- penetrate into

הֶחְדִּיר/הֶחְדַּר/יַחְדִּיר introduce, instill, insert, cause to penetrate

בניין : הִפְעִיל גזרה : שלמים + פ״ג

	Present הווה		Past עבר	Future עתיד	Imper. ציווי
יחיד	מַחְדִּיר	אני	הֶחְדַּרְתִּי	אַחְדִּיר	
יחידה	מַחְדִּירָה	אתה	הֶחְדַּרְתָּ	תַּחְדִּיר	הַחְדֵּר
רבים	מַחְדִּירִים	את	הֶחְדַּרְתְּ	תַּחְדִּירִי	הַחְדִּירִי
רבות	מַחְדִּירוֹת	הוא	הֶחְדִּיר	יַחְדִּיר	
		היא	הֶחְדִּירָה	תַּחְדִּיר	
		אנחנו	הֶחְדַּרְנוּ	נַחְדִּיר	
		אתם/ן	הֶחְדַּרְתֶּם/ן	תַּחְדִּירוּ *	הַחְדִּירוּ **
		הם/ן	הֶחְדִּירוּ	יַחְדִּירוּ *	

שם הפועל Infin. לְהַחְדִּיר — * less commonly: אתן/הן תַּחְדֵּרְנָה
מקור מוחלט Inf. Abs. הַחְדֵּר — ** less commonly: (אתן) הַחְדֵּרְנָה
שם הפעולה Verbal N הַחְדָּרָה introduction, insertion, instillment
מ״י מוצרכת Gov. Prep. הֶחְדִּיר ל- cause to penetrate into

♦ פעלים פחות שכיחים מאותו שורש Less frequent verbs from the same root

הוּחְדַּר be instilled, be inserted, be made to penetrate (מוּחְדָּר, יוּחְדַּר)

♦ דוגמאות Illustrations

מים **חָדְרוּ** למרתף בזמן שירד גשם. מעטים המרתפים שאינם **חֲדִירִים** למים.

Water **penetrated** into the cellar when it rained. Few cellars are im**permeable** to water.

עימנואל מורה מעולה. הוא יודע כיצד **לְהַחְדִּיר** לתלמידיו לא רק תוכן אלא גם ערכים.

Immanuel is an excellent teacher. He knows how to **instill** in his students not only content, but values as well.

יש מרגלים ה**מוּחְדָּרִים** לארץ היעד שלהם, אך מופעלים רק לאחר שנים רבות. הם מכונים ״חפרפרות״.

Some spies **are made to penetrate** their target countries, but are activated only after many years. These are called "moles."

● חדש : לְחַדֵּשׁ, לְהִתְחַדֵּשׁ

חִידֵּשׁ (חִדֵּשׁ)/חִידַּשׁ/חַדֵּשׁ renew, re-establish, refurbish, say something new

בניין : פִּיעֵל גזרה : שלמים

	Present הווה		Past עבר	Future עתיד	Imper. ציווי
יחיד	מְחַדֵּשׁ	אני	חִידַּשְׁתִּי	אֲחַדֵּשׁ	
יחידה	מְחַדֶּשֶׁת	אתה	חִידַּשְׁתָּ	תְּחַדֵּשׁ	חַדֵּשׁ
רבים	מְחַדְּשִׁים	את	חִידַּשְׁתְּ	תְּחַדְּשִׁי	חַדְּשִׁי
רבות	מְחַדְּשׁוֹת	הוא	חִידֵּשׁ	יְחַדֵּשׁ	

Imper. ציווי	Future עתיד	Past עבר		Present הווה	
	תְּחַדֵּשׁ	חִידְּשָׁה	היא		
	נְחַדֵּשׁ	חִידַּשְׁנוּ	אנחנו		
חַדְּשׁוּ **	תְּחַדְּשׁוּ *	חִידַּשְׁתֶּם/ן	אתם/ן		
	יְחַדְּשׁוּ *	חִידְּשׁוּ	הם/ן		

שם הפועל .Infin לְחַדֵּשׁ　　　* less commonly: אתן/הן תְּחַדֵּשְׁנָה

מקור מוחלט .Inf. Abs חַדֵּשׁ　　　** less commonly: (אתן) חַדֵּשְׁנָה

שם הפעולה Verbal N חִידּוּשׁ innovation

הִתְחַדֵּשׁ/הִתְחַדַּשׁ/הִתְחַדְּשׁ renew (int.), resume (int.)

בניין : הִתְפַּעֵל　　גזרה : שלמים

Imper. ציווי	Future עתיד	Past עבר		Present הווה	
	אֶתְחַדֵּשׁ	הִתְחַדַּשְׁתִּי	אני	מִתְחַדֵּשׁ	יחיד
הִתְחַדֵּשׁ	תִּתְחַדֵּשׁ	הִתְחַדַּשְׁתָּ	אתה	מִתְחַדֶּשֶׁת	יחידה
הִתְחַדְּשִׁי	תִּתְחַדְּשִׁי	הִתְחַדַּשְׁתְּ	את	מִתְחַדְּשִׁים	רבים
	יִתְחַדֵּשׁ	הִתְחַדֵּשׁ	הוא	מִתְחַדְּשׁוֹת	רבות
	תִּתְחַדֵּשׁ	הִתְחַדְּשָׁה	היא		
	נִתְחַדֵּשׁ	הִתְחַדַּשְׁנוּ	אנחנו		
הִתְחַדְּשׁוּ **	תִּתְחַדְּשׁוּ *	הִתְחַדַּשְׁתֶּם/ן	אתם/ן		
	יִתְחַדְּשׁוּ *	הִתְחַדְּשׁוּ	הם/ן		

* less commonly: אתן/הן תִּתְחַדֵּשְׁנָה

שם הפועל .Infin לְהִתְחַדֵּשׁ　　　** less commonly: (אתן) הִתְחַדֵּשְׁנָה

שם הפעולה Verbal N הִתְחַדְּשׁוּת renewal　　　מקור מוחלט .Inf. Abs הִתְחַדֵּשׁ

♦ פעלים פחות שכיחים מאותו שורש Less frequent verbs from the same root

חוּדַּשׁ be renewed, be re-established, be refurbished (מְחוּדָּשׁ, יְחוּדַּשׁ, ביני סביל .Pass. Part
מְחוּדָּשׁ refurbished, renewed)

♦ דוגמאות Illustrations

ארגון מורי בתי הספר היסודיים דורש מן הממשלה ש**תְּחַדֵּשׁ** את חוזה התעסוקה שלהם. אם לא **יְחוּדַּשׁ** החוזה, לא **יִתְחַדְּשׁוּ** הלימודים ב-1 בספטמבר.

The Elementary Schools Teachers' Association demands that the government **renew** their employment contract. If the contract **is** not **renewed**, classes will not **resume** on September 1.

הרצאה זו משעשעת, אבל אינה **מְחַדֶּשֶׁת** דבר.

This talk is entertaining, but **says** nothing **new**.

♦ ביטויים מיוחדים Special expressions

חִידּוּשׁ לשון neologism

●חוב/חיב : לְחַייֵב, לְהִתְחַייֵב

חִייֵב (חִיֵּב)/חִייַּב/חַייֵב oblige, force; debit/charge; convict; approve of

בניין : פִּיעֵל גזרה : שלמים

	Present הווה		Past עבר	Future עתיד	Imper. ציווי
יחיד	מְחַייֵב	אני	חִייַּבְתִּי	אֲחַייֵב	
יחידה	מְחַייֶּבֶת	אתה	חִייַּבְתָּ	תְּחַייֵב	חַייֵב
רבים	מְחַייְּבִים	את	חִייַּבְתְּ	תְּחַייְּבִי	חַייְּבִי
רבות	מְחַייְּבוֹת	הוא	חִייֵב	יְחַייֵב	
		היא	חִייְּבָה	תְּחַייֵב	
		אנחנו	חִייַּבְנוּ	נְחַייֵב	
		אתם/ן	חִייַּבְתֶּם/ן	תְּחַייְּבוּ *	חַייְּבוּ **
		הם/ן	חִייְּבוּ	יְחַייְּבוּ *	

שם הפועל .Infin לְחַייֵב — * less commonly: אתן/הן תְּחַייֵּבְנָה

בינוני .Pres. Part מְחַייֵב positive; obliging — ** less commonly: (אתן) חַייֵּבְנָה

שם הפעולה Verbal N חִיּוּב affirmation, being in favor of; obliging, obligation; conviction

מקור מוחלט .Inf. Abs חַייֵב

חוּיַּב (חֻיַּב) be obliged, be bound; be debited, be charged; be convicted

בניין : פּוּעַל גזרה : שלמים

	Present הווה		Past עבר	Future עתיד
יחיד	מְחוּיָּב	אני	חוּיַּבְתִּי	אֲחוּיַּב
יחידה	מְחוּיֶּבֶת	אתה	חוּיַּבְתָּ	תְּחוּיַּב
רבים	מְחוּיָּבִים	את	חוּיַּבְתְּ	תְּחוּיְּבִי
רבות	מְחוּיָּבוֹת	הוא	חוּיַּב	יְחוּיַּב
		היא	חוּיְּבָה	תְּחוּיַּב
		אנחנו	חוּיַּבְנוּ	נְחוּיַּב
		אתם/ן	חוּיַּבְתֶּם/ן	תְּחוּיְּבוּ *
		הם/ן	חוּיְּבוּ	יְחוּיְּבוּ *

בינוני .Pres. Part מְחוּיָּב obliged, bound — * less commonly: אתן/הן תְּחוּיַּבְנָה

הִתְחַייֵב (הִתְחַיֵּב)/הִתְחַייַּב undertake (obligation), commit oneself; follow (conclusion)

בניין : הִתְפַּעֵל גזרה : שלמים

	Present הווה		Past עבר	Future עתיד	Imper. ציווי
יחיד	מִתְחַייֵב	אני	הִתְחַייַּבְתִּי	אֶתְחַייֵב	
יחידה	מִתְחַייֶּבֶת	אתה	הִתְחַייַּבְתָּ	תִּתְחַייֵב	הִתְחַייֵב
רבים	מִתְחַייְּבִים	את	הִתְחַייַּבְתְּ	תִּתְחַייְּבִי	הִתְחַייְּבִי
רבות	מִתְחַייְּבוֹת	הוא	הִתְחַייֵב	יִתְחַייֵב	
		היא	הִתְחַייְּבָה	תִּתְחַייֵב	
		אנחנו	הִתְחַייַּבְנוּ	נִתְחַייֵב	
		אתם/ן	הִתְחַייַּבְתֶּם/ן	תִּתְחַייְּבוּ *	הִתְחַייְּבוּ **
		הם/ן	הִתְחַייְּבוּ	יִתְחַייְּבוּ *	

שם הפועל .Infin לְהִתְחַיֵּב
שם הפעולה Verbal N הִתְחַיְּבוּת obligation
מקור מוחלט .Inf. Abs הִתְחַיֵּב

* less commonly: אתן/הן תִּתְחַיֵּבְנָה
** less commonly: (אתן) הִתְחַיֵּבְנָה

♦ דוגמאות Illustrations

מנשה אמר שאינו יכול **לְהִתְחַיֵּב** לסיים את כתיבת הדוח עד סוף החודש, כיוון שיש לו גם **הִתְחַיְּבוּיוֹת** אחרות.

Menashe said that he cannot **commit himself** to finish the writing of the report by the end of the month, since he also has other **obligations**.

לאחר פיגור של שלושה חודשים בתשלומים, הודיע מנהל הבנק לגלעד כי הוא **יְחוּיַּב** בריבית פיגורים גבוהה, וכי אם יחול פיגור נוסף, **יְחַיֵּב** אותו הבנק למכור את הנכס.

Following a three month delay in payments, the bank manager notified Gilead that he **will be charged** high late-payment interest, and that in case of further delay, the bank will **force** him to sell the property.

הקרן הודיעה למבקש שהיא מוכנה להיענות **בחִיּוּב** לבקשתו, אבל קיצוצים בתקציבה **מְחַיְּבִים** אותה לדחות את המימון לשנת הכספים הבאה.

The foundation informed the applicant that it is willing to respond **positively** to his application, but cuts in its budget **require** that it postpone funding to the following year.

♦ ביטויים מיוחדים Special expressions

השכל **מְחַיֵּב** לעשות כך common sense **requires** that it should be done (this way)

חִיֵּב אותו בדין **find** him **guilty**

השיב **בחִיּוּב** answer in the **affirmative**

מְחוּיָּב המציאות inevitable

הִתְחַיֵּב בנפשו risk one's life

הִתְחַיֵּב להחזיר הלוואה **undertake** to repay a loan

ללא **הִתְחַיְּבוּת** מראש without prior **commitment**

●חוה (חוי): לַחֲווֹת, לְחַווֹת

חָוָה/חוֹוֶה/יֶחֱוֶה experience V

בניין: פָּעַל גזרה: פ״ג + ל״י

	Present הווה		Past עבר	Future עתיד	Imper. ציווי
יחיד	חוֹוֶה	אני	חָוִיתִי	אֶחֱוֶה	
יחידה	חוֹוָה	אתה	חָוִיתָ	תֶּחֱוֶה **	חֲוֵה
רבים	חוֹוִים	את	חָוִית	תֶּחֱוִי	חֲוִי
רבות	חוֹוֹת	הוא	חָוָה	יֶחֱוֶה	
		היא	חָוְתָה	תֶּחֱוֶה	
		אנחנו	חָוִינוּ	נֶחֱוֶה	
		אתם/ן	חֲוִיתֶם/ן *	תֶּחֱווּ ***	חֲווּ ****
		הם/ן	חָווּ	יֶחֱווּ ***	

שה״פ עם ל- .Infin לַחֲווֹת
מקור מוחלט .Inf. Abs חָווֹה
שם הפעולה Verbal N חֲוָיָה experience

* Colloquial: חָוִיתֶם/ן
** Colloquial: אֶחְוֶה...לַחְווֹת...
*** less commonly: אתן/הן תֶּחֱוֶינָה
**** less commonly: (אתן) חֲוֶינָה

חִיוָּה (חִוָּה)/חַוֶּה express (esp. opinion)

בניין : פִּיעֵל   גזרה : ל״י

	Present הווה		Past עבר	Future עתיד	Imper. ציווי
יחיד	מְחַוֶּה	אני	חִיוִּיתִי	אֲחַוֶּה	
יחידה	מְחַוָּה	אתה	חִיוִּיתָ	תְּחַוֶּה	חַוֵּה
רבים	מְחַוִּים	את	חִיוִּית	תְּחַוִּי	חַוִּי
רבות	מְחַוּוֹת	הוא	חִיוָּה	יְחַוֶּה	
		היא	חִיוְּתָה	תְּחַוֶּה	
		אנחנו	חִיוִּינוּ	נְחַוֶּה	
		אתם/ן	חִיוִּיתֶם/ן	תְּחַוּוּ *	חַוּוּ**
		הם/ן	חִיוּוּ	יְחַוּוּ *	

שם הפועל .Infin לְחַוּוֹת   * less commonly: אתן/הן תְּחַוֶּינָה

מקור מוחלט .Inf. Abs חַוֵּה   ** less commonly: (אתן) חַוֶּינָה

♦ פעלים פחות שכיחים מאותו שורש Less frequent verbs from the same root

הֶחֱוָה show, display (מַחֲוֶה, יַחֲוֶה, לְהַחֲווֹת)

♦ דוגמאות Illustrations

ישראלים רבים **חִיווּ** דעתם שרק לניצולים ש**חָווּ** את (**חֲוָיַית**) השואה על בשרם נתונה הזכות המוסרית לתאר את מה שקרה שם.

Many Israelis **expressed** the opinion that only survivors who **experienced** the Holocaust themselves have the moral right to describe what happened there.

♦ ביטויים מיוחדים Special expressions

חִיוָּה דעת(ו) **express** (one's) opinion

●חול : לָחוּל, לְחוֹלֵל, לְהִתְחוֹלֵל, לְהָחִיל

חָל/חַל/יָחוּל apply (law, intr.), fall on (event), occur; dance (lit.)

בניין : פָּעַל   גזרה : ע״ו

	Present הווה		Past עבר	Future עתיד	Imper. ציווי
יחיד	חָל	אני	חַלְתִּי	אָחוּל	
יחידה	חָלָה	אתה	חַלְתָּ	תָּחוּל	חוּל
רבים	חָלִים	את	חַלְתְּ	תָּחוּלִי	חוּלִי
רבות	חָלוֹת	הוא	חָל	יָחוּל	
		היא	חָלָה	תָּחוּל	
		אנחנו	חַלְנוּ	נָחוּל	
		אתם/ן	חַלְתֶּם/ן	תָּחוּלוּ *	חוּלוּ **
		הם/ן	חָלוּ	יָחוּלוּ *	

שם הפועל .Infin לָחוּל   * less commonly: אתן/הן תָּחוּלֶנָה

מקור מוחלט .Inf. Abs חוֹל   ** less commonly: (אתן) חוּלֶנָה

שם הפעולה Verbal N תְּחוּלָה application   מקור נטוי .Inf.+pron בְּחוּלוֹ, כְּ...

מ״י מוצרכת .Gov. Prep חָל בְּ- apply on (day)

חָל עַל apply to (someone, something)

חוֹלֵל/חוֹלַל generate, perform; dance (lit.)

בניין : פִּיעֵל   גזרה : ע״ו (ל״ל)

	Present הווה		Past עבר	Future עתיד	Imper. ציווי
יחיד	מְחוֹלֵל	אני	חוֹלַלְתִּי	אֲחוֹלֵל	
יחידה	מְחוֹלֶלֶת	אתה	חוֹלַלְתָּ	תְּחוֹלֵל	חוֹלֵל
רבים	מְחוֹלְלִים	את	חוֹלַלְתְּ	תְּחוֹלְלִי	חוֹלְלִי
רבות	מְחוֹלְלוֹת	הוא	חוֹלֵל	יְחוֹלֵל	
		היא	חוֹלְלָה	תְּחוֹלֵל	
		אנחנו	חוֹלַלְנוּ	נְחוֹלֵל	
		אתם/ן	חוֹלַלְתֶּם/ן	תְּחוֹלְלוּ *	חוֹלְלוּ **
		הם/ן	חוֹלְלוּ	יְחוֹלְלוּ *	

* less commonly: אתן/הן תְּחוֹלֵלְנָה

** less commonly: (אתן) חוֹלֵלְנָה

שם הפועל Infin. לְחוֹלֵל

בינוני Pres. Part. מְחוֹלֵל generator

מקור מוחלט Inf. Abs. חוֹלֵל

הִתְחוֹלֵל/הִתְחוֹלַל be generated, be brewing (storm, etc.); happen

בניין : הִתְפַּעֵל   גזרה : ע״ו (ל״ל)

	Present הווה		Past עבר	Future עתיד	Imper. ציווי
יחיד	מִתְחוֹלֵל	אני	הִתְחוֹלַלְתִּי	אֶתְחוֹלֵל	
יחידה	מִתְחוֹלֶלֶת	אתה	הִתְחוֹלַלְתָּ	תִּתְחוֹלֵל	הִתְחוֹלֵל
רבים	מִתְחוֹלְלִים	את	הִתְחוֹלַלְתְּ	תִּתְחוֹלְלִי	הִתְחוֹלְלִי
רבות	מִתְחוֹלְלוֹת	הוא	הִתְחוֹלֵל	יִתְחוֹלֵל	
		היא	הִתְחוֹלְלָה	תִּתְחוֹלֵל	
		אנחנו	הִתְחוֹלַלְנוּ	נִתְחוֹלֵל	
		אתם/ן	הִתְחוֹלַלְתֶּם/ן	תִּתְחוֹלְלוּ *	הִתְחוֹלְלוּ **
		הם/ן	הִתְחוֹלְלוּ	יִתְחוֹלְלוּ *	

* less commonly: אתן/הן תִּתְחוֹלֵלְנָה

** less commonly: (אתן) הִתְחוֹלֵלְנָה

שם הפועל Infin. לְהִתְחוֹלֵל

שם הפעולה Verbal N הִתְחוֹלְלוּת being generated

מקור מוחלט Inf. Abs. הִתְחוֹלֵל

הֵחִיל/הֵחַל/יָחִיל enforce (a law)

בניין : הִפְעִיל   גזרה : ע״ו

	Present הווה		Past עבר	Future עתיד	Imper. ציווי
יחיד	מֵחִיל	אני	הֵחַלְתִּי	אָחִיל	
יחידה	מְחִילָה	אתה	הֵחַלְתָּ	תָּחִיל	הָחֵל
רבים	מְחִילִים	את	הֵחַלְתְּ	תָּחִילִי	הָחִילִי
רבות	מְחִילוֹת	הוא	הֵחִיל	יָחִיל	
		היא	הֵחִילָה	תָּחִיל	
		אנחנו	הֵחַלְנוּ	נָחִיל	
		אתם/ן	הֵחַלְתֶּם/ן *	תָּחִילוּ **	הָחִילוּ ***
		הם/ן	הֵחִילוּ	יָחִילוּ **	

* formal: הַחִלְתֶּם/ן

** less commonly: אתן/הן תָּחֵלְנָה

*** less commonly: (אתן) הָחֵלְנָה

שם הפועל Infin. לְהָחִיל

שם הפעולה Verbal N הֲחָלָה enforcement

מקור מוחלט Inf. Abs. הָחֵל

♦ פעלים פחות שכיחים מאותו שורש Less frequent verbs from the same root
הוּחַל (be enforced (a law) בינוני Pres. Part. מוּחָל enforced (a law), יוּחַל)

♦ דוגמאות Illustrations
במרבית המקרים, ארגון האו״ם אינו מצליח **לְהָחִיל** את החלטות מועצת הביטחון. בארצות שונות **מִתְחוֹלְלוֹת** במשך שנים מלחמות נוראות, ואם **חָלוֹת** תמורות חיוביות כלשהן במהלך הקרבות, בדרך כלל אין זו תוצאה של התערבות האו״ם.
In most instances, the UN organization is unable **to enforce** the resolutions of the Security Council. In different countries, terrible warfare **brews (=rages)** for years, and to the extent that any positive developments **occur** during the fighting, it generally is not due to UN interference.

התקנות הללו אינן **חָלוֹת** עליו ; הוא צעיר מדיי.
These regulations do not **apply** to him; he is too young.

♦ ביטויים מיוחדים Special expressions
חָל בשבת **fall** on a Saturday **חוֹלֵל** נפלאות **perform** wonders

●חוש : לָחוּשׁ

חָשׁ/חַשׁ/יָחוּשׁ feel, sense

בניין : פָּעַל גזרה : ע״ו

	Present הווה		Past עבר	Future עתיד	Imper. ציווי
יחיד	חָשׁ	אני	חַשְׁתִּי	אָחוּשׁ	
יחידה	חָשָׁה	אתה	חַשְׁתָּ	תָּחוּשׁ	חוּשׁ
רבים	חָשִׁים	את	חַשְׁתְּ	תָּחוּשִׁי	חוּשִׁי
רבות	חָשׁוֹת	הוא	חָשׁ	יָחוּשׁ	
		היא	חָשָׁה	תָּחוּשׁ	
		אנחנו	חַשְׁנוּ	נָחוּשׁ	
		אתם/ן	חַשְׁתֶּם/ן	תָּחוּשׁוּ *	חוּשׁוּ **
		הם/ן	חָשׁוּ	יָחוּשׁוּ *	

שם הפועל .Infin לָחוּשׁ * less commonly: אתן/הן תָּחוּשְׁנָה
מקור מוחלט .Inf. Abs חוֹשׁ ** less commonly: (אתן) חוּשְׁנָה
שם הפעולה Verbal N תְּחוּשָׁה sensation (physiology); feeling ; חִישָּׁה sense, sensation
מ״י מוצ׳ .Gov. Prep חָשׁ ב- sense; feel pain in מקור נטוי .Inf.+pron בְּחוּשׁוֹ, כְּ...

♦ פעלים פחות שכיחים מאותו שורש Less frequent verbs from the same root
הוּחַשׁ be felt by the senses (מוּחָשׁ, יוּחַשׁ)
בינוני .Pres. Part מוּחָשׁ concrete, tangible, perceptible

A homonymous root meaning “rush, hurry” is not included here.

♦ דוגמאות Illustrations
חַשְׁתִּי שמשהו עומד לקרות. לעתים קרובות יש לי **תְּחוּשׁוֹת** כאלה.
I **sensed** that something was about to happen. I often have such **feelings**.

♦ ביטויים מיוחדים Special expressions

חָשׁ בו feel his presence — חָשׁ בראשו have a headache

●חזק : לְהַחֲזִיק, לְחַזֵּק, לְהִתְחַזֵּק

הֶחֱזִיק/הֶחֱזַק/יַחֲזִיק hold, seize

בניין : הִפְעִיל גזרה : שלמים + פ״ג

	הווה Present		עבר Past	עתיד Future	ציווי .Imper
יחיד	מַחֲזִיק *	אני	הֶחֱזַקְתִּי *	אַחֲזִיק *	
יחידה	מַחֲזִיקָה	אתה	הֶחֱזַקְתָּ	תַּחֲזִיק	הַחֲזֵק*
רבים	מַחֲזִיקִים	את	הֶחֱזַקְתְּ	תַּחֲזִיקִי	הַחֲזִיקִי
רבות	מַחֲזִיקוֹת	הוא	הֶחֱזִיק	יַחֲזִיק	
		היא	הֶחֱזִיקָה	תַּחֲזִיק	
		אנחנו	הֶחֱזַקְנוּ	נַחֲזִיק	
		אתםץ	הֶחֱזַקְתֶּםץ	תַּחֲזִיקוּ **	הַחֲזִיקוּ ***
		הםץ	הֶחֱזִיקוּ	יַחֲזִיקוּ **	

* Colloquial: מַחְזִיק... הֶחְזַקְתִּי... אַחְזִיק... הַחְזֵק...

שם הפועל .Infin לְהַחֲזִיק ** less commonly: אתן/הן תַּחֲזֵקְנָה

מקור מוחלט .Inf. Abs הַחֲזֵק *** less commonly: (אתן) הַחֲזֵקְנָה

שם הפעולה Verbal N הַחְזָקָה possession; maintenance

מ״י מוצרכת .Gov. Prep הֶחֱזִיק ב- hold (something)

חִיזֵּק (חִזֵּק)/חִיזַּק/חַזֵּק strengthen, fortify

בניין : פִּיעֵל גזרה : שלמים

	הווה Present		עבר Past	עתיד Future	ציווי .Imper
יחיד	מְחַזֵּק	אני	חִיזַּקְתִּי	אֲחַזֵּק	
יחידה	מְחַזֶּקֶת	אתה	חִיזַּקְתָּ	תְּחַזֵּק	חַזֵּק
רבים	מְחַזְּקִים	את	חִיזַּקְתְּ	תְּחַזְּקִי	חַזְּקִי
רבות	מְחַזְּקוֹת	הוא	חִיזֵּק	יְחַזֵּק	
		היא	חִיזְּקָה	תְּחַזֵּק	
		אנחנו	חִיזַּקְנוּ	נְחַזֵּק	
		אתםץ	חִיזַּקְתֶּםץ	תְּחַזְּקוּ *	חַזְּקוּ **
		הםץ	חִיזְּקוּ	יְחַזְּקוּ *	

שם הפועל .Infin לְחַזֵּק * less commonly: אתן/הן תְּחַזֵּקְנָה

שם הפעולה Verbal N חִיזּוּק strengthening ** less commonly: (אתן) חַזֵּקְנָה

מקור מוחלט .Inf. Abs חַזֵּק

הִתְחַזֵּק/הִתְחַזַּק become stronger, gather strength, take courage

בניין : הִתְפַּעֵל גזרה : שלמים

	הווה Present		עבר Past	עתיד Future	ציווי .Imper
יחיד	מִתְחַזֵּק	אני	הִתְחַזַּקְתִּי	אֶתְחַזֵּק	
יחידה	מִתְחַזֶּקֶת	אתה	הִתְחַזַּקְתָּ	תִּתְחַזֵּק	הִתְחַזֵּק
רבים	מִתְחַזְּקִים	את	הִתְחַזַּקְתְּ	תִּתְחַזְּקִי	הִתְחַזְּקִי
רבות	מִתְחַזְּקוֹת	הוא	הִתְחַזֵּק	יִתְחַזֵּק	

Imper. ציווי	Future עתיד	Past עבר		Present הווה
	תִּתְחַזֵּק	הִתְחַזְּקָה	היא	
	נִתְחַזֵּק	הִתְחַזַּקְנוּ	אנחנו	
הִתְחַזְּקוּ **	תִּתְחַזְּקוּ *	הִתְחַזַּקְתֶּם/ן	אתם/ן	
	יִתְחַזְּקוּ *	הִתְחַזְּקוּ	הם/ן	

* less commonly: אתן/הן תִּתְחַזֵּקְנָה

שם הפועל .Infin לְהִתְחַזֵּק   ** less commonly: (אתן) הִתְחַזֵּקְנָה

שם הפעולה Verbal N הִתְחַזְּקוּת becoming stronger   מקור מוחלט .Inf. Abs הִתְחַזֵּק

♦ פעלים פחות שכיחים מאותו שורש Less frequent verbs from the same root

חוּזַּק be strengthened, be fortified (בינוני .Pres. Part מְחוּזָּק strengthened, יְחוּזַּק)

הוּחְזַק be held, be seized (בינוני .Pres. Part מוּחְזָק held, occupied, יוּחְזַק)

חָזַק be(come) strong (חָזֵק, יֶחֱזַק, לַחֲזוֹק)

♦ דוגמאות Illustrations

צריך **לְחַזֵּק** את המעקה; אם מישהו **יַחֲזִיק** בו ויפול מן המדרגות, יהיו לנו צרות צרורות. דאג בבקשה לכך שעד סוף השבוע הוא **יְחוּזַּק** כראוי.

We need to strengthen the banister; if someone **holds** on to it and falls, we'll be in a lot of trouble. Please see to it that it **is** properly **strengthened** by the end of this week.

זרם המיים מן הנהר הולך **ומִתְחַזֵּק**. איני יודע כמה זמן הסכר **יַחֲזִיק** מעמד.

The river current keeps **getting strong.** I have no idea how long the dam **will hold** out.

כל עוד אין הסכם שלום, החוק הישראלי חל על מרבית תחומי החיים בשטחים **המוּחְזָקִים**.

As long as there is no peace agreement, Israeli law applies to most aspects of life in the **occupied** territories.

♦ ביטויים מיוחדים Special expressions

חֲזַק וֶאֱמַץ! be **strong** and brave! (a statement of encouragement)

הֶחֱזִיק מעמד hold out

●חזר : לַחֲזוֹר, לְהַחֲזִיר, לְחַזֵּר

חָזַר/חוֹזֵר/יַחֲזוֹר (יַחֲזֹר) return, come back; repeat; rehearse; retract

בניין : פָּעַל   גזרה : שלמים (אֶפְעוֹל) + פ״ג

Imper. ציווי	Future עתיד	Past עבר		Present הווה	
	אֶחֱזוֹר *	חָזַרְתִּי	אני	חוֹזֵר	יחיד
חֲזוֹר	תַּחֲזוֹר	חָזַרְתָּ	אתה	חוֹזֶרֶת	יחידה
חִזְרִי	תַּחַזְרִי	חָזַרְתְּ	את	חוֹזְרִים	רבים
	יַחֲזוֹר	חָזַר	הוא	חוֹזְרוֹת	רבות
	תַּחֲזוֹר	חָזְרָה	היא		
	נַחֲזוֹר	חָזַרְנוּ	אנחנו		
חִזְרוּ ****	תַּחַזְרוּ ***	חֲזַרְתֶּם/ן **	אתם/ן		
	יַחַזְרוּ ***	חָזְרוּ	הם/ן		

* Colloquial: אֶחְזוֹר, תַּחְזוֹר...תַּחְזְרִי/רוּ...   ** Colloquial: חָזַרְתֶּם/ן

*** less commonly: אתן/הן תַּחֲזוֹרְנָה   **** less commonly: (אתן) חֲזוֹרְנָה

שם הפועל .Infin לַחֲזוֹר (לַחְזוֹר)   מקור מוחלט .Inf. Abs חָזוֹר

שם הפעולה Verbal N חֲזִירָה/חֲזָרָה returning
בינ׳ פעיל Act. Part. חוֹזֵר repeated; returning person; (a) circular
מ״י מוצרכת Gov. Prep. חָזַר על repeat (s'thing)   מקור נטוי Inf.+pron. בְּחוֹזְרוֹ, כְּ...

הֶחֱזִיר/הֶחֱזַר/יַחֲזִיר return (tr.), restore; reflect (light); turn (tr.)

בניין : הִפְעִיל   גזרה : שלמים + פ״ג

	הווה Present		עבר Past	עתיד Future	ציווי Imper.
יחיד	מַחֲזִיר *	אני	הֶחֱזַרְתִּי *	אַחֲזִיר *	
יחידה	מַחֲזִירָה	אתה	הֶחֱזַרְתָּ	תַּחֲזִיר	הַחֲזֵר *
רבים	מַחֲזִירִים	את	הֶחֱזַרְתְּ	תַּחֲזִירִי	הַחֲזִירִי
רבות	מַחֲזִירוֹת	הוא	הֶחֱזִיר	יַחֲזִיר	
		היא	הֶחֱזִירָה	תַּחֲזִיר	
		אנחנו	הֶחֱזַרְנוּ	נַחֲזִיר	
		אתם/ן	הֶחֱזַרְתֶּם/ן	תַּחֲזִירוּ **	הַחֲזִירוּ ***
		הם/ן	הֶחֱזִירוּ	יַחֲזִירוּ **	

* Colloquial: מַחְזִיר...הֶחְזַרְתִּי...אַחְזִיר...הַחְזֵר...   ** less commonly: אתן/הן תַּחֲזֵרְנָה
שם הפועל Infin. לְהַחֲזִיר (לְהַחְזִיר)   *** less commonly: (אתן) הַחֲזֵרְנָה
מקור מוחלט Inf. Abs. הַחֲזֵר
שם הפעולה Verbal N הַחְזָרָה giving back; reflection (of light)
הֶחְזֵר return (thing returned)
מ״י מוצרכת Gov. Prep. הֶחֱזִיר משהו למישהו return something to somebody

חִיזֵּר (חִזֵּר)/חִיזַּר/חַזֵּר woo, court (courting involves repetition...)

בניין : פִּיעֵל   גזרה : שלמים

	הווה Present		עבר Past	עתיד Future	ציווי Imper.
יחיד	מְחַזֵּר	אני	חִיזַּרְתִּי	אֲחַזֵּר	
יחידה	מְחַזֶּרֶת	אתה	חִיזַּרְתָּ	תְּחַזֵּר	חַזֵּר
רבים	מְחַזְּרִים	את	חִיזַּרְתְּ	תְּחַזְּרִי	חַזְּרִי
רבות	מְחַזְּרוֹת	הוא	חִיזֵּר	יְחַזֵּר	
		היא	חִיזְּרָה	תְּחַזֵּר	
		אנחנו	חִיזַּרְנוּ	נְחַזֵּר	
		אתם/ן	חִיזַּרְתֶּם/ן	תְּחַזְּרוּ *	חַזְּרוּ **
		הם/ן	חִיזְּרוּ	יְחַזְּרוּ *	

שם הפועל Infin. לְחַזֵּר   * less commonly: אתן/הן תְּחַזֵּרְנָה
שם הפעולה Verbal N חִיזּוּר courtship   ** less commonly: (אתן) חַזֵּרְנָה
בינוני Pres. Part. מְחַזֵּר suitor   מקור מוחלט Inf. Abs. חַזֵּר
מ״י מוצרכת Gov. Prep. חִיזֵּר אחרי court (someone)

הוּחְזַר (הָחְזַר) be returned, be restored; be reflected (light)

בניין : הוּפְעַל   גזרה : שלמים

	הווה Present		עבר Past	עתיד Future
יחיד	מוּחְזָר	אני	הוּחְזַרְתִּי	אוּחְזַר
יחידה	מוּחְזֶרֶת	אתה	הוּחְזַרְתָּ	תּוּחְזַר
רבים	מוּחְזָרִים	את	הוּחְזַרְתְּ	תּוּחְזְרִי
רבות	מוּחְזָרוֹת	הוא	הוּחְזַר	יוּחְזַר

Future עתיד	Past עבר		Present הווה
תּוּחְזַר	הוּחְזְרָה	היא	
נוּחְזַר	הוּחְזַרְנוּ	אנחנו	
* תּוּחְזְרוּ	הוּחְזַרְתֶּם/ן	אתם/ן	
* יוּחְזְרוּ	הוּחְזְרוּ	הם/ן	

אתן/הן תּוּחְזַרְנָה :less commonly *

בינוני .Pres. Part מוּחְזָר returned, sent back; reflected (light)

♦ דוגמאות Illustrations

מיכאל **חוזֵר** מחר; אני צריך **לְהַחֲזִיר** לו את המחשב ששאלתי ממנו.

Michael **is coming back** tomorrow; I need **to return** the computer I borrowed from him.

המְחַזֵּר של רינה **חָזַר** בו וביטל את האירוסים; רינה לא **הֶחֱזִירָה** לו את הטבעת, ובצדק.

Rina's **suitor retracted** and cancelled the engagement; Rina did not **return** the ring – justifiably so.

אני מחכה **להֶחְזֵר** ממס הכנסה. כל שנה **מוּחְזָר** לי סכום כסף ניכר בצורה כזו.

I am expecting **a return** from Internal Revenue. Every year a significant sum of money **is returned** to me this way.

♦ ביטויים מיוחדים Special expressions

חָזַר בו **retract**   **חָזַר** בתשובה be penitent   הון **חוֹזֵר** working capital

טעות לעולם **חוֹזֶרֶת** mistakes and omissions may always be corrected

גלגל **חוֹזֵר** (הוא) בעולם the wheel of fortune **turns**   **חוֹזֵר** חלילה and so on repeatedly

הָלוֹך **וְחָזוֹר** **back** and forth   **הֶחֱזִיר** למוטב **lead** one **back** to the right way

●חטא : לַחֲטוֹא

חָטָא/חוֹטֵא/יֶחֱטָא sin V, transgress

בניין : פָּעַל   גזרה : ל״א + פ״ג

Imp. ציווי	Fut. עתיד	Past עבר		Pres. הווה	
	* אֶחֱטָא	חָטָאתִי	אני	חוֹטֵא	יחיד
חֲטָא	תֶּחֱטָא	חָטָאתָ	אתה	חוֹטֵאת	יחידה
חִטְאִי	תֶּחֶטְאִי	חָטָאת	את	חוֹטְאִים	רבים
	יֶחֱטָא	חָטָא	הוא	חוֹטְאוֹת	רבות
	תֶּחֱטָא	חָטְאָה	היא		
	נֶחֱטָא	חָטָאנוּ	אנחנו		
**** חִטְאוּ	*** תֶּחֶטְאוּ	** חֲטָאתֶם/ן	אתם/ן		
	*** יֶחֶטְאוּ	חָטְאוּ	הם/ן		

שם הפועל .Infin לַחֲטוֹא   * Colloquial: אֶחְטָא, תֶּחְטָא, תֶּחְטְאִי/אוּ...

מקור מוחלט .Inf. Abs חָטוֹא   ** Colloquial: חָטָאתֶם/ן

מקור נטוי .Inf.+pron בְּחוֹטְאוֹ, כְּ...   *** less commonly: אתן/הן תֶּחֱטֶאנָה

ביני פעיל .Act. Part חוֹטֵא sinner   **** less commonly: (אתן) חֲטֶאנָה

♦ פעלים פחות שכיחים מאותו שורש Less frequent verbs from the same root

חִיטֵא disinfect (בינוני Pres. Part. מְחַטֵּא disinfect; disinfectant, יְחַטֵּא, לְחַטֵּא)
הֶחְטִיא miss (target); cause one to sin (מַחְטִיא, יַחְטִיא, לְהַחְטִיא)

♦ דוגמאות Illustrations

רבנים מסוימים חוזרים וטוענים כי השואה קרתה בגלל שעם ישראל **חָטָא**...
Certain rabbis repeatedly claim that the Holocaust happened because the people of Israel **sinned**...

אם לא **תְּחַטֵּא** מייד את הפצע, עלול להיגרם זיהום.
If you do not **disinfect** the wound immediately, infection may occur.

●חטף : לַחֲטוֹף, לְהֵיחָטֵף

חָטַף/חוֹטֵף/יַחֲטוֹף (יַחֲטֹף) grab, snatch; kidnap; hijack; receive, get (e.g., get blows) – coll.

בניין : פָּעַל גזרה : שלמים (אֶפְעוֹל) + פ״ג

	הווה Pres.			עבר Past	עתיד Fut.	ציווי Imp.
יחיד	חוֹטֵף	חָטוּף	אני	חָטַפְתִּי	אֶחֱטוֹף *	
יחידה	חוֹטֶפֶת	חֲטוּפָה	אתה	חָטַפְתָּ	תַּחֲטוֹף	חֲטוֹף
רבים	חוֹטְפִים	חֲטוּפִים	את	חָטַפְתְּ	תַּחַטְפִי	חִטְפִי
רבות	חוֹטְפוֹת	חֲטוּפוֹת	הוא	חָטַף	יַחֲטוֹף	
			היא	חָטְפָה	תַּחֲטוֹף	
			אנחנו	חָטַפְנוּ	נַחֲטוֹף	
			אתם/ן	חֲטַפְתֶּם/ן **	תַּחַטְפוּ ***	חִטְפוּ ****
			הם/ן	חָטְפוּ	יַחַטְפוּ ***	

שם הפועל Infin. לַחֲטוֹף (לַחְטוֹף) — * Colloquial: אֶחְטוֹף, תַּחְטוֹף, תַּחְטְפִי/פוּ...
מקור מוחלט Inf. Abs. חָטוֹף — ** Colloquial: חָטַפְתֶּם/ן
מקור נטוי Inf.+pron. בְּחוֹטְפוֹ, כְּ... — *** less commonly: אתן/הן תַּחֲטוֹפְנָה
ביני פעיל Act. Part. חוֹטֵף kidnapper, hijacker — **** less commonly: (אתן) חֲטוֹפְנָה
ביני סביל Pass. Part. חָטוּף kidnapped person (N); cursory (Adj) — קָטִיל חָטִיף snack
שם הפעולה Verbal N חֲטִיפָה kidnapping — מקור מוחלט Inf. Abs. חָטוֹף

נֶחֱטַף/יֵיחָטֵף (יֵחָטֵף) be kidnapped/hijacked; be snatched up (coll.)

בניין : נִפְעַל גזרה : שלמים + פ״ג

	הווה Present		עבר Past	עתיד Future	ציווי Imper.
יחיד	נֶחֱטָף *	אני	נֶחֱטַפְתִּי *	אֵיחָטֵף	
יחידה	נֶחֱטֶפֶת	אתה	נֶחֱטַפְתָּ	תֵּיחָטֵף	הֵיחָטֵף
רבים	נֶחֱטָפִים	את	נֶחֱטַפְתְּ	תֵּיחָטְפִי	הֵיחָטְפִי
רבות	נֶחֱטָפוֹת	הוא	נֶחֱטַף	יֵיחָטֵף	
		היא	נֶחֶטְפָה	תֵּיחָטֵף	
		אנחנו	נֶחֱטַפְנוּ	נֵיחָטֵף	
		אתם/ן	נֶחֱטַפְתֶּם/ן	תֵּיחָטְפוּ **	הֵיחָטְפוּ ***
		הם/ן	נֶחֶטְפוּ	יֵיחָטְפוּ **	

*coll.: נֶחְטַף...נֶחְטַפְתִּי...נֶחְטְפָה/פוּ ** less commonly: אתן/הן תֵּיחָטַפְנָה

*** less commonly: (אתן) הֵיחָטַפְנָה

שה״פ .Infin לְהֵיחָטֵף מקור מוחלט .Inf. Abs נַחֲטוֹף, הֵיחָטֵף/...טוֹף

♦ **דוגמאות** Illustrations

הכייס **חָטַף** את ארנקה של האישה שעברה לידו ונמלט.

The pickpocket **grabbed** the purse of the woman who passed by him and ran away.

המטוס **נֶחֱטַף** בנמל התעופה של קאהיר; ה**חוֹטְפִים** דרשו שחרור של מחבלים מסוימים מן הכלא המצרי, אחרת יהרגו את כל ה**חֲטוּפִים**.

The plane **was hijacked** at the Cairo Airport; the **hijackers** demanded the release of certain terrorists from the Egyptian jail, or they would kill all the **kidnapped** passengers.

♦ **ביטויים מיוחדים** Special expressions

חָטַף מכות be beaten up (=**received** blows) coll. **חָטַף** שֵׁנָה/תנומה take a nap

חָטַף שיחה have a short conversation ("**snatch**" a conversation)

חֲטוֹף ואכול, **חֲטוֹף** ושתה **carpe** diem; eat and drink (**fast**), for tomorrow we die

●חיג : לְחַייֵג

חִייֵּג (חִיֵּג)/חִייַּג/חַייֵּג dial

בניין : פִּיעֵל גזרה : שלמים

	Present הווה		Past עבר	Future עתיד	Imper. ציווי
יחיד	מְחַייֵּג	אני	חִייַּגְתִּי	אֲחַייֵּג	
יחידה	מְחַייֶּגֶת	אתה	חִייַּגְתָּ	תְּחַייֵּג	חַייֵּג
רבים	מְחַייְּגִים	את	חִייַּגְתְּ	תְּחַייְּגִי	חַייְּגִי
רבות	מְחַייְּגוֹת	הוא	חִייֵּג	יְחַייֵּג	
		היא	חִייְּגָה	תְּחַייֵּג	
		אנחנו	חִייַּגְנוּ	נְחַייֵּג	
		אתם/ן	חִייַּגְתֶּם/ן	תְּחַייְּגוּ *	חַייְּגוּ **
		הם/ן	חִייְּגוּ	יְחַייְּגוּ *	

שם הפועל .Infin לְחַייֵּג * less commonly: אתן/הן תְּחַייֵּגְנָה

שם הפעולה Verbal N חִיּוּג dialing ** less commonly: (אתן) חַייֵּגְנָה

בינוני .Pres. Part מְחַייֵּג dialer מקור מוחלט .Inf. Abs חַייֵּג

♦ **פעלים פחות שכיחים מאותו שורש** Less frequent verbs from the same root

חוּיַּג be dialed (בינוני .Pres. Part מְחוּיָּג dialed, יְחוּיַּג)

♦ **דוגמאות** Illustrations

״נודניק״ הוא מכשיר ה**מְחַייֵּג** מספרי טלפון ברציפות עד שהקו מתפנה. המספר **מְחוּיָּג** מחדש בהפסקות זמן קצובות, על פי קביעת המשתמש.

"Nudnik" is a device that automatically re**dials** telephone numbers until the line is free. The number **is** re**dialed** in fixed time intervals, as predetermined by the user.

●חיה (חיי): לִחְיוֹת, לְהַחֲיוֹת

חָיָה (חַי)/חַי/יִחְיֶה live, be alive; exist, subsist; recover, survive

בניין: פָּעַל גזרה: ל״י (מיוחדת)

	הווה Present		עבר Past	עתיד Future	ציווי .Imper
יחיד	חַי	אני	חָיִיתִי	אֶחְיֶה	
יחידה	חַיָּה	אתה	חָיִיתָ	תִּחְיֶה	חֲיֵה
רבים	חַיִּים	את	חָיִית	תִּחְיִי	חֲיִי
רבות	חַיּוֹת	הוא	חָיָה (חַי)	יִחְיֶה	
		היא	חָיְיתָה	תִּחְיֶה	
		אנחנו	חָיִינוּ	נִחְיֶה	
		אתם/ן	* חֲיִיתֶם/ן	** תִּחְיוּ	***חֲיוּ
		הם/ן	חָיוּ	** יִחְיוּ	

שם הפועל .Infin לִחְיוֹת

* Colloquial: חָיִיתֶם/ן

מקור מוחלט .Inf. Abs חָיֹה

** less commonly: אתן/הן תִּחְיֶינָה

ביני פעיל .Act. Part חַי alive

*** less commonly: (אתן) חֲיֶינָה

מקור נטוי .Inf.+pron בִּחְיוֹתוֹ, כְּ...

הֶחֱיָה revive, restore to life, keep alive

בניין: הִפְעִיל גזרה: ל״י

	הווה Present		עבר Past	עתיד Future	ציווי .Imper
יחיד	all present	אני	* הֶחֱיֵיתִי	* אַחֲיֶה	
יחידה	tense forms	אתה	הֶחֱיֵיתָ	תַּחֲיֶה	* הַחֲיֵה
רבים	merge with	את	הֶחֱיֵית	תַּחֲיִי	הַחֲיִי
רבות	*pi`el* forms	הוא	הֶחֱיָה	יַחֲיֶה	
		היא	הֶחֶיְיתָה	תַּחֲיֶה	
		אנחנו	הֶחֱיֵינוּ	נַחֲיֶה	
		אתם/ן	הֶחֱיֵיתֶם/ן	** תַּחֲיוּ	*** הַחֲיוּ
		הם/ן	הֶחֱיוּ	** יַחֲיוּ	

* Colloquial: הֶחְיֵיתִי...אַחְיֶה...

** less commonly: אתן/הן תַּחֲיֶינָה (תְּחַיֶּינָה)

שה״פ עם ל- .Infin לְהַחֲיוֹת (לְהַחְיוֹת)

*** less commonly: (אתן) הַחֲיֶינָה (חַיֶּינָה)

שם הפעולה Verbal N הַחֲיָאָה revival, reviving

מקור מוחלט .Inf. Abs הַחְיֵה

♦ פעלים פחות שכיחים מאותו שורש Less frequent verbs from the same root

הוּחְיָה be revived, be kept alive (בינוני .Pres. Part מוּחְיֶה revived, יוּחְיֶה)

חִיָּה revive (lit.) (ביני פעיל .Act. Part מְחַיֶּה, יְחַיֶּה, לְחַיּוֹת)

♦ דוגמאות Illustrations

אליעזר בן יהודה **חַי** בין השנים 1922–1858. מקובל לראות בו את **מְחַיֶּה** השפה העברית החדשה. השפה הכתובה המשיכה להתקיים ברציפות, אך השפה המדוברת **הוּחְיְיתָה** רק בסוף המאה ה-19.

Eliezer Ben-Yehuda **lived** between 1858–1922. He is generally regarded as the **reviver** of Modern Hebrew. The written language has always existed without interruption, but the spoken language **was revived** only at the end of the 19th Century.

♦ ביטויים מיוחדים Special expressions

חַי על live/subsist on — כעת חַיָּה this time next year — כה לֶחָי! many happy returns!
בשר חַי raw meat; raw/exposed flesh — מיים חַיִּים fresh water
חַי ה' I swear by God! — יְחִי...! long live...! — לשון חַיָּה a living language
דוגמה חַיָּה a real-life example — הרוח החַיָּה the driving force, the life and soul (of)
כה אֶחְיֶה / חֵי נפשי/ חֵי ראשי by my life! — ...שיִחְיֶה may he live...
חַי וקיים human being; eternal; "alive and kicking" (coll.)
מְחַיֶּיה נפשות reviving, refreshing — שֶׁהֶחֱיָנוּ a prayer of thanks
הֶחֱיָה את לבו/נפשו revived/encouraged him

●חיך : לְחַיֵּךְ

חִיֵּיךְ (חִיֵּךְ)/חִיַּיכ/חַיֵּיךְ smile, chuckle

בניין : פִּיעֵל — גזרה : שלמים

	Present הווה		Past עבר	Future עתיד	Imper. ציווי
יחיד	מְחַיֵּיךְ	אני	חִיַּיכְתִּי	אֲחַיֵּיךְ	
יחידה	מְחַיֶּיכֶת	אתה	חִיַּיכְתָּ	תְּחַיֵּיךְ	חַיֵּיךְ
רבים	מְחַיְּיכִים	את	חִיַּיכְתְּ	תְּחַיְּיכִי	חַיְּיכִי
רבות	מְחַיְּיכוֹת	הוא	חִיֵּיךְ	יְחַיֵּיךְ	
		היא	חִיְּיכָה	תְּחַיֵּיךְ	
		אנחנו	חִיַּיכְנוּ	נְחַיֵּיךְ	
		אתם/ן	חִיַּיכְתֶּם/ן	תְּחַיְּיכוּ *	חַיְּיכוּ **
		הם/ן	חִיְּיכוּ	יְחַיְּיכוּ *	

שם הפועל .Infin לְחַיֵּיךְ — * less commonly: אתן/הן תְּחַיֵּיכְנָה
שם הפעולה Verbal N חִיּוּךְ smile, chuckle — ** less commonly: (אתן) חַיֵּיכְנָה
בינוני .Pres. Part מְחַיֵּיךְ smiling — מקור מוחלט .Inf. Abs חַיֵּיךְ

♦ דוגמאות Illustrations

חייה של אהובה עם דניאל אינם קלים, אבל היא נשארת איתו בגלל מזגו הנוח: הוא תמיד **מְחַיֵּיךְ**, ו**חִיּוּכוֹ** הטוב משפר את מצב רוחה.

Ahuva's life with Daniel is not easy, but she is staying with him because of his pleasant disposition: he always **smiles**, and his good **smile** improves her mood.

●חכה (חכי) : לְחַכּוֹת

חִיכָּה (חִכָּה)/חַכֶּה wait, await; expect

בניין : פִּיעֵל — גזרה : ל"י

	Present הווה		Past עבר	Future עתיד	Imper. ציווי
יחיד	מְחַכֶּה	אני	חִיכִּיתִי	אֲחַכֶּה	
יחידה	מְחַכָּה	אתה	חִיכִּיתָ	תְּחַכֶּה	חַכֵּה
רבים	מְחַכִּים	את	חִיכִּית	תְּחַכִּי	חַכִּי
רבות	מְחַכּוֹת	הוא	חִיכָּה	יְחַכֶּה	
		היא	חִיכְּתָה	תְּחַכֶּה	
		אנחנו	חִיכִּינוּ	נְחַכֶּה	

	Present הווה		Past עבר	Future עתיד	Imper. ציווי
		אתם/ן	חִיכִּיתֶם/ן	תְּחַכּוּ *	חַכּוּ **
		הם/ן	חִיכּוּ	יְחַכּוּ *	

שם הפועל .Infin לְחַכּוֹת

* less commonly: אתן/הן תְּחַכֶּינָה

** less commonly: (אתן) חַכֶּינָה

שם הפעולה Verbal N חִיכּוּי waiting, wait (lit.-rare)

מקור מוחלט .Inf. Abs חַכֵּה

מ"י מוצרכת .Gov. Prep חִיכָּה ל- wait for

♦ דוגמאות Illustrations

חִיכִּיתִי למשה שעה שלמה במסעדה, אך הוא לא הופיע.

I **waited** for Moshe for a full hour at the restaurant, but he never showed up.

●חכם : לְהִתְחַכֵּם, לְהַחְכִּים

הִתְחַכֵּם/הִתְחַכַּמ outsmart; become wise; be a "wise guy"/smart aleck

בניין : הִתְפַּעֵל גזרה : שלמים

	Present הווה		Past עבר	Future עתיד	Imper. ציווי
יחיד	מִתְחַכֵּם	אני	הִתְחַכַּמְתִּי	אֶתְחַכֵּם	
יחידה	מִתְחַכֶּמֶת	אתה	הִתְחַכַּמְתָּ	תִּתְחַכֵּם	הִתְחַכֵּם
רבים	מִתְחַכְּמִים	את	הִתְחַכַּמְתְּ	תִּתְחַכְּמִי	הִתְחַכְּמִי
רבות	מִתְחַכְּמוֹת	הוא	הִתְחַכֵּם	יִתְחַכֵּם	
		היא	הִתְחַכְּמָה	תִּתְחַכֵּם	
		אנחנו	הִתְחַכַּמְנוּ	נִתְחַכֵּם	
		אתם/ן	הִתְחַכַּמְתֶּם/ן	תִּתְחַכְּמוּ *	הִתְחַכְּמוּ **
		הם/ן	הִתְחַכְּמוּ	יִתְחַכְּמוּ *	

* less commonly: אתן/הן תִּתְחַכֵּמְנָה

שם הפועל .Infin לְהִתְחַכֵּם

** less commonly: (אתן) הִתְחַכֵּמְנָה

שם הפעולה Verbal N הִתְחַכְּמוּת wisecrack(ing)

מקור מוחלט .Inf. Abs הִתְחַכֵּם

הֶחְכִּים/הֶחְכַּמ/יַחְכִּים become wise, acquire knowledge, learn; impart knowledge, make wise

בניין : הִפְעִיל גזרה : שלמים + פ"ג

	Present הווה		Past עבר	Future עתיד	Imper. ציווי
יחיד	מַחְכִּים	אני	הֶחְכַּמְתִּי	אַחְכִּים	
יחידה	מַחְכִּימָה	אתה	הֶחְכַּמְתָּ	תַּחְכִּים	הַחְכֵּם
רבים	מַחְכִּימִים	את	הֶחְכַּמְתְּ	תַּחְכִּימִי	הַחְכִּימִי
רבות	מַחְכִּימוֹת	הוא	הֶחְכִּים	יַחְכִּים	
		היא	הֶחְכִּימָה	תַּחְכִּים	
		אנחנו	הֶחְכַּמְנוּ	נַחְכִּים	
		אתם/ן	הֶחְכַּמְתֶּם/ן	תַּחְכִּימוּ *	הַחְכִּימוּ **
		הם/ן	הֶחְכִּימוּ	יַחְכִּימוּ *	

* less commonly: אתן/הן תַּחְכֵּמְנָה

שם הפועל .Infin לְהַחְכִּים

** less commonly: (אתן) הַחְכֵּמְנָה

שם הפעולה Verbal N הַחְכָּמָה becoming wise; making wise

מקור מוחלט .Inf. Abs הַחְכֵּם

♦ דוגמאות Illustrations

אחד הדברים החשובים שלומדים בצבא הוא שאסור **לְהִתְחַכֵּם** עם המפקד אם לא רוצים צרות...

One of the important things you learn in the army is not **to be a smart aleck** with your superior if you do not want to get in trouble...

בדוא"ל-זבל מפרסמים לפעמים תרופות שעל פי הטענה **מַחְכִּימוֹת** בני אדם.

In email spam they sometimes advertise drugs that they claim **make** one **smarter**.

♦ ביטויים מיוחדים Special expressions

אוירא דארץ ישראל **מַחְכִּים** The air of the Land of Israel **makes** one **wise**, i.e., living in the Land of Israel improves wisdom (Talmudic saying).

●חלה (חלי) : לַחֲלוֹת

חָלָה/חוֹלֶה/יֶחֱלֶה fall sick, be sick

בניין : פָּעַל גזרה : פ"ג + ל"י

	Present הווה		Past עבר	Future עתיד	Imper. ציווי
יחיד	חוֹלֶה	אני	חָלִיתִי	אֶחֱלֶה *	
יחידה	חוֹלָה	אתה	חָלִיתָ	תֶּחֱלֶה	חֲלֵה
רבים	חוֹלִים	את	חָלִית	תֶּחֱלִי	חֲלִי
רבות	חוֹלוֹת	הוא	חָלָה	יֶחֱלֶה	
		היא	חָלְתָה	תֶּחֱלֶה	
		אנחנו	חָלִינוּ	נֶחֱלֶה	
		אתםץ	חֲלִיתֶםץ **	תֶּחֱלוּ ***	חֲלוּ ****
		הםץ	חָלוּ	יֶחֱלוּ ***	

שם הפועל .Infin לַחֲלוֹת (לַחְלוֹת) *Coll.: אֶחְלֶה, תֶּחְלֶה... **Coll.: חָלִיתֶםץ

מקור מוחלט .Inf. Abs חָלֹה ***less commonly: אתן/הן תֶּחֱלֶינָה

בינוני .Pres. Part חוֹלֶה sick; patient ****less commonly: (אתן) חֲלֶינָה

מקור נטוי .Inf.+pron בַּחֲלוֹתוֹ, כַּ...

♦ פעלים פחות שכיחים מאותו שורש Less frequent verbs from the same root

הִתְחַלָּה pretend to be sick; make oneself sick (מִתְחַלֶּה, יִתְחַלֶּה, לְהִתְחַלּוֹת)

♦ דוגמאות Illustrations

לא, אני חושב שהפעם הוא לא **מִתְחַלֶּה** – הפעם הוא **חוֹלֶה** ממש.

No, I do not think that he **is pretending to be sick** this time; this time he is really **sick**.

●חלט : לְהַחְלִיט

הֶחְלִיט/הֶחְלַט/יַחְלִיט decide, resolve; determine; declare impure (Mish Hebrew)

בניין : הִפְעִיל גזרה : שלמים + פ״ג

	Present הווה		Past עבר	Future עתיד	Imper. ציווי
יחיד	מַחְלִיט	אני	הֶחְלַטְתִּי	אַחְלִיט	
יחידה	מַחְלִיטָה	אתה	הֶחְלַטְתָּ	תַּחְלִיט	הַחְלֵט
רבים	מַחְלִיטִים	את	הֶחְלַטְתְּ	תַּחְלִיטִי	הַחְלִיטִי
רבות	מַחְלִיטוֹת	הוא	הֶחְלִיט	יַחְלִיט	
		היא	הֶחְלִיטָה	תַּחְלִיט	
		אנחנו	הֶחְלַטְנוּ	נַחְלִיט	
		אתם/ן	הֶחְלַטְתֶּם/ן	תַּחְלִיטוּ *	הַחְלִיטוּ **
		הם/ן	הֶחְלִיטוּ	יַחְלִיטוּ *	

שם הפועל .Infin לְהַחְלִיט * less commonly: אתן/הן תַּחְלֵטְנָה

שם הפעולה Verbal N הַחְלָטָה decision ** less commonly: (אתן) הַחְלֵטְנָה

הֶחְלֵט final decision

מקור מוחלט .Inf. Abs הַחְלֵט תואר הפועל .Adv בְּהֶחְלֵט absolutely, certainly

הוּחְלַט (הָחְלַט) be decided, be determined

בניין : הוּפְעַל גזרה : שלמים

	Present הווה		Past עבר	Future עתיד
יחיד	מוּחְלָט	אני	הוּחְלַטְתִּי	אוּחְלַט
יחידה	מוּחְלֶטֶת	אתה	הוּחְלַטְתָּ	תּוּחְלַט
רבים	מוּחְלָטִים	את	הוּחְלַטְתְּ	תּוּחְלְטִי
רבות	מוּחְלָטוֹת	הוא	הוּחְלַט	יוּחְלַט
		היא	הוּחְלְטָה	תּוּחְלַט
		אנחנו	הוּחְלַטְנוּ	נוּחְלַט
		אתם/ן	הוּחְלַטְתֶּם/ן	תּוּחְלְטוּ *
		הם/ן	הוּחְלְטוּ	יוּחְלְטוּ *

בינוני .Pres. Part מוּחְלָט absolute, complete * less commonly: אתן/הן תּוּחְלַטְנָה

תואר הפועל .Adv מוּחְלָטוֹת determinedly

A less frequent homonymous root meaning "brew, pour boiling water" is not included in this collection.

♦ דוגמאות Illustrations

בישיבת הממשלה האחרונה **הוּחְלַט** על ביטול **מוּחְלָט** של כל הסובסידיות למזון. הציבור הגיב בזעם על **הַהַחְלָטָה**, וההסתדרות הכללית של העובדים **הֶחְלִיטָה** לקיים סידרה של שביתות.

At the last meeting of the government, it **was decided** (that there should be) **complete** cancellation of all food subsidies. The public reacted to the **decision** with anger, and the general workers' union **decided** to hold a series of strikes.

♦ ביטויים מיוחדים Special expressions

הַחְלָטָה פזיזה hasty **decision**

●חלל : לְהָחֵל

הֵחֵל/הֵחַל/יָחֵל begin, start

בניין: הִפְעִיל גזרה: כפולים

	Present הווה		Past עבר	Future עתיד	Imper. ציווי
יחיד	מֵחֵל	אני	הֵחַלְתִּי	אָחֵל	
יחידה	מְחִילָּה	אתה	הֵחַלְתָּ	תָּחֵל	הָחֵל
רבים	מְחִילִּים	את	הֵחַלְתְּ	תָּחֵלִּי	הָחֵלִּי
רבות	מְחִילּוֹת	הוא	הֵחֵל	יָחֵל	
		היא	הֵחֵלָּה	תָּחֵל	
		אנחנו	הֵחַלְנוּ	נָחֵל	
		אתם/ן	הֵחַלְתֶּם/ן *	תָּחֵלּוּ **	הָחֵלּוּ ***
		הם/ן	הֵחֵלּוּ	יָחֵלּוּ **	

שם הפועל .Infin לְהָחֵל
מקור מוחלט .Inf. Abs הָחֵל

* formal: הֲחַלְתֶּם/ן
** less commonly: אתן/הן תָּחֵלְנָה
*** less commonly: הָחֵלְנָה

Two homonymous roots meaning "desecrate" and "play the flute" are not included in this collection.

♦ דוגמאות Illustrations

ההרצאה **הֵחֵלָּה** בדיוק בארבע, מכיוון שהמרצה צריך היה להיות כבר בשמונה בנמל התעופה.

The lecture **started** precisely at four o'clock, because the speaker had to be at the airport no later than eight o'clock.

♦ ביטויים מיוחדים Special expressions

הָחֵל ב... וכלה ב... **starting** at… and concluding at…

תָּחֵל שנה וברכותיה Happy New Year! (lit. may the new year **start** with blessings – usually said when compared with the ending one, which was not that good)

●חלם : לַחֲלוֹם

חָלַם/חוֹלֵם/יַחֲלוֹם (יַחֲלֹם) dream

בניין: פָּעַל גזרה: שלמים (אֶפְעוֹל) + פ"ג

	Present הווה		Past עבר	Future עתיד	Imper. ציווי
יחיד	חוֹלֵם	אני	חָלַמְתִּי	אֶחֱלוֹם *	
יחידה	חוֹלֶמֶת	אתה	חָלַמְתָּ	תַּחֲלוֹם	חֲלוֹם
רבים	חוֹלְמִים	את	חָלַמְתְּ	תַּחַלְמִי	חִלְמִי
רבות	חוֹלְמוֹת	הוא	חָלַם	יַחֲלוֹם	
		היא	חָלְמָה	תַּחֲלוֹם	
		אנחנו	חָלַמְנוּ	נַחֲלוֹם	

Imper. ציווי	Future עתיד	Past עבר		Present הווה
חִלְמוּ ****	תַּחַלְמוּ ***	חֲלַמְתֶּם/ן **	אתם/ן	
	יַחַלְמוּ ***	חָלְמוּ	הם/ן	

שם הפועל .Infin לַחֲלוֹם (לַחְלוֹם)   * Colloquial: אֶחְלוֹם, תַּחְלוֹם, תַּחְלְמִי/מוּ...

מקור מוחלט .Inf. Abs חָלוֹם   ** Colloquial: חֲלַמְתֶּם/ן

מקור נטוי .Inf.+pron בְּחוֹלְמוֹ, כְּ...   *** less commonly: אתן/הן תַּחֲלוֹמְנָה

ביני פעיל .Act. Part חוֹלֵם dreamer   **** less commonly: (אתן) חֲלוֹמְנָה

A homonymous root meaning "become healthy," realized in *hif`il*, הֶחְלִים, is not included here.

♦ דוגמאות Illustrations

כולנו **חוֹלְמִים**, אבל לא כולנו זוכרים את מה ש**חָלַמְנוּ** כשאנו מתעוררים.

We all **dream**, but not all of us remember what **we dreamed** when we wake up.

♦ ביטויים מיוחדים Special expressions

חָלַם בהקיץ day**dream**

●חלף : לְהַחֲלִיף, לַחֲלוֹף, לְהִתְחַלֵּף

הֶחֱלִיף/הֶחֱלַף/יַחֲלִיף change, exchange; replace, substitute

בניין : הִפְעִיל   גזרה : שלמים + פ״ג

Imper. ציווי	Future עתיד	Past עבר		Present הווה	
	אַחֲלִיף *	הֶחֱלַפְתִּי *	אני	מַחֲלִיף *	יחיד
הַחֲלֵף *	תַּחֲלִיף	הֶחֱלַפְתָּ	אתה	מַחֲלִיפָה	יחידה
הַחֲלִיפִי	תַּחֲלִיפִי	הֶחֱלַפְתְּ	את	מַחֲלִיפִים	רבים
	יַחֲלִיף	הֶחֱלִיף	הוא	מַחֲלִיפוֹת	רבות
	תַּחֲלִיף	הֶחֱלִיפָה	היא		
	נַחֲלִיף	הֶחֱלַפְנוּ	אנחנו		
הַחֲלִיפוּ ***	תַּחֲלִיפוּ **	הֶחֱלַפְתֶּם/ן	אתם/ן		
	יַחֲלִיפוּ **	הֶחֱלִיפוּ	הם/ן		

שה״פ עם ל- .Infin לְהַחֲלִיף (לְהַחְלִיף)   *.Coll: מַחְלִיף...הֶחְלַפְתִּי...אַחְלִיף...הַחְלֵף...

מקור מוחלט .Inf. Abs הַחֲלֵף   ** less commonly: אתן/הן תַּחֲלֵפְנָה

מ״י מוצרכת .Gov. Prep הֶחֱלִיף ב- replace with   *** less commonly: (אתן) הַחֲלֵפְנָה

שם הפעולה Verbal N הַחְלָפָה exchange, substitution

חָלַף/חוֹלֵף/יַחֲלוֹף (יַחֲלֹף) pass away/by/through

בניין : פָּעַל   גזרה : שלמים (אֶפְעוֹל) + פ״ג

Imp. ציווי	Fut. עתיד	Past עבר		Pres. הווה	
	אֶחֱלוֹף *	חָלַפְתִּי	אני	חוֹלֵף	יחיד
חֲלוֹף	תַּחֲלוֹף	חָלַפְתָּ	אתה	חוֹלֶפֶת חֲלוּפָה	יחידה
חִלְפִי	תַּחַלְפִי	חָלַפְתְּ	את	חוֹלְפִים	רבים
	יַחֲלוֹף	חָלַף	הוא	חוֹלְפוֹת חֲלוּפוֹת	רבות
	תַּחֲלוֹף	חָלְפָה	היא		

חלף : לְהַחֲלִיף, לַחֲלוֹף, לְהִתְחַלֵּף

Pres. הווה		Past עבר	Fut. עתיד	Imp. ציווי
	אנחנו	חָלַפְנוּ	נַחֲלוֹף	
	אתם/ן	חֲלַפְתֶּם/ן **	תַּחַלְפוּ ***	חִלְפוּ ****
	הם/ן	חָלְפוּ	יַחַלְפוּ ***	

שם הפועל .Infin לַחֲלוֹף (לַחְלוֹף)

מקור מוחלט .Inf. Abs חָלוֹף

מקור נטוי .Inf.+pron בְּחוֹלְפוֹ, כְּ...

ביני פעיל .Act. Part חוֹלֵף passing, transitory

ביני סביל .Pass. Part חֲלוּפָה option, alternative (N; lit.)

קָטִיל *CaCiC* adj./N. חָלִיף alternative (adj.); substitute (N)

שם הפעולה Verbal N חֲלִיפָה replacement; suit of clothing

מקור מוחלט .Inf. Abs חָלוֹף

תואר הפועל .Adv לַחֲלוּפִין/לְחִילוּפִין in alternation

* Colloquial: אֶחְלוֹף, תַּחְלוֹף, תַּחְלְפִי/פוּ...

** Colloquial: חָלַפְתֶּם/ן

*** less commonly: אתן/הן תַּחֲלוֹפְנָה

**** less commonly: (אתן) חֲלוֹפְנָה

הִתְחַלֵּף/הִתְחַלַּף be exchanged, be changed; change places

בניין : הִתְפַּעֵל גזרה : שלמים

	Present הווה		Past עבר	Future עתיד	Imper. ציווי
יחיד	מִתְחַלֵּף	אני	הִתְחַלַּפְתִּי	אֶתְחַלֵּף	
יחידה	מִתְחַלֶּפֶת	אתה	הִתְחַלַּפְתָּ	תִּתְחַלֵּף	הִתְחַלֵּף
רבים	מִתְחַלְּפִים	את	הִתְחַלַּפְתְּ	תִּתְחַלְּפִי	הִתְחַלְּפִי
רבות	מִתְחַלְּפוֹת	הוא	הִתְחַלֵּף	יִתְחַלֵּף	
		היא	הִתְחַלְּפָה	תִּתְחַלֵּף	
		אנחנו	הִתְחַלַּפְנוּ	נִתְחַלֵּף	
		אתם/ן	הִתְחַלַּפְתֶּם/ן	תִּתְחַלְּפוּ *	הִתְחַלְּפוּ **
		הם/ן	הִתְחַלְּפוּ	יִתְחַלְּפוּ *	

* less commonly: אתן/הן תִּתְחַלֵּפְנָה

** less commonly: (אתן) הִתְחַלֵּפְנָה

שם הפועל .Infin לְהִתְחַלֵּף

שם הפעולה Verbal N הִתְחַלְּפוּת being (ex)changed

מקור מוחלט .Inf. Abs הִתְחַלֵּף

מ"י מוצרכת .Gov. Prep הִתְחַלֵּף עם take someone's place

הוּחְלַף (הֻחְלַף) be changed, be exchanged; be replaced

בניין : הוּפְעַל גזרה : שלמים

	Present הווה		Past עבר	Future עתיד
יחיד	מוּחְלָף	אני	הוּחְלַפְתִּי	אוּחְלַף
יחידה	מוּחְלֶפֶת	אתה	הוּחְלַפְתָּ	תּוּחְלַף
רבים	מוּחְלָפִים	את	הוּחְלַפְתְּ	תּוּחְלְפִי
רבות	מוּחְלָפוֹת	הוא	הוּחְלַף	יוּחְלַף
		היא	הוּחְלְפָה	תּוּחְלַף
		אנחנו	הוּחְלַפְנוּ	נוּחְלַף
		אתם/ן	הוּחְלַפְתֶּם/ן	תּוּחְלְפוּ *
		הם/ן	הוּחְלְפוּ	יוּחְלְפוּ *

ביני .Pres. Part מוּחְלָף exchanged, replaced

* less commonly: אתן/הן תּוּחְלַפְנָה

◆ **דוגמאות** Illustrations

השחקנית הזאת **מַחֲלִיפָה** בעלים כל שנה-שנתיים. ריצ׳רד אומר שהוא לא היה רוצה **לְהִתְחַלֵּף** עם אף אחד מבעליה-לשעבר, שכל אחד מהם מרגיש בוודאי כמו סחורה **מוּחְלֶפֶת**.

This actress **replaces** husbands every year or two. Richard says that he wouldn't have liked **to change places** with any one of her ex-husbands, each of whom must be feeling like **exchanged** merchandise.

◆ **ביטויים מיוחדים** Special expressions

הֶחֱלִיף את היוצרות have things mixed up **הֶחֱלִיף** מכתבים correspond

הֶחֱלִיף פרה בחמור make a bad bargain

הֶחֱלִיף דיעות/רשמים **exchange** ideas/impressions

●חלץ : לְחַלֵּץ, לְהֵיחָלֵץ

חִילֵּץ (חִלֵּץ)/חִילַּצ/חַלֵּץ deliver, rescue; pull out, extract

בניין : פִּיעֵל גזרה : שלמים

	Present הווה		Past עבר	Future עתיד	Imper. ציווי
יחיד	מְחַלֵּץ	אני	חִילַּצְתִּי	אֲחַלֵּץ	
יחידה	מְחַלֶּצֶת	אתה	חִילַּצְתָּ	תְּחַלֵּץ	חַלֵּץ
רבים	מְחַלְּצִים	את	חִילַּצְתְּ	תְּחַלְּצִי	חַלְּצִי
רבות	מְחַלְּצוֹת	הוא	חִילֵּץ	יְחַלֵּץ	
		היא	חִילְּצָה	תְּחַלֵּץ	
		אנחנו	חִילַּצְנוּ	נְחַלֵּץ	
		אתם/ן	חִילַּצְתֶּם/ן	תְּחַלְּצוּ *	חַלְּצוּ **
		הם/ן	חִילְּצוּ	יְחַלְּצוּ *	

שם הפועל .Infin לְחַלֵּץ * less commonly: אתן/הן תְּחַלֵּצְנָה

שם הפעולה Verbal N חִילּוּץ rescue; pulling out ** less commonly: (אתן) חַלֵּצְנָה

מקור מוחלט .Inf. Abs חַלֵּץ

נֶחֱלַץ/יֵיחָלֵץ (יֵחָלֵץ) escape, be rescued; be taken off (shoes); be ready for action, offer help; be released from obligation of levirate marriage

בניין : נִפְעַל גזרה : שלמים + פ״ג

	Present הווה		Past עבר	Future עתיד	Imper. ציווי
יחיד	נֶחֱלָץ *	אני	נֶחֱלַצְתִּי *	אֵיחָלֵץ	
יחידה	נֶחֱלֶצֶת	אתה	נֶחֱלַצְתָּ	תֵּיחָלֵץ	הֵיחָלֵץ
רבים	נֶחֱלָצִים	את	נֶחֱלַצְתְּ	תֵּיחָלְצִי	הֵיחָלְצִי
רבות	נֶחֱלָצוֹת	הוא	נֶחֱלַץ	יֵיחָלֵץ	
		היא	נֶחֶלְצָה	תֵּיחָלֵץ	
		אנחנו	נֶחֱלַצְנוּ	נֵיחָלֵץ	
		אתם/ן	נֶחֱלַצְתֶּם/ן	תֵּיחָלְצוּ **	הֵיחָלְצוּ ***
		הם/ן	נֶחֶלְצוּ	יֵיחָלְצוּ **	

שה״פ .Infin לְהֵיחָלֵץ

*.Coll: נֶחְלַץ...נֶחְלַצְתִּי...נֶחְלְצָה/צוּ ** less commonly: אתן/הן תֵּיחָלַצְנָה
מקור מוחלט Inf. Abs. נַחֲלוֹץ, הֵיחָלֵץ/...לוֹץ *** less commonly: (אתן) הֵיחָלַצְנָה
שם הפעולה Verbal N הֵיחָלְצוּת escape, deliverance; pioneering (action or spirit)

♦ פעלים פחות שכיחים מאותו שורש Less frequent verbs from the same root

חָלַץ remove; loosen; take off (shoe); release from obligation of levirate marriage; extract; rescue (ביני פעיל Act. Part. חוֹלֵץ corkscrew, ביני סביל Pass. Part. חָלוּץ pioneer; forward (soccer), יַחֲלוֹץ)

חוּלַּץ be rescued, be extracted (בינוני Pres. Part. מְחוּלָּץ rescued, extracted, יְחוּלַּץ)

♦ דוגמאות Illustrations

יחידה מיוחדת של מכבי אש **חִילְּצָה** את מרבית נפגעי הפיצוץ. תוך שלוש שעות **חוּלְּצוּ** עשרים וחמישה איש. גם אזרחים רבים מן הסביבה **נֶחֶלְצוּ** לעזרת הנפגעים.

A special firefighters' unit **rescued** most of the bombing victims. Twenty-five people **were rescued** within three hours . Many civilians from the neighborhood also **offered to help** the casualties.

הֶחָלוּץ העייף **חָלַץ** את נעליו וישב לאכול.

The weary **pioneer took off** his shoes and sat down to eat.

♦ ביטויים מיוחדים Special expressions

חִילֵּץ את העצמות exercise

● חלק : לְחַלֵּק, לְהִתְחַלֵּק

חִילֵּק (חִלֵּק)/חִילַּק/חַלֵּק divide; share, distribute; separate; scatter

בניין : פִּיעֵל גזרה : שלמים

	הווה Present		עבר Past	עתיד Future	ציווי Imper.
יחיד	מְחַלֵּק	אני	חִילַּקְתִּי	אֲחַלֵּק	
יחידה	מְחַלֶּקֶת	אתה	חִילַּקְתָּ	תְּחַלֵּק	חַלֵּק
רבים	מְחַלְּקִים	את	חִילַּקְתְּ	תְּחַלְּקִי	חַלְּקִי
רבות	מְחַלְּקוֹת	הוא	חִילֵּק	יְחַלֵּק	
		היא	חִילְּקָה	תְּחַלֵּק	
		אנחנו	חִילַּקְנוּ	נְחַלֵּק	
		אתם/ן	חִילַּקְתֶּם/ן	תְּחַלְּקוּ *	חַלְּקוּ **
		הם/ן	חִילְּקוּ	יְחַלְּקוּ *	

שם הפועל Infin. לְחַלֵּק * less commonly: אתן/הן תְּחַלֵּקְנָה
מקור מוחלט Inf. Abs. חַלֵּק ** less commonly: (אתן) חַלֵּקְנָה
שם הפעולה Verbal N חִילּוּק division (arith.); sharing; difference, hairsplitting
בינוני Pres. Part. מְחַלֵּק denominator (arith.), sharer, allocator

הִתְחַלֵּק/הִתְחַלַּק be divided, be distributed; be divisible (number)

בניין : הִתְפַּעֵל גזרה : שלמים

	הווה Present		עבר Past	עתיד Future	ציווי Imper.
יחיד	מִתְחַלֵּק	אני	הִתְחַלַּקְתִּי	אֶתְחַלֵּק	
יחידה	מִתְחַלֶּקֶת	אתה	הִתְחַלַּקְתָּ	תִּתְחַלֵּק	הִתְחַלֵּק

	Present הווה		Past עבר	Future עתיד	Imper. ציווי
רבים	מִתְחַלְּקִים	את	הִתְחַלַּקְתְּ	תִּתְחַלְּקִי	הִתְחַלְּקִי
רבות	מִתְחַלְּקוֹת	הוא	הִתְחַלֵּק	יִתְחַלֵּק	
		היא	הִתְחַלְּקָה	תִּתְחַלֵּק	
		אנחנו	הִתְחַלַּקְנוּ	נִתְחַלֵּק	
		אתם/ן	הִתְחַלַּקְתֶּם/ן	תִּתְחַלְּקוּ *	הִתְחַלְּקוּ **
		הם/ן	הִתְחַלְּקוּ	יִתְחַלְּקוּ *	

* less commonly: אתן/הן תִּתְחַלֵּקְנָה

** less commonly: (אתן) הִתְחַלֵּקְנָה

שם הפועל .Infin לְהִתְחַלֵּק

שם הפעולה Verbal N הִתְחַלְּקוּת sharing, division, divisibility (number)

מקור מוחלט .Inf. Abs הִתְחַלֵּק

חוּלַּק (חֻלַּק) be divided, be shared, be separated, be scattered

בניין : פּוּעַל גזרה : שלמים

	Present הווה		Past עבר	Future עתיד
יחיד	מְחוּלָּק	אני	חוּלַּקְתִּי	אֲחוּלַּק
יחידה	מְחוּלֶּקֶת	אתה	חוּלַּקְתָּ	תְּחוּלַּק
רבים	מְחוּלָּקִים	את	חוּלַּקְתְּ	תְּחוּלְּקִי
רבות	מְחוּלָּקוֹת	הוא	חוּלַּק	יְחוּלַּק
		היא	חוּלְּקָה	תְּחוּלַּק
		אנחנו	חוּלַּקְנוּ	נְחוּלַּק
		אתם/ן	חוּלַּקְתֶּם/ן	תְּחוּלְּקוּ *
		הם/ן	חוּלְּקוּ	יְחוּלְּקוּ *

* less commonly: אתן/הן תְּחוּלַּקְנָה

בינוני .Pres. Part מְחוּלָּק divided; dividend (arith.)

♦ פעלים פחות שכיחים מאותו שורש Less frequent verbs from the same root

חָלַק (חוֹלֵק, יַחֲלוֹק, לַחֲלוֹק) divide, allot; give/receive share; disagree; give (respect)

נֶחֱלַק (נֶחֱלָק, יֵיחָלֵק, לְהֵיחָלֵק) be divided up; differ in opinion

A less frequent homonymous root meaning "smooth/slippery" is not included in this collection.

♦ דוגמאות Illustrations

בצוואה **חִילְּקָה** האם את רכושה לשלושה חלקים שווים, שליש לכל אחד משלושת ילדיה. נכסי דלא-ניידי יימכרו, והתמורה **תְּחוּלַּק** גם היא באופן שווה.

In her will, the mother **divided** her property into three equal parts, a third to each one of her three children. Real estate property will be sold, and the proceeds **will** also **be divided** equally.

מבחינה אקלימית, ישראל **מִתְחַלֶּקֶת** למספר אזורי אקלים ברורים, אבל המומחים **נֶחְלָקִים** בקביעתם אודות גבולותיהם המדויקים.

Climate-wise, Israel **is divided** into a number of climatic regions, but the experts **differ in their opinions** regarding their precise borders.

♦ ביטויים מיוחדים Special expressions

חָלַק לו כבוד show him respect

חָלַק לו את הכבוד האחרון show him respect by attending his funeral
חָלַק עליו **disagree** with him **חִילוּקֵי** דעות **difference** of opinion

●חמם : לְחַמֵּם, לְהִתְחַמֵּם

חִימֵּם (חִמֵּם)/חִימַּמ/חַמֵּם heat, warm

בניין : פִּיעֵל גזרה : שלמים

	Present הווה		Past עבר	Future עתיד	Imper. ציווי
יחיד	מְחַמֵּם	אני	חִימַּמְתִּי	אֲחַמֵּם	
יחידה	מְחַמֶּמֶת	אתה	חִימַּמְתָּ	תְּחַמֵּם	חַמֵּם
רבים	מְחַמְּמִים	את	חִימַּמְתְּ	תְּחַמְּמִי	חַמְּמִי
רבות	מְחַמְּמוֹת	הוא	חִימֵּם	יְחַמֵּם	
		היא	חִימְּמָה	תְּחַמֵּם	
		אנחנו	חִימַּמְנוּ	נְחַמֵּם	
		אתם/ן	חִימַּמְתֶּם/ן	תְּחַמְּמוּ *	חַמְּמוּ **
		הם/ן	חִימְּמוּ	יְחַמְּמוּ *	

שם הפועל .Infin לְחַמֵּם * less commonly: אתן/הן תְּחַמֵּמְנָה
שם הפעולה Verbal N חִימּוּם heating, warming ** less commonly: (אתן) חַמֵּמְנָה
מקור מוחלט .Inf. Abs חַמֵּם

הִתְחַמֵּם/הִתְחַמַּמ get warm; get heated (with emotions)

בניין : הִתְפַּעֵל גזרה : שלמים

	Present הווה		Past עבר	Future עתיד	Imper. ציווי
יחיד	מִתְחַמֵּם	אני	הִתְחַמַּמְתִּי	אֶתְחַמֵּם	
יחידה	מִתְחַמֶּמֶת	אתה	הִתְחַמַּמְתָּ	תִּתְחַמֵּם	הִתְחַמֵּם
רבים	מִתְחַמְּמִים	את	הִתְחַמַּמְתְּ	תִּתְחַמְּמִי	הִתְחַמְּמִי
רבות	מִתְחַמְּמוֹת	הוא	הִתְחַמֵּם	יִתְחַמֵּם	
		היא	הִתְחַמְּמָה	תִּתְחַמֵּם	
		אנחנו	הִתְחַמַּמְנוּ	נִתְחַמֵּם	
		אתם/ן	הִתְחַמַּמְתֶּם/ן	תִּתְחַמְּמוּ *	הִתְחַמְּמוּ **
		הם/ן	הִתְחַמְּמוּ	יִתְחַמְּמוּ *	

* less commonly: אתן/הן תִּתְחַמֵּמְנָה
** less commonly: (אתן) הִתְחַמֵּמְנָה
שם הפועל .Infin לְהִתְחַמֵּם
שם הפעולה Verbal N הִתְחַמְּמוּת getting warm/heated מקור מוחלט .Inf. Abs הִתְחַמֵּם

♦ פעלים פחות שכיחים מאותו שורש Less frequent verbs from the same root

חַם/חָמַם get hot/warm < בינוני .Pres. Part חַם hot, warm (form common)
חוּמַּם be heated, be warmed (בינוני .Pres. Part מְחוּמָּם heated, warmed, יְחוּמַּם)

♦ דוגמאות Illustrations

חנה אומרת, שכשקר חשוב ביותר **לְחַמֵּם** את הרגליים. כשהרגליים **חַמּוֹת**, יש הרגשה שהגוף כולו **מִתְחַמֵּם**.

Hanna says that when it's cold, it is most important to **warm up** one's feet. When the feet **are warm**, it feels like the whole body **is becoming warm**.

תרנגול ההודו הקפוא **חוּמַּם** כבר שעה, אך עדיין אינו מופשר.
The frozen turkey **has been warmed** for an hour already, but still has not thawed.

♦ ביטויים מיוחדים Special expressions

בעל מזג **חַם**/**חַם**-מזג **hot**-tempered **לב חַם** warm heart

חַמִּין food prepared on Friday and kept **warm** for Saturday; **hot** water, tea

נשק **חַם** firearms **הִתְחַמֵּם** הלב be very moved/excited

הִתְחַמֵּם כנגד אורו של מישהו learn from/be influenced by someone

●חמק : לְהִתְחַמֵּק, לַחֲמוֹק

הִתְחַמֵּק/הִתְחַמַּק evade, escape; get out of doing something

בניין : הִתְפַּעֵל גזרה : שלמים

	Present הווה		Past עבר	Future עתיד	Imper. ציווי
יחיד	מִתְחַמֵּק	אני	הִתְחַמַּקְתִּי	אֶתְחַמֵּק	
יחידה	מִתְחַמֶּקֶת	אתה	הִתְחַמַּקְתָּ	תִּתְחַמֵּק	הִתְחַמֵּק
רבים	מִתְחַמְּקִים	את	הִתְחַמַּקְתְּ	תִּתְחַמְּקִי	הִתְחַמְּקִי
רבות	מִתְחַמְּקוֹת	הוא	הִתְחַמֵּק	יִתְחַמֵּק	
		היא	הִתְחַמְּקָה	תִּתְחַמֵּק	
		אנחנו	הִתְחַמַּקְנוּ	נִתְחַמֵּק	
		אתם/ן	הִתְחַמַּקְתֶּם/ן	תִּתְחַמְּקוּ *	הִתְחַמְּקוּ **
		הם/ן	הִתְחַמְּקוּ	יִתְחַמְּקוּ *	

* less commonly: אתן/הן תִּתְחַמֵּקְנָה

שם הפועל .Infin לְהִתְחַמֵּק ** less commonly: (אתן) הִתְחַמֵּקְנָה

שם הפעולה Verbal N הִתְחַמְּקוּת evasion, escape מקור מוחלט .Inf. Abs הִתְחַמֵּק

חָמַק/חוֹמֵק/יַחֲמוֹק (יַחֲמֹק) escape, slip away; evade (similar to the *hitpa`el* form above, but higher in usage)

בניין : פָּעַל גזרה : שלמים (אֶפְעוֹל) + פ״ג

	Pres. הווה		Past עבר	Fut. עתיד	Imp. ציווי
יחיד	חוֹמֵק	אני	חָמַקְתִּי	אֶחֱמוֹק *	
יחידה	חוֹמֶקֶת	אתה	חָמַקְתָּ	תַּחֲמוֹק	חֲמוֹק
רבים	חוֹמְקִים	את	חָמַקְתְּ	תַּחַמְקִי	חִמְקִי
רבות	חוֹמְקוֹת	הוא	חָמַק	יַחֲמוֹק	
		היא	חָמְקָה	תַּחֲמוֹק	
		אנחנו	חָמַקְנוּ	נַחֲמוֹק	
		אתם/ן	חֲמַקְתֶּם/ן **	תַּחַמְקוּ ***	חִמְקוּ ****
		הם/ן	חָמְקוּ	יַחַמְקוּ ***	

שם הפועל .Infin לַחֲמוֹק (לַחְמוֹק) * Colloquial: אֶחְמוֹק, תַּחְמוֹק, תַּחְמְקִי/קוּ...

מקור מוחלט .Inf. Abs חָמוֹק ** Colloquial: חָמַקְתֶּם/ן

מקור נטוי .Inf.+pron בְּחוֹמְקוֹ, כְּ... *** less commonly: אתן/הן תַּחֲמוֹקְנָה

**** less commonly: (אתן) חֲמוֹקְנָה

♦ דוגמאות Illustrations

מטוס הקרב טס נמוך על פני הים כדי **לַחֲמוֹק** מן הרדאר.

The plane flew low over sea water so as to **evade** radar detection.

התובע הכללי **הִתְחַמֵּק** מלענות ישירות על שאלות ועדת הביון של הקונגרס.

The Attorney General **evaded** responding directly to questions by the Congress Intelligence Committee.

●חמר : לְהַחְמִיר

הֶחְמִיר/הֶחְמַר/יַחְמִיר worsen tr., intr.; be severe, make more severe; take a hard line, be strict

בניין : הִפְעִיל   גזרה : שלמים + פ״ג

	Present הווה		Past עבר	Future עתיד	Imper. ציווי
יחיד	מַחְמִיר	אני	הֶחְמַרְתִּי	אַחְמִיר	
יחידה	מַחְמִירָה	אתה	הֶחְמַרְתָּ	תַּחְמִיר	הַחְמֵר
רבים	מַחְמִירִים	את	הֶחְמַרְתְּ	תַּחְמִירִי	הַחְמִירִי
רבות	מַחְמִירוֹת	הוא	הֶחְמִיר	יַחְמִיר	
		היא	הֶחְמִירָה	תַּחְמִיר	
		אנחנו	הֶחְמַרְנוּ	נַחְמִיר	
		אתם/ן	הֶחְמַרְתֶּם/ן	תַּחְמִירוּ *	הַחְמִירוּ **
		הם/ן	הֶחְמִירוּ	יַחְמִירוּ *	

שם הפועל Infin. לְהַחְמִיר   * less commonly: אתן/הן תַּחְמֵרְנָה

מקור מוחלט Inf. Abs. הַחְמֵר   ** less commonly: (אתן) הַחְמֵרְנָה

שם הפעולה Verbal N הַחְמָרָה worsening, deterioration; rigorousness

♦ דוגמאות Illustrations

השופט החליט שלא **לְהַחְמִיר** בעונשו של הנאשם שהורשע, מכיוון שמצב בריאותו **הֶחְמִיר** מאוד לאחרונה.

The judge decided not **to impose** a **severe** sentence on the convicted person, since his health has considerably **worsened** lately.

במשנה, אסכולת בית שמאי בדרך כלל **מַחְמִירָה** יותר מאסכולת בית הלל.

In the Mishna, Shamay School sages **are** generally **more strict** than Hillel School sages.

♦ ביטויים מיוחדים Special expressions

הֶחְמִיר בדינו/בעונשו של... **sentence** someone **harshly**

●חנה (חני) : לַחְנוֹת

חָנָה/חוֹנֶה/יַחֲנֶה park (int.), be parked; camp

המודיעין של הבניין : פָּעַל   גזרה : פ״ג + ל״י

	Pres. הווה		Past עבר	Fut. עתיד	Imp. ציווי
יחיד	חוֹנֶה	אני	חָנִיתִי	אֶחֱנֶה **	
יחידה	חוֹנָה	אתה	חָנִיתָ	תַּחֲנֶה	חֲנֵה
רבים	חוֹנִים	את	חָנִית	תַּחֲנִי	חֲנִי
רבות	חוֹנוֹת	הוא	חָנָה	יַחֲנֶה	

	Pres. הווה		Past עבר	Fut. עתיד	Imp. ציווי
		היא	חָנְתָה	תַּחְנֶה	
		אנחנו	חָנִינוּ	נַחְנֶה	
		אתם/ן	חֲנִיתֶם/ן *	תַּחְנוּ ***	חֲנוּ ****
		הם/ן	חָנוּ	יַחְנוּ ***	

* Colloquial: חָנִיתֶם/ן

** או : אֶחֱנֶה, תַּחֲנֶה...

*** less commonly: אתן/הן תַּחְנֶינָה

**** less commonly: (אתן) חֲנֶינָה

שם הפועל .Infin לַחְנוֹת

שם הפעולה Verbal N חֲנִיָּה/חֲנָיָה parking

מקור מוחלט .Inf. Abs חָנֹה

מקור נטוי .Inf.+pron בַּחֲנוֹתוֹ, כַּ...

♦ **פעלים פחות שכיחים מאותו שורש** Less frequent verbs from the same root

הֶחְנָה park (tr.) (מַחְנֶה, יַחְנֶה)

הוּחְנָה be parked (מוּחְנֶה, יוּחְנֶה)

♦ **דוגמאות** Illustrations

אל **תַּחְנֶה** פה את המכונית ; הם גוררים כל מכונית **שחוֹנָה** בצד זה של הרחוב.

Don't **park** the car here; they tow any car that **is parked** on this side of the street.

♦ **ביטויים מיוחדים** Special expressions

חֲנֵה וסע **park** and ride

●חנך : לְחַנֵּךְ

חִינֵּךְ (חִנֵּךְ)/חִינַּכ/חַנֵּךְ educate, bring up, train

בניין : פִּיעֵל גזרה : שלמים

	Present הווה		Past עבר	Future עתיד	Imper. ציווי
יחיד	מְחַנֵּךְ	אני	חִינַּכְתִּי	אֲחַנֵּךְ	
יחידה	מְחַנֶּכֶת	אתה	חִינַּכְתָּ	תְּחַנֵּךְ	חַנֵּךְ
רבים	מְחַנְּכִים	את	חִינַּכְתְּ	תְּחַנְּכִי	חַנְּכִי
רבות	מְחַנְּכוֹת	הוא	חִינֵּךְ	יְחַנֵּךְ	
		היא	חִינְּכָה	תְּחַנֵּךְ	
		אנחנו	חִינַּכְנוּ	נְחַנֵּךְ	
		אתם/ן	חִינַּכְתֶּם/ן	תְּחַנְּכוּ *	חַנְּכוּ **
		הם/ן	חִינְּכוּ	יְחַנְּכוּ *	

שם הפועל .Infin לְחַנֵּךְ

* less commonly: אתן/הן תְּחַנֵּכְנָה

בינוני .Pres. Part מְחַנֵּךְ educator

** less commonly: (אתן) חַנֵּכְנָה

שם הפעולה Verbal N חִינּוּךְ education, training

מקור מוחלט .Inf. Abs חַנֵּךְ

♦ **פעלים פחות שכיחים מאותו שורש** Less frequent verbs from the same root

חָנַךְ inaugurate, consecrate; train, rear (lit.) (ביני׳ פעיל .Act. Part חוֹנֵךְ trainer, קָטִיל *CaCiC*

N. חָנִיךְ student; member of youth group; apprentice, trainee, יַחֲנוֹךְ, לַחֲנוֹךְ)

חוּנַּךְ be educated, be brought up, be trained (בינוני .Pres. Part מְחוּנָּךְ educated, יְחוּנַּךְ)

הִתְחַנֵּךְ be educated (מִתְחַנֵּךְ, יִתְחַנֵּךְ)

נֶחֱנַךְ be inaugurated (נֶחֱנָךְ, יֵיחָנֵךְ)

♦ דוגמאות Illustrations

אחד הנושאים הפופולריים בויכוחים בארץ הוא **חִינּוּךְ** ילדים. כל אחד חושב שהוא **חוּנַּךְ** טוב יותר מאשר הדור של היום, ושהוא יודע כיצד **לְחַנֵּךְ** ילדים יותר טוב מכל המורים ומנהלי בתי-הספר גם יחד.

One of the popular topics of discussion in Israel is children's **education**. Everybody thinks that he **was** better **educated** than today's generation, and that he knows how **to educate** children better than all the teachers and principals put together.

שר הבריאות **חָנַךְ** ביום שני את בית החולים החדש. זהו בית החולים השלישי **שֶׁנֶּחֱנַךְ** השנה.

The health minister **inaugurated** the new hospital on Monday. This is the third hospital **inaugurated** this year.

♦ ביטויים מיוחדים Special expressions

משרד **הַחִינּוּךְ** Ministry of Education (in Israel)

חֲנוֹךְ לנער על פי דרכו train up a child in the way he should go (Prov. 22:6)

●חנן : לְהִתְחַנֵּן, לָחוֹן

הִתְחַנֵּן/הִתְחַנַּנ implore, plead, entreat, beg

בניין : הִתְפַּעֵל גזרה : ל"נ

	Present הווה		Past עבר	Future עתיד	Imper. ציווי
יחיד	מִתְחַנֵּן	אני	הִתְחַנַּנְתִּי	אֶתְחַנֵּן	
יחידה	מִתְחַנֶּנֶת	אתה	הִתְחַנַּנְתָּ	תִּתְחַנֵּן	הִתְחַנֵּן
רבים	מִתְחַנְּנִים	את	הִתְחַנַּנְתְּ	תִּתְחַנְּנִי	הִתְחַנְּנִי
רבות	מִתְחַנְּנוֹת	הוא	הִתְחַנֵּן	יִתְחַנֵּן	
		היא	הִתְחַנְּנָה	תִּתְחַנֵּן	
		אנחנו	הִתְחַנַּנּוּ	נִתְחַנֵּן	
		אתם/ן	הִתְחַנַּנְתֶּם/ן	תִּתְחַנְּנוּ *	הִתְחַנְּנוּ **
		הם/ן	הִתְחַנְּנוּ	יִתְחַנְּנוּ *	

שם הפועל .Infin לְהִתְחַנֵּן

שם הפעולה Verbal N הִתְחַנְּנוּת imploring

מקור מוחלט .Inf. Abs הִתְחַנֵּן

* less commonly: אתן/הן תִּתְחַנֵּנָּה

** less commonly: (אתן) הִתְחַנֵּנָּה

חָנַן/חוֹנֵן/יָחוֹן (יָחֹן) pardon, grant amnesty; have mercy

בניין : פָּעַל גזרה : כפולים מיוחדת

	Pres./Part. הווה/בינוני			Past עבר	Fut. עתיד	Imp. ציווי
יחיד	חוֹנֵן	חָנוּן	אני	חָנַנְתִּי	אָחוֹן	
יחידה	חוֹנֶנֶת	חֲנוּנָה	אתה	חָנַנְתָּ	תָּחוֹן	חוֹן
רבים	חוֹנְנִים	חֲנוּנִים	את	חָנַנְתְּ	תָּחוֹנִּי	חוֹנִּי
רבות	חוֹנְנוֹת	חֲנוּנוֹת	הוא	חָנַן	יָחוֹן	
			היא	חָנְנָה	תָּחוֹן	
			אנחנו	חָנַנּוּ	נָחוֹן	
			אתם/ן	חֲנַנְתֶּם/ן *	תָּחוֹנּוּ *	חוֹנּוּ ***
			הם/ן	חָנְנוּ	יָחוֹנּוּ **	

שם הפועל .Infin לָחוֹן	Colloquial * :חֲנַנְתֶּם/ן
מקור מוחלט .Inf. Abs חָנוֹן	less commonly ** :אתן/הן תָּחוֹנָּה
בינ׳ סביל .Pass. Part חָנוּן (.merciful (lit	less commonly *** :(אתן) חוֹנָּה
שם הפעולה Verbal N חֲנִינָה pardon, amnesty	

♦ **פעלים פחות שכיחים מאותו שורש** Less frequent verbs from the same root

נֵחַן (נֶחֱנַן) be pardoned; be endowed with talent (נֵחַן, יֵחַן, לְהֵחֵן)

[חוֹנַן] בינוני (Pres. Part. (only מְחוֹנָן/מְחוּנָן gifted

♦ **דוגמאות** Illustrations

אימו של הנדון למוות **הִתְחַנְּנָה** במכתב למושל **שֶׁיָּחוֹן** את בנה, וממש ברגע האחרון לפני ביצוע גזר הדין הגיע צו ה**חֲנִינָה**.

The death row inmate's mother **implored** the governor in a letter **to pardon** her son, and at the last moment before execution the **pardon** writ indeed arrived.

הרבה ילדים אוטיסטים הם בעצם ילדים **מְחוֹנָנִים**. טיפול נכון בזמן עשוי להביא להתקדמות מהירה ביותר אצל ילדים כאלה.

Many autistic children are actually **gifted** children. The right treatment, on time, can bring about very fast progress with such children.

●חנף : לְהִתְחַנֵּף

הִתְחַנֵּף/הִתְחַנַּף flatter, be ingratiating

בניין : הִתְפַּעֵל גזרה : שלמים

	Present הווה		Past עבר	Future עתיד	Imper. ציווי
יחיד	מִתְחַנֵּף	אני	הִתְחַנַּפְתִּי	אֶתְחַנֵּף	
יחידה	מִתְחַנֶּפֶת	אתה	הִתְחַנַּפְתָּ	תִּתְחַנֵּף	הִתְחַנֵּף
רבים	מִתְחַנְּפִים	את	הִתְחַנַּפְתְּ	תִּתְחַנְּפִי	הִתְחַנְּפִי
רבות	מִתְחַנְּפוֹת	הוא	הִתְחַנֵּף	יִתְחַנֵּף	
		היא	הִתְחַנְּפָה	תִּתְחַנֵּף	
		אנחנו	הִתְחַנַּפְנוּ	נִתְחַנֵּף	
		אתם/ן	הִתְחַנַּפְתֶּם/ן	* תִּתְחַנְּפוּ	** הִתְחַנְּפוּ
		הם/ן	הִתְחַנְּפוּ	* יִתְחַנְּפוּ	

שם הפועל .Infin לְהִתְחַנֵּף	less commonly * :אתן/הן תִּתְחַנֵּפְנָה
שם הפעולה Verbal N הִתְחַנְּפוּת flattery	less commonly ** :(אתן) הִתְחַנֵּפְנָה
מקור מוחלט .Inf. Abs הִתְחַנֵּף	מ״י מוצרכת .Gov. Prep הִתְחַנֵּף ל/אל flatter someone

♦ **דוגמאות** Illustrations

מנהיגים רבים בעולם מצפים שהכפופים להם **יִתְחַנְּפוּ** אליהם, ואם זה לא קורה, הם מגיבים ברוגז ולעיתים אפילו מתנקמים.

Many world leaders expect those working for them **to flatter** them, and if they do not, they react in anger and sometimes are even vengeful.

● חנק : לַחֲנוֹק, לְהֵיחָנֵק

חָנַק/חוֹנֵק/יַחֲנוֹק (יַחֲנֹק) strangle, choke, suffocate (tr.)

בניין : פָּעַל   גזרה : שלמים (אֶפְעוֹל) + פ״ג

	הווה/בינוני .Pres./Part			עבר Past	עתיד .Fut	ציווי .Imp
יחיד	חוֹנֵק	חָנוּק	אני	חָנַקְתִּי	אֶחֱנוֹק *	
יחידה	חוֹנֶקֶת	חֲנוּקָה	אתה	חָנַקְתָּ	תַּחֲנוֹק	חֲנוֹק
רבים	חוֹנְקִים	חֲנוּקִים	את	חָנַקְתְּ	תַּחַנְקִי	חִנְקִי
רבות	חוֹנְקוֹת	חֲנוּקוֹת	הוא	חָנַק	יַחֲנוֹק	
			היא	חָנְקָה	תַּחֲנוֹק	
			אנחנו	חָנַקְנוּ	נַחֲנוֹק	
			אתם/ן	חֲנַקְתֶּם/ן **	תַּחַנְקוּ***	חִנְקוּ ****
			הם/ן	חָנְקוּ	יַחַנְקוּ ***	

שם הפועל .Infin לַחֲנוֹק (לַחְנוֹק)

מקור מוחלט .Inf. Abs חָנוֹק

מקור נטוי .Inf.+pron בְּחוֹנְקוֹ, כְּ...

ביני פעיל .Act. Part חוֹנֵק strangler

ביני סביל .Pass. Part חָנוּק choked

* Colloquial: אֶחְנוֹק, תַּחְנוֹק, תַּחְנְקִי/קוּ...

** Colloquial: חָנַקְתֶּם/ן

*** less commonly: אתן/הן תַּחֲנוֹקְנָה

**** less commonly: (אתן) חֲנוֹקְנָה

שם הפעולה Verbal N חֲנִיקָה strangling, throttling

נֶחֱנַק/יֵיחָנֵק (יֵחָנֵק) be strangled, suffocate (intr.)

בניין : נִפְעַל   גזרה : שלמים + פ״ג

	הווה Present		עבר Past	עתיד Future	ציווי .Imper
יחיד	נֶחֱנָק *	אני	נֶחֱנַקְתִּי *	אֵיחָנֵק	
יחידה	נֶחֱנֶקֶת	אתה	נֶחֱנַקְתָּ	תֵּיחָנֵק	הֵיחָנֵק
רבים	נֶחֱנָקִים	את	נֶחֱנַקְתְּ	תֵּיחָנְקִי	הֵיחָנְקִי
רבות	נֶחֱנָקוֹת	הוא	נֶחֱנַק	יֵיחָנֵק	
		היא	נֶחֶנְקָה	תֵּיחָנֵק	
		אנחנו	נֶחֱנַקְנוּ	נֵיחָנֵק	
		אתם/ן	נֶחֱנַקְתֶּם/ן	תֵּיחָנְקוּ **	הֵיחָנְקוּ ***
		הם/ן	נֶחֶנְקוּ	יֵיחָנְקוּ **	

שה״פ עם ל- .Infin לְהֵיחָנֵק

*.Coll: נֶחְנָק...נֶחְנַקְתִּי...נֶחְנְקָה/קוּ

מקור מוחלט .Inf. Abs נַחֲנוֹק, הֵיחָנֵק/...נוֹק

** less commonly: אתן/הן תֵּיחָנַקְנָה

*** less commonly: (אתן) הֵיחָנַקְנָה

שם הפעולה Verbal N הֵיחָנְקוּת being strangled, strangulation

♦ דוגמאות Illustrations

אבי **חוֹנֵק** את שפופרת משחת השיניים שלו בחלקה העליון, כמו ה**חוֹנֵק** מבוסטון...

Avi **chokes** his toothpaste tube in its upper part, like the Boston **strangler**....

כל פעם שהוא מדליק סיגריה חדשה אני מרגיש שאני פשוט **נֶחֱנָק**.

Every time he lights a new cigarette, I feel I am simply **choking**.

●חסך : לַחֲסוֹךְ

חָסַךְ/חוֹסֵךְ/יַחֲסוֹךְ (יַחְסֹךְ) save (money); withhold, spare, hold back

בניין : פָּעַל גזרה : שלמים (אֶפְעוֹל) + פ"ג

	הווה/בינוני Pres./Part.			עבר Past	עתיד Fut.	ציווי Imp.
יחיד	חוֹסֵךְ	חָסוּךְ	אני	חָסַכְתִּי	אֶחְסוֹךְ	
יחידה	חוֹסֶכֶת	חֲסוּכָה	אתה	חָסַכְתָּ	תַּחְסוֹךְ	חֲסוֹךְ
רבים	חוֹסְכִים	חֲסוּכִים	את	חָסַכְתְּ	תַּחְסְכִי	חִסְכִי
רבות	חוֹסְכוֹת	חֲסוּכוֹת	הוא	חָסַךְ	יַחְסוֹךְ	
			היא	חָסְכָה	תַּחְסוֹךְ	
			אנחנו	חָסַכְנוּ	נַחְסוֹךְ	
			אתם/ן	חֲסַכְתֶּם/ן *	תַּחְסְכוּ **	חִסְכוּ ***
			הם/ן	חָסְכוּ	יַחְסְכוּ **	

שם הפועל .Infin. לַחֲסוֹךְ — * Colloquial: חָסַכְתֶּם/ן

מקור מוחלט .Inf. Abs. חָסוֹךְ — ** less commonly: אתן/הן תַּחְסוֹכְנָה

ביני פעיל .Act. Part. חוֹסֵךְ one who saves — *** less commonly: (אתן) חֲסוֹכְנָה

ביני סביל .Pass. Part. חָסוּךְ saved; lacking (in) — מקור נטוי .Inf.+pron. בְּחוֹסְכוֹ, כְּ...

♦ פעלים פחות שכיחים מאותו שורש Less frequent verbs from the same root

נֶחְסַךְ be saved, be withheld, be spared, be held back (נֶחְסָךְ, יֵיחָסֵךְ)

♦ דוגמאות Illustrations

אם **יֵיחָסְכוּ** לנו ההוצאות הקשורות במכונית על ידי כך שנלך ברגל, נוכל סוף סוף **לַחֲסוֹךְ** קצת לרכישת דירה.

If we **are spared** car-related expenses by walking, we'll finally be able **to save** a bit toward purchasing an apartment.

♦ ביטויים מיוחדים Special expressions

חֲסוּךְ/חֲשׂוּךְ-בנים childless — **חֲסוּךְ/חֲשׂוּךְ**-מרפא **in**curable

●חסל : לְחַסֵּל

חִיסֵל (חִסֵּל)/חִיסַּל/חַסֵּל destroy, wipe out; liquidate

בניין : פִּיעֵל גזרה : שלמים

	הווה Present		עבר Past	עתיד Future	ציווי Imper.
יחיד	מְחַסֵּל	אני	חִיסַּלְתִּי	אֲחַסֵּל	
יחידה	מְחַסֶּלֶת	אתה	חִיסַּלְתָּ	תְּחַסֵּל	חַסֵּל
רבים	מְחַסְּלִים	את	חִיסַּלְתְּ	תְּחַסְּלִי	חַסְּלִי
רבות	מְחַסְּלוֹת	הוא	חִיסֵּל	יְחַסֵּל	
		היא	חִיסְּלָה	תְּחַסֵּל	
		אנחנו	חִיסַּלְנוּ	נְחַסֵּל	
		אתם/ן	חִיסַּלְתֶּם/ן	תְּחַסְּלוּ *	חַסְּלוּ **
		הם/ן	חִיסְּלוּ	יְחַסְּלוּ *	

* less commonly: אתן/הן תְּחַסֵּלְנָה

שם הפועל .Infin לְחַסֵּל :less commonly ** (אתן) חַסֵּלְנָה
שם הפעולה Verbal N חִיסּוּל destruction; liquidation מקור מוחלט .Inf. Abs חַסֵּל

♦ **פעלים פחות שכיחים מאותו שורש** Less frequent verbs from the same root
חוּסַּל be destroyed; be liquidated (בינוני .Pres. Part מְחוּסָּל totally destroyed, יְחוּסַּל)
הִתְחַסֵּל be finished, be consumed; be all gone (מִתְחַסֵּל, יִתְחַסֵּל, לְהִתְחַסֵּל)

♦ **דוגמאות** Illustrations
הנאצים שאפו **לְחַסֵּל** את היהודים בכל כדור הארץ ; לו היו יהודים על פני הירח, היו **מְחַסְּלִים** אותם גם שם.
The Nazis aspired **to wipe out** the Jews from the face of the Earth; had there been Jews on the moon, they **would have liquidated** them there as well.
כדאי לנסוע לראות את הקרחונים באלסקה, לפני שהם **יִתְחַסְּלוּ** בגלל התחממות כדור הארץ.
It might be a good idea to travel to see the glaciers in Alaska, before they **are all gone** because of global warming.

♦ **ביטויים מיוחדים** Special expressions
מכירת **חִיסּוּל** **liquidation** sale **חִיסּוּל** מלאי inventory **clearance**

●חסם : לַחְסוֹם, לְהֵיחָסֵם

חָסַם/חוֹסֵם/יַחְסוֹם (יַחְסֹם) block, obstruct, muzzle

בניין : פָּעַל גזרה : שלמים (אֶפְעוֹל) + פ״ג

	הווה/בינוני .Pres./Part		עבר Past	עתיד .Fut	ציווי .Imp
יחיד	חוֹסֵם חָסוּם	אני	חָסַמְתִּי	אֶחְסוֹם	
יחידה	חוֹסֶמֶת חֲסוּמָה	אתה	חָסַמְתָּ	תַּחְסוֹם	חֲסוֹם
רבים	חוֹסְמִים חֲסוּמִים	את	חָסַמְתְּ	תַּחְסְמִי	חִסְמִי
רבות	חוֹסְמוֹת חֲסוּמוֹת	הוא	חָסַם	יַחְסוֹם	
		היא	חָסְמָה	תַּחְסוֹם	
		אנחנו	חָסַמְנוּ	נַחְסוֹם	
		אתם/ן	* חֲסַמְתֶּם/ן	** תַּחְסְמוּ	*** חִסְמוּ
		הם/ן	חָסְמוּ	** יַחְסְמוּ	

שם הפועל .Infin לַחְסוֹם * Colloquial: חָסַמְתֶּם/ן
מקור מוחלט .Inf. Abs חָסוֹם ** less commonly: אתן/הן תַּחְסוֹמְנָה
מקור נטוי .Inf.+pron בְּחוֹסְמוֹ, כְּ... *** less commonly: (אתן) חֲסוֹמְנָה
שם הפעולה Verbal N חֲסִימָה blocking ביני סביל .Pass. Part חָסוּם blocked

נֶחְסַם/יֵיחָסֵם (יֵחָסֵם) be blocked, be obstructed

בניין : נִפְעַל גזרה : שלמים + פ״ג

	הווה Present		עבר Past	עתיד Future	ציווי .Imper
יחיד	נֶחְסָם	אני	נֶחְסַמְתִּי	אֵיחָסֵם	
יחידה	נֶחְסֶמֶת	אתה	נֶחְסַמְתָּ	תֵּיחָסֵם	הֵיחָסֵם
רבים	נֶחְסָמִים	את	נֶחְסַמְתְּ	תֵּיחָסְמִי	הֵיחָסְמִי
רבות	נֶחְסָמוֹת	הוא	נֶחְסַם	יֵיחָסֵם	

Imper. ציווי	Future עתיד	Past עבר		Present הווה
	תֵּיחָסֵם	נֶחְסְמָה	היא	
	נֵיחָסֵם	נֶחְסַמְנוּ	אנחנו	
הֵיחָסְמוּ **	תֵּיחָסְמוּ *	נֶחְסַמְתֶּם/ן	אתם/ן	
	יֵיחָסְמוּ *	נֶחְסְמוּ	הם/ן	

שם הפועל .Infin לְהֵיחָסֵם   less commonly * :אתן/הן תֵּיחָסַמְנָה

שם הפעולה Verbal N הֵיחָסְמוּת being blocked   less commonly ** :(אתן) הֵיחָסַמְנָה

מקור מוחלט .Inf. Abs נַחְסוֹם, הֵיחָסֵם (הֵיחָסוֹם)

A homonymous root, meaning "to temper/harden metal," is not included in this collection.

♦ דוגמאות Illustrations

הכביש המהיר מס׳ 91 **נֶחְסַם** הבוקר לתנועה צפונה בשל משאית דלק שהתהפכה. ניידות משטרה **חוֹסְמוֹת** את כל הכניסות בין ספרינגפילד והוליוק.

91 Expressway Northbound **was blocked** this morning due to an overturned fuel truck. Police cars **are blocking** all entrances between Springfield and Holyoke.

♦ ביטויים מיוחדים Special expressions

גוש **חוֹסֵם** obstructive block (in politics)   **חוֹסֵם** עורקים tourniquet

חוֹסְמֵי אלפא alpha-blockers   מעגל **חוֹסֵם** circumcircle

לא **תַּחְסוֹם** שור בדישו you cannot expect one not to benefit (improperly) from his job

●חסן : לְחַסֵּן

חוּסַּן (חֻסַּן) be immunized

בניין : פּוּעַל   גזרה : שלמים + ל״נ

Future עתיד	Past עבר		Present הווה	
אֲחוּסַּן	חוּסַּנְתִּי	אני	מְחוּסָּן	יחיד
תְּחוּסַּן	חוּסַּנְתָּ	אתה	מְחוּסֶּנֶת	יחידה
תְּחוּסְּנִי	חוּסַּנְתְּ	את	מְחוּסָּנִים	רבים
יְחוּסַּן	חוּסַּן	הוא	מְחוּסָּנוֹת	רבות
תְּחוּסַּן	חוּסְּנָה	היא		
נְחוּסַּן	חוּסַּנּוּ	אנחנו		
תְּחוּסְּנוּ *	חוּסַּנְתֶּם/ן	אתם/ן		
יְחוּסְּנוּ *	חוּסְּנוּ	הם/ן		

less commonly * :אתן/הן תְּחוּסַּנָּה

בינוני .Pres. Part מְחוּסָּן immunized

חִיסֵּן (חִסֵּן)/חִיסַּן/חַסֵּן immunize, vaccinate; strengthen, invigorate

בניין : פִּיעֵל   גזרה : ל״נ

Imper. ציווי	Future עתיד	Past עבר		Present הווה	
	אֲחַסֵּן	חִיסַּנְתִּי	אני	מְחַסֵּן	יחיד
חַסֵּן	תְּחַסֵּן	חִיסַּנְתָּ	אתה	מְחַסֶּנֶת	יחידה
חַסְּנִי	תְּחַסְּנִי	חִיסַּנְתְּ	את	מְחַסְּנִים	רבים
	יְחַסֵּן	חִיסֵּן	הוא	מְחַסְּנוֹת	רבות

Imper. ציווי	Future עתיד	Past עבר		Present הווה
	תְּחַסֵּן	חִיסְנָה	היא	
	נְחַסֵּן	חִיסַּנּוּ	אנחנו	
** חַסְּנוּ	* תְּחַסְּנוּ	חִיסַּנְתֶּם/ן	אתם/ן	
	* יְחַסְּנוּ	חִיסְּנוּ	הם/ן	

שם הפועל .Infin לְחַסֵּן   * less commonly: אתן/הן תְּחַסֵּנָּה

מקור מוחלט .Inf. Abs חַסֵּן   ** less commonly: (אתן) חַסֵּנָּה

שם הפעולה Verbal N חִיסּוּן immunization; strengthening, invigoration

♦ פעלים פחות שכיחים מאותו שורש Less frequent verbs from the same root

הִתְחַסֵּן be inoculated, be immunized; become inured (מִתְחַסֵּן, יִתְחַסֵּן, לְהִתְחַסֵּן)

♦ דוגמאות Illustrations

אחת הבעיות הקשות העומדות בפני הרפואה המודרנית היא התנגדות של אנשים לא מעטים **לְחַסֵּן** את ילדיהם, לעיתים מסיבות דתיות ולעיתים מתוך פחד שייגרם לילד נזק.

One of the difficult problems facing modern medicine is the resistance of a significant number of people to **vaccinate** their children, sometimes for religious reasons, sometimes out of fear that the child may be harmed by it.

●חסר : לַחְסוֹר, לְהַחְסִיר

חָסַר/חָסֵר/יַחְסוֹר (יֶחְסַר) diminish; be absent, be missing; lack, be without

בניין : פָּעַל   גזרה : שלמים (אֶפְעַל) + פ״ג

Imp. ציווי	Fut. עתיד	Past עבר		Present הווה	
	אֶחְסַר	חָסַרְתִּי	אני	חָסֵר	יחיד
חֲסַר	תֶּחְסַר	חָסַרְתָּ	אתה	חֲסֵרָה	יחידה
חִסְרִי	תֶּחְסְרִי	חָסַרְתְּ	את	חֲסֵרִים	רבים
	יֶחְסַר	חָסַר	הוא	חֲסֵרוֹת	רבות
	תֶּחְסַר	חָסְרָה	היא		
	נֶחְסַר	חָסַרְנוּ	אנחנו		
*** חִסְרוּ	** תֶּחְסְרוּ	* חֲסַרְתֶּם/ן	אתם/ן		
	** יֶחְסְרוּ	חָסְרוּ	הם/ן		

שם הפועל .Infin לַחְסוֹר   * Colloquial: חָסַרְתֶּם/ן

מקור מוחלט .Inf. Abs חָסוֹר   ** less commonly: אתן/הן תֶּחְסַרְנָה

ביני פעיל .Act. Part חָסֵר lacking, short of   *** less commonly: (אתן) חֲסַרְנָה

מ״י מוצרכת .Gov. Prep חָסֵר לְ... משהו ...is lacking or missing something

מקור נטוי .Inf.+pron בְּחוֹסְרוֹ, כְּ...

subtract, deduct; be short of; omit; miss הֶחְסִיר/הֶחְסַר/יַחְסִיר

בניין : הִפְעִיל גזרה: שלמים + פ״ג

	Present הווה		Past עבר	Future עתיד	Imper. ציווי
יחיד	מַחְסִיר	אני	הֶחְסַרְתִּי	אַחְסִיר	
יחידה	מַחְסִירָה	אתה	הֶחְסַרְתָּ	תַּחְסִיר	הַחְסֵר
רבים	מַחְסִירִים	את	הֶחְסַרְתְּ	תַּחְסִירִי	הַחְסִירִי
רבות	מַחְסִירוֹת	הוא	הֶחְסִיר	יַחְסִיר	
		היא	הֶחְסִירָה	תַּחְסִיר	
		אנחנו	הֶחְסַרְנוּ	נַחְסִיר	
		אתם/ן	הֶחְסַרְתֶּם/ן	תַּחְסִירוּ *	הַחְסִירוּ **
		הם/ן	הֶחְסִירוּ	יַחְסִירוּ *	

* less commonly: אתן/הן תַּחְסֵרְנָה

שם הפועל .Infin לְהַחְסִיר ** less commonly: (אתן) הַחְסֵרְנָה

שם הפעולה Verbal N הַחְסָרָה subtraction, deduction מקור מוחלט .Inf. Abs הַחְסֵר

♦ פעלים פחות שכיחים מאותו שורש Less frequent verbs from the same root

חִיסֵּר subtract; deprive, leave with less; miss; damage (מְחַסֵּר, יְחַסֵּר, לְחַסֵּר)

חוּסַּר be subtracted; be deprived of, lack (בינוני .Pres. Part מְחוּסָּר-...- ,lacking..., יְחוּסַּר)

הוּחְסַר be subtracted, be deducted; be missed (מוּחְסָר, יוּחְסַר)

♦ דוגמאות Illustrations

בבתי הספר בארצות הברית **חֲסֵרִים** לא מעט תלמידים בימים שבהם חלים חגים יהודיים מסוימים.

In American schools, a significant number of students are **missing/absent** on certain Jewish holidays.

ירון חשב שיוכל לסיים את לימודיו בבית הספר התיכון שנה לפני חבריו, אבל הסתבר ש**חֲסֵרִים** לו מספר שיעורים. כמו כן, מכיוון ש**הֶחְסִיר** מספר שעות בחינוך גופני, **חִיסֵּר** לו המורה לספורט יותר נקודות מכפי שציפה.

Yaron thought that he would be able to finish his high school studies a year before his peers, but found out that he **lacks** a few courses. Furthermore, since he **missed** a number of hours of physical education, the sports teacher **subtracted** more credits than he had expected.

לאפריים יש תואר במתמטיקה. לצערו, אין הוא משתמש בו יותר מאשר בפעולות חיבור ו**חִיסּוּר**. יחסית, מצבו טוב, כי הרבה מתמטיקאים אחרים הם פשוט **מְחוּסְּרֵי**-עבודה.

Ephraim has a degree in math. Unfortunately, he barely uses it beyond operations of adding and **subtracting**. Relatively, his situation is not bad, since many other mathematicians are simply **un**employed ("**missing** employment").

♦ ביטויים מיוחדים Special expressions

(רק) זה **חָסֵר** לי! that's all I **need**! (usually ironic) — **חֲסַר**-כול completely destitute

חֲסַר-אונים/ישע/כוח power**less**, impotent — **חֲסַר**-שחר base**less**

חֲסַר-תקדים **without** precedent — **חֲסַר**-אמצעים poor, **without** economic means

חֲסַר-יכולת incompetent

כתיב **חָסֵר** Hebrew spelling **with no** separate symbols representing vowels

זה נהנה, וזה לא **חָסֵר**. You can do some things to benefit others **without** hurting yourself.

אל **יֶחְסַר** המזג! don't spare the liquor!

●חפר : לַחְפּוֹר

חָפַר/חוֹפֵר/יַחְפּוֹר (יַחְפֹּר) dig; explore in secret

בניין : פָּעַל גזרה : שלמים (אֶפְעוֹל) + פ״ג

	Pres./Part. הווה/בינוני			Past עבר	Fut. עתיד	Imp. ציווי
יחיד	חוֹפֵר	חָפוּר	אני	חָפַרְתִּי	אֶחְפּוֹר	
יחידה	חוֹפֶרֶת	חֲפוּרָה	אתה	חָפַרְתָּ	תַּחְפּוֹר	חֲפוֹר
רבים	חוֹפְרִים	חֲפוּרִים	את	חָפַרְתְּ	תַּחְפְּרִי	חִפְרִי
רבות	חוֹפְרוֹת	חֲפוּרוֹת	הוא	חָפַר	יַחְפּוֹר	
			היא	חָפְרָה	תַּחְפּוֹר	
			אנחנו	חָפַרְנוּ	נַחְפּוֹר	
			אתם/ן	חֲפַרְתֶּם/ן *	תַּחְפְּרוּ **	חִפְרוּ ***
			הם/ן	חָפְרוּ	יַחְפְּרוּ **	

שם הפועל .Infin לַחְפּוֹר

מקור מוחלט .Inf. Abs חָפוֹר

ביני פעיל .Act. Part חוֹפֵר digger, excavator

ביני סביל .Pass. Part חָפוּר dug, excavated

שם הפעולה Verbal N חֲפִירָה digging; ditch, trench; excavation

* Colloquial: חָפַרְתֶּם/ן

** less commonly: אתן/הן תַּחְפּוֹרְנָה

*** less commonly: (אתן) חֲפוֹרְנָה

מקור נטוי .Inf.+pron בְּחוֹפְרוֹ, כְּ...

♦ פעלים פחות שכיחים מאותו שורש Less frequent verbs from the same root

הִתְחַפֵּר dig oneself in, entrench oneself (מִתְחַפֵּר, יִתְחַפֵּר, לְהִתְחַפֵּר)

נֶחְפַּר be dug, be excavated (נֶחְפָּר, יֵיחָפֵר, לְהֵיחָפֵר)

♦ דוגמאות Illustrations

המפקד הורה לחייליו **לַחְפּוֹר** שוחות **ולְהִתְחַפֵּר** בהן כדי לקדם את ההסתערות הבאה של האויב. עד לשעת הצהריים **נֶחְפְּרוּ** כל השוחות לשביעות רצונו.

The commander instructed his soldiers **to dig** deep trenches **to entrench themselves,** in preparation for the enemy's next assault. By noon all the trenches **had been dug** to his satisfaction.

●חפשׂ : לְחַפֵּשׂ, לְהִתְחַפֵּשׂ

חִיפֵּשׂ (חִפֵּשׂ)/חִיפַּשׂ/חַפֵּשׂ look for, search (for), seek

בניין : פִּיעֵל גזרה : שלמים

	Present הווה		Past עבר	Future עתיד	Imper. ציווי
יחיד	מְחַפֵּשׂ	אני	חִיפַּשְׂתִּי	אֲחַפֵּשׂ	
יחידה	מְחַפֶּשֶׂת	אתה	חִיפַּשְׂתָּ	תְּחַפֵּשׂ	חַפֵּשׂ
רבים	מְחַפְּשִׂים	את	חִיפַּשְׂתְּ	תְּחַפְּשִׂי	חַפְּשִׂי
רבות	מְחַפְּשׂוֹת	הוא	חִיפֵּשׂ	יְחַפֵּשׂ	
		היא	חִיפְּשָׂה	תְּחַפֵּשׂ	
		אנחנו	חִיפַּשְׂנוּ	נְחַפֵּשׂ	
		אתם/ן	חִיפַּשְׂתֶּם/ן	תְּחַפְּשׂוּ *	חַפְּשׂוּ **
		הם/ן	חִיפְּשׂוּ	יְחַפְּשׂוּ *	

שם הפועל .Infin לְחַפֵּשׂ

שם הפעולה Verbal N חִיפּוּשׂ search

מקור מוחלט .Inf. Abs חַפֵּשׂ

* less commonly: אתן/הן תְּחַפֵּשְׂנָה

** less commonly: (אתן) חַפֵּשְׂנָה

הִתְחַפֵּשׂ/הִתְחַפַּשׂ disguise oneself, dress up

בניין : הִתְפַּעֵל   גזרה : שלמים

Imper. ציווי	Future עתיד	Past עבר		Present הווה	
	אֶתְחַפֵּשׂ	הִתְחַפַּשְׂתִּי	אני	מִתְחַפֵּשׂ	יחיד
הִתְחַפֵּשׂ	תִּתְחַפֵּשׂ	הִתְחַפַּשְׂתָּ	אתה	מִתְחַפֶּשֶׂת	יחידה
הִתְחַפְּשִׂי	תִּתְחַפְּשִׂי	הִתְחַפַּשְׂתְּ	את	מִתְחַפְּשִׂים	רבים
	יִתְחַפֵּשׂ	הִתְחַפֵּשׂ	הוא	מִתְחַפְּשׂוֹת	רבות
	תִּתְחַפֵּשׂ	הִתְחַפְּשָׂה	היא		
	נִתְחַפֵּשׂ	הִתְחַפַּשְׂנוּ	אנחנו		
הִתְחַפְּשׂוּ **	תִּתְחַפְּשׂוּ *	הִתְחַפַּשְׂתֶּם/ן	אתם/ן		
	יִתְחַפְּשׂוּ *	הִתְחַפְּשׂוּ	הם/ן		

* less commonly: אתן/הן תִּתְחַפֵּשְׂנָה

שם הפועל .Infin לְהִתְחַפֵּשׂ   ** less commonly: (אתן) הִתְחַפֵּשְׂנָה

שם הפעולה Verbal N הִתְחַפְּשׂוּת disguise; dressing up   מקור מוחלט .Inf. Abs הִתְחַפֵּשׂ

♦ פעלים פחות שכיחים מאותו שורש Less frequent verbs from the same root

חוּפַּשׂ be sought; be disguised, be dressed up > בינוני .Pres. Part מְחוּפָּשׂ disguised

♦ דוגמאות Illustrations

המשטרה **חִיפְּשָׂה** את "הפורץ הנוצץ" בין אורחי הנשף, אך ללא הצלחה. כנראה הוא **הִתְחַפֵּשׂ** כמנהגו, וכשהוא **מְחוּפָּשׂ**, אין כל אפשרות לזהותו.

The police **looked for** "the Illustrious Burglar" among the guests at the ball, but without success. Apparently, he **had disguised himself**, and when **disguised**, there is no way to identify him.

♦ ביטויים מיוחדים Special expressions

חַפֵּשׂ את האישה **cherchez** la femme   **חִיפֵּשׂ** בנרות **look carefully** everywhere

חִיפֵּשׂ מחט בערימת שחת **look for** a needle in a haystack   צו **חִיפּוּשׂ** **search** warrant

●חצה (חצי) : לַחֲצוֹת

חָצָה/חוֹצֶה/יֶחֱצֶה halve, divide, split; cross

בניין : פָּעַל   גזרה : פ"ג + ל"י

Imper. ציווי	Future עתיד	Past עבר		Pres./Part. הווה/בינוני		
	אֶחֱצֶה *	חָצִיתִי	אני	חָצוּי	חוֹצֶה	יחיד
חֲצֵה	תֶּחֱצֶה	חָצִיתָ	אתה	חֲצוּיָה	חוֹצָה	יחידה
חֲצִי	תֶּחֱצִי	חָצִית	את	חֲצוּיִים	חוֹצִים	רבים
	יֶחֱצֶה	חָצָה	הוא	חֲצוּיוֹת	חוֹצוֹת	רבות
	תֶּחֱצֶה	חָצְתָה	היא			
	נֶחֱצֶה	חָצִינוּ	אנחנו			
חֲצוּ ****	תֶּחֱצוּ ***	חֲצִיתֶם/ן **	אתם/ן			
	יֶחֱצוּ ***	חָצוּ	הם/ן			

שם הפועל .Infin לַחֲצוֹת (לַחְצוֹת)   * Colloquial: אֶחְצֶה, תַּחְצֶה, תַּחְצִי...

מקור מוחלט .Inf. Abs חָצֹה   ** Colloquial: חָצִיתֶם/ן

בינוני פעיל .Act. Part חוֹצֶה divider, bisector — *** less commonly: אתן/הן תֶּחֱצֶינָה

בינוני סביל .Pass. Part חָצוּי halved, split — **** less commonly:(אתן) חֲצֶינָה

שם הפעולה Verbal N חֲצִיָּה/חֲצָיָּה crossing

מקור נטוי .Inf.+pron בַּחֲצוֹתוֹ, כַּ...

♦ פעלים פחות שכיחים מאותו שורש Less frequent verbs from the same root

נֶחֱצָה be halved, be divided; be crossed (נֶחֱצֶה, יֵיחָצֶה, לְהֵיחָצוֹת)

♦ דוגמאות Illustrations

כביש עכו-צפת **חוֹצֶה** את הגליל לשנים : הגליל התחתון והגליל העליון. בשעות העומס קשה **לַחֲצוֹת** אותו ברגל, ואין הרבה מעברי **חֲצִיָּה**.

The Acre-Safad road **divides** the Galilee into two: the Lower Galilee and the Upper Galilee. It is hard **to cross** it during the busy hours, and there are few pedestrian **crossings**.

המזרח התיכון **נֶחֱצָה** לאחר מלחמת העולם הראשונה לשני אזורי השפעה עיקריים : אזור השפעה בריטי ואזור השפעה צרפתי.

The Middle East **was divided** after WWI into two major protectorate zones: a British zone and a French zone.

♦ ביטויים מיוחדים Special expressions

חוֹצֶה זוית angle bi**sector** — **חָצָה** את הרוביקון make a fateful decision

חָצָה את הקווים **cross** the line (beyond what is acceptable or appropriate)

●חקר : לַחְקוֹר, לְהֵיחָקֵר

חָקַר/חוֹקֵר/יַחְקוֹר (יַחְקֹר) investigate, examine, interrogate, research; explore (land), spy out

בניין : פָּעַל גזרה : שלמים (אֶפְעוֹל) + פ״ג

	Pres./Part. הווה/בינוני			Past עבר	Fut. עתיד	Imp. ציווי
יחיד	חוֹקֵר	חָקוּר	אני	חָקַרְתִּי	אֶחְקוֹר	
יחידה	חוֹקֶרֶת	חֲקוּרָה	אתה	חָקַרְתָּ	תַּחְקוֹר	חֲקוֹר
רבים	חוֹקְרִים	חֲקוּרִים	את	חָקַרְתְּ	תַּחְקְרִי	חִקְרִי
רבות	חוֹקְרוֹת	חֲקוּרוֹת	הוא	חָקַר	יַחְקוֹר	
			היא	חָקְרָה	תַּחְקוֹר	
			אנחנו	חָקַרְנוּ	נַחְקוֹר	
			אתם/ן	* חֲקַרְתֶּם/ן	** תַּחְקְרוּ	*** חִקְרוּ
			הם/ן	חָקְרוּ	** יַחְקְרוּ	

שם הפועל .Infin לַחְקוֹר — * Colloquial: חָקַרְתֶּם/ן

מקור מוחלט .Inf. Abs חָקוֹר — ** less commonly: אתן/הן תַּחְקוֹרְנָה

שם הפעולה Verbal N חֲקִירָה investigation — *** less commonly: (אתן) חֲקוֹרְנָה

ביני פעיל .Act. Part חוֹקֵר investigator — מקור נטוי .Inf.+pron בְּחוֹקְרוֹ, כְּ...

ביני סביל .Pass. Part חָקוּר investigated (Adj)

נֶחְקַר/יֵיחָקֵר (יֵחָקֵר) be investigated, be researched, be interrogated

בניין : נִפְעַל   גזרה : שלמים + פ״ג

Imper. ציווי	Future עתיד	Past עבר		Present הווה	
	אֵיחָקֵר	נֶחְקַרְתִּי	אני	נֶחְקָר	יחיד
הֵיחָקֵר	תֵּיחָקֵר	נֶחְקַרְתָּ	אתה	נֶחְקֶרֶת	יחידה
הֵיחָקְרִי	תֵּיחָקְרִי	נֶחְקַרְתְּ	את	נֶחְקָרִים	רבים
	יֵיחָקֵר	נֶחְקַר	הוא	נֶחְקָרוֹת	רבות
	תֵּיחָקֵר	נֶחְקְרָה	היא		
	נֵיחָקֵר	נֶחְקַרְנוּ	אנחנו		
הֵיחָקְרוּ **	תֵּיחָקְרוּ *	נֶחְקַרְתֶּם/ן	אתם/ן		
	יֵיחָקְרוּ *	נֶחְקְרוּ	הם/ן		

שם הפועל .Infin לְהֵיחָקֵר   * less commonly: אתן/הן תֵּיחָקַרְנָה

מקור מוחלט .Inf. Abs נַחְקוֹר, הֵיחָקֵר/...קוֹר   ** less commonly: (אתן) הֵיחָקַרְנָה

♦ **דוגמאות** Illustrations

החשוד **נֶחְקַר** שעות ארוכות בידי המשטרה. **חָקְרוּ** אותו טובי ה**חוֹקְרִים**, אבל ה**חֲקִירָה** לא העלתה דבר.

The suspect **was interrogated** by the police for a long time. The best **investigators** **interrogated** him, but the **investigation** led nowhere.

● חרב : לְהַחֲרִיב, לַחֲרוֹב, לְהֵיחָרֵב

הֶחֱרִיב/הֶחֱרַב/יַחֲרִיב destroy, demolish

בניין : הִפְעִיל   גזרה : שלמים + פ״ג

Imper. ציווי	Future עתיד	Past עבר		Present הווה	
	אַחֲרִיב *	הֶחֱרַבְתִּי *	אני	מַחֲרִיב *	יחיד
הַחֲרֵב *	תַּחֲרִיב	הֶחֱרַבְתָּ	אתה	מַחֲרִיבָה	יחידה
הַחֲרִיבִי	תַּחֲרִיבִי	הֶחֱרַבְתְּ	את	מַחֲרִיבִים	רבים
	יַחֲרִיב	הֶחֱרִיב	הוא	מַחֲרִיבוֹת	רבות
	תַּחֲרִיב	הֶחֱרִיבָה	היא		
	נַחֲרִיב	הֶחֱרַבְנוּ	אנחנו		
הַחֲרִיבוּ ***	תַּחֲרִיבוּ **	הֶחֱרַבְתֶּם/ן	אתם/ן		
	יַחֲרִיבוּ **	הֶחֱרִיבוּ	הם/ן		

* Colloquial: מַחְרִיב...הֶחְרַבְתִּי...אַחְרִיב...הַחְרֵב...   ** less commonly: אתן/הן תַּחֲרֵבְנָה

שם הפועל .Infin לְהַחֲרִיב (לְהַחְרִיב)   *** less commonly: (אתן) הַחֲרֵבְנָה

מקור מוחלט .Inf. Abs הַחֲרֵב

חָרַב/חָרֵב/יֶחֱרַב be destroyed, collapse

בניין : פָּעַל   גזרה : שלמים (אֶפְעַל) + פ״ג

Imper. ציווי	Future עתיד	Past עבר		Present הווה	
	אֶחֱרַב *	חָרַבְתִּי	אני	חָרֵב	יחיד
חֲרַב	תֶּחֱרַב	חָרַבְתָּ	אתה	חֲרֵבָה	יחידה
חִרְבִי	תֶּחֶרְבִי	חָרַבְתְּ	את	חֲרֵבִים	רבים
	יֶחֱרַב	חָרַב	הוא	חֲרֵבוֹת	רבות

	Present הווה		Past עבר	Future עתיד	Imper. ציווי
		היא	חָרְבָה	תֶּחֱרַב	
		אנחנו	חָרַבְנוּ	נֶחֱרַב	
		אתםן	חֲרַבְתֶּםן **	תֶּחֶרְבוּ ***	חִרְבוּ ****
		הםן	חָרְבוּ	יֶחֶרְבוּ ***	

* Colloquial: אֶחְרַב, תֶּחְרַב...תֶּחְרְבִי/בוּ...

** Colloquial: חָרַבְתֶּםן

*** less commonly: אתן/הן תֶּחֱרַבְנָה

**** less commonly: (אתן) חֲרַבְנָה

שם הפועל .Infin לַחֲרוֹב (לַחְרוֹב)

מקור מוחלט .Inf. Abs חָרוֹב

בינוני .Pres. Part חָרֵב destroyed, ruined

מקור נטוי .Inf.+pron בְּחוֹרְבוֹ, כְּ...

נֶחֱרַב/יֵיחָרֵב (יֵחָרֵב) be destroyed, be ruined

בניין: נִפְעַל גזרה: שלמים + פ״ג

	Present הווה		Past עבר	Future עתיד	Imper. ציווי
יחיד	נֶחֱרָב	אני	נֶחֱרַבְתִּי	אֵיחָרֵב	
יחידה	נֶחֱרֶבֶת	אתה	נֶחֱרַבְתָּ	תֵּיחָרֵב	הֵיחָרֵב
רבים	נֶחֱרָבִים	את	נֶחֱרַבְתְּ	תֵּיחָרְבִי	הֵיחָרְבִי
רבות	נֶחֱרָבוֹת	הוא	נֶחֱרַב	יֵיחָרֵב	
		היא	נֶחֶרְבָה	תֵּיחָרֵב	
		אנחנו	נֶחֱרַבְנוּ	נֵיחָרֵב	
		אתםן	נֶחֱרַבְתֶּםן	תֵּיחָרְבוּ *	הֵיחָרְבוּ **
		הםן	נֶחֶרְבוּ	יֵיחָרְבוּ *	

* less commonly: אתן/הן תֵּיחָרַבְנָה

** less commonly: (אתן) הֵיחָרַבְנָה

שם הפועל .Infin לְהֵיחָרֵב

מקור מוחלט .Inf. Abs נַחֲרוֹב, הֵיחָרֵב

שם הפעולה Verbal N הֵיחָרְבוּת destruction

♦ דוגמאות Illustrations

בית המקדשהראשון **נֶחֱרַב** בידי נבוכדנצר מלך בבל בשנת 586 לפני הספירה

The first temple **was destroyed** by Nebuchadnezzar king of Babylon in 586 BCE.

בגלל שנאת אחים **חָרְבָה** ירושלים.

Jerusalem **was ruined** owing to hostility among members of the Jewish community.

●חרבן : לְחַרְבֵּן

חִרְבֵּן/חִרְבַּן/חַרְבֵּן defecate (sl.); ruin, wreck (sl.); have contempt for someone (sl.)

בניין: פִּיעֵל גזרה: מרובעים + ג״נ (במודל קטל״ג)

	Present הווה		Past עבר	Future עתיד	Imper. ציווי
יחיד	מְחַרְבֵּן	אני	חִרְבַּנְתִּי	אֲחַרְבֵּן	
יחידה	מְחַרְבֶּנֶת	אתה	חִרְבַּנְתָּ	תְּחַרְבֵּן	חַרְבֵּן
רבים	מְחַרְבְּנִים	את	חִרְבַּנְתְּ	תְּחַרְבְּנִי	חַרְבְּנִי
רבות	מְחַרְבְּנוֹת	הוא	חִרְבֵּן	יְחַרְבֵּן	

Present הווה		Past עבר	Future עתיד	Imper. ציווי
	היא	חִרְבְּנָה	תְּחַרְבֵּן	
	אנחנו	חִרְבַּנּוּ	נְחַרְבֵּן	
	אתם/ן	חִרְבַּנְתֶּם/ן	תְּחַרְבְּנוּ *	חַרְבְּנוּ **
	הם/ן	חִרְבְּנוּ	יְחַרְבְּנוּ *	

שם הפועל .Infin לְחַרְבֵּן   less commonly *: אתן/הן תְּחַרְבֵּנָּה

מקור מוחלט .Inf. Abs חַרְבֵּן   less commonly **: (אתן) חַרְבֵּנָּה

מ״י מוצרכת .Gov. Prep חִרְבֵּן על have contempt for someone (sl.)

♦ פעלים פחות שכיחים מאותו שורש Less frequent verbs from the same root

חוּרְבַּן be very bad, no good, "lousy" (sl.) < בינוני .Pass. Part מְחוּרְבָּן "lousy" (sl.)

הִתְחַרְבֵּן get messed up, get ruined (מִתְחַרְבֵּן, יִתְחַרְבֵּן, לְהִתְחַרְבֵּן)

♦ דוגמאות Illustrations

לא נצא יותר לטייל עם החברים האלה. הם **חִרְבְּנוּ** לנו לגמרי את הטיול האחרון.

We won't take any more trips with these friends. They totally **ruined** the last trip for us.

●חרג : לַחֲרוֹג

חָרַג/חוֹרֵג/יַחֲרוֹג (יַחֲרֹג) deviate, exceed; digress, diverge, stray

בניין : פָּעַל   גזרה : שלמים (אֶפְעוֹל) + פ״ג

	Pres. הווה		Past עבר	Fut. עתיד	Imp. ציווי
יחיד	חוֹרֵג	אני	חָרַגְתִּי	אֶחֱרוֹג *	
יחידה	חוֹרֶגֶת	אתה	חָרַגְתָּ	תַּחֲרוֹג	חֲרוֹג
רבים	חוֹרְגִים	את	חָרַגְתְּ	תַּחַרְגִי	חִרְגִי
רבות	חוֹרְגוֹת	הוא	חָרַג	יַחֲרוֹג	
		היא	חָרְגָה	תַּחֲרוֹג	
		אנחנו	חָרַגְנוּ	נַחֲרוֹג	
		אתם/ן	חֲרַגְתֶּם/ן **	תַּחַרְגוּ ***	חִרְגוּ ****
		הם/ן	חָרְגוּ	יַחַרְגוּ ***	

שם הפועל .Infin לַחֲרוֹג (לַחְרוֹג)   Colloquial *: אֶחְרוֹג, תַּחְרוֹג, תַּחְרְגִי/גוּ...

מקור מוחלט .Inf. Abs חָרוֹג   Colloquial **: חָרַגְתֶּם/ן

מקור נטוי .Inf.+pron בְּחוֹרְגוֹ, כְּ...   less commonly ***: אתן/הן תַּחֲרוֹגְנָה

שם הפעולה Verbal N חֲרִיגָה deviation   less commonly ****: (אתן) חֲרוֹגְנָה

ביני פעיל .Act. Part חוֹרֵג step- (stepfather, etc.); exceeding

♦ דוגמאות Illustrations

כשאביגדור שיפץ את ביתו, הוא **חָרַג** מתוכנית השיפוץ שאושרה, ונקנס בשל כך על ידי פקחי הבנייה של העירייה.

When Avigdor renovated his home, he **deviated** from the approved floor plan, and was consequently fined by the City's building inspectors.

●חרה (חרי): לְהִתְחָרוֹת

הִתְחָרָה compete

בניין: הִתְפַּעֵל גזרה: ל״י

Imper. ציווי	Future עתיד	Past עבר		Present הווה	
	אֶתְחָרֶה	הִתְחָרֵיתִי	אני	מִתְחָרֶה	יחיד
הִתְחָרֵה	תִּתְחָרֶה	הִתְחָרֵיתָ	אתה	מִתְחָרָה	יחידה
הִתְחָרִי	תִּתְחָרִי	הִתְחָרֵית	את	מִתְחָרִים	רבים
	יִתְחָרֶה	הִתְחָרָה	הוא	מִתְחָרוֹת	רבות
	תִּתְחָרֶה	הִתְחָרְתָה	היא		
	נִתְחָרֶה	הִתְחָרֵינוּ	אנחנו		
הִתְחָרוּ **	תִּתְחָרוּ *	הִתְחָרֵיתֶם/ן	אתם/ן		
	יִתְחָרוּ *	הִתְחָרוּ	הם/ן		

* less commonly: אתן/הן תִּתְחָרֶינָה

** less commonly: (אתן) הִתְחָרֶינָה

שם הפועל .Infin לְהִתְחָרוֹת

שם הפעולה Verbal N הִתְחָרוּת competing; competition

מקור מוחלט .Inf. Abs הִתְחָרֵה

מ״י מוצרכת .Gov. Prep הִתְחָרָה ב- compete with

♦ דוגמאות Illustrations

קשה מאוד היום לחברות הקטנות **לְהִתְחָרוֹת** עם ענקים כמו וולמרט. זאת לא **הִתְחָרוּת** – זה טֶבַח...

It is very hard today for small companies **to compete** with giants like Walmart; it is not **competition** – it is massacre…

●חרט-1: לַחֲרוֹט, לְהֵיחָרֵט

חָרַט/חוֹרֵט/יַחֲרוֹט (יַחֲרֹט) engrave; turn (on a lathe)

בניין: פָּעַל גזרה: שלמים (אֶפְעוֹל) + פ״ג + ע״ג

Imp. ציווי	Fut. עתיד	Past עבר		Pres./Part. הווה/בינוני	
	אֶחֱרוֹט *	חָרַטְתִּי	אני	חוֹרֵט חָרוּט	יחיד
חֲרוֹט	תַּחֲרוֹט	חָרַטְתָּ	אתה	חוֹרֶטֶת חֲרוּטָה	יחידה
חִרְטִי	תַּחַרְטִי	חָרַטְתְּ	את	חוֹרְטִים חֲרוּטִים	רבים
	יַחֲרוֹט	חָרַט	הוא	חוֹרְטוֹת חֲרוּטוֹת	רבות
	תַּחֲרוֹט	חָרְטָה	היא		
	נַחֲרוֹט	חָרַטְנוּ	אנחנו		
חִרְטוּ****	תַּחַרְטוּ***	חֲרַטְתֶּם/ן **	אתם/ן		
	יַחַרְטוּ ***	חָרְטוּ	הם/ן		

שה״פ עם ל- .Infin לַחֲרוֹט (לַחְרוֹט)

* Colloquial: אֶחְרוֹט, תַּחְרוֹט, תַּחְרְטִי/טוּ...

** Colloquial: חָרַטְתֶּם/ן

*** less commonly: אתן/הן תַּחֲרוֹטְנָה

**** less commonly: (אתן) חֲרוֹטְנָה

מקור מוחלט .Inf. Abs חָרוֹט

מקור נטוי .Inf.+pron בַּחֲרוֹטוֹ, כַּ...

בינ׳ סביל .Pass. Part חָרוּט carved, engraved

קָטִיל CaCiC adj./N. חָרִיט purse (lit.)

שם הפעולה Verbal N חֲרִיטָה engraving; turning (on lathe)

נֶחֱרַט/יֵיחָרֵט (יֵחָרֵט) be engraved; be turned on a lathe

בניין : נִפְעַל   גזרה : שלמים + פ"ג + ע"ג

	Present הווה		Past עבר	Future עתיד	Imper. ציווי
יחיד	נֶחֱרָט *	אני	נֶחֱרַטְתִּי *	אֵיחָרֵט	
יחידה	נֶחֱרֶטֶת	אתה	נֶחֱרַטְתָּ	תֵּיחָרֵט	הֵיחָרֵט
רבים	נֶחֱרָטִים	את	נֶחֱרַטְתְּ	תֵּיחָרְטִי	הֵיחָרְטִי
רבות	נֶחֱרָטוֹת	הוא	נֶחֱרַט	יֵיחָרֵט	
		היא	נֶחֶרְטָה	תֵּיחָרֵט	
		אנחנו	נֶחֱרַטְנוּ	נֵיחָרֵט	
		אתם/ן	נֶחֱרַטְתֶּם/ן	תֵּיחָרְטוּ **	הֵיחָרְטוּ ***
		הם/ן	נֶחֶרְטוּ	יֵיחָרְטוּ **	

* Colloquial: נֶחְרָט...נֶחְרַטְתִּי...נֶחְרְטָה/טוּ...   ** less commonly: אתן/הן תֵּיחָרַטְנָה

שם הפועל Infin. לְהֵיחָרֵט   *** less commonly: (אתן) הֵיחָרַטְנָה

שם הפעולה Verbal N הֵיחָרְטוּת being engraved; being turned on a lathe

מקור מוחלט Inf. Abs. נַחֲרוֹט, הֵיחָרֵט (הֵיחָרוֹט)

◆ דוגמאות Illustrations

רגלי העץ של השולחן **נֶחֱרָטוֹת** במחרטה; לאחר מכן **חוֹרֵט** האומן עליהן פיתוחים שונים.

The wooden legs of the table **are turned** on a lathe; afterwards the craftsman **engraves** them with different patterns.

●חרט-2 : לְהִתְחָרֵט

הִתְחָרֵט/הִתְחָרַט regret, be sorry

בניין : הִתְפַּעֵל   גזרה : שלמים + ע"ג

	Present הווה		Past עבר	Future עתיד	Imper. ציווי
יחיד	מִתְחָרֵט	אני	הִתְחָרַטְתִּי	אֶתְחָרֵט	
יחידה	מִתְחָרֶטֶת	אתה	הִתְחָרַטְתָּ	תִּתְחָרֵט	הִתְחָרֵט
רבים	מִתְחָרְטִים	את	הִתְחָרַטְתְּ	תִּתְחָרְטִי	הִתְחָרְטִי
רבות	מִתְחָרְטוֹת	הוא	הִתְחָרֵט	יִתְחָרֵט	
		היא	הִתְחָרְטָה	תִּתְחָרֵט	
		אנחנו	הִתְחָרַטְנוּ	נִתְחָרֵט	
		אתם/ן	הִתְחָרַטְתֶּם/ן	תִּתְחָרְטוּ *	הִתְחָרְטוּ **
		הם/ן	הִתְחָרְטוּ	יִתְחָרְטוּ *	

שם הפועל Infin. לְהִתְחָרֵט   * less commonly: אתן/הן תִּתְחָרֵטְנָה

שם הפעולה Verbal N הִתְחָרְטוּת regretting   ** less commonly: (אתן) הִתְחָרֵטְנָה

מקור מוחלט Inf. Abs. הִתְחָרֵט   מ"י מוצרכת Gov. Prep. הִתְחָרֵט על regret (something)

◆ דוגמאות Illustrations

בסופו של דבר **הִתְחָרַטְתִּי** על כך שלא השתתפתי בכנס.

In the end I **regretted** not having attended the conference.

●חרם : לְהַחֲרִים

הֶחֱרִים/הֶחֱרַמ/יַחֲרִים confiscate; excommunicate; boycott

בניין : הִפְעִיל גזרה : שלמים + פ״ג

	Present הווה		Past עבר	Future עתיד	Imper. ציווי
יחיד	מַחֲרִים *	אני	הֶחֱרַמְתִּי *	אַחֲרִים *	
יחידה	מַחֲרִימָה	אתה	הֶחֱרַמְתָּ	תַּחֲרִים	הַחֲרֵם *
רבים	מַחֲרִימִים	את	הֶחֱרַמְתְּ	תַּחֲרִימִי	הַחֲרִימִי
רבות	מַחֲרִימוֹת	הוא	הֶחֱרִים	יַחֲרִים	
		היא	הֶחֱרִימָה	תַּחֲרִים	
		אנחנו	הֶחֱרַמְנוּ	נַחֲרִים	
		אתם/ן	הֶחֱרַמְתֶּם/ן	תַּחֲרִימוּ **	הַחֲרִימוּ ***
		הם/ן	הֶחֱרִימוּ	יַחֲרִימוּ **	

* Coll.: מַחְרִים...הֶחְרַמְתִּי...אַחְרִים...הַחְרֵם... ** less commonly: אתן/הן תַּחֲרֵמְנָה

שם הפועל .Infin לְהַחֲרִים (לְהַחְרִים) *** less commonly: (אתן) הַחֲרֵמְנָה

מקור מוחלט .Inf. Abs הַחֲרֵם

שם הפעולה Verbal N הַחְרָמָה confiscation; excommunication; boycott

הוּחְרַם (הָחְרַם) be confiscated; be ostracized

בניין : הוּפְעַל גזרה : שלמים

	Present הווה		Past עבר	Future עתיד
יחיד	מוּחְרָם	אני	הוּחְרַמְתִּי	אוּחְרַם
יחידה	מוּחְרֶמֶת	אתה	הוּחְרַמְתָּ	תּוּחְרַם
רבים	מוּחְרָמִים	את	הוּחְרַמְתְּ	תּוּחְרְמִי
רבות	מוּחְרָמוֹת	הוא	הוּחְרַם	יוּחְרַם
		היא	הוּחְרְמָה	תּוּחְרַם
		אנחנו	הוּחְרַמְנוּ	נוּחְרַם
		אתם/ן	הוּחְרַמְתֶּם/ן	תּוּחְרְמוּ *
		הם/ן	הוּחְרְמוּ	יוּחְרְמוּ *

* less commonly: אתן/הן תּוּחְרַמְנָה

♦ דוגמאות Illustrations

המשטרה גילתה מצבור נשק גדול בדירתו של העבריין **והֶחְרִימָה** אותו.

The police discovered a large arms cache in the criminal's apartment and **confiscated** it.

כאשר מדינות ״סוררות״ מסכנות את שלום העולם בתוקפניותן, האמצעי האחרון לפני פעולה צבאית נגדן הוא **לְהַחְרִים** אותן כלכלית.

When rogue nations endanger world peace in their aggressiveness, the last resort short of military action against them is **to boycott** them.

●חרפן : לְהִתְחַרְפֵן

הִתְחַרְפֵן/הִתְחַרְפַּנ freak out, go bananas (sl.)

בניין : הִתְפַּעֵל גזרה : מרובעים + ג"נ (במודל קטל"ג)

	Present הווה		Past עבר	Future עתיד
יחיד	מִתְחַרְפֵן	אני	הִתְחַרְפַנְתִּי	אֶתְחַרְפֵן
יחידה	מִתְחַרְפֶנֶת	אתה	הִתְחַרְפַנְתָּ	תִּתְחַרְפֵן
רבים	מִתְחַרְפְנִים	את	הִתְחַרְפַנְתְּ	תִּתְחַרְפְנִי
רבות	מִתְחַרְפְנוֹת	הוא	הִתְחַרְפֵן	יִתְחַרְפֵן
		היא	הִתְחַרְפְנָה	תִּתְחַרְפֵן
		אנחנו	הִתְחַרְפַנּוּ	נִתְחַרְפֵן
		אתם/ן	הִתְחַרְפַנְתֶּם/ן	תִּתְחַרְפְנוּ
		הם/ן	הִתְחַרְפְנוּ	יִתְחַרְפְנוּ

שם הפועל .Infin לְהִתְחַרְפֵן שם הפעולה Verbal N הִתְחַרְפְנוּת freaking out

♦ דוגמאות Illustrations

כשאפרים קיבל את מכתב הפיטורים הוא **הִתְחַרְפֵן** לגמרי.

When Ephraim received his letter of termination he totally **freaked out**.

●חרשׁ : לַחֲרוֹשׁ

חָרַשׁ/חוֹרֵשׁ/יַחֲרוֹשׁ (יַחֲרֹשׁ) plow; cover a large distance (col.); hit the books (col.)

בניין : פָּעַל גזרה : שלמים (אֶפְעוֹל) + פ"ג + ע"ג

	Pres./Part. הווה/בינוני		Past עבר	Fut. עתיד	Imp. ציווי
יחיד	חוֹרֵשׁ חָרוּשׁ	אני	חָרַשְׁתִּי	אֶחֱרוֹשׁ *	
יחידה	חוֹרֶשֶׁת חֲרוּשָׁה	אתה	חָרַשְׁתָּ	תַּחֲרוֹשׁ	חֲרוֹשׁ
רבים	חוֹרְשִׁים חֲרוּשִׁים	את	חָרַשְׁתְּ	תַּחַרְשִׁי	חִרְשִׁי
רבות	חוֹרְשׁוֹת חֲרוּשׁוֹת	הוא	חָרַשׁ	יַחֲרוֹשׁ	
		היא	חָרְשָׁה	תַּחֲרוֹשׁ	
		אנחנו	חָרַשְׁנוּ	נַחֲרוֹשׁ	
		אתם/ן	חֲרַשְׁתֶּם/ן **	תַּחַרְשׁוּ***	חִרְשׁוּ****
		הם/ן	חָרְשׁוּ	יַחַרְשׁוּ ***	

שה"פ עם ל- .Infin לַחֲרוֹשׁ (לַחְרוֹשׁ)

* Colloquial: אֶחְרוֹשׁ, תַּחְרוֹשׁ, תַּחְרְשִׁי/שׁוּ... ** Colloquial: חָרַשְׁתֶּם/ן

מקור מוחלט .Inf. Abs חָרוֹשׁ *** less commonly: אתן/הן תַּחֲרוֹשְׁנָה

מקור נטוי .Inf.+pron בְּחוֹרְשׁוֹ, כְּ... **** less commonly: (אתן) חֲרוֹשְׁנָה

ביני סביל .Pass. Part חָרוּשׁ plowed; furrowed, etched, grooved

שם הפעולה Verbal N חֲרִישָׁה plowing; investigation, digging up information (sl.)

♦ דוגמאות Illustrations

האיכרים של היום **חוֹרְשִׁים** את אדמותיהם במכשירים חדשים; ברוב ארצות העולם כבר אין משתמשים במחרשה רתומה לסוס או לשור.

Today's farmers **plow** their land with modern tools; in most of the world's countries gone are the days of a plow hitched to a horse or an ox.

●חשב : לַחְשׁוֹב, לְהֵיחָשֵׁב, לְהִתְחַשֵּׁב, לְחַשֵּׁב, לְהַחְשִׁיב

חָשַׁב/חוֹשֵׁב/יַחְשׁוֹב (יַחְשֹׁב) think, consider; intend; esteem

בניין : פָּעַל גזרה : שלמים (אֶפְעוֹל) + פ״ג

	הווה/בינוני Pres./Part.		עבר Past	עתיד Fut.	ציווי Imp.
יחיד	חוֹשֵׁב חָשׁוּב	אני	חָשַׁבְתִּי	אֶחְשׁוֹב	
יחידה	חוֹשֶׁבֶת חֲשׁוּבָה	אתה	חָשַׁבְתָּ	תַּחְשׁוֹב	חֲשׁוֹב
רבים	חוֹשְׁבִים חֲשׁוּבִים	את	חָשַׁבְתְּ	תַּחְשְׁבִי	חִשְׁבִי
רבות	חוֹשְׁבוֹת חֲשׁוּבוֹת	הוא	חָשַׁב	יַחְשׁוֹב	
		היא	חָשְׁבָה	תַּחְשׁוֹב	
		אנחנו	חָשַׁבְנוּ	נַחְשׁוֹב	
		אתם/ן	חֲשַׁבְתֶּם/ן *	תַּחְשְׁבוּ **	חִשְׁבוּ ***
		הם/ן	חָשְׁבוּ	יַחְשְׁבוּ **	

שם הפועל .Infin לַחְשׁוֹב

מקור מוחלט .Inf. Abs חָשׁוֹב

שם הפעולה Verbal N חֲשִׁיבָה thinking

בינ׳ פעיל .Act. Part חוֹשֵׁב (.thinking (Adj

בינ׳ סביל .Pass. Part חָשׁוּב important

* Colloquial: חָשַׁבְתֶּם/ן

** less commonly: אתן/הן תַּחְשׁוֹבְנָה

*** less commonly: (אתן) חֲשׁוֹבְנָה

מקור נטוי .Inf.+pron בְּחוֹשְׁבוֹ, כְּ...

נֶחְשַׁב/יֵיחָשֵׁב (יֵחָשֵׁב) be considered, be regarded as; be taken into account; be esteemed

בניין : נִפְעַל גזרה : שלמים + פ״ג

	הווה Present		עבר Past	עתיד Future	ציווי .Imper
יחיד	נֶחְשָׁב	אני	נֶחְשַׁבְתִּי	אֵיחָשֵׁב	
יחידה	נֶחְשֶׁבֶת	אתה	נֶחְשַׁבְתָּ	תֵּיחָשֵׁב	הֵיחָשֵׁב
רבים	נֶחְשָׁבִים	את	נֶחְשַׁבְתְּ	תֵּיחָשְׁבִי	הֵיחָשְׁבִי
רבות	נֶחְשָׁבוֹת	הוא	נֶחְשַׁב	יֵיחָשֵׁב	
		היא	נֶחְשְׁבָה	תֵּיחָשֵׁב	
		אנחנו	נֶחְשַׁבְנוּ	נֵיחָשֵׁב	
		אתם/ן	נֶחְשַׁבְתֶּם/ן	תֵּיחָשְׁבוּ *	הֵיחָשְׁבוּ **
		הם/ן	נֶחְשְׁבוּ	יֵיחָשְׁבוּ *	

* less commonly: אתן/הן תֵּיחָשַׁבְנָה

** less commonly: (אתן) הֵיחָשַׁבְנָה

שם הפועל .Infin לְהֵיחָשֵׁב

מקור מוחלט .Inf. Abs נַחְשׁוֹב, הֵיחָשֵׁב (הֵיחָשׁוֹב)

מ״י מוצרכת .Gov. Prep נֶחְשַׁב ל- be regarded as

הִתְחַשֵּׁב/הִתְחַשַּׁב consider, take into consideration; be considerate

בניין : הִתְפַּעֵל גזרה : שלמים

	הווה Present		עבר Past	עתיד Future	ציווי .Imper
יחיד	מִתְחַשֵּׁב	אני	הִתְחַשַּׁבְתִּי	אֶתְחַשֵּׁב	
יחידה	מִתְחַשֶּׁבֶת	אתה	הִתְחַשַּׁבְתָּ	תִּתְחַשֵּׁב	הִתְחַשֵּׁב
רבים	מִתְחַשְּׁבִים	את	הִתְחַשַּׁבְתְּ	תִּתְחַשְּׁבִי	הִתְחַשְּׁבִי
רבות	מִתְחַשְּׁבוֹת	הוא	הִתְחַשֵּׁב	יִתְחַשֵּׁב	
		היא	הִתְחַשְּׁבָה	תִּתְחַשֵּׁב	

Present הווה			Past עבר	Future עתיד	Imper. ציווי
		אנחנו	הִתְחַשַּׁבְנוּ	נִתְחַשֵּׁב	
		אתם/ן	הִתְחַשַּׁבְתֶּם/ן	תִּתְחַשְּׁבוּ *	הִתְחַשְּׁבוּ **
		הם/ן	הִתְחַשְּׁבוּ	יִתְחַשְּׁבוּ *	

* less commonly: אתן/הן תִּתְחַשֵּׁבְנָה

שם הפועל .Infin לְהִתְחַשֵּׁב ** less commonly: (אתן) הִתְחַשֵּׁבְנָה

שם הפעולה Verbal N הִתְחַשְּׁבוּת consideration, taking into consideration

מקור מוחלט .Inf. Abs הִתְחַשֵּׁב

מ״י מוצרכת .Gov. Prep הִתְחַשֵּׁב ב- consider (something); be considerate of

חִישֵּׁב (חִשֵּׁב)/חִישַּׁב/חַשֵּׁב calculate; think over; esteem (lit.); be about to (lit.)

בניין : פִּיעֵל גזרה : שלמים

	Present הווה		Past עבר	Future עתיד	Imper. ציווי
יחיד	מְחַשֵּׁב	אני	חִישַּׁבְתִּי	אֲחַשֵּׁב	
יחידה	מְחַשֶּׁבֶת	אתה	חִישַּׁבְתָּ	תְּחַשֵּׁב	חַשֵּׁב
רבים	מְחַשְּׁבִים	את	חִישַּׁבְתְּ	תְּחַשְּׁבִי	חַשְּׁבִי
רבות	מְחַשְּׁבוֹת	הוא	חִישֵּׁב	יְחַשֵּׁב	
		היא	חִישְּׁבָה	תְּחַשֵּׁב	
		אנחנו	חִישַּׁבְנוּ	נְחַשֵּׁב	
		אתם/ן	חִישַּׁבְתֶּם/ן	תְּחַשְּׁבוּ *	חַשְּׁבוּ **
		הם/ן	חִישְּׁבוּ	יְחַשְּׁבוּ *	

* less commonly: אתן/הן תְּחַשֵּׁבְנָה

שם הפועל .Infin לְחַשֵּׁב ** less commonly: (אתן) חַשֵּׁבְנָה

שם הפעולה Verbal N חִישּׁוּב calculation; reckoning מקור מוחלט .Inf. Abs חַשֵּׁב

הֶחְשִׁיב/הֶחְשַׁב/יַחְשִׁיב esteem, ascribe importance to; consider

בניין : הִפְעִיל גזרה : שלמים + פ״ג

	Present הווה		Past עבר	Future עתיד	Imper. ציווי
יחיד	מַחְשִׁיב	אני	הֶחְשַׁבְתִּי	אַחְשִׁיב	
יחידה	מַחְשִׁיבָה	אתה	הֶחְשַׁבְתָּ	תַּחְשִׁיב	הַחְשֵׁב
רבים	מַחְשִׁיבִים	את	הֶחְשַׁבְתְּ	תַּחְשִׁיבִי	הַחְשִׁיבִי
רבות	מַחְשִׁיבוֹת	הוא	הֶחְשִׁיב	יַחְשִׁיב	
		היא	הֶחְשִׁיבָה	תַּחְשִׁיב	
		אנחנו	הֶחְשַׁבְנוּ	נַחְשִׁיב	
		אתם/ן	הֶחְשַׁבְתֶּם/ן	תַּחְשִׁיבוּ *	הַחְשִׁיבוּ **
		הם/ן	הֶחְשִׁיבוּ	יַחְשִׁיבוּ *	

* less commonly: אתן/הן תַּחְשֵׁבְנָה

שם הפועל .Infin לְהַחְשִׁיב ** less commonly: (אתן) הַחְשֵׁבְנָה

שם הפעולה Verbal N הַחְשָׁבָה according importance מקור מוחלט .Inf. Abs הַחְשֵׁב

♦ פעלים פחות שכיחים מאותו שורש Less frequent verbs from the same root

חוּשַּׁב be calculated (בינוני .Pres. Part מְחוּשָּׁב calculated, יְחוּשַּׁב)

♦ דוגמאות Illustrations

חיים **נֶחְשָׁב** למומחה ה**חָשׁוּב** ביותר בארץ בכלכלה. שר האוצר **מַחְשִׁיב** מאוד את דעתו, וכמעט תמיד **מִתְחַשֵּׁב** בהמלצותיו ; אמצעי התקשורת בודקים תמיד מה הוא **חוֹשֵׁב** על כל צעד כלכלי שנוקטת הממשלה.

Hayyim **is considered** the most **important** expert in Israel on economics. The finance minister **accords** great **importance** to his opinion, and almost always **takes** his recommendations **into account**; the media always check what he **thinks** of any economic step taken by the government.

חִישַּׁבְנוּ את ההכנסות וההוצאות החודשיות שלנו. בתום ה**חִישּׁוּב** הגענו למסקנה שנוכל לרכוש דירה תוך חמש שנים אם הוצאותינו **יְחוּשְּׁבוּ** בקפידה.

We **calculated** our monthly income and expenses. At the end of the **calculation**, we concluded that we would be able to buy an apartment in five years if our expenses **are** carefully **calculated**.

♦ ביטויים מיוחדים Special expressions

צא ו**חֲשׁוֹב** **consider** this yourself

אני **חוֹשֵׁב/מַחְשִׁיב** אותו למומחה I **consider** him an expert

עני **חָשׁוּב** כמת a poor man is as good as dead

מכונת **חִישּׁוּב** **calculat**or

● חשד : לַחְשׁוֹד

חָשַׁד/חוֹשֵׁד/יַחְשׁוֹד (יַחְשֹׁד) suspect

בניין : פָּעַל גזרה : שלמים (אֶפְעוֹל) + פ״ג

	הווה/בינוני Pres./Part.		עבר Past	עתיד Fut.	ציווי Imp.
יחיד	חוֹשֵׁד חָשׁוּד	אני	חָשַׁדְתִּי	אֶחְשׁוֹד	
יחידה	חוֹשֶׁדֶת חֲשׁוּדָה	אתה	חָשַׁדְתָּ	תַּחְשׁוֹד	חֲשׁוֹד
רבים	חוֹשְׁדִים חֲשׁוּדִים	את	חָשַׁדְתְּ	תַּחְשְׁדִי	חִשְׁדִי
רבות	חוֹשְׁדוֹת חֲשׁוּדוֹת	הוא	חָשַׁד	יַחְשׁוֹד	
		היא	חָשְׁדָה	תַּחְשׁוֹד	
		אנחנו	חָשַׁדְנוּ	נַחְשׁוֹד	
		אתם/ן	חֲשַׁדְתֶּם/ן *	תַּחְשְׁדוּ **	חִשְׁדוּ ***
		הם/ן	חָשְׁדוּ	יַחְשְׁדוּ **	

שם הפועל .Infin לַחְשׁוֹד

מקור מוחלט .Inf. Abs חָשׁוֹד

מקור נטוי .Inf.+pron בְּחוֹשְׁדוֹ, כְּ...

ביני סביל .Pass. Part חָשׁוּד suspect; suspected

* Colloquial: חָשַׁדְתֶּם/ן

** less commonly: אתן/הן תַּחְשׁוֹדְנָה

*** less commonly: (אתן) חֲשׁוֹדְנָה

♦ פעלים פחות שכיחים מאותו שורש Less frequent verbs from the same root

הֶחְשִׁיד throw suspicion on (בינוני .Pres. Part מַחְשִׁיד that throws suspicion, suspicious, יַחְשִׁיד, לְהַחְשִׁיד)

נֶחְשַׁד/יֵיחָשֵׁד be suspected (נֶחְשָׁד, יֵיחָשֵׁד, לְהֵיחָשֵׁד)

♦ דוגמאות Illustrations

לטענת המשטרה, **הֶחָשׁוּד** נתפס בנסיבות **מַחְשִׁידוֹת**; הוא **נֶחְשָׁד** בניסיון לפרוץ לבית מגורים, והמשטרה **חוֹשֶׁדֶת** שהוא אחראי לפריצות דומות שדווחו לאחרונה באותו איזור.

According to the police, the **suspect** was caught in **suspicious** circumstances; he **is suspected** of attempted burglary, and the police **suspect** that he is responsible for similar burglaries that have lately been reported in the same area.

♦ ביטויים מיוחדים Special expressions

חוֹשֵׁד בכשרים having a **suspicious** mind

כבדהו **וחוֹשְׁדֵהוּ** treat him with respect and with **suspicion** at the same time

●חשׂף : לַחְשׂוֹף, לְהֵיחָשֵׂף

חָשַׂף/חוֹשֵׂף/יַחְשׂוֹף (יַחְשֹׂף) expose, bare, uncover

בניין : פָּעַל גזרה : שלמים (אֶפְעוֹל) + פ״ג

	הווה/בינוני Pres./Part.		עבר Past	עתיד Fut.	ציווי Imp.
יחיד	חוֹשֵׂף חָשׂוּף	אני	חָשַׂפְתִּי	אֶחְשׂוֹף	
יחידה	חוֹשֶׂפֶת חֲשׂוּפָה	אתה	חָשַׂפְתָּ	תַּחְשׂוֹף	חֲשׂוֹף
רבים	חוֹשְׂפִים חֲשׂוּפִים	את	חָשַׂפְתְּ	תַּחְשְׂפִי	חִשְׂפִי
רבות	חוֹשְׂפוֹת חֲשׂוּפוֹת	הוא	חָשַׂף	יַחְשׂוֹף	
		היא	חָשְׂפָה	תַּחְשׂוֹף	
		אנחנו	חָשַׂפְנוּ	נַחְשׂוֹף	
		אתםץ	חֲשַׂפְתֶּםץ	תַּחְשְׂפוּ **	חִשְׂפוּ ***
		הםץ	חָשְׂפוּ	יַחְשְׂפוּ **	

שם הפועל .Infin לַחְשׂוֹף

* Colloquial: חָשַׂפְתֶּםץ

מקור מוחלט .Inf. Abs חָשׂוֹף

** less commonly: אתןץהן תַּחְשׂוֹפְנָה

ביני סביל .Pass. Part חָשׂוּף exposed

*** less commonly: (אתן) חֲשׂוֹפְנָה

שם הפעולה Verbal N חֲשִׂיפָה exposure

מקור נטוי .Inf.+pron בְּחוֹשְׂפוֹ, כְּ...

נֶחְשַׂף/יֵיחָשֵׂף (יֵחָשֵׂף) be exposed, be bared, be uncovered

בניין : נִפְעַל גזרה : שלמים + פ״ג

	הווה Present		עבר Past	עתיד Future	ציווי Imper.
יחיד	נֶחְשָׂף	אני	נֶחְשַׂפְתִּי	אֵיחָשֵׂף	
יחידה	נֶחְשֶׂפֶת	אתה	נֶחְשַׂפְתָּ	תֵּיחָשֵׂף	הֵיחָשֵׂף
רבים	נֶחְשָׂפִים	את	נֶחְשַׂפְתְּ	תֵּיחָשְׂפִי	הֵיחָשְׂפִי
רבות	נֶחְשָׂפוֹת	הוא	נֶחְשַׂף	יֵיחָשֵׂף	
		היא	נֶחְשְׂפָה	תֵּיחָשֵׂף	
		אנחנו	נֶחְשַׂפְנוּ	נֵיחָשֵׂף	
		אתםץ	נֶחְשַׂפְתֶּםץ	תֵּיחָשְׂפוּ *	הֵיחָשְׂפוּ **
		הםץ	נֶחְשְׂפוּ	יֵיחָשְׂפוּ *	

שם הפועל .Infin לְהֵיחָשֵׂף

* less commonly: אתןץהן תֵּיחָשַׂפְנָה

שם הפעולה Verbal N הֵיחָשְׂפוּת being exposed

** less commonly: (אתן) הֵיחָשַׂפְנָה

מקור מוחלט .Inf. Abs נַחְשׂוֹף, הֵיחָשֵׂף (הֵיחָשׂוֹף)

♦ דוגמאות Illustrations

פחות אנשים מסתובבים היום בשמש בגוף **חָשׂוּף**; חוששים **לַחְשׂוֹף** את העור לקרינה מסרטנת.

Less people go around today with their body **exposed** to the sun; they are worried about **exposing** their skin to carcinogenic radiation.

רשת גדולה של סוחרי סמים **נֶחְשְׂפָה** לאחרונה על-ידי משטרת לוס-אנג'לס.

A large network of drug dealers **has** recently **been exposed** by the Los Angeles police.

●חשק : לְהִתְחַשֵּׁק

הִתְחַשֵּׁק "feel like" (doing something) coll.

בניין : הִתְפַּעֵל   גזרה : שלמים

הווה Present	מִתְחַשֵּׁק לִי, לְךָ, לָךְ, לוֹ, לָנוּ, לָכֶם/ן, לָהֶם/ן
עבר Past	הִתְחַשֵּׁק לִי, לְךָ, לָךְ, לוֹ, לָנוּ, לָכֶם/ן, לָהֶם/ן
עתיד Future	יִתְחַשֵּׁק לִי, לְךָ, לָךְ, לוֹ, לָנוּ, לָכֶם/ן, לָהֶם/ן
שם הפועל .Infin	לְהִתְחַשֵּׁק מ״י מוצרכת .Gov. Prep הִתְחַשֵּׁק לִי, לְךָ...

Note: only the 3rd person singular form is used, followed by the preposition -ל. This usage is similar to structures like טוב לי "I feel good = it is/feels good to me"; חַם לי "I am hot = it is hot/feels hot to me".

♦ דוגמאות Illustrations

לא **הִתְחַשֵּׁק** לִי ללכת לבית הספר אתמול, וגם היום לא **מִתְחַשֵּׁק** לִי. אני חושש שגם מחר לא **יִתְחַשֵּׁק** לִי ללכת...

I **did not feel like** going to school yesterday, and I **do not feel like** going today either. I am afraid that I **will not feel like** going there tomorrow either...

●חשש : לַחְשׁוֹשׁ

חָשַׁשׁ/חוֹשֵׁשׁ/יַחְשׁוֹשׁ (יַחְשֹׁשׁ) fear, concern, worry, suspect

בניין : פָּעַל   גזרה : שלמים (אֶפְעוֹל) + פ״ג

	Pres. הווה		Past עבר	Fut. עתיד	Imp. ציווי
יחיד	חוֹשֵׁשׁ	אני	חָשַׁשְׁתִּי	אֶחְשׁוֹשׁ	
יחידה	חוֹשֶׁשֶׁת	אתה	חָשַׁשְׁתָּ	תַּחְשׁוֹשׁ	חֲשׁוֹשׁ
רבים	חוֹשְׁשִׁים	את	חָשַׁשְׁתְּ	תַּחְשְׁשִׁי	חִשְׁשִׁי
רבות	חוֹשְׁשׁוֹת	הוא	חָשַׁשׁ	יַחְשׁוֹשׁ	
		היא	חָשְׁשָׁה	תַּחְשׁוֹשׁ	
		אנחנו	חָשַׁשְׁנוּ	נַחְשׁוֹשׁ	
		אתם/ן	* חֲשַׁשְׁתֶּם/ן	** תַּחְשְׁשׁוּ	*** חִשְׁשׁוּ
		הם/ן	חָשְׁשׁוּ	** יַחְשְׁשׁוּ	

שם הפועל .Infin לַחְשׁוֹשׁ   * Colloquial: חָשַׁשְׁתֶּם/ן

מקור מוחלט .Inf. Abs חָשׁוֹשׁ   ** less commonly: אתן/הן תַּחְשׁוֹשְׁנָה

מקור נטוי .Inf.+pron בְּחוֹשְׁשׁוֹ, כְּ...   *** less commonly: (אתן) חֲשׁוֹשְׁנָה

מ״י מוצרכת .Gov. Prep חָשַׁשׁ לְ- worry about (someone/something)

♦ דוגמאות Illustrations

אני **חוֹשֵׁשׁ** שנֵאָלֵץ לבטל את הלימודים מחר בגלל סופת השלג הצפויה. הביטול נובע מ**חֲשָׁשׁ לִ**שְׁלוֹמם של הילדים.

I **am afraid** that we will be forced to cancel classes tomorrow in view of the approaching snow storm. The cancellation stems from **concern for** the safety of the children.

♦ ביטויים מיוחדים Special expressions

חוֹשַׁשְׁנִי/חוֹשְׁשָׁנִי שֶׁ- I am **concerned** that… (lit.)

חָשַׁשׁ לעורו **worry** about one's own safety/welfare

●חתך : לַחְתּוֹךְ, לְהֵיחָתֵךְ

חָתַךְ/חוֹתֵךְ/יַחְתּוֹךְ (יַחְתֹּךְ) cut

בניין : פָּעַל גזרה : שלמים (אֶפְעוֹל) + פ״ג

	Pres./Part. הווה/בינוני			Past עבר	Fut. עתיד	Imp. ציווי
יחיד	חוֹתֵךְ	חָתוּךְ	אני	חָתַכְתִּי	אֶחְתּוֹךְ	
יחידה	חוֹתֶכֶת	חֲתוּכָה	אתה	חָתַכְתָּ	תַּחְתּוֹךְ	חֲתוֹךְ
רבים	חוֹתְכִים	חֲתוּכִים	את	חָתַכְתְּ	תַּחְתְּכִי	חִתְכִי
רבות	חוֹתְכוֹת	חֲתוּכוֹת	הוא	חָתַךְ	יַחְתּוֹךְ	
			היא	חָתְכָה	תַּחְתּוֹךְ	
			אנחנו	חָתַכְנוּ	נַחְתּוֹךְ	
			אתם/ן	חֲתַכְתֶּם/ן	תַּחְתְּכוּ *	חִתְכוּ **
			הם/ן	חָתְכוּ	יַחְתְּכוּ *	

שם הפועל .Infin לַחְתּוֹךְ — less commonly *: אתן/הן תַּחְתּוֹכְנָה

ביני פעיל .Act. Part חוֹתֵךְ cutting (Adj.) — less commonly **: (אתן) חֲתוֹכְנָה

ביני סביל .Pass. Part חָתוּךְ cut up — מקור מוחלט .Inf. Abs חָתוֹךְ

שם הפעולה Verbal N חֲתִיכָה cutting; a piece; attractive girl (sl.)

מקור נטוי .Inf.+pron בְּחוֹתְכוֹ, כְּ...

נֶחְתַּךְ/יֵיחָתֵךְ (יֵחָתֵךְ) be cut

בניין : נִפְעַל גזרה : שלמים + פ״ג

	Present הווה		Past עבר	Future עתיד	Imper. ציווי
יחיד	נֶחְתָּךְ	אני	נֶחְתַּכְתִּי	אֵיחָתֵךְ	
יחידה	נֶחְתֶּכֶת	אתה	נֶחְתַּכְתָּ	תֵּיחָתֵךְ	הֵיחָתֵךְ
רבים	נֶחְתָּכִים	את	נֶחְתַּכְתְּ	תֵּיחָתְכִי	הֵיחָתְכִי
רבות	נֶחְתָּכוֹת	הוא	נֶחְתַּךְ	יֵיחָתֵךְ	
		היא	נֶחְתְּכָה	תֵּיחָתֵךְ	
		אנחנו	נֶחְתַּכְנוּ	נֵיחָתֵךְ	
		אתם/ן	נֶחְתַּכְתֶּם/ן	תֵּיחָתְכוּ *	הֵיחָתְכוּ **
		הם/ן	נֶחְתְּכוּ	יֵיחָתְכוּ *	

שם הפועל .Infin לְהֵיחָתֵךְ — less commonly *: אתן/הן תֵּיחָתַכְנָה

שם הפעולה Verbal N הֵיחָתְכוּת being cut — less commonly **: (אתן) הֵיחָתַכְנָה

מקור מוחלט .Inf. Abs נַחְתּוֹךְ, הֵיחָתֵךְ (הֵיחָתוֹךְ)

♦ דוגמאות Illustrations

אפריים **נֶחְתַּךְ** הבוקר בזמן הגילוח. התער **חָתַךְ** חתך עמוק למדי בסנטרו.

Ephraim **got cut** this morning while shaving. The razor **cut** rather deeply into his chin.

על פי **חִיתּוּךְ** הדיבור שלו, הוא כנראה מבוסטון.

His **articulation** suggests that he is probably from Boston.

♦ ביטויים מיוחדים Special expressions

ראיה **חוֹתֶכֶת** **conclusive** evidence — שיניים **חוֹתְכוֹת** **incisors**

נֶחְתַּךְ גורלו his fate was **determined** — **חִיתּוּךְ** הדיבור **articulation**

●חתם : לַחְתּוֹם, לְהַחְתִּים, לְהֵיחָתֵם

חָתַם/חוֹתֵם/יַחְתּוֹם (יַחְתֹּם) sign; seal; subscribe (to magazine, concert); complete; block

בניין : פָּעַל גזרה : שלמים (אֶפְעוֹל) + פ״ג

	Pres./Part. הווה/בינוני		Past עבר	Fut. עתיד	Imp. ציווי
יחיד	חוֹתֵם חָתוּם	אני	חָתַמְתִּי	אֶחְתּוֹם	
יחידה	חוֹתֶמֶת חֲתוּמָה	אתה	חָתַמְתָּ	תַּחְתּוֹם	חֲתוֹם
רבים	חוֹתְמִים חֲתוּמִים	את	חָתַמְתְּ	תַּחְתְּמִי	חִתְמִי
רבות	חוֹתְמוֹת חֲתוּמוֹת	הוא	חָתַם	יַחְתּוֹם	
		היא	חָתְמָה	תַּחְתּוֹם	
		אנחנו	חָתַמְנוּ	נַחְתּוֹם	
		אתם/ן	חֲתַמְתֶּם/ן *	תַּחְתְּמוּ **	חִתְמוּ ***
		הם/ן	חָתְמוּ	יַחְתְּמוּ **	

שם הפועל .Infin לַחְתּוֹם

* Colloquial: חָתַמְתֶּם/ן

מקור מוחלט .Inf. Abs חָתוֹם

** less commonly: אתן/הן תַּחְתּוֹמְנָה

ביני סבי .Pas. Part חָתוּם signed; sealed; subscribed

*** less commonly: (אתן) חֲתוֹמְנָה

שי הפעוי Ver. N חֲתִימָה signing, signature; sealing

מקור נטוי .Inf.+pron בְּחוֹתְמוֹ, כְּ...

הֶחְתִּים/הֶחְתַּמ/יַחְתִּים have someone sign; cause to subscribe

בניין : הִפְעִיל גזרה : שלמים + פ״ג

	Present הווה		Past עבר	Future עתיד	Imper. ציווי
יחיד	מַחְתִּים	אני	הֶחְתַּמְתִּי	אַחְתִּים	
יחידה	מַחְתִּימָה	אתה	הֶחְתַּמְתָּ	תַּחְתִּים	הַחְתֵּם
רבים	מַחְתִּימִים	את	הֶחְתַּמְתְּ	תַּחְתִּימִי	הַחְתִּימִי
רבות	מַחְתִּימוֹת	הוא	הֶחְתִּים	יַחְתִּים	
		היא	הֶחְתִּימָה	תַּחְתִּים	
		אנחנו	הֶחְתַּמְנוּ	נַחְתִּים	
		אתם/ן	הֶחְתַּמְתֶּם/ן	תַּחְתִּימוּ *	הַחְתִּימוּ **
		הם/ן	הֶחְתִּימוּ	יַחְתִּימוּ *	

* less commonly: אתן/הן תַּחְתֵּמְנָה

שם הפועל .Infin לְהַחְתִּים

** less commonly: (אתן) הַחְתֵּמְנָה

שם הפעולה Verbal N הַחְתָּמָה having one sign/subscribe

מקור מוחלט .Inf. Abs הַחְתֵּם

מ״י מוצרכת .Gov. Prep הֶחְתִּים מישהו על משהו have one sign something

נֶחְתַּם/יֵיחָתֵם (יֵחָתֵם) be signed, be sealed, be completed, be blocked

בניין : נִפְעַל גזרה : שלמים + פ״ג

	Present הווה		Past עבר	Future עתיד	Imper. ציווי
יחיד	נֶחְתָּם	אני	נֶחְתַּמְתִּי	אֵיחָתֵם	
יחידה	נֶחְתֶּמֶת	אתה	נֶחְתַּמְתָּ	תֵּיחָתֵם	הֵיחָתֵם
רבים	נֶחְתָּמִים	את	נֶחְתַּמְתְּ	תֵּיחָתְמִי	הֵיחָתְמִי
רבות	נֶחְתָּמוֹת	הוא	נֶחְתַּם	יֵיחָתֵם	
		היא	נֶחְתְּמָה	תֵּיחָתֵם	
		אנחנו	נֶחְתַּמְנוּ	נֵיחָתֵם	
		אתם/ן	נֶחְתַּמְתֶּם/ן	תֵּיחָתְמוּ *	הֵיחָתְמוּ **
		הם/ן	נֶחְתְּמוּ	יֵיחָתְמוּ *	

שם הפועל .Infin לְהֵיחָתֵם * less commonly: אתן/הן תֵּיחָתַמְנָה

שם הפעולה Verbal N הֵיחָתְמוּת being signed ** less commonly: (אתן) הֵיחָתַמְנָה

מקור מוחלט .Inf. Abs נַחְתּוֹם, הֵיחָתֵם (הֵיחָתוֹם)

♦ פעלים פחות שכיחים מאותו שורש Less frequent verbs from the same root

הוּחְתַּם be made to sign/subscribe to something (מוּחְתָּם, יוּחְתַּם)

♦ דוגמאות Illustrations

שני הצדדים **חָתְמוּ** סוף סוף על החוזה, אבל לאחר זמן מה נתברר שבשל טעות, שניים מן הדפים לא **נֶחְתְּמוּ**. עורכי הדין **הֶחְתִּימוּ** את לקוחותיהם גם על דפים אלה, והכל בא על מקומו בשלום.

The two sides finally **signed** a contract, but after a while it was discovered that because of an error, two of the pages **were** not **signed**. The lawyers **had** their clients **sign** these pages as well, and everything turned out all right.

♦ ביטויים מיוחדים Special expressions

חֲתִימַת זקן a wisp of beard   **הֶחָתוּם** מטה, הח״מ the under**signed**

ובזה באנו על **הֶחָתוּם** we hereby confirm this **with our signature**

גמר (כתיבה ו)**חֲתִימָה** טובה/לשנה טובה תיכתבו **ותֵיחָתֵמוּ** New Year blessing (literally: may your name be written and **sealed** by God for a happy new year.)

●חתן : לְהִתְחַתֵּן, לְחַתֵּן

הִתְחַתֵּן/הִתְחַתַּן get married

בניין : הִתְפַּעֵל גזרה : ל״נ

	Present הווה		Past עבר	Future עתיד	Imper. ציווי
יחיד	מִתְחַתֵּן	אני	הִתְחַתַּנְתִּי	אֶתְחַתֵּן	
יחידה	מִתְחַתֶּנֶת	אתה	הִתְחַתַּנְתָּ	תִּתְחַתֵּן	הִתְחַתֵּן
רבים	מִתְחַתְּנִים	את	הִתְחַתַּנְתְּ	תִּתְחַתְּנִי	הִתְחַתְּנִי
רבות	מִתְחַתְּנוֹת	הוא	הִתְחַתֵּן	יִתְחַתֵּן	
		היא	הִתְחַתְּנָה	תִּתְחַתֵּן	
		אנחנו	הִתְחַתַּנּוּ	נִתְחַתֵּן	
		אתם/ן	הִתְחַתַּנְתֶּם/ן	תִּתְחַתְּנוּ *	הִתְחַתְּנוּ **
		הם/ן	הִתְחַתְּנוּ	יִתְחַתְּנוּ *	

שם הפועל .Infin לְהִתְחַתֵּן * less commonly: אתן/הן תִּתְחַתֵּנָּה
ש' הפעולה Verbal N הִתְחַתְּנוּת getting married ** less commonly: (אתן) הִתְחַתֵּנָּה
מקור מוחלט .Inf. Abs הִתְחַתֵּן מ"י מוצרכת .Gov. Prep הִתְחַתֵּן עם get married to

חִיתֵּן (חִתֵּן)/חִיתַּנ/חַתֵּן marry off; link (families) by marriage

בניין : פִּיעֵל גזרה : ל"נ

	Present הווה		Past עבר	Future עתיד	Imper. ציווי
יחיד	מְחַתֵּן	אני	חִיתַּנְתִּי	אֲחַתֵּן	
יחידה	מְחַתֶּנֶת	אתה	חִיתַּנְתָּ	תְּחַתֵּן	חַתֵּן
רבים	מְחַתְּנִים	את	חִיתַּנְתְּ	תְּחַתְּנִי	חַתְּנִי
רבות	מְחַתְּנוֹת	הוא	חִיתֵּן	יְחַתֵּן	
		היא	חִיתְּנָה	תְּחַתֵּן	
		אנחנו	חִיתַּנּוּ	נְחַתֵּן	
		אתם/ן	חִיתַּנְתֶּם/ן	תְּחַתְּנוּ *	חַתְּנוּ **
		הם/ן	חִיתְּנוּ	יְחַתְּנוּ *	

שם הפועל .Infin לְחַתֵּן * less commonly: אתן/הן תְּחַתֵּנָּה
שם הפעולה Verbal N חִיתּוּן marrying off ** less commonly: (אתן) חַתֵּנָּה
מקור מוחלט .Inf. Abs חַתֵּן

♦ פעלים פחות שכיחים מאותו שורש Less frequent verbs from the same root

חוּתַּן be married off, be linked by marriage < בינוני .Pres. Part מְחוּתָּן linked by marriage; in-law

♦ דוגמאות Illustrations

משה **חִיתֵּן** את בתו השלישית בשנה שעברה. רק כעת, לאחר שכל בנותיו **הִתְחַתְּנוּ** עם בחורים מתאימים, והוא מרוצה מכל **המְחוּתָּנִים**, מרגיש משה שהוא יכול לנשום לרווחה.

Moshe **married off** his third daughter last year. Only now that all his daughters **got married** and he is satisfied with all of his **in-laws** does Moshe feel that he can relax.

●חתר : לַחְתּוֹר

חָתַר/חוֹתֵר/יַחְתּוֹר (יַחְתֹּר) row; aim for, strive; undermine

בניין : פָּעַל גזרה : שלמים (אֶפְעוֹל) + פ"ג

	Present הווה		Past עבר	Fut. עתיד	Imp. ציווי
יחיד	חוֹתֵר	אני	חָתַרְתִּי	אֶחְתּוֹר	
יחידה	חוֹתֶרֶת	אתה	חָתַרְתָּ	תַּחְתּוֹר	חֲתוֹר
רבים	חוֹתְרִים	את	חָתַרְתְּ	תַּחְתְּרִי	חִתְרִי
רבות	חוֹתְרוֹת	הוא	חָתַר	יַחְתּוֹר	
		היא	חָתְרָה	תַּחְתּוֹר	
		אנחנו	חָתַרְנוּ	נַחְתּוֹר	
		אתם/ן	חֲתַרְתֶּם/ן *	תַּחְתְּרוּ **	חִתְרוּ ***
		הם/ן	חָתְרוּ	יַחְתְּרוּ **	

שם הפועל .Infin לַחְתּוֹר   * Colloquial: חֲתַרְתֶּם/ן
מקור מוחלט .Inf. Abs חָתוֹר   ** less commonly: אתן/הן תַּחְתּוֹרְנָה
ביני פעיל .Act. Part חוֹתֵר rower, oarsman   *** less commonly: (אתן) חֲתוֹרְנָה
ש' הפעו' Verbal N חֲתִירָה rowing; undermining   מקור נטוי .Inf.+pron בְּחוֹתְרוֹ, כְּ...
מ"י מוצרכת .Gov. Prep חָתַר תחת מישהו undermine someone

♦ דוגמאות Illustrations

בנימין **חָתַר** כל ימיו להגיע למשרת ראש הממשלה.
Benjamin always **strove** to reach the position of prime minister.

עימנואל הוא עמוד התווך בצוות ה**חֲתִירָה** של אוניברסיטת הרוורד.
Immanuel is the mainstay of the Harvard University **rowing** team.

הנשיא לא היה מודע לכך שסגנו **חוֹתֵר** תחתיו כדי להביא למפלתו ולתפוס את מקומו.
The president was unaware that his VP **has been undermining** him so as to bring about his defeat and takeover.

●טבע : לִטְבּוֹעַ, לְהַטְבִּיעַ

טָבַע/טוֹבֵעַ/יִטְבַּע drown (intr.), sink (intr., thing)

[Another meaning of this root, "imprint, shape, coin," may be considered related.]

בניין : פָּעַל   גזרה : שלמים (אֶפְעַל) + ל"ג

	Pres./Part. הווה/בינוני			Past עבר	Fut. עתיד	Imp. ציווי
יחיד	טוֹבֵעַ	טָבוּעַ	אני	טָבַעְתִּי	אֶטְבַּע	
יחידה	טוֹבַעַת	טְבוּעָה	אתה	טָבַעְתָּ	תִּטְבַּע	טְבַע
רבים	טוֹבְעִים	טְבוּעִים	את	טָבַעְתְּ/...עַת	תִּטְבְּעִי	טִבְעִי
רבות	טוֹבְעוֹת	טְבוּעוֹת	הוא	טָבַע	יִטְבַּע	
			היא	טָבְעָה	תִּטְבַּע	
			אנחנו	טָבַעְנוּ	נִטְבַּע	
			אתם/ן	* טְבַעְתֶּם/ן	** תִּטְבְּעוּ	*** טִבְעוּ
			הם/ן	טָבְעוּ	** יִטְבְּעוּ	

שם הפועל .Infin לִטְבּוֹעַ   * Colloquial: טָבַעְתֶּם/ן
מקור נטוי .Inf.+pron בְּטוֹבְעוֹ, כְּ...   ** less commonly: אתן/הן תִּטְבַּעְנָה
מקור מוחלט .Inf. Abs טָבוֹעַ   *** less commonly: (אתן) טְבַעְנָה
ביני סביל .Pass. Part טָבוּעַ drowned, sunk [imprinted]
שם הפעולה Verbal N טְבִיעָה drowning, sinking [imprinting]

הִטְבִּיעַ/הִטְבַּע/יַטְבִּיעַ sink (thing, tr.), drown (tr.) [imprint]

בניין : הִפְעִיל   גזרה : שלמים + ל"ג

	Present הווה		Past עבר	Future עתיד	Imper. ציווי
יחיד	מַטְבִּיעַ	אני	הִטְבַּעְתִּי	אַטְבִּיעַ	
יחידה	מַטְבִּיעָה	אתה	הִטְבַּעְתָּ	תַּטְבִּיעַ	הַטְבַּע
רבים	מַטְבִּיעִים	את	הִטְבַּעְתְּ	תַּטְבִּיעִי	הַטְבִּיעִי
רבות	מַטְבִּיעוֹת	הוא	הִטְבִּיעַ	יַטְבִּיעַ	

Imper. ציווי	Future עתיד	Past עבר		Present הווה
	תַּטְבִּיעַ	הִטְבִּיעָה	היא	
	נַטְבִּיעַ	הִטְבַּעְנוּ	אנחנו	
** הַטְבִּיעוּ	* תַּטְבִּיעוּ	הִטְבַּעְתֶּם/ן	אתם/ן	
	* יַטְבִּיעוּ	הִטְבִּיעוּ	הם/ן	

* less commonly: אתן/הן תַּטְבַּעְנָה

שם הפועל .Infin לְהַטְבִּיעַ ** less commonly: (אתן) הַטְבַּעְנָה

שם הפעולה Verbal N הַטְבָּעָה sinking (of ships) [imprinting, coining]

מקור מוחלט .Inf. Abs הַטְבֵּעַ

♦ פעלים פחות שכיחים מאותו שורש Less frequent verbs from the same root

הוּטְבַּע be sunk, be drowned [/imprinted] (מוּטְבָּע, יוּטְבַּע)

טִיבַּע sink (tr.), drown (tr.) (מְטַבֵּעַ, יְטַבֵּעַ, לְטַבֵּעַ)

טוּבַּע be sunk/drowned (מְטוּבָּע, יְטוּבַּע)

נִטְבַּע drown [be coined/stamped] (נִטְבָּע, יִיטָּבַע, לְהִיטָּבַע)

♦ דוגמאות Illustrations

סוזן סמית **הִטְבִּיעָה** את שני ילדיה הפעוטים על-ידי קשירתם לחגורות בטיחות במכוניתה **והַטְבָּעָתָהּ** באגם. המקרה הטרגי **הִטְבִּיעַ** חותם עמוק על האומה כולה.

Susan Smith **drowned** her two baby children by tying them to the safety belts in her car and **sinking** it in the lake. The tragic incident **left** a deep **imprint** on the whole nation.

♦ ביטויים מיוחדים Special expressions

הִטְבִּיעַ חותמו על left his imprint/mark on

●טוס : לָטוּס

טָס/טַס/יָטוּס fly (intr.)

בניין : פָּעַל גזרה : ע״ו

Imper. ציווי	Future עתיד	Past עבר		Present הווה	
	אָטוּס	טַסְתִּי	אני	טָס	יחיד
טוּס	תָּטוּס	טַסְתָּ	אתה	טָסָה	יחידה
טוּסִי	תָּטוּסִי	טַסְתְּ	את	טָסִים	רבים
	יָטוּס	טָס	הוא	טָסוֹת	רבות
	תָּטוּס	טָסָה	היא		
	נָטוּס	טַסְנוּ	אנחנו		
** טוּסוּ	* תָּטוּסוּ	טַסְתֶּם/ן	אתם/ן		
	* יָטוּסוּ	טָסוּ	הם/ן		

שם הפועל .Infin לָטוּס * less commonly: אתן/הן תָּטוֹסְנָה

שם הפעולה Verbal N טִיסָה flying; flight ** less commonly: (אתן) טוֹסְנָה

מקור מוחלט .Inf. Abs טוֹס מקור נטוי .Inf.+pron בְּטוּסוֹ, כְּ...

♦ פעלים פחות שכיחים מאותו שורש Less frequent verbs from the same root

הֵטִיס fly (tr.); send by plane (מֵטִיס, יָטִיס, לְהָטִיס)

הוּטַס be flown, be sent by plane (בינוני .Pres. Part מוּטָס airborne, יוּטַס)

♦ דוגמאות Illustrations

לעימנואל יש רישיון **טִיסָה**. הוא **טָס** במטוסים קלים כמו ״פייפר״, אך אין לו רישיון **לְהָטִיס** מטוסים גדולים יותר.

Emmanuel has a **flying** license. He **flies** in light planes such as a Piper, but has no license **to fly** larger planes.

בכל צבא יש חשיבות מיוחדת ליחידות **מוּטָסוֹת**.

Airborne units are an important component of any army.

●טחן : לִטְחוֹן

טָחַן/טוֹחֵן/יִטְחַן grind, mince; babble (sl.)

בניין : פָּעַל גזרה : ל״נ (אֶפְעַל) + ע״ג

	Pres./Part. הווה/בינוני			Past עבר	Fut. עתיד	Imp. ציווי
יחיד	טוֹחֵן	טָחוּן	אני	טָחַנְתִּי	אֶטְחַן	
יחידה	טוֹחֶנֶת	טְחוּנָה	אתה	טָחַנְתָּ	תִּטְחַן	טְחַן
רבים	טוֹחֲנִים	טְחוּנִים	את	טָחַנְתְּ	תִּטְחֲנִי	טַחֲנִי
רבות	טוֹחֲנוֹת	טְחוּנוֹת	הוא	טָחַן	יִטְחַן	
			היא	טָחֲנָה	תִּטְחַן	
			אנחנו	טָחַנּוּ	נִטְחַן	
			אתם/ן	* טְחַנְתֶּם/ן	** תִּטְחֲנוּ	*** טַחֲנוּ
			הם/ן	טָחֲנוּ	** יִטְחֲנוּ	

* Colloquial: טָחַנְתֶּם/ן

** less commonly: אתן/הן תִּטְחַנָּה

*** less commonly: (אתן) טְחַנָּה

שם הפועל .Infin לִטְחוֹן

ביני פעיל .Act. Part טוֹחֵן miller

ביני סביל .Pass. Part טָחוּן ground, minced; hashed and rehashed (sl.)

שם הפעולה Verbal N טְחִינָה grinding, mincing

מקור מוחלט .Inf. Abs טָחוֹן

מקור נטוי .Inf.+pron בְּטוֹחְנוֹ, כְּ...

♦ דוגמאות Illustrations

מקס אף פעם לא קונה בשר **טָחוּן**, כי הוא טוען שאי אפשר לדעת מאיפה הבשר בא. הוא קונה נתח בשר כלבבו **וטוֹחֵן** אותו בבית, בעצמו.

Max never buys **ground** meat; he claims one cannot tell where it comes from. He buys a cut of meat he likes, then **grinds** it at home, by himself.

♦ ביטויים מיוחדים Special expressions

טוֹחֵן מים do useless things

עוקר הרים **וטוֹחֲנָם** זה בזה a brilliant scholar

● טיל : לְטַיֵּל

טִיֵּל (טִיֵּל)/טִיַּל/טַיֵּל go for a walk, be on a trip, be on an excursion

בניין : פִּיעֵל   גזרה : שלמים

	Present הווה		Past עבר	Future עתיד	Imper. ציווי
יחיד	מְטַיֵּל	אני	טִיַּלְתִּי	אֲטַיֵּל	
יחידה	מְטַיֶּלֶת	אתה	טִיַּלְתָּ	תְּטַיֵּל	טַיֵּל
רבים	מְטַיְּלִים	את	טִיַּלְתְּ	תְּטַיְּלִי	טַיְּלִי
רבות	מְטַיְּלוֹת	הוא	טִיֵּל	יְטַיֵּל	
		היא	טִיְּלָה	תְּטַיֵּל	
		אנחנו	טִיַּלְנוּ	נְטַיֵּל	
		אתם/ן	טִיַּלְתֶּם/ן	תְּטַיְּלוּ *	טַיְּלוּ **
		הם/ן	טִיְּלוּ	יְטַיְּלוּ *	

שם הפועל .Infin לְטַיֵּל   * less commonly: אתן/הן תְּטַיֵּלְנָה

שם הפעולה Verbal N טִיּוּל walk, trip, excursion   ** less commonly: (אתן) טַיֵּלְנָה

בינוני .Pres. Part מְטַיֵּל one taking a walk/trip   מקור מוחלט .Inf. Abs טַיֵּל

♦ דוגמאות Illustrations

בסוכות **טִיַּלְנוּ** בגליל. לא ירדנו לדרום, שהיה מוצף בהמוני **מְטַיְּלִים**.

During Sukkoth **we took a trip** in the Galilee. We did not go down to the South, which was teeming with **people taking trips**.

● טלפן (מן טֶלֶפוֹן telephone) : לְטַלְפֵּן

טִלְפֵּן/טִלְפַּנ/טַלְפֵּן make a phone call

בניין : פִּיעֵל   גזרה : מרובעים

	Present הווה		Past עבר	Future עתיד	Imper. ציווי
יחיד	מְטַלְפֵּן	אני	טִלְפַּנְתִּי	אֲטַלְפֵּן	
יחידה	מְטַלְפֶּנֶת	אתה	טִלְפַּנְתָּ	תְּטַלְפֵּן	טַלְפֵּן
רבים	מְטַלְפְּנִים	את	טִלְפַּנְתְּ	תְּטַלְפְּנִי	טַלְפְּנִי
רבות	מְטַלְפְּנוֹת	הוא	טִלְפֵּן	יְטַלְפֵּן	
		היא	טִלְפְּנָה	תְּטַלְפֵּן	
		אנחנו	טִלְפַּנּוּ	נְטַלְפֵּן	
		אתם/ן	טִלְפַּנְתֶּם/ן	תְּטַלְפְּנוּ *	טַלְפְּנוּ **
		הם/ן	טִלְפְּנוּ	יְטַלְפְּנוּ *	

שם הפועל .Infin לְטַלְפֵּן   * less commonly: אתן/הן תְּטַלְפֵּנָּה

** less commonly: (אתן) טַלְפֵּנָּה

Note: in the colloquial, the [p] is always [f], so as to maintain the base, *télefon* "telephone," as transparent as possible: מְטַלְפֵן, טִלְפֵן etc.

♦ דוגמאות Illustrations

בנותינו **מְטַלְפְּנוֹת** אלינו לפחות פעם אחת ביום, לומר שלום ולבדוק אם הכל כשורה.

Our daughters **call** us at least once a day, to say hi and to find out whether everything is OK.

●טעה (טעי) : לִטְעוֹת, לְהַטְעוֹת

טָעָה/טוֹעֶה/יִטְעֶה make a mistake, err; stray

בניין : פָּעַל   גזרה : ל״י

	Present הווה		Past עבר	Future עתיד	Imper. ציווי
יחיד	טוֹעֶה	אני	טָעִיתִי	אֶטְעֶה	
יחידה	טוֹעָה	אתה	טָעִיתָ	תִּטְעֶה	טְעֵה
רבים	טוֹעִים	את	טָעִית	תִּטְעִי	טְעִי
רבות	טוֹעוֹת	הוא	טָעָה	יִטְעֶה	
		היא	טָעֲתָה	תִּטְעֶה	
		אנחנו	טָעִינוּ	נִטְעֶה	
		אתם/ן	טְעִיתֶם/ן *	תִּטְעוּ **	טְעוּ ***
		הם/ן	טָעוּ	יִטְעוּ **	

שם הפועל .Infin לִטְעוֹת   * Colloquial: טָעִיתֶם/ן

שם הפעולה Verbal N טְעִיָּה erring   ** less commonly: אתן/הן תִּטְעֶינָה

מקור מוחלט .Inf. Abs טָעֹה   *** less commonly: (אתן) טְעֶינָה

מקור נטוי .Inf.+pron בִּטְעוֹתוֹ, כְּ...

הִטְעָה/מַטְעֶה mislead, lead astray; deceive

בניין : הִפְעִיל   גזרה : ע״ג + ל״י

	Present הווה		Past עבר	Future עתיד	Imper. ציווי
יחיד	מַטְעֶה	אני	הִטְעֵיתִי	אַטְעֶה	
יחידה	מַטְעָה	אתה	הִטְעֵיתָ	תַּטְעֶה	הַטְעֵה
רבים	מַטְעִים	את	הִטְעֵית	תַּטְעִי	הַטְעִי
רבות	מַטְעוֹת	הוא	הִטְעָה	יַטְעֶה	
		היא	הִטְעֲתָה	תַּטְעֶה	
		אנחנו	הִטְעֵינוּ	נַטְעֶה	
		אתם/ן	הִטְעֵיתֶם/ן	תַּטְעוּ *	הַטְעוּ **
		הם/ן	הִטְעוּ	יַטְעוּ *	

שם הפועל .Infin לְהַטְעוֹת   * less commonly: אתן/הן תַּטְעֶינָה

בינוני .Pres. Part מַטְעֶה misleading (Adj)   ** less commonly: (אתן) הַטְעֶינָה

שם הפעולה Verbal N הַטְעָיָה   מקור מוחלט .Inf. Abs הַטְעֵה deception; misleading (N)

♦ פעלים פחות שכיחים מאותו שורש Less frequent verbs from the same root

הוּטְעָה be misled, be led astray; be deceived (בינוני .Pres. Part מוּטְעֶה mistaken, misled, יוּטְעֶה)

♦ דוגמאות Illustrations

נשיא הרפובליקה הודה כי **טָעָה** בהערכת כוחם של המורדים. לדבריו, **הִטְעוּ** אותו מפקדי הצבא במידע **המוּטְעֶה** **והמַטְעֶה** שסיפקו לו.

The president of the republic admitted that he **made a mistake** in evaluating the strength of the rebels. He claims that the army chiefs **misled** him with the **mistaken** and **misleading** information they provided him.

●טעם : לִטְעוֹם

טָעַם/טוֹעֵם/יִטְעַם taste (tr.)

בניין : פָּעַל גזרה : שלמים (אֶפְעַל) + ע״ג

	Present הווה		Past עבר	Future עתיד	Imper. ציווי
יחיד	טוֹעֵם	אני	טָעַמְתִּי	אֶטְעַם	
יחידה	טוֹעֶמֶת	אתה	טָעַמְתָּ	תִּטְעַם	טְעַם
רבים	טוֹעֲמִים	את	טָעַמְתְּ	תִּטְעֲמִי	טַעֲמִי
רבות	טוֹעֲמוֹת	הוא	טָעַם	יִטְעַם	
		היא	טָעֲמָה	תִּטְעַם	
		אנחנו	טָעַמְנוּ	נִטְעַם	
		אתם/ן	טְעַמְתֶּם/ן *	תִּטְעֲמוּ **	טַעֲמוּ ***
		הם/ן	טָעֲמוּ	יִטְעֲמוּ **	

שם הפועל .Infin לִטְעוֹם

שם הפעולה Verbal N טְעִימָה tasting

מקור מוחלט .Inf. Abs טָעוֹם

מקור נטוי .Inf.+pron בְּטוֹעֲמוֹ, כְּ...

* Colloquial: טָעַמְתֶּם/ן

** less commonly: אתן/הן תִּטְעַמְנָה

*** less commonly: (אתן) טְעַמְנָה

קָטִיל .CaCiC adj./N טָעִים tasty

♦ פעלים פחות שכיחים מאותו שורש Less frequent verbs from the same root

הִטְעִים stress, accent, emphasize; give to taste; make tasty (מַטְעִים, יַטְעִים, לְהַטְעִים, שם הפעולה Verbal N הַטְעָמָה accent; giving to taste)

הוּטְעַם be accented; be given to taste (בינוני .Pres. Part מוּטְעָם stressed, accented, יוּטְעַם)

♦ דוגמאות Illustrations

טָעַמְתִּי את המרק, אך לא יכולתי לאכול אותו ; הוא היה מלוח מדיי.

I **tasted** the soup, but could not eat it; it was too salty.

המורה חזר ו**הִטְעִים**, כי בסגוליים יש **לְהַטְעִים** את ההברה הלפני-אחרונה, בניגוד למרבית שמות העצם האחרים, שבהם **מוּטְעֶמֶת** ההברה האחרונה.

The teacher **stressed** again and again, that in the segolates, one needs **to stress/accent** the penultimate syllable, unlike most other nouns, in which the final syllable **is stressed/accented**.

♦ ביטויים מיוחדים Special expressions

לא **טָעַם** טעם... (למשל חטא) has never... in his life (e.g., sinned)

חזר/שב **וְהִטְעִים** **stress** again and again

●טען-1 : לִטְעוֹן

טָעַן/טוֹעֵן/יִטְעַן load (vehicle, gun), charge (battery)

בניין : פָּעַל גזרה : ע״ג (אֶפְעַל) + ל״נ

	Pres./Part. הווה/בינוני			Past עבר	Fut. עתיד	Imp. ציווי
יחיד	טוֹעֵן	טָעוּן	אני	טָעַנְתִּי	אֶטְעַן	
יחידה	טוֹעֶנֶת	טְעוּנָה	אתה	טָעַנְתָּ	תִּטְעַן	טְעַן

	הווה/בינוני Pres./Part.			עבר Past	עתיד Fut.	ציווי Imp.
רבים	טוֹעֲנִים	טְעוּנִים	את	טָעַנְתְּ	תִּטְעֲנִי	טַעֲנִי
רבות	טוֹעֲנוֹת	טְעוּנוֹת	הוא	טָעַן	יִטְעַן	
			היא	טָעֲנָה	תִּטְעַן	
			אנחנו	טָעַנּוּ	נִטְעַן	
			אתם/ן	טְעַנְתֶּם/ן *	תִּטְעֲנוּ **	טַעֲנוּ ***
			הם/ן	טָעֲנוּ	יִטְעֲנוּ **	

שם הפועל .Infin לִטְעוֹן

* Colloquial: טָעַנְתֶּם/ן

מקור מוחלט .Inf. Abs טָעוֹן

** less commonly: אתן/הן תִּטְעַנָּה

שם הפעולה Verbal N טְעִינָה loading, charging

*** less commonly: (אתן) טְעַנָּה

ביני סביל .Pass. Part טָעוּן loaded, charged

מקור נטוי .Inf.+pron בְּטוֹעֲנוֹ, כְּ...

♦ פעלים פחות שכיחים מאותו שורש Less frequent verbs from the same root

נִטְעַן be loaded, be charged (נִטְעָן, יִיטָּעֵן, לְהִיטָּעֵן)
הִטְעִין load, charge (מַטְעִין, יַטְעִין, לְהַטְעִין)
הוּטְעַן be loaded, be charged (מוּטְעָן, יוּטְעַן)

♦ דוגמאות Illustrations

אני ועוד שלושה חיילים **הִטְעַנּוּ** את המשאית בתיבות תחמושת, **טָעַנּוּ** את הרובים האישיים, ועלינו מאחור כשרובינו **טְעוּנִים** ודרוכים, כדי להגן על המטען.

I and another three soldiers **loaded** the truck with ammunition crates, **loaded** our personal rifles, and climbed up in the back with rifles loaded and cocked, in order to protect the shipment.

●טען-2 : לִטְעוֹן

טָעַן/טוֹעֵן/יִטְעַן sue, plead (a case); maintain, state, claim, argue

בניין : פָּעַל גזרה : ע"ג (אֶפְעַל) + ל"נ

	הווה Present		עבר Past	עתיד Future	ציווי .Imper
יחיד	טוֹעֵן	אני	טָעַנְתִּי	אֶטְעַן	
יחידה	טוֹעֶנֶת	אתה	טָעַנְתָּ	תִּטְעַן	טְעַן
רבים	טוֹעֲנִים	את	טָעַנְתְּ	תִּטְעֲנִי	טַעֲנִי
רבות	טוֹעֲנוֹת	הוא	טָעַן	יִטְעַן	
		היא	טָעֲנָה	תִּטְעַן	
		אנחנו	טָעַנּוּ	נִטְעַן	
		אתם/ן	טְעַנְתֶּם/ן *	תִּטְעֲנוּ **	טַעֲנוּ ***
		הם/ן	טָעֲנוּ	יִטְעֲנוּ **	

* Colloquial: טָעַנְתֶּם/ן

** less commonly: אתן/הן תִּטְעַנָּה

שם הפועל .Infin לִטְעוֹן

*** less commonly: (אתן) טְעַנָּה

שם הפעולה Verbal N טַעֲנָה claim, argument, suit, plea

מקור מוחלט .Inf. Abs טָעוֹן

מקור נטוי .Inf.+pron בְּטָעֲנוֹ, כְּ...

♦ פעלים פחות שכיחים מאותו שורש Less frequent verbs from the same root

נִטְעַן be charged/sued; be argued (נִטְעָן, יִיטָּעֵן, לְהִיטָּעֵן)

♦ דוגמאות Illustrations

הנאשם **טָעַן** בבית המשפט, שבזמן ש**לְטַעֲנַת** התובע פרץ כביכול לחנות, הוא ישב בבאר בקצה אחר של העיר.

The defendant **claimed** at court that at the time in which, according to the prosecutor's **claim**, he supposedly broke into the store, he was sitting at a bar in a faraway section of town.

●טפח : לְטַפֵּחַ

טִיפֵּח (טִפֵּח)/טִפֵּחַ foster, tend, nurture

בניין : פִּיעֵל גזרה : שלמים + ל״ג

	Present הווה		Past עבר	Future עתיד	Imper. ציווי
יחיד	מְטַפֵּחַ	אני	טִיפַּחְתִּי	אֲטַפַּח/...פֵּחַ*	
יחידה	מְטַפַּחַת	אתה	טִיפַּחְתָּ	תְּטַפַּח/...פֵּחַ*	טַפַּח/טַפֵּחַ*
רבים	מְטַפְּחִים	את	טִיפַּחְתְּ/...חַת	תְּטַפְּחִי	טַפְּחִי
רבות	מְטַפְּחוֹת	הוא	טִיפַּח/טִיפֵּחַ*	יְטַפַּח/...פֵּחַ*	
		היא	טִיפְּחָה	תְּטַפַּח/...פֵּחַ*	
		אנחנו	טִיפַּחְנוּ	נְטַפַּח/...פֵּחַ*	
		אתם/ן	טִיפַּחְתֶּם/ן	תְּטַפְּחוּ **	טַפְּחוּ ***
		הם/ן	טִיפְּחוּ	יְטַפְּחוּ **	

שם הפועל .Infin לְטַפֵּחַ

ש׳ הפעולה Verbal N טִיפּוּחַ fostering, nurturing

מקור מוחלט .Inf. Abs טַפֵּחַ

* ...פֵּחַ more common in colloquial use

** less commonly: אתן/הן תְּטַפַּחְנָה

*** less commonly: (אתן) טַפַּחְנָה

♦ פעלים פחות שכיחים מאותו שורש Less frequent verbs from the same root

טָפַח strike, pat (טוֹפֵחַ, יִטְפַּח, לִטְפּוֹחַ)

טוּפַּח be fostered, nurtured (בינוני .Pres. Part מְטוּפָּח fostered, nurtured, יְטוּפַּח)

♦ דוגמאות Illustrations

משה **מְטַפֵּחַ** כבר שנים רבות את הרעיון של מסע מסביב לעולם. הרעיון **טוּפַּח** תוך כדי שיחות ארוכות עם אישתו וילדיו.

Moshe **has been fostering** for years the idea of a trip around the world. The idea **was fostered** during long conversations with his wife and children.

♦ ביטויים מיוחדים Special expressions

בן/עולל **טִיפּוּחָיו** his brainchild

טעוני **טִיפּוּחַ** children requiring **supplemental education**

●טפל : לְטַפֵּל, לְהִיטָּפֵל

טִיפֵּל (טִפֵּל)/טִיפַּל/טַפֵּל look after, care for, take care of, treat (med.)

בניין : פִּיעֵל גזרה : שלמים

	Present הווה		Past עבר	Future עתיד	Imper. ציווי
יחיד	מְטַפֵּל	אני	טִיפַּלְתִּי	אֲטַפֵּל	
יחידה	מְטַפֶּלֶת	אתה	טִיפַּלְתָּ	תְּטַפֵּל	טַפֵּל
רבים	מְטַפְּלִים	את	טִיפַּלְתְּ	תְּטַפְּלִי	טַפְּלִי
רבות	מְטַפְּלוֹת	הוא	טִיפֵּל	יְטַפֵּל	
		היא	טִיפְּלָה	תְּטַפֵּל	
		אנחנו	טִיפַּלְנוּ	נְטַפֵּל	
		אתם/ן	טִיפַּלְתֶּם/ן	תְּטַפְּלוּ *	טַפְּלוּ **
		הם/ן	טִיפְּלוּ	יְטַפְּלוּ *	

בינוני Pres. Part. מְטַפֵּל caregiver * less commonly: אתן/הן תְּטַפֵּלְנָה

שם הפועל Infin. לְטַפֵּל ** less commonly: (אתן) טַפֵּלְנָה

שם הפעולה Verbal N טִיפּוּל care, nursing, treatment מקור מוחלט Inf. Abs. טַפֵּל

מ״י מוצרכת Gov. Prep. טִיפֵּל ב- take care of

נִטְפַּל/יִיטָּפֵל (יִטָּפֵל) cling to; pester

בניין : נִפְעַל גזרה : שלמים

	Present הווה		Past עבר	Future עתיד	Imper. ציווי
יחיד	נִטְפָּל	אני	נִטְפַּלְתִּי	אֶטָּפֵל *	
יחידה	נִטְפֶּלֶת	אתה	נִטְפַּלְתָּ	תִּיטָּפֵל *	הִיטָּפֵל *
רבים	נִטְפָּלִים	את	נִטְפַּלְתְּ	תִּיטָּפְלִי *	הִיטָּפְלִי *
רבות	נִטְפָּלוֹת	הוא	נִטְפַּל	יִיטָּפֵל *	
		היא	נִטְפְּלָה	תִּיטָּפֵל *	
		אנחנו	נִטְפַּלְנוּ	נִיטָּפֵל *	
		אתם/ן	נִטְפַּלְתֶּם/ן	**תִּיטָּפְלוּ *	***הִיטָּפְלוּ *
		הם/ן	נִטְפְּלוּ	***יִיטָּפְלוּ *	

* אֶטַּפֵּל, תִּיטַּפֵּל..., הִיטַּפֵּל, לְהִיטַּפֵּל : *hitpa`el* forms replace *nif`al* ones in the coll.

** less commonly: אתן/הן תִּיטָּפַלְנָה *

שם הפועל+ל- Inf. לְהִיטָּפֵל/...טָּפֵל* *** less commonly: (אתן) הִיטָּפַלְנָה *

שם הפעולה Verbal N הִיטָּפְלוּת * clinging to, pestering

מקור מוחלט Inf. Abs. נִטְפּוֹל, הִיטָּפֵל (הִיטָּפוֹל)

מ״י מוצרכת Gov. Prep. נִטְפַּל ל- cling to/pester

♦ פעלים פחות שכיחים מאותו שורש Less frequent verbs from the same root

טוּפַּל be cared for, be treated (בינוני Pres. Part. מְטוּפָּל burdened; taken care of, יְטוּפַּל)

♦ דוגמאות Illustrations

נעמי **טִיפְּלָה** בדויד כשהיה חולה. דויד היה אסיר תודה לה על ה**טִיפּוּל** המסור, ומאז הוא **נִטְפָּל** אליה יומם ולילה ולא עוזב אותה לנפשה.

Naomi **took care** of David when he was sick. David was grateful for the dedicated **treatment**, and since then **has been clinging** to her and does not leave her alone.

כשפקיד במשרד ממשלתי אומר לך לא לדאוג, ושהבעייה **תְּטוּפַּל**, אז עליך להתחיל לדאוג באמת.

When a clerk in a government office tells you not to worry, and that the problem **will be taken care of**, this is when you should really begin to worry.

♦ **ביטויים מיוחדים** Special expressions

מְטוּפָּל במשפחה גדולה burdened with a large family

●טפס : לְטַפֵּס

טִיפֵּס (טִפֵּס)/טִיפַּס/טַפֵּס climb

בניין : פִּיעֵל גזרה : שלמים

	Present הווה		Past עבר	Future עתיד	Imper. ציווי
יחיד	מְטַפֵּס	אני	טִיפַּסְתִּי	אֲטַפֵּס	
יחידה	מְטַפֶּסֶת	אתה	טִיפַּסְתָּ	תְּטַפֵּס	טַפֵּס
רבים	מְטַפְּסִים	את	טִיפַּסְתְּ	תְּטַפְּסִי	טַפְּסִי
רבות	מְטַפְּסוֹת	הוא	טִיפֵּס	יְטַפֵּס	
		היא	טִיפְּסָה	תְּטַפֵּס	
		אנחנו	טִיפַּסְנוּ	נְטַפֵּס	
		אתם/ן	טִיפַּסְתֶּם/ן	תְּטַפְּסוּ *	טַפְּסוּ **
		הם/ן	טִיפְּסוּ	יְטַפְּסוּ *	

שם הפועל .Infin לְטַפֵּס

* less commonly: אתן/הן תְּטַפֵּסְנָה

שם הפעולה Verbal N טִיפּוּס climbing

** less commonly: (אתן) טַפֵּסְנָה

בינוני .Pres. Part מְטַפֵּס climber; vine

מקור מוחלט .Inf. Abs טַפֵּס

מ״י מוצרכת .Gov. Prep טִיפֵּס על climb (on)

♦ **דוגמאות** Illustrations

גדעון **מְטַפֵּס** על החרמון פעמיים או שלוש בשנה, עם שניים-שלושה **מְטַפְּסִים** אחרים.

Gideon **climbs** the Hermon mountain twice or three times a year, with two or three other **climbers**.

♦ **ביטויים מיוחדים** Special expressions

(צמח) **מְטַפֵּס** vine

●טרד : לְהַטְרִיד

הִטְרִיד/הִטְרַד/יַטְרִיד bother, disturb; pester, harass

בניין : הִפְעִיל גזרה : שלמים

	Present הווה		Past עבר	Future עתיד	Imper. ציווי
יחיד	מַטְרִיד	אני	הִטְרַדְתִּי	אַטְרִיד	
יחידה	מַטְרִידָה	אתה	הִטְרַדְתָּ	תַּטְרִיד	הַטְרֵד
רבים	מַטְרִידִים	את	הִטְרַדְתְּ	תַּטְרִידִי	הַטְרִידִי
רבות	מַטְרִידוֹת	הוא	הִטְרִיד	יַטְרִיד	

Imper. ציווי	Future עתיד	Past עבר		Present הווה	
	תַּטְרִיד	הִטְרִידָה	היא		
	נַטְרִיד	הִטְרַדְנוּ	אנחנו		
הַטְרִידוּ **	תַּטְרִידוּ *	הִטְרַדְתֶּם/ן	אתם/ן		
	יַטְרִידוּ *	הִטְרִידוּ	הם/ן		

* less commonly: אתן/הן תַּטְרֵדְנָה

** less commonly: (אתן) הַטְרֵדְנָה

שם הפועל Infin. לְהַטְרִיד

שם הפעולה Verbal N הַטְרָדָה bothering, harassment

בינוני Pres. Part. מַטְרִיד bothering, bothersome — מקור מוחלט Inf. Abs. הַטְרֵד

הוּטְרַד (הֻטְרַד) be bothered, be concerned, be troubled, be harassed

בניין : הוּפְעַל גזרה : שלמים

Future עתיד	Past עבר		Present הווה	
אוּטְרַד	הוּטְרַדְתִּי	אני	מוּטְרָד	יחיד
תּוּטְרַד	הוּטְרַדְתָּ	אתה	מוּטְרֶדֶת	יחידה
תּוּטְרְדִי	הוּטְרַדְתְּ	את	מוּטְרָדִים	רבים
יוּטְרַד	הוּטְרַד	הוא	מוּטְרָדוֹת	רבות
תּוּטְרַד	הוּטְרְדָה	היא		
נוּטְרַד	הוּטְרַדְנוּ	אנחנו		
תּוּטְרְדוּ *	הוּטְרַדְתֶּם/ן	אתם/ן		
יוּטְרְדוּ *	הוּטְרְדוּ	הם/ן		

בינוני Pres. Part. מוּטְרָד bothered, worried

* less commonly: אתן/הן תּוּטְרַדְנָה

♦ פעלים פחות שכיחים מאותו שורש Less frequent verbs from the same root

טָרַד drive away; push; disturb, bother constantly (lit.) > Pass. Part. טָרוּד very busy, preoccupied (only common form)

♦ דוגמאות Illustrations

אני **טָרוּד** מאוד השבוע, **ומוּטְרָד** מאוד מן המחשבה שלא אספיק לגמור את הפרויקט. ביקשתי שלא **יַטְרִידוּ** אותי בטלפון, ושיעבירו לי רק שיחות דחופות.

I am very **busy** this week, and am **worried** at the thought that I may not be able to finish the project. I asked that people not **bother** me on the phone, and that they transfer to me only urgent calls.

●טרח : לִטְרוֹחַ, לְהַטְרִיחַ

טָרַח/טוֹרֵחַ/יִטְרַח take pains, take the trouble, work hard

בניין : פָּעַל גזרה : שלמים + ל״ג

Imper. ציווי	Future עתיד	Past עבר		Present הווה	
	אֶטְרַח	טָרַחְתִּי	אני	טוֹרֵחַ	יחיד
טְרַח	תִּטְרַח	טָרַחְתָּ	אתה	טוֹרַחַת	יחידה
טִרְחִי	תִּטְרְחִי	טָרַחְתְּ/...חַת	את	טוֹרְחִים	רבים
	יִטְרַח	טָרַח	הוא	טוֹרְחוֹת	רבות
	תִּטְרַח	טָרְחָה	היא		

Imper. ציווי	Future עתיד	Past עבר		Present הווה
	נִטְרַח	טָרַחְנוּ	אנחנו	
טִרְחוּ ***	תִּטְרְחוּ **	טְרַחְתֶּם/ן *	אתם/ן	
	יִטְרְחוּ **	טָרְחוּ	הם/ן	

שם הפועל .Infin לִטְרוֹחַ

מקור מוחלט .Inf. Abs טָרוֹחַ

מקור נטוי .Inf.+pron בְּטוֹרְחוֹ, כְּ...

* Colloquial: טָרַחְתֶּם/ן

** less commonly: אתן/הן תִּטְרַחְנָה

*** less commonly: (אתן) טְרַחְנָה

הִטְרִיחַ/הִטְרַח/יַטְרִיחַ bother (someone), annoy

בניין : הִפְעִיל גזרה : שלמים + ל״ג

Imper. ציווי	Future עתיד	Past עבר		Present הווה	
	אַטְרִיחַ	הִטְרַחְתִּי	אני	מַטְרִיחַ	יחיד
הַטְרַח	תַּטְרִיחַ	הִטְרַחְתָּ	אתה	מַטְרִיחָה	יחידה
הַטְרִיחִי	תַּטְרִיחִי	הִטְרַחְתְּ/...חַת	את	מַטְרִיחִים	רבים
	יַטְרִיחַ	הִטְרִיחַ	הוא	מַטְרִיחוֹת	רבות
	תַּטְרִיחַ	הִטְרִיחָה	היא		
	נַטְרִיחַ	הִטְרַחְנוּ	אנחנו		
הַטְרִיחוּ **	תַּטְרִיחוּ *	הִטְרַחְתֶּם/ן	אתם/ן		
	יַטְרִיחוּ *	הִטְרִיחוּ	הם/ן		

שם הפועל .Infin לְהַטְרִיחַ

מקור מוחלט .Inf. Abs הַטְרֵחַ

שם הפעולה Verbal N הַטְרָחָה bothering, annoying (N)

בינוני .Pres. Part מַטְרִיחַ bothersome, annoying

* less commonly: אתן/הן תַּטְרַחְנָה

** less commonly: (אתן) הַטְרַחְנָה

♦ דוגמאות Illustrations

מי **שֶטָּרַח** בערב שבת יאכל בשבת.

Whoever **works hard** will reap the rewards (of working hard) = whoever prepared properly for the Sabbath will eat on the Sabbath.

אני מתנצל אני **מַטְרִיחַ** אותך ; אני לא מצליח ליצור קשר עם דויד – ידוע לך מספר הטלפון הסלולרי שלו?

I apologize for **bother**ing you; I am trying to get in touch with David – do you know the number of his cellular phone?

●טרף : לְהַטְרִיף, לִטְרוֹף, לְהִיטָרֵף

הִטְרִיף/הִטְרַף/יַטְרִיף drive crazy; mix, scramble, confuse; declare food as forbidden to eat (by Jewish law); provide food, feed (lit.)

בניין : הִפְעִיל גזרה : שלמים

Imper. ציווי	Future עתיד	Past עבר		Present הווה	
	אַטְרִיף	הִטְרַפְתִּי	אני	מַטְרִיף	יחיד
הַטְרֵף	תַּטְרִיף	הִטְרַפְתָּ	אתה	מַטְרִיפָה	יחידה
הַטְרִיפִי	תַּטְרִיפִי	הִטְרַפְתְּ	את	מַטְרִיפִים	רבים
	יַטְרִיף	הִטְרִיף	הוא	מַטְרִיפוֹת	רבות
	תַּטְרִיף	הִטְרִיפָה	היא		

Present הווה		Past עבר	Future עתיד	Imper. ציווי
	אנחנו	הִטְרַפְנוּ	נַטְרִיף	
	אתם/ן	הִטְרַפְתֶּם/ן	תַּטְרִיפוּ *	הַטְרִיפוּ **
	הם/ן	הִטְרִיפוּ	יַטְרִיפוּ *	

* less commonly: אתן/הן תַּטְרֵפְנָה

** less commonly: (אתן) הַטְרֵפְנָה

שם הפועל .Infin לְהַטְרִיף

שם הפעולה Verbal N הַטְרָפָה declaring food as unfit to eat (by Jewish law)

בינוני .Pres. Part מַטְרִיף driving crazy; wonderful, "cool" (sl.)

מקור מוחלט .Inf. Abs הַטְרֵף

טָרַף/טוֹרֵף/יִטְרוֹף (יִטְרֹף) prey; devour; eat voraciously; shuffle, mix, scramble, mess up

בניין : פָּעַל גזרה : שלמים (אֶפְעוֹל)

	Pres./Part. הווה/בינוני			Past עבר	Fut. עתיד	Imp. ציווי
יחיד	טוֹרֵף	טָרוּף	אני	טָרַפְתִּי	אֶטְרוֹף	
יחידה	טוֹרֶפֶת	טְרוּפָה	אתה	טָרַפְתָּ	תִּטְרוֹף	טְרוֹף
רבים	טוֹרְפִים	טְרוּפִים	את	טָרַפְתְּ	תִּטְרְפִי	טִרְפִי
רבות	טוֹרְפוֹת	טְרוּפוֹת	הוא	טָרַף	יִטְרוֹף	
			היא	טָרְפָה	תִּטְרוֹף	
			אנחנו	טָרַפְנוּ	נִטְרוֹף	
			אתם/ן	טְרַפְתֶּם/ן *	תִּטְרְפוּ **	טִרְפוּ ***
			הם/ן	טָרְפוּ	יִטְרְפוּ **	

* Colloquial: טָרַפְתֶּם/ן

** less commonly: אתן/הן תִּטְרוֹפְנָה

*** less commonly: (אתן) טְרוֹפְנָה

שם הפועל .Infin לִטְרוֹף

מקור מוחלט .Inf. Abs טָרוֹף

מקור נטוי .Inf.+pron בְּטוֹרְפוֹ, כְּ...

שם הפעולה Verbal N טְרִיפָה preying, devouring; shuffling, mixing, scrambling

טְרֵיפָה animal killed by animal; food ritually unfit for eating (Jewish law)

בינ' פעיל .Act. Part טוֹרֵף carnivore

בינ' סביל .Pass. Part טָרוּף torn to pieces (by animal); shuffled, mixed, scrambled

נִטְרַף/יִיטָּרֵף (יִטָּרֵף) be devoured; be scrambled, be mixed, be confused; be declared unfit to eat by Jewish law (lit.)

בניין : נִפְעַל גזרה : שלמים

	Present הווה		Past עבר	Future עתיד	Imper. ציווי
יחיד	נִטְרָף	אני	נִטְרַפְתִּי	אֶטָּרֵף	
יחידה	נִטְרֶפֶת	אתה	נִטְרַפְתָּ	תִּיטָּרֵף	הִיטָּרֵף
רבים	נִטְרָפִים	את	נִטְרַפְתְּ	תִּיטָּרְפִי	הִיטָּרְפִי
רבות	נִטְרָפוֹת	הוא	נִטְרַף	יִיטָּרֵף	
		היא	נִטְרְפָה	תִּיטָּרֵף	
		אנחנו	נִטְרַפְנוּ	נִיטָּרֵף	
		אתם/ן	נִטְרַפְתֶּם/ן	תִּיטָּרְפוּ *	הִיטָּרְפוּ **
		הם/ן	נִטְרְפוּ	יִיטָּרְפוּ *	

שם הפועל .Infin לְהִיטָּרֵף

* less commonly: אתן/הן תִּיטָּרַפְנָה

שם הפעולה Verbal N הִיטָּרְפוּת being burnt

** less commonly: (אתן) הִיטָּרַפְנָה

מקור מוחלט .Inf. Abs נִטְרוֹף, הִיטָּרֵף (הִיטָּרוֹף)

♦ פעלים פחות שכיחים מאותו שורש Less frequent verbs from the same root

טֵירֵף devour; mix, scramble (lit.) > בינוני Pres. Part. מְטָרֵף wonderful, "cool" (sl.)

♦ דוגמאות Illustrations

להקת הזאבים לכדה את האיילה **וטָרְפָה** אותה תוך כמה דקות. מה שנשאר מן החיה ש**נִטְרְפָה** נאכל על ידי העיטים והתנים, שחיכו בחוסר סבלנות לתורם.

The wolf pack captured the gazelle and **devoured** it within a few minutes. What was left of the **devoured** animal was eaten by the vultures and jackals, who had been waiting impatiently for their turn.

השינויים הפתאומיים במזג האוויר **טָרְפוּ** את כל תוכניותינו לסוף השבוע.

The sudden changes in the weather messed up all of our plans for the weekend.

מַטְרִיף אותי לראות איך הוא **טוֹרֵף** כל מה שמגישים לו לאכול.

It **drives** me **crazy** to see how he **devours** whatever he is served to eat.

♦ ביטויים מיוחדים Special expressions

טָרַף את הקלפים disrupt or cancel plans

דעתו **נִטְרְפָה** (עליו) become crazy

נִטְרְפָה (ספינה) be shaken violently back and forth and be scuttled (ship)

●יאש : לְהִתְייָאֵש, לְהִיוָּאֵש, לְיָאֵש

הִתְייָאֵש (הִתְיָאֵש)/הִתְייָאַש despair; give up on (col.)

בניין : הִתְפַּעֵל גזרה : שלמים + ע״ג

	Present הווה		Past עבר	Future עתיד	Imper. ציווי
יחיד	מִתְייָאֵש	אני	הִתְייָאַשְׁתִּי	אֶתְייָאֵש	
יחידה	מִתְייָאֶשֶׁת	אתה	הִתְייָאַשְׁתָּ	תִּתְייָאֵש	הִתְייָאֵש
רבים	מִתְייָאֲשִׁים	את	הִתְייָאַשְׁתְּ	תִּתְייָאֲשִׁי	הִתְייָאֲשִׁי
רבות	מִתְייָאֲשׁוֹת	הוא	הִתְייָאֵש	יִתְייָאֵש	
		היא	הִתְייָאֲשָׁה	תִּתְייָאֵש	
		אנחנו	הִתְייָאַשְׁנוּ	נִתְייָאֵש	
		אתם/ן	הִתְייָאַשְׁתֶּם/ן	תִּתְייָאֲשׁוּ *	הִתְייָאֲשׁוּ **
		הם/ן	הִתְייָאֲשׁוּ	יִתְייָאֲשׁוּ *	

שם הפועל .Infin לְהִתְייָאֵש

מקור מוחלט .Inf. Abs הִתְייָאֵש

שם הפעולה Verbal N הִתְייָאֲשׁוּת despairing, giving up

* less commonly: אתן/הן תִּתְייָאֵשְׁנָה

** less commonly: (אתן) הִתְייָאֵשְׁנָה

נוֹאַש/ייוָּאֵש (יִוָּאֵש) despair, lose hope, give up

בניין : נִפְעַל גזרה : פ״י + ע״ג

	Present הווה		Past עבר	Future עתיד	Imper. ציווי
יחיד	נוֹאָש	אני	נוֹאַשְׁתִּי	אִיוָּאֵש	
יחידה	נוֹאֶשֶׁת	אתה	נוֹאַשְׁתָּ	תִּיוָּאֵש	הִיוָּאֵש
רבים	נוֹאָשִׁים	את	נוֹאַשְׁתְּ	תִּיוָּאֲשִׁי	הִיוָּאֲשִׁי
רבות	נוֹאָשׁוֹת	הוא	נוֹאַש	ייוָּאֵש	
		היא	נוֹאֲשָׁה	תִּיוָּאֵש	
		אנחנו	נוֹאַשְׁנוּ	נִיוָּאֵש	
		אתם/ן	נוֹאַשְׁתֶּם/ן	תִּיוָּאֲשׁוּ *	הִיוָּאֲשׁוּ **
		הם/ן	נוֹאֲשׁוּ	ייוָּאֲשׁוּ *	

שם הפועל .Infin לְהִיוָּאֵשׁ   less commonly * :אתן/הן תִּיוָּאַשְׁנָה
מקור מוחלט .Inf. Abs הִיוָּאֵשׁ   less commonly ** :(אתן) הִיוָּאַשְׁנָה
שם הפעולה Verbal N הִיוָּאֲשׁוּת considering as hopeless
בינוני .Pres. Part נוֹאָשׁ desperate   מ״י מוצרכת .Gov. Prep נוֹאַשׁ מ- despair of

יֵאֵשׁ (יָאֵשׁ)/יִיאַשׁ/יְיַאֵשׁ cause despair

בניין : פִּיעֵל   גזרה : שלמים + ע״ג

	Present הווה		Past עבר	Future עתיד	Imper. ציווי
יחיד	מְיָיאֵשׁ	אני	יֵיאַשְׁתִּי	אֲיָיאֵשׁ	
יחידה	מְיָיאֶשֶׁת	אתה	יֵיאַשְׁתָּ	תְּיָיאֵשׁ	יָאֵשׁ
רבים	מְיָיאֲשִׁים	את	יֵיאַשְׁתְּ	תְּיָיאֲשִׁי	יָאֲשִׁי
רבות	מְיָיאֲשׁוֹת	הוא	יֵיאֵשׁ	יְיָיאֵשׁ	
		היא	יֵיאֲשָׁה	תְּיָיאֵשׁ	
		אנחנו	יֵיאַשְׁנוּ	נְיָיאֵשׁ	
		אתם/ן	יֵיאַשְׁתֶּם/ן	תְּיָיאֲשׁוּ *	יָאֲשׁוּ**
		הם/ן	יֵיאֲשׁוּ	יְיָיאֲשׁוּ *	

מקור מוחלט .Inf. Abs יָאֵשׁ   less commonly * :אתן/הן תְּיָיאֵשְׁנָה
שם הפועל .Infin לְיָיאֵשׁ   less commonly ** :(אתן) יָאֵשְׁנָה
שם הפעולה Verbal N יֵאוּשׁ despair N

♦ פעלים פחות שכיחים מאותו שורש Less frequent verbs from the same root

יוֹאַשׁ be brought to despair (בינוני סביל .Pass. Part מְיוֹאָשׁ in despair, desperate, hopeless) (only form in use)

♦ דוגמאות Illustrations

ניסיתי כמה פעמים לשכנע אותו שהכשרונות שלו מבוזבזים, ושעדיף שיחזור ללמד באוניברסיטה, אבל בסוף **הִתְיָיאַשְׁתִּי**. הבנתי שהוא פשוט שונא את עולם האקדמיה.

I tried a few times to convince him that his talents are being wasted, and that he'd be better off going back to teach at the university, but in the end I gave up. I realized that he simply cannot bear the academy.

בדיחת שטות ישראלית : **יֵאוּשׁ** תפס **יֵאוּשׁ** ואמר לו : **יֵאוּשׁ** !

Israeli silly joke: (Mr.) **Despair** grabbed (another Mr.) **Despair** and (desperately) said to him: (The situation is) **desperate**!

♦ ביטויים מיוחדים Special expressions

אמר **נוֹאָשׁ** give up

●יבל : לְהוֹבִיל

הוֹבִיל/הוּבַל/יוּבִיל lead, guide, conduct; transport

בניין : הִפְעִיל   גזרה : פ״ו

	Present הווה		Past עבר	Future עתיד	Imper. ציווי
יחיד	מוֹבִיל	אני	הוֹבַלְתִּי	אוֹבִיל	
יחידה	מוֹבִילָה	אתה	הוֹבַלְתָּ	תּוֹבִיל	הוֹבֵל
רבים	מוֹבִילִים	את	הוֹבַלְתְּ	תּוֹבִילִי	הוֹבִילִי
רבות	מוֹבִילוֹת	הוא	הוֹבִיל	יוֹבִיל	

	Present הווה		Past עבר	Future עתיד	Imper. ציווי
		היא	הוֹבִילָה	תּוֹבִיל	
		אנחנו	הוֹבַלְנוּ	נוֹבִיל	
		אתם/ן	הוֹבַלְתֶּם/ן	תּוֹבִילוּ *	הוֹבִילוּ **
		הם/ן	הוֹבִילוּ	יוֹבִילוּ *	

שם הפועל Infin. לְהוֹבִיל　　* less commonly : אתן/הן תּוֹבֵלְנָה

בינוני Pres. Part. מוֹבִיל transporter　　** less commonly : (אתן) הוֹבֵלְנָה

שם הפעולה Verbal N הוֹבָלָה transportation, moving　　מקור מוחלט Inf. Abs. הוֹבֵל

♦ **פעלים פחות שכיחים מאותו שורש** Less frequent verbs from the same root

הוּבַל be led, be guided; be transported (בינוני Pres. Part. **מוּבָל** led, transported, **יוּבַל**)

♦ **דוגמאות** Illustrations

הרהיטים והספרים **הוּבלו** על-ידי חברת ה**הוֹבָלָה** לכתובת החדשה; את שאר החפצים **הוֹבַלְתִּי** בעצמי.

The furniture and the books **were transported** by the **moving** company to the new address; the rest of the stuff I **transported** myself.

●יבשׁ : לְהִתְייַבֵּשׁ, לְייַבֵּשׁ

הִתְייַבֵּשׁ (הִתְיַבֵּשׁ)/הִתְייַבַּשׁ (become) dry, dry up

בניין : הִתְפַּעֵל　　גזרה : שלמים

	Present הווה		Past עבר	Future עתיד	Imper. ציווי
יחיד	מִתְייַבֵּשׁ	אני	הִתְייַבַּשְׁתִּי	אֶתְייַבֵּשׁ	
יחידה	מִתְייַבֶּשֶׁת	אתה	הִתְייַבַּשְׁתָּ	תִּתְייַבֵּשׁ	הִתְייַבֵּשׁ
רבים	מִתְייַבְּשִׁים	את	הִתְייַבַּשְׁתְּ	תִּתְייַבְּשִׁי	הִתְייַבְּשִׁי
רבות	מִתְייַבְּשׁוֹת	הוא	הִתְייַבֵּשׁ	יִתְייַבֵּשׁ	
		היא	הִתְייַבְּשָׁה	תִּתְייַבֵּשׁ	
		אנחנו	הִתְייַבַּשְׁנוּ	נִתְייַבֵּשׁ	
		אתם/ן	הִתְייַבַּשְׁתֶּם/ן	תִּתְייַבְּשׁוּ *	הִתְייַבְּשׁוּ **
		הם/ן	הִתְייַבְּשׁוּ	יִתְייַבְּשׁוּ *	

שם הפועל Infin. לְהִתְייַבֵּשׁ　　* less commonly: אתן/הן תִּתְייַבֵּשְׁנָה

מקור מוחלט Inf. Abs. הִתְייַבֵּשׁ　　** less commonly: (אתן) הִתְייַבֵּשְׁנָה

שם הפעולה Verbal N הִתְייַבְּשׁוּת drying, drying up

יִיבֵּשׁ (יִבֵּשׁ)/יִיבַּשׁ/ייַבֵּשׁ dry (up) (tr.), drain (swamps)

בניין : פִּיעֵל　　גזרה : שלמים

	Present הווה		Past עבר	Future עתיד	Imper. ציווי
יחיד	מְייַבֵּשׁ	אני	יִיבַּשְׁתִּי	אֲייַבֵּשׁ	
יחידה	מְייַבֶּשֶׁת	אתה	יִיבַּשְׁתָּ	תְּייַבֵּשׁ	יַבֵּשׁ
רבים	מְייַבְּשִׁים	את	יִיבַּשְׁתְּ	תְּייַבְּשִׁי	יַבְּשִׁי
רבות	מְייַבְּשׁוֹת	הוא	יִיבֵּשׁ	יְייַבֵּשׁ	
		היא	יִיבְּשָׁה	תְּייַבֵּשׁ	
		אנחנו	יִיבַּשְׁנוּ	נְייַבֵּשׁ	
		אתם/ן	יִיבַּשְׁתֶּם/ן	תְּייַבְּשׁוּ *	יַבְּשׁוּ**
		הם/ן	יִיבְּשׁוּ	יְייַבְּשׁוּ *	

מקור מוחלט Inf. Abs. יַבֵּשׁ — less commonly: * אתן/הן תְּיַיבֵּשְׁנָה
שם הפועל Infin. לְיַיבֵּשׁ — less commonly: ** (אתן) יַבֵּשְׁנָה
שם הפעולה Verbal N יִיבּוּשׁ drying (up) — בינוני Pres. Part. מְיַיבֵּשׁ dryer

♦ פעלים פחות שכיחים מאותו שורש Less frequent verbs from the same root

יָבֵשׁ be dry, be dried up, wither < בינ' Pres. Part. יָבֵשׁ dry (form common) (יִיבַשׁ, לִיבוֹשׁ)
יוּבַּשׁ be dried (up), be drained (בינוני Pres. Part. מְיוּבָּשׁ dried up, dehydrated, יְיוּבַּשׁ)

♦ דוגמאות Illustrations

בישראל, אנשים רבים עדיין תולים כביסה **לִיבּוּשׁ** בחוץ, ומכיוון שזו ארץ חמה, הכביסה **מִתְייַבֶּשֶׁת** מהר. אבל יש הטוענים שבגדים **המְיוּבָּשִׁים במְיַיבֵּשׁ** יוצאים רכים ונעימים יותר ללבישה.

In Israel, many people still hang out the laundry **to dry (= for drying)** outside, and since this is a hot country, the laundry **dries up** fast. But some claim that clothes **dried** in a **dryer** come out softer and more pleasant to wear.

♦ ביטויים מיוחדים Special expressions

אקלים **יָבֵשׁ** **dry** climate
ניקוי **יָבֵשׁ** **dry** cleaning
מְייַבֵּשׁ/מכונת **יִיבּוּשׁ** **dryer**
יין **יָבֵשׁ** **dry** (non-sweet) wine
עובדות **יְבֵשׁוֹת** **dry** facts
מְייַבֵּשׁ שיער hair **dryer**

●ידה (ידי): לְהוֹדוֹת, לְהִתְוַדּוֹת

הוֹדָה/יוֹדֶה admit, acknowledge; confess; thank

בניין: הִפְעִיל גזרה: פ"ו + ל"י

	Present הווה		Past עבר	Future עתיד	Imper. ציווי
יחיד	מוֹדֶה	אני	הוֹדֵיתִי	אוֹדֶה	
יחידה	מוֹדָה	אתה	הוֹדֵיתָ	תּוֹדֶה	הוֹדֵה
רבים	מוֹדִים	את	הוֹדֵית	תּוֹדִי	הוֹדִי
רבות	מוֹדוֹת	הוא	הוֹדָה	יוֹדֶה	
		היא	הוֹדְתָה	תּוֹדֶה	
		אנחנו	הוֹדֵינוּ	נוֹדֶה	
		אתם/ן	הוֹדֵיתֶם/ן	תּוֹדוּ *	הוֹדוּ **
		הם/ן	הוֹדוּ	יוֹדוּ *	

less commonly: * אתן/הן תּוֹדֶינָה
less commonly: ** (אתן) הוֹדֶינָה
שם הפעולה Verbal N הוֹדָיָה thanksgiving
מקור מוחלט Inf. Abs. הוֹדֵה

שם הפועל Infin. לְהוֹדוֹת
בינ' פעיל Pres. Part. מוֹדֶה thankful; admitting
שם הפעולה Verbal N הוֹדָאָה admission (of guilt)
מ"י מוצרכת Gov. Prep. הוֹדָה ל- thank (someone)
מ"י מוצרכת Gov. Prep. הוֹדָה ב- confess to

הִתְוַודָּה (הִתְוַדָּה) confess

בניין : הִתְפַּעֵל גזרה : ל״י

	Present הווה		Past עבר	Future עתיד	Imper. ציווי
יחיד	מִתְוַודֶּה	אני	הִתְוַודֵּיתִי	אֶתְוַודֶּה	
יחידה	מִתְוַודָּה	אתה	הִתְוַודֵּיתָ	תִּתְוַודֶּה	הִתְוַודֵּה
רבים	מִתְוַודִּים	את	הִתְוַודֵּית	תִּתְוַודִּי	הִתְוַודִּי
רבות	מִתְוַודּוֹת	הוא	הִתְוַודָּה	יִתְוַודֶּה	
		היא	הִתְוַודְּתָה	תִּתְוַודֶּה	
		אנחנו	הִתְוַודֵּינוּ	נִתְוַודֶּה	
		אתם/ן	הִתְוַודֵּיתֶם/ן	תִּתְוַודּוּ *	הִתְוַודּוּ **
		הם/ן	הִתְוַודּוּ	יִתְוַודּוּ **	

שם הפועל .Infin לְהִתְוַודּוֹת

שם הפעולה Verbal N הִתְוַודּוּת confessing

מקור מוחלט .Inf. Abs הִתְוַודֵּה

* less commonly: אתן/הן תִּתְוַודֶּינָה

** less commonly: (אתן) הִתְוַודֶּינָה

♦ דוגמאות Illustrations

אביגדור **הוֹדָה** לכל הבאים להיפרד ממנו עם סיימו את תפקידו. הוא **הִתְוַודָּה** שהיו רגעים בהם קילל את כל העולם, **והוֹדָה** (בכך) שלעתים הייתה לו תחושת כישלון, אבל בסופו של חשבון אינו מתחרט על שנטל על עצמו את התפקיד. הוא הזמין את כולם לבקרו בביתו בחג **ההוֹדָיָה**.

Avigdor **thanked** all those who came to say goodbye upon his concluding his tour of duty. He **confessed** that there were moments when he was cursing the whole world, and **admitted** that occasionally he had a sense of failure, but in the final analysis he did not regret having taken on the job. He invited everyone to visit him at his home on **Thanksgiving**.

♦ ביטויים מיוחדים Special expressions

אני **מוֹדֶה וּמִתְוַודֶּה** I frankly **admit** — **אוֹדֶה** ולא אבוש I freely **admit**

הוֹדוֹת ל- **thanks** to

● ידע : לָדַעַת, לְהוֹדִיעַ, לְיַידֵּעַ, לְהִיוָּדַע, לְהִתְוַודֵּעַ

יָדַע/יוֹדֵעַ/יֵידַע (יֵדַע) know; know how to; be aware of, have sexual intercourse

בניין : פָּעַל גזרה : חסרי פ״י + ל״ג (אֶפְעַל)

	Pres./Part. הווה/בינוני			Past עבר	Fut. עתיד	Imp. ציווי
יחיד	יוֹדֵעַ	יָדוּעַ	אני	יָדַעְתִּי	אֵדַע	
יחידה	יוֹדַעַת	יְדוּעָה	אתה	יָדַעְתָּ	תֵּדַע	דַּע
רבים	יוֹדְעִים	יְדוּעִים	את	יָדַעְתְּ/...עַת	תֵּדְעִי	דְּעִי
רבות	יוֹדְעוֹת	יְדוּעוֹת	הוא	יָדַע	יֵדַע	
			היא	יָדְעָה	תֵּדַע	
			אנחנו	יָדַעְנוּ	נֵדַע	
			אתם/ן	יְדַעְתֶּם/ן *	תֵּדְעוּ **	דְּעוּ ***
			הם/ן	יָדְעוּ	יֵדְעוּ **	

* Colloquial: יָדַעְתֶּם/ן
** less commonly: אתן/הן תֵּדַעְנָה
*** less commonly: (אתן) דַּעְנָה

שם הפועל Infin. לָדַעַת
בינוני Pres. Part. יָדוּעַ well-known, famous; certain
שם הפעולה Verbal N יְדִיעָה knowledge; (item of) information, piece of news
מקור מוחלט Inf. Abs. יָדוֹעַ מקור נטוי Inf.+pron. בְּיוֹדְעוֹ, כְּ...

הוֹדִיעַ/הוֹדַע/יוֹדִיעַ inform, announce, make known

בניין: הִפְעִיל גזרה: פ״י + ל״ג

	הווה Present		עבר Past	עתיד Future	ציווי Imper.
יחיד	מוֹדִיעַ	אני	הוֹדַעְתִּי	אוֹדִיעַ	
יחידה	מוֹדִיעָה	אתה	הוֹדַעְתָּ	תּוֹדִיעַ	הוֹדַע
רבים	מוֹדִיעִים	את	הוֹדַעְתְּ/...עַת	תּוֹדִיעִי	הוֹדִיעִי
רבות	מוֹדִיעוֹת	הוא	הוֹדִיעַ	יוֹדִיעַ	
		היא	הוֹדִיעָה	תּוֹדִיעַ	
		אנחנו	הוֹדַעְנוּ	נוֹדִיעַ	
		אתם/ן	הוֹדַעְתֶּם/ן	תּוֹדִיעוּ *	הוֹדִיעוּ **
		הם/ן	הוֹדִיעוּ	יוֹדִיעוּ *	

* less commonly: אתן/הן תּוֹדַעְנָה
** less commonly: הוֹדַעְנָה

שם הפועל Infin. לְהוֹדִיעַ
שם הפעולה Verbal N הוֹדָעָה announcement
בינוני Pres. Part. מוֹדִיעַ informer מקור מוחלט Inf. Abs. הוֹדֵעַ
מ״י מוצרכת Gov. Prep. הוֹדִיעַ לְ- inform (someone)

יִידַּע (יִידֵּעַ) [יִדַּע (יִדֵּעַ)]/יְיַדַּע (יְיַדֵּעַ) update, inform; make definite (gramm.)

בניין: פִּיעֵל גזרה: שלמים + ל״ג

	הווה Present		עבר Past	עתיד Future	ציווי Imper.
יחיד	מְיַידֵּעַ	אני	יִידַּעְתִּי	אֲיַידַּע/...דֵּעַ*	
יחידה	מְיַידַּעַת	אתה	יִידַּעְתָּ	תְּיַידַּע/...דֵּעַ*	יַדַּע/יַדֵּעַ*
רבים	מְיַידְּעִים	את	יִידַּעְתְּ/...עַת	תְּיַידְּעִי	יַדְּעִי
רבות	מְיַידְּעוֹת	הוא	יִידַּע/יִידֵּעַ*	יְיַדַּע/...דֵּעַ*	
		היא	יִידְּעָה	תְּיַידַּע/...דֵּעַ*	
		אנחנו	יִידַּעְנוּ	נְיַידַּע/...דֵּעַ*	
		אתם/ן	יִידַּעְתֶּם/ן	תְּיַידְּעוּ **	יַדְּעוּ ***
		הם/ן	יִידְּעוּ	יְיַדְּעוּ **	

* more common in colloquial use ...דֵּעַ
** less commonly: אתן/הן תְּיַידַּעְנָה
*** less commonly: (אתן) יַדַּעְנָה

שם הפועל Infin. לְיַידֵּעַ
שם הפעולה Verbal N יִידּוּעַ making definite (gramm.)

נוֹדַע/יִיוָּדַע (יִוָּדַע) become known; get to know; reveal oneself

בניין: נִפְעַל גזרה: פ״י + ל״ג

	הווה Present		עבר Past	עתיד Future	ציווי Imper.
יחיד	נוֹדָע	אני	נוֹדַעְתִּי	אִיוָּדַע/...דֵעַ*	
יחידה	נוֹדַעַת	אתה	נוֹדַעְתָּ	תִּיוָּדַע/...דֵעַ*	הִיוָּדַע/..דֵעַ*

הִיוָּדְעִי	תִּיוָּדְעִי	נוֹדַעְתְּ/...עַת	את	נוֹדָעִים	רבים
	יִיוָּדַע/...דֵעַ*	נוֹדַע	הוא	נוֹדָעוֹת	רבות
	תִּיוָּדַע/...דֵעַ*	נוֹדְעָה	היא		
	נִיוָּדַע/...דֵעַ*	נוֹדַעְנוּ	אנחנו		
הִיוָּדְעוּ ***	תִּיוָּדְעוּ **	נוֹדַעְתֶּם/ן	אתם/ן		
	יִיוָּדְעוּ **	נוֹדְעוּ	הם/ן		

* ...דֵעַ more common in colloquial use

** less commonly: אתן/הן תִּיוָּדַעְנָה

*** less commonly: (אתן) הִיוָּדַעְנָה

שם הפועל .Infin לְהִיוָּדַע

בינוני .Pres. Part נוֹדָע well-known, famous

שם הפעולה Verbal N הִיוָּדְעוּת becoming known; getting to know

מ״י מוצרכת .Gov. Prep נוֹדַע ל- become known to

הִתְוַדַּע (הִתְוַדַּע) (הִתְוַדֵּעַ) introduce oneself, make acquaintance; become known

בניין : הִתְפַּעֵל גזרה : פ״ו + ל״ג

Imper. ציווי	Future עתיד	Past עבר		Present הווה	
	אֶתְוַדַּע/...דֵּעַ*	הִתְוַדַּעְתִּי	אני	מִתְוַדֵּעַ	יחיד
הִתְוַדַּע/..דֵּעַ*	תִּתְוַדַּע/...דֵּעַ*	הִתְוַדַּעְתָּ	אתה	מִתְוַדַּעַת	יחידה
הִתְוַדְּעִי	תִּתְוַדְּעִי	הִתְוַדַּעְתְּ/...עַת	את	מִתְוַדְּעִים	רבים
	יִתְוַדַּע/...דֵּעַ*	הִתְוַדַּע/...דֵּעַ*	הוא	מִתְוַדְּעוֹת	רבות
	תִּתְוַדַּע/...דֵּעַ*	הִתְוַדְּעָה	היא		
	נִתְוַדַּע/...דֵּעַ*	הִתְוַדַּעְנוּ	אנחנו		
הִתְוַדְּעוּ **	תִּתְוַדְּעוּ *	הִתְוַדַּעְתֶּם/ן	אתם/ן		
	יִתְוַדְּעוּ *	הִתְוַדְּעוּ	הם/ן		

* ...דֵּעַ more common in colloquial use

** less commonly: אתן/הן תִּתְוַדַּעְנָה

*** less commonly: (אתן) הִתְוַדַּעְנָה

שם הפועל .Infin לְהִתְוַדֵּעַ

שם הפעולה Verbal N הִתְוַדְּעוּת getting acquainted מקור מוחלט .Inf. Abs הִתְוַדֵּעַ

מ״י מוצרכת .Gov. Prep הִתְוַדַּע אל/ל- become acquainted with

♦ פעלים פחות שכיחים מאותו שורש Less frequent verbs from the same root

יוּדַע (be informed; be made definite (gramm.) בינוני .Pres. Part מְיוּדָע made definite; acquaintance, יְיוּדַּע)

הוּדַע be known, be publicized < בינוני .Pres. Part מוּדָע (ל-) conscious, aware (of), form common

♦ דוגמאות Illustrations

דובר ראש הממשלה **הוֹדִיעַ** כי אין כל שחר **לִידִיעָה** שהופיעה בעיתוני הערב כי שר האוצר מתפטר. לא **יָדוּעַ** לראש הממשלה על כל כוונה כזו, ושר האוצר עצמו אינו **יוֹדֵעַ** מי אחראי להפצת השמועה, שעליה **נוֹדַע** לו לראשונה מן העיתונות.

The government spokesperson **announced** that there is no basis whatsoever to the **news item** that appeared in the evening newspapers that the finance minister is resigning. The prime minister **is** not **aware** of any such intention, and the finance minister himself does not **know** who is responsible for spreading around this rumor, of which he **was** first **informed** by the press.

הרמטכ"ל ושר המשטרה **יִידְעוּ** את הממשלה אודות הצעדים הנקטים במלחמה בטרור. שניהם הודו כי הם **מוּדָעִים** לקשיים, ושעליהם **לְהִתְוַדֵּעַ** היטב לנסיבות שנוצרו.

The chief of staff and the police minister **informed** the government regarding the steps taken in fighting terrorism. Both confessed that they **are aware** of the difficulties, and that they still need **to** further **familiarize themselves** with the new circumstances created in the territories by the autonomy.

♦ **ביטויים מיוחדים** Special expressions

יָדַע את have sexual intercourse with

לא **יָדַע** בין ימינו לשמאלו **knew** nothing; was totally confused

השד **יוֹדֵעַ** who **knows**? (coll.) | **בְּיוֹדְעִין** **knowing**ly

בְּיוֹדְעִין ובלא **יוֹדְעִין** **knowing**ly as well as un**knowing**ly | **לְיְדִיעָתְךָ** for your information

גלוי **וְיָדוּעַ** ש... it is well-**known** that... | **יָדוּעַ** לי ש... I am aware/**know** that..., I

להווי **יָדוּעַ** לך ש... you should **know** that... | ה"א **הַיְדִיעָה** the definite article

ה"א **הַיִּדּוּעַ** the definite article | **יְדִיעַת** הארץ geography, the geography of Israel

נוֹדַע לי ש... I am informed that..., it **became known** to me that...

המוּדָע the **conscious** | הבלתי-**מוּדָע** (התת-**מוּדָע**) the sub**conscious**

●יזם : לִיזוֹם

יָזַם/יוֹזֵם/יִיזוֹם (יִזּם) initiate, plan

בניין : פָּעַל גזרה : נחי פ"י (אפעוֹל)

Imp. ציווי	Fut. עתיד	Past עבר		Pres./Part. הווה/בינוני		
	אֶזוֹם	יָזַמְתִּי	אני	יָזוּם	יוֹזֵם	יחיד
יְזוֹם	תִּיזוֹם	יָזַמְתָּ	אתה	יְזוּמָה	יוֹזֶמֶת	יחידה
יִזְמִי	תִּיזְמִי	יָזַמְתְּ	את	יְזוּמִים	יוֹזְמִים	רבים
	יִיזוֹם	יָזַם	הוא	יְזוּמוֹת	יוֹזְמוֹת	רבות
	תִּיזוֹם	יָזְמָה	היא			
	נִיזוֹם	יָזַמְנוּ	אנחנו			
יִזְמוּ ***	תִּיזְמוּ **	יְזַמְתֶּם/ן *	אתם/ן			
	יִיזְמוּ **	יָזְמוּ	הם/ן			

שם הפועל .Infin לִיזוֹם

מקור מוחלט .Inf. Abs יָזוֹם

ביני סביל .Pass. Part יָזוּם initiated (by gov., etc.)

מקור נטוי .Inf.+pron בְּיוֹזְמוֹ, כְּ...

* Colloquial: יָזַמְתֶּם/ן

** less commonly: אתן/הן תִּיזוֹמְנָה

*** less commonly: (אתן) יְזוֹמְנָה

♦ **דוגמאות** Illustrations

אם הממשלה לא הייתה **יוֹזֶמֶת** את תוכנית ההבראה הכלכלית שדרש הבנק הבינלאומי, היא לא הייתה מקבלת את ההלוואה הגדולה שביקשה.

Had the government not **initiated** the economic recovery plan demanded by the International Bank, it would not have received the loan it had requested.

♦ **ביטויים מיוחדים** Special expressions

עבודות **יְזוּמוֹת** public **works** that are **initiated** in order to reduce unemployment

●יחד : לְיַיחֵד

designate, set aside, make different, be unique **יִיחֵד (יִחֵד)/יִיחַד/יִיחֵד**

בניין : פִּיעֵל גזרה : שלמים + ע״ג

Imper. ציווי	Future עתיד	Past עבר		Present הווה	
	אֲיַיחֵד	יִיחַדְתִּי	אני	מְיַיחֵד	יחיד
יַחֵד	תְּיַיחֵד	יִיחַדְתָּ	אתה	מְיַיחֶדֶת	יחידה
יַחֲדִי	תְּיַיחֲדִי	יִיחַדְתְּ	את	מְיַיחֲדִים	רבים
	יְיַיחֵד	יִיחֵד	הוא	מְיַיחֲדוֹת	רבות
	תְּיַיחֵד	יִיחֲדָה	היא		
	נְיַיחֵד	יִיחַדְנוּ	אנחנו		
יַחֲדוּ**	תְּיַיחֲדוּ *	יִיחַדְתֶּם/ן	אתם/ן		
	יְיַיחֲדוּ *	יִיחֲדוּ	הם/ן		

* less commonly: אתן/הן תְּיַיחֵדְנָה

** less commonly: (אתן) יַחֵדְנָה

שם הפועל Infin. לְיַיחֵד

שם הפעולה Verbal N יִיחוּד uniqueness

מקור מוחלט Inf. Abs. יַחֵד

♦ פעלים פחות שכיחים מאותו שורש Less frequent verbs from the same root

הִתְיַיחֵד seclude oneself; be unique; be alone and/or have intercourse (with) (מִתְיַיחֵד, יִתְיַיחֵד, לְהִתְיַיחֵד)

יוּחַד be designated, be set aside, be dedicated < בינוני Pres. Part. **מְיוּחָד** special, unique (form common), יְיוּחַד

♦ דוגמאות Illustrations

הממשלה **יִיחֲדָה** את הכספים הללו לרכישת ציוד בלבד; אין להשתמש בכספים **שיוּחֲדוּ** לציוד לתשלום למשכורות או לכל מטרה אחרת.

The government **has designated** these funds for equipment purchasing only; one is not allowed to use funds **designated** for equipment for paying salaries or for any other purpose.

לא ברור לי כלל מה **מְיַיחֵד** את כתיבתו של הסופר הזה, ומדוע כולם חושבים שהוא כה **מְיוּחָד**. יש מאות כמוהו.

It is unclear to me what **sets aside** the writing of this author, and why everybody thinks that he is so **special**. There are hundreds like him.

יש בתי סוהר המאפשרים לאסירים **לְהִתְיַיחֵד עִם** נשותיהם מדי פעם.

Some prisons occasionally allow convicts **to be alone with** their wives.

♦ ביטויים מיוחדים Special expressions

יִיחֵד את הדיבור על **concentrated** (his speech) on

באופן **מְיוּחָד** in **particular**

הוצאה **מְיוּחֶדֶת** **special** edition

חינוך **מְיוּחָד** **special** education

יחיד **וּמְיוּחָד** **unique**, one of a kind

מְיוּחָד במינו **unique**, one of a kind

הִתְיַיחֵד עם זכרו take part in commemorating someone

● יחס : לְהִתְיַיחֵס, לְיַיחֵס

הִתְיַיחֵס (הִתְיַחֵס)/הִתְיַיחֵס relate (to), be related (to); treat; belong (to family)

בניין : הִתְפַּעֵל גזרה : שלמים + ע״ג

Imper. ציווי	Future עתיד	Past עבר		Present הווה	
	אֶתְיַיחֵס	הִתְיַיחַסְתִּי	אני	מִתְיַיחֵס	יחיד
הִתְיַיחֵס	תִּתְיַיחֵס	הִתְיַיחַסְתָּ	אתה	מִתְיַיחֶסֶת	יחידה
הִתְיַיחֲסִי	תִּתְיַיחֲסִי	הִתְיַיחַסְתְּ	את	מִתְיַיחֲסִים	רבים
	יִתְיַיחֵס	הִתְיַיחֵס	הוא	מִתְיַיחֲסוֹת	רבות
	תִּתְיַיחֵס	הִתְיַיחֲסָה	היא		
	נִתְיַיחֵס	הִתְיַיחַסְנוּ	אנחנו		
הִתְיַיחֲסוּ **	תִּתְיַיחֲסוּ *	הִתְיַיחַסְתֶּם/ן	אתם/ן		
	יִתְיַיחֲסוּ *	הִתְיַיחֲסוּ	הם/ן		

* less commonly: אתן/הן תִּתְיַיחֵסְנָה

** less commonly: (אתן) הִתְיַיחֵסְנָה

שם הפועל .Infin לְהִתְיַיחֵס

שם הפעולה Verbal N הִתְיַיחֲסוּת treating; being related

מקור מוחלט .Inf. Abs הִתְיַיחֵס

מ״י מוצרכת .Gov. Prep הִתְיַיחֵס ל- treat; be related to; belong to (family)

יִיחֵס (יִחֵס)/יִיחַס/יִיחֵס attribute, ascribe, relate; trace descent (of)

בניין : פִּיעֵל גזרה : שלמים + ע״ג

Imper. ציווי	Future עתיד	Past עבר		Present הווה	
	אֲיַיחֵס	יִיחַסְתִּי	אני	מְיַיחֵס	יחיד
יַחֵס	תְּיַיחֵס	יִיחַסְתָּ	אתה	מְיַיחֶסֶת	יחידה
יַחֲסִי	תְּיַיחֲסִי	יִיחַסְתְּ	את	מְיַיחֲסִים	רבים
	יְיַחֵס	יִיחֵס	הוא	מְיַיחֲסוֹת	רבות
	תְּיַיחֵס	יִיחֲסָה	היא		
	נְיַיחֵס	יִיחַסְנוּ	אנחנו		
יַחֲסוּ**	תְּיַיחֲסוּ *	יִיחַסְתֶּם/ן	אתם/ן		
	יְיַחֲסוּ *	יִיחֲסוּ	הם/ן		

* less commonly: אתן/הן תְּיַיחֵסְנָה

** less commonly: (אתן) יַחֵסְנָה

שם הפועל .Infin לְיַיחֵס

שם הפעולה Verbal N יִיחוּס lineage, pedigree; ascribing

מקור מוחלט .Inf. Abs יַחֵס   מ״י מוצרכת .Gov. Prep יִיחֵס ל- attribute to

♦ פעלים פחות שכיחים מאותו שורש Less frequent verbs from the same root

יוּחַס be attributed, be ascribed, be related, be traced (descent) (בינוני .Pres. Part מְיוּחָס noble; of good family; attributed (to), יְיוּחַס)

♦ דוגמאות Illustrations

נגיד בנק ישראל לא **הִתְיַיחֵס** בנאומו למצב הפוליטי ; הוא **יִיחֵס** את ההתפתחויות האחרונות בכלכלה לגורמים חברתיים בלבד.

The commissioner of the Israel Bank did not **treat** the political situation in his speech; he **ascribed** the latest economic developments exclusively to social factors.

אפריים בא ממשפחה **מְיוּחֶסֶת**. **מְיַיחֲסִים** את מוצאה למשפחת מונטיפיורי הידועה. זהו **יִיחוּס** מרשים.

Ephraim comes from a **noble** family. They **attribute its descent** to the well-known Montefiore family. It is an impressive **lineage**.

♦ ביטויים מיוחדים Special expressions

יִיחֵס חשיבות **attribute**/attach importance

●יכח : לְהוֹכִיחַ, לְהִתְווַכֵּחַ, לְהִיוָּכַח

הוֹכִיחַ/הוֹכַח prove; scold; judge

בניין : הִפְעִיל גזרה : פ״ו + ל״ג

	Present הווה		Past עבר	Future עתיד	Imper. ציווי
יחיד	מוֹכִיחַ	אני	הוֹכַחְתִּי	אוֹכִיחַ	
יחידה	מוֹכִיחָה	אתה	הוֹכַחְתָּ	תּוֹכִיחַ	הוֹכַח
רבים	מוֹכִיחִים	את	הוֹכַחְתְּ/...חַת	תּוֹכִיחִי	הוֹכִיחִי
רבות	מוֹכִיחוֹת	הוא	הוֹכִיחַ	יוֹכִיחַ	
		היא	הוֹכִיחָה	תּוֹכִיחַ	
		אנחנו	הוֹכַחְנוּ	נוֹכִיחַ	
		אתםץ	הוֹכַחְתֶּםץ	תּוֹכִיחוּ *	הוֹכִיחוּ **
		הםץ	הוֹכִיחוּ	יוֹכִיחוּ *	

שם הפועל .Infin לְהוֹכִיחַ — * less commonly: אתן/הן תּוֹכַחְנָה

שם הפעולה Verbal N הוֹכָחָה proof; reproach — ** less commonly: (אתן) הוֹכַחְנָה

בינוני .Pres. Part מוֹכִיחַ reprover, admonisher

מקור מוחלט .Inf. Abs הוֹכֵחַ

הִתְוַוכַּח (הִתְוַכַּח) (הִתְווַכֵּחַ) argue, debate

בניין : הִתְפַּעֵל גזרה : פ״ו + ל״ג

	Present הווה		Past עבר	Future עתיד	Imper. ציווי
יחיד	מִתְווַכֵּחַ	אני	הִתְווַכַּחְתִּי	אֶתְווַכַּח/...כֵּחַ*	
יחידה	מִתְווַכַּחַת	אתה	הִתְווַכַּחְתָּ	תִּתְווַכַּח/...כֵּחַ*	הִתְווַכַּח/..כֵּחַ*
רבים	מִתְווַכְּחִים	את	הִתְווַכַּחְתְּ/...חַת	תִּתְווַכְּחִי	הִתְווַכְּחִי
רבות	מִתְווַכְּחוֹת	הוא	הִתְווַכַּח/...כֵּחַ*	יִתְווַכַּח/...כֵּחַ*	
		היא	הִתְווַכְּחָה	תִּתְווַכַּח/...כֵּחַ*	
		אנחנו	הִתְווַכַּחְנוּ	נִתְווַכַּח/...כֵּחַ*	
		אתםץ	הִתְווַכַּחְתֶּםץ	תִּתְווַכְּחוּ **	הִתְווַכְּחוּ ***
		הםץ	הִתְווַכְּחוּ	יִתְווַכְּחוּ **	

שם הפועל .Infin לְהִתְווַכֵּחַ — * ...כֵּחַ more common in colloquial use

שם הפעולה Verbal N הִתְווַכְּחוּת arguing — ** less commonly: אתן/הן תִּתְווַכַּחְנָה

מקור מוחלט .Inf. Abs הִתְווַכֵּחַ — *** less commonly: (אתן) הִתְווַכַּחְנָה

מ״י מוצרכת .Gov. Prep הִתְווַכֵּחַ עם argue with

נוֹכַח/יִיוָּכַח (יִוָּכַח) realize, find out

בניין : נִפְעַל   גזרה : פ״י + ל״ג

	Present הווה		Past עבר	Future עתיד	Imper. ציווי
יחיד	נוֹכָח	אני	נוֹכַחְתִּי	אִיוָּכַח/...כֵחַ*	
יחידה	נוֹכַחַת	אתה	נוֹכַחְתָּ	תִּיוָּכַח/...כֵחַ*	הִיוָּכַח/..כֵחַ*
רבים	נוֹכָחִים	את	נוֹכַחְתְּ/...חַת	תִּיוָּכְחִי	הִיוָּכְחִי
רבות	נוֹכָחוֹת	הוא	נוֹכַח	יִיוָּכַח/...כֵחַ*	
		היא	נוֹכְחָה	תִּיוָּכַח/...כֵחַ*	
		אנחנו	נוֹכַחְנוּ	נִיוָּכַח/...כֵחַ*	
		אתם/ן	נוֹכַחְתֶּם/ן	תִּיוָּכְחוּ **	הִיוָּכְחוּ ***
		הם/ן	נוֹכְחוּ	יִיוָּכְחוּ **	

* ...כֵחַ more common in colloquial use

** less commonly: אתן/הן תִּיוָּכַחְנָה

שם הפועל .Infin לְהִיוָּכַח/...כֵחַ*   *** less commonly: (אתן) הִיוָּכַחְנָה

שם הפעולה Verbal N הִיוָּכְחוּת realizing, finding out

הוּכַח be proven; be scolded, be judged

בניין : הוּפְעַל   גזרה : פ״י + ל״ג

	Present הווה		Past עבר	Future עתיד
יחיד	מוּכָח	אני	הוּכַחְתִּי	אוּכַח
יחידה	מוּכַחַת	אתה	הוּכַחְתָּ	תּוּכַח
רבים	מוּכָחִים	את	הוּכַחְתְּ/...חַת	תּוּכְחִי
רבות	מוּכָחוֹת	הוא	הוּכַח	יוּכַח
		היא	הוּכְחָה	תּוּכַח
		אנחנו	הוּכַחְנוּ	נוּכַח
		אתם/ן	הוּכַחְתֶּם/ן	תּוּכְחוּ *
		הם/ן	הוּכְחוּ	יוּכְחוּ *

בינוני .Pres. Part מוּכָח proven; admonished   * less commonly אתן/הן תּוּכַחְנָה

♦ פעלים פחות שכיחים מאותו שורש Less frequent verbs from the same root

וִיכַּח argue, dispute (Mish H) < שם הפעולה Verbal N וִיכּוּחַ argument, discussion, dispute (form is very common)

♦ דוגמאות Illustrations

אחרי כמה **ויכוחים** עם יצחק **נוכחתי** לדעת שאין כל טעם **להתווכח** איתו. הוא מרגיש תמיד צורך **להוכיח** שהוא יותר חכם מבן שיחו, ואינו מוכן לקבל עובדות **כהוכחה**.

After a few **discussions** with Yitzhak I **realized** that there is no point **arguing** with him. He always feels the need **to prove** that he knows more than his interlocutor, and is never willing to accept facts as **proof**.

לאחר כמה לילות של עבודה, דניאל הצליח **להוכיח** את המשפט. המשפט אומנם **הוכח** כבר לפני אלפיים שנה, אבל הפרופסור שיבח את דניאל על כך שהגיע **להוכחה** בכוחות עצמו.

After a few nights' work, Daniel managed to **prove** the theorem. The theorem **had** already **been proven** two thousand years ago, but the professor commended Daniel for arriving at the **proof** on his own.

♦ ביטויים מיוחדים Special expressions

נוֹכַח לדעת find out — שוחרר מחוסר **הוֹכָחוֹת** be discharged for lack of evidence

●יכל

יָכוֹל (יָכֹל) can, be able; may, be permitted; prevail over (lit.)

בניין : פָּעַל — גזרה : מיוחדת

	Present הווה		Past עבר	Future עתיד
יחיד	יָכוֹל	אני	יָכוֹלְתִּי	אוּכַל
יחידה	יְכוֹלָה	אתה	יָכוֹלְתָּ	תּוּכַל
רבים	יְכוֹלִים	את	יָכוֹלְתְּ	תּוּכְלִי
רבות	יְכוֹלוֹת	הוא	יָכוֹל	יוּכַל
		היא	יָכְלָה	תּוּכַל
		אנחנו	יָכוֹלְנוּ	נוּכַל
		אתם/ן	יְכוֹלְתֶּם/ן * (יְכָלְתֶּם/ן)	תּוּכְלוּ **
		הם/ן	יָכְלוּ	יוּכְלוּ **

בינוני Pres. Part. יָכוֹל be able (to) — * Colloquial: יָכוֹלְתֶּם/ן

שם הפעולה Verbal N יְכוֹלֶת ability — ** less commonly: אתן/הן תּוּכַלְנָה

♦ דוגמאות Illustrations

לא **יָכוֹלְתִּי** להגיע לפגישה הקודמת, אבל בשבוע הבא **אוּכַל** לבוא.

I **could** not make the last meeting, but next week I **will be able** to come.

♦ ביטויים מיוחדים Special expressions

יָכוֹל להיות ש... it may be that... — **כִּבְיָכוֹל** so-called, as it were

כל **יָכוֹל** omnipotent; jack-of-all-trades

●ילד : לְהִיוָּלֵד, לָלֶדֶת, לְהוֹלִיד

נוֹלַד/יִיוָּלֵד (יִוָּלֵד) be born, be created

בניין : נִפְעַל — גזרה : פ״י

	Present הווה		Past עבר	Future עתיד	Imper. ציווי
יחיד	נוֹלָד	אני	נוֹלַדְתִּי	אִיוָּלֵד	
יחידה	נוֹלֶדֶת	אתה	נוֹלַדְתָּ	תִּיוָּלֵד	הִיוָּלֵד
רבים	נוֹלָדִים	את	נוֹלַדְתְּ	תִּיוָּלְדִי	הִיוָּלְדִי
רבות	נוֹלָדוֹת	הוא	נוֹלַד	יִיוָּלֵד	
		היא	נוֹלְדָה	תִּיוָּלֵד	
		אנחנו	נוֹלַדְנוּ	נִיוָּלֵד	
		אתם/ן	נוֹלַדְתֶּם/ן	תִּיוָּלְדוּ *	הִיוָּלְדוּ **
		הם/ן	נוֹלְדוּ	יִיוָּלְדוּ *	

שם הפועל Infin. לְהִיוָּלֵד — * less commonly: אתן/הן תִּיוָּלַדְנָה

מקור מוחלט Inf. Abs. הִיוָּלֵד — ** less commonly: (אתן) הִיוָּלַדְנָה

שם הפעולה Verbal N הִיוָּלְדוּת being born/created

בינוני .Pres. Part נוֹלָד born; outcome, future מ״י מוצרכת .Gov. Prep נוֹלַד ל- be born to

יָלַד/יוֹלֵד/יֵילֵד (יֵלֵד) give birth, bear

בניין : פָּעַל גזרה : חסרי פ״י

	Pres. הווה			Past עבר	Fut. עתיד	Imp. ציווי
יחיד	יוֹלֵד	יָלוּד	אני	יָלַדְתִּי	אֵילֵד	
יחידה	יוֹלֶדֶת	יְלוּדָה	אתה	יָלַדְתָּ	תֵּילֵד	לֵד
רבים	יוֹלְדִים	יְלוּדִים	את	יָלַדְתְּ	תֵּילְדִי	לְדִי
רבות	יוֹלְדוֹת	יְלוּדוֹת	הוא	יָלַד	יֵילֵד	
			היא	יָלְדָה	תֵּילֵד	
			אנחנו	יָלַדְנוּ	נֵילֵד	
			אתם/ן	* יְלַדְתֶּם/ן	** תֵּילְדוּ	*** לְדוּ
			הם/ן	יָלְדוּ	** יֵילְדוּ	

שם הפועל .Infin לָלֶדֶת * Colloquial: יְלַדְתֶּם/ן

מקור מוחלט .Inf. Abs יָלוֹד ** less commonly: אתן/הן תֵּילַדְנָה

שם הפעולה Verbal N לֵידָה birth *** less commonly: (אתן) לֵדְנָה

ביני׳ פעיל .Act. Part יוֹלֶדֶת woman giving birth מקור נטוי .Inf.+pron בְּלִדְתָּהּ, כְּ...

ביני׳ סביל .Pass. Part יָלוּד child, baby (lit.-rare) קָטִיל *CaCiC* יָלִיד native of; born in

הוֹלִיד/הוֹלַד/יוֹלִיד beget (=father); cause; give birth (fig.)

בניין : הִפְעִיל גזרה : פ״ו

	Present הווה		Past עבר	Future עתיד	Imper. ציווי
יחיד	מוֹלִיד	אני	הוֹלַדְתִּי	אוֹלִיד	
יחידה	מוֹלִידָה	אתה	הוֹלַדְתָּ	תּוֹלִיד	הוֹלֵד
רבים	מוֹלִידִים	את	הוֹלַדְתְּ	תּוֹלִידִי	הוֹלִידִי
רבות	מוֹלִידוֹת	הוא	הוֹלִיד	יוֹלִיד	
		היא	הוֹלִידָה	תּוֹלִיד	
		אנחנו	הוֹלַדְנוּ	נוֹלִיד	
		אתם/ן	הוֹלַדְתֶּם/ן	* תּוֹלִידוּ	** הוֹלִידוּ
		הם/ן	הוֹלִידוּ	* יוֹלִידוּ	

שם הפועל .Infin לְהוֹלִיד * less commonly: אתן/הן תּוֹלֵדְנָה

בינוני .Pres. Part מוֹלִיד procreator, sire ** less commonly: (אתן) הוֹלֵדְנָה

שם הפעולה Verbal N הוֹלָדָה procreating, siring

מקור מוחלט .Inf. Abs הוֹלֵד

♦ פעלים פחות שכיחים מאותו שורש Less frequent verbs from the same root

יִילֵּד assist in childbirth, act as midwife (בינוני .Pres. Part מְיַילֵּד obstetrician, בינוני .Pres. Part מְיַילֶּדֶת midwife, יְיַלֵּד, לְיַילֵּד)

הוּלַד be born < בינוני .Pres. Part מוּלָד innate, inborn

♦ דוגמאות Illustrations

גבריאל **נוֹלַד** ב-1942. אימו **יָלְדָה** אותו במרתף שבו התחבאה מפני הגרמנים. היא **יָלְדָה** אותו לבד, ללא רופא וללא **מְיַילֶּדֶת**.

Gavriel **was born** in 1942. His mother **gave birth** to him in a cellar, in which she was hiding from the Germans. She **gave birth** alone, without a doctor or a **midwife**.

דויד עלוקה אמיתית : לא עובד, לא לומד – רק אוכל, ישן ו**מוֹלִיד** ילדים.
David is a real parasite: he neither works, nor studies – only eats, sleeps, and **begets** children.
גיא הוא **יְלִיד** צרפת, **יְלִיד** 1943.
Guy is a **native of** France, **born in** 1943.

♦ ביטויים מיוחדים Special expressions

מה **יֵילֵד** יום what tomorrow will **bring** רואה את **הנוֹלָד** foresees **the future**

ביצה שלא **נוֹלְדָה** only a possibility (not relevant yet, thus too early to discuss)

● ינק : לִינוֹק, לְהֵינִיק

יָנַק/יוֹנֵק/יִינַק suckle, nurse, breast-feed; suck up; absorb, imbibe

בניין : פָּעַל גזרה : נחי פ״י

	Present הווה		Past עבר	Future עתיד	Imper. ציווי
יחיד	יוֹנֵק	אני	יָנַקְתִּי	אִינַק	
יחידה	יוֹנֶקֶת	אתה	יָנַקְתָּ	תִּינַק	יְנַק
רבים	יוֹנְקִים	את	יָנַקְתְּ	תִּינְקִי	יִנְקִי
רבות	יוֹנְקוֹת	הוא	יָנַק	יִינַק	
		היא	יָנְקָה	תִּינַק	
		אנחנו	יָנַקְנוּ	נִינַק	
		אתם/ן	יְנַקְתֶּם/ן *	תִּינְקוּ **	יִנְקוּ ***
		הם/ן	יָנְקוּ	יִינְקוּ **	

שם הפועל .Infin לִינוֹק

מקור מוחלט .Inf. Abs יָנוֹק

ש׳ הפעו׳ Verbal N יְנִיקָה suckling; absorption

בינוני .Pres. Part יוֹנֵק mammal; newborn, infant

* Colloquial: יָנַקְתֶּם/ן

** less commonly: אתן/הן תִּינַקְנָה

*** less commonly: (אתן) יְנַקְנָה

הֵינִיק/הֵינַק/יֵינִיק nurse (tr.), breast-feed (tr.)

בניין : הִפְעִיל גזרה : פ״י

	Present הווה		Past עבר	Future עתיד	Imper. ציווי
יחיד	מֵינִיק	אני	הֵינַקְתִּי	אֵינִיק	
יחידה	מֵינִיקָה	אתה	הֵינַקְתָּ	תֵּינִיק	הֵינִיק
רבים	מֵינִיקִים	את	הֵינַקְתְּ	תֵּינִיקִי	הֵינִיקִי
רבות	מֵינִיקוֹת	הוא	הֵינִיק	יֵינִיק	
		היא	הֵינִיקָה	תֵּינִיק	
		אנחנו	הֵינַקְנוּ	נֵינִיק	
		אתם/ן	הֵינַקְתֶּם/ן	תֵּינִיקוּ *	הֵינִיקוּ **
		הם/ן	הֵינִיקוּ	יֵינִיקוּ *	

שם הפועל .Infin לְהֵינִיק

ש׳ הפעו׳ Verbal N הֲנָקָה nursing, breast-feeding

* less commonly: אתן/הן תֵּינַקְנָה

** less commonly: (אתן) הֵינַקְנָה

♦ דוגמאות Illustrations

נשים רבות מעדיפות היום **לְהֵינִיק** ככל שניתן ; יש יתרונות בריאות לחלב אם.
Many women today prefer **to breast-feed** as long as possible/feasible; a mother's milk has some important health advantages.

♦ ביטויים מיוחדים Special expressions

יותר ממה שהעגל רוצה **לִינוֹק**, הפרה רוצה **לְהֵינִיק**.

A cow wishes **to nurse** more than the calf wishes **to suckle** (=often the one who gives is more willing to do so than the one given to wishes to take).

●יסד : לְייַסֵּד, לְהִיוּוָסֵד

ייסד (יִסֵּד)/יִיסַד/ייַסֵּד found, establish

בניין : פִּיעֵל גזרה : שלמים

	Present הווה		Past עבר	Future עתיד	Imper. ציווי
יחיד	מְייַסֵּד	אני	יִיסַּדְתִּי	אֲייַסֵּד	
יחידה	מְייַסֶּדֶת	אתה	יִיסַּדְתָּ	תְּייַסֵּד	יַסֵּד
רבים	מְייַסְּדִים	את	יִיסַּדְתְּ	תְּייַסְּדִי	יַסְּדִי
רבות	מְייַסְּדוֹת	הוא	יִיסֵּד	יְיַסֵּד	
		היא	יִיסְּדָה	תְּייַסֵּד	
		אנחנו	יִיסַּדְנוּ	נְייַסֵּד	
		אתם/ן	יִיסַּדְתֶּם/ן	תְּייַסְּדוּ *	יַסְּדוּ **
		הם/ן	יִיסְּדוּ	יְיַסְּדוּ *	

שם הפועל .Infin לְייַסֵּד   * less commonly: אתן/הן תְּייַסֵּדְנָה

בינוני .Pres. Part מְייַסֵּד founder   ** less commonly: (אתן) יַסֵּדְנָה

שם הפעולה Verbal N יִיסוּד founding   מקור מוחלט .Inf. Abs יַסֵּד

נוֹסַד/יִיוּוָסֵד (יִוָּסֵד) be founded, be established

בניין : נִפְעַל גזרה : פ״י

	Present הווה		Past עבר	Future עתיד	Imper. ציווי
יחיד	נוֹסָד	אני	נוֹסַדְתִּי	אִיוּוָסֵד	
יחידה	נוֹסֶדֶת	אתה	נוֹסַדְתָּ	תִּיוּוָסֵד	הִיוּוָסֵד
רבים	נוֹסָדִים	את	נוֹסַדְתְּ	תִּיוּוָסְדִי	הִיוּוָסְדִי
רבות	נוֹסָדוֹת	הוא	נוֹסַד	יִיוּוָסֵד	
		היא	נוֹסְדָה	תִּיוּוָסֵד	
		אנחנו	נוֹסַדְנוּ	נִיוּוָסֵד	
		אתם/ן	נוֹסַדְתֶּם/ן	תִּיוּוָסְדוּ *	הִיוּוָסְדוּ **
		הם/ן	נוֹסְדוּ	יִיוּוָסְדוּ *	

שם הפועל .Infin לְהִיוּוָסֵד   * less commonly: אתן/הן תִּיוּוָסַדְנָה

שם הפעולה Verbal N הִיוּוָסְדוּת being founded   ** less commonly: (אתן) הִיוּוָסַדְנָה

♦ דוגמאות Illustrations

האוניברסיטה הזאת **נוֹסְדָה** לפני יותר ממאה וחמישים שנה על-ידי כמרים, שמטרתם המקורית הייתה **לְייַסֵּד** מכון להוראת דת ועוד כמה מקצועות.

This university **was established** more than 150 years ago by priests, whose original intention was **to establish** an institute for the study of religion and a few other subjects.

● יסף : לְהוֹסִיף, לְהִיוָּסֵף, לְהִתְוַסֵּף

הוֹסִיף/הוֹסַפ/יוֹסִיף add, increase; repeat

בניין : הִפְעִיל גזרה : פ״י

	Present הווה		Past עבר	Future עתיד	Imper. ציווי
יחיד	מוֹסִיף	אני	הוֹסַפְתִּי	אוֹסִיף	
יחידה	מוֹסִיפָה	אתה	הוֹסַפְתָּ	תּוֹסִיף	הוֹסֵף
רבים	מוֹסִיפִים	את	הוֹסַפְתְּ	תּוֹסִיפִי	הוֹסִיפִי
רבות	מוֹסִיפוֹת	הוא	הוֹסִיף	יוֹסִיף	
		היא	הוֹסִיפָה	תּוֹסִיף	
		אנחנו	הוֹסַפְנוּ	נוֹסִיף	
		אתם/ן	הוֹסַפְתֶּם/ן	תּוֹסִיפוּ *	הוֹסִיפוּ **
		הם/ן	הוֹסִיפוּ	יוֹסִיפוּ *	

שם הפועל .Infin לְהוֹסִיף — * less commonly: אתן/הן תּוֹסֵפְנָה

ש' הפעולה Verbal N הוֹסָפָה adding, increasing — ** less commonly: (אתן) הוֹסֵפְנָה

בינוני .Pres. Part מוֹסִיף adding, supplementing — מקור מוחלט .Inf. Abs הוֹסֵף

הוּסַף be added

בניין : הוּפְעַל גזרה : פ״י

	Present הווה		Past עבר	Future עתיד
יחיד	מוּסָף	אני	הוּסַפְתִּי	אוּסַף
יחידה	מוּסֶפֶת	אתה	הוּסַפְתָּ	תּוּסַף
רבים	מוּסָפִים	את	הוּסַפְתְּ	תּוּסְפִי
רבות	מוּסָפוֹת	הוא	הוּסַף	יוּסַף
		היא	הוּסְפָה	תּוּסַף
		אנחנו	הוּסַפְנוּ	נוּסַף
		אתם/ן	הוּסַפְתֶּם/ן	תּוּסְפוּ *
		הם/ן	הוּסְפוּ	יוּסְפוּ *

* less commonly: אתן/הן תּוּסַפְנָה

בינוני .Pres. Part מוּסָף supplementary; supplement; additional prayers for the sabbath and for holidays

נוֹסַף/יִיוָּסֵף (יִוָּסֵף) be added

בניין : נִפְעַל גזרה : פ״י

	Present הווה		Past עבר	Future עתיד	Imper. ציווי
יחיד	נוֹסָף	אני	נוֹסַפְתִּי	אִיוָּסֵף	
יחידה	נוֹסֶפֶת	אתה	נוֹסַפְתָּ	תִּיוָּסֵף	הִיוָּסֵף
רבים	נוֹסָפִים	את	נוֹסַפְתְּ	תִּיוָּסְפִי	הִיוָּסְפִי
רבות	נוֹסָפוֹת	הוא	נוֹסַף	יִיוָּסֵף	
		היא	נוֹסְפָה	תִּיוָּסֵף	
		אנחנו	נוֹסַפְנוּ	נִיוָּסֵף	
		אתם/ן	נוֹסַפְתֶּם/ן	תִּיוָּסְפוּ *	הִיוָּסְפוּ **
		הם/ן	נוֹסְפוּ	יִיוָּסְפוּ *	

שם הפועל .Infin לְהִיוָּסֵף — * less commonly: אתן/הן תִּיוָּסַפְנָה

שם הפעולה Verbal N הִיוָּסְפוּת being added ** less commonly: (אתן) הִיוָּסַפְנָה
בינוני Pres. Part. נוֹסָף additional, extra
מ״י מוצרכת Gov. Prep. נוֹסַף על/ל- be added to

הִתוֹסֵף (הִתְווַסֵּף*) (הִתְוַסֵּף*)/הִתוֹסַפ (הִתְווַסַּפְ*) increase (intr.)

בניין : הִתְפַּעֵל גזרה : פ״ו מיוחדת/שלמים

	הווה Present		עבר Past
יחיד	מִיתּוֹסֵף (מִתְווַסֵּף*)	אני	הִיתּוֹסַפְתִּי (הִתְווַסַּפְתִּי*)
יחידה	מִיתּוֹסֶפֶת (מִתְווַסֶּפֶת*)	אתה	הִיתּוֹסַפְתָּ (הִתְווַסַּפְתָּ*)
רבים	מִיתּוֹסְפִים (מִתְווַסְּפִים*)	את	הִיתּוֹסַפְתְּ (הִתְווַסַּפְתְּ*)
רבות	מִיתּוֹסְפוֹת (מִתְווַסְּפוֹת*)	הוא	הִיתּוֹסֵף (הִתְווַסֵּף*)
		היא	הִיתּוֹסְפָה (הִתְווַסְּפָה*)
		אנחנו	הִיתּוֹסַפְנוּ (הִתְווַסַּפְנוּ*)
		אתם/ן	הִיתּוֹסַפְתֶּם/ן (הִתְווַסַּפְתֶּם/ן*)
		הם/ן	הִיתּוֹסְפוּ (הִתְווַסְּפוּ*)

	עתיד Future	ציווי Imper.
אני	אֶתּוֹסֵף (אֶתְווַסֵּף*)	
אתה	תִּיתּוֹסֵף (תִּתְווַסֵּף*)	הִיתּוֹסֵף (הִתְווַסֵּף*)
את	תִּיתּוֹסְפִי (תִּתְווַסְּפִי*)	הִיתּוֹסְפִי (הִתְווַסְּפִי*)
הוא	יִיתּוֹסֵף (יִתְווַסֵּף*)	
היא	תִּיתּוֹסֵף (תִּתְווַסֵּף*)	
אנחנו	נִיתּוֹסֵף (נִתְווַסֵּף*)	
אתם/ן	**תִּיתּוֹסְפוּ (תִּתְווַסְּפוּ*)	***הִיתּוֹסְפוּ (הִתְווַסְּפוּ*)
הם/ן	**יִיתּוֹסְפוּ (יִתְווַסְּפוּ*)	

The regular forms are the colloquial variants in parentheses *
** less commonly: אתן/הן תִּיתּוֹסֵפְנָה (תִּתְווַסֵּפְנָה)
*** less commonly: (אתן) הִיתּוֹסֵפְנָה (הִתְווַסֵּפְנָה)
שם הפועל Infin. לְהִיתּוֹסֵף (לְהִתְווַסֵּף*) מקור מוחלט Inf. Abs. הִיתּוֹסֵף
שם הפעולה Verbal N הִיתּוֹסְפוּת (הִתְווַסְּפוּת*) increasing; getting added

♦ דוגמאות Illustrations

בארצות רבות **מוֹסִיפִים** לכל חשבון מס ערך **מוּסָף** (מע״מ). מע״מ הוא הערך ש**נוֹסָף** לכל מוצר או שירות בכל שלב של הייצור או השיווק. בישראל הוא היום 17%.

In many countries one **adds** value-**added**-tax (VAT) to each bill. VAT is the value that **is added** to each product or service at any stage of production or marketing. Today in Israel it is 17%.

ריבית ניכרת **הִתְווַסְּפָה** לחשבון מאז הפקדנו בו את הקרן. בחשבון מסוג זה **נוֹסֶפֶת** ריבית מדי יום ביומו.

Considerable interest **has gotten added** to the account since we deposited the principal in it. In deposits of this kind the interest **is added** daily.

♦ ביטויים מיוחדים Special expressions

(ב)**נוֹסָף** על in **addition** to, on top of מס ערך **מוּסָף** (מע״מ) value-**added**-tax (VAT)
כל ה**מוֹסִיף** גורע If you overdo it, you'll end up messing it up
מוֹסִיף דעת, **מוֹסִיף** מכאוב the greater one's knowledge, the greater is one's pain
הוֹסִיף שמן למדורה **add** fuel to the fire, aggravate a situation

● יעד : לְהִיוָּעֵד

be designed to, be intended for; meet, get together נוֹעַד/יִיוָּעֵד (יִוָּעֵד)

בניין : נִפְעַל גזרה : פ״ו + ע״ג

Imper. ציווי	Future עתיד	Past עבר		Present הווה	
	אִיוָּעֵד	נוֹעַדְתִּי	אני	נוֹעָד	יחיד
הִיוָּעֵד	תִּיוָּעֵד	נוֹעַדְתָּ	אתה	נוֹעֶדֶת	יחידה
הִיוָּעֲדִי	תִּיוָּעֲדִי	נוֹעַדְתְּ	את	נוֹעָדִים	רבים
	יִיוָּעֵד	נוֹעַד	הוא	נוֹעָדוֹת	רבות
	תִּיוָּעֵד	נוֹעֲדָה	היא		
	נִיוָּעֵד	נוֹעַדְנוּ	אנחנו		
הִיוָּעֲדוּ **	תִּיוָּעֲדוּ *	נוֹעַדְתֶּם/ן	אתם/ן		
	יִיוָּעֲדוּ *	נוֹעֲדוּ	הם/ן		

* less commonly: אתן/הן תִּיוָּעַדְנָה

** less commonly: (אתן) הִיוָּעַדְנָה

שם הפועל .Infin לְהִיוָּעֵד

שם הפעולה Verbal N הִיוָּעֲדוּת meeting (with)

מ״י מוצרכת .Gov. Prep נוֹעַד ל- be intended for

מ״י מוצרכת .Gov. Prep נוֹעַד עם meet together with

be designated, be specified; be appointed, be nominated יוּעַד (יֻעַד)

בניין : פוּעַל גזרה : שלמים + ע״ג

Future עתיד	Past עבר		Present הווה	
אֲיוּעַד	יוּעַדְתִּי	אני	מְיוּעָד	יחיד
תְּיוּעַד	יוּעַדְתָּ	אתה	מְיוּעֶדֶת	יחידה
תְּיוּעֲדִי	יוּעַדְתְּ	את	מְיוּעָדִים	רבים
יְיוּעַד	יוּעַד	הוא	מְיוּעָדוֹת	רבות
תְּיוּעַד	יוּעֲדָה	היא		
נְיוּעַד	יוּעַדְנוּ	אנחנו		
תְּיוּעֲדוּ *	יוּעַדְתֶּם/ן	אתם/ן		
יְיוּעֲדוּ *	יוּעֲדוּ	הם/ן		

* less commonly: אתן/הן תְּיוּעַדְנָה

בינוני .Pres. Part מְיוּעָד (the) intended, (the) about-to-be

♦ **פעלים פחות שכיחים מאותו שורש** Less frequent verbs from the same root

יִיעֵד designate, specify; appoint, nominate (מְייַעֵד, יְיַעֵד, לְייַעֵד)

שם הפעולה Verbal N יִיעוּד assignment, designation

הוֹעִיד earmark; appoint (מוֹעִיד, יוֹעִיד, לְהוֹעִיד)

הוּעַד be earmarked/appointed; be directed somewhere (מוּעָד, יוּעַד)

Pres. Part. מוּעָד habitual, known, having a history of being…

♦ **דוגמאות** Illustrations

לעתים קרובות תורמים **מְיַעֲדִים** כספים למבנים, אך לא לאחזקתם.

Donors often **designate** funds for buildings, but not for their maintenance.

ראש הממשלה ה**מְיוּעָד נוֹעַד עם** ראש ממשלת הרשות הפלסטינית, אך השניים לא הגיעו לידי הסכם.

The **about-to-be** prime minister **met with** the prime minister of the Palestinian Authority, but the two could not reach an agreement.

דיקטטורים בדרך כלל **מוֹעִידִים** את בניהם לתפוס את מקומם לאחר מותם.

Dictators often **appoint** their sons to take their place when they are dead.

♦ ביטויים מיוחדים Special expressions

נוֹעָד לגדולות **intended** for great things, there are high expectations of him

מוּעָד לפורענות inviting disaster, **having a history of** trouble

עבריין **מוּעָד** a **habitual** criminal

לאן פניך **מוּעָדוֹת?** which way are you **heading**?

●יעל : לְייַעֵל, לְהוֹעִיל

יִיעֵל (יִעֵל)/יִיעַל/יְיַעֵל make (more) efficient

בניין : פִּיעֵל גזרה : שלמים + ע״ג

	Present הווה		Past עבר	Future עתיד	Imper. ציווי
יחיד	מְייַעֵל	אני	יִיעַלְתִּי	אֲייַעֵל	
יחידה	מְייַעֶלֶת	אתה	יִיעַלְתָּ	תְּייַעֵל	יַעֵל
רבים	מְייַעֲלִים	את	יִיעַלְתְּ	תְּייַעֲלִי	יַעֲלִי
רבות	מְייַעֲלוֹת	הוא	יִיעֵל	יְייַעֵל	
		היא	יִיעֲלָה	תְּייַעֵל	
		אנחנו	יִיעַלְנוּ	נְייַעֵל	
		אתם/ן	יִיעַלְתֶּם/ן	תְּייַעֲלוּ *	יַעֲלוּ **
		הם/ן	יִיעֲלוּ	יְייַעֲלוּ *	

שם הפועל .Infin לְייַעֵל

שם הפעולה Verbal N יִיעוּל efficiency

מקור מוחלט .Inf. Abs יַעֵל

* less commonly: אתן/הן תְּייַעֵלְנָה

** less commonly: (אתן) יַעֵלְנָה

הוֹעִיל/הוֹעַל/יוֹעִיל be useful; avail

בניין : הִפְעִיל גזרה : פ״ו

	Present הווה		Past עבר	Future עתיד	Imper. ציווי
יחיד	מוֹעִיל	אני	הוֹעַלְתִּי	אוֹעִיל	
יחידה	מוֹעִילָה	אתה	הוֹעַלְתָּ	תּוֹעִיל	הוֹעֵל
רבים	מוֹעִילִים	את	הוֹעַלְתְּ	תּוֹעִילִי	הוֹעִילִי
רבות	מוֹעִילוֹת	הוא	הוֹעִיל	יוֹעִיל	
		היא	הוֹעִילָה	תּוֹעִיל	
		אנחנו	הוֹעַלְנוּ	נוֹעִיל	
		אתם/ן	הוֹעַלְתֶּם/ן	תּוֹעִילוּ *	הוֹעִילוּ **
		הם/ן	הוֹעִילוּ	יוֹעִילוּ *	

שם הפועל .Infin לְהוֹעִיל

בינוני .Pres. Part מוֹעִיל useful

מקור מוחלט .Inf. Abs הוֹעֵל

* less commonly: אתן/הן תּוֹעֵלְנָה

** less commonly: (אתן) הוֹעֵלְנָה

♦ **דוגמאות** Illustrations

הביאו מומחה ל**ייעול**, שהבטיח **לְייַעֵל** את המפעל תוך שלושה חודשים. ואומנם, תוך שניים-שלושה חודשים הודו כולם כי המפעל **הִתְייַעֵל** באורח משמעותי. שכירת המומחה הוכחה כצעד **מוֹעִיל** בדרך להבראת החברה.

They brought in an **efficiency** expert, who had promised **to make** the plant **more efficient** within three months. And indeed, in two to three months everyone admitted that the plant **had become** significantly **more efficient**. The hiring of the expert was proven to have been a **useful** step in the company's restructuring.

♦ **ביטויים מיוחדים** Special expressions

ללא **הוֹעִיל** to no avail, to no **effect**

אם לא **יוֹעִיל**, לא יזיק Even if it is doubtful that it'll work, it's worth trying (coll.)

● יעץ : לְהִתְייַעֵץ, לְייַעֵץ

הִתְייַעֵץ (הִתְיַעֵץ)/הִתְייַעַצ consult (with)

בניין : הִתְפַּעֵל גזרה : שלמים + ע״ג

	Present הווה		Past עבר	Future עתיד	Imper. ציווי
יחיד	מִתְייַעֵץ	אני	הִתְייַעַצְתִּי	אֶתְייַעֵץ	
יחידה	מִתְייַעֶצֶת	אתה	הִתְייַעַצְתָּ	תִּתְייַעֵץ	הִתְייַעֵץ
רבים	מִתְייַעֲצִים	את	הִתְייַעַצְתְּ	תִּתְייַעֲצִי	הִתְייַעֲצִי
רבות	מִתְייַעֲצוֹת	הוא	הִתְייַעֵץ	יִתְייַעֵץ	
		היא	הִתְייַעֲצָה	תִּתְייַעֵץ	
		אנחנו	הִתְייַעַצְנוּ	נִתְייַעֵץ	
		אתם/ן	הִתְייַעַצְתֶּם/ן	תִּתְייַעֲצוּ *	הִתְייַעֲצוּ **
		הם/ן	הִתְייַעֲצוּ	יִתְייַעֲצוּ *	

* less commonly: אתן/הן תִּתְייַעֵצְנָה

** less commonly: (אתן) הִתְייַעֵצְנָה

שם הפועל .Infin לְהִתְייַעֵץ

שם הפעולה Verbal N הִתְייַעֲצוּת consultation, taking counsel

מקור מוחלט .Inf. Abs הִתְייַעֵץ

מ״י מוצרכת .Gov. Prep הִתְייַעֵץ ב/-עם consult with

יִיעֵץ (יִעֵץ)/יִיעַצ/יִיַעֵץ advise, counsel

בניין : פִּיעֵל גזרה : שלמים + ע״ג

	Present הווה		Past עבר	Future עתיד	Imper. ציווי
יחיד	מְייַעֵץ	אני	יִיעַצְתִּי	אֲייַעֵץ	
יחידה	מְייַעֶצֶת	אתה	יִיעַצְתָּ	תְּייַעֵץ	יַעֵץ
רבים	מְייַעֲצִים	את	יִיעַצְתְּ	תְּייַעֲצִי	יַעֲצִי
רבות	מְייַעֲצוֹת	הוא	יִיעֵץ	יְייַעֵץ	
		היא	יִיעֲצָה	תְּייַעֵץ	
		אנחנו	יִיעַצְנוּ	נְייַעֵץ	
		אתם/ן	יִיעַצְתֶּם/ן	תְּייַעֲצוּ *	יַעֲצוּ **
		הם/ן	יִיעֲצוּ	יְייַעֲצוּ *	

* less commonly: אתן/הן תְּייַעֵצְנָה

** less commonly: (אתן) יַעֵצְנָה

שם הפועל .Infin לְייַעֵץ

שם הפעולה Verbal N יִיעוּץ counseling, consulting   מקור מוחלט Inf. Abs. יַעֵץ
מ״י מוצרכת Gov. Prep. יִיעֵץ ל- advise (somebody)

♦ פעלים פחות שכיחים מאותו שורש Less frequent verbs from the same root

יָעַץ advise, counsel (ביני פעיל Act. Part. יוֹעֵץ advisor, יִיעַץ, לָעוּץ)
שם הפעולה Verbal N עֵצָה advice
נוֹעַץ take advice, be advised (נוֹעַץ, יִוָּעֵץ, לְהִיוָּעֵץ)
מ״י מוצרכת Gov. Prep. נוֹעַץ ב- take advice from

♦ דוגמאות Illustrations

רופא המשפחה לא ידע מה **לְיַיעֵץ** לה לעשות, והלך **לְהִתְיַיעֵץ** עם הרופא המקצועי במשרד הסמוך. שניהם **נוֹעֲצוּ** בספרים המתאימים, ובסופו של דבר **יָעֲצוּ** לה לפנות למומחה בבית החולים הכללי של מסצ'וסטס בבוסטון.

The family doctor did not know what **to advise** her to do, and went **to consult** with the specialist physician in the next office. They both **consulted** the appropriate books, and in the end **advised** her to go to an expert at the Mass General Hospital in Boston.

מיכאל עוסק **בְּיִיעוּץ** הנדסי לחברות המפיקות חומרים כימיים. משלמים לו **כְּיוֹעֵץ** מבחוץ, לא כעובד של החברה.

Michael provides engineering **consulting** to companies producing chemicals. He is paid as an external **consultant**, not as a company employee.

● יפע : לְהוֹפִיעַ

הוֹפִיעַ/הוֹפַע/יוֹפִיעַ appear, show up (coll.); come out (book, etc.)

בניין : הִפְעִיל   גזרה : פ״י + ל״ג

	הווה Present		עבר Past	עתיד Future	ציווי Imper.
יחיד	מוֹפִיעַ	אני	הוֹפַעְתִּי	אוֹפִיעַ	
יחידה	מוֹפִיעָה	אתה	הוֹפַעְתָּ	תּוֹפִיעַ	הוֹפַע
רבים	מוֹפִיעִים	את	הוֹפַעְתְּ/...עַת	תּוֹפִיעִי	הוֹפִיעִי
רבות	מוֹפִיעוֹת	הוא	הוֹפִיעַ	יוֹפִיעַ	
		היא	הוֹפִיעָה	תּוֹפִיעַ	
		אנחנו	הוֹפַעְנוּ	נוֹפִיעַ	
		אתם/ן	הוֹפַעְתֶּם/ן	תּוֹפִיעוּ *	הוֹפִיעוּ **
		הם/ן	הוֹפִיעוּ	יוֹפִיעוּ *	

שם הפועל Infin. לְהוֹפִיעַ   * less commonly: אתן/הן תּוֹפַעְנָה
שם הפעולה Verbal N הוֹפָעָה appearance; show   ** less commonly: (אתן) הוֹפַעְנָה
מקור מוחלט Inf. Abs. הוֹפֵעַ

♦ דוגמאות Illustrations

חיים **הוֹפִיעַ** בוקר אחד במשרד והודיע לי שיש לו שני כרטיסים **לְהוֹפָעָה** של ברברה סטרייסנד. אמרתי לו שאני לא יכול ללכת, כי הוזמנתי למסיבה לרגל **הוֹפָעַת** ספר חדש של אחד מעמיתיי.

Hayyim **appeared** one morning at the office and informed me that he has two tickets for a Barbra Streisand **show**. I told him that I cannot go, since I was invited to a party on the occasion of the **coming out** of a new book by one of my colleagues.

● יצא : לָצֵאת, לְהוֹצִיא, לְיַיצֵּא

יָצָא/יוֹצֵא/יֵיצֵא (יֵצֵא) come/go out, emerge; leave

בניין : פָּעַל גזרה : חסרי פ"י + ל"א

	Present הווה		Past עבר	Future עתיד	Imper. ציווי
יחיד	יוֹצֵא	אני	יָצָאתִי	אֵצֵא	
יחידה	יוֹצֵאת	אתה	יָצָאתָ	תֵּצֵא	צֵא
רבים	יוֹצְאִים	את	יָצָאת	תֵּצְאִי	צְאִי
רבות	יוֹצְאוֹת	הוא	יָצָא	יֵצֵא	
		היא	יָצְאָה	תֵּצֵא	
		אנחנו	יָצָאנוּ	נֵצֵא	
		אתם/ן	יְצָאתֶם/ן *	תֵּצְאוּ **	צְאוּ ***
		הם/ן	יָצְאוּ	יֵצְאוּ **	

שם הפועל .Infin לָצֵאת

מקור מוחלט .Inf. Abs יָצוֹא

מקור נטוי .Inf.+pron בְּצֵאתוֹ, כְּ...

שם הפעולה Verbal N יְצִיאָה coming out, emergence; leaving; exit (from theatre, etc.)

מ״י מוצרכת .Gov. Prep יָצָא מ- come out of, leave/depart from

* Colloquial: יָצָאתֶם/ן

** less commonly: אתן/הן תֵּצֶאנָה

*** less commonly: (אתן) צֶאנָה

הוֹצִיא/הוֹצֵא/יוֹצִיא take/bring out, cause to come out, remove; withdraw, extract; spend (money), expend

בניין : הִפְעִיל גזרה : פ"י + ל"א

	Present הווה		Past עבר	Future עתיד	Imper. ציווי
יחיד	מוֹצִיא	אני	הוֹצֵאתִי	אוֹצִיא	
יחידה	מוֹצִיאָה	אתה	הוֹצֵאתָ	תּוֹצִיא	הוֹצֵא
רבים	מוֹצִיאִים	את	הוֹצֵאת	תּוֹצִיאִי	הוֹצִיאִי
רבות	מוֹצִיאוֹת	הוא	הוֹצִיא	יוֹצִיא	
		היא	הוֹצִיאָה	תּוֹצִיא	
		אנחנו	הוֹצֵאנוּ	נוֹצִיא	
		אתם/ן	הוֹצֵאתֶם/ן	תּוֹצִיאוּ *	הוֹצִיאוּ **
		הם/ן	הוֹצִיאוּ	יוֹצִיאוּ *	

* less commonly: אתן/הן תּוֹצֶאנָה

** less commonly: (אתן) הוֹצֶאנָה

שם הפועל .Infin לְהוֹצִיא

שם הפעולה Verbal N הוֹצָאָה taking out; expense; publication; publishing house

מקור מוחלט .Inf. Abs הוֹצֵא

יִיצֵּא (יִצֵּא)/יְיַצֵּא export

בניין : פִּיעֵל גזרה : ל"א

	Present הווה		Past עבר	Future עתיד	Imper. ציווי
יחיד	מְיַיצֵּא	אני	יִיצֵּאתִי	אֲיַיצֵּא	
יחידה	מְיַיצֵּאת	אתה	יִיצֵּאתָ	תְּיַיצֵּא	יַיצֵּא
רבים	מְיַיצְּאִים	את	יִיצֵּאת	תְּיַיצְּאִי	יַיצְּאִי
רבות	מְיַיצְּאוֹת	הוא	יִיצֵּא	יְיַיצֵּא	
		היא	יִיצְּאָה	תְּיַיצֵּא	

	Present הווה		Past עבר	Future עתיד	Imper. ציווי
		אנחנו	יִיצֵּאנוּ	נְיַיצֵּא	
		אתם/ן	יִיצֵּאתֶם/ן	תְּיַיצְּאוּ *	יַצְּאוּ **
		הם/ן	יִיצְּאוּ	יְיַצְּאוּ *	

שם הפועל .Infin לְיַיצֵּא — * less commonly: אתן/הן תְּיַיצֶּאנָה

שם הפעולה Verbal N יִיצּוּא export (N) — ** less commonly: (אתן) יַצֶּאנָה

יוּצָּא/יוּצֵא/יְיוּצָּא be exported

בניין : פּוּעַל גזרה : ל״א

	Present הווה		Past עבר	Future עתיד
יחיד	מְיוּצָּא	אני	יוּצֵּאתִי	אֲיוּצָּא
יחידה	מְיוּצֵּאת	אתה	יוּצֵּאתָ	תְּיוּצָּא
רבים	מְיוּצָּאִים	את	יוּצֵּאת	תְּיוּצְּאִי
רבות	מְיוּצָּאוֹת	הוא	יוּצָּא	יְיוּצָּא
		היא	יוּצְּאָה	תְּיוּצָּא
		אנחנו	יוּצֵּאנוּ	נְיוּצָּא
		אתם/ן	יוּצֵּאתֶם/ן	תְּיוּצְּאוּ *
		הם/ן	יוּצְּאוּ	יְיוּצְּאוּ *

בינוני .Pres. Part מְיוּצָּא exported — * less commonly: אתן/הן תְּיוּצֶּאנָה

הוּצָא be taken out, be brought out, be extracted, be expended

בניין : הוּפְעַל גזרה : פ״י + ל״א

	Present הווה		Past עבר	Future עתיד
יחיד	מוּצָא	אני	הוּצֵאתִי	אוּצָא
יחידה	מוּצֵאת	אתה	הוּצֵאתָ	תּוּצָא
רבים	מוּצָאִים	את	הוּצֵאת	תּוּצְאִי
רבות	מוּצָאוֹת	הוא	הוּצָא	יוּצָא
		היא	הוּצְאָה	תּוּצָא
		אנחנו	הוּצֵאנוּ	נוּצָא
		אתם/ן	הוּצֵאתֶם/ן	תּוּצְאוּ *
		הם/ן	הוּצְאוּ	יוּצְאוּ *

* less commonly: אתן/הן תּוּצֶאנָה

מ״י מוצרכת Gov. Prep. הוּצָא מ- be taken out of

♦ דוגמאות Illustrations

כשחיים **יָצָא** מביתו בבוקר השעה הייתה כבר מאוחרת. הוא **הוֹצִיא** את מכוניתו מן הסככה, ולפתע הבחין שיש לו תקר באחד הצמיגים.

When Hayyim **came out** of his house in the morning, it was rather late. He **took out** his car from under the shed, and suddenly noticed that he had a flat tire.

עזריאל עוסק **בְּיִיצּוּא** יהלומים; הוא **מְיַיצֵּא** רק יהלומים גדולים מעל לשני קרט.

Azriel deals with the **export** of diamonds; he **exports** only diamonds larger than two carats.

הספה הזאת ישנה, וגדולה מדיי. אני מחכה לרגע שהיא סוף סוף **תּוּצָא** מן הבית.

This sofa is old, and too big. I am waiting for it to be finally **removed** from the house.

הספר הזה **הוּצָא לאור** על ידי **הוֹצָאַת** ״כתר״.

This book **was published** by the Keter Publishing House.

♦ ביטויים מיוחדים Special expressions

יוֹצֵא דופן unusual
יוֹצֵא מן הכלל **exception**(al)
יוֹצֵא צבא liable for military service
כ**יוֹצֵא** בו similarly, likewise
פועל **יוֹצֵא** **transitive** verb; upshot, **outcome**
יָצָא לאוויר העולם be born
יָצָא בדימוס retire
יָצָא מאפו he was sick of it
יָצָא בשן ועין lose heavily
יָצָא הפסדו בשכרו his gain outweighed his loss
יָצָא ידי חובתו fulfill one's formal obligation
יָצָא לאור be published
יָצָא לו שם/**יָצְאוּ** לו מוניטין make a name for oneself; have a reputation
יָצָא לפועל be executed, be put into effect
יָצָא לתרבות רעה go the bad way
יָצָא מגדרו/מכליו lose one's temper
יָצָא מדעתו go mad
יָצָא נקי מנכסיו lost everything he had
לא **יָצָא** לי (ל...) I didn't manage (to)
יָצְאָה נשמתו he passed away
צֵא וחשוב/**צֵא** ולמד/**צֵא** וראה note well
הוֹצִיא להורג execute
הוֹצִיא דיבה/לעז על, **הוֹצִיא** שם רע slander, libel, defame
לְהוֹצִיא את... with the **exception** of...
הוֹצִיא לאור publish
הוֹצִיא לפועל execute, put into effect
ברכת "**הַמּוֹצִיא**" benediction over bread

●יצב : לְהַצִּיב, לְהִתְייַצֵּב, לְייַצֵּב

הִצִּיב/הִצַּב/יַצִּיב place, set; grade, rank

בניין : הִפְעִיל גזרה : פי"צ

	Present הווה		Past עבר	Future עתיד	Imper. ציווי
יחיד	מַצִּיב	אני	הִצַּבְתִּי	אַצִּיב	
יחידה	מַצִּיבָה	אתה	הִצַּבְתָּ	תַּצִּיב	הַצֵּב
רבים	מַצִּיבִים	את	הִצַּבְתְּ	תַּצִּיבִי	הַצִּיבִי
רבות	מַצִּיבוֹת	הוא	הִצִּיב	יַצִּיב	
		היא	הִצִּיבָה	תַּצִּיב	
		אנחנו	הִצַּבְנוּ	נַצִּיב	
		אתם/ן	הִצַּבְתֶּם/ן	תַּצִּיבוּ *	הַצִּיבוּ **
		הם/ן	הִצִּיבוּ	יַצִּיבוּ *	

* less commonly: אתן/הן תַּצֵּבְנָה

** less commonly: (אתן) הַצֵּבְנָה

שם הפועל .Infin לְהַצִּיב

שם הפעולה Verbal N הַצָּבָה positioning, stationing

מקור מוחלט .Inf. Abs הַצֵּב

הִתְייַצֵּב (הִתְיַצֵּב)/הִתְייַצַּב stabilize (intr.); present oneself; stand; face

בניין : פִּיעֵל גזרה : שלמים

	Present הווה		Past עבר	Future עתיד	Imper. ציווי
יחיד	מִתְייַצֵּב	אני	הִתְייַצַּבְתִּי	אֶתְייַצֵּב	
יחידה	מִתְייַצֶּבֶת	אתה	הִתְייַצַּבְתָּ	תִּתְייַצֵּב	הִתְייַצֵּב
רבים	מִתְייַצְּבִים	את	הִתְייַצַּבְתְּ	תִּתְייַצְּבִי	הִתְייַצְּבִי
רבות	מִתְייַצְּבוֹת	הוא	הִתְייַצֵּב	יִתְייַצֵּב	
		היא	הִתְייַצְּבָה	תִּתְייַצֵּב	

Imper. ציווי	Future עתיד	Past עבר		Present הווה
	נִתְיַיצֵּב	הִתְיַיצַּבְנוּ	אנחנו	
הִתְיַיצְּבוּ**	תִּתְיַיצְּבוּ *	הִתְיַיצַּבְתֶּם/ן	אתם/ן	
	יִתְיַיצְּבוּ *	הִתְיַיצְּבוּ	הם/ן	

* less commonly: אתן/הן תִּתְיַיצֵּבְנָה

שם הפועל Infin. לְהִתְיַיצֵּב ** less commonly: (אתן) הִתְיַיצֵּבְנָה

שם הפעולה Verbal N הִתְיַיצְּבוּת stabilizing; being called up (military)

מקור מוחלט Inf. Abs. הִתְיַיצֵּב

נִיצַּב (נִצַּב) stand, position oneself

בניין : נִפְעַל גזרה : פ״צ

Past עבר		Present הווה	
נִיצַּבְתִּי	אני	נִיצָּב	יחיד
נִיצַּבְתָּ	אתה	נִיצֶּבֶת	יחידה
נִיצַּבְתְּ	את	נִיצָּבִים	רבים
נִיצַּב	הוא	נִיצָּבוֹת	רבות
נִיצְּבָה	היא		
נִיצַּבְנוּ	אנחנו		
נִיצַּבְתֶּם/ן	אתם/ן		
נִיצְּבוּ	הם/ן		

בינוני Pres. Part. נִיצָּב extra (in theater, cinema)

הוּצַּב (הֻצַּב) be placed/positioned; be ranked

בניין : הוּפְעַל גזרה : פ״י

Future עתיד	Past עבר		Present הווה	
אוּצַּב	הוּצַּבְתִּי	אני	מוּצָּב	יחיד
תּוּצַּב	הוּצַּבְתָּ	אתה	מוּצֶּבֶת	יחידה
תּוּצְּבִי	הוּצַּבְתְּ	את	מוּצָּבִים	רבים
יוּצַּב	הוּצַּב	הוא	מוּצָּבוֹת	רבות
תּוּצַּב	הוּצְּבָה	היא		
נוּצַּב	הוּצַּבְנוּ	אנחנו		
תּוּצְּבוּ *	הוּצַּבְתֶּם/ן	אתם/ן		
יוּצְּבוּ *	הוּצְּבוּ	הם/ן		

ביני׳ Pres. Part. מוּצָּב (military) post, position * less commonly: אתן/הן תּוּצַּבְנָה

יִיצֵּב (יִצֵּב)/יִיצַּב/יִיצֵּב stabilize, strengthen

בניין : פִּיעֵל גזרה : שלמים

Imper. ציווי	Future עתיד	Past עבר		Present הווה	
	אֲיַיצֵּב	יִיצַּבְתִּי	אני	מְיַיצֵּב	יחיד
יַצֵּב	תְּיַיצֵּב	יִיצַּבְתָּ	אתה	מְיַיצֶּבֶת	יחידה
יַצְּבִי	תְּיַיצְּבִי	יִיצַּבְתְּ	את	מְיַיצְּבִים	רבים
	יְיַצֵּב	יִיצֵּב	הוא	מְיַיצְּבוֹת	רבות
	תְּיַיצֵּב	יִיצְּבָה	היא		

Imper. ציווי	Future עתיד	Past עבר		Present הווה
	נְיַיצֵּב	יִיצַּבְנוּ	אנחנו	
יַצְּבוּ**	תְּיַיצְּבוּ *	יִיצַּבְתֶּם/ן	אתם/ן	
	יְיַיצְּבוּ *	יִיצְּבוּ	הם/ן	

* less commonly: אתן/הן תְּיַיצֵּבְנָה

** less commonly: (אתן) יַצֵּבְנָה

שם הפועל .Infin לְיַיצֵּב

שם הפעולה Verbal N יִיצּוּב strengthening; stabilization

בינוני .Pres. Part מְיַיצֵּב stabilizer

מקור מוחלט .Inf. Abs יַצֵּב

♦ דוגמאות Illustrations

ארה״ב ומרביתן של מדינות אירופה ואסיה מעוניינות מאוד **לְיַיצֵּב** את המצב במזרח התיכון. אם המזרח התיכון **יִתְיַיצֵּב**, יהיו לכך השלכות חשובות בעולם כולו.

The U.S. and most countries in Europe and in Asia are very interested in **stabilizing** the situation in the Middle East. If the Middle East **stabilizes**, there will be important implications for the whole world.

קיבלתי הודעה מן הצבא שעליי **לְהִתְיַיצֵּב** במפקדת פיקוד דרום בעשרים וחמישה בחודש, לשירות מילואים של ארבעים יום.

I received a letter notifying me that I was being called for reserve duty, and that I am to **report to (= present myself at)** Southern Command Headquarters for a forty-day tour of duty.

התורם **הִצִּיב** תנאים כה מגבילים לתרומתו, שהאוניברסיטה הודיעה כי לא תוכל לקבל את המתנה אם חלק מהם לא ישונה.

The donor **placed** such restrictive conditions on his gift, that the university announced that it could not accept the gift unless some of them were modified.

דויד **הוּצַּב** במקום החמישי בדירוג הטניסאים בארצות הברית.

David **was ranked** as number five in the tennis ranking of the U.S.

♦ ביטויים מיוחדים Special expressions

הִצִּיב גבול **set** limits

הִצִּיב יעד **set** an objective

הִתְיַיצֵּב/נִיצַּב לִימִינוֹ/לְצִידּוֹ (של...) to **stand up for** someone, to support, to encourage

● יצג : לְהַצִּיג, לְיַיצֵּג

present, put on (play), show, introduce, demonstrate, act הִצִּיג/הִצַּג/יַצִּיג

בניין : הִפְעִיל גזרה : פ״יצ

Imper. ציווי	Future עתיד	Past עבר		Present הווה	
	אַצִּיג	הִצַּגְתִּי	אני	מַצִּיג	יחיד
הַצֵּג	תַּצִּיג	הִצַּגְתָּ	אתה	מַצִּיגָה	יחידה
הַצִּיגִי	תַּצִּיגִי	הִצַּגְתְּ	את	מַצִּיגִים	רבים
	יַצִּיג	הִצִּיג	הוא	מַצִּיגוֹת	רבות
	תַּצִּיג	הִצִּיגָה	היא		
	נַצִּיג	הִצַּגְנוּ	אנחנו		
הַצִּיגוּ **	תַּצִּיגוּ *	הִצַּגְתֶּם/ן	אתם/ן		
	יַצִּיגוּ *	הִצִּיגוּ	הם/ן		

* less commonly: אתן/הן תַּצֵּגְנָה

שם הפועל .Infin לְהַצִּיג   ** less commonly: (אתן) הַצֵּגְנָה

שם הפעולה Verbal N הַצָּגָה play (theatre), show, presentation; setting up; presenting

הֶיצֵּג exposition (musical)   מקור מוחלט .Inf. Abs הַצֵּג

יִיצֵּג (יִצֵּג)/יִיצַּג/יַיצֵּג represent

בניין : פִּיעֵל   גזרה : שלמים

	Present הווה		Past עבר	Future עתיד	Imper. ציווי
יחיד	מְיַיצֵּג	אני	יִיצַּגְתִּי	אֲיַיצֵּג	
יחידה	מְיַיצֶּגֶת	אתה	יִיצַּגְתָּ	תְּיַיצֵּג	יַצֵּג
רבים	מְיַיצְּגִים	את	יִיצַּגְתְּ	תְּיַיצְּגִי	יַצְּגִי
רבות	מְיַיצְּגוֹת	הוא	יִיצֵּג	יְיַיצֵּג	
		היא	יִיצְּגָה	תְּיַיצֵּג	
		אנחנו	יִיצַּגְנוּ	נְיַיצֵּג	
		אתם/ן	יִיצַּגְתֶּם/ן	תְּיַיצְּגוּ *	יַצְּגוּ**
		הם/ן	יִיצְּגוּ	יְיַיצְּגוּ *	

שם הפועל .Infin לְיַיצֵּג   * less commonly: אתן/הן תְּיַיצֵּגְנָה

שם הפעולה Verbal N יִיצּוּג representation   ** less commonly: (אתן) יַצֵּגְנָה

בינוני .Pres. Part מְיַיצֵּג representative (Adj.)   מקור מוחלט .Inf. Abs יַצֵּג

הוּצַּג (הֻצַּג) be presented, be put on, be shown, be introduced, be demonstrated

בניין : הוּפְעַל   גזרה : פ״יצ

	Present הווה		Past עבר	Future עתיד
יחיד	מוּצָּג	אני	הוּצַּגְתִּי	אוּצַּג
יחידה	מוּצֶּגֶת	אתה	הוּצַּגְתָּ	תּוּצַּג
רבים	מוּצָּגִים	את	הוּצַּגְתְּ	תּוּצְּגִי
רבות	מוּצָּגוֹת	הוא	הוּצַּג	יוּצַּג
		היא	הוּצְּגָה	תּוּצַּג
		אנחנו	הוּצַּגְנוּ	נוּצַּג
		אתם/ן	הוּצַּגְתֶּם/ן	תּוּצְּגוּ *
		הם/ן	הוּצְּגוּ	יוּצְּגוּ *

בינוני .Pres. Part מוּצָּג exhibit   * less commonly: אתן/הן תּוּצַּגְנָה

♦ פעלים פחות שכיחים מאותו שורש Less frequent verbs from the same root

יוּצַּג be represented (בינוני .Pres. Part מְיוּצָּג represented, יְיוּצַּג)

♦ דוגמאות Illustrations

בתשובה לטענות שהועלו כלפיו, הצהיר הנואם כי הממשלה הנוכחית אינה **מְיַיצֶּגֶת** את דיעותיו, וכי הוא מתנגד בחריפות למדיניות ה**מְיוּצֶּגֶת** על ידי מנהיגיה. הוא **הִצִּיג** בפני הקהל את השקפת עולמו, כפי ש**הוּצְּגָה** לאחרונה על ידו במאמר מקיף בכתב עת פוליטי חשוב.

In response to arguments raised before him, the speaker declared that the present government does not **represent** his views, and that he strongly disagrees with the policy **represented** by its leaders. He **presented** to the audience his world view, as **presented** by himself recently in a comprehensive article in an important political journal.

אינִי מקבל את תוצאות המשאל הזה, כיוון שהמדגם שעליו הוא מסתמך אינו **מְייַצֵּג**. **מְיוּצָּגוֹת** בו שלוש הערים הגדולות בלבד, ולכן אין הוא **מַצִּיג** תמונה נכונה של המצב.

I do not accept the results of this survey, since the sample on which it is based is not **representative**: only the three major cities **are represented** in it, and thus it does not **present** an accurate picture of the situation.

●יצע : לְהַצִּיעַ

suggest, offer; make (bed) הִצִּיעַ/הִצַּע/יַצִּיעַ

בניין : הִפְעִיל גזרה : פ״יצ + ל״ג

	Present הווה		Past עבר	Future עתיד	Imper. ציווי
יחיד	מַצִּיעַ	אני	הִצַּעְתִּי	אַצִּיעַ	
יחידה	מַצִּיעָה	אתה	הִצַּעְתָּ	תַּצִּיעַ	הַצַּע
רבים	מַצִּיעִים	את	הִצַּעְתְּ/...עַת	תַּצִּיעִי	הַצִּיעִי
רבות	מַצִּיעוֹת	הוא	הִצִּיעַ	יַצִּיעַ	
		היא	הִצִּיעָה	תַּצִּיעַ	
		אנחנו	הִצַּעְנוּ	נַצִּיעַ	
		אתםץ	הִצַּעְתֶּםץ	תַּצִּיעוּ *	הַצִּיעוּ **
		הםץ	הִצִּיעוּ	יַצִּיעוּ *	

שם הפועל .Infin לְהַצִּיעַ　　* less commonly: אתןץהן תַּצַּעְנָה

ש' הפעולי Verbal N הַצָּעָה suggestion, proposal　　** less commonly: (אתן) הַצַּעְנָה

הֶיצֵּעַ (הֶצֵּעַ) supply (econ.)　　מקור מוחלט .Inf. Abs הַצֵּעַ

be suggested, be offered; be made (bed) הוּצַּע (הֻצַּע)

בניין : הוּפְעַל גזרה : פ״י + ל״ג

	Present הווה		Past עבר	Future עתיד
יחיד	מוּצָּע	אני	הוּצַּעְתִּי	אוּצַּע
יחידה	מוּצַּעַת	אתה	הוּצַּעְתָּ	תּוּצַּע
רבים	מוּצָּעִים	את	הוּצַּעְתְּ/...עַת	תּוּצְּעִי
רבות	מוּצָּעוֹת	הוא	הוּצַּע	יוּצַּע
		היא	הוּצְּעָה	תּוּצַּע
		אנחנו	הוּצַּעְנוּ	נוּצַּע
		אתםץ	הוּצַּעְתֶּםץ	תּוּצְּעוּ *
		הםץ	הוּצְּעוּ	יוּצְּעוּ *

בינוני .Pres. Part מוּצָּע suggested, offered　　* less commonly: אתןץהן תּוּצַּעְנָה

♦ דוגמאות Illustrations

הוּצְּעָה לו עבודה מצוינת באנגליה. **הִצִּיעוּ** לו משכורת גבוהה ודיור חינם. קשה היה לסרב ל**הַצָּעָה** כזאת.

He **was offered** an excellent position in England. **They offered** him a high salary and free housing. It was hard to refuse such an **offer**.

הִצַּעְתִּי לו את המיטה באופן שיהיה לו נוח לישון.

I **made** the bed in a manner that will make it comfortable for him to sleep.

♦ ביטויים מיוחדים Special expressions

הַצָּעָה שקשה לסרב לה an **offer** that is hard to resist　　**הֶיצֵע** וביקוש **supply** and demand

●יצר : לִיצוֹר, לְהִיוּוָצֵר, לְיַיצֵר

יָצַר/יוֹצֵר/ייצוֹר (יִצֹר) create, produce, form; devise

בניין : פָּעַל　גזרה : פ״צ (אֶפְעוֹל)

	Pres./Part. הווה/בינוני			Past עבר	Fut. עתיד	Imp. ציווי
יחיד	יוֹצֵר	יָצוּר	אני	יָצַרְתִּי	אֶצוֹר	
יחידה	יוֹצֶרֶת	יְצוּרָה	אתה	יָצַרְתָּ	תִּיצוֹר	יְצוֹר
רבים	יוֹצְרִים	יְצוּרִים	את	יָצַרְתְּ	תִּיצְרִי	יִצְרִי
רבות	יוֹצְרוֹת	יְצוּרוֹת	הוא	יָצַר	יִיצוֹר	
			היא	יָצְרָה	תִּיצוֹר	
			אנחנו	יָצַרְנוּ	נִיצוֹר	
			אתםץ	יְצַרְתֶּם/ן *	תִּיצְרוּ **	יִצְרוּ ***
			הםץ	יָצְרוּ	יִיצְרוּ **	

* Colloquial: יָצַרְתֶּם/ן

שם הפועל .Infin לִיצוֹר　　** less commonly: אתן/הן תִּיצוֹרְנָה

מקור מוחלט .Inf. Abs יָצוֹר　　*** less commonly: (אתן) יְצוֹרְנָה

שם הפעולה Verbal N יְצִירָה creation, formation; (piece of) work, work of art; pottery

בינ׳ פעיל .Act. Part יוֹצֵר creator; potter; hymn

בינ׳ סביל .Pass. Part יָצוּר created (Med H)　　מקור נטוי .Inf.+pron בְּיוֹצְרוֹ, כְּ...

נוֹצַר/יִיוּוָצֵר (יִוָּצֵר) be created, be produced, occur

בניין : נִפְעַל　גזרה : פ״י

	Present הווה		Past עבר	Future עתיד	Imper. ציווי
יחיד	נוֹצָר	אני	נוֹצַרְתִּי	אִיוּוָצֵר	
יחידה	נוֹצֶרֶת	אתה	נוֹצַרְתָּ	תִּיוּוָצֵר	הִיוּוָצֵר
רבים	נוֹצָרִים	את	נוֹצַרְתְּ	תִּיוּוָצְרִי	הִיוּוָצְרִי
רבות	נוֹצָרוֹת	הוא	נוֹצַר	יִיוּוָצֵר	
		היא	נוֹצְרָה	תִּיוּוָצֵר	
		אנחנו	נוֹצַרְנוּ	נִיוּוָצֵר	
		אתםץ	נוֹצַרְתֶּם/ן	תִּיוּוָצְרוּ *	הִיוּוָצְרוּ **
		הםץ	נוֹצְרוּ	יִיוּוָצְרוּ *	

שם הפועל .Infin לְהִיוּוָצֵר　　* less commonly: אתן/הן תִּיוּוָצַרְנָה

שם הפעולה Verbal N הִיוּוָצְרוּת forming　　** less commonly: (אתן) הִיוּוָצַרְנָה

יִיצֵר (יִצֵּר)/יִיצַר/יַיצֵר produce, manufacture

בניין : פִּיעֵל　גזרה : שלמים

	Present הווה		Past עבר	Future עתיד	Imper. ציווי
יחיד	מְיַיצֵר	אני	יִיצַרְתִּי	אֲיַיצֵר	
יחידה	מְיַיצֶרֶת	אתה	יִיצַרְתָּ	תְּיַיצֵר	יַצֵר
רבים	מְיַיצְרִים	את	יִיצַרְתְּ	תְּיַיצְרִי	יַצְרִי
רבות	מְיַיצְרוֹת	הוא	יִיצֵר	יְיַיצֵר	

Imper. ציווי	Future עתיד	Past עבר		Present הווה
	תְּייַצֵּר	ייִצְּרָה	היא	
	נְייַצֵּר	ייִצַּרְנוּ	אנחנו	
** יַצְּרוּ	* תְּייַצְּרוּ	ייִצַּרְתֶּם/ן	אתם/ן	
	* יְייַצְּרוּ	ייִצְּרוּ	הם/ן	

* less commonly: אתן/הן תְּייַצֵּרְנָה

** less commonly: (אתן) יַצֵּרְנָה

שם הפועל .Infin לְייַצֵּר

שם הפעולה Verbal N ייִצּוּר production, manufacturing   מקור מוחלט .Inf. Abs יַצֵּר

יוּצַּר (יֻצַּר) be produced, be manufactured

בניין : פּוּעַל   גזרה : שלמים

Future עתיד	Past עבר		Present הווה	
אֲיוּצַּר	יוּצַּרְתִּי	אני	מְיוּצָּר	יחיד
תְּיוּצַּר	יוּצַּרְתָּ	אתה	מְיוּצֶּרֶת	יחידה
תְּיוּצְּרִי	יוּצַּרְתְּ	את	מְיוּצָּרִים	רבים
יְיוּצַּר	יוּצַּר	הוא	מְיוּצָּרוֹת	רבות
תְּיוּצַּר	יוּצְּרָה	היא		
נְיוּצַּר	יוּצַּרְנוּ	אנחנו		
* תְּיוּצְּרוּ	יוּצַּרְתֶּם/ן	אתם/ן		
* יְיוּצְּרוּ	יוּצְּרוּ	הם/ן		

* less commonly: אתן/הן תְּיוּצַּרְנָה

♦ פעלים פחות שכיחים מאותו שורש Less frequent verbs from the same root

הוּצַר (BH) be formed > בינוני .Pres. Part מוּצָר product (only common form)

♦ דוגמאות Illustrations

המכשיר הזה **מְיוּצָּר** בקוריאה הדרומית. הקוריאנים **מְיַיצְּרִים** מכשירים אלקטרוניים באיכות טובה ובמחיר סביר.

This appliance **is manufactured** in South Korea. The Koreans **produce** electronic appliances of good quality for a reasonable price.

הנפילה החדה בשוק המניות **נוֹצְרָה** עקב שמועות על התמוטטות הפסו המקסיקאי. השמועות **יָצְרוּ** בהלה שהובילה למכירה מבוהלת של מניות בינלאומיות.

The collapse of the stock market **occurred** as a result of rumors that the Mexican peso was collapsing. The rumors **created** panic that led to the frantic sellout of international stocks.

● יקר : לְייַקֵּר, לְהִתְייַקֵּר

ייִקֵּר (יִקֵּר)/ייִקַּר/ייַקֵּר raise the price, make expensive

בניין : פִּיעֵל   גזרה : שלמים

Imper. ציווי	Future עתיד	Past עבר		Present הווה	
	אֲייַקֵּר	ייִקַּרְתִּי	אני	מְייַקֵּר	יחיד
יַקֵּר	תְּייַקֵּר	ייִקַּרְתָּ	אתה	מְייַקֶּרֶת	יחידה
יַקְּרִי	תְּייַקְּרִי	ייִקַּרְתְּ	את	מְייַקְּרִים	רבים
	יְייַקֵּר	ייִקֵּר	הוא	מְייַקְּרוֹת	רבות
	תְּייַקֵּר	ייִקְּרָה	היא		
	נְייַקֵּר	ייִקַּרְנוּ	אנחנו		

Imper. ציווי	Future עתיד	Past עבר		Present הווה	
יַקְרוּ **	תְּייַקְרוּ *	ייקַרְתֶּם/ן	אתם/ן		
	יְיַקְרוּ *	ייקְרוּ	הם/ן		

שם הפועל .Infin לְייַקֵּר   * less commonly: אתן/הן תְּייַקֵּרְנָה

מקור מוחלט .Inf. Abs יַקֵּר   ** less commonly: (אתן) יַקֵּרְנָה

הִתְייַקֵּר (הִתְיַקֵּר)/הִתְייַקַּר become more expensive

בניין : פִּיעֵל   גזרה : שלמים

Imper. ציווי	Future עתיד	Past עבר		Present הווה	
	אֶתְייַקֵּר	הִתְייַקַּרְתִּי	אני	מִתְייַקֵּר	יחיד
הִתְייַקֵּר	תִּתְייַקֵּר	הִתְייַקַּרְתָּ	אתה	מִתְייַקֶּרֶת	יחידה
הִתְייַקְּרִי	תִּתְייַקְּרִי	הִתְייַקַּרְתְּ	את	מִתְייַקְּרִים	רבים
	יִתְייַקֵּר	הִתְייַקֵּר	הוא	מִתְייַקְּרוֹת	רבות
	תִּתְייַקֵּר	הִתְייַקְּרָה	היא		
	נִתְייַקֵּר	הִתְייַקַּרְנוּ	אנחנו		
הִתְייַקְּרוּ**	תִּתְייַקְּרוּ *	הִתְייַקַּרְתֶּם/ן	אתם/ן		
	יִתְייַקְּרוּ *	הִתְייַקְּרוּ	הם/ן		

שם הפועל .Infin לְהִתְייַקֵּר   * less commonly: אתן/הן תִּתְייַקֵּרְנָה

מקור מוחלט .Inf. Abs הִתְייַקֵּר   ** less commonly: (אתן) הִתְייַקֵּרְנָה

שם הפעולה Verbal N הִתְייַקְּרוּת becoming more expensive

♦ דוגמאות Illustrations

מחירי מוצרי המזון הבסיסיים **הִתְייַקְּרוּ** בכ-10% השנה, בשל הבצורת הכבדה.

Basic food prices **became more expensive** by about 10% this year, owing to the heavy drought.

רווחי הענק של יבואני חלקי החילוף למכוניות בישראל **מְייַקְּרִים** משמעותית את מחיריהם.

The huge profits of automobile part importers in Israel **make** them significantly **more expensive**.

● ירד : לָרֶדֶת, לְהוֹרִיד

יָרַד/יוֹרֵד/יֵירֵד (יֵרֵד) go/come down; decline; emigrate (from Israel)

בניין : פָּעַל   גזרה : חסרי פ"י

Imp. ציווי	Fut. עתיד	Past עבר		Pres./Part. הווה/בינוני		
	אֵרֵד	יָרַדְתִּי	אני	יָרוּד	יוֹרֵד	יחיד
רֵד	תֵּרֵד	יָרַדְתָּ	אתה	יְרוּדָה	יוֹרֶדֶת	יחידה
רְדִי	תֵּרְדִי	יָרַדְתְּ	את	יְרוּדִים	יוֹרְדִים	רבים
	יֵרֵד	יָרַד	הוא	יְרוּדוֹת	יוֹרְדוֹת	רבות
	תֵּרֵד	יָרְדָה	היא			
	נֵרֵד	יָרַדְנוּ	אנחנו			
רְדוּ ***	תֵּרְדוּ **	יְרַדְתֶּם/ן *	אתם/ן			
	יֵרְדוּ **	יָרְדוּ	הם/ן			

שם הפועל .Infin לָרֶדֶת   * Colloquial: יָרַדְתֶּם/ן
מקור מוחלט .Inf. Abs יָרוֹד   ** less commonly: אתן/הן תֵּרַדְנָה
מקור נטוי .Inf.+pron בְּרִדְתּוֹ, כְּ...   *** less commonly: (אתן) רֵדְנָה
שם הפעולה Verbal N יְרִידָה going/coming down, descent; decline; emigration (from Israel)
ביני פעיל .Act. Part יוֹרֵד emigrant (from Israel)
ביני סביל .Pass. Part יָרוּד run-down, poor, shabby
מ״י מוצרכת .Gov. Prep יָרַד מ- come down from, get off (bus, etc.)
מ״י מוצרכת .Gov. Prep יָרַד על attack one very aggressively, verbally or physically (sl.)

הוֹרִיד/הוֹרַד/יוֹרִיד bring down; remove

בניין : הִפְעִיל   גזרה : פ״י

	הווה Present		עבר Past	עתיד Future	ציווי .Imper
יחיד	מוֹרִיד	אני	הוֹרַדְתִּי	אוֹרִיד	
יחידה	מוֹרִידָה	אתה	הוֹרַדְתָּ	תּוֹרִיד	הוֹרֵד
רבים	מוֹרִידִים	את	הוֹרַדְתְּ	תּוֹרִידִי	הוֹרִידִי
רבות	מוֹרִידוֹת	הוא	הוֹרִיד	יוֹרִיד	
		היא	הוֹרִידָה	תּוֹרִיד	
		אנחנו	הוֹרַדְנוּ	נוֹרִיד	
		אתם/ן	הוֹרַדְתֶּם/ן	תּוֹרִידוּ *	הוֹרִידוּ **
		הם/ן	הוֹרִידוּ	יוֹרִידוּ *	

* less commonly: אתן/הן תּוֹרֵדְנָה
שם הפועל .Infin לְהוֹרִיד   ** less commonly: (אתן) הוֹרֵדְנָה
שם הפעולה Verbal N הוֹרָדָה taking down, lowering; reduction, diminution
מקור מוחלט .Inf. Abs הוֹרֵד

♦ פעלים פחות שכיחים מאותו שורש Less frequent verbs from the same root

הוּרַד be brought down, be lowered, be removed (מוּרָד, יוּרַד)
מ״י מוצרכת .Gov. Prep הוּרַד מ- be removed from

♦ דוגמאות Illustrations

אביבה **יָרְדָה** מן הרכבת, והנוסע שישב לידה עזר לה **לְהוֹרִיד** את המזוודות.
Aviva **got off** the train, and the passenger who had been sitting next to her helped her **bring down** the suitcases.

מכיוון שמחירי הדלק **הוּרְדוּ**, **יָרְדוּ** גם מחירי כרטיסי הטיסה.
Since fuel prices **were lowered**, prices of flight tickets **went down** as well.

מספר **היוֹרְדִים** לארה״ב **יָרַד** משמעותית בשנים האחרונות. **היְרִידָה בִּירִידָה** לארה״ב מיוחסת **לִירִידָה** בפעילות הכלכלית שם ולעליית שיעור האבטלה.
The number of **emigrants** from Israel to the States **has decreased** significantly in recent years. The **decrease** in **emigration** to the States is attributed to the economic **decline** there and to the increased unemployment.

♦ ביטויים מיוחדים Special expressions

יָרַד מגדולתו **go down** in status   **יָרַד** גשם it rained
יָרַד לחייו persecute him   **יָרַד** במשקל **lose** weight

יָרַד לטמיון **be lost** completely   **הוֹרִיד** את המחיר **reduce** the price
לא מעלה ולא **מוֹרִיד** it does not really make any difference one way or another
הוֹרָדָה בדרגה demotion

●ירה (ירי): לִירוֹת, לְהוֹרוֹת, לְהִיָּרוֹת

יָרָה/יוֹרֶה/יִירֶה fire, shoot; cast (lit.)

בניין: פָּעַל   גזרה: נחי פ״י + ל״י

	Pres. הווה			Past עבר	Fut. עתיד	Imp. ציווי
יחיד	יוֹרֶה	יָרוּי	אני	יָרִיתִי	אִירֶה	
יחידה	יוֹרָה	יְרוּיָה	אתה	יָרִיתָ	תִּירֶה	יְרֵה
רבים	יוֹרִים	יְרוּיִים	את	יָרִית	תִּירִי	יְרִי
רבות	יוֹרוֹת	יְרוּיוֹת	הוא	יָרָה	יִירֶה	
			היא	יָרְתָה	תִּירֶה	
			אנחנו	יָרִינוּ	נִירֶה	
			אתם/ן	יְרִיתֶם/ן *	תִּירוּ **	יְרוּ ***
			הם/ן	יָרוּ	יִירוּ **	

שם הפועל .Infin לִירוֹת   * Colloquial: יָרִיתֶם/ן
מקור מוחלט .Inf. Abs יָרֹה   ** less commonly: אתן/הן תִּירֶינָה
מקור נטוי .Inf.+pron בְּירוֹתוֹ, כְּ...   *** less commonly: (אתן) יְרֶינָה
ביני פעיל .Act. Part יוֹרֶה one who shoots; first rain of the season (in Israel)
ביני סביל .Pass. Part יָרוּי shot (Adj)   שם הפעולה Verbal N יְרִיָּה shooting; shot

[The following may or may not be related to the same root]

הוֹרָה/יוֹרֶה teach, instruct; show

בניין: הִפְעִיל   גזרה: פ״ו + ל״י

	Present הווה		Past עבר	Future עתיד	Imper. ציווי
יחיד	מוֹרֶה	אני	הוֹרֵיתִי	אוֹרֶה	
יחידה	מוֹרָה	אתה	הוֹרֵיתָ	תּוֹרֶה	הוֹרֵה
רבים	מוֹרִים	את	הוֹרֵית	תּוֹרִי	הוֹרִי
רבות	מוֹרוֹת	הוא	הוֹרָה	יוֹרֶה	
		היא	הוֹרְתָה	תּוֹרֶה	
		אנחנו	הוֹרֵינוּ	נוֹרֶה	
		אתם/ן	הוֹרֵיתֶם/ן	תּוֹרוּ *	הוֹרוּ **
		הם/ן	הוֹרוּ	יוֹרוּ *	

שם הפועל .Infin לְהוֹרוֹת   * less commonly: אתן/הן תּוֹרֶינָה
בינוני .Pres. Part מוֹרֶה teacher, instructor   ** less commonly: (אתן) הוֹרֶינָה
שם הפעולה Verbal N הוֹרָאָה teaching, instruction   מקור מוחלט .Inf. Abs הוֹרֵה

נוֹרָה/יִיָּרֶה be fired (gun), be shot (person)

בניין : נִפְעַל גזרה : פ״ו + ל״י

	Present הווה		Past עבר	Future עתיד	Imper. ציווי
יחיד	נוֹרָה	אני	נוֹרֵיתִי	אִיָּרֶה	
יחידה	נוֹרֵית	אתה	נוֹרֵיתָ	תִּיָּרֶה	הִיָּרֵה
רבים	נוֹרִים	את	נוֹרֵית	תִּיָּרִי	הִיָּרִי
רבות	נוֹרוֹת	הוא	נוֹרָה	יִיָּרֶה	
		היא	נוֹרְתָה	תִּיָּרֶה	
		אנחנו	נוֹרֵינוּ	נִיָּרֶה	
		אתם/ן	נוֹרֵיתֶם/ן	תִּיָּרוּ *	הִיָּרוּ **
		הם/ן	נוֹרוּ	יִיָּרוּ *	

שם הפועל .Infin לְהִיָּרוֹת

* less commonly: אתן/הן תִּיָּרֶינָה

** less commonly: (אתן) הִיָּרֶינָה

♦ דוגמאות Illustrations

המשטרה מוסרת כי כשתים עשרה **יְרִיּוֹת נוֹרוּ** לכיוון מכוניתו של השר. **היוֹרֶה**, **שיָרָה** לעבר השר מרובה סער, נתפס לאחר **שנוֹרָה** ונפצע בידי שומרי ראשו של השר. המשטרה **הוֹרְתָה** לכתבי התקשורת לא להתקרב למקום לפני שתושלם החקירה הראשונית.

The police report that about twelve **shots were fired** in the direction of the minister's car. The **gunman**, who **was shooting** at the minister with an assault rifle, was caught after he **had been shot** and wounded by the minister's bodyguards. The police **instructed** the media reporters not to get close before the initial investigation is completed.

המוֹרֶה הזה אדם נחמד, אבל אין לו מושג איך **להוֹרוֹת**. לא ברור לי איך הוא קיבל תעודת **הוֹרָאָה**.

This **teacher** is a nice person, but he has no idea how **to teach**. I have no idea how he could be awarded a **teaching** certificate.

♦ ביטויים מיוחדים Special expressions

יָרָה אבן פינה lay (**cast**) a foundation stone

מכונת-**יְרִיָּה** machine gun

● ירשׁ : לָרֶשֶׁת, לְהוֹרִישׁ

יָרַשׁ/יוֹרֵשׁ/יִירַשׁ inherit

בניין : פָּעַל גזרה : נחי פ״י

	Present הווה		Past עבר	Future עתיד	Imper. ציווי
יחיד	יוֹרֵשׁ	אני	יָרַשְׁתִּי	אִירַשׁ	
יחידה	יוֹרֶשֶׁת	אתה	יָרַשְׁתָּ	תִּירַשׁ	רַשׁ
רבים	יוֹרְשִׁים	את	יָרַשְׁתְּ	תִּירְשִׁי	רְשִׁי
רבות	יוֹרְשׁוֹת	הוא	יָרַשׁ	יִירַשׁ	
		היא	יָרְשָׁה	תִּירַשׁ	
		אנחנו	יָרַשְׁנוּ	נִירַשׁ	
		אתם/ן	יְרַשְׁתֶּם/ן *	תִּירְשׁוּ **	רְשׁוּ ***
		הם/ן	יָרְשׁוּ	יִירְשׁוּ **	

שם הפועל .Infin לָרֶשֶׁת	* Colloquial: יְרַשְׁתֶּם/ן
בינוני .Pres. Part יוֹרֵשׁ heir	** less commonly: אתן/הן תִּירַשְׁנָה
מקור מוחלט .Inf. Abs יָרוֹשׁ	*** less commonly: (אתן) רַשְׁנָה
מקור נטוי .Inf.+pron בְּרִשְׁתּוֹ, כְּ...	שם הפעולה Verbal N יְרוּשָׁה inheritance

הוֹרִישׁ/הוֹרַשׁ/יוֹרִישׁ bequeath

בניין : הִפְעִיל גזרה : פ״ו

	הווה Present		עבר Past	עתיד Future	ציווי .Imper
יחיד	מוֹרִישׁ	אני	הוֹרַשְׁתִּי	אוֹרִישׁ	
יחידה	מוֹרִישָׁה	אתה	הוֹרַשְׁתָּ	תּוֹרִישׁ	הוֹרֵשׁ
רבים	מוֹרִישִׁים	את	הוֹרַשְׁתְּ	תּוֹרִישִׁי	הוֹרִישִׁי
רבות	מוֹרִישׁוֹת	הוא	הוֹרִישׁ	יוֹרִישׁ	
		היא	הוֹרִישָׁה	תּוֹרִישׁ	
		אנחנו	הוֹרַשְׁנוּ	נוֹרִישׁ	
		אתם/ן	הוֹרַשְׁתֶּם/ן	* תּוֹרִישׁוּ	** הוֹרִישׁוּ
		הם/ן	הוֹרִישׁוּ	* יוֹרִישׁוּ	

שם הפועל .Infin לְהוֹרִישׁ	* less commonly: אתן/הן תּוֹרֵשְׁנָה
שם הפעולה Verbal N הוֹרָשָׁה bequeathing	** less commonly: (אתן) הוֹרֵשְׁנָה
מקור מוחלט .Inf. Abs הוֹרֵשׁ	

♦ פעלים פחות שכיחים מאותו שורש Less frequent verbs from the same root

הוּרַשׁ be bequeathed (בינ׳ סביל .Pass. Part מוּרָשׁ inherited (adj.), יוּרַשׁ)

A homonymous root meaning "be poor" is not included here.

♦ דוגמאות Illustrations

משה **יָרַשׁ** את כל תכונותיו התרומיות מאביו – שגם **הוֹרִישׁ** לו רכוש רב, בנכסים ובמזומן.

Moshe **inherited** all of his great qualities from his father – who also **bequeathed** considerable property to him, in holdings and in cash.

♦ ביטויים מיוחדים Special expressions

יוֹרֵשׁ עצר **heir** to the throne, crown prince

הרצחתָּ וגם **יָרַשְׁתָּ**! You committed great injustice, and now you wish to benefit from it?

● ישב : לָשֶׁבֶת, לְהִתְיַישֵּׁב, לְהוֹשִׁיב, לְייַשֵּׁב

יָשַׁב/יוֹשֵׁב/יֵישֵׁב (יֵשֵׁב) sit, sit down; reside, dwell

בניין : פָּעַל גזרה : חסרי פ״י

	הווה/בינוני .Pres./Part			עבר Past	עתיד .Fut	ציווי .Imp
יחיד	יוֹשֵׁב	יָשׁוּב	אני	יָשַׁבְתִּי	אֵשֵׁב	
יחידה	יוֹשֶׁבֶת	יְשׁוּבָה	אתה	יָשַׁבְתָּ	תֵּשֵׁב	שֵׁב
רבים	יוֹשְׁבִים	יְשׁוּבִים	את	יָשַׁבְתְּ	תֵּשְׁבִי	שְׁבִי
רבות	יוֹשְׁבוֹת	יְשׁוּבוֹת	הוא	יָשַׁב	יֵשֵׁב	
			היא	יָשְׁבָה	תֵּשֵׁב	
			אנחנו	יָשַׁבְנוּ	נֵשֵׁב	

הווה/בינוני Pres./Part.		עבר Past	עתיד Fut.	ציווי Imp.
	אתם/ן	יְשַׁבְתֶּם/ן *	תֵּשְׁבוּ **	שְׁבוּ ***
	הם/ן	יָשְׁבוּ	יֵשְׁבוּ **	

שם הפועל .Infin לָשֶׁבֶת — * Colloquial: יָשַׁבְתֶּם/ן

ביני פעיל .Act. Part יוֹשֵׁב inhabitant — ** less commonly: אתן/הן תֵּשַׁבְנָה

ביני סביל .Pass. Part יָשׁוּב seated, settled — *** less commonly: (אתן) שֵׁבְנָה

שם הפעולה Verbal N יְשִׁיבָה sitting; dwelling; meeting, session; a Jewish religious academy

מקור מוחלט .Inf. Abs יָשׁוֹב — מקור נטוי .Inf.+pron בְּשִׁבְתּוֹ, כְּ...

מ״י מוצרכת .Gov. Prep יָשַׁב עַל sit on

הִתְיַישֵּׁב (הִתְיַשֵּׁב)/הִתְיַישַּׁב settle, colonize; be settled; sit down

בניין : הִתְפַּעֵל — גזרה : שלמים

	הווה Present		עבר Past	עתיד Future	ציווי .Imper
יחיד	מִתְייַשֵּׁב	אני	הִתְייַשַּׁבְתִּי	אֶתְייַשֵּׁב	
יחידה	מִתְייַשֶּׁבֶת	אתה	הִתְייַשַּׁבְתָּ	תִּתְייַשֵּׁב	הִתְייַשֵּׁב
רבים	מִתְייַשְּׁבִים	את	הִתְייַשַּׁבְתְּ	תִּתְייַשְּׁבִי	הִתְייַשְּׁבִי
רבות	מִתְייַשְּׁבוֹת	הוא	הִתְייַשֵּׁב	יִתְייַשֵּׁב	
		היא	הִתְייַשְּׁבָה	תִּתְייַשֵּׁב	
		אנחנו	הִתְייַשַּׁבְנוּ	נִתְייַשֵּׁב	
		אתם/ן	הִתְייַשַּׁבְתֶּם/ן	תִּתְייַשְּׁבוּ *	הִתְייַשְּׁבוּ **
		הם/ן	הִתְייַשְּׁבוּ	יִתְייַשְּׁבוּ *	

שם הפועל .Infin לְהִתְייַשֵּׁב — * less commonly: אתן/הן תִּתְייַשֵּׁבְנָה

בינוני .Pres. Part מִתְייַשֵּׁב settler — ** less commonly: (אתן) הִתְייַשֵּׁבְנָה

שם הפעולה Verbal N הִתְייַשְּׁבוּת settlement; settling — מקור מוחלט .Inf. Abs הִתְייַשֵּׁב

מ״י מוצרכת .Gov. Prep הִתְייַשֵּׁב בּ- settle at (some place)

הוֹשִׁיב/הוֹשַׁב/יוֹשִׁיב seat, set; settle (tr.)

בניין : הִפְעִיל — גזרה : פ״ו

	הווה Present		עבר Past	עתיד Future	ציווי .Imper
יחיד	מוֹשִׁיב	אני	הוֹשַׁבְתִּי	אוֹשִׁיב	
יחידה	מוֹשִׁיבָה	אתה	הוֹשַׁבְתָּ	תּוֹשִׁיב	הוֹשֵׁב
רבים	מוֹשִׁיבִים	את	הוֹשַׁבְתְּ	תּוֹשִׁיבִי	הוֹשִׁיבִי
רבות	מוֹשִׁיבוֹת	הוא	הוֹשִׁיב	יוֹשִׁיב	
		היא	הוֹשִׁיבָה	תּוֹשִׁיב	
		אנחנו	הוֹשַׁבְנוּ	נוֹשִׁיב	
		אתם/ן	הוֹשַׁבְתֶּם/ן	תּוֹשִׁיבוּ *	הוֹשִׁיבוּ **
		הם/ן	הוֹשִׁיבוּ	יוֹשִׁיבוּ *	

שם הפועל .Infin לְהוֹשִׁיב — * less commonly: אתן/הן תּוֹשֵׁבְנָה

שם הפעולה Verbal N הוֹשָׁבָה seating; setting — ** less commonly: (אתן) הוֹשֵׁבְנָה

מקור מוחלט .Inf. Abs הוֹשֵׁב

יִישֵּׁב (יִשֵּׁב)/יִישַּׁב/יְיַשֵּׁב settle (tr.) (land, dispute, difficulty); set (mind) at ease; set; solve (problem)

בניין : פִּיעֵל גזרה : שלמים

	Present הווה		Past עבר	Future עתיד	Imper. ציווי
יחיד	מְיַישֵּׁב	אני	יִישַּׁבְתִּי	אֲיַישֵּׁב	
יחידה	מְיַישֶּׁבֶת	אתה	יִישַּׁבְתָּ	תְּיַישֵּׁב	יַשֵּׁב
רבים	מְיַישְּׁבִים	את	יִישַּׁבְתְּ	תְּיַישְּׁבִי	יַשְּׁבִי
רבות	מְיַישְּׁבוֹת	הוא	יִישֵּׁב	יְיַשֵּׁב	
		היא	יִישְּׁבָה	תְּיַישֵּׁב	
		אנחנו	יִישַּׁבְנוּ	נְיַישֵּׁב	
		אתם/ן	יִישַּׁבְתֶּם/ן	תְּיַישְּׁבוּ *	יַשְּׁבוּ**
		הם/ן	יִישְּׁבוּ	יְיַשְּׁבוּ *	

שם הפועל .Infin לְיַישֵּׁב * less commonly: אתן/הן תְּיַישֵּׁבְנָה

מקור מוחלט .Inf. Abs יַשֵּׁב ** less commonly: (אתן) יַשֵּׁבְנָה

שם הפעולה Verbal N יִישּׁוּב settlement; settled area; settling; civilization; composure

♦ פעלים פחות שכיחים מאותו שורש Less frequent verbs from the same root

יוּשַּׁב (יֻשַּׁב) be settled, be set at ease (mind), be set (בינוני .Pres. Part מְיוּשָּׁב composed; one who carefully considers matters, יְיוּשַּׁב)

הוּשַׁב be seated, be set (מוּשָׁב, יוּשַׁב)

נוֹשַׁב be populated/settled (נוֹשָׁב, ייוָּשֵׁב, לְהִיוָּשֵׁב)

♦ דוגמאות Illustrations

כשהגיעו האורחים לארוחת הערב, **הוֹשַׁבְתִּי** את ראובן ליד שמעון. חשבתי שאם **יֵשְׁבוּ** זה ליד זה, הם יוכלו לדבר **וּלְיַישֵּׁב** את אי-ההבנה ביניהם. רבקה **הִתְיַישְּׁבָה** ליד לאה; זהו שילוב טוב: רבקה רצינית, **מְיוּשֶּׁבֶת**, לאה מבריקה וחדת לשון.

When the dinner guests arrived, I **seated** Reuven next to Shim'on. I thought that if they **sat** side by side, they'll be able to talk and **settle** the misunderstanding between them. Rivka **sat down** next to Leah; that's a good combination: Rivka is serious, and **carefully considers her opinions**; Leah is bright and sharp-tongued.

הַמִּתְיַישְּׁבִים הראשונים הקימו מושבות כמו פתח תקווה וראשון לציון; צורות אחרות של **יִישּׁוּב**, כמו הקיבוצים, קמו לאחר מכן. עולים אחרים **הִתְיַישְּׁבוּ** בערים כמו ירושלים ויפו – חלקם **בִּישִׁיבוֹת**. ערב מלחמת העולם הראשונה מנה **הַיִּישּׁוּב** העברי כ-65,000 נפש בלבד.

The first **settlers** built settlements like Petah Tikva and Rishon Letsiyon; other forms of **settlement**, such as the kibbutz, were set up only later. Other immigrants **settled** in cities like Jerusalem and Jaffa – some of them in **Yeshivas**. On the eve of WWI, the **Jewish population of Palestine** amounted to only about 65,000.

♦ ביטויים מיוחדים Special expressions

יָשַׁב בטל **sit** idle, loaf

יָשַׁב תחת גפנו ותחת תאנתו live in peace and harmony

יוֹשֵׁב ראש (יו"ר) chairperson

יָשַׁב ראש chair (a meeting)

יָשַׁב על גחלים/קוצים be restless

יָשַׁב בכלא was in jail

שֵׁב ואל תעשה wait and see; do nothing in the meantime

יָשַׁב שבעה mourn

יוֹשֵׁב בית one who likes to stay at home

בחור **יְשִׁיבָה** a **Yeshiva** student

יִישֵּׁב את הסכסוך **settle** the dispute

אדם מן **הַיִּישּׁוּב** a cultured person

בְּיִישּׁוּב דעת calmly **הַיִּשּׁוּב** the Jewish population of Palestine (before Israel)
מְיוּשָּׁב בדעתו composed, collected, serene

●ישט : לְהוֹשִׁיט

הוֹשִׁיט/הוֹשַׁט/יוֹשִׁיט proffer, hand to

בניין : הִפְעִיל גזרה : פ״י

	Present הווה		Past עבר	Future עתיד	Imper. ציווי
יחיד	מוֹשִׁיט	אני	הוֹשַׁטְתִּי	אוֹשִׁיט	
יחידה	מוֹשִׁיטָה	אתה	הוֹשַׁטְתָּ	תּוֹשִׁיט	הוֹשֵׁט
רבים	מוֹשִׁיטִים	את	הוֹשַׁטְתְּ	תּוֹשִׁיטִי	הוֹשִׁיטִי
רבות	מוֹשִׁיטוֹת	הוא	הוֹשִׁיט	יוֹשִׁיט	
		היא	הוֹשִׁיטָה	תּוֹשִׁיט	
		אנחנו	הוֹשַׁטְנוּ	נוֹשִׁיט	
		אתם/ן	הוֹשַׁטְתֶּם/ן	תּוֹשִׁיטוּ *	הוֹשִׁיטוּ **
		הם/ן	הוֹשִׁיטוּ	יוֹשִׁיטוּ *	

שם הפועל .Infin לְהוֹשִׁיט — less commonly *: אתן/הן תּוֹשֵׁטְנָה
שם הפעולה Verbal N הוֹשָׁטָה proffering — less commonly **: (אתן) הוֹשֵׁטְנָה
מקור מוחלט .Inf. Abs הוֹשֵׁט

♦ **דוגמאות** Illustrations

זובין מהטה **הוֹשִׁיט** לדאני קיי את שרביט המנצחים, וקיי ניצח באופן מקצועי מפתיע על התזמורת הפילהרמונית של ניו יורק.

Zubin Mehta **proffered** the baton to Danny Kaye, and Kaye conducted the New York Philharmonic in a surprisingly professional manner.

♦ **ביטויים מיוחדים** Special expressions

הוֹשִׁיט יד ל... help someone

●ישם : לְייַשֵּׁם

יִישֵּׁם (יִשֵּׁם)/יִישַּׁם/יְיַשֵּׁם apply

בניין : פִּיעֵל גזרה : שלמים

	Present הווה		Past עבר	Future עתיד	Imper. ציווי
יחיד	מְייַשֵּׁם	אני	יִישַּׁמְתִּי	אֲייַשֵּׁם	
יחידה	מְייַשֶּׁמֶת	אתה	יִישַּׁמְתָּ	תְּייַשֵּׁם	יַשֵּׁם
רבים	מְייַשְּׁמִים	את	יִישַּׁמְתְּ	תְּייַשְּׁמִי	יַשְּׁמִי
רבות	מְייַשְּׁמוֹת	הוא	יִישֵּׁם	יְיַשֵּׁם	
		היא	יִישְּׁמָה	תְּייַשֵּׁם	
		אנחנו	יִישַּׁמְנוּ	נְייַשֵּׁם	
		אתם/ן	יִישַּׁמְתֶּם/ן	תְּייַשְּׁמוּ *	יַשְּׁמוּ **
		הם/ן	יִישְּׁמוּ	יְיַשְּׁמוּ *	

שם הפועל .Infin לְייַשֵּׁם — less commonly *: אתן/הן תְּייַשֵּׁמְנָה
מקור מוחלט .Inf. Abs יַשֵּׁם — less commonly **: (אתן) יַשֵּׁמְנָה
שם הפעולה Verbal N יִישּׁוּם application

♦ פעלים פחות שכיחים מאותו שורש Less frequent verbs from the same root

יוּשַּׂם be applied (בינוני פעול Pass. Part. מְיוּשָּׂם applied, יְיוּשַּׂם)

♦ דוגמאות Illustrations

אביגדור מנסה **לְיַשֵּׂם** את כל מה שלמד בבית הספר למנהל בחברה שהוא מנהל, אבל לא תמיד זה מצליח.

Avigdor tries **to apply** everything he learned in the business school to the company he is managing, but it does not always work.

●יָשֵׁן : לִישׁוֹן

יָשֵׁן/יָשַׁן/יִישַׁן sleep

בניין : פָּעַל גזרה : נחי פ״י + ל״נ

	הווה Present		עבר Past	עתיד Future	ציווי Imper.
יחיד	יָשֵׁן	אני	יָשַׁנְתִּי	אִישַׁן	
יחידה	יְשֵׁנָה	אתה	יָשַׁנְתָּ	תִּישַׁן	יְשַׁן
רבים	יְשֵׁנִים	את	יָשַׁנְתְּ	תִּישְׁנִי	יִשְׁנִי
רבות	יְשֵׁנוֹת	הוא	יָשֵׁן	יִישַׁן	
		היא	יָשְׁנָה	תִּישַׁן	
		אנחנו	יָשַׁנּוּ	נִישַׁן	
		אתם/ן	יְשַׁנְתֶּם/ן *	תִּישְׁנוּ **	יִשְׁנוּ ***
שם הפועל+ל- .Infin	לִישׁוֹן	הם/ן	יָשְׁנוּ	יִישְׁנוּ **	

שם הפעולה Verbal N שֵׁינָה sleep (N) * Colloquial: יָשַׁנְתֶּם/ן

בינוני .Pres. Part יָשֵׁן asleep ** less commonly: אתן/הן תִּישַׁנָּה

מקור מוחלט .Inf. Abs יָשׁוֹן *** less commonly: (אתן) יְשַׁנָּה

♦ פעלים פחות שכיחים מאותו שורש Less frequent verbs from the same root

יִישֵּׁן put to sleep (מְיַישֵּׁן, יְיַשֵּׁן, לְיַישֵּׁן)

Note: a homonymous, different root meaning "be(come) old" is not included in this volume.

♦ דוגמאות Illustrations

אני לוקח גלולות **שֵׁינָה** בערב, כי קשה לי **לִישׁוֹן**.

I take **sleeping** pills in the evening, because I find it hard **to sleep**.

♦ ביטויים מיוחדים Special expressions

יְשֵׁנֵי עפר the dead

● ישר : לְייַשֵר

יִישֵר (יִשֵּר)/יִישַר/יְיַשֵר straighten, flatten

בניין : פִּיעֵל גזרה : שלמים

	Present הווה		Past עבר	Future עתיד	Imper. ציווי
יחיד	מְייַשֵר	אני	יִישַרְתִי	אֲיַישֵר	
יחידה	מְייַשֶרֶת	אתה	יִישַרְתָ	תְיַישֵר	יַשֵר
רבים	מְייַשְרִים	את	יִישַרְתְ	תְיַישְרִי	יַשְרִי
רבות	מְייַשְרוֹת	הוא	יִישֵר	יְיַשֵר	
		היא	יִישְרָה	תְיַישֵר	
		אנחנו	יִישַרְנוּ	נְיַישֵר	
		אתם/ן	יִישַרְתֶם/ן	תְיַישְרוּ *	יַשְרוּ **
		הם/ן	יִישְרוּ	יְיַשְרוּ *	

שם הפועל .Infin לְייַשֵר

מקור מוחלט .Inf. Abs יַשֵר

less commonly: * אתן/הן תְיַישֵרְנָה

less commonly: ** (אתן) יַשֵרְנָה

♦ פעלים פחות שכיחים מאותו שורש Less frequent verbs from the same root

הִתְיַישֵר become straight, align; straighten up; conform (col.) (מִתְייַשֵר, יִתְייַשֵר, לְהִתְייַשֵר)

♦ דוגמאות Illustrations

לפני שסוללים כביש, יש **לְייַשֵר** את התשתית.

Before paving a road, one needs **to straighten** the infrastructure.

♦ ביטויים מיוחדים Special expressions

יִישֵר את ההדורים iron out the difficulties

יִישֵר קו fall into line

● יתר : לְהִיוּוָתֵר, לְהוֹתִיר

נוֹתַר/יִיוּוָתֵר (יִוָּתֵר) be left, remain

בניין : נִפְעַל גזרה : פ״ו

	Present הווה		Past עבר	Future עתיד	Imper. ציווי
יחיד	נוֹתָר	אני	נוֹתַרְתִי	אִיוּוָתֵר	
יחידה	נוֹתֶרֶת	אתה	נוֹתַרְתָ	תִיוּוָתֵר	הִיוּוָתֵר
רבים	נוֹתָרִים	את	נוֹתַרְתְ	תִיוּוָתְרִי	הִיוּוָתְרִי
רבות	נוֹתָרוֹת	הוא	נוֹתַר	יִיוּוָתֵר	
		היא	נוֹתְרָה	תִיוּוָתֵר	
		אנחנו	נוֹתַרְנוּ	נִיוּוָתֵר	
		אתם/ן	נוֹתַרְתֶם/ן	תִיוּוָתְרוּ *	הִיוּוָתְרוּ **
		הם/ן	נוֹתְרוּ	יִיוּוָתְרוּ *	

less commonly: * אתן/הן תִיוּוָתַרְנָה

less commonly: ** (אתן) הִיוּוָתַרְנָה

שם הפועל .Infin לְהִיוּוָתֵר

שם הפעולה Verbal N הִיוּוָתְרוּת being left, remaining

בינוני .Pres. Part הַנוֹתָר the remaining one

הוֹתִיר/הוֹתַר/יוֹתִיר leave behind

בניין : הִפְעִיל גזרה : פ״ו

	Present הווה		Past עבר	Future עתיד	Imper. ציווי
יחיד	מוֹתִיר	אני	הוֹתַרְתִּי	אוֹתִיר	
יחידה	מוֹתִירָה	אתה	הוֹתַרְתָּ	תּוֹתִיר	הוֹתֵר
רבים	מוֹתִירִים	את	הוֹתַרְתְּ	תּוֹתִירִי	הוֹתִירִי
רבות	מוֹתִירוֹת	הוא	הוֹתִיר	יוֹתִיר	
		היא	הוֹתִירָה	תּוֹתִיר	
		אנחנו	הוֹתַרְנוּ	נוֹתִיר	
		אתם/ן	הוֹתַרְתֶּם/ן	תּוֹתִירוּ *	הוֹתִירוּ **
		הם/ן	הוֹתִירוּ	יוֹתִירוּ *	

שם הפועל .Infin לְהוֹתִיר

* less commonly: אתן/הן תּוֹתֵרְנָה

שם הפעולה Verbal N הוֹתָרָה leaving behind

** less commonly: (אתן) הוֹתֵרְנָה

מקור מוחלט .Inf. Abs הוֹתֵר

♦ דוגמאות Illustrations

מן הכבש שנטרף **נוֹתְרוּ** רק עצמות **שהוֹתִירוּ** הזאבים.

Of the sheep that was killed, there **remained** only bones, which the wolves **left behind**.

♦ ביטויים מיוחדים Special expressions

די **והוֹתֵר** more than enough

נוֹתַר מאחור **be left** behind

לא **נוֹתַר** לו אלא ל- ...have no choice but to

● כאב : לִכְאוֹב, לְהַכְאִיב

כָּאַב/כּוֹאֵב/יִכְאַב hurt, be painful; feel pain

בניין : פָּעַל גזרה : שלמים (אֶפְעַל) + ע״ג

	Pres./Part. הווה/בינוני			Past עבר	Fut. עתיד	Imp. ציווי
יחיד	כּוֹאֵב	כָּאוּב	אני	כָּאַבְתִּי	אֶכְאַב	
יחידה	כּוֹאֶבֶת	כְּאוּבָה	אתה	כָּאַבְתָּ	תִּכְאַב	כְּאַב
רבים	כּוֹאֲבִים	כְּאוּבִים	את	כָּאַבְתְּ	תִּכְאֲבִי	כַּאֲבִי
רבות	כּוֹאֲבוֹת	כְּאוּבוֹת	הוא	כָּאַב	יִכְאַב	
			היא	כָּאֲבָה	תִּכְאַב	
			אנחנו	כָּאַבְנוּ	נִכְאַב	
			אתם/ן	כְּאַבְתֶּם/ן *	תִּכְאֲבוּ **	כַּאֲבוּ ***
			הם/ן	כָּאֲבוּ	יִכְאֲבוּ **	

שם הפועל .Infin לִכְאוֹב

* Colloquial: כָּאַבְתֶּם/ן

ביני פעיל .Pres. Part כּוֹאֵב suffering, in pain

** less commonly: אתן/הן תִּכְאַבְנָה

ביני סביל .Pass. Part כָּאוּב painful

*** less commonly: (אתן) כְּאַבְנָה

מקור מוחלט .Inf. Abs כָּאוֹב

מקור נטוי .Inf.+pron בְּכוֹאֲבוֹ, כְּ...

שם הפעולה Verbal N כְּאֵב pain

הִכְאִיב/הִכְאַב/יַכְאִיב hurt (tr.), cause pain

בניין : הִפְעִיל גזרה : שלמים

	Present הווה		Past עבר	Future עתיד	Imper. ציווי
יחיד	מַכְאִיב	אני	הִכְאַבְתִּי	אַכְאִיב	
יחידה	מַכְאִיבָה	אתה	הִכְאַבְתָּ	תַּכְאִיב	הַכְאֵב
רבים	מַכְאִיבִים	את	הִכְאַבְתְּ	תַּכְאִיבִי	הַכְאִיבִי
רבות	מַכְאִיבוֹת	הוא	הִכְאִיב	יַכְאִיב	
		היא	הִכְאִיבָה	תַּכְאִיב	
		אנחנו	הִכְאַבְנוּ	נַכְאִיב	
		אתם/ן	הִכְאַבְתֶּם/ן	תַּכְאִיבוּ *	הַכְאִיבוּ **
		הם/ן	הִכְאִיבוּ	יַכְאִיבוּ *	

שם הפועל .Infin לְהַכְאִיב   * less commonly: אתן/הן תַּכְאֵבְנָה

בינוני .Pres. Part מַכְאִיב painful   ** less commonly: (אתן) הַכְאֵבְנָה

שם הפעולה Verbal N הַכְאָבָה hurting, causing pain   מקור מוחלט .Inf. Abs הַכְאֵב

♦ דוגמאות Illustrations

יש לי רופא שיניים מעולה : הוא כמעט שאינו **מַכְאִיב** לי בעת הטיפול, ואם משהו בכל זאת **כּוֹאֵב**, הוא מפסיק מייד ומרדים הרדמה מקומית.

I have an excellent dentist: he hardly ever **causes** me **pain** during the treatment, and if something still **hurts**, he stops immediately and administers local anesthesia.

♦ ביטויים מיוחדים Special expressions

כָּאַב את כאבו share his pain/sorrow   נושא **כָּאוּב** a **painful** subject

● כבד : לְכַבֵּד, לְהַכְבִּיד

כִּיבֵּד (כִּבֵּד)/כִּיבַּד/כַבֵּד honor, treat with respect; entertain guests (by offering food)

בניין : פִּיעֵל גזרה : שלמים

	Present הווה		Past עבר	Future עתיד	Imper. ציווי
יחיד	מְכַבֵּד	אני	כִּיבַּדְתִּי	אֲכַבֵּד	
יחידה	מְכַבֶּדֶת	אתה	כִּיבַּדְתָּ	תְּכַבֵּד	כַּבֵּד
רבים	מְכַבְּדִים	את	כִּיבַּדְתְּ	תְּכַבְּדִי	כַּבְּדִי
רבות	מְכַבְּדוֹת	הוא	כִּיבֵּד	יְכַבֵּד	
		היא	כִּיבְּדָה	תְּכַבֵּד	
		אנחנו	כִּיבַּדְנוּ	נְכַבֵּד	
		אתם/ן	כִּיבַּדְתֶּם/ן	תְּכַבְּדוּ *	כַּבְּדוּ **
		הם/ן	כִּיבְּדוּ	יְכַבְּדוּ *	

* less commonly: אתן/הן תְּכַבֵּדְנָה

שם הפועל .Infin לְכַבֵּד   ** less commonly: (אתן) כַּבֵּדְנָה

שם הפעולה Verbal N כִּיבּוּד honoring, respecting; respect; refreshment (offered to guests)

מקור מוחלט .Inf. Abs כַּבֵּד

מ״י מוצרכת .Gov. Prep כִּיבֵּד ב- treat with, show respect by

make heavier, increase burden; inconvenience הִכְבִּיד/הִכְבַּד/יַכְבִּיד

בניין : הִפְעִיל   גזרה: שלמים

	Present הווה		Past עבר	Future עתיד	Imper. ציווי
יחיד	מַכְבִּיד	אני	הִכְבַּדְתִּי	אַכְבִּיד	
יחידה	מַכְבִּידָה	אתה	הִכְבַּדְתָּ	תַּכְבִּיד	הַכְבֵּד
רבים	מַכְבִּידִים	את	הִכְבַּדְתְּ	תַּכְבִּידִי	הַכְבִּידִי
רבות	מַכְבִּידוֹת	הוא	הִכְבִּיד	יַכְבִּיד	
		היא	הִכְבִּידָה	תַּכְבִּיד	
		אנחנו	הִכְבַּדְנוּ	נַכְבִּיד	
		אתם/ן	הִכְבַּדְתֶּם/ן	תַּכְבִּידוּ *	הַכְבִּידוּ **
		הם/ן	הִכְבִּידוּ	יַכְבִּידוּ *	

* less commonly: אתן/הן תַּכְבֵּדְנָה

שם הפועל Infin. לְהַכְבִּיד   ** less commonly: (אתן) הַכְבֵּדְנָה

שם הפעולה Verbal N הַכְבָּדָה burden, inconvenience

בינוני Pres. Part. מַכְבִּיד burdensome, inconvenient

מקור מוחלט Inf. Abs. הַכְבֵּד

מ״י מוצרכת Gov. Prep. הִכְבִּיד על inconvenience (someone)

♦ פעלים פחות שכיחים מאותו שורש Less frequent verbs from the same root

הִתְכַּבֵּד be honored; "have the honor" (in invitation); be entertained (by offer of food) (מִתְכַּבֵּד, יִתְכַּבֵּד, לְהִתְכַּבֵּד)

כּוּבַּד be respected, be treated with respect, be served refreshments (בינוני Pres. Part. מְכוּבָּד respected, יְכוּבַּד)

כָּבֵד be heavy, hard < בינוני Pres. Part. כָּבֵד heavy (form common)

נִכְבַּד be respected, esteemed < בינוני Pres. Part. נִכְבָּד respected (form common)

♦ דוגמאות Illustrations

מיכה הוא אחד האנשים ה**מְכוּבָּדִים** ביותר בשטח. **מְכַבְּדִים** אותו גם בארץ וגם בחו״ל.

Micha is one of the most **respected** people in the field. They **respect** him in Israel as well as abroad.

אנו מודים לנשיא על כך ש**כִּיבֵּד** אותנו בנוכחותו.

We thank the president for **having honored** us with his presence.

תודה על ההזמנה ללון אצלכם, אבל נלך בכל זאת למלון. אנחנו לא רוצים **לְהַכְבִּיד** עליכם.

Thank you for the invitation to stay overnight at your place, but we'll still go to a hotel. We do not wish **to inconvenience** you.

♦ ביטויים מיוחדים Special expressions

כַּבְּדֵהוּ וחשדהו **treat** him **with respect** and with suspicion at the same time

אנו **מִתְכַּבְּדִים** להזמינכם ל...... we **are honored** to invite you to ....

ראשו **כָּבֵד** עליו his head hurts   בלב **כָּבֵד** with a **heavy** heart

הבניינים ה**כְּבֵדִים** the "**heavy**" conjugations (*pi`el, pu`al, hitpa`el*)

כְּבַד-אוזן hard of hearing   **כְּבַד**-פה/לשון stammering

כְּבַד-תנועה slow-moving   מים **כְּבֵדִים** **heavy** water

מן הקל אל **הַכָּבֵד** gradually, from the simple to the difficult — נשק **כָּבֵד** **heavy** arms
משקל **כָּבֵד** **heavy**weight (weight of boxer exceeding 80 kilograms)
כְּבֵדוּת **heavily** — אדון **נִכְבָּד** (א״נ) Dear Sir — **נִכְבָּדַיי** Gentlemen; My Dear Sirs
דובר בו **נִכְבָּדוֹת** he was praised; he was offered a good match/position

●כבה (כבי): לִכְבּוֹת, לְכַבּוֹת, לְהִיכָּבוֹת

כָּבָה/כָּבֶה/יִכְבֶּה go out (fire, light), be extinguished

בניין: פָּעַל — גזרה: ל״י

	הווה/בינוני Pres./Part.			עבר Past	עתיד Fut.	ציווי Imp.
יחיד	כָּבֶה	כָּבוּי	אני	כָּבִיתִי	אֶכְבֶּה	
יחידה	כָּבָה	כְּבוּיָה	אתה	כָּבִיתָ	תִּכְבֶּה	כְּבֵה
רבים	כָּבִים	כְּבוּיִים	את	כָּבִית	תִּכְבִּי	כְּבִי
רבות	כָּבוֹת	כְּבוּיוֹת	הוא	כָּבָה	יִכְבֶּה	
			היא	כָּבְתָה	תִּכְבֶּה	
			אנחנו	כָּבִינוּ	נִכְבֶּה	
			אתם/ן	כְּבִיתֶם/ן *	תִּכְבּוּ **	כְּבוּ ***
			הם/ן	כָּבוּ	יִכְבּוּ **	

שם הפועל .Infin לִכְבּוֹת — * Colloquial: כָּבִיתֶם/ן
מקור מוחלט .Inf. Abs כָּבֹה — ** less commonly: אתן/הן תִּכְבֶּינָה
בינ' סביל .Pass. Part כָּבוּי extinguished — *** less commonly: (אתן) כְּבֶינָה
שם הפעולה Verbal N כְּבִיָּה going out; extinction — מקור נטוי .Inf.+pron בִּכְבוֹתוֹ, כִּ...

כִּיבָּה (כִּבָּה)/כַבֶּה extinguish, put out (fire), turn off (light)

בניין: פִּיעֵל — גזרה: ל״י

	הווה Present		עבר Past	עתיד Future	ציווי Imper.
יחיד	מְכַבֶּה	אני	כִּיבִּיתִי	אֲכַבֶּה	
יחידה	מְכַבָּה	אתה	כִּיבִּיתָ	תְּכַבֶּה	כַּבֵּה
רבים	מְכַבִּים	את	כִּיבִּית	תְּכַבִּי	כַּבִּי
רבות	מְכַבּוֹת	הוא	כִּיבָּה	יְכַבֶּה	
		היא	כִּיבְּתָה	תְּכַבֶּה	
		אנחנו	כִּיבִּינוּ	נְכַבֶּה	
		אתם/ן	כִּיבִּיתֶם/ן	תְּכַבּוּ *	כַּבּוּ **
		הם/ן	כִּיבּוּ	יְכַבּוּ *	

שם הפועל .Infin לְכַבּוֹת — * less commonly: אתן/הן תְּכַבֶּינָה
בינוני .Pres. Part מְכַבֶּה אֵשׁ=כַּבַּאי fireman — ** less commonly: (אתן) כַּבֶּינָה
שם הפעולה Verbal N כִּיבּוּי extinguishing, turning off — מקור מוחלט .Inf. Abs כַּבֵּה

נִכְבָּה/יִיכָּבֶה (יִכָּבֶה) go out (fire, light), be extinguished

בניין: נִפְעַל — גזרה: ל״י

	הווה Present		עבר Past	עתיד Future	ציווי Imper.
יחיד	נִכְבֶּה	אני	נִכְבֵּיתִי	אֶכָּבֶה	
יחידה	נִכְבֵּית	אתה	נִכְבֵּיתָ	תִּיכָּבֶה	הִיכָּבֵה
רבים	נִכְבִּים	את	נִכְבֵּית	תִּיכָּבִי	הִיכָּבִי

	Present הווה		Past עבר	Future עתיד	Imper. ציווי
רבות	נִכְבּוֹת	הוא	נִכְבָּה	יִיכָּבֶה	
		היא	נִכְבְּתָה	תִּיכָּבֶה	
		אנחנו	נִכְבֵּינוּ	נִיכָּבֶה	
		אתם/ן	נִכְבֵּיתֶם/ן	תִּיכָּבוּ *	הִיכָּבוּ **
		הם/ן	נִכְבּוּ	יִיכָּבוּ *	

שם הפועל .Infin לְהִיכָּבוֹת less commonly *: אתן/הן תִּיכָּבֶינָה

שם הפעולה Verbal N הִיכָּבוּת going out (fire) less commonly **: (אתן) הִיכָּבֶינָה

מקור מוחלט .Inf. Abs נִכְבֹּה, הִיכָּבֵה

♦ פעלים פחות שכיחים מאותו שורש Less frequent verbs from the same root

כּוּבָּה be extinguished, be turned off (בינוני .Pres. Part מְכוּבֶּה extinguished, יְכוּבֶּה)

♦ דוגמאות Illustrations

חשבתי שחיים **כִּיבָּה** את האורות, אבל מסתבר שהאורות **כָּבוּ/נִכְבּוּ** מעצמם, עקב הפסקת חשמל.

I thought that Hayyim had **turned off** the lights, but it turns out that the lights **went out** by themselves, owing to power outage.

יחידה של **מְכַבֵּי** אש הגיעה למקום תוך רבע שעה, והדליקה **כּוּבְּתָה** תוך כמה דקות.

A **fire fighters**' unit arrived at the scene in a quarter of an hour, and the fire **was put out** in a matter of minutes.

♦ ביטויים מיוחדים Special expressions

עיניים **כְּבוּיוֹת**/מבט **כָּבוּי** tired, resigned, desperate look

מְכַבֵּי אש fire fighters

כִּיבּוּי שרפות "**extinguishing** fires" – dealing with emergencies as they arise rather than by plan (coll.)

●כבס : לְכַבֵּס

כִּיבֵּס(כִּבֵּס)/כִּיבַּס/כַבֵּס wash (clothes), launder

בניין : פִּיעֵל גזרה : שלמים

	Present הווה		Past עבר	Future עתיד	Imper. ציווי
יחיד	מְכַבֵּס	אני	כִּיבַּסְתִּי	אֲכַבֵּס	
יחידה	מְכַבֶּסֶת	אתה	כִּיבַּסְתָּ	תְּכַבֵּס	כַּבֵּס
רבים	מְכַבְּסִים	את	כִּיבַּסְתְּ	תְּכַבְּסִי	כַּבְּסִי
רבות	מְכַבְּסוֹת	הוא	כִּיבֵּס	יְכַבֵּס	
		היא	כִּיבְּסָה	תְּכַבֵּס	
		אנחנו	כִּיבַּסְנוּ	נְכַבֵּס	
		אתם/ן	כִּיבַּסְתֶּם/ן	תְּכַבְּסוּ *	כַּבְּסוּ **
		הם/ן	כִּיבְּסוּ	יְכַבְּסוּ *	

שם הפועל .Infin לְכַבֵּס less commonly *: אתן/הן תְּכַבֵּסְנָה

ש' הפעולי Verbal N כִּיבּוּס washing, laundering less commonly **: (אתן) כַּבֵּסְנָה

מקור מוחלט .Inf. Abs כַּבֵּס

♦ **פעלים פחות שכיחים מאותו שורש** Less frequent verbs from the same root

כּוּבַּס be washed (clothes), be laundered (בינוני Pres. Part. מְכוּבָּס laundered, יְכוּבַּס)
כִּבֵּס wash (clothes), launder < ביני פעיל Act. Part. כּוֹבֵס laundryman, שם הפעולה Verbal N כְּבִיסָה laundering, laundry (common form)

♦ **דוגמאות** Illustrations

אנחנו עושים **כְּבִיסָה** פעמיים בשבוע: ביום שני אנחנו **מְכַבְּסִים** את הלבנים, וביום חמישי את השאר. יש לנו מכונת **כְּבִיסָה** מצוינת. את הבגדים **שכּוּבְּסוּ** אנחנו מייבשים במייבש.

We do the **laundry** two times a week: on Monday we **wash** the linen/whites, and the rest on Thursday. We have an excellent **washing** machine. We dry the clothes that **have been washed** in a dryer.

♦ **ביטויים מיוחדים** Special expressions

מכונת **כְּבִיסָה** **washing** machine

עוף **מְכוּבָּס** boiled (=**laundered**) chicken (sl.)

● כבשׁ : לִכְבּוֹשׁ, לְהִיכָּבֵשׁ

כָּבַשׁ/כּוֹבֵשׁ/יִכְבּוֹשׁ (יִכְבֹּשׁ) conquer; pickle/preserve; surface (road); press/pack down

בניין : פָּעַל גזרה : שלמים (אֶפְעוֹל)

	הווה/בינוני Pres./Part.		עבר Past	עתיד Fut.	ציווי Imp.
יחיד	כּוֹבֵשׁ כָּבוּשׁ	אני	כָּבַשְׁתִּי	אֶכְבּוֹשׁ	
יחידה	כּוֹבֶשֶׁת כְּבוּשָׁה	אתה	כָּבַשְׁתָּ	תִּכְבּוֹשׁ	כְּבוֹשׁ
רבים	כּוֹבְשִׁים כְּבוּשִׁים	את	כָּבַשְׁתְּ	תִּכְבְּשִׁי	כִּבְשִׁי
רבות	כּוֹבְשׁוֹת כְּבוּשׁוֹת	הוא	כָּבַשׁ	יִכְבּוֹשׁ	
		היא	כָּבְשָׁה	תִּכְבּוֹשׁ	
		אנחנו	כָּבַשְׁנוּ	נִכְבּוֹשׁ	
		אתם/ן	כְּבַשְׁתֶּם/ן *	תִּכְבְּשׁוּ **	כִּבְשׁוּ ***
		הם/ן	כָּבְשׁוּ	יִכְבְּשׁוּ **	

* Colloquial: כָּבַשְׁתֶּם/ן

** less commonly: אתן/הן תִּכְבּוֹשְׁנָה

*** less commonly: (אתן) כְּבוֹשְׁנָה

שם הפועל Infin. לִכְבּוֹשׁ

שם הפעולה Verbal N כְּבִישָׁה pressing down, etc. ביני פעיל Act. Part. כּוֹבֵשׁ conqueror

ביני סביל Pass. Part. כָּבוּשׁ conquered; pickled; pressed down; paved

מקור מוחלט Inf. Abs. כָּבוֹשׁ מקור נטוי Inf.+pron. בְּכוֹבְשׁוֹ, כְּ...

נִכְבַּשׁ/יִיכָּבֵשׁ (יִכָּבֵשׁ) be conquered, be pressed flat, be pickled, be preserved

בניין : נִפְעַל גזרה : שלמים

	הווה Present		עבר Past	עתיד Future	ציווי Imper.
יחיד	נִכְבָּשׁ	אני	נִכְבַּשְׁתִּי	אֶכָּבֵשׁ	
יחידה	נִכְבֶּשֶׁת	אתה	נִכְבַּשְׁתָּ	תִּיכָּבֵשׁ	הִיכָּבֵשׁ
רבים	נִכְבָּשִׁים	את	נִכְבַּשְׁתְּ	תִּיכָּבְשִׁי	הִיכָּבְשִׁי
רבות	נִכְבָּשׁוֹת	הוא	נִכְבַּשׁ	יִיכָּבֵשׁ	

	Present הווה		Past עבר	Future עתיד	Imper. ציווי
		היא	נִכְבְּשָׁה	תִּיכָּבֵשׁ	
		אנחנו	נִכְבַּשְׁנוּ	נִיכָּבֵשׁ	
		אתםץ	נִכְבַּשְׁתֶּם/ן	תִּיכָּבְשׁוּ *	הִיכָּבְשׁוּ **
		הםץ	נִכְבְּשׁוּ	יִיכָּבְשׁוּ *	

שם הפועל .Infin לְהִיכָּבֵשׁ   less commonly *: אתן/הן תִּיכָּבַשְׁנָה

מקי מוחלט .Inf. Abs נִכְבּוֹשׁ, הִיכָּבֵשׁ (הִיכָּבוֹשׁ)   less commonly **: (אתן) הִיכָּבַשְׁנָה

♦ פעלים פחות שכיחים מאותו שורש Less frequent verbs from the same root

כִּיבֵּשׁ conquer; press; preserve < שם הפעולה Verbal N כִּיבּוּשׁ conquest (form common)

♦ דוגמאות Illustrations

גרמניה **כָּבְשָׁה** חלק גדול מיבשת אירופה במלחמת העולם השנייה. מרבית המדינות **נִכְבְּשׁוּ** כבר בשלבים הראשונים של המלחמה. בחלק מן השטחים ה**כְּבוּשִׁים** פעלו תנועות התנגדות מאורגנות היטב.

Germany **conquered** a large part of the European continent in WWII. Most of the countries **were** already **conquered** in the first phases of the war. Well-organized resistance movements were operating in some of the **conquered** areas.

אמי מומחית בהכנת ירקות **כְּבוּשִׁים**.

My mother is an expert in preparing **pickled** vegetables.

♦ ביטויים מיוחדים Special expressions

כָּבַשׁ את כעסו **control** one's temper   כָּבַשׁ את יצרו **control** his desire

כִּיבּוּשׁ העבודה struggle for the right of Jews to work (term used by pre-Israel pioneers)

כִּיבּוּשׁ השממה **conquest** of the desert (i.e., turning it into cultivable land)

●כול : לְהָכִיל

הֵכִיל/הֵכַל/יָכִיל contain, hold

בניין : הִפְעִיל   גזרה : ע״ו

	Present הווה		Past עבר	Future עתיד	Imper. ציווי
יחיד	מֵכִיל	אני	הֵכַלְתִּי	אָכִיל	
יחידה	מְכִילָה	אתה	הֵכַלְתָּ	תָּכִיל	הָכֵל
רבים	מְכִילִים	את	הֵכַלְתְּ	תָּכִילִי	הָכִילִי
רבות	מְכִילוֹת	הוא	הֵכִיל	יָכִיל	
		היא	הֵכִילָה	תָּכִיל	
		אנחנו	הֵכַלְנוּ	נָכִיל	
		אתםץ	הֵכַלְתֶּם/ן *	תָּכִילוּ **	הָכִילוּ ***
		הםץ	הֵכִילוּ	יָכִילוּ **	

שם הפועל .Infin לְהָכִיל   formal *: הֲכַלְתֶּם/ן

מקור מוחלט .Inf. Abs הָכֵל   less commonly **: אתן/הן תָּכֵלְנָה

less commonly ***: (אתן) הָכֵלְנָה

♦ דוגמאות Illustrations

המֵיכָל הזה **מֵכִיל** גלון אחד, דהיינו 3.9 ליטרים בערך.

This container **holds** one gallon, i.e., approx. 3.9 liters.

♦ **ביטויים מיוחדים** Special expressions

צר מֵהָכִיל too small (for that many people, etc.)

●כון-1 : לְהָכִין, לְהִתְכּוֹנֵן

הֵכִין/הֵכַנ/יָכִין prepare (tr.), provide

בניין : הִפְעִיל גזרה : ע״ו + ל״נ

	הווה Present		עבר Past	עתיד Future	ציווי Imper.
יחיד	מֵכִין	אני	הֲכַנְתִּי	אָכִין	
יחידה	מְכִינָה	אתה	הֲכַנְתָּ	תָּכִין	הָכֵן
רבים	מְכִינִים	את	הֲכַנְתְּ	תָּכִינִי	הָכִינִי
רבות	מְכִינוֹת	הוא	הֵכִין	יָכִין	
		היא	הֵכִינָה	תָּכִין	
		אנחנו	הֲכַנּוּ	נָכִין	
		אתם/ן	הֲכַנְתֶּם/ן *	תָּכִינוּ **	הָכִינוּ ***
		הם/ן	הֵכִינוּ	יָכִינוּ **	

שם הפועל .Infin לְהָכִין

שם הפעולה Verbal N הֲכָנָה preparation

מקור מוחלט .Inf. Abs הָכֵן

תואר הפועל .Adv הָכֵן at the ready, on the alert

* formal: הֵכַנְתֶּם/ן

** less commonly: אתן/הן תָּכֵנָּה

*** less commonly: (אתן) הָכֵנָּה

הוּכַן be prepared, be furnished

בניין : הוּפְעַל גזרה : ע״ו + ל״נ

	הווה Present		עבר Past	עתיד Future
יחיד	מוּכָן	אני	הוּכַנְתִּי	אוּכַן
יחידה	מוּכָנָה	אתה	הוּכַנְתָּ	תּוּכַן
רבים	מוּכָנִים	את	הוּכַנְתְּ	תּוּכְנִי
רבות	מוּכָנוֹת	הוא	הוּכַן	יוּכַן
		היא	הוּכְנָה	תּוּכַן
		אנחנו	הוּכַנּוּ	נוּכַן
		אתם/ן	הוּכַנְתֶּם/ן	תּוּכְנוּ *
		הם/ן	הוּכְנוּ	יוּכְנוּ *

בינוני .Pres. Part מוּכָן ready, prepared

* less commonly: אתן/הן תּוּכַנָּה

הִתְכּוֹנֵן/הִתְכּוֹנַנ prepare oneself, get ready

בניין : הִתְפַּעֵל גזרה : ע״ו (ל״ל) + ל״נ

	הווה Present		עבר Past	עתיד Future	ציווי Imper.
יחיד	מִתְכּוֹנֵן	אני	הִתְכּוֹנַנְתִּי	אֶתְכּוֹנֵן	
יחידה	מִתְכּוֹנֶנֶת	אתה	הִתְכּוֹנַנְתָּ	תִּתְכּוֹנֵן	הִתְכּוֹנֵן
רבים	מִתְכּוֹנְנִים	את	הִתְכּוֹנַנְתְּ	תִּתְכּוֹנְנִי	הִתְכּוֹנְנִי
רבות	מִתְכּוֹנְנוֹת	הוא	הִתְכּוֹנֵן	יִתְכּוֹנֵן	
		היא	הִתְכּוֹנְנָה	תִּתְכּוֹנֵן	
		אנחנו	הִתְכּוֹנַנּוּ	נִתְכּוֹנֵן	
		אתם/ן	הִתְכּוֹנַנְתֶּם/ן	תִּתְכּוֹנְנוּ *	הִתְכּוֹנְנוּ **
		הם/ן	הִתְכּוֹנְנוּ	יִתְכּוֹנְנוּ *	

שם הפועל .Infin	לְהִתְכּוֹנֵן	less commonly: *	אתן/הן תִּתְכּוֹנֵנָּה
שם הפעולה Verbal N	הִתְכּוֹנְנוּת getting ready	less commonly: **	(אתן) הִתְכּוֹנֵנָּה
מקור מוחלט .Inf. Abs	הִתְכּוֹנֵן	מ״י מוצרכת .Gov. Prep	prepare for הִתְכּוֹנֵן ל-

♦ פעלים פחות שכיחים מאותו שורש Less frequent verbs from the same root

נָכוֹן be clear, true; be strong/supported; be ready (נָכוֹן, יִכּוֹן, לְהִיכּוֹן)

נָכוֹן Pres. Part. true, correct (form is common)

כּוֹנֵן establish; prepare, calibrate (מְכוֹנֵן, יְכוֹנֵן, לְכוֹנֵן)

♦ דוגמאות Illustrations

חיים **מִתְכּוֹנֵן** לטיול ארוך בהודו. הוא **מֵכִין** בגדים קלים שמתאימים לחום, וקנה פילטר מיוחד למים, למקרה שלא יוכל לקנות משקאות **מוּכָנִים** בבקבוקים. הוא רוצה להיות **מוּכָן** למקרה שכל מה ששמע על הודו הוא **נָכוֹן**.

Hayyim **is getting ready** for a long trip to India. He **is preparing** light clothes that are appropriate for the heat, and has bought a special water filter, in case he is unable to buy **prepared** beverages in bottles. He wishes to be **prepared** in case everything he heard about India is **correct**.

♦ ביטויים מיוחדים Special expressions

הֵכִין שיעורים do one's homework

מוּכָן ומזומן **ready** and willing

אסיפה **מְכוֹנֶנֶת** **founding**/legislative assembly

נְכוֹנָה **correct**ly, truthfully (Adv.)

מצב **הָכֵן** state of **readiness,** alert (N)

הִתְכּוֹנֵן לבחינה **prepare** for an exam

אמת **וְנָכוֹן** precisely **correct**

●כון-2 : לְהִתְכַּוֵּן, לְכַוֵּן

הִתְכַּוֵּן (הִתְכַּוֵּן)/הִתְכַּוַּנ mean, intend

בניין : הִתְפַּעֵל גזרה : ל״נ

	הווה Present		עבר Past	עתיד Future	ציווי .Imper
יחיד	מִתְכַּוֵּן	אני	הִתְכַּוַּנְתִּי	אֶתְכַּוֵּן	
יחידה	מִתְכַּוֶּנֶת	אתה	הִתְכַּוַּנְתָּ	תִּתְכַּוֵּן	הִתְכַּוֵּן
רבים	מִתְכַּוְּנִים	את	הִתְכַּוַּנְתְּ	תִּתְכַּוְּנִי	הִתְכַּוְּנִי
רבות	מִתְכַּוְּנוֹת	הוא	הִתְכַּוֵּן	יִתְכַּוֵּן	
		היא	הִתְכַּוְּנָה	תִּתְכַּוֵּן	
		אנחנו	הִתְכַּוַּנּוּ	נִתְכַּוֵּן	
		אתם/ן	הִתְכַּוַּנְתֶּם/ן	תִּתְכַּוְּנוּ *	הִתְכַּוְּנוּ **
		הם/ן	הִתְכַּוְּנוּ	יִתְכַּוְּנוּ *	

		less commonly: *	אתן/הן תִּתְכַּוֵּנָּה
שם הפועל .Infin	לְהִתְכַּוֵּן	less commonly: **	(אתן) הִתְכַּוֵּנָּה
שם הפעולה Verbal N	הִתְכַּוְּנוּת intention, intending; meaning; directing		
מקור מוחלט .Inf. Abs	הִתְכַּוֵּן	תואר הפועל .Adv	(un)intentionally (שלא) בְּמִתְכַּוֵּן

כִּיווֵּן (כִּוֵּן)/כִּיוַּנ/כַּוֵּן direct, aim; adjust, tune; intend, mean

בניין : פִּיעֵל   גזרה : ל״נ

	Present הווה		Past עבר	Future עתיד	Imper. ציווי
יחיד	מְכַוֵּון	אני	כִּיוַּונְתִּי	אֲכַוֵּון	
יחידה	מְכַוֶּונֶת	אתה	כִּיוַּונְתָּ	תְּכַוֵּון	כַּוֵּון
רבים	מְכַוְּונִים	את	כִּיוַּונְתְּ	תְּכַוְּונִי	כַּוְּונִי
רבות	מְכַוְּונוֹת	הוא	כִּיוֵּון	יְכַוֵּון	
		היא	כִּיוְּונָה	תְּכַוֵּון	
		אנחנו	כִּיוַּונּוּ	נְכַוֵּון	
		אתם/ן	כִּיוַּונְתֶּם/ן	תְּכַוְּונוּ *	כַּוְּונוּ**
		הם/ן	כִּיוְּונוּ	יְכַוְּונוּ *	

שם הפועל .Infin לְכַוֵּון   * less commonly: אתן/הן תְּכַוֵּונָּה

שם הפעולה Verbal N כִּיווּן direction   ** less commonly: (אתן) כַּוֵּונָּה

מקור מוחלט .Inf. Abs כַּוֵּון

♦ **פעלים פחות שכיחים מאותו שורש** Less frequent verbs from the same root

כּוּוַּן be aimed, be directed; be adjusted; be intended (בינוני .Pres. Part מְכוּוָּן intended; calibrated, תואר הפועל .Adv בִּמְכוּוָּן intentionally, יְכוּוַּן)

♦ **דוגמאות** Illustrations

הנאשם גמגם ואמר לשופט שהוא כלל לא **הִתְכַּוֵּון** לפגוע במטייל. הוא חשב שזה צבי, **כִּיוֵּון** את רובהו וירה. מזל שברגע האחרון המטייל החליט ללכת ב**כִּיוּון** אחר – ושהרובה בכלל לא היה **מְכוּוָּן**.

The defendant stammered and said that he never **intended** to hit the hiker. He thought it was a deer, **aimed** his rifle, and fired. Fortunately the hiker had decided at the last moment to walk in a different **direction**, and the rifle was not **calibrated** anyway.

התובע טען שהנאשם קיים במשך שנים מדיניות של אפליה **מְכוּוֶּנֶת** נגד עובדי מיעוטים במפעלו.

The prosecutor claimed that for years the defendant maintained an **intentional** discrimination policy against minorities in his firm.

♦ **ביטויים מיוחדים** Special expressions

כִּיוֵּון לדעתו to have the same in mind   **כִּיוֵּון** את השעה find the appropriate time

●כוץ : לְהִתְכַּוֵּץ, לְכַוֵּץ

הִתְכַּוֵּץ (הִתְכַּוֵּץ)/הִתְכַּוַּצ shrink (intr.), contract (intr.)

בניין : הִתְפַּעֵל   גזרה : שלמים

	Present הווה		Past עבר	Future עתיד	Imper. ציווי
יחיד	מִתְכַּוֵּוץ	אני	הִתְכַּוַּוצְתִּי	אֶתְכַּוֵּוץ	
יחידה	מִתְכַּוֶּוצֶת	אתה	הִתְכַּוַּוצְתָּ	תִּתְכַּוֵּוץ	הִתְכַּוֵּוץ
רבים	מִתְכַּוְּוצִים	את	הִתְכַּוַּוצְתְּ	תִּתְכַּוְּוצִי	הִתְכַּוְּוצִי
רבות	מִתְכַּוְּוצוֹת	הוא	הִתְכַּוֵּוץ	יִתְכַּוֵּוץ	
		היא	הִתְכַּוְּוצָה	תִּתְכַּוֵּוץ	
		אנחנו	הִתְכַּוַּוצְנוּ	נִתְכַּוֵּוץ	

Imper. ציווי	Future עתיד	Past עבר		Present הווה	
הִתְכַּווּצוּ **	תִּתְכַּווּצוּ *	הִתְכַּווַצְתֶּם/ן	אתם/ן		
	יִתְכַּווּצוּ *	הִתְכַּווּצוּ	הם/ן		

שם הפועל .Infin לְהִתְכַּוֵוץ — less commonly *: אתן/הן תִּתְכַּוֵוצְנָה

מקור מוחלט .Inf. Abs הִתְכַּוֵוץ — less commonly **: (אתן) הִתְכַּוֵוצְנָה

שם הפעולה Verbal N הִתְכַּווּצוּת shrinkage, contraction

כִּיוֵוץ (כִּוֵּץ)/כִּיווַצ/כַּוֵוץ shrink (tr.), contract (tr.)

בניין : פִּיעֵל גזרה : שלמים

Imper. ציווי	Future עתיד	Past עבר		Present הווה	
	אֲכַוֵוץ	כִּיווַצְתִּי	אני	מְכַוֵוץ	יחיד
כַּוֵוץ	תְּכַוֵוץ	כִּיווַצְתָּ	אתה	מְכַווֶצֶת	יחידה
כַּווּצִי	תְּכַווּצִי	כִּיווַצְתְּ	את	מְכַווּצִים	רבים
	יְכַוֵוץ	כִּיוֵוץ	הוא	מְכַווּצוֹת	רבות
	תְּכַוֵוץ	כִּיווְצָה	היא		
	נְכַוֵוץ	כִּיווַצְנוּ	אנחנו		
כַּווּצוּ**	תְּכַווּצוּ *	כִּיווַצְתֶּם/ן	אתם/ן		
	יְכַווּצוּ *	כִּיווּצוּ	הם/ן		

less commonly *: אתן/הן תְּכַוֵוצְנָה

שם הפועל .Infin לְכַוֵוץ — less commonly **: (אתן) כַּוֵוצְנָה

שם הפעולה Verbal N כִּיווּץ shrinking (something) — מקור מוחלט .Inf. Abs כַּוֵוץ

♦ פעלים פחות שכיחים מאותו שורש Less frequent verbs from the same root

כּוּוַץ (כֻּוַּץ) be shrunk, be contracted (בינוני .Pres. Part מְכוּוָץ shrunk, יְכוּוַץ)

♦ דוגמאות Illustrations

החברה טוענת כי המכנסיים שהיא מייצרת אינם **מִתְכַּווּצִים** בכביסה, כיוון שהם **מְכוּוָצִים** מראש בתהליך הייצור. אפילו מיים חמים וייבוש במכונת ייבוש לא **יְכַווּצוּ** אותם.

The company claims that the pants it manufactures do not **shrink** in the laundry, since they are pre-**shrunk** in the manufacturing process. Even hot water and drying in a dryer **will** not **shrink** them.

●כחש : לְהַכְחִישׁ

הִכְחִישׁ/הִכְחַשׁ/יַכְחִישׁ deny

בניין : הִפְעִיל גזרה : שלמים

Imper. ציווי	Future עתיד	Past עבר		Present הווה	
	אַכְחִישׁ	הִכְחַשְׁתִּי	אני	מַכְחִישׁ	יחיד
הַכְחֵשׁ	תַּכְחִישׁ	הִכְחַשְׁתָּ	אתה	מַכְחִישָׁה	יחידה
הַכְחִישִׁי	תַּכְחִישִׁי	הִכְחַשְׁתְּ	את	מַכְחִישִׁים	רבים
	יַכְחִישׁ	הִכְחִישׁ	הוא	מַכְחִישׁוֹת	רבות
	תַּכְחִישׁ	הִכְחִישָׁה	היא		
	נַכְחִישׁ	הִכְחַשְׁנוּ	אנחנו		
הַכְחִישׁוּ **	תַּכְחִישׁוּ *	הִכְחַשְׁתֶּם/ן	אתם/ן		
	יַכְחִישׁוּ *	הִכְחִישׁוּ	הם/ן		

בדיבור : מַכְּחִישׁ..., הִכְּחַשְׁתִּי... כדי למנוע היטמעות של כ׳ וח׳ שהתמזגו בע״ח.
Colloquial: ...מַכְּחִישׁ..., הִכְּחַשְׁתִּי, to prevent assimilation of כ׳ and ח׳ that merged in MH.

שם הפועל .Infin לְהַכְחִישׁ   * less commonly: אתן/הן תַּכְחֵשְׁנָה
מקור מוחלט .Inf. Abs הַכְחֵשׁ   ** less commonly: (אתן) הַכְחֵשְׁנָה
שם הפעולה Verbal N הַכְחָשָׁה denying, denial

♦ פעלים פחות שכיחים מאותו שורש Less frequent verbs from the same root
הוּכְחַשׁ be denied (מוּכְחָשׁ, יוּכְחַשׁ)

♦ דוגמאות Illustrations
ראש הממשלה **הִכְחִישׁ** בכל תוקף את האשמות השחיתות המיוחסות לו.
The Prime Minister vehemently **denied** the corruption allegations attributed to him.

●כיף (מן כֵּיף fun) : לְכַיֵּיף

כִּיֵּיף (כִּיֵּף)/כִּייַּפ/כַּיֵּיפ have a good time, enjoy oneself (coll.)

בניין : פִּיעֵל   גזרה : שלמים

	Present הווה		Past עבר	Future עתיד	Imper. ציווי
יחיד	מְכַייֵּף	אני	כִּייַּפְתִּי	אֲכַייֵּף	
יחידה	מְכַייֶּפֶת	אתה	כִּייַּפְתָּ	תְּכַייֵּף	כַּייֵּף
רבים	מְכַייְּפִים	את	כִּייַּפְתְּ	תְּכַייְּפִי	כַּייְּפִי
רבות	מְכַייְּפוֹת	הוא	כִּייֵּף	יְכַייֵּף	
		היא	כִּייְּפָה	תְּכַייֵּף	
		אנחנו	כִּייַּפְנוּ	נְכַייֵּף	
		אתם/ן	כִּייַּפְתֶּם/ן	תְּכַייְּפוּ *	כַּייְּפוּ **
		הם/ן	כִּייְּפוּ	יְכַייְּפוּ *	

כדי לשמור על שקיפות הבסיס כֵּיף (שאול מערבית), הדגש ב-כּ׳ נשמר בנטייה כולה
Note: to maintain the transparency of the base כֵּיף "fun," borrowed from Arabic, the *dagesh* is maintained throughout the declension.

שם הפועל .Infin לְכַייֵּף

♦ דוגמאות Illustrations
כל חורף אנחנו **מְכַייְּפִים** לפחות שבוע באילת, ונהנים מן השמש ומחוף הים.
Every winter we **have a good time** for at least one week in Eilat, enjoying the sun and the beach.

●כלא : לִכְלוֹא, לְהִיכָּלֵא

כָּלָא/כּוֹלֵא/יִכְלָא (יִכְלָא) imprison, put in jail, incarcerate; confine

בניין : פָּעַל   גזרה : ל״א

	Pres. הווה			Past עבר	Fut. עתיד	Imp. ציווי
יחיד	כּוֹלֵא	כָּלוּא	אני	כָּלָאתִי	אֶכְלָא	
יחידה	כּוֹלֵאת	כְּלוּאָה	אתה	כָּלָאתָ	תִּכְלָא	כְּלָא
רבים	כּוֹלְאִים	כְּלוּאִים	את	כָּלָאתְ	תִּכְלְאִי	כִּלְאִי
רבות	כּוֹלְאוֹת	כְּלוּאוֹת	הוא	כָּלָא	יִכְלָא	

	Pres. הווה		Past עבר	Fut. עתיד	Imp. ציווי
		היא	כָּלְאָה	תִּכְלָא	
		אנחנו	כָּלָאנוּ	נִכְלָא	
		אתםץ	כְּלָאתֶםץ *	תִּכְלְאוּ **	כִּלְאוּ ***
		הםץ	כָּלְאוּ	יִכְלְאוּ **	

שם הפועל .Infin לִכְלוֹא — * Colloquial: כָּלָאתֶםץ

מקור מוחלט .Inf. Abs כָּלוֹא — ** less commonly: אתןץהן תִּכְלֶאנָה

מקור נטוי .Inf.+pron בְּכוֹלְאוֹ, כְּ... — *** less commonly: (אתן) כְּלֶאנָה

שם הפעולה Verbal N כְּלִיאָה imprisonment, incarceration, confinement, detention

ביני סביל .Pass. Part כָּלוּא imprisoned, interned, confined, caged

נִכְלָא/יִיכָּלֵא (יִכָּלֵא) be imprisoned, be incarcerated; be confined

בניין : נִפְעַל גזרה : ל״א

	Present הווה		Past עבר	Future עתיד	Imper. ציווי
יחיד	נִכְלָא	אני	נִכְלֵאתִי	אֶכָּלֵא	
יחידה	נִכְלֵאת	אתה	נִכְלֵאתָ	תִּיכָּלֵא	הִיכָּלֵא
רבים	נִכְלָאִים	את	נִכְלֵאת	תִּיכָּלְאִי	הִיכָּלְאִי
רבות	נִכְלָאוֹת	הוא	נִכְלָא	יִיכָּלֵא	
		היא	נִכְלְאָה	תִּיכָּלֵא	
		אנחנו	נִכְלֵאנוּ	נִיכָּלֵא	
		אתםץ	נִכְלֵאתֶםץ	תִּיכָּלְאוּ *	הִיכָּלְאוּ **
		הםץ	נִכְלְאוּ	יִיכָּלְאוּ *	

שם הפועל .Infin לְהִיכָּלֵא — * less commonly: אתןץהן תִּיכָּלֶאנָה

מקור מוחלט .Inf. Abs נִכְלוֹא, הִיכָּלֵא — ** less commonly: (אתן) הִיכָּלֶאנָה

שם הפעולה Verbal N הִיכָּלְאוּת being jailed, being incarcerated

♦ דוגמאות Illustrations

במדינות כביכול-דמוקרטיות כמו רוסיה או סין, מנהיגי אופוזיציה ועיתונאים המבקרים את המשטר **נִכְלָאִים** חדשות לבקרים, ומדי פעם מחוסלים פיסית.

In so-called democratic states such as Russia or China, opposition leaders and journalists criticizing the regime are **incarcerated** regularly, and occasionally physically eliminated.

● כלל : לִכְלוֹל, לְהִיכָּלֵל, לְהַכְלִיל

כָּלַל/כּוֹלֵל/יִכְלוֹל (יִכְלֹל) include, comprise, contain; generalize

בניין : פָּעַל גזרה : שלמים (אֶפְעוֹל)

	Pres. הווה		Past עבר	Fut. עתיד	Imp. ציווי
יחיד	כּוֹלֵל כָּלוּל	אני	כָּלַלְתִּי	אֶכְלוֹל	
יחידה	כּוֹלֶלֶת כְּלוּלָה	אתה	כָּלַלְתָּ	תִּכְלוֹל	כְּלוֹל
רבים	כּוֹלְלִים כְּלוּלִים	את	כָּלַלְתְּ	תִּכְלְלִי	כִּלְלִי
רבות	כּוֹלְלוֹת כְּלוּלוֹת	הוא	כָּלַל	יִכְלוֹל	
		היא	כָּלְלָה	תִּכְלוֹל	
		אנחנו	כָּלַלְנוּ	נִכְלוֹל	
		אתםץ	כְּלַלְתֶּםץ *	תִּכְלְלוּ **	כִּלְלוּ ***
		הםץ	כָּלְלוּ	יִכְלְלוּ **	

שם הפועל Infin. לִכְלוֹל
שֵׁם הפעולה Verbal N כְּלִילָה including
ביני פעיל Act. Part. כּוֹלֵל comprehensive; a small yeshiva
ביני סביל Pass. Part. כָּלוּל included
מקור מוחלט Inf. Abs. כָּלוֹל

* Colloquial: כְּלַלְתֶּם/ן
** less commonly: אתן/הן תִּכְלוֹלְנָה
*** less commonly: (אתן) כְּלוֹלְנָה
קָטִיל CaCiC adj./N. כָּלִיל completely
מקור נטוי Inf.+pron. בְּכוֹלְלוֹ, כְּ...
מ״י מוצרכת Gov. Prep. כָּלַל בְּ- include in

נִכְלַל/יִיכָּלֵל (יִכָּלֵל) be included; be generalized, be spoken of in general

בניין: נִפְעַל גזרה: שלמים

	Present הווה		Past עבר	Future עתיד	Imper. ציווי
יחיד	נִכְלָל	אני	נִכְלַלְתִּי	אֶכָּלֵל	
יחידה	נִכְלֶלֶת	אתה	נִכְלַלְתָּ	תִּיכָּלֵל	הִיכָּלֵל
רבים	נִכְלָלִים	את	נִכְלַלְתְּ	תִּיכָּלְלִי	הִיכָּלְלִי
רבות	נִכְלָלוֹת	הוא	נִכְלַל	יִיכָּלֵל	
		היא	נִכְלְלָה	תִּיכָּלֵל	
		אנחנו	נִכְלַלְנוּ	נִיכָּלֵל	
		אתם/ן	נִכְלַלְתֶּם/ן	תִּיכָּלְלוּ *	הִיכָּלְלוּ **
		הם/ן	נִכְלְלוּ	יִיכָּלְלוּ *	

שם הפועל Infin. לְהִיכָּלֵל
שֵׁם הפעולה Verbal N הִיכָּלְלוּת being included
מקור מוחלט Inf. Abs. נִכְלוֹל, הִיכָּלֵל (הִיכָּלוֹל)
מ״י מוצרכת Gov. Prep. נִכְלַל בְּ- be included in

* less commonly: אתן/הן תִּיכָּלַלְנָה
** less commonly: (אתן) הִיכָּלַלְנָה

הִכְלִיל/הִכְלַל/יַכְלִיל generalize; include

בניין: הִפְעִיל גזרה: שלמים

	Present הווה		Past עבר	Future עתיד	Imper. ציווי
יחיד	מַכְלִיל	אני	הִכְלַלְתִּי	אַכְלִיל	
יחידה	מַכְלִילָה	אתה	הִכְלַלְתָּ	תַּכְלִיל	הַכְלֵל
רבים	מַכְלִילִים	את	הִכְלַלְתְּ	תַּכְלִילִי	הַכְלִילִי
רבות	מַכְלִילוֹת	הוא	הִכְלִיל	יַכְלִיל	
		היא	הִכְלִילָה	תַּכְלִיל	
		אנחנו	הִכְלַלְנוּ	נַכְלִיל	
		אתם/ן	הִכְלַלְתֶּם/ן	תַּכְלִילוּ *	הַכְלִילוּ **
		הם/ן	הִכְלִילוּ	יַכְלִילוּ *	

שם הפועל Infin. לְהַכְלִיל
שֵׁם הפעולה Verbal N הַכְלָלָה generalization
מקור מוחלט Inf. Abs. הַכְלֵל

* less commonly: אתן/הן תַּכְלֵלְנָה
** less commonly: (אתן) הַכְלֵלְנָה

♦ פעלים פחות שכיחים מאותו שורש Less frequent verbs from the same root

הוּכְלַל be included; be generalized (ביני Pres. Part. מוּכְלָל included; generalized, יוּכְלַל)

♦ דוגמאות Illustrations

המע״מ כבר **כָּלוּל/נִכְלָל** במחיר, אבל עדיין לא **כָּלַלְתִּי** את מחיר ההובלה.
VAT **is** already **included** in the price, but I still have not **included** the delivery charge.

במיוחד בימים אלה, כשהרגישות להבדלים בין בני אדם גבוהה מאוד, יש להיזהר מאוד ב**הַכְלָלוֹת**. מי ש**מַכְלִיל** עלול לפגוע בזולת גם אם לא התכוון לכך.

Particularly these days, when sensitivity to the differences among people is very high, one has to be very careful in making **generalizations**. He who **generalizes** is liable to hurt others even though no hurt is intended.

♦ ביטויים מיוחדים Special expressions

נִכְלַל/הוּכְלַל ברשימה **be included** in the list

כּוֹלֵל... ...**including**

● כנה (כני): לְכַנּוֹת

כִּינָּה (כִּנָּה)/כִּנֶּה nickname; name

בניין: פִּיעֵל גזרה: ל״י

	Present הווה		Past עבר	Future עתיד	Imper. ציווי
יחיד	מְכַנֶּה	אני	כִּינִּיתִי	אֲכַנֶּה	
יחידה	מְכַנָּה	אתה	כִּינִּיתָ	תְּכַנֶּה	כַּנֵּה
רבים	מְכַנִּים	את	כִּינִּית	תְּכַנִּי	כַּנִּי
רבות	מְכַנּוֹת	הוא	כִּינָּה	יְכַנֶּה	
		היא	כִּינְּתָה	תְּכַנֶּה	
		אנחנו	כִּינִּינוּ	נְכַנֶּה	
		אתם/ן	כִּינִּיתֶם/ן	תְּכַנּוּ *	כַּנּוּ **
		הם/ן	כִּינּוּ	יְכַנּוּ *	

שם הפועל .Infin לְכַנּוֹת

* less commonly: אתן/הן תְּכַנֶּינָה

שם הפעולה Verbal N כִּינּוּי nickname

** less commonly: (אתן) כַּנֶּינָה

בינוני .Pres. Part מְכַנֶּה denominator

מקור מוחלט .Inf. Abs כַּנֵּה

כּוּנָּה (כֻּנָּה)/כּוּנֶּה be nicknamed, be known as; be named

בניין: פּוּעַל גזרה: ל״י

	Present הווה		Past עבר	Future עתיד
יחיד	מְכוּנֶּה	אני	כּוּנֵּיתִי	אֲכוּנֶּה
יחידה	מְכוּנָּה	אתה	כּוּנֵּיתָ	תְּכוּנֶּה
רבים	מְכוּנִּים	את	כּוּנֵּית	תְּכוּנִּי
רבות	מְכוּנּוֹת	הוא	כּוּנָּה	יְכוּנֶּה
		היא	כּוּנְּתָה	תְּכוּנֶּה
		אנחנו	כּוּנֵּינוּ	נְכוּנֶּה
		אתם/ן	כּוּנֵּיתֶם/ן	תְּכוּנּוּ *
		הם/ן	כּוּנּוּ	יְכוּנּוּ *

בינוני .Pres. Part מְכוּנֶּה nicknamed, known as

** less commonly: אתן/הן תְּכוּנֶּינָה

♦ דוגמאות Illustrations

את הרמטכ״ל משה לוי **כִּינּוּ** ״משה וחצי״. הוא **כּוּנָּה** כך בשל גובה קומתו.

They **nicknamed** Chief-of-Staff Moshe Levi "Moshe-and-a-half." He **was nicknamed** that because of his height.

בית המשפט דן את אשר כהן, **המְכוּנֶה** בפי הציבור ״האנס הסדרתי״, לשלושים שנות מאסר.
The court sentenced Asher Cohen, **known as** "the Serial Rapist" by the public, to thirty years in prison.

♦ **ביטויים מיוחדים** Special expressions

מְכַנֶּה משותף **common** denominator   **כִּינּוּי** pronoun

●כנס : לְהִיכָּנֵס, לְהַכְנִיס, לְכַנֵּס, לְהִתְכַּנֵּס

נִכְנַס/יִיכָּנֵס (יִכָּנֵס) enter, go in; get involved (in)

	Present הווה		Past עבר	Future עתיד	Imper. ציווי
יחיד	נִכְנָס	אני	נִכְנַסְתִּי	אֶכָּנֵס	
יחידה	נִכְנֶסֶת	אתה	נִכְנַסְתָּ	תִּיכָּנֵס	הִיכָּנֵס
רבים	נִכְנָסִים	את	נִכְנַסְתְּ	תִּיכָּנְסִי	הִיכָּנְסִי
רבות	נִכְנָסוֹת	הוא	נִכְנַס	יִיכָּנֵס	
		היא	נִכְנְסָה	תִּיכָּנֵס	
		אנחנו	נִכְנַסְנוּ	נִיכָּנֵס	
		אתם/ן	נִכְנַסְתֶּם/ן	תִּיכָּנְסוּ *	הִיכָּנְסוּ **
		הם/ן	נִכְנְסוּ	יִיכָּנְסוּ *	

שם הפועל .Infin לְהִיכָּנֵס   * less commonly: אתן/הן תִּיכָּנַסְנָה

שם הפעולה Verbal N הִיכָּנְסוּת entering   ** less commonly: (אתן) הִיכָּנַסְנָה

מקור מוחלט .Inf. Abs הִיכָּנֵס (הִיכָּנוֹס), נִכְנוֹס

הִכְנִיס/הִכְנַס/יַכְנִיס bring in, insert; make a profit

בניין : הִפְעִיל   גזרה : שלמים

	Present הווה		Past עבר	Future עתיד	Imper. ציווי
יחיד	מַכְנִיס	אני	הִכְנַסְתִּי	אַכְנִיס	
יחידה	מַכְנִיסָה	אתה	הִכְנַסְתָּ	תַּכְנִיס	הַכְנֵס
רבים	מַכְנִיסִים	את	הִכְנַסְתְּ	תַּכְנִיסִי	הַכְנִיסִי
רבות	מַכְנִיסוֹת	הוא	הִכְנִיס	יַכְנִיס	
		היא	הִכְנִיסָה	תַּכְנִיס	
		אנחנו	הִכְנַסְנוּ	נַכְנִיס	
		אתם/ן	הִכְנַסְתֶּם/ן	תַּכְנִיסוּ *	הַכְנִיסוּ **
		הם/ן	הִכְנִיסוּ	יַכְנִיסוּ *	

שם הפועל .Infin לְהַכְנִיס   * less commonly: אתן/הן תַּכְנֵסְנָה

בינוני .Pres. Part מַכְנִיס bringing profit   ** less commonly: (אתן) הַכְנֵסְנָה

שם הפעולה Verbal N הַכְנָסָה income; insertion   מקור מוחלט .Inf. Abs הַכְנֵס

כִּינֵּס (כִּנֵּס)/כִּינַּס/כַּנֵּס gather, bring together

בניין : פִּיעֵל   גזרה : שלמים

	Present הווה		Past עבר	Future עתיד	Imper. ציווי
יחיד	מְכַנֵּס	אני	כִּינַּסְתִּי	אֲכַנֵּס	
יחידה	מְכַנֶּסֶת	אתה	כִּינַּסְתָּ	תְּכַנֵּס	כַּנֵּס
רבים	מְכַנְּסִים	את	כִּינַּסְתְּ	תְּכַנְּסִי	כַּנְּסִי

	Present הווה		Past עבר	Future עתיד	Imper. ציווי
רבות	מְכַנְּסוֹת	הוא	כִּינֵּס	יְכַנֵּס	
		היא	כִּינְּסָה	תְּכַנֵּס	
		אנחנו	כִּינַּסְנוּ	נְכַנֵּס	
		אתם/ן	כִּינַּסְתֶּם/ן	תְּכַנְּסוּ *	כַּנְּסוּ **
		הם/ן	כִּינְּסוּ	יְכַנְּסוּ *	

* less commonly: אתן/הן תְּכַנֵּסְנָה

** less commonly: (אתן) כַּנֵּסְנָה

שם הפועל Infin. לְכַנֵּס

שם הפעולה Verbal N כִּינּוּס convention; gathering — מקור מוחלט Inf. Abs. כַּנֵּס

הִתְכַּנֵּס/הִתְכַּנַּס assemble, convene, come together

בניין: הִתְפַּעֵל גזרה: שלמים

	Present הווה		Past עבר	Future עתיד	Imper. ציווי
יחיד	מִתְכַּנֵּס	אני	הִתְכַּנַּסְתִּי	אֶתְכַּנֵּס	
יחידה	מִתְכַּנֶּסֶת	אתה	הִתְכַּנַּסְתָּ	תִּתְכַּנֵּס	הִתְכַּנֵּס
רבים	מִתְכַּנְּסִים	את	הִתְכַּנַּסְתְּ	תִּתְכַּנְּסִי	הִתְכַּנְּסִי
רבות	מִתְכַּנְּסוֹת	הוא	הִתְכַּנֵּס	יִתְכַּנֵּס	
		היא	הִתְכַּנְּסָה	תִּתְכַּנֵּס	
		אנחנו	הִתְכַּנַּסְנוּ	נִתְכַּנֵּס	
		אתם/ן	הִתְכַּנַּסְתֶּם/ן	תִּתְכַּנְּסוּ *	הִתְכַּנְּסוּ **
		הם/ן	הִתְכַּנְּסוּ	יִתְכַּנְּסוּ *	

* less commonly: אתן/הן תִּתְכַּנֵּסְנָה

** less commonly: (אתן) הִתְכַּנֵּסְנָה

שם הפועל Infin. לְהִתְכַּנֵּס

שם הפעולה Verbal N הִתְכַּנְּסוּת assembly, coming together

מקור מוחלט Inf. Abs. הִתְכַּנֵּס

הוּכְנַס (הֻכְנַס) be brought in, be inserted

בניין: הוּפְעַל גזרה: שלמים

	Present הווה		Past עבר	Future עתיד
יחיד	מוּכְנָס	אני	הוּכְנַסְתִּי	אוּכְנַס
יחידה	מוּכְנֶסֶת	אתה	הוּכְנַסְתָּ	תּוּכְנַס
רבים	מוּכְנָסִים	את	הוּכְנַסְתְּ	תּוּכְנְסִי
רבות	מוּכְנָסוֹת	הוא	הוּכְנַס	יוּכְנַס
		היא	הוּכְנְסָה	תּוּכְנַס
		אנחנו	הוּכְנַסְנוּ	נוּכְנַס
		אתם/ן	הוּכְנַסְתֶּם/ן	תּוּכְנְסוּ *
		הם/ן	הוּכְנְסוּ	יוּכְנְסוּ *

* less commonly: אתן/הן תּוּכְנַסְנָה

♦ פעלים פחות שכיחים מאותו שורש Less frequent verbs from the same root

כּוּנַּס be gathered (בינוני Pres. Part. מְכוּנָּס convened; withdrawn, יְכוּנַּס)

כָּנַס gather together; bring in < ביני פעיל Act. Part. כּוֹנֵס (נכסים) liquidator of bankrupt property, ביני סביל Pass. Part. כָּנוּס gathered (inside), collected; reserved (lit.) (כְּנוּסָה, כְּנוּסִים, כְּנוּסוֹת), שם הפעולה Verbal N כְּנִיסָה entering; entry; entrance (form common)

♦ דוגמאות Illustrations

דני לא אוהב **לְהִיכָּנֵס** הבייתה דרך **הַכְּנִיסָה** הראשית; הוא מעדיף **לְהִיכָּנֵס** דרך המטבח.

Danny does not like **to enter** the house through the main **entrance**; he prefers **to enter** through the kitchen.

לאחר משא ומתן ארוך, הותרה לבסוף **כְּנִיסָתוֹ** של קאסטרו לביקור בארה"ב.

Following long negotiations, Castro's **entry** into the United States was finally approved.

אל **תַּכְנִיס** את הכלב הבייתה!

Do not **bring** the dog **into** the house!

בשבוע הבא יתקיים כאן **כִּינּוּס** של פקידי מס **הַכְנָסָה**. כל שנה הם **מִתְכַּנְּסִים** כאן, במלון הזה.

A **convention** of **income** tax officials will take place here next week. Every year they **convene** here, at this hotel.

כִּינַּסְתִּי את כל המשפחה מכל רחבי הארץ כדי לחגוג את יום ההולדת ה-50 של אחותי. זאת הייתה מסיבת הפתעה; אפילו בעלה לא **הוּכְנַס** בסוד העניין.

I **gathered** the whole family together from all over the country in order to celebrate my sister's 50th birthday. It was a surprise; even her husband **was** not **brought in** on the secret.

♦ ביטויים מיוחדים Special expressions

נִכְנַס לתוך דבריו **interrupt** him — **נִכְנַס** בבריתו של אברהם אבינו be circumcised

נִכְנַס לתמונה **get into** the picture — **נִכְנַס** בעובי הקורה **involve** oneself seriously

נִכְנַס יין, יצא סוד one is likely to reveal secrets when one is drunk

נִכְנְסוּ בברית הנישואין they **got** married — **נִכְנְסָה** להריון **got** pregnant

יִיכָּנֵס בו הרוח to hell with him! — **מַכְנִיס** אורחים **hospitable**

מס **הַכְנָסָה** **income** tax — **הַכְנָסָה** נקייה net **income**

הַכְנָסַת אורחים **hospitality** — **הַכְנָסַת** כלה arranging a marriage for a poor bride

הַכְנָסוֹת והוצאות **income** and expenses — אין **כְּנִיסָה** no **entry**, do not enter

● כנע : לְהִיכָּנַע, לְהַכְנִיעַ

נִכְנַע/יִיכָּנַע (יִכָּנַע) yield, surrender

בניין : נִפְעַל — גזרה : שלמים + ל"ג

Imper. ציווי	Future עתיד	Past עבר		Present הווה	
	אֶכָּנַע	נִכְנַעְתִּי	אני	נִכְנָע	יחיד
הִיכָּנַע	תִּיכָּנַע	נִכְנַעְתָּ	אתה	נִכְנַעַת	יחידה
הִיכָּנְעִי	תִּיכָּנְעִי	נִכְנַעְתְּ	את	נִכְנָעִים	רבים
	יִיכָּנַע	נִכְנַע	הוא	נִכְנָעוֹת	רבות
	תִּיכָּנַע	נִכְנְעָה	היא		
	נִיכָּנַע	נִכְנַעְנוּ	אנחנו		
הִיכָּנְעוּ **	תִּיכָּנְעוּ *	נִכְנַעְתֶּם/ן	אתם/ן		
	יִיכָּנְעוּ *	נִכְנְעוּ	הם/ן		

שם הפועל .Infin לְהִיכָּנַע — less commonly: * אתן/הן תִּיכָּנַעְנָה

שם הפעולה Verbal N הִיכָּנְעוּת surrendering — less commonly: ** (אתן) הִיכָּנַעְנָה

מקור מוחלט .Inf. Abs נִכְנוֹעַ — מ"י מוצרכת .Gov. Prep נִכְנַע ל- surrender to

הִכְנִיעַ/הִכְנַע/יַכְנִיעַ subdue, put down, humble

בניין : הִפְעִיל גזרה : שלמים + ל״ג

	Present הווה		Past עבר	Future עתיד	Imper. ציווי
יחיד	מַכְנִיעַ	אני	הִכְנַעְתִּי	אַכְנִיעַ	
יחידה	מַכְנִיעָה	אתה	הִכְנַעְתָּ	תַּכְנִיעַ	הַכְנַע
רבים	מַכְנִיעִים	את	הִכְנַעְתְּ	תַּכְנִיעִי	הַכְנִיעִי
רבות	מַכְנִיעוֹת	הוא	הִכְנִיעַ	יַכְנִיעַ	
		היא	הִכְנִיעָה	תַּכְנִיעַ	
		אנחנו	הִכְנַעְנוּ	נַכְנִיעַ	
		אתם/ן	הִכְנַעְתֶּם/ן	תַּכְנִיעוּ *	הַכְנִיעוּ **
		הם/ן	הִכְנִיעוּ	יַכְנִיעוּ *	

שם הפועל .Infin לְהַכְנִיעַ   * less commonly: אתן/הן תַּכְנַעְנָה

ש׳ הפעו׳ Ver. N הַכְנָעָה subduing; submission   ** less commonly: (אתן) הַכְנַעְנָה

מקור מוחלט .Inf. Abs הַכְנֵעַ

♦ **פעלים פחות שכיחים מאותו שורש** Less frequent verbs from the same root

הוּכְנַע (מוּכְנָע, יוּכְנַע) be subdued, be put down, be humbled

[כָּנַע] > שם הפעולה Verbal N כְּנִיעָה surrender (N) (only existing form)

♦ **דוגמאות** Illustrations

היפנים **הוּכְנְעוּ** רק באוגוסט 1945, שלושה חודשים לאחר **כְּנִיעַת** הצבא הגרמני. היה צורך בשתי פצצות אטום כדי **לְהַכְנִיעַ** אותם. זו הפעם הראשונה בהיסטוריה בה **נִכְנְעוּ** היפנים לגורם זר כלשהו.

The Japanese **were subdued** only in August 1945, three months after the **surrender** of the German army. Two atomic bombs were required in order **to subdue** them. This is the first time in history in which the Japanese **surrendered** to any foreign power.

● כסה (כסי) : לְכַסּוֹת, לְהִתְכַּסּוֹת

כִּיסָה (כִּסָּה)/כַּסֵּה cover, conceal; cover (check)

בניין : פִּיעֵל גזרה : ל״י

	Present הווה		Past עבר	Future עתיד	Imper. ציווי
יחיד	מְכַסֶּה	אני	כִּיסִּיתִי	אֲכַסֶּה	
יחידה	מְכַסָּה	אתה	כִּיסִּיתָ	תְּכַסֶּה	כַּסֵּה
רבים	מְכַסִּים	את	כִּיסִּית	תְּכַסִּי	כַּסִּי
רבות	מְכַסּוֹת	הוא	כִּיסָּה	יְכַסֶּה	
		היא	כִּיסְּתָה	תְּכַסֶּה	
		אנחנו	כִּיסִּינוּ	נְכַסֶּה	
		אתם/ן	כִּיסִּיתֶם/ן	תְּכַסּוּ *	כַּסּוּ **
		הם/ן	כִּיסּוּ	יְכַסּוּ *	

* less commonly: אתן/הן תְּכַסֶּינָה

שם הפועל .Infin לְכַסּוֹת   ** less commonly: (אתן) כַּסֶּינָה

שם הפעולה Verbal N כִּיסּוּי cover, covering, coverage

מקור מוחלט .Inf. Abs כַּסֵּה

מ״י מוצרכת .Gov. Prep כִּיסָּה ב- cover with

be covered, be concealed כּוּסָּה (כֻּסָּה)/כּוּסֶּה

בניין : פּוּעַל גזרה : ל״י

	Present הווה		Past עבר	Future עתיד
יחיד	מְכוּסֶּה	אני	כּוּסֵּיתִי	אֲכוּסֶּה
יחידה	מְכוּסָּה	אתה	כּוּסֵּיתָ	תְּכוּסֶּה
רבים	מְכוּסִּים	את	כּוּסֵּית	תְּכוּסִּי
רבות	מְכוּסּוֹת	הוא	כּוּסָּה	יְכוּסֶּה
		היא	כּוּסְּתָה	תְּכוּסֶּה
		אנחנו	כּוּסֵּינוּ	נְכוּסֶּה
		אתם/ן	כּוּסֵּיתֶם/ן	תְּכוּסּוּ *
		הם/ן	כּוּסּוּ	יְכוּסּוּ *

בינוני .Pres. Part מְכוּסֶּה covered * less commonly: אתן/הן תְּכוּסֶּינָה

מ״י מוצרכת .Gov. Prep כּוּסָּה ב- be covered with

cover oneself; be covered הִתְכַּסָּה

בניין : הִתְפַּעֵל גזרה : ל״י

	Present הווה		Past עבר	Future עתיד	Imper. ציווי
יחיד	מִתְכַּסֶּה	אני	הִתְכַּסֵּיתִי	אֶתְכַּסֶּה	
יחידה	מִתְכַּסָּה	אתה	הִתְכַּסֵּיתָ	תִּתְכַּסֶּה	הִתְכַּסֵּה
רבים	מִתְכַּסִּים	את	הִתְכַּסֵּית	תִּתְכַּסִּי	הִתְכַּסִּי
רבות	מִתְכַּסּוֹת	הוא	הִתְכַּסָּה	יִתְכַּסֶּה	
		היא	הִתְכַּסְּתָה	תִּתְכַּסֶּה	
		אנחנו	הִתְכַּסֵּינוּ	נִתְכַּסֶּה	
		אתם/ן	הִתְכַּסֵּיתֶם/ן	תִּתְכַּסּוּ *	הִתְכַּסּוּ **
		הם/ן	הִתְכַּסּוּ	יִתְכַּסּוּ *	

שם הפועל .Infin לְהִתְכַּסּוֹת * less commonly: אתן/הן תִּתְכַּסֶּינָה

ש׳ הפעולה Verbal N הִתְכַּסּוּת covering oneself ** less commonly: (אתן) הִתְכַּסֶּינָה

מקור מוחלט .Inf. Abs הִתְכַּסֵּה

מ״י מוצרכת .Gov. Prep הִתְכַּסָּה ב- cover oneself with

♦ דוגמאות Illustrations

עודד הוא הכתב המשפטי של העיתון. תפקידו **לְכַסּוֹת** את המשפטים שלציבור יש בהם עניין. מרבית הקוראים חושבים שה**כִּיסּוּי** שלו מעולה.

Oded is the paper's legal correspondent. His job is **to cover** trials that are of interest to the public. Most readers think that his **coverage** is excellent.

הִתְכַּסֵּיתִי בשמיכה, אבל עדיין היה לי קר, כי השמיכה הייתה קצרה, וכפות רגליי לא היו **מְכוּסּוֹת**.

I **covered myself** with a blanket, but I was still cold, because the blanket was short, and my feet **were** not **covered**.

♦ ביטויים מיוחדים Special expressions

כִּיסָּה את ההוצאות **cover** the expenses — **כִּיסָּה** ממנו conceal from him

כִּיסָּה עליו **cover up** for him — **כִּיסְּתָה** אותו בושה **be covered** with shame

●כעס : לִכְעוֹס, לְהַכְעִיס

כָּעַס/כּוֹעֵס/יִכְעַס be angry, lose one's temper

בניין : פָּעַל גזרה : שלמים (אֶפְעַל) + ל״ג

	הווה/בינוני Pres./Part.			עבר Past	עתיד Fut.	ציווי Imp.
יחיד	כּוֹעֵס	כָּעוּס	אני	כָּעַסְתִּי	אֶכְעַס	
יחידה	כּוֹעֶסֶת	כְּעוּסָה	אתה	כָּעַסְתָּ	תִּכְעַס	כְּעַס
רבים	כּוֹעֲסִים	כְּעוּסִים	את	כָּעַסְתְּ	תִּכְעֲסִי	כַּעֲסִי
רבות	כּוֹעֲסוֹת	כְּעוּסוֹת	הוא	כָּעַס	יִכְעַס	
			היא	כָּעֲסָה	תִּכְעַס	
			אנחנו	כָּעַסְנוּ	נִכְעַס	
			אתם/ן	כְּעַסְתֶּם/ן *	תִּכְעֲסוּ **	כַּעֲסוּ ***
			הם/ן	כָּעֲסוּ	יִכְעֲסוּ **	

שם הפועל .Infin לִכְעוֹס — * Colloquial: כָּעַסְתֶּם/ן

ביני׳ פעיל .Pres. Part כּוֹעֵס angry — ** less commonly: אתן/הן תִּכְעַסְנָה

ביני׳ סביל .Pass. Part כָּעוּס angry, irate (lit.) — *** less commonly: (אתן) כְּעַסְנָה

מקור מוחלט .Inf. Abs כָּעוֹס — מקור נטוי .Inf.+pron בְּכוֹעֲסוֹ, כְּ...

הִכְעִיס/הִכְעַס/יַכְעִיס anger, irk, irritate

בניין : הִפְעִיל גזרה : שלמים

	הווה Present		עבר Past	עתיד Future	ציווי .Imper
יחיד	מַכְעִיס	אני	הִכְעַסְתִּי	אַכְעִיס	
יחידה	מַכְעִיסָה	אתה	הִכְעַסְתָּ	תַּכְעִיס	הַכְעֵס
רבים	מַכְעִיסִים	את	הִכְעַסְתְּ	תַּכְעִיסִי	הַכְעִיסִי
רבות	מַכְעִיסוֹת	הוא	הִכְעִיס	יַכְעִיס	
		היא	הִכְעִיסָה	תַּכְעִיס	
		אנחנו	הִכְעַסְנוּ	נַכְעִיס	
		אתם/ן	הִכְעַסְתֶּם/ן	תַּכְעִיסוּ *	הַכְעִיסוּ **
		הם/ן	הִכְעִיסוּ	יַכְעִיסוּ *	

שם הפועל .Infin לְהַכְעִיס — * less commonly: אתן/הן תַּכְעֵסְנָה

בינוני .Pres. Part מַכְעִיס annoying (Adj) — ** less commonly: (אתן) הַכְעֵסְנָה

שם הפעולה Verbal N הַכְעָסָה annoying, making angry

מקור מוחלט .Inf. Abs הַכְעֵס

תואר הפועל .Adv לְהַכְעִיס so as to spite

♦ דוגמאות Illustrations

עליזה **כּוֹעֶסֶת**, כי התנהגותו של אפריים **מַכְעִיסָה** אותה.

Aliza **is angry** because Ephraim's behavior **annoys** her.

♦ ביטויים מיוחדים Special expressions

הכּוֹעֵס, חוכמתו מסתלקת ממנו when one **loses one's temper**, one loses one's judgment

מומר **לְהַכְעִיס** apostate **out of spite**

●כפה (כפי) : לִכְפּוֹת

כָּפָה/כּוֹפֶה/יִכְפֶּה force, compel, coerce

בניין : פָּעַל גזרה : ל״י

	Pres./Part. הווה/בינוני			Past עבר	Fut. עתיד	Imp. ציווי
יחיד	כּוֹפֶה	כָּפוּי	אני	כָּפִיתִי	אֶכְפֶּה	
יחידה	כּוֹפָה	כְּפוּיָה	אתה	כָּפִיתָ	תִּכְפֶּה	כְּפֵה
רבים	כּוֹפִים	כְּפוּיִים	את	כָּפִית	תִּכְפִּי	כְּפִי
רבות	כּוֹפוֹת	כְּפוּיוֹת	הוא	כָּפָה	יִכְפֶּה	
			היא	כָּפְתָה	תִּכְפֶּה	
			אנחנו	כָּפִינוּ	נִכְפֶּה	
			אתם/ן	כְּפִיתֶם/ן *	תִּכְפּוּ **	כְּפוּ ***
			הם/ן	כָּפוּ	יִכְפּוּ **	

שם הפועל .Infin לִכְפּוֹת — * Colloquial: כָּפִיתֶם/ן

מקור מוחלט .Inf. Abs כָּפֹה — ** less commonly: אתן/הן תִּכְפֶּינָה

ביני סביל .Pass. Part כָּפוּי forced, compelled — *** less commonly: (אתן) כְּפֶינָה

שם הפעולה Verbal N כְּפִיָּה coercion, force, duress; compulsion (psych.)

מקור נטוי .Inf.+pron בִּכְפּוֹתוֹ, כְּ...

♦ פעלים פחות שכיחים מאותו שורש Less frequent verbs from the same root

נִכְפָּה be forced on (בינוני .Pres. Part נִכְפֶּה epileptic, ייכָּפֶה, לְהִיכָּפוֹת)

♦ דוגמאות Illustrations

דני לא רצה לצאת לטיול השנתי של הכיתה, אבל הנהלת בית הספר **כָּפְתָה** עליו לצאת עם כולם.

Danny did not want to go on the annual trip with his class, but the school principal's office **forced** him to go with his classmates.

♦ ביטויים מיוחדים Special expressions

כְּפִיָּה דתית religious **coercion** — עבודת **כְּפִיָּה** **forced** labor

כָּפָה את רצונו **impose** one's will on someone — **כְּפוּי** טובה ungrateful

כָּפָה עליו הר כגיגית **force** someone to obey without any option

●כפל : לְהַכְפִּיל

הִכְפִּיל/הִכְפַּל/יַכְפִּיל double; multiply

בניין : הִפְעִיל גזרה : שלמים

	Present הווה		Past עבר	Future עתיד	Imper. ציווי
יחיד	מַכְפִּיל	אני	הִכְפַּלְתִּי	אַכְפִּיל	
יחידה	מַכְפִּילָה	אתה	הִכְפַּלְתָּ	תַּכְפִּיל	הַכְפֵּל
רבים	מַכְפִּילִים	את	הִכְפַּלְתְּ	תַּכְפִּילִי	הַכְפִּילִי
רבות	מַכְפִּילוֹת	הוא	הִכְפִּיל	יַכְפִּיל	
		היא	הִכְפִּילָה	תַּכְפִּיל	
		אנחנו	הִכְפַּלְנוּ	נַכְפִּיל	

	הווה Present		עבר Past	עתיד Future	ציווי Imper.
		אתם/ן	הִכְפַּלְתֶּם/ן	תַּכְפִּילוּ *	הַכְפִּילוּ **
		הם/ן	הִכְפִּילוּ	יַכְפִּילוּ *	

less commonly * :אתן/הן תַּכְפֵּלְנָה

less commonly ** :(אתן) הַכְפֵּלְנָה

שם הפועל Infin. לְהַכְפִּיל

שם הפעולה Verbal N הַכְפָּלָה multiplying; doubling; duplication (genetics)

בינוני Pres. Part. מַכְפִּיל multiplier (econ.) מקור מוחלט Inf. Abs. הַכְפֵּל

הוּכְפַּל (הֻכְפַּל) be doubled

בניין : הוּפְעַל גזרה : שלמים

	הווה Present		עבר Past	עתיד Future
יחיד	מוּכְפָּל	אני	הוּכְפַּלְתִּי	אוּכְפַּל
יחידה	מוּכְפֶּלֶת	אתה	הוּכְפַּלְתָּ	תּוּכְפַּל
רבים	מוּכְפָּלִים	את	הוּכְפַּלְתְּ	תּוּכְפְּלִי
רבות	מוּכְפָּלוֹת	הוא	הוּכְפַּל	יוּכְפַּל
		היא	הוּכְפְּלָה	תּוּכְפַּל
		אנחנו	הוּכְפַּלְנוּ	נוּכְפַּל
		אתם/ן	הוּכְפַּלְתֶּם/ן	תּוּכְפְּלוּ *
		הם/ן	הוּכְפְּלוּ	יוּכְפְּלוּ *

בינוני Pres. Part. מוּכְפָּל humiliated less commonly * :אתן/הן תּוּכְפַּלְנָה

♦ דוגמאות Illustrations

לפחות בערים הגדולות, ערכם של בתים ודירות בדרך כלל **מַכְפִּיל** את עצמו תוך 5-10 שנים.

At least in large cities, the value of houses and apartments generally **doubles** within 5 to10 years.

●כפף : לְהִתְכּוֹפֵף, לְכוֹפֵף

הִתְכּוֹפֵף/הִתְכּוֹפַפ bend (over, down), stoop

בניין : הִתְפַּעֵל גזרה : כפולים

	הווה Present		עבר Past	עתיד Future	ציווי Imper.
יחיד	מִתְכּוֹפֵף	אני	הִתְכּוֹפַפְתִּי	אֶתְכּוֹפֵף	
יחידה	מִתְכּוֹפֶפֶת	אתה	הִתְכּוֹפַפְתָּ	תִּתְכּוֹפֵף	הִתְכּוֹפֵף
רבים	מִתְכּוֹפְפִים	את	הִתְכּוֹפַפְתְּ	תִּתְכּוֹפְפִי	הִתְכּוֹפְפִי
רבות	מִתְכּוֹפְפוֹת	הוא	הִתְכּוֹפֵף	יִתְכּוֹפֵף	
		היא	הִתְכּוֹפְפָה	תִּתְכּוֹפֵף	
		אנחנו	הִתְכּוֹפַפְנוּ	נִתְכּוֹפֵף	
		אתם/ן	הִתְכּוֹפַפְתֶּם/ן	תִּתְכּוֹפְפוּ *	הִתְכּוֹפְפוּ **
		הם/ן	הִתְכּוֹפְפוּ	יִתְכּוֹפְפוּ *	

less commonly * :אתן/הן תִּתְכּוֹפֵפְנָה

שם הפועל Infin. לְהִתְכּוֹפֵף less commonly ** :(אתן) הִתְכּוֹפֵפְנָה

שם הפעולה Verbal N הִתְכּוֹפְפוּת bending, stooping מקור מוחלט Inf. Abs. הִתְכּוֹפֵף

כּוֹפֵף/כּוֹפַף bend (tr.); force, compel

בניין : פִּיעֵל גזרה : כפולים

	Present הווה		Past עבר	Future עתיד	Imper. ציווי
יחיד	מְכוֹפֵף	אני	כּוֹפַפְתִּי	אֲכוֹפֵף	
יחידה	מְכוֹפֶפֶת	אתה	כּוֹפַפְתָּ	תְּכוֹפֵף	כּוֹפֵף
רבים	מְכוֹפְפִים	את	כּוֹפַפְתְּ	תְּכוֹפְפִי	כּוֹפְפִי
רבות	מְכוֹפְפוֹת	הוא	כּוֹפֵף	יְכוֹפֵף	
		היא	כּוֹפְפָה	תְּכוֹפֵף	
		אנחנו	כּוֹפַפְנוּ	נְכוֹפֵף	
		אתם/ן	כּוֹפַפְתֶּם/ן	תְּכוֹפְפוּ	כּוֹפְפוּ **
		הם/ן	כּוֹפְפוּ	יְכוֹפְפוּ *	

שם הפועל .Infin לְכוֹפֵף   * less commonly: אתן/הן תְּכוֹפֵפְנָה

מקור מוחלט .Inf. Abs כּוֹפֵף   ** less commonly: (אתן) כּוֹפֵפְנָה

שם הפעולה Verbal N כִּיפּוּף (כִּיפוּף) bending (something)

♦ **פעלים פחות שכיחים מאותו שורש** Less frequent verbs from the same root

כָּפַף bend (tr.); force, compel > ביני סביל .Pass. Part כָּפוּף (form common) bent,

מ״י מוצרכת .Gov. Prep כָּפוּף ל- subordinate to

♦ **דוגמאות** Illustrations

אורי גלר טוען שהוא מסוגל **לְכוֹפֵף** מזלגות בכוח טלקינטי. כשהוא מדגים זאת, נראה שהמזלג אומנם **מִתְכּוֹפֵף** מעצמו, אבל יש האומרים שהוא מחליש את המתכת קודם לכן על ידי **כִּיפּוּף** המזלג בתנועה בלתי-נראית בשעה שהוא מחזיק בו.

Uri Geller claims that he can **bend** forks by telekinetic power. When he demonstrates it, it appears that the fork indeed **bends down** on its own, but some say that he weakens the metal earlier by imperceptibly **bending** the fork while holding it.

בסולם הניהול במפעל, עזריאל **כָּפוּף** למנהל השיווק. עבודתו קשה; בכל שעה שעוברים על פני משרדו, רואים אותו **כָּפוּף** על גבי ערימה עצומה של ניירת.

In the firm management hierarchy, Azriel **is subordinate** to the director of marketing. It's a hard job; whenever one passes by the office, one sees him **bent** over a huge pile of paperwork.

♦ **ביטויים מיוחדים** Special expressions

בראש **כָּפוּף** with a **bowed** head, subdued/depressed

בְּכָפוּף/בְּכָפוּף ל... (the second alternant is the common colloquial version) **subject** to...

●כרז : לְהַכְרִיז

הִכְרִיז/הִכְרַז/יַכְרִיז proclaim, declare, announce

בניין : הִפְעִיל גזרה : שלמים

	Present הווה		Past עבר	Future עתיד	Imper. ציווי
יחיד	מַכְרִיז	אני	הִכְרַזְתִּי	אַכְרִיז	
יחידה	מַכְרִיזָה	אתה	הִכְרַזְתָּ	תַּכְרִיז	הַכְרֵז
רבים	מַכְרִיזִים	את	הִכְרַזְתְּ	תַּכְרִיזִי	הַכְרִיזִי
רבות	מַכְרִיזוֹת	הוא	הִכְרִיז	יַכְרִיז	

Imper. ציווי	Future עתיד	Past עבר		Present הווה	
	תַּכְרִיז	הִכְרִיזָה	היא		
	נַכְרִיז	הִכְרַזְנוּ	אנחנו		
** הַכְרִיזוּ	* תַּכְרִיזוּ	הִכְרַזְתֶּם/ן	אתם/ן		
	* יַכְרִיזוּ	הִכְרִיזוּ	הם/ן		

* less commonly: אתן/הן תַּכְרֵזְנָה

** less commonly: (אתן) הַכְרֵזְנָה

שם הפועל .Infin לְהַכְרִיז

שם הפעולה Verbal N הַכְרָזָה proclamation, declaration

בינוני .Pres. Part מַכְרִיז announcer; auctioneer — מקור מוחלט .Inf. Abs הַכְרֵז

הוּכְרַז (הֻכְרַז) be proclaimed, be declared

בניין : הוּפְעַל — גזרה : שלמים

Future עתיד	Past עבר		Present הווה	
אוּכְרַז	הוּכְרַזְתִּי	אני	מוּכְרָז	יחיד
תּוּכְרַז	הוּכְרַזְתָּ	אתה	מוּכְרֶזֶת	יחידה
תּוּכְרְזִי	הוּכְרַזְתְּ	את	מוּכְרָזִים	רבים
יוּכְרַז	הוּכְרַז	הוא	מוּכְרָזוֹת	רבות
תּוּכְרַז	הוּכְרְזָה	היא		
נוּכְרַז	הוּכְרַזְנוּ	אנחנו		
* תּוּכְרְזוּ	הוּכְרַזְתֶּם/ן	אתם/ן		
* יוּכְרְזוּ	הוּכְרְזוּ	הם/ן		

* less commonly: אתן/הן תּוּכְרַזְנָה

בינוני .Pres. Part מוּכְרָז announced, proclaimed

♦ דוגמאות Illustrations

מנהיג המורדים **הִכְרִיז** על עצמאות האיזור מן השלטון המרכזי. **הַהַכְרָזָה** שודרה ברדיו ובטלוויזיה. בעת ובעונה אחת **הוּכְרַז** מארמון הנשיאות על גיוס כללי של חיילי המילואים.

The rebel leader **declared** independence from the central government. The **announcement** was broadcast on radio and television. At the same time, general mobilization of the reserves **was announced** from the presidential palace.

♦ ביטויים מיוחדים Special expressions

מכירה ב**הַכְרָזָה** auction sale — **הַכְרָזַת** עצמאות **declaration** of independence

●כרח : לְהַכְרִיחַ

הִכְרִיחַ/הִכְרַח/יַכְרִיחַ force, compel

בניין : הִפְעִיל — גזרה : שלמים + ל״ג

Imper. ציווי	Future עתיד	Past עבר		Present הווה	
	אַכְרִיחַ	הִכְרַחְתִּי	אני	מַכְרִיחַ	יחיד
הַכְרַח	תַּכְרִיחַ	הִכְרַחְתָּ	אתה	מַכְרִיחָה	יחידה
הַכְרִיחִי	תַּכְרִיחִי	הִכְרַחְתְּ/...חַת	את	מַכְרִיחִים	רבים
	יַכְרִיחַ	הִכְרִיחַ	הוא	מַכְרִיחוֹת	רבות
	תַּכְרִיחַ	הִכְרִיחָה	היא		

Present הווה		Past עבר	Future עתיד	Imper. ציווי
	אנחנו	הִכְרַחְנוּ	נַכְרִיחַ	
	אתם/ן	הִכְרַחְתֶּם/ן	תַּכְרִיחוּ *	הַכְרִיחוּ **
	הם/ן	הִכְרִיחוּ	יַכְרִיחוּ *	

שם הפועל .Infin לְהַכְרִיחַ — * less commonly: אתן/הן תַּכְרַחְנָה

שם הפעולה Verbal N הַכְרָחָה/ forcing — ** less commonly: (אתן) הַכְרַחְנָה

הֶכְרֵחַ need, necessity — בְּהֶכְרֵחַ necessarily — מקור מוחלט .Inf. Abs הַכְרֵחַ

הוּכְרַח (הֻכְרַח) be forced, be compelled

בניין : הוּפְעַל — גזרה : שלמים + ל״ג

	Present הווה		Past עבר	Future עתיד
יחיד	מוּכְרָח	אני	הוּכְרַחְתִּי	אוּכְרַח
יחידה	מוּכְרַחַת	אתה	הוּכְרַחְתָּ	תּוּכְרַח
רבים	מוּכְרָחִים	את	הוּכְרַחְתְּ/...חַת	תּוּכְרְחִי
רבות	מוּכְרָחוֹת	הוא	הוּכְרַח	יוּכְרַח
		היא	הוּכְרְחָה	תּוּכְרַח
		אנחנו	הוּכְרַחְנוּ	נוּכְרַח
		אתם/ן	הוּכְרַחְתֶּם/ן	תּוּכְרְחוּ *
		הם/ן	הוּכְרְחוּ	יוּכְרְחוּ *

* less commonly: אתן/הן תּוּכְרַחְנָה

בינוני .Pres. Part מוּכְרָח compelled (to do something), must (do something)

◆ דוגמאות Illustrations

אם לא **תַּכְרִיחוּ** אותו לקחת את האנטיביוטיקה עד תומה, המחלה עלולה לחזור, והמצב יחריף עוד יותר.

If you do not **force** him to take the antibiotic till it is gone, the disease may come back, and it can get even worse.

אני **מוּכְרָח** להגיע עוד הערב הביתה. אשתי תדאג מאוד אם לא אחזור בזמן.

I **must** get back home tonight. My wife will be very worried if I do not get back on time.

● כרע : לְהַכְרִיעַ, לִכְרוֹעַ

הִכְרִיעַ/הִכְרַע/יַכְרִיעַ decide; determine; subdue (lit.)

בניין : הִפְעִיל — גזרה : שלמים + ל״ג

	Present הווה		Past עבר	Future עתיד	Imper. ציווי
יחיד	מַכְרִיעַ	אני	הִכְרַעְתִּי	אַכְרִיעַ	
יחידה	מַכְרִיעָה	אתה	הִכְרַעְתָּ	תַּכְרִיעַ	הַכְרַע
רבים	מַכְרִיעִים	את	הִכְרַעְתְּ	תַּכְרִיעִי	הַכְרִיעִי
רבות	מַכְרִיעוֹת	הוא	הִכְרִיעַ	יַכְרִיעַ	
		היא	הִכְרִיעָה	תַּכְרִיעַ	
		אנחנו	הִכְרַעְנוּ	נַכְרִיעַ	
		אתם/ן	הִכְרַעְתֶּם/ן	תַּכְרִיעוּ *	הַכְרִיעוּ **
		הם/ן	הִכְרִיעוּ	יַכְרִיעוּ *	

שם הפועל .Infin לְהַכְרִיעַ — * less commonly: אתן/הן תַּכְרַעְנָה

שם הפעולה Verbal N הַכְרָעָה decision; ruling — ** less commonly: (אתן) הַכְרַעְנָה

בינוני .Pres. Part מַכְרִיעַ decisive — מקור מוחלט .Inf. Abs הַכְרֵעַ

kneel כָּרַע/כּוֹרֵעַ/יִכְרַע

בניין : פָּעַל גזרה : שלמים (אֶפְעַל) + ל״ג

	Pres. הווה		Past עבר	Fut. עתיד	Imp. ציווי
יחיד	כּוֹרֵעַ	אני	כָּרַעְתִּי	אֶכְרַע	
יחידה	כּוֹרַעַת	אתה	כָּרַעְתָּ	תִּכְרַע	כְּרַע
רבים	כּוֹרְעִים	את	כָּרַעְתְּ/...עַת	תִּכְרְעִי	כִּרְעִי
רבות	כּוֹרְעוֹת	הוא	כָּרַע	יִכְרַע	
		היא	כָּרְעָה	תִּכְרַע	
		אנחנו	כָּרַעְנוּ	נִכְרַע	
		אתם/ן	כְּרַעְתֶּם/ן *	תִּכְרְעוּ **	כִּרְעוּ ***
		הם/ן	כָּרְעוּ	יִכְרְעוּ **	

שם הפועל .Infin לִכְרוֹעַ

שם הפעולה Verbal N כְּרִיעָה kneeling

מקור מוחלט .Inf. Abs כָּרוֹעַ

מ״י מוצרכת .Gov. Prep כָּרַע על- kneel on (knees)

* Colloquial: כָּרַעְתֶּם/ן

** less commonly: אתן/הן תִּכְרַעְנָה

*** less commonly: (אתן) כְּרַעְנָה

מקור נטוי .Inf.+pron בְּכוֹרְעוֹ, כְּ...

♦ פעלים פחות שכיחים מאותו שורש Less frequent verbs from the same root

הוּכְרַע be decided; be determined; be resolved (מוּכְרָע, יוּכְרַע)

♦ דוגמאות Illustrations

הקרב ה**מַכְרִיעַ** בין חניבעל וסקיפיו אפריקנוס **הִכְרִיעַ** את הכף לטובת רומא במאבק בין הרומאים לפניקים על השליטה באגן הים התיכון. למאבק ש**הוּכְרַע** היו השלכות מרחיקות לכת על ההיסטוריה של העולם העתיק.

The **decisive** battle between Hannibal and Scipio Africanus **tipped the scales** in favor of Rome in the struggle between the Romans and the Phoenicians for control of the Mediterranean basin. The struggle that **was decided** then had far-reaching implications for the history of the ancient world.

בעולם ההלכה היהודית, כאשר רבנים ופוסקים לא יכלו **לְהַכְרִיעַ** בשאלה סבוכה, הם השאירו אותה תלויה ועומדת ״עד שיבוא אליהו״.

In the world of Jewish law, when rabbis or judges could not **resolve** some issue, they tabled it indefinitely "until Elijah comes" to resolve it (Elijah, who never died, is supposed to reappear a day before the Messiah, to announce his arrival).

♦ ביטויים מיוחדים Special expressions

כָּרְעָה ללדת be about to give birth

הִכְרִיעַ את הכף tip the scales, be the **deciding** factor

הִכְרִיעַ לכף זכות be the **deciding** factor in favor

הִכְרִיעַ לכף חובה be the **deciding** factor against

דעה **מַכְרַעַת** **deciding** opinion

קול **מַכְרִיעַ** **deciding** vote

רוב **מַכְרִיעַ** **decisive** majority

●כרת : לִכְרוֹת

כָּרַת/כּוֹרֵת/יִכְרוֹת (יִכְרֹת) cut down, cut off

בניין : פָּעַל   גזרה : ל״ת (אֶפְעוֹל)

Imp. ציווי	Fut. עתיד	Past עבר		Pres./Part. הווה/בינוני		
	אֶכְרוֹת	כָּרַתִּי	אני	כָּרוּת	כּוֹרֵת	יחיד
כְּרוֹת	תִּכְרוֹת	כָּרַתָּ	אתה	כְּרוּתָה	כּוֹרֶתֶת	יחידה
כִּרְתִי	תִּכְרְתִי	כָּרַתְּ	את	כְּרוּתִים	כּוֹרְתִים	רבים
	יִכְרוֹת	כָּרַת	הוא	כְּרוּתוֹת	כּוֹרְתוֹת	רבות
	נִכְרוֹת	כָּרַתְנוּ	אנחנו			
כִּרְתוּ ***	תִּכְרְתוּ **	כְּרַתֶּם/ן *	אתם/ן			
	יִכְרְתוּ **	כָּרְתוּ	הם/ן			

בד״כ בדיבור : כָּרַתְתִי, כָּרַתְתָ... בפיצול הרצף ״תת״ על ידי שווא נע

Often in speech: ...כָּרַתְתִי, כָּרַתְתָ, with the "tt" sequence split by a *shva*.

שם הפועל Infin. לִכְרוֹת		* Colloquial: כָּרַתֶּם/ן
מקור מוחלט Inf. Abs. כָּרוֹת		** less commonly: אתן/הן תִּכְרוֹתְנָה
ביני סביל Pass. Part. כָּרוּת	cut down Adj.	*** less commonly: (אתן) כְּרוֹתְנָה
שם הפעולה Verbal N כְּרִיתָה	cutting down; signing/making (agreement, etc.)	
מקור נטוי Inf.+pron. בְּכוֹרְתוֹ, כְּ...		

♦ פעלים פחות שכיחים מאותו שורש Less frequent verbs from the same root

הִכְרִית destroy, eliminate (מַכְרִית, יַכְרִית, לְהַכְרִית)

נִכְרַת be cut off; be signed (agreement, etc.); be wiped off (lit.) (נִכְרָת, יִיכָּרֵת, לְהִיכָּרֵת)

♦ דוגמאות Illustrations

מדינות רבות מנסות להגביל **כְּרִיתָה** בלתי מרוסנת של יערות בשל הנזק האקולוגי הגדול שהיא גורמת. ייתכן שלא יהיה מנוס מ**כְּרִיתַת** ברית בינלאומית שתמתן את הרס יערות-העד.

Many countries attempt to limit unrestrained **cutting down** of forests owing to the great ecological damage it causes. It is possible that we will have no choice but to **sign** an international accord that will slow down the destruction of the world's great forests.

♦ ביטויים מיוחדים Special expressions

כָּרַת ברית **make/sign** an agreement/accord

●כשל : לְהִיכָּשֵׁל, לְהַכְשִׁיל

נִכְשַׁל/יִיכָּשֵׁל (יִכָּשֵׁל) fail (intr.); stumble, slip

בניין : נִפְעַל   גזרה : שלמים

Imper. ציווי	Future עתיד	Past עבר		Present הווה	
	אֶכָּשֵׁל	נִכְשַׁלְתִּי	אני	נִכְשָׁל	יחיד
הִיכָּשֵׁל	תִּיכָּשֵׁל	נִכְשַׁלְתָּ	אתה	נִכְשֶׁלֶת	יחידה
הִיכָּשְׁלִי	תִּיכָּשְׁלִי	נִכְשַׁלְתְּ	את	נִכְשָׁלִים	רבים
	יִיכָּשֵׁל	נִכְשַׁל	הוא	נִכְשָׁלוֹת	רבות
	תִּיכָּשֵׁל	נִכְשְׁלָה	היא		

Imper. ציווי	Future עתיד	Past עבר		Present הווה
	נִיכָּשֵׁל	נִכְשַׁלְנוּ	אנחנו	
הִיכָּשְׁלוּ **	תִּיכָּשְׁלוּ *	נִכְשַׁלְתֶּם/ן	אתם/ן	
	יִיכָּשְׁלוּ *	נִכְשְׁלוּ	הם/ן	

* less commonly: אתן/הן תִּיכָּשַׁלְנָה

** less commonly: (אתן) הִיכָּשַׁלְנָה

שם הפועל .Infin לְהִיכָּשֵׁל

שם הפעולה Verbal N הִיכָּשְׁלוּת failing, stumbling

מקור מוחלט .Inf. Abs נִכְשׁוֹל, הִיכָּשֵׁל (הִיכָּשׁוֹל) מ״י מוצרכת .Gov. Prep נִכְשַׁל ב- fail in

הִכְשִׁיל/הִכְשַׁל/יַכְשִׁיל fail (tr.); lead astray; cause to stumble; obstruct

בניין : הִפְעִיל גזרה : שלמים

Imper. ציווי	Future עתיד	Past עבר		Present הווה	
	אַכְשִׁיל	הִכְשַׁלְתִּי	אני	מַכְשִׁיל	יחיד
הַכְשֵׁל	תַּכְשִׁיל	הִכְשַׁלְתָּ	אתה	מַכְשִׁילָה	יחידה
הַכְשִׁילִי	תַּכְשִׁילִי	הִכְשַׁלְתְּ	את	מַכְשִׁילִים	רבים
	יַכְשִׁיל	הִכְשִׁיל	הוא	מַכְשִׁילוֹת	רבות
	תַּכְשִׁיל	הִכְשִׁילָה	היא		
	נַכְשִׁיל	הִכְשַׁלְנוּ	אנחנו		
הַכְשִׁילוּ **	תַּכְשִׁילוּ *	הִכְשַׁלְתֶּם/ן	אתם/ן		
	יַכְשִׁילוּ *	הִכְשִׁילוּ	הם/ן		

* less commonly: אתן/הן תַּכְשֵׁלְנָה

** less commonly: (אתן) הַכְשֵׁלְנָה

שם הפועל .Infin לְהַכְשִׁיל

שם הפעולה Verbal N הַכְשָׁלָה causing to fail/stumble

בינוני .Pres. Part מַכְשִׁיל causing to fail (Adj) מקור מוחלט .Inf. Abs הַכְשֵׁל

♦ פעלים פחות שכיחים מאותו שורש Less frequent verbs from the same root

כָּשַׁל stumble; fail, be feeble; go astray (morally), lapse, fall (כּוֹשֵׁל, יִכְשַׁל, לִכְשׁוֹל)

בינוני Pres. Part כּוֹשֵׁל feeble, failing; backward; a failure (person), bungler (form is common)

הוּכְשַׁל be failed, be led astray; be made to stumble (מוּכְשָׁל, יוּכְשַׁל)

♦ דוגמאות Illustrations

משולם **נִכְשַׁל** כבר שלוש פעמים במבחן הנהיגה. הוא טוען ש**הוּכְשַׁל** בכוונה על-ידי הבוחנים, ה**מַכְשִׁילִים** אותו בגלל הנהיגה המקורית שלו...

Meshulam **has** already **failed** (in) the driving test three times. He claims that he **was** intentionally **failed** by the testers, who **failed** him because of his originality in driving...

האופוזיציה מאשימה את הממשלה בהנהגת מדיניות כלכלית **כּוֹשֶׁלֶת**.

The opposition accuses the government of conducting a **failing/bungling** economic policy.

♦ ביטויים מיוחדים Special expressions

נִכְשַׁל בלשונו said what he should not have said and did not mean to say

כָּשַׁל כוח הסבל he could suffer no longer

●כשר : לְהַכְשִׁיר

הִכְשִׁיר/הִכְשַׁר/יַכְשִׁיר train, prepare; declare/make kosher

בניין : הִפְעִיל גזרה : שלמים

Imper. ציווי	Future עתיד	Past עבר		Present הווה	
	אַכְשִׁיר	הִכְשַׁרְתִּי	אני	מַכְשִׁיר	יחיד
הַכְשֵׁר	תַּכְשִׁיר	הִכְשַׁרְתָּ	אתה	מַכְשִׁירָה	יחידה
הַכְשִׁירִי	תַּכְשִׁירִי	הִכְשַׁרְתְּ	את	מַכְשִׁירִים	רבים
	יַכְשִׁיר	הִכְשִׁיר	הוא	מַכְשִׁירוֹת	רבות
	תַּכְשִׁיר	הִכְשִׁירָה	היא		
	נַכְשִׁיר	הִכְשַׁרְנוּ	אנחנו		
הַכְשִׁירוּ **	תַּכְשִׁירוּ *	הִכְשַׁרְתֶּם/ן	אתם/ן		
	יַכְשִׁירוּ *	הִכְשִׁירוּ	הם/ן		

שם הפועל Infin. לְהַכְשִׁיר — * less commonly: אתן/הן תַּכְשֵׁרְנָה

מקור מוחלט Inf. Abs. הַכְשֵׁר — ** less commonly: (אתן) הַכְשֵׁרְנָה

בינוני Pres. Part. מַכְשִׁיר instrument, tool

שם הפעולה Verbal N הַכְשָׁרָה training; koshering

שם הפעולה Verbal N הֶכְשֵׁר kashrut certification; authorization; legitimization

♦ פעלים פחות שכיחים מאותו שורש Less frequent verbs from the same root

הוּכְשַׁר be trained, be prepared; be koshered (בינוני Pres. Part. מוּכְשָׁר talented; made kosher; adapted, fitted, יוּכְשַׁר)

כָּשַׁר work out well, fit, be appropriate > בינוני Pres. Part כָּשֵׁר fit, proper, legitimate; kosher (form common), קָטִיל adj./N. *CaCiC* כָּשִׁיר fit, qualified

♦ דוגמאות Illustrations

לאחר שמקום עבודתו נסגר, עבר אברהם **הַכְשָׁרָה** במקצוע אחר. המדריכים שלו הבחינו מייד שהוא **מוּכְשָׁר** מאוד, ושניתן יהיה **לְהַכְשִׁיר** אותו במחצית הזמן שמוקצה לכך בדרך כלל.

When his place of work closed down, Avraham underwent **training** in a different profession. His trainers saw immediately that he is very **talented**, and that it will be possible to **train** him in half the time normally allotted to it.

דתיים רבים אינם מסתפקים בכך שמסעדה מגדירה את עצמה כמסעדה **כְּשֵׁרָה**; חשוב להם לדעת על ידי מי היא **הוּכְשְׁרָה**, ומיהו המשגיח בה על הכשרות.

Many observant Jews are not satisfied by a restaurant defining itself as **kosher**; it is important for them to know by whom it was **rendered kosher**, and who supervises its being kosher.

♦ ביטויים מיוחדים Special expressions

הדבר **כָּשֵׁר** בעיניו it seemed to him good/appropriate — בשר **כָּשֵׁר** **kosher** meat

מטבח **כָּשֵׁר** **kosher** kitchen — **כָּשֵׁר** לשירות **fit** for service

●כתב : לִכְתּוֹב, לְהִיכָּתֵב, לְהִתְכַּתֵּב, לְהַכְתִּיב

כָּתַב/כּוֹתֵב/יִכְתּוֹב write

בניין : פָּעַל גזרה : שלמים (אֶפְעוֹל)

	הווה/בינוני .Pres./Part			עבר Past	עתיד .Fut	ציווי .Imp
יחיד	כּוֹתֵב	כָּתוּב	אני	כָּתַבְתִּי	אֶכְתּוֹב	
יחידה	כּוֹתֶבֶת	כְּתוּבָה	אתה	כָּתַבְתָּ	תִּכְתּוֹב	כְּתוֹב
רבים	כּוֹתְבִים	כְּתוּבִים	את	כָּתַבְתְּ	תִּכְתְּבִי	כִּתְבִי
רבות	כּוֹתְבוֹת	כְּתוּבוֹת	הוא	כָּתַב	יִכְתּוֹב	
			היא	כָּתְבָה	תִּכְתּוֹב	
			אנחנו	כָּתַבְנוּ	נִכְתּוֹב	
			אתם/ן	כְּתַבְתֶּם/ן *	תִּכְתְּבוּ **	כִּתְבוּ ***
			הם/ן	כָּתְבוּ	יִכְתְּבוּ **	

שם הפועל .Infin לִכְתּוֹב

שם הפעולה Verbal N כְּתִיבָה writing

ביני' סביל .Pass. Part כָּתוּב written

מקור מוחלט .Inf. Abs כָּתוֹב

* Colloquial: כָּתַבְתֶּם/ן

** less commonly: אתן/הן תִּכְתּוֹבְנָה

*** less commonly: (אתן) כְּתוֹבְנָה

מקור נטוי .Inf.+pron בְּכוֹתְבוֹ, כְּ...

נִכְתַּב/יִיכָּתֵב (יִכָּתֵב) be written

בניין : נִפְעַל גזרה : שלמים

	הווה Present		עבר Past	עתיד Future	ציווי .Imper
יחיד	נִכְתָּב	אני	נִכְתַּבְתִּי	אֶכָּתֵב	
יחידה	נִכְתֶּבֶת	אתה	נִכְתַּבְתָּ	תִּיכָּתֵב	הִיכָּתֵב
רבים	נִכְתָּבִים	את	נִכְתַּבְתְּ	תִּיכָּתְבִי	הִיכָּתְבִי
רבות	נִכְתָּבוֹת	הוא	נִכְתַּב	יִיכָּתֵב	
		היא	נִכְתְּבָה	תִּיכָּתֵב	
		אנחנו	נִכְתַּבְנוּ	נִיכָּתֵב	
		אתם/ן	נִכְתַּבְתֶּם/ן	תִּיכָּתְבוּ *	הִיכָּתְבוּ **
		הם/ן	נִכְתְּבוּ	יִיכָּתְבוּ *	

שם הפועל .Infin לְהִיכָּתֵב

שם הפעולה Verbal N הִיכָּתְבוּת being written

מקור מוחלט .Inf. Abs נִכְתּוֹב, הִיכָּתֵב (הִיכָּתוֹב)

* less commonly: אתן/הן תִּיכָּתַבְנָה

** less commonly: (אתן) הִיכָּתַבְנָה

הִתְכַּתֵּב/הִתְכַּתַּב correspond

בניין : הִתְפַּעֵל גזרה : שלמים

	הווה Present		עבר Past	עתיד Future	ציווי .Imper
יחיד	מִתְכַּתֵּב	אני	הִתְכַּתַּבְתִּי	אֶתְכַּתֵּב	
יחידה	מִתְכַּתֶּבֶת	אתה	הִתְכַּתַּבְתָּ	תִּתְכַּתֵּב	הִתְכַּתֵּב
רבים	מִתְכַּתְּבִים	את	הִתְכַּתַּבְתְּ	תִּתְכַּתְּבִי	הִתְכַּתְּבִי
רבות	מִתְכַּתְּבוֹת	הוא	הִתְכַּתֵּב	יִתְכַּתֵּב	
		היא	הִתְכַּתְּבָה	תִּתְכַּתֵּב	
		אנחנו	הִתְכַּתַּבְנוּ	נִתְכַּתֵּב	
		אתם/ן	הִתְכַּתַּבְתֶּם/ן	תִּתְכַּתְּבוּ *	הִתְכַּתְּבוּ **
		הם/ן	הִתְכַּתְּבוּ	יִתְכַּתְּבוּ *	

שם הפועל .Infin לְהִתְכַּתֵּב   * less commonly: אתן/הן תִּתְכַּתֵּבְנָה

ש' הפעולי Verbal N הִתְכַּתְּבוּת correspondence   ** less commonly: (אתן) הִתְכַּתֵּבְנָה

מקור מוחלט .Inf. Abs הִתְכַּתֵּב   מ"י מוצרכת .Gov. Prep הִתְכַּתֵּב עם correspond with

הִכְתִּיב/הֻכְתַּב/יַכְתִּיב dictate

בניין : הִפְעִיל   גזרה : שלמים

	Present הווה		Past עבר	Future עתיד	Imper. ציווי
יחיד	מַכְתִּיב	אני	הִכְתַּבְתִּי	אַכְתִּיב	
יחידה	מַכְתִּיבָה	אתה	הִכְתַּבְתָּ	תַּכְתִּיב	הַכְתֵּב
רבים	מַכְתִּיבִים	את	הִכְתַּבְתְּ	תַּכְתִּיבִי	הַכְתִּיבִי
רבות	מַכְתִּיבוֹת	הוא	הִכְתִּיב	יַכְתִּיב	
		היא	הִכְתִּיבָה	תַּכְתִּיב	
		אנחנו	הִכְתַּבְנוּ	נַכְתִּיב	
		אתם/ן	הִכְתַּבְתֶּם/ן	* תַּכְתִּיבוּ	** הַכְתִּיבוּ
		הם/ן	הִכְתִּיבוּ	* יַכְתִּיבוּ	

שם הפועל .Infin לְהַכְתִּיב   * less commonly: אתן/הן תַּכְתֵּבְנָה

שם הפעולה Verbal N הַכְתָּבָה dictation   ** less commonly: (אתן) הַכְתֵּבְנָה

מקור מוחלט .Inf. Abs הַכְתֵּב

♦ פעלים פחות שכיחים מאותו שורש Less frequent verbs from the same root

הוּכְתַּב be dictated (בינוני .Pres. Part **מוּכְתָּב** dictated, **יוּכְתַּב**)

[כּוּתַּב] > בינוני .Pres. Part **מְכוּתָּב** addressee (only form used in this paradigm)

♦ דוגמאות Illustrations

אביבה חיה כעת בניו יורק; הוריה גרים בתל-אביב. הם משוחחים מדי פעם בטלפון, אבל אביבה מעדיפה **לְהִתְכַּתֵּב** איתם, כיוון שהיא יודעת שנוח להם יותר לקרוא משהו **כָּתוּב**. היא **כּוֹתֶבֶת** להם כמעט כל שבוע.

Aviva is now living in New York; her parents live in Tel Aviv. They talk on the phone occasionally, but Aviva prefers **to correspond** with them, since she knows they feel more comfortable reading something **written**. She **writes** to them almost every week.

הנשיא הצהיר שלא ייתן לקונגרס **לְהַכְתִּיב** לו איך לנהל את מדיניות החוץ של ארה"ב.

The President declared that he would not let Congress **dictate** to him how to run the foreign policy of the U.S.

הסנטור הזה אינו **כּוֹתֵב** את נאומיו בעצמו. הם **נִכְתָּבִים** על ידי צוות יחצ"נים.

This senator does not **write** his speeches by himself. They **are written** by a team of PR people.

♦ ביטויים מיוחדים Special expressions

כָּתַב את רכושו ל... bequeath one's property to...   שולחן **כְּתִיבָה** desk

תורה, נביאים, **כְּתוּבִים** (the Hebrew Bible (the Pentateuch, the Prophets, the Writings

לשנה טובה **תִּיכָּתֵבוּ** ותיחתמו (traditional new year's greeting (see under root for "sign"

הִכְתִּיב תנאים **dictate** terms

●לבט : לְהִתְלַבֵּט

have doubts, debate (with oneself); think over הִתְלַבֵּט/הִתְלַבַּט

בניין : הִתְפַּעֵל גזרה : שלמים

	Present הווה		Past עבר	Future עתיד	Imper. ציווי
יחיד	מִתְלַבֵּט	אני	הִתְלַבַּטְתִּי	אֶתְלַבֵּט	
יחידה	מִתְלַבֶּטֶת	אתה	הִתְלַבַּטְתָּ	תִּתְלַבֵּט	הִתְלַבֵּט
רבים	מִתְלַבְּטִים	את	הִתְלַבַּטְתְּ	תִּתְלַבְּטִי	הִתְלַבְּטִי
רבות	מִתְלַבְּטוֹת	הוא	הִתְלַבֵּט	יִתְלַבֵּט	
		היא	הִתְלַבְּטָה	תִּתְלַבֵּט	
		אנחנו	הִתְלַבַּטְנוּ	נִתְלַבֵּט	
		אתם/ן	הִתְלַבַּטְתֶּם/ן	תִּתְלַבְּטוּ *	הִתְלַבְּטוּ **
		הם/ן	הִתְלַבְּטוּ	יִתְלַבְּטוּ *	

שם הפועל .Infin לְהִתְלַבֵּט — * less commonly: אתן/הן תִּתְלַבֵּטְנָה

מקור מוחלט .Inf. Abs הִתְלַבֵּט — ** less commonly: (אתן) הִתְלַבֵּטְנָה

ש' הפעולה Verbal N הִתְלַבְּטוּת indecision; having doubts

♦ דוגמאות Illustrations

חנה **מִתְלַבֶּטֶת** : האם ללבוש את השמלה השחורה או הכחולה לאופרה הערב.

Hanna **is debating**: should she wear the black or blue dress for the opera this evening.

●לבשׁ : לִלְבּוֹשׁ, לְהִתְלַבֵּשׁ, לְהַלְבִּישׁ

put on a piece of clothing; wear לָבַשׁ/לוֹבֵשׁ/יִלְבַּשׁ

בניין : פָּעַל גזרה : שלמים (אֶפְעַל)

	Pres./Part. הווה/בינוני			Past עבר	Fut. עתיד	Imp. ציווי
יחיד	לוֹבֵשׁ	לָבוּשׁ	אני	לָבַשְׁתִּי	אֶלְבַּשׁ	
יחידה	לוֹבֶשֶׁת	לְבוּשָׁה	אתה	לָבַשְׁתָּ	תִּלְבַּשׁ	לְבַשׁ
רבים	לוֹבְשִׁים	לְבוּשִׁים	את	לָבַשְׁתְּ	תִּלְבְּשִׁי	לִבְשִׁי
רבות	לוֹבְשׁוֹת	לְבוּשׁוֹת	הוא	לָבַשׁ	יִלְבַּשׁ	
			היא	לָבְשָׁה	תִּלְבַּשׁ	
			אנחנו	לָבַשְׁנוּ	נִלְבַּשׁ	
			אתם/ן	לְבַשְׁתֶּם/ן *	תִּלְבְּשׁוּ **	לִבְשׁוּ ***
			הם/ן	לָבְשׁוּ	יִלְבְּשׁוּ **	

שם הפועל .Infin לִלְבּוֹשׁ — * Colloquial: לָבַשְׁתֶּם/ן

מקור מוחלט .Inf. Abs לָבוֹשׁ — ** less commonly: אתן/הן תִּלְבַּשְׁנָה

ביני סביל .Pass. Part לָבוּשׁ dressed — *** less commonly: (אתן) לְבַשְׁנָה

קָטִיל .*CaCiC* adj./N לָבִישׁ wearable — מקור נטוי .Inf.+pron בְּלוֹבְשׁוֹ, כְּ...

שם הפעולה Verbal N לְבִישָׁה wearing; putting on clothing

הִתְלַבֵּשׁ/הִתְלַבַּשׁ get dressed

בניין : הִתְפַּעֵל גזרה : שלמים

	הווה Present		עבר Past	עתיד Future	ציווי .Imper
יחיד	מִתְלַבֵּשׁ	אני	הִתְלַבַּשְׁתִּי	אֶתְלַבֵּשׁ	
יחידה	מִתְלַבֶּשֶׁת	אתה	הִתְלַבַּשְׁתָּ	תִּתְלַבֵּשׁ	הִתְלַבֵּשׁ
רבים	מִתְלַבְּשִׁים	את	הִתְלַבַּשְׁתְּ	תִּתְלַבְּשִׁי	הִתְלַבְּשִׁי
רבות	מִתְלַבְּשׁוֹת	הוא	הִתְלַבֵּשׁ	יִתְלַבֵּשׁ	
		היא	הִתְלַבְּשָׁה	תִּתְלַבֵּשׁ	
		אנחנו	הִתְלַבַּשְׁנוּ	נִתְלַבֵּשׁ	
		אתם/ן	הִתְלַבַּשְׁתֶּם/ן	תִּתְלַבְּשׁוּ *	הִתְלַבְּשׁוּ **
		הם/ן	הִתְלַבְּשׁוּ	יִתְלַבְּשׁוּ *	

שם הפועל .Infin לְהִתְלַבֵּשׁ * less commonly: אתן/הן תִּתְלַבֵּשְׁנָה

ש' הפעולה Verbal N הִתְלַבְּשׁוּת getting dressed ** less commonly: (אתן) הִתְלַבֵּשְׁנָה

מקור מוחלט .Inf. Abs הִתְלַבֵּשׁ

מ״י מוצרכת .Gov. Prep הִתְלַבֵּשׁ על "get stuck" onto, never let go of (sl.)

הִלְבִּישׁ/הִלְבַּשׁ/יַלְבִּישׁ dress (tr.), clothe

בניין : הִפְעִיל גזרה : שלמים

	הווה Present		עבר Past	עתיד Future	ציווי .Imper
יחיד	מַלְבִּישׁ	אני	הִלְבַּשְׁתִּי	אַלְבִּישׁ	
יחידה	מַלְבִּישָׁה	אתה	הִלְבַּשְׁתָּ	תַּלְבִּישׁ	הַלְבֵּשׁ
רבים	מַלְבִּישִׁים	את	הִלְבַּשְׁתְּ	תַּלְבִּישִׁי	הַלְבִּישִׁי
רבות	מַלְבִּישׁוֹת	הוא	הִלְבִּישׁ	יַלְבִּישׁ	
		היא	הִלְבִּישָׁה	תַּלְבִּישׁ	
		אנחנו	הִלְבַּשְׁנוּ	נַלְבִּישׁ	
		אתם/ן	הִלְבַּשְׁתֶּם/ן	תַּלְבִּישׁוּ *	הַלְבִּישׁוּ **
		הם/ן	הִלְבִּישׁוּ	יַלְבִּישׁוּ *	

שם הפועל .Infin לְהַלְבִּישׁ * less commonly: אתן/הן תַּלְבֵּשְׁנָה

מקור מוחלט .Inf. Abs הַלְבֵּשׁ ** less commonly: (אתן) הַלְבֵּשְׁנָה

שם הפעולה Verbal N הַלְבָּשָׁה dressing; clothing, clothes

♦ פעלים פחות שכיחים מאותו שורש Less frequent verbs from the same root

נִלְבַּשׁ be worn, be put on (נִלְבָּשׁ, יִילָבֵשׁ, לְהִילָבֵשׁ)

הוּלְבַּשׁ be dressed, be clothed (בינוני .Pres. Part מוּלְבָּשׁ dressed, יוּלְבַּשׁ)

[לוּבַּשׁ] > מְלוּבָּשׁ dressed (essentially, only Pres. Part., form common)

♦ דוגמאות Illustrations

הרקדנים בהצגות כאלה חייבים לדעת **לְהִתְלַבֵּשׁ** מהר מאוד, כי לכל ריקוד הם **לוֹבְשִׁים** מַלְבּוּשׁ אחר. יש הצגות שבהן עובדים מיוחדים **מַלְבִּישִׁים** אותם בחדרי **הַהַלְבָּשָׁה**.

The dancers in such shows need to be able **to get dressed** very quickly, because they **wear** a different outfit for each dance. There are some shows in which special workers **dress** them in the **dressing** rooms.

מי שמתלונן שאין לו מה **לִלְבּוֹשׁ**, בדרך כלל תמיד **מְלוּבָּשׁ** היטב, ואף מַלְבּוּשׁ שלו אינו **נִלְבָּשׁ** יותר מפעמיים או שלוש (פעמים).

Whoever complains that s/he has nothing **to wear** is generally well-**dressed**, and no outfit of his/hers **is worn** more than two or three times.

♦ ביטויים מיוחדים Special expressions

פושט צורה **ולוֹבֵשׁ** צורה its form keeps changing

● להב : לְהִתְלַהֵב, לְהַלְהִיב

הִתְלַהֵב/הִתְלַהֵב be enthusiastic

בניין : הִתְפַּעֵל גזרה : שלמים + ע״ג

	Present הווה		Past עבר	Future עתיד	Imper. ציווי
יחיד	מִתְלַהֵב	אני	הִתְלַהַבְתִּי	אֶתְלַהֵב	
יחידה	מִתְלַהֶבֶת	אתה	הִתְלַהַבְתָּ	תִּתְלַהֵב	הִתְלַהֵב
רבים	מִתְלַהֲבִים	את	הִתְלַהַבְתְּ	תִּתְלַהֲבִי	הִתְלַהֲבִי
רבות	מִתְלַהֲבוֹת	הוא	הִתְלַהֵב	יִתְלַהֵב	
		היא	הִתְלַהֲבָה	תִּתְלַהֵב	
		אנחנו	הִתְלַהַבְנוּ	נִתְלַהֵב	
		אתם/ן	הִתְלַהַבְתֶּם/ן	תִּתְלַהֲבוּ *	הִתְלַהֲבוּ **
		הם/ן	הִתְלַהֲבוּ	יִתְלַהֲבוּ *	

* less commonly: אתן/הן תִּתְלַהֵבְנָה

שם הפועל .Infin לְהִתְלַהֵב ** less commonly: (אתן) הִתְלַהֵבְנָה

שם הפעולה Verbal N הִתְלַהֲבוּת enthusiasm מקור מוחלט .Inf. Abs הִתְבַּהֵר

הִלְהִיב/הִלְהַב/יַלְהִיב excite

בניין : הִפְעִיל גזרה : שלמים

	Present הווה		Past עבר	Future עתיד	Imper. ציווי
יחיד	מַלְהִיב	אני	הִלְהַבְתִּי	אַלְהִיב	
יחידה	מַלְהִיבָה	אתה	הִלְהַבְתָּ	תַּלְהִיב	הַלְהֵב
רבים	מַלְהִיבִים	את	הִלְהַבְתְּ	תַּלְהִיבִי	הַלְהִיבִי
רבות	מַלְהִיבוֹת	הוא	הִלְהִיב	יַלְהִיב	
		היא	הִלְהִיבָה	תַּלְהִיב	
		אנחנו	הִלְהַבְנוּ	נַלְהִיב	
		אתם/ן	הִלְהַבְתֶּם/ן	תַּלְהִיבוּ *	הַלְהִיבוּ **
		הם/ן	הִלְהִיבוּ	יַלְהִיבוּ *	

שם הפועל .Infin לְהַלְהִיב * less commonly: אתן/הן תַּלְהֵבְנָה

ש׳ הפועלה Verbal N הַלְהָבָה (exciting (N ** less commonly: (אתן) הַלְהֵבְנָה

מקור מוחלט .Inf. Abs הַלְהֵב

♦ דוגמאות Illustrations

סיפרו על מנהיג מבריק אחד **שהִתְלַהֵב** כל כך בשעת נאומו ופסע הלוך וחזור, עד שבסופו של דבר נפל מן הבמה...

They tell a story about a bright leader who **became** so **enthusiastic** during his speech, pacing back and forth, that he eventually fell off the stage…

כוחו הפוליטיקאי הזה הוא בכך שהוא יודע איך **לְהַלְהִיב** את ההמונים.
This politician's strength is in knowing how **to excite** the masses.

●לוה (לוי)-1 : לְהַלְווֹת, לִלְווֹת

הִלְוָוה (הִלְוָה)/מַלְוֶוה lend (money), loan (tr.)

בניין : הִפְעִיל גזרה : ל״י

	הווה Present		עבר Past	עתיד Future	ציווי Imper.
יחיד	מַלְוֶוה	אני	הִלְוֵויתִי	אַלְוֶוה	
יחידה	מַלְוָוה	אתה	הִלְוֵויתָ	תַּלְוֶוה	הַלְוֵוה
רבים	מַלְווִים	את	הִלְוֵוית	תַּלְווִי	הַלְווִי
רבות	מַלְווֹת	הוא	הִלְוָוה	יַלְוֶוה	
		היא	הִלְוְותָה	תַּלְוֶוה	
		אנחנו	הִלְוֵוינוּ	נַלְוֶוה	
		אתם/ן	הִלְוֵויתֶם/ן	תַּלְווּ *	הַלְווּ **
		הם/ן	הִלְווּ	יַלְווּ *	

שם הפועל .Infin לְהַלְווֹת

בינוני .Pres. Part מַלְוֶוה moneylender

שם הפעולה Verbal N הַלְוָואָה loan

* less commonly: אתן/הן תַּלְוֶוינָה

** less commonly: (אתן) הַלְוֶוינָה

מקור מוחלט .Inf. Abs הַלְוֵוה

לָוָוה (לָוָה)/לוֶוה/יִלְוֶוה borrow (money)

בניין : פָּעַל גזרה : ל״י

	הווה Present		עבר Past	עתיד Future	ציווי Imper.
יחיד	לוֶוה	אני	לָוִויתִי	אֶלְוֶוה	
יחידה	לוָוה	אתה	לָוִויתָ	תִּלְוֶוה	לְוֵוה
רבים	לווִים	את	לָוִוית	תִּלְווִי	לְווִי
רבות	לווֹת	הוא	לָוָוה	יִלְוֶוה	
		היא	לָוְותָה	תִּלְוֶוה	
		אנחנו	לָוִוינוּ	נִלְוֶוה	
		אתם/ן	לְוִויתֶם/ן *	תִּלְווּ **	לְווּ ***
		הם/ן	לָווּ	יִלְווּ **	

שם הפועל .Infin לִלְווֹת

בינוני .Pres. Part לוֶוה borrower

מקור מוחלט .Inf. Abs לָווֹה

מקור נטוי .Inf.+pron בִּלְווֹתוֹ, כְּ...

* Colloquial: לָוִויתֶם/ן

** less commonly: אתן/הן תִּלְוֶוינָה

*** less commonly: (אתן) לְוֶוינָה

♦ פעלים פחות שכיחים מאותו שורש Less frequent verbs from the same root

הוּלְוָוה (מוּלְוֶוה, יוּלְוֶוה) be lent (money)

♦ **דוגמאות** Illustrations

אנשים רבים נקלעים לצרות כאשר הם **לווים** מעבר ליכולתם לפרוע. זו גם אשמתם של הבנקים, שלעתים קרובות **מַלְוִים** ללקוחותיהם ללא ערבויות מספיקות. היום, גם נכסי דלא ניידי אינם ערבות בטוחה ל**הַלְוָאָה**.

Many people get into trouble when they **borrow** more than they can pay back. It is also the fault of the banks, which often **lend** to their customers without sufficient security. Today, even real estate is not a safe lien on a **loan**.

אומרים שזו תקופה טובה לרכוש בית או דירה. המשכנתאות **מוּלְווֹת** בריבית סבירה, וה**לוֶה** יכול להתמקח מעמדת כוח עם הקונה ועם הבנק.

They say that this is a good time to buy a house or an apartment. Mortgages **are lent** with reasonable interest rates, and the **borrower** may negotiate from a position of power with the seller and with the bank.

♦ **ביטויים מיוחדים** Special expressions

מַלְוֶה בריבית usurer

●לוה (לוי)-2 : לְלַוּוֹת, לְהִתְלַוּוֹת

לִיוּוָה (לִוָּה)/לַוֶּה accompany, escort

בניין : פִּיעֵל גזרה : ל״י

	Present הווה		Past עבר	Future עתיד	Imper. ציווי
יחיד	מְלַוֶּוה	אני	לִיוּוִיתִי	אֲלַוֶּוה	
יחידה	מְלַוָּוה	אתה	לִיוּוִיתָ	תְּלַוֶּוה	לַוֵּוה
רבים	מְלַוּוִים	את	לִיוּוִית	תְּלַוּוִי	לַוִּוי
רבות	מְלַוּוֹת	הוא	לִיוּוָה	יְלַוֶּוה	
		היא	לִיוּוְתָה	תְּלַוֶּוה	
		אנחנו	לִיוּוִינוּ	נְלַוֶּוה	
		אתם/ן	לִיוּוִיתֶם/ן	תְּלַוּוּ *	לַוּוּ**
		הם/ן	לִיוּוּ	יְלַוּוּ *	

* less commonly: אתן/הן תְּלַוֶּוינָה

** less commonly: (אתן) לַוֶּוינָה

שם הפועל .Infin לְלַוּוֹת

שם הפעולה Verbal N לִיוּוּי escort; accompaniment

בינוני .Pres. Part מְלַוֶּוה escort; accompanist

מקור מוחלט .Inf. Abs לַוֵּוה

הִתְלַוָּוה (הִתְלַוָּה) join, accompany

בניין : הִתְפַּעֵל גזרה : ל״י

	Present הווה		Past עבר	Future עתיד	Imper. ציווי
יחיד	מִתְלַוֶּוה	אני	הִתְלַוֵּויתִי	אֶתְלַוֶּוה	
יחידה	מִתְלַוָּוה	אתה	הִתְלַוֵּויתָ	תִּתְלַוֶּוה	הִתְלַוֵּוה
רבים	מִתְלַוּוִים	את	הִתְלַוֵּוית	תִּתְלַוּוִי	הִתְלַוּוִי
רבות	מִתְלַוּוֹת	הוא	הִתְלַוָּוה	יִתְלַוֶּוה	
		היא	הִתְלַוְּותָה	תִּתְלַוֶּוה	
		אנחנו	הִתְלַוֵּוינוּ	נִתְלַוֶּוה	
		אתם/ן	הִתְלַוֵּויתֶם/ן	תִּתְלַוּוּ *	הִתְלַוּוּ **
		הם/ן	הִתְלַוּוּ	יִתְלַוּוּ *	

* less commonly: אתן/הן תִּתְלַוֶּינָה

שם הפועל .Infin לְהִתְלַווֹת ** less commonly: (אתן) הִתְלַוֶּינָה

שם הפעולה Verbal N הִתְלַווּת joining, accompanying

מקור מוחלט .Inf. Abs הִתְלַוֵּה

מ״י מוצרכת .Gov. Prep הִתְלַוָּה אל/ל- accompany (someone)

♦ **פעלים פחות שכיחים מאותו שורש** Less frequent verbs from the same root

נִלְוָה accompany (נִלְוֶה, יִילָּוֶה, לְהִילָּווֹת)

לוּוָּה be accompanied, be escorted (בינוני .Pres. Part מְלוּוֶּה accompanied, escorted,

יְלוּוֶּה, מ״י מוצרכת .Gov. Prep לוּוָּה ב- be accompanied with)

♦ **דוגמאות** Illustrations

גיל מנגן בגיטרה. בדרך כלל הוא **מְלַוֶּה** זמרים או זמרות הזקוקים **לליווי**. אתמול הוא **לִיוָּה** את פנינה, ולאחר הקונצרט **לִיוָּה** אותה הביתה.

Gil plays the guitar. Generally he **accompanies** singers who need **accompaniment**. Yesterday he accompanied Pnina, and after the concert **accompanied** her to her home.

עימנואל שלח בחזרה את הטופס הממולא, אבל אחר כך הסתבר שעליו למלא גם את כל הנספחים **הנִלְוִים**.

Immanuel returned the filled-in form, but then it turned out that he also needs to fill in all the **accompanying** appendices.

החזאי מנבא מזג אוויר סוער, **מְלוּוֶּה** בסופות רעמים.

The forecast is for stormy weather, **accompanied** by thunderstorms.

ביטויים מיוחדים Special expressions

מְלַוֶּה מלכה end of Sabbath songs

● לון (לין)-1 : לָלוּן

לָן/לַנ/יָלוּן stay overnight, lodge; remain

בניין : פָּעַל גזרה : ע״י + ל״נ

Imper. ציווי	Future עתיד	Past עבר		Present הווה	
	אָלוּן/אָלִין *	לַנְתִּי	אני	לָן	יחיד
לוּן/לִין	תָּלוּן/תָּלִין	לַנְתָּ	אתה	לָנָה	יחידה
לוּנִי/לִינִי	תָּלוּנִי/תָּלִינִי	לַנְתְּ	את	לָנִים	רבים
	יָלוּן/יָלִין	לָן	הוא	לָנוֹת	רבות
	תָּלוּן/תָּלִין	לָנָה	היא		
לוּנוּ/לִינוּ ***	תָּלוּנוּ/תָּלִינוּ **	לַנְתֶּם/ן	אתם/ן		
	יָלוּנוּ/יָלִינוּ **	לָנוּ	הם/ן		

שם הפועל .Infin לָלוּן/לָלִין * אָלִין, תָּלִין etc., are literary

מקור מוחלט .Inf. Abs לוּן/לִין ** less commonly: אתן/הן תָּלוּנָּה/תָּלִינָּה

מקור נטוי .Inf.+pron בְּלוּנוֹ/לִינוֹ, כְּ... *** less commonly: (אתן) לוּנָּה/לִינָּה

שם הפעולה Verbal N לִינָה staying overnight; accommodation

♦ **פעלים פחות שכיחים מאותו שורש** Less frequent verbs from the same root

הֵלִין put up for the night; leave something overnight (מֵלִין ,יָלִין, לְהָלִין)

♦ דוגמאות Illustrations

הרבה ידידים באים לבקר אותנו בקייץ ונשארים **לָלוּן**. ביתנו גדול, ויש בו די מקום **לְהָלִין** את כולם.

Many friends come to visit us in the summer and **stay overnight**. Our house is large, with sufficient space **to put** all of them **up for the night**.

♦ ביטויים מיוחדים Special expressions

לָן באוהלה של תורה devote all one's time to studying the Jewish law

הֲלָנַת שכר **delay** in paying wages

●לון-2 : לְהִתְלוֹנֵן

הִתְלוֹנֵן/הִתְלוֹנַן complain

בניין : הִתְפַּעֵל גזרה : ע״ו (ל״ל) + ל״נ

Imper. ציווי	Future עתיד	Past עבר		Present הווה	
	אֶתְלוֹנֵן	הִתְלוֹנַנְתִּי	אני	מִתְלוֹנֵן	יחיד
הִתְלוֹנֵן	תִּתְלוֹנֵן	הִתְלוֹנַנְתָּ	אתה	מִתְלוֹנֶנֶת	יחידה
הִתְלוֹנְנִי	תִּתְלוֹנְנִי	הִתְלוֹנַנְתְּ	את	מִתְלוֹנְנִים	רבים
	יִתְלוֹנֵן	הִתְלוֹנֵן	הוא	מִתְלוֹנְנוֹת	רבות
	תִּתְלוֹנֵן	הִתְלוֹנְנָה	היא		
	נִתְלוֹנֵן	הִתְלוֹנַנּוּ	אנחנו		
הִתְלוֹנְנוּ **	תִּתְלוֹנְנוּ *	הִתְלוֹנַנְתֶּם/ן	אתם/ן		
	יִתְלוֹנְנוּ *	הִתְלוֹנְנוּ	הם/ן		

שם הפועל .Infin לְהִתְלוֹנֵן   * less commonly: אתן/הן תִּתְלוֹנֵנָּה

שם הפעולה Verbal N הִתְלוֹנְנוּת complaining   ** less commonly: (אתן) הִתְלוֹנֵנָּה

מקור מוחלט .Inf. Abs הִתְלוֹנֵן   מ״י מוצרכת .Gov. Prep הִתְלוֹנֵן על complain about

♦ דוגמאות Illustrations

עליזה **מִתְלוֹנֶנֶת** על כך שבעלה לא עושה כלום בבית – הוא אפילו לא שוטף את הכלים.

Aliza **complains** about the fact that her husband does nothing at home – he does not even do the dishes.

●לחם : לְהִילָּחֵם, לִלְחוֹם

נִלְחַם/יִילָּחֵם (יִלָּחֵם) fight

בניין : נִפְעַל גזרה : שלמים + ע״ג

Imper. ציווי	Future עתיד	Past עבר		Present הווה	
	אֶלָּחֵם	נִלְחַמְתִּי	אני	נִלְחָם	יחיד
הִילָּחֵם	תִּילָּחֵם	נִלְחַמְתָּ	אתה	נִלְחֶמֶת	יחידה
הִילָּחֲמִי	תִּילָּחֲמִי	נִלְחַמְתְּ	את	נִלְחָמִים	רבים
	יִילָּחֵם	נִלְחַם	הוא	נִלְחָמוֹת	רבות
	תִּילָּחֵם	נִלְחֲמָה	היא		
	נִילָּחֵם	נִלְחַמְנוּ	אנחנו		
הִילָּחֲמוּ **	תִּילָּחֲמוּ *	נִלְחַמְתֶּם/ן	אתם/ן		
	יִילָּחֲמוּ *	נִלְחֲמוּ	הם/ן		

שם הפועל .Infin	לְהִילָּחֵם	* less commonly: אתן/הן תִּילָּחַמְנָה
מקור מוחלט .Inf. Abs	נִלְחוֹם	** less commonly: (אתן) הִילָּחַמְנָה
מ״י מוצרכת .Gov. Prep	נִלְחַם עם/ב- fight with/against, נִלְחַם ל- fight for	

לָחַם/לוֹחֵם/יִלְחַם fight (more literary than *nif'al* above)

בניין: פָּעַל גזרה: שלמים (אֶפְעַל) + ע״ג

	Present הווה		Past עבר	Future עתיד	Imper. ציווי
יחיד	לוֹחֵם	אני	לָחַמְתִּי	אֶלְחַם	
יחידה	לוֹחֶמֶת	אתה	לָחַמְתָּ	תִּלְחַם	לְחַם
רבים	לוֹחֲמִים	את	לָחַמְתְּ	תִּלְחֲמִי	לַחֲמִי
רבות	לוֹחֲמוֹת	הוא	לָחַם	יִלְחַם	
		היא	לָחֲמָה	תִּלְחַם	
		אנחנו	לָחַמְנוּ	נִלְחַם	
		אתם/ן	לְחַמְתֶּם/ן *	תִּלְחֲמוּ **	לַחֲמוּ ***
		הם/ן	לָחֲמוּ	יִלְחֲמוּ **	

שם הפועל .Infin	לִלְחוֹם	* Colloquial: לְחַמְתֶּם/ן
ביני פעיל .Act. Part	לוֹחֵם fighter	** less commonly: אתן/הן תִּלְחַמְנָה
שם הפעולה Verbal N	לְחִימָה fighting	*** less commonly: (אתן) לְחַמְנָה
מקור נטוי .Inf.+pron	בְּלוֹחֲמוֹ, כְּ...	מקור מוחלט .Inf. Abs לָחוֹם
מ״י מוצרכת .Gov. Prep	לוֹחֵם ב- fight against, לוֹחֵם ל- fight for	

♦ **דוגמאות** Illustrations

הַלְּחִימָה בבלקנים נמשכה זמן רב. **לוֹחֲמִים** מכל הצדדים **נִלְחֲמוּ** זה בזה שנים על שנים, האוכלוסיה האזרחית נטבחה או גורשה, ובשנים הראשונות של המלחמה העולם מסביב ״**לָחַם** לזכויות האדם״ בבלקנים באמצעות דיבורים...

The **fighting** in the Balkans continued for a long time. **Fighters** from all sides **were fighting** each other for years, the civilian population was either slaughtered or displaced, and during the first years of the war the world around "**fought** for human rights" in the Balkans by talking...

● לחן מן לַחַן melody : לְהַלְחִין

הִלְחִין/הִלְחַנ/יַלְחִין compose music; set poems, etc. to music

בניין: הִפְעִיל גזרה: שלמים + ל״נ

	Present הווה		Past עבר	Future עתיד	Imper. ציווי
יחיד	מַלְחִין	אני	הִלְחַנְתִּי	אַלְחִין	
יחידה	מַלְחִינָה	אתה	הִלְחַנְתָּ	תַּלְחִין	הַלְחֵן
רבים	מַלְחִינִים	את	הִלְחַנְתְּ	תַּלְחִינִי	הַלְחִינִי
רבות	מַלְחִינוֹת	הוא	הִלְחִין	יַלְחִין	
		היא	הִלְחִינָה	תַּלְחִין	
		אנחנו	הִלְחַנּוּ	נַלְחִין	
		אתם/ן	הִלְחַנְתֶּם/ן	תַּלְחִינוּ *	הַלְחִינוּ **
		הם/ן	הִלְחִינוּ	יַלְחִינוּ *	

שם הפעול .Infin לְהַלְחִין   less commonly * :אתן/הן תַּלְחֵנָּה
שם הפעולה Verbal N הַלְחָנָה composing music   less commonly ** :(אתן) הַלְחֵנָּה
ביני׳ פעיל .Act. Part מַלְחִין composer

♦ דוגמאות Illustrations

מַלְחִינִים ישראליים אוהבים **לְהַלְחִין** בעיקר את שיריהם של ביאליק, רחל, ולאה גולדברג.

Israeli **composers** particularly like to **set music** to the poems of Bialik, Rachel, and Leah Goldberg.

●לחץ : לִלְחוֹץ, לְהַלְחִיץ, לְהִילָּחֵץ

לָחַץ/לוֹחֵץ/יִלְחַץ press, exert pressure; oppress

בניין : פָּעַל   גזרה : שלמים (אֶפְעַל) + ע״ג

	Pres./Part. הווה/בינוני		Past עבר	Fut. עתיד	Imp. ציווי
יחיד	לוֹחֵץ לָחוּץ	אני	לָחַצְתִּי	אֶלְחַץ	
יחידה	לוֹחֶצֶת לְחוּצָה	אתה	לָחַצְתָּ	תִּלְחַץ	לְחַץ
רבים	לוֹחֲצִים לְחוּצִים	את	לָחַצְתְּ	תִּלְחֲצִי	לַחֲצִי
רבות	לוֹחֲצוֹת לְחוּצוֹת	הוא	לָחַץ	יִלְחַץ	
		היא	לָחֲצָה	תִּלְחַץ	
		אנחנו	לָחַצְנוּ	נִלְחַץ	
		אתם/ן	* לְחַצְתֶּם/ן	** תִּלְחֲצוּ	*** לַחֲצוּ
		הם/ן	לָחֲצוּ	** יִלְחֲצוּ	

שם הפעול .Infin לִלְחוֹץ   Colloquial * :לָחַצְתֶּם/ן
מקור מוחלט .Inf. Abs לָחוֹץ   less commonly ** :אתן/הן תִּלְחַצְנָה
מקור נטוי .Inf.+pron בְּלוֹחְצוֹ, כְּ...   less commonly *** :(אתן) לְחַצְנָה
ביני׳ סביל .Pass. Part לָחוּץ pressed, compressed, under pressure
שם הפעולה Verbal N לְחִיצָה pressing, urging
מ״י מוצרכת .Gov. Prep לָחַץ על put pressure on

הִלְחִיץ/הִלְחַצ/יַלְחִיץ press; cause to feel pressured (coll.)

בניין : הִפְעִיל   גזרה : שלמים

	Present הווה		Past עבר	Future עתיד	Imper. ציווי
יחיד	מַלְחִיץ	אני	הִלְחַצְתִּי	אַלְחִיץ	
יחידה	מַלְחִיצָה	אתה	הִלְחַצְתָּ	תַּלְחִיץ	הַלְחֵץ
רבים	מַלְחִיצִים	את	הִלְחַצְתְּ	תַּלְחִיצִי	הַלְחִיצִי
רבות	מַלְחִיצוֹת	הוא	הִלְחִיץ	יַלְחִיץ	
		היא	הִלְחִיצָה	תַּלְחִיץ	
		אנחנו	הִלְחַצְנוּ	נַלְחִיץ	
		אתם/ן	הִלְחַצְתֶּם/ן	* תַּלְחִיצוּ	** הַלְחִיצוּ
		הם/ן	הִלְחִיצוּ	* יַלְחִיצוּ	

שם הפעול .Infin לְהַלְחִיץ   less commonly * :אתן/הן תַּלְחֵצְנָה
שם הפעולה Verbal N הַלְחָצָה causing pressure   less commonly ** :(אתן) הַלְחֵצְנָה

נִלְחַץ/יִילָּחֵץ (יִלָּחֵץ) be pressed, be squeezed, be oppressed

בניין: נִפְעַל גזרה: שלמים + ע״ג

	Present הווה		Past עבר	Future עתיד	Imper. ציווי
יחיד	נִלְחָץ	אני	נִלְחַצְתִּי	אֶלָּחֵץ	
יחידה	נִלְחֶצֶת	אתה	נִלְחַצְתָּ	תִּילָּחֵץ	הִילָּחֵץ
רבים	נִלְחָצִים	את	נִלְחַצְתְּ	תִּילָּחֲצִי	הִילָּחֲצִי
רבות	נִלְחָצוֹת	הוא	נִלְחַץ	יִילָּחֵץ	
		היא	נִלְחֲצָה	תִּילָּחֵץ	
		אנחנו	נִלְחַצְנוּ	נִילָּחֵץ	
		אתםץ	נִלְחַצְתֶּםץ	תִּילָּחֲצוּ *	הִילָּחֲצוּ **
		הםץ	נִלְחֲצוּ	יִילָּחֲצוּ *	

שם הפועל .Infin לְהִילָּחֵץ   * less commonly: אתןץהן תִּילָּחַצְנָה

שם הפעולה Verbal N הִילָּחֲצוּת being pressed   ** less commonly: (אתן) הִילָּחַצְנָה

מקור מוחלט .Inf. Abs נִלְחוֹץ

♦ **דוגמאות** Illustrations

חיים מרגיש **לָחוּץ** ; הבוס **לוֹחֵץ** עליו לסיים את הפרויקט תוך שבועיים.

Hayyim feels **under pressure**; the boss **presses** him to finish the job within two weeks.

אל **תַּלְחִיץ** אותי ; קשה לי לתפקד כשאני **נִלְחָץ** בצורה כזו.

Don't **make** me **feel pressured**; it is hard for me to function when I **am pressured** like that.

●לחש : לִלְחוֹש

לָחַש/לוֹחֵש/יִלְחַש whisper; utter a charm; prompt (on stage)

בניין: פָּעַל גזרה: שלמים (אֶפְעַל) + ע״ג

	Pres./Part. הווה/בינוני			Past עבר	Fut. עתיד	Imp. ציווי
יחיד	לוֹחֵשׁ	לָחוּשׁ	אני	לָחַשְׁתִּי	אֶלְחַשׁ	
יחידה	לוֹחֶשֶׁת	לְחוּשָׁה	אתה	לָחַשְׁתָּ	תִּלְחַשׁ	לְחַשׁ
רבים	לוֹחֲשִׁים	לְחוּשִׁים	את	לָחַשְׁתְּ	תִּלְחֲשִׁי	לַחֲשִׁי
רבות	לוֹחֲשׁוֹת	לְחוּשׁוֹת	הוא	לָחַשׁ	יִלְחַשׁ	
			היא	לָחֲשָׁה	תִּלְחַשׁ	
			אנחנו	לָחַשְׁנוּ	נִלְחַשׁ	
			אתםץ	לְחַשְׁתֶּםץ *	תִּלְחֲשׁוּ **	לַחֲשׁוּ ***
			הםץ	לָחֲשׁוּ	יִלְחֲשׁוּ **	

* Colloquial: לָחַשְׁתֶּםץ

שם הפועל .Infin לִלְחוֹשׁ   ** less commonly: אתןץהן תִּלְחַשְׁנָה

מקור נטוי .Inf.+pron בְּלוֹחְשׁוֹ, כְּ...   *** less commonly: (אתן) לְחַשְׁנָה

ביני סביל .Pass. Part לָחוּשׁ whispered, hushed (lit.)

שם הפעולה Verbal N לְחִישָׁה whispering, a whisper

מקור מוחלט .Inf. Abs לָחוֹשׁ   מ״י מוצרכת .Gov. Prep לָחַשׁ עַל utter a charm on

♦ **פעלים פחות שכיחים מאותו שורש** Less frequent verbs from the same root

הִתְלַחֵשׁ whisper to each other (מִתְלַחֵשׁ, יִתְלַחֵשׁ, לְהִתְלַחֵשׁ)

♦ דוגמאות Illustrations

ראיתי את חביבה ונירה **מִתְלַחֲשׁוֹת** בפינה. אינני יודע מה נירה **לָחֲשָׁה** לחביבה לקראת תום השיחה, אבל פניה של חביבה חוורו לפתע כסיד.

I saw Haviva and Nira **whisper to each other** in the corner. I do not know what Nira **whispered** to Haviva toward the end of the conversation, but Haviva's face all of a sudden became chalk white.

●לטף : לְלַטֵּף

לִיטֵּף (לִטֵּף)/לִיטַּפ/לַטֵּף stroke, pet, caress

בניין : פִּיעֵל גזרה : שלמים

	הווה Present		עבר Past	עתיד Future	ציווי Imper.
יחיד	מְלַטֵּף	אני	לִיטַּפְתִּי	אֲלַטֵּף	
יחידה	מְלַטֶּפֶת	אתה	לִיטַּפְתָּ	תְּלַטֵּף	לַטֵּף
רבים	מְלַטְּפִים	את	קִיצַּרְתְּ	תְּלַטְּפִי	לַטְּפִי
רבות	מְלַטְּפוֹת	הוא	לִיטֵּף	יְלַטֵּף	
		היא	לִיטְּפָה	תְּלַטֵּף	
		אנחנו	לִיטַּפְנוּ	נְלַטֵּף	
		אתם/ן	לִיטַּפְתֶּם/ן	תְּלַטְּפוּ *	לַטְּפוּ **
		הם/ן	לִיטְּפוּ	יְלַטְּפוּ *	

שם הפועל .Infin לְלַטֵּף * less commonly: אתן/הן תְּלַטֵּפְנָה

מקור מוחלט .Inf. Abs לַטֵּף ** less commonly: (אתן) לַטֵּפְנָה

שם הפעולה Verbal N לִיטּוּף stroking, caressing; stroke N, caress N

♦ דוגמאות Illustrations

כשאתה ניגש **לְלַטֵּף** כלב שאינך מכיר, רצוי לעשות זאת בגובה ראשו של הכלב, כדי שלא ירגיש מאוים.

When you try **to pet** a dog's head, it is a good idea to do so from a position not higher than the dog's head, so that it does not feel threatened.

●לכד : לִלְכּוֹד, לְהִילָּכֵד

לָכַד/לוֹכֵד/יִלְכּוֹד (יִלְכֹּד) capture

בניין : פָּעַל גזרה : שלמים (אֶפְעוֹל)

	הווה/בינוני .Pres./Part			עבר Past	עתיד .Fut	ציווי .Imp
יחיד	לוֹכֵד	לָכוּד	אני	לָכַדְתִּי	אֶלְכּוֹד	
יחידה	לוֹכֶדֶת	לְכוּדָה	אתה	לָכַדְתָּ	תִּלְכּוֹד	לְכוֹד
רבים	לוֹכְדִים	לְכוּדִים	את	לָכַדְתְּ	תִּלְכְּדִי	לִכְדִי
רבות	לוֹכְדוֹת	לְכוּדוֹת	הוא	לָכַד	יִלְכּוֹד	
			היא	לָכְדָה	תִּלְכּוֹד	
			אנחנו	לָכַדְנוּ	נִלְכּוֹד	
			אתם/ן	לְכַדְתֶּם/ן *	תִּלְכְּדוּ **	לִכְדוּ ***
			הם/ן	לָכְדוּ	יִלְכְּדוּ **	

לכד : לִלְכּוֹד, לְהִילָּכֵד

שם הפועל Infin.	לִלְכּוֹד	* Colloquial:	לְכַדְתֶּם/ן
שם הפעולה Verbal N	לְכִידָה capture, seizure	** less commonly:	אתן/הן תִּלְכּוֹדְנָה
ביני סביל Pass. Part.	לָכוּד captured	*** less commonly:	(אתן) לְכוֹדְנָה
קָטִיל CaCiC adj./N.	לָכִיד coherent	מקור נטוי Inf.+pron.	בְּלוֹכְדוֹ, כְּ...
מקור מוחלט Inf. Abs.	לָכוֹד		

נִלְכַּד/יִילָּכֵד (יִלָּכֵד) be captured

בניין : נִפְעַל גזרה : שלמים

	Present הווה		Past עבר	Future עתיד	Imper. ציווי
יחיד	נִלְכָּד	אני	נִלְכַּדְתִּי	אֶלָּכֵד	
יחידה	נִלְכֶּדֶת	אתה	נִלְכַּדְתָּ	תִּילָּכֵד	הִילָּכֵד
רבים	נִלְכָּדִים	את	נִלְכַּדְתְּ	תִּילָּכְדִי	הִילָּכְדִי
רבות	נִלְכָּדוֹת	הוא	נִלְכַּד	יִילָּכֵד	
		היא	נִלְכְּדָה	תִּילָּכֵד	
		אנחנו	נִלְכַּדְנוּ	נִילָּכֵד	
		אתם/ן	נִלְכַּדְתֶּם/ן	תִּילָּכְדוּ *	הִילָּכְדוּ **
		הם/ן	נִלְכְּדוּ	יִילָּכְדוּ *	

* less commonly: אתן/הן תִּילָּכַדְנָה

** less commonly: (אתן) הִילָּכַדְנָה

שם הפועל Infin. לְהִילָּכֵד

מקור מוחלט Inf. Abs. נִלְכּוֹד, הִילָּכֵד (הִילָּכוֹד)

♦ פעלים פחות שכיחים מאותו שורש Less frequent verbs from the same root

לִיכֵּד unite (tr.), combine (tr.) (מְלַכֵּד, יְלַכֵּד, לְלַכֵּד, שם הפעולה Verbal N לִיכּוּד uniting, combining; unification, amalgamation)

הִתְלַכֵּד unite (intr.), merge (intr.) into one; coalesce (מִתְלַכֵּד, יִתְלַכֵּד, לְהִתְלַכֵּד)

לוּכַּד be united, be combined (בינוני Pres. Part. מְלוּכָּד united, combined, יְלוּכַּד)

♦ דוגמאות Illustrations

לאחר מרדף ארוך הצליחה המשטרה **לִלְכּוֹד** את החשוד. הוא **נִלְכַּד** בכביש החוף, ליד מחלף חדרה.

After a long chase, the police managed **to capture** the suspect. He **was captured** on the Coastal Road, close to the Hadera Interchange.

כשלמפלגת השלטון יש בעיות פנימיות חמורות, מנסים מנהיגיה בדרך כלל **לְלַכֵּד** את העם לנוכח איום חיצוני, בין אם הוא אמיתי או מדומה. כאשר העם כולו **מִתְלַכֵּד** כלפי חוץ, נדחקות בעיות הפנים לקרן זווית. כשהעם **מְלוּכָּד** ניתן גם להגיע להחלטות מהר יותר.

When the ruling party has serious domestic problems, its leaders usually try **to unite** the people in the face of an external threat, be it real or imaginary. When the whole nation **unites** vis-à-vis the rest of the world, internal problems are pushed aside. When the nation **is united**, it is also possible to make faster decisions.

מפלגת ה**לִיכּוּד** נקראת כך משום שנתהוותה באמצעות **לִיכּוּד** מפלגות ימינה מן המרכז.

The **Likkud** party is called that because it was formed by an **amalgamation** of parties to the right of the center.

●לכלך : לְלַכְלֵךְ, לְהִתְלַכְלֵךְ

לִכְלֵךְ/לִכְלַכ/לַכְלֵךְ dirty, soil; soil someone's reputation (sl.)

בניין : פִּיעֵל גזרה : מרובעים

	Present הווה		Past עבר	Future עתיד	Imper. ציווי
יחיד	מְלַכְלֵךְ	אני	לִכְלַכְתִּי	אֲלַכְלֵךְ	
יחידה	מְלַכְלֶכֶת	אתה	לִכְלַכְתָּ	תְּלַכְלֵךְ	לַכְלֵךְ
רבים	מְלַכְלְכִים	את	לִכְלַכְתְּ	תְּלַכְלְכִי	לַכְלְכִי
רבות	מְלַכְלְכוֹת	הוא	לִכְלֵךְ	יְלַכְלֵךְ	
		היא	לִכְלְכָה	תְּלַכְלֵךְ	
		אנחנו	לִכְלַכְנוּ	נְלַכְלֵךְ	
		אתם/ן	לִכְלַכְתֶּם/ן	תְּלַכְלְכוּ *	לַכְלְכוּ **
		הם/ן	לִכְלְכוּ	יְלַכְלְכוּ *	

* less commonly: אתן/הן תְּלַכְלֵכְנָה

** less commonly: (אתן) לַכְלֵכְנָה

שם הפועל .Infin לְלַכְלֵךְ

שם הפעולה Verbal N לִכְלוּךְ dirtying; dirt, filth

מקור מוחלט .Inf. Abs לַכְלֵךְ

הִתְלַכְלֵךְ/הִתְלַכְלַכ get dirty

בניין : הִתְפַּעֵל גזרה : מרובעים

	Present הווה		Past עבר	Future עתיד	Imper. ציווי
יחיד	מִתְלַכְלֵךְ	אני	הִתְלַכְלַכְתִּי	אֶתְלַכְלֵךְ	
יחידה	מִתְלַכְלֶכֶת	אתה	הִתְלַכְלַכְתָּ	תִּתְלַכְלֵךְ	הִתְלַכְלֵךְ
רבים	מִתְלַכְלְכִים	את	הִתְלַכְלַכְתְּ	תִּתְלַכְלְכִי	הִתְלַכְלְכִי
רבות	מִתְלַכְלְכוֹת	הוא	הִתְלַכְלֵךְ	יִתְלַכְלֵךְ	
		היא	הִתְלַכְלְכָה	תִּתְלַכְלֵךְ	
		אנחנו	הִתְלַכְלַכְנוּ	נִתְלַכְלֵךְ	
		אתם/ן	הִתְלַכְלַכְתֶּם/ן	תִּתְלַכְלְכוּ *	הִתְלַכְלְכוּ **
		הם/ן	הִתְלַכְלְכוּ	יִתְלַכְלְכוּ *	

* less commonly: אתן/הן תִּתְלַכְלֵכְנָה

** less commonly: (אתן) הִתְלַכְלֵכְנָה

שם הפועל .Infin לְהִתְלַכְלֵךְ

שם הפעולה Verbal N הִתְלַכְלְכוּת getting dirty

מקור מוחלט .Inf. Abs הִתְלַכְלֵךְ

♦ פעלים פחות שכיחים מאותו שורש Less frequent verbs from the same root

לוּכְלַךְ be dirtied, be soiled > בינוני .Pres. Part מְלוּכְלָךְ dirty (form common)

♦ דוגמאות Illustrations

נחום הוא שלומיאל גדול. ביום אחד הוא **מְלַכְלֵךְ** חולצה כאילו לבש אותה שבוע שלם; החולצה **מִתְלַכְלֶכֶת** כל פעם שהוא יושב לאכול. לפעמים החולצה כה **מְלוּכְלֶכֶת** כבר באמצע היום, שאישתו דורשת במפגיע שיחליף אותה מייד.

Nahum is very clumsy. In one day he **soils** a shirt as if he wore it for a whole week; the shirt **gets dirty** every time he sits down to eat. Occasionally the shirt is so **dirty** by midday, that his wife demands that he change it immediately.

♦ ביטויים מיוחדים Special expressions

לִכְלֵךְ את ידיו participate in a matter that is not completely honest

● למד : לִלְמוֹד, לְלַמֵּד, לְהִילָּמֵד

לָמַד/לוֹמֵד/יִלְמַד learn, study

בניין : פָּעַל   גזרה : שלמים (אֶפְעַל)

	הווה/בינוני Pres./Part.			עבר Past	עתיד Fut.	ציווי Imp.
יחיד	לוֹמֵד	לָמוּד	אני	לָמַדְתִּי	אֶלְמַד	
יחידה	לוֹמֶדֶת	לְמוּדָה	אתה	לָמַדְתָּ	תִּלְמַד	לְמַד
רבים	לוֹמְדִים	לְמוּדִים	את	לָמַדְתְּ	תִּלְמְדִי	לִמְדִי
רבות	לוֹמְדוֹת	לְמוּדוֹת	הוא	לָמַד	יִלְמַד	
			היא	לָמְדָה	תִּלְמַד	
			אנחנו	לָמַדְנוּ	נִלְמַד	
			אתם/ן	לְמַדְתֶּם/ן *	תִּלְמְדוּ **	לִמְדוּ ***
			הם/ן	לָמְדוּ	יִלְמְדוּ **	

צורה ארכאית של ההווה/בינוני : לָמֵד :Archaic form of the Pres./Part

שם הפועל .Infin לִלְמוֹד   * Colloquial: לָמַדְתֶּם/ן

מקור מוחלט .Inf. Abs לָמוֹד   ** less commonly: אתן/הן תִּלְמַדְנָה

שם הפעולה Verbal N לְמִידָה learning   *** less commonly: (אתן) לְמַדְנָה

בינ' סביל .Pas. Part לָמוּד accustomed; trained (lit.)   מקור נטוי .Inf.+pron בְּלוֹמְדוֹ, כְּ...

קָטִיל .CaCiC adj./N לָמִיד learnable, teachable

לִימֵּד (לִמֵּד)/לִימַּד/לַמֵּד teach, instruct, train

בניין : פִּיעֵל   גזרה : שלמים

	הווה Present		עבר Past	עתיד Future	ציווי Imper.
יחיד	מְלַמֵּד	אני	לִימַּדְתִּי	אֲלַמֵּד	
יחידה	מְלַמֶּדֶת	אתה	לִימַּדְתָּ	תְּלַמֵּד	לַמֵּד
רבים	מְלַמְּדִים	את	לִימַּדְתְּ	תְּלַמְּדִי	לַמְּדִי
רבות	מְלַמְּדוֹת	הוא	לִימֵּד	יְלַמֵּד	
		היא	לִימְּדָה	תְּלַמֵּד	
		אנחנו	לִימַּדְנוּ	נְלַמֵּד	
		אתם/ן	לִימַּדְתֶּם/ן	תְּלַמְּדוּ *	לַמְּדוּ **
		הם/ן	לִימְּדוּ	יְלַמְּדוּ *	

שם הפועל .Infin לְלַמֵּד   * less commonly: אתן/הן תְּלַמֵּדְנָה

מקור מוחלט .Inf. Abs לַמֵּד   ** less commonly: (אתן) לַמֵּדְנָה

שם הפעולה Verbal N לִימּוּד teaching; study, learning

בינוני .Pres. Part מְלַמֵּד religious school teacher

נִלְמַד/יִילָּמֵד (יִלָּמֵד) be learned, be studied

בניין : נִפְעַל   גזרה : שלמים

	הווה Present		עבר Past	עתיד Future	ציווי Imper.
יחיד	נִלְמָד	אני	נִלְמַדְתִּי	אֶלָּמֵד	
יחידה	נִלְמֶדֶת	אתה	נִלְמַדְתָּ	תִּילָּמֵד	הִילָּמֵד
רבים	נִלְמָדִים	את	נִלְמַדְתְּ	תִּילָּמְדִי	הִילָּמְדִי
רבות	נִלְמָדוֹת	הוא	נִלְמַד	יִילָּמֵד	
		היא	נִלְמְדָה	תִּילָּמֵד	
		אנחנו	נִלְמַדְנוּ	נִילָּמֵד	

		Present הווה	Past עבר	Future עתיד	Imper. ציווי
	אתםע		נִלְמַדְתֶּם/ן	תִּילָּמְדוּ *	הִילָּמְדוּ **
	הםע		נִלְמְדוּ	יִילָּמְדוּ *	

* less commonly: אתן/הן תִּילָּמַדְנָה

שם הפועל .Infin לְהִילָּמֵד ** less commonly: (אתן) הִילָּמַדְנָה

מקור מוחלט .Inf. Abs נִלְמוֹד, הִילָּמֵד (הִילָּמוֹד)

♦ **פעלים פחות שכיחים מאותו שורש** Less frequent verbs from the same root

הִתְלַמֵּד self-teach; practice; be taught (מִתְלַמֵּד, יִתְלַמֵּד, לְהִתְלַמֵּד)

בינוני .Pres. Part מִתְלַמֵּד a self-taught person; apprentice (form common)

לוּמַּד be taught, trained (מְלוּמָּד, יְלוּמַּד)

בינוני .Pres. Part מְלוּמָּד scholarly, learned; a scholar (form is common)

♦ **דוגמאות** Illustrations

ניסיתי **לְלַמֵּד** אותו עברית, אבל לא הצלחתי. הוא לא **לוֹמֵד** שפות בקלות. לא כל אחד נולד עם כישרון ל**לִימּוּד**/ל**לְמִידַת** שפה.

I tried **to teach** him Hebrew, but I was not successful. He does not **learn** languages easily. Not everyone is born with the talent for language **learning**.

אחרי כל מלחמה, חושבים שאוליי זה הסוף למלחמות – אוליי הפעם **יִילָּמֵד** הלקח. אבל ההיסטוריה תמיד חוזרת על עצמה.

After every war, one thinks that perhaps this is the end of wars – perhaps this time the lesson **will be learned**. But history always repeats itself.

מעולם לא פגשתי אדם **מְלוּמָּד** כמו ישעיהו. גדולי ה**מְלוּמָּדִים** יכולים **לִלְמוֹד** ממנו.

I have never met a person as **learned** as Yesha`ayahu. The greatest of **scholars** can **learn** from him.

♦ **ביטויים מיוחדים** Special expressions

לוֹמֵד דבר מתוך דבר one who knows how to deduce logically

לִימֵּד זכות על plead in favor of, defend **לִימֵּד** חובה על plead against, prosecute

מְלַמֵּד ש.... which **teaches** us that ...

מכל **מְלַמְּדַיי** השכלתי I have benefited from all my **teachers**

סיים את חוק **לִימּוּדָיו** complete his **schooling**

מצוות אנשים **מְלוּמָּדָה** a routine habit, an automatic reaction (not resulting from thinking)

● לעג : לִלְעוֹג

לָעַג/לוֹעֵג/יִלְעַג mock, ridicule

בניין : פָּעַל גזרה : שלמים (אֶפְעַל) + ע״ג

	Present הווה		Past עבר	Future עתיד	Imper. ציווי
יחיד	לוֹעֵג	אני	לָעַגְתִּי	אֶלְעַג	
יחידה	לוֹעֶגֶת	אתה	לָעַגְתָּ	תִּלְעַג	לְעַג
רבים	לוֹעֲגִים	את	לָעַגְתְּ	תִּלְעֲגִי	לַעֲגִי
רבות	לוֹעֲגוֹת	הוא	לָעַג	יִלְעַג	
		היא	לָעֲגָה	תִּלְעַג	

ציווי Imper.	עתיד Future	עבר Past		הווה Present
	נִלְעַג	לָעַגְנוּ	אנחנו	
לַעֲגוּ ***	תִּלְעֲגוּ **	לְעַגְתֶּם/ן *	אתם/ן	
	יִלְעֲגוּ **	לָעֲגוּ	הם/ן	

שם הפועל .Infin לִלְעוֹג

מקור מוחלט .Inf. Abs לָעוֹג

מ״י מוצרכת .Gov. Prep לָעַג ל- mock at

מקור נטוי .Inf.+pron בְּלוֹעֲגוֹ, כְּ...

* Colloquial: לָעַגְתֶּם/ן

** less commonly: אתן/הן תִּלְעַגְנָה

*** less commonly: (אתן) לְעַגְנָה

♦ **דוגמאות** Illustrations

ילדים יכולים להיות אכזריים מאוד – במיוחד כאשר הם **לוֹעֲגִים** לילד נכה.

Children can be very cruel – particularly when they **ridicule** a disabled child.

♦ **ביטויים מיוחדים** Special expressions

לוֹעֵג לרש revel at someone's misfortune

● לקח: לָקַחַת, לְהִילָּקַח

לָקַח/לוֹקֵחַ/יִקַּח take; buy (lit.)

בניין: פָּעַל גזרה: כמו פ״נ + ל״ג

ציווי .Imp	עתיד .Fut	עבר Past		הווה/בינוני .Pres./Part	
	אֶקַּח	לָקַחְתִּי	אני	לוֹקֵחַ לָקוּחַ	יחיד
קַח	תִּקַּח	לָקַחְתָּ	אתה	לוֹקַחַת לְקוּחָה	יחידה
קְחִי	תִּקְחִי	לָקַחְתְּ/...חַת	את	לוֹקְחִים לְקוּחִים	רבים
	יִקַּח	לָקַח	הוא	לוֹקְחוֹת לְקוּחוֹת	רבות
	תִּקַּח	לָקְחָה	היא		
	נִקַּח	לָקַחְנוּ	אנחנו		
קְחוּ ***	תִּקְחוּ **	לְקַחְתֶּם/ן *	אתם/ן		
	יִקְחוּ **	לָקְחוּ	הם/ן		

שם הפועל .Infin לָקַחַת

שם הפעולה Verbal N לְקִיחָה taking

מקור מוחלט .Inf. Abs לָקוֹחַ

מקור נטוי .Inf.+pron בְּקַחְתּוֹ, כְּ...

* Colloquial: לָקַחְתֶּם/ן

** less commonly: אתן/הן תִּקַּחְנָה

*** less commonly: (אתן) קַחְנָה

נִלְקַח/יִילָּקַח (יִלָּקַח) be taken

בניין: נִפְעַל גזרה: שלמים + ל״ג

ציווי .Imper	עתיד Future	עבר Past		הווה Present	
	אֶלָּקַח/...קֵחַ	נִלְקַחְתִּי	אני	נִלְקָח	יחיד
הִילָּקַח/..קֵחַ	תִּילָּקַח/...קֵחַ	נִלְקַחְתָּ	אתה	נִלְקַחַת	יחידה
הִילָּקְחִי	תִּילָּקְחִי	נִלְקַחְתְּ/...חַת	את	נִלְקָחִים	רבים
	יִילָּקַח/...קֵחַ	נִלְקַח	הוא	נִלְקָחוֹת	רבות
	תִּילָּקַח/...קֵחַ	נִלְקְחָה	היא		
	נִילָּקַח/...קֵחַ	נִלְקַחְנוּ	אנחנו		
הִילָּקְחוּ **	תִּילָּקְחוּ *	נִלְקַחְתֶּם/ן	אתם/ן		
	יִילָּקְחוּ *	נִלְקְחוּ	הם/ן		

שם הפועל .Infin לְהִילָּקַח   less commonly *: אתן/הן תִּילָּקַחְנָה
מקור מוחלט .Inf. Abs נִלְקוֹחַ, הִילָּקֵחַ   less commonly **: (אתן) הִילָּקַחְנָה

♦ **פעלים פחות שכיחים מאותו שורש** Less frequent verbs from the same root
הִתְלַקַּח (הִתְלַקֵּחַ) catch fire; flare up (quarrel) (מִתְלַקֵּחַ, יִתְלַקַּח/...קֵּחַ, לְהִתְלַקֵּחַ)

♦ **דוגמאות** Illustrations
האש **הִתְלַקְּחָה** והתפשטה במהירות הבזק. מיכאל **לָקַח** מה שמצא בטווח יד, ונמלט מן המשרד. כל מה שלא **נִלְקַח** באותן שניות עלה בלהבות.
The fire **flared up** and spread with lightning speed. Michael **took** whatever he found within his arms' reach, and fled out of the office. Whatever **was** not **taken** in those seconds went up in flames.

♦ **ביטויים מיוחדים** Special expressions
לָקַח חלק ב- **take** part in   **לָקַח** אישה **take** a wife, marry (lit.)
לָקוּחַ מן **taken** from (in sense of lifted, borrowed, quoted)   **לָקוֹחַ** client
"ה**לָקוֹחַ** תמיד צודק". "The customer is always right."
הִתְלַקְּחָה מריבה a quarrel **flared up**

●מאס : לְהִימָּאֵס

נִמְאַס/יִימָּאֵס (יִמָּאֵס) become boring, be repulsive; be fed up with, be sick and tired of (coll.)

בניין : נִפְעַל   גזרה : שלמים + ע״ג

	Present הווה		Past עבר	Future עתיד	Imper. ציווי
יחיד	נִמְאָס	אני	נִמְאַסְתִּי	אֶמָּאֵס	
יחידה	נִמְאֶסֶת	אתה	נִמְאַסְתָּ	תִּימָּאֵס	הִימָּאֵס
רבים	נִמְאָסִים	את	נִמְאַסְתְּ	תִּימָּאֲסִי	הִימָּאֲסִי
רבות	נִמְאָסוֹת	הוא	נִמְאַס	יִימָּאֵס	
		היא	נִמְאֲסָה	תִּימָּאֵס	
		אנחנו	נִמְאַסְנוּ	נִימָּאֵס	
		אתם/ן	נִמְאַסְתֶּם/ן	* תִּימָּאֲסוּ	** הִימָּאֲסוּ
		הם/ן	נִמְאֲסוּ	* יִימָּאֲסוּ	

שם הפועל .Infin לְהִימָּאֵס   less commonly *: אתן/הן תִּימָּאַסְנָה
מקור מוחלט .Inf. Abs נִמְאוֹס, הִימָּאֵס   less commonly **: (אתן) הִימָּאַסְנָה
שם הפעולה Ver. N הִימָּאֲסוּת becoming repulsive, loathsome
מ״י מוצ׳ .Gov. Prep נִמְאַס ל- one is sick and tired (liter. it is sickening to me, to him...)

♦ **פעלים פחות שכיחים מאותו שורש** Less frequent verbs from the same root
מָאַס ב- despise, detest (מוֹאֵס, יִמְאַס, לִמְאוֹס) ; בינוני .Pres. Part מָאוּס disgusting
הוּמְאַס be caused to be disgusted (מוּמְאָס, יוּמְאַס)
הִמְאִיס cause loathing (בינוני .Pres. Part מַמְאִיס disgusting, יַמְאִיס, לְהַמְאִיס)

♦ **דוגמאות** Illustrations

מורה גרוע עלול **לְהַמְאִיס** מקצוע עד כדי כך, שתלמיד שיכול היה לאהוב את הנושא נרתע מלחזור אליו אי פעם בעתיד, מכיוון שכל כך **נִמְאֲסוּ** עליו שיעוריו של אותו מורה.

A bad teacher may **cause** a student **to loathe** a subject so much that one who could have otherwise loved the subject is reluctant to get back to it any time in the future, since he **was** so **sick of** the classes of that teacher.

●מדד : לְהִתְמוֹדֵד, לִמְדּוֹד, לְהִימַּדֵד

הִתְמוֹדֵד/הִתְמוֹדַד compete with, measure oneself against, tackle; stretch oneself out (lit.)

בניין : הִתְפַּעֵל   גזרה : כפולים

	הווה Present		עבר Past	עתיד Future	ציווי Imper.
יחיד	מִתְמוֹדֵד	אני	הִתְמוֹדַדְתִּי	אֶתְמוֹדֵד	
יחידה	מִתְמוֹדֶדֶת	אתה	הִתְמוֹדַדְתָּ	תִּתְמוֹדֵד	הִתְמוֹדֵד
רבים	מִתְמוֹדְדִים	את	הִתְמוֹדַדְתְּ	תִּתְמוֹדְדִי	הִתְמוֹדְדִי
רבות	מִתְמוֹדְדוֹת	הוא	הִתְמוֹדֵד	יִתְמוֹדֵד	
		היא	הִתְמוֹדְדָה	תִּתְמוֹדֵד	
		אנחנו	הִתְמוֹדַדְנוּ	נִתְמוֹדֵד	
		אתםץ	הִתְמוֹדַדְתֶּםץ	תִּתְמוֹדְדוּ *	הִתְמוֹדְדוּ **
		הםץ	הִתְמוֹדְדוּ	יִתְמוֹדְדוּ *	

* less commonly: אתןץהן תִּתְמוֹדֵדְנָה

שם הפועל .Infin לְהִתְמוֹדֵד   ** less commonly: (אתן) הִתְמוֹדֵדְנָה

שם הפעולה Verbal N הִתְמוֹדְדוּת competing, rivalry; stretching oneself out

מקור מוחלט .Inf. Abs הִתְמוֹדֵד

מ״י מוצרכת .Gov. Prep הִתְמוֹדֵד עם... על... compete with... on...

מָדַד/מוֹדֵד/יִמְדּוֹד (יִמְדֹּד) measure, survey

בניין : פָּעַל   גזרה : שלמים (אֶפְעוֹל)

	הווה/בינוני .Pres./Part			עבר Past	עתיד .Fut	ציווי .Imp
יחיד	מוֹדֵד	מָדוּד	אני	מָדַדְתִּי	אֶמְדּוֹד	
יחידה	מוֹדֶדֶת	מְדוּדָה	אתה	מָדַדְתָּ	תִּמְדּוֹד	מְדוֹד
רבים	מוֹדְדִים	מְדוּדִים	את	מָדַדְתְּ	תִּמְדְּדִי	מִדְדִי
רבות	מוֹדְדוֹת	מְדוּדוֹת	הוא	מָדַד	יִמְדּוֹד	
			היא	מָדְדָה	תִּמְדּוֹד	
			אנחנו	מָדַדְנוּ	נִמְדּוֹד	
			אתםץ	מְדַדְתֶּםץ *	תִּמְדְּדוּ **	מִדְדוּ ***
			הםץ	מָדְדוּ	יִמְדְּדוּ **	

שם הפועל .Infin לִמְדּוֹד   * Colloquial: מָדַדְתֶּםץ

ביני פעיל .Act. Par מוֹדֵד surveyor   ** less commonly: אתןץהן תִּמְדּוֹדְנָה

ביני סביל .Pass. Part מָדוּד measured   *** less commonly: (אתן) מְדוֹדְנָה

קָטִיל .CaCiC adj./N מָדִיד measurable   מקור נטוי .Inf.+pron בְּמוֹדְדוֹ, כְּ...

שם הפעולה Verbal N מְדִידָה measuring ; מִידָּה measure

מקור מוחלט Inf. Abs. מָדוֹד

Note: in classical Hebrew, מָדַד follows the כפולים conj.: ...מַדּוֹתִי, מַדּוֹתָ (see "חגג" above).

נִמְדַּד/יִימָּדֵד (יִמָּדֵד) be measured, be surveyed

בניין : נִפְעַל גזרה : שלמים

	Present הווה		Past עבר	Future עתיד	Imper. ציווי
יחיד	נִמְדָּד	אני	נִמְדַּדְתִּי	אֶמָּדֵד	
יחידה	נִמְדֶּדֶת	אתה	נִמְדַּדְתָּ	תִּימָּדֵד	הִימָּדֵד
רבים	נִמְדָּדִים	את	נִמְדַּדְתְּ	תִּימָּדְדִי	הִימָּדְדִי
רבות	נִמְדָּדוֹת	הוא	נִמְדַּד	יִימָּדֵד	
		היא	נִמְדְּדָה	תִּימָּדֵד	
		אנחנו	נִמְדַּדְנוּ	נִימָּדֵד	
		אתם/ן	נִמְדַּדְתֶּם/ן	תִּימָּדְדוּ *	הִימָּדְדוּ **
		הם/ן	נִמְדְּדוּ	יִימָּדְדוּ *	

שם הפועל Infin. לְהִימָּדֵד — less commonly: * אתן/הן תִּימָּדַדְנָה

מקור מוחלט Inf. Abs. נִמְדּוֹד, הִימָּדֵד/...דוֹד — less commonly: ** (אתן) הִימָּדַדְנָה

♦ דוגמאות Illustrations

יצחק **מִתְמוֹדֵד** עם שמעון על ראשות המפלגה. הפופולריות של כל אחד מהם **נִמְדְּדָה** במספר סקרים, אבל יש הטוענים שסקרים כאלה אינם **מוֹדְדִים** דעת קהל באופן מהימן.

Yitzhak **competes** with Shim'on on the leadership of the party. The popularity of each one of them **was measured** by a number of surveys, but some claim that such surveys do not **measure** public opinion in a reliable manner.

♦ ביטויים מיוחדים Special expressions

במידה שאדם **מוֹדֵד**, **מוֹדְדִים** לו — one should expect to be treated the same way one treats others

שקול **וּמָדוּד** — well-considered

●מהר : לְמַהֵר

מִיהֵר (מִהֵר)/מִיהַר/מַהֵר hurry, rush; be fast (clock)

בניין : פִּיעֵל גזרה : שלמים + ע״ג

	Present הווה		Past עבר	Future עתיד	Imper. ציווי
יחיד	מְמַהֵר	אני	מִיהַרְתִּי	אֲמַהֵר	
יחידה	מְמַהֶרֶת	אתה	מִיהַרְתָּ	תְּמַהֵר	מַהֵר
רבים	מְמַהֲרִים	את	מִיהַרְתְּ	תְּמַהֲרִי	מַהֲרִי
רבות	מְמַהֲרוֹת	הוא	מִיהֵר (מִיהַר)	יְמַהֵר	
		היא	מִיהֲרָה	תְּמַהֵר	
		אנחנו	מִיהַרְנוּ	נְמַהֵר	
		אתם/ן	מִיהַרְתֶּם/ן	תְּמַהֲרוּ *	מַהֲרוּ **
		הם/ן	מִיהֲרוּ	יְמַהֲרוּ *	

שם הפועל Infin. לְמַהֵר — less commonly: * אתן/הן תְּמַהֵרְנָה

מקור מוחלט Inf. Abs. מַהֵר — less commonly: ** (אתן) מַהֵרְנָה

♦ פעלים פחות שכיחים מאותו שורש Less frequent verbs from the same root

נִמְהַר be hasty < בינוני Pres. Part. נִמְהָר rash

♦ דוגמאות Illustrations

אני מצטער, אני **מְמַהֵר** מאוד ; אין לי זמן לדבר עכשיו.

I am sorry, I am **in a** great **hurry**; I have no time to talk now.

♦ ביטויים מיוחדים Special expressions

יום מר **ונִמְהָר** a fateful day (bitter and sudden)

●מוט : לְהִתְמוֹטֵט, לְמוֹטֵט

הִתְמוֹטֵט/הִתְמוֹטַט break down, collapse, be totally exhausted (coll.)

בניין : הִתְפַּעֵל גזרה : ע״ו (ל״ל)

	Present הווה		Past עבר	Future עתיד	Imper. ציווי
יחיד	מִתְמוֹטֵט	אני	הִתְמוֹטַטְתִּי	אֶתְמוֹטֵט	
יחידה	מִתְמוֹטֶטֶת	אתה	הִתְמוֹטַטְתָּ	תִּתְמוֹטֵט	הִתְמוֹטֵט
רבים	מִתְמוֹטְטִים	את	הִתְמוֹטַטְתְּ	תִּתְמוֹטְטִי	הִתְמוֹטְטִי
רבות	מִתְמוֹטְטוֹת	הוא	הִתְמוֹטֵט	יִתְמוֹטֵט	
		היא	הִתְמוֹטְטָה	תִּתְמוֹטֵט	
		אנחנו	הִתְמוֹטַטְנוּ	נִתְמוֹטֵט	
		אתם/ן	הִתְמוֹטַטְתֶּם/ן	תִּתְמוֹטְטוּ *	הִתְמוֹטְטוּ **
		הם/ן	הִתְמוֹטְטוּ	יִתְמוֹטְטוּ *	

שם הפועל .Infin לְהִתְמוֹטֵט   * less commonly: אתן/הן תִּתְמוֹטֵטְנָה

שם הפעולה Verbal N הִתְמוֹטְטוּת collapse   ** less commonly: (אתן) הִתְמוֹטֵטְנָה

מקור מוחלט .Inf. Abs הִתְמוֹטֵט

מוֹטֵט/מוֹטַט knock over, cause to collapse

בניין : פִּיעֵל גזרה : ע״ו (ל״ל)

	Present הווה		Past עבר	Future עתיד	Imper. ציווי
יחיד	מְמוֹטֵט	אני	מוֹטַטְתִּי	אֲמוֹטֵט	
יחידה	מְמוֹטֶטֶת	אתה	מוֹטַטְתָּ	תְּמוֹטֵט	מוֹטֵט
רבים	מְמוֹטְטִים	את	מוֹטַטְתְּ	תְּמוֹטְטִי	מוֹטְטִי
רבות	מְמוֹטְטוֹת	הוא	מוֹטֵט	יְמוֹטֵט	
		היא	מוֹטְטָה	תְּמוֹטֵט	
		אנחנו	מוֹטַטְנוּ	נְמוֹטֵט	
		אתם/ן	מוֹטַטְתֶּם/ן	תְּמוֹטְטוּ *	מוֹטְטוּ **
		הם/ן	מוֹטְטוּ	יְמוֹטְטוּ *	

* less commonly: אתן/הן תְּמוֹטֵטְנָה

שם הפועל .Infin לְמוֹטֵט   ** less commonly: (אתן) מוֹטֵטְנָה

שם הפעולה Verbal N מִיטוּט knocking over   מקור מוחלט .Inf. Abs מוֹטֵט

♦ פעלים פחות שכיחים מאותו שורש Less frequent verbs from the same root

הֵמִיט fell, bring down (lit.) (מֵמִיט, יָמִיט, לְהָמִיט)

הוּמַט be brought down (lit.) (מוּמָט, יוּמַט)

♦ **דוגמאות** Illustrations

בעזרת עדות חותכת וחד-משמעית הצליח פרופ׳ ראובני **לְמוֹטֵט** את כל טיעוניו של פרופ׳ שמעוני. התיאוריה כולה **הִתְמוֹטְטָה** כבניין קלפים.

With clear, unambiguous evidence, Prof. Reuveni managed to **knock down** all of Prof. Shim'oni's arguments. The whole theory **collapsed** like a house of cards.

♦ **ביטויים מיוחדים** Special expressions

הֵמִית אסון/שואה על bring about a disaster upon   **מֵת** ליפול about to fall

● מות : לָמוּת, לְהָמִית

מֵת/מֵת/יָמוּת die

בניין : פָּעַל   גזרה : ע״ו + ל״ת

	הווה Present		עבר Past	עתיד Future	ציווי Imper.
יחיד	מֵת	אני	מַתִּי	אָמוּת	
יחידה	מֵתָה	אתה	מַתָּ	תָּמוּת	מוּת
רבים	מֵתִים	את	מַתְּ	תָּמוּתִי	מוּתִי
רבות	מֵתוֹת	הוא	מֵת	יָמוּת	
		היא	מֵתָה	תָּמוּת	
		אנחנו	מַתְנוּ	נָמוּת	
		אתם/ן	מַתֶּם/ן	תָּמוּתוּ *	מוּתוּ **
		הם/ן	מֵתוּ	יָמוּתוּ *	

בד״כ בדיבור : מַתְתִי, מַתְתָ... בפיצול הרצף ״תת״ על ידי שווא נע.

Often in speech: ......מַתְתִי, מַתְתָ with the "tt" sequence split by a *shva*.

שם הפועל .Infin לָמוּת   * less commonly: אתן/הן תָּמוֹתְנָה

שם הפעולה Verbal N מִיתָה dying; death   ** less commonly: (אתן) מוֹתְנָה

בינוני .Pres. Part מֵת dead; corpse; dead thing

מקור מוחלט .Inf. Abs מוֹת   מקור נטוי .Inf.+pron בְּמוֹתוֹ, כְּ...

הֵמִית/הֵמַת/יָמִית put to death, kill, cause to die

בניין : הִפְעִיל   גזרה : ע״ו + ל״ת

	הווה Present		עבר Past	עתיד Future	ציווי Imper.
יחיד	מֵמִית	אני	הֵמַתִּי	אָמִית	
יחידה	מְמִיתָה	אתה	הֵמַתָּ	תָּמִית	הָמֵת
רבים	מְמִיתִים	את	הֵמַתְּ	תָּמִיתִי	הָמִיתִי
רבות	מְמִיתוֹת	הוא	הֵמִית	יָמִית	
		היא	הֵמִיתָה	תָּמִית	
		אנחנו	הֵמַתְנוּ	נָמִית	
		אתם/ן	הֵמַתֶּם/ן *	תָּמִיתוּ **	הָמִיתוּ ***
		הם/ן	הֵמִיתוּ	יָמִיתוּ **	

בד״כ בדיבור : הֵמַתְתִי, הֵמַתְתָ... בפיצול הרצף ״תת״ על ידי שווא נע.

Often in speech: ...הֵמַתְתִי, הֵמַתְתָ with the "tt" sequence split by a *shva*.

שם הפועל .Infin לְהָמִית   * formal: הֲמַתֶּם/ן

מקור מוחלט .Inf. Abs הָמֵת   ** less commonly: אתן/הן תְּמֵתְנָה

ש׳ הפעו׳ Ver. N הֲמָתָה killing   *** less commonly: (אתן) הָמֵתְנָה

♦ **פעלים פחות שכיחים מאותו שורש** Less frequent verbs from the same root

הוּמַת be put to death, be killed (מוּמָת, יוּמַת)

♦ **דוגמאות** Illustrations

המגיפה הזאת כבר **הֵמִיתָה** מאות אלפי אנשים, ואין יודעים כמה עוד **יָמוּתוּ** לפני שתימָצא לה תרופה.

This plague has already **caused** hundreds of thousands of people **to die**, and nobody knows how many more **will die** before a cure for it is discovered.

אף פושע אחד לא **הוּמַת** בתקופת כהונתו של המושל הקודם, שלא האמין בעונש מוות.

Not a single criminal **was** ever **put to death** during the term of the previous governor, who did not believe in capital punishment.

♦ **ביטויים מיוחדים** Special expressions

מֵת בלא עיתו/בטרם זמנו/ בדמי ימיו **die** prematurely, before one's time

מֵת לבו בקרבו become scared **מֵת** ל- / אחרי/על very desirous of (coll.)

תָּמוּת נפשי עם פלישתים! suicide call of avenge **הֵמִית** עצמו על sacrifice his life for

תחיית **הַמֵּתִים** resurrection עני חשוב **כְּמֵת** poverty is as bad as death

מֵתֵי מדבר those who **died** in the wilderness, without having reached the Promised Land

מִיתָה משונה unnatural **death** **מִיתַת** נשיקה painless **death**

אחרי **מוֹת** קדושים אמור praising people only after they **die** (based on clever use of the names and sequential order of three portions in Leviticus)

●מזג : לְהִתְמַזֵּג

הִתְמַזֵּג/הִתְמַזַּג merge, blend in, become combined

בניין : הִתְפַּעֵל גזרה : שלמים

	Present הווה		Past עבר	Future עתיד	Imper. ציווי
יחיד	מִתְמַזֵּג	אני	הִתְמַזַּגְתִּי	אֶתְמַזֵּג	
יחידה	מִתְמַזֶּגֶת	אתה	הִתְמַזַּגְתָּ	תִּתְמַזֵּג	הִתְמַזֵּג
רבים	מִתְמַזְּגִים	את	הִתְמַזַּגְתְּ	תִּתְמַזְּגִי	הִתְמַזְּגִי
רבות	מִתְמַזְּגוֹת	הוא	הִתְמַזֵּג	יִתְמַזֵּג	
		היא	הִתְמַזְּגָה	תִּתְמַזֵּג	
		אנחנו	הִתְמַזַּגְנוּ	נִתְמַזֵּג	
		אתם/ן	הִתְמַזַּגְתֶּם/ן	* תִּתְמַזְּגוּ	** הִתְמַזְּגוּ
		הם/ן	הִתְמַזְּגוּ	* יִתְמַזְּגוּ	

שם הפועל .Infin לְהִתְמַזֵּג * less commonly: אתן/הן תִּתְמַזֵּגְנָה

מקור מוחלט .Inf. Abs הִתְמַזֵּג ** less commonly: (אתן) הִתְמַזֵּגְנָה

שם הפעולה Verbal N הִתְמַזְּגוּת merging, blending in

♦ **פעלים פחות שכיחים מאותו שורש** Less frequent verbs from the same root

מִיזֵג merge (tr.); air-condition V (מְמַזֵּג, יְמַזֵּג, לְמַזֵּג)

מוּזַג be merged < ביני' סביל Pass. Part. מְמוּזָּג air-conditioned; temperate; merged

♦ דוגמאות Illustrations

החברבורות בעורן של חיות מסוימות (נמר, זברה וכד׳) מאפשרות להן **לְהִתְמַזֵּג** בסביבתן מבלי שחיות אחרות יבחינו בהן.

The stripes on the skin of certain animals (tigers, zebras, etc.) enables them **to blend in** in their environment without other animals noticing them.

●מחה (מחי) : לִמְחוֹת

מָחָה/מוֹחֶה/יִמְחֶה protest, object; erase, obliterate

בניין : פָּעַל גזרה : ל״י

	Present הווה		Past עבר	Future עתיד	Imper. ציווי
יחיד	מוֹחֶה	אני	מָחִיתִי	אֶמְחֶה	
יחידה	מוֹחָה	אתה	מָחִיתָ	תִּמְחֶה	מְחֵה
רבים	מוֹחִים	את	מָחִית	תִּמְחִי	מְחִי
רבות	מוֹחוֹת	הוא	מָחָה	יִמְחֶה	
		היא	מָחֲתָה *	תִּמְחֶה	
		אנחנו	מָחִינוּ	נִמְחֶה	
		אתם/ן	מְחִיתֶם/ן **	תִּמְחוּ ***	מְחוּ ****
		הם/ן	מָחוּ	יִמְחוּ ***	

שם הפועל .Infin לִמְחוֹת

* Colloquial: מָחְתָה

בינוני .Pres. Part מוֹחֶה protestor

** Colloquial: מָחִיתֶם/ן

מקור מוחלט .Inf. Abs מָחֹה

*** less commonly: תִּמְחֶינָה

מקור נטוי .Inf.+pron בִּמְחוֹתוֹ, כְּ...

**** less commonly: מְחֶינָה

♦ פעלים פחות שכיחים מאותו שורש Less frequent verbs from the same root

נִמְחָה be erased (נִמְחֶה, יִימָּחֶה, לְהִמָּחוֹת)

♦ דוגמאות Illustrations

קשה יהיה לי **לִמְחוֹת** את הרושם הקשה שעשה עליי נאומו האחרון של ראש הממשלה.

It will be difficult for me to **erase** the devastating effect on me of the prime minister's latest speech.

●מחזר (מן מַחְזוֹר cycle) : לְמַחְזֵר

מִחְזֵר/מְחְזַר/מַחְזֵר recycle

בניין : פִּיעֵל גזרה : מרובעים

	Present הווה		Past עבר	Future עתיד	Imper. ציווי
יחיד	מְמַחְזֵר	אני	מִחְזַרְתִּי	אֲמַחְזֵר	
יחידה	מְמַחְזֶרֶת	אתה	מִחְזַרְתָּ	תְּמַחְזֵר	מַחְזֵר
רבים	מְמַחְזְרִים	את	מִחְזַרְתְּ	תְּמַחְזְרִי	מַחְזְרִי
רבות	מְמַחְזְרוֹת	הוא	מִחְזֵר	יְמַחְזֵר	
		היא	מִחְזְרָה	תְּמַחְזֵר	
		אנחנו	מִחְזַרְנוּ	נְמַחְזֵר	

Present הווה		Past עבר	Future עתיד	Imper. ציווי
	אתם/ן	מִחְזַרְתֶּם/ן	תְּמַחְזְרוּ *	מַחְזְרוּ **
	הם/ן	מִחְזְרוּ	יְמַחְזְרוּ *	

שם הפועל .Infin לְמַחְזֵר   * less commonly: אתן/הן תְּמַחְזֵרְנָה

ש׳ הפעולה Verbal N מִחְזוּר recycling   ** less commonly: (אתן) מַחְזֵרְנָה

מקור מוחלט .Inf. Abs מַחְזֵר

♦ **פעלים פחות שכיחים מאותו שורש** Less frequent verbs from the same root

מוּחְזַר be recycled (מְמוּחְזָר, יְמוּחְזַר, בינוני פעול .Pass. Part מְמוּחְזָר recycled)

♦ **דוגמאות** Illustrations

אנשים לא מעטים בערים הגדולות בארה״ב מתפרנסים מאיסוף בקבוקים ופחיות שתיה שהתושבים מוציאים החוצה **למִחזור**.

A good number of people in the large cities in the U.S. make their livelihood from collecting bottles and soda cans that residents put out for **recycling**.

●מחק : לִמְחוֹק, לְהִימָּחֵק

מָחַק/מוֹחֵק/יִמְחַק erase, delete; blot out

בניין : פָּעַל   גזרה : שלמים (אֶפְעַל) + ע״ג

	Pres./Part. הווה/בינוני			Past עבר	Fut. עתיד	Imp. ציווי
יחיד	מוֹחֵק	מָחוּק	אני	מָחַקְתִּי	אֶמְחַק	
יחידה	מוֹחֶקֶת	מְחוּקָה	אתה	מָחַקְתָּ	תִּמְחַק	מְחַק
רבים	מוֹחֲקִים	מְחוּקִים	את	מָחַקְתְּ	תִּמְחֲקִי	מַחֲקִי
רבות	מוֹחֲקוֹת	מְחוּקוֹת	הוא	מָחַק	יִמְחַק	
			היא	מָחֲקָה	תִּמְחַק	
			אנחנו	מָחַקְנוּ	נִמְחַק	
			אתם/ן	מְחַקְתֶּם/ן *	תִּמְחֲקוּ **	מַחֲקוּ ***
			הם/ן	מָחֲקוּ	יִמְחֲקוּ **	

שם הפועל .Infin לִמְחוֹק   * Colloquial: מָחַקְתֶּם/ן

מקור מוחלט .Inf. Abs מָחוֹק   ** less commonly: אתן/הן תִּמְחַקְנָה

ביני פעיל .Act. Part מוֹחֵק eraser (coll. only)   *** less commonly: (אתן) מְחַקְנָה

מַחַק in standard Hebrew

ש׳ הפעו׳ Verbal N מְחִיקָה erasing; erasure   מקור נטוי .Inf.+pron בְּמוֹחְקוֹ, כְּ...

נִמְחַק/יִימָּחֵק (יִמָּחֵק) be erased, be deleted

בניין : נִפְעַל   גזרה : שלמים + ע״ג

	Present הווה		Past עבר	Future עתיד	Imper. ציווי
יחיד	נִמְחָק	אני	נִמְחַקְתִּי	אֶמָּחֵק	
יחידה	נִמְחֶקֶת	אתה	נִמְחַקְתָּ	תִּימָּחֵק	הִימָּחֵק
רבים	נִמְחָקִים	את	נִמְחַקְתְּ	תִּימָּחֲקִי	הִימָּחֲקִי
רבות	נִמְחָקוֹת	הוא	נִמְחַק	יִימָּחֵק	
		היא	נִמְחֲקָה	תִּימָּחֵק	
		אנחנו	נִמְחַקְנוּ	נִימָּחֵק	

Imper. ציווי	Future עתיד	Past עבר		Present הווה
הִימָּחֲקוּ **	תִּימָּחֲקוּ *	נִמְחַקְתֶּם/ן	אתם/ן	
	יִימָּחֲקוּ *	נִמְחֲקוּ	הם/ן	

שם הפועל .Infin לְהִימָּחֵק   * less commonly: אתן/הן תִּימָּחַקְנָה

מקור מוחלט .Inf. Abs הִימָּחֵק, נִמְחוֹק   ** less commonly: (אתן) הִימָּחַקְנָה

שם הפעולה Verbal N הִימָּחֲקוּת being chosen/elected

♦ דוגמאות Illustrations

לכל מדינה בעולם יש פרקים בעייתיים בהיסטוריה שלה שמנהיגיה ואזרחיה היו מעדיפים **למחוק**.

Each state in the world has some problematic chapters in its history that its leaders as well as its citizens would have liked **to erase**.

לפני שהתרחב השימוש במחשב האישי, מוצאים בכתבי היד של סופרים רבים מספר גדול של מילים ש**נִמְחֲקוּ** ומילים אחרות שנכתבו מעליהן.

In the pre-PC era, one finds in the manuscripts of many authors a large number of words that **were erased** and new ones that were inserted above them.

●מחש (מן מוּחָשׁ tangible) : לְהַמְחִישׁ

הִמְחִישׁ/הִמְחַשׁ/יַמְחִישׁ illustrate, demonstrate, show, make tangible

בניין : הִפְעִיל   גזרה : שלמים

Imper. ציווי	Future עתיד	Past עבר		Present הווה	
	אַמְחִישׁ	הִמְחַשְׁתִּי	אני	מַמְחִישׁ	יחיד
הַמְחֵשׁ	תַּמְחִישׁ	הִמְחַשְׁתָּ	אתה	מַמְחִישָׁה	יחידה
הַמְחִישִׁי	תַּמְחִישִׁי	הִמְחַשְׁתְּ	את	מַמְחִישִׁים	רבים
	יַמְחִישׁ	הִמְחִישׁ	הוא	מַמְחִישׁוֹת	רבות
	תַּמְחִישׁ	הִמְחִישָׁה	היא		
	נַמְחִישׁ	הִמְחַשְׁנוּ	אנחנו		
הַמְחִישׁוּ **	תַּמְחִישׁוּ *	הִמְחַשְׁתֶּם/ן	אתם/ן		
	יַמְחִישׁוּ *	הִמְחִישׁוּ	הם/ן		

שם הפועל .Infin לְהַמְחִישׁ   * less commonly: אתן/הן תַּמְחֵשְׁנָה

מקור מוחלט .Inf. Abs הַמְחֵשׁ   ** less commonly: (אתן) הַמְחֵשְׁנָה

שם הפעולה Verbal N הַמְחָשָׁה illustration, demonstration

♦ דוגמאות Illustrations

כאשר מרצה מציג רעיונות מופשטים, חשוב מאוד ש**יַמְחִישׁ** את המושגים ואת הטענות עם דוגמאות מוחשיות.

When a lecturer presents abstract ideas/notions, it is important for him/her **to illustrate and concretize** the claims made with concrete examples.

●מחשב (מן מַחְשֵׁב computer) : לְמַחְשֵׁב

מִחְשֵׁב/מִחְשַׁב/מַחְשֵׁב computerize

בניין : פִּיעֵל גזרה : מרובעים

	Present הווה		Past עבר	Future עתיד	Imper. ציווי
יחיד	מְמַחְשֵׁב	אני	מִחְשַׁבְתִּי	אֲמַחְשֵׁב	
יחידה	מְמַחְשֶׁבֶת	אתה	מִחְשַׁבְתָּ	תְּמַחְשֵׁב	מַחְשֵׁב
רבים	מְמַחְשְׁבִים	את	מִחְשַׁבְתְּ	תְּמַחְשְׁבִי	מַחְשְׁבִי
רבות	מְמַחְשְׁבוֹת	הוא	מִחְשֵׁב	יְמַחְשֵׁב	
		היא	מִחְשְׁבָה	תְּמַחְשֵׁב	
		אנחנו	מִחְשַׁבְנוּ	נְמַחְשֵׁב	
		אתם/ן	מִחְשַׁבְתֶּם/ן	תְּמַחְשְׁבוּ *	מַחְשְׁבוּ **
		הם/ן	מִחְשְׁבוּ	יְמַחְשְׁבוּ *	

שם הפועל .Infin לְמַחְשֵׁב — * less commonly: אתן/הן תְּמַחְשֵׁבְנָה

ש׳ הפעולה Verbal N מִחְשׁוּב computerization — ** less commonly: (אתן) מַחְשֵׁבְנָה

מקור מוחלט .Inf. Abs מַחְשֵׁב

♦ פעלים פחות שכיחים מאותו שורש Less frequent verbs from the same root

מוּחְשַׁב be computerized (בינוני פעול .Pass. Part מְמוּחְשָׁב computerized, יְמוּחְשַׁב)

♦ דוגמאות Illustrations

תרומתו הגדולה של אלון לחברה שהוא עומד בראשה הוא בכך שכבר לפני שנים רבות הבין שלאור התפתחות הטכנולוגיה, עליו **לְמַחְשֵׁב** את כל פעולותיה : בייצור, במשרד, בשיווק...

Allon's major contribution to the company he heads is that many years ago he understood that in view of the development of technology, he must **computerize** all of its operations: in production, at the office, in marketing…

●מין (מן מִין type, kind) : לְמַיֵּן

מִיֵּן (מִיֵּן)/מִיַּנ/מַיֵּן sort

בניין : פִּיעֵל גזרה : ל״נ

	Present הווה		Past עבר	Future עתיד	Imper. ציווי
יחיד	מְמַיֵּן	אני	מִיַּנְתִּי	אֲמַיֵּן	
יחידה	מְמַיֶּנֶת	אתה	מִיַּנְתָּ	תְּמַיֵּן	מַיֵּן
רבים	מְמַיְּנִים	את	מִיַּנְתְּ	תְּמַיְּנִי	מַיְּנִי
רבות	מְמַיְּנוֹת	הוא	מִיֵּן	יְמַיֵּן	
		היא	מִיְּנָה	תְּמַיֵּן	
		אנחנו	מִיַּנּוּ	נְמַיֵּן	
		אתם/ן	מִיַּנְתֶּם/ן	תְּמַיְּנוּ *	מַיְּנוּ **
		הם/ן	מִיְּנוּ	יְמַיְּנוּ *	

שם הפועל .Infin לְמַיֵּן — * less commonly: אתן/הן תְּמַיֵּנָּה

מקור מוחלט .Inf. Abs מַיֵּן — ** less commonly: (אתן) מַיֵּנָּה

שם הפעולה Verbal N מִיּוּן sorting

♦ **פעלים פחות שכיחים מאותו שורש** Less frequent verbs from the same root

מוּיַּן be sorted (בינוני פעול .Pass. Part מְמוּיָּן sorted, יְמוּיַּן)

♦ **דוגמאות** Illustrations

ניתן **לְמַיֵּן** ערכים מילוניים **מִיּוּן** אלפבתי, או על פי שכיחות.

One can **sort** lexical entries alphabetically, or by frequency.

♦ **ביטויים מיוחדים** Special expressions

חדר **מִיּוּן** emergency room (at a hospital)

●מכר : לִמְכּוֹר, לְהִתְמַכֵּר, לְהִימָּכֵר

מָכַר/מוֹכֵר/יִמְכּוֹר (יִמְכֹּר) sell

בניין : פָּעַל   גזרה : שלמים (אֶפְעוֹל)

	הווה/בינוני .Pres./Part		עבר Past	עתיד .Fut	ציווי .Imp
יחיד	מוֹכֵר מָכוּר	אני	מָכַרְתִּי	אֶמְכּוֹר	
יחידה	מוֹכֶרֶת מְכוּרָה	אתה	מָכַרְתָּ	תִּמְכּוֹר	מְכוֹר
רבים	מוֹכְרִים מְכוּרִים	את	מָכַרְתְּ	תִּמְכְּרִי	מִכְרִי
רבות	מוֹכְרוֹת מְכוּרוֹת	הוא	מָכַר	יִמְכּוֹר	
		היא	מָכְרָה	תִּמְכּוֹר	
		אנחנו	מָכַרְנוּ	נִמְכּוֹר	
		אתם/ן	מְכַרְתֶּם/ן *	תִּמְכְּרוּ **	מִכְרוּ ***
		הם/ן	מָכְרוּ	יִמְכְּרוּ **	

שם הפועל .Infin לִמְכּוֹר   * Colloquial: מָכַרְתֶּם/ן

שם הפעולה Verbal N מְכִירָה selling; sale   ** less commonly: אתן/הן תִּמְכּוֹרְנָה

ביני פעיל .Act. Part מוֹכֵר seller   *** less commonly: (אתן) מְכוֹרְנָה

ביני סביל .Pass. Part מָכוּר sold; addicted   קָטִיל .CaCiC adj./N מָכִיר sellable

מקור מוחלט .Inf. Abs מָכוֹר   מקור נטוי .Inf.+pron בְּמוֹכְרוֹ, כְּ...

הִתְמַכֵּר/הִתְמַכַּר devote oneself; become addicted

בניין : הִתְפַּעֵל   גזרה : שלמים

	הווה Present		עבר Past	עתיד Future	ציווי .Imper
יחיד	מִתְמַכֵּר	אני	הִתְמַכַּרְתִּי	אֶתְמַכֵּר	
יחידה	מִתְמַכֶּרֶת	אתה	הִתְמַכַּרְתָּ	תִּתְמַכֵּר	הִתְמַכֵּר
רבים	מִתְמַכְּרִים	את	הִתְמַכַּרְתְּ	תִּתְמַכְּרִי	הִתְמַכְּרִי
רבות	מִתְמַכְּרוֹת	הוא	הִתְמַכֵּר	יִתְמַכֵּר	
		היא	הִתְמַכְּרָה	תִּתְמַכֵּר	
		אנחנו	הִתְמַכַּרְנוּ	נִתְמַכֵּר	
		אתם/ן	הִתְמַכַּרְתֶּם/ן	תִּתְמַכְּרוּ *	הִתְמַכְּרוּ **
		הם/ן	הִתְמַכְּרוּ	יִתְמַכְּרוּ *	

שם הפועל .Infin לְהִתְמַכֵּר   * less commonly: אתן/הן תִּתְמַכֵּרְנָה

בינוני .Pres. Part מִתְמַכֵּר addict(ed)   ** less commonly: (אתן) הִתְמַכֵּרְנָה

שם הפעולה Verbal N הִתְמַכְּרוּת devotion; addiction   מקור מוחלט .Inf. Abs הִתְמַכֵּר

מ״י מוצרכת .Gov. Prep הִתְמַכֵּר ל- be devoted to; become addicted to

נִמְכַּר/יִימָּכֵר (יִמָּכֵר) be sold

בניין : נִפְעַל   גזרה : שלמים

	Present הווה		Past עבר	Future עתיד	Imper. ציווי
יחיד	נִמְכָּר	אני	נִמְכַּרְתִּי	אֶמָּכֵר	
יחידה	נִמְכֶּרֶת	אתה	נִמְכַּרְתָּ	תִּימָּכֵר	הִימָּכֵר
רבים	נִמְכָּרִים	את	נִמְכַּרְתְּ	תִּימָּכְרִי	הִימָּכְרִי
רבות	נִמְכָּרוֹת	הוא	נִמְכַּר	יִימָּכֵר	
		היא	נִמְכְּרָה	תִּימָּכֵר	
		אנחנו	נִמְכַּרְנוּ	נִימָּכֵר	
		אתם/ן	נִמְכַּרְתֶּם/ן	תִּימָּכְרוּ *	הִימָּכְרוּ **
		הם/ן	נִמְכְּרוּ	יִימָּכְרוּ *	

שם הפועל .Infin לְהִימָּכֵר   * less commonly: אתן/הן תִּימָּכַרְנָה

שם הפעולה Verbal N הִימָּכְרוּת being sold   ** less commonly: (אתן) הִימָּכַרְנָה

מקור מוחלט .Inf. Abs נִמְכּוֹר, הִימָּכֵר (הִימָּכוֹר)

♦ **דוגמאות** Illustrations

מרבית הסמים ה**נִמְכָּרִים** בארה״ב מגיעים אליה ממרכז אמריקה ומדרומה. הספקים **מוֹכְרִים** אותם לסוחרים גדולים, ואלה **מוֹכְרִים** אותם בקמעונאות לסוחרים קטנים יותר. האחרונים **מוֹכְרִים** אותם במחירים אסטרונומיים ל**מִתְמַכְּרִים** לסמים ברחוב.

Most of the drugs that **are sold** in the States reach there from Central and South America. The suppliers **sell** them to wholesale dealers, who then **sell** them in retail to smaller dealers. The latter **sell** them at astronomical prices to the drug **addicts** in the street.

●מלא : לְמַלֵּא, לְהִתְמַלֵּא

מִילֵּא (מִלֵּא)/מַלֵּא fill; fulfill (promise)

בניין : פִּיעֵל   גזרה : ל״א

	Present הווה		Past עבר	Future עתיד	Imper. ציווי
יחיד	מְמַלֵּא	אני	מִילֵּאתִי	אֲמַלֵּא	
יחידה	מְמַלֵּאת	אתה	מִילֵּאתָ	תְּמַלֵּא	מַלֵּא
רבים	מְמַלְּאִים	את	מִילֵּאת	תְּמַלְּאִי	מַלְּאִי
רבות	מְמַלְּאוֹת	הוא	מִילֵּא	יְמַלֵּא	
		היא	מִילְּאָה	תְּמַלֵּא	
		אנחנו	מִילֵּאנוּ	נְמַלֵּא	
		אתם/ן	מִילֵּאתֶם/ן	תְּמַלְּאוּ *	מַלְּאוּ **
		הם/ן	מִילְּאוּ	יְמַלְּאוּ *	

שם הפועל .Infin לְמַלֵּא   * less commonly: אתן/הן תְּמַלֶּאנָה

שם הפעולה Verbal N מִילּוּא filling (abs. N)   ** less commonly: (אתן) מַלֶּאנָה

שם הפעולה Verbal N מִילּוּי packing, stuffing, filling   מקור מוחלט .Inf. Abs מַלֵּא

מ״י מוצרכת .Gov. Prep מִילֵּא בּ- fill with

become full, fill up; be fulfilled הִתְמַלֵּא

בניין : הִתְפַּעֵל גזרה : ל״א

	הווה Present		עבר Past	עתיד Future	ציווי Imper.
יחיד	מִתְמַלֵּא	אני	הִתְמַלֵּאתִי	אֶתְמַלֵּא	
יחידה	מִתְמַלֵּאת	אתה	הִתְמַלֵּאתָ	תִּתְמַלֵּא	הִתְמַלֵּא
רבים	מִתְמַלְּאִים	את	הִתְמַלֵּאת	תִּתְמַלְּאִי	הִתְמַלְּאִי
רבות	מִתְמַלְּאוֹת	הוא	הִתְמַלֵּא	יִתְמַלֵּא	
		היא	הִתְמַלְּאָה	תִּתְמַלֵּא	
		אנחנו	הִתְמַלֵּאנוּ	נִתְמַלֵּא	
		אתם/ן	הִתְמַלֵּאתֶם/ן	תִּתְמַלְּאוּ *	הִתְמַלְּאוּ **
		הם/ן	הִתְמַלְּאוּ	יִתְמַלְּאוּ *	

שם הפועל Infin. לְהִתְמַלֵּא   * less commonly: אתן/הן תִּתְמַלֶּאנָה

מקור מוחלט Inf. Abs. הִתְמַלֵּא   ** less commonly: (אתן) הִתְמַלֶּאנָה

שם הפעולה Verbal N הִתְמַלְּאוּת filling up; fulfillment

מ״י מוצרכת Gov. Prep. הִתְמַלֵּא בְּ- fill up with

be filled; be fulfilled מוּלָּא (מֻלָּא)

בניין : פּוּעַל גזרה : ל״א

	הווה Present		עבר Past	עתיד Future
יחיד	מְמוּלָּא	אני	מוּלֵּאתִי	אֲמוּלָּא
יחידה	מְמוּלֵּאת	אתה	מוּלֵּאתָ	תְּמוּלָּא
רבים	מְמוּלָּאִים	את	מוּלֵּאת	תְּמוּלְּאִי
רבות	מְמוּלָּאוֹת	הוא	מוּלָּא	יְמוּלָּא
		היא	מוּלְּאָה	תְּמוּלָּא
		אנחנו	מוּלֵּאנוּ	נְמוּלָּא
		אתם/ן	מוּלֵּאתֶם/ן	תְּמוּלְּאוּ *
		הם/ן	מוּלְּאוּ	יְמוּלְּאוּ *

בינוני Pres. Part. מְמוּלָּא stuffed   * less commonly: אתן/הן תְּמוּלֶּאנָה

מ״י מוצרכת Gov. Prep. מוּלָּא בְּ- be filled with

♦ פעלים פחות שכיחים מאותו שורש Less frequent verbs from the same root

נִמְלָא become full; be full of (נִמְלָא, יִימָּלֵא, לְהִימָּלֵא)

מָלֵא be full (בינוני Pres. Part. מָלֵא full, יִמְלָא, לִמְלוֹא/לִמְלֹאת, שם הפעולה Verbal N מְלִיאָה plenum)

♦ דוגמאות Illustrations

אימא **מִילְּאָה** את הבטחתה והכינה לנו פילפלים **מְמוּלָּאִים** לארוחת הערב.

Mother **fulfilled** her promise and prepared for us **stuffed** peppers for dinner.

מִילֵּאתִי את המגירה בבגדים עד **שֶׁהִתְמַלְּאָה** עד אפס מקום.

I **filled** the drawer with clothes until it **filled up** to capacity.

♦ ביטויים מיוחדים Special expressions

מִילֵּא את מקומו take his place, substitute for him

מִילֵּא את רצונו **fulfill** his wish

מִילֵּא את חובתו **fulfill** his obligation

מִילֵּא תפקיד **fulfill** a function

מִילּוּאִים reserve duty/soldiers

הִתְמַלֵּא כעס **fill up** with anger

הִתְמַלֵּא רחמים **fill up** with pity

מָלְאוּ לו 50 שנה he was 50 years old

אל **מָלֵא** רחמים Jewish memorial service prayer (God **Full** of Mercy)

בכסף **מָלֵא** for the **full** price

בפה **מָלֵא** expressly, with no reservation

כתיב **מָלֵא** **plene** writing

מָלֵא וגדוש **full** to the brim

מָלֵא כרימון **full** of knowledge

משרה **מְלֵאָה** a **full-time** job

●מלט : לְהִימָּלֵט

נִמְלַט/יימָּלֵט (יִמָּלֵט) escape, run away

בניין : נִפְעַל גזרה : שלמים

	הווה Present		עבר Past	עתיד Future	ציווי .Imper
יחיד	נִמְלָט	אני	נִמְלַטְתִּי	אֶמָּלֵט	
יחידה	נִמְלֶטֶת	אתה	נִמְלַטְתָּ	תִּימָּלֵט	הימָּלֵט
רבים	נִמְלָטִים	את	נִמְלַטְתְּ	תִּימָּלְטִי	הימָּלְטִי
רבות	נִמְלָטוֹת	הוא	נִמְלַט	יימָּלֵט	
		היא	נִמְלְטָה	תִּימָּלֵט	
		אנחנו	נִמְלַטְנוּ	נִימָּלֵט	
		אתם/ן	נִמְלַטְתֶּם/ן	תִּימָּלְטוּ *	הימָּלְטוּ **
		הם/ן	נִמְלְטוּ	יימָּלְטוּ *	

שם הפועל .Infin לְהִימָּלֵט

* less commonly: אתן/הן תִּימָּלַטְנָה

שם הפעולה Verbal N הִימָּלְטוּת escaping

** less commonly: (אתן) הִימָּלַטְנָה

מקור מוחלט .Inf. Abs נִמְלוֹט, הִימָּלֵט (הִימָּלוֹט)

♦ פעלים פחות שכיחים מאותו שורש Less frequent verbs from the same root

הִמְלִיט rescue; give birth to (mammal animals only) (מַמְלִיט, יַמְלִיט, לְהַמְלִיט)

♦ דוגמאות Illustrations

כשאפריים ראה שהפרה עומדת **לְהַמְלִיט**, הוא **נִמְלַט** מן הרפת. הוא הרגיש שהוא אינו מסוגל לחזות ב**הַמְלָטָה**.

When he saw that the cow was about **to give birth**, he **fled** from the cowshed. He felt that he was not up to witnessing the (calf's) **birth**.

♦ ביטויים מיוחדים Special expressions

מִילֵּט את נפשו **escaped** with his life

פתח **מִילוּט** **escape** opening/door

●מלץ : לְהַמְלִיץ

הִמְלִיץ/הִמְלַצ/יַמְלִיץ recommend, speak well (of)

בניין : הִפְעִיל גזרה : שלמים

	הווה Present		עבר Past	עתיד Future	ציווי .Imper
יחיד	מַמְלִיץ	אני	הִמְלַצְתִּי	אַמְלִיץ	
יחידה	מַמְלִיצָה	אתה	הִמְלַצְתָּ	תַּמְלִיץ	הַמְלֵץ
רבים	מַמְלִיצִים	את	הִמְלַצְתְּ	תַּמְלִיצִי	הַמְלִיצִי
רבות	מַמְלִיצוֹת	הוא	הִמְלִיץ	יַמְלִיץ	

	Present הווה		Past עבר	Future עתיד	Imper. ציווי
		היא	הִמְלִיצָה	תַּמְלִיץ	
		אנחנו	הִמְלַצְנוּ	נַמְלִיץ	
		אתס/ן	הִמְלַצְתֶּס/ן	תַּמְלִיצוּ *	הַמְלִיצוּ **
		הס/ן	הִמְלִיצוּ	יַמְלִיצוּ *	

שם הפועל .Infin. לְהַמְלִיץ * less commonly: אתן/הן תַּמְלֵצְנָה

שם הפעולה Verbal N הַמְלָצָה recommendation ** less commonly: (אתן) הַמְלֵצְנָה

בינוני .Pres. Part מַמְלִיץ (reference (person מקור מוחלט .Inf. Abs הַמְלֵץ

מ״י מוצרכת .Gov. Prep הִמְלִיץ על מישהו recommend someone

הוּמְלַץ (הֻמְלַץ) be recommended

בניין : הוּפְעַל גזרה : שלמים

	Present הווה		Past עבר	Future עתיד
יחיד	מוּמְלָץ	אני	הוּמְלַצְתִּי	אוּמְלַץ
יחידה	מוּמְלֶצֶת	אתה	הוּמְלַצְתָּ	תּוּמְלַץ
רבים	מוּמְלָצִים	את	הוּמְלַצְתְּ	תּוּמְלְצִי
רבות	מוּמְלָצוֹת	הוא	הוּמְלַץ	יוּמְלַץ
		היא	הוּמְלְצָה	תּוּמְלַץ
		אנחנו	הוּמְלַצְנוּ	נוּמְלַץ
		אתס/ן	הוּמְלַצְתֶּס/ן	תּוּמְלְצוּ *
		הס/ן	הוּמְלְצוּ	יוּמְלְצוּ *

בינוני .Pres. Part מוּמְלָץ recommended * less commonly: אתן/הן תּוּמְלַצְנָה

♦ דוגמאות Illustrations

הם תמיד מבקשים מד״ר גלבוע **לְהַמְלִיץ** עליהם, כי הם יודעים שהוא בדרך כלל כותב **הַמְלָצוֹת** טובות.

They always ask Dr. Gilboa **to recommend** them, because they know that he generally writes good **recommendations**.

איזה יין **מוּמְלָץ** עם דגים? בדרך כלל **מַמְלִיצִים** על יין לבן, אבל שמעתי שיש ״כופרים בעיקר״ שטוענים לאו דווקא.

Which wine **is recommended** with fish? Generally they **recommend** white wine, but I've heard that there are "heretics" who say that it isn't necessarily so.

●ממן (מן מָמוֹן money, capital : לְמַמֵּן

מִימֵּן (מִמֵּן)/מִימַּנ/מַמֵּן finance, pay for

בניין : פִּיעֵל גזרה : ל״נ

	Present הווה		Past עבר	Future עתיד	Imper. ציווי
יחיד	מְמַמֵּן	אני	מִימַּנְתִּי	אֲמַמֵּן	
יחידה	מְמַמֶּנֶת	אתה	מִימַּנְתָּ	תְּמַמֵּן	מַמֵּן
רבים	מְמַמְּנִים	את	מִימַּנְתְּ	תְּמַמְּנִי	מַמְּנִי
רבות	מְמַמְּנוֹת	הוא	מִימֵּן	יְמַמֵּן	
		היא	מִימְּנָה	תְּמַמֵּן	
		אנחנו	מִימַּנּוּ	נְמַמֵּן	
		אתס/ן	מִימַּנְתֶּס/ן	תְּמַמְּנוּ *	מַמְּנוּ **
		הס/ן	מִימְּנוּ	יְמַמְּנוּ *	

שם הפועל .Infin לְמַמֵּן   * less commonly: אתן/הן תְּמַמֵּנָּה

שם הפעולה Verbal N מִימוּן financing   ** less commonly: (אתן) מַמֵּנָּה

מקור מוחלט .Inf. Abs מַמֵּן

♦ פעלים פחות שכיחים מאותו שורש Less frequent verbs from the same root

מוּמַן be financed (בינוני .Pres. Part מְמוּמָּן financed, יְמוּמַּן)

♦ דוגמאות Illustrations

טוענים שאם הטרוריסטים לא **יְמוּמְּנוּ** על ידי גורמים מעוניינים, הם לא ימשיכו להתקיים. ארה״ב דורשת ממדינות מסוימות שיפסיקו **לְמַמֵּן** טרוריסטים.

It is claimed that if the terrorists are not **financed** by interested parties, they will cease to exist. The U.S. demands of certain states that they stop **financing** terrorists.

●ממש (מן מַמָּשׁ reality) : לְמַמֵּשׁ, לְהִתְמַמֵּשׁ

מִימֵּשׁ (מִמֵּשׁ)/מִימַּשׁ/מַמֵּשׁ realize, implement, execute, fulfill

בניין : פִּיעֵל   גזרה : שלמים

	Present הווה		Past עבר	Future עתיד	Imper. ציווי
יחיד	מְמַמֵּשׁ	אני	מִימַּשְׁתִּי	אֲמַמֵּשׁ	
יחידה	מְמַמֶּשֶׁת	אתה	מִימַּשְׁתָּ	תְּמַמֵּשׁ	מַמֵּשׁ
רבים	מְמַמְּשִׁים	את	מִימַּשְׁתְּ	תְּמַמְּשִׁי	מַמְּשִׁי
רבות	מְמַמְּשׁוֹת	הוא	מִימֵּשׁ	יְמַמֵּשׁ	
		היא	מִימְּשָׁה	תְּמַמֵּשׁ	
		אנחנו	מִימַּשְׁנוּ	נְמַמֵּשׁ	
		אתם/ן	מִימַּשְׁתֶּם/ן	תְּמַמְּשׁוּ *	מַמְּשׁוּ **
		הם/ן	מִימְּשׁוּ	יְמַמְּשׁוּ *	

שם הפועל .Infin לְמַמֵּשׁ   * less commonly: אתן/הן תְּמַמֵּשְׁנָה

שם הפעולה Verbal N מִימוּשׁ realization   ** less commonly: (אתן) מַמֵּשְׁנָה

מקור מוחלט .Inf. Abs מַמֵּשׁ

הִתְמַמֵּשׁ/הִתְמַמַּשׁ/יִתְמַמֵּשׁ be realized

בניין : פִּיעֵל   גזרה : שלמים

	Present הווה		Past עבר	Future עתיד	Imper. ציווי
יחיד	מִתְמַמֵּשׁ	אני	הִתְמַמַּשְׁתִּי	אֶתְמַמֵּשׁ	
יחידה	מִתְמַמֶּשֶׁת	אתה	הִתְמַמַּשְׁתָּ	תִּתְמַמֵּשׁ	הִתְמַמֵּשׁ
רבים	מִתְמַמְּשִׁים	את	הִתְמַמַּשְׁתְּ	תִּתְמַמְּשִׁי	הִתְמַמְּשִׁי
רבות	מִתְמַמְּשׁוֹת	הוא	הִתְמַמֵּשׁ	יִתְמַמֵּשׁ	
		היא	הִתְמַמְּשָׁה	תִּתְמַמֵּשׁ	
		אנחנו	הִתְמַמַּשְׁנוּ	נִתְמַמֵּשׁ	
		אתם/ן	הִתְמַמַּשְׁתֶּם/ן	תִּתְמַמְּשׁוּ *	הִתְמַמְּשׁוּ **
		הם/ן	הִתְמַמְּשׁוּ	יִתְמַמְּשׁוּ *	

שם הפועל .Infin לְהִתְמַמֵּשׁ   * less commonly: אתן/הן תִּתְמַמֵּשְׁנָה

שם הפעולה Verbal N הִתְמַמְּשׁוּת realization   ** less commonly: (אתן) הִתְמַמֵּשְׁנָה

מקור מוחלט .Inf. Abs הִתְמַמֵּשׁ

מוּמַּשׁ (מֻמַּשׁ) be realized, be implemented, be executed

בניין: פּוּעַל גזרה: שלמים

	הווה Present		עבר Past	עתיד Future
יחיד	מְמוּמָּשׁ	אני	מוּמַּשְׁתִּי	אֲמוּמַּשׁ
יחידה	מְמוּמֶּשֶׁת	אתה	מוּמַּשְׁתָּ	תְּמוּמַּשׁ
רבים	מְמוּמָּשִׁים	את	מוּמַּשְׁתְּ	תְּמוּמְשִׁי
רבות	מְמוּמָּשׁוֹת	הוא	מוּמַּשׁ	יְמוּמַּשׁ
		היא	מוּמְשָׁה	תְּמוּמַּשׁ
		אנחנו	מוּמַּשְׁנוּ	נְמוּמַּשׁ
		אתם/ן	מוּמַּשְׁתֶּם/ן	* תְּמוּמְשׁוּ
		הם/ן	מוּמְשׁוּ	* יְמוּמְשׁוּ

בינוני Pres. Part. מְמוּמָּשׁ realized

* less commonly: אתן/הן תְּמוּמַּשְׁנָה

♦ **דוגמאות** Illustrations

מנחם מעולם לא חשב שחלום חייו לטייל מסביב לעולם **יְתֻמַּשׁ** אי פעם. לאחר שזכה בהגרלה, ידע שהפעם יוכל **לְמַמֵּשׁ** את חלומו.

Menahem never thought that the dream of his life to travel around the world would ever **get realized**. When he won the lottery, he knew that this time he would be able to **realize** his dream.

ביטויים מיוחדים Special expressions

הביא לידי **מִימּוּשׁ** effect, achieve

מִימּוּשׁ עצמי self-**realization**

●מנה (מני): לִמְנוֹת, לְמַנּוֹת, לְהִימָּנוֹת

מָנָה/מוֹנֶה/יִמְנֶה amount to, number; count

בניין: פָּעַל גזרה: ל״י

	הווה/בינוני Pres./Part.			עבר Past	עתיד Fut.	ציווי Imp.
יחיד	מוֹנֶה	מָנוּי	אני	מָנִיתִי	אֶמְנֶה	
יחידה	מוֹנָה	מְנוּיָה	אתה	מָנִיתָ	תִּמְנֶה	מְנֵה
רבים	מוֹנִים	מְנוּיִים	את	מָנִית	תִּמְנִי	מְנִי
רבות	מוֹנוֹת	מְנוּיוֹת	הוא	מָנָה	יִמְנֶה	
			היא	מָנְתָה	תִּמְנֶה	
			אנחנו	מָנִינוּ	נִמְנֶה	
			אתם/ן	* מְנִיתֶם/ן	** תִּמְנוּ	*** מְנוּ
			הם/ן	מָנוּ	** יִמְנוּ	

שם הפועל Infin. לִמְנוֹת

שם הפעולה Verbal N מְנִיָּה counting

ביני פעיל Act. Part. מוֹנֶה meter, counter

ביני סביל Pass. Part. מָנוּי subscriber

מקור מוחלט Inf. Abs. מָנֹה

* Colloquial: מָנִיתֶם/ן

** less commonly: אתן/הן תִּמְנֶינָה

*** less commonly: (אתן) מְנֶינָה

מקור נטוי Inf.+pron. בִּמְנוֹתוֹ, כְּ...

מוּנָּה (מֻנָּה)/מוּנֶּה be appointed, be nominated, be designated

בניין : פּוּעַל גזרה : ל״י

	Present הווה		Past עבר	Future עתיד
יחיד	מְמוּנֶּה	אני	מוּנֵּיתִי	אֲמוּנֶּה
יחידה	מְמוּנָּה	אתה	מוּנֵּיתָ	תְּמוּנֶּה
רבים	מְמוּנִּים	את	מוּנֵּית	תְּמוּנִּי
רבות	מְמוּנּוֹת	הוא	מוּנָּה	יְמוּנֶּה
		היא	מוּנְּתָה	תְּמוּנֶּה
		אנחנו	מוּנֵּינוּ	נְמוּנֶּה
		אתם/ן	מוּנֵּיתֶם/ן	תְּמוּנּוּ *
		הם/ן	מוּנּוּ	יְמוּנּוּ *

בינוני .Pres. Part מְמוּנֶּה appointee, nominee * less commonly: אתן/הן תְּמוּנֶּינָה

מִינָּה (מִנָּה)/מַנֶּה appoint, nominate, designate

בניין : פִּיעֵל גזרה : ל״י

	Present הווה		Past עבר	Future עתיד	Imper. ציווי
יחיד	מְמַנֶּה	אני	מִינִּיתִי	אֲמַנֶּה	
יחידה	מְמַנָּה	אתה	מִינִּיתָ	תְּמַנֶּה	מַנֵּה
רבים	מְמַנִּים	את	מִינִּית	תְּמַנִּי	מַנִּי
רבות	מְמַנּוֹת	הוא	מִינָּה	יְמַנֶּה	
		היא	מִינְּתָה	תְּמַנֶּה	
		אנחנו	מִינִּינוּ	נְמַנֶּה	
		אתם/ן	מִינִּיתֶם/ן	תְּמַנּוּ *	מַנּוּ **
		הם/ן	מִינּוּ	יְמַנּוּ *	

* less commonly: אתן/הן תְּמַנֶּינָה

שם הפועל .Infin לְמַנּוֹת ** less commonly: (אתן) מַנֶּינָה

שם הפעולה Verbal N מִינּוּי appointment, nomination; subscription

מקור מוחלט .Inf. Abs מַנֵּה

נִמְנָה/יִימָּנֶה (יִמָּנֶה) be counted, be numbered

בניין : נִפְעַל גזרה : ל״י

	Present הווה		Past עבר	Future עתיד	Imper. ציווי
יחיד	נִמְנֶה	אני	נִמְנֵיתִי	אֶמָּנֶה	
יחידה	נִמְנֵית	אתה	נִמְנֵיתָ	תִּימָּנֶה	הִימָּנֵה
רבים	נִמְנִים	את	נִמְנֵית	תִּימָּנִי	הִימָּנִי
רבות	נִמְנוֹת	הוא	נִמְנָה	יִימָּנֶה	
		היא	נִמְנְתָה	תִּימָּנֶה	
		אנחנו	נִמְנֵינוּ	נִימָּנֶה	
		אתם/ן	נִמְנֵיתֶם/ן	תִּימָּנוּ *	הִימָּנוּ **
		הם/ן	נִמְנוּ	יִימָּנוּ *	

שם הפועל .Infin לְהִימָּנוֹת * less commonly: אתן/הן תִּימָּנֶינָה

שם הפעולה Verbal N הִימָּנוּת being counted ** less commonly: (אתן) הִימָּנֶינָה

מקור מוחלט .Inf. Abs נִמְנֹה, הִימָּנֵה

מ״י מוצרכת .Gov. Prep נִמְנָה עם be considered one of

מ״י מוצרכת .Gov. Prep נִמְנָה על subscribe to (paper, etc.)

♦ **פעלים פחות שכיחים מאותו שורש** Less frequent verbs from the same root

הִתְמַנָּה be appointed, be nominated, be assigned (מִתְמַנֶּה, יִתְמַנֶּה, לְהִתְמַנּוֹת)

♦ **דוגמאות** Illustrations

דיקטטורים נוהגים לעתים קרובות **לְמַנּוֹת** את קרוביהם למשרות מפתח במדינה. הבעייה היא לא רק השחיתות שב**מִינּוּיִים** כאלה, אלא גם העובדה שה**מְמוּנִּים** לא בהכרח מתאימים לתפקידים שלהם **מוּנּוּ**.

Dictators are often in the habit of **appointing** their relatives to key positions in the state. The problem is not only in these **appointments** being corrupt, but also in the fact the **appointees** are not necessarily qualified for the jobs for which they **have been appointed**.

השבוע **נִתְמַנְּתָה** שגרירה חדשה לארה״ב בישראל. אומרים שהיא **נִמְנֵית** עם טובי הפקידות הבכירה במשרד החוץ האמריקאי.

This week a new U.S. ambassador to Israel **was appointed**. They say that she **is considered one of** the best upper officials in the U.S. State Department.

בסקר האולוסין האחרון **מָנוּ** הנשים כ-55% מאוכלוסיית ישראל.

In the last population survey, women **amounted to** about 55% of the population of Israel.

עמוס **מָנוּי** על שלושה עיתונים יומיים.

Amos is a **subscriber** of three daily papers.

♦ **ביטויים מיוחדים** Special expressions

כתב **מִינּוּי** letter of **appointment** — קונצרט ל**מְנוּיִים** **subscription** concert

מָנוּי וגמור resolved, decided once and for all

●מנע : לִמְנוֹעַ, לְהִימָּנַע

מָנַע/מוֹנֵעַ/יִמְנַע prevent

בניין : פָּעַל   גזרה : שלמים + ל״ג (אֶפְעַל)

Imp. ציווי	Fut. עתיד	Past עבר		Pres./Part. הווה/בינוני		
	אֶמְנַע	מָנַעְתִּי	אני	מָנוּעַ	מוֹנֵעַ	יחיד
מְנַע	תִּמְנַע	מָנַעְתָּ	אתה	מְנוּעָה	מוֹנַעַת	יחידה
מִנְעִי	תִּמְנְעִי	מָנַעְתְּ	את	מְנוּעִים	מוֹנְעִים	רבים
	יִמְנַע	מָנַע	הוא	מְנוּעוֹת	מוֹנְעוֹת	רבות
	תִּמְנַע	מָנְעָה	היא			
	נִמְנַע	מָנַעְנוּ	אנחנו			
מִנְעוּ ***	תִּמְנְעוּ **	מְנַעְתֶּם/ן *	אתם/ן			
	יִמְנְעוּ **	מָנְעוּ	הם/ן			

שם הפועל .Infin לִמְנוֹעַ

* Colloquial: מָנַעְתֶּם/ן

ביני פעיל .Act. Part מוֹנֵעַ preventive

** less commonly: אתן/הן תִּמְנַעְנָה

ביני סביל .Pass. Part מָנוּעַ prevented, prohibited

*** less commonly: (אתן) מְנַעְנָה

שם הפעולה Verbal N מְנִיעָה preventing, prevention; injunction, restraining (order)

מקור מוחלט .Inf. Abs מָנוֹעַ — מקור נטוי .Inf.+pron בְּמוֹנְעוֹ, כְּ...

מ״י מוצרכת .Gov. Prep מָנַע מ- prevent from

נִמְנַע/יִימָּנַע (יִמָּנַע) avoid, abstain
בניין : נִפְעַל גזרה : שלמים + ל״ג

	Present הווה		Past עבר	Future עתיד	Imp. ציווי
יחיד	נִמְנָע	אני	נִמְנַעְתִּי	אֶמָּנַע	
יחידה	נִמְנַעַת	אתה	נִמְנַעְתָּ	תִּימָּנַע	הִימָּנַע
רבים	נִמְנָעִים	את	נִמְנַעְתְּ	תִּימָּנְעִי	הִימָּנְעִי
רבות	נִמְנָעוֹת	הוא	נִמְנַע	יִימָּנַע	
		היא	נִמְנְעָה	תִּימָּנַע	
		אנחנו	נִמְנַעְנוּ	נִימָּנַע	
		אתם/ן	נִמְנַעְתֶּם/ן	תִּימָּנְעוּ *	הִימָּנְעוּ **
		הם/ן	נִמְנְעוּ	יִימָּנְעוּ *	

שם הפועל .Infin לְהִימָּנַע   * less commonly: אתן/הן תִּימָּנַעְנָה

שם הפעולה Verbal N הִימָּנְעוּת avoidance   ** less commonly: (אתן) הִימָּנַעְנָה

מ״י מוצרכת .Gov. Prep נִמְנַע מ- avoid/abstain from

מקור מוחלט .Inf. Abs הִימָּנֵעַ, נִמְנוֹעַ

♦ דוגמאות Illustrations

נחמה ביקשה מבית המשפט להוציא צו **מְנִיעָה**, כדי **לִמְנוֹעַ** מבעלה-לשעבר להמשיך להטריד אותה. בעלה-לשעבר טען שהוא עדיין אוהב אותה, ושהוא לא יכול **לְהִימָּנַע** מלראות אותה מפעם לפעם. למותר לציין שבית המשפט לא התרשם, והוציא צו **מְנִיעָה** מיידי נגד הבעל-לשעבר. הוא אפילו **מָנוּעַ** מלדבר איתה בטלפון.

Nehama asked the court to issue an **injunction**, so as **to prevent** her former husband from continuing to harass her. Her former husband claimed that he still loves her, and cannot **avoid** seeing her occasionally. Needless to say, the court was not impressed, and issued an immediate **injunction** against the former husband. He **is prevented** from even talking to her on the phone.

ביטויים מיוחדים Special expressions

רפואה **מוֹנַעַת** **preventative** medicine   צו **מְנִיעָה** **injunction**

אמצעי **מְנִיעָה** **contraceptive** methods   מִן **הַנִּמְנָע** impossible, out of the question

● מסס : לְהִימֵּס, לְהָמֵס, לְהִתְמוֹסֵס

נָמַס/נְמַס/יִמַּס melt (intr.), dissolve (intr.)
בניין : נִפְעַל גזרה : כפולים

	Present הווה		Past עבר	Future עתיד	Imper. ציווי
יחיד	נָמֵס	אני	נְמַסּוֹתִי	אִימַּס	
יחידה	נְמַסָּה	אתה	נְמַסּוֹתָ	תִּימַּס	הִימַּס
רבים	נְמַסִּים	את	נְמַסּוֹת	תִּימַּסִּי	הִימַּסִּי
רבות	נְמַסּוֹת	הוא	נָמַס	יִימַּס	
		היא	נָמַסָּה	תִּימַּס	
		אנחנו	נְמַסּוֹנוּ	נִימַּס	
		אתם/ן	נְמַסּוֹתֶם/ן	תִּימַּסּוּ *	הִימַּסּוּ **
		הם/ן	נָמַסּוּ	יִימַּסּוּ *	

שם הפועל .Infin לְהִימֵּס   less commonly * :אתן/הן תִּימַּסְנָה
בינוני .Pres. Part נָמֵס melting, dissolving   less commonly ** : הִימַּסְנָה
מקור מוחלט .Inf. Abs הִימֵּס

הֵמֵס/הֵמַס/יָמֵס melt (tr.), dissolve (tr.)

בניין : הִפְעִיל   גזרה : כפולים

	Present הווה		Past עבר	Future עתיד	Imper. ציווי
יחיד	מֵמֵס	אני	הֲמַסְתִּי	אָמֵס	
יחידה	מְמִיסָּה	אתה	הֲמַסְתָּ	תָּמֵס	הָמֵס
רבים	מְמִיסִּים	את	הֲמַסְתְּ	תָּמֵסִּי	הָמֵסִּי
רבות	מְמִיסּוֹת	הוא	הֵמֵס	יָמֵס	
		היא	הֵמֵסָּה	תָּמֵס	
		אנחנו	הֲמַסְנוּ	נָמֵס	
		אתם/ן	הֲמַסְתֶּם/ן	תָּמֵסּוּ *	הָמֵסּוּ **
		הם/ן	הֵמֵסּוּ	יָמֵסּוּ *	

שם הפועל .Infin לְהָמֵס   less commonly * :אתן/הן תָּמֵסְנָה
שם הפעולה Verbal N הֲמַסָּה (.melting (tr   less commonly ** : הָמֵסְנָה
מקור מוחלט .Inf. Abs הָמֵס

הִתְמוֹסֵס/הִתְמוֹסַס melt (intr.), dissolve (intr.)

בניין : הִתְפַּעֵל   גזרה : כפולים

	Present הווה		Past עבר	Future עתיד	Imper. ציווי
יחיד	מִתְמוֹסֵס	אני	הִתְמוֹסַסְתִּי	אֶתְמוֹסֵס	
יחידה	מִתְמוֹסֶסֶת	אתה	הִתְמוֹסַסְתָּ	תִּתְמוֹסֵס	הִתְמוֹסֵס
רבים	מִתְמוֹסְסִים	את	הִתְמוֹסַסְתְּ	תִּתְמוֹסְסִי	הִתְמוֹסְסִי
רבות	מִתְמוֹסְסוֹת	הוא	הִתְמוֹסֵס	יִתְמוֹסֵס	
		היא	הִתְמוֹסְסָה	תִּתְמוֹסֵס	
		אנחנו	הִתְמוֹסַסְנוּ	נִתְמוֹסֵס	
		אתם/ן	הִתְמוֹסַסְתֶּם/ן	תִּתְמוֹסְסוּ *	הִתְמוֹסְסוּ **
		הם/ן	הִתְמוֹסְסוּ	יִתְמוֹסְסוּ *	

שם הפועל .Infin לְהִתְמוֹסֵס   less commonly * :אתן/הן תִּתְמוֹסֵסְנָה
ש' הפעולי Vrbl. N הִתְמוֹסְסוּת (.dissolving (int   less commonly ** :(אתן) הִתְמוֹסֵסְנָה
מקור מוחלט .Inf. Abs הִתְמוֹסֵס

♦ פעלים פחות שכיחים מאותו שורש Less frequent verbs from the same root

הוּמַס be melted, be dissolved (מוּמָס, יוּמַס)

♦ דוגמאות Illustrations

בירושלים יורד שלג בדרך כלל פעם בשנתיים, והוא **נָמֵס** די מהר. השמש **מְמִיסָּה** אותו בתוך יום או יומיים.

In Jerusalem it generally snows once in two years, and it **melts** fairly quickly. The sun **melts** it within a day or two.

אם קשה לך לבלוע את הגלולות הללו, אתה יכול **לְהָמֵס** אותן במים או במיץ.

If it is difficult for you to swallow these pills, you can **dissolve** them in water or in juice.

♦ ביטויים מיוחדים Special expressions

קפה **נָמֵס** instant coffee — **נָמַס** ליבו בקרבו become quite scared

● מספר (מן מִסְפָּר number) : לְמַסְפֵּר

מִסְפֵּר/מְסַפֵּר/מַסְפֵּר number (v), assign numbers

בניין : פִּיעֵל גזרה : מרובעים

	Present הווה		Past עבר	Future עתיד	Imper. ציווי
יחיד	מְמַסְפֵּר	אני	מִסְפַּרְתִּי	אֲמַסְפֵּר	
יחידה	מְמַסְפֶּרֶת	אתה	מִסְפַּרְתָּ	תְּמַסְפֵּר	מַסְפֵּר
רבים	מְמַסְפְּרִים	את	מִסְפַּרְתְּ	תְּמַסְפְּרִי	מַסְפְּרִי
רבות	מְמַסְפְּרוֹת	הוא	מִסְפֵּר	יְמַסְפֵּר	
		היא	מִסְפְּרָה	תְּמַסְפֵּר	
		אנחנו	מִסְפַּרְנוּ	נְמַסְפֵּר	
		אתם/ן	מִסְפַּרְתֶּם/ן	תְּמַסְפְּרוּ *	מַסְפְּרוּ **
		הם/ן	מִסְפְּרוּ	יְמַסְפְּרוּ *	

שם הפועל .Infin לְמַסְפֵּר — * less commonly: אתן/הן תְּמַסְפֵּרְנָה

ש׳ הפעולה Verbal N מִסְפּוּר assigning numbers — ** less commonly: (אתן) מַסְפֵּרְנָה

מקור מוחלט .Inf. Abs מַסְפֵּר

♦ פעלים פחות שכיחים מאותו שורש Less frequent verbs from the same root

מוּסְפַּר be assigned numbers (בינוני .Pres. Part מְמוּסְפָּר numbered, יְמוּסְפַּר)

♦ דוגמאות Illustrations

יו״ר ועדת כוח-אדם **מִסְפֵּר** את תיקי המועמדים למשרה על פי סדר העדיפות שנקבע בפגישה.

The personnel committee chair **assigned numbers** to the files of the job candidates based on the priorities decided upon during the meeting.

● מסר : לִמְסוֹר, לְהִתְמַסֵּר, לְהִימָּסֵר

מָסַר/מוֹסֵר/יִמְסוֹר (יִמְסֹר) hand over, deliver; inform, report; pass (ball)

בניין : פָּעַל גזרה : שלמים (אֶפְעוֹל)

	Pres./Part. הווה/בינוני			Past עבר	Fut. עתיד	Imp. ציווי
יחיד	מוֹסֵר	מָסוּר	אני	מָסַרְתִּי	אֶמְסוֹר	
יחידה	מוֹסֶרֶת	מְסוּרָה	אתה	מָסַרְתָּ	תִּמְסוֹר	מְסוֹר
רבים	מוֹסְרִים	מְסוּרִים	את	מָסַרְתְּ	תִּמְסְרִי	מִסְרִי
רבות	מוֹסְרוֹת	מְסוּרוֹת	הוא	מָסַר	יִמְסוֹר	
			היא	מָסְרָה	תִּמְסוֹר	
			אנחנו	מָסַרְנוּ	נִמְסוֹר	
			אתם/ן	מְסַרְתֶּם/ן *	תִּמְסְרוּ **	מִסְרוּ ***
			הם/ן	מָסְרוּ	יִמְסְרוּ **	

שם הפועל .Infin לִמְסוֹר — * Colloquial: מָסַרְתֶּם/ן

מקור מוחלט .Inf. Abs מָסוֹר — ** less commonly: אתן/הן תִּמְסוֹרְנָה

מקור נטוי .Inf.+pron בְּמוֹסְרוֹ, כְּ... — *** less commonly: (אתן) מְסוֹרְנָה

שם הפעולה Verbal N מְסִירָה delivery; informing; passing (ball)
בינ' סביל Pass. Part. מָסוּר devoted; handed over

הִתְמַסֵּר/הִתְמַסַּר devote oneself

בניין : הִתְפַּעֵל גזרה : שלמים

	Present הווה		Past עבר	Future עתיד	Imper. ציווי
יחיד	מִתְמַסֵּר	אני	הִתְמַסַּרְתִּי	אֶתְמַסֵּר	
יחידה	מִתְמַסֶּרֶת	אתה	הִתְמַסַּרְתָּ	תִּתְמַסֵּר	הִתְמַסֵּר
רבים	מִתְמַסְּרִים	את	הִתְמַסַּרְתְּ	תִּתְמַסְּרִי	הִתְמַסְּרִי
רבות	מִתְמַסְּרוֹת	הוא	הִתְמַסֵּר	יִתְמַסֵּר	
		היא	הִתְמַסְּרָה	תִּתְמַסֵּר	
		אנחנו	הִתְמַסַּרְנוּ	נִתְמַסֵּר	
		אתם/ן	הִתְמַסַּרְתֶּם/ן	תִּתְמַסְּרוּ *	הִתְמַסְּרוּ **
		הם/ן	הִתְמַסְּרוּ	יִתְמַסְּרוּ *	

שם הפועל Infin. לְהִתְמַסֵּר — * less commonly: אתן/הן תִּתְמַסֵּרְנָה
שם הפעולה Verbal N הִתְמַסְּרוּת devotion — ** less commonly: (אתן) הִתְמַסֵּרְנָה
מקור מוחלט Inf. Abs. הִתְמַסֵּר
מ״י מוצרכת Gov. Prep. הִתְמַסֵּר ל- devote oneself to

נִמְסַר/יִימָּסֵר (יִמָּסֵר) be delivered; be informed, be reported

בניין : נִפְעַל גזרה : שלמים

	Present הווה		Past עבר	Future עתיד	Imper. ציווי
יחיד	נִמְסָר	אני	נִמְסַרְתִּי	אֶמָּסֵר	
יחידה	נִמְסֶרֶת	אתה	נִמְסַרְתָּ	תִּימָּסֵר	הִימָּסֵר
רבים	נִמְסָרִים	את	נִמְסַרְתְּ	תִּימָּסְרִי	הִימָּסְרִי
רבות	נִמְסָרוֹת	הוא	נִמְסַר	יִימָּסֵר	
		היא	נִמְסְרָה	תִּימָּסֵר	
		אנחנו	נִמְסַרְנוּ	נִימָּסֵר	
		אתם/ן	נִמְסַרְתֶּם/ן	תִּימָּסְרוּ *	הִימָּסְרוּ **
		הם/ן	נִמְסְרוּ	יִימָּסְרוּ *	

שם הפועל Infin. לְהִימָּסֵר — * less commonly: אתן/הן תִּימָּסַרְנָה
ש' הפעולה Verbal N הִימָּסְרוּת being delivered — ** less commonly: (אתן) הִימָּסַרְנָה
מקור מוחלט Inf. Abs. נִמְסוֹר, הִימָּסֵר (הִימָּסוֹר)

♦ דוגמאות Illustrations

דובר הממשלה **מוֹסֵר** כי שר המשפטים **מָסַר** לראש הממשלה לפני כשעה מכתב התפטרות. המכתב **נִמְסַר** לראש הממשלה אישית על-ידי השר עצמו. במכתב הבהיר השר כי אינו יכול עוד **לְהִתְמַסֵּר** לענייני משרדו בשל סיבות בריאותיות. ראש הממשלה קיבל בצער את ההתפטרות והודה לשר על עבודתו **המְּסוּרָה**.

The government spokesperson **reports** that about an hour ago the justice minister **handed over** a letter of resignation to the prime minister. The letter **was delivered** to the PM by the minister himself. In the letter, the minister explained that he can no longer **devote himself** to his duties owing to medical reasons. The PM acknowledged the resignation with regret, and thanked the minister for his **devoted** work.

♦ ביטויים מיוחדים Special expressions

מָסַר הודעה **give** a message; make a statement — מָסַר את נפשו על **give up** his life for

מָסַר אותו למשטרה **deliver** him/inform on him to the police

●מצא : לִמְצוֹא, לְהִימָּצֵא, לְהַמְצִיא, לְהִתְמַצֵּא

מָצָא/מוֹצֵא/יִמְצָא find, discover, come upon

בניין : פָּעַל גזרה : ל״א

	Pres./Part. הווה/בינוני			Past עבר	Fut. עתיד	Imp. ציווי
יחיד	מוֹצֵא	מָצוּי	אני	מָצָאתִי	אֶמְצָא	
יחידה	מוֹצֵאת	מְצוּיָה	אתה	מָצָאתָ	תִּמְצָא	מְצָא
רבים	מוֹצְאִים	מְצוּיִים	את	מָצָאת	תִּמְצְאִי	מִצְאִי
רבות	מוֹצְאוֹת	מְצוּיוֹת	הוא	מָצָא	יִמְצָא	
			היא	מָצְאָה	תִּמְצָא	
			אנחנו	מָצָאנוּ	נִמְצָא	
			אתם/ן	מְצָאתֶם/ן *	תִּמְצְאוּ **	מִצְאוּ ***
			הם/ן	מָצְאוּ	יִמְצְאוּ **	

שם הפועל .Infin לִמְצוֹא — * Colloquial: מָצָאתֶם/ן

מקור מוחלט .Inf. Abs מָצוֹא — ** less commonly: אתן/הן תִּמְצֶאנָה

ביני סביל .Pass. Part מָצוּי common; existing — *** less commonly: (אתן) מְצֶאנָה

שם הפעולה Verbal N מְצִיאָה a find, thing found; finding; bargain

מקור נטוי .Inf.+pron בְּמוֹצְאוֹ, כְּ...

נִמְצָא/יִימָּצֵא (יִמָּצֵא) be found; be available; exist; be located; stay

בניין : נִפְעַל גזרה : ל״א

	Present הווה		Past עבר	Future עתיד	Imper. ציווי
יחיד	נִמְצָא	אני	נִמְצֵאתִי	אֶמָּצֵא	
יחידה	נִמְצֵאת	אתה	נִמְצֵאתָ	תִּימָּצֵא	הִימָּצֵא
רבים	נִמְצָאִים	את	נִמְצֵאת	תִּימָּצְאִי	הִימָּצְאִי
רבות	נִמְצָאוֹת	הוא	נִמְצָא	יִימָּצֵא	
		היא	נִמְצְאָה	תִּימָּצֵא	
		אנחנו	נִמְצֵאנוּ	נִימָּצֵא	
		אתם/ן	נִמְצֵאתֶם/ן	תִּימָּצְאוּ *	הִימָּצְאוּ **
		הם/ן	נִמְצְאוּ	יִימָּצְאוּ *	

* less commonly: אתן/הן תִּימָּצֶאנָה

שם הפועל .Infin לְהִימָּצֵא — ** less commonly: (אתן) הִימָּצֶאנָה

שם הפעולה Verbal N הִימָּצְאוּת existing, being located

בינוני .Pres. Part נִמְצָא existing, in existence

מקור מוחלט .Inf. Abs הִימָּצֵא, נִמְצוֹא

מ״י מוצרכת .Gov. Prep נִמְצָא ב- be located at

invent; fabricate; provide הִמְצִיא/הִמְצֵא/יַמְצִיא

בניין : הִפְעִיל גזרה : ל"א

	Present הווה		Past עבר	Future עתיד	Imper. ציווי
יחיד	מַמְצִיא	אני	הִמְצֵאתִי	אַמְצִיא	
יחידה	מַמְצִיאָה	אתה	הִמְצֵאתָ	תַּמְצִיא	הַמְצֵא
רבים	מַמְצִיאִים	את	הִמְצֵאת	תַּמְצִיאִי	הַמְצִיאִי
רבות	מַמְצִיאוֹת	הוא	הִמְצִיא	יַמְצִיא	
		היא	הִמְצִיאָה	תַּמְצִיא	
		אנחנו	הִמְצֵאנוּ	נַמְצִיא	
		אתםץ	הִמְצֵאתֶם/ן	תַּמְצִיאוּ *	הַמְצִיאוּ **
		הםץ	הִמְצִיאוּ	יַמְצִיאוּ *	

שם הפועל .Infin לְהַמְצִיא   * less commonly: אתן/הן תַּמְצֶאנָה

ש' הפעולה Verbal N הַמְצָאָה invention; supply   ** less commonly: הַמְצֶאנָה

בינוני .Pres. Part מַמְצִיא inventor   מקור מוחלט .Inf. Abs הַמְצֵא

be invented, be fabricated; be provided (הֻמְצָא) הוּמְצָא

בניין : הוּפְעַל גזרה : ל"א

	Present הווה		Past עבר	Future עתיד
יחיד	מוּמְצָא	אני	הוּמְצֵאתִי	אוּמְצָא
יחידה	מוּמְצֵאת	אתה	הוּמְצֵאתָ	תּוּמְצָא
רבים	מוּמְצָאִים	את	הוּמְצֵאת	תּוּמְצְאִי
רבות	מוּמְצָאוֹת	הוא	הוּמְצָא	יוּמְצָא
		היא	הוּמְצְאָה	תּוּמְצָא
		אנחנו	הוּמְצֵאנוּ	נוּמְצָא
		אתםץ	הוּמְצֵאתֶם/ן	תּוּמְצְאוּ *
		הםץ	הוּמְצְאוּ	יוּמְצְאוּ *

* less commonly: אתן/הן תּוּמְצֶאנָה

know one's way about, be oriented, be familiar with הִתְמַצֵּא

בניין : הִתְפַּעֵל גזרה : ל"א

	Present הווה		Past עבר	Future עתיד	Imper. ציווי
יחיד	מִתְמַצֵּא	אני	הִתְמַצֵּאתִי	אֶתְמַצֵּא	
יחידה	מִתְמַצֵּאת	אתה	הִתְמַצֵּאתָ	תִּתְמַצֵּא	הִתְמַצֵּא
רבים	מִתְמַצְּאִים	את	הִתְמַצֵּאת	תִּתְמַצְּאִי	הִתְמַצְּאִי
רבות	מִתְמַצְּאוֹת	הוא	הִתְמַצֵּא	יִתְמַצֵּא	
		היא	הִתְמַצְּאָה	תִּתְמַצֵּא	
		אנחנו	הִתְמַצֵּאנוּ	נִתְמַצֵּא	
		אתםץ	הִתְמַצֵּאתֶם/ן	תִּתְמַצְּאוּ *	הִתְמַצְּאוּ **
		הםץ	הִתְמַצְּאוּ	יִתְמַצְּאוּ *	

שם הפועל .Infin לְהִתְמַצֵּא   * less commonly: אתן/הן תִּתְמַצֶּאנָה

מקור מוחלט .Inf. Abs הִתְמַצֵּא   ** less commonly: (אתן) הִתְמַצֶּאנָה

שם הפעולה Verbal N הִתְמַצְּאוּת orientation, being at home in

מ"י מוצרכת .Gov. Prep הִתְמַצֵּא בּ- be well-oriented in

♦ **דוגמאות** Illustrations

הַמַּמְצִיא הזה הוא אדם אינטליגנטי מאוד כשמדובר בדברים טכניים, אבל בהוויות העולם הוא לא **מִתְמַצֵּא**. לכן הוא כמעט לא עושה כסף מן **הַהַמְצָאוֹת** ש**הִמְצִיא**.

This **inventor** is very intelligent insofar as mechanical things are concerned, but he does not **know his way around** in the ways of the world. This is why he hardly makes any money from the **inventions** he **has invented**.

לא **מָצָאתִי** אותו בבית; אמרו לי שבחודשים יולי ואוגוסט הוא **נִמְצָא** בחו״ל.

I **did** not **find** him at home; they told me that in July and August he **is** ("**is located**") abroad.

♦ **ביטויים מיוחדים** Special expressions

הוא **מָצָא** חן בעיניהם they liked him — **מָצָא** עוז בנפשו he dared

לא **מָצָא** את ידיו ואת רגליו ב... he could not make head or tail of...

מָצָא אישה, **מָצָא** טוב marriage is a good thing

הוא **מָצוּי** אצל... he is at home in ... — **מְצִיאָה גדולה!** great **bargain**! (sarcastically)

מַמְצִיא תירוצים **fabricating** excuses — בעל **הַמְצָאוֹת** an **inventive** person

●מקד (מן מוֹקֵד focus) : לְהִתְמַקֵּד, לְמַקֵּד

הִתְמַקֵּד/הִתְמַקַּד focus (intr.), concentrate

בניין : הִתְפַּעֵל גזרה : שלמים

	Present הווה		Past עבר	Future עתיד	Imper. ציווי
יחיד	מִתְמַקֵּד	אני	הִתְמַקַּדְתִּי	אֶתְמַקֵּד	
יחידה	מִתְמַקֶּדֶת	אתה	הִתְמַקַּדְתָּ	תִּתְמַקֵּד	הִתְמַקֵּד
רבים	מִתְמַקְּדִים	את	הִתְמַקַּדְתְּ	תִּתְמַקְּדִי	הִתְמַקְּדִי
רבות	מִתְמַקְּדוֹת	הוא	הִתְמַקֵּד	יִתְמַקֵּד	
		היא	הִתְמַקְּדָה	תִּתְמַקֵּד	
		אנחנו	הִתְמַקַּדְנוּ	נִתְמַקֵּד	
		אתם/ן	הִתְמַקַּדְתֶּם/ן	תִּתְמַקְּדוּ *	הִתְמַקְּדוּ **
		הם/ן	הִתְמַקְּדוּ	יִתְמַקְּדוּ *	

שם הפועל .Infin לְהִתְמַקֵּד — * less commonly: אתן/הן תִּתְמַקֵּדְנָה

שם הפעולה Verbal N הִתְמַקְּדוּת focusing — ** less commonly: (אתן) הִתְמַקֵּדְנָה

מקור מוחלט .Inf. Abs הִתְמַקֵּד — מ״י מוצרכת .Gov. Prep הִתְמַקֵּד ב-/על focus on

מִיקֵּד (מִקֵּד)/מִיקַּד/מַקֵּד focus (tr.), bring into focus

בניין : פִּיעֵל גזרה : שלמים

	Present הווה		Past עבר	Future עתיד	Imper. ציווי
יחיד	מְמַקֵּד	אני	מִיקַּדְתִּי	אֲמַקֵּד	
יחידה	מְמַקֶּדֶת	אתה	מִיקַּדְתָּ	תְּמַקֵּד	מַקֵּד
רבים	מְמַקְּדִים	את	מִיקַּדְתְּ	תְּמַקְּדִי	מַקְּדִי
רבות	מְמַקְּדוֹת	הוא	מִיקֵּד	יְמַקֵּד	
		היא	מִיקְּדָה	תְּמַקֵּד	
		אנחנו	מִיקַּדְנוּ	נְמַקֵּד	
		אתם/ן	מִיקַּדְתֶּם/ן	תְּמַקְּדוּ *	מַקְּדוּ **
		הם/ן	מִיקְּדוּ	יְמַקְּדוּ *	

שם הפועל .Infin לְמַקֵּד   * less commonly: אתן/הן תְּמַקֵּדְנָה

שם הפעולה Verbal N מִיקוּד focusing   ** less commonly: (אתן) מַקֵּדְנָה

מקור מוחלט .Inf. Abs מַקֵּד

♦ פעלים פחות שכיחים מאותו שורש Less frequent verbs from the same root

מוּקַד be brought into focus (מְמוּקָד, יְמוּקַד)

A homonymous root meaning "assign code" is not included here.

♦ דוגמאות Illustrations

המרצה **מִיקֵּד** את העדשה במכונת ההקרנה והחל את הרצאתו. הוא **הִתְמַקֵּד** בסכסוך הערבי-ישראלי, ובתום ההרצאה **מִיקֵּד** את הדיון עם קהל השומעים בפתרונות אפשריים.

The lecturer **focused** the lens in the data projector and began his talk. He **focused on** the Arab-Israeli conflict, and at the end of the talk he **focused** the discussion with the audience on possible solutions.

♦ ביטויים מיוחדים Special expressions

קבוצת **מִיקוּד** **focus** group

●מקם מן מָקוֹם place : לְהִתְמַקֵּם, לְמַקֵּם

הִתְמַקֵּם/הִתְמַקַּם make place for oneself, locate oneself

בניין : הִתְפַּעֵל   גזרה : שלמים

	Present הווה		Past עבר	Future עתיד	Imper. ציווי
יחיד	מִתְמַקֵּם	אני	הִתְמַקַּמְתִּי	אֶתְמַקֵּם	
יחידה	מִתְמַקֶּמֶת	אתה	הִתְמַקַּמְתָּ	תִּתְמַקֵּם	הִתְמַקֵּם
רבים	מִתְמַקְּמִים	את	הִתְמַקַּמְתְּ	תִּתְמַקְּמִי	הִתְמַקְּמִי
רבות	מִתְמַקְּמוֹת	הוא	הִתְמַקֵּם	יִתְמַקֵּם	
		היא	הִתְמַקְּמָה	תִּתְמַקֵּם	
		אנחנו	הִתְמַקַּמְנוּ	נִתְמַקֵּם	
		אתם/ן	הִתְמַקַּמְתֶּם/ן	* תִּתְמַקְּמוּ	** הִתְמַקְּמוּ
		הם/ן	הִתְמַקְּמוּ	* יִתְמַקְּמוּ	

שם הפועל .Infin לְהִתְמַקֵּם   * less commonly: אתן/הן תִּתְמַקֵּמְנָה

מקור מוחלט .Inf. Abs הִתְמַקֵּם   ** less commonly: (אתן) הִתְמַקֵּמְנָה

שם הפעולה Verbal N הִתְמַקְּמוּת locating oneself, making place for oneself

מוּקַם (מֻקַם) be placed, be situated

בניין : פּוּעַל   גזרה : שלמים

	Present הווה		Past עבר	Future עתיד
יחיד	מְמוּקָם	אני	מוּקַמְתִּי	אֲמוּקַם
יחידה	מְמוּקֶמֶת	אתה	מוּקַמְתָּ	תְּמוּקַם
רבים	מְמוּקָמִים	את	מוּקַמְתְּ	תְּמוּקְמִי
רבות	מְמוּקָמוֹת	הוא	מוּקַם	יְמוּקַם
		היא	מוּקְמָה	תְּמוּקַם

		Present הווה		Past עבר	Future עתיד
			אנחנו	מוּקַמְנוּ	נְמוּקַם
			אתם/ן	מוּקַמְתֶּם/ן	תְּמוּקְמוּ *
			הם/ן	מוּקְמוּ	יְמוּקְמוּ *

בינ׳ סביל .Pass. Part מְמוּקָם situated   * less commonly: אתן/הן תְּמוּקַמְנָה

מִיקֵם (מִקֵּם)/מִיקַמ/מַקֵם place V, situate

בניין : פִּיעֵל גזרה : שלמים

	Present הווה		Past עבר	Future עתיד	Imper. ציווי
יחיד	מְמַקֵּם	אני	מִיקַמְתִּי	אֲמַקֵּם	
יחידה	מְמַקֶּמֶת	אתה	מִיקַמְתָּ	תְּמַקֵּם	מַקֵּם
רבים	מְמַקְּמִים	את	מִיקַמְתְּ	תְּמַקְּמִי	מַקְּמִי
רבות	מְמַקְּמוֹת	הוא	מִיקֵם	יְמַקֵּם	
		היא	מִיקְמָה	תְּמַקֵּם	
		אנחנו	מִיקַמְנוּ	נְמַקֵּם	
		אתם/ן	מִיקַמְתֶּם/ן	תְּמַקְּמוּ *	מַקְּמוּ **
		הם/ן	מִיקְמוּ	יְמַקְּמוּ *	

שם הפועל .Infin לְמַקֵּם   * less commonly: אתן/הן תְּמַקֵּמְנָה

שם הפעולה Verbal N מִיקוּם location   ** less commonly: (אתן) מַקֵּמְנָה

מקור מוחלט .Inf. Abs מַקֵּם

◆ דוגמאות Illustrations

בנימין החליט **לְמַקֵּם** את החברה החדשה שלו באיזור פיתוח, כדי לקבל הקלות במיסים שהממשלה מציעה למשקיעים.

Benjamin decided **to locate** his new company in a development area, to take advantage of some tax breaks the government offers investors.

המפגינים **התמקמו** בכיכר המרכזית של העיר, והכריזו שלא יזוזו משם עד שדרישותיהם ימולאו.

The demonstrators **situated themselves** in the City's main square, and declared that they would not budge until their demands were met.

מרד : לִמְרוֹד, לְהִתְמָרֵד

מָרַד/מוֹרֵד/יִמְרוֹד (יִמְרֹד) rebel, revolt

בניין : פָּעַל גזרה : שלמים (אֶפְעוֹל)

	Pres./Part. הווה/בינוני		Past עבר	Fut. עתיד	Imp. ציווי
יחיד	מוֹרֵד (מָרוּד*)	אני	מָרַדְתִּי	אֶמְרוֹד	
יחידה	מוֹרֶדֶת (מְרוּדָה*)	אתה	מָרַדְתָּ	תִּמְרוֹד	מְרוֹד
רבים	מוֹרְדִים (מְרוּדִים*)	את	מָרַדְתְּ	תִּמְרְדִי	מִרְדִי
רבות	מוֹרְדוֹת (מְרוּדוֹת*)	הוא	מָרַד	יִמְרוֹד	
		היא	מָרְדָה	תִּמְרוֹד	
		אנחנו	מָרַדְנוּ	נִמְרוֹד	
		אתם/ן	מְרַדְתֶּם/ן **	תִּמְרְדוּ ***	מִרְדוּ ****
		הם/ן	מָרְדוּ	יִמְרְדוּ ***	

May or may not be related to this root *

שם הפועל .Infin	לִמְרוֹד	** Colloquial: מְרַדְתֶּם/ן
שם הפעולה Verbal N	מְרִידָה revolt, rebellion	*** less commonly: אתן/הן תִּמְרוֹדְנָה
ביני פעיל .Act. Par	מוֹרֵד rebel (N)	**** less commonly: (אתן) מְרוֹדְנָה
ביני סביל .Pass. Part	מָרוּד* depressed, wretched	
מקור מוחלט .Inf. Abs	מָרוֹד	מקור נטוי .Inf.+pron בְּמוֹרְדוֹ, כְּ...
מ״י מוצרכת .Gov. Prep	מָרַד בְּ- revolt against	

rebel, revolt, mutiny הִתְמָרֵד/הִתְמָרַד

בניין : הִתְפַּעֵל גזרה : שלמים + ע״ג

	Present הווה		Past עבר	Future עתיד	Imper. ציווי
יחיד	מִתְמָרֵד	אני	הִתְמָרַדְתִּי	אֶתְמָרֵד	
יחידה	מִתְמָרֶדֶת	אתה	הִתְמָרַדְתָּ	תִּתְמָרֵד	הִתְמָרֵד
רבים	מִתְמָרְדִים	את	הִתְמָרַדְתְּ	תִּתְמָרְדִי	הִתְמָרְדִי
רבות	מִתְמָרְדוֹת	הוא	הִתְמָרֵד	יִתְמָרֵד	
		היא	הִתְמָרְדָה	תִּתְמָרֵד	
		אנחנו	הִתְמָרַדְנוּ	נִתְמָרֵד	
		אתם/ן	הִתְמָרַדְתֶּם/ן	תִּתְמָרְדוּ *	הִתְמָרְדוּ **
		הם/ן	הִתְמָרְדוּ	יִתְמָרְדוּ *	

* less commonly: אתן/הן תִּתְמָרֵדְנָה

שם הפועל .Infin	לְהִתְמָרֵד	** less commonly: (אתן) הִתְמָרֵדְנָה
שם הפעולה Verbal N	הִתְמָרְדוּת rebelling, rebellion	
מקור מוחלט .Inf. Abs	הִתְמָרֵד	מ״י מוצרכת .Gov. Prep הִתְמָרֵד נגד rebel against

♦ פעלים פחות שכיחים מאותו שורש Less frequent verbs from the same root

הִמְרִיד incite to rebel (מַמְרִיד, יַמְרִיד, לְהַמְרִיד)

♦ דוגמאות Illustrations

הממשלה לא הצליחה לדכא את **הַמְּרִידָה** שפרצה באיזור הגבול. **המוֹרְדִים** השתלטו על צומת דרכים מרכזית, והם מנסים **לְהַמְרִיד** את תושבי האזורים השכנים.

The government has not been able to quell the **rebellion** that broke out in the border area. The **rebels** took control of a central road junction, and are trying **to incite** the inhabitants of neighboring areas **to rebel**.

אביגדור מנסה מדי פעם **לְהִתְמָרֵד** ולעזוב את עבודתו ואת הוריו, אבל ברגע האחרון הוא תמיד מתחרט.

Avigdor tries occasionally **to rebel**, quit his work, and leave his parents, but at the last moment always changes his mind.

♦ ביטויים מיוחדים Special expressions

מוֹרֵד אור one who resents knowledge and education

מָרַד במוסכמות defy/**rebel** against conventions

● מרח : לִמְרוֹחַ, לְהִימָּרַח

מָרַח/מוֹרֵחַ/יִמְרַח spread (butter, etc.), smear, rub in

בניין : פָּעַל   גזרה : שלמים + ל״ג

	הווה/בינוני Pres./Part.		עבר Past	עתיד Fut.	ציווי Imp.
יחיד	מוֹרֵחַ מָרוּחַ	אני	מָרַחְתִּי	אֶמְרַח	
יחידה	מוֹרַחַת מְרוּחָה	אתה	מָרַחְתָּ	תִּמְרַח	מְרַח
רבים	מוֹרְחִים מְרוּחִים	את	מָרַחְתְּ/...חַת	תִּמְרְחִי	מִרְחִי
רבות	מוֹרְחוֹת מְרוּחוֹת	הוא	מָרַח	יִמְרַח	
		היא	מָרְחָה	תִּמְרַח	
		אנחנו	מָרַחְנוּ	נִמְרַח	
		אתם/ן	מְרַחְתֶּם/ן *	תִּמְרְחוּ **	מִרְחוּ ***
		הם/ן	מָרְחוּ	יִמְרְחוּ **	

שם הפועל .Infin לִמְרוֹחַ   * Colloquial: מָרַחְתֶּם/ן

מקור מוחלט .Inf. Abs מָרוֹחַ   ** less commonly: אתן/הן תִּמְרַחְנָה

קָטִיל .CaCiC adj./N מָרִיחַ spreadable   מקור נטוי .Inf.+pron בְּמוֹרְחוֹ, כְּ...

ביני סביל .Pass. Part מָרוּחַ spread, smeared   *** less commonly: (אתן) מְרַחְנָה

שם הפעולה Verbal N מְרִיחָה spreading (butter, etc.), smearing, rubbing

נִמְרַח/יִימָּרַח (יִמָּרַח) be spread, be smeared

בניין : נִפְעַל   גזרה : שלמים + ל״ג

	הווה Present		עבר Past	עתיד Future	ציווי Imper.
יחיד	נִמְרָח	אני	נִמְרַחְתִּי	אֶמָּרַח/...רֵחַ*	
יחידה	נִמְרַחַת	אתה	נִמְרַחְתָּ	תִּימָּרַח/...רֵחַ*	הִימָּרַח/...רֵחַ*
רבים	נִמְרָחִים	את	נִמְרַחְתְּ/...חַת	תִּימָּרְחִי	הִימָּרְחִי
רבות	נִמְרָחוֹת	הוא	נִמְרַח	יִימָּרַח/...רֵחַ*	
		היא	נִמְרְחָה	תִּימָּרַח/...רֵחַ*	
		אנחנו	נִמְרַחְנוּ	נִימָּרַח/...רֵחַ*	
		אתם/ן	נִמְרַחְתֶּם/ן	תִּימָּרְחוּ **	הִימָּרְחוּ ***
		הם/ן	נִמְרְחוּ	יִימָּרְחוּ **	

שם הפועל .Infin לְהִימָּרַח   * ...רֵחַ more common in colloquial use

שם הפעולה Verbal N הִימָּרְחוּת being spread   ** less commonly: אתן/הן תִּימָּרַחְנָה

מקור מוחלט .Inf. Abs הִימָּרַח, נִמְרוֹחַ   *** less commonly: (אתן) הִימָּרַחְנָה

♦ דוגמאות Illustrations

ניסיתי **לִמְרוֹחַ** חמאה על הלחם, אבל החמאה הייתה קשה עדיין, ולא **נִמְרְחָה** בקלות.

I tried to **spread** butter on the bread, but the butter was still hard, and **could** not **be spread** easily.

●מרר : לְמָרֵר

מֵירֵר (מֵרֵר)/מֵירַר/מָרֵר embitter, make miserable

בניין : פִּיעֵל　　גזרה : שלמים + ע״ג

	הווה Present		עבר Past	עתיד Future	ציווי Imper.
יחיד	מְמָרֵר	אני	מֵירַרְתִּי	אֲמָרֵר	
יחידה	מְמָרֶרֶת	אתה	מֵירַרְתָּ	תְּמָרֵר	מָרֵר
רבים	מְמָרְרִים	את	מֵירַרְתְּ	תְּמָרְרִי	מָרְרִי
רבות	מְמָרְרוֹת	הוא	מֵירֵר (מֵירַר)	יְמָרֵר	
		היא	מֵירְרָה	תְּמָרֵר	
		אנחנו	מֵירַרְנוּ	נְמָרֵר	
		אתם/ן	מֵירַרְתֶּם/ן	תְּמָרְרוּ *	מָרְרוּ**
		הם/ן	מֵירְרוּ	יְמָרְרוּ *	

שם הפועל .Infin לְמָרֵר　　* less commonly: אתן/הן תְּמָרֵרְנָה

מקור מוחלט .Inf. Abs מָרֵר　　** less commonly: (אתן) מָרֵרְנָה

שם הפעולה Verbal N מֵירוּר embitterment

♦ דוגמאות Illustrations

פרעה **מֵירֵר** את חיי בני ישראל במצריים.

Pharaoh **made** the life of the Israelites **miserable** in Egypt.

♦ ביטויים מיוחדים Special expressions

מֵירֵר בבכי cry bitterly

●משך : לְהַמְשִׁיךְ, לְהִימָּשֵׁךְ, לִמְשׁוֹךְ, לְהִתְמַשֵּׁךְ

הִמְשִׁיךְ/הִמְשַׁכ/יַמְשִׁיךְ continue

בניין : הִפְעִיל　　גזרה : שלמים

	הווה Present		עבר Past	עתיד Future	ציווי Imper.
יחיד	מַמְשִׁיךְ	אני	הִמְשַׁכְתִּי	אַמְשִׁיךְ	
יחידה	מַמְשִׁיכָה	אתה	הִמְשַׁכְתָּ	תַּמְשִׁיךְ	הַמְשֵׁךְ
רבים	מַמְשִׁיכִים	את	הִמְשַׁכְתְּ	תַּמְשִׁיכִי	הַמְשִׁיכִי
רבות	מַמְשִׁיכוֹת	הוא	הִמְשִׁיךְ	יַמְשִׁיךְ	
		היא	הִמְשִׁיכָה	תַּמְשִׁיךְ	
		אנחנו	הִמְשַׁכְנוּ	נַמְשִׁיךְ	
		אתם/ן	הִמְשַׁכְתֶּם/ן	תַּמְשִׁיכוּ *	הַמְשִׁיכוּ **
		הם/ן	הִמְשִׁיכוּ	יַמְשִׁיכוּ *	

שם הפועל .Infin לְהַמְשִׁיךְ　　* less commonly: אתן/הן תַּמְשֵׁכְנָה

שם הפעולה Verbal N הַמְשָׁכָה continuation　　** less commonly: (אתן) הַמְשֵׁכְנָה

הֶמְשֵׁךְ continuation; sequel　　מקור מוחלט .Inf. Abs הַמְשֵׁךְ

נִמְשַׁךְ/יִימָּשֵׁךְ (יִמָּשֵׁךְ) be pulled, be attracted; continue, last

בניין : נִפְעַל   גזרה : שלמים

	הווה Present		עבר Past	עתיד Future	ציווי Imper.
יחיד	נִמְשָׁךְ	אני	נִמְשַׁכְתִּי	אֶמָּשֵׁךְ	
יחידה	נִמְשֶׁכֶת	אתה	נִמְשַׁכְתָּ	תִּימָּשֵׁךְ	הִימָּשֵׁךְ
רבים	נִמְשָׁכִים	את	נִמְשַׁכְתְּ	תִּימָּשְׁכִי	הִימָּשְׁכִי
רבות	נִמְשָׁכוֹת	הוא	נִמְשַׁךְ	יִימָּשֵׁךְ	
		היא	נִמְשְׁכָה	תִּימָּשֵׁךְ	
		אנחנו	נִמְשַׁכְנוּ	נִימָּשֵׁךְ	
		אתם/ן	נִמְשַׁכְתֶּם/ן	תִּימָּשְׁכוּ *	הִימָּשְׁכוּ **
		הם/ן	נִמְשְׁכוּ	יִימָּשְׁכוּ *	

* less commonly: אתן/הן תִּימָּשַׁכְנָה

** less commonly: (אתן) הִימָּשַׁכְנָה

שם הפועל .Infin לְהִימָּשֵׁךְ

שם הפעולה Verbal N הִימָּשְׁכוּת being pulled/attracted

בינוני .Pres. Part נִמְשָׁךְ attracted; continuous

מקור מוחלט .Inf. Abs נִמְשׁוֹךְ, הִימָּשֵׁךְ

מָשַׁךְ/מוֹשֵׁךְ/יִמְשׁוֹךְ (יִמְשֹׁךְ) pull; attract; withdraw (from bank)

בניין : פָּעַל   גזרה : שלמים (אֶפְעוֹל)

	הווה/בינוני Pres./Part.			עבר Past	עתיד Fut.	ציווי Imp.
יחיד	מוֹשֵׁךְ	מָשׁוּךְ	אני	מָשַׁכְתִּי	אֶמְשׁוֹךְ	
יחידה	מוֹשֶׁכֶת	מְשׁוּכָה	אתה	מָשַׁכְתָּ	תִּמְשׁוֹךְ	מְשׁוֹךְ
רבים	מוֹשְׁכִים	מְשׁוּכִים	את	מָשַׁכְתְּ	תִּמְשְׁכִי	מִשְׁכִי
רבות	מוֹשְׁכוֹת	מְשׁוּכוֹת	הוא	מָשַׁךְ	יִמְשׁוֹךְ	
			היא	מָשְׁכָה	תִּמְשׁוֹךְ	
			אנחנו	מָשַׁכְנוּ	נִמְשׁוֹךְ	
			אתם/ן	מְשַׁכְתֶּם/ן *	תִּמְשְׁכוּ **	מִשְׁכוּ ***
			הם/ן	מָשְׁכוּ	יִמְשְׁכוּ **	

* Colloquial: מָשַׁכְתֶּם/ן

** less commonly: אתן/הן תִּמְשׁוֹכְנָה

*** less commonly: (אתן) מְשׁוֹכְנָה

שם הפועל .Infin לִמְשׁוֹךְ

מקור מוחלט .Inf. Abs מָשׁוֹךְ

ביני פעיל .Act. Part מוֹשֵׁךְ attractive

שם הפעולה Verbal N מְשִׁיכָה pulling, attracting, attraction; withdrawing (from bank)

ביני סביל .Pass. Part מָשׁוּךְ prolonged; stretched; moved; drawn (check)

מקור נטוי .Inf.+pron בְּמוֹשְׁכוֹ, כְּ...

הִתְמַשֵּׁךְ/הִתְמַשַּׁכ extend, be continuous

בניין : הִתְפַּעֵל   גזרה : שלמים

	הווה Present		עבר Past	עתיד Future	ציווי Imper.
יחיד	מִתְמַשֵּׁךְ	אני	הִתְמַשַּׁכְתִּי	אֶתְמַשֵּׁךְ	
יחידה	מִתְמַשֶּׁכֶת	אתה	הִתְמַשַּׁכְתָּ	תִּתְמַשֵּׁךְ	הִתְמַשֵּׁךְ
רבים	מִתְמַשְּׁכִים	את	הִתְמַשַּׁכְתְּ	תִּתְמַשְּׁכִי	הִתְמַשְּׁכִי
רבות	מִתְמַשְּׁכוֹת	הוא	הִתְמַשֵּׁךְ	יִתְמַשֵּׁךְ	
		היא	הִתְמַשְּׁכָה	תִּתְמַשֵּׁךְ	
		אנחנו	הִתְמַשַּׁכְנוּ	נִתְמַשֵּׁךְ	
		אתם/ן	הִתְמַשַּׁכְתֶּם/ן	תִּתְמַשְּׁכוּ *	הִתְמַשְּׁכוּ **
		הם/ן	הִתְמַשְּׁכוּ	יִתְמַשְּׁכוּ *	

* less commonly: אתן/הן תִּתְמַשֵּׁכְנָה
** less commonly: (אתן) הִתְמַשֵּׁכְנָה

שם הפועל .Infin לְהִתְמַשֵּׁךְ

שם הפעולה Verbal N הִתְמַשְּׁכוּת continuity, extension   מקור מוחלט .Inf. Abs הִתְמַשֵּׁךְ

♦ פעלים פחות שכיחים מאותו שורש Less frequent verbs from the same root

[מוּשָּׁךְ] > בינוני .Pres. Part מְמוּשָּׁךְ prolonged [the Pres. Part. is the only form in use]

הוּמְשַׁךְ be continued (מוּמְשָׁךְ, יוּמְשַׁךְ)

♦ דוגמאות Illustrations

ההרצאה הזאת **נִמְשֶׁכֶת** כבר שעה וחצי, אבל זה לא מפריע לי, מכיוון שהמרצה הזה מציג את דבריו באופן **מוֹשֵׁךְ**. אני מוכן **לְהַמְשִׁיךְ** לשמוע אותו אם הוא מוכן **לְהַמְשִׁיךְ** לדבר.

This lecture **has** already **lasted** for an hour and a half, but I do not mind, since this lecturer presents his arguments in an **attractive** fashion. I am willing **to continue** to listen to him if he is willing **to continue** to talk.

הדיונים ה**מְמוּשָּׁכִים**, ש**נִמְשְׁכוּ** כשנתיים, הגיעו למבוי סתום, אך נציגי שני הצדדים אינם שוללים אפשרות של **הַמְשָׁכַת** השיחות ב**הֶמְשֵׁךְ**, לאחר פסק זמן של כמה חודשים. כולנו מקווים שהמשא-ומתן אומנם **יוּמְשַׁךְ** בעתיד.

The **prolonged** discussions, which **lasted** about two years, have reached an impasse, but the representatives of either side do not exclude the possibility of **continuing** the dialogue **later**, after a few months' hiatus. We are all hoping that the negotiations **will** indeed **be continued** in the future.

הרומן ביניהם **מִתְמַשֵּׁךְ**, עם מספר הפסקות, כבר חמש עשרה שנים.

The relationship/affair between them **has** already **extended**, with a number of interruptions, over a period of fifteen years.

♦ ביטויים מיוחדים Special expressions

מָשַׁךְ בעול carry the burden   **מוֹשֵׁךְ** את הלב **attractive**

לבו **נִמְשַׁךְ** אחרי he **was attracted** to

מָשַׁךְ את ידיו מן העניין washed his hands of the affair

קנה ב**מְשִׁיכָה** acquire unlawfully, steal (used euphemistically)

מְשִׁיכָה מינית sexual **attraction**   ב**הֶמְשֵׁךְ** later, at some later time

הֶמְשֵׁךְ הדברים in the course of the conversation   **הֶמְשֵׁךְ** יבוא to be **continued**

כיתות **הֶמְשֵׁךְ** **continued** education classes (post-primary)

●מתח : לְמַתּוֹחַ, לְהִימָּתַח

מָתַח/מוֹתֵחַ/יִמְתַּח pull, stretch (tr.); cause suspense

בניין : פָּעַל   גזרה : שלמים + ל״ג

	Pres./Part. הווה/בינוני			Past עבר	Fut. עתיד	Imp. ציווי
יחיד	מוֹתֵחַ	מָתוּחַ	אני	מָתַחְתִּי	אֶמְתַּח	
יחידה	מוֹתַחַת	מְתוּחָה	אתה	מָתַחְתָּ	תִּמְתַּח	מְתַח
רבים	מוֹתְחִים	מְתוּחִים	את	מָתַחְתְּ/...חַת	תִּמְתְּחִי	מִתְחִי
רבות	מוֹתְחוֹת	מְתוּחוֹת	הוא	מָתַח	יִמְתַּח	
			היא	מָתְחָה	תִּמְתַּח	
			אנחנו	מָתַחְנוּ	נִמְתַּח	

		Pres./Part. הווה/בינוני		Past עבר	Fut. עתיד	Imp. ציווי
			אתם/ן	מְתַחְתֶּם/ן *	תִּמְתְּחוּ **	מִתְחוּ ***
			הם/ן	מָתְחוּ	יִמְתְּחוּ **	

שם הפועל .Infin לִמְתּוֹחַ — * Colloquial: מָתַחְתֶּם/ן

מקור מוחלט .Inf. Abs מָתוֹחַ — ** less commonly: אתן/הן תִּמְתַּחְנָה

ביני פעיל .Act. Part מוֹתֵחַ suspenseful — *** less commonly: (אתן) מְתַחְנָה

סביל ביני .Pass. Part מָתוּחַ stretched, taut; tense, nervous, anxious

שם הפעולה Verbal N מְתִיחָה stretching, pulling, face lift; practical joke (sl.)

מקור נטוי .Inf.+pron בְּמוֹתְחוֹ, כְּ...

נִמְתַּח/יִימָּתַח (יִמָּתַח) be stretched

בניין : נִפְעַל — גזרה : שלמים + ל״ג

	Present הווה		Past עבר	Future עתיד	Imper. ציווי
יחיד	נִמְתָּח	אני	נִמְתַּחְתִּי	אֶמָּתַח/...תֵחַ	
יחידה	נִמְתַּחַת	אתה	נִמְתַּחְתָּ	תִּימָּתַח/...תֵחַ	הִימָּתַח/..תֵחַ
רבים	נִמְתָּחִים	את	נִמְתַּחְתְּ/...חַת	תִּימָּתְחִי	הִימָּתְחִי
רבות	נִמְתָּחוֹת	הוא	נִמְתַּח	יִימָּתַח/...תֵחַ	
		היא	נִמְתְּחָה	תִּימָּתַח/...תֵחַ	
		אנחנו	נִמְתַּחְנוּ	נִימָּתַח/...תֵחַ	
		אתם/ן	נִמְתַּחְתֶּם/ן	תִּימָּתְחוּ *	הִימָּתְחוּ **
		הם/ן	נִמְתְּחוּ	יִימָּתְחוּ *	

שם הפועל .Infin לְהִימָּתַח — * less commonly: אתן/הן תִּימָּתַחְנָה

מקור מוחלט .Inf. Abs הִימָּתֵחַ, נִמְתּוֹחַ — ** less commonly: (אתן) הִימָּתַחְנָה

♦ פעלים פחות שכיחים מאותו שורש Less frequent verbs from the same root

הִתְמַתֵּחַ stretch oneself; become stretched out (מִתְמַתֵּחַ, יִתְמַתֵּחַ, לְהִתְמַתֵּחַ)

♦ דוגמאות Illustrations

הצייר **מָתַח** בד קנבס על מסגרת עץ, הצמיד אותו באקדח סיכות, והחל לעבוד.

The artist **stretched** canvas on a wood frame, attached it with a staple gun, and began to work.

המצב בגבול הצפון ממשיך להיות **מָתוּחַ**.

The situation on the northern border continues to be **tense**.

אם החוט **יִימָּתַח** יותר מדיי, הוא ייקרע.

If the string **is stretched** too tightly, it will snap.

♦ ביטויים מיוחדים Special expressions

מָתַח ביקורת (על) criticize

●מתן : לְמַתֵּן, לְהַמְתִּין

הִמְתִּין/הִמְתַּנ/יַמְתִּין wait; be patient

בניין : הִפְעִיל גזרה : ל״נ

	Present הווה		Past עבר	Future עתיד	Imper. ציווי
יחיד	מַמְתִּין	אני	הִמְתַּנְתִּי	אַמְתִּין	
יחידה	מַמְתִּינָה	אתה	הִמְתַּנְתָּ	תַּמְתִּין	הַמְתֵּן
רבים	מַמְתִּינִים	את	הִמְתַּנְתְּ	תַּמְתִּינִי	הַמְתִּינִי
רבות	מַמְתִּינוֹת	הוא	הִמְתִּין	יַמְתִּין	
		היא	הִמְתִּינָה	תַּמְתִּין	
		אנחנו	הִמְתַּנּוּ	נַמְתִּין	
		אתםץ	הִמְתַּנְתֶּםץ	תַּמְתִּינוּ *	הַמְתִּינוּ **
		הםץ	הִמְתִּינוּ	יַמְתִּינוּ *	

שם הפועל .Infin לְהַמְתִּין — less commonly *: אתןץהן תַּמְתֵּנָּה

שם הפעולה Verbal N הַמְתָּנָה waiting — less commonly **: (אתן) הַמְתֵּנָּה

בינוני .Pres. Part מַמְתִּין waiting (adj.) — מקור מוחלט .Inf. Abs הַמְתֵּן

מ״י מוצרכת .Gov. Prep הִמְתִּין ל- wait for

מִיתֵּן (מִתֵּן)/מִיתַּנ/מַתֵּן moderate, calm, soothe

בניין : פִּיעֵל גזרה : ל״נ

	Present הווה		Past עבר	Future עתיד	Imper. ציווי
יחיד	מְמַתֵּן	אני	מִיתַּנְתִּי	אֲמַתֵּן	
יחידה	מְמַתֶּנֶת	אתה	מִיתַּנְתָּ	תְּמַתֵּן	מַתֵּן
רבים	מְמַתְּנִים	את	מִיתַּנְתְּ	תְּמַתְּנִי	מַתְּנִי
רבות	מְמַתְּנוֹת	הוא	מִיתֵּן	יְמַתֵּן	
		היא	מִיתְּנָה	תְּמַתֵּן	
		אנחנו	מִיתַּנּוּ	נְמַתֵּן	
		אתםץ	מִיתַּנְתֶּםץ	תְּמַתְּנוּ *	מַתְּנוּ **
		הםץ	מִיתְּנוּ	יְמַתְּנוּ *	

שם הפועל .Infin לְמַתֵּן — less commonly *: אתןץהן תְּמַתֵּנָּה

בינוני .Pres. Part מְמַתֵּן moderating (adj.) — less commonly **: (אתן) מַתֵּנָּה

שם הפעולה Verbal N מִיתּוּן calming, moderation, economic slowdown

מקור מוחלט .Inf. Abs מַתֵּן

♦ פעלים פחות שכיחים מאותו שורש Less frequent verbs from the same root

הִתְמַתֵּן become moderate, slow down; be delayed (מִתְמַתֵּן, יִתְמַתֵּן, לְהִתְמַתֵּן)

מוּתַּן be moderated, be calmed, be soothed (בינוני .Pres. Part מְמוּתָּן moderated, יְמוּתַּן)

[מָתַן] < only Passive Participle exists: מָתוּן moderate

♦ דוגמאות Illustrations

לדעת שר האוצר, יש **לְמַתֵּן** את הפעילות הכלכלית של המשק ; רק **מִיתּוּן** של ממש יוכל לבלום את קצב האינפלציה. יש לעשות זאת על-ידי העלאה **מְתוּנָה** של שערי הריבית, **ולְהַמְתִּין** מספר חודשים עד שיתברר אם קצב הגידול אומנם החל **לְהִתְמַתֵּן**.

The finance minister feels that we need **to moderate** economic activity; only a real **(economic) slowdown** can check the inflation rate. It should be done through a **moderate** raise in interest rates, and we need **to wait** a few months until it becomes clear whether the growth rate has indeed begun to **slow down**.

♦ **ביטויים מיוחדים** Special expressions

בעמדת **הַמְתָּנָה** waiting for developments — שיחה **מַמְתִּינָה** call **waiting** (on phone)

חדר **הַמְתָּנָה** **waiting** room

●נאם : לִנְאוֹם

נָאַם/נוֹאֵם/יִנְאַם make a speech, address

בניין : פָּעַל — גזרה : שלמים (אֶפְעַל) + ע״ג

	הווה Present		עבר Past	עתיד Future	ציווי .Imper
יחיד	נוֹאֵם	אני	נָאַמְתִּי	אֶנְאַם	
יחידה	נוֹאֶמֶת	אתה	נָאַמְתָּ	תִּנְאַם	נְאַם
רבים	נוֹאֲמִים	את	נָאַמְתְּ	תִּנְאֲמִי	נַאֲמִי
רבות	נוֹאֲמוֹת	הוא	נָאַם	יִנְאַם	
		היא	נָאֲמָה	תִּנְאַם	
		אנחנו	נָאַמְנוּ	נִנְאַם	
		אתם/ן	* נְאַמְתֶּם/ן	** תִּנְאֲמוּ	*** נַאֲמוּ
		הם/ן	נָאֲמוּ	** יִנְאֲמוּ	

שם הפועל .Infin לִנְאוֹם — * Colloquial: נָאַמְתֶּם/ן

שם הפעולה Verbal N נְאִימָה speech-making — ** less commonly: אתן/הן תִּנְאַמְנָה

נְאוּם speech — *** less commonly: (אתן) נְאַמְנָה

מקור מוחלט .Inf. Abs נָאוֹם — מקור נטוי .Inf.+pron בְּנוֹאֲמוֹ, כְּ...

ביני פעיל .Act. Part נוֹאֵם speaker

♦ **דוגמאות** Illustrations

הנְאוּם נִמְשַׁךְ כשעה. **הנוֹאֵם נָאַם** אודות כשלונותיו של ראש הממשלה, אך לא התייחס כלל למשבר בו נתונה האופוזיציה, שאליה הוא משתייך.

The speech lasted about an hour. The **speaker made a speech** about the failures of the prime minister, but never referred to the crisis affecting the opposition, to which he belongs.

●נבח : לִנְבּוֹחַ

נָבַח/נוֹבֵחַ/יִנְבַּח bark

בניין : פָּעַל — גזרה : שלמים (אֶפְעַל) + ל״ג

	הווה Present		עבר Past	עתיד Future	ציווי .Imper
יחיד	נוֹבֵחַ	אני	נָבַחְתִּי	אֶנְבַּח	
יחידה	נוֹבַחַת	אתה	נָבַחְתָּ	תִּנְבַּח	נְבַח
רבים	נוֹבְחִים	את	נָבַחְתְּ/...חַת	תִּנְבְּחִי	נִבְחִי
רבות	נוֹבְחוֹת	הוא	נָבַח	יִנְבַּח	
		היא	נָבְחָה	תִּנְבַּח	

Present הווה		Past עבר	Future עתיד	Imper. ציווי
	אנחנו	נָבַחְנוּ	נִנְבַּח	
	אתם/ן	נְבַחְתֶּם/ן *	תִּנְבְּחוּ **	נִבְחוּ ***
	הם/ן	נָבְחוּ	יִנְבְּחוּ **	

שם הפועל .Infin לִנְבּוֹחַ — * Colloquial: נָבַחְתֶּם/ן

שם הפעולה Verbal N נְבִיחָה barking; a bark — ** less commonly: אתן/הן תִּנְבַּחְנָה

מקור מוחלט .Inf. Abs נָבוֹחַ — *** less commonly: (אתן) נְבַחְנָה

מ״י מוצרכת .Gov. Prep נָבַח עַל bark at — מקור נטוי .Inf.+pron בְּנוֹבְחוֹ, כְּ...

♦ דוגמאות Illustrations

אומרים שכלב **נוֹבֵחַ** אינו נושך ; הצרה היא שיש כלבים שאינם מכירים את הפתגם הזה, ואין להם בעייה גם **לִנְבּוֹחַ** וגם לנשוך.

They say that a **barking** dog does not bite; the trouble is that there are dogs that do not know this proverb, and have no problem **barking** and biting at the same time.

●נבט : לְהַבִּיט

הִבִּיט/הִבַּט/יַבִּיט look, gaze, regard

בניין : הִפְעִיל — גזרה : פ״נ

	Present הווה		Past עבר	Future עתיד	Imper. ציווי
יחיד	מַבִּיט	אני	הִבַּטְתִּי	אַבִּיט	
יחידה	מַבִּיטָה	אתה	הִבַּטְתָּ	תַּבִּיט	הַבֵּט
רבים	מַבִּיטִים	את	הִבַּטְתְּ	תַּבִּיטִי	הַבִּיטִי
רבות	מַבִּיטוֹת	הוא	הִבִּיט	יַבִּיט	
		היא	הִבִּיטָה	תַּבִּיט	
		אנחנו	הִבַּטְנוּ	נַבִּיט	
		אתם/ן	הִבַּטְתֶּם/ן	תַּבִּיטוּ *	הַבִּיטוּ **
		הם/ן	הִבִּיטוּ	יַבִּיטוּ *	

* less commonly: אתן/הן תַּבֵּטְנָה

** less commonly: (אתן) הַבֵּטְנָה

שם הפועל .Infin לְהַבִּיט

שם הפעולה Verbal N הַבָּטָה looking (הֶבֵּט aspect)

מקור מוחלט .Inf. Abs הַבֵּט

מ״י מוצרכת .Gov. Prep הִבִּיט בְּ- look/gaze at

A homonymous, less frequent root meaning "germinate, sprout," is not included in this collection.

♦ דוגמאות Illustrations

אני **מַבִּיט** בה כבר רבע שעה ולא מצליח להיזכר מאין אני מכיר אותה.

I've been looking at her for a quarter of an hour, and cannot recall where I know her from.

♦ ביטויים מיוחדים Special expressions

הִבִּיט עליו מלמעלה למטה **regard** one as inferior; condescend

●נבע : לְהַבִּיעַ, לִנְבּוֹעַ

הִבִּיעַ/הִבַּע/יַבִּיעַ express

בניין : הִפְעִיל   גזרה : פ״נ + ל״ג

	Present הווה		Past עבר	Future עתיד	Imper. ציווי
יחיד	מַבִּיעַ	אני	הִבַּעְתִּי	אַבִּיעַ	
יחידה	מַבִּיעָה	אתה	הִבַּעְתָּ	תַּבִּיעַ	הַבַּע
רבים	מַבִּיעִים	את	הִבַּעְתְּ/...עַת	תַּבִּיעִי	הַבִּיעִי
רבות	מַבִּיעוֹת	הוא	הִבִּיעַ	יַבִּיעַ	
		היא	הִבִּיעָה	תַּבִּיעַ	
		אנחנו	הִבַּעְנוּ	נַבִּיעַ	
		אתם/ן	הִבַּעְתֶּם/ן	תַּבִּיעוּ *	הַבִּיעוּ **
		הם/ן	הִבִּיעוּ	יַבִּיעוּ *	

שם הפועל .Infin לְהַבִּיעַ   * less commonly: אתן/הן תַּבַּעְנָה

שם הפעולה Verbal N הַבָּעָה expression   ** less commonly: (אתן) הַבַּעְנָה

מקור מוחלט .Inf. Abs הַבֵּעַ

נָבַע/נוֹבֵעַ/יִנְבַּע (יִבַּע) flow forth, stem, result, derive (intr.), evolve

בניין : פָּעַל   גזרה : שלמים (אֶפְעַל) (או פ״נ?) + ל״ג

	Present הווה		Past עבר	Future עתיד	Imper. ציווי
יחיד	נוֹבֵעַ	אני	נָבַעְתִּי	אֶנְבַּע (אֶבַּע)	
יחידה	נוֹבַעַת	אתה	נָבַעְתָּ	תִּנְבַּע (תִּיבַּע)	נְבַע
רבים	נוֹבְעִים	את	נָבַעְתְּ/...עַת	תִּנְבְּעִי (תִּיבְעִי)	נִבְעִי
רבות	נוֹבְעוֹת	הוא	נָבַע	יִנְבַּע (יִיבַּע)	
		היא	נָבְעָה	תִּנְבַּע (תִּיבַּע)	
		אנחנו	נָבַעְנוּ	נִנְבַּע (נִיבַּע)	
		אתם/ן	נְבַעְתֶּם/ן *	תִּנְבְּעוּ (תִּיבְעוּ) **	נִבְעוּ ***
		הם/ן	נָבְעוּ	יִנְבְּעוּ (יִיבְעוּ) **	

* Colloquial: נָבַעְתֶּם/ן

שם הפועל .Infin לִנְבּוֹעַ   ** less commonly: אתן/הן תִּנְבַּעְנָה (תִּיבַּעְנָה)

מקור מוחלט .Inf. Abs נָבוֹעַ   *** less commonly: (אתן) נְבַעְנָה

שם הפעולה Verbal N נְבִיעָה flowing forth   מקור נטוי .Inf.+pron בְּנוֹבְעוֹ, כְּ...

מ״י מוצרכת .Gov. Prep נָבַע מ- result/stem from

♦ פעלים פחות שכיחים מאותו שורש Less frequent verbs from the same root

הוּבַּע be expressed (מוּבָּע, יוּבַּע)

♦ דוגמאות Illustrations

לאחרונה **הוּבְּעוּ** מספר דיעות בשאלה ממה **נוֹבַעַת** העליה הגדולה באלימות במשפחה. מומחים אחדים **הִבִּיעוּ** דעתם שלמעשה לא חלה כל עליה; מה שעלה הוא מספר המקרים המדווחים למשטרה.

A number of opinions **have been expressed** lately regarding the question of what the great increase in domestic violence **results** from. Some experts **have expressed** their opinion that in fact, no increase has occurred; instead, what has gone up is the number of cases reported to the police.

♦ ביטויים מיוחדים Special expressions

הַבָּעַת תודה **expression** of gratitude — עט נוֹבֵעַ fountain pen

כמעיין הנּוֹבֵעַ expression describing a creative person, full of innovative ideas

●נגב : לְנַגֵּב

נִיגֵּב (נִגֵּב)/נִיגַּב/נַגֵּב wipe, dry

בניין : פִּיעֵל — גזרה : שלמים

Imper. ציווי	Future עתיד	Past עבר		Present הווה	
	אֲנַגֵּב	נִיגַּבְתִּי	אני	מְנַגֵּב	יחיד
נַגֵּב	תְּנַגֵּב	נִיגַּבְתָּ	אתה	מְנַגֶּבֶת	יחידה
נַגְּבִי	תְּנַגְּבִי	נִיגַּבְתְּ	את	מְנַגְּבִים	רבים
	יְנַגֵּב	נִיגֵּב	הוא	מְנַגְּבוֹת	רבות
	תְּנַגֵּב	נִיגְּבָה	היא		
	נְנַגֵּב	נִיגַּבְנוּ	אנחנו		
נַגְּבוּ **	תְּנַגְּבוּ	נִיגַּבְתֶּם/ן	אתם/ן		
	יְנַגְּבוּ *	נִיגְּבוּ	הם/ן		

שם הפועל .Infin לְנַגֵּב — * less commonly: אתן/הן תְּנַגֵּבְנָה

שם הפעולה Verbal N נִיגּוּב wiping, drying — ** less commonly: (אתן) נַגֵּבְנָה

מקור מוחלט .Inf. Abs נַגֵּב

♦ פעלים פחות שכיחים מאותו שורש Less frequent verbs from the same root

הִתְנַגֵּב dry/wipe oneself; become dry (מִתְנַגֵּב, יִתְנַגֵּב, לְהִתְנַגֵּב)

♦ דוגמאות Illustrations

עמירם התקלח **והִתְנַגֵּב**, אבל שוב שכח **לְנַגֵּב** את הרצפה מן המים שניתזו מן המקלחת.

Amiram took a shower and **wiped himself dry**, but again forgot **to wipe** the floor of the water that got sprayed out of the shower stall.

●נגד : לְהַגִּיד, לְהִתְנַגֵּד, לִנְגּוֹד

הִגִּיד/הֻגַּד/יַגִּיד tell, inform (note: past and present are literary)

בניין : הִפְעִיל — גזרה : פ״נ

Imper. ציווי	Future עתיד	Past עבר		Present הווה	
	אַגִּיד	הִגַּדְתִּי	אני	מַגִּיד	יחיד
הַגֵּד	תַּגִּיד	הִגַּדְתָּ	אתה	מַגִּידָה	יחידה
הַגִּידִי	תַּגִּידִי	הִגַּדְתְּ	את	מַגִּידִים	רבים
	יַגִּיד	הִגִּיד	הוא	מַגִּידוֹת	רבות
	תַּגִּיד	הִגִּידָה	היא		
	נַגִּיד	הִגַּדְנוּ	אנחנו		
הַגִּידוּ **	תַּגִּידוּ *	הִגַּדְתֶּם/ן	אתם/ן		
	יַגִּידוּ *	הִגִּידוּ	הם/ן		

נגד : לְהַגִּיד, לְהִתְנַגֵּד, לִנְגּוֹד

שם הפועל .Infin לְהַגִּיד — * less commonly: אתן/הן תַּגֵּדְנָה

שם הפעולה Verbal N הַגָּדָה telling; saga, tale — ** less commonly: (אתן) הַגֵּדְנָה

מקור מוחלט .Inf. Abs הַגֵּד

מ״י מוצרכת .Gov. Prep הִגִּיד ל- tell (someone)

הִתְנַגֵּד/הִתְנַגַּד oppose, object, resist

בניין : הִתְפַּעֵל — גזרה : שלמים

	הווה Present		עבר Past	עתיד Future	ציווי .Imper
יחיד	מִתְנַגֵּד	אני	הִתְנַגַּדְתִּי	אֶתְנַגֵּד	
יחידה	מִתְנַגֶּדֶת	אתה	הִתְנַגַּדְתָּ	תִּתְנַגֵּד	הִתְנַגֵּד
רבים	מִתְנַגְּדִים	את	הִתְנַגַּדְתְּ	תִּתְנַגְּדִי	הִתְנַגְּדִי
רבות	מִתְנַגְּדוֹת	הוא	הִתְנַגֵּד	יִתְנַגֵּד	
		היא	הִתְנַגְּדָה	תִּתְנַגֵּד	
		אנחנו	הִתְנַגַּדְנוּ	נִתְנַגֵּד	
		אתם/ן	הִתְנַגַּדְתֶּם/ן	* תִּתְנַגְּדוּ	** הִתְנַגְּדוּ
		הם/ן	הִתְנַגְּדוּ	* יִתְנַגְּדוּ	

שם הפועל .Infin לְהִתְנַגֵּד — * less commonly אתן/הן תִּתְנַגֵּדְנָה

שם הפעולה Verbal N הִתְנַגְּדוּת objection — ** less commonly: (אתן) הִתְנַגֵּדְנָה

בינוני .Pres. Part מִתְנַגֵּד objector — מקור מוחלט .Inf. Abs הִתְנַגֵּד

מ״י מוצרכת .Gov. Prep הִתְנַגֵּד ל- object to

נָגַד/נוֹגֵד/יִנְגּוֹד (יִנְגֹּד) be in opposition/contradiction (to)

בניין : פָּעַל — גזרה : שלמים

	הווה Present		עבר Past	עתיד Future	ציווי .Imper
יחיד	נוֹגֵד	אני	נָגַדְתִּי	אֶנְגּוֹד	
יחידה	נוֹגֶדֶת	אתה	נָגַדְתָּ	תִּנְגּוֹד	נְגוֹד
רבים	נוֹגְדִים	את	נָגַדְתְּ	תִּנְגְּדִי	נִגְדִי
רבות	נוֹגְדוֹת	הוא	נָגַד	יִנְגּוֹד	
		היא	נָגְדָה	תִּנְגּוֹד	
		אנחנו	נָגַדְנוּ	נִנְגּוֹד	
		אתם/ן	* נְגַדְתֶּם/ן	** תִּנְגְּדוּ	*** נִגְדוּ
		הם/ן	נָגְדוּ	** יִנְגְּדוּ	

שם הפועל .Infin לִנְגּוֹד — * Colloquial: נָגַדְתֶּם/ן

מקור מוחלט .Inf. Abs נָגוֹד — ** less commonly: אתן/הן תִּנְגּוֹדְנָה

מקור נטוי .Inf.+pron בְּנוֹגְדוֹ, כְּ... — *** less commonly: (אתן) נְגוֹדְנָה

בינוני .Pres. Part נוֹגֵד opposing, contradictory

קָטִיל CaCiC adj./N. נָגִיד influential or wealthy person; governor

♦ פעלים פחות שכיחים מאותו שורש Less frequent verbs from the same root

נִיגֵּד be in opposition (מְנַגֵּד, יְנַגֵּד, לְנַגֵּד) > שם הפעולה Verbal N נִיגּוּד contrast

נוּגַּד be opposite/opposed (מְנוּגָּד, יְנוּגַּד) > בינוני .Pres. Part מְנוּגָּד opposite, opposed

♦ דוגמאות Illustrations

חששתי מאוד שחיים **יִתְנַגֵּד** להצעה, כיוון שהיא **נוֹגֶדֶת** את כל מה שחשבתי שהוא מאמין בו, אבל להפתעתי לא הייתה לו שום **הִתְנַגְּדוּת**. אני חושב שאגש אליו **ואַגִּיד** לו שאני שמח על תגובתו החיובית.

I was afraid that Hayyim would **object** to the proposal, since it **contradicts** everything I thought he believes in, but to my surprise he had no **objection**. I think I'll approach him later and **tell** him that I appreciate his positive response.

♦ ביטויים מיוחדים Special expressions

אל **תַּגִּידוּ** בגת Do not advertise this news

הַגָּדָה של פסח the Passover Haggadah

הַהַגָּדָה לבית פורסייט The Forsyte **Saga**

מַגִּיד עתידות fortune **teller**

● נגן : לְנַגֵּן, לְהִתְנַגֵּן

play (a musical instrument, music) נִיגֵּן (נִגֵּן)/נִיגַּנ/נַגֵּן

בניין : פִּיעֵל גזרה : ל״נ

Imper. ציווי	Future עתיד	Past עבר		Present הווה	
	אֲנַגֵּן	נִיגַּנְתִּי	אני	מְנַגֵּן	יחיד
נַגֵּן	תְּנַגֵּן	נִיגַּנְתָּ	אתה	מְנַגֶּנֶת	יחידה
נַגְּנִי	תְּנַגְּנִי	נִיגַּנְתְּ	את	מְנַגְּנִים	רבים
	יְנַגֵּן	נִיגֵּן	הוא	מְנַגְּנוֹת	רבות
	תְּנַגֵּן	נִיגְּנָה	היא		
	נְנַגֵּן	נִיגַּנּוּ	אנחנו		
נַגְּנוּ **	תְּנַגְּנוּ	נִיגַּנְתֶּם/ן	אתם/ן		
	יְנַגְּנוּ *	נִיגְּנוּ	הם/ן		

* less commonly: אתן/הן תְּנַגֵּנָּה

** less commonly: (אתן) נַגֵּנָּה

שם הפועל .Infin לְנַגֵּן

שם הפעולה Verbal N נִיגּוּן playing; tune; cantillation

בינוני .Pres. Part מְנַגֵּן player (of mus. instr.)

מקור מוחלט .Inf. Abs נַגֵּן

מ״י מוצרכת .Gov. Prep נִיגֵּן ב- play (an instr.)

be sung, come out as melody הִתְנַגֵּן/הִתְנַגַּנ

בניין : הִתְפַּעֵל גזרה : ל״נ

Imper. ציווי	Future עתיד	Past עבר		Present הווה	
	אֶתְנַגֵּן	הִתְנַגַּנְתִּי	אני	מִתְנַגֵּן	יחיד
הִתְנַגֵּן	תִּתְנַגֵּן	הִתְנַגַּנְתָּ	אתה	מִתְנַגֶּנֶת	יחידה
הִתְנַגְּנִי	תִּתְנַגְּנִי	הִתְנַגַּנְתְּ	את	מִתְנַגְּנִים	רבים
	יִתְנַגֵּן	הִתְנַגֵּן	הוא	מִתְנַגְּנוֹת	רבות
	תִּתְנַגֵּן	הִתְנַגְּנָה	היא		
	נִתְנַגֵּן	הִתְנַגַּנּוּ	אנחנו		
הִתְנַגְּנוּ **	תִּתְנַגְּנוּ *	הִתְנַגַּנְתֶּם/ן	אתם/ן		
	יִתְנַגְּנוּ *	הִתְנַגְּנוּ	הם/ן		

* less commonly אתן/הן תִּתְנַגֵּנָּה

** less commonly: (אתן) הִתְנַגֵּנָּה

שם הפועל .Infin לְהִתְנַגֵּן

שם הפעולה Verbal N הִתְנַגְּנוּת bursting into song
בינוני Pres. Part. מִתְנַגֵּן melodious מקור מוחלט Inf. Abs. הִתְנַגֵּן

♦ פעלים פחות שכיחים מאותו שורש Less frequent verbs from the same root
נוּגַּן (מְנוּגָּן, יְנוּגַּן) be played (music, mus. instr.)

♦ דוגמאות Illustrations
היצירות של המלחין הזה **מְנוּגָּנוֹת** ברדיו רק לעיתים רחוקות, כאשר **מְנַגֶּנֶת** אותן תזמורת ידועה.
This composer's works **are played** only rarely on the radio, when a well-known orchestra **plays** them.
שיריו של המשורר הזה מצטיינים בקצב כה מושלם, שהם **מִתְנַגְּנִים** מאליהם ברגע שמלחין נוגע בהם.
This poet's poems are so perfectly rhythmical that they **come out as song** as soon as a composer touches them.
גיל **מְנַגֵּן** בכינור ; אומרים שהוא אחד **הַמְנַגְּנִים** הטובים ביותר בכלי מאז פרלמן.
Gil **plays** the violin; they say that he is one of the best **players** of the instrument since Perlman.

♦ ביטויים מיוחדים Special expressions
יודע-**נַגֵּן** expert player/musician **מְנַגֵּן** על העצבים get on people's nerves (sl.)

● נגע : לְהַגִּיעַ, לָגַעַת/לִנְגּוֹעַ

הִגִּיעַ/הַגַּע/יַגִּיעַ arrive, reach; approach; deserve something (coll.)

בניין : הִפְעִיל גזרה : פ״נ + ל״ג

	Present הווה		Past עבר	Future עתיד	Imper. ציווי
יחיד	מַגִּיעַ	אני	הִגַּעְתִּי	אַגִּיעַ	
יחידה	מַגִּיעָה	אתה	הִגַּעְתָּ	תַּגִּיעַ	הַגַּע
רבים	מַגִּיעִים	את	הִגַּעְתְּ/...עַת	תַּגִּיעִי	הַגִּיעִי
רבות	מַגִּיעוֹת	הוא	הִגִּיעַ	יַגִּיעַ	
		היא	הִגִּיעָה	תַּגִּיעַ	
		אנחנו	הִגַּעְנוּ	נַגִּיעַ	
		אתם/ן	הִגַּעְתֶּם/ן	תַּגִּיעוּ *	הַגִּיעוּ **
		הם/ן	הִגִּיעוּ	יַגִּיעוּ *	

שם הפועל .Infin לְהַגִּיעַ * less commonly: אתן/הן תַּגַּעְנָה
שם הפעולה Verbal N הַגָּעָה arriving, reaching ** less commonly: (אתן) הַגַּעְנָה
מקור מוחלט .Inf. Abs הַגֵּעַ

נָגַע/נוֹגֵעַ/יִיגַּע touch; approach; concern, affect

בניין : פָּעַל גזרה : פ״נ + ל״ג (אֶפְעַל)

	Pres./Part. הווה/בינוני			Past עבר	Fut. עתיד	Imp. ציווי
יחיד	נוֹגֵעַ	נָגוּעַ	אני	נָגַעְתִּי	אֶגַּע	
יחידה	נוֹגַעַת	נְגוּעָה	אתה	נָגַעְתָּ	תִּיגַּע	גַּע
רבים	נוֹגְעִים	נְגוּעִים	את	נָגַעְתְּ/...עַת	תִּיגְּעִי	גְּעִי
רבות	נוֹגְעוֹת	נְגוּעוֹת	הוא	נָגַע	יִיגַּע	

Imp. ציווי	Fut. עתיד	Past עבר		Pres./Part. הווה/בינוני
	תִּיגַּע	נָגְעָה	היא	
	נִיגַּע	נָגַעְנוּ	אנחנו	
גְּעוּ ***	תִּיגְּעוּ **	נְגַעְתֶּם/ן *	אתם/ן	
	יִיגְּעוּ **	נָגְעוּ	הם/ן	

שם הפועל .Infin לָגַעַת/לִנְגּוֹעַ/לִגַּע   Colloquial * : נָגַעְתֶּם/ן

שם הפעולה Verbal N נְגִיעָה touching, touch   less commonly ** : אתן/הן תִּיגַּעְנָה

ביני פעיל .Act. Part נוֹגֵעַ relevant, pertaining   less commonly *** : (אתן) גַּעְנָה

ביני סביל .Pass. Part נָגוּעַ affected, contaminated

מקור מוחלט .Inf. Abs נָגוֹעַ   מקור נטוי .Inf.+pron בְּנוֹגְעוֹ, כְּ...

מ״י מוצרכת .Gov. Prep נָגַע בְּ- touch (something)

מ״י מוצרכת .Gov. Prep נָגַע לְ- concern (something)

♦ דוגמאות Illustrations

כל מוסלמי אדוק חולם **לְהַגִּיעַ** למכה כדי **לָגַעַת** באבן הכעבה.

Every devout Moslem dreams of **reaching** Mecca and **touching** the Ka`ba stone.

מה **בנוֹגֵעַ** לכסף ש**מַגִּיעַ** לי ממך?

What about the money **coming** to me from you?

♦ ביטויים מיוחדים Special expressions

הדבר **נָגַע** ללבו/עד לבו he was **touched**

נוֹגֵעַ בדבר a concerned party

לכל ה**נוֹגֵעַ** בדבר to whom it may concern

אל **תִּיגַּע**! don't **touch**!

בנוֹגֵעַ ל- ...concerning

הִגִּיעַ הזמן the time has come

הִגִּיעַ לפרקו his time has come; has **reached** marriageable age

הִגִּיעוּ מים עד נפש the situation has become unbearable

כמה **מַגִּיעַ** לך? how much (money) do I owe you?

זה **מַגִּיעַ** לו he **deserves** it

לא **הִגִּיעַ** לקרסוליו של... is significantly inferior to ...

אל תדין את חברך עד ש**תַּגִּיעַ** למקומו don't judge others before you have experienced what they have been through

● נגש : לְהַגִּישׁ, לָגֶשֶׁת, לְהִתְנַגֵּשׁ

הִגִּישׁ/הִגַּשׁ/יַגִּישׁ present, hand in, turn in, submit; serve (food); lodge (complaint)

בניין : הִפְעִיל   גזרה : פ״נ

Imper. ציווי	Future עתיד	Past עבר		Present הווה	
	אַגִּישׁ	הִגַּשְׁתִּי	אני	מַגִּישׁ	יחיד
הַגֵּשׁ	תַּגִּישׁ	הִגַּשְׁתָּ	אתה	מַגִּישָׁה	יחידה
הַגִּישִׁי	תַּגִּישִׁי	הִגַּשְׁתְּ	את	מַגִּישִׁים	רבים
	יַגִּישׁ	הִגִּישׁ	הוא	מַגִּישׁוֹת	רבות
	תַּגִּישׁ	הִגִּישָׁה	היא		
	נַגִּישׁ	הִגַּשְׁנוּ	אנחנו		
הַגִּישׁוּ **	תַּגִּישׁוּ *	הִגַּשְׁתֶּם/ן	אתם/ן		
	יַגִּישׁוּ *	הִגִּישׁוּ	הם/ן		

שם הפועל .Infin לְהַגִּישׁ   less commonly * :אתן/הן תַּגֵּשְׁנָה

בינוני .Pres. Part מַגִּישׁ presenter   less commonly ** :(אתן) הַגֵּשְׁנָה

שם הפעולה Verbal N הַגָּשָׁה presenting; serving (food)

מקור מוחלט .Inf. Abs הַגֵּשׁ

מ״י מוצרכת .Gov. Prep הִגִּישׁ ל- present/serve to

נִיגַּשׁ (נִגַּשׁ)/יִיגַּשׁ approach; begin, get down to (work)

בניין : נִפְעַל (הווה, עבר), פָּעַל (מקור, עתיד, ציווי)   גזרה : פ״נ

	Present הווה		Past עבר	Future עתיד	Imper. ציווי
יחיד	נִיגָּשׁ	אני	נִיגַּשְׁתִּי	אֶגַּשׁ	
יחידה	נִיגֶּשֶׁת	אתה	נִיגַּשְׁתָּ	תִּיגַּשׁ	גַּשׁ (גֶּשׁ-)
רבים	נִיגָּשִׁים	את	נִיגַּשְׁתְּ	תִּיגְּשִׁי	גְּשִׁי
רבות	נִיגָּשׁוֹת	הוא	נִיגַּשׁ	יִיגַּשׁ	
		היא	נִיגְּשָׁה	תִּיגַּשׁ	
		אנחנו	נִיגַּשְׁנוּ	נִיגַּשׁ	
		אתם/ן	נִיגַּשְׁתֶּם/ן	תִּיגְּשׁוּ	גְּשׁוּ **
		הם/ן	נִיגְּשׁוּ	יִיגְּשׁוּ *	

שם הפועל .Infin לָגֶשֶׁת   less commonly * :אתן/הן תִּיגַּשְׁנָה

מקור מוחלט .Inf. Abs נָגוֹשׁ   less commonly ** :(אתן) גֵּשְׁנָה

מ״י מוצרכת .Gov. Prep נִיגַּשׁ אל/ל- approach (someone/something)

מקור נטוי .Inf.+pron בְּגִשְׁתּוֹ, כְּ...   קָטִיל .CaCiC adj./N נָגִישׁ accessible

הִתְנַגֵּשׁ/הִתְנַגַּשׁ clash, conflict; collide (vehicles)

בניין : הִתְפַּעֵל   גזרה : שלמים

	Present הווה		Past עבר	Future עתיד	Imper. ציווי
יחיד	מִתְנַגֵּשׁ	אני	הִתְנַגַּשְׁתִּי	אֶתְנַגֵּשׁ	
יחידה	מִתְנַגֶּשֶׁת	אתה	הִתְנַגַּשְׁתָּ	תִּתְנַגֵּשׁ	הִתְנַגֵּשׁ
רבים	מִתְנַגְּשִׁים	את	הִתְנַגַּשְׁתְּ	תִּתְנַגְּשִׁי	הִתְנַגְּשִׁי
רבות	מִתְנַגְּשׁוֹת	הוא	הִתְנַגֵּשׁ	יִתְנַגֵּשׁ	
		היא	הִתְנַגְּשָׁה	תִּתְנַגֵּשׁ	
		אנחנו	הִתְנַגַּשְׁנוּ	נִתְנַגֵּשׁ	
		אתם/ן	הִתְנַגַּשְׁתֶּם/ן	תִּתְנַגְּשׁוּ *	הִתְנַגְּשׁוּ **
		הם/ן	הִתְנַגְּשׁוּ	יִתְנַגְּשׁוּ *	

שם הפועל .Infin לְהִתְנַגֵּשׁ   less commonly * :אתן/הן תִּתְנַגֵּשְׁנָה

בינוני .Pres. Part מִתְנַגֵּשׁ conflicting   less commonly ** :(אתן) הִתְנַגֵּשְׁנָה

שם הפעולה Verbal N הִתְנַגְּשׁוּת clash, collision   מקור מוחלט .Inf. Abs הִתְנַגֵּשׁ

מ״י מוצרכת .Gov. Prep הִתְנַגֵּשׁ ב- clash/collide with

הוּגַּשׁ (הֻגַּשׁ) be presented, be served, be lodged

בניין : הוּפְעַל   גזרה : פ״נ

	Present הווה		Past עבר	Future עתיד
יחיד	מוּגָּשׁ	אני	הוּגַּשְׁתִּי	אוּגַּשׁ
יחידה	מוּגֶּשֶׁת	אתה	הוּגַּשְׁתָּ	תּוּגַּשׁ
רבים	מוּגָּשִׁים	את	הוּגַּשְׁתְּ	תּוּגְּשִׁי

		Present הווה		Past עבר	Future עתיד
רבות	מוּגָשׁוֹת		הוא	הוּגַּשׁ	יוּגַּשׁ
			היא	הוּגְּשָׁה	תּוּגַּשׁ
			אנחנו	הוּגַּשְׁנוּ	נוּגַּשׁ
			אתם/ן	הוּגַּשְׁתֶּם/ן	תּוּגְּשׁוּ *
			הם/ן	הוּגְּשׁוּ	יוּגְּשׁוּ *

* less commonly: אתן/הן תּוּגַּשְׁנָה

♦ **דוגמאות** Illustrations

התנצלתי בפני המרצה על ש**הִגַּשְׁתִּי** את העבודה מאוחר, אבל הוא אמר שזה בסדר; לפחות שליש מן העבודות **מוּגָשׁוֹת** תמיד באיחור, וכל עוד האיחור אינו גדול, אין הוא מקפיד על כך.

I apologized to the professor for **having handed in** my paper late, but he said it was all right; at least a third of the papers **are** always **handed in** late, and as long as the delay is not that long, he is not strict about it.

השוטר **נִיגַּשׁ** אליי וביקש לראות את רשיון הנהיגה שלי. אמרתי לו ש**הִתְנַגַּשְׁתִּי** בעץ משום שאיבדתי את השליטה בהגה.

The policeman **approached** me and asked to see my driver's license. I told him that I **collided** with the tree because I had lost control of the steering wheel.

הייתה ביניהם **הִתְנַגְּשׁוּת** בענייני כספים, אבל בסופו של דבר הם התפייסו.

They had a **clash** on financial matters, but in the end they made up.

●נדב : לְהִתְנַדֵּב, לְנַדֵּב

הִתְנַדֵּב/הִתְנַדַּב volunteer

בניין : הִתְפַּעֵל גזרה : שלמים

	Present הווה		Past עבר	Future עתיד	Imper. ציווי
יחיד	מִתְנַדֵּב	אני	הִתְנַדַּבְתִּי	אֶתְנַדֵּב	
יחידה	מִתְנַדֶּבֶת	אתה	הִתְנַדַּבְתָּ	תִּתְנַדֵּב	הִתְנַדֵּב
רבים	מִתְנַדְּבִים	את	הִתְנַדַּבְתְּ	תִּתְנַדְּבִי	הִתְנַדְּבִי
רבות	מִתְנַדְּבוֹת	הוא	הִתְנַדֵּב	יִתְנַדֵּב	
		היא	הִתְנַדְּבָה	תִּתְנַדֵּב	
		אנחנו	הִתְנַדַּבְנוּ	נִתְנַדֵּב	
		אתם/ן	הִתְנַדַּבְתֶּם/ן	תִּתְנַדְּבוּ *	הִתְנַדְּבוּ **
		הם/ן	הִתְנַדְּבוּ	יִתְנַדְּבוּ *	

שם הפועל .Infin לְהִתְנַדֵּב — * less commonly אתן/הן תִּתְנַדֵּבְנָה

בינוני .Pres. Part מִתְנַדֵּב volunteer — ** less commonly: (אתן) הִתְנַדֵּבְנָה

שם הפעולה Verbal N הִתְנַדְּבוּת volunteering — מקור מוחלט .Inf. Abs הִתְנַדֵּב

מ״י מוצרכת .Gov. Prep הִתְנַדֵּב ל- volunteer for — תואר הפועל .Adv בְּהִתְנַדְּבוּת voluntarily

נִידֵּב (נִדֵּב)/נִידַּב/נַדֵּב donate

בניין : פִּיעֵל גזרה : שלמים

	Present הווה		Past עבר	Future עתיד	Imper. ציווי
יחיד	מְנַדֵּב	אני	נִידַּבְתִּי	אֲנַדֵּב	
יחידה	מְנַדֶּבֶת	אתה	נִידַּבְתָּ	תְּנַדֵּב	נַדֵּב

			Present הווה		Past עבר	Future עתיד	Imper. ציווי
רבים	מְנַדְּבִים		את	נִידַבְתְּ		תְּנַדְּבִי	נַדְּבִי
רבות	מְנַדְּבוֹת		הוא	נִידֵּב		יְנַדֵּב	
			היא	נִידְּבָה		תְּנַדֵּב	
			אנחנו	נִידַּבְנוּ		נְנַדֵּב	
			אתם/ן	נִידַּבְתֶּם/ן		תְּנַדְּבוּ	נַדְּבוּ **
			הם/ן	נִידְּבוּ		יְנַדְּבוּ *	

שם הפועל .Infin לְנַדֵּב — * less commonly: אתן/הן תְּנַדֵּבְנָה

מקור מוחלט .Inf. Abs נַדֵּב — ** less commonly: (אתן) נַדֵּבְנָה

♦ **פעלים פחות שכיחים מאותו שורש** Less frequent verbs from the same root

נוּדַּב be donated (coll. only) (מְנוּדָּב, יְנוּדַּב)

נָדַב donate, give generously > קָטִיל .CaCiC adj./N נָדִיב generous

הִתְנוּדֵּב (הִתְנַדֵּב + נוּדַּב) be forced to volunteer (sl., past tense only?)

♦ **דוגמאות** Illustrations

הישראלי נוהג לומר: כלל ראשון בצבא – אף פעם אל **תִּתְנַדֵּב**! מצד שני, המתגייסים נוטים **לְהִתְנַדֵּב** לחילות הקרביים.

The Israeli often says: first rule in the army – never **volunteer**! On the other hand, new recruits do tend **to volunteer** to (serve in) the combatant units.

גדולתו של תורם זה היא בכך שהוא **מְנַדֵּב** כספים בעילום שם, מבלי לבקש הכרה.

The greatness of this contributor is in (the fact) that he **donates** funds anonymously, without seeking recognition.

●נדד : לִנְדּוֹד

נָדַד/נוֹדֵד/יִנְדּוֹד (יִידּוֹד/יִידַּד) [יִנְדֹּד (יִדֹּד/יִדַּד)] wander, roam, migrate (birds)

בניין: פָּעַל גזרה: שלמים (או פ"נ)

	הווה/בינוני .Pres./Part			עבר Past	עתיד .Fut	ציווי .Imp
יחיד	נוֹדֵד	נָדוּד	אני	נָדַדְתִּי	אֶנְדּוֹד/אֶדּוֹד	
יחידה	נוֹדֶדֶת	נְדוּדָה	אתה	נָדַדְתָּ	תִּנְדּוֹד/תִּידּוֹד	נְדוֹד/דּוֹד
רבים	נוֹדְדִים	נְדוּדִים	את	נָדַדְתְּ	תִּנְדְּדִי/תִּידּוֹדִי	נִדְדִי/דּוֹדִי
רבות	נוֹדְדוֹת	נְדוּדוֹת	הוא	נָדַד	יִנְדּוֹד/יִידּוֹד	
			היא	נָדְדָה	תִּנְדּוֹד/תִּידּוֹד	
			אנחנו	נָדַדְנוּ	נִנְדּוֹד/נִידּוֹד	
			אתם/ן	נְדַדְתֶּם/ן*	תִּנְדְּדוּ/תִּידּוֹדוּ**	נִדְדוּ/דּוֹדוּ ***
			הם/ן	נָדְדוּ	יִנְדְּדוּ/יִידּוֹדוּ **	

שם הפועל .Infin לִנְדּוֹד — * Colloquial: נָדַדְתֶּם/ן

מקור מוחלט .Inf. Abs נָדוֹד — ** less commonly: אתן/הן תִּנְדּוֹדְנָה/תִּידּוֹדְנָה

מקור נטוי .Inf.+pron בְּנוֹדְדוֹ, כְּ... — *** less commonly: (אתן) נְדוֹדְנָה/דּוֹדְנָה

ביני פעיל .Act. Par נוֹדֵד wandering/migrant — ביני סביל .Pass. Par נָדוּד unstable; restless (lit.)

שם הפעולה Verbal N נְדִידָה wandering (N), migration

♦ **דוגמאות** Illustrations

הציפורים הללו **נוֹדְדוֹת** מצפון אירופה לאפריקה ובחזרה. חוקרים רבים עוקבים אחרי מנהגי **נְדִידָתָן**.

These birds **migrate** from Northern Europe and back. Many researchers follow their **migration** habits.

בימי הביניים, היהודים **נָדְדוּ** ממערב אירופה למזרחה; יש טוענים שכיוון **הנְדִידָה** היה הפוך.

In the Middle Ages, the Jews **wandered** from Western to Eastern Europe; some claim that the **wandering/migration** pattern was the reverse.

♦ **ביטויים מיוחדים** Special expressions

נָדְדָה שנתו be unable to sleep — **נְדוּדֵי** שינה being unable to sleep

היהודי **הנוֹדֵד** the **wandering** Jew — תערוכה **נוֹדֶדֶת** a **mobile** exhibit

●נהג : לִנְהוֹג, לְהִתְנַהֵג, לְהַנְהִיג

נָהַג/נוֹהֵג/יִנְהַג drive (vehicle); lead; be accustomed (to); behave/act (as)

בניין : פָּעַל   גזרה : שלמים (אֶפְעַל) + ע״ג

	הווה/בינוני Pres./Part.			עבר Past	עתיד Future	ציווי Imper.
יחיד	נוֹהֵג	נָהוּג	אני	נָהַגְתִּי	אֶנְהַג	
יחידה	נוֹהֶגֶת	נְהוּגָה	אתה	נָהַגְתָּ	תִּנְהַג	נְהַג
רבים	נוֹהֲגִים	נְהוּגִים	את	נָהַגְתְּ	תִּנְהֲגִי	נַהֲגִי
רבות	נוֹהֲגוֹת	נְהוּגוֹת	הוא	נָהַג	יִנְהַג	
			היא	נָהֲגָה	תִּנְהַג	
			אנחנו	נָהַגְנוּ	נִנְהַג	
			אתם/ן	נְהַגְתֶּם/ן *	תִּנְהֲגוּ **	נַהֲגוּ ***
			הם/ן	נָהֲגוּ	יִנְהֲגוּ **	

שם הפועל .Infin לִנְהוֹג

מקור מוחלט .Inf. Abs נָהוֹג

מקור נטוי .Inf.+pron בְּנוֹהֲגוֹ, כְּ...

* Colloquial: נָהַגְתֶּם/ן

** less commonly: אתן/הן תִּנְהַגְנָה

*** less commonly: (אתן) נְהַגְנָה

ביני סביל .Pass. Part נָהוּג customary, usual

שם הפעולה Verbal N נְהִיגָה driving (vehicle); leading

מ״י מוצרכת .Gov. Prep נָהַג בּ- drive (vehicle); treat

מ״י מוצרכת .Gov. Prep נָהַג ל- be used to

הִתְנַהֵג/הִתְנַהַג behave, conduct oneself

בניין : הִתְפַּעֵל   גזרה : שלמים + ע״ג

	הווה Present		עבר Past	עתיד Future	ציווי Imper.
יחיד	מִתְנַהֵג	אני	הִתְנַהַגְתִּי	אֶתְנַהֵג	
יחידה	מִתְנַהֶגֶת	אתה	הִתְנַהַגְתָּ	תִּתְנַהֵג	הִתְנַהֵג
רבים	מִתְנַהֲגִים	את	הִתְנַהַגְתְּ	תִּתְנַהֲגִי	הִתְנַהֲגִי
רבות	מִתְנַהֲגוֹת	הוא	הִתְנַהֵג	יִתְנַהֵג	
		היא	הִתְנַהֲגָה	תִּתְנַהֵג	
		אנחנו	הִתְנַהַגְנוּ	נִתְנַהֵג	

Imper. ציווי	Future עתיד	Past עבר		Present הווה
הִתְנַהֲגוּ **	תִּתְנַהֲגוּ *	הִתְנַהַגְתֶּם/ן	אתם/ן	
	יִתְנַהֲגוּ *	הִתְנַהֲגוּ	הם/ן	

שם הפועל .Infin לְהִתְנַהֵג   * less commonly: אתן/הן תִּתְנַהֵגְנָה

מקור מוחלט .Inf. Abs הִתְנַהֵג   ** less commonly: (אתן) הִתְנַהֵגְנָה

שם הפעולה Verbal N הִתְנַהֲגוּת behavior, conduct

הִנְהִיג/הִנְהַג/יַנְהִיג lead, direct; establish (custom, rule)

בניין : הִפְעִיל   גזרה : שלמים

Imper. ציווי	Future עתיד	Past עבר		Present הווה	
	אַנְהִיג	הִנְהַגְתִּי	אני	מַנְהִיג	יחיד
הַנְהֵג	תַּנְהִיג	הִנְהַגְתָּ	אתה	מַנְהִיגָה	יחידה
הַנְהִיגִי	תַּנְהִיגִי	הִנְהַגְתְּ	את	מַנְהִיגִים	רבים
	יַנְהִיג	הִנְהִיג	הוא	מַנְהִיגוֹת	רבות
	תַּנְהִיג	הִנְהִיגָה	היא		
	נַנְהִיג	הִנְהַגְנוּ	אנחנו		
הַנְהִיגוּ **	תַּנְהִיגוּ *	הִנְהַגְתֶּם/ן	אתם/ן		
	יַנְהִיגוּ *	הִנְהִיגוּ	הם/ן		

שם הפועל .Infin לְהַנְהִיג   * less commonly: אתן/הן תַּנְהֵגְנָה

שם הפעולה Verbal N הַנְהָגָה leadership; directing   ** less commonly: (אתן) הַנְהֵגְנָה

בינוני .Pres. Part מַנְהִיג leader   מקור מוחלט .Inf. Abs הַנְהֵג

♦ פעלים פחות שכיחים מאותו שורש Less frequent verbs from the same root

הוּנְהַג be led; be established (custom, rule) (מוּנְהָג, יוּנְהַג)

♦ דוגמאות Illustrations

יש אנשים שקשה להם **לִנְהוֹג** בלילה. **הנְהִיגָה** בלילה אינה קלה, **והִתְנַהֲגוּת** הנהגים מושפעת מן הראות המופחתת.

Some people find it hard **to drive** at night. **Driving** at night is not easy, and driver **behavior** is affected by the reduced visibility.

הכלב שלנו **מִתְנַהֵג** כל כך טוב סביב הנכדים, שהם שמחים מאוד כשאנחנו מביאים אותו איתנו בביקורינו התכופים.

Our dog **behaves** so well in the presence of the grandchildren, that they are very happy when we bring it with us on our frequent visits.

התקופה המסוכנת ביותר בתולדות מדינה היא כאשר כל תושביה מחכים ל**מַנְהִיג** חזק, ש**יַנְהִיג** את העם באופן החלטי ויעיל.

The most dangerous period in the history of a state is when all of its people expect a strong **leader**, who **will lead** the nation in a determined and efficient manner.

חוק חדש **הוּנְהַג** בארץ : יש **לִנְהוֹג** עם אורות כל החורף, אפילו כשאין גשם.

A new law **was introduced**: one has **to drive** with the lights on all winter, even when it does not rain.

הממשל **הִנְהִיג** את יום הולדתו של מרטין לותר קינג כחג לאומי.

The administration **established** Martin Luther King's birthday as a national holiday.

♦ ביטויים מיוחדים Special expressions

נָהַג כבוד ב- treat (someone) with respect

עולם כמנהגו **נוֹהֵג** that's the way of the world

●נהל : לְנַהֵל, לְהִתְנַהֵל

נִיהֵל (נִהֵל)/נִיהַל/נַהֵל manage, administer, run

בניין : פִּיעֵל   גזרה : שלמים + ע״ג

	Present הווה		Past עבר	Future עתיד	Imper. ציווי
יחיד	מְנַהֵל	אני	נִיהַלְתִּי	אֲנַהֵל	
יחידה	מְנַהֶלֶת	אתה	נִיהַלְתָּ	תְּנַהֵל	נַהֵל
רבים	מְנַהֲלִים	את	נִיהַלְתְּ	תְּנַהֲלִי	נַהֲלִי
רבות	מְנַהֲלוֹת	הוא	נִיהֵל	יְנַהֵל	
		היא	נִיהֲלָה	תְּנַהֵל	
		אנחנו	נִיהַלְנוּ	נְנַהֵל	
		אתם/ן	נִיהַלְתֶּם/ן	תְּנַהֲלוּ *	נַהֲלוּ **
		הם/ן	נִיהֲלוּ	יְנַהֲלוּ *	

שם הפועל .Infin לְנַהֵל   * less commonly: אתן/הן תְּנַהֵלְנָה

בינוני .Pres. Part מְנַהֵל manager, director   ** less commonly: (אתן) נַהֵלְנָה

שם הפעולה Verbal N נִיהוּל management, administration   מקור מוחלט .Inf. Abs נַהֵל

הִתְנַהֵל/הִתְנַהַל be conducted, proceed; move along

בניין : הִתְפַּעֵל   גזרה : שלמים + ע״ג

	Present הווה		Past עבר	Future עתיד	Imper. ציווי
יחיד	מִתְנַהֵל	אני	הִתְנַהַלְתִּי	אֶתְנַהֵל	
יחידה	מִתְנַהֶלֶת	אתה	הִתְנַהַלְתָּ	תִּתְנַהֵל	הִתְנַהֵל
רבים	מִתְנַהֲלִים	את	הִתְנַהַלְתְּ	תִּתְנַהֲלִי	הִתְנַהֲלִי
רבות	מִתְנַהֲלוֹת	הוא	הִתְנַהֵל	יִתְנַהֵל	
		היא	הִתְנַהֲלָה	תִּתְנַהֵל	
		אנחנו	הִתְנַהַלְנוּ	נִתְנַהֵל	
		אתם/ן	הִתְנַהַלְתֶּם/ן	תִּתְנַהֲלוּ *	הִתְנַהֲלוּ **
		הם/ן	הִתְנַהֲלוּ	יִתְנַהֲלוּ *	

* less commonly: אתן/הן תִּתְנַהֵלְנָה

שם הפועל .Infin לְהִתְנַהֵל   ** less commonly: (אתן) הִתְנַהֵלְנָה

שם הפעולה Verbal N הִתְנַהֲלוּת conducting, proceeding   מקור מוחלט .Inf. Abs הִתְנַהֵל

♦ פעלים פחות שכיחים מאותו שורש Less frequent verbs from the same root

נוֹהַל/נוּהַל be managed, be administered (בינוני .Pres. Part מְנוֹהָל administered, יְנוֹהַל)

[הִנְהִיל] > שם הפעולה Verbal N הַנְהָלָה managing, management (only existing form)

♦ דוגמאות Illustrations

החברה הזאת **מְנוֹהֶלֶת/מְנוּהֶלֶת** היטב; חבר ה**מְנַהֲלִים** שלה מעורב בהחלטות ה**נִיהוּל**, המנכ״ל **מְנַהֵל** את הפעילות השוטפת באמצעות ראשי הענפים, וחילופי מידע והיזון הדדי **מִתְנַהֲלִים** באופן קבוע בין המחלקות השונות.

This company **is** well **managed**; its board of **directors** is involved in **management** decisions, the CEO **administers** the daily operations through section heads, and exchange of information and feedback **are conducted** on a regular basis between the various departments.

♦ **ביטויים מיוחדים** Special expressions

נִיהֵל חשבונות/פנקסים do bookkeeping — **מְנַהֵל** חשבונות bookkeeper

נִיהוּל חשבונות bookkeeping

● נוח : לְהָנִיחַ, לָנוּחַ

Note that verbs sharing this root (נוח) sometimes behave like ע״ו ones, sometimes like פ״נ verbs.

הִנִּיחַ/הִנַּח/יַנִּיחַ put down; leave; assume, suppose; allow, permit; establish (concepts)

בניין : הִפְעִיל   גזרה : פ״נ + ל״ג

	Present הווה		Past עבר	Future עתיד	Imper. ציווי
יחיד	מַנִּיחַ	אני	הִנַּחְתִּי	אַנִּיחַ	
יחידה	מַנִּיחָה	אתה	הִנַּחְתָּ	תַּנִּיחַ	הַנַּח
רבים	מַנִּיחִים	את	הִנַּחְתְּ	תַּנִּיחִי	הַנִּיחִי
רבות	מַנִּיחוֹת	הוא	הִנִּיחַ	יַנִּיחַ	
		היא	הִנִּיחָה	תַּנִּיחַ	
		אנחנו	הִנַּחְנוּ	נַנִּיחַ	
		אתם/ן	הִנַּחְתֶּם/ן	תַּנִּיחוּ *	הַנִּיחוּ **
		הם/ן	הִנִּיחוּ	יַנִּיחוּ *	

* less commonly: אתן/הן תַּנַּחְנָה

** less commonly: (אתן) הַנַּחְנָה

שם הפועל .Infin לְהָנִיחַ

שם הפעולה Verbal N הֲנָחָה laying (foundation), laying down; assumption, premise

מקור מוחלט .Inf. Abs הָנֵחַ

נָח/נַח/יָנוּחַ rest, be at rest, take a rest

בניין : פָּעַל   גזרה : ע״ו + ל״ג

	Present הווה		Past עבר	Future עתיד	Imper. ציווי
יחיד	נָח	אני	נַחְתִּי	אָנוּחַ	
יחידה	נָחָה	אתה	נַחְתָּ	תָּנוּחַ	נוּחַ
רבים	נָחִים	את	נַחְתְּ	תָּנוּחִי	נוּחִי
רבות	נָחוֹת	הוא	נָח	יָנוּחַ	
		היא	נָחָה	תָּנוּחַ	
		אנחנו	נַחְנוּ	נָנוּחַ	
		אתם/ן	נַחְתֶּם/ן	תָּנוּחוּ *	נוּחוּ **
		הם/ן	נָחוּ	יָנוּחוּ *	

שם הפועל .Infin לָנוּחַ — * less commonly: אתן/הן תָּנַחְנָה

בינוני .Pres. Part נָח resting; (gram.) mute — ** less commonly: (אתן) נַחְנָה

מקור מוחלט .Inf. Abs נוֹחַ — מקור נטוי .Inf.+pron בְּנוּחוֹ, כְּ...

שם הפעולה Verbal N מְנוּחָה rest ; תְּנוּחָה position, body position

be put down; be assumed; be established, be designated הוּנַּח (הֻנַּח)

בניין : הוּפְעַל גזרה : פ״נ + ל״ג

	Present הווה		Past עבר	Future עתיד
יחיד	מוּנָּח	אני	הוּנַּחְתִּי	אוּנַּח
יחידה	מוּנַּחַת	אתה	הוּנַּחְתָּ	תּוּנַּח
רבים	מוּנָּחִים	את	הוּנַּחְתְּ	תּוּנַּח
רבות	מוּנָּחוֹת	הוא	הוּנַּח	יוּנַּח
		היא	הוּנְּחָה	תּוּנַּח
		אנחנו	הוּנַּחְנוּ	נוּנַּח
		אתם/ן	הוּנַּחְתֶּם/ן	תּוּנְּחוּ *
		הם/ן	הוּנְּחוּ	יוּנְּחוּ *

בינוני Pres. Part. מוּנָּח placed; term   * less commonly: אתן/הן תּוּנַּחְנָה

♦ פעלים פחות שכיחים מאותו שורש Less frequent verbs from the same root

נִינּוֹחַ be rested, be at ease (נִינּוֹחַ, יִינּוֹחַ, לְהִינּוֹחַ)

בינוני Pres. Part. נִינּוֹחַ at ease (form is fairly common)

הֵנִיחַ put at ease, calm; set at rest, grant rest (מֵנִיחַ, יָנִיחַ, לְהָנִיחַ)

שם הפעולה Verbal N הֲנָחָה discount; rebate; relief

הוּנַח be given rest; calmed (down) (מוּנָח, יוּנַח)

♦ דוגמאות Illustrations

כעת, כשה**הַנָּחַת** היסוד שלי ברורה לכם, אני **מַנִּיחַ** שאפשר להמשיך בדיון.

Now that my basic **assumption** is clear to you, I **assume** we can continue the discussion.

הוא ביקש שי**ַנִּיחוּ** לו ; הוא עבד קשה כל השבוע, וכל רצונו עכשיו הוא **לָנוּחַ**.

He asked that they **leave** him **alone**; he had been working hard all week, and all he wanted now was **to rest**.

הִנַּחְתִּי על הדלפק את הספר שבו בחרתי לבסוף, וביקשתי את ה**הֲנָחָה** הרגילה שמקבלים סטודנטים.

I **placed** the book I finally chose on the counter, and requested the usual student **discount**.

♦ ביטויים מיוחדים Special expressions

יָנוּחַ בשלום על משכבו may he **rest** in peace   **נָחָה** עליו הרוח he became inspired

שווא **נָח** silent *schwa* (marking the end of a closed syllable)

הַנַּח לי! **leave** me alone!   **הִנִּיחַ** תפילין **lay** tefillin (phylacteries)

הִנִּיחַ אחריו אישה ושלושה ילדים **left** a wife and three children (when he died)

נַנִּיחַ ש... let's **assume** that ...   **הִנִּיחַ** את כספו על קרן הצבי risked all his money

המצב **מֵנִיחַ** את הדעת the situation is satisfactory

כבודו במקומו **מוּנָּח**... with all due respect to him, ...

●נוט מן נַוָּט navigator : לְנַוֵּט

נִיוּוֵט (נִוֵּט)/נִיוּוַט/נַוֵּט navigate

בניין : פִּיעֵל גזרה : שלמים

	Present הווה		Past עבר	Future עתיד	Imper. ציווי
יחיד	מְנַוֵּט	אני	נִיוּוַטְתִּי	אֲנַוֵּט	
יחידה	מְנַוֶּטֶת	אתה	נִיוּוַטְתָּ	תְּנַוֵּט	נַוֵּט
רבים	מְנַוְּטִים	את	נִיוּוַטְתְּ	תְּנַוְּטִי	נַוְּטִי
רבות	מְנַוְּטוֹת	הוא	נִיוּוֵט	יְנַוֵּט	
		היא	נִיוּוְטָה	תְּנַוֵּט	
		אנחנו	נִיוּוַטְנוּ	נְנַוֵּט	
		אתםץ	נִיוּוַטְתֶּם/ן	תְּנַוְּטוּ	נַוְּטוּ **
		הםץ	נִיוּוְטוּ	יְנַוְּטוּ *	

שם הפועל .Infin לְנַוֵּט

* less commonly: אתן/הן תְּנַוֵּטְנָה

שם הפעולה Verbal N נִיוּוּט navigation

** less commonly: (אתן) נַוֵּטְנָה

מקור מוחלט .Inf. Abs נַוֵּט

♦ דוגמאות Illustrations

ללא GPS וללא מצפן, חייבים **לְנַוֵּט** על פי השמש ביום והכוכבים בלילה.

Without GPS or a compass, one has **to navigate** by the sun in daytime and by the stars at night.

●נוע : לָנוּעַ, לְהָנִיעַ, לְהִתְנוֹעֵעַ

נָע/נַע/יָנוּעַ move; quiver, shake; roam

בניין : פָּעַל גזרה : ע״ו + ל״ג

	Present הווה		Past עבר	Future עתיד	Imper. ציווי
יחיד	נָע	אני	נַעְתִּי	אָנוּעַ	
יחידה	נָעָה	אתה	נַעְתָּ	תָּנוּעַ	נוּעַ
רבים	נָעִים	את	נַעְתְּ	תָּנוּעִי	נוּעִי
רבות	נָעוֹת	הוא	נָע	יָנוּעַ	
		היא	נָעָה	תָּנוּעַ	
		אנחנו	נַעְנוּ	נָנוּעַ	
		אתםץ	נַעְתֶּם/ן	תָּנוּעוּ *	נוּעוּ **
		הםץ	נָעוּ	יָנוּעוּ *	

שם הפועל .Infin לָנוּעַ

* less commonly: אתן/הן תְּנַעְנָה

בינוני .Pres. Part נָע moving; (gram.) mobile

** less commonly: (אתן) נַעְנָה

מקור מוחלט .Inf. Abs נוֹעַ

מקור נטוי .Inf.+pron בְּנוּעוֹ, כְּ...

שם הפעולה Verbal N תְּנוּעָה, נִיעָה movement

shake; set in motion, start up (engine); impel, urge, motivate הֵנִיעַ/הֵנַע/יָנִיעַ

בניין : הִפְעִיל גזרה : ע״ו + ל״ג

	Present הווה		Past עבר	Future עתיד	Imper. ציווי
יחיד	מֵנִיעַ	אני	הֵנַעְתִּי	אָנִיעַ	
יחידה	מְנִיעָה	אתה	הֵנַעְתָּ	תָּנִיעַ	הָנַע
רבים	מְנִיעִים	את	הֵנַעְתְּ	תָּנִיעִי	הָנִיעִי
רבות	מְנִיעוֹת	הוא	הֵנִיעַ	יָנִיעַ	
		היא	הֵנִיעָה	תָּנִיעַ	
		אנחנו	הֵנַעְנוּ	נָנִיעַ	
		אתם/ן	הֵנַעְתֶּם/ן *	תָּנִיעוּ **	הָנִיעוּ ***
		הם/ן	הֵנִיעוּ	יָנִיעוּ **	

* formal: הֲנַעְתֶּם/ן

** less commonly: אתן/הן תָּנַעְנָה

*** less commonly: (אתן) הָנַעְנָה

שם הפועל .Infin לְהָנִיעַ

שם הפעולה Verbal N הֲנָעָה setting in motion, propulsion, starting up engine

הֶינֵעַ/הֶינַע propulsion

בינוני .Pres. Part מֵנִיעַ motive (legal), factor

מקור מוחלט .Inf. Abs הָנֵעַ

move, sway, swing הִתְנוֹעֵעַ/הִתְנוֹעַע

בניין : הִתְפַּעֵל גזרה : ע״ו (ל״ל) + ל״ג

	Present הווה		Past עבר	Future עתיד	Imper. ציווי
יחיד	מִתְנוֹעֵעַ	אני	הִתְנוֹעַעְתִּי	אֶתְנוֹעֵעַ	
יחידה	מִתְנוֹעַעַת	אתה	הִתְנוֹעַעְתָּ	תִּתְנוֹעֵעַ	הִתְנוֹעֵעַ
רבים	מִתְנוֹעֲעִים	את	הִתְנוֹעַעְתְּ	תִּתְנוֹעֲעִי	הִתְנוֹעֲעִי
רבות	מִתְנוֹעֲעוֹת	הוא	הִתְנוֹעֵעַ	יִתְנוֹעֵעַ	
		היא	הִתְנוֹעֲעָה	תִּתְנוֹעֵעַ	
		אנחנו	הִתְנוֹעַעְנוּ	נִתְנוֹעֵעַ	
		אתם/ן	הִתְנוֹעַעְתֶּם/ן	תִּתְנוֹעֲעוּ *	הִתְנוֹעֲעוּ **
		הם/ן	הִתְנוֹעֲעוּ	יִתְנוֹעֲעוּ *	

שם הפועל .Infin לְהִתְנוֹעֵעַ

* less commonly: אתן/הן תִּתְנוֹעֵעְנָה

מקור מוחלט .Inf. Abs הִתְנוֹעֵעַ

** less commonly: (אתן) הִתְנוֹעֵעְנָה

שם הפעולה Verbal N הִתְנוֹעֲעוּת movement, swaying

♦ פעלים פחות שכיחים מאותו שורש Less frequent verbs from the same root

הוּנַע be shaken, be set in motion, be started up, be impelled (בינוני .Pres. Part **מוּנָע** propelled; motivated, **יוּנַע**)

הִתְנַיֵּעַ be movable < בינוני .Pres. Part **מִתְנַיֵּעַ** self-propelled

♦ דוגמאות Illustrations

הכוח ה**מֵנִיעַ** פוליטיקאים רבים הוא השאיפה לכוח ולהישארות בשלטון.

The **driving** force behind many politicians is the pursuit of power and the desire to maintain positions of power.

למשטרה יש חשוד ברצח המזכירה, אבל עדיין אין לה מושג מה עשוי היה להיות ה**מֵנִיעַ** לרצח.

The police have a suspect in the secretary murder case, but they have no idea what could be the **motive** for the murder.

חיים נוהג במכונית חדשה ה**מוּנַעַת** בחשמל.

Hayyim is driving a new car that **is propelled** by electricity.

המכונית הזאת קלה מדיי ; ברוח חזקה היא **מִתְנוֹעַעַת** לכל עבר.

This car is too light; in strong wind it **sways** everywhere.

"Nevertheless, it **will move**!" (attributed to Galileo) ״ואף על פי כן, **נוֹעַ תָּנוּעַ**!״

♦ ביטויים מיוחדים Special expressions

נָע וָנָד forever **wandering** — **הֵנִיעַ** ראשו **shook** his head

מֵנִיעַ (פוליטי וכו׳) **motive** (political, etc.) — תותח **מִתְנַיֵּעַ** **self-propelled** gun

●נוף : לְהָנִיף

הֵנִיף/הֵנַף/יָנִיף fly (a flag); raise, lift up

בניין : הִפְעִיל גזרה : ע״ו

	Present הווה		Past עבר	Future עתיד	Imper. ציווי
יחיד	מֵנִיף	אני	הֵנַפְתִּי	אָנִיף	
יחידה	מְנִיפָה	אתה	הֵנַפְתָּ	תָּנִיף	הָנֵף
רבים	מְנִיפִים	את	הֵנַפְתְּ	תָּנִיפִי	הָנִיפִי
רבות	מְנִיפוֹת	הוא	הֵנִיף	יָנִיף	
		היא	הֵנִיפָה	תָּנִיף	
		אנחנו	הֵנַפְנוּ	נָנִיף	
		אתם/ן	* הֵנַפְתֶּם/ן	** תָּנִיפוּ	*** הָנִיפוּ
		הם/ן	הֵנִיפוּ	** יָנִיפוּ	

שם הפועל .Infin לְהָנִיף

ש׳ הפעו׳ .Ver. N הֲנָפָה raising (a flag)

מקור מוחלט .Inf. Abs הָנֵף

* formal: הֲנַפְתֶּם/ן

** less commonly: אתן/הן תְּנֵפְנָה

*** less commonly: (אתן) הֲנֵפְנָה

♦ פעלים פחות שכיחים מאותו שורש Less frequent verbs from the same root

הוּנַף be raised; be raised (flag) (מוּנָף, יוּנַף)

♦ דוגמאות Illustrations

המורדים **הֵנִיפוּ** את דגלם על ארמון הנשיאות שכבשו.

The rebels **flew** their flag on the presidential palace they had taken over.

The terrorist **raised** an axe and attacked a soldier. המחבל **הֵנִיף** גרזן ותקף חייל.

●נזף : לִנְזוֹף

reproach, rebuke, reprimand, census נָזַף/נוֹזֵף/יִנְזוֹף (יִנְזֹף)

בניין : פָּעַל   גזרה : שלמים (אֶפְעוֹל)

	הווה/בינוני Pres./Part.			עבר Past	עתיד Fut.	ציווי Imp.
יחיד	נוֹזֵף	נָזוּף	אני	נָזַפְתִּי	אֶנְזוֹף	
יחידה	נוֹזֶפֶת	נְזוּפָה	אתה	נָזַפְתָּ	תִּנְזוֹף	נְזוֹף
רבים	נוֹזְפִים	נְזוּפִים	את	נָזַפְתְּ	תִּנְזְפִי	נִזְפִי
רבות	נוֹזְפוֹת	נְזוּפוֹת	הוא	נָזַף	יִנְזוֹף	
			היא	נָזְפָה	תִּנְזוֹף	
			אנחנו	נָזַפְנוּ	נִנְזוֹף	
			אתם/ן	נְזַפְתֶּם/ן *	תִּנְזְפוּ **	נִזְפוּ ***
			הם/ן	נָזְפוּ	יִנְזְפוּ **	

שם הפועל Infin. לִנְזוֹף

מקור מוחלט Inf. Abs. נָזוֹף

מקור נטוי Inf.+pron. בְּנוֹזְפוֹ, כְּ...

* Colloquial: נָזַפְתֶּם/ן

** less commonly: אתן/הן תִּנְזוֹפְנָה

*** less commonly: (אתן) נְזוֹפְנָה

ביני סביל Pass. Part. נָזוּף rebuked, censured, reprimanded; chastened, castigated

שם הפעולה Verbal N נְזִיפָה reproach, rebuke, reprimand, censure (N)

מ״י מוצרכת Gov. Prep. נָזַף ב- reprimand (someone)

♦ דוגמאות Illustrations

הקצין שסטר לחייל לא הועמד אומנם לדין, אבל מפקד הבסיס **נָזַף** בו רשמית. **הנְזִיפָה** הוכנסה לתיק השירות שלו.

The officer who had slapped a soldier was not charged, but the base commander officially **reprimanded** him, and the **reprimand** was included in his personnel file.

●נזק : לְהַזִּיק

harm, damage הִזִּיק/הַזֵּק/יַזִּיק

בניין : הִפְעִיל   גזרה : פ״נ

	הווה Present		עבר Past	עתיד Future	ציווי Imper.
יחיד	מַזִּיק	אני	הִזַּקְתִּי	אַזִּיק	
יחידה	מַזִּיקָה	אתה	הִזַּקְתָּ	תַּזִּיק	הַזֵּק
רבים	מַזִּיקִים	את	הִזַּקְתְּ	תַּזִּיקִי	הַזִּיקִי
רבות	מַזִּיקוֹת	הוא	הִזִּיק	יַזִּיק	
		היא	הִזִּיקָה	תַּזִּיק	
		אנחנו	הִזַּקְנוּ	נַזִּיק	
		אתם/ן	הִזַּקְתֶּם/ן	תַּזִּיקוּ *	הַזִּיקוּ **
		הם/ן	הִזִּיקוּ	יַזִּיקוּ *	

* less commonly: אתן/הן תַּזֵּקְנָה

שם הפועל Infin. לְהַזִּיק

** less commonly: (אתן) הַזֵּקְנָה

שם הפעולה Verbal N הֶיזֵּק damage, harm (N)

בינוני Pres. Part. מַזִּיק harmful, destructive; pest; damager; evil spirit

מקור מוחלט Inf. Abs. הַזֵּק   מ״י מוצרכת Gov. Prep. הִזִּיק ל- cause damage to

♦ פעלים פחות שכיחים מאותו שורש Less frequent verbs from the same root

נִיזַּק be harmed, be damaged, be injured (נִיזָּק/נִיזּוֹק, יִינָּזֵק, לְהִינָּזֵק, בינוני .Pres. Part

נִיזּוֹק injured/harmed person, מ״י מוצרכת .Gov. Prep נִיזּוֹק מן be damaged by)

♦ דוגמאות Illustrations

פליטת הפה של המועמד **הִזִּיקָה** קשות למערכת הבחירות שלו. הדימוי שיועציו ניסו לבנות לו בקרב הציבור **נִיזּוֹק** ללא תקנה.

The candidate's slip of the tongue badly **damaged** his election campaign. The image his advisers were trying to build up for him in the public **was damaged** irreparably.

מנהיג האופוזיציה טען בנאומו כי ה**נִיזּוֹקִים** העיקריים מן האינפלציה הם הפועלים.

The opposition leader claimed in his speech that the **ones** most **harmed** by inflation are the workers.

חומרי הריסוס הללו נועדו להדברת **מַזִּיקִים**, אבל ידוע היום שהם **מַזִּיקִים** גם לבני אדם ולצומח.

These pesticides are intended to destroy **pests**, but today it is known that they also **harm** people and flora.

♦ ביטויים מיוחדים Special expressions

שליחי מצווה אינם **נִיזּוֹקִים** those who do a good deed will not **be harmed** themselves

זה לא **יַזִּיק/מַזִּיק** it won't **hurt**

●נחה (נחי): לְהַנְחוֹת

הִנְחָה/מַנְחֶה lead, direct, guide; instruct; officiate, moderate

בניין: הִפְעִיל גזרה: ע״ג + ל״י

	Present הווה		Past עבר	Future עתיד	Imper. ציווי
יחיד	מַנְחֶה	אני	הִנְחֵיתִי	אַנְחֶה	
יחידה	מַנְחָה	אתה	הִנְחֵיתָ	תַּנְחֶה	הַנְחֵה
רבים	מַנְחִים	את	הִנְחֵית	תַּנְחִי	הַנְחִי
רבות	מַנְחוֹת	הוא	הִנְחָה	יַנְחֶה	
		היא	הִנְחֲתָה	תַּנְחֶה	
		אנחנו	הִנְחֵינוּ	נַנְחֶה	
		אתם/ן	הִנְחֵיתֶם/ן	* תַּנְחוּ	** הַנְחוּ
		הם/ן	הִנְחוּ	* יַנְחוּ	

* less commonly: אתן/הן תַּנְחֶינָה

** less commonly: (אתן) הַנְחֶינָה

שם הפועל .Infin לְהַנְחוֹת

מקור מוחלט .Inf. Abs הַנְחֵה

בינוני .Pres. Part מַנְחֶה moderator, discussion leader

שם הפעולה Verbal N הַנְחָיָה guidance, explanation, instruction

♦ פעלים פחות שכיחים מאותו שורש Less frequent verbs from the same root

הוּנְחָה be led, be directed, be guided; be instructed; be officiated/moderated (בינוני .Pres. Part מוּנְחֶה guided, יוּנְחֶה)

♦ דוגמאות Illustrations

הרופא **הִנְחָה** את אביגדור כיצד לנהוג אחרי התקף לב.

The doctor **instructed** Avigdor on how to behave after a heart attack.

מַנְחִים טובים של תוכניות רדיו וטלוויזיה מנסים לאתגר את מרואייניהם בשאלותיהם מבלי להביע את דיעותיהם-שלהם.

Good **moderators** of radio and television programs try to challenge their interviewees with their questions without expressing their own views on the issues discussed.

♦ ביטויים מיוחדים Special expressions

הִנְחָה בעצה **guide** with advice — שאלה **מַנְחָה** a **leading** question

טיל **מוּנְחֶה** **guided** missile

●נחל : לְהִתְנַחֵל

הִתְנַחֵל/הִתְנַחַל settle, inhabit; squat (coll.)

בניין : הִתְפַּעֵל — גזרה : שלמים + ע״ג

	Present הווה		Past עבר	Future עתיד	Imper. ציווי
יחיד	מִתְנַחֵל	אני	הִתְנַחַלְתִּי	אֶתְנַחֵל	
יחידה	מִתְנַחֶלֶת	אתה	הִתְנַחַלְתָּ	תִּתְנַחֵל	הִתְנַחֵל
רבים	מִתְנַחֲלִים	את	הִתְנַחַלְתְּ	תִּתְנַחֲלִי	הִתְנַחֲלִי
רבות	מִתְנַחֲלוֹת	הוא	הִתְנַחֵל	יִתְנַחֵל	
		היא	הִתְנַחֲלָה	תִּתְנַחֵל	
		אנחנו	הִתְנַחַלְנוּ	נִתְנַחֵל	
		אתם/ן	הִתְנַחַלְתֶּם/ן	* תִּתְנַחֲלוּ	** הִתְנַחֲלוּ
		הם/ן	הִתְנַחֲלוּ	* יִתְנַחֲלוּ	

שם הפועל .Infin לְהִתְנַחֵל — * less commonly: אתן/הן תִּתְנַחֵלְנָה

בינוני .Pres. Part מִתְנַחֵל settler — ** less commonly: (אתן) הִתְנַחֵלְנָה

שם הפעולה Verbal N הִתְנַחֲלוּת settling; settlement — מקור מוחלט .Inf. Abs הִתְנַחֵל

♦ פעלים פחות שכיחים מאותו שורש Less frequent verbs from the same root

נָחַל inherit; gain (victory); suffer (defeat, disappointment) (נוֹחֵל, יִנְחַל, לִנְחוֹל)

הִנְחִיל endow, bequeath (מַנְחִיל, יַנְחִיל, לְהַנְחִיל)

♦ דוגמאות Illustrations

המִתְנַחֲלִים ביהודה ובשומרון **מַנְחִילִים** גם לילדיהם את האמונה בזכות העם היהודי **לְהִתְנַחֵל** בארץ ישראל השלמה.

The **settlers** in Judea and Samaria **instill in (=bequeath to)** their children the belief in the right of the Jewish people **to settle** in Greater Israel.

עזריאל מאמין, שאת כל התכונות התרומיות שלו **נָחַל** מאימו.

Azriel believes that all of his good qualities he **inherited** from his mother.

● נחש : לְנַחֵשׁ

נִיחֵשׁ (נִחֵשׁ)/נִיחַשׁ/נַחֵשׁ guess; hypothesize

בניין : פִּיעֵל גזרה : שלמים + ע״ג

	Present הווה		Past עבר	Future עתיד	Imper. ציווי
יחיד	מְנַחֵשׁ	אני	נִיחַשְׁתִּי	אֲנַחֵשׁ	
יחידה	מְנַחֶשֶׁת	אתה	נִיחַשְׁתָּ	תְּנַחֵשׁ	נַחֵשׁ
רבים	מְנַחֲשִׁים	את	נִיחַשְׁתְּ	תְּנַחֲשִׁי	נַחֲשִׁי
רבות	מְנַחֲשׁוֹת	הוא	נִיחֵשׁ	יְנַחֵשׁ	
		היא	נִיחֲשָׁה	תְּנַחֵשׁ	
		אנחנו	נִיחַשְׁנוּ	נְנַחֵשׁ	
		אתם/ן	נִיחַשְׁתֶּם/ן	תְּנַחֲשׁוּ *	נַחֲשׁוּ **
		הם/ן	נִיחֲשׁוּ	יְנַחֲשׁוּ *	

שם הפועל .Infin לְנַחֵשׁ — * less commonly: אתן/הן תְּנַחֵשְׁנָה

שם הפעולה Verbal N נִיחוּשׁ guess(ing) — ** less commonly: (אתן) נַחֵשְׁנָה

מקור מוחלט .Inf. Abs נַחֵשׁ

♦ דוגמאות Illustrations

נַחֵשׁ מי מגיע היום! Guess who is arriving today!

● נחת : לִנְחוֹת, לְהַנְחִית

נָחַת/נוֹחֵת/יִנְחַת come down, descend, land (intr.)

בניין : פָּעַל גזרה : שלמים (אֶפְעַל) + ע״ג (+ ל״ת?)

	Pres./Part. הווה/בינוני			Past עבר	Fut. עתיד	Imp. ציווי
יחיד	נוֹחֵת	נָחוּת	אני	נָחַתִּי	אֶנְחַת	
יחידה	נוֹחֶתֶת	נְחוּתָה	אתה	נָחַתָּ	תִּנְחַת	נְחַת
רבים	נוֹחֲתִים	נְחוּתִים	את	נָחַתְּ	תִּנְחֲתִי	נַחֲתִי
רבות	נוֹחֲתוֹת	נְחוּתוֹת	הוא	נָחַת	יִנְחַת	
			היא	נָחֲתָה	תִּנְחַת	
			אנחנו	נָחַתְנוּ	נִנְחַת	
			אתם/ן	נְחַתֶּם/ן *	תִּנְחֲתוּ **	נַחֲתוּ ***
			הם/ן	נָחֲתוּ	יִנְחֲתוּ **	

בד״כ בדיבור : נָחַתְתִּי, נָחַתְתָּ... בפיצול הרצף ״תת״ על ידי שווא נע

Often in speech: ...נָחַתְתִּי, נָחַתְתָּ, with the "tt" sequence split by a *shva.*

שם הפועל .Infin לִנְחוֹת — * Colloquial: נָחַתֶּם/ן

ביני סביל .Pass. Part נָחוּת inferior — ** less commonly: אתן/הן תִּנְחַתְנָה

שם הפעולה Verbal N נְחִיתָה landing — *** less commonly: (אתן) נְחַתְנָה

מקור מוחלט .Inf. Abs נָחוֹת — מקור נטוי .Inf.+pron בְּנוֹחְתוֹ, כְּ...

מ״י .Gov. Prep נָחַת על pay unexpected visit to (sl.)

deal (blow); bring down, land (tr.), disembark הִנְחִית/הִנְחַת/יַנְחִית

בניין : הִפְעִיל   גזרה : שלמים (+ ל״ת ?)

	Present הווה		Past עבר	Future עתיד	Imper. ציווי
יחיד	מַנְחִית	אני	הִנְחַתִּי	אַנְחִית	
יחידה	מַנְחִיתָה	אתה	הִנְחַתָּ	תַּנְחִית	הַנְחֵת
רבים	מַנְחִיתִים	את	הִנְחַתְּ	תַּנְחִיתִי	הַנְחִיתִי
רבות	מַנְחִיתוֹת	הוא	הִנְחִית	יַנְחִית	
		היא	הִנְחִיתָה	תַּנְחִית	
		אנחנו	הִנְחַתְנוּ	נַנְחִית	
		אתם/ן	הִנְחַתֶּם/ן	תַּנְחִיתוּ *	הַנְחִיתוּ **
		הם/ן	הִנְחִיתוּ	יַנְחִיתוּ *	

בד״כ בדיבור : הִנְחַתְתִּי, הִנְחַתְתָּ... בפיצול הרצף ״תת״ על ידי שווא נע

Often in speech: ...הִנְחַתְתִּי, הִנְחַתְתָּ, with the "tt" sequence split by a *shva*.

* less commonly: אתן/הן תַּנְחֵתְנָה

** less commonly: (אתן) הַנְחֵתְנָה

שם הפועל .Infin לְהַנְחִית

שם הפעולה Verbal N הַנְחָתָה landing; dealing blows

מקור מוחלט .Inf. Abs הַנְחֵת   מ״י .Gov. Prep הִנְחִית עַל... impose (somebody) on (sl.)

♦ דוגמאות Illustrations

לא האמנו שהטייס יצליח **לְהַנְחִית** את המטוס הפגוע, אבל בסופו של דבר המטוס **נָחַת** בשלום.

We did not believe that the pilot would manage **to land** the damaged plane, but in the end the plane did **land** safely.

חלק מן הנחתים ש**הוּנְחֲתוּ** ביום הפלישה בנורמנדיה זכו לחגוג בה את יובל החמישים לתום המלחמה.

Some of the Marines who landed (Hebrew: **were landed)** in Normandy on D-Day were fortunate to celebrate there the 50th anniversary of the end of the war.

♦ ביטויים מיוחדים Special expressions

הִנְחִית עליו מהלומות/מכות **bring down** blows upon him

● נטה (נטי) : לִנְטוֹת, לְהַטּוֹת

turn, turn aside; be bent; tend, be inclined; extend; decline (nouns), conjugate (verbs) נָטָה/נוֹטֶה/יִטֶּה (יִטֶּה)

בניין : פָּעַל   גזרה : פ״נ + ל״י

	Pres./Part. הווה/בינוני			Past עבר	Fut. עתיד	Imp. ציווי
יחיד	נוֹטֶה	נָטוּי	אני	נָטִיתִי	אֶטֶּה	
יחידה	נוֹטָה	נְטוּיָה	אתה	נָטִיתָ	תִּיטֶּה	נְטֵה
רבים	נוֹטִים	נְטוּיִים	את	נָטִית	תִּיטִּי	נְטִי
רבות	נוֹטוֹת	נְטוּיוֹת	הוא	נָטָה	יִיטֶּה	
			היא	נָטְתָה	תִּיטֶּה	
			אנחנו	נָטִינוּ	נִיטֶּה	
			אתם/ן	נְטִיתֶם/ן *	תִּיטּוּ **	נְטוּ ***
			הם/ן	נָטוּ	יִיטּוּ **	

שם הפועל .Infin לִנְטוֹת * Colloquial: נָטִיתֶם/ן
מקור מוחלט .Inf. Abs נָטֹה ** less commonly: אתן/הן תִּיטֶינָה
מקור נטוי .Inf.+pron בִּנְטוֹתוֹ, כְּ... *** less commonly: (אתן) נְטֶינָה
שם הפעולה Verbal N נְטִיָּה turning (aside); tendency; inflection (conjugation & inflection)
ביני פעיל .Act. Part נוֹטֶה inclined, disposed; bent
ביני סביל .Pass. Part נָטוּי extended; bent; inflected
מ״י מוצרכת .Gov. Prep נָטָה ל- be inclined to(wards)

הִטָּה/מַטֶּה deflect, turn (aside); distort; decline/conjugate; bend

בניין : הִפְעִיל גזרה : פ״נ + ל״י

	Present הווה		Past עבר	Future עתיד	Imper. ציווי
יחיד	מַטֶּה	אני	הִטֵּיתִי	אַטֶּה	
יחידה	מַטָּה	אתה	הִטֵּיתָ	תַּטֶּה	הַטֵּה
רבים	מַטִּים	את	הִטֵּית	תַּטִּי	הַטִּי
רבות	מַטּוֹת	הוא	הִטָּה	יַטֶּה	
		היא	הִטְּתָה	תַּטֶּה	
		אנחנו	הִטֵּינוּ	נַטֶּה	
		אתם/ן	הִטֵּיתֶם/ן	תַּטּוּ *	הַטּוּ **
		הם/ן	הִטּוּ	יַטּוּ *	

* less commonly: אתן/הן תַּטֶּינָה
שם הפועל .Infin לְהַטּוֹת ** less commonly: (אתן) הַטֶּינָה
בינוני .Pres. Part מַטֶּה walking stick, staff; family branch; staff (military, etc.)
שם הפעולה Verbal N הַטָּיָה diversion, deflecting; inclination, bending
מקור מוחלט .Inf. Abs הַטֵּה

♦ פעלים פחות שכיחים מאותו שורש Less frequent verbs from the same root

הוּטָּה be diverted, be turned aside; be bent over (בינוני פעיל .Pres. Part מוּטֶּה inclined, leaning, יוּטֶּה)

♦ דוגמאות Illustrations

אני **נוֹטֶה** לקבל את הטענה שקיימת היום **נְטִיָּה** ברורה ללמוד מקצועות מעשיים יותר.

I am **inclined** to accept the claim that there exists today a clear **tendency** to study more practical subjects.

כשראיתי שהשיחה **נוֹטָה** לכיוון בלתי-רצוי, מיהרתי **לְהַטּוֹתָהּ** לנושא אחר.

When I noticed that the conversation **was shifting (=bending)** in an undesirable direction, I hurried **to divert** it to a different subject.

מעניין כמה אנשים **בְּמַטֶּה** הכללי יודעים **לְהַטּוֹת** את הפועל "נָטָה"...

It is interesting to know how many people in the general **staff** can **conjugate** the verb *nata*...

הבעיות בכפר החלו אחרי שאפיקו של הנחל הסמוך **הוּטָּה** כדי להרחיב את אתר הבנייה.

The problems in the village started when the river bed **was diverted** so as to extend the building area.

♦ ביטויים מיוחדים Special expressions

אחרי רבים **לְהַטּוֹת** one needs to accept the will of the majority

נָטָה ללון put up for the night — **נָטָה** למות be on the verge of dying
נְטִיַּת הפעלים **conjugation** of verbs — **נְטִיַּת** השמות **declension** of nouns
פועל **נָטוּי** **inflected** verb — בזרוע **נְטוּיָה** with **outstretched** arm (i.e., with great strength)
ועוד ידו **נְטוּיָה** and that's not the end of it – he can still go on

●נטל : לְהַטִיל, לִיטוֹל

הִטִיל/הֵטַל/יַטִיל throw, hurl; impose (taxes, etc.), place (on)

בניין : הִפְעִיל גזרה : פ״נ

	Present הווה		Past עבר	Future עתיד	Imper. ציווי
יחיד	מַטִיל	אני	הִטַלְתִּי	אַטִיל	
יחידה	מַטִילָה	אתה	הִטַלְתָּ	תַּטִיל	הַטֵל
רבים	מַטִילִים	את	הִטַלְתְּ	תַּטִילִי	הַטִילִי
רבות	מַטִילוֹת	הוא	הִטִיל	יַטִיל	
		היא	הִטִילָה	תַּטִיל	
		אנחנו	הִטַלְנוּ	נַטִיל	
		אתם/ן	הִטַלְתֶּם/ן	תַּטִילוּ *	הַטִילוּ **
		הם/ן	הִטִילוּ	יַטִילוּ *	

שם הפועל .Infin לְהַטִיל — * less commonly: אתן/הן תַּטֵלְנָה
שם הפעולה .Ver. N הֲטָלָה imposing; throwing — ** less commonly: (אתן) הַטֵלְנָה
הֶיטֵל levy — מקור מוחלט .Inf. Abs הַטֵל
מ״י מוצרכת .Gov. Prep הִטִיל על impose on

נָטַל/נוֹטֵל/יִטוֹל (יִטֹּל) take, grasp, hold

בניין : פָּעַל גזרה : פ״נ (אפעוֹל)

	Pres./Part. הווה/בינוני			Past עבר	Fut. עתיד	Imp. ציווי
יחיד	נוֹטֵל	נָטוּל	אני	נָטַלְתִּי	אֶטוֹל	
יחידה	נוֹטֶלֶת	נְטוּלָה	אתה	נָטַלְתָּ	תִּיטוֹל	טוֹל/נְטוֹל
רבים	נוֹטְלִים	נְטוּלִים	את	נָטַלְתְּ	תִּיטְלִי	טְלִי/נִטְלִי
רבות	נוֹטְלוֹת	נְטוּלוֹת	הוא	נָטַל	יִיטוֹל	
			היא	נָטְלָה	תִּיטוֹל	
			אנחנו	נָטַלְנוּ	נִיטוֹל	
			אתם/ן	נְטַלְתֶּם/ן*	תִּיטְלוּ**	טְלוּ/נִטְלוּ***
			הם/ן	נָטְלוּ	יִיטְלוּ**	

שם הפועל .Infin לִיטוֹל/לִנְטוֹל — * Colloquial: נָטַלְתֶּם/ן
מקור מוחלט .Inf. Abs נָטוֹל — ** less commonly: אתן/הן תִּיטוֹלְנָה
ביני סביל .Pass. Part נָטוּל lacking, devoid of — *** less common: (אתן) טוֹלְנָה/נְטוֹלְנָה
שם הפעולה Verbal N נְטִילָה taking, getting — מקור נטוי .Inf.+pron בְּנוֹטְלוֹ, כְּ...

הוּטַל (הֻטַל) be imposed, be placed (on); be laid

בניין : הוּפְעַל גזרה : פ״נ

	Present הווה		Past עבר	Future עתיד
יחיד	מוּטָל	אני	הוּטַלְתִּי	אוּטַל
יחידה	מוּטֶלֶת	אתה	הוּטַלְתָּ	תּוּטַל

	Present הווה		Past עבר	Future עתיד
רבים	מוּטָלִים	את	הוּטַלְתְּ	תּוּטְלִי
רבות	מוּטָלוֹת	הוא	הוּטַל	יוּטַל
		היא	הוּטְלָה	תּוּטַל
		אנחנו	הוּטַלְנוּ	נוּטַל
		אתם/ן	הוּטַלְתֶּם/ן	תּוּטְלוּ *
		הם/ן	הוּטְלוּ	יוּטְלוּ *

* less commonly: אתן/הן תּוּטַלְנָה

מ״י מוצרכת .Gov. Prep מוּטָל על it is the obligation of

♦ דוגמאות Illustrations

ראש הממשלה **הִטִּיל** על שר האוצר להכין תוכנית להבראת המשק מבלי **לְהַטִּיל** מיסים חדשים. בישיבת הממשלה **נָטַל** השר את רשות הדיבור וטען שהמשימה **שהוּטְלָה** עליו היא בלתי-אפשרית, מכיוון שאף אחד מן השרים האחרים אינו מוכן לשתף פעולה.

The prime minister **placed on** the finance minister (the task of) preparing a plan for economic recovery without **imposing** new taxes. At the government meeting, the finance minister **took** the floor and claimed that the task (that had been) **imposed** on him was impossible, since none of the other ministers was willing to cooperate.

♦ ביטויים מיוחדים Special expressions

נָטַל ציפורניים cut one's nails — **נָטַל** רשות (מ) obtain permission (from)

טוֹל קיסם מבין שיניך, **טוֹל** קורה מבין עיניך Finding fault in me? Look at yourself!

נְטִילַת ידיים washing one's hands — **נְטוּל**-קפאין decaffeinated

הִטִּיל אימה scare — **הֲטָלַת** כידון javelin **throw**

חובה **מוּטֶּלֶת** עליך you are under an obligation

● נטע : לִנְטוֹעַ/לָטַעַת

נָטַע/נוֹטֵעַ/יִטַּע plant; stick; instill

בניין : פָּעַל — גזרה : פ״נ + ל״ג (אֶפְעַל)

	Pres./Part. הווה/בינוני			Past עבר	Fut. עתיד	Imp. ציווי
יחיד	נוֹטֵעַ	נָטוּעַ	אני	נָטַעְתִּי	אֶטַּע	
יחידה	נוֹטַעַת	נְטוּעָה	אתה	נָטַעְתָּ	תִּיטַּע	טַע/נְטַע
רבים	נוֹטְעִים	נְטוּעִים	את	נָטַעְתְּ	תִּיטְּעִי	טְעִי/נִטְעִי
רבות	נוֹטְעוֹת	נְטוּעוֹת	הוא	נָטַע	יִיטַּע	
			היא	נָטְעָה	תִּיטַּע	
			אנחנו	נָטַעְנוּ	נִיטַּע	
			אתם/ן	נְטַעְתֶּם/ן*	תִּיטְּעוּ**	טְעוּ/נִטְעוּ***
			הם/ן	נָטְעוּ	יִיטְּעוּ**	

שם הפועל .Infin לִנְטוֹעַ/לָטַעַת — * Colloquial: נָטַעְתֶּם/ן

שם הפעולה Verbal N נְטִיעָה planting — ** less commonly: אתן/הן תִּיטַּעְנָה

ביני סביל .Pass. Part נָטוּעַ planted; stuck — *** less commonly: (אתן) (נְ)טַעְנָה

מקור מוחלט .Inf. Abs נָטוֹעַ — מקור נטוי .Inf.+pron בְּנוֹטְעוֹ/בְּטַעְתּוֹ, כְּ...

♦ פעלים פחות שכיחים מאותו שורש Less frequent verbs from the same root

נִיטַע be planted (נִיטַּע, יִינָּטַע, לְהִינָּטַע)

♦ דוגמאות Illustrations

מיליוני עצים **נִיטְעוּ** על ידי הקרן הקיימת לישראל. תלמידי בתי ספר **נָטְעוּ** חלק ניכר מהם.

Millions of trees **were planted** by the Jewish National Fund. School children **planted** a substantial number of them.

●נטרל (מן נֵיטְרָלִי neutral) : לְנַטְרֵל

נִטְרֵל/נִטְרַל/נַטְרֵל neutralize

בניין : פִּיעֵל גזרה : מרובעים

	הווה Present		עבר Past	עתיד Future	ציווי Imper.
יחיד	מְנַטְרֵל	אני	נִטְרַלְתִּי	אֲנַטְרֵל	
יחידה	מְנַטְרֶלֶת	אתה	נִטְרַלְתָּ	תְּנַטְרֵל	נַטְרֵל
רבים	מְנַטְרְלִים	את	נִטְרַלְתְּ	תְּנַטְרְלִי	נַטְרְלִי
רבות	מְנַטְרְלוֹת	הוא	נִטְרֵל	יְנַטְרֵל	
		היא	נִטְרְלָה	תְּנַטְרֵל	
		אנחנו	נִטְרַלְנוּ	נְנַטְרֵל	
		אתם/ן	נִטְרַלְתֶּם/ן	* תְּנַטְרְלוּ	** נַטְרְלוּ
		הם/ן	נִטְרְלוּ	* יְנַטְרְלוּ	

שם הפועל .Infin לְנַטְרֵל * less commonly: אתן/הן תְּנַטְרֵלְנָה

מקור מוחלט .Inf. Abs נַטְרֵל ** less commonly: (אתן) נַטְרֵלְנָה

שם הפעולה Verbal N נִטְרוּל neutralizing, neutralization

♦ פעלים פחות שכיחים מאותו שורש Less frequent verbs from the same root

נוּטְרַל be neutralized (מְנוּטְרָל, יְנוּטְרַל, בינ׳ סביל .Pass. Part מְנוּטְרָל neutralized)

♦ דוגמאות Illustrations

מרבית המדינות בעולם מנסות **לְנַטְרֵל** מדינות סוררות כמו איראן וצפון קוריאה, כדי לוודא שלא יגררו את העולם למלחמה אטומית.

Most states in the world attempt **to neutralize** rogue nations like Iran and North Korea, to ascertain that they do not drag the world into an atomic war.

●נטש : לִנְטוֹש

נָטַשׁ/נוֹטֵשׁ/יִי(נְ)טוֹשׁ (יִי(נְ)טֹשׁ) leave, abandon, neglect

בניין : פָּעַל גזרה : חסרי פ״נ

	הווה/בינוני .Pres./Part		עבר Past	עתיד .Fut	ציווי .Imp
יחיד	נוֹטֵשׁ נָטוּשׁ	אני	נָטַשְׁתִּי	אֶ(נְ)טוֹשׁ	
יחידה	נוֹטֶשֶׁת נְטוּשָׁה	אתה	נָטַשְׁתָּ	תִּ(נְ)טוֹשׁ	נְטוֹשׁ
רבים	נוֹטְשִׁים נְטוּשִׁים	את	נָטַשְׁתְּ	תִּ(נְ)טְשִׁי	נִטְשִׁי
רבות	נוֹטְשׁוֹת נְטוּשׁוֹת	הוא	נָטַשׁ	יִ(נְ)טוֹשׁ	

Imp. ציווי	Fut. עתיד	Past עבר		Pres./Part. הווה/בינוני
	תִּ(נְ)טוֹשׁ	נָטְשָׁה	היא	
	נִ(נְ)טוֹשׁ	נָטַשְׁנוּ	אנחנו	
נִטְשׁוּ ***	תִּ(נְ)טְשׁוּ **	נְטַשְׁתֶּם/ן *	אתם/ן	
	יִ(נְ)טְשׁוּ **	נָטְשׁוּ	הם/ן	

שם הפועל .Infin לִנְטוֹשׁ — * Colloquial: נָטַשְׁתֶּם/ן

מקור מוחלט חסרי .Inf. Abs נָטוֹשׁ — ** less commonly: אתן/הן תִּ(נְ)טוֹשְׁנָה

שם הפעולה Verbal N נְטִישָׁה abandonment — *** less commonly: (אתן) נְטוֹשְׁנָה

ביני סביל .Pass. Part נָטוּשׁ abandoned, neglected — מקור נטוי .Inf.+pron בְּנוֹטְשׁוֹ, כְּ...

♦ **פעלים פחות שכיחים מאותו שורש** Less frequent verbs from the same root

נִיטַּשׁ be abandoned (נִיטַּשׁ, יִינָּטֵשׁ, לְהִינָּטֵשׁ)

♦ **דוגמאות** Illustrations

עד היום נמשך הויכוח על כמה מן הפלסטינאים **נָטְשׁוּ** את בתיהם ב-1948 וברחו, כמה עזבו אותם בעידודם של מנהיגי ארצות ערב, בהבטחה שיחזרו, וכמה גורשו על ידי הצבא הישראלי בכוח. גם לא ברור כמה מן הרכוש ש**נִטַּשׁ** נחשב עדיין לרכוש **נָטוּשׁ**.

To this day there still rages the argument on how many of the Palestinians **abandoned** their houses in 1948 and ran away, how many left them owing to the prodding of Arab leaders who promised that they would be able to come back, and how many were driven out by force by the IDF. It is also unclear how much of the property that **was abandoned** is still regarded as **abandoned** property.

●נכה (נכי) : לְהַכּוֹת

hit, strike, beat; kill; afflict הִכָּה/מַכֶּה

בניין : הִפְעִיל   גזרה : פ״נ + ל״י

Imper. ציווי	Future עתיד	Past עבר		Present הווה	
	אַכֶּה	הִכֵּיתִי/הִכִּיתִי	אני	מַכֶּה	יחיד
הַכֵּה	תַּכֶּה	הִכֵּיתָ/הִכִּיתָ	אתה	מַכָּה	יחידה
הַכִּי	תַּכִּי	הִכֵּית/הִכִּית	את	מַכִּים	רבים
	יַכֶּה	הִכָּה	הוא	מַכּוֹת	רבות
	תַּכֶּה	הִכְּתָה	היא		
	נַכֶּה	הִכֵּינוּ/הִכִּינוּ	אנחנו		
הַכּוּ **	תַּכּוּ *	הִכֵּיתֶם/ן	אתם/ן		
	יַכּוּ *	הִכּוּ	הם/ן		

שם הפועל .Infin לְהַכּוֹת — * less commonly: אתן/הן תַּכֶּינָה

שם הפעולה Verbal N הַכָּאָה beating — ** less commonly: (אתן) הַכֶּינָה

בינוני .Pres. Part מַכֶּה one who habitually beats

מקור מוחלט .Inf. Abs הַכֵּה

♦ **פעלים פחות שכיחים מאותו שורש** Less frequent verbs from the same root

הוּכָּה be hit, be beaten; be stricken, be slain (בינוני .Pres. Part מוּכֶּה (habitually) beaten, יוּכֶּה)

Verbal שם הפעולה ,(מְנַכֶּה, יְנַכֶּה, לְנַכּוֹת) deduct (from salary, etc.), discount (bills) נִיכָּה
deduction; discount נִיכּוּי N
(מְנוּכֶּה, יְנוּכֶּה) be deducted, be discounted נוּכָּה

♦ דוגמאות Illustrations

נִיכּוּ לי החודש סכום גדול מדי מן המשכורת. אני צריך לגשת לברר מדוע **נוּכָּה** לי סכום כה גדול.

This month they **deducted** too large a sum from my salary. I need to go and find out why such a large sum **has been deducted**.

האם תרומה למוסד שלכם מוכרת כ**נִיכּוּי** לצורכי מס הכנסה?

Is a contribution to your institution recognized as a **deduction** for income tax purposes?

לאחרונה נפתח בעירנו מעון ל**מוּכִּים**, לאלה ש**מַכִּים** אותם בבית.

Lately they opened in town a home for **battered** people, ones that **are beaten** at home.

♦ ביטויים מיוחדים Special expressions

הִיכָּה שורש **strike** root, get established
הוּכָּה בסנוורים be blinded
ליבו **הִיכָּה** אותו be conscience-**stricken**
הוּכָּה בתדהמה be shocked

●נכח : לִנְכּוֹחַ/לִהְיוֹת נוֹכֵחַ

נָכַח/נוֹכֵחַ/נְכַח be present, attend

בניין : פָּעַל גזרה : שלמים (אֶפְעַל) + ע״ג

	Present הווה		Past עבר	Imper. ציווי
יחיד	נוֹכֵחַ	אני	נָכַחְתִּי	
יחידה	נוֹכַחַת	אתה	נָכַחְתָּ	נְכַח
רבים	נוֹכְחִים	את	נָכַחְתְּ/...חַת	נִכְחִי
רבות	נוֹכְחוֹת	הוא	נָכַח	
		היא	נָכְחָה	
		אנחנו	נָכַחְנוּ	
		אתם/ן	נְכַחְתֶּם/ן *	נִכְחוּ **
		הם/ן	נָכְחוּ	

שם הפועל .Infin לִנְכּוֹחַ/לִהְיוֹת נוֹכֵחַ
* Colloquial: נָכַחְתֶּם/ן
בינוני .Pres. Part נוֹכֵחַ present, 2nd person
** less commonly: (אתן) נְכַחְנָה
מקור מוחלט .Inf. Abs נָכוֹחַ
מקור נטוי .Inf.+pron בְּנוֹכְחוֹ, כְּ...
מ״י מוצרכת .Gov. Prep נָכַח בּ- be present at

No future conjugation exists in this verb form. Periphrastic configurations like יִהְיֶה נוֹכֵחַ "will be present" are used instead.

♦ דוגמאות Illustrations

הנשיא לא **נָכַח** בטקס, אבל הוא שלח את סגן-הנשיא כנציגו.

The president did not **attend** the ceremony, but he sent the vice president as his representative.

●נכר : לְהַכִּיר

הִכִּיר/הִכַּר/יַכִּיר know, be acquainted with; recognize; acknowledge (a truth)

בניין : הִפעיל גזרה : פ"נ

	Present הווה		Past עבר	Future עתיד	Imper. ציווי
יחיד	מַכִּיר	אני	הִכַּרְתִּי	אַכִּיר	
יחידה	מַכִּירָה	אתה	הִכַּרְתָּ	תַּכִּיר	הַכֵּר
רבים	מַכִּירִים	את	הִכַּרְתְּ	תַּכִּירִי	הַכִּירִי
רבות	מַכִּירוֹת	הוא	הִכִּיר	יַכִּיר	
		היא	הִכִּירָה	תַּכִּיר	
		אנחנו	הִכַּרְנוּ	נַכִּיר	
		אתם/ן	הִכַּרְתֶּם/ן	תַּכִּירוּ *	הַכִּירוּ **
		הם/ן	הִכִּירוּ	יַכִּירוּ *	

* less commonly: אתן/הן תַּכֵּרְנָה

** less commonly: (אתן) הַכֵּרְנָה

שם הפועל .Infin לְהַכִּיר

שם הפעולה Verbal N הַכָּרָה consciousness; recognition, getting to know; conviction

שם הפעולה Verbal N הֶיכֵּר (mark of) recognition

בינוני .Pres. Part מַכִּיר acquaintance; knowing, recognizing

מקור מוחלט .Inf. Abs הַכֵּר

מ"י מוצרכת .Gov. Prep הִכִּיר ב- acknowledge, recognize (regime, etc.)

♦ פעלים פחות שכיחים מאותו שורש Less frequent verbs from the same root

נִיכַּר be known/recognized (נִיכָּר, יִינָּכֵר, לְהִינָּכֵר)

בינוני .Pres. Part נִיכָּר recognizable; considerable (form fairly common)

הִתְנַכֵּר be estranged; act as a stranger; deny (promise), dodge (מִתְנַכֵּר, יִתְנַכֵּר, לְהִתְנַכֵּר)

הוּכַּר be recognized; be acknowledged (truth, etc.); be granted recognition (בינוני .Pres. Part מוּכָּר familiar; recognized (officially), יוּכַּר)

♦ דוגמאות Illustrations

הפנים שלו **מוּכָּרוֹת** לי, אבל אינני זוכר מהיכן אני **מַכִּיר** אותו. אוליי דרך **מַכִּירִים** משותפים.

His face **is familiar**, but I do not remember where I **know** him from. Perhaps through common **acquaintances**.

ישראל ואש"פ **הִכִּירוּ** זה בזה ; שני הצדדים **הִכִּירוּ** בכך שאין מנוס מ**הַכָּרָה** הדדית, וקיוו להגיע להסדרים שיביאו הישגים **נִיכָּרִים** לכל אחד מן הצדדים.

Israel and the PLO **have recognized** each other. The two parties **acknowledged** that there was no escape from mutual **recognition**, and were hoping to reach agreements that would bring **considerable** achievements to each side.

♦ ביטויים מיוחדים Special expressions

נִיכָּר ש... it is **evident** that...

בבקשה **לְהַכִּיר**... may I **introduce**...

הִכִּיר טובה/תודה be grateful

הִכִּיר את מקומו **know** one's place

בעל **הַכָּרָה** a person of convictions

ללא **הַכָּרָה**, חסר-**הַכָּרָה** un**conscious**

לעשות **הַכָּרָה** עם make the **acquaintance** of תת-**הַכָּרָה** the sub**conscious**
הַכָּרָה עצמית recognizing one's own value בא לידי **הַכָּרָה** come to the **conclusion**
סימני **הֶיכֵּר** **identifying** marks

●נסה (נסי) : לְנַסוֹת, לְהִתְנַסוֹת

נִיסָּה (נִסָּה)/נַסֶּה test; try; experiment; tempt

בניין : פִּיעֵל גזרה : ל״י

	הווה Present		עבר Past	עתיד Future	ציווי Imper.
יחיד	מְנַסֶּה	אני	נִיסִּיתִי	אֲנַסֶּה	
יחידה	מְנַסָּה	אתה	נִיסִּיתָ	תְּנַסֶּה	נַסֵּה
רבים	מְנַסִּים	את	נִיסִּית	תְּנַסִּי	נַסִּי
רבות	מְנַסּוֹת	הוא	נִיסָּה	יְנַסֶּה	
		היא	נִיסְּתָה	תְּנַסֶּה	
		אנחנו	נִיסִּינוּ	נְנַסֶּה	
		אתם/ן	נִיסִּיתֶם/ן	תְּנַסּוּ *	נַסּוּ **
		הם/ן	נִיסּוּ	יְנַסּוּ *	

שם הפועל .Infin לְנַסּוֹת * less commonly: אתן/הן תְּנַסֶּינָה
שם הפעולה Verbal N נִיסּוּי experiment; test ** less commonly: (אתן) נַסֶּינָה
מקור מוחלט .Inf. Abs נַסֵּה

הִתְנַסָּה experience; be tested

בניין : הִתְפַּעֵל גזרה : ל״י

	הווה Present		עבר Past	עתיד Future	ציווי Imper.
יחיד	מִתְנַסֶּה	אני	הִתְנַסֵּיתִי	אֶתְנַסֶּה	
יחידה	מִתְנַסָּה	אתה	הִתְנַסֵּיתָ	תִּתְנַסֶּה	הִתְנַסֵּה
רבים	מִתְנַסִּים	את	הִתְנַסֵּית	תִּתְנַסִּי	הִתְנַסִּי
רבות	מִתְנַסּוֹת	הוא	הִתְנַסָּה	יִתְנַסֶּה	
		היא	הִתְנַסְּתָה	תִּתְנַסֶּה	
		אנחנו	הִתְנַסֵּינוּ	נִתְנַסֶּה	
		אתם/ן	הִתְנַסֵּיתֶם/ן	תִּתְנַסּוּ *	הִתְנַסּוּ **
		הם/ן	הִתְנַסּוּ	יִתְנַסּוּ *	

* less commonly: אתן/הן תִּתְנַסֶּינָה
שם הפועל .Infin לְהִתְנַסּוֹת ** less commonly: (אתן) הִתְנַסֶּינָה
שם הפעולה Verbal N הִתְנַסּוּת experiencing; trial מקור מוחלט .Inf. Abs הִתְנַסֵּה
מ״י מוצרכת .Gov. Prep הִתְנַסָּה ב- experience (something)

נוּסָּה (נֻסָּה)/נוּסֶּה be tested; be tried; be experimented; be tempted

בניין : פּוּעַל גזרה : ל״י

	הווה Present		עבר Past	עתיד Future
יחיד	מְנוּסֶּה	אני	נוּסֵּיתִי	אֲנוּסֶּה
יחידה	מְנוּסָּה	אתה	נוּסֵּיתָ	תְּנוּסֶּה
רבים	מְנוּסִּים	את	נוּסֵּית	תְּנוּסִּי
רבות	מְנוּסּוֹת	הוא	נוּסָּה	יְנוּסֶּה
		היא	נוּסְּתָה	תְּנוּסֶּה

		Past עבר	Future עתיד
	אנחנו	נוּסֵּינוּ	נְנוּסֶּה
	אתם/ן	נוּסֵּיתֶם/ן	תְּנוּסּוּ *
	הם/ן	נוּסּוּ	יְנוּסּוּ *

בינוני .Pres. Part מְנוּסֶּה experienced * :less commonly אתן/הן תְּנוּסֶּינָה

מ״י מוצרכת .Gov. Prep נוּסָּה ב- be tempted with

♦ **דוגמאות** Illustrations

למזלי, מעודי לא **נִיסִּיתִי** לעשן, ומכיוון שמעולם לא **הִתְנַסֵּיתִי** בחוויית העישון, לא נמשכתי אף פעם לסיגריות.

Fortunately, I **have** never **tried** to smoke, and since I never **experienced** smoking, I was never attracted to cigarettes.

התרופה הזאת עדיין לא **נוּסְּתָה** על בני אדם. ה**נִיסּוּיִים** בה הוגבלו עד עתה לבעלי חיים.

This medicine **has** not **been tried** on humans yet. So far **experiments** with it have been limited to animals.

♦ **ביטויים מיוחדים** Special expressions

נִיסָּה את מזלו **try** one's luck — **נִיסּוּי** וטעייה/**נִסְיָּה** וטעייה **trial** and error

טייס **נִיסּוּי** **test** pilot — קבוצת **נִיסּוּי** **test** group (in experiment)

●נסח : לְנַסֵּחַ

נִיסַּח (נִסַּח)/נַסֵּחַ word V; formulate; phrase V

בניין : פִּיעֵל — גזרה : שלמים + ל״ג

	Present הווה		Past עבר	Future עתיד	Imper. ציווי
יחיד	מְנַסֵּחַ	אני	נִיסַּחְתִּי	אֲנַסֵּח/...סֵּחַ*	
יחידה	מְנַסַּחַת	אתה	נִיסַּחְתָּ	תְּנַסֵּח/...סֵּחַ*	נַסֵּח/נַסֵּחַ*
רבים	מְנַסְּחִים	את	נִיסַּחְתְּ/...חַת	תְּנַסְּחִי	נַסְּחִי
רבות	מְנַסְּחוֹת	הוא	נִיסֵּח/נִיסֵּחַ*	יְנַסֵּח/...סֵּחַ*	
		היא	נִיסְּחָה	תְּנַסֵּח/...סֵּחַ*	
		אנחנו	נִיסַּחְנוּ	נְנַסֵּח/...סֵּחַ*	
		אתם/ן	נִיסַּחְתֶּם/ן	תְּנַסְּחוּ **	נַסְּחוּ ***
		הם/ן	נִיסְּחוּ	יְנַסְּחוּ **	

שם הפועל .Infin לְנַסֵּחַ — * more common in colloquial use ...סֵּחַ

שם הפעולה Verbal N נִיסּוּחַ wording — ** :less commonly אתן/הן תְּנַסַּחְנָה

מקור מוחלט .Inf. Abs נַסֵּחַ — *** :less commonly (אתן) נַסַּחְנָה

♦ **פעלים פחות שכיחים מאותו שורש** Less frequent verbs from the same root

נוּסַּח be worded (בינוני .Pres. Part מְנוּסָּח worded, formulated, יְנוּסַּח)

♦ **דוגמאות** Illustrations

המרצה הזה יודע **לְנַסֵּחַ** את דבריו כך שהם תמיד משכנעים.

This speaker/lecturer knows how **to phrase** what he says in a convincing manner.

●נסע : לִנְסוֹעַ, לְהַסִּיעַ

נָסַע/נוֹסֵעַ/יִסַּע go (by vehicle), travel

בניין : פָּעַל גזרה : פ"נ + ל"ג (אֶפְעַל)

	Present הווה		Past עבר	Future עתיד	Imper. ציווי
יחיד	נוֹסֵעַ	אני	נָסַעְתִּי	אֶסַּע	
יחידה	נוֹסַעַת	אתה	נָסַעְתָּ	תִּיסַּע	סַע
רבים	נוֹסְעִים	את	נָסַעְתְּ	תִּיסְּעִי	סְעִי
רבות	נוֹסְעוֹת	הוא	נָסַע	יִיסַּע	
		היא	נָסְעָה	תִּיסַּע	
		אנחנו	נָסַעְנוּ	נִיסַּע	
		אתםן	* נְסַעְתֶּם/ן	** תִּיסְעוּ	*** סְעוּ
		הםן	נָסְעוּ	** יִיסְעוּ	

שם הפועל .Infin לִנְסוֹעַ — * Colloquial: נָסַעְתֶּם/ן

שם הפעולה Verbal N נְסִיעָה journey, trip — ** less commonly: אתן/הן תִּיסַּעְנָה

מקור מוחלט .Inf. Abs נָסוֹעַ — *** less commonly: (אתן) סַעְנָה

מקור נטוי .Inf.+pron בְּנוֹסְעוֹ, כְּ...

הִסִּיעַ/הִסַּע/יַסִּיעַ transport, give a ride; lead, escort; remove, dislodge

בניין : הִפְעִיל גזרה : פ"נ + ל"ג

	Present הווה		Past עבר	Future עתיד	Imper. ציווי
יחיד	מַסִּיעַ	אני	הִסַּעְתִּי	אַסִּיעַ	
יחידה	מַסִּיעָה	אתה	הִסַּעְתָּ	תַּסִּיעַ	הַסַּע
רבים	מַסִּיעִים	את	הִסַּעְתְּ	תַּסִּיעִי	הַסִּיעִי
רבות	מַסִּיעוֹת	הוא	הִסִּיעַ	יַסִּיעַ	
		היא	הִסִּיעָה	תַּסִּיעַ	
		אנחנו	הִסַּעְנוּ	נַסִּיעַ	
		אתםן	הִסַּעְתֶּם/ן	* תַּסִּיעוּ	** הַסִּיעוּ
		הםן	הִסִּיעוּ	* יַסִּיעוּ	

שם הפועל .Infin לְהַסִּיעַ — * less commonly: אתן/הן תַּסַּעְנָה

ש' הפעולי Verbal N הַסָּעָה transport(ation), ride — ** less commonly: (אתן) הַסַּעְנָה

מקור מוחלט .Inf. Abs הַסֵּעַ

♦ פעלים פחות שכיחים מאותו שורש Less frequent verbs from the same root

הוּסַּע be transported/given a ride; be led; be removed/dislodged **(מוּסָּע, יוּסַּע)**

♦ דוגמאות Illustrations

מיכאל לא **נוֹסֵעַ** לעבודה במכונית; הוא הולך ברגל, מסיבות בריאות. אם מזג האוויר גרוע, אישתו **מַסִּיעָה** אותו. ביתו **מוּסַּעַת** לבית ספרה ב**הַסָּעָה** מיוחדת.

Michael does not **go** to work by car; he walks, for health reasons. If the weather is bad, his wife **drives** him. His daughter **is transported** to her school by special **transportation**.

●נסק : לְהַסִּיק

הִסִּיק/הִסַּק/יַסִּיק light (fire), heat; draw (conclusion)

בניין : הִפְעִיל גזרה : פ״נ

	הווה Present		עבר Past	עתיד Future	ציווי .Imper
יחיד	מַסִּיק	אני	הִסַּקְתִּי	אַסִּיק	
יחידה	מַסִּיקָה	אתה	הִסַּקְתָּ	תַּסִּיק	הַסֵּק
רבים	מַסִּיקִים	את	הִסַּקְתְּ	תַּסִּיקִי	הַסִּיקִי
רבות	מַסִּיקוֹת	הוא	הִסִּיק	יַסִּיק	
		היא	הִסִּיקָה	תַּסִּיק	
		אנחנו	הִסַּקְנוּ	נַסִּיק	
		אתם/ן	הִסַּקְתֶּם/ן	תַּסִּיקוּ *	הַסִּיקוּ **
		הם/ן	הִסִּיקוּ	יַסִּיקוּ *	

* less commonly: אתן/הן תַּסֵּקְנָה

** less commonly: (אתן) הַסֵּקְנָה

שם הפועל .Infin לְהַסִּיק

שם הפעולה Verbal N הַסָּקָה heating; drawing (concl.)

בינוני .Pres. Part מַסִּיק fire stoker מקור מוחלט .Inf. Abs הַסֵּק

♦ פעלים פחות שכיחים מאותו שורש Less frequent verbs from the same root

נָסַק rise (נוֹסֵק, יִיסַּק, לִנְסוֹק)

הוּסַּק be heated; be drawn (conclusion) (בינוני .Pres. Part מוּסָּק heated; drawn (concl.), יוּסַּק

♦ דוגמאות Illustrations

כשהגיע חשבון החשמל הראשון שלנו בחורף הקשה של 1993/94, ולא הצלחנו להשיג עץ נוסף כדי **לְהַסִּיק** את תנור העץ, **הִסַּקְנוּ** שאין לנו ברירה: עלינו להתקין **הַסָּקָה** מרכזית בסולֶר או בגז. מאז הבית שלנו **מוּסָּק** היטב, ויחסית בזול.

When we got our first electric bill in the hard winter of 1993/94, and were not able to obtain additional firewood to **fire** the woodstove, we **concluded** that we had no choice: we had to install central **heating** on oil or gas. Since then, our house has been well **heated**, and relatively inexpensively.

♦ ביטויים מיוחדים Special expressions

הִסִּיק מסקנות **draw** conclusions — **הִסִּיק** את התנור **light/fire** the oven/stove

הַסָּקָה מרכזית central **heating**

●נעל : לִנְעוֹל, לְהִינָּעֵל

נָעַל/נוֹעֵל/יִנְעַל lock; close (meeting); put on (shoe)

בניין : פָּעַל גזרה : שלמים + ע״ג (אֶפְעַל)

	הווה/בינוני .Pres./Part			עבר Past	עתיד .Fut	ציווי .Imp
יחיד	נוֹעֵל	נָעוּל	אני	נָעַלְתִּי	אֶנְעַל	
יחידה	נוֹעֶלֶת	נְעוּלָה	אתה	נָעַלְתָּ	תִּנְעַל	נְעַל
רבים	נוֹעֲלִים	נְעוּלִים	את	נָעַלְתְּ	תִּנְעֲלִי	נַעֲלִי

	הווה/בינוני Pres./Part.		עבר Past	עתיד Fut.	ציווי Imp.
רבות	נוֹעֲלוֹת נְעוּלוֹת	הוא	נָעַל	יִנְעַל	
		היא	נָעֲלָה	תִּנְעַל	
		אנחנו	נָעַלְנוּ	נִנְעַל	
		אתם/ן	נְעַלְתֶּם/ן *	תִּנְעֲלוּ **	נַעֲלוּ ***
		הם/ן	נָעֲלוּ	יִנְעֲלוּ **	

שם הפועל .Infin לִנְעוֹל   Colloquial *: נְעַלְתֶּם/ן

מקור מוחלט .Inf. Abs נָעוֹל   less commonly **: אתן/הן תִּנְעַלְנָה

מקור נטוי .Inf.+pron בְּנוֹעֲלוֹ, כְּ...   less commonly ***: (אתן) נְעַלְנָה

שם הפעולה Verbal N נְעִילָה locking, closing; putting on shoe

ביני סביל .Pass. Part נָעוּל locked; put on (shoe)   קָטִיל .CaCiC adj./N נָעִיל lockable

נִנְעַל/יִינָּעֵל (יִנָּעֵל) be/get locked; be closed (meeting)

בניין : נִפְעַל   גזרה : שלמים + ע״ג

	הווה Present		עבר Past	עתיד Future	ציווי Imper.
יחיד	נִנְעָל	אני	נִנְעַלְתִּי	אֶנָּעֵל	
יחידה	נִנְעֶלֶת	אתה	נִנְעַלְתָּ	תִּינָּעֵל	הִינָּעֵל
רבים	נִנְעָלִים	את	נִנְעַלְתְּ	תִּינָּעֲלִי	הִינָּעֲלִי
רבות	נִנְעָלוֹת	הוא	נִנְעַל	יִינָּעֵל	
		היא	נִנְעֲלָה	תִּינָּעֵל	
		אנחנו	נִנְעַלְנוּ	נִינָּעֵל	
		אתם/ן	נִנְעַלְתֶּם/ן	תִּינָּעֲלוּ *	הִינָּעֲלוּ **
		הם/ן	נִנְעֲלוּ	יִינָּעֲלוּ *	

מקור מוחלט .Inf. Abs נִנְעוֹל   less commonly *: אתן/הן תִּינָּעַלְנָה

שם הפועל .Infin לְהִינָּעֵל   less commonly **: (אתן) הִינָּעַלְנָה

ש׳ הפעו׳ .Verb. N הִינָּעֲלוּת being locked/closed   מ״י מוצ׳ Gov. Prep נִנְעַל על be locked on

♦ דוגמאות Illustrations

מיכאל חשב שהוא **נָעַל** את הדלת, אבל המנעול לא פעל כראוי, והדלת לא **נִנְעֲלָה**.

Michael thought that he **had locked** the door, but the lock did not work properly, and the door **did** not **get locked**.

הועידה **נִנְעֲלָה** בנאום מסכם של נשיא האגודה.

The conference **was closed** with a concluding speech by the president of the organization.

המכ״מ של מטוס הקרב **נִנְעַל** על מטוס האויב, והטייס לחץ הכפתור ששילח את הטיל.

The fighter's radar **was locked** on the enemy plane, and the pilot pressed the button that launched the missile.

כשמגלה העשן החל לצפצף, עמירם נמלט מן הבית בפיג׳מה שלו, מבלי להתעכב אפילו כדי **לִנְעוֹל** את נעליו.

When the smoke detector began to beep, Amiram fled from the house in his pajamas, without lingering **to** even **put on** his shoes.

♦ ביטויים מיוחדים Special expressions

נָעַל את הדלת בפני מישהו prevent one from fulfilling his/her wish, exclude one

אישה **נַעֲלָה נָעֲלָה נַעֲלָהּ - נָעֲלָה** את הדלת בפני בעלה (חידוד לשון).

An upper-class woman **put on her shoe** – and **locked** her husband out (tongue-twister.)

נָעַל נעל(יים) **wear shoe**(s) – in this sense, can only use with obligatory direct object
תפילת **נְעִילָה** **concluding** service (on Day of Atonement)

● נפח : לְהִתְנַפֵּחַ, לְנַפֵּחַ

הִתְנַפַּח/...פֵּחַ swell, puff up; become inflated; become arrogant (coll.)

בניין : פִּיעֵל גזרה : שלמים + ל״ג

Imper. ציווי	Future עתיד	Past עבר		Present הווה	
	*אֶתְנַפַּח/...פֵּחַ	הִתְנַפַּחְתִּי	אני	מִתְנַפֵּחַ	יחיד
*הִתְנַפַּח/נַפֵּחַ	*תִּתְנַפַּח/...פֵּחַ	הִתְנַפַּחְתָּ	אתה	מִתְנַפַּחַת	יחידה
הִתְנַפְּחִי	תִּתְנַפְּחִי	הִתְנַפַּחְתְּ/...חַת	את	מִתְנַפְּחִים	רבים
	*יִתְנַפַּח/...פֵּחַ	*הִתְנַפַּח/פֵּחַ	הוא	מִתְנַפְּחוֹת	רבות
	*תִּתְנַפַּח/...פֵּחַ	הִתְנַפְּחָה	היא		
	*נִתְנַפַּח/...פֵּחַ	הִתְנַפַּחְנוּ	אנחנו		
*** הִתְנַפְּחוּ	** תִּתְנַפְּחוּ	הִתְנַפַּחְתֶּם/ן	אתם/ן		
	** יִתְנַפְּחוּ	הִתְנַפְּחוּ	הם/ן		

שם הפועל .Infin לְהִתְנַפֵּחַ — * ...פֵּחַ more common in colloquial use

שם הפעולה Verbal N הִתְנַפְּחוּת swelling — ** less commonly: אתן/הן תִּתְנַפַּחְנָה

מקור מוחלט .Inf. Abs הִתְנַפֵּחַ — *** less commonly: (אתן) הִתְנַפַּחְנָה

נִיפַּח (נִפַּח)/...פֵּחַ/נַפַּח/...פֵּחַ inflate, blow up; exaggerate (coll.)

בניין : פִּיעֵל גזרה : שלמים + ל״ג

Imper. ציווי	Future עתיד	Past עבר		Present הווה	
	*אֲנַפַּח/...פֵּחַ	נִיפַּחְתִּי	אני	מְנַפֵּחַ	יחיד
*נַפַּח/נַפֵּחַ	*תְּנַפַּח/...פֵּחַ	נִיפַּחְתָּ	אתה	מְנַפַּחַת	יחידה
נַפְּחִי	תְּנַפְּחִי	נִיפַּחְתְּ/...חַת	את	מְנַפְּחִים	רבים
	*יְנַפַּח/...פֵּחַ	*נִיפַּח/נִיפֵּחַ	הוא	מְנַפְּחוֹת	רבות
	*תְּנַפַּח/...פֵּחַ	נִיפְּחָה	היא		
	*נְנַפַּח/...פֵּחַ	נִיפַּחְנוּ	אנחנו		
*** נַפְּחוּ	** תְּנַפְּחוּ	נִיפַּחְתֶּם/ן	אתם/ן		
	** יְנַפְּחוּ	נִיפְּחוּ	הם/ן		

שם הפועל .Infin לְנַפֵּחַ — * ...פֵּחַ more common in colloquial use

שי הפעו׳ Verb. N נִיפּוּחַ inflating, exaggerating — ** less commonly: אתן/הן תְּנַפַּחְנָה

מקור מוחלט .Inf. Abs נַפֵּחַ — *** less commonly: (אתן) נַפַּחְנָה

♦ פעלים פחות שכיחים מאותו שורש Less frequent verbs from the same root

נוּפַּח be inflated, blown up; be exaggerated (coll.) (בינוני Pass. Part. מְנוּפָּח blown up; exaggerated (col.), יְנוּפַּח)

♦ דוגמאות Illustrations

הבלון **הִתְנַפֵּחַ** עד שהתפוצץ מכיוון ש**נִיפַּחְתִּי** אותו יותר מדיי.
The balloon **blew up** till it burst because I over-**inflated** it.

כדי להרשים את הבנות, יעקב **נִיפֵּחַ** את חלקו בסיפור סיכול הפיגוע.
To impress the girls, Yaakov **exaggerated** his part in the story of the foiling of the terrorist attack.

● נפל : לִפּוֹל, לְהַפִּיל, לְהִתְנַפֵּל

נָפַל/נוֹפֵל/יִיפּוֹל (יִפֹּל) fall; die in battle; be captured (town); happen

בניין : פָּעַל גזרה : פ״נ (אפעול)

	הווה/בינוני Pres./Part.			עבר Past	עתיד Fut.	ציווי Imp.
יחיד	נוֹפֵל	נָפוּל	אני	נָפַלְתִּי	אֶפּוֹל	
יחידה	נוֹפֶלֶת	נְפוּלָה	אתה	נָפַלְתָּ	תִּיפּוֹל	נְפוֹל
רבים	נוֹפְלִים	נְפוּלִים	את	נָפַלְתְּ	תִּיפְּלִי	נִפְלִי
רבות	נוֹפְלוֹת	נְפוּלוֹת	הוא	נָפַל	יִיפּוֹל	
			היא	נָפְלָה	תִּיפּוֹל	
			אנחנו	נָפַלְנוּ	נִיפּוֹל	
			אתם/ן	נְפַלְתֶּם/ן *	תִּיפְּלוּ **	נִפְלוּ ***
			הם/ן	נָפְלוּ	יִיפְּלוּ **	

שם הפועל .Infin לִפּוֹל　　* Colloquial: נָפַלְתֶּם/ן

מקור מוחלט .Inf. Abs נָפוֹל　　** less commonly: אתן/הן תִּיפּוֹלְנָה

מקור נטוי .Inf.+pron בְּנוֹפְלוֹ, כְּ...　　*** less commonly: (אתן) נְפוֹלְנָה

ביני סביל .Pass. Part נָפוּל fallen, sunken (cheeks)

קָטִיל .CaCiC adj./N נָפִיל giant　　שם הפעולה Verbal N נְפִילָה fall; defeat

הִפִּיל/הִפַּל/יַפִּיל bring down, knock over; drop; have miscarriage or abortion; overcome

בניין : הִפְעִיל גזרה : פ״נ

	הווה Present		עבר Past	עתיד Future	ציווי .Imper
יחיד	מַפִּיל	אני	הִפַּלְתִּי	אַפִּיל	
יחידה	מַפִּילָה	אתה	הִפַּלְתָּ	תַּפִּיל	הַפֵּל
רבים	מַפִּילִים	את	הִפַּלְתְּ	תַּפִּילִי	הַפִּילִי
רבות	מַפִּילוֹת	הוא	הִפִּיל	יַפִּיל	
		היא	הִפִּילָה	תַּפִּיל	
		אנחנו	הִפַּלְנוּ	נַפִּיל	
		אתם/ן	הִפַּלְתֶּם/ן	תַּפִּילוּ *	הַפִּילוּ **
		הם/ן	הִפִּילוּ	יַפִּילוּ *	

שם הפועל .Infin לְהַפִּיל　　* less commonly: אתן/הן תַּפֵּלְנָה

מקור מוחלט .Inf. Abs הַפֵּל　　** less commonly: (אתן) הַפֵּלְנָה

שם הפעולה Verbal N הַפָּלָה dropping; miscarriage, abortion

הִתְנַפֵּל/הִתְנַפֵּל attack, come down on; prostrate oneself (lit.)

בניין : הִתְפַּעֵל גזרה : שלמים

	הווה Present		עבר Past	עתיד Future	ציווי .Imper
יחיד	מִתְנַפֵּל	אני	הִתְנַפַּלְתִּי	אֶתְנַפֵּל	
יחידה	מִתְנַפֶּלֶת	אתה	הִתְנַפַּלְתָּ	תִּתְנַפֵּל	הִתְנַפֵּל
רבים	מִתְנַפְּלִים	את	הִתְנַפַּלְתְּ	תִּתְנַפְּלִי	הִתְנַפְּלִי
רבות	מִתְנַפְּלוֹת	הוא	הִתְנַפֵּל	יִתְנַפֵּל	
		היא	הִתְנַפְּלָה	תִּתְנַפֵּל	
		אנחנו	הִתְנַפַּלְנוּ	נִתְנַפֵּל	

Imper. ציווי	Future עתיד	Past עבר		Present הווה
הִתְנַפְּלוּ **	תִּתְנַפְּלוּ *	הִתְנַפַּלְתֶּם/ן	אתם/ן	
	יִתְנַפְּלוּ *	הִתְנַפְּלוּ	הם/ן	

שם הפועל .Infin לְהִתְנַפֵּל — * less commonly: אתן/הן תִּתְנַפֵּלְנָה

שם הפעולה Verbal N הִתְנַפְּלוּת attack(ing) — ** less commonly: (אתן) הִתְנַפֵּלְנָה

מקור מוחלט .Inf. Abs הִתְנַפֵּל

מ״י מוצרכת .Gov. Prep הִתְנַפֵּל על attack (someone), go for

הוּפַּל (הֻפַּל) be dropped; be knocked over, be brought down; be defeated; be cast (lots)

בניין: הוּפְעַל גזרה: פ״נ

Future עתיד	Past עבר		Present הווה	
אוּפַּל	הוּפַּלְתִּי	אני	מוּפָּל	יחיד
תוּפַּל	הוּפַּלְתָּ	אתה	מוּפֶּלֶת	יחידה
תוּפְּלִי	הוּפַּלְתְּ	את	מוּפָּלִים	רבים
יוּפַּל	הוּפַּל	הוא	מוּפָּלוֹת	רבות
תוּפַּל	הוּפְּלָה	היא		
נוּפַּל	הוּפַּלְנוּ	אנחנו		
תוּפְּלוּ *	הוּפַּלְתֶּם/ן	אתם/ן		
יוּפְּלוּ *	הוּפְּלוּ	הם/ן		

* less commonly: אתן/הן תּוּפַּלְנָה

בינוני .Pres. Part מוּפָּל knocked down, defeated

♦ דוגמאות Illustrations

לדעת המשטרה, העציץ שהרג את שמעון לא **נָפַל** מעצמו מן הקומה השלושים ואחת; הוא **הוּפַּל** בזדון.

The opinion of the police is that the flower pot that killed Shim'on **did** not **fall** from the 31st floor on its own; it **was dropped** on purpose.

אהוד רוצה **לְהַפִּיל** את הממשלה על ידי הצעת אי-אימון בנושא חוק **הַהַפָּלוֹת**. הוא מקווה כי **נְפִילַת** הממשלה תביא לבחירות מוקדמות שיסתיימו בניצחון האופוזיציה.

Ehud wishes **to topple** the government by means of a non-confidence vote on the **abortion** bill. He is hoping that the **fall** of the government will lead to early elections that will result in victory for the opposition.

הכלב שלנו **מִתְנַפֵּל** זה על כל מי שלדעתו לא שייך לבניין...

Our dog **attacks** anybody who he considers as not belonging to the building....

♦ ביטויים מיוחדים Special expressions

לשון **נוֹפֵל** על לשון pun, play on words

נָפַל בפח be trapped

נָפַל חלל **fall** in battle

נָפַל למשכב become ill

לא **נָפַל** משערת ראשו ארצה he was not hurt at all

נָפַל עליו הגורל the lot **fell** upon him

נָפְלָה עליו תרדמה he **fell** deeply asleep

נָפַל בחלקו **fell** to his lot

נָפַל בשבי be captured

נָפַל לידיו **fell** into his hands

נָפַל על המציאה seize on the idea

נָפַל עליו פחד be seized by fear

ההצעה **נָפְלָה** the proposal was defeated

epilepsy **מחלת הנְפִילָה**	free **fall** **נְפִילָה** חופשית
cast lots **הִפִּיל** גורל(ות)	abortion (procured) **הַפָּלָה** מלאכותית

●נצח : לְנַצֵּחַ

defeat, win; supervise, conduct (band, etc.) נִיצַּח (נִצַּח)/נַצַּח

בניין : פִּיעֵל גזרה : שלמים + ל״ג

	Present הווה		Past עבר	Future עתיד	Imper. ציווי
יחיד	מְנַצֵּחַ	אני	נִיצַּחְתִּי	אֲנַצַּח/...צֵּחַ*	
יחידה	מְנַצַּחַת	אתה	נִיצַּחְתָּ	תְּנַצַּח/...צֵּחַ*	נַצַּח/נַצֵּחַ*
רבים	מְנַצְּחִים	את	נִיצַּחְתְּ/...חַת	תְּנַצְּחִי	נַצְּחִי
רבות	מְנַצְּחוֹת	הוא	נִיצַּח/נִיצֵּחַ*	יְנַצַּח/...צֵּחַ*	
		היא	נִיצְּחָה	תְּנַצַּח/...צֵּחַ*	
		אנחנו	נִיצַּחְנוּ	נְנַצַּח/...צֵּחַ*	
		אתם/ן	נִיצַּחְתֶּם/ן	תְּנַצְּחוּ **	נַצְּחוּ ***
		הם/ן	נִיצְּחוּ	יְנַצְּחוּ **	

שם הפועל .Infin לְנַצֵּחַ — * more common in colloquial use ...צֵּחַ

שם הפעולה Verbal N נִיצּוּחַ conducting — ** less commonly: אתן/הן תְּנַצַּחְנָה

בינוני .Pres. Part מְנַצֵּחַ winner; conductor — *** less commonly: (אתן) נַצַּחְנָה

מקור מוחלט .Inf. Abs נַצֵּחַ — מ״י מוצרכת .Gov. Prep נִיצַּח על conduct (orchestra, etc.)

A homonymous, less frequent root meaning "eternalize" is not included here.

♦ פעלים פחות שכיחים מאותו שורש Less frequent verbs from the same root

נוּצַּח be defeated (בינוני .Pres. Part מְנוּצָּח defeated, יְנוּצַּח)

הִתְנַצֵּחַ (have a) dispute, engage in controversy, bicker (מִתְנַצֵּחַ, יִתְנַצֵּחַ, לְהִתְנַצֵּחַ)

♦ דוגמאות Illustrations

הנבחרת המארחת **נִיצְּחָה** את האורחים בסיבוב הראשון, אך **נוּצְּחָה** בשני הסיבובים הבאים, וכך איבדה את הכינוי "הנבחרת הבלתי-**מְנוּצַּחַת** של השנה".

The host team **defeated** the guests in the first round, but **was defeated** in the next two rounds, and thus lost the attribute "the un**defeated** team of the year."

ה**מְנַצֵּחַ** הגדול אמר כי קשה מאוד **לְנַצֵּחַ** על התזמורת הפילהרמונית הישראלית : כל נגן מרגיש שזכותו **לְהִתְנַצֵּחַ** עם ה**מְנַצֵּחַ** על האינטרפרטציה של המוסיקה.

The great **conductor** said that it is very difficult **to conduct** the Israel Philharmonic Orchestra: each player considers it his right to **have a dispute** with the **conductor** regarding the interpretation of the music.

● נצל : לְהִינָּצֵל, לְנַצֵּל, לְהַצִּיל, לְהִתְנַצֵּל

נִיצַּל/יִינָּצֵל (יִנָּצֵל) be saved, be rescued

בניין : נִפְעַל גזרה : פ״נ

	Present הווה		Past עבר	Future עתיד	Imper. ציווי
יחיד	נִיצָּל/נִיצוֹל	אני	נִיצַּלְתִּי	אֶנָּצֵל	
יחידה	נִיצֶּלֶת/נִיצוֹלֶת	אתה	נִיצַּלְתָּ	תִּינָּצֵל	הִינָּצֵל
רבים	נִיצָּלִים/נִיצוֹלִים	את	נִיצַּלְתְּ	תִּינָּצְלִי	הִינָּצְלִי
רבות	נִיצָּלוֹת/נִיצוֹלוֹת	הוא	נִיצַּל	יִינָּצֵל	
		היא	נִיצְּלָה	תִּינָּצֵל	
		אנחנו	נִיצַּלְנוּ	נִינָּצֵל	
		אתם/ן	נִיצַּלְתֶּם/ן	תִּינָּצְלוּ *	הִינָּצְלוּ **
		הם/ן	נִיצְּלוּ	יִינָּצְלוּ *	

* less commonly: אתן/הן תִּינָּצַלְנָה

** less commonly: (אתן) הִינָּצַלְנָה

שם הפועל Infin. לְהִינָּצֵל

שם הפעולה Verbal N הִינָּצְלוּת escape, deliverance

בינוני Pres. Part. נִיצוֹל survivor, rescued — מקור מוחלט Inf. Abs. נִיצוֹל

נִיצֵּל (נִצֵּל)/נִיצַּל/נַצֵּל exploit; utilize, make use of, take advantage of

בניין : פִּיעֵל גזרה : שלמים

	Present הווה		Past עבר	Future עתיד	Imper. ציווי
יחיד	מְנַצֵּל	אני	נִיצַּלְתִּי	אֲנַצֵּל	
יחידה	מְנַצֶּלֶת	אתה	נִיצַּלְתָּ	תְּנַצֵּל	נַצֵּל
רבים	מְנַצְּלִים	את	נִיצַּלְתְּ	תְּנַצְּלִי	נַצְּלִי
רבות	מְנַצְּלוֹת	הוא	נִיצֵּל	יְנַצֵּל	
		היא	נִיצְּלָה	תְּנַצֵּל	
		אנחנו	נִיצַּלְנוּ	נְנַצֵּל	
		אתם/ן	נִיצַּלְתֶּם/ן	תְּנַצְּלוּ *	נַצְּלוּ **
		הם/ן	נִיצְּלוּ	יְנַצְּלוּ *	

* less commonly: אתן/הן תְּנַצֵּלְנָה

** less commonly: (אתן) נַצֵּלְנָה

שם הפועל Infin. לְנַצֵּל

שם הפעולה Verbal N נִיצּוּל exploitation

בינוני Pres. Part. מְנַצֵּל exploiter — מקור מוחלט Inf. Abs. נַצֵּל

הִצִּיל/הִצַּל/יַצִּיל save, rescue

בניין : הִפְעִיל גזרה : פ״נ

	Present הווה		Past עבר	Future עתיד	Imper. ציווי
יחיד	מַצִּיל	אני	הִצַּלְתִּי	אַצִּיל	
יחידה	מַצִּילָה	אתה	הִצַּלְתָּ	תַּצִּיל	הַצֵּל
רבים	מַצִּילִים	את	הִצַּלְתְּ	תַּצִּילִי	הַצִּילִי
רבות	מַצִּילוֹת	הוא	הִצִּיל	יַצִּיל	
		היא	הִצִּילָה	תַּצִּיל	
		אנחנו	הִצַּלְנוּ	נַצִּיל	
		אתם/ן	הִצַּלְתֶּם/ן	תַּצִּילוּ *	הַצִּילוּ **
		הם/ן	הִצִּילוּ	יַצִּילוּ *	

שם הפועל Infin. לְהַצִּיל | * less commonly: אתן/הן תַּצֵּלְנָה
שם הפעולה Verbal N הַצָּלָה rescue | ** less commonly: (אתן) הַצֵּלְנָה
בינוני Pres. Part. מַצִּיל lifeguard | מקור מוחלט Inf. Abs. הַצֵּל

הִתְנַצֵּל/הִתְנַצַּל apologize

בניין : הִתְפַּעֵל גזרה : שלמים

	Present הווה		Past עבר	Future עתיד	Imper. ציווי
יחיד	מִתְנַצֵּל	אני	הִתְנַצַּלְתִּי	אֶתְנַצֵּל	
יחידה	מִתְנַצֶּלֶת	אתה	הִתְנַצַּלְתָּ	תִּתְנַצֵּל	הִתְנַצֵּל
רבים	מִתְנַצְּלִים	את	הִתְנַצַּלְתְּ	תִּתְנַצְּלִי	הִתְנַצְּלִי
רבות	מִתְנַצְּלוֹת	הוא	הִתְנַצֵּל	יִתְנַצֵּל	
		היא	הִתְנַצְּלָה	תִּתְנַצֵּל	
		אנחנו	הִתְנַצַּלְנוּ	נִתְנַצֵּל	
		אתם/ן	הִתְנַצַּלְתֶּם/ן	תִּתְנַצְּלוּ *	הִתְנַצְּלוּ **
		הם/ן	הִתְנַצְּלוּ	יִתְנַצְּלוּ *	

שם הפועל Infin. לְהִתְנַצֵּל | * less commonly: אתן/הן תִּתְנַצֵּלְנָה
שם הפעולה Verbal N הִתְנַצְּלוּת apology | ** less commonly: (אתן) הִתְנַצֵּלְנָה
מקור מוחלט Inf. Abs. הִתְנַצֵּל | מ״י מוצרכת Gov. Prep. הִתְנַצֵּל על apologize for

נוּצַּל (נֻצַּל) be exploited, be utilized

בניין : פּוּעַל גזרה : שלמים

	Present הווה		Past עבר	Future עתיד
יחיד	מְנוּצָּל	אני	נוּצַּלְתִּי	אֲנוּצַּל
יחידה	מְנוּצֶּלֶת	אתה	נוּצַּלְתָּ	תְּנוּצַּל
רבים	מְנוּצָּלִים	את	נוּצַּלְתְּ	תְּנוּצְּלִי
רבות	מְנוּצָּלוֹת	הוא	נוּצַּל	יְנוּצַּל
		היא	נוּצְּלָה	תְּנוּצַּל
		אנחנו	נוּצַּלְנוּ	נְנוּצַּל
		אתם/ן	נוּצַּלְתֶּם/ן	תְּנוּצְּלוּ *
		הם/ן	נוּצְּלוּ	יְנוּצְּלוּ *

בינוני Pres. Part. מְנוּצָּל exploited | * less commonly: אתן/הן תְּנוּצַּלְנָה

♦ פעלים פחות שכיחים מאותו שורש Less frequent verbs from the same root

הוּצַּל be saved, be rescued (בינוני Pres. Part. **מוּצָּל** rescued, remaining, **יוּצַּל**)

♦ דוגמאות Illustrations

בהוריקן האחרון **נִיצְּלוּ** אנשים רבים מפגיעה הודות לפינוי מוקדם של האוכלוסיה. מספר מתרחצים **הוּצְּלוּ** מטביעה על ידי **מַצִּילִים** בחופי הרחצה, ומכבי אש **הִצִּילוּ** דיירים שבתיהם הוצפו. **הניצולים** שוכנו במבנים ציבוריים ואצל מתנדבים שהציעו לארחם. הנשיא **הִתְנַצֵּל** על כך שאין באפשרותו לבקר, אך הבטיח סיוע מן הממשלה הפדרלית.

In the latest hurricane many people **were saved** from being hurt owing to early evacuation of the population. A number of bathers **were rescued** by **lifeguards** in the beaches, and firefighters **rescued** residents whose houses were flooded. The **rescued** were housed in public buildings or with volunteers who offered to host them. The president **apologized** for not being able to visit, but promised aid from the federal government.

רציתי **לְנַצֵּל** את ימי החופשה שלי שעדיין לא **נוּצְּלוּ**, אבל הבוס לא אישר, בשל עומס העבודה הנוכחי.

I wished **to make use** of those vacation days of mine that **have** not **been utilized** yet, but the boss did not approve, owing to the current work pressure.

♦ ביטויים מיוחדים Special expressions

נִיצֵּל הזדמנות **take advantage** of an opportunity — עליי **לְהִתְנַצֵּל** I must **apologize**

אוד **מוּצָּל** מאש the last **surviving** residue — **נִיצּוֹל** שואה Holocaust **survivor**

גלגל **הַצָּלָה**, חגורת **הַצָּלָה** life preserver, life buoy, life belt — סירת **הַצָּלָה** life boat

●נקה (נקי) : לְנַקּוֹת, לְהִתְנַקּוֹת

נִיקָּה (נִקָּה)/נַקֵּה clean; exonerate

בניין : פִּיעֵל — גזרה : ל״י

	Present הווה		Past עבר	Future עתיד	Imper. ציווי
יחיד	מְנַקֶּה	אני	נִיקִּיתִי	אֲנַקֶּה	
יחידה	מְנַקָּה	אתה	נִיקִּיתָ	תְּנַקֶּה	נַקֵּה
רבים	מְנַקִּים	את	נִיקִּית	תְּנַקִּי	נַקִּי
רבות	מְנַקּוֹת	הוא	נִיקָּה	יְנַקֶּה	
		היא	נִיקְּתָה	תְּנַקֶּה	
		אנחנו	נִיקִּינוּ	נְנַקֶּה	
		אתם/ן	נִיקִּיתֶם/ן	תְּנַקּוּ *	נַקּוּ **
		הם/ן	נִיקּוּ	יְנַקּוּ *	

שם הפועל .Infin לְנַקּוֹת — * less commonly: אתן/הן תְּנַקֶּינָה

שם הפעולה Verbal N נִיקּוּי cleaning — ** less commonly: (אתן) נַקֶּינָה

בינוני .Pres. Part מְנַקֶּה cleaning person — מקור מוחלט .Inf. Abs נַקֵּה

הִתְנַקָּה become clean; clean oneself

בניין : הִתְפַּעֵל — גזרה : ל״י

	Present הווה		Past עבר	Future עתיד	Imper. ציווי
יחיד	מִתְנַקֶּה	אני	הִתְנַקֵּיתִי	אֶתְנַקֶּה	
יחידה	מִתְנַקָּה	אתה	הִתְנַקֵּיתָ	תִּתְנַקֶּה	הִתְנַקֵּה
רבים	מִתְנַקִּים	את	הִתְנַקֵּית	תִּתְנַקִּי	הִתְנַקִּי
רבות	מִתְנַקּוֹת	הוא	הִתְנַקָּה	יִתְנַקֶּה	
		היא	הִתְנַקְּתָה	תִּתְנַקֶּה	
		אנחנו	הִתְנַקֵּינוּ	נִתְנַקֶּה	
		אתם/ן	הִתְנַקֵּיתֶם/ן	תִּתְנַקּוּ *	הִתְנַקּוּ **
		הם/ן	הִתְנַקּוּ	יִתְנַקּוּ *	

שם הפועל .Infin לְהִתְנַקּוֹת — * less commonly: אתן/הן תִּתְנַקֶּינָה

מקור מוחלט .Inf. Abs הִתְנַקֵּה — ** less commonly: (אתן) הִתְנַקֶּינָה

שם הפעולה Verbal N הִתְנַקּוּת becoming clean; cleaning oneself

♦ **פעלים פחות שכיחים מאותו שורש** Less frequent verbs from the same root

נוּקָּה be cleaned, be exonerated (בינוני Pres. Part. מְנוּקֶּה cleaned, יְנוּקֶּה)

♦ **דוגמאות** Illustrations

הסכין והרצפה **נוּקוּ** מכל שרידי דם, והרוצח **נִיקָּה** היטב את ידיו וכל אבר מגולה בגופו, אבל הבגדים לא **הִתְנַקּוּ** עד הסוף. בלית ברירה הוא שרף את בגדיו.

The knife and the floor **were cleaned** from any blood residue, and the murderer thoroughly **cleaned** his hands and every exposed limb in his body, but his clothes **did** not **get** truly **clean**. He had no choice but to burn his clothes.

♦ **ביטויים מיוחדים** Special expressions

נִיקָּה את עצמו מאשמה **clear** oneself of blame

● נקט : לִנְקוֹט

נָקַט/נוֹקֵט/יִנְקוֹט use (measure, style, etc.); take (measure, stand, view)

בניין : פָּעַל גזרה : שלמים (אפעול)

	Pres./Part. הווה/בינוני			Past עבר	Fut. עתיד	Imp. ציווי
יחיד	נוֹקֵט	נָקוּט	אני	נָקַטְתִּי	אֶנְקוֹט	
יחידה	נוֹקֶטֶת	נְקוּטָה	אתה	נָקַטְתָּ	תִּנְקוֹט	נְקוֹט
רבים	נוֹקְטִים	נְקוּטִים	את	נָקַטְתְּ	תִּנְקְטִי	נִקְטִי
רבות	נוֹקְטוֹת	נְקוּטוֹת	הוא	נָקַט	יִנְקוֹט	
			היא	נָקְטָה	תִּנְקוֹט	
			אנחנו	נָקַטְנוּ	נִנְקוֹט	
			אתם/ן	נְקַטְתֶּם/ן *	תִּנְקְטוּ **	נִקְטוּ ***
			הם/ן	נָקְטוּ	יִנְקְטוּ **	

שם הפועל .Infin לִנְקוֹט — * Colloquial: נָקַטְתֶּם/ן

ש' הפעולי Verbal N נְקִיטָה taking (of measures) — ** less commonly: אתן/הן תִּנְקוֹטְנָה

ביני' סביל .Pass. Part נָקוּט taken, held — *** less commonly: (אתן) נְקוֹטְנָה

מקור מוחלט .Inf. Abs נָקוֹט — מקור נטוי .Inf.+pron בְּנוֹקְטוֹ, כְּ...

♦ **פעלים פחות שכיחים מאותו שורש** Less frequent verbs from the same root

נִנְקַט be taken, be used (measure, etc.) (נִנְקָט, יִינָּקֵט, לְהִינָּקֵט)

♦ **דוגמאות** Illustrations

נשיא האוניברסיטה החליט **לִנְקוֹט** אמצעים חמורים לאכיפת הסדר בקמפוס לאחר המהומות שנתחוללו בעקבות ניצחון נבחרת הפוטבול של בוסטון. האמצעים **שֶׁיִּינָּקְטוּ** יכללו הרחקה מהאוניברסיטה ואפילו מאסר.

The university president has decided **to take** severe measures to enforce order on campus after the riots that took place following the victory of the Boston football team. The measures to **be taken** will include dismissal and even arrest.

♦ **ביטויים מיוחדים** Special expressions

נָקַט אמצעים **take** measures — **נָקַט** עֶמדה **take** a position/stand

●נקם : לִנְקוֹם, לְהִתְנַקֵּם

נָקַמ/נוֹקֵמ/יִיקוֹם (יִנְקוֹם) (יִקֹּם) revenge, avenge

בניין : פָּעַל גזרה : פ״נ (אפעוֹל)

	הווה/בינוני Pres./Part.		עבר Past	עתיד Fut.	ציווי Imp.
יחיד	נוֹקֵם	אני	נָקַמְתִּי	אֶ(נְ)קוֹם*	
יחידה	נוֹקֶמֶת	אתה	נָקַמְתָּ	תִּי(נְ)קוֹם*	נְקוֹם
רבים	נוֹקְמִים	את	נָקַמְתְּ	תִּי(נְ)קְמִי*	נִקְמִי
רבות	נוֹקְמוֹת	הוא	נָקַם	יִי(נְ)קוֹם*	
		היא	נָקְמָה	תִּי(נְ)קוֹם*	
		אנחנו	נָקַמְנוּ	נִי(נְ)קוֹם*	
		אתם/ן	נְקַמְתֶּם/ן **	תִּי(נְ)קְמוּ***	נִקְמוּ ****
		הם/ן	נָקְמוּ	יִי(נְ)קְמוּ***	

*the *n* is preserved in less formal speech, : ...אֶנְקוֹם, תִּנְקוֹם, תִּנְקְמִי

שם הפועל .Infin לִנְקוֹם	** Colloquial: נְקַמְתֶּם/ן
מקור מוחלט .Inf. Abs נָקוֹם	*** less commonly: אתן/הן תִּי(נְ)קוֹמְנָה
מקור נטוי .Inf.+pron בְּנוֹקְמוֹ, כְּ...	**** less commonly: (אתן) נְקוֹמְנָה
ביני פעיל .Act. Part נוֹקֵם avenger	שם הפעולה Verbal N נְקָמָה revenge

הִתְנַקֵּם/הִתְנַקַּמ take revenge (lower register than the *pa`al* form above)

בניין : הִתְפַּעֵל גזרה : שלמים

	הווה Present		עבר Past	עתיד Future	ציווי .Imper
יחיד	מִתְנַקֵּם	אני	הִתְנַקַּמְתִּי	אֶתְנַקֵּם	
יחידה	מִתְנַקֶּמֶת	אתה	הִתְנַקַּמְתָּ	תִּתְנַקֵּם	הִתְנַקֵּם
רבים	מִתְנַקְּמִים	את	הִתְנַקַּמְתְּ	תִּתְנַקְּמִי	הִתְנַקְּמִי
רבות	מִתְנַקְּמוֹת	הוא	הִתְנַקֵּם	יִתְנַקֵּם	
		היא	הִתְנַקְּמָה	תִּתְנַקֵּם	
		אנחנו	הִתְנַקַּמְנוּ	נִתְנַקֵּם	
		אתם/ן	הִתְנַקַּמְתֶּם/ן	תִּתְנַקְּמוּ *	הִתְנַקְּמוּ **
		הם/ן	הִתְנַקְּמוּ	יִתְנַקְּמוּ *	

שם הפועל .Infin לְהִתְנַקֵּם	* less commonly: אתן/הן תִּתְנַקֵּמְנָה
שם הפעולה Verbal N הִתְנַקְּמוּת avenging	** less commonly: (אתן) הִתְנַקֵּמְנָה
מקור מוחלט .Inf. Abs הִתְנַקֵּם	מ״י מוצרכת .Gov. Prep הִתְנַקֵּם ב- avenge (someone)

♦ דוגמאות Illustrations

בשירו החשוב ״על השחיטה״ קובע ביאליק שבלתי אפשרי **לִנְקוֹם נִקְמַת** ילד קטן שנרצח על לא עוול בכפו. **נְקָמָה** כזו עוד לא ברא השטן.

In Bialik's important poem "On the Slaughter" he states that it is inconceivable to **avenge** the death of a little child who has been murdered for no fault of his own. Even the Devil has not been able to devise an appropriate **revenge** for such crime.

יש מנהיגים שמרגישים צורך מיידי עמוק **לְהִתְנַקֵּם** בכל מי שיש לו ביקורת כלשהי עליהם.

Some leaders feel deep, immediate need to **take revenge** on anybody who dares to criticize them

♦ ביטויים מיוחדים Special expressions

הי״ד=השם יִיקוֹם דמו God will **avenge** him

●נקף : לְהַקִיף

הוּקַף (הֻקַּף) be surrounded; be enclosed; be included

בניין : הוּפְעַל גזרה : פ״נ

	Present הווה		Past עבר	Future עתיד
יחיד	מוּקָף	אני	הוּקַפְתִּי	אוּקַף
יחידה	מוּקֶפֶת	אתה	הוּקַפְתָּ	תוּקַף
רבים	מוּקָפִים	את	הוּקַפְתְּ	תוּקְפִי
רבות	מוּקָפוֹת	הוא	הוּקַף	יוּקַף
		היא	הוּקְפָה	תוּקַף
		אנחנו	הוּקַפְנוּ	נוּקַף
		אתם/ן	הוּקַפְתֶּם/ן	תוּקְפוּ *
		הם/ן	הוּקְפוּ	יוּקְפוּ *

בינ' .Pres. Part מוּקָף surrounded   * less commonly: אתן/הן תוּקַפְנָה

מ״י מוצרכת .Gov. Prep הוּקַף ב- be surrounded by

הִקִיף/הִקַף/יַקִיף surround; go round; comprise, include

בניין : הִפְעִיל גזרה : פ״נ

	Present הווה		Past עבר	Future עתיד	Imper. ציווי
יחיד	מַקִיף	אני	הִקַפְתִּי	אַקִיף	
יחידה	מַקִיפָה	אתה	הִקַפְתָּ	תַּקִיף	הַקֵף
רבים	מַקִיפִים	את	הִקַפְתְּ	תַּקִיפִי	הַקִיפִי
רבות	מַקִיפוֹת	הוא	הִקִיף	יַקִיף	
		היא	הִקִיפָה	תַּקִיף	
		אנחנו	הִקַפְנוּ	נַקִיף	
		אתם/ן	הִקַפְתֶּם/ן	תַּקִיפוּ *	הַקִיפוּ **
		הם/ן	הִקִיפוּ	יַקִיפוּ *	

שם הפועל .Infin לְהַקִיף   * less commonly: אתן/הן תַּקֵפְנָה

בינוני .Pres. Part מַקִיף comprehensive   ** less commonly: (אתן) הַקֵפְנָה

שם הפעולה Verbal N הַקָפָה turn; surrounding; encircling

הֶיקֵף perimeter, circumference; scope

מקור מוחלט .Inf. Abs הַקֵף

♦ פעלים פחות שכיחים מאותו שורש Less frequent verbs from the same root

נָקַף rotate, roll around; beat (נוֹקֵף, יִנְקוֹף, לִנְקוֹף)

♦ דוגמאות Illustrations

כל מנהיג **מוּקָף** ביועצים רבים, אבל בדרך כלל מנהיגים אוהבים **לְהַקִיף** את עצמם באומרי הן שאינם בעלי חשיבה עצמאית.

Every leader **is surrounded** by numerous advisers, but generally leaders like **to surround** themselves with yes-men without independent thinking capability.

לאחר **הַקָּפָה** במסוק של האיזור הנפגע, החליט הנשיא להגיש לנפגעי הרעש סיוע **מַקִּיף** לשיקום, אך לא יכול היה לקבוע במקום מה יהיה **הֶיקֵּף** הסיוע.
After **encircling** by helicopter the area that has been hit, the president decided to grant the victims of the quake **comprehensive** support for rebuilding, but could not determine on the spot what the **scope** of the support would be.

♦ ביטויים מיוחדים Special expressions

השנים **נָקְפוּ** the years rolled by — לא **נָקַף** אצבע did not lift a finger

נְקִיפוֹת מצפון pangs of conscience, scruples — בית ספר **מַקִּיף** a **comprehensive** school

●נשׂא: לָשֵׂאת, לְהִתְנַשֵּׂא, לְהִינָּשֵׂא

נָשָׂא/נוֹשֵׂא/יִישָּׂא (יִשָּׂא) carry, bear; lift, raise; endure, suffer; forgive; marry (tr.)

בניין: פָּעַל גזרה: פ״נ + ל״א

	הווה/בינוני Pres./Part.		עבר Past	עתיד Fut.	ציווי Imp.
יחיד	נוֹשֵׂא נָשׂוּי/נָשׂוּא	אני	נָשָׂאתִי	אֶשָּׂא	
יחידה	נוֹשֵׂאת נְשׂוּאָה	אתה	נָשָׂאתָ	תִּישָּׂא	שָׂא
רבים	נוֹשְׂאִים נְשׂוּאִים	את	נָשָׂאת	תִּישְּׂאִי	שְׂאִי
רבות	נוֹשְׂאוֹת נְשׂוּאוֹת	הוא	נָשָׂא	יִישָּׂא	
		אנחנו	נָשָׂאנוּ	נִישָּׂא	
		אתם/ן	נְשָׂאתֶם/ן *	תִּישְּׂאוּ **	שְׂאוּ ***
		הם/ן	נָשְׂאוּ	יִישְּׂאוּ **	

שם הפועל .Infin לָשֵׂאת — * Colloquial: נָשָׂאתֶם/ן

שם הפעולה Verbal N נְשִׂיאָה carrying — ** less commonly: אתן/הן תִּישֶּׂאנָה

ביני פעיל .Act. Part נוֹשֵׂא carrying; subject — *** less commonly: (אתן) שֶׂאנָה

ביני סביל .Pass. Part נָשׂוּי married

ביני סביל .Pass. Part נָשׂוּא carried; married; predicate

קָטִיל .CaCiC adj./N נָשִׂיא president; chairman; leader

מקור מוחלט .Inf. Abs נָשׂוֹא — מקור נטוי .Inf.+pron בְּשֵׂאתוֹ, כְּ..., בְּנוֹשְׂאוֹ, כְּ...

מ״י מוצרכת .Gov. Prep נָשָׂא את... לאישה/נָשָׂא לאישה את... marry ...

הִתְנַשֵּׂא rise (a mountain, monument, smoke); be arrogant, be condescending

בניין: הִתְפַּעֵל גזרה: פ״נ + ל״א

	הווה Present		עבר Past	עתיד Future	ציווי Imper.
יחיד	מִתְנַשֵּׂא	אני	הִתְנַשֵּׂאתִי	אֶתְנַשֵּׂא	
יחידה	מִתְנַשֵּׂאת	אתה	הִתְנַשֵּׂאתָ	תִּתְנַשֵּׂא	הִתְנַשֵּׂא
רבים	מִתְנַשְּׂאִים	את	הִתְנַשֵּׂאת	תִּתְנַשְּׂאִי	הִתְנַשְּׂאִי
רבות	מִתְנַשְּׂאוֹת	הוא	הִתְנַשֵּׂא	יִתְנַשֵּׂא	
		היא	הִתְנַשְּׂאָה	תִּתְנַשֵּׂא	
		אנחנו	הִתְנַשֵּׂאנוּ	נִתְנַשֵּׂא	
		אתם/ן	הִתְנַשֵּׂאתֶם/ן	תִּתְנַשְּׂאוּ *	הִתְנַשְּׂאוּ **
		הם/ן	הִתְנַשְּׂאוּ	יִתְנַשְּׂאוּ *	

שם הפועל .Infin לְהִתְנַשֵּׂא   * less commonly: אתן/הן תִּתְנַשֶּׂאנָה
מקור מוחלט .Inf. Abs הִתְנַשֵּׂא   ** less commonly: (אתן) הִתְנַשֶּׂאנָה
שם הפעולה Verbal N הִתְנַשְּׂאוּת ascendancy; great height; heaving
בינוני .Pres. Part מִתְנַשֵּׂא condescending

נִישָּׂא/יִינָּשֵׂא (יִנָּשֵׂא) be carried; be married; be uplifted; be lofty; be esteemed

בניין : נִפְעַל   גזרה : פ״נ + ל״א

	Present הווה		Past עבר	Future עתיד	Imper. ציווי
יחיד	נִישָּׂא	אני	נִישֵּׂאתִי	אֶנָּשֵׂא	
יחידה	נִישֵּׂאת	אתה	נִישֵּׂאתָ	תִּינָּשֵׂא	הִינָּשֵׂא
רבים	נִישָּׂאִים	את	נִישֵּׂאת	תִּינָּשְׂאִי	הִינָּשְׂאִי
רבות	נִישָּׂאוֹת	הוא	נִישָּׂא	יִינָּשֵׂא	
		היא	נִישְּׂאָה	תִּינָּשֵׂא	
		אנחנו	נִישֵּׂאנוּ	נִינָּשֵׂא	
		אתם/ן	נִישֵּׂאתֶם/ן	תִּינָּשְׂאוּ *	הִינָּשְׂאוּ **
		הם/ן	נִישְּׂאוּ	יִינָּשְׂאוּ *	

שם הפועל .Infin לְהִינָּשֵׂא   * less commonly: אתן/הן תִּינָּשֶׂאנָה
מקור מוחלט .Inf. Abs נִישֹּׂא, הִינָּשֵׂא   ** less commonly: (אתן) הִינָּשֶׂאנָה
שם הפעולה Verbal N הִינָּשְׂאוּת ascendancy; great height; heaving
בינוני .Pres. Part נִישָּׂא lofty, exalted
מ״י מוצרכת .Gov. Prep נִישָּׂא ל- get married to

♦ פעלים פחות שכיחים מאותו שורש Less frequent verbs from the same root

הִשִּׂיא marry off ; marry (tr.), officiate at a wedding (מַשִּׂיא, יַשִּׂיא, לְהַשִּׂיא)

♦ דוגמאות Illustrations

מנחם **נָשָׂא** את עליזה לאישה עוד בפולין. הם **נִישְּׂאוּ** בבית הכנסת על ידי רבה של העיר. אלה היו **נִישּׂוּאִים** טובים, והם נשארו **נְשׂוּאִים** עד סוף ימיהם.

Menahem **married** Aliza when they were still in Poland. They **were married** at the synagogue by the town's rabbi. It was a good **marriage**, and they remained **married** to the end of their days.

צריך לדעת איך **לָשֵׂאת** משאות כבדים אם לא רוצים לקבל בֶּקַע.

One needs to know how **to carry** heavy loads if one wishes not to get a hernia.

אפרים אדם מרשים מאוד, אבל איני יכול לסבול את התנהגותו ה**מִתְנַשֵּׂאת**.

Ephraim is a very impressive person, but I cannot tolerate his **condescending** behavior.

♦ ביטויים מיוחדים Special expressions

נָשָׂא אישה **marry** a woman
נָשָׂא ונתן deal, negotiate
נָשָׂא בעול take all the burden upon oneself
נָשָׂא פרי **yield** fruit, give results
נוֹשֵׂא כלים armor-**bearer**; right-hand man
נוֹשֵׂא רווחים **yielding** profit
ללא **נְשׂוֹא** insufferable
רם **וְנִישָּׂא** high and exalted
בא בברית ה**נִישּׂוּאִים** **get married**
הִשִּׂיא את בתו **married off** his daughter

●נשׁב : לִנְשׁוֹב

נָשַׁב/נוֹשֵׁב/יִשּׁוֹב (יִשֹּׁב) blow (wind)

בניין : פָּעַל   גזרה : פ״נ

Imper. ציווי	Future עתיד	Past עבר		Present הווה	
	אֶ(נְ)שׁוֹב	נָשַׁבְתִּי	אני	נוֹשֵׁב	יחיד
נְשׁוֹב	תִּי(נְ)שׁוֹב	נָשַׁבְתָּ	אתה	נוֹשֶׁבֶת	יחידה
נִשְׁבִי	תִּי(נְ)שְׁבִי	נָשַׁבְתְּ	את	נוֹשְׁבִים	רבים
	יִי(נְ)שׁוֹב	נָשַׁב	הוא	נוֹשְׁבוֹת	רבות
	תִּי(נְ)שׁוֹב	נָשְׁבָה	היא		
	נִי(נְ)שׁוֹב	נָשַׁבְנוּ	אנחנו		
נִשְׁבוּ ***	תִּי(נְ)שְׁבוּ **	נְשַׁבְתֶּם/ן *	אתם/ן		
	יִי(נְ)שְׁבוּ **	נָשְׁבוּ	הם/ן		

הצורות עם נ׳ שאינה נטמעת שכיחות מאוד בדיבור

The forms with as unassimilated נ׳ are very common in speech.

שם הפועל .Infin לִנְשׁוֹב

שם הפעולה Verbal N נְשִׁיבָה draft, breeze

מקור מוחלט .Inf. Abs נָשׁוֹב

מקור נטוי .Inf.+pron בְּנוֹשְׁבוֹ, כְּ...

* Colloquial: נָשַׁבְתֶּם/ן

** less commonly: אתן/הן תִּי(נְ)שׁוֹבְנָה

*** less commonly: (אתן) נְשׁוֹבְנָה

♦ **דוגמאות** Illustrations

בסופה של ממש הרוח **נוֹשֶׁבֶת** במהירות של למעלה מ-100 מילין לשעה.

In real storms the wind **blows** at speeds over 100 miles per hour.

●נשׂג : לְהַשִּׂיג

הִשִּׂיג/הִשַּׂג/יַשִּׂיג obtain, achieve; overtake; surpass (sl.); grasp (idea); criticize

בניין : הִפְעִיל   גזרה : פ״נ

Imper. ציווי	Future עתיד	Past עבר		Present הווה	
	אַשִּׂיג	הִשַּׂגְתִּי	אני	מַשִּׂיג	יחיד
הַשֵּׂג	תַּשִּׂיג	הִשַּׂגְתָּ	אתה	מַשִּׂיגָה	יחידה
הַשִּׂיגִי	תַּשִּׂיגִי	הִשַּׂגְתְּ	את	מַשִּׂיגִים	רבים
	יַשִּׂיג	הִשִּׂיג	הוא	מַשִּׂיגוֹת	רבות
	תַּשִּׂיג	הִשִּׂיגָה	היא		
	נַשִּׂיג	הִשַּׂגְנוּ	אנחנו		
הַשִּׂיגוּ **	תַּשִּׂיגוּ *	הִשַּׂגְתֶּם/ן	אתם/ן		
	יַשִּׂיגוּ *	הִשִּׂיגוּ	הם/ן		

* less commonly: אתן/הן תַּשֵּׂגְנָה

** less commonly: (אתן) הַשֵּׂגְנָה

שם הפועל .Infin לְהַשִּׂיג

שם הפעולה Verbal N הַשָּׂגָה attainment, achievement, comprehension; criticism

שם הפעולה Verbal N הֶיסֵּג achievement

מקור מוחלט .Inf. Abs הַשֵּׂג

הוּשַּׂג (הֻשַּׂג) be obtained, be achieved; be overtaken; be grasped (idea)

בניין : הוּפְעַל גזרה : פ״נ

	הווה Present		עבר Past	עתיד Future
יחיד	מוּשָּׂג	אני	הוּשַּׂגְתִּי	אוּשַּׂג
יחידה	מוּשֶּׂגֶת	אתה	הוּשַּׂגְתָּ	תּוּשַּׂג
רבים	מוּשָּׂגִים	את	הוּשַּׂגְתְּ	תּוּשְּׂגִי
רבות	מוּשָּׂגוֹת	הוא	הוּשַּׂג	יוּשַּׂג
		היא	הוּשְּׂגָה	תּוּשַּׂג
		אנחנו	הוּשַּׂגְנוּ	נוּשַּׂג
		אתם/ן	הוּשַּׂגְתֶּם/ן	* תּוּשְּׂגוּ
		הם/ן	הוּשְּׂגוּ	* יוּשְּׂגוּ

בינוני .Pres. Part מוּשָּׂג idea, notion, concept   * less commonly: אתן/הן תּוּשַּׂגְנָה

♦ **דוגמאות** Illustrations

מטרתו של דויד **הוּשְּׂגָה** במלואה; תוך שלושה חודשים הוא **הִשִּׂיג** מה שבדרך כלל **מַשִּׂיגִים** רק ספסרי בורסה ממולחים: הוא הגדיל את ערך ההשקעה פי שלוש. זהו **הֶישֵּׂג** לא מבוטל.

David's aim was achieved in full; within three months he **achieved** what only smart stock brokers **achieve**: he tripled the value of the investment. This is not an insignificant **achievement**.

♦ **ביטויים מיוחדים** Special expressions

הִשִּׂיגָה ידו he could afford it

●נשך : לִנְשׁוֹךְ/לִשּׁוֹךְ

נָשַׁךְ/נוֹשֵׁךְ/יִשּׁוֹךְ (יִשֹּׁךְ) bite

בניין : פָּעַל גזרה : פ״נ (אפעול)

	הווה/בינוני .Pres./Part			עבר Past	עתיד .Fut	ציווי .Imp
יחיד	נוֹשֵׁךְ	נָשׁוּךְ	אני	נָשַׁכְתִּי	אֶשּׁוֹךְ	
יחידה	נוֹשֶׁכֶת	נְשׁוּכָה	אתה	נָשַׁכְתָּ	תִּשּׁוֹךְ	נְשׁוֹךְ
רבים	נוֹשְׁכִים	נְשׁוּכִים	את	נָשַׁכְתְּ	תִּשְּׁכִי	נִשְׁכִי
רבות	נוֹשְׁכוֹת	נְשׁוּכוֹת	הוא	נָשַׁךְ	יִשּׁוֹךְ	
			היא	נָשְׁכָה	תִּשּׁוֹךְ	
			אנחנו	נָשַׁכְנוּ	נִשּׁוֹךְ	
			אתם/ן	* נְשַׁכְתֶּם/ן	** תִּשְּׁכוּ	*** נִשְׁכוּ
			הם/ן	נָשְׁכוּ	** יִשְּׁכוּ	

בדיבור לעיתים קרובות ה-נ׳ אינה נטמעת: תִּינְשׁוֹךְ...

In speech the *n* is often not assimilated: ...תִּינְשׁוֹךְ

שם הפועל .Infin לִנְשׁוֹךְ/לִשּׁוֹךְ   * Colloquial: נְשַׁכְתֶּם/ן

שם הפעולה Verbal N נְשִׁיכָה biting; a bite   ** less commonly: אתן/הן תִּשּׁוֹכְנָה

ביני סביל .Pass. Part נָשׁוּךְ bitten   *** less commonly: (אתן) נְשׁוֹכְנָה

מקור מוחלט .Inf. Abs נָשׁוֹךְ   מקור נטוי .Inf.+pron בִּנְשׁוֹכוֹ, כְּ...

♦ **פעלים פחות שכיחים מאותו שורש** Less frequent verbs from the same root

נִישַּׁךְ be bitten (נִישַּׁךְ, יִינָּשֵׁךְ, לְהִינָּשֵׁךְ)

♦ דוגמאות Illustrations

אימרה נדושה: כאשר אדם **נִישַּׁךְ** על ידי כלב, זו אינה חדשה; חדשה של ממש היא כאשר אדם **נוֹשֵׁךְ** כלב.

A well-worn saying: when a man **is bitten** by a dog, it is not news; a real piece of news is when a man **bites** a dog.

♦ ביטויים מיוחדים Special expressions

כלב נובח אינו **נוֹשֵׁךְ** a barking dog does not **bite**   **כְּנָשׁוּךְ** נחש as if **bitten** by a snake

נָשַׁךְ את שפתיו **bite** one's lip (to control expression of pain, etc.)

● נשם : לִנְשׁוֹם, לְהַנְשִׁים

נָשַׁם/נוֹשֵׁם/יִנְשׁוֹם breathe

בניין : פָּעַל   גזרה : שלמים (אֶפְעוֹל)

Imper. ציווי	Future עתיד	Past עבר		Present הווה	
	אֶנְשׁוֹם	נָשַׁמְתִּי	אני	נוֹשֵׁם	יחיד
נְשׁוֹם	תִּנְשׁוֹם	נָשַׁמְתָּ	אתה	נוֹשֶׁמֶת	יחידה
נִשְׁמִי	תִּנְשְׁמִי	נָשַׁמְתְּ	את	נוֹשְׁמִים	רבים
	יִנְשׁוֹם	נָשַׁם	הוא	נוֹשְׁמוֹת	רבות
	תִּנְשׁוֹם	נָשְׁמָה	היא		
	נִנְשׁוֹם	נָשַׁמְנוּ	אנחנו		
נִשְׁמוּ ***	תִּנְשְׁמוּ **	נְשַׁמְתֶּם/ן *	אתם/ן		
	יִנְשְׁמוּ **	נָשְׁמוּ	הם/ן		

שם הפועל .Infin לִנְשׁוֹם   * Colloquial: נָשַׁמְתֶּם/ן

שם הפעולה Verbal N נְשִׁימָה breathing   ** less commonly: אתן/הן תִּנְשׁוֹמְנָה

מקור מוחלט .Inf. Abs נָשׁוֹם   *** less commonly: (אתן) נְשׁוֹמְנָה

מקור נטוי .Inf.+pron בְּנוֹשְׁמוֹ, כְּ...

הִנְשִׁים/הִנְשַׁם/יַנְשִׁים enable to breathe, administer artificial respiration

בניין : הִפְעִיל   גזרה : שלמים

Imper. ציווי	Future עתיד	Past עבר		Present הווה	
	אַנְשִׁים	הִנְשַׁמְתִּי	אני	מַנְשִׁים	יחיד
הַנְשֵׁם	תַּנְשִׁים	הִנְשַׁמְתָּ	אתה	מַנְשִׁימָה	יחידה
הַנְשִׁימִי	תַּנְשִׁימִי	הִנְשַׁמְתְּ	את	מַנְשִׁימִים	רבים
	יַנְשִׁים	הִנְשִׁים	הוא	מַנְשִׁימוֹת	רבות
	תַּנְשִׁים	הִנְשִׁימָה	היא		
	נַנְשִׁים	הִנְשַׁמְנוּ	אנחנו		
הַנְשִׁימוּ **	תַּנְשִׁימוּ *	הִנְשַׁמְתֶּם/ן	אתם/ן		
	יַנְשִׁימוּ *	הִנְשִׁימוּ	הם/ן		

* less commonly: אתן/הן תַּנְשֵׁמְנָה

שם הפועל .Infin לְהַנְשִׁים   ** less commonly: (אתן) הַנְשֵׁמְנָה

שם הפעולה Verbal N הַנְשָׁמָה enabling to breathe   מקור מוחלט .Inf. Abs הַנְשֵׁם

♦ **פעלים פחות שכיחים מאותו שורש** Less frequent verbs from the same root

הִתְנַשֵּׁם breathe heavily, pant, gasp (מִתְנַשֵּׁם, יִתְנַשֵּׁם, לְהִתְנַשֵּׁם)

הוּנְשַׁם be administered artificial respiration (מוּנְשָׁם, יוּנְשַׁם)

♦ **דוגמאות** Illustrations

חיים רץ מרחקים ארוכים. הוא לא חזק כל כך, אבל יש לו ריאות חזקות ש**נוֹשְׁמוֹת** מצוין, כך שהוא יכול לרוץ זמן רב ב**נְשִׁימָה** קצובה מבלי **לְהִתְנַשֵּׁם** בכבדות.

Hayyim runs long distances. He is not so strong, but he has strong lungs that **breathe** excellently, so that he can run for a long time with measured **breathing** without **panting** heavily.

המציל התחיל **לְהַנְשִׁים** את הטובע מפה אל פה, ולשמחת כולנו ה**הַנְשָׁמָה** אומנם הצילה אותו.

The lifeguard began **to administer artificial respiration** to the drowned man, and happily the **artificial respiration** indeed saved him.

♦ **ביטויים מיוחדים** Special expressions

הַנְשָׁמָה מלאכותית (administration of) artificial **respiration**

כמו אוויר **לִנְשִׁימָה** an absolute necessity (like air for **breathing**)

● נשק : לְנַשֵּׁק, לְהִתְנַשֵּׁק, לִנְשׁוֹק, לְהַשִּׁיק

נִישֵּׁק (נִשֵּׁק)/נִישַּׁק/נַשֵּׁק kiss, kiss repeatedly

בניין : פִּיעֵל גזרה : שלמים

	הווה Present		עבר Past	עתיד Future	ציווי .Imper
יחיד	מְנַשֵּׁק	אני	נִישַּׁקְתִּי	אֲנַשֵּׁק	
יחידה	מְנַשֶּׁקֶת	אתה	נִישַּׁקְתָּ	תְּנַשֵּׁק	נַשֵּׁק
רבים	מְנַשְּׁקִים	את	נִישַּׁקְתְּ	תְּנַשְּׁקִי	נַשְּׁקִי
רבות	מְנַשְּׁקוֹת	הוא	נִישֵּׁק	יְנַשֵּׁק	
		היא	נִישְּׁקָה	תְּנַשֵּׁק	
		אנחנו	נִישַּׁקְנוּ	נְנַשֵּׁק	
		אתם/ן	נִישַּׁקְתֶּם/ן	תְּנַשְּׁקוּ	נַשְּׁקוּ **
		הם/ן	נִישְּׁקוּ	יְנַשְּׁקוּ *	

שם הפועל .Infin לְנַשֵּׁק — * less commonly: אתן/הן תְּנַשֵּׁקְנָה

שם הפעולה Verbal N נִישּׁוּק kissing — ** less commonly: (אתן) נַשֵּׁקְנָה

מקור מוחלט .Inf. Abs נַשֵּׁק

הִתְנַשֵּׁק/הִתְנַשַּׁק kiss each other

בניין : הִתְפַּעֵל גזרה : שלמים

	הווה Present		עבר Past	עתיד Future	ציווי .Imper
יחיד	מִתְנַשֵּׁק	אני	הִתְנַשַּׁקְתִּי	אֶתְנַשֵּׁק	
יחידה	מִתְנַשֶּׁקֶת	אתה	הִתְנַשַּׁקְתָּ	תִּתְנַשֵּׁק	הִתְנַשֵּׁק
רבים	מִתְנַשְּׁקִים	את	הִתְנַשַּׁקְתְּ	תִּתְנַשְּׁקִי	הִתְנַשְּׁקִי
רבות	מִתְנַשְּׁקוֹת	הוא	הִתְנַשֵּׁק	יִתְנַשֵּׁק	
		היא	הִתְנַשְּׁקָה	תִּתְנַשֵּׁק	
		אנחנו	הִתְנַשַּׁקְנוּ	נִתְנַשֵּׁק	
		אתם/ן	הִתְנַשַּׁקְתֶּם/ן	תִּתְנַשְּׁקוּ *	הִתְנַשְּׁקוּ **
		הם/ן	הִתְנַשְּׁקוּ	יִתְנַשְּׁקוּ *	

שם הפועל .Infin לְהִתְנַשֵּׁק * less commonly: אתן/הן תִּתְנַשֵּׁקְנָה
מקור מוחלט .Inf. Abs הִתְנַשֵּׁק ** less commonly: (אתן) הִתְנַשֵּׁקְנָה
שם הפעולה Verbal N הִתְנַשְּׁקוּת kissing each other
מ״י מוצרכת .Gov. Prep הִתְנַשֵּׁק עם (someone) kiss (someone)

נָשַׁק/נוֹשֵׁק/יִשַּׁק kiss (more lit. than *pi`el*); come together, touch

בניין : פָּעַל   גזרה : פ״נ (אֶפְעַל)

	Present הווה		Past עבר	Future עתיד	Imper. ציווי
יחיד	נוֹשֵׁק	אני	נָשַׁקְתִּי	אֶשַּׁק	
יחידה	נוֹשֶׁקֶת	אתה	נָשַׁקְתָּ	תִּישַּׁק	שַׁק
רבים	נוֹשְׁקִים	את	נָשַׁקְתְּ	תִּישְּׁקִי	שְׁקִי
רבות	נוֹשְׁקוֹת	הוא	נָשַׁק	יִישַּׁק	
		היא	נָשְׁקָה	תִּישַּׁק	
		אנחנו	נָשַׁקְנוּ	נִישַּׁק	
		אתם/ן	נְשַׁקְתֶּם/ן *	תִּישְּׁקוּ **	שְׁקוּ ***
		הם/ן	נָשְׁקוּ	יִישְּׁקוּ **	

שם הפועל .Infin לִנְשׁוֹק * Colloquial: נָשַׁקְתֶּם/ן
שם הפעולה Verbal N נְשִׁיקָה a kiss ** less commonly: אתן/הן תִּישַּׁקְנָה
מקור מוחלט .Inf. Abs נָשׁוֹק *** less commonly: (אתן) שַׁקְנָה
מ״י מוצרכת .Gov. Prep נָשַׁק ל- kiss (someone) מקור נטוי .Inf.+pron בְּנוֹשְׁקוֹ, כְּ...

הִשִּׁיק/הִשַּׁק/יַשִּׁיק touch; cause to touch; be a tangent (geometry); launch (ship, book, etc.)

בניין : הִפְעִיל   גזרה : פ״נ

	Present הווה		Past עבר	Future עתיד	Imper. ציווי
יחיד	מַשִּׁיק	אני	הִשַּׁקְתִּי	אַשִּׁיק	
יחידה	מַשִּׁיקָה	אתה	הִשַּׁקְתָּ	תַּשִּׁיק	הַשֵּׁק
רבים	מַשִּׁיקִים	את	הִשַּׁקְתְּ	תַּשִּׁיקִי	הַשִּׁיקִי
רבות	מַשִּׁיקוֹת	הוא	הִשִּׁיק	יַשִּׁיק	
		היא	הִשִּׁיקָה	תַּשִּׁיק	
		אנחנו	הִשַּׁקְנוּ	נַשִּׁיק	
		אתם/ן	הִשַּׁקְתֶּם/ן	תַּשִּׁיקוּ *	הַשִּׁיקוּ **
		הם/ן	הִשִּׁיקוּ	יַשִּׁיקוּ *	

שם הפועל .Infin לְהַשִּׁיק * less commonly: אתן/הן תַּשֵּׁקְנָה
בינוני .Pres. Part מַשִּׁיק tangent ** less commonly: (אתן) הַשֵּׁקְנָה
שם הפעולה Verbal N הַשָּׁקָה touching; osculation; launching (ship)
מקור מוחלט .Inf. Abs הַשֵּׁק מ״י מוצרכת .Gov. Prep הִשִּׁיק ל- be tangent to

♦ פעלים פחות שכיחים מאותו שורש Less frequent verbs from the same root

נוּשַּׁק be kissed (בינוני .Pres. Part מְנוּשָּׁק kissed, יְנוּשַּׁק)
הוּשַּׁק be touched; be launched (ship, book, etc.) (מוּשָּׁק, יוּשַּׁק)

♦ **דוגמאות** Illustrations

אפריים **נוֹשֵׁק** לאישתו כל בוקר לפני שהם יוצאים לעבודותיהם ; בערב כשהוא חוזר הביתה הוא גם **מְנַשֵּׁק** את המזוזה.

Ephraim **kisses** his wife before they go out to their respective jobs; when coming back home in the evening he also **kisses** the mezuzah.

בתרבויות מסוימות, מנהיגים **מִתְנַשְּׁקִים** כאשר הם נפגשים פורמלית. בדרך כלל אין אלו **נְשִׁיקוֹת** של ממש.

In some cultures, leaders **kiss each other** when they meet formally. Usually these are not real **kisses**.

מי שלא **נוּשַּׁק** עדיין מתבקש לעמוד בתור!

Whoever **has** not **been kissed** yet is asked to stand in line!

סגן הנשיא **הִשִּׁיק** את הספינה עם בקבוק שמפניה, והספינה **המוּשֶּׁקֶת** יצאה לסיור באיים הקריביים.

The Vice-President **launched** the ship with a bottle of champagne, and the **launched** boat set out for a Caribbean Islands cruise.

♦ **ביטויים מיוחדים** Special expressions

הִשִּׁיקוּ כוסות raised (and **touched** each other's) glasses in a toast

שפתיים **יִישָּׁק** he deserves the highest praise

על פיו **יִישַּׁק** דבר everything goes by what he says

יִישָּׁקֵנִי **kiss** my ass! (vulgar, though semi-formal)

שיִּישְּׁקוּ לי I don't care, I don't give a damn

●נתב (מן נָתִיב path) : לְנַתֵּב

נִיתֵּב (נִתֵּב)/נִיתַּב/נַתֵּב guide, direct, route

בניין : פִּיעֵל גזרה : שלמים

	Present הווה		Past עבר	Future עתיד	Imper. ציווי
יחיד	מְנַתֵּב	אני	נִיתַּבְתִּי	אֲנַתֵּב	
יחידה	מְנַתֶּבֶת	אתה	נִיתַּבְתָּ	תְּנַתֵּב	נַתֵּב
רבים	מְנַתְּבִים	את	נִיתַּבְתְּ	תְּנַתְּבִי	נַתְּבִי
רבות	מְנַתְּבוֹת	הוא	נִיתֵּב	יְנַתֵּב	
		היא	נִיתְּבָה	תְּנַתֵּב	
		אנחנו	נִיתַּבְנוּ	נְנַתֵּב	
		אתם/ן	נִיתַּבְתֶּם/ן	תְּנַתְּבוּ	נַתְּבוּ **
		הם/ן	נִיתְּבוּ	יְנַתְּבוּ *	

שם הפועל .Infin לְנַתֵּב * less commonly: אתן/הן תְּנַתֵּבְנָה

מקור מוחלט .Inf. Abs נַתֵּב ** less commonly: (אתן) נַתֵּבְנָה

שם הפעולה Verbal N **נִיתּוּב** guiding, directing, routing

♦ **דוגמאות** Illustrations

רשות הנמל **נִיתְּבָה** את הספינה בכניסתה לנמל.

The port authority **routed** the ship on its entry into the port.

●נתח : לְנַתֵּחַ

operate (surgically); analyze; cut up (meat) נִיתַּח (נִתַּח)/נַתֵּחַ

גזרה : שלמים + ל״ג בניין : פִּיעֵל

Imper. ציווי	Future עתיד	Past עבר		Present הווה	
	אֲנַתַּח/...תֵּחַ*	נִיתַּחְתִּי	אני	מְנַתֵּחַ	יחיד
נַתַּח/נַתֵּחַ*	תְּנַתַּח/...תֵּחַ*	נִיתַּחְתָּ	אתה	מְנַתַּחַת	יחידה
נַתְּחִי	תְּנַתְּחִי	נִיתַּחְתְּ/...חַת	את	מְנַתְּחִים	רבים
	יְנַתַּח/...תֵּחַ*	נִיתַּח/נִיתֵּחַ*	הוא	מְנַתְּחוֹת	רבות
	תְּנַתַּח/...תֵּחַ*	נִיתְּחָה	היא		
	נְנַתַּח/...תֵּחַ*	נִיתַּחְנוּ	אנחנו		
נַתְּחוּ ***	תְּנַתְּחוּ **	נִיתַּחְתֶּם/ן	אתם/ן		
	יְנַתְּחוּ **	נִיתְּחוּ	הם/ן		

...תֵּחַ more common in colloquial use *

** less commonly: אתן/הן תְּנַתַּחְנָה

*** less commonly: (אתן) נַתַּחְנָה

שם הפועל .Infin לְנַתֵּחַ

מקור מוחלט .Inf. Abs נַתֵּחַ

בינוני .Pres. Part מְנַתֵּחַ surgeon

שם הפעולה Verbal N נִיתּוּחַ (surgical) operation; analysis

♦ דוגמאות Illustrations

יצחק **נוּתַּח** שלוש פעמים. שני ה**נִיתּוּחִים** הראשונים לא עלו יפה; ה**מְנַתֵּחַ** מקווה שהוא לא ייאלץ **לְנַתֵּחַ** שוב.

Yitzhak **was operated on** three times. The first two **operations** were not successful; the **surgeon** hopes he will not have **to operate** again.

היום כבר פחות פופולרי **לְנַתֵּחַ** יצירה ספרותית **נִיתּוּחַ** פורמלי. כל אינטרפרטציה מקובלת.

Today it is less popular **to analyze** a literary piece through a formal **analysis**. Any interpretation is acceptable.

●נתן : לָתֵת, לְהִינָּתֵן

give, present; put, set; appoint, make; let, allow נָתַן/נוֹתֵן/יִיתֵּן

גזרה : פ״נ מיוחדת + ל״נ בניין : פָּעַל

Imp. ציווי	Fut. עתיד	Past עבר		Pres./Part. הווה/בינוני		
	אֶתֵּן	נָתַתִּי	אני	נָתוּן	נוֹתֵן	יחיד
תֵּן	תִּיתֵּן	נָתַתָּ	אתה	נְתוּנָה	נוֹתֶנֶת	יחידה
תְּנִי	תִּיתְּנִי	נָתַתְּ	את	נְתוּנִים	נוֹתְנִים	רבים
	יִיתֵּן	נָתַן	הוא	נְתוּנוֹת	נוֹתְנוֹת	רבות
	תִּיתֵּן	נָתְנָה	היא			
	נִיתֵּן	נָתַנּוּ	אנחנו			
תְּנוּ ***	תִּיתְּנוּ **	נְתַתֶּם/ן *	אתם/ן			
	יִיתְּנוּ **	נָתְנוּ	הם/ן			

* Colloquial: נָתַתֶּם/ן

** less commonly: אתן/הן תִּיתֵּנָּה

*** less commonly: (אתן) תֵּנָּה

שם הפועל .Infin לָתֵת

בינ׳ סביל .Pass. Part נָתוּן given; datum

שם הפעולה Verbal N נְתִינָה, מַתָּן giving

מקור מוחלט .Inf. Abs נָתוֹן   מקור נטוי .Inf.+pron בְּנוֹתְנוֹ/בְּתִיתּוֹ, כְּ...

קָטִיל *CaCiC* adj./N. נָתִין citizen, subject

נִיתַּן/יִינָּתֵן (יִנָּתֵן) be given, be placed, be issued; be feasible

בניין : נִפְעַל   גזרה : פ״נ מיוחדת + ל״נ

	הווה Present		עבר Past	עתיד Future	ציווי Imper.
יחיד	נִיתָּן	אני	נִיתַּתִּי	אֶנָּתֵן	
יחידה	נִיתֶּנֶת	אתה	נִיתַּתָּ	תִּינָּתֵן	הִינָּתֵן
רבים	נִיתָּנִים	את	נִיתַּתְּ	תִּינָּתְנִי	הִינָּתְנִי
רבות	נִיתָּנוֹת	הוא	נִיתַּן	יִינָּתֵן	
		היא	נִיתְּנָה	תִּינָּתֵן	
		אנחנו	נִיתַּנּוּ	נִינָּתֵן	
		אתם/ן	נִיתַּתֶּם/ן	תִּינָּתְנוּ *	הִינָּתְנוּ **
		הם/ן	נִיתְּנוּ	יִינָּתְנוּ *	

שם הפועל .Infin לְהִינָּתֵן   * less commonly: אתן/הן תִּינָּתַנָּה

מקור מוחלט .Inf. Abs נִיתּוֹן   ** less commonly: (אתן) הִינָּתַנָּה

♦ דוגמאות Illustrations

השעון הזה היה של סבי. הוא **נִיתַּן** לי על ידי אבי כשהגעתי לגיל בר-מצווה. אביו **נָתַן** לו את השעון בהגיעו למצוות, והוא שמר עליו מכל משמר ליום הולדתי ה-13.

This watch was my grandfather's. It **was given** to me by my father when I reached Bar Mitzvah age. His father **had given** him the watch when he became a Bar Mitzvah, and he took the best care of it so that it was ready for my thirteenth birthday.

♦ ביטויים מיוחדים Special expressions

נשא ו**נָתַן** deal, negotiate

נָתַן יד ל- participate in, give support to

נָתַן נפשו על... **give up** one's life for

נָתַן את הדין be brought to judgment

נָתַן עינו בכוס begin to drink excessively

נָתַן דריסת רגל ל- **give** access to

מי **יִיתֵּן** ...if only

נִיתָּן לעשות/לבצע feasible

נָתַן דופי ב- criticize; cast a slur on

נָתַן לבו/דעתו ל- **give** it consideration

נָתַן רשות **give** permission

נָתַן עיניו ב- (desire (s'thing/s'one

נָתַן קולו raise one's voice

נָתַן כבוד ל- show respect to

תֵּן דעתך pay attention

האמת **נִיתְּנָה** להיאמר ...the truth of the matter is

● נתק : לְהִתְנַתֵּק, לְנַתֵּק

הִתְנַתֵּק/הִתְנַתַּק be severed; cut oneself off from, distance oneself from; disengage, to detach oneself from

בניין : הִתְפַּעֵל   גזרה : שלמים

	הווה Present		עבר Past	עתיד Future	ציווי Imper.
יחיד	מִתְנַתֵּק	אני	הִתְנַתַּקְתִּי	אֶתְנַתֵּק	
יחידה	מִתְנַתֶּקֶת	אתה	הִתְנַתַּקְתָּ	תִּתְנַתֵּק	הִתְנַתֵּק
רבים	מִתְנַתְּקִים	את	הִתְנַתַּקְתְּ	תִּתְנַתְּקִי	הִתְנַתְּקִי
רבות	מִתְנַתְּקוֹת	הוא	הִתְנַתֵּק	יִתְנַתֵּק	
		היא	הִתְנַתְּקָה	תִּתְנַתֵּק	

Imper. ציווי	Future עתיד	Past עבר		Present הווה
	נִתְנַתֵּק	הִתְנַתַּקְנוּ	אנחנו	
** הִתְנַתְּקוּ	* תִּתְנַתְּקוּ	הִתְנַתַּקְתֶּם/ן	אתם/ן	
	* יִתְנַתְּקוּ	הִתְנַתְּקוּ	הם/ן	

שם הפועל .Infin לְהִתְנַתֵּק   less commonly: * אתן/הן תִּתְנַתֵּקְנָה

מקור מוחלט .Inf. Abs הִתְנַתֵּק   less commonly: ** (אתן) הִתְנַתֵּקְנָה

שם הפעולה Verbal N הִתְנַתְּקוּת disengagement, detachment, separating from

נִיתֵּק (נִתֵּק)/נִיתַּק/נַתֵּק disconnect; cut off; separate; sever

בניין : פִּיעֵל   גזרה : שלמים

Imper. ציווי	Future עתיד	Past עבר		Present הווה	
	אֲנַתֵּק	נִיתַּקְתִּי	אני	מְנַתֵּק	יחיד
נַתֵּק	תְּנַתֵּק	נִיתַּקְתָּ	אתה	מְנַתֶּקֶת	יחידה
נַתְּקִי	תְּנַתְּקִי	נִיתַּקְתְּ	את	מְנַתְּקִים	רבים
	יְנַתֵּק	נִיתֵּק	הוא	מְנַתְּקוֹת	רבות
	תְּנַתֵּק	נִיתְּקָה	היא		
	נְנַתֵּק	נִיתַּקְנוּ	אנחנו		
** נַתְּקוּ	תְּנַתְּקוּ	נִיתַּקְתֶּם/ן	אתם/ן		
	* יְנַתְּקוּ	נִיתְּקוּ	הם/ן		

שם הפועל .Infin לְנַתֵּק   less commonly: * אתן/הן תְּנַתֵּקְנָה

מקור מוחלט .Inf. Abs נַתֵּק   less commonly: ** (אתן) נַתֵּקְנָה

שם הפעולה Verbal N נִיתּוּק severing, cutting; cutoff; separation

נוּתַּק (נֻתַּק) be disconnected; be cut off; be separated; be severed

בניין : פּוּעַל   גזרה : שלמים

Future עתיד	Past עבר		Present הווה	
אֲנוּתַּק	נוּתַּקְתִּי	אני	מְנוּתָּק	יחיד
תְּנוּתַּק	נוּתַּקְתָּ	אתה	מְנוּתֶּקֶת	יחידה
תְּנוּתְּקִי	נוּתַּקְתְּ	את	מְנוּתָּקִים	רבים
יְנוּתַּק	נוּתַּק	הוא	מְנוּתָּקוֹת	רבות
תְּנוּתַּק	נוּתְּקָה	היא		
נְנוּתַּק	נוּתַּקְנוּ	אנחנו		
* תְּנוּתְּקוּ	נוּתַּקְתֶּם/ן	אתם/ן		
* יְנוּתְּקוּ	נוּתְּקוּ	הם/ן		

בינוני .Pres. Part מְנוּתָּק disconnected   less commonly: * אתן/הן תְּנוּתַּקְנָה

♦ דוגמאות Illustrations

ישראלים רבים רוצים **לְהִתְנַתֵּק נִיתּוּק** מלא מן הגדה המערבית ומעזה.

Many Israelis wish to fully **disengage** (i.e., complete **separation**) from the West Bank and Gaza.

הם לא התכוונו **לְנַתֵּק** את הקשר ביניהם ; היחסים **הִתְנַתְּקוּ** בגלל המרחק, אבל **הַנִּיתּוּק** לא נמשך זמן רב.

They never intended to **sever** the contact between them; the relationship **got cut off** because of the distance, but the **disconnect** did not last long.

נִיתְּקוּ לו את החשמל לאחר שלא שילם את חשבונו שלושה חודשים.
They **disconnected** his electricity after he had failed to pay his electric bill for three months.
האידיאולוגיה שלו **מְנוּתֶּקֶת** לגמרי מן המציאות.
His ideology is totally **disconnected** from reality.

♦ ביטויים מיוחדים Special expressions
נִיתֵּק מגע is no longer in touch, has disappeared

●נתר : לְהַתִּיר

הוּתַּר (הֻתַּר) be untied; be allowed, be permitted

בניין : הוּפְעַל גזרה : פ״נ

	Present הווה		Past עבר	Future עתיד
יחיד	מוּתָּר	אני	הוּתַּרְתִּי	אוּתַּר
יחידה	מוּתֶּרֶת	אתה	הוּתַּרְתָּ	תּוּתַּר
רבים	מוּתָּרִים	את	הוּתַּרְתְּ	תּוּתְּרִי
רבות	מוּתָּרוֹת	הוא	הוּתַּר	יוּתַּר
		היא	הוּתְּרָה	תּוּתַּר
		אנחנו	הוּתַּרְנוּ	נוּתַּר
		אתם/ן	הוּתַּרְתֶּם/ן	תּוּתְּרוּ *
		הם/ן	הוּתְּרוּ	יוּתְּרוּ *

אתן/הן תּוּתַּרְנָה :less commonly * permitted; permissible מוּתָּר Pres. Part. בינוני

הִתִּיר/הִתַּר/יַתִּיר untie; allow, permit; free; annul (vow)

בניין : הִפְעִיל גזרה : פ״נ

	Present הווה		Past עבר	Future עתיד	Imper. ציווי
יחיד	מַתִּיר	אני	הִתַּרְתִּי	אַתִּיר	
יחידה	מַתִּירָה	אתה	הִתַּרְתָּ	תַּתִּיר	הַתֵּר
רבים	מַתִּירִים	את	הִתַּרְתְּ	תַּתִּירִי	הַתִּירִי
רבות	מַתִּירוֹת	הוא	הִתִּיר	יַתִּיר	
		היא	הִתִּירָה	תַּתִּיר	
		אנחנו	הִתַּרְנוּ	נַתִּיר	
		אתם/ן	הִתַּרְתֶּם/ן	תַּתִּירוּ *	הַתִּירוּ **
		הם/ן	הִתִּירוּ	יַתִּירוּ *	

אתן/הן תַּתֵּרְנָה :less commonly * לְהַתִּיר Infin. שם הפועל
(אתן) הַתֵּרְנָה :less commonly ** untying; allowing הַתָּרָה Verbal N שם הפעולה
permit, permission הֶיתֵּר Verbal N שם הפעולה
הַתֵּר Inf. Abs. מקור מוחלט

♦ פעלים פחות שכיחים מאותו שורש Less frequent verbs from the same root
נִיתֵּר (מְנַתֵּר, יְנַתֵּר, לְנַתֵּר) jump, hop, skip around

♦ **דוגמאות** Illustrations

הִתַּרְתִּי את הכלב מן הרצועה וסימנתי לו בתנועת ראש שאני **מַתִּיר** לו לרוץ לאן שירצה. הפארק הוא ענק, **ומוּתָּר** לכלבים להתרוצץ בו חופשית.

I **unleashed** the dog and signaled to him with a nod that I **allow** him to run wherever he wishes. The park is huge, and it is **permitted** for dogs to run around in it freely.

בדיחה ישראלית ישנה : אישה נכנסת לאוטובוס עם כלב, ושואלת את הנהג : "**מוּתָּר** לעלות עם כלב?" הנהג עונה : "אסור – **מוּתָּר**, **מוּתָּר** – אסור".

An old Israeli joke: A woman enters the bus with a dog and asks the driver: "Is it **allowed** to get on the bus with a dog?" The driver answers: "If **leashed** (in Hebrew, homonymous with "forbidden"), it is **allowed**, if **unleashed** (in Hebrew, homonymous with "**permitted**"), it is forbidden."

♦ **ביטויים מיוחדים** Special expressions

הִתִּיר דמו של... outlaw someone, declaring that killing him is **permitted** (= is not punishable)

הִתִּיר נדר **annul** a vow

הוּתְּרָה הרצועה/**הוּתַּר** הרסן all restraints are off

הפה שאסר הוא **שֶׁהִתִּיר** he who **imposed the restriction** can also **annul** it

●סבב : לְהִסְתּוֹבֵב, לְסוֹבֵב, לְהָסֵב

הִסְתּוֹבֵב/הִסְתּוֹבַב revolve, rotate; go around

בניין : הִתְפַּעֵל גזרה : פ׳ שורקת + כפולים

	Present הווה		Past עבר	Future עתיד	Imper. ציווי
יחיד	מִסְתּוֹבֵב	אני	הִסְתּוֹבַבְתִּי	אֶסְתּוֹבֵב	
יחידה	מִסְתּוֹבֶבֶת	אתה	הִסְתּוֹבַבְתָּ	תִּסְתּוֹבֵב	הִסְתּוֹבֵב
רבים	מִסְתּוֹבְבִים	את	הִסְתּוֹבַבְתְּ	תִּסְתּוֹבְבִי	הִסְתּוֹבְבִי
רבות	מִסְתּוֹבְבוֹת	הוא	הִסְתּוֹבֵב	יִסְתּוֹבֵב	
		היא	הִסְתּוֹבְבָה	תִּסְתּוֹבֵב	
		אנחנו	הִסְתּוֹבַבְנוּ	נִסְתּוֹבֵב	
		אתם/ן	הִסְתּוֹבַבְתֶּם/ן	תִּסְתּוֹבְבוּ *	הִסְתּוֹבְבוּ **
		הם/ן	הִסְתּוֹבְבוּ	יִסְתּוֹבְבוּ *	

שם הפועל .Infin לְהִסְתּוֹבֵב   less commonly *: אתן/הן תִּסְתּוֹבֵבְנָה

שם הפעולה Verbal N הִסְתּוֹבְבוּת revolving   less commonly **: (אתן) הִסְתּוֹבֵבְנָה

מקור מוחלט .Inf. Abs הִסְתּוֹבֵב

סוֹבֵב/סוֹבַב turn (tr.); go around, encircle

בניין : פִּיעֵל גזרה : כפולים

	Present הווה		Past עבר	Future עתיד	Imper. ציווי
יחיד	מְסוֹבֵב	אני	סוֹבַבְתִּי	אֲסוֹבֵב	
יחידה	מְסוֹבֶבֶת	אתה	סוֹבַבְתָּ	תְּסוֹבֵב	סוֹבֵב
רבים	מְסוֹבְבִים	את	סוֹבַבְתְּ	תְּסוֹבְבִי	סוֹבְבִי
רבות	מְסוֹבְבוֹת	הוא	סוֹבֵב	יְסוֹבֵב	
		היא	סוֹבְבָה	תְּסוֹבֵב	
		אנחנו	סוֹבַבְנוּ	נְסוֹבֵב	
		אתם/ן	סוֹבַבְתֶּם/ן	תְּסוֹבְבוּ	סוֹבְבוּ **
		הם/ן	סוֹבְבוּ	יְסוֹבְבוּ *	

שם הפועל .Infin לְסוֹבֵב — * less commonly: אתן/הן תְּסוֹבֵבְנָה

מקור מוחלט .Inf. Abs סוֹבֵב — ** less commonly: (אתן) סוֹבֵבְנָה

שם הפעולה Verbal N סִיבּוּב, סִיבוּב rotation; round

הֵסֵב/הֵסַב/יָסֵב lead around; change, shift; endorse (check); recline

בניין : הִפְעִיל גזרה : כפולים

	Present הווה		Past עבר	Future עתיד	Imper. ציווי
יחיד	מֵסֵב	אני	הֲסִבּוֹתִי	אָסֵב	
יחידה	מְסִיבָּה	אתה	הֲסִבּוֹתָ	תָּסֵב	הָסֵב
רבים	מְסִיבִּים	את	הֲסִבּוֹת	תָּסֵבִּי	הָסֵבִּי
רבות	מְסִיבּוֹת	הוא	הֵסֵב	יָסֵב	
		היא	הֵסֵבָּה	תָּסֵב	
		אנחנו	הֲסִבּוֹנוּ	נָסֵב	
		אתםץ	הֲסִבּוֹתֶם/ן *	תָּסֵבּוּ **	הָסֵבּוּ ***
		הםץ	הֵסֵבּוּ	יָסֵבּוּ **	

שם הפועל .Infin לְהָסֵב — * formal: הֲסַבְּתֶּם/ן

מקור מוחלט .Inf. Abs הָסֵב — ** less commonly: אתן/הן תָּסֵבְנָה

*** less commonly: הָסֵבְנָה

שם הפעולה Verbal N הֲסָבָה change/shift; endorsement

♦ פעלים פחות שכיחים מאותו שורש Less frequent verbs from the same root

סָבַב (סַב) turn, go around, surround (סוֹבֵב [סַב], יָסוֹב [יִסּוֹב, יִסְבּוֹב], לָסוֹב [לִסְבּוֹב])

סִיבֵּב cause; change; go around, surround, turn (מְסַבֵּב, יְסַבֵּב, לְסַבֵּב)

הוּסַב be surrounded/turned; be shifted/endorsed (מוּסָב, יוּסַב)

סוֹבַב (סוֹבַּב) be surrounded; be turned; be caused < מְסוֹבָב unstable in the head, a bit crazy (coll.)

♦ דוגמאות Illustrations

חיים **סוֹבֵב** את הגלובוס על צירו מספר **סִיבּוּבִים**, אך לא הצליח למצוא עליו את ישראל.

Hayyim **turned** the globe on its axis a number of **turns**, but could not find Israel on it.

אפריים מחוסר עבודה. הוא **מִסְתּוֹבֵב** בעיר ולא עושה כלום. חייבים לעשות לו **הֲסָבָה** מקצועית.

Ephraim is unemployed. He **is walking around** in town doing nothing. He must undergo professional **retraining** (< shift, change).

♦ ביטויים מיוחדים Special expressions

הֵסֵב את שמו **changed** his name

הֵסֵב המחאה (צ'יק) **endorse** a check

●סבב : לְהִסְתַּבֵּךְ, לְסַבֵּךְ

הִסְתַּבֵּךְ/הִסְתַּבַּכ become complicated/entangled; get in/run into trouble

בניין : הִתְפַּעֵל גזרה : שלמים + פ' שורקת

	Present הווה		Past עבר	Future עתיד	Imper. ציווי
יחיד	מִסְתַּבֵּךְ	אני	הִסְתַּבַּכְתִּי	אֶסְתַּבֵּךְ	
יחידה	מִסְתַּבֶּכֶת	אתה	הִסְתַּבַּכְתָּ	תִּסְתַּבֵּךְ	הִסְתַּבֵּךְ
רבים	מִסְתַּבְּכִים	את	הִסְתַּבַּכְתְּ	תִּסְתַּבְּכִי	הִסְתַּבְּכִי
רבות	מִסְתַּבְּכוֹת	הוא	הִסְתַּבֵּךְ	יִסְתַּבֵּךְ	
		היא	הִסְתַּבְּכָה	תִּסְתַּבֵּךְ	
		אנחנו	הִסְתַּבַּכְנוּ	נִסְתַּבֵּךְ	
		אתם/ן	הִסְתַּבַּכְתֶּם/ן	תִּסְתַּבְּכוּ *	הִסְתַּבְּכוּ **
		הם/ן	הִסְתַּבְּכוּ	יִסְתַּבְּכוּ *	

* less commonly: אתן/הן תִּסְתַּבֵּכְנָה

שם הפועל .Infin לְהִסְתַּבֵּךְ ** less commonly: (אתן) הִסְתַּבֵּכְנָה

שם הפעולה Verbal N הִסְתַּבְּכוּת getting entangled מקור מוחלט .Inf. Abs הִסְתַּבֵּךְ

סִיבֵּךְ (סִבֵּךְ)/סִיבַּכ/סַבֵּךְ complicate; entangle

בניין : פִּיעֵל גזרה : שלמים

	Present הווה		Past עבר	Future עתיד	Imper. ציווי
יחיד	מְסַבֵּךְ	אני	סִיבַּכְתִּי	אֲסַבֵּךְ	
יחידה	מְסַבֶּכֶת	אתה	סִיבַּכְתָּ	תְּסַבֵּךְ	סַבֵּךְ
רבים	מְסַבְּכִים	את	סִיבַּכְתְּ	תְּסַבְּכִי	סַבְּכִי
רבות	מְסַבְּכוֹת	הוא	סִיבֵּךְ	יְסַבֵּךְ	
		היא	סִיבְּכָה	תְּסַבֵּךְ	
		אנחנו	סִיבַּכְנוּ	נְסַבֵּךְ	
		אתם/ן	סִיבַּכְתֶּם/ן	תְּסַבְּכוּ	סַבְּכוּ **
		הם/ן	סִיבְּכוּ	יְסַבְּכוּ *	

שם הפועל .Infin לְסַבֵּךְ * less commonly: אתן/הן תְּסַבֵּכְנָה

שם הפעולה Verbal N סִיבּוּךְ complication ** less commonly: (אתן) סַבֵּכְנָה

מקור מוחלט .Inf. Abs סַבֵּךְ

♦ פעלים פחות שכיחים מאותו שורש Less frequent verbs from the same root

סוּבַּךְ be made complicated, be entangled (בינוני .Pres. Part מְסוּבָּךְ complicated, יְסוּבַּךְ)

סָבַךְ mix up, entangle (lit.) > סָבוּךְ tangled, complicated

♦ דוגמאות Illustrations

הרופא הבטיח לה שלא יהיו שום **סִיבּוּכִים**, אבל הניתוח **הִסְתַּבֵּךְ**, והיה צורך בפרוצדורה **מְסוּבֶּכֶת** כדי לסיימו באופן שלא **יְסַבֵּךְ** את תהליך ההחלמה.

The doctor promised her that there would be no **complications**, but the operation **became complicated**, and a **complex** procedure was necessary in order to conclude it in a manner that **will** not **complicate** the recovery procedure.

●סבל : לִסְבּוֹל

סָבַל/סוֹבֵל/יִסְבּוֹל (יִסְבֹּל) suffer, endure; tolerate

בניין : פָּעַל   גזרה : שלמים (אֶפְעוֹל)

	Present הווה		Past עבר	Future עתיד	Imper. ציווי
יחיד	סוֹבֵל	אני	סָבַלְתִּי	אֶסְבּוֹל	
יחידה	סוֹבֶלֶת	אתה	סָבַלְתָּ	תִּסְבּוֹל	סְבוֹל
רבים	סוֹבְלִים	את	סָבַלְתְּ	תִּסְבְּלִי	סִבְלִי
רבות	סוֹבְלוֹת	הוא	סָבַל	יִסְבּוֹל	
		היא	סָבְלָה	תִּסְבּוֹל	
		אנחנו	סָבַלְנוּ	נִסְבּוֹל	
		אתם/ן	סְבַלְתֶּם/ן *	תִּסְבְּלוּ **	סִבְלוּ ***
		הם/ן	סָבְלוּ	יִסְבְּלוּ **	

שם הפועל .Infin לִסְבּוֹל   * Colloquial: סָבַלְתֶּם/ן

מקור מוחלט .Inf. Abs סָבוֹל   ** less commonly: אתן/הן תִּסְבּוֹלְנָה

קָטִיל .adj./N *CaCiC* סָבִיל passive; tolerable   מקור נטוי .Inf.+pron בְּסוֹבְלוֹ, כְּ...

מ״י מוצרכת .Gov. Prep סָבַל מן suffer from   *** less commonly: (אתן) סְבוֹלְנָה

♦ פעלים פחות שכיחים מאותו שורש Less frequent verbs from the same root

נִסְבַּל be borne, be carried; be tolerated, be suffered < בינוני .Pres. Part נִסְבָּל tolerable

♦ דוגמאות Illustrations

קשה **לִסְבּוֹל** את התנהגותו ; יש אומרים שהתנהגותו הבלתי-**נִסְבֶּלֶת** נובעת מכך שהוא **סוֹבֵל** מתסביך נחיתות.

It is difficult **to tolerate** his behavior; some say that his **intolerable** behavior stems from the fact that he **suffers** from an inferiority complex.

♦ ביטויים מיוחדים Special expressions

אין הדעת **סוֹבֶלֶת** it is contrary to reason   **סָבַל** חרפה **suffer** disgrace

בלתי-**נִסְבָּל** in**tolerable**

●סבר : לְהַסְבִּיר, לְהִסְתַּבֵּר, לִסְבּוֹר

הִסְבִּיר/הִסְבַּר/יַסְבִּיר explain

בניין : הִפְעִיל   גזרה : שלמים

	Present הווה		Past עבר	Future עתיד	Imper. ציווי
יחיד	מַסְבִּיר	אני	הִסְבַּרְתִּי	אַסְבִּיר	
יחידה	מַסְבִּירָה	אתה	הִסְבַּרְתָּ	תַּסְבִּיר	הַסְבֵּר
רבים	מַסְבִּירִים	את	הִסְבַּרְתְּ	תַּסְבִּירִי	הַסְבִּירִי
רבות	מַסְבִּירוֹת	הוא	הִסְבִּיר	יַסְבִּיר	
		היא	הִסְבִּירָה	תַּסְבִּיר	
		אנחנו	הִסְבַּרְנוּ	נַסְבִּיר	
		אתם/ן	הִסְבַּרְתֶּם/ן	תַּסְבִּירוּ *	הַסְבִּירוּ **
		הם/ן	הִסְבִּירוּ	יַסְבִּירוּ *	

* less commonly: אתן/הן תַּסְבֵּרְנָה

שם הפועל .Infin לְהַסְבִּיר — ** less commonly: (אתן) הַסְבֵּרְנָה

שם הפעולה Verbal N הַסְבָּרָה explaining; information — מקור מוחלט .Inf. Abs הַסְבֵּר

הִסְתַּבֵּר/הִסְתַּבַּר become evident; be likely; turn out

בניין : הִתְפַּעֵל — גזרה : שלמים + פ׳ שורקת

	הווה Present		עבר Past	עתיד Future	ציווי .Imper
יחיד	מִסְתַּבֵּר	אני	הִסְתַּבַּרְתִּי	אֶסְתַּבֵּר	
יחידה	מִסְתַּבֶּרֶת	אתה	הִסְתַּבַּרְתָּ	תִּסְתַּבֵּר	הִסְתַּבֵּר
רבים	מִסְתַּבְּרִים	את	הִסְתַּבַּרְתְּ	תִּסְתַּבְּרִי	הִסְתַּבְּרִי
רבות	מִסְתַּבְּרוֹת	הוא	הִסְתַּבֵּר	יִסְתַּבֵּר	
		היא	הִסְתַּבְּרָה	תִּסְתַּבֵּר	
		אנחנו	הִסְתַּבַּרְנוּ	נִסְתַּבֵּר	
		אתם/ן	הִסְתַּבַּרְתֶּם/ן	תִּסְתַּבְּרוּ *	הִסְתַּבְּרוּ **
		הם/ן	הִסְתַּבְּרוּ	יִסְתַּבְּרוּ *	

שם הפועל .Infin לְהִסְתַּבֵּר — * less commonly: אתן/הן תִּסְתַּבֵּרְנָה

שם הפעולה Verbal N הִסְתַּבְּרוּת probability — ** less commonly: (אתן) הִסְתַּבֵּרְנָה

בינוני .Pres. Part מִסְתַּבֵּר it follows (that...); probable — מקור מוחלט .Inf. Abs הִסְתַּבֵּר

הוּסְבַּר (הֻסְבַּר) be explained

בניין : הוּפְעַל — גזרה : שלמים

	הווה Present		עבר Past	עתיד Future
יחיד	מוּסְבָּר	אני	הוּסְבַּרְתִּי	אוּסְבַּר
יחידה	מוּסְבֶּרֶת	אתה	הוּסְבַּרְתָּ	תּוּסְבַּר
רבים	מוּסְבָּרִים	את	הוּסְבַּרְתְּ	תּוּסְבְּרִי
רבות	מוּסְבָּרוֹת	הוא	הוּסְבַּר	יוּסְבַּר
		היא	הוּסְבְּרָה	תּוּסְבַּר
		אנחנו	הוּסְבַּרְנוּ	נוּסְבַּר
		אתם/ן	הוּסְבַּרְתֶּם/ן	תּוּסְבְּרוּ *
		הם/ן	הוּסְבְּרוּ	יוּסְבְּרוּ *

* less commonly: אתן/הן תּוּסְבַּרְנָה

סָבַר/סוֹבֵר/יִסְבּוֹר (יִסְבֹּר) think, be of the opinion; understand (lit.)

בניין : פָּעַל — גזרה : שלמים (אֶפְעוֹל)

	הווה/בינוני .Pres./Part			עבר Past	עתיד .Fut	ציווי .Imp
יחיד	סוֹבֵר	סָבוּר	אני	סָבַרְתִּי	אֶסְבּוֹר	
יחידה	סוֹבֶרֶת	סְבוּרָה	אתה	סָבַרְתָּ	תִּסְבּוֹר	סְבוֹר
רבים	סוֹבְרִים	סְבוּרִים	את	סָבַרְתְּ	תִּסְבְּרִי	סִבְרִי
רבות	סוֹבְרוֹת	סְבוּרוֹת	הוא	סָבַר	יִסְבּוֹר	
			היא	סָבְרָה	תִּסְבּוֹר	
			אנחנו	סָבַרְנוּ	נִסְבּוֹר	
			אתם/ן	סְבַרְתֶּם/ן *	תִּסְבְּרוּ **	סִבְרוּ ***
			הם/ן	סָבְרוּ	יִסְבְּרוּ **	

שם הפועל .Infin לִסְבּוֹר — * Colloquial: סָבַרְתֶּם/ן

בינ׳ סביל .Pass. Part סָבוּר of the opinion — ** less commonly: אתן/הן תִּסְבּוֹרְנָה

מקור מוחלט .Inf. Abs סָבוֹר ***less commonly: (אתן) סְבוֹרְנָה
קְטִיל .CaCiC adj./N סָבִיר reasonable, logical מקור נטוי .Inf.+pron בְּסוֹבְרוֹ, כְּ...
שם הפעולה Verbal N סְבָרָה hypothesis, opinion, reasonable explanation

♦ דוגמאות Illustrations

הכל **סבורים**, שהבעייה היא שראש הממשלה אינו יודע **לְהַסְבִּיר** היטב את עמדותיו. **מִסְתַּבֵּר**, שאין לו מנגנון **הַסְבָּרָה** טוב במשרדו. **הוּסְבַּר** לו פעמים רבות שאין מנוס מלחפש מומחים בנושא, אבל הוא אינו מוכן לקבל כל ביקורת.

Everyone **is of the opinion** that the problem is that the Prime Minister does not know how **to explain** his policies well enough. It **is probable** that he does not have a good **information (= propaganda)** mechanism in his office. It **was explained** to him on numerous occasions that there is no escape from looking for experts in this area, but he is not willing to accept any criticism.

♦ ביטויים מיוחדים Special expressions

סְבוּרַנִי/סְבוּרַנִי I am of the opinion — פנים **מַסְבִּירוֹת** **welcoming** attitude
הִסְבִּיר פנים welcome — איפכא **מִסְתַּבְּרָא** the opposite **appears to be** the case (Aram.)
משרד **הַהַסְבָּרָה** **information** (or propaganda) ministry
סִיבֵּר את האוזן explain in a manner that is easy to understand

●סגל : לְהִסְתַּגֵּל, לְסַגֵּל

הִסְתַּגֵּל/הִסְתַּגַּל adapt (oneself), adjust (intr.)

בניין : הִתְפַּעֵל — גזרה : שלמים + פ׳ שורקת

	Present הווה		Past עבר	Future עתיד	Imper. ציווי
יחיד	מִסְתַּגֵּל	אני	הִסְתַּגַּלְתִּי	אֶסְתַּגֵּל	
יחידה	מִסְתַּגֶּלֶת	אתה	הִסְתַּגַּלְתָּ	תִּסְתַּגֵּל	הִסְתַּגֵּל
רבים	מִסְתַּגְּלִים	את	הִסְתַּגַּלְתְּ	תִּסְתַּגְּלִי	הִסְתַּגְּלִי
רבות	מִסְתַּגְּלוֹת	הוא	הִסְתַּגֵּל	יִסְתַּגֵּל	
		היא	הִסְתַּגְּלָה	תִּסְתַּגֵּל	
		אנחנו	הִסְתַּגַּלְנוּ	נִסְתַּגֵּל	
		אתם/ן	הִסְתַּגַּלְתֶּם/ן	תִּסְתַּגְּלוּ *	הִסְתַּגְּלוּ **
		הם/ן	הִסְתַּגְּלוּ	יִסְתַּגְּלוּ *	

שם הפועל .Infin לְהִסְתַּגֵּל * less commonly: אתן/הן תִּסְתַּגֵּלְנָה
מקור מוחלט .Inf. Abs הִסְתַּגֵּל ** less commonly: (אתן) הִסְתַּגֵּלְנָה
שם הפעולה Verbal N הִסְתַּגְּלוּת adapting, adjusting
מ״י מוצרכת .Gov. Prep הִסְתַּגֵּל ל- adjust to

סִיגֵּל (סִגֵּל)/סִיגַּל/סַגֵּל adapt (tr.), adjust (tr.), acquire (traits)

בניין : פִּיעֵל — גזרה : שלמים

	Present הווה		Past עבר	Future עתיד	Imper. ציווי
יחיד	מְסַגֵּל	אני	סִיגַּלְתִּי	אֲסַגֵּל	
יחידה	מְסַגֶּלֶת	אתה	סִיגַּלְתָּ	תְּסַגֵּל	סַגֵּל
רבים	מְסַגְּלִים	את	סִיגַּלְתְּ	תְּסַגְּלִי	סַגְּלִי
רבות	מְסַגְּלוֹת	הוא	סִיגֵּל	יְסַגֵּל	

Present הווה		Past עבר	Future עתיד	Imper. ציווי
	היא	סִיגְּלָה	תְּסַגֵּל	
	אנחנו	סִיגַּלְנוּ	נְסַגֵּל	
	אתם/ן	סִיגַּלְתֶּם/ן	תְּסַגְּלוּ	סַגְּלוּ **
	הם/ן	סִיגְּלוּ	יְסַגְּלוּ *	

* less commonly: אתן/הן תְּסַגֵּלְנָה

** less commonly: (אתן) סַגֵּלְנָה

שם הפועל .Infin לְסַגֵּל

שם הפעולה Verbal N סִיגּוּל adapting (something)   מקור מוחלט .Inf. Abs סַגֵּל

♦ **פעלים פחות שכיחים מאותו שורש** Less frequent verbs from the same root

סוּגַּל be acquired/adapted > בינוני .Pres. Part מְסוּגָּל competent, capable (form common)

♦ **דוגמאות** Illustrations

זה לוקח זמן רב עד שילד שעובר למקום מגורים חדש **מִסְתַּגֵּל** לסביבה החדשה. לא כל ילד **מְסוּגָּל לְסַגֵּל** לעצמו הרגלי התנהגות חדשים ולמצוא חברים חדשים בנקל.

It takes quite a while until a kid who moves to a new residence **adapts** to the new environment. Not every child is **capable** of easily **acquiring** (for himself) new behavioral habits and of finding new friends.

●סגר : לִסְגּוֹר, לְהִיסָּגֵר, לְהַסְגִּיר

סָגַר/סוֹגֵר/יִסְגּוֹר (יִסְגֹּר) shut, close; confine

בניין : פָּעַל   גזרה : שלמים (אֶפְעוֹל)

	Pres./Part. הווה/בינוני			Past עבר	Fut. עתיד	Imp. ציווי
יחיד	סוֹגֵר	סָגוּר	אני	סָגַרְתִּי	אֶסְגּוֹר	
יחידה	סוֹגֶרֶת	סְגוּרָה	אתה	סָגַרְתָּ	תִּסְגּוֹר	סְגוֹר
רבים	סוֹגְרִים	סְגוּרִים	את	סָגַרְתְּ	תִּסְגְּרִי	סִגְרִי
רבות	סוֹגְרוֹת	סְגוּרוֹת	הוא	סָגַר	יִסְגּוֹר	
			היא	סָגְרָה	תִּסְגּוֹר	
			אנחנו	סָגַרְנוּ	נִסְגּוֹר	
			אתם/ן	סְגַרְתֶּם/ן *	תִּסְגְּרוּ **	סִגְרוּ ***
			הם/ן	סָגְרוּ	יִסְגְּרוּ **	

שם הפועל .Infin לִסְגּוֹר

ביני סביל .Pass. Part סָגוּר closed, shut

שם הפעולה Verbal N סְגִירָה closing

מקור מוחלט .Inf. Abs סָגוֹר

* Colloquial: סָגַרְתֶּם/ן

** less commonly: אתן/הן תִּסְגּוֹרְנָה

*** less commonly: (אתן) סְגוֹרְנָה

מקור נטוי .Inf.+pron בְּסוֹגְרוֹ, כְּ...

נִסְגַּר/יִיסָּגֵר (יִסָּגֵר) be closed, be shut, close/shut (intr.)

בניין : נִפְעַל   גזרה : שלמים

	Present הווה		Past עבר	Future עתיד	Imper. ציווי
יחיד	נִסְגָּר	אני	נִסְגַּרְתִּי	אֶסָּגֵר	
יחידה	נִסְגֶּרֶת	אתה	נִסְגַּרְתָּ	תִּיסָּגֵר	הִיסָּגֵר
רבים	נִסְגָּרִים	את	נִסְגַּרְתְּ	תִּיסָּגְרִי	הִיסָּגְרִי
רבות	נִסְגָּרוֹת	הוא	נִסְגַּר	יִיסָּגֵר	
		היא	נִסְגְּרָה	תִּיסָּגֵר	

		Present הווה	Past עבר	Future עתיד	Imper. ציווי
	אנחנו		נִסְגַּרְנוּ	נִיסָּגֵר	
	אתם/ן		נִסְגַּרְתֶּם/ן	תִּיסָּגְרוּ *	הִיסָּגְרוּ **
	הם/ן		נִסְגְּרוּ	יִיסָּגְרוּ *	

* less commonly: אתן/הן תִּיסָּגַרְנָה

שם הפועל .Infin לְהִיסָּגֵר ** less commonly: (אתן) הִיסָּגַרְנָה

מקור מוחלט .Inf. Abs נִסְגּוֹר, הִיסָּגֵר (הִיסָּגוֹר)

הִסְתַּגֵּר/הִסְתַּגַּר shut oneself away; be shut in

בניין : הִתְפַּעֵל גזרה : שלמים + פ׳ שורקת

		Present הווה	Past עבר	Future עתיד	Imper. ציווי
יחיד	אני	מִסְתַּגֵּר	הִסְתַּגַּרְתִּי	אֶסְתַּגֵּר	
יחידה	אתה	מִסְתַּגֶּרֶת	הִסְתַּגַּרְתָּ	תִּסְתַּגֵּר	הִסְתַּגֵּר
רבים	את	מִסְתַּגְּרִים	הִסְתַּגַּרְתְּ	תִּסְתַּגְּרִי	הִסְתַּגְּרִי
רבות	הוא	מִסְתַּגְּרוֹת	הִסְתַּגֵּר	יִסְתַּגֵּר	
	היא		הִסְתַּגְּרָה	תִּסְתַּגֵּר	
	אנחנו		הִסְתַּגַּרְנוּ	נִסְתַּגֵּר	
	אתם/ן		הִסְתַּגַּרְתֶּם/ן	תִּסְתַּגְּרוּ *	הִסְתַּגְּרוּ **
	הם/ן		הִסְתַּגְּרוּ	יִסְתַּגְּרוּ *	

* less commonly: אתן/הן תִּסְתַּגֵּרְנָה

שם הפועל .Infin לְהִסְתַּגֵּר ** less commonly: (אתן) הִסְתַּגֵּרְנָה

שם הפעולה Verbal N הִסְתַּגְּרוּת seclusion, retirement מקור מוחלט .Inf. Abs הִסְתַּגֵּר

הִסְגִּיר/הִסְגַּר/יַסְגִּיר extradite, hand over (to authorities); give away, expose, reveal

בניין : הִפְעִיל גזרה : שלמים

		Present הווה	Past עבר	Future עתיד	Imper. ציווי
יחיד	אני	מַסְגִּיר	הִסְגַּרְתִּי	אַסְגִּיר	
יחידה	אתה	מַסְגִּירָה	הִסְגַּרְתָּ	תַּסְגִּיר	הַסְגֵּר
רבים	את	מַסְגִּירִים	הִסְגַּרְתְּ	תַּסְגִּירִי	הַסְגִּירִי
רבות	הוא	מַסְגִּירוֹת	הִסְגִּיר	יַסְגִּיר	
	היא		הִסְגִּירָה	תַּסְגִּיר	
	אנחנו		הִסְגַּרְנוּ	נַסְגִּיר	
	אתם/ן		הִסְגַּרְתֶּם/ן	תַּסְגִּירוּ *	הַסְגִּירוּ **
	הם/ן		הִסְגִּירוּ	יַסְגִּירוּ *	

* less commonly: אתן/הן תַּסְגֵּרְנָה

שם הפועל .Infin לְהַסְגִּיר ** less commonly: (אתן) הַסְגֵּרְנָה

שם הפעולה Verbal N הַסְגָּרָה extradition; confinement

הֶסְגֵּר quarantine; confinement; blockade

מקור מוחלט .Inf. Abs הַסְגֵּר

♦ פעלים פחות שכיחים מאותו שורש Less frequent verbs from the same root

הוּסְגַּר be confined, be extradited, be handed over, be put in quarantine (בינוני .Pres. Part

מוּסְגָּר extradited/handed over; parenthetical (gramm. term), יוּסְגַּר)

♦ דוגמאות Illustrations

לא **סָגַרְתִּי** את הדלת; היא **נִסְגְּרָה** מעצמה.

I did not **close** the door; it **closed** by itself.

מאז האסון הוא **מִסְתַּגֵּר** בחדרו ואינו רוצה לראות איש.

Since the tragedy he **has been shutting** himself in his room, refusing to see anybody.

ישראל הבטיחה **לְהַסְגִּיר** את המבוקש לארה״ב בהתאם להסכם **הַהַסְגָּרָה** שבין שתי המדינות. האיש **יוּסְגַּר** תוך מספר ימים.

Israel promised **to extradite** the wanted person to the U.S. in accordance with the **extradition** treaty between the two nations. The man **will be extradited** within a few days.

♦ ביטויים מיוחדים Special expressions

סוֹגֵר/סָגוּר וּמְסוּגָּר tightly **closed**

מועדון **סָגוּר** an **exclusive** club

הִסְתַּגֵּר בד׳ אמות totally **seclude oneself**

בְּהֶסְגֵּר in **quarantine**

מאמר **מוּסְגָּר** **parenthetical** clause

אדם **סָגוּר** a **reticent** man

אסיפה **סְגוּרָה** **closed** session

הסכם **הַסְגָּרָה** **extradition** treaty

מחנה **הֶסְגֵּר** **detention** camp

במאמר **מוּסְגָּר** in **parenthesis**

●סדר : לְהִסְתַּדֵּר, לְסַדֵּר, לְהַסְדִּיר

הִסְתַּדֵּר/הִסְתַּדַּר be arranged/organized; fall in; be settled (difficulties); settle in

בניין : הִתְפַּעֵל גזרה : שלמים + פ׳ שורקת

	Present הווה		Past עבר	Future עתיד	Imper. ציווי
יחיד	מִסְתַּדֵּר	אני	הִסְתַּדַּרְתִּי	אֶסְתַּדֵּר	
יחידה	מִסְתַּדֶּרֶת	אתה	הִסְתַּדַּרְתָּ	תִּסְתַּדֵּר	הִסְתַּדֵּר
רבים	מִסְתַּדְּרִים	את	הִסְתַּדַּרְתְּ	תִּסְתַּדְּרִי	הִסְתַּדְּרִי
רבות	מִסְתַּדְּרוֹת	הוא	הִסְתַּדֵּר	יִסְתַּדֵּר	
		היא	הִסְתַּדְּרָה	תִּסְתַּדֵּר	
		אנחנו	הִסְתַּדַּרְנוּ	נִסְתַּדֵּר	
		אתם/ן	הִסְתַּדַּרְתֶּם/ן	תִּסְתַּדְּרוּ *	הִסְתַּדְּרוּ **
		הם/ן	הִסְתַּדְּרוּ	יִסְתַּדְּרוּ *	

שם הפועל .Infin לְהִסְתַּדֵּר

שם הפעולה Verbal N הִסְתַּדְּרוּת organization

מקור מוחלט .Inf. Abs הִסְתַּדֵּר

* less commonly: אתן/הן תִּסְתַּדֵּרְנָה

** less commonly: (אתן) הִסְתַּדֵּרְנָה

סִידֵּר (סִדֵּר)/סִידַּר/סַדֵּר arrange; settle; set up (type); (coll.) “fix”

בניין : פִּיעֵל גזרה : שלמים

	Present הווה		Past עבר	Future עתיד	Imper. ציווי
יחיד	מְסַדֵּר	אני	סִידַּרְתִּי	אֲסַדֵּר	
יחידה	מְסַדֶּרֶת	אתה	סִידַּרְתָּ	תְּסַדֵּר	סַדֵּר
רבים	מְסַדְּרִים	את	סִידַּרְתְּ	תְּסַדְּרִי	סַדְּרִי
רבות	מְסַדְּרוֹת	הוא	סִידֵּר	יְסַדֵּר	
		היא	סִידְּרָה	תְּסַדֵּר	
		אנחנו	סִידַּרְנוּ	נְסַדֵּר	
		אתם/ן	סִידַּרְתֶּם/ן	תְּסַדְּרוּ	סַדְּרוּ **
		הם/ן	סִידְּרוּ	יְסַדְּרוּ *	

* less commonly: אתן/הן תְּסַדֵּרְנָה

** less commonly: (אתן) סַדֵּרְנָה

שם הפועל .Infin לְסַדֵּר

שם הפעולה Verbal N סִידּוּר arrangement; daily prayer book

מקור מוחלט .Inf. Abs סַדֵּר

הִסְדִּיר/הִסְדַּר/יַסְדִּיר settle, arrange; systematize; regulate

בניין : הִפְעִיל גזרה : שלמים

	Present הווה		Past עבר	Future עתיד	Imper. ציווי
יחיד	מַסְדִּיר	אני	הִסְדַּרְתִּי	אַסְדִּיר	
יחידה	מַסְדִּירָה	אתה	הִסְדַּרְתָּ	תַּסְדִּיר	הַסְדֵּר
רבים	מַסְדִּירִים	את	הִסְדַּרְתְּ	תַּסְדִּירִי	הַסְדִּירִי
רבות	מַסְדִּירוֹת	הוא	הִסְדִּיר	יַסְדִּיר	
		היא	הִסְדִּירָה	תַּסְדִּיר	
		אנחנו	הִסְדַּרְנוּ	נַסְדִּיר	
		אתם/ן	הִסְדַּרְתֶּם/ן	תַּסְדִּירוּ *	הַסְדִּירוּ **
		הם/ן	הִסְדִּירוּ	יַסְדִּירוּ *	

* less commonly: אתן/הן תַּסְדֵּרְנָה

** less commonly: (אתן) הַסְדֵּרְנָה

שם הפועל .Infin לְהַסְדִּיר

מקור מוחלט .Inf. Abs הַסְדֵּר

שם הפעולה Verbal N הַסְדָּרָה arranging; regularization הֶסְדֵּר arrangement, order

סוּדַּר (סֻדַּר) be arranged; (coll.) be "fixed"

בניין : פּוּעַל גזרה : שלמים

	Present הווה		Past עבר	Future עתיד
יחיד	מְסוּדָּר	אני	סוּדַּרְתִּי	אֲסוּדַּר
יחידה	מְסוּדֶּרֶת	אתה	סוּדַּרְתָּ	תְּסוּדַּר
רבים	מְסוּדָּרִים	את	סוּדַּרְתְּ	תְּסוּדְּרִי
רבות	מְסוּדָּרוֹת	הוא	סוּדַּר	יְסוּדַּר
		היא	סוּדְּרָה	תְּסוּדַּר
		אנחנו	סוּדַּרְנוּ	נְסוּדַּר
		אתם/ן	סוּדַּרְתֶּם/ן	תְּסוּדְּרוּ *
		הם/ן	סוּדְּרוּ	יְסוּדְּרוּ *

* less commonly: אתן/הן תְּסוּדַּרְנָה

בינוני .Pres. Part מְסוּדָּר neat, orderly; arranged; regular; (coll.) well off economically

♦ פעלים פחות שכיחים מאותו שורש Less frequent verbs from the same root

הוּסְדַּר be settled, be arranged; be systematized; be regulated (בינוני .Pres. Part מוּסְדָּר arranged properly, יוּסְדַּר)

סָדַר arrange, present (Mish H) < ביני סביל .Pass. Part סָדוּר arranged, set in order, קָטִיל

CaCiC adj./N. סָדִיר regular (form is common)

♦ דוגמאות Illustrations

המסמכים היו **מְסוּדָּרִים** על פי תאריך חיבורם ; החלטתי **לְסַדְּרָם** מחדש על פי שמות מחבריהם.

The documents **were arranged** by date of writing; I decided to re**arrange** them by their authors' names.

לאחר ויכוח קצר, **סוּדַּר** העניין לשביעות רצוני. מנהל הבנק בעצמו **הִסְדִּיר** זאת.
After a short discussion, the matter **was settled** to my satisfaction. The bank manager himself **settled** it.

לאחר שנתיים-שלוש, מרבית העולים החדשים **מִסְתַּדְּרִים** לא רע : לרבים יש עבודה **סְדִירָה** ודירה **מְסוּדֶּרֶת**.
After two or three years, most of the new immigrants **are** reasonably well **settled**: many have a **regular** job and a **regular** (= **properly furnished**) apartment.

ישראל והפלשתינאים מנהלים משא ומתן, שבסופו מקווים שני הצדדים להגיע **לְהֶסְדֵּר** מלא של היחסים בין שני העמים.
Israel and the Palestinians are conducting negotiations, at the end of which both sides are hoping to reach a conclusive **arrangement/settlement** regarding the relationship between the two peoples.

דובר **הִסְתַּדְּרוּת** המורים אמר כי הוא מקווה שסכסוך העבודה **יוּסְדַּר** תוך מספר שבועות.
The spokesperson of the Teachers' **Organization** said that he was hoping that the labor dispute **will be settled** within a few weeks.

♦ ביטויים מיוחדים Special expressions

מספר **סוֹדֵר/סִידוּרִי** ordinal numbers　　יודע **לְהִסְתַּדֵּר** knows his way about

הכל **יִסְתַּדֵּר**! everything will be OK/will **turn out fine**!

הַהִסְתַּדְּרוּת הציונית The Zionist **Organization**

הִסְתַּדְּרוּת העובדים the Histadrut (the Workers' **Organization**)

●סוג-1 : לְהִיסוֹג

נָסוֹג/ נְסוֹג/יִיסוֹג (יִסּוֹג) withdraw, retract; back down from; deteriorate; be diminished

בניין : נִפְעַל　　גזרה : ע״ו

	Present הווה		Past עבר	Future עתיד	Imper. ציווי
יחיד	נָסוֹג	אני	נְסוּגוֹתִי	אֶסוֹג	
יחידה	נְסוֹגָה	אתה	נְסוּגוֹתָ	תִּיסוֹג	הִיסוֹג
רבים	נְסוֹגִים	את	נְסוּגוֹת	תִּיסוֹגִי	הִיסוֹגִי
רבות	נְסוֹגוֹת	הוא	נָסוֹג	יִיסוֹג	
		היא	נָסוֹגָה	תִּיסוֹג	
		אנחנו	נְסוּגוֹנוּ	נִיסוֹג	
		אתםץ	נְסוּגוֹתֶםץ	תִּיסוֹגוּ *	הִיסוֹגוּ **
		הםץ	נָסוֹגוּ	יִיסוֹגוּ *	

שם הפועל .Infin לְהִיסוֹג　　* less commonly: אתןץהן תִּיסֹגְנָה

מקור מוחלט .Inf. Abs נָסוֹג, הִיסוֹג　　** less commonly: (אתן) הִיסֹגְנָה

♦ דוגמאות Illustrations

ראש הממשלה **נָסוֹג** מהחלטתו הקודמת בשל לחצים מצד שותפיו בקואליציה.
The Prime Minister **retracted** his earlier decision owing to pressures from his coalition partners.

●סוג-2 (מן סוג type) : לְסַוֵּג

סִיוּוּג (סִוֵּג)/סִיוּוַג/סַוֵּג classify, categorize

בניין : פִּיעֵל גזרה : שלמים

	Present הווה		Past עבר	Future עתיד	Imper. ציווי
יחיד	מְסַוֵּג	אני	סִיוּוַגְתִּי	אֲסַוֵּג	
יחידה	מְסַוֶּגֶת	אתה	סִיוּוַגְתָּ	תְּסַוֵּג	סַוֵּג
רבים	מְסַוְּגִים	את	סִיוּוַגְתְּ	תְּסַוְּגִי	סַוְּגִי
רבות	מְסַוְּגוֹת	הוא	סִיוּוֵג	יְסַוֵּג	
		היא	סִיוּוְּגָה	תְּסַוֵּג	
		אנחנו	סִיוּוַגְנוּ	נְסַוֵּג	
		אתם/ן	סִיוּוַגְתֶּם/ן	תְּסַוְּגוּ	סַוְּגוּ **
		הם/ן	סִיוּוְּגוּ	יְסַוְּגוּ *	

שם הפועל .Infin לְסַוֵּג   * less commonly: אתן/הן תְּסַוֵּגְנָה

מקור מוחלט .Inf. Abs סַוֵּג   ** less commonly: (אתן) סַוֵּגְנָה

שם הפעולה Verbal N **סִיוּוּג** classification, categorization

♦ דוגמאות Illustrations

יש חוקרים המסתפקים באיסוף נתונים ו**מְסַוְּגִים** אותם לקטגוריות. הטובים יותר שואלים מה אומרות ההכללות המשתקפות מן ה**סִיוּוּג**, ומקשרים אותן עם תופעות מקבילות מתחומים שונים.

Some researchers are satisfied with collecting data and **classifying** them into categories. The better ones ask what the generalizations reflected in the **categorization** mean, and relate them to parallel phenomena in other domains.

♦ ביטויים מיוחדים Special expressions

סִיוּוּג בטחוני security **clearance**

●סור : לְהָסִיר, לָסוּר

הֵסִיר/הֵסַר/יָסִיר take off, remove; turn aside, divert

בניין : הִפְעִיל גזרה : עו״י

	Present הווה		Past עבר	Future עתיד	Imper. ציווי
יחיד	מֵסִיר	אני	הֵסַרְתִּי	אָסִיר	
יחידה	מְסִירָה	אתה	הֵסַרְתָּ	תָּסִיר	הָסֵר
רבים	מְסִירִים	את	הֵסַרְתְּ	תָּסִירִי	הָסִירִי
רבות	מְסִירוֹת	הוא	הֵסִיר	יָסִיר	
		היא	הֵסִירָה	תָּסִיר	
		אנחנו	הֵסַרְנוּ	נָסִיר	
		אתם/ן	הֵסַרְתֶּם/ן *	תָּסִירוּ **	הָסִירוּ ***
		הם/ן	הֵסִירוּ	יָסִירוּ **	

שם הפועל .Infin לְהָסִיר   * formal: הֲסַרְתֶּם/ן

שם הפעולה Verbal N הֲסָרָה removal   ** less commonly: אתן/הן תָּסֵרְנָה

מקור מוחלט .Inf. Abs הָסֵר   *** less commonly: (אתן) הָסֵרְנָה

turn, turn aside; drop in for a visit סָר/סַר/יָסוּר

בניין : פָּעַל גזרה : עו״י

Imper. ציווי	Future עתיד	Past עבר		Present הווה	
	אָסוּר	סַרְתִּי	אני	סָר	יחיד
סוּר	תָּסוּר	סַרְתָּ	אתה	סָרָה	יחידה
סוּרִי	תָּסוּרִי	סַרְתְּ	את	סָרִים	רבים
	יָסוּר	סָר	הוא	סָרוֹת	רבות
	תָּסוּר	סָרָה	היא		
	נָסוּר	סַרְנוּ	אנחנו		
סוּרוּ **	תָּסוּרוּ *	סַרְתֶּם/ן	אתם/ן		
	יָסוּרוּ *	סָרוּ	הם/ן		

שם הפועל .Infin לָסוּר   * less commonly: אתן/הן תָּסוֹרְנָה

מקור מוחלט .Inf. Abs סוֹר   ** less commonly: (אתן) סוֹרְנָה

מ״י מוצרכת .Gov. Prep סָר מן turn aside from   מקור נטוי .Inf.+pron בְּסוּרוֹ, כְּ...

be taken off, be removed; be turned aside; be averted (danger) הוּסַר

בניין : הוּפְעַל גזרה : עו״י

Future עתיד	Past עבר		Present הווה	
אוּסַר	הוּסַרְתִּי	אני	מוּסָר	יחיד
תּוּסַר	הוּסַרְתָּ	אתה	מוּסֶרֶת	יחידה
תּוּסְרִי	הוּסַרְתְּ	את	מוּסָרִים	רבים
יוּסַר	הוּסַר	הוא	מוּסָרוֹת	רבות
תּוּסַר	הוּסְרָה	היא		
נוּסַר	הוּסַרְנוּ	אנחנו		
תּוּסְרוּ *	הוּסַרְתֶּם/ן	אתם/ן		
יוּסְרוּ *	הוּסְרוּ	הם/ן		

* less commonly: אתן/הן תּוּסַרְנָה

♦ דוגמאות Illustrations

כשדניאל **סָר** אליי לביקור, הוא **מֵסִיר** את כובעו וחובש במקומו כיפה.

When Daniel **drops in** at my place, he **removes** his hat and puts on a skull-cap.

בעיראק של סדאם חוסיין, מי ש**סָר** מן הנתיב הסדאם-חוסייני מצא עצמו מעוּנֶּה בכלא, או (ש)ראשו **הוּסַר**.

In Saddam Hussein's Iraq, whoever **turned aside (= strayed)** from the Saddam Hussein path either found himself tortured in jail, or was **beheaded** ("his head was **removed**").

♦ ביטויים מיוחדים Special expressions

לא **סָר** ימין או שמאל did not **stray**   **סָר** למשמעתו do as he bids

סוּר אליי מחר **drop in** at my place tomorrow   **הֵסִיר** טבעת **take off** a ring

הֵסִיר ראש **decapitate**   האיום **הוּסַר** the threat was **averted**

●סחב : לִסְחוֹב, לְהִיסָּחֵב

drag, draw; pull, carry with difficulty; pilfer (coll.) סָחַב/סוֹחֵב/יִסְחַב

בניין : פָּעַל גזרה : שלמים (אֶפְעַל) + ע״ג

Imp. ציווי	Fut. עתיד	Past עבר		Pres./Part. הווה/בינוני	
	אֶסְחַב	סָחַבְתִּי	אני	סוֹחֵב	יחיד
סְחַב	תִּסְחַב	סָחַבְתָּ	אתה	סוֹחֶבֶת	יחידה
סַחֲבִי	תִּסְחֲבִי	סָחַבְתְּ	את	סוֹחֲבִים	רבים
	יִסְחַב	סָחַב	הוא	סוֹחֲבוֹת	רבות
	תִּסְחַב	סָחֲבָה	היא		
	נִסְחַב	סָחַבְנוּ	אנחנו		
סַחֲבוּ ***	תִּסְחֲבוּ **	סְחַבְתֶּם/ן *	אתם/ן		
	יִסְחֲבוּ **	סָחֲבוּ	הם/ן		

שם הפועל .Infin לִסְחוֹב　　　* Colloquial: סָחַבְתֶּם/ן

מקור מוחלט .Inf. Abs סָחוֹב　　　** less commonly: אתן/הן תִּסְחַבְנָה

מקור נטוי .Inf.+pron בְּסוֹחְבוֹ, כְּ...　　　*** less commonly: (אתן) סְחַבְנָה

ש׳ הפעו׳ Verbal N סְחִיבָה dragging; pilfering

be drawn/dragged; be prolonged; be pilfered (coll.) נִסְחַב/יִיסָּחֵב (יִסָּחֵב)

בניין : נִפְעַל גזרה : שלמים + ע״ג

Imper. ציווי	Future עתיד	Past עבר		Present הווה	
	אֶסָּחֵב	נִסְחַבְתִּי	אני	נִסְחָב	יחיד
הִיסָּחֵב	תִּיסָּחֵב	נִסְחַבְתָּ	אתה	נִסְחֶבֶת	יחידה
הִיסָּחֲבִי	תִּיסָּחֲבִי	נִסְחַבְתְּ	את	נִסְחָבִים	רבים
	יִיסָּחֵב	נִסְחַב	הוא	נִסְחָבוֹת	רבות
	תִּיסָּחֵב	נִסְחֲבָה	היא		
	נִיסָּחֵב	נִסְחַבְנוּ	אנחנו		
הִיסָּחֲבוּ **	תִּיסָּחֲבוּ *	נִסְחַבְתֶּם/ן	אתם/ן		
	יִיסָּחֲבוּ *	נִסְחֲבוּ	הם/ן		

שם הפועל .Infin לְהִיסָּחֵב　　　* less commonly: אתן/הן תִּיסָּחַבְנָה

מקור מוחלט .Inf. Abs נִסְחוֹב　　　** less commonly: (אתן) הִיסָּחַבְנָה

שם הפעולה Verbal N הִיסָּחֲבוּת being drawn/dragged

♦ דוגמאות Illustrations

בזמנו תותחי שדה **נִסְחֲבוּ** על ידי סוסים לשדה המערכה.

At the time, pieces of artillery **were drawn** by horses to the battlefield.

כשהייתי סטודנט הייתי **סוֹחֵב** איתי יותר מדיי ספרים לשיעור.

When I was a student, I would **carry (with difficulty)** too many books to class.

בעברית לא פורמלית, כשרוצים למתן משמעות שלילית של מילה, משתמשים לעיתים במילה ״רכה״ יותר; למשל במקום ״גנבתי״ אומרים ״**סָחַבְתִּי**״, או ״השלמתי ציוד״.

In informal/casual Hebrew, when one wishes to moderate the negative connotation, one sometimes uses a "softer" word, e.g., instead of "I stole," one uses "I **pilfered/dragged**," or "I complemented missing gear" (army term).

●סחט : לִסְחוֹט

סָחַט/סוֹחֵט/יִסְחַט squeeze; wring; extort, blackmail V; exhaust

בניין : פָּעַל   גזרה : שלמים (אֶפְעַל) + ע״ג

	Pres./Part. הווה/בינוני		Past עבר	Fut. עתיד	Imp. ציווי
יחיד	סוֹחֵט סָחוּט	אני	סָחַטְתִּי	אֶסְחַט	
יחידה	סוֹחֶטֶת סְחוּטָה	אתה	סָחַטְתָּ	תִּסְחַט	סְחַט
רבים	סוֹחֲטִים סְחוּטִים	את	סָחַטְתְּ	תִּסְחֲטִי	סַחֲטִי
רבות	סוֹחֲטוֹת סְחוּטוֹת	הוא	סָחַט	יִסְחַט	
		היא	סָחֲטָה	תִּסְחַט	
		אנחנו	סָחַטְנוּ	נִסְחַט	
		אתם/ן	סְחַטְתֶּם/ן *	תִּסְחֲטוּ **	סַחֲטוּ ***
		הם/ן	סָחֲטוּ	יִסְחֲטוּ **	

שם הפועל .Infin לִסְחוֹט   * Colloquial: סָחַטְתֶּם/ן

מקור מוחלט .Inf. Abs סָחוֹט   ** less commonly: אתן/הן תִּסְחַטְנָה

מקור נטוי .Inf.+pron בְּסוֹחְטוֹ, כְּ...   *** less commonly: (אתן) סְחַטְנָה

ביני סביל .Pass. Part סָחוּט wrung ; squeezed ; (colloquial) exhausted

ש׳ הפעו׳ Verbal N סְחִיטָה squeezing, wringing, extraction (of juice); extortion, blackmail

♦ פעלים פחות שכיחים מאותו שורש Less frequent verbs from the same root

נִסְחַט be squeezed out; be extorted, be blackmailed (נִסְחָט, יִיסָּחֵט, לְהִיסָּחֵט)

♦ דוגמאות Illustrations

אני מעדיף **לִסְחוֹט** תפוזים במכונת **סְחִיטָה** ידנית; זה יוצא יותר טעים.

I prefer **to squeeze** oranges in a manual **squeezing** machine; it comes out tastier.

מנשה מתמחה בגילוי מידע אודות שחיתות אצל פוליטיקאים, ומשתמש בו כדי **לִסְחוֹט** מהם כספים. הוא ממש מתפרנס מ**סְחִיטוֹת**.

Menashe specializes in identifying information on corruption among politicians, and uses it **to extort** money from them. He actually makes a living from **blackmail**.

אחרי יום ארוך כזה אני **סָחוּט** לגמרי, ולא יכול לעשות כלום.

After such a long day I am completely **exhausted**, and can do nothing.

●סחף : לְהִיסָּחֵף, לִסְחוֹף

נִסְחַף/יִיסָּחֵף (יִסָּחֵף) be carried away, be swept

בניין : נִפְעַל   גזרה : שלמים + ע״ג

	Present הווה		Past עבר	Future עתיד	Imper. ציווי
יחיד	נִסְחָף	אני	נִסְחַפְתִּי	אֶסָּחֵף	
יחידה	נִסְחֶפֶת	אתה	נִסְחַפְתָּ	תִּיסָּחֵף	הִיסָּחֵף
רבים	נִסְחָפִים	את	נִסְחַפְתְּ	תִּיסָּחֲפִי	הִיסָּחֲפִי
רבות	נִסְחָפוֹת	הוא	נִסְחַף	יִיסָּחֵף	
		היא	נִסְחֲפָה	תִּיסָּחֵף	
		אנחנו	נִסְחַפְנוּ	נִיסָּחֵף	
		אתם/ן	נִסְחַפְתֶּם/ן	תִּיסָּחֲפוּ *	הִיסָּחֲפוּ **
		הם/ן	נִסְחֲפוּ	יִיסָּחֲפוּ *	

* less commonly: אתן/הן תִּיסָּחַפְנָה

שם הפועל .Infin לְהִיסָּחֵף ** less commonly: (אתן) הִיסָּחַפְנָה

שם הפעולה Verbal N הִיסָּחֲפוּת being carried away מקור מוחלט .Inf. Abs נִסְחוֹף

סָחַף/סוֹחֵף/יִסְחַף wash away, sweep; carry away; enrapture

בניין : פָּעַל גזרה : שלמים (אֶפְעַל) + ע״ג

	Pres./Part. הווה/בינוני		Past עבר	Fut. עתיד	Imp. ציווי
יחיד	סוֹחֵף סָחוּף	אני	סָחַפְתִּי	אֶסְחַף	
יחידה	סוֹחֶפֶת סְחוּפָה	אתה	סָחַפְתָּ	תִּסְחַף	סְחַף
רבים	סוֹחֲפִים סְחוּפִים	את	סָחַפְתְּ	תִּסְחֲפִי	סַחֲפִי
רבות	סוֹחֲפוֹת סְחוּפוֹת	הוא	סָחַף	יִסְחַף	
		היא	סָחֲפָה	תִּסְחַף	
		אנחנו	סָחַפְנוּ	נִסְחַף	
		אתם/ן	סְחַפְתֶּם/ן *	תִּסְחֲפוּ **	סַחֲפוּ ***
		הם/ן	סָחֲפוּ	יִסְחֲפוּ **	

שם הפועל .Infin לִסְחוֹף * Colloquial: סָחַפְתֶּם/ן

מקור מוחלט .Inf. Abs סָחוֹף ** less commonly: אתן/הן תִּסְחַפְנָה

ביני' פעיל .Act. Part סוֹחֵף stirring *** less commonly: (אתן) סְחַפְנָה

ביני' סבי' .Pas. Part סָחוּף swept away; anguished (lit.) מקור נטוי .Inf.+pron בְּסוֹחְפוֹ, כְּ...

שם הפעולה Verbal N סְחִיפָה erosion; sweeping away

♦ דוגמאות Illustrations

דויד **נִסְחַף** בזרם ההתלהבות ששטף את תומכיו של הנשיא הנבחר עם נצחונו.

David **was carried away** by the flow of enthusiasm that swept the supporters of the President-Elect with his victory.

הדלתא של הנילוס היא קרקע חקלאית פוריה ; המים **סוֹחֲפִים** איתם אדמת-על מן ההרים שבדרום.

The Nile delta is fertile agricultural land; the water **sweeps** down with it top agricultural soil from the mountains in the south.

●סטה (סטי) : לִסְטוֹת

סָטָה/סוֹטֶה/יִסְטֶה digress, deviate

בניין : פָּעַל גזרה : ל״י

	Present הווה		Past עבר	Fut. עתיד	Imp. ציווי
יחיד	סוֹטֶה	אני	סָטִיתִי	אֶסְטֶה	
יחידה	סוֹטָה	אתה	סָטִיתָ	תִּסְטֶה	סְטֵה
רבים	סוֹטִים	את	סָטִית	תִּסְטִי	סְטִי
רבות	סוֹטוֹת	הוא	סָטָה	יִסְטֶה	
		היא	סָטְתָה	תִּסְטֶה	
		אנחנו	סָטִינוּ	נִסְטֶה	
		אתם/ן	סְטִיתֶם/ן *	תִּסְטוּ **	סְטוּ ***
		הם/ן	סָטוּ	יִסְטוּ **	

שם הפועל .Infin לִסְטוֹת	Colloquial :סָטִיתֶם/ן *
מקור מוחלט .Inf. Abs סָטֹה	less commonly: אתן/הן תִּסְטֶינָה **
בינוני .Pres. Part סוֹטֶה pervert, deviant	less commonly: (אתן) סְטֶינָה ***

♦ **דוגמאות** Illustrations

כשראש הממשלה נכנע לדרישות החרדים, הוא **סָטָה** מן ההסכם הקואליציוני.

When the Prime Minister succumbed to the demands of the ultra-orthodox, he **digressed** from the coalition agreement.

הלוויין **סָטָה** ממסלולו, ומרכז הבקרה לא הצליח לפתור את הבעייה. בסופו של דבר הוא אבד בחלל.

The satellite **went off course**, and the Control Center could not solve the problem. Eventually it was lost in space.

● סים : לְסַיֵּם, לְהִסְתַּיֵּם

סִיֵּם (סִיֵּם)/סִייַּמ/סַיֵּם end (tr.), terminate (tr.), conclude (tr.), finish

בניין : פִּיעֵל גזרה : שלמים

	Present הווה		Past עבר	Future עתיד	Imper. ציווי
יחיד	מְסַיֵּם	אני	סִייַּמְתִּי	אֲסַיֵּם	
יחידה	מְסַיֶּמֶת	אתה	סִייַּמְתָּ	תְּסַיֵּם	סַיֵּם
רבים	מְסַיְּמִים	את	סִייַּמְתְּ	תְּסַיְּמִי	סַיְּמִי
רבות	מְסַיְּמוֹת	הוא	סִיֵּם	יְסַיֵּם	
		היא	סִיְּמָה	תְּסַיֵּם	
		אנחנו	סִייַּמְנוּ	נְסַיֵּם	
		אתם/ן	סִייַּמְתֶּם/ן	תְּסַיְּמוּ *	סַיְּמוּ **
		הם/ן	סִיְּמוּ	יְסַיְּמוּ *	

שם הפועל .Infin לְסַיֵּם	less commonly: אתן/הן תְּסַיֵּמְנָה *
בינוני .Pres. Part מְסַיֵּם concluding	less commonly: (אתן) סַיֵּמְנָה **
שם הפעולה Verbal N סִיּוּם end, conclusion, termination	מקור מוחלט .Inf. Abs סַיֵּם

הִסְתַּיֵּם (הִסְתַּיֵּם/נִסְתַּיֵּם)/הִסְתַּייַּמ end/conclude (intr.)

בניין : הִתְפַּעֵל גזרה : שלמים + פ׳ שורקת

	Present הווה		Past עבר	Future עתיד	Imper. ציווי
יחיד	מִסְתַּיֵּם	אני	הִסְתַּייַּמְתִּי	אֶסְתַּיֵּם	
יחידה	מִסְתַּיֶּמֶת	אתה	הִסְתַּייַּמְתָּ	תִּסְתַּיֵּם	הִסְתַּיֵּם
רבים	מִסְתַּיְּמִים	את	הִסְתַּייַּמְתְּ	תִּסְתַּיְּמִי	הִסְתַּיְּמִי
רבות	מִסְתַּיְּמוֹת	הוא	הִסְתַּיֵּם	יִסְתַּיֵּם	
		היא	הִסְתַּיְּמָה	תִּסְתַּיֵּם	
		אנחנו	הִסְתַּייַּמְנוּ	נִסְתַּיֵּם	
		אתם/ן	הִסְתַּייַּמְתֶּם/ן	תִּסְתַּיְּמוּ *	הִסְתַּיְּמוּ **
		הם/ן	הִסְתַּיְּמוּ	יִסְתַּיְּמוּ *	

שם הפועל .Infin לְהִסְתַּיֵּם	less commonly: אתן/הן תִּסְתַּיֵּמְנָה *
מקור מוחלט .Inf. Abs הִסְתַּיֵּם	less commonly: (אתן) הִסְתַּיֵּמְנָה **
שם הפעולה Verbal N הִסְתַּיְּמוּת conclusion, finish	

סוּיַּם (סֻיַּם) be ended, be concluded, be finished

בניין : פּוּעַל גזרה : שלמים

	Present הווה		Past עבר	Future עתיד
יחיד	מְסוּיָּם	אני	סוּיַּמְתִּי	אֲסוּיַּם
יחידה	מְסוּיֶּמֶת	אתה	סוּיַּמְתָּ	תְּסוּיַּם
רבים	מְסוּיָּמִים	את	סוּיַּמְתְּ	תְּסוּיְּמִי
רבות	מְסוּיָּמוֹת	הוא	סוּיַּם	יְסוּיַּם
		היא	סוּיְּמָה	תְּסוּיַּם
		אנחנו	סוּיַּמְנוּ	נְסוּיַּם
		אתם/ן	סוּיַּמְתֶּם/ן	תְּסוּיְּמוּ *
		הם/ן	סוּיְּמוּ	יְסוּיְּמוּ *

בינוני Pres. Part. מְסוּיָּם certain, specific * less commonly: אתן/הן תְּסוּיַּמְנָה

♦ דוגמאות Illustrations

המשחקים האולימפיים **הִסְתַּיְּימוּ** בטקס **סִיּוּם** מרשים. הטקס עצמו **סוּיַּם** בהעברת הלפיד האולימפי למדינה המארחת הבאה.

The Olympic Games **concluded** with an impressive **concluding** ceremony. The ceremony itself **was ended** by the passing of the Olympic torch to the next host country.

הנואם **סִיֵּים** את נאומו בקריאה לשני הצדדים **לְסַיֵּים** את מצב הלוחמה ביניהם.

The speaker **concluded** his speech with a call to both parties to **end** the belligerent situation between them.

● סיע : לְסַייֵּעַ, לְהִסְתַּייֵּעַ

סִייֵּעַ (סִיַּע)/סַייֵּעַ assist, support, aid, help

בניין : פִּיעֵל גזרה : שלמים + ל״ג

	Present הווה		Past עבר	Future עתיד	Imper. ציווי
יחיד	מְסַייֵּעַ	אני	סִייַּעְתִּי	אֲסַייֵּעַ	
יחידה	מְסַייַּעַת	אתה	סִייַּעְתָּ	תְּסַייֵּעַ	סַייֵּעַ
רבים	מְסַייְּעִים	את	סִייַּעְתְּ/...עַת	תְּסַייְּעִי	סַייְּעִי
רבות	מְסַייְּעוֹת	הוא	סִייֵּעַ	יְסַייֵּעַ	
		היא	סִייְּעָה	תְּסַייֵּעַ	
		אנחנו	סִייַּעְנוּ	נְסַייֵּעַ	
		אתם/ן	סִייַּעְתֶּם/ן	תְּסַייְּעוּ *	סַייְּעוּ **
		הם/ן	סִייְּעוּ	יְסַייְּעוּ *	

שם הפועל .Infin לְסַייֵּעַ * less commonly: אתן/הן תְּסַייַּעְנָה

בינוני .Pres. Part מְסַייֵּעַ supporting ** less commonly: (אתן) סַייַּעְנָה

שם הפעולה Verbal N סִיּוּעַ assistance, support מקור מוחלט .Inf. Abs סַייֵּעַ

מ״י מוצרכת .Gov. Prep סִייֵּעַ לְ- assist (someone)

♦ פעלים פחות שכיחים מאותו שורש Less frequent verbs from the same root

הִסְתַּייֵּעַ be aided, be helped, be supported, be assisted (מִסְתַּייֵּעַ, יִסְתַּייֵּעַ, לְהִסְתַּייֵּעַ)

♦ דוגמאות Illustrations

חיל הרגלים **מְסֻתַּייֵּעַ** בחיל האוויר במרבית פעולותיו ; הפצצות מן האוויר **מְסַייְּעוֹת** לרכך את היעד. יש התקפות שפשוט אינן ניתנות לביצוע ללא **סִיּוּעַ** אווירי.

The infantry **is assisted** by the air force in most of its activities; bombing from the air **aids** in "softening" the objective. Some attacks simply cannot be carried out without air **support**.

♦ ביטויים מיוחדים Special expressions

לא **נִסְתַּייֵּעַ** הדבר it did not work, it did not succeed

עדות **מְסַייַּעַת** **corroborative** evidence

●סיר : לְסַייֵּר

סִייֵּר (סִיֵּר)/סִייַּר/סַייֵּר tour; inspect; patrol

בניין : פִּיעֵל גזרה : שלמים

	Present הווה		Past עבר	Future עתיד	Imper. ציווי
יחיד	מְסַייֵּר	אני	סִייַּרְתִּי	אֲסַייֵּר	
יחידה	מְסַייֶּרֶת	אתה	סִייַּרְתָּ	תְּסַייֵּר	סַייֵּר
רבים	מְסַייְּרִים	את	סִייַּרְתְּ	תְּסַייְּרִי	סַייְּרִי
רבות	מְסַייְּרוֹת	הוא	סִייֵּר	יְסַייֵּר	
		היא	סִייְּרָה	תְּסַייֵּר	
		אנחנו	סִייַּרְנוּ	נְסַייֵּר	
		אתם/ן	סִייַּרְתֶּם/ן	תְּסַייְּרוּ *	סַייְּרוּ **
		הם/ן	סִייְּרוּ	יְסַייְּרוּ *	

שם הפועל .Infin לְסַייֵּר * less commonly: אתן/הן תְּסַייֵּרְנָה

מקור מוחלט .Inf. Abs סַייֵּר ** less commonly: (אתן) סַייֵּרְנָה

שם הפעולה Verbal N **סִיּוּר** tour; patrol, reconnaissance

♦ דוגמאות Illustrations

לפני כל פעולה צבאית, על הפיקוד לוודא שנערך **סִיּוּר** מקיף בשטח ; חשוב מאוד **לְסַייֵּר** במטוס מן האוויר, אבל גם **סִיּוּר** ממונע או אפילו רגלי בשטח יסייע.

Prior to any military action, the command needs to ascertain that comprehensive **reconnaissance** is conducted; it is very important to **conduct reconnaissance** by plane from the air, but even motorized **reconnaissance** or **reconnaissance** by foot on the ground will be helpful.

●סכל : לְהִסְתַּכֵּל

הִסְתַּכֵּל/הִסְתַּכַּל look (at), observe

בניין : הִתְפַּעֵל גזרה : שלמים + פ׳ שורקת

	Present הווה		Past עבר	Future עתיד	Imper. ציווי
יחיד	מִסְתַּכֵּל	אני	הִסְתַּכַּלְתִּי	אֶסְתַּכֵּל	
יחידה	מִסְתַּכֶּלֶת	אתה	הִסְתַּכַּלְתָּ	תִּסְתַּכֵּל	הִסְתַּכֵּל
רבים	מִסְתַּכְּלִים	את	הִסְתַּכַּלְתְּ	תִּסְתַּכְּלִי	הִסְתַּכְּלִי
רבות	מִסְתַּכְּלוֹת	הוא	הִסְתַּכֵּל	יִסְתַּכֵּל	

Imper. ציווי	Future עתיד	Past עבר		Present הווה	
	תִּסְתַּכֵּל	הִסְתַּכְּלָה	היא		
	נִסְתַּכֵּל	הִסְתַּכַּלְנוּ	אנחנו		
הִסְתַּכְּלוּ **	תִּסְתַּכְּלוּ *	הִסְתַּכַּלְתֶּם/ן	אתם/ן		
	יִסְתַּכְּלוּ *	הִסְתַּכְּלוּ	הם/ן		

* less commonly: אתן/הן תִּסְתַּכֵּלְנָה

** less commonly: (אתן) הִסְתַּכֵּלְנָה

שם הפועל .Infin לְהִסְתַּכֵּל

שם הפעולה Verbal N הִסְתַּכְּלוּת looking, observation

מקור מוחלט .Inf. Abs הִסְתַּכֵּל

מ״י מוצרכת .Gov. Prep הִסְתַּכֵּל ב-/על look at

♦ **דוגמאות** Illustrations

מדען טוב לא רק **מִסְתַּכֵּל** ומתאר, אלא גם מסביר. **הַהִסְתַּכְּלוּת** היא רק הצעד הראשון.

A good scientist not only **observes** and describes, but also explains. **Observation** is only the first step.

צריך **לְהִסְתַּכֵּל** כמה פעמים בציור טוב כדי להבין הבנה של ממש כל מה שיש בו.

One needs **to look** at a painting a few times in order to truly understand everything it says.

♦ **ביטויים מיוחדים** Special expressions

אל **תִּסְתַּכֵּל** בקנקן אלא במה שיש בו do not judge by appearances

●סכם : לְהַסְכִּים, לְסַכֵּם, לְהִסְתַּכֵּם

הִסְכִּים/הִסְכַּמ/יַסְכִּים agree, consent, approve

בניין : הִפְעִיל גזרה : שלמים

Imper. ציווי	Future עתיד	Past עבר		Present הווה	
	אַסְכִּים	הִסְכַּמְתִּי	אני	מַסְכִּים	יחיד
הַסְכֵּם	תַּסְכִּים	הִסְכַּמְתָּ	אתה	מַסְכִּימָה	יחידה
הַסְכִּימִי	תַּסְכִּימִי	הִסְכַּמְתְּ	את	מַסְכִּימִים	רבים
	יַסְכִּים	הִסְכִּים	הוא	מַסְכִּימוֹת	רבות
	תַּסְכִּים	הִסְכִּימָה	היא		
	נַסְכִּים	הִסְכַּמְנוּ	אנחנו		
הַסְכִּימוּ **	תַּסְכִּימוּ *	הִסְכַּמְתֶּם/ן	אתם/ן		
	יַסְכִּימוּ *	הִסְכִּימוּ	הם/ן		

* less commonly: אתן/הן תַּסְכֵּמְנָה

** less commonly: (אתן) הַסְכֵּמְנָה

שם הפועל .Infin לְהַסְכִּים

שם הפעולה Verbal N הַסְכָּמָה agreement, approval הֶסְכֵּם agreement, pact, treaty

מקור מוחלט .Inf. Abs הַסְכֵּם מ״י מוצרכת .Gov. Prep הִסְכִּים עם, ל- agree with, to

סִיכֵּם (סִכֵּם)/סִיכַּמ/סַכֵּם add up, summarize

בניין : פִּיעֵל גזרה : שלמים

Imper. ציווי	Future עתיד	Past עבר		Present הווה	
	אֲסַכֵּם	סִיכַּמְתִּי	אני	מְסַכֵּם	יחיד
סַכֵּם	תְּסַכֵּם	סִיכַּמְתָּ	אתה	מְסַכֶּמֶת	יחידה

Imper. ציווי	Future עתיד	Past עבר		Present הווה	
סַכְּמִי	תְּסַכְּמִי	סִיכַּמְתְּ	את	מְסַכְּמִים	רבים
	יְסַכֵּם	סִיכֵּם	הוא	מְסַכְּמוֹת	רבות
	תְּסַכֵּם	סִיכְּמָה	היא		
	נְסַכֵּם	סִיכַּמְנוּ	אנחנו		
סַכְּמוּ **	תְּסַכְּמוּ	סִיכַּמְתֶּם/ן	אתם/ן		
	יְסַכְּמוּ *	סִיכְּמוּ	הם/ן		

שם הפועל .Infin לְסַכֵּם — * less commonly: אתן/הן תְּסַכֵּמְנָה

מקור מוחלט .Inf. Abs סַכֵּם — ** less commonly: (אתן) סַכֵּמְנָה

שם הפעולה Verbal N סִיכּוּם summation, summary

הִסְתַּכֵּם/הִסְתַּכַּם amount to, add up to

בניין : הִתְפַּעֵל גזרה : שלמים + פ׳ שורקת

Imper. ציווי	Future עתיד	Past עבר		Present הווה	
	אֶסְתַּכֵּם	הִסְתַּכַּמְתִּי	אני	מִסְתַּכֵּם	יחיד
הִסְתַּכֵּם	תִּסְתַּכֵּם	הִסְתַּכַּמְתָּ	אתה	מִסְתַּכֶּמֶת	יחידה
הִסְתַּכְּמִי	תִּסְתַּכְּמִי	הִסְתַּכַּמְתְּ	את	מִסְתַּכְּמִים	רבים
	יִסְתַּכֵּם	הִסְתַּכֵּם	הוא	מִסְתַּכְּמוֹת	רבות
	תִּסְתַּכֵּם	הִסְתַּכְּמָה	היא		
	נִסְתַּכֵּם	הִסְתַּכַּמְנוּ	אנחנו		
הִסְתַּכְּמוּ **	תִּסְתַּכְּמוּ *	הִסְתַּכַּמְתֶּם/ן	אתם/ן		
	יִסְתַּכְּמוּ *	הִסְתַּכְּמוּ	הם/ן		

* less commonly: אתן/הן תִּסְתַּכֵּמְנָה

שם הפועל .Infin לְהִסְתַּכֵּם — ** less commonly: (אתן) הִסְתַּכֵּמְנָה

שם הפעולה Verbal N הִסְתַּכְּמוּת final reckoning, balance

מקור מוחלט .Inf. Abs הִסְתַּכֵּם — מ״י מוצרכת .Gov. Prep הִסְתַּכֵּם ב- amount to

♦ פעלים פחות שכיחים מאותו שורש Less frequent verbs from the same root

הוּסְכַּם be agreed upon (בינוני .Pres. Part מוּסְכָּם agreed upon, יְסוּכַּם)

סוּכַּם be added up, be summarized (בינוני .Pres. Part מְסוּכָּם added up, summarized, יְסוּכַּם)

♦ דוגמאות Illustrations

בסִיכּוּם הרצאתו **סִיכֵּם** המרצה את מסקנותיו. על פי השאלות שנשאלו לאחר מכן, נראה כי מרבית השומעים **הִסְכִּימוּ** עימו.

On **summing up** his lecture, the lecturer **summarized** his conclusions. According to the questions that were asked later, it seems that most of the audience **agreed** with him.

כש**סִיכַּמְתִּי** את המספרים, הסתבר כי ההוצאות השנתיות של החברה **הִסְתַּכְּמוּ** בשלושה מיליון דולר. המספרים **סוּכְּמוּ** על-ידי רואה חשבון אחר, וגם הוא הגיע לאותה תוצאה.

When I **added up** the numbers, it turned out that the annual expenses of the company **amounted** to three million dollars. The numbers **were added** by another accountant, who arrived at the same result.

קיימת **הַסְכָּמָה** בין שני הצדדים כי יש להגיע לידי **הֶסְכֵּם** עד סוף השבוע.

There is **agreement** by the two sides that **an agreement** (or a **pact**) must be reached by the end of the week.

♦ ביטויים מיוחדים Special expressions

הַסְכָּמָה הדדית mutual **agreement** — **בָּאוּ** לידי **הֶסְכֵּם** came to an **agreement**

הֶסְכֵּם ג׳נטלמני gentleman's **agreement** — **בְּסִיכּוּמוֹ** של דבר to **sum** up…

מוּסְכָּמוֹת conventions — שקר **מוּסְכָּם** a conventional lie

●סכן : לְסַכֵּן, לְהִסְתַּכֵּן

סִיכֵּן (סִכֵּן)/סִיכַּנ/סַכֵּן risk, endanger, jeopardize

בניין : פִּיעֵל גזרה : ל״נ

	Present הווה		Past עבר	Future עתיד	Imper. ציווי
יחיד	מְסַכֵּן	אני	סִיכַּנְתִּי	אֲסַכֵּן	
יחידה	מְסַכֶּנֶת	אתה	סִיכַּנְתָּ	תְּסַכֵּן	סַכֵּן
רבים	מְסַכְּנִים	את	סִיכַּנְתְּ	תְּסַכְּנִי	סַכְּנִי
רבות	מְסַכְּנוֹת	הוא	סִיכֵּן	יְסַכֵּן	
		היא	סִיכְּנָה	תְּסַכֵּן	
		אנחנו	סִיכַּנּוּ	נְסַכֵּן	
		אתם/ן	סִיכַּנְתֶּם/ן	תְּסַכְּנוּ	סַכְּנוּ **
		הם/ן	סִיכְּנוּ	יְסַכְּנוּ *	

שם הפועל .Infin לְסַכֵּן — * less commonly: אתן/הן תְּסַכֵּנָּה

שם הפעולה Verbal N סִיכּוּן risk, endangerment — ** less commonly: (אתן) סַכֵּנָּה

מקור מוחלט .Inf. Abs סַכֵּן

הִסְתַּכֵּן/הִסְתַּכַּנ take a risk; endanger oneself

בניין : הִתְפַּעֵל גזרה : פ׳ שורקת + ל״נ

	Present הווה		Past עבר	Future עתיד	Imper. ציווי
יחיד	מִסְתַּכֵּן	אני	הִסְתַּכַּנְתִּי	אֶסְתַּכֵּן	
יחידה	מִסְתַּכֶּנֶת	אתה	הִסְתַּכַּנְתָּ	תִּסְתַּכֵּן	הִסְתַּכֵּן
רבים	מִסְתַּכְּנִים	את	הִסְתַּכַּנְתְּ	תִּסְתַּכְּנִי	הִסְתַּכְּנִי
רבות	מִסְתַּכְּנוֹת	הוא	הִסְתַּכֵּן	יִסְתַּכֵּן	
		היא	הִסְתַּכְּנָה	תִּסְתַּכֵּן	
		אנחנו	הִסְתַּכַּנּוּ	נִסְתַּכֵּן	
		אתם/ן	הִסְתַּכַּנְתֶּם/ן	תִּסְתַּכְּנוּ *	הִסְתַּכְּנוּ **
		הם/ן	הִסְתַּכְּנוּ	יִסְתַּכְּנוּ *	

* less commonly: אתן/הן תִּסְתַּכֵּנָּה

שם הפועל .Infin לְהִסְתַּכֵּן — ** less commonly: (אתן) הִסְתַּכֵּנָּה

שם הפעולה Verbal N הִסְתַּכְּנוּת taking a risk, endangering oneself

מקור מוחלט .Inf. Abs הִסְתַּכֵּן

♦ פעלים פחות שכיחים מאותו שורש Less frequent verbs from the same root

סוּכַּן be risked/endangered, jeopardized (מְסוּכָּן, יְסוּכַּן)

בינוני .Pres. Part מְסוּכָּן dangerous (a very common word)

♦ דוגמאות Illustrations

אני יכול להבין מדוע אנשים **מְסַכְּנִים** את נכסי הדלא-ניידי שלהם על ידי משכונם כדי לפתוח עסק, למשל, אבל לדעתי אנשים **מִסְתַּכְּנִים** באופן ממש **מְסוּכָּן** כשהם מושכים את כספי הפנסיה שלהם למטרה דומה. לדעתי זה **סִיכּוּן** גדול מדיי.

I can understand why people **risk** their real estate possessions by mortgaging them to open a business, for instance, but in my opinion people **take** a truly **dangerous risk** when they withdraw their pension funds for a similar purpose. In my opinion this is too much of a **risk**.

♦ ביטויים מיוחדים Special expressions

בר-**סִיכּוּן** risky — לקח/נטל **סִיכּוּן** take a **risk**

סִיכּוּן בטחוני a security **risk** — **סִיכּוּן** מחושב calculated **risk**

חולה **מְסוּכָּן** mortally ill patient

●סלח : לִסְלוֹחַ, לְהִיסָּלֵחַ

סָלַח/סוֹלֵחַ/יִסְלַח forgive, pardon

בניין : פָּעַל — גזרה : שלמים (אֶפְעַל) + ל״ג

	Pres./Part. הווה/בינוני			Past עבר	Fut. עתיד	Imp. ציווי
יחיד	סוֹלֵחַ	סָלוּחַ	אני	סָלַחְתִּי	אֶסְלַח	
יחידה	סוֹלַחַת	סְלוּחָה	אתה	סָלַחְתָּ	תִּסְלַח	סְלַח
רבים	סוֹלְחִים	סְלוּחִים	את	סָלַחְתְּ/...חַת	תִּסְלְחִי	סִלְחִי
רבות	סוֹלְחוֹת	סְלוּחוֹת	הוא	סָלַח	יִסְלַח	
			היא	סָלְחָה	תִּסְלַח	
			אנחנו	סָלַחְנוּ	נִסְלַח	
			אתם/ן	סְלַחְתֶּם/ן *	תִּסְלְחוּ **	סִלְחוּ ***
			הם/ן	סָלְחוּ	יִסְלְחוּ **	

שם הפועל .Infin לִסְלוֹחַ — * Colloquial: סָלַחְתֶּם/ן

ש׳ הפעולי Verbal N סְלִיחָה forgiveness, pardon — ** less commonly: אתן/הן תִּסְלַחְנָה

סְלִיחוֹת penitential hymns — *** less commonly: (אתן) סְלַחְנָה

ביני פעיל .Act. Part סוֹלֵחַ forgiving — קָטִיל .CaCiC adj./N סָלִיחַ forgivable

ביני סביל .Pass. Part סָלוּחַ forgiven (Med H, now lit.)

מקור מוחלט .Inf. Abs סָלוֹחַ — מקור נטוי .Inf.+pron בְּסוֹלְחוֹ, כְּ...

מ״י מוצרכת .Gov. Prep סָלַח לְ... עַל... forgive someone for...

נִסְלַח/יִיסָּלַח (יִסָּלַח) be forgiven

בניין : נִפְעַל — גזרה : שלמים + ל״ג

	Present הווה		Past עבר	Future עתיד	Imper. ציווי
יחיד	נִסְלָח	אני	נִסְלַחְתִּי	אֶסָּלַח	
יחידה	נִסְלַחַת	אתה	נִסְלַחְתָּ	תִּיסָּלַח	הִיסָּלַח
רבים	נִסְלָחִים	את	נִסְלַחְתְּ/...חַת	תִּיסָּלְחִי	הִיסָּלְחִי
רבות	נִסְלָחוֹת	הוא	נִסְלַח	יִיסָּלַח	
		היא	נִסְלְחָה	תִּיסָּלַח	
		אנחנו	נִסְלַחְנוּ	נִיסָּלַח	
		אתם/ן	נִסְלַחְתֶּם/ן	תִּיסָּלְחוּ *	הִיסָּלְחוּ **
		הם/ן	נִסְלְחוּ	יִיסָּלְחוּ *	

* less commonly: אתן/הן תִּיסָּלַחְנָה
** less commonly: (אתן) הִיסָּלַחְנָה

שם הפועל .Infin לְהִיסָּלֵחַ
שם הפעולה Verbal N הִיסָּלְחוּת being forgiven; forgiving
מקור מוחלט .Inf. Abs הִיסָּלֵחַ, נִסְלוֹחַ

♦ דוגמאות Illustrations

ביום הכיפורים עשויים **לְהִיסָּלֵחַ** רק חטאים שבין אדם למקום. על חטאים שבין אדם לחברו יכול **לִסְלוֹחַ** רק הנפגע עצמו.

On the Day of Atonement only sins of man against God may **be forgiven**. Only the injured party can **forgive** a sin by man against man.

●סלק : לְסַלֵּק, לְהִסְתַּלֵּק

סִילֵּק (סִלֵּק)/סִילַּק/סַלֵּק remove, dispose of; lift, suspend; pay off

בניין : פִּיעֵל גזרה : שלמים

	Present הווה		Past עבר	Future עתיד	Imper. ציווי
יחיד	מְסַלֵּק	אני	סִילַּקְתִּי	אֲסַלֵּק	
יחידה	מְסַלֶּקֶת	אתה	סִילַּקְתָּ	תְּסַלֵּק	סַלֵּק
רבים	מְסַלְּקִים	את	סִילַּקְתְּ	תְּסַלְּקִי	סַלְּקִי
רבות	מְסַלְּקוֹת	הוא	סִילֵּק	יְסַלֵּק	
		היא	סִילְּקָה	תְּסַלֵּק	
		אנחנו	סִילַּקְנוּ	נְסַלֵּק	
		אתם/ן	סִילַּקְתֶּם/ן	תְּסַלְּקוּ *	סַלְּקוּ **
		הם/ן	סִילְּקוּ	יְסַלְּקוּ *	

* less commonly: אתן/הן תְּסַלֵּקְנָה
** less commonly: (אתן) סַלֵּקְנָה

שם הפועל .Infin לְסַלֵּק
שם הפעולה Verbal N סִילּוּק removal; (debt) payment
מקור מוחלט .Inf. Abs סַלֵּק

הִסְתַּלֵּק (נִסְתַּלֵּק)/הִסְתַּלַּק go away, depart; pass away; withdraw

בניין : הִתְפַּעֵל גזרה : שלמים + פ׳ שורקת

	Present הווה		Past עבר	Future עתיד	Imper. ציווי
יחיד	מִסְתַּלֵּק	אני	הִסְתַּלַּקְתִּי	אֶסְתַּלֵּק	
יחידה	מִסְתַּלֶּקֶת	אתה	הִסְתַּלַּקְתָּ	תִּסְתַּלֵּק	הִסְתַּלֵּק
רבים	מִסְתַּלְּקִים	את	הִסְתַּלַּקְתְּ	תִּסְתַּלְּקִי	הִסְתַּלְּקִי
רבות	מִסְתַּלְּקוֹת	הוא	הִסְתַּלֵּק	יִסְתַּלֵּק	
		היא	הִסְתַּלְּקָה	תִּסְתַּלֵּק	
		אנחנו	הִסְתַּלַּקְנוּ	נִסְתַּלֵּק	
		אתם/ן	הִסְתַּלַּקְתֶּם/ן	תִּסְתַּלְּקוּ *	הִסְתַּלְּקוּ **
		הם/ן	הִסְתַּלְּקוּ	יִסְתַּלְּקוּ *	

* less commonly: אתן/הן תִּסְתַּלֵּקְנָה
** less commonly: (אתן) הִסְתַּלֵּקְנָה

שם הפועל .Infin לְהִסְתַּלֵּק
שם הפעולה Verbal N הִסְתַּלְּקוּת departure; withdrawal; death (of a great man)
מקור מוחלט .Inf. Abs הִסְתַּלֵּק

סוּלַק (סֻלַּק) be removed, be disposed of; be paid off (debt)

בניין : פּוּעַל גזרה : שלמים

	Present הווה		Past עבר	Future עתיד
יחיד	מְסוּלָּק	אני	סוּלַּקְתִּי	אֲסוּלַּק
יחידה	מְסוּלֶּקֶת	אתה	סוּלַּקְתָּ	תְּסוּלַּק
רבים	מְסוּלָּקִים	את	סוּלַּקְתְּ	תְּסוּלְּקִי
רבות	מְסוּלָּקוֹת	הוא	סוּלַּק	יְסוּלַּק
		היא	סוּלְּקָה	תְּסוּלַּק
		אנחנו	סוּלַּקְנוּ	נְסוּלַּק
		אתם/ן	סוּלַּקְתֶּם/ן	תְּסוּלְּקוּ *
		הם/ן	סוּלְּקוּ	יְסוּלְּקוּ *

בינוני .Pres. Part מְסוּלָּק removed; paid off * less commonly: אתן/הן תְּסוּלַּקְנָה

♦ דוגמאות Illustrations

אחרי הארוחה רפי **סִילֵּק** את הצלחות ושאר כלי האוכל מן השולחן, ולאחר שכל האורחים **הִסְתַּלְּקוּ**, שטף ביסודיות את הכלים.

After the meal, Rafi **removed** the dishes and utensils from the table, and when all the guests **had departed**, he washed them thoroughly.

בגלל שביתת פועלי הזבל, לא **סוּלְּקָה** האשפה כבר שבועיים.

Because of the garbage collectors' strike, the trash **has** not been **removed** for two weeks already.

עזריאל הבטיח שהחוב **יְסוּלַּק** תוך שבוע.

Azriel promised that the debt **will be paid off** within a week.

♦ ביטויים מיוחדים Special expressions

סִילּוּק חשבונות **settling** accounts

הִסְתַּלֵּק מכאן! **scram!**

נִסְתַּלֵּק מן העולם **pass away**

● סמך : לִסְמוֹךְ, לְהִסְתַּמֵּךְ, לְהַסְמִיךְ

סָמַךְ/סוֹמֵךְ/יִסְמוֹךְ (יִסְמֹךְ) support, sustain; lay (hands); authorize; bring near; lean; rely, depend, trust

בניין : פָּעַל גזרה : שלמים (אֶפְעוֹל)

	Pres./Part. הווה/בינוני			Past עבר	Fut. עתיד	Imp. ציווי
יחיד	סוֹמֵךְ	סָמוּךְ	אני	סָמַכְתִּי	אֶסְמוֹךְ	
יחידה	סוֹמֶכֶת	סְמוּכָה	אתה	סָמַכְתָּ	תִּסְמוֹךְ	סְמוֹךְ
רבים	סוֹמְכִים	סְמוּכִים	את	סָמַכְתְּ	תִּסְמְכִי	סִמְכִי
רבות	סוֹמְכוֹת	סְמוּכוֹת	הוא	סָמַךְ	יִסְמוֹךְ	
			היא	סָמְכָה	תִּסְמוֹךְ	
			אנחנו	סָמַכְנוּ	נִסְמוֹךְ	
			אתם/ן	סְמַכְתֶּם/ן *	תִּסְמְכוּ **	סִמְכוּ ***
			הם/ן	סָמְכוּ	יִסְמְכוּ **	

שם הפועל .Infin לִסְמוֹךְ

מקור מוחלט .Inf. Abs סָמוֹךְ

מקור נטוי .Inf.+pron בְּסוֹמְכוֹ, כְּ...

* Colloquial: סָמַכְתֶּם/ן

** less commonly: אתן/הן תִּסְמוֹכְנָה

*** less commonly: (אתן) סְמוֹכְנָה

שם הפעולה Verbal N סְמִיכָה support, leaning; ordaining; ordination

ביני פעיל Act. Part. סוֹמֵךְ support, prop; head noun in construct state

ביני סביל Pass. Part. סָמוּךְ adjoining, close (to); dependent; firm; authorized

קָטִיל *CaCiC* adj./N. סָמִיךְ thick   מ״י מוצרכת Gov. Prep. סָמַךְ עַל rely on

הִסְתַּמֵּךְ/הִסְתַּמַּכ be supported; rely, be dependent on

בניין : הִתְפַּעֵל   גזרה : שלמים + פ׳ שורקת

	Present הווה		Past עבר	Future עתיד	Imper. ציווי
יחיד	מִסְתַּמֵּךְ	אני	הִסְתַּמַּכְתִּי	אֶסְתַּמֵּךְ	
יחידה	מִסְתַּמֶּכֶת	אתה	הִסְתַּמַּכְתָּ	תִּסְתַּמֵּךְ	הִסְתַּמֵּךְ
רבים	מִסְתַּמְּכִים	את	הִסְתַּמַּכְתְּ	תִּסְתַּמְּכִי	הִסְתַּמְּכִי
רבות	מִסְתַּמְּכוֹת	הוא	הִסְתַּמֵּךְ	יִסְתַּמֵּךְ	
		היא	הִסְתַּמְּכָה	תִּסְתַּמֵּךְ	
		אנחנו	הִסְתַּמַּכְנוּ	נִסְתַּמֵּךְ	
		אתם/ן	הִסְתַּמַּכְתֶּם/ן	תִּסְתַּמְּכוּ *	הִסְתַּמְּכוּ **
		הם/ן	הִסְתַּמְּכוּ	יִסְתַּמְּכוּ *	

* less commonly: אתן/הן תִּסְתַּמֵּכְנָה

** less commonly: (אתן) הִסְתַּמֵּכְנָה

שם הפועל Infin. לְהִסְתַּמֵּךְ

שם הפעולה Verbal N הִסְתַּמְּכוּת reliance, relying, dependence

מקור מוחלט Inf. Abs. הִסְתַּמֵּךְ

מ״י מוצרכת Gov. Prep. הִסְתַּמֵּךְ עַל be supported by; rely on

הוּסְמַךְ (הֻסְמַךְ) be linked/brought nearer; be graduated; be authorized, be certified; be ordained

בניין : הוּפְעַל   גזרה : שלמים

	Present הווה		Past עבר	Future עתיד
יחיד	מוּסְמָךְ	אני	הוּסְמַכְתִּי	אוּסְמַךְ
יחידה	מוּסְמֶכֶת	אתה	הוּסְמַכְתָּ	תּוּסְמַךְ
רבים	מוּסְמָכִים	את	הוּסְמַכְתְּ	תּוּסְמְכִי
רבות	מוּסְמָכוֹת	הוא	הוּסְמַךְ	יוּסְמַךְ
		היא	הוּסְמְכָה	תּוּסְמַךְ
		אנחנו	הוּסְמַכְנוּ	נוּסְמַךְ
		אתם/ן	הוּסְמַכְתֶּם/ן	תּוּסְמְכוּ *
		הם/ן	הוּסְמְכוּ	יוּסְמְכוּ *

* less commonly: אתן/הן תּוּסְמַכְנָה

בינוני Pres. Part. מוּסְמָךְ authorized, ordained, qualified; reliable, authoritative

הִסְמִיךְ/הִסְמַכ/יַסְמִיךְ attach, link, bring near to; authorize (rabbis, teachers), award a degree; ordain

בניין : הִפְעִיל   גזרה : שלמים

	Present הווה		Past עבר	Future עתיד	Imper. ציווי
יחיד	מַסְמִיךְ	אני	הִסְמַכְתִּי	אַסְמִיךְ	
יחידה	מַסְמִיכָה	אתה	הִסְמַכְתָּ	תַּסְמִיךְ	הַסְמֵךְ
רבים	מַסְמִיכִים	את	הִסְמַכְתְּ	תַּסְמִיכִי	הַסְמִיכִי
רבות	מַסְמִיכוֹת	הוא	הִסְמִיךְ	יַסְמִיךְ	

Imper. ציווי	Future עתיד	Past עבר		Present הווה
	תַּסְמִיךְ	הִסְמִיכָה	היא	
	נַסְמִיךְ	הִסְמַכְנוּ	אנחנו	
הַסְמִיכוּ **	תַּסְמִיכוּ *	הִסְמַכְתֶּם/ן	אתם/ן	
	יַסְמִיכוּ *	הִסְמִיכוּ	הם/ן	

* less commonly: אתן/הן תַּסְמֵכְנָה

שם הפועל .Infin לְהַסְמִיךְ ** less commonly: (אתן) הַסְמֵכְנָה

שם הפעולה Verbal N הַסְמָכָה linking, bringing near; correlation; authorization (of teachers, rabbis); awarding a degree

מקור מוחלט .Inf. Abs הַסְמֵךְ

♦ פעלים פחות שכיחים מאותו שורש Less frequent verbs from the same root

נִסְמַךְ be supported; be authorized; be close to, adjoin (נִסְמָךְ, יִיסָּמֵךְ, לְהִיסָּמֵךְ)

בינוני .Pres. Part נִסְמָךְ construct state

♦ דוגמאות Illustrations

אתה יכול **לִסְמוֹךְ** על אפריים. אם הוא הבטיח שיטפל בעניין, אתה יכול להיות **סָמוּךְ** ובטוח שהכל יסודר לשביעות רצונך.

You can **rely** on Ephraim. If he promises that he'll take care of some matter, you can rest **assured** that it will all be performed to your satisfaction.

עליזה גרה **סָמוּךְ** לבניין האופרה, אבל אין לכך כל משמעות, כי היא אינה אוהבת מוסיקה.

Aliza lives **close** to Opera Hall, but it is of no significance, since she does not like music.

במאמרו **מִסְתַּמֵּךְ** משה על נתונים רשמיים שקיבל ממקורות **מוּסְמָכִים**.

In his article, Moshe **is relying** on official data he received from **reliable** sources.

מי **הִסְמִיךְ** אותך לדבר בשם הארגון? יש לנו נציגים מיוחדים ש**הוּסְמְכוּ** לייצג אותנו בנסיבות כגון אלה.

Who **authorized** you to speak for the organization? We have special representatives who **were authorized** to represent us in circumstances like these.

♦ ביטויים מיוחדים Special expressions

סָמַךְ עליו rely on him

היה **סָמוּךְ** ובטוח ש... be absolutely sure that...

הוּסְמַךְ להוראה be authorized to teach

מורה **מוּסְמָךְ** certified teacher

מוּסְמָךְ אוניברסיטה graduate

מוּסְמָךְ למדעי הרוח M.A.

● סמן : לְסַמֵּן, לְהִסְתַּמֵּן

סִימֵּן (סִמֵּן)/סִימַּנ/סַמֵּן mark, indicate

בניין : פִּיעֵל גזרה : ל״נ

Imper. ציווי	Future עתיד	Past עבר		Present הווה	
	אֲסַמֵּן	סִימַּנְתִּי	אני	מְסַמֵּן	יחיד
סַמֵּן	תְּסַמֵּן	סִימַּנְתָּ	אתה	מְסַמֶּנֶת	יחידה
סַמְּנִי	תְּסַמְּנִי	סִימַּנְתְּ	את	מְסַמְּנִים	רבים
	יְסַמֵּן	סִימֵּן	הוא	מְסַמְּנוֹת	רבות
	תְּסַמֵּן	סִימְּנָה	היא		
	נְסַמֵּן	סִימַּנּוּ	אנחנו		

Imper. ציווי	Future עתיד	Past עבר		Present הווה
סַמְּנוּ **	תְּסַמְּנוּ *	סִימַּנְתֶּם/ן	אתם/ן	
	יְסַמְּנוּ *	סִימְּנוּ	הם/ן	

שם הפועל .Infin לְסַמֵּן — less commonly: * אתן/הן תְּסַמֵּנָּה

שם הפעולה Verbal N סִימוּן marking — less commonly: ** (אתן) סַמֵּנָּה

מקור מוחלט .Inf. Abs סַמֵּן

סוּמַּן (סֻמַּן) be marked

בניין : פּוּעַל גזרה : ל״נ

Future עתיד	Past עבר		Present הווה	
אֲסוּמַּן	סוּמַּנְתִּי	אני	מְסוּמָּן	יחיד
תְּסוּמַּן	סוּמַּנְתָּ	אתה	מְסוּמֶּנֶת	יחידה
תְּסוּמְּנִי	סוּמַּנְתְּ	את	מְסוּמָּנִים	רבים
יְסוּמַּן	סוּמַּן	הוא	מְסוּמָּנוֹת	רבות
תְּסוּמַּן	סוּמְּנָה	היא		
נְסוּמַּן	סוּמַּנּוּ	אנחנו		
תְּסוּמְּנוּ *	סוּמַּנְתֶּם/ן	אתם/ן		
יְסוּמְּנוּ *	סוּמְּנוּ	הם/ן		

בינוני .Pres. Part מְסוּמָּן marked — less commonly: * אתן/הן תְּסוּמַּנָּה

הִסְתַּמֵּן/הִסְתַּמַּן be indicated, be denoted, be marked; stand out, take shape

בניין : הִתְפַּעֵל גזרה : פ׳ שורקת + ל״נ

Imper. ציווי	Future עתיד	Past עבר		Present הווה	
	אֶסְתַּמֵּן	הִסְתַּמַּנְתִּי	אני	מִסְתַּמֵּן	יחיד
הִסְתַּמֵּן	תִּסְתַּמֵּן	הִסְתַּמַּנְתָּ	אתה	מִסְתַּמֶּנֶת	יחידה
הִסְתַּמְּנִי	תִּסְתַּמְּנִי	הִסְתַּמַּנְתְּ	את	מִסְתַּמְּנִים	רבים
	יִסְתַּמֵּן	הִסְתַּמֵּן	הוא	מִסְתַּמְּנוֹת	רבות
	תִּסְתַּמֵּן	הִסְתַּמְּנָה	היא		
	נִסְתַּמֵּן	הִסְתַּמַּנּוּ	אנחנו		
הִסְתַּמְּנוּ **	תִּסְתַּמְּנוּ *	הִסְתַּמַּנְתֶּם/ן	אתם/ן		
	יִסְתַּמְּנוּ *	הִסְתַּמְּנוּ	הם/ן		

שם הפועל .Infin לְהִסְתַּמֵּן — less commonly: * אתן/הן תִּסְתַּמֵּנָּה

מקור מוחלט .Inf. Abs הִסְתַּמֵּן — less commonly: ** (אתן) הִסְתַּמֵּנָּה

שם הפעולה Verbal N הִסְתַּמְּנוּת taking shape, standing out

♦ דוגמאות Illustrations

שבילי הטיול ביער **מְסוּמָּנִים** בבירור. אנשי מחלקת היערות **מְסַמְּנִים** כל שביל בצבע שונה על העצים והאבנים בדרך.

The hiking trails in the forest **are** well-**marked**. The forest rangers **mark** each trail with a different color on trees and on rocks on the way.

מִסְתַּמֶּנֶת היום נטייה חזקה בקרב הצעירים לחשוב יותר על כסף ופחות על אידאלים.

A strong tendency **is taking shape** among today's youth to think more about money and less about ideals.

●סמס (מן SMS) : לְסַמֵּס

סִימֵּס (סִמֵּס)/סִימְּס/סַמֵּס send SMS (sl.)

בניין : פִּיעֵל   גזרה : שלמים

	Present הווה		Past עבר	Future עתיד	Imper. ציווי
יחיד	מְסַמֵּס	אני	סִימַּסְתִּי	אֲסַמֵּס	
יחידה	מְסַמֶּסֶת	אתה	סִימַּסְתָּ	תְּסַמֵּס	סַמֵּס
רבים	מְסַמְּסִים	את	סִימַּסְתְּ	תְּסַמְּסִי	סַמְּסִי
רבות	מְסַמְּסוֹת	הוא	סִימֵּס	יְסַמֵּס	
		היא	סִימְּסָה	תְּסַמֵּס	
		אנחנו	סִימַּסְנוּ	נְסַמֵּס	
		אתם/ן	סִימַּסְתֶּם/ן	תְּסַמְּסוּ	סַמְּסוּ
		הם/ן	סִימְּסוּ	יְסַמְּסוּ	

שם הפועל .Infin לְסַמֵּס

♦ **דוגמאות** Illustrations

תְּסַמֵּס לי כשתהיה מוכן, ואז אבוא לאסוף אותך.

Send me a text message when you are ready, and I'll come over and pick you up.

●סעד : לִסְעוֹד

סָעַד/סוֹעֵד/יִסְעַד eat, dine; sustain, support

בניין : פָּעַל   גזרה : שלמים (אֶפְעַל) + ע״ג

	Present הווה		Past עבר	Future עתיד	Imper. ציווי
יחיד	סוֹעֵד	אני	סָעַדְתִּי	אֶסְעַד	
יחידה	סוֹעֶדֶת	אתה	סָעַדְתָּ	תִּסְעַד	סְעַד
רבים	סוֹעֲדִים	את	סָעַדְתְּ	תִּסְעֲדִי	סַעֲדִי
רבות	סוֹעֲדוֹת	הוא	סָעַד	יִסְעַד	
		היא	סָעֲדָה	תִּסְעַד	
		אנחנו	סָעַדְנוּ	נִסְעַד	
		אתם/ן	סְעַדְתֶּם/ן *	תִּסְעֲדוּ **	סַעֲדוּ ***
		הם/ן	סָעֲדוּ	יִסְעֲדוּ **	

שם הפועל .Infin לִסְעוֹד

מקור מוחלט .Inf. Abs סָעוֹד

מקור נטוי .Inf.+pron בְּסוֹעֲדוֹ, כְּ...

ביני פעיל .Act. Part סוֹעֵד diner (person)

שם הפעולה Verbal N סְעִידָה having a meal

סְעוּדָה meal

* Colloquial: סָעַדְתֶּם/ן

** less commonly: אתן/הן תִּסְעַדְנָה

*** less commonly: (אתן) סְעַדְנָה

♦ **דוגמאות** Illustrations

זוהי מסעדה קטנה ; יכולים **לִסְעוֹד** בה רק כעשרים איש.

This is a small restaurant; only about twenty people can **dine** there.

״אין משיחין בשעת ה**סְעוּדָה**״.

"One should not talk during a meal."

♦ **ביטויים מיוחדים** Special expressions

סָעַד את ליבו take refreshment, have a meal

●סער : לְהַסְעִיר, לְהִסְתַּעֵר

הִסְעִיר/הִסְעַר/יַסְעִיר stir up emotions

בניין : הִפְעִיל גזרה : שלמים

	Present הווה		Past עבר	Future עתיד	Imper. ציווי
יחיד	מַסְעִיר	אני	הִסְעַרְתִּי	אַסְעִיר	
יחידה	מַסְעִירָה	אתה	הִסְעַרְתָּ	תַּסְעִיר	הַסְעֵר
רבים	מַסְעִירִים	את	הִסְעַרְתְּ	תַּסְעִירִי	הַסְעִירִי
רבות	מַסְעִירוֹת	הוא	הִסְעִיר	יַסְעִיר	
		היא	הִסְעִירָה	תַּסְעִיר	
		אנחנו	הִסְעַרְנוּ	נַסְעִיר	
		אתם/ן	הִסְעַרְתֶּם/ן	תַּסְעִירוּ *	הַסְעִירוּ **
		הם/ן	הִסְעִירוּ	יַסְעִירוּ *	

שם הפועל .Infin לְהַסְעִיר * less commonly: אתן/הן תַּסְעֵרְנָה

מקור מוחלט .Inf. Abs הַסְעֵר ** less commonly: (אתן) הַסְעֵרְנָה

שם הפעולה Verbal N הַסְעָרָה stirring up emotion

הִסְתַּעֵר/הִסְתַּעַר storm, attack

בניין : הִתְפַּעֵל גזרה : פ׳ שורקת + ע״ג

	Present הווה		Past עבר	Future עתיד	Imper. ציווי
יחיד	מִסְתַּעֵר	אני	הִסְתַּעַרְתִּי	אֶסְתַּעֵר	
יחידה	מִסְתַּעֶרֶת	אתה	הִסְתַּעַרְתָּ	תִּסְתַּעֵר	הִסְתַּעֵר
רבים	מִסְתַּעֲרִים	את	הִסְתַּעַרְתְּ	תִּסְתַּעֲרִי	הִסְתַּעֲרִי
רבות	מִסְתַּעֲרוֹת	הוא	הִסְתַּעֵר	יִסְתַּעֵר	
		היא	הִסְתַּעֲרָה	תִּסְתַּעֵר	
		אנחנו	הִסְתַּעַרְנוּ	נִסְתַּעֵר	
		אתם/ן	הִסְתַּעַרְתֶּם/ן	תִּסְתַּעֲרוּ *	הִסְתַּעֲרוּ **
		הם/ן	הִסְתַּעֲרוּ	יִסְתַּעֲרוּ *	

שם הפועל .Infin לְהִסְתַּעֵר * less commonly: אתן/הן תִּסְתַּעֵרְנָה

ש׳ הפעולי Verbal N הִסְתַּעֲרוּת attack, storming ** less commonly: (אתן) הִסְתַּעֵרְנָה

מקור מוחלט .Inf. Abs הִסְתַּעֵר

מ״י מוצרכת .Gov. Prep הִסְתַּעֵר על storm, attack (something/someone)

♦ פעלים פחות שכיחים מאותו שורש Less frequent verbs from the same root

סָעַר rage; be agitated, be angry (lit.) (בינ׳ פעיל .Act. Part סוֹעֵר stormy, יִסְעַר, לִסְעוֹר)

נִסְעַר be agitated (lit.) (נִסְעָר, יִיסָּעֵר, לְהִיסָּעֵר)

♦ דוגמאות Illustrations

מפקד החטיבה העדיף **לְהִסְתַּעֵר** על המוצב במזג אוויר **סוֹעֵר**, כאשר האויב לא יצפה להתקפה.

The brigade commander preferred **to storm** the post in **stormy** weather, when the enemy would least expect an attack.

הרוחות בישיבת הממשלה **סָעֲרוּ**. **הִסְעִירוּ** אותן שלושה שרים שאיימו להתפטר אם תקציבם אומנם יקוצץ.

The atmosphere in the government meeting **was agitated**. Three ministers **stirred** them when they threatened to resign if their budget were indeed cut.

●ספג : לִסְפּוֹג, לְהִיסָּפֵג

סָפַג/סוֹפֵג/יִסְפּוֹג (יִסְפֹּג) absorb

בניין : פָּעַל גזרה : שלמים (אֶפְעוֹל)

	Pres./Part. הווה/בינוני			Past עבר	Fut. עתיד	Imp. ציווי
יחיד	סוֹפֵג	סָפוּג	אני	סָפַגְתִּי	אֶסְפּוֹג	
יחידה	סוֹפֶגֶת	סְפוּגָה	אתה	סָפַגְתָּ	תִּסְפּוֹג	סְפוֹג
רבים	סוֹפְגִים	סְפוּגִים	את	סָפַגְתְּ	תִּסְפְּגִי	סִפְגִי
רבות	סוֹפְגוֹת	סְפוּגוֹת	הוא	סָפַג	יִסְפּוֹג	
			היא	סָפְגָה	תִּסְפּוֹג	
			אנחנו	סָפַגְנוּ	נִסְפּוֹג	
			אתם/ן	סְפַגְתֶּם/ן *	תִּסְפְּגוּ **	סִפְגוּ ***
			הם/ן	סָפְגוּ	יִסְפְּגוּ **	

שם הפועל .Infin לִסְפּוֹג
* Colloquial: סָפַגְתֶּם/ן

ביני פעיל .Act. Part סוֹפֵג absorbent
** less commonly: אתן/הן תִּסְפּוֹגְנָה

ביני סביל .Pass. Part סָפוּג saturated
*** less commonly: (אתן) סְפוֹגְנָה

שם הפעולה Verbal N סְפִיגָה absorption
מקור מוחלט .Inf. Abs סָפוֹג

מקור נטוי .Inf.+pron בְּסוֹפְגוֹ, כְּ...

נִסְפַּג/יִיסָּפֵג (יִסָּפֵג) be absorbed

בניין : נִפְעַל גזרה : שלמים

	Present הווה		Past עבר	Future עתיד	Imper. ציווי
יחיד	נִסְפָּג	אני	נִסְפַּגְתִּי	אֶסָּפֵג	
יחידה	נִסְפֶּגֶת	אתה	נִסְפַּגְתָּ	תִּיסָּפֵג	הִיסָּפֵג
רבים	נִסְפָּגִים	את	נִסְפַּגְתְּ	תִּיסָּפְגִי	הִיסָּפְגִי
רבות	נִסְפָּגוֹת	הוא	נִסְפַּג	יִיסָּפֵג	
		היא	נִסְפְּגָה	תִּיסָּפֵג	
		אנחנו	נִסְפַּגְנוּ	נִיסָּפֵג	
		אתם/ן	נִסְפַּגְתֶּם/ן	תִּיסָּפְגוּ *	הִיסָּפְגוּ **
		הם/ן	נִסְפְּגוּ	יִיסָּפְגוּ *	

שם הפועל .Infin לְהִיסָּפֵג
* less commonly: אתן/הן תִּיסָּפַגְנָה

מקור מוחלט .Inf. Abs נִסְפּוֹג, הִיסָּפֵג (הִיסָּפוֹג)
** less commonly: (אתן) הִיסָּפַגְנָה

♦ דוגמאות Illustrations

יש לו מוח חריף וזיכרון פנומנלי ; הוא **סוֹפֵג** מידע ומעבדו בקלות ולא שוכח דבר.

He has a sharp mind and phenomenal memory; he **absorbs** information and processes it easily, and never forgets anything.

לאחר צריכת אלכוהול הגוף מפרק אותו, אך חלק ממנו **נִסְפָּג** ישירות בדם.

Following the consumption of alcohol, the body breaks it down, but some of it **is absorbed** directly into the blood.

♦ ביטויים מיוחדים Special expressions

בור **סְפִיגָה** septic tank

● ספק : לְהַסְפִּיק, לְסַפֵּק, לְהִסְתַּפֵּק

הִסְפִּיק/הִסְפַּק/יַסְפִּיק manage, have sufficient (time, ability); be sufficient; supply (lit.)

בניין : הִפְעִיל גזרה : שלמים

	הווה Present		עבר Past	עתיד Future	ציווי .Imper
יחיד	מַסְפִּיק	אני	הִסְפַּקְתִּי	אַסְפִּיק	
יחידה	מַסְפִּיקָה	אתה	הִסְפַּקְתָּ	תַּסְפִּיק	הַסְפֵּק
רבים	מַסְפִּיקִים	את	הִסְפַּקְתְּ	תַּסְפִּיקִי	הַסְפִּיקִי
רבות	מַסְפִּיקוֹת	הוא	הִסְפִּיק	יַסְפִּיק	
		היא	הִסְפִּיקָה	תַּסְפִּיק	
		אנחנו	הִסְפַּקְנוּ	נַסְפִּיק	
		אתם/ן	הִסְפַּקְתֶּם/ן	תַּסְפִּיקוּ *	הַסְפִּיקוּ **
		הם/ן	הִסְפִּיקוּ	יַסְפִּיקוּ *	

* less commonly: אתן/הן תַּסְפֵּקְנָה

** less commonly: (אתן) הַסְפֵּקְנָה

שם הפועל .Infin לְהַסְפִּיק

שם הפעולה Verbal N הַסְפָּקָה supply(ing), sufficiency

הֶסְפֵּק capacity (of worker), output, performance

בינוני .Pres. Part מַסְפִּיק sufficient, adequate; pass grade

מקור מוחלט .Inf. Abs הַסְפֵּק

מ״י מוצרכת .Gov. Prep הִסְפִּיק ל- suffice for

תואר הפועל .Adv מַסְפִּיק... sufficiently...

סִיפֵּק (סִפֵּק)/סִיפַּק/סַפֵּק supply, provide with; satisfy, please

בניין : פִּיעֵל גזרה : שלמים

	הווה Present		עבר Past	עתיד Future	ציווי .Imper
יחיד	מְסַפֵּק	אני	סִיפַּקְתִּי	אֲסַפֵּק	
יחידה	מְסַפֶּקֶת	אתה	סִיפַּקְתָּ	תְּסַפֵּק	סַפֵּק
רבים	מְסַפְּקִים	את	סִיפַּקְתְּ	תְּסַפְּקִי	סַפְּקִי
רבות	מְסַפְּקוֹת	הוא	סִיפֵּק	יְסַפֵּק	
		היא	סִיפְּקָה	תְּסַפֵּק	
		אנחנו	סִיפַּקְנוּ	נְסַפֵּק	
		אתם/ן	סִיפַּקְתֶּם/ן	תְּסַפְּקוּ *	סַפְּקוּ **
		הם/ן	סִיפְּקוּ	יְסַפְּקוּ *	

שם הפועל .Infin לְסַפֵּק

* less commonly: אתן/הן תְּסַפֵּקְנָה

מקור מוחלט .Inf. Abs סַפֵּק

** less commonly: (אתן) סַפֵּקְנָה

שם הפעולה Verbal N סִיפּוּק satisfaction; supplying

הִסְתַּפֵּק/הִסְתַּפַּק be satisfied (with), make do (with)

בניין : הִתְפַּעֵל גזרה : שלמים + פ׳ שורקת

	הווה Present		עבר Past	עתיד Future	ציווי .Imper
יחיד	מִסְתַּפֵּק	אני	הִסְתַּפַּקְתִּי	אֶסְתַּפֵּק	
יחידה	מִסְתַּפֶּקֶת	אתה	הִסְתַּפַּקְתָּ	תִּסְתַּפֵּק	הִסְתַּפֵּק
רבים	מִסְתַּפְּקִים	את	הִסְתַּפַּקְתְּ	תִּסְתַּפְּקִי	הִסְתַּפְּקִי
רבות	מִסְתַּפְּקוֹת	הוא	הִסְתַּפֵּק	יִסְתַּפֵּק	

ספק: לְהַסְפִּיק, לְסַפֵּק, לְהִסְתַּפֵּק

הווה Present		עבר Past	עתיד Future	ציווי Imper.
	היא	הִסְתַּפְּקָה	תִּסְתַּפֵּק	
	אנחנו	הִסְתַּפַּקְנוּ	נִסְתַּפֵּק	
	אתם/ן	הִסְתַּפַּקְתֶּם/ן *	תִּסְתַּפְּקוּ *	הִסְתַּפְּקוּ **
	הם/ן	הִסְתַּפְּקוּ *	יִסְתַּפְּקוּ *	

שם הפועל .Infin לְהִסְתַּפֵּק   * less commonly: אתן/הן תִּסְתַּפֵּקְנָה
מקור מוחלט .Inf. Abs הִסְתַּפֵּק   ** less commonly: (אתן) הִסְתַּפֵּקְנָה
שם הפעולה Verbal N הִסְתַּפְּקוּת frugality, thrift; self-supply, meeting one's needs
מ״י מוצרכת .Gov. Prep הִסְתַּפֵּק ב- be satisfied with

סוּפַּק (סֻפַּק) be supplied, be provided with; be provided for; be satisfied
בניין: פּוּעַל   גזרה: שלמים

	הווה Present		עבר Past	עתיד Future
יחיד	מְסוּפָּק	אני	סוּפַּקְתִּי	אֲסוּפַּק
יחידה	מְסוּפֶּקֶת	אתה	סוּפַּקְתָּ	תְּסוּפַּק
רבים	מְסוּפָּקִים	את	סוּפַּקְתְּ	תְּסוּפְּקִי
רבות	מְסוּפָּקוֹת	הוא	סוּפַּק	יְסוּפַּק
		היא	סוּפְּקָה	תְּסוּפַּק
		אנחנו	סוּפַּקְנוּ	נְסוּפַּק
		אתם/ן	סוּפַּקְתֶּם/ן	תְּסוּפְּקוּ *
		הם/ן	סוּפְּקוּ	יְסוּפְּקוּ *

בינוני .Pres. Part מְסוּפָּק satisfied; supplied   * less commonly: אתן/הן תְּסוּפַּקְנָה

♦ דוגמאות Illustrations
אני לא חושב שנַסְפִּיק להגיע מַסְפִּיק מוקדם כדי להשיג כרטיסים טובים. נצטרך לְהִסְתַּפֵּק בכרטיסי יציע.
I do not think that we can **manage** to get there **sufficiently** early to get good tickets. We'll have to **settle** for balcony seats.

אפריים מְסַפֵּק לצבא גרביים לחורף; מחצית מכמות הגרביים המוזמנת על ידי הצבא מְסוּפֶּקֶת על ידי מפעלו.
Ephraim **supplies** winter socks to the Army. Half of the Army's annual order of socks **is supplied** by his factory.

דני רוצה להתפטר. אין לו **סִיפּוּק** מעבודתו; הוא מחפש משהו אחר שיְסַפֵּק אותו יותר.
Danny wishes to resign. He has no **satisfaction** from his job; he looks for something that **will satisfy** him more.

חיים עובד מהר מאוד. הֶסְפֵּק העבודה שלו כפול משל כל עובד אחר במקצועו.
Hayyim works very fast. His **work capacity** is double that of any other worker in his profession.

A less frequent homonymous root meaning "doubt" is not included in this collection.

♦ ביטויים מיוחדים Special expressions
מַסְפִּיק! **enough!**   לא/בלתי מַסְפִּיק non-passing grade
הִסְתַּפֵּק במועט be satisfied with little

●ספר-1 : לְסַפֵּר, לִסְפּוֹר, לְהִיסָּפֵר

סִיפֵּר (סִפֵּר)/סִיפַּר/סַפֵּר tell, inform, narrate

בניין : פִּיעֵל גזרה : שלמים

	Present הווה		Past עבר	Future עתיד	Imper. ציווי
יחיד	מְסַפֵּר	אני	סִיפַּרְתִּי	אֲסַפֵּר	
יחידה	מְסַפֶּרֶת	אתה	סִיפַּרְתָּ	תְּסַפֵּר	סַפֵּר
רבים	מְסַפְּרִים	את	סִיפַּרְתְּ	תְּסַפְּרִי	סַפְּרִי
רבות	מְסַפְּרוֹת	הוא	סִיפֵּר	יְסַפֵּר	
		היא	סִיפְּרָה	תְּסַפֵּר	
		אנחנו	סִיפַּרְנוּ	נְסַפֵּר	
		אתם/ן	סִיפַּרְתֶּם/ן	תְּסַפְּרוּ	סַפְּרוּ **
		הם/ן	סִיפְּרוּ	יְסַפְּרוּ *	

שם הפועל .Infin לְסַפֵּר * less commonly: אתן/הן תְּסַפֵּרְנָה

שם הפעולה Verbal N סִיפּוּר story; story-telling ** less commonly: (אתן) סַפֵּרְנָה

בינוני .Pres. Part מְסַפֵּר narrator מקור מוחלט .Inf. Abs סַפֵּר

סָפַר/סוֹפֵר/יִסְפּוֹר (יִסְפֹּר) count, number

בניין : פָּעַל גזרה : שלמים (אֶפְעוֹל)

	Pres./Part. הווה/בינוני			Past עבר	Fut. עתיד	Imp. ציווי
יחיד	סוֹפֵר	סָפוּר	אני	סָפַרְתִּי	אֶסְפּוֹר	
יחידה	סוֹפֶרֶת	סְפוּרָה	אתה	סָפַרְתָּ	תִּסְפּוֹר	סְפוֹר
רבים	סוֹפְרִים	סְפוּרִים	את	סָפַרְתְּ	תִּסְפְּרִי	סִפְרִי
רבות	סוֹפְרוֹת	סְפוּרוֹת	הוא	סָפַר	יִסְפּוֹר	
			היא	סָפְרָה	תִּסְפּוֹר	
			אנחנו	סָפַרְנוּ	נִסְפּוֹר	
			אתם/ן	סְפַרְתֶּם/ן *	תִּסְפְּרוּ **	סִפְרוּ ***
			הם/ן	סָפְרוּ	יִסְפְּרוּ **	

שם הפועל .Infin לִסְפּוֹר * Colloquial: סָפַרְתֶּם/ן

ביני פעיל .Act. Part סוֹפֵר author; scribe ** less commonly: אתן/הן תִּסְפּוֹרְנָה

ביני סביל .Pass. Part סָפוּר numbered *** less commonly: (אתן) סְפוֹרְנָה

שם הפעולה Verbal N סְפִירָה counting, numbering

מקור מוחלט .Inf. Abs סָפוֹר מקור נטוי .Inf.+pron בְּסוֹפְרוֹ, כְּ...

קָטִיל CaCiC adj./N. סָפִיר countable

נִסְפַּר/יִיסָּפֵר (יִסָּפֵר) be counted

בניין : נִפְעַל גזרה : שלמים

	Present הווה		Past עבר	Future עתיד	Imper. ציווי
יחיד	נִסְפָּר	אני	נִסְפַּרְתִּי	אֶסָּפֵר	
יחידה	נִסְפֶּרֶת	אתה	נִסְפַּרְתָּ	תִּיסָּפֵר	הִיסָּפֵר
רבים	נִסְפָּרִים	את	נִסְפַּרְתְּ	תִּיסָּפְרִי	הִיסָּפְרִי
רבות	נִסְפָּרוֹת	הוא	נִסְפַּר	יִיסָּפֵר	
		היא	נִסְפְּרָה	תִּיסָּפֵר	
		אנחנו	נִסְפַּרְנוּ	נִיסָּפֵר	

Imper. ציווי	Future עתיד	Past עבר		Present הווה
הִיסָּפְרוּ **	תִּיסָּפְרוּ *	נִסְפַּרְתֶּם/ן	אתם/ן	
	יִיסָּפְרוּ *	נִסְפְּרוּ	הם/ן	

* less commonly: אתן/הן תִּיסָּפַרְנָה

שם הפועל .Infin לְהִיסָּפֵר   ** less commonly: (אתן) הִיסָּפַרְנָה

מקור מוחלט .Inf. Abs נִסְפּוֹר, הִיסָּפֵר (הִיסָּפוֹר)

♦ פעלים פחות שכיחים מאותו שורש Less frequent verbs from the same root

סוּפַּר be told, be narrated (בינוני .Pres. Part מְסוּפָּר told, narrated, יְסוּפַּר)

♦ דוגמאות Illustrations

סוּפַּר לי שביום חמישי בערב יתקיים מפגש פתוח של **סוֹפְרִים** עם קוראים בבית הסוֹפֵר. **סִיפַּרְתִּי** על כך לאישתי, והחלטנו ללכת. הופיע קהל גדול; **סָפַרְנוּ** כמעט מאתיים איש. שלושה **סוֹפְרִים** קראו **סִיפּוּרִים** חדשים שלהם, **וְסִיפְּרוּ** לקהל כיצד הם נכתבו. לאחר מכן התקיים דיון. היה מעניין מאוד.

I was **told/informed** that on Thursday night there will be an open meeting of **writers** with readers at the **Writers'** Club. I **told** my wife, and we decided to go. A large audience showed up: **we counted** almost two hundred people. Three **authors** read new **stories** of theirs, and **told** (or **narrated** to) the audience how they were written. Then a discussion took place. It was very interesting.

♦ ביטויים מיוחדים Special expressions

ימים **סְפוּרִים** a few days   **הסוֹפְרִים** the **Scribes** (from Ezra to Mishnaic period)

סוֹפֵר סת״ם (**ספרים**, **תפילין**, **מזוזות**) **scribe**, copyist (of sacred texts)

תיקון **סוֹפְרִים** corrections of the **Scribes** in the Biblical text

טעות **סוֹפְרִים** clerical error, **author**'s mistake   שכר **סוֹפְרִים** **author**'s royalties

קנאת **סוֹפְרִים** תרבה חוכמה competition between **scholars**, artists, etc. increases wisdom (i.e., has positive consequences)

אשר לא **יִיסָּפֵר** מרוב in**numerable**   לא יאומן כי **יְסוּפַּר** unbelievable!

●ספר-2 : לְסַפֵּר, לְהִסְתַּפֵּר

סִיפֵּר (סִפֵּר)/סִיפַּר/סַפֵּר cut (hair)

בניין : פִּיעֵל   גזרה : שלמים

Imper. ציווי	Future עתיד	Past עבר		Present הווה	
	אֲסַפֵּר	סִיפַּרְתִּי	אני	מְסַפֵּר	יחיד
סַפֵּר	תְּסַפֵּר	סִיפַּרְתָּ	אתה	מְסַפֶּרֶת	יחידה
סַפְּרִי	תְּסַפְּרִי	סִיפַּרְתְּ	את	מְסַפְּרִים	רבים
	יְסַפֵּר	סִיפֵּר	הוא	מְסַפְּרוֹת	רבות
	תְּסַפֵּר	סִיפְּרָה	היא		
	נְסַפֵּר	סִיפַּרְנוּ	אנחנו		
סַפְּרוּ **	תְּסַפְּרוּ	סִיפַּרְתֶּם/ן	אתם/ן		
	יְסַפְּרוּ *	סִיפְּרוּ	הם/ן		

שם הפועל .Infin לְסַפֵּר   * less commonly: אתן/הן תְּסַפֵּרְנָה

מקור מוחלט .Inf. Abs סַפֵּר   ** less commonly: (אתן) סַפֵּרְנָה

הִסְתַּפֵּר/הִסְתַּפֵּר have one's hair cut

בניין : הִתְפַּעֵל גזרה : שלמים + פ׳ שורקת

	Present הווה		Past עבר	Future עתיד	Imper. ציווי
יחיד	מִסְתַּפֵּר	אני	הִסְתַּפַּרְתִּי	אֶסְתַּפֵּר	
יחידה	מִסְתַּפֶּרֶת	אתה	הִסְתַּפַּרְתָּ	תִּסְתַּפֵּר	הִסְתַּפֵּר
רבים	מִסְתַּפְּרִים	את	הִסְתַּפַּרְתְּ	תִּסְתַּפְּרִי	הִסְתַּפְּרִי
רבות	מִסְתַּפְּרוֹת	הוא	הִסְתַּפֵּר	יִסְתַּפֵּר	
		היא	הִסְתַּפְּרָה	תִּסְתַּפֵּר	
		אנחנו	הִסְתַּפַּרְנוּ	נִסְתַּפֵּר	
		אתם/ן	הִסְתַּפַּרְתֶּם/ן	תִּסְתַּפְּרוּ *	הִסְתַּפְּרוּ **
		הם/ן	הִסְתַּפְּרוּ	יִסְתַּפְּרוּ *	

שם הפועל .Infin לְהִסְתַּפֵּר — less commonly *: אתן/הן תִּסְתַּפֵּרְנָה

ש׳ הפעולי Verbal N הִסְתַּפְּרוּת having a haircut — less commonly **: (אתן) הִסְתַּפֵּרְנָה

מקור מוחלט .Inf. Abs הִסְתַּפֵּר

♦ **פעלים פחות שכיחים מאותו שורש** Less frequent verbs from the same root

סוּפַּר be given a hair cut (בינוני .Pres. Part מְסוּפָּר that has been given a hair cut, יְסוּפַּר)

♦ **דוגמאות** Illustrations

אולי אתה יודע מי **סִיפֵּר** את יחיאל? הראש שלו נראה כאילו **סוּפַּר** על-ידי קצב. תגיד לו שבפעם הבאה ילך **לְהִסְתַּפֵּר** אצל רפי.

Do you happen to know who **cut** Yehiel's hair? His head looks as if it **were cut** by a butcher. Tell him **to have his hair cut** at Rafi's next time.

●סרב : לְסָרֵב

סֵירֵב (סֵרֵב)/סֵירַב/סָרֵב refuse

בניין : פִּיעֵל גזרה : שלמים + ע״ג

	Present הווה		Past עבר	Future עתיד	Imper. ציווי
יחיד	מְסָרֵב	אני	סֵירַבְתִּי	אֲסָרֵב	
יחידה	מְסָרֶבֶת	אתה	סֵירַבְתָּ	תְּסָרֵב	סָרֵב
רבים	מְסָרְבִים	את	סֵירַבְתְּ	תְּסָרְבִי	סָרְבִי
רבות	מְסָרְבוֹת	הוא	סֵירֵב (סֵירַב)	יְסָרֵב	
		היא	סֵירְבָה	תְּסָרֵב	
		אנחנו	סֵירַבְנוּ	נְסָרֵב	
		אתם/ן	סֵירַבְתֶּם/ן	תְּסָרְבוּ *	סָרְבוּ**
		הם/ן	סֵירְבוּ	יְסָרְבוּ *	

שם הפועל .Infin לְסָרֵב — less commonly *: אתן/הן תְּסָרֵבְנָה

שם הפעולה Verbal N סֵירוּב refusal — less commonly **: (אתן) סָרֵבְנָה

מקור מוחלט .Inf. Abs סָרֵב

♦ **דוגמאות** Illustrations

חייל טוב חייב **לְסָרֵב** למלא פקודה כאשר הוא משוכנע שהפקודה אינה אנושית.

A good soldier should **refuse** to obey an order when he is convinced that the order is not humane.

●סרק : לִסְרוֹק, לְהִסְתָּרֵק, לְסָרֵק

סָרַק/סוֹרֵק/יִסְרוֹק (יִסְרֹק) comb; card; scan

בניין : פָּעַל גזרה : שלמים (אֶפְעוֹל)

	הווה/בינוני Pres./Part.		עבר Past	עתיד Fut.	ציווי Imp.
יחיד	סוֹרֵק סָרוּק	אני	סָרַקְתִּי	אֶסְרוֹק	
יחידה	סוֹרֶקֶת סְרוּקָה	אתה	סָרַקְתָּ	תִּסְרוֹק	סְרוֹק
רבים	סוֹרְקִים סְרוּקִים	את	סָרַקְתְּ	תִּסְרְקִי	סִרְקִי
רבות	סוֹרְקוֹת סְרוּקוֹת	הוא	סָרַק	יִסְרוֹק	
		היא	סָרְקָה	תִּסְרוֹק	
		אנחנו	סָרַקְנוּ	נִסְרוֹק	
		אתם/ן	סְרַקְתֶּם/ן *	תִּסְרְקוּ **	סִרְקוּ ***
		הם/ן	סָרְקוּ	יִסְרְקוּ **	

שם הפועל .Infin לִסְרוֹק

* Colloquial: סָרַקְתֶּם/ן

מקור מוחלט .Inf. Abs סָרוֹק

** less commonly: אתן/הן תִּסְרוֹקְנָה

ביני פעיל .Act. Part סוֹרֵק scanner

*** less commonly: (אתן) סְרוֹקְנָה

ביני סבי .Pas. Part סָרוּק combed, carded; scanned

מקור נטוי .Inf.+pron בְּסוֹרְקוֹ, כְּ...

קָטִיל .CaCiC adj./N סָרִיק scannable

שם הפעולה Verbal N סְרִיקָה combing; scanning

הִסְתָּרֵק/הִסְתָּרַק comb one's hair

בניין : הִתְפַּעֵל גזרה : שלמים + פ׳ שורקת + ע״ג

	הווה Present		עבר Past	עתיד Future	ציווי .Imper
יחיד	מִסְתָּרֵק	אני	הִסְתָּרַקְתִּי	אֶסְתָּרֵק	
יחידה	מִסְתָּרֶקֶת	אתה	הִסְתָּרַקְתָּ	תִּסְתָּרֵק	הִסְתָּרֵק
רבים	מִסְתָּרְקִים	את	הִסְתָּרַקְתְּ	תִּסְתָּרְקִי	הִסְתָּרְקִי
רבות	מִסְתָּרְקוֹת	הוא	הִסְתָּרֵק	יִסְתָּרֵק	
		היא	הִסְתָּרְקָה	תִּסְתָּרֵק	
		אנחנו	הִסְתָּרַקְנוּ	נִסְתָּרֵק	
		אתם/ן	הִסְתָּרַקְתֶּם/ן	תִּסְתָּרְקוּ *	הִסְתָּרְקוּ **
		הם/ן	הִסְתָּרְקוּ	יִסְתָּרְקוּ *	

* less commonly: אתן/הן תִּסְתָּרֵקְנָה

שם הפועל .Infin לְהִסְתָּרֵק

** less commonly: (אתן) הִסְתָּרֵקְנָה

שם הפעולה Verbal N הִסְתָּרְקוּת combing one's hair

מקור מוחלט .Inf. Abs הִסְתָּרֵק

סֵירֵק (סֵרֵק)/סֵירַק/סָרֵק comb

בניין : פִּיעֵל גזרה : שלמים + ע״ג

	הווה Present		עבר Past	עתיד Future	ציווי .Imper
יחיד	מְסָרֵק	אני	סֵירַקְתִּי	אֲסָרֵק	
יחידה	מְסָרֶקֶת	אתה	סֵירַקְתָּ	תְּסָרֵק	סָרֵק
רבים	מְסָרְקִים	את	סֵירַקְתְּ	תְּסָרְקִי	סָרְקִי
רבות	מְסָרְקוֹת	הוא	סֵירֵק (סֵירַק)	יְסָרֵק	
		היא	סֵירְקָה	תְּסָרֵק	
		אנחנו	סֵירַקְנוּ	נְסָרֵק	

		Present הווה	Past עבר	Future עתיד	Imper. ציווי
	אתם/ן		סֵירַקְתֶּם/ן	תְּסָרְקוּ *	סָרְקוּ**
	הם/ן		סֵירְקוּ	יְסָרְקוּ *	

שם הפועל .Infin לְסָרֵק   * less commonly: אתן/הן תְּסָרֵקְנָה

שם הפעולה Verbal N סֵירוּק combing   ** less commonly: (אתן) סָרֵקְנָה

מקור מוחלט .Inf. Abs סָרֵק

♦ **פעלים פחות שכיחים מאותו שורש** Less frequent verbs from the same root

סוֹרַק be combed (בינוני .Pres. Part מְסוֹרָק combed, יְסוֹרַק)

נִסְרַק be combed, be carded, be scanned (נִסְרָק, יִיסָּרֵק, לְהִיסָּרֵק)

♦ **דוגמאות** Illustrations

דני **מִסְתָּרֵק** כל חמש דקות. מכיוון שלא נשאר לו הרבה שיער, הוא **מְסָרֵק** אותו כל הזמן כדי להסתיר את הקרחת. לכן שערו תמיד נראה **מְסוֹרָק**.

Danny **combs his hair** every five minutes. Since he does not have much hair left, he **combs** it all the time so that it hides his bald spot. This is why his hair always looks **combed**.

קניתי לי **סוֹרֵק** למחשב, כדי שאוכל לשלב תמונות בטקסט.

I bought myself a **scanner** for the computer, so that I can integrate pictures in the text.

●סתם : לִסְתּוֹם, לְהִיסָּתֵם

סָתַם/סוֹתֵם/יִסְתּוֹם (יִסְתֹּם) seal, plug, stop up; block

בניין : פָּעַל   גזרה : שלמים (אֶפְעוֹל)

		Pres./Part. הווה/בינוני		Past עבר	Fut. עתיד	Imp. ציווי
יחיד	סוֹתֵם	סָתוּם	אני	סָתַמְתִּי	אֶסְתּוֹם	
יחידה	סוֹתֶמֶת	סְתוּמָה	אתה	סָתַמְתָּ	תִּסְתּוֹם	סְתוֹם
רבים	סוֹתְמִים	סְתוּמִים	את	סָתַמְתְּ	תִּסְתְּמִי	סִתְמִי
רבות	סוֹתְמוֹת	סְתוּמוֹת	הוא	סָתַם	יִסְתּוֹם	
			היא	סָתְמָה	תִּסְתּוֹם	
			אנחנו	סָתַמְנוּ	נִסְתּוֹם	
			אתם/ן	סְתַמְתֶּם/ן *	תִּסְתְּמוּ **	סִתְמוּ ***
			הם/ן	סָתְמוּ	יִסְתְּמוּ **	

שם הפועל .Infin לִסְתּוֹם   * Colloquial: סָתַמְתֶּם/ן

מקור מוחלט .Inf. Abs סָתוֹם   ** less commonly: אתן/הן תִּסְתּוֹמְנָה

מקור נטוי .Inf.+pron בְּסוֹתְמוֹ, כְּ...   *** less commonly: (אתן) סְתוֹמְנָה

ביני פעיל .Act. Part סוֹתֵם occlusive, plosive (phon.)

ביני סביל .Pass. Part סָתוּם blocked; vague, unclear; stupid (coll.)

שם הפעולה Verbal N סְתִימָה sealing, filling (also dent.), plugging; blockage

נִסְתַּם/יִיסָּתֵם (יִסָּתֵם) be plugged, be stopped up

בניין : נִפְעַל   גזרה : שלמים

	Present הווה		Past עבר	Future עתיד	Imper. ציווי
יחיד	נִסְתָּם	אני	נִסְתַּמְתִּי	אֶסָּתֵם	
יחידה	נִסְתֶּמֶת	אתה	נִסְתַּמְתָּ	תִּיסָּתֵם	הִיסָּתֵם
רבים	נִסְתָּמִים	את	נִסְתַּמְתְּ	תִּיסָּתְמִי	הִיסָּתְמִי

Imper. ציווי	Future עתיד	Past עבר		Present הווה	
	יִיסָּתֵם	נִסְתַּם	הוא	נִסְתָּמוֹת	רבות
	תִּיסָּתֵם	נִסְתְּמָה	היא		
	נִיסָּתֵם	נִסְתַּמְנוּ	אנחנו		
הִיסָּתְמוּ **	תִּיסָּתְמוּ *	נִסְתַּמְתֶּם/ן	אתם/ן		
	יִיסָּתְמוּ *	נִסְתְּמוּ	הם/ן		

שם הפועל .Infin לְהִיסָּתֵם   * less commonly: אתן/הן תִּיסָּתַמְנָה

מקור מוחלט .Inf. Abs נִסְתּוֹם, הִיסָּתֵם   ** less commonly: (אתן) הִיסָּתַמְנָה

♦ **דוגמאות** Illustrations

מכירים את הסיפור על הילד ההולנדי ש**סָתַם** חור בסכר בכף ידו כדי להציל את עירו מהצפה של הים? זה לא סיפור הולנדי אלא משל סובייטי המעלה על נס את ההקרבה העצמית הפרטית לטובת הכלל...

Do you know the story of the Dutch boy who **plugged** a hole in a dam with his hand so as to save his city from flooding by the sea? It is not a Dutch story, but a Soviet fable that exalts private self-sacrifice for the common good…

האסלה בשירותים **נִסְתְּמָה**, ולא הצלחתי לשחרר את ה**סְתִימָה**. נאלצתי לקרוא לשרברב.

The toilet bowl **got plugged**, and I could not free the **blockage**. I had to call a plumber.

●סתר : לְהַסְתִּיר, לְהִסְתַּתֵּר

הִסְתִּיר/הִסְתַּר/יַסְתִּיר hide (tr.), conceal; obstruct view

בניין : הִפְעִיל   גזרה : שלמים

Imper. ציווי	Future עתיד	Past עבר		Present הווה	
	אַסְתִּיר	הִסְתַּרְתִּי	אני	מַסְתִּיר	יחיד
הַסְתֵּר	תַּסְתִּיר	הִסְתַּרְתָּ	אתה	מַסְתִּירָה	יחידה
הַסְתִּירִי	תַּסְתִּירִי	הִסְתַּרְתְּ	את	מַסְתִּירִים	רבים
	יַסְתִּיר	הִסְתִּיר	הוא	מַסְתִּירוֹת	רבות
	תַּסְתִּיר	הִסְתִּירָה	היא		
	נַסְתִּיר	הִסְתַּרְנוּ	אנחנו		
הַסְתִּירוּ **	תַּסְתִּירוּ *	הִסְתַּרְתֶּם/ן	אתם/ן		
	יַסְתִּירוּ *	הִסְתִּירוּ	הם/ן		

* less commonly: אתן/הן תַּסְתֵּרְנָה

שם הפועל .Infin לְהַסְתִּיר   ** less commonly: (אתן) הַסְתֵּרְנָה

שם הפעולה Verbal N הַסְתָּרָה/הֶסְתֵּר concealment, hiding

מקור מוחלט .Inf. Abs הַסְתֵּר

הִסְתַּתֵּר/הִסְתַּתַּר hide (intr.)

בניין : הִתְפַּעֵל   גזרה : שלמים + פ׳ שורקת

Imper. ציווי	Future עתיד	Past עבר		Present הווה	
	אֶסְתַּתֵּר	הִסְתַּתַּרְתִּי	אני	מִסְתַּתֵּר	יחיד
הִסְתַּתֵּר	תִּסְתַּתֵּר	הִסְתַּתַּרְתָּ	אתה	מִסְתַּתֶּרֶת	יחידה
הִסְתַּתְּרִי	תִּסְתַּתְּרִי	הִסְתַּתַּרְתְּ	את	מִסְתַּתְּרִים	רבים
	יִסְתַּתֵּר	הִסְתַּתֵּר	הוא	מִסְתַּתְּרוֹת	רבות

Imper. ציווי	Future עתיד	Past עבר		Present הווה	
	תִּסְתַּתֵּר	הִסְתַּתְּרָה	היא		
	נִסְתַּתֵּר	הִסְתַּתַּרְנוּ	אנחנו		
הִסְתַּתְּרוּ **	תִּסְתַּתְּרוּ *	הִסְתַּתַּרְתֶּם/ן	אתם/ן		
	יִסְתַּתְּרוּ *	הִסְתַּתְּרוּ	הם/ן		

שם הפועל .Infin לְהִסְתַּתֵּר — * less commonly: אתן/הן תִּסְתַּתֵּרְנָה

שם הפעולה Verbal N הִסְתַּתְּרוּת hiding — ** less commonly: (אתן) הִסְתַּתֵּרְנָה

מקור מוחלט .Inf. Abs הִסְתַּתֵּר

מ״י מוצרכת .Gov. Prep הִסְתַּתֵּר מ(פני) hide from

הוּסְתַּר (הֻסְתַּר) be concealed, be hidden

בניין : הוּפְעַל גזרה : שלמים

Future עתיד	Past עבר		Present הווה	
אוּסְתַּר	הוּסְתַּרְתִּי	אני	מוּסְתָּר	יחיד
תּוּסְתַּר	הוּסְתַּרְתָּ	אתה	מוּסְתֶּרֶת	יחידה
תּוּסְתְּרִי	הוּסְתַּרְתְּ	את	מוּסְתָּרִים	רבים
יוּסְתַּר	הוּסְתַּר	הוא	מוּסְתָּרוֹת	רבות
תּוּסְתַּר	הוּסְתְּרָה	היא		
נוּסְתַּר	הוּסְתַּרְנוּ	אנחנו		
תּוּסְתְּרוּ *	הוּסְתַּרְתֶּם/ן	אתם/ן		
יוּסְתְּרוּ *	הוּסְתְּרוּ	הם/ן		

בינוני .Pres. Part מוּסְתָּר hidden — * less commonly: אתן/הן תּוּסְתַּרְנָה

♦ פעלים פחות שכיחים מאותו שורש Less frequent verbs from the same root

נִסְתַּר hide, disappear (נִסְתָּר, יִיסָּתֵר, לְהִיסָּתֵר)

A less frequent homonymous root meaning "destroy, negate, disrupt" is not included here.

♦ דוגמאות Illustrations

מספר יהודים **הוּסְתְּרוּ** על-ידי שכנים לא-יהודים בזמן המלחמה. השכנים **הִסְתִּירוּ** אותם מפני הגרמנים למרות שהם סיכנו את חייהם בעשותם זאת. יהודים אחרים **הִסְתַּתְּרוּ** ביערות.

A number of Jews **were hidden** by non-Jewish neighbors during the war. Their neighbors **hid** them from the Germans in spite of the fact that they were risking their lives in doing so. Other Jews **hid** in the woods.

●עבד : לַעֲבוֹד, לְעַבֵּד, לְהַעֲבִיד

עָבַד/עוֹבֵד/יַעֲבוֹד (יַעֲבֹד) work; serve (employer); till (soil); worship (God)

בניין : פָּעַל גזרה : שלמים (אֶפְעוֹל) + פ״ג

Imp. ציווי	Fut. עתיד	Past עבר		Present הווה	
	אֶעֱבוֹד	עָבַדְתִּי	אני	עוֹבֵד	יחיד
עֲבוֹד	תַּעֲבוֹד	עָבַדְתָּ	אתה	עוֹבֶדֶת	יחידה

	הווה Present		עבר Past	עתיד Fut.	ציווי Imp.
רבים	עוֹבְדִים	את	עָבַדְתְּ	תַּעַבְדִי	עִבְדִי
רבות	עוֹבְדוֹת	הוא	עָבַד	יַעֲבוֹד	
		היא	עָבְדָה	תַּעֲבוֹד	
		אנחנו	עָבַדְנוּ	נַעֲבוֹד	
		אתם/ן	עֲבַדְתֶּם/ן	תַּעַבְדוּ **	עִבְדוּ ***
		הם/ן	עָבְדוּ	יַעַבְדוּ **	

שם הפועל .Infin לַעֲבוֹד — * Colloquial: עָבַדְתֶּם/ן

מקור מוחלט .Inf. Abs עָבוֹד — ** less commonly: אתן/הן תַּעֲבוֹדְנָה

ביני פעיל .Act. Part עוֹבֵד worker, employee — *** less commonly: (אתן) עֲבוֹדְנָה

קָטִיל .CaCiC adj./N עָבִיד that can be worked with/on

מקור נטוי .Inf.+pron בְּעוֹבְדוֹ, כְּ...

עִיבֵּד/עִיבַּד/עַבֵּד (עִבֵּד) work over, adapt, arrange (music, etc.); tan (leather); till (soil); process (product)

בניין : פִּיעֵל   גזרה : שלמים

	הווה Present		עבר Past	עתיד Future	ציווי Imper.
יחיד	מְעַבֵּד	אני	עִיבַּדְתִּי	אֲעַבֵּד	
יחידה	מְעַבֶּדֶת	אתה	עִיבַּדְתָּ	תְּעַבֵּד	עַבֵּד
רבים	מְעַבְּדִים	את	עִיבַּדְתְּ	תְּעַבְּדִי	עַבְּדִי
רבות	מְעַבְּדוֹת	הוא	עִיבֵּד	יְעַבֵּד	
		היא	עִיבְּדָה	תְּעַבֵּד	
		אנחנו	עִיבַּדְנוּ	נְעַבֵּד	
		אתם/ן	עִיבַּדְתֶּם/ן	תְּעַבְּדוּ *	עַבְּדוּ **
		הם/ן	עִיבְּדוּ	יְעַבְּדוּ *	

שם הפועל .Infin לְעַבֵּד — * less commonly: אתן/הן תְּעַבֵּדְנָה

בינוני .Pres. Part מְעַבֵּד arranger; processor — ** less commonly: (אתן) עַבֵּדְנָה

שם הפעולה Verbal N עִיבּוּד adaptation; processing — מקור מוחלט .Inf. Abs עַבֵּד

עוּבַּד (עֻבַּד) be adapted, be arranged; be tanned; be tilled; be processed

בניין : פּוּעַל   גזרה : שלמים

	הווה Present		עבר Past	עתיד Future
יחיד	מְעוּבָּד	אני	עוּבַּדְתִּי	אֲעוּבַּד
יחידה	מְעוּבֶּדֶת	אתה	עוּבַּדְתָּ	תְּעוּבַּד
רבים	מְעוּבָּדִים	את	עוּבַּדְתְּ	תְּעוּבְּדִי
רבות	מְעוּבָּדוֹת	הוא	עוּבַּד	יְעוּבַּד
		היא	עוּבְּדָה	תְּעוּבַּד
		אנחנו	עוּבַּדְנוּ	נְעוּבַּד
		אתם/ן	עוּבַּדְתֶּם/ן	תְּעוּבְּדוּ *
		הם/ן	עוּבְּדוּ	יְעוּבְּדוּ *

* less commonly: אתן/הן תְּעוּבַּדְנָה

בינוני .Pres. Part מְעוּבָּד adapted; tilled; processed

הֶעֱבִיד/הֶעֱבַד/יַעֲבִיד employ; compel to work

בניין : הִפְעִיל גזרה : שלמים + פ״ג

	Present הווה		Past עבר	Future עתיד	Imper. ציווי
יחיד	מַעֲבִיד	אני	הֶעֱבַדְתִּי	אַעֲבִיד	
יחידה	מַעֲבִידָה	אתה	הֶעֱבַדְתָּ	תַּעֲבִיד	הַעֲבֵד
רבים	מַעֲבִידִים	את	הֶעֱבַדְתְּ	תַּעֲבִידִי	הַעֲבִידִי
רבות	מַעֲבִידוֹת	הוא	הֶעֱבִיד	יַעֲבִיד	
		היא	הֶעֱבִידָה	תַּעֲבִיד	
		אנחנו	הֶעֱבַדְנוּ	נַעֲבִיד	
		אתם/ן	הֶעֱבַדְתֶּם/ן	תַּעֲבִידוּ *	הַעֲבִידוּ **
		הם/ן	הֶעֱבִידוּ	יַעֲבִידוּ *	

שם הפועל .Infin לְהַעֲבִיד

* less commonly: אתן/הן תַּעֲבֵדְנָה

שם הפעולה Verbal N הַעֲבָדָה employing

** less commonly: (אתן) הַעֲבֵדְנָה

בינוני .Pres. Part מַעֲבִיד employer

מקור מוחלט .Inf. Abs הַעֲבֵד

♦ פעלים פחות שכיחים מאותו שורש Less frequent verbs from the same root

הוּעֲבַד be employed; be compelled to work (מוּעֲבָד, יוּעֲבַד)

♦ דוגמאות Illustrations

ישראל **עוֹבֵד** קשה מאוד. יש לו מפעל ל**עִיבּוּד** עורות עם חמישה **עוֹבְדִים**, והוא נמצא בו לפחות שתים עשרה שעות ביום.

Israel **works** very hard. He has a hide-**tanning** plant with five **workers**, and he spends at least twelve hours a day there.

יחיאל מוסיקאי ; לפרנסתו הוא **עוֹבֵד** במשך היום ב**עִיבּוּד** נתונים, אך בערב הוא **מְעַבֵּד** יצירות של מלחינים ישראליים לקהלי מאזינים בעלי צרכים מיוחדים, וזוהי העבודה האהובה עליו.

Yehiel is a musician; for his livelihood he **works** during the day in data **processing**, but in the evening he **arranges** pieces by Israeli composers for audiences with special needs, which is the work he truly likes.

יש **מַעֲבִידִים** שאינם דואגים להטבות סוציאליות ל**עוֹבְדֵיהֶם**.

There are **employers** who do not provide fringe benefits to their **employees**.

״ריכרד לוי״ הוא מפעל לייצור בשר **מְעוּבָּד** באיזור התעשיה בחולון.

"Richard Levi" is a plant manufacturing **processed** meat in Holon's industrial park.

♦ ביטויים מיוחדים Special expressions

עָבַד את האדמה **till** the land

עוֹבֵד אלילים pagan

מְעַבֵּד עורות **tanner** of hides

מְעַבֵּד תמלילים word **processor**

הֶעֱבִיד אותו בפרך **made** him **work** very hard

●עבר : לַעֲבוֹר, לְהַעֲבִיר

עָבַר/עוֹבֵר/יַעֲבוֹר (יַעֲבֹר) cross; pass; pass through

בניין : פָּעַל גזרה : שלמים (אֶפְעוֹל) + פ״ג

	Present הווה		Past עבר	Future עתיד	Imper. ציווי
יחיד	עוֹבֵר	אני	עָבַרְתִּי	אֶעֱבוֹר	
יחידה	עוֹבֶרֶת	אתה	עָבַרְתָּ	תַּעֲבוֹר	עֲבוֹר
רבים	עוֹבְרִים	את	עָבַרְתְּ	תַּעַבְרִי	עִבְרִי
רבות	עוֹבְרוֹת	הוא	עָבַר	יַעֲבוֹר	
		היא	עָבְרָה	תַּעֲבוֹר	
		אנחנו	עָבַרְנוּ	נַעֲבוֹר	
		אתם/ן	עֲבַרְתֶּם/ן *	תַּעַבְרוּ **	עִבְרוּ ***
		הם/ן	עָבְרוּ	יַעַבְרוּ **	

שם הפועל .Infin לַעֲבוֹר

מקור מוחלט .Inf. Abs עָבוֹר

מקור נטוי .Inf.+pron בְּעוֹבְרוֹ, כְּ...

* Colloquial: עָבַרְתֶּם/ן

** less commonly: אתן/הן תַּעֲבוֹרְנָה

*** less commonly: (אתן) עֲבוֹרְנָה

בינ׳ פעיל .Act. Part עוֹבֵר passing, transient קָטִיל .CaCiC adj./N עָבִיר passable

שם הפעולה Verbal N עֲבִירָה crossing; עֲבֵירָה offence, violation, crime; sin; transgression

מ״י מוצרכת .Gov. Prep עָבַר עַל violate (law, restriction)

הֶעֱבִיר/הֶעֱבַר cause to pass; transfer, transmit

בניין : הִפְעִיל גזרה : שלמים + פ״ג

	Present הווה		Past עבר	Future עתיד	Imper. ציווי
יחיד	מַעֲבִיר	אני	הֶעֱבַרְתִּי	אַעֲבִיר	
יחידה	מַעֲבִירָה	אתה	הֶעֱבַרְתָּ	תַּעֲבִיר	הַעֲבֵר
רבים	מַעֲבִירִים	את	הֶעֱבַרְתְּ	תַּעֲבִירִי	הַעֲבִירִי
רבות	מַעֲבִירוֹת	הוא	הֶעֱבִיר	יַעֲבִיר	
		היא	הֶעֱבִירָה	תַּעֲבִיר	
		אנחנו	הֶעֱבַרְנוּ	נַעֲבִיר	
		אתם/ן	הֶעֱבַרְתֶּם/ן	תַּעֲבִירוּ *	הַעֲבִירוּ **
		הם/ן	הֶעֱבִירוּ	יַעֲבִירוּ *	

* less commonly: אתן/הן תַּעֲבֵרְנָה

שם הפועל .Infin לְהַעֲבִיר

** less commonly: (אתן) הַעֲבֵרְנָה

שם הפעולה Verbal N הַעֲבָרָה transfer(ence), removal (from post); metaphor

מקור מוחלט .Inf. Abs הַעֲבֵר

הוּעֲבַר (הָעֳבַר) be caused to pass; be transferred, be transmitted

בניין : הוּפְעַל גזרה : שלמים + פ״ג

	Present הווה		Past עבר	Future עתיד
יחיד	מוּעֲבָר	אני	הוּעֲבַרְתִּי	אוּעֲבַר
יחידה	מוּעֲבֶרֶת	אתה	הוּעֲבַרְתָּ	תּוּעֲבַר
רבים	מוּעֲבָרִים	את	הוּעֲבַרְתְּ	תּוּעַבְרִי
רבות	מוּעֲבָרוֹת	הוא	הוּעֲבַר	יוּעֲבַר
		היא	הוּעַבְרָה	תּוּעֲבַר

		Present הווה		Past עבר	Future עתיד
			אנחנו	הוּעֲבַרְנוּ	נוּעֲבַר
			אתם/ן	הוּעֲבַרְתֶּם/ן	תּוּעָבְרוּ *
			הם/ן	הוּעָבְרוּ	יוּעָבְרוּ *

* less commonly: אתן/הן תּוּעֲבַרְנָה

בדיבור עברי-ישראלי בדרך כלל מוחלף וּ ב-וּ בכל הנטייה : מוּעֲבָר..., הוּעֲבַר..., יוּעֲבַר...

In Israeli Hebrew speech וּ is normally replaced by וּ throughout: ...מוּעֲבָר..., הוּעֲבַר..., יוּעֲבַר

There are other, homonymous, less frequent, realizations of the root עבר: "impregnate/conceive," "be outraged," "make/become Hebrew."

♦ דוגמאות Illustrations

התערוכה הזאת **עוֹבֶרֶת** ממקום למקום. מניו-יורק **הֶעֱבִירוּ** אותה לשיקאגו, ובעוד שלושה חודשים היא **תּוּעֲבַר** ללוס אנג'לס.

This exhibit **passes** from one place to another. From New York they **transferred** it to Chicago, and in three months it **will be transferred** to Los Angeles.

בעבר נהרות לא היו **עֲבִירִים** לטנקים, אבל כבר שנים רבות מייצרים טנקים אמפיביים.

In the past rivers were not **passable** to tanks, but for many years now they have been manufacturing amphibious tanks.

ביום הכיפורים ניתן להתפלל למחילה על **עֲבֵירוֹת** שבין אדם למקום, אך על **עֲבֵירוֹת** שבין אדם לחברו רק הצד הנפגע יכול למחול.

On the Day of Atonement one can pray to God for forgiveness for **transgressions** committed against Him, but **transgressions** against another human being can only be forgiven by the affected party.

♦ ביטויים מיוחדים Special expressions

עוֹבֵר אורח wayfarer; **passer** by — **עוֹבֵר** ושב **passer**-by; current checking account

עָבַר אותו **overtake** him — **עָבַר** זמנו his time has **passed**

עָבַר בשתיקה על **pass over** in silence, condone — **עָבַר** עבירה **transgress**, commit a sin

עָבַר על (הספר) revise (the book); read through (the book)

עָבַר לסדר היום get back to the agenda — **עָבַר** על גדותיו overflow

ל**שֶׁעָבַר** **former**ly — **עָבְרוּ** עליו צרות רבות he went through many troubles

ייהרג ואל **יַעֲבוֹר** not to be **violated** under any circumstances

עד **יַעֲבוֹר** זעם till things **blow over** — **עֲבוֹר**! **over** (in radio exchange)

הֶעֱבִיר את הזמן **pass** the time — **הֶעֱבִיר** אותו על דעתו confuse him

עֲבֵירַת תנועה traffic **violation** — **עֲבֵירָה** גוררת **עֲבֵירָה** one **violation** leads to another

●עדכן (מן עַד + כאן till here) : לְעַדְכֵּן, לְהִתְעַדְכֵּן

עִדְכֵּן/עִדְכַּנ/עַדְכֵּנ update

בניין : פִּיעֵל — גזרה : מרובעים + ג"נ (במודל קטל"ג)

	Present הווה		Past עבר	Future עתיד	Imper. ציווי
יחיד	מְעַדְכֵּן	אני	עִדְכַּנְתִּי	אֲעַדְכֵּן	
יחידה	מְעַדְכֶּנֶת	אתה	עִדְכַּנְתָּ	תְּעַדְכֵּן	עַדְכֵּן
רבים	מְעַדְכְּנִים	את	עִדְכַּנְתְּ	תְּעַדְכְּנִי	עַדְכְּנִי

	Present הווה		Past עבר	Future עתיד	Imper. ציווי
רבות	מְעַדְכְּנוֹת	הוא	עִדְכֵּן	יְעַדְכֵּן	
		היא	עִדְכְּנָה	תְּעַדְכֵּן	
		אנחנו	עִדְכַּנּוּ	נְעַדְכֵּן	
		אתם/ן	עִדְכַּנְתֶּם/ן	תְּעַדְכְּנוּ *	עַדְכְּנוּ **
		הם/ן	עִדְכְּנוּ	יְעַדְכְּנוּ *	

שם הפועל .Infin לְעַדְכֵּן   * less commonly: אתן/הן תְּעַדְכֵּנָּה

מקור מוחלט .Inf. Abs עַדְכֵּן   ** less commonly: (אתן) עַדְכֵּנָּה

שם הפעולה Verbal N עִדְכּוּן update (N); updating

הִתְעַדְכֵּן/הִתְעַדְכַּן get (to be) updated

בניין: הִתְפַּעֵל   גזרה: מרובעים + ג״נ (במודל קטל״ג)

	Present הווה		Past עבר	Future עתיד	Imper. ציווי
יחיד	מִתְעַדְכֵּן	אני	הִתְעַדְכַּנְתִּי	אֶתְעַדְכֵּן	
יחידה	מִתְעַדְכֶּנֶת	אתה	הִתְעַדְכַּנְתָּ	תִּתְעַדְכֵּן	הִתְעַדְכֵּן
רבים	מִתְעַדְכְּנִים	את	הִתְעַדְכַּנְתְּ	תִּתְעַדְכְּנִי	הִתְעַדְכְּנִי
רבות	מִתְעַדְכְּנוֹת	הוא	הִתְעַדְכֵּן	יִתְעַדְכֵּן	
		היא	הִתְעַדְכְּנָה	תִּתְעַדְכֵּן	
		אנחנו	הִתְעַדְכַּנּוּ	נִתְעַדְכֵּן	
		אתם/ן	הִתְעַדְכַּנְתֶּם/ן	תִּתְעַדְכְּנוּ *	הִתְעַדְכְּנוּ **
		הם/ן	הִתְעַדְכְּנוּ	יִתְעַדְכְּנוּ *	

שם הפועל .Infin לְהִתְעַדְכֵּן   * less commonly: אתן/הן תִּתְעַדְכֵּנָּה

מקור מוחלט .Inf. Abs הִתְעַדְכֵּן   ** less commonly: (אתן) הִתְעַדְכֵּנָּה

שם הפעולה Verbal N הִתְעַדְכְּנוּת getting/becoming updated

עוּדְכַּן (עֻדְכַּן) be updated (by...)

בניין: פּוּעַל   גזרה: מרובעים + ג״נ (במודל קטל״ג)

	Present הווה		Past עבר	Future עתיד
יחיד	מְעוּדְכָּן	אני	עוּדְכַּנְתִּי	אֲעוּדְכַּן
יחידה	מְעוּדְכֶּנֶת	אתה	עוּדְכַּנְתָּ	תְּעוּדְכַּן
רבים	מְעוּדְכָּנִים	את	עוּדְכַּנְתְּ	תְּעוּדְכְּנִי
רבות	מְעוּדְכָּנוֹת	הוא	עוּדְכַּן	יְעוּדְכַּן
		היא	עוּדְכְּנָה	תְּעוּדְכַּן
		אנחנו	עוּדְכַּנּוּ	נְעוּדְכַּן
		אתם/ן	עוּדְכַּנְתֶּם/ן	תְּעוּדְכְּנוּ *
		הם/ן	עוּדְכְּנוּ	יְעוּדְכְּנוּ *

בינוני .Pres. Part מְעוּדְכָּן updated   * less commonly: אתן/הן תְּעוּדְכַּנָּה

♦ דוגמאות Illustrations

החלטתי **לְעַדְכֵּן** את רשימת הפעלים הכלולים באוסף הזה על פי נתוני שכיחות **מְעוּדְכָּנִים** יותר. הנתונים **עוּדְכְּנוּ** בעזרת קורפוס לשוני מקוון גדול.

I decided to **update** the list of verbs in this collection based on more **updated** frequency data. The data were **updated** by using a large online language corpus.

הממונה על המוסד **עִדְכֵּן** את ראש הממשלה במידע **מְעוּדְכָּן** על הטרור האיסלאמי. ראש הממשלה הודה לו על **העִדְכּוּן**.

The head of the Israeli Mosad **updated** the Prime Minister with **updated** intelligence on Islamic terrorism. The PM thanked him for the **update**.

●עדף : לְהַעֲדִיף

הֶעֱדִיף/הֶעֱדַפ/יַעֲדִיף prefer; do to excess (lit.)

בניין : הִפְעִיל גזרה : שלמים + פ״ג

	Present הווה		Past עבר	Future עתיד	Imper. ציווי
יחיד	מַעֲדִיף *	אני	הֶעֱדַפְתִּי *	אַעֲדִיף *	
יחידה	מַעֲדִיפָה	אתה	הֶעֱדַפְתָּ	תַּעֲדִיף	הַעֲדֵף *
רבים	מַעֲדִיפִים	את	הֶעֱדַפְתְּ	תַּעֲדִיפִי	הַעֲדִיפִי
רבות	מַעֲדִיפוֹת	הוא	הֶעֱדִיף	יַעֲדִיף	
		היא	הֶעֱדִיפָה	תַּעֲדִיף	
		אנחנו	הֶעֱדַפְנוּ	נַעֲדִיף	
		אתם/ן	הֶעֱדַפְתֶּם/ן	תַּעֲדִיפוּ **	הַעֲדִיפוּ ***
		הם/ן	הֶעֱדִיפוּ	יַעֲדִיפוּ **	

שם הפועל .Infin לְהַעֲדִיף*   * formal: מַעְדִיף, אַעְדִיף, הַעְדֵף, לְהַעְדִיף...

ש' הפעו' Verbal N הַעֲדָפָה preference   ** less commonly: אתן/הן תַּעֲדֵפְנָה

מקור מוחלט .Inf. Abs הַעֲדֵף   *** less commonly: (אתן) הַעֲדֵפְנָה

מ״י מוצרכת .Gov. Prep הֶעֱדִיף את... על (פני)... prefer (someone/thing) to (someone/thing)

הוּעֲדַף (הָעֳדַף) be preferred

בניין : הוּפְעַל גזרה : שלמים + פ״ג

	Present הווה		Past עבר	Future עתיד
יחיד	מוּעֲדָף	אני	הוּעֲדַפְתִּי	אוּעֲדַף
יחידה	מוּעֲדֶפֶת	אתה	הוּעֲדַפְתָּ	תּוּעֲדַף
רבים	מוּעֲדָפִים	את	הוּעֲדַפְתְּ	תּוּעֲדְפִי
רבות	מוּעֲדָפוֹת	הוא	הוּעֲדַף	יוּעֲדַף
		היא	הוּעָדְפָה	תּוּעֲדַף
		אנחנו	הוּעֲדַפְנוּ	נוּעֲדַף
		אתם/ן	הוּעֲדַפְתֶּם/ן	תּוּעָדְפוּ *
		הם/ן	הוּעָדְפוּ	יוּעָדְפוּ *

בדיבור בד״כ עם וּ : מוּעֲדָף, יוּעֲדַף... In speech [o] is generally replaced by [u]:

בינוני .Pres. Part מוּעֲדָף preferred   * less commonly: אתן/הן תּוּעֲדַפְנָה

♦ פעלים פחות שכיחים מאותו שורש Less frequent verbs from the same root

עָדַף be left over, be surplus; be larger (עוֹדֵף, יַעְדּוֹף, לַעֲדּוֹף)

בינוני .Pres. Part עוֹדֵף surplus, extra, redundant (form is fairly common)

קָטִיל *CaCiC* עָדִיף preferable (form is common)

♦ דוגמאות Illustrations

מיכאל מאוכזב. **הֶעֱדִיפוּ** מועמד אחר על פניו. יש לו אומנם סיכויים לקבל עבודה אחרת, אבל זו הייתה דווקא הבחירה ה**מוּעֲדֶפֶת** שלו.

Michael is disappointed. They **preferred** another candidate over him. He does have a good chance of getting another job, but this was actually his **preferred** choice.

בטיסות קשה לעתים להחליט מה **עָדִיף** : לשלם עבור משקל **עוֹדֵף** על מזוודה אחת, או לשלוח שתי מזוודות.

When planning on taking flights, it is sometimes hard to decide on what would be **preferable**: paying for **extra** weight in one suitcase, or sending two.

●עוד-1 : לְהָעִיד

הֵעִיד/הֵעַד/יָעִיד bear witness, give evidence; warn

בניין : הִפְעִיל   גזרה : פ״ג + ע״ו

	Present הווה		Past עבר	Future עתיד	Imper. ציווי
יחיד	מֵעִיד	אני	הֵעַדְתִּי	אָעִיד	
יחידה	מְעִידָה	אתה	הֵעַדְתָּ	תָּעִיד	הָעֵד
רבים	מְעִידִים	את	הֵעַדְתְּ	תָּעִידִי	הָעִידִי
רבות	מְעִידוֹת	הוא	הֵעִיד	יָעִיד	
		היא	הֵעִידָה	תָּעִיד	
		אנחנו	הֵעַדְנוּ	נָעִיד	
		אתם/ן	* הֵעַדְתֶּם/ן	** תָּעִידוּ	*** הָעִידוּ
		הם/ן	הֵעִידוּ	** יָעִידוּ	

שם הפועל .Infin לְהָעִיד   * formal: הַעַדְתֶּם/ן

מקור מוחלט .Inf. Abs הָעֵד   ** less commonly: אתן/הן תָּעֵדְנָה

*** less commonly: (אתן) הָעֵדְנָה

שם הפעולה Verbal N הַעֲדָאָה testimony; warning (lit.); הֲעָדָה testimony; protest (legal)

♦ פעלים פחות שכיחים מאותו שורש Less frequent verbs from the same root

הוּעַד be warned > בינוני .Pres. Part מוּעָד habitual, having a history of

♦ דוגמאות Illustrations

מנשה פוחד **לְהָעִיד** נגד אברהם, שהזהיר אותו שאם **יָעִיד** נגדו, הוא יתחרט על כך.

Menashe is afraid **to testify** against Avraham, who warned him that if he **testifies** against him, he'll regret it.

♦ ביטויים מיוחדים Special expressions

אדם **מוּעָד** לעולם man is always responsible for damage done by him

פושע **מוּעָד** a habitual criminal

●עוד-2 : לְעוֹדֵד, לְהִתְעוֹדֵד

עוֹדֵד/עוֹדַד encourage, support

בניין : פִּיעֵל   גזרה : ע״ו (ל״ל)

	Present הווה		Past עבר	Future עתיד	Imper. ציווי
יחיד	מְעוֹדֵד	אני	עוֹדַדְתִּי	אֲעוֹדֵד	
יחידה	מְעוֹדֶדֶת	אתה	עוֹדַדְתָּ	תְּעוֹדֵד	עוֹדֵד

	Present הווה		Past עבר	Future עתיד	Imper. ציווי
רבים	מְעוֹדְדִים	את	עוֹדַדְתְּ	תְּעוֹדְדִי	עוֹדְדִי
רבות	מְעוֹדְדוֹת	הוא	עוֹדֵד	יְעוֹדֵד	
		היא	עוֹדְדָה	תְּעוֹדֵד	
		אנחנו	עוֹדַדְנוּ	נְעוֹדֵד	
		אתם/ן	עוֹדַדְתֶּם/ן	תְּעוֹדְדוּ	עוֹדְדוּ **
		הם/ן	עוֹדְדוּ	יְעוֹדְדוּ *	

שם הפועל .Infin לְעוֹדֵד   * less commonly: אתן/הן תְּעוֹדֵדְנָה

שם הפעולה Verbal N עִידּוּד encouragement   ** less commonly: (אתן) עוֹדֵדְנָה

בינ' .Pres. Part מְעוֹדֵד encouraging   מקור מוחלט .Inf. Abs עוֹדֵד

הִתְעוֹדֵד/הִתְעוֹדַד be encouraged, cheer up

בניין : הִתְפַּעֵל   גזרה : ע״ו (ל״ל)

	Present הווה		Past עבר	Future עתיד	Imper. ציווי
יחיד	מִתְעוֹדֵד	אני	הִתְעוֹדַדְתִּי	אֶתְעוֹדֵד	
יחידה	מִתְעוֹדֶדֶת	אתה	הִתְעוֹדַדְתָּ	תִּתְעוֹדֵד	הִתְעוֹדֵד
רבים	מִתְעוֹדְדִים	את	הִתְעוֹדַדְתְּ	תִּתְעוֹדְדִי	הִתְעוֹדְדִי
רבות	מִתְעוֹדְדוֹת	הוא	הִתְעוֹדֵד	יִתְעוֹדֵד	
		היא	הִתְעוֹדְדָה	תִּתְעוֹדֵד	
		אנחנו	הִתְעוֹדַדְנוּ	נִתְעוֹדֵד	
		אתם/ן	הִתְעוֹדַדְתֶּם/ן	תִּתְעוֹדְדוּ *	הִתְעוֹדְדוּ **
		הם/ן	הִתְעוֹדְדוּ	יִתְעוֹדְדוּ *	

שם הפועל .Infin לְהִתְעוֹדֵד   * less commonly: אתן/הן תִּתְעוֹדֵדְנָה

שם הפעולה Verbal N הִתְעוֹדְדוּת cheering up   ** less commonly: (אתן) הִתְעוֹדֵדְנָה

מקור מוחלט .Inf. Abs הִתְעוֹדֵד

♦ פעלים פחות שכיחים מאותו שורש Less frequent verbs from the same root

עוֹדַד/עוּדַד be encouraged < בינוני .Pres. Part מְעוֹדָד/מְעוּדָד encouraged

♦ דוגמאות Illustrations

שמעון בחור מוכשר מאוד ; אם הוא לא מתפקד כראוי, הסיבה לכך היא שלא **מְעוֹדְדִים** אותו בעבודה. בלי **עִידּוּד** מתאים הוא מאבד את המוטיבציה להצליח. כשהוא **מְעוֹדָד/מְעוּדָד**, הוא עובד כמו נמר.

Shim'on is a very talented guy; if he does not function properly, the reason is that they don't **encourage** him at work. Without appropriate **encouragement** he loses the motivation to succeed. When he's **encouraged**, he works like a tiger.

תִּתְעוֹדֵד, זה לא נורא. מרבית האנשים לא עוברים את מבחן הנהיגה בפעם הראשונה.

Cheer up, it's not the end of the world. Most people do not pass the driving test the first time.

♦ ביטויים מיוחדים Special expressions

סימן **מְעוֹדֵד** an **encouraging** sign

זריקת **עִידּוּד** a shot in the arm, a boost of **encouragement**

●עוף : לָעוּף, לְהָעִיף, לְהִתְעוֹפֵף

עָף/עַפ/יָעוּף fly

בניין : פָּעַל גזרה : ע״ו

	Present הווה		Past עבר	Future עתיד	Imper. ציווי
יחיד	עָף	אני	עַפְתִּי	אָעוּף	
יחידה	עָפָה	אתה	עַפְתָּ	תָּעוּף	עוּף
רבים	עָפִים	את	עַפְתְּ	תָּעוּפִי	עוּפִי
רבות	עָפוֹת	הוא	עָף	יָעוּף	
		היא	עָפָה	תָּעוּף	
		אנחנו	עַפְנוּ	נָעוּף	
		אתם/ן	עַפְתֶּם/ן	תָּעוּפוּ *	עוּפוּ **
		הם/ן	עָפוּ	יָעוּפוּ *	

שם הפועל .Infin לָעוּף
* less commonly: אתן/הן תָּעוֹפְנָה

מקור מוחלט .Inf. Abs עוֹף
** less commonly: (אתן) עוֹפְנָה

מקור נטוי .Inf.+pron בְּעוּפוֹ, כְּ...

הֵעִיף/הֵעַפ/יָעִיף fly (a thing), set flying, fling (stone), throw out (coll.)

בניין : הִפְעִיל גזרה : ע״ו

	Present הווה		Past עבר	Future עתיד	Imper. ציווי
יחיד	מֵעִיף	אני	הֵעַפְתִּי	אָעִיף	
יחידה	מְעִיפָה	אתה	הֵעַפְתָּ	תָּעִיף	הָעֵף
רבים	מְעִיפִים	את	הֵעַפְתְּ	תָּעִיפִי	הָעִיפִי
רבות	מְעִיפוֹת	הוא	הֵעִיף	יָעִיף	
		היא	הֵעִיפָה	תָּעִיף	
		אנחנו	הֵעַפְנוּ	נָעִיף	
		אתם/ן	הֵעַפְתֶּם/ן *	תָּעִיפוּ **	הָעִיפוּ ***
		הם/ן	הֵעִיפוּ	יָעִיפוּ **	

שם הפועל .Infin לְהָעִיף
* formal: הֲעֵפְתֶּם/ן

ש׳ הפעו׳ .Ver. N הֲעָפָה flying (tr.), throwing out (col.)
** less commonly: אתן/הן תָּעֵפְנָה

מקור מוחלט .Inf. Abs הָעֵף
*** less commonly: (אתן) הָעֵפְנָה

הִתְעוֹפֵף/הִתְעוֹפַפ fly about, fly

בניין : הִתְפַּעֵל גזרה : ע״ו (ל״ל)

	Present הווה		Past עבר	Future עתיד	Imper. ציווי
יחיד	מִתְעוֹפֵף	אני	הִתְעוֹפַפְתִּי	אֶתְעוֹפֵף	
יחידה	מִתְעוֹפֶפֶת	אתה	הִתְעוֹפַפְתָּ	תִּתְעוֹפֵף	הִתְעוֹפֵף
רבים	מִתְעוֹפְפִים	את	הִתְעוֹפַפְתְּ	תִּתְעוֹפְפִי	הִתְעוֹפְפִי
רבות	מִתְעוֹפְפוֹת	הוא	הִתְעוֹפֵף	יִתְעוֹפֵף	
		היא	הִתְעוֹפְפָה	תִּתְעוֹפֵף	
		אנחנו	הִתְעוֹפַפְנוּ	נִתְעוֹפֵף	
		אתם/ן	הִתְעוֹפַפְתֶּם/ן	תִּתְעוֹפְפוּ *	הִתְעוֹפְפוּ **
		הם/ן	הִתְעוֹפְפוּ	יִתְעוֹפְפוּ *	

שם הפועל .Infin לְהִתְעוֹפֵף
* less commonly: אתן/הן תִּתְעוֹפֵפְנָה

שם הפעולה Verbal N הִתְעוֹפְפוּת flying about ** less commonly: (אתן) הִתְעוֹפֵפְנָה
מקור מוחלט .Inf. Abs הִתְעוֹפֵף

♦ פעלים פחות שכיחים מאותו שורש Less frequent verbs from the same root
עוֹפֵף soar, fly; brandish (sword) > בינוני .Pres. Part מְעוֹפֵף bird; flying; airborne
הוּעַף be flown (kite, etc.), be set flying, be flung, be thrown out (coll.) (מוּעָף, יוּעַף)

♦ דוגמאות Illustrations

יהודים רבים בגולה מאמינים שכשיבוא המשיח, הם **יָעוּפוּ** איתו לארץ ישראל.
Many Jews in the Diaspora believe that when the Messiah comes, they **will fly** with him to the Land of Israel.

הרוח **הֵעִיפָה** את כובעי בכוח כזה, שהוא **עָף** כלפי מעלה, **והִתְעוֹפֵף** מספר דקות עד שצנח לבסוף על אחד הגגות.
The wind **set** my hat **flying** with such force, that it **flew** upward, and **was flying about** for a few minutes until it landed on one of the roofs.

אלי **הוּעַף** מבית הספר לטיס של חיל האוויר ממש לפני סיום הקורס. **הֵעִיפוּ** אותו בגלל הפרת משמעת חמורה ביותר.
Eli **was thrown out** of the Air Force's Flying School just before he was supposed to finish the course. They **threw** him **out** for a very serious violation of discipline.

♦ ביטויים מיוחדים Special expressions
הגביה **עוּף** **fly** high (lit.)   **הֵעִיף** עין/מבט glance

● עור : לְהִתְעוֹרֵר, לְהָעִיר, לְעוֹרֵר

הִתְעוֹרֵר/הִתְעוֹרַר wake up, rouse oneself

בניין : הִתְפַּעֵל גזרה : ע״ו (+ ל״ל)

	Present הווה		Past עבר	Future עתיד	Imper. ציווי
יחיד	מִתְעוֹרֵר	אני	הִתְעוֹרַרְתִּי	אֶתְעוֹרֵר	
יחידה	מִתְעוֹרֶרֶת	אתה	הִתְעוֹרַרְתָּ	תִּתְעוֹרֵר	הִתְעוֹרֵר
רבים	מִתְעוֹרְרִים	את	הִתְעוֹרַרְתְּ	תִּתְעוֹרְרִי	הִתְעוֹרְרִי
רבות	מִתְעוֹרְרוֹת	הוא	הִתְעוֹרֵר	יִתְעוֹרֵר	
		היא	הִתְעוֹרְרָה	תִּתְעוֹרֵר	
		אנחנו	הִתְעוֹרַרְנוּ	נִתְעוֹרֵר	
		אתםן	הִתְעוֹרַרְתֶּם/ן	תִּתְעוֹרְרוּ *	הִתְעוֹרְרוּ **
		הםן	הִתְעוֹרְרוּ	יִתְעוֹרְרוּ *	

שם הפועל .Infin לְהִתְעוֹרֵר * less commonly: אתן/הן תִּתְעוֹרֵרְנָה
שם הפעולה Verbal N הִתְעוֹרְרוּת waking up ** less commonly: (אתן) הִתְעוֹרֵרְנָה
מקור מוחלט .Inf. Abs הִתְעוֹרֵר

הֵעִיר/הֵעַר/יָעִיר wake, rouse, stir; comment, note, annotate

בניין : הִפְעִיל גזרה : ע״ו

	Present הווה		Past עבר	Future עתיד	Imper. ציווי
יחיד	מֵעִיר	אני	הֵעַרְתִּי	אָעִיר	
יחידה	מְעִירָה	אתה	הֵעַרְתָּ	תָּעִיר	הָעֵר

		Present הווה		Past עבר	Future עתיד	Imper. ציווי
רבים		מְעִירִים	את	הֵעַרְתְּ	תָּעִירִי	הָעִירִי
רבות		מְעִירוֹת	הוא	הֵעִיר	יָעִיר	
			היא	הֵעִירָה	תָּעִיר	
			אנחנו	הֵעַרְנוּ	נָעִיר	
			אתם/ן	הֵעַרְתֶּם/ן *	תָּעִירוּ **	הָעִירוּ ***
			הם/ן	הֵעִירוּ	יָעִירוּ **	

שם הפועל .Infin לְהָעִיר

שם הפעולה Verbal N הֶעָרָה comment

מקור מוחלט .Inf. Abs הָעֵר

* formal: הַעֲרְתֶּם/ן

** less commonly: אתן/הן תָּעֵרְנָה

*** less commonly: (אתן) הָעֵרְנָה

עוֹרֵר/עוֹרַר rouse, wake

בניין : פִּיעֵל גזרה : ע״ו (ל״ל)

	Present הווה		Past עבר	Future עתיד	Imper. ציווי
יחיד	מְעוֹרֵר	אני	עוֹרַרְתִּי	אֲעוֹרֵר	
יחידה	מְעוֹרֶרֶת	אתה	עוֹרַרְתָּ	תְּעוֹרֵר	עוֹרֵר
רבים	מְעוֹרְרִים	את	עוֹרַרְתְּ	תְּעוֹרְרִי	עוֹרְרִי
רבות	מְעוֹרְרוֹת	הוא	עוֹרֵר	יְעוֹרֵר	
		היא	עוֹרְרָה	תְּעוֹרֵר	
		אנחנו	עוֹרַרְנוּ	נְעוֹרֵר	
		אתם/ן	עוֹרַרְתֶּם/ן	תְּעוֹרְרוּ	עוֹרְרוּ **
		הם/ן	עוֹרְרוּ	יְעוֹרְרוּ *	

שם הפועל .Infin לְעוֹרֵר

בינ' .Pres. Part מְעוֹרֵר waking, rousing

מקור מוחלט .Inf. Abs עוֹרֵר

* less commonly: אתן/הן תְּעוֹרֵרְנָה

** less commonly: (אתן) עוֹרֵרְנָה

דוגמאות Illustrations

ניסיתי **לְהָעִיר** את אברהם בשש בבוקר, אבל קשה לו מאוד **לְהִתְעוֹרֵר** לפני שמונה. בסופו של דבר שלושה ספלי קפה **עוֹרְרוּ** אותו בשבע בערך.

I tried **to wake** Avraham at 6 a.m., but it is very difficult for him **to wake up** before eight. Finally three cups of coffee **roused** him at approximately seven.

מוסלמים קיצונים מנסים **לְעוֹרֵר** את העם להפיל את השלטון במדינות מוסלמיות רבות.

Extremist Moslems are trying to **rouse** the people to topple the government in many Moslem countries.

זה איננו תרגום סתם. המתרגם **מֵעִיר הֶעָרוֹת** מפורטות על כל שורה מן הטקסט המקורי.

This is not a mere translation. The translator **annotates** every line of the original text with extensive **comments**.

♦ ביטויים מיוחדים Special expressions

מחזה **מְעוֹרֵר** רחמים a pitiful sight

שעון **מְעוֹרֵר** alarm clock

● עזב : לַעֲזוֹב, לְהֵיעָזֵב

עָזַב/עוֹזֵב/יַעֲזוֹב (יַעֲזֹב) leave, leave behind; abandon; (arch.) help

בניין : פָּעַל גזרה : שלמים (אֶפְעוֹל) + פ״ג

	Pres./Part. הווה/בינוני			Past עבר	Fut. עתיד	Imp. ציווי
יחיד	עוֹזֵב	עָזוּב	אני	עָזַבְתִּי	אֶעֱזוֹב	
יחידה	עוֹזֶבֶת	עֲזוּבָה	אתה	עָזַבְתָּ	תַּעֲזוֹב	עֲזוֹב
רבים	עוֹזְבִים	עֲזוּבִים	את	עָזַבְתְּ	תַּעַזְבִי	עִזְבִי
רבות	עוֹזְבוֹת	עֲזוּבוֹת	הוא	עָזַב	יַעֲזוֹב	
			היא	עָזְבָה	תַּעֲזוֹב	
			אנחנו	עָזַבְנוּ	נַעֲזוֹב	
			אתם/ן	עֲזַבְתֶּם/ן *	תַּעַזְבוּ **	עִזְבוּ ***
			הם/ן	עָזְבוּ	יַעַזְבוּ **	

שם הפועל .Infin לַעֲזוֹב

מקור מוחלט .Inf. Abs עָזוֹב

שם הפעולה Verbal N עֲזִיבָה leaving

ביני סביל .Pass. Part עָזוּב abandoned, neglected

* Colloquial: עָזַבְתֶּם/ן

** less commonly: אתן/הן תַּעֲזוֹבְנָה

*** less commonly: (אתן) עֲזוֹבְנָה

מקור נטוי .Inf.+pron בְּעוֹזְבוֹ, כְּ...

נֶעֱזַב/יֵיעָזֵב (יֵעָזֵב) be abandoned, be deserted, be left

בניין : נִפְעַל גזרה : שלמים + פ״ג

	Present הווה		Past עבר	Future עתיד	Imper. ציווי
יחיד	נֶעֱזָב	אני	נֶעֱזַבְתִּי	אֵיעָזֵב	
יחידה	נֶעֱזֶבֶת	אתה	נֶעֱזַבְתָּ	תֵּיעָזֵב	הֵיעָזֵב
רבים	נֶעֱזָבִים	את	נֶעֱזַבְתְּ	תֵּיעָזְבִי	הֵיעָזְבִי
רבות	נֶעֱזָבוֹת	הוא	נֶעֱזַב	יֵיעָזֵב	
		היא	נֶעֶזְבָה	תֵּיעָזֵב	
		אנחנו	נֶעֱזַבְנוּ	נֵיעָזֵב	
		אתם/ן	נֶעֱזַבְתֶּם/ן	תֵּיעָזְבוּ *	הֵיעָזְבוּ **
		הם/ן	נֶעֶזְבוּ	יֵיעָזְבוּ *	

שם הפועל .Infin לְהֵיעָזֵב

ש׳ הפעולה Verbal N הֵיעָזְבוּת being abandoned

מקור מוחלט .Inf. Abs נַעֲזוֹב, הֵיעָזֵב (הֵיעָזוֹב)

* less commonly: אתן/הן תֵּיעָזַבְנָה

** less commonly: (אתן) הֵיעָזַבְנָה

♦ פעלים פחות שכיחים מאותו שורש Less frequent verbs from the same root

הֶעֱזִיב cause to leave; fire (coll., jocular) (מַעֲזִיב, יַעֲזִיב, לְהַעֲזִיב)

♦ דוגמאות Illustrations

הפסיכולוג חושב שהבעיות של גבריאל נובעות מהיותו ילד **עָזוּב**. הוא **נֶעֱזַב** על ידי הוריו בגיל שנתיים; הם **עָזְבוּ** אותו בידי סבתו וברחו לאוסטרליה.

The psychologist thinks that Gavriel's problems stem from his being an **abandoned** child. He **was abandoned** by his parents at the age of two; they **left** him with his grandmother and fled to Australia.

♦ ביטויים מיוחדים Special expressions

עָזַב אותו לנפשו **leave** one alone

עֲזוֹב שטויות! it's all nonsense!

●עזז : לְהָעֵז

הֵעֵז/הֵעֵז/יָעֵז dare

בניין : הִפְעִיל   גזרה : כפולים

	הווה Present		עבר Past	עתיד Future	ציווי Imper.
יחיד	מֵעֵז	אני	הֵעַזְתִּי	אָעֵז	
יחידה	מְעִיזָּה	אתה	הֵעַזְתָּ	תָּעֵז	הָעֵז
רבים	מְעִיזִּים	את	הֵעַזְתְּ	תָּעֵזִּי	הָעֵזִּי
רבות	מְעִיזּוֹת	הוא	הֵעֵז	יָעֵז	
		היא	הֵעֵזָּה	תָּעֵז	
		אנחנו	הֵעַזְנוּ	נָעֵז	
		אתם/ן	הֵעַזְתֶּם/ן *	תָּעֵזּוּ **	הָעֵזּוּ ***
		הם/ן	הֵעֵזּוּ	יָעֵזּוּ **	

* formal: הֵעַזְתֶּם/ן

שם הפועל .Infin לְהָעֵז

** less commonly : אתן/הן תָּעֵזְנָה

מקור מוחלט .Inf. Abs הָעֵז

*** less commonly : הָעֵזְנָה

מ״י מוצרכת .Gov. Prep הֵעֵז ל- dare to

◆ דוגמאות Illustrations

למרות שהוא אחד התלמידים המוכשרים בכיתה, בזמן השיעור הוא לא **מֵעֵז** לפתוח את פיו ולהביע את דעתו.

Although he is one of the most capable students in class, during class he does not **dare** open his mouth and express his opinion.

●עזר : לַעֲזוֹר, לְהֵיעָזֵר

עָזַר/עוֹזֵר/יַעֲזוֹר (יַעֲזֹר) help, assist, aid

בניין : פָּעַל   גזרה : שלמים (אֶפְעוֹל) + פ״ג

	הווה Present		עבר Past	עתיד .Fut	ציווי .Imp
יחיד	עוֹזֵר	אני	עָזַרְתִּי	אֶעֱזוֹר	
יחידה	עוֹזֶרֶת	אתה	עָזַרְתָּ	תַּעֲזוֹר	עֲזוֹר
רבים	עוֹזְרִים	את	עָזַרְתְּ	תַּעַזְרִי	עִזְרִי
רבות	עוֹזְרוֹת	הוא	עָזַר	יַעֲזוֹר	
		היא	עָזְרָה	תַּעֲזוֹר	
		אנחנו	עָזַרְנוּ	נַעֲזוֹר	
		אתם/ן	עֲזַרְתֶּם/ן *	תַּעַזְרוּ **	עִזְרוּ ***
		הם/ן	עָזְרוּ	יַעַזְרוּ **	

שם הפועל .Infin לַעֲזוֹר

* Colloquial: עָזַרְתֶּם/ן

מקור מוחלט .Inf. Abs עָזוֹר

** less commonly: אתן/הן תַּעֲזוֹרְנָה

ביני פעיל .Act. Part עוֹזֵר aide, assistant

*** less commonly: (אתן) עֲזוֹרְנָה

עוֹזֶרֶת (בית) maid, cleaning woman

מקור נטוי .Inf.+pron בְּעוֹזְרוֹ, כְּ...

מ״י מוצרכת .Gov. Prep עָזַר ל- help (someone); עָזַר ב- help with (something)

נֶעֱזַר/יֵיעָזֵר (יֵעָזֵר) be helped, be assisted, be aided

בניין : נִפְעַל גזרה : שלמים + פ״ג

Imper. ציווי	Future עתיד	Past עבר		Present הווה	
	אֵיעָזֵר	נֶעֱזַרְתִּי	אני	נֶעֱזָר	יחיד
הֵיעָזֵר	תֵּיעָזֵר	נֶעֱזַרְתָּ	אתה	נֶעֱזֶרֶת	יחידה
הֵיעָזְרִי	תֵּיעָזְרִי	נֶעֱזַרְתְּ	את	נֶעֱזָרִים	רבים
	יֵיעָזֵר	נֶעֱזַר	הוא	נֶעֱזָרוֹת	רבות
	תֵּיעָזֵר	נֶעֶזְרָה	היא		
	נֵיעָזֵר	נֶעֱזַרְנוּ	אנחנו		
הֵיעָזְרוּ **	תֵּיעָזְרוּ *	נֶעֱזַרְתֶּם/ן	אתם/ן		
	יֵיעָזְרוּ *	נֶעֶזְרוּ	הם/ן		

שם הפועל .Infin לְהֵיעָזֵר   less commonly * : אתן/הן תֵּיעָזַרְנָה

שם הפעולה Verbal N הֵיעָזְרוּת being helped   less commonly ** : (אתן) הֵיעָזַרְנָה

מקור מוחלט .Inf. Abs נַעֲזוֹר, הֵיעָזֵר (הֵיעָזוֹר)

מ״י מוצרכת .Gov. Prep נֶעֱזַר בְּ- be aided by

♦ **דוגמאות** Illustrations

שמעון **נֶעֱזָר** בדויד בכל עניין טכני. דויד **עוֹזֵר** לו אפילו בעניינים פשוטים ביותר, כי שמעון אינו מסוגל אפילו להחליף נורה בכוחות עצמו.

Shim'on **is helped** by David in any technical matter. David **helps** him even with the simplest things, since Shim'on is not even capable of changing a lightbulb by himself.

●עטף : לַעֲטוֹף, לְהִתְעַטֵּף, לְהֵיעָטֵף

עָטַף/עוֹטֵף/יַעֲטוֹף (יַעֲטֹף) wrap

בניין : פָּעַל גזרה : שלמים (אֶפְעוֹל) + פ״ג

Imp. ציווי	Fut. עתיד	Past עבר		Pres./Part. הווה/בינוני		
	אֶעֱטוֹף	עָטַפְתִּי	אני	עָטוּף	עוֹטֵף	יחיד
עֲטוֹף	תַּעֲטוֹף	עָטַפְתָּ	אתה	עֲטוּפָה	עוֹטֶפֶת	יחידה
עִטְפִי	תַּעַטְפִי	עָטַפְתְּ	את	עֲטוּפִים	עוֹטְפִים	רבים
	יַעֲטוֹף	עָטַף	הוא	עֲטוּפוֹת	עוֹטְפוֹת	רבות
	תַּעֲטוֹף	עָטְפָה	היא			
	נַעֲטוֹף	עָטַפְנוּ	אנחנו			
עִטְפוּ ***	תַּעַטְפוּ **	עֲטַפְתֶּם/ן *	אתם/ן			
	יַעַטְפוּ **	עָטְפוּ	הם/ן			

שם הפועל .Infin לַעֲטוֹף   Colloquial * : עָטַפְתֶּם/ן

מקור מוחלט .Inf. Abs עָטוֹף   less commonly * : אתן/הן תַּעֲטוֹפְנָה

ביני סביל .Pass. Part עָטוּף wrapped   less commonly ** : (אתן) עֲטוֹפְנָה

קָטִיל .adj./N *CaCiC* עָטִיף wrap (clothing), prayer shawl (lit.); perianth (bot., in flower)

שם הפעולה Verbal N עֲטִיפָה wrapping, cover   מקור נטוי .Inf.+pron בְּעוֹטְפוֹ, כְּ...

הִתְעַטֵּף/הִתְעַטַּף wrap/cover oneself

בניין : הִתְפַּעֵל גזרה : שלמים

	הווה Present		עבר Past	עתיד Future	ציווי .Imper
יחיד	מִתְעַטֵּף	אני	הִתְעַטַּפְתִּי	אֶתְעַטֵּף	
יחידה	מִתְעַטֶּפֶת	אתה	הִתְעַטַּפְתָּ	תִּתְעַטֵּף	הִתְעַטֵּף
רבים	מִתְעַטְּפִים	את	הִתְעַטַּפְתְּ	תִּתְעַטְּפִי	הִתְעַטְּפִי
רבות	מִתְעַטְּפוֹת	הוא	הִתְעַטֵּף	יִתְעַטֵּף	
		היא	הִתְעַטְּפָה	תִּתְעַטֵּף	
		אנחנו	הִתְעַטַּפְנוּ	נִתְעַטֵּף	
		אתם/ן	הִתְעַטַּפְתֶּם/ן	תִּתְעַטְּפוּ *	הִתְעַטְּפוּ **
		הם/ן	הִתְעַטְּפוּ	יִתְעַטְּפוּ *	

* less commonly: אתן/הן תִּתְעַטֵּפְנָה

** less commonly: (אתן) הִתְעַטֵּפְנָה

שם הפועל .Infin לְהִתְעַטֵּף

מקור מוחלט .Inf. Abs הִתְעַטֵּף

שם הפעולה Verbal N הִתְעַטְּפוּת wrapping oneself

מ״י מוצרכת .Gov. Prep הִתְעַטֵּף ב- wrap oneself in

נֶעֱטַף/יֵיעָטֵף (יֵעָטֵף) be wrapped, be enveloped

בניין : נִפְעַל גזרה : שלמים + פ״ג

	הווה Present		עבר Past	עתיד Future	ציווי .Imper
יחיד	נֶעֱטָף	אני	נֶעֱטַפְתִּי	אֵיעָטֵף	
יחידה	נֶעֱטֶפֶת	אתה	נֶעֱטַפְתָּ	תֵּיעָטֵף	הֵיעָטֵף
רבים	נֶעֱטָפִים	את	נֶעֱטַפְתְּ	תֵּיעָטְפִי	הֵיעָטְפִי
רבות	נֶעֱטָפוֹת	הוא	נֶעֱטַף	יֵיעָטֵף	
		היא	נֶעֶטְפָה	תֵּיעָטֵף	
		אנחנו	נֶעֱטַפְנוּ	נֵיעָטֵף	
		אתם/ן	נֶעֱטַפְתֶּם/ן	תֵּיעָטְפוּ *	הֵיעָטְפוּ **
		הם/ן	נֶעֶטְפוּ	יֵיעָטְפוּ *	

שם הפועל .Infin לְהֵיעָטֵף

מקור מוחלט .Inf. Abs נַעֲטוֹף, הֵיעָטֵף/...טוֹף

* less commonly: אתן/הן תֵּיעָטַפְנָה

** less commonly: (אתן) הֵיעָטַפְנָה

♦ דוגמאות Illustrations

בבית הספר, דרשו מאיתנו תמיד **לַעֲטוֹף** את ספרי הלימוד במעטפת נייר, כיוון שספרים **עֲטוּפִים** נשמרים טוב יותר. חנויות למכשירי כתיבה עשו רווחים טובים ממכירת נייר **עֲטִיפָה**. מי שספריו לא **נֶעֶטְפוּ** נענש.

At school, they always required that we **wrap** the textbooks with paper covers, since **wrapped** books are better preserved. Stationery stores made good profits from the sale of **wrapping** paper. He whose books were not **wrapped** was punished.

הִתְעַטַּפְתִּי היטב בשמיכה, כי היה כבר קריר מדיי לשבת בלילה בחוץ ללא בגדים מתאימים.

I **covered myself up** with a blanket, since it was already too cool to sit outside at night without proper clothing.

●עין : לְעַיֵּן

עִיֵּן (עִיֵּן)/עִייַּנ/עַיֵּן (מן עַיִן eye) read, study, peruse; reflect, consider; weigh carefully

בניין : פִּיעֵל גזרה : ל״נ

	Present הווה		Past עבר	Future עתיד	Imper. ציווי
יחיד	מְעַיֵּן	אני	עִיַּנְתִּי	אֲעַיֵּן	
יחידה	מְעַיֶּינֶת	אתה	עִיַּנְתָּ	תְּעַיֵּן	עַיֵּן
רבים	מְעַיְּנִים	את	עִיַּנְתְּ	תְּעַיְּנִי	עַיְּנִי
רבות	מְעַיְּנוֹת	הוא	עִיֵּן	יְעַיֵּן	
		היא	עִיְּנָה	תְּעַיֵּן	
		אנחנו	עִיַּנּוּ	נְעַיֵּן	
		אתם/ן	עִיַּנְתֶּם/ן	תְּעַיְּנוּ *	עַיְּנוּ **
		הם/ן	עִיְּנוּ	יְעַיְּנוּ *	

* less commonly: אתן/הן תְּעַיֵּנָּה

שם הפועל .Infin לְעַיֵּן ** less commonly: (אתן) עַיֵּנָּה

שם הפעולה Verbal N עִיּוּן reading, study, consideration

מקור מוחלט .Inf. Abs עַיֵּן תה״פ .Adv בְּעִיּוּן carefully and in depth

מ״י מוצרכת .Gov. Prep עִיֵּן בְּ- study/consider (something)

♦ דוגמאות Illustrations

עִיַּנְתִּי היטב במאמר, אך לא הצלחתי בשום אופן להבין מה המחבר רוצה לומר.

I **studied** the article **carefully**, but for the life of me could not understand what the author wanted to say.

●עיף : לְהִתְעַיֵּף

הִתְעַיֵּף (הִתְעַיֵּף)/הִתְעַייַּפ become tired; become fed up with (sl.)

בניין : הִתְפַּעֵל גזרה : שלמים

	Present הווה		Past עבר	Future עתיד	Imper. ציווי
יחיד	מִתְעַיֵּף	אני	הִתְעַיַּפְתִּי	אֶתְעַיֵּף	
יחידה	מִתְעַיֶּפֶת	אתה	הִתְעַיַּפְתָּ	תִּתְעַיֵּף	הִתְעַיֵּף
רבים	מִתְעַיְּפִים	את	הִתְעַיַּפְתְּ	תִּתְעַיְּפִי	הִתְעַיְּפִי
רבות	מִתְעַיְּפוֹת	הוא	הִתְעַיֵּף	יִתְעַיֵּף	
		היא	הִתְעַיְּפָה	תִּתְעַיֵּף	
		אנחנו	הִתְעַיַּפְנוּ	נִתְעַיֵּף	
		אתם/ן	הִתְעַיַּפְתֶּם/ן	תִּתְעַיְּפוּ *	הִתְעַיְּפוּ **
		הם/ן	הִתְעַיְּפוּ	יִתְעַיְּפוּ *	

שם הפועל .Infin לְהִתְעַיֵּף * less commonly: אתן/הן תִּתְעַיֵּפְנָה

מקור מוחלט .Inf. Abs הִתְעַיֵּף ** less commonly: (אתן) הִתְעַיֵּפְנָה

ש׳ הפעולי Verbal N הִתְעַיְּפוּת becoming tired

♦ פעלים פחות שכיחים מאותו שורש Less frequent verbs from the same root

עִיֵּף (.tire (tr (בינוני .Pres. Part מְעַיֵּף tiring, exhausting, יְעַיֵּף)

עָיֵף (.tire, become tired (lit (בינוני .Pres. Part עָיֵף tired, יָעֵיף)

♦ דוגמאות Illustrations

משה רגיל לעבודה קשה, וגם כעת, בגיל שמונים, קשה לו להאמין שהוא **מִתְעַיֵּף** מהר יותר מאשר בגיל עשרים...

Moshe is used to hard work, and even now, at the age of eighty, it is difficult for him to believe that he **gets tired** faster than at the age of twenty…

●עכב : לְהִתְעַכֵּב, לְעַכֵּב

הִתְעַכֵּב/הִתְעַכַּב be delayed, be held up; linger, tarry

בניין : הִתְפַּעֵל גזרה : שלמים

	הווה Present		עבר Past	עתיד Future	ציווי Imper.
יחיד	מִתְעַכֵּב	אני	הִתְעַכַּבְתִּי	אֶתְעַכֵּב	
יחידה	מִתְעַכֶּבֶת	אתה	הִתְעַכַּבְתָּ	תִּתְעַכֵּב	הִתְעַכֵּב
רבים	מִתְעַכְּבִים	את	הִתְעַכַּבְתְּ	תִּתְעַכְּבִי	הִתְעַכְּבִי
רבות	מִתְעַכְּבוֹת	הוא	הִתְעַכֵּב	יִתְעַכֵּב	
		היא	הִתְעַכְּבָה	תִּתְעַכֵּב	
		אנחנו	הִתְעַכַּבְנוּ	נִתְעַכֵּב	
		אתם/ן	הִתְעַכַּבְתֶּם/ן	תִּתְעַכְּבוּ *	הִתְעַכְּבוּ **
		הם/ן	הִתְעַכְּבוּ	יִתְעַכְּבוּ *	

שם הפועל .Infin לְהִתְעַכֵּב — * less commonly: אתן/הן תִּתְעַכֵּבְנָה

שם הפעולה Verbal N הִתְעַכְּבוּת delay — ** less commonly: (אתן) הִתְעַכֵּבְנָה

מקור מוחלט .Inf. Abs הִתְעַכֵּב

עִיכֵּב/עִיכַּב/עַכֵּב (עִכֵּב) delay, hold up; hinder, prevent

בניין : פִּיעֵל גזרה : שלמים

	הווה Present		עבר Past	עתיד Future	ציווי Imper.
יחיד	מְעַכֵּב	אני	עִיכַּבְתִּי	אֲעַכֵּב	
יחידה	מְעַכֶּבֶת	אתה	עִיכַּבְתָּ	תְּעַכֵּב	עַכֵּב
רבים	מְעַכְּבִים	את	עִיכַּבְתְּ	תְּעַכְּבִי	עַכְּבִי
רבות	מְעַכְּבוֹת	הוא	עִיכֵּב	יְעַכֵּב	
		היא	עִיכְּבָה	תְּעַכֵּב	
		אנחנו	עִיכַּבְנוּ	נְעַכֵּב	
		אתם/ן	עִיכַּבְתֶּם/ן	תְּעַכְּבוּ *	עַכְּבוּ **
		הם/ן	עִיכְּבוּ	יְעַכְּבוּ *	

שם הפועל .Infin לְעַכֵּב — * less commonly: אתן/הן תְּעַכֵּבְנָה

שם הפעולה Verbal N עִיכּוּב delay — ** less commonly: (אתן) עַכֵּבְנָה

מקור מוחלט .Inf. Abs עַכֵּב

♦ פעלים פחות שכיחים מאותו שורש Less frequent verbs from the same root

עוּכַּב be delayed, be hindered, be prevented (בינוני Pres. Part. מְעוּכָּב delayed, יְעוּכַּב)

♦ **דוגמאות** Illustrations

חשבנו שהמטוס **עוּכַּב** בגלל תקלה, אך הסתבר שחברת התעופה **עִיכְּבָה** את הטיסה כדי לחכות לפוליטיקאי חשוב **שהִתְעַכֵּב** בדרכו לנמל התעופה, **עִיכּוּב** מיותר של שעה וחצי.

We thought that the plane **was delayed** owing to a malfunction, but it turned out that the airline company **delayed** the flight in order to wait for a prominent politician who **was held up** on his way to the airport, an unnecessary **delay** of an hour and a half.

●עכל : לְעַכֵּל

עִיכֵּל/עִיכַּל/עִכֵּל (עִכֵּל) digest

בניין : פִּיעֵל גזרה : שלמים

	Present הווה		Past עבר	Future עתיד	Imper. ציווי
יחיד	מְעַכֵּל	אני	עִיכַּלְתִּי	אֲעַכֵּל	
יחידה	מְעַכֶּלֶת	אתה	עִיכַּלְתָּ	תְּעַכֵּל	עַכֵּל
רבים	מְעַכְּלִים	את	עִיכַּלְתְּ	תְּעַכְּלִי	עַכְּלִי
רבות	מְעַכְּלוֹת	הוא	עִיכֵּל	יְעַכֵּל	
		היא	עִיכְּלָה	תְּעַכֵּל	
		אנחנו	עִיכַּלְנוּ	נְעַכֵּל	
		אתם/ן	עִיכַּלְתֶּם/ן	תְּעַכְּלוּ *	עַכְּלוּ **
		הם/ן	עִיכְּלוּ	יְעַכְּלוּ *	

שם הפועל .Infin לְעַכֵּל

* less commonly: אתן/הן תְּעַכֵּלְנָה

שם הפעולה Verbal N עִיכּוּל digestion

** less commonly: (אתן) עַכֵּלְנָה

מקור מוחלט .Inf. Abs עַכֵּל

♦ **דוגמאות** Illustrations

יש אנשים שגופם אינו מסוגל **לְעַכֵּל** מוצרי חלב.

There are people whose body cannot **digest** dairy products.

●עלב : לְהֵיעָלֵב, לְהַעֲלִיב

נֶעֱלַב/יֵיעָלֵב (יֵעָלֵב) be insulted, be offended, take insult/offense

בניין : נִפְעַל גזרה : שלמים + פ״ג

	Present הווה		Past עבר	Future עתיד	Imper. ציווי
יחיד	נֶעֱלָב	אני	נֶעֱלַבְתִּי	אֵיעָלֵב	
יחידה	נֶעֱלֶבֶת	אתה	נֶעֱלַבְתָּ	תֵּיעָלֵב	הֵיעָלֵב
רבים	נֶעֱלָבִים	את	נֶעֱלַבְתְּ	תֵּיעָלְבִי	הֵיעָלְבִי
רבות	נֶעֱלָבוֹת	הוא	נֶעֱלַב	יֵיעָלֵב	
		היא	נֶעֶלְבָה	תֵּיעָלֵב	
		אנחנו	נֶעֱלַבְנוּ	נֵיעָלֵב	
		אתם/ן	נֶעֱלַבְתֶּם/ן	תֵּיעָלְבוּ *	הֵיעָלְבוּ **
		הם/ן	נֶעֶלְבוּ	יֵיעָלְבוּ *	

שם הפועל .Infin לְהֵיעָלֵב

* less commonly: אתן/הן תֵּיעָלַבְנָה

בינוני .Pres. Part נֶעֱלָב offended

** less commonly: (אתן) הֵיעָלַבְנָה

שם הפעולה Verbal N הֵיעָלְבוּת being offended　　מקור מוחלט .Inf. Abs נַעֲלוֹב, הֵיעָלֵב

הֶעֱלִיב/הֶעֱלַב/יַעֲלִיב insult, offend

בניין: הִפְעִיל　　גזרה: שלמים + פ״ג

	Present הווה		Past עבר	Future עתיד	Imper. ציווי
יחיד	מַעֲלִיב	אני	הֶעֱלַבְתִּי	אַעֲלִיב	
יחידה	מַעֲלִיבָה	אתה	הֶעֱלַבְתָּ	תַּעֲלִיב	הַעֲלֵב
רבים	מַעֲלִיבִים	את	הֶעֱלַבְתְּ	תַּעֲלִיבִי	הַעֲלִיבִי
רבות	מַעֲלִיבוֹת	הוא	הֶעֱלִיב	יַעֲלִיב	
		היא	הֶעֱלִיבָה	תַּעֲלִיב	
		אנחנו	הֶעֱלַבְנוּ	נַעֲלִיב	
		אתם/ן	הֶעֱלַבְתֶּם/ן	תַּעֲלִיבוּ *	הַעֲלִיבוּ **
		הם/ן	הֶעֱלִיבוּ	יַעֲלִיבוּ *	

שם הפועל .Infin לְהַעֲלִיב　　* less commonly: אתן/הן תַּעֲלֵבְנָה

שם הפעולה Verbal N הַעֲלָבָה insulting　　** less commonly: (אתן) הַעֲלֵבְנָה

בינ' .Pres. Part מַעֲלִיב insulting (Adj)　　מקור מוחלט .Inf. Abs הַעֲלֵב

♦ פעלים פחות שכיחים מאותו שורש Less frequent verbs from the same root

עָלַב insult < בינ' סביל .Pass. Part עָלוּב poor, wretched, worthless (form common)

♦ דוגמאות Illustrations

עליזה **נֶעֶלְבָה** מאוד כשחשבו שהיא האימא של אחותה. היא חשבה שניסו **לְהַעֲלִיב** אותה במתכוון.

Aliza **was** very **offended** when people thought that she was her sister's mother. She thought they tried **to insult** her on purpose.

נמאס לי כבר לעבוד כל כך קשה עבור השכר **העָלוּב** שמשלמים לי.

I am sick and tired of working so hard for the **wretched** salary they are paying me.

♦ ביטויים מיוחדים Special expressions

מן ה**נֶעֱלָבִים** ואינם **עוֹלְבִים** one of those who **take insult** but do not repay in kind

●עלה (עלי): לַעֲלוֹת, לְהַעֲלוֹת, לְהִתְעַלּוֹת

עָלָה/עוֹלֶה/יַעֲלֶה go up, rise; grow, flourish; excel; cost; immigrate (to Israel)

בניין: פָּעַל　　גזרה: פ״ג + ל״י

	Present הווה		Past עבר	Fut. עתיד	Imp. ציווי
יחיד	עוֹלֶה	אני	עָלִיתִי	אֶעֱלֶה	
יחידה	עוֹלָה	אתה	עָלִיתָ	תַּעֲלֶה	עֲלֵה
רבים	עוֹלִים	את	עָלִית	תַּעֲלִי	עֲלִי
רבות	עוֹלוֹת	הוא	עָלָה	יַעֲלֶה	
		היא	עָלְתָה	תַּעֲלֶה	
		אנחנו	עָלִינוּ	נַעֲלֶה	
		אתם/ן	עֲלִיתֶם/ן *	תַּעֲלוּ **	עֲלוּ ***
		הם/ן	עָלוּ	יַעֲלוּ **	

שם הפועל .Infin לַעֲלוֹת   * Colloquial: עֲלִיתֶם/ן

מקור מוחלט .Inf. Abs עָלֹה   ** less commonly: אתן/הן תַּעֲלֶינָה

בינ׳ פעיל .Act. Part עוֹלֶה immigrant (to Israel)   *** less commonly: (אתן) עֲלֶינָה

מקור נטוי .Inf.+pron בַּעֲלוֹתוֹ, כְּ...

שם הפעולה Verbal N עֲלִיָּה going up; rise; promotion; immigration (to Israel); attic, loft

הֶעֱלָה/מַעֲלֶה raise, lift; cause to immigrate (to Israel); promote (in rank); put on

בניין : הִפְעִיל   גזרה : פ״ג + ל״י

	Present הווה		Past עבר	Future עתיד	Imper. ציווי
יחיד	מַעֲלֶה	אני	הֶעֱלֵיתִי	אַעֲלֶה	
יחידה	מַעֲלָה	אתה	הֶעֱלֵיתָ	תַּעֲלֶה	הַעֲלֵה
רבים	מַעֲלִים	את	הֶעֱלֵית	תַּעֲלִי	הַעֲלִי
רבות	מַעֲלוֹת	הוא	הֶעֱלָה	יַעֲלֶה	
		היא	הֶעֶלְתָה	תַּעֲלֶה	
		אנחנו	הֶעֱלֵינוּ	נַעֲלֶה	
		אתם/ן	הֶעֱלֵיתֶם/ן	תַּעֲלוּ *	הַעֲלוּ **
		הם/ן	הֶעֱלוּ	יַעֲלוּ *	

שם הפועל .Infin לְהַעֲלוֹת   * less commonly: אתן/הן תַּעֲלֶינָה

** less commonly: (אתן) הַעֲלֶינָה

שם הפעולה Verbal N הַעֲלָאָה rise (in price), raise (salary); raising; increase; promotion

מקור מוחלט .Inf. Abs הַעֲלֵה

הִתְעַלָּה rise, be raised; be exalted, be extolled; raise oneself above; exalt oneself, boast

בניין : הִתְפַּעֵל   גזרה : ל״י

	Present הווה		Past עבר	Future עתיד	Imper. ציווי
יחיד	מִתְעַלֶּה	אני	הִתְעַלֵּיתִי	אֶתְעַלֶּה	
יחידה	מִתְעַלָּה	אתה	הִתְעַלֵּיתָ	תִּתְעַלֶּה	הִתְעַלֵּה
רבים	מִתְעַלִּים	את	הִתְעַלֵּית	תִּתְעַלִּי	הִתְעַלִּי
רבות	מִתְעַלּוֹת	הוא	הִתְעַלָּה	יִתְעַלֶּה	
		היא	הִתְעַלְּתָה	תִּתְעַלֶּה	
		אנחנו	הִתְעַלֵּינוּ	נִתְעַלֶּה	
		אתם/ן	הִתְעַלֵּיתֶם/ן	תִּתְעַלּוּ *	הִתְעַלּוּ **
		הם/ן	הִתְעַלּוּ	יִתְעַלּוּ *	

* less commonly: אתן/הן תִּתְעַלֶּינָה

שם הפועל .Infin לְהִתְעַלּוֹת   ** less commonly: (אתן) הִתְעַלֶּינָה

שם הפעולה Verbal N הִתְעַלּוּת ascent; raising oneself   מקור מוחלט .Inf. Abs הִתְעַלֵּה

הוּעֲלָה (הָעֲלָה) be raised, be promoted

בניין : הוּפְעַל   גזרה : פ״ג + ל״י

	Present הווה		Past עבר	Future עתיד
יחיד	מוּעֲלֶה	אני	הוּעֲלֵיתִי	אוּעֲלֶה
יחידה	מוּעֲלָה	אתה	הוּעֲלֵיתָ	תּוּעֲלֶה

	Present הווה		Past עבר	Future עתיד
רבים	מוּעֲלִים	את	הוּעֲלֵית	תּוּעֲלִי
רבות	מוּעֲלוֹת	הוא	הוּעֲלָה	יוּעֲלֶה
		היא	הוּעַלְתָה	תּוּעֲלֶה
		אנחנו	הוּעֲלֵינוּ	נוּעֲלֶה
		אתםץ	הוּעֲלֵיתֶםץ	* תּוּעֲלוּ
		הםץ	הוּעֲלוּ	* יוּעֲלוּ

In speech [o] is generally replaced by [u]:...בדיבור בד״כ עם ו : הוּעֲלָה, יוּעֲלֶה

* less commonly אתןץהן תּוּעֲלֶינָה

♦ פעלים פחות שכיחים מאותו שורש Less frequent verbs from the same root

עִילָּה exalt, extol < בינוני Pres. Part. עִילּוּי genius

[עוּלָּה] < בינוני Pres. Part. מְעוּלֶּה excellent (only Pres. Part. is in use)

♦ דוגמאות Illustrations

עָלִיתִי על הסולם ו**הֶעֱלֵיתִי** איתי את פחית הצבע.

I **went up** the ladder and **brought up** (= **raised, lifted**) the paint can with me.

נציגי מחלקת ה**עֲלִיָּיה** של הסוכנות **הֶעֱלוּ** את קבוצת ה**עוֹלִים** על המטוס. המטוס המריא מייד לאחר ש**הוּעֲלָה** עליו ה**עוֹלֶה** האחרון.

The representatives of the **immigration** section of the Jewish Agency **put** the group of **immigrants (to Israel) on** the plane. The plane took off as soon as the last **immigrant was put** on it.

בתקופת אינפלציה המחירים **עוֹלִים** בקצב מואץ; כדי לבלום את האינפלציה, הממשלה מבקשת שהיצרנים והספקים לא **יַעֲלוּ** את המחירים, ושלא יהיו **הַעֲלָאוֹת** במשכורות.

In a period of inflation, prices **go up** at an accelerated pace; in order to check inflation, the government requests that producers and suppliers not **raise** prices, and that there will be no salary **raises**.

כשהחזן הזה מנהיג את התפילה, הוא מעורר בקהל תחושת **הִתְעַלּוּת**.

When this cantor leads the prayer, he arouses in the congregation a feeling of **exaltation**.

♦ ביטויים מיוחדים Special expressions

עָלָה באש **go up** in flames | **עָלָה** בידו ל- he managed to

עָלָה השחר day broke | **עָלָה** לארץ immigrate to Israel

עָלָה לרגל make pilgrimage to Jerusalem (for one of the three major festivals)

עָלָה לתורה be called up (in the synagogue) | **עָלָה** על דעתו/בדעתו it occurred to him

עָלָה עליו excelled him, surpassed him | **עָלָה** על הפרק come up for discussion

עָלָה על הקרקע settle on the land | **עָלָה** על האוטובוס get on the bus

עָלָה לו על העצבים annoyed him (coll.) | **עָלָה** מחירו its price has **gone up**

עֲלִיָּיה ראשונה (שנייה...) First (Second...) Aliyah (wave of immigration to Israel)

עֲלִיַּית גג attic, loft | לא **מַעֲלֶה** ולא מוריד makes no difference, irrelevant

מַעֲלֶה עליו הכתוב כאילו ... is reckoned in the Bible as if he...

הֶעֱלָה את הדברים על הכתב put it in writing | **הֶעֱלָה** חלודה rust

הֶעֱלָה חרס בידו fail, come up with nothing | **הֶעֱלָה** באש set fire to

הֶעֱלָה גרה chew cud, repeat ad nauseam | **הוּעֲלָה** בדרגה be promoted

●עלם : לְהֵיעָלֵם, לְהִתְעַלֵּם, לְהַעֲלִים

נֶעֱלַם/יֵיעָלֵם (יֵעָלֵם) vanish, disappear

בניין : נִפְעַל　　גזרה : שלמים + פ״ג

	Present הווה		Past עבר	Future עתיד	Imper. ציווי
יחיד	נֶעֱלָם	אני	נֶעֱלַמְתִּי	אֵיעָלֵם	
יחידה	נֶעֱלֶמֶת	אתה	נֶעֱלַמְתָּ	תֵּיעָלֵם	הֵיעָלֵם
רבים	נֶעֱלָמִים	את	נֶעֱלַמְתְּ	תֵּיעָלְמִי	הֵיעָלְמִי
רבות	נֶעֱלָמוֹת	הוא	נֶעֱלַם	יֵיעָלֵם	
		היא	נֶעֶלְמָה	תֵּיעָלֵם	
		אנחנו	נֶעֱלַמְנוּ	נֵיעָלֵם	
		אתם/ן	נֶעֱלַמְתֶּם/ן	תֵּיעָלְמוּ *	הֵיעָלְמוּ **
		הם/ן	נֶעֶלְמוּ	יֵיעָלְמוּ *	

שם הפועל .Infin לְהֵיעָלֵם　　* less commonly: אתן/הן תֵּיעָלַמְנָה

שם הפעולה Verbal N הֵיעָלְמוּת disappearance　　** less commonly: (אתן) הֵיעָלַמְנָה

בינ' .Pres. Part נֶעֱלָם concealed; mysterious; unknown quantity (algebra)

מקור מוחלט .Inf. Abs נַעֲלוֹם, הֵיעָלֵם (הֵיעָלוֹם)

הִתְעַלֵּם/הִתְעַלַּם ignore, overlook, fail to acknowledge; disappear

בניין : הִתְפַּעֵל　　גזרה : שלמים

	Present הווה		Past עבר	Future עתיד	Imper. ציווי
יחיד	מִתְעַלֵּם	אני	הִתְעַלַּמְתִּי	אֶתְעַלֵּם	
יחידה	מִתְעַלֶּמֶת	אתה	הִתְעַלַּמְתָּ	תִּתְעַלֵּם	הִתְעַלֵּם
רבים	מִתְעַלְּמִים	את	הִתְעַלַּמְתְּ	תִּתְעַלְּמִי	הִתְעַלְּמִי
רבות	מִתְעַלְּמוֹת	הוא	הִתְעַלֵּם	יִתְעַלֵּם	
		היא	הִתְעַלְּמָה	תִּתְעַלֵּם	
		אנחנו	הִתְעַלַּמְנוּ	נִתְעַלֵּם	
		אתם/ן	הִתְעַלַּמְתֶּם/ן	תִּתְעַלְּמוּ *	הִתְעַלְּמוּ **
		הם/ן	הִתְעַלְּמוּ	יִתְעַלְּמוּ *	

* less commonly: אתן/הן תִּתְעַלֵּמְנָה

שם הפועל .Infin לְהִתְעַלֵּם　　** less commonly: (אתן) הִתְעַלֵּמְנָה

שם הפעולה Verbal N הִתְעַלְּמוּת ignoring, overlooking

מקור מוחלט .Inf. Abs הִתְעַלֵּם　　מ״י מוצרכת .Gov. Prep הִתְעַלֵּם מ/מן ignore

הֶעֱלִים/הֶעֱלַם/יַעֲלִים hide, conceal

בניין : הִפְעִיל　　גזרה : שלמים + פ״ג

	Present הווה		Past עבר	Future עתיד	Imper. ציווי
יחיד	מַעֲלִים	אני	הֶעֱלַמְתִּי	אַעֲלִים	
יחידה	מַעֲלִימָה	אתה	הֶעֱלַמְתָּ	תַּעֲלִים	הַעֲלֵם
רבים	מַעֲלִימִים	את	הֶעֱלַמְתְּ	תַּעֲלִימִי	הַעֲלִימִי
רבות	מַעֲלִימוֹת	הוא	הֶעֱלִים	יַעֲלִים	
		היא	הֶעֱלִימָה	תַּעֲלִים	
		אנחנו	הֶעֱלַמְנוּ	נַעֲלִים	
		אתם/ן	הֶעֱלַמְתֶּם/ן	תַּעֲלִימוּ *	הַעֲלִימוּ **
		הם/ן	הֶעֱלִימוּ	יַעֲלִימוּ *	

שם הפועל .Infin לְהַעֲלִים * less commonly: אתן/הן תַּעֲלֵמְנָה
שם הפעולה Verbal N הַעֲלָמָה concealing ** less commonly: (אתן) הַעֲלֵמְנָה
מקור מוחלט .Inf. Abs הַעֲלֵם
מ״י מוצרכת .Gov. Prep הֶעֱלִים מן conceal from

♦ פעלים פחות שכיחים מאותו שורש Less frequent verbs from the same root
עָלַם (be hidden (Med H < בינ׳ סביל .Pass. Part עָלוּם secret

♦ דוגמאות Illustrations
חנה **הֶעֱלִימָה** מבנה את העובדה שאביו **נֶעֱלַם** לפני שלוש שנים מן הבית ועקבותיו **נֶעֶלְמוּ** לחלוטין.
Hannah **concealed** from her child (the fact that) his father **had disappeared** three years earlier, with no trace (literally: his traces completely **disappeared**).
אפילו לליברלים ביותר בינינו קשה **לְהִתְעַלֵּם** מן העובדה שהגזענות חיה וקיימת.
Even for the most liberal among us, it is difficult **to ignore** the fact that racism is alive and well.

♦ ביטויים מיוחדים Special expressions
הֶעֱלִים עיניו מן turn a blind eye to

●עלף : לְהִתְעַלֵּף

הִתְעַלֵּף/הִתְעַלַּפ faint

בניין : הִתְפַּעֵל גזרה : שלמים

	Present הווה		Past עבר	Future עתיד	Imper. ציווי
יחיד	מִתְעַלֵּף	אני	הִתְעַלַּפְתִּי	אֶתְעַלֵּף	
יחידה	מִתְעַלֶּפֶת	אתה	הִתְעַלַּפְתָּ	תִּתְעַלֵּף	הִתְעַלֵּף
רבים	מִתְעַלְּפִים	את	הִתְעַלַּפְתְּ	תִּתְעַלְּפִי	הִתְעַלְּפִי
רבות	מִתְעַלְּפוֹת	הוא	הִתְעַלֵּף	יִתְעַלֵּף	
		היא	הִתְעַלְּפָה	תִּתְעַלֵּף	
		אנחנו	הִתְעַלַּפְנוּ	נִתְעַלֵּף	
		אתם/ן	הִתְעַלַּפְתֶּם/ן	תִּתְעַלְּפוּ *	הִתְעַלְּפוּ **
		הם/ן	הִתְעַלְּפוּ	יִתְעַלְּפוּ *	

* less commonly: אתן/הן תִּתְעַלֵּפְנָה
** less commonly: (אתן) הִתְעַלֵּפְנָה

שם הפועל .Infin לְהִתְעַלֵּף
שם הפעולה Verbal N הִתְעַלְּפוּת fainting
מקור מוחלט .Inf. Abs הִתְעַלֵּף

♦ דוגמאות Illustrations
היה כל כך חם בדירה, שחשבתי שעוד מעט **אֶתְעַלֵּף**.
It was so hot in the apartment, that I thought I was going **to faint**.

●עמד : לַעֲמוֹד, לְהַעֲמִיד, לְהֵיעָמֵד

עָמַד/עוֹמֵד/יַעֲמוֹד (יַעֲמֹד) stand; stand up; halt, stop; remain; cease; be about to/going to

בניין : פָּעַל גזרה : שלמים (אֶפְעוֹל) + פ״ג

	Present הווה		Past עבר	Future עתיד	Imper. ציווי
יחיד	עוֹמֵד	אני	עָמַדְתִּי	אֶעֱמוֹד	
יחידה	עוֹמֶדֶת	אתה	עָמַדְתָּ	תַּעֲמוֹד	עֲמוֹד
רבים	עוֹמְדִים	את	עָמַדְתְּ	תַּעַמְדִי	עִמְדִי
רבות	עוֹמְדוֹת	הוא	עָמַד	יַעֲמוֹד	
		היא	עָמְדָה	תַּעֲמוֹד	
		אנחנו	עָמַדְנוּ	נַעֲמוֹד	
		אתם/ן	עֲמַדְתֶּם/ן *	תַּעַמְדוּ **	עִמְדוּ ***
		הם/ן	עָמְדוּ	יַעַמְדוּ **	

שם הפועל .Infin לַעֲמוֹד　　* Colloquial: עָמַדְתֶּם/ן

מקור מוחלט .Inf. Abs עָמוֹד　　** less commonly: אתן/הן תַּעֲמוֹדְנָה

מקור נטוי .Inf.+pron בְּעוֹמְדוֹ, כְּ...　　*** less commonly: (אתן) עֲמוֹדְנָה

שם הפעולה Verbal N עֲמִידָה standing position; resistance, durability; Amidah (daily prayer of eighteen benedictions)

קָטִיל CaCiC adj./N. עָמִיד durable　　מ״י מוצרכת .Gov. Prep עָמַד ל- be about to

מ״י מוצרכת .Gov. Prep עָמַד ב- withstand (pressure, temptation, etc.)

מ״י מוצ׳ .Gov. Prep עָמַד בפני face (situation, etc.)　　מ״י מוצ׳ .Gov. Prep עָמַד על insist on

הֶעֱמִיד/הֶעֱמַד/יַעֲמִיד stand (tr.), erect, set up, place; stop (traffic); rebuild, establish

בניין : הִפְעִיל גזרה : שלמים + פ״ג

	Present הווה		Past עבר	Future עתיד	Imper. ציווי
יחיד	מַעֲמִיד	אני	הֶעֱמַדְתִּי	אַעֲמִיד	
יחידה	מַעֲמִידָה	אתה	הֶעֱמַדְתָּ	תַּעֲמִיד	הַעֲמֵד
רבים	מַעֲמִידִים	את	הֶעֱמַדְתְּ	תַּעֲמִידִי	הַעֲמִידִי
רבות	מַעֲמִידוֹת	הוא	הֶעֱמִיד	יַעֲמִיד	
		היא	הֶעֱמִידָה	תַּעֲמִיד	
		אנחנו	הֶעֱמַדְנוּ	נַעֲמִיד	
		אתם/ן	הֶעֱמַדְתֶּם/ן	תַּעֲמִידוּ *	הַעֲמִידוּ **
		הם/ן	הֶעֱמִידוּ	יַעֲמִידוּ *	

שם הפועל .Infin לְהַעֲמִיד　　* less commonly: אתן/הן תַּעֲמֵדְנָה

ש׳ הפעולה Verbal N הַעֲמָדָה setting up, placing　　** less commonly: (אתן) הַעֲמֵדְנָה

מקור מוחלט .Inf. Abs הַעֲמֵד

נֶעֱמַד/יֵיעָמֵד (יֵעָמֵד) stand still, stand, come to a halt

בניין : נִפְעַל גזרה : שלמים + פ״ג

	Present הווה		Past עבר	Future עתיד	Imper. ציווי
יחיד	נֶעֱמָד	אני	נֶעֱמַדְתִּי	אֵיעָמֵד	
יחידה	נֶעֱמֶדֶת	אתה	נֶעֱמַדְתָּ	תֵּיעָמֵד	הֵיעָמֵד

Imper. ציווי	Future עתיד	Past עבר		Present הווה	
הֵיעָמְדִי	תֵּיעָמְדִי	נֶעֱמַדְתְּ	את	נֶעֱמָדִים	רבים
	יֵיעָמֵד	נֶעֱמַד	הוא	נֶעֱמָדוֹת	רבות
	תֵּיעָמֵד	נֶעֶמְדָה	היא		
	נֵיעָמֵד	נֶעֱמַדְנוּ	אנחנו		
הֵיעָמְדוּ **	תֵּיעָמְדוּ *	נֶעֱמַדְתֶּם/ן	אתם/ן		
	יֵיעָמְדוּ *	נֶעֶמְדוּ	הם/ן		

* less commonly: אתן/הן תֵּיעָמַדְנָה

** less commonly: (אתן) הֵיעָמַדְנָה

שם הפועל .Infin לְהֵיעָמֵד

מקור מוחלט .Inf. Abs נַעֲמוֹד, הֵיעָמֵד (הֵיעָמוֹד)

♦ פעלים פחות שכיחים מאותו שורש Less frequent verbs from the same root

הוּעֲמַד/הוֹעֲמַד be set up, be placed, be erected; be nominated (בינוני .Pres. Part

מוּעֲמָד/מוֹעֲמָד candidate, יוֹעֲמַד/יוּעֲמַד). בדיבור שכיחות יותר הצורות עם וּ.

עִימֵּד set up (print in pages), page (מְעַמֵּד, יְעַמֵּד, לְעַמֵּד)

עוּמַּד be set up in pages (in printing) (בינוני .Pres. Part מְעוּמָּד set up in pages (print), יְעוּמַּד)

♦ דוגמאות Illustrations

במשך שלוש שנים השולחן **עָמַד** בצד אחד של החדר. אתמול **הֶעֱמַדְנוּ** אותו בצד הנגדי, לשם שינוי.

For three years the table **stood** on one side of the room. Yesterday we **placed** it on the opposite side, for the sake of change.

כשה**מוּעֲמָד** לנשיאות **עָמַד** לעזוב, הבחין לפתע בקבצן ש**עָמַד** על המדרכה. הוא **נֶעֱמַד** והתבונן בו במבוכה מסוימת – האם עליו להעיר משהו בנדון?

When the presidential **candidate** was **about** to leave, he suddenly noticed the beggar **standing** on the sidewalk. He **came to a halt** and watched him with some embarrassment – should he make some comment on this issue?

עָמַדְנוּ בתור, אך כשהגענו לקופה נשארו רק כרטיסי **עֲמִידָה**.

We **stood** in line, but when we reached the box office there were only **standing room** tickets left.

בעידן המחשב, נשתנה גם תפקידו של **מְעַמֵּד** הדפוס: במקום **לְעַמֵּד** שורות של עופרת וגלופות, הכל **מְעוּמָּד** היום במחשב.

In the computer age, the role of the **page setter** in printing has changed too: instead of **page-setting** lines of lead and zincographs, everything is **set in pages** in the computer.

יצרניות המטוסים מחפשות תמיד מתכות ופולימרים שיהיו קלים ככל האפשר, ובכל זאת **עֲמִידִים** בטמפרטורות קיצוניות.

Plane manufacturers always look for metals and polymers that will be as light as possible, and at the same time **durable** under conditions of extreme temperatures.

♦ ביטויים מיוחדים Special expressions

אין לך דבר ה**עוֹמֵד** בפני הרצון where there's a will, there's a way

פועל **עוֹמֵד** intransitive verb

עָמַד ב-/בפני **withstand**, resist

עָמַד במבחן **stand** the test

עָמַד בבחינה pass an examination

עָמַד בדיבורו keep one's word

עָמַד בניסיון resist temptation

עָמַד בעינו remain unchanged

עָמַד בפרץ step into the breech, come to someone's aid

עָמַד כעצם בגרון be a constant hindrance
עָמַד לו help him; have an erection (sl.)
עָמַד מן הצד be neutral, **stand** aside
עָמַד על אופיו/טיבו see one's real nature
עָמַד על המקח bargain, haggle
עָמַד על דעתו stick to one's opinion
עָמַד על נפשו defend one's life
עָמַד על שלו insist on one's rights
עָמַד לימינו come to his aid
עָמַד מלכת **stop** (e.g., watch)
עָמַד על realize; dwell on; insist on
עָמַד על הגובה excel (coll.)
עָמַד על המשמר stand guard, keep watch
עָמַד על הפרק be on the agenda
עָמַד על רגליו **stand** on one's own feet
גיל **הָעֲמִידָה** middle age
תפילת **עֲמִידָה** Amidah (daily prayer of eighteen benedictions)
הֶעֱמִיד לרשותו place at his disposal
הֶעֱמִיד פנים pretend

●עמס : לְהַעֲמִיס

הֶעֱמִיס/הֶעֱמַס/יַעֲמִיס load

בניין : הִפְעִיל גזרה : שלמים + פ״ג

	Present הווה		Past עבר	Future עתיד	Imper. ציווי
יחיד	מַעֲמִיס	אני	הֶעֱמַסְתִּי	אַעֲמִיס	
יחידה	מַעֲמִיסָה	אתה	הֶעֱמַסְתָּ	תַּעֲמִיס	הַעֲמֵס
רבים	מַעֲמִיסִים	את	הֶעֱמַסְתְּ	תַּעֲמִיסִי	הַעֲמִיסִי
רבות	מַעֲמִיסוֹת	הוא	הֶעֱמִיס	יַעֲמִיס	
		היא	הֶעֱמִיסָה	תַּעֲמִיס	
		אנחנו	הֶעֱמַסְנוּ	נַעֲמִיס	
		אתם/ן	הֶעֱמַסְתֶּם/ן	תַּעֲמִיסוּ *	הַעֲמִיסוּ **
		הם/ן	הֶעֱמִיסוּ	יַעֲמִיסוּ *	

שם הפועל .Infin לְהַעֲמִיס
שם הפעולה loading הַעֲמָסָה Verbal N
מקור מוחלט .Inf. Abs הַעֲמֵס

* less commonly: אתן/הן תַּעֲמֵסְנָה
** less commonly: (אתן) הַעֲמֵסְנָה

♦ פעלים פחות שכיחים מאותו שורש Less frequent verbs from the same root

עָמַס (.load (lit > בינ׳ סב׳ .Pas. Part עָמוּס loaded (form common)
הוּעֲמַס be loaded (מוּעֲמָס, יוּעֲמַס)

♦ דוגמאות Illustrations

החבר׳ה באו לשכונה, פרצו לרכב הגדול ביותר שמצאו, **הֶעֱמִיסוּ** עליו את כל המכשירים האלקטרוניים שהצליחו לגנוב בסביבה, ונסעו לדרכם.

The guys came to the neighborhood, broke into the largest vehicle they could find, **loaded** it with all the electronic appliances they could steal in the area, and drove away.

●עמק : לְהַעֲמִיק, לְהִתְעַמֵּק

הֶעֱמִיק/הֶעֱמַק/יַעֲמִיק deepen; go deeper; delve into

בניין : הִפְעִיל גזרה : שלמים + פ״ג

	Present הווה		Past עבר	Future עתיד	Imper. ציווי
יחיד	מַעֲמִיק	אני	הֶעֱמַקְתִּי	אַעֲמִיק	
יחידה	מַעֲמִיקָה	אתה	הֶעֱמַקְתָּ	תַּעֲמִיק	הַעֲמֵק

רבים	מַעֲמִיקִים	את	הֶעֱמַקְתְּ	תַּעֲמִיקִי	הַעֲמִיקִי
רבות	מַעֲמִיקוֹת	הוא	הֶעֱמִיק	יַעֲמִיק	
		היא	הֶעֱמִיקָה	תַּעֲמִיק	
		אנחנו	הֶעֱמַקְנוּ	נַעֲמִיק	
		אתם/ן	הֶעֱמַקְתֶּם/ן	תַּעֲמִיקוּ *	הַעֲמִיקוּ **
		הם/ן	הֶעֱמִיקוּ	יַעֲמִיקוּ *	

שם הפועל .Infin לְהַעֲמִיק — * less commonly: אתן/הן תַּעֲמֵקְנָה

בינוני .Pres. Part מַעֲמִיק deep, intensive — ** less commonly: (אתן) הַעֲמֵקְנָה

שם הפעולה Verbal N הַעֲמָקָה deepening — מקור מוחלט .Inf. Abs הַעֲמֵק

הִתְעַמֵּק/הִתְעַמַּק delve into, investigate; become engrossed in

בניין : הִתְפַּעֵל גזרה : שלמים

	הווה Present		עבר Past	עתיד Future	ציווי .Imper
יחיד	מִתְעַמֵּק	אני	הִתְעַמַּקְתִּי	אֶתְעַמֵּק	
יחידה	מִתְעַמֶּקֶת	אתה	הִתְעַמַּקְתָּ	תִּתְעַמֵּק	הִתְעַמֵּק
רבים	מִתְעַמְּקִים	את	הִתְעַמַּקְתְּ	תִּתְעַמְּקִי	הִתְעַמְּקִי
רבות	מִתְעַמְּקוֹת	הוא	הִתְעַמֵּק	יִתְעַמֵּק	
		היא	הִתְעַמְּקָה	תִּתְעַמֵּק	
		אנחנו	הִתְעַמַּקְנוּ	נִתְעַמֵּק	
		אתם/ן	הִתְעַמַּקְתֶּם/ן	תִּתְעַמְּקוּ *	הִתְעַמְּקוּ **
		הם/ן	הִתְעַמְּקוּ	יִתְעַמְּקוּ *	

שם הפועל .Infin לְהִתְעַמֵּק — * less commonly: אתן/הן תִּתְעַמֵּקְנָה

שם הפעולה Verbal N הִתְעַמְּקוּת delving into — ** less commonly: (אתן) הִתְעַמֵּקְנָה

מקור מוחלט .Inf. Abs הִתְעַמֵּק — מ״י מוצרכת .Gov. Prep הִתְעַמֵּק בְּ- delve into

♦ דוגמאות Illustrations

הֶעֱמַקְתִּי עוד יותר את הבור כשראיתי שאינו עמוק דיו בשביל השתיל.

I **deepened** the hole even more when I realized that it is not deep enough for the plant.

כש**הִתְעַמַּקְתִּי** יותר במחקר, התחלתי להבין שהנחת היסוד שלי לא הייתה נכונה.

When I **delved** further into the research, I realized that my basic assumption was incorrect.

● ענג : לְהִתְעַנֵּג

הִתְעַנֵּג/הִתְעַנַּג enjoy oneself

בניין : הִתְפַּעֵל גזרה : שלמים

	הווה Present		עבר Past	עתיד Future	ציווי .Imper
יחיד	מִתְעַנֵּג	אני	הִתְעַנַּגְתִּי	אֶתְעַנֵּג	
יחידה	מִתְעַנֶּגֶת	אתה	הִתְעַנַּגְתָּ	תִּתְעַנֵּג	הִתְעַנֵּג
רבים	מִתְעַנְּגִים	את	הִתְעַנַּגְתְּ	תִּתְעַנְּגִי	הִתְעַנְּגִי
רבות	מִתְעַנְּגוֹת	הוא	הִתְעַנֵּג	יִתְעַנֵּג	
		היא	הִתְעַנְּגָה	תִּתְעַנֵּג	
		אנחנו	הִתְעַנַּגְנוּ	נִתְעַנֵּג	
		אתם/ן	הִתְעַנַּגְתֶּם/ן	תִּתְעַנְּגוּ *	הִתְעַנְּגוּ **
		הם/ן	הִתְעַנְּגוּ	יִתְעַנְּגוּ *	

שם הפועל .Infin לְהִתְעַנֵּג   * less commonly: אתן/הן תִּתְעַנֵּגְנָה

שם הפעולה Verb. N הִתְעַנְּגוּת enjoying oneself   ** less commonly: (אתן) הִתְעַנֵּגְנָה

מקור מוחלט .Inf. Abs הִתְעַנֵּג

♦ **פעלים פחות שכיחים מאותו שורש** Less frequent verbs from the same root

עִינֵּג pleasure V, delight V (בינוני .Pres. Part מְעַנֵּג causing pleasure, יְעַנֵּג, לְעַנֵּג)

♦ **דוגמאות** Illustrations

נחמד לראות כמה הוא **מִתְעַנֵּג** כשהוא לוגם יין טוב, ואיך זה משפיע על התנהגותו.

It is nice to see how much he **enjoys himself** when he sips good wine, and how it affects his behavior.

● ענה (עני)-1 : לַעֲנוֹת, לְהֵיעָנוֹת

עָנָה/עוֹנֶה/יַעֲנֶה answer; call out, respond (in song)

בניין : פָּעַל   גזרה : פ״ג + ל״י

	Present הווה		Past עבר	Future עתיד	Imper. ציווי
יחיד	עוֹנֶה	אני	עָנִיתִי	אֶעֱנֶה	
יחידה	עוֹנָה	אתה	עָנִיתָ	תַּעֲנֶה	עֲנֵה
רבים	עוֹנִים	את	עָנִית	תַּעֲנִי	עֲנִי
רבות	עוֹנוֹת	הוא	עָנָה	יַעֲנֶה	
		היא	עָנְתָה	תַּעֲנֶה	
		אנחנו	עָנִינוּ	נַעֲנֶה	
		אתםץ	עֲנִיתֶם/ן *	תַּעֲנוּ **	עֲנוּ ***
		הםץ	עָנוּ	יַעֲנוּ **	

שם הפועל .Infin לַעֲנוֹת   * Colloquial: עָנִיתֶם/ן

מקור מוחלט .Inf. Abs עָנֹה   ** less commonly: אתן/הן תַּעֲנֶינָה

מקור נטוי .Inf.+pron בַּעֲנוֹתוֹ, כַּ...   *** less commonly: (אתן) עֲנֶינָה

מ״י מוצרכת .Gov. Prep עָנָה לְ- respond to

נַעֲנָה/יֵיעָנֶה (יֵעָנֶה) be answered (positively), be accepted; consent

בניין : נִפְעַל   גזרה : פ״ג + ל״י

	Present הווה		Past עבר	Future עתיד	Imper. ציווי
יחיד	נַעֲנֶה	אני	נַעֲנֵיתִי	אֵיעָנֶה	
יחידה	נַעֲנֵית	אתה	נַעֲנֵיתָ	תֵּיעָנֶה	הֵיעָנֵה
רבים	נַעֲנִים	את	נַעֲנֵית	תֵּיעָנִי	הֵיעָנִי
רבות	נַעֲנוֹת	הוא	נַעֲנָה	יֵיעָנֶה	
		היא	נַעַנְתָה	תֵּיעָנֶה	
		אנחנו	נַעֲנֵינוּ	נֵיעָנֶה	
		אתםץ	נַעֲנֵיתֶם/ן	תֵּיעָנוּ *	הֵיעָנוּ **
		הםץ	נַעֲנוּ	יֵיעָנוּ *	

שם הפועל .Infin לְהֵיעָנוֹת   * less commonly: אתן/הן תֵּיעָנֶינָה

שם הפעולה Verbal N הֵיעָנוּת consent; response   ** less commonly: (אתן) הֵיעָנֶינָה

מ׳ מוחלט .Inf. Abs נַעֲנֹה, הֵיעָנֵה   מ״י מוצרכת .Gov. Prep נַעֲנָה לְ- consent to, agree with

♦ דוגמאות Illustrations

בנימין השאיר לי הודעה במשיבון ; **עָנִיתִי** (לו) מייד, כי הוא נשמע מודאג.

Binyamin left me a message on the answering machine; I **responded** (to him) immediately, since he sounded worried.

אריה מחזר אחרי עדינה כבר שלוש שנים, אך היא עדיין לא **נַעַנְתָה** לו.

Aryeh has been courting Adina for three years already, but she has not **consented** (to him) yet.

♦ ביטויים מיוחדים Special expressions

אין קול ואין **עוֹנֶה** there's no **answer** whatever — **עָנָה** אמן say Amen, express approval

מצא עניין **לַעֲנוֹת** בו find something to occupy oneself with

הכסף **יַעֲנֶה** את הכל money makes it easy to solve any problem

●ענה (עני)-2 : לְעַנּוֹת, לְהִתְעַנּוֹת

עִינָּה (ענָּה)/עַנֶּה torture

בניין : פִּיעֵל גזרה : ל״י

	Present הווה		Past עבר	Future עתיד	Imper. ציווי
יחיד	מְעַנֶּה	אני	עִינִּיתִי	אֲעַנֶּה	
יחידה	מְעַנָּה	אתה	עִינִּיתָ	תְּעַנֶּה	עַנֵּה
רבים	מְעַנִּים	את	עִינִּית	תְּעַנִּי	עַנִּי
רבות	מְעַנּוֹת	הוא	עִינָּה	יְעַנֶּה	
		היא	עִינְּתָה	תְּעַנֶּה	
		אנחנו	עִינִּינוּ	נְעַנֶּה	
		אתם/ן	עִינִּיתֶם/ן	תְּעַנּוּ *	עַנּוּ **
		הם/ן	עִינּוּ	יְעַנּוּ *	

שם הפועל .Infin לְעַנּוֹת — * less commonly: אתן/הן תְּעַנֶּינָה

שם הפעולה Verbal N עִינּוּי torture N — ** less commonly: (אתן) עַנֶּינָה

מקור מוחלט .Inf. Abs עַנֵּה

הִתְעַנָּה/הִתְעַנֵּ... suffer; fast V (lit.)

בניין : הִתְפַּעֵל גזרה : ל״י

	Present הווה		Past עבר	Future עתיד	Imper. ציווי
יחיד	מִתְעַנֶּה	אני	הִתְעַנֵּיתִי	אֶתְעַנֶּה	
יחידה	מִתְעַנָּה	אתה	הִתְעַנֵּיתָ	תִּתְעַנֶּה	הִתְעַנֵּה
רבים	מִתְעַנִּים	את	הִתְעַנֵּית	תִּתְעַנִּי	הִתְעַנִּי
רבות	מִתְעַנּוֹת	הוא	הִתְעַנָּה	יִתְעַנֶּה	
		היא	הִתְעַנְּתָה	תִּתְעַנֶּה	
		אנחנו	הִתְעַנֵּינוּ	נִתְעַנֶּה	
		אתם/ן	הִתְעַנֵּיתֶם/ן	תִּתְעַנּוּ *	הִתְעַנּוּ **
		הם/ן	הִתְעַנּוּ	יִתְעַנּוּ *	

* less commonly: אתן/הן תִּתְעַנֶּינָה

שם הפועל .Infin לְהִתְעַנּוֹת — ** less commonly: (אתן) הִתְעַנֶּינָה

שם הפעולה Verbal N הִתְעַנּוּת suffering — מקור מוחלט .Inf. Abs הִתְעַנֵּה

עוּנָּה (עֻנָּה)/עוּנֶּה be tortured

בניין: פּוּעַל גזרה: ל״י

	הווה Present		עבר Past	עתיד Future
יחיד	מְעוּנֶּה	אני	עוּנֵּיתִי	אֲעוּנֶּה
יחידה	מְעוּנָּה	אתה	עוּנֵּיתָ	תְּעוּנֶּה
רבים	מְעוּנִּים	את	עוּנֵּית	תְּעוּנִּי
רבות	מְעוּנּוֹת	הוא	עוּנָּה	יְעוּנֶּה
		היא	עוּנְּתָה	תְּעוּנֶּה
		אנחנו	עוּנֵּינוּ	נְעוּנֶּה
		אתם/ן	עוּנֵּיתֶם/ן	תְּעוּנּוּ *
		הם/ן	עוּנּוּ	יְעוּנּוּ *

בינוני .Pres. Part מְעוּנֶּה tortured

* less commonly: אתן/הן תְּעוּנֶּינָה

♦ דוגמאות Illustrations

אחד האתגרים במלחמה בטרור הוא כיצד להפיק מידע על פיגועים קודמים ועל אלה המתוכננים לעתיד. במרבית מדינות המערב אסור **לְעַנּוֹת** אסירים. השאלה היא היכן הגבול בין לחץ פיסי מתון לבין **עִינּוּי**.

One of the challenges in the war on terror is how to extract information about earlier acts of terror and about those planned for the future. In most western countries it is forbidden **to torture** prisoners. The question is where lies the border between moderate physical pressure and **torture**.

הפליטים הסוריים **מִתְעַנִּים** כבר הרבה שנים, והמצב מחמיר עם הזמן, מכיוון שבמדינות שבהן נתנו להם מקלט מתחזקת ההתנגדות לקליטת מהגרים.

The Syrian refugees **have been suffering** for a good number of years now, and the situation keeps getting worse, since in their host countries there is ever-growing resistance to the absorption of immigrants.

♦ ביטויים מיוחדים Special expressions

קדוש **מְעוּנֶּה** martyr

●ענין: לְעַנְיֵין, לְהִתְעַנְיֵין

עִנְיֵין (עִנְיֵן)/עִנְיַינ/עַנְיֵין interest (tr.)

בניין: פִּיעֵל גזרה: מרובעים + ג״נ (במודל קטל״ג)

	הווה Present		עבר Past	עתיד Future	ציווי .Imper
יחיד	מְעַנְיֵין	אני	עִנְייַנְתִּי	אֲעַנְיֵין	
יחידה	מְעַנְייֶנֶת	אתה	עִנְייַנְתָּ	תְּעַנְיֵין	עַנְיֵין
רבים	מְעַנְייְנִים	את	עִנְייַנְתְּ	תְּעַנְייְנִי	עַנְייְנִי
רבות	מְעַנְייְנוֹת	הוא	עִנְיֵין	יְעַנְיֵין	
		היא	עִנְייְנָה	תְּעַנְיֵין	
		אנחנו	עִנְייַנּוּ	נְעַנְיֵין	
		אתם/ן	עִנְייַנְתֶּם/ן	תְּעַנְייְנוּ *	עַנְייְנוּ **
		הם/ן	עִנְייְנוּ	יְעַנְייְנוּ *	

שם הפועל .Infin לְעַנְיֵין

בינוני .Pres. Part מְעַנְיֵין interesting

מקור מוחלט .Inf. Abs עַנְיֵין

* less commonly: אתן/הן תְּעַנְייֵנָּה

** less commonly: (אתן) עַנְייֵנָּה

הִתְעַנְיֵין (הִתְעַנְיֵן)/הִתְעַנְיַין take an interest, be interested

בניין : הִתְפַּעֵל גזרה : מרובעים + ג״נ (במודל קטל״ג)

	Present הווה		Past עבר	Future עתיד	Imper. ציווי
יחיד	מִתְעַנְיֵין	אני	הִתְעַנְיַינְתִּי	אֶתְעַנְיֵין	
יחידה	מִתְעַנְיֶינֶת	אתה	הִתְעַנְיַינְתָּ	תִּתְעַנְיֵין	הִתְעַנְיֵין
רבים	מִתְעַנְיְינִים	את	הִתְעַנְיַינְתְּ	תִּתְעַנְיְינִי	הִתְעַנְיְינִי
רבות	מִתְעַנְיְינוֹת	הוא	הִתְעַנְיֵין	יִתְעַנְיֵין	
		היא	הִתְעַנְיְינָה	תִּתְעַנְיֵין	
		אנחנו	הִתְעַנְיַינּוּ	נִתְעַנְיֵין	
		אתם/ן	הִתְעַנְיַינְתֶּם/ן	תִּתְעַנְיְינוּ *	הִתְעַנְיְינוּ **
		הם/ן	הִתְעַנְיְינוּ	יִתְעַנְיְינוּ *	

* less commonly: אתן/הן תִּתְעַנְיֵינָּה

שם הפועל .Infin לְהִתְעַנְיֵין ** less commonly: (אתן) הִתְעַנְיֵינָּה

שם הפעולה Verbal N הִתְעַנְיְינוּת interest; showing interest

מ״י מוצרכת .Gov. Prep הִתְעַנְיֵין ב- show interest in מקור מוחלט .Inf. Abs הִתְעַנְיֵין

♦ פעלים פחות שכיחים מאותו שורש Less frequent verbs from the same root

עוּנְיַין be interested, be made interested (מְעוּנְיָין, יְעוּנְיַין)

בינוני .Pres. Part מְעוּנְיָין ב- interested in (form common)

♦ דוגמאות Illustrations

האוניברסיטה מנסה **לְעַנְיֵין** תורמים רציניים בהקמת מרכז רפואי חדש. מחלקת הפיתוח בודקת בתיקיה מי מהם **הִתְעַנְיֵין** בעבר באפשרות כזו, ומי עשוי להיות **מְעוּנְיָין** לאור נסיבותיו האישיות.

The university is trying to **interest** serious donors in setting up a new medical center. The development office is checking its files to identify which of them **have** ever **shown interest** in such a project, and who might be **interested** owing to personal circumstances.

גבריאל אדם **מְעַנְיֵין**; הרבה נושאים **מְעַנְיְינִים** אותו, והוא מדבר עליהם בתבונה.

Gavriel is an **interesting** person; many topics **interest** him, and he talks about them intelligently.

● ענק : לְהַעֲנִיק

הֶעֱנִיק/הֶעֱנַק/יַעֲנִיק grant, provide; award

בניין : הִפְעִיל גזרה : שלמים + פ״ג

	Present הווה		Past עבר	Future עתיד	Imper. ציווי
יחיד	מַעֲנִיק	אני	הֶעֱנַקְתִּי	אַעֲנִיק	
יחידה	מַעֲנִיקָה	אתה	הֶעֱנַקְתָּ	תַּעֲנִיק	הַעֲנֵק
רבים	מַעֲנִיקִים	את	הֶעֱנַקְתְּ	תַּעֲנִיקִי	הַעֲנִיקִי
רבות	מַעֲנִיקוֹת	הוא	הֶעֱנִיק	יַעֲנִיק	
		היא	הֶעֱנִיקָה	תַּעֲנִיק	
		אנחנו	הֶעֱנַקְנוּ	נַעֲנִיק	
		אתם/ן	הֶעֱנַקְתֶּם/ן	תַּעֲנִיקוּ *	הַעֲנִיקוּ **
		הם/ן	הֶעֱנִיקוּ	יַעֲנִיקוּ *	

שם הפועל .Infin לְהַעֲנִיק * less commonly: אתן/הן תַּעֲנֵקְנָה

ש' הפעולה Verb. N הַעֲנָקָה granting, awarding ** less commonly: (אתן) הַעֲנֵקְנָה
מקור מוחלט Inf. Abs. הַעֲנֵק מ"י מוצרכת Gov. Prep. הֶעֱנִיק ל- grant (to)

הוּעֲנַק (הָעֳנַק) be granted, be provided; be awarded

בניין : הוּפְעַל גזרה : שלמים + פ"ג

	Present הווה		Past עבר	Future עתיד
יחיד	מוּעֲנָק	אני	הוּעֲנַקְתִּי	אוּעֲנַק
יחידה	מוּעֲנֶקֶת	אתה	הוּעֲנַקְתָּ	תּוּעֲנַק
רבים	מוּעֲנָקִים	את	הוּעֲנַקְתְּ	תּוּעַנְקִי
רבות	מוּעֲנָקוֹת	הוא	הוּעֲנַק	יוּעֲנַק
		היא	הוּעַנְקָה	תּוּעֲנַק
		אנחנו	הוּעֲנַקְנוּ	נוּעֲנַק
		אתם/ן	הוּעֲנַקְתֶּם/ן	תּוּעַנְקוּ *
		הם/ן	הוּעַנְקוּ	יוּעַנְקוּ *

בדיבור בד"כ עם ו : מוּעֲנָק, יוּעֲנַק...: In speech [o] is generally replaced by [u]

* less commonly: אתן/הן תּוּעֲנַקְנָה

♦ דוגמאות Illustrations

לעתים הורים **מַעֲנִיקִים** לילדיהם כל כך הרבה אהבה ותשומת לב, שהילדים אינם יכולים לשאת זאת יותר.

Sometimes parents **provide** their children with so much love and attention that the children cannot take it any more.

האוניברסיטה **הֶעֱנִיקָה** לחיים מענקים נדיבים ביותר. עם הכספים ש**הוּעַנְקוּ** לו הוא יכול לשכור שניים או שלושה עוזרי מחקר שיסייעו לו בעבודתו החשובה.

The university **granted** Hayyim very generous research awards. With the funds **granted** to him he can hire two or three research assistants who will help him with his important work.

♦ ביטויים מיוחדים Special expressions

הֶעֱנִיקָה לו את חסדיה (she) **granted** him (sexual) favors

● ענש : לְהַעֲנִיש, לְהֵיעָנֵש

הֶעֱנִיש/הֶעֱנַש/יַעֲנִיש punish

בניין : הִפְעִיל גזרה : שלמים + פ"ג

	Present הווה		Past עבר	Future עתיד	Imper. ציווי
יחיד	מַעֲנִיש	אני	הֶעֱנַשְׁתִּי	אַעֲנִיש	
יחידה	מַעֲנִישָׁה	אתה	הֶעֱנַשְׁתָּ	תַּעֲנִיש	הַעֲנֵש
רבים	מַעֲנִישִׁים	את	הֶעֱנַשְׁתְּ	תַּעֲנִישִׁי	הַעֲנִישִׁי
רבות	מַעֲנִישׁוֹת	הוא	הֶעֱנִיש	יַעֲנִיש	
		היא	הֶעֱנִישָׁה	תַּעֲלִיב	
		אנחנו	הֶעֱנַשְׁנוּ	נַעֲנִיש	
		אתם/ן	הֶעֱנַשְׁתֶּם/ן	תַּעֲנִישׁוּ *	הַעֲנִישׁוּ **
		הם/ן	הֶעֱנִישׁוּ	יַעֲנִישׁוּ *	

שם הפועל .Infin לְהַעֲנִיש * less commonly: אתן/הן תַּעֲנֵשְׁנָה
שם הפעולה Verbal N הַעֲנָשָׁה punishing ** less commonly: (אתן) הַעֲנֵשְׁנָה

מקור מוחלט .Inf. Abs הַעֲנֵשׁ

נֶעֱנַשׁ/יֵיעָנֵשׁ (יֵעָנֵשׁ) be punished

בניין : נִפְעַל גזרה : שלמים + פ״ג

	Present הווה		Past עבר	Future עתיד	Imper. ציווי
יחיד	נֶעֱנָשׁ	אני	נֶעֱנַשְׁתִּי	אֵיעָנֵשׁ	
יחידה	נֶעֱנֶשֶׁת	אתה	נֶעֱנַשְׁתָּ	תֵּיעָנֵשׁ	הֵיעָנֵשׁ
רבים	נֶעֱנָשִׁים	את	נֶעֱנַשְׁתְּ	תֵּיעָנְשִׁי	הֵיעָנְשִׁי
רבות	נֶעֱנָשׁוֹת	הוא	נֶעֱנַשׁ	יֵיעָנֵשׁ	
		היא	נֶעֶנְשָׁה	תֵּיעָנֵשׁ	
		אנחנו	נֶעֱנַשְׁנוּ	נֵיעָנֵשׁ	
		אתם/ן	נֶעֱנַשְׁתֶּם/ן	תֵּיעָנְשׁוּ *	הֵיעָנְשׁוּ **
		הם/ן	נֶעֶנְשׁוּ	יֵיעָנְשׁוּ *	

שם הפועל .Infin לְהֵיעָנֵשׁ — * less commonly: אתן/הן תֵּיעָנַשְׁנָה

בינוני .Pres. Part נֶעֱנָשׁ offended — ** less commonly: (אתן) הֵיעָנַשְׁנָה

שם הפעולה Verbal N הֵיעָנְשׁוּת being punished — מקור מוחלט .Inf. Abs נַעֲנוֹשׁ, הֵיעָנֵשׁ

♦ דוגמאות Illustrations

כשהיינו תלמידי בית ספר יסודי, המורים נהגו **לְהַעֲנִישׁ** תלמיד שלא נהג כשורה בכך שהעמידו אותו בפינה, עם הפנים לקיר.

When we were elementary school students, teachers used **to punish** a student who misbehaved by placing him/her in a corner, facing the wall.

●עסק : לַעֲסוֹק, לְהִתְעַסֵּק, לְהַעֲסִיק

עָסַק/עוֹסֵק/יַעֲסוֹק (יַעֲסֹק) engage in, occupy oneself in; deal in (commerce), be engaged in

בניין : פָּעַל גזרה : שלמים (אֶפְעוֹל) + פ״ג

	Pres./Part. הווה/בינוני			Past עבר	Fut. עתיד	Imp. ציווי
יחיד	עוֹסֵק	עָסוּק	אני	עָסַקְתִּי	אֶעֱסוֹק	
יחידה	עוֹסֶקֶת	עֲסוּקָה	אתה	עָסַקְתָּ	תַּעֲסוֹק	עֲסוֹק
רבים	עוֹסְקִים	עֲסוּקִים	את	עָסַקְתְּ	תַּעַסְקִי	עִסְקִי
רבות	עוֹסְקוֹת	עֲסוּקוֹת	הוא	עָסַק	יַעֲסוֹק	
			היא	עָסְקָה	תַּעֲסוֹק	
			אנחנו	עָסַקְנוּ	נַעֲסוֹק	
			אתם/ן	עֲסַקְתֶּם/ן *	תַּעַסְקוּ **	עִסְקוּ ***
			הם/ן	עָסְקוּ	יַעַסְקוּ **	

שם הפועל .Infin לַעֲסוֹק — * Colloquial: עָסַקְתֶּם/ן

מקור מוחלט .Inf. Abs עָסוֹק — ** less commonly: אתן/הן תַּעֲסוֹקְנָה

מקור נטוי .Inf.+pron בְּעוֹסְקוֹ, כְּ... — *** less commonly: (אתן) עֲסוֹקְנָה

ביני פעיל .Act. Part עוֹסֵק business owner (formal)

ביני סביל .Pass. Part עָסוּק occupied, busy — קָטִיל *CaCiC* adj./N. עָסִיק claimant (legal)

מ״י מוצרכת .Gov. Prep עָסַק ב- engage/deal in

הִתְעַסֵּק/הִתְעַסַּק deal with, occupy oneself with; quarrel; have a relationship (with a girl) (coll.)

בניין: הִתְפַּעֵל גזרה: שלמים

	Present הווה		Past עבר	Future עתיד	Imper. ציווי
יחיד	מִתְעַסֵּק	אני	הִתְעַסַּקְתִּי	אֶתְעַסֵּק	
יחידה	מִתְעַסֶּקֶת	אתה	הִתְעַסַּקְתָּ	תִּתְעַסֵּק	הִתְעַסֵּק
רבים	מִתְעַסְּקִים	את	הִתְעַסַּקְתְּ	תִּתְעַסְּקִי	הִתְעַסְּקִי
רבות	מִתְעַסְּקוֹת	הוא	הִתְעַסֵּק	יִתְעַסֵּק	
		היא	הִתְעַסְּקָה	תִּתְעַסֵּק	
		אנחנו	הִתְעַסַּקְנוּ	נִתְעַסֵּק	
		אתם/ן	הִתְעַסַּקְתֶּם/ן	תִּתְעַסְּקוּ *	הִתְעַסְּקוּ **
		הם/ן	הִתְעַסְּקוּ	יִתְעַסְּקוּ *	

שם הפועל .Infin לְהִתְעַסֵּק * less commonly: אתן/הן תִּתְעַסֵּקְנָה

שם הפעולה Verbal N הִתְעַסְּקוּת dealing with ** less commonly: (אתן) הִתְעַסֵּקְנָה

מקור מוחלט .Inf. Abs הִתְעַסֵּק מ״י מוצרכת .Gov. Prep הִתְעַסֵּק ב- deal with

מ״י מוצרכת .Gov. Prep הִתְעַסֵּק עם have a relationship with (a girl) (coll.)

הֶעֱסִיק/הֶעֱסַק/יַעֲסִיק employ; occupy, keep one busy

בניין: הִפְעִיל גזרה: שלמים + פ״ג

	Present הווה		Past עבר	Future עתיד	Imper. ציווי
יחיד	מַעֲסִיק	אני	הֶעֱסַקְתִּי	אַעֲסִיק	
יחידה	מַעֲסִיקָה	אתה	הֶעֱסַקְתָּ	תַּעֲסִיק	הַעֲסֵק
רבים	מַעֲסִיקִים	את	הֶעֱסַקְתְּ	תַּעֲסִיקִי	הַעֲסִיקִי
רבות	מַעֲסִיקוֹת	הוא	הֶעֱסִיק	יַעֲסִיק	
		היא	הֶעֱסִיקָה	תַּעֲסִיק	
		אנחנו	הֶעֱסַקְנוּ	נַעֲסִיק	
		אתם/ן	הֶעֱסַקְתֶּם/ן	תַּעֲסִיקוּ *	הַעֲסִיקוּ **
		הם/ן	הֶעֱסִיקוּ	יַעֲסִיקוּ *	

שם הפועל .Infin לְהַעֲסִיק * less commonly: אתן/הן תַּעֲסֵקְנָה

בינוני .Pres. Part מַעֲסִיק employer ** less commonly: (אתן) הַעֲסֵקְנָה

שם הפעולה Verbal N הַעֲסָקָה employing, employment מקור מוחלט .Inf. Abs הַעֲסֵק

הוּעֲסַק (הָעֳסַק) be employed; be kept busy

בניין: הוּפְעַל גזרה: שלמים + פ״ג

	Present הווה		Past עבר	Future עתיד
יחיד	מוּעֲסָק	אני	הוּעֲסַקְתִּי	אוּעֲסַק
יחידה	מוּעֲסֶקֶת	אתה	הוּעֲסַקְתָּ	תּוּעֲסַק
רבים	מוּעֲסָקִים	את	הוּעֲסַקְתְּ	תּוּעַסְקִי
רבות	מוּעֲסָקוֹת	הוא	הוּעֲסַק	יוּעֲסַק
		היא	הוּעַסְקָה	תּוּעֲסַק
		אנחנו	הוּעֲסַקְנוּ	נוּעֲסַק
		אתם/ן	הוּעֲסַקְתֶּם/ן	תּוּעַסְקוּ *
		הם/ן	הוּעַסְקוּ	יוּעַסְקוּ *

בדיבור בד״כ עם ו: מוּעֳסָק, הוּעֲסַק... :In speech [o] is generally replaced by [u]

בינוני .Pres. Part מוּעֳסָק employee   * less commonly: אתן/הן תּוּעֳסַקְנָה

♦ פעלים פחות שכיחים מאותו שורש Less frequent verbs from the same root

עִיסֵּק employ < שם הפעולה Verbal N עִיסּוּק occupation (form fairly common)

♦ דוגמאות Illustrations

עִיסוּקוֹ של יונתן הוא מכירת מחשבים. הוא אומנם אינו חייב **לְהִתְעַסֵּק** ישירות עם הלקוחות, כיוון **שמוּעֳסָקִים** על ידו כעשרים אנשי מכירות, אך עליו **לַעֲסוֹק** בתכנון המכירות והדרכת המוכרים שהוא **מַעֲסִיק**, כך שבסופו של דבר הוא אדם **עָסוּק** מאוד.

Yonatan's **occupation** is computer sales. Although he does not have **to deal** directly with the customers, since about twenty sales reps **are employed** by him, he still needs **to engage** in the planning of sales and training of the sales reps he **employs**, which ultimately makes him a very **busy** man.

●עצב-1 : לְעַצֵּב

עִיצֵּב (עִצֵּב)/עִיצַּב/עַצֵּב fashion, model, design, form, shape

בניין : פִּיעֵל   גזרה : שלמים

	Present הווה		Past עבר	Future עתיד	Imper. ציווי
יחיד	מְעַצֵּב	אני	עִיצַּבְתִּי	אֲעַצֵּב	
יחידה	מְעַצֶּבֶת	אתה	עִיצַּבְתָּ	תְּעַצֵּב	עַצֵּב
רבים	מְעַצְּבִים	את	עִיצַּבְתְּ	תְּעַצְּבִי	עַצְּבִי
רבות	מְעַצְּבוֹת	הוא	עִיצֵּב	יְעַצֵּב	
		היא	עִיצְּבָה	תְּעַצֵּב	
		אנחנו	עִיצַּבְנוּ	נְעַצֵּב	
		אתם/ן	עִיצַּבְתֶּם/ן	תְּעַצְּבוּ *	עַצְּבוּ **
		הם/ן	עִיצְּבוּ	יְעַצְּבוּ *	

שם הפועל .Infin לְעַצֵּב   * less commonly: אתן/הן תְּעַצֵּבְנָה

בינוני .Pres. Part מְעַצֵּב designer   ** less commonly: (אתן) עַצֵּבְנָה

שם הפעולה Verbal N עִיצּוּב design   מקור מוחלט .Inf. Abs עַצֵּב

עוּצַּב (עֻצַּב) be designed, be modeled, be formed

בניין : פּוּעַל   גזרה : שלמים

	Present הווה		Past עבר	Future עתיד
יחיד	מְעוּצָּב	אני	עוּצַּבְתִּי	אֲעוּצַּב
יחידה	מְעוּצֶּבֶת	אתה	עוּצַּבְתָּ	תְּעוּצַּב
רבים	מְעוּצָּבִים	את	עוּצַּבְתְּ	תְּעוּצְּבִי
רבות	מְעוּצָּבוֹת	הוא	עוּצַּב	יְעוּצַּב
		היא	עוּצְּבָה	תְּעוּצַּב
		אנחנו	עוּצַּבְנוּ	נְעוּצַּב
		אתם/ן	עוּצַּבְתֶּם/ן	תְּעוּצְּבוּ *
		הם/ן	עוּצְּבוּ	יְעוּצְּבוּ *

בינוני .Pres. Part מְעוּצָּב designed, fashioned   * less commonly: אתן/הן תְּעוּצַּבְנָה

♦ **דוגמאות** Illustrations

יצחק הוא אחד מ**מְעַצְּבֵי** האופנה החשובים בארץ. הוא **מְעַצֵּב** בגדי ים לבתי אופנה יוקרתיים באירופה ובארה״ב. גם מרבית בגדי הים הנראים בחופי ישראל **עוּצְּבוּ** על ידו.

Yitzhak is one of the most important fashion **designers** in Israel. He **designs** swimsuits for prestigious fashion houses in Europe and in the States. Most swimsuits seen on the Israeli beaches **were** also **designed** by him.

●עצב-2 : לְהַעֲצִיב, לְהִתְעַצֵּב

הֶעֱצִיב/הֶעֱצַב/יַעֲצִיב sadden

בניין : הִפְעִיל גזרה : שלמים + פ״ג

	Present הווה		Past עבר	Future עתיד	Imper. ציווי
יחיד	מַעֲצִיב	אני	הֶעֱצַבְתִּי	אַעֲצִיב	
יחידה	מַעֲצִיבָה	אתה	הֶעֱצַבְתָּ	תַּעֲצִיב	הַעֲצֵב
רבים	מַעֲצִיבִים	את	הֶעֱצַבְתְּ	תַּעֲצִיבִי	הַעֲצִיבִי
רבות	מַעֲצִיבוֹת	הוא	הֶעֱצִיב	יַעֲצִיב	
		היא	הֶעֱצִיבָה	תַּעֲצִיב	
		אנחנו	הֶעֱצַבְנוּ	נַעֲצִיב	
		אתם/ן	הֶעֱצַבְתֶּם/ן	תַּעֲצִיבוּ *	הַעֲצִיבוּ **
		הם/ן	הֶעֱצִיבוּ	יַעֲצִיבוּ *	

שם הפועל .Infin לְהַעֲצִיב — * less commonly: אתן/הן תַּעֲצֵבְנָה

בינוני .Pres. Part מַעֲצִיב saddening — ** less commonly: (אתן) הַעֲצֵבְנָה

שם הפעולה Verbal N הַעֲצָבָה causing to be sad — מקור מוחלט .Inf. Abs הַעֲצֵב

הִתְעַצֵּב/הִתְעַצַּב be/become sad

בניין : הִתְפַּעֵל גזרה : שלמים

	Present הווה		Past עבר	Future עתיד	Imper. ציווי
יחיד	מִתְעַצֵּב	אני	הִתְעַצַּבְתִּי	אֶתְעַצֵּב	
יחידה	מִתְעַצֶּבֶת	אתה	הִתְעַצַּבְתָּ	תִּתְעַצֵּב	הִתְעַצֵּב
רבים	מִתְעַצְּבִים	את	הִתְעַצַּבְתְּ	תִּתְעַצְּבִי	הִתְעַצְּבִי
רבות	מִתְעַצְּבוֹת	הוא	הִתְעַצֵּב	יִתְעַצֵּב	
		היא	הִתְעַצְּבָה	תִּתְעַצֵּב	
		אנחנו	הִתְעַצַּבְנוּ	נִתְעַצֵּב	
		אתם/ן	הִתְעַצַּבְתֶּם/ן	תִּתְעַצְּבוּ *	הִתְעַצְּבוּ **
		הם/ן	הִתְעַצְּבוּ	יִתְעַצְּבוּ *	

שם הפועל .Infin לְהִתְעַצֵּב — * less commonly: אתן/הן תִּתְעַצֵּבְנָה

שם הפעולה Verbal N הִתְעַצְּבוּת becoming sad — ** less commonly: (אתן) הִתְעַצֵּבְנָה

מקור מוחלט .Inf. Abs הִתְעַצֵּב — מ״י מוצרכת .Gov. Prep הִתְעַצֵּב עַל be sad about

♦ **פעלים פחות שכיחים מאותו שורש** Less frequent verbs from the same root

נֶעֱצַב become gloomy, become sad (נֶעֱצָב, יֵיעָצֵב, לְהֵיעָצֵב)

עָצַב be sad > בינוני .Pass. Part עָצוּב sad (essentially the only form in use)

♦ דוגמאות Illustrations

מַעֲצִיב אותי כל פעם מחדש לראות שמרבית המנהיגים בעולם אינם לומדים מלקחי ההיסטוריה וחוזרים שוב ושוב על אותן טעויות. זה באמת **עָצוּב**, אבל אולי זו דרכו של עולם, ואין טעם **לְהִתְעַצֵּב** על כך.

It **saddens** me again and again to see that most world leaders do not learn from the lessons of history, and keep making the same mistakes again and again. It is indeed truly **sad**, but perhaps that's the way of the world, and there is no point in **becoming sad** because of it.

●עצבן (מן עַצְבָּנִי nervous, מן עֶצֶב nerve) : לְעַצְבֵּן, לְהִתְעַצְבֵּן

עִצְבֵּן/עִצְבַּן/עַצְבֵּן irk, irritate, bother, anger

בניין : פִּיעֵל גזרה : מרובעים + ג״נ (במודל קטל״ג)

	Present הווה		Past עבר	Future עתיד	Imper. ציווי
יחיד	מְעַצְבֵּן	אני	עִצְבַּנְתִּי	אֲעַצְבֵּן	
יחידה	מְעַצְבֶּנֶת	אתה	עִצְבַּנְתָּ	תְּעַצְבֵּן	עַצְבֵּן
רבים	מְעַצְבְּנִים	את	עִצְבַּנְתְּ	תְּעַצְבְּנִי	עַצְבְּנִי
רבות	מְעַצְבְּנוֹת	הוא	עִצְבֵּן	יְעַצְבֵּן	
		היא	עִצְבְּנָה	תְּעַצְבֵּן	
		אנחנו	עִצְבַּנּוּ	נְעַצְבֵּן	
		אתם/ן	עִצְבַּנְתֶּם/ן	תְּעַצְבְּנוּ *	עַצְבְּנוּ **
		הם/ן	עִצְבְּנוּ	יְעַצְבְּנוּ *	

שם הפועל .Infin לְעַצְבֵּן * less commonly: אתן/הן תְּעַצְבֵּנָּה

מקור מוחלט .Inf. Abs עַצְבֵּן ** less commonly: (אתן) עַצְבֵּנָּה

בינוני .Pres. Part מְעַצְבֵּן annoying

הִתְעַצְבֵּן/הִתְעַצְבַּן become annoyed, get angry, become irritated

בניין : הִתְפַּעֵל גזרה : מרובעים + ג״נ (במודל קטל״ג)

	Present הווה		Past עבר	Future עתיד	Imper. ציווי
יחיד	מִתְעַצְבֵּן	אני	הִתְעַצְבַּנְתִּי	אֶתְעַצְבֵּן	
יחידה	מִתְעַצְבֶּנֶת	אתה	הִתְעַצְבַּנְתָּ	תִּתְעַצְבֵּן	הִתְעַצְבֵּן
רבים	מִתְעַצְבְּנִים	את	הִתְעַצְבַּנְתְּ	תִּתְעַצְבְּנִי	הִתְעַצְבְּנִי
רבות	מִתְעַצְבְּנוֹת	הוא	הִתְעַצְבֵּן	יִתְעַצְבֵּן	
		היא	הִתְעַצְבְּנָה	תִּתְעַצְבֵּן	
		אנחנו	הִתְעַצְבַּנּוּ	נִתְעַצְבֵּן	
		אתם/ן	הִתְעַצְבַּנְתֶּם/ן	תִּתְעַצְבְּנוּ *	הִתְעַצְבְּנוּ **
		הם/ן	הִתְעַצְבְּנוּ	יִתְעַצְבְּנוּ *	

שם הפועל .Infin לְהִתְעַצְבֵּן * less commonly: אתן/הן תִּתְעַצְבֵּנָּה

מקור מוחלט .Inf. Abs הִתְעַצְבֵּן ** less commonly: (אתן) הִתְעַצְבֵּנָּה

שם הפעולה Verbal N הִתְעַצְבְּנוּת becoming annoyed, angry

♦ פעלים פחות שכיחים מאותו שורש Less frequent verbs from the same root

עוּצְבַּן be mixed; be muddled, be jumbled < בינוני .Pass. Part מְעוּצְבָּן annoyed, angry

♦ דוגמאות Illustrations

אני **מִתְעַצְבֵּן** מהר מאוד כאשר אני רואה פרסומות **מְעַצְבְּנוֹת** בטלוויזיה. בעיקר **מְעַצְבְּנוֹת** אותי פרסומות על תרופות המשודרות לזקנים כמוני. אשתי חושבת שזו לא סיבה מספיק טובה לכך שאהיה **מְעוּצְבָּן** כל כך.

I **get annoyed** very quickly when I see **annoying** ads on TV. In particular, ads about medications broadcast to elderly people like me **annoy** me no end. My wife believes that this is no good reason for me to be that **annoyed**.

●עצל : לְהִתְעַצֵּל

be lazy, get lazy הִתְעַצֵּל/הִתְעַצַּל

בניין : הִתְפַּעֵל גזרה : שלמים

	Present הווה		Past עבר	Future עתיד	Imper. ציווי
יחיד	מִתְעַצֵּל	אני	הִתְעַצַּלְתִּי	אֶתְעַצֵּל	
יחידה	מִתְעַצֶּלֶת	אתה	הִתְעַצַּלְתָּ	תִּתְעַצֵּל	הִתְעַצֵּל
רבים	מִתְעַצְּלִים	את	הִתְעַצַּלְתְּ	תִּתְעַצְּלִי	הִתְעַצְּלִי
רבות	מִתְעַצְּלוֹת	הוא	הִתְעַצֵּל	יִתְעַצֵּל	
		היא	הִתְעַצְּלָה	תִּתְעַצֵּל	
		אנחנו	הִתְעַצַּלְנוּ	נִתְעַצֵּל	
		אתם/ן	הִתְעַצַּלְתֶּם/ן	תִּתְעַצְּלוּ *	הִתְעַצְּלוּ **
		הם/ן	הִתְעַצְּלוּ	יִתְעַצְּלוּ *	

שם הפועל .Infin לְהִתְעַצֵּל

שם הפעולה Verbal N הִתְעַצְּלוּת getting lazy

מקור מוחלט .Inf. Abs הִתְעַצֵּל

* less commonly: אתן/הן תִּתְעַצֵּלְנָה

** less commonly: (אתן) הִתְעַצֵּלְנָה

♦ דוגמאות Illustrations

הייתי כל כך עייף כשהגעתי הביתה, ש**הִתְעַצַּלְתִּי**, ובמקום להכין לעצמי ארוחת ערב, אכלתי קערה עם דגנים בחלב.

I was so tired when I got home that I **got lazy**, and instead of preparing dinner for myself, I ate a bowl of cereal with milk.

●עצר : לַעֲצוֹר, לְהֵיעָצֵר

stop, halt; arrest, detain; restrain, curb; rule עָצַר/עוֹצֵר/יַעֲצוֹר (יַעֲצֹר)

בניין : פָּעַל גזרה : שלמים (אֶפְעוֹל) + פ״ג

	Pres./Part. הווה/בינוני			Past עבר	Fut. עתיד	Imp. ציווי
יחיד	עוֹצֵר	עָצוּר	אני	עָצַרְתִּי	אֶעֱצוֹר	
יחידה	עוֹצֶרֶת	עֲצוּרָה	אתה	עָצַרְתָּ	תַּעֲצוֹר	עֲצוֹר
רבים	עוֹצְרִים	עֲצוּרִים	את	עָצַרְתְּ	תַּעַצְרִי	עִצְרִי
רבות	עוֹצְרוֹת	עֲצוּרוֹת	הוא	עָצַר	יַעֲצוֹר	
			היא	עָצְרָה	תַּעֲצוֹר	
			אנחנו	עָצַרְנוּ	נַעֲצוֹר	
			אתם/ן	עֲצַרְתֶּם/ן *	תַּעַצְרוּ **	עִצְרוּ ***
			הם/ן	עָצְרוּ	יַעַצְרוּ **	

שם הפועל .Infin לַעֲצוֹר		Colloquial * :עֲצַרְתֶּם/ן
מקור מוחלט .Inf. Abs עָצוֹר		less commonly ** :אתן/הן תַּעֲצוֹרְנָה
שם הפעולה Verbal N עֲצִירָה stopping		less commonly *** :(אתן) עֲצוֹרְנָה
ביני פעיל .Act. Part עוֹצֵר regent		קָטִיל .CaCiC adj./N עָצִיר detainee
ביני סביל .Pass. Part עָצוּר arrested, detained/detainee; restrained		
מקור נטוי .Inf.+pron בְּעוֹצְרוֹ, כְּ...		

נֶעֱצַר/יֵיעָצֵר (יֵעָצֵר) stop (car), come to a halt; be stopped, be halted; be arrested; be held up, be detained

בניין : נִפְעַל גזרה : שלמים + פ״ג

	Present הווה		Past עבר	Future עתיד	Imper. ציווי
יחיד	נֶעֱצָר	אני	נֶעֱצַרְתִּי	אֵיעָצֵר	
יחידה	נֶעֱצֶרֶת	אתה	נֶעֱצַרְתָּ	תֵּיעָצֵר	הֵיעָצֵר
רבים	נֶעֱצָרִים	את	נֶעֱצַרְתְּ	תֵּיעָצְרִי	הֵיעָצְרִי
רבות	נֶעֱצָרוֹת	הוא	נֶעֱצַר	יֵיעָצֵר	
		היא	נֶעֶצְרָה	תֵּיעָצֵר	
		אנחנו	נֶעֱצַרְנוּ	נֵיעָצֵר	
		אתם/ן	נֶעֱצַרְתֶּם/ן	תֵּיעָצְרוּ *	הֵיעָצְרוּ **
		הם/ן	נֶעֶצְרוּ	יֵיעָצְרוּ *	

שם הפועל .Infin לְהֵיעָצֵר	less commonly * :אתן/הן תֵּיעָצַרְנָה
שם הפעולה Verbal N הֵיעָצְרוּת stopping; arrest	less commonly ** :(אתן) הֵיעָצַרְנָה
מקור מוחלט .Inf. Abs נַעֲצוֹר, הֵיעָצֵר (הֵיעָצוֹר)	

♦ דוגמאות Illustrations

כשראיתי שהמכונית שלפניי **נֶעֱצֶרֶת**, **עָצַרְתִּי** גם אני את מכוניתי ויצאתי לראות מה קרה.

When I saw the car ahead of me **stopping**, I **stopped** my car too and went out to see what had happened.

המשטרה **עָצְרָה** עד כה שלושה חשודים. לאף אחד מן ה**עֲצוּרִים** אין אליבי לזמן השוד.

The police **have arrested** three suspects by now. None of the **detainees** has an alibi for the time of the robbery.

♦ ביטויים מיוחדים Special expressions

עָצַר ברוחו control one's emotions, avoid reacting with emotion

עָצַר כוח hold out; find the strength (to) **עֲצוֹר**! **stop**! **halt**!

●עקב : לַעֲקוֹב

עָקַב/עוֹקֵב/יַעֲקוֹב (יַעֲקֹב) follow; track ["cheat, outwit" may or may not be related]

בניין : פָּעַל גזרה : שלמים (אֶפְעוֹל) + פ״ג

	Present הווה		Past עבר	Future עתיד	Imper. ציווי
יחיד	עוֹקֵב	אני	עָקַבְתִּי	אֶעֱקוֹב	
יחידה	עוֹקֶבֶת	אתה	עָקַבְתָּ	תַּעֲקוֹב	עֲקוֹב

	Present הווה		Past עבר	Future עתיד	Imper. ציווי
רבים	עוֹקְבִים	את	עָקַבְתְּ	תַּעַקְבִי	עִקְבִי
רבות	עוֹקְבוֹת	הוא	עָקַב	יַעֲקוֹב	
		היא	עָקְבָה	תַּעֲקוֹב	
		אנחנו	עָקַבְנוּ	נַעֲקוֹב	
		אתם/ן	עֲקַבְתֶּם/ן *	תַּעַקְבוּ **	עִקְבוּ ***
		הם/ן	עָקְבוּ	יַעַקְבוּ **	

שם הפועל .Infin לַעֲקוֹב   * Colloquial: עֲקַבְתֶּם/ן

מקור מוחלט .Inf. Abs עָקוֹב   ** less commonly: אתן/הן תַּעֲקוֹבְנָה

מקור נטוי .Inf.+pron בְּעוֹקְבוֹ, כְּ...   *** less commonly: (אתן) עֲקוֹבְנָה

ביני פעיל .Act. Part עוֹקֵב following, consecutive   קָטִיל .CaCiC adj./N עָקִיב consistent

שם הפעולה Verbal N עֲקִיבָה following, tracing, tracking

מ״י מוצרכת .Gov. Prep עָקַב אחרי follow (someone/something)

♦ **דוגמאות** Illustrations

הבלש **עָקַב** כשלוש שעות אחרי החשוד, עד שלבסוף הוא נעלם לו בשוק.

The detective **followed** the suspect for about three hours, until he finally lost him in the market.

♦ **ביטויים מיוחדים** Special expressions

מספרים **עוֹקְבִים** consecutive numbers

●עקם : לְהִתְעַקֵם, לְעַקֵם

הִתְעַקֵם/הִתְעַקַּמ become bent, become crooked

בניין : הִתְפַּעֵל   גזרה : שלמים

	Present הווה		Past עבר	Future עתיד	Imper. ציווי
יחיד	מִתְעַקֵם	אני	הִתְעַקַמְתִּי	אֶתְעַקֵם	
יחידה	מִתְעַקֶמֶת	אתה	הִתְעַקַמְתָּ	תִּתְעַקֵם	הִתְעַקֵם
רבים	מִתְעַקְמִים	את	הִתְעַקַמְתְּ	תִּתְעַקְמִי	הִתְעַקְמִי
רבות	מִתְעַקְמוֹת	הוא	הִתְעַקֵם	יִתְעַקֵם	
		היא	הִתְעַקְמָה	תִּתְעַקֵם	
		אנחנו	הִתְעַקַמְנוּ	נִתְעַקֵם	
		אתם/ן	הִתְעַקַמְתֶּם/ן	תִּתְעַקְמוּ *	הִתְעַקְמוּ **
		הם/ן	הִתְעַקְמוּ	יִתְעַקְמוּ *	

שם הפועל .Infin לְהִתְעַקֵם   * less commonly: אתן/הן תִּתְעַקֵמְנָה

מקור מוחלט .Inf. Abs הִתְעַקֵם   ** less commonly: (אתן) הִתְעַקֵמְנָה

שם הפעולה Verbal N הִתְעַקְמוּת becoming bent/crooked

עִיקֵם (עִקֵם)/עִיקַמ/עַקֵם bend, twist; distort

בניין : פִּיעֵל   גזרה : שלמים

	Present הווה		Past עבר	Future עתיד	Imper. ציווי
יחיד	מְעַקֵם	אני	עִיקַמְתִּי	אֲעַקֵם	
יחידה	מְעַקֶמֶת	אתה	עִיקַמְתָּ	תְּעַקֵם	עַקֵם
רבים	מְעַקְמִים	את	עִיקַמְתְּ	תְּעַקְמִי	עַקְמִי

	Present הווה		Past עבר	Future עתיד	Imper. ציווי
רבות	מְעַקְּמוֹת	הוא	עִיקֵם	יְעַקֵּם	
		היא	עִיקְּמָה	תְּעַקֵּם	
		אנחנו	עִיקַּמְנוּ	נְעַקֵּם	
		אתם/ן	עִיקַּמְתֶּם/ן	תְּעַקְּמוּ *	עַקְּמוּ **
		הם/ן	עִיקְּמוּ	יְעַקְּמוּ *	

שם הפועל Infin. לְעַקֵּם   * less commonly: אתן/הן תְּעַקֵּמְנָה

מקור מוחלט Inf. Abs. עַקֵּם   ** less commonly: (אתן) עַקֵּמְנָה

שם הפעולה Verbal N עִיקּוּם bending, twisting; distortion

♦ **דוגמאות** Illustrations

גבו **הִתְעַקֵּם** במשך השנים מרוב ישיבה מול המחשב.

His back **became bent** with the years owing to prolonged sitting facing the computer.

♦ **ביטויים מיוחדים** Special expressions

עִיקֵּם את האף (.col) **wrinkle up** one's nose = show dissatisfaction (col.)

●עקף : לַעֲקוֹף

עָקַף/עוֹקֵף/יַעֲקוֹף (יַעֲקֹף) pass, overtake; avoid, evade; bypass

בניין : פָּעַל   גזרה : שלמים (אֶפְעוֹל) + פ״ג

	Present הווה		Past עבר	Future עתיד	Imper. ציווי
יחיד	עוֹקֵף	אני	עָקַפְתִּי	אֶעֱקוֹף	
יחידה	עוֹקֶפֶת	אתה	עָקַפְתָּ	תַּעֲקוֹף	עֲקוֹף
רבים	עוֹקְפִים	את	עָקַפְתְּ	תַּעַקְפִי	עִקְפִי
רבות	עוֹקְפוֹת	הוא	עָקַף	יַעֲקוֹף	
		היא	עָקְפָה	תַּעֲקוֹף	
		אנחנו	עָקַפְנוּ	נַעֲקוֹף	
		אתם/ן	עֲקַפְתֶּם/ן *	תַּעַקְפוּ **	עִקְפוּ ***
		הם/ן	עָקְפוּ	יַעַקְפוּ **	

שם הפועל Infin. לַעֲקוֹף   * Colloquial: עָקַפְתֶּם/ן

מקור מוחלט Inf. Abs. עָקוֹף   ** less commonly: אתן/הן תַּעֲקוֹפְנָה

מקור נטוי Inf.+pron. בְּעוֹקְפוֹ, כְּ...   *** less commonly: (אתן) עֲקוֹפְנָה

ביני פעיל Act. Part. עוֹקֵף bypass(ing)   קָטִיל CaCiC adj./N. עָקִיף indirect

שם הפעולה Verbal N עֲקִיפָה bypassing, circumventing

♦ **דוגמאות** Illustrations

נהגים לא מעטים נהרגים כל שנה בכביש הערבה שבדרך לאילת כאשר הם מנסים **לַעֲקוֹף** כלי רכב איטיים יותר, בהנחה שאין כל סיכון **בַּעֲקִיפָה** בכביש פנוי יחסית.

Quite a few drivers are killed on the Arava Road leading to Eilat when attempting to **bypass** slower vehicles, assuming that there is no risk in **passing** on a relatively open road.

●עקץ : לַעֲקוֹץ, לְהֵיעָקֵץ

עָקַץ/עוֹקֵץ/יַעֲקוֹץ (יַעֲקֹץ) sting, bite; insult

בניין : פָּעַל   גזרה : שלמים (אֶפְעוֹל) + פ״ג

	הווה/בינוני .Pres./Part			עבר Past	עתיד .Fut	ציווי .Imp
יחיד	עוֹקֵץ	עָקוּץ	אני	עָקַצְתִּי	אֶעֱקוֹץ	
יחידה	עוֹקֶצֶת	עֲקוּצָה	אתה	עָקַצְתָּ	תַּעֲקוֹץ	עֲקוֹץ
רבים	עוֹקְצִים	עֲקוּצִים	את	עָקַצְתְּ	תַּעַקְצִי	עִקְצִי
רבות	עוֹקְצוֹת	עֲקוּצוֹת	הוא	עָקַץ	יַעֲקוֹץ	
			היא	עָקְצָה	תַּעֲקוֹץ	
			אנחנו	עָקַצְנוּ	נַעֲקוֹץ	
			אתם/ן	עֲקַצְתֶּם/ן *	תַּעַקְצוּ **	עִקְצוּ ***
			הם/ן	עָקְצוּ	יַעַקְצוּ **	

שם הפועל .Infin לַעֲקוֹץ   * Colloquial: עָקַצְתֶּם/ן

מקור מוחלט .Inf. Abs עָקוֹץ   ** less commonly: אתן/הן תַּעֲקוֹצְנָה

ביני סביל .Pass. Part עָקוּץ stung, bitten   *** less commonly: (אתן) עֲקוֹצְנָה

שם הפעולה Verbal N עֲקִיצָה stinging; a sting   מקור נטוי .Inf.+pron בְּעוֹקְצוֹ, כְּ...

נֶעֱקַץ/יֵיעָקֵץ (יֵעָקֵץ) be stung, be bitten

בניין : נִפְעַל   גזרה : שלמים + פ״ג

	הווה Present		עבר Past	עתיד Future	ציווי .Imper
יחיד	נֶעֱקָץ	אני	נֶעֱקַצְתִּי	אֵיעָקֵץ	
יחידה	נֶעֱקֶצֶת	אתה	נֶעֱקַצְתָּ	תֵּיעָקֵץ	הֵיעָקֵץ
רבים	נֶעֱקָצִים	את	נֶעֱקַצְתְּ	תֵּיעָקְצִי	הֵיעָקְצִי
רבות	נֶעֱקָצוֹת	הוא	נֶעֱקַץ	יֵיעָקֵץ	
		היא	נֶעֶקְצָה	תֵּיעָקֵץ	
		אנחנו	נֶעֱקַצְנוּ	נֵיעָקֵץ	
		אתם/ן	נֶעֱקַצְתֶּם/ן	תֵּיעָקְצוּ *	הֵיעָקְצוּ **
		הם/ן	נֶעֶקְצוּ	יֵיעָקְצוּ *	

שם הפועל .Infin לְהֵיעָקֵץ   * less commonly: אתן/הן תֵּיעָקַצְנָה

שם הפעולה Verbal N הֵיעָקְצוּת being stung   ** less commonly: (אתן) הֵיעָקַצְנָה

מקור מוחלט .Inf. Abs נַעֲקוֹץ, הֵיעָקֵץ (הֵיעָקוֹץ)

♦ דוגמאות Illustrations

דובים אוהבים דבש. הדבורים **עוֹקְצוֹת** אותם כשהם שודדים את חלת הדבש, אבל הדובים ה**נֶעֱקָצִים** רגילים לכך ואינם בורחים.

Bears love honey. Bees **sting** them when they rob a honeycomb, but the **stung** bears are used to it and do not retreat.

שמעון אוהב **לַעֲקוֹץ** את ראובן בכל הזדמנות.

Shim'on likes **to insult** Reuven whenever he has an opportunity to do so.

●עקשׁ : לְהִתְעַקֵּשׁ

הִתְעַקֵּשׁ/הִתְעַקֵּשׁ insist; be stubborn

בניין : הִתְפַּעֵל גזרה : שלמים

	הווה Present		עבר Past	עתיד Future	ציווי Imper.
יחיד	מִתְעַקֵּשׁ	אני	הִתְעַקַּשְׁתִּי	אֶתְעַקֵּשׁ	
יחידה	מִתְעַקֶּשֶׁת	אתה	הִתְעַקַּשְׁתָּ	תִּתְעַקֵּשׁ	הִתְעַקֵּשׁ
רבים	מִתְעַקְּשִׁים	את	הִתְעַקַּשְׁתְּ	תִּתְעַקְּשִׁי	הִתְעַקְּשִׁי
רבות	מִתְעַקְּשׁוֹת	הוא	הִתְעַקֵּשׁ	יִתְעַקֵּשׁ	
		היא	הִתְעַקְּשָׁה	תִּתְעַקֵּשׁ	
		אנחנו	הִתְעַקַּשְׁנוּ	נִתְעַקֵּשׁ	
		אתם/ן	הִתְעַקַּשְׁתֶּם/ן	תִּתְעַקְּשׁוּ *	הִתְעַקְּשׁוּ **
		הם/ן	הִתְעַקְּשׁוּ	יִתְעַקְּשׁוּ *	

שם הפועל .Infin לְהִתְעַקֵּשׁ * less commonly: אתן/הן תִּתְעַקֵּשְׁנָה

מקור מוחלט .Inf. Abs הִתְעַקֵּשׁ ** less commonly: (אתן) הִתְעַקֵּשְׁנָה

שם הפעולה Verbal N הִתְעַקְּשׁוּת insistence; being stubborn

♦ דוגמאות Illustrations

זקנים רבים **מִתְעַקְּשִׁים** להמשיך לנהוג בכל גיל, ולא פעם הם גורמים לתאונות דרכים.

Many old folks **insist** on continuing to drive at any age, and sometimes cause accidents.

●ערב : לְהִתְעָרֵב, לְעָרֵב

הִתְעָרֵב/הִתְעָרֵב intervene, interfere; be mixed with; bet

בניין : הִתְפַּעֵל גזרה : שלמים + ע״ג

	הווה Present		עבר Past	עתיד Future	ציווי Imper.
יחיד	מִתְעָרֵב	אני	הִתְעָרַבְתִּי	אֶתְעָרֵב	
יחידה	מִתְעָרֶבֶת	אתה	הִתְעָרַבְתָּ	תִּתְעָרֵב	הִתְעָרֵב
רבים	מִתְעָרְבִים	את	הִתְעָרַבְתְּ	תִּתְעָרְבִי	הִתְעָרְבִי
רבות	מִתְעָרְבוֹת	הוא	הִתְעָרֵב	יִתְעָרֵב	
		היא	הִתְעָרְבָה	תִּתְעָרֵב	
		אנחנו	הִתְעָרַבְנוּ	נִתְעָרֵב	
		אתם/ן	הִתְעָרַבְתֶּם/ן	תִּתְעָרְבוּ *	הִתְעָרְבוּ **
		הם/ן	הִתְעָרְבוּ	יִתְעָרְבוּ *	

שם הפועל .Infin לְהִתְעָרֵב * less commonly: אתן/הן תִּתְעָרֵבְנָה

שם הפעולה Verbal N הִתְעָרְבוּת intervention ** less commonly: (אתן) הִתְעָרֵבְנָה

מקור מוחלט .Inf. Abs הִתְעָרֵב מ״י מוצרכת .Gov. Prep הִתְעָרֵב ב- intervene in

מ״י מוצרכת .Gov. Prep הִתְעָרֵב על bet on

עֵירֵב (עֵרֵב)/עֵירַב/עָרֵב mix; involve

בניין : פִּיעֵל גזרה : שלמים + ע״ג

	Present הווה		Past עבר	Future עתיד	Imper. ציווי
יחיד	מְעָרֵב	אני	עֵירַבְתִּי	אֲעָרֵב	
יחידה	מְעָרֶבֶת	אתה	עֵירַבְתָּ	תְּעָרֵב	עָרֵב
רבים	מְעָרְבִים	את	עֵירַבְתְּ	תְּעָרְבִי	עָרְבִי
רבות	מְעָרְבוֹת	הוא	עֵירֵב (עֵירַב)	יְעָרֵב	
		היא	עֵירְבָה	תְּעָרֵב	
		אנחנו	עֵירַבְנוּ	נְעָרֵב	
		אתם/ן	עֵירַבְתֶּם/ן	תְּעָרְבוּ *	עָרְבוּ**
		הם/ן	עֵירְבוּ	יְעָרְבוּ *	

* less commonly: אתן/הן תְּעָרֵבְנָה

** less commonly: (אתן) עָרֵבְנָה

שם הפועל Infin. לְעָרֵב

שם הפעולה Verbal N עֵירוּב mixing; establishing a single unit for Sabbath observance

מקור מוחלט Inf. Abs. עָרֵב

Note: originally, ערב originated from two separate roots.

♦ פעלים פחות שכיחים מאותו שורש Less frequent verbs from the same root

עוֹרַב be mixed up/confused (מְעוֹרָב, יְעוֹרַב)

בינוני Pres. Part. מְעוֹרָב mixed; involved (form common)

♦ דוגמאות Illustrations

בתי ספר טובים **מְעָרְבִים** הורים בחינוך ילדיהם. יש אומנם תחומים שבהם ההורים אינם רשאים **לְהִתְעָרֵב**, אבל גם אז הנהלת בית-הספר מתחשבת במשאלותיהם. הנהלה אינטליגנטית מעדיפה הורים **מְעוֹרָבִים**.

Good schools **involve** parents in their children's education. There are indeed areas in which parents cannot **interfere**, but even then the school administration takes their wishes into consideration. Intelligent principals prefer **involved** parents.

♦ ביטויים מיוחדים Special expressions

עֵירוּב פרשיות/תחומים a muddle of separate matters that causes confusion

מְעוֹרָב עם הבריות sociable

אוכלוסיה **מְעוֹרֶבֶת** **mixed** population

משק **מְעוֹרָב** **mixed** farming

ברגשות **מְעוֹרָבִים** with **mixed** feelings

נישואין **מְעוֹרָבִים** intermarriage

●ערבב : לְהִתְעַרְבֵּב, לְעַרְבֵּב

הִתְעַרְבֵּב/הִתְעַרְבַּב be mixed up together; be jumbled

בניין : הִתְפַּעֵל גזרה : מרובעים

	Present הווה		Past עבר	Future עתיד	Imper. ציווי
יחיד	מִתְעַרְבֵּב	אני	הִתְעַרְבַּבְתִּי	אֶתְעַרְבֵּב	
יחידה	מִתְעַרְבֶּבֶת	אתה	הִתְעַרְבַּבְתָּ	תִּתְעַרְבֵּב	הִתְעַרְבֵּב
רבים	מִתְעַרְבְּבִים	את	הִתְעַרְבַּבְתְּ	תִּתְעַרְבְּבִי	הִתְעַרְבְּבִי
רבות	מִתְעַרְבְּבוֹת	הוא	הִתְעַרְבֵּב	יִתְעַרְבֵּב	

Imper. ציווי	Future עתיד	Past עבר		Present הווה
	תִּתְעַרְבֵּב	הִתְעַרְבְּבָה	היא	
	נִתְעַרְבֵּב	הִתְעַרְבַּבְנוּ	אנחנו	
הִתְעַרְבְּבוּ **	תִּתְעַרְבְּבוּ *	הִתְעַרְבַּבְתֶּם/ן	אתם/ן	
	יִתְעַרְבְּבוּ *	הִתְעַרְבְּבוּ	הם/ן	

* less commonly: אתן/הן תִּתְעַרְבֵּבְנָה

שם הפועל .Infin לְהִתְעַרְבֵּב — ** less commonly: (אתן) הִתְעַרְבֵּבְנָה

שם הפעולה Verbal N הִתְעַרְבְּבוּת confused mixture; intermixing

מקור מוחלט .Inf. Abs הִתְעַרְבֵּב

עִרְבֵּב/עִרְבַּב/עַרְבֵּב mix; muddle, mix up, confuse

בניין : פִּיעֵל גזרה : מרובעים

Imper. ציווי	Future עתיד	Past עבר		Present הווה	
	אֲעַרְבֵּב	עִרְבַּבְתִּי	אני	מְעַרְבֵּב	יחיד
עַרְבֵּב	תְּעַרְבֵּב	עִרְבַּבְתָּ	אתה	מְעַרְבֶּבֶת	יחידה
עַרְבְּבִי	תְּעַרְבְּבִי	עִרְבַּבְתְּ	את	מְעַרְבְּבִים	רבים
	יְעַרְבֵּב	עִרְבֵּב	הוא	מְעַרְבְּבוֹת	רבות
	תְּעַרְבֵּב	עִרְבְּבָה	היא		
	נְעַרְבֵּב	עִרְבַּבְנוּ	אנחנו		
עַרְבְּבוּ **	תְּעַרְבְּבוּ *	עִרְבַּבְתֶּם/ן	אתם/ן		
	יְעַרְבְּבוּ *	עִרְבְּבוּ	הם/ן		

* less commonly: אתן/הן תְּעַרְבֵּבְנָה

שם הפועל .Infin לְעַרְבֵּב

** less commonly: (אתן) עַרְבֵּבְנָה

שם הפעולה Verbal N עִרְבּוּב mixing; mix-up

מקור מוחלט .Inf. Abs עַרְבֵּב

עוּרְבַּב (עֻרְבַּב) be mixed; be muddled, be jumbled

בניין : פּוּעַל גזרה : מרובעים

Future עתיד	Past עבר		Present הווה	
אֲעוּרְבַּב	עוּרְבַּבְתִּי	אני	מְעוּרְבָּב	יחיד
תְּעוּרְבַּב	עוּרְבַּבְתָּ	אתה	מְעוּרְבֶּבֶת	יחידה
תְּעוּרְבְּבִי	עוּרְבַּבְתְּ	את	מְעוּרְבָּבִים	רבים
יְעוּרְבַּב	עוּרְבַּב	הוא	מְעוּרְבָּבוֹת	רבות
תְּעוּרְבַּב	עוּרְבְּבָה	היא		
נְעוּרְבַּב	עוּרְבַּבְנוּ	אנחנו		
תְּעוּרְבְּבוּ *	עוּרְבַּבְתֶּם/ן	אתם/ן		
יְעוּרְבְּבוּ *	עוּרְבְּבוּ	הם/ן		

בינוני .Pres. Part מְעוּרְבָּב mixed; mixed up — * less commonly: אתן/הן תְּעוּרְבַּבְנָה

♦ דוגמאות Illustrations

גדעון **עִרְבֵּב** בטעות את הקבלות מחמש השנים האחרונות; הקבלות **הִתְעַרְבְּבוּ** כל כך, שייקח לו יום שלם למיינן מחדש, לצורכי מס הכנסה.

By mistake, Gideon **mixed up** receipts from the last five years; the receipts **got mixed together** so badly that it will take him a whole day to sort them again, for income tax purposes.

המלט והחצץ **עוּרְבְּבוּ** היטב במים, ובתום ה**עִרְבּוּב** נתקבלה תערובת בטון מאיכות מעולה.

The cement and the gravel **were mixed** well with water, and at the end of the **mixing** an excellent concrete mixture came out.

◆ ביטויים מיוחדים Special expressions

עִרְבֵּב את הפרשיות/את היוצרות **mix** things up, jumble together

●ערך : לְהַעֲרִיךְ, לַעֲרוֹךְ, לְהֵיעָרֵךְ

הֶעֱרִיךְ/הֶעֱרַכ/יַעֲרִיךְ estimate, value, assess; appreciate, esteem

בניין : הִפְעִיל גזרה : שלמים + פ״ג

	הווה Present		עבר Past	עתיד Future	ציווי Imper.
יחיד	מַעֲרִיךְ	אני	הֶעֱרַכְתִּי	אַעֲרִיךְ	
יחידה	מַעֲרִיכָה	אתה	הֶעֱרַכְתָּ	תַּעֲרִיךְ	הַעֲרֵךְ
רבים	מַעֲרִיכִים	את	הֶעֱרַכְתְּ	תַּעֲרִיכִי	הַעֲרִיכִי
רבות	מַעֲרִיכוֹת	הוא	הֶעֱרִיךְ	יַעֲרִיךְ	
		היא	הֶעֱרִיכָה	תַּעֲרִיךְ	
		אנחנו	הֶעֱרַכְנוּ	נַעֲרִיךְ	
		אתם/ן	הֶעֱרַכְתֶּם/ן	תַּעֲרִיכוּ *	הַעֲרִיכוּ **
		הם/ן	הֶעֱרִיכוּ	יַעֲרִיכוּ *	

שם הפועל .Infin לְהַעֲרִיךְ * less commonly: אתן/הן תַּעֲרֵכְנָה

בינוני .Pres. Part מַעֲרִיךְ assessor ** less commonly: (אתן) הַעֲרֵכְנָה

שם הפעולה Verbal N הַעֲרָכָה valuing, assessment, esteem, appreciation

מקור מוחלט .Inf. Abs הַעֲרֵךְ

עָרַךְ/עוֹרֵךְ/יַעֲרוֹךְ (יַעֲרֹךְ) arrange, put in order; edit; compare

בניין : פָּעַל גזרה : שלמים (אֶפְעוֹל) + פ״ג

	הווה/בינוני .Pres./Part			עבר Past	עתיד .Fut	ציווי .Imp
יחיד	עוֹרֵךְ	עָרוּךְ	אני	עָרַכְתִּי	אֶעֱרוֹךְ	
יחידה	עוֹרֶכֶת	עֲרוּכָה	אתה	עָרַכְתָּ	תַּעֲרוֹךְ	עֲרוֹךְ
רבים	עוֹרְכִים	עֲרוּכִים	את	עָרַכְתְּ	תַּעַרְכִי	עִרְכִי
רבות	עוֹרְכוֹת	עֲרוּכוֹת	הוא	עָרַךְ	יַעֲרוֹךְ	
			היא	עָרְכָה	תַּעֲרוֹךְ	
			אנחנו	עָרַכְנוּ	נַעֲרוֹךְ	
			אתם/ן	עֲרַכְתֶּם/ן *	תַּעַרְכוּ **	עִרְכוּ ***
			הם/ן	עָרְכוּ	יַעַרְכוּ **	

* Colloquial: עָרַכְתֶּם/ן

** less commonly: אתן/הן תַּעֲרוֹכְנָה

שם הפועל .Infin לַעֲרוֹךְ *** less commonly: (אתן) עֲרוֹכְנָה

שם הפעולה Verbal N עֲרִיכָה arrangement; editing

ביני פעיל .Act. Part עוֹרֵךְ/עוֹרֵךְ דין editor/lawyer

ביני סביל .Pass. Part עָרוּךְ set up; edited

מקור מוחלט .Inf. Abs עָרוֹךְ מקור נטוי .Inf.+pron בְּעוֹרְכוֹ, כְּ...

נֶעֱרַךְ/יֵיעָרֵךְ (יֵעָרֵךְ) be arranged, be edited; be valued, be estimated

בניין : נִפְעַל　　גזרה : שלמים + פ״ג

	הווה Present		עבר Past	עתיד Future	ציווי .Imper
יחיד	נֶעֱרָךְ	אני	נֶעֱרַכְתִּי	אֵיעָרֵךְ	
יחידה	נֶעֱרֶכֶת	אתה	נֶעֱרַכְתָּ	תֵּיעָרֵךְ	הֵיעָרֵךְ
רבים	נֶעֱרָכִים	את	נֶעֱרַכְתְּ	תֵּיעָרְכִי	הֵיעָרְכִי
רבות	נֶעֱרָכוֹת	הוא	נֶעֱרַךְ	יֵיעָרֵךְ	
		היא	נֶעֶרְכָה	תֵּיעָרֵךְ	
		אנחנו	נֶעֱרַכְנוּ	נֵיעָרֵךְ	
		אתם/ן	נֶעֱרַכְתֶּם/ן	תֵּיעָרְכוּ *	הֵיעָרְכוּ **
		הם/ן	נֶעֶרְכוּ	יֵיעָרְכוּ *	

* less commonly: אתן/הן תֵּיעָרַכְנָה

** less commonly: אתן (הֵיעָרַכְנָה)

שם הפועל .Infin לְהֵיעָרֵךְ

שם הפעולה Verbal N הֵיעָרְכוּת deployment; arrangement

מקור מוחלט .Inf. Abs נַעֲרוֹךְ, הֵיעָרֵךְ (הֵיעָרוֹךְ)

מ״י מוצרכת .Gov. Prep נֶעֱרַךְ ל- prepare oneself, be prepared for

הוֹעֳרַךְ (הָעֳרַךְ) be estimated, be appreciated; be esteemed

בניין : הוּפְעַל　　גזרה : שלמים + פ״ג

	הווה Present		עבר Past	עתיד Future
יחיד	מוֹעֳרָךְ	אני	הוֹעֳרַכְתִּי	אוֹעֳרַךְ
יחידה	מוֹעֳרֶכֶת	אתה	הוֹעֳרַכְתָּ	תּוֹעֳרַךְ
רבים	מוֹעֳרָכִים	את	הוֹעֳרַכְתְּ	תּוֹעָרְכִי
רבות	מוֹעֳרָכוֹת	הוא	הוֹעֳרַךְ	יוֹעֳרַךְ
		היא	הוֹעָרְכָה	תּוֹעֳרַךְ
		אנחנו	הוֹעֳרַכְנוּ	נוֹעֳרַךְ
		אתם/ן	הוֹעֳרַכְתֶּם/ן	תּוֹעָרְכוּ *
		הם/ן	הוֹעָרְכוּ	יוֹעָרְכוּ *

בדיבור בד״כ עם ו : מוּעֳרָךְ, הוּעֳרַךְ...: In speech [o] is generally replaced by [u]

בינ' .Pres. Part מוֹעֳרָךְ assessed, evaluated, esteemed

♦ דוגמאות Illustrations

בית ההוצאה **עָרַךְ** מסיבה גדולה לרגל פרסום ספרו הראשון של משה. האורחים ישבו ליד שולחנות **עֲרוּכִים**. בלטו ביניהם **עוֹרֵךְ** הספר **ועוֹרֶכֶת הדין** של בית ההוצאה. משה היה נרגש מאוד, ואמר שהוא **מַעֲרִיךְ** את המחווה.

The publisher **arranged** a large party on the occasion of the publication of Moshe's first book. The guests sat at **set** tables. Prominent among them were the book's **editor** and the publisher's **lawyer (fem.)**. Moshe was very touched, and said that he **appreciated** the gesture.

נכסי החברה **מוֹעֳרָכִים** ב-100 מיליון דולרים, אבל יודעי דבר **מַעֲרִיכִים** שהחברה שווה לפחות 50% יותר.

The company assets **are evaluated** at $100,000,000, but experts **estimate** that the company is worth at least 50% more.

עוֹרֵךְ כתב העת הציע לאפריים **לַעֲרוֹךְ** מחדש את מאמרו. המלצתו העיקרית הייתה **לַעֲרוֹךְ** את הפרקים ואת הדוגמאות בסדר שונה לחלוטין. אם המאמר **יֵיעָרֵךְ** על פי הנחיותיו, הוא משוכנע שהמערכת תקבלו לפרסום.

The journal's **editor** suggested that Ephraim re-**edit** his article. His main recommendation was to **arrange** the chapters and the illustrations in a totally different order. If the article **is** re-**edited** according to his instructions, he is convinced that the editorial board will accept it for publication.

♦ ביטויים מיוחדים Special expressions

עָרַךְ מלחמה wage war | **עָרַךְ** מסיבה give (prepare) a party

עָרַךְ שולחן **set** a table | לאין **עֲרוֹךְ** immeasurably

אין **עֲרוֹךְ** ל- its... is immeasurable | **עֲרִיכַת** דין the practice of law, the work of a lawyer

שולחן **עָרוּךְ** the code of laws drawn by Rabbi Joseph Caro; a code of laws

●ערער : לְעַרְעֵר, לְהִתְעַרְעֵר

עִרְעֵר/עִרְעַר/עַרְעֵר undermine; appeal (legal); object

בניין : פִּיעֵל גזרה : מרובעים + האות השלישית של השורש גרונית

	הווה Present		עבר Past	עתיד Future	ציווי Imper.
יחיד	מְעַרְעֵר	אני	עִרְעַרְתִּי	אֲעַרְעֵר	
יחידה	מְעַרְעֶרֶת	אתה	עִרְעַרְתָּ	תְּעַרְעֵר	עַרְעֵר
רבים	מְעַרְעֲרִים	את	עִרְעַרְתְּ	תְּעַרְעֲרִי	עַרְעֲרִי
רבות	מְעַרְעֲרוֹת	הוא	עִרְעֵר	יְעַרְעֵר	
		היא	עִרְעֲרָה	תְּעַרְעֵר	
		אנחנו	עִרְעַרְנוּ	נְעַרְעֵר	
		אתם/ן	עִרְעַרְתֶּם/ן	תְּעַרְעֲרוּ *	עַרְעֲרוּ **
		הם/ן	עִרְעֲרוּ	יְעַרְעֲרוּ *	

* less commonly: אתן/הן תְּעַרְעֵרְנָה

שם הפועל .Infin לְעַרְעֵר — ** less commonly: (אתן) עַרְעֵרְנָה

שם הפעולה Verbal N עִרְעוּר undermining; appeal (leg.)

מ״י מוצרכת .Gov. Prep עִרְעֵר על appeal (sentence) — מקור מוחלט .Inf. Abs עַרְעֵר

הִתְעַרְעֵר/הִתְעַרְעַר be undermined, be shaken, deteriorate badly

בניין : הִתְפַּעֵל גזרה : מרובעים + האות השלישית של השורש גרונית

	הווה Present		עבר Past	עתיד Future	ציווי Imper.
יחיד	מִתְעַרְעֵר	אני	הִתְעַרְעַרְתִּי	אֶתְעַרְעֵר	
יחידה	מִתְעַרְעֶרֶת	אתה	הִתְעַרְעַרְתָּ	תִּתְעַרְעֵר	הִתְעַרְעֵר
רבים	מִתְעַרְעֲרִים	את	הִתְעַרְעַרְתְּ	תִּתְעַרְעֲרִי	הִתְעַרְעֲרִי
רבות	מִתְעַרְעֲרוֹת	הוא	הִתְעַרְעֵר	יִתְעַרְעֵר	
		היא	הִתְעַרְעֲרָה	תִּתְעַרְעֵר	
		אנחנו	הִתְעַרְעַרְנוּ	נִתְעַרְעֵר	
		אתם/ן	הִתְעַרְעַרְתֶּם/ן	תִּתְעַרְעֲרוּ *	הִתְעַרְעֲרוּ **
		הם/ן	הִתְעַרְעֲרוּ	יִתְעַרְעֲרוּ *	

שם הפועל .Infin לְהִתְעַרְעֵר — * less commonly: אתן/הן תִּתְעַרְעֵרְנָה

מקור מוחלט .Inf. Abs הִתְעַרְעֵר — ** less commonly: (אתן) הִתְעַרְעֵרְנָה

שם הפעולה Verbal N הִתְעַרְעֲרוּת being undermined, being shaken

♦ **פעלים פחות שכיחים מאותו שורש** Less frequent verbs from the same root

עוֹרְעַר be undermined, be badly shaken; be questioned, be appealed against; be objected to (בינוני Pres. Part. מְעוֹרְעָר undermined, shaken; (mentally) unstable, יְעוֹרְעַר)

♦ **דוגמאות** Illustrations

בריאותו של הנשיא **הִתְעַרְעֲרָה** מאוד לאחרונה. מקורביו חוששים כי אי הוודאות הכרוכה בכך עלולה **לְעַרְעֵר** את אימון הציבור בשלטון ולגרום ל**הִתְעַרְעֲרוּתוֹ**.

The president's health has **badly deteriorated** lately. His cronies are worried that the uncertainty associated with it might **undermine** the public's confidence in the regime and bring about its **collapse**.

הנאשם החליט **לְעַרְעֵר** על פסק הדין; עורך דינו הגיש **עִרְעוּר** לערכאה גבוהה יותר.

The defendant decided **to appeal** the verdict; his lawyer presented **an appeal** to a higher court.

● ערץ : לְהַעֲרִיץ

הֶעֱרִיץ/הֶעֱרַצ/יַעֲרִיץ admire, respect, venerate, idolize

בניין : הִפְעִיל גזרה : שלמים + פ״ג

	Present הווה		Past עבר	Future עתיד	Imper. ציווי
יחיד	מַעֲרִיץ	אני	הֶעֱרַצְתִּי	אַעֲרִיץ	
יחידה	מַעֲרִיצָה	אתה	הֶעֱרַצְתָּ	תַּעֲרִיץ	הַעֲרֵץ
רבים	מַעֲרִיצִים	את	הֶעֱרַצְתְּ	תַּעֲרִיצִי	הַעֲרִיצִי
רבות	מַעֲרִיצוֹת	הוא	הֶעֱרִיץ	יַעֲרִיץ	
		היא	הֶעֱרִיצָה	תַּעֲרִיץ	
		אנחנו	הֶעֱרַצְנוּ	נַעֲרִיץ	
		אתם/ן	הֶעֱרַצְתֶּם/ן	תַּעֲרִיצוּ *	הַעֲרִיצוּ **
		הם/ן	הֶעֱרִיצוּ	יַעֲרִיצוּ *	

שם הפועל .Infin לְהַעֲרִיץ   * less commonly: אתן/הן תַּעֲרֵצְנָה

בינוני .Pres. Part מַעֲרִיץ admirer   ** less commonly: (אתן) הַעֲרֵצְנָה

שם הפעולה Verbal N הַעֲרָצָה admiration, adoration   מקור מוחלט .Inf. Abs הַעֲרֵץ

♦ **דוגמאות** Illustrations

הרבה רוסים עדיין **מַעֲרִיצִים** את סטאלין, למרות שהיה אחד הרוצחים הגדולים בהיסטוריה.

Many Russians still **venerate** Stalin, in spite of his having been one of the worst mass murderers in history.

● עשׂה (עשׂי) : לַעֲשׂוֹת, לְהֵיעָשׂוֹת

עָשָׂה/עוֹשֶׂה/יַעֲשֶׂה make, do; cause, bring about

בניין : פָּעַל גזרה : פ״ג + ל״י

	Pres./Part. הווה/בינוני			Past עבר	Fut. עתיד	Imp. ציווי
יחיד	עוֹשֶׂה	עָשׂוּי	אני	עָשִׂיתִי	אֶעֱשֶׂה	
יחידה	עוֹשָׂה	עֲשׂוּיָה	אתה	עָשִׂיתָ	תַּעֲשֶׂה	עֲשֵׂה

Pres./Part. הווה/בינוני				Past עבר	Fut. עתיד	Imp. ציווי
רבים	עוֹשִׂים	עֲשׂוּיִים	את	עָשִׂית	תַּעֲשִׂי	עֲשִׂי
רבות	עוֹשׂוֹת	עֲשׂוּיוֹת	הוא	עָשָׂה	יַעֲשֶׂה	
			היא	עָשְׂתָה	תַּעֲשֶׂה	
			אנחנו	עָשִׂינוּ	נַעֲשֶׂה	
			אתם/ן	עֲשִׂיתֶם/ן *	תַּעֲשׂוּ **	עֲשׂוּ ***
			הם/ן	עָשׂוּ	יַעֲשׂוּ **	

שם הפועל .Infin לַעֲשׂוֹת — * Colloquial: עָשִׂיתֶם/ן

מקור מוחלט .Inf. Abs עָשֹׂה — ** less commonly: אתן/הן תַּעֲשֶׂינָה

שם הפעולה Verbal N עֲשִׂיָּה doing, making — *** less commonly: (אתן) עֲשֶׂינָה

ביני סביל .Pass. Part עָשׂוּי made of; done; likely (to)

מקור נטוי .Inf.+pron בַּעֲשׂוֹתוֹ, כַּ...

נַעֲשָׂה/יֵיעָשֶׂה (יֵעָשֶׂה) be made/produced; be done/carried out; become

בניין : נִפְעַל — גזרה : פ"ג + ל"י

Present הווה			Past עבר	Future עתיד	Imper. ציווי
יחיד	נַעֲשֶׂה	אני	נַעֲשֵׂיתִי	אֵיעָשֶׂה	
יחידה	נַעֲשֵׂית	אתה	נַעֲשֵׂיתָ	תֵּיעָשֶׂה	הֵיעָשֵׂה
רבים	נַעֲשִׂים	את	נַעֲשֵׂית	תֵּיעָשִׂי	הֵיעָשִׂי
רבות	נַעֲשׂוֹת	הוא	נַעֲשָׂה	יֵיעָשֶׂה	
		היא	נַעֶשְׂתָה	תֵּיעָשֶׂה	
		אנחנו	נַעֲשֵׂינוּ	נֵיעָשֶׂה	
		אתם/ן	נַעֲשֵׂיתֶם/ן	תֵּיעָשׂוּ *	הֵיעָשׂוּ **
		הם/ן	נַעֲשׂוּ	יֵיעָשׂוּ *	

שם הפועל .Infin לְהֵיעָשׂוֹת — * less commonly: אתן/הן תֵּיעָשֶׂינָה

בינוני .Pres. Part נַעֲשֶׂה a done deed — ** less commonly: (אתן) הֵיעָשֶׂינָה

שם הפעולה Verbal N הֵיעָשׂוּת being made/done

מקור מוחלט .Inf. Abs נַעֲשֹׂה, הֵיעָשֵׂה

מ"י מוצרכת .Gov. Prep נַעֲשָׂה ל- become, turn into

♦ דוגמאות Illustrations

מאז שגבריאל **נַעֲשָׂה** לסגן נשיא החברה, הוא לא **עוֹשֶׂה** כלום. כל מלאכתו **נַעֲשֵׂית** בידי אחרים.

Since Gavriel **became** the company's vice-president, he **has been doing** nothing. All his work **is done** by others.

הכלי הזה **עָשׂוּי** מכסף טהור. This vessel **is made** of sterling silver.

יותר מכל, אני שונא את החיוך ה**מְעוּשֶׂה** שלו. Mostly, I hate his **artificial** smile.

♦ ביטויים מיוחדים Special expressions

אומר ו**עוֹשֶׂה** one who promptly **performs** what he has undertaken to do

כ**עוֹשֶׂה** בתוך שלו treating it as if it were one's own — **עָשָׂה** (את) עצמו pretend (coll.)

עָשָׂה את צרכיו relieve oneself — **עָשָׂה** דין לעצמו take the law into one's own hands

עָשָׂה חיל **do** well, succeed — **עָשָׂה** חיים have a good time, enjoy life (coll.)

עָשָׂה טובה ל- **do** a favor for (coll.) — **עָשָׂה** נפשות ל- acquire supporter/fans

עָשָׂה לו את המוות **make** one's life miserable (coll.) — **עָשָׂה** רושם **make** an impression

עָשָׂה רוח **make** a big noise for the sake of impression (coll.)
עָשָׂה שמח be the life of the party (coll.) נַעֲשֶׂה ונשמע! at your service!
מה שלא יַעֲשֶׂה השכל יַעֲשֶׂה הזמן patience will solve what impatience cannot handle
שב ואל תַּעֲשֶׂה **do** nothing את הַנַּעֲשֶׂה אין להשיב what is **done** cannot be undone
לא יֵיעָשֶׂה כן it isn't **done** מעשים אשר לא יֵיעָשׂוּ forbidden deeds

●עשן : לְעַשֵּׁן

עִישֵּׁן (עִשֵּׁן)/עִישַּׁנ/עַשֵּׁן smoke; give off smoke; fumigate

בניין : פִּיעֵל גזרה : ל״נ

	Present הווה		Past עבר	Future עתיד	Imper. ציווי
יחיד	מְעַשֵּׁן	אני	עִישַּׁנְתִּי	אֲעַשֵּׁן	
יחידה	מְעַשֶּׁנֶת	אתה	עִישַּׁנְתָּ	תְּעַשֵּׁן	עַשֵּׁן
רבים	מְעַשְּׁנִים	את	עִישַּׁנְתְּ	תְּעַשְּׁנִי	עַשְּׁנִי
רבות	מְעַשְּׁנוֹת	הוא	עִישֵּׁן	יְעַשֵּׁן	
		היא	עִישְּׁנָה	תְּעַשֵּׁן	
		אנחנו	עִישַּׁנּוּ	נְעַשֵּׁן	
		אתם/ן	עִישַּׁנְתֶּם/ן	תְּעַשְּׁנוּ *	עַשְּׁנוּ **
		הם/ן	עִישְּׁנוּ	יְעַשְּׁנוּ *	

שם הפועל .Infin לְעַשֵּׁן * less commonly: אתן/הן תְּעַשֵּׁנָּה
שם הפעולה Verbal N עִישּׁוּן smoking ** less commonly: (אתן) עַשֵּׁנָּה
מקור מוחלט .Inf. Abs עַשֵּׁן

♦ פעלים פחות שכיחים מאותו שורש Less frequent verbs from the same root
עוּשַּׁן be smoked; be fumigated (בינוני .Pres. Part מְעוּשָּׁן smoked, יְעוּשַּׁן)

♦ דוגמאות Illustrations
נחמה **מְעַשֶּׁנֶת** סיגריה מדי פעם, אבל לא שואפת את העשן לריאות.
Nehama **smokes** a cigarette occasionally, but does not inhale into the lungs.
בדרך כלל, עודד לא אוהב דגים, אבל יש לו חולשה לדגים **מְעוּשָּׁנִים**.
Generally, Oded does not like fish, but he has a weakness for **smoked** fish.

●עתק : לְהַעֲתִיק

הֶעֱתִיק/הֶעֱתַק/יַעֲתִיק copy; move, transfer

בניין : הִפְעִיל גזרה : שלמים + פ״ג

	Present הווה		Past עבר	Future עתיד	Imper. ציווי
יחיד	מַעֲתִיק	אני	הֶעֱתַקְתִּי	אַעֲתִיק	
יחידה	מַעֲתִיקָה	אתה	הֶעֱתַקְתָּ	תַּעֲתִיק	הַעֲתֵק
רבים	מַעֲתִיקִים	את	הֶעֱתַקְתְּ	תַּעֲתִיקִי	הַעֲתִיקִי
רבות	מַעֲתִיקוֹת	הוא	הֶעֱתִיק	יַעֲתִיק	
		היא	הֶעֱתִיקָה	תַּעֲתִיק	
		אנחנו	הֶעֱתַקְנוּ	נַעֲתִיק	
		אתם/ן	הֶעֱתַקְתֶּם/ן	תַּעֲתִיקוּ *	הַעֲתִיקוּ **
		הם/ן	הֶעֱתִיקוּ	יַעֲתִיקוּ *	

שם הפועל .Infin לְהַעְתִּיק   less commonly *: אתן/הן תַּעֲתֵקְנָה
שם הפעולה Verbal N הַעְתָּקָה copying; moving   less commonly **: (אתן) הַעֲתֵקְנָה
הֶעְתֵּק a copy; transfer
מקור מוחלט .Inf. Abs הַעְתֵּק

♦ פעלים פחות שכיחים מאותו שורש Less frequent verbs from the same root
הוּעֲתַק be copied, be moved (מוּעֲתָק, יוּעֲתַק)
בדיבור בד"כ עם ו: מוּעֲתָק, הוּעֲתַק...:In speech [o] is generally replaced by [u]

♦ דוגמאות Illustrations
אני חושש שזה אינו חידוש מקורי של המחבר. נראה לי שהטיעון המרכזי **הוֹעֲתַק/הוּעֲתַק** בשינוי צורה מספרו של לואיס. הוא חשב כנראה שאיש לא יבחין בכך, כיוון שהוא לא **הֶעְתִּיק** מן המקור מילה במילה.

I'm afraid that this is not an original contribution of the author. It seems to me that the main argument **was copied** in modified form from Lewis's book. He must have thought that nobody would notice, since he did not **copy** from the source word-for-word.

אודה לך אם תשלח לי **הֶעְתֵּק** ממכתבו של יו"ר הוועדה.

I'll appreciate it if you send me a **copy** of the committee chairperson's letter.

♦ ביטויים מיוחדים Special expressions
הֶעְתִּיק בבחינה **copy** in an exam

● פגן : לְהַפְגִּין

הִפְגִּין/הִפְגַּנ/יַפְגִּין demonstrate
בניין : הִפְעִיל   גזרה : ל"נ

ציווי Imper.	עתיד Future	עבר Past		הווה Present	
	אַפְגִּין	הִפְגַּנְתִּי	אני	מַפְגִּין	יחיד
הַפְגֵּן	תַּפְגִּין	הִפְגַּנְתָּ	אתה	מַפְגִּינָה	יחידה
הַפְגִּינִי	תַּפְגִּינִי	הִפְגַּנְתְּ	את	מַפְגִּינִים	רבים
	יַפְגִּין	הִפְגִּין	הוא	מַפְגִּינוֹת	רבות
	תַּפְגִּין	הִפְגִּינָה	היא		
	נַפְגִּין	הִפְגַּנּוּ	אנחנו		
** הַפְגִּינוּ	* תַּפְגִּינוּ	הִפְגַּנְתֶּם/ן	אתם/ן		
	* יַפְגִּינוּ	הִפְגִּינוּ	הם/ן		

שם הפועל .Infin לְהַפְגִּין   less commonly *: אתן/הן תַּפְגֵּנָּה
שם הפעולה Verbal N הַפְגָּנָה demonstration   less commonly **: (אתן) הַפְגֵּנָּה
בינוני .Pres. Part מַפְגִּין demonstrator   מקור מוחלט .Inf. Abs הַפְגֵּן

♦ פעלים פחות שכיחים מאותו שורש Less frequent verbs from the same root
הוּפְגַּן be demonstrated < בינוני .Pres. Part מוּפְגָּן demonstrated, publicly displayed, תואר הפועל .Adv בְּמוּפְגָּן in open public display

♦ דוגמאות Illustrations

מאות אלפי חברי "שלום עכשיו" ואוהדים נהגו **לְהַפְגִּין** בזמנו ב"כיכר מלכי ישראל" (היום "כיכר רבין"). מטרת **הַהַפְגָּנוֹת** הייתה **לְהַפְגִּין** תמיכה בהמשך תהליך השלום, על אף כל הקשיים שבדרך להשלמתו. לדעת המארגנים, **הוּפְגְּנָה** באירועים אלה תמיכה חזקה של העם יותר מאי פעם בעבר במדיניות השלום.

Hundreds of thousands of the "Peace Now" movement and sympathizers used to **demonstrate** at the time at Malkhey Israel Square (today Rabin Square). The goal of the **demonstrations** was **to demonstrate** support for the continuation of the peace process, in spite of the difficulties on the way leading to its conclusion. In the organizers' view, stronger support by the people than ever before **was demonstrated** in such events for the peace policy.

● פגע : לִפְגּוֹעַ, לְהִיפָּגַע

harm, wound; hit (target); offend, hurt, insult; encounter, come across פָּגַע/פּוֹגֵעַ/יִפְגַּע

בניין : פָּעַל גזרה : שלמים (אֶפְעַל) + ל"ג

	Pres./Part. הווה/בינוני			Past עבר	Fut. עתיד	Imp. ציווי
יחיד	פּוֹגֵעַ	פָּגוּעַ	אני	פָּגַעְתִּי	אֶפְגַּע	
יחידה	פּוֹגַעַת	פְּגוּעָה	אתה	פָּגַעְתָּ	תִּפְגַּע	פְּגַע
רבים	פּוֹגְעִים	פְּגוּעִים	את	פָּגַעְתְּ/...עַת	תִּפְגְּעִי	פִּגְעִי
רבות	פּוֹגְעוֹת	פְּגוּעוֹת	הוא	פָּגַע	יִפְגַּע	
			היא	פָּגְעָה	תִּפְגַּע	
			אנחנו	פָּגַעְנוּ	נִפְגַּע	
			אתם/ן	פְּגַעְתֶּם/ן *	תִּפְגְּעוּ **	פִּגְעוּ ***
			הם/ן	פָּגְעוּ	יִפְגְּעוּ **	

* Colloquial: פָּגַעְתֶּם/ן

** less commonly: אתן/הן תִּפְגַּעְנָה

*** less commonly: (אתן) פְּגַעְנָה

שם הפועל .Infin לִפְגּוֹעַ

מקור מוחלט .Inf. Abs פָּגוֹעַ

מקור נטוי .Inf.+pron בְּפוֹגְעוֹ, כְּ...

שם הפעולה Verbal N פְּגִיעָה blow, wound, hit; encounter

בינוני פעיל .Act. Part פּוֹגֵעַ hurting, insulting בינוני סביל .Pass. Part פָּגוּעַ hurt, insulted

קָטִיל .CaCiC adj./N פָּגִיעַ vulnerable; sensitive (emotionally)

מ"י מוצרכת .Gov. Prep פָּגַע בְּ- hurt/offend (someone); hit (someone/something)

be hit, be injured; be offended נִפְגַּע/יִיפָּגַע (יִפָּגַע)

בניין : נִפְעַל גזרה : שלמים + ל"ג

	Present הווה		Past עבר	Future עתיד	Imper. ציווי
יחיד	נִפְגָּע	אני	נִפְגַּעְתִּי	אֶפָּגַע/...גֵעַ	
יחידה	נִפְגַּעַת	אתה	נִפְגַּעְתָּ	תִּיפָּגַע/...גֵעַ	הִיפָּגַע
רבים	נִפְגָּעִים	את	נִפְגַּעְתְּ/...עַת	תִּיפָּגְעִי	הִיפָּגְעִי
רבות	נִפְגָּעוֹת	הוא	נִפְגַּע	יִיפָּגַע/...גֵעַ	
		היא	נִפְגְּעָה	תִּיפָּגַע/...גֵעַ	
		אנחנו	נִפְגַּעְנוּ	נִיפָּגַע/...גֵעַ	
		אתם/ן	נִפְגַּעְתֶּם/ן	תִּיפָּגְעוּ *	הִיפָּגְעוּ **
		הם/ן	נִפְגְּעוּ	יִיפָּגְעוּ *	

שם הפועל .Infin לְהִיפָּגַע * :less commonly אתן/הן תִּיפָּגַעְנָה
מקור מוחלט .Inf. Abs נִפְגּוֹעַ ** :less commonly (אתן) הִיפָּגַעְנָה
שם הפעולה Verbal N הִיפָּגְעוּת being injured/offended

♦ **דוגמאות** Illustrations

הנביא אלישע **נִפְגַּע** מאוד כשילדים קראו לו בקריאה ה**פוֹגַעַת** "עלה קירח", וקילל אותם בשם יהוה, ואז יצאו שתי דובים (דובות?) מן היער **וּפָגְעוּ** בהם.

The prophet Elisha was very **offended** when children taunted him with the **offensive** call "come on baldie," and cursed them in the Lord's name; consequently two (she-) bears came out of the forest and **harmed** them.

אתה יודע מהיכן באה לי הצלקת הזאת? **נִפְגַּעְתִּי** מאבן שאחי זרק עלי תוך כדי משחק כשהייתי בן חמש. האבן **פָּגְעָה** בי **פְּגִיעָה** ישירה באמצע המצח.

Do you know how I got this scar? I **was hit** by a stone that my bother threw at me during play when I was five. The stone **struck** me in a direct **hit** right in the center of my forehead.

♦ **ביטויים מיוחדים** Special expressions

פָּגַע (coll. **פְּגַע**) וברח **hit** and run, military tactic, and also referring to hit-and-run driving
פָּגַע בכבודו slight/**offend** him — **פָּגַע** במטרה **hit** the target
בְּמַפְגִּיעַ emphatically, categorically

●פגר-1 : לְפַגֵּר

פִּיגֵּר (פִּגֵּר)/פִּיגַּר/פַגֵּר fall/lag behind, be backward; be slow (clock)

בניין : פִּיעֵל גזרה : שלמים

	Present הווה		Past עבר	Future עתיד	Imper. ציווי
יחיד	מְפַגֵּר	אני	פִּיגַּרְתִּי	אֲפַגֵּר	
יחידה	מְפַגֶּרֶת	אתה	פִּיגַּרְתָּ	תְּפַגֵּר	פַּגֵּר
רבים	מְפַגְּרִים	את	פִּיגַּרְתְּ	תְּפַגְּרִי	פַּגְּרִי
רבות	מְפַגְּרוֹת	הוא	פִּיגֵּר	יְפַגֵּר	
		היא	פִּיגְּרָה	תְּפַגֵּר	
		אנחנו	פִּיגַּרְנוּ	נְפַגֵּר	
		אתם/ן	פִּיגַּרְתֶּם/ן	תְּפַגְּרוּ *	פַּגְּרוּ**
		הם/ן	פִּיגְּרוּ	יְפַגְּרוּ *	

* :less commonly אתן/הן תְּפַגֵּרְנָה
שם הפועל .Infin לְפַגֵּר ** :less commonly (אתן) פַּגֵּרְנָה
שם הפעולה Verbal N פִּיגּוּר backwardness, falling behind, lag, arrears (of payments)
בינוני .Pres. Part מְפַגֵּר backward; retarded person — מקור מוחלט .Inf. Abs פַּגֵּר
מ״י מוצרכת .Gov. Prep פִּיגֵּר אחרי fall/lag behind
מ״י מוצרכת .Gov. Prep פִּיגֵּר ב- fall/lag behind; be slow (watch) by (e.g., by five minutes)

♦ **דוגמאות** Illustrations

ישראל **מְפַגֶּרֶת** אחרי מדינות כמו ארה״ב בנושא של טיפול בילדים בעלי צרכים מיוחדים.

Israel **lags behind** the U.S. in the treatment of children with special needs.

אם **תְּפַגְּרוּ** בתשלומי המשכנתא, הבנק עלול לקחת מכם את הבית.

If you **lag behind** in your mortgage payments, the bank may foreclose on your house.

●פגר-2 (מן פֶּגֶר corpse) : לְהִתְפַּגֵּר

הִתְפַּגֵּר/...פַּגֵּר פֶּגֶר die, croak, (be)come a cadaver (coll.), from corpse

בניין : פִּיעֵל גזרה : שלמים

	Present הווה		Past עבר	Future עתיד	Imper. ציווי
יחיד	מִתְפַּגֵּר	אני	הִתְפַּגַּרְתִּי	אֶתְפַּגֵּר	
יחידה	מִתְפַּגֶּרֶת	אתה	הִתְפַּגַּרְתָּ	תִּתְפַּגֵּר	הִתְפַּגֵּר
רבים	מִתְפַּגְּרִים	את	הִתְפַּגַּרְתְּ	תִּתְפַּגְּרִי	הִתְפַּגְּרִי
רבות	מִתְפַּגְּרוֹת	הוא	הִתְפַּגֵּר	יִתְפַּגֵּר	
		היא	הִתְפַּגְּרָה	תִּתְפַּגֵּר	
		אנחנו	הִתְפַּגַּרְנוּ	נִתְפַּגֵּר	
		אתם/ן	הִתְפַּגַּרְתֶּם/ן	תִּתְפַּגְּרוּ *	הִתְפַּגְּרוּ**
		הם/ן	הִתְפַּגְּרוּ	יִתְפַּגְּרוּ *	

* less commonly: אתן/הן תִּתְפַּגֵּרְנָה

שם הפועל .Infin לְהִתְפַּגֵּר ** less commonly: (אתן) הִתְפַּגֵּרְנָה

שם הפעולה Verbal N הִתְפַּגְּרוּת dying (coll.) מקור מוחלט .Inf. Abs הִתְפַּגֵּר

♦ דוגמאות Illustrations

הילדים של אפריים מחכים כבר הרבה שנים שהוא **יִתְפַּגֵּר**, כדי לקבל את הירושה, אבל הוא כבר בן 98 ובכלל לא מתכוון **לְהִתְפַּגֵּר**...

Ephraim's kids have been waiting for him **to croak**, so as to get their inheritance, but he is 98 already, and is not planning **to kick the bucket** at all…

●פגש : לִפְגּוֹשׁ, לְהִיפָּגֵשׁ, לְהַפְגִּישׁ

פָּגַשׁ/פּוֹגֵשׁ/יִפְגּוֹשׁ meet (usually by chance), encounter

בניין : פָּעַל גזרה : שלמים (אֶפְעוֹל)

	Present הווה		Past עבר	Future עתיד	Imper. ציווי
יחיד	פּוֹגֵשׁ	אני	פָּגַשְׁתִּי	אֶפְגּוֹשׁ	
יחידה	פּוֹגֶשֶׁת	אתה	פָּגַשְׁתָּ	תִּפְגּוֹשׁ	פְּגוֹשׁ
רבים	פּוֹגְשִׁים	את	פָּגַשְׁתְּ	תִּפְגְּשִׁי	פִּגְשִׁי
רבות	פּוֹגְשׁוֹת	הוא	פָּגַשׁ	יִפְגּוֹשׁ	
		היא	פָּגְשָׁה	תִּפְגּוֹשׁ	
		אנחנו	פָּגַשְׁנוּ	נִפְגּוֹשׁ	
		אתם/ן	פְּגַשְׁתֶּם/ן *	תִּפְגְּשׁוּ **	פִּגְשׁוּ ***
		הם/ן	פָּגְשׁוּ	יִפְגְּשׁוּ **	

שם הפועל .Infin לִפְגּוֹשׁ * Colloquial: פָּגַשְׁתֶּם/ן

שם הפעולה Verbal N פְּגִישָׁה meeting ** less commonly: אתן/הן תִּפְגּוֹשְׁנָה

מקור מוחלט .Inf. Abs פָּגוֹשׁ *** less commonly: (אתן) פְּגוֹשְׁנָה

מקור נטוי .Inf.+pron בְּפוֹגְשׁוֹ, כְּ...

מ״י מוצרכת .Gov. Prep פָּגַשׁ את/ב- meet (someone), usually by chance

נִפְגַּשׁ/יִיפָּגֵשׁ (יִפָּגֵשׁ) meet (usually by design), encounter

בניין : נִפְעַל גזרה : שלמים

	Present הווה		Past עבר	Future עתיד	Imper. ציווי
יחיד	נִפְגָּשׁ	אני	נִפְגַּשְׁתִּי	אֶפָּגֵשׁ	
יחידה	נִפְגֶּשֶׁת	אתה	נִפְגַּשְׁתָּ	תִּיפָּגֵשׁ	הִיפָּגֵשׁ
רבים	נִפְגָּשִׁים	את	נִפְגַּשְׁתְּ	תִּיפָּגְשִׁי	הִיפָּגְשִׁי
רבות	נִפְגָּשׁוֹת	הוא	נִפְגַּשׁ	יִיפָּגֵשׁ	
		היא	נִפְגְּשָׁה	תִּיפָּגֵשׁ	
		אנחנו	נִפְגַּשְׁנוּ	נִיפָּגֵשׁ	
		אתם/ן	נִפְגַּשְׁתֶּם/ן	תִּיפָּגְשׁוּ *	הִיפָּגְשׁוּ **
		הם/ן	נִפְגְּשׁוּ	יִיפָּגְשׁוּ *	

שם הפועל .Infin לְהִיפָּגֵשׁ * less commonly: אתן/הן תִּיפָּגַשְׁנָה

שם הפעולה Verbal N הִיפָּגְשׁוּת meeting ** less commonly: (אתן) הִיפָּגַשְׁנָה

מקור מוחלט .Inf. Abs נִפְגּוֹשׁ, הִיפָּגֵשׁ (הִיפָּגוֹשׁ)

מ״י מוצרכת .Gov. Prep נִפְגַּשׁ עִם meet with (usually by design)

מ״י מוצרכת .Gov. Prep נִפְגַּשׁ בְּ- meet (someone) by chance

הִפְגִּישׁ/הִפְגַּשׁ/יַפְגִּישׁ bring together, introduce, cause to meet

בניין : הִפְעִיל גזרה : שלמים

	Present הווה		Past עבר	Future עתיד	Imper. ציווי
יחיד	מַפְגִּישׁ	אני	הִפְגַּשְׁתִּי	אַפְגִּישׁ	
יחידה	מַפְגִּישָׁה	אתה	הִפְגַּשְׁתָּ	תַּפְגִּישׁ	הַפְגֵּשׁ
רבים	מַפְגִּישִׁים	את	הִפְגַּשְׁתְּ	תַּפְגִּישִׁי	הַפְגִּישִׁי
רבות	מַפְגִּישׁוֹת	הוא	הִפְגִּישׁ	יַפְגִּישׁ	
		היא	הִפְגִּישָׁה	תַּפְגִּישׁ	
		אנחנו	הִפְגַּשְׁנוּ	נַפְגִּישׁ	
		אתם/ן	הִפְגַּשְׁתֶּם/ן	תַּפְגִּישׁוּ *	הַפְגִּישׁוּ **
		הם/ן	הִפְגִּישׁוּ	יַפְגִּישׁוּ *	

שם הפועל .Infin לְהַפְגִּישׁ * less commonly: אתן/הן תַּפְגֵּשְׁנָה

שם הפעולה Verbal N הַפְגָּשָׁה bringing together ** less commonly: (אתן) הַפְגֵּשְׁנָה

מקור מוחלט .Inf. Abs הַפְגֵּשׁ

♦ דוגמאות Illustrations

פָּגַשְׁתִּי אתמול ברחוב את אבנר, אחרי שלא ראיתי אותו עשרים שנה. שנינו היינו כה נרגשים מן ה**פְּגִישָׁה**, שהחלטנו **לְהִיפָּגֵשׁ** באופן סדיר פעם בחודש.

I **met** Avner on the street yesterday, after I had not seen him for twenty years. We were so excited by the **meeting**, that we decided **to meet** regularly once a month.

לאחר שהמשא-ומתן בין עורכי הדין נסתיים בלא-כלום, הם הסכימו ביניהם לנסות **לְהַפְגִּישׁ** את שני הצדדים פנים-אל-פנים, בתקווה שבעקבות זאת תחול התקדמות כלשהי.

When the negotiations between the lawyers ended with nothing, they agreed to try **to have** the two sides **meet** face-to-face, with the hope that it will consequently lead to some progress.

●פוץ : לְהָפִיץ

הֵפִיץ/הֵפַצ/יָפִיץ scatter; distribute; spread

בניין : הִפְעִיל גזרה : ע״ו

	הווה Present		עבר Past	עתיד Future	ציווי Imper.
יחיד	מֵפִיץ	אני	הֵפַצְתִּי	אָפִיץ	
יחידה	מְפִיצָה	אתה	הֵפַצְתָּ	תָּפִיץ	הָפֵץ
רבים	מְפִיצִים	את	הֵפַצְתְּ	תָּפִיצִי	הָפִיצִי
רבות	מְפִיצוֹת	הוא	הֵפִיץ	יָפִיץ	
		היא	הֵפִיצָה	תָּפִיץ	
		אנחנו	הֵפַצְנוּ	נָפִיץ	
		אתם/ן	* הֵפַצְתֶּם/ן	** תָּפִיצוּ	*** הָפִיצוּ
		הם/ן	הֵפִיצוּ	** יָפִיצוּ	

שם הפועל .Infin לְהָפִיץ * formal: הֲפַצְתֶּם/ן

בינוני .Pres. Part מֵפִיץ distributor ** less commonly: אתן/הן תָּפֵצְנָה

שם הפעולה Verbal N הֲפָצָה distribution *** less commonly: (אתן) הָפֵצְנָה

מקור מוחלט .Inf. Abs הָפֵץ

הוּפַץ be scattered; be distributed; be spread

בניין : הוּפְעַל גזרה : ע״ו

	הווה Present		עבר Past	עתיד Future
יחיד	מוּפָץ	אני	הוּפַצְתִּי	אוּפַץ
יחידה	מוּפֶצֶת	אתה	הוּפַצְתָּ	תּוּפַץ
רבים	מוּפָצִים	את	הוּפַצְתְּ	תּוּפְצִי
רבות	מוּפָצוֹת	הוא	הוּפַץ	יוּפַץ
		היא	הוּפְצָה	תּוּפַץ
		אנחנו	הוּפַצְנוּ	נוּפַץ
		אתם/ן	הוּפַצְתֶּם/ן	* תּוּפְצוּ
		הם/ן	הוּפְצוּ	* יוּפְצוּ

בינוני .Pres. Part מוּפָץ distributed * less commonly: אתן/הן תּוּפַצְנָה

♦ פעלים פחות שכיחים מאותו שורש Less frequent verbs from the same root

נָפוֹץ be scattered, be widespread (נָפוֹץ, יִיפּוֹץ, לְהִיפּוֹץ)

Pres. Part. נָפוֹץ common, widespread (word common)

♦ דוגמאות Illustrations

ביקשתי מכל המורים לעברית שאני בקשר איתם **לְהָפִיץ** בקרב הסטודנטים את המידע שאני שולח להם אודות האולפנים השונים בארץ.

I asked of all the Hebrew teachers I am in touch with **to distribute** to their students the information I am sending them regarding the various intensive Hebrew schools in Israel.

הסרט הזה אינו מצליח כל כך בקופות מכיוון שאין למפיקיו **מְפִיצִים** טובים.

This movie is not so successful at the box office because its producers do not have good **distributors**.

המחלה הזאת **נְפוֹצָה** מאוד, בעיקר בקרב צעירים.

This illness is quite **widespread**, particularly among the young.

♦ ביטויים מיוחדים Special expressions

טרשת **נְפוֹצָה** multiple sclerosis (literally: **common** sclerosis)

●פוק : לְהָפִיק

הֵפִיק/הֵפַק/יָפִיק obtain, derive; produce; extract

בניין : הִפְעִיל גזרה : ע״ו

	Present הווה		Past עבר	Future עתיד	Imper. ציווי
יחיד	מֵפִיק	אני	הֲפַקְתִּי	אָפִיק	
יחידה	מְפִיקָה	אתה	הֲפַקְתָּ	תָּפִיק	הָפֵק
רבים	מְפִיקִים	את	הֲפַקְתְּ	תָּפִיקִי	הָפִיקִי
רבות	מְפִיקוֹת	הוא	הֵפִיק	יָפִיק	
		היא	הֵפִיקָה	תָּפִיק	
		אנחנו	הֲפַקְנוּ	נָפִיק	
		אתםץ	הֲפַקְתֶּםץ *	תָּפִיקוּ **	הָפִיקוּ ***
		הםץ	הֵפִיקוּ	יָפִיקוּ **	

* formal: הֲפַקְתֶּםץ

** less commonly: אתןץהן תָּפֵקְנָה

*** less commonly: (אתן) הָפֵקְנָה

שם הפועל .Infin לְהָפִיק

בינוני .Pres. Part מֵפִיק producer

שם הפעולה Verbal N הֲפָקָה production; bringing out

מקור מוחלט .Inf. Abs הָפֵק

הוּפַק be derived, be extracted; be produced

בניין : הוּפְעַל גזרה : ע״ו

	Present הווה		Past עבר	Future עתיד
יחיד	מוּפָק	אני	הוּפַקְתִּי	אוּפַק
יחידה	מוּפֶקֶת	אתה	הוּפַקְתָּ	תּוּפַק
רבים	מוּפָקִים	את	הוּפַקְתְּ	תּוּפְקִי
רבות	מוּפָקוֹת	הוא	הוּפַק	יוּפַק
		היא	הוּפְקָה	תּוּפַק
		אנחנו	הוּפַקְנוּ	נוּפַק
		אתםץ	הוּפַקְתֶּםץ	תּוּפְקוּ *
		הםץ	הוּפְקוּ	יוּפְקוּ *

* less commonly: אתןץהן תּוּפַקְנָה

בינוני .Pres. Part מוּפָק produced, derived

♦ דוגמאות Illustrations

הטלוויזיה החינוכית **הֵפִיקָה** סרט מעניין על אופיום, משלב ה**הֲפָקָה** (אופיום **מוּפָק** מזרעי פרג) ועד לשימושים השונים בו, לטובה ולרעה.

Educational Television **produced** an interesting film on opium, from the **production** stage (opium is **produced/derived** from poppy seeds) to its various uses, good and bad.

♦ ביטויים מיוחדים Special expressions

הֵפִיק תועלת מן benefit from　　**הֵפִיק** את רצונו של מישהו gratify somebody

●פזר : לְפַזֵּר, לְהִתְפַּזֵּר

פִּיזֵּר (פִּזֵּר)/פִּיזַּר/פַּזֵּר scatter (tr.); disband, dissolve (org.); squander

בניין : פִּיעֵל גזרה : שלמים

	Present הווה		Past עבר	Future עתיד	Imper. ציווי
יחיד	מְפַזֵּר	אני	פִּיזַּרְתִּי	אֲפַזֵּר	
יחידה	מְפַזֶּרֶת	אתה	פִּיזַּרְתָּ	תְּפַזֵּר	פַּזֵּר
רבים	מְפַזְּרִים	את	פִּיזַּרְתְּ	תְּפַזְּרִי	פַּזְּרִי
רבות	מְפַזְּרוֹת	הוא	פִּיזֵּר	יְפַזֵּר	
		היא	פִּיזְּרָה	תְּפַזֵּר	
		אנחנו	פִּיזַּרְנוּ	נְפַזֵּר	
		אתם/ן	פִּיזַּרְתֶּם/ן	תְּפַזְּרוּ *	פַּזְּרוּ**
		הם/ן	פִּיזְּרוּ	יְפַזְּרוּ *	

שם הפועל .Infin לְפַזֵּר * less commonly: אתן/הן תְּפַזֵּרְנָה

ש' הפעו' Vrbl. N פִּיזּוּר scattering; disbandment ** less commonly: (אתן) פַּזֵּרְנָה

מקור מוחלט .Inf. Abs פַּזֵּר

הִתְפַּזֵּר/הִתְפַּזַּר scatter, be spread; dissipate energy (on too many tasks)

בניין : הִתְפַּעֵל גזרה : שלמים

	Present הווה		Past עבר	Future עתיד	Imper. ציווי
יחיד	מִתְפַּזֵּר	אני	הִתְפַּזַּרְתִּי	אֶתְפַּזֵּר	
יחידה	מִתְפַּזֶּרֶת	אתה	הִתְפַּזַּרְתָּ	תִּתְפַּזֵּר	הִתְפַּזֵּר
רבים	מִתְפַּזְּרִים	את	הִתְפַּזַּרְתְּ	תִּתְפַּזְּרִי	הִתְפַּזְּרִי
רבות	מִתְפַּזְּרוֹת	הוא	הִתְפַּזֵּר	יִתְפַּזֵּר	
		היא	הִתְפַּזְּרָה	תִּתְפַּזֵּר	
		אנחנו	הִתְפַּזַּרְנוּ	נִתְפַּזֵּר	
		אתם/ן	הִתְפַּזַּרְתֶּם/ן	תִּתְפַּזְּרוּ *	הִתְפַּזְּרוּ **
		הם/ן	הִתְפַּזְּרוּ	יִתְפַּזְּרוּ *	

שם הפועל .Infin לְהִתְפַּזֵּר * less commonly: אתן/הן תִּתְפַּזֵּרְנָה

שם הפעולה Verbal N הִתְפַּזְּרוּת scattering ** less commonly: (אתן) הִתְפַּזֵּרְנָה

מקור מוחלט .Inf. Abs הִתְפַּזֵּר

פּוּזַּר (פֻּזַּר) be scattered, be dispersed; be disbanded

בניין : פּוּעַל גזרה : שלמים

	Present הווה		Past עבר	Future עתיד
יחיד	מְפוּזָּר	אני	פּוּזַּרְתִּי	אֲפוּזַּר
יחידה	מְפוּזֶּרֶת	אתה	פּוּזַּרְתָּ	תְּפוּזַּר
רבים	מְפוּזָּרִים	את	פּוּזַּרְתְּ	תְּפוּזְּרִי
רבות	מְפוּזָּרוֹת	הוא	פּוּזַּר	יְפוּזַּר
		היא	פּוּזְּרָה	תְּפוּזַּר
		אנחנו	פּוּזַּרְנוּ	נְפוּזַּר
		אתם/ן	פּוּזַּרְתֶּם/ן	תְּפוּזְּרוּ *
		הם/ן	פּוּזְּרוּ	יְפוּזְּרוּ *

בינ' .Pres. Part מְפוּזָּר scattered; scatterbrained *less commonly: אתן/הן תְּפוּזַּרְנָה

♦ **פעלים פחות שכיחים מאותו שורש** Less frequent verbs from the same root

Pass. Part. ביני סביל ,scattered **פָּזוּר** Pass. Part. ביני סביל < scatter (tr.) (Med H) פִּזֵּר

dispersion פְּזוּרָה

♦ **דוגמאות** Illustrations

מפקד המשטרה חשב שייאלץ **לְפַזֵּר** את המפגינים בכוח, אבל בסופו של דבר הם **הִתְפַּזְּרוּ** מעצמם.

The chief of police thought that he would have **to disperse** the demonstrators by force, but in the end they **dispersed** on their own.

נשיא רוסיה **פִּיזֵּר** את הפרלמנט בפעם השלישית השנה.

The president of Russia **disbanded** the Parliament for the third time this year.

חניתה כועסת על בעלה מכיוון שהוא **מְפַזֵּר** כספים על כל מיני מכשירים אלקטרוניים שהוא לעולם לא ישתמש בהם.

Hanita is upset at her husband because he **squanders** money on all kinds of electronic devices he will never use.

לאחר ביצוע פסק דין המוות של אדולף אייכמן, **פּוּזַּר** אפרו על פני הים התיכון.

After the execution of Adolph Eichmann's death sentence, his ashes **were strewn** over the Mediterranean.

♦ **ביטויים מיוחדים** Special expressions

פִּיזֵּר כספים על ימין ועל שמאל **spread** money **around** liberally (coll.)

פִּיזּוּר נפש distraction, absent-mindedness **הַפְּזוּרָה** היהודית the (Jewish) Diaspora

●פחד : לְפַחֵד, לִפְחוֹד, לְהַפְחִיד

פַּחֵד [פִּחֵד/פִּיחַד] be afraid, fear

בניין : פִּיעֵל גזרה : שלמים + ע״ג

	Present הווה		Past עבר	Future עתיד	Imper. ציווי
יחיד	מְפַחֵד	אני	[פִּיחַדְתִּי]	אֲפַחֵד	
יחידה	מְפַחֶדֶת	אתה	[פִּיחַדְתָּ]	תְּפַחֵד	[פַּחֵד]
רבים	מְפַחֲדִים	את	[פִּיחַדְתְּ]	תְּפַחֲדִי	[פַּחֲדִי]
רבות	מְפַחֲדוֹת	הוא	[פִּיחֵד]	יְפַחֵד	
		היא	[פִּיחֲדָה]	תְּפַחֵד	
		אנחנו	[פִּיחַדְנוּ]	נְפַחֵד	
		אתםץ	[פִּיחַדְתֶּםץ]	* תְּפַחֲדוּ	[פַּחֲדוּ **]
		הםץ	[פִּיחֲדוּ]	* יְפַחֲדוּ	

שם הפועל .Infin לְפַחֵד * less commonly: אתןץהן תְּפַחֵדְנָה

מקור מוחלט .Inf. Abs פַּחֵד ** less commonly: (אתן) פַּחֵדְנָה]

Note: the past of פיעל is obsolete; the past paradigm of פָּעַל is used instead.

פָּחַד/פּוֹחֵד/יִפְחַד fear, be afraid of

בניין : פָּעַל   גזרה : שלמים (אֶפְעַל) + ע״ג

	Present הווה		Past עבר	Future עתיד	Imper. ציווי
יחיד	פּוֹחֵד	אני	פָּחַדְתִּי	אֶפְחַד	
יחידה	פּוֹחֶדֶת	אתה	פָּחַדְתָּ	תִּפְחַד	פְּחַד
רבים	פּוֹחֲדִים	את	פָּחַדְתְּ	תִּפְחֲדִי	פַּחֲדִי
רבות	פּוֹחֲדוֹת	הוא	פָּחַד	יִפְחַד	
		היא	פָּחֲדָה	תִּפְחַד	
		אנחנו	פָּחַדְנוּ	נִפְחַד	
		אתם/ן	פְּחַדְתֶּם/ן *	תִּפְחֲדוּ **	פַּחֲדוּ ***
		הם/ן	פָּחֲדוּ	יִפְחֲדוּ **	

שם הפועל .Infin לִפְחוֹד   * Colloquial: פָּחַדְתֶּם/ן

מקור מוחלט .Inf. Abs פָּחוֹד   ** less commonly: אתן/הן תִּפְחַדְנָה

מ״י מוצרכת .Gov. Prep פָּחַד מן be afraid of   *** less commonly: (אתן) פְּחַדְנָה

מקור נטוי .Inf.+pron בְּפוֹחְדוֹ, כְּ...

הִפְחִיד/הִפְחַד/יַפְחִיד frighten, scare, intimidate

בניין : הִפְעִיל   גזרה : שלמים

	Present הווה		Past עבר	Future עתיד	Imper. ציווי
יחיד	מַפְחִיד	אני	הִפְחַדְתִּי	אַפְחִיד	
יחידה	מַפְחִידָה	אתה	הִפְחַדְתָּ	תַּפְחִיד	הַפְחֵד
רבים	מַפְחִידִים	את	הִפְחַדְתְּ	תַּפְחִידִי	הַפְחִידִי
רבות	מַפְחִידוֹת	הוא	הִפְחִיד	יַפְחִיד	
		היא	הִפְחִידָה	תַּפְחִיד	
		אנחנו	הִפְחַדְנוּ	נַפְחִיד	
		אתם/ן	הִפְחַדְתֶּם/ן	תַּפְחִידוּ *	הַפְחִידוּ **
		הם/ן	הִפְחִידוּ	יַפְחִידוּ *	

שם הפועל .Infin לְהַפְחִיד   * less commonly: אתן/הן תַּפְחֵדְנָה

בינוני .Pres. Part מַפְחִיד scary   ** less commonly: (אתן) הַפְחֵדְנָה

שם הפעולה Verbal N הַפְחָדָה scaring, intimidating   מקור מוחלט .Inf. Abs הַפְחֵד

♦ דוגמאות Illustrations

כשהייתי ילד **פָּחַדְתִּי** מכלבים, והם תמיד רדפו אחריי, כי הרגישו שאני **מְפַחֵד** מהם. היום כלבים כבר לא **מַפְחִידִים** אותי. לפעמים אני **מַפְחִיד** אותם.

When I was a child I **was afraid** of dogs, and they always chased me, because they sensed that I **was (in Hebrew-is) afraid** of them. Today dogs no longer **scare** me. Sometimes I **scare** them.

♦ ביטויים מיוחדים Special expressions

אשרי אדם **מְפַחֵד** תמיד happy is the man who is always **afraid** (= cautious)

●פחת : לִפְחוֹת, לְהַפְחִית

פָּחַת/פּוֹחֵת/יִפְחַת lessen, decrease (intr.)

בניין : פָּעַל גזרה : ע״ג (אֶפְעַל) + ל״ת

	הווה/בינוני Pres./Part.			עבר Past	עתיד Fut.	ציווי Imp.
יחיד	פּוֹחֵת	פָּחוּת	אני	פָּחַתִּי	אֶפְחַת	
יחידה	פּוֹחֶתֶת	פְּחוּתָה	אתה	פָּחַתָּ	תִּפְחַת	פְּחַת
רבים	פּוֹחֲתִים	פְּחוּתִים	את	פָּחַתְּ	תִּפְחֲתִי	פַּחֲתִי
רבות	פּוֹחֲתוֹת	פְּחוּתוֹת	הוא	פָּחַת	יִפְחַת	
			היא	פָּחֲתָה	תִּפְחַת	
			אנחנו	פָּחַתְנוּ	נִפְחַת	
			אתם/ן	* פְּחַתֶּם/ן	** תִּפְחֲתוּ	*** פַּחֲתוּ
			הם/ן	פָּחֲתוּ	** יִפְחֲתוּ	

בד״כ בדיבור : פָּחַתְתִּי, פָּחַתְתָּ... בפיצול הרצף ״תת״ על ידי שווא נע

Often in speech: ...פָּחַתְתִּי, פָּחַתְתָּ with the "tt" sequence split by a *shva*.

שם הפועל .Infin לִפְחוֹת

מקור מוחלט .Inf. Abs פָּחוֹת

בינוני פעול .Pass. Part פָּחוּת inferior

מקור נטוי .Inf.+pron בְּפוֹחְתוֹ, כְּ...

* Colloquial: פָּחַתֶּם/ן

** less commonly: אתן/הן תִּפְחַתְנָה

*** less commonly: (אתן) פְּחַתְנָה

הִפְחִית/הִפְחַת/יַפְחִית reduce, decrease, lessen (tr.)

בניין : הִפְעִיל גזרה : שלמים + ל״ת

	הווה Present		עבר Past	עתיד Future	ציווי .Imper
יחיד	מַפְחִית	אני	הִפְחַתִּי	אַפְחִית	
יחידה	מַפְחִיתָה	אתה	הִפְחַתָּ	תַּפְחִית	הַפְחֵת
רבים	מַפְחִיתִים	את	הִפְחַתְּ	תַּפְחִיתִי	הַפְחִיתִי
רבות	מַפְחִיתוֹת	הוא	הִפְחִית	יַפְחִית	
		היא	הִפְחִיתָה	תַּפְחִית	
		אנחנו	הִפְחַתְנוּ	נַפְחִית	
		אתם/ן	הִפְחַתֶּם/ן	* תַּפְחִיתוּ	** הַפְחִיתוּ
		הם/ן	הִפְחִיתוּ	* יַפְחִיתוּ	

בד״כ בדיבור : הִפְחַתְתִּי, הִפְחַתְתָּ... בפיצול הרצף ״תת״ על ידי שווא נע

Often in speech: ...הִפְחַתְתִּי, הִפְחַתְתָּ, with the "tt" sequence split by a *shva*.

שם הפועל .Infin לְהַפְחִית

שם הפעולה Verbal N הַפְחָתָה reducing

מקור מוחלט .Inf. Abs הַפְחֵת

* less commonly: אתן/הן תַּפְחֵתְנָה

** less commonly: (אתן) הַפְחֵתְנָה

♦ פעלים פחות שכיחים מאותו שורש Less frequent verbs from the same root

הוּפְחַת be reduced, be decreased (בינוני .Pres. Part מוּפְחָת reduced, יוּפְחַת)

פִּיחֵת devaluate, depreciate (currency) (מְפַחֵת, יְפַחֵת, לְפַחֵת, שם הפעולה Verbal N פִּיחוּת currency devaluation)

פּוּחַת be devaluated, be depreciated (currency) (מְפוּחָת, יְפוּחַת)

♦ **דוגמאות** Illustrations

לאחרונה פשטו שמועות, שהממשלה מתכוונת **לְפַחֵת** את המטבע במגמה להגביר את היצוא **ולְהַפְחִית** את היבוא. רבים רצו לבנק להמיר את חסכונותיהם למטבע זר לפני שהמטבע המקומי **יְפוּחַת**. זה תמיד קורה כשיש שמועות על **פִּיחוּת**.

Lately there have been rumors that the government intends to **devalue** the currency for the purpose of increasing exports and **decreasing** imports. Many ran to the bank to convert their savings into foreign currency before the local currency **is devalued**. It always happens when there are rumors of **devaluation**.

אימו של הנאשם שהורשע בהריגת שוטר עתרה לנשיא המדינה **שֶׁיַּפְחִית** מעונשו של בנה. היא מקווה שאם **יוּפְחַת** עונשו, תוכל אולי לראותו חופשי לפני שתעבור מן העולם.

The mother of the defendant who was convicted of killing a policeman pleaded with the president to reduce her son's sentence. She is hoping that if his sentence is reduced, she might perhaps be able to see him go free before she passes on.

צרכנים לא מעטים בארה״ב משוכנעים שמכוניות רבות המיוצרות על ידי חברות אמריקאיות **פְּחוּתוֹת** בטיבן ממקבילותיהן המיוצרות ביפן.

A good number of consumers in the U.S. are convinced that many cars manufactured by American companies are **inferior** in quality to their counterparts manufactured in Japan.

♦ **ביטויים מיוחדים** Special expressions

הולך **ופוֹחֵת** keeps (gradually) **decreasing** **פְּחוּת** ערך of little value

פִּיחוּת זוחל gradual currency **devaluation**, in very small increments

●פטפט : לְפַטְפֵּט

פִּטְפֵּט/פִּטְפַּט/פַּטְפֵּט chatter, prattle, gossip

בניין : פִּיעֵל גזרה : מרובעים

	הווה Present		עבר Past	עתיד Future	ציווי Imper.
יחיד	מְפַטְפֵּט	אני	פִּטְפַּטְתִּי	אֲפַטְפֵּט	
יחידה	מְפַטְפֶּטֶת	אתה	פִּטְפַּטְתָּ	תְּפַטְפֵּט	פַּטְפֵּט
רבים	מְפַטְפְּטִים	את	פִּטְפַּטְתְּ	תְּפַטְפְּטִי	פַּטְפְּטִי
רבות	מְפַטְפְּטוֹת	הוא	פִּטְפֵּט	יְפַטְפֵּט	
		היא	פִּטְפְּטָה	תְּפַטְפֵּט	
		אנחנו	פִּטְפַּטְנוּ	נְפַטְפֵּט	
		אתם/ן	פִּטְפַּטְתֶּם/ן	תְּפַטְפְּטוּ *	פַּטְפְּטוּ**
		הם/ן	פִּטְפְּטוּ	יְפַטְפְּטוּ *	

שם הפועל .Infin לְפַטְפֵּט

שם הפעולה Verbal N פִּטְפּוּט chatter

מקור מוחלט .Inf. Abs פַּטְפֵּט

* less commonly: אתן/הן תְּפַטְפֵּטְנָה

** less commonly: (אתן) פַּטְפֵּטְנָה

♦ **דוגמאות** Illustrations

משה ואביבה מסוגלים **לְפַטְפֵּט** שעתיים בטלפון ללא הפסקה.

Moshe and Aviva are capable of **chattering** on the phone non-stop for two hours.

●פטר : לְהִיפָּטֵר, לְפַטֵר, לְהִתְפַּטֵר, לִפְטוֹר

נִפְטַר/יִיפָּטֵר (יִפָּטֵר) be released; part from; pass away

בניין : נִפְעַל   גזרה : שלמים

	הווה Present		עבר Past	עתיד Future	ציווי .Imper
יחיד	נִפְטָר	אני	נִפְטַרְתִּי	אֶפָּטֵר	
יחידה	נִפְטֶרֶת	אתה	נִפְטַרְתָּ	תִּיפָּטֵר	הִיפָּטֵר
רבים	נִפְטָרִים	את	נִפְטַרְתְּ	תִּיפָּטְרִי	הִיפָּטְרִי
רבות	נִפְטָרוֹת	הוא	נִפְטַר	יִיפָּטֵר	
		היא	נִפְטְרָה	תִּיפָּטֵר	
		אנחנו	נִפְטַרְנוּ	נִיפָּטֵר	
		אתם/ן	נִפְטַרְתֶּם/ן	תִּיפָּטְרוּ *	הִיפָּטְרוּ **
		הם/ן	נִפְטְרוּ	יִיפָּטְרוּ *	

שם הפועל .Infin לְהִיפָּטֵר   * less commonly: אתן/הן תִּיפָּטַרְנָה

בינוני .Pres. Part (ה)נִפְטָר (the) deceased   ** less commonly: (אתן) הִיפָּטַרְנָה

שם הפעולה Verbal N הִיפָּטְרוּת being released; getting rid (of) (coll.)

מקור מוחלט .Inf. Abs נִפְטוֹר, הִיפָּטֵר (הִיפָּטוֹר)

מ״י מוצרכת .Gov. Prep נִפְטַר מ/מן get rid of (coll.)

פּוּטַר (פֻּטַּר) be fired (from job), be discharged

בניין : פּוּעַל   גזרה : שלמים

	הווה Present		עבר Past	עתיד Future
יחיד	מְפוּטָּר	אני	פּוּטַּרְתִּי	אֲפוּטַּר
יחידה	מְפוּטֶּרֶת	אתה	פּוּטַּרְתָּ	תְּפוּטַּר
רבים	מְפוּטָּרִים	את	פּוּטַּרְתְּ	תְּפוּטְּרִי
רבות	מְפוּטָּרוֹת	הוא	פּוּטַּר	יְפוּטַּר
		היא	פּוּטְּרָה	תְּפוּטַּר
		אנחנו	פּוּטַּרְנוּ	נְפוּטַּר
		אתם/ן	פּוּטַּרְתֶּם/ן	תְּפוּטְּרוּ *
		הם/ן	פּוּטְּרוּ	יְפוּטְּרוּ *

בינוני .Pres. Part מְפוּטָּר fired person   * less commonly: אתן/הן תְּפוּטַּרְנָה

פִּיטֵר (פִּטֵּר)/פִּיטַר/פַּטֵר fire (from job), discharge

בניין : פִּיעֵל   גזרה : שלמים

	הווה Present		עבר Past	עתיד Future	ציווי .Imper
יחיד	מְפַטֵּר	אני	פִּיטַּרְתִּי	אֲפַטֵּר	
יחידה	מְפַטֶּרֶת	אתה	פִּיטַּרְתָּ	תְּפַטֵּר	פַּטֵּר
רבים	מְפַטְּרִים	את	פִּיטַּרְתְּ	תְּפַטְּרִי	פַּטְּרִי
רבות	מְפַטְּרוֹת	הוא	פִּיטֵּר	יְפַטֵּר	
		היא	פִּיטְּרָה	תְּפַטֵּר	
		אנחנו	פִּיטַּרְנוּ	נְפַטֵּר	
		אתם/ן	פִּיטַּרְתֶּם/ן	תְּפַטְּרוּ *	פַּטְּרוּ**
		הם/ן	פִּיטְּרוּ	יְפַטְּרוּ *	

שם הפועל .Infin לְפַטֵּר   * less commonly: אתן/הן תְּפַטֵּרְנָה
ש׳ הפעו׳ Verbal N פִּיטּוּרִים/ן firing (from job)   ** less commonly: (אתן) פַּטֵּרְנָה
מקור מוחלט .Inf. Abs פַּטֵּר

הִתְפַּטֵּר/הִתְפַּטַּר resign (from office); get rid (of)

בניין : הִתְפַּעֵל   גזרה : שלמים

	Present הווה		Past עבר	Future עתיד	Imper. ציווי
יחיד	מִתְפַּטֵּר	אני	הִתְפַּטַּרְתִּי	אֶתְפַּטֵּר	
יחידה	מִתְפַּטֶּרֶת	אתה	הִתְפַּטַּרְתָּ	תִּתְפַּטֵּר	הִתְפַּטֵּר
רבים	מִתְפַּטְּרִים	את	הִתְפַּטַּרְתְּ	תִּתְפַּטְּרִי	הִתְפַּטְּרִי
רבות	מִתְפַּטְּרוֹת	הוא	הִתְפַּטֵּר	יִתְפַּטֵּר	
		היא	הִתְפַּטְּרָה	תִּתְפַּטֵּר	
		אנחנו	הִתְפַּטַּרְנוּ	נִתְפַּטֵּר	
		אתם/ן	הִתְפַּטַּרְתֶּם/ן	* תִּתְפַּטְּרוּ	** הִתְפַּטְּרוּ
		הם/ן	הִתְפַּטְּרוּ	* יִתְפַּטְּרוּ	

שם הפועל .Infin לְהִתְפַּטֵּר   * less commonly: אתן/הן תִּתְפַּטֵּרְנָה
שם הפעולה Verbal N הִתְפַּטְּרוּת resignation   ** less commonly: (אתן) הִתְפַּטֵּרְנָה
מקור מוחלט .Inf. Abs הִתְפַּטֵּר
מ״י מוצרכת .Gov. Prep הִתְפַּטֵּר מן resign from; get rid of

פָּטַר/פּוֹטֵר/יִפְטוֹר (יִפְטֹר) dismiss; exempt

בניין : פָּעַל   גזרה : שלמים (אֶפְעוֹל)

	Pres./Part. הווה/בינוני			Past עבר	Fut. עתיד	Imp. ציווי
יחיד	פּוֹטֵר	פָּטוּר	אני	פָּטַרְתִּי	אֶפְטוֹר	
יחידה	פּוֹטֶרֶת	פְּטוּרָה	אתה	פָּטַרְתָּ	תִּפְטוֹר	פְּטוֹר
רבים	פּוֹטְרִים	פְּטוּרִים	את	פָּטַרְתְּ	תִּפְטְרִי	פִּטְרִי
רבות	פּוֹטְרוֹת	פְּטוּרוֹת	הוא	פָּטַר	יִפְטוֹר	
			היא	פָּטְרָה	תִּפְטוֹר	
			אנחנו	פָּטַרְנוּ	נִפְטוֹר	
			אתם/ן	* פְּטַרְתֶּם/ן	** תִּפְטְרוּ	*** פִּטְרוּ
			הם/ן	פָּטְרוּ	** יִפְטְרוּ	

שם הפועל .Infin לִפְטוֹר   * Colloquial: פָּטַרְתֶּם/ן
שם הפעולה Verbal N פְּטִירָה passing away   ** less commonly: אתן/הן תִּפְטוֹרְנָה
ביני׳ סביל .Pass. Part פָּטוּר exempt   *** less commonly: (אתן) פְּטוֹרְנָה
מקור מוחלט .Inf. Abs פָּטוֹר   מקור נטוי .Inf.+pron בְּפוֹטְרוֹ, כְּ...
מ״י מוצרכת .Gov. Prep פָּטַר מן exempt from

♦ פעלים פחות שכיחים מאותו שורש Less frequent verbs from the same root

הִתְפּוֹטֵּר be forced to resign (coll.) (יִתְפּוֹטֵּר pres. and inf. not in use)
הִפְטִיר dismiss; release; blurt; say the Haphtarah (מַפְטִיר, יַפְטִיר, לְהַפְטִיר)
שם הפעולה Verbal N הַפְטָרָה concluding remarks; Haphtarah, portion of Prophets read after reading from Pentateuch
ביני׳ .Pres. Part מַפְטִיר reader concluding reading from Pentateuch and beginning Prophets; reading from Prophets

♦ **דוגמאות** Illustrations

כשגבריאל היה בן שתים עשרה, אביו **נִפְטַר** בפתאומיות. צר היה לגבריאל על שאביו לא זכה לראותו עולה לתורה וקורא את **ההַפְטָרָה** בהגיעו למצוות.

When Gavriel was twelve, his father suddenly **passed away**. Gavriel was very upset at the fact that his father did not live to see him called up to read the **Haphtarah** on becoming a Bar Mitzvah.

לאחרונה היו לחברה קשיים תקציביים גדולים, והבעלים היו מעוניינים **לְפַטֵּר** את עמירם. כדי שלא יגיעו לו פיצויים, הם ניסו להביא לכך שהוא **יִתְפַּטֵּר** בעצמו, אבל עמירם לא נולד אתמול...

Lately the company has had serious budgetary difficulties, and the owners wanted **to fire** Amiram. To avoid paying him the severance pay due to him, they tried to cause him to **resign (**in Hebrew: that he **will resign**) of his own accord, but Amiram was not born yesterday...

לא ברור בדיוק אם מנשה **פּוּטַּר** או **הִתְפּוּטַּר**. איננו יודעים לא על מכתב **פִּיטוּרִים** ולא על מכתב **הִתְפַּטְּרוּת** כפוי.

It is not clear exactly whether Menashe **was fired** or **was forced to resign**. We know neither of a pink slip nor of a letter of **resignation** being forced upon him.

איני יודע כיצד **לְהִיפָּטֵר** ממנו ; אני חושש שהוא לא ירפה ממני עד שיראה תעודת **פְּטִירָה** ששמי מתנוסס עליה.

I do not know how to **get rid** of him; I'm afraid that he won't let go of me until he sees a **death** certificate with my name on it.

אם **פּוֹטְרִים** צעירים מסוימים משירות צבאי, מדוע הם **פְּטוּרִים** אוטומטית מכל שירות אזרחי אחר?

If they **exempt** certain youths from military service, why are those also automatically **exempt** from any other civilian service?

♦ **ביטויים מיוחדים** Special expressions

פָּטוּר בלא כלום – אי אפשר you cannot simply dismiss the matter

פְּטוּרִים! dismiss! ברוך **שֶׁפְּטָרַנִי** thank goodness!

●פלא : לְהִתְפַּלֵּא, לְהַפְלִיא

הִתְפַּלֵּא be surprised, wonder

בניין : הִתְפַּעֵל גזרה : ל״א

	Present הווה		Past עבר	Future עתיד	Imper. ציווי
יחיד	מִתְפַּלֵּא	אני	הִתְפַּלֵּאתִי	אֶתְפַּלֵּא	
יחידה	מִתְפַּלֵּאת	אתה	הִתְפַּלֵּאתָ	תִּתְפַּלֵּא	הִתְפַּלֵּא
רבים	מִתְפַּלְּאִים	את	הִתְפַּלֵּאת	תִּתְפַּלְּאִי	הִתְפַּלְּאִי
רבות	מִתְפַּלְּאוֹת	הוא	הִתְפַּלֵּא	יִתְפַּלֵּא	
		היא	הִתְפַּלְּאָה	תִּתְפַּלֵּא	
		אנחנו	הִתְפַּלֵּאנוּ	נִתְפַּלֵּא	
		אתם/ן	הִתְפַּלֵּאתֶם/ן	* תִּתְפַּלְּאוּ	** הִתְפַּלְּאוּ
		הם/ן	הִתְפַּלְּאוּ	* יִתְפַּלְּאוּ	

שם הפועל .Infin לְהִתְפַּלֵּא * less commonly: אתן/הן תִּתְפַּלֶּאנָה

מקור מוחלט .Inf. Abs הִתְפַּלֵּא ** less commonly: (אתן) הִתְפַּלֶּאנָה

שם הפעולה Verbal N הִתְפַּלְּאוּת wonder(ment), surprise

הִפְלִיא/הִפְלֵא/יַפְלִיא amaze, astonish; do wonders/wonderfully

בניין : הִפְעִיל גזרה : ל״א

	Present הווה		Past עבר	Future עתיד	Imper. ציווי
יחיד	מַפְלִיא	אני	הִפְלֵאתִי	אַפְלִיא	
יחידה	מַפְלִיאָה	אתה	הִפְלֵאתָ	תַּפְלִיא	הַפְלֵא
רבים	מַפְלִיאִים	את	הִפְלֵאת	תַּפְלִיאִי	הַפְלִיאִי
רבות	מַפְלִיאוֹת	הוא	הִפְלִיא	יַפְלִיא	
		היא	הִפְלִיאָה	תַּפְלִיא	
		אנחנו	הִפְלֵאנוּ	נַפְלִיא	
		אתם/ן	הִפְלֵאתֶם/ן	* תַּפְלִיאוּ	** הַפְלִיאוּ
		הם/ן	הִפְלִיאוּ	* יַפְלִיאוּ	

שם הפועל .Infin לְהַפְלִיא   less commonly *: אתן/הן תַּפְלֶאנָה

שם הפעולה Verbal N הַפְלָאָה amazing (N)   less commonly **: (אתן) הַפְלֶאנָה

בינוני .Pres. Part מַפְלִיא amazing (Adj)   מקור מוחלט .Inf. Abs הַפְלֵא

♦ פעלים פחות שכיחים מאותו שורש Less frequent verbs from the same root

נִפְלָא be wonderful; be amazed; be beyond < בינ׳ .Pr. Part נִפְלָא wonderful (form common)

הוּפְלָא seem wonderful; be extraordinary < בינ׳ Pr. Part מוּפְלָא wonderful, beyond reach

♦ דוגמאות Illustrations

קרה לנו משהו **נִפְלָא** אתמול. זכינו בפרס הגדול בהגרלה השבועית. זה **מַפְלִיא** מאוד, כי בדרך כלל אין לנו מזל. אבל חיים אמר שהוא לא **מִתְפַּלֵּא**. אנחנו קונים כל כך הרבה כרטיסים, שפעם זה חייב לקרות.

Something **wonderful** happened to us yesterday. We won the big prize in the weekly lottery. It is quite **amazing**, since generally we are not lucky. But Hayyim says that he **is** not **surprised**. We buy so many tickets that it is bound to happen at some point.

♦ ביטויים מיוחדים Special expressions

לְהַפְלִיא **wonderfully**, marvelously   **הַפְלֵא** ופלא **wonder** of **wonders**!

● פלט : לִפְלוֹט, לְהִיפָּלֵט, לְהַפְלִיט

פָּלַט/פּוֹלֵט/יִפְלוֹט (יִפְלֹט) eject, emit, throw up

בניין : פָּעַל גזרה : שלמים (אֶפְעוֹל)

	Present הווה		Past עבר	Fut. עתיד	Imp. ציווי
יחיד	פּוֹלֵט	אני	פָּלַטְתִּי	אֶפְלוֹט	
יחידה	פּוֹלֶטֶת	אתה	פָּלַטְתָּ	תִּפְלוֹט	פְּלוֹט
רבים	פּוֹלְטִים	את	פָּלַטְתְּ	תִּפְלְטִי	פִּלְטִי
רבות	פּוֹלְטוֹת	הוא	פָּלַט	יִפְלוֹט	
		היא	פָּלְטָה	תִּפְלוֹט	
		אנחנו	פָּלַטְנוּ	נִפְלוֹט	
		אתם/ן	* פְּלַטְתֶּם/ן	** תִּפְלְטוּ	*** פִּלְטוּ
		הם/ן	פָּלְטוּ	** יִפְלְטוּ	

שם הפועל .Infin לִפְלוֹט   * Colloquial: פְּלַטְתֶּם/ן
קָטִיל .CaCiC adj./N פָּלִיט refugee   ** less commonly: אתן/הן תִּפְלוֹטְנָה
שם הפעולה Verbal N פְּלִיטָה ejecting   *** less commonly: (אתן) פְּלוֹטְנָה
שם הפעולה Verbal N פְּלֵיטָה remainder (usually after catastrophe, fire, etc.)
מקור מוחלט .Inf. Abs פָּלוֹט   מקור נטוי .Inf.+pron בְּפוֹלְטוֹ, כְּ...

נִפְלַט/יִיפָּלֵט (יִפָּלֵט) escape (gas, etc.), get ejected, slip (words)

בניין : נִפְעַל   גזרה : שלמים

	Present הווה		Past עבר	Future עתיד	Imper. ציווי
יחיד	נִפְלָט	אני	נִפְלַטְתִּי	אֶפָּלֵט	
יחידה	נִפְלֶטֶת	אתה	נִפְלַטְתָּ	תִּיפָּלֵט	הִיפָּלֵט
רבים	נִפְלָטִים	את	נִפְלַטְתְּ	תִּיפָּלְטִי	הִיפָּלְטִי
רבות	נִפְלָטוֹת	הוא	נִפְלַט	יִיפָּלֵט	
		היא	נִפְלְטָה	תִּיפָּלֵט	
		אנחנו	נִפְלַטְנוּ	נִיפָּלֵט	
		אתם/ן	נִפְלַטְתֶּם/ן	* תִּיפָּלְטוּ	** הִיפָּלְטוּ
		הם/ן	נִפְלְטוּ	* יִיפָּלְטוּ	

* less commonly: אתן/הן תִּיפָּלַטְנָה
** less commonly: (אתן) הִיפָּלַטְנָה

שם הפועל .Infin לְהִיפָּלֵט
שם הפעולה Verbal N הִיפָּלְטוּת escaping, slipping
מקור מוחלט .Inf. Abs נִפְלוֹט, הִיפָּלֵט (הִיפָּלוֹט)

הִפְלִיט/הִפְלַט/יַפְלִיט eject; let slip (esp. words), let fall

בניין : הִפְעִיל   גזרה : שלמים

	Present הווה		Past עבר	Future עתיד	Imper. ציווי
יחיד	מַפְלִיט	אני	הִפְלַטְתִּי	אַפְלִיט	
יחידה	מַפְלִיטָה	אתה	הִפְלַטְתָּ	תַּפְלִיט	הַפְלֵט
רבים	מַפְלִיטִים	את	הִפְלַטְתְּ	תַּפְלִיטִי	הַפְלִיטִי
רבות	מַפְלִיטוֹת	הוא	הִפְלִיט	יַפְלִיט	
		היא	הִפְלִיטָה	תַּפְלִיט	
		אנחנו	הִפְלַטְנוּ	נַפְלִיט	
		אתם/ן	הִפְלַטְתֶּם/ן	* תַּפְלִיטוּ	** הַפְלִיטוּ
		הם/ן	הִפְלִיטוּ	* יַפְלִיטוּ	

שם הפועל .Infin לְהַפְלִיט   * less commonly: אתן/הן תַּפְלֵטְנָה
מקור מוחלט .Inf. Abs הַפְלֵט   ** less commonly: (אתן) הַפְלֵטְנָה
שם הפעולה Verbal N הַפְלָטָה ejecting; letting slip

♦ דוגמאות Illustrations

התנור הזה **פּוֹלֵט** עשן לתוך הבית. העשן **נִפְלָט** מכיוון שהארובה סתומה-למחצה.
This stove **emits** smoke into the house. The smoke **escapes** because the chimney is half blocked.

חיים **הִפְלִיט** מפיו הרבה שטויות במסיבה, ולמחרת הצטער על כל מה ש**נִפְלַט** מפיו אחרי כמה כוסיות.

Hayyim **let slip** a lot of nonsense from his mouth during the party, and on the day after regretted whatever **slipped** out of his mouth after a few drinks.

♦ ביטויים מיוחדים Special expressions

פָּלַט נשמתו die — **פְּלִיטַת** פה **slip** of the tongue

פְּלִיטַת קולמוס **slip** of the pen — צינור **פְּלִיטָה** **exhaust** pipe

●פלל : לְהִתְפַּלֵל

הִתְפַּלֵל/הִתְפַּלַל pray

בניין : הִתְפַּעֵל גזרה : שלמים

	Present הווה		Past עבר	Future עתיד	Imper. ציווי
יחיד	מִתְפַּלֵל	אני	הִתְפַּלַלְתִּי	אֶתְפַּלֵל	
יחידה	מִתְפַּלֶלֶת	אתה	הִתְפַּלַלְתָּ	תִּתְפַּלֵל	הִתְפַּלֵל
רבים	מִתְפַּלְלִים	את	הִתְפַּלַלְתְּ	תִּתְפַּלְלִי	הִתְפַּלְלִי
רבות	מִתְפַּלְלוֹת	הוא	הִתְפַּלֵל	יִתְפַּלֵל	
		היא	הִתְפַּלְלָה	תִּתְפַּלֵל	
		אנחנו	הִתְפַּלַלְנוּ	נִתְפַּלֵל	
		אתם/ן	הִתְפַּלַלְתֶּם/ן	תִּתְפַּלְלוּ *	הִתְפַּלְלוּ **
		הם/ן	הִתְפַּלְלוּ	יִתְפַּלְלוּ *	

שם הפועל .Infin לְהִתְפַּלֵל — * less commonly: אתן/הן תִּתְפַּלֵלְנָה

שם הפעולה Verbal N הִתְפַּלְלוּת praying — ** less commonly: (אתן) הִתְפַּלֵלְנָה

בינוני .Pres. Part מִתְפַּלֵל worshipper — מקור מוחלט .Inf. Abs הִתְפַּלֵל

♦ פעלים פחות שכיחים מאותו שורש Less frequent verbs from the same root

הִפְלִיל prosecute; incriminate (מַפְלִיל, יַפְלִיל, לְהַפְלִיל)

בינוני .Pres. Part מַפְלִיל damning, pointing to guilt

הוּפְלַל be prosecuted (מוּפְלָל, יוּפְלַל)

פִּילֵל expect (מְפַלֵל, יְפַלֵל, לְפַלֵל)

♦ דוגמאות Illustrations

כשה**מִתְפַּלְלִים** גמרו **לְהִתְפַּלֵל** הם מיהרו לביתם, להכין את השבת.

When the **worshippers** finished **praying** they hurried home to prepare for the Sabbath.

זכותו של אדם לא **לְהַפְלִיל** את עצמו על ידי נתינת עדות במשפטו-שלו.

One has the right not **to incriminate** oneself by testifying in one's own trial.

♦ ביטויים מיוחדים Special expressions

אל הנער הזה **הִתְפַּלַלְתִּי** this is what I've been **wish**ing for

●פלרטט (מן פְלִירְט flirt) : לְפְלַרְטֵט

פְלִרְטֵט/פְלִרְטֵט/פְלַרְטֵט flirt V

בניין : פִּיעֵל גזרה : מחומשים

Imper. ציווי	Future עתיד	Past עבר		Present הווה	
	אֲפְלַרְטֵט	פְלִרְטַטְתִּי	אני	מְפְלַרְטֵט	יחיד
פְלַרְטֵט	תְּפְלַרְטֵט	פְלִרְטַטְתָּ	אתה	מְפְלַרְטֶטֶת	יחידה
פְלַרְטְטִי	תְּפְלַרְטְטִי	פְלִרְטַטְתְּ	את	מְפְלַרְטְטִים	רבים
	יְפְלַרְטֵט	פְלִרְטֵט	הוא	מְפְלַרְטְטוֹת	רבות
	תְּפְלַרְטֵט	פְלִרְטְטָה	היא		
	נְפְלַרְטֵט	פְלִרְטַטְנוּ	אנחנו		
פְלַרְטְטוּ**	תְּפְלַרְטְטוּ *	פְלִרְטַטְתֶּם/ן	אתם/ן		
	יְפְלַרְטְטוּ *	פְלִרְטְטוּ	הם/ן		

שם הפועל .Infin לְפְלַרְטֵט

שם הפעולה Verbal N פְלִרְטוּט flirting

מקור מוחלט .Inf. Abs פְלַרְטֵט

* less commonly: אתן/הן תְּפְלַרְטֵטְנָה

** less commonly: (אתן) פְלַרְטֵטְנָה

Note: in formal Hebrew, a פ in word-initial position and after a consonant is supposed to be realized as פּ, but in colloquial forms like these it is not, apparently in order to reflect the foreign origin of the verb, *flirt*.

♦ דוגמאות Illustrations

דונלד מנסה **לְפְלַרְטֵט** עם ולדימיר, אבל זה לא כל כך מצליח.

Donald is trying **to flirt** with Vladimir, but it does not work that well.

●פלש : לִפְלוֹשׁ

פָּלַשׁ/פּוֹלֵשׁ/יִפְלוֹשׁ (יִפְלֹשׁ) invade

בניין : פָּעַל גזרה : שלמים (אֶפְעוֹל)

Imp. ציווי	Fut. עתיד	Past עבר		Present הווה	
	אֶפְלוֹשׁ	פָּלַשְׁתִּי	אני	פּוֹלֵשׁ	יחיד
פְּלוֹשׁ	תִּפְלוֹשׁ	פָּלַשְׁתָּ	אתה	פּוֹלֶשֶׁת	יחידה
פִּלְשִׁי	תִּפְלְשִׁי	פָּלַשְׁתְּ	את	פּוֹלְשִׁים	רבים
	יִפְלוֹשׁ	פָּלַשׁ	הוא	פּוֹלְשׁוֹת	רבות
	תִּפְלוֹשׁ	פָּלְשָׁה	היא		
	נִפְלוֹשׁ	פָּלַשְׁנוּ	אנחנו		
פִּלְשׁוּ ***	תִּפְלְשׁוּ **	פְּלַשְׁתֶּם/ן *	אתם/ן		
	יִפְלְשׁוּ **	פָּלְשׁוּ	הם/ן		

שם הפועל .Infin לִפְלוֹשׁ

ביני סביל .Act. Part פּוֹלֵשׁ invader

שם הפעולה Verbal N פְּלִישָׁה invasion

מקור מוחלט .Inf. Abs פָּלוֹשׁ

* Colloquial: פָּלַשְׁתֶּם/ן

** less commonly: אתן/הן תִּפְלוֹשְׁנָה

*** less commonly: (אתן) פְּלוֹשְׁנָה

מקור נטוי .Inf.+pron בְּפוֹלְשׁוֹ, כְּ...

♦ דוגמאות Illustrations

היטלר מעולם לא התכוון לקיים את הסכם אי-ההתקפה שלו עם סטאלין. הוא רצה לסיים את כיבוש שאר אירופה ללא הפרעה מן המזרח, ואח״כ **פָּלַשׁ** לרוסיה.

Hitler never intended to honor his non-aggression pact with Stalin. He wanted to conclude the conquest of the rest of Europe without any interruption from the East, and then **invaded** Russia.

●פנה (פני) : לִפְנוֹת, לְהַפְנוֹת, לְהִתְפַּנּוֹת, לְפַנּוֹת

turn; apply (to), turn to; be free (from work) פָּנָה/פּוֹנֶה/יִפְנֶה

בניין : פָּעַל גזרה : ל״י

Imp. ציווי	Fut. עתיד	Past עבר		Pres./Part. הווה/בינוני		
	אֶפְנֶה	פָּנִיתִי	אני	פָּנוּי	פּוֹנֶה	יחיד
פְּנֵה	תִּפְנֶה	פָּנִיתָ	אתה	פְּנוּיָה	פּוֹנָה	יחידה
פְּנִי	תִּפְנִי	פָּנִית	את	פְּנוּיִים	פּוֹנִים	רבים
	יִפְנֶה	פָּנָה	הוא	פְּנוּיוֹת	פּוֹנוֹת	רבות
	תִּפְנֶה	פָּנְתָה	היא			
	נִפְנֶה	פָּנִינוּ	אנחנו			
פְּנוּ ***	תִּפְנוּ **	פְּנִיתֶם/ן *	אתם/ן			
	יִפְנוּ **	פָּנוּ	הם/ן			

שם הפועל .Infin לִפְנוֹת

מקור מוחלט .Inf. Abs פָּנֹה

ביני פעיל .Act. Part פּוֹנֶה applicant

ביני סביל .Pass. Part פָּנוּי free, unoccupied; single, available

מקור נטוי .Inf.+pron בִּפְנוֹתוֹ, כְּ...

שם הפעולה Verbal N פְּנִיָּה turn; application; motive

תואר הפועל .Adv לִפְנוֹת... before..., pre-

מ״י מוצרכת .Gov. Prep פָּנָה ל- turn/apply to

* Colloquial: פָּנִיתֶם/ן

** less commonly: אתן/הן תִּפְנֶינָה

*** less commonly: (אתן) פְּנֶינָה

turn (tr.); refer (to someone else), pass on; divert הִפְנָה/מַפְנֶה

בניין : הִפְעִיל גזרה : ל״י

Imper. ציווי	Future עתיד	Past עבר		Present הווה	
	אַפְנֶה	הִפְנֵיתִי	אני	מַפְנֶה	יחיד
הַפְנֵה	תַּפְנֶה	הִפְנֵיתָ	אתה	מַפְנָה	יחידה
הַפְנִי	תַּפְנִי	הִפְנֵית	את	מַפְנִים	רבים
	יַפְנֶה	הִפְנָה	הוא	מַפְנוֹת	רבות
	תַּפְנֶה	הִפְנְתָה	היא		
	נַפְנֶה	הִפְנֵינוּ	אנחנו		
הַפְנוּ **	תַּפְנוּ *	הִפְנֵיתֶם/ן	אתם/ן		
	יַפְנוּ *	הִפְנוּ	הם/ן		

* less commonly: אתן/הן תַּפְנֶינָה

** less commonly: (אתן) הַפְנֶינָה

שם הפועל .Infin לְהַפְנוֹת

שם הפעולה Verbal N הַפְנָיָה, אַפְנָיָה referral; turning; diverting

מקור מוחלט .Inf. Abs הַפְנֵה

become free (from work), have (free) time; be vacated; become vacant (job) הִתְפַּנָּה

בניין : הִתְפַּעֵל גזרה : ל״י

	הווה Present		עבר Past	עתיד Future	ציווי Imper.
יחיד	מִתְפַּנֶּה	אני	הִתְפַּנֵּיתִי	אֶתְפַּנֶּה	
יחידה	מִתְפַּנָּה	אתה	הִתְפַּנֵּיתָ	תִּתְפַּנֶּה	הִתְפַּנֵּה
רבים	מִתְפַּנִּים	את	הִתְפַּנֵּית	תִּתְפַּנִּי	הִתְפַּנִּי
רבות	מִתְפַּנּוֹת	הוא	הִתְפַּנָּה	יִתְפַּנֶּה	
		היא	הִתְפַּנְּתָה	תִּתְפַּנֶּה	
		אנחנו	הִתְפַּנֵּינוּ	נִתְפַּנֶּה	
		אתם/ן	הִתְפַּנֵּיתֶם/ן	תִּתְפַּנּוּ *	הִתְפַּנּוּ **
		הם/ן	הִתְפַּנּוּ	יִתְפַּנּוּ *	

* less commonly: אתן/הן תִּתְפַּנֶּינָה

שם הפועל .Infin לְהִתְפַּנּוֹת ** less commonly: (אתן) הִתְפַּנֶּינָה

שם הפעולה Verbal N הִתְפַּנּוּת becoming free/vacant מקור מוחלט .Inf. Abs הִתְפַּנֵּה

be turned, be referred, be diverted הוּפְנָה (הָפְנָה)

בניין : הוּפְעַל גזרה : ל״י

	הווה Present		עבר Past	עתיד Future
יחיד	מוּפְנֶה	אני	הוּפְנֵיתִי	אוּפְנֶה
יחידה	מוּפְנֵית/...נָה	אתה	הוּפְנֵיתָ	תּוּפְנֶה
רבים	מוּפְנִים	את	הוּפְנֵית	תּוּפְנִי
רבות	מוּפְנוֹת	הוא	הוּפְנָה	יוּפְנֶה
		היא	הוּפְנְתָה	תּוּפְנֶה
		אנחנו	הוּפְנֵינוּ	נוּפְנֶה
		אתם/ן	הוּפְנֵיתֶם/ן	תּוּפְנוּ *
		הם/ן	הוּפְנוּ	יוּפְנוּ *

* less commonly: אתן/הן תּוּפְנֶינָה

clear, clear out; vacate, evacuate פִּינָה (פִּנָּה)/פִּנֵּה

בניין : פִּיעֵל גזרה : ל״י

	הווה Present		עבר Past	עתיד Future	ציווי Imper.
יחיד	מְפַנֶּה	אני	פִּינִּיתִי	אֲפַנֶּה	
יחידה	מְפַנָּה	אתה	פִּינִּיתָ	תְּפַנֶּה	פַּנֵּה
רבים	מְפַנִּים	את	פִּינִּית	תְּפַנִּי	פַּנִּי
רבות	מְפַנּוֹת	הוא	פִּינָּה	יְפַנֶּה	
		היא	פִּינְּתָה	תְּפַנֶּה	
		אנחנו	פִּינִּינוּ	נְפַנֶּה	
		אתם/ן	פִּינִּיתֶם/ן	תְּפַנּוּ *	פַּנּוּ **
		הם/ן	פִּינּוּ	יְפַנּוּ *	

שם הפועל .Infin לְפַנּוֹת * less commonly: אתן/הן תְּפַנֶּינָה

שם הפעולה Verbal N פִּינּוּי clearing; evacuation ** less commonly: (אתן) פַּנֶּינָה

מקור מוחלט .Inf. Abs פַּנֵּה

פּוּנָה (פֻּנָּה)/פּוּנֶה be cleared, be evacuated

בניין : פּוּעַל גזרה : ל״י

	הווה Present		עבר Past	עתיד Future
יחיד	מְפוּנֶה	אני	פּוּנֵיתִי	אֲפוּנֶה
יחידה	מְפוּנָה	אתה	פּוּנֵיתָ	תְּפוּנֶה
רבים	מְפוּנִים	את	פּוּנֵית	תְּפוּנִי
רבות	מְפוּנוֹת	הוא	פּוּנָה	יְפוּנֶה
		היא	פּוּנְתָה	תְּפוּנֶה
		אנחנו	פּוּנֵינוּ	נְפוּנֶה
		אתם/ן	פּוּנֵיתֶם/ן	תְּפוּנוּ *
		הם/ן	פּוּנוּ	יְפוּנוּ *

בינוני .Pres. Part מְפוּנֶה evacuee   less commonly *: אתן/הן תְּפוּנֶינָה

♦ דוגמאות Illustrations

תִּפְנֶה ימינה כשתגיע לרמזור הראשון, והמבנה הראשון שתראה מצד שמאל הוא בית החולים. הבעייה היא שקשה למצוא שם מקום חנייה **פָּנוּי**. בחדר המיון **יַפְנוּ** אותך למחלקה המתאימה.

Turn right when you get to the first light, and the first building you'll see on the left is the hospital. The problem is that it is difficult to find an **unoccupied** parking space there. In Emergency they'll **refer** you to the appropriate department.

שרה **פָּנְתָה** להרבה אוניברסיטאות טובות, ולשמחתה התקבלה לכולן.

Sarah **applied** to many good colleges, and to her delight was accepted to all of them.

פִּינִיתִי את השולחן מערימות המסמכים שהצטברו עליו, לאחר **שהוּפְנוּ** אליי מכל המחלקות האחרות. רק כך אוכל **לְהִתְפַּנּוֹת** לעבודות החשובות ביותר.

I **cleared** the desk from the piles of documents heaped on it, after they had been **passed on** to me from all other departments. Only this way will I be able **to have the time to** do the really important jobs.

הבניין **פּוּנָּה** מכל דייריו תוך חמש דקות מרגע גילוי הפצצה.

The building **was evacuated** of all its tenants within five minutes from the time the bomb was discovered.

♦ ביטויים מיוחדים Special expressions

פָּנָה עורף ל- **turn** one's back on

לִפְנוֹת ערב late afternoon ("**pre**-evening")

פִּינָּה מקום make room

הִפְנָה עורף flee

לִפְנוֹת בוקר **before** dawn ("pre-dawn")

פִּינָּה דרך **clear** the way

צו **פִּינּוּי** **evacuation** order; eviction order

● פנטז (מן פַנְטַזְיָה fantasy) : לְפַנְטֵז

פִּנְטֵז/פִּנְטַז/פַּנְטֵז (.fantasize (sl

בניין : פִּיעֵל גזרה : מרובעים

	הווה Present		עבר Past	עתיד Future	ציווי .Imper
יחיד	מְפַנְטֵז	אני	פִּנְטַזְתִּי	אֲפַנְטֵז	
יחידה	מְפַנְטֶזֶת	אתה	פִּנְטַזְתָּ	תְּפַנְטֵז	פַּנְטֵז
רבים	מְפַנְטְזִים	את	פִּנְטַזְתְּ	תְּפַנְטְזִי	פַּנְטְזִי
רבות	מְפַנְטְזוֹת	הוא	פִּנְטֵז	יְפַנְטֵז	

		Past עבר	Future עתיד	Imper. ציווי
Present הווה				
	היא	פִנְטְזָה	תְּפַנְטֵז	
	אנחנו	פִנְטַזְנוּ	נְפַנְטֵז	
	אתם/ן	פִנְטַזְתֶּם/ן	תְּפַנְטְזוּ	פַנְטְזוּ
	הם/ן	פִנְטְזוּ	יְפַנְטְזוּ	

שם הפועל .Infin לְפַנְטֵז Verbal N שם הפעולה פִנְטוּז fantasizing

Note: in formal Hebrew, a פ in word-initial position and after a consonant is supposed to be realized as פּ, but in colloquial forms like these it is not, apparently in order to reflect the foreign origin of the verb, *fantázya*.

♦ **דוגמאות** Illustrations

משה **מְפַנְטֵז** לפעמים שהוא כוכב-על מפורסם.

Moshe sometimes **fantasized** that he is a famous super-star.

●פנק : לְפַנֵּק, לְהִתְפַּנֵּק

פִּינֵּק (פִּנֵּק)/פִּינַּק/פַּנֵּק pamper, indulge; spoil

בניין : פִּיעֵל גזרה : שלמים

	Present הווה		Past עבר	Future עתיד	Imper. ציווי
יחיד	מְפַנֵּק	אני	פִּינַּקְתִּי	אֲפַנֵּק	
יחידה	מְפַנֶּקֶת	אתה	פִּינַּקְתָּ	תְּפַנֵּק	פַּנֵּק
רבים	מְפַנְּקִים	את	פִּינַּקְתְּ	תְּפַנְּקִי	פַּנְּקִי
רבות	מְפַנְּקוֹת	הוא	פִּינֵּק	יְפַנֵּק	
		היא	פִּינְּקָה	תְּפַנֵּק	
		אנחנו	פִּינַּקְנוּ	נְפַנֵּק	
		אתם/ן	פִּינַּקְתֶּם/ן	תְּפַנְּקוּ *	פַּנְּקוּ **
		הם/ן	פִּינְּקוּ	יְפַנְּקוּ *	

שם הפועל .Infin לְפַנֵּק * less commonly: אתן/הן תְּפַנֵּקְנָה

מקור מוחלט .Inf. Abs פַּנֵּק ** less commonly: (אתן) פַּנֵּקְנָה

שם הפעולה Verbal N פִּינּוּק pampering; indulging

פּוּנַּק (פֻּנַּק) be pampered, be indulged

בניין : פּוּעַל גזרה : שלמים

	Present הווה		Past עבר	Future עתיד
יחיד	מְפוּנָּק	אני	פּוּנַּקְתִּי	אֲפוּנַּק
יחידה	מְפוּנֶּקֶת	אתה	פּוּנַּקְתָּ	תְּפוּנַּק
רבים	מְפוּנָּקִים	את	פּוּנַּקְתְּ	תְּפוּנְּקִי
רבות	מְפוּנָּקוֹת	הוא	פּוּנַּק	יְפוּנַּק
		היא	פּוּנְּקָה	תְּפוּנַּק
		אנחנו	פּוּנַּקְנוּ	נְפוּנַּק
		אתם/ן	פּוּנַּקְתֶּם/ן	תְּפוּנְּקוּ *
		הם/ן	פּוּנְּקוּ	יְפוּנְּקוּ *

בינוני .Pres. Part מְפוּנָּק spoiled, pampered * less commonly: אתן/הן תְּפוּנַּקְנָה

indulge oneself; allow oneself to be pampered הִתְפַּנֵּק/הִתְפַּנַּק

בניין : הִתְפַּעֵל גזרה : שלמים + פ׳ שורקת

	Present הווה		Past עבר	Future עתיד	Imper. ציווי
יחיד	מִתְפַּנֵּק	אני	הִתְפַּנַּקְתִּי	אֶתְפַּנֵּק	
יחידה	מִתְפַּנֶּקֶת	אתה	הִתְפַּנַּקְתָּ	תִּתְפַּנֵּק	הִתְפַּנֵּק
רבים	מִתְפַּנְּקִים	את	הִתְפַּנַּקְתְּ	תִּתְפַּנְּקִי	הִתְפַּנְּקִי
רבות	מִתְפַּנְּקוֹת	הוא	הִתְפַּנֵּק	יִתְפַּנֵּק	
		היא	הִתְפַּנְּקָה	תִּתְפַּנֵּק	
		אנחנו	הִתְפַּנַּקְנוּ	נִתְפַּנֵּק	
		אתם/ן	הִתְפַּנַּקְתֶּם/ן	תִּתְפַּנְּקוּ *	הִתְפַּנְּקוּ **
		הם/ן	הִתְפַּנְּקוּ	יִתְפַּנְּקוּ *	

שם הפועל .Infin לְהִתְפַּנֵּק * less commonly: אתן/הן תִּתְפַּנֵּקְנָה

מקור מוחלט .Inf. Abs הִתְפַּנֵּק ** less commonly: (אתן) הִתְפַּנֵּקְנָה

שם הפעולה Verbal N הִתְפַּנְּקוּת self-indulging

♦ דוגמאות Illustrations

הורים בעלי אמצעים בדרך כלל נזהרים שלא **לְפַנֵּק** יותר מדיי את ילדיהם, כדי שיבינו שכסף אינו גדל על עצים...

Parents with means generally make sure they do not overly **spoil** their children, so that they realize that money does not grow on trees…

עבדתי קשה כל חיי ; עכשיו, כשפרשתי, אני רוצה **לְהִתְפַּנֵּק** קצת.

I have worked hard all my life; now that I am retired, I wish to **indulge myself** a bit.

●פסד : לְהַפְסִיד

lose (game, etc.), suffer loss; miss (bus, opportunity, etc.); cause loss (lit.) הִפְסִיד/הִפְסַד/יַפְסִיד

בניין : הִפְעִיל גזרה : שלמים

	Present הווה		Past עבר	Future עתיד	Imper. ציווי
יחיד	מַפְסִיד	אני	הִפְסַדְתִּי	אַפְסִיד	
יחידה	מַפְסִידָה	אתה	הִפְסַדְתָּ	תַּפְסִיד	הַפְסֵד
רבים	מַפְסִידִים	את	הִפְסַדְתְּ	תַּפְסִידִי	הַפְסִידִי
רבות	מַפְסִידוֹת	הוא	הִפְסִיד	יַפְסִיד	
		היא	הִפְסִידָה	תַּפְסִיד	
		אנחנו	הִפְסַדְנוּ	נַפְסִיד	
		אתם/ן	הִפְסַדְתֶּם/ן	תַּפְסִידוּ *	הַפְסִידוּ **
		הם/ן	הִפְסִידוּ	יַפְסִידוּ *	

שם הפועל .Infin לְהַפְסִיד * less commonly: אתן/הן תַּפְסֵדְנָה

מקור מוחלט .Inf. Abs הַפְסֵד ** less commonly: (אתן) הַפְסֵדְנָה

שם הפעולה Verbal N הַפְסָדָה losing, loss (Med H)

הֶפְסֵד loss (economic); defeat (in game)

♦ פעלים פחות שכיחים מאותו שורש Less frequent verbs from the same root

הוּפְסַד be lost; suffer damage (מוּפְסָד, יוּפְסַד)

◆ **דוגמאות** Illustrations

לא **הִפְסַדְתִּי** הרבה מן המכירה ; חבל רק על כל ההזדמנויות **שהוּפְסְדוּ** קודם לכן. אילו ניצלתי אותן קודם, לא היה לי שום **הֶפְסֵד** בכלל.

I did not **lose** much by the sale; I only regret all the earlier **missed** opportunities. Had I taken advantage of them earlier, I would not have had any **loss** at all.

◆ **ביטויים מיוחדים** Special expressions

יצא **הֶפְסֵדוֹ** בשכרוֹ his gain is greater than his **loss**

יצא שכרוֹ **בהֶפְסֵדוֹ** his **loss** is greater than his gain

●פסל : לִפְסוֹל, לְהִיפָּסֵל

פָּסַל/פּוֹסֵל/יִפְסוֹל (יִפְסֹל) disqualify; invalidate; reject

בניין : פָּעַל גזרה : שלמים (אֶפְעוֹל)

	הווה/בינוני Pres./Part.		עבר Past	עתיד Fut.	ציווי Imp.
יחיד	פּוֹסֵל פָּסוּל	אני	פָּסַלְתִּי	אֶפְסוֹל	
יחידה	פּוֹסֶלֶת פְּסוּלָה	אתה	פָּסַלְתָּ	תִּפְסוֹל	פְּסוֹל
רבים	פּוֹסְלִים פְּסוּלִים	את	פָּסַלְתְּ	תִּפְסְלִי	פִּסְלִי
רבות	פּוֹסְלוֹת פְּסוּלוֹת	הוא	פָּסַל	יִפְסוֹל	
		היא	פָּסְלָה	תִּפְסוֹל	
		אנחנו	פָּסַלְנוּ	נִפְסוֹל	
		אתם/ן	פְּסַלְתֶּם/ן *	תִּפְסְלוּ **	פִּסְלוּ ***
		הם/ן	פָּסְלוּ	יִפְסְלוּ **	

* Colloquial: פָּסַלְתֶּם/ן

** less commonly: אתן/הן תִּפְסוֹלְנָה

*** less commonly: (אתן) פְּסוֹלְנָה

שם הפועל .Infin לִפְסוֹל

ביני סביל .Pass. Part פָּסוּל invalid; unacceptable; inappropriate

שם הפעולה Verbal N פְּסִילָה disqualification; invalidation

מקור מוחלט .Inf. Abs פָּסוֹל מקור נטוי .Inf.+pron בְּפוֹסְלוֹ, כְּ...

נִפְסַל/יִיפָּסֵל (יִפָּסֵל) be disqualified; be invalidated; be rejected

בניין : נִפְעַל גזרה : שלמים

	הווה Present		עבר Past	עתיד Future	ציווי Imper.
יחיד	נִפְסָל	אני	נִפְסַלְתִּי	אֶפָּסֵל	
יחידה	נִפְסֶלֶת	אתה	נִפְסַלְתָּ	תִּיפָּסֵל	הִיפָּסֵל
רבים	נִפְסָלִים	את	נִפְסַלְתְּ	תִּיפָּסְלִי	הִיפָּסְלִי
רבות	נִפְסָלוֹת	הוא	נִפְסַל	יִיפָּסֵל	
		היא	נִפְסְלָה	תִּיפָּסֵל	
		אנחנו	נִפְסַלְנוּ	נִיפָּסֵל	
		אתם/ן	נִפְסַלְתֶּם/ן	תִּיפָּסְלוּ *	הִיפָּסְלוּ **
		הם/ן	נִפְסְלוּ	יִיפָּסְלוּ *	

שם הפועל .Infin לְהִיפָּסֵל

* less commonly: אתן/הן תִּיפָּסַלְנָה

מקור מוחלט .Inf. Abs נִפְסוֹל, הִיפָּסֵל

** less commonly: (אתן) הִיפָּסַלְנָה

שם הפעולה Verbal N הִיפָּסְלוּת being disqualified/invalidated; rejected

A homonymous root meaning "hue, sculpt" is not included in this volume.

♦ **דוגמאות** Illustrations

עבודתו של מנשה הייתה זהה לחלוטין למאמר באותו נושא שהופיע באינטרנט, כך שלא הייתה לי ברירה אלא **לִפְסוֹל** אותה על הסף. מנשה הסביר ששכח לצטט את המקור, וטען שלדעתו אין בכך כל **פָּסוּל** כל עוד המקור מצוטט. הוא ביקש שאחזור בי ושהעבודה לא **תִּיפָּסֵל**. מכיוון שסירבתי, הגיש נגדי קובלנה רשמית.

Menashe's paper was identical to an article on the same subject that had been posted on the Internet, so I had no choice but to **disqualify/reject** it right away. Menashe explained that he had forgotten to quote the source, and argued that there was nothing **inappropriate** about it as long as the article is quoted. He requested that I reverse my decision and that the paper not **be rejected**. Since I refused to do so, he initiated a grievance procedure against me.

♦ **ביטויים מיוחדים** Special expressions

כל **הפּוֹסֵל**, במומו **פּוֹסֵל** people tend to find their own faults in others

פְּסוּל חיתון one who, according to orthodox Jewish law, is **disqualified** from marriage (e.g., bastard, born through incest or intercourse with a woman married to someone else)

●פספס : לְפַסְפֵס

פִּסְפֵס/פִסְפֵס/פַּסְפֵס miss (bus, lecture, target) coll.

בניין : פִּיעֵל גזרה : מרובעים

	Present הווה		Past עבר	Future עתיד	Imper. ציווי
יחיד	מְפַסְפֵס	אני	פִסְפַסְתִּי	אֲפַסְפֵס	
יחידה	מְפַסְפֶסֶת	אתה	פִסְפַסְתָּ	תְּפַסְפֵס	פַּסְפֵס
רבים	מְפַסְפְסִים	את	פִסְפַסְתְּ	תְּפַסְפְסִי	פַּסְפְסִי
רבות	מְפַסְפְסוֹת	הוא	פִסְפֵס	יְפַסְפֵס	
		היא	פִסְפְסָה	תְּפַסְפֵס	
		אנחנו	פִסְפַסְנוּ	נְפַסְפֵס	
		אתם/ן	פִסְפַסְתֶּם/ן	תְּפַסְפְסוּ *	פַּסְפְסוּ **
		הם/ן	פִסְפְסוּ	יְפַסְפְסוּ *	

שם הפועל Infin. לְפַסְפֵס   less commonly * : אתן/הן תְּפַסְפֵסְנָה

מקור מוחלט Inf. Abs. פַּסְפֵס   less commonly ** : (אתן) פַּסְפֵסְנָה

שם הפעולה Verbal N פִסְפּוּס a miss, loss

Note: in formal Hebrew, a פ in word-initial position and after a consonant is supposed to be realized as פּ, but in colloquial forms like these it is not, apparently in order to reflect the Arabic origin of the verb, *fásfasa*.

♦ **דוגמאות** Illustrations

פִסְפַסְתִּי את האוטובוס ; עכשיו אצטרך לחכות לפחות חצי שעה.

I just **missed** the bus. Now I will have to wait for at least 30 minutes.

●פסק : לְהַפְסִיק, לִפְסוֹק, לְהִיפָּסֵק, לְפַסֵּק

הִפְסִיק/הִפְסַק/יַפְסִיק stop, cease; interrupt

בניין : הִפְעִיל   גזרה : שלמים

	הווה Present		עבר Past	עתיד Future	ציווי Imper.
יחיד	מַפְסִיק	אני	הִפְסַקְתִּי	אַפְסִיק	
יחידה	מַפְסִיקָה	אתה	הִפְסַקְתָּ	תַּפְסִיק	הַפְסֵק
רבים	מַפְסִיקִים	את	הִפְסַקְתְּ	תַּפְסִיקִי	הַפְסִיקִי
רבות	מַפְסִיקוֹת	הוא	הִפְסִיק	יַפְסִיק	
		היא	הִפְסִיקָה	תַּפְסִיק	
		אנחנו	הִפְסַקְנוּ	נַפְסִיק	
		אתם/ן	הִפְסַקְתֶּם/ן	תַּפְסִיקוּ *	הַפְסִיקוּ **
		הם/ן	הִפְסִיקוּ	יַפְסִיקוּ *	

שם הפועל Infin. לְהַפְסִיק   * less commonly: אתן/הן תַּפְסֵקְנָה

מקור מוחלט Inf. Abs. הַפְסֵק   ** less commonly: (אתן) הַפְסֵקְנָה

שם הפעולה Verbal N הַפְסָקָה stopping; interrupting; break, interval, intermission

שם הפעולה Verbal N הֶפְסֵק interruption, stopping, pause

פָּסַק/פּוֹסֵק/יִפְסוֹק (יִפְסֹק) stop, cease; pass sentence, give judgment; allocate (money); read (verse from scriptures)

בניין : פָּעַל   גזרה : שלמים (אֶפְעוֹל)

	הווה/בינוני Pres./Part.			עבר Past	עתיד Fut.	ציווי Imp.
יחיד	פּוֹסֵק	פָּסוּק	אני	פָּסַקְתִּי	אֶפְסוֹק	
יחידה	פּוֹסֶקֶת	פְּסוּקָה	אתה	פָּסַקְתָּ	תִּפְסוֹק	פְּסוֹק
רבים	פּוֹסְקִים	פְּסוּקִים	את	פָּסַקְתְּ	תִּפְסְקִי	פִּסְקִי
רבות	פּוֹסְקוֹת	פְּסוּקוֹת	הוא	פָּסַק	יִפְסוֹק	
			היא	פָּסְקָה	תִּפְסוֹק	
			אנחנו	פָּסַקְנוּ	נִפְסוֹק	
			אתם/ן	פְּסַקְתֶּם/ן *	תִּפְסְקוּ **	פִּסְקוּ ***
			הם/ן	פָּסְקוּ	יִפְסְקוּ **	

* Colloquial: פָּסַקְתֶּם/ן

** less commonly: אתן/הן תִּפְסוֹקְנָה

שם הפועל Infin. לִפְסוֹק   *** less commonly: (אתן) פְּסוֹקְנָה

ביני פעיל Act. Part. פּוֹסֵק arbiter; Rabbinic authority

ביני סביל Pass. Part. פָּסוּק decided (lit.); verse (of Bible)

שם הפעולה Verbal N פְּסִיקָה allocation; court judgments

מקור מוחלט Inf. Abs. פָּסוֹק   מקור נטוי Inf.+pron. בְּפוֹסְקוֹ, כְּ...

נִפְסַק/יִיפָּסֵק (יִפָּסֵק) cease, stop, be interrupted, be cut off; be pronounced (verdict)

בניין : נִפְעַל   גזרה : שלמים

Imper. ציווי	Future עתיד	Past עבר		Present הווה	
	אֶפָּסֵק	נִפְסַקְתִּי	אני	נִפְסָק	יחיד
הִיפָּסֵק	תִּיפָּסֵק	נִפְסַקְתָּ	אתה	נִפְסֶקֶת	יחידה
הִיפָּסְקִי	תִּיפָּסְקִי	נִפְסַקְתְּ	את	נִפְסָקִים	רבים
	יִיפָּסֵק	נִפְסַק	הוא	נִפְסָקוֹת	רבות
	תִּיפָּסֵק	נִפְסְקָה	היא		
	נִיפָּסֵק	נִפְסַקְנוּ	אנחנו		
הִיפָּסְקוּ **	תִּיפָּסְקוּ *	נִפְסַקְתֶּם/ן	אתם/ן		
	יִיפָּסְקוּ *	נִפְסְקוּ	הם/ן		

שם הפועל .Infin לְהִיפָּסֵק   * less commonly: אתן/הן תִּיפָּסַקְנָה

שם הפעולה Verbal N הִיפָּסְקוּת cessation   ** less commonly: (אתן) הִיפָּסַקְנָה

מקור מוחלט .Inf. Abs נִפְסוֹק, הִיפָּסֵק (הִיפָּסוֹק)

פִּיסֵּק (פִּסֵּק)/פִּיסַּק/פַּסֵּק punctuate; space (print)

בניין : פִּיעֵל   גזרה : שלמים

Imper. ציווי	Future עתיד	Past עבר		Present הווה	
	אֲפַסֵּק	פִּיסַּקְתִּי	אני	מְפַסֵּק	יחיד
פַּסֵּק	תְּפַסֵּק	פִּיסַּקְתָּ	אתה	מְפַסֶּקֶת	יחידה
פַּסְּקִי	תְּפַסְּקִי	פִּיסַּקְתְּ	את	מְפַסְּקִים	רבים
	יְפַסֵּק	פִּיסֵּק	הוא	מְפַסְּקוֹת	רבות
	תְּפַסֵּק	פִּיסְּקָה	היא		
	נְפַסֵּק	פִּיסַּקְנוּ	אנחנו		
פַּסְּקוּ**	תְּפַסְּקוּ *	פִּיסַּקְתֶּם/ן	אתם/ן		
	יְפַסְּקוּ *	פִּיסְּקוּ	הם/ן		

שם הפועל .Infin לְפַסֵּק   * less commonly: אתן/הן תְּפַסֵּקְנָה

מקור מוחלט .Inf. Abs פַּסֵּק   ** less commonly: (אתן) פַּסֵּקְנָה

שם הפעולה Verbal N פִּיסּוּק punctuation; spacing; separation

♦ פעלים פחות שכיחים מאותו שורש Less frequent verbs from the same root

הוּפְסַק be interrupted, be stopped; be separated (מוּפְסָק, יוּפְסַק)

פּוּסַּק be spaced/punctuated (בינ' Pres. Part. מְפוּסָּק punctuated; spaced (print), יְפוּסַּק)

♦ דוגמאות Illustrations

כשהגשם **פָּסַק**, עמירם **הִפְסִיק** לעבוד על המאמר ויצא ליהנות קצת מן השמש. מניסיון קודם הוא יודע שאחרי **הַפְסָקָה** כזו הוא חוזר לעבודתו במשנה מרץ.

When the rain **stopped**, Amiram **stopped** working on the article and came out to enjoy the sun for a little while. From previous experience he knows that after such a **break** he gets back to his work with renewed energy.

השופט **פָּסַק** לנאשם שלוש שנות מאסר.

The judge **sentenced** the defendant to three years' imprisonment.

הישיבה **הוּפְסְקָה** לכמה דקות כדי לאפשר לכמה מן המשתתפים לעשן בחוץ.
The meeting was **interrupted** for a few minutes to enable a few of its participants to have a smoke outside.

מתי הרעש הזה כבר **יִיפָּסֵק**?
When **will** the noise **cease**?

אבנר כותב לא רע, אבל אין לו מושג איך **לְפַסֵּק**. כל חיבור שלו נראה כמו משפט גדול אחד שאינו **מְפוּסָּק**.
Avner does not write badly, but he has no idea how to punctuate. Every essay of his looks like one long un**punctuated** sentence.

החזן הזה מאריך כל **פָּסוּק** כאורך הגלות; הוא מחזיק בנו כבר חמש שעות ללא **הֶפְסֵק** כבני ערובה בבית הכנסת.
This cantor stretches every **verse** "as long as the Diaspora;" he has already been holding us five hours non-**stop** as hostages in the synagogue.

♦ ביטויים מיוחדים Special expressions

הַפּוֹסְקִים works of Rabbinic authorities
סעודה **מַפְסֶקֶת** last meal before a fast

●פעל : לִפְעוֹל, לְהַפְעִיל, לְהִתְפַּעֵל

פָּעַל/פּוֹעֵל/יִפְעַל act, work, function; induce

בניין : פָּעַל גזרה : שלמים (אֶפְעַל) + ע"ג

	Pres./Part. הווה/בינוני			Past עבר	Fut. עתיד	Imp. ציווי
יחיד	פּוֹעֵל	פָּעוּל	אני	פָּעַלְתִּי	אֶפְעַל	
יחידה	פּוֹעֶלֶת	פְּעוּלָה	אתה	פָּעַלְתָּ	תִּפְעַל	פְּעַל
רבים	פּוֹעֲלִים	פְּעוּלִים	את	פָּעַלְתְּ	תִּפְעֲלִי	פַּעֲלִי
רבות	פּוֹעֲלוֹת	פְּעוּלוֹת	הוא	פָּעַל	יִפְעַל	
			היא	פָּעֲלָה	תִּפְעַל	
			אנחנו	פָּעַלְנוּ	נִפְעַל	
			אתם/ן	* פְּעַלְתֶּם/ן	** תִּפְעֲלוּ	*** פַּעֲלוּ
			הם/ן	פָּעֲלוּ	** יִפְעֲלוּ	

שם הפועל .Infin לִפְעוֹל
מקור מוחלט .Inf. Abs פָּעוֹל
ביני פעיל .Act. Part פּוֹעֵל worker, laborer
ביני סביל .Pass. Part פָּעוּל creature, creation (lit.)
שם הפעולה Verbal N פְּעוּלָה action, act, deed; activity; operation (usually military)
מקור נטוי .Inf.+pron בְּפוֹעֲלוֹ, כְּ...

* Colloquial: פָּעַלְתֶּם/ן
** less commonly: אתן/הן תִּפְעַלְנָה
*** less commonly: (אתן) פְּעַלְנָה
active פָּעִיל *CaCiC* adj./N. קָטִיל

הִפְעִיל/הִפְעַל/יַפְעִיל set in motion, put to work, bring into action, activate, operate (machine)

בניין : הִפְעִיל גזרה : שלמים

	Present הווה		Past עבר	Future עתיד	Imper. ציווי
יחיד	מַפְעִיל	אני	הִפְעַלְתִּי	אַפְעִיל	
יחידה	מַפְעִילָה	אתה	הִפְעַלְתָּ	תַּפְעִיל	הַפְעֵל
רבים	מַפְעִילִים	את	הִפְעַלְתְּ	תַּפְעִילִי	הַפְעִילִי
רבות	מַפְעִילוֹת	הוא	הִפְעִיל	יַפְעִיל	

Imper. ציווי	Future עתיד	Past עבר		Present הווה	
	תַּפְעִיל	הִפְעִילָה	היא		
	נַפְעִיל	הִפְעַלְנוּ	אנחנו		
הַפְעִילוּ **	תַּפְעִילוּ *	הִפְעַלְתֶּם/ן	אתם/ן		
	יַפְעִילוּ *	הִפְעִילוּ	הם/ן		

שם הפועל .Infin לְהַפְעִיל — less commonly *: אתן/הן תַּפְעֵלְנָה

בינוני .Pres. Part מַפְעִיל operator — less commonly **: (אתן) הַפְעֵלְנָה

שם הפעולה Verbal N הַפְעָלָה putting to work, setting in motion; bringing into action; operating

מקור מוחלט .Inf. Abs הַפְעֵל

הִתְפַּעֵל/הִתְפַּעַל be moved (emotionally), be impressed/excited

בניין : הִתְפַּעֵל גזרה : שלמים + ע״ג

Imper. ציווי	Future עתיד	Past עבר		Present הווה	
	אֶתְפַּעֵל	הִתְפַּעַלְתִּי	אני	מִתְפַּעֵל	יחיד
הִתְפַּעֵל	תִּתְפַּעֵל	הִתְפַּעַלְתָּ	אתה	מִתְפַּעֶלֶת	יחידה
הִתְפַּעֲלִי	תִּתְפַּעֲלִי	הִתְפַּעַלְתְּ	את	מִתְפַּעֲלִים	רבים
	יִתְפַּעֵל	הִתְפַּעֵל	הוא	מִתְפַּעֲלוֹת	רבות
	תִּתְפַּעֵל	הִתְפַּעֲלָה	היא		
	נִתְפַּעֵל	הִתְפַּעַלְנוּ	אנחנו		
הִתְפַּעֲלוּ **	תִּתְפַּעֲלוּ *	הִתְפַּעַלְתֶּם/ן	אתם/ן		
	יִתְפַּעֲלוּ *	הִתְפַּעֲלוּ	הם/ן		

less commonly *: אתן/הן תִּתְפַּעֵלְנָה

שם הפועל .Infin לְהִתְפַּעֵל — less commonly **: (אתן) הִתְפַּעֵלְנָה

שם הפעולה Verbal N הִתְפַּעֲלוּת excited admiration; being deeply impressed

מקור מוחלט .Inf. Abs הִתְפַּעֵל — מ״י מוצרכת .Gov. Prep הִתְפַּעֵל מן be impressed by

הוּפְעַל (הָפְעַל) be set in motion, be activated, be operated, be put to work, be brought into action

בניין : הוּפְעַל גזרה : שלמים + ע״ג

Future עתיד	Past עבר		Present הווה	
אוּפְעַל	הוּפְעַלְתִּי	אני	מוּפְעָל	יחיד
תּוּפְעַל	הוּפְעַלְתָּ	אתה	מוּפְעֶלֶת	יחידה
תּוּפְעֲלִי	הוּפְעַלְתְּ	את	מוּפְעָלִים	רבים
יוּפְעַל	הוּפְעַל	הוא	מוּפְעָלוֹת	רבות
תּוּפְעַל	הוּפְעֲלָה	היא		
נוּפְעַל	הוּפְעַלְנוּ	אנחנו		
תּוּפְעֲלוּ *	הוּפְעַלְתֶּם/ן	אתם/ן		
יוּפְעֲלוּ *	הוּפְעֲלוּ	הם/ן		

בינוני .Pres. Part מוּפְעָל operated; in motion — less commonly *: אתן/הן תּוּפְעַלְנָה

♦ דוגמאות Illustrations

עליך **לִפְעוֹל** מהר אם אינך רוצה להחמיץ את ההזדמנות.

You should **act** fast if you do not want to miss the opportunity.

רק חיים יודע איך המכונה הזאת **מוּפְעֶלֶת**. מזל שצריך **לְהַפְעִיל** אותה רק פעם או פעמיים בשנה.

Only Hayyim knows how this machine **is operated**. Fortunately one needs **to operate** it only once or twice a year.

אני **מִתְפַּעֵל** מכושר העבודה של **הַפּוֹעֲלִים** הללו, ומן האופן שבו מנהל העבודה **מַפְעִיל** אותם.

I am very impressed by the work capacity of these **workers**, and by the manner in which the foreman **puts** them **to work**.

דורון הוא חייל קרבי ותיק, וקשה לו לשבת בבסיס זמן ארוך ללא **פְּעוּלָּה**. לכן "התעורר לחיים" כשמפקד הגדוד הודיע שמתוכננת **פְּעוּלָּה** נגד מחבלים שבה תשתתף היחידה.

Dorn is a veteran combatant soldier, and finds it hard to stay in the base without **activity**. So he "came back to life" when the battalion commander announced that an anti-terrorist **operation** is being planned in which the unit will participate.

♦ ביטויים מיוחדים Special expressions

וַעַד פּוֹעֵל executive committee — בינוני **פָּעוּל** Passive Participle

יחס(ת) **הַפָּעוּל** the accusative case — מעורר **הִתְפַּעֲלוּת** **exciting**, arousing **admiration**

שיתוף **פְּעוּלָּה** cooperation

●פצה (פצי) : לְפַצּוֹת

פִּיצָּה (פִּצָּה)/פַּצֶּה compensate, recompense

בניין : פִּיעֵל — גזרה : ל"י

	Present הווה		Past עבר	Future עתיד	Imper. ציווי
יחיד	מְפַצֶּה	אני	פִּיצִּיתִי	אֲפַצֶּה	
יחידה	מְפַצָּה	אתה	פִּיצִּיתָ	תְּפַצֶּה	פַּצֵּה
רבים	מְפַצִּים	את	פִּיצִּית	תְּפַצִּי	פַּצִּי
רבות	מְפַצּוֹת	הוא	פִּיצָּה	יְפַצֶּה	
		היא	פִּיצְּתָה	תְּפַצֶּה	
		אנחנו	פִּיצִּינוּ	נְפַצֶּה	
		אתם/ן	פִּיצִּיתֶם/ן	* תְּפַצּוּ	** פַּצּוּ
		הם/ן	פִּיצּוּ	* יְפַצּוּ	

שם הפועל .Infin לְפַצּוֹת

מקור מוחלט .Inf. Abs פַּצֵּה

שם הפעולה Verbal N פִּיצּוּי compensating, compensation

* less commonly: אתן/הן תְּפַצֶּינָה

** less commonly: (אתן) פַּצֶּינָה

♦ דוגמאות Illustrations

ועדי העובדים דרשו מן הממשלה **לְפַצּוֹת** את מפוטרי חברת התרופות, שבזמנו קיבלה תמריצים והקלות מס שאיפשרו לה להתחרות בהצלחה בשוק התרופות העולמי.

The workers' unions demanded that the government **compensate** employees fired by the drug company, which had received incentives and tax breaks that enabled the company to compete successfully in the global drug market.

●פצל : לְהִתְפַּצֵּל, לְפַצֵּל

הִתְפַּצֵּל/הִתְפַּצַּל split (intr.), branch out

בניין : הִתְפַּעֵל גזרה : שלמים

Imper. ציווי	Future עתיד	Past עבר		Present הווה	
	אֶתְפַּצֵּל	הִתְפַּצַּלְתִּי	אני	מִתְפַּצֵּל	יחיד
הִתְפַּצֵּל	תִּתְפַּצֵּל	הִתְפַּצַּלְתָּ	אתה	מִתְפַּצֶּלֶת	יחידה
הִתְפַּצְּלִי	תִּתְפַּצְּלִי	הִתְפַּצַּלְתְּ	את	מִתְפַּצְּלִים	רבים
	יִתְפַּצֵּל	הִתְפַּצֵּל	הוא	מִתְפַּצְּלוֹת	רבות
	תִּתְפַּצֵּל	הִתְפַּצְּלָה	היא		
	נִתְפַּצֵּל	הִתְפַּצַּלְנוּ	אנחנו		
הִתְפַּצְּלוּ **	תִּתְפַּצְּלוּ *	הִתְפַּצַּלְתֶּם/ן	אתם/ן		
	יִתְפַּצְּלוּ *	הִתְפַּצְּלוּ	הם/ן		

שם הפועל .Infin לְהִתְפַּצֵּל * less commonly: אתן/הן תִּתְפַּצֵּלְנָה

מ״י מוצרכת .Gov. Prep הִתְפַּצֵּל לְ- split into ** less commonly: (אתן) הִתְפַּצֵּלְנָה

מקור מוחלט .Inf. Abs הִתְפַּצֵּל ש׳ הפעו׳ Verbal N הִתְפַּצְּלוּת splitting, branching out

פִּיצֵּל (פִּצֵּל)/פִּיצַּל/פִּצַּל divide, split

בניין : פִּיעֵל גזרה : שלמים

Imper. ציווי	Future עתיד	Past עבר		Present הווה	
	אֲפַצֵּל	פִּיצַּלְתִּי	אני	מְפַצֵּל	יחיד
פַּצֵּל	תְּפַצֵּל	פִּיצַּלְתָּ	אתה	מְפַצֶּלֶת	יחידה
פַּצְּלִי	תְּפַצְּלִי	פִּיצַּלְתְּ	את	מְפַצְּלִים	רבים
	יְפַצֵּל	פִּיצֵּל	הוא	מְפַצְּלוֹת	רבות
	תְּפַצֵּל	פִּיצְּלָה	היא		
	נְפַצֵּל	פִּיצַּלְנוּ	אנחנו		
פַּצְּלוּ **	תְּפַצְּלוּ *	פִּיצַּלְתֶּם/ן	אתם/ן		
	יְפַצְּלוּ *	פִּיצְּלוּ	הם/ן		

שם הפועל .Infin לְפַצֵּל * less commonly: אתן/הן תְּפַצֵּלְנָה

בינוני .Pres. Part מְפַצֵּל splitting device ** less commonly: (אתן) פַּצֵּלְנָה

מקור מוחלט .Inf. Abs פַּצֵּל ש׳ הפעו׳ Verbal N פִּיצּוּל splitting; branching; split, rift

פּוּצַּל (פֻּצַּל) be divided, be split

בניין : פּוּעַל גזרה : שלמים

Future עתיד	Past עבר		Present הווה	
אֲפוּצַּל	פּוּצַּלְתִּי	אני	מְפוּצָּל	יחיד
תְּפוּצַּל	פּוּצַּלְתָּ	אתה	מְפוּצֶּלֶת	יחידה
תְּפוּצְּלִי	פּוּצַּלְתְּ	את	מְפוּצָּלִים	רבים
יְפוּצַּל	פּוּצַּל	הוא	מְפוּצָּלוֹת	רבות
תְּפוּצַּל	פּוּצְּלָה	היא		
נְפוּצַּל	פּוּצַּלְנוּ	אנחנו		
תְּפוּצְּלוּ *	פּוּצַּלְתֶּם/ן	אתם/ן		
יְפוּצְּלוּ *	פּוּצְּלוּ	הם/ן		

בינוני סביל .Pass. Part מְפוּצָּל split (Adj) * less commonly: אתן/הן תְּפוּצַּלְנָה

♦ דוגמאות Illustrations

כשהנילוס מגיע למצרים התחתית קרוב לים הוא **מִתְפַּצֵּל** ונוצרת דלתא.

When the Nile reaches lower Egypt close to the sea, it **splits** and a delta is formed.

אי-הסכמה אידיאולוגית גורמת לעיתים קרובות ל**פִּיצּוּל** מפלגות.

Ideological disagreements sometimes cause the **splitting** of parties.

♦ ביטויים מיוחדים Special expressions

פִּיצּוּל אישיות multiple personality disorder, **split** personality

● פצע : לְהִיפָּצַע, לִפְצוֹעַ

נִפְצַע/יִיפָּצַע (יִפָּצַע) be wounded, be injured

בניין : נִפְעַל גזרה : שלמים + ל״ג

	הווה Present		עבר Past	עתיד Future	ציווי Imper.
יחיד	נִפְצָע	אני	נִפְצַעְתִּי	אֶפָּצַע	
יחידה	נִפְצַעַת	אתה	נִפְצַעְתָּ	תִּיפָּצַע	הִיפָּצַע
רבים	נִפְצָעִים	את	נִפְצַעְתְּ	תִּיפָּצְעִי	הִיפָּצְעִי
רבות	נִפְצָעוֹת	הוא	נִפְצַע	יִיפָּצַע	
		היא	נִפְצְעָה	תִּיפָּצַע	
		אנחנו	נִפְצַעְנוּ	נִיפָּצַע	
		אתם/ן	נִפְצַעְתֶּם/ן	תִּיפָּצְעוּ *	הִיפָּצְעוּ **
		הם/ן	נִפְצְעוּ	יִיפָּצְעוּ *	

שם הפועל .Infin לְהִיפָּצַע * less commonly: אתן/הן תִּיפָּצַעְנָה

שם הפעולה Verbal N הִיפָּצְעוּת being wounded ** less commonly: (אתן) הִיפָּצַעְנָה

מקור מוחלט .Inf. Abs נִפְצוֹעַ, הִיפָּצֵעַ

פָּצַע/פּוֹצֵעַ/יִפְצַע wound, injure; split, crack (esp. nuts)

בניין : פָּעַל גזרה : שלמים (אֶפְעַל) + ל״ג

	הווה/בינוני Pres./Part.			עבר Past	עתיד Fut.	ציווי Imp.
יחיד	פּוֹצֵעַ	פָּצוּעַ	אני	פָּצַעְתִּי	אֶפְצַע	
יחידה	פּוֹצַעַת	פְּצוּעָה	אתה	פָּצַעְתָּ	תִּפְצַע	פְּצַע
רבים	פּוֹצְעִים	פְּצוּעִים	את	פָּצַעְתְּ	תִּפְצְעִי	פִּצְעִי
רבות	פּוֹצְעוֹת	פְּצוּעוֹת	הוא	פָּצַע	יִפְצַע	
			היא	פָּצְעָה	תִּפְצַע	
			אנחנו	פָּצַעְנוּ	נִפְצַע	
			אתם/ן	פְּצַעְתֶּם/ן *	תִּפְצְעוּ **	פִּצְעוּ ***
			הם/ן	פָּצְעוּ	יִפְצְעוּ **	

שם הפועל .Infin לִפְצוֹעַ * Colloquial: פָּצַעְתֶּם/ן

שם הפעולה Verbal N פְּצִיעָה injuring, injury ** less commonly: אתן/הן תִּפְצַעְנָה

בינוני .Pres. Part פָּצוּעַ wounded, injured *** less commonly: (אתן) פְּצַעְנָה

מקור מוחלט .Inf. Abs פָּצוֹעַ מקור נטוי .Inf.+pron בְּפוֹצְעוֹ, כְּ...

♦ **דוגמאות** Illustrations

רחמים **נִפְצַע** קשה בקטטה; מישהו **פָּצַע** אותו באולר גדול מתקפל.

Rahamim **was** badly **wounded** in the fight; someone **wounded** him with a jackknife.

● פצץ : לְהִתְפּוֹצֵץ, לְפוֹצֵץ, לְהַפְצִיץ

הִתְפּוֹצֵץ/הִתְפּוֹצַץ explode (intr.), burst; break up (intr.)

בניין : הִתְפַּעֵל גזרה : כפולים

	Present הווה		Past עבר	Future עתיד	Imper. ציווי
יחיד	מִתְפּוֹצֵץ	אני	הִתְפּוֹצַצְתִּי	אֶתְפּוֹצֵץ	
יחידה	מִתְפּוֹצֶצֶת	אתה	הִתְפּוֹצַצְתָּ	תִּתְפּוֹצֵץ	הִתְפּוֹצֵץ
רבים	מִתְפּוֹצְצִים	את	הִתְפּוֹצַצְתְּ	תִּתְפּוֹצְצִי	הִתְפּוֹצְצִי
רבות	מִתְפּוֹצְצוֹת	הוא	הִתְפּוֹצֵץ	יִתְפּוֹצֵץ	
		היא	הִתְפּוֹצְצָה	תִּתְפּוֹצֵץ	
		אנחנו	הִתְפּוֹצַצְנוּ	נִתְפּוֹצֵץ	
		אתם/ן	הִתְפּוֹצַצְתֶּם/ן	תִּתְפּוֹצְצוּ *	הִתְפּוֹצְצוּ **
		הם/ן	הִתְפּוֹצְצוּ	יִתְפּוֹצְצוּ *	

שם הפועל .Infin לְהִתְפּוֹצֵץ — * less commonly: אתן/הן תִּתְפּוֹצֵצְנָה

שם הפעולה Verbal N הִתְפּוֹצְצוּת explosion — ** less commonly: (אתן) הִתְפּוֹצֵצְנָה

מקור מוחלט .Inf. Abs הִתְפּוֹצֵץ

פּוֹצֵץ/פּוֹצַץ blow up, smash; break up, disrupt

בניין : פִּיעֵל גזרה : כפולים

	Present הווה		Past עבר	Future עתיד	Imper. ציווי
יחיד	מְפוֹצֵץ	אני	פּוֹצַצְתִּי	אֲפוֹצֵץ	
יחידה	מְפוֹצֶצֶת	אתה	פּוֹצַצְתָּ	תְּפוֹצֵץ	פּוֹצֵץ
רבים	מְפוֹצְצִים	את	פּוֹצַצְתְּ	תְּפוֹצְצִי	פּוֹצְצִי
רבות	מְפוֹצְצוֹת	הוא	פּוֹצֵץ	יְפוֹצֵץ	
		היא	פּוֹצְצָה	תְּפוֹצֵץ	
		אנחנו	פּוֹצַצְנוּ	נְפוֹצֵץ	
		אתם/ן	פּוֹצַצְתֶּם/ן	תְּפוֹצְצוּ *	פּוֹצְצוּ **
		הם/ן	פּוֹצְצוּ	יְפוֹצְצוּ *	

* less commonly: אתן/הן תְּפוֹצֵצְנָה

שם הפועל .Infin לְפוֹצֵץ — ** less commonly: (אתן) פּוֹצֵצְנָה

שם הפעולה Verbal N פִּיצּוּץ blowing up, explosion

בינוני .Pres. Part מְפוֹצֵץ explosive; deafening — מקור מוחלט .Inf. Abs פּוֹצֵץ

פּוּצַּץ (פֻּצַּץ) be blown up, be smashed; be broken up, be disrupted

בניין : פּוּעַל גזרה : שלמים

	Present הווה		Past עבר	Future עתיד
יחיד	מְפוּצָּץ	אני	פּוּצַּצְתִּי	אֲפוּצַּץ
יחידה	מְפוּצֶּצֶת	אתה	פּוּצַּצְתָּ	תְּפוּצַּץ
רבים	מְפוּצָּצִים	את	פּוּצַּצְתְּ	תְּפוּצְּצִי
רבות	מְפוּצָּצוֹת	הוא	פּוּצַּץ	יְפוּצַּץ
		היא	פּוּצְּצָה	תְּפוּצַּץ

Future עתיד	Past עבר		Present הווה
נְפוּצַץ	פּוּצַצְנוּ	אנחנו	
תְּפוּצְצוּ *	פּוּצַצְתֶּם/ן	אתם/ן	
יְפוּצְצוּ *	פּוּצְצוּ	הם/ן	

* less commonly: אתן/הן תְּפוּצַצְנָה

exploded; split; filled to capacity (sl.) מְפוּצָץ Pres. Part. בינוני

bomb, blast הִפְצִיץ/הִפְצַץ/יַפְצִיץ

בניין : הִפְעִיל גזרה : שלמים

Imper. ציווי	Future עתיד	Past עבר		Present הווה	
	אַפְצִיץ	הִפְצַצְתִּי	אני	מַפְצִיץ	יחיד
הַפְצֵץ	תַּפְצִיץ	הִפְצַצְתָּ	אתה	מַפְצִיצָה	יחידה
הַפְצִיצִי	תַּפְצִיצִי	הִפְצַצְתְּ	את	מַפְצִיצִים	רבים
	יַפְצִיץ	הִפְצִיץ	הוא	מַפְצִיצוֹת	רבות
	תַּפְצִיץ	הִפְצִיצָה	היא		
	נַפְצִיץ	הִפְצַצְנוּ	אנחנו		
הַפְצִיצוּ **	תַּפְצִיצוּ *	הִפְצַצְתֶּם/ן	אתם/ן		
	יַפְצִיצוּ *	הִפְצִיצוּ	הם/ן		

* less commonly: אתן/הן תַּפְצֵצְנָה — שם הפועל .Infin לְהַפְצִיץ

** less commonly: (אתן) הַפְצֵצְנָה — שם הפעולה Verbal N הַפְצָצָה bombing

מקור מוחלט .Inf. Abs הַפְצֵץ — בינוני .Pres. Part מַפְצִיץ bomber (plane)

be bombed, be blasted הוּפְצַץ (הֻפְצַץ)

בניין : הוּפְעַל גזרה : שלמים

Future עתיד	Past עבר		Present הווה	
אוּפְצַץ	הוּפְצַצְתִּי	אני	מוּפְצָץ	יחיד
תוּפְצַץ	הוּפְצַצְתָּ	אתה	מוּפְצֶצֶת	יחידה
תוּפְצְצִי	הוּפְצַצְתְּ	את	מוּפְצָצִים	רבים
יוּפְצַץ	הוּפְצַץ	הוא	מוּפְצָצוֹת	רבות
תוּפְצַץ	הוּפְצְצָה	היא		
נוּפְצַץ	הוּפְצַצְנוּ	אנחנו		
תוּפְצְצוּ *	הוּפְצַצְתֶּם/ן	אתם/ן		
יוּפְצְצוּ *	הוּפְצְצוּ	הם/ן		

* less commonly: אתן/הן תּוּפְצַצְנָה

bombed (from the air) מוּפְצָץ Pres. Part. בינוני

♦ דוגמאות Illustrations

אלוף-משנה מנחם קיבל הוראה **לְפוֹצֵץ** את הגשר שמעל לנהר לפני שכוחות האויב יגיעו אליו. הגשר לא **הוּפְצַץ** מן האוויר כיוון ש**מַפְצִיצֵי** חיל האוויר היו משימות חיוניות יותר. אל״מ מנחם הבטיח למפקדו כי הגשר **יִתְפּוֹצֵץ** ברגע שיעלה עליו הטנק הראשון של האויב.

Colonel Menahem was instructed **to blow up** the bridge over the river before it is reached by enemy forces. The bridge **was** not **bombed** from the air because the air force **bombers** had more urgent assignments. Colonel Menahem promised his superior officers that the bridge **will blow up** as soon as the first enemy tank tries to cross it.

♦ ביטויים מיוחדים Special expressions

פּוֹצֵץ את האסיפה cause the meeting to break up   הגה **פּוֹצֵץ** **plosive**/stop consonant

האסיפה **הִתְפּוֹצְצָה** the meeting broke up in confusion

אפשר **לְהִתְפּוֹצֵץ** ממנו he can drive you crazy

●פקד : לִפְקוֹד, לְהַפְקִיד

פָּקַד/פּוֹקֵד/יִפְקוֹד (יִפְקֹד) order, command; hold census; remember; visit

בניין : פָּעַל   גזרה : שלמים (אֶפְעוֹל)

	הווה/בינוני Pres./Part.			עבר Past	עתיד Fut.	ציווי Imp.
יחיד	פּוֹקֵד	פָּקוּד	אני	פָּקַדְתִּי	אֶפְקוֹד	
יחידה	פּוֹקֶדֶת	פְּקוּדָה	אתה	פָּקַדְתָּ	תִּפְקוֹד	פְּקוֹד
רבים	פּוֹקְדִים	פְּקוּדִים	את	פָּקַדְתְּ	תִּפְקְדִי	פִּקְדִי
רבות	פּוֹקְדוֹת	פְּקוּדוֹת	הוא	פָּקַד	יִפְקוֹד	
			היא	פָּקְדָה	תִּפְקוֹד	
			אנחנו	פָּקַדְנוּ	נִפְקוֹד	
			אתם/ן	פְּקַדְתֶּם/ן *	תִּפְקְדוּ **	פִּקְדוּ ***
			הם/ן	פָּקְדוּ	יִפְקְדוּ **	

שם הפועל .Infin לִפְקוֹד   * Colloquial: פָּקַדְתֶּם/ן

מקור מוחלט .Inf. Abs פָּקוֹד   ** less commonly: אתן/הן תִּפְקוֹדְנָה

מקור נטוי .Inf.+pron בְּפוֹקְדוֹ, כְּ...   *** less commonly: (אתן) פְּקוֹדְנָה

שם הפעולה Verbal N פְּקִידָה remembering; counting (lit.)

שם הפעולה Verbal N פְּקוּדָּה order, command (N)

בינ' .Pass. Part פָּקוּד counted; given in trust; person under command

קָטִיל .CaCiC adj./N פָּקִיד clerk; official

מ"י מוצרכת .Gov. Prep פָּקַד על give order to

הִפְקִיד/הִפְקַד/יַפְקִיד deposit; appoint, assign to

בניין : הִפְעִיל   גזרה : שלמים

	הווה Present		עבר Past	עתיד Future	ציווי Imper.
יחיד	מַפְקִיד	אני	הִפְקַדְתִּי	אַפְקִיד	
יחידה	מַפְקִידָה	אתה	הִפְקַדְתָּ	תַּפְקִיד	הַפְקֵד
רבים	מַפְקִידִים	את	הִפְקַדְתְּ	תַּפְקִידִי	הַפְקִידִי
רבות	מַפְקִידוֹת	הוא	הִפְקִיד	יַפְקִיד	
		היא	הִפְקִידָה	תַּפְקִיד	
		אנחנו	הִפְקַדְנוּ	נַפְקִיד	
		אתם/ן	הִפְקַדְתֶּם/ן	תַּפְקִידוּ *	הַפְקִידוּ **
		הם/ן	הִפְקִידוּ	יַפְקִידוּ *	

שם הפועל .Infin לְהַפְקִיד   * less commonly: אתן/הן תַּפְקֵדְנָה

בינוני .Pres. Part מַפְקִיד depositor   ** less commonly: (אתן) הַפְקֵדְנָה

שם הפעולה Verbal N הַפְקָדָה depositing; appointing

מקור מוחלט .Inf. Abs הַפְקֵד

מ"י מוצרכת .Gov. Prep הִפְקִיד על appoint/assign to

♦ פעלים פחות שכיחים מאותו שורש Less frequent verbs from the same root

פִּיקֵד (be in) command (of); order, give orders (בינוני Pres. Part. מְפַקֵּד commander, יְפַקֵּד, לְפַקֵּד, שם הפעולה Verbal N פִּיקוּד command (N))

הוּפְקַד be deposited; be appointed, be assigned to (בינוני Pres. Part. מוּפְקָד deposited; appointed, יוּפְקַד)

נִפְקַד be counted; be missing; be remembered (בינוני Pres. Part. נִפְקָד absentee; a counted person, יִיפָּקֵד, לְהִיפָּקֵד)

הִתְפַּקֵּד be numbered (as in taking roll call, or census) (מִתְפַּקֵּד, יִתְפַּקֵּד, לְהִתְפַּקֵּד)

♦ דוגמאות Illustrations

נחום **מְפַקֵּד** על גדוד שריון במילואים ; מנשה, **מְפַקֵּד** החטיבה, הוא ה**מְפַקֵּד** הישיר שלו. מנשה מעריך את נחום יותר מכל **פְּקוּדָיו** ; הוא יודע, שכאשר הוא **פּוֹקֵד** עליו לבצע **פְּקוּדָה**, נחום ימלא אותה על הצד הטוב ביותר. לכן הוא **מַפְקִיד** אותו תמיד על תכנון פרטי המבצעים המוטלים על החטיבה.

Nahum **commands** an armor reserve battalion; Menashe, the brigade **commander**, is his **superior officer** ("direct **commander**"). Menashe thinks of Nahum more highly than all **those under his command**; he knows that when he **orders** him to carry out an **order**, Nahum will do so in the best possible manner. Therefore, he always **assigns** him to plan the details of the brigade's assignments.

משכורתו של מיכאל **מוּפְקֶדֶת** ישירות בבנק. המעביד **מַפְקִיד** אותה כל יום שישי בבוקר.

Michael's salary **is deposited** in the bank directly. The employer **deposits** it every Friday morning.

כשהמחלקה **הִתְפַּקְּדָה** במפקד הבוקר, התברר שחיים **נִפְקָד**. כנראה שלא חזר עדיין מחופשת השבת. **מְפַקֵּד** המחלקה כבר מכין לו תא בכלא.

When the platoon **took roll call** this morning, it turned out that Hayyim **is missing**. Apparently he has not returned from his weekend leave yet. The platoon **commander** is already preparing a jail cell for him.

לא ברור לי מדוע דווקא עזרא **הוּפְקַד** על שמירת האספקה. לדעתי זה כמו **לְהַפְקִיד** את החתול על שמירת השמנת.

I am unclear why it had to be Ezra who **was assigned** to guarding the supplies. In my opinion it is comparable to **assigning** the cat to guard the cream.

♦ ביטויים מיוחדים Special expressions

פָּקַד עליו עוון punish him for his sin

ביצע **פְּקוּדָה** carry out **an order**

בל **ייִפָּקֵד** ובל ייִזָּכֵר should be completely ignored, should never even be mentioned

● פקח : לִפְקוֹחַ, לְפַקֵּחַ, לְהִיפָּקַח

פָּקַח/פּוֹקֵחַ/יִפְקַח open (eyes, ears) (tr.)

בניין : פָּעַל גזרה : שלמים (אֶפְעַל) + ל״ג

	הווה/בינוני Pres./Part.			עבר Past	עתיד Fut.	ציווי Imp.
יחיד	פּוֹקֵחַ	פָּקוּחַ	אני	פָּקַחְתִּי	אֶפְקַח	
יחידה	פּוֹקַחַת	פְּקוּחָה	אתה	פָּקַחְתָּ	תִּפְקַח	פְּקַח
רבים	פּוֹקְחִים	פְּקוּחִים	את	פָּקַחְתְּ/...חַת	תִּפְקְחִי	פִּקְחִי
רבות	פּוֹקְחוֹת	פְּקוּחוֹת	הוא	פָּקַח	יִפְקַח	

הווה/בינוני Pres./Part.		עבר Past	עתיד Fut.	ציווי Imp.
	היא	פָּקְחָה	תִּפְקַח	
	אנחנו	פָּקַחְנוּ	נִפְקַח	
	אתם/ן	* פְּקַחְתֶּם/ן	** תִּפְקְחוּ	*** פִּקְחוּ
	הם/ן	פָּקְחוּ	** יִפְקְחוּ	

שם הפועל .Infin לִפְקוֹחַ — * Colloquial: פָּקַחְתֶּם/ן

מקור מוחלט .Inf. Abs פָּקוֹחַ — ** less commonly: אתן/הן תִּפְקַחְנָה

מקור נטוי .Inf.+pron בְּפוֹקְחוֹ, כְּ... — *** less commonly: (אתן) פְּקַחְנָה

שם הפעולה Verbal N פְּקִיחָה opening (eyes, ears)

ביני סביל .Pass. Part פָּקוּחַ open (eyes, ears)

פִּיקֵחַ (פִּקֵּחַ)/פִּקַּח inspect, supervise

בניין : פִּיעֵל גזרה : שלמים + ל״ג

	הווה Present		עבר Past	עתיד Future	ציווי .Imper
יחיד	מְפַקֵּחַ	אני	פִּיקַּחְתִּי	*אֲפַקֵּחַ/...קֵחַ	
יחידה	מְפַקַּחַת	אתה	פִּיקַּחְתָּ	*תְּפַקֵּחַ/...קֵחַ	*פַּקֵּחַ/פַּקֵּחַ
רבים	מְפַקְּחִים	את	פִּיקַּחְתְּ/...חַת	תְּפַקְּחִי	פַּקְּחִי
רבות	מְפַקְּחוֹת	הוא	*פִּיקֵּחַ/פִּיקֵּחַ	*יְפַקֵּחַ/...קֵחַ	
		היא	פִּיקְּחָה	*תְּפַקֵּחַ/...קֵחַ	
		אנחנו	פִּיקַּחְנוּ	*נְפַקֵּחַ/...קֵחַ	
		אתם/ן	פִּיקַּחְתֶּם/ן	** תְּפַקְּחוּ	*** פַּקְּחוּ
		הם/ן	פִּיקְּחוּ	** יְפַקְּחוּ	

* ...קֵחַ more common in colloquial use

** less commonly: אתן/הן תְּפַקַּחְנָה

*** less commonly: (אתן) פַּקַּחְנָה

שם הפועל .Infin לְפַקֵּחַ

שם הפעולה Verbal N פִּיקּוּחַ supervision; inspection

בינוני .Pres. Part מְפַקֵּחַ inspector, supervisor — מקור מוחלט .Inf. Abs פַּקֵּחַ

מ״י מוצרכת .Gov. Prep פִּיקֵּחַ עַל inspect/supervise (something)

נִפְקַח/יִיפָּקַח (יִפָּקַח) open (eyes, ears) (intr.), be opened

בניין : נִפְעַל גזרה : שלמים + ל״ג

	הווה Present		עבר Past	עתיד Future	ציווי .Imper
יחיד	נִפְקָח	אני	נִפְקַחְתִּי	אֶפָּקַח	
יחידה	נִפְקַחַת	אתה	נִפְקַחְתָּ	תִּיפָּקַח	הִיפָּקַח
רבים	נִפְקָחִים	את	נִפְקַחְתְּ/...חַת	תִּיפָּקְחִי	הִיפָּקְחִי
רבות	נִפְקָחוֹת	הוא	נִפְקַח	יִיפָּקַח	
		היא	נִפְקְחָה	תִּיפָּקַח	
		אנחנו	נִפְקַחְנוּ	נִיפָּקַח	
		אתם/ן	נִפְקַחְתֶּם/ן	* תִּיפָּקְחוּ	** הִיפָּקְחוּ
		הם/ן	נִפְקְחוּ	* יִיפָּקְחוּ	

שם הפועל .Infin לְהִיפָּקַח — * less commonly: אתן/הן תִּיפָּקַחְנָה

מקור מוחלט .Inf. Abs נִפְקוֹחַ — ** less commonly: (אתן) הִיפָּקַחְנָה

◆ דוגמאות Illustrations

הכישלון האמריקאי במלחמת וייטנאם **פָּקַח** את עיניהם של מדינאים בכל העולם לסכנת התערבות צבאית שהצלחתה אינה מובטחת מראש.

The American failure in the Vietnam War **opened** the eyes of politicians around the world to the risks inherent in military intervention whose success is not guaranteed.

עיניו של החולה **נִפְקְחוּ**, והדבר הראשון שראה היו פניה של אישתו.

The patient's eyes **opened**, and the first thing he saw was his wife's face.

לאבנר יש תכונה מולֶדֶת מוזרה – הוא ישן כשעיניו **פְּקוּחוֹת**.

Avner has a strange inborn quality – he sleeps with his eyes **open**.

במערכת החינוך רצוי ש**מְפַקֵּחַ** יהיה גם מורה טוב, אבל כדי **לְפַקֵּחַ** על מורים חשוב שיהיו לו גם כישורים מנהליים.

In the educational system it is desirable that an **inspector** also be a good teacher, but in order to **supervise** teachers, s/he should also have some management skills.

פִּיקוּחַ ובקרה הם יסודות חיוניים בכל מערכת שהיא.

Inspection and control are essential elements of any system.

◆ ביטויים מיוחדים Special expressions

פְּקַח (את) עיניך! **open** your eyes, watch out!

נִפְקְחוּ עיניו his eyes **opened**, he understood

● פקפק : לְפַקְפֵּק

פִּקְפֵּק/פִּקְפַּק/פַּקְפֵּק doubt; hesitate; be uncertain

בניין : פִּיעֵל גזרה : מרובעים

	Present הווה		Past עבר	Future עתיד	Imper. ציווי
יחיד	מְפַקְפֵּק	אני	פִּקְפַּקְתִּי	אֲפַקְפֵּק	
יחידה	מְפַקְפֶּקֶת	אתה	פִּקְפַּקְתָּ	תְּפַקְפֵּק	פַּקְפֵּק
רבים	מְפַקְפְּקִים	את	פִּקְפַּקְתְּ	תְּפַקְפְּקִי	פַּקְפְּקִי
רבות	מְפַקְפְּקוֹת	הוא	פִּקְפֵּק	יְפַקְפֵּק	
		היא	פִּקְפְּקָה	תְּפַקְפֵּק	
		אנחנו	פִּקְפַּקְנוּ	נְפַקְפֵּק	
		אתם/ן	פִּקְפַּקְתֶּם/ן	תְּפַקְפְּקוּ *	פַּקְפְּקוּ **
		הם/ן	פִּקְפְּקוּ	יְפַקְפְּקוּ *	

* less commonly: אתן/הן תְּפַקְפֵּקְנָה

** less commonly: (אתן) פַּקְפֵּקְנָה

שם הפועל Infin. לְפַקְפֵּק

שם הפעולה Verbal N פִּקְפּוּק uncertainty, hesitation, doubt

מקור מוחלט Inf. Abs. פַּקְפֵּק

◆ פעלים פחות שכיחים מאותו שורש Less frequent verbs from the same root

[פּוּקְפַּק] be doubted < בינוני סביל Pass. Part. מְפוּקְפָּק doubtful; dubious, unreliable of uncertain quality/character (form common; the only one in use)

♦ דוגמאות Illustrations

כולנו מכירים אדם אחד המאמין שאפשר לנהל מדינה באמצעות "ציוצים" במרשתת; אני עצמי **מְפַקְפֵּק** בכך.

We all know a certain person who believes that it is possible to run a country by means of "tweeting" through the Internet. Personally, I **doubt** it.

אימו של מנשה מודאגת מכך שבנה מבלה את רוב שעות הפנאי שלו עם חברים **מְפוּקְפָּקִים**.

Menashe's mother is worried about her son spending most of his leisure time with **dubious** friends.

ייתכן מאוד שמדינות זרות מסוימות מנסות להפיץ ידיעות **מְפוּקְפָּקוֹת** אודות מועמדים מסוימים כדי לחבל בסיכוייהם לזכות בבחירות לנשיאות.

It is very likely that some foreign countries try to spread **dubious** news about certain candidates in order to sabotage their prospects of winning the presidential elections.

למרות חריגות היסטוריות מסוימות, אין לי כל **פִּקְפּוּק** בעליונותה של הדמוקרטיה.

In spite of certain historical deviations, I have no **doubt** re the superiority of democracy.

♦ ביטויים מיוחדים Special expressions

טיפוס **מְפוּקְפָּק** a **dubious**, unsavory character

●פקר : לְהַפְקִיר

הִפְקִיר/הִפְקַר/יַפְקִיר abandon; forfeit (law)

בניין : הִפְעִיל גזרה : שלמים

	Present הווה		Past עבר	Future עתיד	Imper. ציווי
יחיד	מַפְקִיר	אני	הִפְקַרְתִּי	אַפְקִיר	
יחידה	מַפְקִירָה	אתה	הִפְקַרְתָּ	תַּפְקִיר	הַפְקֵר
רבים	מַפְקִירִים	את	הִפְקַרְתְּ	תַּפְקִירִי	הַפְקִירִי
רבות	מַפְקִירוֹת	הוא	הִפְקִיר	יַפְקִיר	
		היא	הִפְקִירָה	תַּפְקִיר	
		אנחנו	הִפְקַרְנוּ	נַפְקִיר	
		אתם/ן	הִפְקַרְתֶּם/ן	תַּפְקִירוּ *	הַפְקִירוּ **
		הם/ן	הִפְקִירוּ	יַפְקִירוּ *	

שם הפועל .Infin לְהַפְקִיר

מקור מוחלט .Inf. Abs הַפְקֵר

שם הפעולה Verbal N הַפְקָרָה abandoning

* less commonly: אתן/הן תַּפְקֵרְנָה

** less commonly: (אתן) הַפְקֵרְנָה

הוּפְקַר (הֻפְקַר) be abandoned, be forfeited

בניין : הוּפְעַל גזרה : שלמים

	Present הווה		Past עבר	Future עתיד
יחיד	מוּפְקָר	אני	הוּפְקַרְתִּי	אוּפְקַר
יחידה	מוּפְקֶרֶת	אתה	הוּפְקַרְתָּ	תוּפְקַר
רבים	מוּפְקָרִים	את	הוּפְקַרְתְּ	תוּפְקְרִי
רבות	מוּפְקָרוֹת	הוא	הוּפְקַר	יוּפְקַר
		היא	הוּפְקְרָה	תוּפְקַר

Future עתיד	Past עבר		Present הווה
נוּפְקַר	הוּפְקַרְנוּ	אנחנו	
תּוּפְקְרוּ *	הוּפְקַרְתֶּם/ן	אתם/ן	
יוּפְקְרוּ *	הוּפְקְרוּ	הם/ן	

אתן/הן תּוּפְקַרְנָה :less commonly *

wanton, reckless; wanton person; abandoned מוּפְקָר Pres. Part. בינוני

♦ דוגמאות Illustrations

האם שֶׁ**הִפְקִירָה** את תינוקה בדלת הכנסיה זוהתה כעבור כמה ימים והועמדה לדין על **הַפְקָרַת** תינוק.

The mother who **abandoned** her baby at the church door was identified after a few days and was charged with child **abandonment**.

♦ ביטויים מיוחדים Special expressions

מוּפְקֶרֶת prostitute (Lit.)

●פרגן : לְפַרְגֵּן

compliment; bear no jealousy; treat favorably (sl., from Yiddish) פִּרְגֵּן/פִּרְגַּן/פַּרְגֵּן

בניין : פִּיעֵל גזרה : מרובעים + ג״נ (במודל קטל״ג)

Imper. ציווי	Future עתיד	Past עבר		Present הווה	
	אֲפַרְגֵּן	פִּרְגַּנְתִּי	אני	מְפַרְגֵּן	יחיד
פַּרְגֵּן	תְּפַרְגֵּן	פִּרְגַּנְתָּ	אתה	מְפַרְגֶּנֶת	יחידה
פַּרְגְּנִי	תְּפַרְגְּנִי	פִּרְגַּנְתְּ	את	מְפַרְגְּנִים	רבים
	יְפַרְגֵּן	פִּרְגֵּן	הוא	מְפַרְגְּנוֹת	רבות
	תְּפַרְגֵּן	פִּרְגְּנָה	היא		
	נְפַרְגֵּן	פִּרְגַּנּוּ	אנחנו		
פַּרְגְּנוּ	תְּפַרְגְּנוּ	פִּרְגַּנְתֶּם/ן	אתם/ן		
	יְפַרְגְּנוּ	פִּרְגְּנוּ	הם/ן		

a miss, loss פִּרְגּוּן Verbal N שם הפעולה   לְפַרְגֵּן Infin. שם הפועל

Note: in formal Hebrew, a פ in word-initial position and after a consonant is supposed to be realized as פּ, but in colloquial forms like these it is not, apparently in order to reflect the Yiddish origin of the verb, *fárgenen*.

♦ דוגמאות Illustrations

בדרך כלל, מי שאינו מסוגל **לְפַרְגֵּן** לאחרים על הצלחתם עושה זאת מתוך קנאה.

Generally, those who are unable to **compliment** others on their success do so out of envy.

●פרד : לְהִיפָּרֵד, לְהַפְרִיד

be separated, be divided; part from; say goodbye נִפְרַד/יִיפָּרֵד (יִפָּרֵד)

בניין : נִפְעַל גזרה : שלמים

Imper. ציווי	Future עתיד	Past עבר		Present הווה	
	אֶפָּרֵד	נִפְרַדְתִּי	אני	נִפְרָד	יחיד
הִיפָּרֵד	תִּיפָּרֵד	נִפְרַדְתָּ	אתה	נִפְרֶדֶת	יחידה
הִיפָּרְדִי	תִּיפָּרְדִי	נִפְרַדְתְּ	את	נִפְרָדִים	רבים
	יִיפָּרֵד	נִפְרַד	הוא	נִפְרָדוֹת	רבות

	Present הווה		Past עבר	Future עתיד	Imper. ציווי
		היא	נִפְרְדָה	תִּיפָּרֵד	
		אנחנו	נִפְרַדְנוּ	נִיפָּרֵד	
		אתם/ן	נִפְרַדְתֶּם/ן	תִּיפָּרְדוּ *	הִיפָּרְדוּ **
		הם/ן	נִפְרְדוּ	יִיפָּרְדוּ *	

שם הפועל .Infin לְהִיפָּרֵד * less commonly: אתן/הן תִּיפָּרַדְנָה

בינוני .Pres. Part נִפְרָד separate ** less commonly: (אתן) הִיפָּרַדְנָה

שם הפעולה Verbal N הִיפָּרְדוּת separation; splitting, division

מקור מוחלט .Inf. Abs נִפְרוֹד, הִיפָּרֵד (הִיפָּרוֹד)

מ״י מוצרכת .Gov. Prep נִפְרַד מן part/be divorced from

הִפְרִיד/הִפְרַד/יַפְרִיד separate, divide

בניין : הִפְעִיל גזרה : שלמים

	Present הווה		Past עבר	Future עתיד	Imper. ציווי
יחיד	מַפְרִיד	אני	הִפְרַדְתִּי	אַפְרִיד	
יחידה	מַפְרִידָה	אתה	הִפְרַדְתָּ	תַּפְרִיד	הַפְרֵד
רבים	מַפְרִידִים	את	הִפְרַדְתְּ	תַּפְרִידִי	הַפְרִידִי
רבות	מַפְרִידוֹת	הוא	הִפְרִיד	יַפְרִיד	
		היא	הִפְרִידָה	תַּפְרִיד	
		אנחנו	הִפְרַדְנוּ	נַפְרִיד	
		אתם/ן	הִפְרַדְתֶּם/ן	תַּפְרִידוּ *	הַפְרִידוּ **
		הם/ן	הִפְרִידוּ	יַפְרִידוּ *	

שם הפועל .Infin לְהַפְרִיד * less commonly: אתן/הן תַּפְרֵדְנָה

ש׳ הפעו׳ Ver. N הַפְרָדָה separating; separation ** less commonly: (אתן) הַפְרֵדְנָה

מ״י מוצרכת .Gov. Prep הִפְרִיד בין separate between

מ״י מוצרכת .Gov. Prep הִפְרִיד מן separate from מקור מוחלט .Inf. Abs הַפְרֵד

הוּפְרַד (הֻפְרַד) be separated, be divided

בניין : הוּפְעַל גזרה : שלמים

	Present הווה		Past עבר	Future עתיד
יחיד	מוּפְרָד	אני	הוּפְרַדְתִּי	אוּפְרַד
יחידה	מוּפְרֶדֶת	אתה	הוּפְרַדְתָּ	תּוּפְרַד
רבים	מוּפְרָדִים	את	הוּפְרַדְתְּ	תּוּפְרְדִי
רבות	מוּפְרָדוֹת	הוא	הוּפְרַד	יוּפְרַד
		היא	הוּפְרְדָה	תּוּפְרַד
		אנחנו	הוּפְרַדְנוּ	נוּפְרַד
		אתם/ן	הוּפְרַדְתֶּם/ן	תּוּפְרְדוּ *
		הם/ן	הוּפְרְדוּ	יוּפְרְדוּ *

בינוני .Pres. Part מוּפְרָד separated * less commonly: אתן/הן תּוּפְרַדְנָה

מ״י מוצרכת .Gov. Prep הוּפְרַד מן be separated from

◆ פעלים פחות שכיחים מאותו שורש Less frequent verbs from the same root

פָּרַד separate < פָּרוּד separated (also for separated married couples)

♦ **דוגמאות** Illustrations

יש מקרים בהם בית המשפט **מַפְרִיד** בין הורים לילדיהם. **הַפְרָדָה** כזו קשה לכולם, ולא תמיד היא מוצדקת.

There are cases in which the court **separates** parents and their children. Such separation is difficult for everybody, and is not always justified.

אביבה **נִפְרְדָה** מהוריה ועלתה במדרגות לעבר שער היציאה למטוס.

Aviva **said goodbye** to (= **parted** from) her parents and took the stairs toward the departure gate.

במחנות הריכוז, הנשים **הוּפְרְדוּ** מן הגברים ושוכנו במגזרים **נִפְרָדִים**.

In the concentration camps, women **were separated** from men and were housed in **separate** sections.

♦ **ביטויים מיוחדים** Special expressions

הִפְרִיד בין הדבקים **separate** what should be together — קו **מַפְרִיד** dash

צורה **פְּרוּדָה** absolute form (vs. bound)

● פרט : לְפָרֵט, לְהִיפָּרֵט, לִפְרוֹט

פֵּירֵט (פֵּרֵט) (פֵּירַט)/פֵּירַט/פָרֵט specify, give in detail

בניין : פִּיעֵל גזרה : שלמים + ע״ג

	Present הווה		Past עבר	Future עתיד	Imper. ציווי
יחיד	מְפָרֵט	אני	פֵּירַטְתִּי	אֲפָרֵט	
יחידה	מְפָרֶטֶת	אתה	פֵּירַטְתָּ	תְּפָרֵט	פָּרֵט
רבים	מְפָרְטִים	את	פֵּירַטְתְּ	תְּפָרְטִי	פָּרְטִי
רבות	מְפָרְטוֹת	הוא	פֵּירֵט (פֵּירַט)	יְפָרֵט	
		היא	פֵּירְטָה	תְּפָרֵט	
		אנחנו	פֵּירַטְנוּ	נְפָרֵט	
		אתם/ן	פֵּירַטְתֶּם/ן	תְּפָרְטוּ *	פָּרְטוּ**
		הם/ן	פֵּירְטוּ	יְפָרְטוּ *	

שם הפועל .Infin לְפָרֵט — less commonly *: אתן/הן תְּפָרֵטְנָה

שם הפעולה Verbal N פֵּירוּט detailing — less commonly **: (אתן) פָּרֵטְנָה

מקור מוחלט .Inf. Abs פָּרֵט — תואר הפועל .Adv בְּפֵירוּט in detail

נִפְרַט/יִיפָּרֵט (יִפָּרֵט) be broken (to smaller monetary units); be detailed

בניין : נִפְעַל גזרה : שלמים

	Present הווה		Past עבר	Future עתיד	Imper. ציווי
יחיד	נִפְרָט	אני	נִפְרַטְתִּי	אֶפָּרֵט	
יחידה	נִפְרֶטֶת	אתה	נִפְרַטְתָּ	תִּיפָּרֵט	הִיפָּרֵט
רבים	נִפְרָטִים	את	נִפְרַטְתְּ	תִּיפָּרְטִי	הִיפָּרְטִי
רבות	נִפְרָטוֹת	הוא	נִפְרַט	יִיפָּרֵט	
		היא	נִפְרְטָה	תִּיפָּרֵט	
		אנחנו	נִפְרַטְנוּ	נִיפָּרֵט	
		אתם/ן	נִפְרַטְתֶּם/ן	תִּיפָּרְטוּ *	הִיפָּרְטוּ **
		הם/ן	נִפְרְטוּ	יִיפָּרְטוּ *	

* less commonly: אתן/הן תִּיפָּרַטְנָה

שם הפועל .Infin לְהִיפָּרֵט ** less commonly: (אתן) הִיפָּרַטְנָה

שם הפעולה Verbal N הִיפָּרְטוּת breakdown (into smaller units); specification of details

מקור מוחלט .Inf. Abs נִפְרוֹט, הִיפָּרֵט (הִיפָּרוֹט)

פָּרַט/פּוֹרֵט/יִפְרוֹט (יִפְרֹט) break bill to smaller monetary units; separate out; give in detail (lit.)

בניין : פָּעַל גזרה : שלמים (אֶפְעוֹל)

	Pres./Part. הווה/בינוני			Past עבר	Fut. עתיד	Imp. ציווי
יחיד	פּוֹרֵט	פָּרוּט	אני	פָּרַטְתִּי	אֶפְרוֹט	
יחידה	פּוֹרֶטֶת	פְּרוּטָה	אתה	פָּרַטְתָּ	תִּפְרוֹט	פְּרוֹט
רבים	פּוֹרְטִים	פְּרוּטִים	את	פָּרַטְתְּ	תִּפְרְטִי	פִּרְטִי
רבות	פּוֹרְטוֹת	פְּרוּטוֹת	הוא	פָּרַט	יִפְרוֹט	
			היא	פָּרְטָה	תִּפְרוֹט	
			אנחנו	פָּרַטְנוּ	נִפְרוֹט	
			אתם/ן	פְּרַטְתֶּם/ן *	תִּפְרְטוּ **	פִּרְטוּ ***
			הם/ן	פָּרְטוּ	יִפְרְטוּ **	

שם הפועל .Infin לִפְרוֹט * Colloquial: פָּרַטְתֶּם/ן

מקור מוחלט .Inf. Abs פָּרוֹט ** less commonly: אתן/הן תִּפְרוֹטְנָה

מקור נטוי .Inf.+pron בְּפוֹרְטוֹ, כְּ... *** less commonly: (אתן) פְּרוֹטְנָה

שם הפעולה Verbal N פְּרִיטָה changing (to smaller units)

ביני סביל .Pass. Part פָּרוּט broken (money bill)

פְּרוּטָה small coin; formerly smallest Israeli coin

קָטִיל .CaCiC adj./N פָּרִיט that can be broken into smaller units/details

(it is also the colloquial variant of פְּרִיט "item")

The less frequent homonymous פָּרַט (על) "play string instrument, strum" is not included in this collection.

פּוֹרַט (פֹּרַט) be specified, be given in detail

בניין : פּוּעַל גזרה : שלמים + ע״ג

	Present הווה		Past עבר	Future עתיד
יחיד	מְפוֹרָט	אני	פּוֹרַטְתִּי	אֲפוֹרַט
יחידה	מְפוֹרֶטֶת	אתה	פּוֹרַטְתָּ	תְּפוֹרַט
רבים	מְפוֹרָטִים	את	פּוֹרַטְתְּ	תְּפוֹרְטִי
רבות	מְפוֹרָטוֹת	הוא	פּוֹרַט	יְפוֹרַט
		היא	פּוֹרְטָה	תְּפוֹרַט
		אנחנו	פּוֹרַטְנוּ	נְפוֹרַט
		אתם/ן	פּוֹרַטְתֶּם/ן	תְּפוֹרְטוּ *
		הם/ן	פּוֹרְטוּ	יְפוֹרְטוּ *

בינוני .Pres. Part מְפוֹרָט detailed * less commonly: אתן/הן תְּפוֹרַטְנָה

♦ **פעלים פחות שכיחים מאותו שורש** Less frequent verbs from the same root

הִפְרִיט spread out; divide into small parts (lit.); (recently) privatize (fairly common)
(מַפְרִיט, יַפְרִיט, לְהַפְרִיט)

הוּפְרַט be spread out; be divided into small parts (lit.); (recently) be privatized (common)
(מַפְרִיט, יַפְרִיט, לְהַפְרִיט)

♦ **דוגמאות** Illustrations

אין לך שטר יותר קטן? אני לא יכול **לִפְרוֹט** שטר של מאה דולר. **נִפְרְטוּ** כבר ארבעה שטרות כאלה הבוקר, ולא נשאר לי כל כסף קטן.

Don't you have a smaller bill? I cannot **break** a one hundred dollar bill. Four such bills have already **been broken** this morning, and I have no more change left.

הרפובליקאים הודיעו שהם מכינים תוכנית **הַפְרָטָה מְפוֹרֶטֶת** להבראת מערכת הבריאות. ביום ב׳ **תְּפוֹרַט** תוכניתם בשידור ישיר לאומה.

The Republicans announced that they are preparing a **detailed privatization** plan for the recovery of the health system. On Monday their plan **will be given in detail** in a live broadcast to the nation.

את **פֵּירוּט** תוכניות הטלוויזיה בישראל ניתן למצוא במדריך השבועי הנספח לעיתון יום ששי. המדריך **מְפָרֵט** את כל התוכניות בכל שעה וחצי שעה.

The **detailing** of the TV program in Israel can be found in the weekly guide appended to the Friday paper. The guide **gives the details** of all programs on the hour and the half-hour.

אני מציע שניפגש מחר בתשע, ואז אספר לך **בִּמְפוֹרָט** מה קרה.

I suggest that we meet at nine tomorrow, and then I'll tell you **in detail** what happened.

♦ **ביטויים מיוחדים** Special expressions

אין לו **פְּרוּטָה** לפוֹרְטָה he does not have a **penny** to his name

אינו/לא שווה **פְּרוּטָה** not worth a **penny**

כל **פְּרוּטָה** ו**פְרוּטָה** מצטרפת לחשבון גדול every **penny** counts ("together, many pennies make a large sum")

כלתה **פְּרוּטָה** מן הכיס become **penni**less

נהרג על פחות משווה **פְּרוּטָה** he would die sooner than spend a **penny**

● פרנס : לְפַרְנֵס, לְהִתְפַּרְנֵס

פִּרְנֵס/פִּרְנַס/פַּרְנֵס support, provide for, maintain

בניין : פִּיעֵל גזרה : מרובעים

	Present הווה		Past עבר	Future עתיד	Imper. ציווי
יחיד	מְפַרְנֵס	אני	פִּרְנַסְתִּי	אֲפַרְנֵס	
יחידה	מְפַרְנֶסֶת	אתה	פִּרְנַסְתָּ	תְּפַרְנֵס	פַּרְנֵס
רבים	מְפַרְנְסִים	את	פִּרְנַסְתְּ	תְּפַרְנְסִי	פַּרְנְסִי
רבות	מְפַרְנְסוֹת	הוא	פִּרְנֵס	יְפַרְנֵס	
		היא	פִּרְנְסָה	תְּפַרְנֵס	
		אנחנו	פִּרְנַסְנוּ	נְפַרְנֵס	
		אתם/ן	פִּרְנַסְתֶּם/ן	תְּפַרְנְסוּ *	פַּרְנְסוּ **
		הם/ן	פִּרְנְסוּ	יְפַרְנְסוּ *	

שם הפועל Infin. לְפַרְנֵס   * less commonly: אתן/הן תְּפַרְנֵסְנָה

בינוני Pres. Part. מְפַרְנֵס provider   ** less commonly: (אתן) פַּרְנֵסְנָה

שם הפעולה Verbal N פַּרְנוּס maintenance, support   מקור מוחלט Inf. Abs. פַּרְנֵס

הִתְפַּרְנֵס/הִתְפַּרְנַס earn a living, support oneself

בניין : הִתְפַּעֵל   גזרה : מרובעים

	Present הווה		Past עבר	Future עתיד	Imper. ציווי
יחיד	מִתְפַּרְנֵס	אני	הִתְפַּרְנַסְתִּי	אֶתְפַּרְנֵס	
יחידה	מִתְפַּרְנֶסֶת	אתה	הִתְפַּרְנַסְתָּ	תִּתְפַּרְנֵס	הִתְפַּרְנֵס
רבים	מִתְפַּרְנְסִים	את	הִתְפַּרְנַסְתְּ	תִּתְפַּרְנְסִי	הִתְפַּרְנְסִי
רבות	מִתְפַּרְנְסוֹת	הוא	הִתְפַּרְנֵס	יִתְפַּרְנֵס	
		היא	הִתְפַּרְנְסָה	תִּתְפַּרְנֵס	
		אנחנו	הִתְפַּרְנַסְנוּ	נִתְפַּרְנֵס	
		אתם/ן	הִתְפַּרְנַסְתֶּם/ן	תִּתְפַּרְנְסוּ *	הִתְפַּרְנְסוּ **
		הם/ן	הִתְפַּרְנְסוּ	יִתְפַּרְנְסוּ *	

שם הפועל Infin. לְהִתְפַּרְנֵס   * less commonly: אתן/הן תִּתְפַּרְנֵסְנָה

מקור מוחלט Inf. Abs. הִתְפַּרְנֵס   ** less commonly: (אתן) הִתְפַּרְנֵסְנָה

שם הפעולה Verbal N הִתְפַּרְנְסוּת earning a living, supporting oneself

♦ דוגמאות Illustrations

אהרון **מִתְפַּרְנֵס** ממכירת רהיטים משומשים שהוא קונה במכירות פומביות ומשפץ בעצמו. ההכנסה סבירה, ומאפשרת לו **לְפַרְנֵס** משפחה בת ארבע נפשות.

Aharon **earns a living** from selling used furniture that he buys in auctions and refurbishes by himself. The income is reasonable, and enables him **to support** a family of four.

● פרסם : לְפַרְסֵם, לְהִתְפַּרְסֵם

פִּרְסֵם/פִּרְסַם/פַּרְסֵם publish; publicize, advertise

בניין : פִּיעֵל   גזרה : מרובעים

	Present הווה		Past עבר	Future עתיד	Imper. ציווי
יחיד	מְפַרְסֵם	אני	פִּרְסַמְתִּי	אֲפַרְסֵם	
יחידה	מְפַרְסֶמֶת	אתה	פִּרְסַמְתָּ	תְּפַרְסֵם	פַּרְסֵם
רבים	מְפַרְסְמִים	את	פִּרְסַמְתְּ	תְּפַרְסְמִי	פַּרְסְמִי
רבות	מְפַרְסְמוֹת	הוא	פִּרְסֵם	יְפַרְסֵם	
		היא	פִּרְסְמָה	תְּפַרְסֵם	
		אנחנו	פִּרְסַמְנוּ	נְפַרְסֵם	
		אתם/ן	פִּרְסַמְתֶּם/ן	תְּפַרְסְמוּ *	פַּרְסְמוּ **
		הם/ן	פִּרְסְמוּ	יְפַרְסְמוּ *	

שם הפועל Infin. לְפַרְסֵם   * less commonly: אתן/הן תְּפַרְסֵמְנָה

בינוני Pres. Part. מְפַרְסֵם advertiser   ** less commonly: (אתן) פַּרְסֵמְנָה

שם הפעולה Verbal N פִּרְסוּם publication; publicity, advertising

מקור מוחלט Inf. Abs. פַּרְסֵם

become famous; get published, be publicized הִתְפַּרְסֵם/הִתְפַּרְסַם

בניין: הִתְפַּעֵל גזרה: מרובעים

	Present הווה		Past עבר	Future עתיד	Imper. ציווי
יחיד	מִתְפַּרְסֵם	אני	הִתְפַּרְסַמְתִּי	אֶתְפַּרְסֵם	
יחידה	מִתְפַּרְסֶמֶת	אתה	הִתְפַּרְסַמְתָּ	תִּתְפַּרְסֵם	הִתְפַּרְסֵם
רבים	מִתְפַּרְסְמִים	את	הִתְפַּרְסַמְתְּ	תִּתְפַּרְסְמִי	הִתְפַּרְסְמִי
רבות	מִתְפַּרְסְמוֹת	הוא	הִתְפַּרְסֵם	יִתְפַּרְסֵם	
		היא	הִתְפַּרְסְמָה	תִּתְפַּרְסֵם	
		אנחנו	הִתְפַּרְסַמְנוּ	נִתְפַּרְסֵם	
		אתם/ן	הִתְפַּרְסַמְתֶּם/ן	תִּתְפַּרְסְמוּ *	הִתְפַּרְסְמוּ **
		הם/ן	הִתְפַּרְסְמוּ	יִתְפַּרְסְמוּ *	

שם הפועל .Infin לְהִתְפַּרְסֵם * less commonly: אתן/הן תִּתְפַּרְסֵמְנָה

מקור מוחלט .Inf. Abs הִתְפַּרְסֵם ** less commonly: (אתן) הִתְפַּרְסֵמְנָה

שם הפעולה Verbal N הִתְפַּרְסְמוּת becoming famous; getting published/publicized

be published; be publicized, be advertised פּוּרְסַם (פֻּרְסַם)

בניין: פּוּעַל גזרה: מרובעים

	Present הווה		Past עבר	Future עתיד
יחיד	מְפוּרְסָם	אני	פּוּרְסַמְתִּי	אֲפוּרְסַם
יחידה	מְפוּרְסֶמֶת	אתה	פּוּרְסַמְתָּ	תְּפוּרְסַם
רבים	מְפוּרְסָמִים	את	פּוּרְסַמְתְּ	תְּפוּרְסְמִי
רבות	מְפוּרְסָמוֹת	הוא	פּוּרְסַם	יְפוּרְסַם
		היא	פּוּרְסְמָה	תְּפוּרְסַם
		אנחנו	פּוּרְסַמְנוּ	נְפוּרְסַם
		אתם/ן	פּוּרְסַמְתֶּם/ן	תְּפוּרְסְמוּ *
		הם/ן	פּוּרְסְמוּ	יְפוּרְסְמוּ *

בינוני .Pres. Part מְפוּרְסָם famous, well-known * less commonly: אתן/הן תְּפוּרְסַמְנָה

♦ דוגמאות Illustrations

אהוד אינו רוצה **לְפַרְסֵם** את ספרו בהולנד, מכיוון שמחירי הספרים **המִתְפַּרְסְמִים** שם גבוהים מאוד.

Ehud does not like **to publish** his book in Holland, because the prices of books that **get published** there are very high.

ספורטאי **מְפוּרְסָם** מסוים **הִתְפַּרְסֵם** יותר בגלל אלימות משפחתית מאשר בשל ביצועיו המקצועיים. כישורי **הפִּרְסוּם** של האמרגן **שפִּרְסֵם** אותו לא הצליחו למזער את הנזק.

A certain **well-known** boxer **became famous** more because of family violence than due to his professional performance. The **publicity** talents of the promoter who **publicized** him could not minimize the damage.

אליעזר עובד במשרד **פִּרְסוּם המְפַרְסֵם** בעיקר פרסומות לסיגריות.

Eliezer works in an **advertising** firm that mostly **advertises** cigarette ads.

♦ ביטויים מיוחדים Special expressions

מן **המְפוּרְסָמוֹת** הוא ש... It is well-known that...

●פרע : לְהַפְרִיעַ, לְהִתְפָּרֵעַ

הִפְרִיעַ/הִפְרַע/יַפְרִיעַ disturb, hinder, bother, interrupt

בניין : הִפְעִיל גזרה : שלמים + ל״ג

	Present הווה		Past עבר	Future עתיד	Imper. ציווי
יחיד	מַפְרִיעַ	אני	הִפְרַעְתִּי	אַפְרִיעַ	
יחידה	מַפְרִיעָה	אתה	הִפְרַעְתָּ	תַּפְרִיעַ	הַפְרַע
רבים	מַפְרִיעִים	את	הִפְרַעְתְּ/...עַת	תַּפְרִיעִי	הַפְרִיעִי
רבות	מַפְרִיעוֹת	הוא	הִפְרִיעַ	יַפְרִיעַ	
		היא	הִפְרִיעָה	תַּפְרִיעַ	
		אנחנו	הִפְרַעְנוּ	נַפְרִיעַ	
		אתם/ן	הִפְרַעְתֶּם/ן	תַּפְרִיעוּ *	הַפְרִיעוּ **
		הם/ן	הִפְרִיעוּ	יַפְרִיעוּ *	

שם הפועל .Infin לְהַפְרִיעַ — * less commonly: אתן/הן תַּפְרַעְנָה

שם הפעולה Verbal N הַפְרָעָה disturbance — ** less commonly: (אתן) הַפְרַעְנָה

מקור מוחלט .Inf. Abs הַפְרֵעַ — מ״י מוצרכת .Gov. Prep הִפְרִיעַ ל- disturb (someone)

הִתְפָּרֵעַ/הִתְפָּרַע go wild, cause a disturbance

בניין : הִתְפַּעֵל גזרה : שלמים + ע״ג + ל״ג

	Present הווה		Past עבר	Future עתיד	Imper. ציווי
יחיד	מִתְפָּרֵעַ	אני	הִתְפָּרַעְתִּי	אֶתְפָּרַע/...רֵעַ*	
יחידה	מִתְפָּרַעַת	אתה	הִתְפָּרַעְתָּ	תִּתְפָּרַע/...רֵעַ*	הִתְפָּרַע
רבים	מִתְפָּרְעִים	את	הִתְפָּרַעְתְּ/...עַת	תִּתְפָּרְעִי	הִתְפָּרְעִי
רבות	מִתְפָּרְעוֹת	הוא	הִתְפָּרֵעַ/הִתְפָּרַע*	יִתְפָּרַע/...רֵעַ*	
		היא	הִתְפָּרְעָה	תִּתְפָּרַע/...רֵעַ*	
		אנחנו	הִתְפָּרַעְנוּ	נִתְפָּרַע/...רֵעַ*	
		אתם/ן	הִתְפָּרַעְתֶּם/ן	תִּתְפָּרְעוּ **	הִתְפָּרְעוּ ***
		הם/ן	הִתְפָּרְעוּ	יִתְפָּרְעוּ **	

שם הפועל .Infin לְהִתְפָּרֵעַ — * more common in colloquial use ...רֵעַ

שם הפעולה Verbal N הִתְפָּרְעוּת rioting — ** less commonly: אתן/הן תִּתְפָּרַעְנָה

בינוני .Pres. Part מִתְפָּרֵעַ rioter — *** less commonly: (אתן) הִתְפָּרַעְנָה

מקור מוחלט .Inf. Abs הִתְפָּרֵעַ

♦ פעלים פחות שכיחים מאותו שורש Less frequent verbs from the same root

פָּרַע abandon, neglect; cause to be wild; riot > פּוֹרֵעַ rioter, פָּרוּעַ wild; disheveled

הוּפְרַע, יוּפְרַע, be disturbed, be hindered, be bothered (בינוני .Pres. Part מוּפְרָע disturbed, שם הפעולה Verbal N מוּפְרָעוּת disturbed state)

דוגמאות Illustrations

אני מצטער שאני **מַפְרִיעַ** לך, אבל זה באמת דחוף.

I am sorry to **disturb** you, but it is really urgent.

ההפגנה החלה בשקט, אבל כשכמה מן הצופים מן הצד צעקו לעבר המפגינים "**מוּפְרָעִים** שכמותכם", פרצה קטטה, שנסתיימה ב**הִתְפָּרְעוּת** כללית. בדיעבד, אני חושב שזו ההפגנה ה**פְּרוּעָה** ביותר שהשתתפתי בה.

The demonstration began quietly, but when some of the spectators on the side shouted "you're **disturbed**" at the demonstrators, a brawl ensued, which ended up in a major **disturbance**. Now that it's done, I think that this has been the **wild**est demonstration I ever attended.

●פרץ : לִפְרוֹץ, לְהִתְפָּרֵץ

פָּרַץ/פּוֹרֵץ/יִפְרוֹץ (יִפְרֹץ) break open, break into; burst into/out; break out; break through

בניין : פָּעַל גזרה : שלמים (אֶפְעוֹל)

	Pres./Part. הווה/בינוני		Past עבר	Fut. עתיד	Imp. ציווי
יחיד	פּוֹרֵץ פָּרוּץ	אני	פָּרַצְתִּי	אֶפְרוֹץ	
יחידה	פּוֹרֶצֶת פְּרוּצָה	אתה	פָּרַצְתָּ	תִּפְרוֹץ	פְּרוֹץ
רבים	פּוֹרְצִים פְּרוּצִים	את	פָּרַצְתְּ	תִּפְרְצִי	פִּרְצִי
רבות	פּוֹרְצוֹת פְּרוּצוֹת	הוא	פָּרַץ	יִפְרוֹץ	
		היא	פָּרְצָה	תִּפְרוֹץ	
		אנחנו	פָּרַצְנוּ	נִפְרוֹץ	
		אתם/ן	פְּרַצְתֶּם/ן *	תִּפְרְצוּ **	פִּרְצוּ ***
		הם/ן	פָּרְצוּ	יִפְרְצוּ **	

שם הפועל .Infin לִפְרוֹץ

* Colloquial: פָּרַצְתֶּם/ן

מקור מוחלט .Inf. Abs פָּרוֹץ

** less commonly: אתן/הן תִּפְרוֹצְנָה

מקור נטוי .Inf.+pron בְּפוֹרְצוֹ, כְּ...

*** less commonly: (אתן) פְּרוֹצְנָה

שם הפעולה Verbal N פְּרִיצָה break in, burglary; break through

ביני פעיל .Act. Part פּוֹרֵץ burglar

ביני סביל .Pass. Part פָּרוּץ broken open/into; licentious, פְּרוּצָה loose woman, prostitute

קָטִיל *CaCiC* adj./N. פָּרִיץ villain, corrupt person (BH); Polish nobleman (now obsolete)

הִתְפָּרֵץ/הִתְפָּרַץ burst in/out; let oneself go (in anger)

בניין : הִתְפַּעֵל גזרה : שלמים + ע״ג

	Present הווה		Past עבר	Future עתיד	Imper. ציווי
יחיד	מִתְפָּרֵץ	אני	הִתְפָּרַצְתִּי	אֶתְפָּרֵץ	
יחידה	מִתְפָּרֶצֶת	אתה	הִתְפָּרַצְתָּ	תִּתְפָּרֵץ	הִתְפָּרֵץ
רבים	מִתְפָּרְצִים	את	הִתְפָּרַצְתְּ	תִּתְפָּרְצִי	הִתְפָּרְצִי
רבות	מִתְפָּרְצוֹת	הוא	הִתְפָּרֵץ	יִתְפָּרֵץ	
		היא	הִתְפָּרְצָה	תִּתְפָּרֵץ	
		אנחנו	הִתְפָּרַצְנוּ	נִתְפָּרֵץ	
		אתם/ן	הִתְפָּרַצְתֶּם/ן	תִּתְפָּרְצוּ *	הִתְפָּרְצוּ **
		הם/ן	הִתְפָּרְצוּ	יִתְפָּרְצוּ *	

* less commonly: אתן/הן תִּתְפָּרֵצְנָה

שם הפועל .Infin לְהִתְפָּרֵץ

** less commonly: (אתן) הִתְפָּרֵצְנָה

שם הפעולה Verbal N הִתְפָּרְצוּת bursting in; outburst

מקור מוחלט .Inf. Abs הִתְפָּרֵץ

מ״י מוצרכת .Gov. Prep הִתְפָּרֵץ ל- burst into

♦ פעלים פחות שכיחים מאותו שורש Less frequent verbs from the same root

נִפְרָץ Pres. Part. בינוני) be broken open; be broken into; be unrestrained; be widespread

נִפְרָץ (lit.) widespread, common, ייפָּרֵץ, לְהִיפָּרֵץ)

♦ דוגמאות Illustrations

השוטרים צלצלו בדלת מספר פעמים, ומשלא נענו, החליטו **לִפְרוֹץ** את הדלת. כשהדלת **נִפְרְצָה** והשוטרים **הִתְפָּרְצוּ** פנימה, הם מצאו את הזקנה מוטלת על הרצפה ללא הכרה. החלון היה **פָּרוּץ**, וסימני **פְּרִיצָה** אחרים ניכרו בכל הדירה. המשטרה מקווה שיימצאו מספיק עדויות לזהותו של **הפּוֹרֵץ**.

The police officers rang the bell a few times, and since there was no answer, they decided to **break open** the door. When the door **was broken open** and the policemen **burst** in, they found the old lady lying unconscious on the floor. The window **had been forced open**, and there were other signs of a **break-in** all over the apartment. The police are hopeful that sufficient clues will be found to identify the **burglar**.

♦ ביטויים מיוחדים Special expressions

פָּרַץ גדר/גבול **break** the law; break loose — **פָּרַץ** בבכי **break into** tears

פָּרַץ בצחוק **burst out** laughing — **פָּרְצָה** מלחמה a war **broke out**

פְּרִיצַת דרך a **breakthrough**; forcing a way through — **הִתְפָּרֵץ** בכוח force one's way

הִתְפָּרֵץ לדלת פתוחה **burst through** an open door (i.e., use unnecessary force)

●פרק : לְהִתְפָּרֵק, לִפְרוֹק, לְפָרֵק

הִתְפָּרֵק/הִתְפָּרַק disintegrate, decompose, fall apart; be factorized (math); relax (coll.)

בניין : הִתְפַּעֵל גזרה : שלמים + ע״ג

	Present הווה		Past עבר	Future עתיד	Imper. ציווי
יחיד	מִתְפָּרֵק	אני	הִתְפָּרַקְתִּי	אֶתְפָּרֵק	
יחידה	מִתְפָּרֶקֶת	אתה	הִתְפָּרַקְתָּ	תִּתְפָּרֵק	הִתְפָּרֵק
רבים	מִתְפָּרְקִים	את	הִתְפָּרַקְתְּ	תִּתְפָּרְקִי	הִתְפָּרְקִי
רבות	מִתְפָּרְקוֹת	הוא	הִתְפָּרֵק	יִתְפָּרֵק	
		היא	הִתְפָּרְקָה	תִּתְפָּרֵק	
		אנחנו	הִתְפָּרַקְנוּ	נִתְפָּרֵק	
		אתם/ן	הִתְפָּרַקְתֶּם/ן	תִּתְפָּרְקוּ *	הִתְפָּרְקוּ **
		הם/ן	הִתְפָּרְקוּ	יִתְפָּרְקוּ *	

שם הפועל .Infin לְהִתְפָּרֵק — less commonly *: אתן/הן תִּתְפָּרֵקְנָה

בינוני .Pres. Part מִתְפָּרֵק falling apart — less commonly **: (אתן) הִתְפָּרֵקְנָה

שם הפעולה Verbal N הִתְפָּרְקוּת disintegration; breaking free; relaxing (coll.)

מקור מוחלט .Inf. Abs הִתְפָּרֵק

פָּרַק/פּוֹרֵק/יִפְרוֹק (יִפְרֹק) unload; unpack; disarm

בניין : פָּעַל גזרה : שלמים (אֶפְעוֹל)

	הווה/בינוני Pres./Part.		עבר Past	עתיד Fut.	ציווי Imp.
יחיד	פּוֹרֵק פָּרוּק	אני	פָּרַקְתִּי	אֶפְרוֹק	
יחידה	פּוֹרֶקֶת פְּרוּקָה	אתה	פָּרַקְתָּ	תִּפְרוֹק	פְּרוֹק
רבים	פּוֹרְקִים פְּרוּקִים	את	פָּרַקְתְּ	תִּפְרְקִי	פִּרְקִי
רבות	פּוֹרְקוֹת פְּרוּקוֹת	הוא	פָּרַק	יִפְרוֹק	
		היא	פָּרְקָה	תִּפְרוֹק	
		אנחנו	פָּרַקְנוּ	נִפְרוֹק	
		אתםץ	פְּרַקְתֶּםץ *	תִּפְרְקוּ **	פִּרְקוּ ***
		הםץ	פָּרְקוּ	יִפְרְקוּ **	

שם הפועל .Infin לִפְרוֹק * Colloquial: פָּרַקְתֶּםץ

מקור מוחלט .Inf. Abs פָּרוֹק ** less commonly: אתןץהן תִּפְרוֹקְנָה

שם הפעולה Verbal N פְּרִיקָה unloading *** less commonly: (אתן) פְּרוֹקְנָה

ביני סביל .Pass. Part פָּרוּק unloaded; disarmed

קָטִיל .CaCiC adj./N פָּרִיק detachable, that can be disassembled

מ״י מוצרכת .Gov. Prep פָּרַק מֵעַל/מִן unload from מקור נטוי .Inf.+pron בְּפוֹרְקוֹ, כְּ...

פֵּירֵק (פֵּרֵק)/פֵּירַק (פֵּרַק)/פָּרֵק dismantle, disassemble; dissolve (partnership); beat fiercely (sl.)

בניין : פִּיעֵל גזרה : שלמים + ע״ג

	הווה Present		עבר Past	עתיד Future	ציווי Imper.
יחיד	מְפָרֵק	אני	פֵּירַקְתִּי	אֲפָרֵק	
יחידה	מְפָרֶקֶת	אתה	פֵּירַקְתָּ	תְּפָרֵק	פָּרֵק
רבים	מְפָרְקִים	את	פֵּירַקְתְּ	תְּפָרְקִי	פָּרְקִי
רבות	מְפָרְקוֹת	הוא	פֵּירֵק (פֵּירַק)	יְפָרֵק	
		היא	פֵּירְקָה	תְּפָרֵק	
		אנחנו	פֵּירַקְנוּ	נְפָרֵק	
		אתםץ	פֵּירַקְתֶּםץ	תְּפָרְקוּ *	פָּרְקוּ**
		הםץ	פֵּירְקוּ	יְפָרְקוּ *	

שם הפועל .Infin לְפָרֵק * less commonly: אתןץהן תְּפָרֵקְנָה

שם הפעולה Verbal N פֵּירוּק dismantling ** less commonly: (אתן) פָּרֵקְנָה

ביני .Pres. Part מְפָרֵק (נכסים) liquidator מקור מוחלט .Inf. Abs פָּרֵק

פּוֹרַק (פֹּרַק) be dismantled, be unloaded, be dissolved

בניין : פּוּעַל גזרה : שלמים + ע״ג

	הווה Present		עבר Past	עתיד Future
יחיד	מְפוֹרָק	אני	פּוֹרַקְתִּי	אֲפוֹרַק
יחידה	מְפוֹרֶקֶת	אתה	פּוֹרַקְתָּ	תְּפוֹרַק

	הווה Present		עבר Past	עתיד Future
רבים	מְפוּרָקִים	את	פּוּרַקְתְּ	תְּפוּרְקִי
רבות	מְפוּרָקוֹת	הוא	פּוּרַק	יְפוּרַק
		היא	פּוּרְקָה	תְּפוּרַק
		אנחנו	פּוּרַקְנוּ	נְפוּרַק
		אתם/ן	פּוּרַקְתֶּם/ן	תְּפוּרְקוּ *
		הם/ן	פּוּרְקוּ	יְפוּרְקוּ *

* less commonly: אתן/הן תְּפוּרַקְנָה

ביני .Pres. Part מְפוּרָק dismantled, dissolved

♦ פעלים פחות שכיחים מאותו שורש Less frequent verbs from the same root

נִפְרַק be unloaded; be dislocated (joint) (נִפְרָק, ייפָּרֵק, לְהִיפָּרֵק)

♦ דוגמאות Illustrations

אחרי ש**פָּרַקְתִּי** את המטען מעל המשאית, **פָּרַקְתִּי** את המחסנית מן הרובה ונכנסתי לחדר האוכל.

After I **had unloaded** the truck, I **unloaded** the magazine from the rifle and entered the mess hall.

לאחר שכל המטען **נִפְרַק**, התחילו צוותים להרכיב את הציוד, ש**פּוּרַק** לפני העלאתו למטוס יום קודם לכן.

When all the cargo **had been loaded**, teams began to assemble the equipment, which **had been taken apart** prior to its being put on the plane a day earlier.

אומרים שביחידה הזאת כל חייל יודע **לְפָרֵק** ולהרכיב מחדש את רובהו בעיניים עצומות.

They say that in this unit every soldier can **take apart** his rifle and put it back together with his eyes closed.

צריך לשפץ את המכונית הזאת לפני שהיא **תִּתְפָּרֵק** לגמרי.

One needs to overhaul this car before it falls apart completely.

♦ ביטויים מיוחדים Special expressions

פָּרַק (כל) עול shed (all) responsibility

פֵּירֵק (מספר) לגורמים **factorize** (math)

פֵּירֵק חברה **dissolve** a company

פֵּירֵק אותו לגורמים **beat** him **fiercely** (sl.)

● פרש-1 : לְפָרֵשׁ, לְהִתְפָּרֵשׁ

פֵּירֵשׁ (פֵּרֵשׁ)/פֵּירַשׁ (פֵּרַשׁ)/פָּרֵשׁ explain, clarify, interpret; state explicitly

בניין : פִּיעֵל גזרה : שלמים + ע״ג

	הווה Present		עבר Past	עתיד Future	ציווי .Imper
יחיד	מְפָרֵשׁ	אני	פֵּירַשְׁתִּי	אֲפָרֵשׁ	
יחידה	מְפָרֶשֶׁת	אתה	פֵּירַשְׁתָּ	תְּפָרֵשׁ	פָּרֵשׁ
רבים	מְפָרְשִׁים	את	פֵּירַשְׁתְּ	תְּפָרְשִׁי	פָּרְשִׁי
רבות	מְפָרְשׁוֹת	הוא	פֵּירֵשׁ (פֵּירַשׁ)	יְפָרֵשׁ	
		היא	פֵּירְשָׁה	תְּפָרֵשׁ	
		אנחנו	פֵּירַשְׁנוּ	נְפָרֵשׁ	
		אתם/ן	פֵּירַשְׁתֶּם/ן	תְּפָרְשׁוּ *	פָּרְשׁוּ**
		הם/ן	פֵּירְשׁוּ	יְפָרְשׁוּ *	

שם הפועל .Infin לְפָרֵשׁ   * less commonly: אתן/הן תְּפָרֵשְׁנָה

מקור מוחלט .Inf. Abs פָּרֵשׁ   ** less commonly: (אתן) פָּרֵשְׁנָה

שם הפעולה Verbal N פֵּירוּשׁ explanation, interpretation

תואר הפועל .Adv בְּפֵירוּשׁ explicitly   בינוני .Pres. Part מְפָרֵשׁ commentator (esp. Bible)

שם הפעולה Verbal N פָּרָשָׁה matter, affair, issue; a portion of the Torah (Pentateuch)

הִתְפָּרֵשׁ/הִתְפָּרֵשׁ be understood; be interpreted

בניין : הִתְפַּעֵל   גזרה : שלמים + ע״ג

	הווה Present		עבר Past	עתיד Future	ציווי .Imper
יחיד	מִתְפָּרֵשׁ	אני	הִתְפָּרַשְׁתִּי	אֶתְפָּרֵשׁ	
יחידה	מִתְפָּרֶשֶׁת	אתה	הִתְפָּרַשְׁתָּ	תִּתְפָּרֵשׁ	הִתְפָּרֵשׁ
רבים	מִתְפָּרְשִׁים	את	הִתְפָּרַשְׁתְּ	תִּתְפָּרְשִׁי	הִתְפָּרְשִׁי
רבות	מִתְפָּרְשׁוֹת	הוא	הִתְפָּרֵשׁ	יִתְפָּרֵשׁ	
		היא	הִתְפָּרְשָׁה	תִּתְפָּרֵשׁ	
		אנחנו	הִתְפָּרַשְׁנוּ	נִתְפָּרֵשׁ	
		אתם/ן	הִתְפָּרַשְׁתֶּם/ן	תִּתְפָּרְשׁוּ *	הִתְפָּרְשׁוּ **
		הם/ן	הִתְפָּרְשׁוּ	יִתְפָּרְשׁוּ *	

שם הפועל .Infin לְהִתְפָּרֵשׁ   * less commonly: אתן/הן תִּתְפָּרֵשְׁנָה

מקור מוחלט .Inf. Abs הִתְפָּרֵשׁ   ** less commonly: (אתן) הִתְפָּרֵשְׁנָה

שם הפעולה Verbal N הִתְפָּרְשׁוּת interpretation/explanation

♦ פעלים פחות שכיחים מאותו שורש Less frequent verbs from the same root

פּוֹרַשׁ be explained, be interpreted; be stated explicitly (בינ' .Pres. Part מְפוֹרָשׁ explicit; interpreted, יְפוֹרַשׁ, תואר הפועל .Adv בִּמְפוֹרָשׁ explicitly)

♦ דוגמאות Illustrations

משה טוען שהתנהגותו **הִתְפָּרְשָׁה** שלא כראוי. הוא פשוט התכוון לעזור, אך הפצוע **פֵּירֵשׁ** את ריצתו אליו כתקיפה נוספת, והחל לברוח.

Moshe claims that his behavior was incorrectly **interpreted**. He simply wished to help, but the injured person **understood** his running as another assault, and began to run.

הפרשן רש״י הוא **הַמְפָרֵשׁ** החשוב ביותר של המקרא. **פֵּירוּשׁוֹ** תמיד מקורי ומתוחכם, גם אם לעתים אינו סביר ביותר.

Rashi is the most important **interpreter** of the Bible. His **interpretation** is always original and sophisticated – even if it is not always that feasible.

הפסוק הזה **פּוֹרַשׁ** כבר מאות בשנים, על ידי אלפי **מְפָרְשִׁים**, ולדעתי עד היום עדיין לא הובן.

This verse **has** already **been interpreted** for centuries, by thousands of **interpreters**, and in my opinion is still not understood to this day.

היא אמרה לו **בִּמְפוֹרָשׁ/בְּפֵירוּשׁ** שאין לה עניין, אך הוא העמיד פנים שאינו שומע.

She told him **explicitly** that she's not interested, but he pretended not to hear.

♦ ביטויים מיוחדים Special expressions

פֵּירֵשׁ את השם utter the Divine name

השם **הַמְפוֹרָשׁ** the Divine (ineffable) name, Tetragrammaton

●פרש-2 : לִפְרוֹשׁ

פָּרַשׁ/פּוֹרֵשׁ/יִפְרוֹשׁ (יִפְרֹשׁ) leave, withdraw, retire, secede

בניין : פָּעַל גזרה : שלמים (אֶפְעוֹל)

Imp. ציווי	Fut. עתיד	Past עבר		Pres./Part. הווה/בינוני	
	אֶפְרוֹשׁ	פָּרַשְׁתִּי	אני	פּוֹרֵשׁ פָּרוּשׁ	יחיד
פְּרוֹשׁ	תִּפְרוֹשׁ	פָּרַשְׁתָּ	אתה	פּוֹרֶשֶׁת פְּרוּשָׁה	יחידה
פִּרְשִׁי	תִּפְרְשִׁי	פָּרַשְׁתְּ	את	פּוֹרְשִׁים פְּרוּשִׁים	רבים
	יִפְרוֹשׁ	פָּרַשׁ	הוא	פּוֹרְשׁוֹת פְּרוּשׁוֹת	רבות
	תִּפְרוֹשׁ	פָּרְשָׁה	היא		
	נִפְרוֹשׁ	פָּרַשְׁנוּ	אנחנו		
פִּרְשׁוּ ***	תִּפְרְשׁוּ **	פְּרַשְׁתֶּם/ן *	אתם/ן		
	יִפְרְשׁוּ **	פָּרְשׁוּ	הם/ן		

* Colloquial: פָּרַשְׁתֶּם/ן

** less commonly: אתן/הן תִּפְרוֹשְׁנָה

*** less commonly: (אתן) פְּרוֹשְׁנָה

שם הפועל .Infin לִפְרוֹשׁ

מקור נטוי .Inf.+pron בְּפוֹרְשׁוֹ, כְּ... מקור מוחלט .Inf. Abs פָּרוֹשׁ

שם הפעולה Verbal N פְּרִישָׁה withdrawal, retirement, secession

ביני פעיל .Act. Part פּוֹרֵשׁ dissenter, dissident

ביני סביל .Pass. Part פָּרוּשׁ ascetic; Pharisee; recluse; finch (bird)

מ״י מוצרכת .Gov. Prep פָּרַשׁ מן withdraw/retire from

♦ פעלים פחות שכיחים מאותו שורש Less frequent verbs from the same root

הִפְרִישׁ set aside; excrete; dedicate (part as offering) (מַפְרִישׁ יַפְרִישׁ, לְהַפְרִישׁ, שם הפעולה Verbal N הַפְרָשָׁה excretion)

הוּפְרַשׁ be set aside; be excreted; be dedicated (as offering) allocated; separated, (בינוני Pres. Part. מוּפְרָשׁ, יוּפְרַשׁ)

♦ דוגמאות Illustrations

חברי האגף השמאלי של המפלגה **פָּרְשׁוּ** ממנה לפני ארבעים שנה. תוצאות אותה **פְּרִישָׁה** ניכרות עד היום, לאחר שרוב **הפּוֹרְשִׁים** כבר נפטרו.

Members of the left wing of the party **seceded** from it forty years ago. The consequences of that **secession** are still manifest to this day, when most of the **dissenters** are dead.

אפריים **פָּרַשׁ** לאחר ארבעים שנה של עבודה מסורה באוניברסיטה. במסיבת **הפְּרִישָׁה** הודיע הדקאן כי **הוּפְרְשׁוּ** כספים לקרן מלגות לסטודנטים על שמו.

Ephraim **retired** after forty years of dedicated service at the university. At the **retirement** party, the dean announced that funds **were set aside** for a student fellowship in his name.

כל חודש אני **מַפְרִישׁ** סכום מסוים ישירות מן המשכורת לקרן הפנסיה שלי.

Every month I **set aside** a certain amount, directly from my paycheck, into my pension fund.

החתול הזה כבר זקן, וכבר אינו שולט **בהַפְרָשׁוֹת** שלו.

This cat is by now quite old, and no longer controls his **excretions**.

♦ ביטויים מיוחדים Special expressions

פָּרַשׁ מן הציבור **withdraw** from society

●פשט : לְהִתְפַּשֵּׁט, לִפְשׁוֹט, לְהַפְשִׁיט

הִתְפַּשֵּׁט/הִתְפַּשַּׁט become widespread; spread out, expand; undress (intr.)

בניין : הִתְפַּעֵל גזרה : שלמים

	הווה Present		עבר Past	עתיד Future	ציווי .Imper
יחיד	מִתְפַּשֵּׁט	אני	הִתְפַּשַּׁטְתִּי	אֶתְפַּשֵּׁט	
יחידה	מִתְפַּשֶּׁטֶת	אתה	הִתְפַּשַּׁטְתָּ	תִּתְפַּשֵּׁט	הִתְפַּשֵּׁט
רבים	מִתְפַּשְּׁטִים	את	הִתְפַּשַּׁטְתְּ	תִּתְפַּשְּׁטִי	הִתְפַּשְּׁטִי
רבות	מִתְפַּשְּׁטוֹת	הוא	הִתְפַּשֵּׁט	יִתְפַּשֵּׁט	
		היא	הִתְפַּשְּׁטָה	תִּתְפַּשֵּׁט	
		אנחנו	הִתְפַּשַּׁטְנוּ	נִתְפַּשֵּׁט	
		אתם/ן	הִתְפַּשַּׁטְתֶּם/ן	תִּתְפַּשְּׁטוּ *	הִתְפַּשְּׁטוּ **
		הם/ן	הִתְפַּשְּׁטוּ	יִתְפַּשְּׁטוּ *	

שם הפועל .Infin לְהִתְפַּשֵּׁט — * less commonly: אתן/הן תִּתְפַּשֵּׁטְנָה

מקור מוחלט .Inf. Abs הִתְפַּשֵּׁט — ** less commonly: (אתן) הִתְפַּשֵּׁטְנָה

שם הפעולה Verbal N הִתְפַּשְּׁטוּת spreading, expansion; undressing

פָּשַׁט/פּוֹשֵׁט/יִפְשׁוֹט (יִפְשֹׁט) take off (clothes); extend (hand); stretch out; spread (out); raid

בניין : פָּעַל גזרה : שלמים (אֶפְעוֹל)

	הווה/בינוני .Pres./Part		עבר Past	עתיד .Fut	ציווי .Imp
יחיד	פּוֹשֵׁט פָּשׁוּט	אני	פָּשַׁטְתִּי	אֶפְשׁוֹט	
יחידה	פּוֹשֶׁטֶת פְּשׁוּטָה	אתה	פָּשַׁטְתָּ	תִּפְשׁוֹט	פְּשׁוֹט
רבים	פּוֹשְׁטִים פְּשׁוּטִים	את	פָּשַׁטְתְּ	תִּפְשְׁטִי	פִּשְׁטִי
רבות	פּוֹשְׁטוֹת פְּשׁוּטוֹת	הוא	פָּשַׁט	יִפְשׁוֹט	
		היא	פָּשְׁטָה	תִּפְשׁוֹט	
		אנחנו	פָּשַׁטְנוּ	נִפְשׁוֹט	
		אתם/ן	פְּשַׁטְתֶּם/ן *	תִּפְשְׁטוּ **	פִּשְׁטוּ ***
		הם/ן	פָּשְׁטוּ	יִפְשְׁטוּ **	

* Colloquial: פָּשַׁטְתֶּם/ן

** less commonly: אתן/הן תִּפְשׁוֹטְנָה

שם הפועל .Infin לִפְשׁוֹט — *** less commonly: (אתן) פְּשׁוֹטְנָה

שם הפעולה Verbal N פְּשִׁיטָה raid; taking off (clothes); stretching out

בינ׳ סביל .Pass. Part פָּשׁוּט simple; simply; with clothes taken off

מקור מוחלט .Inf. Abs פָּשׁוֹט — מקור נטוי .Inf.+pron בְּפוֹשְׁטוֹ, כְּ...

תה״פ .Adv פְּשׁוּטוֹת simply, in a simple manner

הִפְשִׁיט/הִפְשַׁט/יַפְשִׁיט undress (tr.); skin (animal); make abstract

בניין : הִפְעִיל גזרה : שלמים

	הווה Present		עבר Past	עתיד Future	ציווי .Imper
יחיד	מַפְשִׁיט	אני	הִפְשַׁטְתִּי	אַפְשִׁיט	
יחידה	מַפְשִׁיטָה	אתה	הִפְשַׁטְתָּ	תַּפְשִׁיט	הַפְשֵׁט
רבים	מַפְשִׁיטִים	את	הִפְשַׁטְתְּ	תַּפְשִׁיטִי	הַפְשִׁיטִי

פשט : לְהִתְפַּשֵּׁט, לִפְשׁוֹט, לְהַפְשִׁיט

Imper. ציווי	Future עתיד	Past עבר		Present הווה	
	יַפְשִׁיט	הִפְשִׁיט	הוא	מַפְשִׁיטוֹת	רבות
	תַּפְשִׁיט	הִפְשִׁיטָה	היא		
	נַפְשִׁיט	הִפְשַׁטְנוּ	אנחנו		
הַפְשִׁיטוּ **	תַּפְשִׁיטוּ *	הִפְשַׁטְתֶּם/ן	אתם/ן		
	יַפְשִׁיטוּ *	הִפְשִׁיטוּ	הם/ן		

* less commonly: אתן/הן תַּפְשֵׁטְנָה

שם הפועל .Infin לְהַפְשִׁיט ** less commonly: (אתן) הַפְשֵׁטְנָה

שם הפעולה Verbal N הַפְשָׁטָה skinning; undressing; abstraction, making abstract

מקור מוחלט .Inf. Abs הַפְשֵׁט

♦ **פעלים פחות שכיחים מאותו שורש** Less frequent verbs from the same root

הוּפְשַׁט be undressed; be made abstract (בינוני .Pres. Part מוּפְשָׁט abstract, יוּפְשַׁט)

פִּישֵּׁט simplify; stretch out; smooth (מְפַשֵּׁט, יְפַשֵּׁט, לְפַשֵּׁט)

פּוּשַּׁט be simplified; be extended, be stretched out (בינ' .Pres. Part מְפוּשָּׁט , simplified, יְפוּשַּׁט)

♦ **דוגמאות** Illustrations

האחות אמרה למיכאל **לְהִתְפַּשֵּׁט**. מיכאל **פָּשַׁט** את בגדיו וחיכה, אבל הרופא לא הופיע.

The nurse told Michael **to get undressed**. Michael **took off** his clothes and waited, but the doctor never showed up.

משה כבר בן חמש, ואימו עדיין **מַפְשִׁיטָה** ומלבישה אותו. נקווה שילמד **לְהִתְפַּשֵּׁט** ולהתלבש בעצמו לפני שילך לבית הספר.

Moshe is already five, and his mother still **undresses** and dresses him. Let's hope he'll learn **to undress** and get dressed on his own before he goes to school.

גדולתו של המרצה הזה היא בכך שהוא יודע **לְפַשֵּׁט** מושגים **מוּפְשָׁטִים** ולהציגם כך שייראו **פְּשׁוּטִים**.

The greatness of this lecturer is that he can **simplify abstract** concepts and present them so that they look **simple**.

מגיפת השפעת האסיאנית **הִתְפַּשְּׁטָה** מעיר לעיר וכמעט שיתקה את המדינה כולה.

The Asian Flu epidemic **spread** from town to town and almost paralyzed the whole country.

פלוגת חיילי קומנדו **פָּשְׁטָה** על הכפר שעל פי המידע המודיעיני שימש כמרכז למחבלים. דובר הצבא מסר כי ה**פְּשִׁיטָה** הוכתרה בהצלחה.

A company of commando troops **raided** the village that according to intelligence information was serving as a terrorist center. The army spokesperson declared the **raid** to have been successful.

♦ **ביטויים מיוחדים** Special expressions

פָּשַׁט רגל go bankrupt — **פָּשְׁטָה/הִתְפַּשְּׁטָה** שמועה a rumor **spread**

פּוֹשֵׁט-יד beggar — **פּוֹשֵׁט**-עור **skinner**; one who overcharges

פּוֹשֵׁט צורה ולובש צורה undergoing transformations

שבר **פָּשׁוּט** **simple** fraction — **פְּשׁוּטֵי**-עם **simple**, ordinary people

מושג **מוּפְשָׁט** abstraction, **abstract** idea — ציור **מוּפְשָׁט** **abstract** painting

●פשר : לְהִתְפַּשֵׁר, לְהַפְשִׁיר

הִתְפַּשֵׁר/הִתְפַּשַׁר compromise

בניין : הִתְפַּעֵל   גזרה : שלמים

	Present הווה		Past עבר	Future עתיד	Imper. ציווי
יחיד	מִתְפַּשֵׁר	אני	הִתְפַּשַׁרְתִּי	אֶתְפַּשֵׁר	
יחידה	מִתְפַּשֶׁרֶת	אתה	הִתְפַּשַׁרְתָּ	תִּתְפַּשֵׁר	הִתְפַּשֵׁר
רבים	מִתְפַּשְׁרִים	את	הִתְפַּשַׁרְתְּ	תִּתְפַּשְׁרִי	הִתְפַּשְׁרִי
רבות	מִתְפַּשְׁרוֹת	הוא	הִתְפַּשֵׁר	יִתְפַּשֵׁר	
		היא	הִתְפַּשְׁרָה	תִּתְפַּשֵׁר	
		אנחנו	הִתְפַּשַׁרְנוּ	נִתְפַּשֵׁר	
		אתם/ן	הִתְפַּשַׁרְתֶּם/ן	תִּתְפַּשְׁרוּ *	הִתְפַּשְׁרוּ **
		הם/ן	הִתְפַּשְׁרוּ	יִתְפַּשְׁרוּ *	

שם הפועל Infin. לְהִתְפַּשֵׁר   * less commonly: אתן/הן תִּתְפַּשֵׁרְנָה

מקור מוחלט Inf. Abs. הִתְפַּשֵׁר   ** less commonly: (אתן) הִתְפַּשֵׁרְנָה

שם הפעולה Verbal N הִתְפַּשְׁרוּת reaching a compromise, compromising

הִפְשִׁיר/הִפְשַׁר/יַפְשִׁיר thaw (tr., intr.); melt (tr., intr.); rezone agricultural land for construction

בניין : הִפְעִיל   גזרה : שלמים

	Present הווה		Past עבר	Future עתיד	Imper. ציווי
יחיד	מַפְשִׁיר	אני	הִפְשַׁרְתִּי	אַפְשִׁיר	
יחידה	מַפְשִׁירָה	אתה	הִפְשַׁרְתָּ	תַּפְשִׁיר	הַפְשֵׁר
רבים	מַפְשִׁירִים	את	הִפְשַׁרְתְּ	תַּפְשִׁירִי	הַפְשִׁירִי
רבות	מַפְשִׁירוֹת	הוא	הִפְשִׁיר	יַפְשִׁיר	
		היא	הִפְשִׁירָה	תַּפְשִׁיר	
		אנחנו	הִפְשַׁרְנוּ	נַפְשִׁיר	
		אתם/ן	הִפְשַׁרְתֶּם/ן	תַּפְשִׁירוּ *	הַפְשִׁירוּ **
		הם/ן	הִפְשִׁירוּ	יַפְשִׁירוּ *	

שם הפועל Infin. לְהַפְשִׁיר   * less commonly: אתן/הן תַּפְשֵׁרְנָה

מקור מוחלט Inf. Abs. הַפְשֵׁר   ** less commonly: (אתן) הַפְשֵׁרְנָה

שם הפעולה Verbal N הַפְשָׁרָה thawing, melting

♦ פעלים פחות שכיחים מאותו שורש Less frequent verbs from the same root

פִּישֵׁר compromise (tr.), reconcile (tr.) (מְפַשֵׁר, יְפַשֵׁר, לְפַשֵׁר)

הוּפְשַׁר be thawed (בינוני Pres. Part. מוּפְשָׁר thawed, melted, יוּפְשַׁר)

♦ דוגמאות Illustrations

במקרים רבים של גירושים, שני הצדדים מתקשים **לְהִתְפַּשֵׁר** – גם בענייני כספים, וגם בשאלה היכן יהיו הילדים.

In many divorce cases, the two sides find it hard **to compromise** – on financial matters, as well as on where the children are going to be.

בשל ההתחממות הגלובאלית, קרחונים **מַפְשִׁירִים** היום בקצב הולך וגובר.

Owing to global warming, icebergs **are melting** today at an ever-increasing rate.

לאור הדרישה הגוברת לדיור, הממשלה החליטה **לְהַפְשִׁיר** אדמות נוספות לבנייה.
In view of the increasing demand for housing, the government decided **to rezone** additional **agricultural land for construction**.

♦ ביטויים מיוחדים Special expressions

הִפְשִׁיר את הקרח break the ice

●פתח : לִפְתּוֹחַ, לְהִיפָּתַח, לְפַתֵּחַ, לְהִתְפַּתֵּחַ

פָּתַח/פּוֹתֵחַ/יִפְתַּח open; begin, start

בניין : פָּעַל גזרה : שלמים + ל״ג

	הווה/בינוני Pres./Part.		עבר Past	עתיד Fut.	ציווי Imp.
יחיד	פּוֹתֵחַ פָּתוּחַ	אני	פָּתַחְתִּי	אֶפְתַּח	
יחידה	פּוֹתַחַת פְּתוּחָה	אתה	פָּתַחְתָּ	תִּפְתַּח	פְּתַח
רבים	פּוֹתְחִים פְּתוּחִים	את	פָּתַחְתְּ/...חַת	תִּפְתְּחִי	פִּתְחִי
רבות	פּוֹתְחוֹת פְּתוּחוֹת	הוא	פָּתַח	יִפְתַּח	
		היא	פָּתְחָה	תִּפְתַּח	
		אנחנו	פָּתַחְנוּ	נִפְתַּח	
		אתם/ן	פְּתַחְתֶּם/ן *	תִּפְתְּחוּ **	פִּתְחוּ ***
		הם/ן	פָּתְחוּ	יִפְתְּחוּ **	

שם הפועל .Infin לִפְתּוֹחַ — * Colloquial: פְּתַחְתֶּם/ן

מקור מוחלט .Inf. Abs פָּתוֹחַ — ** less commonly: אתן/הן תִּפְתַּחְנָה

ביני סביל .Pass. Part פָּתוּחַ open — *** less commonly: (אתן) פְּתַחְנָה

קָטִיל *CaCiC* adj./N. פָּתִיחַ preface, introduction, opening; that can easily be opened

שם הפעולה Verbal N פְּתִיחָה opening; beginning; prologue; overture

מ״י מוצרכת .Gov. Prep פָּתַח ב- open with — מקור נטוי .Inf.+pron בְּפוֹתְחוֹ, כְּ...

נִפְתַּח/יִיפָּתַח (יִפָּתַח) be opened; be started, begin with

בניין : נִפְעַל גזרה : שלמים + ל״ג

	הווה Present		עבר Past	עתיד Future	ציווי .Imper
יחיד	נִפְתָּח	אני	נִפְתַּחְתִּי	אֶפָּתַח/...תֵחַ	
יחידה	נִפְתַּחַת	אתה	נִפְתַּחְתָּ	תִּיפָּתַח/...תֵחַ	הִיפָּתַח/..תֵחַ
רבים	נִפְתָּחִים	את	נִפְתַּחְתְּ/...חַת	תִּיפָּתְחִי	הִיפָּתְחִי
רבות	נִפְתָּחוֹת	הוא	נִפְתַּח	יִיפָּתַח/...תֵחַ	
		היא	נִפְתְּחָה	תִּיפָּתַח/...תֵחַ	
		אנחנו	נִפְתַּחְנוּ	נִיפָּתַח/...תֵחַ	
		אתם/ן	נִפְתַּחְתֶּם/ן	תִּיפָּתְחוּ *	הִיפָּתְחוּ **
		הם/ן	נִפְתְּחוּ	יִיפָּתְחוּ *	

שם הפועל .Infin לְהִיפָּתַח — * less commonly: אתן/הן תִּיפָּתַחְנָה

מקור מוחלט .Inf. Abs נִפְתּוֹחַ — ** less commonly: (אתן) הִיפָּתַחְנָה

מ״י מוצרכת .Gov. Prep נִפְתַּח ב- open with

פִּיתַּח (פִּתַּח)/פִּתַּח develop, expand; cultivate; engrave

בניין : פִּיעֵל   גזרה : שלמים + ל״ג

Imper. ציווי	Future עתיד	Past עבר		Present הווה	
	אֲפַתַּח/...תֵּחַ*	פִּיתַּחְתִּי	אני	מְפַתֵּחַ	יחיד
פַּתַּח/פַּתֵּחַ*	תְּפַתַּח/...תֵּחַ*	פִּיתַּחְתָּ	אתה	מְפַתַּחַת	יחידה
פַּתְּחִי	תְּפַתְּחִי	פִּיתַּחְתְּ/...חַת	את	מְפַתְּחִים	רבים
	יְפַתַּח/...תֵּחַ*	פִּיתַּח/פִּיתֵּחַ*	הוא	מְפַתְּחוֹת	רבות
	תְּפַתַּח/...תֵּחַ*	פִּיתְּחָה	היא		
	נְפַתַּח/...תֵּחַ*	פִּיתַּחְנוּ	אנחנו		
פַּתְּחוּ***	תְּפַתְּחוּ **	פִּיתַּחְתֶּם/ן	אתם/ן		
	יְפַתְּחוּ **	פִּיתְּחוּ	הם/ן		

* ...תֵּחַ more common in colloquial use

שם הפועל .Infin לְפַתֵּחַ   ** less commonly: אתן/הן תְּפַתַּחְנָה

בינוני .Pres. Part מְפַתֵּחַ developer   *** less commonly: (אתן) פַּתַּחְנָה

שם הפעולה Verbal N פִּיתּוּחַ development   מקור מוחלט .Inf. Abs פַּתֵּחַ

הִתְפַּתֵּחַ/הִתְפַּתַּח develop (intr.)

בניין : הִתְפַּעֵל   גזרה : שלמים + ל״ג

Imper. ציווי	Future עתיד	Past עבר		Present הווה	
	אֶתְפַּתֵּחַ/...תַּח*	הִתְפַּתַּחְתִּי	אני	מִתְפַּתֵּחַ	יחיד
הִתְפַּתַּח/..תֵּחַ*	תִּתְפַּתֵּחַ/..תַּח*	הִתְפַּתַּחְתָּ	אתה	מִתְפַּתַּחַת	יחידה
הִתְפַּתְּחִי	תִּתְפַּתְּחִי	הִתְפַּתַּחְתְּ	את	מִתְפַּתְּחִים	רבים
	יִתְפַּתֵּחַ/...תַּח*	הִתְפַּתֵּחַ/...תַּח*	הוא	מִתְפַּתְּחוֹת	רבות
	תִּתְפַּתֵּחַ/...תַּח*	הִתְפַּתְּחָה	היא		
	נִתְפַּתֵּחַ/...תַּח*	הִתְפַּתַּחְנוּ	אנחנו		
הִתְפַּתְּחוּ ***	תִּתְפַּתְּחוּ **	הִתְפַּתַּחְתֶּם/ן	אתם/ן		
	יִתְפַּתְּחוּ **	הִתְפַּתְּחוּ	הם/ן		

שם הפועל .Infin לְהִתְפַּתֵּחַ   * ...תֵּחַ more common in colloquial use

שם הפעולה Verbal N הִתְפַּתְּחוּת development   ** less commonly: אתן/הן תִּתְפַּתַּחְנָה

מקור מוחלט .Inf. Abs הִתְפַּתֵּחַ   *** less commonly: (אתן) הִתְפַּתַּחְנָה

פּוּתַּח (פֻּתַּח) be developed, be expanded; be cultivated; be engraved

בניין : פּוּעַל   גזרה : שלמים + ל״ג

Future עתיד	Past עבר		Present הווה	
אֲפוּתַּח	פּוּתַּחְתִּי	אני	מְפוּתָּח	יחיד
תְּפוּתַּח	פּוּתַּחְתָּ	אתה	מְפוּתַּחַת	יחידה
תְּפוּתְּחִי	פּוּתַּחְתְּ/...חַת	את	מְפוּתָּחִים	רבים
יְפוּתַּח	פּוּתַּח	הוא	מְפוּתָּחוֹת	רבות
תְּפוּתַּח	פּוּתְּחָה	היא		
נְפוּתַּח	פּוּתַּחְנוּ	אנחנו		
תְּפוּתְּחוּ *	פּוּתַּחְתֶּם/ן	אתם/ן		
יְפוּתְּחוּ *	פּוּתְּחוּ	הם/ן		

* less commonly: אתן/הן תְּפוּתַּחְנָה

בינוני .Pres. Part מְפוּתָּח developed, cultivated

♦ דוגמאות Illustrations

הועידה **נִפְתְּחָה** ביום שני; נשיא הארגון **פָּתַח** את המושב הראשון. בישיבת **הפְּתִיחָה** נכחו כ-500 חברים.

The conference **opened** on Monday. The president of the organization **opened** the first session. About 500 members were present at the **opening** assembly.

מנהל המדור שלנו מקיים מדיניות של דלת **פְּתוּחָה**; הוא מאמין שכדי **לְפַתֵּחַ** כראוי את המפעל, על מנהליו לשמוע ישירות מן העובדים.

Our section manager holds an **open** door policy; he believes that in order **to** properly **develop** the firm, its managers should hear directly from the workers.

מדינת ישראל **מִתְפַּתַּחַת** בקצב מהיר יותר ממרבית הארצות **המִתְפַּתְּחוֹת**, ומבחינות מסוימות ניתן לראות בה מדינה **מְפוּתַּחַת** כמו מדינה אירופית.

The state of Israel **is developing** faster than most **developing** countries, and in some respects may be regarded as a **developed** country like a European state.

♦ ביטויים מיוחדים Special expressions

פָּתַח באש **open** fire — פָּתַח את הועידה **open** the conference

פָּתַח ידו ל- give generously to — אל **תִּפְתַּח** פה לשטן don't tempt the devil

פְּתַח פיך ויאירו דבריך let's hear what you have to say — יד **פְּתוּחָה** generosity

אסיפה **פְּתוּחָה** **open** meeting — לב **פָּתוּחַ** **open**-heartedness, cordiality

(יש לו) מוח/ראש **פָּתוּחַ** (he is) very intelligent — אזור **פִּיתּוּחַ** **development** area

● פתע : לְהַפְתִּיעַ

הִפְתִּיעַ/הִפְתַּע/יַפְתִּיעַ surprise

בניין : הִפעיל — גזרה : שלמים + ל״ג

	Present הווה		Past עבר	Future עתיד	Imper. ציווי
יחיד	מַפְתִּיעַ	אני	הִפְתַּעְתִּי	אַפְתִּיעַ	
יחידה	מַפְתִּיעָה	אתה	הִפְתַּעְתָּ	תַּפְתִּיעַ	הַפְתַּע
רבים	מַפְתִּיעִים	את	הִפְתַּעְתְּ/...עַת	תַּפְתִּיעִי	הַפְתִּיעִי
רבות	מַפְתִּיעוֹת	הוא	הִפְתִּיעַ	יַפְתִּיעַ	
		היא	הִפְתִּיעָה	תַּפְתִּיעַ	
		אנחנו	הִפְתַּעְנוּ	נַפְתִּיעַ	
		אתם/ן	הִפְתַּעְתֶּם/ן	תַּפְתִּיעוּ *	הַפְתִּיעוּ **
		הם/ן	הִפְתִּיעוּ	יַפְתִּיעוּ *	

שם הפועל .Infin לְהַפְתִּיעַ — * less commonly: אתן/הן תַּפְתַּעְנָה

שם הפעולה Verbal N הַפְתָּעָה surprise — ** less commonly: (אתן) הַפְתַּעְנָה

בינוני .Pres. Part מַפְתִּיעַ surprising — מקור מוחלט .Inf. Abs הַפְתֵּעַ

תואר הפועל .Adv בְּמַפְתִּיעַ unexpectedly

הוּפְתַּע (הָפְתַּע) be surprised

בניין : הוּפְעַל — גזרה : שלמים + ל״ג

	Present הווה		Past עבר	Future עתיד
יחיד	מוּפְתָּע	אני	הוּפְתַּעְתִּי	אוּפְתַּע
יחידה	מוּפְתַּעַת	אתה	הוּפְתַּעְתָּ	תוּפְתַּע
רבים	מוּפְתָּעִים	את	הוּפְתַּעְתְּ/...עַת	תוּפְתְּעִי

	Present הווה		Past עבר	Future עתיד
רבות	מוּפְתָּעוֹת	הוא	הוּפְתַּע	יוּפְתַּע
		היא	הוּפְתְּעָה	תּוּפְתַּע
		אנחנו	הוּפְתַּעְנוּ	נוּפְתַּע
		אתם/ן	הוּפְתַּעְתֶּם/ן	תּוּפְתְּעוּ *
		הם/ן	הוּפְתְּעוּ	יוּפְתְּעוּ *

בינוני .Pres. Part מוּפְתָּע surprised

* less commonly: אתן/הן תּוּפְתַּעְנָה

♦ דוגמאות Illustrations

הוּפְתַּעְתִּי מאוד לראות שהוא חזר. הוא אמר שלעולם לא יחזור, ופתאום **הִפְתִּיעַ** את כולנו כשהופיע **בְּמַפְתִּיעַ** בביתנו. זו הייתה **הַפְתָּעָה** עצומה.

I **was** very **surprised** to see that he came back. He had said that he would never return, and suddenly **surprised** all of us when he **unexpectedly** showed up at our house. It was a huge **surprise**.

♦ ביטויים מיוחדים Special expressions

מסיבת **הַפְתָּעָה** **surprise** party

בְּמַפְתִּיעַ by **surprise**, **surprising**ly

●פתר : לִפְתּוֹר, לְהִיפָּתֵר

פָּתַר/פּוֹתֵר/יִפְתּוֹר solve (problem), resolve, interpret (dream)

בניין : פָּעַל גזרה : שלמים (אֶפְעוֹל)

	Pres./Part. הווה/בינוני			Past עבר	Fut. עתיד	Imp. ציווי
יחיד	פּוֹתֵר	פָּתוּר	אני	פָּתַרְתִּי	אֶפְתּוֹר	
יחידה	פּוֹתֶרֶת	פְּתוּרָה	אתה	פָּתַרְתָּ	תִּפְתּוֹר	פְּתוֹר
רבים	פּוֹתְרִים	פְּתוּרִים	את	פָּתַרְתְּ	תִּפְתְּרִי	פִּתְרִי
רבות	פּוֹתְרוֹת	פְּתוּרוֹת	הוא	פָּתַר	יִפְתּוֹר	
			היא	פָּתְרָה	תִּפְתּוֹר	
			אנחנו	פָּתַרְנוּ	נִפְתּוֹר	
			אתם/ן	פְּתַרְתֶּם/ן *	תִּפְתְּרוּ **	פִּתְרוּ ***
			הם/ן	פָּתְרוּ	יִפְתְּרוּ **	

שם הפועל .Infin לִפְתּוֹר

* Colloquial: פָּתַרְתֶּם/ן

מקור מוחלט .Inf. Abs פָּתוֹר

** less commonly: אתן/הן תִּפְתּוֹרְנָה

ביני סביל .Pass. Part פָּתוּר solved

*** less commonly: (אתן) פְּתוֹרְנָה

קָטִיל .CaCiC adj./N פָּתִיר solvable

מקור נטוי .Inf.+pron בְּפוֹתְרוֹ, כְּ...

שם הפעולה Verbal N פְּתִירָה solving, interpreting

נִפְתַּר/יִיפָּתֵר (יִפָּתֵר) be solved, be resolved, be interpreted

בניין : נִפְעַל גזרה : שלמים

	Present הווה		Past עבר	Future עתיד	Imper. ציווי
יחיד	נִפְתָּר	אני	נִפְתַּרְתִּי	אֶפָּתֵר	
יחידה	נִפְתֶּרֶת	אתה	נִפְתַּרְתָּ	תִּיפָּתֵר	הִיפָּתֵר
רבים	נִפְתָּרִים	את	נִפְתַּרְתְּ	תִּיפָּתְרִי	הִיפָּתְרִי
רבות	נִפְתָּרוֹת	הוא	נִפְתַּר	יִיפָּתֵר	
		היא	נִפְתְּרָה	תִּיפָּתֵר	

Imper. ציווי	Future עתיד	Past עבר		Present הווה
	נִיפָּתֵר	נִפְתַּרְנוּ	אנחנו	
הִיפָּתְרוּ **	תִּיפָּתְרוּ *	נִפְתַּרְתֶּם/ן	אתם/ן	
	יִיפָּתְרוּ *	נִפְתְּרוּ	הם/ן	

* less commonly: אתן/הן תִּיפָּתַרְנָה

שם הפועל .Infin לְהִיפָּתֵר ** less commonly: (אתן) הִיפָּתַרְנָה

מקור מוחלט .Inf. Abs נִפְתּוֹר, הִיפָּתֵר (הִיפָּתוֹר)

♦ **דוגמאות** Illustrations

חיים ידוע כמי שיודע **לִפְתּוֹר** בעיות. ברגע שהוא יגיע הבעייה **תִּיפָּתֵר**.

Hayyim is known as one who knows how **to solve** problems. As soon as he arrives, the problem **will be solved**.

●צבע-1 : לִצְבּוֹעַ

צָבַע/צוֹבֵעַ/יִצְבַּע paint, color, dye

בניין : פָּעַל גזרה : שלמים (אֶפְעַל) + ל״ג

Imp. ציווי	Fut. עתיד	Past עבר		Pres./Part. הווה/בינוני		
	אֶצְבַּע	צָבַעְתִּי	אני	צָבוּעַ	צוֹבֵעַ	יחיד
צְבַע	תִּצְבַּע	צָבַעְתָּ	אתה	צְבוּעָה	צוֹבַעַת	יחידה
צִבְעִי	תִּצְבְּעִי	צָבַעְתְּ/...עַת	את	צְבוּעִים	צוֹבְעִים	רבים
	יִצְבַּע	צָבַע	הוא	צְבוּעוֹת	צוֹבְעוֹת	רבות
	תִּצְבַּע	צָבְעָה	היא			
	נִצְבַּע	צָבַעְנוּ	אנחנו			
צִבְעוּ ***	תִּצְבְּעוּ **	צְבַעְתֶּם/ן *	אתם/ן			
	יִצְבְּעוּ **	צָבְעוּ	הם/ן			

שם הפועל .Infin לִצְבּוֹעַ

* Colloquial: צָבַעְתֶּם/ן

שם הפעולה Verbal N צְבִיעָה painting

** less commonly: אתן/הן תִּצְבַּעְנָה

בינוני .Pres. Part צָבוּעַ painted; hypocritical

*** less commonly: (אתן) צְבַעְנָה

מקור מוחלט .Inf. Abs צָבוֹעַ

מקור נטוי .Inf.+pron בְּצוֹבְעוֹ, כְּ...

♦ **פעלים פחות שכיחים מאותו שורש** Less frequent verbs from the same root

נִצְבַּע be painted (נִצְבָּע, יִיצָּבַע, לְהִיצָּבַע)

♦ **דוגמאות** Illustrations

החלטנו **לִצְבּוֹעַ** את הבית בצבע חום, למרות שידענו שאחרי ש**יִיצָּבַע** בחום, הוא ייראה כבית שוקולד.

We decided **to paint** the house brown, although we knew that when it **has been painted** brown, it will look like a chocolate house.

♦ **ביטויים מיוחדים** Special expressions

עַיִט **צָבוּעַ** wolf in sheep's clothing

● צבע-2 מן אֶצְבַּע finger : לְהַצְבִּיעַ

הִצְבִּיעַ/הִצְבַּע/יַצְבִּיעַ vote; point; raise hand for permission

בניין : הִפְעִיל גזרה : שלמים + ל״ג

	Present הווה		Past עבר	Future עתיד	Imper. ציווי
יחיד	מַצְבִּיעַ	אני	הִצְבַּעְתִּי	אַצְבִּיעַ	
יחידה	מַצְבִּיעָה	אתה	הִצְבַּעְתָּ	תַּצְבִּיעַ	הַצְבַּע
רבים	מַצְבִּיעִים	את	הִצְבַּעְתְּ/...עת	תַּצְבִּיעִי	הַצְבִּיעִי
רבות	מַצְבִּיעוֹת	הוא	הִצְבִּיעַ	יַצְבִּיעַ	
		היא	הִצְבִּיעָה	תַּצְבִּיעַ	
		אנחנו	הִצְבַּעְנוּ	נַצְבִּיעַ	
		אתם/ן	הִצְבַּעְתֶּם/ן	תַּצְבִּיעוּ *	הַצְבִּיעוּ **
		הם/ן	הִצְבִּיעוּ	יַצְבִּיעוּ *	

שם הפועל .Infin לְהַצְבִּיעַ * less commonly: אתן/הן תַּצְבַּעְנָה

בינוני .Pres. Part מַצְבִּיעַ voter ** less commonly: (אתן) הַצְבַּעְנָה

שם הפעולה Verbal N הַצְבָּעָה voting; vote; pointing מקור מוחלט .Inf. Abs הַצְבֵּעַ

מ״י מוצרכת .Gov. Prep הִצְבִּיעַ ל-/בעד/עבור vote for

מ״י מוצרכת .Gov. Prep הִצְבִּיעַ על point at

♦ דוגמאות Illustrations

אחוז גדול מן ה**מַצְבִּיעִים הִצְבִּיעוּ** בעד ראש הממשלה הנוכחי לתקופת כהונה נוספת. העיתונות **הִצְבִּיעָה** על כך שזה שנים רבות לא נבחר ראש ממשלה ברוב כה גדול.

A large percentage of the **voters voted** for the incumbent prime minister for an additional term. The press **pointed out** that a prime minister has not been elected with such a majority for many years.

♦ ביטויים מיוחדים Special expressions

הִצְבִּיעַ ברגליים protesting by not showing up (at ballot, events, a store, etc.) (sl.)

הַצְבָּעָה חשאית secret **ballot**

● צבר : לְהִצְטַבֵּר, לִצְבּוֹר

הִצְטַבֵּר/הִצְטַבַּר accumulate (intr.)

בניין : הִתְפַּעֵל גזרה : שלמים + פ׳ שורקת

	Present הווה		Past עבר	Future עתיד	Imper. ציווי
יחיד	מִצְטַבֵּר	אני	הִצְטַבַּרְתִּי	אֶצְטַבֵּר	
יחידה	מִצְטַבֶּרֶת	אתה	הִצְטַבַּרְתָּ	תִּצְטַבֵּר	הִצְטַבֵּר
רבים	מִצְטַבְּרִים	את	הִצְטַבַּרְתְּ	תִּצְטַבְּרִי	הִצְטַבְּרִי
רבות	מִצְטַבְּרוֹת	הוא	הִצְטַבֵּר	יִצְטַבֵּר	
		היא	הִצְטַבְּרָה	תִּצְטַבֵּר	
		אנחנו	הִצְטַבַּרְנוּ	נִצְטַבֵּר	
		אתם/ן	הִצְטַבַּרְתֶּם/ן	תִּצְטַבְּרוּ *	הִצְטַבְּרוּ **
		הם/ן	הִצְטַבְּרוּ	יִצְטַבְּרוּ *	

שם הפועל .Infin לְהִצְטַבֵּר — * less commonly: אתן/הן תִּצְטַבֵּרְנָה
מקור מוחלט .Inf. Abs הִצְטַבֵּר — ** less commonly: (אתן) הִצְטַבֵּרְנָה
שם הפעולה Verbal N הִצְטַבְּרוּת accumulation

צָבַר/צוֹבֵר/יִצְבּוֹר (יִצְבֹּר) accumulate (tr.), gather; amass, collect

בניין : פָּעַל   גזרה : שלמים (אֶפְעוֹל)

	Present הווה		Past עבר	Future עתיד	Imper. ציווי
יחיד	צוֹבֵר	אני	צָבַרְתִּי	אֶצְבּוֹר	
יחידה	צוֹבֶרֶת	אתה	צָבַרְתָּ	תִּצְבּוֹר	צְבוֹר
רבים	צוֹבְרִים	את	צָבַרְתְּ	תִּצְבְּרִי	צִבְרִי
רבות	צוֹבְרוֹת	הוא	צָבַר	יִצְבּוֹר	
		היא	צָבְרָה	תִּצְבּוֹר	
		אנחנו	צָבַרְנוּ	נִצְבּוֹר	
		אתם/ן	צְבַרְתֶּם/ן *	תִּצְבְּרוּ **	צִבְרוּ ***
		הם/ן	צָבְרוּ	יִצְבְּרוּ **	

שם הפועל .Infin לִצְבּוֹר — * Colloquial: צָבַרְתֶּם/ן
שם הפעולה Verbal N צְבִירָה accumulation — ** less commonly: אתן/הן תִּצְבּוֹרְנָה
מקור מוחלט .Inf. Abs צָבוֹר — *** less commonly: (אתן) צְבוֹרְנָה
מקור נטוי .Inf.+pron בְּצוֹבְרוֹ, כְּ...

♦ דוגמאות Illustrations

החובות ש**הִצְטַבְּרוּ** במשך השנים הביאו בסופו של דבר לפשיטת רגל של החברה.
The debts that **accumulated** through the years finally ended with the company's bankruptcy.

מנהיגים רבים מנצלים את תקופת כהונתם כדי **לִצְבּוֹר** הון פרטי רב.
Many leaders take advantage of their office in order **to amass** large private capital.

♦ ביטויים מיוחדים Special expressions

ריבית **מִצְטַבֶּרֶת** **compound** interest

● צדק : לִצְדּוֹק, לְהַצְדִּיק

צָדַק/צוֹדֵק/יִצְדַּק be right, be just

בניין : פָּעַל   גזרה : שלמים (אֶפְעַל)

	Present הווה		Past עבר	Future עתיד	Imper. ציווי
יחיד	צוֹדֵק	אני	צָדַקְתִּי	אֶצְדַּק	
יחידה	צוֹדֶקֶת	אתה	צָדַקְתָּ	תִּצְדַּק	צְדַק
רבים	צוֹדְקִים	את	צָדַקְתְּ	תִּצְדְּקִי	צִדְקִי
רבות	צוֹדְקוֹת	הוא	צָדַק	יִצְדַּק	
		היא	צָדְקָה	תִּצְדַּק	
		אנחנו	צָדַקְנוּ	נִצְדַּק	
		אתם/ן	צְדַקְתֶּם/ן *	תִּצְדְּקוּ **	צִדְקוּ ***
		הם/ן	צָדְקוּ	יִצְדְּקוּ **	

שם הפועל .Infin לִצְדּוֹק * Colloquial: צָדַקְתֶּם/ן
בינ' פעיל .Act. Part צוֹדֵק just, right ** less commonly: אתן/הן תִּצְדַּקְנָה
מקור מוחלט .Inf. Abs צָדוֹק *** less commonly: (אתן) צְדַקְנָה
שם הפעולה Verbal N צְדָקָה charity; justice, righteousness (BH)
מקור נטוי .Inf.+pron בְּצוֹדְקוֹ, כְּ...

הִצְדִּיק/הִצְדַּק/יַצְדִּיק vindicate, justify

בניין : הִפְעִיל גזרה : שלמים

	Present הווה		Past עבר	Future עתיד	Imper. ציווי
יחיד	מַצְדִּיק	אני	הִצְדַּקְתִּי	אַצְדִּיק	
יחידה	מַצְדִּיקָה	אתה	הִצְדַּקְתָּ	תַּצְדִּיק	הַצְדֵּק
רבים	מַצְדִּיקִים	את	הִצְדַּקְתְּ	תַּצְדִּיקִי	הַצְדִּיקִי
רבות	מַצְדִּיקוֹת	הוא	הִצְדִּיק	יַצְדִּיק	
		היא	הִצְדִּיקָה	תַּצְדִּיק	
		אנחנו	הִצְדַּקְנוּ	נַצְדִּיק	
		אתם/ן	הִצְדַּקְתֶּם/ן	תַּצְדִּיקוּ *	הַצְדִּיקוּ **
		הם/ן	הִצְדִּיקוּ	יַצְדִּיקוּ *	

שם הפועל .Infin לְהַצְדִּיק * less commonly: אתן/הן תַּצְדֵּקְנָה
שם הפעולה Verbal N הַצְדָּקָה justification ** less commonly: (אתן) הַצְדֵּקְנָה
מקור מוחלט .Inf. Abs הַצְדֵּק

הוּצְדַּק (הֻצְדַּק) be vindicated, be justified

בניין : הוּפְעַל גזרה : שלמים

	Present הווה		Past עבר	Future עתיד
יחיד	מוּצְדָּק	אני	הוּצְדַּקְתִּי	אוּצְדַּק
יחידה	מוּצְדֶּקֶת	אתה	הוּצְדַּקְתָּ	תּוּצְדַּק
רבים	מוּצְדָּקִים	את	הוּצְדַּקְתְּ	תּוּצְדְּקִי
רבות	מוּצְדָּקוֹת	הוא	הוּצְדַּק	יוּצְדַּק
		היא	הוּצְדְּקָה	תּוּצְדַּק
		אנחנו	הוּצְדַּקְנוּ	נוּצְדַּק
		אתם/ן	הוּצְדַּקְתֶּם/ן	תּוּצְדְּקוּ *
		הם/ן	הוּצְדְּקוּ	יוּצְדְּקוּ *

בינוני .Pres. Part מוּצְדָּק justified * less commonly: אתן/הן תּוּצְדַּקְנָה

♦ פעלים פחות שכיחים מאותו שורש Less frequent verbs from the same root

הִצְטַדֵּק apologize, excuse oneself (מִצְטַדֵּק, יִצְטַדֵּק, לְהִצְטַדֵּק)

♦ דוגמאות Illustrations

סנגורו של הנאשם **הִצְטַדֵּק** על האיחור, אך השופט נזף בו והתרה, שכל איחור נוסף ללא **הַצְדָּקָה** ייחשב לביזיון בית-המשפט עם כל העונשים הנובעים מכך.

The defendant's attorney **apologized** for having arrived late, but the judge rebuked him and warned that the next time he shows up late without **justification**, he will be considered in contempt of court, with all entailed punishments.

איננִי **מַצְדִּיק** את התנהגותו, והתפרצותו הפומבית באמת לא הייתה **מוּצְדֶּקֶת**, אבל נראה לי שבאופן עקרוני הוא **צוֹדֵק**.
I do not **justify** his behavior, and his outburst in public was indeed un**justified**, but it seems to me that in principle, he is **right**.

♦ ביטויים מיוחדים Special expressions
הִצְדִּיק עליו את הדין acknowledge that justice has been done

● צהר : לְהַצְהִיר

הִצְהִיר/הִצְהַר/יַצְהִיר declare, state

בניין : הִפְעִיל גזרה : שלמים

	Present הווה		Past עבר	Future עתיד	Imper. ציווי
יחיד	מַצְהִיר	אני	הִצְהַרְתִּי	אַצְהִיר	
יחידה	מַצְהִירָה	אתה	הִצְהַרְתָּ	תַּצְהִיר	הַצְהֵר
רבים	מַצְהִירִים	את	הִצְהַרְתְּ	תַּצְהִירִי	הַצְהִירִי
רבות	מַצְהִירוֹת	הוא	הִצְהִיר	יַצְהִיר	
		היא	הִצְהִירָה	תַּצְהִיר	
		אנחנו	הִצְהַרְנוּ	נַצְהִיר	
		אתםץ	הִצְהַרְתֶּםץ	תַּצְהִירוּ *	הַצְהִירוּ **
		הםץ	הִצְהִירוּ	יַצְהִירוּ *	

שם הפועל .Infin לְהַצְהִיר   * less commonly: אתןץהן תַּצְהֵרְנָה
ש׳ הפעו׳ Vrbl. N הַצְהָרָה declaration/statement   ** less commonly: (אתן) הַצְהֵרְנָה
מקור מוחלט .Inf. Abs הַצְהֵר

♦ פעלים פחות שכיחים מאותו שורש Less frequent verbs from the same root
הוּצְהַר be declared > מוּצְהָר declared (Pres. Part., common word)

♦ דוגמאות Illustrations
נשיא איראן **הִצְהִיר** שיש למחות את מדינת ישראל מן המפה. ה**הַצְהָרָה** נתקבלה בהתלהבות בחוגים מסוימים, לא רק במזרח התיכון.
The Iranian president **declared** that Israel must be wiped off the map. The **declaration** was received with enthusiasm in certain circles, not exclusively in the Middle East.

♦ ביטויים מיוחדים Special expressions
הַצְהָרָה בשבועה sworn **statement**   **הַצְהָרַת** בלפור the Balfour **Declaration**
הַצְהָרַת הון **statement**/report to the IRS on capital and revenues
הַצְהָרַת כוונות **declaration** of intentions   הומוסקסואל **מוּצְהָר** **declared** homosexual

● צוה (צוי) : לְצַווֹת

צִיוָּה (צִוָּה)/צַוֶּה order, command, direct

בניין : פִּיעֵל גזרה : ל״י

	Present הווה		Past עבר	Future עתיד	Imper. ציווי
יחיד	מְצַוֶּה	אני	צִיוִּיתִי	אֲצַוֶּה	
יחידה	מְצַוָּה	אתה	צִיוִּיתָ	תְּצַוֶּה	צַוֵּה

	Present הווה		Past עבר	Future עתיד	Imper. ציווי
רבים	מְצֻוּוִים	את	צִיוּוִית	תְּצַוּוִי	צַוּוִי
רבות	מְצֻוּוֹת	הוא	צִיוּוָה	יְצַוּוֶה	
		היא	צִיוּוְתָה	תְּצַוּוֶה	
		אנחנו	צִיוּוִינוּ	נְצַוּוֶה	
		אתם/ן	צִיוּוִיתֶם/ן	תְּצַוּוּ *	צַוּוּ**
		הם/ן	צִיוּוּ	יְצַוּוּ *	

שם הפועל .Infin לְצַוּוֹת   * less commonly: אתן/הן תְּצַוּוֶינָה

מקור מוחלט .Inf. Abs צַוּוֵה   ** less commonly: (אתן) צַוּוֶינָה

מ״י מוצרכת .Gov. Prep צִיוּוָה על/ל- (…order (someone to

♦ דוגמאות Illustrations

הרופא **צִיוּוָה** עליו לנוח, לאכול פחות, ולהתעמל באופן סדיר, כדי ששוב לא ילקה בהתקף לב.

The doctor **ordered** him to rest, eat less, and exercise regularly, to prevent him from undergoing another heart attack.

●צום : לָצוּם

צָם/צַמ/יָצוּם fast V

בניין : פָּעַל   גזרה : ע״ו

	Present הווה		Past עבר	Future עתיד	Imper. ציווי
יחיד	צָם	אני	צַמְתִּי	אָצוּם	
יחידה	צָמָה	אתה	צַמְתָּ	תָּצוּם	צוּם
רבים	צָמִים	את	צַמְתְּ	תָּצוּמִי	צוּמִי
רבות	צָמוֹת	הוא	צָם	יָצוּם	
		היא	צָמָה	תָּצוּם	
		אנחנו	צַמְנוּ	נָצוּם	
		אתם/ן	צַמְתֶּם/ן	תָּצוּמוּ *	צוּמוּ **
		הם/ן	צָמוּ	יָצוּמוּ *	

שם הפועל .Infin לָצוּם   * less commonly: אתן/הן תָּצוֹמְנָה

מקור מוחלט .Inf. Abs צוֹם   ** less commonly: (אתן) צוֹמְנָה

שם הפעולה Verbal N צוֹם fast N   מקור נטוי .Inf.+pron בְּצוּמוֹ, כְּ...

♦ דוגמאות Illustrations

הוא לא **צָם** ביום הכיפורים, אבל גם לא אוכל בפרהסיה.

He does not **fast** on the Day of Atonement, but does not eat in public either.

● צוף : לְהָצִיף, לָצוּף

הֵצִיף/הֵצַף/יָצִיף flood V

בניין : הִפְעִיל גזרה : ע״ו

	הווה Present		עבר Past	עתיד Future	ציווי .Imper
יחיד	מֵצִיף	אני	הֵצַפְתִּי	אָצִיף	
יחידה	מְצִיפָה	אתה	הֵצַפְתָּ	תָּצִיף	הָצֵף
רבים	מְצִיפִים	את	הֵצַפְתְּ	תָּצִיפִי	הָצִיפִי
רבות	מְצִיפוֹת	הוא	הֵצִיף	יָצִיף	
		היא	הֵצִיפָה	תָּצִיף	
		אנחנו	הֵצַפְנוּ	נָצִיף	
		אתם/ן	הֲצַפְתֶּם/ן *	תָּצִיפוּ **	הָצִיפוּ ***
		הם/ן	הֵצִיפוּ	יָצִיפוּ **	

שם הפועל .Infin לְהָצִיף — * formal: הֲצַפְתֶּם/ן

ש׳ הפעו׳ .Ver. N הֲצָפָה flooding — ** less commonly: אתן/הן תָּצֵפְנָה

מקור מוחלט .Inf. Abs הָצֵף — *** less commonly: (אתן)הָצֵפְנָה

צָף/צַף/יָצוּף float; arise, appear, pop up

בניין : פָּעַל גזרה : ע״ו

	הווה Present		עבר Past	עתיד Future	ציווי .Imper
יחיד	צָף	אני	צַפְתִּי	אָצוּף	
יחידה	צָפָה	אתה	צַפְתָּ	תָּצוּף	צוּף
רבים	צָפִים	את	צַפְתְּ	תָּצוּפִי	צוּפִי
רבות	צָפוֹת	הוא	צָף	יָצוּף	
		היא	צָפָה	תָּצוּף	
		אנחנו	צַפְנוּ	נָצוּף	
		אתם/ן	צַפְתֶּם/ן	תָּצוּפוּ *	צוּפוּ **
		הם/ן	צָפוּ	יָצוּפוּ *	

שם הפועל .Infin לָצוּף — * less commonly: אתן/הן תָּצוֹפְנָה

מקור מוחלט .Inf. Abs צוּף — ** less commonly: (אתן) צוֹפְנָה

מקור נטוי .Inf.+pron בְּצוּפוֹ, כְּ...

הוּצַף be flooded

בניין : הוּפְעַל גזרה : ע״ו

	הווה Present		עבר Past	עתיד Future
יחיד	מוּצָף	אני	הוּצַפְתִּי	אוּצַף
יחידה	מוּצֶפֶת	אתה	הוּצַפְתָּ	תּוּצַף
רבים	מוּצָפִים	את	הוּצַפְתְּ	תּוּצְפִי
רבות	מוּצָפוֹת	הוא	הוּצַף	יוּצַף
		היא	הוּצְפָה	תּוּצַף
		אנחנו	הוּצַפְנוּ	נוּצַף
		אתם/ן	הוּצַפְתֶּם/ן	תּוּצְפוּ *
		הם/ן	הוּצְפוּ	יוּצְפוּ *

בינוני סביל .Pass. Part מוּצָף flooded — * less commonly: אתן/הן תּוּצַפְנָה

♦ **דוגמאות** Illustrations

אזורים נרחבים בדרום ארה״ב ובמערב התיכון **הוּצְפוּ** לאחרונה במים אדירים. הגשם והנחלים הגואים **הֵצִיפוּ** מאות בתים.

Wide areas in the Southern U.S. and in the Midwest **were** recently **flooded** with massive quantities of water. The rain and the overflowing rivers **flooded** hundreds of houses.

שמן **צָף** על פני המים. Oil **floats** on water.

●צוק : לְהָצִיק

הֵצִיק/הֵצַק/יָצִיק bother, irritate, annoy; torment

בניין : הִפְעִיל גזרה : ע״ו

	הווה Present		עבר Past	עתיד Future	ציווי .Imper
יחיד	מֵצִיק	אני	הֱצַקְתִּי	אָצִיק	
יחידה	מְצִיקָה	אתה	הֱצַקְתָּ	תָּצִיק	הָצֵק
רבים	מְצִיקִים	את	הֱצַקְתְּ	תָּצִיקִי	הָצִיקִי
רבות	מְצִיקוֹת	הוא	הֵצִיק	יָצִיק	
		היא	הֵצִיקָה	תָּצִיק	
		אנחנו	הֱצַקְנוּ	נָצִיק	
		אתם/ן	* הֱצַקְתֶּם/ן	** תָּצִיקוּ	*** הָצִיקוּ
		הם/ן	הֵצִיקוּ	** יָצִיקוּ	

* formal: הֲצַקְתֶּם/ן

שם הפועל .Infin לְהָצִיק

** less commonly: אתן/הן תָּצֵקְנָה

מקור מוחלט .Inf. Abs הָצֵק

*** less commonly: (אתן) הָצֵקְנָה

שם הפעולה Verbal N הֲצָקָה bothering, irritating

♦ **דוגמאות** Illustrations

כשילד שונה מילדים אחרים, פיסית או מנטלית, תמיד יימצאו ילדים בכיתה **שֶׁיָּצִיקוּ** לו.

When a child is different from others, there will always be some children in the class who **will torment** him.

●צחצח : לְצַחְצֵחַ

צִחְצַח polish, burnish (metal)

בניין : פִּיעֵל גזרה : מרובעים + האות הרביעית של השורש גרונית

	הווה Present		עבר Past	עתיד Future	ציווי .Imper
יחיד	מְצַחְצֵחַ	אני	צִחְצַחְתִּי	*אֲצַחְצַח/...צֵחַ	
יחידה	מְצַחְצַחַת	אתה	צִחְצַחְתָּ	*תְּצַחְצַח/...צֵחַ	*צַחְצַח/..צֵחַ
רבים	מְצַחְצְחִים	את	צִחְצַחְתְּ/..צַחַת	תְּצַחְצְחִי	צַחְצְחִי
רבות	מְצַחְצְחוֹת	הוא	*צִחְצַח/צִחְצֵחַ	*יְצַחְצַח/...צֵחַ	
		היא	צִחְצְחָה	*תְּצַחְצַח/...צֵחַ	
		אנחנו	צִחְצַחְנוּ	*נְצַחְצַח/...צֵחַ	
		אתם/ן	צִחְצַחְתֶּם/ן	** תְּצַחְצְחוּ	***צַחְצְחוּ
		הם/ן	צִחְצְחוּ	** יְצַחְצְחוּ	

שם הפועל Infin. לְצַחְצֵחַ — * ...צֵחַ more common in colloquial use

שם הפעולה Verbal N צִחְצוּחַ polishing — ** less commonly: אתן/הן תְּצַחְצַחְנָה

מקור מוחלט Inf. Abs. צַחְצֵחַ — *** less commonly: (אתן) צַחְצַחְנָה

♦ פעלים פחות שכיחים מאותו שורש Less frequent verbs from the same root

צוּחְצַח be polished; be dressed up (coll.) < בינוני Pres. Part. מְצוּחְצָח polished

הִצְטַחְצֵחַ shine; take polish; dress up (coll.); ornament one's speech (מִצְטַחְצֵחַ, יִצְטַחְצֵחַ, לְהִצְטַחְצֵחַ)

♦ דוגמאות Illustrations

שלמה גאה מאוד בהופעתו ה**מְצוּחְצַחַת** ובעושר לשונו. הוא **מְצַחְצֵחַ** את נעליו פעמיים ביום, עד שהן **מְצוּחְצָחוֹת** כמראה, **ומִצְטַחְצֵחַ** בלשונו כמו קריין מ"קול ישראל".

Shlomo is very proud of his **polished** appearance and of the richness of his language. He **polishes** his shoes twice a day, until they are as **polished** as a mirror, and **ornaments** his language like a "Voice of Israel" announcer.

♦ ביטויים מיוחדים Special expressions

צַחְצֵחַ לשונו speak elevated, ornamented language — **צִחְצוּחַ** חרבות saber-rattling

לשון **מְצוּחְצַחַת** **polished** language, eloquence

● צחק : לִצְחוֹק, לְהַצְחִיק

צָחַק/צוֹחֵק/יִצְחַק laugh

בניין : פָּעַל — גזרה : שלמים (אֶפְעַל) + ע"ג

	הווה Present		עבר Past	עתיד Future	ציווי Imper.
יחיד	צוֹחֵק	אני	צָחַקְתִּי	אֶצְחַק	
יחידה	צוֹחֶקֶת	אתה	צָחַקְתָּ	תִּצְחַק	צְחַק
רבים	צוֹחֲקִים	את	צָחַקְתְּ	תִּצְחֲקִי	צַחֲקִי
רבות	צוֹחֲקוֹת	הוא	צָחַק	יִצְחַק	
		היא	צָחֲקָה	תִּצְחַק	
		אנחנו	צָחַקְנוּ	נִצְחַק	
		אתם/ן	* צְחַקְתֶּם/ן	** תִּצְחֲקוּ	*** צַחֲקוּ
		הם/ן	צָחֲקוּ	** יִצְחֲקוּ	

שם הפועל Infin. לִצְחוֹק — * Colloquial: צָחַקְתֶּם/ן

מקור מוחלט Inf. Abs. צָחוֹק — ** less commonly: אתן/הן תִּצְחַקְנָה

מקור נטוי Inf.+pron. בְּצוֹחֲקוֹ, כְּ... — *** less commonly: (אתן) צְחַקְנָה

מ"י מוצרכת Gov. Prep. צָחַק לְ- laugh at

הִצְחִיק/הִצְחַק/יַצְחִיק make laugh, amuse; be funny

בניין : הִפְעִיל — גזרה : שלמים

	הווה Present		עבר Past	עתיד Future	ציווי Imper.
יחיד	מַצְחִיק	אני	הִצְחַקְתִּי	אַצְחִיק	
יחידה	מַצְחִיקָה	אתה	הִצְחַקְתָּ	תַּצְחִיק	הַצְחֵק

	Present הווה		Past עבר	Future עתיד	Imper. ציווי
רבים	מַצְחִיקִים	את	הִצְחַקְתְּ	תַּצְחִיקִי	הַצְחִיקִי
רבות	מַצְחִיקוֹת	הוא	הִצְחִיק	יַצְחִיק	
		היא	הִצְחִיקָה	תַּצְחִיק	
		אנחנו	הִצְחַקְנוּ	נַצְחִיק	
		אתםץ	הִצְחַקְתֶּםץ	תַּצְחִיקוּ *	הַצְחִיקוּ **
		הםץ	הִצְחִיקוּ	יַצְחִיקוּ *	

שם הפועל .Infin לְהַצְחִיק * less commonly: אתן/הן תַּצְחֵקְנָה

בינוני .Pres. Part מַצְחִיק funny, amusing ** less commonly: (אתן) הַצְחֵקְנָה

שם הפעולה Verbal N הַצְחָקָה making laugh, amusing מקור מוחלט .Inf. Abs הַצְחֵק

♦ **דוגמאות** Illustrations

אשתו של משה אומרת שהיא אוהבת אותו כי הוא יודע איך **לְהַצְחִיק** אותה. בזכותו היא **צוֹחֶקֶת** תמיד, אפילו בשעות קשות.

Moshe's wife says that she loves him because he knows how **to make her laugh**. Thanks to him she always **laughs**, even at hard times.

רוברט חושב שבּוֹב הוֹפּ היה האיש **המַצְחִיק** ביותר בעולם; ג'יימס חושב שכשרייגן היה נשיא, הוא היה יותר **מַצְחִיק**.

Robert thinks that Bob Hope was the **funni**est man in the world; James thinks that when Reagan was president, he was **funni**er.

♦ **ביטויים מיוחדים** Special expressions

צָחַק מאוזן לאוזן (**laugh** heartily, **grin** broadly ("from ear to ear"

אתה **מַצְחִיק** אותי! !Don't make me **laugh**! (coll.)

המשכורת שלי **מַצְחִיקָה** (my salary is **laughable** (i.e., ridiculously small) (coll.

● ציד : לְהִצְטַיֵּד, לְצַיֵּד

צוּיַּד (צֻיַּד) be equipped

בניין : **פּוּעַל** גזרה : **שלמים**

	Present הווה		Past עבר	Future עתיד
יחיד	מְצוּיָּד	אני	צוּיַּדְתִּי	אֲצוּיַּד
יחידה	מְצוּיֶּדֶת	אתה	צוּיַּדְתָּ	תְּצוּיַּד
רבים	מְצוּיָּדִים	את	צוּיַּדְתְּ	תְּצוּיְּדִי
רבות	מְצוּיָּדוֹת	הוא	צוּיַּד	יְצוּיַּד
		היא	צוּיְּדָה	תְּצוּיַּד
		אנחנו	צוּיַּדְנוּ	נְצוּיַּד
		אתםץ	צוּיַּדְתֶּםץ	תְּצוּיְּדוּ *
		הםץ	צוּיְּדוּ	יְצוּיְּדוּ *

בינוני סביל .Pass. Part מְצוּיָּד equipped * less commonly : אתן/הן תְּצוּיַּדְנָה

מ"י מוצרכת .Gov. Prep צוּיַּד ב- be equipped with

הִצְטַיֵּד (הִצְטַיֵּד)/הִצְטַיַּד equip oneself

בניין : הִתְפַּעֵל   גזרה : שלמים + פ׳ שורקת

ציווי Imper.	עתיד Future	עבר Past		הווה Present	
	אֶצְטַיֵּד	הִצְטַיַּדְתִּי	אני	מִצְטַיֵּד	יחיד
הִצְטַיֵּד	תִּצְטַיֵּד	הִצְטַיַּדְתָּ	אתה	מִצְטַיֶּדֶת	יחידה
הִצְטַיְּדִי	תִּצְטַיְּדִי	הִצְטַיַּדְתְּ	את	מִצְטַיְּדִים	רבים
	יִצְטַיֵּד	הִצְטַיֵּד	הוא	מִצְטַיְּדוֹת	רבות
	תִּצְטַיֵּד	הִצְטַיְּדָה	היא		
	נִצְטַיֵּד	הִצְטַיַּדְנוּ	אנחנו		
הִצְטַיְּדוּ **	תִּצְטַיְּדוּ *	הִצְטַיַּדְתֶּם/ן	אתם/ן		
	יִצְטַיְּדוּ *	הִצְטַיְּדוּ	הם/ן		

שם הפועל .Infin לְהִצְטַיֵּד   * less commonly: אתן/הן תִּצְטַיֵּדְנָה

מקור מוחלט .Inf. Abs הִצְטַיֵּד   ** less commonly: (אתן) הִצְטַיֵּדְנָה

שם הפעולה Verbal N הִצְטַיְּדוּת equipping oneself

מ״י מוצרכת .Gov. Prep הִצְטַיֵּד ב- equip oneself with

צִיֵּד (צִיֵּד)/צִיַּד/צַיֵּד equip, outfit

בניין : פִּיעֵל   גזרה : שלמים

ציווי Imper.	עתיד Future	עבר Past		הווה Present	
	אֲצַיֵּד	צִיַּדְתִּי	אני	מְצַיֵּד	יחיד
צַיֵּד	תְּצַיֵּד	צִיַּדְתָּ	אתה	מְצַיֶּדֶת	יחידה
צַיְּדִי	תְּצַיְּדִי	צִיַּדְתְּ	את	מְצַיְּדִים	רבים
	יְצַיֵּד	צִיֵּד	הוא	מְצַיְּדוֹת	רבות
	תְּצַיֵּד	צִיְּדָה	היא		
	נְצַיֵּד	צִיַּדְנוּ	אנחנו		
צַיְּדוּ **	תְּצַיְּדוּ *	צִיַּדְתֶּם/ן	אתם/ן		
	יְצַיְּדוּ *	צִיְּדוּ	הם/ן		

שם הפועל .Infin לְצַיֵּד   * less commonly: אתן/הן תְּצַיֵּדְנָה

מ״י מוצרכת .Gov. Prep צִיֵּד ב- equip with   ** less commonly: (אתן) צַיֵּדְנָה

שם הפעולה Verbal N צִיּוּד equipment; equipping   מקור מוחלט .Inf. Abs צַיֵּד

♦ דוגמאות Illustrations

ממשלת ארה״ב **צִיְּדָה** את המורדים בסוריה ואימנה אותם, אבל זה לא עזר הרבה.

The U.S. government **equipped** and trained the rebels in Syria, but it did not help much....

● צין : לְצַיֵּן, לְהִצְטַיֵּן

צִיֵּן (צִיֵּן)/צִיַּנ/צַיֵּן (מן צִיּוּן mark) mark, note, point out; distinguish; be characteristic of

בניין : פִּיעֵל   גזרה : ל״נ

ציווי Imper.	עתיד Future	עבר Past		הווה Present	
	אֲצַיֵּן	צִיַּנְתִּי	אני	מְצַיֵּן	יחיד
צַיֵּן	תְּצַיֵּן	צִיַּנְתָּ	אתה	מְצַיֶּנֶת	יחידה
צַיְּנִי	תְּצַיְּנִי	צִיַּנְתְּ	את	מְצַיְּנִים	רבים
	יְצַיֵּן	צִיֵּן	הוא	מְצַיְּנוֹת	רבות

	הווה Present		עבר Past	עתיד Future	ציווי .Imper
		היא	צִיְּנָה	תְּצַיֵּן	
		אנחנו	צִיַּנּוּ	נְצַיֵּן	
		אתם/ן	צִיַּנְתֶּם/ן	תְּצַיְּנוּ *	צַיְּנוּ **
		הם/ן	צִיְּנוּ	יְצַיְּנוּ *	

שם הפועל .Infin לְצַיֵּן * less commonly: אתן/הן תְּצַיֵּנָּה

בינוני .Pres. Part מְצַיֵּין marker ** less commonly: (אתן) צַיֵּנָּה

שם הפעולה Verbal N צִיּוּן mark(ing), grade; remark מקור מוחלט .Inf. Abs צַיֵּן

צוּיַּן (צֻיַּן) be marked, be noted; be distinguished, be remarkable

בניין : פּוּעַל גזרה : ל״נ

	הווה Present		עבר Past	עתיד Future
יחיד	מְצוּיָּן	אני	צוּיַּנְתִּי	אֲצוּיַּן
יחידה	מְצוּיֶּנֶת	אתה	צוּיַּנְתָּ	תְּצוּיַּן
רבים	מְצוּיָּנִים	את	צוּיַּנְתְּ	תְּצוּיְּנִי
רבות	מְצוּיָּנוֹת	הוא	צוּיַּן	יְצוּיַּן
		היא	צוּיְּנָה	תְּצוּיַּן
		אנחנו	צוּיַּנּוּ	נְצוּיַּן
		אתם/ן	צוּיַּנְתֶּם/ן	תְּצוּיְּנוּ *
		הם/ן	צוּיְּנוּ	יְצוּיְּנוּ *

בינוני .Pres. Part מְצוּיָּן excellent; noted * less commonly : אתן/הן תְּצוּיַּנָּה

שם הפעולה Verbal N מְצוּיָּנוּת excellence

הִצְטַיֵּן (הִצְטַיֵּן)/הִצְטַיַּנ excel; be distinguished (positively)

בניין : הִתְפַּעֵל גזרה : פ׳ שורקת + ל״נ

	הווה Present		עבר Past	עתיד Future	ציווי .Imper
יחיד	מִצְטַיֵּן	אני	הִצְטַיַּנְתִּי	אֶצְטַיֵּן	
יחידה	מִצְטַיֶּנֶת	אתה	הִצְטַיַּנְתָּ	תִּצְטַיֵּן	הִצְטַיֵּן
רבים	מִצְטַיְּנִים	את	הִצְטַיַּנְתְּ	תִּצְטַיְּנִי	הִצְטַיְּנִי
רבות	מִצְטַיְּנוֹת	הוא	הִצְטַיֵּן	יִצְטַיֵּן	
		היא	הִצְטַיְּנָה	תִּצְטַיֵּן	
		אנחנו	הִצְטַיַּנּוּ	נִצְטַיֵּן	
		אתם/ן	הִצְטַיַּנְתֶּם/ן	תִּצְטַיְּנוּ *	הִצְטַיְּנוּ **
		הם/ן	הִצְטַיְּנוּ	יִצְטַיְּנוּ *	

שם הפועל .Infin לְהִצְטַיֵּן * less commonly: אתן/הן תִּצְטַיֵּנָּה

בינוני .Pres. Part מִצְטַיֵּן distinguished ** less commonly: (אתן) הִצְטַיֵּנָּה

שם הפעולה Verbal N הִצְטַיְּנוּת distinction, excellence מקור מוחלט .Inf. Abs הִצְטַיֵּן

♦ דוגמאות Illustrations

מפקד המשטרה **צִיֵּן צִיּוּן** מיוחד את אומץ ליבו של השוטר שפירק את הפצצה.

The police chief **noted** by special **mention** the courage of the officer who disarmed the bomb.

אביגדור סיים את קורס הקצינים ב**הִצְטַיְּנוּת**, וקיבל את אות ה״חניך ה**מִצְטַיֵּן**״.

Avigdor finished the officers' training course with **distinction**, and received the "**Distinguished** Cadet" badge.

בישיבת המורים **צוּיַּן** ש**צִיּוּנָיו** של משה השתפרו מאוד בשליש האחרון. אפילו במתמטיקה יש לו "**מְצוּיָּן**".

At the teachers' meeting it **was noted** that Moshe's **grades** improved significantly in the last quarter. He was even "**excellent**" in math.

♦ ביטויים מיוחדים Special expressions

צִיּוּן-דרך road **mark** — ראוי ל**צִיּוּן** **not**able

צוּיַּן לשבח be commended/singled out for praise

● ציץ-1 : לָצוּץ

צָץ/צַץ/יָצוּץ pop up, appear suddenly; sprout, bloom

בניין : פָּעַל — גזרה : ע"ו

	Present הווה		Past עבר	Future עתיד	Imper. ציווי
יחיד	צָץ	אני	צַצְתִּי	אָצוּץ	
יחידה	צָצָה	אתה	צַצְתָּ	תָּצוּץ	צוּץ
רבים	צָצִים	את	צַצְתְּ	תָּצוּצִי	צוּצִי
רבות	צָצוֹת	הוא	צָץ	יָצוּץ	
		היא	צָצָה	תָּצוּץ	
		אנחנו	צַצְנוּ	נָצוּץ	
		אתם/ן	צַצְתֶּם/ן	תָּצוּצוּ *	צוּצוּ **
		הם/ן	צָצוּ	יָצוּצוּ *	

שם הפועל .Infin לָצוּץ — less commonly * :אתן/הן תָּצוֹצְנָה

מקור מוחלט .Inf. Abs צוֹץ — less commonly ** :(אתן) צוֹצְנָה

מקור נטוי .Inf.+pron בְּצוּצוֹ, כְּ...

♦ דוגמאות Illustrations

הישראלים מרבים לטייל בגליל בתחילת האביב, לצפות בשלל הצבעים של פרחי הבר החדשים ה**צָּצִים** בו מדי יום.

Many Israelis take trips to the Galilee in the beginning of the spring season, to watch the new multi-colored wild flowers that **pop up/sprout** there every day.

● ציץ-2 : לְהָצִיץ

הֵצִיץ/הֵצַץ/יָצִיץ peek; glance

בניין : הִפְעִיל — גזרה : ע"ו

	Present הווה		Past עבר	Future עתיד	Imper. ציווי
יחיד	מֵצִיץ	אני	הֵצַצְתִּי	אָצִיץ	
יחידה	מְצִיצָה	אתה	הֵצַצְתָּ	תָּצִיץ	הָצֵץ
רבים	מְצִיצִים	את	הֵצַצְתְּ	תָּצִיצִי	הָצִיצִי
רבות	מְצִיצוֹת	הוא	הֵצִיץ	יָצִיץ	
		היא	הֵצִיצָה	תָּצִיץ	
		אנחנו	הֵצַצְנוּ	נָצִיץ	
		אתם/ן	הֵצַצְתֶּם/ן *	תָּצִיצוּ **	הָצִיצוּ ***
		הם/ן	הֵצִיצוּ	יָצִיצוּ **	

* formal: הֲצַצְתֶּם/ן

שם הפועל .Infin לְהָצִיץ ** less commonly: אתן/הן תָּצֵצְנָה

מקור מוחלט .Inf. Abs הָצֵץ *** less commonly: (אתן) הָצֵצְנָה

שם הפעולה Verbal N הֲצָצָה peeking, glancing; a glance

♦ **דוגמאות** Illustrations

מכיוון שאני ידיד טוב של השחקנית הראשית, **הֵצַצְתִּי** אל מאחורי המסך בתום ההצגה כדי לברכה.

Since I am a close friend of the leading actress, I **peeked** behind the curtain after the show in order to congratulate her.

♦ **ביטויים מיוחדים** Special expressions

הֵצִיץ ונפגע become somewhat heretical; deal with a difficult issue and get (a bit) hurt

● ציר : לְצַיֵּר, לְהִצְטַיֵּר

צִיֵּר (צִיֵּר)/צִיֵּר/צַיֵּר draw, paint; picture, describe

בניין : פִּיעֵל גזרה : שלמים

	Present הווה		Past עבר	Future עתיד	Imper. ציווי
יחיד	מְצַיֵּר	אני	צִיַּרְתִּי	אֲצַיֵּר	
יחידה	מְצַיֶּרֶת	אתה	צִיַּרְתָּ	תְּצַיֵּר	צַיֵּר
רבים	מְצַיְּרִים	את	צִיַּרְתְּ	תְּצַיְּרִי	צַיְּרִי
רבות	מְצַיְּרוֹת	הוא	צִיֵּר	יְצַיֵּר	
		היא	צִיְּרָה	תְּצַיֵּר	
		אנחנו	צִיַּרְנוּ	נְצַיֵּר	
		אתם/ן	צִיַּרְתֶּם/ן	תְּצַיְּרוּ *	צַיְּרוּ **
		הם/ן	צִיְּרוּ	יְצַיְּרוּ *	

שם הפועל .Infin לְצַיֵּר * less commonly: אתן/הן תְּצַיֵּרְנָה

מקור מוחלט .Inf. Abs צַיֵּר ** less commonly: (אתן) צַיֵּרְנָה

שם הפעולה Verbal N צִיּוּר drawing, picture, illustration; figure, image; description

צוּיַּר (צֻיַּר) be drawn, be illustrated, be pictured

בניין : פּוּעַל גזרה : שלמים

	Present הווה		Past עבר	Future עתיד
יחיד	מְצוּיָּר	אני	צוּיַּרְתִּי	אֲצוּיַּר
יחידה	מְצוּיֶּרֶת	אתה	צוּיַּרְתָּ	תְּצוּיַּר
רבים	מְצוּיָּרִים	את	צוּיַּרְתְּ	תְּצוּיְּרִי
רבות	מְצוּיָּרוֹת	הוא	צוּיַּר	יְצוּיַּר
		היא	צוּיְּרָה	תְּצוּיַּר
		אנחנו	צוּיַּרְנוּ	נְצוּיַּר
		אתם/ן	צוּיַּרְתֶּם/ן	תְּצוּיְּרוּ *
		הם/ן	צוּיְּרוּ	יְצוּיְּרוּ *

בינוני .Pres. Part מְצוּיָּר drawn, painted * less commonly: אתן/הן תְּצוּיַּרְנָה

be portrayed, be pictured (in the mind) הִצְטַיֵּר (הִצְטַיֵּר)/הִצְטַיֵּר

בניין : הִתְפַּעֵל גזרה : שלמים + פ׳ שורקת

	Present הווה		Past עבר	Future עתיד	Imper. ציווי
יחיד	מִצְטַיֵּר	אני	הִצְטַיַּרְתִּי	אֶצְטַיֵּר	
יחידה	מִצְטַיֶּרֶת	אתה	הִצְטַיַּרְתָּ	תִּצְטַיֵּר	הִצְטַיֵּר
רבים	מִצְטַיְּרִים	את	הִצְטַיַּרְתְּ	תִּצְטַיְּרִי	הִצְטַיְּרִי
רבות	מִצְטַיְּרוֹת	הוא	הִצְטַיֵּר	יִצְטַיֵּר	
		היא	הִצְטַיְּרָה	תִּצְטַיֵּר	
		אנחנו	הִצְטַיַּרְנוּ	נִצְטַיֵּר	
		אתם/ן	הִצְטַיַּרְתֶּם/ן	תִּצְטַיְּרוּ *	הִצְטַיְּרוּ **
		הם/ן	הִצְטַיְּרוּ	יִצְטַיְּרוּ *	

שם הפועל .Infin לְהִצְטַיֵּר * less commonly: אתן/הן תִּצְטַיֵּרְנָה

שם הפעולה Verbal N הִצְטַיְּרוּת being pictured ** less commonly: (אתן) הִצְטַיֵּרְנָה

מקור מוחלט .Inf. Abs הִצְטַיֵּר

♦ דוגמאות Illustrations

כשראיתי את הצייר המפורסם פנים-אל-פנים, הופתעתי עד כמה היה שונה מן התמונה ש**הִצְטַיְּרָה** במוחי בהשפעת **ציור** הפורטרט העצמי ש**צִיֵּר** לפני כעשר שנים, ומן הפורטרטים שלו ש**צוּיְּרוּ** על ידי ציירים אחרים.

When I saw the famous artist face-to-face, I was surprised to see how different he was from how he **was pictured** in my mind under the influence of the self-portrait **painting** he **had painted** ten years earlier, as well as from portraits of him that **were drawn** by other artists.

●צלח-1 : לְהַצְלִיחַ

succeed, do well (in test, etc.), prosper; cause to succeed (lit.) הִצְלִיחַ/הִצְלַח/יַצְלִיחַ

בניין : הִפְעִיל גזרה : שלמים + ל״ג

	Present הווה		Past עבר	Future עתיד	Imper. ציווי
יחיד	מַצְלִיחַ	אני	הִצְלַחְתִּי	אַצְלִיחַ	
יחידה	מַצְלִיחָה	אתה	הִצְלַחְתָּ	תַּצְלִיחַ	הַצְלַח
רבים	מַצְלִיחִים	את	הִצְלַחְתְּ.../חַת	תַּצְלִיחִי	הַצְלִיחִי
רבות	מַצְלִיחוֹת	הוא	הִצְלִיחַ	יַצְלִיחַ	
		היא	הִצְלִיחָה	תַּצְלִיחַ	
		אנחנו	הִצְלַחְנוּ	נַצְלִיחַ	
		אתם/ן	הִצְלַחְתֶּם/ן	תַּצְלִיחוּ *	הַצְלִיחוּ **
		הם/ן	הִצְלִיחוּ	יַצְלִיחוּ *	

שם הפועל .Infin לְהַצְלִיחַ * less commonly: אתן/הן תַּצְלַחְנָה

שם הפעולה Verbal N הַצְלָחָה success ** less commonly: (אתן) הַצְלַחְנָה

בינוני .Pres. Part מַצְלִיחַ successful

מקור מוחלט .Inf. Abs הַצְלֵחַ

♦ פעלים פחות שכיחים מאותו שורש Less frequent verbs from the same root

הוּצְלַח turn out well < בינוני .Pres. Part מוּצְלָח that has turned out well; successful

♦ דוגמאות Illustrations

״הניתוח **הִצְלִיחַ** והחולה מת״ – דוגמה ל**הַצְלָחָה** לא **מוּצְלַחַת**.

"The operation **succeeded** but the patient died" – an example of **success** that has not **turned out well**.

♦ ביטויים מיוחדים Special expressions

עלה **והַצְלַח** good luck! | לא-**יִצְלַח/יוּצְלַח** good-for-nothing, a failure

●צלח-2 : לִצְלוֹחַ

צָלַח/צוֹלֵחַ/יִצְלַח cross, traverse, ford

בניין : פָּעַל גזרה : שלמים + ל״ג

	Present הווה		Past עבר	Future עתיד	Imper. ציווי
יחיד	צוֹלֵחַ	אני	צָלַחְתִּי	אֶצְלַח	
יחידה	צוֹלַחַת	אתה	צָלַחְתָּ	תִּצְלַח	צְלַח
רבים	צוֹלְחִים	את	צָלַחְתְּ/...חַת	תִּצְלְחִי	צִלְחִי
רבות	צוֹלְחוֹת	הוא	צָלַח	יִצְלַח	
		היא	צָלְחָה	תִּצְלַח	
		אנחנו	צָלַחְנוּ	נִצְלַח	
		אתם/ן	צְלַחְתֶּם/ן *	תִּצְלְחוּ **	צִלְחוּ ***
		הם/ן	צָלְחוּ	יִצְלְחוּ **	

שם הפועל .Infin לִצְלוֹחַ

מקור מוחלט .Inf. Abs צָלוֹחַ

מקור נטוי .Inf.+pron בְּצוֹלְחוֹ, כְּ...

שם הפעולה Verbal N צְלִיחָה crossing, traversing

* Colloquial: צָלַחְתֶּם/ן

** less commonly: אתן/הן תִּצְלַחְנָה

*** less commonly: (אתן) צְלַחְנָה

♦ דוגמאות Illustrations

משה **צָלַח** את הכינרת בשחייה בזמן שיא, שלוש דקות פחות מזה של מחזיק השיא הקודם.

Moshe **crossed** the Sea of Galilee in a new record time, three minutes less than that of the previous record holder.

●צלל : לִצְלוֹל

צָלַל/צוֹלֵל/יִצְלוֹל (יִצְלֹל) dive; sink

בניין : פָּעַל גזרה : שלמים (אֶפְעוֹל)

	Pres./Part. הווה/בינוני			Past עבר	Fut. עתיד	Imp. ציווי
יחיד	צוֹלֵל	צָלוּל	אני	צָלַלְתִּי	אֶצְלוֹל	
יחידה	צוֹלֶלֶת	צְלוּלָה	אתה	צָלַלְתָּ	תִּצְלוֹל	צְלוֹל
רבים	צוֹלְלִים	צְלוּלִים	את	צָלַלְתְּ	תִּצְלְלִי	צִלְלִי
רבות	צוֹלְלוֹת	צְלוּלוֹת	הוא	צָלַל	יִצְלוֹל	
			היא	צָלְלָה	תִּצְלוֹל	
			אנחנו	צָלַלְנוּ	נִצְלוֹל	
			אתם/ן	צְלַלְתֶּם/ן *	תִּצְלְלוּ **	צִלְלוּ ***
			הם/ן	צָלְלוּ	יִצְלְלוּ **	

שם הפועל .Infin לִצְלוֹל   * Colloquial: צְלַלְתֶּם/ן

שם הפעולה Verbal N צְלִילָה diving, sinking   ** less commonly: אתן/הן תִּצְלוֹלְנָה

ביני פעיל .Act. Part צוֹלֵל diver   *** less commonly: (אתן) צְלוֹלְנָה

צוֹלֶלֶת submarine   מקור נטוי .Inf.+pron בְּצוֹלְלוֹ, כְּ...

ביני סביל .Pass. Part צָלוּל clear, pure   מקור מוחלט .Inf. Abs צָלוֹל

מ״י מוצרכת .Gov. Prep צָלַל ל- dive in(to)

♦ דוגמאות Illustrations

מנחם חולם להיות גרג לוגאניס שני. הוא מקבל שיעורי **צְלִילָה** מ**צוֹלֵל** מקצועי, ו**צוֹלֵל** כמה שעות כל יום אחרי הלימודים.

Menahem dreams of becoming another Greg Louganis. He takes **diving** lessons from a professional **diver**, and **dives** a few hours every day after school.

♦ ביטויים מיוחדים Special expressions

צָלַל כעופרת sink like lead

●צלם (מן צֶלֶם image) : לְצַלֵּם, לְהִצְטַלֵּם

צִילֵּם (צִלֵּם)/צִילַּמ/צַלֵּם photograph, take photos/pictures, shoot; X-ray

בניין : פִּיעֵל   גזרה : שלמים

	Present הווה		Past עבר	Future עתיד	Imper. ציווי
יחיד	מְצַלֵּם	אני	צִילַּמְתִּי	אֲצַלֵּם	
יחידה	מְצַלֶּמֶת	אתה	צִילַּמְתָּ	תְּצַלֵּם	צַלֵּם
רבים	מְצַלְּמִים	את	צִילַּמְתְּ	תְּצַלְּמִי	צַלְּמִי
רבות	מְצַלְּמוֹת	הוא	צִילֵּם	יְצַלֵּם	
		היא	צִילְּמָה	תְּצַלֵּם	
		אנחנו	צִילַּמְנוּ	נְצַלֵּם	
		אתם/ן	צִילַּמְתֶּם/ן	תְּצַלְּמוּ *	צַלְּמוּ **
		הם/ן	צִילְּמוּ	יְצַלְּמוּ *	

שם הפועל .Infin לְצַלֵּם   * less commonly: אתן/הן תְּצַלֵּמְנָה

מקור מוחלט .Inf. Abs צַלֵּם   ** less commonly: (אתן) צַלֵּמְנָה

שם הפעולה Verbal N צִילּוּם photograph; photography

הִצְטַלֵּם/הִצְטַלַּמ having one's photograph taken

בניין : הִתְפַּעֵל   גזרה : שלמים + פ׳ שורקת

	Present הווה		Past עבר	Future עתיד	Imper. ציווי
יחיד	מִצְטַלֵּם	אני	הִצְטַלַּמְתִּי	אֶצְטַלֵּם	
יחידה	מִצְטַלֶּמֶת	אתה	הִצְטַלַּמְתָּ	תִּצְטַלֵּם	הִצְטַלֵּם
רבים	מִצְטַלְּמִים	את	הִצְטַלַּמְתְּ	תִּצְטַלְּמִי	הִצְטַלְּמִי
רבות	מִצְטַלְּמוֹת	הוא	הִצְטַלֵּם	יִצְטַלֵּם	
		היא	הִצְטַלְּמָה	תִּצְטַלֵּם	
		אנחנו	הִצְטַלַּמְנוּ	נִצְטַלֵּם	
		אתם/ן	הִצְטַלַּמְתֶּם/ן	תִּצְטַלְּמוּ *	הִצְטַלְּמוּ **
		הם/ן	הִצְטַלְּמוּ	יִצְטַלְּמוּ *	

* less commonly: אתן/הן תִּצְטַלֵּמְנָה

** less commonly: (אתן) הִצְטַלֵּמְנָה

שם הפועל .Infin לְהִצְטַלֵּם

שם הפעולה Verbal N הִצְטַלְּמוּת having one's photo taken

מקור מוחלט .Inf. Abs הִצְטַלֵּם

צוּלַּם (צֻלַּם) be photographed

בניין : פּוּעַל גזרה : שלמים

	הווה Present		עבר Past	עתיד Future
יחיד	מְצוּלָּם	אני	צוּלַּמְתִּי	אֲצוּלַּם
יחידה	מְצוּלֶּמֶת	אתה	צוּלַּמְתָּ	תְּצוּלַּם
רבים	מְצוּלָּמִים	את	צוּלַּמְתְּ	תְּצוּלְּמִי
רבות	מְצוּלָּמוֹת	הוא	צוּלַּם	יְצוּלַּם
		היא	צוּלְּמָה	תְּצוּלַּם
		אנחנו	צוּלַּמְנוּ	נְצוּלַּם
		אתם/ן	צוּלַּמְתֶּם/ן	* תְּצוּלְּמוּ
		הם/ן	צוּלְּמוּ	* יְצוּלְּמוּ

בינוני .Pres. Part מְצוּלָּם photograph

* less commonly: אתן/הן תְּצוּלַּמְנָה

♦ דוגמאות Illustrations

עמי **צִילֵּם** את הנסיכה כשהיא מתרחצת בחוף עם ידיד. **צִילּוּם** ש**צוּלַּם** בהקשר כזה שווה הרבה כסף. אבל הנסיכה לא אוהבת במיוחד **לְהִצְטַלֵּם**; היא חטפה את המצלמה וזרקה אותה למים.

Ami **photographed** the princess bathing on the beach with a friend. A **photograph taken** in such context is worth a lot of money. But the princess does not particularly care **to have her picture taken**; she snatched the camera and tossed it into the water.

● צלצל : לְצַלְצֵל

צִלְצֵל/צִלְצַל/צַלְצֵל ring, chime; ring up, telephone (coll.)

בניין : פִּיעֵל גזרה : מרובעים

	הווה Present		עבר Past	עתיד Future	ציווי .Imper
יחיד	מְצַלְצֵל	אני	צִלְצַלְתִּי	אֲצַלְצֵל	
יחידה	מְצַלְצֶלֶת	אתה	צִלְצַלְתָּ	תְּצַלְצֵל	צַלְצֵל
רבים	מְצַלְצְלִים	את	צִלְצַלְתְּ	תְּצַלְצְלִי	צַלְצְלִי
רבות	מְצַלְצְלוֹת	הוא	צִלְצֵל	יְצַלְצֵל	
		היא	צִלְצְלָה	תְּצַלְצֵל	
		אנחנו	צִלְצַלְנוּ	נְצַלְצֵל	
		אתם/ן	צִלְצַלְתֶּם/ן	* תְּצַלְצְלוּ	** צַלְצְלוּ
		הם/ן	צִלְצְלוּ	* יְצַלְצְלוּ	

* less commonly: אתן/הן תְּצַלְצֵלְנָה

** less commonly: (אתן) צַלְצֵלְנָה

שם הפועל .Infin לְצַלְצֵל

שם הפעולה Verbal N צִלְצוּל ring, ringing, chime

בינוני .Pres. Part מְצַלְצְלִים coins, small change

מקור מוחלט .Inf. Abs צַלְצֵל

♦ דוגמאות Illustrations

עזריאל פופולרי מאוד. הטלפון בביתו **מְצַלְצֵל** כל היום, וגם הוא **מְצַלְצֵל** לכל אחד מידידיו לפחות פעמיים ביום. עליזה אומרת שמרוב טלפונים הקול שלו נשמע כמו **צִלְצוּל** טלפון גם כשהוא מדבר פנים-אל-פנים.

Azriel is very popular. The phone at his home **rings** all day, and he also **rings up** each one of his friends at least twice a day. Aliza says that he uses the phone so much that his voice sounds like the **ringing** of a phone even when he talks face-to-face.

● צמד : לְהִיצָּמֵד, לְהַצְמִיד

נִצְמַד/יִיצָּמֵד (יִצָּמֵד) stick (to), cling (to)

בניין : נִפְעַל גזרה : שלמים

Imper. ציווי	Future עתיד	Past עבר		Present הווה	
	אֶצָּמֵד	נִצְמַדְתִּי	אני	נִצְמָד	יחיד
הִיצָּמֵד	תִּיצָּמֵד	נִצְמַדְתָּ	אתה	נִצְמֶדֶת	יחידה
הִיצָּמְדִי	תִּיצָּמְדִי	נִצְמַדְתְּ	את	נִצְמָדִים	רבים
	יִיצָּמֵד	נִצְמַד	הוא	נִצְמָדוֹת	רבות
	תִּיצָּמֵד	נִצְמְדָה	היא		
	נִיצָּמֵד	נִצְמַדְנוּ	אנחנו		
** הִיצָּמְדוּ	* תִּיצָּמְדוּ	נִצְמַדְתֶּם/ן	אתם/ן		
	* יִיצָּמְדוּ	נִצְמְדוּ	הם/ן		

שם הפועל .Infin לְהִיצָּמֵד — * less commonly: אתן/הן תִּיצָּמַדְנָה

ש' הפעו' Verbal N הִצָּמְדוּת attaching, clinging — ** less commonly: (אתן) הִיצָּמַדְנָה

מקור מוחלט .Inf. Abs נִצְמוֹד, הִיצָּמֵד (הִיצָּמוֹד)

מ"י מוצרכת .Gov. Prep נִצְמַד לְ- cling to

הִצְמִיד/הִצְמַד/יַצְמִיד place next to, attach

בניין : הִפְעִיל גזרה : שלמים

Imper. ציווי	Future עתיד	Past עבר		Present הווה	
	אַצְמִיד	הִצְמַדְתִּי	אני	מַצְמִיד	יחיד
הַצְמֵד	תַּצְמִיד	הִצְמַדְתָּ	אתה	מַצְמִידָה	יחידה
הַצְמִידִי	תַּצְמִידִי	הִצְמַדְתְּ	את	מַצְמִידִים	רבים
	יַצְמִיד	הִצְמִיד	הוא	מַצְמִידוֹת	רבות
	תַּצְמִיד	הִצְמִידָה	היא		
	נַצְמִיד	הִצְמַדְנוּ	אנחנו		
** הַצְמִידוּ	* תַּצְמִידוּ	הִצְמַדְתֶּם/ן	אתם/ן		
	* יַצְמִידוּ	הִצְמִידוּ	הם/ן		

שם הפועל .Infin לְהַצְמִיד — * less commonly: אתן/הן תַּצְמֵדְנָה

ש' הפעולה Verbal N הַצְמָדָה attaching, pinning — ** less commonly: (אתן) הַצְמֵדְנָה

מקור מוחלט .Inf. Abs הַצְמֵד — מ"י מוצרכת .Gov. Prep הִצְמִיד לְ- attach to

הוּצְמַד (הֻצְמַד) be placed next to, be attached (to)

בניין : הוּפְעַל　　גזרה : שלמים

	Present הווה		Past עבר	Future עתיד
יחיד	מוּצְמָד	אני	הוּצְמַדְתִּי	אוּצְמַד
יחידה	מוּצְמֶדֶת	אתה	הוּצְמַדְתָּ	תּוּצְמַד
רבים	מוּצְמָדִים	את	הוּצְמַדְתְּ	תּוּצְמְדִי
רבות	מוּצְמָדוֹת	הוא	הוּצְמַד	יוּצְמַד
		היא	הוּצְמְדָה	תּוּצְמַד
		אנחנו	הוּצְמַדְנוּ	נוּצְמַד
		אתם/ן	הוּצְמַדְתֶּם/ן	תּוּצְמְדוּ *
		הם/ן	הוּצְמְדוּ	יוּצְמְדוּ *

בינוני .Pres. Part מוּצְמָד attached　　* less commonly: אתן/הן תּוּצְמַדְנָה

מ״י מוצרכת .Gov. Prep הוּצְמַד ל- be attached to

♦ דוגמאות Illustrations

ברגע שמתברר שלמועמדים לנשיאות יש סיכוי כלשהו להיבחר, מייד **מַצְמִידִים** להם שומרי ראש.

The moment it becomes apparent that candidates for presidency have a reasonable prospect of being elected, they immediately **assign (= attach)** bodyguards to them.

בישראל **מַצְמִידִים** בדרך את הפנסיות התקציביות ליוקר המחיה. בארה״ב זה פחות מקובל.

In Israel they usually **attach** defined benefits pension plans to the cost-of-living index. In the U.S. this practice is less common.

♦ ביטויים מיוחדים Special expressions

זוויות **צְמוּדוֹת** **adjacent** angles　　**צָמוּד** לדולר **attached** to the dollar (e.g., savings)

צָמוּד למדד **attached** to the cost-of-living-index (e.g., savings)

רכב **צָמוּד** a company car reserved (= **attached**) to a particular employee

הפרשי **הַצְמָדָה** sums added to principal when principal is **attached** to index or foreign currency

● צמח : לִצְמוֹחַ, לְהַצְמִיחַ

צָמַח/צוֹמֵחַ/יִצְמַח grow (intr.); arise, spring (from)

בניין : פָּעַל　　גזרה : שלמים (אֶפְעַל) + ל״ג

	Present הווה		Past עבר	Fut. עתיד	Imp. ציווי
יחיד	צוֹמֵחַ	אני	צָמַחְתִּי	אֶצְמַח	
יחידה	צוֹמַחַת	אתה	צָמַחְתָּ	תִּצְמַח	צְמַח
רבים	צוֹמְחִים	את	צָמַחְתְּ/...חַת	תִּצְמְחִי	צִמְחִי
רבות	צוֹמְחוֹת	הוא	צָמַח	יִצְמַח	
		היא	צָמְחָה	תִּצְמַח	
		אנחנו	צָמַחְנוּ	נִצְמַח	

		Present הווה		Past עבר	Fut. עתיד	Imp. ציווי
			אתם/ן	צְמַחְתֶּם/ן *	תִּצְמְחוּ **	צִמְחוּ ***
			הם/ן	צָמְחוּ	יִצְמְחוּ **	

שם הפועל .Infin לִצְמוֹחַ   * Colloquial: צָמַחְתֶּם/ן

שם הפעולה Verbal N צְמִיחָה growing, growth   ** less commonly: אתן/הן תִּצְמַחְנָה

ביני פעיל .Act. Part צוֹמֵחַ flora   *** less commonly: (אתן) צְמַחְנָה

מקור מוחלט .Inf. Abs צָמוֹחַ   מקור נטוי .Inf.+pron בְּצוֹמְחוֹ, כְּ...

הִצְמִיחַ/הִצְמַח/יַצְמִיחַ cause to grow; produce, bring forth

בניין : הִפְעִיל   גזרה : שלמים + ל״ג

	Present הווה		Past עבר	Future עתיד	Imper. ציווי
יחיד	מַצְמִיחַ	אני	הִצְמַחְתִּי	אַצְמִיחַ	
יחידה	מַצְמִיחָה	אתה	הִצְמַחְתָּ	תַּצְמִיחַ	הַצְמַח
רבים	מַצְמִיחִים	את	הִצְמַחְתְּ/...חַת	תַּצְמִיחִי	הַצְמִיחִי
רבות	מַצְמִיחוֹת	הוא	הִצְמִיחַ	יַצְמִיחַ	
		היא	הִצְמִיחָה	תַּצְמִיחַ	
		אנחנו	הִצְמַחְנוּ	נַצְמִיחַ	
		אתם/ן	הִצְמַחְתֶּם/ן	תַּצְמִיחוּ *	הַצְמִיחוּ **
		הם/ן	הִצְמִיחוּ	יַצְמִיחוּ *	

שם הפועל .Infin לְהַצְמִיחַ   * less commonly: אתן/הן תַּצְמַחְנָה

מקור מוחלט .Inf. Abs הַצְמֵחַ   ** less commonly: (אתן) הַצְמַחְנָה

♦ דוגמאות Illustrations

יש לי חלקת אדמה בחצר שמַּצְמִיחָה את הירקות המשובחים ביותר באיזור. בשנה שעברה **צָמְחוּ** בה עגבניות ענק שזכו בפרס המחוזי.

I have a plot of ground in my backyard that **produces** the best vegetables in the region. Last year, the giant tomatoes that **grew** in it won the county prize.

השנה הייתה שנת **צְמִיחָה** בשוק המניות.

This was a year of **growth** in the stock market.

♦ ביטויים מיוחדים Special expressions

אמת מארץ **תִּצְמַח** the truth will come out

הִצְמִיחַ לו קרניים make love to someone else's wife

הִצְמִיחָה לו קרניים be unfaithful to her husband

● צמצם : לְצַמְצֵם, לְהִצְטַמְצֵם

צִמְצֵם/צִמְצַמ/צַמְצֵם reduce, cut down

בניין : פִּיעֵל   גזרה : מרובעים

	Present הווה		Past עבר	Future עתיד	Imper. ציווי
יחיד	מְצַמְצֵם	אני	צִמְצַמְתִּי	אֲצַמְצֵם	
יחידה	מְצַמְצֶמֶת	אתה	צִמְצַמְתָּ	תְּצַמְצֵם	צַמְצֵם
רבים	מְצַמְצְמִים	את	צִמְצַמְתְּ	תְּצַמְצְמִי	צַמְצְמִי
רבות	מְצַמְצְמוֹת	הוא	צִמְצֵם	יְצַמְצֵם	

Imper. ציווי	Future עתיד	Past עבר		Present הווה	
	תְּצַמְצֵם	צִמְצְמָה	היא		
	נְצַמְצֵם	צִמְצַמְנוּ	אנחנו		
צַמְצְמוּ **	תְּצַמְצְמוּ *	צִמְצַמְתֶּם/ן	אתם/ן		
	יְצַמְצְמוּ *	צִמְצְמוּ	הם/ן		

שם הפועל .Infin לְצַמְצֵם   less commonly *: אתן/הן תְּצַמְצֵמְנָה

מקור מוחלט .Inf. Abs צַמְצֵם   less commonly **: (אתן) צַמְצֵמְנָה

שם הפעולה Verbal N צִמְצוּם reduction, cutting down

הִצְטַמְצֵם/הִצְטַמְצַמ limit/restrict oneself; be reduced, be condensed, be confined

בניין: הִתְפַּעֵל   גזרה: מרובעים + פ׳ שורקת

Imper. ציווי	Future עתיד	Past עבר		Present הווה	
	אֶצְטַמְצֵם	הִצְטַמְצַמְתִּי	אני	מִצְטַמְצֵם	יחיד
הִצְטַמְצֵם	תִּצְטַמְצֵם	הִצְטַמְצַמְתָּ	אתה	מִצְטַמְצֶמֶת	יחידה
הִצְטַמְצְמִי	תִּצְטַמְצְמִי	הִצְטַמְצַמְתְּ	את	מִצְטַמְצְמִים	רבים
	יִצְטַמְצֵם	הִצְטַמְצֵם	הוא	מִצְטַמְצְמוֹת	רבות
	תִּצְטַמְצֵם	הִצְטַמְצְמָה	היא		
	נִצְטַמְצֵם	הִצְטַמְצַמְנוּ	אנחנו		
הִצְטַמְצְמוּ **	תִּצְטַמְצְמוּ *	הִצְטַמְצַמְתֶּם/ן	אתם/ן		
	יִצְטַמְצְמוּ *	הִצְטַמְצְמוּ	הם/ן		

שם הפועל .Infin לְהִצְטַמְצֵם   less commonly *: אתן/הן תִּצְטַמְצֵמְנָה

מקור מוחלט .Inf. Abs הִצְטַמְצֵם   less commonly **: (אתן) הִצְטַמְצֵמְנָה

שם הפעולה Verbal N הִצְטַמְצְמוּת contraction; reduction; being limited/confined

צוּמְצַם (צֻמְצַם) be reduced, be cut down

בניין: פּוּעַל   גזרה: מרובעים

Future עתיד	Past עבר		Present הווה	
אֲצוּמְצַם	צוּמְצַמְתִּי	אני	מְצוּמְצָם	יחיד
תְּצוּמְצַם	צוּמְצַמְתָּ	אתה	מְצוּמְצֶמֶת	יחידה
תְּצוּמְצְמִי	צוּמְצַמְתְּ	את	מְצוּמְצָמִים	רבים
יְצוּמְצַם	צוּמְצַם	הוא	מְצוּמְצָמוֹת	רבות
תְּצוּמְצַם	צוּמְצְמָה	היא		
נְצוּמְצַם	צוּמְצַמְנוּ	אנחנו		
תְּצוּמְצְמוּ *	צוּמְצַמְתֶּם/ן	אתם/ן		
יְצוּמְצְמוּ *	צוּמְצְמוּ	הם/ן		

בינוני .Pres. Part מְצוּמְצָם reduced, limited   less commonly *: אתן/הן תְּצוּמְצַמְנָה

♦ **דוגמאות** Illustrations

הרפובליקנים דורשים שהקונגרס **יְצַמְצֵם** באופן דרסטי את התקציב המוקצה לשירותי הרווחה, כדי שהגירעון בתקציב הפדרלי **יִצְטַמְצֵם**. הדמוקרטים מתנגדים **לצִמְצוּמִים** כאלה, וטוענים כי אם שירותי הרווחה **יְצוּמְצְמוּ** בצורה כזאת, יגדל העוני ויחריפו הבעיות החברתיות. לכן הם יסכימו רק לקיצוצים **מְצוּמְצָמִים**, שילוו בערבויות לשכבות החלשות.

The Republicans demand that Congress drastically **cut down** the budget allocated to welfare services, so that the federal debt **is reduced**. The Democrats object to such **reductions**, and argue that if welfare budgets **are cut down** to such an extent, poverty will rise and social problems will worsen. Therefore, they will only agree to **limited** cuts, accompanied with safeguards to the weaker populations.

♦ **ביטויים מיוחדים** Special expressions

צִמְצֵם שבר **reduce** a fraction (math) — **בְּצִמְצוּם** barely; **sparing**ly

●צנח : לִצְנוֹחַ

צָנַח/צוֹנֵחַ/יִצְנַח drop (intr.); parachute; (sl.) drop in suddenly

בניין : פָּעַל גזרה : שלמים + ל״ג

	Pres./Part. הווה/בינוני			עבר Past	עתיד Fut.	ציווי Imp.
יחיד	צוֹנֵחַ	צָנוּחַ	אני	צָנַחְתִּי	אֶצְנַח	
יחידה	צוֹנַחַת	צְנוּחָה	אתה	צָנַחְתָּ	תִּצְנַח	צְנַח
רבים	צוֹנְחִים	צְנוּחִים	את	צָנַחְתְּ/...חַת	תִּצְנְחִי	צִנְחִי
רבות	צוֹנְחוֹת	צְנוּחוֹת	הוא	צָנַח	יִצְנַח	
			היא	צָנְחָה	תִּצְנַח	
			אנחנו	צָנַחְנוּ	נִצְנַח	
			אתם/ן	צְנַחְתֶּם/ן *	תִּצְנְחוּ **	צִנְחוּ ***
			הם/ן	צָנְחוּ	יִצְנְחוּ **	

שם הפועל .Infin לִצְנוֹחַ

מקור מוחלט .Inf. Abs צָנוֹחַ

מקור נטוי .Inf.+pron בְּצוֹנְחוֹ, כְּ...

שם הפעולה Verbal N צְנִיחָה dropping; parachute descent

ביני סביל .Pass. Part צָנוּחַ dropped, lying low (lit.)

* Colloquial: צָנַחְתֶּם/ן

** less commonly: אתן/הן תִּצְנַחְנָה

*** less commonly: (אתן) צְנַחְנָה

♦ **פעלים פחות שכיחים מאותו שורש** Less frequent verbs from the same root

הִצְנִיחַ cause to drop; drop by parachute; (sl.) bring in an outside occupier of position (מַצְנִיחַ, יַצְנִיחַ, לְהַצְנִיחַ)

הוּצְנַח be dropped, be parachuted; be "landed" in job (בינוני .Pres. Part מוּצְנָח (airborne and) parachuted, יוּצְנַח)

♦ **דוגמאות** Illustrations

היום **מַצְנִיחִים** חיילים לשטח האויב פחות מאשר בעבר; מעדיפים בדרך כלל להטיס במסוקים. **צְנִיחָה** כרוכה בסיכון מסוים לחייל **המוּצְנָח** כשהוא חשוף לירי בהיותו באוויר, וכשהוא **צוֹנֵחַ** הוא עלול גם להיפגע בהגיעו לקרקע.

Today they **drop** soldiers **by parachute** less than they did in the past; they usually prefer to transport them by helicopters. **Parachuting** involves some risk to the **parachuted** soldier when exposed to enemy fire in the air, and when he **drops** he might also be hurt when reaching the ground.

כולם חשבו שאברהם יועלה בדרגה עם עזיבתו של מנהל המחלקה, אבל המנכ״ל **הִצְנִיחַ** ידיד שלו מבחוץ.

Everybody thought that Avraham would be promoted with the departure of the department head, but the general manager **brought in** a friend of his from the outside.

אפריים **צָנַח** בביתנו אתמול ללא כל הודעה מוקדמת, והודיע שהוא מתכוון להישאר אצלנו שבוע ימים.

Ephraim **dropped in** at our house yesterday without any prior warning, and announced that he was staying with us for a week.

● צנן : לְצַנֵּן, לְהִצְטַנֵּן

צִינֵּן (צִנֵּן)/צִינַּנ/צַנֵּן cool, cool down; infect with a cold

בניין : פִּיעֵל   גזרה : ל״נ

	הווה Present		עבר Past	עתיד Future	ציווי Imper.
יחיד	מְצַנֵּן	אני	צִינַּנְתִּי	אֲצַנֵּן	
יחידה	מְצַנֶּנֶת	אתה	צִינַּנְתָּ	תְּצַנֵּן	צַנֵּן
רבים	מְצַנְּנִים	את	צִינַּנְתְּ	תְּצַנְּנִי	צַנְּנִי
רבות	מְצַנְּנוֹת	הוא	צִינֵּן	יְצַנֵּן	
		היא	צִינְּנָה	תְּצַנֵּן	
		אנחנו	צִינַּנּוּ	נְצַנֵּן	
		אתם/ן	צִינַּנְתֶּם/ן	תְּצַנְּנוּ *	צַנְּנוּ **
		הם/ן	צִינְּנוּ	יְצַנְּנוּ *	

שם הפועל .Infin לְצַנֵּן   * less commonly: אתן/הן תְּצַנֵּנָּה

מקור מוחלט .Inf. Abs צַנֵּן   ** less commonly: (אתן) צַנֵּנָּה

שם הפעולה Verbal N צִינּוּן cooling (something)

צוּנַּן (צֻנַּן) be cooled

בניין : פּוּעַל   גזרה : ל״נ

	הווה Present		עבר Past	עתיד Future
יחיד	מְצוּנָּן	אני	צוּנַּנְתִּי	אֲצוּנַּן
יחידה	מְצוּנֶּנֶת	אתה	צוּנַּנְתָּ	תְּצוּנַּן
רבים	מְצוּנָּנִים	את	צוּנַּנְתְּ	תְּצוּנְּנִי
רבות	מְצוּנָּנוֹת	הוא	צוּנַּן	יְצוּנַּן
		היא	צוּנְּנָה	תְּצוּנַּן
		אנחנו	צוּנַּנּוּ	נְצוּנַּן
		אתם/ן	צוּנַּנְתֶּם/ן	תְּצוּנְּנוּ *
		הם/ן	צוּנְּנוּ	יְצוּנְּנוּ *

* less commonly: אתן/הן תְּצוּנַּנָּה

בינוני .Pres. Part מְצוּנָּן chilled; having a cold

הִצְטַנֵּן/הִצְטַנַּנ cool (down); catch a cold

בניין : הִתְפַּעֵל גזרה : פ׳ שורקת + ל״נ

	Present הווה		Past עבר	Future עתיד	Imper. ציווי
יחיד	מִצְטַנֵּן	אני	הִצְטַנַּנְתִּי	אֶצְטַנֵּן	
יחידה	מִצְטַנֶּנֶת	אתה	הִצְטַנַּנְתָּ	תִּצְטַנֵּן	הִצְטַנֵּן
רבים	מִצְטַנְּנִים	את	הִצְטַנַּנְתְּ	תִּצְטַנְּנִי	הִצְטַנְּנִי
רבות	מִצְטַנְּנוֹת	הוא	הִצְטַנֵּן	יִצְטַנֵּן	
		היא	הִצְטַנְּנָה	תִּצְטַנֵּן	
		אנחנו	הִצְטַנַּנּוּ	נִצְטַנֵּן	
		אתם/ן	הִצְטַנַּנְתֶּם/ן	תִּצְטַנְּנוּ *	הִצְטַנְּנוּ **
		הם/ן	הִצְטַנְּנוּ	יִצְטַנְּנוּ *	

שם הפועל .Infin לְהִצְטַנֵּן — * less commonly: אתן/הן תִּצְטַנֵּנָּה

מקור מוחלט .Inf. Abs הִצְטַנֵּן — ** less commonly: (אתן) הִצְטַנֵּנָּה

שם הפעולה Verbal N הִצְטַנְּנוּת cooling (down); a cold; catching cold

♦ פעלים פחות שכיחים מאותו שורש Less frequent verbs from the same root

צָנַן be/become cool < בינוני פעיל .Act. Part צוֹנֵן cool

♦ דוגמאות Illustrations

ביום חם כזה מוכרחים **לְצַנֵּן** את הגוף. אני אוהב לשחות באגם, שמימיו **צוֹנְנִים** ביותר אפילו באמצע הקייץ, אבל בפעם האחרונה שעשיתי זאת **הִצְטַנַּנְתִּי** כהוגן, ואני אומלל מאוד כשאני **מְצוּנָּן**. כנראה שאסתפק בבירה קרה.

On a day as hot as this one needs **to cool** the body. I like swimming in the lake, where the water is very cool even in mid-summer, but the last time I did it I **caught** a nasty **cold**, and when I **have a cold** I am very miserable. So I'll probably settle for cold beer.

♦ ביטויים מיוחדים Special expressions

היחסים ביניהם **הִצְטַנְּנוּ** the relations between them cooled

● צעד : לִצְעוֹד

צָעַד/צוֹעֵד/יִצְעַד march, pace, step

בניין : פָּעַל גזרה : שלמים (אֶפְעַל) + ע״ג

	Present הווה		Past עבר	Future עתיד	Imper. ציווי
יחיד	צוֹעֵד	אני	צָעַדְתִּי	אֶצְעַד	
יחידה	צוֹעֶדֶת	אתה	צָעַדְתָּ	תִּצְעַד	צְעַד
רבים	צוֹעֲדִים	את	צָעַדְתְּ	תִּצְעֲדִי	צַעֲדִי
רבות	צוֹעֲדוֹת	הוא	צָעַד	יִצְעַד	
		היא	צָעֲדָה	תִּצְעַד	
		אנחנו	צָעַדְנוּ	נִצְעַד	
		אתם/ן	צְעַדְתֶּם/ן *	תִּצְעֲדוּ **	צַעֲדוּ ***
		הם/ן	צָעֲדוּ	יִצְעֲדוּ **	

שם הפועל .Infin לִצְעוֹד　　　* Colloquial: צְעַדְתֶּם/ן
מקור מוחלט .Inf. Abs צָעוֹד　　　** less commonly: אתן/הן תִּצְעַדְנָה
ביני פעיל .Act. Part צוֹעֵד marcher　　　*** less commonly: (אתן) צְעַדְנָה
שם הפעולה Verbal N צְעִידָה marching, pacing
שם הפעולה Verbal N צְעָדָה march, parade　　　מקור נטוי .Inf.+pron בְּצוֹעֲדוֹ, כְּ...

♦ פעלים פחות שכיחים מאותו שורש Less frequent verbs from the same root
הִצְעִיד lead, cause to march; advance, promote (מַצְעִיד, יַצְעִיד, לְהַצְעִיד)

♦ דוגמאות Illustrations
מפקד המחלקה **הִצְעִיד** אותנו כל הבוקר ללא הפסקה. אחרי ש**צָעַדְנוּ** ארבע שעות, התמוטטו שלושה חיילים.

The platoon commander **had** us **march** all morning, without a break. When we **had marched** for four hours, three soldiers collapsed.

● צעק : לִצְעוֹק

צָעַק/צוֹעֵק/יִצְעַק shout, yell; complain, cry out

בניין : פָּעַל　　גזרה : שלמים (אֶפְעַל) + ע״ג

	Present הווה		Past עבר	Future עתיד	Imper. ציווי
יחיד	צוֹעֵק	אני	צָעַקְתִּי	אֶצְעַק	
יחידה	צוֹעֶקֶת	אתה	צָעַקְתָּ	תִּצְעַק	צְעַק
רבים	צוֹעֲקִים	את	צָעַקְתְּ	תִּצְעֲקִי	צַעֲקִי
רבות	צוֹעֲקוֹת	הוא	צָעַק	יִצְעַק	
		היא	צָעֲקָה	תִּצְעַק	
		אנחנו	צָעַקְנוּ	נִצְעַק	
		אתם/ן	* צְעַקְתֶּם/ן	** תִּצְעֲקוּ	*** צַעֲקוּ
		הם/ן	צָעֲקוּ	** יִצְעֲקוּ	

שם הפועל .Infin לִצְעוֹק　　　* Colloquial: צָעַקְתֶּם/ן
מקור מוחלט .Inf. Abs צָעוֹק　　　** less commonly: אתן/הן תִּצְעַקְנָה
ביני פעיל .Act. Part צוֹעֵק loud　　　*** less commonly: (אתן) צְעַקְנָה
מ״י מוצרכת .Gov. Prep צָעַק על yell at　　　מקור נטוי .Inf.+pron בְּצוֹעֲקוֹ, כְּ...
שם הפעולה Verbal N צְעָקָה shout; shouting

♦ דוגמאות Illustrations
צָעַקְתִּי עליו כבר מספר פעמים, אבל **צְעָקוֹת** לא עושות עליו שום רושם.

I **yelled** at him a few times, but **yelling** does not make any impression on him.

♦ ביטויים מיוחדים Special expressions
צָעַק חמס **protest** injustice　　　**צָעַק** ככרוכיה **cry/shout** bitterly (like a crane)
צָעַק לעזרה cry out for help　　　**צָעַק** עד לב השמיים cry out loud

● צער : לְהִצְטַעֵר, לְצַעֵר

הִצְטַעֵר/הִצְטַעַר regret, be sorry, be regretful

בניין : הִתְפַּעֵל גזרה : שלמים + פ' שורקת + ע"ג

	Present הווה		Past עבר	Future עתיד	Imper. ציווי
יחיד	מִצְטַעֵר	אני	הִצְטַעַרְתִּי	אֶצְטַעֵר	
יחידה	מִצְטַעֶרֶת	אתה	הִצְטַעַרְתָּ	תִּצְטַעֵר	הִצְטַעֵר
רבים	מִצְטַעֲרִים	את	הִצְטַעַרְתְּ	תִּצְטַעֲרִי	הִצְטַעֲרִי
רבות	מִצְטַעֲרוֹת	הוא	הִצְטַעֵר	יִצְטַעֵר	
		היא	הִצְטַעֲרָה	תִּצְטַעֵר	
		אנחנו	הִצְטַעַרְנוּ	נִצְטַעֵר	
		אתם/ן	הִצְטַעַרְתֶּם/ן	תִּצְטַעֲרוּ *	הִצְטַעֲרוּ **
		הם/ן	הִצְטַעֲרוּ	יִצְטַעֲרוּ *	

שם הפועל .Infin לְהִצְטַעֵר — * less commonly: אתן/הן תִּצְטַעֵרְנָה

מקור מוחלט .Inf. Abs הִצְטַעֵר — ** less commonly: (אתן) הִצְטַעֵרְנָה

שם הפעולה Verbal N הִצְטַעֲרוּת regret, regretfulness

מ"י מוצרכת .Gov. Prep הִצְטַעֵר על be sorry for

צִיעֵר (צִעֵר)/צִיעַר/צַעֵר sadden, distress

בניין : פִּיעֵל גזרה : שלמים + ע"ג

	Present הווה		Past עבר	Future עתיד	Imper. ציווי
יחיד	מְצַעֵר	אני	צִיעַרְתִּי	אֲצַעֵר	
יחידה	מְצַעֶרֶת	אתה	צִיעַרְתָּ	תְּצַעֵר	צַעֵר
רבים	מְצַעֲרִים	את	צִיעַרְתְּ	תְּצַעֲרִי	צַעֲרִי
רבות	מְצַעֲרוֹת	הוא	צִיעֵר	יְצַעֵר	
		היא	צִיעֲרָה	תְּצַעֵר	
		אנחנו	צִיעַרְנוּ	נְצַעֵר	
		אתם/ן	צִיעַרְתֶּם/ן	תְּצַעֲרוּ *	צַעֲרוּ**
		הם/ן	צִיעֲרוּ	יְצַעֲרוּ *	

שם הפועל .Infin לְצַעֵר — * less commonly: אתן/הן תְּצַעֵרְנָה

בינוני .Pres. Part מְצַעֵר distressing — ** less commonly: (אתן) צַעֵרְנָה

מקור מוחלט .Inf. Abs צַעֵר

♦ דוגמאות Illustrations

אני **מִצְטַעֵר** על מה שקרה. **מְצַעֵר** אותי לראות לאיזה נזק זה גרם.

I am **sorry** about what happened. It **saddens** me to see what damage it has caused.

♦ ביטויים מיוחדים Special expressions

אני **מִצְטַעֵר** I'm **sorry**

מקרה **מְצַעֵר** a **distressing** event

● צפה (צפי) : לְצַפּוֹת, לִצְפּוֹת

צִיפָּה (צִפָּה)/צִפָּה expect, wait, look out for

בניין : פִּיעֵל גזרה : ל״י

	Present הווה		Past עבר	Future עתיד	Imper. ציווי
יחיד	מְצַפֶּה	אני	צִיפִּיתִי	אֲצַפֶּה	
יחידה	מְצַפָּה	אתה	צִיפִּיתָ	תְּצַפֶּה	צַפֵּה
רבים	מְצַפִּים	את	צִיפִּית	תְּצַפִּי	צַפִּי
רבות	מְצַפּוֹת	הוא	צִיפָּה	יְצַפֶּה	
		היא	צִיפְּתָה	תְּצַפֶּה	
		אנחנו	צִיפִּינוּ	נְצַפֶּה	
		אתם/ן	צִיפִּיתֶם/ן	תְּצַפּוּ *	צַפּוּ **
		הם/ן	צִיפּוּ	יְצַפּוּ *	

שם הפועל .Infin לְצַפּוֹת * less commonly: אתן/הן תְּצַפֶּינָה

מקור מוחלט .Inf. Abs צַפֵּה ** less commonly: (אתן) צַפֶּינָה

מ״י מוצרכת .Gov. Prep צִיפָּה ל- expect (something/one)

צָפָה/צוֹפֶה/יִצְפֶּה watch, observe; foresee

בניין : פָּעַל גזרה : ל״י

	Pres./Part. הווה/בינוני			Past עבר	Fut. עתיד	Imp. ציווי
יחיד	צוֹפֶה	צָפוּי	אני	צָפִיתִי	אֶצְפֶּה	
יחידה	צוֹפָה	צְפוּיָה	אתה	צָפִיתָ	תִּצְפֶּה	צְפֵה
רבים	צוֹפִים	צְפוּיִים	את	צָפִית	תִּצְפִּי	צְפִי
רבות	צוֹפוֹת	צְפוּיוֹת	הוא	צָפָה	יִצְפֶּה	
			היא	צָפְתָה	תִּצְפֶּה	
			אנחנו	צָפִינוּ	נִצְפֶּה	
			אתם/ן	צְפִיתֶם/ן *	תִּצְפּוּ **	צְפוּ ***
			הם/ן	צָפוּ	יִצְפּוּ **	

שם הפועל .Infin לִצְפּוֹת * Colloquial: צָפִיתֶם/ן

מקור מוחלט .Inf. Abs צָפֹה ** less commonly: אתן/הן תִּצְפֶּינָה

מקור נטוי .Inf.+pron בִּצְפוֹתוֹ, כִּ... *** less commonly: (אתן) צְפֶינָה

שם הפעולה Verbal N צְפִיָּה watching; foreseeing

ביני פעיל .Act. Part צוֹפֶה observer, lookout, spectator; seer; Boy Scout

ביני סביל .Pass. Part צָפוּי expected, foreseen

מ״י מוצרכת .Gov. Prep צָפָה בְּ- watch (something) (in the "foresee" sense, no prep.)

Note: a less frequent homonymous verb meaning "cover, plate" is not included in this collection.

♦ פעלים פחות שכיחים מאותו שורש Less frequent verbs from the same root

צוּפָּה be expected/awaited (מְצוּפֶּה, יְצוּפֶּה)

בינוני .Pres. Part מְצוּפֶּה expected (form common)

♦ דוגמאות Illustrations

הזמנו את הגולדמנים לארוחת ערב בשבת. **ציפּינו** להם בשבע; **מְצוּפֶּה** מישראלים שלא יגיעו בזמן, אך בתשע התחלתי לחשוש שאוליי קרה משהו בלתי-**צָפוּי** שעיכב אותם. כשצילצלתי אליהם הסתבר שההזמנה נשתכחה מהם, והם פשוט ישבו בבית **וצָפוּ** בטלוויזיה. אישתי מכירה אותם היטב, ואמרה שהיא **צָפְתָה** מראש שזה עלול לקרות.

We invited the Goldmans for dinner on Saturday night. We **expected** them at seven; **it is expected** of Israelis to be late, but at nine I began to worry that perhaps something un**expected** happened that delayed them. When I called them, it turned out that they forgot about our invitation, and were simply sitting at home, **watching** TV. My wife knows them well, and said she **foresaw** that something like that might happen.

♦ ביטויים מיוחדים Special expressions

צוֹפִים Boy **Scouts**; **viewers** — **צָפָה** מראש **foresee** — בלתי-**צָפוּי** un**expected**

הכל **צָפוּי** והרשות נתונה everything is **predetermined**, but free will is still granted

לא **צִיפָּה** never **expected** — כ**מְצוּפֶּה** as **expected**

● צפצף : לְצַפְצֵף

צִפְצֵף/צִפְצַפ/צַפְצֵף whistle, chirp; (coll.) scorn, scoff at, disregard

בניין : פִּיעֵל — גזרה : מרובעים

	Present הווה		Past עבר	Future עתיד	Imper. ציווי
יחיד	מְצַפְצֵף	אני	צִפְצַפְתִּי	אֲצַפְצֵף	
יחידה	מְצַפְצֶפֶת	אתה	צִפְצַפְתָּ	תְּצַפְצֵף	צַפְצֵף
רבים	מְצַפְצְפִים	את	צִפְצַפְתְּ	תְּצַפְצְפִי	צַפְצְפִי
רבות	מְצַפְצְפוֹת	הוא	צִפְצֵף	יְצַפְצֵף	
		היא	צִפְצְפָה	תְּצַפְצֵף	
		אנחנו	צִפְצַפְנוּ	נְצַפְצֵף	
		אתם/ן	צִפְצַפְתֶּם/ן	תְּצַפְצְפוּ *	צַפְצְפוּ **
		הם/ן	צִפְצְפוּ	יְצַפְצְפוּ *	

שם הפועל .Infin לְצַפְצֵף — * less commonly: אתן/הן תְּצַפְצֵפְנָה

מקור מוחלט .Inf. Abs צַפְצֵף — ** less commonly: (אתן) צַפְצֵפְנָה

שם הפעולה Verbal N צִפְצוּף whistling; scorn, disregard

מ״י מוצרכת .Gov. Prep צִפְצֵף על scorn, disregard (prep. with this sense only)

♦ דוגמאות Illustrations

״אני **מְצַפְצֵף** עליך ועל האיומים שלך", אמר דויד לגוליית בקולו ה**מְצַפְצֵף**.

"I **scoff** at you and at your threats," said David to Goliath in his **chirping** voice.

♦ ביטויים מיוחדים Special expressions

לא קם/היה פוצה פה **ומְצַפְצֵף** There wasn't even the slightest sign of protest

● צרח : לִצְרוֹחַ

צָרַח/צוֹרֵחַ/יִצְרַח scream, screech

בניין : פָּעַל גזרה : שלמים (אֶפְעַל) + ל״ג

	Present הווה		Past עבר	Future עתיד	Imper. ציווי
יחיד	צוֹרֵחַ	אני	צָרַחְתִּי	אֶצְרַח	
יחידה	צוֹרַחַת	אתה	צָרַחְתָּ	תִּצְרַח	צְרַח
רבים	צוֹרְחִים	את	צָרַחְתְּ/...רַחַת	תִּצְרְחִי	צִרְחִי
רבות	צוֹרְחוֹת	הוא	צָרַח	יִצְרַח	
		היא	צָרְחָה	תִּצְרַח	
		אנחנו	צָרַחְנוּ	נִצְרַח	
		אתם/ן	צְרַחְתֶּם/ן *	תִּצְרְחוּ **	צִרְחוּ ***
		הם/ן	צָרְחוּ	יִצְרְחוּ **	

שם הפועל .Infin לִצְרוֹחַ — * Colloquial: צָרַחְתֶּם/ן

שֵׁם הפעולה Verbal N צְרִיחָה scream, shriek — ** less commonly: אתן/הן תִּצְרַחְנָה

מקור מוחלט .Inf. Abs צָרוֹחַ — *** less commonly: (אתן) צְרַחְנָה

מקור נטוי .Inf.+pron בְּצוֹרְחוֹ, כְּ...

♦ דוגמאות Illustrations

כשעמירם **צוֹרֵחַ**, ה**צְרִיחָה** שלו מקפיאה את הדם.

When Amiram **screams**, his **scream** freezes your blood.

● צרך : לְהִצְטָרֵךְ, לִצְרוֹךְ, לְהַצְרִיךְ

הִצְטָרֵךְ/הִצְטָרַכ have to, be compelled to; need, find necessary

בניין : הִתְפַּעֵל גזרה : שלמים + פ׳ שורקת + ע״ג

	Present הווה		Past עבר	Future עתיד	Imper. ציווי
יחיד	מִצְטָרֵךְ *	אני	הִצְטָרַכְתִּי **	אֶצְטָרֵךְ	
יחידה	מִצְטָרֶכֶת	אתה	הִצְטָרַכְתָּ	תִּצְטָרֵךְ	הִצְטָרֵךְ
רבים	מִצְטָרְכִים	את	הִצְטָרַכְתְּ	תִּצְטָרְכִי	הִצְטָרְכִי
רבות	מִצְטָרְכוֹת	הוא	הִצְטָרֵךְ	יִצְטָרֵךְ	
		היא	הִצְטָרְכָה	תִּצְטָרֵךְ	
		אנחנו	הִצְטָרַכְנוּ	נִצְטָרֵךְ	
		אתם/ן	הִצְטָרַכְתֶּם/ן	תִּצְטָרְכוּ ***	הִצְטָרְכוּ ****
		הם/ן	הִצְטָרְכוּ	יִצְטָרְכוּ ***	

שם הפועל .Infin לְהִצְטָרֵךְ — * normally מִצְטָרֵךְ > צָרִיךְ

** normally הִצְטָרֵךְ > הָיָה צָרִיךְ

מקור מוחלט .Inf. Abs הִצְטָרֵךְ — *** less commonly: אתן/הן תִּצְטָרֵכְנָה

שם הפעולה Verbal N הִצְטָרְכוּת need, necessity — **** less commonly: (אתן) הִצְטָרֵכְנָה

צָרַךְ/צוֹרֵךְ/יִצְרוֹךְ (יִצְרֹךְ) use, consume

בניין : פָּעַל גזרה : שלמים (אֶפְעוֹל)

	Present הווה		Past עבר	Future עתיד	Imper. ציווי
יחיד	צוֹרֵךְ	אני	צָרַכְתִּי	אֶצְרוֹךְ	
יחידה	צוֹרֶכֶת	אתה	צָרַכְתָּ	תִּצְרוֹךְ	צְרוֹךְ

Imper. ציווי	Future עתיד	Past עבר		Present הווה	
צִרְכִי	תִּצְרְכִי	צָרַכְתְּ	את	צוֹרְכִים	רבים
	יִצְרוֹךְ	צָרַךְ	הוא	צוֹרְכוֹת	רבות
	תִּצְרוֹךְ	צָרְכָה	היא		
	נִצְרוֹךְ	צָרַכְנוּ	אנחנו		
*** צִרְכוּ	** תִּצְרְכוּ	* צְרַכְתֶּם/ן	אתם/ן		
	** יִצְרְכוּ	צָרְכוּ	הם/ן		

שם הפועל .Infin לִצְרוֹךְ — * Colloquial: צָרַכְתֶּם/ן

שם הפעולה Verbal N צְרִיכָה consumption — ** less commonly: אתן/הן תִּצְרוֹכְנָה

מקור מוחלט .Inf. Abs צָרוֹךְ — *** less commonly: (אתן) צְרוֹכְנָה

קָטִיל CaCiC adj./N. צָרִיךְ necessary, essential — מקור נטוי .Inf.+pron בְּצוֹרְכוֹ, כְּ...

הִצְרִיךְ/הִצְרַכ/יַצְרִיךְ require, need, necessitate, oblige

בניין : הִפְעִיל גזרה : שלמים

Imper. ציווי	Future עתיד	Past עבר		Present הווה	
	אַצְרִיךְ	הִצְרַכְתִּי	אני	מַצְרִיךְ	יחיד
הַצְרֵךְ	תַּצְרִיךְ	הִצְרַכְתָּ	אתה	מַצְרִיכָה	יחידה
הַצְרִיכִי	תַּצְרִיכִי	הִצְרַכְתְּ	את	מַצְרִיכִים	רבים
	יַצְרִיךְ	הִצְרִיךְ	הוא	מַצְרִיכוֹת	רבות
	תַּצְרִיךְ	הִצְרִיכָה	היא		
	נַצְרִיךְ	הִצְרַכְנוּ	אנחנו		
** הַצְרִיכוּ	* תַּצְרִיכוּ	הִצְרַכְתֶּם/ן	אתם/ן		
	* יַצְרִיכוּ	הִצְרִיכוּ	הם/ן		

שם הפועל .Infin לְהַצְרִיךְ — * less commonly: אתן/הן תַּצְרֵכְנָה

מקור מוחלט .Inf. Abs הַצְרֵךְ — ** less commonly: (אתן) הַצְרֵכְנָה

שם הפעולה Verbal N הַצְרָכָה obliging, necessitating (in grammar – government)

בינוני .Pres. Part מַצְרִיךְ obliging, necessitating (Adj)

♦ פעלים פחות שכיחים מאותו שורש Less frequent verbs from the same root

נִצְרַךְ לְ- need, be in need (of) (נִצְרָךְ, יִיצָּרֵךְ, לְהִיצָּרֵךְ)

בינוני .Pres. Part נִצְרָךְ needy

הוּצְרַךְ be obliged/required; be compelled; be in need (of) (מוּצְרָךְ, יוּצְרַךְ)

בינוני .Pres. Part מוּצְרָךְ required

♦ דוגמאות Illustrations

המכונית שלי **צוֹרֶכֶת** כמויות עצומות של דלק; כשנסעתי לחוף המערבי **הִצְטָרַכְתִּי** לתדלק כל שעתיים.

My car **consumes** huge quantities of gas; when I drove to the West Coast I **had** to fill up every two hours.

הרכבת תוכנית לימודים חדשה **מַצְרִיכָה** מחשבה רבה.

Constructing a new curriculum **requires** considerable thought.

♦ ביטויים מיוחדים Special expressions

אל **תִּצְטָרֵךְ** לבריות don't be **obliged** to anybody

מילה **מוּצְרֶכֶת** governed (**required**) word

● צרף : לְהִצְטָרֵף, לְצָרֵף

הִצְטָרֵף/הִצְטָרַף join (as member, etc.), be joined

בניין : הִתְפַּעֵל גזרה : שלמים + פ' שורקת + ע"ג

Imper. ציווי	Future עתיד	Past עבר		Present הווה	
	אֶצְטָרֵף	הִצְטָרַפְתִּי	אני	מִצְטָרֵף	יחיד
הִצְטָרֵף	תִּצְטָרֵף	הִצְטָרַפְתָּ	אתה	מִצְטָרֶפֶת	יחידה
הִצְטָרְפִי	תִּצְטָרְפִי	הִצְטָרַפְתְּ	את	מִצְטָרְפִים	רבים
	יִצְטָרֵף	הִצְטָרֵף	הוא	מִצְטָרְפוֹת	רבות
	תִּצְטָרֵף	הִצְטָרְפָה	היא		
	נִצְטָרֵף	הִצְטָרַפְנוּ	אנחנו		
הִצְטָרְפוּ **	תִּצְטָרְפוּ *	הִצְטָרַפְתֶּם/ן	אתם/ן		
	יִצְטָרְפוּ *	הִצְטָרְפוּ	הם/ן		

שם הפועל .Infin לְהִצְטָרֵף * less commonly: אתן/הן תִּצְטָרֵפְנָה

שם הפעולה Verbal N הִצְטָרְפוּת joining ** less commonly: (אתן) הִצְטָרֵפְנָה

מקור מוחי .Inf. Abs הִצְטָרֵף מ"י מוצר' .Gov. Prep הִצְטָרֵף ל- join (someone, org.)

צֵירֵף (צֵרֵף) (צֵירַף)/צֵירַפ/צָרֵף add, attach, enclose; combine

בניין : פִּיעֵל גזרה : שלמים + ע"ג

Imper. ציווי	Future עתיד	Past עבר		Present הווה	
	אֲצָרֵף	צֵירַפְתִּי	אני	מְצָרֵף	יחיד
צָרֵף	תְּצָרֵף	צֵירַפְתָּ	אתה	מְצָרֶפֶת	יחידה
צָרְפִי	תְּצָרְפִי	צֵירַפְתְּ	את	מְצָרְפִים	רבים
	יְצָרֵף	צֵירֵף (צֵירַף)	הוא	מְצָרְפוֹת	רבות
	תְּצָרֵף	צֵירְפָה	היא		
	נְצָרֵף	צֵירַפְנוּ	אנחנו		
צָרְפוּ **	תְּצָרְפוּ	צֵירַפְתֶּם/ן	אתם/ן		
	יְצָרְפוּ *	צֵירְפוּ	הם/ן		

שם הפועל .Infin לְצָרֵף * less commonly: אתן/הן תְּצָרֵפְנָה

מקור מוחלט .Inf. Abs צָרֵף ** less commonly: (אתן) צָרֵפְנָה

שם הפעולה Verbal N צֵירוּף joining; combination

צוֹרַף (צֹרַף) be added, be attached, be enclosed; be combined

בניין : פּוּעַל גזרה : שלמים + ע"ג

Future עתיד	Past עבר		Present הווה	
אֲצוֹרַף	צוֹרַפְתִּי	אני	מְצוֹרָף	יחיד
תְּצוֹרַף	צוֹרַפְתָּ	אתה	מְצוֹרֶפֶת	יחידה
תְּצוֹרְפִי	צוֹרַפְתְּ	את	מְצוֹרָפִים	רבים
יְצוֹרַף	צוֹרַף	הוא	מְצוֹרָפוֹת	רבות
תְּצוֹרַף	צוֹרְפָה	היא		
נְצוֹרַף	צוֹרַפְנוּ	אנחנו		
תְּצוֹרְפוּ *	צוֹרַפְתֶּם/ן	אתם/ן		
יְצוֹרְפוּ *	צוֹרְפוּ	הם/ן		

בינוני .Pres. Part מְצוֹרָף attached, added * less commonly: אתן/הן תְּצוֹרַפְנָה

♦ דוגמאות Illustrations

כל מדינה חדשה שקמה **מִצְטָרֶפֶת** בדרך כלל לאו״מ. המליאה היא שמחליטה אם **לְצָרֵף** מדינות חדשות לאירגון. לאחר **שצוֹרְפָה**, זכאית מדי פעם כל מדינה לשרת כחברה במועצת הביטחון לתקופה מסוימת.

Each new state that gets established usually **joins** the UN. The General Assembly is the one that decides whether to **add** new states to the Organization. Once is **has been added** (to the organization), each state is occasionally entitled to serve as a member of the Security Council for a certain period.

הצֵירוּף של שתי החברות הללו פירושו המעשי הוא מונופול.

The **combination** of these two companies means a virtual monopoly.

♦ ביטויים מיוחדים Special expressions

פרוטה לפרוטה **מִצְטָרֶפֶת** לחשבון גדול small change can accumulate into a large sum

מְצוֹרָף בזה (מצ״ב) enclosed herewith   **צֵירוּף** מילים phrase

צֵירוּף שמני/פועלי/יחס noun/verb/prepositional phrase   **צֵירוּף** מקרים coincidence

●קבל : לְקַבֵּל, לְהִתְקַבֵּל

קִיבֵּל (קִבֵּל)/קִיבַּל/קַבֵּל receive, get; accept

בניין : פִּיעֵל   גזרה : שלמים

	הווה Present		עבר Past	עתיד Future	ציווי Imper.
יחיד	מְקַבֵּל	אני	קִיבַּלְתִּי	אֲקַבֵּל	
יחידה	מְקַבֶּלֶת	אתה	קִיבַּלְתָּ	תְּקַבֵּל	קַבֵּל
רבים	מְקַבְּלִים	את	קִיבַּלְתְּ	תְּקַבְּלִי	קַבְּלִי
רבות	מְקַבְּלוֹת	הוא	קִיבֵּל	יְקַבֵּל	
		היא	קִיבְּלָה	תְּקַבֵּל	
		אנחנו	קִיבַּלְנוּ	נְקַבֵּל	
		אתם/ן	קִיבַּלְתֶּם/ן	תְּקַבְּלוּ *	קַבְּלוּ **
		הם/ן	קִיבְּלוּ	יְקַבְּלוּ *	

שם הפועל .Infin לְקַבֵּל   * less commonly: אתן/הן תְּקַבֵּלְנָה

שם הפעולה Verbal N קִיבּוּל capacity   ** less commonly: (אתן) קַבֵּלְנָה

שם הפעולה Verbal N קַבָּלָה receipt; receiving; acceptance, approval; welcoming; reception desk; (Talmudic) tradition; Kabbala

מקור מוחלט .Inf. Abs קַבֵּל

הִתְקַבֵּל/הִתְקַבַּל be received/accepted; be acceptable

בניין : הִתְפַּעֵל   גזרה : שלמים

	הווה Present		עבר Past	עתיד Future	ציווי Imper.
יחיד	מִתְקַבֵּל	אני	הִתְקַבַּלְתִּי	אֶתְקַבֵּל	
יחידה	מִתְקַבֶּלֶת	אתה	הִתְקַבַּלְתָּ	תִּתְקַבֵּל	הִתְקַבֵּל
רבים	מִתְקַבְּלִים	את	הִתְקַבַּלְתְּ	תִּתְקַבְּלִי	הִתְקַבְּלִי
רבות	מִתְקַבְּלוֹת	הוא	הִתְקַבֵּל	יִתְקַבֵּל	
		היא	הִתְקַבְּלָה	תִּתְקַבֵּל	
		אנחנו	הִתְקַבַּלְנוּ	נִתְקַבֵּל	
		אתם/ן	הִתְקַבַּלְתֶּם/ן	תִּתְקַבְּלוּ *	הִתְקַבְּלוּ **
		הם/ן	הִתְקַבְּלוּ	יִתְקַבְּלוּ *	

שם הפועל .Infin לְהִתְקַבֵּל * less commonly: אתן/הן תִּתְקַבֵּלְנָה
מקור מוחלט .Inf. Abs הִתְקַבֵּל ** less commonly: (אתן) הִתְקַבֵּלְנָה
שם הפעולה Verbal N הִתְקַבְּלוּת acceptance, being accepted

♦ **פעלים פחות שכיחים מאותו שורש** Less frequent verbs from the same root
הִקְבִּיל be parallel; make parallel, match; compare (בינוני .Pres. Part מַקְבִּיל parallel, יַקְבִּיל, לְהַקְבִּיל)
קוּבַּל be accepted/received < בינוני .Pres. Part מְקוּבָּל accepted

A homonymous, less frequent root קבל "complain" is not included in this collection.

♦ **דוגמאות** Illustrations

ראש הממשלה **הִתְקַבֵּל** בארה"ב בלבביות רבה. שר החוץ **קִיבֵּל** את פניו בנמל התעופה, ובביקורו בניו יורק הוא **קִיבֵּל** מידי ראש העיר את מפתח העיר. גם בביקורים **מַקְבִּילִים** בערים אחרות **הִקְבִּילוּ** את פניו כיאה למעמדו.

The prime minister **was received** in the States with great warmth. The secretary of state **greeted** him at the airport, and on his New York visit, he **received** the key to the city from the mayor. On **parallel** visits in other cities he **was** also **welcomed** in a manner befitting his position.

קִיבּוּלוֹ של מיכל זה הוא ארבעה ליטר. The **capacity** of this container is four liters.

להחזרת מוצר שנקנה נחוצה **קַבָּלָה**. To return a purchased item you need a **receipt**.

עורך דינו של סימפסון **הִקְבִּיל** את התנהגותו של השוטר פורמן לזו של היטלר.
Simpson's lawyer **compared** Detective Fuhrman's behavior to Hitler's.

♦ **ביטויים מיוחדים** Special expressions

קִיבֵּל אותו ב- **greet** him with; **קִיבֵּל/הִקְבִּיל** את פניו **welcome/greet** him
קִיבֵּל את דבריו agree with him; **קִיבֵּל** מַכּוֹת be beaten
קִיבֵּל מרות acknowledge authority; **קִיבֵּל** נזיפה **get** a reprimand
קִיבֵּל על עצמו undertake; **קִיבֵּל** עליו את הדין **accept** the decision/verdict
כלי **קִיבּוּל** container; **קַבָּלַת** פנים (formal) **reception**
קַבָּלַת קהל office hours; **מִתְקַבֵּל** על הדעת reasonable
הִתְקַבֵּל לאוניברסיטה be **admitted** into the university (as a student)
הִתְקַבֵּל לראיון be **granted** an interview; **הִקְבִּיל** פני אורח **welcome** a guest
בְּמַקְבִּיל simultaneously, at the same time; קווים **מַקְבִּילִים** **parallel** lines

● קבע : לִקְבּוֹעַ, לְהִיקָּבַע

קָבַע/קוֹבֵעַ/יִקְבַּע fix, determine, establish; insert, fix in, install, set

בניין : פָּעַל גזרה : שלמים (אֶפְעַל) + ל"ג

	Pres./Part. הווה/בינוני			Past עבר	Fut. עתיד	Imp. ציווי
יחיד	קוֹבֵעַ	קָבוּעַ	אני	קָבַעְתִּי	אֶקְבַּע	
יחידה	קוֹבַעַת	קְבוּעָה	אתה	קָבַעְתָּ	תִּקְבַּע	קְבַע
רבים	קוֹבְעִים	קְבוּעִים	את	קָבַעְתְּ/...עַת	תִּקְבְּעִי	קִבְעִי
רבות	קוֹבְעוֹת	קְבוּעוֹת	הוא	קָבַע	יִקְבַּע	
			היא	קָבְעָה	תִּקְבַּע	

הווה/בינוני Pres./Part.		עבר Past	עתיד Fut.	ציווי Imp.
	אנחנו	קָבַעְנוּ	נִקְבַּע	
	אתם/ן	קְבַעְתֶּם/ן *	תִּקְבְּעוּ **	קִבְעוּ ***
	הם/ן	קָבְעוּ	יִקְבְּעוּ **	

שם הפועל .Infin לִקְבּוֹעַ — * Colloquial: קָבַעְתֶּם/ן

מקור מוחלט .Inf. Abs קָבוֹעַ — ** less commonly: אתן/הן תִּקְבַּעְנָה

ביני פעיל .Act. Part קוֹבֵעַ determining (Adj.) — *** less commonly: (אתן) קְבַעְנָה

ביני סביל .Pass. Part קָבוּעַ regular, fixed, permanent

קָטִיל CaCiC adj./N. קָבִיעַ a device maintaining a product stable during its manufacturing

שם הפעולה Verbal N קְבִיעָה determination, setting — מקור נטוי .Inf.+pron בְּקוֹבְעוֹ, כְּ...

נִקְבַּע/יִיקָּבַע (יִקָּבַע) be determined, be fixed, be established; be fixed in position

בניין : נִפְעַל — גזרה : שלמים + ל"ג

	הווה Present		עבר Past	עתיד Future	ציווי Imper.
יחיד	נִקְבָּע	אני	נִקְבַּעְתִּי	אֶקָּבַע	
יחידה	נִקְבַּעַת	אתה	נִקְבַּעְתָּ	תִּיקָּבַע	הִיקָּבַע
רבים	נִקְבָּעִים	את	נִקְבַּעְתְּ/...עַת	תִּיקָּבְעִי	הִיקָּבְעִי
רבות	נִקְבָּעוֹת	הוא	נִקְבַּע	יִיקָּבַע	
		היא	נִקְבְּעָה	תִּיקָּבַע	
		אנחנו	נִקְבַּעְנוּ	נִיקָּבַע	
		אתם/ן	נִקְבַּעְתֶּם/ן	תִּיקָּבְעוּ *	הִיקָּבְעוּ **
		הם/ן	נִקְבְּעוּ	יִיקָּבְעוּ *	

שם הפועל .Infin לְהִיקָּבַע — * less commonly: אתן/הן תִּיקָּבַעְנָה

ש' הפעו' Verbal N הִיקָּבְעוּת being determined — ** less commonly: (אתן) הִיקָּבַעְנָה

מקור מוחלט .Inf. Abs נִקְבּוֹעַ, הִיקָּבֵעַ

♦ דוגמאות Illustrations

תוכנית הלימודים שלנו **נִקְבַּעַת** שנה מראש. ראש המחלקה **קוֹבֵעַ** מי מלמד מה; שיעורי היסוד הם פחות-או-יותר **קְבוּעִים**.

Our class schedule **is determined** a year ahead. The department chairperson **determines** who teaches what; the basic courses are more or less **fixed**.

♦ ביטויים מיוחדים Special expressions

קָבַע מסמרות lay down the law — **קָבַע** עובדה **establish** facts

קָבַע תקדים **set** a precedent — **קָבַע** פגישה **set** an appointment

קָבַע שיא **set** a record

● קבר : לִקְבּוֹר, לְהִיקָּבֵר

קָבַר/קוֹבֵר/יִקְבּוֹר bury

בניין : פָּעַל — גזרה : שלמים (אֶפְעוֹל)

	הווה Pres.			עבר Past	עתיד Fut.	ציווי Imp.
יחיד	קוֹבֵר	קָבוּר	אני	קָבַרְתִּי	אֶקְבּוֹר	
יחידה	קוֹבֶרֶת	קְבוּרָה	אתה	קָבַרְתָּ	תִּקְבּוֹר	קְבוֹר
רבים	קוֹבְרִים	קְבוּרִים	את	קָבַרְתְּ	תִּקְבְּרִי	קִבְרִי

	הווה Pres.		עבר Past	עתיד Fut.	ציווי Imp.
רבות	קוֹבְרוֹת קְבוּרוֹת	הוא	קָבַר	יִקְבּוֹר	
		היא	קָבְרָה	תִּקְבּוֹר	
		אנחנו	קָבַרְנוּ	נִקְבּוֹר	
		אתם/ן	קְבַרְתֶּם/ן *	תִּקְבְּרוּ **	קִבְרוּ ***
		הם/ן	קָבְרוּ	יִקְבְּרוּ **	

שם הפועל .Infin לִקְבּוֹר — * Colloquial: קָבַרְתֶּם/ן

שם הפעולה Verbal N קְבִירָה burying — ** less commonly: אתן/הן תִּקְבּוֹרְנָה

שם הפעולה Verbal N burial — *** less commonly: (אתן) קְבוֹרְנָה

ביני סביל .Pass. Part קָבוּר buried — מקור נטוי .Inf.+pron בְּקוֹבְרוֹ, כְּ...

מקור מוחלט .Inf. Abs קָבוֹר

נִקְבַּר/יִיקָּבֵר (יִקָּבֵר) be buried

בניין : נִפְעַל גזרה : שלמים

	הווה Present		עבר Past	עתיד Future	ציווי Imper.
יחיד	נִקְבָּר	אני	נִקְבַּרְתִּי	אֶקָּבֵר	
יחידה	נִקְבֶּרֶת	אתה	נִקְבַּרְתָּ	תִּיקָּבֵר	הִיקָּבֵר
רבים	נִקְבָּרִים	את	נִקְבַּרְתְּ	תִּיקָּבְרִי	הִיקָּבְרִי
רבות	נִקְבָּרוֹת	הוא	נִקְבַּר	יִיקָּבֵר	
		היא	נִקְבְּרָה	תִּיקָּבֵר	
		אנחנו	נִקְבַּרְנוּ	נִיקָּבֵר	
		אתם/ן	נִקְבַּרְתֶּם/ן	תִּיקָּבְרוּ *	הִיקָּבְרוּ **
		הם/ן	נִקְבְּרוּ	יִיקָּבְרוּ *	

שם הפועל .Infin לְהִיקָּבֵר — * less commonly: אתן/הן תִּיקָּבַרְנָה

שם הפעולה Verbal N הִיקָּבְרוּת being buried — ** less commonly: (אתן) הִיקָּבַרְנָה

מקור מוחלט .Inf. Abs נִקְבּוֹר, הִיקָּבֵר (הִיקָּבוֹר)

♦ דוגמאות Illustrations

על פי דיני ישראל אסור לעכב את **קְבוּרַת** המת. המת חייב **לְהִיקָּבֵר** תוך יום או יומיים, ואין **קוֹבְרִים** בשבת.

According to Jewish law, one is not supposed to delay the **burial** of the dead. The dead must **be buried** within a day or two, and one does not **bury** on the Sabbath.

♦ ביטויים מיוחדים Special expressions

קָבַר עצמו חיים end one's own life; agonize; cause irreversible damage to oneself (sl.)

פה **קָבוּר** הכלב that's the source of the trouble (coll.)

●קדח : לִקְדּוֹחַ

קָדַח/קוֹדֵחַ/יִקְדַּח drill, bore

בניין : פָּעַל גזרה : שלמים (אֶפְעַל) + ל״ג

	הווה/בינוני Pres./Part.		עבר Past	עתיד Fut.	ציווי Imp.
יחיד	קוֹדֵחַ קָדוּחַ	אני	קָדַחְתִּי	אֶקְדַּח	
יחידה	קוֹדַחַת קְדוּחָה	אתה	קָדַחְתָּ	תִּקְדַּח	קְדַח
רבים	קוֹדְחִים קְדוּחִים	את	קָדַחְתְּ	תִּקְדְּחִי	קִדְחִי

	הווה/בינוני .Pres./Part		עבר Past	עתיד .Fut	ציווי .Imp
רבות	קוֹדְחוֹת קְדוּחוֹת	הוא	קָדַח	יִקְדַּח	
		היא	קָדְחָה	תִּקְדַּח	
		אנחנו	קָדַחְנוּ	נִקְדַּח	
		אתם/ן	קְדַחְתֶּם/ן *	תִּקְדְּחוּ **	קִדְחוּ ***
		הם/ן	קָדְחוּ	יִקְדְּחוּ **	

שם הפועל .Infin לִקְדּוֹחַ — * Colloquial: קָדַחְתֶּם/ן

מקור מוחלט .Inf. Abs קָדוֹחַ — ** less commonly: אתן/הן תִּקְדַּחְנָה

מקור נטוי .Inf.+pron בְּקוֹדְחוֹ, כְּ... — *** less commonly: (אתן) קְדַחְנָה

שם הפעולה Verbal N קְדִיחָה drilling, boring — ביני סביל Pass. Part. קָדוּחַ drilled

A homonymous, less frequent root, meaning "burn up (with fever)," is not included in this collection.

♦ דוגמאות Illustrations

קָדַחְתִּי מספר חורים בקיר כדי לקבוע ווים חזקים לתליית תמונות.

I **drilled** a number of holes in the wall in order to anchor strong hooks to hang paintings on.

●קדם : לְהִתְקַדֵּם, לְהַקְדִּים, לְקַדֵּם, לִקְדּוֹם

הִתְקַדֵּם/הִתְקַדַּמ advance, progress; be progressive

בניין : הִתְפַּעֵל — גזרה : שלמים

	הווה Present		עבר Past	עתיד Future	ציווי .Imper
יחיד	מִתְקַדֵּם	אני	הִתְקַדַּמְתִּי	אֶתְקַדֵּם	
יחידה	מִתְקַדֶּמֶת	אתה	הִתְקַדַּמְתָּ	תִּתְקַדֵּם	הִתְקַדֵּם
רבים	מִתְקַדְּמִים	את	הִתְקַדַּמְתְּ	תִּתְקַדְּמִי	הִתְקַדְּמִי
רבות	מִתְקַדְּמוֹת	הוא	הִתְקַדֵּם	יִתְקַדֵּם	
		היא	הִתְקַדְּמָה	תִּתְקַדֵּם	
		אנחנו	הִתְקַדַּמְנוּ	נִתְקַדֵּם	
		אתם/ן	הִתְקַדַּמְתֶּם/ן	תִּתְקַדְּמוּ *	הִתְקַדְּמוּ **
		הם/ן	הִתְקַדְּמוּ	יִתְקַדְּמוּ *	

שם הפועל .Infin לְהִתְקַדֵּם — * less commonly: אתן/הן תִּתְקַדֵּמְנָה

בינוני .Pres. Part מִתְקַדֵּם progressive — ** less commonly: (אתן) הִתְקַדֵּמְנָה

שם הפעולה Verbal N הִתְקַדְּמוּת advance, progress — מקור מוחלט .Inf. Abs הִתְקַדֵּם

הִקְדִּים/הִקְדַּמ/יַקְדִּים anticipate, precede; come early; advance to an earlier time; greet

בניין : הִפְעִיל — גזרה : שלמים

	הווה Present		עבר Past	עתיד Future	ציווי .Imper
יחיד	מַקְדִּים	אני	הִקְדַּמְתִּי	אַקְדִּים	
יחידה	מַקְדִּימָה	אתה	הִקְדַּמְתָּ	תַּקְדִּים	הַקְדֵּם
רבים	מַקְדִּימִים	את	הִקְדַּמְתְּ	תַּקְדִּימִי	הַקְדִּימִי
רבות	מַקְדִּימוֹת	הוא	הִקְדִּים	יַקְדִּים	
		היא	הִקְדִּימָה	תַּקְדִּים	

Imper. ציווי	Future עתיד	Past עבר		Present הווה
	נַקְדִּים	הִקְדַּמְנוּ	אנחנו	
הַקְדִּימוּ **	תַּקְדִּימוּ *	הִקְדַּמְתֶּם/ן	אתם/ן	
	יַקְדִּימוּ *	הִקְדִּימוּ	הם/ן	

שם הפועל .Infin לְהַקְדִּים * less commonly: אתן/הן תַּקְדֵּמְנָה

מקור מוחלט .Inf. Abs הַקְדֵּם ** less commonly: (אתן) הַקְדֵּמְנָה

שם הפעולה Verbal N הַקְדָּמָה preface, introduction

הֶקְדֵּם earliness, anticipation תואר הפועל .Adv בְּהֶקְדֵּם shortly, soon

קִידֵּם (קִדֵּם)/קִידַּמ/קַדֵּם advance (tr.); greet; precede; anticipate

בניין : פִּיעֵל גזרה : שלמים

Imper. ציווי	Future עתיד	Past עבר		Present הווה	
	אֲקַדֵּם	קִידַּמְתִּי	אני	מְקַדֵּם	יחיד
קַדֵּם	תְּקַדֵּם	קִידַּמְתָּ	אתה	מְקַדֶּמֶת	יחידה
קַדְּמִי	תְּקַדְּמִי	קִידַּמְתְּ	את	מְקַדְּמִים	רבים
	יְקַדֵּם	קִידֵּם	הוא	מְקַדְּמוֹת	רבות
	תְּקַדֵּם	קִידְּמָה	היא		
	נְקַדֵּם	קִידַּמְנוּ	אנחנו		
קַדְּמוּ **	תְּקַדְּמוּ *	קִידַּמְתֶּם/ן	אתם/ן		
	יְקַדְּמוּ *	קִידְּמוּ	הם/ן		

שם הפועל .Infin לְקַדֵּם * less commonly: אתן/הן תְּקַדֵּמְנָה

בינוני .Pres. Part מְקַדֵּם coefficient ** less commonly: (אתן) קַדֵּמְנָה

שם הפעולה Verbal N קִידּוּם advancement, progress מקור מוחלט .Inf. Abs קַדֵּם

קוּדַּם (קֻדַּם) be advanced, be greeted, be preceded, be anticipated

בניין : פּוּעַל גזרה : שלמים

Future עתיד	Past עבר		Present הווה	
אֲקוּדַּם	קוּדַּמְתִּי	אני	מְקוּדָּם	יחיד
תְּקוּדַּם	קוּדַּמְתָּ	אתה	מְקוּדֶּמֶת	יחידה
תְּקוּדְּמִי	קוּדַּמְתְּ	את	מְקוּדָּמִים	רבים
יְקוּדַּם	קוּדַּם	הוא	מְקוּדָּמוֹת	רבות
תְּקוּדַּם	קוּדְּמָה	היא		
נְקוּדַּם	קוּדַּמְנוּ	אנחנו		
תְּקוּדְּמוּ *	קוּדַּמְתֶּם/ן	אתם/ן		
יְקוּדְּמוּ *	קוּדְּמוּ	הם/ן		

* less commonly: אתן/הן תְּקוּדַּמְנָה

בינוני .Pres. Part מְקוּדָּם that has been advanced

קָדַם/קוֹדֵם/יִקְדַּם precede; anticipate; take precedence

בניין : פָּעַל גזרה : שלמים (אֶפְעַל)

Imp. ציווי	Fut. עתיד	Past עבר		Pres./Part. הווה/בינוני	
	אֶקְדַּם	קָדַמְתִּי	אני	קוֹדֵם קָדוּם	יחיד
קְדַם	תִּקְדַּם	קָדַמְתָּ	אתה	קוֹדֶמֶת קְדוּמָה	יחידה
קִדְמִי	תִּקְדְּמִי	קָדַמְתְּ	את	קוֹדְמִים קְדוּמִים	רבים
	יִקְדַּם	קָדַם	הוא	קוֹדְמוֹת קְדוּמוֹת	רבות

קדם : לְהִתְקַדֵּם, לְהַקְדִּים, לְקַדֵּם, לִקְדּוֹם

Imp. ציווי	Fut. עתיד	Past עבר		Pres./Part. הווה/בינוני
	תִּקְדֹּם	קָדְמָה	היא	
	נִקְדֹּם	קָדַמְנוּ	אנחנו	
קִדְמוּ ***	תִּקְדְּמוּ **	קְדַמְתֶּם/ן *	אתם/ן	
	יִקְדְּמוּ **	קָדְמוּ	הם/ן	

שם הפועל .Infin לִקְדּוֹם — * Colloquial: קָדַמְתֶּם/ן

מקור מוחלט .Inf. Abs קָדוֹם — ** less commonly: אתן/הן תִּקְדַּמְנָה

מקור נטוי .Inf.+pron בְּקוֹדְמוֹ, כְּ... — *** less commonly: (אתן) קְדַמְנָה

שם הפעולה Verbal N קְדִימָה priority, precedence

ביני פעיל .Act. Part קוֹדֵם previous, prior, former — ביני סביל .Pass. Part קָדוּם ancient

קָטִיל .adj./N *CaCiC* קָדִים east; dry easterly wind

♦ פעלים פחות שכיחים מאותו שורש Less frequent verbs from the same root

הוּקְדַּם be preceded, be advanced (בינוני .Pres. Part מוּקְדָּם early (Adj. and Adv.), יוּקְדַּם)

♦ דוגמאות Illustrations

רציתי לקום **מוּקְדָּם**, כדי לגמור את עבודת היום **בְּהֶקְדֵּם**, אבל לא הצלחתי להתעורר בזמן. למזלי, חיים **הִקְדִּים** אותי, והתחיל לעבוד לבד. התחלתי לעבוד במשנה מרץ, ולקראת הצהריים ראינו שהעבודה **מִתְקַדֶּמֶת** יפה. כשבעל החנות הגיע, חיים אמר לו שניתן יהיה **לְהַקְדִּים** את הפתיחה ביומיים. גם את העבודה **הַקּוֹדֶמֶת** גמרנו **מוּקְדָּם**.

I wanted to get up **early**, so as to finish the day's work **soon**, but I did not manage to get up on time. Luckily, Hayyim **preceded** me, and started to work on his own. I started to work full steam, and toward noon we saw that the job **was progressing** well. When the store owner arrived, Hayyim told him that it would be possible to **advance** the opening by two days. We had also finished the **previous** job **early**.

דני מתלונן על כך שהוא עובד כבר שלוש שנים בחברה, ועדיין לא **קִידְּמוּ** אותו כהוא זה – לא במעמד ולא במשכורת. הוא הודיע למנהל, שאם לא **יְקוּדַּם** תוך חודש, הוא יתפטר. המנהל ענה שלא הובטח לו מראש כל **קִידּוּם**, ושה**הִתְקַדְּמוּת** בחברה מותנית בתנאי השוק.

Danny complains that he has already been working for three years in the firm, and that they **have** not yet **advanced** him one bit – neither in status nor in salary. He informed the manager that if he **is** not **advanced** within a month, he'll quit. The manager responded that no **advancement** had been promised him, and that **progress** in the company is dependent on market conditions.

אפריים מתמחה בתולדות המזרח התיכון **הַקָּדוּם**.

Ephraim specializes in the history of the **Ancient** Middle East.

♦ ביטויים מיוחדים Special expressions

דעות **מִתְקַדְּמוֹת** **progressive** ideas — **הִתְקַדֵּם** בלימודים **make progress** in studies

הִקְדִּים רפואה למכה to **anticipate** ("provide the cure before the blow")

הִקְדִּים נעשה לנשמע act without thinking first — **בְּהֶקְדֵּם** האפשרי ASAP

ללא **הַקְדָּמוֹת** מרובות straight to the point, without **preliminaries**

קִידֵּם את פני הרעה prevent or **forestall** evil — **קִידֵּם** את פניו **welcomed** him

קִידּוּם האנושות the **advancement** of humanity — כל **הַקּוֹדֵם** זוכה first come first served

תנאי **קוֹדֵם** **pre**condition — דמי **קְדִימָה** **advance** payment

זכות **קְדִימָה** **priority** right, right of way   משפט **קְדוּם**/דעה **קְדוּמָה** **pre**judice
הנשיא **הקוֹדֵם** the **former/previous** president

●קדש : לְהַקְדִּישׁ, לְקַדֵּשׁ

הִקְדִּישׁ/הִקְדַּשׁ/יַקְדִּישׁ dedicate (book, etc.), devote (time, efforts); sanctify

בניין : הִפְעִיל   גזרה : שלמים

	Present הווה		Past עבר	Future עתיד	Imper. ציווי
יחיד	מַקְדִּישׁ	אני	הִקְדַּשְׁתִּי	אַקְדִּישׁ	
יחידה	מַקְדִּישָׁה	אתה	הִקְדַּשְׁתָּ	תַּקְדִּישׁ	הַקְדֵּשׁ
רבים	מַקְדִּישִׁים	את	הִקְדַּשְׁתְּ	תַּקְדִּישִׁי	הַקְדִּישִׁי
רבות	מַקְדִּישׁוֹת	הוא	הִקְדִּישׁ	יַקְדִּישׁ	
		היא	הִקְדִּישָׁה	תַּקְדִּישׁ	
		אנחנו	הִקְדַּשְׁנוּ	נַקְדִּישׁ	
		אתםץ	הִקְדַּשְׁתֶּםץ	תַּקְדִּישׁוּ *	הַקְדִּישׁוּ **
		הםץ	הִקְדִּישׁוּ	יַקְדִּישׁוּ *	

שם הפועל .Infin לְהַקְדִּישׁ   less commonly: * אתןץהן תַּקְדֵּשְׁנָה
מקור מוחלט .Inf. Abs הַקְדֵּשׁ   less commonly: ** (אתן) הַקְדֵּשְׁנָה
שם הפעולה Verbal N הַקְדָּשָׁה devotion, dedication, consecration

הוּקְדַּשׁ (הֻקְדַּשׁ) be dedicated (book), be devoted (efforts); be sanctified

בניין : הוּפְעַל   גזרה : שלמים

	Present הווה		Past עבר	Future עתיד
יחיד	מוּקְדָּשׁ	אני	הוּקְדַּשְׁתִּי	אוּקְדַּשׁ
יחידה	מוּקְדֶּשֶׁת	אתה	הוּקְדַּשְׁתָּ	תּוּקְדַּשׁ
רבים	מוּקְדָּשִׁים	את	הוּקְדַּשְׁתְּ	תּוּקְדְּשִׁי
רבות	מוּקְדָּשׁוֹת	הוא	הוּקְדַּשׁ	יוּקְדַּשׁ
		היא	הוּקְדְּשָׁה	תּוּקְדַּשׁ
		אנחנו	הוּקְדַּשְׁנוּ	נוּקְדַּשׁ
		אתםץ	הוּקְדַּשְׁתֶּםץ	תּוּקְדְּשׁוּ *
		הםץ	הוּקְדְּשׁוּ	יוּקְדְּשׁוּ *

less commonly: * אתןץהן תּוּקְדַּשְׁנָה
בינוני .Pres. Part מוּקְדָּשׁ dedicated, devoted, consecrated

קִידֵּשׁ (קִדֵּשׁ)/קִידַּשׁ/קַדֵּשׁ sanctify; purify; treat as holy; appoint, dedicate; say Kiddush; betroth

בניין : פִּיעֵל   גזרה : שלמים

	Present הווה		Past עבר	Future עתיד	Imper. ציווי
יחיד	מְקַדֵּשׁ	אני	קִידַּשְׁתִּי	אֲקַדֵּשׁ	
יחידה	מְקַדֶּשֶׁת	אתה	קִידַּשְׁתָּ	תְּקַדֵּשׁ	קַדֵּשׁ
רבים	מְקַדְּשִׁים	את	קִידַּשְׁתְּ	תְּקַדְּשִׁי	קַדְּשִׁי
רבות	מְקַדְּשׁוֹת	הוא	קִידֵּשׁ	יְקַדֵּשׁ	
		היא	קִידְּשָׁה	תְּקַדֵּשׁ	

ציווי Imper.	עתיד Future	עבר Past		הווה Present
	נְקַדֵּשׁ	קִידַּשְׁנוּ	אנחנו	
קַדְּשׁוּ **	תְּקַדְּשׁוּ *	קִידַּשְׁתֶּם/ן	אתם/ן	
	יְקַדְּשׁוּ *	קִידְּשׁוּ	הם/ן	

שם הפועל .Infin לְקַדֵּשׁ　　* less commonly: אתן/הן תְּקַדֵּשְׁנָה

מקור מוחלט .Inf. Abs קַדֵּשׁ　　** less commonly: (אתן) קַדֵּשְׁנָה

שם הפעולה Verbal N קִידּוּשׁ sanctification; consecrating; ritual cleansing; Kiddush

קוּדַּשׁ (קֻדַּשׁ) be sanctified; be betrothed

בניין : פּוּעַל　גזרה : שלמים

	הווה Present		עבר Past	עתיד Future
יחיד	מְקוּדָּשׁ	אני	קוּדַּשְׁתִּי	אֲקוּדַּשׁ
יחידה	מְקוּדֶּשֶׁת	אתה	קוּדַּשְׁתָּ	תְּקוּדַּשׁ
רבים	מְקוּדָּשִׁים	את	קוּדַּשְׁתְּ	תְּקוּדְּשִׁי
רבות	מְקוּדָּשׁוֹת	הוא	קוּדַּשׁ	יְקוּדַּשׁ
		היא	קוּדְּשָׁה	תְּקוּדַּשׁ
		אנחנו	קוּדַּשְׁנוּ	נְקוּדַּשׁ
		אתם/ן	קוּדַּשְׁתֶּם/ן	תְּקוּדְּשׁוּ *
		הם/ן	קוּדְּשׁוּ	יְקוּדְּשׁוּ *

בינוני .Pres. Part מְקוּדָּשׁ sanctified, consecrated　　* less commonly: אתן/הן תְּקוּדַּשְׁנָה

♦ פעלים פחות שכיחים מאותו שורש Less frequent verbs from the same root

הִתְקַדֵּשׁ purify oneself, become holy; be prohibited (מִתְקַדֵּשׁ, יִתְקַדֵּשׁ, לְהִתְקַדֵּשׁ)

קָדַשׁ become holy; be forbidden (food) < בינוני .Pres. Part קָדוֹשׁ holy (form common)

♦ דוגמאות Illustrations

אני **מַקְדִּישׁ** את הספר לאבי, ראובן בן-שמעון ז״ל, **שהִקְדִּישׁ** את מיטב שנותיו לחינוך ילדיו.

I **dedicate** this book to my father, Reuven Ben-Shim'on, of blessed memory, who had **dedicated** the best years of his life to the education of his children.

מצבה זו **מוּקְדֶּשֶׁת** לזכרם של מיליוני בני עמנו שמתו מות **קְדוֹשִׁים** בתקופת מלחמת העולם השנייה.

This memorial **is dedicated** to the memory of millions of our people who died a **martyr**'s death during WWII.

♦ ביטויים מיוחדים Special expressions

המטרה **מְקַדֶּשֶׁת** את האמצעים the end **justifies** the means

כזה ראה **וקַדֵּשׁ** follow this example to the letter　　**קִידֵּשׁ** אישה **marry** a woman

קִידֵּשׁ את השם sacrifice one's life rather than compromise religious belief/practice

קִידֵּשׁ מלחמה על wage/launch war on　　**קִידּוּשׁ** לבנה **sanctification** of the new month

קִידּוּשׁ השם **martyr**dom　　**קִידּוּשִׁים/ן** Jewish **marriage**

יתגדל **וְיִתְקַדַּשׁ** the beginning of the Kaddish prayer (memorial for the dead)

הִקְדִּישׁ תשומת לב ל- pay attention to　　ספר זה **מוּקְדָּשׁ** ל-... this book is **dedicated** to...

אחרי מות **קְדוֹשִׁים** אמור one should only praise people after they die

הארץ **הקְדוֹשָׁה** the **Holy** Land　　**הַקָּדוֹשׁ** ברוך הוא God (the **Holy** One, blessed be He)

מות **קְדוֹשִׁים** a **martyr**'s death　　קהילה **קְדוֹשָׁה** (ק״ק) a Jewish community

●קוה (קוי) : לְקַווֹת

קִיוָּה (קִוָּה)/קַוֶּה hope, expect

בניין : פִּיעֵל גזרה : ל״י

	הווה Present		עבר Past	עתיד Future	ציווי Imper.
יחיד	מְקַוֶּה	אני	קִיוִּיתִי	אֲקַוֶּה	
יחידה	מְקַוָּה	אתה	קִיוִּיתָ	תְּקַוֶּה	קַוֵּה
רבים	מְקַוִּים	את	קִיוִּית	תְּקַוִּי	קַוִּי
רבות	מְקַוּוֹת	הוא	קִיוָּה	יְקַוֶּה	
		היא	קִיוְּתָה	תְּקַוֶּה	
		אנחנו	קִיוִּינוּ	נְקַוֶּה	
		אתם/ן	קִיוִּיתֶם/ן	תְּקַוּוּ *	קַוּוּ**
		הם/ן	קִיוּוּ	יְקַוּוּ *	

שם הפועל .Infin לְקַווֹת   * less commonly: אתן/הן תְּקַוֶּינָה

מקור מוחלט .Inf. Abs קַוֵּה   ** less commonly: (אתן) קַוֶּינָה

♦ **פעלים פחות שכיחים מאותו שורש** Less frequent verbs from the same root

קוּוָּה be hoped for/expected (Med H) (מְקוּוֶּה, יְקוּוֶּה)

בינ' .Pres. Part מְקוּוֶּה hoped for, expected (form fairly common)

An unrelated homonymous root קוה "gather, collect" is not included in this collection.

♦ **דוגמאות** Illustrations

כולנו **מְקַוִּים** שתבריאי מהר ותחזרי אלינו בכוחות מחודשים.

We **are** all **hoping** that you get well fast and come back to us with renewed energy.

●קום : לָקוּם, לְהָקִים

קָם/קַמ/יָקוּם get up, stand up, rise; occur; arise, be established

בניין : פָּעַל גזרה : ע״ו

	הווה Present		עבר Past	עתיד Future	ציווי Imper.
יחיד	קָם	אני	קַמְתִּי	אָקוּם	
יחידה	קָמָה	אתה	קַמְתָּ	תָּקוּם	קוּם
רבים	קָמִים	את	קַמְתְּ	תָּקוּמִי	קוּמִי
רבות	קָמוֹת	הוא	קָם	יָקוּם	
		היא	קָמָה	תָּקוּם	
		אנחנו	קַמְנוּ	נָקוּם	
		אתם/ן	קַמְתֶּם/ן	תָּקוּמוּ *	קוּמוּ **
		הם/ן	קָמוּ	יָקוּמוּ *	

שם הפועל .Infin לָקוּם   * less commonly: אתן/הן תָּקוֹמְנָה

מקור מוחלט .Inf. Abs קוֹם   ** less commonly: (אתן) קוֹמְנָה

שם הפעולה Verbal N קִימָה arising, standing up, getting up

מקור נטוי .Inf.+pron בְּקוּמוֹ, כְּ...

הֵקִים/הֵקַם/יָקִים raise; set up, erect; establish, found

בניין : הִפְעִיל גזרה : ע״ו

	Present הווה		Past עבר	Future עתיד	Imper. ציווי
יחיד	מֵקִים	אני	הֵקַמְתִּי	אָקִים	
יחידה	מְקִימָה	אתה	הֵקַמְתָּ	תָּקִים	הָקֵם
רבים	מְקִימִים	את	הֵקַמְתְּ	תָּקִימִי	הָקִימִי
רבות	מְקִימוֹת	הוא	הֵקִים	יָקִים	
		היא	הֵקִימָה	תָּקִים	
		אנחנו	הֵקַמְנוּ	נָקִים	
		אתם/ן	הֲקַמְתֶּם/ן *	תָּקִימוּ **	הָקִימוּ ***
		הם/ן	הֵקִימוּ	יָקִימוּ **	

שם הפועל .Infin לְהָקִים — * formal: הֲקַמְתֶּם/ן

ש׳ הפעולה Verbal N הֲקָמָה setting up, erecting — ** less commonly: אתן/הן תָּקֵמְנָה

מקור מוחלט .Inf. Abs הָקֵם — *** less commonly: (אתן) הָקֵמְנָה

הוּקַם be raised; be set up, be erected; be established, be founded

בניין : הוּפְעַל גזרה : ע״ו

	Present הווה		Past עבר	Future עתיד
יחיד	מוּקָם	אני	הוּקַמְתִּי	אוּקַם
יחידה	מוּקֶמֶת	אתה	הוּקַמְתָּ	תּוּקַם
רבים	מוּקָמִים	את	הוּקַמְתְּ	תּוּקְמִי
רבות	מוּקָמוֹת	הוא	הוּקַם	יוּקַם
		היא	הוּקְמָה	תּוּקַם
		אנחנו	הוּקַמְנוּ	נוּקַם
		אתם/ן	הוּקַמְתֶּם/ן	תּוּקְמוּ *
		הם/ן	הוּקְמוּ	יוּקְמוּ *

* less commonly: אתן/הן תּוּקַמְנָה

♦ פעלים פחות שכיחים מאותו שורש Less frequent verbs from the same root

קוֹמֵם rebuild, restore; rouse, stir up, cause to object (בינ' Pres. Part. מְקוֹמֵם causing one to object, יְקוֹמֵם, לְקוֹמֵם)

הִתְקוֹמֵם rebel, rise up against (מִתְקוֹמֵם, יִתְקוֹמֵם, לְהִתְקוֹמֵם, שם הפעולה Verbal N הִתְקוֹמְמוּת rebellion, uprising)

♦ דוגמאות Illustrations

חיים **קָם** בוקר אחד והחליט שהוא **מִתְקוֹמֵם** נגד מנהיגות מפלגתו, ורץ לבחירות בראש רשימה עצמאית. תוך יומיים הכריז על **הֲקָמַת** מפלגה חדשה, **הֵקִים** לעצמו צוות בחירות, ובמקביל **הוּקְמָה** על ידי מקורביו ועדה לגיוס כספים. עמיתיו במפלגה שנטש מחו על התנהגותו **הַמְקוֹמֶמֶת**, אך חיים לא התרשם מכך.

Hayyim got up one morning and decided that he **was rebelling** against the leadership of his party, and ran for election at the head of an independent list. Within two days he announced the **establishment** of a new party, **set up** for himself an election team, and at the same time a fundraising committee **was set up** by his cronies. His colleagues at the party he quit protested his **objectionable** behavior, but Hayyim was not impressed.

♦ ביטויים מיוחדים Special expressions

קָם לתחייה be revived/reborn — לא קָם/קָמָה בו (ה)רוח be scared to death

ממשה עד משה לא קָם כמשה from Moses to Moses (Maimonides, etc.) there has been no one like Moses

קָם עליו **rise up** against him — קָם ונהיה הדבר it actually happened

לא יָקוּם ולא יהיה! it will never happen! — קוּם ועשה! **get up** and do it!

עם קוּם המדינה with the **establishment** of the State

הֵקִים לתחיה revive — הֵקִים רעש make (a lot of) noise

●קטן : לְהַקְטִין, לִקְטוֹן

הִקְטִין/הִקְטַנ/יַקְטִין make smaller, reduce, diminish (tr.)

בניין : הִפְעִיל גזרה : ל״נ

	Present הווה		Past עבר	Future עתיד	Imper. ציווי
יחיד	מַקְטִין	אני	הִקְטַנְתִּי	אַקְטִין	
יחידה	מַקְטִינָה	אתה	הִקְטַנְתָּ	תַּקְטִין	הַקְטֵן
רבים	מַקְטִינִים	את	הִקְטַנְתְּ	תַּקְטִינִי	הַקְטִינִי
רבות	מַקְטִינוֹת	הוא	הִקְטִין	יַקְטִין	
		היא	הִקְטִינָה	תַּקְטִין	
		אנחנו	הִקְטַנּוּ	נַקְטִין	
		אתםץ	הִקְטַנְתֶּם/ן	תַּקְטִינוּ *	הַקְטִינוּ **
		הםץ	הִקְטִינוּ	יַקְטִינוּ *	

שם הפועל .Infin לְהַקְטִין — * less commonly: אתן/הן תַּקְטֵנָּה

מקור מוחלט .Inf. Abs הַקְטֵן — ** less commonly: (אתן) הַקְטֵנָּה

שם הפעולה Verbal N הַקְטָנָה reduction, diminution

קָטוֹן/קָטָן (קָטֵן)/יִקְטַן be small; become smaller; be diminished

בניין : פָּעַל גזרה : ל״נ

	Pres./Part. בינוני		Past עבר	Future עתיד	Imper. ציווי
יחיד	קָטֵן/קָטוֹן/קָטָן	אני	קָטוֹנְתִּי	אֶקְטַן	
יחידה	קְטֵנָה/קְטַנָּה	אתה	קָטוֹנְתָּ	תִּקְטַן	קְטַן
רבים	קְטֵנִים/קְטַנִּים	את	קָטוֹנְתְּ	תִּקְטְנִי	קִטְנִי
רבות	קְטֵנוֹת/קְטַנּוֹת	הוא	קָטוֹן	יִקְטַן	
		היא	קָטְנָה	תִּקְטַן	
		אנחנו	קָטוֹנּוּ/קָטַנּוּ	נִקְטַן	
		אתםץ	קְטוֹנְתֶּם/ן *	תִּקְטְנוּ **	קִטְנוּ ***
		הםץ	קָטְנוּ	יִקְטְנוּ **	

שם הפועל .Infin לִקְטוֹן — * Colloquial: קָטַנְתֶּם/ן

בינוני .Pres. Part קָטָן small — ** less commonly: אתן/הן תִּקְטַנָּה

מקור מוחלט .Inf. Abs קָטוֹן — *** less commonly: (את) קְטַנָּה

קָטִיל CaCiC adj./N. קָטִין a minor (child) — מקור נטוי .Inf.+pron בְּקוֹטְנוֹ, כְּ...

♦ פעלים פחות שכיחים מאותו שורש Less frequent verbs from the same root

הוּקְטַן be reduced/diminished, be made smaller (בינוני .Pres. Part מוּקְטָן reduced, יוּקְטַן)

◆ **דוגמאות** Illustrations

כשיצרנים לא רוצים שייראה שהם מעלים את המחירים, הם מַשאירים את המחיר כפי שהוא, אך **מַקְטִינִים** את משקל המוצר. צרכנים מעטים מבחינים בכך שהמשקל **הוּקְטַן**.

When manufacturers do not want it to be noticed that they raise prices, they leave the price as is, but **reduce** the weight of the product. Few consumers notice that the weight **was reduced**.

ברוב המדינות המפותחות **קָטְנָה** העסקתם של ילדים **קְטַנִּים** עם התפתחות הטכנולוגיה והחינוך.

In most developed countries, the employment of **small** children **diminished** with the development of technology and of education.

◆ **ביטויים מיוחדים** Special expressions

קָטוֹנְתִּי מכל הכבוד הזה **I am unworthy** of all this honor — מגדול ועד **קָטָן** everybody

אדם **קָטָן** a **small** person (derogatory) — תנועה **קְטַנָּה**/גדולה **short**/long vowel

טלית **קָטָן** fringed garment, worn by orthodox Jews under their shirt

קְטַן אמונה a person with **little** faith; pessimist — כ**קָטָן** שנולד an innocent, naive person

אני **הַקָּטָן** a formulaic expression of modesty (esp. in rabbinic writings)

הַקְטָנַת הפער **reduction** of the gap

● קטע : לִקְטוֹעַ, לְהִיקָּטַע

קָטַע/קוֹטֵעַ/יִקְטַע interrupt; amputate, truncate

בניין : פָּעַל — גזרה : שלמים (אֶפְעַל) + ל״ג

	הווה/בינוני Pres./Part.			עבר Past	עתיד Fut.	ציווי Imp.
יחיד	קוֹטֵעַ	קָטוּעַ	אני	קָטַעְתִּי	אֶקְטַע	
יחידה	קוֹטַעַת	קְטוּעָה	אתה	קָטַעְתָּ	תִּקְטַע	קְטַע
רבים	קוֹטְעִים	קְטוּעִים	את	קָטַעְתְּ/...עַת	תִּקְטְעִי	קִטְעִי
רבות	קוֹטְעוֹת	קְטוּעוֹת	הוא	קָטַע	יִקְטַע	
			היא	קָטְעָה	תִּקְטַע	
			אנחנו	קָטַעְנוּ	נִקְטַע	
			אתם/ן	קְטַעְתֶּם/ן *	תִּקְטְעוּ **	קִטְעוּ ***
			הם/ן	קָטְעוּ	יִקְטְעוּ **	

שם הפועל .Infin לִקְטוֹעַ — * Colloquial: קָטַעְתֶּם/ן

מקור מוחלט .Inf. Abs קָטוֹעַ — ** less commonly: אתן/הן תִּקְטַעְנָה

מקור נטוי .Inf.+pron בְּקוֹטְעוֹ, כְּ... — *** less commonly: (אתן) קְטַעְנָה

ביני סביל .Pass. Part קָטוּעַ disrupted, interrupted; amputated

שם הפעולה Verbal N קְטִיעָה disruption, interruption; amputation

נִקְטַע/יִיקָּטַע (יִקָּטַע) be amputated; be interrupted

בניין : נִפְעַל — גזרה : שלמים + ל״ג

	הווה Present		עבר Past	עתיד Future	ציווי .Imper
יחיד	נִקְטָע	אני	נִקְטַעְתִּי	אֶקָּטַע	
יחידה	נִקְטַעַת	אתה	נִקְטַעְתָּ	תִּיקָּטַע	הִיקָּטַע
רבים	נִקְטָעִים	את	נִקְטַעְתְּ/...עַת	תִּיקָּטְעִי	הִיקָּטְעִי

Imper. ציווי	Future עתיד	Past עבר		Present הווה	
	יִיקָּטַע	נִקְטַע	הוא	נִקְטָעוֹת	רבות
	תִּיקָּטַע	נִקְטְעָה	היא		
	נִיקָּטַע	נִקְטַעְנוּ	אנחנו		
הִיקָּטְעוּ **	תִּיקָּטְעוּ *	נִקְטַעְתֶּם/ן	אתם/ן		
	יִיקָּטְעוּ *	נִקְטְעוּ	הם/ן		

שם הפועל .Infin לְהִיקָּטַע   * less commonly: אתן/הן תִּיקָּטַעְנָה

מקור מוחלט .Inf. Abs נִקְטוֹעַ, הִיקָּטֵעַ   ** less commonly: (אתן) הִיקָּטַעְנָה

♦ **דוגמאות** Illustrations

במדינות מוסלמיות "נאורות" מסוימות **קוֹטְעִים** את ידו של מי שנתפס בגנבה.

In some "enlightened" Muslim countries they **amputate** the hand of one caught stealing.

נאומו של ראש הממשלה **נִקְטַע** מספר פעמים בשל קריאות ביניים של נציגים נרגזים מן האופוזיציה.

The Prime Minister's speech **was interrupted** a number of times by shouts from angry members of the opposition.

●קטף : לִקְטוֹף

קָטַף/קוֹטֵף/יִקְטוֹף (יִקְטֹף) pick (fruit, flowers), pluck

בניין : פָּעַל   גזרה : שלמים (אֶפְעוֹל)

Imp. ציווי	Fut. עתיד	Past עבר		Pres./Part. הווה/בינוני		
	אֶקְטוֹף	קָטַפְתִּי	אני	קָטוּף	קוֹטֵף	יחיד
קְטוֹף	תִּקְטוֹף	קָטַפְתָּ	אתה	קְטוּפָה	קוֹטֶפֶת	יחידה
קִטְפִי	תִּקְטְפִי	קָטַפְתְּ	את	קְטוּפִים	קוֹטְפִים	רבים
	יִקְטוֹף	קָטַף	הוא	קְטוּפוֹת	קוֹטְפוֹת	רבות
	תִּקְטוֹף	קָטְפָה	היא			
	נִקְטוֹף	קָטַפְנוּ	אנחנו			
קִטְפוּ ***	תִּקְטְפוּ **	קְטַפְתֶּם/ן *	אתם/ן			
	יִקְטְפוּ **	קָטְפוּ	הם/ן			

שם הפועל .Infin לִקְטוֹף   * Colloquial: קָטַפְתֶּם/ן

ביני פעיל .Act. Part קוֹטֵף picker   ** less commonly: אתן/הן תִּקְטוֹפְנָה

ביני סביל .Pass. Part קָטוּף picked, plucked   *** less commonly: (אתן) קְטוֹפְנָה

שם הפעולה Verbal N קְטִיפָה picking; velvet (N)

קָטִיל .adj./N *CaCiC* קָטִיף fruit picking; fruit picking season

מקור מוחלט .Inf. Abs קָטוֹף   מקור נטוי .Inf.+pron בְּקוֹטְפוֹ, כְּ...

♦ **פעלים פחות שכיחים מאותו שורש** Less frequent verbs from the same root

נִקְטַף be picked, be plucked (נִקְטָף, יִיקָּטֵף, לְהִיקָּטֵף)

♦ **דוגמאות** Illustrations

בסתיו אנחנו אוהבים **לִקְטוֹף** תפוחים בעצמנו. תפוח שזה עתה **נִקְטַף**, טעמו כטעם גן עדן.

In the fall we like **to pick** our own apples. An apple that **has** just **been picked** tastes like heaven.

●קטר מן קוּטֶר, חתול ביידיש : לְקַטֵּר

קִיטֵּר (קִטֵּר)/קִיטַּר/קַטֵּר complain continuously (sl.)

בניין : פִּיעֵל גזרה : שלמים

	Present הווה		Past עבר	Future עתיד	Imper. ציווי
יחיד	מְקַטֵּר	אני	קִיטַּרְתִּי	אֲקַטֵּר	
יחידה	מְקַטֶּרֶת	אתה	קִיטַּרְתָּ	תְּקַטֵּר	קַטֵּר
רבים	מְקַטְּרִים	את	קִיטַּרְתְּ	תְּקַטְּרִי	קַטְּרִי
רבות	מְקַטְּרוֹת	הוא	קִיטֵּר	יְקַטֵּר	
		היא	קִיטְּרָה	תְּקַטֵּר	
		אנחנו	קִיטַּרְנוּ	נְקַטֵּר	
		אתם/ן	קִיטַּרְתֶּם/ן	תְּקַטְּרוּ *	קַטְּרוּ**
		הם/ן	קִיטְּרוּ	יְקַטְּרוּ *	

שם הפועל .Infin לְקַטֵּר * less commonly: אתן/הן תְּקַטֵּרְנָה

ש׳ הפעו׳ Verbal N קִיטּוּר constant complaining ** less commonly: (אתן) קַטֵּרְנָה

מקור מוחלט .Inf. Abs קַטֵּר

♦ דוגמאות Illustrations

גבריאל **מְקַטֵּר** כל הזמן – על הקשיים בעבודה, על המשכורת הנמוכה, על העלייה במחירי הדיור...

Gavriel **is** always **complaining** – about difficulties at work, about his low salary, about the rise in housing…

●קיא : לְהָקִיא

הֵקִיא/הֵקֵא/יָקִיא vomit, throw up

בניין : הִפְעִיל גזרה : ע״ו + ל״א

	Present הווה		Past עבר	Future עתיד	Imper. ציווי
יחיד	מֵקִיא	אני	הֵקֵאתִי	אָקִיא	
יחידה	מְקִיאָה	אתה	הֵקֵאתָ	תָּקִיא	הָקֵא
רבים	מְקִיאִים	את	הֵקֵאת	תָּקִיאִי	הָקִיאִי
רבות	מְקִיאוֹת	הוא	הֵקִיא	יָקִיא	
		היא	הֵקִיאָה	תָּקִיא	
		אנחנו	הֵקֵאנוּ	נָקִיא	
		אתם/ן	הֲקֵאתֶם/ן *	תָּקִיאוּ **	הָקִיאוּ ***
		הם/ן	הֵקִיאוּ	יָקִיאוּ **	

שם הפועל .Infin לְהָקִיא * formal: הֲקֵאתֶם/ן

שם הפעולה Verbal N הֲקָאָה vomiting ** less commonly: אתן/הן תָּקֶאנָה

מקור מוחלט .Inf. Abs הָקֵא *** less commonly: (אתן) הָקֶאנָה

♦ דוגמאות Illustrations

לאחר ארוחת ערב גדולה אתמול, עם הרבה יין, הרגשתי לא טוב ; הייתה לי הקלה מסוימת רק אחרי שיצאתי לשירותית ו**הֵקֵאתִי**.

Yesterday, after a big dinner and a lot of wine, I did not feel well; I had some relief only after I went to the restroom and **threw up**.

♦ **ביטויים מיוחדים** Special expressions

לא לבלוע ולא **לְהָקִיא** stuck, unable to proceed **הֵקִיא** את הנשמה vomit badly (coll.)

●קים : לְהִתְקַיֵּם, לְקַיֵּם

הִתְקַיֵּם (הִתְקַיֵּם)/הִתְקַיַּמ be fulfilled, be realized; be affirmed; take place (meeting, celebration, etc.)

בניין : הִתְפַּעֵל גזרה : שלמים

Imper. ציווי	Future עתיד	Past עבר		Present הווה	
	אֶתְקַיֵּם	הִתְקַיַּמְתִּי	אני	מִתְקַיֵּם	יחיד
הִתְקַיֵּם	תִּתְקַיֵּם	הִתְקַיַּמְתָּ	אתה	מִתְקַיֶּמֶת	יחידה
הִתְקַיְּמִי	תִּתְקַיְּמִי	הִתְקַיַּמְתְּ	את	מִתְקַיְּמִים	רבים
	יִתְקַיֵּם	הִתְקַיֵּם	הוא	מִתְקַיְּמוֹת	רבות
	תִּתְקַיֵּם	הִתְקַיְּמָה	היא		
	נִתְקַיֵּם	הִתְקַיַּמְנוּ	אנחנו		
הִתְקַיְּמוּ **	תִּתְקַיְּמוּ *	הִתְקַיַּמְתֶּם/ן	אתם/ן		
	יִתְקַיְּמוּ *	הִתְקַיְּמוּ	הם/ן		

שם הפועל .Infin **לְהִתְקַיֵּם**   less commonly: * אתן/הן תִּתְקַיֵּמְנָה

מקור מוחלט .Inf. Abs **הִתְקַיֵּם**   less commonly: ** (אתן) הִתְקַיֵּמְנָה

שם הפעולה Verbal N **הִתְקַיְּמוּת** existence; taking place; conservation (of matter)

קִיֵּם (קִיֵּם)/קִיַּמ/קַיֵּם fulfill, keep (promise, etc.), carry out; maintain; validate, confirm; hold (meeting)

בניין : פִּיעֵל גזרה : שלמים

Imper. ציווי	Future עתיד	Past עבר		Present הווה	
	אֲקַיֵּם	קִיַּמְתִּי	אני	מְקַיֵּם	יחיד
קַיֵּם	תְּקַיֵּם	קִיַּמְתָּ	אתה	מְקַיֶּמֶת	יחידה
קַיְּמִי	תְּקַיְּמִי	קִיַּמְתְּ	את	מְקַיְּמִים	רבים
	יְקַיֵּם	קִיֵּם	הוא	מְקַיְּמוֹת	רבות
	תְּקַיֵּם	קִיְּמָה	היא		
	נְקַיֵּם	קִיַּמְנוּ	אנחנו		
קַיְּמוּ **	תְּקַיְּמוּ *	קִיַּמְתֶּם/ן	אתם/ן		
	יְקַיְּמוּ *	קִיְּמוּ	הם/ן		

שם הפועל .Infin **לְקַיֵּם**   less commonly: * אתן/הן תְּקַיֵּמְנָה

מקור מוחלט .Inf. Abs **קַיֵּם**   less commonly: ** (אתן) קַיֵּמְנָה

שם הפעולה Verbal N **קִיּוּם** carrying out; existence; maintenance, preservation

♦ **פעלים פחות שכיחים מאותו שורש** Less frequent verbs from the same root

קוּיַּם be carried out, be validated, be confirmed, be held (בינוני Pres. Part. **מְקוּיָּם** carried out, held, יְקוּיַּם)

♦ **דוגמאות** Illustrations

משה **קִיֵּם** את הבטחתו ושלח לכולנו הזמנות לפתיחה החגיגית של המסעדה, ש**תִּתְקַיֵּם** בשבת בערב. מסיבות טכניות נדחתה הפתיחה, ו**קוּיְּמָה** רק שבוע לאחר מכן, אבל נהנינו מאוד.

Moshe **fulfilled** his promise and sent us all invitations for the grand opening of the restaurant, which **will take place** Saturday night. The opening was postponed for technical reasons, and **was held** only a week later, but we had a great time.

יש בישראל הרבה סופרים ומשוררים טובים, אבל אם יצירותיהם לא תורגמו לאנגלית, במדינות אחרות מרבית הציבור אינו יודע אפילו על **קִיּוּמָם**.

There are in Israel many good authors and poets, but unless their works have been translated into English, the majority of the public are not even aware of their **existence**.

♦ ביטויים מיוחדים Special expressions

קִיֵּם יחסים have a relationship — נאה דורש ונאה **מְקַיֵּם** be as good as one's word

לְקַיֵּם מה שנאמר to **fulfill** what is prescribed in the Scriptures

הנבואה **הִתְקַיְּמָה** the prophecy was **fulfilled**

שאיפתו **הִתְקַיְּמָה** his ambition was **realized**

●קלד מן קְלִיד key (of piano, computer) : לְהַקְלִיד

הִקְלִיד/הִקְלַד/יַקְלִיד type, key in

בניין : הִפְעִיל   גזרה : שלמים

	הווה Present		עבר Past	עתיד Future	ציווי Imper.
יחיד	מַקְלִיד	אני	הִקְלַדְתִּי	אַקְלִיד	
יחידה	מַקְלִידָה	אתה	הִקְלַדְתָּ	תַּקְלִיד	הַקְלֵד
רבים	מַקְלִידִים	את	הִקְלַדְתְּ	תַּקְלִידִי	הַקְלִידִי
רבות	מַקְלִידוֹת	הוא	הִקְלִיד	יַקְלִיד	
		היא	הִקְלִידָה	תַּקְלִיד	
		אנחנו	הִקְלַדְנוּ	נַקְלִיד	
		אתם/ן	הִקְלַדְתֶּם/ן	תַּקְלִידוּ *	הַקְלִידוּ **
		הם/ן	הִקְלִידוּ	יַקְלִידוּ *	

שם הפועל .Infin לְהַקְלִיד — * less commonly: אתן/הן תַּקְלֵדְנָה

מקור מוחלט .Inf. Abs הַקְלֵד — ** less commonly: (אתן) הַקְלֵדְנָה

שם הפעולה Verbal N הַקְלָדָה typing, keying in

♦ דוגמאות Illustrations

אני מצטער על כך שמעולם לא למדתי **לְהַקְלִיד** בשיטה עיוורת

I regret not having learned speed-**typing**.

●קלח : לְהִתְקַלֵּחַ

הִתְקַלֵּחַ/הִתְקַלַּח take a shower

בניין : הִתְפַּעֵל   גזרה : שלמים + ל״ג

	הווה Present		עבר Past	עתיד Future	ציווי Imper.
יחיד	מִתְקַלֵּחַ	אני	הִתְקַלַּחְתִּי	אֶתְקַלַּח/...לֵּחַ*	
יחידה	מִתְקַלַּחַת	אתה	הִתְקַלַּחְתָּ	תִּתְקַלַּח/..לֵּחַ*	הִתְקַלַּח/..לֵּחַ*
רבים	מִתְקַלְּחִים	את	הִתְקַלַּחְתְּ/..לַּחַת	תִּתְקַלְּחִי	הִתְקַלְּחִי
רבות	מִתְקַלְּחוֹת	הוא	הִתְקַלַּח/...לֵּחַ*	יִתְקַלַּח/...לֵּחַ*	
		היא	הִתְקַלְּחָה	תִּתְקַלַּח/...לֵּחַ*	

Imper. ציווי	Future עתיד	Past עבר		Present הווה
	נִתְקַלַּח/...לֵחַ*	הִתְקַלַּחְנוּ	אנחנו	
הִתְקַלְּחוּ ***	תִּתְקַלְּחוּ **	הִתְקַלַּחְתֶּם/ן	אתם/ן	
	יִתְקַלְּחוּ **	הִתְקַלְּחוּ	הם/ן	

שם הפועל .Infin לְהִתְקַלֵּחַ — * more common in colloquial use ...לֵחַ

מקור מוחלט .Inf. Abs הִתְקַלֵּחַ — ** less commonly: אתן/הן תִּתְקַלַּחְנָה

שם הפעולה Verb. N הִתְקַלְּחוּת taking shower — *** less commonly: (אתן) הִתְקַלַּחְנָה

♦ **דוגמאות** Illustrations

מספרים על משה שהוא **מִתְקַלֵּחַ** פעם בשבוע, אם צריך או לא צריך...

They say about Moshe that he **takes a shower** once a week, whether necessary or not.

● קלט : לִקְלוֹט, לְהַקְלִיט, לְהִיקָּלֵט

קָלַט/קוֹלֵט/יִקְלוֹט (יִקְלֹט) absorb, take in, receive; comprehend

בניין : פָּעַל   גזרה : שלמים (אֶפְעוֹל)

Imp. ציווי	Fut. עתיד	Past עבר		Pres./Part. הווה/בינוני	
	אֶקְלוֹט	קָלַטְתִּי	אני	קוֹלֵט קָלוּט	יחיד
קְלוֹט	תִּקְלוֹט	קָלַטְתָּ	אתה	קוֹלֶטֶת קְלוּטָה	יחידה
קִלְטִי	תִּקְלְטִי	קָלַטְתְּ	את	קוֹלְטִים קְלוּטִים	רבים
	יִקְלוֹט	קָלַט	הוא	קוֹלְטוֹת קְלוּטוֹת	רבות
	תִּקְלוֹט	קָלְטָה	היא		
	נִקְלוֹט	קָלַטְנוּ	אנחנו		
קִלְטוּ ***	תִּקְלְטוּ **	קְלַטְתֶּם/ן *	אתם/ן		
	יִקְלְטוּ **	קָלְטוּ	הם/ן		

שם הפועל .Infin לִקְלוֹט — * Colloquial: קָלַטְתֶּם/ן

מקור מוחלט .Inf. Abs קָלוֹט — ** less commonly: אתן/הן תִּקְלוֹטְנָה

שי הפעו' Verbal N קְלִיטָה absorption/reception — *** less commonly: (אתן) קְלוֹטְנָה

ביני סביל .Pass. Part קָלוּט absorbed; recorded — מקור נטוי .Inf.+pron בְּקוֹלְטוֹ, כְּ...

קָטִיל .CaCiC adj./N קָלִיט catchy (tune, etc.)

הִקְלִיט/הִקְלַט/יַקְלִיט tape, record (on tape, etc.)

בניין : הִפְעִיל   גזרה : שלמים

Imper. ציווי	Future עתיד	Past עבר		Present הווה	
	אַקְלִיט	הִקְלַטְתִּי	אני	מַקְלִיט	יחיד
הַקְלֵט	תַּקְלִיט	הִקְלַטְתָּ	אתה	מַקְלִיטָה	יחידה
הַקְלִיטִי	תַּקְלִיטִי	הִקְלַטְתְּ	את	מַקְלִיטִים	רבים
	יַקְלִיט	הִקְלִיט	הוא	מַקְלִיטוֹת	רבות
	תַּקְלִיט	הִקְלִיטָה	היא		
	נַקְלִיט	הִקְלַטְנוּ	אנחנו		
הַקְלִיטוּ **	תַּקְלִיטוּ *	הִקְלַטְתֶּם/ן	אתם/ן		
	יַקְלִיטוּ *	הִקְלִיטוּ	הם/ן		

שם הפועל .Infin לְהַקְלִיט * less commonly: אתן/הן תַּקְלֵטְנָה
שם הפעולה Verbal N הַקְלָטָה recording ** less commonly: (אתן) הַקְלֵטְנָה
מקור מוחלט .Inf. Abs הַקְלֵט

נִקְלַט/יִיקָּלֵט (יִקָּלֵט) be absorbed, be received; take root; be comprehended

בניין : נִפְעַל גזרה : שלמים

	Present הווה		Past עבר	Future עתיד	Imper. ציווי
יחיד	נִקְלָט	אני	נִקְלַטְתִּי	אֶקָּלֵט	
יחידה	נִקְלֶטֶת	אתה	נִקְלַטְתָּ	תִּיקָּלֵט	הִיקָּלֵט
רבים	נִקְלָטִים	את	נִקְלַטְתְּ	תִּיקָּלְטִי	הִיקָּלְטִי
רבות	נִקְלָטוֹת	הוא	נִקְלַט	יִיקָּלֵט	
		היא	נִקְלְטָה	תִּיקָּלֵט	
		אנחנו	נִקְלַטְנוּ	נִיקָּלֵט	
		אתם/ן	נִקְלַטְתֶּם/ן	תִּיקָּלְטוּ *	הִיקָּלְטוּ **
		הם/ן	נִקְלְטוּ	יִיקָּלְטוּ *	

שם הפועל .Infin לְהִיקָּלֵט * less commonly: אתן/הן תִּיקָּלַטְנָה
ש' הפעולה Verbal N הִיקָּלְטוּת being absorbed ** less commonly: (אתן) הִיקָּלַטְנָה
מקור מוחלט .Inf. Abs הִיקָּלֵט, נִקְלוֹט

הוּקְלַט (הֻקְלַט) be recorded

בניין : הוּפְעַל גזרה : שלמים

	Present הווה		Past עבר	Future עתיד
יחיד	מוּקְלָט	אני	הוּקְלַטְתִּי	אוּקְלַט
יחידה	מוּקְלֶטֶת	אתה	הוּקְלַטְתָּ	תּוּקְלַט
רבים	מוּקְלָטִים	את	הוּקְלַטְתְּ	תּוּקְלְטִי
רבות	מוּקְלָטוֹת	הוא	הוּקְלַט	יוּקְלַט
		היא	הוּקְלְטָה	תּוּקְלַט
		אנחנו	הוּקְלַטְנוּ	נוּקְלַט
		אתם/ן	הוּקְלַטְתֶּם/ן	תּוּקְלְטוּ *
		הם/ן	הוּקְלְטוּ	יוּקְלְטוּ *

בינ' .Pres. Part מוּקְלָט recorded * less commonly: אתן/הן תּוּקְלַטְנָה

♦ דוגמאות Illustrations

מדינת ישראל **קָלְטָה** תוך תקופה קצרה יחסית כמיליון עולים חדשים מרוסיה. רובם **נִקְלְטוּ** מצוין לאחר שיצאו ממרכזי **הַקְּלִיטָה**. קשה **לִקְלוֹט** כיצד הם הצליחו **לְהִיקָּלֵט** כה מהר.

Within a relatively short time, the State of Israel **absorbed** about a million new immigrants from Russia. Most of them **were** successfully **absorbed** [i.e., with job and/or housing] after they left the **absorption** centers. It is difficult to **comprehend** how they managed **to get absorbed** so fast.

שתלתי חמישה שיחי שושנים, אך רק שניים מהם **נִקְלְטוּ**.

I planted five rose bushes, but only two of them **took root**.

לפני תקופת האינטרנט היה לי רדיו מצוין עם גלים קצרים **שקָלַט** שידורים מישראל. **הִקְלַטְתִּי** ממנו מוסיקת רוק ישראלית, אבל איכות **הַהַקְלָטָה** השתנתה על פי איכות **הקְּלִיטָה**. רק שירים מועטים **הוּקְלְטוּ** באיכות צליל סבירה.

Prior to the Internet era, I had an excellent shortwave radio that **received** broadcasts from Israel. I **recorded** Israeli rock music from it, but the **recording** quality varied with the **reception** quality. Only a few songs **were recorded** with reasonable sound quality.

♦ **ביטויים מיוחדים** Special expressions

קָלוּט מן האוויר groundless, insubstantial ("**absorbed** from the air")

קשה-**קְלִיטָה** slow to **grasp** things — **קָלַט** את המסר **understood** the message

●קלל-1 : לְקַלֵּל

קִילֵּל (קִלֵּל)/קִילַּל/קַלֵּל curse

בניין : פִּיעֵל — גזרה : שלמים

	Present הווה		Past עבר	Future עתיד	Imper. ציווי
יחיד	מְקַלֵּל	אני	קִילַּלְתִּי	אֲקַלֵּל	
יחידה	מְקַלֶּלֶת	אתה	קִילַּלְתָּ	תְּקַלֵּל	קַלֵּל
רבים	מְקַלְּלִים	את	קִילַּלְתְּ	תְּקַלְּלִי	קַלְּלִי
רבות	מְקַלְּלוֹת	הוא	קִילֵּל	יְקַלֵּל	
		היא	קִילְּלָה	תְּקַלֵּל	
		אנחנו	קִילַּלְנוּ	נְקַלֵּל	
		אתם/ן	קִילַּלְתֶּם/ן	תְּקַלְּלוּ *	קַלְּלוּ **
		הם/ן	קִילְּלוּ	יְקַלְּלוּ *	

שם הפועל .Infin לְקַלֵּל — * less commonly: אתן/הן תְּקַלֵּלְנָה

מקור מוחלט .Inf. Abs קַלֵּל — ** less commonly: (אתן) קַלֵּלְנָה

קוּלַּל (קֻלַּל) be cursed

בניין : פּוּעַל — גזרה : שלמים

	Present הווה		Past עבר	Future עתיד
יחיד	מְקוּלָּל	אני	קוּלַּלְתִּי	אֲקוּלַּל
יחידה	מְקוּלֶּלֶת	אתה	קוּלַּלְתָּ	תְּקוּלַּל
רבים	מְקוּלָּלִים	את	קוּלַּלְתְּ	תְּקוּלְּלִי
רבות	מְקוּלָּלוֹת	הוא	קוּלַּל	יְקוּלַּל
		היא	קוּלְּלָה	תְּקוּלַּל
		אנחנו	קוּלַּלְנוּ	נְקוּלַּל
		אתם/ן	קוּלַּלְתֶּם/ן	תְּקוּלְּלוּ *
		הם/ן	קוּלְּלוּ	יְקוּלְּלוּ *

בינוני .Pres. Part מְקוּלָּל cursed — * less commonly: אתן/הן תְּקוּלַּלְנָה

♦ **דוגמאות** Illustrations

את שירותי מס הכנסה **מְקַלְּלִים** יותר מאשר כל מוסד ציבורי אחר – אם כי יש ארצות שבהן השירותים החשאיים **מְקוּלָּלִים** יותר.

People **curse** the IRS more than any other public institution – although there are countries in which the secret services **are cursed** even more.

●קלל-2 : לְהָקֵל

ease, alleviate, relieve, facilitate; be lenient; belittle הֵקֵל/הֵקַל/יָקֵל

בניין : הִפְעִיל גזרה : כפולים

	Present הווה		Past עבר	Future עתיד	Imper. ציווי
יחיד	מֵקֵל	אני	הֲקִלּוֹתִי	אָקֵל	
יחידה	מְקִילָּה	אתה	הֲקִלּוֹתָ	תָּקֵל	הָקֵל
רבים	מְקִילִּים	את	הֲקִלּוֹת	תָּקֵלִּי	הָקֵלִּי
רבות	מְקִילּוֹת	הוא	הֵקֵל	יָקֵל	
		היא	הֵקֵלָּה	תָּקֵל	
		אנחנו	הֲקִלּוֹנוּ	נָקֵל	
		אתם/ן	הֲקַלְּתֶם/ן *	תָּקֵלּוּ **	הָקֵלּוּ ***
		הם/ן	הֵקֵלּוּ	יָקֵלּוּ **	

* formal: הֲקִלּוֹתֶם/ן

** less commonly: אתן/הן תָּקֵלְנָה

*** less commonly : הָקֵלְנָה

שם הפועל .Infin לְהָקֵל

שם הפעולה Verbal N הֲקַלָּה relief

מ״י מוצרכת .Gov. Prep הֵקֵל על relieve (someone)

מקור מוחלט .Inf. Abs הָקֵל

♦ פעלים פחות שכיחים מאותו שורש Less frequent verbs from the same root

הוּקַל be made easier, be lighted (מוּקָל, יוּקַל)

♦ דוגמאות Illustrations

התרופה **הֵקֵלָּה** את עוצמת הכאבים. חשתי **הֲקַלָּה** של ממש תוך עשרים דקות.

The medication **alleviated** some of the pain. I felt considerable **relief** within twenty minutes.

השופט החליט **לְהָקֵל** את עונשו של הנאשם, מכיוון שזו הייתה הרשעתו הראשונה.

The judge decided to **reduce** the defendant's sentence, since this was his first conviction.

●קלע : לִקְלוֹעַ, לְהִיקָּלַע

shoot; hit; sink (ball in game, as in basketball), score (in basketball) קָלַע/קוֹלֵעַ/יִקְלַע

בניין : פָּעַל גזרה : שלמים (אֶפְעַל) + ל״ג

	Pres. הווה		Past עבר	Future עתיד	Imper. ציווי
יחיד	קוֹלֵעַ	אני	קָלַעְתִּי	אֶקְלַע	
יחידה	קוֹלַעַת	אתה	קָלַעְתָּ	תִּקְלַע	קְלַע
רבים	קוֹלְעִים	את	קָלַעְתְּ/...עַת	תִּקְלְעִי	קִלְעִי
רבות	קוֹלְעוֹת	הוא	קָלַע	יִקְלַע	
		היא	קָלְעָה	תִּקְלַע	
		אנחנו	קָלַעְנוּ	נִקְלַע	
		אתם/ן	קְלַעְתֶּם/ן *	תִּקְלְעוּ **	קִלְעוּ ***
		הם/ן	קָלְעוּ	יִקְלְעוּ **	

שם הפועל .Infin לִקְלוֹעַ	* Colloquial: קְלַעְתֶּם/ן
שם הפעולה Verbal N קְלִיעָה shooting	** less commonly: אתן/הן תִּקְלַעְנָה
מקור מוחלט .Inf. Abs קָלוֹעַ	*** less commonly: (אתן) קְלַעְנָה
קָטִיל .CaCiC adj./N קָלִיעַ bullet	מקור נטוי .Inf.+pron בְּקוֹלְעוֹ, כְּ...

נִקְלַע/יִיקָּלַע (יִקָּלַע) be thrown toward target; happen to get somewhere (lit.)

בניין : נִפְעַל   גזרה : שלמים

	Present הווה		Past עבר	Future עתיד	Imper. ציווי
יחיד	נִקְלָע	אני	נִקְלַעְתִּי	אֶקָּלַע	
יחידה	נִקְלַעַת	אתה	נִקְלַעְתָּ	תִּיקָּלַע	הִיקָּלַע
רבים	נִקְלָעִים	את	נִקְלַעְתְּ/...עַת	תִּיקָּלְעִי	הִיקָּלְעִי
רבות	נִקְלָעוֹת	הוא	נִקְלַע	יִיקָּלַע	
		היא	נִקְלְעָה	תִּיקָּלַע	
		אנחנו	נִקְלַעְנוּ	נִיקָּלַע	
		אתם/ן	נִקְלַעְתֶּם/ן	תִּיקָּלְעוּ *	הִיקָּלְעוּ **
		הם/ן	נִקְלְעוּ	יִיקָּלְעוּ *	

שם הפועל .Infin לְהִיקָּלַע	* less commonly: אתן/הן תִּיקָּלַעְנָה
מקור מוחלט .Inf. Abs הִיקָּלַע	** less commonly: (אתן) הִיקָּלַעְנָה
ש' הפעולה Verbal N הִיקָּלְעוּת happening to get somewhere	

a homonymous root, meaning "braid, weave," is not included in this collection.

♦ דוגמאות Illustrations

ראית פעם או ג׳יימס בונד יורה ולא **קוֹלֵעַ** במטרה? אין דבר כזה.

Have you ever seen James Bond shoot and not **hit** the target? There is no such thing.

כמה סלים **קָלַע** מייקל ג׳ורדן במשחקו האחרון?

How many shots did Michael Jordan **score** in his last game?

נִקְלַעְתִּי לשם במקרה, לאחר שיצאתי מן הכביש המהיר ביציאה הלא נכונה.

I **happened to get there** accidentally, when I took the wrong exit from the highway.

♦ ביטויים מיוחדים Special expressions

קָלַע אל השערה/**קָלַע** בול **hit** the bull's eye   **קָלַע** למטרה **hit** the target

קָלַע לדעתו think the same way, be on the same wavelength

● קלף : לְקַלֵּף, לְהִתְקַלֵּף

קִילֵּף (קִלֵּף)/קִילַּפ/קַלֵּף peel; scrape off (paint)

בניין : פִּיעֵל   גזרה : שלמים

	Present הווה		Past עבר	Future עתיד	Imper. ציווי
יחיד	מְקַלֵּף	אני	קִילַּפְתִּי	אֲקַלֵּף	
יחידה	מְקַלֶּפֶת	אתה	קִילַּפְתָּ	תְּקַלֵּף	קַלֵּף
רבים	מְקַלְּפִים	את	קִילַּפְתְּ	תְּקַלְּפִי	קַלְּפִי
רבות	מְקַלְּפוֹת	הוא	קִילֵּף	יְקַלֵּף	

	Present הווה		Past עבר	Future עתיד	Imper. ציווי
		היא	קִילְּפָה	תְּקַלֵּף	
		אנחנו	קִילַּפְנוּ	נְקַלֵּף	
		אתם/ן	קִילַּפְתֶּם/ן	תְּקַלְּפוּ *	קַלְּפוּ **
		הם/ן	קִילְּפוּ	יְקַלְּפוּ *	

שם הפועל .Infin לְקַלֵּף * less commonly: אתן/הן תְּקַלֵּפְנָה

מקור מוחלט .Inf. Abs קַלֵּף ** less commonly: (אתן) קַלֵּפְנָה

ש' הפעולה Verbal N קִילּוּף peeling; scraping (paint)

הִתְקַלֵּף/הִתְקַלַּף peel (intr.)

בניין: הִתְפַּעֵל   גזרה: שלמים + ל"ג

	Present הווה		Past עבר	Future עתיד	Imper. ציווי
יחיד	מִתְקַלֵּף	אני	הִתְקַלַּפְתִּי	אֶתְקַלֵּף	
יחידה	מִתְקַלֶּפֶת	אתה	הִתְקַלַּפְתָּ	תִּתְקַלֵּף	הִתְקַלֵּף
רבים	מִתְקַלְּפִים	את	הִתְקַלַּפְתְּ	תִּתְקַלְּפִי	הִתְקַלְּפִי
רבות	מִתְקַלְּפוֹת	הוא	הִתְקַלֵּף	יִתְקַלֵּף	
		היא	הִתְקַלְּפָה	תִּתְקַלֵּף	
		אנחנו	הִתְקַלַּפְנוּ	נִתְקַלֵּף	
		אתם/ן	הִתְקַלַּפְתֶּם/ן	תִּתְקַלְּפוּ *	הִתְקַלְּפוּ **
		הם/ן	הִתְקַלְּפוּ	יִתְקַלְּפוּ *	

שם הפועל .Infin לְהִתְקַלֵּף * less commonly: אתן/הן תִּתְקַלֵּפְנָה

מקור מוחלט .Inf. Abs הִתְקַלֵּף ** less commonly: (אתן) הִתְקַלֵּפְנָה

שם הפעולה .Verb. N הִתְקַלְּפוּת taking shower

♦ פעלים פחות שכיחים מאותו שורש Less frequent verbs from the same root

קוּלַּף be peeled (מְקוּלָּף, יְקוּלַּף, בינוני .Pres. Part מְקוּלָּף peeled)

♦ דוגמאות Illustrations

אברהם גאה בכך שהוא יודע **לְקַלֵּף** תפוזים מבלי לפצוע את תוכם.

Avraham is proud of his being able **to peel** an orange without messing up its inside.

עורם של נחשים **מִתְקַלֵּף** ונושל מספר פעמים בתקופת חייהם.

Snakes' skin **peels** and is shed a number of times during their lives.

●קלקל: לְהִתְקַלְקֵל, לְקַלְקֵל

הִתְקַלְקֵל/הִתְקַלְקַל break down, get damaged, go bad

בניין: הִתְפַּעֵל   גזרה: מרובעים

	Present הווה		Past עבר	Future עתיד	Imper. ציווי
יחיד	מִתְקַלְקֵל	אני	הִתְקַלְקַלְתִּי	אֶתְקַלְקֵל	
יחידה	מִתְקַלְקֶלֶת	אתה	הִתְקַלְקַלְתָּ	תִּתְקַלְקֵל	הִתְקַלְקֵל
רבים	מִתְקַלְקְלִים	את	הִתְקַלְקַלְתְּ	תִּתְקַלְקְלִי	הִתְקַלְקְלִי
רבות	מִתְקַלְקְלוֹת	הוא	הִתְקַלְקֵל	יִתְקַלְקֵל	
		היא	הִתְקַלְקְלָה	תִּתְקַלְקֵל	
		אנחנו	הִתְקַלְקַלְנוּ	נִתְקַלְקֵל	
		אתם/ן	הִתְקַלְקַלְתֶּם/ן	תִּתְקַלְקְלוּ *	הִתְקַלְקְלוּ **
		הם/ן	הִתְקַלְקְלוּ	יִתְקַלְקְלוּ *	

שם הפועל .Infin לְהִתְקַלְקֵל   less commonly: * אתן/הן תִּתְקַלְקֵלְנָה

מקור מוחלט .Inf. Abs הִתְקַלְקֵל   less commonly: ** (אתן) הִתְקַלְקֵלְנָה

שם הפעולה Verbal N הִתְקַלְקְלוּת spoiling, breaking down, going wrong, corruption

קִלְקֵל/קִלְקַל/קַלְקֵל spoil, damage, ruin; be corrupt (Mish H)

בניין : פִּיעֵל   גזרה : מרובעים

	הווה Present		עבר Past	עתיד Future	ציווי .Imper
יחיד	מְקַלְקֵל	אני	קִלְקַלְתִּי	אֲקַלְקֵל	
יחידה	מְקַלְקֶלֶת	אתה	קִלְקַלְתָּ	תְּקַלְקֵל	קַלְקֵל
רבים	מְקַלְקְלִים	את	קִלְקַלְתְּ	תְּקַלְקְלִי	קַלְקְלִי
רבות	מְקַלְקְלוֹת	הוא	קִלְקֵל	יְקַלְקֵל	
		היא	קִלְקְלָה	תְּקַלְקֵל	
		אנחנו	קִלְקַלְנוּ	נְקַלְקֵל	
		אתם/ן	קִלְקַלְתֶּם/ן	תְּקַלְקְלוּ *	קַלְקְלוּ **
		הם/ן	קִלְקְלוּ	יְקַלְקְלוּ *	

שם הפועל .Infin לְקַלְקֵל   less commonly: * אתן/הן תְּקַלְקֵלְנָה

ש' הפעולי Verbl N קִלְקוּל breakdown, damage   less commonly: ** (אתן) קַלְקֵלְנָה

מקור מוחלט .Inf. Abs קַלְקֵל

קוּלְקַל (קֻלְקַל) be spoiled, be damaged, be broken (machine), be out of order; be corrupted

בניין : פּוּעַל   גזרה : מרובעים

	הווה Present		עבר Past	עתיד Future
יחיד	מְקוּלְקָל	אני	קוּלְקַלְתִּי	אֲקוּלְקַל
יחידה	מְקוּלְקֶלֶת	אתה	קוּלְקַלְתָּ	תְּקוּלְקַל
רבים	מְקוּלְקָלִים	את	קוּלְקַלְתְּ	תְּקוּלְקְלִי
רבות	מְקוּלְקָלוֹת	הוא	קוּלְקַל	יְקוּלְקַל
		היא	קוּלְקְלָה	תְּקוּלְקַל
		אנחנו	קוּלְקַלְנוּ	נְקוּלְקַל
		אתם/ן	קוּלְקַלְתֶּם/ן	תְּקוּלְקְלוּ *
		הם/ן	קוּלְקְלוּ	יְקוּלְקְלוּ *

בינ' .Pres. Part מְקוּלְקָל broken down, damaged   less commonly: * אתן/הן תְּקוּלְקַלְנָה

♦ דוגמאות Illustrations

משה ניסה לתקן את המקרר, ובכך **קִלְקֵל** אותו עוד יותר. המקרר נשאר **מְקוּלְקָל** יומיים, ועד שהגיע הטכנאי, כל המזון שבתוכו **הִתְקַלְקֵל**.

Moshe tried to fix the refrigerator, and while doing so **damaged** it even more. The refrigerator remained **broken down** for two days, and until the technician arrived, all the food in it **spoiled**.

♦ ביטויים מיוחדים Special expressions

קִלְקֵל את קיבתו have an upset stomach   **קִלְקֵל** את היחסים **spoil** the relationship

אדם **מְקוּלְקָל** **corrupt** person (Mish H)

●קנא : לְקַנֵּא

קִינֵּא (קִנֵּא)/קַנֵּא envy, be jealous

בניין : פִּיעֵל גזרה : ל״א

	Present הווה			Past עבר	Future עתיד	Imper. ציווי
יחיד	מְקַנֵּא	אני		קִינֵּאתִי	אֲקַנֵּא	
יחידה	מְקַנֵּאת	אתה		קִינֵּאתָ	תְּקַנֵּא	קַנֵּא
רבים	מְקַנְּאִים	את		קִינֵּאת	תְּקַנְּאִי	קַנְּאִי
רבות	מְקַנְּאוֹת	הוא		קִינֵּא	יְקַנֵּא	
		היא		קִינְּאָה	תְּקַנֵּא	
		אנחנו		קִינֵּאנוּ	נְקַנֵּא	
		אתם/ן		קִינֵּאתֶם/ן	* תְּקַנְּאוּ	** קַנְּאוּ
		הם/ן		קִינְּאוּ	* יְקַנְּאוּ	

שם הפועל .Infin לְקַנֵּא   * less commonly: אתן/הן תְּקַנֵּאנָה

מקור מוחלט .Inf. Abs קַנֵּא   ** less commonly: (אתן) קַנֵּאנָה

מ״י מוצרכת .Gov. Prep קִינֵּא ב- be jealous of ; קִינֵּא ל- be moved by zeal for (lit.)

♦ פעלים פחות שכיחים מאותו שורש Less frequent verbs from the same root

הִתְקַנֵּא become jealous, be envious (מִתְקַנֵּא, יִתְקַנֵּא, לְהִתְקַנֵּא, מ״י מוצרכת .Gov. Prep הִתְקַנֵּא ב- becoming jealous of)

♦ דוגמאות Illustrations

אביבה **מְקַנֵּאת/מִתְקַנֵּאת** באחותה על שהיא יכולה לקום כל כך מוקדם בבוקר; אביבה רק מתחילה להתעורר באחת עשרה בבוקר.

Aviva **is jealous** of her sister for being able to get up so early in the morning; Aviva only begins to wake up at 11 a.m.

♦ ביטויים מיוחדים Special expressions

בכל אדם **מִתְקַנֵּא** חוץ מבנו ותלמידו humans tend to **be jealous** of everybody, except for their sons and their students

●קנה (קני) : לִקְנוֹת, לְהִיקָּנוֹת, לְהַקְנוֹת

קָנָה/קוֹנֶה/יִקְנֶה buy, purchase; acquire, win, gain, get

בניין : פָּעַל גזרה : ל״י

	Pres./Part. הווה/בינוני			Past עבר	Fut. עתיד	Imp. ציווי
יחיד	קוֹנֶה	קָנוּי	אני	קָנִיתִי	אֶקְנֶה	
יחידה	קוֹנָה	קְנוּיָה	אתה	קָנִיתָ	תִּקְנֶה	קְנֵה
רבים	קוֹנִים	קְנוּיִים	את	קָנִית	תִּקְנִי	קְנִי
רבות	קוֹנוֹת	קְנוּיוֹת	הוא	קָנָה	יִקְנֶה	
			היא	קָנְתָה	תִּקְנֶה	
			אנחנו	קָנִינוּ	נִקְנֶה	
			אתם/ן	* קְנִיתֶם/ן	** תִּקְנוּ	*** קְנוּ
			הם/ן	קָנוּ	** יִקְנוּ	

שם הפועל .Infin לִקְנוֹת   * Colloquial: קָנִיתֶם/ן
ביני פעיל .Act. Part קוֹנֶה customer   ** less commonly: אתן/הן תִּקְנֶינָה
ביני סביל .Pass. Part קָנוּי purchased, acquired   *** less commonly: (אתן) קְנֶינָה
שם הפעולה Verbal N קְנִיָּה buying; gaining; purchase
מקור מוחלט .Inf. Abs קָנֹה   מקור נטוי .Inf.+pron בִּקְנוֹתוֹ, כְּ...

נִקְנָה/יִיקָּנֶה (יִקָּנֶה) be bought, be acquired, be gained possession of

בניין : נִפְעַל   גזרה : ל"י

	Present הווה		Past עבר	Future עתיד	Imper. ציווי
יחיד	נִקְנֶה	אני	נִקְנֵיתִי	אֶקָּנֶה	
יחידה	נִקְנֵית	אתה	נִקְנֵיתָ	תִּיקָּנֶה	הִיקָּנֵה
רבים	נִקְנִים	את	נִקְנֵית	תִּיקָּנִי	הִיקָּנִי
רבות	נִקְנוֹת	הוא	נִקְנָה	יִיקָּנֶה	
		היא	נִקְנְתָה	תִּיקָּנֶה	
		אנחנו	נִקְנֵינוּ	נִיקָּנֶה	
		אתם/ן	נִקְנֵיתֶם/ן	תִּיקָּנוּ *	הִיקָּנוּ **
		הם/ן	נִקְנוּ	יִיקָּנוּ *	

שם הפועל .Infin לְהִיקָּנוֹת   * less commonly: אתן/הן תִּיקָּנֶינָה
שם הפעולה Verbal N הִיקָּנוּת   ** less commonly: (אתן) הִיקָּנֶינָה
מקור מוחלט .Inf. Abs נִקְנֹה, הִיקָּנֵה

הִקְנָה/מַקְנֶה provide with, cause to acquire; transfer (property)

בניין : הִפְעִיל   גזרה : ל"י

	Present הווה		Past עבר	Future עתיד	Imper. ציווי
יחיד	מַקְנֶה	אני	הִקְנֵיתִי	אַקְנֶה	
יחידה	מַקְנָה	אתה	הִקְנֵיתָ	תַּקְנֶה	הַקְנֵה
רבים	מַקְנִים	את	הִקְנֵית	תַּקְנִי	הַקְנִי
רבות	מַקְנוֹת	הוא	הִקְנָה	יַקְנֶה	
		היא	הִקְנְתָה	תַּקְנֶה	
		אנחנו	הִקְנֵינוּ	נַקְנֶה	
		אתם/ן	הִקְנֵיתֶם/ן	תַּקְנוּ *	הַקְנוּ **
		הם/ן	הִקְנוּ	יַקְנוּ *	

שם הפועל .Infin לְהַקְנוֹת   * less commonly: אתן/הן תַּקְנֶינָה
ש' הפעו' Verbal N הַקְנָיָה providing; transferring   ** less commonly: (אתן) הַקְנֶינָה
מקור מוחלט .Inf. Abs הַקְנֵה

♦ פעלים פחות שכיחים מאותו שורש Less frequent verbs from the same root

הוּקְנָה be provided; be acquired; be transferred (rights in property) (בינוני .Pres. Part מוּקְנֶה acquired, יוּקְנֶה)

♦ דוגמאות Illustrations

אני מצטער, המכונית שהתעניינת בה **נִקְנְתָה** כבר; **קָנָה** אותה זוג צעיר היום בבוקר.

Sorry, the car in which you were interested **has** already **been bought**; a young couple **bought** it this morning.

בעלי גלריות אומרים שלא קל למכור תמונות. מכל חמישים **קוֹנִים** פוטנציאליים יש אולי **קְנִיָּה** אחת.

Gallery owners say that it is not easy to sell paintings. Out of every fifty potential **buyers** there is perhaps one **purchase**.

השירות בצבא **הִקְנָה** לי כמה כישורים חשובים שבדרך כלל אינם **מוּקְנִים** בחיים האזרחיים.

Service in the army **has caused** me **to acquire** a number of skills that generally **are** not **acquired** in civilian life.

♦ **ביטויים מיוחדים** Special expressions

קָנָה (את) עולמו בשעה אחת win a reputation overnight — **קָנָה** שֵׁם win fame

קָנָה את ליבו win his heart — **קָנָה** במשיכה pilfer (coll.)

●קסם : לְהַקְסִים

הִקְסִים/הִקְסַמ/יַקְסִים charm, enchant, fascinate

בניין : הִפְעִיל — גזרה : שלמים

	Present הווה		Past עבר	Future עתיד	Imper. ציווי
יחיד	מַקְסִים	אני	הִקְסַמְתִּי	אַקְסִים	
יחידה	מַקְסִימָה	אתה	הִקְסַמְתָּ	תַּקְסִים	הַקְסֵם
רבים	מַקְסִימִים	את	הִקְסַמְתְּ	תַּקְסִימִי	הַקְסִימִי
רבות	מַקְסִימוֹת	הוא	הִקְסִים	יַקְסִים	
		היא	הִקְסִימָה	תַּקְסִים	
		אנחנו	הִקְסַמְנוּ	נַקְסִים	
		אתם/ן	הִקְסַמְתֶּם/ן	תַּקְסִימוּ *	הַקְסִימוּ **
		הם/ן	הִקְסִימוּ	יַקְסִימוּ *	

שם הפועל .Infin לְהַקְסִים — * less commonly: אתן/הן תַּקְסֵמְנָה

מקור מוחלט .Inf. Abs הַקְסֵם — ** less commonly: (אתן) הַקְסֵמְנָה

בינוני .Pres. Part מַקְסִים charming

♦ **פעלים פחות שכיחים מאותו שורש** Less frequent verbs from the same root

קָסַם enchant, captivate, fascinate; attract (a lot) (ביני פעיל .Act. Part **קוֹסֵם** magician, wizard, ביני סביל .Pass. Part **קָסוּם** enchanted (for inanimate only), **יִקְסוֹם, לִקְסוֹם**)

הוּקְסַם be charmed, enchanted (בינוני .Pres. Part **מוּקְסָם** fascinated, charmed, **יוּקְסַם**)

♦ **דוגמאות** Illustrations

דינה בעצם לא יפה, אבל היא כל כך **מַקְסִימָה**, שכל רואיה **מוּקְסָמִים** על ידה ברגע שהם פוגשים אותה. היא אפילו הצליחה **לְהַקְסִים** את שגריר בריטניה, הידוע בשיוויון נפשו לנשים, בקבלת פנים בערב **קָסוּם** אחד בשנה שעברה.

Dina is not actually pretty, but she is so **charming** that whoever sees her **is charmed** by her the moment s/he sees her. She even managed **to charm** the British ambassador, who is known for his indifference to women, in a reception one **enchanted** evening last year.

דני רוצה ללמוד להיות **קוֹסֵם**. מקצועו של ה**קוֹסֵם קוֹסֵם** לו.

Danny wants to learn to be a **magician**. **Magic attracts** him.

●קפא : לִקְפּוֹא, לְהַקְפִּיא

קָפָא/קוֹפֵא/יִקְפָּא freeze, solidify

בניין : פָּעַל גזרה : ל״א

	הווה/בינוני Pres./Part.		עבר Past	עתיד Fut.	ציווי Imp.
יחיד	קוֹפֵא קָפוּא	אני	קָפָאתִי	אֶקְפָּא	
יחידה	קוֹפֵאת קְפוּאָה	אתה	קָפָאתָ	תִּקְפָּא	קְפָא
רבים	קוֹפְאִים קְפוּאִים	את	קָפָאת	תִּקְפְּאִי	קִפְאִי
רבות	קוֹפְאוֹת קְפוּאוֹת	הוא	קָפָא	יִקְפָּא	
		היא	קָפְאָה	תִּקְפָּא	
		אנחנו	קָפָאנוּ	נִקְפָּא	
		אתם/ן	קְפָאתֶם/ן *	תִּקְפְּאוּ **	קִפְאוּ ***
		הם/ן	קָפְאוּ	יִקְפְּאוּ **	

שם הפועל Infin. לִקְפּוֹא — * Colloquial: קָפָאתֶם/ן

מקור מוחלט Inf. Abs. קָפוֹא — ** less commonly: אתן/הן תִּקְפֶּאנָה

ביני סביל Pass. Part. קָפוּא frozen — *** less commonly: (אתן) קְפֶאנָה

שם הפעולה Verbal N קְפִיאָה freezing, solidifying — מקור נטוי Inf.+pron. בְּקוֹפְאוֹ, כְּ...

הִקְפִּיא/הִקְפֵּא/יַקְפִּיא freeze (tr.), congeal (tr.)

בניין : הִפְעִיל גזרה : ל״א

	הווה Present		עבר Past	עתיד Future	ציווי Imper.
יחיד	מַקְפִּיא	אני	הִקְפֵּאתִי	אַקְפִּיא	
יחידה	מַקְפִּיאָה	אתה	הִקְפֵּאתָ	תַּקְפִּיא	הַקְפֵּא
רבים	מַקְפִּיאִים	את	הִקְפֵּאת	תַּקְפִּיאִי	הַקְפִּיאִי
רבות	מַקְפִּיאוֹת	הוא	הִקְפִּיא	יַקְפִּיא	
		היא	הִקְפִּיאָה	תַּקְפִּיא	
		אנחנו	הִקְפֵּאנוּ	נַקְפִּיא	
		אתם/ן	הִקְפֵּאתֶם/ן	תַּקְפִּיאוּ *	הַקְפִּיאוּ **
		הם/ן	הִקְפִּיאוּ	יַקְפִּיאוּ *	

שם הפועל Infin. לְהַקְפִּיא — * less commonly: אתן/הן תַּקְפֶּאנָה

שם הפעולה Verbal N הַקְפָּאָה freezing (tr.) — ** less commonly: (אתן) הַקְפֶּאנָה

בינוני Pres. Part. מַקְפִּיא freezing cold; freezer — מקור מוחלט Inf. Abs. הַקְפֵּא

♦ פעלים פחות שכיחים מאותו שורש Less frequent verbs from the same root

הוּקְפָּא be frozen, be congealed (בינוני Pres. Part. מוּקְפָּא frozen, יוּקְפָּא)

♦ דוגמאות Illustrations

הייתה היום מכירה במבצע של בשר עוף. קניתי עשר יחידות ו**הִקְפֵּאתִי** אותן ב**מַקְפִּיא** שבמרתף. יש לי כעת כמות מספקת של בשר **קָפוּא** לחודשיים. יש אנשים שאפילו מעדיפים בשר ש**הוּקְפָּא** קודם על פני בשר טרי.

They had a sale on chicken today. I bought ten pieces and **froze** them in the **freezer** in the cellar. I now have enough **frozen** meat for two months. There are people who actually prefer meat that **had been frozen** before over fresh meat.

שכחתי שנשאר קצת חלב במקרר ; כשחזרתי לאחר חודש התברר שהוא **קָפָא**.

I forgot that some milk remained in the refrigerator; when I returned after a month, I found that it **had frozen**.

♦ ביטויים מיוחדים Special expressions

דמו **קָפָא** בעורקיו his blood **froze** in his veins **קוֹפֵא** על שמריו stagnant; conservative

קָפָא במקום froze on the spot **הִקְפִּיא** את הדם בעורקיו made his blood **freeze**

●קפד : לְהַקְפִּיד

הִקְפִּיד/הִקְפַּד/יַקְפִּיד be precise; be strict; insist (on)

בניין : הִפְעִיל גזרה : שלמים

	Present הווה		Past עבר	Future עתיד	Imper. ציווי
יחיד	מַקְפִּיד	אני	הִקְפַּדְתִּי	אַקְפִּיד	
יחידה	מַקְפִּידָה	אתה	הִקְפַּדְתָּ	תַּקְפִּיד	הַקְפֵּד
רבים	מַקְפִּידִים	את	הִקְפַּדְתְּ	תַּקְפִּידִי	הַקְפִּידִי
רבות	מַקְפִּידוֹת	הוא	הִקְפִּיד	יַקְפִּיד	
		היא	הִקְפִּידָה	תַּקְפִּיד	
		אנחנו	הִקְפַּדְנוּ	נַקְפִּיד	
		אתם/ן	הִקְפַּדְתֶּם/ן	* תַּקְפִּידוּ	** הַקְפִּידוּ
		הם/ן	הִקְפִּידוּ	* יַקְפִּידוּ	

* less commonly: אתן/הן תַּקְפֵּדְנָה

שם הפועל .Infin לְהַקְפִּיד ** less commonly: (אתן) הַקְפֵּדְנָה

שם הפעולה Verbal N הַקְפָּדָה being precise; being strict מקור מוחלט .Inf. Abs הַקְפֵּד

♦ דוגמאות Illustrations

משה **מַקְפִּיד** מאוד בלשונו, אפילו בהגיית הגרוניות. הוא גם **מַקְפִּיד** על כך שילדיו ינהגו כמוהו.

Moshe **is** very **precise** in his speech, even in articulating the gutturals. He also **insists** that his children do the same.

●קפל : לְהִתְקַפֵּל, לְקַפֵּל

הִתְקַפֵּל/הִתְקַפֵּל fold up; be prepared to go (sl.); capitulate (sl.)

בניין : הִתְפַּעֵל גזרה : שלמים

	Present הווה		Past עבר	Future עתיד	Imper. ציווי
יחיד	מִתְקַפֵּל	אני	הִתְקַפַּלְתִּי	אֶתְקַפֵּל	
יחידה	מִתְקַפֶּלֶת	אתה	הִתְקַפַּלְתָּ	תִּתְקַפֵּל	הִתְקַפֵּל
רבים	מִתְקַפְּלִים	את	הִתְקַפַּלְתְּ	תִּתְקַפְּלִי	הִתְקַפְּלִי
רבות	מִתְקַפְּלוֹת	הוא	הִתְקַפֵּל	יִתְקַפֵּל	
		היא	הִתְקַפְּלָה	תִּתְקַפֵּל	
		אנחנו	הִתְקַפַּלְנוּ	נִתְקַפֵּל	
		אתם/ן	הִתְקַפַּלְתֶּם/ן	* תִּתְקַפְּלוּ	** הִתְקַפְּלוּ
		הם/ן	הִתְקַפְּלוּ	* יִתְקַפְּלוּ	

שם הפועל .Infin לְהִתְקַפֵּל * less commonly: אתן/הן תִּתְקַפֵּלְנָה

בינוני .Pres. Part מִתְקַפֵּל collapsible ** less commonly: (אתן) הִתְקַפֵּלְנָה

שם הפעולה Verbal N הִתְקַפְּלוּת folding up, collapsing; capitulating (sl.)

מקור מוחלט .Inf. Abs הִתְקַפֵּל

קִיפֵּל (קִפֵּל)/קִיפַּל/קַפֵּל fold; collapse (tr.), close

בניין : פִּיעֵל גזרה : שלמים

	Present הווה		Past עבר	Future עתיד	Imper. ציווי
יחיד	מְקַפֵּל	אני	קִיפַּלְתִּי	אֲקַפֵּל	
יחידה	מְקַפֶּלֶת	אתה	קִיפַּלְתָּ	תְּקַפֵּל	קַפֵּל
רבים	מְקַפְּלִים	את	קִיפַּלְתְּ	תְּקַפְּלִי	קַפְּלִי
רבות	מְקַפְּלוֹת	הוא	קִיפֵּל	יְקַפֵּל	
		היא	קִיפְּלָה	תְּקַפֵּל	
		אנחנו	קִיפַּלְנוּ	נְקַפֵּל	
		אתם/ן	קִיפַּלְתֶּם/ן	תְּקַפְּלוּ *	קַפְּלוּ **
		הם/ן	קִיפְּלוּ	יְקַפְּלוּ *	

שם הפועל .Infin לְקַפֵּל

מקור מוחלט .Inf. Abs קַפֵּל

שם הפעולה Verbal N קִיפּוּל folding; collapsing, closing; fold N

* less commonly: אתן/הן תְּקַפֵּלְנָה

** less commonly: (אתן) קַפֵּלְנָה

קוּפַּל (קֻפַּל) be folded

בניין : פּוּעַל גזרה : שלמים

	Present הווה		Past עבר	Future עתיד
יחיד	מְקוּפָּל	אני	קוּפַּלְתִּי	אֲקוּפַּל
יחידה	מְקוּפֶּלֶת	אתה	קוּפַּלְתָּ	תְּקוּפַּל
רבים	מְקוּפָּלִים	את	קוּפַּלְתְּ	תְּקוּפְּלִי
רבות	מְקוּפָּלוֹת	הוא	קוּפַּל	יְקוּפַּל
		היא	קוּפְּלָה	תְּקוּפַּל
		אנחנו	קוּפַּלְנוּ	נְקוּפַּל
		אתם/ן	קוּפַּלְתֶּם/ן	תְּקוּפְּלוּ *
		הם/ן	קוּפְּלוּ	יְקוּפְּלוּ *

בינוני .Pres. Part מְקוּפָּל folded

* less commonly: אתן/הן תְּקוּפַּלְנָה

♦ דוגמאות Illustrations

מנשה שירת בצנחנים, אבל הוא בעצמו לא צנח מעולם ; הוא **קִיפֵּל** מצנחים.

Menashe served in the Paratrooper Corps, but he was not a paratrooper himself; he just **folded** parachutes.

כשאני יוצא לטיול ארוך, אני לוקח איתי לפעמים כיסא **מִתְקַפֵּל**.

When I go on long trips, I sometimes take a **collapsible** chair with me.

כשהכלב שלי מתנפל על חתול והחתול שולף ציפורניים, הכלב **מִתְקַפֵּל** ובורח.

When my dog attacks a cat and the cat scratches him with his paws, the dog **capitulates** and runs away.

● קפץ : לִקְפּוֹץ, לְהַקְפִּיץ

קָפַץ/קוֹפֵץ/יִקְפּוֹץ (יִקְפֹּץ) jump, leap; come upon suddenly; act hastily; pop in for a visit (coll.)

בניין : פָּעַל גזרה : שלמים (אֶפְעוֹל)

	Present הווה		Past עבר	Future עתיד	Imper. ציווי
יחיד	קוֹפֵץ	אני	קָפַצְתִּי	אֶקְפּוֹץ ****	
יחידה	קוֹפֶצֶת	אתה	קָפַצְתָּ	תִּקְפּוֹץ	קְפוֹץ

Imper. ציווי	Future עתיד	Past עבר		Present הווה	
קִפְצִי	תִּקְפְּצִי	קָפַצְתְּ	את	קוֹפְצִים	רבים
	יִקְפּוֹץ	קָפַץ	הוא	קוֹפְצוֹת	רבות
	תִּקְפּוֹץ	קָפְצָה	היא		
	נִקְפּוֹץ	קָפַצְנוּ	אנחנו		
קִפְצוּ ***	תִּקְפְּצוּ **	קְפַצְתֶּם/ן *	אתם/ן		
	יִקְפְּצוּ **	קָפְצוּ	הם/ן		

שם הפועל .Infin לִקְפּוֹץ****   * Colloquial: קָפַצְתֶּם/ן

מקור מוחלט .Inf. Abs קָפוֹץ   ** less commonly: אתן/הן תִּקְפּוֹצְנָה

שם הפעולה Verbal N קְפִיצָה jump(ing)   *** less commonly: (אתן) קְפוֹצְנָה

בינוני .Pres. Part קוֹפֵץ interested customer ("jumping" at the opportunity) (coll.)

מקור נטוי .Inf.+pron בְּקוֹפְצוֹ, כְּ...   **** Colloquial: לִקְפּוֹץ, אֶקְפּוֹץ...

הִקְפִּיץ/הִקְפַּצ/יַקְפִּיץ cause to jump (in anger, coll.), bounce (ball); promote (coll.); advance; toss (in cooking)

בניין : הִפְעִיל   גזרה : שלמים

Imper. ציווי	Future עתיד	Past עבר		Present הווה	
	אַקְפִּיץ	הִקְפַּצְתִּי	אני	מַקְפִּיץ	יחיד
הַקְפֵּץ	תַּקְפִּיץ	הִקְפַּצְתָּ	אתה	מַקְפִּיצָה	יחידה
הַקְפִּיצִי	תַּקְפִּיצִי	הִקְפַּצְתְּ	את	מַקְפִּיצִים	רבים
	יַקְפִּיץ	הִקְפִּיץ	הוא	מַקְפִּיצוֹת	רבות
	תַּקְפִּיץ	הִקְפִּיצָה	היא		
	נַקְפִּיץ	הִקְפַּצְנוּ	אנחנו		
הַקְפִּיצוּ **	תַּקְפִּיצוּ *	הִקְפַּצְתֶּם/ן	אתם/ן		
	יַקְפִּיצוּ *	הִקְפִּיצוּ	הם/ן		

* less commonly: אתן/הן תַּקְפֵּצְנָה

שם הפועל .Infin לְהַקְפִּיץ   ** less commonly: (אתן) הַקְפֵּצְנָה

שם הפעולה Verbal N הַקְפָּצָה making jump; promotion   מקור מוחלט .Inf. Abs הַקְפֵּץ

♦ פעלים פחות שכיחים מאותו שורש Less frequent verbs from the same root

קִיפֵּץ skip, leap; bring on suddenly (מְקַפֵּץ, יְקַפֵּץ, לְקַפֵּץ)

הוּקְפַּץ be made to jump; be promoted (coll.) (ביני' סביל Pass. Part. מוּקְפָּץ tossed, יוּקְפַּץ)

Note: a homonymous, less frequent root meaning "close tight" is not included here.

♦ דוגמאות Illustrations

בישראל יש נחלים שאפשר לעבור אותם ב**קְפִיצָה**. בקייץ **קָפַצְתִּי** פעם מגדה אחת של נחל רובין לגדה השנייה.

In Israel there are rivers that one can cross by **leaping** (over). In the summer I once **jumped** from one bank of the Rubin River to the other.

הודעת המנכ"ל שאליעזר **הוּקְפַּץ** בשלוש דרגות בבת אחת **הִקְפִּיצָה** את כל העובדים האחרים. ועד העובדים מחה על כך במכתב חריף.

The general manager's announcement that Eliezer **was promoted** by three ranks at one time **caused** all other workers **to jump with annoyance**. The workers' union protested in a sharp letter.

♦ ביטויים מיוחדים Special expressions

הדיוט **קוֹפֵץ** בראש [consider before you act, since] only a fool **rushes in**

קָפַץ כיתה **skip** a grade **קְפוֹץ** לִי! I don't give a damn! (sl./vulg.)

קְפִיצַת הדרך shortcut (particularly when miraculous)

●קצץ : לְקַצֵּץ

קִיצֵּץ (קִצֵּץ)/קִיצַּצ/קַצֵּץ cut off; chop; cut back, reduce

בניין : פִּיעֵל גזרה : שלמים

	Present הווה		Past עבר	Future עתיד	Imper. ציווי
יחיד	מְקַצֵּץ	אני	קִיצַּצְתִּי	אֲקַצֵּץ	
יחידה	מְקַצֶּצֶת	אתה	קִיצַּצְתָּ	תְּקַצֵּץ	קַצֵּץ
רבים	מְקַצְּצִים	את	קִיצַּצְתְּ	תְּקַצְּצִי	קַצְּצִי
רבות	מְקַצְּצוֹת	הוא	קִיצֵּץ	יְקַצֵּץ	
		היא	קִיצְּצָה	תְּקַצֵּץ	
		אנחנו	קִיצַּצְנוּ	נְקַצֵּץ	
		אתם/ן	קִיצַּצְתֶּם/ן	תְּקַצְּצוּ *	קַצְּצוּ **
		הם/ן	קִיצְּצוּ	יְקַצְּצוּ *	

שם הפועל .Infin לְקַצֵּץ * less commonly: אתן/הן תְּקַצֵּצְנָה

מקור מוחלט .Inf. Abs קַצֵּץ ** less commonly: (אתן) קַצֵּצְנָה

מ״י מוצרכת .Gov. Prep קִיצֵּץ ב- cut back on

♦ פעלים פחות שכיחים מאותו שורש Less frequent verbs from the same root

קוּצַּץ be cut off; be chopped; be cut back, be reduced (מְקוּצָּץ, יְקוּצַּץ, ביני סביל .Pass. Part

מְקוּצָּץ cut, reduced; trimmed)

קָצַץ cut; chop < ביני סביל .Pass. Part קָצוּץ chopped (meat, etc.)

♦ דוגמאות Illustrations

במצב כלכלי קשה, מרבית המדינות **מְקַצְּצוֹת** בתקציבי חינוך, תרבות ובריאות, אבל לא נוגעות בתקציב הביטחון.

In times of economic hardship, most countries **cut back** on education, culture, and health services, but do not touch the defense budget.

♦ ביטויים מיוחדים Special expressions

קִיצֵּץ את כנפיו **clip** someone's wings **קִיצֵּץ** בנטיעות be a heretic

כבד **קָצוּץ** **chopped** liver

●קצר : לְקַצֵּר

קִיצֵּר (קִצֵּר)/קִיצַּר/קַצֵּר shorten (tr.), be brief

בניין : פִּיעֵל גזרה : שלמים

	Present הווה		Past עבר	Future עתיד	Imper. ציווי
יחיד	מְקַצֵּר	אני	קִיצַּרְתִּי	אֲקַצֵּר	
יחידה	מְקַצֶּרֶת	אתה	קִיצַּרְתָּ	תְּקַצֵּר	קַצֵּר

	Present הווה		Past עבר	Future עתיד	Imper. ציווי
רבים	מְקַצְּרִים	את	קִיצַּרְתְּ	תְּקַצְּרִי	קַצְּרִי
רבות	מְקַצְּרוֹת	הוא	קִיצֵּר	יְקַצֵּר	
		היא	קִיצְּרָה	תְּקַצֵּר	
		אנחנו	קִיצַּרְנוּ	נְקַצֵּר	
		אתם/ן	קִיצַּרְתֶּם/ן	תְּקַצְּרוּ *	קַצְּרוּ **
		הם/ן	קִיצְּרוּ	יְקַצְּרוּ *	

שם הפועל Infin. לְקַצֵּר — * less commonly: אתן/הן תְּקַצֵּרְנָה

מקור מוחלט Inf. Abs. קַצֵּר — ** less commonly: (אתן) קַצֵּרְנָה

שם הפעולה Verbal N קִיצּוּר shortening; summary — תואר הפועל Adv. בְּקִיצּוּר in short

♦ פעלים פחות שכיחים מאותו שורש Less frequent verbs from the same root

הִתְקַצֵּר become shorter (מִתְקַצֵּר, יִתְקַצֵּר, לְהִתְקַצֵּר)

קוּצַּר be shortened (בינוני Pres. Part. מְקוּצָּר shortened, יְקוּצַּר)

A homonymous root meaning "reap" is not included here.

♦ דוגמאות Illustrations

המרצה **קיצֵּר** את הרצאתו בעשר דקות לאחר שהמנחה אותת לו שעליו **לְקַצֵּר** בדבריו. עם תום ההרצאה ה**מקוּצֶּרֶת**, הוא התנצל ואמר שיוכל לענות רק על שתיים-שלוש שאלות, מכיוון שהימים **מִתְקַצְּרִים**, וקשה לו לנהוג הבייתה בחושך.

The speaker **shortened** his talk by ten minutes after the moderator had signaled to him that he needs to **be brief**. At the end of the **abbreviated** talk, he apologized that he could only answer two or three questions, since the days are **getting shorter**, and it is hard for him to drive back home in the dark.

בְּקִיצּוּר, מהי המסקנה שעלינו להסיק מדבריך?

In short, what conclusion are we supposed to draw from what you said?

כשראה שאף אחד לא הבין מה הוא רוצה לומר, חזר המרצה על טענותיו ב**קִיצּוּר** הדברים.

When he realized that nobody understood his thesis, the speaker repeated his arguments in a **summary**.

♦ ביטויים מיוחדים Special expressions

בְּקִיצּוּר נמרץ very **briefly** — **קִיצּוּרֵי** דרך **short**cuts

● קרא : לִקְרוֹא, לְהִיקָּרֵא, לְהַקְרִיא

read; call, name; call out; summon, invite; read Bible קָרָא/קוֹרֵא/יִקְרָא

בניין : פָּעַל — גזרה : ל״א

	Pres./Part. הווה/בינוני				Past עבר	Fut. עתיד	Imp. ציווי
יחיד	קוֹרֵא	קָרוּא	קָרוּי	אני	קָרָאתִי	אֶקְרָא	
יחידה	קוֹרֵאת	קְרוּאָה	קְרוּיָה	אתה	קָרָאתָ	תִּקְרָא	קְרָא
רבים	קוֹרְאִים	קְרוּאִים	קְרוּיִים	את	קָרָאת	תִּקְרְאִי	קִרְאִי
רבות	קוֹרְאוֹת	קְרוּאוֹת	קְרוּיוֹת	הוא	קָרָא	יִקְרָא	
				היא	קָרְאָה	תִּקְרָא	
				אנחנו	קָרָאנוּ	נִקְרָא	

Pres./Part. הווה/בינוני		Past עבר	Fut. עתיד	Imp. ציווי
	אתם/ן	קְרָאתֶם/ן *	תִּקְרְאוּ **	קִרְאוּ ***
	הם/ן	קָרְאוּ	יִקְרְאוּ **	

שם הפועל .Infin לִקְרוֹא — * Colloquial: קְרָאתֶם/ן

ביני פעיל .Act. Part קוֹרֵא reader; reciter — ** less commonly: אתן/הן תִּקְרֶאנָה

ביני סביל .Pass. Part קָרוּא invited guest — *** less commonly: (אתן) קְרֶאנָה

ביני סביל .Pass. Part קָרוּי named — קָטִיל CaCiC adj./N. קָרִיא readable

שם הפעולה Verbal N קְרִיאָה reading/recitation; call, cry

מקור מוחלט .Inf. Abs קָרוֹא — מקור נטוי .Inf.+pron בְּקוֹרְאוֹ, כְּ...

מ״י מוצרכת .Gov. Prep קָרָא ל- call (someone)

נִקְרָא/יִיקָּרֵא (יִקָּרֵא) be read; be called, be named; be summoned

בניין : נִפְעַל גזרה : ל״א

	Present הווה		Past עבר	Future עתיד	Imper. ציווי
יחיד	נִקְרָא	אני	נִקְרֵאתִי	אֶקָּרֵא	
יחידה	נִקְרֵאת	אתה	נִקְרֵאתָ	תִּיקָּרֵא	הִיקָּרֵא
רבים	נִקְרָאִים	את	נִקְרֵאת	תִּיקָּרְאִי	הִיקָּרְאִי
רבות	נִקְרָאוֹת	הוא	נִקְרָא	יִיקָּרֵא	
		היא	נִקְרְאָה	תִּיקָּרֵא	
		אנחנו	נִקְרֵאנוּ	נִיקָּרֵא	
		אתם/ן	נִקְרֵאתֶם/ן	תִּיקָּרְאוּ *	הִיקָּרְאוּ **
		הם/ן	נִקְרְאוּ	יִיקָּרְאוּ *	

שם הפועל .Infin לְהִיקָּרֵא — * less commonly: אתן/הן תִּיקָּרֶאנָה

מקור מוחלט .Inf. Abs נִקְרוֹא — ** less commonly: (אתן) הִיקָּרֶאנָה

שם הפעולה Verbal N הִיקָּרְאוּת being called/summoned

הִקְרִיא/הִקְרֵא/יַקְרִיא read aloud, recite; cause/teach to read (by repetition)

בניין : הִפְעִיל גזרה : ל״א

	Present הווה		Past עבר	Future עתיד	Imper. ציווי
יחיד	מַקְרִיא	אני	הִקְרֵאתִי	אַקְרִיא	
יחידה	מַקְרִיאָה	אתה	הִקְרֵאתָ	תַּקְרִיא	הַקְרֵא
רבים	מַקְרִיאִים	את	הִקְרֵאת	תַּקְרִיאִי	הַקְרִיאִי
רבות	מַקְרִיאוֹת	הוא	הִקְרִיא	יַקְרִיא	
		היא	הִקְרִיאָה	תַּקְרִיא	
		אנחנו	הִקְרֵאנוּ	נַקְרִיא	
		אתם/ן	הִקְרֵאתֶם/ן	תַּקְרִיאוּ *	הַקְרִיאוּ **
		הם/ן	הִקְרִיאוּ	יַקְרִיאוּ *	

שם הפועל .Infin לְהַקְרִיא — * less commonly: אתן/הן תַּקְרֶאנָה

מקור מוחלט .Inf. Abs הַקְרֵא — ** less commonly: (אתן) הַקְרֶאנָה

שם הפעולה Verbal N הַקְרָאָה reading aloud, recitation

♦ פעלים פחות שכיחים מאותו שורש Less frequent verbs from the same root

הִתְקָרֵא be called, call oneself (usually derog.) (lit.) (מִתְקָרֵא, יִתְקָרֵא, לְהִתְקָרֵא)

הוּקְרָא be read aloud, be recited (מוּקְרָא, יוּקְרָא)

♦ דוגמאות Illustrations

איתן **קוֹרֵא** כל בוקר את ה״ניו יורק טיימס". אחר כך הוא **קוֹרֵא** לי ונותן לי אותו, וכשאני גומר **לִקְרוֹא** אני מעביר אותו הלאה. בסופו של דבר אותו עותק **נִקְרָא** על ידי חמישה אנשים.

Eitan **reads** *The New York Times* every morning. Then he **calls** me and gives it to me, and when I finish **reading** it I pass it along. In the end it turns out that the same copy **is read** by five people.

בבית הספר של פעם היו **מַקְרִיאִים** את השיעור, והתלמידים היו חוזרים על כל משפט במקהלה. לא ברור בדיוק כמה למדו משיעור ש**הוּקְרָא** בצורה כזאת.

In the old style school they would **read** the lesson **aloud**, and the students would repeat every sentence in unison. It is not altogether clear how much they learned from a lesson that **was read aloud** like that.

שלושה **קוֹרְאִים** כבר עברו על כתב היד הזה, וכל אחד מהם גילה בו טעויות דפוס שקודמיו לא הבחינו בהן.

Three **readers** have already gone over this manuscript, and each one discovered typos that preceding readers had not noticed.

אמנון בן שבע בלבד, אך יש לו יכולת **קְרִיאָה** של בן שתים-עשרה.

Amnon is only seven, but he has the **reading** capability of a twelve-year-old.

חיים **נִקְרָא** לשירות מילואים לפחות פעמיים בשנה.

Hayyim **is called** on reserve duty at least twice a year.

♦ ביטויים מיוחדים Special expressions

קָרָא בין השיטין **read** between the lines — **קָרָא** דרור ל- set free

קָרָא תגר על challenge — קול **קוֹרֵא** proclamation, public appeal

קול **קוֹרֵא** במדבר a voice **calling**/crying in the wilderness

אורח לא **קָרוּא** un**invited** guest — צו **קְרִיאָה** order to serve (in army)

אולם **קְרִיאָה** **reading** room — בעל **קְרִיאָה** Torah **reader** at synagogue

סימן **קְרִיאָה** **exclamation** mark — **קְרִיאַת** הגבר cockcrow

קְרִיאַת ביניים **interjection** that interrupts someone else's speech

קְרִיאַת התורה Torah **reading** at synagogue — **קְרִיאַת** שמע **recitation** of the Shema

קְרִיאָה ראשונה... first phase in processing of a proposed bill

נִקְרָא על שם... **be named** after... — **נִקְרָא** אל הדגל **be called** to the army

הַקָּרוּי the so-**called**

●קרב : לְהִתְקָרֵב, לְהַקְרִיב, לְקָרֵב, לִקְרוֹב

הִתְקָרֵב/הִתְקָרַב approach, draw near; be imminent

בניין : הִתְפַּעֵל גזרה : שלמים + ע״ג

	הווה Present		עבר Past	עתיד Future	ציווי .Imper
יחיד	מִתְקָרֵב	אני	הִתְקָרַבְתִּי	אֶתְקָרֵב	
יחידה	מִתְקָרֶבֶת	אתה	הִתְקָרַבְתָּ	תִּתְקָרֵב	הִתְקָרֵב
רבים	מִתְקָרְבִים	את	הִתְקָרַבְתְּ	תִּתְקָרְבִי	הִתְקָרְבִי
רבות	מִתְקָרְבוֹת	הוא	הִתְקָרֵב	יִתְקָרֵב	

	Present הווה		Past עבר	Future עתיד	Imper. ציווי
		היא	הִתְקָרְבָה	תִּתְקָרֵב	
		אנחנו	הִתְקָרַבְנוּ	נִתְקָרֵב	
		אתם/ן	הִתְקָרַבְתֶּם/ן	תִּתְקָרְבוּ *	הִתְקָרְבוּ **
		הם/ן	הִתְקָרְבוּ	יִתְקָרְבוּ *	

שם הפועל .Infin לְהִתְקָרֵב   * less commonly: אתן/הן תִּתְקָרֵבְנָה

מקור מוחלט .Inf. Abs הִתְקָרֵב   ** less commonly: (אתן) הִתְקָרֵבְנָה

שם הפעולה Verbal N הִתְקָרְבוּת coming near(er); rapprochement

מ״י מוצרכת .Gov. Prep הִתְקָרֵב ל-/אל approach (someone/something)

הִקְרִיב/הִקְרַב/יַקְרִיב sacrifice, bring offering

בניין : הִפְעִיל   גזרה : שלמים

	Present הווה		Past עבר	Future עתיד	Imper. ציווי
יחיד	מַקְרִיב	אני	הִקְרַבְתִּי	אַקְרִיב	
יחידה	מַקְרִיבָה	אתה	הִקְרַבְתָּ	תַּקְרִיב	הַקְרֵב
רבים	מַקְרִיבִים	את	הִקְרַבְתְּ	תַּקְרִיבִי	הַקְרִיבִי
רבות	מַקְרִיבוֹת	הוא	הִקְרִיב	יַקְרִיב	
		היא	הִקְרִיבָה	תַּקְרִיב	
		אנחנו	הִקְרַבְנוּ	נַקְרִיב	
		אתם/ן	הִקְרַבְתֶּם/ן	תַּקְרִיבוּ *	הַקְרִיבוּ **
		הם/ן	הִקְרִיבוּ	יַקְרִיבוּ *	

שם הפועל .Infin לְהַקְרִיב   * less commonly: אתן/הן תַּקְרֵבְנָה

מקור מוחלט .Inf. Abs הַקְרֵב   ** less commonly: (אתן) הַקְרֵבְנָה

שם הפעולה Verbal N הַקְרָבָה sacrificing, sacrifice

קֵירֵב (קֵרֵב)/קֵירַב/קָרֵב bring closer; hasten (tr.); befriend

בניין : פִּיעֵל   גזרה : שלמים + ע״ג

	Present הווה		Past עבר	Future עתיד	Imper. ציווי
יחיד	מְקָרֵב	אני	קֵירַבְתִּי	אֲקָרֵב	
יחידה	מְקָרֶבֶת	אתה	קֵירַבְתָּ	תְּקָרֵב	קָרֵב
רבים	מְקָרְבִים	את	קֵירַבְתְּ	תְּקָרְבִי	קָרְבִי
רבות	מְקָרְבוֹת	הוא	קֵירֵב (קֵירַב)	יְקָרֵב	
		היא	קֵירְבָה	תְּקָרֵב	
		אנחנו	קֵירַבְנוּ	נְקָרֵב	
		אתם/ן	קֵירַבְתֶּם/ן	תְּקָרְבוּ *	קָרְבוּ**
		הם/ן	קֵירְבוּ	יְקָרְבוּ *	

שם הפועל .Infin לְקָרֵב   * less commonly: אתן/הן תְּקָרֵבְנָה

מקור מוחלט .Inf. Abs קָרֵב   ** less commonly: (אתן) קָרֵבְנָה

שם הפעולה Verbal N קֵירוּב bringing closer   תואר הפועל .Adv בְּקֵירוּב approximately

קָרַב/קָרֵב/יִקְרַב draw near, approach (intr.)

בניין : פָּעַל   גזרה : שלמים (אֶפְעַל)

	Present הווה		Past עבר	Future עתיד	Imper. ציווי
יחיד	קָרֵב	אני	קָרַבְתִּי	אֶקְרַב	
יחידה	קְרֵבָה	אתה	קָרַבְתָּ	תִּקְרַב	קְרַב

	Present הווה		Past עבר	Future עתיד	Imper. ציווי
רבים	קְרֵבִים	את	קָרַבְתְּ	תִּקְרְבִי	קִרְבִי
רבות	קְרֵבוֹת	הוא	קָרַב	יִקְרַב	
		היא	קָרְבָה	תִּקְרַב	
		אנחנו	קָרַבְנוּ	נִקְרַב	
		אתם/ן	* קְרַבְתֶּם/ן	** תִּקְרְבוּ	*** קִרְבוּ
		הם/ן	קָרְבוּ	** יִקְרְבוּ	

שם הפועל .Infin לִקְרוֹב — * Colloquial: קָרַבְתֶּם/ן

מקור מוחלט .Inf. Abs קָרוֹב — ** less commonly: אתן/הן תִּקְרַבְנָה

שם הפעולה Verbal N קִרְבָה proximity; affinity — *** less commonly: (אתן) קְרַבְנָה

מקור נטוי .Inf.+pron בְּקוֹרְבוֹ, כְּ...

♦ פעלים פחות שכיחים מאותו שורש Less frequent verbs from the same root

קוֹרַב be brought closer (בינ' .Pres. Part מְקוֹרָב close friend, crony, יְקוֹרַב)

הוּקְרַב be sacrificed (בינוני .Pres. Part מוּקְרָב sacrificed, יוּקְרַב)

♦ דוגמאות Illustrations

משה **הִקְרִיב** את חופשתו השנתית כדי לטפל באימו החולה. הוא ישב לצידה יומם ולילה, ולא נתן לאף אחד אחר **לְהִתְקָרֵב** אליה.

Moshe **sacrificed** his annual vacation in order to take care of his sick mother. He sat at her bedside day and night, and would not let anybody else **get close** to her.

מְקוֹרָבָיו של ראש הממשלה מספרים כי לאחרונה הוא **מְקָרֵב** אליו כמה מיריביו-לשעבר, כדי לזכות בתמיכתם בבחירות **הַקְּרֵבוֹת**. להערכתם זו **הִתְקָרְבוּת** זמנית בלבד; לאחר הבחירות **יוּקְרְבוּ** כל היחסים החדשים הללו בהתאם להיערכויות המשתנות.

Close friends of the prime minister say that lately he **has been bringing closer** to him (= befriending) some of his ex-rivals, in order to win their support in the **approaching** elections. They estimate that this is only temporary **rapprochement**; after the elections, all of these relationships **will be sacrificed** to suit the changing constellations.

יש לי הרבה קרובים, אבל אני מרגיש **קִרְבָה** רק לאחד מהם, בן-דוד שגר **בְּקִרְבַת** מקום אלינו, בצד השני של העיר.

I have many relatives, but I feel **affinity** with only one of them, a cousin who lives **in proximity** to us, on the other side of town.

♦ ביטויים מיוחדים Special expressions

יד ימין מַרְחִיקָה ויד שמאל **מְקָרֶבֶת** rejecting and **befriending** at the same time

קֵירוּב לבבות **bringing** people **together** — **קָרְבוּ** ימיו his end **drew near**

קָרַב אל אישה sleep with a woman (lit.) — **בְּקִרְבַת** מקום **close by**, in proximity

הַקְרָבָה עצמית self-**sacrifice** — **הַקְרָבַת** קורבנות **sacrificing** (on the altar)

●קרה (קרי) : לִקְרוֹת

קָרָה/קוֹרֶה/יִקְרֶה happen, occur

בניין : פָּעַל — גזרה : ל"י

	Present הווה		Past עבר	Future עתיד	Imper. ציווי
יחיד	קוֹרֶה	אני	קָרִיתִי	אֶקְרֶה	
יחידה	קוֹרָה (קוֹרֵית)	אתה	קָרִיתָ	תִּקְרֶה	קְרֵה

	Present הווה		Past עבר	Future עתיד	Imper. ציווי
רבים	קוֹרִים	את	קָרִית	תִּקְרִי	קְרִי
רבות	קוֹרוֹת	הוא	קָרָה	יִקְרֶה	
		היא	קָרְתָה	תִּקְרֶה	
		אנחנו	קָרִינוּ	נִקְרֶה	
		אתם/ן	קְרִיתֶם/ן	תִּקְרוּ *	קְרוּ **
		הם/ן	קָרוּ	יִקְרוּ *	

שם הפועל .Infin לִקְרוֹת   less commonly *: אתן/הן תִּקְרֶינָה

מקור מוחלט .Inf. Abs קָרֹה   less commonly **: (אתן) קְרֶינָה

מקור נטוי .Inf.+pron בְּקְרוֹתוֹ, כְּ...

♦ פעלים פחות שכיחים מאותו שורש Less frequent verbs from the same root

נִקְרָה happen upon, chance to be (נִקְרֶה, יִיקָּרֶה, לְהִיקָּרוֹת)

הִקְרָה bring about, cause to happen (מַקְרֶה, יַקְרֶה, לְהַקְרוֹת)

♦ דוגמאות Illustrations

אפריים אף פעם לא מאחר. אם הוא עדיין לא הגיע, סימן **שקָרָה** לו משהו.

Ephraim is never late. If he has not arrived yet, it means that something must **have happened** to him.

♦ ביטויים מיוחדים Special expressions

מה קָרָה What **happened**? What's up?

●קרן : לְהַקְרִין, לִקְרוֹן

הִקְרִין/הִקְרַנ/יַקְרִין screen (film, slides), show (movie); radiate (tr.)

בניין : הִפְעִיל   גזרה : ל״נ

	Present הווה		Past עבר	Future עתיד	Imper. ציווי
יחיד	מַקְרִין	אני	הִקְרַנְתִּי	אַקְרִין	
יחידה	מַקְרִינָה	אתה	הִקְרַנְתָּ	תַּקְרִין	הַקְרֵן
רבים	מַקְרִינִים	את	הִקְרַנְתְּ	תַּקְרִינִי	הַקְרִינִי
רבות	מַקְרִינוֹת	הוא	הִקְרִין	יַקְרִין	
		היא	הִקְרִינָה	תַּקְרִין	
		אנחנו	הִקְרַנּוּ	נַקְרִין	
		אתם/ן	הִקְרַנְתֶּם/ן	תַּקְרִינוּ *	הַקְרִינוּ **
		הם/ן	הִקְרִינוּ	יַקְרִינוּ *	

שם הפועל .Infin לְהַקְרִין   less commonly *: אתן/הן תַּקְרֵנָּה

מקור מוחלט .Inf. Abs הַקְרֵן   less commonly **: (אתן) הַקְרֵנָּה

בינוני .Pres. Part מַקְרִין radiating; a person screening movies

שם הפעולה Verbal N הַקְרָנָה screening; radiating/radiation

radiate, shine קָרַן/קוֹרֵן/יִקְרַן

בניין : פָּעַל גזרה : ל״נ (אֶפְעַל)

	Pres. הווה		Past עבר	Future עתיד	Imper. ציווי
יחיד	קוֹרֵן	אני	קָרַנְתִּי	אֶקְרַן	
יחידה	קוֹרֶנֶת	אתה	קָרַנְתָּ	תִּקְרַן	קְרַן
רבים	קוֹרְנִים	את	קָרַנְתְּ	תִּקְרְנִי	קִרְנִי
רבות	קוֹרְנוֹת	הוא	קָרַן	יִקְרַן	
		היא	קָרְנָה	תִּקְרַן	
		אנחנו	קָרַנּוּ	נִקְרַן	
		אתם/ן	קְרַנְתֶּם/ן *	תִּקְרְנוּ **	קִרְנוּ ***
		הם/ן	קָרְנוּ	יִקְרְנוּ **	

שם הפועל .Infin לִקְרוֹן — * Colloquial: קָרַנְתֶּם/ן

מקור מוחלט .Inf. Abs קָרוֹן — ** less commonly: אתן/הן תִּקְרַנָּה

ביני פעיל .Act. Part קוֹרֵן radiant — *** less commonly: (אתן) קְרַנָּה

שם הפעולה Verbal N קְרִינָה radiation — מקור נטוי .Inf.+pron בְּקוֹרְנוֹ, כְּ...

קָטִיל *CaCiC* adj./N. קָרִין keel (of boat); "spine" of leaf; capable of emitting rays of light

be screened; be (ir)radiated הוּקְרַן (הָקְרַן)

בניין : הוּפְעַל גזרה : ל״נ

	Present הווה		Past עבר	Future עתיד
יחיד	מוּקְרָן	אני	הוּקְרַנְתִּי	אוּקְרַן
יחידה	מוּקְרֶנֶת	אתה	הוּקְרַנְתָּ	תּוּקְרַן
רבים	מוּקְרָנִים	את	הוּקְרַנְתְּ	תּוּקְרְנִי
רבות	מוּקְרָנוֹת	הוא	הוּקְרַן	יוּקְרַן
		היא	הוּקְרְנָה	תּוּקְרַן
		אנחנו	הוּקְרַנּוּ	נוּקְרַן
		אתם/ן	הוּקְרַנְתֶּם/ן	תּוּקְרְנוּ *
		הם/ן	הוּקְרְנוּ	יוּקְרְנוּ *

* less commonly: אתן/הן תּוּקְרַנָּה

A homonymous root meaning "grow horns" (from קֶרֶן "horn") is not included in this collection.

♦ דוגמאות Illustrations

נחמה נראתה יפהפיה בליל כלולותיה. פניה **קָרְנוּ** מאושר, וכל ישותה **הִקְרִינָה** שמחה וביטחון.

Nehama looked beautiful on her wedding night. Her face **radiated** with happiness, and her whole being **radiated** with confidence.

אפרים מקווה שלא יצטרך לעבור טיפול כימותרפי. הרופאים חושבים ש**הַהַקְרָנוֹת** יספיקו כדי למנוע את התפשטות הגידול. מחר יתחילו **לְהַקְרִין** לו בבית החולים.

Ephraim hopes that he won't need chemotherapy. The doctors think that **radiation** would suffice to prevent the spreading of the growth. Tomorrow they'll start **radiating** him at the hospital.

אתמול **הִקְרַנְתִּי** לסטודנטים שלי את סרטו הראשון של אפרים קישון, ״סאלח שבתי״. לדעתי זהו עדיין אחד הסרטים הישראלים הטובים ביותר. אחרי **הַהַקְרָנָה** ניתחנו את המסרים הבסיסיים של קישון.

Yesterday I **screened** Ephraim Kishon's first film, *Salah Shabati*, to my students. In my opinion, this is still one of Israel's best movies. After the **screening** we discussed Kishon's fundamental messages.

♦ ביטויים מיוחדים Special expressions

his face **radiated** **קָרַן** עור פניו | his face **radiated** with happiness פניו **קָרְנוּ** מאושר
infrared **radiation** **קְרִינָה** תת-אדומה | ultra violet **radiation** **קְרִינָה** על-סגולה
heat **radiation** **קְרִינַת** חום | electromagnetic **radiation** **קְרִינָה** אלקטרומגנטית
X-rays **קְרִינַת** רנטגן

●קרע : לִקְרוֹעַ, לְהִיקָּרַע

קָרַע/קוֹרֵעַ/יִקְרַע tear, rend (also one's garment as sign of mourning); tear apart, split

בניין : פָּעַל גזרה : שלמים (אֶפְעַל) + ל״ג

Imp. ציווי	Fut. עתיד	Past עבר		Pres./Part. הווה/בינוני	
	אֶקְרַע	קָרַעְתִּי	אני	קוֹרֵעַ קָרוּעַ	יחיד
קְרַע	תִּקְרַע	קָרַעְתָּ	אתה	קוֹרַעַת קְרוּעָה	יחידה
קִרְעִי	תִּקְרְעִי	קָרַעְתְּ	את	קוֹרְעִים קְרוּעִים	רבים
	יִקְרַע	קָרַע	הוא	קוֹרְעוֹת קְרוּעוֹת	רבות
	תִּקְרַע	קָרְעָה	היא		
	נִקְרַע	קָרַעְנוּ	אנחנו		
קִרְעוּ ***	תִּקְרְעוּ **	קְרַעְתֶּם/ן *	אתם/ן		
	יִקְרְעוּ **	קָרְעוּ	הם/ן		

שם הפועל .Infin לִקְרוֹעַ | * Colloquial: קָרַעְתֶּם/ן
שם הפעולה Verbal N קְרִיעָה tearing, rending | ** less commonly: אתן/הן תִּקְרַעְנָה
בינ׳ סביל .Pass. Part קָרוּעַ torn, rent, split | *** less commonly: (אתן) קְרַעְנָה
מקור מוחלט .Inf. Abs קָרוֹעַ | מקור נטוי .Inf.+pron בְּקוֹרְעוֹ, כְּ...
קָטִיל .CaCiC adj./N קָרִיעַ tearable

נִקְרַע/יִיקָּרַע (יִקָּרַע) be torn, be rent; be split

בניין : נִפְעַל גזרה : שלמים + ל״ג

Imper. ציווי	Future עתיד	Past עבר		Present הווה	
	אֶקָּרַע	נִקְרַעְתִּי	אני	נִקְרָע	יחיד
הִיקָּרַע	תִּיקָּרַע	נִקְרַעְתָּ	אתה	נִקְרַעַת	יחידה
הִיקָּרְעִי	תִּיקָּרְעִי	נִקְרַעְתְּ	את	נִקְרָעִים	רבים
	יִיקָּרַע	נִקְרַע	הוא	נִקְרָעוֹת	רבות
	תִּיקָּרַע	נִקְרְעָה	היא		
	נִיקָּרַע	נִקְרַעְנוּ	אנחנו		
הִיקָּרְעוּ **	תִּיקָּרְעוּ *	נִקְרַעְתֶּם/ן	אתם/ן		
	יִיקָּרְעוּ *	נִקְרְעוּ	הם/ן		

שם הפועל .Infin לְהִיקָּרַע | * less commonly: אתן/הן תִּיקָּרַעְנָה
שם הפעולה Verbal N הִיקָּרְעוּת being torn/rent | ** less commonly: (אתן) הִיקָּרַעְנָה
מקור מוחלט .Inf. Abs נִקְרוֹעַ, הִיקָּרֵעַ

♦ דוגמאות Illustrations

מרבית הצעירים של היום מעדיפים מכנסי ג׳ינס **קְרוּעִים**. אם המכנסיים אינם **נִקְרָעִים** מעצמם, יש **שקוֹרְעִים** אותם במתכוון.

Most of today's youth prefer **torn** jeans. If the jeans do not **get torn** by themselves, some tear them on purpose.

♦ ביטויים מיוחדים Special expressions

קוֹרֵעַ לב heart**rending** — **קָרַע** אותו כדג **tear** him to pieces

קשה **כִּקְרִיעַת** ים סוף extremely difficult ("hard as **splitting** the Red Sea")

ליבו **נִקְרַע** לגזרים his heart **broke**

●קרר : לְהִתְקָרֵר, לְקָרֵר

הִתְקָרֵר/הִתְקָרַר grow cold, cool (intr.); catch a cold

בניין : הִתְפַּעֵל — גזרה : שלמים + ע״ג

	Present הווה		Past עבר	Future עתיד	Imper. ציווי
יחיד	מִתְקָרֵר	אני	הִתְקָרַרְתִּי	אֶתְקָרֵר	
יחידה	מִתְקָרֶרֶת	אתה	הִתְקָרַרְתָּ	תִּתְקָרֵר	הִתְקָרֵר
רבים	מִתְקָרְרִים	את	הִתְקָרַרְתְּ	תִּתְקָרְרִי	הִתְקָרְרִי
רבות	מִתְקָרְרוֹת	הוא	הִתְקָרֵר	יִתְקָרֵר	
		היא	הִתְקָרְרָה	תִּתְקָרֵר	
		אנחנו	הִתְקָרַרְנוּ	נִתְקָרֵר	
		אתם/ן	הִתְקָרַרְתֶּם/ן	תִּתְקָרְרוּ *	הִתְקָרְרוּ **
		הם/ן	הִתְקָרְרוּ	יִתְקָרְרוּ *	

שם הפועל .Infin לְהִתְקָרֵר — * less commonly: אתן/הן תִּתְקָרֵרְנָה

מקור מוחלט .Inf. Abs הִתְקָרֵר — ** less commonly: (אתן) הִתְקָרֵרְנָה

שם הפעולה Verbal N הִתְקָרְרוּת cooling down; catching cold

קֵירֵר (קֵרֵר)/קֵירַר/קָרֵר chill, cool, refrigerate

בניין : פִּיעֵל — גזרה : שלמים + ע״ג

	Present הווה		Past עבר	Future עתיד	Imper. ציווי
יחיד	מְקָרֵר	אני	קֵירַרְתִּי	אֲקָרֵר	
יחידה	מְקָרֶרֶת	אתה	קֵירַרְתָּ	תְּקָרֵר	קָרֵר
רבים	מְקָרְרִים	את	קֵירַרְתְּ	תְּקָרְרִי	קָרְרִי
רבות	מְקָרְרוֹת	הוא	קֵירֵר (קֵירַר)	יְקָרֵר	
		היא	קֵירְרָה	תְּקָרֵר	
		אנחנו	קֵירַרְנוּ	נְקָרֵר	
		אתם/ן	קֵירַרְתֶּם/ן	תְּקָרְרוּ *	קָרְרוּ**
		הם/ן	קֵירְרוּ	יְקָרְרוּ *	

שם הפועל .Infin לְקָרֵר — * less commonly: אתן/הן תְּקָרֵרְנָה

בינוני .Pres. Part מְקָרֵר/מְקָרֵר refrigerator — ** less commonly: (אתן) קָרֵרְנָה

שם הפעולה Verbal N קֵירוּר cooling, refrigeration — מקור מוחלט .Inf. Abs קָרֵר

♦ פעלים פחות שכיחים מאותו שורש Less frequent verbs from the same root

קוֹרַר be chilled, be cooled, be refrigerated (בינוני .Pres. Part מְקוֹרָר chilled; having a cold, יְקוֹרַר)

♦ **דוגמאות** Illustrations

התה הזה חם מדיי בשביל הילדה. צריך **לְקָרֵר** אותו קצת, או לחכות עד ש**יִּתְקָרֵר** בעצמו.

This tea is too hot for the girl. One needs **to cool** it a bit, or wait until it **cools down** by itself.

●קשב : לְהַקְשִׁיב

הִקְשִׁיב/הִקְשַׁב/יַקְשִׁיב listen, pay attention; obey

בניין : הִפְעִיל גזרה : שלמים

	Present הווה		Past עבר	Future עתיד	Imper. ציווי
יחיד	מַקְשִׁיב	אני	הִקְשַׁבְתִּי	אַקְשִׁיב	
יחידה	מַקְשִׁיבָה	אתה	הִקְשַׁבְתָּ	תַּקְשִׁיב	הַקְשֵׁב
רבים	מַקְשִׁיבִים	את	הִקְשַׁבְתְּ	תַּקְשִׁיבִי	הַקְשִׁיבִי
רבות	מַקְשִׁיבוֹת	הוא	הִקְשִׁיב	יַקְשִׁיב	
		היא	הִקְשִׁיבָה	תַּקְשִׁיב	
		אנחנו	הִקְשַׁבְנוּ	נַקְשִׁיב	
		אתם/ן	הִקְשַׁבְתֶּם/ן	תַּקְשִׁיבוּ *	הַקְשִׁיבוּ **
		הם/ן	הִקְשִׁיבוּ	יַקְשִׁיבוּ *	

שם הפועל .Infin לְהַקְשִׁיב — * less commonly: אתן/הן תַּקְשֵׁבְנָה

ש׳ הפעו׳ Verbal N הַקְשָׁבָה attention; listening — ** less commonly: (אתן) הַקְשֵׁבְנָה

בינוני .Pres. Part מַקְשִׁיב attentive, obedient

מקור מוחלט .Inf. Abs הַקְשֵׁב

מ״י מוצרכת .Gov. Prep הִקְשִׁיב ל- listen to

♦ **דוגמאות** Illustrations

דן **הִקְשִׁיב** לסימפוניה כעשר דקות, ונרדם. כושר **הַהַקְשָׁבָה** שלו למוסיקה מוגבל מאוד.

Dan **listened** to the symphony for about ten minutes, and fell asleep. His capacity for **listening** to music is very limited.

♦ **ביטויים מיוחדים** Special expressions

הַקְשֵׁב! !attention הַקְשָׁבָה מלאה full/close attention

●קשה (קשי) : לְהִתְקַשּׁוֹת, לְהַקְשׁוֹת

הִתְקַשָּׁה harden (intr.), solidify (intr.); find something to be difficult

בניין : הִתְפַּעֵל גזרה : ל״י

	Present הווה		Past עבר	Future עתיד	Imper. ציווי
יחיד	מִתְקַשֶּׁה	אני	הִתְקַשֵּׁיתִי	אֶתְקַשֶּׁה	
יחידה	מִתְקַשָּׁה	אתה	הִתְקַשֵּׁיתָ	תִּתְקַשֶּׁה	הִתְקַשֵּׁה
רבים	מִתְקַשִּׁים	את	הִתְקַשֵּׁית	תִּתְקַשִּׁי	הִתְקַשִּׁי
רבות	מִתְקַשּׁוֹת	הוא	הִתְקַשָּׁה	יִתְקַשֶּׁה	
		היא	הִתְקַשְּׁתָה	תִּתְקַשֶּׁה	
		אנחנו	הִתְקַשֵּׁינוּ	נִתְקַשֶּׁה	

Imper. ציווי	Future עתיד	Past עבר		Present הווה	
** הִתְקַשּׁוּ	* תִּתְקַשּׁוּ	הִתְקַשֵּׁיתֶם/ן	אתם/ן		
	* יִתְקַשּׁוּ	הִתְקַשּׁוּ	הם/ן		

שם הפועל .Infin לְהִתְקַשּׁוֹת   less commonly *: אתן/הן תִּתְקַשֶּׁינָה

מקור מוחלט .Inf. Abs הִתְקַשֵּׁה   less commonly **: (אתן) הִתְקַשֶּׁינָה

שם הפעולה Verbal N הִתְקַשּׁוּת hardening (intr.)

מ״י מוצרכת .Gov. Prep הִתְקַשָּׁה ב- having difficulty with

הִקְשָׁה/מַקְשֶׁה harden; make difficult; ask a question (lit.)

בניין : הִפְעִיל   גזרה : ל״י

Imper. ציווי	Future עתיד	Past עבר		Present הווה	
	אַקְשֶׁה	הִקְשֵׁיתִי	אני	מַקְשֶׁה	יחיד
הַקְשֵׁה	תַּקְשֶׁה	הִקְשֵׁיתָ	אתה	מַקְשָׁה	יחידה
הַקְשִׁי	תַּקְשִׁי	הִקְשֵׁית	את	מַקְשִׁים	רבים
	יַקְשֶׁה	הִקְשָׁה	הוא	מַקְשׁוֹת	רבות
	תַּקְשֶׁה	הִקְשְׁתָה	היא		
	נַקְשֶׁה	הִקְשֵׁינוּ	אנחנו		
** הַקְשׁוּ	* תַּקְשׁוּ	הִקְשֵׁיתֶם/ן	אתם/ן		
	* יַקְשׁוּ	הִקְשׁוּ	הם/ן		

שם הפועל .Infin לְהַקְשׁוֹת   less commonly *: אתן/הן תַּקְשֶׁינָה

שם הפעולה Verbal N הַקְשָׁיָה hardening (tr.)   less commonly **: (אתן) הַקְשֶׁינָה

מקור מוחלט .Inf. Abs הַקְשֵׁה

♦ דוגמאות Illustrations

בחורף, השלג **מַקְשֶׁה** מאוד על הנהיגה, במיוחד כאשר השלג נמס וקופא לסירוגין **ומִתְקַשֶּׁה** לקרח. אני **מִתְקַשֶּׁה** אז אפילו להיכנס למוסך שלי או לצאת ממנו.

In the winter, the snow **makes** driving pretty **hard**, especially when the snow melts and freezes again, **hardening** into ice. I then even **have difficulty** in getting into my garage or getting out of it.

אביגדור **מִתְקַשֶּׁה** ללמוד שפות זרות. יש לו דיסלקסיה קשה ש**מַקְשָׁה** עליו לקרוא בכל שפה.

Avigdor **has difficulty** learning foreign languages. He has a severe case of dyslexia, which **makes** it **difficult** for him to read in any language.

♦ ביטויים מיוחדים Special expressions

הִקְשָׁה את ליבו/עורפו refuse obstinately   **הִקְשָׁה** קושיות ask (scholarly) questions

הִקְשָׁה את עולו increase the burden, make it harder

● קשט : לְקַשֵּׁט

קִישֵּׁט (קִשֵּׁט)/קִישַּׁט/קַשֵּׁט decorate, adorn, ornament

בניין : פִּיעֵל   גזרה : שלמים

Imper. ציווי	Future עתיד	Past עבר		Present הווה	
	אֲקַשֵּׁט	קִישַּׁטְתִּי	אני	מְקַשֵּׁט	יחיד
קַשֵּׁט	תְּקַשֵּׁט	קִישַּׁטְתָּ	אתה	מְקַשֶּׁטֶת	יחידה
קַשְּׁטִי	תְּקַשְּׁטִי	קִישַּׁטְתְּ	את	מְקַשְּׁטִים	רבים

	Present הווה		Past עבר	Future עתיד	Imper. ציווי
רבות	מְקַשְּׁטוֹת	הוא	קִישֵּׁט	יְקַשֵּׁט	
		היא	קִישְּׁטָה	תְּקַשֵּׁט	
		אנחנו	קִישַּׁטְנוּ	נְקַשֵּׁט	
		אתם/ן	קִישַּׁטְתֶּם/ן	תְּקַשְּׁטוּ *	קַשְּׁטוּ **
		הם/ן	קִישְּׁטוּ	יְקַשְּׁטוּ *	

שם הפועל .Infin לְקַשֵּׁט   less commonly *: אתן/הן תְּקַשֵּׁטְנָה

מקור מוחלט .Inf. Abs קַשֵּׁט   less commonly **: (אתן) קַשֵּׁטְנָה

שם הפעולה Verbal N קִישּׁוּט decorating; decoration, ornament

♦ **פעלים פחות שכיחים מאותו שורש** Less frequent verbs from the same root

קוּשַּׁט be decorated, be adorned (בינוני .Pres. Part מְקוּשָּׁט decorated, adorned, יְקוּשַּׁט,

מ״י מוצרכת .Gov. Prep קוּשַּׁט בְּ- be adorned with)

הִתְקַשֵּׁט adorn oneself, dress oneself up (מִתְקַשֵּׁט, יִתְקַשֵּׁט, לְהִתְקַשֵּׁט, מ״י מוצרכת

.Gov. Prep הִתְקַשֵּׁט בְּ- adorn oneself with)

♦ **דוגמאות** Illustrations

העיר כולה **הִתְקַשְּׁטָה** לכבוד החג: הרחובות **קוּשְּׁטוּ** בפרחים, התושבים **קִישְּׁטוּ** את חלונותיהם בפרחים ו**בְקִישּׁוּטִים** אחרים.

The whole town adorned itself in honor of the holiday: the streets **were decorated** with flags, the inhabitants **decorated** their windows with flowers and with other **decorations**.

♦ **ביטויים מיוחדים** Special expressions

הִתְקַשֵּׁט בנוצות זרות/[של] זרים take credit for someone else's achievement

● קשקש : לְקַשְׁקֵשׁ

קִשְׁקֵשׁ/קִשְׁקַשׁ/קַשְׁקֵשׁ chatter, gossip; babble; scribble, scrawl

בניין : פִּיעֵל   גזרה : מרובעים

	Present הווה		Past עבר	Future עתיד	Imper. ציווי
יחיד	מְקַשְׁקֵשׁ	אני	קִשְׁקַשְׁתִּי	אֲקַשְׁקֵשׁ	
יחידה	מְקַשְׁקֶשֶׁת	אתה	קִשְׁקַשְׁתָּ	תְּקַשְׁקֵשׁ	קַשְׁקֵשׁ
רבים	מְקַשְׁקְשִׁים	את	קִשְׁקַשְׁתְּ	תְּקַשְׁקְשִׁי	קַשְׁקְשִׁי
רבות	מְקַשְׁקְשׁוֹת	הוא	קִשְׁקֵשׁ	יְקַשְׁקֵשׁ	
		היא	קִשְׁקְשָׁה	תְּקַשְׁקֵשׁ	
		אנחנו	קִשְׁקַשְׁנוּ	נְקַשְׁקֵשׁ	
		אתם/ן	קִשְׁקַשְׁתֶּם/ן	תְּקַשְׁקְשׁוּ *	קַשְׁקְשׁוּ **
		הם/ן	קִשְׁקְשׁוּ	יְקַשְׁקְשׁוּ *	

שם הפועל .Infin לְקַשְׁקֵשׁ   less commonly *: אתן/הן תְּקַשְׁקֵשְׁנָה

מקור מוחלט .Inf. Abs קַשְׁקֵשׁ   less commonly **: (אתן) קַשְׁקֵשְׁנָה

ש׳ הפעולה Verbal N קִשְׁקוּשׁ scribble, scrawl N. (col.); idle chatter (col.); rattle, clang N.

♦ **דוגמאות** Illustrations

משה וחבריו נפגשים כל יום שישי בערב **וּמְקַשְׁקְשִׁים** עד חצות. יוסי בדרך כלל לא משתתף בשיחה הבטלה; הוא יושב בצד **וּמְקַשְׁקֵשׁ** על דף נייר.

Moshe and his friends meet every Friday night and **chatter** till midnight. Yossi generally does not participate in the idle talk; he sits in the corner and **scribbles** on a piece of paper.

♦ **ביטויים מיוחדים** Special expressions

קִשְׁקֵשׁ בקומקום speak a lot of nonsense; make lots of verbal noise (sl.)

●קשר : לְהִתְקַשֵּׁר, לִקְשׁוֹר, לְהִיקָּשֵׁר

הִתְקַשֵּׁר/הִתְקַשֵּׁר be tied together (also in agreement); get in touch (with), contact, call, phone; become overcast (lit.)

בניין : הִתְפַּעֵל גזרה : שלמים

Imper. ציווי	Future עתיד	Past עבר		Present הווה	
	אֶתְקַשֵּׁר	הִתְקַשַּׁרְתִּי	אני	מִתְקַשֵּׁר	יחיד
הִתְקַשֵּׁר	תִּתְקַשֵּׁר	הִתְקַשַּׁרְתָּ	אתה	מִתְקַשֶּׁרֶת	יחידה
הִתְקַשְּׁרִי	תִּתְקַשְּׁרִי	הִתְקַשַּׁרְתְּ	את	מִתְקַשְּׁרִים	רבים
	יִתְקַשֵּׁר	הִתְקַשֵּׁר	הוא	מִתְקַשְּׁרוֹת	רבות
	תִּתְקַשֵּׁר	הִתְקַשְּׁרָה	היא		
	נִתְקַשֵּׁר	הִתְקַשַּׁרְנוּ	אנחנו		
** הִתְקַשְּׁרוּ	* תִּתְקַשְּׁרוּ	הִתְקַשַּׁרְתֶּם/ן	אתם/ן		
	* יִתְקַשְּׁרוּ	הִתְקַשְּׁרוּ	הם/ן		

* less commonly: אתן/הן תִּתְקַשֵּׁרְנָה

שם הפועל .Infin לְהִתְקַשֵּׁר ** less commonly: (אתן) הִתְקַשֵּׁרְנָה

שם הפעולה Verbal N הִתְקַשְּׁרוּת getting joined together מקור מוחלט .Inf. Abs הִתְקַשֵּׁר

מ״י מוצרכת .Gov. Prep הִתְקַשֵּׁר עם join/get in touch with

קָשַׁר/קוֹשֵׁר/יִקְשׁוֹר (יִקְשֹׁר) tie, bind; conspire

בניין : פָּעַל גזרה : שלמים (אֶפְעוֹל)

Imp. ציווי	Fut. עתיד	Past עבר		Pres./Part. הווה/בינוני		
	אֶקְשׁוֹר	קָשַׁרְתִּי	אני	קָשׁוּר	קוֹשֵׁר	יחיד
קְשׁוֹר	תִּקְשׁוֹר	קָשַׁרְתָּ	אתה	קְשׁוּרָה	קוֹשֶׁרֶת	יחידה
קִשְׁרִי	תִּקְשְׁרִי	קָשַׁרְתְּ	את	קְשׁוּרִים	קוֹשְׁרִים	רבים
	יִקְשׁוֹר	קָשַׁר	הוא	קְשׁוּרוֹת	קוֹשְׁרוֹת	רבות
	תִּקְשׁוֹר	קָשְׁרָה	היא			
	נִקְשׁוֹר	קָשַׁרְנוּ	אנחנו			
*** קִשְׁרוּ	** תִּקְשְׁרוּ	* קְשַׁרְתֶּם/ן	אתם/ן			
	** יִקְשְׁרוּ	קָשְׁרוּ	הם/ן			

שם הפועל .Infin לִקְשׁוֹר * Colloquial: קָשַׁרְתֶּם/ן

ביני פעיל .Act. Part קוֹשֵׁר conspirator ** less commonly: אתן/הן תִּקְשׁוֹרְנָה

ביני סביל .Pass. Part קָשׁוּר tied, bound *** less commonly: (אתן) קְשׁוֹרְנָה

שם הפעולה Verbal N קְשִׁירָה tying, binding; conspiring

מקור מוחלט .Inf. Abs קָשׁוֹר מקור נטוי .Inf.+pron בְּקוֹשְׁרוֹ, כְּ...

נִקְשַׁר/יִיקָּשֵׁר (יִקָּשֵׁר) be tied, be bound, be attached emotionally; be connected

בניין : נִפְעַל גזרה : שלמים

Imper. ציווי	Future עתיד	Past עבר		Present הווה	
	אֶקָּשֵׁר	נִקְשַׁרְתִּי	אני	נִקְשָׁר	יחיד
הִיקָּשֵׁר	תִּיקָּשֵׁר	נִקְשַׁרְתָּ	אתה	נִקְשֶׁרֶת	יחידה
הִיקָּשְׁרִי	תִּיקָּשְׁרִי	נִקְשַׁרְתְּ	את	נִקְשָׁרִים	רבים
	יִיקָּשֵׁר	נִקְשַׁר	הוא	נִקְשָׁרוֹת	רבות
	תִּיקָּשֵׁר	נִקְשְׁרָה	היא		
	נִיקָּשֵׁר	נִקְשַׁרְנוּ	אנחנו		
** הִיקָּשְׁרוּ	* תִּיקָּשְׁרוּ	נִקְשַׁרְתֶּם/ן	אתם/ן		
	* יִיקָּשְׁרוּ	נִקְשְׁרוּ	הם/ן		

שם הפועל .Infin לְהִיקָּשֵׁר   * less commonly: אתן/הן תִּיקָּשַׁרְנָה

ש' הפעו' Verbal N הִיקָּשְׁרוּת connecting, tying   ** less commonly: (אתן) הִיקָּשַׁרְנָה

מקור מוחלט .Inf. Abs נִקְשׁוֹר, הִיקָּשֵׁר (הִקָּשׁוֹר)

מ״י מוצרכת .Gov. Prep נִקְשַׁר ל-/אל get attached to

קִישֵּׁר (קִשֵּׁר)/קִישַּׁר/קַשֵּׁר connect, link, associate; liaise; tie

בניין : פִּיעֵל גזרה : שלמים

Imper. ציווי	Future עתיד	Past עבר		Present הווה	
	אֲקַשֵּׁר	קִישַּׁרְתִּי	אני	מְקַשֵּׁר	יחיד
קַשֵּׁר	תְּקַשֵּׁר	קִישַּׁרְתָּ	אתה	מְקַשֶּׁרֶת	יחידה
קַשְּׁרִי	תְּקַשְּׁרִי	קִישַּׁרְתְּ	את	מְקַשְּׁרִים	רבים
	יְקַשֵּׁר	קִישֵּׁר	הוא	מְקַשְּׁרוֹת	רבות
	תְּקַשֵּׁר	קִישְּׁרָה	היא		
	נְקַשֵּׁר	קִישַּׁרְנוּ	אנחנו		
** קַשְּׁרוּ	* תְּקַשְּׁרוּ	קִישַּׁרְתֶּם/ן	אתם/ן		
	* יְקַשְּׁרוּ	קִישְּׁרוּ	הם/ן		

שם הפועל .Infin לְקַשֵּׁר   * less commonly: אתן/הן תְּקַשֵּׁרְנָה

מקור מוחלט .Inf. Abs קַשֵּׁר   ** less commonly: (אתן) קַשֵּׁרְנָה

שם הפעולה Verbal N קִישּׁוּר connection, tying together

בינוני .Pres. Part מְקַשֵּׁר connector; liaison officer; courier; inside player (soccer)

♦ פעלים פחות שכיחים מאותו שורש Less frequent verbs from the same root

קוּשַּׁר be connected, be joined, be brought in contact, be linked, be associated; be tied (בינוני .Pres. Part מְקוּשָּׁר connected, tightly joined, יְקוּשַּׁר)

הִקְשִׁיר connect (lit.); create context (ling.) < שם הפעולה Verbal N הֶקְשֵׁר context

♦ דוגמאות Illustrations

לאן הכלב נעלם? **קָשַׁרְתִּי** אותו אל העץ ונכנסתי לחנות. איך כלב **קָשׁוּר** יכול להיעלם כך?

Where did the dog disappear to? I **tied** him to the tree and went into the store. How can a **tied** dog disappear like that?

כלבים **נִקְשָׁרִים** לבני אדם יותר מאשר חתולים.

Dogs **get attached** to people more than cats do.

מאיר לא **הִתְקַשֵּׁר** עם הוריו כבר שלושה חודשים. הם מודאגים מאוד.
Meir **has** not **contacted** his parents for three months now. They are very worried.
אני חושב שהוא אדם הגון, אבל בכל זאת אני מעדיף ש**נִתְקַשֵּׁר** בחוזה.
I think that he's an honest person, but I still prefer that we **bind ourselves by entering into** a contract.
נראה לי ששני הצדדים מעוניינים להגיע לידי הסכם. אני מוכן לנסות **לְקַשֵּׁר** ביניהם. אני משוכנע שברגע ש**יְקוּשְּׁרוּ**, מייד תחול התקדמות במשא-ומתן.
It seems to me that the two sides are interested in reaching an agreement. I am willing to try to **liaise** between them. I am convinced that the moment they are **brought in contact**, there will occur some progress in the negotiations.

♦ ביטויים מיוחדים Special expressions
קָשַׁר קשרים/יחסים עם **form ties** with
מילת **קִישּׁוּר** **conjunction**

●ראה (ראי): לִרְאוֹת, לְהֵירָאוֹת, לְהַרְאוֹת, לְהִתְרָאוֹת

רָאָה/רוֹאֶה/יִרְאֶה see; behold; perceive, realize

בניין: פָּעַל גזרה: ל״י

	Pres./Part. הווה/בינוני			Past עבר	Fut. עתיד	Imp. ציווי
יחיד	רוֹאֶה	רָאוּי	אני	רָאִיתִי	אֶרְאֶה	
יחידה	רוֹאָה	רְאוּיָה	אתה	רָאִיתָ	תִּרְאֶה	רְאֵה
רבים	רוֹאִים	רְאוּיִים	את	רָאִית	תִּרְאִי	רְאִי
רבות	רוֹאוֹת	רְאוּיוֹת	הוא	רָאָה	יִרְאֶה	
			היא	רָאֲתָה	תִּרְאֶה	
			אנחנו	רָאִינוּ	נִרְאֶה	
			אתם/ן	רְאִיתֶם/ן *	תִּרְאוּ **	רְאוּ ***
			הם/ן	רָאוּ	יִרְאוּ **	

שם הפועל .Infin לִרְאוֹת
שם הפעולה Verbal N רְאִיָּה seeing; sight
בינ' פעיל .Act. Part רוֹאֶה seer, prophet (lit.)
בינ' סביל .Pass. Part רָאוּי proper; desirable
מקור מוחלט .Inf. Abs רָאֹה

* Colloquial: רָאִיתֶם/ן
** less commonly: אתן/הן תִּרְאֶינָה
*** less commonly: (אתן) רְאֶינָה
מקור נטוי .Inf.+pron בִּרְאוֹתוֹ, כִּ...

נִרְאָה/יֵירָאֶה (יֵרָאֶה) be visible, be seen; seem, appear, look (like); be acceptable, be pleasing*

בניין: נִפְעַל גזרה: ל״י

	Present הווה		Past עבר	Future עתיד	Imper. ציווי
יחיד	נִרְאֶה	אני	נִרְאֵיתִי	אֵרָאֶה	
יחידה	נִרְאֵית	אתה	נִרְאֵיתָ	תֵּירָאֶה	הֵירָאֵה
רבים	נִרְאִים	את	נִרְאֵית	תֵּירָאִי	הֵירָאִי
רבות	נִרְאוֹת	הוא	נִרְאָה	יֵירָאֶה	
		היא	נִרְאֲתָה	תֵּירָאֶה	
		אנחנו	נִרְאֵינוּ	נֵירָאֶה	
		אתם/ן	נִרְאֵיתֶם/ן	תֵּירָאוּ *	הֵירָאוּ **
		הם/ן	נִרְאוּ	יֵירָאוּ *	

שם הפועל .Infin לְהֵירָאוֹת * less commonly: אתן/הן תֵּירָאֶינָה
מקור מוחלט .Inf. Abs נִרְאֹה, הֵירָאוֹת ** less commonly: (אתן) הֵירָאֶינָה
בינוני .Pres. Part נִרְאֶה visible; acceptable, pleasing
תואר הפועל .Adv כַּנִּרְאֶה/כפי הנִּרְאֶה/נִרְאֶה ש... apparently

הֶרְאָה/מַרְאֶה show, exhibit, manifest

בניין: הִפְעִיל גזרה: פ״ג + ע״ג + ל״י

	Present הווה		Past עבר	Future עתיד	Imper. ציווי
יחיד	מַרְאֶה	אני	הֶרְאֵיתִי	אַרְאֶה	
יחידה	מַרְאָה	אתה	הֶרְאֵיתָ	תַּרְאֶה	הַרְאֵה
רבים	מַרְאִים	את	הֶרְאֵית	תַּרְאִי	הַרְאִי
רבות	מַרְאוֹת	הוא	הֶרְאָה	יַרְאֶה	
		היא	הֶרְאֲתָה	תַּרְאֶה	
		אנחנו	הֶרְאֵינוּ	נַרְאֶה	
		אתם/ן	הֶרְאֵיתֶם/ן	* תַּרְאוּ	** הַרְאוּ
		הם/ן	הֶרְאוּ	* יַרְאוּ	

שם הפועל .Infin לְהַרְאוֹת * less commonly: אתן/הן תַּרְאֶינָה
מקור מוחלט .Inf. Abs הַרְאֵה ** less commonly: (אתן) הַרְאֶינָה

הִתְרָאָה see each other; see again; be seen; appear

בניין: הִתְפַּעֵל גזרה: ע״ג + ל״י

	Present הווה		Past עבר	Future עתיד	Imper. ציווי
יחיד	מִתְרָאֶה	אני	הִתְרָאֵיתִי	אֶתְרָאֶה	
יחידה	מִתְרָאָה	אתה	הִתְרָאֵיתָ	תִּתְרָאֶה	הִתְרָאֵה
רבים	מִתְרָאִים	את	הִתְרָאֵית	תִּתְרָאִי	הִתְרָאִי
רבות	מִתְרָאוֹת	הוא	הִתְרָאָה	יִתְרָאֶה	
		היא	הִתְרָאֲתָה	תִּתְרָאֶה	
		אנחנו	הִתְרָאֵינוּ	נִתְרָאֶה	
		אתם/ן	הִתְרָאֵיתֶם/ן	* תִּתְרָאוּ	** הִתְרָאוּ
		הם/ן	הִתְרָאוּ	* יִתְרָאוּ	

שם הפועל .Infin לְהִתְרָאוֹת * less commonly: אתן/הן תִּתְרָאֶינָה
מקור מוחלט .Inf. Abs הִתְרָאֵה ** less commonly: (אתן) הִתְרָאֶינָה
שם הפעולה Verbal N הִתְרָאוּת seeing/meeting each other

♦ דוגמאות Illustrations

אני **רוֹאֶה** בעיתון שהגיע העירה סרט חדש של וּודִי אֶלֶן. את רוצה **לִרְאוֹת** אותו?

I **see** in the paper that a new Woody Allen movie has arrived in town. Would you like **to see** it?

רפי ואני לא **הִתְרָאֵינוּ** כמעט שנה. כשנפגשנו הוא הזמין אותי לביתו, **וְהֶרְאָה** לי את המחשב רב-העוצמה החדש שלו.

Rafi and I **have** not **seen each other** for almost a year. When we met he invited me to his home, and **showed** me his **powerful** new computer.

לאחר שנים של סודיות מוחלטת, **הֶרְאוּ** לבסוף את המטוס החדש של חיל האוויר לכתבים הצבאיים של אמצעי התקשורת. כתב אי. בי. סי. אמר שהמטוס **נִרְאֶה** כמו עטלף.

After years of complete secrecy, they **showed** the new Air Force plane to the military correspondents of the media. The ABC correspondent said that it **looks** like a bat.

לאחר משפט סימפסון, **נִרְאָה** לאנשים רבים שמן **הָרָאוּי** להתחיל לחשוב על רפורמה במערכת המשפט האמריקאי.

After the Simpson trial, it **seemed** to many people that it would be **desirable** to begin to think of reform in the American judicial system.

♦ ביטויים מיוחדים Special expressions

רוֹאֶה את הנולד **foresee**ing the future

עיניך ה**רוֹאוֹת** as you can **see**...

רָאָה שחורות be pessimistic

צא וּ**רְאֵה** take note

לְהִתְרָאוֹת! **see** you!

רָאָה בחוש/בעליל actually **saw**

רָאָה חובה לעצמו feel obliged

למען **יִרְאוּ** וייראו so that it can serve as a deterrent

הרחיק **רְאוֹת** **foresee**

מַרְאֶה-מקום reference to source

●ראין (מן רֵיאָיוֹן, מן ראה) : לְרַאְיֵין, לְהִתְרַאְיֵין

רִאְיֵין (רִאְיֵן)/רִאְייַנ/רַאְיֵין interview

בניין : פִּיעֵל גזרה : מרובעים + ג״נ (במודל קטל״ג)

	Present הווה		Past עבר	Future עתיד	Imper. ציווי
יחיד	מְרַאְיֵין ***	אני	רִאְייַנְתִּי ***	אֲרַאְיֵין ***	
יחידה	מְרַאְייֶנֶת	אתה	רִאְייַנְתָּ	תְּרַאְיֵין	רַאְיֵין ***
רבים	מְרַאְייְנִים	את	רִאְייַנְתְּ	תְּרַאְייְנִי	רַאְייְנִי
רבות	מְרַאְייְנוֹת	הוא	רִאְיֵין	יְרַאְיֵין	
		היא	רִאְייְנָה	תְּרַאְיֵין	
		אנחנו	רִאְייַנּוּ	נְרַאְיֵין	
		אתם/ן	רִאְייַנְתֶּם/ן	תְּרַאְייְנוּ *	רַאְייְנוּ **
		הם/ן	רִאְייְנוּ	יְרַאְייְנוּ *	

שם הפועל .Infin לְרַאְיֵין

בינוני .Pres. Part מְרַאְיֵין interviewer

שם הפעולה Verbal N רִאְיוּן interviewing

מקור מוחלט .Inf. Abs רַאְיֵין

* less commonly: אתן/הן תְּרַאְייֵנָּה

** less commonly: (אתן) רַאְייֵנָּה

*** phonetically: מְרַאֲיֵין..., רִאֲייַנְתִּי..., אֲרַאֲיֵין..., רַאֲיֵין...

הִתְרַאְיֵין (הִתְרַאְיֵן)/הִתְרַאְייַנ grant interview, be interviewed

בניין : הִתְפַּעֵל גזרה : מרובעים + ג״נ (במודל קטל״ג)

	Present הווה		Past עבר	Future עתיד	Imper. ציווי
יחיד	מִתְרַאְיֵין *	אני	הִתְרַאְייַנְתִּי *	אֶתְרַאְיֵין *	
יחידה	מִתְרַאְייֶנֶת	אתה	הִתְרַאְייַנְתָּ	תִּתְרַאְיֵין	הִתְרַאְיֵין *
רבים	מִתְרַאְייְנִים	את	הִתְרַאְייַנְתְּ	תִּתְרַאְייְנִי	הִתְרַאְייְנִי
רבות	מִתְרַאְייְנוֹת	הוא	הִתְרַאְיֵין	יִתְרַאְיֵין	
		היא	הִתְרַאְייְנָה	תִּתְרַאְיֵין	
		אנחנו	הִתְרַאְייַנּוּ	נִתְרַאְיֵין	
		אתם/ן	הִתְרַאְייַנְתֶּם/ן	תִּתְרַאְייְנוּ **	הִתְרַאְייְנוּ ***
		הם/ן	הִתְרַאְייְנוּ	יִתְרַאְייְנוּ **	

* phonetically: מִתְרַאֲיֵין ...,הִתְרַאֲיֵינְתִּי...,
אֶתְרַאֲיֵין..., הִתְרַאֲיֵין...

שם הפועל .Infin לְהִתְרַאְיֵין ** less commonly: אתן/הן תִּתְרַאְיֵינָּה

מקור מוחלט .Inf. Abs הִתְרַאְיֵין *** less commonly: (אתן) הִתְרַאְיֵינָּה

שם הפעולה Verbal N הִתְרַאְיְינוּת granting interview, being interviewed

♦ **פעלים פחות שכיחים מאותו שורש** Less frequent verbs from the same root

רוּאְיַין/רוּאֲיַין be interviewed (בינוני .Pres. Part מְרוּאְיָין interviewee, יְרוּאְיַין/יְרוּאֲיַין)

♦ **דוגמאות** Illustrations

דיוויד מְיוּאִיר **רִאְיֵין** הלילה שלושה אנשים; כל ה**מְרוּאְיָינִים** היו אנשים מעניינים מאוד.

David Muir **interviewed** three people tonight; all **interviewees** were very interesting.

יש אנשים שלא מוכנים **לְהִתְרַאְיֵין** בשום פנים ואופן, אפילו אם ברברה וולטרס מבקשת ריאיון!

Some people never **grant interviews**, not even when Barbara Walters requests an interview!

●רבץ : לְהַרְבִּיץ, לִרְבּוֹץ

הִרְבִּיץ/הִרְבַּץ/יַרְבִּיץ beat, hit

בניין: הִפְעִיל   גזרה: שלמים

	הווה Present		עבר Past	עתיד Future	ציווי .Imper
יחיד	מַרְבִּיץ	אני	הִרְבַּצְתִּי	אַרְבִּיץ	
יחידה	מַרְבִּיצָה	אתה	הִרְבַּצְתָּ	תַּרְבִּיץ	הַרְבֵּץ
רבים	מַרְבִּיצִים	את	הִרְבַּצְתְּ	תַּרְבִּיצִי	הַרְבִּיצִי
רבות	מַרְכִּיבוֹת	הוא	הִרְבִּיץ	יַרְבִּיץ	
		היא	הִרְבִּיצָה	תַּרְבִּיץ	
		אנחנו	הִרְבַּצְנוּ	נַרְבִּיץ	
		אתם/ן	הִרְבַּצְתֶּם/ן	תַּרְבִּיצוּ *	הַרְבִּיצוּ **
		הם/ן	הִרְבִּיצוּ	יַרְבִּיצוּ *	

שם הפועל .Infin לְהַרְבִּיץ * less commonly: אתן/הן תַּרְבֵּצְנָה

מקור מוחלט .Inf. Abs הַרְבֵּץ ** less commonly: (אתן) הַרְבֵּצְנָה

שם הפעולה Verbal N הַרְבָּצָה hitting, beating

רָבַץ/רוֹבֵץ/יִרְבַּץ lie down, crouch; hang around, loiter (coll.)

בניין: פָּעַל   גזרה: שלמים (אֶפְעַל)

	הווה/בינוני .Pres./Part		עבר Past	עתיד .Fut	ציווי .Imp
יחיד	רוֹבֵץ	אני	רָבַצְתִּי	אֶרְבַּץ	
יחידה	רוֹבֶצֶת	אתה	רָבַצְתָּ	תִּרְבַּץ	רְבַץ
רבים	רוֹבְצִים	את	רָבַצְתְּ	תִּרְבְּצִי	רִבְצִי
רבות	רוֹבְצוֹת	הוא	רָבַץ	יִרְבַּץ	
		היא	רָבְצָה	תִּרְבַּץ	
		אנחנו	רָבַצְנוּ	נִרְבַּץ	
		אתם/ן	רְבַצְתֶּם/ן *	תִּרְבְּצוּ **	רִבְצוּ ***
		הם/ן	רָבְצוּ	יִרְבְּצוּ **	

שם הפועל Infin. לִרְבּוֹץ — * Colloquial: רָבַצְתֶּם/ן

מקור מוחלט Inf. Abs. רָבוֹץ — ** less commonly: אתן/הן תִּרְבַּצְנָה

מקור נטוי Inf.+pron. בְּרוֹבְצוֹ, כְּ... — *** less commonly: (אתן) רְבַצְנָה

♦ דוגמאות Illustrations

אביגדור אומר שהוא **מַרְבִּיץ** לבנו לפחות פעם אחת ביום, כדי שילמד שאין צדק בחיים.

Avigdor says that he **beats up** his son at least once a day, so that he may learn that life is full of injustice.

אפרים **רוֹבֵץ** בבית הקפה השכונתי לפחות עשר שעות ביום ומשחק שש-בש עם בטלנים אחרים כמוהו.

Ephraim **hangs around** in the neighborhood café at least ten hours a day, playing backgammon with other loafers like himself.

♦ ביטויים מיוחדים Special expressions

הִרְבִּיץ תורה teach (lit.) = **beat** the Torah into…

הִרְבִּיץ מכות **beat** up

●רגז : לְהַרְגִּיז, לְהִתְרַגֵּז

הִרְגִּיז/הִרְגַּז/יַרְגִּיז annoy, anger, enrage, upset

בניין : הִפְעִיל גזרה : שלמים

Imper. ציווי	Future עתיד	Past עבר		Present הווה	
	אַרְגִּיז	הִרְגַּזְתִּי	אני	מַרְגִּיז	יחיד
הַרְגֵּז	תַּרְגִּיז	הִרְגַּזְתָּ	אתה	מַרְגִּיזָה	יחידה
הַרְגִּיזִי	תַּרְגִּיזִי	הִרְגַּזְתְּ	את	מַרְגִּיזִים	רבים
	יַרְגִּיז	הִרְגִּיז	הוא	מַרְגִּיזוֹת	רבות
	תַּרְגִּיז	הִרְגִּיזָה	היא		
	נַרְגִּיז	הִרְגַּזְנוּ	אנחנו		
הַרְגִּיזוּ **	תַּרְגִּיזוּ *	הִרְגַּזְתֶּם/ן	אתם/ן		
	יַרְגִּיזוּ *	הִרְגִּיזוּ	הם/ן		

שם הפועל Infin. לְהַרְגִּיז — * less commonly: אתן/הן תַּרְגֵּזְנָה

שם הפעולה Verbal N הַרְגָּזָה annoying (N) — ** less commonly: (אתן) הַרְגֵּזְנָה

בינוני Pres. Part. מַרְגִּיז annoying — מקור מוחלט Inf. Abs. הַרְגֵּז

הִתְרַגֵּז/הִתְרַגַּז become angry

בניין : הִתְפַּעֵל גזרה : שלמים

Imper. ציווי	Future עתיד	Past עבר		Present הווה	
	אֶתְרַגֵּז	הִתְרַגַּזְתִּי	אני	מִתְרַגֵּז	יחיד
הִתְרַגֵּז	תִּתְרַגֵּז	הִתְרַגַּזְתָּ	אתה	מִתְרַגֶּזֶת	יחידה
הִתְרַגְּזִי	תִּתְרַגְּזִי	הִתְרַגַּזְתְּ	את	מִתְרַגְּזִים	רבים
	יִתְרַגֵּז	הִתְרַגֵּז	הוא	מִתְרַגְּזוֹת	רבות
	תִּתְרַגֵּז	הִתְרַגְּזָה	היא		
	נִתְרַגֵּז	הִתְרַגַּזְנוּ	אנחנו		
הִתְרַגְּזוּ **	תִּתְרַגְּזוּ *	הִתְרַגַּזְתֶּם/ן	אתם/ן		
	יִתְרַגְּזוּ *	הִתְרַגְּזוּ	הם/ן		

שם הפועל .Infin לְהִתְרַגֵּז *less commonly: אתן/הן תִּתְרַגֵּזְנָה

מקור מוחלט .Inf. Abs הִתְרַגֵּז **less commonly: (אתן) הִתְרַגֵּזְנָה

שם הפעולה Verbal N הִתְרַגְּזוּת getting angry; anger, rage

מ״י מוצרכת .Gov. Prep הִתְרַגֵּז על get angry at

♦ פעלים פחות שכיחים מאותו שורש Less frequent verbs from the same root

רָגַז be angry, be agitated; quake (ביני פעיל .Act. Part רוֹגֵז angry, ביני סביל .Pass. Part רָגוּז (.lit) angry, יִרְגַּז, לִרְגּוֹז, מ״י מוצרכת .Gov. Prep רָגַז על be angry at, שם הפעולה Verbal N רוֹגְזָה anger)

♦ דוגמאות Illustrations

אבי **מִתְרַגֵּז** כל פעם שהוא רואה את שר החוץ בטלוויזיה. לעתים רחוקות אני רואה אותו **מְרוּגָּז** כל כך על משהו. כששאלתי אותו פעם למה הוא **רוֹגֵז**, הוא ניסה להסביר לי מה **מַרְגִּיז** אותו אצל שר החוץ, אבל לא כל כך הצליח. זו מין **הִתְרַגְּזוּת** רגשית, לא רציונלית.

Avi **becomes angry** every time he watches the Secretary of State on television. I seldom see him so **enraged** at something. When I asked him once why he is **angry**, he tried to explain to me what **annoys** him about the Secretary, but could not really explain. It is a type of emotional, irrational **rage**.

●רגל : לְהִתְרַגֵּל, לְהַרְגִּיל

הִתְרַגֵּל/הִתְרַגַּל become accustomed (to), get used to

בניין : הִתְפַּעֵל גזרה : שלמים

	Present הווה		Past עבר	Future עתיד	Imper. ציווי
יחיד	מִתְרַגֵּל	אני	הִתְרַגַּלְתִּי	אֶתְרַגֵּל	
יחידה	מִתְרַגֶּלֶת	אתה	הִתְרַגַּלְתָּ	תִּתְרַגֵּל	הִתְרַגֵּל
רבים	מִתְרַגְּלִים	את	הִתְרַגַּלְתְּ	תִּתְרַגְּלִי	הִתְרַגְּלִי
רבות	מִתְרַגְּלוֹת	הוא	הִתְרַגֵּל	יִתְרַגֵּל	
		היא	הִתְרַגְּלָה	תִּתְרַגֵּל	
		אנחנו	הִתְרַגַּלְנוּ	נִתְרַגֵּל	
		אתם/ן	הִתְרַגַּלְתֶּם/ן	תִּתְרַגְּלוּ *	הִתְרַגְּלוּ **
		הם/ן	הִתְרַגְּלוּ	יִתְרַגְּלוּ *	

שם הפועל .Infin לְהִתְרַגֵּל *less commonly: אתן/הן תִּתְרַגֵּלְנָה

מקור מוחלט .Inf. Abs הִתְרַגֵּל **less commonly: (אתן) הִתְרַגֵּלְנָה

שם הפעולה Verbal N הִתְרַגְּלוּת adaptation, getting used

מ״י מוצרכת .Gov. Prep הִתְרַגֵּל ל- get used to

הִרְגִּיל/הִרְגַּל/יַרְגִּיל accustom, habituate

בניין : הִפְעִיל גזרה : שלמים

	Present הווה		Past עבר	Future עתיד	Imper. ציווי
יחיד	מַרְגִּיל	אני	הִרְגַּלְתִּי	אַרְגִּיל	
יחידה	מַרְגִּילָה	אתה	הִרְגַּלְתָּ	תַּרְגִּיל	הַרְגֵּל
רבים	מַרְגִּילִים	את	הִרְגַּלְתְּ	תַּרְגִּילִי	הַרְגִּילִי
רבות	מַרְגִּילוֹת	הוא	הִרְגִּיל	יַרְגִּיל	

ציווי .Imper	עתיד Future	עבר Past		הווה Present	
	תַּרְגִּיל	הִרְגִּילָה	היא		
	נַרְגִּיל	הִרְגַּלְנוּ	אנחנו		
הַרְגִּילוּ **	תַּרְגִּילוּ *	הִרְגַּלְתֶּם/ן	אתם/ן		
	יַרְגִּילוּ *	הִרְגִּילוּ	הם/ן		

שם הפועל .Infin לְהַרְגִּיל　　* less commonly: אתן/הן תַּרְגֵּלְנָה

מקור מוחלט .Inf. Abs הַרְגֵּל　　** less commonly: (אתן) הַרְגֵּלְנָה

שם הפעולה Verbal N הֶרְגֵּל habit

הוּרְגַּל (הֻרְגַּל) be made accustomed

בניין : הֻפְעַל　גזרה : שלמים

	הווה Present		עבר Past	עתיד Future
יחיד	מוּרְגָּל	אני	הוּרְגַּלְתִּי	אוּרְגַּל
יחידה	מוּרְגֶּלֶת	אתה	הוּרְגַּלְתָּ	תּוּרְגַּל
רבים	מוּרְגָּלִים	את	הוּרְגַּלְתְּ	תּוּרְגְּלִי
רבות	מוּרְגָּלוֹת	הוא	הוּרְגַּל	יוּרְגַּל
		היא	הוּרְגְּלָה	תּוּרְגַּל
		אנחנו	הוּרְגַּלְנוּ	נוּרְגַּל
		אתם/ן	הוּרְגַּלְתֶּם/ן	תּוּרְגְּלוּ *
		הם/ן	הוּרְגְּלוּ	יוּרְגְּלוּ *

ביני .Pres. Part מוּרְגָּל accustomed, habituated　　* less commonly: אתן/הן תּוּרְגַּלְנָה

Note: רגל "spy" is a separate root, not included here.

♦ דוגמאות Illustrations

אחרי הרבה שנים אישתו של אביגדור סוף סוף **הִרְגִּילָה** אותו לעזור לה בעבודות הבית. הוא **הִתְרַגֵּל** לשטוף את הכלים אחרי הארוחה, והוא **מוּרְגָּל** גם לנקות יחד איתה את הבית. בסופו של דבר, ה**הֶרְגֵּל** נעשה טבע.

After many years, Avigdor's wife finally **accustomed** him to help her with the household work. He **got used** to washing the dishes after the meal, and is also **accustomed** to cleaning the house together with her. In the end, the **habit** became second nature with him.

● רגע : לְהֵירָגַע, לְהַרְגִּיעַ

נִרְגַּע/יֵירָגַע (יֵרָגַע) be(come) calm; relax

בניין : נִפְעַל　גזרה : שלמים + פ״ג + ל״ג

ציווי .Imper	עתיד Future	עבר Past		הווה Present	
	אֵירָגַע	נִרְגַּעְתִּי	אני	נִרְגָּע	יחיד
הֵירָגַע	תֵּירָגַע	נִרְגַּעְתָּ	אתה	נִרְגַּעַת	יחידה
הֵירָגְעִי	תֵּירָגְעִי	נִרְגַּעְתְּ/...עַת	את	נִרְגָּעִים	רבים
	יֵירָגַע	נִרְגַּע	הוא	נִרְגָּעוֹת	רבות
	תֵּירָגַע	נִרְגְּעָה	היא		
	נֵירָגַע	נִרְגַּעְנוּ	אנחנו		
הֵירָגְעוּ **	תֵּירָגְעוּ *	נִרְגַּעְתֶּם/ן	אתם/ן		
	יֵירָגְעוּ *	נִרְגְּעוּ	הם/ן		

שם הפועל .Infin לְהֵירָגַע   less commonly * :אתן/הן תֵּירָגַעְנָה
שם הפעולה Verbal N הֵירָגְעוּת calming down   less commonly ** :(אתן) הֵירָגַעְנָה
מקור מוחלט .Inf. Abs נִרְגּוֹעַ, הֵירָגֵעַ

הִרְגִּיעַ/הִרְגַּע/יַרְגִּיעַ calm, quieten, soothe

בניין : הִפְעִיל   גזרה : שְׁלֵמִים

	Present הווה		Past עבר	Future עתיד	Imper. ציווי
יחיד	מַרְגִּיעַ	אני	הִרְגַּעְתִּי	אַרְגִּיעַ	
יחידה	מַרְגִּיעָה	אתה	הִרְגַּעְתָּ	תַּרְגִּיעַ	הַרְגַּע
רבים	מַרְגִּיעִים	את	הִרְגַּעְתְּ/...עַת	תַּרְגִּיעִי	הַרְגִּיעִי
רבות	מַרְגִּיעוֹת	הוא	הִרְגִּיעַ	יַרְגִּיעַ	
		היא	הִרְגִּיעָה	תַּרְגִּיעַ	
		אנחנו	הִרְגַּעְנוּ	נַרְגִּיעַ	
		אתם/ן	הִרְגַּעְתֶּם/ן	תַּרְגִּיעוּ *	הַרְגִּיעוּ **
		הם/ן	הִרְגִּיעוּ	יַרְגִּיעוּ *	

שם הפועל .Infin לְהַרְגִּיעַ   less commonly * :אתן/הן תַּרְגַּעְנָה
שם הפעולה Verbal N הַרְגָּעָה calming   less commonly ** :(אתן) הַרְגַּעְנָה
מקור מוחלט .Inf. Abs הַרְגֵּעַ

♦ פעלים פחות שכיחים מאותו שורש Less frequent verbs from the same root

רָגַע be quiet < בינ' .Pres. Part רוֹגֵעַ (lit.) calm (Adj), שם הפעולה Verbal N רְגִיעָה calm (N)

♦ דוגמאות Illustrations

ניסיתי **לְהַרְגִּיעַ** את התינוקת עם בקבוק חלב, אבל אימהּ הסבירה לי שהיא אכלה כבר די והותר, ושעלינו לחכות בסבלנות עד ש**תֵּירָגַע** מעצמה, ללא מזון נוסף.

I tried **to calm** the baby girl with a bottle of milk, but her mother explained that she had had more than enough to eat, and that we have to wait patiently until she **calms down** by herself, without any additional food.

♦ ביטויים מיוחדים Special expressions

הִרְגִּיעַ את הרוחות **calm** an excited crowd   תרופת הַרְגָּעָה tranquilizing medication
נִרְגְּעוּ הרוחות the atmosphere **calmed down**   תקופת **רְגִיעָה** period of **calm**

● רגש : לְהַרְגִּישׁ, לְהִתְרַגֵּשׁ, לְרַגֵּשׁ

הִרְגִּישׁ/הִרְגַּשׁ/יַרְגִּישׁ feel, sense

בניין : הִפְעִיל   גזרה : שְׁלֵמִים

	Present הווה		Past עבר	Future עתיד	Imper. ציווי
יחיד	מַרְגִּישׁ	אני	הִרְגַּשְׁתִּי	אַרְגִּישׁ	
יחידה	מַרְגִּישָׁה	אתה	הִרְגַּשְׁתָּ	תַּרְגִּישׁ	הַרְגֵּשׁ
רבים	מַרְגִּישִׁים	את	הִרְגַּשְׁתְּ	תַּרְגִּישִׁי	הַרְגִּישִׁי
רבות	מַרְגִּישׁוֹת	הוא	הִרְגִּישׁ	יַרְגִּישׁ	
		היא	הִרְגִּישָׁה	תַּרְגִּישׁ	
		אנחנו	הִרְגַּשְׁנוּ	נַרְגִּישׁ	
		אתם/ן	הִרְגַּשְׁתֶּם/ן	תַּרְגִּישׁוּ *	הַרְגִּישׁוּ **
		הם/ן	הִרְגִּישׁוּ	יַרְגִּישׁוּ *	

שם הפועל .Infin לְהַרְגִּיש   less commonly: * אתן/הן תַּרְגֵּשְׁנָה
שם הפעולה Verbal N הַרְגָּשָׁה feeling   less commonly: ** (אתן)הַרְגֵּשְׁנָה
מקור מוחלט .Inf. Abs הַרְגֵּש

הִתְרַגֵּש/הִתְרַגֵּש be moved (emotionally), be(come) excited

בניין : הִתְפַּעֵל   גזרה : שלמים

	Present הווה		Past עבר	Future עתיד	Imper. ציווי
יחיד	מִתְרַגֵּש	אני	הִתְרַגַּשְׁתִּי	אֶתְרַגֵּש	
יחידה	מִתְרַגֶּשֶׁת	אתה	הִתְרַגַּשְׁתָּ	תִּתְרַגֵּש	הִתְרַגֵּש
רבים	מִתְרַגְּשִׁים	את	הִתְרַגַּשְׁתְּ	תִּתְרַגְּשִׁי	הִתְרַגְּשִׁי
רבות	מִתְרַגְּשׁוֹת	הוא	הִתְרַגֵּש	יִתְרַגֵּש	
		היא	הִתְרַגְּשָׁה	תִּתְרַגֵּש	
		אנחנו	הִתְרַגַּשְׁנוּ	נִתְרַגֵּש	
		אתם/ן	הִתְרַגַּשְׁתֶּם/ן	תִּתְרַגְּשׁוּ *	הִתְרַגְּשׁוּ **
		הם/ן	הִתְרַגְּשׁוּ	יִתְרַגְּשׁוּ *	

שם הפועל .Infin לְהִתְרַגֵּש   less commonly: * אתן/הן תִּתְרַגֵּשְׁנָה
שם הפעולה Verbal N הִתְרַגְּשׁוּת excitement   less commonly: ** (אתן) הִתְרַגֵּשְׁנָה
מקור מוחלט .Inf. Abs הִתְרַגֵּש
מ״י מוצרכת .Gov. Prep הִתְרַגֵּש מ- be excited at/moved by

רִיגֵּש (רִגֵּש)/רִיגַּש/רַגֵּש move (tr.), touch (emotionally), excite

בניין : פִּיעֵל   גזרה : שלמים

	Present הווה		Past עבר	Future עתיד	Imper. ציווי
יחיד	מְרַגֵּש	אני	רִיגַּשְׁתִּי	אֲרַגֵּש	
יחידה	מְרַגֶּשֶׁת	אתה	רִיגַּשְׁתָּ	תְּרַגֵּש	רַגֵּש
רבים	מְרַגְּשִׁים	את	רִיגַּשְׁתְּ	תְּרַגְּשִׁי	רַגְּשִׁי
רבות	מְרַגְּשׁוֹת	הוא	רִיגֵּש	יְרַגֵּש	
		היא	רִיגְּשָׁה	תְּרַגֵּש	
		אנחנו	רִיגַּשְׁנוּ	נְרַגֵּש	
		אתם/ן	רִיגַּשְׁתֶּם/ן	תְּרַגְּשׁוּ *	רַגְּשׁוּ **
		הם/ן	רִיגְּשׁוּ	יְרַגְּשׁוּ *	

שם הפועל .Infin לְרַגֵּש   less commonly: * אתן/הן תְּרַגֵּשְׁנָה
בינוני .Pres. Part מְרַגֵּש moving, exciting   less commonly: ** (אתן) רַגֵּשְׁנָה
מקור מוחלט .Inf. Abs רַגֵּש

הוּרְגַּש (הֻרְגַּש) be felt

בניין : הֻפְעַל   גזרה : שלמים

	Present הווה		Past עבר	Future עתיד
יחיד	מוּרְגָּשׁ	אני	הוּרְגַּשְׁתִּי	אוּרְגַּש
יחידה	מוּרְגֶּשֶׁת	אתה	הוּרְגַּשְׁתָּ	תּוּרְגַּש
רבים	מוּרְגָּשִׁים	את	הוּרְגַּשְׁתְּ	תּוּרְגְּשִׁי
רבות	מוּרְגָּשׁוֹת	הוא	הוּרְגַּש	יוּרְגַּש
		היא	הוּרְגְּשָׁה	תּוּרְגַּש
		אנחנו	הוּרְגַּשְׁנוּ	נוּרְגַּש
		אתם/ן	הוּרְגַּשְׁתֶּם/ן	תּוּרְגְּשׁוּ *
		הם/ן	הוּרְגְּשׁוּ	יוּרְגְּשׁוּ *

בינוני .Pres. Part מוּרְגָּשׁ felt, noticeable * less commonly: אתן/הן תּוּרְגַּשְׁנָה

♦ **פעלים פחות שכיחים מאותו שורש** Less frequent verbs from the same root

נִרְגַּשׁ be excited; be felt < בינ' .Pres. Part נִרְגָּשׁ excited, agitated (form common)

A homonymous, less frequent root meaning "be noisy, stormy," is not included in this collection.

♦ **דוגמאות** Illustrations

דניאל **הִתְרַגֵּשׁ** מאוד כשפגש את אביבה לאחר זמן כה רב. הוא היה כה **נִרְגָּשׁ** מכיוון שהוא גילה שהוא עדיין **מַרְגִּישׁ** כלפיה כפי **שֶׁהִרְגִּישׁ** בעבר. **הִתְרַגְּשׁוּתוֹ** הייתה **מוּרְגֶּשֶׁת** מאוד, והפגישה **רִיגְּשָׁה** מאוד את שניהם.

Daniel **got** very **excited** when he met Aviva after such a long time. He was so **excited** because he found out that he still **felt** about her the way he **had felt** in the past. His **excitement** was very **noticeable**, and the meeting **moved/excited** them both.

מיכאל התקשר, **נִרְגָּשׁ** מאוד. הוא שמע שמצב בריאותה של אימו מידרדר, ויש לו **הַרְגָּשָׁה** שאם הוא לא יטוס ארצה מייד, הוא עלול לא להספיק לראותה.

Michael called, very **agitated**. He heard that his mother's health is deteriorating, and he has the **feeling** that if he does not fly to Israel right away, he may not get there in time to see her.

● רדם : לְהֵירָדֵם, לְהַרְדִּים

נִרְדַּם/יֵירָדֵם (יֵרָדֵם) fall asleep

בניין : נִפְעַל גזרה : שלמים + פ״ג

ציווי .Imper	עתיד Future	עבר Past		הווה Present	
	אֵירָדֵם	נִרְדַּמְתִּי	אני	נִרְדָּם	יחיד
הֵירָדֵם	תֵּירָדֵם	נִרְדַּמְתָּ	אתה	נִרְדֶּמֶת	יחידה
הֵירָדְמִי	תֵּירָדְמִי	נִרְדַּמְתְּ	את	נִרְדָּמִים	רבים
	יֵירָדֵם	נִרְדַּם	הוא	נִרְדָּמוֹת	רבות
	תֵּירָדֵם	נִרְדְּמָה	היא		
	נֵירָדֵם	נִרְדַּמְנוּ	אנחנו		
הֵירָדְמוּ **	תֵּירָדְמוּ *	נִרְדַּמְתֶּם/ן	אתם/ן		
	יֵירָדְמוּ *	נִרְדְּמוּ	הם/ן		

שם הפועל .Infin לְהֵירָדֵם * less commonly: אתן/הן תֵּירָדַמְנָה

שם הפעולה Verbal N הֵירָדְמוּת falling asleep ** less commonly: (אתן) הֵירָדַמְנָה

מקור מוחלט .Inf. Abs נִרְדּוֹם, הֵירָדֵם (הֵירָדוֹם)

הִרְדִּים/הִרְדַּמ/יַרְדִּים put to sleep; anesthetize

בניין : הִפְעִיל גזרה : שלמים

ציווי .Imper	עתיד Future	עבר Past		הווה Present	
	אַרְדִּים	הִרְדַּמְתִּי	אני	מַרְדִּים	יחיד
הַרְדֵּם	תַּרְדִּים	הִרְדַּמְתָּ	אתה	מַרְדִּימָה	יחידה
הַרְדִּימִי	תַּרְדִּימִי	הִרְדַּמְתְּ	את	מַרְדִּימִים	רבים
	יַרְדִּים	הִרְדִּים	הוא	מַרְדִּימוֹת	רבות

ציווי .Imper	עתיד Future	עבר Past		הווה Present
	תַּרְדִּים	הִרְדִּימָה	היא	
	נַרְדִּים	הִרְדַּמְנוּ	אנחנו	
הַרְדִּימוּ **	תַּרְדִּימוּ *	הִרְדַּמְתֶּם/ן	אתם/ן	
	יַרְדִּימוּ *	הִרְדִּימוּ	הם/ן	

שם הפועל .Infin לְהַרְדִּים * less commonly: אתן/הן תַּרְדֵּמְנָה

מקור מוחלט .Inf. Abs הַרְדֵּם ** less commonly: (אתן) הַרְדֵּמְנָה

שם הפעולה Verbal N הַרְדָּמָה putting to sleep; anesthetizing

בינ' .Pres. Part מַרְדִּים causing sleep (Adj.); anesthesiologist

♦ פעלים פחות שכיחים מאותו שורש Less frequent verbs from the same root

הוּרְדַּם be put to sleep, be anesthetized (מוּרְדָּם, יוּרְדַּם)

רָדַם be asleep (Med H) < ביני סביל .Pass. Part רָדוּם sleepy (form common)

♦ דוגמאות Illustrations

משה תמיד **נִרְדָּם** בקונצרטים. גם בהרצאות הוא **רָדוּם** כל הזמן. מילים ומוסיקה **מַרְדִּימוֹת** אותו.

Moshe always **falls asleep** in concerts. He is also **sleepy** during lectures. Words and music **put** him **to sleep**.

אחרי שמאירה **הוּרְדְּמָה** חלקית, רופא השיניים עקר את כל שיני הבינה שלה.

When Meira **was** partially **anesthetized**, the dentist pulled out all of her wisdom teeth.

♦ ביטויים מיוחדים Special expressions

סם **מַרְדִּים** anesthetic

●רדף : לִרְדּוֹף, לְהֵירָדֵף

רָדַף/רוֹדֵף/יִרְדּוֹף (יִרְדֹּף) chase, run after, pursue; persecute

בניין : פָּעַל גזרה : שלמים (אֶפְעוֹל)

ציווי .Imp	עתיד .Fut	עבר Past			הווה/בינוני .Pres./Part	
	אֶרְדּוֹף	רָדַפְתִּי	אני	רָדוּף	רוֹדֵף	יחיד
רְדוֹף	תִּרְדּוֹף	רָדַפְתָּ	אתה	רְדוּפָה	רוֹדֶפֶת	יחידה
רִדְפִי	תִּרְדְּפִי	רָדַפְתְּ	את	רְדוּפִים	רוֹדְפִים	רבים
	יִרְדּוֹף	רָדַף	הוא	רְדוּפוֹת	רוֹדְפוֹת	רבות
	תִּרְדּוֹף	רָדְפָה	היא			
	נִרְדּוֹף	רָדַפְנוּ	אנחנו			
רִדְפוּ ***	תִּרְדְּפוּ **	רְדַפְתֶּם/ן *	אתם/ן			
	יִרְדְּפוּ **	רָדְפוּ	הם/ן			

שם הפועל .Infin לִרְדּוֹף * Colloquial: רָדַפְתֶּם/ן

ביני פעיל .Act. Part רוֹדֵף chaser ** less commonly: אתן/הן תִּרְדּוֹפְנָה

ביני סביל .Pass. Part רָדוּף hunted, pursued *** less commonly: (אתן) רְדוֹפְנָה

שם הפעולה Verbal N רְדִיפָה chase; persecution

מקור מוחלט .Inf. Abs רָדוֹף מקור נטוי .Inf.+pron בְּרוֹדְפוֹ, כְּ...

מ״י מוצרכת .Gov. Prep רָדַף אחרי chase (someone/something) (prep. not obligatory; commoner in coll.)

נִרְדַּף/יֵירָדֵף (יֵרָדֵף) be pursued, be hunted; be persecuted

בניין : נִפְעַל גזרה : שלמים + פ״ג

	Present הווה		Past עבר	Future עתיד	Imper. ציווי
יחיד	נִרְדָּף	אני	נִרְדַּפְתִּי	אֵירָדֵף	
יחידה	נִרְדֶּפֶת	אתה	נִרְדַּפְתָּ	תֵּירָדֵף	הֵירָדֵף
רבים	נִרְדָּפִים	את	נִרְדַּפְתְּ	תֵּירָדְפִי	הֵירָדְפִי
רבות	נִרְדָּפוֹת	הוא	נִרְדַּף	יֵירָדֵף	
		היא	נִרְדְּפָה	תֵּירָדֵף	
		אנחנו	נִרְדַּפְנוּ	נֵירָדֵף	
		אתם/ן	נִרְדַּפְתֶּם/ן	תֵּירָדְפוּ *	הֵירָדְפוּ **
		הם/ן	נִרְדְּפוּ	יֵירָדְפוּ *	

שם הפועל .Infin לְהֵירָדֵף * less commonly: אתן/הן תֵּירָדַפְנָה

בינוני .Pres. Part נִרְדָּף hunted; persecuted ** less commonly: (אתן) הֵירָדַפְנָה

שם הפעולה Verbal N הֵירָדְפוּת being pursued/persecuted

מקור מוחלט .Inf. Abs נִרְדּוֹף, הֵירָדֵף (הֵירָדוֹף)

♦ דוגמאות Illustrations

בדרך כלל כלבים **רוֹדְפִים** אחרי חתולים, אבל לפעמים מתהפכות היוצרות, וה**רוֹדֵף** הופך ל**נִרְדָּף**.

Generally, dogs **chase** cats, but occasionally the roles are reversed, and the **chaser** becomes the **chased** one.

לא ניתן למחות בבת אחת דורות של **רְדִיפָה**. עמים או מיעוטים ש**נִרְדְּפוּ** במשך מאות שנים ממשיכים להתייחס בחשד כלפי **רוֹדְפֵיהֶם**-לשעבר זמן רב לאחר שהשיגו שיוויון זכויות.

It is impossible to wipe out in one swoop generations of **persecution**. Peoples or minorities who **were persecuted** for hundreds of years continue to regard their former **persecutors** with suspicion long after they had achieved equal rights.

♦ ביטויים מיוחדים Special expressions

רוֹדֵף כבוד one **seeking** fame and glory

רוֹדֵף צדק **seeker** of justice

רוֹדֵף בֶּצַע/שלמונים a greedy person

רוֹדֵף שלום peacemaker, peace lover

רוֹדֵף שמלות skirt **chaser**, womanizer

יום **רוֹדֵף** יום time passes quickly

מחלת **רְדִיפָה** paranoia

מלים **רוֹדְפוֹת/נִרְדָּפוֹת** synonyms

נִרְדָּף עד צוואר be subject to the worst persecution

● רוח : לְהַרְווִיחַ, לִרְווֹחַ

הִרְווִיחַ (הִרְוִיחַ)/הִרְווַח/יַרְווִיחַ make profit, earn, gain; benefit

בניין : הִפְעִיל גזרה : שלמים + ל״ג

	Present הווה		Past עבר	Future עתיד	Imper. ציווי
יחיד	מַרְווִיחַ	אני	הִרְווַחְתִּי	אַרְווִיחַ	
יחידה	מַרְווִיחָה	אתה	הִרְווַחְתָּ	תַּרְווִיחַ	הַרְווַח
רבים	מַרְווִיחִים	את	הִרְווַחְתְּ/...חַת	תַּרְווִיחִי	הַרְווִיחִי
רבות	מַרְווִיחוֹת	הוא	הִרְווִיחַ	יַרְווִיחַ	

Imper. ציווי	Future עתיד	Past עבר		Present הווה
	תַּרְוִיחַ	הִרְוִיחָה	היא	
	נַרְוִיחַ	הִרְוַחְנוּ	אנחנו	
הַרְוִיחוּ **	תַּרְוִיחוּ *	הִרְוַחְתֶּם/ן	אתם/ן	
	יַרְוִיחוּ *	הִרְוִיחוּ	הם/ן	

שם הפועל .Infin לְהַרְוִיחַ — * less commonly: אתן/הן תַּרְוַחְנָה

שם הפעולה Verbal N הַרְוָחָה relief — ** less commonly: (אתן) הַרְוַחְנָה

מקור מוחלט .Inf. Abs הַרְוֵחַ

רָוַח (רָוַח)/רוֹוֵחַ/יִרְוַח be common; be widespread

בניין : פָּעַל גזרה : שלמים (אֶפְעַל) + ל״ג

Imp. ציווי	Fut. עתיד	Past עבר		Pres./Part. הווה/בינוני		
	אֶרְוַח	רָוַחְתִּי	אני	רָווּחַ	רוֹוֵחַ	יחיד
רְוַח	תִּרְוַח	רָוַחְתָּ	אתה	רְווּחָה	רוֹוַחַת	יחידה
רִוְחִי	תִּרְוְחִי	רָוַחְתְּ/...חַת	את	רְווּחִים	רוֹוְחִים	רבים
	יִרְוַח	רָוַח	הוא	רְווּחוֹת	רוֹוְחוֹת	רבות
	תִּרְוַח	רָוְחָה	היא			
	נִרְוַח	רָוַחְנוּ	אנחנו			
רִוְחוּ ***	תִּרְוְחוּ **	רְוַחְתֶּם/ן *	אתם/ן			
	יִרְוְחוּ **	רָוְחוּ	הם/ן			

שם הפועל .Infin לִרְווֹחַ — * Colloquial: רָוַחְתֶּם/ן

מקור מוחלט .Inf. Abs רָווֹחַ — ** less commonly: אתן/הן תִּרְוַחְנָה

ביני פעיל .Act. Part רוֹוֵחַ widespread — *** less commonly: (אתן) רְוַחְנָה

ביני סבי .Pas. Part רָווּחַ well-spaced, uncrowded (lit.) — מקור נטוי .Inf.+pron בְּרָוְחוֹ, כְּ...

♦ פעלים פחות שכיחים מאותו שורש Less frequent verbs from the same root

רִיוַּח space out; relieve (מְרַוֵּחַ, יְרַוַּח/...וֵּחַ, לְרַוֵּחַ)

הִתְרַוַּח/הִתְרַוֵּחַ be relieved, find things easier, have more room (מִתְרַוֵּחַ, יִתְרַוַּח/...וֵּחַ, לְהִתְרַוֵּחַ)

רוּוַּח be widened; live comfortably; be widespread < בינוני .Pres. Part מְרוּוָּח spacious (form common)

♦ דוגמאות Illustrations

חברת התעופה החליטה **לְרַוֵּחַ** את שורות המושבים, ולשפץ את המושבים כך שיהיו **מְרוּוָּחִים** יותר, כדי שהנוסעים יוכלו **לְהִתְרַוֵּחַ**, ושֶׁ**יִּרְוַח** להם בזמן הטיסה. החברה מקווה שלטווח ארוך היא גם **תַּרְוִיחַ** מכך.

The airline company decided to **space out** the seat rows, and to redesign the seats to be more spacious, so that the passengers **have more room** and **feel relieved** during the flight. The company hopes that in the long run, it **will** also **profit** from that.

♦ ביטויים מיוחדים Special expressions

רָוַח לו he felt better, he felt **relieved**

דֵּעָה **רוֹוַחַת** **widespread/common** view

הִרְוִיחַ זמן **gain** time

●רום : לְהָרִים, לְהִתְרוֹמֵם

lift, pick up, raise; remove; present (contribution) הֵרִים/הֵרַמ/יָרִים

בניין : הִפְעִיל גזרה : פ"ג + ע"ו

Imper. ציווי	Future עתיד	Past עבר		Present הווה	
	אָרִים	הֵרַמְתִּי	אני	מֵרִים	יחיד
הָרֵם	תָּרִים	הֵרַמְתָּ	אתה	מְרִימָה	יחידה
הָרִימִי	תָּרִימִי	הֵרַמְתְּ	את	מְרִימִים	רבים
	יָרִים	הֵרִים	הוא	מְרִימוֹת	רבות
	תָּרִים	הֵרִימָה	היא		
	נָרִים	הֵרַמְנוּ	אנחנו		
הָרִימוּ ***	תָּרִימוּ **	הֵרַמְתֶּם/ן *	אתם/ן		
	יָרִימוּ **	הֵרִימוּ	הם/ן		

שם הפועל .Infin לְהָרִים — * formal: הֲרֵמֹתֶם

שם הפעולה Verbal N הֲרָמָה lifting — ** less commonly: אתן/הן תָּרֵמְנָה

מקור מוחלט .Inf. Abs הָרֵם — *** less commonly: (אתן) הָרֵמְנָה

raise oneself; rise; be exalted הִתְרוֹמֵם/הִתְרוֹמַמ

בניין : הִתְפַּעֵל גזרה : ע"ו (ל"ל)

Imper. ציווי	Future עתיד	Past עבר		Present הווה	
	אֶתְרוֹמֵם	הִתְרוֹמַמְתִּי	אני	מִתְרוֹמֵם	יחיד
הִתְרוֹמֵם	תִּתְרוֹמֵם	הִתְרוֹמַמְתָּ	אתה	מִתְרוֹמֶמֶת	יחידה
הִתְרוֹמְמִי	תִּתְרוֹמְמִי	הִתְרוֹמַמְתְּ	את	מִתְרוֹמְמִים	רבים
	יִתְרוֹמֵם	הִתְרוֹמֵם	הוא	מִתְרוֹמְמוֹת	רבות
	תִּתְרוֹמֵם	הִתְרוֹמְמָה	היא		
	נִתְרוֹמֵם	הִתְרוֹמַמְנוּ	אנחנו		
הִתְרוֹמְמוּ **	תִּתְרוֹמְמוּ *	הִתְרוֹמַמְתֶּם/ן	אתם/ן		
	יִתְרוֹמְמוּ *	הִתְרוֹמְמוּ	הם/ן		

שם הפועל .Infin לְהִתְרוֹמֵם — * less commonly: אתן/הן תִּתְרוֹמֵמְנָה

מקור מוחלט .Inf. Abs הִתְרוֹמֵם — ** less commonly: (אתן) הִתְרוֹמֵמְנָה

שם הפעולה Verbal N הִתְרוֹמְמוּת rising; raising oneself; exaltation

♦ פעלים פחות שכיחים מאותו שורש Less frequent verbs from the same root

רוֹמֵם raise; establish; rear (children); exalt (מְרוֹמֵם, יְרוֹמֵם, לְרוֹמֵם)

בינוני .Pres. Part מְרוֹמֵם uplifting, exalting

הוּרַם be lifted, be picked up, be raised, be removed, be presented (בינוני .Pres. Part מוּרָם elevated, exalted, יוּרַם)

רָם soar, rise up < בינוני .Pres. Part רָם high, lofty

רוֹמַם be lifted up < בינוני .Pres. Part מְרוֹמָם uplifted, exalted

♦ דוגמאות Illustrations

המתאגרף הצעיר ניסה **לְהִתְרוֹמֵם**, אבל לא הצליח **לְהָרִים** אפילו יד. השופט ספר עד עשר, והתחרות הסתיימה. המתאגרף **הוּרַם** מרצפת הזירה והובל לחדר התאוששות.

The young fighter tried **to rise**, but did not manage **to** even **lift** a hand. The referee counted to ten, and the match ended. The fighter **was lifted** off the floor and was led to the recovery room.

עוזי אמר לי שההשתתפות בריצת המרתון הייתה ניסיון **מְרוֹמֵם** מאוד. במיוחד הייתה לו תחושה של **הִתְרוֹמְמוּת** רוח כאשר הוא חצה את קו הגמר.

Uzzi told me that participating in the marathon run was a very **exalting** experience. In particular, he had a feeling of **spiritual uplift** when he crossed the finish line.

♦ **ביטויים מיוחדים** Special expressions

רָם לבו/**רָמוּ** עיניו act proudly, **haughti**ly

יָרוּם הודו His Majesty ("may his glory **be exalted**")

ביד **רָמָה** proudly, **haughti**ly

רַם-קומה **tall**

הִתְרוֹמְמוּת (ה)רוח spiritual **uplift**

הֵרִים יד על **raise** one's hand to beat (coll.)

הֵרִים על נס commend very highly

רָמָה ידו gain the upper hand

אישיות **רָמַת**-מעלה V.I.P.

בקול **רָם** **loud**ly, aloud

מצב רוח **מְרוֹמָם** **elated** mood

הֵרִים תרומה make a contribution

הֵרִים את קרנו give one prestige

הֵרִים את קולו **raise** one's voice

בלעדיו לא **יָרִים** איש את ידו ואת רגלו no one would **lift** a finger without him

בראש **מוּרָם** with his head held **high**

● רוץ : לָרוּץ, לְהִתְרוֹצֵץ, לְהָרִיץ

רָץ/רַץ/יָרוּץ run

בניין : פָּעַל גזרה : ע״ו

	הווה Present		עבר Past	עתיד Future	ציווי Imper.
יחיד	רָץ	אני	רַצְתִּי	אָרוּץ	
יחידה	רָצָה	אתה	רַצְתָּ	תָּרוּץ	רוּץ
רבים	רָצִים	את	רַצְתְּ	תָּרוּצִי	רוּצִי
רבות	רָצוֹת	הוא	רָץ	יָרוּץ	
		היא	רָצָה	תָּרוּץ	
		אנחנו	רַצְנוּ	נָרוּץ	
		אתם/ן	רַצְתֶּם/ן	תָּרוּצוּ *	רוּצוּ **
		הם/ן	רָצוּ	יָרוּצוּ *	

שם הפועל .Infin לָרוּץ

* less commonly: אתן/הן תָּרוֹצְנָה

מקור מוחלט .Inf. Abs רוֹץ

** less commonly: (אתן) רוֹצְנָה

בינוני .Pres. Part רָץ courier, envoy; runner; halfback; bishop (chess)

שם הפעולה Verbal N רִיצָה running

מקור נטוי .Inf.+pron בְּרוּצוֹ, כְּ...

הִתְרוֹצֵץ/הִתְרוֹצַצ run around

בניין : הִתְפַּעֵל גזרה : ע״ו (ל״ל)

	הווה Present		עבר Past	עתיד Future	ציווי Imper.
יחיד	מִתְרוֹצֵץ	אני	הִתְרוֹצַצְתִּי	אֶתְרוֹצֵץ	
יחידה	מִתְרוֹצֶצֶת	אתה	הִתְרוֹצַצְתָּ	תִּתְרוֹצֵץ	הִתְרוֹצֵץ
רבים	מִתְרוֹצְצִים	את	הִתְרוֹצַצְתְּ	תִּתְרוֹצְצִי	הִתְרוֹצְצִי
רבות	מִתְרוֹצְצוֹת	הוא	הִתְרוֹצֵץ	יִתְרוֹצֵץ	

Present הווה		Past עבר	Future עתיד	Imper. ציווי
	היא	הִתְרוֹצְצָה	תִּתְרוֹצֵץ	
	אנחנו	הִתְרוֹצַצְנוּ	נִתְרוֹצֵץ	
	אתם/ן	הִתְרוֹצַצְתֶּם/ן	תִּתְרוֹצְצוּ *	הִתְרוֹצְצוּ **
	הם/ן	הִתְרוֹצְצוּ	יִתְרוֹצְצוּ *	

שם הפועל .Infin לְהִתְרוֹצֵץ   * less commonly: אתן/הן תִּתְרוֹצֵצְנָה

ש' הפעולי Verbal N הִתְרוֹצְצוּת running around   ** less commonly: (אתן) הִתְרוֹצֵצְנָה

מקור מוחלט .Inf. Abs הִתְרוֹצֵץ

הֵרִיץ/הֵרַץ/יָרִיץ make run, operate; bring quickly

בניין : הִפְעִיל   גזרה : ע"ו

	Present הווה		Past עבר	Future עתיד	Imper. ציווי
יחיד	מֵרִיץ	אני	הֵרַצְתִּי	אָרִיץ	
יחידה	מְרִיצָה	אתה	הֵרַצְתָּ	תָּרִיץ	הָרֵץ
רבים	מְרִיצִים	את	הֵרַצְתְּ	תָּרִיצִי	הָרִיצִי
רבות	מְרִיצוֹת	הוא	הֵרִיץ	יָרִיץ	
		היא	הֵרִיצָה	תָּרִיץ	
		אנחנו	הֵרַצְנוּ	נָרִיץ	
		אתם/ן	הֵרַצְתֶּם/ן *	תָּרִיצוּ **	הָרִיצוּ ***
		הם/ן	הֵרִיצוּ	יָרִיצוּ **	

* formal: הֲרַצְתֶּם/ן

שם הפועל .Infin לְהָרִיץ   ** less commonly: אתן/הן תָּרֵצְנָה

מקור מוחלט .Inf. Abs הָרֵץ   *** less commonly: (אתן) הָרֵצְנָה

שם הפעולה Verbal N הֲרָצָה making run; running in (new car; coll.); sending quickly

♦ דוגמאות Illustrations

סידורים בישראל כרוכים בהרבה **ריצות**. אתה **רָץ** לפקיד אחד, והוא **מֵרִיץ** אותך לפקיד אחר. אתה צריך **לְהִתְרוֹצֵץ** כל היום בין הפקידים.

Arrangements in Israel involve a lot of **running**. You **run** to one clerk, and he **makes** you **run** to another clerk. You need **to run around** all day between clerks.

המכתב נשלח לפני כחצי שעה. תוך שעה הוא יגיע אליך באמצעות **רָץ** מיוחד.

The letter was sent about half an hour ago. It will reach you by means of special **courier** within an hour.

המכונית הזאת עדיין ב**הֲרָצָה**; אל תאמץ את המנוע.

This car is still at the **run-in** stage; don't race the engine.

♦ ביטויים מיוחדים Special expressions

הֵרִיץ מכתב send an urgent letter

הֵרִיץ את המעיים **cause** bowel **movement**

●רחב : לְהַרְחִיב, לְהִתְרַחֵב

הִרְחִיב/הִרְחַב/יַרְחִיב broaden, widen, expand (tr.)

בניין : הִפְעִיל גזרה : שלמים

	הווה Present		עבר Past	עתיד Future	ציווי Imper.
יחיד	מַרְחִיב	אני	הִרְחַבְתִּי	אַרְחִיב	
יחידה	מַרְחִיבָה	אתה	הִרְחַבְתָּ	תַּרְחִיב	הַרְחֵב
רבים	מַרְחִיבִים	את	הִרְחַבְתְּ	תַּרְחִיבִי	הַרְחִיבִי
רבות	מַרְחִיבוֹת	הוא	הִרְחִיב	יַרְחִיב	
		היא	הִרְחִיבָה	תַּרְחִיב	
		אנחנו	הִרְחַבְנוּ	נַרְחִיב	
		אתם/ן	הִרְחַבְתֶּם/ן	תַּרְחִיבוּ *	הַרְחִיבוּ **
		הם/ן	הִרְחִיבוּ	יַרְחִיבוּ *	

שם הפועל .Infin לְהַרְחִיב * less commonly: אתן/הן תַּרְחֵבְנָה

מקור מוחלט .Inf. Abs הַרְחֵב ** less commonly: (אתן) הַרְחֵבְנָה

שם הפעולה Verbal N הַרְחָבָה widening, expanding (tr.)

הִתְרַחֵב/הִתְרַחַב expand (intr.), become wider, spread out

בניין : הִתְפַּעֵל גזרה : שלמים + ע״ג

	הווה Present		עבר Past	עתיד Future	ציווי Imper.
יחיד	מִתְרַחֵב	אני	הִתְרַחַבְתִּי	אֶתְרַחֵב	
יחידה	מִתְרַחֶבֶת	אתה	הִתְרַחַבְתָּ	תִּתְרַחֵב	הִתְרַחֵב
רבים	מִתְרַחֲבִים	את	הִתְרַחַבְתְּ	תִּתְרַחֲבִי	הִתְרַחֲבִי
רבות	מִתְרַחֲבוֹת	הוא	הִתְרַחֵב	יִתְרַחֵב	
		היא	הִתְרַחֲבָה	תִּתְרַחֵב	
		אנחנו	הִתְרַחַבְנוּ	נִתְרַחֵב	
		אתם/ן	הִתְרַחַבְתֶּם/ן	תִּתְרַחֲבוּ *	הִתְרַחֲבוּ **
		הם/ן	הִתְרַחֲבוּ	יִתְרַחֲבוּ *	

שם הפועל .Infin לְהִתְרַחֵב * less commonly: אתן/הן תִּתְרַחֵבְנָה

ש׳ הפעולי Verbal N הִתְרַחֲבוּת expanding (int.) ** less commonly: (אתן) הִתְרַחֵבְנָה

מקור מוחלט .Inf. Abs הִתְרַחֵב

הוּרְחַב (הֻרְחַב) be widened, be broadened, be expanded

בניין : הוּפְעַל גזרה : שלמים + ע״ג

	הווה Present		עבר Past	עתיד Future
יחיד	מוּרְחָב	אני	הוּרְחַבְתִּי	אוּרְחַב
יחידה	מוּרְחֶבֶת	אתה	הוּרְחַבְתָּ	תּוּרְחַב
רבים	מוּרְחָבִים	את	הוּרְחַבְתְּ	תּוּרְחֲבִי
רבות	מוּרְחָבוֹת	הוא	הוּרְחַב	יוּרְחַב
		היא	הוּרְחֲבָה	תּוּרְחַב
		אנחנו	הוּרְחַבְנוּ	נוּרְחַב
		אתם/ן	הוּרְחַבְתֶּם/ן	תּוּרְחֲבוּ *
		הם/ן	הוּרְחֲבוּ	יוּרְחֲבוּ *

בינוני .Pres. Part מוּרְחָב expanded * less commonly: אתן/הן תּוּרְחַבְנָה

♦ פעלים פחות שכיחים מאותו שורש Less frequent verbs from the same root

רָחַב expand (intr.) < בינוני .Pres. Part רָחָב (be) wide

♦ דוגמאות Illustrations

כבישים שהוּרְחֲבוּ בקלות הם כאלה שאין לצידם בתים או מגרשים פרטיים. כאשר מדובר ברכוש פרטי הסמוך לתוואי, בעליו מנסים לקבל כמה שיותר תמורת הסכמתם שהעיר או המדינה יַרְחִיבוּ את הכביש.

Roads that **have been widened** easily are those where there are no abutting houses or private lots. When there is private property close to the road, its owners try to receive as much as possible in exchange for their agreeing that the city or state **widen** the road.

מרבית הנחלים מִתְרַחֲבִים כאשר הם נשפכים לים, ולעתים קרובות התוצאה היא יצירת דֶּלְתָּה.

Most rivers **widen** when they reach the sea, and often the result is the formation of a delta.

♦ ביטויים מיוחדים Special expressions

הִרְחִיב את אופקיו **widen** one's horizons, educate oneself

הִרְחִיב את הדיבור **elaborate** **הִרְחִיב** את צעדיו walk faster, with **long**er strides

הִרְחִיב את הדעת provide feeling of satisfaction and peace, conducive to creative work

●רחם : לְרַחֵם

רִיחֵם (רִחֵם)/רִיחַמ/רַחֵם pity, have mercy, show mercy

בניין : פִּיעֵל גזרה : שלמים + ע״ג

	Present הווה		Past עבר	Future עתיד	Imper. ציווי
יחיד	מְרַחֵם	אני	רִיחַמְתִּי	אֲרַחֵם	
יחידה	מְרַחֶמֶת	אתה	רִיחַמְתָּ	תְּרַחֵם	רַחֵם
רבים	מְרַחֲמִים	את	רִיחַמְתְּ	תְּרַחֲמִי	רַחֲמִי
רבות	מְרַחֲמוֹת	הוא	רִיחֵם	יְרַחֵם	
		היא	רִיחֲמָה	תְּרַחֵם	
		אנחנו	רִיחַמְנוּ	נְרַחֵם	
		אתם/ן	רִיחַמְתֶּם/ן	תְּרַחֲמוּ *	רַחֲמוּ **
		הם/ן	רִיחֲמוּ	יְרַחֲמוּ *	

שם הפועל .Infin לְרַחֵם * less commonly: אתן/הן תְּרַחֵמְנָה

מקור מוחלט .Inf. Abs רַחֵם ** less commonly: (אתן) רַחֵמְנָה

מ״י מוצרכת .Gov. Prep רִיחֵם על have pity on

♦ דוגמאות Illustrations

למרות שהעונש הזה מגיע לו, אני בכל זאת **מְרַחֵם** עליו.

Although he deserves this punishment, I still **have pity** on him.

♦ ביטויים מיוחדים Special expressions

השם **יְרַחֵם**! God **have mercy**! מן השמיים **יְרַחֲמוּ** God will **have mercy**

●רחץ : לִרְחוֹץ, לְהִתְרַחֵץ

רָחַץ/רוֹחֵץ/יִרְחַץ wash, bathe

בניין : פָּעַל   גזרה : שלמים (אֶפְעַל) + ע״ג

	Pres./Part. הווה/בינוני		Past עבר	Fut. עתיד	Imp. ציווי
יחיד	רוֹחֵץ רָחוּץ	אני	רָחַצְתִּי	אֶרְחַץ	
יחידה	רוֹחֶצֶת רְחוּצָה	אתה	רָחַצְתָּ	תִּרְחַץ	רְחַץ
רבים	רוֹחֲצִים רְחוּצִים	את	רָחַצְתְּ	תִּרְחֲצִי	רַחֲצִי
רבות	רוֹחֲצוֹת רְחוּצוֹת	הוא	רָחַץ	יִרְחַץ	
		היא	רָחֲצָה	תִּרְחַץ	
		אנחנו	רָחַצְנוּ	נִרְחַץ	
		אתם/ן	רְחַצְתֶּם/ן *	תִּרְחֲצוּ **	רַחֲצוּ ***
		הם/ן	רָחֲצוּ	יִרְחֲצוּ **	

שם הפועל .Infin לִרְחוֹץ
* Colloquial: רָחַצְתֶּם/ן

ביני סביל .Pass. Part רָחוּץ washed
** less commonly: אתן/הן תִּרְחַצְנָה

שם הפעולה Verbal N רְחִיצָה washing, bathing
*** less commonly: (אתן) רְחַצְנָה

מקור מוחלט .Inf. Abs רָחוֹץ
מקור נטוי .Inf.+pron בְּרוֹחְצוֹ, כְּ...

קָטִיל .CaCiC adj./N רָחִיץ washable

הִתְרַחֵץ/הִתְרַחֵץ wash oneself, bathe

בניין : הִתְפַּעֵל   גזרה : שלמים + ע״ג

	Present הווה		Past עבר	Future עתיד	Imper. ציווי
יחיד	מִתְרַחֵץ	אני	הִתְרַחַצְתִּי	אֶתְרַחֵץ	
יחידה	מִתְרַחֶצֶת	אתה	הִתְרַחַצְתָּ	תִּתְרַחֵץ	הִתְרַחֵץ
רבים	מִתְרַחֲצִים	את	הִתְרַחַצְתְּ	תִּתְרַחֲצִי	הִתְרַחֲצִי
רבות	מִתְרַחֲצוֹת	הוא	הִתְרַחֵץ	יִתְרַחֵץ	
		היא	הִתְרַחֲצָה	תִּתְרַחֵץ	
		אנחנו	הִתְרַחַצְנוּ	נִתְרַחֵץ	
		אתם/ן	הִתְרַחַצְתֶּם/ן	תִּתְרַחֲצוּ *	הִתְרַחֲצוּ **
		הם/ן	הִתְרַחֲצוּ	יִתְרַחֲצוּ *	

שם הפועל .Infin לְהִתְרַחֵץ
* less commonly: אתן/הן תִּתְרַחֵצְנָה

בינוני .Pres. Part מִתְרַחֵץ bather
** less commonly: (אתן) הִתְרַחֵצְנָה

שם הפעולה Verbal N הִתְרַחֲצוּת washing oneself, bathing
מקור מוחלט .Inf. Abs הִתְרַחֵץ

♦ דוגמאות Illustrations

ירוחם אומר שהוא **מִתְרַחֵץ** פעם בחודש, אם צריך או לא צריך; חוץ מזה, פעם בשבוע הוא גם **רוֹחֵץ** את רגליו.

Yeruham says that he **takes a bath** once a month, regardless of whether it is necessary or not; furthermore, once a week he also **washes** his feet.

– הכלים האלה **רְחוּצִים**? – כן, **רָחַצְתִּי** אותם לפני שעה בערך.

– Are these dishes **washed** ? – Yes, I **washed** them about an hour ago.

♦ ביטויים מיוחדים Special expressions

רָחַץ בנקיון כפיו **wash** one's hands (of responsibility for...)

●רחק : לְהִתְרַחֵק, לְהַרְחִיק

הִתְרַחֵק/הִתְרַחַק keep/move away, go far; become estranged

בניין : הִתְפַּעֵל   גזרה : שלמים + ע״ג

	Present הווה		Past עבר	Future עתיד	Imper. ציווי
יחיד	מִתְרַחֵק	אני	הִתְרַחַקְתִּי	אֶתְרַחֵק	
יחידה	מִתְרַחֶקֶת	אתה	הִתְרַחַקְתָּ	תִּתְרַחֵק	הִתְרַחֵק
רבים	מִתְרַחֲקִים	את	הִתְרַחַקְתְּ	תִּתְרַחֲקִי	הִתְרַחֲקִי
רבות	מִתְרַחֲקוֹת	הוא	הִתְרַחֵק	יִתְרַחֵק	
		היא	הִתְרַחֲקָה	תִּתְרַחֵק	
		אנחנו	הִתְרַחַקְנוּ	נִתְרַחֵק	
		אתם/ן	הִתְרַחַקְתֶּם/ן	תִּתְרַחֲקוּ *	הִתְרַחֲקוּ **
		הם/ן	הִתְרַחֲקוּ	יִתְרַחֲקוּ *	

שם הפועל Infin. לְהִתְרַחֵק   * less commonly: אתן/הן תִּתְרַחֵקְנָה

שם הפעולה Verbal N הִתְרַחֲקוּת moving away   ** less commonly: (אתן) הִתְרַחֵקְנָה

מקור מוחי Inf. Abs. הִתְרַחֵק   מ״י מוצרכת Gov. Prep. הִתְרַחֵק מ- move away from

הִרְחִיק/הִרְחַק/יַרְחִיק remove, send away, reject; go far

בניין : הִפְעִיל   גזרה : שלמים

	Present הווה		Past עבר	Future עתיד	Imper. ציווי
יחיד	מַרְחִיק	אני	הִרְחַקְתִּי	אַרְחִיק	
יחידה	מַרְחִיקָה	אתה	הִרְחַקְתָּ	תַּרְחִיק	הַרְחֵק
רבים	מַרְחִיקִים	את	הִרְחַקְתְּ	תַּרְחִיקִי	הַרְחִיקִי
רבות	מַרְחִיקוֹת	הוא	הִרְחִיק	יַרְחִיק	
		היא	הִרְחִיקָה	תַּרְחִיק	
		אנחנו	הִרְחַקְנוּ	נַרְחִיק	
		אתם/ן	הִרְחַקְתֶּם/ן	תַּרְחִיקוּ *	הַרְחִיקוּ **
		הם/ן	הִרְחִיקוּ	יַרְחִיקוּ *	

שם הפועל Infin. לְהַרְחִיק   * less commonly: אתן/הן תַּרְחֵקְנָה

מקור מוחלט Inf. Abs. הַרְחֵק   ** less commonly: (אתן) הַרְחֵקְנָה

שם הפעולה Verbal N הַרְחָקָה sending away, removing

מ״י מוצרכת Gov. Prep. הִרְחִיק מ- remove from; get far from

תואר הפועל Adv. הַרְחֵק far away, far off

הוּרְחַק (הֻרְחַק) be removed, be sent away, be rejected

בניין : הוּפְעַל   גזרה : שלמים

	Present הווה		Past עבר	Future עתיד
יחיד	מוּרְחָק	אני	הוּרְחַקְתִּי	אוּרְחַק
יחידה	מוּרְחֶקֶת	אתה	הוּרְחַקְתָּ	תּוּרְחַק
רבים	מוּרְחָקִים	את	הוּרְחַקְתְּ	תּוּרְחֲקִי
רבות	מוּרְחָקוֹת	הוא	הוּרְחַק	יוּרְחַק
		היא	הוּרְחֲקָה	תּוּרְחַק
		אנחנו	הוּרְחַקְנוּ	נוּרְחַק
		אתם/ן	הוּרְחַקְתֶּם/ן	תּוּרְחֲקוּ *
		הם/ן	הוּרְחֲקוּ	יוּרְחֲקוּ *

בינוני Pres. Part. מוּרְחָק removed | *less commonly: אתן/הן תּוּרְחַקְנָה

♦ דוגמאות Illustrations

עוזיאל גר במקום **מְרוּחָק**, **הַרְחֵק** מכל מקום יישוב. הוא אוהב לגור רחוק כי הוא מרגיש צורך **לְהִתְרַחֵק** ככל האפשר מאזורי מגורים צפופים.

Uziel lives in a **distant** place, **far off** from any settled area. He likes to live far because he feels the need **to keep away** as much as possible from any densely settled areas.

♦ ביטויים מיוחדים Special expressions

שומר נפשו **יִרְחַק** ממנו **keep away** from him; he is dangerous

הרוצה לשקר-**יַרְחִיק** עדותו a liar **keep**s his evidence **out of reach** (so that it cannot be checked)

כִּ**רְחוֹק** מזרח ממערב poles **apart**

מַרְחִיק לכת **far**-reaching

הִרְחִיק ראות see to the future

יד ימין **מַרְחִיקָה** ויד שמאל מקרבת **rejecting** and befriending at the same time

●רחש : לְהִתְרַחֵשׁ

הִתְרַחֵשׁ/הִתְרַחַשׁ occur, happen, take place

בניין : הִתְפַּעֵל גזרה : שלמים + ע״ג

	הווה Present		עבר Past	עתיד Future	ציווי Imper.
יחיד	מִתְרַחֵשׁ	אני	הִתְרַחַשְׁתִּי	אֶתְרַחֵשׁ	
יחידה	מִתְרַחֶשֶׁת	אתה	הִתְרַחַשְׁתָּ	תִּתְרַחֵשׁ	הִתְרַחֵשׁ
רבים	מִתְרַחֲשִׁים	את	הִתְרַחַשְׁתְּ	תִּתְרַחֲשִׁי	הִתְרַחֲשִׁי
רבות	מִתְרַחֲשׁוֹת	הוא	הִתְרַחֵשׁ	יִתְרַחֵשׁ	
		היא	הִתְרַחֲשָׁה	תִּתְרַחֵשׁ	
		אנחנו	הִתְרַחַשְׁנוּ	נִתְרַחֵשׁ	
		אתםץ	הִתְרַחַשְׁתֶּםץ	תִּתְרַחֲשׁוּ *	הִתְרַחֲשׁוּ **
		הםץ	הִתְרַחֲשׁוּ	יִתְרַחֲשׁוּ *	

שם הפועל .Infin לְהִתְרַחֵשׁ | *less commonly: אתן/הן תִּתְרַחֵשְׁנָה

שם הפעולה Verbal N הִתְרַחֲשׁוּת occurrence | **less commonly: (אתן) הִתְרַחֵשְׁנָה

מקור מוחלט .Inf. Abs הִתְרַחֵשׁ

♦ פעלים פחות שכיחים מאותו שורש Less frequent verbs from the same root

רָחַשׁ move, stir, creep (insects) (רוֹחֵשׁ, יִרְחַשׁ, לִרְחוֹשׁ)

♦ דוגמאות Illustrations

לאחר מה שֶׁ**הִתְרַחֵשׁ** פה היום, עלינו להעריך מחדש את המצב.

After what **occurred** here today, we have to reevaluate the situation.

♦ ביטויים מיוחדים Special expressions

מה **מִתְרַחֵשׁ** כאן? What's **going on** here?

הִתְרַחֵשׁ נס a miracle **occurred**

● רטב : לְהֵירָטֵב, לְהַרְטִיב

נִרְטַב/יֵירָטֵב (יֵרָטֵב) get wet

בניין : נִפְעַל גזרה : שלמים + פ״ג

	הווה Present		עבר Past	עתיד Future	ציווי .Imper
יחיד	נִרְטָב	אני	נִרְטַבְתִּי	אֵירָטֵב	
יחידה	נִרְטֶבֶת	אתה	נִרְטַבְתָּ	תֵּירָטֵב	הֵירָטֵב
רבים	נִרְטָבִים	את	נִרְטַבְתְּ	תֵּירָטְבִי	הֵירָטְבִי
רבות	נִרְטָבוֹת	הוא	נִרְטַב	יֵירָטֵב	
		היא	נִרְטְבָה	תֵּירָטֵב	
		אנחנו	נִרְטַבְנוּ	נֵירָטֵב	
		אתם/ן	נִרְטַבְתֶּם/ן	תֵּירָטְבוּ *	הֵירָטְבוּ **
		הם/ן	נִרְטְבוּ	יֵירָטְבוּ *	

שם הפועל .Infin לְהֵירָטֵב * less commonly: אתן/הן תֵּירָטַבְנָה

שם הפעולה Verbal N הֵירָטְבוּת getting wet ** less commonly: (אתן) הֵירָטַבְנָה

מקור מוחלט .Inf. Abs נִרְטוֹב, הֵירָטֵב (הֵירָטוֹב)

הִרְטִיב/הִרְטַב/יַרְטִיב wet V

בניין : הִפְעִיל גזרה : שלמים

	הווה Present		עבר Past	עתיד Future	ציווי .Imper
יחיד	מַרְטִיב	אני	הִרְטַבְתִּי	אַרְטִיב	
יחידה	מַרְטִיבָה	אתה	הִרְחַבְתָּ	תַּרְטִיב	הַרְטֵב
רבים	מַרְטִיבִים	את	הִרְטַבְתְּ	תַּרְטִיבִי	הַרְטִיבִי
רבות	מַרְטִיבוֹת	הוא	הִרְטִיב	יַרְטִיב	
		היא	הִרְטִיבָה	תַּרְטִיב	
		אנחנו	הִרְטַבְנוּ	נַרְטִיב	
		אתם/ן	הִרְטַבְתֶּם/ן	תַּרְטִיבוּ *	הַרְטִיבוּ **
		הם/ן	הִרְטִיבוּ	יַרְטִיבוּ *	

שם הפועל .Infin לְהַרְטִיב * less commonly: אתן/הן תַּרְטֵבְנָה

מקור מוחלט .Inf. Abs הַרְטֵב ** less commonly: (אתן) הַרְטֵבְנָה

שם הפעולה Verbal N הַרְטָבָה wetting

♦ דוגמאות Illustrations

אנשים שאינם אמיצים במיוחד לעיתים **מַרְטִיבִים** את מכנסיהם במצבי פחד.

People who are not particularly brave occasionally **wet** their pants when struck by fear.

הוצאתי את השטיח למרפסת לאוורור ; ירד גשם, ולפני שהספקתי להכניסו פנימה, הוא **נִרְטַב** כהוגן.

I took the rug to air out on the balcony; it rained, and before I managed to get it back inside, it **got** thoroughly **wet**.

●ריב : לָרִיב

רָב/רַב/יָרִיב quarrel, dispute, wrangle, fight

בניין : פָּעַל   גזרה : ע״י

	Present הווה		Past עבר	Future עתיד	Imper. ציווי
יחיד	רָב	אני	רַבְתִּי	אָרִיב	
יחידה	רָבָה	אתה	רַבְתָּ	תָּרִיב	רִיב
רבים	רָבִים	את	רַבְתְּ	תָּרִיבִי	רִיבִי
רבות	רָבוֹת	הוא	רָב	יָרִיב	
		היא	רָבָה	תָּרִיב	
		אנחנו	רַבְנוּ	נָרִיב	
		אתם/ן	רַבְתֶּם/ן	תָּרִיבוּ *	רִיבוּ **
		הם/ן	רָבוּ	יָרִיבוּ *	

שם הפועל Infin. לָרִיב   * less commonly: אתן/הן תְּרִיבֶנָה

מקור מוחלט Inf. Abs. רִיב   ** less commonly: (אתן) רִיבְנָה

מ״י מוצרכת Gov. Prep. רָב עִם quarrel with   מקור נטוי Inf.+pron. בְּרִיבוֹ, כְּ...

♦ דוגמאות Illustrations

בני **רָב** עם עדינה כל בוקר. אם יום אחד אין לו הזדמנות **לָרִיב** איתה, הוא מרגיש שחסר לו משהו.

Benny **quarrels** with Adina every morning. If for one day he has no opportunity **to quarrel** with her, he feels he has missed something.

♦ ביטויים מיוחדים Special expressions

רָב את **רִיבו** **fight** his battle for him

●ריח : לְהָרִיחַ

הֵרִיחַ/הֵרַח/יָרִיחַ sense, smell

בניין : הִפְעִיל   גזרה : ע״י + ל״ג

	Present הווה		Past עבר	Future עתיד	Imper. ציווי
יחיד	מֵרִיחַ	אני	הֲרַחְתִּי	אָרִיחַ	
יחידה	מְרִיחָה	אתה	הֲרַחְתָּ	תָּרִיחַ	הָרַח
רבים	מְרִיחִים	את	הֲרַחְתְּ	תָּרִיחִי	הָרִיחִי
רבות	מְרִיחוֹת	הוא	הֵרִיחַ	יָרִיחַ	
		היא	הֵרִיחָה	תָּרִיחַ	
		אנחנו	הֲרַחְנוּ	נָרִיחַ	
		אתם/ן	הֲרַחְתֶּם/ן *	תָּרִיחוּ **	הָרִיחוּ ***
		הם/ן	הֵרִיחוּ	יָרִיחוּ **	

שם הפועל Infin. לְהָרִיחַ   * formal: הֲרַחְתֶּם/ן

שם הפעולה Verbal N הֲרָחָה smelling   ** less commonly: אתן/הן תָּרַחְנָה

מקור מוחלט Inf. Abs. הָרֵחַ   *** less commonly: (אתן) הָרַחְנָה

♦ דוגמאות Illustrations

אני מצונן; לא יכול **לְהָרִיחַ** כלום.

I have a cold; I cannot **smell** anything.

●רכב : לְהַרְכִּיב, לִרְכּוֹב

have one ride/put in saddle; carry (on shoulder); הִרְכִּיב/הִרְכַּב/יַרְכִּיב
assemble; compose (committee), make up; graft (plants); inoculate

בניין : הִפְעִיל גזרה : שלמים

	Present הווה		Past עבר	Future עתיד	Imper. ציווי
יחיד	מַרְכִּיב	אני	הִרְכַּבְתִּי	אַרְכִּיב	
יחידה	מַרְכִּיבָה	אתה	הִרְכַּבְתָּ	תַּרְכִּיב	הַרְכֵּב
רבים	מַרְכִּיבִים	את	הִרְכַּבְתְּ	תַּרְכִּיבִי	הַרְכִּיבִי
רבות	מַרְכִּיבוֹת	הוא	הִרְכִּיב	יַרְכִּיב	
		היא	הִרְכִּיבָה	תַּרְכִּיב	
		אנחנו	הִרְכַּבְנוּ	נַרְכִּיב	
		אתם/ן	הִרְכַּבְתֶּם/ן	תַּרְכִּיבוּ *	הַרְכִּיבוּ **
		הם/ן	הִרְכִּיבוּ	יַרְכִּיבוּ *	

שם הפועל .Infin לְהַרְכִּיב — * less commonly: אתן/הן תַּרְכֵּבְנָה

בינוני .Pres. Part מַרְכִּיב component — ** less commonly: (אתן) הַרְכֵּבְנָה

שם הפעולה Verbal N הַרְכָּבָה giving ride; grafting; inoculation; assembling; composing

שם הפעולה Verbal N הֶרְכֵּב composition

מקור מוחלט .Inf. Abs הַרְכֵּב

רָכַב/רוֹכֵב/יִרְכַּב ride

בניין : פָּעַל גזרה : שלמים (אֶפְעַל)

	Pres./Part. הווה/בינוני			Past עבר	Fut. עתיד	Imp. ציווי
יחיד	רוֹכֵב	רָכוּב	אני	רָכַבְתִּי	אֶרְכַּב	
יחידה	רוֹכֶבֶת	רְכוּבָה	אתה	רָכַבְתָּ	תִּרְכַּב	רְכַב
רבים	רוֹכְבִים	רְכוּבִים	את	רָכַבְתְּ	תִּרְכְּבִי	רִכְבִי
רבות	רוֹכְבוֹת	רְכוּבוֹת	הוא	רָכַב	יִרְכַּב	
			היא	רָכְבָה	תִּרְכַּב	
			אנחנו	רָכַבְנוּ	נִרְכַּב	
			אתם/ן	רְכַבְתֶּם/ן *	תִּרְכְּבוּ **	רִכְבוּ ***
			הם/ן	רָכְבוּ	יִרְכְּבוּ **	

שם הפועל .Infin לִרְכּוֹב — * Colloquial: רָכַבְתֶּם/ן

ביני פעיל .Act. Part רוֹכֵב rider — ** less commonly: אתן/הן תִּרְכַּבְנָה

ביני סביל .Pass. Part רָכוּב mounted — *** less commonly: (אתן) רְכַבְנָה

שם הפעולה Verbal N רְכִיבָה riding — מקור נטוי .Inf.+pron בְּרוֹכְבוֹ, כְּ...

מקור מוחלט .Inf. Abs רָכוֹב — מ״י מוצרכת .Gov. Prep רָכַב עַל ride (something)

הוּרְכַּב (הֻרְכַּב) be made to ride; be assembled, be composed; be grafted

בניין : הוּפְעַל גזרה : שלמים

	Present הווה		Past עבר	Future עתיד
יחיד	מוּרְכָּב	אני	הוּרְכַּבְתִּי	אוּרְכַּב
יחידה	מוּרְכֶּבֶת	אתה	הוּרְכַּבְתָּ	תּוּרְכַּב
רבים	מוּרְכָּבִים	את	הוּרְכַּבְתְּ	תּוּרְכְּבִי
רבות	מוּרְכָּבוֹת	הוא	הוּרְכַּב	יוּרְכַּב
		היא	הוּרְכְּבָה	תּוּרְכַּב
		אנחנו	הוּרְכַּבְנוּ	נוּרְכַּב
		אתםץ	הוּרְכַּבְתֶּםץ	תּוּרְכְּבוּ *
		הםץ	הוּרְכְּבוּ	יוּרְכְּבוּ *

שם הפעולה Verbal N **מוּרְכָּבוּת** complexity * less commonly: אתןץהן **תּוּרְכַּבְנָה**

בינוני .Pres. Part **מוּרְכָּב** assembled; complex

♦ **דוגמאות** Illustrations

בקייץ אבי **רוֹכֵב** הרבה על אופניים, **ומַרְכִּיב** מאחור את בנו הקטן.

In the summer, Avi **rides** his bike a lot, and **has** his little son **ride** in the back.

החברה הזאת אינה מייצרת מחשבים ; היא **מַרְכִּיבָה** אותם מרְכִיבִים (**מַרְכִּיבִים**) שונים שהיא רוכשת על פי בחירתה. מערכת ה**מוּרְכֶּבֶת** באופן כזה זולה הרבה יותר ממערכת של יצרן יחיד, ולעתים אף עולה עליה באיכותה.

This company does not manufacture computers; it **assembles** them from various **components** of its choice that it acquires. A system **assembled** like that is much cheaper than one produced by a single manufacturer, and occasionally even surpasses it in quality.

סכסוך עתיק בין עמים מהווה בעייה **מוּרְכֶּבֶת** מאוד ; לעתים קשה למשקיף מבחוץ לרדת לעומקה של **מוּרְכָּבוּת** כזו.

An ancient conflict between nations constitutes a very **complex** problem; sometimes it is difficult for an observer from the outside to truly comprehend such **complexity**.

היום מקפידים מאוד על **הֶרְכֵּבוֹ** של כל חבר מושבעים מבחינת מין וגזע.

Today they are very particular regarding the **composition** of any jury with respect to race and sex.

♦ **ביטויים מיוחדים** Special expressions

משפט **מוּרְכָּב** **complex** sentence

משפחת ה**מוּרְכָּבִים** **compositae** (botany)

הִרְכִּיב משקפיים wear (eye)glasses

● רכז : לְהִתְרַכֵּז, לְרַכֵּז

הִתְרַכֵּז/הִתְרַכַּז concentrate (intr.), focus (intr.)

בניין : הִתְפַּעֵל גזרה : שלמים

	Present הווה		Past עבר	Future עתיד	Imper. ציווי
יחיד	מִתְרַכֵּז	אני	הִתְרַכַּזְתִּי	אֶתְרַכֵּז	
יחידה	מִתְרַכֶּזֶת	אתה	הִתְרַכַּזְתָּ	תִּתְרַכֵּז	הִתְרַכֵּז
רבים	מִתְרַכְּזִים	את	הִתְרַכַּזְתְּ	תִּתְרַכְּזִי	הִתְרַכְּזִי
רבות	מִתְרַכְּזוֹת	הוא	הִתְרַכֵּז	יִתְרַכֵּז	
		היא	הִתְרַכְּזָה	תִּתְרַכֵּז	
		אנחנו	הִתְרַכַּזְנוּ	נִתְרַכֵּז	

Imper. ציווי	Future עתיד	Past עבר		Present הווה
הִתְרַכְּזוּ **	תִּתְרַכְּזוּ *	הִתְרַכַּזְתֶּם/ן	אתם/ן	
	יִתְרַכְּזוּ *	הִתְרַכְּזוּ	הם/ן	

שם הפועל .Infin לְהִתְרַכֵּז   * less commonly: אתן/הן תִּתְרַכֵּזְנָה

שם הפעולה Verbal N הִתְרַכְּזוּת concentrating   ** less commonly: (אתן) הִתְרַכֵּזְנָה

מקור מוחלט .Inf. Abs הִתְרַכֵּז   מ״י מוצרכת .Gov. Prep הִתְרַכֵּז ב- concentrate on

רִיכֵּז (רִכֵּז)/רִיכַּז/רַכֵּז concentrate (tr.), focus (tr.)

בניין : פִּיעֵל   גזרה : שלמים

	Imper. ציווי	Future עתיד	Past עבר		Present הווה	
		אֲרַכֵּז	רִיכַּזְתִּי	אני	מְרַכֵּז	יחיד
	רַכֵּז	תְּרַכֵּז	רִיכַּזְתָּ	אתה	מְרַכֶּזֶת	יחידה
	רַכְּזִי	תְּרַכְּזִי	רִיכַּזְתְּ	את	מְרַכְּזִים	רבים
		יְרַכֵּז	רִיכֵּז	הוא	מְרַכְּזוֹת	רבות
		תְּרַכֵּז	רִיכְּזָה	היא		
		נְרַכֵּז	רִיכַּזְנוּ	אנחנו		
	רַכְּזוּ **	תְּרַכְּזוּ	רִיכַּזְתֶּם/ן	אתם/ן		
		יְרַכְּזוּ *	רִיכְּזוּ	הם/ן		

שם הפועל .Infin לְרַכֵּז   * less commonly: אתן/הן תְּרַכֵּזְנָה

בינוני .Pres. Part מְרַכֵּז coordinator   ** less commonly: (אתן) רַכֵּזְנָה

שם הפעולה Verbal N רִיכּוּז concentrating, concentration   מקור מוחלט .Inf. Abs רַכֵּז

רוּכַּז (רֻכַּז) be concentrated, be focused

בניין : פּוּעַל   גזרה : שלמים

Future עתיד	Past עבר		Present הווה	
אֲרוּכַּז	רוּכַּזְתִּי	אני	מְרוּכָּז	יחיד
תְּרוּכַּז	רוּכַּזְתָּ	אתה	מְרוּכֶּזֶת	יחידה
תְּרוּכְּזִי	רוּכַּזְתְּ	את	מְרוּכָּזִים	רבים
יְרוּכַּז	רוּכַּז	הוא	מְרוּכָּזוֹת	רבות
תְּרוּכַּז	רוּכְּזָה	היא		
נְרוּכַּז	רוּכַּזְנוּ	אנחנו		
תְּרוּכְּזוּ *	רוּכַּזְתֶּם/ן	אתם/ן		
יְרוּכְּזוּ *	רוּכְּזוּ	הם/ן		

בינוני .Pres. Part מְרוּכָּז concentrated   * less commonly: אתן/הן תְּרוּכַּזְנָה

♦ דוגמאות Illustrations

יצחק לומד ועובד. כדי שיוכל לעבוד, הוא **מְרַכֵּז** את השיעורים שלו ביומיים, ביומיים אחרים הוא עובד במשרה חלקית כעוזר ל**מְרַכֵּז** מכירות בחנות סיטונאית גדולה, ובשאר הזמן הוא **מִתְרַכֵּז** בלימודים כדי להיות מוכן לשיעורים.

Yitzhak studies and works. In order to be able to work, he **concentrates** his classes in two days, in another two days he works as part-time assistant to a sales **coordinator** in a large wholesale store, and in the rest of the time he **concentrates** on his studies so as to be prepared for classes.

חנויות מיוחדות בדרך כלל לא נמצאות בקניונים; הן **מְרוּכָּזוֹת** במרכז העיר. גם הבנקים הגדולים עדיין **מִתְרַכְּזִים** בלב העיר.

Specialty stores are usually not found in shopping malls; they **are concentrated** in the center of town. The large banks also **concentrate** in the heart of town.

♦ ביטויים מיוחדים Special expressions

מחנה **ריכוז** **concentration** camp — **ריכֵּז** את מאמציו **concentrated** his efforts

● רכך : לְרַכֵּךְ, לְהִתְרַכֵּךְ

רִיכֵּךְ (רִכֵּךְ)/רִיכַּכ/רַכֵּךְ soften (tr.); weaken (tr.) (milit.)

בניין : פִּיעֵל גזרה : שלמים

	Present הווה		Past עבר	Future עתיד	Imper. ציווי
יחיד	מְרַכֵּךְ	אני	רִיכַּכְתִּי	אֲרַכֵּךְ	
יחידה	מְרַכֶּכֶת	אתה	רִיכַּכְתָּ	תְּרַכֵּךְ	רַכֵּךְ
רבים	מְרַכְּכִים	את	רִיכַּכְתְּ	תְּרַכְּכִי	רַכְּכִי
רבות	מְרַכְּכוֹת	הוא	רִיכֵּךְ	יְרַכֵּךְ	
		היא	רִיכְּכָה	תְּרַכֵּךְ	
		אנחנו	רִיכַּכְנוּ	נְרַכֵּךְ	
		אתם/ן	רִיכַּכְתֶּם/ן	תְּרַכְּכוּ	רַכְּכוּ **
		הם/ן	רִיכְּכוּ	יְרַכְּכוּ *	

שם הפועל .Infin לְרַכֵּךְ — * less commonly: אתן/הן תְּרַכֵּכְנָה

בינוני .Pres. Part מְרַכֵּךְ softener — ** less commonly: (אתן) רַכֵּכְנָה

שם הפעולה Verbal N רִיכּוּךְ softening ; weakening (milit.) — מקור מוחלט .Inf. Abs רַכֵּךְ

הִתְרַכֵּךְ/הִתְרַכַּכ soften (intr.), become tender, weaken (intr.)

בניין : הִתְפַּעֵל גזרה : שלמים

	Present הווה		Past עבר	Future עתיד	Imper. ציווי
יחיד	מִתְרַכֵּךְ	אני	הִתְרַכַּכְתִּי	אֶתְרַכֵּךְ	
יחידה	מִתְרַכֶּכֶת	אתה	הִתְרַכַּכְתָּ	תִּתְרַכֵּךְ	הִתְרַכֵּךְ
רבים	מִתְרַכְּכִים	את	הִתְרַכַּכְתְּ	תִּתְרַכְּכִי	הִתְרַכְּכִי
רבות	מִתְרַכְּכוֹת	הוא	הִתְרַכֵּךְ	יִתְרַכֵּךְ	
		היא	הִתְרַכְּכָה	תִּתְרַכֵּךְ	
		אנחנו	הִתְרַכַּכְנוּ	נִתְרַכֵּךְ	
		אתם/ן	הִתְרַכַּכְתֶּם/ן	תִּתְרַכְּכוּ *	הִתְרַכְּכוּ **
		הם/ן	הִתְרַכְּכוּ	יִתְרַכְּכוּ *	

שם הפועל .Infin לְהִתְרַכֵּךְ — * less commonly: אתן/הן תִּתְרַכֵּכְנָה

שם הפעולה Verbal N הִתְרַכְּכוּת softening — ** less commonly: (אתן) הִתְרַכֵּכְנָה

מקור מוחלט .Inf. Abs הִתְרַכֵּךְ

♦ דוגמאות Illustrations

יש סוגי בשר שצריך לתת לו "להתיישן" זמן מסוים, כדי **שיִתְרַכֵּךְ**.

There are types of meat that one needs to let stand for a while, so that they **become tender**.

בדרך כלל, לפני מתקפה רבתי, יש **לְרַכֵּךְ** את מגננת האויב בהפצצות ובהפגזות.

Generally, before a major offensive, one needs **to soften** the enemy's defenses with bombing and shelling.

●רכל (מן רָכִיל gossip N) : לְרַכֵל

רִיכֵל (רִכֵל)/רִיכַל/רַכֵל gossip V

בניין : פִּיעֵל גזרה : שלמים

	Present הווה		Past עבר	Future עתיד	Imper. ציווי
יחיד	מְרַכֵל	אני	רִיכַלְתִּי	אֲרַכֵל	
יחידה	מְרַכֶלֶת	אתה	רִיכַלְתָּ	תְּרַכֵל	רַכֵל
רבים	מְרַכְלִים	את	רִיכַלְתְּ	תְּרַכְלִי	רַכְלִי
רבות	מְרַכְלוֹת	הוא	רִיכֵל	יְרַכֵל	
		היא	רִיכְלָה	תְּרַכֵל	
		אנחנו	רִיכַלְנוּ	נְרַכֵל	
		אתם/ן	רִיכַלְתֶּם/ן	תְּרַכְלוּ *	רַכְלוּ **
		הם/ן	רִיכְלוּ	יְרַכְלוּ *	

The כ is supposed to be כּ, but nobody ever pronounces it that way – possibly so as to maintain the transparency of the base רָכִיל, or more likely, its colloquial variant רְכִילוּת.

שם הפועל .Infin לְרַכֵל — less commonly *: אתן/הן תְּרַכֵלְנָה

מקור מוחלט .Inf. Abs רַכֵל — less commonly **: (אתן) רַכֵלְנָה

מ״י מוצרכת .Gov. Prep רִיכֵל על gossip about

מסוכן מאוד **לְרַכֵל**, מכיוון שרכילות עוברת תמיד הלאה, ולעתים קרובות מגיעה למושא הרכילות, ובדרך כלל ה**מְרַכֵל** אינו רוצה שזה יקרה.

It is quite dangerous to **gossip**, since gossip tends to pass on, and often reaches the object of the gossip, and generally the one who **gossips** does not wish for it to happen.

באחד העיתונים בארץ היה מדור רכילות שנקרא ״רחל **מְרַכֶלֶת**״ – משחק מילים שבסיסו המיזוג בעברית הישראלית בהגיית ה-ח׳ והכ׳.

In one of the Israeli journals there used to be a gossip column entitled: "Rachel is **Gossiping**" – word play based on the phonetic merger in Israeli Hebrew of ח׳ and כ׳.

●רכש : לִרְכּוֹש, לְהֵירָכֵש

רָכַש/רוֹכֵש/יִרְכּוֹש acquire, purchase, buy, obtain, gain possession of

בניין : פָּעַל גזרה : שלמים (אֶפְעוֹל)

	Present הווה		Past עבר	Future עתיד	Imper. ציווי
יחיד	רוֹכֵש	אני	רָכַשְתִּי	אֶרְכּוֹש	
יחידה	רוֹכֶשֶת	אתה	רָכַשְתָּ	תִּרְכּוֹש	רְכוֹש
רבים	רוֹכְשִים	את	רָכַשְתְּ	תִּרְכְּשִי	רִכְשִי
רבות	רוֹכְשוֹת	הוא	רָכַש	יִרְכּוֹש	
		היא	רָכְשָה	תִּרְכּוֹש	
		אנחנו	רָכַשְנוּ	נִרְכּוֹש	
		אתם/ן	רְכַשְתֶּם/ן *	תִּרְכְּשוּ **	רִכְשוּ ***
		הם/ן	רָכְשוּ	יִרְכְּשוּ **	

שם הפועל .Infin לִרְכּוֹש — Colloquial *: רָכַשְתֶּם/ן

שם הפעולה Verbal N רְכִישָה acquisition — less commonly **: אתן/הן תִּרְכּוֹשְנָה

מקור מוחלט .Inf. Abs רָכוֹש — less commonly ***: (אתן) רְכוֹשְנָה

מקור נטוי .Inf.+pron בְּרוֹכְשׁוֹ, כְּ...

נִרְכַּשׁ/יֵירָכֵשׁ (יֵרָכֵשׁ) be acquired, be obtained

בניין: נִפְעַל גזרה: שלמים + פ״ג

	Present הווה		Past עבר	Future עתיד	Imper. ציווי
יחיד	נִרְכָּשׁ	אני	נִרְכַּשְׁתִּי	אֵירָכֵשׁ	
יחידה	נִרְכֶּשֶׁת	אתה	נִרְכַּשְׁתָּ	תֵּירָכֵשׁ	הֵירָכֵשׁ
רבים	נִרְכָּשִׁים	את	נִרְכַּשְׁתְּ	תֵּירָכְשִׁי	הֵירָכְשִׁי
רבות	נִרְכָּשׁוֹת	הוא	נִרְכַּשׁ	יֵירָכֵשׁ	
		היא	נִרְכְּשָׁה	תֵּירָכֵשׁ	
		אנחנו	נִרְכַּשְׁנוּ	נֵירָכֵשׁ	
		אתם/ן	נִרְכַּשְׁתֶּם/ן	* תֵּירָכְשׁוּ	** הֵירָכְשׁוּ
		הם/ן	נִרְכְּשׁוּ	* יֵירָכְשׁוּ	

שם הפועל .Infin לְהֵירָכֵשׁ * less commonly: אתן/הן תֵּירָכַשְׁנָה

שם הפעולה Verbal N הֵירָכְשׁוּת being acquired ** less commonly: (אתן) הֵירָכַשְׁנָה

בינוני .Pres. Part נִרְכָּשׁ acquired (also trait)

מקור מוחלט .Inf. Abs נִרְכּוֹשׁ, הֵירָכֵשׁ (הֵירָכוֹשׁ)

♦ פעלים פחות שכיחים מאותו שורש Less frequent verbs from the same root

הוּרְכַּשׁ be caused to acquire > בינוני .Pres. Part מוּרְכָּשׁ acquired (e.g., trait) (form fairly common)

♦ דוגמאות Illustrations

איך אהרון נעשה אדם עשיר? פשוט מאוד: הוא **רָכַשׁ** מניות בזול ומכר אותן ביוקר. **הרְכִישָׁה** הטובה ביותר שלו הייתה ״בנק האיכרים״. אחרי שישה חודשים הבנק **נִרְכַּשׁ** על ידי בנק אחר תמורת מחיר כפול מסכום ההשקעה.

How did Aaron become a rich man? Very simple: he **acquired** stocks when they were cheap and sold them when they were expensive. His best **acquisition** was the Farmers Bank. Six months later the bank **was acquired** by another bank for double the investment cost.

מדענים מתווכחים וימשיכו להתווכח אודות השאלה מה מוּלָד באדם ומה **נִרְכָּשׁ/מוּרְכָּשׁ** בהשפעת הסביבה.

Scientists argue and will continue to argue on the question of what is innate in man and what **is acquired** under the influence of the environment.

●רמה (רמי): לְרַמּוֹת

רִימָּה (רִמָּה)/רַמֵּה cheat, swindle, deceive, lie

בניין: פִּיעֵל גזרה: ל״י

	Present הווה		Past עבר	Future עתיד	Imper. ציווי
יחיד	מְרַמֶּה	אני	רִימִּיתִי	אֲרַמֶּה	
יחידה	מְרַמָּה	אתה	רִימִּיתָ	תְּרַמֶּה	רַמֵּה
רבים	מְרַמִּים	את	רִימִּית	תְּרַמִּי	רַמִּי
רבות	מְרַמּוֹת	הוא	רִימָּה	יְרַמֶּה	
		היא	רִימְּתָה	תְּרַמֶּה	
		אנחנו	רִימִּינוּ	נְרַמֶּה	

Imper. ציווי	Future עתיד	Past עבר		Present הווה
רַמּוּ **	תְּרַמּוּ *	רִימִּיתֶם/ן	אתם/ן	
	יְרַמּוּ *	רִימּוּ	הם/ן	

שם הפועל .Infin לְרַמּוֹת — less commonly: * אתן/הן תְּרַמֶּינָה

מקור מוחלט .Inf. Abs רַמֵּה — less commonly: ** (אתן) רַמֶּינָה

רוּמָּה (רֻמָּה)/רוּמֶּה be cheated, be swindled, be deceived

בניין : פּוּעַל גזרה : ל״י

Future עתיד	Past עבר		Present הווה	
אֲרוּמֶּה	רוּמֵּיתִי	אני	מְרוּמֶּה	יחיד
תְּרוּמֶּה	רוּמֵּיתָ	אתה	מְרוּמָּה	יחידה
תְּרוּמִּי	רוּמֵּית	את	מְרוּמִּים	רבים
יְרוּמֶּה	רוּמָּה	הוא	מְרוּמּוֹת	רבות
תְּרוּמֶּה	רוּמְּתָה	היא		
נְרוּמֶּה	רוּמֵּינוּ	אנחנו		
תְּרוּמּוּ *	רוּמֵּיתֶם/ן	אתם/ן		
יְרוּמּוּ *	רוּמּוּ	הם/ן		

בינוני .Pres. Part מְרוּמֶּה cheated, deceived — less commonly: * אתן/הן תְּרוּמֶּינָה

♦ דוגמאות Illustrations

בתרבויות מסוימות מקובל למדי **לְרַמּוֹת** את הזולת. אם **רִימִּיתָ** את שכנך, סימן שאתה פיקח, ומי ש**רוּמָּה** יוצא בבושת פנים, כיוון שהוכח שהוא טיפש.

In some cultures it is fairly acceptable **to cheat** others: If you **have cheated** your neighbor, it proves that you are smart, and whoever **was cheated** hides his face in shame, having been shown to be a fool.

●רמז : לִרְמוֹז, לְהֵירָמֵז

רָמַז/רוֹמֵז/יִרְמוֹז (יִרְמֹז) hint, make a sign

בניין : פָּעַל גזרה : שלמים (אֶפְעוֹל)

Imp. ציווי	Fut. עתיד	Past עבר		Pres./Part. הווה/בינוני		
	אֶרְמוֹז	רָמַזְתִּי	אני	רָמוּז	רוֹמֵז	יחיד
רְמוֹז	תִּרְמוֹז	רָמַזְתָּ	אתה	רְמוּזָה	רוֹמֶזֶת	יחידה
רִמְזִי	תִּרְמְזִי	רָמַזְתְּ	את	רְמוּזִים	רוֹמְזִים	רבים
	יִרְמוֹז	רָמַז	הוא	רְמוּזוֹת	רוֹמְזוֹת	רבות
	תִּרְמוֹז	רָמְזָה	היא			
	נִרְמוֹז	רָמַזְנוּ	אנחנו			
רִמְזוּ ***	תִּרְמְזוּ **	רְמַזְתֶּם/ן *	אתם/ן			
	יִרְמְזוּ **	רָמְזוּ	הם/ן			

Colloquial: * רָמַזְתֶּם/ן

less commonly: ** אתן/הן תִּרְמוֹזְנָה

שם הפועל .Infin לִרְמוֹז — less commonly: *** (אתן) רְמוֹזְנָה

בינ׳ סביל .Pass. Part רָמוּז hinted at, alluded to (lit.)

שם הפעולה Verbal N רְמִיזָה hinting, hint, making a sign

מקור מוחלט .Inf. Abs רָמוֹז   מקור נטוי .Inf.+pron בְּרוֹמְזוֹ, כְּ...
מ״י מוצרכת .Gov. Prep רָמַז על hint at

נִרְמַז/יֵירָמֵז (יֵרָמֵז) be hinted, be suggested

בניין : נִפְעַל   גזרה : שלמים + פ״ג

	Present הווה		Past עבר	Future עתיד	Imper. ציווי
יחיד	נִרְמָז	אני	נִרְמַזְתִּי	אֵירָמֵז	
יחידה	נִרְמֶזֶת	אתה	נִרְמַזְתָּ	תֵּירָמֵז	הֵירָמֵז
רבים	נִרְמָזִים	את	נִרְמַזְתְּ	תֵּירָמְזִי	הֵירָמְזִי
רבות	נִרְמָזוֹת	הוא	נִרְמַז	יֵירָמֵז	
		היא	נִרְמְזָה	תֵּירָמֵז	
		אנחנו	נִרְמַזְנוּ	נֵירָמֵז	
		אתם/ן	נִרְמַזְתֶּם/ן	תֵּירָמְזוּ *	הֵירָמְזוּ **
		הם/ן	נִרְמְזוּ	יֵירָמְזוּ *	

שם הפועל .Infin לְהֵירָמֵז   less commonly *: אתן/הן תֵּירָמַזְנָה
שם הפעולה Verbal N הֵירָמְזוּת being hinted   less commonly **: (אתן) הֵירָמַזְנָה
מקור מוחלט .Inf. Abs נִרְמוֹז, הֵירָמֵז (הֵירָמוֹז)

♦ פעלים פחות שכיחים מאותו שורש Less frequent verbs from the same root

רִימֵּז hint at, make a sign, indicate (more literary than base form above) (מְרַמֵּז, יְרַמֵּז, לְרַמֵּז, מ״י מוצרכת .Gov. Prep רִימֵּז על hint at, allude to, indicate/signal)
רוּמַּז be hinted, be alluded to < בינוני .Pres. Part מְרוּמָּז hinted, alluded to

♦ דוגמאות Illustrations

חיים **רָמַז** לי, שכדאי לי להוציא את חסכונותי מן הבנק הזה. **נִרְמַז** לו על ידי יודעי דבר שהבנק עומד בפני פשיטת רגל.

Hayyim **hinted** to me that it would be a good idea for me to withdraw my savings from this bank. It **had been hinted** to him by knowledgeable people that the bank is about to go bankrupt.

הסרט ״מ.א.ש.״ הוא כביכול על מלחמת קוריאה, אבל **מְרוּמָּז** בו למעשה על מלחמת ויאטנאם.

The movie "M.A.S.H." is supposedly about the Korean war, but in fact it is the Vietnam war that **is alluded** to.

מה שהתרחש אתמול בשוק המניות **מְרַמֵּז** על נטיות חמורות הרבה יותר בעתיד.

What happened in the stock market yesterday **signals** much more serious developments in the future.

● רסס : לְרַסֵּס

רִיסֵּס (רִסֵּס)/רִיסַּס/רַסֵּס spray

בניין : פִּיעֵל   גזרה : שלמים

	Present הווה		Past עבר	Future עתיד	Imper. ציווי
יחיד	מְרַסֵּס	אני	רִיסַּסְתִּי	אֲרַסֵּס	
יחידה	מְרַסֶּסֶת	אתה	רִיסַּסְתָּ	תְּרַסֵּס	רַסֵּס
רבים	מְרַסְּסִים	את	רִיסַּסְתְּ	תְּרַסְּסִי	רַסְּסִי
רבות	מְרַסְּסוֹת	הוא	רִיסֵּס	יְרַסֵּס	

	הווה Present		עבר Past	עתיד Future	ציווי Imper.
		היא	רִיסְסָה	תְּרַסֵּס	
		אנחנו	רִיסַסְנוּ	נְרַסֵּס	
		אתם/ן	רִיסַסְתֶּם/ן	תְּרַסְסוּ	רַסְסוּ **
		הם/ן	רִיסְסוּ	יְרַסְסוּ *	

שם הפועל .Infin לְרַסֵּס   * less commonly: אתן/הן תְּרַסֵּסְנָה

מקור מוחלט .Inf. Abs רַסֵּס   ** less commonly: (אתן) רַסֵּסְנָה

שם הפעולה Verbal N **רִיסוּס** spraying

♦ **דוגמאות** Illustrations

פעם היו **מְרַסְסִים** פירות וירקות בדי-די-טי, כדי להשמיד מזיקים. היום יודעים שחומרים כמו די-די-טי מסוכנים לבני אדם.

Once they used to **spray** fruits and vegetables with DDT, in order to destroy pests. Today we know that chemicals like DDT are harmful to humans.

● רסק : לְהִתְרַסֵּק, לְרַסֵּק

הִתְרַסֵּק/הִתְרַסַּק crash (intr.); be totally destroyed

בניין : הִתְפַּעֵל   גזרה : שלמים

	הווה Present		עבר Past	עתיד Future	ציווי Imper.
יחיד	מִתְרַסֵּק	אני	הִתְרַסַּקְתִּי	אֶתְרַסֵּק	
יחידה	מִתְרַסֶּקֶת	אתה	הִתְרַסַּקְתָּ	תִּתְרַסֵּק	הִתְרַסֵּק
רבים	מִתְרַסְּקִים	את	הִתְרַסַּקְתְּ	תִּתְרַסְּקִי	הִתְרַסְּקִי
רבות	מִתְרַסְּקוֹת	הוא	הִתְרַסֵּק	יִתְרַסֵּק	
		היא	הִתְרַסְּקָה	תִּתְרַסֵּק	
		אנחנו	הִתְרַסַּקְנוּ	נִתְרַסֵּק	
		אתם/ן	הִתְרַסַּקְתֶּם/ן	תִּתְרַסְּקוּ *	הִתְרַסְּקוּ **
		הם/ן	הִתְרַסְּקוּ	יִתְרַסְּקוּ *	

שם הפועל .Infin לְהִתְרַסֵּק   * less commonly: אתן/הן תִּתְרַסֵּקְנָה

מקור מוחלט .Inf. Abs הִתְרַסֵּק   ** less commonly: (אתן) הִתְרַסֵּקְנָה

שם הפעולה Verbal N **הִתְרַסְּקוּת** crash, accident; crashing

רִיסֵּק (רִסֵּק)/רִיסַּק/רַסֵּק smash, pulverize; grate; mash V, puree V

בניין : פִּיעֵל   גזרה : שלמים

	הווה Present		עבר Past	עתיד Future	ציווי Imper.
יחיד	מְרַסֵּק	אני	רִיסַּקְתִּי	אֲרַסֵּק	
יחידה	מְרַסֶּקֶת	אתה	רִיסַּקְתָּ	תְּרַסֵּק	רַסֵּק
רבים	מְרַסְּקִים	את	רִיסַּקְתְּ	תְּרַסְּקִי	רַסְּקִי
רבות	מְרַסְּקוֹת	הוא	רִיסֵּק	יְרַסֵּק	
		היא	רִיסְּקָה	תְּרַסֵּק	
		אנחנו	רִיסַּקְנוּ	נְרַסֵּק	
		אתם/ן	רִיסַּקְתֶּם/ן	תְּרַסְּקוּ	רַסְּקוּ **
		הם/ן	רִיסְּקוּ	יְרַסְּקוּ *	

שם הפועל .Infin לְרַסֵּק   * less commonly: אתן/הן תְּרַסֵּקְנָה

מקור מוחלט .Inf. Abs רַסֵּק   ** less commonly: (אתן) רַסֵּקְנָה

שם הפעולה Verbal N **רִיסּוּק** smashing, shattering; mashing, pureeing

♦ **דוגמאות** Illustrations

עדיין לא ברור מדוע המטוס **הִתְרַסֵּק** ללא התראה מוקדמת מעל לאוקיאנוס.

It is still unclear why the plane **crashed** without any prior warning over the ocean.

בדרך כלל, כש**מְרַסְּקִים** מוצרי מזון על גבי פומפיה (מִגררת), הוא יוצא טעים יותר מאשר במערבל מזון.

Generally, when one **grates** food products on a grater, it comes out tasting better than when one does it in a food processor.

●רעב : לְהַרְעִיב

הִרְעִיב/הַרְעֵב/יַרְעִיב starve (tr.)

בניין : הִפְעִיל גזרה : שלמים + ע״ג

	Present הווה		Past עבר	Future עתיד	Imper. ציווי
יחיד	מַרְעִיב	אני	הִרְעַבְתִּי	אַרְעִיב	
יחידה	מַרְעִיבָה	אתה	הִרְעַבְתָּ	תַּרְעִיב	הַרְעֵב
רבים	מַרְעִיבִים	את	הִרְעַבְתְּ	תַּרְעִיבִי	הַרְעִיבִי
רבות	מַרְעִיבוֹת	הוא	הִרְעִיב	יַרְעִיב	
		היא	הִרְעִיבָה	תַּרְעִיב	
		אנחנו	הִרְעַבְנוּ	נַרְעִיב	
		אתם/ן	הִרְעַבְתֶּם/ן	תַּרְעִיבוּ *	הַרְעִיבוּ **
		הם/ן	הִרְעִיבוּ	יַרְעִיבוּ *	

שם הפועל .Infin לְהַרְעִיב

מקור מוחלט .Inf. Abs הַרְעֵב

שם הפעולה Verbal N הַרְעָבָה starving=causing to starve

* less commonly: אתן/הן תַּרְעֵבְנָה

** less commonly: (אתן) הַרְעֵבְנָה

הוּרְעַב (הֻרְעַב) be starved

בניין : הוּפְעַל גזרה : שלמים + ע״ג

	Present הווה		Past עבר	Future עתיד
יחיד	מוּרְעָב	אני	הוּרְעַבְתִּי	אוּרְעַב
יחידה	מוּרְעֶבֶת	אתה	הוּרְעַבְתָּ	תּוּרְעַב
רבים	מוּרְעָבִים	את	הוּרְעַבְתְּ	תּוּרְעֲבִי
רבות	מוּרְעָבוֹת	הוא	הוּרְעַב	יוּרְעַב
		היא	הוּרְעֲבָה	תּוּרְעַב
		אנחנו	הוּרְעַבְנוּ	נוּרְעַב
		אתם/ן	הוּרְעַבְתֶּם/ן	תּוּרְעֲבוּ *
		הם/ן	הוּרְעֲבוּ	יוּרְעֲבוּ *

בינוני .Pres. Part מוּרְעָב starved

* less commonly: אתן/הן תּוּרְעַבְנָה

♦ **דוגמאות** Illustrations

כאשר רודן צר על עיר מורדת, פרט להפצצה ולהפגזה הוא משתמש גם בנשק רב עוצמה אחר : הוא **מַרְעִיב** את התושבים.

When a dictator besieges a rebel city, in addition to bombing and shelling he also uses another powerful weapon: he **starves** the city dwellers.

●רעד : לִרְעוֹד, לְהַרְעִיד

רָעַד/רוֹעֵד/יִרְעַד tremble, shiver, shudder, shake

בניין : פָּעַל   גזרה : שלמים (אֶפְעַל) + ע״ג

	הווה/בינוני Pres./Part.			עבר Past	עתיד Fut.	ציווי Imp.
יחיד	רוֹעֵד	רָעוּד	אני	רָעַדְתִּי	אֶרְעַד	
יחידה	רוֹעֶדֶת	רְעוּדָה	אתה	רָעַדְתָּ	תִּרְעַד	רְעַד
רבים	רוֹעֲדִים	רְעוּדִים	את	רָעַדְתְּ	תִּרְעֲדִי	רַעֲדִי
רבות	רוֹעֲדוֹת	רְעוּדוֹת	הוא	רָעַד	יִרְעַד	
			היא	רָעֲדָה	תִּרְעַד	
			אנחנו	רָעַדְנוּ	נִרְעַד	
			אתם/ן	רְעַדְתֶּם/ן *	תִּרְעֲדוּ **	רַעֲדוּ ***
			הם/ן	רָעֲדוּ	יִרְעֲדוּ **	

שם הפועל .Infin לִרְעוֹד — * Colloquial: רָעַדְתֶּם/ן

מקור מוחלט .Inf. Abs רָעוֹד — ** less commonly: אתן/הן תִּרְעַדְנָה

מקור נטוי .Inf.+pron בְּרוֹעֲדוֹ, כְּ... — *** less commonly: (אתן) רְעַדְנָה

ביני סביל .Pass. Part רָעוּד shaking, trembling (lit.)

שם הפעולה Verbal N רְעִידָה, רְעָדָה shaking (N)

הִרְעִיד/הִרְעַד/יַרְעִיד cause to tremble, shake (tr.); tremble (intr.) (lit.)

בניין : הִפְעִיל   גזרה : שלמים

	הווה Present		עבר Past	עתיד Future	ציווי Imper.
יחיד	מַרְעִיד	אני	הִרְעַדְתִּי	אַרְעִיד	
יחידה	מַרְעִידָה	אתה	הִרְעַדְתָּ	תַּרְעִיד	הַרְעֵד
רבים	מַרְעִידִים	את	הִרְעַדְתְּ	תַּרְעִידִי	הַרְעִידִי
רבות	מַרְעִידוֹת	הוא	הִרְעִיד	יַרְעִיד	
		היא	הִרְעִידָה	תַּרְעִיד	
		אנחנו	הִרְעַדְנוּ	נַרְעִיד	
		אתם/ן	הִרְעַדְתֶּם/ן	תַּרְעִידוּ *	הַרְעִידוּ **
		הם/ן	הִרְעִידוּ	יַרְעִידוּ *	

שם הפועל .Infin לְהַרְעִיד — * less commonly: אתן/הן תַּרְעֵדְנָה

שם הפעולה Verbal N הַרְעָדָה causing to shake — ** less commonly: (אתן) הַרְעֵדְנָה

מקור מוחלט .Inf. Abs הַרְעֵד

♦ פעלים פחות שכיחים מאותו שורש Less frequent verbs from the same root

נִרְעַד begin to shake (lit.) (נִרְעָד, יֵירָעֵד, לְהֵירָעֵד)

הוּרְעַד be shaken, be caused to tremble (מוּרְעָד, יוּרְעַד)

♦ דוגמאות Illustrations

ההתפוצצות **הִרְעִידָה** את כל האיזור; עשרות בתים **הוּרְעֲדוּ** על ידה כמו **בִּרְעִידַת** אדמה, ודייריהם **רָעֲדוּ** מפחד.

The explosion **shook** the whole area; tens of houses **were shaken** by it as if it was an earthquake, and their tenants **shook** with fear.

♦ ביטויים מיוחדים Special expressions

רָעַד מפחד/**רָעַד** לו הפופיק **shake** with fear — **רְעִידַת** אדמה earth**quake**

●רענן (מן רַעֲנָן refreshed) : לְרַעֲנֵן, לְהִתְרַעֲנֵן

רִעֲנֵן/רִעֲנַנ/רַעֲנֵן refresh, invigorate

בניין : פִּיעֵל — גזרה : מרובעים + ג״נ (במודל קטל״ג)

	הווה Present		עבר Past	עתיד Future	ציווי Imper.
יחיד	מְרַעֲנֵן	אני	רִעֲנַנְתִּי	אֲרַעֲנֵן	
יחידה	מְרַעֲנֶנֶת	אתה	רִעֲנַנְתָּ	תְּרַעֲנֵן	רַעֲנֵן
רבים	מְרַעַנְנִים	את	רִעֲנַנְתְּ	תְּרַעַנְנִי	רַעַנְנִי
רבות	מְרַעַנְנוֹת	הוא	רִעֲנֵן	יְרַעֲנֵן	
		היא	רִעַנְנָה	תְּרַעֲנֵן	
		אנחנו	רִעֲנַנּוּ	נְרַעֲנֵן	
		אתם/ן	רִעֲנַנְתֶּם/ן	תְּרַעַנְנוּ *	רַעַנְנוּ **
		הם/ן	רִעַנְנוּ	יְרַעַנְנוּ *	

שם הפועל .Infin לְרַעֲנֵן — * less commonly: אתן/הן תְּרַעֲנֵנָּה

בינוני .Pres. Part מְרַעֲנֵן refreshing — ** less commonly: (אתן) רַעֲנֵנָּה

שם הפעולה Verbal N רִעֲנוּן refreshing N — מקור מוחלט .Inf. Abs רַעֲנֵן

הִתְרַעֲנֵן (הִתְרַעֲנֵן)/הִתְרַעֲנַנ become refreshed

בניין : הִתְפַּעֵל — גזרה : מרובעים + ג״נ (במודל קטל״ג)

	הווה Present		עבר Past	עתיד Future	ציווי Imper.
יחיד	מִתְרַעֲנֵן	אני	הִתְרַעֲנַנְתִּי	אֶתְרַעֲנֵן	
יחידה	מִתְרַעֲנֶנֶת	אתה	הִתְרַעֲנַנְתָּ	תִּתְרַעֲנֵן	הִתְרַעֲנֵן
רבים	מִתְרַעַנְנִים	את	הִתְרַעֲנַנְתְּ	תִּתְרַעַנְנִי	הִתְרַעַנְנִי
רבות	מִתְרַעַנְנוֹת	הוא	הִתְרַעֲנֵן	יִתְרַעֲנֵן	
		היא	הִתְרַעַנְנָה	תִּתְרַעֲנֵן	
		אנחנו	הִתְרַעֲנַנּוּ	נִתְרַעֲנֵן	
		אתם/ן	הִתְרַעֲנַנְתֶּם/ן	תִּתְרַעַנְנוּ *	הִתְרַעַנְנוּ **
		הם/ן	הִתְרַעַנְנוּ	יִתְרַעַנְנוּ *	

שם הפועל .Infin לְהִתְרַעֲנֵן — * less commonly: אתן/הן תִּתְרַעֲנֵנָּה

מקור מוחלט .Inf. Abs הִתְרַעֲנֵן — ** less commonly: (אתן) הִתְרַעֲנֵנָּה

שם הפעולה Verbal N הִתְרַעַנְנוּת becoming refreshed

♦ דוגמאות Illustrations

הגשם שירד כמעט שבוע שלם **רִעֲנֵן** את המדשאות ואת הגנים שנצרבו בחום הקשה.

The rain that lasted almost a whole week **refreshed** the lawns and the gardens that had been scorched by the severe heat.

לאחר שנת עבודה קשה ומייגעת הייתי זקוק לחופשה של ממש כדי **לְהִתְרַעֲנֵן**.

Following a year of hard, exhausting work, I needed a real vacation **to get refreshed**.

● רעשׁ : לִרְעוֹשׁ, לְהַרְעִישׁ

רָעַשׁ/רוֹעֵשׁ/יִרְעַשׁ make noise

בניין : פָּעַל   גזרה : שלמים (אֶפְעַל) + ע״ג

	הווה/בינוני Pres./Part.		עבר Past	עתיד Fut.	ציווי Imp.
יחיד	רוֹעֵשׁ	אני	רָעַשְׁתִּי	אֶרְעַשׁ	
יחידה	רוֹעֶשֶׁת	אתה	רָעַשְׁתָּ	תִּרְעַשׁ	רְעַשׁ
רבים	רוֹעֲשִׁים	את	רָעַשְׁתְּ	תִּרְעֲשִׁי	רַעֲשִׁי
רבות	רוֹעֲשׁוֹת	הוא	רָעַשׁ	יִרְעַשׁ	
		היא	רָעֲשָׁה	תִּרְעַשׁ	
		אנחנו	רָעַשְׁנוּ	נִרְעַשׁ	
		אתם/ן	רְעַשְׁתֶּם/ן *	תִּרְעֲשׁוּ **	רַעֲשׁוּ ***
		הם/ן	רָעֲשׁוּ	יִרְעֲשׁוּ **	

שם הפועל .Infin לִרְעוֹשׁ   * Colloquial: רָעַשְׁתֶּם/ן

מקור מוחלט .Inf. Abs רָעוֹשׁ   ** less commonly: אתן/הן תִּרְעַשְׁנָה

בינוני .Pres. Part רוֹעֵשׁ noisy   *** less commonly: (אתן) רְעַשְׁנָה

מקור נטוי .Inf.+pron בְּרוֹעֲשׁוֹ, כְּ...

הִרְעִישׁ/הִרְעַשׁ/יַרְעִישׁ make noise, be noisy; bomb, shell

בניין : הִפְעִיל   גזרה : שלמים

	הווה Present		עבר Past	עתיד Future	ציווי Imper.
יחיד	מַרְעִישׁ	אני	הִרְעַשְׁתִּי	אַרְעִישׁ	
יחידה	מַרְעִישָׁה	אתה	הִרְעַשְׁתָּ	תַּרְעִישׁ	הַרְעֵשׁ
רבים	מַרְעִישִׁים	את	הִרְעַשְׁתְּ	תַּרְעִישִׁי	הַרְעִישִׁי
רבות	מַרְעִישׁוֹת	הוא	הִרְעִישׁ	יַרְעִישׁ	
		היא	הִרְעִישָׁה	תַּרְעִישׁ	
		אנחנו	הִרְעַשְׁנוּ	נַרְעִישׁ	
		אתם/ן	הִרְעַשְׁתֶּם/ן	תַּרְעִישׁוּ *	הַרְעִישׁוּ **
		הם/ן	הִרְעִישׁוּ	יַרְעִישׁוּ *	

שם הפועל .Infin לְהַרְעִישׁ   * less commonly: אתן/הן תַּרְעֵשְׁנָה

מקור מוחלט .Inf. Abs הַרְעֵשׁ   ** less commonly: (אתן) הַרְעֵשְׁנָה

שם הפעולה Verbal N הַרְעָשָׁה shelling, bombing; making noise

♦ דוגמאות Illustrations

קשה לישון פה : הרחובות **רוֹעֲשִׁים**, והשכנים **מַרְעִישִׁים** עם מוסיקה רבת עוצמה.

It is difficult to sleep here: the streets are **noisy**, and the neighbors **make noise** with powerful music.

♦ ביטויים מיוחדים Special expressions

הִרְעִישׁ עולמות bother a lot, never let go   **הִרְעִישׁ** שמיים וארץ **make** great **noise**

●רפא : לְרַפֵּא, לְהֵירָפֵא

רִיפֵּא (רִפֵּא)/רַפֵּא cure, heal; treat; remedy

בניין : פִּיעֵל — גזרה : ל״א

Imper. ציווי	Future עתיד	Past עבר		Present הווה	
	אֲרַפֵּא	רִיפֵּאתִי	אני	מְרַפֵּא	יחיד
רַפֵּא	תְּרַפֵּא	רִיפֵּאתָ	אתה	מְרַפֵּאת	יחידה
רַפְּאִי	תְּרַפְּאִי	רִיפֵּאת	את	מְרַפְּאִים	רבים
	יְרַפֵּא	רִיפֵּא	הוא	מְרַפְּאוֹת	רבות
	תְּרַפֵּא	רִיפְּאָה	היא		
	נְרַפֵּא	רִיפֵּאנוּ	אנחנו		
רַפְּאוּ**	תְּרַפְּאוּ *	רִיפֵּאתֶם/ן	אתם/ן		
	יְרַפְּאוּ *	רִיפְּאוּ	הם/ן		

שם הפועל .Infin לְרַפֵּא — * less commonly: אתן/הן תְּרַפֶּאנָה

מקור מוחלט .Inf. Abs רַפֵּא — ** less commonly: (אתן) רַפֶּאנָה

שם הפעולה Verbal N רִיפּוּי curing, healing, treating***

***Note: ריפוי from רפה "be loose, relaxed" means "relaxing."

נִרְפָּא/יֵירָפֵא (יֵרָפֵא) get well, recover, be cured

בניין : נִפְעַל — גזרה : פ״ג + ל״א

Imper. ציווי	Future עתיד	Past עבר		Present הווה	
	אֵירָפֵא	נִרְפֵּאתִי	אני	נִרְפָּא	יחיד
הֵירָפֵא	תֵּירָפֵא	נִרְפֵּאתָ	אתה	נִרְפֵּאת	יחידה
הֵירָפְאִי	תֵּירָפְאִי	נִרְפֵּאת	את	נִרְפָּאִים	רבים
	יֵירָפֵא	נִרְפָּא	הוא	נִרְפָּאוֹת	רבות
	תֵּירָפֵא	נִרְפְּאָה	היא		
	נֵירָפֵא	נִרְפֵּאנוּ	אנחנו		
הֵירָפְאוּ **	תֵּירָפְאוּ *	נִרְפֵּאתֶם/ן	אתם/ן		
	יֵירָפְאוּ *	נִרְפְּאוּ	הם/ן		

שם הפועל .Infin לְהֵירָפֵא — * less commonly: אתן/הן תֵּירָפֶאנָה

שם הפעולה Verbal N הֵירָפְאוּת recovering — ** less commonly: (אתן) הֵירָפֶאנָה

מקור מוחלט .Inf. Abs נִרְפּוֹא, הֵירָפֵא

♦ פעלים פחות שכיחים מאותו שורש Less frequent verbs from the same root

הִתְרַפֵּא recover, be cured, heal (wound); be under doctor's care (מִתְרַפֵּא, יִתְרַפֵּא, לְהִתְרַפֵּא)

רוּפָּא be cured, be healed, be treated, be repaired (מְרוּפָּא, יְרוּפָּא)

רָפָא cure, heal < ביני פעיל .Act. Part רוֹפֵא medical doctor (form common)

שם הפעולה Verbal N רְפוּאָה medicine; recovery, cure (form is common)

♦ דוגמאות Illustrations

חיים **נִרְפָּא** סוף סוף ממרבית הפצעים שנגרמו לו בתאונה, אם כי החתך בראשו עדיין לא **הִתְרַפֵּא**. **הרופא** אמר שהוא ינסה **לְרַפֵּא** את הפצע הזה בדרך אחרת.

Hayyim **recovered** from most of the wounds caused by the accident, although the cut in his head **has** not **healed** yet. The **doctor** said that he'll try **to heal** this wound in a different manner.

משה רוצה ללמוד **רְפוּאָה**, אבל הציונים שלו אינם גבוהים דיים, ואביו אינו **רוֹפֵא**...
Moshe wishes to study **medicine**, but his grades are not high enough, and his father is not a **doctor**...

♦ ביטויים מיוחדים Special expressions

רוֹפֵא אליל quack; witch **doctor** — **רְפוּאָה** שלמה! (have) a complete **recovery**!

הקדים **רְפוּאָה** למכה take preventive steps (against expected trouble)

●רצה (רצי): לִרְצוֹת, לְהַרְצוֹת

רָצָה/רוֹצֶה/יִרְצֶה want, wish; be pleased with; love; repay

בניין: פָּעַל גזרה: ל״י

	Pres./Part. הווה/בינוני			Past עבר	Fut. עתיד	Imp. ציווי
יחיד	רוֹצֶה	רָצוּי	אני	רָצִיתִי	אֶרְצֶה	
יחידה	רוֹצָה	רְצוּיָה	אתה	רָצִיתָ	תִּרְצֶה	רְצֵה
רבים	רוֹצִים	רְצוּיִים	את	רָצִית	תִּרְצִי	רְצִי
רבות	רוֹצוֹת	רְצוּיוֹת	הוא	רָצָה	יִרְצֶה	
			היא	רָצְתָה	תִּרְצֶה	
			אנחנו	רָצִינוּ	נִרְצֶה	
			אתם/ן	רְצִיתֶם/ן *	תִּרְצוּ **	רְצוּ ***
			הם/ן	רָצוּ	יִרְצוּ **	

שם הפועל .Infin לִרְצוֹת

* Colloquial: רָצִיתֶם/ן

ביני סביל .Pass. Part רָצוּי desirable

** less commonly: אתן/הן תִּרְצֶינָה

שם הפעולה Verbal N רְצִיָּה volition

*** less commonly: (אתן) רְצֶינָה

מקור מוחלט .Inf. Abs רָצֹה

מקור נטוי .Inf.+pron בִּרְצוֹתוֹ, כְּ...

הִרְצָה/מַרְצֶה lecture, address; satisfy

בניין: הִפְעִיל גזרה: ל״י

	Present הווה		Past עבר	Future עתיד	Imper. ציווי
יחיד	מַרְצֶה	אני	הִרְצֵיתִי	אַרְצֶה	
יחידה	מַרְצָה	אתה	הִרְצֵיתָ	תַּרְצֶה	הַרְצֵה
רבים	מַרְצִים	את	הִרְצֵית	תַּרְצִי	הַרְצִי
רבות	מַרְצוֹת	הוא	הִרְצָה	יַרְצֶה	
		היא	הִרְצְתָה	תַּרְצֶה	
		אנחנו	הִרְצֵינוּ	נַרְצֶה	
		אתם/ן	הִרְצֵיתֶם/ן	תַּרְצוּ *	הַרְצוּ **
		הם/ן	הִרְצוּ	יַרְצוּ *	

שם הפועל .Infin לְהַרְצוֹת

* less commonly: אתן/הן תַּרְצֶינָה

בינוני .Pres. Part מַרְצֶה lecturer

** less commonly: (אתן) הַרְצֶינָה

שם הפעולה Verbal N הַרְצָאָה lecture

מקור מוחלט .Inf. Abs הַרְצֵה

♦ **פעלים פחות שכיחים מאותו שורש** Less frequent verbs from the same root

רִיצָּה (מְרַצֶּה, יְרַצֶּה, לְרַצּוֹת) placate, appease; undergo (punishment) (coll.)

הִתְרַצָּה (מִתְרַצֶּה, יִתְרַצֶּה, לְהִתְרַצּוֹת) become reconciled; seek favor

רוּצָּה be placated, be appeased; be approved; be satisfied (בינוני Pres. Part. מְרוּצֶּה satisfied, happy, יְרוּצֶּה)

♦ **דוגמאות** Illustrations

דניאל **רָצָה לְהַרְצוֹת** על המצב במזרח התיכון באוניברסיטה מסוימת, אבל הסתבר לו שהוא אינו **מַרְצֶה רָצוּי** שם בגלל דיעותיו הפוליטיות. בתחילה הוא כעס מאוד, אבל בסופו של דבר **נִתְרַצָּה**: **רִיצּוּ** אותו בכך שהזמינו אותו לשאת **הַרְצָאָה** על נושא מדעי שאינו פוליטי. ה**הַרְצָאָה** נתקבלה יפה, וכולם היו פחות-או-יותר **מְרוּצִּים**.

Daniel **wished to lecture** on the situation in the Middle East at a particular university, but found out that he was not a **desirable lecturer** there because of his political views. In the beginning he was very upset, but was finally **appeased**: they **placated** him by inviting him to deliver a **lecture** on a nonpolitical topic. The **lecture** was well-received, and everyone **was** more or less **satisfied**.

♦ **ביטויים מיוחדים** Special expressions

אם **תִּרְצוּ**, אין זו אגדה if you **wish** it, you'll be able to actually attain it

נוח **לִרְצוֹת** easygoing, easily **placated** — קשה **לִרְצוֹת** hard to **placate**

רוֹצֶה לומר that is to say, i.e., — **רָצָה/רִיצָּה** את עונשו was duly punished

הָרָצוּי והמצוי the **desirable** as against the attainable — אם **יִרְצֶה** השם God **willing**

●רצח : לִרְצוֹחַ, לְהֵירָצַח

רָצַח/רוֹצֵחַ/יִרְצַח murder

בניין : פָּעַל גזרה : שלמים (אֶפְעַל) + ל״ג

	Pres./Part. הווה/בינוני			Past עבר	Fut. עתיד	Imp. ציווי
יחיד	רוֹצֵחַ רָצוּחַ		אני	רָצַחְתִּי	אֶרְצַח	
יחידה	רוֹצַחַת רְצוּחָה		אתה	רָצַחְתָּ	תִּרְצַח	רְצַח
רבים	רוֹצְחִים רְצוּחִים		את	רָצַחְתְּ/...חַת	תִּרְצְחִי	רִצְחִי
רבות	רוֹצְחוֹת רְצוּחוֹת		הוא	רָצַח	יִרְצַח	
			היא	רָצְחָה	תִּרְצַח	
			אנחנו	רָצַחְנוּ	נִרְצַח	
			אתם/ן	רְצַחְתֶּם/ן *	תִּרְצְחוּ **	רִצְחוּ ***
			הם/ן	רָצְחוּ	יִרְצְחוּ **	

שם הפועל .Infin לִרְצוֹחַ

שם הפעולה Verbal N רְצִיחָה murdering

ביני פעיל .Act. Part רוֹצֵחַ murderer

ביני סביל .Pass. Part רָצוּחַ murdered (Med H)

מקור מוחלט .Inf. Abs רָצוֹחַ

* Colloquial: רָצַחְתֶּם/ן

** less commonly: אתן/הן תִּרְצַחְנָה

*** less commonly: (אתן) רְצַחְנָה

מקור נטוי .Inf.+pron בְּרוֹצְחוֹ, כְּ...

נִרְצַח/יֵירָצַח (יֵרָצַח) be murdered

בניין : נִפְעַל גזרה : שלמים + פ״ג + ל״ג

	Present הווה		Past עבר	Future עתיד	Imper. ציווי
יחיד	נִרְצָח	אני	נִרְצַחְתִּי	אֵירָצַח/...צֵחַ	
יחידה	נִרְצַחַת	אתה	נִרְצַחְתָּ	תֵּירָצַח/...צֵחַ	הֵירָצַח/...צֵחַ
רבים	נִרְצָחִים	את	נִרְצַחְתְּ...חַת	תֵּירָצְחִי	הֵירָצְחִי
רבות	נִרְצָחוֹת	הוא	נִרְצַח	יֵירָצַח/...צֵחַ	
		היא	נִרְצְחָה	תֵּירָצַח/...צֵחַ	
		אנחנו	נִרְצַחְנוּ	נֵירָצַח/...צֵחַ	
		אתם/ן	נִרְצַחְתֶּם/ן	תֵּירָצְחוּ *	הֵירָצְחוּ **
		הם/ן	נִרְצְחוּ	יֵירָצְחוּ *	

שם הפועל .Infin לְהֵירָצַח
* less commonly: אתן/הן תֵּירָצַחְנָה

בינוני .Pres. Part נִרְצָח murder victim
** less commonly: (אתן) הֵירָצַחְנָה

שם הפעולה Verbal N הֵירָצְחוּת being murdered

מקור מוחלט .Inf. Abs נִרְצוֹחַ, הֵירָצֵחַ

♦ דוגמאות Illustrations

הנשיא **נִרְצַח** על-ידי קנאי דתי מכת האחראית **לִרְצִיחָתָם** של שלושה אנשי ציבור. **הרוֹצֵחַ** יובא לפני שופט בשבוע הבא להארכת מעצרו. המשטרה מאמינה כי האיש **רָצַח** גם לפחות את אחד משלושת **הנִרְצָחִים** הקודמים.

The president **was murdered** by a religious fanatic from a sect responsible for the **murder(ing)** of three public figures. The **murderer** will be brought before a judge next week to extend his arrest. The police believe that the man **had** also **murdered** at least one of the three earlier **murder victims**.

♦ ביטויים מיוחדים Special expressions

לא **תִּרְצַח** thou shalt not **kill**

רָצַח בדם קר **kill** in cold blood

הֲרָצַחְתָּ וגם ירשת? a call challenging one who committed grave injustice and intends to benefit from it

●רקד : לִרְקוֹד

רָקַד/רוֹקֵד/יִרְקוֹד (יִרְקֹד) dance

בניין : פָּעַל גזרה : שלמים

	Present הווה		Past עבר	Future עתיד	Imper. ציווי
יחיד	רוֹקֵד	אני	רָקַדְתִּי	אֶרְקוֹד	
יחידה	רוֹקֶדֶת	אתה	רָקַדְתָּ	תִּרְקוֹד	רְקוֹד
רבים	רוֹקְדִים	את	רָקַדְתְּ	תִּרְקְדִי	רִקְדִי
רבות	רוֹקְדוֹת	הוא	רָקַד	יִרְקוֹד	
		היא	רָקְדָה	תִּרְקוֹד	
		אנחנו	רָקַדְנוּ	נִרְקוֹד	
		אתם/ן	רְקַדְתֶּם/ן *	תִּרְקְדוּ **	רִקְדוּ ***
		הם/ן	רָקְדוּ	יִרְקְדוּ **	

שם הפועל Infin. לִרְקוֹד		* Colloquial: רָקַדְתֶּם/ן
שם הפעולה Verbal N רְקִידָה dancing, skipping		** less commonly: אתן/הן תִּרְקוֹדְנָה
מקור מוחלט Inf. Abs. רָקוֹד		*** less commonly: (אתן) רְקוֹדְנָה
קָטִיל CaCiC adj./N. רָקִיד danceable		מקור נטוי Inf.+pron. בְּרוֹקְדוֹ, כְּ...

♦ **פעלים פחות שכיחים מאותו שורש** Less frequent verbs from the same root

הִרְקִיד make someone dance, set dancing; jolt (מַרְקִיד, יַרְקִיד, לְהַרְקִיד)

♦ **דוגמאות** Illustrations

חנן **רָקַד** פעם **ריקודֵי** עם בקבוצת **ריקוּד** מקצועית; היום הוא מנגן באקורדיון בחתונות **ומַרְקִיד** את המוזמנים. במיוחד אוהבים אותו הקשישים ה**מוּרְקָדִים** לצלילי האקורדיון שלו.

Hanan once **danced** folk **dances** in a professional **dance** group; today he plays the accordion in weddings and **has** the guests **dance**. He is particularly liked by the older people who are **led to dance** by his accordion.

♦ **ביטויים מיוחדים** Special expressions

רָקַד לפי חלילו של... **dance** to (someone's) tune

רָקַד בשתי חתונות serve two masters **ריקוּד** עם folk **dance**

● רשה (רשי) : לְהַרְשׁוֹת

הִרְשָׁה/מַרְשֶׁה allow, permit; authorize; afford

בניין : הִפְעִיל גזרה : ל״י

	Present הווה		Past עבר	Future עתיד	Imper. ציווי
יחיד	מַרְשֶׁה	אני	הִרְשֵׁיתִי	אַרְשֶׁה	
יחידה	מַרְשָׁה	אתה	הִרְשֵׁיתָ	תַּרְשֶׁה	הַרְשֵׁה
רבים	מַרְשִׁים	את	הִרְשֵׁית	תַּרְשִׁי	הַרְשִׁי
רבות	מַרְשׁוֹת	הוא	הִרְשָׁה	יַרְשֶׁה	
		היא	הִרְשְׁתָה	תַּרְשֶׁה	
		אנחנו	הִרְשֵׁינוּ	נַרְשֶׁה	
		אתם/ן	הִרְשֵׁיתֶם/ן	* תַּרְשׁוּ	** הַרְשׁוּ
		הם/ן	הִרְשׁוּ	* יַרְשׁוּ	

שם הפועל Infin. לְהַרְשׁוֹת	* less commonly: אתן/הן תַּרְשֶׁינָה
מקור מוחלט Inf. Abs. הַרְשֵׁה	** less commonly: (אתן) הַרְשֶׁינָה
שם הפעולה Verbal N הַרְשָׁאָה permission; authorization	

הוּרְשָׁה (הֻרְשָׁה) be permitted, be authorized

בניין : הוּפְעַל גזרה : ל״י

	Present הווה		Past עבר	Future עתיד
יחיד	מוּרְשֶׁה	אני	הוּרְשֵׁיתִי	אוּרְשֶׁה
יחידה	מוּרְשָׁה	אתה	הוּרְשֵׁיתָ	תּוּרְשֶׁה
רבים	מוּרְשִׁים	את	הוּרְשֵׁית	תּוּרְשִׁי
רבות	מוּרְשׁוֹת	הוא	הוּרְשָׁה	יוּרְשֶׁה

	Present הווה		Past עבר	Future עתיד
		היא	הוּרְשְׁתָה	תּוּרְשֶׁה
		אנחנו	הוּרְשֵׁינוּ	נוּרְשֶׁה
		אתם/ן	הוּרְשֵׁיתֶם/ן	תּוּרְשׁוּ *
		הם/ן	הוּרְשׁוּ	יוּרְשׁוּ *

בינוני .Pres. Part מוּרְשֶׁה authorized   * less commonly: אתן/הן תּוּרְשֶׁינָה

♦ דוגמאות Illustrations

רק אברהם **מוּרְשֶׁה** לחתום בשמי. איני **מַרְשֶׁה** לאף אחד אחר לעשות זאת.

Only Avraham **is authorized** to sign for me. I do not **permit** anybody else to do so.

אנחנו לא יכולים **לְהַרְשׁוֹת** לעצמנו לצאת לטייל בחו״ל כל שנה.

We cannot **afford** to go on a trip abroad every year.

● רשם : לִרְשׁוֹם, לְהֵירָשֵׁם, לְהִתְרַשֵּׁם, לְהַרְשִׁים

רָשַׁם/רוֹשֵׁם/יִרְשׁוֹם (יִרְשֹׁם) record, register; list; draw, sketch

בניין : פָּעַל   גזרה : שלמים (אֶפְעוֹל)

	הווה/בינוני .Pres./Part			Past עבר	Fut. עתיד	Imp. ציווי
יחיד	רוֹשֵׁם	רָשׁוּם	אני	רָשַׁמְתִּי	אֶרְשׁוֹם	
יחידה	רוֹשֶׁמֶת	רְשׁוּמָה	אתה	רָשַׁמְתָּ	תִּרְשׁוֹם	רְשׁוֹם
רבים	רוֹשְׁמִים	רְשׁוּמִים	את	רָשַׁמְתְּ	תִּרְשְׁמִי	רִשְׁמִי
רבות	רוֹשְׁמוֹת	רְשׁוּמוֹת	הוא	רָשַׁם	יִרְשׁוֹם	
			היא	רָשְׁמָה	תִּרְשׁוֹם	
			אנחנו	רָשַׁמְנוּ	נִרְשׁוֹם	
			אתם/ן	רְשַׁמְתֶּם/ן *	תִּרְשְׁמוּ **	רִשְׁמוּ ***
			הם/ן	רָשְׁמוּ	יִרְשְׁמוּ **	

שם הפועל .Infin לִרְשׁוֹם   * Colloquial: רָשַׁמְתֶּם/ן

מקור מוחלט .Inf. Abs רָשׁוֹם   ** less commonly: אתן/הן תִּרְשׁוֹמְנָה

שם הפעולה Verbal N רְשִׁימָה list; short article   *** less commonly: (אתן) רְשׁוֹמְנָה

מקור נטוי .Inf.+pron בְּרוֹשְׁמוֹ, כְּ...

בינ׳ סביל .Pass. Part רָשׁוּם registered; recorded ; רְשׁוּמוֹת minutes; official gazette

נִרְשַׁם/יֵירָשֵׁם (יֵרָשֵׁם) be recorded, be registered; be drawn, be sketched

בניין : נִפְעַל   גזרה : שלמים + פ״ג

	Present הווה		Past עבר	Future עתיד	Imper. ציווי
יחיד	נִרְשָׁם	אני	נִרְשַׁמְתִּי	אֵירָשֵׁם	
יחידה	נִרְשֶׁמֶת	אתה	נִרְשַׁמְתָּ	תֵּירָשֵׁם	הֵירָשֵׁם
רבים	נִרְשָׁמִים	את	נִרְשַׁמְתְּ	תֵּירָשְׁמִי	הֵירָשְׁמִי
רבות	נִרְשָׁמוֹת	הוא	נִרְשַׁם	יֵירָשֵׁם	
		היא	נִרְשְׁמָה	תֵּירָשֵׁם	
		אנחנו	נִרְשַׁמְנוּ	נֵירָשֵׁם	
		אתם/ן	נִרְשַׁמְתֶּם/ן	תֵּירָשְׁמוּ *	הֵירָשְׁמוּ **
		הם/ן	נִרְשְׁמוּ	יֵירָשְׁמוּ *	

שם הפועל Infin. לְהֵירָשֵׁם * less commonly: אתן/הן תֵּירָשַׁמְנָה

ש' הפעולי Verbal N הֵירָשְׁמוּת being registered ** less commonly: (אתן) הֵירָשַׁמְנָה

מקור מוחלט Inf. Abs. נִרְשׁוֹם, הֵירָשֵׁם   בינ' Pres. Part. נִרְשָׁם registrant, applicant

מ״י מוצרכת Gov. Prep. נִרְשַׁם ל- register/apply for/to

הִתְרַשֵּׁם/הִתְרַשַּׁם get an impression, be impressed

בניין : הִתְפַּעֵל   גזרה : שלמים

Imper. ציווי	Future עתיד	Past עבר		Present הווה	
	אֶתְרַשֵּׁם	הִתְרַשַּׁמְתִּי	אני	מִתְרַשֵּׁם	יחיד
הִתְרַשֵּׁם	תִּתְרַשֵּׁם	הִתְרַשַּׁמְתָּ	אתה	מִתְרַשֶּׁמֶת	יחידה
הִתְרַשְּׁמִי	תִּתְרַשְּׁמִי	הִתְרַשַּׁמְתְּ	את	מִתְרַשְּׁמִים	רבים
	יִתְרַשֵּׁם	הִתְרַשֵּׁם	הוא	מִתְרַשְּׁמוֹת	רבות
	תִּתְרַשֵּׁם	הִתְרַשְּׁמָה	היא		
	נִתְרַשֵּׁם	הִתְרַשַּׁמְנוּ	אנחנו		
** הִתְרַשְּׁמוּ	* תִּתְרַשְּׁמוּ	הִתְרַשַּׁמְתֶּם/ן	אתם/ן		
	* יִתְרַשְּׁמוּ	הִתְרַשְּׁמוּ	הם/ן		

שם הפועל Infin. לְהִתְרַשֵּׁם * less commonly: אתן/הן תִּתְרַשֵּׁמְנָה

מקור מוחלט Inf. Abs. הִתְרַשֵּׁם ** less commonly: (אתן) הִתְרַשֵּׁמְנָה

שם הפעולה Verbal N הִתְרַשְּׁמוּת (getting an) impression

מ״י מוצרכת Gov. Prep. הִתְרַשֵּׁם מ/מן be impressed with

הִרְשִׁים/הִרְשַׁמ/יַרְשִׁים impress (usually coll.)

בניין : הִפְעִיל   גזרה : שלמים

Imper. ציווי	Future עתיד	Past עבר		Present הווה	
	אַרְשִׁים	הִרְשַׁמְתִּי	אני	מַרְשִׁים	יחיד
הַרְשֵׁם	תַּרְשִׁים	הִרְשַׁמְתָּ	אתה	מַרְשִׁימָה	יחידה
הַרְשִׁימִי	תַּרְשִׁימִי	הִרְשַׁמְתְּ	את	מַרְשִׁימִים	רבים
	יַרְשִׁים	הִרְשִׁים	הוא	מַרְשִׁימוֹת	רבות
	תַּרְשִׁים	הִרְשִׁימָה	היא		
	נַרְשִׁים	הִרְשַׁמְנוּ	אנחנו		
** הַרְשִׁימוּ	* תַּרְשִׁימוּ	הִרְשַׁמְתֶּם/ן	אתם/ן		
	* יַרְשִׁימוּ	הִרְשִׁימוּ	הם/ן		

שם הפועל Infin. לְהַרְשִׁים * less commonly: אתן/הן תַּרְשֵׁמְנָה

בינ' Pres. Part. מַרְשִׁים impressive ** less commonly: (אתן) הַרְשֵׁמְנָה

שם הפעולה Verbal N הַרְשָׁמָה registration; application   מקור מוחלט Inf. Abs. הַרְשֵׁם

♦ פעלים פחות שכיחים מאותו שורש Less frequent verbs from the same root

רִישֵּׁם draw, sketch > שם הפעולה Verbal N רִישּׁוּם drawing; registration (form common)

♦ דוגמאות Illustrations

פעם **רָשְׁמוּ** את כל הנילודים במוסד הקהילתי או הדתי שלו היו שייכים; היום **נִרְשָׁמִים** הנילודים במוסד הממשלתי הממונה על **רִישּׁוּם** התושבים.

Once they **registered** newborns in the communal or religious institution to which they belonged; today newborns **are registered** at the government institution responsible for population **registration**.

כדאי שתכין **רְשִׁימָה** של כל ה**רִישׁוּמִים** שלך. אם כולם יהיו **רְשׁוּמִים**, יקטן הסיכון ש**רִישׁוּם** כלשהו יאבד.

It would be a good idea for you to prepare a **list** of your **drawings**. If they are all **listed**, the likelihood of any **drawing** getting lost will be minimized.

חשבתי שנאומו האחרון של הנשיא היה **מַרְשִׁים** ביותר, אבל חיים לא **הִתְרַשֵּׁם**. הוא אומר שנאומים פוליטיים אף פעם לא **הִרְשִׁימוּ** אותו.

I thought that the president's latest speech was very **impressive**, but Hayyim **was** not **impressed**. He says that political speeches **have** never **impressed** him.

סוף סוף סיימתי את תהליך ה**הַרְשָׁמָה**. **נִרְשַׁמְתִּי** לחמש אוניברסיטאות; אני מקווה שאתקבל לפחות לאחת מהן, כיוון שהודיעו שמספר ה**נִרְשָׁמִים** השנה עצום.

I have finally finished the **application** process. I **applied** to five universities; I hope I'll get admitted to at least one of them, since they announced that the number of **applicants** this year is huge.

♦ ביטויים מיוחדים Special expressions

מכתב **רָשׁוּם** **registered** letter — **רְשִׁימָה** שחורה black **list** (N)

הִתְרַשֵּׁם עמוקות מן be deeply **impressed** with

●רתח : לְהַרְתִּיחַ, לִרְתּוֹחַ, לְהִתְרַתֵּחַ

הִרְתִּיחַ/הִרְתַּח/יַרְתִּיחַ boil (tr.); infuriate

בניין: הִפְעִיל — גזרה: שלמים + ל״ג

	Present הווה		Past עבר	Future עתיד	Imper. ציווי
יחיד	מַרְתִּיחַ	אני	הִרְתַּחְתִּי	אַרְתִּיחַ	
יחידה	מַרְתִּיחָה	אתה	הִרְתַּחְתָּ	תַּרְתִּיחַ	הַרְתֵּחַ
רבים	מַרְתִּיחִים	את	הִרְתַּחְתְּ/...חַת	תַּרְתִּיחִי	הַרְתִּיחִי
רבות	מַרְתִּיחוֹת	הוא	הִרְתִּיחַ	יַרְתִּיחַ	
		היא	הִרְתִּיחָה	תַּרְתִּיחַ	
		אנחנו	הִרְתַּחְנוּ	נַרְתִּיחַ	
		אתם/ן	הִרְתַּחְתֶּם/ן	תַּרְתִּיחוּ *	הַרְתִּיחוּ **
		הם/ן	הִרְתִּיחוּ	יַרְתִּיחוּ *	

שם הפועל .Infin לְהַרְתִּיחַ — * less commonly: אתן/הן תַּרְתַּחְנָה

שם הפעולה Verbal N הַרְתָּחָה boiling — ** less commonly: (אתן) הַרְתַּחְנָה

מקור מוחלט .Inf. Abs הַרְתֵּחַ

רָתַח/רוֹתֵחַ/יִרְתַּח boil (intr.); rage, fume (with anger)

בניין: פָּעַל — גזרה: שלמים (אֶפְעַל) + ל״ג

	Pres./Part. הווה/בינוני			Past עבר	Fut. עתיד	Imp. ציווי
יחיד	רוֹתֵחַ	רָתוּחַ	אני	רָתַחְתִּי	אֶרְתַּח	
יחידה	רוֹתַחַת	רְתוּחָה	אתה	רָתַחְתָּ	תִּרְתַּח	רְתַח
רבים	רוֹתְחִים	רְתוּחִים	את	רָתַחְתְּ/...חַת	תִּרְתְּחִי	רִתְחִי
רבות	רוֹתְחוֹת	רְתוּחוֹת	הוא	רָתַח	יִרְתַּח	
			היא	רָתְחָה	תִּרְתַּח	
			אנחנו	רָתַחְנוּ	נִרְתַּח	
			אתם/ן	רְתַחְתֶּם/ן *	תִּרְתְּחוּ **	רִתְחוּ ***
			הם/ן	רָתְחוּ	יִרְתְּחוּ **	

שם הפועל .Infin לִרְתּוֹחַ	* Colloquial: רְתַחְתֶּם/ן
מקור נטוי .Inf.+pron בִּרְותְחוֹ, כְּ...	** less commonly: אתן/הן תִּרְתַּחְנָה
ביני פעיל .Act. Part boiling; furious רוֹתֵחַ	*** less commonly: (אתן) רְתַחְנָה
ביני סביל .Pass. Part boiled רָתוּחַ	מקור מוחלט .Inf. Abs רָתוֹחַ
שם הפעולה Verbal N boiling; agitation רְתִיחָה	great anger רַתְחָה
מ״י מוצרכת .Gov. Prep be furious at (coll.) רָתַח על	

הִתְרַתֵּחַ/הִתְרַתַּח boil over (from anger), become furious

בניין : הִתְפַּעֵל גזרה : שלמים + ל״ג

	הווה Present		עבר Past	עתיד Future	ציווי Imper.
יחיד	מִתְרַתֵּחַ	אני	הִתְרַתַּחְתִּי	אֶתְרַתֵּחַ/...תַּח*	
יחידה	מִתְרַתַּחַת	אתה	הִתְרַתַּחְתָּ	תִּתְרַתֵּחַ/...תַּח*	הִתְרַתֵּחַ/..תַּח*
רבים	מִתְרַתְּחִים	את	הִתְרַתַּחְתְּ/...חַת	תִּתְרַתְּחִי	הִתְרַתְּחִי
רבות	מִתְרַתְּחוֹת	הוא	הִתְרַתֵּחַ/...תַּח*	יִתְרַתֵּחַ/...תַּח*	
		היא	הִתְרַתְּחָה	תִּתְרַתֵּחַ/...תַּח*	
		אנחנו	הִתְרַתַּחְנוּ	נִתְרַתֵּחַ/...תַּח*	
		אתם/ן	הִתְרַתַּחְתֶּם/ן	תִּתְרַתְּחוּ **	הִתְרַתְּחוּ ***
		הם/ן	הִתְרַתְּחוּ	יִתְרַתְּחוּ **	

שם הפועל .Infin לְהִתְרַתֵּחַ	* more common in colloquial use ...תַּח
שם הפעולה Verbal N rage הִתְרַתְּחוּת	** less commonly: אתן/הן תִּתְרַתַּחְנָה
מקור מוחלט .Inf. Abs הִתְרַתֵּחַ	*** less commonly: (אתן) הִתְרַתַּחְנָה

♦ דוגמאות Illustrations

בארצות מסוימות, ממליצים **לְהַרְתִּיחַ** את המים לפני השתייה. מיים **רְתוּחִים** מכילים פחות חיידקים.

In some countries, they recommend that one **boil** water before drinking it. **Boiled** water contains fewer germs.

מיים **רוֹתְחִים** ב-100 מעלות צלזיוס. נקודת ה**רְתִיחָה** שונה מנוזל לנוזל.

Water **boils** at 100 degrees centigrade. The **boiling** point differs from one liquid to another.

עזריאל **מִתְרַתֵּחַ** מהר מאוד; חלב ש**רָתַח** וגלש עלול **לְהַרְתִּיחַ** אותו באופן בלתי רציונלי לחלוטין.

Azriel **gets infuriated** very quickly; milk that **boiled** and spilled over might **infuriate** him quite irrationally.

♦ ביטויים מיוחדים Special expressions

דן (אותו) ב**רוֹתְחִין** criticize severely — דמו **רָתַח** he was very angry (his blood **boiled**)

● רתע : לְהֵירָתַע, לְהַרְתִּיעַ

נִרְתַּע/יֵירָתַע (יֵרָתַע) recoil, flinch; be deterred

בניין : נִפְעַל גזרה : שלמים + פ״ג + ל״ג

	הווה Present		עבר Past	עתיד Future	ציווי Imper.
יחיד	נִרְתָּע	אני	נִרְתַּעְתִּי	אֵירָתַע	
יחידה	נִרְתַּעַת	אתה	נִרְתַּעְתָּ	תֵּירָתַע	הֵירָתַע
רבים	נִרְתָּעִים	את	נִרְתַּעְתְּ/...עַת	תֵּירָתְעִי	הֵירָתְעִי

	Present הווה		Past עבר	Future עתיד	Imper. ציווי
רבות	נִרְתָּעוֹת	הוא	נִרְתַּע	יֵירָתַע	
		היא	נִרְתְּעָה	תֵּירָתַע	
		אנחנו	נִרְתַּעְנוּ	נֵירָתַע	
		אתם/ן	נִרְתַּעְתֶּם/ן	תֵּירָתְעוּ *	הֵירָתְעוּ **
		הם/ן	נִרְתְּעוּ	יֵירָתְעוּ *	

שם הפועל .Infin לְהֵירָתַע   * less commonly: אתן/הן תֵּירָתַעְנָה

שם הפעולה Verbal N הֵירָתְעוּת reluctance   ** less commonly: (אתן) הֵירָתַעְנָה

מקור מוחלט .Inf. Abs נִרְתּוֹעַ, הֵירָתַע

deter, dissuade, discourage; frighten, intimidate הִרְתִּיעַ/הִרְתַּע/יַרְתִּיעַ

בניין : הִפְעִיל   גזרה : שלמים

	Present הווה		Past עבר	Future עתיד	Imper. ציווי
יחיד	מַרְתִּיעַ	אני	הִרְתַּעְתִּי	אַרְתִּיעַ	
יחידה	מַרְתִּיעָה	אתה	הִרְתַּעְתָּ	תַּרְתִּיעַ	הַרְגַּע
רבים	מַרְתִּיעִים	את	הִרְתַּעְתְּ/...עַת	תַּרְתִּיעִי	הַרְגִּיעִי
רבות	מַרְתִּיעוֹת	הוא	הִרְתִּיעַ	יַרְתִּיעַ	
		היא	הִרְתִּיעָה	תַּרְתִּיעַ	
		אנחנו	הִרְתַּעְנוּ	נַרְתִּיעַ	
		אתם/ן	הִרְתַּעְתֶּם/ן	תַּרְתִּיעוּ *	הַרְגִּיעוּ **
		הם/ן	הִרְתִּיעוּ	יַרְתִּיעוּ *	

שם הפועל .Infin לְהַרְתִּיעַ   * less commonly: אתן/הן תַּרְתַּעְנָה

מקור מוחלט .Inf. Abs הַרְתֵּעַ   ** less commonly: (אתן) הַרְתַּעְנָה

שם הפעולה Verbal N הַרְתָּעָה deterrence, discouraging; frightening, intimidating

♦ דוגמאות Illustrations

המעצמות מאמינות שלא תצטרכנה להשתמש בנשק גרעיני, ושחשיבותו היא בהיותו נשק **מַרְתִּיעַ**. הבעייה היא שמדינות שוליות מסוכנות אינן **נִרְתָּעוֹת** מהחשש של השמדה הדדית.

The Powers believe that they will not need to use nuclear weapons, and that its value is in being a **deterring** weapon. The problem is that there are some marginal rogue nations that **are** not **deterred** by the fear of mutually assured destruction.

● רתק : לְרַתֵּק

fascinate; confine רִיתֵּק (רִתֵּק)/רִיתַּק/רַתֵּק

בניין : פִּיעֵל   גזרה : שלמים

	Present הווה		Past עבר	Future עתיד	Imper. ציווי
יחיד	מְרַתֵּק	אני	רִיתַּקְתִּי	אֲרַתֵּק	
יחידה	מְרַתֶּקֶת	אתה	רִיתַּקְתָּ	תְּרַתֵּק	רַתֵּק
רבים	מְרַתְּקִים	את	רִיתַּקְתְּ	תְּרַתְּקִי	רַתְּקִי
רבות	מְרַתְּקוֹת	הוא	רִיתֵּק	יְרַתֵּק	
		היא	רִיתְּקָה	תְּרַתֵּק	
		אנחנו	רִיתַּקְנוּ	נְרַתֵּק	
		אתם/ן	רִיתַּקְתֶּם/ן	תְּרַתְּקוּ	רַתְּקוּ **
		הם/ן	רִיתְּקוּ	יְרַתְּקוּ *	

שם הפועל .Infin לְרַתֵּק | * less commonly: אתן/הן תְּרַתֵּקְנָה

מקור מוחלט .Inf. Abs רַתֵּק | ** less commonly: (אתן) רַתֵּקְנָה

ש׳ הפעו׳ Verbal N רִיתּוּק confinement (milit.) | בינוני .Pres. Part מְרַתֵּק fascinating

רוּתַּק (רֻתַּק) be fascinated; be confined

בניין : פּוּעַל גזרה : שלמים

	Present הווה		Past עבר	Future עתיד
יחיד	מְרוּתָּק	אני	רוּתַּקְתִּי	אֲרוּתַּק
יחידה	מְרוּתֶּקֶת	אתה	רוּתַּקְתָּ	תְּרוּתַּק
רבים	מְרוּתָּקִים	את	רוּתַּקְתְּ	תְּרוּתְּקִי
רבות	מְרוּתָּקוֹת	הוא	רוּתַּק	יְרוּתַּק
		היא	רוּתְּקָה	תְּרוּתַּק
		אנחנו	רוּתַּקְנוּ	נְרוּתַּק
		אתם/ן	רוּתַּקְתֶּם/ן	תְּרוּתְּקוּ *
		הם/ן	רוּתְּקוּ	יְרוּתְּקוּ *

בינוני סביל .Pass. Part מְרוּתָּק fascinated; confined | * less commonly: אתן/הן תְּרוּתַּקְנָה

♦ דוגמאות Illustrations

ספרי הילדים הקלאסיים תמיד **רִיתְּקוּ** אותי ; העדפתי לקרוא אותם במקום לשחק בחוץ.

Classical children's books always **fascinated** me; I preferred reading to playing outside.

חיים **רוּתַּק** לבסיס בשל הזנחת נשקו האישי, ולא הורשה לצאת הביתה בסוף השבוע.

Hayyim **was confined** to base owing to his having neglected to take care of his personal rifle, and was not allowed to go home on furlough for the weekend.

●שאב : לִשְׁאוֹב, לְהִישָּׁאֵב

שָׁאַב/שׁוֹאֵב/יִשְׁאַב draw, pump

בניין : פָּעַל גזרה : שלמים (אֶפְעַל) + ע״ג

	Pres./Part. הווה/בינוני		Past עבר	Fut. עתיד	Imp. ציווי
יחיד	שׁוֹאֵב שָׁאוּב	אני	שָׁאַבְתִּי	אֶשְׁאַב	
יחידה	שׁוֹאֶבֶת שְׁאוּבָה	אתה	שָׁאַבְתָּ	תִּשְׁאַב	שְׁאַב
רבים	שׁוֹאֲבִים שְׁאוּבִים	את	שָׁאַבְתְּ	תִּשְׁאֲבִי	שַׁאֲבִי
רבות	שׁוֹאֲבוֹת שְׁאוּבוֹת	הוא	שָׁאַב	יִשְׁאַב	
		היא	שָׁאֲבָה	תִּשְׁאַב	
		אנחנו	שָׁאַבְנוּ	נִשְׁאַב	
		אתם/ן	שְׁאַבְתֶּם/ן *	תִּשְׁאֲבוּ **	שַׁאֲבוּ ***
		הם/ן	שָׁאֲבוּ	יִשְׁאֲבוּ **	

שם הפועל .Infin לִשְׁאוֹב | * Colloquial: שָׁאַבְתֶּם/ן

מקור מוחלט .Inf. Abs שָׁאוֹב | ** less commonly: אתן/הן תִּשְׁאַבְנָה

בינ׳ סביל .Pass. Part שָׁאוּב drawn, pumped | *** less commonly: (אתן) שְׁאַבְנָה

בינ׳ פעיל .Act. Part שׁוֹאֵב vacuum cleaner | מקור נטוי .Inf.+pron בְּשׁוֹאֲבוֹ, כְּ...

שם הפעולה Verbal N שְׁאִיבָה drawing, pumping; extracting

נִשְׁאַב/יִישָּׁאֵב (יִשָּׁאֵב) be drawn, be pumped

בניין : נִפְעַל   גזרה : שלמים + ע״ג

Imper. ציווי	Future עתיד	Past עבר		Present הווה	
	אֶשָּׁאֵב	נִשְׁאַבְתִּי	אני	נִשְׁאָב	יחיד
הִישָּׁאֵב	תִּישָּׁאֵב	נִשְׁאַבְתָּ	אתה	נִשְׁאֶבֶת	יחידה
הִישָּׁאֲבִי	תִּישָּׁאֲבִי	נִשְׁאַבְתְּ	את	נִשְׁאָבִים	רבים
	יִישָּׁאֵב	נִשְׁאַב	הוא	נִשְׁאָבוֹת	רבות
	תִּישָּׁאֵב	נִשְׁאֲבָה	היא		
	נִישָּׁאֵב	נִשְׁאַבְנוּ	אנחנו		
הִישָּׁאֲבוּ **	תִּישָּׁאֲבוּ *	נִשְׁאַבְתֶּם/ן	אתם/ן		
	יִישָּׁאֲבוּ *	נִשְׁאֲבוּ	הם/ן		

שם הפועל .Infin לְהִישָּׁאֵב   * less commonly: אתן/הן תִּישָּׁאַבְנָה

מקור מוחלט .Inf. Abs נִשְׁאוֹב   ** less commonly: (אתן) הִישָּׁאַבְנָה

♦ דוגמאות Illustrations

בהרבה אזורים כפריים בעולם אין מים זורמים, והתושבים עדיין **שׁוֹאֲבִים** מים מבאר סמוכה.

In many rural areas in the world there is still no running water, and people still **draw/pump** water from a nearby well.

מאין אתה **שׁוֹאֵב** את הכוח והמרץ להתמודד עם כל הדברים הקשים שקרו לך בשנים האחרונות?

From where do you **draw** all this will and energy to face all these awful things that have happened to you in the last few years?

למרות המעבר החלקי לגז טבעי ולאנרגיה סולרית, כמויות עצומות של נפט עדיין **נִשְׁאָבוֹת** מן האדמה מדי יום ביומו.

In spite of the partial shift to natural gas and solar energy, huge amounts of oil **are** still **pumped** out of the earth every single day.

♦ ביטויים מיוחדים Special expressions

שׁוֹאֵב מים water **drawer** (and carrier)   אבן **שׁוֹאֶבֶת** center of attraction; magnet (arch.)

שָׁאַב השראה **draw** inspiration   **שָׁאַב** כוח **draw** energy

● שאל : לִשְׁאוֹל, לְהִישָּׁאֵל, לְהַשְׁאִיל

שָׁאַל/שׁוֹאֵל/יִשְׁאַל ask; request; borrow

בניין : פָּעַל   גזרה : שלמים (אֶפְעַל) + ע״ג

Imp. ציווי	Fut. עתיד	Past עבר		Pres./Part. הווה/בינוני	
	אֶשְׁאַל	שָׁאַלְתִּי	אני	שׁוֹאֵל שָׁאוּל	יחיד
שְׁאַל	תִּשְׁאַל	שָׁאַלְתָּ	אתה	שׁוֹאֶלֶת שְׁאוּלָה	יחידה
שַׁאֲלִי	תִּשְׁאֲלִי	שָׁאַלְתְּ	את	שׁוֹאֲלִים שְׁאוּלִים	רבים
	יִשְׁאַל	שָׁאַל	הוא	שׁוֹאֲלוֹת שְׁאוּלוֹת	רבות
	תִּשְׁאַל	שָׁאֲלָה	היא		
	נִשְׁאַל	שָׁאַלְנוּ	אנחנו		
שַׁאֲלוּ ***	תִּשְׁאֲלוּ **	שְׁאַלְתֶּם/ן *	אתם/ן		
	יִשְׁאֲלוּ **	שָׁאֲלוּ	הם/ן		

שם הפועל .Infin לִשְׁאוֹל   * Colloquial: שָׁאַלְתֶּם/ן
מקור מוחלט .Inf. Abs שָׁאוֹל   ** less commonly: אתן/הן תִּשְׁאַלְנָה
ביני סביל .Pass. Part שָׁאוּל borrowed   *** less commonly: (אתן) שְׁאַלְנָה
ביני פעיל .Act. Part שׁוֹאֵל one asking questions; borrower
שם הפעולה Verbal N שְׁאִילָה borrowing; asking (questions)   שְׁאֵלָה question
מקור נטוי .Inf.+pron בְּשׁוֹאֲלוֹ, כְּ...

נִשְׁאַל/יִישָּׁאֵל (יִשָּׁאֵל) be asked; be borrowed

בניין : נִפְעַל   גזרה : שלמים + ע״ג

	Present הווה		Past עבר	Future עתיד	Imper. ציווי
יחיד	נִשְׁאָל	אני	נִשְׁאַלְתִּי	אֶשָּׁאֵל	
יחידה	נִשְׁאֶלֶת	אתה	נִשְׁאַלְתָּ	תִּישָּׁאֵל	הִישָּׁאֵל
רבים	נִשְׁאָלִים	את	נִשְׁאַלְתְּ	תִּישָּׁאֲלִי	הִישָּׁאֲלִי
רבות	נִשְׁאָלוֹת	הוא	נִשְׁאַל	יִישָּׁאֵל	
		היא	נִשְׁאֲלָה	תִּישָּׁאֵל	
		אנחנו	נִשְׁאַלְנוּ	נִישָּׁאֵל	
		אתם/ן	נִשְׁאַלְתֶּם/ן	תִּישָּׁאֲלוּ *	הִישָּׁאֲלוּ **
		הם/ן	נִשְׁאֲלוּ	יִישָּׁאֲלוּ *	

שם הפועל .Infin לְהִישָּׁאֵל   * less commonly: אתן/הן תִּישָּׁאַלְנָה
מקור מוחלט .Inf. Abs נִשְׁאוֹל, הִישָּׁאֵל   ** less commonly: (אתן) הִישָּׁאַלְנָה

הִשְׁאִיל/הִשְׁאַל/יַשְׁאִיל lend; use (a word) figuratively

בניין : הִפְעִיל   גזרה : שלמים

	Present הווה		Past עבר	Future עתיד	Imper. ציווי
יחיד	מַשְׁאִיל	אני	הִשְׁאַלְתִּי	אַשְׁאִיל	
יחידה	מַשְׁאִילָה	אתה	הִשְׁאַלְתָּ	תַּשְׁאִיל	הַשְׁאֵל
רבים	מַשְׁאִילִים	את	הִשְׁאַלְתְּ	תַּשְׁאִילִי	הַשְׁאִילִי
רבות	מַשְׁאִילוֹת	הוא	הִשְׁאִיל	יַשְׁאִיל	
		היא	הִשְׁאִילָה	תַּשְׁאִיל	
		אנחנו	הִשְׁאַלְנוּ	נַשְׁאִיל	
		אתם/ן	הִשְׁאַלְתֶּם/ן	תַּשְׁאִילוּ *	הַשְׁאִילוּ **
		הם/ן	הִשְׁאִילוּ	יַשְׁאִילוּ *	

* less commonly: אתן/הן תַּשְׁאֵלְנָה
שם הפועל .Infin לְהַשְׁאִיל   ** less commonly: (אתן) הַשְׁאֵלְנָה
שם הפעולה Verbal N הַשְׁאָלָה lending; using figuratively   מקור מוחלט .Inf. Abs הַשְׁאֵל

♦ פעלים פחות שכיחים מאותו שורש Less frequent verbs from the same root

הוּשְׁאַל be lent; be used figuratively (בינוני .Pres. Part מוּשְׁאָל borrowed; used figuratively, יוּשְׁאַל)

♦ דוגמאות Illustrations

ראש הממשלה **נִשְׁאַל** אתמול בכנסת אודות שיעור האבטלה הגבוה. בתשובתו הזכיר ראש הממשלה **לשׁוֹאֵל** כי בתקופת כהונתה של הממשלה הקודמת היה המצב הרבה יותר גרוע.

The prime minister **was asked** in the Knesset yesterday regarding the high rate of unemployment. In his reply, the PM reminded the **person asking the question** that the situation had been much worse during the previous administration.

ראובן **שׁוֹאֵל** מן הספריה לפחות שני ספרים כל שבוע.

Reuven **borrows** at least two books a week from the library.

שמעון חושש **לְהַשְׁאִיל** לגד ספרים, כי גד אף פעם לא זוכר להחזיר מה **שהוּשְׁאַל** לו.

Shim'on is reluctant **to lend** books to Gad, because Gad always forgets to return what **was lent** to him.

בדרך כלל משתמשים לא במשמעות המקורית של המילה הזאת אלא במשמעותה **המוּשְׁאֶלֶת**.

Generally one uses not the original meaning of this word but rather its **borrowed** meaning.

♦ **ביטויים מיוחדים** Special expressions

שָׁאַל לשלומו **inquire** about his health　　**שָׁאַל** את פיו/**שָׁאַל** בעצתו **ask** his opinion

שָׁאַל את נפשו למות wished he were dead

אל **תִּשְׁאַל**! don't **ask**! (words cannot describe it) (coll.)

●שאף : לִשְׁאוֹף

שָׁאַף/שׁוֹאֵף/יִשְׁאַף breathe in, inhale; aspire, strive

בניין : פָּעַל　　גזרה : שלמים (אֶפְעַל) + ע״ג

Imper. ציווי	Future עתיד	Past עבר		Present הווה	
	אֶשְׁאַף	שָׁאַפְתִּי	אני	שׁוֹאֵף	יחיד
שְׁאַף	תִּשְׁאַף	שָׁאַפְתָּ	אתה	שׁוֹאֶפֶת	יחידה
שַׁאֲפִי	תִּשְׁאֲפִי	שָׁאַפְתְּ	את	שׁוֹאֲפִים	רבים
	יִשְׁאַף	שָׁאַף	הוא	שׁוֹאֲפוֹת	רבות
	תִּשְׁאַף	שָׁאֲפָה	היא		
	נִשְׁאַף	שָׁאַפְנוּ	אנחנו		
שַׁאֲפוּ ***	תִּשְׁאֲפוּ **	שְׁאַפְתֶּם/ן *	אתם/ן		
	יִשְׁאֲפוּ **	שָׁאֲפוּ	הם/ן		

שם הפועל .Infin לִשְׁאוֹף　　* Colloquial: שָׁאַפְתֶּם/ן

ש׳ הפעולי Verbal N שְׁאִיפָה aspiration; inhaling　　** less commonly: אתן/הן תִּשְׁאַפְנָה

מקור מוחלט .Inf. Abs שָׁאוֹף　　*** less commonly: (אתן) שְׁאַפְנָה

מ״י מוצרכת .Gov. Prep שָׁאַף ל- aspire to　　מקור נטוי .Inf.+pron בְּשׁוֹאֲפוֹ, כְּ...

♦ **פעלים פחות שכיחים מאותו שורש** Less frequent verbs from the same root

נִשְׁאַף be inhaled (נִשְׁאָף, יִישָּׁאֵף, לְהִישָּׁאֵף)

♦ **דוגמאות** Illustrations

בערים מסוימות האוויר **הנִּשְׁאָף** כה מזוהם, שהוא פשוט מזיק לבריאותו של כל יצור חי **שׁשׁוֹאֵף** אותו.

In some cities the **inhaled** air is so polluted that it is simply harmful to the health of any organism that **inhales** it.

השְׁאִיפָה של אמנון היא להיות טייס. מאז שהיה נער הוא **שׁוֹאֵף** לכך.

Amnon's **aspiration** is to be a pilot. He **has aspired** to it since boyhood.

●שאר : לְהִישָּׁאֵר, לְהַשְׁאִיר

נִשְׁאַר/יִישָּׁאֵר (יִשָּׁאֵר) remain, stay behind, be left

בניין : נִפְעַל   גזרה : שלמים + ע״ג

	Present הווה		Past עבר	Future עתיד	Imper. ציווי
יחיד	נִשְׁאָר	אני	נִשְׁאַרְתִּי	אֶשָּׁאֵר	
יחידה	נִשְׁאֶרֶת	אתה	נִשְׁאַרְתָּ	תִּישָּׁאֵר	הִישָּׁאֵר
רבים	נִשְׁאָרִים	את	נִשְׁאַרְתְּ	תִּישָּׁאֲרִי	הִישָּׁאֲרִי
רבות	נִשְׁאָרוֹת	הוא	נִשְׁאַר	יִישָּׁאֵר	
		היא	נִשְׁאֲרָה	תִּישָּׁאֵר	
		אנחנו	נִשְׁאַרְנוּ	נִישָּׁאֵר	
		אתם/ן	נִשְׁאַרְתֶּם/ן	תִּישָּׁאֲרוּ *	הִישָּׁאֲרוּ **
		הם/ן	נִשְׁאֲרוּ	יִישָּׁאֲרוּ *	

שם הפועל .Infin לְהִישָּׁאֵר   * less commonly: אתן/הן תִּישָּׁאַרְנָה

מקור מוחלט .Inf. Abs נִשְׁאוֹר, הִישָּׁאֵר   ** less commonly: (אתן) הִישָּׁאַרְנָה

שם הפעולה Verbal N הִישָּׁאֲרוּת remaining, staying

הִשְׁאִיר/הִשְׁאַר/יַשְׁאִיר leave (tr.), leave behind

בניין : הִפְעִיל   גזרה : שלמים

	Present הווה		Past עבר	Future עתיד	Imper. ציווי
יחיד	מַשְׁאִיר	אני	הִשְׁאַרְתִּי	אַשְׁאִיר	
יחידה	מַשְׁאִירָה	אתה	הִשְׁאַרְתָּ	תַּשְׁאִיר	הַשְׁאֵר
רבים	מַשְׁאִירִים	את	הִשְׁאַרְתְּ	תַּשְׁאִירִי	הַשְׁאִירִי
רבות	מַשְׁאִירוֹת	הוא	הִשְׁאִיר	יַשְׁאִיר	
		היא	הִשְׁאִירָה	תַּשְׁאִיר	
		אנחנו	הִשְׁאַרְנוּ	נַשְׁאִיר	
		אתם/ן	הִשְׁאַרְתֶּם/ן	תַּשְׁאִירוּ *	הַשְׁאִירוּ **
		הם/ן	הִשְׁאִירוּ	יַשְׁאִירוּ *	

שם הפועל .Infin לְהַשְׁאִיר   * less commonly: אתן/הן תַּשְׁאֵרְנָה

מקור מוחלט .Inf. Abs הַשְׁאֵר   ** less commonly: (אתן) הַשְׁאֵרְנָה

שם הפעולה Verbal N הַשְׁאָרָה leaving, leaving behind

♦ פעלים פחות שכיחים מאותו שורש Less frequent verbs from the same root

הוּשְׁאַר be left, be left behind (מוּשְׁאָר, יוּשְׁאַר)

♦ דוגמאות Illustrations

אבי וחביבה נסעו לניו יורק לבלות את סוף השבוע עם חברים. את הכלב הם **הִשְׁאִירוּ** אצל חברתם נעמי, והחתולה **הוּשְׁאֲרָה** אצל השכנים. הילדים **נִשְׁאֲרוּ** בעיר, אצל חברים; הם לא רצו לנסוע לניו יורק, וההורים העדיפו שהם לא **יִישָּׁאֲרוּ** לבדם בבית.

Avi and Haviva drove to New York to spend the weekend with friends. They **left** the dog with their friend Naomi, and the cat **was left** with the neighbors. The kids **stayed** in town, with friends; they did not want to go to New York, and the parents preferred that they not **stay** alone in the house.

♦ ביטויים מיוחדים Special expressions

נִשְׁאַר בחיים survive — נִשְׁאַר כיתה **stay behind** one grade (coll.)

הִשְׁאִיר פס slip, disappear (sl.) — הִשְׁאִיר דלת פתוחה leave an opening (fig.)

● שבה (שבי) : לִשְׁבּוֹת

שָׁבָה/שׁוֹבֶה/יִשְׁבֶּה capture

בניין : פָּעַל   גזרה : ל״י

	Pres./Part. הווה/בינוני			Past עבר	Fut. עתיד	Imp. ציווי
יחיד	שׁוֹבֶה	שָׁבוּי	אני	שָׁבִיתִי	אֶשְׁבֶּה	
יחידה	שׁוֹבָה	שְׁבוּיָה	אתה	שָׁבִיתָ	תִּשְׁבֶּה	שְׁבֵה
רבים	שׁוֹבִים	שְׁבוּיִים	את	שָׁבִית	תִּשְׁבִּי	שְׁבִי
רבות	שׁוֹבוֹת	שְׁבוּיוֹת	הוא	שָׁבָה	יִשְׁבֶּה	
			היא	שָׁבְתָה	תִּשְׁבֶּה	
			אנחנו	שָׁבִינוּ	נִשְׁבֶּה	
			אתם/ן	שְׁבִיתֶם/ן *	תִּשְׁבּוּ **	שְׁבוּ ***
			הם/ן	שָׁבוּ	יִשְׁבּוּ **	

שם הפועל .Infin לִשְׁבּוֹת — * Colloquial: שָׁבִיתֶם/ן

שם הפעולה Verbal N שְׁבִיָּה capturing — ** less commonly: אתן/הן תִּשְׁבֶּינָה

מקור מוחלט .Inf. Abs שָׁבֹה — *** less commonly: (אתן) שְׁבֶינָה

ביני סביל .Pass. Part שָׁבוּי captive, prisoner; entrenched (ideologically)

נִשְׁבָּה/יִישָּׁבֶה (יִשָּׁבֶה) be captured; be captivated

בניין : נִפְעַל   גזרה : ל״י

	Present הווה		Past עבר	Future עתיד	Imper. ציווי
יחיד	נִשְׁבֶּה	אני	נִשְׁבֵּיתִי	אֶשָּׁבֶה	
יחידה	נִשְׁבֵּית	אתה	נִשְׁבֵּיתָ	תִּישָּׁבֶה	הִישָּׁבֵה
רבים	נִשְׁבִּים	את	נִשְׁבֵּית	תִּישָּׁבִי	הִישָּׁבִי
רבות	נִשְׁבּוֹת	הוא	נִשְׁבָּה	יִישָּׁבֶה	
		היא	נִשְׁבְּתָה	תִּישָּׁבֶה	
		אנחנו	נִשְׁבֵּינוּ	נִישָּׁבֶה	
		אתם/ן	נִשְׁבֵּיתֶם/ן	תִּישָּׁבוּ *	הִישָּׁבוּ **
		הם/ן	נִשְׁבּוּ	יִישָּׁבוּ *	

שם הפועל .Infin לְהִישָּׁבוֹת — * less commonly: אתן/הן תִּישָּׁבֶינָה

מקור מוחלט .Inf. Abs נִשְׁבֹּה, הִישָּׁבֵה — ** less commonly: (אתן) הִישָּׁבֶינָה

♦ דוגמאות Illustrations

במלחמת ששת הימים **נִשְׁבּוּ** מספר גדול של חיילים מצריים וסורים ; מאוחר יותר סיפרו כמה חיילים ישראלים על הריגת **שְׁבוּיִים**. הסיפורים לא קיבלו אישור רשמי.

In the Six Day War a large number of Egyptian and Syrian soldiers **were captured**; later, some Israeli soldiers related that a number of **prisoners** were killed. The stories were never confirmed officially.

♦ ביטויים מיוחדים Special expressions

שָׁבָה את ליבו **enchant, captivate**

● שבח : לְשַׁבֵּחַ

שִׁיבַּח (שִׁבַּח)/שַׁבַּח praise, glorify; exalt

בניין : פִּיעֵל גזרה : שלמים + ל״ג

	הווה Present		עבר Past	עתיד Future	ציווי Imper.
יחיד	מְשַׁבֵּחַ	אני	שִׁיבַּחְתִּי	אֲשַׁבַּח/...בֵּחַ*	
יחידה	מְשַׁבַּחַת	אתה	שִׁיבַּחְתָּ	תְּשַׁבַּח/...בֵּחַ*	שַׁבַּח/שַׁבֵּחַ*
רבים	מְשַׁבְּחִים	את	שִׁיבַּחְתְּ/...חַת	תְּשַׁבְּחִי	שַׁבְּחִי
רבות	מְשַׁבְּחוֹת	הוא	שִׁיבַּח/שִׁיבֵּחַ*	יְשַׁבַּח/...בֵּחַ*	
		היא	שִׁיבְּחָה	תְּשַׁבַּח/...בֵּחַ*	
		אנחנו	שִׁיבַּחְנוּ	נְשַׁבַּח/...בֵּחַ*	
		אתם/ן	שִׁיבַּחְתֶּם/ן	תְּשַׁבְּחוּ **	שַׁבְּחוּ***
		הם/ן	שִׁיבְּחוּ	יְשַׁבְּחוּ **	

* ...בֵּחַ more common in colloquial use

שם הפועל .Infin לְשַׁבֵּחַ ** less commonly: אתן/הן תְּשַׁבַּחְנָה

מקור מוחלט .Inf. Abs שַׁבֵּחַ *** less commonly: (אתן) שַׁבַּחְנָה

♦ פעלים פחות שכיחים מאותו שורש Less frequent verbs from the same root

הִשְׁתַּבַּח boast, brag (lit.) (מִשְׁתַּבֵּחַ, יִשְׁתַּבַּח, לְהִשְׁתַּבֵּחַ)

הִשְׁבִּיחַ improve (tr. and intr., lit.); this verb is being used mostly in capital gains tax terms, referring to improvements in investment property (מַשְׁבִּיחַ, יַשְׁבִּיחַ, לְהַשְׁבִּיחַ)

הוּשְׁבַּח be improved (lit.) (מוּשְׁבָּח, יוּשְׁבַּח)

שׁוּבַּח be praised, be glorified; be exalted (בינוני .Pres. Part מְשׁוּבָּח high quality, choice; excellent, remarkable, praiseworthy, יְשׁוּבַּח)

♦ דוגמאות Illustrations

הוועדה אישרה את עבודת הדוקטור של עזריאל בציון ״מעולה״ **וְשִׁיבְּחָה** אותה על מקוריותה ותרומתה לחקר העברית. בערב פתחו בני משפחתו וחברים חמישה בקבוקים של יין **מְשׁוּבָּח** ביותר.

The committee approved Azriel's Ph.D. dissertation with distinction, and **praised** it for its originality and contribution to Hebrew Language research. In the evening, family and friends opened five bottles of the most **excellent** wine.

♦ ביטויים מיוחדים Special expressions

עלינו **לְשַׁבֵּחַ** "We must **praise** (the Lord)" – a Jewish prayer at the end of the day (originating from a Rosh Hashanah prayer)

● שבע : לְהִישָּׁבַע, לְהַשְׁבִּיעַ

נִשְׁבַּע/יִישָּׁבַע (יִשָּׁבַע) swear, take an oath

בניין : נִפְעַל גזרה : שלמים + ל״ג

	הווה Present		עבר Past	עתיד Future	ציווי Imper.
יחיד	נִשְׁבָּע	אני	נִשְׁבַּעְתִּי	אֶשָּׁבַע	
יחידה	נִשְׁבַּעַת	אתה	נִשְׁבַּעְתָּ	תִּישָּׁבַע	הִישָּׁבַע
רבים	נִשְׁבָּעִים	את	נִשְׁבַּעְתְּ/...עַת	תִּישָּׁבְעִי	הִישָּׁבְעִי

	הווה Present		עבר Past	עתיד Future	ציווי Imper.
רבות	נִשְׁבָּעוֹת	הוא	נִשְׁבַּע	יִישָּׁבַע	
		היא	נִשְׁבְּעָה	תִּישָּׁבַע	
		אנחנו	נִשְׁבַּעְנוּ	נִישָּׁבַע	
		אתם/ן	נִשְׁבַּעְתֶּם/ן	תִּישָּׁבְעוּ *	הִישָּׁבְעוּ **
		הם/ן	נִשְׁבְּעוּ	יִישָּׁבְעוּ *	

שם הפועל .Infin לְהִישָּׁבַע — * less commonly: אתן/הן תִּישָּׁבַעְנָה

מקור מוחלט .Inf. Abs נִשְׁבּוֹעַ — ** less commonly: (אתן) הִישָּׁבַעְנָה

הִשְׁבִּיעַ/הִשְׁבַּע/יַשְׁבִּיעַ swear in; impose an oath on; utter a spell

בניין : הִפְעִיל גזרה : שלמים + ל״ג

	הווה Present		עבר Past	עתיד Future	ציווי Imper.
יחיד	מַשְׁבִּיעַ	אני	הִשְׁבַּעְתִּי	אַשְׁבִּיעַ	
יחידה	מַשְׁבִּיעָה	אתה	הִשְׁבַּעְתָּ	תַּשְׁבִּיעַ	הַשְׁבַּע
רבים	מַשְׁבִּיעִים	את	הִשְׁבַּעְתְּ/...עַת	תַּשְׁבִּיעִי	הַשְׁבִּיעִי
רבות	מַשְׁבִּיעוֹת	הוא	הִשְׁבִּיעַ	יַשְׁבִּיעַ	
		היא	הִשְׁבִּיעָה	תַּשְׁבִּיעַ	
		אנחנו	הִשְׁבַּעְנוּ	נַשְׁבִּיעַ	
		אתם/ן	הִשְׁבַּעְתֶּם/ן	תַּשְׁבִּיעוּ *	הַשְׁבִּיעוּ **
		הם/ן	הִשְׁבִּיעוּ	יַשְׁבִּיעוּ *	

שם הפועל .Infin לְהַשְׁבִּיעַ — * less commonly: אתן/הן תַּשְׁבֵּעְנָה

מקור מוחלט .Inf. Abs הַשְׁבֵּעַ — ** less commonly: (אתן) הַשְׁבֵּעְנָה

שם הפעולה Verbal N הַשְׁבָּעָה swearing in; spell, incantation

הוּשְׁבַּע (הָשְׁבַּע) be sworn in, be adjured

בניין : הוּפְעַל גזרה : שלמים + ל״ג

	הווה Present		עבר Past	עתיד Future
יחיד	מוּשְׁבָּע	אני	הוּשְׁבַּעְתִּי	אוּשְׁבַּע
יחידה	מוּשְׁבַּעַת	אתה	הוּשְׁבַּעְתָּ	תּוּשְׁבַּע
רבים	מוּשְׁבָּעִים	את	הוּשְׁבַּעְתְּ/...עַת	תּוּשְׁבְּעִי
רבות	מוּשְׁבָּעוֹת	הוא	הוּשְׁבַּע	יוּשְׁבַּע
		היא	הוּשְׁבְּעָה	תּוּשְׁבַּע
		אנחנו	הוּשְׁבַּעְנוּ	נוּשְׁבַּע
		אתם/ן	הוּשְׁבַּעְתֶּם/ן	תּוּשְׁבְּעוּ *
		הם/ן	הוּשְׁבְּעוּ	יוּשְׁבְּעוּ *

בינוני .Pres. Part מוּשְׁבָּע juror — * less commonly: אתן/הן תּוּשְׁבַּעְנָה

♦ דוגמאות Illustrations

הִשְׁבַּעְתִּי אותו שלא יספר לאף אחד מה שסיפרתי לו. הוא **נִשְׁבַּע** שלא יפצה פה בנדון, אבל למחרת כבר קראתי על כך בעיתון.

I **made** him **swear** not to tell anybody what I had just told him. He **swore** that he would never utter a word regarding this, but the next day I already read about it in the paper.

העד **הוּשְׁבַּע** על ידי פקיד בית המשפט, וחבר ה**מוּשְׁבָּעִים** האזין לעדותו.

The witness **was sworn in** by the court clerk, and the panel of **jurors** listened to his testimony.

♦ **ביטויים מיוחדים** Special expressions

הנני **מַשְׁבִּיעֲךָ** (ש-) I **adjure** you (that...)   רווק **מוּשְׁבָּע** a confirmed bachelor

● שבץ : לְשַׁבֵּץ

שׁוּבַּץ (שֻׁבַּץ) be placed, be positioned; be integrated; be assigned

בניין : פּוּעַל   גזרה : שלמים

	Present הווה		Past עבר	Future עתיד
יחיד	מְשׁוּבָּץ	אני	שׁוּבַּצְתִּי	אֲשׁוּבַּץ
יחידה	מְשׁוּבֶּצֶת	אתה	שׁוּבַּצְתָּ	תְּשׁוּבַּץ
רבים	מְשׁוּבָּצִים	את	שׁוּבַּצְתְּ	תְּשׁוּבְּצִי
רבות	מְשׁוּבָּצוֹת	הוא	שׁוּבַּץ	יְשׁוּבַּץ
		היא	שׁוּבְּצָה	תְּשׁוּבַּץ
		אנחנו	שׁוּבַּצְנוּ	נְשׁוּבַּץ
		אתם/ן	שׁוּבַּצְתֶּם/ן	תְּשׁוּבְּצוּ *
		הם/ן	שׁוּבְּצוּ	יְשׁוּבְּצוּ *

* less commonly: אתן/הן תְּשׁוּבַּצְנָה

בינוני Pres. Part. מְשׁוּבָּץ checkered, plaid; placed (in a schedule, etc.); set (with gems, etc.)

שִׁיבֵּץ/(שִׁבֵּץ)/שִׁיבַּצ/שַׁבֵּצ integrate; interweave; assign; set (a gemstone)

בניין : פִּיעֵל   גזרה : שלמים

	Present הווה		Past עבר	Future עתיד	Imper. ציווי
יחיד	מְשַׁבֵּץ	אני	שִׁיבַּצְתִּי	אֲשַׁבֵּץ	
יחידה	מְשַׁבֶּצֶת	אתה	שִׁיבַּצְתָּ	תְּשַׁבֵּץ	שַׁבֵּץ
רבים	מְשַׁבְּצִים	את	שִׁיבַּצְתְּ	תְּשַׁבְּצִי	שַׁבְּצִי
רבות	מְשַׁבְּצוֹת	הוא	שִׁיבֵּץ	יְשַׁבֵּץ	
		היא	שִׁיבְּצָה	תְּשַׁבֵּץ	
		אנחנו	שִׁיבַּצְנוּ	נְשַׁבֵּץ	
		אתם/ן	שִׁיבַּצְתֶּם/ן	תְּשַׁבְּצוּ	שַׁבְּצוּ **
		הם/ן	שִׁיבְּצוּ	יְשַׁבְּצוּ *	

שם הפועל Infin. לְשַׁבֵּץ   * less commonly: אתן/הן תְּשַׁבֵּצְנָה

מקור מוחלט Inf. Abs. שַׁבֵּץ   ** less commonly: (אתן) שַׁבֵּצְנָה

שם הפעולה Verbal N שִׁיבּוּץ integration; placement, assigning; setting (of a gemstone)

Note: the Hebrew name for the game “Scrabble” is שַׁבֵּץ-נא “please place/assign.”

♦ **פעלים פחות שכיחים מאותו שורש** Less frequent verbs from the same root

הִשְׁתַּבֵּץ be integrated (מִשְׁתַּבֵּץ, יִשְׁתַּבֵּץ, לְהִשְׁתַּבֵּץ)

♦ **דוגמאות** Illustrations

כשהכדורגלן הישראלי הצטרף לקבוצה, הוא **שׁוּבַּץ** בה כאחד המגינים, אבל אחרי שהמאמן ראה מה שהוא מסוגל לעשות, הוא **שִׁיבֵּץ** אותו מחדש כחלוץ.

When the Israeli soccer player joined the team, he **was assigned** as defense, but when the coach saw what he could do, he **reassigned** him as a forward.

יצחק הוא מרצה מחונן, ולכן **מְשַׁבְּצִים** אותו בכנסים לקראת הסוף, כדי לוודא שקהל השומעים לא יתפזר מוקדם...

Yitzhak is a gifted speaker/lecturer, and therefore in conferences they **place** him toward the end, to make sure that the audience does not disperse early…

● שבר : לִשְׁבּוֹר, לְהִישָּׁבֵר

שָׁבַר/שׁוֹבֵר/יִשְׁבּוֹר (יִשְׁבֹּר) break (tr.); destroy

בניין : פָּעַל   גזרה : שלמים (אֶפְעוֹל)

	Pres./Part. הווה/בינוני			Past עבר	Fut. עתיד	Imp. ציווי
יחיד	שׁוֹבֵר	שָׁבוּר	אני	שָׁבַרְתִּי	אֶשְׁבּוֹר	
יחידה	שׁוֹבֶרֶת	שְׁבוּרָה	אתה	שָׁבַרְתָּ	תִּשְׁבּוֹר	שְׁבוֹר
רבים	שׁוֹבְרִים	שְׁבוּרִים	את	שָׁבַרְתְּ	תִּשְׁבְּרִי	שִׁבְרִי
רבות	שׁוֹבְרוֹת	שְׁבוּרוֹת	הוא	שָׁבַר	יִשְׁבּוֹר	
			היא	שָׁבְרָה	תִּשְׁבּוֹר	
			אנחנו	שָׁבַרְנוּ	נִשְׁבּוֹר	
			אתם/ן	שְׁבַרְתֶּם/ן *	תִּשְׁבְּרוּ **	שִׁבְרוּ ***
			הם/ן	שָׁבְרוּ	יִשְׁבְּרוּ **	

שם הפועל .Infin לִשְׁבּוֹר   * Colloquial: שָׁבַרְתֶּם/ן

שם הפעולה Verbal N שְׁבִירָה breaking   ** less commonly: אתן/הן תִּשְׁבּוֹרְנָה

ביני פעיל .Act. Part שׁוֹבֵר voucher   *** less commonly: (אתן) שְׁבוֹרְנָה

ביני סביל .Pass. Part שָׁבוּר broken   קָטִיל .CaCiC adj./N שָׁבִיר fragile, breakable

מקור מוחלט .Inf. Abs שָׁבוֹר   מקור נטוי .Inf.+pron בְּשׁוֹבְרוֹ, כְּ...

נִשְׁבַּר/יִישָּׁבֵר (יִשָּׁבֵר) be broken, be shattered, be crushed; be overwhelmed

בניין : נִפְעַל   גזרה : שלמים

	Present הווה		Past עבר	Future עתיד	Imper. ציווי
יחיד	נִשְׁבָּר	אני	נִשְׁבַּרְתִּי	אֶשָּׁבֵר	
יחידה	נִשְׁבֶּרֶת	אתה	נִשְׁבַּרְתָּ	תִּישָּׁבֵר	הִישָּׁבֵר
רבים	נִשְׁבָּרִים	את	נִשְׁבַּרְתְּ	תִּישָּׁבְרִי	הִישָּׁבְרִי
רבות	נִשְׁבָּרוֹת	הוא	נִשְׁבַּר	יִישָּׁבֵר	
		היא	נִשְׁבְּרָה	תִּישָּׁבֵר	
		אנחנו	נִשְׁבַּרְנוּ	נִישָּׁבֵר	
		אתם/ן	נִשְׁבַּרְתֶּם/ן	תִּישָּׁבְרוּ *	הִישָּׁבְרוּ **
		הם/ן	נִשְׁבְּרוּ	יִישָּׁבְרוּ *	

שם הפועל .Infin לְהִישָּׁבֵר   * less commonly: אתן/הן תִּישָּׁבַרְנָה

שם הפעולה Verbal N הִישָּׁבְרוּת being broken   ** less commonly: (אתן) הִישָּׁבַרְנָה

מקור מוחלט .Inf. Abs נִשְׁבּוֹר, הִישָּׁבֵר (הִישָּׁבוֹר)

A homonymous, infrequent root, meaning "buy/sell grain/food," is not included here.

♦ דוגמאות Illustrations

המשטרה גילתה עקבות דם על הזכוכית ה**שְּׁבוּרָה**; הפורץ נפצע כנראה כש**שָׁבַר** את החלון. הבעייה היא רק, שלפי כל הסימנים, הזגוגית **נִשְׁבְּרָה** מבפנים.

The police discovered traces of blood on the **broken** glass; the burglar apparently cut himself when he **broke** the window. The problem is that all signs are that the window pane **was broken** from the inside.

♦ **ביטויים מיוחדים** Special expressions

שׁוֹבֵר גלים **break**water

שָׁבַר את התנגדותו **break down** his opposition

נִשְׁבַּר השיא the record was **broken**

נִשְׁבַּר ליבו he was heart**broken**

שָׁבַר את הקרח **break** the ice (fig.)

שָׁבַר את ראשו rack one's brain (coll.)

נִשְׁבַּר ליבו he was heart**broken**

נִשְׁבַּר לי I've had it! (coll.)

●שבת : לְהַשְׁבִּית, לִשְׁבּוֹת

הִשְׁבִּית/הִשְׁבַּת/יַשְׁבִּית strike workplace (workers) or lock out (management); destroy; terminate

בניין : הִפְעִיל　גזרה : ל״ת

	Present הווה		Past עבר	Future עתיד	Imper. ציווי
יחיד	מַשְׁבִּית	אני	הִשְׁבַּתִּי	אַשְׁבִּית	
יחידה	מַשְׁבִּיתָה	אתה	הִשְׁבַּתָּ	תַּשְׁבִּית	הַשְׁבֵּת
רבים	מַשְׁבִּיתִים	את	הִשְׁבַּתְּ	תַּשְׁבִּיתִי	הַשְׁבִּיתִי
רבות	מַשְׁבִּיתוֹת	הוא	הִשְׁבִּית	יַשְׁבִּית	
		היא	הִשְׁבִּיתָה	תַּשְׁבִּית	
		אנחנו	הִשְׁבַּתְנוּ	נַשְׁבִּית	
		אתם/ן	הִשְׁבַּתֶּם/ן	תַּשְׁבִּיתוּ *	הַשְׁבִּיתוּ **
		הם/ן	הִשְׁבִּיתוּ	יַשְׁבִּיתוּ *	

בד״כ בדיבור : הִשְׁבַּתְתִּי, הִשְׁבַּתְתָּ... בפיצול הרצף ״תת״ על ידי שווא נע

Often in speech: ...הִשְׁבַּתְתִּי, הִשְׁבַּתְתָּ, with the "tt" sequence split by a *shva*.

שם הפועל .Infin לְהַשְׁבִּית　　* less commonly: אתן/הן תַּשְׁבֵּתְנָה

מקור מוחלט .Inf. Abs הַשְׁבֵּת　　** less commonly: (אתן) הַשְׁבֵּתְנָה

שם הפעולה Verbal N הַשְׁבָּתָה stopping work (by strike or lockout); destroying, marring

שָׁבַת/שׁוֹבֵת/יִשְׁבּוֹת (יִשְׁבֹּת) strike (labor); cease; rest; spend the Sabbath

בניין : פָּעַל　גזרה : ל״ת (אֶפְעוֹל)

	Present הווה		Past עבר	Future עתיד	Imper. ציווי
יחיד	שׁוֹבֵת	אני	שָׁבַתִּי	אֶשְׁבּוֹת	
יחידה	שׁוֹבֶתֶת	אתה	שָׁבַתָּ	תִּשְׁבּוֹת	שְׁבוֹת
רבים	שׁוֹבְתִים	את	שָׁבַתְּ	תִּשְׁבְּתִי	שִׁבְתִי
רבות	שׁוֹבְתוֹת	הוא	שָׁבַת	יִשְׁבּוֹת	
		היא	שָׁבְתָה	תִּשְׁבּוֹת	
		אנחנו	שָׁבַתְנוּ	נִשְׁבּוֹת	
		אתם/ן	שְׁבַתֶּם/ן *	תִּשְׁבְּתוּ **	שִׁבְתוּ ***
		הם/ן	שָׁבְתוּ	יִשְׁבְּתוּ **	

בד״כ בדיבור : שָׁבַתְתִּי, שָׁבַתְתָּ... בפיצול הרצף ״תת״ על ידי שווא נע

Often in speech: ...שָׁבַתְתִּי, שָׁבַתְתָּ, with the "tt" sequence split by a *shva*.

שם הפועל .Infin לִשְׁבּוֹת　　* Colloquial: שָׁבַתֶּם/ן

מקור מוחלט .Inf. Abs שָׁבוֹת　　** less commonly: אתן/הן תִּשְׁבּוֹתְנָה

ביני פעיל .Act. Part שׁוֹבֵת striker　　*** less commonly: (אתן) שְׁבוֹתְנָה

שם הפעולה Verbal N שְׁבִיתָה strike (labor); Sabbath rest (lit.)

מקור נטוי .Inf.+pron בְּשׁוֹבְתוֹ, כְּ...

הוּשְׁבַּת (הֻשְׁבַּת) be stopped (work, by strike or lockout); be laid off; be marred (joy, etc.)

בניין : הוּפְעַל גזרה : ל״ת

	Present הווה		Past עבר	Future עתיד
יחיד	מוּשְׁבָּת	אני	הוּשְׁבַּתִּי	אוּשְׁבַּת
יחידה	מוּשְׁבֶּתֶת	אתה	הוּשְׁבַּתָּ	תּוּשְׁבַּת
רבים	מוּשְׁבָּתִים	את	הוּשְׁבַּתְּ	תּוּשְׁבְּתִי
רבות	מוּשְׁבָּתוֹת	הוא	הוּשְׁבַּת	יוּשְׁבַּת
		היא	הוּשְׁבְּתָה	תּוּשְׁבַּת
		אנחנו	הוּשְׁבַּתְנוּ	נוּשְׁבַּת
		אתם/ן	הוּשְׁבַּתֶּם/ן	תּוּשְׁבְּתוּ *
		הם/ן	הוּשְׁבְּתוּ	יוּשְׁבְּתוּ *

בד״כ בדיבור : הוּשְׁבַּתְתִי, הוּשְׁבַּתְתָ... בפיצול הרצף ״תת״ על ידי שווא נע

Often in speech: ...הוּשְׁבַּתְתִי, הוּשְׁבַּתְתָ, with the "tt" sequence split by a *shva*.

בינוני Pres. Part. מוּשְׁבָּת struck, not working   * less commonly: אתן/הן תּוּשְׁבַּתְנָה

♦ **דוגמאות** Illustrations

פועלי התעשייה האווירית **שׁוֹבְתִים** כבר שלושה חודשים. **השְׁבִיתָה** החלה כשההנהלה החליטה **לְהַשְׁבִּית** שלושה מפעלים מתוך כוונה לאלץ את העובדים להסכים לשכר נמוך יותר. בתגובה **הִשְׁבִּית** ארגון העובדים את כל מפעלי הרשות, ומאז כולם **מוּשְׁבָּתִים** לחלוטין. ההנהלה מסרבת להיפגש עם נציגי **השׁוֹבְתִים**.

The workers of the (Israeli) air industry **have been striking** for the last three months. The **strike** began when the management decided to **lock out** three plants with the intention of forcing the workers to agree to a pay reduction. In response, the workers' union **struck** all air industry plants, and since then they **have** all **been struck** to a standstill. Management refuses to meet with the **strikers'** representatives.

♦ **ביטויים מיוחדים** Special expressions

שְׁבִיתַת-נשק armistice, truce   **שְׁבִיתַת**-רעב hunger **strike**

שמחתו **הוּשְׁבְּתָה** his joy was **marred**

● שגח : לְהַשְׁגִּיחַ

הִשְׁגִּיחַ/הַשְׁגַּח/יַשְׁגִּיחַ supervise; watch out for, protect; notice (lit.)

בניין : הִפְעִיל גזרה : שלמים + ל״ג

	Present הווה		Past עבר	Future עתיד	Imper. ציווי
יחיד	מַשְׁגִּיחַ	אני	הִשְׁגַּחְתִּי	אַשְׁגִּיחַ	
יחידה	מַשְׁגִּיחָה	אתה	הִשְׁגַּחְתָּ	תַּשְׁגִּיחַ	הַשְׁגַּח
רבים	מַשְׁגִּיחִים	את	הִשְׁגַּחְתְּ	תַּשְׁגִּיחִי	הַשְׁגִּיחִי
רבות	מַשְׁגִּיחוֹת	הוא	הִשְׁגִּיחַ	יַשְׁגִּיחַ	
		היא	הִשְׁגִּיחָה	תַּשְׁגִּיחַ	
		אנחנו	הִשְׁגַּחְנוּ	נַשְׁגִּיחַ	
		אתם/ן	הִשְׁגַּחְתֶּם/ן	תַּשְׁגִּיחוּ *	הַשְׁגִּיחוּ **
		הם/ן	הִשְׁגִּיחוּ	יַשְׁגִּיחוּ *	

שם הפועל Infin. לְהַשְׁגִּיחַ   * less commonly: אתן/הן תַּשְׁגַּחְנָה

מקור מוחלט Inf. Abs. הַשְׁגֵּחַ   ** less commonly: (אתן) הַשְׁגַּחְנָה

שם הפעולה Verbal N הַשְׁגָּחָה supervising (הַהַשְׁגָּחָה God, Providence)
מ״י מוצרכת Gov. Prep. הִשְׁגִּיחַ על supervise someone

♦ **דוגמאות** Illustrations
לחנה יש עבודה טובה ומשכורת מכובדת; אמנון מטפל בילדים **וּמַשְׁגִּיחַ** עליהם בבית.

Hannah has a good job and a substantial salary; Amnon takes care of the children and **watches out for** them at home.

♦ **ביטויים מיוחדים** Special expressions
הִשְׁגִּיחַ בשבע עיניים be all eyes **מַשְׁגִּיחַ** Kosher **supervisor**

● שגע : לְהִשְׁתַּגֵּעַ, לְשַׁגֵּעַ

הִשְׁתַּגֵּעַ/הִשְׁתַּגַּע go mad; act crazy (coll.)

בניין : הִתְפַּעֵל גזרה : שלמים + פ׳ שורקת + ל״ג

	Present הווה		Past עבר	Future עתיד	Imper. ציווי
יחיד	מִשְׁתַּגֵּעַ	אני	הִשְׁתַּגַּעְתִּי	אֶשְׁתַּגַּע/...גֵּעַ*	
יחידה	מִשְׁתַּגַּעַת	אתה	הִשְׁתַּגַּעְתָּ	תִּשְׁתַּגַּע/...גֵּעַ*	הִשְׁתַּגַּע/...גֵּעַ*
רבים	מִשְׁתַּגְּעִים	את	הִשְׁתַּגַּעְתְּ/...עַת	תִּשְׁתַּגְּעִי	הִשְׁתַּגְּעִי
רבות	מִשְׁתַּגְּעוֹת	הוא	הִשְׁתַּגַּע/...גֵּעַ*	יִשְׁתַּגַּע/....גֵּעַ*	
		היא	הִשְׁתַּגְּעָה	תִּשְׁתַּגַּע/...גֵּעַ*	
		אנחנו	הִשְׁתַּגַּעְנוּ	נִשְׁתַּגַּע/...גֵּעַ*	
		אתם/ן	הִשְׁתַּגַּעְתֶּם/ן	תִּשְׁתַּגְּעוּ **	הִשְׁתַּגְּעוּ ***
		הם/ן	הִשְׁתַּגְּעוּ	יִשְׁתַּגְּעוּ **	

שם הפועל Infin. לְהִשְׁתַּגֵּעַ — * ...גֵּעַ more common in colloquial use
שם הפעולה Verbal N הִשְׁתַּגְּעוּת going mad — ** less commonly: אתן/הן תִּשְׁתַּגַּעְנָה
מקור מוחלט Inf. Abs. הִשְׁתַּגֵּעַ — *** less commonly: (אתן) הִשְׁתַּגַּעְנָה
מ״י מוצרכת Gov. Prep. הִשְׁתַּגֵּעַ על have great desire, admiration or weakness for (coll.)

שִׁיגַּע (שִׁיגֵּעַ) [שִׁגַּע (שִׁגֵּעַ)] /שַׁגַּע (שַׁגֵּעַ) drive someone crazy/mad; confuse

בניין : פִּיעֵל גזרה : שלמים + ל״ג

	Present הווה		Past עבר	Future עתיד	Imper. ציווי
יחיד	מְשַׁגֵּעַ	אני	שִׁיגַּעְתִּי	אֲשַׁגַּע/אֲשַׁגֵּעַ*	
יחידה	מְשַׁגַּעַת	אתה	שִׁיגַּעְתָּ	תְּשַׁגַּע/תְּשַׁגֵּעַ*	שַׁגַּע/שַׁגֵּעַ*
רבים	מְשַׁגְּעִים	את	שִׁיגַּעְתְּ/...עַת	תְּשַׁגְּעִי	שַׁגְּעִי
רבות	מְשַׁגְּעוֹת	הוא	שִׁיגַּע/שִׁיגֵּעַ*	יְשַׁגַּע/יְשַׁגֵּעַ*	
		היא	שִׁיגְּעָה	תְּשַׁגַּע/תְּשַׁגֵּעַ*	
		אנחנו	שִׁיגַּעְנוּ	נְשַׁגַּע/נְשַׁגֵּעַ*	
		אתם/ן	שִׁיגַּעְתֶּם/ן	תְּשַׁגְּעוּ **	שַׁגְּעוּ ***
		הם/ן	שִׁיגְּעוּ	יְשַׁגְּעוּ **	

שם הפועל Infin. לְשַׁגֵּעַ — * ...גֵּעַ more common in colloquial use
שם הפעולה Verbal N שִׁיגּוּעַ driving mad — ** less commonly: אתן/הן תְּשַׁגַּעְנָה
בינוני Pres. Part. מְשַׁגֵּעַ maddening; terrific — *** less commonly: (אתן) שַׁגַּעְנָה
מקור מוחלט Inf. Abs. שַׁגֵּעַ

♦ פעלים פחות שכיחים מאותו שורש Less frequent verbs from the same root

שׁוּגַּע go mad; be confused/made a fool of > בינוני Pres. Part. מְשׁוּגָּע mad, crazy (form very common)

♦ דוגמאות Illustrations

כשאהוד הכיר את אישתו, הוא **הִשְׁתַּגֵּעַ** עליה. היום היא **מְשַׁגַּעַת** אותו עם התלונות האינסופיות שלה. הוא אמר לי אתמול שאם זה ימשיך ככה, הוא בסופו של דבר **יִשְׁתַּגֵּעַ** וימצא עצמו בבית **מְשׁוּגָּעִים**.

When Ehud met his wife, he was crazy about her. Today she **drives** him **crazy** with her infinite complaints. He told me yesterday that if it continues like that, he **will** finally **go mad** and find himself in a **mad** house.

♦ ביטויים מיוחדים Special expressions

לְהִשְׁתַּגֵּעַ על/להיות **מְשׁוּגָּע** על **be crazy** about (i.e., love very much) (coll.)

הִשְׁתַּגַּעְתָּ? Are you out of your mind?

●שדד : לִשְׁדּוֹד, לְהִישָּׁדֵד

שָׁדַד/שׁוֹדֵד/יִשְׁדּוֹד (יִשְׁדֹּד) rob, burglarize, plunder

בניין : פָּעַל גזרה : שלמים (אֶפְעוֹל)

	Pres./Part. הווה/בינוני			Past עבר	Fut. עתיד	Imp. ציווי
יחיד	שׁוֹדֵד	שָׁדוּד	אני	שָׁדַדְתִּי	אֶשְׁדּוֹד	
יחידה	שׁוֹדֶדֶת	שְׁדוּדָה	אתה	שָׁדַדְתָּ	תִּשְׁדּוֹד	שְׁדוֹד
רבים	שׁוֹדְדִים	שְׁדוּדִים	את	שָׁדַדְתְּ	תִּשְׁדְּדִי	שִׁדְדִי
רבות	שׁוֹדְדוֹת	שְׁדוּדוֹת	הוא	שָׁדַד	יִשְׁדּוֹד	
			היא	שָׁדְדָה	תִּשְׁדּוֹד	
			אנחנו	שָׁדַדְנוּ	נִשְׁדּוֹד	
			אתם/ן	שְׁדַדְתֶּם/ן *	תִּשְׁדְּדוּ **	שִׁדְדוּ ***
			הם/ן	שָׁדְדוּ	יִשְׁדְּדוּ **	

שם הפועל .Infin לִשְׁדּוֹד

* Colloquial: שָׁדַדְתֶּם/ן

מקור מוחלט .Inf. Abs שָׁדוֹד

** less commonly: אתן/הן תִּשְׁדּוֹדְנָה

מקור נטוי .Inf.+pron בְּשׁוֹדְדוֹ, כְּ...

*** less commonly: (אתן) שְׁדוֹדְנָה

ביני פעיל .Act. Part שׁוֹדֵד robber, burglar

ביני סביל .Pass. Part שָׁדוּד robbed

שם הפעולה Verbal N שְׁדִידָה robbing; robbery

נִשְׁדַּד/יִישָּׁדֵד (יִשָּׁדֵד) be robbed, be burglarized; be stolen

בניין : נִפְעַל גזרה : שלמים

	Present הווה		Past עבר	Future עתיד	Imper. ציווי
יחיד	נִשְׁדָּד	אני	נִשְׁדַּדְתִּי	אֶשָּׁדֵד	
יחידה	נִשְׁדֶּדֶת	אתה	נִשְׁדַּדְתָּ	תִּישָּׁדֵד	הִישָּׁדֵד
רבים	נִשְׁדָּדִים	את	נִשְׁדַּדְתְּ	תִּישָּׁדְדִי	הִישָּׁדְדִי
רבות	נִשְׁדָּדוֹת	הוא	נִשְׁדַּד	יִישָּׁדֵד	
		היא	נִשְׁדְּדָה	תִּישָּׁדֵד	
		אנחנו	נִשְׁדַּדְנוּ	נִישָּׁדֵד	
		אתם/ן	נִשְׁדַּדְתֶּם/ן	תִּישָּׁדְדוּ *	הִישָּׁדְדוּ **
		הם/ן	נִשְׁדְּדוּ	יִישָּׁדְדוּ *	

שם הפועל .Infin לְהִישָּׁדֵד * less commonly: אתן/הן תִּישָּׁדַדְנָה

מקור מוחלט .Inf. Abs נִשְׁדּוֹד, הִישָּׁדֵד ** less commonly: (אתן) הִישָּׁדַדְנָה

♦ **דוגמאות** Illustrations

שלושה סניפים של בנק הפועלים **נִשְׁדְּדוּ** אתמול באותה שעה בתל-אביב, בירושלים ובחיפה. לא ברור מדוע **השׁוֹדְדִים** החליטו **לִשְׁדּוֹד** רק את בנק הפועלים.

Three branches of Bank Hapoalim were simultaneously **robbed** yesterday at the same time in Tel Aviv, Jerusalem, and Haifa. It is not clear why the **robbers** decided **to rob** only Bank Hapoalim.

● שדל : לְהִשְׁתַּדֵּל, לְשַׁדֵּל

הִשְׁתַּדֵּל/הִשְׁתַּדַּל try hard, endeavor; try to persuade

בניין : הִתְפַּעֵל גזרה : שלמים + פ׳ שורקת

	Present הווה		Past עבר	Future עתיד	Imper. ציווי
יחיד	מִשְׁתַּדֵּל	אני	הִשְׁתַּדַּלְתִּי	אֶשְׁתַּדֵּל	
יחידה	מִשְׁתַּדֶּלֶת	אתה	הִשְׁתַּדַּלְתָּ	תִּשְׁתַּדֵּל	הִשְׁתַּדֵּל
רבים	מִשְׁתַּדְּלִים	את	הִשְׁתַּדַּלְתְּ	תִּשְׁתַּדְּלִי	הִשְׁתַּדְּלִי
רבות	מִשְׁתַּדְּלוֹת	הוא	הִשְׁתַּדֵּל	יִשְׁתַּדֵּל	
		היא	הִשְׁתַּדְּלָה	תִּשְׁתַּדֵּל	
		אנחנו	הִשְׁתַּדַּלְנוּ	נִשְׁתַּדֵּל	
		אתם/ן	הִשְׁתַּדַּלְתֶּם/ן	תִּשְׁתַּדְּלוּ *	הִשְׁתַּדְּלוּ **
		הם/ן	הִשְׁתַּדְּלוּ	יִשְׁתַּדְּלוּ *	

שם הפועל .Infin לְהִשְׁתַּדֵּל * less commonly: אתן/הן תִּשְׁתַּדֵּלְנָה

שם הפעולה Verbal N הִשְׁתַּדְּלוּת striving ** less commonly: (אתן) הִשְׁתַּדֵּלְנָה

מקור מוחלט .Inf. Abs הִשְׁתַּדֵּל

שִׁידֵּל (שִׁדֵּל)/שִׁידַּל/שַׁדֵּל coax, persuade

בניין : פִּיעֵל גזרה : שלמים

	Present הווה		Past עבר	Future עתיד	Imper. ציווי
יחיד	מְשַׁדֵּל	אני	שִׁידַּלְתִּי	אֲשַׁדֵּל	
יחידה	מְשַׁדֶּלֶת	אתה	שִׁידַּלְתָּ	תְּשַׁדֵּל	שַׁדֵּל
רבים	מְשַׁדְּלִים	את	שִׁידַּלְתְּ	תְּשַׁדְּלִי	שַׁדְּלִי
רבות	מְשַׁדְּלוֹת	הוא	שִׁידֵּל	יְשַׁדֵּל	
		היא	שִׁידְּלָה	תְּשַׁדֵּל	
		אנחנו	שִׁידַּלְנוּ	נְשַׁדֵּל	
		אתם/ן	שִׁידַּלְתֶּם/ן	תְּשַׁדְּלוּ *	שַׁדְּלוּ **
		הם/ן	שִׁידְּלוּ	יְשַׁדְּלוּ *	

שם הפועל .Infin לְשַׁדֵּל * less commonly: אתן/הן תְּשַׁדֵּלְנָה

מקור מוחלט .Inf. Abs שַׁדֵּל ** less commonly: (אתן) שַׁדֵּלְנָה

שם הפעולה Verbal N שִׁידּוּל coaxing, persuading

♦ **דוגמאות** Illustrations

ניסיתי **לְשַׁדֵּל** אותו שיבוא איתי שוב לאופרה, אבל הוא הזכיר לי שלמרות **שהִשְׁתַּדֵּל** מאוד להחזיק מעמד בפעם שעברה, הוא נרדם כבר במערכה הראשונה.

I tried **to coax** him to come with me to the opera again, but he reminded me that although he **had tried hard** to hold out the last time, he fell asleep in the first act.

♦ ביטויים מיוחדים Special expressions

במקום שאין אנשים, **הִשְׁתַּדֵּל** להיות איש behave as a human being should, even if others around you do not

● שדר : לְשַׁדֵּר

שִׁידֵּר (שִׁדֵּר)/שִׁידַּר/שַׁדֵּר broadcast, transmit

בניין : פִּיעֵל גזרה : שלמים

	Present הווה		Past עבר	Future עתיד	Imper. ציווי
יחיד	מְשַׁדֵּר	אני	שִׁידַּרְתִּי	אֲשַׁדֵּר	
יחידה	מְשַׁדֶּרֶת	אתה	שִׁידַּרְתָּ	תְּשַׁדֵּר	שַׁדֵּר
רבים	מְשַׁדְּרִים	את	שִׁידַּרְתְּ	תְּשַׁדְּרִי	שַׁדְּרִי
רבות	מְשַׁדְּרוֹת	הוא	שִׁידֵּר	יְשַׁדֵּר	
		היא	שִׁידְּרָה	תְּשַׁדֵּר	
		אנחנו	שִׁידַּרְנוּ	נְשַׁדֵּר	
		אתם/ן	שִׁידַּרְתֶּם/ן	תְּשַׁדְּרוּ	שַׁדְּרוּ **
		הם/ן	שִׁידְּרוּ	יְשַׁדְּרוּ *	

שם הפועל .Infin לְשַׁדֵּר   * less commonly: אתן/הן תְּשַׁדֵּרְנָה

מקור מוחלט .Inf. Abs שַׁדֵּר   ** less commonly: (אתן) שַׁדֵּרְנָה

שם הפעולה Verbal N שִׁידּוּר broadcast, transmission

שׁוּדַּר (שֻׁדַּר) be broadcast, be transmitted

בניין : פּוּעַל גזרה : שלמים

	Present הווה		Past עבר	Future עתיד
יחיד	מְשׁוּדָּר	אני	שׁוּדַּרְתִּי	אֲשׁוּדַּר
יחידה	מְשׁוּדֶּרֶת	אתה	שׁוּדַּרְתָּ	תְּשׁוּדַּר
רבים	מְשׁוּדָּרִים	את	שׁוּדַּרְתְּ	תְּשׁוּדְּרִי
רבות	מְשׁוּדָּרוֹת	הוא	שׁוּדַּר	יְשׁוּדַּר
		היא	שׁוּדְּרָה	תְּשׁוּדַּר
		אנחנו	שׁוּדַּרְנוּ	נְשׁוּדַּר
		אתם/ן	שׁוּדַּרְתֶּם/ן	תְּשׁוּדְּרוּ *
		הם/ן	שׁוּדְּרוּ	יְשׁוּדְּרוּ *

* less commonly: אתן/הן תְּשׁוּדַּרְנָה

♦ דוגמאות Illustrations

״סי בי אס״ **מְשַׁדֶּרֶת** את סטיבן קולבר כל ערב ב**שִׁידּוּר** חי. התוכנית **מְשׁוּדֶּרֶת** לכל רחבי העולם.

CBS **broadcasts** Stephen Colbert every evening in a live **broadcast**. The program **is broadcast** all over the world.

●שוב : לָשׁוּב, לְהָשִׁיב

שָׁב/שַׁב/יָשׁוּב return (intr.); revert; repeat; become

בניין : פָּעַל גזרה : ע״ו

	Present הווה		Past עבר	Future עתיד	Imper. ציווי
יחיד	שָׁב	אני	שַׁבְתִּי	אָשׁוּב	
יחידה	שָׁבָה	אתה	שַׁבְתָּ	תָּשׁוּב	שׁוּב
רבים	שָׁבִים	את	שַׁבְתְּ	תָּשׁוּבִי	שׁוּבִי
רבות	שָׁבוֹת	הוא	שָׁב	יָשׁוּב	
		היא	שָׁבָה	תָּשׁוּב	
		אנחנו	שַׁבְנוּ	נָשׁוּב	
		אתם/ן	שַׁבְתֶּם/ן	תָּשׁוּבוּ *	שׁוּבוּ **
		הם/ן	שָׁבוּ	יָשׁוּבוּ *	

שם הפועל .Infin לָשׁוּב — * less commonly: אתן/הן תָּשׁוֹבְנָה

שם הפעולה Verbal N שִׁיבָה return (N) — ** less commonly: (אתן) שׁוֹבְנָה

מקור מוחלט .Inf. Abs שׁוֹב — מקור נטוי .Inf.+pron בְּשׁוּבוֹ, כְּ...

מ״י מוצרכת .Gov. Prep שָׁב ל/-אל return to

הֵשִׁיב/הֵשַׁב/יָשִׁיב reply; return (tr.); replace; restore; revoke, reverse

בניין : הִפְעִיל גזרה : ע״ו

	Present הווה		Past עבר	Future עתיד	Imper. ציווי
יחיד	מֵשִׁיב	אני	הֵשַׁבְתִּי	אָשִׁיב	
יחידה	מְשִׁיבָה	אתה	הֵשַׁבְתָּ	תָּשִׁיב	הָשֵׁב
רבים	מְשִׁיבִים	את	הֵשַׁבְתְּ	תָּשִׁיבִי	הָשִׁיבִי
רבות	מְשִׁיבוֹת	הוא	הֵשִׁיב	יָשִׁיב	
		היא	הֵשִׁיבָה	תָּשִׁיב	
		אנחנו	הֵשַׁבְנוּ	נָשִׁיב	
		אתם/ן	הֵשַׁבְתֶּם/ן *	תָּשִׁיבוּ **	הָשִׁיבוּ ***
		הם/ן	הֵשִׁיבוּ	יָשִׁיבוּ **	

שם הפועל .Infin לְהָשִׁיב — * formal: הֲשַׁבְתֶּם/ן

ש׳ הפעולה Verbal N הֲשָׁבָה returning, restoring — ** less commonly: אתן/הן תָּשֵׁבְנָה

מקור מוחלט .Inf. Abs הָשֵׁב — *** less commonly: (אתן) הָשֵׁבְנָה

מ״י מוצרכת .Gov. Prep הֵשִׁיב ל- reply to

♦ פעלים פחות שכיחים מאותו שורש Less frequent verbs from the same root

הוּשַׁב (מוּשָׁב, יוּשַׁב) be put back, be replaced, be returned, be restored; be said in reply

♦ דוגמאות Illustrations

גולי בבל **הוּשְׁבוּ** לארצם על ידי מלך פרס. כורש **הֵשִׁיב** אותם לארץ ישראל לאחר גלות של שבעים שנה. כשהם **שָׁבוּ**, הם מצאו ארץ שונה מזו שעזבו.

The Babylonian exiles **were returned** to their country by the king of Persia. Cyrus **returned** them to the Land of Israel after a seventy-year exile. When they **returned** they found a country different from the one they had left.

כש**שַׁבְתִּי** ושאלתי מה יהיה בגורלם של המפוטרים, **הֵשִׁיב** המנהל כי זו איננה הבעייה שלו.

When I **repeated** my question regarding the fate of the workers that were let go, the manager **replied** that it was not his problem.

♦ ביטויים מיוחדים Special expressions

עובר **וָשָׁב** passerby; regular checking account — **שָׁב** לאיתנו recover, regain one's health
שָׁב בידיים ריקות return empty-handed — **שָׁב** למנהגו return to one's routine
שִׁיבַת ציון return to Zion — הלוך **וָשׁוֹב** there and **back**; a round trip ticket
מֵשִׁיב נפש restorative, reviving — **הֵשִׁיב** רעה תחת טובה **answer** good with evil
הֵשִׁיב מלחמה שערה **answer** a challenge (such as war) with similar measures
הֵשִׁיב את פניו ריקם send him away empty-handed
את הנעשה אין **לְהָשִׁיב** what is done cannot be undone
הֲשָׁבַת אבידה **returning** lost property

● שוה (שוי) : לְהַשְׁווֹת

הִשְׁוָוה (הִשְׁוָה)/מַשְׁוֶוה compare, equate; equalize; smooth, even

בניין : הִפְעִיל — גזרה : ל״י

	Present הווה		Past עבר	Future עתיד	Imper. ציווי
יחיד	מַשְׁוֶוה	אני	הִשְׁוֵויתִי	אַשְׁוֶוה	
יחידה	מַשְׁוָוה	אתה	הִשְׁוֵויתָ	תַּשְׁוֶוה	הַשְׁוֵוה
רבים	מַשְׁווִים	את	הִשְׁוֵוית	תַּשְׁווִי	הַשְׁווִי
רבות	מַשְׁווֹת	הוא	הִשְׁוָוה	יַשְׁוֶוה	
		היא	הִשְׁווְתָה	תַּשְׁוֶוה	
		אנחנו	הִשְׁוֵוינוּ	נַשְׁוֶוה	
		אתם/ן	הִשְׁוֵויתֶם/ן	תַּשְׁווּ *	הַשְׁווּ **
		הם/ן	הִשְׁווּ	יַשְׁווּ *	

שם הפועל .Infin לְהַשְׁווֹת — * less commonly: אתן/הן תַּשְׁוֶוינָה
מקור מוחלט .Inf. Abs הַשְׁוֵוה — ** less commonly: (אתן) הַשְׁוֶוינָה
שם הפעולה Verbal N הַשְׁוָואָה comparison; equalization; equation (algebra)

♦ פעלים פחות שכיחים מאותו שורש Less frequent verbs from the same root

הוּשְׁוָוה be compared, be equalized, be smoothed (מוּשְׁוֶוה, יוּשְׁוֶוה)

♦ דוגמאות Illustrations

עדיין לא החלטתי בקשר לרכישת מכונית. **הִשְׁוֵויתִי** מחירים אצל מספר סוכני מכוניות, אבל אני צריך גם לעשות **הַשְׁוָואָה** עם מחירי השכרה.

I have not made up my mind yet regarding the purchase of a car. I **compared** prices with a number of car dealers, but I also need to make a **comparison** with leasing prices.

♦ ביטויים מיוחדים Special expressions

קו **הַמַּשְׁוֶוה** the **equator**

● שוט : לְשׁוֹטֵט, לָשׁוּט

שׁוֹטֵט/שׁוֹטַט roam, rove; loiter

בניין : פִּיעֵל גזרה : ע״ו (ל״ל)

	Present הווה		Past עבר	Future עתיד	Imper. ציווי
יחיד	מְשׁוֹטֵט	אני	שׁוֹטַטְתִּי	אֲשׁוֹטֵט	
יחידה	מְשׁוֹטֶטֶת	אתה	שׁוֹטַטְתָּ	תְּשׁוֹטֵט	שׁוֹטֵט
רבים	מְשׁוֹטְטִים	את	שׁוֹטַטְתְּ	תְּשׁוֹטְטִי	שׁוֹטְטִי
רבות	מְשׁוֹטְטוֹת	הוא	שׁוֹטֵט	יְשׁוֹטֵט	
		היא	שׁוֹטְטָה	תְּשׁוֹטֵט	
		אנחנו	שׁוֹטַטְנוּ	נְשׁוֹטֵט	
		אתם/ן	שׁוֹטַטְתֶּם/ן	תְּשׁוֹטְטוּ *	שׁוֹטְטוּ **
		הם/ן	שׁוֹטְטוּ	יְשׁוֹטְטוּ *	

שם הפועל .Infin לְשׁוֹטֵט — * less commonly: אתן/הן תְּשׁוֹטֵטְנָה

שם הפעולה Verbal N שִׁיטוּט roaming — ** less commonly: (אתן) שׁוֹטֵטְנָה

מקור מוחלט .Inf. Abs שׁוֹטֵט

שָׁט/שַׁט/יָשׁוּט roam, wander; sail

בניין : פָּעַל גזרה : ע״ו

	Present הווה		Past עבר	Future עתיד	Imper. ציווי
יחיד	שָׁט	אני	שַׁטְתִּי	אָשׁוּט	
יחידה	שָׁטָה	אתה	שַׁטְתָּ	תָּשׁוּט	שׁוּט
רבים	שָׁטִים	את	שַׁטְתְּ	תָּשׁוּטִי	שׁוּטִי
רבות	שָׁטוֹת	הוא	שָׁט	יָשׁוּט	
		היא	שָׁטָה	תָּשׁוּט	
		אנחנו	שַׁטְנוּ	נָשׁוּט	
		אתם/ן	שַׁטְתֶּם/ן	תָּשׁוּטוּ *	שׁוּטוּ **
		הם/ן	שָׁטוּ	יָשׁוּטוּ *	

שם הפועל .Infin לָשׁוּט — * less commonly: אתן/הן תָּשׁוּטְנָה

מקור מוחלט .Inf. Abs שׁוֹט — ** less commonly: (אתן) שׁוּטְנָה

מקור נטוי .Inf.+pron בְּשׁוּטוֹ/בְּשׁוֹטְטוֹ, כְּ...

♦ פעלים פחות שכיחים מאותו שורש Less frequent verbs from the same root

הוּשַׁט be set afloat; be transported by boat (מוּשָׁט, יוּשַׁט)

הֵשִׁיט float (tr.), set afloat, transport by boat (מֵשִׁיט, יָשִׁיט, לְהָשִׁיט)

שִׁיֵּט roam, cruise (מְשַׁיֵּט, יְשַׁיֵּט, לְשַׁיֵּט)

שם הפעולה Verbal N שִׁיּוּט cruising (form fairly common)

♦ דוגמאות Illustrations

מיכאל **שָׁט** לפחות פעם בשנה עם קבוצת חברים בספינת מפרשים למקומות שונים בים התיכון. מדי פעם הם יורדים לחוף **וּמְשׁוֹטְטִים** קצת בערי הנמל.

Michael **sails** at least once a year with a group of friends on a sailboat to different places on the Mediterranean. Occasionally they get off on shore and **roam about** in the port cities.

ילדים אוהבים **לְהָשִׁיט** סירות-מודל באגם שלנו. לפחות עשרים סירות כאלה **מוּשָׁטוֹת** כאן כל יום ראשון.

Kids love **to set afloat** model boats on our lake. At least twenty such boats **are set afloat** here every Sunday.

●שוק (מן שוק market) : לְשַׁוֵּק

שִׁיוּק (שִׁוּק)/שִׁיוַּק/שַׁוֵּק market, sell

בניין : פִּיעֵל גזרה : שלמים

	Present הווה		Past עבר	Future עתיד	Imper. ציווי
יחיד	מְשַׁוֵּק	אני	שִׁיוַּקְתִּי	אֲשַׁוֵּק	
יחידה	מְשַׁוֶּקֶת	אתה	שִׁיוַּקְתָּ	תְּשַׁוֵּק	שַׁוֵּק
רבים	מְשַׁוְּקִים	את	שִׁיוַּקְתְּ	תְּשַׁוְּקִי	שַׁוְּקִי
רבות	מְשַׁוְּקוֹת	הוא	שִׁיוֵּק	יְשַׁוֵּק	
		היא	שִׁיוְּקָה	תְּשַׁוֵּק	
		אנחנו	שִׁיוַּקְנוּ	נְשַׁוֵּק	
		אתם/ן	שִׁיוַּקְתֶּם/ן	תְּשַׁוְּקוּ	שַׁוְּקוּ **
		הם/ן	שִׁיוְּקוּ	יְשַׁוְּקוּ *	

שם הפועל .Infin לְשַׁוֵּק   * less commonly: אתן/הן תְּשַׁוֵּקְנָה

שם הפעולה Verbal N שִׁיוּוּק marketing   ** less commonly: (אתן) שַׁוֵּקְנָה

בינוני .Pres. Part מְשַׁוֵּק marketer   מקור מוחלט .Inf. Abs שַׁוֵּק

♦ דוגמאות Illustrations

ליזמים רבים יש רעיונות טובים מה להמציא ומה למכור, אך רק מעטים יודעים איך **לְשַׁוֵּק** מוצרים או שירותים חדשים. לכן רובם נעזרים במומחי **שִׁיוּוּק**.

Many entrepreneurs have good ideas about what to invent and what to sell, but only a few know how **to market** products or services. Therefore, the majority of them use **marketing** specialists.

●שזף : לְהִשְׁתַּזֵּף

הִשְׁתַּזֵּף/הִשְׁתַּזַּף sunbathe, tan V

בניין : הִתְפַּעֵל גזרה : שלמים + פ׳ שורקת

	Present הווה		Past עבר	Future עתיד	Imper. ציווי
יחיד	מִשְׁתַּזֵּף	אני	הִשְׁתַּזַּפְתִּי	אֶשְׁתַּזֵּף	
יחידה	מִשְׁתַּזֶּפֶת	אתה	הִשְׁתַּזַּפְתָּ	תִּשְׁתַּזֵּף	הִשְׁתַּזֵּף
רבים	מִשְׁתַּזְּפִים	את	הִשְׁתַּזַּפְתְּ	תִּשְׁתַּזְּפִי	הִשְׁתַּזְּפִי
רבות	מִשְׁתַּזְּפוֹת	הוא	הִשְׁתַּזֵּף	יִשְׁתַּזֵּף	
		היא	הִשְׁתַּזְּפָה	תִּשְׁתַּזֵּף	
		אנחנו	הִשְׁתַּזַּפְנוּ	נִשְׁתַּזֵּף	
		אתם/ן	הִשְׁתַּזַּפְתֶּם/ן	תִּשְׁתַּזְּפוּ *	הִשְׁתַּזְּפוּ **
		הם/ן	הִשְׁתַּזְּפוּ	יִשְׁתַּזְּפוּ *	

שם הפועל .Infin לְהִשְׁתַּזֵּף   * less commonly: אתן/הן תִּשְׁתַּזֵּפְנָה

שם הפעולה Verbal N הִשְׁתַּזְּפוּת suntanning   ** less commonly: (אתן) הִשְׁתַּזֵּפְנָה

מקור מוחלט .Inf. Abs הִשְׁתַּזֵּף

♦ דוגמאות Illustrations

כשהגוף חשוף לשמש במטרה **לְהִשְׁתַּזֵּף**, יש להשתמש במשחה שתגן עליו מפני קרינת יתר העלולה לגרום לסרטן עור.

When one's body is exposed to the sun for the purpose of **tanning**, one needs to use a sunscreen that will protect it from extreme radiation, which may cause skin cancer.

●שׂחה (שׂחי) : לִשְׂחוֹת

שָׂחָה/שׂוֹחֶה/יִשְׂחֶה swim

בניין : פָּעַל גזרה : ע״ג + ל״י

	Present הווה		Past עבר	Future עתיד	Imper. ציווי
יחיד	שׂוֹחֶה	אני	שָׂחִיתִי	אֶשְׂחֶה	
יחידה	שׂוֹחָה	אתה	שָׂחִיתָ	תִּשְׂחֶה	שְׂחֵה
רבים	שׂוֹחִים	את	שָׂחִית	תִּשְׂחִי	שְׂחִי
רבות	שׂוֹחוֹת	הוא	שָׂחָה	יִשְׂחֶה	
		היא	שָׂחֲתָה	תִּשְׂחֶה	
		אנחנו	שָׂחִינוּ	נִשְׂחֶה	
		אתם/ן	* שְׂחִיתֶם/ן	** תִּשְׂחוּ	*** שְׂחוּ
		הם/ן	שָׂחוּ	** יִשְׂחוּ	

שם הפועל .Infin לִשְׂחוֹת

שם הפעולה Verbal N שְׂחִיָּה swimming

מקור מוחלט .Inf. Abs שָׂחֹה

מקור נטוי .Inf.+pron בִּשְׂחוֹתוֹ, כְּ...

* Colloquial: שָׂחִיתֶם/ן

** less commonly: אתן/הן תִּשְׂחֶינָה

*** less commonly: (אתן) שְׂחֶינָה

♦ דוגמאות Illustrations

אליעזר לא יודע **לִשְׂחוֹת**. השנה הוא החליט לעשות משהו בנדון, והוא נרשם לשיעורי **שְׂחִיָּה**.

Eliezer cannot **swim**. This year he decided do something about it, and registered for **swimming** lessons.

♦ ביטויים מיוחדים Special expressions

שָׂחָה בים התלמוד delve deeply in Talmud study

שָׂחָה נגד הזרם **swim** against the current, i.e., be nonconformist

שָׂחָה עם הזרם **swim** with the current, i.e., conform

●שחזר : לְשַׁחְזֵר

שִׁחְזֵר/שִׁחְזַר/שַׁחְזֵר reconstruct, restore

בניין : פִּיעֵל גזרה : מרובעים

	Present הווה		Past עבר	Future עתיד	Imper. ציווי
יחיד	מְשַׁחְזֵר	אני	שִׁחְזַרְתִּי	אֲשַׁחְזֵר	
יחידה	מְשַׁחְזֶרֶת	אתה	שִׁחְזַרְתָּ	תְּשַׁחְזֵר	שַׁחְזֵר
רבים	מְשַׁחְזְרִים	את	שִׁחְזַרְתְּ	תְּשַׁחְזְרִי	שַׁחְזְרִי
רבות	מְשַׁחְזְרוֹת	הוא	שִׁחְזֵר	יְשַׁחְזֵר	
		היא	שִׁחְזְרָה	תְּשַׁחְזֵר	

Imper. ציווי	Future עתיד	Past עבר		Present הווה
	נְשַׁחְזֵר	שִׁחְזַרְנוּ	אנחנו	
שַׁחְזְרוּ **	תְּשַׁחְזְרוּ	שִׁחְזַרְתֶּם/ן	אתם/ן	
	יְשַׁחְזְרוּ *	שִׁחְזְרוּ	הם/ן	

שם הפועל .Infin לְשַׁחְזֵר — * less commonly: אתן/הן תְּשַׁחְזֵרְנָה

מקור מוחלט .Inf. Abs שַׁחְזֵר — ** less commonly: (אתן) שַׁחְזֵרְנָה

שם הפעולה Verbal N שִׁחְזוּר reconstruction, restoration

שׁוּחְזַר (שֻׁחְזַר) be reconstructed, be restored

בניין : פּוּעַל גזרה : מרובעים

Future עתיד	Past עבר		Present הווה	
אֲשׁוּחְזַר	שׁוּחְזַרְתִּי	אני	מְשׁוּחְזָר	יחיד
תְּשׁוּחְזַר	שׁוּחְזַרְתָּ	אתה	מְשׁוּחְזֶרֶת	יחידה
תְּשׁוּחְזְרִי	שׁוּחְזַרְתְּ	את	מְשׁוּחְזָרִים	רבים
יְשׁוּחְזַר	שׁוּחְזַר	הוא	מְשׁוּחְזָרוֹת	רבות
תְּשׁוּחְזַר	שׁוּחְזְרָה	היא		
נְשׁוּחְזַר	שׁוּחְזַרְנוּ	אנחנו		
תְּשׁוּחְזְרוּ *	שׁוּחְזַרְתֶּם/ן	אתם/ן		
יְשׁוּחְזְרוּ *	שׁוּחְזְרוּ	הם/ן		

בינוני .Pres. Part מְשׁוּחְזָר reconstructed — * less commonly: אתן/הן תְּשׁוּחְזַרְנָה

♦ דוגמאות Illustrations

מודל בית המקדש, ש**שׁוּחְזַר** בקפידה על-ידי מומחים לפני שנים רבות והוצג לציבור במלון ״הולילנד״, הועבר למוזיאון ישראל. ה**שִׁחְזוּר** המיניאטורי הוא של הבית השני.

The temple model, that had been carefully **reconstructed** by experts and had been on display to the public at the Holy Land Hotel, was moved to the Israel Museum. This miniature **reconstruction** is of the second temple.

● שחט : לִשְׁחוֹט, לְהִישָּׁחֵט

שָׁחַט/שׁוֹחֵט/יִשְׁחַט (יִשְׁחָט) slaughter; kill, murder, butcher

בניין : פָּעַל גזרה : שלמים (אֶפְעַל, ע״ג)

Imp. ציווי	Fut. עתיד	Past עבר		Pres./Part. הווה/בינוני		
	אֶשְׁחַט	שָׁחַטְתִּי	אני	שָׁחוּט	שׁוֹחֵט	יחיד
שְׁחַט	תִּשְׁחַט	שָׁחַטְתָּ	אתה	שְׁחוּטָה	שׁוֹחֶטֶת	יחידה
שַׁחֲטִי	תִּשְׁחֲטִי	שָׁחַטְתְּ	את	שְׁחוּטִים	שׁוֹחֲטִים	רבים
	יִשְׁחַט	שָׁחַט	הוא	שְׁחוּטוֹת	שׁוֹחֲטוֹת	רבות
	תִּשְׁחַט	שָׁחֲטָה	היא			
	נִשְׁחַט	שָׁחַטְנוּ	אנחנו			
שַׁחֲטוּ ***	תִּשְׁחֲטוּ **	שְׁחַטְתֶּם/ן *	אתם/ן			
	יִשְׁחֲטוּ **	שָׁחֲטוּ	הם/ן			

שם הפועל .Infin לִשְׁחוֹט — * Colloquial: שָׁחַטְתֶּם/ן

מקור מוחלט .Inf. Abs שָׁחוֹט — ** less commonly: אתן/הן תִּשְׁחַטְנָה

ביני סביל .Pass. Part שָׁחוּט slaughtered — *** less commonly: (אתן) שְׁחַטְנָה

בינ' פעיל Act. Part. שׁוֹחֵט (Jewish ritual) slaughterer; butcher
ש' הפעו' Verbal N שְׁחִיטָה slaughter; massacre   מקור נטוי Inf.+pron. בְּשׁוֹחֲטוֹ, כְּ...

נִשְׁחַט/יִישָּׁחֵט (יִשָּׁחֵט) be slaughtered; be butchered

בניין : נִפְעַל   גזרה : שלמים

	Present הווה		Past עבר	Future עתיד	Imper. ציווי
יחיד	נִשְׁחָט	אני	נִשְׁחַטְתִּי	אֶשָּׁחֵט	
יחידה	נִשְׁחֶטֶת	אתה	נִשְׁחַטְתָּ	תִּישָּׁחֵט	הִישָּׁחֵט
רבים	נִשְׁחָטִים	את	נִשְׁחַטְתְּ	תִּישָּׁחֲטִי	הִישָּׁחֲטִי
רבות	נִשְׁחָטוֹת	הוא	נִשְׁחַט	יִישָּׁחֵט	
		היא	נִשְׁחֲטָה	תִּישָּׁחֵט	
		אנחנו	נִשְׁחַטְנוּ	נִישָּׁחֵט	
		אתם/ן	נִשְׁחַטְתֶּם/ן	תִּישָּׁחֲטוּ *	הִישָּׁחֲטוּ **
		הם/ן	נִשְׁחֲטוּ	יִישָּׁחֲטוּ *	

שם הפועל Infin. לְהִישָּׁחֵט   * less commonly: אתן/הן תִּישָּׁחַטְנָה
מקור מוחלט Inf. Abs. נִשְׁחוֹט, הִישָּׁחֵט   ** less commonly: (אתן) הִישָּׁחַטְנָה

♦ דוגמאות Illustrations

ב**שְׁחִיטָה** כשרה ה**שׁוֹחֵט** חייב לוודא שכל הדם ייצא לפני מות החיה ש**נִשְׁחֲטָה**. זה לא כל כך הומאני... כדי שהחיה תסבול פחות, על הסכין להיות חדה ביותר.

In Kosher **slaughtering**, the **slaughterer** needs to ascertain that all the blood comes out before the **slaughtered** animal dies. This is not very humane.... In order for the animal to suffer a bit less, the knife must be extremely sharp.

● שׂחק : לְשַׂחֵק

שִׂיחֵק (שִׂחֵק)/שִׂיחַק/שַׂחֵק play (game); act (on stage); amuse; mock

בניין : פִּיעֵל   גזרה : שלמים + ע"ג

	Present הווה		Past עבר	Future עתיד	Imper. ציווי
יחיד	מְשַׂחֵק	אני	שִׂיחַקְתִּי	אֲשַׂחֵק	
יחידה	מְשַׂחֶקֶת	אתה	שִׂיחַקְתָּ	תְּשַׂחֵק	שַׂחֵק
רבים	מְשַׂחֲקִים	את	שִׂיחַקְתְּ	תְּשַׂחֲקִי	שַׂחֲקִי
רבות	מְשַׂחֲקוֹת	הוא	שִׂיחֵק	יְשַׂחֵק	
		היא	שִׂיחֲקָה	תְּשַׂחֵק	
		אנחנו	שִׂיחַקְנוּ	נְשַׂחֵק	
		אתם/ן	שִׂיחַקְתֶּם/ן	תְּשַׂחֲקוּ	שַׂחֲקוּ **
		הם/ן	שִׂיחֲקוּ	יְשַׂחֲקוּ *	

שם הפועל Infin. לְשַׂחֵק   * less commonly: אתן/הן תְּשַׂחֵקְנָה
מקור מוחלט Inf. Abs. שַׂחֵק   ** less commonly: (אתן) שַׂחֵקְנָה
מ"י מוצרכת Gov. Prep. שִׂיחֵק עם/ב play with (former person, latter object)

♦ דוגמאות Illustrations

כשגבי היה ילד הוא אהב **לְשַׂחֵק** "שוטרים וגנבים". היום הוא **מְשַׂחֵק** תפקיד של שוטר בסדרת טלוויזיה.

When Gaby was a child he liked **to play** "Cops and Robbers." Today he **plays** the role of a policeman in a TV show.

◆ ביטויים מיוחדים Special expressions
play with fire שִׂחֵק בָּאֵשׁ
he was lucky שִׂחֵק לוֹ הַמַּזָּל

●שחרר: לְשַׁחְרֵר, לְהִשְׁתַּחְרֵר
set free, liberate, release
שִׁחְרֵר/שִׁחֲרָר/שַׁחְרֵר
בניין: פִּיעֵל   גזרה: מרובעים

Imper. ציווי	Future עתיד	Past עבר		Present הווה	
	אֲשַׁחְרֵר	שִׁחְרַרְתִּי	אני	מְשַׁחְרֵר	יחיד
שַׁחְרֵר	תְּשַׁחְרֵר	שִׁחְרַרְתָּ	אתה	מְשַׁחְרֶרֶת	יחידה
שַׁחְרְרִי	תְּשַׁחְרְרִי	שִׁחְרַרְתְּ	את	מְשַׁחְרְרִים	רבים
	יְשַׁחְרֵר	שִׁחְרֵר	הוא	מְשַׁחְרְרוֹת	רבות
	תְּשַׁחְרֵר	שִׁחְרְרָה	היא		
	נְשַׁחְרֵר	שִׁחְרַרְנוּ	אנחנו		
שַׁחְרְרוּ **	תְּשַׁחְרְרוּ	שִׁחְרַרְתֶּם/ן	אתם/ן		
	יְשַׁחְרְרוּ *	שִׁחְרְרוּ	הם/ן		

שם הפועל Infin. לְשַׁחְרֵר   * less commonly: אתן/הן תְּשַׁחְרֵרְנָה
שם הפעולה Verbal N שִׁחְרוּר liberation, release ** less commonly: (אתן) שַׁחְרֵרְנָה
בינוני Pres. Part. מְשַׁחְרֵר liberator; liberating (Adj); מקור מוחלט Inf. Abs. שַׁחְרֵר

be set free, be liberated, be released; set oneself free, release oneself
הִשְׁתַּחְרֵר/הִשְׁתַּחְרָר
בניין: הִתְפַּעֵל   גזרה: מרובעים + פ׳ שורקת

Imper. ציווי	Future עתיד	Past עבר		Present הווה	
	אֶשְׁתַּחְרֵר	הִשְׁתַּחְרַרְתִּי	אני	מִשְׁתַּחְרֵר	יחיד
הִשְׁתַּחְרֵר	תִּשְׁתַּחְרֵר	הִשְׁתַּחְרַרְתָּ	אתה	מִשְׁתַּחְרֶרֶת	יחידה
הִשְׁתַּחְרְרִי	תִּשְׁתַּחְרְרִי	הִשְׁתַּחְרַרְתְּ	את	מִשְׁתַּחְרְרִים	רבים
	יִשְׁתַּחְרֵר	הִשְׁתַּחְרֵר	הוא	מִשְׁתַּחְרְרוֹת	רבות
	תִּשְׁתַּחְרֵר	הִשְׁתַּחְרְרָה	היא		
	נִשְׁתַּחְרֵר	הִשְׁתַּחְרַרְנוּ	אנחנו		
הִשְׁתַּחְרְרוּ **	תִּשְׁתַּחְרְרוּ *	הִשְׁתַּחְרַרְתֶּם/ן	אתם/ן		
	יִשְׁתַּחְרְרוּ *	הִשְׁתַּחְרְרוּ	הם/ן		

שם הפועל Infin. לְהִשְׁתַּחְרֵר   * less commonly: אתן/הן תִּשְׁתַּחְרֵרְנָה
ש׳ הפעולי Verbal N הִשְׁתַּחְרְרוּת being released ** less commonly: (אתן) הִשְׁתַּחְרֵרְנָה
בינוני Pres. Part. מִשְׁתַּחְרֵר one being released   מקור מוחלט Inf. Abs. הִשְׁתַּחְרֵר
מ״י מוצרכת Gov. Prep. הִשְׁתַּחְרֵר מִן be released from

be set free, be liberated, be released (שֻׁחְרַר) שׁוּחְרַר
בניין: פּוּעַל   גזרה: מרובעים

Future עתיד	Past עבר		Present הווה	
אֲשׁוּחְרַר	שׁוּחְרַרְתִּי	אני	מְשׁוּחְרָר	יחיד
תְּשׁוּחְרַר	שׁוּחְרַרְתָּ	אתה	מְשׁוּחְרֶרֶת	יחידה
תְּשׁוּחְרְרִי	שׁוּחְרַרְתְּ	את	מְשׁוּחְרָרִים	רבים
יְשׁוּחְרַר	שׁוּחְרַר	הוא	מְשׁוּחְרָרוֹת	רבות

		Present הווה		Past עבר	Future עתיד
			היא	שׁוּחְרְרָה	תְּשׁוּחְרַר
			אנחנו	שׁוּחְרַרְנוּ	נְשׁוּחְרַר
			אתם/ן	שׁוּחְרַרְתֶּם/ן	תְּשׁוּחְרְרוּ *
			הם/ן	שׁוּחְרְרוּ	יְשׁוּחְרְרוּ *

בינוני .Pres. Part מְשׁוּחְרָר freed, released   * less commonly: אתן/הן תְּשׁוּחְרַרְנָה

♦ דוגמאות Illustrations

במסגרת ההסכם, התחייבו שני הצדדים **לְשַׁחְרֵר** שבויים ועצירים. **השִׁחְרוּר** יקוים בשלבים, כשבראשונה **יְשׁוּחְרְרוּ** גברים חולים ונשים. כש**יִשְׁתַּחְרֵר** השבוי האחרון או העציר האחרון, יופעלו ההסכמים הצבאיים בשטח.

Within the framework of the agreement, two sides committed themselves **to free** prisoners and detainees. The **release** will take place in stages, with sick males and females **being released** first. When the last prisoner or detainee **is set free**, the military arrangements on the ground will be set in motion.

♦ ביטויים מיוחדים Special expressions

שִׁחְרֵר אותו מתפקידו fire him (euphemism)   מלחמת השִׁחְרוּר war of **independence**

חייל **מְשׁוּחְרָר** a soldier **released** from service; a veteran

שׁוּחְרַר בערבות was **released** on bail

הִשְׁתַּחְרֵר מן הצבא **be released** from the army

●שחת : לְהַשְׁחִית

הִשְׁחִית/הִשְׁחַת/יַשְׁחִית vandalize, damage, destroy; corrupt V

בניין : הִפְעִיל   גזרה : ל״ת

	Present הווה		Past עבר	Future עתיד	Imper. ציווי
יחיד	מַשְׁחִית	אני	הִשְׁחַתִּי	אַשְׁחִית	
יחידה	מַשְׁחִיתָה	אתה	הִשְׁחַתָּ	תַּשְׁחִית	הַשְׁחֵת
רבים	מַשְׁחִיתִים	את	הִשְׁחַתְּ	תַּשְׁחִיתִי	הַשְׁחִיתִי
רבות	מַשְׁחִיתוֹת	הוא	הִשְׁחִית	יַשְׁחִית	
		היא	הִשְׁחִיתָה	תַּשְׁחִית	
		אנחנו	הִשְׁחַתְנוּ	נַשְׁחִית	
		אתם/ן	הִשְׁחַתֶּם/ן	תַּשְׁחִיתוּ *	הַשְׁחִיתוּ **
		הם/ן	הִשְׁחִיתוּ	יַשְׁחִיתוּ *	

שם הפועל .Infin לְהַשְׁחִית   * less commonly: אתן/הן תַּשְׁחֵתְנָה

מקור מוחלט .Inf. Abs הַשְׁחֵת   ** less commonly: (אתן) הַשְׁחֵתְנָה

שם הפעולה Verbal N הַשְׁחָתָה vandalizing, damaging, defacing, destroying

הוּשְׁחַת (הָשְׁחַת) be damaged, be destroyed, be vandalized

בניין : הוּפְעַל   גזרה : ל״ת + ע״ג

	Present הווה		Past עבר	Future עתיד
יחיד	מוּשְׁחָת	אני	הוּשְׁחַתִּי	אוּשְׁחַת
יחידה	מוּשְׁחֶתֶת	אתה	הוּשְׁחַתָּ	תּוּשְׁחַת
רבים	מוּשְׁחָתִים	את	הוּשְׁחַתְּ	תּוּשְׁחֲתִי
רבות	מוּשְׁחָתוֹת	הוא	הוּשְׁחַת	יוּשְׁחַת

Future עתיד	Past עבר		Present הווה
תּוּשְׁחַת	הוּשְׁחֲתָה	היא	
נוּשְׁחַת	הוּשְׁחַתְנוּ	אנחנו	
תּוּשְׁחֲתוּ *	הוּשְׁחַתֶּם/ן	אתם/ן	
יוּשְׁחֲתוּ *	הוּשְׁחֲתוּ	הם/ן	

בינוני .Pres. Part מוּשְׁחָת corrupt; defaced, marred   * less commonly: אתן/הן תּוּשְׁחַתְנָה

♦ דוגמאות Illustrations

מקובל לחשוב שהכוח **מַשְׁחִית**. לכן בארצות כמו ארה״ב אין אדם יכול היום לכהן כנשיא ביותר משתי קדנציות.

It is commonly thought that power **corrupts**. This is why in countries like the U.S. the same person cannot serve more than two terms as president.

מנשה נתפס כשריסס סיסמאות פוליטיות במרכז העיר, והועמד לדין באשמת **הַשְׁחָתָה** של מבני ציבור (במקורות: ״בל **תַּשְׁחִית**״).

Menashe was caught spraying political slogans in the center of town, and was charged with **defacing** public buildings (in the Jewish sources: "do not mar/deface").

● שטף : לִשְׁטוֹף, לְהִישָּׁטֵף

שָׁטַף/שׁוֹטֵף/יִשְׁטוֹף wash (floor, dishes), rinse; wash away (soil); flood, overflow

בניין : פָּעַל   גזרה : שלמים (אֶפְעוֹל)

Imp. ציווי	Fut. עתיד	Past עבר		Pres./Part. הווה/בינוני	
	אֶשְׁטוֹף	שָׁטַפְתִּי	אני	שׁוֹטֵף שָׁטוּף	יחיד
שְׁטוֹף	תִּשְׁטוֹף	שָׁטַפְתָּ	אתה	שׁוֹטֶפֶת שְׁטוּפָה	יחידה
שִׁטְפִי	תִּשְׁטְפִי	שָׁטַפְתְּ	את	שׁוֹטְפִים שְׁטוּפִים	רבים
	יִשְׁטוֹף	שָׁטַף	הוא	שׁוֹטְפוֹת שְׁטוּפוֹת	רבות
	תִּשְׁטוֹף	שָׁטְפָה	היא		
	נִשְׁטוֹף	שָׁטַפְנוּ	אנחנו		
שִׁטְפוּ ***	תִּשְׁטְפוּ **	שְׁטַפְתֶּם/ן *	אתם/ן		
	יִשְׁטְפוּ **	שָׁטְפוּ	הם/ן		

* Colloquial: שָׁטַפְתֶּם/ן

** less commonly: אתן/הן תִּשְׁטוֹפְנָה

*** less commonly: (אתן) שְׁטוֹפְנָה

שם הפועל .Infin לִשְׁטוֹף

ביני פעיל .Act. Part שׁוֹטֵף continuous, current; swiftly running, torrential

ביני סביל .Pass. Part שָׁטוּף flooded, washed; rapt

שם הפעולה Verbal N שְׁטִיפָה washing (floor...); flooding

מקור מוחלט .Inf. Abs שָׁטוֹף   מקור נטוי .Inf.+pron בְּשׁוֹטְפוֹ, כְּ...

נִשְׁטַף/יִישָּׁטֵף (יִשָּׁטֵף) be washed, be rinsed; be washed away

בניין : נִפְעַל   גזרה : שלמים

Imper. ציווי	Future עתיד	Past עבר		Present הווה	
	אֶשָּׁטֵף	נִשְׁטַפְתִּי	אני	נִשְׁטָף	יחיד
הִישָּׁטֵף	תִּישָּׁטֵף	נִשְׁטַפְתָּ	אתה	נִשְׁטֶפֶת	יחידה

	Present הווה		Past עבר	Future עתיד	Imper. ציווי
רבים	נִשְׁטָפִים	את	נִשְׁטַפְתְּ	תִּישָּׁטְפִי	הִישָּׁטְפִי
רבות	נִשְׁטָפוֹת	הוא	נִשְׁטַף	יִישָּׁטֵף	
		היא	נִשְׁטְפָה	תִּישָּׁטֵף	
		אנחנו	נִשְׁטַפְנוּ	נִישָּׁטֵף	
		אתם/ן	נִשְׁטַפְתֶּם/ן	תִּישָּׁטְפוּ *	הִישָּׁטְפוּ **
		הם/ן	נִשְׁטְפוּ	יִישָּׁטְפוּ *	

* less commonly: אתן/הן תִּישָּׁטַפְנָה

** less commonly: (אתן) הִישָּׁטַפְנָה

שם הפועל .Infin לְהִישָּׁטֵף

מקור מוחלט .Inf. Abs נִשְׁטוֹף, הִישָּׁטֵף (הִישָּׁטוֹף)

♦ דוגמאות Illustrations

בביתנו אני הוא ה**שּׁוֹטֵף** את הכלים ; אין לי מושג בבישול, אבל אני מומחה ל**שְׁטִיפַת** כלים.

At our home I am the one who **washes** the dishes; I have no understanding of cooking, but I am an expert in **washing** dishes.

גשם **שׁוֹטֵף** ירד אתמול במשך כל היום, והכבישים **נִשְׁטְפוּ** מכל האבק שכיסה אותם בשבועות החמים של אוגוסט.

Torrential rain was pouring all day yesterday, and the roads **were rinsed** of all the dust that accumulated on them during the hot weeks of August.

♦ ביטויים מיוחדים Special expressions

גשם **שׁוֹטֵף** torrential rain

מדיח (= **שׁוֹטֵף**) כלים dish**washer**

שָׁטוּף בשתייה drunkard

חשבון **שׁוֹטֵף** **current** account

עניינים **שׁוֹטְפִים** **current** topics

●שׂיח : לְשׂוֹחֵחַ

שׂוֹחַח (שׂוֹחֵחַ) talk, converse, chat

בניין : פִּיעֵל גזרה : ע״ג + ע״י (ל״ל)

	Present הווה		Past עבר	Future עתיד	Imper. ציווי
יחיד	מְשׂוֹחֵחַ	אני	שׂוֹחַחְתִּי	אֲשׂוֹחַח/...חֵחַ*	
יחידה	מְשׂוֹחַחַת	אתה	שׂוֹחַחְתָּ	תְּשׂוֹחַח/...חֵחַ*	שׂוֹחַח/...חֵחַ*
רבים	מְשׂוֹחֲחִים	את	שׂוֹחַחְתְּ/...חַת	תְּשׂוֹחֲחִי	שׂוֹחֲחִי
רבות	מְשׂוֹחֲחוֹת	הוא	שׂוֹחַח/שׂוֹחֵחַ*	יְשׂוֹחַח/יְשׂוֹחֵחַ*	
		היא	שׂוֹחֲחָה	תְּשׂוֹחַח/תְּשׂוֹחֵחַ*	
		אנחנו	שׂוֹחַחְנוּ	נְשׂוֹחַח/נְשׂוֹחֵחַ*	
		אתם/ן	שׂוֹחַחְתֶּם/ן	תְּשׂוֹחֲחוּ **	שׂוֹחֲחוּ ***
		הם/ן	שׂוֹחֲחוּ	יְשׂוֹחֲחוּ **	

* ...חֵחַ more common in colloquial use

** less commonly: אתן/הן תְּשׂוֹחַחְנָה

*** less commonly: (אתן) שׂוֹחַחְנָה

שם הפועל .Infin לְשׂוֹחֵחַ

מקור מוחלט .Inf. Abs שׂוֹחֵחַ

מ״י מוצרכת .Gov. Prep שׂוֹחַח עם talk with

♦ **דוגמאות** Illustrations

שׂוֹחַחְתִּי עם מנשה כחצי שעה, עד שהוא התנצל ואמר שלצערו הוא צריך ללכת.

I **chatted** with Menashe for about half an hour, till he apologized and said that unfortunately he had to go.

● שיך : לְשַׁיֵּךְ, לְהִשְׁתַּיֵּךְ

שִׁיֵּךְ (שִׁיֵּךְ)/שִׁיַּכ/שַׁיֵּךְ attribute, ascribe

בניין : פִּיעֵל גזרה : שלמים

	Present הווה		Past עבר	Future עתיד	Imper. ציווי
יחיד	מְשַׁייֵּךְ	אני	שִׁייַּכְתִּי	אֲשַׁייֵּךְ	
יחידה	מְשַׁייֶּכֶת	אתה	שִׁייַּכְתָּ	תְּשַׁייֵּךְ	שַׁייֵּךְ
רבים	מְשַׁייְּכִים	את	שִׁייַּכְתְּ	תְּשַׁייְּכִי	שַׁייְּכִי
רבות	מְשַׁייְּכוֹת	הוא	שִׁייֵּךְ	יְשַׁייֵּךְ	
		היא	שִׁייְּכָה	תְּשַׁייֵּךְ	
		אנחנו	שִׁייַּכְנוּ	נְשַׁייֵּךְ	
		אתם/ן	שִׁייַּכְתֶּם/ן	תְּשַׁייְּכוּ *	שַׁייְּכוּ **
		הם/ן	שִׁייְּכוּ	יְשַׁייְּכוּ *	

שם הפועל .Infin לְשַׁיֵּךְ   * less commonly: אתן/הן תְּשַׁיֵּכְנָה

מקור מוחלט .Inf. Abs שַׁיֵּךְ   ** less commonly: (אתן) שַׁיֵּכְנָה

שם הפעולה Verbal N שִׁיּוּךְ attribution

הִשְׁתַּיֵּךְ/הִשְׁתַּיַּכ (הִשְׁתַּיֵּךְ/נִשְׁתַּיֵּךְ) belong

בניין : הִתְפַּעֵל גזרה : שלמים + פ׳ שורקת

	Present הווה		Past עבר	Future עתיד	Imper. ציווי
יחיד	מִשְׁתַּייֵּךְ	אני	הִשְׁתַּייַּכְתִּי	אֶשְׁתַּייֵּךְ	
יחידה	מִשְׁתַּייֶּכֶת	אתה	הִשְׁתַּייַּכְתָּ	תִּשְׁתַּייֵּךְ	הִשְׁתַּייֵּךְ
רבים	מִשְׁתַּייְּכִים	את	הִשְׁתַּייַּכְתְּ	תִּשְׁתַּייְּכִי	הִשְׁתַּייְּכִי
רבות	מִשְׁתַּייְּכוֹת	הוא	הִשְׁתַּייֵּךְ	יִשְׁתַּייֵּךְ	
		היא	הִשְׁתַּייְּכָה	תִּשְׁתַּייֵּךְ	
		אנחנו	הִשְׁתַּייַּכְנוּ	נִשְׁתַּייֵּךְ	
		אתם/ן	הִשְׁתַּייַּכְתֶּם/ן	תִּשְׁתַּייְּכוּ *	הִשְׁתַּייְּכוּ **
		הם/ן	הִשְׁתַּייְּכוּ	יִשְׁתַּייְּכוּ *	

שם הפועל .Infin לְהִשְׁתַּייֵּךְ   * less commonly: אתן/הן תִּשְׁתַּייֵּכְנָה

מקור מוחלט .Inf. Abs הִשְׁתַּייֵּךְ   ** less commonly: (אתן) הִשְׁתַּייֵּכְנָה

שם הפעולה Verbal N הִשְׁתַּייְּכוּת belonging

♦ **פעלים פחות שכיחים מאותו שורש** Less frequent verbs from the same root

שׁוּיַּךְ be attributed, be ascribed (בינוני Pres. Part. מְשׁוּיָּךְ attributed, יְשׁוּיַּךְ)

♦ **דוגמאות** Illustrations

עגנון כותב בסגנון הקרוב ללשון חז״ל. מישהו אמר פעם, שאם ימצאו את כתביו בקפסולת זמן, **יְשַׁייְּכוּ** אותם קרוב לוודאי לתקופת המשנה...

Agnon writes in a style that is close to Mishnaic Hebrew. Someone said once, that if they find his books in a time capsule, they **will** probably **be attributed** to the Mishnaic period…

ישראלים רבים מדווחים שלמרות שהות ארוכה בארה״ב, קשה להם עדיין להרגיש שהם **מִשְׁתַּיְּכִים הִשְׁתַּיְּכוּת** אמיתית לחברה האמריקאית.

Many Israelis report that even after a long stay in the U.S., they still find it hard to feel a true sense of **belonging** to American society.

●שׂים : לָשִׂים

שָׂם/שַׂמ/יָשִׂים put, place, set, lay; appoint (lit.); make into (lit.)

בניין : פָּעַל   גזרה : ע״י

	Present הווה		Past עבר	Future עתיד	Imper. ציווי
יחיד	שָׂם	אני	שַׂמְתִּי	אָשִׂים	
יחידה	שָׂמָה	אתה	שַׂמְתָּ	תָּשִׂים	שִׂים
רבים	שָׂמִים	את	שַׂמְתְּ	תָּשִׂימִי	שִׂימִי
רבות	שָׂמוֹת	הוא	שָׂם	יָשִׂים	
		היא	שָׂמָה	תָּשִׂים	
		אנחנו	שַׂמְנוּ	נָשִׂים	
		אתם/ן	שַׂמְתֶּם/ן	תָּשִׂימוּ *	שִׂימוּ **
		הם/ן	שָׂמוּ	יָשִׂימוּ *	

שם הפועל .Infin לָשִׂים

מקור מוחלט .Inf. Abs שִׂים

מקור נטוי .Inf.+pron בְּשׂוּמוֹ, כְּ...

שם הפעולה Verbal N שִׂימָה placing, putting (lit.)

* less commonly: אתן/הן תָּשֵׂמְנָה

** less commonly: (אתן) שֵׂמְנָה

♦ פעלים פחות שכיחים מאותו שורש Less frequent verbs from the same root

הֵשִׂים place, set up, establish (lit.) (מֵשִׂים, יָשִׂים, לְהָשִׂים)

הוּשַׂם be placed, be put, be set up, be established (מוּשָׂם, יוּשַׂם)

♦ דוגמאות Illustrations

לא **שַׂמְתִּי** לב לכך שהמכתב שאני מחפש נמצא על השולחן הסמוך. הוא **הוּשַׂם** שם כנראה על ידי האחראי על הדואר, ולא במקום שבו הוא **שָׂם** בדרך כלל את מכתביי.

I did not **notice** that the letter for which I was looking was on the desk next to me. It **was** probably **placed** there by the mail delivery person, rather than where he generally **places** my letters.

♦ ביטויים מיוחדים Special expressions

שָׂם לב pay attention, notice

מי **שַׂמְךָ**? who asked you? who appointed you?

שָׂם קץ ל put an end to

בְּשׂוּם לב attentively, carefully

●שׁיר : לָשִׁיר

שָׁר/שַׁר/יָשִׁיר sing; write or recite poetry (lit.)

בניין : פָּעַל   גזרה : ע״י

	Present הווה		Past עבר	Future עתיד	Imper. ציווי
יחיד	שָׁר	אני	שַׁרְתִּי	אָשִׁיר	
יחידה	שָׁרָה	אתה	שַׁרְתָּ	תָּשִׁיר	שִׁיר
רבים	שָׁרִים	את	שַׁרְתְּ	תָּשִׁירִי	שִׁירִי

Imper. ציווי	Future עתיד	Past עבר		Present הווה	
	יָשִׁיר	שָׁר	הוא	שָׁרוֹת	רבות
	תָּשִׁיר	שָׁרָה	היא		
	נָשִׁיר	שַׁרְנוּ	אנחנו		
שִׁירוּ **	תָּשִׁירוּ *	שַׁרְתֶּם/ן	אתם/ן		
	יָשִׁירוּ *	שָׁרוּ	הם/ן		

שם הפועל .Infin לָשִׁיר

* less commonly: אתן/הן תָּשֵׁרְנָה

שם הפעולה Verbal N שִׁירָה singing; poetry

** less commonly: (אתן) שֵׁרְנָה

מקור מוחלט .Inf. Abs שִׁיר

מקור נטוי .Inf.+pron בְּשִׁירוֹ, כְּ...

♦ פעלים פחות שכיחים מאותו שורש Less frequent verbs from the same root

הוּשַׁר be sung (מוּשָׁר, יוּשַׁר)

♦ דוגמאות Illustrations

אליהו התרגש מאוד כשההמנון של ישראל **הוּשַׁר** בוועידה. הוא ניצב דום **ושָׁר** ברוממות רוח עם כולם. **שִׁירָה** אדירה כזו, אמר לי לאחר מכן, לא שמע כבר שנים רבות.

Eliyahu was very moved when the Israeli anthem **was sung** at the congress. He stood still and **sang** with uplifted spirit with everybody. He has not heard such powerful **singing** for many years, he told me afterward.

לא ידעתי שיעל כותבת **שִׁירָה**. נפל לידיי ספר שירים שלה, והתרשמתי מאוד.

I had no idea that Yael writes **poetry**. A book of poems of hers fell into my hands, and I was very impressed.

●שכב : לִשְׁכַּב, לְהִישָּׁכֵב, לְהַשְׁכִּיב

שָׁכַב/שׁוֹכֵב/יִשְׁכַּב lie, lie down; lie in bed (coll.); sleep (with)

בניין : פָּעַל גזרה : שלמים (אֶפְעַל)

Imp. ציווי	Fut. עתיד	Past עבר		Pres./Part. הווה/בינוני	
	אֶשְׁכַּב	שָׁכַבְתִּי	אני	שׁוֹכֵב שָׁכוּב	יחיד
שְׁכַב	תִּשְׁכַּב	שָׁכַבְתָּ	אתה	שׁוֹכֶבֶת שְׁכוּבָה	יחידה
שִׁכְבִי	תִּשְׁכְּבִי	שָׁכַבְתְּ	את	שׁוֹכְבִים שְׁכוּבִים	רבים
	יִשְׁכַּב	שָׁכַב	הוא	שׁוֹכְבוֹת שְׁכוּבוֹת	רבות
	תִּשְׁכַּב	שָׁכְבָה	היא		
	נִשְׁכַּב	שָׁכַבְנוּ	אנחנו		
שִׁכְבוּ ***	תִּשְׁכְּבוּ **	שְׁכַבְתֶּם/ן *	אתם/ן		
	יִשְׁכְּבוּ **	שָׁכְבוּ	הם/ן		

* Colloquial: שָׁכַבְתֶּם/ן

שם הפועל .Infin לִשְׁכַּב

** less commonly: אתן/הן תִּשְׁכַּבְנָה

שם הפעולה Verbal N שְׁכִיבָה lying, lying down

*** less commonly: (אתן) שְׁכַבְנָה

ביני סביל .Pass. Part שָׁכוּב prostrate, lying down

קָטִיל .CaCiC adj./N שָׁכִיב wounded person who must be carried on stretcher

מקור מוחלט .Inf. Abs שָׁכוֹב

מקור נטוי .Inf.+pron בְּשׁוֹכְבוֹ, כְּ...

מ״י מוצרכת .Gov. Prep שָׁכַב עַל lie on

מ״י מוצרכת .Gov. Prep שָׁכַב עִם sleep with

מ״י מוצרכת .Gov. Prep שָׁכַב בְּ- lie in (bed...)

נִשְׁכַּב/יִישָּׁכֵב (יִשָּׁכֵב) lie/fall down (coll.); be laid with (lit.)

בניין : נִפְעַל גזרה : שלמים

	Present הווה		Past עבר	Future עתיד	Imper. ציווי
יחיד	נִשְׁכָּב	אני	נִשְׁכַּבְתִּי	אֶשָּׁכֵב	
יחידה	נִשְׁכֶּבֶת	אתה	נִשְׁכַּבְתָּ	תִּישָּׁכֵב	הִישָּׁכֵב
רבים	נִשְׁכָּבִים	את	נִשְׁכַּבְתְּ	תִּישָּׁכְבִי	הִישָּׁכְבִי
רבות	נִשְׁכָּבוֹת	הוא	נִשְׁכַּב	יִישָּׁכֵב	
		היא	נִשְׁכְּבָה	תִּישָּׁכֵב	
		אנחנו	נִשְׁכַּבְנוּ	נִישָּׁכֵב	
		אתם/ן	נִשְׁכַּבְתֶּם/ן	תִּישָּׁכְבוּ *	הִישָּׁכְבוּ **
		הם/ן	נִשְׁכְּבוּ	יִישָּׁכְבוּ *	

* less commonly: אתן/הן תִּישָּׁכַבְנָה

שם הפועל .Infin לְהִישָּׁכֵב ** less commonly: (אתן) הִישָּׁכַבְנָה

מקור מוחלט .Inf. Abs נִשְׁכּוֹב, הִישָּׁכֵב (הִישָּׁכוֹב)

הִשְׁכִּיב/הִשְׁכַּב/יַשְׁכִּיב lay down, put to bed; knock down (coll.)

בניין : הִפְעִיל גזרה : שלמים

	Present הווה		Past עבר	Future עתיד	Imper. ציווי
יחיד	מַשְׁכִּיב	אני	הִשְׁכַּבְתִּי	אַשְׁכִּיב	
יחידה	מַשְׁכִּיבָה	אתה	הִשְׁכַּבְתָּ	תַּשְׁכִּיב	הַשְׁכֵּב
רבים	מַשְׁכִּיבִים	את	הִשְׁכַּבְתְּ	תַּשְׁכִּיבִי	הַשְׁכִּיבִי
רבות	מַשְׁכִּיבוֹת	הוא	הִשְׁכִּיב	יַשְׁכִּיב	
		היא	הִשְׁכִּיבָה	תַּשְׁכִּיב	
		אנחנו	הִשְׁכַּבְנוּ	נַשְׁכִּיב	
		אתם/ן	הִשְׁכַּבְתֶּם/ן	תַּשְׁכִּיבוּ *	הַשְׁכִּיבוּ **
		הם/ן	הִשְׁכִּיבוּ	יַשְׁכִּיבוּ *	

* less commonly: אתן/הן תַּשְׁכֵּבְנָה

שם הפועל .Infin לְהַשְׁכִּיב ** less commonly: (אתן) הַשְׁכֵּבְנָה

שם הפעולה Verbal N הַשְׁכָּבָה laying down, putting to bed מקור מוחלט .Inf. Abs הַשְׁכֵּב

♦ פעלים פחות שכיחים מאותו שורש Less frequent verbs from the same root

הוּשְׁכַּב be laid down, be put to bed; be knocked down (coll.) (בינוני .Pres. Part מוּשְׁכָּב put to bed, laid down, יוּשְׁכַּב)

♦ דוגמאות Illustrations

האם **הִשְׁכִּיבָה** את התינוק במיטתו. משראתה שאינו מפסיק לבכות, **נִשְׁכְּבָה** על ידו עד שנרדם.

The mother **put the baby to bed**. When she saw that he would not stop crying, she **lay down** next to him till he fell asleep.

גופת הנשיא הנפטר **הוּשְׁכְּבָה** בארון, **וְשָׁכְבָה** בו שלושה ימים, כדי לאפשר לציבור לחלוק לו את הכבוד האחרון.

The body of the deceased president **was laid down** in a coffin, and it **lay** there for three days, to enable the public to show their last respects.

כשחליתי בשפעת בפעם האחרונה, נאלצתי **לִשְׁכַּב** (במיטה) שבוע ימים. זה היה לי קשה, כי איני רגיל **לִשְׁכִיבָה** ממושכת במיטה.

When I last had the flu, I was forced **to lie in bed** for a week. It was hard for me, since I am not used to long (periods of) **lying in bed**.

♦ ביטויים מיוחדים Special expressions

שָׁכַב עם אבותיו die (BH)   תפילת **הַשְׁכָּבָה** prayer for the dead

● שכח : לִשְׁכּוֹחַ, לְהִישָּׁכֵחַ, לְהַשְׁכִּיחַ

שָׁכַח/שׁוֹכֵחַ/יִשְׁכַּח forget

בניין : פָּעַל   גזרה : שלמים (אֶפְעַל) + ל״ג

	הווה/בינוני .Pres./Part		עבר Past	עתיד .Fut	ציווי .Imp
יחיד	שׁוֹכֵחַ שָׁכוּחַ	אני	שָׁכַחְתִּי	אֶשְׁכַּח	
יחידה	שׁוֹכַחַת שְׁכוּחָה	אתה	שָׁכַחְתָּ	תִּשְׁכַּח	שְׁכַח
רבים	שׁוֹכְחִים שְׁכוּחִים	את	שָׁכַחְתְּ/...חַת	תִּשְׁכְּחִי	שִׁכְחִי
רבות	שׁוֹכְחוֹת שְׁכוּחוֹת	הוא	שָׁכַח	יִשְׁכַּח	
		היא	שָׁכְחָה	תִּשְׁכַּח	
		אנחנו	שָׁכַחְנוּ	נִשְׁכַּח	
		אתם/ן	שְׁכַחְתֶּם/ן *	תִּשְׁכְּחוּ **	שִׁכְחוּ ***
		הם/ן	שָׁכְחוּ	יִשְׁכְּחוּ **	

שם הפועל .Infin לִשְׁכּוֹחַ   * Colloquial: שָׁכַחְתֶּם/ן

מקור מוחלט .Inf. Abs שָׁכוֹחַ   ** less commonly: אתן/הן תִּשְׁכַּחְנָה

בינ׳ סביל .Pass. Part שָׁכוּחַ forgotten, forsaken   *** less commonly: (אתן) שְׁכַחְנָה

שם הפעולה Verbal N שִׁכְחָה forgetfulness   מקור נטוי .Inf.+pron בְּשׁוֹכְחוֹ, כְּ...

ש׳ הפעו׳ Verbal N שְׁכִיחָה forgetting (lit.)   קָטִיל .adj./N *CaCiC* שָׁכִיחַ common/frequent

נִשְׁכַּח/יִישָּׁכַח (יִשָּׁכַח) be forgotten

בניין : נִפְעַל   גזרה : שלמים + ל״ג

	הווה Present		עבר Past	עתיד Future	ציווי .Imper
יחיד	נִשְׁכָּח	אני	נִשְׁכַּחְתִּי	אֶשָּׁכַח	
יחידה	נִשְׁכַּחַת	אתה	נִשְׁכַּחְתָּ	תִּישָּׁכַח	הִישָּׁכַח
רבים	נִשְׁכָּחִים	את	נִשְׁכַּחְתְּ/...חַת	תִּישָּׁכְחִי	הִישָּׁכְחִי
רבות	נִשְׁכָּחוֹת	הוא	נִשְׁכַּח	יִישָּׁכַח	
		היא	נִשְׁכְּחָה	תִּישָּׁכַח	
		אנחנו	נִשְׁכַּחְנוּ	נִישָּׁכַח	
		אתם/ן	נִשְׁכַּחְתֶּם/ן	תִּישָּׁכְחוּ *	הִישָּׁכְחוּ **
		הם/ן	נִשְׁכְּחוּ	יִישָּׁכְחוּ *	

שם הפועל .Infin לְהִישָּׁכַח   * less commonly: אתן/הן תִּישָּׁכַחְנָה

בינוני .Pres. Part נִשְׁכָּח forgotten   ** less commonly: (אתן) הִישָּׁכַחְנָה

מקור מוחלט .Inf. Abs נִשְׁכּוֹחַ , הִישָּׁכֵחַ

הִשְכִּיחַ/הִשְכַּח/יַשְכִּיחַ cause to forget, banish from the mind

בניין: הִפְעִיל גזרה: שלמים + ל״ג

	Present הווה		Past עבר	Future עתיד	Imper. ציווי
יחיד	מַשְכִּיחַ	אני	הִשְכַּחְתִּי	אַשְכִּיחַ	-
יחידה	מַשְכִּיחָה	אתה	הִשְכַּחְתָּ	תַּשְכִּיחַ	הַשְכַּח
רבים	מַשְכִּיחִים	את	הִשְכַּחְתְּ	תַּשְכִּיחִי	הַשְכִּיחִי
רבות	מַשְכִּיחוֹת	הוא	הִשְכִּיחַ	יַשְכִּיחַ	
		היא	הִשְכִּיחָה	תַּשְכִּיחַ	
		אנחנו	הִשְכַּחְנוּ	נַשְכִּיחַ	
		אתם/ן	הִשְכַּחְתֶּם/ן	תַּשְכִּיחוּ *	הַשְכִּיחוּ **
		הם/ן	הִשְכִּיחוּ	יַשְכִּיחוּ *	

שם הפועל .Infin לְהַשְכִּיחַ — * less commonly: אתן/הן תַּשְכַּחְנָה

שם הפעולה Verbal N הַשְכָּחָה causing to forget — ** less commonly: (אתן) הַשְכַּחְנָה

מקור מוחלט .Inf. Abs הַשְכֵּחַ

♦ דוגמאות Illustrations

יש אנשים ש**שוֹכְחִים** מהר שמות; אחרים לא זוכרים פרצופים.

There are people who quickly **forget** names; others do not remember faces.

אני מקווה שהמסיבה הזאת **תַּשְכִּיחַ** ממנו את צרותיו – לפחות לערב אחד.

I hope that this party **will make** him **forget** his troubles – at least for one night.

נראה לי שהוא לא צריך לחשוש מן הפגישה הזאת עם גבריאל; אני משוכנע שכל מה שקרה ביניהם פעם כבר **נִשְכַּח**.

It seems to me that he need not worry about this meeting with Gabriel; I am convinced that whatever had happened between them **is** already **forgotten**.

♦ ביטויים מיוחדים Special expressions

שְכוּחַ-אלוהים god**forsaken** — **שָכַח** את עצמו lose control of oneself (coll.)

שְכַח מזה (את זה)! **forget** it!; no way! (coll.) — מחלת ה**שִכְחָה** amnesia

● שכלל: לְשַכְלֵל, לְהִשְתַּכְלֵל

שִכְלֵל/שֻכְלַל/שַכְלֵל enhance, improve

בניין: פִּיעֵל גזרה: מרובעים

	Present הווה		Past עבר	Future עתיד	Imper. ציווי
יחיד	מְשַכְלֵל	אני	שִכְלַלְתִּי	אֲשַכְלֵל	
יחידה	מְשַכְלֶלֶת	אתה	שִכְלַלְתָּ	תְּשַכְלֵל	שַכְלֵל
רבים	מְשַכְלְלִים	את	שִכְלַלְתְּ	תְּשַכְלְלִי	שַכְלְלִי
רבות	מְשַכְלְלוֹת	הוא	שִכְלֵל	יְשַכְלֵל	
		היא	שִכְלְלָה	תְּשַכְלֵל	
		אנחנו	שִכְלַלְנוּ	נְשַכְלֵל	
		אתם/ן	שִכְלַלְתֶּם/ן	תְּשַכְלְלוּ	שַכְלְלוּ **
		הם/ן	שִכְלְלוּ	יְשַכְלְלוּ *	

שם הפועל .Infin לְשַכְלֵל — * less commonly: אתן/הן תְּשַכְלֵלְנָה

מקור מוחלט .Inf. Abs שַכְלֵל — ** less commonly: (אתן) שַכְלֵלְנָה

שם הפעולה Verbal N שִכְלוּל enhancement, improvement; enhancing, improving

הִשְׁתַּכְלֵל/הִשְׁתַּכְלַל become more advanced technologically, become more sophisticated

בניין : הִתְפַּעֵל גזרה : מרובעים + פ׳ שורקת

	Present הווה		Past עבר	Future עתיד	Imper. ציווי
יחיד	מִשְׁתַּכְלֵל	אני	הִשְׁתַּכְלַלְתִּי	אֶשְׁתַּכְלֵל	
יחידה	מִשְׁתַּכְלֶלֶת	אתה	הִשְׁתַּכְלַלְתָּ	תִּשְׁתַּכְלֵל	הִשְׁתַּכְלֵל
רבים	מִשְׁתַּכְלְלִים	את	הִשְׁתַּכְלַלְתְּ	תִּשְׁתַּכְלְלִי	הִשְׁתַּכְלְלִי
רבות	מִשְׁתַּכְלְלוֹת	הוא	הִשְׁתַּכְלֵל	יִשְׁתַּכְלֵל	
		היא	הִשְׁתַּכְלְלָה	תִּשְׁתַּכְלֵל	
		אנחנו	הִשְׁתַּכְלַלְנוּ	נִשְׁתַּכְלֵל	
		אתם/ן	הִשְׁתַּכְלַלְתֶּם/ן	תִּשְׁתַּכְלְלוּ *	הִשְׁתַּכְלְלוּ **
		הם/ן	הִשְׁתַּכְלְלוּ	יִשְׁתַּכְלְלוּ *	

שם הפועל .Infin לְהִשְׁתַּכְלֵל   * less commonly: אתן/הן תִּשְׁתַּכְלֵלְנָה

מקור מוחלט .Inf. Abs הִשְׁתַּכְלֵל   ** less commonly: (אתן) הִשְׁתַּכְלֵלְנָה

שם הפעולה Verbal N הִשְׁתַּכְלְלוּת enhancement, improvement, sophistication

♦ פעלים פחות שכיחים מאותו שורש Less frequent verbs from the same root

שׁוּכְלַל be enhanced, be improved (ביני סביל .Pass. Part מְשׁוּכְלָל enhanced, advanced, sophisticated, יְשׁוּכְלַל)

♦ דוגמאות Illustrations

חברות המחשבים, וכמותן חברות הטלפונים הניידים, **מְשַׁכְלְלוֹת** חדשות לבקרים את תוכנות ההפעלה שלהן, ומאלצות את המשתמשים לרכוש גרסאות **מְשׁוּכְלָלוֹת** יותר ממה שכבר רכשו לא מזמן. מרגיז!

The computer companies, as well as the mobile phone ones, keep **enhancing** their operating systems, thus forcing users to purchase **enhanced** versions of what they have already acquired not long ago. Annoying!

●שכן : לִשְׁכּוֹן

שָׁכַן/שׁוֹכֵן/יִשְׁכּוֹן (יִשְׁכֹּן) dwell, live, reside

בניין : פָּעַל גזרה : ל״נ

	Pres./Part. הווה/בינוני			Past עבר	Fut. עתיד	Imp. ציווי
יחיד	שׁוֹכֵן	שָׁכוּן	אני	שָׁכַנְתִּי	אֶשְׁכּוֹן	
יחידה	שׁוֹכֶנֶת	שְׁכוּנָה	אתה	שָׁכַנְתָּ	תִּשְׁכּוֹן	שְׁכוֹן
רבים	שׁוֹכְנִים	שְׁכוּנִים	את	שָׁכַנְתְּ	תִּשְׁכְּנִי	שִׁכְנִי
רבות	שׁוֹכְנוֹת	שְׁכוּנוֹת	הוא	שָׁכַן	יִשְׁכּוֹן	
			היא	שָׁכְנָה	תִּשְׁכּוֹן	
			אנחנו	שָׁכַנּוּ	נִשְׁכּוֹן	
			אתם/ן	שְׁכַנְתֶּם/ן *	תִּשְׁכְּנוּ **	שִׁכְנוּ ***
			הם/ן	שָׁכְנוּ	יִשְׁכְּנוּ **	

שם הפועל .Infin לִשְׁכּוֹן   * Colloquial: שָׁכַנְתֶּם/ן

ש׳ הפעולי Verbal N שְׁכִינָה the Divine Presence   ** less commonly: אתן/הן תִּשְׁכּוֹנָּה

ביני סביל .Pass. Part שָׁכוּן residing (lit.-rare)   *** less commonly: (אתן) שְׁכוֹנָּה

מקור מוחלט Inf. Abs. שָׁכוֹן — מקור נטוי Inf.+pron. בְּשׁוֹכְנוֹ, כְּ...
מ״י מוצרכת Gov. Prep. שָׁכַן ב- dwell in

♦ פעלים פחות שכיחים מאותו שורש Less frequent verbs from the same root

שׁוּכַּן be housed, be provided with housing (מְשׁוּכָּן, יְשׁוּכַּן)

שִׁיכֵּן house, provide with housing (מְשַׁכֵּן, יְשַׁכֵּן, לְשַׁכֵּן, שם הפעולה Verbal N שִׁיכּוּן housing; housing project)

הִשְׁתַּכֵּן find oneself housing/accommodation; be housed, be accommodated (מִשְׁתַּכֵּן, יִשְׁתַּכֵּן, לְהִשְׁתַּכֵּן)

הִשְׁכִּין settle, accommodate; establish, set up (מַשְׁכִּין, יַשְׁכִּין, לְהַשְׁכִּין)

♦ דוגמאות Illustrations

חלק מן העולים **שׁוּכְּנוּ** במבנים ארעיים, אבל תוך זמן סביר הצליח משרד ה**שִׁיכּוּן** **לְשַׁכֵּן** גם אותם ב**שִׁיכּוּנִים** קבועים.

Some of the immigrants from Russia **were housed** in temporary installations, but within a reasonable time, the **housing** ministry managed **to house** them in permanent **housing projects**.

חלק מן הבדואים בישראל **הִשְׁתַּכְּנוּ** במשך השנים במגורים קבועים, אבל רובם עדיין **שׁוֹכְנִים** באוהלים.

Some of the Bedouins in Israel **found themselves** permanent **housing** during the years, but most of them still **reside** in tents.

חלק מארצות ערב כבר **הִשְׁכִּינוּ** שלום בינן לבין ישראל. אחרי **שֶׁיּוּשְׁכַּן** שלום אמיתי בין ישראל והפלשתינאים, יעשו זאת כנראה גם שאר מדינות ערב.

Some of the Arab countries have already **established** peace between themselves and Israel. When real peace **is established** between Israel and the Palestinians, the rest of the Arab states will probably follow as well.

♦ ביטויים מיוחדים Special expressions

שׁוֹכֵן עפר dead (and buried...)

הִשְׁכִּין שלום make/restore peace

הַשְּׁכִינָה שורה עליו he is divinely inspired

● שכנע : לְשַכְנֵעַ, לְהִשְׁתַכְנֵעַ

שִׁכְנַע/שִׁכְנֵעַ convince, persuade

בניין : פִּיעֵל — גזרה : מרובעים + האות הרביעית גרונית

	הווה Present		עבר Past	עתיד Future	ציווי Imper.
יחיד	מְשַׁכְנֵעַ	אני	שִׁכְנַעְתִּי	אֲשַׁכְנַע/אֲשַׁכְנֵעַ*	
יחידה	מְשַׁכְנַעַת	אתה	שִׁכְנַעְתָּ	תְּשַׁכְנַע/תְּשַׁכְנֵעַ*	שַׁכְנַע/שַׁכְנֵעַ*
רבים	מְשַׁכְנְעִים	את	שִׁכְנַעְתְּ/...עַת	תְּשַׁכְנְעִי	שַׁכְנְעִי
רבות	מְשַׁכְנְעוֹת	הוא	שִׁכְנַע/שִׁכְנֵעַ*	יְשַׁכְנַע/יְשַׁכְנֵעַ*	
		היא	שִׁכְנְעָה	תְּשַׁכְנַע/תְּשַׁכְנֵעַ*	
		אנחנו	שִׁכְנַעְנוּ	נְשַׁכְנַע/נְשַׁכְנֵעַ*	
		אתם/ן	שִׁכְנַעְתֶּם/ן	תְּשַׁכְנְעוּ **	שַׁכְנְעוּ***
		הם/ן	שִׁכְנְעוּ	יְשַׁכְנְעוּ **	

שם הפועל .Infin לְשַׁכְנֵעַ — * more common in colloquial use ...נֶעַ

שם הפעולה Verbal N שִׁכְנוּעַ convincing (N) — ** less commonly: אתן/הן תְּשַׁכְנַעְנָה

בינוני .Pres. Part מְשַׁכְנֵעַ convincing (Adj) — *** less commonly: (אתן) שַׁכְנַעְנָה

מקור מוחלט .Inf. Abs שַׁכְנֵעַ

שׁוּכְנַע (שֻׁכְנַע) be convinced

בניין : פּוּעַל   גזרה : מרובעים + האות הרביעית גרונית

	Present הווה		Past עבר	Future עתיד
יחיד	מְשׁוּכְנָע	אני	שׁוּכְנַעְתִּי	אֲשׁוּכְנַע
יחידה	מְשׁוּכְנַעַת	אתה	שׁוּכְנַעְתָּ	תְּשׁוּכְנַע
רבים	מְשׁוּכְנָעִים	את	שׁוּכְנַעְתְּ/...עַת	תְּשׁוּכְנְעִי
רבות	מְשׁוּכְנָעוֹת	הוא	שׁוּכְנַע	יְשׁוּכְנַע
		היא	שׁוּכְנְעָה	תְּשׁוּכְנַע
		אנחנו	שׁוּכְנַעְנוּ	נְשׁוּכְנַע
		אתם/ן	שׁוּכְנַעְתֶּם/ן	תְּשׁוּכְנְעוּ *
		הם/ן	שׁוּכְנְעוּ	יְשׁוּכְנְעוּ *

בינוני .Pres. Part מְשׁוּכְנָע convinced — * less commonly: אתן/הן תְּשׁוּכְנַעְנָה

הִשְׁתַּכְנַע/הִשְׁתַּכְנֵעַ become convinced

בניין : הִתְפַּעֵל   גזרה : מרובעים + פ׳ שורקת + האות הרביעית גרונית

	Present הווה		Past עבר	Future עתיד	Imper. ציווי
יחיד	מִשְׁתַּכְנֵעַ	אני	הִשְׁתַּכְנַעְתִּי	אֶשְׁתַּכְנַע/...נֵעַ*	
יחידה	מִשְׁתַּכְנַעַת	אתה	הִשְׁתַּכְנַעְתָּ	תִּשְׁתַּכְנַע/...נֵעַ*	הִשְׁתַּכְנַע/..נֵעַ*
רבים	מִשְׁתַּכְנְעִים	את	הִשְׁתַּכְנַעְתְּ	תִּשְׁתַּכְנְעִי	הִשְׁתַּכְנְעִי
רבות	מִשְׁתַּכְנְעוֹת	הוא	הִשְׁתַּכְנַע/...נֵעַ*	יִשְׁתַּכְנַע/...נֵעַ*	
		היא	הִשְׁתַּכְנְעָה	תִּשְׁתַּכְנַע/...נֵעַ*	
		אנחנו	הִשְׁתַּכְנַעְנוּ	נִשְׁתַּכְנַע/...נֵעַ*	
		אתם/ן	הִשְׁתַּכְנַעְתֶּם/ן	תִּשְׁתַּכְנְעוּ **	הִשְׁתַּכְנְעוּ ***
		הם/ן	הִשְׁתַּכְנְעוּ	יִשְׁתַּכְנְעוּ **	

* more common in colloquial use ...נֵעַ

** less commonly: אתן/הן תִּשְׁתַּכְנַעְנָה

*** less commonly: (אתן) הִשְׁתַּכְנַעְנָה

שם הפועל .Infin לְהִשְׁתַּכְנֵעַ

שם הפעולה Verbal N הִשְׁתַּכְנְעוּת being convinced — מקור מוחלט .Inf. Abs הִשְׁתַּכְנֵעַ

♦ דוגמאות Illustrations

עזרא ניסה **לְשַׁכְנֵעַ** אותי שישראל מייצרת יינות טובים לא פחות ממרבית ארצות אירופה. לא **שׁוּכְנַעְתִּי** בנכונות טענתו עד שהביא לי לטעימה כמה מיינות הגולן. אחרי הבקבוק השלישי **הִשְׁתַּכְנַעְתִּי** לחלוטין, וכיום אני **מְשׁוּכְנָע** שכדאי לנסות את היין המקומי לפני שקונים יין מיובא.

Ezra tried **to convince** me that Israel manufactures wines that are just as good as those from most European countries. I **was** not **convinced** by his argument until he brought me a few of the wines of the Golan to taste. After the third bottle I **became** totally **convinced**, and today I **am convinced** that it is worth trying the local wine before one buys imported wine.

● שכפל : לְשַׁכְפֵּל

שִׁכְפֵּל/שִׁכְפַּל/שִׁכְפֵּל duplicate

בניין : פִּיעֵל — גזרה : מרובעים

	Present הווה		Past עבר	Future עתיד	Imper. ציווי
יחיד	מְשַׁכְפֵּל	אני	שִׁכְפַּלְתִּי	אֲשַׁכְפֵּל	
יחידה	מְשַׁכְפֶּלֶת	אתה	שִׁכְפַּלְתָּ	תְּשַׁכְפֵּל	שַׁכְפֵּל
רבים	מְשַׁכְפְּלִים	את	שִׁכְפַּלְתְּ	תְּשַׁכְפְּלִי	שַׁכְפְּלִי
רבות	מְשַׁכְפְּלוֹת	הוא	שִׁכְפֵּל	יְשַׁכְפֵּל	
		היא	שִׁכְפְּלָה	תְּשַׁכְפֵּל	
		אנחנו	שִׁכְפַּלְנוּ	נְשַׁכְפֵּל	
		אתם/ן	שִׁכְפַּלְתֶּם/ן	תְּשַׁכְפְּלוּ	שַׁכְפְּלוּ **
		הם/ן	שִׁכְפְּלוּ	יְשַׁכְפְּלוּ *	

שם הפועל .Infin לְשַׁכְפֵּל — * less commonly: אתן/הן תְּשַׁכְפֵּלְנָה

מקור מוחלט .Inf. Abs שַׁכְפֵּל — ** less commonly: (אתן) שַׁכְפֵּלְנָה

שם הפעולה Verbal N שִׁכְפּוּל duplication; duplicating

♦ פעלים פחות שכיחים מאותו שורש Less frequent verbs from the same root

שׁוּכְפַּל be duplicated (מְשׁוּכְפָּל, יְשׁוּכְפַּל, בינ׳ סביל .Pass. Part מְשׁוּכְפָּל duplicated)

♦ דוגמאות Illustrations

פחות ופחות אנשים נזקקים היום למרכזי **שִׁכְפּוּל** מסחריים לצריכה משפחתית, מכיוון שהמדפסת או הסורק שבבית מספיקים ל**שִׁכְפּוּל** עותקים בכמויות קטנות.

Less and less people require commercial **duplication** centers for family consumption, since the printer or scanner at home can take care of **duplication** on a small scale.

● שכר : לְהִשְׂתַּכֵּר, לִשְׂכּוֹר, לְהַשְׂכִּיר, לְהִישָּׂכֵר

הִשְׂתַּכֵּר/הִשְׂתַּכַּר earn wages, receive payment; make profit

בניין : הִתְפַּעֵל — גזרה : שלמים + פ׳ שורקת

	Present הווה		Past עבר	Future עתיד	Imper. ציווי
יחיד	מִשְׂתַּכֵּר	אני	הִשְׂתַּכַּרְתִּי	אֶשְׂתַּכֵּר	
יחידה	מִשְׂתַּכֶּרֶת	אתה	הִשְׂתַּכַּרְתָּ	תִּשְׂתַּכֵּר	הִשְׂתַּכֵּר
רבים	מִשְׂתַּכְּרִים	את	הִשְׂתַּכַּרְתְּ	תִּשְׂתַּכְּרִי	הִשְׂתַּכְּרִי
רבות	מִשְׂתַּכְּרוֹת	הוא	הִשְׂתַּכֵּר	יִשְׂתַּכֵּר	
		היא	הִשְׂתַּכְּרָה	תִּשְׂתַּכֵּר	
		אנחנו	הִשְׂתַּכַּרְנוּ	נִשְׂתַּכֵּר	
		אתם/ן	הִשְׂתַּכַּרְתֶּם/ן	תִּשְׂתַּכְּרוּ *	הִשְׂתַּכְּרוּ **
		הם/ן	הִשְׂתַּכְּרוּ	יִשְׂתַּכְּרוּ *	

שם הפועל .Infin לְהִשְׂתַּכֵּר — * less commonly: אתן/הן תִּשְׂתַּכֵּרְנָה

שם הפעולה Verbal N הִשְׂתַּכְּרוּת earning wages — ** less commonly: (אתן) הִשְׂתַּכֵּרְנָה

מקור מוחלט .Inf. Abs הִשְׂתַּכֵּר

שָׂכַר/שׂוֹכֵר/יִשְׂכּוֹר (יִשְׂכֹּר) rent (apartment, car), lease; hire (worker)

בניין : פָּעַל גזרה : שלמים (אֶפְעוֹל)

	הווה/בינוני Pres./Part.			עבר Past	עתיד Fut.	ציווי Imp.
יחיד	שׂוֹכֵר	שָׂכוּר	אני	שָׂכַרְתִּי	אֶשְׂכּוֹר	
יחידה	שׂוֹכֶרֶת	שְׂכוּרָה	אתה	שָׂכַרְתָּ	תִּשְׂכּוֹר	שְׂכוֹר
רבים	שׂוֹכְרִים	שְׂכוּרִים	את	שָׂכַרְתְּ	תִּשְׂכְּרִי	שִׂכְרִי
רבות	שׂוֹכְרוֹת	שְׂכוּרוֹת	הוא	שָׂכַר	יִשְׂכּוֹר	
			היא	שָׂכְרָה	תִּשְׂכּוֹר	
			אנחנו	שָׂכַרְנוּ	נִשְׂכּוֹר	
			אתם/ן	שְׂכַרְתֶּם/ן *	תִּשְׂכְּרוּ **	שִׂכְרוּ ***
			הם/ן	שָׂכְרוּ	יִשְׂכְּרוּ **	

שם הפועל .Infin לִשְׂכּוֹר — * Colloquial: שָׂכַרְתֶּם/ן

שם הפעולה Verbal N שְׂכִירָה renting, hiring — ** less commonly: אתן/הן תִּשְׂכּוֹרְנָה

ביני פעיל Act. Part. שׂוֹכֵר renter, lessee — *** less commonly: (אתן) שְׂכוֹרְנָה

ביני סביל Pass. Part. שָׂכוּר rented — קָטִיל CaCiC adj./N. שָׂכִיר salaried employee

מקור מוחלט Inf. Abs. שָׂכוֹר — מקור נטוי Inf.+pron. בְּשׂוֹכְרוֹ, כְּ...

הִשְׂכִּיר/הִשְׂכַּר/יַשְׂכִּיר lease, rent (tr.), let (property), hire out

בניין : הִפְעִיל גזרה : שלמים

	הווה Present		עבר Past	עתיד Future	ציווי Imper.
יחיד	מַשְׂכִּיר	אני	הִשְׂכַּרְתִּי	אַשְׂכִּיר	
יחידה	מַשְׂכִּירָה	אתה	הִשְׂכַּרְתָּ	תַּשְׂכִּיר	הַשְׂכֵּר
רבים	מַשְׂכִּירִים	את	הִשְׂכַּרְתְּ	תַּשְׂכִּירִי	הַשְׂכִּירִי
רבות	מַשְׂכִּירוֹת	הוא	הִשְׂכִּיר	יַשְׂכִּיר	
		היא	הִשְׂכִּירָה	תַּשְׂכִּיר	
		אנחנו	הִשְׂכַּרְנוּ	נַשְׂכִּיר	
		אתם/ן	הִשְׂכַּרְתֶּם/ן	תַּשְׂכִּירוּ *	הַשְׂכִּירוּ **
		הם/ן	הִשְׂכִּירוּ	יַשְׂכִּירוּ *	

שם הפועל .Infin לְהַשְׂכִּיר — * less commonly: אתן/הן תַּשְׂכֵּרְנָה

בינוני Pres. Part. מַשְׂכִּיר lessor — ** less commonly: (אתן) הַשְׂכֵּרְנָה

שם הפעולה Verbal N הַשְׂכָּרָה letting (property), leasing, hiring out

מקור מוחלט Inf. Abs. הַשְׂכֵּר

הוּשְׂכַּר (הָשְׂכַּר) be let, be leased, be hired

בניין : הוּפְעַל גזרה : שלמים

	הווה Present		עבר Past	עתיד Future
יחיד	מוּשְׂכָּר	אני	הוּשְׂכַּרְתִּי	אוּשְׂכַּר
יחידה	מוּשְׂכֶּרֶת	אתה	הוּשְׂכַּרְתָּ	תּוּשְׂכַּר
רבים	מוּשְׂכָּרִים	את	הוּשְׂכַּרְתְּ	תּוּשְׂכְּרִי
רבות	מוּשְׂכָּרוֹת	הוא	הוּשְׂכַּר	יוּשְׂכַּר
		היא	הוּשְׂכְּרָה	תּוּשְׂכַּר
		אנחנו	הוּשְׂכַּרְנוּ	נוּשְׂכַּר
		אתם/ן	הוּשְׂכַּרְתֶּם/ן	תּוּשְׂכְּרוּ *
		הם/ן	הוּשְׂכְּרוּ	יוּשְׂכְּרוּ *

בינוני Pres. Part. מוּשְׂכָּר leased — * less commonly: אתן/הן תּוּשְׂכַּרְנָה

נִשְׂכַּר/יִישָּׂכֵר (יִשָּׂכֵר) be hired, be leased, be rented; gain (lit.)

בניין : נִפְעַל גזרה : שלמים

	Present הווה		Past עבר	Future עתיד	Imper. ציווי
יחיד	נִשְׂכָּר	אני	נִשְׂכַּרְתִּי	אֶשָּׂכֵר	
יחידה	נִשְׂכֶּרֶת	אתה	נִשְׂכַּרְתָּ	תִּישָּׂכֵר	הִישָּׂכֵר
רבים	נִשְׂכָּרִים	את	נִשְׂכַּרְתְּ	תִּישָּׂכְרִי	הִישָּׂכְרִי
רבות	נִשְׂכָּרוֹת	הוא	נִשְׂכַּר	יִישָּׂכֵר	
		היא	נִשְׂכְּרָה	תִּישָּׂכֵר	
		אנחנו	נִשְׂכַּרְנוּ	נִישָּׂכֵר	
		אתם/ן	נִשְׂכַּרְתֶּם/ן	תִּישָּׂכְרוּ *	הִישָּׂכְרוּ **
		הם/ן	נִשְׂכְּרוּ	יִישָּׂכְרוּ *	

* less commonly: אתן/הן תִּישָּׂכַרְנָה

שם הפועל .Infin לְהִישָּׂכֵר ** less commonly: (אתן) הִישָּׂכַרְנָה

שם הפעולה Verbal N הִישָּׂכְרוּת being hired/rented

בינוני .Pres. Part נִשְׂכָּר hired, rented; rewarded

מקור מוחלט .Inf. Abs נִשְׂכּוֹר, הִישָּׂכֵר (הִישָּׂכוֹר)

♦ דוגמאות Illustrations

כשלמדתי באוניברסיטה העברית רציתי **לִשְׂכּוֹר** חדר בבית שהיה עליו שלט: "חדר **לְהַשְׂכִּיר**", אבל בעלת הבית אמרה לי שהחדר כבר **הוּשְׂכַּר**, ושהיא שכחה להוריד את השלט. אחר כך הסתבר שהיא לא **הִשְׂכִּירָה** עדיין את החדר, אלא פשוט העדיפה שלא **לְהַשְׂכִּיר** לסטודנטים.

When I was a student at the Hebrew University I wanted **to rent** a room in a house that had a sign: "A Room **to Let**," but the landlady told me that the room **had** already **been leased**, and that she forgot to remove the sign. Later it turned out that she **had** not **rented** the room yet, but simply preferred not **to let** to students.

שָׂכַרְנוּ את חברת ההובלה הזאת מכיוון שקיבלנו המלצות טובות מאוד עליה. בין היתר, היא **נִשְׂכְּרָה** על ידי חנות רהיטים גדולה שעברה לאולם תצוגה חדש.

We **hired** this moving company because it had very good recommendations. Among the rest, it **was hired** by a large furniture store that moved to a new showroom.

אברהם מעולם לא קנה מכונית ; הוא מעדיף להשתמש במכוניות **שְׂכוּרוֹת**.

Avraham never bought a car; he prefers to use **rented** cars.

דני עובד במקדונלד׳ס ; הוא **מִשְׂתַּכֵּר** שם שמונה דולר לשעה.

Danny works at McDonald's; he **earns** eight dollars an hour there.

● שכתב : לְשַׁכְתֵּב

שִׁכְתֵּב/שִׁכְתַּב/שַׁכְתֵּב revise, rewrite

בניין : פִּיעֵל גזרה : מרובעים

	Present הווה		Past עבר	Future עתיד	Imper. ציווי
יחיד	מְשַׁכְתֵּב	אני	שִׁכְתַּבְתִּי	אֲשַׁכְתֵּב	
יחידה	מְשַׁכְתֶּבֶת	אתה	שִׁכְתַּבְתָּ	תְּשַׁכְתֵּב	שַׁכְתֵּב
רבים	מְשַׁכְתְּבִים	את	שִׁכְתַּבְתְּ	תְּשַׁכְתְּבִי	שַׁכְתְּבִי
רבות	מְשַׁכְתְּבוֹת	הוא	שִׁכְתֵּב	יְשַׁכְתֵּב	
		היא	שִׁכְתְּבָה	תְּשַׁכְתֵּב	

Imper. ציווי	Future עתיד	Past עבר		Present הווה
	נְשַׁכְתֵּב	שִׁכְתַּבְנוּ	אנחנו	
** שַׁכְתְּבוּ	תְּשַׁכְתְּבוּ	שִׁכְתַּבְתֶּם/ן	אתם/ן	
	* יְשַׁכְתְּבוּ	שִׁכְתְּבוּ	הם/ן	

שם הפועל .Infin לְשַׁכְתֵּב
* less commonly: אתן/הן תְּשַׁכְתֵּבְנָה

מקור מוחלט .Inf. Abs שַׁכְתֵּב
** less commonly: (אתן) שַׁכְתֵּבְנָה

שם הפעולה Verbal N שִׁכְתּוּב revision, rewriting

♦ **דוגמאות** Illustrations

מדינות רבות ניסו **לְשַׁכְתֵּב** את ההיסטוריה שלהן, כדי למחוק פרקים מבישים ממנה או כדי לפאר את תרומתן לתרבות האנושית

Many states have tried **to rewrite** their history, in order to erase embarrassing chapters from it, or so as to glorify their contribution to civilization.

● שלב : לְשַׁלֵּב, לְהִשְׁתַּלֵּב

שִׁילֵּב (שִׁלֵּב)/שִׁילַּב/שַׁלֵּב combine, fit in, interweave; fold (arms)

בניין : פִּיעֵל גזרה : שלמים

Imper. ציווי	Future עתיד	Past עבר		Present הווה	
	אֲשַׁלֵּב	שִׁילַּבְתִּי	אני	מְשַׁלֵּב	יחיד
שַׁלֵּב	תְּשַׁלֵּב	שִׁילַּבְתָּ	אתה	מְשַׁלֶּבֶת	יחידה
שַׁלְּבִי	תְּשַׁלְּבִי	שִׁילַּבְתְּ	את	מְשַׁלְּבִים	רבים
	יְשַׁלֵּב	שִׁילֵּב	הוא	מְשַׁלְּבוֹת	רבות
	תְּשַׁלֵּב	שִׁילְּבָה	היא		
	נְשַׁלֵּב	שִׁילַּבְנוּ	אנחנו		
** שַׁלְּבוּ	* תְּשַׁלְּבוּ	שִׁילַּבְתֶּם/ן	אתם/ן		
	* יְשַׁלְּבוּ	שִׁילְּבוּ	הם/ן		

* less commonly: אתן/הן תְּשַׁלֵּבְנָה

שם הפועל .Infin לְשַׁלֵּב
** less commonly: (אתן) שַׁלֵּבְנָה

שם הפעולה Verbal N שִׁילּוּב combining, fitting together; folding (arms)

מקור מוחלט .Inf. Abs שַׁלֵּב

הִשְׁתַּלֵּב/הִשְׁתַּלַּב integrate, fit in, intertwine, interlock

בניין : הִתְפַּעֵל גזרה : שלמים + פ׳ שורקת

Imper. ציווי	Future עתיד	Past עבר		Present הווה	
	אֶשְׁתַּלֵּב	הִשְׁתַּלַּבְתִּי	אני	מִשְׁתַּלֵּב	יחיד
הִשְׁתַּלֵּב	תִּשְׁתַּלֵּב	הִשְׁתַּלַּבְתָּ	אתה	מִשְׁתַּלֶּבֶת	יחידה
הִשְׁתַּלְּבִי	תִּשְׁתַּלְּבִי	הִשְׁתַּלַּבְתְּ	את	מִשְׁתַּלְּבִים	רבים
	יִשְׁתַּלֵּב	הִשְׁתַּלֵּב	הוא	מִשְׁתַּלְּבוֹת	רבות
	תִּשְׁתַּלֵּב	הִשְׁתַּלְּבָה	היא		
	נִשְׁתַּלֵּב	הִשְׁתַּלַּבְנוּ	אנחנו		
** הִשְׁתַּלְּבוּ	* תִּשְׁתַּלְּבוּ	הִשְׁתַּלַּבְתֶּם/ן	אתם/ן		
	* יִשְׁתַּלְּבוּ	הִשְׁתַּלְּבוּ	הם/ן		

שם הפועל .Infin	לְהִשְׁתַּלֵּב	* less commonly:	אתן/הן תִּשְׁתַּלֵּבְנָה
מקור מוחלט .Inf. Abs	הִשְׁתַּלֵּב	** less commonly:	(אתן) הִשְׁתַּלֵּבְנָה
שם הפעולה Verbal N	הִשְׁתַּלְּבוּת	integration, interlocking	
מ״י מוצרכת .Gov. Prep	הִשְׁתַּלֵּב ב-	integrate in	

שׁוּלַּב (שֻׁלַּב) be interwoven, be fitted in, be integrated; be folded (arms); be engaged (gears)

בניין : פּוּעַל גזרה : שלמים

	Present הווה		Past עבר	Future עתיד
יחיד	מְשׁוּלָּב	אני	שׁוּלַּבְתִּי	אֲשׁוּלַּב
יחידה	מְשׁוּלֶּבֶת	אתה	שׁוּלַּבְתָּ	תְּשׁוּלַּב
רבים	מְשׁוּלָּבִים	את	שׁוּלַּבְתְּ	תְּשׁוּלְּבִי
רבות	מְשׁוּלָּבוֹת	הוא	שׁוּלַּב	יְשׁוּלַּב
		היא	שׁוּלְּבָה	תְּשׁוּלַּב
		אנחנו	שׁוּלַּבְנוּ	נְשׁוּלַּב
		אתם/ן	שׁוּלַּבְתֶּם/ן	* תְּשׁוּלְּבוּ
		הם/ן	שׁוּלְּבוּ	* יְשׁוּלְּבוּ

* less commonly: אתן/הן תְּשׁוּלַּבְנָה

בינוני .Pres. Part מְשׁוּלָּב combined, integrated, fitted in

♦ פעלים פחות שכיחים מאותו שורש Less frequent verbs from the same root

שָׁלַב combine, interweave (Med H) > ביני סביל .Pass. Part שָׁלוּב interconnected (fairly common form)

♦ דוגמאות Illustrations

לצייר הזה יש סגנון אקלקטי : הוא **מְשַׁלֵּב** בעבודתו יסודות מאסכולות רבות. הסגנון ה**מְשׁוּלָּב** הזה יוצר **שִׁילּוּב** מעניין של חדש עם ישן, ו**מִשְׁתַּלֵּב** היטב באווירה הפתוחה המקובלת היום.

This artist has an eclectic style: he **integrates** in his work elements from many schools. This **integrated** style creates interesting **integration** of the old and the new, and **fits in** well in the receptive atmosphere prevalent today.

♦ ביטויים מיוחדים Special expressions

שְׁלוּבֵי זרוע arm in arm

כלים **שְׁלוּבִים** **interconnected** tubes

שִׁילֵּב ידיים **crossed** arms

שִׁילֵּב רגליים **crossed** legs

●שלח : לִשְׁלוֹחַ, לְהִישָּׁלַח

שָׁלַח/שׁוֹלֵחַ/יִשְׁלַח send; extend (hand); send away; hand over, transmit

בניין : פָּעַל גזרה : שלמים (אֶפְעַל) + ל״ג

	Pres./Part. הווה/בינוני		Past עבר	Fut. עתיד	Imp. ציווי
יחיד	שׁוֹלֵחַ שָׁלוּחַ	אני	שָׁלַחְתִּי	אֶשְׁלַח	
יחידה	שׁוֹלַחַת שְׁלוּחָה	אתה	שָׁלַחְתָּ	תִּשְׁלַח	שְׁלַח
רבים	שׁוֹלְחִים שְׁלוּחִים	את	שָׁלַחְתְּ/...חַת	תִּשְׁלְחִי	שִׁלְחִי
רבות	שׁוֹלְחוֹת שְׁלוּחוֹת	הוא	שָׁלַח	יִשְׁלַח	

Imp. ציווי	Fut. עתיד	Past עבר		Pres./Part. הווה/בינוני
	תִּשְׁלַח	שָׁלְחָה	היא	
	נִשְׁלַח	שָׁלַחְנוּ	אנחנו	
שִׁלְחוּ ***	תִּשְׁלְחוּ **	שְׁלַחְתֶּם/ן *	אתם/ן	
	יִשְׁלְחוּ **	שָׁלְחוּ	הם/ן	

שם הפועל .Infin לִשְׁלוֹחַ — * Colloquial: שָׁלַחְתֶּם/ן

שם הפעולה Verbal N שְׁלִיחָה sending — ** less commonly: אתן/הן תִּשְׁלַחְנָה

ביני פעיל .Act. Part שׁוֹלֵחַ sender — *** less commonly: (אתן) שְׁלַחְנָה

ביני סביל .Pass. Part שָׁלוּחַ sent; agent (lit.) — קָטִיל .CaCiC adj./N שָׁלִיחַ messenger

שְׁלוּחָה extension — מקור נטוי .Inf.+pron בְּשׁוֹלְחוֹ, כְּ...

מקור מוחלט .Inf. Abs שָׁלוֹחַ

נִשְׁלַח/יִישָּׁלַח (יִשָּׁלַח) be sent; be extended

בניין : נִפְעַל — גזרה : שלמים + ל״ג

Imper. ציווי	Future עתיד	Past עבר		Present הווה	
	אֶשָּׁלַח	נִשְׁלַחְתִּי	אני	נִשְׁלָח	יחיד
הִישָּׁלַח	תִּישָּׁלַח	נִשְׁלַחְתָּ	אתה	נִשְׁלַחַת	יחידה
הִישָּׁלְחִי	תִּישָּׁלְחִי	נִשְׁלַחְתְּ/...חַת	את	נִשְׁלָחִים	רבים
	יִישָּׁלַח	נִשְׁלַח	הוא	נִשְׁלָחוֹת	רבות
	תִּישָּׁלַח	נִשְׁלְחָה	היא		
	נִישָּׁלַח	נִשְׁלַחְנוּ	אנחנו		
הִישָּׁלְחוּ **	תִּישָּׁלְחוּ *	נִשְׁלַחְתֶּם/ן	אתם/ן		
	יִישָּׁלְחוּ *	נִשְׁלְחוּ	הם/ן		

שם הפועל .Infin לְהִישָּׁלַח — * less commonly: אתן/הן תִּישָּׁלַחְנָה

שם הפעולה Verbal N הִישָּׁלְחוּת being sent — ** less commonly: (אתן) הִישָּׁלַחְנָה

מקור מוחלט .Inf. Abs נִשְׁלוֹחַ, הִישָּׁלֵחַ

♦ דוגמאות Illustrations

המכתב **נִשְׁלַח** כבר אתמול בבוקר. אם הוא לא יגיע לידך עד מחר, **אֶשְׁלַח** לך העתק.

The letter **was** already **sent** yesterday morning. If you do not receive it by tomorrow, I **will send** you a copy.

שְׁלִיחַת חבילות בדואר אינה עניין של מה בכך : צריך ללכת ל**שְׁלוּחָה** המקומית של הדואר, ולעתים לעמוד שעות בתור.

Sending packages by mail is no slight matter: one needs to walk to the local post office **extension**, and sometimes stand for hours in line.

♦ ביטויים מיוחדים Special expressions

שָׁלַח יד בנפשו commit suicide — **שָׁלַח** יד ב(מישהו) injure (someone)

שָׁלַח יד ב(משהו) steal (something) — **שַׁלַּח** את עמי **let** my people **go**

שַׁלַּח לחמך על פני המים cast one's bread upon the waters (a rare *pi`el* form)

● שלט : לִשְׁלוֹט, לְהִשְׁתַּלֵּט, לְהִישָּׁלֵט, לְהַשְׁלִיט

שָׁלַט/שׁוֹלֵט/יִשְׁלוֹט (יִשְׁלֹט) rule, control; master (language, etc.)

בניין : פָּעַל גזרה : שלמים (אֶפְעוֹל)

	הווה Present		עבר Past	עתיד Future	ציווי Imper.
יחיד	שׁוֹלֵט	אני	שָׁלַטְתִּי	אֶשְׁלוֹט	
יחידה	שׁוֹלֶטֶת	אתה	שָׁלַטְתָּ	תִּשְׁלוֹט	שְׁלוֹט
רבים	שׁוֹלְטִים	את	שָׁלַטְתְּ	תִּשְׁלְטִי	שִׁלְטִי
רבות	שׁוֹלְטוֹת	הוא	שָׁלַט	יִשְׁלוֹט	
		היא	שָׁלְטָה	תִּשְׁלוֹט	
		אנחנו	שָׁלַטְנוּ	נִשְׁלוֹט	
		אתם/ן	* שְׁלַטְתֶּם/ן	** תִּשְׁלְטוּ	*** שִׁלְטוּ
		הם/ן	שָׁלְטוּ	** יִשְׁלְטוּ	

שם הפועל Infin. לִשְׁלוֹט — * Colloquial: שָׁלַטְתֶּם/ן

שם הפעולה Verbal N שְׁלִיטָה control — ** less commonly: אתן/הן תִּשְׁלוֹטְנָה

ביני פעיל Act. Part. שׁוֹלֵט dominant — *** less commonly: (אתן) שְׁלוֹטְנָה

מקור מוחלט Inf. Abs. שָׁלוֹט — מקור נטוי Inf.+pron. בְּשׁוֹלְטוֹ, כְּ...

מ״י מוצרכת Gov. Prep. שָׁלַט ב- have control of

הִשְׁתַּלֵּט/הִשְׁתַּלֵּט take control of; overpower, dominate

בניין : הִתְפַּעֵל גזרה : שלמים + פ׳ שורקת

	הווה Present		עבר Past	עתיד Future	ציווי Imper.
יחיד	מִשְׁתַּלֵּט	אני	הִשְׁתַּלַּטְתִּי	אֶשְׁתַּלֵּט	
יחידה	מִשְׁתַּלֶּטֶת	אתה	הִשְׁתַּלַּטְתָּ	תִּשְׁתַּלֵּט	הִשְׁתַּלֵּט
רבים	מִשְׁתַּלְּטִים	את	הִשְׁתַּלַּטְתְּ	תִּשְׁתַּלְּטִי	הִשְׁתַּלְּטִי
רבות	מִשְׁתַּלְּטוֹת	הוא	הִשְׁתַּלֵּט	יִשְׁתַּלֵּט	
		היא	הִשְׁתַּלְּטָה	תִּשְׁתַּלֵּט	
		אנחנו	הִשְׁתַּלַּטְנוּ	נִשְׁתַּלֵּט	
		אתם/ן	הִשְׁתַּלַּטְתֶּם/ן	* תִּשְׁתַּלְּטוּ	** הִשְׁתַּלְּטוּ
		הם/ן	הִשְׁתַּלְּטוּ	* יִשְׁתַּלְּטוּ	

* less commonly: אתן/הן תִּשְׁתַּלֵּטְנָה

שם הפועל Infin. לְהִשְׁתַּלֵּט — ** less commonly: (אתן) הִשְׁתַּלֵּטְנָה

שם הפעולה Verbal N הִשְׁתַּלְּטוּת taking over; domination

בינ׳ Pres. Part. מִשְׁתַּלֵּט overpowering, dominating — מקור מוחלט Inf. Abs. הִשְׁתַּלֵּט

מ״י מוצרכת Gov. Prep. הִשְׁתַּלֵּט על take control of, take over

נִשְׁלַט/יִישָּׁלֵט (יִשָּׁלֵט) be ruled, be governed, be controlled

בניין : נִפְעַל גזרה : שלמים

	הווה Present		עבר Past	עתיד Future	ציווי Imper.
יחיד	נִשְׁלָט	אני	נִשְׁלַטְתִּי	אֶשָּׁלֵט	
יחידה	נִשְׁלֶטֶת	אתה	נִשְׁלַטְתָּ	תִּישָּׁלֵט	הִישָּׁלֵט
רבים	נִשְׁלָטִים	את	נִשְׁלַטְתְּ	תִּישָּׁלְטִי	הִישָּׁלְטִי
רבות	נִשְׁלָטוֹת	הוא	נִשְׁלַט	יִישָּׁלֵט	
		היא	נִשְׁלְטָה	תִּישָּׁלֵט	

Present הווה		Past עבר	Future עתיד	Imper. ציווי
	אנחנו	נִשְׁלַטְנוּ	נִישָּׁלֵט	
	אתםץ	נִשְׁלַטְתֶּםץ	תִּישָּׁלְטוּ *	הִישָּׁלְטוּ **
	הםץ	נִשְׁלְטוּ	יִישָּׁלְטוּ *	

שם הפועל .Infin לְהִישָּׁלֵט   * less commonly: אתן/הן תִּישָּׁלַטְנָה

ש׳ הפעו׳ Verbal N הִישָּׁלְטוּת being controlled   ** less commonly: (אתן) הִישָּׁלַטְנָה

מקור מוחלט .Inf. Abs נִשְׁלוֹט, הִישָּׁלֵט (הִישָּׁלוֹט)

הִשְׁלִיט/הִשְׁלַט/יַשְׁלִיט put in control; establish

בניין : הִפְעִיל   גזרה : שלמים

	Present הווה		Past עבר	Future עתיד	Imper. ציווי
יחיד	מַשְׁלִיט	אני	הִשְׁלַטְתִּי	אַשְׁלִיט	
יחידה	מַשְׁלִיטָה	אתה	הִשְׁלַטְתָּ	תַּשְׁלִיט	הַשְׁלֵט
רבים	מַשְׁלִיטִים	את	הִשְׁלַטְתְּ	תַּשְׁלִיטִי	הַשְׁלִיטִי
רבות	מַשְׁלִיטוֹת	הוא	הִשְׁלִיט	יַשְׁלִיט	
		היא	הִשְׁלִיטָה	תַּשְׁלִיט	
		אנחנו	הִשְׁלַטְנוּ	נַשְׁלִיט	
		אתםץ	הִשְׁלַטְתֶּםץ	תַּשְׁלִיטוּ *	הַשְׁלִיטוּ **
		הםץ	הִשְׁלִיטוּ	יַשְׁלִיטוּ *	

שם הפועל .Infin לְהַשְׁלִיט   * less commonly: אתן/הן תַּשְׁלֵטְנָה

מקור מוחלט .Inf. Abs הַשְׁלֵט   ** less commonly: (אתן) הַשְׁלֵטְנָה

שם הפעולה Verbal N הַשְׁלָטָה putting in control, establishing

A homonymous verb meaning "put/make signposts" (from שֶׁלֶט "signpost") is not included here.

♦ דוגמאות Illustrations

מנהיג האופוזיציה **הִשְׁתַּלֵּט** על תחנת השידור והכריז ברדיו כי כוחותיו **שׁוֹלְטִים** בשני שלישים משטח המדינה; רק כמה מחוזות **נִשְׁלָטִים** עדיין על ידי צבא הממשלה. הוא הבטיח כי במהרה **יוּשְׁלַט** סדר בעיר הבירה, וכי בכוונתו **לְהַשְׁלִיט** שלום עם המדינות השכנות, שעמן היו לממשל הקודם סכסוכי גבול.

The leader of the opposition **took over** the broadcasting station, and announced on the radio that his forces **are in control** of two thirds of the country, and that only a few districts **are** still **controlled** by the government's army. He promised that soon order **will be established** in the capital, and that he intends **to establish** peace with the neighboring countries, with which the previous government had border disputes.

חיים אומר שקשה לו להבין את הסגנון **השׁוֹלֵט** היום באומנות.

Hayyim says that he finds it hard to understand the style that is **dominant** in art today.

♦ ביטויים מיוחדים Special expressions

שָׁלַט במצב **have** the situation **under control**

שָׁלַט ברוחו/בעצמו **control** oneself

הִשְׁתַּלֵּט בכוח הזרוע **dominate** or overcome by force

הִשְׁלִיט סדר **establish** order

הִשְׁלִיט טרור **establish** reign of terror

● שלך : לְהַשְׁלִיךְ

הִשְׁלִיךְ/הִשְׁלַכ/יַשְׁלִיךְ throw; expel; project (psych.)

בניין : הִפְעִיל   גזרה : שלמים

Imper. ציווי	Future עתיד	Past עבר		Present הווה	
	אַשְׁלִיךְ	הִשְׁלַכְתִּי	אני	מַשְׁלִיךְ	יחיד
הַדְרֵךְ	תַּשְׁלִיךְ	הִשְׁלַכְתָּ	אתה	מַשְׁלִיכָה	יחידה
הַדְרִיכִי	תַּשְׁלִיכִי	הִשְׁלַכְתְּ	את	מַשְׁלִיכִים	רבים
	יַשְׁלִיךְ	הִשְׁלִיךְ	הוא	מַשְׁלִיכוֹת	רבות
	תַּשְׁלִיךְ	הִשְׁלִיכָה	היא		
	נַשְׁלִיךְ	הִשְׁלַכְנוּ	אנחנו		
הַדְרִיכוּ **	תַּשְׁלִיכוּ *	הִשְׁלַכְתֶּם/ן	אתם/ן		
	יַשְׁלִיכוּ *	הִשְׁלִיכוּ	הם/ן		

שם הפועל .Infin לְהַשְׁלִיךְ   * less commonly: אתן/הן תַּשְׁלֵכְנָה

מקור מוחלט .Inf. Abs הַשְׁלֵךְ   ** less commonly: (אתן) הַשְׁלֵכְנָה

שם הפעולה Verbal N הַשְׁלָכָה throwing; implication; projection (psych.)

♦ פעלים פחות שכיחים מאותו שורש Less frequent verbs from the same root

הוּשְׁלַךְ be thrown, be expelled (מוּשְׁלָךְ, יוּשְׁלַךְ)

♦ דוגמאות Illustrations

דניאלה **מַשְׁלִיכָה** את כל מה שנשאר על השולחן אחרי ארוחת הערב, ולמחרת בבוקר קונה מצרכים טריים ליום הבא.

Daniela **throws out** whatever remains on the table after dinner, and on the following morning buys fresh products for the next day.

♦ ביטויים מיוחדים Special expressions

הִשְׁלִיךְ אל הסל **throw** to the wastepaper basket, dismiss, reject

הִשְׁלִיךְ את יהבו על rely on, trust (Lit.)

● שלם : לְשַׁלֵּם, לְהַשְׁלִים, לְהִישָּׁלֵם, לְהִשְׁתַּלֵּם

שִׁילֵּם (שִׁלֵּם)/שִׁילַּמ/שַׁלֵּם pay (wages), pay for (goods), pay back (debt)

בניין : פִּיעֵל   גזרה : שלמים

Imper. ציווי	Future עתיד	Past עבר		Present הווה	
	אֲשַׁלֵּם	שִׁילַּמְתִּי	אני	מְשַׁלֵּם	יחיד
שַׁלֵּם	תְּשַׁלֵּם	שִׁילַּמְתָּ	אתה	מְשַׁלֶּמֶת	יחידה
שַׁלְּמִי	תְּשַׁלְּמִי	שִׁילַּמְתְּ	את	מְשַׁלְּמִים	רבים
	יְשַׁלֵּם	שִׁילֵּם	הוא	מְשַׁלְּמוֹת	רבות
	תְּשַׁלֵּם	שִׁילְּמָה	היא		
	נְשַׁלֵּם	שִׁילַּמְנוּ	אנחנו		
שַׁלְּמוּ **	תְּשַׁלְּמוּ *	שִׁילַּמְתֶּם/ן	אתם/ן		
	יְשַׁלְּמוּ *	שִׁילְּמוּ	הם/ן		

שם הפועל .Infin לְשַׁלֵּם   * less commonly: אתן/הן תְּשַׁלֵּמְנָה

מקור מוחלט .Inf. Abs שַׁלֵּם   ** less commonly: (אתן) שַׁלֵּמְנָה

שם הפעולה Verbal N שִׁילּוּם payment; bribe (lit.) ; שִׁילּוּמִים reparations
מ״י מוצרכת Gov. Prep. שִׁילֵּם ל- pay (someone)

הִשְׁלִים/הִשְׁלַם/יַשְׁלִים complete; accomplish; supplement, add; accept (situation), come to terms with; make peace

בניין : הִפְעִיל גזרה : שלמים

	Present הווה		Past עבר	Future עתיד	Imper. ציווי
יחיד	מַשְׁלִים	אני	הִשְׁלַמְתִּי	אַשְׁלִים	
יחידה	מַשְׁלִימָה	אתה	הִשְׁלַמְתָּ	תַּשְׁלִים	הַשְׁלֵם
רבים	מַשְׁלִימִים	את	הִשְׁלַמְתְּ	תַּשְׁלִימִי	הַשְׁלִימִי
רבות	מַשְׁלִימוֹת	הוא	הִשְׁלִים	יַשְׁלִים	
		היא	הִשְׁלִימָה	תַּשְׁלִים	
		אנחנו	הִשְׁלַמְנוּ	נַשְׁלִים	
		אתם/ן	הִשְׁלַמְתֶּם/ן	תַּשְׁלִימוּ *	הַשְׁלִימוּ **
		הם/ן	הִשְׁלִימוּ	יַשְׁלִימוּ *	

* less commonly: אתן/הן תַּשְׁלֵמְנָה

שם הפועל Infin. לְהַשְׁלִים ** less commonly: (אתן) הַשְׁלֵמְנָה

שם הפעולה Verbal N הַשְׁלָמָה completion; making peace; accepting (situation)

ביני Pres. Part. מַשְׁלִים supplementary; adjunct, complement (in grammar)

מקור מוחלט Inf. Abs. הַשְׁלֵם

מ״י מוצרכת Gov. Prep. הִשְׁלִים עם come to terms with; make peace with

נִשְׁלַם/יִישָּׁלֵם (יִשָּׁלֵם) be completed, be brought to an end

בניין : נִפְעַל גזרה : שלמים

	Present הווה		Past עבר	Future עתיד	Imper. ציווי
יחיד	נִשְׁלָם	אני	נִשְׁלַמְתִּי	אֶשָּׁלֵם	
יחידה	נִשְׁלֶמֶת	אתה	נִשְׁלַמְתָּ	תִּישָּׁלֵם	הִישָּׁלֵם
רבים	נִשְׁלָמִים	את	נִשְׁלַמְתְּ	תִּישָּׁלְמִי	הִישָּׁלְמִי
רבות	נִשְׁלָמוֹת	הוא	נִשְׁלַם	יִישָּׁלֵם	
		היא	נִשְׁלְמָה	תִּישָּׁלֵם	
		אנחנו	נִשְׁלַמְנוּ	נִישָּׁלֵם	
		אתם/ן	נִשְׁלַמְתֶּם/ן	תִּישָּׁלְמוּ *	הִישָּׁלְמוּ **
		הם/ן	נִשְׁלְמוּ	יִישָּׁלְמוּ *	

* less commonly: אתן/הן תִּישָּׁלַמְנָה

שם הפועל Infin. לְהִישָּׁלֵם ** less commonly: (אתן) הִישָּׁלַמְנָה

מקור מוחלט Inf. Abs. נִשְׁלוֹם, הִישָּׁלֵם (הִישָּׁלוֹם)

הִשְׁתַּלֵּם/הִשְׁתַּלַּם be profitable, be worth it, pay; be accomplished; complete one's studies; engage in continuing education or advanced study/training

בניין : הִתְפַּעֵל גזרה : שלמים + פ׳ שורקת

	Present הווה		Past עבר	Future עתיד	Imper. ציווי
יחיד	מִשְׁתַּלֵּם	אני	הִשְׁתַּלַּמְתִּי	אֶשְׁתַּלֵּם	
יחידה	מִשְׁתַּלֶּמֶת	אתה	הִשְׁתַּלַּמְתָּ	תִּשְׁתַּלֵּם	הִשְׁתַּלֵּם
רבים	מִשְׁתַּלְּמִים	את	הִשְׁתַּלַּמְתְּ	תִּשְׁתַּלְּמִי	הִשְׁתַּלְּמִי

	Present הווה		Past עבר	Future עתיד	Imper. ציווי
רבות	מִשְׁתַּלְּמוֹת	הוא	הִשְׁתַּלֵּם	יִשְׁתַּלֵּם	
		היא	הִשְׁתַּלְּמָה	תִּשְׁתַּלֵּם	
		אנחנו	הִשְׁתַּלַּמְנוּ	נִשְׁתַּלֵּם	
		אתם/ן	הִשְׁתַּלַּמְתֶּם/ן	תִּשְׁתַּלְּמוּ *	הִשְׁתַּלְּמוּ **
		הם/ן	הִשְׁתַּלְּמוּ	יִשְׁתַּלְּמוּ *	

שם הפועל .Infin לְהִשְׁתַּלֵּם   * less commonly: אתן/הן תִּשְׁתַּלֵּמְנָה

מקור מוחלט .Inf. Abs הִשְׁתַּלֵּם   ** less commonly: (אתן) הִשְׁתַּלֵּמְנָה

שם הפעולה Verbal N הִשְׁתַּלְּמוּת advanced study/training

ביני .Pres. Part מִשְׁתַּלֵּם profitable, worthwhile; one engaged in advanced study/training

מ״י מוצרכת .Gov. Prep הִשְׁתַּלֵּם ל- be worth someone's while

מ״י מוצרכת .Gov. Prep הִשְׁתַּלֵּם ב- engage in advanced studies in

הוּשְׁלַם (הֻשְׁלַם) be completed/accomplished/brought to perfection

בניין : הוּפְעַל   גזרה : שלמים

	Present הווה		Past עבר	Future עתיד
יחיד	מוּשְׁלָם	אני	הוּשְׁלַמְתִּי	אוּשְׁלַם
יחידה	מוּשְׁלֶמֶת	אתה	הוּשְׁלַמְתָּ	תּוּשְׁלַם
רבים	מוּשְׁלָמִים	את	הוּשְׁלַמְתְּ	תּוּשְׁלְמִי
רבות	מוּשְׁלָמוֹת	הוא	הוּשְׁלַם	יוּשְׁלַם
		היא	הוּשְׁלְמָה	תּוּשְׁלַם
		אנחנו	הוּשְׁלַמְנוּ	נוּשְׁלַם
		אתם/ן	הוּשְׁלַמְתֶּם/ן	תּוּשְׁלְמוּ *
		הם/ן	הוּשְׁלְמוּ	יוּשְׁלְמוּ *

ביני .Pres. Part מוּשְׁלָם perfect, complete   * less commonly: אתן/הן תּוּשְׁלַמְנָה

שׁוּלַּם (שֻׁלַּם) be paid (wages), be paid for (goods); be paid back (debt)

בניין : פּוּעַל   גזרה : שלמים

	Present הווה		Past עבר	Future עתיד
יחיד	מְשׁוּלָּם	אני	שׁוּלַּמְתִּי	אֲשׁוּלַּם
יחידה	מְשׁוּלֶּמֶת	אתה	שׁוּלַּמְתָּ	תְּשׁוּלַּם
רבים	מְשׁוּלָּמִים	את	שׁוּלַּמְתְּ	תְּשׁוּלְּמִי
רבות	מְשׁוּלָּמוֹת	הוא	שׁוּלַּם	יְשׁוּלַּם
		היא	שׁוּלְּמָה	תְּשׁוּלַּם
		אנחנו	שׁוּלַּמְנוּ	נְשׁוּלַּם
		אתם/ן	שׁוּלַּמְתֶּם/ן	תְּשׁוּלְּמוּ *
		הם/ן	שׁוּלְּמוּ	יְשׁוּלְּמוּ *

ביני .Pres. Part מְשׁוּלָּם paid for; repaid   * less commonly: אתן/הן תְּשׁוּלַּמְנָה

♦ פעלים פחות שכיחים מאותו שורש Less frequent verbs from the same root

שָׁלַם end, be concluded > ביני .Pres. Part שָׁלֵם whole, complete; unharmed; perfect (form common)

♦ **דוגמאות** Illustrations

בעל החנות הזו אינו **מְשַׁלֵּם** לעובדיו בזמן. הוא טוען שאין לו ברירה, כי הלקוחות שלו אינם **מְשַׁלְּמִים** בזמן עבור הסחורה שהם קונים.

The owner of this store does not **pay** his workers on time. He claims that he has no choice, since his customers do not **pay** on time **for** the goods they buy.

לא **מִשְׁתַּלֵּם** לך לקחת הלוואה לזמן כה ארוך. לפחות שבע שנים **תְּשַׁלֵּם** כמעט ריבית בלבד.

It doesn't **pay** for you to take a loan for such a long period. For at least seven years you **will be paying back** almost only interest.

דניאל נסע לשנת **הִשְׁתַּלְּמוּת** בארצות הברית. הצבא שלח אותו **לְהִשְׁתַּלֵּם** בהפעלת טילי קרקע-אוויר.

Daniel went for a year of **advanced training** in the U.S. The Army sent him **to get advanced training** in operating surface-to-air missiles.

פרויקט הטיל-נגד-טילים לא **הוּשְׁלַם** עדיין. משרד הביטחון מקווה שהתעשייה האווירית תוכל **לְהַשְׁלִים** את פיתוחו תוך שנתיים, וגם אז אין ביטחון שהמוצר יהיה **מוּשְׁלָם**.

The antimissile missile project **has** not **been completed** yet. The defense ministry hopes that the air industry will manage **to complete** its development within two years, and even then there is no guarantee that the product will be **perfect**.

עזריאל נשם לרווחה כשהכנת כתב-היד **נִשְׁלְמָה**. יהיה עליו עוד **לְהַשְׁלִים** מספר דברים, אך נעים לראות סוף סוף כתב יד **שָׁלֵם**.

Azriel felt relieved when the preparation of the manuscript **was completed**. He will still have to **add** a few things, but it is nice to finally see a **whole** manuscript.

♦ **ביטויים מיוחדים** Special expressions

בלב **שָׁלֵם** **whole**heartedly — מספר **שָׁלֵם** integer, **whole** number

ליבו לא היה **שָׁלֵם** עם... he was not in **complete** agreement with...

רבים וכן **שְׁלֵמִים** many good people — גזרת ה**שְׁלֵמִים** regular verbs

רפואה **שְׁלֵמָה**! have a **complete** recovery! — **מוּשְׁלָם** בכל המעלות **perfect** in all respects

תם **ונִשְׁלַם** **finished**, finis (written at end of a religious book)

הִשְׁלִים עם המצב **reconcile** oneself to the situation

שִׁילֵּם עם המצב **paid** with his life — **שִׁילֵּם** לו כגמולו **repay** one in kind

● שלף : לִשְׁלוֹף, לְהִישָּׁלֵף

שָׁלַף/שׁוֹלֵף/יִשְׁלוֹף (יִשְׁלֹף) extract, pull out; draw (weapon)

בניין : פָּעַל — גזרה : שלמים (אֶפְעוֹל)

	Present הווה			Past עבר	Future עתיד	Imper. ציווי
יחיד	שׁוֹלֵף	שָׁלוּף	אני	שָׁלַפְתִּי	אֶשְׁלוֹף	
יחידה	שׁוֹלֶפֶת	שְׁלוּפָה	אתה	שָׁלַפְתָּ	תִּשְׁלוֹף	שְׁלוֹף
רבים	שׁוֹלְפִים	שְׁלוּפִים	את	שָׁלַפְתְּ	תִּשְׁלְפִי	שִׁלְפִי
רבות	שׁוֹלְפוֹת	שְׁלוּפוֹת	הוא	שָׁלַף	יִשְׁלוֹף	
			היא	שָׁלְפָה	תִּשְׁלוֹף	
			אנחנו	שָׁלַפְנוּ	נִשְׁלוֹף	
			אתם/ן	שְׁלַפְתֶּם/ן *	תִּשְׁלְפוּ **	שִׁלְפוּ ***
			הם/ן	שָׁלְפוּ	יִשְׁלְפוּ **	

שם הפועל .Infin	לִשְׁלוֹף	* Colloquial:	שְׁלַפְתֶּם/ן
שם הפעולה Verbal N	שְׁלִיפָה pulling out	** less commonly:	אתן/הן תִּשְׁלוֹפְנָה
בינ' סביל .Pass. Part	שָׁלוּף drawn, pulled out	*** less commonly:	(אתן) שְׁלוֹפְנָה
מקור מוחלט .Inf. Abs	שָׁלוֹף	מקור נטוי .Inf.+pron	בְּשׁוֹלְפוֹ, כְּ...

נִשְׁלַף/יִישָּׁלֵף (יִשָּׁלֵף) be drawn, be removed

בניין : נִפְעַל גזרה : שלמים

	Present הווה		Past עבר	Future עתיד	Imper. ציווי
יחיד	נִשְׁלָף	אני	נִשְׁלַפְתִּי	אֶשָּׁלֵף	
יחידה	נִשְׁלֶפֶת	אתה	נִשְׁלַפְתָּ	תִּישָּׁלֵף	הִישָּׁלֵף
רבים	נִשְׁלָפִים	את	נִשְׁלַפְתְּ	תִּישָּׁלְפִי	הִישָּׁלְפִי
רבות	נִשְׁלָפוֹת	הוא	נִשְׁלַף	יִישָּׁלֵף	
		היא	נִשְׁלְפָה	תִּישָּׁלֵף	
		אנחנו	נִשְׁלַפְנוּ	נִישָּׁלֵף	
		אתם/ן	נִשְׁלַפְתֶּם/ן	* תִּישָּׁלְפוּ	הִישָּׁלְפוּ **
		הם/ן	נִשְׁלְפוּ	* יִישָּׁלְפוּ	

שם הפועל .Infin	לְהִישָּׁלֵף	* less commonly:	אתן/הן תִּישָּׁלַפְנָה
מקור מוחלט .Inf. Abs	נִשְׁלוֹף, הִישָּׁלֵף/...לוֹף	** less commonly:	(אתן) הִישָּׁלַפְנָה

♦ דוגמאות Illustrations

הקוסם הזה **שׁוֹלֵף** מכובעו יונים, ארנבות – הכול חוץ מפילים...

This magician **draws out** of his hat pigeons, rabbits – everything except for elephants...

אקדחו של המתנקש **נִשְׁלַף** תוך שניה ; קורבנו נפל מבלי לדעת מה קרה.

The assassin's pistol **was drawn** in an instant; his victim fell without realizing what had happened.

ב-1854 בריגדת הפרשים הקלה בהנהגתו של לורד קארדיגאן הסתערה על סוללות תותחים רוסיות בקרב באלאקלאווה שבקרים בחרבות **שְׁלוּפוֹת**...

In 1854 the light mounted brigade led by Lord Cardigan stormed Russian cannon batteries at the Balaclava battle in Crimea with **drawn** swords...

♦ ביטויים מיוחדים Special expressions

שָׁלַף מהמותן react quickly and instinctively, speak off the cuff (sl.)

● שמד : לְהַשְׁמִיד

הִשְׁמִיד/הִשְׁמַד/יַשְׁמִיד destroy completely, annihilate

בניין : הִפְעִיל גזרה : שלמים

	Present הווה		Past עבר	Future עתיד	Imper. ציווי
יחיד	מַשְׁמִיד	אני	הִשְׁמַדְתִּי	אַשְׁמִיד	
יחידה	מַשְׁמִידָה	אתה	הִשְׁמַדְתָּ	תַּשְׁמִיד	הַשְׁמֵד
רבים	מַשְׁמִידִים	את	הִשְׁמַדְתְּ	תַּשְׁמִידִי	הַשְׁמִידִי
רבות	מַשְׁמִידוֹת	הוא	הִשְׁמִיד	יַשְׁמִיד	
		היא	הִשְׁמִידָה	תַּשְׁמִיד	
		אנחנו	הִשְׁמַדְנוּ	נַשְׁמִיד	
		אתם/ן	הִשְׁמַדְתֶּם/ן	* תַּשְׁמִידוּ	הַשְׁמִידוּ **
		הם/ן	הִשְׁמִידוּ	* יַשְׁמִידוּ	

* less commonly: אתן/הן תַּשְׁמֵדְנָה

שם הפועל .Infin לְהַשְׁמִיד ** less commonly: (אתן) הַשְׁמֵדְנָה

שם הפעולה Verbal N הַשְׁמָדָה destruction, annihilation

מקור מוחלט .Inf. Abs הַשְׁמֵד

הוּשְׁמַד (הָשְׁמַד) be destroyed, be annihilated

בניין : הוּפְעַל גזרה : שלמים

	Present הווה		Past עבר	Future עתיד
יחיד	מוּשְׁמָד	אני	הוּשְׁמַדְתִּי	אוּשְׁמַד
יחידה	מוּשְׁמֶדֶת	אתה	הוּשְׁמַדְתָּ	תּוּשְׁמַד
רבים	מוּשְׁמָדִים	את	הוּשְׁמַדְתְּ	תּוּשְׁמְדִי
רבות	מוּשְׁמָדוֹת	הוא	הוּשְׁמַד	יוּשְׁמַד
		היא	הוּשְׁמְדָה	תּוּשְׁמַד
		אנחנו	הוּשְׁמַדְנוּ	נוּשְׁמַד
		אתם/ן	הוּשְׁמַדְתֶּם/ן	* תּוּשְׁמְדוּ
		הם/ן	הוּשְׁמְדוּ	* יוּשְׁמְדוּ

* less commonly: אתן/הן תּוּשְׁמַדְנָה

♦ דוגמאות Illustrations

מומלץ **לְהַשְׁמִיד** עותקים של טופסי קניה בכרטיס אשראי. עותקים שאינם **מוּשְׁמָדִים** עלולים להגיע לידי נוכלים.

It is recommended that you **destroy** copies of credit card purchase forms. Copies that are not **destroyed** may fall into the hands of crooks.

● שׂמח : לִשְׂמוֹחַ, לְשַׂמֵּחַ

שָׂמַח/שָׂמֵחַ/יִשְׂמַח be glad, be happy, rejoice

בניין : פָּעַל גזרה : שלמים (אֶפְעַל) + ל״ג

	Pres. Part. בינוני		Past עבר	Future עתיד	Imper. ציווי
יחיד	שָׂמֵחַ	אני	שָׂמַחְתִּי	אֶשְׂמַח	
יחידה	שְׂמֵחָה	אתה	שָׂמַחְתָּ	תִּשְׂמַח	שְׂמַח
רבים	שְׂמֵחִים	את	שָׂמַחְתְּ/...חַת	תִּשְׂמְחִי	שִׂמְחִי
רבות	שְׂמֵחוֹת	הוא	שָׂמַח	יִשְׂמַח	
		היא	שָׂמְחָה	תִּשְׂמַח	
		אנחנו	שָׂמַחְנוּ	נִשְׂמַח	
		אתם/ן	* שְׂמַחְתֶּם/ן	** תִּשְׂמְחוּ	*** שִׂמְחוּ
		הם/ן	שָׂמְחוּ	** יִשְׂמְחוּ	

שם הפועל .Infin לִשְׂמוֹחַ * Colloquial: שָׂמַחְתֶּם/ן

ביני פעיל .Act. Part שָׂמֵחַ happy ** less commonly: אתן/הן תִּשְׂמַחְנָה

מקור מוחלט .Inf. Abs שָׂמוֹחַ *** less commonly: (אתן) שְׂמַחְנָה

מקור נטוי .Inf.+pron בְּשׂוֹמְחוֹ, כְּ... שם הפעולה Verbal N שִׂמְחָה joy

gladden, make happy שִׂימַח/שַׂמֵּחַ (שַׂמֵּחַ)

בניין : פִּיעֵל גזרה : שלמים + ל״ג

Imper. ציווי	Future עתיד	Past עבר		Present הווה	
	אֲשַׂמַּח/...מֵּחַ*	שִׂימַּחְתִּי	אני	מְשַׂמֵּחַ	יחיד
שַׂמַּח/שַׂמֵּחַ*	תְּשַׂמַּח/...מֵּחַ*	שִׂימַּחְתָּ	אתה	מְשַׂמַּחַת	יחידה
שַׂמְּחִי	תְּשַׂמְּחִי	שִׂימַּחְתְּ/...חַת	את	מְשַׂמְּחִים	רבים
	יְשַׂמַּח/...מֵּחַ*	שִׂימַּח/שִׂימֵּחַ	הוא	מְשַׂמְּחוֹת	רבות
	תְּשַׂמַּח/...מֵּחַ*	שִׂימְּחָה	היא		
	נְשַׂמַּח/...מֵּחַ*	שִׂימַּחְנוּ	אנחנו		
שַׂמְּחוּ ***	תְּשַׂמְּחוּ **	שִׂימַּחְתֶּם/ן	אתם/ן		
	יְשַׂמְּחוּ **	שִׂימְּחוּ	הם/ן		

שם הפועל .Infin לְשַׂמֵּחַ — * more common in colloquial use ...מֵּחַ

שם הפעולה Verbal N שִׂימּוּחַ cheering up (N) — ** less commonly: אתן/הן תְּשַׂמַּחְנָה

בינוני .Pres. Part מְשַׂמֵּחַ gladdening (Adj) — *** less commonly: (אתן) שַׂמַּחְנָה

מקור מוחלט .Inf. Abs שַׂמֵּחַ

♦ דוגמאות Illustrations

יש לי חדשה **מְשַׂמַּחַת**; אני **שָׂמֵחַ** להודיע כי בקרוב נקבל כולנו העלאה במשכורת!

I have a piece of news **that will make you happy** ("**gladdening**" news); I am **happy** to report that we shall all get a salary raise soon!

סבתי **שָׂמְחָה** מאוד על כך שבאתי לבקר אותה. ביקוריי תמיד **מְשַׂמְּחִים** אותה.

My grandmother **was** very **happy** that I came to visit her. My visits always **make** her **happy**.

♦ ביטויים מיוחדים Special expressions

שָׂמֵחַ בחלקו be **contented** with one's lot — חג **שָׂמֵחַ**/מועדים **לְשִׂמְחָה**! **Happy** Holiday!

איזהו עשיר? **הַשָּׂמֵחַ** בחלקו Who is rich? One who is **contented** with his lot

שָׂמַח לאידו של... **rejoice** at (someone's) misfortune — **שִׂמְחַת** חיים **joie** de vivre

● שמט : לְהִישָּׁמֵט, לְהִשְׁתַּמֵּט, לְהַשְׁמִיט

be omitted; drop (intr.), be detached, slip off נִשְׁמַט/יִישָּׁמֵט (יִשָּׁמֵט)

בניין : נִפְעַל גזרה : שלמים

Imper. ציווי	Future עתיד	Past עבר		Present הווה	
	אֶשָּׁמֵט	נִשְׁמַטְתִּי	אני	נִשְׁמָט	יחיד
הִישָּׁמֵט	תִּישָּׁמֵט	נִשְׁמַטְתָּ	אתה	נִשְׁמֶטֶת	יחידה
הִישָּׁמְטִי	תִּישָּׁמְטִי	נִשְׁמַטְתְּ	את	נִשְׁמָטִים	רבים
	יִישָּׁמֵט	נִשְׁמַט	הוא	נִשְׁמָטוֹת	רבות
	תִּישָּׁמֵט	נִשְׁמְטָה	היא		
	נִישָּׁמֵט	נִשְׁמַטְנוּ	אנחנו		
הִישָּׁמְטוּ **	תִּישָּׁמְטוּ *	נִשְׁמַטְתֶּם/ן	אתם/ן		
	יִישָּׁמְטוּ *	נִשְׁמְטוּ	הם/ן		

שם הפועל .Infin לְהִישָּׁמֵט — * less commonly: אתן/הן תִּישָּׁמַטְנָה

מקור מוחלט .Inf. Abs נִשְׁמוֹט, הִישָּׁמֵט — ** less commonly: (אתן) הִישָּׁמַטְנָה

שם הפעולה Verbal N הִישָּׁמְטוּת being omitted, slipping

הִשְׁתַּמֵּט/הִשְׁתַּמַּט shirk, dodge, evade

בניין : הִתְפַּעֵל גזרה : שלמים + פ׳ שורקת

	Present הווה		Past עבר	Future עתיד	Imper. ציווי
יחיד	מִשְׁתַּמֵּט	אני	הִשְׁתַּמַּטְתִּי	אֶשְׁתַּמֵּט	
יחידה	מִשְׁתַּמֶּטֶת	אתה	הִשְׁתַּמַּטְתָּ	תִּשְׁתַּמֵּט	הִשְׁתַּמֵּט
רבים	מִשְׁתַּמְּטִים	את	הִשְׁתַּמַּטְתְּ	תִּשְׁתַּמְּטִי	הִשְׁתַּמְּטִי
רבות	מִשְׁתַּמְּטוֹת	הוא	הִשְׁתַּמֵּט	יִשְׁתַּמֵּט	
		היא	הִשְׁתַּמְּטָה	תִּשְׁתַּמֵּט	
		אנחנו	הִשְׁתַּמַּטְנוּ	נִשְׁתַּמֵּט	
		אתם/ן	הִשְׁתַּמַּטְתֶּם/ן	תִּשְׁתַּמְּטוּ *	הִשְׁתַּמְּטוּ **
		הם/ן	הִשְׁתַּמְּטוּ	יִשְׁתַּמְּטוּ *	

שם הפועל Infin. לְהִשְׁתַּמֵּט — * less commonly: אתן/הן תִּשְׁתַּמֵּטְנָה

שם הפעולה Verbal N הִשְׁתַּמְּטוּת shirking — ** less commonly: (אתן) הִשְׁתַּמֵּטְנָה

בינוני Pres. Part. מִשְׁתַּמֵּט dodger — מקור מוחלט Inf. Abs. הִשְׁתַּמֵּט

מ״י מוצרכת Gov. Prep. הִשְׁתַּמֵּט מ/מן dodge/shirk (something)

הִשְׁמִיט/הִשְׁמַט/יַשְׁמִיט omit, leave out (accid.); remove (delib.); release (from obligation (lit.)

בניין : הִפְעִיל גזרה : שלמים

	Present הווה		Past עבר	Future עתיד	Imper. ציווי
יחיד	מַשְׁמִיט	אני	הִשְׁמַטְתִּי	אַשְׁמִיט	
יחידה	מַשְׁמִיטָה	אתה	הִשְׁמַטְתָּ	תַּשְׁמִיט	הַשְׁמֵט
רבים	מַשְׁמִיטִים	את	הִשְׁמַטְתְּ	תַּשְׁמִיטִי	הַשְׁמִיטִי
רבות	מַשְׁמִיטוֹת	הוא	הִשְׁמִיט	יַשְׁמִיט	
		היא	הִשְׁמִיטָה	תַּשְׁמִיט	
		אנחנו	הִשְׁמַטְנוּ	נַשְׁמִיט	
		אתם/ן	הִשְׁמַטְתֶּם/ן	תַּשְׁמִיטוּ *	הַשְׁמִיטוּ **
		הם/ן	הִשְׁמִיטוּ	יַשְׁמִיטוּ *	

שם הפועל Infin. לְהַשְׁמִיט — * less commonly: אתן/הן תַּשְׁמֵטְנָה

שם הפעולה Verbal N הַשְׁמָטָה omission — ** less commonly: (אתן) הַשְׁמֵטְנָה

מקור מוחלט Inf. Abs. הַשְׁמֵט

הוּשְׁמַט (הֻשְׁמַט) be omitted, be dropped, be left out

בניין : הוּפְעַל גזרה : שלמים

	Present הווה		Past עבר	Future עתיד
יחיד	מוּשְׁמָט	אני	הוּשְׁמַטְתִּי	אוּשְׁמַט
יחידה	מוּשְׁמֶטֶת	אתה	הוּשְׁמַטְתָּ	תּוּשְׁמַט
רבים	מוּשְׁמָטִים	את	הוּשְׁמַטְתְּ	תּוּשְׁמְטִי
רבות	מוּשְׁמָטוֹת	הוא	הוּשְׁמַט	יוּשְׁמַט
		היא	הוּשְׁמְטָה	תּוּשְׁמַט
		אנחנו	הוּשְׁמַטְנוּ	נוּשְׁמַט
		אתם/ן	הוּשְׁמַטְתֶּם/ן	תּוּשְׁמְטוּ *
		הם/ן	הוּשְׁמְטוּ	יוּשְׁמְטוּ *

* less commonly: אתן/הן תּוּשְׁמַטְנָה

♦ **דוגמאות** Illustrations

שלוש שורות **נִשְׁמְטוּ** מן המאמר. אינני יודע אם הן **הוּשְׁמְטוּ** במתכוון או בטעות. בדרך כלל, אם העורך רוצה **לְהַשְׁמִיט** משהו, הוא מבקש קודם לכן את רשותי.

Three lines **are gone** from the article. I do not know whether they **were omitted** on purpose or in error. Generally, when the editor wishes **to omit** something, he requests my permission first.

היא לא התכוונה **לְהִשְׁתַּמֵּט** מן העבודה; היא יצאה מן המשרד לחצי שעה כדי לחפש את הארנק שכנראה **נִשְׁמַט** מידהּ בסופרמרקט.

She did not intend **to shirk** her work; she left the office for half an hour in order to look for the purse that must **have slipped** from her hand in the supermarket.

♦ **ביטויים מיוחדים** Special expressions

שָׁמְטוּ את הכר מתחתיו they demoted him

הִשְׁתַּמֵּט משירות צבאי **dodge** the draft

● שמן : לִשְׁמוֹן, לְהַשְׁמִין, לְשַׁמֵּן

שָׁמַן/שָׁמֵן/יִשְׁמַן grow fat, gain weight

בניין : פָּעַל
גזרה : ל״נ (אֶפְעַל)

	Pres. Part. בינוני		Past עבר	Future עתיד	Imper. ציווי
יחיד	שָׁמֵן	אני	שָׁמַנְתִּי	אֶשְׁמַן	
יחידה	שְׁמֵנָה	אתה	שָׁמַנְתָּ	תִּשְׁמַן	שְׁמַן
רבים	שְׁמֵנִים	את	שָׁמַנְתְּ	תִּשְׁמְנִי	שִׁמְנִי
רבות	שְׁמֵנוֹת	הוא	שָׁמַן	יִשְׁמַן	
		היא	שָׁמְנָה	תִּשְׁמַן	
		אנחנו	שָׁמַנּוּ	נִשְׁמַן	
		אתם/ן	* שְׁמַנְתֶּם/ן	** תִּשְׁמְנוּ	*** שִׁמְנוּ
		הם/ן	שָׁמְנוּ	** יִשְׁמְנוּ	

שם הפועל .Infin לִשְׁמוֹן

בינוני .Pres. Part שָׁמֵן fat

מקור מוחלט .Inf. Abs שָׁמוֹן

מקור נטוי .Inf.+pron בְּשׁוֹמְנוֹ, כְּ...

* Colloquial: שָׁמַנְתֶּם/ן

** less commonly: אתן/הן תִּשְׁמַנָּה

*** less commonly: (אתן) שְׁמַנָּה

הִשְׁמִין/הִשְׁמַנ/יַשְׁמִין grow fat(ter); fatten, make fatter

בניין : הִפְעִיל
גזרה : ל״נ

	Present הווה		Past עבר	Future עתיד	Imper. ציווי
יחיד	מַשְׁמִין	אני	הִשְׁמַנְתִּי	אַשְׁמִין	
יחידה	מַשְׁמִינָה	אתה	הִשְׁמַנְתָּ	תַּשְׁמִין	הַשְׁמֵן
רבים	מַשְׁמִינִים	את	הִשְׁמַנְתְּ	תַּשְׁמִינִי	הַשְׁמִינִי
רבות	מַשְׁמִינוֹת	הוא	הִשְׁמִין	יַשְׁמִין	
		היא	הִשְׁמִינָה	תַּשְׁמִין	
		אנחנו	הִשְׁמַנּוּ	נַשְׁמִין	
		אתם/ן	הִשְׁמַנְתֶּם/ן	* תַּשְׁמִינוּ	** הַשְׁמִינוּ
		הם/ן	הִשְׁמִינוּ	* יַשְׁמִינוּ	

שם הפועל .Infin לְהַשְׁמִין

מקור מוחלט .Inf. Abs הַשְׁמֵן

* less commonly: אתן/הן תַּשְׁמֵנָּה

** less commonly: (אתן) הַשְׁמֵנָּה

שם הפעולה Verbal N הַשְׁמָנָה growing fat(ter), fattening

שִׁימֵּן (שִׁמֵּן)/שִׁימַּנ/שַׁמֵּן oil, grease, lubricate

בניין : פִּיעֵל   גזרה : ל״נ

Imper. ציווי	Future עתיד	Past עבר		Present הווה	
	אֲשַׁמֵּן	שִׁימַּנְתִּי	אני	מְשַׁמֵּן	יחיד
שַׁמֵּן	תְּשַׁמֵּן	שִׁימַּנְתָּ	אתה	מְשַׁמֶּנֶת	יחידה
שַׁמְּנִי	תְּשַׁמְּנִי	שִׁימַּנְתְּ	את	מְשַׁמְּנִים	רבים
	יְשַׁמֵּן	שִׁימֵּן	הוא	מְשַׁמְּנוֹת	רבות
	תְּשַׁמֵּן	שִׁימְּנָה	היא		
	נְשַׁמֵּן	שִׁימַּנּוּ	אנחנו		
שַׁמְּנוּ **	תְּשַׁמְּנוּ *	שִׁימַּנְתֶּם/ן	אתם/ן		
	יְשַׁמְּנוּ *	שִׁימְּנוּ	הם/ן		

שם הפועל .Infin לְשַׁמֵּן   * less commonly: אתן/הן תְּשַׁמֵּנָּה

שם הפעולה Verbal N שִׁימּוּן oiling, greasing   ** less commonly: (אתן) שַׁמֵּנָּה

מקור מוחלט .Inf. Abs שַׁמֵּן

שׁוּמַּן (שֻׁמַּן) be oiled, be greased, be lubricated

בניין : פּוּעַל   גזרה : ל״נ

Future עתיד	Past עבר		Present הווה	
אֲשׁוּמַּן	שׁוּמַּנְתִּי	אני	מְשׁוּמָּן	יחיד
תְּשׁוּמַּן	שׁוּמַּנְתָּ	אתה	מְשׁוּמֶּנֶת	יחידה
תְּשׁוּמְּנִי	שׁוּמַּנְתְּ	את	מְשׁוּמָּנִים	רבים
יְשׁוּמַּן	שׁוּמַּן	הוא	מְשׁוּמָּנוֹת	רבות
תְּשׁוּמַּן	שׁוּמְּנָה	היא		
נְשׁוּמַּן	שׁוּמַּנּוּ	אנחנו		
תְּשׁוּמְּנוּ *	שׁוּמַּנְתֶּם/ן	אתם/ן		
יְשׁוּמְּנוּ *	שׁוּמְּנוּ	הם/ן		

בינוני .Pres. Part מְשׁוּמָּן oiled, greased   * less commonly: אתן/הן תְּשׁוּמַּנָּה

♦ דוגמאות Illustrations

אומנם זה גם עניין של גֶנים, אבל בדרך כלל מי שאוכל מאכלים **מַשְׁמִינִים** סופו שהוא **מַשְׁמִין**.

It is indeed also a matter of genes, but usually whoever eats **fattening** foods is bound to **grow fat**.

הדלת חורקת משום שציריה לא **שׁוּמְּנוּ**. **שַׁמֵּן** את הצירים ותבחין בהבדל.

The door is squeaking because its hinges **have** not **been oiled**. **Oil** the hinges and you'll notice the difference.

● שמע : לִשְׁמוֹעַ, לְהִישָּׁמַע, לְהַשְׁמִיעַ, לְהִשְׁתַּמֵּעַ

שָׁמַע/שׁוֹמֵעַ/יִשְׁמַע hear; listen; consent; understand

בניין : פָּעַל   גזרה : שלמים (אֶפְעַל) + ל״ג

Imp. ציווי	Fut. עתיד	Past עבר		Present הווה	
	אֶשְׁמַע	שָׁמַעְתִּי	אני	שׁוֹמֵעַ	יחיד
שְׁמַע	תִּשְׁמַע	שָׁמַעְתָּ	אתה	שׁוֹמַעַת	יחידה

שמע: לִשְׁמוֹעַ, לְהִישָּׁמַע, לְהַשְׁמִיעַ, לְהִשְׁתַּמֵּעַ

	Present הווה		Past עבר	Fut. עתיד	Imp. ציווי
רבים	שׁוֹמְעִים	את	שָׁמַעְתְּ/...עַת	תִּשְׁמְעִי	שִׁמְעִי
רבות	שׁוֹמְעוֹת	הוא	שָׁמַע	יִשְׁמַע	
		היא	שָׁמְעָה	תִּשְׁמַע	
		אנחנו	שָׁמַעְנוּ	נִשְׁמַע	
		אתם/ן	* שְׁמַעְתֶּם/ן	** תִּשְׁמְעוּ	*** שִׁמְעוּ
		הם/ן	שָׁמְעוּ	** יִשְׁמְעוּ	

שם הפועל .Infin לִשְׁמוֹעַ

מקור מוחלט .Inf. Abs שָׁמוֹעַ

בינוני פעיל .Act. Part שׁוֹמֵעַ listener, hearer

קָטִיל .CaCiC adj./N שָׁמִיעַ audible

שם הפעולה Verbal N שְׁמוּעָה rumor

שם הפעולה Verbal N שְׁמִיעָה hearing; ear (for music)

מ״י מוצרכת .Gov. Prep שָׁמַע ל- listen to, consent to

מ״י מוצרכת .Gov. Prep שָׁמַע על hear about

* Colloquial: שָׁמַעְתֶּם/ן

** less commonly: אתן/הן תִּשְׁמַעְנָה

*** less commonly: (אתן) שְׁמַעְנָה

מקור נטוי .Inf.+pron בְּשׁוֹמְעוֹ, כְּ...

נִשְׁמַע/יִישָּׁמַע (יִשָּׁמַע) be heard, be listened to; obey

בניין: נִפְעַל גזרה: שלמים + ל״ג

	Present הווה		Past עבר	Future עתיד	Imper. ציווי
יחיד	נִשְׁמָע	אני	נִשְׁמַעְתִּי	אֶשָּׁמַע	
יחידה	נִשְׁמַעַת	אתה	נִשְׁמַעְתָּ	תִּישָּׁמַע	הִישָּׁמַע
רבים	נִשְׁמָעִים	את	נִשְׁמַעְתְּ/...עַת	תִּישָּׁמְעִי	הִישָּׁמְעִי
רבות	נִשְׁמָעוֹת	הוא	נִשְׁמַע	יִישָּׁמַע	
		היא	נִשְׁמְעָה	תִּישָּׁמַע	
		אנחנו	נִשְׁמַעְנוּ	נִישָּׁמַע	
		אתם/ן	נִשְׁמַעְתֶּם/ן	* תִּישָּׁמְעוּ	** הִישָּׁמְעוּ
		הם/ן	נִשְׁמְעוּ	* יִישָּׁמְעוּ	

שם הפועל .Infin לְהִישָּׁמַע

מקור מוחלט .Inf. Abs נִשְׁמוֹעַ

שם הפעולה Verbal N הִישָּׁמְעוּת being heard/listened to; obeying

מ״י מוצרכת .Gov. Prep נִשְׁמַע ל- obey

* less commonly: אתן/הן תִּישָּׁמַעְנָה

** less commonly: (אתן) הִישָּׁמַעְנָה

הִשְׁמִיעַ/הִשְׁמַע/יַשְׁמִיעַ make heard (by playing sound), play (music, song); sound, voice; proclaim; summon

בניין: הִפְעִיל גזרה: שלמים + ל״ג

	Present הווה		Past עבר	Future עתיד	Imper. ציווי
יחיד	מַשְׁמִיעַ	אני	הִשְׁמַעְתִּי	אַשְׁמִיעַ	
יחידה	מַשְׁמִיעָה	אתה	הִשְׁמַעְתָּ	תַּשְׁמִיעַ	הַשְׁמַע
רבים	מַשְׁמִיעִים	את	הִשְׁמַעְתְּ/...עַת	תַּשְׁמִיעִי	הַשְׁמִיעִי
רבות	מַשְׁמִיעוֹת	הוא	הִשְׁמִיעַ	יַשְׁמִיעַ	
		היא	הִשְׁמִיעָה	תַּשְׁמִיעַ	
		אנחנו	הִשְׁמַעְנוּ	נַשְׁמִיעַ	
		אתם/ן	הִשְׁמַעְתֶּם/ן	* תַּשְׁמִיעוּ	** הַשְׁמִיעוּ
		הם/ן	הִשְׁמִיעוּ	* יַשְׁמִיעוּ	

שם הפועל .Infin לְהַשְׁמִיעַ * less commonly: אתן/הן תַּשְׁמַעְנָה
מקור מוחלט .Inf. Abs הַשְׁמֵעַ ** less commonly: (אתן) הַשְׁמַעְנָה
שם הפעולה Verbal N הַשְׁמָעָה making heard, sounding

הִשְׁתַּמֵּעַ/הִשְׁתַּמַּע be heard; be understood, be interpreted

בניין : הִתְפַּעֵל גזרה : שלמים + פ' שורקת + ל"ג

	הווה Present		עבר Past	עתיד Future	ציווי Imper.
יחיד	מִשְׁתַּמֵּעַ	אני	הִשְׁתַּמַּעְתִּי	אֶשְׁתַּמַּע/...מֵּעַ*	
יחידה	מִשְׁתַּמַּעַת	אתה	הִשְׁתַּמַּעְתָּ	תִּשְׁתַּמַּע/...מֵּעַ*	הִשְׁתַּמַּע/..מֵּעַ*
רבים	מִשְׁתַּמְּעִים	את	הִשְׁתַּמַּעְתְּ/...עַת	תִּשְׁתַּמְּעִי	הִשְׁתַּמְּעִי
רבות	מִשְׁתַּמְּעוֹת	הוא	הִשְׁתַּמַּע/...מֵּעַ*	יִשְׁתַּמַּע/...מֵּעַ*	
		היא	הִשְׁתַּמְּעָה	תִּשְׁתַּמַּע/...מֵּעַ*	
		אנחנו	הִשְׁתַּמַּעְנוּ	נִשְׁתַּמַּע/...מֵּעַ*	
		אתם/ן	הִשְׁתַּמַּעְתֶּם/ן	תִּשְׁתַּמְּעוּ **	הִשְׁתַּמְּעוּ ***
		הם/ן	הִשְׁתַּמְּעוּ	יִשְׁתַּמְּעוּ **	

* ...מֵּעַ more common in colloquial use
שם הפועל .Infin לְהִשְׁתַּמֵּעַ ** less commonly: אתן/הן תִּשְׁתַּמַּעְנָה
מקור מוחלט .Inf. Abs הִשְׁתַּמֵּעַ *** less commonly: (אתן) הִשְׁתַּמַּעְנָה
שם הפעולה Verbal N הִשְׁתַּמְּעוּת being heard, being understood

הוּשְׁמַע (הֻשְׁמַע) be made heard, be played (music), be sounded, be pronounced

בניין : הוּפְעַל גזרה : שלמים

	הווה Present		עבר Past	עתיד Future
יחיד	מוּשְׁמָע	אני	הוּשְׁמַעְתִּי	אוּשְׁמַע
יחידה	מוּשְׁמַעַת	אתה	הוּשְׁמַעְתָּ	תּוּשְׁמַע
רבים	מוּשְׁמָעִים	את	הוּשְׁמַעְתְּ/...עַת	תּוּשְׁמְעִי
רבות	מוּשְׁמָעוֹת	הוא	הוּשְׁמַע	יוּשְׁמַע
		היא	הוּשְׁמְעָה	תּוּשְׁמַע
		אנחנו	הוּשְׁמַעְנוּ	נוּשְׁמַע
		אתם/ן	הוּשְׁמַעְתֶּם/ן	תּוּשְׁמְעוּ *
		הם/ן	הוּשְׁמְעוּ	יוּשְׁמְעוּ *

* less commonly: אתן/הן תּוּשְׁמַעְנָה

♦ דוגמאות Illustrations

נאומיו של צ'רצ'יל **נִשְׁמְעוּ** בכל רחבי העולם החופשי. כל מי ש**שָׁמַע** אותם ידע שבריטניה לא תיכנע, ושה**שמועות** על ירידת המוראל בבריטניה אינן נכונות.

Churchill's speeches **were heard** all over the free world. Whoever **heard** them knew that Britain would not surrender, and that the **rumors** about decline in British morale were false.

שר העבודה **הִשְׁמִיעַ** את דעתו בישיבת הממשלה נגד הקיצוצים המוצעים, בנימוק שעלולה **לְהִשְׁתַּמֵּעַ** מהם מדיניות אנטי-חברתית.

At the government meeting, the labor minister **voiced** his opinion against the proposed cuts, arguing that antisocial policy might **be understood** from their adoption.

הבוקר **הוּשְׁמְעָה** ברדיו מוסיקה מצוינת.

Excellent music **was played** this morning on the radio.

כדאי שאהובה תלמד לנגן על כלי כלשהו ; יש לה **שְׁמִיעָה** מצוינת.
It would be a good idea for Ahuva to learn to play some instrument; she has an excellent **ear** ("**hearing**").

♦ ביטויים מיוחדים Special expressions
שְׁמַע בקולו **obey** him
חוש הַ**שְּׁמִיעָה** the sense of **hearing**
מה **נִשְׁמָע**? what's up?
מִשְׁתַּמֵּעַ לשתי פנים that can be interpreted in two ways
לְהִשְׁתַּמֵּעַ! you'll be **hearing** us again! (like an oral "see you" on the radio)
שְׁמַע ישראל **Hear** O Israel (first two words of the Torah passage affirming faith in God)

●שמר : לִשְׁמוֹר, לְהִישָּׁמֵר, לְשַׁמֵּר

שָׁמַר/שׁוֹמֵר/יִשְׁמוֹר (יִשְׁמֹר) watch, guard, reserve, observe (law), keep

בניין : פָּעַל גזרה : שלמים (אֶפְעוֹל)

	Pres./Part. הווה/בינוני		Past עבר	Fut. עתיד	Imp. ציווי
יחיד	שׁוֹמֵר שָׁמוּר	אני	שָׁמַרְתִּי	אֶשְׁמוֹר	
יחידה	שׁוֹמֶרֶת שְׁמוּרָה	אתה	שָׁמַרְתָּ	תִּשְׁמוֹר	שְׁמוֹר
רבים	שׁוֹמְרִים שְׁמוּרִים	את	שָׁמַרְתְּ	תִּשְׁמְרִי	שִׁמְרִי
רבות	שׁוֹמְרוֹת שְׁמוּרוֹת	הוא	שָׁמַר	יִשְׁמוֹר	
		היא	שָׁמְרָה	תִּשְׁמוֹר	
		אנחנו	שָׁמַרְנוּ	נִשְׁמוֹר	
		אתם/ן	* שְׁמַרְתֶּם/ן	** תִּשְׁמְרוּ	*** שִׁמְרוּ
		הם/ן	שָׁמְרוּ	** יִשְׁמְרוּ	

שם הפועל .Infin לִשְׁמוֹר
* Colloquial: שָׁמַרְתֶּם/ן
ש׳ הפעולה Verbal N שְׁמִירָה guarding; security
** less commonly: אתן/הן תִּשְׁמוֹרְנָה
ביני׳ פעיל .Act. Part שׁוֹמֵר guard (N)
*** less commonly: (אתן) שְׁמוֹרְנָה
ביני׳ סביל .Pass. Part שָׁמוּר guarded, reserved
קָטִיל *CaCiC* adj./N. שָׁמִיר dill; corundum
שְׁמוּרָה eyelid; reserve
מקור נטוי .Inf.+pron בְּשׁוֹמְרוֹ, כְּ...
מקור מוחלט .Inf. Abs שָׁמוֹר
מ״י מוצרכת .Gov. Prep שָׁמַר עַל guard ; שָׁמַר אֶת keep (tradition, etc.)
In BH only שָׁמַר אֶת for both meanings.

נִשְׁמַר/יִישָּׁמֵר (יִשָּׁמֵר) be guarded; be careful, watch out

בניין : נִפְעַל גזרה : שלמים

	Present הווה		Past עבר	Future עתיד	Imper. ציווי
יחיד	נִשְׁמָר	אני	נִשְׁמַרְתִּי	אֶשָּׁמֵר	
יחידה	נִשְׁמֶרֶת	אתה	נִשְׁמַרְתָּ	תִּישָּׁמֵר	הִישָּׁמֵר
רבים	נִשְׁמָרִים	את	נִשְׁמַרְתְּ	תִּישָּׁמְרִי	הִישָּׁמְרִי
רבות	נִשְׁמָרוֹת	הוא	נִשְׁמַר	יִישָּׁמֵר	
		היא	נִשְׁמְרָה	תִּישָּׁמֵר	
		אנחנו	נִשְׁמַרְנוּ	נִישָּׁמֵר	
		אתם/ן	נִשְׁמַרְתֶּם/ן	* תִּישָּׁמְרוּ	** הִישָּׁמְרוּ
		הם/ן	נִשְׁמְרוּ	* יִישָּׁמְרוּ	

שם הפועל .Infin לְהִישָּׁמֵר
* less commonly: אתן/הן תִּישָּׁמַרְנָה
מקור מוחלט .Inf. Abs הִישָּׁמֵר, נִשְׁמוֹר
** less commonly: (אתן) הִישָּׁמַרְנָה

שם הפעולה Verbal N הִישָּׁמְרוּת being guarded, watching out
מ״י מוצרכת .Gov. Prep נִשְׁמַר מן/מפני watch out for; avoid

שִׁימֵּר (שִׁמֵּר)/שִׁימַּר/שַׁמֵּר preserve; can (food); be conservative; guard

בניין : פִּיעֵל גזרה : שלמים

	Present הווה		Past עבר	Future עתיד	Imper. ציווי
יחיד	מְשַׁמֵּר	אני	שִׁימַּרְתִּי	אֲשַׁמֵּר	
יחידה	מְשַׁמֶּרֶת	אתה	שִׁימַּרְתָּ	תְּשַׁמֵּר	שַׁמֵּר
רבים	מְשַׁמְּרִים	את	שִׁימַּרְתְּ	תְּשַׁמְּרִי	שַׁמְּרִי
רבות	מְשַׁמְּרוֹת	הוא	שִׁימֵּר	יְשַׁמֵּר	
		היא	שִׁימְּרָה	תְּשַׁמֵּר	
		אנחנו	שִׁימַּרְנוּ	נְשַׁמֵּר	
		אתם/ן	שִׁימַּרְתֶּם/ן	תְּשַׁמְּרוּ *	שַׁמְּרוּ **
		הם/ן	שִׁימְּרוּ	יְשַׁמְּרוּ *	

שם הפועל .Infin לְשַׁמֵּר   * less commonly: אתן/הן תְּשַׁמֵּרְנָה
בינוני .Pres. Part מְשַׁמֵּר preservative   ** less commonly: (אתן) שַׁמֵּרְנָה
שם הפעולה Verbal N שִׁימּוּר canning (food), preserving, guarding ; שִׁימּוּרִים preserves
מקור מוחלט .Inf. Abs שַׁמֵּר

♦ פעלים פחות שכיחים מאותו שורש Less frequent verbs from the same root

שׁוּמַּר be preserved, be canned; be guarded (בינוני .Pres. Part מְשׁוּמָּר preserved, canned, יְשׁוּמַּר)

הִשְׁתַּמֵּר/נִשְׁתַּמֵּר be preserved, survive (מִשְׁתַּמֵּר, יִשְׁתַּמֵּר, לְהִשְׁתַּמֵּר)

♦ דוגמאות Illustrations

אביבה **שׁוֹמֶרֶת** כַּשְׁרוּת אבל לא **שׁוֹמֶרֶת** שַׁבָּת. ביום שישי בערב היא נוסעת אל אחותה מיכל כדי **לִשְׁמוֹר** על הילדים שלה כשמיכל יוצאת עם בעלה למסעדה. יש להם שם שולחן **שָׁמוּר** כל יום שישי.

Aviva **keeps** kosher but does not **observe** the Sabbath. On Friday night she drives to her sister Michal in order to **watch** her children when Michal goes to a restaurant with her husband. They have a **reserved** table there every Friday.

אפריים עובד כ**שׁוֹמֵר** בחֶברת **שְׁמִירָה** ה**שׁוֹמֶרֶת** על בנקים בתל-אביב בלילות, כדי להגן עליהם מפני פריצות.

Ephraim works as a **guard** in a **security** firm that **guards** banks in Tel Aviv at night, to protect them from break-ins.

דני טייל אתמול ב**שְׁמוּרַת** הטבע בעין גדי. בשתיים בצהריים הוא ישב לנוח ; **שְׁמוּרוֹת** עיניו נעצמו והוא נרדם מייד.

Danny was hiking yesterday in the Ein Gedi nature **reserve**. At two p.m. he sat down to rest; his eye**lids** closed and he fell asleep immediately.

ספר התנ״ך העתיק **נִשְׁמָר** בארון מיוחד ; החוקרים **נִשְׁמָרִים** מאוד כשהם מעיינים בו.

The ancient bible **is kept** in a special bookcase; the researchers are very **careful** when they study it.

קשה היום לדעת אם ניתן יהיה **לְשַׁמֵּר** את האידיש כשפת דיבור חיה.

It is hard to tell today whether it will be possible to **preserve** Yiddish as a living spoken language.

עזריאל אינו אוכל מזון המכיל חומרים **מְשַׁמְּרִים**. הוא **נִשְׁמָר** מפני כל מזון שאינו טרי.

Azriel does not eat food that contains **preservatives** (literally "**preserving** materials"). He **avoids** any food that is not fresh.

מנות קרב מכילות הרבה (קופסאות) **שִׁימּוּרִים**, והמזון **הַמְשׁוּמָּר** טעים למדיי, אבל בדרך כלל אוכלים בצבא מזון טרי.

Battle rations contain a lot of **canned food**, and the **canned** food is quite good, but generally one only eats fresh food in the army.

מסורת הקריאה הבבלית **נִשְׁתַּמְּרָה** עד היום בקריאת התורה בעדה התימנית.

The Babylonian reading tradition **has been maintained** to this day in Yemenite Torah reading.

♦ **ביטויים מיוחדים** Special expressions

שׁוֹמֵר נפשו	a **cautious** person	**שׁוֹמֵר** פתאים ה׳	the Lord **protects** fools... (jocular)
״**הַשׁוֹמֵר**״	Hashomer (Jewish **watchmen**'s organization in Palestine)		
שׁוֹמֵר חינם	unpaid **keeper**, trustee	**שׁוֹמֵר** שכר	paid **keeper**, bailee
שְׁמוּרַת טבע	nature reserve, **conservation** area	קרן **שְׁמוּרָה**	**reserve** fund
כל הזכויות **שְׁמוּרוֹת**	all rights **reserved** (copyright)	**שׁוֹמֵר** חוק	law-**abiding** person
שָׁמַר אמונים ל-	remain faithful to	**שָׁמַר** (את)הבטחתו	**keep** one's promise
שָׁמַר לשונו/פיו	**watch** one's words	**שׁוֹמֵר** ראש	body**guard**
שְׁמוֹר לי **וְאֶשְׁמוֹר** לך	you help me and I'll help you	**שָׁמַר** סוד	**keep** a secret

● שמש : לְהִשְׁתַּמֵּשׁ, לְשַׁמֵּשׁ

הִשְׁתַּמֵּשׁ/הִשְׁתַּמֵּשׁ use, make use of

בניין : הִתְפַּעֵל גזרה : שלמים + פ׳ שורקת

	Present הווה		Past עבר	Future עתיד	Imper. ציווי
יחיד	מִשְׁתַּמֵּשׁ	אני	הִשְׁתַּמַּשְׁתִּי	אֶשְׁתַּמֵּשׁ	
יחידה	מִשְׁתַּמֶּשֶׁת	אתה	הִשְׁתַּמַּשְׁתָּ	תִּשְׁתַּמֵּשׁ	הִשְׁתַּמֵּשׁ
רבים	מִשְׁתַּמְּשִׁים	את	הִשְׁתַּמַּשְׁתְּ	תִּשְׁתַּמְּשִׁי	הִשְׁתַּמְּשִׁי
רבות	מִשְׁתַּמְּשׁוֹת	הוא	הִשְׁתַּמֵּשׁ	יִשְׁתַּמֵּשׁ	
		היא	הִשְׁתַּמְּשָׁה	תִּשְׁתַּמֵּשׁ	
		אנחנו	הִשְׁתַּמַּשְׁנוּ	נִשְׁתַּמֵּשׁ	
		אתם/ן	הִשְׁתַּמַּשְׁתֶּם/ן	תִּשְׁתַּמְּשׁוּ *	הִשְׁתַּמְּשׁוּ **
		הם/ן	הִשְׁתַּמְּשׁוּ	יִשְׁתַּמְּשׁוּ *	

שם הפועל .Infin לְהִשְׁתַּמֵּשׁ — * less commonly: אתן/הן תִּשְׁתַּמֵּשְׁנָה

בינוני .Pres. Part מִשְׁתַּמֵּשׁ user — ** less commonly: (אתן) הִשְׁתַּמֵּשְׁנָה

שם הפעולה Verbal N הִשְׁתַּמְּשׁוּת using, making use of

מ״י מוצרכת .Gov. Prep הִשְׁתַּמֵּשׁ ב- make use of — מקור מוחלט .Inf. Abs הִשְׁתַּמֵּשׁ

שִׁימֵּשׁ (שִׁמֵּשׁ)/שִׁימַּשׁ/שַׁמֵּשׁ serve (a master); serve/act as; be used as

בניין : פִּיעֵל גזרה : שלמים

	Present הווה		Past עבר	Future עתיד	Imper. ציווי
יחיד	מְשַׁמֵּשׁ	אני	שִׁימַּשְׁתִּי	אֲשַׁמֵּשׁ	
יחידה	מְשַׁמֶּשֶׁת	אתה	שִׁימַּשְׁתָּ	תְּשַׁמֵּשׁ	שַׁמֵּשׁ

	הווה Present		עבר Past	עתיד Future	ציווי Imper.
רבים	מְשַׁמְּשִׁים	את	שִׁימַּשְׁתְּ	תְּשַׁמְּשִׁי	שַׁמְּשִׁי
רבות	מְשַׁמְּשׁוֹת	הוא	שִׁימֵּשׁ	יְשַׁמֵּשׁ	
		היא	שִׁימְּשָׁה	תְּשַׁמֵּשׁ	
		אנחנו	שִׁימַּשְׁנוּ	נְשַׁמֵּשׁ	
		אתם/ן	שִׁימַּשְׁתֶּם/ן	תְּשַׁמְּשׁוּ *	שַׁמְּשׁוּ **
		הם/ן	שִׁימְּשׁוּ	יְשַׁמְּשׁוּ *	

שם הפועל .Infin לְשַׁמֵּשׁ — * less commonly: אתן/הן תְּשַׁמֵּשְׁנָה

שם הפעולה Verbal N שִׁימּוּשׁ use, usage, using — ** less commonly: (אתן) שַׁמֵּשְׁנָה

מ״י מוצרכת .Gov. Prep שִׁימֵּשׁ כ-/ל- serve as, be used for — מקור מוחלט .Inf. Abs שַׁמֵּשׁ

♦ **פעלים פחות שכיחים מאותו שורש** Less frequent verbs from the same root

שׁוּמַּשׁ be used, be secondhand > בינ' .Pres. Part מְשׁוּמָּשׁ used, secondhand (form common)

♦ **דוגמאות** Illustrations

אני **מִשְׁתַּמֵּשׁ** בדואר אלקטרוני כבר הרבה שנים ; בעיקר הוא **מְשַׁמֵּשׁ** אותי כאמצעי להתקשרות עם עמיתים במקצוע.

I **have been using** electronic mail for years; mostly, it **has been serving** me as a means of communicating with professional colleagues.

המבנה הזה שייך לצבא. פעם הוא **שִׁימֵּשׁ** כמוסך ; היום **מִשְׁתַּמְּשִׁים** בו כמחסן למשאיות **מְשׁוּמָּשׁוֹת** שיצאו מן השירות.

This structure belongs to the Army. Once it **served** as a garage; today they **use** it as a storage facility for **used** trucks that are out of service.

♦ **ביטויים מיוחדים** Special expressions

אותיות ה**שִׁימּוּשׁ** formative letters (in Hebrew morphology)

בית **שִׁימּוּשׁ** lavatory, rest room — **שִׁימּוּשׁ** לרעה abuse — **שִׁימֵּשׁ** בתפקיד serve as

● שׂנא : לִשְׂנוֹא

שָׂנֵא/שׂוֹנֵא/יִשְׂנָא hate

בניין : פָּעַל — גזרה : ל״א

	הווה/בינוני .Pres./Part			עבר Past	עתיד .Fut	ציווי .Imp
יחיד	שׂוֹנֵא	שָׂנוּא	אני	שָׂנֵאתִי	אֶשְׂנָא	
יחידה	שׂוֹנֵאת	שְׂנוּאָה	אתה	שָׂנֵאתָ	תִּשְׂנָא	שְׂנָא
רבים	שׂוֹנְאִים	שְׂנוּאִים	את	שָׂנֵאת	תִּשְׂנְאִי	שִׂנְאִי
רבות	שׂוֹנְאוֹת	שְׂנוּאוֹת	הוא	שָׂנֵא	יִשְׂנָא	
			היא	שָׂנְאָה	תִּשְׂנָא	
			אנחנו	שָׂנֵאנוּ	נִשְׂנָא	
			אתם/ן	שְׂנֵאתֶם/ן *	תִּשְׂנְאוּ **	שִׂנְאוּ ***
			הם/ן	שָׂנְאוּ	יִשְׂנְאוּ **	

שם הפועל .Infin לִשְׂנוֹא — * Colloquial: שָׂנֵאתֶם/ן

ביני פעיל .Act. Part שׂוֹנֵא enemy, foe — ** less commonly: אתן/הן תִּשְׂנֶאנָה

ביני סביל .Pass. Part שָׂנוּא hated, detested — *** less commonly: (אתן) שְׂנֶאנָה

ביני סביל Pass. Part. שָׂנוּא hated (adj.) | שם הפעולה Verbal N שִׂנְאָה hate
מקור מוחלט Inf. Abs. שָׂנוֹא | מקור נטוי Inf.+pron. בְּשׂוֹנְאוֹ, כְּ...

♦ פעלים פחות שכיחים מאותו שורש Less frequent verbs from the same root

הִשְׂנִיא (מַשְׂנִיא, יַשְׂנִיא, לְהַשְׂנִיא) cause to be hated, make hateful מ״י מוצרכת Gov. Prep. הִשְׂנִיא משהו על מישהו cause one to hate something)

♦ דוגמאות Illustrations

מורים גרועים **מַשְׂנִיאִים** על הילדים את הלימודים. הרבה ילדים **שׂוֹנְאִים** מתמטיקה, למשל, בגלל מורים שאינם יודעים ללמד את המקצוע.

Bad teachers **make** children **hate** school. Many kids **hate** math, for instance, because of teachers who do not know how to teach the subject.

♦ ביטויים מיוחדים Special expressions

את ה**שָּׂנוּא** עליך אל תעשה לחברך Do not do to others what you find to be **hateful**

שִׂנְאַת חינם unjustified **hatred** | **שִׂנְאַת** זרים **hatred** of foreigners

● שנה (שני) : לְשַׁנּוֹת, לְהִשְׁתַּנּוֹת

שִׁינָּה (שִׁנָּה)/שַׁנֵּה change (tr.), alter

בניין : פִּיעֵל גזרה : ל״י

	הווה Present		עבר Past	עתיד Future	ציווי Imper.
יחיד	מְשַׁנֶּה	אני	שִׁינִּיתִי	אֲשַׁנֶּה	
יחידה	מְשַׁנָּה	אתה	שִׁינִּיתָ	תְּשַׁנֶּה	שַׁנֵּה
רבים	מְשַׁנִּים	את	שִׁינִּית	תְּשַׁנִּי	שַׁנִּי
רבות	מְשַׁנּוֹת	הוא	שִׁינָּה	יְשַׁנֶּה	
		היא	שִׁינְּתָה	תְּשַׁנֶּה	
		אנחנו	שִׁינִּינוּ	נְשַׁנֶּה	
		אתם/ן	שִׁינִּיתֶם/ן	תְּשַׁנּוּ *	שַׁנּוּ **
		הם/ן	שִׁינּוּ	יְשַׁנּוּ *	

שם הפועל Infin. לְשַׁנּוֹת | less commonly: * אתן/הן תְּשַׁנֶּינָה
שם הפעולה Verbal N שִׁינּוּי change, alteration | less commonly: ** (אתן) שַׁנֶּינָה
מקור מוחלט Inf. Abs. שַׁנֵּה

הִשְׁתַּנָּה change (intr.), vary, be(come) different

בניין : הִתְפַּעֵל גזרה : פ׳ שורקת + ל״י

	הווה Present		עבר Past	עתיד Future	ציווי Imper.
יחיד	מִשְׁתַּנֶּה	אני	הִשְׁתַּנֵּיתִי	אֶשְׁתַּנֶּה	
יחידה	מִשְׁתַּנָּה	אתה	הִשְׁתַּנֵּיתָ	תִּשְׁתַּנֶּה	הִשְׁתַּנֵּה
רבים	מִשְׁתַּנִּים	את	הִשְׁתַּנֵּית	תִּשְׁתַּנִּי	הִשְׁתַּנִּי
רבות	מִשְׁתַּנּוֹת	הוא	הִשְׁתַּנָּה	יִשְׁתַּנֶּה	
		היא	הִשְׁתַּנְּתָה	תִּשְׁתַּנֶּה	
		אנחנו	הִשְׁתַּנֵּינוּ	נִשְׁתַּנֶּה	
		אתם/ן	הִשְׁתַּנֵּיתֶם/ן	תִּשְׁתַּנּוּ *	הִשְׁתַּנּוּ **
		הם/ן	הִשְׁתַּנּוּ	יִשְׁתַּנּוּ *	

שם הפועל Infin.	לְהִשְׁתַּנּוֹת	* less commonly:	אתן/הן תִּשְׁתַּנֶּינָה
מקור מוחלט Inf. Abs.	הִשְׁתַּנֵּה	** less commonly:	(אתן) הִשְׁתַּנֶּינָה
שם הפעולה Verbal N	הִשְׁתַּנּוּת	change, transformation, variability	

שׁוּנָּה (שֻׁנָּה)/שׁוּנָּה be changed, be altered

בניין : פּוּעַל גזרה : ל״י

	Present הווה		Past עבר	Future עתיד
יחיד	מְשׁוּנֶּה	אני	שׁוּנֵּיתִי	אֲשׁוּנֶּה
יחידה	מְשׁוּנָּה	אתה	שׁוּנֵּיתָ	תְּשׁוּנֶּה
רבים	מְשׁוּנִּים	את	שׁוּנֵּית	תְּשׁוּנִּי
רבות	מְשׁוּנּוֹת	הוא	שׁוּנָּה	יְשׁוּנֶּה
		היא	שׁוּנְּתָה	תְּשׁוּנֶּה
		אנחנו	שׁוּנֵּינוּ	נְשׁוּנֶּה
		אתם/ן	שׁוּנֵּיתֶם/ן	תְּשׁוּנּוּ *
		הם/ן	שׁוּנּוּ	יְשׁוּנּוּ *

* less commonly: אתן/הן תְּשׁוּנֶּינָה

בינוני Pres. Part. מְשׁוּנֶּה strange, odd, eccentric

A less frequent, homonymous root meaning "repeat; study" is not included here.

♦ פעלים פחות שכיחים מאותו שורש Less frequent verbs from the same root

שָׁנָה change (intr.); be different (lit.) > בינ׳ Pres. Part. שׁוֹנֶה different (common form)

♦ דוגמאות Illustrations

המועמד לנשיאות הצהיר כי אם הוא ייבחר, הוא **יְשַׁנֶּה** את מבנה הממשל מיסודו. משהיה לנשיא, גילה כי כל **שִׁינּוּי** בממשל הוא עניין מסובך ביותר, וכי הסיכוי שמשהו **יִשְׁתַּנֶּה** הוא מזערי.

The candidate for president announced that if he is elected, he **will change** the structure of government in a fundamental manner. Once he became president, he discovered that any **change** in government is a very complex matter, and that the prospect that anything **will change** is minimal.

תוכניות הבנייה **שׁוּנּוּ** כל כך הרבה פעמים, שהמוצר הסופי יצא **שׁוֹנֶה** לגמרי מעיצובו המקורי של האדריכל. מבחינה סגנונית, התוצאה **מְשׁוּנָּה** מאוד.

The building plans **were changed** so many times, that the final product turned out to be quite **different** from the original architect's design. Stylistically, the result is very **odd**.

♦ ביטויים מיוחדים Special expressions

מה זה **מְשַׁנֶּה** what **difference** does it make?

מְשַׁנֶּה מקום, **מְשַׁנֶּה** מזל may your fortune improve with your **change** of residence

שִׁינָּה את טעמו change one's mind; feign madness (lit.)

שִׁינּוּי לטובה (לרעה) a **change** for the better (for the worse)

מה **נִּשְׁתַּנָּה** (the beginning of) the Four Questions on Passover night

●שעל : לְהִשְׁתַּעֵל

הִשְׁתַּעֵל/הִשְׁתַּעַל cough

בניין : הִתְפַּעֵל גזרה : שלמים + פ׳ שורקת + ע״ג

Imper. ציווי	Future עתיד	Past עבר		Present הווה	
	אֶשְׁתַּעֵל	הִשְׁתַּעַלְתִּי	אני	מִשְׁתַּעֵל	יחיד
הִשְׁתַּעֵל	תִּשְׁתַּעֵל	הִשְׁתַּעַלְתָּ	אתה	מִשְׁתַּעֶלֶת	יחידה
הִשְׁתַּעֲלִי	תִּשְׁתַּעֲלִי	הִשְׁתַּעַלְתְּ	את	מִשְׁתַּעֲלִים	רבים
	יִשְׁתַּעֵל	הִשְׁתַּעֵל	הוא	מִשְׁתַּעֲלוֹת	רבות
	תִּשְׁתַּעֵל	הִשְׁתַּעֲלָה	היא		
	נִשְׁתַּעֵל	הִשְׁתַּעַלְנוּ	אנחנו		
הִשְׁתַּעֲלוּ **	תִּשְׁתַּעֲלוּ *	הִשְׁתַּעַלְתֶּם/ן	אתם/ן		
	יִשְׁתַּעֲלוּ *	הִשְׁתַּעֲלוּ	הם/ן		

שם הפועל .Infin לְהִשְׁתַּעֵל — * less commonly: אתן/הן תִּשְׁתַּעֵלְנָה

שם הפעולה Verbal N הִשְׁתַּעֲלוּת coughing — ** less commonly: (אתן) הִשְׁתַּעֵלְנָה

מקור מוחלט .Inf. Abs הִשְׁתַּעֵל

♦ פעלים פחות שכיחים מאותו שורש Less frequent verbs from the same root

שִׁיעֵל cough (lit.) < שם הפעולה Verbal N שִׁיעוּל a cough; coughing (common form)

♦ דוגמאות Illustrations

לא ברור מדוע אנשים **מִשְׁתַּעֲלִים** כל כך הרבה בקונצרטים. ברגע שמתחילים לנגן, פורצת מגיפת **שִׁיעוּל**.

It is not clear why people **cough** so much in concerts. The moment they start playing, a **coughing** plague erupts.

●שעמם : לְשַׁעֲמֵם, לְהִשְׁתַּעֲמֵם

שִׁעֲמֵם/שִׁעֲמַם/שַׁעֲמֵם bore

בניין : פִּיעֵל גזרה : מרובעים + האות השנייה של השורש גרונית

Imper. ציווי	Future עתיד	Past עבר		Present הווה	
	אֲשַׁעֲמֵם	שִׁעֲמַמְתִּי	אני	מְשַׁעֲמֵם	יחיד
שַׁעֲמֵם	תְּשַׁעֲמֵם	שִׁעֲמַמְתָּ	אתה	מְשַׁעֲמֶמֶת	יחידה
שַׁעַמְמִי	תְּשַׁעַמְמִי	שִׁעֲמַמְתְּ	את	מְשַׁעַמְמִים	רבים
	יְשַׁעֲמֵם	שִׁעֲמֵם	הוא	מְשַׁעַמְמוֹת	רבות
	תְּשַׁעֲמֵם	שִׁעַמְמָה	היא		
	נְשַׁעֲמֵם	שִׁעֲמַמְנוּ	אנחנו		
שַׁעַמְמוּ**	תְּשַׁעַמְמוּ *	שִׁעֲמַמְתֶּם/ן	אתם/ן		
	יְשַׁעַמְמוּ *	שִׁעַמְמוּ	הם/ן		

שם הפועל .Infin לְשַׁעֲמֵם — * less commonly: אתן/הן תְּשַׁעֲמֵמְנָה

שם הפעולה Verbal N שִׁעֲמוּם boredom — ** less commonly: (אתן) שַׁעֲמֵמְנָה

בינוני .Pres. Part מְשַׁעֲמֵם boring — מקור מוחלט .Inf. Abs שַׁעֲמֵם

הִשְׁתַּעֲמֵם/הִשְׁתַּעֲמַם be/get bored

בניין : הִתְפַּעֵל גזרה : מרובעים + פ׳ שורקת + האות השנייה של השורש גרונית

	Present הווה		Past עבר	Future עתיד	Imper. ציווי
יחיד	מִשְׁתַּעֲמֵם	אני	הִשְׁתַּעֲמַמְתִּי	אֶשְׁתַּעֲמֵם	
יחידה	מִשְׁתַּעֲמֶמֶת	אתה	הִשְׁתַּעֲמַמְתָּ	תִּשְׁתַּעֲמֵם	הִשְׁתַּעֲמֵם
רבים	מִשְׁתַּעַמְמִים	את	הִשְׁתַּעֲמַמְתְּ	תִּשְׁתַּעַמְמִי	הִשְׁתַּעַמְמִי
רבות	מִשְׁתַּעַמְמוֹת	הוא	הִשְׁתַּעֲמֵם	יִשְׁתַּעֲמֵם	
		היא	הִשְׁתַּעַמְמָה	תִּשְׁתַּעֲמֵם	
		אנחנו	הִשְׁתַּעֲמַמְנוּ	נִשְׁתַּעֲמֵם	
		אתם/ן	הִשְׁתַּעֲמַמְתֶּם/ן	תִּשְׁתַּעַמְמוּ *	הִשְׁתַּעַמְמוּ **
		הם/ן	הִשְׁתַּעַמְמוּ	יִשְׁתַּעַמְמוּ *	

שם הפועל .Infin לְהִשְׁתַּעֲמֵם * less commonly: אתן/הן תִּשְׁתַּעֲמֵמְנָה

מקור מוחלט .Inf. Abs הִשְׁתַּעֲמֵם ** less commonly: (אתן) הִשְׁתַּעֲמֵמְנָה

שם הפעולה Verbal N הִשְׁתַּעַמְמוּת being/getting bored

♦ **פעלים פחות שכיחים מאותו שורש** Less frequent verbs from the same root

שׁוֹעֲמַם be bored < בינוני .Pres. Part מְשׁוּעֲמָם bored

♦ **דוגמאות** Illustrations

חנה אומרת שהאופרה הייתה **מְשַׁעֲמֶמֶת**. המוסיקה **שִׁעַמְמָה** אותה, ואפילו הזמרים נראו **מְשׁוּעֲמָמִים**. אז היא עזבה באמצע : יותר נוח **לְהִשְׁתַּעֲמֵם** בבית.

Hannah says that the opera was **boring**. The music **bored** her, and even the singers looked **bored**. So she left in the middle; it is more comfortable **to get bored** at home.

♦ **ביטויים מיוחדים** Special expressions

מת מ**שִׁעֲמוּם** die of boredom

● שען : לְהִישָּׁעֵן, לְהַשְׁעִין

נִשְׁעַן/יִישָּׁעֵן (יִשָּׁעֵן) lean (on/against), depend/rely (on); be based (on)

בניין : נִפְעַל גזרה : ע״ג + ל״נ

	Present הווה		Past עבר	Future עתיד	Imper. ציווי
יחיד	נִשְׁעָן	אני	נִשְׁעַנְתִּי	אֶשָּׁעֵן	
יחידה	נִשְׁעֶנֶת	אתה	נִשְׁעַנְתָּ	תִּישָּׁעֵן	הִישָּׁעֵן
רבים	נִשְׁעָנִים	את	נִשְׁעַנְתְּ	תִּישָּׁעֲנִי	הִישָּׁעֲנִי
רבות	נִשְׁעָנוֹת	הוא	נִשְׁעַן	יִישָּׁעֵן	
		היא	נִשְׁעֲנָה	תִּישָּׁעֵן	
		אנחנו	נִשְׁעַנּוּ	נִישָּׁעֵן	
		אתם/ן	נִשְׁעַנְתֶּם/ן	תִּישָּׁעֲנוּ *	הִישָּׁעֲנוּ **
		הם/ן	נִשְׁעֲנוּ	יִישָּׁעֲנוּ *	

שם הפועל .Infin לְהִישָּׁעֵן * less commonly: אתן/הן תִּישָּׁעַנָּה

מקור מוחלט .Inf. Abs נִשְׁעוֹן ** less commonly: (אתן) הִישָּׁעַנָּה

שם הפעולה Verbal N הִישָּׁעֲנוּת leaning (on)

מילת יחס מוצרכת .Gov. Prep נִשְׁעַן אֶל/עַל lean on

הִשְׁעִין/הִשְׁעַנ/יַשְׁעִין lean (something against something)

בניין : הִפְעִיל גזרה : ל״נ

	Present הווה		Past עבר	Future עתיד	Imper. ציווי
יחיד	מַשְׁעִין	אני	הִשְׁעַנְתִּי	אַשְׁעִין	
יחידה	מַשְׁעִינָה	אתה	הִשְׁעַנְתָּ	תַּשְׁעִין	הַשְׁעֵן
רבים	מַשְׁעִינִים	את	הִשְׁעַנְתְּ	תַּשְׁעִינִי	הַשְׁעִינִי
רבות	מַשְׁעִינוֹת	הוא	הִשְׁעִין	יַשְׁעִין	
		היא	הִשְׁעִינָה	תַּשְׁעִין	
		אנחנו	הִשְׁעַנּוּ	נַשְׁעִין	
		אתם/ן	הִשְׁעַנְתֶּם/ן	תַּשְׁעִינוּ *	הַשְׁעִינוּ **
		הם/ן	הִשְׁעִינוּ	יַשְׁעִינוּ *	

שם הפועל .Infin לְהַשְׁעִין — * less commonly: אתן/הן תַּשְׁעֵנָּה

שם הפעולה Verbal N הַשְׁעָנָה leaning (tr.) — ** less commonly: (אתן) הַשְׁעֵנָּה

מקור מוחלט .Inf. Abs הַשְׁעֵן

♦ **דוגמאות** Illustrations

הייתי עייף מאוד אחרי האימונים. **נִשְׁעַנְתִּי** אל קיר הבית שלידו נתנו לנו לנוח ו**הִשְׁעַנְתִּי** אליו את הרובה.

I was very tired at the end of the training. I **leaned** against the wall of the house next to which they let us rest, and **leaned** the rifle against it.

● שער : לְשַׁעֵר

שִׁיעֵר (שִׁעֵר)/שִׁיעַר/שַׁעֵר imagine, suppose; assume

בניין : פִּיעֵל גזרה : שלמים + ע״ג

	Present הווה		Past עבר	Future עתיד	Imper. ציווי
יחיד	מְשַׁעֵר	אני	שִׁיעַרְתִּי	אֲשַׁעֵר	
יחידה	מְשַׁעֶרֶת	אתה	שִׁיעַרְתָּ	תְּשַׁעֵר	שַׁעֵר
רבים	מְשַׁעֲרִים	את	שִׁיעַרְתְּ	תְּשַׁעֲרִי	שַׁעֲרִי
רבות	מְשַׁעֲרוֹת	הוא	שִׁיעֵר	יְשַׁעֵר	
		היא	שִׁיעֲרָה	תְּשַׁעֵר	
		אנחנו	שִׁיעַרְנוּ	נְשַׁעֵר	
		אתם/ן	שִׁיעַרְתֶּם/ן	תְּשַׁעֲרוּ	שַׁעֲרוּ **
		הם/ן	שִׁיעֲרוּ	יְשַׁעֲרוּ *	

שם הפועל+ל- .Infin לְשַׁעֵר — * less commonly: אתן/הן תְּשַׁעֵרְנָה

שם הפעולה Verbal N שִׁיעוּר measure; lesson — ** less commonly: (אתן) שַׁעֵרְנָה

מקור מוחלט .Inf. Abs שַׁעֵר

♦ **פעלים פחות שכיחים מאותו שורש** Less frequent verbs from the same root

[שׁוּעַר] be imagined; be assumed > מְשׁוֹעָר approximated, expected

♦ **דוגמאות** Illustrations

אני **מְשַׁעֵר** שהאוניברסיטאות שוב יעלו את שכר הלימוד השנה. ההעלאה ה**מְשׁוֹעֶרֶת** תהיה בסדר גודל של 8-10 אחוזים.

I **assume** that the universities will again raise tuition and fees this year. The **expected** raise will be between 8-10 percent.

♦ ביטויים מיוחדים Special expressions

שִׁיעֵר בנפשו **imagine** to oneself   עלה על המְ**שׁוֹעָר** exceeded what had been **expected**

●שעשע: לְשַׁעְשֵׁעַ, לְהִשְׁתַּעֲשֵׁעַ

שִׁעְשַׁע/שַׁעְשֵׁעַ amuse, entertain

בניין: פִּיעֵל גזרה: מרובעים + האות השנייה והרביעית גרונית

	הווה Present		עבר Past	עתיד Future	ציווי .Imper
יחיד	מְשַׁעְשֵׁעַ	אני	שִׁעְשַׁעְתִּי	אֲשַׁעְשַׁע/...שֵׁעַ*	
יחידה	מְשַׁעְשַׁעַת	אתה	שִׁעְשַׁעְתָּ	תְּשַׁעְשַׁע/...שֵׁעַ*	שַׁעְשַׁע/..שֵׁעַ*
רבים	מְשַׁעְשְׁעִים	את	שִׁעְשַׁעְתְּ/...עַת	תְּשַׁעַשְׁעִי	שַׁעַשְׁעִי
רבות	מְשַׁעְשְׁעוֹת	הוא	שִׁעְשַׁע/שִׁעְשֵׁעַ*	יְשַׁעְשַׁע/...שֵׁעַ*	
		היא	שִׁעַשְׁעָה	תְּשַׁעְשַׁע/...שֵׁעַ*	
		אנחנו	שִׁעְשַׁעְנוּ	נְשַׁעְשַׁע/...שֵׁעַ*	
		אתם/ן	שִׁעְשַׁעְתֶּם/ן	תְּשַׁעַשְׁעוּ **	שַׁעַשְׁעוּ***
		הם/ן	שִׁעַשְׁעוּ	יְשַׁעַשְׁעוּ **	

* more common in colloquial use ...שֵׁעַ

** less commonly: אתן/הן תְּשַׁעְשַׁעְנָה

*** less commonly: (אתן) שַׁעְשַׁעְנָה

שם הפועל .Infin לְשַׁעְשֵׁעַ

בינוני .Pres. Part מְשַׁעְשֵׁעַ amusing

שם הפעולה Verbal N שַׁעֲשׁוּעַ plaything; amusement

מקור מוחלט .Inf. Abs שַׁעְשֵׁעַ

הִשְׁתַּעֲשַׁע/הִשְׁתַּעֲשֵׁעַ play (with), amuse oneself (with), have fun

בניין: הִתְפַּעֵל גזרה: מרובעים + פי שורקת + האות השנייה והרביעית גרונית

	הווה Present		עבר Past	עתיד Future	ציווי .Imper
יחיד	מִשְׁתַּעֲשֵׁעַ	אני	הִשְׁתַּעֲשַׁעְתִּי	אֶשְׁתַּעֲשַׁע/...שֵׁעַ*	
יחידה	מִשְׁתַּעֲשַׁעַת	אתה	הִשְׁתַּעֲשַׁעְתָּ	תִּשְׁתַּעֲשַׁע/...שֵׁעַ*	הִשְׁתַּעֲשַׁע/שֵׁעַ*
רבים	מִשְׁתַּעַשְׁעִים	את	הִשְׁתַּעֲשַׁעְתְּ/...עַת	תִּשְׁתַּעַשְׁעִי	הִשְׁתַּעַשְׁעִי
רבות	מִשְׁתַּעַשְׁעוֹת	הוא	הִשְׁתַּעֲשַׁע.../שֵׁעַ*	יִשְׁתַּעֲשַׁע/...שֵׁעַ*	
		היא	הִשְׁתַּעַשְׁעָה	תִּשְׁתַּעֲשַׁע/...שֵׁעַ*	
		אנחנו	הִשְׁתַּעֲשַׁעְנוּ	נִשְׁתַּעֲשַׁע/...שֵׁעַ*	
		אתם/ן	הִשְׁתַּעֲשַׁעְתֶּם/ן	תִּשְׁתַּעַשְׁעוּ **	הִשְׁתַּעַשְׁעוּ ***
		הם/ן	הִשְׁתַּעַשְׁעוּ	יִשְׁתַּעַשְׁעוּ **	

* more common in colloquial use ...שֵׁעַ

** less commonly: אתן/הן תִּשְׁתַּעֲשַׁעְנָה

*** less commonly: (אתן) הִשְׁתַּעֲשַׁעְנָה

שם הפועל .Infin לְהִשְׁתַּעֲשֵׁעַ

מקור מוחלט .Inf. Abs הִשְׁתַּעֲשֵׁעַ

שם הפעולה Verbal N הִשְׁתַּעַשְׁעוּת playing, amusing oneself

מ״י מוצרכת .Gov. Prep הִשְׁתַּעֲשֵׁעַ ב- play with

שׁוּעֲשַׁע (שֻׁעֲשַׁע) be amused, be entertained

בניין : פּוּעַל גזרה : מרובעים + האות השנייה והרביעית גרונית

	Present הווה		Past עבר	Future עתיד
יחיד	מְשׁוּעֲשָׁע	אני	שׁוּעֲשַׁעְתִּי	אֲשׁוּעֲשַׁע
יחידה	מְשׁוּעֲשַׁעַת	אתה	שׁוּעֲשַׁעְתָּ	תְּשׁוּעֲשַׁע
רבים	מְשׁוּעֲשָׁעִים	את	שׁוּעֲשַׁעְתְּ/...עַת	תְּשׁוּעַשְׁעִי
רבות	מְשׁוּעֲשָׁעוֹת	הוא	שׁוּעֲשַׁע	יְשׁוּעֲשַׁע
		היא	שׁוּעַשְׁעָה	תְּשׁוּעֲשַׁע
		אנחנו	שׁוּעֲשַׁעְנוּ	נְשׁוּעֲשַׁע
		אתם/ן	שׁוּעֲשַׁעְתֶּם/ן	תְּשׁוּעַשְׁעוּ *
		הם/ן	שׁוּעַשְׁעוּ	יְשׁוּעַשְׁעוּ *

בינוני .Pres. Part מְשׁוּעֲשָׁע amused, entertained

* less commonly: אתן/הן תְּשׁוּעֲשַׁעְנָה

♦ דוגמאות Illustrations

יונתן אוהב **לְהִשְׁתַּעֲשֵׁעַ** במחשב. הבעייה היא שהוא שוכח שתפקידו העיקרי של המחשב הוא לא **לְשַׁעֲשֵׁעַ** אלא לסייע בעבודה, ושלא מעניין את הבוס אם יונתן **מְשׁוּעֲשָׁע** בעבודתו. עבודה לחוד **וְשַׁעֲשׁוּעַ** לחוד.

Jonathan loves **to play** with the computer. The problem is that he is forgetting that the computer's main job is not **to amuse** but to help with work, and that the boss does not care whether Jonathan **is entertained** at his work. Work and **amusement** should be separate from each other.

● שפט : לִשְׁפּוֹט, לְהִישָּׁפֵט

שָׁפַט/שׁוֹפֵט/יִשְׁפּוֹט (יִשְׁפֹּט) judge, bring to judgment, try; decide, pass judgment; rule, govern

בניין : פָּעַל גזרה : שלמים (אֶפְעוֹל)

	Pres./Part. הווה/בינוני			Past עבר	Fut. עתיד	Imp. ציווי
יחיד	שׁוֹפֵט	שָׁפוּט	אני	שָׁפַטְתִּי	אֶשְׁפּוֹט	
יחידה	שׁוֹפֶטֶת	שְׁפוּטָה	אתה	שָׁפַטְתָּ	תִּשְׁפּוֹט	שְׁפוֹט
רבים	שׁוֹפְטִים	שְׁפוּטִים	את	שָׁפַטְתְּ	תִּשְׁפְּטִי	שִׁפְטִי
רבות	שׁוֹפְטוֹת	שְׁפוּטוֹת	הוא	שָׁפַט	יִשְׁפּוֹט	
			היא	שָׁפְטָה	תִּשְׁפּוֹט	
			אנחנו	שָׁפַטְנוּ	נִשְׁפּוֹט	
			אתם/ן	שְׁפַטְתֶּם/ן *	תִּשְׁפְּטוּ **	שִׁפְטוּ ***
			הם/ן	שָׁפְטוּ	יִשְׁפְּטוּ **	

שם הפועל .Infin לִשְׁפּוֹט

* Colloquial: שָׁפַטְתֶּם/ן

ביני פעיל .Act. Part שׁוֹפֵט judge (N)

** less commonly: אתן/הן תִּשְׁפּוֹטְנָה

ביני סביל .Pass. Part שָׁפוּט convicted person

*** less commonly: (אתן) שְׁפוֹטְנָה

קָטִיל .CaCiC adj./N שָׁפִיט that is fit to be brought to trial or to be evaluated

שם הפעולה Verbal N שְׁפִיטָה judging, passing judgment

מקור מוחלט .Inf. Abs שָׁפוֹט

מקור נטוי .Inf.+pron בְּשׁוֹפְטוֹ, כְּ...

נִשְׁפַּט/יִישָּׁפֵט (יִשָּׁפֵט) be tried, be brought to trial, be judged; litigate

בניין : נִפְעַל גזרה : שלמים

	Present הווה		Past עבר	Future עתיד	Imper. ציווי
יחיד	נִשְׁפָּט	אני	נִשְׁפַּטְתִּי	אֶשָּׁפֵט	
יחידה	נִשְׁפֶּטֶת	אתה	נִשְׁפַּטְתָּ	תִּישָּׁפֵט	הִישָּׁפֵט
רבים	נִשְׁפָּטִים	את	נִשְׁפַּטְתְּ	תִּישָּׁפְטִי	הִישָּׁפְטִי
רבות	נִשְׁפָּטוֹת	הוא	נִשְׁפַּט	יִישָּׁפֵט	
		היא	נִשְׁפְּטָה	תִּישָּׁפֵט	
		אנחנו	נִשְׁפַּטְנוּ	נִישָּׁפֵט	
		אתם/ן	נִשְׁפַּטְתֶּם/ן	תִּישָּׁפְטוּ *	הִישָּׁפְטוּ **
		הם/ן	נִשְׁפְּטוּ	יִישָּׁפְטוּ *	

* less commonly: אתן/הן תִּישָּׁפַטְנָה

שם הפועל .Infin לְהִישָּׁפֵט ** less commonly: (אתן) הִישָּׁפַטְנָה

מקור מוחלט .Inf. Abs נִשְׁפּוֹט, הִישָּׁפֵט (הִישָּׁפוֹט)

מ״י מוצרכת .Gov. Prep נִשְׁפַּט על be put on trial for

מ״י מוצרכת .Gov. Prep נִשְׁפַּט עם enter into litigation with (lit.)

♦ דוגמאות Illustrations

משולם העדיף **לְהִישָּׁפֵט** על ידי חבר מושבעים. הרגשתו הייתה שאם **יִשְׁפְּטוּ** אותו אנשים כמוהו, סיכוייו לצאת זכאי גדולים יותר.

Meshulam preferred to be **judged** by a jury. His feeling was that if people like himself **judge** him, he would stand a better chance of being acquitted.

אל **תִּשְׁפּוֹט** את האופרה הזאת על פי מה שראית הערב. הזמרת הראשית חולה, ומחליפתה מאכזבת.

Don't **judge** this opera by what you saw tonight. The star singer is sick, and her substitute is disappointing.

● שפך : לִשְׁפּוֹךְ, לְהִישָּׁפֵךְ, לְהִשְׁתַּפֵּךְ

שָׁפַךְ/שׁוֹפֵךְ/יִשְׁפּוֹךְ (יִשְׁפֹּךְ) spill, pour (out), shed (blood)

בניין : פָּעַל גזרה : שלמים (אֶפְעוֹל)

	Pres./Part. הווה/בינוני			Past עבר	Fut. עתיד	Imp. ציווי
יחיד	שׁוֹפֵךְ	שָׁפוּךְ	אני	שָׁפַכְתִּי	אֶשְׁפּוֹךְ	
יחידה	שׁוֹפֶכֶת	שְׁפוּכָה	אתה	שָׁפַכְתָּ	תִּשְׁפּוֹךְ	שְׁפוֹךְ
רבים	שׁוֹפְכִים	שְׁפוּכִים	את	שָׁפַכְתְּ	תִּשְׁפְּכִי	שִׁפְכִי
רבות	שׁוֹפְכוֹת	שְׁפוּכוֹת	הוא	שָׁפַךְ	יִשְׁפּוֹךְ	
			היא	שָׁפְכָה	תִּשְׁפּוֹךְ	
			אנחנו	שָׁפַכְנוּ	נִשְׁפּוֹךְ	
			אתם/ן	שְׁפַכְתֶּם/ן *	תִּשְׁפְּכוּ **	שִׁפְכוּ ***
			הם/ן	שָׁפְכוּ	יִשְׁפְּכוּ **	

שם הפועל .Infin לִשְׁפּוֹךְ * Colloquial: שָׁפַכְתֶּם/ן

שם הפעולה Verbal N שְׁפִיכָה spilling, pouring ** less commonly: אתן/הן תִּשְׁפּוֹכְנָה

ביני סביל .Pass. Part שָׁפוּךְ spilled *** less commonly: (אתן) שְׁפוֹכְנָה

קָטִיל .CaCiC adj./N שָׁפִיךְ that can be poured מקור נטוי .Inf.+pron בְּשׁוֹפְכוֹ, כְּ...

מקור מוחלט .Inf. Abs שָׁפוֹךְ

נִשְׁפַּךְ/יִישָּׁפֵךְ (יִשָּׁפֵךְ) be spilled, be poured out

בניין : נִפְעַל גזרה : שלמים

	Present הווה		Past עבר	Future עתיד	Imper. ציווי
יחיד	נִשְׁפָּךְ	אני	נִשְׁפַּכְתִּי	אֶשָּׁפֵךְ	
יחידה	נִשְׁפֶּכֶת	אתה	נִשְׁפַּכְתָּ	תִּישָּׁפֵךְ	הִישָּׁפֵךְ
רבים	נִשְׁפָּכִים	את	נִשְׁפַּכְתְּ	תִּישָּׁפְכִי	הִישָּׁפְכִי
רבות	נִשְׁפָּכוֹת	הוא	נִשְׁפַּךְ	יִישָּׁפֵךְ	
		היא	נִשְׁפְּכָה	תִּישָּׁפֵךְ	
		אנחנו	נִשְׁפַּכְנוּ	נִישָּׁפֵךְ	
		אתםץ	נִשְׁפַּכְתֶּםץ	תִּישָּׁפְכוּ *	הִישָּׁפְכוּ **
		הםץ	נִשְׁפְּכוּ	יִישָּׁפְכוּ *	

שם הפועל .Infin לְהִישָּׁפֵךְ * less commonly: אתןהן תִּישָּׁפַכְנָה

שם הפעולה Verbal N הִישָּׁפְכוּת being spilled ** less commonly: (אתן) הִישָּׁפַכְנָה

מקור מוחלט .Inf. Abs נִשְׁפּוֹךְ, הִישָּׁפֵךְ (הִישָּׁפוֹךְ)

הִשְׁתַּפֵּךְ/הִשְׁתַּפַּכ be poured out; pour itself out; overflow; express one's feelings

בניין : הִתְפַּעֵל גזרה : שלמים + פ׳ שורקת

	Present הווה		Past עבר	Future עתיד	Imper. ציווי
יחיד	מִשְׁתַּפֵּךְ	אני	הִשְׁתַּפַּכְתִּי	אֶשְׁתַּפֵּךְ	
יחידה	מִשְׁתַּפֶּכֶת	אתה	הִשְׁתַּפַּכְתָּ	תִּשְׁתַּפֵּךְ	הִשְׁתַּפֵּךְ
רבים	מִשְׁתַּפְּכִים	את	הִשְׁתַּפַּכְתְּ	תִּשְׁתַּפְּכִי	הִשְׁתַּפְּכִי
רבות	מִשְׁתַּפְּכוֹת	הוא	הִשְׁתַּפֵּךְ	יִשְׁתַּפֵּךְ	
		היא	הִשְׁתַּפְּכָה	תִּשְׁתַּפֵּךְ	
		אנחנו	הִשְׁתַּפַּכְנוּ	נִשְׁתַּפֵּךְ	
		אתםץ	הִשְׁתַּפַּכְתֶּםץ	תִּשְׁתַּפְּכוּ *	הִשְׁתַּפְּכוּ **
		הםץ	הִשְׁתַּפְּכוּ	יִשְׁתַּפְּכוּ *	

* less commonly: אתןהן תִּשְׁתַּפֵּכְנָה

שם הפועל .Infin לְהִשְׁתַּפֵּךְ ** less commonly: (אתן) הִשְׁתַּפֵּכְנָה

שם הפעולה Verbal N הִשְׁתַּפְּכוּת outpouring, overflowing

מקור מוחלט .Inf. Abs הִשְׁתַּפֵּךְ

♦ דוגמאות Illustrations

כשֶׁשָּׁפַכְתִּי את החלב המקולקל לכיור, **נִשְׁפַּךְ** גם קצת חלב על הרצפה.

When I **poured** the spoiled milk into the sink, some of it also **got spilled** on the floor.

אני לא אוהב מוסיקה ש**מִשְׁתַּפֶּכֶת** כל כך. אתה מוכן לשים במקומה תקליטור של באך?

I do not like music that **outpours (with emotions)** like that. Would you mind replacing it by a Bach CD?

♦ ביטויים מיוחדים Special expressions

שָׁפַךְ את דמו **shed** his blood; humiliate him publicly

שָׁפַךְ את זעמו/חמתו על, **שָׁפַךְ** אש וגפרית על pour his anger on

שָׁפַךְ את ליבו/נפשו לפני **pour** one's heart out to

שָׁפַךְ דמעות **shed** tears

הִשְׁתַּפְּכוּת הנפש **outpouring** of emotions

●שפל : לְהַשְׁפִּיל

הִשְׁפִּיל/הִשְׁפַּל/יַשְׁפִּיל humiliate, disgrace

בניין : הִפְעִיל גזרה : שלמים

	Present הווה		Past עבר	Future עתיד	Imper. ציווי
יחיד	מַשְׁפִּיל	אני	הִשְׁפַּלְתִּי	אַשְׁפִּיל	
יחידה	מַשְׁפִּילָה	אתה	הִשְׁפַּלְתָּ	תַּשְׁפִּיל	הַשְׁפֵּל
רבים	מַשְׁפִּילִים	את	הִשְׁפַּלְתְּ	תַּשְׁפִּילִי	הַשְׁפִּילִי
רבות	מַשְׁפִּילוֹת	הוא	הִשְׁפִּיל	יַשְׁפִּיל	
		היא	הִשְׁפִּילָה	תַּשְׁפִּיל	
		אנחנו	הִשְׁפַּלְנוּ	נַשְׁפִּיל	
		אתם/ן	הִשְׁפַּלְתֶּם/ן	תַּשְׁפִּילוּ *	הַשְׁפִּילוּ **
		הם/ן	הִשְׁפִּילוּ	יַשְׁפִּילוּ *	

* less commonly: אתן/הן תַּשְׁפֵּלְנָה

שם הפועל .Infin לְהַשְׁפִּיל ** less commonly: (אתן) הַשְׁפֵּלְנָה

שם הפעולה Verbal N הַשְׁפָּלָה humiliating, humiliation

בינוני .Pres. Part מַשְׁפִּיל humiliating מקור מוחלט .Inf. Abs הַשְׁפֵּל

הוּשְׁפַּל (הֻשְׁפַּל) be humiliated, be disgraced

בניין : הוּפְעַל גזרה : שלמים

	Present הווה		Past עבר	Future עתיד
יחיד	מוּשְׁפָּל	אני	הוּשְׁפַּלְתִּי	אוּשְׁפַּל
יחידה	מוּשְׁפֶּלֶת	אתה	הוּשְׁפַּלְתָּ	תּוּשְׁפַּל
רבים	מוּשְׁפָּלִים	את	הוּשְׁפַּלְתְּ	תּוּשְׁפְּלִי
רבות	מוּשְׁפָּלוֹת	הוא	הוּשְׁפַּל	יוּשְׁפַּל
		היא	הוּשְׁפְּלָה	תּוּשְׁפַּל
		אנחנו	הוּשְׁפַּלְנוּ	נוּשְׁפַּל
		אתם/ן	הוּשְׁפַּלְתֶּם/ן	תּוּשְׁפְּלוּ *
		הם/ן	הוּשְׁפְּלוּ	יוּשְׁפְּלוּ *

בינוני .Pres. Part מוּשְׁפָּל humiliated * less commonly: אתן/הן תּוּשְׁפַּלְנָה

♦ דוגמאות Illustrations

מנהיג נבון יודע שכאשר הוא מביס את יריביו, עדיף שיגלה נדיבות ולא ינסה **לְהַשְׁפִּילָם**.

A wise leader knows that when he defeats his rivals, it is better to display generosity and not try to **humiliate** them.

●שפע : לְהַשְׁפִּיעַ

הִשְׁפִּיעַ/הִשְׁפַּע/יַשְׁפִּיעַ influence, affect; give in abundance

בניין : הִפְעִיל גזרה : שלמים + ל״ג

	Present הווה		Past עבר	Future עתיד	Imper. ציווי
יחיד	מַשְׁפִּיעַ	אני	הִשְׁפַּעְתִּי	אַשְׁפִּיעַ	
יחידה	מַשְׁפִּיעָה	אתה	הִשְׁפַּעְתָּ	תַּשְׁפִּיעַ	הַשְׁפַּע

	הווה Present		עבר Past	עתיד Future	ציווי .Imper
רבים	מַשְׁפִּיעִים	את	הִשְׁפַּעְתְּ/...עַת	תַּשְׁפִּיעִי	הַשְׁפִּיעִי
רבות	מַשְׁפִּיעוֹת	הוא	הִשְׁפִּיעַ	יַשְׁפִּיעַ	
		היא	הִשְׁפִּיעָה	תַּשְׁפִּיעַ	
		אנחנו	הִשְׁפַּעְנוּ	נַשְׁפִּיעַ	
		אתם/ן	הִשְׁפַּעְתֶּם/ן	תַּשְׁפִּיעוּ *	הַשְׁפִּיעוּ **
		הם/ן	הִשְׁפִּיעוּ	יַשְׁפִּיעוּ *	

שם הפועל .Infin לְהַשְׁפִּיעַ — * less commonly: אתן/הן תַּשְׁפַּעְנָה

שם הפעולה Verbal N הַשְׁפָּעָה influence — ** less commonly: (אתן) הַשְׁפַּעְנָה

בינוני .Pres. Part מַשְׁפִּיעַ influential — מקור מוחלט .Inf. Abs הַשְׁפֵּעַ

הוּשְׁפַּע (הֻשְׁפַּע) be affected; be given in abundance

בניין : הוּפְעַל — גזרה : שלמים + ל״ג

	הווה Present		עבר Past	עתיד Future
יחיד	מוּשְׁפָּע	אני	הוּשְׁפַּעְתִּי	אוּשְׁפַּע
יחידה	מוּשְׁפַּעַת	אתה	הוּשְׁפַּעְתָּ	תּוּשְׁפַּע
רבים	מוּשְׁפָּעִים	את	הוּשְׁפַּעְתְּ/...עַת	תּוּשְׁפְּעִי
רבות	מוּשְׁפָּעוֹת	הוא	הוּשְׁפַּע	יוּשְׁפַּע
		היא	הוּשְׁפְּעָה	תּוּשְׁפַּע
		אנחנו	הוּשְׁפַּעְנוּ	נוּשְׁפַּע
		אתם/ן	הוּשְׁפַּעְתֶּם/ן	תּוּשְׁפְּעוּ *
		הם/ן	הוּשְׁפְּעוּ	יוּשְׁפְּעוּ *

* less commonly: אתן/הן תּוּשְׁפַּעְנָה

♦ פעלים פחות שכיחים מאותו שורש Less frequent verbs from the same root

שָׁפַע abound; flow in profusion < ביני פעיל .Act. Part שׁוֹפֵעַ abundant, flowing

♦ דוגמאות Illustrations

השופט הורה לבודד את המושבעים, כדי ששידורי התקשורת לא **יַשְׁפִּיעוּ** על שיקוליהם. אבל קשה לא להיות **מוּשְׁפָּע** כשכל העולם דן במשפט.

The judge instructed to sequester the jury, so that the media broadcasts won't **affect** their considerations. But it is hard not to be **influenced** when the whole world discusses the trial.

חיים מצא חן בעיניה : בחור נאה, **שׁוֹפֵעַ** הומור, **ומְשׁוּפָּע** בכסף. מה עוד צריך?

She liked Hayyim: a good-looking man, **flowing** with humor, and **having** money **in abundance**. What else would one need?

להורים טובים ולמורים יכולה להיות **הַשְׁפָּעָה** חיובית גדולה על ילדים.

Good parents and good teachers can have strong positive **influence** on children.

● שפץ : לְשַׁפֵּץ

שִׁיפֵּץ/(שִׁפֵּץ)/שִׁיפַּצ/שַׁפֵּצ renovate

בניין : פִּיעֵל גזרה : שלמים

Imper. ציווי	Future עתיד	Past עבר		Present הווה	
	אֲשַׁפֵּץ	שִׁיפַּצְתִּי	אני	מְשַׁפֵּץ	יחיד
שַׁפֵּץ	תְּשַׁפֵּץ	שִׁיפַּצְתָּ	אתה	מְשַׁפֶּצֶת	יחידה
שַׁפְּצִי	תְּשַׁפְּצִי	שִׁיפַּצְתְּ	את	מְשַׁפְּצִים	רבים
	יְשַׁפֵּץ	שִׁיפֵּץ	הוא	מְשַׁפְּצוֹת	רבות
	תְּשַׁפֵּץ	שִׁיפְּצָה	היא		
	נְשַׁפֵּץ	שִׁיפַּצְנוּ	אנחנו		
שַׁפְּצוּ **	תְּשַׁפְּצוּ	שִׁיפַּצְתֶּם/ן	אתם/ן		
	יְשַׁפְּצוּ *	שִׁיפְּצוּ	הם/ן		

שם הפועל .Infin לְשַׁפֵּץ   * less commonly: אתן/הן תְּשַׁפֵּצְנָה

מקור מוחלט .Inf. Abs שַׁפֵּץ   ** less commonly: (אתן) שַׁפֵּצְנָה

שם הפעולה Verbal N שִׁיפּוּץ renovating, renovation

♦ פעלים פחות שכיחים מאותו שורש Less frequent verbs from the same root

שׁוּפַּץ be renovated (מְשׁוּפָּץ, יְשׁוּפַּץ, ביני סביל .Pass. Part מְשׁוּפָּץ renovated)

♦ דוגמאות Illustrations

בעיר ניו יורק מרבים **לְשַׁפֵּץ** בנייני דירות ישנים. הבעייה היא שברבעים העניים של העיר, תוצאת ה**שִׁיפּוּץ** היא העלאת תעריפי השכירות, ומשפחות מעוטות הכנסה אינן יכולות לעמוד בכך.

In New York City they often **renovate** old apartment buildings. The problem is that in the poor neighborhoods of the City, the consequence of **renovation** is raising of rental rates, and low-income families cannot sustain such raises.

● שפר : לְהִשְׁתַּפֵּר, לְשַׁפֵּר

הִשְׁתַּפֵּר/הִשְׁתַּפַּר improve (intr.)

בניין : הִתְפַּעֵל גזרה : שלמים + פ׳ שורקת

Imper. ציווי	Future עתיד	Past עבר		Present הווה	
	אֶשְׁתַּפֵּר	הִשְׁתַּפַּרְתִּי	אני	מִשְׁתַּפֵּר	יחיד
הִשְׁתַּפֵּר	תִּשְׁתַּפֵּר	הִשְׁתַּפַּרְתָּ	אתה	מִשְׁתַּפֶּרֶת	יחידה
הִשְׁתַּפְּרִי	תִּשְׁתַּפְּרִי	הִשְׁתַּפַּרְתְּ	את	מִשְׁתַּפְּרִים	רבים
	יִשְׁתַּפֵּר	הִשְׁתַּפֵּר	הוא	מִשְׁתַּפְּרוֹת	רבות
	תִּשְׁתַּפֵּר	הִשְׁתַּפְּרָה	היא		
	נִשְׁתַּפֵּר	הִשְׁתַּפַּרְנוּ	אנחנו		
הִשְׁתַּפְּרוּ **	תִּשְׁתַּפְּרוּ *	הִשְׁתַּפַּרְתֶּם/ן	אתם/ן		
	יִשְׁתַּפְּרוּ *	הִשְׁתַּפְּרוּ	הם/ן		

* less commonly: אתן/הן תִּשְׁתַּפֵּרְנָה

שם הפועל .Infin לְהִשְׁתַּפֵּר   ** less commonly: (אתן) הִשְׁתַּפֵּרְנָה

שם הפעולה Verbal N הִשְׁתַּפְּרוּת improving, getting better   מקור מוחלט .Inf. Abs הִשְׁתַּפֵּר

שִׁיפֵּר (שִׁפֵּר)/שִׁיפַּר/שַׁפֵּר improve; embellish, beautify

בניין : פִּיעֵל גזרה : שלמים

	Present הווה		Past עבר	Future עתיד	Imper. ציווי
יחיד	מְשַׁפֵּר	אני	שִׁיפַּרְתִּי	אֲשַׁפֵּר	
יחידה	מְשַׁפֶּרֶת	אתה	שִׁיפַּרְתָּ	תְּשַׁפֵּר	שַׁפֵּר
רבים	מְשַׁפְּרִים	את	שִׁיפַּרְתְּ	תְּשַׁפְּרִי	שַׁפְּרִי
רבות	מְשַׁפְּרוֹת	הוא	שִׁיפֵּר	יְשַׁפֵּר	
		היא	שִׁיפְּרָה	תְּשַׁפֵּר	
		אנחנו	שִׁיפַּרְנוּ	נְשַׁפֵּר	
		אתם/ן	שִׁיפַּרְתֶּם/ן	תְּשַׁפְּרוּ	שַׁפְּרוּ **
		הם/ן	שִׁיפְּרוּ	יְשַׁפְּרוּ *	

שם הפועל .Infin לְשַׁפֵּר

שם הפעולה Verbal N שִׁיפּוּר improvement — * less commonly: אתן/הן תְּשַׁפֵּרְנָה

מקור מוחלט .Inf. Abs שַׁפֵּר — ** less commonly: (אתן) שַׁפֵּרְנָה

שׁוּפַּר (שֻׁפַּר) be improved; be embellished, be beautified

בניין : פּוּעַל גזרה : שלמים

	Present הווה		Past עבר	Future עתיד
יחיד	מְשׁוּפָּר	אני	שׁוּפַּרְתִּי	אֲשׁוּפַּר
יחידה	מְשׁוּפֶּרֶת	אתה	שׁוּפַּרְתָּ	תְּשׁוּפַּר
רבים	מְשׁוּפָּרִים	את	שׁוּפַּרְתְּ	תְּשׁוּפְּרִי
רבות	מְשׁוּפָּרוֹת	הוא	שׁוּפַּר	יְשׁוּפַּר
		היא	שׁוּפְּרָה	תְּשׁוּפַּר
		אנחנו	שׁוּפַּרְנוּ	נְשׁוּפַּר
		אתם/ן	שׁוּפַּרְתֶּם/ן	תְּשׁוּפְּרוּ *
		הם/ן	שׁוּפְּרוּ	יְשׁוּפְּרוּ *

בינוני .Pres. Part מְשׁוּפָּר improved — * less commonly: אתן/הן תְּשׁוּפַּרְנָה

♦ דוגמאות Illustrations

קובה הייתה מעוניינת **לְשַׁפֵּר** את יחסיה עם ארצות הברית. ביוזמת אובמה **הִשְׁתַּפְּרוּ** היחסים והוסר האמברגו, ובהדרגה **שׁוּפַּר** מצבה הכלכלי של קובה באופן משמעותי. יסודות מסוימים בחברה האמריקאית עדיין מתנגדים **לשִׁיפּוּר** היחסים.

Cuba wanted for a while **to improve** its relations with the U.S. At Obama's initiative the relations **improved** and the embargo was lifted, and gradually Cuba's economic condition **has been improving** significantly. Some elements in the American public still resist the **improvement** of these relations.

♦ ביטויים מיוחדים Special expressions

שָׁפַר גורלו (חלקו) be successful; see one's labor rewarded

מזג האוויר **הִשְׁתַּפֵּר** the weather improved

● שפשף : לְשַׁפְשֵׁף, לְהִשְׁתַּפְשֵׁף

שִׁפְשֵׁף/שִׁפְשַׁפ/שַׁפְשֵׁף rub, brush against, chafe

בניין : פִּיעֵל גזרה : מרובעים

	Present הווה		Past עבר	Future עתיד	Imper. ציווי
יחיד	מְשַׁפְשֵׁף	אני	שִׁפְשַׁפְתִּי	אֲשַׁפְשֵׁף	
יחידה	מְשַׁפְשֶׁפֶת	אתה	שִׁפְשַׁפְתָּ	תְּשַׁפְשֵׁף	שַׁפְשֵׁף
רבים	מְשַׁפְשְׁפִים	את	שִׁפְשַׁפְתְּ	תְּשַׁפְשְׁפִי	שַׁפְשְׁפִי
רבות	מְשַׁפְשְׁפוֹת	הוא	שִׁפְשֵׁף	יְשַׁפְשֵׁף	
		היא	שִׁפְשְׁפָה	תְּשַׁפְשֵׁף	
		אנחנו	שִׁפְשַׁפְנוּ	נְשַׁפְשֵׁף	
		אתם/ן	שִׁפְשַׁפְתֶּם/ן	תְּשַׁפְשְׁפוּ *	שַׁפְשְׁפוּ **
		הם/ן	שִׁפְשְׁפוּ	יְשַׁפְשְׁפוּ *	

שם הפועל .Infin לְשַׁפְשֵׁף * less commonly: אתן/הן תְּשַׁפְשֵׁפְנָה

מקור מוחלט .Inf. Abs שַׁפְשֵׁף ** less commonly: (אתן) שַׁפְשֵׁפְנָה

שם הפעולה Verbal N שִׁפְשׁוּף rubbing, brushing against; chafing; abrasion

הִשְׁתַּפְשֵׁף/הִשְׁתַּפְשַׁפ be worn away; rub oneself (against something); gain experience (sl.)

בניין : הִתְפַּעֵל גזרה : מרובעים + פ׳ שורקת

	Present הווה		Past עבר	Future עתיד	Imper. ציווי
יחיד	מִשְׁתַּפְשֵׁף	אני	הִשְׁתַּפְשַׁפְתִּי	אֶשְׁתַּפְשֵׁף	
יחידה	מִשְׁתַּפְשֶׁפֶת	אתה	הִשְׁתַּפְשַׁפְתָּ	תִּשְׁתַּפְשֵׁף	הִשְׁתַּפְשֵׁף
רבים	מִשְׁתַּפְשְׁפִים	את	הִשְׁתַּפְשַׁפְתְּ	תִּשְׁתַּפְשְׁפִי	הִשְׁתַּפְשְׁפִי
רבות	מִשְׁתַּפְשְׁפוֹת	הוא	הִשְׁתַּפְשֵׁף	יִשְׁתַּפְשֵׁף	
		היא	הִשְׁתַּפְשְׁפָה	תִּשְׁתַּפְשֵׁף	
		אנחנו	הִשְׁתַּפְשַׁפְנוּ	נִשְׁתַּפְשֵׁף	
		אתם/ן	הִשְׁתַּפְשַׁפְתֶּם/ן	תִּשְׁתַּפְשְׁפוּ *	הִשְׁתַּפְשְׁפוּ **
		הם/ן	הִשְׁתַּפְשְׁפוּ	יִשְׁתַּפְשְׁפוּ *	

שם הפועל .Infin הִשְׁתַּפְשֵׁף * less commonly: אתן/הן תִּשְׁתַּפְשֵׁפְנָה

מקור מוחלט .Inf. Abs הִשְׁתַּפְשֵׁף ** less commonly: (אתן) הִשְׁתַּפְשֵׁפְנָה

שם הפעולה Verbal N הִשְׁתַּפְשְׁפוּת being worn away; gaining experience (sl.)

♦ פעלים פחות שכיחים מאותו שורש Less frequent verbs from the same root

שׁוּפְשַׁף be rubbed, be chafed > בינוני פעול .Pass. Part מְשׁוּפְשָׁף worn out, washed out; polished; seasoned, experienced (sl.)

♦ דוגמאות Illustrations

יש **לְשַׁפְשֵׁף** כלי כסף חזור **וְשַׁפְשֵׁף** אם רוצים שיבריקו ולא ישחירו.

One needs to **rub** and re-**rub** silver vessels if one wants to polish them and not have them turn black.

האם מכנסי הג׳ינס שלך **הִשְׁתַּפְשְׁפוּ**, או קרעת אותם בכוונה, על פי ״צו האופנה״?

Did your jeans **get worn out**, or did you tear them on purpose, to conform to the current fashion?

♦ ביטויים מיוחדים Special expressions

שִׁפְשֵׁף ידיים בהנאה **rub** one's hands in pleasure

שִׁפְשׁוּף intensive, hard training, especially of new recruits (army slang)

●שקה (שקי) : לְהַשְׁקוֹת

הִשְׁקָה/מַשְׁקֶה/יַשְׁקֶה water, irrigate; give a drink to

בניין : הִפְעִיל   גזרה : ל״י

	הווה Present		עבר Past	עתיד Future	ציווי Imper.
יחיד	מַשְׁקֶה	אני	הִשְׁקֵיתִי	אַשְׁקֶה	
יחידה	מַשְׁקָה	אתה	הִשְׁקֵיתָ	תַּשְׁקֶה	הַשְׁקֵה
רבים	מַשְׁקִים	את	הִשְׁקֵית	תַּשְׁקִי	הַשְׁקִי
רבות	מַשְׁקוֹת	הוא	הִשְׁקָה	יַשְׁקֶה	
		היא	הִשְׁקְתָה	תַּשְׁקֶה	
		אנחנו	הִשְׁקֵינוּ	נַשְׁקֶה	
		אתם/ן	הִשְׁקֵיתֶם/ן	תַּשְׁקוּ *	הַשְׁקוּ **
		הם/ן	הִשְׁקוּ	יַשְׁקוּ *	

שם הפועל .Infin לְהַשְׁקוֹת   * less commonly: אתן/הן תַּשְׁקֶינָה

מקור מוחלט .Inf. Abs הַשְׁקֵה   ** less commonly: (אתן) הַשְׁקֶינָה

שם הפעולה Verbal N הַשְׁקָאָה/הַשְׁקָיָה irrigation

♦ פעלים פחות שכיחים מאותו שורש Less frequent verbs from the same root

הוּשְׁקָה be watered, be irrigated; be given a drink (מוּשְׁקֶה, יוּשְׁקֶה, בינוני סביל Pass. Part.

מוּשְׁקֶה (watered

♦ דוגמאות Illustrations

לפני שיצאנו לטיול לחו״ל, השארנו מפתח אצל השכנים, כדי שפעם בשבוע **יַשְׁקוּ** את העציצים הרבים שבביתנו.

Before we went on a trip abroad, we left a key with the neighbors, so that once a week they **water** the numerous flowerpots in our house.

●שקל : לִשְׁקוֹל, לְהִישָּׁקֵל

שָׁקַל/שׁוֹקֵל/יִשְׁקוֹל (יִשְׁקֹל) weigh; consider

בניין : פָּעַל   גזרה : שלמים (אפעול)

	הווה/בינוני .Pres./Part			עבר Past	עתיד .Fut	ציווי .Imp
יחיד	שׁוֹקֵל	שָׁקוּל	אני	שָׁקַלְתִּי	אֶשְׁקוֹל	
יחידה	שׁוֹקֶלֶת	שְׁקוּלָה	אתה	שָׁקַלְתָּ	תִּשְׁקוֹל	שְׁקוֹל
רבים	שׁוֹקְלִים	שְׁקוּלִים	את	שָׁקַלְתְּ	תִּשְׁקְלִי	שִׁקְלִי
רבות	שׁוֹקְלוֹת	שְׁקוּלוֹת	הוא	שָׁקַל	יִשְׁקוֹל	
			היא	שָׁקְלָה	תִּשְׁקוֹל	
			אנחנו	שָׁקַלְנוּ	נִשְׁקוֹל	
			אתם/ן	שְׁקַלְתֶּם/ן *	תִּשְׁקְלוּ **	שִׁקְלוּ ***
			הם/ן	שָׁקְלוּ	יִשְׁקְלוּ **	

שם הפועל .Infin לִשְׁקוֹל * :Colloquial שְׁקַלְתֶּם/ן
מקור מוחלט .Inf. Abs שָׁקוֹל ** :less commonly אתן/הן תִּשְׁקוֹלְנָה
ש׳ הפעו׳ Ver. N שְׁקִילָה weighing; considering *** :less commonly (אתן) שְׁקוֹלְנָה
ביני סביל .Pass. Part שָׁקוּל weighed; equal; (well-)considered; balanced; undecided
קָטִיל CaCiC adj./N. שָׁקִיל equivalent; weighable מקור נטוי Inf.+pron. בְּשׁוֹקְלוֹ, כְּ...

נִשְׁקַל/יִישָּׁקֵל (יִשָּׁקֵל) be weighed; be considered, be weighed up

בניין : נִפְעַל גזרה : שלמים

	Present הווה		Past עבר	Future עתיד	Imper. ציווי
יחיד	נִשְׁקָל	אני	נִשְׁקַלְתִּי	אֶשָּׁקֵל	
יחידה	נִשְׁקֶלֶת	אתה	נִשְׁקַלְתָּ	תִּישָּׁקֵל	הִישָּׁקֵל
רבים	נִשְׁקָלִים	את	נִשְׁקַלְתְּ	תִּישָּׁקְלִי	הִישָּׁקְלִי
רבות	נִשְׁקָלוֹת	הוא	נִשְׁקַל	יִישָּׁקֵל	
		היא	נִשְׁקְלָה	תִּישָּׁקֵל	
		אנחנו	נִשְׁקַלְנוּ	נִישָּׁקֵל	
		אתם/ן	נִשְׁקַלְתֶּם/ן	תִּישָּׁקְלוּ *	הִישָּׁקְלוּ **
		הם/ן	נִשְׁקְלוּ	יִישָּׁקְלוּ *	

שם הפועל .Infin לְהִישָּׁקֵל * :less commonly אתן/הן תִּישָּׁקַלְנָה
מ׳ מוחלט .Inf. Abs נִשְׁקוֹל, הִישָּׁקֵל (הִישָּׁקוֹל) ** :less commonly (אתן) הִישָּׁקַלְנָה
שם הפעולה Verbal N הִישָּׁקְלוּת being weighed

♦ **דוגמאות** Illustrations

אחרי שעימנואל **נִשְׁקַל** על ידי הרופא, נאמר לו שעליו **לִשְׁקוֹל** היטב את מנהגי האכילה שלו.

After he **had been weighed** by the doctor, Immanuel was told that he should carefully **consider** his eating habits.

על חבר המושבעים **לִשְׁקוֹל** את הראיות ולהגיע לפסק-דין **שָׁקוּל**.

It is upon the jury **to weigh** the evidence and reach a **well-considered** verdict.

♦ **ביטויים מיוחדים** Special expressions

שָׁקַל בדעתו **consider**, ponder   **שִׁקּוּל** דעת **judgment**; consideration; discretion

●שקם : לְשַׁקֵּם, לְהִשְׁתַּקֵּם

שִׁיקֵּם (שִׁקֵּם)/שִׁיקַּמ/שַׁקֵּם rehabilitate

בניין : פִּיעֵל גזרה : שלמים

	Present הווה		Past עבר	Future עתיד	Imper. ציווי
יחיד	מְשַׁקֵּם	אני	שִׁיקַּמְתִּי	אֲשַׁקֵּם	
יחידה	מְשַׁקֶּמֶת	אתה	שִׁיקַּמְתָּ	תְּשַׁקֵּם	שַׁקֵּם
רבים	מְשַׁקְּמִים	את	שִׁיקַּמְתְּ	תְּשַׁקְּמִי	שַׁקְּמִי
רבות	מְשַׁקְּמוֹת	הוא	שִׁיקֵּם	יְשַׁקֵּם	
		היא	שִׁיקְּמָה	תְּשַׁקֵּם	
		אנחנו	שִׁיקַּמְנוּ	נְשַׁקֵּם	
		אתם/ן	שִׁיקַּמְתֶּם/ן	תְּשַׁקְּמוּ	שַׁקְּמוּ **
		הם/ן	שִׁיקְּמוּ	יְשַׁקְּמוּ *	

שם הפועל .Infin לְשַׁקֵּם	* less commonly:	אתן/הן תְּשַׁקֵּמְנָה
מקור מוחלט .Inf. Abs שַׁקֵּם	** less commonly:	(אתן) שַׁקֵּמְנָה
שם הפעולה Verbal N שִׁיקּוּם rehabilitation; renewal		

הִשְׁתַּקֵּם/הִשְׁתַּקַּמ become rehabilitated

בניין : הִתְפַּעֵל גזרה : שלמים + פ׳ שורקת

	Present הווה		Past עבר	Future עתיד	Imper. ציווי
יחיד	מִשְׁתַּקֵּם	אני	הִשְׁתַּקַּמְתִּי	אֶשְׁתַּקֵּם	
יחידה	מִשְׁתַּקֶּמֶת	אתה	הִשְׁתַּקַּמְתָּ	תִּשְׁתַּקֵּם	הִשְׁתַּקֵּם
רבים	מִשְׁתַּקְּמִים	את	הִשְׁתַּקַּמְתְּ	תִּשְׁתַּקְּמִי	הִשְׁתַּקְּמִי
רבות	מִשְׁתַּקְּמוֹת	הוא	הִשְׁתַּקֵּם	יִשְׁתַּקֵּם	
		היא	הִשְׁתַּקְּמָה	תִּשְׁתַּקֵּם	
		אנחנו	הִשְׁתַּקַּמְנוּ	נִשְׁתַּקֵּם	
		אתם/ן	הִשְׁתַּקַּמְתֶּם/ן	תִּשְׁתַּקְּמוּ *	הִשְׁתַּקְּמוּ **
		הם/ן	הִשְׁתַּקְּמוּ	יִשְׁתַּקְּמוּ *	

שם הפועל .Infin לְהִשְׁתַּקֵּם	* less commonly:	אתן/הן תִּשְׁתַּקֵּמְנָה
שם הפעולה Verbal N הִשְׁתַּקְּמוּת reflection	** less commonly:	(אתן) הִשְׁתַּקֵּמְנָה
מקור מוחלט .Inf. Abs הִשְׁתַּקֵּם		

♦ דוגמאות Illustrations

הממשלה משקיעה הרבה כספים ב**שִׁיקּוּם** אנשים המכורים לסמים, וכן מנסה **לְשַׁקֵּם** שכונות עוני מדורדרות בערים גדולות.

The government invests considerable amounts of money in the **rehabilitation** of drug addicts, and strives **to renew** deteriorated poor neighborhoods in large cities.

♦ ביטויים מיוחדים Special expressions

שִׁיקּוּם שכונות urban **renewal**

● שקע : לְהַשְׁקִיעַ, לִשְׁקוֹעַ, לְהִשְׁתַּקֵּעַ

הִשְׁקִיעַ/הִשְׁקַע/יַשְׁקִיעַ invest; cause to sink

בניין : הִפְעִיל גזרה : שלמים + ל״ג

	Present הווה		Past עבר	Future עתיד	Imper. ציווי
יחיד	מַשְׁקִיעַ	אני	הִשְׁקַעְתִּי	אַשְׁקִיעַ	
יחידה	מַשְׁקִיעָה	אתה	הִשְׁקַעְתָּ	תַּשְׁקִיעַ	הַשְׁקַע
רבים	מַשְׁקִיעִים	את	הִשְׁקַעְתְּ/...עַת	תַּשְׁקִיעִי	הַשְׁקִיעִי
רבות	מַשְׁקִיעוֹת	הוא	הִשְׁקִיעַ	יַשְׁקִיעַ	
		היא	הִשְׁקִיעָה	תַּשְׁקִיעַ	
		אנחנו	הִשְׁקַעְנוּ	נַשְׁקִיעַ	
		אתם/ן	הִשְׁקַעְתֶּם/ן	תַּשְׁקִיעוּ *	הַשְׁקִיעוּ **
		הם/ן	הִשְׁקִיעוּ	יַשְׁקִיעוּ *	

שם הפועל .Infin לְהַשְׁקִיעַ	* less commonly:	אתן/הן תַּשְׁקַעְנָה
בינוני .Pres. Part מַשְׁקִיעַ investor	** less commonly:	(אתן) הַשְׁקַעְנָה
שם הפעולה Verbal N הַשְׁקָעָה investment; sinking	מקור מוחלט .Inf. Abs	הַשְׁקֵעַ

שָׁקַע/שׁוֹקֵעַ/יִשְׁקַע sink, settle; decline; be immersed (in thought, etc.)

בניין : פָּעַל גזרה : שלמים (אֶפְעַל) + ל״ג

	הווה/בינוני Pres./Part.			עבר Past	עתיד Fut.	ציווי Imp.
יחיד	שׁוֹקֵעַ	שָׁקוּעַ	אני	שָׁקַעְתִּי	אֶשְׁקַע	
יחידה	שׁוֹקַעַת	שְׁקוּעָה	אתה	שָׁקַעְתָּ	תִּשְׁקַע	שְׁקַע
רבים	שׁוֹקְעִים	שְׁקוּעִים	את	שָׁקַעְתְּ/...עַת	תִּשְׁקְעִי	שִׁקְעִי
רבות	שׁוֹקְעוֹת	שְׁקוּעוֹת	הוא	שָׁקַע	יִשְׁקַע	
			היא	שָׁקְעָה	תִּשְׁקַע	
			אנחנו	שָׁקַעְנוּ	נִשְׁקַע	
			אתם/ן	שְׁקַעְתֶּם/ן *	תִּשְׁקְעוּ **	שִׁקְעוּ ***
			הם/ן	שָׁקְעוּ	יִשְׁקְעוּ **	

שם הפועל .Infin לִשְׁקוֹעַ — * Colloquial: שָׁקַעְתֶּם/ן

מקור מוחלט .Inf. Abs שָׁקוֹעַ — ** less commonly: אתן/הן תִּשְׁקַעְנָה

מקור נטוי .Inf.+pron בְּשׁוֹקְעוֹ, כְּ... — *** less commonly: (אתן) שְׁקַעְנָה

ביני סביל .Pass. Part שָׁקוּעַ sunk, immersed — שם הפעולה Verbal N שְׁקִיעָה sinking; sunset

קָטִיל .CaCiC adj./N שָׁקִיעַ submersible, that can sink; worth investing in

הוּשְׁקַע (הָשְׁקַע) be invested, be caused to sink

בניין : הוּפְעַל גזרה : שלמים + ל״ג

	הווה Present		עבר Past	עתיד Future
יחיד	מוּשְׁקָע	אני	הוּשְׁקַעְתִּי	אוּשְׁקַע
יחידה	מוּשְׁקַעַת	אתה	הוּשְׁקַעְתָּ	תּוּשְׁקַע
רבים	מוּשְׁקָעִים	את	הוּשְׁקַעְתְּ/...עַת	תּוּשְׁקְעִי
רבות	מוּשְׁקָעוֹת	הוא	הוּשְׁקַע	יוּשְׁקַע
		היא	הוּשְׁקְעָה	תּוּשְׁקַע
		אנחנו	הוּשְׁקַעְנוּ	נוּשְׁקַע
		אתם/ן	הוּשְׁקַעְתֶּם/ן	תּוּשְׁקְעוּ *
		הם/ן	הוּשְׁקְעוּ	יוּשְׁקְעוּ *

* less commonly: אתן/הן תּוּשְׁקַעְנָה

הִשְׁתַּקֵּעַ/הִשְׁתַּקַּע settle permanently; be immersed, be absorbed

בניין : הִתְפַּעֵל גזרה : שלמים + פי שורקת + ל״ג

	הווה Present		עבר Past	עתיד Future	ציווי Imper.
יחיד	מִשְׁתַּקֵּעַ	אני	הִשְׁתַּקַּעְתִּי	אֶשְׁתַּקַּע/...קֵעַ*	
יחידה	מִשְׁתַּקַּעַת	אתה	הִשְׁתַּקַּעְתָּ	תִּשְׁתַּקַּע/...קֵעַ*	הִשְׁתַּקַּע/קֵעַ*
רבים	מִשְׁתַּקְּעִים	את	הִשְׁתַּקַּעְתְּ/...עַת	תִּשְׁתַּקְּעִי	הִשְׁתַּקְּעִי
רבות	מִשְׁתַּקְּעוֹת	הוא	הִשְׁתַּקַּע/...קֵעַ*	יִשְׁתַּקַּע/...קֵעַ*	
		היא	הִשְׁתַּקְּעָה	תִּשְׁתַּקַּע/...קֵעַ*	
		אנחנו	הִשְׁתַּקַּעְנוּ	נִשְׁתַּקַּע/...קֵעַ*	
		אתם/ן	הִשְׁתַּקַּעְתֶּם/ן	תִּשְׁתַּקְּעוּ **	הִשְׁתַּקְּעוּ ***
		הם/ן	הִשְׁתַּקְּעוּ	יִשְׁתַּקְּעוּ **	

שם הפועל .Infin לְהִשְׁתַּקֵּעַ — * ...קֵעַ more common in colloquial use

שם הפעולה Verbal N הִשְׁתַּקְּעוּת settling — ** less commonly: אתן/הן תִּשְׁתַּקַּעְנָה

מקור מוחלט .Inf. Abs הִשְׁתַּקֵּעַ — *** less commonly: (אתן) הִשְׁתַּקַּעְנָה

מ״י מוצרכת .Gov. Prep הִשְׁתַּקֵּעַ בְּ- settle at

♦ דוגמאות Illustrations

מנחם **הִשְׁתַּקֵּעַ** במטולה, ובמשך כחמש שנים **הִשְׁקִיעַ** את כל מאמציו בבניית בית-חלומותיו.

Menahem **settled** in Metula, and for about five years **invested** all his efforts in building the house of his dreams.

כל החסכונות שלו **מוּשְׁקָעִים** בבורסה. אם הבורסה **תִּשְׁקַע**, הוא **יִשְׁקַע** יחד איתה.

All his savings **are invested** in the stock exchange. If the stock market **sinks**, he will **sink** with it.

♦ ביטויים מיוחדים Special expressions

השמש **שָׁקְעָה** the sun **sank** (=set) — **שָׁקְעָה** שמשו his importance **diminished**

שָׁקַע/הִשְׁתַּקֵּעַ במחשבות **immerse** oneself in thought — **שָׁקַע** בבוץ got **stuck**

● שקף : לְשַׁקֵּף, לְהַשְׁקִיף, לְהִשְׁתַּקֵּף

שִׁיקֵּף (שִׁקֵּף)/שִׁיקְּפ/שַׁקֵּף reflect; indicate, show

בניין : פִּיעֵל גזרה : שלמים

	Present הווה		Past עבר	Future עתיד	Imper. ציווי
יחיד	מְשַׁקֵּף	אני	שִׁיקַּפְתִּי	אֲשַׁקֵּף	
יחידה	מְשַׁקֶּפֶת	אתה	שִׁיקַּפְתָּ	תְּשַׁקֵּף	שַׁקֵּף
רבים	מְשַׁקְּפִים	את	שִׁיקַּפְתְּ	תְּשַׁקְּפִי	שַׁקְּפִי
רבות	מְשַׁקְּפוֹת	הוא	שִׁיקֵּף	יְשַׁקֵּף	
		היא	שִׁיקְּפָה	תְּשַׁקֵּף	
		אנחנו	שִׁיקַּפְנוּ	נְשַׁקֵּף	
		אתם/ן	שִׁיקַּפְתֶּם/ן	תְּשַׁקְּפוּ	שַׁקְּפוּ **
		הם/ן	שִׁיקְּפוּ	יְשַׁקְּפוּ *	

שם הפועל .Infin לְשַׁקֵּף — * less commonly: אתן/הן תְּשַׁקֵּפְנָה

מקור מוחלט .Inf. Abs שַׁקֵּף — ** less commonly: (אתן) שַׁקֵּפְנָה

שם הפעולה Verbal N שִׁיקּוּף reflection, reflecting; X-ray screening

הִשְׁקִיף/הִשְׁקַפ/יַשְׁקִיף observe, view; overlook

בניין : הִפְעִיל גזרה : שלמים

	Present הווה		Past עבר	Future עתיד	Imper. ציווי
יחיד	מַשְׁקִיף	אני	הִשְׁקַפְתִּי	אַשְׁקִיף	
יחידה	מַשְׁקִיפָה	אתה	הִשְׁקַפְתָּ	תַּשְׁקִיף	הַשְׁקֵף
רבים	מַשְׁקִיפִים	את	הִשְׁקַפְתְּ	תַּשְׁקִיפִי	הַשְׁקִיפִי
רבות	מַשְׁקִיפוֹת	הוא	הִשְׁקִיף	יַשְׁקִיף	
		היא	הִשְׁקִיפָה	תַּשְׁקִיף	
		אנחנו	הִשְׁקַפְנוּ	נַשְׁקִיף	
		אתם/ן	הִשְׁקַפְתֶּם/ן	תַּשְׁקִיפוּ *	הַשְׁקִיפוּ **
		הם/ן	הִשְׁקִיפוּ	יַשְׁקִיפוּ *	

שם הפועל .Infin לְהַשְׁקִיף — * less commonly: אתן/הן תַּשְׁקֵפְנָה

מקור מוחלט .Inf. Abs הַשְׁקֵף — ** less commonly: (אתן) הַשְׁקֵפְנָה

שם הפעולה Verbal N הַשְׁקָפָה observation, view, opinion

בינוני .Pres. Part מַשְׁקִיף observer

הִשְׁתַּקֵּף/הִשְׁתַּקֵּף be reflected

בניין : הִתְפַּעֵל גזרה : שלמים + פ׳ שורקת

	Present הווה		Past עבר	Future עתיד	Imper. ציווי
יחיד	מִשְׁתַּקֵּף	אני	הִשְׁתַּקַּפְתִּי	אֶשְׁתַּקֵּף	
יחידה	מִשְׁתַּקֶּפֶת	אתה	הִשְׁתַּקַּפְתָּ	תִּשְׁתַּקֵּף	הִשְׁתַּקֵּף
רבים	מִשְׁתַּקְּפִים	את	הִשְׁתַּקַּפְתְּ	תִּשְׁתַּקְּפִי	הִשְׁתַּקְּפִי
רבות	מִשְׁתַּקְּפוֹת	הוא	הִשְׁתַּקֵּף	יִשְׁתַּקֵּף	
		היא	הִשְׁתַּקְּפָה	תִּשְׁתַּקֵּף	
		אנחנו	הִשְׁתַּקַּפְנוּ	נִשְׁתַּקֵּף	
		אתם/ן	הִשְׁתַּקַּפְתֶּם/ן	תִּשְׁתַּקְּפוּ *	הִשְׁתַּקְּפוּ **
		הם/ן	הִשְׁתַּקְּפוּ	יִשְׁתַּקְּפוּ *	

שם הפועל .Infin לְהִשְׁתַּקֵּף   * less commonly: אתן/הן תִּשְׁתַּקֵּפְנָה

שם הפעולה Verbal N הִשְׁתַּקְּפוּת reflection   ** less commonly: (אתן) הִשְׁתַּקֵּפְנָה

מקור מוחלט .Inf. Abs הִשְׁתַּקֵּף

♦ פעלים פחות שכיחים מאותו שורש Less frequent verbs from the same root

נִשְׁקַף be seen, emerge; look; be expected, have prospects (last sense fairly common – see illustration below) (נִשְׁקַף, יִישָּׁקֵף, לְהִישָּׁקֵף)

שָׁקַף see, observe (lit.) < בינוני פעול .Pass. Part שָׁקוּף transparent (form common)

♦ דוגמאות Illustrations

סדרות טלוויזיה סאטיריות פופולריות מאוד בישראל, אוליי משום שהן **מְשַׁקְּפוֹת** נאמנה את פני החברה הישראלית, את התנהגותה ואת **הַשְׁקָפוֹתֶיהָ**. התמונה **הַמִּשְׁתַּקֶּפֶת** אינה מחמיאה, אבל הישראלים יודעים לצחוק על עצמם.

Satirical TV programs are very popular in Israel, perhaps because they faithfully **reflect** the character of Israeli society, its behavior, and its **views**. The **reflected** picture is not complementary, but the Israelis are capable of laughing at themselves.

הבחור מוכשר מאוד, ולדעתי **נִשְׁקָף** לו עתיד מזהיר.

The young man is very talented, and in my opinion a bright future **awaits** him.

מַשְׁקִיפֵי האו״מ יבדקו את תלונתה של לבנון נגד ישראל.

UN **observers** will examine Lebanon's complaint against Israel.

ביתו של אביגדור ניצב בראש הגבעה, **ומַשְׁקִיף** על העמק כולו.

Avigdor's house stands at the top of the hill, and **overlooks** the whole valley.

♦ ביטויים מיוחדים Special expressions

הַשְׁקָפַת עולם world-**view**, personal philosophy   נקודת **הַשְׁקָפָה** point of **view**

רמז **שָׁקוּף** a **transparent** hint   **מַשְׁקִיפֵי** או״ם UN **observers**

● שקר : לְשַׁקֵּר

שִׁיקֵּר (שִׁקֵּר)/שִׁיקַּר/שַׁקֵּר lie; betray, defraud

בניין : פִּיעֵל גזרה : שלמים

	Present הווה		Past עבר	Future עתיד	Imper. ציווי
יחיד	מְשַׁקֵּר	אני	שִׁיקַּרְתִּי	אֲשַׁקֵּר	
יחידה	מְשַׁקֶּרֶת	אתה	שִׁיקַּרְתָּ	תְּשַׁקֵּר	שַׁקֵּר

	הווה Present		עבר Past	עתיד Future	ציווי .Imper
רבים	מְשַׁקְּרִים	את	שִׁיקַּרְתְּ	תְּשַׁקְּרִי	שַׁקְּרִי
רבות	מְשַׁקְּרוֹת	הוא	שִׁיקֵּר	יְשַׁקֵּר	
		היא	שִׁיקְּרָה	תְּשַׁקֵּר	
		אנחנו	שִׁיקַּרְנוּ	נְשַׁקֵּר	
		אתם/ן	שִׁיקַּרְתֶּם/ן	תְּשַׁקְּרוּ	שַׁקְּרוּ **
		הם/ן	שִׁיקְּרוּ	יְשַׁקְּרוּ *	

שם הפועל .Infin לְשַׁקֵּר — less commonly: * אתן/הן תְּשַׁקֵּרְנָה

מקור מוחלט .Inf. Abs שַׁקֵּר — less commonly: ** (אתן) שַׁקֵּרְנָה

♦ **דוגמאות** Illustrations

לעורך הדין הייתה תחושה שהעד **מְשַׁקֵּר**, אבל העד הצליח לעמוד יפה בחקירה.

The lawyer had a feeling that the witness **was lying**, but the witness managed well under questioning.

♦ **ביטויים מיוחדים** Special expressions

הרוצה **לְשַׁקֵּר** ירחיק עדותו — those who wish **to lie** base their evidence on far-fetched data that are hard to check

נצח ישראל לא **יְשַׁקֵּר** — God will always keep his word

שִׁיקֵּר במצח נחושה — **lie** brazenly

●שרד : לִשְׂרוֹד

שָׂרַד/שׂוֹרֵד/יִשְׂרוֹד (יִשְׂרֹד) survive

בניין : פָּעַל   גזרה : שלמים (אֶפְעוֹל)

	הווה .Pres		עבר Past	עתיד Future	ציווי .Imper
יחיד	שׂוֹרֵד	אני	שָׂרַדְתִּי	אֶשְׂרוֹד	
יחידה	שׂוֹרֶדֶת	אתה	שָׂרַדְתָּ	תִּשְׂרוֹד	שְׂרוֹד
רבים	שׂוֹרְדִים	את	שָׂרַדְתְּ	תִּשְׂרְדִי	שִׂרְדִי
רבות	שׂוֹרְדוֹת	הוא	שָׂרַד	יִשְׂרוֹד	
		היא	שָׂרְדָה	תִּשְׂרוֹד	
		אנחנו	שָׂרַדְנוּ	נִשְׂרוֹד	
		אתם/ן	* שְׂרַדְתֶּם/ן	** תִּשְׂרְדוּ	*** שִׂרְדוּ
		הם/ן	שָׂרְדוּ	** יִשְׂרְדוּ	

שם הפועל .Infin לִשְׂרוֹד — Colloquial: * שָׂרַדְתֶּם/ן

מקור מוחלט .Inf. Abs שָׂרוֹד — less commonly: ** אתן/הן תִּשְׂרוֹדְנָה

מקור נטוי .Inf.+pron בְּשׂוֹרְדוֹ, כְּ... — less commonly: *** (אתן) שְׂרוֹדְנָה

קָטִיל .CaCiC adj./N שָׂרִיד survivor; remains, remnant; trace

שָׂרִיד וּפָלִיט the least remnant, the slightest vestige

♦ **דוגמאות** Illustrations

מעטים מאלה **שֶׁשָּׂרְדוּ** אחרי השואה עודם בחיים היום.

Few of those who **survived** the Holocaust are still alive today.

● שׂרט : לִשְׂרוֹט, לְהִישָּׂרֵט

שָׂרַט/שׂוֹרֵט/יִשְׂרוֹט (יִשְׂרֹט) scratch V

בניין : פָּעַל גזרה : שלמים (אֶפְעוֹל)

	הווה/בינוני Pres./Part.		עבר Past	עתיד Fut.	ציווי Imp.
יחיד	שׂוֹרֵט שָׂרוּט	אני	שָׂרַטְתִּי	אֶשְׂרוֹט	
יחידה	שׂוֹרֶטֶת שְׂרוּטָה	אתה	שָׂרַטְתָּ	תִּשְׂרוֹט	שְׂרוֹט
רבים	שׂוֹרְטִים שְׂרוּטִים	את	שָׂרַטְתְּ	תִּשְׂרְטִי	שִׂרְטִי
רבות	שׂוֹרְטוֹת שְׂרוּטוֹת	הוא	שָׂרַט	יִשְׂרוֹט	
		היא	שָׂרְטָה	תִּשְׂרוֹט	
		אנחנו	שָׂרַטְנוּ	נִשְׂרוֹט	
		אתם/ן	שְׂרַטְתֶּם/ן *	תִּשְׂרְטוּ **	שִׂרְטוּ ***
		הם/ן	שָׂרְטוּ	יִשְׂרְטוּ **	

שם הפועל .Infin לִשְׂרוֹט

מקור מוחלט .Inf. Abs שָׂרוֹט

שם הפעולה Verbal N שְׂרִיטָה scratch N

ביני סביל .Pass. Part שָׂרוּט scratched

* Colloquial: שָׂרַטְתֶּם/ן

** less commonly: אתן/הן תִּשְׂרוֹטְנָה

*** less commonly: (אתן) שְׂרוֹטְנָה

מקור נטוי .Inf.+pron בְּשׂוֹרְטוֹ, כְּ...

נִשְׂרַט/יִישָּׂרֵט (יִשָּׂרֵט) be scratched

בניין : נִפְעַל גזרה : שלמים

	הווה Present		עבר Past	עתיד Future	ציווי Imper.
יחיד	נִשְׂרָט	אני	נִשְׂרַטְתִּי	אֶשָּׂרֵט	
יחידה	נִשְׂרֶטֶת	אתה	נִשְׂרַטְתָּ	תִּישָּׂרֵט	הִישָּׂרֵט
רבים	נִשְׂרָטִים	את	נִשְׂרַטְתְּ	תִּישָּׂרְטִי	הִישָּׂרְטִי
רבות	נִשְׂרָטוֹת	הוא	נִשְׂרַט	יִישָּׂרֵט	
		היא	נִשְׂרְטָה	תִּישָּׂרֵט	
		אנחנו	נִשְׂרַטְנוּ	נִישָּׂרֵט	
		אתם/ן	נִשְׂרַטְתֶּם/ן	תִּישָּׂרְטוּ *	הִישָּׂרְטוּ **
		הם/ן	נִשְׂרְטוּ	יִישָּׂרְטוּ *	

שם הפועל .Infin לְהִישָּׂרֵט

מקור מוחלט .Inf. Abs נִשְׂרוֹט, הִישָּׂרֵט

שם הפעולה Verbal N הִישָּׂרְטוּת being scratched

* less commonly: אתן/הן תִּישָּׂרַטְנָה

** less commonly: (אתן) הִישָּׂרַטְנָה

♦ דוגמאות Illustrations

מאז שהחתול של השכן **שָׂרַט** את הכלב שלי בפניו, הכלב אינו מעז להתקרב אליו.

Since my neighbor's cat **scratched** my dog in the face, the dog does not dare approach it.

גררנו את הרהיטים שבסלון מצד אחד למשנהו כל כך הרבה פעמים, שרצפת העץ שלנו **נִשְׂרְטָה** כהוגן.

We dragged the living room furniture so many times from one side to the other, that our wood floor **got** seriously **scratched**.

● שׂרטט : לְשַׂרְטֵט

שִׂרְטֵט/שִׂרְטַט/שַׂרְטֵט draw, sketch, draft

בניין : פִּיעֵל גזרה : מרובעים

	Present הווה		Past עבר	Future עתיד	Imper. ציווי
יחיד	מְשַׂרְטֵט	אני	שִׂרְטַטְתִּי	אֲשַׂרְטֵט	
יחידה	מְשַׂרְטֶטֶת	אתה	שִׂרְטַטְתָּ	תְּשַׂרְטֵט	שַׂרְטֵט
רבים	מְשַׂרְטְטִים	את	שִׂרְטַטְתְּ	תְּשַׂרְטְטִי	שַׂרְטְטִי
רבות	מְשַׂרְטְטוֹת	הוא	שִׂרְטֵט	יְשַׂרְטֵט	
		היא	שִׂרְטְטָה	תְּשַׂרְטֵט	
		אנחנו	שִׂרְטַטְנוּ	נְשַׂרְטֵט	
		אתם/ן	שִׂרְטַטְתֶּם/ן	תְּשַׂרְטְטוּ *	שַׂרְטְטוּ**
		הם/ן	שִׂרְטְטוּ	יְשַׂרְטְטוּ *	

שם הפועל .Infin לְשַׂרְטֵט * less commonly: אתן/הן תְּשַׂרְטֵטְנָה

מקור מוחלט .Inf. Abs שַׂרְטֵט ** less commonly: (אתן) שַׂרְטֵטְנָה

שם הפעולה Verbal N שִׂרְטוּט drafting, drawing; schematic; sketching; sketch

♦ פעלים פחות שכיחים מאותו שורש Less frequent verbs from the same root

שׁוּרְטַט be drawn, be sketched, be drafted (מְשׁוּרְטָט, יְשׁוּרְטַט)

♦ דוגמאות Illustrations

רוב האדריכלים היום אינם **מְשַׂרְטְטִים** תוכניות בנייה ביד. יש היום תוכנות מתוחכמות שעושות זאת.

These days most architects do not **draft** building plans by hand. Today there exist sophisticated computer programs to do that.

● שׂרף : לִשְׂרוֹף, לְהִישָּׂרֵף

שָׂרַף/שׂוֹרֵף/יִשְׂרוֹף (יִשְׂרֹף) burn, fire (ceramics, etc.); consume

בניין : פָּעַל גזרה : שלמים (אֶפְעוֹל)

	Pres./Part. הווה/בינוני			Past עבר	Fut. עתיד	Imp. ציווי
יחיד	שׂוֹרֵף	שָׂרוּף	אני	שָׂרַפְתִּי	אֶשְׂרוֹף	
יחידה	שׂוֹרֶפֶת	שְׂרוּפָה	אתה	שָׂרַפְתָּ	תִּשְׂרוֹף	שְׂרוֹף
רבים	שׂוֹרְפִים	שְׂרוּפִים	את	שָׂרַפְתְּ	תִּשְׂרְפִי	שִׂרְפִי
רבות	שׂוֹרְפוֹת	שְׂרוּפוֹת	הוא	שָׂרַף	יִשְׂרוֹף	
			היא	שָׂרְפָה	תִּשְׂרוֹף	
			אנחנו	שָׂרַפְנוּ	נִשְׂרוֹף	
			אתם/ן	שְׂרַפְתֶּם/ן *	תִּשְׂרְפוּ **	שִׂרְפוּ ***
			הם/ן	שָׂרְפוּ	יִשְׂרְפוּ **	

שם הפועל .Infin לִשְׂרוֹף * Colloquial: שָׂרַפְתֶּם/ן

מקור מוחלט .Inf. Abs שָׂרוֹף ** less commonly: אתן/הן תִּשְׂרוֹפְנָה

שם הפעולה Verbal N שְׂרֵיפָה fire; burning *** less commonly: (אתן) שְׂרוֹפְנָה

ביני סביל .Pass. Part שָׂרוּף burnt, consumed; very enthusiastic (coll.); deeply in love (sl.)

מקור נטוי .Inf.+pron בְּשׂוֹרְפוֹ, כְּ...

נִשְׂרַף/יִישָּׂרֵף (יִשָּׂרֵף) be burnt, be destroyed by fire

בניין : נִפְעַל גזרה : שלמים

	Present הווה		Past עבר	Future עתיד	Imper. ציווי
יחיד	נִשְׂרָף	אני	נִשְׂרַפְתִּי	אֶשָּׂרֵף	
יחידה	נִשְׂרֶפֶת	אתה	נִשְׂרַפְתָּ	תִּישָּׂרֵף	הִישָּׂרֵף
רבים	נִשְׂרָפִים	את	נִשְׂרַפְתְּ	תִּישָּׂרְפִי	הִישָּׂרְפִי
רבות	נִשְׂרָפוֹת	הוא	נִשְׂרַף	יִישָּׂרֵף	
		היא	נִשְׂרְפָה	תִּישָּׂרֵף	
		אנחנו	נִשְׂרַפְנוּ	נִישָּׂרֵף	
		אתם/ן	נִשְׂרַפְתֶּם/ן	תִּישָּׂרְפוּ *	הִישָּׂרְפוּ **
		הם/ן	נִשְׂרְפוּ	יִישָּׂרְפוּ *	

שם הפועל .Infin לְהִישָּׂרֵף * less commonly: אתן/הן תִּישָּׂרַפְנָה

שם הפעולה Verbal N הִישָּׂרְפוּת being burnt ** less commonly: (אתן) הִישָּׂרַפְנָה

מקור מוחלט .Inf. Abs נִשְׂרוֹף, הִישָּׂרֵף (הִישָּׂרוֹף)

♦ דוגמאות Illustrations

בִּשְׂרֵיפָה הגדולה בביתו של עגנון **נִשְׂרְפוּ** גם כתבי-יד שלא היה להם העתק נוסף.

In the great **fire** in Agnon's house some manuscripts **were burnt** of which there was no other copy.

המפקד הורה לפקודיו **לִשְׂרוֹף** את כל המסמכים הסודיים כדי שלא ייפלו בידי האויב.

The commander instructed his subordinates **to burn** all secret documents, so that they do not fall into the enemy's hands.

♦ ביטויים מיוחדים Special expressions

שָׂרַף את הגשרים **burn** the bridges — **שָׂרַף** כסף **spend** lots of money fast (sl.)

שָׂרַף את הזמן do something unnecessary in order to **pass** the time

● שרק : לִשְׁרוֹק

שָׁרַק/שׁוֹרֵק/יִשְׁרוֹק (יִשְׁרֹק) whistle V

בניין : פָּעַל גזרה : שלמים (אֶפְעוֹל)

	Present הווה		Past עבר	Future עתיד	Imper. ציווי
יחיד	שׁוֹרֵק	אני	שָׁרַקְתִּי	אֶשְׁרוֹק	
יחידה	שׁוֹרֶקֶת	אתה	שָׁרַקְתָּ	תִּשְׁרוֹק	שְׁרוֹק
רבים	שׁוֹרְקִים	את	שָׁרַקְתְּ	תִּשְׁרְקִי	שִׁרְקִי
רבות	שׁוֹרְקוֹת	הוא	שָׁרַק	יִשְׁרוֹק	
		היא	שָׁרְקָה	תִּשְׁרוֹק	
		אנחנו	שָׁרַקְנוּ	נִשְׁרוֹק	
		אתם/ן	שְׁרַקְתֶּם/ן *	תִּשְׁרְקוּ **	שִׁרְקוּ ***
		הם/ן	שָׁרְקוּ	יִשְׁרְקוּ **	

שם הפועל .Infin לִשְׁרוֹק * Colloquial: שָׁרַקְתֶּם/ן

שם הפעולה Verbal N שְׁרִיקָה whistle N ** less commonly: אתן/הן תִּשְׁרוֹקְנָה

ביני פעיל .Act. Part שׁוֹרֵק whistling *** less commonly: (אתן) שְׁרוֹקְנָה

מקור מוחלט .Inf. Abs שָׁרוֹק — מקור נטוי .Inf.+pron בְּשׁוֹרְקוֹ, כְּ...

♦ **דוגמאות** Illustrations

כשהיינו ילדים ורצינו שחבר יצטרף אלינו למשחקים, היינו **שוֹרְקִים** ליד חלונו.

As kids when we wanted a friend to join us to play, we would **whistle** next to his window.

●שרת : לְשָׁרֵת

שֵׁירֵת (שֵׁרֵת)/שֵׁירַת/שָׁרֵת serve, minister

בניין : פִּיעֵל גזרה : ע״ג + ל״ת

	הווה Present		עבר Past	עתיד Future	ציווי Imper.
יחיד	מְשָׁרֵת	אני	שֵׁירַתִּי *	אֲשָׁרֵת	
יחידה	מְשָׁרֶתֶת	אתה	שֵׁירַתָּ *	תְּשָׁרֵת	שָׁרֵת
רבים	מְשָׁרְתִים	את	שֵׁירַתְּ *	תְּשָׁרְתִי	שָׁרְתִי
רבות	מְשָׁרְתוֹת	הוא	שֵׁירֵת	יְשָׁרֵת	
		היא	שֵׁירְתָה	תְּשָׁרֵת	
		אנחנו	שֵׁירַתְנוּ	נְשָׁרֵת	
		אתם/ן	שֵׁירַתֶּם/ן *	תְּשָׁרְתוּ **	שָׁרְתוּ ***
		הם/ן	שֵׁירְתוּ	יְשָׁרְתוּ **	

בד״כ בדיבור : שֵׁירַתְתִּי, שֵׁירַתְתָּ... בפיצול הרצף ״תת״ על ידי שווא נע.

Often in speech: ...שֵׁירַתְתִּי, שֵׁירַתְתָּ with the "tt" sequence split by a *shva*.

שם הפועל .Infin לְשָׁרֵת * colloquial : ...שֵׁירַתְתִּי

מקור מוחלט .Inf. Abs שָׁרֵת ** less commonly: אתן/הן תְּשָׁרֵתְנָה

ביני פעיל .Act. Part מְשָׁרֵת servant *** less commonly: (אתן) שָׁרֵתְנָה

שם הפעולה Verbal N שֵׁירוּת service; public utility; Israeli bus-like taxi service

♦ **דוגמאות** Illustrations

משולם לא **שֵׁירֵת** בצבא ; פטרו אותו מ**שֵׁירוּת** צבאי בגלל בריאותו הלקויה.

Meshulam did not **serve** in the army. They exempted him from military **service** because of his bad health.

♦ **ביטויים מיוחדים** Special expressions

שֵׁירוּת דוב a well-intentioned dis**service** **שֵׁירוּתִים** bathroom, restroom

שֵׁירוּת לאומי national service (in hospitals, schools, etc.), in lieu of army **service**

●שתה (שתי) : לִשְׁתּוֹת

שָׁתָה/שׁוֹתֶה/יִשְׁתֶּה drink

בניין : פָּעַל גזרה : ל״י

	הווה/בינוני .Pres./Part			עבר Past	עתיד .Fut	ציווי .Imp
יחיד	שׁוֹתֶה	שָׁתוּי	אני	שָׁתִיתִי	אֶשְׁתֶּה	
יחידה	שׁוֹתָה	שְׁתוּיָה	אתה	שָׁתִיתָ	תִּשְׁתֶּה	שְׁתֵה
רבים	שׁוֹתִים	שְׁתוּיִים	את	שָׁתִית	תִּשְׁתִּי	שְׁתִי
רבות	שׁוֹתוֹת	שְׁתוּיוֹת	הוא	שָׁתָה	יִשְׁתֶּה	
			היא	שָׁתְתָה	תִּשְׁתֶּה	
			אנחנו	שָׁתִינוּ	נִשְׁתֶּה	
			אתם/ן	שְׁתִיתֶם/ן *	תִּשְׁתּוּ **	שְׁתוּ ***
			הם/ן	שָׁתוּ	יִשְׁתּוּ **	

שם הפועל .Infin לִשְׁתּוֹת
שם הפעולה Verbal N שְׁתִייָה drinking
ביני סביל .Pass. Part שָׁתוּי drunk
מקור מוחלט .Inf. Abs שָׁתֹה

* Colloquial: שְׁתִיתֶם/ן
** less commonly: אתן/הן תִּשְׁתֶּינָה
*** less commonly: (אתן) שְׁתֶינָה
מקור נטוי .Inf.+pron בִּשְׁתוֹתוֹ, כְּ...

♦ דוגמאות Illustrations

שָׁתִינוּ כמויות עצומות של אלכוהול אתמול במסיבה. ה**שְׁתִייָה** החלה בשבע בערב, והאורחים **שָׁתוּ** ללא הפסק עד הבוקר. עמדתי על כך שמי שהיה **שָׁתוּי** לא ינהג הבייתה בעצמו.

We **drank** huge quantities of alcohol at the party yesterday. The **drinking** started at 7 p.m., and the guests **drank** non-stop till morning. I insisted that whoever was **drunk** wouldn't drive home by himself.

♦ ביטויים מיוחדים Special expressions

בור ש**שָׁתִיתָ** ממנו, אל תזרוק בו אבן do not bite the hand that feeds you ("don't throw stones into the well from which you **drink**")

שָׁתָה בצמא את דבריו learn from someone; listen attentively to someone

שָׁתָה לחיים make a toast

שָׁתָה לשוכרה **drink** till being drunk

שְׁתִייָה כדת considerable **drinking** (of alcohol. Not derogatory)

דמי **שְׁתִייָה** tip ("pour **boire**")

● שתל : לִשְׁתּוֹל

שָׁתַל/שׁוֹתֵל/יִשְׁתּוֹל (יִשְׁתֹּל) plant

בניין : פָּעַל גזרה : שלמים (אפעול)

	הווה/בינוני .Pres./Part		עבר Past	עתיד .Fut	ציווי .Imp
יחיד	שׁוֹתֵל שָׁתוּל	אני	שָׁתַלְתִּי	אֶשְׁתּוֹל	
יחידה	שׁוֹתֶלֶת שְׁתוּלָה	אתה	שָׁתַלְתָּ	תִּשְׁתּוֹל	שְׁתוֹל
רבים	שׁוֹתְלִים שְׁתוּלִים	את	שָׁתַלְתְּ	תִּשְׁתְּלִי	שִׁתְלִי
רבות	שׁוֹתְלוֹת שְׁתוּלוֹת	הוא	שָׁתַל	יִשְׁתּוֹל	
		היא	שָׁתְלָה	תִּשְׁתּוֹל	
		אנחנו	שָׁתַלְנוּ	נִשְׁתּוֹל	
		אתם/ן	* שְׁתַלְתֶּם/ן	** תִּשְׁתְּלוּ	*** שִׁתְלוּ
		הם/ן	שָׁתְלוּ	** יִשְׁתְּלוּ	

* Colloquial: שָׁתַלְתֶּם/ן
** less commonly: אתן/הן תִּשְׁתּוֹלְנָה
*** less commonly: (אתן) שְׁתוֹלְנָה

שם הפועל .Infin לִשְׁתּוֹל
שם הפעולה Verbal N שְׁתִילָה planting
ביני סביל .Pass. Part שָׁתוּל planted (also fig., as in "a planted agent")
קָטִיל *CaCiC* adj./N. שָׁתִיל (=שְׁתִיל) plant
מקור מוחלט .Inf. Abs שָׁתוֹל
מקור נטוי .Inf.+pron בְּשׁוֹתְלוֹ, כְּ...

♦ פעלים פחות שכיחים מאותו שורש Less frequent verbs from the same root

הִשְׁתִּיל transplant (also fig., as in "transplant a spy") (מַשְׁתִּיל, יַשְׁתִּיל, לְהַשְׁתִּיל)

נִשְׁתַּל be planted (נִשְׁתָּל, יִישָּׁתֵל, לְהִישָּׁתֵל)

הוּשְׁתַּל be transplanted (also fig., as in "be transplanted as a spy") (מוּשְׁתָּל, יוּשְׁתַּל)

♦ דוגמאות Illustrations

באביב **שָׁתַלְתִּי** חמש שושנים. מכל החמש ש**נִשְׁתְּלוּ**, רק אחת נקלטה.

In the spring I **planted** five roses. Of the five that **were planted**, only one survived.

אריה מחכה כבר שנתיים ל**הַשְׁתָּלַת** כבד. אתמול סוף סוף השיגו כבד מתאים שנתרם, ו**הִשְׁתִּילוּ** אותו מייד. כעת יש לחכות ולקוות שהגוף לא ידחה את הכבד ה**מוּשְׁתָּל**.

Aryeh has already been waiting for two years for a **liver** transplant. Yesterday they finally received a donated liver, and **transplanted** it. Now one has to wait and hope that the body will not reject the **transplanted** liver.

יש אנשים הרואים בכל מנהיג המנסה להנהיג רפורמה חברתית סוכן קומוניסטי **מוּשְׁתָּל/שָׁתוּל**.

Some people see in any leader who tries to introduce social reform a **transplanted** Communist agent.

●שתן : לְהַשְׁתִּין

הִשְׁתִּין/הִשְׁתַּנ/יַשְׁתִּין urinate

בניין : הִפְעִיל   גזרה : ל״נ

	Present הווה		Past עבר	Future עתיד	Imper. ציווי
יחיד	מַשְׁתִּין	אני	הִשְׁתַּנְתִּי	אַשְׁתִּין	
יחידה	מַשְׁתִּינָה	אתה	הִשְׁתַּנְתָּ	תַּשְׁתִּין	הַשְׁתֵּן
רבים	מַשְׁתִּינִים	את	הִשְׁתַּנְתְּ	תַּשְׁתִּינִי	הַשְׁתִּינִי
רבות	מַשְׁתִּינוֹת	הוא	הִשְׁתִּין	יַשְׁתִּין	
		היא	הִשְׁתִּינָה	תַּשְׁתִּין	
		אנחנו	הִשְׁתַּנּוּ	נַשְׁתִּין	
		אתם/ן	הִשְׁתַּנְתֶּם/ן	תַּשְׁתִּינוּ *	הַשְׁתִּינוּ **
		הם/ן	הִשְׁתִּינוּ	יַשְׁתִּינוּ *	

* less commonly: אתן/הן תַּשְׁתֵּנָּה

** less commonly: (אתן) הַשְׁתֵּנָּה

שם הפועל .Infin לְהַשְׁתִּין

שם הפעולה Verbal N הַשְׁתָּנָה urinating   מקור מוחלט .Inf. Abs הַשְׁתֵּן

♦ דוגמאות Illustrations

בעבר סבלו רבים מצורך **לְהַשְׁתִּין** פעמים רבות מדיי במשך היום ; היום פותרים את הבעייה באמצעות תרופות.

In the past many suffered from having **to urinate** too many times during the day; today the problem is solved by medication.

♦ ביטויים מיוחדים Special expressions

לא השאיר לו **מַשְׁתִּין** בקיר annihilate totally (biblical)

הִשְׁתִּין במכנסיים **peed** in his pants (usually out of fear; sl.)

הִשְׁתִּין עליו demonstrate total disdain for someone (sl.)

● שתף : לְהִשְׁתַּתֵּף, לְשַׁתֵּף

הִשְׁתַּתֵּף/הִשְׁתַּתַּף participate, take part

בניין : הִתְפַּעֵל גזרה : שלמים + פ׳ שורקת

	Present הווה		Past עבר	Future עתיד	Imper. ציווי
יחיד	מִשְׁתַּתֵּף	אני	הִשְׁתַּתַּפְתִּי	אֶשְׁתַּתֵּף	
יחידה	מִשְׁתַּתֶּפֶת	אתה	הִשְׁתַּתַּפְתָּ	תִּשְׁתַּתֵּף	הִשְׁתַּתֵּף
רבים	מִשְׁתַּתְּפִים	את	הִשְׁתַּתַּפְתְּ	תִּשְׁתַּתְּפִי	הִשְׁתַּתְּפִי
רבות	מִשְׁתַּתְּפוֹת	הוא	הִשְׁתַּתֵּף	יִשְׁתַּתֵּף	
		היא	הִשְׁתַּתְּפָה	תִּשְׁתַּתֵּף	
		אנחנו	הִשְׁתַּתַּפְנוּ	נִשְׁתַּתֵּף	
		אתם/ן	הִשְׁתַּתַּפְתֶּם/ן	תִּשְׁתַּתְּפוּ *	הִשְׁתַּתְּפוּ **
		הם/ן	הִשְׁתַּתְּפוּ	יִשְׁתַּתְּפוּ *	

שם הפועל Infin. לְהִשְׁתַּתֵּף * less commonly: אתן/הן תִּשְׁתַּתֵּפְנָה

שם הפעולה Verbal N הִשְׁתַּתְּפוּת participation ** less commonly: (אתן) הִשְׁתַּתֵּפְנָה

בינוני Pres. Part. מִשְׁתַּתֵּף participant מקור מוחלט Inf. Abs. הִשְׁתַּתֵּף

מ״י מוצרכת Gov. Prep. הִשְׁתַּתֵּף ב- take part in...

שִׁיתֵּף (שִׁתֵּף)/שִׁיתַּף/שַׁתֵּף enable to participate; bring into partnership; include

בניין : פִּיעֵל גזרה : שלמים

	Present הווה		Past עבר	Future עתיד	Imper. ציווי
יחיד	מְשַׁתֵּף	אני	שִׁיתַּפְתִּי	אֲשַׁתֵּף	
יחידה	מְשַׁתֶּפֶת	אתה	שִׁיתַּפְתָּ	תְּשַׁתֵּף	שַׁתֵּף
רבים	מְשַׁתְּפִים	את	שִׁיתַּפְתְּ	תְּשַׁתְּפִי	שַׁתְּפִי
רבות	מְשַׁתְּפוֹת	הוא	שִׁיתֵּף	יְשַׁתֵּף	
		היא	שִׁיתְּפָה	תְּשַׁתֵּף	
		אנחנו	שִׁיתַּפְנוּ	נְשַׁתֵּף	
		אתם/ן	שִׁיתַּפְתֶּם/ן	תְּשַׁתְּפוּ *	שַׁתְּפוּ **
		הם/ן	שִׁיתְּפוּ	יְשַׁתְּפוּ *	

שם הפועל Infin. לְשַׁתֵּף * less commonly: אתן/הן תְּשַׁתֵּפְנָה

מקור מוחלט Inf. Abs. שַׁתֵּף ** less commonly: (אתן) שַׁתֵּפְנָה

שם הפעולה Verbal N שִׁיתּוּף participation; partnership; communal way of living

מ״י מוצרכת Gov. Prep. שִׁיתֵּף מישהו ב- enable one to take part in...

שׁוּתַּף (שֻׁתַּף) be allowed to participate; be made partner; be included

בניין : פּוּעַל גזרה : שלמים

	Present הווה		Past עבר	Future עתיד
יחיד	מְשׁוּתָּף	אני	שׁוּתַּפְתִּי	אֲשׁוּתַּף
יחידה	מְשׁוּתֶּפֶת	אתה	שׁוּתַּפְתָּ	תְּשׁוּתַּף
רבים	מְשׁוּתָּפִים	את	שׁוּתַּפְתְּ	תְּשׁוּתְּפִי
רבות	מְשׁוּתָּפוֹת	הוא	שׁוּתַּף	יְשׁוּתַּף
		היא	שׁוּתְּפָה	תְּשׁוּתַּף
		אנחנו	שׁוּתַּפְנוּ	נְשׁוּתַּף

Present הווה		Past עבר	Future עתיד
	אתם/ן	שׁוּתַּפְתֶּם/ן	תְּשׁוּתְּפוּ *
	הם/ן	שׁוּתְּפוּ	יְשׁוּתְּפוּ *

* less commonly: אתן/הן תְּשׁוּתַּפְנָה

בינוני .Pres. Part מְשׁוּתָּף common, shared, joint

מ״י מוצרכת .Gov. Prep שׁוּתַּף בְּ- be allowed to take part in...

♦ דוגמאות Illustrations

בשיחות **הִשְׁתַּתְּפוּ** שרי החוץ של כל המדינות המעורבות. על דעת כל **הַמִּשְׁתַּתְּפִים**, **שׁוּתַּף** בדיונים גם שר החוץ של ארה״ב, אבל לא כולם הסכימו **לְשַׁתֵּף** את שר החוץ הרוסי.

The foreign ministers of all the countries involved **participated** in the talks. By unanimous consent of all **participants**, the U.S. secretary of state **was brought in to participate** in the discussions, but not everybody agreed **to allow** the Russian foreign minister to **participate**.

בהרבה קיבוצים היום כבר אין לינה **מְשׁוּתֶּפֶת** של ילדים, וגם אין **שִׁיתּוּף** מלא ברכוש.

In many kibbutzim today there is no longer **communal** overnight sleeping of children, nor full **communal ownership** of property.

במעונות הטובים של האוניברסיטה יש שירותים **מְשׁוּתָּפִים** לכל שני חדרים.

In the better university dorms there are **common** bathrooms for every two rooms.

♦ ביטויים מיוחדים Special expressions

שִׁיתּוּף פעולה **co**operation — **מְשַׁתֵּף** פעולה **co**llaborator

שִׁיתֵּף בסוד **let** one **in** on a secret — מכנה **מְשׁוּתָּף** **common** denominator

גורם **מְשׁוּתָּף** **common** factor — **בְּהִשְׁתַּתְּפוּת**... with the participation of...

הִשְׁתַּתֵּף בצערו **sympathize** with one who lost someone (family member, friend)

● שתק : לִשְׁתּוֹק, לְהַשְׁתִּיק, לְשַׁתֵּק, לְהִשְׁתַּתֵּק

שָׁתַק/שׁוֹתֵק/יִשְׁתּוֹק (יִשְׁתֹּק) keep quiet; be calm

בניין : פָּעַל גזרה : שלמים (אפעול)

	Present הווה		Past עבר	Fut. עתיד	Imp. ציווי
יחיד	שׁוֹתֵק	אני	שָׁתַקְתִּי	אֶשְׁתּוֹק	
יחידה	שׁוֹתֶקֶת	אתה	שָׁתַקְתָּ	תִּשְׁתּוֹק	שְׁתוֹק
רבים	שׁוֹתְקִים	את	שָׁתַקְתְּ	תִּשְׁתְּקִי	שִׁתְקִי
רבות	שׁוֹתְקוֹת	הוא	שָׁתַק	יִשְׁתּוֹק	
		היא	שָׁתְקָה	תִּשְׁתּוֹק	
		אנחנו	שָׁתַקְנוּ	נִשְׁתּוֹק	
		אתם/ן	שְׁתַקְתֶּם/ן *	תִּשְׁתְּקוּ **	שִׁתְקוּ ***
		הם/ן	שָׁתְקוּ	יִשְׁתְּקוּ **	

שם הפועל .Infin לִשְׁתּוֹק

שם הפעולה Verbal N שְׁתִיקָה silence

מקור מוחלט .Inf. Abs שָׁתוֹק

מקור נטוי .Inf.+pron בְּשׁוֹתְקוֹ, כְּ...

* Colloquial: שָׁתַקְתֶּם/ן

** less commonly: אתן/הן תִּשְׁתּוֹקְנָה

*** less commonly: (אתן) שְׁתוֹקְנָה

הִשְׁתִּיק/הִשְׁתַּק/יַשְׁתִּיק silence V; suppress (rumors, etc.), muffle

בניין : הִפְעִיל גזרה : שלמים

	הווה Present		עבר Past	עתיד Future	ציווי Imper.
יחיד	מַשְׁתִּיק	אני	הִשְׁתַּקְתִּי	אַשְׁתִּיק	
יחידה	מַשְׁתִּיקָה	אתה	הִשְׁתַּקְתָּ	תַּשְׁתִּיק	הַשְׁתֵּק
רבים	מַשְׁתִּיקִים	את	הִשְׁתַּקְתְּ	תַּשְׁתִּיקִי	הַשְׁתִּיקִי
רבות	מַשְׁתִּיקוֹת	הוא	הִשְׁתִּיק	יַשְׁתִּיק	
		היא	הִשְׁתִּיקָה	תַּשְׁתִּיק	
		אנחנו	הִשְׁתַּקְנוּ	נַשְׁתִּיק	
		אתם/ן	הִשְׁתַּקְתֶּם/ן	תַּשְׁתִּיקוּ *	הַשְׁתִּיקוּ **
		הם/ן	הִשְׁתִּיקוּ	יַשְׁתִּיקוּ *	

* less commonly: אתן/הן תַּשְׁתֵּקְנָה

שם הפועל .Infin לְהַשְׁתִּיק ** less commonly: (אתן) הַשְׁתֵּקְנָה

שם הפעולה Verbal N הַשְׁתָּקָה silencing; suppression

בינוני .Pres. Part מַשְׁתִּיק (-קול) silencer, muffler מקור מוחלט .Inf. Abs הַשְׁתֵּק

שִׁיתֵּק (שִׁתֵּק)/שִׁיתַּק/שַׁתֵּק silence V; paralyze

בניין : פִּיעֵל גזרה : שלמים

	הווה Present		עבר Past	עתיד Future	ציווי Imper.
יחיד	מְשַׁתֵּק	אני	שִׁיתַּקְתִּי	אֲשַׁתֵּק	
יחידה	מְשַׁתֶּקֶת	אתה	שִׁיתַּקְתָּ	תְּשַׁתֵּק	שַׁתֵּק
רבים	מְשַׁתְּקִים	את	שִׁיתַּקְתְּ	תְּשַׁתְּקִי	שַׁתְּקִי
רבות	מְשַׁתְּקוֹת	הוא	שִׁיתֵּק	יְשַׁתֵּק	
		היא	שִׁיתְּקָה	תְּשַׁתֵּק	
		אנחנו	שִׁיתַּקְנוּ	נְשַׁתֵּק	
		אתם/ן	שִׁיתַּקְתֶּם/ן	תְּשַׁתְּקוּ *	שַׁתְּקוּ **
		הם/ן	שִׁיתְּקוּ	יְשַׁתְּקוּ *	

שם הפועל .Infin לְשַׁתֵּק * less commonly: אתן/הן תְּשַׁתֵּקְנָה

שם הפעולה Verbal N שִׁיתּוּק paralysis ** less commonly: (אתן) שַׁתֵּקְנָה

בינוני .Pres. Part מְשַׁתֵּק paralyzing מקור מוחלט .Inf. Abs שַׁתֵּק

הִשְׁתַּתֵּק/הִשְׁתַּתַּק become/fall silent; become mute

בניין : הִתְפַּעֵל גזרה : שלמים + פ' שורקת

	הווה Present		עבר Past	עתיד Future	ציווי Imper.
יחיד	מִשְׁתַּתֵּק	אני	הִשְׁתַּתַּקְתִּי	אֶשְׁתַּתֵּק	
יחידה	מִשְׁתַּתֶּקֶת	אתה	הִשְׁתַּתַּקְתָּ	תִּשְׁתַּתֵּק	הִשְׁתַּתֵּק
רבים	מִשְׁתַּתְּקִים	את	הִשְׁתַּתַּקְתְּ	תִּשְׁתַּתְּקִי	הִשְׁתַּתְּקִי
רבות	מִשְׁתַּתְּקוֹת	הוא	הִשְׁתַּתֵּק	יִשְׁתַּתֵּק	
		היא	הִשְׁתַּתְּקָה	תִּשְׁתַּתֵּק	
		אנחנו	הִשְׁתַּתַּקְנוּ	נִשְׁתַּתֵּק	
		אתם/ן	הִשְׁתַּתַּקְתֶּם/ן	תִּשְׁתַּתְּקוּ *	הִשְׁתַּתְּקוּ **
		הם/ן	הִשְׁתַּתְּקוּ	יִשְׁתַּתְּקוּ *	

שם הפועל .Infin לְהִשְׁתַּתֵּק * less commonly: אתן/הן תִּשְׁתַּתֵּקְנָה

שם הפעולה Verbal N הִשְׁתַּתְּקוּת falling silent ** less commonly: (אתן) הִשְׁתַּתֵּקְנָה

מקור מוחלט .Inf. Abs הִשְׁתַּתֵּק

שׁוּתַּק (שֻׁתַּק) be silenced; be paralyzed

בניין : פּוּעַל גזרה : שלמים

	Present הווה		Past עבר	Future עתיד
יחיד	מְשׁוּתָּק	אני	שׁוּתַּקְתִּי	אֲשׁוּתַּק
יחידה	מְשׁוּתֶּקֶת	אתה	שׁוּתַּקְתָּ	תְּשׁוּתַּק
רבים	מְשׁוּתָּקִים	את	שׁוּתַּקְתְּ	תְּשׁוּתְּקִי
רבות	מְשׁוּתָּקוֹת	הוא	שׁוּתַּק	יְשׁוּתַּק
		היא	שׁוּתְּקָה	תְּשׁוּתַּק
		אנחנו	שׁוּתַּקְנוּ	נְשׁוּתַּק
		אתם/ן	שׁוּתַּקְתֶּם/ן	* תְּשׁוּתְּקוּ
		הם/ן	שׁוּתְּקוּ	* יְשׁוּתְּקוּ

בינוני .Pres. Part מְשׁוּתָּק paralyzed

* less commonly: אתן/הן תְּשׁוּתַּקְנָה

הוּשְׁתַּק (הֻשְׁתַּק) be silenced, be suppressed, be muffled

בניין : הוּפְעַל גזרה : שלמים

	Present הווה		Past עבר	Future עתיד
יחיד	מוּשְׁתָּק	אני	הוּשְׁתַּקְתִּי	אוּשְׁתַּק
יחידה	מוּשְׁתֶּקֶת	אתה	הוּשְׁתַּקְתָּ	תּוּשְׁתַּק
רבים	מוּשְׁתָּקִים	את	הוּשְׁתַּקְתְּ	תּוּשְׁתְּקִי
רבות	מוּשְׁתָּקוֹת	הוא	הוּשְׁתַּק	יוּשְׁתַּק
		היא	הוּשְׁתְּקָה	תּוּשְׁתַּק
		אנחנו	הוּשְׁתַּקְנוּ	נוּשְׁתַּק
		אתם/ן	הוּשְׁתַּקְתֶּם/ן	* תּוּשְׁתְּקוּ
		הם/ן	הוּשְׁתְּקוּ	* יוּשְׁתְּקוּ

* less commonly: אתן/הן תּוּשְׁתַּקְנָה

בינוני .Pres. Part מוּשְׁתָּק silenced, suppressed

♦ דוגמאות Illustrations

פתאום התינוק **הִשְׁתַּתֵּק**. מכיוון שחנה יודעת שאם הוא **שׁוֹתֵק**, יש דברים בגו, קפצה מייד ממקומה ורצה אליו. היא מצאה אותו מתבונן ב**שְׁתִיקָה** בציפור שנעמדה על אדן החלון.

Suddenly the baby **fell silent**. Since Hannah knows that if he **is silent**, there's a reason, she immediately jumped and ran toward him. She found him observing in **silence** a bird perched on the windowsill.

הנשיא פרנקלין רוזוולט לקה ב**שִׁיתוּק** ילדים. כל פלג גופו התחתון **שׁוּתַּק** על ידי המחלה, אך הוא לא הניח למחלה **לְשַׁתֵּק** אותו, והמשיך לתפקד למופת.

President Franklin Roosevelt was afflicted by infantile **paralysis**. The whole lower part of his body **was paralyzed** by the disease, but he would not let it **paralyze** him, and he continued to function in an exemplary fashion.

מקורביו של הסנטור ניסו **לְהַשְׁתִּיק** את השערוריה, אבל המתלוננת הודיעה שאם הפרשה **תּוּשְׁתַּק**, היא תפנה עם סיפורה המלא לעיתונות.

The senator's cronies tried **to suppress** the scandal, but the complainer announced that if the affair **is silenced**, she will go with her full story to the press.

♦ ביטויים מיוחדים Special expressions

שְׁתִיקָה כהודאה דמיא **silence** suggests consent

סייג לחוכמה **שְׁתִיקָה** **Silence** facilitates wisdom (by preventing one from speaking nonsense)

יפה **שְׁתִיקָה** לחכמים, קל וחומר לטיפשים If **silence** benefits the wise, all the more so the foolish

מילה בסלע, **שְׁתִיקָה** בשניים **silence** is golden

שִׁיתּוּק ילדים infantile **paralysis**

שִׁיתּוּק מוחין cerebral **palsy**

לא **שָׁתַק** ל... responded (to insult, accusation, etc.)

●תאם : לְהַתְאִים, לְתָאֵם

הִתְאִים/הִתְאַם/יַתְאִים match, fit, suit; be appropriate, be suitable; make fit, adjust, adapt

בניין : הִפְעִיל גזרה : שלמים

	Present הווה		Past עבר	Future עתיד	Imper. ציווי
יחיד	מַתְאִים	אני	הִתְאַמְתִּי	אַתְאִים	
יחידה	מַתְאִימָה	אתה	הִתְאַמְתָּ	תַּתְאִים	הַתְאֵם
רבים	מַתְאִימִים	את	הִתְאַמְתְּ	תַּתְאִימִי	הַתְאִימִי
רבות	מַתְאִימוֹת	הוא	הִתְאִים	יַתְאִים	
		היא	הִתְאִימָה	תַּתְאִים	
		אנחנו	הִתְאַמְנוּ	נַתְאִים	
		אתם/ן	הִתְאַמְתֶּם/ן	תַּתְאִימוּ *	הַתְאִימוּ **
		הם/ן	הִתְאִימוּ	יַתְאִימוּ *	

שם הפועל .Infin לְהַתְאִים

* less commonly: אתן/הן תַּתְאֵמְנָה

בינוני .Pres. Part מַתְאִים suitable

** less commonly: (אתן) הַתְאֵמְנָה

שם הפעולה Verbal N הַתְאָמָה suitability; harmony; adaptation, adjustment; matching

שם הפעולה Verbal N הֶתְאֵם accord(ance), harmony

מקור מוחלט .Inf. Abs הַתְאֵם

מ״י מוצרכת .Gov. Prep הִתְאִים ל- fit, suit, match (someone/something)

תואר הפועל .Adv בְּהֶתְאֵם ל- in accordance with

תֵּיאֵם (תֵּאֵם)/תֵּיאַמ/תָאֵם correlate, coordinate

בניין : פִּיעֵל גזרה : שלמים + ע״ג

	Present הווה		Past עבר	Future עתיד	Imper. ציווי
יחיד	מְתָאֵם	אני	תֵּיאַמְתִּי	אֲתָאֵם	
יחידה	מְתָאֶמֶת	אתה	תֵּיאַמְתָּ	תְּתָאֵם	תָּאֵם
רבים	מְתָאֲמִים	את	תֵּיאַמְתְּ	תְּתָאֲמִי	תָּאֲמִי
רבות	מְתָאֲמוֹת	הוא	תֵּיאֵם	יְתָאֵם	
		היא	תֵּיאֲמָה	תְּתָאֵם	
		אנחנו	תֵּיאַמְנוּ	נְתָאֵם	
		אתם/ן	תֵּיאַמְתֶּם/ן	תְּתָאֲמוּ *	תָּאֲמוּ**
		הם/ן	תֵּיאֲמוּ	יְתָאֲמוּ *	

בדיבור גם ללא תשלום דגש : תִּיאַמְתִּי, תִּיאַמְתָּ...: In speech also with regular *pi`el* [i]

שם הפועל .Infin לְתָאֵם

* less commonly: אתן/הן תְּתָאֵמְנָה

שם הפעולה Verbal N תֵּיאוּם coordination

** less commonly: (אתן) תָּאֵמְנָה

בינוני .Pres. Part מְתָאֵם coordinator

מקור מוחלט .Inf. Abs תָּאֵם

תּוֹאַם (תֹּאַם) be correlated, be coordinated

בניין : פּוּעַל   גזרה : שלמים + ע״ג

	Present הווה		Past עבר	Future עתיד
יחיד	מְתוֹאָם	אני	תּוֹאַמְתִּי	אֲתוֹאַם
יחידה	מְתוֹאֶמֶת	אתה	תּוֹאַמְתָּ	תְּתוֹאַם
רבים	מְתוֹאָמִים	את	תּוֹאַמְתְּ	תְּתוֹאֲמִי
רבות	מְתוֹאָמוֹת	הוא	תּוֹאַם	יְתוֹאַם
		היא	תּוֹאֲמָה	תְּתוֹאַם
		אנחנו	תּוֹאַמְנוּ	נְתוֹאַם
		אתם/ן	תּוֹאַמְתֶּם/ן	* תְּתוֹאֲמוּ
		הם/ן	תּוֹאֲמוּ	* יְתוֹאֲמוּ

בדיבור גם בשורוק : מְתוּאָם, תּוּאַמְתִּי... :In speech also with regular *pu`al* [u]

בינוני .Pres. Part מְתוֹאָם well-coordinated   * less commonly: אתן/הן תְּתוֹאַמְנָה

♦ פעלים פחות שכיחים מאותו שורש Less frequent verbs from the same root

תָּאַם match (intr.), parallel, be twin < ביני פעיל .Act. Part תּוֹאֵם matching, parallel

הוּתְאַם be fitted, be matched, be adjusted, be adapted (בינוני .Pres. Part מוּתְאָם ל- matched (with), יוּתְאַם)

♦ דוגמאות Illustrations

אביבה מחפשת נעליים שֶׁיַּתְאִימוּ לשמלה החדשה שקנתה. כל זוג נעליים חדשות שהיא קונה **מוּתְאָם** לשמלה או למכנסיים מסוימים שלה.

Aviva is looking for shoes that will **match** the new dress she has bought. Every new pair of shoes she buys **is matched** with some particular dress or pants she has.

שני צידי הגוף אינם **תּוֹאֲמִים** בדיוק.

The two sides of the body are not exactly **parallel**.

לא ברור לי מדוע אין **תֵּיאוּם** מספיק בין החילות השונים של הצבא.

It is unclear to me why there is not sufficient **coordination** between the various branches of the military.

הנישואים של אברהם וחיה מעולם לא היו טובים. מלכתחילה היה ברור שאין **הַתְאָמָה** (ביחסים) ביניהם.

Avraham and Haya's marriage has never been good. It was obvious from the beginning that there is no **harmony** in the relationship between them (literally, that their personalities do not **match**).

♦ ביטויים מיוחדים Special expressions

נקטו צעדים **מַתְאִימִים** **appropriate** steps were taken   **מַתְאִים** לי it is to my liking

צבע הנעליים **מַתְאִים** לצבע השמלה the color of the shoes **matches** the color of the dress

בְּהַתְאָמָה in **accord**/harmony; **respective**ly   **תֵּיאֵם** מראש coordinate ahead of time

●תאר : לְתָאֵר

תֵּיאֵר (תֵּאֵר)/תֵּיאַר/תָּאֵר describe, portray; draw, delineate

בניין : פִּיעֵל   גזרה : שלמים + ע״ג

	Present הווה		Past עבר	Future עתיד	Imper. ציווי
יחיד	מְתָאֵר	אני	תֵּיאַרְתִּי	אֲתָאֵר	
יחידה	מְתָאֶרֶת	אתה	תֵּיאַרְתָּ	תְּתָאֵר	תָּאֵר

Imper. ציווי	Future עתיד	Past עבר		Present הווה	
תָּאֲרִי	תְּתָאֲרִי	תֵּיאַרְתְּ	את	מְתָאֲרִים	רבים
	יְתָאֵר	תֵּיאֵר	הוא	מְתָאֲרוֹת	רבות
	תְּתָאֵר	תֵּיאֲרָה	היא		
	נְתָאֵר	תֵּיאַרְנוּ	אנחנו		
תָּאֲרוּ**	תְּתָאֲרוּ *	תֵּיאַרְתֶּם/ן	אתם/ן		
	יְתָאֲרוּ *	תֵּיאֲרוּ	הם/ן		

בדיבור גם בשורוק : מְתוֹאָר, תוֹאַרְתִּי... In speech also with regular *pu`al* [u]:

שם הפועל Infin. לְתָאֵר — * less commonly: אתן/הן תְּתָאֵרְנָה

שם הפעולה Verbal N תֵּיאוּר description — ** less commonly: (אתן) תָּאֵרְנָה

בינוני Pres. Part. מְתָאֵר descriptive — מקור מוחלט Inf. Abs. תָּאֵר

תּוֹאַר (תֹּאַר) be described, be portrayed, be drawn, be delineated

בניין : פּוּעַל גזרה : שלמים + ע״ג

Future עתיד	Past עבר		Present הווה	
אֲתוֹאַר	תּוֹאַרְתִּי	אני	מְתוֹאָר	יחיד
תְּתוֹאַר	תּוֹאַרְתָּ	אתה	מְתוֹאֶרֶת	יחידה
תְּתוֹאֲרִי	תּוֹאַרְתְּ	את	מְתוֹאָרִים	רבים
יְתוֹאַר	תּוֹאַר	הוא	מְתוֹאָרוֹת	רבות
תְּתוֹאַר	תּוֹאֲרָה	היא		
נְתוֹאַר	תּוֹאַרְנוּ	אנחנו		
תְּתוֹאֲרוּ *	תּוֹאַרְתֶּם/ן	אתם/ן		
יְתוֹאֲרוּ *	תּוֹאֲרוּ	הם/ן		

* less commonly: אתן/הן תְּתוֹאַרְנָה

♦ דוגמאות Illustrations

הנאשם **תּוֹאַר** על ידי ההגנה כעובר אורח שנקלע לנסיבות של רצח שביצע אלמוני. עורך דינו **תֵּיאֵר** אותו כאדם עדין, שאינו מסוגל לפגוע בזבוב. ה**תֵּיאוּר** העלה דמעה בעיני כמה מושבעים.

The defendant **was described** by the defense as a bystander happening on circumstances of a murder committed by an unknown person. His lawyer **described** him as a gentle person, incapable of hurting a fly. The **description** brought tears to the eyes of some jurors.

♦ ביטויים מיוחדים Special expressions

לא/בל **יְתוֹאַר** in**describable** — **תָּאֵר** לעצמך just imagine...

●תבע : לִתְבּוֹעַ

תָּבַע/תּוֹבֵעַ/יִתְבַּע demand, claim; sue

בניין : פָּעַל גזרה : שלמים (אֶפְעַל) + ל״ג

Imper. ציווי	Future עתיד	Past עבר		Present הווה	
	אֶתְבַּע	תָּבַעְתִּי	אני	תּוֹבֵעַ	יחיד
תְּבַע	תִּתְבַּע	תָּבַעְתָּ	אתה	תּוֹבַעַת	יחידה
תִּבְעִי	תִּתְבְּעִי	תָּבַעְתְּ/...עַת	את	תּוֹבְעִים	רבים
	יִתְבַּע	תָּבַע	הוא	תּוֹבְעוֹת	רבות
	תִּתְבַּע	תָּבְעָה	היא		

	Present הווה		Past עבר	Future עתיד	Imper. ציווי
		אנחנו	תָּבַעְנוּ	נִתְבַּע	
		אתם/ן	תְּבַעְתֶּם/ן *	תִּתְבְּעוּ **	תִּבְעוּ ***
		הם/ן	תָּבְעוּ	יִתְבְּעוּ **	

שם הפועל .Infin לִתְבּוֹעַ — * Colloquial: תָּבַעְתֶּם/ן

מקור מוחלט .Inf. Abs תָּבוֹעַ — ** less commonly: אתן/הן תִּתְבַּעְנָה

ביני פעיל .Act. Part תּוֹבֵעַ prosecutor; plaintiff — *** less commonly: (אתן) תְּבַעְנָה

שם הפעולה Verbal N תְּבִיעָה demand, claim; suit (legal)

מקור נטוי .Inf.+pron בְּתוֹבְעוֹ, כְּ...

♦ פעלים פחות שכיחים מאותו שורש Less frequent verbs from the same root

נִתְבַּע be claimed, be demanded; be sued (נִתְבַּע, יִיתָּבַע)

♦ דוגמאות Illustrations

ירוחם עדיין לא החזיר לי את ההלוואה לחודשיים שלקח ממני לפני שלוש שנים. **תָּבַעְתִּי** שיחזיר לי את הכסף תוך שלושים יום, אחרת **אֶתְבַּע** אותו לדין באמצעות עורך דין. ירוחם ענה לי ש**תְּבִיעָה** משפטית אינה מפחידה אותו; הוא **נִתְבַּע** כבר עשרות פעמים בעניין הלוואות דומות, וה**תּוֹבֵעַ** נכשל בכל המקרים.

Yeruham still has not paid back the two-month loan he took from me three years ago. I **demanded** that he return the money within thirty days, or I'll **sue** him through a lawyer. Yeruham answered that a **suit** does not scare him; he **had** already **been sued** dozens of times concerning similar loans, and the **plaintiff** failed in each case.

♦ ביטויים מיוחדים Special expressions

תָּבַע לדין/למשפט **sue**, prosecute — **תָּבַע** את עלבונו **demand** satisfaction (for an insult)

● תגבר (מן תִּגְבֹּרֶת reinforcement) : לְתַגְבֵּר

תִּגְבֵּר/תִּגְבַּר/תַּגְבֵּר reinforce, strengthen

בניין : פִּיעֵל — גזרה : מרובעים

	Present הווה		Past עבר	Future עתיד	Imper. ציווי
יחיד	מְתַגְבֵּר	אני	תִּגְבַּרְתִּי	אֲתַגְבֵּר	
יחידה	מְתַגְבֶּרֶת	אתה	תִּגְבַּרְתָּ	תְּתַגְבֵּר	תַּגְבֵּר
רבים	מְתַגְבְּרִים	את	תִּגְבַּרְתְּ	תְּתַגְבְּרִי	תַּגְבְּרִי
רבות	מְתַגְבְּרוֹת	הוא	תִּגְבֵּר	יְתַגְבֵּר	
		היא	תִּגְבְּרָה	תְּתַגְבֵּר	
		אנחנו	תִּגְבַּרְנוּ	נְתַגְבֵּר	
		אתם/ן	תִּגְבַּרְתֶּם/ן	תְּתַגְבְּרוּ *	תַּגְבְּרוּ **
		הם/ן	תִּגְבְּרוּ	יְתַגְבְּרוּ *	

שם הפועל .Infin לְתַגְבֵּר — * less commonly: אתן/הן תְּתַגְבֵּרְנָה

מקור מוחלט .Inf. Abs תַּגְבֵּר — ** less commonly: (אתן) תַּגְבֵּרְנָה

שם הפעולה Verbal N תִּגְבּוּר reinforcing, strengthening

♦ דוגמאות Illustrations

המשטרה **תִּגְבְּרָה** את כוחות האבטחה לקראת ביקורו של הנשיא האמריקאי.

The police **reinforced** the security forces in preparation for the American President's visit.

●תוך (מן תָּוֶךְ middle) : לְתַוֵּךְ

תִּיוּוֵךְ (תִּוֵּךְ)/תִּיוּוַכ/תַוֵּךְ mediate, negotiate; act as middleman

בניין : פִּיעֵל גזרה : שלמים

Imper. ציווי	Future עתיד	Past עבר		Present הווה	
	אֲתַוֵּךְ	תִּיוּוַכְתִּי	אני	מְתַוֵּךְ	יחיד
תַּוֵּךְ	תְּתַוֵּךְ	תִּיוּוַכְתָּ	אתה	מְתַוֶּכֶת	יחידה
תַּוְּכִי	תְּתַוְּכִי	תִּיוּוַכְתְּ	את	מְתַוְּכִים	רבים
	יְתַוֵּךְ	תִּיוּוֵךְ	הוא	מְתַוְּכוֹת	רבות
	תְּתַוֵּךְ	תִּיוּוְכָה	היא		
	נְתַוֵּךְ	תִּיוּוַכְנוּ	אנחנו		
תַּוְּכוּ **	תְּתַוְּכוּ *	תִּיוּוַכְתֶּם/ן	אתם/ן		
	יְתַוְּכוּ *	תִּיוּוְכוּ	הם/ן		

שם הפועל .Infin לְתַוֵּךְ   * less commonly: אתן/הן תְּתַוֵּכְנָה

ביני .Pres. Part מְתַוֵּךְ agent; mediator; broker   ** less commonly: (אתן) תַּוֵּכְנָה

שם הפעולה Verbal N תִּיווּךְ mediation, negotiation; brokerage, negotiation

מקור מוחלט .Inf. Abs תַּוֵּךְ

♦ דוגמאות Illustrations

בינתיים, אף אחד מכל אלה שניסו **לתווך** בין שני הצדדים בסכסוך הישראלי-פלשתינאי לא הצליח להביא להסכם.

So far, none of those who tried to **mediate** between the two sides of the Israeli-Palestinian conflict has been able to bring about an agreement.

מְתַוְּכֵי דירות בארה״ב בדרך כלל גובים עמלה של 6% מן המוכר. זו עמלה גבוהה ממה שנהוג במרבית המדינות האחרות בעולם.

Real estate **brokers** in the U.S. generally charge the seller a 6% commission. This is a higher commission than what they do in most other countries.

●תחל : לְהַתְחִיל

הִתְחִיל/הִתְחַל/יַתְחִיל begin, start

בניין : הִפְעִיל גזרה : שלמים

Imper. ציווי	Future עתיד	Past עבר		Present הווה	
	אַתְחִיל	הִתְחַלְתִּי	אני	מַתְחִיל	יחיד
הַתְחֵל	תַּתְחִיל	הִתְחַלְתָּ	אתה	מַתְחִילָה	יחידה
הַתְחִילִי	תַּתְחִילִי	הִתְחַלְתְּ	את	מַתְחִילִים	רבים
	יַתְחִיל	הִתְחִיל	הוא	מַתְחִילוֹת	רבות
	תַּתְחִיל	הִתְחִילָה	היא		
	נַתְחִיל	הִתְחַלְנוּ	אנחנו		
הַתְחִילוּ **	תַּתְחִילוּ *	הִתְחַלְתֶּם/ן	אתם/ן		
	יַתְחִילוּ *	הִתְחִילוּ	הם/ן		

שם הפועל .Infin לְהַתְחִיל   * less commonly: אתן/הן תַּתְחֵלְנָה

שם הפעולה Verbal N הַתְחָלָה beginning, start   ** less commonly: (אתן) הַתְחֵלְנָה

בינוני .Pres. Part מַתְחִיל beginner   מקור מוחלט .Inf. Abs הַתְחֵל

מ״י מוצרכת Gov. Prep. הִתְחִיל ב- begin (something)
מ״י מוצרכת Gov. Prep. הִתְחִיל עם start a fight with; try to flirt with
תואר הפועל Adv. בַּהַתְחָלָה in the beginning

♦ **דוגמאות** Illustrations

הִתְחַלְתִּי לעבוד בחברה החדשה לפני חצי שנה. **בהַתְחָלָה** היה לי קשה, אבל לאחר מספר שבועות הסתגלתי, וכעת אני מרוצה.

I **began** to work at the new firm half a year ago. In the **beginning** it was hard, but after a few weeks I adapted, and now I am happy.

♦ **ביטויים מיוחדים** Special expressions

המַתְחִיל במצווה אומרים לו גמור! once you've **started** something, finish it!
הִתְחִיל עם make a pass at someone (coll.); annoy someone (coll.)
הִתְחִיל ברגל שמאל/ימין **get off** on the right/wrong foot
כל **ההַתְחָלוֹת** קשות all **beginnings** are hard

●תכנן : לְתַכְנֵן

תִּכְנֵן/תִּכְנַן/תַּכְנֵן plan

בניין : פִּיעֵל גזרה : מרובעים + ג״נ (במודל קטל״ג)

	Present הווה		Past עבר	Future עתיד	Imper. ציווי
יחיד	מְתַכְנֵן	אני	תִּכְנַנְתִּי	אֲתַכְנֵן	
יחידה	מְתַכְנֶנֶת	אתה	תִּכְנַנְתָּ	תְּתַכְנֵן	תַּכְנֵן
רבים	מְתַכְנְנִים	את	תִּכְנַנְתְּ	תְּתַכְנְנִי	תַּכְנְנִי
רבות	מְתַכְנְנוֹת	הוא	תִּכְנֵן	יְתַכְנֵן	
		היא	תִּכְנְנָה	תְּתַכְנֵן	
		אנחנו	תִּכְנַנּוּ	נְתַכְנֵן	
		אתם/ן	תִּכְנַנְתֶּם/ן	תְּתַכְנְנוּ *	תַּכְנְנוּ **
		הם/ן	תִּכְנְנוּ	יְתַכְנְנוּ *	

שם הפועל Infin. לְתַכְנֵן — less commonly: * אתן/הן תְּתַכְנֵנָּה
שם הפעולה Verbal N תִּכְנוּן planning — less commonly: ** (אתן) תַּכְנֵנָּה
בינוני Pres. Part. מְתַכְנֵן planner — מקור מוחלט Inf. Abs. תַּכְנֵן

תוּכְנַן (תֻּכְנַן) be planned

בניין : פּוּעַל גזרה : מרובעים + ג״נ (במודל קטל״ג)

	Present הווה		Past עבר	Future עתיד
יחיד	מְתוּכְנָן	אני	תוּכְנַנְתִּי	אֲתוּכְנַן
יחידה	מְתוּכְנֶנֶת	אתה	תוּכְנַנְתָּ	תְּתוּכְנַן
רבים	מְתוּכְנָנִים	את	תוּכְנַנְתְּ	תְּתוּכְנְנִי
רבות	מְתוּכְנָנוֹת	הוא	תוּכְנַן	יְתוּכְנַן
		היא	תוּכְנְנָה	תְּתוּכְנַן
		אנחנו	תוּכְנַנּוּ	נְתוּכְנַן
		אתם/ן	תוּכְנַנְתֶּם/ן	תְּתוּכְנְנוּ *
		הם/ן	תוּכְנְנוּ	יְתוּכְנְנוּ *

בינוני Pres. Part. מְתוּכְנָן planned — less commonly: * אתן/הן תְּתוּכְנַנָּה

♦ דוגמאות Illustrations

הפשיטה הזאת **תּוּכְנְנָה** היטב. **תִּכְנֵן** אותה הטקטיקן הטוב ביותר של הצבא, שמרבית הפעולות ה**מְתוּכְנָנוֹת** היטב מן העבר נזקפות לזכותו. **תִּכְנוּן** חשוב מכל.

This raid **was** well-**planned**. The best tactician of the army **planned** it; most of the well-**planned** operations of the past are credited to him. **Planning** is more important than anything else.

●תכנת (מן תָּכְנִית program) : לְתַכְנֵת

תִּכְנֵת/תִּכְנֶת/תַּכְנֵת program

בניין : פִּיעֵל גזרה : מרובעים + ג"ת (במודל קטל"ג)

	הווה Present		עבר Past	עתיד Future	ציווי Imper.
יחיד	מְתַכְנֵת	אני	תִּכְנַתִּי	אֲתַכְנֵת	
יחידה	מְתַכְנֶתֶת	אתה	תִּכְנַתָּ	תְּתַכְנֵת	תַּכְנֵת
רבים	מְתַכְנְתִים	את	תִּכְנַתְּ	תְּתַכְנְתִי	תַּכְנְתִי
רבות	מְתַכְנְתוֹת	הוא	תִּכְנֵת	יְתַכְנֵת	
		היא	תִּכְנְתָה	תְּתַכְנֵת	
		אנחנו	תִּכְנַתְנוּ	נְתַכְנֵת	
		אתם/ן	תִּכְנַתֶּם/ן	תְּתַכְנְתוּ *	תַּכְנְתוּ **
		הם/ן	תִּכְנְתוּ	יְתַכְנְתוּ *	

בד"כ בדיבור : תִּכְנַתְתִּי, תִּכְנַתְתָּ... בפיצול הרצף "תת" על ידי שווא נע

Often in speech: ...תִּכְנַתְתִּי, תִּכְנַתְתָּ with the "tt" sequence split by a *shva*.

שם הפועל .Infin לְתַכְנֵת — * less commonly: אתן/הן תְּתַכְנֵתְנָה

שם הפעולה Verbal N תִּכְנוּת programming — ** less commonly: (אתן) תַּכְנֵתְנָה

בינוני .Pres. Part מְתַכְנֵת programmer — מקור מוחלט .Inf. Abs תַּכְנֵת

תּוּכְנַת (תֻּכְנַת) be programmed

בניין : פּוּעַל גזרה : מרובעים + ג"ת (במודל קטל"ג)

	הווה Present		עבר Past	עתיד Future
יחיד	מְתוּכְנָת	אני	תּוּכְנַתִּי	אֲתוּכְנַת
יחידה	מְתוּכְנֶתֶת	אתה	תּוּכְנַתָּ	תְּתוּכְנַת
רבים	מְתוּכְנָתִים	את	תּוּכְנַתְּ	תְּתוּכְנְתִי
רבות	מְתוּכְנָתוֹת	הוא	תּוּכְנַת	יְתוּכְנַת
		היא	תּוּכְנְתָה	תְּתוּכְנַת
		אנחנו	תּוּכְנַתְנוּ	נְתוּכְנַת
		אתם/ן	תּוּכְנַתֶּם/ן	תְּתוּכְנְתוּ *
		הם/ן	תּוּכְנְתוּ	יְתוּכְנְתוּ *

בד"כ בדיבור : תּוּכְנַתְתִּי, תּוּכְנַתְתָּ... בפיצול הרצף "תת" על ידי שווא נע

Often in speech: ...תּוּכְנַתְתִּי, תּוּכְנַתְתָּ with the "tt" sequence split by a *shva*.

בינוני .Pres. Part מְתוּכְנָת programmed — * less commonly: אתן/הן תְּתוּכְנַתְנָה

♦ דוגמאות Illustrations

בתחום התעופה **מְתַכְנְתִים** היום כבר את כל שלבי הטיסה, ומרבית הפעולות הן אוטומטיות לחלוטין.

In the realm of aviation they now **program** all stages of the flight, and most activities are fully automated.

●תלה (תלי) : לִתְלוֹת, לְהִיתָּלוֹת

hang, hang up, suspend; ascribe to; leave undecided; תָּלָה/תּוֹלֶה/יִתְלֶה execute by hanging

בניין : פָּעַל גזרה : ל״י

Imp. ציווי	Fut. עתיד	Past עבר		Pres./Part. הווה/בינוני		
	אֶתְלֶה	תָּלִיתִי	אני	תָּלוּי	תּוֹלֶה	יחיד
תְּלֵה	תִּתְלֶה	תָּלִיתָ	אתה	תְּלוּיָה	תּוֹלָה	יחידה
תְּלִי	תִּתְלִי	תָּלִית	את	תְּלוּיִים	תּוֹלִים	רבים
	יִתְלֶה	תָּלָה	הוא	תְּלוּיוֹת	תּוֹלוֹת	רבות
	תִּתְלֶה	תָּלְתָה	היא			
	נִתְלֶה	תָּלִינוּ	אנחנו			
תְּלוּ ***	תִּתְלוּ **	תְּלִיתֶם/ן	אתם/ן			
	יִתְלוּ **	תָּלוּ	הם/ן			

שם הפועל .Infin לִתְלוֹת   * Colloquial: תָּלִיתֶם/ן

מקור מוחלט .Inf. Abs תָּלֹה   ** less commonly: אתן/הן תִּתְלֶינָה

מקור נטוי .Inf.+pron בִּתְלוֹתוֹ, כְּ...   *** less commonly: (אתן) תְּלֶינָה

שם הפעולה Verbal N תְּלִיָּה hanging; hanging (execution)

ביני סביל .Pass. Part תָּלוּי hanging, suspended; dependent; hanged (by the neck)

be hung, be suspended; be hanged; hang on to נִתְלָה/יִיתָּלֶה (יִתָּלֶה)

בניין : נִפְעַל גזרה : ל״י

Imper. ציווי	Future עתיד	Past עבר		Present הווה	
	אֶתָּלֶה	נִתְלֵיתִי	אני	נִתְלֶה	יחיד
הִיתָּלֵה	תִּיתָּלֶה	נִתְלֵיתָ	אתה	נִתְלֵית	יחידה
הִיתָּלִי	תִּיתָּלִי	נִתְלֵית	את	נִתְלִים	רבים
	יִיתָּלֶה	נִתְלָה	הוא	נִתְלוֹת	רבות
	תִּיתָּלֶה	נִתְלְתָה	היא		
	נִיתָּלֶה	נִתְלֵינוּ	אנחנו		
הִיתָּלוּ **	תִּיתָּלוּ *	נִתְלֵיתֶם/ן	אתם/ן		
	יִיתָּלוּ *	נִתְלוּ	הם/ן		

שם הפועל .Infin לְהִיתָּלוֹת   * less commonly: אתן/הן תִּיתָּלֶינָה

מקור מוחלט .Inf. Abs נִתְלֹה, הִיתָּלֵה   ** less commonly: (אתן) הִיתָּלֶינָה

ש׳ הפעו׳ Verbal N הִיתָּלוּת being hung/hanged   מ״י מוצ׳ Gov. Prep. נִתְלָה בּ- hang on to

♦ דוגמאות Illustrations

גבריאל **תָּלָה** את מעילו על הקולב והחל מתבונן בציור המופשט **התָּלוּי** על הקיר. נראה לו שחלה טעות, ושהציור **נִתְלָה** הפוך.

Gavriel **hung** his coat on the peg and began to look at the abstract painting **hanging** on the wall. It appeared to him that an error had occurred, and that the painting **was hung** upside down.

מפליא שעדיין יש ארצות או נסיבות שבהן עדיין מוציאים אדם להורג ב**תְּלִיָּה**.

מאוד לא נעים לראות כיצד **תּוֹלִים** אדם – שלא לדבר על מראהו של אדם **תָּלוּי** המוצג לראווה לתקופת זמן על הגרדום!

It is amazing that there are still countries, or circumstances, in which they execute a person by **hanging**. It is quite upsetting to see how they **hang** a man – not to mention the sight of a **hanged** person displayed for a period of time on the gallows!

אֵיני יודע אם אספיק להגיע למסיבה ; זה **תָּלוּי** בתחבורה, כי אין לי היום מכונית.

I am not sure whether I'll be able to make it to the party; it **depends** on transportation, since I don't have a car today.

♦ **ביטויים מיוחדים** Special expressions

תָּלָה בו תקוות רבות have great hopes for him

תָּלָה עצמו (**נִתְלָה**) באילן גדול **base** one's opinion on an authority greater than oneself

אהבה ה**תְּלוּיָה** בדבר affection **based** on interest/benefit

אהבה שאינה **תְּלוּיָה** בדבר disinterested affection

תָּלוּי ב- **depending** on

תָּלוּי ועומד **pending**, undecided

תָּלוּי על בלימה/בשערה **hanging** with almost no support

תָּלוּי באוויר **suspended**, in an undecided situation

בלתי-**תָּלוּי** in**dependent**

הכל **תָּלוּי** בלשון the tongue has power over everything

הכל **תָּלוּי** במזל one's fate is **dependent** on luck (i.e., no point in attempting to change one's fate)

תָּלוּי בחסדי **dependent** on another person's good will

● תמד (מן תָּמִיד always) : לְהַתְמִיד

הִתְמִיד/הִתְמַד/יַתְמִיד persevere, persist, stick with

בניין : הִפְעִיל גזרה : שלמים

	Present הווה		Past עבר	Future עתיד	Imper. ציווי
יחיד	מַתְמִיד	אני	הִתְמַדְתִּי	אַתְמִיד	
יחידה	מַתְמִידָה	אתה	הִתְמַדְתָּ	תַּתְמִיד	הַתְמֵד
רבים	מַתְמִידִים	את	הִתְמַדְתְּ	תַּתְמִידִי	הַתְמִידִי
רבות	מַתְמִידוֹת	הוא	הִתְמִיד	יַתְמִיד	
		היא	הִתְמִידָה	תַּתְמִיד	
		אנחנו	הִתְמַדְנוּ	נַתְמִיד	
		אתם/ן	הִתְמַדְתֶּם/ן	תַּתְמִידוּ *	הַתְמִידוּ **
		הם/ן	הִתְמִידוּ	יַתְמִידוּ *	

שם הפועל .Infin לְהַתְמִיד

* less commonly: אתן/הן תַּתְמֵדְנָה

שם הפעי Verbal. N הַתְמָדָה perseverance

** less commonly: (אתן) הַתְמֵדְנָה

בינוני .Pres. Part מַתְמִיד constant ; diligent, studious

מקור מוחלט הַתְמֵד .Inf. Abs

מ״י מוצרכת .Gov. Prep הִתְמִיד ב- persevere, stick with

♦ **דוגמאות** Illustrations

אם **תַּתְמִיד** בדרך שאתה הולך בה, במוקדם או במאוחר תגיע למטרה שהצבת לעצמך.

If you **persevere** in the path you have chosen to go, sooner or later you will reach the goal you set for yourself.

●תמך : לִתְמוֹךְ, לְהִיתָּמֵךְ

תָּמַךְ/תּוֹמֵךְ/יִתְמוֹךְ (יִתְמֹךְ) support, uphold, maintain

בניין : פָּעַל גזרה : שלמים (אֶפְעוֹל)

	Pres./Part. הווה/בינוני		Past עבר	Fut. עתיד	Imp. ציווי
יחיד	תּוֹמֵךְ תָּמוּךְ	אני	תָּמַכְתִּי	אֶתְמוֹךְ	
יחידה	תּוֹמֶכֶת תְּמוּכָה	אתה	תָּמַכְתָּ	תִּתְמוֹךְ	תְּמוֹךְ
רבים	תּוֹמְכִים תְּמוּכִים	את	תָּמַכְתְּ	תִּתְמְכִי	תִּמְכִי
רבות	תּוֹמְכוֹת תְּמוּכוֹת	הוא	תָּמַךְ	יִתְמוֹךְ	
		היא	תָּמְכָה	תִּתְמוֹךְ	
		אנחנו	תָּמַכְנוּ	נִתְמוֹךְ	
		אתם/ן	תְּמַכְתֶּם/ן *	תִּתְמְכוּ **	תִּמְכוּ ***
		הם/ן	תָּמְכוּ	יִתְמְכוּ **	

שם הפועל .Infin לִתְמוֹךְ — * Colloquial: תָּמַכְתֶּם/ן

מקור מוחלט .Inf. Abs תָּמוֹךְ — ** less commonly: אתן/הן תִּתְמוֹכְנָה

מקור נטוי .Inf.+pron בְּתוֹמְכוֹ, כְּ... — *** less commonly: (אתן) תְּמוֹכְנָה

שם הפעולה Verbal N תְּמִיכָה support, relief (for the poor)

ביני פעיל .Act. Part תּוֹמֵךְ supporter; supporting; prop

ביני סביל .Pass. Part תָּמוּךְ supported, propped (lit.)

מ״י מוצרכת .Gov. Prep תָּמַךְ ב- support (something/someone)

נִתְמַךְ/יִיתָּמֵךְ (יִתָּמֵךְ) be supported, be propped up; be held; be aided

בניין : נִפְעַל גזרה : שלמים

	Present הווה		Past עבר	Future עתיד	Imper. ציווי
יחיד	נִתְמָךְ	אני	נִתְמַכְתִּי	אֶתָּמֵךְ	
יחידה	נִתְמֶכֶת	אתה	נִתְמַכְתָּ	תִּיתָּמֵךְ	הִיתָּמֵךְ
רבים	נִתְמָכִים	את	נִתְמַכְתְּ	תִּיתָּמְכִי	הִיתָּמְכִי
רבות	נִתְמָכוֹת	הוא	נִתְמַךְ	יִיתָּמֵךְ	
		היא	נִתְמְכָה	תִּיתָּמֵךְ	
		אנחנו	נִתְמַכְנוּ	נִיתָּמֵךְ	
		אתם/ן	נִתְמַכְתֶּם/ן	תִּיתָּמְכוּ *	הִיתָּמְכוּ **
		הם/ן	נִתְמְכוּ	יִיתָּמְכוּ *	

* less commonly: אתן/הן תִּיתָּמַכְנָה

שם הפועל .Infin לְהִיתָּמֵךְ — ** less commonly: (אתן) הִיתָּמַכְנָה

בינוני .Pres. Part נִתְמָךְ a supported person (e.g., by welfare)

מקור מוחלט .Inf. Abs נִתְמוֹךְ, הִיתָּמֵךְ (הִיתָּמוֹךְ)

♦ דוגמאות Illustrations

מועמדותו של אברהם לראשות העיריה **נִתְמֶכֶת** על ידי מפלגת העבודה; חברי הליכוד **תּוֹמְכִים** בשמעון. שתי המפלגות מנסות להשיג את **תְּמִיכָתָם** של הבוחרים העצמאיים.

Avraham's candidacy for the mayor's position **is supported** by the Labor Party; Likkud members **support** Shim'on. Both parties are trying to court the **support** of the independent voters.

♦ ביטויים מיוחדים Special expressions

תָּמַךְ בהצעה **support** the proposal financial **aid** **תְּמִיכָה כספית**

●תנה (תני) : לְהַתְנוֹת

הִתְנָה/מַתְנֶה stipulate, require, condition

בניין : הִפְעִיל גזרה : ל״י

	Present הווה		Past עבר	Future עתיד	Imper. ציווי
יחיד	מַתְנֶה	אני	הִתְנֵיתִי	אַתְנֶה	
יחידה	מַתְנָה	אתה	הִתְנֵיתָ	תַּתְנֶה	הַתְנֵה
רבים	מַתְנִים	את	הִתְנֵית	תַּתְנִי	הַתְנִי
רבות	מַתְנוֹת	הוא	הִתְנָה	יַתְנֶה	
		היא	הִתְנְתָה	תַּתְנֶה	
		אנחנו	הִתְנֵינוּ	נַתְנֶה	
		אתם/ן	הִתְנֵיתֶם/ן	תַּתְנוּ *	הַתְנוּ **
		הם/ן	הִתְנוּ	יַתְנוּ *	

* less commonly: אתן/הן תַּתְנֶינָה

** less commonly: (אתן) הַתְנֶינָה

שם הפועל .Infin לְהַתְנוֹת

שם הפעולה Verbal N הַתְנָיָה conditioning; stipulation מקור מוחלט .Inf. Abs הַתְנֵה

♦ פעלים פחות שכיחים מאותו שורש Less frequent verbs from the same root

הוּתְנָה be stipulated, be conditioned, be required (מוּתְנֶה, יוּתְנֶה)

♦ דוגמאות Illustrations

בדרך כלל, כאשר ישראל והפלסטינאים מנסים למצוא פיתרון לסכסוך, הפלסטינאים **מַתְנִים** את השתתפותם במשא ומתן בהקפאת ההתנחלויות.

Generally, when Israel and the Palestinians try to come up with a solution to the conflict, the Palestinians **condition** their participation in the negotiations on settlement freeze.

♦ ביטויים מיוחדים Special expressions

רפלקס **מוּתְנֶה** **conditioned** reflex

●תסכל : לְתַסְכֵּל

תִּסְכֵּל/תִּסְכַּל/תַּסְכֵּל frustrate

בניין : פִּיעֵל גזרה : מרובעים

	Present הווה		Past עבר	Future עתיד	Imper. ציווי
יחיד	מְתַסְכֵּל	אני	תִּסְכַּלְתִּי	אֲתַסְכֵּל	
יחידה	מְתַסְכֶּלֶת	אתה	תִּסְכַּלְתָּ	תְּתַסְכֵּל	תַּסְכֵּל
רבים	מְתַסְכְּלִים	את	תִּסְכַּלְתְּ	תְּתַסְכְּלִי	תַּסְכְּלִי
רבות	מְתַסְכְּלוֹת	הוא	תִּסְכֵּל	יְתַסְכֵּל	
		היא	תִּסְכְּלָה	תְּתַסְכֵּל	
		אנחנו	תִּסְכַּלְנוּ	נְתַסְכֵּל	
		אתם/ן	תִּסְכַּלְתֶּם/ן	תְּתַסְכְּלוּ *	תַּסְכְּלוּ **
		הם/ן	תִּסְכְּלוּ	יְתַסְכְּלוּ *	

שם הפועל Infin.	לְתַסְכֵּל	* less commonly:	אתן/הן תְּתַסְכֵּלְנָה
מקור מוחלט Inf. Abs.	תַּסְכֵּל	** less commonly:	(אתן) תַּסְכֵּלְנָה
בינוני Pres. Part.	מְתַסְכֵּל frustrating	שם הפעולה Verbal N	תִּסְכּוּל frustration

תּוּסְכַּל (תֻּסְכַּל) be frustrated

בניין : פּוּעַל גזרה : מרובעים

	Present הווה		Past עבר	Future עתיד
יחיד	מְתוּסְכָּל	אני	תּוּסְכַּלְתִּי	אֲתוּסְכַּל
יחידה	מְתוּסְכֶּלֶת	אתה	תּוּסְכַּלְתָּ	תְּתוּסְכַּל
רבים	מְתוּסְכָּלִים	את	תּוּסְכַּלְתְּ	תְּתוּסְכְּלִי
רבות	מְתוּסְכָּלוֹת	הוא	תּוּסְכַּל	יְתוּסְכַּל
		היא	תּוּסְכְּלָה	תְּתוּסְכַּל
		אנחנו	תּוּסְכַּלְנוּ	נְתוּסְכַּל
		אתם/ן	תּוּסְכַּלְתֶּם/ן	תְּתוּסְכְּלוּ *
		הם/ן	תּוּסְכְּלוּ	יְתוּסְכְּלוּ *

בינוני Pass. Part. מְתוּסְכָּל frustrated   * less commonly: אתן/הן תְּתוּסְכַּלְנָה

♦ דוגמאות Illustrations

מְתַסְכֵּל לראות איך עמים ומנהיגיהם אינם לומדים לקחים מן ההיסטוריה, וחוזרים על אותן שגיאות שנעשו בעבר.

It **frustrates** me to see how nations and their leaders do not learn lessons from history, and repeat the mistakes of the past.

●תעד (מן תְּעוּדָה document) : לְתַעֵד

תִּיעֵד (תִּעֵד)/תִּיעַד/תַעֵד document V

בניין : פִּיעֵל גזרה : שלמים + ע״ג

	Present הווה		Past עבר	Future עתיד	Imper. ציווי
יחיד	מְתַעֵד	אני	תִּיעַדְתִּי	אֲתַעֵד	
יחידה	מְתַעֶדֶת	אתה	תִּיעַדְתָּ	תְּתַעֵד	תַּעֵד
רבים	מְתַעֲדִים	את	תִּיעַדְתְּ	תְּתַעֲדִי	תַּעֲדִי
רבות	מְתַעֲדוֹת	הוא	תִּיעֵד	יְתַעֵד	
		היא	תִּיעֲדָה	תְּתַעֵד	
		אנחנו	תִּיעַדְנוּ	נְתַעֵד	
		אתם/ן	תִּיעַדְתֶּם/ן	תְּתַעֲדוּ *	תַּעֲדוּ**
		הם/ן	תִּיעֲדוּ	יְתַעֲדוּ *	

שם הפועל Infin.	לְתַעֵד	* less commonly:	אתן/הן תְּתַעֵדְנָה
מקור מוחלט Inf. Abs.	תַּעֵד	** less commonly:	(אתן) תַּעֵדְנָה
שם הפעולה Verbal N	תִּיעוּד documenting; documentation		

♦ פעלים פחות שכיחים מאותו שורש Less frequent verbs from the same root

תּוֹעַד/תּוּעַד be documented (בינוני פעול Pass. Part. מְתוֹעָד/מְתוּעָד documented, יְתוֹעַד/יְתוּעַד)

♦ דוגמאות Illustrations

הרבה ניצולי שואה ואחרים עשו כמיטב יכולתם **לְתַעֵד** את מה שקרה במלחמת העולם השניה, וחשוב שעשו זאת, לפחות כדי להזים את מכחישי השואה.

Many Holocaust survivors and others have done their best **to document** what happened in WWII, and it is important that they did – at least so as to refute Holocaust deniers.

●תפס : לִתְפּוֹס, לְהִיתָּפֵס

תָּפַס/תּוֹפֵס/יִתְפּוֹס (יִתְפֹּס) seize, catch; occupy, take up; apply (law); grasp (mentally), realize

בניין : פָּעַל גזרה : שלמים (אֶפְעוֹל)

	הווה/בינוני Pres./Part.		עבר Past	עתיד Fut.	ציווי Imp.
יחיד	תּוֹפֵס תָּפוּס	אני	תָּפַסְתִּי	אֶתְפּוֹס*	
יחידה	תּוֹפֶסֶת תְּפוּסָה	אתה	תָּפַסְתָּ	תִּתְפּוֹס*	תְּפוֹס
רבים	תּוֹפְסִים תְּפוּסִים	את	תָּפַסְתְּ	תִּתְפְּסִי*	תִּפְסִי
רבות	תּוֹפְסוֹת תְּפוּסוֹת	הוא	תָּפַס	יִתְפּוֹס*	
		היא	תָּפְסָה	תִּתְפּוֹס*	
		אנחנו	תָּפַסְנוּ	נִתְפּוֹס*	
		אתם/ן	תְּפַסְתֶּם/ן **	תִּתְפְּסוּ***	תִּפְסוּ****
		הם/ן	תָּפְסוּ	יִתְפְּסוּ***	

* Colloquial: לִתְפּוֹס, אֶתְפּוֹס, ...

שם הפועל .Infin לִתְפּוֹס* ** Colloquial: תָּפַסְתֶּם/ן

ביני פעיל .Act. Part תּוֹפֵס applicable (law) *** less commonly: אתן/הן תִּתְפּוֹסְנָה

ביני סביל .Pass. Part תָּפוּס occupied; seized **** less commonly: (אתן) תְּפוֹסְנָה

קָטִיל CaCiC adj./N. תָּפִיס comprehensible מקור נטוי .Inf.+pron בְּתוֹפְסוֹ, כְּ...

שם הפעולה Verbal N תְּפִיסָה seizing, occupation; grasp (mental); outlook, point of view

מקור מוחלט .Inf. Abs תָּפוֹס

נִתְפַּס/יִיתָּפֵס (יִתָּפֵס) be caught, be seized; be grasped (mentally); be influenced by, be attracted to

בניין : נִפְעַל גזרה : שלמים

	הווה Present		עבר Past	עתיד Future	ציווי .Imper
יחיד	נִתְפָּס*	אני	נִתְפַּסְתִּי*	אֶתָּפֵס	
יחידה	נִתְפֶּסֶת	אתה	נִתְפַּסְתָּ*	תִּיתָּפֵס	הִיתָּפֵס
רבים	נִתְפָּסִים	את	נִתְפַּסְתְּ*	תִּיתָּפְסִי	הִיתָּפְסִי
רבות	נִתְפָּסוֹת	הוא	נִתְפָּס*	יִיתָּפֵס	
		היא	נִתְפְּסָה*	תִּיתָּפֵס	
		אנחנו	נִתְפַּסְנוּ*	נִיתָּפֵס	
		אתם/ן	נִתְפַּסְתֶּם/ן*	תִּיתָּפְסוּ **	הִיתָּפְסוּ ***
		הם/ן	נִתְפְּסוּ*	יִיתָּפְסוּ **	

שם הפועל .Infin לְהִיתָּפֵס * Colloquial: נִתְפָּס... נִתְפַּסְתִּי...

מקור מוחלט .Inf. Abs נִתְפּוֹס, הִיתָּפֵס/...פּוֹס ** less commonly: אתן/הן תִּיתָּפַסְנָה

*** less commonly: (אתן) הִיתָּפַסְנָה

♦ דוגמאות Illustrations

הנסיעה האחרונה שלי באוטובוס לא הייתה נעימה ביותר: השירותים היו **תְּפוּסִים** כל הזמן, וכל פעם שקמתי להניע קצת את רגליי, מישהו **תָּפַס** לי את המושב.

My last bus trip was not that pleasant: the toilets **were occupied** all the time, and whenever I got up to stretch my legs a bit, someone **seized** my seat.

אני משוכנע שהפורץ הזה **יִיתָּפֵס** רק אחרי שהמשטרה **תִּתְפּוֹס** (=תבין) שנחוצות שיטות מתוחכמות ביותר **לִתְפִיסַת** פושע חמקמק כמוהו.

I believe that this burglar **will be caught** only when the police **realize** that very sophisticated methods are required for **catching** a sleek criminal of his caliber.

♦ ביטויים מיוחדים Special expressions

לִתְפּוֹס את הרע במיעוטו choose the lesser of two evils   קשה-**תְּפִיסָה** slow-witted

תָּפַס את החבל בשני ראשים try to have one's cake and eat it

תָּפַס את השור בקרניו take the bull by the horn   זה לא **תּוֹפֵס** it does not **hold** here

תָּפַסְתָּ מרובה – לא **תָּפַסְתָּ** if you try to get too much, you may end up getting nothing

תָּפַס ייאוש grow desperate, be totally disappointed (sl.)

תָּפַס שלווה find an opportunity to rest/relax (sl.)   **תּוֹפֶסֶת** **catch** (children's game)

אין אדם **נִתְפָּס** על צערו one should not **be judged** by what one says when in agony/sorrow

נִתְפָּס על חם be **caught** during the act (e.g., stealing) (coll.)

תָּפַס טרמפ **take advantage** of someone/something (sl.)

תָּפַס מחסה **take** shelter   **תָּפַס** יוזמה **take** the initiative

●תפעל : לְתַפְעֵל

תִּפְעֵל/תִּפְעַל/תַּפְעֵל operate (machine, etc.); activate

בניין : פִּיעֵל   גזרה : מרובעים + העיצור השלישי גרוני

	Present הווה		Past עבר	Future עתיד	Imper. ציווי
יחיד	מְתַפְעֵל	אני	תִּפְעַלְתִּי	אֲתַפְעֵל	
יחידה	מְתַפְעֶלֶת	אתה	תִּפְעַלְתָּ	תְּתַפְעֵל	תַּפְעֵל
רבים	מְתַפְעֲלִים	את	תִּפְעַלְתְּ	תְּתַפְעֲלִי	תַּפְעֲלִי
רבות	מְתַפְעֲלוֹת	הוא	תִּפְעֵל	יְתַפְעֵל	
		היא	תִּפְעֲלָה	תְּתַפְעֵל	
		אנחנו	תִּפְעַלְנוּ	נְתַפְעֵל	
		אתםץ	תִּפְעַלְתֶּםץ	* תְּתַפְעֲלוּ	** תַּפְעֲלוּ
		הםץ	תִּפְעֲלוּ	* יְתַפְעֲלוּ	

שם הפועל .Infin לְתַפְעֵל   * less commonly: אתן/הן תְּתַפְעֵלְנָה

מקור מוחלט .Inf. Abs תַּפְעֵל   ** less commonly: (אתן) תַּפְעֵלְנָה

שם הפעולה Verbal N **תִּפְעוּל** operation, handling; management

♦ דוגמאות Illustrations

דרוש מספר ניכר של חיילים כדי **לְתַפְעֵל** טנק – לא רק מפעיליו, אלא גם מכונאים ואנשי תחזוקה.

A significant number of soldiers are required in order **to operate** a tank – not just its actual operators, but also mechanics and maintenance personnel.

●תפקד (מן תַּפְקִיד "function (N)", מן פקד) : לְתַפְקֵד

תִּפְקֵד/תִּפְקַד/תַּפְקֵד function

בניין : פִּיעֵל גזרה : מרובעים

	Present הווה		Past עבר	Future עתיד	Imper. ציווי
יחיד	מְתַפְקֵד	אני	תִּפְקַדְתִּי	אֲתַפְקֵד	
יחידה	מְתַפְקֶדֶת	אתה	תִּפְקַדְתָּ	תְּתַפְקֵד	תַּפְקֵד
רבים	מְתַפְקְדִים	את	תִּפְקַדְתְּ	תְּתַפְקְדִי	תַּפְקְדִי
רבות	מְתַפְקְדוֹת	הוא	תִּפְקֵד	יְתַפְקֵד	
		היא	תִּפְקְדָה	תְּתַפְקֵד	
		אנחנו	תִּפְקַדְנוּ	נְתַפְקֵד	
		אתם/ן	תִּפְקַדְתֶּם/ן	תְּתַפְקְדוּ *	תַּפְקְדוּ **
		הם/ן	תִּפְקְדוּ	יְתַפְקְדוּ *	

שם הפועל .Infin לְתַפְקֵד — * less commonly: אתן/הן תְּתַפְקֵדְנָה

מקור מוחלט .Inf. Abs תַּפְקֵד — ** less commonly: (אתן) תַּפְקֵדְנָה

שם הפעולה Verbal N תִּפְקוּד functioning

♦ **דוגמאות** Illustrations

בדרך כלל, ממשלת ישראל **מְתַפְקֶדֶת** טוב ובאופן יעיל יותר בימי חירום.

Generally, the Israeli government **functions** better and more efficiently in emergencies.

למרבית האנשים קשה **לְתַפְקֵד** תחת לחץ.

It is difficult for most people **to function** under stress.

●תפר : לִתְפּוֹר

תָּפַר/תּוֹפֵר/יִתְפּוֹר (יִתְפֹּר) sew, stitch; tailor

בניין : פָּעַל גזרה : שלמים (אֶפְעוֹל)

	Pres./Part. הווה/בינוני			Past עבר	Fut. עתיד	Imp. ציווי
יחיד	תּוֹפֵר	תָּפוּר	אני	תָּפַרְתִּי	אֶתְפּוֹר*	
יחידה	תּוֹפֶרֶת	תְּפוּרָה	אתה	תָּפַרְתָּ	תִּתְפּוֹר*	תְּפוֹר
רבים	תּוֹפְרִים	תְּפוּרִים	את	תָּפַרְתְּ	תִּתְפְּרִי*	תִּפְרִי
רבות	תּוֹפְרוֹת	תְּפוּרוֹת	הוא	תָּפַר	יִתְפּוֹר*	
			היא	תָּפְרָה	תִּתְפּוֹר*	
			אנחנו	תָּפַרְנוּ	נִתְפּוֹר*	
			אתם/ן	תְּפַרְתֶּם/ן **	תִּתְפְּרוּ* ***	תִּפְרוּ ****
			הם/ן	תָּפְרוּ	יִתְפְּרוּ* ***	

שם הפועל .Infin לִתְפּוֹר* — * Colloquial: לִתְפּוֹר, אֶתְפּוֹר...

ביני פעיל .Act. Part תּוֹפֵר tailor, תּוֹפֶרֶת seamstress — ** Colloquial: תָּפַרְתֶּם/ן

ביני סביל .Pass. Part תָּפוּר sewn, stitched — *** less commonly: אתן/הן תִּתְפּוֹרְנָה

שם הפעולה Verbal N תְּפִירָה sewing, stitching — **** less commonly: (אתן) תְּפוֹרְנָה

מקור מוחלט .Inf. Abs תָּפוֹר — מקור נטוי .Inf.+pron בְּתוֹפְרוֹ, כְּ...

♦ פעלים פחות שכיחים מאותו שורש Less frequent verbs from the same root

נִתְפַּר be sewn, be stitched (נִתְפָּר, יִיתָּפֵר, לְהִיתָּפֵר)

♦ דוגמאות Illustrations

לפני שנים לא כל כך רבות, יכולת ללכת לחייט ש**יִתְפּוֹר** לך חליפה לפי מידתך, ושמלות **נִתְפְּרוּ** בבית על ידי **תּוֹפֶרֶת** – אפילו לבני המעמד הבינוני-נמוך. היום **תְּפִירָה** לפי מידה היא עניין יקר מאוד, וזה לא משתלם ללקוח הממוצע.

Not so long ago, you could go to a tailor who would **sew** you a suit to your size, and dresses **were sewn** at home by a **seamstress – even** for members of the lower middle class. Today, **sewing** to size is a very expensive proposition, and it does not pay for the average customer.

♦ ביטויים מיוחדים Special expressions

מכונת **תְּפִירָה** sewing machine

תָּפוּר עליו/לפי מידתו **suits** him perfectly

●תקל : לְהִיתָּקֵל

נִתְקַל/יִיתָּקֵל (יִתָּקֵל) strike against, meet with; bump into, encounter

בניין : נִפְעַל   גזרה : שלמים

Imper. ציווי	Future עתיד	Past עבר		Present הווה	
	אֶתָּקֵל	נִתְקַלְתִּי	אני	נִתְקָל	יחיד
הִיתָּקֵל	תִּיתָּקֵל	נִתְקַלְתָּ	אתה	נִתְקֶלֶת	יחידה
הִיתָּקְלִי	תִּיתָּקְלִי	נִתְקַלְתְּ	את	נִתְקָלִים	רבים
	יִיתָּקֵל	נִתְקַל	הוא	נִתְקָלוֹת	רבות
	תִּיתָּקֵל	נִתְקְלָה	היא		
	נִיתָּקֵל	נִתְקַלְנוּ	אנחנו		
** הִיתָּקְלוּ	* תִּיתָּקְלוּ	נִתְקַלְתֶּם/ן	אתם/ן		
	* יִיתָּקְלוּ	נִתְקְלוּ	הם/ן		

שם הפועל .Infin לְהִיתָּקֵל   * less commonly: אתן/הן תִּיתָּקַלְנָה

ש' הפעולי Verbal N הִיתָּקְלוּת encounter; clash   ** less commonly: (אתן) הִיתָּקַלְנָה

מקור מוחלט .Inf. Abs נִתְקוֹל, הִיתָּקֵל (הִיתָּקוֹל)

מ״י מוצרכת .Gov. Prep נִתְקַל ב- strike against, clash with, bump into

♦ פעלים פחות שכיחים מאותו שורש Less frequent verbs from the same root

הִתְקִיל cause to fail, cause a mishap (מַתְקִיל, יַתְקִיל, לְהַתְקִיל)

♦ דוגמאות Illustrations

סיור של צה״ל **נִתְקַל** אתמול במארב של מחבלים ; ב**הִיתָּקְלוּת** נהרגו שני מחבלים וחייל צה״ל נפצע קשה.

An IDF patrol **encountered** a terrorist ambush yesterday; two terrorists were killed in the **encounter** and an IDF soldier was badly wounded.

●תקן : לְתַקֵּן, לְהַתְקִין

תִּיקֵּן (תִּקֵּן)/תִּיקַּנ/תַקֵּן repair, fix; correct, amend; reform (morally)

בניין : פִּיעֵל   גזרה : ל״נ

	הווה Present		עבר Past	עתיד Future	ציווי Imper.
יחיד	מְתַקֵּן	אני	תִּיקַּנְתִּי	אֲתַקֵּן	
יחידה	מְתַקֶּנֶת	אתה	תִּיקַּנְתָּ	תְּתַקֵּן	תַּקֵּן
רבים	מְתַקְּנִים	את	תִּיקַּנְתְּ	תְּתַקְּנִי	תַּקְּנִי
רבות	מְתַקְּנוֹת	הוא	תִּיקֵּן	יְתַקֵּן	
		היא	תִּיקְּנָה	תְּתַקֵּן	
		אנחנו	תִּיקַּנּוּ	נְתַקֵּן	
		אתם/ן	תִּיקַּנְתֶּם/ן	תְּתַקְּנוּ *	תַּקְּנוּ **
		הם/ן	תִּיקְּנוּ	יְתַקְּנוּ *	

* less commonly: אתן/הן תְּתַקֵּנָּה

** less commonly: (אתן) תַּקֵּנָּה

שם הפועל Infin. לְתַקֵּן

בינוני Pres. Part. מְתַקֵּן reformer

שם הפעולה Verbal N תִּיקּוּן correction; repair(ing); reform (moral); amendment

שם הפעולה Verbal N תַּקָּנָה ordinance, regulation; religious ruling; rule

מקור מוחלט Inf. Abs. תַּקֵּן

תּוּקַּן (תֻּקַּן) be corrected, be repaired, be reformed

בניין : פּוּעַל   גזרה : ל״נ

	הווה Present		עבר Past	עתיד Future
יחיד	מְתוּקָּן	אני	תּוּקַּנְתִּי	אֲתוּקַּן
יחידה	מְתוּקֶּנֶת	אתה	תּוּקַּנְתָּ	תְּתוּקַּן
רבים	מְתוּקָּנִים	את	תּוּקַּנְתְּ	תְּתוּקְּנִי
רבות	מְתוּקָּנוֹת	הוא	תּוּקַּן	יְתוּקַּן
		היא	תּוּקְּנָה	תְּתוּקַּן
		אנחנו	תּוּקַּנּוּ	נְתוּקַּן
		אתם/ן	תּוּקַּנְתֶּם/ן	תְּתוּקְּנוּ *
		הם/ן	תּוּקְּנוּ	יְתוּקְּנוּ *

* less commonly: אתן/הן תְּתוּקַּנָּה

בינוני Pres. Part. מְתוּקָּן repaired; amended, revised; decent, good

הִתְקִין/הִתְקַנ/יַתְקִין set up, install, establish; prepare, fit; decree

בניין : הִפְעִיל   גזרה : ל״נ

	הווה Present		עבר Past	עתיד Future	ציווי Imper.
יחיד	מַתְקִין	אני	הִתְקַנְתִּי	אַתְקִין	
יחידה	מַתְקִינָה	אתה	הִתְקַנְתָּ	תַּתְקִין	הַתְקֵן
רבים	מַתְקִינִים	את	הִתְקַנְתְּ	תַּתְקִינִי	הַתְקִינִי
רבות	מַתְקִינוֹת	הוא	הִתְקִין	יַתְקִין	
		היא	הִתְקִינָה	תַּתְקִין	
		אנחנו	הִתְקַנּוּ	נַתְקִין	
		אתם/ן	הִתְקַנְתֶּם/ן	תַּתְקִינוּ *	הַתְקִינוּ **
		הם/ן	הִתְקִינוּ	יַתְקִינוּ *	

* less commonly: אתן/הן תַּתְקֵנָּה

שם הפועל .Infin לְהַתְקִין ** less commonly: (אתן) הַתְקֵנָּה

שם הפעולה Verbal N הַתְקָנָה installation; adjustment; decreeing

הֶתְקֵן device, mechanism מקור מוחלט .Inf. Abs הַתְקֵן

הוּתְקַן (הֻתְקַן) be set, be installed; be prepared, be fitted; be decreed

בניין : הוּפְעַל גזרה : ל״נ

	Present הווה		Past עבר	Future עתיד
יחיד	מוּתְקָן	אני	הוּתְקַנְתִּי	אוּתְקַן
יחידה	מוּתְקֶנֶת	אתה	הוּתְקַנְתָּ	תּוּתְקַן
רבים	מוּתְקָנִים	את	הוּתְקַנְתְּ	תּוּתְקְנִי
רבות	מוּתְקָנוֹת	הוא	הוּתְקַן	יוּתְקַן
		היא	הוּתְקְנָה	תּוּתְקַן
		אנחנו	הוּתְקַנּוּ	נוּתְקַן
		אתםס/ן	הוּתְקַנְתֶּםס/ן	* תּוּתְקְנוּ
		הםס/ן	הוּתְקְנוּ	* יוּתְקְנוּ

* less commonly: אתן/הן תּוּתְקַנָּה

בינוני .Pres. Part מוּתְקָן installed; adjusted

♦ דוגמאות Illustrations

משה **מְתַקֵן** טלוויזיות. הצרה היא, שאת כל מה ש**תּוּקַן** על ידו צריך אחר כך לשלוח ליצרן ל**תִיקוּן** של ממש.

Moshe **repairs** television sets. The problem is, that whatever **has been fixed** by him needs to be sent afterward to the manufacturer for real **repair**.

הרבה רוצים **לְתַקֵן** את העולם, אבל **תִּיקוּן** העולם אינו עניין פשוט.

Many would like **to reform** the world, but **reforming** the world is no simple matter.

חברת הטלפונים הודיעה לי אתמול שהטלפון **יוּתְקַן** בדירתי החדשה תוך שבוע. להפתעתי הם הקדימו ו**הִתְקִינוּ** אותו כבר למחרת.

The telephone company informed me yesterday that the phone **would be installed** in my new apartment within a week. To my surprise, they were early and **installed** it the next day.

♦ ביטויים מיוחדים Special expressions

תִּיקוּן העולם the benefit of the public; **good world order**; **reform**

תִּיקוּן חצות midnight prayers for the **restoration** of the Temple

תִּיקוּן יתר hyper**correction**

תִּיקוּן ליל שבועות collection of readings for the night of Pentecost

תִּיקוּן סופרים **emendation** of the Biblical text by the Scribes

תִּיקוּן נשמה spiritual **improvement** — **כְּתִיקוּנוֹ** as it should be

הַתְקֵן עצמך בפרוזדור כדי שתיכנס לטרקלין **prepare** yourself well before embarking on something important

הוּתְקְנָה תַּקָּנָה a **regulation** was passed

●תקע : לְהִיתָּקַע, לִתְקוֹעַ

נִתְקַע/יִיתָּקַע (יִתָּקַע) be thrust into, be stuck

בניין : נִפְעַל　　גזרה : שלמים + ל״ג

	הווה Present		עבר Past	עתיד Future	ציווי Imper.
יחיד	נִתְקָע	אני	נִתְקַעְתִּי	אֶתָּקַע	
יחידה	נִתְקַעַת	אתה	נִתְקַעְתָּ	תִּיתָּקַע	הִיתָּקַע
רבים	נִתְקָעִים	את	נִתְקַעְתְּ	תִּיתָּקְעִי	הִיתָּקְעִי
רבות	נִתְקָעוֹת	הוא	נִתְקַע	יִיתָּקַע	
		היא	נִתְקְעָה	תִּיתָּקַע	
		אנחנו	נִתְקַעְנוּ	נִיתָּקַע	
		אתם/ן	נִתְקַעְתֶּם/ן	תִּיתָּקְעוּ *	הִיתָּקְעוּ **
		הם/ן	נִתְקְעוּ	יִיתָּקְעוּ*	

שם הפועל .Infin לְהִיתָּקַע　　* less commonly: אתן/הן תִּיתָּקַעְנָה

שם הפעולה Verbal N הִיתָּקְעוּת being stuck　　** less commonly: (אתן) הִיתָּקַעְנָה

מקור מוחלט .Inf. Abs נִתְקוֹעַ, הִיתָּקֵעַ

תָּקַע/תּוֹקֵעַ/יִתְקַע thrust, stick, insert

בניין : פָּעַל　　גזרה : שלמים (אֶפְעַל) + ל״ג

	הווה/בינוני Pres./Part.			עבר Past	עתיד Fut.	ציווי Imp.
יחיד	תּוֹקֵעַ	תָּקוּעַ	אני	תָּקַעְתִּי	אֶתְקַע	
יחידה	תּוֹקַעַת	תְּקוּעָה	אתה	תָּקַעְתָּ	תִּתְקַע	תְּקַע
רבים	תּוֹקְעִים	תְּקוּעִים	את	תָּקַעְתְּ	תִּתְקְעִי	תִּקְעִי
רבות	תּוֹקְעוֹת	תְּקוּעוֹת	הוא	תָּקַע	יִתְקַע	
			היא	תָּקְעָה	תִּתְקַע	
			אנחנו	תָּקַעְנוּ	נִתְקַע	
			אתם/ן	תְּקַעְתֶּם/ן *	תִּתְקְעוּ **	תִּקְעוּ ***
			הם/ן	תָּקְעוּ	יִתְקְעוּ **	

* Colloquial: תָּקַעְתֶּם/ן

שם הפועל .Infin לִתְקוֹעַ　　** less commonly: אתן/הן תִּתְקַעְנָה

ביני סביל .Pass. Part תָּקוּעַ stuck　　*** less commonly: (אתן) תְּקַעְנָה

שם הפעולה Verbal N תְּקִיעָה insertion, sticking in; trumpet/shofar blow

מקור מוחלט .Inf. Abs תָּקוֹעַ　　מקור נטוי .Inf.+pron בְּתוֹקְעוֹ, כְּ...

♦ דוגמאות Illustrations

כשעצם של דג **נִתְקַעַת** בגרון, זה יכול להיות די מפחיד.

When a fishbone **gets stuck** in your throat, it can be quite scary.

במוצאי יום הכיפורים נהוג **לִתְקוֹעַ** יתד ראשונה לסוכה.

On the evening following the Day of Atonement it is customary **to thrust** (=drive) a first peg for (the construction of) a sukkah.

♦ ביטויים מיוחדים Special expressions

תָּקַע טריז ביניהם **drive** a wedge between people　　**תָּקַע** כף make a handshake promise

תָּקַע לו סכין בגב betray someone (stick a knife in his back)

●תקף : לִתְקוֹף, לְהִיתָּקֵף, לְהַתְקִיף

תָּקַף/תּוֹקֵף/יִתְקוֹף (יִתְקֹף) attack, assault, tackle

בניין : פָּעַל   גזרה : שלמים (אֶפְעוֹל)

	Pres./Part. הווה/בינוני			Past עבר	Fut. עתיד	Imp. ציווי
יחיד	תּוֹקֵף	תָּקוּף	אני	תָּקַפְתִּי	אֶתְקוֹף	
יחידה	תּוֹקֶפֶת	תְּקוּפָה	אתה	תָּקַפְתָּ	תִּתְקוֹף	תְּקוֹף
רבים	תּוֹקְפִים	תְּקוּפִים	את	תָּקַפְתְּ	תִּתְקְפִי	תִּקְפִי
רבות	תּוֹקְפוֹת	תְּקוּפוֹת	הוא	תָּקַף	יִתְקוֹף	
			היא	תָּקְפָה	תִּתְקוֹף	
			אנחנו	תָּקַפְנוּ	נִתְקוֹף	
			אתם/ן	תְּקַפְתֶּם/ן *	תִּתְקְפוּ **	תִּקְפוּ ***
			הם/ן	תָּקְפוּ	יִתְקְפוּ **	

שם הפועל .Infin לִתְקוֹף — * Colloquial: תָּקַפְתֶּם/ן

שם הפעולה Verbal N תְּקִיפָה assault, attack — ** less commonly: אתן/הן תִּתְקוֹפְנָה

ביני פעיל .Act. Part תּוֹקֵף attacker — *** less commonly: (אתן) תְּקוֹפְנָה

ב׳ סביל .Pas. Part תָּקוּף attacked; seized with a fit (lit.) — מקור מוחלט .Inf. Abs תָּקוֹף

קָטִיל .*CaCiC* adj./N תָּקִיף decisive, tough — מקור נטוי .Inf.+pron בְּתוֹקְפוֹ, כְּ...

נִתְקַף/יִיתָּקֵף (יִתָּקֵף) be attacked

בניין : נִפְעַל   גזרה : שלמים

	Present הווה		Past עבר	Future עתיד	Imper. ציווי
יחיד	נִתְקָף	אני	נִתְקַפְתִּי	אֶתָּקֵף	
יחידה	נִתְקֶפֶת	אתה	נִתְקַפְתָּ	תִּיתָּקֵף	הִיתָּקֵף
רבים	נִתְקָפִים	את	נִתְקַפְתְּ	תִּיתָּקְפִי	הִיתָּקְפִי
רבות	נִתְקָפוֹת	הוא	נִתְקַף	יִיתָּקֵף	
		היא	נִתְקְפָה	תִּיתָּקֵף	
		אנחנו	נִתְקַפְנוּ	נִיתָּקֵף	
		אתם/ן	נִתְקַפְתֶּם/ן	תִּיתָּקְפוּ *	הִיתָּקְפוּ **
		הם/ן	נִתְקְפוּ	יִיתָּקְפוּ *	

שם הפועל .Infin לְהִיתָּקֵף — * less commonly: אתן/הן תִּיתָּקַפְנָה

בינוני .Pres. Part נִתְקָף victim of attack — ** less commonly: (אתן) הִיתָּקַפְנָה

מקור מוחלט .Inf. Abs נִתְקוֹף, הִיתָּקֵף (הִיתָּקוֹף)

מ״י מוצרכת .Gov. Prep נִתְקַף בְּ- be attacked by (abstract N only, e.g., illness)

הִתְקִיף/הִתְקַפ/יַתְקִיף attack, assault (generally more colloquial than the pa`al form above)

בניין : הִפְעִיל   גזרה : שלמים

	Present הווה		Past עבר	Future עתיד	Imper. ציווי
יחיד	מַתְקִיף	אני	הִתְקַפְתִּי	אַתְקִיף	
יחידה	מַתְקִיפָה	אתה	הִתְקַפְתָּ	תַּתְקִיף	הַתְקֵף
רבים	מַתְקִיפִים	את	הִתְקַפְתְּ	תַּתְקִיפִי	הַתְקִיפִי
רבות	מַתְקִיפוֹת	הוא	הִתְקִיף	יַתְקִיף	
		היא	הִתְקִיפָה	תַּתְקִיף	

Imper. ציווי	Future עתיד	Past עבר		Present הווה
	נַתְקִיף	הִתְקַפְנוּ	אנחנו	
** הַתְקִיפוּ	* תַּתְקִיפוּ	הִתְקַפְתֶּם/ן	אתם/ן	
	* יַתְקִיפוּ	הִתְקִיפוּ	הם/ן	

שם הפועל .Infin. לְהַתְקִיף   * less commonly: אתן/הן תַּתְקֵפְנָה

מקור מוחלט .Inf. Abs. הַתְקֵף   ** less commonly: (אתן) הַתְקֵפְנָה

שם הפעולה Verbal N הַתְקָפָה attack, onslaught, assault, battery (legal)

הֶתְקֵף attack (of fear, pain, etc.)

הוּתְקַף (הֻתְקַף) be attacked, be assaulted

בניין : הוּפְעַל   גזרה : שלמים

Future עתיד	Past עבר		Present הווה	
אוּתְקַף	הוּתְקַפְתִּי	אני	מוּתְקָף	יחיד
תּוּתְקַף	הוּתְקַפְתָּ	אתה	מוּתְקֶפֶת	יחידה
תּוּתְקְפִי	הוּתְקַפְתְּ	את	מוּתְקָפִים	רבים
יוּתְקַף	הוּתְקַף	הוא	מוּתְקָפוֹת	רבות
תּוּתְקַף	הוּתְקְפָה	היא		
נוּתְקַף	הוּתְקַפְנוּ	אנחנו		
* תּוּתְקְפוּ	הוּתְקַפְתֶּם/ן	אתם/ן		
* יוּתְקְפוּ	הוּתְקְפוּ	הם/ן		

בינוני .Pres. Part מוּתְקָף attacked   * less commonly: אתן/הן תּוּתְקַפְנָה

♦ דוגמאות Illustrations

פרופסורים, בעיקר במדעי הרוח, אוהבים **לִתְקוֹף** זה את זה מעל דפי העיתונות. משבוע אחד למשנהו, ה**נִתְקָף** הופך ל**תוֹקֵף**, וה**הַתְקָפוֹת** ההדדיות מתעצמות והולכות, ומלוות בהתרגשות הגורמת **הֶתְקֵפֵי** לב.

Professors, particularly from the humanities, like **to attack** each other in the press. From one week to another, the **person attacked** becomes the **attacker**, and the mutual **attacks** grow stronger and stronger, and are accompanied by excitement that can cause heart **attacks**.

חיל האוויר **הִתְקִיף** הבוקר מספר בסיסי מחבלים, בתגובה לאירוע של אתמול, שבו **הוּתְקַף** סיור של צה"ל ממארב.

The air force **attacked** a number of terrorist bases this morning, in retaliation for yesterday's incident, in which an IDF patrol **was attacked** in an ambush.

בביקורו בהודו, **נִתְקַף** יהושע במחלת מעיים קשה.

On his visit to India, Yehoshua **was afflicted** with (was "**attacked** by") a severe intestinal disease.

♦ ביטויים מיוחדים Special expressions

תְּקָפָה אותו רוח רעה get into a very bad mood

יצרו **תְּקָפוֹ** אותו **be overcome** by a strong drive (desire, etc.)

תְּקִיפָה מינית sexual **assault**

הַתְקָפַת האויב the enemy **attack**   **הֶתְקֵף** לב heart **attack**

●תקשר (מן תִּקְשֹׁרֶת communication) : לְתַקְשֵׁר

תִּקְשֵׁר/תִּקְשַׁר/תַּקְשֵׁר communicate

בניין : פִּיעֵל   גזרה : מרובעים

	הווה Present		עבר Past	עתיד Future	ציווי Imper.
יחיד	מְתַקְשֵׁר	אני	תִּקְשַׁרְתִּי	אֲתַקְשֵׁר	
יחידה	מְתַקְשֶׁרֶת	אתה	תִּקְשַׁרְתָּ	תְּתַקְשֵׁר	תַּקְשֵׁר
רבים	מְתַקְשְׁרִים	את	תִּקְשַׁרְתְּ	תְּתַקְשְׁרִי	תַּקְשְׁרִי
רבות	מְתַקְשְׁרוֹת	הוא	תִּקְשֵׁר	יְתַקְשֵׁר	
		היא	תִּקְשְׁרָה	תְּתַקְשֵׁר	
		אנחנו	תִּקְשַׁרְנוּ	נְתַקְשֵׁר	
		אתם/ן	תִּקְשַׁרְתֶּם/ן	תְּתַקְשְׁרוּ *	תַּקְשְׁרוּ **
		הם/ן	תִּקְשְׁרוּ	יְתַקְשְׁרוּ *	

שם הפועל .Infin לְתַקְשֵׁר   * less commonly: אתן/הן תְּתַקְשֵׁרְנָה

מקור מוחלט .Inf. Abs תַּקְשֵׁר   ** less commonly: (אתן) תַּקְשֵׁרְנָה

♦ **דוגמאות** Illustrations

יש מחלות נפשיות המתבטאות בחוסר אפשרות **לְתַקְשֵׁר** עם אחרים.

Some mental illnesses are manifest in inability to **communicate** with others.

●תרגל : לְתַרְגֵּל

תִּרְגֵּל/תִּרְגַּל/תַּרְגֵּל train tr., drill tr.; practice V, exercise V

בניין : פִּיעֵל   גזרה : מרובעים

	הווה Present		עבר Past	עתיד Future	ציווי Imper.
יחיד	מְתַרְגֵּל	אני	תִּרְגַּלְתִּי	אֲתַרְגֵּל	
יחידה	מְתַרְגֶּלֶת	אתה	תִּרְגַּלְתָּ	תְּתַרְגֵּל	תַּרְגֵּל
רבים	מְתַרְגְּלִים	את	תִּרְגַּלְתְּ	תְּתַרְגְּלִי	תַּרְגְּלִי
רבות	מְתַרְגְּלוֹת	הוא	תִּרְגֵּל	יְתַרְגֵּל	
		היא	תִּרְגְּלָה	תְּתַרְגֵּל	
		אנחנו	תִּרְגַּלְנוּ	נְתַרְגֵּל	
		אתם/ן	תִּרְגַּלְתֶּם/ן	תְּתַרְגְּלוּ *	תַּרְגְּלוּ **
		הם/ן	תִּרְגְּלוּ	יְתַרְגְּלוּ *	

שם הפועל .Infin לְתַרְגֵּל   * less commonly: אתן/הן תְּתַרְגֵּלְנָה

מקור מוחלט .Inf. Abs תַּרְגֵּל   ** less commonly: (אתן) תַּרְגֵּלְנָה

בינוני .Pres. Part מְתַרְגֵּל teaching assistant; tutor

שם הפעולה Verbal N תִּרְגּוּל training, practice; drilling

♦ **דוגמאות** Illustrations

כששירתתי בצה״ל, **תִּרְגְּלוּ** אותנו הרבה בלוחמה בשטח בנוי.

When I served in the IDF, they **drilled** us a lot in built up area warfare.

●תרגם : לְתַרְגֵּם

תִּרְגֵּם/תִּרְגַּמ/תַרְגֵּם translate

בניין : פִּיעֵל גזרה : מרובעים

	Present הווה		Past עבר	Future עתיד	Imper. ציווי
יחיד	מְתַרְגֵּם	אני	תִּרְגַּמְתִּי	אֲתַרְגֵּם	
יחידה	מְתַרְגֶּמֶת	אתה	תִּרְגַּמְתָּ	תְּתַרְגֵּם	תַּרְגֵּם
רבים	מְתַרְגְּמִים	את	תִּרְגַּמְתְּ	תְּתַרְגְּמִי	תַּרְגְּמִי
רבות	מְתַרְגְּמוֹת	הוא	תִּרְגֵּם	יְתַרְגֵּם	
		היא	תִּרְגְּמָה	תְּתַרְגֵּם	
		אנחנו	תִּרְגַּמְנוּ	נְתַרְגֵּם	
		אתם/ן	תִּרְגַּמְתֶּם/ן	תְּתַרְגְּמוּ *	תַּרְגְּמוּ **
		הם/ן	תִּרְגְּמוּ	יְתַרְגְּמוּ *	

שם הפועל .Infin לְתַרְגֵּם * less commonly: אתן/הן תְּתַרְגֵּמְנָה

מקור מוחלט .Inf. Abs תַּרְגֵּם ** less commonly: (אתן) תַּרְגֵּמְנָה

בינוני .Pres. Part מְתַרְגֵּם translator

שם הפעולה Verbal N תִּרְגּוּם (the act of) translation; תַּרְגּוּם (a) translation; Aramaic

תּוּרְגַּם (תֻּרְגַּם) be translated

בניין : פּוּעַל גזרה : מרובעים

	Present הווה		Past עבר	Future עתיד
יחיד	מְתוּרְגָּם	אני	תּוּרְגַּמְתִּי	אֲתוּרְגַּם
יחידה	מְתוּרְגֶּמֶת	אתה	תּוּרְגַּמְתָּ	תְּתוּרְגַּם
רבים	מְתוּרְגָּמִים	את	תּוּרְגַּמְתְּ	תְּתוּרְגְּמִי
רבות	מְתוּרְגָּמוֹת	הוא	תּוּרְגַּם	יְתוּרְגַּם
		היא	תּוּרְגְּמָה	תְּתוּרְגַּם
		אנחנו	תּוּרְגַּמְנוּ	נְתוּרְגַּם
		אתם/ן	תּוּרְגַּמְתֶּם/ן	תְּתוּרְגְּמוּ *
		הם/ן	תּוּרְגְּמוּ	יְתוּרְגְּמוּ *

בינוני .Pres. Part מְתוּרְגָּם translated * less commonly: אתן/הן תְּתוּרְגַּמְנָה

♦ דוגמאות Illustrations

ספריו של עמוס עוז **תּוּרְגְּמוּ** כבר לכמה שפות. בקרוב **יְתַרְגְּמוּ** כמה מהם לשפות נוספות. כשמדובר בשפות שהוא יודע, עוז מסייע **לִמְתַרְגֵּם** אישית במלאכת **הַתִּרְגּוּם**.

Amos Oz's books **have** already **been translated** into a number of languages. Soon they **will translate** some of them into additional languages. When the languages concerned are ones Oz knows, he personally assists the **translator** in the **translation** work.

●תרם (מן תְּרוּמָה "offering", מן רום) : לִתְרוֹם, לְהַתְרִים, לְהִיתָּרֵם

תָּרַם/תּוֹרֵם/יִתְרוֹם (יִתְרֹם) contribute, donate; set aside as offering for the priests (Mish H)

בניין : פָּעַל גזרה : שלמים (אֶפְעוֹל)

	Present הווה		Past עבר	Future עתיד	Imper. ציווי
יחיד	תּוֹרֵם	אני	תָּרַמְתִּי	אֶתְרוֹם	
יחידה	תּוֹרֶמֶת	אתה	תָּרַמְתָּ	תִּתְרוֹם	תְּרוֹם
רבים	תּוֹרְמִים	את	תָּרַמְתְּ	תִּתְרְמִי	תִּרְמִי
רבות	תּוֹרְמוֹת	הוא	תָּרַם	יִתְרוֹם	
		היא	תָּרְמָה	תִּתְרוֹם	
		אנחנו	תָּרַמְנוּ	נִתְרוֹם	
		אתם/ן	תְּרַמְתֶּם/ן *	תִּתְרְמוּ **	תִּרְמוּ ***
		הם/ן	תָּרְמוּ	יִתְרְמוּ **	

שם הפועל .Infin לִתְרוֹם — * Colloquial: תָּרַמְתֶּם/ן

מקור מוחלט .Inf. Abs תָּרוֹם — ** less commonly: אתן/הן תִּתְרוֹמְנָה

בינ' פעיל .Act. Part תּוֹרֵם contributor — *** less commonly: (אתן) תְּרוֹמְנָה

שם הפעולה Verbal N תְּרוּמָה contribution — מקור נטוי .Inf.+pron בְּתוֹרְמוֹ, כְּ...

מ"י מוצרכת .Gov. Prep תָּרַם ל- contribute to

הִתְרִים/הִתְרַם/יַתְרִים elicit contributions from; contribute (Mish H)

בניין : הִפְעִיל גזרה : שלמים

	Present הווה		Past עבר	Future עתיד	Imper. ציווי
יחיד	מַתְרִים	אני	הִתְרַמְתִּי	אַתְרִים	
יחידה	מַתְרִימָה	אתה	הִתְרַמְתָּ	תַּתְרִים	הַתְרֵם
רבים	מַתְרִימִים	את	הִתְרַמְתְּ	תַּתְרִימִי	הַתְרִימִי
רבות	מַתְרִימוֹת	הוא	הִתְרִים	יַתְרִים	
		היא	הִתְרִימָה	תַּתְרִים	
		אנחנו	הִתְרַמְנוּ	נַתְרִים	
		אתם/ן	הִתְרַמְתֶּם/ן	תַּתְרִימוּ *	הַתְרִימוּ **
		הם/ן	הִתְרִימוּ	יַתְרִימוּ *	

שם הפועל .Infin לְהַתְרִים — * less commonly: אתן/הן תַּתְרֵמְנָה

מקור מוחלט .Inf. Abs הַתְרֵם — ** less commonly: (אתן) הַתְרֵמְנָה

שם הפעולה Verbal N הַתְרָמָה eliciting/levying contributions

בינוני .Pres. Part מַתְרִים one eliciting contributions

נִתְרַם/יִיתָּרֵם (יִתָּרֵם) be contributed, be donated

בניין : נִפְעַל גזרה : שלמים

	Present הווה		Past עבר	Future עתיד	Imper. ציווי
יחיד	נִתְרָם	אני	נִתְרַמְתִּי	אֶתָּרֵם	
יחידה	נִתְרֶמֶת	אתה	נִתְרַמְתָּ	תִּיתָּרֵם	הִיתָּרֵם
רבים	נִתְרָמִים	את	נִתְרַמְתְּ	תִּיתָּרְמִי	הִיתָּרְמִי

	Present הווה		Past עבר	Future עתיד	Imper. ציווי
רבות	נִתְרָמוֹת	הוא	נִתְרַם	יִיתָּרֵם	
		היא	נִתְרְמָה	תִּיתָּרֵם	
		אנחנו	נִתְרַמְנוּ	נִיתָּרֵם	
		אתם/ן	נִתְרַמְתֶּם/ן	תִּיתָּרְמוּ *	הִיתָּרְמוּ **
		הם/ן	נִתְרְמוּ	יִיתָּרְמוּ *	

* less commonly: אתן/הן תִּיתָּרַמְנָה

שם הפועל .Infin לְהִיתָּרֵם ** less commonly: (אתן) הִיתָּרַמְנָה

מקור מוחלט .Inf. Abs נִתְרוֹם, הִיתָּרֵם (הִיתָּרוֹם)

♦ **דוגמאות** Illustrations

האמריקאים **תּוֹרְמִים** הרבה מאוד לצדקה. כל שנה **נִתְרָמִים** סכומים נכבדים לאלפי ארגונים, שעצם קיומם תלוי ב**תְרוּמוֹת**, ומתנדבים רבים **מַתְרִימִים** את הציבור, לעתים מבית לבית. הצרה היא, שברגע ש**מַתְרִימִים** מזהים **תּוֹרֵם**, הם מוכרים לארגונים אחרים את שמו/שמה, ואותם אנשים **מוּתְרָמִים** ללא הרף על ידי מאות ארגונים.

Americans **contribute** a lot to charity. Sizable sums **are contributed** every year to thousands of organizations, whose very existence depends on **contributions**, and numerous volunteers **elicit contributions** from the public, sometimes house-to-house. The trouble is that the moment **those eliciting contributions** identify a contributor, they sell his/her name to other organizations, and the same people end up **being solicited for contributions** nonstop, by hundreds of organizations.

●תרץ : לְתָרֵץ

make an excuse; solve a problem Lit. תֵּירֵץ (תֵּרֵץ)/תֵּירַץ/תָּרֵץ

בניין : פִּיעֵל גזרה : שלמים + ע״ג

	Present הווה		Past עבר	Future עתיד	Imper. ציווי
יחיד	מְתָרֵץ	אני	תֵּירַצְתִּי	אֲתָרֵץ	
יחידה	מְתָרֶצֶת	אתה	תֵּירַצְתָּ	תְּתָרֵץ	תָּרֵץ
רבים	מְתָרְצִים	את	תֵּירַצְתְּ	תְּתָרְצִי	תָּרְצִי
רבות	מְתָרְצוֹת	הוא	תֵּירֵץ	יְתָרֵץ	
		היא	תֵּירְצָה	תְּתָרֵץ	
		אנחנו	תֵּירַצְנוּ	נְתָרֵץ	
		אתם/ן	תֵּירַצְתֶּם/ן	תְּתָרְצוּ *	תָּרְצוּ**
		הם/ן	תֵּירְצוּ	יְתָרְצוּ *	

* less commonly: אתן/הן תְּתָרֵצְנָה

שם הפועל .Infin לְתָרֵץ ** less commonly: (אתן) תָּרֵצְנָה

שם הפעולה Verbal N תֵּירוּץ excuse; solving problem מקור מוחלט .Inf. Abs תָּרֵץ

♦ **דוגמאות** Illustrations

המועמדת הדמוקרטית ניסתה **לְתָרֵץ** את כשלונה בבחירות בְּ**תֵירוּצִים** שונים, חלקם בני תוקף וחלקם בגדר **תֵּירוּצִים** גרידא.

The Democratic candidate for the Presidency tried to **make excuses** for her failure in the elections. Some of her **excuses** are valid, others remain mere **excuses**.

המונח "תיקו" הוא נוטריקון מלשון חז״ל : **תִּשְׁבִּי יְתָרֵץ קוּשְׁיוֹת** וּבְעָיוֹת. תשבי הוא, כמובן, אליהו (שמעולם לא מת, אלא עלה במרכבת אש השמימה), והוא יפתור את הקשיים ההלכתיים ביום שבו יבשר את בוא המשיח (יום אחד קודם לכן)...

The term "tie" in Hebrew, *tyequ*, is an acronym from Mishnaic Hebrew, stating that Elijah (who never died – just was taken in a fiery chariot to Heaven) will solve all pending Halakhic difficulties when he announces the coming of the Messiah (one day before the event)...

אינדקס שורשים ושמות פועל נגזרים
Root and Related Infinitives Index

אבד : לְאַבֵּד, לְהִתְאַבֵּד, לֶאֱבוֹד, לְהֵיאָבֵד, 1
אבחן (מן אַבְחָנָה diagnosis) : לְאַבְחֵן, 3
אבל : לְהִתְאַבֵּל, 3
אבק : לְהֵיאָבֵק, 4
אהב : לֶאֱהוֹב, לְהִתְאַהֵב, 5
אוץ : לְהָאִיץ, 6
אור : לְהָאִיר, 6
אזל : לֶאֱזוֹל, 7
אזן-1 : לְאַזֵּן, לְהִתְאַזֵּן, 8
אזן-2 (מן אוֹזֶן ear) : לְהַאֲזִין, 9
אחד : לְאַחֵד, לְהִתְאַחֵד, 9
אחז : לֶאֱחוֹז, לְהֵיאָחֵז, 10
אחל : לְאַחֵל, 11
אחר : לְאַחֵר, 12
אטם : לֶאֱטוֹם, לְהֵיאָטֵם, 13
אים : לְאַיֵּים, 14
איר : לְאַיֵּיר, 14
איש : לְאַיֵּישׁ, 15
אכזב : לְהִתְאַכְזֵב, לְאַכְזֵב, 16
אכזר : לְהִתְאַכְזֵר, 17
אכל : לֶאֱכוֹל, לְהַאֲכִיל, לְהֵיאָכֵל, 18
אכלס : לְאַכְלֵס, 19
אלץ : לְהֵיאָלֵץ, לְאַלֵּץ, 20
אמן : לְהַאֲמִין, לְהִתְאַמֵּן, לְאַמֵּן, 21
אמץ : לְהִתְאַמֵּץ, לְאַמֵּץ, 23
אמר : לוֹמַר/לֵאמוֹר, לְהֵיאָמֵר, 24
אמת (מן אֱמֶת truth) : לְאַמֵּת, 25
אנס : לֶאֱנוֹס, לְהֵיאָנֵס, 26
אסף : לֶאֱסוֹף, לְהִתְאַסֵּף, לְהֵיאָסֵף, 27
אסר : לֶאֱסוֹר, לְהֵיאָסֵר, 29
אפה (אפי) : לֶאֱפוֹת, 30
אפין : לְאַפְיֵין, 31
אפק : לְהִתְאַפֵּק, 31
אפר : לְהִתְאַפֵּר, לְאַפֵּר, 32
אפשר : לְאַפְשֵׁר, לְהִתְאַפְשֵׁר, 33
ארגן : לְאַרְגֵּן, לְהִתְאַרְגֵּן, 34
ארז : לֶאֱרוֹז, 35
ארח : לְאָרֵחַ, לְהִתְאָרֵחַ, 36
ארך : לְהַאֲרִיךְ, לֶאֱרוֹךְ, לְהִתְאָרֵךְ, 37
אשם : לְהַאֲשִׁים, 38
אשפז : לְאַשְׁפֵּז, לְהִתְאַשְׁפֵּז, 39
אשר : לְאַשֵּׁר, 40
אשש : לְהִתְאוֹשֵׁשׁ, 41
אתר : לְאַתֵּר, 41
באס (מן באסא בער') : לְבָאֵס, לְהִתְבָּאֵס, 42
באר : לְבָאֵר, 43
בגד : לִבְגּוֹד, 43
בגר : לְהִתְבַּגֵּר, לִבְגּוֹר, 44
בדל : לְהַבְדִּיל, 45
בדק : לִבְדּוֹק, לְהִיבָּדֵק, 46
בדר : לְבַדֵּר, 47
בהל : לְהִיבָּהֵל, לְהַבְהִיל, 48
בהר : לְהַבְהִיר, לְהִתְבַּהֵר, 49
בוא : לָבוֹא, לְהָבִיא, 50
בוש : לְהִתְבַּיֵּישׁ, לְבַיֵּישׁ, 52
בזבז : לְבַזְבֵּז, לְהִתְבַּזְבֵּז, 53
בחן : לִבְחוֹן, לְהַבְחִין, לְהִיבָּחֵן, 54
בחר : לִבְחוֹר, לְהִיבָּחֵר, 56
בטא : לְבַטֵּא, לְהִתְבַּטֵּא, 57
בטח : לְהַבְטִיחַ, לִבְטוֹחַ, לְבַטֵּחַ, 58
בטל : לְבַטֵּל, לְהִתְבַּטֵּל, 60
בין : לְהָבִין, לְהִתְבּוֹנֵן, 61
בכה (בכי) : לִבְכּוֹת, 63
בלבל : לְבַלְבֵּל, לְהִתְבַּלְבֵּל, 64
בלה (בלי) : לְבַלּוֹת, 65
בלט : לִבְלוֹט, לְהַבְלִיט, לְהִתְבַּלֵּט, 66
בלע : לִבְלוֹעַ, לְהִיבָּלַע, לְהַבְלִיעַ, 67
בנה (בני) : לִבְנוֹת, לְהִיבָּנוֹת, 69
בסס : לְבַסֵּס, לְהִתְבַּסֵּס, 70
בעט : לִבְעוֹט, 71
בער : לִבְעוֹר, 72
בצע : לְבַצֵּעַ, לְהִתְבַּצֵּעַ, 72
בקר : לְבַקֵּר, 74
בקש : לְבַקֵּשׁ, לְהִתְבַּקֵּשׁ, 74
ברא-1 : לִבְרוֹא, לְהִיבָּרֵא, 76
ברא-2 : לְהַבְרִיא, 77
ברז : לְהַבְרִיז, 77
ברח : לִבְרוֹחַ, לְהַבְרִיחַ, 78
ברך : לְבָרֵךְ, לְהִתְבָּרֵךְ, 79
ברר : לְהִתְבָּרֵר, לְבָרֵר, 81
בשל : לְבַשֵּׁל, לְהִתְבַּשֵּׁל, לְהַבְשִׁיל, לִבְשׁוֹל, 82
גבה (גבי) : לִגְבּוֹת, 84
גבל : לְהַגְבִּיל, 84
גבר : לְהִתְגַּבֵּר, לִגְבּוֹר, לְהַגְבִּיר, 85
גבש : לְגַבֵּשׁ, לְהִתְגַּבֵּשׁ, 87
גדל : לִגְדּוֹל, לְגַדֵּל, לְהַגְדִּיל, 88
גדר : לְהַגְדִּיר, 90
גוב : לְהָגִיב, 91
גור : לָגוּר, לְהִתְגּוֹרֵר, 91
גזם : לְהַגְזִים, 92
גזר : לִגְזוֹר, לְהִיגָּזֵר, 93
גיס : לְהִתְגַּיֵּיס, לְגַיֵּיס, 94
גלגל : לְהִתְגַּלְגֵּל, לְגַלְגֵּל, 96
גלה (גלי)-1 : לְגַלּוֹת, לְהִתְגַּלּוֹת, לְהִיגָּלוֹת, 97
גלה (גלי)-2 : לִגְלוֹת, לְהַגְלוֹת, 98

אינדקס שורשים ושמות פועל נגזרים

גלח: לְגַלֵּחַ, לְהִתְגַּלֵּחַ, 100
גלש: לִגְלוֹשׁ, 101
גמר: לְהִיגָּמֵר, לִגְמוֹר, 101
גנב: לִגְנוֹב, לְהַגְנִיב, לְהִיגָּנֵב, לְהִתְגַּנֵּב, 103
גנה (גני): לְגַנּוֹת, 105
גנן: לְהָגֵן, לְהִתְגּוֹנֵן, 105
גסס: לִגְסוֹס, 107
געגע: לְהִתְגַּעְגֵּעַ, 107
געל: לְהַגְעִיל, 108
גרד: לְגָרֵד, לְהִתְגָּרֵד, 108
גרם: לִגְרוֹם, לְהִיגָּרֵם, 109
גרר: לִגְרוֹר, לְהִיגָּרֵר, 110
גרש: לְגָרֵשׁ, לְהִתְגָּרֵשׁ, 111
גשם: לְהִתְגַּשֵּׁם, לְהַגְשִׁים, 113
דאג: לִדְאוֹג, לְהַדְאִיג, 114
דבק: לְהַדְבִּיק, לְהִידָּבֵק, 115
דבר: לְדַבֵּר, לְהִידָּבֵר, 117
דגש: לְהַדְגִּישׁ, 118
דהם: לְהַדְהִים, לְהִידָּהֵם, 119
דוג: לָדוּג, 120
דוח (מן דּוּחַ report, מן **דין וחשבון**): לְדַוֵּחַ, 121
דון: לָדוּן, 122
דחה (דחי): לִדְחוֹת, לְהִידָּחוֹת, 123
דחף: לִדְחוֹף, לְהִידָּחֵף, 124
דחק: לְהַדְחִיק, לִדְחוֹק, לְהִידָּחֵק, 125
דיק: לְדַיֵּיק, 126
דכא: לְדַכֵּא, 127
דלג: לְדַלֵּג, 128
דלק: לְהַדְלִיק, לְהִידָּלֵק, לִדְלוֹק, 128
דמה (דמי): לְהִידָּמוֹת, לִדְמוֹת, לְדַמּוֹת, 130
דמין: לְדַמְיֵין, 131
דפס: לְהַדְפִּיס, 132
דפק: לִדְפּוֹק, לְהִידָּפֵק, 133
דקר: לִדְקוֹר, לְהִידָּקֵר, 134
דרך: לִדְרוֹךְ, לְהַדְרִיךְ, 135
דרס: לִדְרוֹס, לְהִידָּרֵס, 136
דרש: לִדְרוֹשׁ, לְהִידָּרֵשׁ, 137
הגר: לְהַגֵּר, 138
הוה (הוי): לְהַווֹת, 139
היה (היי): לִהְיוֹת, 139
הלך: לָלֶכֶת, לְהִתְהַלֵּךְ, לְהוֹלִיךְ, 140
הלל: לְהַלֵּל, 142
הנה (הני): לְהֵיהָנוֹת (לֵיהָנוֹת), 143
הסס: לְהַסֵּס, 143
הפך: לַהֲפוֹךְ, לְהִתְהַפֵּךְ, לְהֵיהָפֵךְ, 144
הרג: לַהֲרוֹג, לְהֵיהָרֵג, 146
הרס: לַהֲרוֹס, לְהֵיהָרֵס, 147
ודא: לְוַודֵּא, 148
ותר: לְוַותֵּר, 148
זהה (זהי): לְזַהוֹת, לְהִזְדַּהוֹת, 149
זהר: לְהִיזָּהֵר, לְהַזְהִיר, 150
זוז: לָזוּז, לְהָזִיז, 152
זחל: לִזְחוֹל, 153
זין: לְזַיֵּין, לְהִזְדַּיֵּין, 153
זיף: לְזַיֵּיף, 154
זכה (זכי): לִזְכּוֹת, לְזַכּוֹת, 155
זכר: לִזְכּוֹר, לְהִיזָּכֵר, לְהַזְכִּיר, 157
זלזל: לְזַלְזֵל, 159
זלל: לִזְלוֹל, 159
זמן: לְהַזְמִין, לְזַמֵּן, לְהִזְדַּמֵּן, 160
זנח: לְהַזְנִיחַ, לִזְנוֹחַ, 162
זנק: לְזַנֵּק, 163
זעזע: לְזַעְזֵעַ/לְזַעֲזֵעַ, לְהִזְדַּעְזֵעַ, 163
זקן: לְהִזְדַּקֵּן, 164
זקק: לְהִזְדַּקֵּק, 165
זרח: לִזְרוֹחַ, 166
זרם: לִזְרוֹם, לְהַזְרִים, 166
זרק: לִזְרוֹק, לְהִיזָּרֵק, לְהַזְרִיק, 167
חבא: לְהִתְחַבֵּא, 169
חבב: לְחַבֵּב, 169
חבל: לְחַבֵּל, 170
חבק: לְחַבֵּק, לְהִתְחַבֵּק, 171
חבר: לְחַבֵּר, לְהִתְחַבֵּר, 172
חגג: לַחְגּוֹג/לָחֹג, 174
חדד: לְחַדֵּד, לְהִתְחַדֵּד, 174
חדר: לַחְדּוֹר, לְהַחְדִּיר, 175
חדש: לְחַדֵּשׁ, לְהִתְחַדֵּשׁ, 176
חוב/חיב: לְחַיֵּיב, לְהִתְחַיֵּיב, 178
חוה (חוי): לַחֲווֹת, לְחַוּוֹת, 179
חול: לָחוּל, לְחוֹלֵל, לְהִתְחוֹלֵל, לְהָחִיל, 180
חוש: לָחוּשׁ, 182
חזק: לְהַחֲזִיק, לְחַזֵּק, לְהִתְחַזֵּק, 183
חזר: לַחֲזוֹר, לְהַחֲזִיר, לְחַזֵּר, 184
חטא: לַחֲטוֹא, 186
חטף: לַחֲטוֹף, לְהֵיחָטֵף, 187
חיג: לְחַיֵּיג, 188
חיה (חיי): לִחְיוֹת, לְהַחֲיוֹת, 189
חיך: לְחַיֵּיךְ, 190
חכה (חכי): לְחַכּוֹת, 190
חכם: לְהִתְחַכֵּם, לְהַחְכִּים, 191
חלה (חלי): לַחֲלוֹת, 192
חלט: לְהַחְלִיט, 193
חלל: לְהָחֵל, 194
חלם: לַחֲלוֹם, 194
חלף: לְהַחֲלִיף, לַחֲלוֹף, לְהִתְחַלֵּף, 195
חלץ: לְחַלֵּץ, לְהֵיחָלֵץ, 197
חלק: לְחַלֵּק, לְהִתְחַלֵּק, 198
חמם: לְחַמֵּם, לְהִתְחַמֵּם, 200
חמק: לְהִתְחַמֵּק, לַחֲמוֹק, 201
חמר: לְהַחְמִיר, 202
חנה (חני): לַחֲנוֹת, 202
חנך: לְחַנֵּךְ, 203
חנן: לְהִתְחַנֵּן, לָחוֹן, 204
חנף: לְהִתְחַנֵּף, 205
חנק: לַחֲנוֹק, לְהֵיחָנֵק, 206

אינדקס שורשים ושמות פועל נגזרים

חסך : לַחְסוֹךְ, 207
חסל : לְחַסֵּל, 207
חסם : לַחְסוֹם, לְהֵיחָסֵם, 208
חסן : לְחַסֵּן, 209
חסר : לַחְסוֹר, לְהַחְסִיר, 210
חפר : לַחְפּוֹר, 212
חפש : לְחַפֵּשׂ, לְהִתְחַפֵּשׂ, 212
חצה (חצי) : לַחֲצוֹת, 213
חקר : לַחְקוֹר, לְהֵיחָקֵר, 214
חרב : לְהַחֲרִיב, לַחֲרוֹב, לְהֵיחָרֵב, 215
חרבן : לְחַרְבֵּן, 216
חרג : לַחֲרוֹג, 217
חרה (חרי) : לְהִתְחָרוֹת, 218
חרט-1 : לַחֲרוֹט, לְהֵיחָרֵט, 218
חרט-2 : לְהִתְחָרֵט, 219
חרם : לְהַחֲרִים, 220
חרפן : לְהִתְחַרְפֵּן, 221
חרש : לַחֲרוֹשׁ, 221
חשב : לַחְשׁוֹב, לְהֵיחָשֵׁב, לְהִתְחַשֵּׁב, לְחַשֵּׁב, לְהַחְשִׁיב, 222
חשד : לַחְשׁוֹד, 224
חשף : לַחְשׂוֹף, לְהֵיחָשֵׂף, 225
חשק : לְהִתְחַשֵּׁק, 226
חשש : לַחְשׁוֹשׁ, 226
חתך : לַחְתּוֹךְ, לְהֵיחָתֵךְ, 227
חתם : לַחְתּוֹם, לְהַחְתִּים, לְהֵיחָתֵם, 228
חתן : לְהִתְחַתֵּן, לְחַתֵּן, 229
חתר : לַחְתּוֹר, 230
טבע : לִטְבּוֹעַ, לְהַטְבִּיעַ, 231
טוס : לָטוּס, 232
טחן : לִטְחוֹן, 233
טיל : לְטַיֵּיל, 234
טלפן (מן טֶלֶפוֹן telephone) : לְטַלְפֵּן, 234
טעה (טעי) : לִטְעוֹת, לְהַטְעוֹת, 235
טעם : לִטְעוֹם, 236
טען-1 : לִטְעוֹן, 236
טען-2 : לִטְעוֹן, 237
טפח : לְטַפֵּחַ, 238
טפל : לְטַפֵּל, לְהִיטָּפֵל, 239
טפס : לְטַפֵּס, 240
טרד : לְהַטְרִיד, 240
טרח : לִטְרוֹחַ, לְהַטְרִיחַ, 241
טרף : לְהַטְרִיף, לִטְרוֹף, לְהִיטָּרֵף, 242
יאש : לְהִתְיָיאֵשׁ, לְהִיוָּאֵשׁ, לְיָיאֵשׁ, 244
יבל : לְהוֹבִיל, 245
יבש : לְהִתְיַיבֵּשׁ, לְיַיבֵּשׁ, 246
ידה (ידי) : לְהוֹדוֹת, לְהִתְוַודּוֹת, 247
ידע : לָדַעַת, לְהוֹדִיעַ, לְיַידֵּעַ, לְהִיוָּודַע, לְהִתְוַודֵּעַ, 248
יזם : לִיזוֹם, 251
יחד : לְיַיחֵד, 252
יחס : לְהִתְיַיחֵס, לְיַיחֵס, 253
יכח : לְהוֹכִיחַ, לְהִתְווַכֵּחַ, לְהִיוָּוכַח, 254
יכל, 256
ילד : לְהִיוָּולֵד, לָלֶדֶת, לְהוֹלִיד, 256
ינק : לִינוֹק, לְהֵינִיק, 258
יסד : לְיַיסֵּד, לְהִיוָּוסֵד, 259
יסף : לְהוֹסִיף, לְהִיוָּוסֵף, לְהִתְווַסֵּף, 260
יעד : לְהִיוָּועֵד, 262
יעל : לְיַיעֵל, לְהוֹעִיל, 263
יעץ : לְהִתְיַיעֵץ, לְיַיעֵץ, 264
יפע : לְהוֹפִיעַ, 265
יצא : לָצֵאת, לְהוֹצִיא, לְיַיצֵּא, 266
יצב : לְהַצִּיב, לְהִתְיַיצֵּב, לְיַיצֵּב, 268
יצג : לְהַצִּיג, לְיַיצֵּג, 270
יצע : לְהַצִּיעַ, 272
יצר : לִיצוֹר, לְהִיוָּוצֵר, לְיַיצֵּר, 273
יקר : לְיַיקֵּר, לְהִתְיַיקֵּר, 274
ירד : לָרֶדֶת, לְהוֹרִיד, 275
ירה (ירי) : לִירוֹת, לְהוֹרוֹת, לְהִיָּרוֹת, 277
ירש : לָרֶשֶׁת, לְהוֹרִישׁ, 278
ישב : לָשֶׁבֶת, לְהִתְיַישֵּׁב, לְהוֹשִׁיב, לְיַישֵּׁב, 279
ישט : לְהוֹשִׁיט, 282
ישם : לְיַישֵּׂם, 282
ישן : לִישׁוֹן, 283
ישר : לְיַישֵּׁר, 284
יתר : לְהִיוָּותֵר, לְהוֹתִיר, 284
כאב : לִכְאוֹב, לְהַכְאִיב, 285
כבד : לְכַבֵּד, לְהַכְבִּיד, 286
כבה (כבי) : לִכְבּוֹת, לְכַבּוֹת, לְהִיכָּבוֹת, 288
כבס : לְכַבֵּס, 289
כבש : לִכְבּוֹשׁ, לְהִיכָּבֵשׁ, 290
כול : לְהָכִיל, 291
כון-1 : לְהָכִין, לְהִתְכּוֹנֵן, 292
כון-2 : לְהִתְכַּוֵּון, לְכַוֵּון, 293
כוץ : לְהִתְכַּוֵּוץ, לְכַוֵּוץ, 294
כחש : לְהַכְחִישׁ, 295
כיף (מן כֵּיף fun) : לְכַיֵּיף, 296
כלא : לִכְלוֹא, לְהִיכָּלֵא, 296
כלל : לִכְלוֹל, לְהִיכָּלֵל, לְהַכְלִיל, 297
כנה (כני) : לְכַנּוֹת, 299
כנס : לְהִיכָּנֵס, לְהַכְנִיס, לְכַנֵּס, לְהִתְכַּנֵּס, 300
כנע : לְהִיכָּנַע, לְהַכְנִיעַ, 302
כסה (כסי) : לְכַסּוֹת, לְהִתְכַּסּוֹת, 303
כעס : לִכְעוֹס, לְהַכְעִיס, 305
כפה (כפי) : לִכְפּוֹת, 306
כפל : לְהַכְפִּיל, 306
כפף : לְהִתְכּוֹפֵף, לְכוֹפֵף, 307
כרז : לְהַכְרִיז, 308
כרח : לְהַכְרִיחַ, 309
כרע : לְהַכְרִיעַ, לִכְרוֹעַ, 310
כרת : לִכְרוֹת, 312
כשל : לְהִיכָּשֵׁל, לְהַכְשִׁיל, 312
כשר : לְהַכְשִׁיר, 314
כתב : לִכְתּוֹב, לְהִיכָּתֵב, לְהִתְכַּתֵּב, לְהַכְתִּיב, 315

אינדקס שורשים ושמות פועל נגזרים

לבט: לְהִתְלַבֵּט, 317
לבש: לִלְבּוֹשׁ, לְהִתְלַבֵּשׁ, לְהַלְבִּישׁ, 317
להב: לְהִתְלַהֵב, לְהַלְהִיב, 319
לוה (לוי)-1: לְהַלְווֹת, לִלְווֹת, 320
לוה (לוי)-2: לְלַווֹת, לְהִתְלַוּוֹת, 321
לון (לין)-1: לָלוּן, 322
לון-2: לְהִתְלוֹנֵן, 323
לחם: לְהִילָּחֵם, לִלְחוֹם, 323
לחן מן לַחַן melody: לְהַלְחִין, 324
לחץ: לִלְחוֹץ, לְהַלְחִיץ, לְהִילָּחֵץ, 325
לחש: לִלְחוֹשׁ, 326
לטף: לְלַטֵּף, 327
לכד: לִלְכּוֹד, לְהִילָּכֵד, 327
לכלך: לְלַכְלֵךְ, לְהִתְלַכְלֵךְ, 329
למד: לִלְמוֹד, לְלַמֵּד, לְהִילָּמֵד, 330
לעג: לִלְעוֹג, 331
לקח: לָקַחַת, לְהִילָּקַח, 332
מאס: לְהִימָּאֵס, 333
מדד: לְהִתְמוֹדֵד, לִמְדּוֹד, לְהִימָּדֵד, 334
מהר: לְמַהֵר, 335
מוט: לְהִתְמוֹטֵט, לְמוֹטֵט, 336
מות: לָמוּת, לְהָמִית, 337
מזג: לְהִתְמַזֵּג, 338
מחה (מחי): לִמְחוֹת, 339
מחזר (מן מִחְזוֹר cycle): לְמַחְזֵר, 339
מחק: לִמְחוֹק, לְהִימָּחֵק, 340
מחש (מן מוּחָשׁ tangible): לְהַמְחִישׁ, 341
מחשב (מן מַחְשֵׁב computer): לְמַחְשֵׁב, 342
מין (מן מִין type, kind): לְמַיֵּין, 342
מכר: לִמְכּוֹר, לְהִתְמַכֵּר, לְהִימָּכֵר, 343
מלא: לְמַלֵּא, לְהִתְמַלֵּא, 344
מלט: לְהִימָּלֵט, 346
מלץ: לְהַמְלִיץ, 346
ממן (מן מָמוֹן money, capital): לְמַמֵּן, 347
ממש (מן מַמָּשׁ real): לְמַמֵּשׁ, לְהִתְמַמֵּשׁ, 348
מנה (מני): לִמְנוֹת, לְמַנּוֹת, לְהִימָּנוֹת, 349
מנע: לִמְנוֹעַ, לְהִימָּנַע, 351
מסס: לְהִימֵּס, לְהָמֵס, לְהִתְמוֹסֵס, 352
מספר (מן מִסְפָּר number): לְמַסְפֵּר, 354
מסר: לִמְסוֹר, לְהִתְמַסֵּר, לְהִימָּסֵר, 354
מצא: לִמְצוֹא, לְהִימָּצֵא, לְהַמְצִיא, לְהִתְמַצֵּא, 356
מקד (ממוקד focus): לְהִתְמַקֵּד, לְמַקֵּד, 358
מקם ממקום place: לְהִתְמַקֵּם, לְמַקֵּם, 359
מרד: לִמְרוֹד, לְהִתְמָרֵד, 360
מרח: לִמְרוֹחַ, לְהִימָּרַח, 362
מרר: לְמָרֵר, 363
משך: לְהַמְשִׁיךְ, לְהִימָּשֵׁךְ, לִמְשׁוֹךְ, לְהִתְמַשֵּׁךְ, 363
מתח: לִמְתּוֹחַ, לְהִימָּתַח, 365
מתן: לְמַתֵּן, לְהַמְתִּין, 367
נאם: לִנְאוֹם, 368
נבח: לִנְבּוֹחַ, 368
נבט: לְהַבִּיט, 369
נבע: לְהַבִּיעַ, לִנְבּוֹעַ, 370
נגב: לְנַגֵּב, 371
נגד: לְהַגִּיד, לְהִתְנַגֵּד, לִנְגּוֹד, 371
נגן: לְנַגֵּן, לְהִתְנַגֵּן, 373
נגע: לְהַגִּיעַ, לָגַעַת/לִנְגּוֹעַ, 374
נגש: לְהַגִּישׁ, לָגֶשֶׁת, לְהִתְנַגֵּשׁ, 375
נדב: לְהִתְנַדֵּב, לְנַדֵּב, 377
נדד: לִנְדּוֹד, 378
נהג: לִנְהוֹג, לְהִתְנַהֵג, לְהַנְהִיג, 379
נהל: לְנַהֵל, לְהִתְנַהֵל, 381
נוח: לְהַנִּיחַ, לָנוּחַ, 382
נוט מן נַוָּט navigator: לְנַוֵּט, 384
נוע: לָנוּעַ, לְהָנִיעַ, לְהִתְנוֹעֵעַ, 384
נוף: לְהָנִיף, 386
נזף: לִנְזוֹף, 387
נזק: לְהַזִּיק, 387
נחה (נחי): לְהַנְחוֹת, 388
נחל: לְהִתְנַחֵל, 389
נחש: לְנַחֵשׁ, 390
נחת: לִנְחוֹת, לְהַנְחִית, 390
נטה (נטי): לִנְטוֹת, לְהַטּוֹת, 391
נטל: לְהַטִּיל, לִיטּוֹל, 393
נטע: לִנְטוֹעַ/לָטַעַת, 394
נטרל (מן נֵיטְרָלִי neutral): לְנַטְרֵל, 395
נטש: לִנְטוֹשׁ, 395
נכה (נכי): לְהַכּוֹת, 396
נכח: לִנְכּוֹחַ/לִהְיוֹת נוֹכֵחַ, 397
נכר: לְהַכִּיר, 398
נסה (נסי): לְנַסּוֹת, לְהִתְנַסּוֹת, 399
נסח: לְנַסֵּחַ, 400
נסע: לִנְסוֹעַ, לְהַסִּיעַ, 401
נסק: לְהַסִּיק, 402
נעל: לִנְעוֹל, לְהִינָּעֵל, 402
נפח: לְהִתְנַפֵּחַ, לְנַפֵּחַ, 404
נפל: לִפּוֹל, לְהַפִּיל, לְהִתְנַפֵּל, 405
נצח: לְנַצֵּחַ, 407
נצל: לְהִינָּצֵל, לְנַצֵּל, לְהַצִּיל, לְהִתְנַצֵּל, 408
נקה (נקי): לְנַקּוֹת, לְהִתְנַקּוֹת, 410
נקט: לִנְקוֹט, 411
נקם: לִנְקוֹם, לְהִתְנַקֵּם, 412
נקף: לְהַקִּיף, 413
נשא: לָשֵׂאת, לְהִתְנַשֵּׂא, לְהִינָּשֵׂא, 414
נשב: לִנְשׁוֹב, 416
נשג: לְהַשִּׂיג, 416
נשך: לִנְשׁוֹךְ/לִשּׁוֹךְ, 417
נשם: לִנְשׁוֹם, לְהַנְשִׁים, 418
נשק: לְנַשֵּׁק, לְהִתְנַשֵּׁק, לִנְשׁוֹק, לְהַשִּׁיק, 419
נתב (מן נָתִיב path): לְנַתֵּב, 421
נתח: לְנַתֵּחַ, 422
נתן: לָתֵת, לְהִינָּתֵן, 422
נתק: לְהִתְנַתֵּק, לְנַתֵּק, 423

אינדקס שורשים ושמות פועל נגזרים

נתר: לְהַתִּיר, 425
סבב: לְהִסְתּוֹבֵב, לְסוֹבֵב, לְהָסֵב, 426
סבך: לְהִסְתַּבֵּךְ, לְסַבֵּךְ, 428
סבל: לִסְבּוֹל, 429
סבר: לְהַסְבִּיר, לְהִסְתַּבֵּר, לִסְבּוֹר, 429
סגל: לְהִסְתַּגֵּל, לְסַגֵּל, 431
סגר: לִסְגּוֹר, לְהִיסָּגֵר, לְהַסְגִּיר, 432
סדר: לְהִסְתַּדֵּר, לְסַדֵּר, לְהַסְדִּיר, 434
סוג-1: לְהִיסּוֹג, 436
סוג-2 (מן סוג type): לְסַוּוֵג, 437
סור: לְהָסִיר, לָסוּר, 437
סחב: לִסְחוֹב, לְהִיסָּחֵב, 439
סחט: לִסְחוֹט, 440
סחף: לְהִיסָּחֵף, לִסְחוֹף, 440
סטה (סטי): לִסְטוֹת, 441
סים: לְסַיֵּים, לְהִסְתַּיֵּים, 442
סיע: לְסַיֵּיעַ, לְהִסְתַּיֵּיעַ, 443
סיר: לְסַיֵּיר, 444
סכל: לְהִסְתַּכֵּל, 444
סכם: לְהַסְכִּים, לְסַכֵּם, לְהִסְתַּכֵּם, 445
סכן: לְסַכֵּן, לְהִסְתַּכֵּן, 447
סלח: לִסְלוֹחַ, לְהִיסָּלַח, 448
סלק: לְסַלֵּק, לְהִסְתַּלֵּק, 449
סמך: לִסְמוֹךְ, לְהִסְתַּמֵּךְ, לְהַסְמִיךְ, 450
סמן: לְסַמֵּן, לְהִסְתַּמֵּן, 452
סמס (מן SMS): לְסַמֵּס, 454
סעד: לִסְעוֹד, 454
סער: לְהַסְעִיר, לְהִסְתַּעֵר, 455
ספג: לִסְפּוֹג, לְהִיסָּפֵג, 456
ספק: לְהַסְפִּיק, לְסַפֵּק, לְהִסְתַּפֵּק, 457
ספר-1: לְסַפֵּר, לִסְפּוֹר, לְהִיסָּפֵר, 459
ספר-2: לְסַפֵּר, לְהִסְתַּפֵּר, 460
סרב: לְסָרֵב, 461
סרק: לִסְרוֹק, לְהִסְתָּרֵק, לְסָרֵק, 462
סתם: לִסְתּוֹם, לְהִיסָּתֵם, 463
סתר: לְהַסְתִּיר, לְהִסְתַּתֵּר, 464
עבד: לַעֲבוֹד, לְעַבֵּד, לְהַעֲבִיד, 465
עבר: לַעֲבוֹר, לְהַעֲבִיר, 468
עדכן (מן עד + כאן till here): לְעַדְכֵּן, לְהִתְעַדְכֵּן, 469
עדף: לְהַעֲדִיף, 471
עוד-1: לְהָעִיד, 472
עוד-2: לְעוֹדֵד, לְהִתְעוֹדֵד, 472
עוף: לָעוּף, לְהָעִיף, לְהִתְעוֹפֵף, 474
עור: לְהִתְעוֹרֵר, לְהָעִיר, לְעוֹרֵר, 475
עזב: לַעֲזוֹב, לְהֵיעָזֵב, 477
עזז: לְהָעֵז, 478
עזר: לַעֲזוֹר, לְהֵיעָזֵר, 478
עטף: לַעֲטוֹף, לְהִתְעַטֵּף, לְהֵיעָטֵף, 479
עין: לְעַיֵּין, 481
עיף: לְהִתְעַיֵּיף, 481
עכב: לְהִתְעַכֵּב, לְעַכֵּב, 482
עכל: לְעַכֵּל, 483
עלב: לְהֵיעָלֵב, לְהַעֲלִיב, 483
עלה (עלי): לַעֲלוֹת, לְהַעֲלוֹת, לְהִתְעַלּוֹת, 484
עלם: לְהֵיעָלֵם, לְהִתְעַלֵּם, לְהַעֲלִים, 487
עלף: לְהִתְעַלֵּף, 488
עמד: לַעֲמוֹד, לְהַעֲמִיד, לְהֵיעָמֵד, 489
עמס: לְהַעֲמִיס, 491
עמק: לְהַעֲמִיק, לְהִתְעַמֵּק, 491
ענג: לְהִתְעַנֵּג, 492
ענה (עני)-1: לַעֲנוֹת, לְהֵיעָנוֹת, 493
ענה (עני)-2: לְעַנּוֹת, לְהִתְעַנּוֹת, 494
ענין: לְעַנְיֵין, לְהִתְעַנְיֵין, 495
ענק: לְהַעֲנִיק, 496
ענש: לְהַעֲנִישׁ, לְהֵיעָנֵשׁ, 497
עסק: לַעֲסוֹק, לְהִתְעַסֵּק, לְהַעֲסִיק, 498
עצב-1: לְעַצֵּב, 500
עצב-2: לְהַעֲצִיב, לְהִתְעַצֵּב, 501
עצבן (מן עַצְבָּנִי nervous, מן עֶצֶב nerve): לְעַצְבֵּן, לְהִתְעַצְבֵּן, 502
עצל: לְהִתְעַצֵּל, 503
עצר: לַעֲצוֹר, לְהֵיעָצֵר, 503
עקב: לַעֲקוֹב, 504
עקם: לְהִתְעַקֵּם, לְעַקֵּם, 505
עקף: לַעֲקוֹף, 506
עקץ: לַעֲקוֹץ, לְהֵיעָקֵץ, 507
עקש: לְהִתְעַקֵּשׁ, 508
ערב: לְהִתְעָרֵב, לְעָרֵב, 508
ערבב: לְהִתְעַרְבֵּב, לְעַרְבֵּב, 509
ערך: לְהַעֲרִיךְ, לַעֲרוֹךְ, לְהֵיעָרֵךְ, 511
ערער: לְעַרְעֵר, לְהִתְעַרְעֵר, 513
ערץ: לְהַעֲרִיץ, 514
עשה (עשי): לַעֲשׂוֹת, לְהֵיעָשׂוֹת, 514
עשן: לְעַשֵּׁן, 516
עתק: לְהַעֲתִיק, 516
פגן: לְהַפְגִּין, 517
פגע: לִפְגּוֹעַ, לְהִיפָּגַע, 518
פגר-1: לְפַגֵּר, 519
פגר-2 (מן פֶּגֶר corpse): לְהִתְפַּגֵּר, 520
פגש: לִפְגּוֹשׁ, לְהִיפָּגֵשׁ, לְהַפְגִּישׁ, 520
פוץ: לְהָפִיץ, 522
פוק: לְהָפִיק, 523
פזר: לְפַזֵּר, לְהִתְפַּזֵּר, 524
פחד: לְפַחֵד, לִפְחוֹד, לְהַפְחִיד, 525
פחת: לִפְחוֹת, לְהַפְחִית, 527
פטפט: לְפַטְפֵּט, 528
פטר: לְהִיפָּטֵר, לְפַטֵּר, לְהִתְפַּטֵּר, לִפְטוֹר, 529
פלא: לְהִתְפַּלֵּא, לְהַפְלִיא, 531
פלט: לִפְלוֹט, לְהִיפָּלֵט, לְהַפְלִיט, 532
פלל: לְהִתְפַּלֵּל, 534
פלרטט (מן פְלִירְט flirt): לְפַלְרְטֵט, 535
פלש: לִפְלוֹשׁ, 535
פנה (פני): לִפְנוֹת, לְהַפְנוֹת, לְהִתְפַּנּוֹת, לְפַנּוֹת, 536
פנטז (מן פַנְטַזְיָה fantasy): לְפַנְטֵז, 538

אינדקס שורשים ושמות פועל נגזרים

פנק : לְפַנֵּק, לְהִתְפַּנֵּק, 539
פסד : לְהַפְסִיד, 540
פסל : לִפְסוֹל, לְהִיפָּסֵל, 541
פספס : לְפַסְפֵס, 542
פסק : לְהַפְסִיק, לִפְסוֹק, לְהִיפָּסֵק, לְפַסֵּק, 543
פעל : לִפְעוֹל, לְהַפְעִיל, לְהִתְפַּעֵל, 545
פצה (פצי) : לְפַצּוֹת, 547
פצל : לְהִתְפַּצֵּל, לְפַצֵּל, 548
פצע : לְהִיפָּצַע, לִפְצוֹעַ, 549
פצץ : לְהִתְפּוֹצֵץ, לְפוֹצֵץ, לְהַפְצִיץ, 550
פקד : לִפְקוֹד, לְהַפְקִיד, 552
פקח : לִפְקוֹחַ, לְפַקֵּחַ, לְהִיפָּקַח, 553
פקפק : לְפַקְפֵּק, 555
פקר : לְהַפְקִיר, 556
פרגן : לְפַרְגֵּן, 557
פרד : לְהִיפָּרֵד, לְהַפְרִיד, 557
פרט : לְפָרֵט, לְהִיפָּרֵט, לִפְרוֹט, 559
פרנס : לְפַרְנֵס, לְהִתְפַּרְנֵס, 561
פרסם : לְפַרְסֵם, לְהִתְפַּרְסֵם, 562
פרע : לְהַפְרִיעַ, לְהִתְפָּרֵעַ, 564
פרץ : לִפְרוֹץ, לְהִתְפָּרֵץ, 565
פרק : לְהִתְפָּרֵק, לִפְרוֹק, לְפָרֵק, 566
פרש-1 : לְפָרֵשׁ, לְהִתְפָּרֵשׁ, 568
פרש-2 : לִפְרוֹשׂ, 570
פשט : לְהִתְפַּשֵּׁט, לִפְשׁוֹט, לְהַפְשִׁיט, 571
פשר : לְהִתְפַּשֵּׁר, לְהַפְשִׁיר, 573
פתח : לִפְתּוֹחַ, לְהִיפָּתַח, לְפַתֵּחַ, לְהִתְפַּתֵּחַ, 574
פתע : לְהַפְתִּיעַ, 576
פתר : לִפְתּוֹר, לְהִיפָּתֵר, 577
צבע-1 : לִצְבּוֹעַ, 578
צבע-2 מן אֶצְבַּע finger : לְהַצְבִּיעַ, 579
צבר : לְהִצְטַבֵּר, לִצְבּוֹר, 579
צדק : לִצְדּוֹק, לְהַצְדִּיק, 580
צהר : לְהַצְהִיר, 582
צוה (צוי) : לְצַוּוֹת, 582
צום : לָצוּם, 583
צוף : לְהָצִיף, לָצוּף, 584
צוק : לְהָצִיק, 585
צחצח : לְצַחְצֵחַ, 585
צחק : לִצְחוֹק, לְהַצְחִיק, 586
ציד : לְהִצְטַיֵּד, לְצַיֵּד, 587
צין : לְצַיֵּין, לְהִצְטַיֵּין, 588
ציץ-1 : לָצוּץ, 590
ציץ-2 : לְהָצִיץ, 590
ציר : לְצַיֵּיר, לְהִצְטַיֵּיר, 591
צלח-1 : לְהַצְלִיחַ, 592
צלח-2 : לִצְלוֹחַ, 593
צלל : לִצְלוֹל, 593
צלם (מן צֶלֶם image) : לְצַלֵּם, לְהִצְטַלֵּם, 594
צלצל : לְצַלְצֵל, 595
צמד : לְהִיצָּמֵד, לְהַצְמִיד, 596
צמח : לִצְמוֹחַ, לְהַצְמִיחַ, 597
צמצם : לְצַמְצֵם, לְהִצְטַמְצֵם, 598
צנח : לִצְנוֹחַ, 600
צנן : לְצַנֵּן, לְהִצְטַנֵּן, 601
צעד : לִצְעוֹד, 602
צעק : לִצְעוֹק, 603
צער : לְהִצְטַעֵר, לְצַעֵר, 604
צפה (צפי) : לְצַפּוֹת, לִצְפּוֹת, 605
צפצף : לְצַפְצֵף, 606
צרח : לִצְרוֹחַ, 607
צרך : לְהִצְטָרֵךְ, לִצְרוֹךְ, לְהַצְרִיךְ, 607
צרף : לְהִצְטָרֵף, לְצָרֵף, 609
קבל : לְקַבֵּל, לְהִתְקַבֵּל, 610
קבע : לִקְבּוֹעַ, לְהִיקָּבַע, 611
קבר : לִקְבּוֹר, לְהִיקָּבֵר, 612
קדח : לִקְדּוֹחַ, 613
קדם : לְהִתְקַדֵּם, לְהַקְדִּים, לְקַדֵּם, לִקְדּוֹם, 614
קדש : לְהַקְדִּישׁ, לְקַדֵּשׁ, 617
קוה (קוי) : לְקַוּוֹת, 619
קום : לָקוּם, לְהָקִים, 619
קטן : לְהַקְטִין, לִקְטוֹן, 621
קטע : לִקְטוֹעַ, לְהִיקָּטַע, 622
קטף : לִקְטוֹף, 623
קטר מן קוּטֶר, חתול ביידיש : לְקַטֵּר, 624
קיא : לְהָקִיא, 624
קים : לְהִתְקַיֵּים, לְקַיֵּים, 625
קלד מן קְלִיד key (of piano, computer) : לְהַקְלִיד, 626
קלח : לְהִתְקַלֵּחַ, 626
קלט : לִקְלוֹט, לְהַקְלִיט, לְהִיקָּלֵט, 627
קלל-1 : לְקַלֵּל, 629
קלל-2 : לְהָקֵל, 630
קלע : לִקְלוֹעַ, לְהִיקָּלַע, 630
קלף : לְקַלֵּף, לְהִתְקַלֵּף, 631
קלקל : לְהִתְקַלְקֵל, לְקַלְקֵל, 632
קנא : לְקַנֵּא, 634
קנה (קני) : לִקְנוֹת, לְהִיקָּנוֹת, לְהַקְנוֹת, 634
קסם : לְהַקְסִים, 636
קפא : לִקְפּוֹא, לְהַקְפִּיא, 637
קפד : לְהַקְפִּיד, 638
קפל : לְהִתְקַפֵּל, לְקַפֵּל, 638
קפץ : לִקְפּוֹץ, לְהַקְפִּיץ, 639
קצץ : לְקַצֵּץ, 641
קצר : לְקַצֵּר, 641
קרא : לִקְרוֹא, לְהִיקָּרֵא, לְהַקְרִיא, 642
קרב : לְהִתְקָרֵב, לְהַקְרִיב, לְקָרֵב, לִקְרוֹב, 644
קרה (קרי) : לִקְרוֹת, 646
קרן : לְהַקְרִין, לִקְרוֹן, 647
קרע : לִקְרוֹעַ, לְהִיקָּרַע, 649
קרר : לְהִתְקָרֵר, לְקָרֵר, 650
קשב : לְהַקְשִׁיב, 651

אינדקס שורשים ושמות פועל נגזרים

קשה (קשי): לְהִתְקַשּׁוֹת, לְהַקְשׁוֹת, 651

קשט: לְקַשֵּׁט, 652

קשקש: לְקַשְׁקֵשׁ, 653

קשר: לְהִתְקַשֵּׁר, לִקְשׁוֹר, לְהִיקָּשֵׁר, 654

ראה (ראי): לִרְאוֹת, לְהֵירָאוֹת, לְהַרְאוֹת, לְהִתְרָאוֹת, 656

ראין (מן רֵאָיוֹן, מן ראה): לְרַאְיֵין, לְהִתְרַאְיֵין, 658

רבץ: לְהַרְבִּיץ, לִרְבּוֹץ, 659

רגז: לְהַרְגִּיז, לְהִתְרַגֵּז, 660

רגל: לְהִתְרַגֵּל, לְהַרְגִּיל, 661

רגע: לְהֵירָגַע, לְהַרְגִּיעַ, 662

רגש: לְהַרְגִּישׁ, לְהִתְרַגֵּשׁ, לְרַגֵּשׁ, 663

רדם: לְהֵירָדֵם, לְהַרְדִּים, 665

רדף: לִרְדּוֹף, לְהֵירָדֵף, 666

רוח: לְהַרְוִויחַ, לִרְווֹחַ, 667

רום: לְהָרִים, לְהִתְרוֹמֵם, 669

רוץ: לָרוּץ, לְהִתְרוֹצֵץ, לְהָרִיץ, 670

רחב: לְהַרְחִיב, לְהִתְרַחֵב, 672

רחם: לְרַחֵם, 673

רחץ: לִרְחוֹץ, לְהִתְרַחֵץ, 674

רחק: לְהִתְרַחֵק, לְהַרְחִיק, 675

רחש: לְהִתְרַחֵשׁ, 676

רטב: לְהֵירָטֵב, לְהַרְטִיב, 677

ריב: לָרִיב, 678

ריח: לְהָרִיחַ, 678

רכב: לְהַרְכִּיב, לִרְכּוֹב, 679

רכז: לְהִתְרַכֵּז, לְרַכֵּז, 680

רכך: לְרַכֵּךְ, לְהִתְרַכֵּךְ, 682

רכל (מן רָכִיל gossip N): לְרַכֵל, 683

רכש: לִרְכּוֹשׁ, לְהֵירָכֵשׁ, 683

רמה (רמי): לְרַמּוֹת, 684

רמז: לִרְמוֹז, לְהֵירָמֵז, 685

רסס: לְרַסֵּס, 686

רסק: לְהִתְרַסֵּק, לְרַסֵּק, 687

רעב: לְהַרְעִיב, 688

רעד: לִרְעוֹד, לְהַרְעִיד, 689

רענן (מְרַעֲנָן fresh): לְרַעֲנֵן, לְהִתְרַעֲנֵן, 690

רעש: לִרְעוֹשׁ, לְהַרְעִישׁ, 691

רפא: לְרַפֵּא, לְהֵירָפֵא, 692

רצה (רצי): לִרְצוֹת, לְהַרְצוֹת, 693

רצח: לִרְצוֹחַ, לְהֵירָצַח, 694

רקד: לִרְקוֹד, 695

רשה (רשי): לְהַרְשׁוֹת, 696

רשם: לִרְשׁוֹם, לְהֵירָשֵׁם, לְהִתְרַשֵּׁם, לְהַרְשִׁים, 697

רתח: לְהַרְתִּיחַ, לִרְתּוֹחַ, לְהִתְרַתֵּחַ, 699

רתע: לְהֵירָתַע, לְהַרְתִּיעַ, 700

רתק: לְרַתֵּק, 701

שאב: לִשְׁאוֹב, לְהִישָּׁאֵב, 702

שאל: לִשְׁאוֹל, לְהִישָּׁאֵל, לְהַשְׁאִיל, 703

שאף: לִשְׁאוֹף, 705

שאר: לְהִישָּׁאֵר, לְהַשְׁאִיר, 706

שבה (שבי): לִשְׁבּוֹת, 707

שבח: לְשַׁבֵּחַ, 708

שבע: לְהִישָּׁבַע, לְהַשְׁבִּיעַ, 708

שבץ: לְשַׁבֵּץ, 710

שבר: לִשְׁבּוֹר, לְהִישָּׁבֵר, 711

שבת: לְהַשְׁבִּית, לִשְׁבּוֹת, 712

שגח: לְהַשְׁגִּיחַ, 713

שגע: לְהִשְׁתַּגֵּעַ, לְשַׁגֵּעַ, 714

שדד: לִשְׁדּוֹד, לְהִישָּׁדֵד, 715

שדל: לְהִשְׁתַּדֵּל, לְשַׁדֵּל, 716

שדר: לְשַׁדֵּר, 717

שוב: לָשׁוּב, לְהָשִׁיב, 718

שוה (שוי): לְהַשְׁווֹת, 719

שוט: לְשׁוֹטֵט, לָשׁוּט, 720

שוק (מן שוק market): לְשַׁוֵּק, 721

שזף: לְהִשְׁתַּזֵּף, 721

שׂחה (שׂחי): לִשְׂחוֹת, 722

שחזר: לְשַׁחְזֵר, 722

שחט: לִשְׁחוֹט, לְהִישָּׁחֵט, 723

שׂחק: לְשַׂחֵק, 724

שחרר: לְשַׁחְרֵר, לְהִשְׁתַּחְרֵר, 725

שחת: לְהַשְׁחִית, 726

שטף: לִשְׁטוֹף, לְהִישָּׁטֵף, 727

שׂיח: לְשׂוֹחֵחַ, 728

שיך: לְשַׁיֵּךְ, לְהִשְׁתַּיֵּךְ, 729

שׂים: לָשִׂים, 730

שיר: לָשִׁיר, 730

שכב: לִשְׁכַּב, לְהִישָּׁכֵב, לְהַשְׁכִּיב, 731

שכח: לִשְׁכּוֹחַ, לְהִישָּׁכַח, לְהַשְׁכִּיחַ, 733

שכלל: לְשַׁכְלֵל, לְהִשְׁתַּכְלֵל, 734

שכן: לִשְׁכּוֹן, 735

שכנע: לְשַׁכְנֵעַ, לְהִשְׁתַּכְנֵעַ, 736

שכפל: לְשַׁכְפֵּל, 738

שׂכר: לְהִשְׂתַּכֵּר, לִשְׂכּוֹר, לְהַשְׂכִּיר, לְהִישָּׂכֵר, 738

שכתב: לְשַׁכְתֵּב, 740

שלב: לְשַׁלֵּב, לְהִשְׁתַּלֵּב, 741

שלח: לִשְׁלוֹחַ, לְהִישָּׁלַח, 742

שלט: לִשְׁלוֹט, לְהִשְׁתַּלֵּט, לְהִישָּׁלֵט, לְהַשְׁלִיט, 744

שלך: לְהַשְׁלִיךְ, 746

שלם: לְשַׁלֵּם, לְהַשְׁלִים, לְהִישָּׁלֵם, לְהִשְׁתַּלֵּם, 746

שלף: לִשְׁלוֹף, לְהִישָּׁלֵף, 749

שמד: לְהַשְׁמִיד, 750

שׂמח: לִשְׂמוֹחַ, לְשַׂמֵּחַ, 751

שמט: לְהִישָּׁמֵט, לְהִשְׁתַּמֵּט, לְהַשְׁמִיט, 752

שמן: לִשְׁמוֹן, לְהַשְׁמִין, לְשַׁמֵּן, 754

שמע: לִשְׁמוֹעַ, לְהִישָּׁמַע, לְהַשְׁמִיעַ, לְהִשְׁתַּמֵּעַ, 755

שמר: לִשְׁמוֹר, לְהִישָּׁמֵר, לְשַׁמֵּר, 758

שמש: לְהִשְׁתַּמֵּשׁ, לְשַׁמֵּשׁ, 760

שׂנא: לִשְׂנוֹא, 761

שנה (שני) : לְשַׁנּוֹת, לְהִשְׁתַּנּוֹת, 762
שעל : לְהִשְׁתַּעֵל, 764
שעמם : לְשַׁעֲמֵם, לְהִשְׁתַּעֲמֵם, 764
שען : לְהִישָּׁעֵן, לְהַשְׁעִין, 765
שער : לְשַׁעֵר, 766
שעשע : לְשַׁעֲשֵׁעַ, לְהִשְׁתַּעֲשֵׁעַ, 767
שפט : לִשְׁפּוֹט, לְהִישָּׁפֵט, 768
שפך : לִשְׁפּוֹךְ, לְהִישָּׁפֵךְ, לְהִשְׁתַּפֵּךְ, 769
שפל : לְהַשְׁפִּיל, 771
שפע : לְהַשְׁפִּיעַ, 771
שפץ : לְשַׁפֵּץ, 773
שפר : לְהִשְׁתַּפֵּר, לְשַׁפֵּר, 773
שפשף : לְשַׁפְשֵׁף, לְהִשְׁתַּפְשֵׁף, 775
שקה (שקי) : לְהַשְׁקוֹת, 776
שקל : לִשְׁקוֹל, לְהִישָּׁקֵל, 776
שקם : לְשַׁקֵּם, לְהִשְׁתַּקֵּם, 777
שקע : לְהַשְׁקִיעַ, לִשְׁקוֹעַ, לְהִשְׁתַּקֵּעַ, 778
שקף : לְשַׁקֵּף, לְהַשְׁקִיף, לְהִשְׁתַּקֵּף, 780
שקר : לְשַׁקֵּר, 781
שרד : לִשְׂרוֹד, 782
שרט : לִשְׂרוֹט, לְהִישָּׂרֵט, 783
שרטט : לְשַׂרְטֵט, 784
שרף : לִשְׂרוֹף, לְהִישָּׂרֵף, 784
שרק : לִשְׁרוֹק, 785
שרת : לְשָׁרֵת, 786
שתה (שתי) : לִשְׁתּוֹת, 786
שתל : לִשְׁתּוֹל, 787
שתן : לְהַשְׁתִּין, 788
שתף : לְהִשְׁתַּתֵּף, לְשַׁתֵּף, 789
שתק : לִשְׁתּוֹק, לְהַשְׁתִּיק, לְשַׁתֵּק, לְהִשְׁתַּתֵּק, 790
תאם : לְהַתְאִים, לְתָאֵם, 793
תאר : לְתָאֵר, 794
תבע : לִתְבּוֹעַ, 795
תגבר (מן תִּגְבֹּרֶת reinforcement) : לְתַגְבֵּר, 796
תוך (מן תָּוֶךְ middle) : לְתַוֵּךְ, 797
תחל : לְהַתְחִיל, 797
תכנן : לְתַכְנֵן, 798
תכנת (מן תָּכְנִית program) : לְתַכְנֵת, 799
תלה (תלי) : לִתְלוֹת, לְהִיתָּלוֹת, 800
תמד (מן תָּמִיד always) : לְהַתְמִיד, 801
תמך : לִתְמוֹךְ, לְהִיתָּמֵךְ, 802
תנה (תני) : לְהַתְנוֹת, 803
תסכל : לְתַסְכֵּל, 803
תעד (מן תְּעוּדָה document) : לְתַעֵד, 804
תפס : לִתְפּוֹס, לְהִיתָּפֵס, 805
תפעל : לְתַפְעֵל, 806
תפקד (מן תַּפְקִיד function (N), מן פקד) : לְתַפְקֵד, 807
תפר : לִתְפּוֹר, 807
תקל : לְהִיתָּקֵל, 808
תקן : לְתַקֵּן, לְהַתְקִין, 809
תקע : לְהִיתָּקַע, לִתְקוֹעַ, 811
תקף : לִתְקוֹף, לְהִיתָּקֵף, לְהַתְקִיף, 812
תקשר (מן תִּקְשֹׁרֶת communication) : לְתַקְשֵׁר, 814
תרגל : לְתַרְגֵּל, 814
תרגם : לְתַרְגֵּם, 815
תרם (מן תְּרוּמָה offering, מן רום) : לִתְרוֹם, לְהַתְרִים, לְהִיתָּרֵם, 816
תרץ : לְתָרֵץ, 817

Hebrew-English Index אינדקס עברי-אנגלי

אָבַד perish; be lost, 1
אִבְחֵן diagnose, 3
אָהַב love, like, adore, 5
אוּבְחַן (אִבְחֵן) be diagnosed, 3
אוּיַּשׁ (אִיֵּשׁ) be manned, 15
אוּכְזַב (אִכְזֵב) be disappointed, 17
אוּכְלַס (אִכְלֵס) be populated, 20
אוּמַּן (אִמֵּן) be trained, be instructed, 22
אוּמַּת (אִמֵּת) be verified, 26
אוּשְׁפַּז (אִשְׁפֵּז) be admitted to hospital, 39
אוּשַּׁר (אִשֵּׁר) be confirmed, 40
אָזַל be used up, be exhausted, run out, 7
אָחַז possess; seize; hold, grasp, 10
אָטַם (יֶאֱטֹם) seal, 13
אִיבֵּד (אִבֵּד) lose (tr.), 1
אִיזֵּן (אִזֵּן) balance (tr.), 8
אִיחֵד (אִחֵד) unite (tr.), 9
אִיחֵל (אִחֵל) wish well, congratulate, 11
אֵיחֵר (אֵחֵר) be late, 12
אִיֵּם (אִיֵּם) threaten, 14
אִיֵּר (אִיֵּר) illustrate, 14
אִיֵּשׁ (אִיֵּשׁ) man (V), 15
אִילֵּץ (אִלֵּץ) compel, force, coerce, 20
אִימֵּן (אִמֵּן) train (tr.), instruct, coach, 22
אִימֵּץ (אִמֵּץ) strain; strengthen; adopt, 23
אִימֵּת (אִמֵּת) verify, 25
אִיפֵּר (אִפֵּר) makeup (tr.) apply, 32
אֵירַח (אֵרַח) host; offer hospitality, 36
אִישֵּׁר (אִשֵּׁר) approve; confirm, 40
אִיתֵּר (אִתֵּר) localize, identify, locate, 41
אִכְזֵב disappoint, disillusion, 16
אָכַל eat; consume; burn, destroy, 18
אִכְלֵס populate, colonize, settle, 19
אָמַר express; mean; say, tell, 24
אָנַס coerce; force ; rape, 26
אָסַף collect, gather, assemble, 27
אָסַר forbid; imprison,arrest, 29
אָפָה bake, 30
אִפְיֵין (אִפְיֵן) characterize, 31
אִפְשֵׁר make possible ,enable, 33
אִרְגֵּן organize, 34
אָרַז pack V, package V, 35
אָרַךְ take (time), last; drag out, 37
אִשְׁפֵּז admit to hospital, 39
בָּא come; arrive, 50
בָּגַד betray; cheat on spouse, 43
בָּגַר mature, achieve adulthood, 45
בָּדַק inspect, check, examine, 46
בּוּזְבַּז (בִּזְבֵּז) be wasted/squandered, 53
בּוּטַּל (בִּטֵּל) be cancelled, 61
בּוּלְבַּל (בִּלְבֵּל) be confused, 64
בּוּסַּס (בִּסֵּס) be based, be established, 70
בּוּצַּע (בִּצֵּע) be carried out, 73
בּוֹרַךְ (בֹּרַךְ) be blessed, be greeted, 79
בּוּשַּׁל (בֻּשַּׁל) be cooked, 82
בִּזְבֵּז waste, squander, spend, 53
בָּחַן examine, test, 54
בָּחַר choose, select; vote (for), 56
בָּטַח trust, rely, 58
בִּיאֵס (בֵּאֵס) disappoint; depress (col.), 42
בֵּיאֵר (בֵּאֵר) expound, elucidate, 43
בִּידֵּר (בִּדֵּר) spread; amuse, entertain, 47
בִּיטֵּא (בִּטֵּא) pronounce; express, 57
בִּיטַּח (בִּיטֵּחַ) insure, cover, 59
בִּיטֵּל (בִּטֵּל) void; cancel, 60
בִּיֵּשׁ (בִּיֵּשׁ) shame, embarrass, 52
בִּילָּה (בִּלָּה) spend, wear out, 65
בִּיסֵּס (בִּסֵּס) base, found, establish, 70
בִּיצַּע (בִּיצֵּעַ) perform, execute, 72
בִּיקֵּר (בִּקֵּר) visit; critique, inspect, 74
בִּיקֵּשׁ (בִּקֵּשׁ) ask, request, 74
בֵּירֵךְ (בֵּרֵךְ) (בֵּרֵךְ) greet; bless, 79
בֵּירֵר (בֵּרֵר) clarify, find out, 81
בִּישֵּׁל (בִּשֵּׁל) cook, boil, stew, 82
בָּכָה cry, weep, 63
בִּלְבֵּל mix (up); confuse, bewilder, 64
בָּלַט project, protrude, stand out, 66
בָּלַע swallow, absorb, 67
בָּנָה build, 69
בָּעַט kick; spurn ,reject, rebuff, 71
בָּעַר burn (intr.), 72
בָּרָא create, 76
בָּרַח escape, flee, 78
בָּשַׁל be ready; ripen (intr.), 83

גָּבָה collect (taxes, fees), 84
גָּבַר increase, grow stronger, 86
גָּדַל expand; grow (intr.), 88
גּוּיַּס (גֻּיַּס) be mobilized, be recruited, 95
גָּזַר cut; decree, 93
גִּיבֵּשׁ (גִּבֵּשׁ) crystallize, consolidate, 87
גִּידֵּל (גִּדֵּל) raise; grow (tr.), cultivate, 88
גִּייֵּס (גִּיֵּס) mobilize, recruit, 95
גִּילָּה (גִּלָּה) discover, reveal, uncover, 97
גִּילַּח (גִּלַּח) shave (tr.), 100
גִּינָּה (גִּנָּה) condemn, denounce, 105
גֵּירֵד (גֵּרֵד) scratch; itch (coll.), 108
גֵּירֵשׁ (גֵּרֵשׁ) expel; divorce, 111
גִּלְגֵּל roll up (tr.); roll (tr.), spin (tr.), 96
גָּלָה be/go on exile, 98
גָּלַשׁ surf, browse; glide; boil over, 101
גָּמַר finish, complete, end, conclude, 102
גָּנַב steal, 103
גָּסַס be dying, 107
גָּר live, reside, dwell, 91
גָּרַם cause, bring about, 109
גָּרַר tow; haul, drag; lead to, 110
דָּאַג take care; worry, be anxious, 114
דָּג fish, 120
דּוּבַּר (דֻּבַּר) be agreed; be spoken, 117
דּוּוַּח (דֻּוַּח) be reported, 121
דּוּכָּא (דֻּכָּא) be oppressed, 127
דָּחָה reject; postpone, 123
דָּחַף push, shove, thrust, 124
דָּחַק displace; prod; push, shove, 125
דִּיבֵּר (דִּבֵּר) speak, talk (to), 117
דִּיוּוַּח (דִּוַּח) [דִּיוּוחַ (דִּוּחַ)] report, brief, 121
דִּייֵּק (דִּיֵּק) be accurate be precise, 126
דִּיכֵּא (דִּכֵּא) crush; oppress, 127
דִּילֵּג (דִּלֵּג) skip over; leap, 128
דִּימָּה (דִּמָּה) visualize; imagine, 131
דָּלַק burn, 129
דָּמָה resemble, 130
דִּמְיֵין (דִּמְיֵן) imagine, 131
דָּן sentence, judge; deliberate, 122
דָּפַק knock, beat; mess up; fuck, 133
דָּקַר prick, stab; tease, 134
דָּרַךְ step, tread; cock (rifle), 135
דָּרַס run over, trample; devour prey, 136
דָּרַשׁ demand, require; interpret, 137
הֶאֱזִין listen, 9
הֵאִיץ accelerate; urge someone on, 6
הֵאִיר illuminate, throw light on, 6
הֶאֱכִיל feed, 18
הֶאֱמִין trust; believe, 21
הֶאֱרִיךְ prolong; lengthen, extend, 37
הֶאֱשִׁים accuse, indict, blame, 38
הִבְדִּיל distinguish; separate, 45
הִבְהִיל startle; rush (tr.), 48
הִבְהִיר clarify, elucidate, 49
הִבְחִין distinguish, discern, notice, 54
הִבְטִיחַ promise, assure, guarantee, 58
הֵבִיא bring, cause, bring about, 50
הִבִּיט look, gaze, regard, 370
הֵבִין understand, comprehend, 61
הִבִּיעַ express, 371
הִבְלִיט make conspicuous, 66
הִבְלִיעַ cause to swallow; swallow, 68
הִבְרִיא recover; cause to recover, 77
הִבְרִיז shirk, evade; not show up, 77
הִבְרִיחַ smuggle; cause to flee, 78
הִבְשִׁיל ripen (tr.); ripen (intr.), 83
הִגְבִּיל restrict, limit, 84
הִגְבִּיר strengthen, increase (tr.), 86
הִגְדִּיל enlarge (tr.), increase (tr.), 89
הִגְדִּיר determine; classify; define, 90
הִגְזִים exaggerate, 92
הֵגִיב react, respond, 91
הִגִּיד tell, inform, 372
הִגִּיעַ approach; arrive, reach, 375
הִגִּישׁ hand in, serve (food), 376
הִגְלָה exile (tr.), 99
הֵגֵן defend, protect, secure, 105
הִגְנִיב smuggle in, insert stealthily, 103
הִגְעִיל disgust, sicken, 108
הִגְשִׁים realize (tr.), fulfill, carry out, 113
הִדְאִיג worry (tr.), alarm, trouble, 114
הִדְבִּיק stick, glue; infect, 115
הִדְגִּישׁ highlight; emphasize, stress, 118
הִדְהִים astound, amaze, astonish, 119
הִדְחִיק repress (psychoanalysis), 125
הִדְלִיק light, put on light, set fire, 128
הִדְפִּיס type, print, 132
הִדְרִיךְ instruct; guide, direct, 135
הוּבָא be brought, 51
הוּבְטַח (הֻבְטַח) be promised/assured, 59
הוֹבִיל transport; lead, guide, 246

אינדקס עברי-אנגלי

הוּבַן be understood/comprehended, 62
הוּגְבַּל (הֻגְבַּל) be restricted, be limited, 85
הוּגְדַּר (הֻגְדַּר) be defined, 90
הוּגַּשׁ (הֻגַּשׁ) be presented, be served, 377
הוּדְאַג (הֻדְאַג) be worried, 114
הוּדְבַּק (הֻדְבַּק) be glued; be infected, 116
הוּדְגַּשׁ (הֻדְגַּשׁ) be emphasized, 119
הוֹדָה admit, confess; thank, 248
הוֹדִיעַ inform, announce, 250
הוּדְפַּס (הֻדְפַּס) be printed, 132
הוּזְהַר (הֻזְהַר) be warned, 151
הוּזְכַּר (הֻזְכַּר) be mentioned, 158
הוּזְמַן (הֻזְמַן) be invited; be ordered, 160
הוּזְנַח (הֻזְנַח) be neglected, 162
הוּחְזַר (הֻחְזַר) be returned, 185
הוּחְלַט (הֻחְלַט) be decided, 194
הוּחְלַף (הֻחְלַף) be replaced, 197
הוּחְרַם (הֻחְרַם) be confiscated, 221
הוּטַּל (הֻטַּל) be imposed/placed (on), 394
הוּטְרַד (הֻטְרַד) be bothered/harassed, 242
הוּכַח be proven; be scolded, 256
הוֹכִיחַ prove; scold, 255
הוּכַן be prepared, 293
הוּכְנַס (הֻכְנַס) be brought in, 302
הוּכְפַּל (הֻכְפַּל) be doubled, 308
הוּכְרַז (הֻכְרַז) be declared, 310
הוּכְרַח (הֻכְרַח) be compelled, 311
הוֹלִיד beget, 258
הוֹלִיךְ lead, conduct, 141
הוּמְלַץ (הֻמְלַץ) be recommended, 348
הוּמְצָא (הֻמְצָא) be invented, 358
הוּנַּח (הֻנַּח) be put down, 384
הוּסְבַּר (הֻסְבַּר) be explained, 431
הוֹסִיף repeat; add, increase, 261
הוּסְמַךְ (הֻסְמַךְ) be authorized, 452
הוּסַף be added, 261
הוּסַר be removed, be taken off, 439
הוּסְתַּר (הֻסְתַּר) be concealed, 466
הוּעֲבַר (הָעֲבַר) be caused to pass, 469
הוּעֲדַף (הָעֲדַף) be preferred, 472
הוֹעִיל be useful, 264
הוּעֲלָה (הָעֲלָה) be raised/promoted, 486
הוּעֲנַק (הָעֲנַק) be granted, 498
הוּעֲסַק (הָעֲסַק) be employed, 500
הוּעֲרַךְ (הָעֲרַךְ) be estimated, 513
הוֹפִיעַ come out (book, etc.), 266
הוּפַּל (הֻפַּל) be brought down, 407
הוּפְנָה (הֻפְנָה) be turned, be referred, 538
הוּפְעַל (הֻפְעַל) be activated/operated, 547
הוּפַץ be distributed; be scattered, 523
הוּפְצַץ (הֻפְצַץ) be bombed, be blasted, 551
הוּפַק be extracted; be produced, 524
הוּפְקַר (הֻפְקַר) be abandoned, 556
הוּפְרַד (הֻפְרַד) be separated, 558
הוּפְתַּע (הֻפְתַּע) be surprised, 576
הוּצָא be taken out, be extracted, 268
הוּצַּב (הֻצַּב) be placed/positioned, 270
הוּצַּג (הֻצַּג) be presented, be put on, 272
הוּצְדַּק (הֻצְדַּק) be vindicated, 581
הוֹצִיא take/bring out, withdraw, 267
הוּצְמַד (הֻצְמַד) be attached (to), 597
הוּצַּע (הֻצַּע) be suggested, 273
הוּצַף be flooded, 584
הוּקְדַּשׁ (הֻקְדַּשׁ) be devoted, 617
הוּקְלַט (הֻקְלַט) be recorded, 628
הוּקַם be established, be set up, 620
הוּקַּף (הֻקַּף) be surrounded, 414
הוּקְרַן (הֻקְרַן) be screened, 648
הוּרְגַּל (הֻרְגַּל) be made accustomed, 662
הוּרְגַּשׁ (הֻרְגַּשׁ) be felt, 664
הוֹרָה show; teach, instruct, 278
הוּרְחַב (הֻרְחַב) be widened, 672
הוּרְחַק (הֻרְחַק) be sent away, 675
הוֹרִיד remove; bring down, 277
הוֹרִישׁ bequeath, 280
הוּרְכַּב (הֻרְכַּב) be assembled, 680
הוּרְעַב (הֻרְעַב) be starved, 688
הוּרְשָׁה (הֻרְשָׁה) be permitted, 696
הוּשְׁבַּע (הֻשְׁבַּע) be sworn in, 709
הוּשְׁבַּת (הֻשְׁבַּת) be stopped (work), 713
הוּשַּׂג (הֻשַּׂג) be achieved/obtained, 418
הוּשְׁחַת (הֻשְׁחַת) be vandalized, 726
הוֹשִׁיב seat, set; settle (tr.), 281
הוֹשִׁיט hand to, profer, 283
הוּשְׂכַּר (הֻשְׂכַּר) be let, be leased, 739
הוּשְׁלַם (הֻשְׁלַם) be completed, 748
הוּשְׁמַד (הֻשְׁמַד) be annihilated, 751
הוּשְׁמַט (הֻשְׁמַט) be omitted, 753
הוּשְׁמַע (הֻשְׁמַע) be played (music), 757
הוּשְׁפַּל (הֻשְׁפַּל) be humiliated, 771
הוּשְׁפַּע (הֻשְׁפַּע) be affected, 772
הוּשְׁקַע (הֻשְׁקַע) be invested, 779

הוּשְׁתַּק (הֻשְׁתַּק) be silenced, 792
הוֹתִיר leave behind, 286
הוּתְקַן (הֻתְקַן) be installed, be set, 810
הוּתְקַף (הֻתְקַף) be attacked, 813
הוּתַּר (הֻתַּר) be allowed; be untied, 426
הִזְדַּהָה identify oneself, 149
הִזְדַּיֵּן become armed; have sex, 154
הִזְדַּמֵּן chance, happen, 161
הִזְדַּעְזֵעַ be shocked, be outraged, 164
הִזְדַּקֵּן grow old, age, 164
הִזְדַּקֵּק need, be in need (of), 165
הִזְהִיר warn, 150
הֵזִיז move, shift, 152
הִזִּיק harm, damage, 388
הִזְכִּיר mention; remind, 158
הִזְמִין invite; order (food, etc.), 160
הִזְנִיחַ neglect, 162
הִזְרִים transfer large quantities; pour, 167
הִזְרִיק inject, 168
הֶחְדִּיר instill, insert, 176
הֶחֱזִיק hold, seize, 183
הֶחֱזִיר return (tr.); restore, 185
הֶחֱיָה revive, keep alive, 190
הֵחִיל enforce (a law), 181
הֶחְכִּים make wise; become wise, 192
הֵחֵל begin, start, 195
הֶחְלִיט determine; decide, 194
הֶחֱלִיף replace; exchange, 196
הֶחְמִיר worsen (tr., intr.), 203
הֶחְסִיר miss; be short of; subtract, 212
הֶחֱרִיב destroy, demolish, 216
הֶחֱרִים boycott; confiscate, 221
הֶחְשִׁיב esteem, ascribe importance, 224
הֶחְתִּים have someone sign, 229
הִטְבִּיעַ drown (tr.); imprint, 232
הִטָּה bend; conjugate; distort, 393
הֵטִיל place, impose, 394
הִטְעָה mislead, lead astray, 236
הִטְרִיד pester, harass, 241
הִטְרִיחַ bother (someone), annoy, 243
הִטְרִיף drive crazy; scramble, 243
הִיגֵּר (הִגֵּר) immigrate, 138
הָיָה be, exist; come to pass, 139
הִיוָּה (הִוָּה) constitute, 139
הִילֵּל (הִלֵּל) praise, glorify, exalt, 142
הֵינִיק breast-feed (tr.), 259
הִיסֵּס (הִסֵּס) hesitate, waver, 143
הִכְאִיב hurt (tr.), cause pain, 287
הִכְבִּיד increase burden, 288
הִכָּה hit, strike, beat, 397
הִכְחִישׁ deny, 296
הֵכִיל contain, hold, 292
הֵכִין prepare (tr.), provide, 293
הִכִּיר acknowledge; recognize, 399
הִכְלִיל include; generalize, 299
הִכְנִיס bring in, insert, 301
הִכְנִיעַ subdue, put down, humble, 304
הִכְעִיס anger, irk, irritate, 306
הִכְפִּיל multiply; double, 307
הִכְרִיז declare, announce, 309
הִכְרִיחַ force, compel, 310
הִכְרִיעַ determine; decide, 311
הִכְשִׁיל cause to stumble; fail (tr.), 314
הִכְשִׁיר train, prepare; make kosher, 315
הִכְתִּיב dictate, 317
הִלְבִּישׁ dress (tr.), clothe, 319
הִלְהִיב excite, 320
הִלְוָוה (הִלְוָה) lend, loan (tr.), 321
הִלְחִין compose music, 325
הִלְחִיץ cause to feel pressured, 326
הָלַךְ go, walk; be about to, 140
הִמְחִישׁ illustrate, make tangible, 342
הֵמִית kill, cause to die, 338
הִמְלִיץ recommend, 347
הֵמֵס melt (tr.), dissolve (tr.), 354
הִמְצִיא invent; fabricate, 358
הִמְשִׁיךְ continue, 364
הִמְתִּין wait; be patient, 368
הִנְהִיג establish (custom, rule); lead, 381
הִנְחָה instruct; lead, direct, guide, 389
הִנְחִית bring down, land (tr.), 392
הִנִּיחַ put down; assume, suppose, 383
הֵנִיעַ impel, set in motion, start up, 386
הֵנִיף raise, lift up; fly (a flag), 387
הִנְשִׁים give artificial respiration, 419
הֵסֵב endorse (check); change, shift, 428
הִסְבִּיר explain, 430
הִסְגִּיר extradite, hand over, 434
הִסְדִּיר regulate; settle, arrange, 436
הִסִּיעַ remove; transport, give a ride, 402
הִסִּיק draw (conclusion); heat, 403
הֵסִיר take off, remove, 438

הִסְכִּים agree, consent, approve, 446
הִסְמִיךְ authorize; bring near to, 452
הִסְעִיר stir up emotions, 456
הִסְפִּיק be sufficient; manage, 458
הִסְתַּבֵּךְ get into trouble, 429
הִסְתַּבֵּר turn out; become evident, 431
הִסְתַּגֵּל adapt (intr.), adjust (intr.), 432
הִסְתַּגֵּר shut oneself away, 434
הִסְתַּדֵּר settle in; be settled, 435
הִסְתּוֹבֵב go around; revolve, rotate 427
הִסְתַּיֵּים (הִסְתַּיֵּם) end (intr.), 443
הִסְתִּיר hide (tr.), conceal, 465
הִסְתַּכֵּל look (at), observe, 445
הִסְתַּכֵּם amount to, add up to, 447
הִסְתַּכֵּן endanger self; take a risk, 448
הִסְתַּלֵּק go away, withdraw, 450
הִסְתַּמֵּךְ rely, be dependent on, 452
הִסְתַּמֵּן be indicated, be marked, 454
הִסְתַּעֵר storm, attack, 456
הִסְתַּפֵּק be satisfied (with), 458
הִסְתַּפֵּר have one's hair cut, 462
הִסְתָּרֵק comb one's hair, 463
הִסְתַּתֵּר hide (intr.), 465
הֶעֱבִיד compel to work; employ, 468
הֶעֱבִיר transfer; cause to pass, 469
הֶעְדִּיף prefer, 472
הֵעֵז dare, 479
הֵעִיד bear witness, give evidence, 473
הֵעִיף fly (tr.), set flying, throw out, 475
הֵעִיר comment; wake, rouse, stir, 476
הֶעֱלָה put on; raise, lift, 486
הֶעֱלִיב insult, offend, 485
הֶעֱלִים hide, conceal, 488
הֶעֱמִיד stand (tr.), erect, set up, 490
הֶעֱמִיס load, 492
הֶעֱמִיק delve into; deepen, 492
הֶעֱנִיק award; grant, provide, 497
הֶעֱנִישׁ punish, 498
הֶעֱסִיק keep one busy; employ, 500
הֶעֱצִיב sadden, 502
הֶעֱרִיךְ esteem; estimate, assess, 512
הֶעֱרִיץ admire, venerate, idolize, 515
הֶעְתִּיק copy; move, transfer, 517
הִפְגִּין demonstrate, 518
הִפְגִּישׁ bring together, 522
הִפְחִיד frighten, scare, intimidate, 527
הִפְחִית decrease, lessen, reduce, 528
הִפִּיל drop; bring down, 406
הֵפִיץ spread; distribute; scatter, 523
הֵפִיק produce, extract, 524
הָפַךְ turn over, invert, reverse, 144
הִפְלִיא do wonders; amaze, astonish, 533
הִפְלִיט let slip (esp. words); eject, 534
הִפְנָה divert; refer, pass on, 537
הִפְסִיד lose; miss (bus, etc.), 541
הִפְסִיק interrupt; stop, cease, 544
הִפְעִיל activate, operate (machine), 546
הִפְצִיץ bomb, blast, 551
הִפְקִיד deposit; appoint, 552
הִפְקִיר forfeit (law); abandon, 556
הִפְרִיד separate, divide, 558
הִפְרִיעַ disturb, bother, interrupt, 564
הִפְשִׁיט undress (tr.); make abstract, 571
הִפְשִׁיר melt (tr., intr.), 573
הִפְתִּיעַ surprise, 576
הִצְבִּיעַ point; vote, 579
הִצְדִּיק vindicate, justify, 581
הִצְהִיר state, declare, 582
הִצְחִיק be funny; make laugh, 586
הִצְטַבֵּר accumulate (intr.), 579
הִצְטַיֵּיד (הִצְטַיֵּד) equip oneself, 588
הִצְטַיֵּין (הִצְטַיֵּן) excel, 589
הִצְטַיֵּיר (הִצְטַיֵּר) be pictured, 592
הִצְטַלֵּם have one's photo taken, 594
הִצְטַמְצֵם be condensed/confined, 599
הִצְטַנֵּן catch a cold; cool (down), 602
הִצְטַעֵר regret, be sorry, 604
הִצְטָרֵךְ need; have to, 607
הִצְטָרֵף join (as member, etc.), 609
הִצִּיב grade, rank; place, 269
הִצִּיג present, show, 271
הִצִּיל save, rescue, 409
הִצִּיעַ suggest, offer; make (bed), 273
הֵצִיף flood V, 584
הֵצִיץ glance; peek, 590
הֵצִיק torment; bother, annoy, 585
הִצְלִיחַ succeed, do well, 592
הִצְמִיד place next to, attach, 596
הִצְמִיחַ bring forth; cause to grow, 598
הִצְרִיךְ require, necessitate, 608
הִקְדִּים come early; advance sched., 614
הִקְדִּישׁ dedicate; devote, 617

הִקְטִין reduce, diminish (tr.), 621
הֵקִיא vomit, throw up, 624
הֵקִים set up, establish; raise, 620
הִקִּיף surround; comprise, include, 414
הֵקֵל ease, alleviate, relieve, 630
הִקְלִיד type, key in, 626
הִקְלִיט tape, record (on tape, etc.), 627
הִקְנָה provide; transfer (property), 635
הִקְסִים charm, enchant, fascinate, 636
הִקְפִּיא freeze (tr.), congeal (tr.), 637
הִקְפִּיד insist (on); be strict, 638
הִקְפִּיץ bounce (tr.); toss (cooking), 640
הִקְרִיא read aloud, recite, 643
הִקְרִיב sacrifice, bring offering, 645
הִקְרִין radiate (tr.), screen (film…), 647
הִקְשָׁה make difficult; harden, 652
הִקְשִׁיב listen, pay attention; obey, 651
הֶרְאָה show, exhibit, manifest, 657
הִרְבִּיץ beat, hit, 659
הָרַג kill, slay, 146
הִרְגִּיז enrage, upset, anger, annoy, 660
הִרְגִּיל accustom, habituate, 661
הִרְגִּיעַ soothe, calm, quieten, 663
הִרְגִּישׁ feel, sense, 663
הִרְדִּים anesthetize; put to sleep, 665
הִרְוִיחַ (הִרְוִיחַ) make profit, gain, 667
הִרְחִיב broaden, expand (tr.), 672
הִרְחִיק go far; send away, reject, 675
הִרְטִיב wet V, 677
הֵרִיחַ sense, smell, 678
הֵרִים raise, lift, pick up, 669
הֵרִיץ make run, operate, 671
הִרְכִּיב compose; assemble, 679
הָרַס destroy, ruin, demolish, 147
הִרְעִיב starve (tr.), 688
הִרְעִיד cause to tremble, shake (tr.), 689
הִרְעִישׁ make noise; bomb, shell, 691
הִרְצָה satisfy; lecture, address, 693
הִרְשָׁה allow; authorize, 696
הִרְשִׁים impress, 698
הִרְתִּיחַ boil (tr.), infuriate, 699
הִרְתִּיעַ deter, dissuade, discourage, 701
הִשְׁאִיל lend, 704
הִשְׁאִיר leave, leave behind, 706
הִשְׁבִּיעַ impose an oath on; swear in, 709
הִשְׁבִּית strike workplace; terminate, 712
הִשְׁגִּיחַ supervise, watch out for, 713
הִשְׁוָוה (הִשְׁוָה) compare, equate, 719
הִשְׁחִית corrupt V; vandalize, 726
הֵשִׁיב reply; return (tr.), 718
הִשִּׂיג obtain, achieve; overtake, 417
הִשִּׁיק touch; launch (ship), 421
הִשְׁכִּיב lay down, put to bed, 732
הִשְׁכִּיחַ cause to forget, 734
הִשְׂכִּיר lease, rent (tr.), 739
הִשְׁלִיט establish; put in control, 745
הִשְׁלִיךְ throw; expel; project (psy.), 746
הִשְׁלִים complete; supplement, 747
הִשְׁמִיד annihilate, 750
הִשְׁמִיט omit, leave out (accid.), 753
הִשְׁמִין fatten; grow fat(ter), 754
הִשְׁמִיעַ sound, voice; play (music), 756
הִשְׁעִין lean (against something), 766
הִשְׁפִּיל humiliate, disgrace, 771
הִשְׁפִּיעַ influence, affect, 771
הִשְׁקָה water, irrigate; give a drink, 776
הִשְׁקִיעַ cause to sink; invest, 778
הִשְׁקִיף overlook; observe, view, 780
הִשְׁתַּגֵּעַ go mad, act crazy (coll.), 714
הִשְׁתַּדֵּל try hard, endeavor, 716
הִשְׁתַּזֵּף sunbathe, tan V, 721
הִשְׁתַּחְרֵר set self free; be set free, 725
הִשְׁתַּיֵּךְ belong, 729
הִשְׁתִּין urinate, 788
הִשְׁתִּיק silence, 791
הִשְׁתַּכְלֵל become more advaned, 735
הִשְׁתַּכְנֵעַ become convinced, 737
הִשְׂתַּכֵּר earn wages, 738
הִשְׁתַּלֵּב integrate, fit in, 741
הִשְׁתַּלֵּט dominate, take control of, 744
הִשְׁתַּלֵּם complete studies; be worth, 747
הִשְׁתַּמֵּט shirk, dodge, evade, 753
הִשְׁתַּמֵּעַ be heard; be interpreted, 757
הִשְׁתַּמֵּשׁ use, make use of, 760
הִשְׁתַּנָּה change (intr.), vary, 762
הִשְׁתַּעֵל cough, 764
הִשְׁתַּעֲמֵם be/get bored, 765
הִשְׁתַּעֲשֵׁעַ have fun, play (with), 767
הִשְׁתַּפֵּךְ express one's feelings, 770
הִשְׁתַּפֵּר improve (intr.), 773
הִשְׁתַּפְשֵׁף rub oneself; be worn away, 775
הִשְׁתַּקֵּם become rehabilitated, 778

הִשְׁתַּקֵּעַ settle permanently, 779
הִשְׁתַּקֵּף be reflected, 781
הִשְׁתַּתֵּף participate, take part, 789
הִשְׁתַּתֵּק become/fall silent, 791
הִתְאַבֵּד commit suicide, 1
הִתְאַבֵּל mourn, 3
הִתְאַהֵב fall in love, 5
הִתְאוֹשֵׁשׁ recover, recuperate, 41
הִתְאַזֵּן balance (intr.), 8
הִתְאַחֵד unite (intr.), 10
הִתְאִים match, fit, suit, 793
הִתְאַכְזֵב become disappointed, 16
הִתְאַכְזֵר be cruel, 17
הִתְאַמֵּן train (intr.), practice, 22
הִתְאַמֵּץ try hard, strive, 23
הִתְאַסֵּף gather (intr.), 28
הִתְאַפֵּק control/restrain oneself, 31
הִתְאַפֵּר put on makeup (to oneself), 32
הִתְאַפְשֵׁר (נִתְאַפְשֵׁר) become possible, 33
הִתְאַרְגֵּן get organized, 34
הִתְאָרֵחַ stay as a guest, be hosted, 36
הִתְאָרֵךְ take longer than expected, 37
הִתְאַשְׁפֵּז be hospitalized, 39
הִתְבָּאֵס become depressed (coll.), 42
הִתְבַּגֵּר (נִתְבַּגֵּר) grow up, mature, 44
הִתְבַּהֵר become clear, 49
הִתְבּוֹנֵן look; observe; stare, 62
הִתְבַּזְבֵּז get spent, get wasted, 53
הִתְבַּטֵּא express oneself, 57
הִתְבַּטֵּל loaf; be cancelled, 60
הִתְבַּייֵשׁ (הִתְבַּיֵּשׁ) be embarrassed, 52
הִתְבַּלְבֵּל get confused, mixed (up), 64
הִתְבַּלֵּט be conspicuous, stand out, 66
הִתְבַּסֵּס become established, 70
הִתְבַּצֵּעַ get performed, 73
הִתְבַּקֵּשׁ be requested, be summoned, 75
הִתְבָּרֵךְ be blessed (with), 80
הִתְבָּרֵר be(come) clarified, 81
הִתְבַּשֵּׁל cook, boil, stew (intr.), 82
הִתְגַּבֵּר intensify (intr.); overcome, 85
הִתְגַּבֵּשׁ crystallize; become united, 87
הִתְגּוֹנֵן defend oneself, 106
הִתְגּוֹרֵר reside, 92
הִתְגַּייֵס (הִתְגַּיֵּס) volunteer; be drafted, 94
הִתְגַּלְגֵּל roll (int.), roll up (int.), 96
הִתְגַּלָּה be revealed, be uncovered, 97
הִתְגַּלֵּחַ shave (oneself), 100
הִתְגַּנֵּב sneak (in, out, or away), 104
הִתְגַּעְגֵּעַ yearn (for), miss, 107
הִתְגָּרֵד scratch self (due to itching), 109
הִתְגָּרֵשׁ be/get divorced, 112
הִתְגַּשֵּׁם (נִתְגַּשֵּׁם) materialize (intr.), 113
הִתְהַלֵּךְ move about, 141
הִתְהַפֵּךְ turn over; be inverted, 144
הִתְוודָּה (הִתְוַדָּה) confess, 249
הִתְוודֵּעַ (הִתְוַדֵּעַ) present oneself, 251
הִתְווכֵּחַ (הִתְוַכֵּחַ) argue, debate, 255
הִתּוֹסֵף (הִתְווסֵּף) get added, 262
הִתְחַבֵּא hide (intr.), 169
הִתְחַבֵּק embrace (intr.), 171
הִתְחַבֵּר form alliance; join together, 172
הִתְחַדֵּד become sharper/clearer, 175
הִתְחַדֵּשׁ renew (int.), resume (int.), 177
הִתְחוֹלֵל happen; be generated, 181
הִתְחַזֵּק become stronger, 183
הִתְחַייֵב (הִתְחַיֵּב) commit oneself, 178
הִתְחִיל begin, start, 797
הִתְחַכֵּם be a "wise guy", 192
הִתְחַלֵּף change places, 197
הִתְחַלֵּק be divided, be distributed, 199
הִתְחַמֵּם get warm, 201
הִתְחַמֵּק evade, escape, 202
הִתְחַנֵּן plead, entreat, beg, implore, 205
הִתְחַנֵּף flatter, be ingratiating, 206
הִתְחַפֵּשׂ disguise oneself, dress up, 214
הִתְחָרָה compete, 219
הִתְחָרֵט regret, be sorry, 220
הִתְחַרְפֵן freak out, go bananas (sl.), 222
הִתְחַשֵּׁב be considerate; consider, 223
הִתְחַשֵּׁק "feel like" (doing) coll., 227
הִתְחַתֵּן get married, 230
הִתְייָאֵשׁ (הִתְיָאֵשׁ) despair, 245
הִתְייַבֵּשׁ (הִתְיַבֵּשׁ) dry up, 247
הִתְייַחֵס (הִתְיַחֵס) relate (to), 254
הִתְייָעֵץ (הִתְיָעֵץ) consult (with), 265
הִתְייַצֵּב (הִתְיַצֵּב) stabilize (intr.), 269
הִתְייַקֵּר (הִתְיַקֵּר) become expensive, 276
הִתְייַשֵּׁב (הִתְיַשֵּׁב) sit down; settle, 281
הִתִּיר allow, permit; untie, 426
הִתְכַּוֵון (הִתְכַּוֵּן) mean, intend, 294
הִתְכַּוֵוץ (הִתְכַּוֵּץ) shrink (intr.), 295
הִתְכּוֹנֵן prepare oneself, get ready, 293

הִתְכּוֹפֵף bend (over, down), stoop, 308
הִתְכַּנֵּס assemble, come together, 302
הִתְכַּסָּה be covered ; cover oneself, 305
הִתְכַּתֵּב correspond, 316
הִתְלַבֵּט think over; have doubts, 318
הִתְלַבֵּשׁ get dressed, 319
הִתְלַהֵב be enthusiastic, 320
הִתְלַוָּוה (הִתְלַוָּה) join, accompany, 322
הִתְלוֹנֵן complain, 324
הִתְלַכְלֵךְ get dirty, 330
הִתְמוֹדֵד compete with, tackle, 335
הִתְמוֹטֵט collapse, break down, 337
הִתְמוֹסֵס dissolve (intr.), 354
הִתְמַזֵּג merge, blend in, 339
הִתְמִיד persevere, persist, 801
הִתְמַכֵּר become addicted, 344
הִתְמַלֵּא become full, fill up, 346
הִתְמַמֵּשׁ be realized, 349
הִתְמַסֵּר devote oneself, 356
הִתְמַצֵּא be familiar with, 358
הִתְמַקֵּד concentrate ,focus (intr.), 359
הִתְמַקֵּם locate oneself, 360
הִתְמָרֵד rebel, revolt, mutiny, 362
הִתְמַשֵּׁךְ extend, be continuous, 365
הִתְנַגֵּד oppose, object, resist, 373
הִתְנַגֵּן be sung, come out as melody, 374
הִתְנַגֵּשׁ clash, conflict; collide, 377
הִתְנַדֵּב volunteer, 378
הִתְנָה stipulate, require, condition, 803
הִתְנַהֵג behave, conduct oneself, 380
הִתְנַהֵל be conducted, proceed, 382
הִתְנוֹעֵעַ move, sway, swing, 386
הִתְנַחֵל settle, inhabit; squat (coll.), 390
הִתְנַסָּה be tested; experience, 400
הִתְנַפֵּחַ/...פַּחַ swell, puff up, 405
הִתְנַפֵּל attack, come down on, 406
הִתְנַצֵּל apologize, 410
הִתְנַקָּה clean oneself; become clean, 411
הִתְנַקֵּם take revenge, 413
הִתְנַשֵּׂא rise; be condescending, 415
הִתְנַשֵּׁק kiss each other, 420
הִתְנַתֵּק disengage; be severed, 424
הִתְעַדְכֵּן get (to be) updated, 471
הִתְעוֹדֵד be encouraged, cheer up, 474
הִתְעוֹפֵף fly about, fly, 475
הִתְעוֹרֵר wake up, rouse oneself, 476
הִתְעַטֵּף wrap/cover oneself, 481
הִתְעַיֵּיף (הִתְעַיֵּף) become tired, 482
הִתְעַכֵּב linger, tarry; be delayed, 483
הִתְעַלָּה exalt oneself; be exalted, 486
הִתְעַלֵּם ignore, overlook, 488
הִתְעַלֵּף faint, 489
הִתְעַמֵּק delve into, investigate, 493
הִתְעַנֵּג enjoy oneself, 493
הִתְעַנָּה fast V (lit.); suffer, 495
הִתְעַנְיֵין (הִתְעַנְיֵן) be interested, 497
הִתְעַסֵּק deal with, occupy self with, 500
הִתְעַצֵּב be/become sad, 502
הִתְעַצְבֵּן become annoyed, 503
הִתְעַצֵּל be lazy, get lazy, 504
הִתְעַקֵּם become crooked, 506
הִתְעַקֵּשׁ be stubborn ; insist, 509
הִתְעָרֵב bet; intervene, interfere, 509
הִתְעַרְבֵּב be mixed up together, 510
הִתְעַרְעֵר be undermined; deteriorate, 514
הִתְפַּגֵּר die, croak, 521
הִתְפּוֹצֵץ explode (intr.), burst, 550
הִתְפַּזֵּר scatter, be spread, 525
הִתְפַּטֵּר resign; get rid (of), 531
הִתְפַּלֵּא be surprised, wonder, 532
הִתְפַּלֵּל pray, 535
הִתְפַּנָּה be vacated; have (free) time, 538
הִתְפַּנֵּק indulge oneself, 541
הִתְפַּעֵל be impressed/excited, 547
הִתְפַּצֵּל split (intr.), branch out, 549
הִתְפַּרְנֵס earn a living, 562
הִתְפַּרְסֵם become famous, 563
הִתְפַּרֵעַ cause a disturbance, 564
הִתְפָּרֵץ burst in anger; burst in/out, 565
הִתְפָּרֵק disintegrate, fall apart, 566
הִתְפָּרֵשׁ be interpreted, 569
הִתְפַּשֵּׁט undress (intr.); expand, 571
הִתְפַּשֵּׁר compromise, 573
הִתְפַּתֵּחַ develop (intr.), 575
הִתְקַבֵּל be received/accepted, 610
הִתְקַדֵּם advance, progress, 614
הִתְקַיֵּים (הִתְקַיֵּם) take place, 625
הִתְקִין install, set up, 809
הִתְקִיף attack, assault, 812
הִתְקַלֵּחַ take a shower, 626
הִתְקַלֵּף peel (intr.), 632
הִתְקַלְקֵל break down, go bad, 632

הִתְקַפֵּל fold up, 638
הִתְקָרֵב be imminent; approach, 644
הִתְקָרֵר cool (intr.); catch a cold, 650
הִתְקַשָּׁה harden (intr.); find difficult, 651
הִתְקַשֵּׁר contact; be tied together, 654
הִתְרָאָה see each other, 657
הִתְרַאְיֵין (הִתְרַאְיֵן) be interviewed, 658
הִתְרַגֵּז become angry, 660
הִתְרַגֵּל get used to, 661
הִתְרַגֵּשׁ be moved (emotionally), 664
הִתְרוֹמֵם rise, 669
הִתְרוֹצֵץ run around, 670
הִתְרַחֵב expand (intr.), spread out, 672
הִתְרַחֵץ wash oneself, bathe, 674
הִתְרַחֵק keep/move away, go far, 675
הִתְרַחֵשׁ occur, happen, take place, 676
הִתְרִים elicit contributions, 816
הִתְרַכֵּז concentrate (intr.), 680
הִתְרַכֵּךְ soften (intr.), 682
הִתְרַסֵּק crash (intr.), 687
הִתְרַעֲנֵן become refreshed, 690
הִתְרַשֵּׁם be impressed, 698
הִתְרַתֵּחַ boil over, become furious, 700
וִידֵּא (וִדֵּא) confirm, verify, 148
וִיתֵּר (וִתֵּר) concede/give in; forego, 148
זוּהָה (זֻהָה) be identified, 149
זוּיַּף (זֻיַּף) be forged, be faked, 154
זוּכָּה (זֻכָּה) be acquitted; be credited, 156
זוּעֲזַע (זֻעֲזַע) be shaken; be upset, 164
זָז move (intr.), move away, 152
זָחַל crawl, creep, 153
זִיהָה (זִהָה) identify, recognize, 149
זִייֵּן (זִיֵּן) arm; "screw" (vulg.), 153
זִייֵּף (זִיֵּף) forge; be off key (music), 155
זִיכָּה (זִכָּה) acquit; credit (money), 156
זִימֵּן (זִמֵּן) invite; summon, 160
זִינֵּק (זִנֵּק) dash out; pounce, 163
זָכָה win (prize, etc.), gain, 155
זָכַר remember, recall, 157
זִלְזֵל despise, scorn, disdain, 159
זָלַל overeat, gorge oneself, 159
זָנַח leave, abandon, desert, 162
זִעְזַע shake, rock; upset, 163
זָרַח shine; illuminate, glow, 166
זָרַם flow, 166
זָרַק throw, toss, cast, fling, 167
חָגַג celebrate, observe (holiday), 174
חָדַר penetrate, 175
חוּבַּר (חֻבַּר) be joined, be connected, 173
חָוָוה (חָוָה) experience, 179
חוּיַּב (חֻיַּב) be obliged; be debited, 178
חוֹלֵל generate; perform, 181
חוּלַּק (חֻלַּק) be divided, 200
חוּסַּן (חֻסַּן) be immunized, 210
חָזַר return, come back; repeat, 184
חָטָא sin V, transgress, 186
חָטַף grab, snatch; hijack, kidnap, 187
חִיבֵּב (חִבֵּב) like, be fond of, 169
חִיבֵּל (חִבֵּל) sabotage, damage, 170
חִיבֵּק (חִבֵּק) hug, embrace, 171
חִיבֵּר (חִבֵּר) join; write (book, etc.), 172
חִידֵּד (חִדֵּד) sharpen; clarify, 174
חִידֵּשׁ (חִדֵּשׁ) renew, renovate, 176
חָיָה (חַי) live, be alive, 190
חִיוּוָּה (חִוָּה) express (esp. opinion), 180
חִיזֵּק (חִזֵּק) strengthen, fortify, 183
חִיזֵּר (חִזֵּר) woo, court, 185
חִייֵּב (חִיֵּב) oblige, force; charge, 178
חִייֵּג (חִיֵּג) dial, 189
חִייֵּךְ (חִיֵּךְ) smile, chuckle, 191
חִיכָּה (חִכָּה) wait, await; expect, 191
חִילֵּץ (חִלֵּץ) pull out; deliver, rescue, 198
חִילֵּק (חִלֵּק) divide; scatter, 199
חִימֵּם (חִמֵּם) heat, warm, 201
חִינֵּךְ (חִנֵּךְ) educate, bring up, train, 204
חִיסֵּל (חִסֵּל) destroy, wipe out, 208
חִיסֵּן (חִסֵּן) immunize; strengthen, 210
חִיפֵּשׂ (חִפֵּשׂ) look for, search (for), 213
חִישֵּׁב (חִשֵּׁב) calculate, 224
חִיתֵּן (חִתֵּן) marry off, 231
חָל occur; apply (law, intr.), 180
חָלָה fall sick, be sick, 193
חָלַם dream, 195
חָלַף pass away/by/through, 196
חָמַק escape, slip away, 202
חָנָה park (int.), be parked, 203
חָנַן pardon, grant amnesty, 205
חָנַק strangle, choke, suffocate, 207
חָסַךְ save (money); hold back, 208
חָסַם muzzle, block, obstruct, 209
חָסַר lack, be without; be absent, 211
חָפַר dig; explore in secret, 213

חָצָה cross; halve, divide, split, 214
חָקַר investigate, research, 215
חָרַב be destroyed, collapse, 216
חִרְבֵּן defecate (sl.); ruin (sl.), 217
חָרַג digress, deviate; exceed, 218
חָרַט engrave; turn (on a lathe), 219
חָרַשׁ plow, 222
חָשׁ feel, sense, 182
חָשַׁב think, consider; intend, 223
חָשַׁד suspect, 225
חָשַׂף expose, bare, uncover, 226
חָשַׁשׁ fear, concern, 227
חָתַךְ cut, 228
חָתַם sign; seal; complete, 229
חָתַר row; undermine; aim for, 231
טָבַע drown (intr.), sink (intr.), 232
טָחַן grind, mince, 234
טִיֵּל (טִיֵּל) go for a walk/on trip, 235
טִיפַּח (טִפַּח) nurture, foster, tend, 239
טִיפֵּל (טִפֵּל) look after, treat (med.), 240
טִיפֵּס (טִפֵּס) climb, 241
טִלְפֵּן make a phone call, 235
טָס fly (intr.), 233
טָעָה make a mistake, err, 236
טָעַם taste (tr.), 237
טָעַן load; charge (battery), 237
טָעַן claim, argue; plead (a case), 238
טָרַח work hard, take pains, 242
טָרַף devour; prey; scramble, 244
יָדַע know, 249
יוּעַד (יֻעַד) be designated, 263
יוּצָא (יֻצָּא) be exported, 268
יוּצַר (יֻצַּר) be produced, 275
יָזַם initiate, plan, 252
יֵיאֵשׁ (יֵאֵשׁ) cause despair, 246
יִיבֵּשׁ (יִבֵּשׁ) dry (up) (tr.); drain, 247
יִידַּע (יִידֵּעַ) [יִדַּע (יִדֵּעַ)] inform, 250
יִיחֵד (יִחֵד) designate; make different, 253
יִיחֵס (יִחֵס) attribute, ascribe, 254
יִיסֵּד (יִסֵּד) found, establish, 260
יִיעֵל (יִעֵל) make (more) efficient, 264
יִיעֵץ (יִעֵץ) advise, counsel, 265
יִיצֵּא (יִצֵּא) export, 267
יִיצֵּב (יִצֵּב) stabilize, strengthen, 270
יִיצֵּג (יִצֵּג) represent, 272
יִיצֵּר (יִצֵּר) produce, manufacture, 274
יִיקֵּר (יִקֵּר) raise the price, 275
יִישֵּׁב (יִשֵּׁב) settle (tr.); solve, 282
יִישֵּׂם (יִשֵּׂם) apply, 283
יִישֵּׁר (יִשֵּׁר) straighten, flatten, 285
יָכוֹל (יָכֹל) can, be able, 257
יָלַד give birth, bear, 258
יָנַק suckle; breast-feed; absorb, 259
יָצָא leave; come/go out, emerge, 267
יָצַר create, produce, form, 274
יָרַד go/come down, 276
יָרָה fire, shoot, 278
יָרַשׁ inherit, 279
יָשַׁב sit, sit down; reside, 280
יָשַׁן sleep, 284
כָּאַב feel pain ; hurt, be painful, 286
כָּבָה (כָּבָה) go out (fire, light), 289
כָּבַשׁ conquer; pave surface (road), 291
כּוּנָּה (כֻּנָּה) be named; be known as, 300
כּוּסָּה (כֻּסָּה) be covered, 305
כּוֹפֵף bend (tr.); compel, 309
כִּיבֵּד (כִּבֵּד) respect; offer food, 287
כִּיבָּה (כִּבָּה) extinguish, turn off, 289
כִּיבֵּס (כִּבֵּס) wash (clothes), launder, 290
כִּיווֵּן (כִּוֵּן) aim, direct; adjust, 295
כִּיווֵּץ (כִּוֵּץ) shrink (tr.), contract (tr.), 296
כִּיֵּיף (כִּיֵּף) enjoy oneself (coll.), 297
כִּינָּה (כִּנָּה) name; nickname, 300
כִּינֵּס (כִּנֵּס) gather, bring together, 301
כִּיסָּה (כִּסָּה) cover, conceal, 304
כָּלָא confine; imprison, 297
כָּלַל include, comprise, contain, 298
כָּעַס be angry, lose one's temper, 306
כָּפָה force, compel, coerce, 307
כָּרַע kneel, 312
כָּרַת cut down, cut off, 313
כָּתַב write, 316
לָבַשׁ wear; put on clothing, 318
לָוָה (לָוָה) borrow (money), 321
לָחַם fight, 325
לָחַץ press, exert pressure; oppress, 326
לָחַשׁ whisper, 327
לִיוּוָּה (לִוָּה) accompany, escort, 322
לִיטֵּף (לִטֵּף) stroke, pet, caress, 328
לִימֵּד (לִמֵּד) teach, instruct, train, 331
לָכַד capture, 328
לִכְלֵךְ dirty, soil, 330

לָמַד learn, study, 331
לָן stay overnight, lodge, 323
לָעַג mock, ridicule, 332
לָקַח take, 333
מָדַד measure, survey, 335
מוֹטֵט cause to collapse, 337
מוּלָּא (מֻלָּא) be filled, 346
מוּמַּשׁ (מֻמַּשׁ) be realized, 350
מוּנָּה (מֻנָּה) be appointed, 351
מוּקַּם (מֻקַּם) be placed, be situated, 360
מָחָה erase; protest, object, 340
מִחְזֵר recycle, 340
מָחַק blot out ; erase, delete, 341
מִחְשֵׁב computerize, 343
מִיהֵר (מִהֵר) hurry; be fast (clock), 336
מִייֵּן (מִיֵּן) sort, 343
מִילֵּא (מִלֵּא) fulfill (promise); fill, 345
מִימֵּן (מִמֵּן) finance, pay for, 348
מִימֵּשׁ (מִמֵּשׁ) realize (tr.), implement, 349
מִינָּה (מִנָּה) appoint, 351
מִיקֵּד (מִקֵּד) focus (tr.), 359
מִיקֵּם (מִקֵּם) place V, situate, 361
מֵירֵר (מֵרֵר) embitter, 364
מִיתֵּן (מִתֵּן) moderate, calm, 368
מָכַר sell, 344
מָנָה count; amount to, number, 350
מָנַע prevent, 352
מִסְפֵּר number (V), 355
מָסַר hand over, deliver; inform, 355
מָצָא find, discover, come upon, 357
מָרַד rebel, revolt, 361
מָרַח spread, smear, rub in, 363
מָשַׁךְ pull; attract; withdraw money, 365
מֵת die, 338
מָתַח pull, stretch (tr.), 366
נֶאֱבַד be lost; perish, 2
נֶאֱבַק struggle, wrestle, fight, 4
נֶאֱחַז grasp; settle (in a place), 11
נֶאֱטַם be sealed, 13
נֶאֱכַל be eaten, 18
נֶאֱלַץ have to; be compelled, 20
נָאַם make a speech, address, 369
נֶאֱמַר be said, be told, 25
נֶאֱנַס be raped; be coerced, 27
נֶאֱסַף be gathered, 28
נֶאֱסַר be forbidden; be arrested, 29
נִבְדַּק be inspected, be examined, 46
נִבְהַל become frightened, scared, 48
נָבַח bark, 369
נִבְחַן be tested; be examined, 55
נִבְחַר be chosen, be elected, 56
נִבְלַע be swallowed, be absorbed, 68
נִבְנָה be built, 69
נָבַע flow forth, stem, derive (intr.), 371
נִבְרָא be created, 76
נָגַד be in opposition (to), 373
נִגְזַר be cut; be derived, 94
נִגְלָה be revealed, be disclosed, 97
נִגְמַר be finished, 101
נִגְנַב be stolen, 103
נָגַע touch; concern, affect, 375
נִגְרַם be caused, be brought about, 110
נִגְרַר be dragged, be hauled, 111
נִדְבַּק be glued; be infected, 115
נִדְבַּר talk; agree beforehand, 117
נָדַד wander, roam, migrate (birds), 379
נִדְהַם be astonished, 119
נִדְחָה be postponed, be rejected, 123
נִדְחַף be pushed; thrust oneself, 124
נִדְחַק be pushed aside, 126
נִדְלַק be lit, be turned on (light), 129
נִדְמָה resemble; seem, appear to be, 130
נִדְפַּק be knocked, be beaten, 133
נִדְקַר be pricked, be stabbed, 134
נִדְרַס be run over, be trampled, 137
נִדְרַשׁ be required, be requested, 138
נָהַג drive (vehicle); behave/act (as), 380
נִהְיָה become, turn into, 140
נֶהֱנָה enjoy, benefit from, 143
נֶהְפַּךְ be changed; be inverted, 145
נֶהֱרַג be killed, be slain, 146
נֶהֱרַס be destroyed, be ruined, 147
נוֹאַשׁ despair, lose hope, give up, 245
נוֹדַע become known, 250
נוֹכַח realize, find out, 256
נוֹלַד be born, be created, 257
נוֹסַד be founded, be established, 260
נוּסָּה (נֻסָּה) be tried; be tested, 400
נוֹסַף be added, 261
נוֹעַד be intended for; meet, 263
נוּצַּל (נֻצַּל) be exploited/utilized, 410
נוֹצַר be created; occur, 274

נוֹרָה be fired (gun), be shot (person), 279
נוּתַּק (נֻתַּק) be disconnected/severed, 425
נוֹתַר be left, remain, 285
נִזְהַר be careful, take care, beware, 150
נִזְכַּר be mentioned; recall, 157
נָזַף reproach, reprimand, censure, 388
נִזְרַק be thrown, be flung, be cast, 168
נָח rest, be at rest, take a rest, 383
נֶחְטַף be snatched, be hijacked, 187
נֶחֱלַץ escape, be rescued, 198
נֶחֱנַק be strangled, 207
נֶחְסַם be blocked, be obstructed, 209
נֶחְקַר be investigated/researched, 216
נֶחֱרַב be destroyed, be ruined, 217
נֶחֱרַט be engraved, 220
נֶחְשַׁב be regarded as; be esteemed, 223
נֶחְשַׂף be exposed, be uncovered, 226
נָחַת land (intr.); come down, 391
נֶחְתַּךְ be cut, 228
נֶחְתַּם be signed, be sealed, 230
נָטָה tend, be inclined; turn aside, 392
נָטַל take, grasp, hold, 394
נָטַע plant; instill; stick, 395
נִטְפַּל pester; cling to, 240
נִטְרֵל neutralize, 396
נִטְרַף be devoured; be scrambled, 244
נָטַשׁ leave, abandon, neglect, 396
נִיגֵּב (נִגֵּב) wipe, dry, 372
נִיגֵּן (נִגֵּן) play (music), 374
נִיגַּשׁ (נִגַּשׁ) approach, 377
נִידֵּב (נִדֵּב) donate, 378
נִיהֵל (נִהֵל) manage, run, 382
נִיוּוֵט (נִוֵּט) navigate, 385
נִיחֵשׁ (נִחֵשׁ) guess; hypothesize, 391
נִיסָּה (נִסָּה) try; test, 400
נִיסַּח (נִסַּח) formulate; word V, 401
נִיפַּח (נִפַּח) inflate, blow up, 405
נִיצַּב (נִצַּב) stand, position oneself, 270
נִיצַּח (נִצַּח) win; conduct (band), 408
נִיצֵּל (נִצֵּל) exploit, take advantage of, 409
נִיצַּל be saved, be rescued, 409
נִיקָּה (נִקָּה) clean; exonerate, 411
נִישָּׂא be carried; be married, 416
נִישֵּׁק (נִשֵּׁק) kiss, 420
נִיתֵּב (נִתֵּב) route, guide, direct, 422
נִיתַּח (נִתַּח) analyze; operate (med.), 423
נִיתַּן be given, be issued; be feasible, 424
נִיתֵּק (נִתֵּק) disconnect; cut off, 425
נִכְבָּה go out (light), be extinguished, 289
נִכְבַּשׁ be conquered, 291
נָכַח be present, attend, 398
נִכְלָא be imprisoned, be incarcerated, 298
נִכְלַל be included, 299
נִכְנַס enter, go in, 301
נִכְנַע yield, surrender, 303
נִכְשַׁל stumble, slip; fail (intr.), 313
נִכְתַּב be written, 316
נִלְחַם fight, 324
נִלְחַץ be pressed, be squeezed, 327
נִלְכַּד be captured, 329
נִלְמַד be learned, be studied, 331
נִלְקַח be taken, 333
נִמְאַס be fed up with; be repulsive, 334
נִמְדַּד be measured, be surveyed, 336
נִמְחַק be erased, be deleted, 341
נִמְכַּר be sold, 345
נִמְלַט escape, run away, 347
נִמְנָה be counted, be numbered, 351
נִמְנַע avoid, abstain, 353
נָמַס melt (intr.), dissolve (intr.), 353
נִמְסַר be delivered, be reported, 356
נִמְצָא be found; be located; exist, 357
נִמְרַח be spread, be smeared, 363
נִמְשַׁךְ last; be pulled, be attracted, 365
נִמְתַּח be stretched, 367
נִנְעַל be/get locked, be closed, 404
נִסְגַּר be closed, close/shut (intr.), 433
נָסוֹג withdraw, retract, 437
נִסְחַב be drawn/dragged, 440
נִסְחַף be carried away, be swept, 441
נִסְלַח be forgiven, 449
נָסַע go (by vehicle), travel, 402
נִסְפַּג be absorbed, 457
נִסְפַּר be counted, 460
נִסְתַּם be plugged, be stopped up, 464
נָע move, 385
נֶעֱזַב be left, be abandoned, 478
נֶעֱזַר be helped, be aided, 480
נֶעֱטַף be wrapped, be enveloped, 481
נָעַל lock, close; put on (shoe), 403
נֶעֱלַב be insulted, be offended, 484
נֶעֱלַם vanish, disappear, 488

נֶעֱמַד stand, come to a halt, 490
נַעֲנָה be answered (positively), 494
נֶעֱנַשׁ be punished, 499
נֶעֱצַר stop (intr.); be arrested, 505
נֶעֱקַץ be stung, be bitten, 508
נֶעֱרַךְ be arranged; be edited, 513
נַעֲשָׂה be done; be made; become, 516
נִפְגַּע be hit, be injured; be offended, 519
נִפְגַּשׁ meet (usually by design), 522
נִפְטַר pass away; part from, 530
נָפַל fall, 406
נִפְלַט get ejected, slip (words), 534
נִפְסַל be disqualified; be rejected, 542
נִפְסַק cease, stop, be cut off, 545
נִפְצַע be wounded, be injured, 550
נִפְקַח open (eyes, ears) (intr.), 554
נִפְרַד part from; be separated, 557
נִפְרַט be broken (to smaller units), 559
נִפְתַּח be opened; begin with, 574
נִפְתַּר be solved, be resolved, 577
נִצְמַד stick (to), cling (to), 596
נִקְבַּע be determined, be established, 612
נִקְבַּר be buried, 613
נָקַט take (measure, stand, view), 412
נִקְטַע be interrupted; be amputated, 622
נִקְלַט be absorbed; take root, 628
נִקְלַע happen to get somewhere, 631
נָקַם revenge, avenge, 413
נִקְנָה be bought, 635
נִקְרָא be called, be named; be read, 643
נִקְרַע be split; be torn, be rent, 649
נִקְשַׁר be connected; be tied, 655
נִרְאָה be seen; seem, appear, 656
נִרְגַּע relax; be(come) calm, 662
נִרְדַּם fall asleep, 665
נִרְדַּף be pursued; be persecuted, 667
נִרְטַב get wet, 677
נִרְכַּשׁ be acquired, be obtained, 684
נִרְמַז be hinted, be suggested, 686
נִרְפָּא be cured, get well, recover, 692
נִרְצַח be murdered, 695
נִרְשַׁם be drawn; be registered, 697
נִרְתַּע be deterred; recoil, flinch, 700
נָשָׂא carry; endure; marry (tr.), 415
נִשְׁאַב be pumped, be drawn, 703
נִשְׁאַל be asked; be borrowed, 704
נִשְׁאַר remain, stay behind, be left, 706
נָשַׁב blow (wind), 417
נִשְׁבָּה be captured; be captivated, 707
נִשְׁבַּע swear, take an oath, 708
נִשְׁבַּר be broken, be crushed, 711
נִשְׁדַּד be stolen; be robbed, 715
נִשְׁחַט be slaughtered, be butchered, 724
נִשְׁטַף be washed, be rinsed, 727
נָשַׁךְ bite, 418
נִשְׁכַּב lie/fall down, 732
נִשְׁכַּח be forgotten, 733
נִשְׂכַּר be hired, be leased, 740
נִשְׁלַח be sent, 743
נִשְׁלַט be ruled, be controlled, 744
נִשְׁלַם be completed, 747
נִשְׁלַף be drawn, be removed, 750
נָשַׁם breathe, 419
נִשְׁמַט be omitted, 752
נִשְׁמַע be heard, be listened to; obey, 756
נִשְׁמַר be guarded; watch out, 758
נִשְׁעַן lean on/against, depend on, 765
נִשְׁפַּט be brought to trial, be judged, 769
נִשְׁפַּךְ be spilled, be poured out, 770
נָשַׁק kiss; come together, touch, 421
נִשְׁקַל be weighed; be considered, 777
נִשְׂרַט be scratched, 783
נִשְׂרַף be burnt, be destroyed by fire, 785
נִתְלָה be hung, be suspended, 800
נִתְמַךְ be supported, be aided, 802
נָתַן give, 423
נִתְפַּס be caught, be seized, 805
נִתְקַל bump into, encounter, 808
נִתְקַע be thrust into, be stuck, 811
נִתְקַף be attacked, 812
נִתְרַם be contributed, be donated, 816
סָבַל suffer, endure; tolerate, 430
סָבַר think, be of the opinion, 431
סָגַר shut, close; confine, 433
סוֹבֵב turn; go around, encircle, 427
סוּדַּר (סֻדַּר) be arranged, 436
סוּיַּם (סֻיַּם) be ended, be finished, 444
סוּלַּק (סֻלַּק) be removed, 451
סוּמַּן (סֻמַּן) be marked, 454
סוּפַּק (סֻפַּק) be satisfied; be supplied, 459
סָחַב drag, draw, 440
סָחַט squeeze; wring; extort, 441

סָחַף sweep ,wash away, 442
סָטָה digress, deviate, 442
סִיבֵּךְ (סִבֵּךְ) complicate, 429
סִיגֵּל (סִגֵּל) adapt (tr.), adjust (tr.), 432
סִידֵּר (סִדֵּר) arrange; settle, 435
סִיוּוֵג (סִוֵּג) classify, categorize, 438
סִיֵּים (סִיֵּם) end (tr.), finish, 443
סִיֵּיעַ (סִיֵּעַ) assist, support, aid, help, 444
סִיֵּיר (סִיֵּר) patrol; inspect; tour, 445
סִיכֵּם (סִכֵּם) summarize, add up, 446
סִיכֵּן (סִכֵּן) risk, endanger, 448
סִילֵּק (סִלֵּק) remove, dispose of, 450
סִימֵּן (סִמֵּן) mark, indicate, 453
סִימֵּס (סִמֵּס) send SMS (sl.), 455
סִיפֵּק (סִפֵּק) supply; satisfy, 458
סִיפֵּר (סִפֵּר) tell, inform, narrate, 460
סִיפֵּר (סִפֵּר) cut (hair), 461
סֵירֵב (סֵרֵב) refuse, 462
סֵירֵק (סֵרֵק) comb, 463
סָלַח forgive, pardon, 449
סָמַךְ rely, depend; lean, 451
סָעַד eat, dine; sustain, support, 455
סָפַג absorb, 457
סָפַר count, number, 460
סָר drop in; turn, turn aside, 439
סָרַק comb; scan; card, 463
סָתַם block; stop up ,seal, plug, 464
עָבַד work; till (soil); worship, 466
עָבַר pass through; cross, 469
עִדְכֵּן update, 470
עוּבַּד (עֻבַּד) be processed; be adapted, 467
עוֹדֵד encourage, support, 473
עוּדְכַּן (עֻדְכַּן) be updated, 471
עוּנָּה (עֻנָּה) be tortured, 496
עוּצַּב (עֻצַּב) be designed, be formed, 501
עוּרְבַּב (עֻרְבַּב) be mixed; be muddle, 511
עוֹרֵר rouse, wake, 477
עָזַב leave, abandon, 478
עָזַר help, assist, aid, 479
עָטַף wrap, 480
עִיבֵּד (עִבֵּד) process; till (soil); adapt, 467
עִיֵּין (עִיֵּן) read, study, reflect, 482
עִיכֵּב (עִכֵּב) delay, hold up; hinder, 483
עִיכֵּל עִכֵּל digest, 484
עִינָּה (עִנָּה) torture, 495
עִיצֵּב (עִצֵּב) design, form, shape, 501

עִיקֵּם (עִקֵּם) distort; bend, twist, 506
עִירֵב (עִרֵב) mix; involve, 510
עִישֵּׁן (עִשֵּׁן) smoke; fumigate, 517
עָלָה rise; cost; immigrate (to Israel), 485
עָמַד stand (up); halt; be about to, 490
עָנָה answer, 494
עִנְיֵין (עִנְיֵן) interest (tr.), 496
עָסַק engage in, deal in, 499
עָף fly, 475
עִצְבֵּן irk, irritate, bother, anger, 503
עָצַר stop, halt; arrest, 504
עָקַב track; follow, 505
עָקַף bypass; avoid, evade; overtake, 507
עָקַץ sting, bite; insult, 508
עִרְבֵּב mix; confuse, 511
עָרַךְ arrange; edit, 512
עִרְעֵר undermine; appeal, 514
עָשָׂה do, make; cause, bring about, 515
פָּגַע hit (target); harm; insult 519
פָּגַשׁ meet (usually by chance), 521
פּוּזַּר (פֻּזַּר) be scattered/disbanded, 525
פּוּטַּר (פֻּטַּר) be fired, be discharged, 530
פּוּנָּה (פֻּנָּה) be cleared, be evacuated, 539
פּוּנַּק (פֻּנַּק) be pampered/indulged, 540
פּוּצַּל (פֻּצַּל) be divided, be split, 549
פּוּצַּץ (פֻּצַּץ) be blown up, be smashed, 550
פּוֹצֵץ blow up, smash, 550
פּוֹרַט (פֹּרַט) be given in detail, 560
פּוּרְסַם (פֻּרְסַם) be published, 563
פּוֹרַק (פֹּרַק) be dismantled, 567
פּוּתַּח (פֻּתַּח) be developed, 575
פַּחֵד [פָּחַד] be afraid, fear, 526
פָּחַד fear, be afraid of, 527
פָּחַת lessen, decrease, 528
פִּטְפֵּט chatter, prattle, gossip, 529
פָּטַר exempt; dismiss, 531
פִּיגֵּר (פִּגֵּר) fall/lag behind, be slow, 520
פִּיזֵּר (פִּזֵּר) scatter (tr.); disband, 525
פִּיטֵּר (פִּטֵּר) fire, discharge, 530
פִּינָּה (פִּנָּה) vacate; clear, clear out, 538
פִּינֵּק (פִּנֵּק) spoil; pamper, indulge, 540
פִּיסֵּק (פִּסֵּק) punctuate, 545
פִּיצָּה (פִּצָּה) compensate, 548
פִּיצֵּל (פִּצֵּל) divide, split, 549
פִּיקֵּחַ (פִּקֵּחַ) inspect, supervise, 554
פֵּירֵט (פֵּרֵט) specify, give in detail, 559

פֵּירֵק (פֵּרֵק) dismantle, take apart, 567
פֵּירֵשׁ (פֵּרֵשׁ) explain, interpret, 568
פִּיתֵּחַ (פִּתֵּחַ) develop, 575
פָּלַט eject, emit, throw up, 533
פְּלִרְטֵט flirt V, 536
פָּלַשׁ invade, 536
פָּנָה turn; turn to, apply (to), 537
פִנְטֵז fantasize (sl.), 539
פָּסַל reject; invalidate; disqualify, 542
פִסְפֵּס miss (bus, etc.) (coll.), 543
פָּסַק stop, cease; pass sentence, 544
פָּעַל act, work, function, 546
פָּצַע wound, injure; split, crack, 550
פָּקַד order, command; hold census, 552
פָּקַח open (eyes, ears) (tr.), 553
פִּקְפֵּק doubt, 555
פִּרְגֵּן compliment; bear no jealousy, 557
פֵּרַט break to smaller units, 560
פִּרְנֵס support, provide for, maintain, 561
פִּרְסֵם publicize, advertise; publish, 562
פָּרַץ break open, break into, 565
פָּרַק rescue, deliver (lit.); unload, 567
פֵּרַשׁ leave, withdraw, retire, secede, 570
פָּשַׁט take off (clothes); raid, 571
פָּתַח begin, start; open, 574
פָּתַר solve (problem), resolve, 577
צָבַע paint, color, dye, 578
צָבַר accumulate (tr.); gather, 580
צָדַק be right, be just, 580
צוּיַּד (צֻיַּד) be equipped, 587
צוּיַּן (צֻיַּן) be marked, be noted, 589
צוּיַּר (צֻיַּר) be drawn, be illustrated, 591
צוּלַּם (צֻלַּם) be photographed, 595
צוּמְצַם (צֻמְצַם) be reduced, 599
צוּנַּן (צֻנַּן) be cooled, 601
צוֹרַף (צֹרַף) be added, be attached, 609
צִחְצַח polish, burnish (metal), 585
צָחַק laugh, 586
צִיוָּה (צִוָּה) order, command, 582
צִייֵּד (צִיֵּד) equip, oufit, 588
צִייֵּן (צִיֵּן) mark, note, point out, 588
צִייֵּר (צִיֵּר) draw, paint; describe, 591
צִילֵּם (צִלֵּם) photograph, 594
צִינֵּן (צִנֵּן) cool, cool down, 601
צִיעֵר (צִעֵר) sadden, distress, 604
צִיפָּה (צִפָּה) expect, look out for, 605

צֵירַף (צֵרַף) (צֵירֵף) combine; attach, 609
צָלַח cross, traverse, ford, 593
צָלַל sink; dive, 593
צִלְצֵל ring, chime; ring up, 595
צָם fast V, 583
צָמַח grow (intr.); spring (from), 597
צִמְצֵם reduce, cut down, 598
צָנַח parachute; drop (intr.), 600
צָעַד march, pace, step, 602
צָעַק shout, yell, 603
צָף float; arise, 584
צָפָה watch, observe; foresee, 605
צִפְצֵף whistle, chirp; disregard, 606
צָץ sprout, bloom; pop up, 590
צָרַח scream, screech, 607
צָרַךְ use, consume; need, 607
קָבַע fix, determine, establish, 611
קָבַר bury, 612
קָדַח drill, bore, 613
קָדַם precede, anticipate, 615
קוּדַּם (קֻדַּם) be preceded/advanced, 615
קוּדַּשׁ (קֻדַּשׁ) be sanctified, 618
קוּלַּל (קֻלַּל) be cursed, 629
קוּלְקַל (קֻלְקַל) be out of order, 633
קוּפַּל (קֻפַּל) be folded, 639
קָטוֹן become smaller, 621
קָטַע interrupt; truncate; amputate, 622
קָטַף pick (fruit, flowers), pluck, 623
קִיבֵּל (קִבֵּל) accept; receive, get, 610
קִידֵּם (קִדֵּם) advance (tr.); greet, 615
קִידֵּשׁ (קִדֵּשׁ) sanctify; treat as holy, 617
קִיוָּה (קִוָּה) hope, expect, 619
קִיטֵּר (קִטֵּר) complain a lot (sl.), 624
קִייֵּם (קִיֵּם) fulfill; carry out; hold, 625
קִילֵּל (קִלֵּל) curse, 629
קִילֵּף (קִלֵּף) peel; scrape off, 631
קִינֵּא (קִנֵּא) envy, be jealous, 634
קִיפֵּל (קִפֵּל) fold; collapse (tr.), 639
קִיצֵּץ (קִצֵּץ) chop; cut off; cut back, 641
קִיצֵּר (קִצֵּר) shorten (tr.), be brief, 641
קֵירֵב (קֵרֵב) bring closer; befriend, 645
קֵירֵר (קֵרֵר) chill, cool, refrigerate, 650
קִישֵּׁט (קִשֵּׁט) decorate, adorn, 652
קִישֵּׁר (קִשֵּׁר) tie; connect, link, 655
קָלַט absorb, receive, comprehend, 627
קָלַע hit; shoot, 630

קִלְקֵל spoil, damage, ruin, 633
קָם get up, stand up, 619
קָנָה buy, purchase, 634
קָפָא freeze, solidify, 637
קָפַץ jump, leap, 639
קָרָא read; name; call, 642
קָרַב draw near, approach (intr.), 645
קָרָה happen, occur, 646
קָרַן radiate, shine, 648
קָרַע tear, 649
קִשְׁקֵשׁ chatter; scribble, 653
קָשַׁר tie, bind; conspire, 654
רָאָה see; perceive, realize, 656
רִאְיֵין (רִאְיֵן) interview, 658
רָב quarrel, dispute, wrangle, fight, 678
רָבַץ lie down, crouch, 659
רָדַף pursue; persecute, 666
רוּוַּח (רֻוַּח) be relieved, 668
רוּכַּז (רֻכַּז) be concentrated, 681
רוּמָּה (רֻמָּה) be cheated, 685
רוּתַּק (רֻתַּק) be confined, 702
רָחַץ wash, bathe, 674
רִיגֵּשׁ (רִגֵּשׁ) move (emotionally), 664
רִיחֵם (רִחֵם) pity, have mercy, 673
רִיכֵּז (רִכֵּז) concentrate (tr.), 681
רִיכֵּךְ (רִכֵּךְ) soften (tr.), weaken (tr.), 682
רִיכֵל (רִכֵל) gossip V, 683
רִימָּה (רִמָּה) cheat, 684
רִיסֵּס (רִסֵּס) spray, 686
רִיסֵּק (רִסֵּק) smash, pulverize, 687
רִיפֵּא (רִפֵּא) cure, heal, 692
רִיתֵּק (רִתֵּק) confine; fascinate, 701
רָכַב ride, 679
רָכַשׁ acquire, purchase, 683
רָמַז hint, make a sign, 685
רָעַד tremble, shake, 689
רִעֲנֵן refresh, invigorate, 690
רָעַשׁ make noise, 691
רָץ run, 670
רָצָה want, wish, 693
רָצַח murder, 694
רָקַד dance, 695
רָשַׁם record, register; list; draw, 697
רָתַח boil (intr.); rage, fume, 699
שָׁאַב draw, pump, 702
שָׁאַל ask, request; borrow, 703
שָׁאַף inhale; aspire, strive, 705
שָׁב return (intr.); repeat, 718
שָׁבָה capture, 707
שָׁבַר break (tr.); destroy, 711
שָׁבַת strike (labor); rest; cease, 712
שָׁדַד rob, burglarize, plunder, 715
שׁוּבַּץ (שֻׁבַּץ) be assigned; be placed, 710
שׁוּדַּר (שֻׁדַּר) be broadcast, 717
שׁוּחְזַר (שֻׁחְזַר) be reconstructed, 723
שׂוֹחַח (שׂוֹחֵחַ) talk, converse, chat, 728
שׁוּחְרַר (שֻׁחְרַר) be released, 725
שׁוֹטֵט roam, rove; loiter, 720
שׁוּכְנַע (שֻׁכְנַע) be convinced, 737
שׁוּלַּב (שֻׁלַּב) be integrated, 742
שׁוּלַּם (שֻׁלַּם) be paid, 748
שׁוּמַּן (שֻׁמַּן) be oiled, 755
שׁוּנָּה (שֻׁנָּה) be changed/altered, 763
שׁוּעֲשַׁע (שֻׁעֲשַׁע) be entertained, 768
שׁוּפַּר (שֻׁפַּר) be improved, 774
שׁוּתַּף (שֻׁתַּף) be included, 789
שׁוּתַּק (שֻׁתַּק) be paralyzed, 792
שָׂחָה swim, 722
שִׁחְזֵר reconstruct, restore, 722
שָׁחַט slaughter, butcher, 723
שִׁחְרֵר set free, liberate, release, 725
שָׁט sail; roam, wander, 720
שָׁטַף wash, rinse, 727
שִׁיבַּח (שִׁבַּח) exalt; praise, glorify, 708
שִׁיבֵּץ integrate; assign; set (gem), 710
שִׁיגַּע (שִׁגַּע) drive crazy; confuse, 714
שִׁידֵּל (שִׁדֵּל) coax, persuade, 716
שִׁידֵּר (שִׁדֵּר) broadcast, transmit, 717
שִׁיוּוֵק (שִׁוֵּק) market, sell, 721
שִׂיחֵק (שִׂחֵק) play (game); act, 724
שִׁיֵּךְ (שִׁיֵּךְ) attribute, ascribe, 729
שִׁילֵּב (שִׁלֵּב) combine, interweave, 741
שִׁילֵּם (שִׁלֵּם) pay, 746
שִׂימַּח (שִׂמַּח) make happy, 752
שִׁימֵּן (שִׁמֵּן) oil, grease, lubricate, 755
שִׁימֵּר (שִׁמֵּר) guard; preserve, 759
שִׁימֵּשׁ (שִׁמֵּשׁ) be used/serve as, 760
שִׁינָּה (שִׁנָּה) change (tr.), alter, 762
שִׁיעֵר (שִׁעֵר) assume; suppose, 766
שִׁיפֵּץ (שִׁפֵּץ) renovate, 773
שִׁיפֵּר (שִׁפֵּר) improve, 774
שִׁיקֵּם (שִׁקֵּם) rehabilitate, 777

שִׁיקֵף (שִׁקֵּף) reflect; show; indicate, 780
שִׁיקֵר (שִׁקֵּר) lie, 781
שֵׁירֵת (שֵׁרֵת) serve, minister, 786
שִׁיתֵּף (שִׁתֵּף) enable to participate, 789
שִׁיתֵּק (שִׁתֵּק) silence; paralyze, 791
שָׁכַב lie, lie down; sleep with, 731
שָׁכַח forget, 733
שִׁכְלֵל enhance, improve, 734
שָׁכַן dwell, live, reside, 735
שִׁכְנֵעַ convince, persuade, 736
שִׁכְפֵּל duplicate, 738
שָׂכַר hire; rent, lease, 739
שִׁכְתֵּב rewrite, revise, 740
שָׁלַח send, 742
שָׁלַט rule, control, 744
שָׁלַף extract; draw (weapon), 749
שָׂם put, place, set, lay, 730
שָׂמַח rejoice, be happy, 751
שָׁמַן grow fat, 754
שָׁמַע listen; hear; consent, 755
שָׁמַר watch, guard, preserve, 758
שָׂנֵא hate, 761
שִׁעֲמֵם bore, 764
שִׁעֲשֵׁעַ amuse, entertain, 767
שָׁפַט judge, rule, 768
שָׁפַךְ spill, pour (out), shed (blood), 769
שִׁפְשֵׁף rub, brush against, chafe, 775
שָׁקַל weigh; consider, 776
שָׁקַע sink, settle; decline, 779
שָׁר sing, 730
שָׂרַד survive, 782
שָׂרַט scratch V, 783
שִׂרְטֵט draw, sketch, draft, 784
שָׂרַף burn; fire; consume, 784
שָׁרַק whistle V, 785
שָׁתָה drink, 786
שָׁתַל plant, 787
שָׁתַק keep quiet; be calm, 790
תָּבַע sue; demand, claim, 795
תִּגְבֵּר reinforce, strengthen, 796
תּוֹאַם (תֹּאַם) be coordinated, 794
תּוֹאַר (תֹּאַר) be described, 795
תּוּכְנַן (תֻּכְנַן) be planned, 798
תּוּכְנַת (תֻּכְנַת) be programmed, 799
תּוּסְכַּל (תֻּסְכַּל) be frustrated, 804
תּוּקַּן (תֻּקַּן) be repaired; be corrected, 809
תּוּרְגַּם (תֻּרְגַּם) be translated, 815
תֵּיאֵם (תֵּאֵם) coordinate; correlate, 793
תֵּיאֵר (תֵּאֵר) describe, portray, 794
תִּיוֵּךְ (תִּוֵּךְ) mediate, negotiate, 797
תִּיעֵד (תִּעֵד) document V, 804
תִּיקֵּן (תִּקֵּן) repair, fix; correct, 809
תֵּירֵץ (תֵּרֵץ) make an excuse, 817
תִּכְנֵן plan, 798
תִּכְנֵת program, 799
תָּלָה hang, hang up, suspend, 800
תָּמַךְ support, uphold, maintain, 802
תִּסְכֵּל frustrate, 803
תָּפַס seize, catch; grasp, realize, 805
תִּפְעֵל operate; activate, 806
תִּפְקֵד function, 807
תָּפַר sew, stitch; tailor, 807
תָּקַע thrust, stick, insert, 811
תָּקַף attack, assault, tackle, 812
תִּקְשֵׁר communicate, 814
תִּרְגֵּל train tr., drill tr., exercise, 814
תִּרְגֵּם translate, 815
תָּרַם donate ,contribute, 816

English-Hebrew Index אינדקס אנגלי-עברי

abandon; forfeit (law) הִפְקִיר 556
absorb סָפַג 457
absorb, receive, comprehend קָלַט 627
accelerate; urge someone on הֵאִיץ 6
accompany, escort לִיוָּה (לִוָּה) 322
accumulate (intr.) הִצְטַבֵּר 579
accumulate (tr.); gather צָבַר 580
accuse, indict, blame הֶאֱשִׁים 38
accustom, habituate הִרְגִּיל 661
acquire, purchase רָכַשׁ 683
acquit; credit (money) זִיכָּה (זִכָּה) 156
act, work, function פָּעַל 546
activate, operate (machine) הִפְעִיל 546
adapt (intr.), adjust (intr.) הִסְתַּגֵּל 432
adapt (tr.), adjust (tr.) סִיגֵּל (סִגֵּל) 432
add, increase; repeat הוֹסִיף 261
admire, venerate, idolize הֶעֱרִיץ 515
admit to hospital אִשְׁפֵּז 39
admit, confess; thank הוֹדָה 248
adopt; strengthen; strain אִימֵּץ (אִמֵּץ) 23
advance (tr.); greet קִידֵּם (קִדֵּם) 615
advance sched.; come early הִקְדִּים 614
advance, progress הִתְקַדֵּם 614
advise, counsel ייעֵץ (יִעֵץ) 265
agree beforehand; talk נִדְבַּר 117
agree, consent, approve הִסְכִּים 446
allow; authorize; afford הִרְשָׁה 696
amaze, astonish; do wonders הִפְלִיא 533
amount to, add up to הִסְתַּכֵּם 447
amount to, number; count מָנָה 350
amuse, entertain שִׁעְשַׁע 767
amuse, entertain; spread בִּידֵּר (בִּדֵּר) 47
anger, irk, irritate הִכְעִיס 306
annihilate הִשְׁמִיד 750
annoy, anger, enrage, upset הִרְגִּיז 660
answer עָנָה 494
apologize הִתְנַצֵּל 410
appeal; undermine; object עִרְעֵר 514
apply יישֵׂם (יִשֵּׂם) 283
apply makeup (tr.) אִיפֵּר (אִפֵּר) 32
appoint מִינָּה (מִנָּה) 351
approach נִיגַּשׁ (נִגַּשׁ) 377
approach; be imminent הִתְקָרֵב 644
argue, debate הִתְווַכֵּחַ (הִתְוַכֵּחַ) 255
arm; "screw" (vulg.) זִיּיֵן (זִיֵּן) 153
arrange; edit, עָרַךְ 512
arrange; settle סִידֵּר (סִדֵּר) 435
arrest, imprison; forbid אָסַר 29
arrive, reach; approach הִגִּיעַ 375
ask, request בִּיקֵּשׁ (בִּקֵּשׁ) 74
ask, request; borrow שָׁאַל 703
assemble, come together הִתְכַּנֵּס 302
assist, support, aid, help סִייֵּעַ (סִיֵּעַ) 444
astound, amaze, astonish הִדְהִים 119
attach; combine צֵירֵף (צֵרֵף) (צֵרַף) 609
attack, assault הִתְקִיף 812
attack, assault, tackle תָּקַף 812
attack, come down on הִתְנַפֵּל 406
attribute, ascribe ייחֵס (יִחֵס) 254
attribute, ascribe שִׁיּיֵךְ (שִׁיֵּךְ) 729
avoid, abstain נִמְנַע 353
bake אָפָה 30
balance (intr.) הִתְאַזֵּן 8
balance (tr.) אִיזֵּן (אִזֵּן) 8
bark נָבַח 369
base, found, establish בִּיסֵּס (בִּסֵּס) 70
be a "wise guy" הִתְחַכֵּם 192
be abandoned הוּפְקַר (הֻפְקַר) 556
be absent; lack, be without חָסַר 211
be absorbed נִסְפַּג 457
be absorbed; take root נִקְלַט 628
be accurate, be precise דִּייֵּק (דִּיֵּק) 126
be achieved/obtained הוּשַּׂג (הֻשַּׂג) 418
be acquired, be obtained נִרְכַּשׁ 684
be acquitted; be credited זוּכָּה (זֻכָּה) 156
be activated/operated הוּפְעַל (הֻפְעַל) 547
be adapted; be processed עוּבַּד (עֻבַּד) 467
be added הוּסַף 261
be added נוֹסַף 261
be added, be attached צוֹרַף (צֹרַף) 609
be admitted to hospital אוּשְׁפַּז (אֻשְׁפַּז) 39
be affected הוּשְׁפַּע (הֻשְׁפַּע) 772
be afraid, fear פָּחַד [פָּחֵד] 526
be amputated; be interrupted נִקְטַע 622
be angry, lose one's temper כָּעַס 306
be annihilated הוּשְׁמַד (הֻשְׁמַד) 751

be answered (positively) נַעֲנָה 494
be appointed (מֻנָּה) מוּנָּה 351
be arranged (סֻדַּר) סוּדַּר 436
be arranged; be edited נֶעֱרַךְ 513
be arrested; be forbidden נֶאֱסַר 29
be asked; be borrowed נִשְׁאַל 704
be assembled (הֻרְכַּב) הוּרְכַּב 680
be astonished נִדְהַם 119
be attached (to) (הֻצְמַד) הוּצְמַד 597
be attacked (הֻתְקַף) הוּתְקַף 813
be attacked נִתְקַף 812
be authorized (הֻסְמַךְ) הוּסְמַךְ 452
be based, be established (בֻּסַּס) בּוּסַּס 70
be blessed (with) הִתְבָּרֵךְ 80
be blessed, be greeted (בֹּרַךְ) בּוֹרַךְ 79
be blocked, be obstructed נֶחְסַם 209
be blown up, be smashed (פֻּצַּץ) פּוּצַּץ 550
be bombed, be blasted (הֻפְצַץ) הוּפְצַץ 551
be born, be created נוֹלַד 257
be bothered/harassed (הֻטְרַד) הוּטְרַד 242
be bought נִקְנָה 635
be broadcast (שֻׁדַּר) שׁוּדַּר 717
be broken (to smaller units) נִפְרַט 559
be broken, be crushed נִשְׁבַּר 711
be brought הוּבָא 51
be brought down (הֻפַּל) הוּפַּל 407
be brought in (הֻכְנַס) הוּכְנַס 302
be brought to trial, be judged נִשְׁפַּט 769
be built נִבְנָה 69
be buried נִקְבַּר 613
be burnt, be destroyed by fire נִשְׂרַף 785
be cancelled (בֻּטַּל) בּוּטַּל 61
be cancelled; loaf הִתְבַּטֵּל 60
be captured נִלְכַּד 329
be captured; be captivated נִשְׁבָּה 707
be careful, take care, beware נִזְהַר 150
be carried away, be swept נִסְחַף 441
be carried out (בֻּצַּע) בּוּצַּע 73
be carried; be married נִישָּׂא 416
be caught, be seized נִתְפַּס 805
be caused to pass (הָעֳבַר) הוֹעֲבַר 469
be caused, be brought about נִגְרַם 110
be changed/altered (שֻׁנָּה) שׁוּנָּה 763
be cheated (רֻמָּה) רוּמָּה 685
be chosen, be elected נִבְחַר 56
be cleared, be evacuated (פֻּנָּה) פּוּנָּה 539
be closed, close/shut (intr.) נִסְגַּר 433
be compelled (הֻכְרַח) הוּכְרַח 311
be compelled; have to נֶאֱלַץ 20
be completed (הֻשְׁלַם) הוּשְׁלַם 748
be completed נִשְׁלַם 747
be concealed (הֻסְתַּר) הוּסְתַּר 466
be concentrated (רֻכַּז) רוּכַּז 681
be condensed/confined הִצְטַמְצֵם 599
be conducted, proceed הִתְנַהֵל 382
be confined (רֻתַּק) רוּתַּק 702
be confirmed (אֻשַּׁר) אוּשַּׁר 40
be confiscated (הֻחְרַם) הוּחְרַם 221
be confused (בֻּלְבַּל) בּוּלְבַּל 64
be connected, be joined (חֻבַּר) חוּבַּר 173
be conquered נִכְבַּשׁ 291
be conspicuous, stand out הִתְבַּלֵּט 66
be contributed, be donated נִתְרַם 816
be convinced (שֻׁכְנַע) שׁוּכְנַע 737
be cooked (בֻּשַּׁל) בּוּשַּׁל 82
be cooled (צֻנַּן) צוּנַּן 601
be coordinated (תֹּאַם) תּוֹאַם 794
be counted נִסְפַּר 460
be counted, be numbered נִמְנָה 351
be covered (כֻּסָּה) כּוּסָּה 305
be created נִבְרָא 76
be created; occur נוֹצַר 274
be cruel הִתְאַכְזֵר 17
be cursed (קֻלַּל) קוּלַּל 629
be cut נֶחְתַּךְ 228
be cut; be derived נִגְזַר 94
be decided (הֻחְלַט) הוּחְלַט 194
be declared (הֻכְרַז) הוּכְרַז 310
be defined (הֻגְדַּר) הוּגְדַּר 90
be delayed; linger, tarry הִתְעַכֵּב 483
be delivered, be reported נִמְסַר 356
be described (תֹּאַר) תּוֹאַר 795
be designated (יֻעַד) יוּעַד 263
be designed, be formed (עֻצַּב) עוּצַּב 501
be destroyed, be ruined נֶהֱרַס 147
be destroyed, be ruined נֶחֱרַב 217
be destroyed, collapse חָרַב 216
be determined, be established נִקְבַּע 612
be developed (פֻּתַּח) פּוּתַּח575
be devoted (הֻקְדַּשׁ) הוּקְדַּשׁ 617
be devoured; be scrambled נִטְרַף 244
be diagnosed (אֻבְחַן) אוּבְחַן 3

be disappointed (אֻכְזַב) 17 אוּכְזַב
be disconnected/severed (נֻתַּק) 425 נוּתַּק
be dismantled (פֹּרַק) פּוֹרַק 567
be disqualified; be rejected נִפְסַל 542
be divided (חֻלַּק) 200 חוּלַּק
be divided, be distributed הִתְחַלֵּק 199
be divided, be split (פֻּצַּל) 549 פּוּצַּל
be doubled (הֻכְפַּל) 308 הוּכְפַּל
be drafted; volunteer (הִתְגַּיֵּס) 94 הִתְגַּייֵּס
be dragged, be hauled נִגְרַר 111
be drawn, be illustrated (צֻיַּר) 591 צוּיַּר
be drawn, be removed נִשְׁלַף 750
be drawn/dragged נִסְחַב 440
be dying גָּסַס 107
be eaten נֶאֱכַל 18
be embarrassed (הִתְבַּיֵּשׁ) 52 הִתְבַּייֵּשׁ
be emphasized (הֻדְגַּשׁ) 119 הוּדְגַּשׁ
be employed (הָעֳסַק) 500 הוֹעֳסַק
be encouraged, cheer up הִתְעוֹדֵד 474
be ended, be finished (סֻיַּם) 444 סוּיַּם
be engraved נֶחֱרַט 220
be entertained (שֻׁעֲשַׁע) 768 שׁוּעֲשַׁע
be enthusiastic הִתְלַהֵב 320
be equipped (צֻיַּד) 587 צוּיַּד
be erased, be deleted נִמְחַק 341
be estimated (הָעֳרַךְ) 513 הוֹעֳרַךְ
be exalted; exalt oneself הִתְעַלָּה 486
be explained (הֻסְבַּר) 431 הוּסְבַּר
be exploited/utilized (נֻצַּל) 410 נוּצַּל
be exported (יֻצָּא) 268 יוּצָּא
be exposed, be uncovered נֶחְשַׂף 226
be extracted; be produced הוּפַק 524
be familiar with הִתְמַצֵּא 358
be fed up with; be repulsive נִמְאַס 334
be felt (הֻרְגַּשׁ) 664 הוּרְגַּשׁ
be filled (מֻלָּא) 346 מוּלָּא
be finished נִגְמַר 101
be fired (gun), be shot (person) נוֹרָה 279
be fired, be discharged (פֻּטַּר) 530 פּוּטַּר
be flooded הוּצַף 584
be folded (קֻפַּל) 639 קוּפַּל
be forged, be faked (זֻיַּף) 154 זוּיַּף
be forgiven נִסְלַח 449
be forgotten נִשְׁכַּח 733
be found; be located; exist נִמְצָא 357
be founded, be established נוֹסַד 260
be frustrated (תֻּסְכַּל) 804 תּוּסְכַּל
be gathered נֶאֱסַף 28
be given in detail (פֹּרַט) 560 פּוֹרַט
be given, be issued; be feasible נִיתַּן 424
be glued; be infected (הֻדְבַּק) 116 הוּדְבַּק
be glued; be infected נִדְבַּק 115
be granted (הָעֳנַק) 498 הוֹעֳנַק
be guarded; watch out נִשְׁמַר 758
be heard, be listened to; obey נִשְׁמַע 756
be heard; be interpreted הִשְׁתַּמֵּעַ 757
be helped, be aided נֶעֱזַר 480
be hinted, be suggested נִרְמַז 686
be hired, be leased נִשְׂכַּר 740
be hit, be injured; be offended נִפְגַּע 519
be hospitalized הִתְאַשְׁפֵּז 39
be humiliated (הֻשְׁפַּל) 771 הוּשְׁפַּל
be hung, be suspended נִתְלָה 800
be identified (זֻהָה) 149 זוּהָה
be immunized (חֻסַּן) 210 חוּסַּן
be imposed/placed (on) (הֻטַּל) 394 הוּטַּל
be impressed הִתְרַשֵּׁם 698
be impressed/excited הִתְפַּעֵל 547
be imprisoned, be incarcerated נִכְלָא 298
be improved (שֻׁפַּר) 774 שׁוּפַּר
be in opposition (to) נָגַד 373
be included (שֻׁתַּף) 789 שׁוּתַּף
be included נִכְלַל 299
be indicated, be marked הִסְתַּמֵּן 454
be inspected, be examined נִבְדַּק 46
be insulted, be offended נֶעֱלַב 484
be integrated (שֻׁלַּב) 742 שׁוּלַּב
be intended for; meet נוֹעַד 263
be interested (הִתְעַנְיֵן) 497 הִתְעַנְייֵן
be interpreted הִתְפָּרֵשׁ 569
be interviewed (הִתְרַאְיֵן) 658 הִתְרַאְייֵן
be invented (הֻמְצָא) 358 הוּמְצָא
be inverted; be changed נֶהְפַּךְ 145
be inverted; turn over הִתְהַפֵּךְ 144
be invested (הֻשְׁקַע) 779 הוּשְׁקַע
be investigated/researched נֶחְקַר 216
be invited; be ordered (הֻזְמַן) 160 הוּזְמַן
be killed, be slain נֶהֱרַג 146
be knocked, be beaten נִדְפַּק 133
be known as; be named (כֻּנָּה) 300 כּוּנָּה
be late (אֵחֵר) 12 אֵיחֵר
be lazy, get lazy הִתְעַצֵּל 504

be learned, be studied נִלְמַד 331
be left, be abandoned נֶעֱזַב 478
be left, remain נוֹתַר 285
be let, be leased הוּשְׂכַּר (הֻשְׂכַּר) 739
be lit, be turned on (light) נִדְלַק 129
be lost; perish אָבַד 1
be lost; perish נֶאֱבַד 2
be made accustomed הוּרְגַל (הֻרְגַל) 662
be made; become; be done נַעֲשָׂה 516
be manned אוּיַּשׁ (אֻיַּשׁ) 15
be marked סוּמַּן (סֻמַּן) 454
be marked, be noted צוּיַּן (צֻיַּן) 589
be measured, be surveyed נִמְדַּד 336
be mentioned הוּזְכַּר (הֻזְכַּר) 158
be mixed up together הִתְעַרְבֵּב 510
be mixed; be muddle עוּרְבַּב (עֻרְבַּב) 511
be mobilized, be recruited גּוּיַּס (גֻּיַּס) 95
be moved (emotionally) הִתְרַגֵּשׁ 664
be murdered נִרְצַח 695
be neglected הוּזְנַח (הֻזְנַח) 162
be obliged; be debited חוּיַּב (חֻיַּב) 178
be oiled שׁוּמַּן (שֻׁמַּן) 755
be omitted הוּשְׁמַט (הֻשְׁמַט) 753
be omitted נִשְׁמַט 752
be opened; begin with נִפְתַּח 574
be oppressed דּוּכָּא (דֻּכָּא) 127
be out of order קוּלְקַל (קֻלְקַל) 633
be paid שׁוּלַּם (שֻׁלַּם) 748
be pampered/indulged פּוּנַּק (פֻּנַּק) 540
be permitted הוּרְשָׁה (הֻרְשָׁה) 696
be photographed צוּלַּם (צֻלַּם) 595
be pictured הִצְטַיֵּר (הִצְטַיֵּר) 592
be placed, be situated מוּקַם (מֻקַם) 360
be placed/positioned הוּצַּב (הֻצַּב) 270
be placed; be assigned שׁוּבַּץ (שֻׁבַּץ) 710
be planned תּוּכְנַן (תֻּכְנַן) 798
be played (music) הוּשְׁמַע (הֻשְׁמַע) 757
be plugged, be stopped up נִסְתַּם 464
be populated אוּכְלַס (אֻכְלַס) 20
be postponed, be rejected נִדְחָה 123
be preceded קוּדַּם (קֻדַּם) 615
be preferred הוּעֲדַף (הֻעֲדַף) 472
be prepared הוּכַן 293
be present, attend נָכַח 398
be presented, be put on הוּצַּג (הֻצַּג) 272
be presented, be served הוּגַּשׁ (הֻגַּשׁ) 377
be pressed, be squeezed נִלְחַץ 327
be pricked, be stabbed נִדְקַר 134
be printed הוּדְפַּס (הֻדְפַּס) 132
be produced יוּצַּר (יֻצַּר) 275
be programmed תּוּכְנַת (תֻּכְנַת) 799
be promised/assured הוּבְטַח (הֻבְטַח) 59
be proven; be scolded הוּכַח 256
be published פּוּרְסַם (פֻּרְסַם) 563
be pulled, be attracted; last נִמְשַׁךְ 365
be pumped, be drawn נִשְׁאַב 703
be punished נֶעֱנַשׁ 499
be pursued; be persecuted נִרְדַּף 667
be pushed aside נִדְחַק 126
be pushed; thrust oneself נִדְחַף 124
be put down הוּנַּח (הֻנַּח) 384
be raised/promoted הוֹעֲלָה (הֹעֲלָה) 486
be raped; be coerced נֶאֱנַס 27
be read; be called, be named נִקְרָא 643
be realized מוּמַּשׁ (מֻמַּשׁ) 350
be realized הִתְמַמֵּשׁ 349
be received/accepted הִתְקַבֵּל 610
be recommended הוּמְלַץ (הֻמְלַץ) 348
be reconstructed שׁוּחְזַר (שֻׁחְזַר) 723
be recorded הוּקְלַט (הֻקְלַט) 628
be reduced צוּמְצַם (צֻמְצַם) 599
be reflected הִשְׁתַּקֵּף 781
be regarded as; be esteemed נֶחְשַׁב 223
be registered; be drawn נִרְשַׁם 697
be released שׁוּחְרַר (שֻׁחְרַר) 725
be relieved רוּוַח (רֻוַּח) 668
be removed סוּלַּק (סֻלַּק) 451
be repaired; be corrected תּוּקַּן (תֻּקַּן) 809
be replaced הוּחְלַף (הֻחְלַף) 197
be reported דּוּוַּח (דֻּוַּח) 121
be requested, be summoned הִתְבַּקֵּשׁ 75
be required, be requested נִדְרַשׁ 138
be restricted, be limited הוּגְבַּל (הֻגְבַּל) 85
be returned הוּחְזַר (הֻחְזַר) 185
be revealed, be disclosed נִגְלָה 97
be revealed, be uncovered הִתְגַּלָּה 97
be right, be just צָדַק 580
be robbed; be stolen נִשְׁדַּד 715
be ruled, be controlled נִשְׁלַט 744
be run over, be trampled נִדְרַס 137
be said, be told נֶאֱמַר 25
be sanctified קוּדַּשׁ (קֻדַּשׁ) 618

be satisfied (with) הִסְתַּפֵּק 458
be saved, be rescued נִיצַּל 409
be scattered/disbanded פּוּזַּר (פֻּזַּר) 525
be scattered; be distributed הוּפַץ 523
be scratched נִשְׂרַט 783
be screened הוּקְרַן (הֻקְרַן) 648
be sealed נֶאֱטַם 13
be seen; seem, appear נִרְאָה 656
be sent נִשְׁלַח 743
be sent away הוּרְחַק (הֻרְחַק) 675
be separated הוּפְרַד (הֻפְרַד) 558
be separated; part from נִפְרַד 557
be set free; set self free הִשְׁתַּחְרֵר 725
be set up, be established הוּקַם 620
be set, be installed הוּתְקַן (הֻתְקַן) 810
be settled; settle in הִסְתַּדֵּר 435
be severed; disengage הִתְנַתֵּק 424
be shaken; be upset זוּעֲזַע (זֻעֲזַע) 164
be shocked, be outraged הִזְדַּעֲזַע 164
be signed, be sealed נֶחְתַּם 230
be silenced הוּשְׁתַּק (הֻשְׁתַּק) 792
be silenced שׁוּתַּק (שֻׁתַּק) 792
be slaughtered, be butchered נִשְׁחַט 724
be snatched, be hijacked נֶחֱטַף 187
be sold נִמְכַּר 345
be solved, be resolved נִפְתַּר 577
be spilled, be poured out נִשְׁפַּךְ 770
be spoken; be agreed דּוּבַּר (דֻּבַּר) 117
be spread, be smeared נִמְרַח 363
be starved הוּרְעַב (הֻרְעַב) 688
be stolen נִגְנַב 103
be stopped (work) הוּשְׁבַּת (הֻשְׁבַּת) 713
be strangled נֶחֱנַק 207
be stretched נִמְתַּח 367
be strict; insist (on) הִקְפִּיד 638
be stung, be bitten נֶעֱקַץ 508
be suggested הוּצַּע (הֻצַּע) 273
be sung, come out as melody הִתְנַגֵּן 374
be supplied; be satisfied סוּפַּק (סֻפַּק) 459
be supported, be aided נִתְמַךְ 802
be surprised הוּפְתַּע (הֻפְתַּע) 576
be surprised, wonder הִתְפַּלֵּא 532
be surrounded הוּקַּף (הֻקַּף) 414
be swallowed, be absorbed נִבְלַע 68
be sworn in הוּשְׁבַּע (הֻשְׁבַּע) 709
be taken נִלְקַח 333
be taken off, be removed הוּסַר 439
be taken out, be extracted הוּצָא 268
be tested; be examined נִבְחַן 55
be tested; be tried נוּסָּה (נֻסָּה) 400
be thrown, be flung, be cast נִזְרַק 168
be thrust into, be stuck נִתְקַע 811
be tied; be connected נִקְשַׁר 655
be torn, be rent; be split נִקְרַע 649
be tortured עוּנָּה (עֻנָּה) 496
be trained, be instructed אוּמַּן (אֻמַּן) 22
be translated תּוּרְגַּם (תֻּרְגַּם) 815
be turned, be referred הוּפְנָה (הֻפְנָה) 538
be undermined; deteriorate הִתְעַרְעֵר 514
be understood/comprehended הוּבַן 62
be untied; be allowed הוּתַּר (הֻתַּר) 426
be updated עוּדְכַּן (עֻדְכַּן) 471
be used up, be exhausted, run out אָזַל 7
be used/serve as שִׁימֵּשׁ (שִׁמֵּשׁ) 760
be useful הוֹעִיל 264
be vandalized הוּשְׁחַת (הֻשְׁחַת) 726
be verified אוּמַּת (אֻמַּת) 26
be vindicated הוּצְדַּק (הֻצְדַּק) 581
be warned הוּזְהַר (הֻזְהַר) 151
be washed, be rinsed נִשְׁטַף 727
be wasted/squandered בּוּזְבַּז (בֻּזְבַּז) 53
be weighed; be considered נִשְׁקַל 777
be widened, be הוּרְחַב (הֻרְחַב) 672
be worn away; rub oneself הִשְׁתַּפְשֵׁף 775
be worried הוּדְאַג (הֻדְאַג) 114
be wounded, be injured נִפְצַע 550
be wrapped, be enveloped נֶעֱטַף 481
be written נִכְתַּב 316
be(come) calm; relax נִרְגַּע 662
be(come) clarified הִתְבָּרֵר 81
be, exist; come to pass הָיָה 139
be/become sad הִתְעַצֵּב 502
be/get bored הִשְׁתַּעֲמֵם 765
be/get divorced הִתְגָּרֵשׁ 112
be/get locked, be closed נִנְעַל 404
be/go on exile גָּלָה 98
bear witness, give evidence הֵעִיד 473
beat, hit הִרְבִּיץ 659
become addicted הִתְמַכֵּר 344
become angry הִתְרַגֵּז 660
become annoyed הִתְעַצְבֵּן 503
become armed; have sex הִזְדַּיֵּן 154

become clean; clean oneself הִתְנַקָּה 411
become clear הִתְבַּהֵר 49
become convinced הִשְׁתַּכְנֵעַ 737
become crooked הִתְעַקֵּם 506
become depressed (coll.) הִתְבָּאֵס 42
become established הִתְבַּסֵּס 70
become evident; turn out הִסְתַּבֵּר 431
become expensive הִתְיַקֵּר (הִתְיַקֵּר) 276
become famous הִתְפַּרְסֵם 563
become frightened, scared נִבְהַל 48
become full, fill up הִתְמַלֵּא 346
become known נוֹדַע 250
become more advanced הִשְׁתַּכְלֵל 735
become possible הִתְאַפְשֵׁר (נִתְאַפְשֵׁר) 33
become refreshed הִתְרַעֲנֵן 690
become rehabilitated הִשְׁתַּקֵּם 778
become sharper/clearer הִתְחַדֵּד 175
become smaller קָטוֹן 621
become stronger הִתְחַזֵּק 183
become tired הִתְעַיֵּף (הִתְעַיֵּף) 482
become united; crystallize הִתְגַּבֵּשׁ 87
become wise; make wise1 הֶחְכִּים 92
become, turn into נִהְיָה 140
become/fall silent הִשְׁתַּתֵּק 791
beget הוֹלִיד 258
begin, start הֵחֵל 195
begin, start הִתְחִיל 797
behave, conduct oneself הִתְנַהֵג 380
believe; trust הֶאֱמִין 21
belong הִשְׁתַּיֵּךְ 729
bend (over, down), stoop הִתְכּוֹפֵף 308
bend (tr.); compel כּוֹפֵף 309
bend, twist; distort עִיקֵּם (עִקֵּם) 506
bequeath הוֹרִישׁ 280
betray; cheat on spouse בָּגַד 43
bite נָשַׁךְ 418
bless; greet בֵּירֵךְ (בֵּרֵךְ) (בֵּרַךְ) 79
block, obstruct, muzzle חָסַם 209
blow (wind) נָשַׁב 417
blow up, smash פּוֹצֵץ 550
boil (intr.); rage, fume רָתַח 699
boil (tr.); infuriate הִרְתִּיחַ 699
boil over, become furious הִתְרַתֵּחַ 700
bomb, blast הִפְצִיץ 551
bore שִׁעֲמֵם 764
borrow (money) לָוָוה (לָוָה) 321
bother (someone), annoy הִטְרִיחַ 243
bother, annoy; torment הֵצִיק 585
bounce (tr.); toss (cooking) הִקְפִּיץ 640
break (tr.); destroy שָׁבַר 711
break down, go bad הִתְקַלְקֵל 632
break open, break into פָּרַץ 565
break to smaller units פָּרַט 560
breast-feed (tr.) הֵינִיק 259
breathe נָשַׁם 419
bring closer; befriend קֵירֵב (קֵרֵב) 645
bring down, land (tr.) הִנְחִית 392
bring down; drop הִפִּיל 406
bring down; remove הוֹרִיד 277
bring in, insert הִכְנִיס 301
bring near to; authorize הִסְמִיךְ 452
bring together הִפְגִּישׁ 522
bring, cause, bring about הֵבִיא 50
broadcast, transmit שִׁידֵּר (שִׁדֵּר) 717
broaden, expand (tr.) הִרְחִיב 672
build בָּנָה 69
bump into, encounter נִתְקַל 808
burn דָּלַק 129
burn (intr.) בָּעַר 72
burn, destroy; eat; consume אָכַל 18
burn; fire; consume שָׂרַף 784
burst in/out; burst in anger הִתְפָּרֵץ 565
bury קָבַר 612
buy, purchase קָנָה 634
calculate חִישֵּׁב (חִשֵּׁב) 224
calm, quieten, soothe הִרְגִּיעַ 663
can, be able יָכוֹל (יָכֹל) 257
cancel; void בִּיטֵּל (בִּטֵּל) 60
capture לָכַד 328
capture שָׁבָה 707
carry; endure; marry (tr.) נָשָׂא 415
cause a disturbance הִתְפָּרֵעַ 564
cause despair יֵיאֵשׁ (יֵאֵשׁ) 246
cause to collapse מוֹטֵט 337
cause to feel pressured הִלְחִיץ 326
cause to flee; smuggle הִבְרִיחַ 78
cause to forget הִשְׁכִּיחַ 734
cause to grow; bring forth הִצְמִיחַ 598
cause to tremble, shake (tr.) הִרְעִיד 689
cause, bring about גָּרַם 109
cease, stop, be cut off נִפְסַק 545
celebrate, observe (holiday) חָגַג 174

chance, happen הִזְדַּמֵּן 161
change (intr.), vary הִשְׁתַּנָּה 762
change (tr.), alter שִׁינָּה (שִׁנָּה) 762
change places הִתְחַלֵּף 197
change, shift; endorse (check) הֵסֵב 428
characterize (אִפְיֵן) אִפְיֵין 31
charm, enchant, fascinate הִקְסִים 636
chatter, prattle, gossip פִּטְפֵּט 529
chatter; scribble קִשְׁקֵשׁ 653
cheat רִימָּה (רִמָּה) 684
chill, cool, refrigerate קֵירֵר (קֵרֵר) 650
choose, select; vote (for) בָּחַר 56
clarify, elucidate הִבְהִיר 49
clarify, find out בֵּירֵר (בֵּרֵר) 81
clash, conflict; collide הִתְנַגֵּשׁ 377
classify, categorize סִיוּוֵג (סִוֵּג) 438
clean; exonerate נִיקָּה (נִקָּה) 411
clear, clear out; vacate פִּינָּה (פִּנָּה) 538
climb טִיפֵּס (טִפֵּס) 241
cling to; pester נִטְפַּל 240
coax, persuade שִׁידֵּל (שִׁדֵּל) 716
collapse, break down הִתְמוֹטֵט 337
collect (taxes, fees) גָּבָה 84
collect, gather, assemble אָסַף 27
comb סֵירֵק (סֵרֵק) 463
comb one's hair הִסְתָּרֵק 463
comb; card; scan סָרַק 463
combine, interweave שִׁילֵּב (שִׁלֵּב) 741
come out (book, etc.) הוֹפִיעַ 266
come/go out, emerge; leave יָצָא 267
come; arrive בָּא 50
commit oneself הִתְחַיֵּיב (הִתְחַיֵּב) 178
commit suicide הִתְאַבֵּד 1
communicate תִּקְשֵׁר 814
compare, equate הִשְׁוָוה (הִשְׁוָה) 719
compel, force, coerce אִילֵּץ (אִלֵּץ) 20
compensate פִּיצָּה (פִּצָּה) 548
compete הִתְחָרָה 219
compete with, tackle הִתְמוֹדֵד 335
complain הִתְלוֹנֵן 324
complain a lot (sl.) קִיטֵּר (קִטֵּר) 624
complete studies; be worth הִשְׁתַּלֵּם 747
complete; supplement הִשְׁלִים 747
complicate סִיבֵּךְ (סִבֵּךְ) 429
compliment; bear no jealousy פִּרְגֵּן 557
compose music הִלְחִין 325
compose; assemble; carry הִרְכִּיב 679
compromise הִתְפַּשֵּׁר 573
computerize מִחְשֵׁב 343
concentrate (intr.) הִתְרַכֵּז 680
concentrate (tr.) רִיכֵּז (רִכֵּז) 681
condemn, denounce גִּינָּה (גִּנָּה) 105
confess הִתְוַודָּה (הִתְוַדָּה) 249
confine; fascinate רִיתֵּק (רִתֵּק) 701
confirm, verify וִידֵּא (וִדֵּא) 148
confirm; approve אִישֵּׁר (אִשֵּׁר) 40
confiscate; boycott הֶחֱרִים 221
confuse, bewilder; mix (up) בִּלְבֵּל 64
connect, link; tie קִישֵּׁר (קִשֵּׁר) 655
consider; be considerate הִתְחַשֵּׁב 223
constitute הִיוָוה (הִוָּה) 139
consult (with) הִתְיַיעֵץ (הִתְיַעֵץ) 265
contact; be tied together הִתְקַשֵּׁר 654
contain, hold הֵכִיל 292
continue הִמְשִׁיךְ 364
contribute, donate תָּרַם 816
control/restrain oneself הִתְאַפֵּק 31
convince, persuade שִׁכְנֵעַ 736
cook, boil, stew בִּישֵּׁל (בִּשֵּׁל) 82
cook, boil, stew (intr.) הִתְבַּשֵּׁל 82
cool (down); catch a cold הִצְטַנֵּן 602
cool (intr.); catch a cold הִתְקָרֵר 650
cool, cool down צִינֵּן (צִנֵּן) 601
coordinate; correlate תֵּיאֵם (תֵּאֵם) 793
copy; move, transfer הֶעְתִּיק 517
repair, fix; correct תִּיקֵּן (תִּקֵּן) 809
correspond הִתְכַּתֵּב 316
cough הִשְׁתַּעֵל 764
count, number סָפַר 460
cover oneself; be covered הִתְכַּסָּה 305
cover, conceal כִּיסָּה (כִּסָּה) 304
crash (intr.) הִתְרַסֵּק 687
crawl, creep זָחַל 153
create בָּרָא 76
create, produce, form יָצַר 274
cross, traverse, ford צָלַח 593
cross; pass through עָבַר 469
cry, weep בָּכָה 63
crystallize, consolidate גִּיבֵּשׁ (גִּבֵּשׁ) 87
cure, heal רִיפֵּא (רִפֵּא) 692
curse קִילֵּל (קִלֵּל) 629
cut חָתַךְ 228

cut (hair) (סִפֵּר) סִיפֵּר 461
cut down, cut off כָּרַת 313
cut off; cut back; chop (קִצֵּץ) קִיצֵּץ 641
cut; decree גָּזַר 93
dance רָקַד 695
dare הֵעֵז 479
deal with, occupy self with הִתְעַסֵּק 500
decide; determine הֶחְלִיט 194
decide; determine הִכְרִיעַ 311
declare, announce הִכְרִיז 309
declare, state הִצְהִיר 582
decorate, adorn (קִשֵּׁט) קִישֵּׁט 652
dedicate; devote הִקְדִּישׁ 617
deepen; delve into הֶעֱמִיק 492
defecate (sl.); ruin (sl.) חִרְבֵּן 217
defend oneself הִתְגּוֹנֵן 106
defend, protect, secure הֵגֵן 105
define; classify; determine הִגְדִּיר 90
delay, hold up; hinder (עִכֵּב) עִיכֵּב 483
deliberate; sentence, judge דָּן 122
deliver, rescue; pull out (חִלֵּץ) חִילֵּץ 198
delve into, investigate הִתְעַמֵּק 493
demand, claim; sue תָּבַע 795
demand, require; interpret דָּרַשׁ 137
demonstrate הִפְגִּין 518
deny הִכְחִישׁ 296
deposit; appoint הִפְקִיד 552
depress (col.); disappoint (בֵּאֵס) בִּיאֵס 42
describe, portray (תֵּאֵר) תֵּיאֵר 794
design, form, shape (עִצֵּב) עִיצֵּב 501
designate; make different (יִחֵד) יִיחֵד 253
despair (הִתְיָאֵשׁ) הִתְיָיאֵשׁ 245
despair, lose hope, give up נוֹאַשׁ 245
despise, scorn, disdain זִלְזֵל 159
destroy, demolish הֶחֱרִיב 216
destroy, ruin, demolish הָרַס 147
destroy, wipe out (חִסֵּל) חִיסֵּל 208
deter, dissuade, discourage הִרְתִּיעַ 701
develop (פִּתֵּחַ) פִּיתֵּחַ 575
develop (intr.) הִתְפַּתֵּחַ 575
devote oneself הִתְמַסֵּר 356
diagnose אִבְחֵן 3
dial (חִיֵּג) חִייֵּג 189
dictate הִכְתִּיב 317
die מֵת 338
die, croak הִתְפַּגֵּר 521
dig; explore in secret חָפַר 213
digest (עִכֵּל) עִיכֵּל 484
digress, deviate סָטָה 442
digress, deviate; exceed חָרַג 218
direct; adjust, aim (כִּוֵּן) כִּיוּוֵן 295
dirty, soil לִכְלֵךְ 330
disappoint, disillusion אִכְזֵב 16
disappointed become הִתְאַכְזֵב 16
disconnect; cut off (נִתֵּק) נִיתֵּק 425
discover, reveal, uncover (גִּלָּה) גִּילָּה 97
disguise oneself, dress up הִתְחַפֵּשׂ 214
disgust, sicken הִגְעִיל 108
disintegrate, fall apart הִתְפָּרֵק 566
dismantle, take apart (פֵּרֵק) פֵּירֵק 567
dismiss; exempt פָּטַר 531
disqualify; invalidate; reject פָּסַל 542
dissolve (intr.) הִתְמוֹסֵס 354
distinguish, discern, notice הִבְחִין 54
distort; conjugate; bend הִטָּה 393
disturb, bother, interrupt הִפְרִיעַ 564
dive; sink צָלַל 593
divide, split (פִּצֵּל) פִּיצֵּל 549
divide; scatter (חִלֵּק) חִילֵּק 199
do, make; cause, bring about עָשָׂה 515
document V (תִּעֵד) תִּיעֵד 804
dominate, take control of הִשְׁתַּלֵּט 744
donate (נִדֵּב) נִידֵּב 378
double; multiply הִכְפִּיל 307
doubt פִּקְפֵּק 555
drag, draw סָחַב 440
draw near, approach (intr.) קָרַב 645
draw, paint; describe (צִיֵּר) צִייֵּר 591
draw, pump שָׁאַב 702
draw, sketch, draft שִׂרְטֵט 784
dream חָלַם 195
dress (tr.), clothe הִלְבִּישׁ 319
drill, bore קָדַח 613
drink שָׁתָה 786
drive (vehicle); behave/act (as) נָהַג 380
drive crazy; confuse (שִׁגַּע) שִׁיגַּע 714
drive crazy; scramble הִטְרִיף 243
drop (intr.); parachute צָנַח 600
drown (intr.), sink (intr.) טָבַע 232
drown (tr.); imprint הִטְבִּיעַ 232
dry (up) (tr.); drain (יִבֵּשׁ) יִיבֵּשׁ 247
dry up (הִתְיַבֵּשׁ) הִתְיַיבֵּשׁ 247

duplicate שִׁכְפֵּל 738
dwell, live, reside שָׁכַן 735
earn a living הִתְפַּרְנֵס 562
earn wages הִשְׂתַּכֵּר 738
ease, alleviate, relieve הֵקֵל 630
eat, dine; sustain, support סָעַד 455
educate, bring up, train חִינֵּךְ (חִנֵּךְ) 204
eject, emit, throw up פָּלַט 533
elicit contributions הִתְרִים 816
embitter מֵירֵר (מֵרֵר) 364
embrace (intr.) הִתְחַבֵּק 171
emphasize, stress; highlight הִדְגִּישׁ 118
employ; compel to work הֶעֱבִיד 468
employ; keep one busy הֶעֱסִיק 500
enable to participate שִׁיתֵּף (שִׁתֵּף) 789
enable, make possible אִפְשֵׁר 33
encourage, support עוֹדֵד 473
end (intr.) הִסְתַּיֵּים (הִסְתַּיֵּם) 443
end (tr.), finish סִיֵּים (סִיֵּם) 443
enforce (a law) הֶחִיל 181
engage in, deal in עָסַק 499
engrave; turn (on a lathe) חָרַט 219
enhance, improve שִׁכְלֵל 734
enjoy oneself הִתְעַנֵּג 493
enjoy oneself (coll.) כִּייֵף (כִּיֵּף) 297
enjoy, benefit from נֶהֱנָה 143
enlarge (tr.), increase (tr.) הִגְדִּיל 89
enter, go in נִכְנַס 301
envy, be jealous קִינֵּא (קִנֵּא) 634
equip oneself הִצְטַיֵּיד (הִצְטַיֵּד) 588
equip, outfit צִיֵּיד (צִיֵּד) 588
erase, delete; blot out מָחַק 341
escape, be rescued נֶחֱלַץ 198
escape, flee בָּרַח 78
escape, run away נִמְלַט 347
escape, slip away חָמַק 202
esteem, ascribe importance הֶחְשִׁיב 224
estimate, assess; esteem הֶעֱרִיךְ 512
evade, escape הִתְחַמֵּק 202
exaggerate הִגְזִים 92
examine, test בָּחַן 54
excel הִצְטַיֵּין (הִצְטַיֵּן) 589
exchange; replace הֶחֱלִיף 196
excite הִלְהִיב 320
exile (tr.) הִגְלָה 99
expand (intr.), spread out הִתְרַחֵב 672
expand; undress (intr.) הִתְפַּשֵּׁט 571
expect, look out for צִיפָּה (צִפָּה) 605
expel; divorce גֵּירֵשׁ (גֵּרֵשׁ) 111
experience חָוָה (חָוָה) 179
experience; be tested הִתְנַסָּה 400
explain הִסְבִּיר 430
explain, interpret פֵּירֵשׁ (פֵּרֵשׁ) 568
explode (intr.), burst הִתְפּוֹצֵץ 550
exploit, take advantage of נִיצֵּל (נִצֵּל) 409
export יִיצֵּא (יִצֵּא) 267
expose, bare, uncover חָשַׂף 226
expound, elucidate בֵּיאֵר (בֵּאֵר) 43
express הִבִּיעַ 371
express (esp. opinion) חִיוָּה (חִוָּה) 180
express one's feelings הִשְׁתַּפֵּךְ 770
express oneself הִתְבַּטֵּא 57
express; pronounce בִּיטֵּא (בִּטֵּא) 57
extend, be continuous הִתְמַשֵּׁךְ 365
extinguish, turn off כִּיבָּה (כִּבָּה) 289
extract; draw (weapon) שָׁלַף 749
extradite, hand over הִסְגִּיר 434
fail (intr.); stumble, slip נִכְשַׁל 313
fail (tr.); cause to stumble הִכְשִׁיל 314
faint הִתְעַלֵּף 489
fall נָפַל 406
fall asleep נִרְדַּם 665
fall in love הִתְאַהֵב 5
fall sick, be sick חָלָה 193
fall/lag behind, be slow פִּיגֵּר (פִּגֵּר) 520
fantasize (sl.) פִנְטֵז 539
fast V צָם 583
fear, be afraid of פָּחַד 527
fear, concern חָשַׁשׁ 227
feed הֶאֱכִיל 18
feel like (doing) coll. הִתְחַשֵּׁק 227
feel, sense הִרְגִּישׁ 663
feel, sense חָשׁ 182
fight לָחַם 325
fight נִלְחַם 324
fill; fulfill (promise) מִילֵּא (מִלֵּא) 345
finance, pay for מִימֵּן (מִמֵּן) 348
find, discover, come upon מָצָא 357
finish, complete, end, conclude גָּמַר 102
fire, discharge פִּיטֵּר (פִּטֵּר) 530
fire, shoot יָרָה 278
fish דָּג 120

fix, determine, establish קָבַע 611
flatter, be ingratiating הִתְחַנֵּף 206
flirt V פְלִרְטֵט 536
float; arise צָף 584
flood V הֵצִיף 584
flow זָרַם 166
flow forth, stem, derive (intr.) נָבַע 371
fly עָף 475
fly (a flag); raise, lift up הֵנִיף 387
fly (intr.) טָס 233
fly (tr.), set flying, throw out הֵעִיף 475
fly about, fly הִתְעוֹפֵף 475
focus (intr.), concentrate הִתְמַקֵּד 359
focus (tr.) מִיקֵד (מִקֵּד) 359
fold up הִתְקַפֵּל 638
fold; collapse (tr.) קִיפֵּל (קִפֵּל) 639
follow; track עָקַב 505
force, compel הִכְרִיחַ 310
force, compel, coerce כָּפָה 307
forego; give in/concede וִיתֵּר (וִתֵּר) 148
forge; be off key (music) זִייֵּף (זִיֵּף) 155
forget שָׁכַח 733
forgive, pardon סָלַח 449
foster, tend, nurture טִיפַּח (טִפַּח) 239
found, establish יִיסֵּד (יִסֵּד) 260
freak out, go bananas (sl.) הִתְחַרְפֵן 222
freeze (tr.), congeal (tr.) הִקְפִּיא 637
freeze, solidify קָפָא 637
frighten, scare, intimidate הִפְחִיד 527
frustrate תִּסְכֵּל 803
fulfill; carry out; hold קִייֵּם (קִיֵּם) 625
function תִּפְקֵד 807
gather (intr.) הִתְאַסֵּף 28
gather, bring together כִּינֵּס (כִּנֵּס) 301
generalize; include הִכְלִיל 299
generate; perform חוֹלֵל 181
get (to be) updated הִתְעַדְכֵּן 471
get added הִתּוֹסֵף (הִתְוַסֵּף) 262
get confused, mixed (up) הִתְבַּלְבֵּל 64
get dirty הִתְלַכְלֵךְ 330
get dressed הִתְלַבֵּשׁ 319
get ejected, slip (words) נִפְלַט 534
get into trouble הִסְתַּבֵּךְ 429
get married הִתְחַתֵּן 230
get organized הִתְאַרְגֵּן 34
get performed הִתְבַּצַּע 73
get spent, get wasted הִתְבַּזְבֵּז 53
get up, stand up קָם 619
get used to הִתְרַגֵּל 661
get warm הִתְחַמֵּם 201
get well, recover, be cured נִרְפָּא 692
get wet נִרְטַב 677
give נָתַן 423
give artificial respiration הִנְשִׁים 419
give birth, bear יָלַד 258
glide; surf, browse; boil over גָּלַשׁ 101
go (by vehicle), travel נָסַע 402
go away, withdraw הִסְתַּלֵּק 450
go for a walk/on trip טִייֵּל (טִיֵּל) 235
go mad, act crazy (coll.) הִשְׁתַּגֵּעַ 714
go out (fire, light) כָּבָה 289
go out (light), be extinguished נִכְבָּה 289
go, walk; be about to הָלַךְ 140
go/come down יָרַד 276
gossip V רִיכֵל (רִכֵל) 683
grant, provide; award הֶעֱנִיק 497
grind, mince טָחַן 234
grow (intr.); expand גָּדַל 88
grow (intr.); spring (from) צָמַח 597
grow (tr.), cultivate; raise גִּידֵּל (גִּדֵּל) 88
grow fat שָׁמַן 754
grow fat(ter); fatten הִשְׁמִין 754
grow old, age הִזְדַּקֵּן 164
grow up, mature הִתְבַּגֵּר (נִתְבַּגֵּר) 44
guess; hypothesize נִיחֵשׁ (נִחֵשׁ) 391
guide, direct, route נִיתֵּב (נִתֵּב) 422
guide, direct; instruct הִדְרִיךְ 135
halve, divide, split; cross חָצָה 214
hand in, serve (food) הִגִּישׁ 376
hand over, deliver; inform מָסַר 355
hand to, proffer הוֹשִׁיט 283
hang, hang up, suspend תָּלָה 800
happen to get somewhere נִקְלַע 631
happen, occur קָרָה 646
happen; be generated הִתְחוֹלֵל 181
harden (intr.); find difficult הִתְקַשָּׁה 651
harden; make difficult הִקְשָׁה 652
harm, damage הִזִּיק 388
hate שָׂנֵא 761
haul, drag; lead to; tow גָּרַר 110
have (free) time; be vacated הִתְפַּנָּה 538
have doubts; think over הִתְלַבֵּט 318

have one's hair cut הִסְתַּפֵּר 462
have one's photo taken הִצְטַלֵּם 594
have someone sign הֶחְתִּים 229
have to; need הִצְטָרֵךְ 607
hear; listen; consent שָׁמַע 755
heat, warm חִימֵּם (חִמֵּם) 201
heat; draw (conclusion) הִסִּיק 403
help, assist, aid עָזַר 479
hesitate, waver הִיסֵּס (הִסֵּס) 143
hide (intr.) הִסְתַּתֵּר 465
hide (intr.) הִתְחַבֵּא 169
hide (tr.), conceal הִסְתִּיר 465
hide, conceal הֶעֱלִים 488
hint, make a sign רָמַז 685
hit (target); harm; insult פָּגַע 519
hit, strike, beat הִכָּה 397
hold, grasp; seize; possess אָחַז 10
hold, seize הֶחֱזִיק 183
hope, expect קִיוָּה (קִוָּה) 619
host; offer hospitality אֵירַח (אֵרַח) 36
hug, embrace חִיבֵּק (חִבֵּק) 171
humiliate, disgrace הִשְׁפִּיל 771
hurry; be fast (clock) מִיהֵר (מִהֵר) 336
hurt (tr.), cause pain הִכְאִיב 287
hurt, be painful; feel pain כָּאַב 286
identify oneself הִזְדַּהָה 149
identify, recognize זִיהָה (זִהָה) 149
ignore, overlook הִתְעַלֵּם 488
illuminate, throw light on הֵאִיר 6
illustrate אִיֵּיר (אִיֵּר) 14
illustrate, make tangible הִמְחִישׁ 342
imagine דִּמְיֵין (דִּמְיֵן) 131
imagine; visualize דִּימָּה (דִּמָּה) 131
immigrate הִיגֵּר (הִגֵּר) 138
immunize; strengthen חִיסֵּן (חִסֵּן) 210
implore, plead, entreat, beg הִתְחַנֵּן 205
impose, place הִטִּיל 394
impress הִרְשִׁים 698
imprison; confine כָּלָא 297
improve שִׁיפֵּר (שִׁפֵּר) 774
improve (intr.) הִשְׁתַּפֵּר 773
include, comprise, contain כָּלַל 298
increase burden הִכְבִּיד 288
increase, grow stronger גָּבַר 86
indulge oneself הִתְפַּנֵּק 541
inflate, blow up נִיפַּח (נִפַּח) 405
influence, affect הִשְׁפִּיעַ 771
inform יִידַּע (יִידֵּעַ) [יִדַּע (יִדֵּעַ)] 250
inform, announce הוֹדִיעַ 250
inhale; aspire, strive שָׁאַף 705
inherit יָרַשׁ 279
initiate, plan יָזַם 252
inject הִזְרִיק 168
insist; be stubborn הִתְעַקֵּשׁ 509
inspect, check, examine בָּדַק 46
inspect, supervise פִּיקֵּחַ (פִּקֵּחַ) 554
instill, insert הֶחְדִּיר 176
insult, offend הֶעֱלִיב 485
insure, cover בִּיטַּח (בִּטַּח) 59
integrate, fit in הִשְׁתַּלֵּב 741
integrate; assign; set (gem) שִׁיבֵּץ 710
interest (tr.) עִנְיֵין (עִנְיֵן) 496
interrupt; truncate; amputate קָטַע 622
intervene, interfere; bet הִתְעָרֵב 509
interview רִאְיֵין (רִאְיֵן) 658
invade פָּלַשׁ 536
invent; fabricate הִמְצִיא 358
invest; cause to sink הִשְׁקִיעַ 778
investigate, research חָקַר 215
invite; order (food, etc.) הִזְמִין 160
irk, irritate, bother, anger עִצְבֵּן 503
join (as member, etc.) הִצְטָרֵף 609
join together; form alliance הִתְחַבֵּר 172
join, accompany הִתְלַוָּוה (הִתְלַוָּה) 322
join; write (book, etc.) חִיבֵּר (חִבֵּר) 172
judge, rule שָׁפַט 768
jump, leap קָפַץ 639
keep quiet; be calm שָׁתַק 790
keep/move away, go far הִתְרַחֵק 675
kidnap, hijack; grab, snatch חָטַף 187
kill, cause to die הֵמִית 338
kill, slay הָרַג 146
kiss נִישֵּׁק (נִשֵּׁק) 420
kiss each other הִתְנַשֵּׁק 420
kiss; come together, touch נָשַׁק 421
kneel כָּרַע 312
knock, beat; mess up; fuck דָּפַק 133
know יָדַע 249
land (intr.); come down נָחַת 391
laugh צָחַק 586
lay down, put to bed הִשְׁכִּיב 732
lead, conduct הוֹלִיךְ 141

lead, direct, guide; instruct הִנְחָה 389
lead, guide; transport הוֹבִיל 246
lead; establish (custom, rule) הִנְהִיג 381
lean (against something) הִשְׁעִין 766
lean on/against, depend on נִשְׁעַן 765
lean; rely, depend סָמַךְ 451
leap; skip over (דִּלֵּג) דִּילֵג 128
learn, study לָמַד 331
lease, rent (tr.) הִשְׂכִּיר 739
leave behind הוֹתִיר 286
leave, abandon עָזַב 478
leave, abandon, desert זָנַח 162
leave, abandon, neglect נָטַשׁ 396
leave, leave behind הִשְׁאִיר 706
leave, withdraw, retire, secede פָּרַשׁ 570
lecture, address; satisfy הִרְצָה 693
lend הִשְׁאִיל 704
lend, loan (tr.) (הִלְוָה) הִלְוָוה 321
lengthen, extend; prolong הֶאֱרִיךְ 37
lessen, decrease פָּחַת 528
let slip (esp. words); eject הִפְלִיט 534
lie (שִׁקֵּר) שִׁיקֵּר 781
lie down, crouch רָבַץ 659
lie, lie down; sleep with שָׁכַב 731
lie/fall down נִשְׁכַּב 732
lift, pick up, raise הֵרִים 669
light, put on light, set fire הִדְלִיק 128
like, be fond of (חִבֵּב) חִיבֵּב 169
listen הֶאֱזִין 9
listen, pay attention; obey הִקְשִׁיב 651
live, be alive (חַי) חָיָה 190
live, reside, dwell גָּר 91
load הֶעֱמִיס 492
load; charge (battery) טָעַן 237
localize, identify, locate (אִתֵּר) אִיתֵּר 41
locate oneself הִתְמַקֵּם 360
lock, close; put on (shoe) נָעַל 403
look (at), observe הִסְתַּכֵּל 445
look after, treat (med.) (טִפֵּל) טִיפֵּל 240
look for, search (for) (חִפֵּשׂ) חִיפֵּשׂ 213
look, gaze, regard הִבִּיט 370
lose (tr.) (אִבֵּד) אִיבֵּד 1
lose; miss (bus, etc.) הִפְסִיד 541
love, like, adore אָהַב 5
make (more) efficient (יִעֵל) ייִעֵל 264
make a mistake, err טָעָה 236
make a phone call טִלְפֵּן 235
make a speech, address נָאַם 369
make an excuse (תֵּרֵץ) תֵּירֵץ 817
make conspicuous הִבְלִיט 66
make happy (שִׂמַּח) שִׂימַּח 752
make laugh; be funny הִצְחִיק 586
make noise; bomb, shell הִרְעִישׁ 691
make noise רָעַשׁ 691
make profit, gain (הִרְוִיחַ) הִרְווִיחַ 667
make run, operate הֵרִיץ 671
man (V) (אִיֵּשׁ) אִיֵּישׁ 15
manage, run (נִהֵל) נִיהֵל 382
manage; be sufficient הִסְפִּיק 458
march, pace, step צָעַד 602
mark, indicate (סִמֵּן) סִימֵּן 453
mark, note, point out (צִיֵּן) צִיֵּין 588
market, sell (שִׁוֵּק) שִׁיווֵּק 721
marry off (חִתֵּן) חִיתֵּן 231
match, fit, suit הִתְאִים 793
materialize (intr.) (נִתְגַּשֵּׁם) הִתְגַּשֵּׁם 113
mature, achieve adulthood בָּגַר 45
mean, intend (הִתְכַּוֵּן) הִתְכַּווֵּן 294
measure, survey מָדַד 335
mediate, negotiate (תִּוֵּךְ) תִּיוֵּוךְ 797
meet (usually by chance) פָּגַשׁ 521
meet (usually by design) נִפְגַּשׁ 522
melt (intr.), dissolve (intr.) נָמַס 353
melt (tr.), dissolve (tr.) הֵמֵס 354
melt (tr., intr.) הִפְשִׁיר 573
merge, blend in הִתְמַזֵּג 339
mislead, lead astray הִטְעָה 236
miss (bus, etc.) (coll.) פִּסְפֵס 543
mix; confuse עִרְבֵּב 511
mix; involve (עֵרֵב) עֵירֵב 510
mobilize, recruit (גִּיֵּס) גִּייֵּס 95
mock, ridicule לָעַג 332
moderate, calm (מִתֵּן) מִיתֵּן 368
mourn הִתְאַבֵּל 3
move (emotionally) (רִגֵּשׁ) רִיגֵּשׁ 664
move (intr.), move away זָז 152
move about הִתְהַלֵּךְ 141
move, shift הֵזִיז 152
move, sway, swing הִתְנוֹעֵעַ 386
move נָע 385
murder רָצַח 694
navigate (נִוֵּט) נִיוֵּוט 385

need, be in need (of) הִזְדַּקֵּק 165
neglect הִזְנִיחַ 162
neutralize נִטְרֵל 396
nickname; name (כִּנָּה) כִּינָּה 300
number (V) מִסְפֵּר 355
oblige, force; charge (חִיֵּב) חִיֵּב 178
observe, view; overlook הִשְׁקִיף 780
obtain, achieve; overtake הִשִּׂיג 417
occur, happen, take place הִתְרַחֵשׁ 676
occur; apply (law, intr.) חָל 180
oil, grease, lubricate (שִׁמֵּן) שִׁימֵּן 755
omit, leave out (accid.) הִשְׁמִיט 753
open (eyes, ears) (intr.) נִפְקַח 554
open (eyes, ears) (tr.) פָּקַח 553
open; begin, start פָּתַח 574
operate (med.); analyze (נִתַּח) נִיתַּח 423
operate; activate תִּפְעֵל 806
oppose, object, resist הִתְנַגֵּד 373
oppress; crush (דִּכֵּא) דִּיכֵּא 127
order, command; hold census פָּקַד 552
order, command (צִוָּה) צִיוָּה 582
organize אִרְגֵּן 34
overcome; intensify (intr.) הִתְגַּבֵּר 85
overeat, gorge oneself זָלַל 159
overtake; avoid, evade; bypass עָקַף 507
pack V, package V אָרַז 35
paint, color, dye צָבַע 578
pamper, indulge; spoil (פִּנֵּק) פִּינֵּק 540
pardon, grant amnesty חָנַן 205
park (int.), be parked חָנָה 203
part from; pass away נִפְטַר 530
participate, take part הִשְׁתַּתֵּף 789
pass away/by/through חָלַף 196
pave surface (road); conquer כָּבַשׁ 291
pay (שִׁלֵּם) שִׁילֵּם 746
peek; glance הֵצִיץ 590
peel (intr.) הִתְקַלֵּף 632
peel; scrape off (קִלֵּף) קִילֵּף 631
penetrate חָדַר 175
perform, execute (בִּצַּע) בִּיצַּע 72
persevere, persist הִתְמִיד 801
pester, harass הִטְרִיד 241
photograph (צִלֵּם) צִילֵּם 594
pick (fruit, flowers), pluck קָטַף 623
pity, have mercy (רִחֵם) רִיחֵם 673
place next to, attach הִצְמִיד 596
place V, situate (מִקֵּם) מִיקֵּם 361
place; grade, rank הִצִּיב 269
plan תִּכְנֵן 798
plant שָׁתַל 787
play (game); act (שִׂחֵק) שִׂיחֵק 724
play (music) (נִגֵּן) נִיגֵּן 374
play (with), have fun הִשְׁתַּעֲשֵׁעַ 767
plead (a case); claim, argue טָעַן 238
plow חָרַשׁ 222
polish, burnish (metal) צִחְצֵחַ 585
pop up; sprout, bloom צָץ 590
populate, colonize, settle אִכְלֵס 19
postpone; reject דָּחָה 123
pounce; dash out (זִנֵּק) זִינֵּק 163
pour; transfer large quantities הִזְרִים 167
praise, glorify, exalt (הִלֵּל) הִילֵּל 142
praise, glorify; exalt (שִׁבַּח) שִׁיבַּח 708
pray הִתְפַּלֵּל 535
precede, anticipate קָדַם 615
prefer הֶעֱדִיף 472
prepare (tr.), provide הֵכִין 293
prepare oneself, get ready הִתְכּוֹנֵן 293
present oneself (הִתְוַדַּע) הִתְוודַּע 251
present, show הִצִּיג 271
preserve; guard (שִׁמֵּר) שִׁימֵּר 759
press, exert pressure; oppress לָחַץ 326
prevent מָנַע 352
prey; scramble; devour טָרַף 244
prick, stab; tease דָּקַר 134
produce, extract הֵפִיק 524
produce, manufacture (יִצֵּר) יִיצֵּר 274
program תִּכְנֵת 799
project, protrude, stand out בָּלַט 66
promise, assure, guarantee הִבְטִיחַ 58
protest, object ; erase מָחָה 340
prove; scold הוֹכִיחַ 255
provide; transfer (property) הִקְנָה 635
publish; publicize, advertise פִּרְסֵם 562
pull, stretch (tr.) מָתַח 366
pull; attract; withdraw money מָשַׁךְ 365
punctuate (פִּסֵּק) פִּיסֵּק 545
punish הֶעֱנִישׁ 498
pursue; persecute רָדַף 666
push, shove, thrust דָּחַף 124
push, shove; prod; displace דָּחַק 125
put down; assume, suppose הִנִּיחַ 383

put in control; establish הִשְׁלִיט 745
put on clothing; wear לָבַשׁ 318
put on makeup (to oneself) הִתְאַפֵּר 32
put to sleep; anesthetize הִרְדִּים 665
put, place, set, lay שָׂם 730
quarrel, dispute, wrangle, fight רָב 678
radiate, shine קָרַן 648
raise the price יִיקֵּר (יִקֵּר) 275
raise, lift; put on הֶעֱלָה 486
raise; set up, establish הֵקִים 620
rape; force; coerce אָנַס 26
react, respond הֵגִיב 91
read aloud, recite הִקְרִיא 643
read, study, reflect עִיֵּן (עִיֵן) 482
read; name; call קָרָא 642
realize (tr.), fulfill, carry out הִגְשִׁים 113
realize (tr.), implement מִימֵשׁ (מִמֵּשׁ) 349
realize, find out נוֹכַח 256
rebel, revolt, mutiny הִתְמַרֵד 362
rebel, revolt מָרַד 361
recall; be mentioned נִזְכַּר 157
receive, get; accept קִיבֵּל (קִבֵּל) 610
recognize; acknowledge הִכִּיר 399
recoil, flinch; be deterred נִרְתַּע 700
recommend הִמְלִיץ 347
reconstruct, restore שִׁחְזֵר 722
record, register; list; draw רָשַׁם 697
recover, recuperate הִתְאוֹשֵׁשׁ 41
recover; cause to recover הִבְרִיא 77
recycle מִחְזֵר 340
reduce, cut down צִמְצֵם 598
reduce, decrease, lessen הִפְחִית 528
reduce, diminish (tr.) הִקְטִין 621
refer, pass on; divert הִפְנָה 537
reflect; show; indicate שִׁיקֵּף (שִׁקֵּף) 780
refresh, invigorate רִעֲנֵן 690
refuse סֵירֵב (סֵרֵב) 462
regret, be sorry הִתְחָרֵט 220
regret, be sorry הִצְטַעֵר 604
rehabilitate שִׁיקֵּם (שִׁקֵּם) 777
reinforce, strengthen תִּגְבֵּר 796
reject, rebuff, kick; spurn בָּעַט 71
rejoice, be happy שָׂמַח 751
relate (to) הִתְיַחֵס (הִתְיַחֵס) 254
rely, be dependent on הִסְתַּמֵּךְ 452
remain, stay behind, be left נִשְׁאַר 706

remember, recall זָכַר 157
remind; mention הִזְכִּיר 158
remove, dispose of סִילֵּק (סִלֵּק) 450
renew (int.), resume (int.) הִתְחַדֵּשׁ 177
renew, renovate חִידֵּשׁ (חִדֵּשׁ) 176
renovate שִׁיפֵּץ (שִׁפֵּץ) 773
rent, lease; hire שָׂכַר 739
repeat; return, come back חָזַר 184
reply; return (tr.) הֵשִׁיב 718
report, brief דִּיוַוח (דִּוַּח) [דִּיוֵוחַ (דִּוֵּחַ)] 121
represent יִיצֵּג (יִצֵּג) 272
repress (psychoanalysis) הִדְחִיק 125
reproach, reprimand, censure נָזַף 388
require, necessitate הִצְרִיךְ 608
resemble דָּמָה 130
reside הִתְגּוֹרֵר 92
resign; get rid (of) הִתְפַּטֵּר 531
respect; offer food כִּיבֵּד (כִּבֵּד) 287
rest, be at rest, take a rest נָח 383
restore; return (tr.) הֶחֱזִיר 185
restrict, limit; delimit; define הִגְבִּיל 84
return (intr.); repeat שָׁב 718
revenge, avenge נָקַם 413
revive, keep alive הֶחֱיָה 190
revolve, rotate; go around הִסְתּוֹבֵב 427
rewrite, revise שִׁכְתֵּב 740
ride רָכַב 679
ring, chime; ring up צִלְצֵל 595
ripen (intr.); be ready בָּשַׁל 83
ripen (intr.); ripen (tr.) הִבְשִׁיל 83
rise; be condescending הִתְנַשֵּׂא 415
rise; cost; immigrate (to Israel) עָלָה 485
rise הִתְרוֹמֵם 669
risk, endanger סִיכֵּן (סִכֵּן) 448
roam, rove; loiter שׁוֹטֵט 720
roam, wander; sail שָׁט 720
rob, burglarize, plunder שָׁדַד 715
roll (int.), roll up (int.) הִתְגַּלְגֵּל 96
roll (tr.), spin (tr.); roll up (tr.) גִּלְגֵּל 96
rouse, wake עוֹרֵר 477
row; undermine; aim for חָתַר 231
rub, brush against, chafe שִׁפְשֵׁף 775
rule, control שָׁלַט 744
run around הִתְרוֹצֵץ 670
run over, trample; devour prey דָּרַס 136
run רָץ 670

rush (tr.); startle הִבְהִיל 48
sabotage, damage חִיבֵּל (חִבֵּל) 170
sacrifice, bring offering הִקְרִיב 645
sadden, distress צִיעֵר (צִעֵר) 604
sadden הֶעֱצִיב 502
save (money); hold back חָסַךְ 208
save, rescue הִצִּיל 409
say, tell; mean; express אָמַר 24
scatter (tr.); disband פִּיזֵּר (פִּזֵּר) 525
scatter, be spread הִתְפַּזֵּר 525
scatter; distribute; spread הֵפִיץ 523
scratch self (due to itching) הִתְגָּרֵד 109
scratch V שָׂרַט 783
scratch; itch גֵּירֵד (גֵּרֵד) 108
scream, screech צָרַח 607
screen (film...); radiate (tr.) הִקְרִין 647
seal, plug, stop up; block סָתַם 464
seal אָטַם (יֶאֱטֹם) 13
seat, set; settle (tr.) הוֹשִׁיב 281
see each other הִתְרָאָה 657
see; perceive, realize רָאָה 656
seem, appear to be; resemble נִדְמָה 130
seize, catch; grasp, realize תָּפַס 805
sell מָכַר 344
send away, reject; go far הִרְחִיק 675
send SMS (sl.) סִימֵּס (סִמֵּס) 455
send שָׁלַח 742
sense, smell הֵרִיחַ 678
separate, divide הִפְרִיד 558
separate; distinguish הִבְדִּיל 45
serve, minister שֵׁירֵת (שֵׁרֵת) 786
set free, liberate, release שִׁחְרֵר 725
set in motion, start up, impel הֵנִיעַ 386
set up, install הִתְקִין 809
settle (in a place); grasp נֶאֱחַז 11
settle (tr.); solve יִישֵּׁב (יִשֵּׁב) 282
settle permanently הִשְׁתַּקֵּעַ 779
settle, arrange; regulate הִסְדִּיר 436
settle, inhabit; squat (coll.) הִתְנַחֵל 390
settle; sit down הִתְיַישֵּׁב (הִתְיַשֵּׁב) 281
sew, stitch; tailor תָּפַר 807
shake, rock; upset זִעְזַע 163
shame, embarrass בִּייֵּשׁ (בִּיֵּשׁ) 52
sharpen; clarify חִידֵּד (חִדֵּד) 174
shave (oneself) הִתְגַּלֵּחַ 100
shave (tr.) גִּילַּח (גִּלַּח) 100
shine; illuminate, glow זָרַח 166
shirk, dodge, evade הִשְׁתַּמֵּט 753
shirk, evade; not show up הִבְרִיז 77
shoot; hit קָלַע 630
shorten (tr.), be brief קִיצֵּר (קִצֵּר) 641
shout, yell צָעַק 603
show, exhibit, manifest הֶרְאָה 657
shrink (intr.) הִתְכַּוֵּוץ (הִתְכַּוֵּץ) 295
shrink (tr.), contract (tr.) כִּיוֵּוץ (כִּוֵּץ) 296
shut oneself away הִסְתַּגֵּר 434
shut, close; confine סָגַר 433
sign; seal; complete חָתַם 229
silence; paralyze שִׁיתֵּק (שִׁתֵּק) 791
silence הִשְׁתִּיק 791
sin V, transgress חָטָא 186
sing שָׁר 730
sink, settle; decline שָׁקַע 779
sit, sit down; reside יָשַׁב 280
slaughter, butcher שָׁחַט 723
sleep יָשֵׁן 284
smash, pulverize רִיסֵּק (רִסֵּק) 687
smile, chuckle חִייֵּךְ (חִיֵּךְ) 191
smoke; fumigate עִישֵּׁן (עִשֵּׁן) 517
smuggle in, insert stealthily הִגְנִיב 103
sneak (in, out, or away) הִתְגַּנֵּב 104
soften (intr.) הִתְרַכֵּךְ 682
soften (tr.), weaken (tr.) רִיכֵּךְ (רִכֵּךְ) 682
solve (problem), resolve פָּתַר 577
sort מִיֵּין (מִיֵּן) 343
sound, voice; play (music) הִשְׁמִיעַ 756
speak, talk (to) דִּיבֵּר (דִּבֵּר) 117
specify, give in detail פֵּירֵט (פֵּרֵט) 559
spend, wear out בִּילָּה (בִּלָּה) 65
spill, pour (out), shed (blood) שָׁפַךְ 769
split (intr.), branch out הִתְפַּצֵּל 549
spoil, damage, ruin קִלְקֵל 633
spray רִיסֵּס (רִסֵּס) 686
spread, smear, rub in מָרַח 363
squeeze; wring; extort סָחַט 441
stabilize (intr.) הִתְייַצֵּב (הִתְיַצֵּב) 269
stabilize, strengthen ייִצֵּב (יִצֵּב) 270
stand (tr.), erect, set up הֶעֱמִיד 490
stand (up); halt; be about to עָמַד 490
stand, come to a halt נֶעֱמַד 490
stand, position oneself נִיצַּב (נִצַּב) 270
stare; observe; look הִתְבּוֹנֵן 62

starve (tr.) הִרְעִיב 688
stay as a guest, be hosted הִתְאָרֵחַ 36
stay overnight, lodge לָן 323
steal גָּנַב 103
step, tread; cock (rifle) דָּרַךְ 135
stick (to), cling (to) נִצְמַד 596
stick, glue; infect הִדְבִּיק 115
stick; plant; instill נָטַע 395
sting, bite; insult עָקַץ 508
stipulate, require, condition הִתְנָה 803
stir up emotions הִסְעִיר 456
stop (intr.); be arrested נֶעֱצַר 505
stop, cease; interrupt הִפְסִיק 544
stop, cease; pass sentence פָּסַק 544
stop, halt; arrest עָצַר 504
storm, attack הִסְתַּעֵר 456
straighten, flatten יִישֵּׁר (יִשֵּׁר) 285
strangle, choke, suffocate חָנַק 207
strengthen, fortify חִיזֵּק (חִזֵּק) 183
strengthen, increase (tr.) הִגְבִּיר 86
strike (labor); rest; cease שָׁבַת 712
strike workplace; terminate הִשְׁבִּית 712
stroke, pet, caress לִיטֵּף (לִטֵּף) 328
struggle, wrestle, fight נֶאֱבַק 4
subdue, put down, humble הִכְנִיעַ 304
subtract; be short of; miss הֶחְסִיר 212
succeed, do well הִצְלִיחַ 592
suckle; breast-feed; absorb יָנַק 259
suffer, endure; tolerate סָבַל 430
suffer; fast V (lit.) הִתְעַנָּה 495
suggest, offer; make (bed) הִצִּיעַ 273
summarize, add up סִיכֵּם (סִכֵּם) 446
summon; invite זִימֵּן (זִמֵּן) 160
sunbathe, tan V הִשְׁתַּזֵּף 721
supervise; watch out for הִשְׁגִּיחַ 713
supply; satisfy סִיפֵּק (סִפֵּק) 458
support, provide for, maintain פִּרְנֵס 561
support, uphold, maintain תָּמַךְ 802
suppose; assume שִׁיעֵר (שִׁעֵר) 766
surprise הִפְתִּיעַ 576
surround; comprise, include הִקִּיף 414
survive שָׂרַד 782
suspect חָשַׁד 225
swallow, absorb בָּלַע 67
swallow; cause to swallow הִבְלִיעַ 68
swear in; impose an oath on הִשְׁבִּיעַ 709
swear, take an oath נִשְׁבַּע 708
swell, puff up הִתְנַפֵּחַ/...פֵּחַ 405
swim שָׂחָה 722
take (measure, stand, view) נָקַט 412
take (time), last; drag out אָרַךְ 37
take a risk; endanger self הִסְתַּכֵּן 448
take a shower הִתְקַלֵּחַ 626
take longer than expected הִתְאָרֵךְ 37
take off (clothes); raid פָּשַׁט 571
take off, remove הֵסִיר 438
take pains, work hard טָרַח 242
take place הִתְקַיֵּים (הִתְקַיֵּם) 625
take revenge הִתְנַקֵּם 413
take, grasp, hold נָטַל 394
take/bring out, withdraw הוֹצִיא 267
take לָקַח 333
talk, converse, chat שׂוֹחַח (שׂוֹחֵחַ) 728
tape, record (on tape, etc.) הִקְלִיט 627
taste (tr.) טָעַם 237
teach, instruct, train לִימֵּד (לִמֵּד) 331
teach, instruct; show הוֹרָה 278
tear קָרַע 649
tell, inform, narrate סִיפֵּר (סִפֵּר) 460
tell, inform הִגִּיד 372
test; try נִיסָּה (נִסָּה) 400
think, be of the opinion סָבַר 431
think, consider; intend חָשַׁב 223
threaten אִיֵּים (אִיֵּם) 14
throw, toss, cast, fling זָרַק 167
throw; expel; project (psy.) הִשְׁלִיךְ 746
thrust, stick, insert תָּקַע 811
tie, bind; conspire קָשַׁר 654
till (soil); adapt; process עִיבֵּד (עִבֵּד) 467
torture עִינָּה (עִנָּה) 495
touch; concern, affect נָגַע 375
touch; launch (ship) הִשִּׁיק 421
tour; inspect; patrol סִייֵּר (סִיֵּר) 445
train (intr.), practice הִתְאַמֵּן 22
train (tr.), instruct, coach אִימֵּן (אִמֵּן) 22
train tr., drill tr., exercise תִּרְגֵּל 814
train, prepare; make kosher הִכְשִׁיר 315
transfer; cause to pass הֶעֱבִיר 469
translate תִּרְגֵּם 815
transport, give a ride; remove הִסִּיעַ 402
treat as holy; sanctify קִידֵּשׁ (קִדֵּשׁ) 617
tremble, shake רָעַד 689

trust, rely בָּטַח 58
try hard, endeavor הִשְׁתַּדֵּל 716
try hard, strive הִתְאַמֵּץ 23
turn aside; tend, be inclined נָטָה 392
turn over, invert, reverse הָפַךְ 144
turn, turn aside; drop in סָר 439
turn; go around, encircle סוֹבֵב 427
turn; turn to, apply (to) פָּנָה 537
type, key in הִקְלִיד 626
type, print הִדְפִּיס 132
understand, comprehend הֵבִין 61
undress (tr.); make abstract הִפְשִׁיט 571
unite (intr.) הִתְאַחֵד 10
unite (tr.) אִיחֵד (אִחֵד) 9
unload; rescue, deliver (lit.) פָּרַק 567
untie; allow, permit הִתִּיר 426
update עִדְכֵּן 470
urinate הִשְׁתִּין 788
use, consume; need צָרַךְ 607
use, make use of הִשְׁתַּמֵּשׁ 760
vandalize; corrupt V הִשְׁחִית 726
vanish, disappear נֶעֱלַם 488
verify אִימֵּת (אִמֵּת) 25
vindicate, justify הִצְדִּיק 581
visit; critique, inspect בִּיקֵּר (בִּקֵּר) 74
volunteer הִתְנַדֵּב 378
vomit, throw up הֵקִיא 624
vote; point הִצְבִּיעַ 579
wait, await; expect חִיכָּה (חִכָּה) 191
wait; be patient הִמְתִּין 368
wake up, rouse oneself הִתְעוֹרֵר 476
wake, rouse, stir; comment הֵעִיר 476
wander, roam, migrate (birds) נָדַד 379
want, wish רָצָה 693
warn הִזְהִיר 150
wash (clothes), launder כִּיבֵּס (כִּבֵּס) 290
wash away, sweep סָחַף 442
wash oneself, bathe הִתְרַחֵץ 674
wash, bathe רָחַץ 674
wash, rinse שָׁטַף 727
waste, squander, spend בִּזְבֵּז 53
watch, guard, preserve שָׁמַר 758
watch, observe; foresee צָפָה 605
water, irrigate; give a drink הִשְׁקָה 776
weigh; consider שָׁקַל 776
wet V הִרְטִיב 677
whisper לָחַשׁ 327
whistle V שָׁרַק 785
whistle, chirp; disregard צִפְצֵף 606
win (prize, etc.), gain זָכָה 155
win; conduct (band) נִיצֵּחַ (נִצַּח) 408
wipe, dry נִיגֵּב (נִגֵּב) 372
wish well, congratulate אִיחֵל (אִחֵל) 11
withdraw, retract נָסוֹג 437
woo, court חִיזֵּר (חִזֵּר) 185
word V; formulate נִיסַּח (נִסַּח) 401
work; till (soil); worship עָבַד 466
worry (tr.), alarm, trouble הִדְאִיג 114
worry, be anxious; take care דָּאַג 114
worsen (tr., intr.) הֶחְמִיר 203
wound, injure; split, crack פָּצַע 550
wrap/cover oneself הִתְעַטֵּף 481
wrap עָטַף 480
write כָּתַב 316
yearn (for), miss הִתְגַּעְגֵּעַ 107
yield, surrender נִכְנַע 303